השופטים
כ־380 שנה
הממלכה המאוחדת
82 שנה
ממלכות יהודה וישראל
כ־210 שנה
ממלכת יהודה
כ־133 שנה
גלות בבל
כ־50 שנה
שיבת ציון
שופטים
שמואל
מלכים
תרי עשר
ישעיהו
ירמיהו
יחזקאל
רות2
תהלים
שיר השירים
משלי
קהלת
איכה
דניאל
אסתר
עזרא - נחמיה
בית מקדש ראשון
בית מקדש שני

# תורה נביאים כתובים

קורן ירושלים

בראשית ברא אלהים את השמים ואת הארץ והארץ היתה תהו ובהו וחשך
ועתה קום עבר את־הירדן הזה אתה וכל־העם הזה אל־הארץ אשר

על־פני תהום ורוח אלהים מרחפת על־פני המים ויאמר אלהים יהי־אור ויהי־אור וירא אלהים את־האור כי־טוב ויבדל
אנכי נתן להם לבני ישראל כל־מקום אשר תדרך כף־רגלכם בו לכם נתתיו כאשר דברתי אל־משה • אשרי־האיש אשר

# תורה
# נביאים
# כתובים

ירושלים

הוצאת קורן ירושלים

The Koren Tanakh Tzion

Koren Publishers Jerusalem Ltd.
POB 4044, Jerusalem 9104001, ISRAEL
POB 8531, New Milford, CT 06776, USA

www.korenpub.com



Hardcover, ISBN 978-965-301-720-7

תנ״ך קורן, מהדורת ציון

הוצאת קורן ירושלים
ת״ד 4044 ירושלים 9104001

www.korenpub.com



כריכה קשה, מסת״ב: 978-965-301-720-7

# מבוא

> ״וידבר אלהים״, מלמד שהדברים שנאמרו כאן הן שנאמרו להלן – שניהם לעניין אחד, מה שאי־אפשר לו לפה לומר ואי־אפשר לה לאוזן לשמוע. כאן הוא אומר ״וידבר אלהים את כל הדברים האלה״ ולהלן הוא אומר ״אחת דִבר אלהים שתַּים זו שמעתי״ (תהלים סב, יב) ואומר ״הלוא כה דְבָרִי כָּאֵש נְאֻם ה׳״ (ירמיה כג, כט). מה אש זה נחלק לכמה ניצוצות, כך דִבור אחד יוצא לכמה מקראות. (מכילתא דרשב״י כ, א)

פלא הוא שספר הספרים של העם היהודי, אבן היסוד של חיי האומה, מורכב מהתגבשות כה מקוטבת של קולות שונים. בתנ״ך, בריאת העולם, תולדות האדם וקורות העם היהודי משולבים עם רשימות יוחסין, חטיבות של מצוות ושרטוטים גיאוגרפיים של גבולות ונחלות. נביאי ישראל פונים פעם לעם ישראל, פעם לאלוהי ישראל, פעם למלכי ישראל, פעם לגויי הארצות, פעם בנושא פוליטי ופעם בהוראה רוחנית, במילים הנוגעות לעבר, לעתיד הקרוב ולדורות הבאים, בשילוב תיאורים בוטניים וזואולוגים, בשירה ובמשלים, על הרי געש פיזיים, רעידות אדמה גיאופוליטיות, ותופעות שמימיות הנוגעות לכיסא הכבוד. מנהיגי האומה והרועים הרוחניים שלה יצרו קובצי חכמה, עצה, אמרי בינה ויראת ה׳, חטיבות של שירה וליקוטים של תפילות, זעקות והלל לאלוהי השמים והארץ. כל התיאורים, הסגנונות והסוגות הספרותיות המגוונות האלו לוקטו לפני יותר מאלפיים שנה לספר אחד, המספר בתזמורת של כלים שונים את הסימפוניה של דבר ה׳ לעמו.

בפניו הרבות ובלקחיו המגוונים, היה התנ״ך השראה לספרות הקנונית היהודית שבאה אחריו. התלמוד אף הוא ספר אחד שאינו אחיד, גדוש בסגנונות מובחנים ואופי עשיר ומפתיע בחוסר העקביות שלו, מלא בדעות מנוגדות, פסיפס של דורות שונים של חכמים שונים מארצות שונות ועיסוק ביישוב מקורות הסותרים זה את זה. ספר ההלכה המרכזי של עם ישראל כיום, ה׳שולחן ערוך׳, אף הוא ארוג משני קולות מובדלים לכל אורכו, על אף היותו ספר בעל אופי פסיקתי. למה כך בנוי המקרא, ומדוע זהו מודל שהועתק לספרים קנוניים נוספים?

היות שספר התנ״ך ניתן לנו מפי ה׳ ונביאיו וברוח הקודש, באפשרותנו להציע השערות בלבד להסבר התופעה הזאת. המקרא משקף לנו הרבה יותר מתיאור היסטורי של תקופה. הוא מפסל עבורנו מארג מורכב של קשר בין ה׳ ובין האדם שברא, או של השאיפה לקשר זה. קשר זה לבסוף מתקיים רק אחרי היווצרות אומה שנועדה לקיים אותו. והאתגר בתיאור קשר חי ודינמי דומה לאתגר שבשרטוט מבנה תלת־ממדי באמצעיים דו־ממדיים, כמו דיו על גבי דפים, לטובת אדם אחר שיצטרך להבין ולבנות על פי שרטוט זה. יש להכין כמה ציורים מנקודות מבט שונות ובכמה סוגים של פירוט כדי שהכול יתאחד למבנה המתוכנן. כך, כדי שאדם הקורא מילים כתובות יצליח לקלוט את מארג חיי האומה ואת צביון הקשר בין ה׳ ועמו, עליו ללמוד תיאורים מנקודות מבט שונות, כל אחת בעלת מנעד אחר של סגנונות ופירוטים. חיי אומה השואפת לקשר עם ה׳ נרקמים מהבחירות שהיא בוחרת, האירועים שפוקדים אותה, הפניות השונות של ה׳ אליה, הפניות שלה לה׳, מה שנדרש מכל צד למען מימוש הברית. כל אלה ועוד הנם מרכיבים בהיכל הקשר בין ה׳ לעמו, וכדברי ר׳ עקיבא (ידיים ג, ה), קודש הקודשים של ההיכל הזה הוא התיאור הפיוטי העדין של הקשר בין הדוד והרעיה.

ריבוי נקודות מבט וריבוי סגנונות הם אמצעים להרכבת תמונה עשירה, חיה ושלמה יותר, ומאידך זוהי הדרך היחידה שבה אפשר להתקרב להשגה של התגלות ה׳ במקרא. אם האדם יזדכך, ויעיין בתיאורים, בשירה, בציוויים, בתפילה, בלקחים ובכל שאר אמצעי הביטוי במקרא, אולי יזכה לשים לב לקול דממה דקה השזור בכל אלה, ואפשרי הוא שיזהה וישמע בקול זה את קול ה׳. כדי להבחין בכך, לא די לגזור מהמקרא הלכה, מוסר, היסטוריה או שירה; על המעיין להכיר את הקולות השונים הקיימים בכל אירוע ובכל מציאות, כי כולם עוצבו יחד באמנות הרמונית.

אף העולם, שנברא על בסיס התורה (זוהר, תרומה קסא), והאדם, שנברא בצלם אלוהים (בראשית א, כז), יש בהם שבעים פנים, וכך מוטמעת בנו שייכות לכל הגוונים הקיימים במקרא, וגם אפשרות למצוא את ההרמוניה וההתגלות האלוהית בעולם ובאדם.

המגמה שעמדה לנגד עיני הוצאת קורן בהכנת ׳תנ״ך מהדורת ציון׳ הייתה לסייע למעיינים להכיר את הקולות השונים ואת ההיבטים השונים שהמקרא מעמיד לרשותנו, ולהיחשף לתמונה הנוצרת משילובם יחד. את זה השתדלנו לעשות בכמה דרכים.

### הפניות לתיאורים מקבילים

נוסף על היתרונות המובהקים הרבים הקיימים בכל מהדורות התנ״ך של קורן – גופן המעוצב לשם נשיאת אותיות, ניקוד וטעמי המקרא והבחנה בין שווא נח לשווא

נע ובין קמץ רחב לקמץ קטן; עימוד מחושב ומכוון לקריאות מיטבית; ציון הסדרים הארצישראליים הקדומים – במהדורה זו קיימת בגוף הספר מעלה חסרת תקדים: צוינו לצד המקרא הפניות לתיאורים מקבילים הקיימים במקומות אחרים במקרא. מפעל זה תואם את מטרתנו הכללית להכיר את הפנים השונות הקיימות במקרא, ובעזרת ההפניות אפשר באופן פרטני להתבונן באירוע או בנושא מנקודות מבט שונות שהמקרא מעמיד לרשותנו. לכן לא ניסינו להביא הפניות במקרים של דמיון לשוני או רמזים אפשריים, אלא רק במקרים של קשר נושאי מובהק.

היות שמפעל עצום מעין זה מעולם לא נוצר ונדרשנו לפתח קונבנציות מן היסוד, יש צורך להבהיר כאן עיקרים משיטת העבודה.

- ׳מקבילה׳ היא כל תיאור מקביל של אירוע היסטורי זהה (גם אם ישנו מידע כלשהו המופיע רק באחד המקורות), וכן גם נושא זהה. במקרים אלה המקבילה נכתבה באופן דו־סטרי.
- במקרה שבו הכתוב מזכיר אירוע אחר, אזכור בלבד ולא תיאור שלם – נטייתנו הייתה לציין את המקבילה בכיוון חד־סטרי בלבד, מהמקור המזכיר אל המקור המפורט, ולא להפך.
- בבואנו לנסח את הכותרות נתנו דעתנו למגוון שיקולים והמרכזי שבהם הוא היותה של הכותרת תמציתית וקליטה, ועם זאת מלמדת במקצת על תוכן המקורות. לעתים הכותרת מכילה מידע שלם העולה מסך כל המקורות, אף שבכל מקור יחיד לא בא לידי ביטוי המידע השלם.
- עבודת המקבילות דרשה מאיתנו להגדיר עד היכן לפרק נושאים ואירועים גדולים ורחבים. הגישה הכללית שבה נקטנו הייתה שיש לפרק את הכתובים ליחידות קטנות ככל האפשר. על פי שיקול דעת, במקרים מסוימים שבהם סברנו כי הפירוט מפריע להבנת היחידה השלמה – השארנו את היחידה בשלמותה.
- בספרי הנביאים לא הגדרנו מקבילות על פי נושאי נבואה, אלא רק כאשר ישנו דמיון גדול מאוד בין שתי נבואות שונות (אצל נביא אחד או אצל נביאים שונים) – ציינו הפניה הדדית. דווקא משום שלימדונו חז״ל ש״אין שני נביאים מתנבאים בסגנון אחד״ (בבלי, סנהדרין פט ע״א), ראינו לנכון להפנות את הלומד לנבואות הדומות מאוד בסגנונן.
- בספרי תהלים ומשלי נהגנו לציין מקבילות במקום שבו ישנם פסוקים דומים החוזרים על עצמם בכמה מקומות בספר. לעתים הפסוקים זהים לחלוטין, ולעתים הפסוקים זהים באופן חלקי אך בראיית התמונה הכוללת הם משלימים זה את זה.

לשם כך נדרשנו למצוא איש חכם ונבון להשית אותו על מלאכה מורכבת זו. זכות גדולה הייתה עבורנו להכיר את מנחם שמשי (חתן תנ״ך למבוגרים ה׳תשע״ד) שנרתם להקים את המפעל ועמל חודשים רבים במעברים רבים על התנ״ך כולו, בסימון כל ההפניות ובפיתוח שיטת ההכרעה בסימון זה (את הניסוח המלא של השיטה אפשר למצוא באתר ההוצאה במרשתת). רמת הדיוק והעקביות שהגיע אליה מפליאה, ובהינתן העובדה שמדובר בפעם הראשונה שנעשתה עבודה כזאת, זוהי הצלחה המתאפשרת רק בסיוע משמים, במיומנות ובהתמסרות מוחלטת.

נריה קליין (חתן התנ״ך הארצי ה׳תשס״ג) וגליה פולק עברו כל אחד בנפרד על כל ההפניות, ובירור עם מנחם יחד מקרים רבים שבהם היה נכון להוסיף או לגרוע, תוך כדי חידוד שיטת הסימון וצורת הניסוח. תקוותנו היא שאלה העושים שימוש במערכת ההפניות ייחשפו לעומקים נוספים במקרא, וכהוראת חז״ל ש״דברי תורה עניים במקומן ועשירים במקום אחר״ (ירושלמי, ר״ה ג, ה), יצליחו לגלות ממדים נוספים ועושר רב יותר בכל מילה ומילה. רינה בן גל עימדה את כל עמודי התנ״ך לרבות ההפניות והנספחים, על פי מסורת העיצוב של הוצאת קורן. אבישי מגנצא אמון על ההפקה כולה.

**תרשימים ונספחים**

מגמתם של התרשימים המובאים בראש כל ספר ושל הנספחים, כאמור לעיל, היא לחשוף את המעיין לקולות השונים הקיימים במקרא, ולתת מבטי רוחב שונים על המתואר. כך מתאפשר לו להכיר תמונה כוללת ושלמה יותר. המתח העצום הקיים בין הצורך בתוכן עשיר ומדויק ובין הצגה בהירה, קולעת ותמציתית הוליד כאן יצירות מופת יעילות ביותר לכל מעיין. המופקדים על תוכן יאה הם הרב ינון חן, אליאב סטולמן ואפרת גרוס; נריה קליין הנחה ועבר על כל מה שנעשה; עזר כנגדם היו המעצבים דניאל בר לב, מיכל בריטמן, איילת דגן, דניאל גדלביץ׳ ואליהו משגב. בחלק מהתרשימים והנספחים השתתפו מומחים נוספים, והם יוזכרו להלן.

שאפנו לצייד את המעיין בפתח כל ספר וספר במקרא ברקע בסיסי טרם כניסתו להיכל הספר. את זה עשינו באמצעות שני תרשימים תמציתיים. תרשים ראשון, המופיע על גבי שער של כל ספר, מעניק לקורא את האפשרות למקם את הספר ביחס לתקופה וביחס לספרים האחרים. הבנה זו מאפשרת למעיין לא רק התמצאות אלא גם צפי לספרים שיופיעו אליהם הפניות לאורך הספר. כל התרשימים האלה הם נגזרת מתרשים כללי הממפה את כל ספרי המקרא ביחס לתקופות השונות של עם ישראל

וביחס למקדשיו, הנבנה על פי הנגזר מתוך המקרא עצמו ומדברי חז״ל. תרשים זה מובא בנספחים וגם בפנים הכריכה הקדמית של התנ״ך.

תרשים שני, המופיע מאחורי השער של כל ספר, מציג לפני המעיין חלוקה תוכנית של הספר לנושאים כלליים ומשך התקופה בממד זמן כרונולוגי. את רוב התרשימים הכין במומחיות רבה הרב דוד נתיב. את התרשימים על ספרי התורה הכין הרב ינון חן; התרשימים של ספר שיר השירים וספר קהלת הם נגזרות של חלוקתו של הרב יואל בן־נון.

ישנם כמה נספחים שההוצאה יצרה על מנת לסקור את התנ״ך כולו מנקודת מבט ייחודית, ובכך לשמש למעיין עזר בשעת העיון. תרשים המנהיגים והנביאים מאפשר למעיין להבחין בחפיפה שבין נביאים, מנהיגים וממלכות, להכיר שושלות מלוכה, למקם את הממלכות המשעבדות את ישראל ויהודה ולשייך בין המנהיגים, הנביאים ובתי המקדש. את המידע בתרשים הסוקר את כל האירועים המתוארכים במקרא הכין חנן מוזס, ונריה קליין חידד ושיבץ לתקופות. במדור ׳אילנות יוחסין׳ הצבנו לפני הקורא את הדמויות המרכזיות במקרא, מאדם ועד למנהיגים מימי בית המקדש השני, בציון קשרי משפחה ודמויות מפתח. במדור ׳מפות׳ יצרנו מפות הנותנות מבט כללי על ספרים שלמים, או על נושאים החוזרים בכמה ספרים. אף שבקרב החוקרים בתחום זה אין הסכמה על מקומם של אתרים רבים, העדפנו להציג שיטה אחת שתיתן למעיין תמונה כלשהי, מלהציף את המפות באפשרויות שונות ובסימני שאלה. לרוב נקטנו בשיטות מרכזיות ובהן שיטתו של זכריה קלאי המופיעה בספרו ׳נחלות שבטי ישראל׳. במדור ׳מקדשים׳ הבאנו את ההדמיות ואת השרטוטים של המקדשים של עם ישראל, ובזה סייעו לנו רבות הרב מנחם מקובר ומעצב תלת־הממד, מאיר ברכיל. מכיוון שאין מספיק נתונים על בית המקדש השני מתקופת עזרא ונחמיה, הבאנו הדמיה של בית המקדש של המלך הורדוס. ככל הנראה הממדים של ההיכל והעזרות בתקופת המלך הורדוס היו קרובים לאלה בתקופת עזרא ונחמיה, אף שבוודאי היה הבדל בממדי הר הבית ובחומרי הבניין של המקדש.

שני נספחיו האחרונים של התנ״ך נועדו להמחיש פיזית את המתואר במקרא. בהדרכתם של פרופ׳ יוסף גרפינקל וד״ר יצחק מייטליס, בחרנו באחד־עשר אתרים או פריטים ארכאולוגיים שנמצאו ואשר יש להם זיקה חזקה למתואר במקרא. תמר הירדני כתבה על אודות הממצאים האלה ועל האירועים במקרא הקשורים לממצאים, בתמצות ובבהירות רבה. באופן זה למעיין יש אפשרות לחזות במו־עיניו בפריטים שהיו חלק מחייהם של הדמויות המתוארות במקרא. כמו כן, הוספנו טבלה המתרגמת מידות מקראיות למידות שבהן אנו משתמשים כיום, לאור שיטתו של הגר״ח נאה.

תודתנו נתונה לרבים שעבדו יחד להכנת מהדורה זו, אלה שנמנו למעלה ועוד רבים שיעצו. אנו נושאים תפילה לנותן התורה שיזכה אותנו לממש את משאלת לבנו לטובה, והיא לחלוק מאהבתנו לתנ"ך לעוד רבים.

כבוד גדול הוא בעבורנו להוציא לאור את 'תנ"ך ציון' לכבוד חמישים שנות ירושלים המאוחדת. אהבתנו לתנ"ך, הנובעת מהיותנו עם התנ"ך החי בארץ התנ"ך וכהמשך לאירועי התנ"ך, מתמזגת באהבתנו לעיר הנצח, ירושלים. ירושלים, רבגונית היום, כבעבר, בקהילותיה, נופיה ואתריה, אף בה כמו במקרא יש חן ייחודי וסימפוני, שעל מנת להתפעם ממלוא פארה יש להכיר לעומק את פניה השונות. ברוך הבוחר בציון והמאחד את כל פניה של ירושלים.

יהושע מילר
כ"ח באייר ה'תשע"ז

חמישים שנה לחיבור העיר
שחוברה לה יחדיו

# התנ״ך הראשון המסודר ומודפס בארץ ישראל

**על ספר התנ״ך הזה**
**יושבעו מעתה ועד עולם**
**כל נשיאי מדינת ישראל.**

עברנו תקופה של ממשלה זמנית, מועצת מדינה זמנית;
ואף אנחנו יושבים עתה בבניין זמני של הכנסת.
גם נשיאי ישראל הושבעו עד עתה
על ספר התנ״ך במהדורה זמנית.

**מעמד זה הוא סמל להתגברותנו**
**על מורשת זרים ושיבה למקורותינו.**

מדברי יושב ראש הכנסת
מר קדיש לוז
עם קבלת הכרך המהודר
של ספר התנ״ך
בשנת תשכ״ה

# תורה

בראשית
שמות
ויקרא
במדבר
דברים

# בראשית

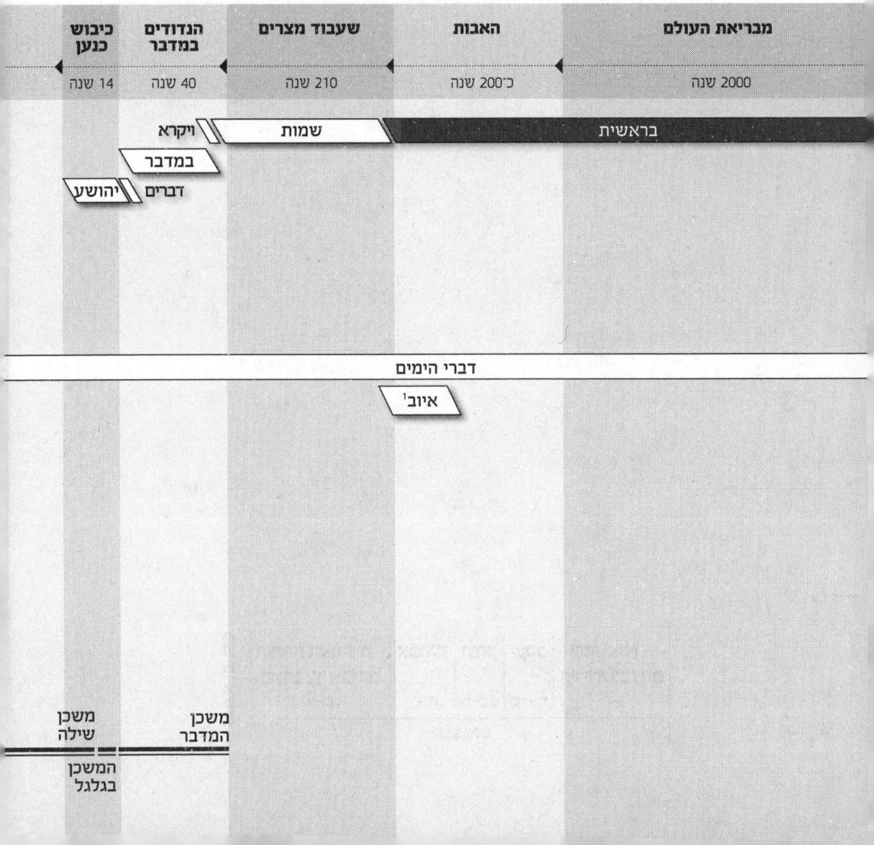
מבריאת העולם
האבות
שעבוד מצרים
הנדודים במדבר
כיבוש כנען
2000 שנה
כ־200 שנה
210 שנה
40 שנה
14 שנה
בראשית
שמות
ויקרא
במדבר
דברים
יהושע
דברי הימים
איוב1
משכן המדבר
משכן שילה
המשכן בגלגל

**ספר בראשית**

| ראשית האנושות – מאדם עד אברהם | אברהם | יצחק | יעקב | יוסף ואחיו – הירידה למצרים |
|---|---|---|---|---|
| א–יא | יב–כה | כו–כז ט | כז י – לו | לז–נ |

2,309 שנים

א ב בְּרֵאשִׁית בָּרָא אֱלֹהִים אֵת הַשָּׁמַיִם וְאֵת הָאָרֶץ: וְהָאָרֶץ
הָיְתָה תֹהוּ וָבֹהוּ וְחֹשֶׁךְ עַל־פְּנֵי תְהוֹם וְרוּחַ אֱלֹהִים מְרַחֶפֶת
ג ד עַל־פְּנֵי הַמָּיִם: וַיֹּאמֶר אֱלֹהִים יְהִי־אוֹר וַיְהִי־אוֹר: וַיַּרְא אֱלֹהִים
ה אֶת־הָאוֹר כִּי־טוֹב וַיַּבְדֵּל אֱלֹהִים בֵּין הָאוֹר וּבֵין הַחֹשֶׁךְ: וַיִּקְרָא
אֱלֹהִים ׀ לָאוֹר יוֹם וְלַחֹשֶׁךְ קָרָא לָיְלָה וַיְהִי־עֶרֶב וַיְהִי־בֹקֶר יוֹם
אֶחָד:
ו וַיֹּאמֶר אֱלֹהִים יְהִי רָקִיעַ בְּתוֹךְ הַמָּיִם וִיהִי מַבְדִּיל בֵּין מַיִם
ז לָמָיִם: וַיַּעַשׂ אֱלֹהִים אֶת־הָרָקִיעַ וַיַּבְדֵּל בֵּין הַמַּיִם אֲשֶׁר
ח מִתַּחַת לָרָקִיעַ וּבֵין הַמַּיִם אֲשֶׁר מֵעַל לָרָקִיעַ וַיְהִי־כֵן: וַיִּקְרָא
אֱלֹהִים לָרָקִיעַ שָׁמָיִם וַיְהִי־עֶרֶב וַיְהִי־בֹקֶר יוֹם שֵׁנִי:
ט וַיֹּאמֶר אֱלֹהִים יִקָּווּ הַמַּיִם מִתַּחַת הַשָּׁמַיִם אֶל־מָקוֹם אֶחָד
י וְתֵרָאֶה הַיַּבָּשָׁה וַיְהִי־כֵן: וַיִּקְרָא אֱלֹהִים ׀ לַיַּבָּשָׁה אֶרֶץ וּלְמִקְוֵה
יא הַמַּיִם קָרָא יַמִּים וַיַּרְא אֱלֹהִים כִּי־טוֹב: וַיֹּאמֶר אֱלֹהִים תַּדְשֵׁא
הָאָרֶץ דֶּשֶׁא עֵשֶׂב מַזְרִיעַ זֶרַע עֵץ פְּרִי עֹשֶׂה פְּרִי לְמִינוֹ אֲשֶׁר
יב זַרְעוֹ־בוֹ עַל־הָאָרֶץ וַיְהִי־כֵן: וַתּוֹצֵא הָאָרֶץ דֶּשֶׁא עֵשֶׂב מַזְרִיעַ
זֶרַע לְמִינֵהוּ וְעֵץ עֹשֶׂה־פְּרִי אֲשֶׁר זַרְעוֹ־בוֹ לְמִינֵהוּ וַיַּרְא אֱלֹהִים
יג כִּי־טוֹב: וַיְהִי־עֶרֶב וַיְהִי־בֹקֶר יוֹם שְׁלִישִׁי:
יד וַיֹּאמֶר אֱלֹהִים יְהִי מְאֹרֹת בִּרְקִיעַ הַשָּׁמַיִם לְהַבְדִּיל בֵּין הַיּוֹם
טו וּבֵין הַלָּיְלָה וְהָיוּ לְאֹתֹת וּלְמוֹעֲדִים וּלְיָמִים וְשָׁנִים: וְהָיוּ
טז לִמְאוֹרֹת בִּרְקִיעַ הַשָּׁמַיִם לְהָאִיר עַל־הָאָרֶץ וַיְהִי־כֵן: וַיַּעַשׂ
אֱלֹהִים אֶת־שְׁנֵי הַמְּאֹרֹת הַגְּדֹלִים אֶת־הַמָּאוֹר הַגָּדֹל לְמֶמְשֶׁלֶת
הַיּוֹם וְאֶת־הַמָּאוֹר הַקָּטֹן לְמֶמְשֶׁלֶת הַלַּיְלָה וְאֵת הַכּוֹכָבִים:
יז יח וַיִּתֵּן אֹתָם אֱלֹהִים בִּרְקִיעַ הַשָּׁמָיִם לְהָאִיר עַל־הָאָרֶץ: וְלִמְשֹׁל
בַּיּוֹם וּבַלַּיְלָה וּלְהַבְדִּיל בֵּין הָאוֹר וּבֵין הַחֹשֶׁךְ וַיַּרְא אֱלֹהִים
יט כִּי־טוֹב: וַיְהִי־עֶרֶב וַיְהִי־בֹקֶר יוֹם רְבִיעִי:
כ וַיֹּאמֶר אֱלֹהִים יִשְׁרְצוּ הַמַּיִם שֶׁרֶץ נֶפֶשׁ חַיָּה וְעוֹף יְעוֹפֵף עַל־
כא הָאָרֶץ עַל־פְּנֵי רְקִיעַ הַשָּׁמָיִם: וַיִּבְרָא אֱלֹהִים אֶת־הַתַּנִּינִם

הַגְּדֹלִים וְאֵת כָּל־נֶפֶשׁ הַחַיָּה ׀ הָרֹמֶשֶׂת אֲשֶׁר שָׁרְצוּ הַמַּיִם
לְמִינֵהֶם וְאֵת כָּל־עוֹף כָּנָף לְמִינֵהוּ וַיַּרְא אֱלֹהִים כִּי־טוֹב׃
כב וַיְבָרֶךְ אֹתָם אֱלֹהִים לֵאמֹר פְּרוּ וּרְבוּ וּמִלְאוּ אֶת־הַמַּיִם בַּיַּמִּים
כג וְהָעוֹף יִרֶב בָּאָרֶץ׃ וַיְהִי־עֶרֶב וַיְהִי־בֹקֶר יוֹם חֲמִישִׁי׃
כד וַיֹּאמֶר אֱלֹהִים תּוֹצֵא הָאָרֶץ נֶפֶשׁ חַיָּה לְמִינָהּ בְּהֵמָה וָרֶמֶשׂ
כה וְחַיְתוֹ־אֶרֶץ לְמִינָהּ וַיְהִי־כֵן׃ וַיַּעַשׂ אֱלֹהִים אֶת־חַיַּת הָאָרֶץ לְמִינָהּ
וְאֶת־הַבְּהֵמָה לְמִינָהּ וְאֵת כָּל־רֶמֶשׂ הָאֲדָמָה לְמִינֵהוּ וַיַּרְא
כו אֱלֹהִים כִּי־טוֹב׃ וַיֹּאמֶר אֱלֹהִים נַעֲשֶׂה אָדָם בְּצַלְמֵנוּ כִּדְמוּתֵנוּ (בריאת האדם | בראשית ב, ז)
וְיִרְדּוּ בִדְגַת הַיָּם וּבְעוֹף הַשָּׁמַיִם וּבַבְּהֵמָה וּבְכָל־הָאָרֶץ וּבְכָל־
כז הָרֶמֶשׂ הָרֹמֵשׂ עַל־הָאָרֶץ׃ וַיִּבְרָא אֱלֹהִים ׀ אֶת־הָאָדָם בְּצַלְמוֹ
כח בְּצֶלֶם אֱלֹהִים בָּרָא אֹתוֹ זָכָר וּנְקֵבָה בָּרָא אֹתָם׃ וַיְבָרֶךְ
אֹתָם אֱלֹהִים וַיֹּאמֶר לָהֶם אֱלֹהִים פְּרוּ וּרְבוּ וּמִלְאוּ אֶת־הָאָרֶץ
וְכִבְשֻׁהָ וּרְדוּ בִּדְגַת הַיָּם וּבְעוֹף הַשָּׁמַיִם וּבְכָל־חַיָּה הָרֹמֶשֶׂת
כט עַל־הָאָרֶץ׃ וַיֹּאמֶר אֱלֹהִים הִנֵּה נָתַתִּי לָכֶם אֶת־כָּל־עֵשֶׂב ׀ זֹרֵעַ
זֶרַע אֲשֶׁר עַל־פְּנֵי כָל־הָאָרֶץ וְאֶת־כָּל־הָעֵץ אֲשֶׁר־בּוֹ פְרִי־עֵץ
ל זֹרֵעַ זָרַע לָכֶם יִהְיֶה לְאָכְלָה׃ וּלְכָל־חַיַּת הָאָרֶץ וּלְכָל־עוֹף
הַשָּׁמַיִם וּלְכֹל ׀ רוֹמֵשׂ עַל־הָאָרֶץ אֲשֶׁר־בּוֹ נֶפֶשׁ חַיָּה אֶת־כָּל־
לא יֶרֶק עֵשֶׂב לְאָכְלָה וַיְהִי־כֵן׃ וַיַּרְא אֱלֹהִים אֶת־כָּל־אֲשֶׁר עָשָׂה
וְהִנֵּה־טוֹב מְאֹד וַיְהִי־עֶרֶב וַיְהִי־בֹקֶר יוֹם הַשִּׁשִּׁי׃
ב א ב וַיְכֻלּוּ הַשָּׁמַיִם וְהָאָרֶץ וְכָל־צְבָאָם׃ וַיְכַל אֱלֹהִים בַּיּוֹם הַשְּׁבִיעִי
מְלַאכְתּוֹ אֲשֶׁר עָשָׂה וַיִּשְׁבֹּת בַּיּוֹם הַשְּׁבִיעִי מִכָּל־מְלַאכְתּוֹ
ג אֲשֶׁר עָשָׂה׃ וַיְבָרֶךְ אֱלֹהִים אֶת־יוֹם הַשְּׁבִיעִי וַיְקַדֵּשׁ אֹתוֹ כִּי
בוֹ שָׁבַת מִכָּל־מְלַאכְתּוֹ אֲשֶׁר־בָּרָא אֱלֹהִים לַעֲשׂוֹת׃
שני ב ד אֵלֶּה תוֹלְדוֹת הַשָּׁמַיִם וְהָאָרֶץ בְּהִבָּרְאָם בְּיוֹם עֲשׂוֹת יְהוָה
ה אֱלֹהִים אֶרֶץ וְשָׁמָיִם׃ וְכֹל ׀ שִׂיחַ הַשָּׂדֶה טֶרֶם יִהְיֶה בָאָרֶץ וְכָל־
עֵשֶׂב הַשָּׂדֶה טֶרֶם יִצְמָח כִּי לֹא הִמְטִיר יְהוָה אֱלֹהִים עַל־הָאָרֶץ
ו וְאָדָם אַיִן לַעֲבֹד אֶת־הָאֲדָמָה׃ וְאֵד יַעֲלֶה מִן־הָאָרֶץ וְהִשְׁקָה

בריאת האדם
בראשית א, כו–כז

ז אֶת־כָּל־פְּנֵי הָאֲדָמָה: וַיִּיצֶר יְהוָה אֱלֹהִים אֶת־הָאָדָם עָפָר
מִן־הָאֲדָמָה וַיִּפַּח בְּאַפָּיו נִשְׁמַת חַיִּים וַיְהִי הָאָדָם לְנֶפֶשׁ חַיָּה:
ח וַיִּטַּע יְהוָה אֱלֹהִים גַּן בְּעֵדֶן מִקֶּדֶם וַיָּשֶׂם שָׁם אֶת־הָאָדָם אֲשֶׁר
ט יָצָר: וַיַּצְמַח יְהוָה אֱלֹהִים מִן־הָאֲדָמָה כָּל־עֵץ נֶחְמָד לְמַרְאֶה
י וְטוֹב לְמַאֲכָל וְעֵץ הַחַיִּים בְּתוֹךְ הַגָּן וְעֵץ הַדַּעַת טוֹב וָרָע: וְנָהָר
יֹצֵא מֵעֵדֶן לְהַשְׁקוֹת אֶת־הַגָּן וּמִשָּׁם יִפָּרֵד וְהָיָה לְאַרְבָּעָה
יא רָאשִׁים: שֵׁם הָאֶחָד פִּישׁוֹן הוּא הַסֹּבֵב אֵת כָּל־אֶרֶץ הַחֲוִילָה
יב אֲשֶׁר־שָׁם הַזָּהָב: וּזְהַב הָאָרֶץ הַהִוא טוֹב שָׁם הַבְּדֹלַח וְאֶבֶן
יג הַשֹּׁהַם: וְשֵׁם־הַנָּהָר הַשֵּׁנִי גִּיחוֹן הוּא הַסּוֹבֵב אֵת כָּל־אֶרֶץ
יד כּוּשׁ: וְשֵׁם הַנָּהָר הַשְּׁלִישִׁי חִדֶּקֶל הוּא הַהֹלֵךְ קִדְמַת אַשּׁוּר
טו וְהַנָּהָר הָרְבִיעִי הוּא פְרָת: וַיִּקַּח יְהוָה אֱלֹהִים אֶת־הָאָדָם
טז וַיַּנִּחֵהוּ בְגַן־עֵדֶן לְעָבְדָהּ וּלְשָׁמְרָהּ: וַיְצַו יְהוָה אֱלֹהִים עַל־הָאָדָם
יז לֵאמֹר מִכֹּל עֵץ־הַגָּן אָכֹל תֹּאכֵל: וּמֵעֵץ הַדַּעַת טוֹב וָרָע לֹא
יח תֹאכַל מִמֶּנּוּ כִּי בְּיוֹם אֲכָלְךָ מִמֶּנּוּ מוֹת תָּמוּת: וַיֹּאמֶר יְהוָה
יט אֱלֹהִים לֹא־טוֹב הֱיוֹת הָאָדָם לְבַדּוֹ אֶעֱשֶׂה־לּוֹ עֵזֶר כְּנֶגְדּוֹ: וַיִּצֶר
יְהוָה אֱלֹהִים מִן־הָאֲדָמָה כָּל־חַיַּת הַשָּׂדֶה וְאֵת כָּל־עוֹף הַשָּׁמַיִם
וַיָּבֵא אֶל־הָאָדָם לִרְאוֹת מַה־יִּקְרָא־לוֹ וְכֹל אֲשֶׁר יִקְרָא־
כ לוֹ הָאָדָם נֶפֶשׁ חַיָּה הוּא שְׁמוֹ: וַיִּקְרָא הָאָדָם שֵׁמוֹת לְכָל־ שלישי
הַבְּהֵמָה וּלְעוֹף הַשָּׁמַיִם וּלְכֹל חַיַּת הַשָּׂדֶה וּלְאָדָם לֹא־מָצָא
כא עֵזֶר כְּנֶגְדּוֹ: וַיַּפֵּל יְהוָה אֱלֹהִים ׀ תַּרְדֵּמָה עַל־הָאָדָם וַיִּישָׁן
כב וַיִּקַּח אַחַת מִצַּלְעֹתָיו וַיִּסְגֹּר בָּשָׂר תַּחְתֶּנָּה: וַיִּבֶן יְהוָה אֱלֹהִים ׀
אֶת־הַצֵּלָע אֲשֶׁר־לָקַח מִן־הָאָדָם לְאִשָּׁה וַיְבִאֶהָ אֶל־הָאָדָם:
כג וַיֹּאמֶר הָאָדָם זֹאת הַפַּעַם עֶצֶם מֵעֲצָמַי וּבָשָׂר מִבְּשָׂרִי לְזֹאת
כד יִקָּרֵא אִשָּׁה כִּי מֵאִישׁ לֻקְחָה־זֹּאת: עַל־כֵּן יַעֲזָב־אִישׁ אֶת־
כה אָבִיו וְאֶת־אִמּוֹ וְדָבַק בְּאִשְׁתּוֹ וְהָיוּ לְבָשָׂר אֶחָד: וַיִּהְיוּ שְׁנֵיהֶם
ג א עֲרוּמִּים הָאָדָם וְאִשְׁתּוֹ וְלֹא יִתְבֹּשָׁשׁוּ: וְהַנָּחָשׁ הָיָה עָרוּם מִכֹּל
חַיַּת הַשָּׂדֶה אֲשֶׁר עָשָׂה יְהוָה אֱלֹהִים וַיֹּאמֶר אֶל־הָאִשָּׁה אַף

כִּֽי־אָמַ֣ר אֱלֹהִ֔ים לֹ֣א תֹֽאכְל֔וּ מִכֹּ֖ל עֵ֥ץ הַגָּֽן׃ וַתֹּ֥אמֶר הָֽאִשָּׁ֖ה ב
אֶל־הַנָּחָ֑שׁ מִפְּרִ֥י עֵֽץ־הַגָּ֖ן נֹאכֵֽל׃ וּמִפְּרִ֣י הָעֵץ֮ אֲשֶׁ֣ר בְּתוֹךְ־הַגָּן֒ ג
אָמַ֣ר אֱלֹהִ֗ים לֹ֤א תֹֽאכְלוּ֙ מִמֶּ֔נּוּ וְלֹ֥א תִגְּע֖וּ בּ֑וֹ פֶּ֖ן תְּמֻתֽוּן׃
וַיֹּ֥אמֶר הַנָּחָ֖שׁ אֶל־הָֽאִשָּׁ֑ה לֹֽא־מ֖וֹת תְּמֻתֽוּן׃ כִּ֚י יֹדֵ֣עַ אֱלֹהִ֔ים כִּ֗י ד ה
בְּיוֹם֙ אֲכָלְכֶ֣ם מִמֶּ֔נּוּ וְנִפְקְח֖וּ עֵֽינֵיכֶ֑ם וִהְיִיתֶם֙ כֵּֽאלֹהִ֔ים יֹדְעֵ֖י ט֥וֹב
וָרָֽע׃ וַתֵּ֣רֶא הָֽאִשָּׁ֡ה כִּ֣י טוֹב֩ הָעֵ֨ץ לְמַאֲכָ֜ל וְכִ֧י תַֽאֲוָה־ה֣וּא ו
לָעֵינַ֗יִם וְנֶחְמָ֤ד הָעֵץ֙ לְהַשְׂכִּ֔יל וַתִּקַּ֥ח מִפִּרְי֖וֹ וַתֹּאכַ֑ל וַתִּתֵּ֧ן גַּם־
לְאִישָׁ֛הּ עִמָּ֖הּ וַיֹּאכַֽל׃ וַתִּפָּקַ֙חְנָה֙ עֵינֵ֣י שְׁנֵיהֶ֔ם וַיֵּ֣דְע֔וּ כִּ֥י עֵירֻמִּ֖ם ז
הֵ֑ם וַֽיִּתְפְּרוּ֙ עֲלֵ֣ה תְאֵנָ֔ה וַיַּעֲשׂ֥וּ לָהֶ֖ם חֲגֹרֹֽת׃ וַֽיִּשְׁמְע֞וּ אֶת־ק֨וֹל ח
יְהוָ֧ה אֱלֹהִ֛ים מִתְהַלֵּ֥ךְ בַּגָּ֖ן לְר֣וּחַ הַיּ֑וֹם וַיִּתְחַבֵּ֨א הָֽאָדָ֜ם וְאִשְׁתּ֗וֹ
מִפְּנֵי֙ יְהוָ֣ה אֱלֹהִ֔ים בְּת֖וֹךְ עֵ֥ץ הַגָּֽן׃ וַיִּקְרָ֛א יְהוָ֥ה אֱלֹהִ֖ים אֶל־ ט
הָֽאָדָ֑ם וַיֹּ֥אמֶר ל֖וֹ אַיֶּֽכָּה׃ וַיֹּ֕אמֶר אֶת־קֹלְךָ֥ שָׁמַ֖עְתִּי בַּגָּ֑ן וָאִירָ֛א י
כִּֽי־עֵירֹ֥ם אָנֹ֖כִי וָאֵחָבֵֽא׃ וַיֹּ֕אמֶר מִ֚י הִגִּ֣יד לְךָ֔ כִּ֥י עֵירֹ֖ם אָ֑תָּה יא
הֲמִן־הָעֵ֗ץ אֲשֶׁ֧ר צִוִּיתִ֛יךָ לְבִלְתִּ֥י אֲכָל־מִמֶּ֖נּוּ אָכָֽלְתָּ׃ וַיֹּ֖אמֶר יב
הָֽאָדָ֑ם הָֽאִשָּׁה֙ אֲשֶׁ֣ר נָתַ֣תָּה עִמָּדִ֔י הִ֛וא נָֽתְנָה־לִּ֥י מִן־הָעֵ֖ץ
וָאֹכֵֽל׃ וַיֹּ֨אמֶר יְהוָ֧ה אֱלֹהִ֛ים לָאִשָּׁ֖ה מַה־זֹּ֣את עָשִׂ֑ית וַתֹּ֙אמֶר֙ יג
הָֽאִשָּׁ֔ה הַנָּחָ֥שׁ הִשִּׁיאַ֖נִי וָאֹכֵֽל׃ וַיֹּאמֶר֩ יְהוָ֨ה אֱלֹהִ֥ים ׀ אֶֽל־הַנָּחָשׁ֮ יד
כִּ֣י עָשִׂ֣יתָ זֹּאת֒ אָר֤וּר אַתָּה֙ מִכָּל־הַבְּהֵמָ֔ה וּמִכֹּ֖ל חַיַּ֣ת הַשָּׂדֶ֑ה
עַל־גְּחֹנְךָ֣ תֵלֵ֔ךְ וְעָפָ֥ר תֹּאכַ֖ל כָּל־יְמֵ֥י חַיֶּֽיךָ׃ וְאֵיבָ֣ה ׀ אָשִׁ֗ית טו
בֵּֽינְךָ֙ וּבֵ֣ין הָֽאִשָּׁ֔ה וּבֵ֥ין זַרְעֲךָ֖ וּבֵ֣ין זַרְעָ֑הּ ה֚וּא יְשׁוּפְךָ֣ רֹ֔אשׁ וְאַתָּ֖ה
תְּשׁוּפֶ֥נּוּ עָקֵֽב׃ אֶל־הָֽאִשָּׁ֣ה אָמַ֗ר הַרְבָּ֤ה אַרְבֶּה֙ טז
עִצְּבוֹנֵ֣ךְ וְהֵרֹנֵ֔ךְ בְּעֶ֖צֶב תֵּֽלְדִ֣י בָנִ֑ים וְאֶל־אִישֵׁךְ֙ תְּשׁ֣וּקָתֵ֔ךְ וְה֖וּא
יִמְשָׁל־בָּֽךְ׃ וּלְאָדָ֣ם אָמַ֗ר כִּ֣י שָׁמַ֮עְתָּ֮ לְק֣וֹל אִשְׁתֶּךָ֒ יז
וַתֹּ֙אכַל֙ מִן־הָעֵ֔ץ אֲשֶׁ֤ר צִוִּיתִ֙יךָ֙ לֵאמֹ֔ר לֹ֥א תֹאכַ֖ל מִמֶּ֑נּוּ אֲרוּרָ֤ה
הָֽאֲדָמָה֙ בַּעֲבוּרֶ֔ךָ בְּעִצָּבוֹן֙ תֹּֽאכֲלֶ֔נָּה כֹּ֖ל יְמֵ֥י חַיֶּֽיךָ׃ וְק֥וֹץ יח
וְדַרְדַּ֖ר תַּצְמִ֣יחַֽ לָ֑ךְ וְאָכַלְתָּ֖ אֶת־עֵ֥שֶׂב הַשָּׂדֶֽה׃ בְּזֵעַ֤ת אַפֶּ֙יךָ֙ יט
תֹּ֣אכַל לֶ֔חֶם עַ֚ד שֽׁוּבְךָ֙ אֶל־הָ֣אֲדָמָ֔ה כִּ֥י מִמֶּ֖נָּה לֻקָּ֑חְתָּ כִּֽי־

כ עָפָר אַתָּה וְאֶל־עָפָר תָּשׁוּב׃ וַיִּקְרָא הָאָדָם שֵׁם אִשְׁתּוֹ חַוָּה
כא כִּי הִוא הָיְתָה אֵם כָּל־חָי׃ וַיַּעַשׂ יהוה אֱלֹהִים לְאָדָם וּלְאִשְׁתּוֹ
כָּתְנוֹת עוֹר וַיַּלְבִּשֵׁם׃
כב וַיֹּאמֶר ׀ יהוה אֱלֹהִים הֵן הָאָדָם הָיָה כְּאַחַד מִמֶּנּוּ לָדַעַת טוֹב ג רביעי
וָרָע וְעַתָּה ׀ פֶּן־יִשְׁלַח יָדוֹ וְלָקַח גַּם מֵעֵץ הַחַיִּים וְאָכַל וָחַי
כג לְעֹלָם׃ וַיְשַׁלְּחֵהוּ יהוה אֱלֹהִים מִגַּן־עֵדֶן לַעֲבֹד אֶת־הָאֲדָמָה
כד אֲשֶׁר לֻקַּח מִשָּׁם׃ וַיְגָרֶשׁ אֶת־הָאָדָם וַיַּשְׁכֵּן מִקֶּדֶם לְגַן־עֵדֶן
אֶת־הַכְּרֻבִים וְאֵת לַהַט הַחֶרֶב הַמִּתְהַפֶּכֶת לִשְׁמֹר אֶת־דֶּרֶךְ
ד א עֵץ הַחַיִּים׃ וְהָאָדָם יָדַע אֶת־חַוָּה אִשְׁתּוֹ וַתַּהַר
ב וַתֵּלֶד אֶת־קַיִן וַתֹּאמֶר קָנִיתִי אִישׁ אֶת־יהוה׃ וַתֹּסֶף לָלֶדֶת
אֶת־אָחִיו אֶת־הָבֶל וַיְהִי־הֶבֶל רֹעֵה צֹאן וְקַיִן הָיָה עֹבֵד אֲדָמָה׃
ג ד וַיְהִי מִקֵּץ יָמִים וַיָּבֵא קַיִן מִפְּרִי הָאֲדָמָה מִנְחָה לַיהוה׃ וְהֶבֶל
הֵבִיא גַם־הוּא מִבְּכֹרוֹת צֹאנוֹ וּמֵחֶלְבֵהֶן וַיִּשַׁע יהוה אֶל־
ה הֶבֶל וְאֶל־מִנְחָתוֹ׃ וְאֶל־קַיִן וְאֶל־מִנְחָתוֹ לֹא שָׁעָה וַיִּחַר
ו לְקַיִן מְאֹד וַיִּפְּלוּ פָּנָיו׃ וַיֹּאמֶר יהוה אֶל־קָיִן לָמָּה חָרָה לָךְ
ז וְלָמָּה נָפְלוּ פָנֶיךָ׃ הֲלוֹא אִם־תֵּיטִיב שְׂאֵת וְאִם לֹא תֵיטִיב
לַפֶּתַח חַטָּאת רֹבֵץ וְאֵלֶיךָ תְּשׁוּקָתוֹ וְאַתָּה תִּמְשָׁל־בּוֹ׃
ח וַיֹּאמֶר קַיִן אֶל־הֶבֶל אָחִיו וַיְהִי בִּהְיוֹתָם בַּשָּׂדֶה וַיָּקָם קַיִן
ט אֶל־הֶבֶל אָחִיו וַיַּהַרְגֵהוּ׃ וַיֹּאמֶר יהוה אֶל־קַיִן אֵי הֶבֶל
י אָחִיךָ וַיֹּאמֶר לֹא יָדַעְתִּי הֲשֹׁמֵר אָחִי אָנֹכִי׃ וַיֹּאמֶר מֶה
יא עָשִׂיתָ קוֹל דְּמֵי אָחִיךָ צֹעֲקִים אֵלַי מִן־הָאֲדָמָה׃ וְעַתָּה אָרוּר
אָתָּה מִן־הָאֲדָמָה אֲשֶׁר פָּצְתָה אֶת־פִּיהָ לָקַחַת אֶת־דְּמֵי
יב אָחִיךָ מִיָּדֶךָ׃ כִּי תַעֲבֹד אֶת־הָאֲדָמָה לֹא־תֹסֵף תֵּת־כֹּחָהּ לָךְ
יג נָע וָנָד תִּהְיֶה בָאָרֶץ׃ וַיֹּאמֶר קַיִן אֶל־יהוה גָּדוֹל עֲוֺנִי מִנְּשֹׂא׃
יד הֵן גֵּרַשְׁתָּ אֹתִי הַיּוֹם מֵעַל פְּנֵי הָאֲדָמָה וּמִפָּנֶיךָ אֶסָּתֵר וְהָיִיתִי
טו נָע וָנָד בָּאָרֶץ וְהָיָה כָל־מֹצְאִי יַהַרְגֵנִי׃ וַיֹּאמֶר לוֹ יהוה לָכֵן
כָּל־הֹרֵג קַיִן שִׁבְעָתַיִם יֻקָּם וַיָּשֶׂם יהוה לְקַיִן אוֹת לְבִלְתִּי

טז הַכּוֹת־אֹתוֹ כָּל־מֹצְאוֹ׃ וַיֵּצֵא קַיִן מִלִּפְנֵי יְהוָה וַיֵּשֶׁב בְּאֶרֶץ־
יז נוֹד קִדְמַת־עֵדֶן׃ וַיֵּדַע קַיִן אֶת־אִשְׁתּוֹ וַתַּהַר וַתֵּלֶד אֶת־חֲנוֹךְ
יח וַיְהִי בֹּנֶה עִיר וַיִּקְרָא שֵׁם הָעִיר כְּשֵׁם בְּנוֹ חֲנוֹךְ׃ וַיִּוָּלֵד לַחֲנוֹךְ
אֶת־עִירָד וְעִירָד יָלַד אֶת־מְחוּיָאֵל וּמְחִיָּיאֵל יָלַד אֶת־מְתוּשָׁאֵל
יט חמישי וּמְתוּשָׁאֵל יָלַד אֶת־לָמֶךְ׃ וַיִּקַּח־לוֹ לֶמֶךְ שְׁתֵּי נָשִׁים שֵׁם הָאַחַת
כ עָדָה וְשֵׁם הַשֵּׁנִית צִלָּה׃ וַתֵּלֶד עָדָה אֶת־יָבָל הוּא הָיָה אֲבִי
כא יֹשֵׁב אֹהֶל וּמִקְנֶה׃ וְשֵׁם אָחִיו יוּבָל הוּא הָיָה אֲבִי כָּל־תֹּפֵשׂ
כב כִּנּוֹר וְעוּגָב׃ וְצִלָּה גַם־הִוא יָלְדָה אֶת־תּוּבַל קַיִן לֹטֵשׁ כָּל־
כג חֹרֵשׁ נְחֹשֶׁת וּבַרְזֶל וַאֲחוֹת תּוּבַל־קַיִן נַעֲמָה׃ וַיֹּאמֶר לֶמֶךְ לְנָשָׁיו
עָדָה וְצִלָּה שְׁמַעַן קוֹלִי נְשֵׁי לֶמֶךְ הַאְזֵנָּה אִמְרָתִי כִּי אִישׁ
כד הָרַגְתִּי לְפִצְעִי וְיֶלֶד לְחַבֻּרָתִי׃ כִּי שִׁבְעָתַיִם יֻקַּם־קָיִן וְלֶמֶךְ
כה שִׁבְעִים וְשִׁבְעָה׃ וַיֵּדַע אָדָם עוֹד אֶת־אִשְׁתּוֹ וַתֵּלֶד בֵּן וַתִּקְרָא
אֶת־שְׁמוֹ שֵׁת כִּי שָׁת־לִי אֱלֹהִים זֶרַע אַחֵר תַּחַת הֶבֶל כִּי הֲרָגוֹ
כו קָיִן׃ וּלְשֵׁת גַּם־הוּא יֻלַּד־בֵּן וַיִּקְרָא אֶת־שְׁמוֹ אֱנוֹשׁ אָז הוּחַל
ה א ששי ד לִקְרֹא בְּשֵׁם יְהוָה׃ זֶה סֵפֶר תּוֹלְדֹת אָדָם בְּיוֹם
ב בְּרֹא אֱלֹהִים אָדָם בִּדְמוּת אֱלֹהִים עָשָׂה אֹתוֹ׃ זָכָר וּנְקֵבָה
בְּרָאָם וַיְבָרֶךְ אֹתָם וַיִּקְרָא אֶת־שְׁמָם אָדָם בְּיוֹם הִבָּרְאָם׃
ג וַיְחִי אָדָם שְׁלֹשִׁים וּמְאַת שָׁנָה וַיּוֹלֶד בִּדְמוּתוֹ כְּצַלְמוֹ וַיִּקְרָא
ד אֶת־שְׁמוֹ שֵׁת׃ וַיִּהְיוּ יְמֵי־אָדָם אַחֲרֵי הוֹלִידוֹ אֶת־שֵׁת שְׁמֹנֶה
ה מֵאֹת שָׁנָה וַיּוֹלֶד בָּנִים וּבָנוֹת׃ וַיִּהְיוּ כָּל־יְמֵי אָדָם אֲשֶׁר־חַי
ו תְּשַׁע מֵאוֹת שָׁנָה וּשְׁלֹשִׁים שָׁנָה וַיָּמֹת׃ וַיְחִי־
ז שֵׁת חָמֵשׁ שָׁנִים וּמְאַת שָׁנָה וַיּוֹלֶד אֶת־אֱנוֹשׁ׃ וַיְחִי־שֵׁת אַחֲרֵי
הוֹלִידוֹ אֶת־אֱנוֹשׁ שֶׁבַע שָׁנִים וּשְׁמֹנֶה מֵאוֹת שָׁנָה וַיּוֹלֶד בָּנִים
ח וּבָנוֹת׃ וַיִּהְיוּ כָּל־יְמֵי־שֵׁת שְׁתֵּים עֶשְׂרֵה שָׁנָה וּתְשַׁע מֵאוֹת
ט שָׁנָה וַיָּמֹת׃ וַיְחִי אֱנוֹשׁ תִּשְׁעִים שָׁנָה וַיּוֹלֶד אֶת־
י קֵינָן׃ וַיְחִי אֱנוֹשׁ אַחֲרֵי הוֹלִידוֹ אֶת־קֵינָן חֲמֵשׁ עֶשְׂרֵה שָׁנָה
יא וּשְׁמֹנֶה מֵאוֹת שָׁנָה וַיּוֹלֶד בָּנִים וּבָנוֹת׃ וַיִּהְיוּ כָּל־יְמֵי אֱנוֹשׁ

עשרה דורות מאדם עד נח
דה״א א, א–ג

בריאת האדם וברכת ה׳ לו
בראשית א, כו–כח; ב, ז

יב חָמֵשׁ שָׁנִים וּתְשַׁע מֵאוֹת שָׁנָה וַיָּמֹת׃ וַיְחִי קֵינָן
יג שִׁבְעִים שָׁנָה וַיּוֹלֶד אֶת־מַהֲלַלְאֵל׃ וַיְחִי קֵינָן אַחֲרֵי הוֹלִידוֹ
אֶת־מַהֲלַלְאֵל אַרְבָּעִים שָׁנָה וּשְׁמֹנֶה מֵאוֹת שָׁנָה וַיּוֹלֶד
יד בָּנִים וּבָנוֹת׃ וַיִּהְיוּ כׇּל־יְמֵי קֵינָן עֶשֶׂר שָׁנִים וּתְשַׁע מֵאוֹת
טו שָׁנָה וַיָּמֹת׃ וַיְחִי מַהֲלַלְאֵל חָמֵשׁ שָׁנִים וְשִׁשִּׁים
טז שָׁנָה וַיּוֹלֶד אֶת־יָרֶד׃ וַיְחִי מַהֲלַלְאֵל אַחֲרֵי הוֹלִידוֹ אֶת־יֶרֶד
יז שְׁלֹשִׁים שָׁנָה וּשְׁמֹנֶה מֵאוֹת שָׁנָה וַיּוֹלֶד בָּנִים וּבָנוֹת׃ וַיִּהְיוּ
כׇּל־יְמֵי מַהֲלַלְאֵל חָמֵשׁ וְתִשְׁעִים שָׁנָה וּשְׁמֹנֶה מֵאוֹת שָׁנָה
יח וַיָּמֹת׃ וַיְחִי־יֶרֶד שְׁתַּיִם וְשִׁשִּׁים שָׁנָה וּמְאַת שָׁנָה
יט וַיּוֹלֶד אֶת־חֲנוֹךְ׃ וַיְחִי־יֶרֶד אַחֲרֵי הוֹלִידוֹ אֶת־חֲנוֹךְ שְׁמֹנֶה
כ מֵאוֹת שָׁנָה וַיּוֹלֶד בָּנִים וּבָנוֹת׃ וַיִּהְיוּ כׇּל־יְמֵי־יֶרֶד שְׁתַּיִם
כא וְשִׁשִּׁים שָׁנָה וּתְשַׁע מֵאוֹת שָׁנָה וַיָּמֹת׃ וַיְחִי חֲנוֹךְ
כב חָמֵשׁ וְשִׁשִּׁים שָׁנָה וַיּוֹלֶד אֶת־מְתוּשָׁלַח׃ וַיִּתְהַלֵּךְ חֲנוֹךְ אֶת־
הָאֱלֹהִים אַחֲרֵי הוֹלִידוֹ אֶת־מְתוּשֶׁלַח שְׁלֹשׁ מֵאוֹת שָׁנָה וַיּוֹלֶד
כג בָּנִים וּבָנוֹת׃ וַיְהִי כׇּל־יְמֵי חֲנוֹךְ חָמֵשׁ וְשִׁשִּׁים שָׁנָה וּשְׁלֹשׁ
כד מֵאוֹת שָׁנָה׃ וַיִּתְהַלֵּךְ חֲנוֹךְ אֶת־הָאֱלֹהִים וְאֵינֶנּוּ כִּי־לָקַח
כה אֹתוֹ אֱלֹהִים׃ וַיְחִי מְתוּשֶׁלַח שֶׁבַע וּשְׁמֹנִים שָׁנָה שביעי
כו וּמְאַת שָׁנָה וַיּוֹלֶד אֶת־לָמֶךְ׃ וַיְחִי מְתוּשֶׁלַח אַחֲרֵי הוֹלִידוֹ
אֶת־לֶמֶךְ שְׁתַּיִם וּשְׁמוֹנִים שָׁנָה וּשְׁבַע מֵאוֹת שָׁנָה וַיּוֹלֶד
כז בָּנִים וּבָנוֹת׃ וַיִּהְיוּ כׇּל־יְמֵי מְתוּשֶׁלַח תֵּשַׁע וְשִׁשִּׁים שָׁנָה
כח וּתְשַׁע מֵאוֹת שָׁנָה וַיָּמֹת׃ וַיְחִי־לֶמֶךְ שְׁתַּיִם
כט וּשְׁמֹנִים שָׁנָה וּמְאַת שָׁנָה וַיּוֹלֶד בֵּן׃ וַיִּקְרָא אֶת־שְׁמוֹ נֹחַ
לֵאמֹר זֶה יְנַחֲמֵנוּ מִמַּעֲשֵׂנוּ וּמֵעִצְּבוֹן יָדֵינוּ מִן־הָאֲדָמָה
ל אֲשֶׁר אֵרְרָהּ יְהוָה׃ וַיְחִי־לֶמֶךְ אַחֲרֵי הוֹלִידוֹ אֶת־נֹחַ חָמֵשׁ
וְתִשְׁעִים שָׁנָה וַחֲמֵשׁ מֵאֹת שָׁנָה וַיּוֹלֶד בָּנִים וּבָנוֹת׃
לא וַיְהִי כׇּל־יְמֵי־לֶמֶךְ שֶׁבַע וְשִׁבְעִים שָׁנָה וּשְׁבַע מֵאוֹת שָׁנָה
לב וַיָּמֹת׃ וַיְהִי־נֹחַ בֶּן־חֲמֵשׁ מֵאוֹת שָׁנָה וַיּוֹלֶד נֹחַ

אֶת־שֵׁם אֶת־חָם וְאֶת־יָפֶת׃ וַיְהִי כִּי־הֵחֵל הָאָדָם לָרֹב עַל־ א
פְּנֵי הָאֲדָמָה וּבָנוֹת יֻלְּדוּ לָהֶם׃ וַיִּרְאוּ בְנֵי־הָאֱלֹהִים אֶת־ ב
בְּנוֹת הָאָדָם כִּי טֹבֹת הֵנָּה וַיִּקְחוּ לָהֶם נָשִׁים מִכֹּל אֲשֶׁר
בָּחָרוּ׃ וַיֹּאמֶר יהוה לֹא־יָדוֹן רוּחִי בָאָדָם לְעֹלָם בְּשַׁגַּם הוּא ג
בָשָׂר וְהָיוּ יָמָיו מֵאָה וְעֶשְׂרִים שָׁנָה׃ הַנְּפִלִים הָיוּ בָאָרֶץ ד
בַּיָּמִים הָהֵם וְגַם אַחֲרֵי־כֵן אֲשֶׁר יָבֹאוּ בְּנֵי הָאֱלֹהִים אֶל־
בְּנוֹת הָאָדָם וְיָלְדוּ לָהֶם הֵמָּה הַגִּבֹּרִים אֲשֶׁר מֵעוֹלָם אַנְשֵׁי
הַשֵּׁם׃

מפטיר וַיַּרְא יהוה כִּי רַבָּה רָעַת הָאָדָם בָּאָרֶץ וְכָל־יֵצֶר מַחְשְׁבֹת ה
לִבּוֹ רַק רַע כָּל־הַיּוֹם׃ וַיִּנָּחֶם יהוה כִּי־עָשָׂה אֶת־הָאָדָם ו
בָּאָרֶץ וַיִּתְעַצֵּב אֶל־לִבּוֹ׃ וַיֹּאמֶר יהוה אֶמְחֶה אֶת־הָאָדָם ז
אֲשֶׁר־בָּרָאתִי מֵעַל פְּנֵי הָאֲדָמָה מֵאָדָם עַד־בְּהֵמָה עַד־
רֶמֶשׂ וְעַד־עוֹף הַשָּׁמָיִם כִּי נִחַמְתִּי כִּי עֲשִׂיתִם׃ וְנֹחַ מָצָא חֵן ח
בְּעֵינֵי יהוה׃

נח ה אֵלֶּה תּוֹלְדֹת נֹחַ נֹחַ אִישׁ צַדִּיק תָּמִים הָיָה בְּדֹרֹתָיו אֶת־ ט
הָאֱלֹהִים הִתְהַלֶּךְ־נֹחַ׃ וַיּוֹלֶד נֹחַ שְׁלֹשָׁה בָנִים אֶת־שֵׁם אֶת־ י
חָם וְאֶת־יָפֶת׃ וַתִּשָּׁחֵת הָאָרֶץ לִפְנֵי הָאֱלֹהִים וַתִּמָּלֵא הָאָרֶץ יא
חָמָס׃ וַיַּרְא אֱלֹהִים אֶת־הָאָרֶץ וְהִנֵּה נִשְׁחָתָה כִּי־הִשְׁחִית כָּל־ יב
בָּשָׂר אֶת־דַּרְכּוֹ עַל־הָאָרֶץ׃ וַיֹּאמֶר אֱלֹהִים לְנֹחַ יג
קֵץ כָּל־בָּשָׂר בָּא לְפָנַי כִּי־מָלְאָה הָאָרֶץ חָמָס מִפְּנֵיהֶם וְהִנְנִי
מַשְׁחִיתָם אֶת־הָאָרֶץ׃ עֲשֵׂה לְךָ תֵּבַת עֲצֵי־גֹפֶר קִנִּים תַּעֲשֶׂה יד
אֶת־הַתֵּבָה וְכָפַרְתָּ אֹתָהּ מִבַּיִת וּמִחוּץ בַּכֹּפֶר׃ וְזֶה אֲשֶׁר טו
תַּעֲשֶׂה אֹתָהּ שְׁלֹשׁ מֵאוֹת אַמָּה אֹרֶךְ הַתֵּבָה חֲמִשִּׁים אַמָּה
רָחְבָּהּ וּשְׁלֹשִׁים אַמָּה קוֹמָתָהּ׃ צֹהַר ׀ תַּעֲשֶׂה לַתֵּבָה וְאֶל־אַמָּה טז
תְּכַלֶּנָּה מִלְמַעְלָה וּפֶתַח הַתֵּבָה בְּצִדָּהּ תָּשִׂים תַּחְתִּיִּם שְׁנִיִּם
וּשְׁלִשִׁים תַּעֲשֶׂהָ׃ וַאֲנִי הִנְנִי מֵבִיא אֶת־הַמַּבּוּל מַיִם עַל־הָאָרֶץ יז
לְשַׁחֵת כָּל־בָּשָׂר אֲשֶׁר־בּוֹ רוּחַ חַיִּים מִתַּחַת הַשָּׁמָיִם כֹּל אֲשֶׁר־

 ו

יח בָּאָרֶץ יִגְוָע׃ וַהֲקִמֹתִי אֶת־בְּרִיתִי אִתָּךְ וּבָאתָ אֶל־הַתֵּבָה אַתָּה
יט וּבָנֶיךָ וְאִשְׁתְּךָ וּנְשֵׁי־בָנֶיךָ אִתָּךְ׃ וּמִכָּל־הָחַי מִכָּל־בָּשָׂר שְׁנַיִם
כ מִכֹּל תָּבִיא אֶל־הַתֵּבָה לְהַחֲיֹת אִתָּךְ זָכָר וּנְקֵבָה יִהְיוּ׃ מֵהָעוֹף
לְמִינֵהוּ וּמִן־הַבְּהֵמָה לְמִינָהּ מִכֹּל רֶמֶשׂ הָאֲדָמָה לְמִינֵהוּ שְׁנַיִם
כא מִכֹּל יָבֹאוּ אֵלֶיךָ לְהַחֲיוֹת׃ וְאַתָּה קַח־לְךָ מִכָּל־מַאֲכָל אֲשֶׁר
כב יֵאָכֵל וְאָסַפְתָּ אֵלֶיךָ וְהָיָה לְךָ וְלָהֶם לְאָכְלָה׃ וַיַּעַשׂ נֹחַ כְּכֹל
ז א אֲשֶׁר צִוָּה אֹתוֹ אֱלֹהִים כֵּן עָשָׂה׃ וַיֹּאמֶר יהוה לְנֹחַ בֹּא־אַתָּה שני
וְכָל־בֵּיתְךָ אֶל־הַתֵּבָה כִּי־אֹתְךָ רָאִיתִי צַדִּיק לְפָנַי בַּדּוֹר
ב הַזֶּה׃ מִכֹּל ׀ הַבְּהֵמָה הַטְּהוֹרָה תִּקַּח־לְךָ שִׁבְעָה שִׁבְעָה אִישׁ
וְאִשְׁתּוֹ וּמִן־הַבְּהֵמָה אֲשֶׁר לֹא טְהֹרָה הִוא שְׁנַיִם אִישׁ
ג וְאִשְׁתּוֹ׃ גַּם מֵעוֹף הַשָּׁמַיִם שִׁבְעָה שִׁבְעָה זָכָר וּנְקֵבָה לְחַיּוֹת
ד זֶרַע עַל־פְּנֵי כָל־הָאָרֶץ׃ כִּי לְיָמִים עוֹד שִׁבְעָה אָנֹכִי מַמְטִיר
עַל־הָאָרֶץ אַרְבָּעִים יוֹם וְאַרְבָּעִים לָיְלָה וּמָחִיתִי אֶת־כָּל־
ה הַיְקוּם אֲשֶׁר עָשִׂיתִי מֵעַל פְּנֵי הָאֲדָמָה׃ וַיַּעַשׂ נֹחַ כְּכֹל אֲשֶׁר־
ו צִוָּהוּ יהוה׃ וְנֹחַ בֶּן־שֵׁשׁ מֵאוֹת שָׁנָה וְהַמַּבּוּל הָיָה מַיִם עַל־
ז הָאָרֶץ׃ וַיָּבֹא נֹחַ וּבָנָיו וְאִשְׁתּוֹ וּנְשֵׁי־בָנָיו אִתּוֹ אֶל־הַתֵּבָה
ח מִפְּנֵי מֵי הַמַּבּוּל׃ מִן־הַבְּהֵמָה הַטְּהוֹרָה וּמִן־הַבְּהֵמָה אֲשֶׁר
ט אֵינֶנָּה טְהֹרָה וּמִן־הָעוֹף וְכֹל אֲשֶׁר־רֹמֵשׂ עַל־הָאֲדָמָה׃ שְׁנַיִם
שְׁנַיִם בָּאוּ אֶל־נֹחַ אֶל־הַתֵּבָה זָכָר וּנְקֵבָה כַּאֲשֶׁר צִוָּה אֱלֹהִים
י אֶת־נֹחַ׃ וַיְהִי לְשִׁבְעַת הַיָּמִים וּמֵי הַמַּבּוּל הָיוּ עַל־הָאָרֶץ׃
יא בִּשְׁנַת שֵׁשׁ־מֵאוֹת שָׁנָה לְחַיֵּי־נֹחַ בַּחֹדֶשׁ הַשֵּׁנִי בְּשִׁבְעָה־עָשָׂר
יוֹם לַחֹדֶשׁ בַּיּוֹם הַזֶּה נִבְקְעוּ כָּל־מַעְיְנֹת תְּהוֹם רַבָּה וַאֲרֻבֹּת
יב הַשָּׁמַיִם נִפְתָּחוּ׃ וַיְהִי הַגֶּשֶׁם עַל־הָאָרֶץ אַרְבָּעִים יוֹם וְאַרְבָּעִים
יג לָיְלָה׃ בְּעֶצֶם הַיּוֹם הַזֶּה בָּא נֹחַ וְשֵׁם־וְחָם וָיֶפֶת בְּנֵי־נֹחַ וְאֵשֶׁת
יד נֹחַ וּשְׁלֹשֶׁת נְשֵׁי־בָנָיו אִתָּם אֶל־הַתֵּבָה׃ הֵמָּה וְכָל־הַחַיָּה לְמִינָהּ
וְכָל־הַבְּהֵמָה לְמִינָהּ וְכָל־הָרֶמֶשׂ הָרֹמֵשׂ עַל־הָאָרֶץ לְמִינֵהוּ
טו וְכָל־הָעוֹף לְמִינֵהוּ כֹּל צִפּוֹר כָּל־כָּנָף׃ וַיָּבֹאוּ אֶל־נֹחַ אֶל־

טז הַתֵּבָה שְׁנַיִם שְׁנַיִם מִכָּל־הַבָּשָׂר אֲשֶׁר־בּוֹ רוּחַ חַיִּים׃ וְהַבָּאִים
זָכָר וּנְקֵבָה מִכָּל־בָּשָׂר בָּאוּ כַּאֲשֶׁר צִוָּה אֹתוֹ אֱלֹהִים וַיִּסְגֹּר
יז יְהוָה בַּעֲדוֹ׃ וַיְהִי הַמַּבּוּל אַרְבָּעִים יוֹם עַל־הָאָרֶץ וַיִּרְבּוּ הַמַּיִם שלישי
יח וַיִּשְׂאוּ אֶת־הַתֵּבָה וַתָּרָם מֵעַל הָאָרֶץ׃ וַיִּגְבְּרוּ הַמַּיִם וַיִּרְבּוּ
יט מְאֹד עַל־הָאָרֶץ וַתֵּלֶךְ הַתֵּבָה עַל־פְּנֵי הַמָּיִם׃ וְהַמַּיִם גָּבְרוּ
מְאֹד מְאֹד עַל־הָאָרֶץ וַיְכֻסּוּ כָּל־הֶהָרִים הַגְּבֹהִים אֲשֶׁר־תַּחַת
כ כָּל־הַשָּׁמָיִם׃ חֲמֵשׁ עֶשְׂרֵה אַמָּה מִלְמַעְלָה גָּבְרוּ הַמָּיִם וַיְכֻסּוּ
כא הֶהָרִים׃ וַיִּגְוַע כָּל־בָּשָׂר ׀ הָרֹמֵשׂ עַל־הָאָרֶץ בָּעוֹף וּבַבְּהֵמָה
כב וּבַחַיָּה וּבְכָל־הַשֶּׁרֶץ הַשֹּׁרֵץ עַל־הָאָרֶץ וְכֹל הָאָדָם׃ כֹּל אֲשֶׁר
כג נִשְׁמַת־רוּחַ חַיִּים בְּאַפָּיו מִכֹּל אֲשֶׁר בֶּחָרָבָה מֵתוּ׃ וַיִּמַח אֶת־
כָּל־הַיְקוּם ׀ אֲשֶׁר ׀ עַל־פְּנֵי הָאֲדָמָה מֵאָדָם עַד־בְּהֵמָה עַד־
רֶמֶשׂ וְעַד־עוֹף הַשָּׁמַיִם וַיִּמָּחוּ מִן־הָאָרֶץ וַיִּשָּׁאֶר אַךְ־נֹחַ וַאֲשֶׁר
כד אִתּוֹ בַּתֵּבָה׃ וַיִּגְבְּרוּ הַמַּיִם עַל־הָאָרֶץ חֲמִשִּׁים וּמְאַת יוֹם׃
ח א וַיִּזְכֹּר אֱלֹהִים אֶת־נֹחַ וְאֵת כָּל־הַחַיָּה וְאֶת־כָּל־הַבְּהֵמָה אֲשֶׁר ו
אִתּוֹ בַּתֵּבָה וַיַּעֲבֵר אֱלֹהִים רוּחַ עַל־הָאָרֶץ וַיָּשֹׁכּוּ הַמָּיִם׃
ב וַיִּסָּכְרוּ מַעְיְנֹת תְּהוֹם וַאֲרֻבֹּת הַשָּׁמָיִם וַיִּכָּלֵא הַגֶּשֶׁם מִן־
ג הַשָּׁמָיִם׃ וַיָּשֻׁבוּ הַמַּיִם מֵעַל הָאָרֶץ הָלוֹךְ וָשׁוֹב וַיַּחְסְרוּ הַמַּיִם
ד מִקְצֵה חֲמִשִּׁים וּמְאַת יוֹם׃ וַתָּנַח הַתֵּבָה בַּחֹדֶשׁ הַשְּׁבִיעִי
ה בְּשִׁבְעָה־עָשָׂר יוֹם לַחֹדֶשׁ עַל הָרֵי אֲרָרָט׃ וְהַמַּיִם הָיוּ הָלוֹךְ
וְחָסוֹר עַד הַחֹדֶשׁ הָעֲשִׂירִי בָּעֲשִׂירִי בְּאֶחָד לַחֹדֶשׁ נִרְאוּ רָאשֵׁי
ו הֶהָרִים׃ וַיְהִי מִקֵּץ אַרְבָּעִים יוֹם וַיִּפְתַּח נֹחַ אֶת־חַלּוֹן הַתֵּבָה
ז אֲשֶׁר עָשָׂה׃ וַיְשַׁלַּח אֶת־הָעֹרֵב וַיֵּצֵא יָצוֹא וָשׁוֹב עַד־יְבֹשֶׁת
ח הַמַּיִם מֵעַל הָאָרֶץ׃ וַיְשַׁלַּח אֶת־הַיּוֹנָה מֵאִתּוֹ לִרְאוֹת הֲקַלּוּ
ט הַמַּיִם מֵעַל פְּנֵי הָאֲדָמָה׃ וְלֹא־מָצְאָה הַיּוֹנָה מָנוֹחַ לְכַף־רַגְלָהּ
וַתָּשָׁב אֵלָיו אֶל־הַתֵּבָה כִּי־מַיִם עַל־פְּנֵי כָל־הָאָרֶץ וַיִּשְׁלַח יָדוֹ
י וַיִּקָּחֶהָ וַיָּבֵא אֹתָהּ אֵלָיו אֶל־הַתֵּבָה׃ וַיָּחֶל עוֹד שִׁבְעַת יָמִים
יא אֲחֵרִים וַיֹּסֶף שַׁלַּח אֶת־הַיּוֹנָה מִן־הַתֵּבָה׃ וַתָּבֹא אֵלָיו הַיּוֹנָה

לְעֵת עֶרֶב וְהִנֵּה עֲלֵה־זַיִת טָרָף בְּפִיהָ וַיֵּדַע נֹחַ כִּי־קַלּוּ הַמַּיִם
יב מֵעַל הָאָרֶץ: וַיִּיָּחֶל עוֹד שִׁבְעַת יָמִים אֲחֵרִים וַיְשַׁלַּח אֶת־הַיּוֹנָה
יג וְלֹא־יָסְפָה שׁוּב־אֵלָיו עוֹד: וַיְהִי בְּאַחַת וְשֵׁשׁ־מֵאוֹת שָׁנָה
בָּרִאשׁוֹן בְּאֶחָד לַחֹדֶשׁ חָרְבוּ הַמַּיִם מֵעַל הָאָרֶץ וַיָּסַר נֹחַ אֶת־
יד מִכְסֵה הַתֵּבָה וַיַּרְא וְהִנֵּה חָרְבוּ פְּנֵי הָאֲדָמָה: וּבַחֹדֶשׁ הַשֵּׁנִי
טו בְּשִׁבְעָה וְעֶשְׂרִים יוֹם לַחֹדֶשׁ יָבְשָׁה הָאָרֶץ: וַיְדַבֵּר ז רביעי
טז אֱלֹהִים אֶל־נֹחַ לֵאמֹר: צֵא מִן־הַתֵּבָה אַתָּה וְאִשְׁתְּךָ וּבָנֶיךָ
יז וּנְשֵׁי־בָנֶיךָ אִתָּךְ: כָּל־הַחַיָּה אֲשֶׁר־אִתְּךָ מִכָּל־בָּשָׂר בָּעוֹף
וּבַבְּהֵמָה וּבְכָל־הָרֶמֶשׂ הָרֹמֵשׂ עַל־הָאָרֶץ הוֹצֵא אִתָּךְ וְשָׁרְצוּ הַיְצֵא
יח בָאָרֶץ וּפָרוּ וְרָבוּ עַל־הָאָרֶץ: וַיֵּצֵא־נֹחַ וּבָנָיו וְאִשְׁתּוֹ וּנְשֵׁי־
יט בָנָיו אִתּוֹ: כָּל־הַחַיָּה כָּל־הָרֶמֶשׂ וְכָל־הָעוֹף כֹּל רוֹמֵשׂ עַל־
כ הָאָרֶץ לְמִשְׁפְּחֹתֵיהֶם יָצְאוּ מִן־הַתֵּבָה: וַיִּבֶן נֹחַ מִזְבֵּחַ לַיהוה
וַיִּקַּח מִכֹּל ׀ הַבְּהֵמָה הַטְּהוֹרָה וּמִכֹּל הָעוֹף הַטָּהֹר וַיַּעַל עֹלֹת
כא בַּמִּזְבֵּחַ: וַיָּרַח יהוה אֶת־רֵיחַ הַנִּיחֹחַ וַיֹּאמֶר יהוה אֶל־לִבּוֹ לֹא
אֹסִף לְקַלֵּל עוֹד אֶת־הָאֲדָמָה בַּעֲבוּר הָאָדָם כִּי יֵצֶר לֵב הָאָדָם
רַע מִנְּעֻרָיו וְלֹא־אֹסִף עוֹד לְהַכּוֹת אֶת־כָּל־חַי כַּאֲשֶׁר עָשִׂיתִי:
כב עֹד כָּל־יְמֵי הָאָרֶץ זֶרַע וְקָצִיר וְקֹר וָחֹם וְקַיִץ וָחֹרֶף וְיוֹם וָלַיְלָה
ט א לֹא יִשְׁבֹּתוּ: וַיְבָרֶךְ אֱלֹהִים אֶת־נֹחַ וְאֶת־בָּנָיו וַיֹּאמֶר לָהֶם
ב פְּרוּ וּרְבוּ וּמִלְאוּ אֶת־הָאָרֶץ: וּמוֹרַאֲכֶם וְחִתְּכֶם יִהְיֶה עַל כָּל־
חַיַּת הָאָרֶץ וְעַל כָּל־עוֹף הַשָּׁמָיִם בְּכֹל אֲשֶׁר תִּרְמֹשׂ הָאֲדָמָה
ג וּבְכָל־דְּגֵי הַיָּם בְּיֶדְכֶם נִתָּנוּ: כָּל־רֶמֶשׂ אֲשֶׁר הוּא־חַי לָכֶם
ד יִהְיֶה לְאָכְלָה כְּיֶרֶק עֵשֶׂב נָתַתִּי לָכֶם אֶת־כֹּל: אַךְ־בָּשָׂר
ה בְּנַפְשׁוֹ דָמוֹ לֹא תֹאכֵלוּ: וְאַךְ אֶת־דִּמְכֶם לְנַפְשֹׁתֵיכֶם אֶדְרֹשׁ
מִיַּד כָּל־חַיָּה אֶדְרְשֶׁנּוּ וּמִיַּד הָאָדָם מִיַּד אִישׁ אָחִיו אֶדְרֹשׁ
ו אֶת־נֶפֶשׁ הָאָדָם: שֹׁפֵךְ דַּם הָאָדָם בָּאָדָם דָּמוֹ יִשָּׁפֵךְ כִּי בְּצֶלֶם
ז אֱלֹהִים עָשָׂה אֶת־הָאָדָם: וְאַתֶּם פְּרוּ וּרְבוּ שִׁרְצוּ בָאָרֶץ
ח וּרְבוּ־בָהּ: וַיֹּאמֶר אֱלֹהִים אֶל־נֹחַ וְאֶל־בָּנָיו אִתּוֹ חמישי

איסור אכילת דם
ויקרא ג, יז; ז, כו–כז; יז, י–יב
דברים יב, טז; יב, כג–כה; טו, כג

ט לֵאמֹר: וַאֲנִי הִנְנִי מֵקִים אֶת־בְּרִיתִי אִתְּכֶם וְאֶת־זַרְעֲכֶם
י אַחֲרֵיכֶם: וְאֵת כָּל־נֶפֶשׁ הַחַיָּה אֲשֶׁר אִתְּכֶם בָּעוֹף בַּבְּהֵמָה
וּבְכָל־חַיַּת הָאָרֶץ אִתְּכֶם מִכֹּל יֹצְאֵי הַתֵּבָה לְכֹל חַיַּת הָאָרֶץ:
יא וַהֲקִמֹתִי אֶת־בְּרִיתִי אִתְּכֶם וְלֹא־יִכָּרֵת כָּל־בָּשָׂר עוֹד מִמֵּי
יב הַמַּבּוּל וְלֹא־יִהְיֶה עוֹד מַבּוּל לְשַׁחֵת הָאָרֶץ: וַיֹּאמֶר אֱלֹהִים
זֹאת אוֹת־הַבְּרִית אֲשֶׁר־אֲנִי נֹתֵן בֵּינִי וּבֵינֵיכֶם וּבֵין כָּל־נֶפֶשׁ
יג חַיָּה אֲשֶׁר אִתְּכֶם לְדֹרֹת עוֹלָם: אֶת־קַשְׁתִּי נָתַתִּי בֶּעָנָן וְהָיְתָה
יד לְאוֹת בְּרִית בֵּינִי וּבֵין הָאָרֶץ: וְהָיָה בְּעַנְנִי עָנָן עַל־הָאָרֶץ
טו וְנִרְאֲתָה הַקֶּשֶׁת בֶּעָנָן: וְזָכַרְתִּי אֶת־בְּרִיתִי אֲשֶׁר בֵּינִי וּבֵינֵיכֶם
וּבֵין כָּל־נֶפֶשׁ חַיָּה בְּכָל־בָּשָׂר וְלֹא־יִהְיֶה עוֹד הַמַּיִם לְמַבּוּל
טז לְשַׁחֵת כָּל־בָּשָׂר: וְהָיְתָה הַקֶּשֶׁת בֶּעָנָן וּרְאִיתִיהָ לִזְכֹּר בְּרִית
עוֹלָם בֵּין אֱלֹהִים וּבֵין כָּל־נֶפֶשׁ חַיָּה בְּכָל־בָּשָׂר אֲשֶׁר עַל־
יז הָאָרֶץ: וַיֹּאמֶר אֱלֹהִים אֶל־נֹחַ זֹאת אוֹת־הַבְּרִית אֲשֶׁר הֲקִמֹתִי
בֵּינִי וּבֵין כָּל־בָּשָׂר אֲשֶׁר עַל־הָאָרֶץ:

הבטחת ה' שלא יהיה מבול נוסף
ישעיה נד, ט

ששי ח
יח וַיִּהְיוּ בְנֵי־נֹחַ הַיֹּצְאִים מִן־הַתֵּבָה שֵׁם וְחָם וָיָפֶת וְחָם הוּא אֲבִי
יט כ כְנָעַן: שְׁלֹשָׁה אֵלֶּה בְּנֵי־נֹחַ וּמֵאֵלֶּה נָפְצָה כָל־הָאָרֶץ: וַיָּחֶל
כא נֹחַ אִישׁ הָאֲדָמָה וַיִּטַּע כָּרֶם: וַיֵּשְׁתְּ מִן־הַיַּיִן וַיִּשְׁכָּר וַיִּתְגַּל
כב בְּתוֹךְ אָהֳלֹה: וַיַּרְא חָם אֲבִי כְנַעַן אֵת עֶרְוַת אָבִיו וַיַּגֵּד לִשְׁנֵי־
כג אֶחָיו בַּחוּץ: וַיִּקַּח שֵׁם וָיֶפֶת אֶת־הַשִּׂמְלָה וַיָּשִׂימוּ עַל־שְׁכֶם
שְׁנֵיהֶם וַיֵּלְכוּ אֲחֹרַנִּית וַיְכַסּוּ אֵת עֶרְוַת אֲבִיהֶם וּפְנֵיהֶם אֲחֹרַנִּית
כד וְעֶרְוַת אֲבִיהֶם לֹא רָאוּ: וַיִּיקֶץ נֹחַ מִיֵּינוֹ וַיֵּדַע אֵת אֲשֶׁר־
כה עָשָׂה לוֹ בְּנוֹ הַקָּטָן: וַיֹּאמֶר אָרוּר כְּנָעַן עֶבֶד עֲבָדִים יִהְיֶה
כו לְאֶחָיו: וַיֹּאמֶר בָּרוּךְ יהוה אֱלֹהֵי שֵׁם וִיהִי כְנַעַן עֶבֶד לָמוֹ:
כז יַפְתְּ אֱלֹהִים לְיֶפֶת וְיִשְׁכֹּן בְּאָהֳלֵי־שֵׁם וִיהִי כְנַעַן עֶבֶד לָמוֹ:
כח כט וַיְחִי־נֹחַ אַחַר הַמַּבּוּל שְׁלֹשׁ מֵאוֹת שָׁנָה וַחֲמִשִּׁים שָׁנָה: וַיְהִי
כָּל־יְמֵי־נֹחַ תְּשַׁע מֵאוֹת שָׁנָה וַחֲמִשִּׁים שָׁנָה וַיָּמֹת:

בני נח וצאצאיו
דה"א א, ד–כג

י א וְאֵלֶּה תּוֹלְדֹת בְּנֵי־נֹחַ שֵׁם חָם וָיָפֶת וַיִּוָּלְדוּ לָהֶם בָּנִים אַחַר

לא בֹּאֲכָה סְפָרָה הַר הַקֶּדֶם׃ אֵלֶּה בְנֵי־שֵׁם לְמִשְׁפְּחֹתָם לִלְשֹׁנֹתָם
לב בְּאַרְצֹתָם לְגוֹיֵהֶם׃ אֵלֶּה מִשְׁפְּחֹת בְּנֵי־נֹחַ לְתוֹלְדֹתָם בְּגוֹיֵהֶם
וּמֵאֵלֶּה נִפְרְדוּ הַגּוֹיִם בָּאָרֶץ אַחַר הַמַּבּוּל׃

שביעי ט יא א ב וַיְהִי כָל־הָאָרֶץ שָׂפָה אֶחָת וּדְבָרִים אֲחָדִים׃ וַיְהִי בְּנָסְעָם
ג מִקֶּדֶם וַיִּמְצְאוּ בִקְעָה בְּאֶרֶץ שִׁנְעָר וַיֵּשְׁבוּ שָׁם׃ וַיֹּאמְרוּ אִישׁ
אֶל־רֵעֵהוּ הָבָה נִלְבְּנָה לְבֵנִים וְנִשְׂרְפָה לִשְׂרֵפָה וַתְּהִי לָהֶם
ד הַלְּבֵנָה לְאָבֶן וְהַחֵמָר הָיָה לָהֶם לַחֹמֶר׃ וַיֹּאמְרוּ הָבָה ׀ נִבְנֶה־
לָּנוּ עִיר וּמִגְדָּל וְרֹאשׁוֹ בַשָּׁמַיִם וְנַעֲשֶׂה־לָּנוּ שֵׁם פֶּן־נָפוּץ עַל־
ה פְּנֵי כָל־הָאָרֶץ׃ וַיֵּרֶד יְהוָה לִרְאֹת אֶת־הָעִיר וְאֶת־הַמִּגְדָּל
ו אֲשֶׁר בָּנוּ בְּנֵי הָאָדָם׃ וַיֹּאמֶר יְהוָה הֵן עַם אֶחָד וְשָׂפָה אַחַת
לְכֻלָּם וְזֶה הַחִלָּם לַעֲשׂוֹת וְעַתָּה לֹא־יִבָּצֵר מֵהֶם כֹּל אֲשֶׁר
ז יָזְמוּ לַעֲשׂוֹת׃ הָבָה נֵרְדָה וְנָבְלָה שָׁם שְׂפָתָם אֲשֶׁר לֹא יִשְׁמְעוּ
ח אִישׁ שְׂפַת רֵעֵהוּ׃ וַיָּפֶץ יְהוָה אֹתָם מִשָּׁם עַל־פְּנֵי כָל־הָאָרֶץ
ט וַיַּחְדְּלוּ לִבְנֹת הָעִיר׃ עַל־כֵּן קָרָא שְׁמָהּ בָּבֶל כִּי־שָׁם
בָּלַל יְהוָה שְׂפַת כָּל־הָאָרֶץ וּמִשָּׁם הֱפִיצָם יְהוָה עַל־פְּנֵי
כָּל־הָאָרֶץ׃

עשרה דורות משם עד אברהם
דה"א א, כד–כז

י אֵלֶּה תּוֹלְדֹת שֵׁם שֵׁם בֶּן־מְאַת שָׁנָה וַיּוֹלֶד אֶת־אַרְפַּכְשָׁד
יא שְׁנָתַיִם אַחַר הַמַּבּוּל׃ וַיְחִי־שֵׁם אַחֲרֵי הוֹלִידוֹ אֶת־אַרְפַּכְשָׁד
יב חֲמֵשׁ מֵאוֹת שָׁנָה וַיּוֹלֶד בָּנִים וּבָנוֹת׃ וְאַרְפַּכְשַׁד
יג חַי חָמֵשׁ וּשְׁלֹשִׁים שָׁנָה וַיּוֹלֶד אֶת־שָׁלַח׃ וַיְחִי אַרְפַּכְשַׁד
אַחֲרֵי הוֹלִידוֹ אֶת־שֶׁלַח שָׁלֹשׁ שָׁנִים וְאַרְבַּע מֵאוֹת שָׁנָה
יד וַיּוֹלֶד בָּנִים וּבָנוֹת׃ וְשֶׁלַח חַי שְׁלֹשִׁים שָׁנָה וַיּוֹלֶד
טו אֶת־עֵבֶר׃ וַיְחִי־שֶׁלַח אַחֲרֵי הוֹלִידוֹ אֶת־עֵבֶר שָׁלֹשׁ שָׁנִים
טז וְאַרְבַּע מֵאוֹת שָׁנָה וַיּוֹלֶד בָּנִים וּבָנוֹת׃ וַיְחִי־עֵבֶר
יז אַרְבַּע וּשְׁלֹשִׁים שָׁנָה וַיּוֹלֶד אֶת־פָּלֶג׃ וַיְחִי־עֵבֶר אַחֲרֵי הוֹלִידוֹ
אֶת־פֶּלֶג שְׁלֹשִׁים שָׁנָה וְאַרְבַּע מֵאוֹת שָׁנָה וַיּוֹלֶד בָּנִים
יח וּבָנוֹת׃ וַיְחִי־פֶלֶג שְׁלֹשִׁים שָׁנָה וַיּוֹלֶד אֶת־רְעוּ׃

ב הַמַּבּוּל׃ בְּנֵי יֶפֶת גֹּמֶר וּמָגוֹג וּמָדַי וְיָוָן וְתֻבָל וּמֶשֶׁךְ וְתִירָס׃
ג ד וּבְנֵי גֹּמֶר אַשְׁכְּנַז וְרִיפַת וְתֹגַרְמָה׃ וּבְנֵי יָוָן אֱלִישָׁה וְתַרְשִׁישׁ
ה כִּתִּים וְדֹדָנִים׃ מֵאֵלֶּה נִפְרְדוּ אִיֵּי הַגּוֹיִם בְּאַרְצֹתָם אִישׁ לִלְשֹׁנוֹ
ו ז לְמִשְׁפְּחֹתָם בְּגוֹיֵהֶם׃ וּבְנֵי חָם כּוּשׁ וּמִצְרַיִם וּפוּט וּכְנָעַן׃ וּבְנֵי
כוּשׁ סְבָא וַחֲוִילָה וְסַבְתָּה וְרַעְמָה וְסַבְתְּכָא וּבְנֵי רַעְמָה שְׁבָא
ח וּדְדָן׃ וְכוּשׁ יָלַד אֶת־נִמְרֹד הוּא הֵחֵל לִהְיוֹת גִּבֹּר בָּאָרֶץ׃
ט הוּא־הָיָה גִבֹּר־צַיִד לִפְנֵי יְהוָה עַל־כֵּן יֵאָמַר כְּנִמְרֹד גִּבּוֹר צַיִד
י לִפְנֵי יְהוָה׃ וַתְּהִי רֵאשִׁית מַמְלַכְתּוֹ בָּבֶל וְאֶרֶךְ וְאַכַּד וְכַלְנֵה
יא בְּאֶרֶץ שִׁנְעָר׃ מִן־הָאָרֶץ הַהִוא יָצָא אַשּׁוּר וַיִּבֶן אֶת־נִינְוֵה
יב וְאֶת־רְחֹבֹת עִיר וְאֶת־כָּלַח׃ וְאֶת־רֶסֶן בֵּין נִינְוֵה וּבֵין כָּלַח
יג הִוא הָעִיר הַגְּדֹלָה׃ וּמִצְרַיִם יָלַד אֶת־לוּדִים וְאֶת־עֲנָמִים
יד וְאֶת־לְהָבִים וְאֶת־נַפְתֻּחִים׃ וְאֶת־פַּתְרֻסִים וְאֶת־כַּסְלֻחִים
טו אֲשֶׁר יָצְאוּ מִשָּׁם פְּלִשְׁתִּים וְאֶת־כַּפְתֹּרִים׃ וּכְנַעַן
טז יָלַד אֶת־צִידֹן בְּכֹרוֹ וְאֶת־חֵת׃ וְאֶת־הַיְבוּסִי וְאֶת־הָאֱמֹרִי
יז יח וְאֵת הַגִּרְגָּשִׁי׃ וְאֶת־הַחִוִּי וְאֶת־הַעַרְקִי וְאֶת־הַסִּינִי׃ וְאֶת־
הָאַרְוָדִי וְאֶת־הַצְּמָרִי וְאֶת־הַחֲמָתִי וְאַחַר נָפֹצוּ מִשְׁפְּחוֹת
יט הַכְּנַעֲנִי׃ וַיְהִי גְּבוּל הַכְּנַעֲנִי מִצִּידֹן בֹּאֲכָה גְרָרָה עַד־עַזָּה
כ בֹּאֲכָה סְדֹמָה וַעֲמֹרָה וְאַדְמָה וּצְבֹיִם עַד־לָשַׁע׃ אֵלֶּה בְנֵי־חָם
כא לְמִשְׁפְּחֹתָם לִלְשֹׁנֹתָם בְּאַרְצֹתָם בְּגוֹיֵהֶם׃ וּלְשֵׁם
כב יֻלַּד גַּם־הוּא אֲבִי כָּל־בְּנֵי־עֵבֶר אֲחִי יֶפֶת הַגָּדוֹל׃ בְּנֵי שֵׁם
כג עֵילָם וְאַשּׁוּר וְאַרְפַּכְשַׁד וְלוּד וַאֲרָם׃ וּבְנֵי אֲרָם עוּץ וְחוּל
כד וְגֶתֶר וָמַשׁ׃ וְאַרְפַּכְשַׁד יָלַד אֶת־שָׁלַח וְשֶׁלַח יָלַד אֶת־עֵבֶר׃
כה וּלְעֵבֶר יֻלַּד שְׁנֵי בָנִים שֵׁם הָאֶחָד פֶּלֶג כִּי בְיָמָיו נִפְלְגָה הָאָרֶץ
כו וְשֵׁם אָחִיו יָקְטָן׃ וְיָקְטָן יָלַד אֶת־אַלְמוֹדָד וְאֶת־שָׁלֶף וְאֶת־
כז חֲצַרְמָוֶת וְאֶת־יָרַח׃ וְאֶת־הֲדוֹרָם וְאֶת־אוּזָל וְאֶת־דִּקְלָה׃
כח כט וְאֶת־עוֹבָל וְאֶת־אֲבִימָאֵל וְאֶת־שְׁבָא׃ וְאֶת־אוֹפִר וְאֶת־
ל חֲוִילָה וְאֶת־יוֹבָב כָּל־אֵלֶּה בְּנֵי יָקְטָן׃ וַיְהִי מוֹשָׁבָם מִמֵּשָׁא

יט וַיְחִי־פֶלֶג אַחֲרֵי הוֹלִידוֹ אֶת־רְעוּ תֵּשַׁע שָׁנִים וּמָאתַיִם שָׁנָה
כ וַיּוֹלֶד בָּנִים וּבָנוֹת: וַיְחִי רְעוּ שְׁתַּיִם וּשְׁלֹשִׁים שָׁנָה
כא וַיּוֹלֶד אֶת־שְׂרוּג: וַיְחִי רְעוּ אַחֲרֵי הוֹלִידוֹ אֶת־שְׂרוּג שֶׁבַע שָׁנִים
כב וּמָאתַיִם שָׁנָה וַיּוֹלֶד בָּנִים וּבָנוֹת: וַיְחִי שְׂרוּג שְׁלֹשִׁים
כג שָׁנָה וַיּוֹלֶד אֶת־נָחוֹר: וַיְחִי שְׂרוּג אַחֲרֵי הוֹלִידוֹ אֶת־נָחוֹר מָאתַיִם
כד שָׁנָה וַיּוֹלֶד בָּנִים וּבָנוֹת: וַיְחִי נָחוֹר תֵּשַׁע וְעֶשְׂרִים
כה שָׁנָה וַיּוֹלֶד אֶת־תָּרַח: וַיְחִי נָחוֹר אַחֲרֵי הוֹלִידוֹ אֶת־תֶּרַח תְּשַׁע־
כו עֶשְׂרֵה שָׁנָה וּמְאַת שָׁנָה וַיּוֹלֶד בָּנִים וּבָנוֹת: וַיְחִי־
תֶרַח שִׁבְעִים שָׁנָה וַיּוֹלֶד אֶת־אַבְרָם אֶת־נָחוֹר וְאֶת־הָרָן:
כז וְאֵלֶּה תּוֹלְדֹת תֶּרַח תֶּרַח הוֹלִיד אֶת־אַבְרָם אֶת־נָחוֹר וְאֶת־
כח הָרָן וְהָרָן הוֹלִיד אֶת־לוֹט: וַיָּמָת הָרָן עַל־פְּנֵי תֶּרַח אָבִיו בְּאֶרֶץ
כט מוֹלַדְתּוֹ בְּאוּר כַּשְׂדִּים: וַיִּקַּח אַבְרָם וְנָחוֹר לָהֶם נָשִׁים שֵׁם מפטיר
אֵשֶׁת־אַבְרָם שָׂרָי וְשֵׁם אֵשֶׁת־נָחוֹר מִלְכָּה בַּת־הָרָן אֲבִי־
ל לא מִלְכָּה וַאֲבִי יִסְכָּה: וַתְּהִי שָׂרַי עֲקָרָה אֵין לָהּ וָלָד: וַיִּקַּח תֶּרַח
אֶת־אַבְרָם בְּנוֹ וְאֶת־לוֹט בֶּן־הָרָן בֶּן־בְּנוֹ וְאֵת שָׂרַי כַּלָּתוֹ
אֵשֶׁת אַבְרָם בְּנוֹ וַיֵּצְאוּ אִתָּם מֵאוּר כַּשְׂדִּים לָלֶכֶת אַרְצָה
לב כְּנַעַן וַיָּבֹאוּ עַד־חָרָן וַיֵּשְׁבוּ שָׁם: וַיִּהְיוּ יְמֵי־תֶרַח חָמֵשׁ שָׁנִים
וּמָאתַיִם שָׁנָה וַיָּמָת תֶּרַח בְּחָרָן:
יב א וַיֹּאמֶר יְהוָה אֶל־אַבְרָם לֶךְ־לְךָ מֵאַרְצְךָ וּמִמּוֹלַדְתְּךָ וּמִבֵּית י לך לך
ב אָבִיךָ אֶל־הָאָרֶץ אֲשֶׁר אַרְאֶךָּ: וְאֶעֶשְׂךָ לְגוֹי גָּדוֹל וַאֲבָרֶכְךָ
ג וַאֲגַדְּלָה שְׁמֶךָ וֶהְיֵה בְּרָכָה: וַאֲבָרֲכָה מְבָרְכֶיךָ וּמְקַלֶּלְךָ אָאֹר
ד וְנִבְרְכוּ בְךָ כֹּל מִשְׁפְּחֹת הָאֲדָמָה: וַיֵּלֶךְ אַבְרָם כַּאֲשֶׁר דִּבֶּר
אֵלָיו יְהוָה וַיֵּלֶךְ אִתּוֹ לוֹט וְאַבְרָם בֶּן־חָמֵשׁ שָׁנִים וְשִׁבְעִים
ה שָׁנָה בְּצֵאתוֹ מֵחָרָן: וַיִּקַּח אַבְרָם אֶת־שָׂרַי אִשְׁתּוֹ וְאֶת־לוֹט
בֶּן־אָחִיו וְאֶת־כָּל־רְכוּשָׁם אֲשֶׁר רָכָשׁוּ וְאֶת־הַנֶּפֶשׁ אֲשֶׁר־עָשׂוּ
ו בְחָרָן וַיֵּצְאוּ לָלֶכֶת אַרְצָה כְּנַעַן וַיָּבֹאוּ אַרְצָה כְּנָעַן: וַיַּעֲבֹר
אַבְרָם בָּאָרֶץ עַד מְקוֹם שְׁכֶם עַד אֵלוֹן מוֹרֶה וְהַכְּנַעֲנִי אָז

ז בָּאָרֶץ: וַיֵּרָא יהוה אֶל־אַבְרָם וַיֹּאמֶר לְזַרְעֲךָ אֶתֵּן אֶת־הָאָרֶץ
ח הַזֹּאת וַיִּבֶן שָׁם מִזְבֵּחַ לַיהוה הַנִּרְאֶה אֵלָיו: וַיַּעְתֵּק מִשָּׁם
הָהָרָה מִקֶּדֶם לְבֵית־אֵל וַיֵּט אָהֳלֹה בֵּית־אֵל מִיָּם וְהָעַי מִקֶּדֶם
ט וַיִּבֶן־שָׁם מִזְבֵּחַ לַיהוה וַיִּקְרָא בְּשֵׁם יהוה: וַיִּסַּע אַבְרָם הָלוֹךְ
וְנָסוֹעַ הַנֶּגְבָּה:
י וַיְהִי רָעָב בָּאָרֶץ וַיֵּרֶד אַבְרָם מִצְרַיְמָה לָגוּר שָׁם כִּי־כָבֵד
יא הָרָעָב בָּאָרֶץ: וַיְהִי כַּאֲשֶׁר הִקְרִיב לָבוֹא מִצְרָיְמָה וַיֹּאמֶר
אֶל־שָׂרַי אִשְׁתּוֹ הִנֵּה־נָא יָדַעְתִּי כִּי אִשָּׁה יְפַת־מַרְאֶה אָתְּ:
יב וְהָיָה כִּי־יִרְאוּ אֹתָךְ הַמִּצְרִים וְאָמְרוּ אִשְׁתּוֹ זֹאת וְהָרְגוּ אֹתִי
יג וְאֹתָךְ יְחַיּוּ: אִמְרִי־נָא אֲחֹתִי אָתְּ לְמַעַן יִיטַב־לִי בַעֲבוּרֵךְ
יד וְחָיְתָה נַפְשִׁי בִּגְלָלֵךְ: וַיְהִי כְּבוֹא אַבְרָם מִצְרָיְמָה וַיִּרְאוּ שני
טו הַמִּצְרִים אֶת־הָאִשָּׁה כִּי־יָפָה הִוא מְאֹד: וַיִּרְאוּ אֹתָהּ שָׂרֵי
פַרְעֹה וַיְהַלְלוּ אֹתָהּ אֶל־פַּרְעֹה וַתֻּקַּח הָאִשָּׁה בֵּית פַּרְעֹה:
טז וּלְאַבְרָם הֵיטִיב בַּעֲבוּרָהּ וַיְהִי־לוֹ צֹאן־וּבָקָר וַחֲמֹרִים וַעֲבָדִים
יז וּשְׁפָחֹת וַאֲתֹנֹת וּגְמַלִּים: וַיְנַגַּע יהוה | אֶת־פַּרְעֹה נְגָעִים גְּדֹלִים
יח וְאֶת־בֵּיתוֹ עַל־דְּבַר שָׂרַי אֵשֶׁת אַבְרָם: וַיִּקְרָא פַרְעֹה לְאַבְרָם
וַיֹּאמֶר מַה־זֹּאת עָשִׂיתָ לִּי לָמָּה לֹא־הִגַּדְתָּ לִּי כִּי אִשְׁתְּךָ הִוא:
יט לָמָה אָמַרְתָּ אֲחֹתִי הִוא וָאֶקַּח אֹתָהּ לִי לְאִשָּׁה וְעַתָּה הִנֵּה
כ אִשְׁתְּךָ קַח וָלֵךְ: וַיְצַו עָלָיו פַּרְעֹה אֲנָשִׁים וַיְשַׁלְּחוּ אֹתוֹ
יג א וְאֶת־אִשְׁתּוֹ וְאֶת־כָּל־אֲשֶׁר־לוֹ: וַיַּעַל אַבְרָם מִמִּצְרַיִם הוּא
ב וְאִשְׁתּוֹ וְכָל־אֲשֶׁר־לוֹ וְלוֹט עִמּוֹ הַנֶּגְבָּה: וְאַבְרָם כָּבֵד מְאֹד
ג בַּמִּקְנֶה בַּכֶּסֶף וּבַזָּהָב: וַיֵּלֶךְ לְמַסָּעָיו מִנֶּגֶב וְעַד־בֵּית־אֵל עַד־
הַמָּקוֹם אֲשֶׁר־הָיָה שָׁם אָהֳלֹה בַּתְּחִלָּה בֵּין בֵּית־אֵל וּבֵין הָעָי:
ד אֶל־מְקוֹם הַמִּזְבֵּחַ אֲשֶׁר־עָשָׂה שָׁם בָּרִאשֹׁנָה וַיִּקְרָא שָׁם
ה אַבְרָם בְּשֵׁם יהוה: וְגַם־לְלוֹט הַהֹלֵךְ אֶת־אַבְרָם הָיָה צֹאן־ שלישי
ו וּבָקָר וְאֹהָלִים: וְלֹא־נָשָׂא אֹתָם הָאָרֶץ לָשֶׁבֶת יַחְדָּו כִּי־הָיָה
ז רְכוּשָׁם רָב וְלֹא יָכְלוּ לָשֶׁבֶת יַחְדָּו: וַיְהִי־רִיב בֵּין רֹעֵי מִקְנֵה־

אַבְרָם וּבֵין רֹעֵי מִקְנֵה־לוֹט וְהַכְּנַעֲנִי וְהַפְּרִזִּי אָז יֹשֵׁב בָּאָרֶץ:
ח וַיֹּאמֶר אַבְרָם אֶל־לוֹט אַל־נָא תְהִי מְרִיבָה בֵּינִי וּבֵינֶךָ וּבֵין
ט רֹעַי וּבֵין רֹעֶיךָ כִּי־אֲנָשִׁים אַחִים אֲנָחְנוּ: הֲלֹא כָל־הָאָרֶץ
לְפָנֶיךָ הִפָּרֶד נָא מֵעָלָי אִם־הַשְּׂמֹאל וְאֵימִנָה וְאִם־הַיָּמִין
י וְאַשְׂמְאִילָה: וַיִּשָּׂא־לוֹט אֶת־עֵינָיו וַיַּרְא אֶת־כָּל־כִּכַּר הַיַּרְדֵּן מהפכת סדום ועמורה
כִּי כֻלָּהּ מַשְׁקֶה לִפְנֵי ׀ שַׁחֵת יהוה אֶת־סְדֹם וְאֶת־עֲמֹרָה כְּגַן־ בראשית יט, כד–כה
יא יהוה כְּאֶרֶץ מִצְרַיִם בֹּאֲכָה צֹעַר: וַיִּבְחַר־לוֹ לוֹט אֵת כָּל־כִּכַּר
יב הַיַּרְדֵּן וַיִּסַּע לוֹט מִקֶּדֶם וַיִּפָּרְדוּ אִישׁ מֵעַל אָחִיו: אַבְרָם יָשַׁב
יג בְּאֶרֶץ־כְּנָעַן וְלוֹט יָשַׁב בְּעָרֵי הַכִּכָּר וַיֶּאֱהַל עַד־סְדֹם: וְאַנְשֵׁי
יד סְדֹם רָעִים וְחַטָּאִים לַיהוה מְאֹד: וַיהוה אָמַר אֶל־אַבְרָם
אַחֲרֵי הִפָּרֶד־לוֹט מֵעִמּוֹ שָׂא־נָא עֵינֶיךָ וּרְאֵה מִן־הַמָּקוֹם
טו אֲשֶׁר־אַתָּה שָׁם צָפֹנָה וָנֶגְבָּה וָקֵדְמָה וָיָמָּה: כִּי אֶת־כָּל־
הָאָרֶץ אֲשֶׁר־אַתָּה רֹאֶה לְךָ אֶתְּנֶנָּה וּלְזַרְעֲךָ עַד־עוֹלָם:
טז וְשַׂמְתִּי אֶת־זַרְעֲךָ כַּעֲפַר הָאָרֶץ אֲשֶׁר ׀ אִם־יוּכַל אִישׁ לִמְנוֹת
יז אֶת־עֲפַר הָאָרֶץ גַּם־זַרְעֲךָ יִמָּנֶה: קוּם הִתְהַלֵּךְ בָּאָרֶץ לְאָרְכָּהּ
יח וּלְרָחְבָּהּ כִּי לְךָ אֶתְּנֶנָּה: וַיֶּאֱהַל אַבְרָם וַיָּבֹא וַיֵּשֶׁב בְּאֵלֹנֵי
מַמְרֵא אֲשֶׁר בְּחֶבְרוֹן וַיִּבֶן־שָׁם מִזְבֵּחַ לַיהוה:
יד א וַיְהִי בִּימֵי אַמְרָפֶל מֶלֶךְ־שִׁנְעָר אַרְיוֹךְ מֶלֶךְ אֶלָּסָר כְּדָרְלָעֹמֶר יא רביעי
ב מֶלֶךְ עֵילָם וְתִדְעָל מֶלֶךְ גּוֹיִם: עָשׂוּ מִלְחָמָה אֶת־בֶּרַע מֶלֶךְ
סְדֹם וְאֶת־בִּרְשַׁע מֶלֶךְ עֲמֹרָה שִׁנְאָב ׀ מֶלֶךְ אַדְמָה וְשֶׁמְאֵבֶר
ג מֶלֶךְ צביים וּמֶלֶךְ בֶּלַע הִיא־צֹעַר: כָּל־אֵלֶּה חָבְרוּ אֶל־עֵמֶק צְבוֹיִם
ד הַשִּׂדִּים הוּא יָם הַמֶּלַח: שְׁתֵּים עֶשְׂרֵה שָׁנָה עָבְדוּ אֶת־
ה כְּדָרְלָעֹמֶר וּשְׁלֹשׁ־עֶשְׂרֵה שָׁנָה מָרָדוּ: וּבְאַרְבַּע עֶשְׂרֵה שָׁנָה
בָּא כְדָרְלָעֹמֶר וְהַמְּלָכִים אֲשֶׁר אִתּוֹ וַיַּכּוּ אֶת־רְפָאִים בְּעַשְׁתְּרֹת
ו קַרְנַיִם וְאֶת־הַזּוּזִים בְּהָם וְאֵת הָאֵימִים בְּשָׁוֵה קִרְיָתָיִם: וְאֶת־
ז הַחֹרִי בְּהַרְרָם שֵׂעִיר עַד אֵיל פָּארָן אֲשֶׁר עַל־הַמִּדְבָּר: וַיָּשֻׁבוּ
וַיָּבֹאוּ אֶל־עֵין מִשְׁפָּט הִוא קָדֵשׁ וַיַּכּוּ אֶת־כָּל־שְׂדֵה הָעֲמָלֵקִי

וְגַם אֶת־הָאֱמֹרִי הַיֹּשֵׁב בְּחַצְצֹן תָּמָר: וַיֵּצֵא מֶלֶךְ־סְדֹם וּמֶלֶךְ ח
עֲמֹרָה וּמֶלֶךְ אַדְמָה וּמֶלֶךְ צְבֹיִים וּמֶלֶךְ בֶּלַע הִוא־צֹעַר וַיַּעַרְכוּ צְבוֹיִם
אִתָּם מִלְחָמָה בְּעֵמֶק הַשִּׂדִּים: אֵת כְּדָרְלָעֹמֶר מֶלֶךְ עֵילָם ט
וְתִדְעָל מֶלֶךְ גּוֹיִם וְאַמְרָפֶל מֶלֶךְ שִׁנְעָר וְאַרְיוֹךְ מֶלֶךְ אֶלָּסָר
אַרְבָּעָה מְלָכִים אֶת־הַחֲמִשָּׁה: וְעֵמֶק הַשִּׂדִּים בֶּאֱרֹת בֶּאֱרֹת י
חֵמָר וַיָּנֻסוּ מֶלֶךְ־סְדֹם וַעֲמֹרָה וַיִּפְּלוּ־שָׁמָּה וְהַנִּשְׁאָרִים הֶרָה
נָּסוּ: וַיִּקְחוּ אֶת־כָּל־רְכֻשׁ סְדֹם וַעֲמֹרָה וְאֶת־כָּל־אָכְלָם וַיֵּלֵכוּ: יא
וַיִּקְחוּ אֶת־לוֹט וְאֶת־רְכֻשׁוֹ בֶּן־אֲחִי אַבְרָם וַיֵּלֵכוּ וְהוּא יֹשֵׁב יב
בִּסְדֹם: וַיָּבֹא הַפָּלִיט וַיַּגֵּד לְאַבְרָם הָעִבְרִי וְהוּא שֹׁכֵן בְּאֵלֹנֵי יג
מַמְרֵא הָאֱמֹרִי אֲחִי אֶשְׁכֹּל וַאֲחִי עָנֵר וְהֵם בַּעֲלֵי בְרִית־אַבְרָם:
וַיִּשְׁמַע אַבְרָם כִּי נִשְׁבָּה אָחִיו וַיָּרֶק אֶת־חֲנִיכָיו יְלִידֵי בֵיתוֹ יד
שְׁמֹנָה עָשָׂר וּשְׁלֹשׁ מֵאוֹת וַיִּרְדֹּף עַד־דָּן: וַיֵּחָלֵק עֲלֵיהֶם ׀ לַיְלָה טו
הוּא וַעֲבָדָיו וַיַּכֵּם וַיִּרְדְּפֵם עַד־חוֹבָה אֲשֶׁר מִשְּׂמֹאל לְדַמָּשֶׂק:
וַיָּשֶׁב אֵת כָּל־הָרְכֻשׁ וְגַם אֶת־לוֹט אָחִיו וּרְכֻשׁוֹ הֵשִׁיב וְגַם טז
אֶת־הַנָּשִׁים וְאֶת־הָעָם: וַיֵּצֵא מֶלֶךְ־סְדֹם לִקְרָאתוֹ אַחֲרֵי שׁוּבוֹ יז
מֵהַכּוֹת אֶת־כְּדָרְלָעֹמֶר וְאֶת־הַמְּלָכִים אֲשֶׁר אִתּוֹ אֶל־עֵמֶק
שָׁוֵה הוּא עֵמֶק הַמֶּלֶךְ: וּמַלְכִּי־צֶדֶק מֶלֶךְ שָׁלֵם הוֹצִיא לֶחֶם יח
וָיָיִן וְהוּא כֹהֵן לְאֵל עֶלְיוֹן: וַיְבָרְכֵהוּ וַיֹּאמַר בָּרוּךְ אַבְרָם לְאֵל יט
עֶלְיוֹן קֹנֵה שָׁמַיִם וָאָרֶץ: וּבָרוּךְ אֵל עֶלְיוֹן אֲשֶׁר־מִגֵּן צָרֶיךָ כ
בְּיָדֶךָ וַיִּתֶּן־לוֹ מַעֲשֵׂר מִכֹּל: וַיֹּאמֶר מֶלֶךְ־סְדֹם אֶל־אַבְרָם כא חמישי
תֶּן־לִי הַנֶּפֶשׁ וְהָרְכֻשׁ קַח־לָךְ: וַיֹּאמֶר אַבְרָם אֶל־מֶלֶךְ סְדֹם כב
הֲרִמֹתִי יָדִי אֶל־יהוה אֵל עֶלְיוֹן קֹנֵה שָׁמַיִם וָאָרֶץ: אִם־מִחוּט כג
וְעַד שְׂרוֹךְ־נַעַל וְאִם־אֶקַּח מִכָּל־אֲשֶׁר־לָךְ וְלֹא תֹאמַר אֲנִי
הֶעֱשַׁרְתִּי אֶת־אַבְרָם: בִּלְעָדַי רַק אֲשֶׁר אָכְלוּ הַנְּעָרִים וְחֵלֶק כד
הָאֲנָשִׁים אֲשֶׁר הָלְכוּ אִתִּי עָנֵר אֶשְׁכֹּל וּמַמְרֵא הֵם יִקְחוּ
יב חֶלְקָם: אַחַר ׀ הַדְּבָרִים הָאֵלֶּה הָיָה דְבַר־יהוה א טו
אֶל־אַבְרָם בַּמַּחֲזֶה לֵאמֹר אַל־תִּירָא אַבְרָם אָנֹכִי מָגֵן לָךְ

ב שְׂכָרְךָ הַרְבֵּה מְאֹד׃ וַיֹּאמֶר אַבְרָם אֲדֹנָי יֱהֹוִה מַה־תִּתֶּן־לִי
וְאָנֹכִי הוֹלֵךְ עֲרִירִי וּבֶן־מֶשֶׁק בֵּיתִי הוּא דַּמֶּשֶׂק אֱלִיעֶזֶר׃
ג וַיֹּאמֶר אַבְרָם הֵן לִי לֹא נָתַתָּה זָרַע וְהִנֵּה בֶן־בֵּיתִי יוֹרֵשׁ אֹתִי׃
ד וְהִנֵּה דְבַר־יְהוָה אֵלָיו לֵאמֹר לֹא יִירָשְׁךָ זֶה כִּי־אִם אֲשֶׁר
ה יֵצֵא מִמֵּעֶיךָ הוּא יִירָשֶׁךָ׃ וַיּוֹצֵא אֹתוֹ הַחוּצָה וַיֹּאמֶר הַבֶּט־
נָא הַשָּׁמַיְמָה וּסְפֹר הַכּוֹכָבִים אִם־תּוּכַל לִסְפֹּר אֹתָם וַיֹּאמֶר
ו לוֹ כֹּה יִהְיֶה זַרְעֶךָ׃ וְהֶאֱמִן בַּיהוָה וַיַּחְשְׁבֶהָ לּוֹ צְדָקָה׃
ז וַיֹּאמֶר אֵלָיו אֲנִי יְהוָה אֲשֶׁר הוֹצֵאתִיךָ מֵאוּר כַּשְׂדִּים לָתֶת ששי
ח לְךָ אֶת־הָאָרֶץ הַזֹּאת לְרִשְׁתָּהּ׃ וַיֹּאמַר אֲדֹנָי יֱהֹוִה בַּמָּה
ט אֵדַע כִּי אִירָשֶׁנָּה׃ וַיֹּאמֶר אֵלָיו קְחָה לִי עֶגְלָה מְשֻׁלֶּשֶׁת
י וְעֵז מְשֻׁלֶּשֶׁת וְאַיִל מְשֻׁלָּשׁ וְתֹר וְגוֹזָל׃ וַיִּקַּח־לוֹ אֶת־כָּל־
אֵלֶּה וַיְבַתֵּר אֹתָם בַּתָּוֶךְ וַיִּתֵּן אִישׁ־בִּתְרוֹ לִקְרַאת רֵעֵהוּ
יא וְאֶת־הַצִּפֹּר לֹא בָתָר׃ וַיֵּרֶד הָעַיִט עַל־הַפְּגָרִים וַיַּשֵּׁב אֹתָם
יב אַבְרָם׃ וַיְהִי הַשֶּׁמֶשׁ לָבוֹא וְתַרְדֵּמָה נָפְלָה עַל־אַבְרָם וְהִנֵּה
יג אֵימָה חֲשֵׁכָה גְדֹלָה נֹפֶלֶת עָלָיו׃ וַיֹּאמֶר לְאַבְרָם יָדֹעַ תֵּדַע
כִּי־גֵר ׀ יִהְיֶה זַרְעֲךָ בְּאֶרֶץ לֹא לָהֶם וַעֲבָדוּם וְעִנּוּ אֹתָם אַרְבַּע
יד מֵאוֹת שָׁנָה׃ וְגַם אֶת־הַגּוֹי אֲשֶׁר יַעֲבֹדוּ דָּן אָנֹכִי וְאַחֲרֵי־
טו כֵן יֵצְאוּ בִּרְכֻשׁ גָּדוֹל׃ וְאַתָּה תָּבוֹא אֶל־אֲבֹתֶיךָ בְּשָׁלוֹם
טז תִּקָּבֵר בְּשֵׂיבָה טוֹבָה׃ וְדוֹר רְבִיעִי יָשׁוּבוּ הֵנָּה כִּי לֹא־שָׁלֵם
יז עֲוֺן הָאֱמֹרִי עַד־הֵנָּה׃ וַיְהִי הַשֶּׁמֶשׁ בָּאָה וַעֲלָטָה הָיָה וְהִנֵּה
יח תַנּוּר עָשָׁן וְלַפִּיד אֵשׁ אֲשֶׁר עָבַר בֵּין הַגְּזָרִים הָאֵלֶּה׃ בַּיּוֹם
הַהוּא כָּרַת יְהוָה אֶת־אַבְרָם בְּרִית לֵאמֹר לְזַרְעֲךָ נָתַתִּי אֶת־
יט הָאָרֶץ הַזֹּאת מִנְּהַר מִצְרַיִם עַד־הַנָּהָר הַגָּדֹל נְהַר־פְּרָת׃ אֶת־
כ הַקֵּינִי וְאֶת־הַקְּנִזִּי וְאֵת הַקַּדְמֹנִי׃ וְאֶת־הַחִתִּי וְאֶת־הַפְּרִזִּי וְאֶת־
כא הָרְפָאִים׃ וְאֶת־הָאֱמֹרִי וְאֶת־הַכְּנַעֲנִי וְאֶת־הַגִּרְגָּשִׁי וְאֶת־
טז א הַיְבוּסִי׃ וְשָׂרַי אֵשֶׁת אַבְרָם לֹא יָלְדָה לוֹ וְלָהּ יג
ב שִׁפְחָה מִצְרִית וּשְׁמָהּ הָגָר׃ וַתֹּאמֶר שָׂרַי אֶל־אַבְרָם הִנֵּה־נָא

עבדות ישראל במצרים
שמות א, ח–יד; ה, ו–יט

משך זמנה של גלות מצרים
שמות יב, מ–מא

יציאת ישראל ממצרים ברכוש גדול
שמות ג, כא–כב; יא, ב–ג; יב, לה–לו

פטירת אברהם בשיבה טובה
בראשית כה, ז–ט

גבולות הארץ
שמות כג, לא
במדבר לד, א–יב
דברים יא, כד–כה
יהושע א, ג–ד
יחזקאל מז, טו

עָצָרַנִי יְהוָה מִלֶּדֶת בֹּא־נָא אֶל־שִׁפְחָתִי אוּלַי אִבָּנֶה מִמֶּנָּה
וַיִּשְׁמַע אַבְרָם לְקוֹל שָׂרָי׃ וַתִּקַּח שָׂרַי ׀ אֵשֶׁת אַבְרָם אֶת־הָגָר ג
הַמִּצְרִית שִׁפְחָתָהּ מִקֵּץ עֶשֶׂר שָׁנִים לְשֶׁבֶת אַבְרָם בְּאֶרֶץ כְּנָעַן
וַתִּתֵּן אֹתָהּ לְאַבְרָם אִישָׁהּ לוֹ לְאִשָּׁה׃ וַיָּבֹא אֶל־הָגָר וַתַּהַר ד
וַתֵּרֶא כִּי הָרָתָה וַתֵּקַל גְּבִרְתָּהּ בְּעֵינֶיהָ׃ וַתֹּאמֶר שָׂרַי אֶל־ ה
אַבְרָם חֲמָסִי עָלֶיךָ אָנֹכִי נָתַתִּי שִׁפְחָתִי בְּחֵיקֶךָ וַתֵּרֶא כִּי
הָרָתָה וָאֵקַל בְּעֵינֶיהָ יִשְׁפֹּט יְהוָה בֵּינִי וּבֵינֶיךָ׃ וַיֹּאמֶר אַבְרָם ו
אֶל־שָׂרַי הִנֵּה שִׁפְחָתֵךְ בְּיָדֵךְ עֲשִׂי־לָהּ הַטּוֹב בְּעֵינָיִךְ וַתְּעַנֶּהָ
שָׂרַי וַתִּבְרַח מִפָּנֶיהָ׃ וַיִּמְצָאָהּ מַלְאַךְ יְהוָה עַל־עֵין הַמַּיִם ז
בַּמִּדְבָּר עַל־הָעַיִן בְּדֶרֶךְ שׁוּר׃ וַיֹּאמַר הָגָר שִׁפְחַת שָׂרַי אֵי־ ח
מִזֶּה בָאת וְאָנָה תֵלֵכִי וַתֹּאמֶר מִפְּנֵי שָׂרַי גְּבִרְתִּי אָנֹכִי בֹּרַחַת׃
וַיֹּאמֶר לָהּ מַלְאַךְ יְהוָה שׁוּבִי אֶל־גְּבִרְתֵּךְ וְהִתְעַנִּי תַּחַת יָדֶיהָ׃ ט
וַיֹּאמֶר לָהּ מַלְאַךְ יְהוָה הַרְבָּה אַרְבֶּה אֶת־זַרְעֵךְ וְלֹא יִסָּפֵר י
מֵרֹב׃ וַיֹּאמֶר לָהּ מַלְאַךְ יְהוָה הִנָּךְ הָרָה וְיֹלַדְתְּ בֵּן וְקָרָאת יא
שְׁמוֹ יִשְׁמָעֵאל כִּי־שָׁמַע יְהוָה אֶל־עָנְיֵךְ׃ וְהוּא יִהְיֶה פֶּרֶא יב
אָדָם יָדוֹ בַכֹּל וְיַד כֹּל בּוֹ וְעַל־פְּנֵי כָל־אֶחָיו יִשְׁכֹּן׃ וַתִּקְרָא יג
שֵׁם־יְהוָה הַדֹּבֵר אֵלֶיהָ אַתָּה אֵל רֳאִי כִּי אָמְרָה הֲגַם הֲלֹם
רָאִיתִי אַחֲרֵי רֹאִי׃ עַל־כֵּן קָרָא לַבְּאֵר בְּאֵר לַחַי רֹאִי הִנֵּה יד
בֵין־קָדֵשׁ וּבֵין בָּרֶד׃ וַתֵּלֶד הָגָר לְאַבְרָם בֵּן וַיִּקְרָא אַבְרָם שֶׁם־ טו
בְּנוֹ אֲשֶׁר־יָלְדָה הָגָר יִשְׁמָעֵאל׃ וְאַבְרָם בֶּן־שְׁמֹנִים שָׁנָה וְשֵׁשׁ טז
יד שָׁנִים בְּלֶדֶת־הָגָר אֶת־יִשְׁמָעֵאל לְאַבְרָם׃ וַיְהִי א יז
אַבְרָם בֶּן־תִּשְׁעִים שָׁנָה וְתֵשַׁע שָׁנִים וַיֵּרָא יְהוָה אֶל־אַבְרָם
וַיֹּאמֶר אֵלָיו אֲנִי־אֵל שַׁדַּי הִתְהַלֵּךְ לְפָנַי וֶהְיֵה תָמִים׃ וְאֶתְּנָה ב
בְרִיתִי בֵּינִי וּבֵינֶךָ וְאַרְבֶּה אוֹתְךָ בִּמְאֹד מְאֹד׃ וַיִּפֹּל אַבְרָם ג
עַל־פָּנָיו וַיְדַבֵּר אִתּוֹ אֱלֹהִים לֵאמֹר׃ אֲנִי הִנֵּה בְרִיתִי אִתָּךְ ד
וְהָיִיתָ לְאַב הֲמוֹן גּוֹיִם׃ וְלֹא־יִקָּרֵא עוֹד אֶת־שִׁמְךָ אַבְרָם ה
וְהָיָה שִׁמְךָ אַבְרָהָם כִּי אַב־הֲמוֹן גּוֹיִם נְתַתִּיךָ׃ וְהִפְרֵתִי אֹתְךָ ו

ז בִּמְאֹד מְאֹד וּנְתַתִּיךָ לְגוֹיִם וּמְלָכִים מִמְּךָ יֵצֵאוּ: וַהֲקִמֹתִי אֶת־
בְּרִיתִי בֵּינִי וּבֵינֶךָ וּבֵין זַרְעֲךָ אַחֲרֶיךָ לְדֹרֹתָם לִבְרִית עוֹלָם
ח לִהְיוֹת לְךָ לֵאלֹהִים וּלְזַרְעֲךָ אַחֲרֶיךָ: וְנָתַתִּי לְךָ וּלְזַרְעֲךָ אַחֲרֶיךָ
אֵת ׀ אֶרֶץ מְגֻרֶיךָ אֵת כָּל־אֶרֶץ כְּנַעַן לַאֲחֻזַּת עוֹלָם וְהָיִיתִי
ט לָהֶם לֵאלֹהִים: וַיֹּאמֶר אֱלֹהִים אֶל־אַבְרָהָם וְאַתָּה אֶת־בְּרִיתִי
י תִשְׁמֹר אַתָּה וְזַרְעֲךָ אַחֲרֶיךָ לְדֹרֹתָם: זֹאת בְּרִיתִי אֲשֶׁר תִּשְׁמְרוּ
יא בֵּינִי וּבֵינֵיכֶם וּבֵין זַרְעֲךָ אַחֲרֶיךָ הִמּוֹל לָכֶם כָּל־זָכָר: וּנְמַלְתֶּם
יב אֵת בְּשַׂר עָרְלַתְכֶם וְהָיָה לְאוֹת בְּרִית בֵּינִי וּבֵינֵיכֶם: וּבֶן־
שְׁמֹנַת יָמִים יִמּוֹל לָכֶם כָּל־זָכָר לְדֹרֹתֵיכֶם יְלִיד בָּיִת וּמִקְנַת־כֶּסֶף
יג מִכֹּל בֶּן־נֵכָר אֲשֶׁר לֹא מִזַּרְעֲךָ הוּא: הִמּוֹל ׀ יִמּוֹל יְלִיד בֵּיתְךָ
וּמִקְנַת כַּסְפֶּךָ וְהָיְתָה בְרִיתִי בִּבְשַׂרְכֶם לִבְרִית עוֹלָם:
יד וְעָרֵל ׀ זָכָר אֲשֶׁר לֹא־יִמּוֹל אֶת־בְּשַׂר עָרְלָתוֹ וְנִכְרְתָה הַנֶּפֶשׁ
טו הַהִוא מֵעַמֶּיהָ אֶת־בְּרִיתִי הֵפַר: וַיֹּאמֶר אֱלֹהִים
אֶל־אַבְרָהָם שָׂרַי אִשְׁתְּךָ לֹא־תִקְרָא אֶת־שְׁמָהּ שָׂרָי כִּי שָׂרָה
טז שְׁמָהּ: וּבֵרַכְתִּי אֹתָהּ וְגַם נָתַתִּי מִמֶּנָּה לְךָ בֵּן וּבֵרַכְתִּיהָ וְהָיְתָה
יז לְגוֹיִם מַלְכֵי עַמִּים מִמֶּנָּה יִהְיוּ: וַיִּפֹּל אַבְרָהָם עַל־פָּנָיו וַיִּצְחָק
וַיֹּאמֶר בְּלִבּוֹ הַלְּבֶן מֵאָה־שָׁנָה יִוָּלֵד וְאִם־שָׂרָה הֲבַת־תִּשְׁעִים
יח שָׁנָה תֵּלֵד: וַיֹּאמֶר אַבְרָהָם אֶל־הָאֱלֹהִים לוּ יִשְׁמָעֵאל יִחְיֶה
יט לְפָנֶיךָ: וַיֹּאמֶר אֱלֹהִים אֲבָל שָׂרָה אִשְׁתְּךָ יֹלֶדֶת לְךָ בֵּן וְקָרָאתָ
אֶת־שְׁמוֹ יִצְחָק וַהֲקִמֹתִי אֶת־בְּרִיתִי אִתּוֹ לִבְרִית עוֹלָם לְזַרְעוֹ
כ אַחֲרָיו: וּלְיִשְׁמָעֵאל שְׁמַעְתִּיךָ הִנֵּה ׀ בֵּרַכְתִּי אֹתוֹ וְהִפְרֵיתִי אֹתוֹ
וְהִרְבֵּיתִי אֹתוֹ בִּמְאֹד מְאֹד שְׁנֵים־עָשָׂר נְשִׂיאִם יוֹלִיד וּנְתַתִּיו
כא לְגוֹי גָּדוֹל: וְאֶת־בְּרִיתִי אָקִים אֶת־יִצְחָק אֲשֶׁר תֵּלֵד לְךָ שָׂרָה
כב לַמּוֹעֵד הַזֶּה בַּשָּׁנָה הָאַחֶרֶת: וַיְכַל לְדַבֵּר אִתּוֹ וַיַּעַל אֱלֹהִים
כג מֵעַל אַבְרָהָם: וַיִּקַּח אַבְרָהָם אֶת־יִשְׁמָעֵאל בְּנוֹ וְאֵת כָּל־
יְלִידֵי בֵיתוֹ וְאֵת כָּל־מִקְנַת כַּסְפּוֹ כָּל־זָכָר בְּאַנְשֵׁי בֵּית
אַבְרָהָם וַיָּמָל אֶת־בְּשַׂר עָרְלָתָם בְּעֶצֶם הַיּוֹם הַזֶּה כַּאֲשֶׁר

מצוות המילה
ויקרא יב, ג

הולדת יצחק - הבטחת ה׳ והתגשמותה
בראשית יח, י–יד; כא, א–ג

בני ישמעאל
בראשית כה, יב–טז
דה״א א, כט–לא

כד דִּבֶּר אִתּוֹ אֱלֹהִים: וְאַבְרָהָם בֶּן־תִּשְׁעִים וָתֵשַׁע שָׁנָה בְּהִמֹּלוֹ מפטיר
כה בְּשַׂר עָרְלָתוֹ: וְיִשְׁמָעֵאל בְּנוֹ בֶּן־שְׁלֹשׁ עֶשְׂרֵה שָׁנָה בְּהִמֹּלוֹ
כו אֵת בְּשַׂר עָרְלָתוֹ: בְּעֶצֶם הַיּוֹם הַזֶּה נִמּוֹל אַבְרָהָם וְיִשְׁמָעֵאל
כז בְּנוֹ: וְכָל־אַנְשֵׁי בֵיתוֹ יְלִיד בָּיִת וּמִקְנַת־כֶּסֶף מֵאֵת בֶּן־נֵכָר
נִמֹּלוּ אִתּוֹ:

יח א וַיֵּרָא אֵלָיו יהוה בְּאֵלֹנֵי מַמְרֵא וְהוּא יֹשֵׁב פֶּתַח־הָאֹהֶל כְּחֹם וירא טו
ב הַיּוֹם: וַיִּשָּׂא עֵינָיו וַיַּרְא וְהִנֵּה שְׁלֹשָׁה אֲנָשִׁים נִצָּבִים עָלָיו וַיַּרְא
ג וַיָּרָץ לִקְרָאתָם מִפֶּתַח הָאֹהֶל וַיִּשְׁתַּחוּ אָרְצָה: וַיֹּאמַר אֲדֹנָי
ד אִם־נָא מָצָאתִי חֵן בְּעֵינֶיךָ אַל־נָא תַעֲבֹר מֵעַל עַבְדֶּךָ: יֻקַּח־
ה נָא מְעַט־מַיִם וְרַחֲצוּ רַגְלֵיכֶם וְהִשָּׁעֲנוּ תַּחַת הָעֵץ: וְאֶקְחָה
פַת־לֶחֶם וְסַעֲדוּ לִבְּכֶם אַחַר תַּעֲבֹרוּ כִּי־עַל־כֵּן עֲבַרְתֶּם עַל־
ו עַבְדְּכֶם וַיֹּאמְרוּ כֵּן תַּעֲשֶׂה כַּאֲשֶׁר דִּבַּרְתָּ: וַיְמַהֵר אַבְרָהָם
הָאֹהֱלָה אֶל־שָׂרָה וַיֹּאמֶר מַהֲרִי שְׁלֹשׁ סְאִים קֶמַח סֹלֶת לוּשִׁי
ז וַעֲשִׂי עֻגוֹת: וְאֶל־הַבָּקָר רָץ אַבְרָהָם וַיִּקַּח בֶּן־בָּקָר רַךְ וָטוֹב
ח וַיִּתֵּן אֶל־הַנַּעַר וַיְמַהֵר לַעֲשׂוֹת אֹתוֹ: וַיִּקַּח חֶמְאָה וְחָלָב וּבֶן־
הַבָּקָר אֲשֶׁר עָשָׂה וַיִּתֵּן לִפְנֵיהֶם וְהוּא עֹמֵד עֲלֵיהֶם תַּחַת הָעֵץ
ט וַיֹּאכֵלוּ: וַיֹּאמְרוּ אֵלָיו אַיֵּה שָׂרָה אִשְׁתֶּךָ וַיֹּאמֶר הִנֵּה בָאֹהֶל:
י וַיֹּאמֶר שׁוֹב אָשׁוּב אֵלֶיךָ כָּעֵת חַיָּה וְהִנֵּה־בֵן לְשָׂרָה אִשְׁתֶּךָ הולדת יצחק – הבטחת ה׳ והתגשמותה בראשית יז, טו–יט; כא, א–ג
יא וְשָׂרָה שֹׁמַעַת פֶּתַח הָאֹהֶל וְהוּא אַחֲרָיו: וְאַבְרָהָם וְשָׂרָה זְקֵנִים
יב בָּאִים בַּיָּמִים חָדַל לִהְיוֹת לְשָׂרָה אֹרַח כַּנָּשִׁים: וַתִּצְחַק שָׂרָה
יג בְּקִרְבָּהּ לֵאמֹר אַחֲרֵי בְלֹתִי הָיְתָה־לִּי עֶדְנָה וַאדֹנִי זָקֵן: וַיֹּאמֶר
יהוה אֶל־אַבְרָהָם לָמָּה זֶּה צָחֲקָה שָׂרָה לֵאמֹר הַאַף אֻמְנָם
יד אֵלֵד וַאֲנִי זָקַנְתִּי: הֲיִפָּלֵא מֵיהוה דָּבָר לַמּוֹעֵד אָשׁוּב אֵלֶיךָ
טו כָּעֵת חַיָּה וּלְשָׂרָה בֵן: וַתְּכַחֵשׁ שָׂרָה | לֵאמֹר לֹא צָחַקְתִּי כִּי | שני
טז יָרֵאָה וַיֹּאמֶר | לֹא כִּי צָחָקְתְּ: וַיָּקֻמוּ מִשָּׁם הָאֲנָשִׁים וַיַּשְׁקִפוּ
יז עַל־פְּנֵי סְדֹם וְאַבְרָהָם הֹלֵךְ עִמָּם לְשַׁלְּחָם: וַיהוה אָמָר הַמְכַסֶּה
יח אֲנִי מֵאַבְרָהָם אֲשֶׁר אֲנִי עֹשֶׂה: וְאַבְרָהָם הָיוֹ יִהְיֶה לְגוֹי גָּדוֹל

יט וְעָצוּם וְנִבְרְכוּ־בוֹ כֹּל גּוֹיֵי הָאָרֶץ׃ כִּי יְדַעְתִּיו לְמַעַן אֲשֶׁר
יְצַוֶּה אֶת־בָּנָיו וְאֶת־בֵּיתוֹ אַחֲרָיו וְשָׁמְרוּ דֶּרֶךְ יהוה לַעֲשׂוֹת
צְדָקָה וּמִשְׁפָּט לְמַעַן הָבִיא יהוה עַל־אַבְרָהָם אֵת אֲשֶׁר־
כ דִּבֶּר עָלָיו׃ וַיֹּאמֶר יהוה זַעֲקַת סְדֹם וַעֲמֹרָה כִּי־רָבָּה וְחַטָּאתָם חטאי סדום יחזקאל טז, מט–נ
כא כִּי כָבְדָה מְאֹד׃ אֵרְדָה־נָּא וְאֶרְאֶה הַכְּצַעֲקָתָהּ הַבָּאָה אֵלַי
כב עָשׂוּ ׀ כָּלָה וְאִם־לֹא אֵדָעָה׃ וַיִּפְנוּ מִשָּׁם הָאֲנָשִׁים וַיֵּלְכוּ סְדֹמָה
כג וְאַבְרָהָם עוֹדֶנּוּ עֹמֵד לִפְנֵי יהוה׃ וַיִּגַּשׁ אַבְרָהָם וַיֹּאמַר הַאַף
כד תִּסְפֶּה צַדִּיק עִם־רָשָׁע׃ אוּלַי יֵשׁ חֲמִשִּׁים צַדִּיקִם בְּתוֹךְ הָעִיר
הַאַף תִּסְפֶּה וְלֹא־תִשָּׂא לַמָּקוֹם לְמַעַן חֲמִשִּׁים הַצַּדִּיקִם אֲשֶׁר
כה בְּקִרְבָּהּ׃ חָלִלָה לְּךָ מֵעֲשֹׂת ׀ כַּדָּבָר הַזֶּה לְהָמִית צַדִּיק עִם־
רָשָׁע וְהָיָה כַצַּדִּיק כָּרָשָׁע חָלִלָה לָּךְ הֲשֹׁפֵט כָּל־הָאָרֶץ לֹא
כו יַעֲשֶׂה מִשְׁפָּט׃ וַיֹּאמֶר יהוה אִם־אֶמְצָא בִסְדֹם חֲמִשִּׁים צַדִּיקִם
כז בְּתוֹךְ הָעִיר וְנָשָׂאתִי לְכָל־הַמָּקוֹם בַּעֲבוּרָם׃ וַיַּעַן אַבְרָהָם
וַיֹּאמַר הִנֵּה־נָא הוֹאַלְתִּי לְדַבֵּר אֶל־אֲדֹנָי וְאָנֹכִי עָפָר וָאֵפֶר׃
כח אוּלַי יַחְסְרוּן חֲמִשִּׁים הַצַּדִּיקִם חֲמִשָּׁה הֲתַשְׁחִית בַּחֲמִשָּׁה אֶת־
כָּל־הָעִיר וַיֹּאמֶר לֹא אַשְׁחִית אִם־אֶמְצָא שָׁם אַרְבָּעִים וַחֲמִשָּׁה׃
כט וַיֹּסֶף עוֹד לְדַבֵּר אֵלָיו וַיֹּאמַר אוּלַי יִמָּצְאוּן שָׁם אַרְבָּעִים וַיֹּאמֶר
ל לֹא אֶעֱשֶׂה בַּעֲבוּר הָאַרְבָּעִים׃ וַיֹּאמֶר אַל־נָא יִחַר לַאדֹנָי
וַאֲדַבֵּרָה אוּלַי יִמָּצְאוּן שָׁם שְׁלֹשִׁים וַיֹּאמֶר לֹא אֶעֱשֶׂה אִם־
לא אֶמְצָא שָׁם שְׁלֹשִׁים׃ וַיֹּאמֶר הִנֵּה־נָא הוֹאַלְתִּי לְדַבֵּר אֶל־
אֲדֹנָי אוּלַי יִמָּצְאוּן שָׁם עֶשְׂרִים וַיֹּאמֶר לֹא אַשְׁחִית בַּעֲבוּר
לב הָעֶשְׂרִים׃ וַיֹּאמֶר אַל־נָא יִחַר לַאדֹנָי וַאֲדַבְּרָה אַךְ־הַפַּעַם
אוּלַי יִמָּצְאוּן שָׁם עֲשָׂרָה וַיֹּאמֶר לֹא אַשְׁחִית בַּעֲבוּר הָעֲשָׂרָה׃
לג וַיֵּלֶךְ יהוה כַּאֲשֶׁר כִּלָּה לְדַבֵּר אֶל־אַבְרָהָם וְאַבְרָהָם שָׁב
יט א לִמְקֹמוֹ׃ וַיָּבֹאוּ שְׁנֵי הַמַּלְאָכִים סְדֹמָה בָּעֶרֶב וְלוֹט יֹשֵׁב בְּשַׁעַר־ טז שלישי
ב סְדֹם וַיַּרְא־לוֹט וַיָּקָם לִקְרָאתָם וַיִּשְׁתַּחוּ אַפַּיִם אָרְצָה׃ וַיֹּאמֶר
הִנֶּה נָּא־אֲדֹנַי סוּרוּ נָא אֶל־בֵּית עַבְדְּכֶם וְלִינוּ וְרַחֲצוּ רַגְלֵיכֶם

וְהִשְׁכַּמְתֶּם וַהֲלַכְתֶּם לְדַרְכְּכֶם וַיֹּאמְרוּ לֹּא כִּי בָרְחוֹב נָלִין׃
וַיִּפְצַר־בָּם מְאֹד וַיָּסֻרוּ אֵלָיו וַיָּבֹאוּ אֶל־בֵּיתוֹ וַיַּעַשׂ לָהֶם מִשְׁתֶּה ג
וּמַצּוֹת אָפָה וַיֹּאכֵלוּ׃ טֶרֶם יִשְׁכָּבוּ וְאַנְשֵׁי הָעִיר אַנְשֵׁי סְדֹם ד
נָסַבּוּ עַל־הַבַּיִת מִנַּעַר וְעַד־זָקֵן כָּל־הָעָם מִקָּצֶה׃ וַיִּקְרְאוּ אֶל־ ה
לוֹט וַיֹּאמְרוּ לוֹ אַיֵּה הָאֲנָשִׁים אֲשֶׁר־בָּאוּ אֵלֶיךָ הַלָּיְלָה הוֹצִיאֵם
אֵלֵינוּ וְנֵדְעָה אֹתָם׃ וַיֵּצֵא אֲלֵהֶם לוֹט הַפֶּתְחָה וְהַדֶּלֶת סָגַר ו
אַחֲרָיו׃ וַיֹּאמַר אַל־נָא אַחַי תָּרֵעוּ׃ הִנֵּה־נָא לִי שְׁתֵּי בָנוֹת ז ח
אֲשֶׁר לֹא־יָדְעוּ אִישׁ אוֹצִיאָה־נָּא אֶתְהֶן אֲלֵיכֶם וַעֲשׂוּ לָהֶן
כַּטּוֹב בְּעֵינֵיכֶם רַק לָאֲנָשִׁים הָאֵל אַל־תַּעֲשׂוּ דָבָר כִּי־עַל־
כֵּן בָּאוּ בְּצֵל קֹרָתִי׃ וַיֹּאמְרוּ ׀ גֶּשׁ־הָלְאָה וַיֹּאמְרוּ הָאֶחָד בָּא־ ט
לָגוּר וַיִּשְׁפֹּט שָׁפוֹט עַתָּה נָרַע לְךָ מֵהֶם וַיִּפְצְרוּ בָאִישׁ בְּלוֹט
מְאֹד וַיִּגְּשׁוּ לִשְׁבֹּר הַדָּלֶת׃ וַיִּשְׁלְחוּ הָאֲנָשִׁים אֶת־יָדָם וַיָּבִיאוּ י
אֶת־לוֹט אֲלֵיהֶם הַבָּיְתָה וְאֶת־הַדֶּלֶת סָגָרוּ׃ וְאֶת־הָאֲנָשִׁים יא
אֲשֶׁר־פֶּתַח הַבַּיִת הִכּוּ בַּסַּנְוֵרִים מִקָּטֹן וְעַד־גָּדוֹל וַיִּלְאוּ לִמְצֹא
הַפָּתַח׃ וַיֹּאמְרוּ הָאֲנָשִׁים אֶל־לוֹט עֹד מִי־לְךָ פֹה חָתָן וּבָנֶיךָ יב
וּבְנֹתֶיךָ וְכֹל אֲשֶׁר־לְךָ בָּעִיר הוֹצֵא מִן־הַמָּקוֹם׃ כִּי־מַשְׁחִתִים יג
אֲנַחְנוּ אֶת־הַמָּקוֹם הַזֶּה כִּי־גָדְלָה צַעֲקָתָם אֶת־פְּנֵי יְהוָה
וַיְשַׁלְּחֵנוּ יְהוָה לְשַׁחֲתָהּ׃ וַיֵּצֵא לוֹט וַיְדַבֵּר ׀ אֶל־חֲתָנָיו ׀ לֹקְחֵי יד
בְנֹתָיו וַיֹּאמֶר קוּמוּ צְּאוּ מִן־הַמָּקוֹם הַזֶּה כִּי־מַשְׁחִית יְהוָה
אֶת־הָעִיר וַיְהִי כִמְצַחֵק בְּעֵינֵי חֲתָנָיו׃ וּכְמוֹ הַשַּׁחַר עָלָה וַיָּאִיצוּ טו
הַמַּלְאָכִים בְּלוֹט לֵאמֹר קוּם קַח אֶת־אִשְׁתְּךָ וְאֶת־שְׁתֵּי בְנֹתֶיךָ
הַנִּמְצָאֹת פֶּן־תִּסָּפֶה בַּעֲוֺן הָעִיר׃ וַיִּתְמַהְמָהּ ׀ וַיַּחֲזִיקוּ הָאֲנָשִׁים טז
בְּיָדוֹ וּבְיַד־אִשְׁתּוֹ וּבְיַד שְׁתֵּי בְנֹתָיו בְּחֶמְלַת יְהוָה עָלָיו וַיֹּצִאֻהוּ
וַיַּנִּחֻהוּ מִחוּץ לָעִיר׃ וַיְהִי כְהוֹצִיאָם אֹתָם הַחוּצָה וַיֹּאמֶר הִמָּלֵט יז
עַל־נַפְשֶׁךָ אַל־תַּבִּיט אַחֲרֶיךָ וְאַל־תַּעֲמֹד בְּכָל־הַכִּכָּר הָהָרָה
הִמָּלֵט פֶּן־תִּסָּפֶה׃ וַיֹּאמֶר לוֹט אֲלֵהֶם אַל־נָא אֲדֹנָי׃ הִנֵּה־נָא יח יט
מָצָא עַבְדְּךָ חֵן בְּעֵינֶיךָ וַתַּגְדֵּל חַסְדְּךָ אֲשֶׁר עָשִׂיתָ עִמָּדִי לְהַחֲיוֹת

אֶת־נַפְשִׁי וְאָנֹכִי לֹא אוּכַל לְהִמָּלֵט הָהָרָה פֶּן־תִּדְבָּקַנִי הָרָעָה
כ וָמַתִּי׃ הִנֵּה־נָא הָעִיר הַזֹּאת קְרֹבָה לָנוּס שָׁמָּה וְהִוא מִצְעָר
כא אִמָּלְטָה נָּא שָׁמָּה הֲלֹא מִצְעָר הִוא וּתְחִי נַפְשִׁי׃ וַיֹּאמֶר אֵלָיו רביעי
הִנֵּה נָשָׂאתִי פָנֶיךָ גַּם לַדָּבָר הַזֶּה לְבִלְתִּי הָפְכִּי אֶת־הָעִיר
כב אֲשֶׁר דִּבַּרְתָּ׃ מַהֵר הִמָּלֵט שָׁמָּה כִּי לֹא אוּכַל לַעֲשׂוֹת דָּבָר
כג עַד־בֹּאֲךָ שָׁמָּה עַל־כֵּן קָרָא שֵׁם־הָעִיר צוֹעַר׃ הַשֶּׁמֶשׁ יָצָא
כד עַל־הָאָרֶץ וְלוֹט בָּא צֹעֲרָה׃ וַיהוה הִמְטִיר עַל־סְדֹם וְעַל־
כה עֲמֹרָה גָּפְרִית וָאֵשׁ מֵאֵת יהוה מִן־הַשָּׁמָיִם׃ וַיַּהֲפֹךְ אֶת־הֶעָרִים
הָאֵל וְאֵת כָּל־הַכִּכָּר וְאֵת כָּל־יֹשְׁבֵי הֶעָרִים וְצֶמַח הָאֲדָמָה׃
כו כז וַתַּבֵּט אִשְׁתּוֹ מֵאַחֲרָיו וַתְּהִי נְצִיב מֶלַח׃ וַיַּשְׁכֵּם אַבְרָהָם בַּבֹּקֶר
כח אֶל־הַמָּקוֹם אֲשֶׁר־עָמַד שָׁם אֶת־פְּנֵי יהוה׃ וַיַּשְׁקֵף עַל־פְּנֵי
סְדֹם וַעֲמֹרָה וְעַל כָּל־פְּנֵי אֶרֶץ הַכִּכָּר וַיַּרְא וְהִנֵּה עָלָה קִיטֹר
כט הָאָרֶץ כְּקִיטֹר הַכִּבְשָׁן׃ וַיְהִי בְּשַׁחֵת אֱלֹהִים אֶת־עָרֵי הַכִּכָּר
וַיִּזְכֹּר אֱלֹהִים אֶת־אַבְרָהָם וַיְשַׁלַּח אֶת־לוֹט מִתּוֹךְ הַהֲפֵכָה
ל בַּהֲפֹךְ אֶת־הֶעָרִים אֲשֶׁר־יָשַׁב בָּהֵן לוֹט׃ וַיַּעַל לוֹט מִצּוֹעַר
וַיֵּשֶׁב בָּהָר וּשְׁתֵּי בְנֹתָיו עִמּוֹ כִּי יָרֵא לָשֶׁבֶת בְּצוֹעַר וַיֵּשֶׁב
לא בַּמְּעָרָה הוּא וּשְׁתֵּי בְנֹתָיו׃ וַתֹּאמֶר הַבְּכִירָה אֶל־הַצְּעִירָה
אָבִינוּ זָקֵן וְאִישׁ אֵין בָּאָרֶץ לָבוֹא עָלֵינוּ כְּדֶרֶךְ כָּל־הָאָרֶץ׃
לב לְכָה נַשְׁקֶה אֶת־אָבִינוּ יַיִן וְנִשְׁכְּבָה עִמּוֹ וּנְחַיֶּה מֵאָבִינוּ זָרַע׃
לג וַתַּשְׁקֶיןָ אֶת־אֲבִיהֶן יַיִן בַּלַּיְלָה הוּא וַתָּבֹא הַבְּכִירָה וַתִּשְׁכַּב
לד אֶת־אָבִיהָ וְלֹא־יָדַע בְּשִׁכְבָהּ וּבְקוּמָהּ׃ וַיְהִי מִמָּחֳרָת וַתֹּאמֶר
הַבְּכִירָה אֶל־הַצְּעִירָה הֵן־שָׁכַבְתִּי אֶמֶשׁ אֶת־אָבִי נַשְׁקֶנּוּ יַיִן
לה גַּם־הַלַּיְלָה וּבֹאִי שִׁכְבִי עִמּוֹ וּנְחַיֶּה מֵאָבִינוּ זָרַע׃ וַתַּשְׁקֶיןָ גַּם
בַּלַּיְלָה הַהוּא אֶת־אֲבִיהֶן יָיִן וַתָּקָם הַצְּעִירָה וַתִּשְׁכַּב עִמּוֹ
לו וְלֹא־יָדַע בְּשִׁכְבָהּ וּבְקֻמָהּ׃ וַתַּהֲרֶיןָ שְׁתֵּי בְנוֹת־לוֹט מֵאֲבִיהֶן׃
לז וַתֵּלֶד הַבְּכִירָה בֵּן וַתִּקְרָא שְׁמוֹ מוֹאָב הוּא אֲבִי־מוֹאָב עַד־
לח הַיּוֹם׃ וְהַצְּעִירָה גַם־הִוא יָלְדָה בֵּן וַתִּקְרָא שְׁמוֹ בֶּן־עַמִּי הוּא

יז אֲבִי בְנֵי־עַמּוֹן עַד־הַיּוֹם׃ וַיִּסַּע מִשָּׁם אַבְרָהָם א
ב אַרְצָה הַנֶּגֶב וַיֵּשֶׁב בֵּין־קָדֵשׁ וּבֵין שׁוּר וַיָּגָר בִּגְרָר׃ וַיֹּאמֶר
אַבְרָהָם אֶל־שָׂרָה אִשְׁתּוֹ אֲחֹתִי הִוא וַיִּשְׁלַח אֲבִימֶלֶךְ מֶלֶךְ
ג גְּרָר וַיִּקַּח אֶת־שָׂרָה׃ וַיָּבֹא אֱלֹהִים אֶל־אֲבִימֶלֶךְ בַּחֲלוֹם הַלָּיְלָה
וַיֹּאמֶר לוֹ הִנְּךָ מֵת עַל־הָאִשָּׁה אֲשֶׁר־לָקַחְתָּ וְהִוא בְּעֻלַת בָּעַל׃
ד וַאֲבִימֶלֶךְ לֹא קָרַב אֵלֶיהָ וַיֹּאמַר אֲדֹנָי הֲגוֹי גַּם־צַדִּיק תַּהֲרֹג׃
ה הֲלֹא הוּא אָמַר־לִי אֲחֹתִי הִוא וְהִיא־גַם־הִוא אָמְרָה אָחִי הוּא
ו בְּתָם־לְבָבִי וּבְנִקְיֹן כַּפַּי עָשִׂיתִי זֹאת׃ וַיֹּאמֶר אֵלָיו הָאֱלֹהִים
בַּחֲלֹם גַּם אָנֹכִי יָדַעְתִּי כִּי בְתָם־לְבָבְךָ עָשִׂיתָ זֹּאת וָאֶחְשֹׂךְ
גַּם־אָנֹכִי אוֹתְךָ מֵחֲטוֹ־לִי עַל־כֵּן לֹא־נְתַתִּיךָ לִנְגֹּעַ אֵלֶיהָ׃
ז וְעַתָּה הָשֵׁב אֵשֶׁת־הָאִישׁ כִּי־נָבִיא הוּא וְיִתְפַּלֵּל בַּעַדְךָ וֶחְיֵה
וְאִם־אֵינְךָ מֵשִׁיב דַּע כִּי־מוֹת תָּמוּת אַתָּה וְכָל־אֲשֶׁר־לָךְ׃
ח וַיַּשְׁכֵּם אֲבִימֶלֶךְ בַּבֹּקֶר וַיִּקְרָא לְכָל־עֲבָדָיו וַיְדַבֵּר אֶת־כָּל־
ט הַדְּבָרִים הָאֵלֶּה בְּאָזְנֵיהֶם וַיִּירְאוּ הָאֲנָשִׁים מְאֹד׃ וַיִּקְרָא
אֲבִימֶלֶךְ לְאַבְרָהָם וַיֹּאמֶר לוֹ מֶה־עָשִׂיתָ לָּנוּ וּמֶה־חָטָאתִי לָךְ
כִּי־הֵבֵאתָ עָלַי וְעַל־מַמְלַכְתִּי חֲטָאָה גְדֹלָה מַעֲשִׂים אֲשֶׁר לֹא־
י יֵעָשׂוּ עָשִׂיתָ עִמָּדִי׃ וַיֹּאמֶר אֲבִימֶלֶךְ אֶל־אַבְרָהָם מָה רָאִיתָ
יא כִּי עָשִׂיתָ אֶת־הַדָּבָר הַזֶּה׃ וַיֹּאמֶר אַבְרָהָם כִּי אָמַרְתִּי רַק
יב אֵין־יִרְאַת אֱלֹהִים בַּמָּקוֹם הַזֶּה וַהֲרָגוּנִי עַל־דְּבַר אִשְׁתִּי׃ וְגַם־
אָמְנָה אֲחֹתִי בַת־אָבִי הִוא אַךְ לֹא בַת־אִמִּי וַתְּהִי־לִי לְאִשָּׁה׃
יג וַיְהִי כַּאֲשֶׁר הִתְעוּ אֹתִי אֱלֹהִים מִבֵּית אָבִי וָאֹמַר לָהּ זֶה
חַסְדֵּךְ אֲשֶׁר תַּעֲשִׂי עִמָּדִי אֶל כָּל־הַמָּקוֹם אֲשֶׁר נָבוֹא שָׁמָּה
יד אִמְרִי־לִי אָחִי הוּא׃ וַיִּקַּח אֲבִימֶלֶךְ צֹאן וּבָקָר וַעֲבָדִים וּשְׁפָחֹת
טו וַיִּתֵּן לְאַבְרָהָם וַיָּשֶׁב לוֹ אֵת שָׂרָה אִשְׁתּוֹ׃ וַיֹּאמֶר אֲבִימֶלֶךְ
טז הִנֵּה אַרְצִי לְפָנֶיךָ בַּטּוֹב בְּעֵינֶיךָ שֵׁב׃ וּלְשָׂרָה אָמַר הִנֵּה נָתַתִּי
אֶלֶף כֶּסֶף לְאָחִיךְ הִנֵּה הוּא־לָךְ כְּסוּת עֵינַיִם לְכֹל אֲשֶׁר אִתָּךְ
יז וְאֵת כֹּל וְנֹכָחַת׃ וַיִּתְפַּלֵּל אַבְרָהָם אֶל־הָאֱלֹהִים וַיִּרְפָּא אֱלֹהִים

יח אֶת־אֲבִימֶלֶךְ וְאֶת־אִשְׁתּוֹ וְאַמְהֹתָיו וַיֵּלֵדוּ׃ כִּֽי־עָצֹר עָצַר
יְהוָה בְּעַד כָּל־רֶחֶם לְבֵית אֲבִימֶלֶךְ עַל־דְּבַר שָׂרָה אֵשֶׁת
כא א אַבְרָהָם׃ וַֽיהוָה פָּקַד אֶת־שָׂרָה כַּאֲשֶׁר אָמָר יח
ב וַיַּעַשׂ יְהוָה לְשָׂרָה כַּאֲשֶׁר דִּבֵּר׃ וַתַּהַר וַתֵּלֶד שָׂרָה לְאַבְרָהָם
ג בֵּן לִזְקֻנָיו לַמּוֹעֵד אֲשֶׁר־דִּבֶּר אֹתוֹ אֱלֹהִים׃ וַיִּקְרָא אַבְרָהָם
ד אֶת־שֶׁם־בְּנוֹ הַנּוֹלַד־לוֹ אֲשֶׁר־יָלְדָה־לּוֹ שָׂרָה יִצְחָק׃ וַיָּמָל
אַבְרָהָם אֶת־יִצְחָק בְּנוֹ בֶּן־שְׁמֹנַת יָמִים כַּאֲשֶׁר צִוָּה אֹתוֹ
ה אֱלֹהִים׃ וְאַבְרָהָם בֶּן־מְאַת שָׁנָה בְּהִוָּלֶד לוֹ אֵת יִצְחָק בְּנוֹ׃ חמישי
ו וַתֹּאמֶר שָׂרָה צְחֹק עָשָׂה לִי אֱלֹהִים כָּל־הַשֹּׁמֵעַ יִצְחַק־לִי׃
ז וַתֹּאמֶר מִי מִלֵּל לְאַבְרָהָם הֵינִיקָה בָנִים שָׂרָה כִּי־יָלַדְתִּי בֵן
ח לִזְקֻנָיו׃ וַיִּגְדַּל הַיֶּלֶד וַיִּגָּמַל וַיַּעַשׂ אַבְרָהָם מִשְׁתֶּה גָדוֹל בְּיוֹם
ט הִגָּמֵל אֶת־יִצְחָק׃ וַתֵּרֶא שָׂרָה אֶת־בֶּן־הָגָר הַמִּצְרִית אֲשֶׁר־
י יָלְדָה לְאַבְרָהָם מְצַחֵק׃ וַתֹּאמֶר לְאַבְרָהָם גָּרֵשׁ הָאָמָה הַזֹּאת
וְאֶת־בְּנָהּ כִּי לֹא יִירַשׁ בֶּן־הָאָמָה הַזֹּאת עִם־בְּנִי עִם־יִצְחָק׃
יא יב וַיֵּרַע הַדָּבָר מְאֹד בְּעֵינֵי אַבְרָהָם עַל אוֹדֹת בְּנוֹ׃ וַיֹּאמֶר אֱלֹהִים
אֶל־אַבְרָהָם אַל־יֵרַע בְּעֵינֶיךָ עַל־הַנַּעַר וְעַל־אֲמָתֶךָ כֹּל אֲשֶׁר
יג תֹּאמַר אֵלֶיךָ שָׂרָה שְׁמַע בְּקֹלָהּ כִּי בְיִצְחָק יִקָּרֵא לְךָ זָרַע׃ וְגַם
יד אֶת־בֶּן־הָאָמָה לְגוֹי אֲשִׂימֶנּוּ כִּי זַרְעֲךָ הוּא׃ וַיַּשְׁכֵּם אַבְרָהָם ׀
בַּבֹּקֶר וַיִּקַּח־לֶחֶם וְחֵמַת מַיִם וַיִּתֵּן אֶל־הָגָר שָׂם עַל־שִׁכְמָהּ
טו וְאֶת־הַיֶּלֶד וַיְשַׁלְּחֶהָ וַתֵּלֶךְ וַתֵּתַע בְּמִדְבַּר בְּאֵר שָׁבַע׃ וַיִּכְלוּ
טז הַמַּיִם מִן־הַחֵמֶת וַתַּשְׁלֵךְ אֶת־הַיֶּלֶד תַּחַת אַחַד הַשִּׂיחִם׃ וַתֵּלֶךְ
וַתֵּשֶׁב לָהּ מִנֶּגֶד הַרְחֵק כִּמְטַחֲוֵי קֶשֶׁת כִּי אָמְרָה אַל־אֶרְאֶה
יז בְּמוֹת הַיָּלֶד וַתֵּשֶׁב מִנֶּגֶד וַתִּשָּׂא אֶת־קֹלָהּ וַתֵּבְךְּ׃ וַיִּשְׁמַע
אֱלֹהִים אֶת־קוֹל הַנַּעַר וַיִּקְרָא מַלְאַךְ אֱלֹהִים ׀ אֶל־הָגָר מִן־
הַשָּׁמַיִם וַיֹּאמֶר לָהּ מַה־לָּךְ הָגָר אַל־תִּירְאִי כִּי־שָׁמַע אֱלֹהִים
יח אֶל־קוֹל הַנַּעַר בַּאֲשֶׁר הוּא־שָׁם׃ קוּמִי שְׂאִי אֶת־הַנַּעַר וְהַחֲזִיקִי
יט אֶת־יָדֵךְ בּוֹ כִּי־לְגוֹי גָּדוֹל אֲשִׂימֶנּוּ׃ וַיִּפְקַח אֱלֹהִים אֶת־עֵינֶיהָ

הולדת יצחק - הבטחת ה׳ והתגשמותה
בראשית יז, טו–יט; יח, י–יד

ציווי ה׳ לאברהם על מצוות המילה
בראשית יז, י–יד

וַתֵּרֶא בְּאֵר מָיִם וַתֵּלֶךְ וַתְּמַלֵּא אֶת־הַחֵמֶת מַיִם וַתַּשְׁקְ אֶת־
כ הַנָּעַר: וַיְהִי אֱלֹהִים אֶת־הַנַּעַר וַיִּגְדָּל וַיֵּשֶׁב בַּמִּדְבָּר וַיְהִי רֹבֶה
כא קַשָּׁת: וַיֵּשֶׁב בְּמִדְבַּר פָּארָן וַתִּקַּח־לוֹ אִמּוֹ אִשָּׁה מֵאֶרֶץ
מִצְרָיִם:
כב וַיְהִי בָּעֵת הַהִוא וַיֹּאמֶר אֲבִימֶלֶךְ וּפִיכֹל שַׂר־צְבָאוֹ אֶל־אַבְרָהָם ששי
כג לֵאמֹר אֱלֹהִים עִמְּךָ בְּכֹל אֲשֶׁר־אַתָּה עֹשֶׂה: וְעַתָּה הִשָּׁבְעָה
לִּי בֵאלֹהִים הֵנָּה אִם־תִּשְׁקֹר לִי וּלְנִינִי וּלְנֶכְדִּי כַּחֶסֶד אֲשֶׁר־
עָשִׂיתִי עִמְּךָ תַּעֲשֶׂה עִמָּדִי וְעִם־הָאָרֶץ אֲשֶׁר־גַּרְתָּה בָּהּ:
כד כה וַיֹּאמֶר אַבְרָהָם אָנֹכִי אִשָּׁבֵעַ: וְהוֹכִחַ אַבְרָהָם אֶת־אֲבִימֶלֶךְ
כו עַל־אֹדוֹת בְּאֵר הַמַּיִם אֲשֶׁר גָּזְלוּ עַבְדֵי אֲבִימֶלֶךְ: וַיֹּאמֶר
אֲבִימֶלֶךְ לֹא יָדַעְתִּי מִי עָשָׂה אֶת־הַדָּבָר הַזֶּה וְגַם־אַתָּה לֹא־
כז הִגַּדְתָּ לִּי וְגַם אָנֹכִי לֹא שָׁמַעְתִּי בִּלְתִּי הַיּוֹם: וַיִּקַּח אַבְרָהָם
כח צֹאן וּבָקָר וַיִּתֵּן לַאֲבִימֶלֶךְ וַיִּכְרְתוּ שְׁנֵיהֶם בְּרִית: וַיַּצֵּב
כט אַבְרָהָם אֶת־שֶׁבַע כִּבְשֹׂת הַצֹּאן לְבַדְּהֶן: וַיֹּאמֶר אֲבִימֶלֶךְ אֶל־
אַבְרָהָם מָה הֵנָּה שֶׁבַע כְּבָשֹׂת הָאֵלֶּה אֲשֶׁר הִצַּבְתָּ לְבַדָּנָה:
ל וַיֹּאמֶר כִּי אֶת־שֶׁבַע כְּבָשֹׂת תִּקַּח מִיָּדִי בַּעֲבוּר תִּהְיֶה־לִּי
לא לְעֵדָה כִּי חָפַרְתִּי אֶת־הַבְּאֵר הַזֹּאת: עַל־כֵּן קָרָא לַמָּקוֹם טעם קריאת שם העיר "באר שבע" בראשית כו, לג
לב הַהוּא בְּאֵר שָׁבַע כִּי שָׁם נִשְׁבְּעוּ שְׁנֵיהֶם: וַיִּכְרְתוּ בְרִית בִּבְאֵר
שָׁבַע וַיָּקָם אֲבִימֶלֶךְ וּפִיכֹל שַׂר־צְבָאוֹ וַיָּשֻׁבוּ אֶל־אֶרֶץ פְּלִשְׁתִּים:
לג וַיִּטַּע אֶשֶׁל בִּבְאֵר שָׁבַע וַיִּקְרָא־שָׁם בְּשֵׁם יְהוָה אֵל עוֹלָם:
לד וַיָּגָר אַבְרָהָם בְּאֶרֶץ פְּלִשְׁתִּים יָמִים רַבִּים:
כב א וַיְהִי אַחַר הַדְּבָרִים הָאֵלֶּה וְהָאֱלֹהִים נִסָּה אֶת־אַבְרָהָם וַיֹּאמֶר יט שביעי
ב אֵלָיו אַבְרָהָם וַיֹּאמֶר הִנֵּנִי: וַיֹּאמֶר קַח־נָא אֶת־בִּנְךָ אֶת־
יְחִידְךָ אֲשֶׁר־אָהַבְתָּ אֶת־יִצְחָק וְלֶךְ־לְךָ אֶל־אֶרֶץ הַמֹּרִיָּה
ג וְהַעֲלֵהוּ שָׁם לְעֹלָה עַל אַחַד הֶהָרִים אֲשֶׁר אֹמַר אֵלֶיךָ: וַיַּשְׁכֵּם
אַבְרָהָם בַּבֹּקֶר וַיַּחֲבֹשׁ אֶת־חֲמֹרוֹ וַיִּקַּח אֶת־שְׁנֵי נְעָרָיו אִתּוֹ
וְאֵת יִצְחָק בְּנוֹ וַיְבַקַּע עֲצֵי עֹלָה וַיָּקָם וַיֵּלֶךְ אֶל־הַמָּקוֹם אֲשֶׁר־

ד אָמַר־לוֹ הָאֱלֹהִים׃ בַּיּוֹם הַשְּׁלִישִׁי וַיִּשָּׂא אַבְרָהָם אֶת־עֵינָיו
ה וַיַּרְא אֶת־הַמָּקוֹם מֵרָחֹק׃ וַיֹּאמֶר אַבְרָהָם אֶל־נְעָרָיו שְׁבוּ־לָכֶם
פֹּה עִם־הַחֲמוֹר וַאֲנִי וְהַנַּעַר נֵלְכָה עַד־כֹּה וְנִשְׁתַּחֲוֶה וְנָשׁוּבָה
ו אֲלֵיכֶם׃ וַיִּקַּח אַבְרָהָם אֶת־עֲצֵי הָעֹלָה וַיָּשֶׂם עַל־יִצְחָק בְּנוֹ
וַיִּקַּח בְּיָדוֹ אֶת־הָאֵשׁ וְאֶת־הַמַּאֲכֶלֶת וַיֵּלְכוּ שְׁנֵיהֶם יַחְדָּו׃
ז וַיֹּאמֶר יִצְחָק אֶל־אַבְרָהָם אָבִיו וַיֹּאמֶר אָבִי וַיֹּאמֶר הִנֶּנִּי בְנִי
ח וַיֹּאמֶר הִנֵּה הָאֵשׁ וְהָעֵצִים וְאַיֵּה הַשֶּׂה לְעֹלָה׃ וַיֹּאמֶר אַבְרָהָם
ט אֱלֹהִים יִרְאֶה־לּוֹ הַשֶּׂה לְעֹלָה בְּנִי וַיֵּלְכוּ שְׁנֵיהֶם יַחְדָּו׃ וַיָּבֹאוּ
אֶל־הַמָּקוֹם אֲשֶׁר אָמַר־לוֹ הָאֱלֹהִים וַיִּבֶן שָׁם אַבְרָהָם אֶת־
הַמִּזְבֵּחַ וַיַּעֲרֹךְ אֶת־הָעֵצִים וַיַּעֲקֹד אֶת־יִצְחָק בְּנוֹ וַיָּשֶׂם אֹתוֹ
י עַל־הַמִּזְבֵּחַ מִמַּעַל לָעֵצִים׃ וַיִּשְׁלַח אַבְרָהָם אֶת־יָדוֹ וַיִּקַּח
יא אֶת־הַמַּאֲכֶלֶת לִשְׁחֹט אֶת־בְּנוֹ׃ וַיִּקְרָא אֵלָיו מַלְאַךְ יהוה
יב מִן־הַשָּׁמַיִם וַיֹּאמֶר אַבְרָהָם ׀ אַבְרָהָם וַיֹּאמֶר הִנֵּנִי׃ וַיֹּאמֶר אַל־
תִּשְׁלַח יָדְךָ אֶל־הַנַּעַר וְאַל־תַּעַשׂ לוֹ מְאוּמָה כִּי ׀ עַתָּה יָדַעְתִּי
כִּי־יְרֵא אֱלֹהִים אַתָּה וְלֹא חָשַׂכְתָּ אֶת־בִּנְךָ אֶת־יְחִידְךָ מִמֶּנִּי׃
יג וַיִּשָּׂא אַבְרָהָם אֶת־עֵינָיו וַיַּרְא וְהִנֵּה־אַיִל אַחַר נֶאֱחַז בַּסְּבַךְ
בְּקַרְנָיו וַיֵּלֶךְ אַבְרָהָם וַיִּקַּח אֶת־הָאַיִל וַיַּעֲלֵהוּ לְעֹלָה תַּחַת
יד בְּנוֹ׃ וַיִּקְרָא אַבְרָהָם שֵׁם־הַמָּקוֹם הַהוּא יהוה ׀ יִרְאֶה אֲשֶׁר
טו יֵאָמֵר הַיּוֹם בְּהַר יהוה יֵרָאֶה׃ וַיִּקְרָא מַלְאַךְ יהוה אֶל־אַבְרָהָם
טז שֵׁנִית מִן־הַשָּׁמָיִם׃ וַיֹּאמֶר בִּי נִשְׁבַּעְתִּי נְאֻם־יהוה כִּי יַעַן אֲשֶׁר
יז עָשִׂיתָ אֶת־הַדָּבָר הַזֶּה וְלֹא חָשַׂכְתָּ אֶת־בִּנְךָ אֶת־יְחִידֶךָ׃ כִּי־
בָרֵךְ אֲבָרֶכְךָ וְהַרְבָּה אַרְבֶּה אֶת־זַרְעֲךָ כְּכוֹכְבֵי הַשָּׁמַיִם וְכַחוֹל
יח אֲשֶׁר עַל־שְׂפַת הַיָּם וְיִרַשׁ זַרְעֲךָ אֵת שַׁעַר אֹיְבָיו׃ וְהִתְבָּרְכוּ
יט בְזַרְעֲךָ כֹּל גּוֹיֵי הָאָרֶץ עֵקֶב אֲשֶׁר שָׁמַעְתָּ בְּקֹלִי׃ וַיָּשָׁב אַבְרָהָם
אֶל־נְעָרָיו וַיָּקֻמוּ וַיֵּלְכוּ יַחְדָּו אֶל־בְּאֵר שָׁבַע וַיֵּשֶׁב אַבְרָהָם
בִּבְאֵר שָׁבַע׃
כ וַיְהִי אַחֲרֵי הַדְּבָרִים הָאֵלֶּה וַיֻּגַּד לְאַבְרָהָם לֵאמֹר הִנֵּה יָלְדָה מפטיר

ייחוסה של רבקה
בראשית כד, טו

כא מִלְכָּה גַם־הִוא בָּנִים לְנָחוֹר אָחִיךָ: אֶת־עוּץ בְּכֹרוֹ וְאֶת־בּוּז
כב אָחִיו וְאֶת־קְמוּאֵל אֲבִי אֲרָם: וְאֶת־כֶּשֶׂד וְאֶת־חֲזוֹ וְאֶת־
כג פִּלְדָּשׁ וְאֶת־יִדְלָף וְאֵת בְּתוּאֵל: וּבְתוּאֵל יָלַד אֶת־רִבְקָה
כד שְׁמֹנָה אֵלֶּה יָלְדָה מִלְכָּה לְנָחוֹר אֲחִי אַבְרָהָם: וּפִילַגְשׁוֹ
וּשְׁמָהּ רְאוּמָה וַתֵּלֶד גַּם־הִוא אֶת־טֶבַח וְאֶת־גַּחַם וְאֶת־תַּחַשׁ
וְאֶת־מַעֲכָה:

חיי שרה

כג א וַיִּהְיוּ חַיֵּי שָׂרָה מֵאָה שָׁנָה וְעֶשְׂרִים שָׁנָה וְשֶׁבַע שָׁנִים שְׁנֵי חַיֵּי
ב שָׂרָה: וַתָּמָת שָׂרָה בְּקִרְיַת אַרְבַּע הִוא חֶבְרוֹן בְּאֶרֶץ כְּנָעַן
ג וַיָּבֹא אַבְרָהָם לִסְפֹּד לְשָׂרָה וְלִבְכֹּתָהּ: וַיָּקָם אַבְרָהָם מֵעַל
ד פְּנֵי מֵתוֹ וַיְדַבֵּר אֶל־בְּנֵי־חֵת לֵאמֹר: גֵּר־וְתוֹשָׁב אָנֹכִי עִמָּכֶם
ה תְּנוּ לִי אֲחֻזַּת־קֶבֶר עִמָּכֶם וְאֶקְבְּרָה מֵתִי מִלְּפָנָי: וַיַּעֲנוּ בְנֵי־
ו חֵת אֶת־אַבְרָהָם לֵאמֹר לוֹ: שְׁמָעֵנוּ ׀ אֲדֹנִי נְשִׂיא אֱלֹהִים
אַתָּה בְּתוֹכֵנוּ בְּמִבְחַר קְבָרֵינוּ קְבֹר אֶת־מֵתֶךָ אִישׁ מִמֶּנּוּ אֶת־
ז קִבְרוֹ לֹא־יִכְלֶה מִמְּךָ מִקְּבֹר מֵתֶךָ: וַיָּקָם אַבְרָהָם וַיִּשְׁתַּחוּ
ח לְעַם־הָאָרֶץ לִבְנֵי־חֵת: וַיְדַבֵּר אִתָּם לֵאמֹר אִם־יֵשׁ אֶת־
נַפְשְׁכֶם לִקְבֹּר אֶת־מֵתִי מִלְּפָנַי שְׁמָעוּנִי וּפִגְעוּ־לִי בְּעֶפְרוֹן
ט בֶּן־צֹחַר: וְיִתֶּן־לִי אֶת־מְעָרַת הַמַּכְפֵּלָה אֲשֶׁר־לוֹ אֲשֶׁר בִּקְצֵה
י שָׂדֵהוּ בְּכֶסֶף מָלֵא יִתְּנֶנָּה לִּי בְּתוֹכְכֶם לַאֲחֻזַּת־קָבֶר: וְעֶפְרוֹן
יֹשֵׁב בְּתוֹךְ בְּנֵי־חֵת וַיַּעַן עֶפְרוֹן הַחִתִּי אֶת־אַבְרָהָם בְּאָזְנֵי
יא בְנֵי־חֵת לְכֹל בָּאֵי שַׁעַר־עִירוֹ לֵאמֹר: לֹא־אֲדֹנִי שְׁמָעֵנִי הַשָּׂדֶה
נָתַתִּי לָךְ וְהַמְּעָרָה אֲשֶׁר־בּוֹ לְךָ נְתַתִּיהָ לְעֵינֵי בְנֵי־עַמִּי נְתַתִּיהָ
יב יג לָּךְ קְבֹר מֵתֶךָ: וַיִּשְׁתַּחוּ אַבְרָהָם לִפְנֵי עַם־הָאָרֶץ: וַיְדַבֵּר
אֶל־עֶפְרוֹן בְּאָזְנֵי עַם־הָאָרֶץ לֵאמֹר אַךְ אִם־אַתָּה לוּ שְׁמָעֵנִי
יד נָתַתִּי כֶּסֶף הַשָּׂדֶה קַח מִמֶּנִּי וְאֶקְבְּרָה אֶת־מֵתִי שָׁמָּה: וַיַּעַן
טו עֶפְרוֹן אֶת־אַבְרָהָם לֵאמֹר לוֹ: אֲדֹנִי שְׁמָעֵנִי אֶרֶץ אַרְבַּע מֵאֹת
טז שֶׁקֶל־כֶּסֶף בֵּינִי וּבֵינְךָ מַה־הִוא וְאֶת־מֵתְךָ קְבֹר: וַיִּשְׁמַע
אַבְרָהָם אֶל־עֶפְרוֹן וַיִּשְׁקֹל אַבְרָהָם לְעֶפְרֹן אֶת־הַכֶּסֶף אֲשֶׁר

דֹּבֵר בְּאָזְנֵי בְנֵי־חֵת אַרְבַּע מֵאוֹת שֶׁקֶל כֶּסֶף עֹבֵר לַסֹּחֵר׃
יז וַיָּקָם ׀ שְׂדֵה עֶפְרוֹן אֲשֶׁר בַּמַּכְפֵּלָה אֲשֶׁר לִפְנֵי מַמְרֵא הַשָּׂדֶה שני
וְהַמְּעָרָה אֲשֶׁר־בּוֹ וְכָל־הָעֵץ אֲשֶׁר בַּשָּׂדֶה אֲשֶׁר בְּכָל־גְּבֻלוֹ
יח סָבִיב׃ לְאַבְרָהָם לְמִקְנָה לְעֵינֵי בְנֵי־חֵת בְּכֹל בָּאֵי שַׁעַר־עִירוֹ׃
יט וְאַחֲרֵי־כֵן קָבַר אַבְרָהָם אֶת־שָׂרָה אִשְׁתּוֹ אֶל־מְעָרַת שְׂדֵה
כ הַמַּכְפֵּלָה עַל־פְּנֵי מַמְרֵא הִוא חֶבְרוֹן בְּאֶרֶץ כְּנָעַן׃ וַיָּקָם
הַשָּׂדֶה וְהַמְּעָרָה אֲשֶׁר־בּוֹ לְאַבְרָהָם לַאֲחֻזַּת־קָבֶר מֵאֵת
כד א בְּנֵי־חֵת׃ וְאַבְרָהָם זָקֵן בָּא בַּיָּמִים וַיהוָה בֵּרַךְ כ
ב אֶת־אַבְרָהָם בַּכֹּל׃ וַיֹּאמֶר אַבְרָהָם אֶל־עַבְדּוֹ זְקַן בֵּיתוֹ הַמֹּשֵׁל
ג בְּכָל־אֲשֶׁר־לוֹ שִׂים־נָא יָדְךָ תַּחַת יְרֵכִי׃ וְאַשְׁבִּיעֲךָ בַּיהוָה
אֱלֹהֵי הַשָּׁמַיִם וֵאלֹהֵי הָאָרֶץ אֲשֶׁר לֹא־תִקַּח אִשָּׁה לִבְנִי מִבְּנוֹת
ד הַכְּנַעֲנִי אֲשֶׁר אָנֹכִי יוֹשֵׁב בְּקִרְבּוֹ׃ כִּי אֶל־אַרְצִי וְאֶל־מוֹלַדְתִּי
ה תֵּלֵךְ וְלָקַחְתָּ אִשָּׁה לִבְנִי לְיִצְחָק׃ וַיֹּאמֶר אֵלָיו הָעֶבֶד אוּלַי
לֹא־תֹאבֶה הָאִשָּׁה לָלֶכֶת אַחֲרַי אֶל־הָאָרֶץ הַזֹּאת הֶהָשֵׁב
ו אָשִׁיב אֶת־בִּנְךָ אֶל־הָאָרֶץ אֲשֶׁר־יָצָאתָ מִשָּׁם׃ וַיֹּאמֶר אֵלָיו
ז אַבְרָהָם הִשָּׁמֶר לְךָ פֶּן־תָּשִׁיב אֶת־בְּנִי שָׁמָּה׃ יְהוָה ׀ אֱלֹהֵי
הַשָּׁמַיִם אֲשֶׁר לְקָחַנִי מִבֵּית אָבִי וּמֵאֶרֶץ מוֹלַדְתִּי וַאֲשֶׁר דִּבֶּר־
לִי וַאֲשֶׁר נִשְׁבַּע־לִי לֵאמֹר לְזַרְעֲךָ אֶתֵּן אֶת־הָאָרֶץ הַזֹּאת
ח הוּא יִשְׁלַח מַלְאָכוֹ לְפָנֶיךָ וְלָקַחְתָּ אִשָּׁה לִבְנִי מִשָּׁם׃ וְאִם־לֹא
תֹאבֶה הָאִשָּׁה לָלֶכֶת אַחֲרֶיךָ וְנִקִּיתָ מִשְּׁבֻעָתִי זֹאת רַק אֶת־
ט בְּנִי לֹא תָשֵׁב שָׁמָּה׃ וַיָּשֶׂם הָעֶבֶד אֶת־יָדוֹ תַּחַת יֶרֶךְ אַבְרָהָם
י אֲדֹנָיו וַיִּשָּׁבַע לוֹ עַל־הַדָּבָר הַזֶּה׃ וַיִּקַּח הָעֶבֶד עֲשָׂרָה גְמַלִּים שלישי
מִגְּמַלֵּי אֲדֹנָיו וַיֵּלֶךְ וְכָל־טוּב אֲדֹנָיו בְּיָדוֹ וַיָּקָם וַיֵּלֶךְ אֶל־אֲרַם
יא נַהֲרַיִם אֶל־עִיר נָחוֹר׃ וַיַּבְרֵךְ הַגְּמַלִּים מִחוּץ לָעִיר אֶל־בְּאֵר
יב הַמָּיִם לְעֵת עֶרֶב לְעֵת צֵאת הַשֹּׁאֲבֹת׃ וַיֹּאמַר ׀ יְהוָה אֱלֹהֵי
אֲדֹנִי אַבְרָהָם הַקְרֵה־נָא לְפָנַי הַיּוֹם וַעֲשֵׂה־חֶסֶד עִם אֲדֹנִי
יג אַבְרָהָם׃ הִנֵּה אָנֹכִי נִצָּב עַל־עֵין הַמָּיִם וּבְנוֹת אַנְשֵׁי הָעִיר

יֹצְאֹת לִשְׁאֹב מָיִם׃ וְהָיָה הַנַּעֲרָ אֲשֶׁר אֹמַר אֵלֶיהָ הַטִּי־נָא יד
כַדֵּךְ וְאֶשְׁתֶּה וְאָמְרָה שְׁתֵה וְגַם־גְּמַלֶּיךָ אַשְׁקֶה אֹתָהּ הֹכַחְתָּ
לְעַבְדְּךָ לְיִצְחָק וּבָהּ אֵדַע כִּי־עָשִׂיתָ חֶסֶד עִם־אֲדֹנִי׃ וַיְהִי־הוּא טו
טֶרֶם כִּלָּה לְדַבֵּר וְהִנֵּה רִבְקָה יֹצֵאת אֲשֶׁר יֻלְּדָה לִבְתוּאֵל
בֶּן־מִלְכָּה אֵשֶׁת נָחוֹר אֲחִי אַבְרָהָם וְכַדָּהּ עַל־שִׁכְמָהּ׃ וְהַנַּעֲרָ טז
טֹבַת מַרְאֶה מְאֹד בְּתוּלָה וְאִישׁ לֹא יְדָעָהּ וַתֵּרֶד הָעַיְנָה
וַתְּמַלֵּא כַדָּהּ וַתָּעַל׃ וַיָּרָץ הָעֶבֶד לִקְרָאתָהּ וַיֹּאמֶר הַגְמִיאִינִי יז
נָא מְעַט־מַיִם מִכַּדֵּךְ׃ וַתֹּאמֶר שְׁתֵה אֲדֹנִי וַתְּמַהֵר וַתֹּרֶד כַּדָּהּ יח
עַל־יָדָהּ וַתַּשְׁקֵהוּ׃ וַתְּכַל לְהַשְׁקֹתוֹ וַתֹּאמֶר גַּם לִגְמַלֶּיךָ יט
אֶשְׁאָב עַד אִם־כִּלּוּ לִשְׁתֹּת׃ וַתְּמַהֵר וַתְּעַר כַּדָּהּ אֶל־הַשֹּׁקֶת כ
וַתָּרָץ עוֹד אֶל־הַבְּאֵר לִשְׁאֹב וַתִּשְׁאַב לְכָל־גְּמַלָּיו׃ וְהָאִישׁ כא
מִשְׁתָּאֵה לָהּ מַחֲרִישׁ לָדַעַת הַהִצְלִיחַ יהוה דַּרְכּוֹ אִם־לֹא׃
וַיְהִי כַּאֲשֶׁר כִּלּוּ הַגְּמַלִּים לִשְׁתּוֹת וַיִּקַּח הָאִישׁ נֶזֶם זָהָב בֶּקַע כב
מִשְׁקָלוֹ וּשְׁנֵי צְמִידִים עַל־יָדֶיהָ עֲשָׂרָה זָהָב מִשְׁקָלָם׃ וַיֹּאמֶר כג
בַּת־מִי אַתְּ הַגִּידִי נָא לִי הֲיֵשׁ בֵּית־אָבִיךְ מָקוֹם לָנוּ לָלִין׃
וַתֹּאמֶר אֵלָיו בַּת־בְּתוּאֵל אָנֹכִי בֶּן־מִלְכָּה אֲשֶׁר יָלְדָה לְנָחוֹר׃ כד
וַתֹּאמֶר אֵלָיו גַּם־תֶּבֶן גַּם־מִסְפּוֹא רַב עִמָּנוּ גַּם־מָקוֹם לָלוּן׃ כה
רביעי וַיִּקֹּד הָאִישׁ וַיִּשְׁתַּחוּ לַיהוה׃ וַיֹּאמֶר בָּרוּךְ יהוה אֱלֹהֵי אֲדֹנִי כו כז
אַבְרָהָם אֲשֶׁר לֹא־עָזַב חַסְדּוֹ וַאֲמִתּוֹ מֵעִם אֲדֹנִי אָנֹכִי בַּדֶּרֶךְ
נָחַנִי יהוה בֵּית אֲחֵי אֲדֹנִי׃ וַתָּרָץ הַנַּעֲרָ וַתַּגֵּד לְבֵית אִמָּהּ כח
כַּדְּבָרִים הָאֵלֶּה׃ וּלְרִבְקָה אָח וּשְׁמוֹ לָבָן וַיָּרָץ לָבָן אֶל־הָאִישׁ כט
הַחוּצָה אֶל־הָעָיִן׃ וַיְהִי ׀ כִּרְאֹת אֶת־הַנֶּזֶם וְאֶת־הַצְּמִדִים עַל־ ל
יְדֵי אֲחֹתוֹ וּכְשָׁמְעוֹ אֶת־דִּבְרֵי רִבְקָה אֲחֹתוֹ לֵאמֹר כֹּה־דִבֶּר
אֵלַי הָאִישׁ וַיָּבֹא אֶל־הָאִישׁ וְהִנֵּה עֹמֵד עַל־הַגְּמַלִּים עַל־
הָעָיִן׃ וַיֹּאמֶר בּוֹא בְּרוּךְ יהוה לָמָּה תַעֲמֹד בַּחוּץ וְאָנֹכִי פִּנִּיתִי לא
הַבַּיִת וּמָקוֹם לַגְּמַלִּים׃ וַיָּבֹא הָאִישׁ הַבַּיְתָה וַיְפַתַּח הַגְּמַלִּים לב
וַיִּתֵּן תֶּבֶן וּמִסְפּוֹא לַגְּמַלִּים וּמַיִם לִרְחֹץ רַגְלָיו וְרַגְלֵי הָאֲנָשִׁים

ייחוסה של רבקה
בראשית כב,כ–כג

ויושם

ריבוי עושרו של אברהם
בראשית יג, ב; כ, יד

הולדת יצחק
בראשית כא, א–ג

לג אֲשֶׁר אִתּוֹ: וַיִּישַׂם לְפָנָיו לֶאֱכֹל וַיֹּאמֶר לֹא אֹכַל עַד אִם־דִּבַּרְתִּי
לד לה דְּבָרָי וַיֹּאמֶר דַּבֵּר: וַיֹּאמַר עֶבֶד אַבְרָהָם אָנֹכִי: וַיהוָה בֵּרַךְ
אֶת־אֲדֹנִי מְאֹד וַיִּגְדָּל וַיִּתֶּן־לוֹ צֹאן וּבָקָר וְכֶסֶף וְזָהָב וַעֲבָדִם
לו וּשְׁפָחֹת וּגְמַלִּים וַחֲמֹרִים: וַתֵּלֶד שָׂרָה אֵשֶׁת אֲדֹנִי בֵן לַאדֹנִי
לז אַחֲרֵי זִקְנָתָהּ וַיִּתֶּן־לוֹ אֶת־כָּל־אֲשֶׁר־לוֹ: וַיַּשְׁבִּעֵנִי אֲדֹנִי לֵאמֹר
לֹא־תִקַּח אִשָּׁה לִבְנִי מִבְּנוֹת הַכְּנַעֲנִי אֲשֶׁר אָנֹכִי יֹשֵׁב בְּאַרְצוֹ:
לח אִם־לֹא אֶל־בֵּית־אָבִי תֵּלֵךְ וְאֶל־מִשְׁפַּחְתִּי וְלָקַחְתָּ אִשָּׁה לִבְנִי:
לט מ וָאֹמַר אֶל־אֲדֹנִי אֻלַי לֹא־תֵלֵךְ הָאִשָּׁה אַחֲרָי: וַיֹּאמֶר אֵלָי יְהוָה
אֲשֶׁר־הִתְהַלַּכְתִּי לְפָנָיו יִשְׁלַח מַלְאָכוֹ אִתָּךְ וְהִצְלִיחַ דַּרְכֶּךָ
מא וְלָקַחְתָּ אִשָּׁה לִבְנִי מִמִּשְׁפַּחְתִּי וּמִבֵּית אָבִי: אָז תִּנָּקֶה מֵאָלָתִי
כִּי תָבוֹא אֶל־מִשְׁפַּחְתִּי וְאִם־לֹא יִתְּנוּ לָךְ וְהָיִיתָ נָקִי מֵאָלָתִי:
מב וָאָבֹא הַיּוֹם אֶל־הָעָיִן וָאֹמַר יְהוָה אֱלֹהֵי אֲדֹנִי אַבְרָהָם אִם־ כא
מג יֶשְׁךָ־נָּא מַצְלִיחַ דַּרְכִּי אֲשֶׁר אָנֹכִי הֹלֵךְ עָלֶיהָ: הִנֵּה אָנֹכִי
נִצָּב עַל־עֵין הַמָּיִם וְהָיָה הָעַלְמָה הַיֹּצֵאת לִשְׁאֹב וְאָמַרְתִּי
מד אֵלֶיהָ הַשְׁקִינִי־נָא מְעַט־מַיִם מִכַּדֵּךְ: וְאָמְרָה אֵלַי גַּם־אַתָּה
שְׁתֵה וְגַם לִגְמַלֶּיךָ אֶשְׁאָב הִוא הָאִשָּׁה אֲשֶׁר־הֹכִיחַ יְהוָה לְבֶן־
מה אֲדֹנִי: אֲנִי טֶרֶם אֲכַלֶּה לְדַבֵּר אֶל־לִבִּי וְהִנֵּה רִבְקָה יֹצֵאת
וְכַדָּהּ עַל־שִׁכְמָהּ וַתֵּרֶד הָעַיְנָה וַתִּשְׁאָב וָאֹמַר אֵלֶיהָ הַשְׁקִינִי
מו נָא: וַתְּמַהֵר וַתּוֹרֶד כַּדָּהּ מֵעָלֶיהָ וַתֹּאמֶר שְׁתֵה וְגַם־גְּמַלֶּיךָ
מז אַשְׁקֶה וָאֵשְׁתְּ וְגַם הַגְּמַלִּים הִשְׁקָתָה: וָאֶשְׁאַל אֹתָהּ וָאֹמַר
בַּת־מִי אַתְּ וַתֹּאמֶר בַּת־בְּתוּאֵל בֶּן־נָחוֹר אֲשֶׁר יָלְדָה־לּוֹ
מח מִלְכָּה וָאָשִׂם הַנֶּזֶם עַל־אַפָּהּ וְהַצְּמִידִים עַל־יָדֶיהָ: וָאֶקֹּד
וָאֶשְׁתַּחֲוֶה לַיהוָה וָאֲבָרֵךְ אֶת־יְהוָה אֱלֹהֵי אֲדֹנִי אַבְרָהָם אֲשֶׁר
מט הִנְחַנִי בְּדֶרֶךְ אֱמֶת לָקַחַת אֶת־בַּת־אֲחִי אֲדֹנִי לִבְנוֹ: וְעַתָּה
אִם־יֶשְׁכֶם עֹשִׂים חֶסֶד וֶאֱמֶת אֶת־אֲדֹנִי הַגִּידוּ לִי וְאִם־לֹא
נ הַגִּידוּ לִי וְאֶפְנֶה עַל־יָמִין אוֹ עַל־שְׂמֹאל: וַיַּעַן לָבָן וּבְתוּאֵל
וַיֹּאמְרוּ מֵיְהוָה יָצָא הַדָּבָר לֹא נוּכַל דַּבֵּר אֵלֶיךָ רַע אוֹ־טוֹב:

נא הִנֵּה־רִבְקָה לְפָנֶיךָ קַח וָלֵךְ וּתְהִי אִשָּׁה לְבֶן־אֲדֹנֶיךָ כַּאֲשֶׁר
נב דִּבֶּר יְהוָה׃ וַיְהִי כַּאֲשֶׁר שָׁמַע עֶבֶד אַבְרָהָם אֶת־דִּבְרֵיהֶם
חמישי נג וַיִּשְׁתַּחוּ אַרְצָה לַיהוָה׃ וַיּוֹצֵא הָעֶבֶד כְּלֵי־כֶסֶף וּכְלֵי זָהָב
נד וּבְגָדִים וַיִּתֵּן לְרִבְקָה וּמִגְדָּנֹת נָתַן לְאָחִיהָ וּלְאִמָּהּ׃ וַיֹּאכְלוּ
וַיִּשְׁתּוּ הוּא וְהָאֲנָשִׁים אֲשֶׁר־עִמּוֹ וַיָּלִינוּ וַיָּקוּמוּ בַבֹּקֶר וַיֹּאמֶר
נה שַׁלְּחֻנִי לַאדֹנִי׃ וַיֹּאמֶר אָחִיהָ וְאִמָּהּ תֵּשֵׁב הַנַּעֲרָ אִתָּנוּ יָמִים
נו אוֹ עָשׂוֹר אַחַר תֵּלֵךְ׃ וַיֹּאמֶר אֲלֵהֶם אַל־תְּאַחֲרוּ אֹתִי וַיהוָה
נז הִצְלִיחַ דַּרְכִּי שַׁלְּחוּנִי וְאֵלְכָה לַאדֹנִי׃ וַיֹּאמְרוּ נִקְרָא לַנַּעֲרָ
נח וְנִשְׁאֲלָה אֶת־פִּיהָ׃ וַיִּקְרְאוּ לְרִבְקָה וַיֹּאמְרוּ אֵלֶיהָ הֲתֵלְכִי
נט עִם־הָאִישׁ הַזֶּה וַתֹּאמֶר אֵלֵךְ׃ וַיְשַׁלְּחוּ אֶת־רִבְקָה אֲחֹתָם
ס וְאֶת־מֵנִקְתָּהּ וְאֶת־עֶבֶד אַבְרָהָם וְאֶת־אֲנָשָׁיו׃ וַיְבָרְכוּ אֶת־
רִבְקָה וַיֹּאמְרוּ לָהּ אֲחֹתֵנוּ אַתְּ הֲיִי לְאַלְפֵי רְבָבָה וְיִירַשׁ זַרְעֵךְ
סא אֵת שַׁעַר שֹׂנְאָיו׃ וַתָּקָם רִבְקָה וְנַעֲרֹתֶיהָ וַתִּרְכַּבְנָה עַל־
הַגְּמַלִּים וַתֵּלַכְנָה אַחֲרֵי הָאִישׁ וַיִּקַּח הָעֶבֶד אֶת־רִבְקָה וַיֵּלַךְ׃
סב וְיִצְחָק בָּא מִבּוֹא בְּאֵר לַחַי רֹאִי וְהוּא יוֹשֵׁב בְּאֶרֶץ הַנֶּגֶב׃
סג וַיֵּצֵא יִצְחָק לָשׂוּחַ בַּשָּׂדֶה לִפְנוֹת עָרֶב וַיִּשָּׂא עֵינָיו וַיַּרְא וְהִנֵּה
סד גְמַלִּים בָּאִים׃ וַתִּשָּׂא רִבְקָה אֶת־עֵינֶיהָ וַתֵּרֶא אֶת־יִצְחָק
סה וַתִּפֹּל מֵעַל הַגָּמָל׃ וַתֹּאמֶר אֶל־הָעֶבֶד מִי־הָאִישׁ הַלָּזֶה הַהֹלֵךְ
בַּשָּׂדֶה לִקְרָאתֵנוּ וַיֹּאמֶר הָעֶבֶד הוּא אֲדֹנִי וַתִּקַּח הַצָּעִיף
סו וַתִּתְכָּס׃ וַיְסַפֵּר הָעֶבֶד לְיִצְחָק אֵת כָּל־הַדְּבָרִים אֲשֶׁר עָשָׂה׃
סז וַיְבִאֶהָ יִצְחָק הָאֹהֱלָה שָׂרָה אִמּוֹ וַיִּקַּח אֶת־רִבְקָה וַתְּהִי־לוֹ
לְאִשָּׁה וַיֶּאֱהָבֶהָ וַיִּנָּחֵם יִצְחָק אַחֲרֵי אִמּוֹ׃

כה א ב וַיֹּסֶף אַבְרָהָם וַיִּקַּח אִשָּׁה וּשְׁמָהּ קְטוּרָה׃ וַתֵּלֶד לוֹ אֶת־זִמְרָן ששי כב
ג וְאֶת־יָקְשָׁן וְאֶת־מְדָן וְאֶת־מִדְיָן וְאֶת־יִשְׁבָּק וְאֶת־שׁוּחַ׃ וְיָקְשָׁן
יָלַד אֶת־שְׁבָא וְאֶת־דְּדָן וּבְנֵי דְדָן הָיוּ אַשּׁוּרִם וּלְטוּשִׁם וּלְאֻמִּים׃
ד וּבְנֵי מִדְיָן עֵיפָה וָעֵפֶר וַחֲנֹךְ וַאֲבִידָע וְאֶלְדָּעָה כָּל־אֵלֶּה
ה ו בְּנֵי קְטוּרָה׃ וַיִּתֵּן אַבְרָהָם אֶת־כָּל־אֲשֶׁר־לוֹ לְיִצְחָק׃ וְלִבְנֵי

בני קטורה
דה"א א, לב-לג

הַפִּֽילַגְשִׁים֙ אֲשֶׁ֣ר לְאַבְרָהָ֔ם נָתַ֥ן אַבְרָהָ֖ם מַתָּנֹ֑ת וַֽיְשַׁלְּחֵ֞ם מֵעַ֨ל
ז יִצְחָ֤ק בְּנוֹ֙ בְּעוֹדֶ֣נּוּ חַ֔י קֵ֖דְמָה אֶל־אֶ֥רֶץ קֶֽדֶם׃ וְאֵ֗לֶּה יְמֵ֛י שְׁנֵֽי־

פטירת אברהם בשיבה טובה
בראשית טו, טו

חַיֵּ֥י אַבְרָהָ֖ם אֲשֶׁר־חָ֑י מְאַ֥ת שָׁנָ֛ה וְשִׁבְעִ֥ים שָׁנָ֖ה וְחָמֵ֥שׁ שָׁנִֽים׃
ח וַיִּגְוַ֨ע וַיָּ֧מָת אַבְרָהָ֛ם בְּשֵׂיבָ֥ה טוֹבָ֖ה זָקֵ֣ן וְשָׂבֵ֑עַ וַיֵּאָ֖סֶף אֶל־
ט עַמָּֽיו׃ וַיִּקְבְּר֨וּ אֹת֜וֹ יִצְחָ֤ק וְיִשְׁמָעֵאל֙ בָּנָ֔יו אֶל־מְעָרַ֖ת הַמַּכְפֵּלָ֑ה
י אֶל־שְׂדֵ֞ה עֶפְרֹ֣ן בֶּן־צֹ֗חַר הַֽחִתִּ֔י אֲשֶׁ֖ר עַל־פְּנֵ֥י מַמְרֵֽא׃ הַשָּׂדֶ֛ה

קניית השדה מעפרון
בראשית כג, ג–כ

אֲשֶׁר־קָנָ֥ה אַבְרָהָ֖ם מֵאֵ֣ת בְּנֵי־חֵ֑ת שָׁ֛מָּה קֻבַּ֥ר אַבְרָהָ֖ם וְשָׂרָ֥ה
יא אִשְׁתּֽוֹ׃ וַיְהִ֗י אַחֲרֵי֙ מ֣וֹת אַבְרָהָ֔ם וַיְבָ֥רֶךְ אֱלֹהִ֖ים אֶת־יִצְחָ֣ק
בְּנ֑וֹ וַיֵּ֣שֶׁב יִצְחָ֔ק עִם־בְּאֵ֥ר לַחַ֖י רֹאִֽי׃

שביעי

יב וְאֵ֛לֶּה תֹּלְדֹ֥ת יִשְׁמָעֵ֖אל בֶּן־אַבְרָהָ֑ם אֲשֶׁ֨ר יָלְדָ֜ה הָגָ֧ר הַמִּצְרִ֛ית
יג שִׁפְחַ֥ת שָׂרָ֖ה לְאַבְרָהָֽם׃ וְאֵ֗לֶּה שְׁמוֹת֙ בְּנֵ֣י יִשְׁמָעֵ֔אל בִּשְׁמֹתָ֖ם

בני ישמעאל
בראשית יז, כ
דהי״א א, כט–לא

לְתוֹלְדֹתָ֑ם בְּכֹ֤ר יִשְׁמָעֵאל֙ נְבָיֹ֔ת וְקֵדָ֥ר וְאַדְבְּאֵ֖ל וּמִבְשָֽׂם׃
יד טו וּמִשְׁמָ֥ע וְדוּמָ֖ה וּמַשָּֽׂא׃ חֲדַ֣ד וְתֵימָ֔א יְט֥וּר נָפִ֖ישׁ וָקֵֽדְמָה׃

מפטיר

טז אֵ֣לֶּה הֵ֞ם בְּנֵ֣י יִשְׁמָעֵאל֮ וְאֵ֣לֶּה שְׁמֹתָם֒ בְּחַצְרֵיהֶ֖ם וּבְטִֽירֹתָ֑ם
יז שְׁנֵים־עָשָׂ֥ר נְשִׂיאִ֖ם לְאֻמֹּתָֽם׃ וְאֵ֗לֶּה שְׁנֵי֙ חַיֵּ֣י יִשְׁמָעֵ֔אל מְאַ֥ת
שָׁנָ֛ה וּשְׁלֹשִׁ֥ים שָׁנָ֖ה וְשֶׁ֣בַע שָׁנִ֑ים וַיִּגְוַ֣ע וַיָּ֔מָת וַיֵּאָ֖סֶף אֶל־עַמָּֽיו׃
יח וַיִּשְׁכְּנ֨וּ מֵֽחֲוִילָ֜ה עַד־שׁ֗וּר אֲשֶׁר֙ עַל־פְּנֵ֣י מִצְרַ֔יִם בֹּאֲכָ֖ה אַשּׁ֑וּרָה
עַל־פְּנֵ֥י כָל־אֶחָ֖יו נָפָֽל׃

כג תולדת

יט וְאֵ֛לֶּה תּוֹלְדֹ֥ת יִצְחָ֖ק בֶּן־אַבְרָהָ֑ם אַבְרָהָ֖ם הוֹלִ֥יד אֶת־יִצְחָֽק׃
כ וַיְהִ֤י יִצְחָק֙ בֶּן־אַרְבָּעִ֣ים שָׁנָ֔ה בְּקַחְתּ֣וֹ אֶת־רִבְקָ֗ה בַּת־בְּתוּאֵל֙
כא הָֽאֲרַמִּ֔י מִפַּדַּ֖ן אֲרָ֑ם אֲח֛וֹת לָבָ֥ן הָאֲרַמִּ֖י ל֥וֹ לְאִשָּֽׁה׃ וַיֶּעְתַּ֨ר
יִצְחָ֤ק לַֽיהוָה֙ לְנֹ֣כַח אִשְׁתּ֔וֹ כִּ֥י עֲקָרָ֖ה הִ֑וא וַיֵּעָ֤תֶר לוֹ֙ יְהוָ֔ה
כב וַתַּ֖הַר רִבְקָ֥ה אִשְׁתּֽוֹ׃ וַיִּתְרֹֽצֲצ֤וּ הַבָּנִים֙ בְּקִרְבָּ֔הּ וַתֹּ֖אמֶר אִם־
כג כֵּ֕ן לָ֥מָּה זֶּ֖ה אָנֹ֑כִי וַתֵּ֖לֶךְ לִדְרֹ֥שׁ אֶת־יְהוָֽה׃ וַיֹּאמֶר֩ יְהוָ֨ה לָ֜הּ
שְׁנֵ֤י גיים֙ בְּבִטְנֵ֔ךְ וּשְׁנֵ֣י לְאֻמִּ֔ים מִמֵּעַ֖יִךְ יִפָּרֵ֑דוּ וּלְאֹם֙ מִלְאֹ֣ם

גוים

כד יֶֽאֱמָ֔ץ וְרַ֖ב יַעֲבֹ֥ד צָעִֽיר׃ וַיִּמְלְא֥וּ יָמֶ֖יהָ לָלֶ֑דֶת וְהִנֵּ֥ה תוֹמִ֖ם
כה בְּבִטְנָֽהּ׃ וַיֵּצֵ֤א הָרִאשׁוֹן֙ אַדְמוֹנִ֔י כֻּלּ֖וֹ כְּאַדֶּ֣רֶת שֵׂעָ֑ר וַיִּקְרְא֥וּ

כו שְׁמוֹ עֵשָׂו: וְאַחֲרֵי־כֵן יָצָא אָחִיו וְיָדוֹ אֹחֶזֶת בַּעֲקֵב עֵשָׂו
כז וַיִּקְרָא שְׁמוֹ יַעֲקֹב וְיִצְחָק בֶּן־שִׁשִּׁים שָׁנָה בְּלֶדֶת אֹתָם: וַיִּגְדְּלוּ
הַנְּעָרִים וַיְהִי עֵשָׂו אִישׁ יֹדֵעַ צַיִד אִישׁ שָׂדֶה וְיַעֲקֹב אִישׁ תָּם
כח יֹשֵׁב אֹהָלִים: וַיֶּאֱהַב יִצְחָק אֶת־עֵשָׂו כִּי־צַיִד בְּפִיו וְרִבְקָה
כט אֹהֶבֶת אֶת־יַעֲקֹב: וַיָּזֶד יַעֲקֹב נָזִיד וַיָּבֹא עֵשָׂו מִן־הַשָּׂדֶה וְהוּא
ל עָיֵף: וַיֹּאמֶר עֵשָׂו אֶל־יַעֲקֹב הַלְעִיטֵנִי נָא מִן־הָאָדֹם הָאָדֹם
לא הַזֶּה כִּי עָיֵף אָנֹכִי עַל־כֵּן קָרָא־שְׁמוֹ אֱדוֹם: וַיֹּאמֶר יַעֲקֹב
לב מִכְרָה כַיּוֹם אֶת־בְּכֹרָתְךָ לִי: וַיֹּאמֶר עֵשָׂו הִנֵּה אָנֹכִי הוֹלֵךְ
לג לָמוּת וְלָמָּה־זֶּה לִי בְּכֹרָה: וַיֹּאמֶר יַעֲקֹב הִשָּׁבְעָה לִּי כַּיּוֹם
לד וַיִּשָּׁבַע לוֹ וַיִּמְכֹּר אֶת־בְּכֹרָתוֹ לְיַעֲקֹב: וְיַעֲקֹב נָתַן לְעֵשָׂו
לֶחֶם וּנְזִיד עֲדָשִׁים וַיֹּאכַל וַיֵּשְׁתְּ וַיָּקָם וַיֵּלַךְ וַיִּבֶז עֵשָׂו אֶת־
הַבְּכֹרָה:

כו א וַיְהִי רָעָב בָּאָרֶץ מִלְּבַד הָרָעָב הָרִאשׁוֹן אֲשֶׁר הָיָה בִּימֵי אַבְרָהָם
ב וַיֵּלֶךְ יִצְחָק אֶל־אֲבִימֶלֶךְ מֶלֶךְ־פְּלִשְׁתִּים גְּרָרָה: וַיֵּרָא אֵלָיו
יְהוָה וַיֹּאמֶר אַל־תֵּרֵד מִצְרָיְמָה שְׁכֹן בָּאָרֶץ אֲשֶׁר אֹמַר
ג אֵלֶיךָ: גּוּר בָּאָרֶץ הַזֹּאת וְאֶהְיֶה עִמְּךָ וַאֲבָרְכֶךָּ כִּי־לְךָ וּלְזַרְעֲךָ
אֶתֵּן אֶת־כָּל־הָאֲרָצֹת הָאֵל וַהֲקִמֹתִי אֶת־הַשְּׁבֻעָה אֲשֶׁר
ד נִשְׁבַּעְתִּי לְאַבְרָהָם אָבִיךָ: וְהִרְבֵּיתִי אֶת־זַרְעֲךָ כְּכוֹכְבֵי הַשָּׁמַיִם
וְנָתַתִּי לְזַרְעֲךָ אֵת כָּל־הָאֲרָצֹת הָאֵל וְהִתְבָּרְכוּ בְזַרְעֲךָ כֹּל
ה גּוֹיֵי הָאָרֶץ: עֵקֶב אֲשֶׁר־שָׁמַע אַבְרָהָם בְּקֹלִי וַיִּשְׁמֹר מִשְׁמַרְתִּי
ו ז מִצְוֹתַי חֻקּוֹתַי וְתוֹרֹתָי: וַיֵּשֶׁב יִצְחָק בִּגְרָר: וַיִּשְׁאֲלוּ אַנְשֵׁי שני
הַמָּקוֹם לְאִשְׁתּוֹ וַיֹּאמֶר אֲחֹתִי הִוא כִּי יָרֵא לֵאמֹר אִשְׁתִּי פֶּן־
ח יַהַרְגֻנִי אַנְשֵׁי הַמָּקוֹם עַל־רִבְקָה כִּי־טוֹבַת מַרְאֶה הִוא: וַיְהִי
כִּי אָרְכוּ־לוֹ שָׁם הַיָּמִים וַיַּשְׁקֵף אֲבִימֶלֶךְ מֶלֶךְ פְּלִשְׁתִּים בְּעַד
ט הַחַלּוֹן וַיַּרְא וְהִנֵּה יִצְחָק מְצַחֵק אֵת רִבְקָה אִשְׁתּוֹ: וַיִּקְרָא
אֲבִימֶלֶךְ לְיִצְחָק וַיֹּאמֶר אַךְ הִנֵּה אִשְׁתְּךָ הִוא וְאֵיךְ אָמַרְתָּ
אֲחֹתִי הִוא וַיֹּאמֶר אֵלָיו יִצְחָק כִּי אָמַרְתִּי פֶּן־אָמוּת עָלֶיהָ:

הרעב בימי אברהם
בראשית יב, י

שבועת ה' לאברהם
בראשית כב, טז–יח

י וַיֹּאמֶר אֲבִימֶלֶךְ מַה־זֹּאת עָשִׂיתָ לָּנוּ כִּמְעַט שָׁכַב אַחַד הָעָם
יא אֶת־אִשְׁתֶּךָ וְהֵבֵאתָ עָלֵינוּ אָשָׁם: וַיְצַו אֲבִימֶלֶךְ אֶת־כָּל־הָעָם
יב לֵאמֹר הַנֹּגֵעַ בָּאִישׁ הַזֶּה וּבְאִשְׁתּוֹ מוֹת יוּמָת: וַיִּזְרַע יִצְחָק
בָּאָרֶץ הַהִוא וַיִּמְצָא בַּשָּׁנָה הַהִוא מֵאָה שְׁעָרִים וַיְבָרְכֵהוּ
יג יד יְהוָה: וַיִּגְדַּל הָאִישׁ וַיֵּלֶךְ הָלוֹךְ וְגָדֵל עַד כִּי־גָדַל מְאֹד: וַיְהִי־ שלישי
לוֹ מִקְנֵה־צֹאן וּמִקְנֵה בָקָר וַעֲבֻדָּה רַבָּה וַיְקַנְאוּ אֹתוֹ פְּלִשְׁתִּים:
טו וְכָל־הַבְּאֵרֹת אֲשֶׁר חָפְרוּ עַבְדֵי אָבִיו בִּימֵי אַבְרָהָם אָבִיו
טז סִתְּמוּם פְּלִשְׁתִּים וַיְמַלְאוּם עָפָר: וַיֹּאמֶר אֲבִימֶלֶךְ אֶל־יִצְחָק
יז לֵךְ מֵעִמָּנוּ כִּי־עָצַמְתָּ מִמֶּנּוּ מְאֹד: וַיֵּלֶךְ מִשָּׁם יִצְחָק וַיִּחַן
יח בְּנַחַל־גְּרָר וַיֵּשֶׁב שָׁם: וַיָּשָׁב יִצְחָק וַיַּחְפֹּר ׀ אֶת־בְּאֵרֹת הַמַּיִם
אֲשֶׁר חָפְרוּ בִּימֵי אַבְרָהָם אָבִיו וַיְסַתְּמוּם פְּלִשְׁתִּים אַחֲרֵי מוֹת
אַבְרָהָם וַיִּקְרָא לָהֶן שֵׁמוֹת כַּשֵּׁמֹת אֲשֶׁר־קָרָא לָהֶן אָבִיו:
יט כ וַיַּחְפְּרוּ עַבְדֵי־יִצְחָק בַּנָּחַל וַיִּמְצְאוּ־שָׁם בְּאֵר מַיִם חַיִּים: וַיָּרִיבוּ
רֹעֵי גְרָר עִם־רֹעֵי יִצְחָק לֵאמֹר לָנוּ הַמָּיִם וַיִּקְרָא שֵׁם־הַבְּאֵר
כא עֵשֶׂק כִּי הִתְעַשְּׂקוּ עִמּוֹ: וַיַּחְפְּרוּ בְּאֵר אַחֶרֶת וַיָּרִיבוּ גַּם־עָלֶיהָ
כב וַיִּקְרָא שְׁמָהּ שִׂטְנָה: וַיַּעְתֵּק מִשָּׁם וַיַּחְפֹּר בְּאֵר אַחֶרֶת וְלֹא
רָבוּ עָלֶיהָ וַיִּקְרָא שְׁמָהּ רְחֹבוֹת וַיֹּאמֶר כִּי־עַתָּה הִרְחִיב יְהוָה
כג כד לָנוּ וּפָרִינוּ בָאָרֶץ: וַיַּעַל מִשָּׁם בְּאֵר שָׁבַע: וַיֵּרָא אֵלָיו יְהוָה רביעי
בַּלַּיְלָה הַהוּא וַיֹּאמֶר אָנֹכִי אֱלֹהֵי אַבְרָהָם אָבִיךָ אַל־תִּירָא
כִּי־אִתְּךָ אָנֹכִי וּבֵרַכְתִּיךָ וְהִרְבֵּיתִי אֶת־זַרְעֲךָ בַּעֲבוּר אַבְרָהָם
כה עַבְדִּי: וַיִּבֶן שָׁם מִזְבֵּחַ וַיִּקְרָא בְּשֵׁם יְהוָה וַיֶּט־שָׁם אָהֳלוֹ
כו וַיִּכְרוּ־שָׁם עַבְדֵי־יִצְחָק בְּאֵר: וַאֲבִימֶלֶךְ הָלַךְ אֵלָיו מִגְּרָר
כז וַאֲחֻזַּת מֵרֵעֵהוּ וּפִיכֹל שַׂר־צְבָאוֹ: וַיֹּאמֶר אֲלֵהֶם יִצְחָק מַדּוּעַ
כח בָּאתֶם אֵלָי וְאַתֶּם שְׂנֵאתֶם אֹתִי וַתְּשַׁלְּחוּנִי מֵאִתְּכֶם: וַיֹּאמְרוּ
רָאוֹ רָאִינוּ כִּי־הָיָה יְהוָה ׀ עִמָּךְ וַנֹּאמֶר תְּהִי נָא אָלָה בֵּינוֹתֵינוּ
כט בֵּינֵינוּ וּבֵינֶךָ וְנִכְרְתָה בְרִית עִמָּךְ: אִם־תַּעֲשֵׂה עִמָּנוּ רָעָה
כַּאֲשֶׁר לֹא נְגַעֲנוּךָ וְכַאֲשֶׁר עָשִׂינוּ עִמְּךָ רַק־טוֹב וַנְּשַׁלֵּחֲךָ

חמישי ל בְּשָׁלוֹם אַתָּה עַתָּה בְּרוּךְ יְהוָה: וַיַּעַשׂ לָהֶם מִשְׁתֶּה וַיֹּאכְלוּ
לא וַיִּשְׁתּוּ: וַיַּשְׁכִּימוּ בַבֹּקֶר וַיִּשָּׁבְעוּ אִישׁ לְאָחִיו וַיְשַׁלְּחֵם יִצְחָק
לב וַיֵּלְכוּ מֵאִתּוֹ בְּשָׁלוֹם: וַיְהִי ׀ בַּיּוֹם הַהוּא וַיָּבֹאוּ עַבְדֵי יִצְחָק
וַיַּגִּדוּ לוֹ עַל־אֹדוֹת הַבְּאֵר אֲשֶׁר חָפָרוּ וַיֹּאמְרוּ לוֹ מָצָאנוּ מָיִם:
לג וַיִּקְרָא אֹתָהּ שִׁבְעָה עַל־כֵּן שֵׁם־הָעִיר בְּאֵר שֶׁבַע עַד הַיּוֹם
לד הַזֶּה: וַיְהִי עֵשָׂו בֶּן־אַרְבָּעִים שָׁנָה וַיִּקַּח אִשָּׁה
אֶת־יְהוּדִית בַּת־בְּאֵרִי הַחִתִּי וְאֶת־בָּשְׂמַת בַּת־אֵילֹן הַחִתִּי:
כד לה וַתִּהְיֶיןָ מֹרַת רוּחַ לְיִצְחָק וּלְרִבְקָה: וַיְהִי כִּי־זָקֵן כז א
יִצְחָק וַתִּכְהֶיןָ עֵינָיו מֵרְאֹת וַיִּקְרָא אֶת־עֵשָׂו ׀ בְּנוֹ הַגָּדֹל וַיֹּאמֶר
ב אֵלָיו בְּנִי וַיֹּאמֶר אֵלָיו הִנֵּנִי: וַיֹּאמֶר הִנֵּה־נָא זָקַנְתִּי לֹא יָדַעְתִּי
ג יוֹם מוֹתִי: וְעַתָּה שָׂא־נָא כֵלֶיךָ תֶּלְיְךָ וְקַשְׁתֶּךָ וְצֵא הַשָּׂדֶה
ד וְצוּדָה לִּי צידה: וַעֲשֵׂה־לִי מַטְעַמִּים כַּאֲשֶׁר אָהַבְתִּי וְהָבִיאָה (ציד)
ה לִּי וְאֹכֵלָה בַּעֲבוּר תְּבָרֶכְךָ נַפְשִׁי בְּטֶרֶם אָמוּת: וְרִבְקָה שֹׁמַעַת
בְּדַבֵּר יִצְחָק אֶל־עֵשָׂו בְּנוֹ וַיֵּלֶךְ עֵשָׂו הַשָּׂדֶה לָצוּד צַיִד לְהָבִיא:
ו וְרִבְקָה אָמְרָה אֶל־יַעֲקֹב בְּנָהּ לֵאמֹר הִנֵּה שָׁמַעְתִּי אֶת־אָבִיךָ
ז מְדַבֵּר אֶל־עֵשָׂו אָחִיךָ לֵאמֹר: הָבִיאָה לִּי צַיִד וַעֲשֵׂה־לִי
ח מַטְעַמִּים וְאֹכֵלָה וַאֲבָרֶכְכָה לִפְנֵי יְהוָה לִפְנֵי מוֹתִי: וְעַתָּה
ט בְנִי שְׁמַע בְּקֹלִי לַאֲשֶׁר אֲנִי מְצַוָּה אֹתָךְ: לֶךְ־נָא אֶל־הַצֹּאן
וְקַח־לִי מִשָּׁם שְׁנֵי גְּדָיֵי עִזִּים טֹבִים וְאֶעֱשֶׂה אֹתָם מַטְעַמִּים
י לְאָבִיךָ כַּאֲשֶׁר אָהֵב: וְהֵבֵאתָ לְאָבִיךָ וְאָכָל בַּעֲבֻר אֲשֶׁר
יא יְבָרֶכְךָ לִפְנֵי מוֹתוֹ: וַיֹּאמֶר יַעֲקֹב אֶל־רִבְקָה אִמּוֹ הֵן עֵשָׂו
יב אָחִי אִישׁ שָׂעִר וְאָנֹכִי אִישׁ חָלָק: אוּלַי יְמֻשֵּׁנִי אָבִי וְהָיִיתִי
יג בְעֵינָיו כִּמְתַעְתֵּעַ וְהֵבֵאתִי עָלַי קְלָלָה וְלֹא בְרָכָה: וַתֹּאמֶר
יד לוֹ אִמּוֹ עָלַי קִלְלָתְךָ בְּנִי אַךְ שְׁמַע בְּקֹלִי וְלֵךְ קַח־לִי: וַיֵּלֶךְ
וַיִּקַּח וַיָּבֵא לְאִמּוֹ וַתַּעַשׂ אִמּוֹ מַטְעַמִּים כַּאֲשֶׁר אָהֵב אָבִיו:
טו וַתִּקַּח רִבְקָה אֶת־בִּגְדֵי עֵשָׂו בְּנָהּ הַגָּדֹל הַחֲמֻדֹת אֲשֶׁר אִתָּהּ
טז בַּבָּיִת וַתַּלְבֵּשׁ אֶת־יַעֲקֹב בְּנָהּ הַקָּטָן: וְאֵת עֹרֹת גְּדָיֵי הָעִזִּים

טעם קריאת שם העיר "באר שבע" בראשית כא, לא

נשות עשו בראשית לו, ב–ג בראשית כח, ט

יז הַלְבִּישָׁה עַל־יָדָיו וְעַל חֶלְקַת צַוָּארָיו: וַתִּתֵּן אֶת־הַמַּטְעַמִּים
יח וְאֶת־הַלֶּחֶם אֲשֶׁר עָשָׂתָה בְּיַד יַעֲקֹב בְּנָהּ: וַיָּבֹא אֶל־אָבִיו
יט וַיֹּאמֶר אָבִי וַיֹּאמֶר הִנֶּנִּי מִי אַתָּה בְּנִי: וַיֹּאמֶר יַעֲקֹב אֶל־אָבִיו
אָנֹכִי עֵשָׂו בְּכֹרֶךָ עָשִׂיתִי כַּאֲשֶׁר דִּבַּרְתָּ אֵלָי קוּם־נָא שְׁבָה
כ וְאָכְלָה מִצֵּידִי בַּעֲבוּר תְּבָרְכַנִּי נַפְשֶׁךָ: וַיֹּאמֶר יִצְחָק אֶל־בְּנוֹ
מַה־זֶּה מִהַרְתָּ לִמְצֹא בְּנִי וַיֹּאמֶר כִּי הִקְרָה יְהוָה אֱלֹהֶיךָ
כא לְפָנָי: וַיֹּאמֶר יִצְחָק אֶל־יַעֲקֹב גְּשָׁה־נָּא וַאֲמֻשְׁךָ בְּנִי הַאַתָּה
כב זֶה בְּנִי עֵשָׂו אִם־לֹא: וַיִּגַּשׁ יַעֲקֹב אֶל־יִצְחָק אָבִיו וַיְמֻשֵּׁהוּ
כג וַיֹּאמֶר הַקֹּל קוֹל יַעֲקֹב וְהַיָּדַיִם יְדֵי עֵשָׂו: וְלֹא הִכִּירוֹ כִּי־הָיוּ
כד יָדָיו כִּידֵי עֵשָׂו אָחִיו שְׂעִרֹת וַיְבָרְכֵהוּ: וַיֹּאמֶר אַתָּה זֶה בְּנִי
כה עֵשָׂו וַיֹּאמֶר אָנִי: וַיֹּאמֶר הַגִּשָׁה לִּי וְאֹכְלָה מִצֵּיד בְּנִי לְמַעַן
כו תְּבָרֶכְךָ נַפְשִׁי וַיַּגֶּשׁ־לוֹ וַיֹּאכַל וַיָּבֵא לוֹ יַיִן וַיֵּשְׁתְּ: וַיֹּאמֶר אֵלָיו
כז יִצְחָק אָבִיו גְּשָׁה־נָּא וּשְׁקָה־לִּי בְּנִי: וַיִּגַּשׁ וַיִּשַּׁק־לוֹ וַיָּרַח אֶת־רֵיחַ
בְּגָדָיו וַיְבָרְכֵהוּ וַיֹּאמֶר רְאֵה רֵיחַ בְּנִי כְּרֵיחַ שָׂדֶה אֲשֶׁר בֵּרְכוֹ
כח יְהוָה: וְיִתֶּן־לְךָ הָאֱלֹהִים מִטַּל הַשָּׁמַיִם וּמִשְׁמַנֵּי הָאָרֶץ וְרֹב כה ששי
כט דָּגָן וְתִירֹשׁ: יַעַבְדוּךָ עַמִּים וישתחו לְךָ לְאֻמִּים הֱוֵה גְבִיר
לְאַחֶיךָ וְיִשְׁתַּחֲווּ לְךָ בְּנֵי אִמֶּךָ אֹרְרֶיךָ אָרוּר וּמְבָרְכֶיךָ בָּרוּךְ:
ל וַיְהִי כַּאֲשֶׁר כִּלָּה יִצְחָק לְבָרֵךְ אֶת־יַעֲקֹב וַיְהִי אַךְ יָצֹא יָצָא
לא יַעֲקֹב מֵאֵת פְּנֵי יִצְחָק אָבִיו וְעֵשָׂו אָחִיו בָּא מִצֵּידוֹ: וַיַּעַשׂ גַּם־
הוּא מַטְעַמִּים וַיָּבֵא לְאָבִיו וַיֹּאמֶר לְאָבִיו יָקֻם אָבִי וְיֹאכַל
לב מִצֵּיד בְּנוֹ בַּעֲבֻר תְּבָרְכַנִּי נַפְשֶׁךָ: וַיֹּאמֶר לוֹ יִצְחָק אָבִיו מִי־
לג אָתָּה וַיֹּאמֶר אֲנִי בִּנְךָ בְכֹרְךָ עֵשָׂו: וַיֶּחֱרַד יִצְחָק חֲרָדָה גְּדֹלָה
עַד־מְאֹד וַיֹּאמֶר מִי־אֵפוֹא הוּא הַצָּד־צַיִד וַיָּבֵא לִי וָאֹכַל
לד מִכֹּל בְּטֶרֶם תָּבוֹא וָאֲבָרְכֵהוּ גַּם־בָּרוּךְ יִהְיֶה: כִּשְׁמֹעַ עֵשָׂו
אֶת־דִּבְרֵי אָבִיו וַיִּצְעַק צְעָקָה גְּדֹלָה וּמָרָה עַד־מְאֹד וַיֹּאמֶר
לה לְאָבִיו בָּרְכֵנִי גַם־אָנִי אָבִי: וַיֹּאמֶר בָּא אָחִיךָ בְּמִרְמָה וַיִּקַּח
לו בִּרְכָתֶךָ: וַיֹּאמֶר הֲכִי קָרָא שְׁמוֹ יַעֲקֹב וַיַּעְקְבֵנִי זֶה פַעֲמַיִם

אֶת־בְּכֹרָתִי לָקָח וְהִנֵּה עַתָּה לָקַח בִּרְכָתִי וַיֹּאמַר הֲלֹא־
לז אָצַלְתָּ לִּי בְּרָכָה: וַיַּעַן יִצְחָק וַיֹּאמֶר לְעֵשָׂו הֵן גְּבִיר שַׂמְתִּיו
לְךָ וְאֶת־כָּל־אֶחָיו נָתַתִּי לוֹ לַעֲבָדִים וְדָגָן וְתִירֹשׁ סְמַכְתִּיו
לח וּלְכָה אֵפוֹא מָה אֶעֱשֶׂה בְּנִי: וַיֹּאמֶר עֵשָׂו אֶל־אָבִיו הַבְרָכָה
אַחַת הִוא־לְךָ אָבִי בָּרְכֵנִי גַם־אָנִי אָבִי וַיִּשָּׂא עֵשָׂו קֹלוֹ
לט וַיֵּבְךְּ: וַיַּעַן יִצְחָק אָבִיו וַיֹּאמֶר אֵלָיו הִנֵּה מִשְׁמַנֵּי הָאָרֶץ
מ יִהְיֶה מוֹשָׁבֶךָ וּמִטַּל הַשָּׁמַיִם מֵעָל: וְעַל־חַרְבְּךָ תִחְיֶה וְאֶת־
אָחִיךָ תַּעֲבֹד וְהָיָה כַּאֲשֶׁר תָּרִיד וּפָרַקְתָּ עֻלּוֹ מֵעַל צַוָּארֶךָ:
מא וַיִּשְׂטֹם עֵשָׂו אֶת־יַעֲקֹב עַל־הַבְּרָכָה אֲשֶׁר בֵּרְכוֹ אָבִיו וַיֹּאמֶר
עֵשָׂו בְּלִבּוֹ יִקְרְבוּ יְמֵי אֵבֶל אָבִי וְאַהַרְגָה אֶת־יַעֲקֹב אָחִי:
מב וַיֻּגַּד לְרִבְקָה אֶת־דִּבְרֵי עֵשָׂו בְּנָהּ הַגָּדֹל וַתִּשְׁלַח וַתִּקְרָא
לְיַעֲקֹב בְּנָהּ הַקָּטָן וַתֹּאמֶר אֵלָיו הִנֵּה עֵשָׂו אָחִיךָ מִתְנַחֵם לְךָ
מג לְהָרְגֶךָ: וְעַתָּה בְנִי שְׁמַע בְּקֹלִי וְקוּם בְּרַח־לְךָ אֶל־לָבָן אָחִי
מד חָרָנָה: וְיָשַׁבְתָּ עִמּוֹ יָמִים אֲחָדִים עַד אֲשֶׁר־תָּשׁוּב חֲמַת אָחִיךָ:
מה עַד־שׁוּב אַף־אָחִיךָ מִמְּךָ וְשָׁכַח אֵת אֲשֶׁר־עָשִׂיתָ לּוֹ וְשָׁלַחְתִּי
מו וּלְקַחְתִּיךָ מִשָּׁם לָמָה אֶשְׁכַּל גַּם־שְׁנֵיכֶם יוֹם אֶחָד: וַתֹּאמֶר
רִבְקָה אֶל־יִצְחָק קַצְתִּי בְחַיַּי מִפְּנֵי בְּנוֹת חֵת אִם־לֹקֵחַ יַעֲקֹב

נשותיו החתיות של עשו
בראשית כו, לד–לה; לו, ב

כח א אִשָּׁה מִבְּנוֹת־חֵת כָּאֵלֶּה מִבְּנוֹת הָאָרֶץ לָמָּה לִּי חַיִּים: וַיִּקְרָא
יִצְחָק אֶל־יַעֲקֹב וַיְבָרֶךְ אֹתוֹ וַיְצַוֵּהוּ וַיֹּאמֶר לוֹ לֹא־תִקַּח
ב אִשָּׁה מִבְּנוֹת כְּנָעַן: קוּם לֵךְ פַּדֶּנָה אֲרָם בֵּיתָה בְתוּאֵל אֲבִי
ג אִמֶּךָ וְקַח־לְךָ מִשָּׁם אִשָּׁה מִבְּנוֹת לָבָן אֲחִי אִמֶּךָ: וְאֵל שַׁדַּי
ד יְבָרֵךְ אֹתְךָ וְיַפְרְךָ וְיַרְבֶּךָ וְהָיִיתָ לִקְהַל עַמִּים: וְיִתֶּן־לְךָ אֶת־
בִּרְכַּת אַבְרָהָם לְךָ וּלְזַרְעֲךָ אִתָּךְ לְרִשְׁתְּךָ אֶת־אֶרֶץ מְגֻרֶיךָ
ה אֲשֶׁר־נָתַן אֱלֹהִים לְאַבְרָהָם: וַיִּשְׁלַח יִצְחָק אֶת־יַעֲקֹב וַיֵּלֶךְ שביעי
פַּדֶּנָה אֲרָם אֶל־לָבָן בֶּן־בְּתוּאֵל הָאֲרַמִּי אֲחִי רִבְקָה אֵם
ו יַעֲקֹב וְעֵשָׂו: וַיַּרְא עֵשָׂו כִּי־בֵרַךְ יִצְחָק אֶת־יַעֲקֹב וְשִׁלַּח אֹתוֹ
פַּדֶּנָה אֲרָם לָקַחַת־לוֹ מִשָּׁם אִשָּׁה בְּבָרְכוֹ אֹתוֹ וַיְצַו עָלָיו

ז לֵאמֹר לֹא־תִקַּח אִשָּׁה מִבְּנוֹת כְּנָעַן׃ וַיִּשְׁמַע יַעֲקֹב אֶל־ מפטיר
ח אָבִיו וְאֶל־אִמּוֹ וַיֵּלֶךְ פַּדֶּנָה אֲרָם׃ וַיַּרְא עֵשָׂו כִּי רָעוֹת בְּנוֹת
ט כְּנָעַן בְּעֵינֵי יִצְחָק אָבִיו׃ וַיֵּלֶךְ עֵשָׂו אֶל־יִשְׁמָעֵאל וַיִּקַּח אֶת־
מָחֲלַת ׀ בַּת־יִשְׁמָעֵאל בֶּן־אַבְרָהָם אֲחוֹת נְבָיוֹת עַל־נָשָׁיו לוֹ
י לְאִשָּׁה׃ וַיֵּצֵא יַעֲקֹב מִבְּאֵר שָׁבַע וַיֵּלֶךְ כו ויצא
יא חָרָנָה׃ וַיִּפְגַּע בַּמָּקוֹם וַיָּלֶן שָׁם כִּי־בָא הַשֶּׁמֶשׁ וַיִּקַּח מֵאַבְנֵי
יב הַמָּקוֹם וַיָּשֶׂם מְרַאֲשֹׁתָיו וַיִּשְׁכַּב בַּמָּקוֹם הַהוּא׃ וַיַּחֲלֹם וְהִנֵּה
סֻלָּם מֻצָּב אַרְצָה וְרֹאשׁוֹ מַגִּיעַ הַשָּׁמָיְמָה וְהִנֵּה מַלְאֲכֵי
יג אֱלֹהִים עֹלִים וְיֹרְדִים בּוֹ׃ וְהִנֵּה יהוה נִצָּב עָלָיו וַיֹּאמַר אֲנִי
יהוה אֱלֹהֵי אַבְרָהָם אָבִיךָ וֵאלֹהֵי יִצְחָק הָאָרֶץ אֲשֶׁר אַתָּה
יד שֹׁכֵב עָלֶיהָ לְךָ אֶתְּנֶנָּה וּלְזַרְעֶךָ׃ וְהָיָה זַרְעֲךָ כַּעֲפַר הָאָרֶץ
וּפָרַצְתָּ יָמָּה וָקֵדְמָה וְצָפֹנָה וָנֶגְבָּה וְנִבְרְכוּ בְךָ כָּל־מִשְׁפְּחֹת
טו הָאֲדָמָה וּבְזַרְעֶךָ׃ וְהִנֵּה אָנֹכִי עִמָּךְ וּשְׁמַרְתִּיךָ בְּכֹל אֲשֶׁר־תֵּלֵךְ
וַהֲשִׁבֹתִיךָ אֶל־הָאֲדָמָה הַזֹּאת כִּי לֹא אֶעֱזָבְךָ עַד אֲשֶׁר אִם־
טז עָשִׂיתִי אֵת אֲשֶׁר־דִּבַּרְתִּי לָךְ׃ וַיִּיקַץ יַעֲקֹב מִשְּׁנָתוֹ וַיֹּאמֶר
יז אָכֵן יֵשׁ יהוה בַּמָּקוֹם הַזֶּה וְאָנֹכִי לֹא יָדָעְתִּי׃ וַיִּירָא וַיֹּאמַר
מַה־נּוֹרָא הַמָּקוֹם הַזֶּה אֵין זֶה כִּי אִם־בֵּית אֱלֹהִים וְזֶה
יח שַׁעַר הַשָּׁמָיִם׃ וַיַּשְׁכֵּם יַעֲקֹב בַּבֹּקֶר וַיִּקַּח אֶת־הָאֶבֶן אֲשֶׁר־
שָׂם מְרַאֲשֹׁתָיו וַיָּשֶׂם אֹתָהּ מַצֵּבָה וַיִּצֹק שֶׁמֶן עַל־רֹאשָׁהּ׃
יט וַיִּקְרָא אֶת־שֵׁם־הַמָּקוֹם הַהוּא בֵּית־אֵל וְאוּלָם לוּז שֵׁם־הָעִיר
כ לָרִאשֹׁנָה׃ וַיִּדַּר יַעֲקֹב נֶדֶר לֵאמֹר אִם־יִהְיֶה אֱלֹהִים עִמָּדִי
וּשְׁמָרַנִי בַּדֶּרֶךְ הַזֶּה אֲשֶׁר אָנֹכִי הוֹלֵךְ וְנָתַן־לִי לֶחֶם לֶאֱכֹל
כא וּבֶגֶד לִלְבֹּשׁ׃ וְשַׁבְתִּי בְשָׁלוֹם אֶל־בֵּית אָבִי וְהָיָה יהוה לִי
כב לֵאלֹהִים׃ וְהָאֶבֶן הַזֹּאת אֲשֶׁר־שַׂמְתִּי מַצֵּבָה יִהְיֶה בֵּית
כט א אֱלֹהִים וְכֹל אֲשֶׁר תִּתֶּן־לִי עַשֵּׂר אֲעַשְּׂרֶנּוּ לָךְ׃ וַיִּשָּׂא יַעֲקֹב שני
ב רַגְלָיו וַיֵּלֶךְ אַרְצָה בְנֵי־קֶדֶם׃ וַיַּרְא וְהִנֵּה בְאֵר בַּשָּׂדֶה וְהִנֵּה־
שָׁם שְׁלֹשָׁה עֶדְרֵי־צֹאן רֹבְצִים עָלֶיהָ כִּי מִן־הַבְּאֵר הַהִוא

נשות עשו
בראשית כו, לד–לה;

הבטחת ה׳ ליעקב על ירושת הארץ ועל ריבוי הזרע
בראשית לב, יג; מח, ד

קריאת שם המקום ״בית אל״
בראשית לה, טו

שמה הקודם של בית אל - לוז
שופטים א, כג

מצבת יעקב בבית אל
בראשית לה, יד

ג יַשְׁקוּ הָעֲדָרִים וְהָאֶבֶן גְּדֹלָה עַל־פִּי הַבְּאֵר׃ וְנֶאֶסְפוּ־שָׁמָּה
כָל־הָעֲדָרִים וְגָלְלוּ אֶת־הָאֶבֶן מֵעַל פִּי הַבְּאֵר וְהִשְׁקוּ אֶת־הַצֹּאן
ד וְהֵשִׁיבוּ אֶת־הָאֶבֶן עַל־פִּי הַבְּאֵר לִמְקֹמָהּ׃ וַיֹּאמֶר לָהֶם יַעֲקֹב
ה אַחַי מֵאַיִן אַתֶּם וַיֹּאמְרוּ מֵחָרָן אֲנָחְנוּ׃ וַיֹּאמֶר לָהֶם הַיְדַעְתֶּם
ו אֶת־לָבָן בֶּן־נָחוֹר וַיֹּאמְרוּ יָדָעְנוּ׃ וַיֹּאמֶר לָהֶם הֲשָׁלוֹם לוֹ
ז וַיֹּאמְרוּ שָׁלוֹם וְהִנֵּה רָחֵל בִּתּוֹ בָּאָה עִם־הַצֹּאן׃ וַיֹּאמֶר הֵן
עוֹד הַיּוֹם גָּדוֹל לֹא־עֵת הֵאָסֵף הַמִּקְנֶה הַשְׁקוּ הַצֹּאן וּלְכוּ
ח רְעוּ׃ וַיֹּאמְרוּ לֹא נוּכַל עַד אֲשֶׁר יֵאָסְפוּ כָּל־הָעֲדָרִים וְגָלְלוּ
ט אֶת־הָאֶבֶן מֵעַל פִּי הַבְּאֵר וְהִשְׁקִינוּ הַצֹּאן׃ עוֹדֶנּוּ מְדַבֵּר עִמָּם
י וְרָחֵל ׀ בָּאָה עִם־הַצֹּאן אֲשֶׁר לְאָבִיהָ כִּי רֹעָה הִוא׃ וַיְהִי
כַּאֲשֶׁר רָאָה יַעֲקֹב אֶת־רָחֵל בַּת־לָבָן אֲחִי אִמּוֹ וְאֶת־צֹאן
לָבָן אֲחִי אִמּוֹ וַיִּגַּשׁ יַעֲקֹב וַיָּגֶל אֶת־הָאֶבֶן מֵעַל פִּי הַבְּאֵר
יא וַיַּשְׁקְ אֶת־צֹאן לָבָן אֲחִי אִמּוֹ׃ וַיִּשַּׁק יַעֲקֹב לְרָחֵל וַיִּשָּׂא
יב אֶת־קֹלוֹ וַיֵּבְךְּ׃ וַיַּגֵּד יַעֲקֹב לְרָחֵל כִּי אֲחִי אָבִיהָ הוּא וְכִי
יג בֶן־רִבְקָה הוּא וַתָּרָץ וַתַּגֵּד לְאָבִיהָ׃ וַיְהִי כִשְׁמֹעַ לָבָן אֶת־
שֵׁמַע ׀ יַעֲקֹב בֶּן־אֲחֹתוֹ וַיָּרָץ לִקְרָאתוֹ וַיְחַבֶּק־לוֹ וַיְנַשֶּׁק־לוֹ
וַיְבִיאֵהוּ אֶל־בֵּיתוֹ וַיְסַפֵּר לְלָבָן אֵת כָּל־הַדְּבָרִים הָאֵלֶּה׃
יד וַיֹּאמֶר לוֹ לָבָן אַךְ עַצְמִי וּבְשָׂרִי אָתָּה וַיֵּשֶׁב עִמּוֹ חֹדֶשׁ יָמִים׃
טו וַיֹּאמֶר לָבָן לְיַעֲקֹב הֲכִי־אָחִי אַתָּה וַעֲבַדְתַּנִי חִנָּם הַגִּידָה
טז לִּי מַה־מַּשְׂכֻּרְתֶּךָ׃ וּלְלָבָן שְׁתֵּי בָנוֹת שֵׁם הַגְּדֹלָה לֵאָה
יז וְשֵׁם הַקְּטַנָּה רָחֵל׃ וְעֵינֵי לֵאָה רַכּוֹת וְרָחֵל הָיְתָה יְפַת־
יח תֹּאַר וִיפַת מַרְאֶה׃ וַיֶּאֱהַב יַעֲקֹב אֶת־רָחֵל וַיֹּאמֶר אֶעֱבָדְךָ שלישי
יט שֶׁבַע שָׁנִים בְּרָחֵל בִּתְּךָ הַקְּטַנָּה׃ וַיֹּאמֶר לָבָן טוֹב תִּתִּי
כ אֹתָהּ לָךְ מִתִּתִּי אֹתָהּ לְאִישׁ אַחֵר שְׁבָה עִמָּדִי׃ וַיַּעֲבֹד יַעֲקֹב
בְּרָחֵל שֶׁבַע שָׁנִים וַיִּהְיוּ בְעֵינָיו כְּיָמִים אֲחָדִים בְּאַהֲבָתוֹ
כא אֹתָהּ׃ וַיֹּאמֶר יַעֲקֹב אֶל־לָבָן הָבָה אֶת־אִשְׁתִּי כִּי מָלְאוּ
כב יָמָי וְאָבוֹאָה אֵלֶיהָ׃ וַיֶּאֱסֹף לָבָן אֶת־כָּל־אַנְשֵׁי הַמָּקוֹם

כג וַיַּעַשׂ מִשְׁתֶּה: וַיְהִי בָעֶרֶב וַיִּקַּח אֶת־לֵאָה בִתּוֹ וַיָּבֵא אֹתָהּ
כד אֵלָיו וַיָּבֹא אֵלֶיהָ: וַיִּתֵּן לָבָן לָהּ אֶת־זִלְפָּה שִׁפְחָתוֹ לְלֵאָה
כה בִתּוֹ שִׁפְחָה: וַיְהִי בַבֹּקֶר וְהִנֵּה־הִוא לֵאָה וַיֹּאמֶר אֶל־לָבָן
מַה־זֹּאת עָשִׂיתָ לִּי הֲלֹא בְרָחֵל עָבַדְתִּי עִמָּךְ וְלָמָּה רִמִּיתָנִי:
כו וַיֹּאמֶר לָבָן לֹא־יֵעָשֶׂה כֵן בִּמְקוֹמֵנוּ לָתֵת הַצְּעִירָה לִפְנֵי
כז הַבְּכִירָה: מַלֵּא שְׁבֻעַ זֹאת וְנִתְּנָה לְךָ גַּם־אֶת־זֹאת בַּעֲבֹדָה
כח אֲשֶׁר תַּעֲבֹד עִמָּדִי עוֹד שֶׁבַע־שָׁנִים אֲחֵרוֹת: וַיַּעַשׂ יַעֲקֹב כֵּן
כט וַיְמַלֵּא שְׁבֻעַ זֹאת וַיִּתֶּן־לוֹ אֶת־רָחֵל בִּתּוֹ לוֹ לְאִשָּׁה: וַיִּתֵּן
ל לָבָן לְרָחֵל בִּתּוֹ אֶת־בִּלְהָה שִׁפְחָתוֹ לָהּ לְשִׁפְחָה: וַיָּבֹא גַּם
אֶל־רָחֵל וַיֶּאֱהַב גַּם־אֶת־רָחֵל מִלֵּאָה וַיַּעֲבֹד עִמּוֹ עוֹד שֶׁבַע־
לא שָׁנִים אֲחֵרוֹת: וַיַּרְא יהוה כִּי־שְׂנוּאָה לֵאָה וַיִּפְתַּח אֶת־רַחְמָהּ כז
לב וְרָחֵל עֲקָרָה: וַתַּהַר לֵאָה וַתֵּלֶד בֵּן וַתִּקְרָא שְׁמוֹ רְאוּבֵן כִּי
לג אָמְרָה כִּי־רָאָה יהוה בְּעָנְיִי כִּי עַתָּה יֶאֱהָבַנִי אִישִׁי: וַתַּהַר
עוֹד וַתֵּלֶד בֵּן וַתֹּאמֶר כִּי־שָׁמַע יהוה כִּי־שְׂנוּאָה אָנֹכִי וַיִּתֶּן־
לד לִי גַּם־אֶת־זֶה וַתִּקְרָא שְׁמוֹ שִׁמְעוֹן: וַתַּהַר עוֹד וַתֵּלֶד בֵּן
וַתֹּאמֶר עַתָּה הַפַּעַם יִלָּוֶה אִישִׁי אֵלַי כִּי־יָלַדְתִּי לוֹ שְׁלֹשָׁה
לה בָנִים עַל־כֵּן קָרָא־שְׁמוֹ לֵוִי: וַתַּהַר עוֹד וַתֵּלֶד בֵּן וַתֹּאמֶר
הַפַּעַם אוֹדֶה אֶת־יהוה עַל־כֵּן קָרְאָה שְׁמוֹ יְהוּדָה וַתַּעֲמֹד
ל א מִלֶּדֶת: וַתֵּרֶא רָחֵל כִּי לֹא יָלְדָה לְיַעֲקֹב וַתְּקַנֵּא רָחֵל בַּאֲחֹתָהּ
ב וַתֹּאמֶר אֶל־יַעֲקֹב הָבָה־לִּי בָנִים וְאִם־אַיִן מֵתָה אָנֹכִי: וַיִּחַר־
אַף יַעֲקֹב בְּרָחֵל וַיֹּאמֶר הֲתַחַת אֱלֹהִים אָנֹכִי אֲשֶׁר־מָנַע מִמֵּךְ
ג פְּרִי־בָטֶן: וַתֹּאמֶר הִנֵּה אֲמָתִי בִלְהָה בֹּא אֵלֶיהָ וְתֵלֵד עַל־
ד בִּרְכַּי וְאִבָּנֶה גַם־אָנֹכִי מִמֶּנָּה: וַתִּתֶּן־לוֹ אֶת־בִּלְהָה שִׁפְחָתָהּ
ה לְאִשָּׁה וַיָּבֹא אֵלֶיהָ יַעֲקֹב: וַתַּהַר בִּלְהָה וַתֵּלֶד לְיַעֲקֹב בֵּן:
ו וַתֹּאמֶר רָחֵל דָּנַנִּי אֱלֹהִים וְגַם שָׁמַע בְּקֹלִי וַיִּתֶּן־לִי בֵּן עַל־
ז כֵּן קָרְאָה שְׁמוֹ דָּן: וַתַּהַר עוֹד וַתֵּלֶד בִּלְהָה שִׁפְחַת רָחֵל בֵּן
ח שֵׁנִי לְיַעֲקֹב: וַתֹּאמֶר רָחֵל נַפְתּוּלֵי אֱלֹהִים ׀ נִפְתַּלְתִּי עִם־

אֲחֹתִי גַּם־יָכֹלְתִּי וַתִּקְרָא שְׁמוֹ נַפְתָּלִי׃ וַתֵּרֶא לֵאָה כִּי עָמְדָה ט
מִלֶּדֶת וַתִּקַּח אֶת־זִלְפָּה שִׁפְחָתָהּ וַתִּתֵּן אֹתָהּ לְיַעֲקֹב לְאִשָּׁה׃ י
בָּא גָד וַתֵּלֶד זִלְפָּה שִׁפְחַת לֵאָה לְיַעֲקֹב בֵּן׃ וַתֹּאמֶר לֵאָה בגד יא
וַתִּקְרָא אֶת־שְׁמוֹ גָּד׃ וַתֵּלֶד זִלְפָּה שִׁפְחַת לֵאָה בֵּן שֵׁנִי לְיַעֲקֹב׃ יב
וַתֹּאמֶר לֵאָה בְּאָשְׁרִי כִּי אִשְּׁרוּנִי בָּנוֹת וַתִּקְרָא אֶת־שְׁמוֹ יג
רביעי אָשֵׁר׃ וַיֵּלֶךְ רְאוּבֵן בִּימֵי קְצִיר־חִטִּים וַיִּמְצָא דוּדָאִים בַּשָּׂדֶה יד
וַיָּבֵא אֹתָם אֶל־לֵאָה אִמּוֹ וַתֹּאמֶר רָחֵל אֶל־לֵאָה תְּנִי־נָא לִי
מִדּוּדָאֵי בְּנֵךְ׃ וַתֹּאמֶר לָהּ הַמְעַט קַחְתֵּךְ אֶת־אִישִׁי וְלָקַחַת טו
גַּם אֶת־דּוּדָאֵי בְּנִי וַתֹּאמֶר רָחֵל לָכֵן יִשְׁכַּב עִמָּךְ הַלַּיְלָה
תַּחַת דּוּדָאֵי בְנֵךְ׃ וַיָּבֹא יַעֲקֹב מִן־הַשָּׂדֶה בָּעֶרֶב וַתֵּצֵא לֵאָה טז
לִקְרָאתוֹ וַתֹּאמֶר אֵלַי תָּבוֹא כִּי שָׂכֹר שְׂכַרְתִּיךָ בְּדוּדָאֵי בְּנִי
וַיִּשְׁכַּב עִמָּהּ בַּלַּיְלָה הוּא׃ וַיִּשְׁמַע אֱלֹהִים אֶל־לֵאָה וַתַּהַר יז
וַתֵּלֶד לְיַעֲקֹב בֵּן חֲמִישִׁי׃ וַתֹּאמֶר לֵאָה נָתַן אֱלֹהִים שְׂכָרִי יח
אֲשֶׁר־נָתַתִּי שִׁפְחָתִי לְאִישִׁי וַתִּקְרָא שְׁמוֹ יִשָּׂשכָר׃ וַתַּהַר עוֹד יט
לֵאָה וַתֵּלֶד בֵּן־שִׁשִּׁי לְיַעֲקֹב׃ וַתֹּאמֶר לֵאָה זְבָדַנִי אֱלֹהִים ׀ אֹתִי כ
זֵבֶד טוֹב הַפַּעַם יִזְבְּלֵנִי אִישִׁי כִּי־יָלַדְתִּי לוֹ שִׁשָּׁה בָנִים וַתִּקְרָא
אֶת־שְׁמוֹ זְבֻלוּן׃ וְאַחַר יָלְדָה בַּת וַתִּקְרָא אֶת־שְׁמָהּ דִּינָה׃ כא
כח וַיִּזְכֹּר אֱלֹהִים אֶת־רָחֵל וַיִּשְׁמַע אֵלֶיהָ אֱלֹהִים וַיִּפְתַּח אֶת־ כב
רַחְמָהּ׃ וַתַּהַר וַתֵּלֶד בֵּן וַתֹּאמֶר אָסַף אֱלֹהִים אֶת־חֶרְפָּתִי׃ כג
וַתִּקְרָא אֶת־שְׁמוֹ יוֹסֵף לֵאמֹר יֹסֵף יְהוָה לִי בֵּן אַחֵר׃ וַיְהִי כד כה
כַּאֲשֶׁר יָלְדָה רָחֵל אֶת־יוֹסֵף וַיֹּאמֶר יַעֲקֹב אֶל־לָבָן שַׁלְּחֵנִי
וְאֵלְכָה אֶל־מְקוֹמִי וּלְאַרְצִי׃ תְּנָה אֶת־נָשַׁי וְאֶת־יְלָדַי אֲשֶׁר כו
עָבַדְתִּי אֹתְךָ בָּהֵן וְאֵלֵכָה כִּי אַתָּה יָדַעְתָּ אֶת־עֲבֹדָתִי אֲשֶׁר
עֲבַדְתִּיךָ׃ וַיֹּאמֶר אֵלָיו לָבָן אִם־נָא מָצָאתִי חֵן בְּעֵינֶיךָ נִחַשְׁתִּי כז
חמישי וַיְבָרְכֵנִי יְהוָה בִּגְלָלֶךָ׃ וַיֹּאמַר נָקְבָה שְׂכָרְךָ עָלַי וְאֶתֵּנָה׃ כח
וַיֹּאמֶר אֵלָיו אַתָּה יָדַעְתָּ אֵת אֲשֶׁר עֲבַדְתִּיךָ וְאֵת אֲשֶׁר־הָיָה כט
מִקְנְךָ אִתִּי׃ כִּי מְעַט אֲשֶׁר־הָיָה לְךָ לְפָנַי וַיִּפְרֹץ לָרֹב וַיְבָרֶךְ ל

לא יְהוָה אֹתְךָ לְרַגְלִי וְעַתָּה מָתַי אֶעֱשֶׂה גַם־אָנֹכִי לְבֵיתִי׃ וַיֹּאמֶר
מָה אֶתֶּן־לָךְ וַיֹּאמֶר יַעֲקֹב לֹא־תִתֶּן־לִי מְאוּמָה אִם־תַּעֲשֶׂה־
לב לִּי הַדָּבָר הַזֶּה אָשׁוּבָה אֶרְעֶה צֹאנְךָ אֶשְׁמֹר׃ אֶעֱבֹר בְּכָל־
צֹאנְךָ הַיּוֹם הָסֵר מִשָּׁם כָּל־שֶׂה ׀ נָקֹד וְטָלוּא וְכָל־שֶׂה־חוּם
לג בַּכְּשָׂבִים וְטָלוּא וְנָקֹד בָּעִזִּים וְהָיָה שְׂכָרִי׃ וְעָנְתָה־בִּי צִדְקָתִי
בְּיוֹם מָחָר כִּי־תָבוֹא עַל־שְׂכָרִי לְפָנֶיךָ כֹּל אֲשֶׁר־אֵינֶנּוּ נָקֹד
לד וְטָלוּא בָּעִזִּים וְחוּם בַּכְּשָׂבִים גָּנוּב הוּא אִתִּי׃ וַיֹּאמֶר לָבָן
לה הֵן לוּ יְהִי כִדְבָרֶךָ׃ וַיָּסַר בַּיּוֹם הַהוּא אֶת־הַתְּיָשִׁים הָעֲקֻדִּים
וְהַטְּלֻאִים וְאֵת כָּל־הָעִזִּים הַנְּקֻדּוֹת וְהַטְּלֻאֹת כֹּל אֲשֶׁר־לָבָן
לו בּוֹ וְכָל־חוּם בַּכְּשָׂבִים וַיִּתֵּן בְּיַד־בָּנָיו׃ וַיָּשֶׂם דֶּרֶךְ שְׁלֹשֶׁת יָמִים
לז בֵּינוֹ וּבֵין יַעֲקֹב וְיַעֲקֹב רֹעֶה אֶת־צֹאן לָבָן הַנּוֹתָרֹת׃ וַיִּקַּח־
לוֹ יַעֲקֹב מַקַּל לִבְנֶה לַח וְלוּז וְעַרְמוֹן וַיְפַצֵּל בָּהֵן פְּצָלוֹת
לח לְבָנוֹת מַחְשֹׂף הַלָּבָן אֲשֶׁר עַל־הַמַּקְלוֹת׃ וַיַּצֵּג אֶת־הַמַּקְלוֹת
אֲשֶׁר פִּצֵּל בָּרְהָטִים בְּשִׁקְתוֹת הַמָּיִם אֲשֶׁר תָּבֹאןָ הַצֹּאן
לט לִשְׁתּוֹת לְנֹכַח הַצֹּאן וַיֵּחַמְנָה בְּבֹאָן לִשְׁתּוֹת׃ וַיֶּחֱמוּ הַצֹּאן
מ אֶל־הַמַּקְלוֹת וַתֵּלַדְןָ הַצֹּאן עֲקֻדִּים נְקֻדִּים וּטְלֻאִים׃ וְהַכְּשָׂבִים
הִפְרִיד יַעֲקֹב וַיִּתֵּן פְּנֵי הַצֹּאן אֶל־עָקֹד וְכָל־חוּם בְּצֹאן לָבָן
מא וַיָּשֶׁת לוֹ עֲדָרִים לְבַדּוֹ וְלֹא שָׁתָם עַל־צֹאן לָבָן׃ וְהָיָה בְּכָל־
יַחֵם הַצֹּאן הַמְקֻשָּׁרוֹת וְשָׂם יַעֲקֹב אֶת־הַמַּקְלוֹת לְעֵינֵי הַצֹּאן
מב בָּרְהָטִים לְיַחְמֵנָּה בַּמַּקְלוֹת׃ וּבְהַעֲטִיף הַצֹּאן לֹא יָשִׂים וְהָיָה
מג הָעֲטֻפִים לְלָבָן וְהַקְּשֻׁרִים לְיַעֲקֹב׃ וַיִּפְרֹץ הָאִישׁ מְאֹד מְאֹד
לא א וַיְהִי־לוֹ צֹאן רַבּוֹת וּשְׁפָחוֹת וַעֲבָדִים וּגְמַלִּים וַחֲמֹרִים׃ וַיִּשְׁמַע
אֶת־דִּבְרֵי בְנֵי־לָבָן לֵאמֹר לָקַח יַעֲקֹב אֵת כָּל־אֲשֶׁר לְאָבִינוּ
ב וּמֵאֲשֶׁר לְאָבִינוּ עָשָׂה אֵת כָּל־הַכָּבֹד הַזֶּה׃ וַיַּרְא יַעֲקֹב אֶת־
ג פְּנֵי לָבָן וְהִנֵּה אֵינֶנּוּ עִמּוֹ כִּתְמוֹל שִׁלְשׁוֹם׃ וַיֹּאמֶר יְהוָה אֶל־ כט
ד יַעֲקֹב שׁוּב אֶל־אֶרֶץ אֲבוֹתֶיךָ וּלְמוֹלַדְתֶּךָ וְאֶהְיֶה עִמָּךְ׃ וַיִּשְׁלַח
ה יַעֲקֹב וַיִּקְרָא לְרָחֵל וּלְלֵאָה הַשָּׂדֶה אֶל־צֹאנוֹ׃ וַיֹּאמֶר לָהֶן

רֹאֶה אָנֹכִי אֶת־פְּנֵי אֲבִיכֶן כִּי־אֵינֶנּוּ אֵלַי כִּתְמֹל שִׁלְשֹׁם וֵאלֹהֵי
ו אָבִי הָיָה עִמָּדִי׃ וְאַתֵּנָה יְדַעְתֶּן כִּי בְּכָל־כֹּחִי עָבַדְתִּי אֶת־
ז אֲבִיכֶן׃ וַאֲבִיכֶן הֵתֶל בִּי וְהֶחֱלִף אֶת־מַשְׂכֻּרְתִּי עֲשֶׂרֶת מֹנִים
ח וְלֹא־נְתָנוֹ אֱלֹהִים לְהָרַע עִמָּדִי׃ אִם־כֹּה יֹאמַר נְקֻדִּים יִהְיֶה
שְׂכָרֶךָ וְיָלְדוּ כָל־הַצֹּאן נְקֻדִּים וְאִם־כֹּה יֹאמַר עֲקֻדִּים יִהְיֶה
ט שְׂכָרֶךָ וְיָלְדוּ כָל־הַצֹּאן עֲקֻדִּים׃ וַיַּצֵּל אֱלֹהִים אֶת־מִקְנֵה
י אֲבִיכֶם וַיִּתֶּן־לִי׃ וַיְהִי בְּעֵת יַחֵם הַצֹּאן וָאֶשָּׂא עֵינַי וָאֵרֶא
בַּחֲלוֹם וְהִנֵּה הָעַתֻּדִים הָעֹלִים עַל־הַצֹּאן עֲקֻדִּים נְקֻדִּים
יא וּבְרֻדִּים׃ וַיֹּאמֶר אֵלַי מַלְאַךְ הָאֱלֹהִים בַּחֲלוֹם יַעֲקֹב וָאֹמַר
יב הִנֵּנִי׃ וַיֹּאמֶר שָׂא־נָא עֵינֶיךָ וּרְאֵה כָּל־הָעַתֻּדִים הָעֹלִים עַל־
הַצֹּאן עֲקֻדִּים נְקֻדִּים וּבְרֻדִּים כִּי רָאִיתִי אֵת כָּל־אֲשֶׁר לָבָן
יג עֹשֶׂה לָּךְ׃ אָנֹכִי הָאֵל בֵּית־אֵל אֲשֶׁר מָשַׁחְתָּ שָּׁם מַצֵּבָה אֲשֶׁר
נָדַרְתָּ לִּי שָׁם נֶדֶר עַתָּה קוּם צֵא מִן־הָאָרֶץ הַזֹּאת וְשׁוּב אֶל־

נדר יעקב בבית אל
בראשית כח, יח–כב

יד אֶרֶץ מוֹלַדְתֶּךָ׃ וַתַּעַן רָחֵל וְלֵאָה וַתֹּאמַרְנָה לוֹ הַעוֹד לָנוּ
טו חֵלֶק וְנַחֲלָה בְּבֵית אָבִינוּ׃ הֲלוֹא נָכְרִיּוֹת נֶחְשַׁבְנוּ לוֹ כִּי
טז מְכָרָנוּ וַיֹּאכַל גַּם־אָכוֹל אֶת־כַּסְפֵּנוּ׃ כִּי כָל־הָעֹשֶׁר אֲשֶׁר הִצִּיל
אֱלֹהִים מֵאָבִינוּ לָנוּ הוּא וּלְבָנֵינוּ וְעַתָּה כֹּל אֲשֶׁר אָמַר אֱלֹהִים
יז אֵלֶיךָ עֲשֵׂה׃ וַיָּקָם יַעֲקֹב וַיִּשָּׂא אֶת־בָּנָיו וְאֶת־נָשָׁיו עַל־ ששי
יח הַגְּמַלִּים׃ וַיִּנְהַג אֶת־כָּל־מִקְנֵהוּ וְאֶת־כָּל־רְכֻשׁוֹ אֲשֶׁר רָכָשׁ
מִקְנֵה קִנְיָנוֹ אֲשֶׁר רָכַשׁ בְּפַדַּן אֲרָם לָבוֹא אֶל־יִצְחָק אָבִיו
יט אַרְצָה כְּנָעַן׃ וְלָבָן הָלַךְ לִגְזֹז אֶת־צֹאנוֹ וַתִּגְנֹב רָחֵל אֶת־
כ הַתְּרָפִים אֲשֶׁר לְאָבִיהָ׃ וַיִּגְנֹב יַעֲקֹב אֶת־לֵב לָבָן הָאֲרַמִּי
כא עַל־בְּלִי הִגִּיד לוֹ כִּי בֹרֵחַ הוּא׃ וַיִּבְרַח הוּא וְכָל־אֲשֶׁר־לוֹ
כב וַיָּקָם וַיַּעֲבֹר אֶת־הַנָּהָר וַיָּשֶׂם אֶת־פָּנָיו הַר הַגִּלְעָד׃ וַיֻּגַּד לְלָבָן
כג בַּיּוֹם הַשְּׁלִישִׁי כִּי בָרַח יַעֲקֹב׃ וַיִּקַּח אֶת־אֶחָיו עִמּוֹ וַיִּרְדֹּף
כד אַחֲרָיו דֶּרֶךְ שִׁבְעַת יָמִים וַיַּדְבֵּק אֹתוֹ בְּהַר הַגִּלְעָד׃ וַיָּבֹא
אֱלֹהִים אֶל־לָבָן הָאֲרַמִּי בַּחֲלֹם הַלָּיְלָה וַיֹּאמֶר לוֹ הִשָּׁמֶר לְךָ

כה פֶּן־תְּדַבֵּר עִם־יַעֲקֹב מִטּוֹב עַד־רָע: וַיַּשֵּׂג לָבָן אֶת־יַעֲקֹב
וְיַעֲקֹב תָּקַע אֶת־אָהֳלוֹ בָּהָר וְלָבָן תָּקַע אֶת־אֶחָיו בְּהַר
כו הַגִּלְעָד: וַיֹּאמֶר לָבָן לְיַעֲקֹב מֶה עָשִׂיתָ וַתִּגְנֹב אֶת־לְבָבִי
כז וַתְּנַהֵג אֶת־בְּנֹתַי כִּשְׁבֻיוֹת חָרֶב: לָמָּה נַחְבֵּאתָ לִבְרֹחַ וַתִּגְנֹב
אֹתִי וְלֹא־הִגַּדְתָּ לִּי וָאֲשַׁלֵּחֲךָ בְּשִׂמְחָה וּבְשִׁרִים בְּתֹף וּבְכִנּוֹר:
כח כט וְלֹא נְטַשְׁתַּנִי לְנַשֵּׁק לְבָנַי וְלִבְנֹתָי עַתָּה הִסְכַּלְתָּ עֲשׂוֹ: יֶשׁ־
לְאֵל יָדִי לַעֲשׂוֹת עִמָּכֶם רָע וֵאלֹהֵי אֲבִיכֶם אֶמֶשׁ ׀ אָמַר אֵלַי
ל לֵאמֹר הִשָּׁמֶר לְךָ מִדַּבֵּר עִם־יַעֲקֹב מִטּוֹב עַד־רָע: וְעַתָּה הָלֹךְ
הָלַכְתָּ כִּי־נִכְסֹף נִכְסַפְתָּה לְבֵית אָבִיךָ לָמָּה גָנַבְתָּ אֶת־אֱלֹהָי:
לא וַיַּעַן יַעֲקֹב וַיֹּאמֶר לְלָבָן כִּי יָרֵאתִי כִּי אָמַרְתִּי פֶּן־תִּגְזֹל אֶת־
לב בְּנוֹתֶיךָ מֵעִמִּי: עִם אֲשֶׁר תִּמְצָא אֶת־אֱלֹהֶיךָ לֹא יִחְיֶה נֶגֶד
אַחֵינוּ הַכֶּר־לְךָ מָה עִמָּדִי וְקַח־לָךְ וְלֹא־יָדַע יַעֲקֹב כִּי רָחֵל
לג גְּנָבָתַם: וַיָּבֹא לָבָן בְּאֹהֶל־יַעֲקֹב ׀ וּבְאֹהֶל לֵאָה וּבְאֹהֶל שְׁתֵּי
לד הָאֲמָהֹת וְלֹא מָצָא וַיֵּצֵא מֵאֹהֶל לֵאָה וַיָּבֹא בְּאֹהֶל רָחֵל: וְרָחֵל
לָקְחָה אֶת־הַתְּרָפִים וַתְּשִׂמֵם בְּכַר הַגָּמָל וַתֵּשֶׁב עֲלֵיהֶם
לה וַיְמַשֵּׁשׁ לָבָן אֶת־כָּל־הָאֹהֶל וְלֹא מָצָא: וַתֹּאמֶר אֶל־אָבִיהָ
אַל־יִחַר בְּעֵינֵי אֲדֹנִי כִּי לוֹא אוּכַל לָקוּם מִפָּנֶיךָ כִּי־דֶרֶךְ נָשִׁים
לו לִי וַיְחַפֵּשׂ וְלֹא מָצָא אֶת־הַתְּרָפִים: וַיִּחַר לְיַעֲקֹב וַיָּרֶב בְּלָבָן
וַיַּעַן יַעֲקֹב וַיֹּאמֶר לְלָבָן מַה־פִּשְׁעִי מַה חַטָּאתִי כִּי דָלַקְתָּ
לז אַחֲרָי: כִּי־מִשַּׁשְׁתָּ אֶת־כָּל־כֵּלַי מַה־מָּצָאתָ מִכֹּל כְּלֵי־בֵיתֶךָ
לח שִׂים כֹּה נֶגֶד אַחַי וְאַחֶיךָ וְיוֹכִיחוּ בֵּין שְׁנֵינוּ: זֶה עֶשְׂרִים שָׁנָה
אָנֹכִי עִמָּךְ רְחֵלֶיךָ וְעִזֶּיךָ לֹא שִׁכֵּלוּ וְאֵילֵי צֹאנְךָ לֹא אָכָלְתִּי:
לט טְרֵפָה לֹא־הֵבֵאתִי אֵלֶיךָ אָנֹכִי אֲחַטֶּנָּה מִיָּדִי תְּבַקְשֶׁנָּה גְּנֻבְתִי
מ יוֹם וּגְנֻבְתִי לָיְלָה: הָיִיתִי בַיּוֹם אֲכָלַנִי חֹרֶב וְקֶרַח בַּלָּיְלָה
מא וַתִּדַּד שְׁנָתִי מֵעֵינָי: זֶה־לִּי עֶשְׂרִים שָׁנָה בְּבֵיתֶךָ עֲבַדְתִּיךָ
אַרְבַּע־עֶשְׂרֵה שָׁנָה בִּשְׁתֵּי בְנֹתֶיךָ וְשֵׁשׁ שָׁנִים בְּצֹאנֶךָ וַתַּחֲלֵף
מב אֶת־מַשְׂכֻּרְתִּי עֲשֶׂרֶת מֹנִים: לוּלֵי אֱלֹהֵי אָבִי אֱלֹהֵי אַבְרָהָם

וּפַחַד יִצְחָק הָיָה לִי כִּי עַתָּה רֵיקָם שִׁלַּחְתָּנִי אֶת־עָנְיִי וְאֶת־
[שביעי] מג יְגִיעַ כַּפַּי רָאָה אֱלֹהִים וַיּוֹכַח אָמֶשׁ׃ וַיַּעַן לָבָן וַיֹּאמֶר אֶל־
יַעֲקֹב הַבָּנוֹת בְּנֹתַי וְהַבָּנִים בָּנַי וְהַצֹּאן צֹאנִי וְכֹל אֲשֶׁר־אַתָּה
רֹאֶה לִי הוּא וְלִבְנֹתַי מָה־אֶעֱשֶׂה לָאֵלֶּה הַיּוֹם אוֹ לִבְנֵיהֶן
מד אֲשֶׁר יָלָדוּ׃ וְעַתָּה לְכָה נִכְרְתָה בְרִית אֲנִי וָאָתָּה וְהָיָה לְעֵד
מה מו בֵּינִי וּבֵינֶךָ׃ וַיִּקַּח יַעֲקֹב אָבֶן וַיְרִימֶהָ מַצֵּבָה׃ וַיֹּאמֶר יַעֲקֹב
לְאֶחָיו לִקְטוּ אֲבָנִים וַיִּקְחוּ אֲבָנִים וַיַּעֲשׂוּ־גָל וַיֹּאכְלוּ שָׁם עַל־
מז הַגָּל׃ וַיִּקְרָא־לוֹ לָבָן יְגַר שָׂהֲדוּתָא וְיַעֲקֹב קָרָא לוֹ גַּלְעֵד׃
מח וַיֹּאמֶר לָבָן הַגַּל הַזֶּה עֵד בֵּינִי וּבֵינְךָ הַיּוֹם עַל־כֵּן קָרָא־שְׁמוֹ
מט גַּלְעֵד׃ וְהַמִּצְפָּה אֲשֶׁר אָמַר יִצֶף יְהֹוָה בֵּינִי וּבֵינֶךָ כִּי נִסָּתֵר
נ אִישׁ מֵרֵעֵהוּ׃ אִם־תְּעַנֶּה אֶת־בְּנֹתַי וְאִם־תִּקַּח נָשִׁים עַל־
נא בְּנֹתַי אֵין אִישׁ עִמָּנוּ רְאֵה אֱלֹהִים עֵד בֵּינִי וּבֵינֶךָ׃ וַיֹּאמֶר
לָבָן לְיַעֲקֹב הִנֵּה ׀ הַגַּל הַזֶּה וְהִנֵּה הַמַּצֵּבָה אֲשֶׁר יָרִיתִי בֵּינִי
נב וּבֵינֶךָ׃ עֵד הַגַּל הַזֶּה וְעֵדָה הַמַּצֵּבָה אִם־אָנִי לֹא־אֶעֱבֹר אֵלֶיךָ
אֶת־הַגַּל הַזֶּה וְאִם־אַתָּה לֹא־תַעֲבֹר אֵלַי אֶת־הַגַּל הַזֶּה וְאֶת־
נג הַמַּצֵּבָה הַזֹּאת לְרָעָה׃ אֱלֹהֵי אַבְרָהָם וֵאלֹהֵי נָחוֹר יִשְׁפְּטוּ
נד בֵינֵינוּ אֱלֹהֵי אֲבִיהֶם וַיִּשָּׁבַע יַעֲקֹב בְּפַחַד אָבִיו יִצְחָק׃ וַיִּזְבַּח
יַעֲקֹב זֶבַח בָּהָר וַיִּקְרָא לְאֶחָיו לֶאֱכָל־לָחֶם וַיֹּאכְלוּ לֶחֶם וַיָּלִינוּ
[מפטיר] נה בָּהָר׃ וַיַּשְׁכֵּם לָבָן בַּבֹּקֶר וַיְנַשֵּׁק לְבָנָיו וְלִבְנוֹתָיו וַיְבָרֶךְ אֶתְהֶם
לב א וַיֵּלֶךְ וַיָּשָׁב לָבָן לִמְקֹמוֹ׃ וְיַעֲקֹב הָלַךְ לְדַרְכּוֹ וַיִּפְגְּעוּ־בוֹ מַלְאֲכֵי
ב אֱלֹהִים׃ וַיֹּאמֶר יַעֲקֹב כַּאֲשֶׁר רָאָם מַחֲנֵה אֱלֹהִים זֶה וַיִּקְרָא
שֵׁם־הַמָּקוֹם הַהוּא מַחֲנָיִם׃

[וישלח ל] ג וַיִּשְׁלַח יַעֲקֹב מַלְאָכִים לְפָנָיו אֶל־עֵשָׂו אָחִיו אַרְצָה שֵׂעִיר
ד שְׂדֵה אֱדוֹם׃ וַיְצַו אֹתָם לֵאמֹר כֹּה תֹאמְרוּן לַאדֹנִי לְעֵשָׂו כֹּה
ה אָמַר עַבְדְּךָ יַעֲקֹב עִם־לָבָן גַּרְתִּי וָאֵחַר עַד־עָתָּה׃ וַיְהִי־לִי
שׁוֹר וַחֲמוֹר צֹאן וְעֶבֶד וְשִׁפְחָה וָאֶשְׁלְחָה לְהַגִּיד לַאדֹנִי לִמְצֹא־
ו חֵן בְּעֵינֶיךָ׃ וַיָּשֻׁבוּ הַמַּלְאָכִים אֶל־יַעֲקֹב לֵאמֹר בָּאנוּ אֶל־

אָחִיךָ אֶל־עֵשָׂו וְגַם הֹלֵךְ לִקְרָאתְךָ וְאַרְבַּע־מֵאוֹת אִישׁ עִמּוֹ׃
ז וַיִּירָא יַעֲקֹב מְאֹד וַיֵּצֶר לוֹ וַיַּחַץ אֶת־הָעָם אֲשֶׁר־אִתּוֹ וְאֶת־
ח הַצֹּאן וְאֶת־הַבָּקָר וְהַגְּמַלִּים לִשְׁנֵי מַחֲנוֹת׃ וַיֹּאמֶר אִם־יָבוֹא
עֵשָׂו אֶל־הַמַּחֲנֶה הָאַחַת וְהִכָּהוּ וְהָיָה הַמַּחֲנֶה הַנִּשְׁאָר לִפְלֵיטָה׃
ט וַיֹּאמֶר יַעֲקֹב אֱלֹהֵי אָבִי אַבְרָהָם וֵאלֹהֵי אָבִי יִצְחָק יְהוָה ציווי ה׳ ליעקב לשוב לארץ בראשית לא, ג
י הָאֹמֵר אֵלַי שׁוּב לְאַרְצְךָ וּלְמוֹלַדְתְּךָ וְאֵיטִיבָה עִמָּךְ׃ קָטֹנְתִּי
מִכֹּל הַחֲסָדִים וּמִכָּל־הָאֱמֶת אֲשֶׁר עָשִׂיתָ אֶת־עַבְדֶּךָ כִּי
בְמַקְלִי עָבַרְתִּי אֶת־הַיַּרְדֵּן הַזֶּה וְעַתָּה הָיִיתִי לִשְׁנֵי מַחֲנוֹת׃ הבטחת ה׳ ליעקב על ירושת הארץ ועל ריבוי הזרע בראשית כח, יג-יד; מח, ד
יא הַצִּילֵנִי נָא מִיַּד אָחִי מִיַּד עֵשָׂו כִּי־יָרֵא אָנֹכִי אֹתוֹ פֶּן־יָבוֹא
יב וְהִכַּנִי אֵם עַל־בָּנִים׃ וְאַתָּה אָמַרְתָּ הֵיטֵב אֵיטִיב עִמָּךְ וְשַׂמְתִּי
יג אֶת־זַרְעֲךָ כְּחוֹל הַיָּם אֲשֶׁר לֹא־יִסָּפֵר מֵרֹב׃ וַיָּלֶן שָׁם בַּלַּיְלָה שני
יד הַהוּא וַיִּקַּח מִן־הַבָּא בְיָדוֹ מִנְחָה לְעֵשָׂו אָחִיו׃ עִזִּים מָאתַיִם
טו וּתְיָשִׁים עֶשְׂרִים רְחֵלִים מָאתַיִם וְאֵילִים עֶשְׂרִים׃ גְּמַלִּים
מֵינִיקוֹת וּבְנֵיהֶם שְׁלֹשִׁים פָּרוֹת אַרְבָּעִים וּפָרִים עֲשָׂרָה אֲתֹנֹת
טז עֶשְׂרִים וַעְיָרִם עֲשָׂרָה׃ וַיִּתֵּן בְּיַד־עֲבָדָיו עֵדֶר עֵדֶר לְבַדּוֹ וַיֹּאמֶר
יז אֶל־עֲבָדָיו עִבְרוּ לְפָנַי וְרֶוַח תָּשִׂימוּ בֵּין עֵדֶר וּבֵין עֵדֶר׃ וַיְצַו
אֶת־הָרִאשׁוֹן לֵאמֹר כִּי יִפְגָשְׁךָ עֵשָׂו אָחִי וּשְׁאֵלְךָ לֵאמֹר לְמִי־
יח אַתָּה וְאָנָה תֵלֵךְ וּלְמִי אֵלֶּה לְפָנֶיךָ׃ וְאָמַרְתָּ לְעַבְדְּךָ לְיַעֲקֹב
יט מִנְחָה הִוא שְׁלוּחָה לַאדֹנִי לְעֵשָׂו וְהִנֵּה גַם־הוּא אַחֲרֵינוּ׃ וַיְצַו
גַּם אֶת־הַשֵּׁנִי גַּם אֶת־הַשְּׁלִישִׁי גַּם אֶת־כָּל־הַהֹלְכִים אַחֲרֵי
הָעֲדָרִים לֵאמֹר כַּדָּבָר הַזֶּה תְּדַבְּרוּן אֶל־עֵשָׂו בְּמֹצַאֲכֶם אֹתוֹ׃
כ וַאֲמַרְתֶּם גַּם הִנֵּה עַבְדְּךָ יַעֲקֹב אַחֲרֵינוּ כִּי־אָמַר אֲכַפְּרָה פָנָיו
בַּמִּנְחָה הַהֹלֶכֶת לְפָנָי וְאַחֲרֵי־כֵן אֶרְאֶה פָנָיו אוּלַי יִשָּׂא פָנָי׃
כא וַתַּעֲבֹר הַמִּנְחָה עַל־פָּנָיו וְהוּא לָן בַּלַּיְלָה־הַהוּא בַּמַּחֲנֶה׃
כב וַיָּקָם ׀ בַּלַּיְלָה הוּא וַיִּקַּח אֶת־שְׁתֵּי נָשָׁיו וְאֶת־שְׁתֵּי שִׁפְחֹתָיו
כג וְאֶת־אַחַד עָשָׂר יְלָדָיו וַיַּעֲבֹר אֵת מַעֲבַר יַבֹּק׃ וַיִּקָּחֵם וַיַּעֲבִרֵם
כד אֶת־הַנָּחַל וַיַּעֲבֵר אֶת־אֲשֶׁר־לוֹ׃ וַיִּוָּתֵר יַעֲקֹב לְבַדּוֹ וַיֵּאָבֵק

אִישׁ עִמּוֹ עַד עֲלוֹת הַשָּׁחַר: וַיַּרְא כִּי לֹא יָכֹל לוֹ וַיִּגַּע בְּכַף־ כה
יְרֵכוֹ וַתֵּקַע כַּף־יֶרֶךְ יַעֲקֹב בְּהֵאָבְקוֹ עִמּוֹ: וַיֹּאמֶר שַׁלְּחֵנִי כִּי כו
עָלָה הַשָּׁחַר וַיֹּאמֶר לֹא אֲשַׁלֵּחֲךָ כִּי אִם־בֵּרַכְתָּנִי: וַיֹּאמֶר כז
אֵלָיו מַה־שְּׁמֶךָ וַיֹּאמֶר יַעֲקֹב: וַיֹּאמֶר לֹא יַעֲקֹב יֵאָמֵר עוֹד כח
שִׁמְךָ כִּי אִם־יִשְׂרָאֵל כִּי־שָׂרִיתָ עִם־אֱלֹהִים וְעִם־אֲנָשִׁים
וַתּוּכָל: וַיִּשְׁאַל יַעֲקֹב וַיֹּאמֶר הַגִּידָה־נָּא שְׁמֶךָ וַיֹּאמֶר לָמָּה כט
זֶּה תִּשְׁאַל לִשְׁמִי וַיְבָרֶךְ אֹתוֹ שָׁם: וַיִּקְרָא יַעֲקֹב שֵׁם הַמָּקוֹם ל
פְּנִיאֵל כִּי־רָאִיתִי אֱלֹהִים פָּנִים אֶל־פָּנִים וַתִּנָּצֵל נַפְשִׁי: וַיִּזְרַח־ לא
לוֹ הַשֶּׁמֶשׁ כַּאֲשֶׁר עָבַר אֶת־פְּנוּאֵל וְהוּא צֹלֵעַ עַל־יְרֵכוֹ: עַל־ לב
כֵּן לֹא־יֹאכְלוּ בְנֵי־יִשְׂרָאֵל אֶת־גִּיד הַנָּשֶׁה אֲשֶׁר עַל־כַּף הַיָּרֵךְ
עַד הַיּוֹם הַזֶּה כִּי נָגַע בְּכַף־יֶרֶךְ יַעֲקֹב בְּגִיד הַנָּשֶׁה: וַיִּשָּׂא א לג
יַעֲקֹב עֵינָיו וַיַּרְא וְהִנֵּה עֵשָׂו בָּא וְעִמּוֹ אַרְבַּע מֵאוֹת אִישׁ
וַיַּחַץ אֶת־הַיְלָדִים עַל־לֵאָה וְעַל־רָחֵל וְעַל שְׁתֵּי הַשְּׁפָחוֹת:
וַיָּשֶׂם אֶת־הַשְּׁפָחוֹת וְאֶת־יַלְדֵיהֶן רִאשֹׁנָה וְאֶת־לֵאָה וִילָדֶיהָ ב
אַחֲרֹנִים וְאֶת־רָחֵל וְאֶת־יוֹסֵף אַחֲרֹנִים: וְהוּא עָבַר לִפְנֵיהֶם ג
וַיִּשְׁתַּחוּ אַרְצָה שֶׁבַע פְּעָמִים עַד־גִּשְׁתּוֹ עַד־אָחִיו: וַיָּרָץ עֵשָׂו ד
לִקְרָאתוֹ וַיְחַבְּקֵהוּ וַיִּפֹּל עַל־צַוָּארָו וַיִּשָּׁקֵהוּ וַיִּבְכּוּ: וַיִּשָּׂא ה
אֶת־עֵינָיו וַיַּרְא אֶת־הַנָּשִׁים וְאֶת־הַיְלָדִים וַיֹּאמֶר מִי־אֵלֶּה
לָּךְ וַיֹּאמַר הַיְלָדִים אֲשֶׁר־חָנַן אֱלֹהִים אֶת־עַבְדֶּךָ: וַתִּגַּשְׁןָ ו
הַשְּׁפָחוֹת הֵנָּה וְיַלְדֵיהֶן וַתִּשְׁתַּחֲוֶיןָ: וַתִּגַּשׁ גַּם־לֵאָה וִילָדֶיהָ ז
וַיִּשְׁתַּחֲווּ וְאַחַר נִגַּשׁ יוֹסֵף וְרָחֵל וַיִּשְׁתַּחֲווּ: וַיֹּאמֶר מִי לְךָ כָּל־ ח
הַמַּחֲנֶה הַזֶּה אֲשֶׁר פָּגָשְׁתִּי וַיֹּאמֶר לִמְצֹא־חֵן בְּעֵינֵי אֲדֹנִי:
וַיֹּאמֶר עֵשָׂו יֶשׁ־לִי רָב אָחִי יְהִי לְךָ אֲשֶׁר־לָךְ: וַיֹּאמֶר יַעֲקֹב ט י
אַל־נָא אִם־נָא מָצָאתִי חֵן בְּעֵינֶיךָ וְלָקַחְתָּ מִנְחָתִי מִיָּדִי
כִּי עַל־כֵּן רָאִיתִי פָנֶיךָ כִּרְאֹת פְּנֵי אֱלֹהִים וַתִּרְצֵנִי: קַח־נָא יא
אֶת־בִּרְכָתִי אֲשֶׁר הֻבָאת לָךְ כִּי־חַנַּנִי אֱלֹהִים וְכִי יֶשׁ־לִי־כֹל
וַיִּפְצַר־בּוֹ וַיִּקָּח: וַיֹּאמַר נִסְעָה וְנֵלֵכָה וְאֵלְכָה לְנֶגְדֶּךָ: וַיֹּאמֶר יב יג

שינוי שמו של "יעקב" ל"ישראל" בראשית לה, י

שלישי

רביעי

נ

אֵלָיו אֲדֹנִי יֹדֵעַ כִּי־הַיְלָדִים רַכִּים וְהַצֹּאן וְהַבָּקָר עָלוֹת עָלָי
יד וּדְפָקוּם יוֹם אֶחָד וָמֵתוּ כָּל־הַצֹּאן׃ יַעֲבָר־נָא אֲדֹנִי לִפְנֵי עַבְדּוֹ
וַאֲנִי אֶתְנָהֲלָה לְאִטִּי לְרֶגֶל הַמְּלָאכָה אֲשֶׁר־לְפָנַי וּלְרֶגֶל
טו הַיְלָדִים עַד אֲשֶׁר־אָבֹא אֶל־אֲדֹנִי שֵׂעִירָה׃ וַיֹּאמֶר עֵשָׂו אַצִּיגָה־
נָּא עִמְּךָ מִן־הָעָם אֲשֶׁר אִתִּי וַיֹּאמֶר לָמָּה זֶּה אֶמְצָא־חֵן בְּעֵינֵי
טז יז אֲדֹנִי׃ וַיָּשָׁב בַּיּוֹם הַהוּא עֵשָׂו לְדַרְכּוֹ שֵׂעִירָה׃ וְיַעֲקֹב נָסַע
סֻכֹּתָה וַיִּבֶן לוֹ בָּיִת וּלְמִקְנֵהוּ עָשָׂה סֻכֹּת עַל־כֵּן קָרָא שֵׁם־
יח הַמָּקוֹם סֻכּוֹת׃ וַיָּבֹא יַעֲקֹב שָׁלֵם עִיר שְׁכֶם אֲשֶׁר לא
יט בְּאֶרֶץ כְּנַעַן בְּבֹאוֹ מִפַּדַּן אֲרָם וַיִּחַן אֶת־פְּנֵי הָעִיר׃ וַיִּקֶן
אֶת־חֶלְקַת הַשָּׂדֶה אֲשֶׁר נָטָה־שָׁם אָהֳלוֹ מִיַּד בְּנֵי־חֲמוֹר אֲבִי
כ שְׁכֶם בְּמֵאָה קְשִׂיטָה׃ וַיַּצֶּב־שָׁם מִזְבֵּחַ וַיִּקְרָא־לוֹ אֵל אֱלֹהֵי
לד א יִשְׂרָאֵל׃ וַתֵּצֵא דִינָה בַּת־לֵאָה אֲשֶׁר יָלְדָה לְיַעֲקֹב חמישי
ב לִרְאוֹת בִּבְנוֹת הָאָרֶץ׃ וַיַּרְא אֹתָהּ שְׁכֶם בֶּן־חֲמוֹר הַחִוִּי נְשִׂיא
ג הָאָרֶץ וַיִּקַּח אֹתָהּ וַיִּשְׁכַּב אֹתָהּ וַיְעַנֶּהָ׃ וַתִּדְבַּק נַפְשׁוֹ בְּדִינָה
ד בַּת־יַעֲקֹב וַיֶּאֱהַב אֶת־הַנַּעֲרָ וַיְדַבֵּר עַל־לֵב הַנַּעֲרָ׃ וַיֹּאמֶר
שְׁכֶם אֶל־חֲמוֹר אָבִיו לֵאמֹר קַח־לִי אֶת־הַיַּלְדָּה הַזֹּאת לְאִשָּׁה׃
ה וְיַעֲקֹב שָׁמַע כִּי טִמֵּא אֶת־דִּינָה בִתּוֹ וּבָנָיו הָיוּ אֶת־מִקְנֵהוּ
ו בַּשָּׂדֶה וְהֶחֱרִשׁ יַעֲקֹב עַד־בֹּאָם׃ וַיֵּצֵא חֲמוֹר אֲבִי־שְׁכֶם
ז אֶל־יַעֲקֹב לְדַבֵּר אִתּוֹ׃ וּבְנֵי יַעֲקֹב בָּאוּ מִן־הַשָּׂדֶה כְּשָׁמְעָם
וַיִּתְעַצְּבוּ הָאֲנָשִׁים וַיִּחַר לָהֶם מְאֹד כִּי נְבָלָה עָשָׂה בְיִשְׂרָאֵל
ח לִשְׁכַּב אֶת־בַּת־יַעֲקֹב וְכֵן לֹא יֵעָשֶׂה׃ וַיְדַבֵּר חֲמוֹר אִתָּם
לֵאמֹר שְׁכֶם בְּנִי חָשְׁקָה נַפְשׁוֹ בְּבִתְּכֶם תְּנוּ נָא אֹתָהּ לוֹ
ט לְאִשָּׁה׃ וְהִתְחַתְּנוּ אֹתָנוּ בְּנֹתֵיכֶם תִּתְּנוּ־לָנוּ וְאֶת־בְּנֹתֵינוּ
י תִּקְחוּ לָכֶם׃ וְאִתָּנוּ תֵּשֵׁבוּ וְהָאָרֶץ תִּהְיֶה לִפְנֵיכֶם שְׁבוּ וּסְחָרוּהָ
יא וְהֵאָחֲזוּ בָּהּ׃ וַיֹּאמֶר שְׁכֶם אֶל־אָבִיהָ וְאֶל־אַחֶיהָ אֶמְצָא־חֵן
יב בְּעֵינֵיכֶם וַאֲשֶׁר תֹּאמְרוּ אֵלַי אֶתֵּן׃ הַרְבּוּ עָלַי מְאֹד מֹהַר
וּמַתָּן וְאֶתְּנָה כַּאֲשֶׁר תֹּאמְרוּ אֵלָי וּתְנוּ־לִי אֶת־הַנַּעֲרָ לְאִשָּׁה׃

יג ויענו בני־יעקב את־שכם ואת־חמור אביו במרמה וידברו
יד אשר טמא את דינה אחתם: ויאמרו אליהם לא נוכל לעשות
הדבר הזה לתת את־אחתנו לאיש אשר־לו ערלה כי־
טו חרפה הוא לנו: אך־בזאת נאות לכם אם תהיו כמנו
טז להמל לכם כל־זכר: ונתנו את־בנתינו לכם ואת־בנתיכם
יז נקח־לנו וישבנו אתכם והיינו לעם אחד: ואם־לא תשמעו
יח אלינו להמול ולקחנו את־בתנו והלכנו: וייטבו דבריהם
יט בעיני חמור ובעיני שכם בן־חמור: ולא־אחר הנער לעשות
כ הדבר כי חפץ בבת־יעקב והוא נכבד מכל בית אביו: ויבא
חמור ושכם בנו אל־שער עירם וידברו אל־אנשי עירם
כא לאמר: האנשים האלה שלמים הם אתנו וישבו בארץ
ויסחרו אתה והארץ הנה רחבת־ידים לפניהם את־בנתם
כב נקח־לנו לנשים ואת־בנתינו נתן להם: אך־בזאת יאתו
לנו האנשים לשבת אתנו להיות לעם אחד בהמול לנו כל־
כג זכר כאשר הם נמלים: מקנהם וקנינם וכל־בהמתם הלוא
כד לנו הם אך נאותה להם וישבו אתנו: וישמעו אל־חמור
ואל־שכם בנו כל־יצאי שער עירו וימלו כל־זכר כל־יצאי
כה שער עירו: ויהי ביום השלישי בהיותם כאבים ויקחו שני־
בני־יעקב שמעון ולוי אחי דינה איש חרבו ויבאו על־העיר
כו בטח ויהרגו כל־זכר: ואת־חמור ואת־שכם בנו הרגו לפי־
כז חרב ויקחו את־דינה מבית שכם ויצאו: בני יעקב באו
כח על־החללים ויבזו העיר אשר טמאו אחותם: את־צאנם
ואת־בקרם ואת־חמריהם ואת אשר־בעיר ואת־אשר בשדה
כט לקחו: ואת־כל־חילם ואת־כל־טפם ואת־נשיהם שבו ויבזו
ל ואת כל־אשר בבית: ויאמר יעקב אל־שמעון ואל־לוי
עכרתם אתי להבאישני בישב הארץ בכנעני ובפרזי ואני
לא מתי מספר ונאספו עלי והכוני ונשמדתי אני וביתי: ויאמרו

הַכְזוֹנָה יַעֲשֶׂה אֶת־אֲחוֹתֵנוּ׃
א וַיֹּאמֶר אֱלֹהִים אֶל־יַעֲקֹב קוּם עֲלֵה בֵית־אֵל וְשֶׁב־שָׁם וַעֲשֵׂה־
שָׁם מִזְבֵּחַ לָאֵל הַנִּרְאֶה אֵלֶיךָ בְּבָרְחֲךָ מִפְּנֵי עֵשָׂו אָחִיךָ׃
ב וַיֹּאמֶר יַעֲקֹב אֶל־בֵּיתוֹ וְאֶל כָּל־אֲשֶׁר עִמּוֹ הָסִרוּ אֶת־אֱלֹהֵי
ג הַנֵּכָר אֲשֶׁר בְּתֹכְכֶם וְהִטַּהֲרוּ וְהַחֲלִיפוּ שִׂמְלֹתֵיכֶם׃ וְנָקוּמָה
וְנַעֲלֶה בֵּית־אֵל וְאֶעֱשֶׂה־שָּׁם מִזְבֵּחַ לָאֵל הָעֹנֶה אֹתִי בְּיוֹם
ד צָרָתִי וַיְהִי עִמָּדִי בַּדֶּרֶךְ אֲשֶׁר הָלָכְתִּי׃ וַיִּתְּנוּ אֶל־יַעֲקֹב אֵת
כָּל־אֱלֹהֵי הַנֵּכָר אֲשֶׁר בְּיָדָם וְאֶת־הַנְּזָמִים אֲשֶׁר בְּאָזְנֵיהֶם
ה וַיִּטְמֹן אֹתָם יַעֲקֹב תַּחַת הָאֵלָה אֲשֶׁר עִם־שְׁכֶם׃ וַיִּסָּעוּ וַיְהִי ׀
חִתַּת אֱלֹהִים עַל־הֶעָרִים אֲשֶׁר סְבִיבוֹתֵיהֶם וְלֹא רָדְפוּ אַחֲרֵי
ו בְּנֵי יַעֲקֹב׃ וַיָּבֹא יַעֲקֹב לוּזָה אֲשֶׁר בְּאֶרֶץ כְּנַעַן הִוא בֵּית־אֵל
ז הוּא וְכָל־הָעָם אֲשֶׁר־עִמּוֹ׃ וַיִּבֶן שָׁם מִזְבֵּחַ וַיִּקְרָא לַמָּקוֹם אֵל
ח בֵּית־אֵל כִּי שָׁם נִגְלוּ אֵלָיו הָאֱלֹהִים בְּבָרְחוֹ מִפְּנֵי אָחִיו׃ וַתָּמָת
דְּבֹרָה מֵינֶקֶת רִבְקָה וַתִּקָּבֵר מִתַּחַת לְבֵית־אֵל תַּחַת הָאַלּוֹן
וַיִּקְרָא שְׁמוֹ אַלּוֹן בָּכוּת׃

התגלות ה׳ ליעקב בבית אל בראשית כח, יא–כב

ט וַיֵּרָא אֱלֹהִים אֶל־יַעֲקֹב עוֹד בְּבֹאוֹ מִפַּדַּן אֲרָם וַיְבָרֶךְ אֹתוֹ׃ לב
י וַיֹּאמֶר־לוֹ אֱלֹהִים שִׁמְךָ יַעֲקֹב לֹא־יִקָּרֵא שִׁמְךָ עוֹד יַעֲקֹב כִּי
יא אִם־יִשְׂרָאֵל יִהְיֶה שְׁמֶךָ וַיִּקְרָא אֶת־שְׁמוֹ יִשְׂרָאֵל׃ וַיֹּאמֶר לוֹ
אֱלֹהִים אֲנִי אֵל שַׁדַּי פְּרֵה וּרְבֵה גּוֹי וּקְהַל גּוֹיִם יִהְיֶה מִמֶּךָּ
יב וּמְלָכִים מֵחֲלָצֶיךָ יֵצֵאוּ׃ וְאֶת־הָאָרֶץ אֲשֶׁר נָתַתִּי לְאַבְרָהָם ששי
יג וּלְיִצְחָק לְךָ אֶתְּנֶנָּה וּלְזַרְעֲךָ אַחֲרֶיךָ אֶתֵּן אֶת־הָאָרֶץ׃ וַיַּעַל
יד מֵעָלָיו אֱלֹהִים בַּמָּקוֹם אֲשֶׁר־דִּבֶּר אִתּוֹ׃ וַיַּצֵּב יַעֲקֹב מַצֵּבָה
בַּמָּקוֹם אֲשֶׁר־דִּבֶּר אִתּוֹ מַצֶּבֶת אָבֶן וַיַּסֵּךְ עָלֶיהָ נֶסֶךְ וַיִּצֹק
טו עָלֶיהָ שָׁמֶן׃ וַיִּקְרָא יַעֲקֹב אֶת־שֵׁם הַמָּקוֹם אֲשֶׁר דִּבֶּר אִתּוֹ
טז שָׁם אֱלֹהִים בֵּית־אֵל׃ וַיִּסְעוּ מִבֵּית אֵל וַיְהִי־עוֹד כִּבְרַת־הָאָרֶץ
יז לָבוֹא אֶפְרָתָה וַתֵּלֶד רָחֵל וַתְּקַשׁ בְּלִדְתָּהּ׃ וַיְהִי בְהַקְשֹׁתָהּ
בְלִדְתָּהּ וַתֹּאמֶר לָהּ הַמְיַלֶּדֶת אַל־תִּירְאִי כִּי־גַם־זֶה לָךְ בֵּן׃

שינוי שמו של "יעקב" ל"ישראל" בראשית לב, כח–כט

מצבת יעקב בבית אל בראשית כח, כב

קריאת שם המקום "בית אל" בראשית כח, יט

יח וַיְהִי בְּצֵאת נַפְשָׁהּ כִּי מֵתָה וַתִּקְרָא שְׁמוֹ בֶּן־אוֹנִי וְאָבִיו קָרָא־
יט לוֹ בִנְיָמִין: וַתָּמָת רָחֵל וַתִּקָּבֵר בְּדֶרֶךְ אֶפְרָתָה הִוא בֵּית לָחֶם:
כ וַיַּצֵּב יַעֲקֹב מַצֵּבָה עַל־קְבֻרָתָהּ הִוא מַצֶּבֶת קְבֻרַת־רָחֵל עַד־
כא כב הַיּוֹם: וַיִּסַּע יִשְׂרָאֵל וַיֵּט אָהֳלֹה מֵהָלְאָה לְמִגְדַּל־עֵדֶר: וַיְהִי
בִּשְׁכֹּן יִשְׂרָאֵל בָּאָרֶץ הַהִוא וַיֵּלֶךְ רְאוּבֵן וַיִּשְׁכַּב אֶת־בִּלְהָה
פִּילֶגֶשׁ אָבִיו וַיִּשְׁמַע יִשְׂרָאֵל

מקום קבורת רחל
שמ"א י, ב

ראובן מחלל יצועי אביו
בראשית מט, ד
דה"א ה, א

כג וַיִּהְיוּ בְנֵי־יַעֲקֹב שְׁנֵים עָשָׂר: בְּנֵי לֵאָה בְּכוֹר יַעֲקֹב רְאוּבֵן
כד וְשִׁמְעוֹן וְלֵוִי וִיהוּדָה וְיִשָּׂשכָר וּזְבוּלֻן: בְּנֵי רָחֵל יוֹסֵף וּבִנְיָמִן:
כה כו וּבְנֵי בִלְהָה שִׁפְחַת רָחֵל דָּן וְנַפְתָּלִי: וּבְנֵי זִלְפָּה שִׁפְחַת לֵאָה
כז גָּד וְאָשֵׁר אֵלֶּה בְּנֵי יַעֲקֹב אֲשֶׁר יֻלַּד־לוֹ בְּפַדַּן אֲרָם: וַיָּבֹא יַעֲקֹב
אֶל־יִצְחָק אָבִיו מַמְרֵא קִרְיַת הָאַרְבַּע הִוא חֶבְרוֹן אֲשֶׁר־גָּר־
כח שָׁם אַבְרָהָם וְיִצְחָק: וַיִּהְיוּ יְמֵי יִצְחָק מְאַת שָׁנָה וּשְׁמֹנִים שָׁנָה:
כט וַיִּגְוַע יִצְחָק וַיָּמָת וַיֵּאָסֶף אֶל־עַמָּיו זָקֵן וּשְׂבַע יָמִים וַיִּקְבְּרוּ
אֹתוֹ עֵשָׂו וְיַעֲקֹב בָּנָיו:

לו א ב וְאֵלֶּה תֹּלְדוֹת עֵשָׂו הוּא אֱדוֹם: עֵשָׂו לָקַח אֶת־נָשָׁיו מִבְּנוֹת
כְּנָעַן אֶת־עָדָה בַּת־אֵילוֹן הַחִתִּי וְאֶת־אָהֳלִיבָמָה בַּת־עֲנָה
ג בַּת־צִבְעוֹן הַחִוִּי: וְאֶת־בָּשְׂמַת בַּת־יִשְׁמָעֵאל אֲחוֹת נְבָיוֹת:
ד וַתֵּלֶד עָדָה לְעֵשָׂו אֶת־אֱלִיפָז וּבָשְׂמַת יָלְדָה אֶת־רְעוּאֵל:
ה וְאָהֳלִיבָמָה יָלְדָה אֶת־יעיש וְאֶת־יַעְלָם וְאֶת־קֹרַח אֵלֶּה בְּנֵי
ו עֵשָׂו אֲשֶׁר יֻלְּדוּ־לוֹ בְּאֶרֶץ כְּנָעַן: וַיִּקַּח עֵשָׂו אֶת־נָשָׁיו וְאֶת־
בָּנָיו וְאֶת־בְּנֹתָיו וְאֶת־כָּל־נַפְשׁוֹת בֵּיתוֹ וְאֶת־מִקְנֵהוּ וְאֶת־
כָּל־בְּהֶמְתּוֹ וְאֵת כָּל־קִנְיָנוֹ אֲשֶׁר רָכַשׁ בְּאֶרֶץ כְּנָעַן וַיֵּלֶךְ אֶל־
ז אֶרֶץ מִפְּנֵי יַעֲקֹב אָחִיו: כִּי־הָיָה רְכוּשָׁם רָב מִשֶּׁבֶת יַחְדָּו וְלֹא
ח יָכְלָה אֶרֶץ מְגוּרֵיהֶם לָשֵׂאת אֹתָם מִפְּנֵי מִקְנֵיהֶם: וַיֵּשֶׁב עֵשָׂו
ט בְּהַר שֵׂעִיר עֵשָׂו הוּא אֱדוֹם: וְאֵלֶּה תֹּלְדוֹת עֵשָׂו אֲבִי אֱדוֹם
י בְּהַר שֵׂעִיר: אֵלֶּה שְׁמוֹת בְּנֵי־עֵשָׂו אֱלִיפַז בֶּן־עָדָה אֵשֶׁת עֵשָׂו
יא רְעוּאֵל בֶּן־בָּשְׂמַת אֵשֶׁת עֵשָׂו: וַיִּהְיוּ בְּנֵי אֱלִיפָז תֵּימָן אוֹמָר

בני עשו וצאצאיו
דה"א א, לה–לז

נשות עשו
בראשית כו, לד
בראשית כח, ט

יְעוּשׁ

יב צִפוֹ וּגַעְתָּם וּקְנַז׃ וְתִמְנַע ׀ הָיְתָה פִילֶגֶשׁ לֶאֱלִיפַז בֶּן־עֵשָׂו
יג וַתֵּלֶד לֶאֱלִיפַז אֶת־עֲמָלֵק אֵלֶּה בְּנֵי עָדָה אֵשֶׁת עֵשָׂו׃ וְאֵלֶּה
בְּנֵי רְעוּאֵל נַחַת וָזֶרַח שַׁמָּה וּמִזָּה אֵלֶּה הָיוּ בְּנֵי בָשְׂמַת אֵשֶׁת
יד עֵשָׂו׃ וְאֵלֶּה הָיוּ בְּנֵי אָהֳלִיבָמָה בַת־עֲנָה בַּת־צִבְעוֹן אֵשֶׁת
טו עֵשָׂו וַתֵּלֶד לְעֵשָׂו אֶת־יעיש וְאֶת־יַעְלָם וְאֶת־קֹרַח׃ אֵלֶּה יְעוּשׁ
אַלּוּפֵי בְנֵי־עֵשָׂו בְּנֵי אֱלִיפַז בְּכוֹר עֵשָׂו אַלּוּף תֵּימָן אַלּוּף אוֹמָר
טז אַלּוּף צְפוֹ אַלּוּף קְנַז׃ אַלּוּף־קֹרַח אַלּוּף גַּעְתָּם אַלּוּף עֲמָלֵק
יז אֵלֶּה אַלּוּפֵי אֱלִיפַז בְּאֶרֶץ אֱדוֹם אֵלֶּה בְּנֵי עָדָה׃ וְאֵלֶּה בְּנֵי
רְעוּאֵל בֶּן־עֵשָׂו אַלּוּף נַחַת אַלּוּף זֶרַח אַלּוּף שַׁמָּה אַלּוּף מִזָּה
אֵלֶּה אַלּוּפֵי רְעוּאֵל בְּאֶרֶץ אֱדוֹם אֵלֶּה בְּנֵי בָשְׂמַת אֵשֶׁת עֵשָׂו׃
יח וְאֵלֶּה בְּנֵי אָהֳלִיבָמָה אֵשֶׁת עֵשָׂו אַלּוּף יְעוּשׁ אַלּוּף יַעְלָם אַלּוּף
יט קֹרַח אֵלֶּה אַלּוּפֵי אָהֳלִיבָמָה בַּת־עֲנָה אֵשֶׁת עֵשָׂו׃ אֵלֶּה בְנֵי־
כ עֵשָׂו וְאֵלֶּה אַלּוּפֵיהֶם הוּא אֱדוֹם׃ אֵלֶּה בְנֵי־ שביעי
כא שֵׂעִיר הַחֹרִי יֹשְׁבֵי הָאָרֶץ לוֹטָן וְשׁוֹבָל וְצִבְעוֹן וַעֲנָה׃ וְדִשׁוֹן
בני שעיר החורי
וצאצאיו
דה"א א, לח-מב
כב וְאֵצֶר וְדִישָׁן אֵלֶּה אַלּוּפֵי הַחֹרִי בְּנֵי שֵׂעִיר בְּאֶרֶץ אֱדוֹם׃ וַיִּהְיוּ
כג בְנֵי־לוֹטָן חֹרִי וְהֵימָם וַאֲחוֹת לוֹטָן תִּמְנָע׃ וְאֵלֶּה בְּנֵי שׁוֹבָל
כד עַלְוָן וּמָנַחַת וְעֵיבָל שְׁפוֹ וְאוֹנָם׃ וְאֵלֶּה בְנֵי־צִבְעוֹן וְאַיָּה וַעֲנָה
הוּא עֲנָה אֲשֶׁר מָצָא אֶת־הַיֵּמִם בַּמִּדְבָּר בִּרְעֹתוֹ אֶת־הַחֲמֹרִים
כה לְצִבְעוֹן אָבִיו׃ וְאֵלֶּה בְנֵי־עֲנָה דִּשֹׁן וְאָהֳלִיבָמָה בַּת־עֲנָה׃
כו כז וְאֵלֶּה בְּנֵי דִישָׁן חֶמְדָּן וְאֶשְׁבָּן וְיִתְרָן וּכְרָן׃ אֵלֶּה בְּנֵי־אֵצֶר
כח כט בִּלְהָן וְזַעֲוָן וַעֲקָן׃ אֵלֶּה בְנֵי־דִישָׁן עוּץ וַאֲרָן׃ אֵלֶּה אַלּוּפֵי
ל הַחֹרִי אַלּוּף לוֹטָן אַלּוּף שׁוֹבָל אַלּוּף צִבְעוֹן אַלּוּף עֲנָה׃ אַלּוּף
דִּשֹׁן אַלּוּף אֵצֶר אַלּוּף דִּישָׁן אֵלֶּה אַלּוּפֵי הַחֹרִי לְאַלֻּפֵיהֶם
בְּאֶרֶץ שֵׂעִיר׃

לא וְאֵלֶּה הַמְּלָכִים אֲשֶׁר מָלְכוּ בְּאֶרֶץ אֱדוֹם לִפְנֵי מְלָךְ־מֶלֶךְ
מלכי אדום
דה"א א, מג-נא
לב לִבְנֵי יִשְׂרָאֵל׃ וַיִּמְלֹךְ בֶּאֱדוֹם בֶּלַע בֶּן־בְּעוֹר וְשֵׁם עִירוֹ דִּנְהָבָה׃
לג לד וַיָּמָת בָּלַע וַיִּמְלֹךְ תַּחְתָּיו יוֹבָב בֶּן־זֶרַח מִבָּצְרָה׃ וַיָּמָת יוֹבָב

לה וַיִּמְלֹךְ תַּחְתָּיו חֻשָׁם מֵאֶרֶץ הַתֵּימָנִי׃ וַיָּמָת חֻשָׁם וַיִּמְלֹךְ תַּחְתָּיו
הֲדַד בֶּן־בְּדַד הַמַּכֶּה אֶת־מִדְיָן בִּשְׂדֵה מוֹאָב וְשֵׁם עִירוֹ עֲוִית׃
לו לז וַיָּמָת הֲדָד וַיִּמְלֹךְ תַּחְתָּיו שַׂמְלָה מִמַּשְׂרֵקָה׃ וַיָּמָת שַׂמְלָה
לח וַיִּמְלֹךְ תַּחְתָּיו שָׁאוּל מֵרְחֹבוֹת הַנָּהָר׃ וַיָּמָת שָׁאוּל וַיִּמְלֹךְ
לט תַּחְתָּיו בַּעַל חָנָן בֶּן־עַכְבּוֹר׃ וַיָּמָת בַּעַל חָנָן בֶּן־עַכְבּוֹר וַיִּמְלֹךְ
תַּחְתָּיו הֲדַר וְשֵׁם עִירוֹ פָּעוּ וְשֵׁם אִשְׁתּוֹ מְהֵיטַבְאֵל בַּת־
מ מַטְרֵד בַּת מֵי זָהָב׃ וְאֵלֶּה שְׁמוֹת אַלּוּפֵי עֵשָׂו לְמִשְׁפְּחֹתָם מפטיר
לִמְקֹמֹתָם בִּשְׁמֹתָם אַלּוּף תִּמְנָע אַלּוּף עַלְוָה אַלּוּף יְתֵת׃ אלופי עשו דה"א א, נא-נד
מא מב אַלּוּף אָהֳלִיבָמָה אַלּוּף אֵלָה אַלּוּף פִּינֹן׃ אַלּוּף קְנַז אַלּוּף תֵּימָן
מג אַלּוּף מִבְצָר׃ אַלּוּף מַגְדִּיאֵל אַלּוּף עִירָם אֵלֶּה ׀ אַלּוּפֵי אֱדוֹם
לְמֹשְׁבֹתָם בְּאֶרֶץ אֲחֻזָּתָם הוּא עֵשָׂו אֲבִי אֱדוֹם׃

לז א ב וַיֵּשֶׁב יַעֲקֹב בְּאֶרֶץ מְגוּרֵי אָבִיו בְּאֶרֶץ כְּנָעַן׃ אֵלֶּה ׀ תֹּלְדוֹת לג וישב
יַעֲקֹב יוֹסֵף בֶּן־שְׁבַע־עֶשְׂרֵה שָׁנָה הָיָה רֹעֶה אֶת־אֶחָיו בַּצֹּאן
וְהוּא נַעַר אֶת־בְּנֵי בִלְהָה וְאֶת־בְּנֵי זִלְפָּה נְשֵׁי אָבִיו וַיָּבֵא
ג יוֹסֵף אֶת־דִּבָּתָם רָעָה אֶל־אֲבִיהֶם׃ וְיִשְׂרָאֵל אָהַב אֶת־יוֹסֵף
ד מִכָּל־בָּנָיו כִּי־בֶן־זְקֻנִים הוּא לוֹ וְעָשָׂה לוֹ כְּתֹנֶת פַּסִּים׃ וַיִּרְאוּ
אֶחָיו כִּי־אֹתוֹ אָהַב אֲבִיהֶם מִכָּל־אֶחָיו וַיִּשְׂנְאוּ אֹתוֹ וְלֹא
ה יָכְלוּ דַּבְּרוֹ לְשָׁלֹם׃ וַיַּחֲלֹם יוֹסֵף חֲלוֹם וַיַּגֵּד לְאֶחָיו וַיּוֹסִפוּ
ו עוֹד שְׂנֹא אֹתוֹ׃ וַיֹּאמֶר אֲלֵיהֶם שִׁמְעוּ־נָא הַחֲלוֹם הַזֶּה אֲשֶׁר
ז חָלָמְתִּי׃ וְהִנֵּה אֲנַחְנוּ מְאַלְּמִים אֲלֻמִּים בְּתוֹךְ הַשָּׂדֶה וְהִנֵּה
קָמָה אֲלֻמָּתִי וְגַם־נִצָּבָה וְהִנֵּה תְסֻבֶּינָה אֲלֻמֹּתֵיכֶם וַתִּשְׁתַּחֲוֶיןָ
ח לַאֲלֻמָּתִי׃ וַיֹּאמְרוּ לוֹ אֶחָיו הֲמָלֹךְ תִּמְלֹךְ עָלֵינוּ אִם־מָשׁוֹל
תִּמְשֹׁל בָּנוּ וַיּוֹסִפוּ עוֹד שְׂנֹא אֹתוֹ עַל־חֲלֹמֹתָיו וְעַל־דְּבָרָיו׃
ט וַיַּחֲלֹם עוֹד חֲלוֹם אַחֵר וַיְסַפֵּר אֹתוֹ לְאֶחָיו וַיֹּאמֶר הִנֵּה חָלַמְתִּי
חֲלוֹם עוֹד וְהִנֵּה הַשֶּׁמֶשׁ וְהַיָּרֵחַ וְאַחַד עָשָׂר כּוֹכָבִים מִשְׁתַּחֲוִים
י לִי׃ וַיְסַפֵּר אֶל־אָבִיו וְאֶל־אֶחָיו וַיִּגְעַר־בּוֹ אָבִיו וַיֹּאמֶר לוֹ מָה
הַחֲלוֹם הַזֶּה אֲשֶׁר חָלָמְתָּ הֲבוֹא נָבוֹא אֲנִי וְאִמְּךָ וְאַחֶיךָ

יא לְהִשְׁתַּחֲוֺת לְךָ אָרְצָה: וַיְקַנְאוּ־בוֹ אֶחָיו וְאָבִיו שָׁמַר אֶת־
יב יג הַדָּבָר: וַיֵּלְכוּ אֶחָיו לִרְעוֹת אֶת־צֹאן אֲבִיהֶם בִּשְׁכֶם: וַיֹּאמֶר שני
יִשְׂרָאֵל אֶל־יוֹסֵף הֲלוֹא אַחֶיךָ רֹעִים בִּשְׁכֶם לְכָה וְאֶשְׁלָחֲךָ
יד אֲלֵיהֶם וַיֹּאמֶר לוֹ הִנֵּנִי: וַיֹּאמֶר לוֹ לֶךְ־נָא רְאֵה אֶת־שְׁלוֹם
אַחֶיךָ וְאֶת־שְׁלוֹם הַצֹּאן וַהֲשִׁבֵנִי דָּבָר וַיִּשְׁלָחֵהוּ מֵעֵמֶק חֶבְרוֹן
טו וַיָּבֹא שְׁכֶמָה: וַיִּמְצָאֵהוּ אִישׁ וְהִנֵּה תֹעֶה בַּשָּׂדֶה וַיִּשְׁאָלֵהוּ
טז הָאִישׁ לֵאמֹר מַה־תְּבַקֵּשׁ: וַיֹּאמֶר אֶת־אַחַי אָנֹכִי מְבַקֵּשׁ
יז הַגִּידָה־נָּא לִי אֵיפֹה הֵם רֹעִים: וַיֹּאמֶר הָאִישׁ נָסְעוּ מִזֶּה כִּי
שָׁמַעְתִּי אֹמְרִים נֵלְכָה דֹּתָיְנָה וַיֵּלֶךְ יוֹסֵף אַחַר אֶחָיו וַיִּמְצָאֵם
יח בְּדֹתָן: וַיִּרְאוּ אֹתוֹ מֵרָחֹק וּבְטֶרֶם יִקְרַב אֲלֵיהֶם וַיִּתְנַכְּלוּ
יט אֹתוֹ לַהֲמִיתוֹ: וַיֹּאמְרוּ אִישׁ אֶל־אָחִיו הִנֵּה בַּעַל הַחֲלֹמוֹת
כ הַלָּזֶה בָּא: וְעַתָּה ׀ לְכוּ וְנַהַרְגֵהוּ וְנַשְׁלִכֵהוּ בְּאַחַד הַבֹּרוֹת
כא וְאָמַרְנוּ חַיָּה רָעָה אֲכָלָתְהוּ וְנִרְאֶה מַה־יִּהְיוּ חֲלֹמֹתָיו: וַיִּשְׁמַע
כב רְאוּבֵן וַיַּצִּלֵהוּ מִיָּדָם וַיֹּאמֶר לֹא נַכֶּנּוּ נָפֶשׁ: וַיֹּאמֶר אֲלֵהֶם ׀
רְאוּבֵן אַל־תִּשְׁפְּכוּ־דָם הַשְׁלִיכוּ אֹתוֹ אֶל־הַבּוֹר הַזֶּה אֲשֶׁר
בַּמִּדְבָּר וְיָד אַל־תִּשְׁלְחוּ־בוֹ לְמַעַן הַצִּיל אֹתוֹ מִיָּדָם לַהֲשִׁיבוֹ
כג אֶל־אָבִיו: וַיְהִי כַּאֲשֶׁר־בָּא יוֹסֵף אֶל־אֶחָיו וַיַּפְשִׁיטוּ אֶת־יוֹסֵף שלישי
כד אֶת־כֻּתָּנְתּוֹ אֶת־כְּתֹנֶת הַפַּסִּים אֲשֶׁר עָלָיו: וַיִּקָּחֻהוּ וַיַּשְׁלִכוּ
כה אֹתוֹ הַבֹּרָה וְהַבּוֹר רֵק אֵין בּוֹ מָיִם: וַיֵּשְׁבוּ לֶאֱכָל־לֶחֶם וַיִּשְׂאוּ
עֵינֵיהֶם וַיִּרְאוּ וְהִנֵּה אֹרְחַת יִשְׁמְעֵאלִים בָּאָה מִגִּלְעָד וּגְמַלֵּיהֶם
כו נֹשְׂאִים נְכֹאת וּצְרִי וָלֹט הוֹלְכִים לְהוֹרִיד מִצְרָיְמָה: וַיֹּאמֶר
יְהוּדָה אֶל־אֶחָיו מַה־בֶּצַע כִּי נַהֲרֹג אֶת־אָחִינוּ וְכִסִּינוּ אֶת־
כז דָּמוֹ: לְכוּ וְנִמְכְּרֶנּוּ לַיִּשְׁמְעֵאלִים וְיָדֵנוּ אַל־תְּהִי־בוֹ כִּי־אָחִינוּ
כח בְשָׂרֵנוּ הוּא וַיִּשְׁמְעוּ אֶחָיו: וַיַּעַבְרוּ אֲנָשִׁים מִדְיָנִים סֹחֲרִים
וַיִּמְשְׁכוּ וַיַּעֲלוּ אֶת־יוֹסֵף מִן־הַבּוֹר וַיִּמְכְּרוּ אֶת־יוֹסֵף לַיִּשְׁמְעֵאלִים
כט בְּעֶשְׂרִים כָּסֶף וַיָּבִיאוּ אֶת־יוֹסֵף מִצְרָיְמָה: וַיָּשָׁב רְאוּבֵן אֶל־
ל הַבּוֹר וְהִנֵּה אֵין־יוֹסֵף בַּבּוֹר וַיִּקְרַע אֶת־בְּגָדָיו: וַיָּשָׁב אֶל־

לא אָחִיו וַיֹּאמַר הַיֶּלֶד אֵינֶנּוּ וַאֲנִי אָנָה אֲנִי־בָא: וַיִּקְחוּ אֶת־
כְּתֹנֶת יוֹסֵף וַיִּשְׁחֲטוּ שְׂעִיר עִזִּים וַיִּטְבְּלוּ אֶת־הַכֻּתֹּנֶת בַּדָּם:
לב וַיְשַׁלְּחוּ אֶת־כְּתֹנֶת הַפַּסִּים וַיָּבִיאוּ אֶל־אֲבִיהֶם וַיֹּאמְרוּ זֹאת
לג מָצָאנוּ הַכֶּר־נָא הַכְּתֹנֶת בִּנְךָ הִוא אִם־לֹא: וַיַּכִּירָהּ וַיֹּאמֶר
לד כְּתֹנֶת בְּנִי חַיָּה רָעָה אֲכָלָתְהוּ טָרֹף טֹרַף יוֹסֵף: וַיִּקְרַע יַעֲקֹב
שִׂמְלֹתָיו וַיָּשֶׂם שַׂק בְּמָתְנָיו וַיִּתְאַבֵּל עַל־בְּנוֹ יָמִים רַבִּים:
לה וַיָּקֻמוּ כָל־בָּנָיו וְכָל־בְּנֹתָיו לְנַחֲמוֹ וַיְמָאֵן לְהִתְנַחֵם וַיֹּאמֶר כִּי־
לו אֵרֵד אֶל־בְּנִי אָבֵל שְׁאֹלָה וַיֵּבְךְּ אֹתוֹ אָבִיו: וְהַמְּדָנִים מָכְרוּ אֹתוֹ
אֶל־מִצְרָיִם לְפוֹטִיפַר סְרִיס פַּרְעֹה שַׂר הַטַּבָּחִים:

רביעי לד

לח א וַיְהִי בָּעֵת הַהִוא וַיֵּרֶד יְהוּדָה מֵאֵת אֶחָיו וַיֵּט עַד־אִישׁ עֲדֻלָּמִי

בני יהודה וצאצאיו
בראשית מו, יב
במדבר כו, יט–כב
דה"א ב, ג–ה

ב וּשְׁמוֹ חִירָה: וַיַּרְא־שָׁם יְהוּדָה בַּת־אִישׁ כְּנַעֲנִי וּשְׁמוֹ שׁוּעַ
ג וַיִּקָּחֶהָ וַיָּבֹא אֵלֶיהָ: וַתַּהַר וַתֵּלֶד בֵּן וַיִּקְרָא אֶת־שְׁמוֹ עֵר:
ד ה וַתַּהַר עוֹד וַתֵּלֶד בֵּן וַתִּקְרָא אֶת־שְׁמוֹ אוֹנָן: וַתֹּסֶף עוֹד וַתֵּלֶד
ו בֵּן וַתִּקְרָא אֶת־שְׁמוֹ שֵׁלָה וְהָיָה בִכְזִיב בְּלִדְתָּהּ אֹתוֹ: וַיִּקַּח
ז יְהוּדָה אִשָּׁה לְעֵר בְּכוֹרוֹ וּשְׁמָהּ תָּמָר: וַיְהִי עֵר בְּכוֹר יְהוּדָה
ח רַע בְּעֵינֵי יְהוָה וַיְמִתֵהוּ יְהוָה: וַיֹּאמֶר יְהוּדָה לְאוֹנָן בֹּא אֶל־
ט אֵשֶׁת אָחִיךָ וְיַבֵּם אֹתָהּ וְהָקֵם זֶרַע לְאָחִיךָ: וַיֵּדַע אוֹנָן כִּי לֹּא
לוֹ יִהְיֶה הַזָּרַע וְהָיָה אִם־בָּא אֶל־אֵשֶׁת אָחִיו וְשִׁחֵת אַרְצָה
י לְבִלְתִּי נְתָן־זֶרַע לְאָחִיו: וַיֵּרַע בְּעֵינֵי יְהוָה אֲשֶׁר עָשָׂה וַיָּמֶת
יא גַּם־אֹתוֹ: וַיֹּאמֶר יְהוּדָה לְתָמָר כַּלָּתוֹ שְׁבִי אַלְמָנָה בֵית־
אָבִיךְ עַד־יִגְדַּל שֵׁלָה בְנִי כִּי אָמַר פֶּן־יָמוּת גַּם־הוּא כְּאֶחָיו
יב וַתֵּלֶךְ תָּמָר וַתֵּשֶׁב בֵּית אָבִיהָ: וַיִּרְבּוּ הַיָּמִים וַתָּמָת בַּת־שׁוּעַ
אֵשֶׁת־יְהוּדָה וַיִּנָּחֶם יְהוּדָה וַיַּעַל עַל־גֹּזְזֵי צֹאנוֹ הוּא וְחִירָה
יג רֵעֵהוּ הָעֲדֻלָּמִי תִּמְנָתָה: וַיֻּגַּד לְתָמָר לֵאמֹר הִנֵּה חָמִיךְ עֹלֶה
יד תִמְנָתָה לָגֹז צֹאנוֹ: וַתָּסַר בִּגְדֵי אַלְמְנוּתָהּ מֵעָלֶיהָ וַתְּכַס
בַּצָּעִיף וַתִּתְעַלָּף וַתֵּשֶׁב בְּפֶתַח עֵינַיִם אֲשֶׁר עַל־דֶּרֶךְ תִּמְנָתָה
טו כִּי רָאֲתָה כִּי־גָדַל שֵׁלָה וְהִוא לֹא־נִתְּנָה לוֹ לְאִשָּׁה: וַיִּרְאֶהָ

טז יְהוּדָה וַיַּחְשְׁבֶהָ לְזוֹנָה כִּי כִסְּתָה פָּנֶיהָ: וַיֵּט אֵלֶיהָ אֶל־הַדֶּרֶךְ
וַיֹּאמֶר הָבָה נָּא אָבוֹא אֵלַיִךְ כִּי לֹא יָדַע כִּי כַלָּתוֹ הִוא וַתֹּאמֶר
יז מַה־תִּתֶּן־לִּי כִּי תָבוֹא אֵלָי: וַיֹּאמֶר אָנֹכִי אֲשַׁלַּח גְּדִי־עִזִּים
יח מִן־הַצֹּאן וַתֹּאמֶר אִם־תִּתֵּן עֵרָבוֹן עַד שָׁלְחֶךָ: וַיֹּאמֶר מָה
הָעֵרָבוֹן אֲשֶׁר אֶתֶּן־לָּךְ וַתֹּאמֶר חֹתָמְךָ וּפְתִילֶךָ וּמַטְּךָ אֲשֶׁר
יט בְּיָדֶךָ וַיִּתֶּן־לָהּ וַיָּבֹא אֵלֶיהָ וַתַּהַר לוֹ: וַתָּקָם וַתֵּלֶךְ וַתָּסַר
כ צְעִיפָהּ מֵעָלֶיהָ וַתִּלְבַּשׁ בִּגְדֵי אַלְמְנוּתָהּ: וַיִּשְׁלַח יְהוּדָה אֶת־
גְּדִי הָעִזִּים בְּיַד רֵעֵהוּ הָעֲדֻלָּמִי לָקַחַת הָעֵרָבוֹן מִיַּד הָאִשָּׁה
כא וְלֹא מְצָאָהּ: וַיִּשְׁאַל אֶת־אַנְשֵׁי מְקֹמָהּ לֵאמֹר אַיֵּה הַקְּדֵשָׁה
כב הִוא בָעֵינַיִם עַל־הַדָּרֶךְ וַיֹּאמְרוּ לֹא־הָיְתָה בָזֶה קְדֵשָׁה: וַיָּשָׁב
אֶל־יְהוּדָה וַיֹּאמֶר לֹא מְצָאתִיהָ וְגַם אַנְשֵׁי הַמָּקוֹם אָמְרוּ
כג לֹא־הָיְתָה בָזֶה קְדֵשָׁה: וַיֹּאמֶר יְהוּדָה תִּקַּח־לָהּ פֶּן נִהְיֶה
כד לָבוּז הִנֵּה שָׁלַחְתִּי הַגְּדִי הַזֶּה וְאַתָּה לֹא מְצָאתָהּ: וַיְהִי ׀ כְּמִשְׁלֹשׁ
חֳדָשִׁים וַיֻּגַּד לִיהוּדָה לֵאמֹר זָנְתָה תָּמָר כַּלָּתֶךָ וְגַם הִנֵּה הָרָה
כה לִזְנוּנִים וַיֹּאמֶר יְהוּדָה הוֹצִיאוּהָ וְתִשָּׂרֵף: הִוא מוּצֵאת וְהִיא
שָׁלְחָה אֶל־חָמִיהָ לֵאמֹר לְאִישׁ אֲשֶׁר־אֵלֶּה לּוֹ אָנֹכִי הָרָה
וַתֹּאמֶר הַכֶּר־נָא לְמִי הַחֹתֶמֶת וְהַפְּתִילִים וְהַמַּטֶּה הָאֵלֶּה:
כו וַיַּכֵּר יְהוּדָה וַיֹּאמֶר צָדְקָה מִמֶּנִּי כִּי־עַל־כֵּן לֹא־נְתַתִּיהָ לְשֵׁלָה
כז בְנִי וְלֹא־יָסַף עוֹד לְדַעְתָּהּ: וַיְהִי בְּעֵת לִדְתָּהּ וְהִנֵּה תְאוֹמִים
כח בְּבִטְנָהּ: וַיְהִי בְלִדְתָּהּ וַיִּתֶּן־יָד וַתִּקַּח הַמְיַלֶּדֶת וַתִּקְשֹׁר עַל־
כט יָדוֹ שָׁנִי לֵאמֹר זֶה יָצָא רִאשֹׁנָה: וַיְהִי ׀ כְּמֵשִׁיב יָדוֹ וְהִנֵּה יָצָא
ל אָחִיו וַתֹּאמֶר מַה־פָּרַצְתָּ עָלֶיךָ פָּרֶץ וַיִּקְרָא שְׁמוֹ פָּרֶץ: וְאַחַר
לט א יָצָא אָחִיו אֲשֶׁר עַל־יָדוֹ הַשָּׁנִי וַיִּקְרָא שְׁמוֹ זָרַח: וְיוֹסֵף לה חמישי
הוּרַד מִצְרָיְמָה וַיִּקְנֵהוּ פּוֹטִיפַר סְרִיס פַּרְעֹה שַׂר הַטַּבָּחִים
ב אִישׁ מִצְרִי מִיַּד הַיִּשְׁמְעֵאלִים אֲשֶׁר הוֹרִדֻהוּ שָׁמָּה: וַיְהִי יְהוָה
ג אֶת־יוֹסֵף וַיְהִי אִישׁ מַצְלִיחַ וַיְהִי בְּבֵית אֲדֹנָיו הַמִּצְרִי: וַיַּרְא
אֲדֹנָיו כִּי יְהוָה אִתּוֹ וְכֹל אֲשֶׁר־הוּא עֹשֶׂה יְהוָה מַצְלִיחַ בְּיָדוֹ:

ד וַיִּמְצָא יוֹסֵף חֵן בְּעֵינָיו וַיְשָׁרֶת אֹתוֹ וַיַּפְקִדֵהוּ עַל־בֵּיתוֹ וְכָל־
ה יֶשׁ־לוֹ נָתַן בְּיָדוֹ׃ וַיְהִי מֵאָז הִפְקִיד אֹתוֹ בְּבֵיתוֹ וְעַל כָּל־
אֲשֶׁר יֶשׁ־לוֹ וַיְבָרֶךְ יְהוָה אֶת־בֵּית הַמִּצְרִי בִּגְלַל יוֹסֵף וַיְהִי
ו בִּרְכַּת יְהוָה בְּכָל־אֲשֶׁר יֶשׁ־לוֹ בַּבַּיִת וּבַשָּׂדֶה׃ וַיַּעֲזֹב כָּל־
אֲשֶׁר־לוֹ בְּיַד־יוֹסֵף וְלֹא־יָדַע אִתּוֹ מְאוּמָה כִּי אִם־הַלֶּחֶם
ששי ז אֲשֶׁר־הוּא אוֹכֵל וַיְהִי יוֹסֵף יְפֵה־תֹאַר וִיפֵה מַרְאֶה׃ וַיְהִי אַחַר
הַדְּבָרִים הָאֵלֶּה וַתִּשָּׂא אֵשֶׁת־אֲדֹנָיו אֶת־עֵינֶיהָ אֶל־יוֹסֵף
ח וַתֹּאמֶר שִׁכְבָה עִמִּי׃ וַיְמָאֵן ׀ וַיֹּאמֶר אֶל־אֵשֶׁת אֲדֹנָיו הֵן אֲדֹנִי
ט לֹא־יָדַע אִתִּי מַה־בַּבָּיִת וְכֹל אֲשֶׁר־יֶשׁ־לוֹ נָתַן בְּיָדִי׃ אֵינֶנּוּ
גָדוֹל בַּבַּיִת הַזֶּה מִמֶּנִּי וְלֹא־חָשַׂךְ מִמֶּנִּי מְאוּמָה כִּי אִם־אוֹתָךְ
בַּאֲשֶׁר אַתְּ־אִשְׁתּוֹ וְאֵיךְ אֶעֱשֶׂה הָרָעָה הַגְּדֹלָה הַזֹּאת וְחָטָאתִי
י לֵאלֹהִים׃ וַיְהִי כְּדַבְּרָהּ אֶל־יוֹסֵף יוֹם ׀ יוֹם וְלֹא־שָׁמַע אֵלֶיהָ
יא לִשְׁכַּב אֶצְלָהּ לִהְיוֹת עִמָּהּ׃ וַיְהִי כְּהַיּוֹם הַזֶּה וַיָּבֹא הַבַּיְתָה
לַעֲשׂוֹת מְלַאכְתּוֹ וְאֵין אִישׁ מֵאַנְשֵׁי הַבַּיִת שָׁם בַּבָּיִת׃
יב וַתִּתְפְּשֵׂהוּ בְּבִגְדוֹ לֵאמֹר שִׁכְבָה עִמִּי וַיַּעֲזֹב בִּגְדוֹ בְּיָדָהּ וַיָּנָס
יג וַיֵּצֵא הַחוּצָה׃ וַיְהִי כִּרְאוֹתָהּ כִּי־עָזַב בִּגְדוֹ בְּיָדָהּ וַיָּנָס הַחוּצָה׃
יד וַתִּקְרָא לְאַנְשֵׁי בֵיתָהּ וַתֹּאמֶר לָהֶם לֵאמֹר רְאוּ הֵבִיא לָנוּ
אִישׁ עִבְרִי לְצַחֶק בָּנוּ בָּא אֵלַי לִשְׁכַּב עִמִּי וָאֶקְרָא בְּקוֹל גָּדוֹל׃
טו וַיְהִי כְשָׁמְעוֹ כִּי־הֲרִימֹתִי קוֹלִי וָאֶקְרָא וַיַּעֲזֹב בִּגְדוֹ אֶצְלִי וַיָּנָס
טז וַיֵּצֵא הַחוּצָה׃ וַתַּנַּח בִּגְדוֹ אֶצְלָהּ עַד־בּוֹא אֲדֹנָיו אֶל־בֵּיתוֹ׃
יז וַתְּדַבֵּר אֵלָיו כַּדְּבָרִים הָאֵלֶּה לֵאמֹר בָּא אֵלַי הָעֶבֶד הָעִבְרִי
יח אֲשֶׁר־הֵבֵאתָ לָּנוּ לְצַחֶק בִּי׃ וַיְהִי כַּהֲרִימִי קוֹלִי וָאֶקְרָא וַיַּעֲזֹב
יט בִּגְדוֹ אֶצְלִי וַיָּנָס הַחוּצָה׃ וַיְהִי כִשְׁמֹעַ אֲדֹנָיו אֶת־דִּבְרֵי אִשְׁתּוֹ
אֲשֶׁר דִּבְּרָה אֵלָיו לֵאמֹר כַּדְּבָרִים הָאֵלֶּה עָשָׂה לִי עַבְדֶּךָ
כ וַיִּחַר אַפּוֹ׃ וַיִּקַּח אֲדֹנֵי יוֹסֵף אֹתוֹ וַיִּתְּנֵהוּ אֶל־בֵּית הַסֹּהַר
אֲסִירֵי מְקוֹם אֲשֶׁר־אסורי הַמֶּלֶךְ אֲסוּרִים וַיְהִי־שָׁם בְּבֵית הַסֹּהַר׃
כא וַיְהִי יְהוָה אֶת־יוֹסֵף וַיֵּט אֵלָיו חָסֶד וַיִּתֵּן חִנּוֹ בְּעֵינֵי שַׂר בֵּית־

כב הַסֹּהַר: וַיִּתֵּן שַׂר בֵּית־הַסֹּהַר בְּיַד־יוֹסֵף אֵת כָּל־הָאֲסִירִם
אֲשֶׁר בְּבֵית הַסֹּהַר וְאֵת כָּל־אֲשֶׁר עֹשִׂים שָׁם הוּא הָיָה עֹשֶׂה:
כג אֵין ׀ שַׂר בֵּית־הַסֹּהַר רֹאֶה אֶת־כָּל־מְאוּמָה בְּיָדוֹ בַּאֲשֶׁר יְהוָה
אִתּוֹ וַאֲשֶׁר־הוּא עֹשֶׂה יְהוָה מַצְלִיחַ:
מ א וַיְהִי אַחַר הַדְּבָרִים הָאֵלֶּה חָטְאוּ מַשְׁקֵה מֶלֶךְ־מִצְרַיִם וְהָאֹפֶה שביעי
ב לַאֲדֹנֵיהֶם לְמֶלֶךְ מִצְרָיִם: וַיִּקְצֹף פַּרְעֹה עַל שְׁנֵי סָרִיסָיו עַל
ג שַׂר הַמַּשְׁקִים וְעַל שַׂר הָאוֹפִים: וַיִּתֵּן אֹתָם בְּמִשְׁמַר בֵּית שַׂר
ד הַטַּבָּחִים אֶל־בֵּית הַסֹּהַר מְקוֹם אֲשֶׁר יוֹסֵף אָסוּר שָׁם: וַיִּפְקֹד
שַׂר הַטַּבָּחִים אֶת־יוֹסֵף אִתָּם וַיְשָׁרֶת אֹתָם וַיִּהְיוּ יָמִים בְּמִשְׁמָר:
ה וַיַּחַלְמוּ חֲלוֹם שְׁנֵיהֶם אִישׁ חֲלֹמוֹ בְּלַיְלָה אֶחָד אִישׁ כְּפִתְרוֹן
חֲלֹמוֹ הַמַּשְׁקֶה וְהָאֹפֶה אֲשֶׁר לְמֶלֶךְ מִצְרַיִם אֲשֶׁר אֲסוּרִים
ו בְּבֵית הַסֹּהַר: וַיָּבֹא אֲלֵיהֶם יוֹסֵף בַּבֹּקֶר וַיַּרְא אֹתָם וְהִנָּם
ז זֹעֲפִים: וַיִּשְׁאַל אֶת־סְרִיסֵי פַרְעֹה אֲשֶׁר אִתּוֹ בְמִשְׁמַר בֵּית
ח אֲדֹנָיו לֵאמֹר מַדּוּעַ פְּנֵיכֶם רָעִים הַיּוֹם: וַיֹּאמְרוּ אֵלָיו חֲלוֹם
חָלַמְנוּ וּפֹתֵר אֵין אֹתוֹ וַיֹּאמֶר אֲלֵהֶם יוֹסֵף הֲלוֹא לֵאלֹהִים
ט פִּתְרֹנִים סַפְּרוּ־נָא לִי: וַיְסַפֵּר שַׂר־הַמַּשְׁקִים אֶת־חֲלֹמוֹ לְיוֹסֵף
י וַיֹּאמֶר לוֹ בַּחֲלוֹמִי וְהִנֵּה־גֶפֶן לְפָנָי: וּבַגֶּפֶן שְׁלֹשָׁה שָׂרִיגִם
יא וְהִוא כְפֹרַחַת עָלְתָה נִצָּהּ הִבְשִׁילוּ אַשְׁכְּלֹתֶיהָ עֲנָבִים: וְכוֹס
פַּרְעֹה בְּיָדִי וָאֶקַּח אֶת־הָעֲנָבִים וָאֶשְׂחַט אֹתָם אֶל־כּוֹס פַּרְעֹה
יב וָאֶתֵּן אֶת־הַכּוֹס עַל־כַּף פַּרְעֹה: וַיֹּאמֶר לוֹ יוֹסֵף זֶה פִּתְרֹנוֹ
יג שְׁלֹשֶׁת הַשָּׂרִגִים שְׁלֹשֶׁת יָמִים הֵם: בְּעוֹד ׀ שְׁלֹשֶׁת יָמִים יִשָּׂא
פַרְעֹה אֶת־רֹאשֶׁךָ וַהֲשִׁיבְךָ עַל־כַּנֶּךָ וְנָתַתָּ כוֹס־פַּרְעֹה בְּיָדוֹ
יד כַּמִּשְׁפָּט הָרִאשׁוֹן אֲשֶׁר הָיִיתָ מַשְׁקֵהוּ: כִּי אִם־זְכַרְתַּנִי אִתְּךָ
כַּאֲשֶׁר יִיטַב לָךְ וְעָשִׂיתָ־נָּא עִמָּדִי חָסֶד וְהִזְכַּרְתַּנִי אֶל־פַּרְעֹה
טו וְהוֹצֵאתַנִי מִן־הַבַּיִת הַזֶּה: כִּי־גֻנֹּב גֻּנַּבְתִּי מֵאֶרֶץ הָעִבְרִים
טז וְגַם־פֹּה לֹא־עָשִׂיתִי מְאוּמָה כִּי־שָׂמוּ אֹתִי בַּבּוֹר: וַיַּרְא שַׂר־
הָאֹפִים כִּי טוֹב פָּתָר וַיֹּאמֶר אֶל־יוֹסֵף אַף־אֲנִי בַּחֲלוֹמִי וְהִנֵּה

יז שְׁלֹשָׁה סַלֵּי חֹרִי עַל־רֹאשִׁי: וּבַסַּל הָעֶלְיוֹן מִכֹּל מַאֲכַל פַּרְעֹה
יח מַעֲשֵׂה אֹפֶה וְהָעוֹף אֹכֵל אֹתָם מִן־הַסַּל מֵעַל רֹאשִׁי: וַיַּעַן
יוֹסֵף וַיֹּאמֶר זֶה פִּתְרֹנוֹ שְׁלֹשֶׁת הַסַּלִּים שְׁלֹשֶׁת יָמִים הֵם:
יט בְּעוֹד ׀ שְׁלֹשֶׁת יָמִים יִשָּׂא פַרְעֹה אֶת־רֹאשְׁךָ מֵעָלֶיךָ וְתָלָה
מפטיר כ אוֹתְךָ עַל־עֵץ וְאָכַל הָעוֹף אֶת־בְּשָׂרְךָ מֵעָלֶיךָ: וַיְהִי ׀ בַּיּוֹם
הַשְּׁלִישִׁי יוֹם הֻלֶּדֶת אֶת־פַּרְעֹה וַיַּעַשׂ מִשְׁתֶּה לְכָל־עֲבָדָיו
וַיִּשָּׂא אֶת־רֹאשׁ ׀ שַׂר הַמַּשְׁקִים וְאֶת־רֹאשׁ שַׂר הָאֹפִים בְּתוֹךְ
כא עֲבָדָיו: וַיָּשֶׁב אֶת־שַׂר הַמַּשְׁקִים עַל־מַשְׁקֵהוּ וַיִּתֵּן הַכּוֹס עַל־
כב כַּף פַּרְעֹה: וְאֵת שַׂר הָאֹפִים תָּלָה כַּאֲשֶׁר פָּתַר לָהֶם יוֹסֵף:
כג וְלֹא־זָכַר שַׂר־הַמַּשְׁקִים אֶת־יוֹסֵף וַיִּשְׁכָּחֵהוּ:

מקץ לו מא א וַיְהִי מִקֵּץ שְׁנָתַיִם יָמִים וּפַרְעֹה חֹלֵם וְהִנֵּה עֹמֵד עַל־הַיְאֹר:
ב וְהִנֵּה מִן־הַיְאֹר עֹלֹת שֶׁבַע פָּרוֹת יְפוֹת מַרְאֶה וּבְרִיאֹת בָּשָׂר
ג וַתִּרְעֶינָה בָּאָחוּ: וְהִנֵּה שֶׁבַע פָּרוֹת אֲחֵרוֹת עֹלוֹת אַחֲרֵיהֶן מִן־
הַיְאֹר רָעוֹת מַרְאֶה וְדַקּוֹת בָּשָׂר וַתַּעֲמֹדְנָה אֵצֶל הַפָּרוֹת עַל־
ד שְׂפַת הַיְאֹר: וַתֹּאכַלְנָה הַפָּרוֹת רָעוֹת הַמַּרְאֶה וְדַקֹּת הַבָּשָׂר
ה אֵת שֶׁבַע הַפָּרוֹת יְפֹת הַמַּרְאֶה וְהַבְּרִיאֹת וַיִּיקַץ פַּרְעֹה: וַיִּישָׁן
וַיַּחֲלֹם שֵׁנִית וְהִנֵּה ׀ שֶׁבַע שִׁבֳּלִים עֹלוֹת בְּקָנֶה אֶחָד בְּרִיאוֹת
ו וְטֹבוֹת: וְהִנֵּה שֶׁבַע שִׁבֳּלִים דַּקּוֹת וּשְׁדוּפֹת קָדִים צֹמְחוֹת
ז אַחֲרֵיהֶן: וַתִּבְלַעְנָה הַשִּׁבֳּלִים הַדַּקּוֹת אֵת שֶׁבַע הַשִּׁבֳּלִים
ח הַבְּרִיאוֹת וְהַמְּלֵאוֹת וַיִּיקַץ פַּרְעֹה וְהִנֵּה חֲלוֹם: וַיְהִי בַבֹּקֶר
וַתִּפָּעֶם רוּחוֹ וַיִּשְׁלַח וַיִּקְרָא אֶת־כָּל־חַרְטֻמֵּי מִצְרַיִם וְאֶת־
כָּל־חֲכָמֶיהָ וַיְסַפֵּר פַּרְעֹה לָהֶם אֶת־חֲלֹמוֹ וְאֵין־פּוֹתֵר אוֹתָם
ט לְפַרְעֹה: וַיְדַבֵּר שַׂר הַמַּשְׁקִים אֶת־פַּרְעֹה לֵאמֹר אֶת־חֲטָאַי
י אֲנִי מַזְכִּיר הַיּוֹם: פַּרְעֹה קָצַף עַל־עֲבָדָיו וַיִּתֵּן אֹתִי בְּמִשְׁמַר
יא בֵּית שַׂר הַטַּבָּחִים אֹתִי וְאֵת שַׂר הָאֹפִים: וַנַּחַלְמָה חֲלוֹם
יב בְּלַיְלָה אֶחָד אֲנִי וָהוּא אִישׁ כְּפִתְרוֹן חֲלֹמוֹ חָלָמְנוּ: וְשָׁם
אִתָּנוּ נַעַר עִבְרִי עֶבֶד לְשַׂר הַטַּבָּחִים וַנְּסַפֶּר־לוֹ וַיִּפְתָּר־לָנוּ

קורותיו של שר המשקים בבית הסוהר
בראשית מ, א–כג

יג אֶת־חֲלֹמֹתֵינוּ אִישׁ כַּחֲלֹמוֹ פָּתָר׃ וַיְהִי כַּאֲשֶׁר פָּתַר־לָנוּ כֵּן
יד הָיָה אֹתִי הֵשִׁיב עַל־כַּנִּי וְאֹתוֹ תָלָה׃ וַיִּשְׁלַח פַּרְעֹה וַיִּקְרָא
אֶת־יוֹסֵף וַיְרִיצֻהוּ מִן־הַבּוֹר וַיְגַלַּח וַיְחַלֵּף שִׂמְלֹתָיו וַיָּבֹא אֶל־
טו פַּרְעֹה׃ וַיֹּאמֶר פַּרְעֹה אֶל־יוֹסֵף חֲלוֹם חָלַמְתִּי וּפֹתֵר אֵין אֹתוֹ שני
טז וַאֲנִי שָׁמַעְתִּי עָלֶיךָ לֵאמֹר תִּשְׁמַע חֲלוֹם לִפְתֹּר אֹתוֹ׃ וַיַּעַן
יוֹסֵף אֶת־פַּרְעֹה לֵאמֹר בִּלְעָדָי אֱלֹהִים יַעֲנֶה אֶת־שְׁלוֹם פַּרְעֹה׃
יז וַיְדַבֵּר פַּרְעֹה אֶל־יוֹסֵף בַּחֲלֹמִי הִנְנִי עֹמֵד עַל־שְׂפַת הַיְאֹר׃
יח וְהִנֵּה מִן־הַיְאֹר עֹלֹת שֶׁבַע פָּרוֹת בְּרִיאוֹת בָּשָׂר וִיפֹת תֹּאַר
יט וַתִּרְעֶינָה בָּאָחוּ׃ וְהִנֵּה שֶׁבַע פָּרוֹת אֲחֵרוֹת עֹלוֹת אַחֲרֵיהֶן
דַּלּוֹת וְרָעוֹת תֹּאַר מְאֹד וְרַקּוֹת בָּשָׂר לֹא־רָאִיתִי כָהֵנָּה בְּכָל־
כ אֶרֶץ מִצְרַיִם לָרֹעַ׃ וַתֹּאכַלְנָה הַפָּרוֹת הָרַקּוֹת וְהָרָעוֹת אֵת
כא שֶׁבַע הַפָּרוֹת הָרִאשֹׁנוֹת הַבְּרִיאֹת׃ וַתָּבֹאנָה אֶל־קִרְבֶּנָה
וְלֹא נוֹדַע כִּי־בָאוּ אֶל־קִרְבֶּנָה וּמַרְאֵיהֶן רַע כַּאֲשֶׁר בַּתְּחִלָּה
כב וָאִיקָץ׃ וָאֵרֶא בַּחֲלֹמִי וְהִנֵּה ׀ שֶׁבַע שִׁבֳּלִים עֹלֹת בְּקָנֶה
כג אֶחָד מְלֵאֹת וְטֹבוֹת׃ וְהִנֵּה שֶׁבַע שִׁבֳּלִים צְנֻמוֹת דַּקּוֹת
כד שְׁדֻפוֹת קָדִים צֹמְחוֹת אַחֲרֵיהֶם׃ וַתִּבְלַעְןָ הַשִּׁבֳּלִים הַדַּקֹּת
אֵת שֶׁבַע הַשִּׁבֳּלִים הַטֹּבוֹת וָאֹמַר אֶל־הַחַרְטֻמִּים וְאֵין מַגִּיד
כה לִי׃ וַיֹּאמֶר יוֹסֵף אֶל־פַּרְעֹה חֲלוֹם פַּרְעֹה אֶחָד הוּא אֵת אֲשֶׁר
כו הָאֱלֹהִים עֹשֶׂה הִגִּיד לְפַרְעֹה׃ שֶׁבַע פָּרֹת הַטֹּבֹת שֶׁבַע שָׁנִים
הֵנָּה וְשֶׁבַע הַשִּׁבֳּלִים הַטֹּבֹת שֶׁבַע שָׁנִים הֵנָּה חֲלוֹם אֶחָד
כז הוּא׃ וְשֶׁבַע הַפָּרוֹת הָרַקּוֹת וְהָרָעֹת הָעֹלֹת אַחֲרֵיהֶן שֶׁבַע
שָׁנִים הֵנָּה וְשֶׁבַע הַשִּׁבֳּלִים הָרֵקוֹת שְׁדֻפוֹת הַקָּדִים יִהְיוּ שֶׁבַע
כח שְׁנֵי רָעָב׃ הוּא הַדָּבָר אֲשֶׁר דִּבַּרְתִּי אֶל־פַּרְעֹה אֲשֶׁר הָאֱלֹהִים
כט עֹשֶׂה הֶרְאָה אֶת־פַּרְעֹה׃ הִנֵּה שֶׁבַע שָׁנִים בָּאוֹת שָׂבָע גָּדוֹל
ל בְּכָל־אֶרֶץ מִצְרָיִם׃ וְקָמוּ שֶׁבַע שְׁנֵי רָעָב אַחֲרֵיהֶן וְנִשְׁכַּח
לא כָּל־הַשָּׂבָע בְּאֶרֶץ מִצְרָיִם וְכִלָּה הָרָעָב אֶת־הָאָרֶץ׃ וְלֹא־
יִוָּדַע הַשָּׂבָע בָּאָרֶץ מִפְּנֵי הָרָעָב הַהוּא אַחֲרֵי־כֵן כִּי־כָבֵד

הוּא מְאֹד: וְעַל הִשָּׁנוֹת הַחֲלוֹם אֶל־פַּרְעֹה פַּעֲמָיִם כִּי־נָכוֹן לב
הַדָּבָר מֵעִם הָאֱלֹהִים וּמְמַהֵר הָאֱלֹהִים לַעֲשֹׂתוֹ: וְעַתָּה יֵרֶא לג
פַרְעֹה אִישׁ נָבוֹן וְחָכָם וִישִׁיתֵהוּ עַל־אֶרֶץ מִצְרָיִם: יַעֲשֶׂה לד
פַרְעֹה וְיַפְקֵד פְּקִדִים עַל־הָאָרֶץ וְחִמֵּשׁ אֶת־אֶרֶץ מִצְרַיִם
בְּשֶׁבַע שְׁנֵי הַשָּׂבָע: וְיִקְבְּצוּ אֶת־כָּל־אֹכֶל הַשָּׁנִים הַטֹּבֹת לה
הַבָּאֹת הָאֵלֶּה וְיִצְבְּרוּ־בָר תַּחַת יַד־פַּרְעֹה אֹכֶל בֶּעָרִים וְשָׁמָרוּ:
וְהָיָה הָאֹכֶל לְפִקָּדוֹן לָאָרֶץ לְשֶׁבַע שְׁנֵי הָרָעָב אֲשֶׁר תִּהְיֶיןָ לו
בְּאֶרֶץ מִצְרָיִם וְלֹא־תִכָּרֵת הָאָרֶץ בָּרָעָב: וַיִּיטַב הַדָּבָר בְּעֵינֵי לז
לז פַרְעֹה וּבְעֵינֵי כָּל־עֲבָדָיו: וַיֹּאמֶר פַּרְעֹה אֶל־עֲבָדָיו הֲנִמְצָא לח
שלישי כָזֶה אִישׁ אֲשֶׁר רוּחַ אֱלֹהִים בּוֹ: וַיֹּאמֶר פַּרְעֹה אֶל־יוֹסֵף אַחֲרֵי לט
הוֹדִיעַ אֱלֹהִים אוֹתְךָ אֶת־כָּל־זֹאת אֵין־נָבוֹן וְחָכָם כָּמוֹךָ:
אַתָּה תִּהְיֶה עַל־בֵּיתִי וְעַל־פִּיךָ יִשַּׁק כָּל־עַמִּי רַק הַכִּסֵּא אֶגְדַּל מ
מִמֶּךָּ: וַיֹּאמֶר פַּרְעֹה אֶל־יוֹסֵף רְאֵה נָתַתִּי אֹתְךָ עַל כָּל־ מא
אֶרֶץ מִצְרָיִם: וַיָּסַר פַּרְעֹה אֶת־טַבַּעְתּוֹ מֵעַל יָדוֹ וַיִּתֵּן אֹתָהּ מב
עַל־יַד יוֹסֵף וַיַּלְבֵּשׁ אֹתוֹ בִּגְדֵי־שֵׁשׁ וַיָּשֶׂם רְבִד הַזָּהָב עַל־
צַוָּארוֹ: וַיַּרְכֵּב אֹתוֹ בְּמִרְכֶּבֶת הַמִּשְׁנֶה אֲשֶׁר־לוֹ וַיִּקְרְאוּ לְפָנָיו מג
אַבְרֵךְ וְנָתוֹן אֹתוֹ עַל כָּל־אֶרֶץ מִצְרָיִם: וַיֹּאמֶר פַּרְעֹה אֶל־ מד
יוֹסֵף אֲנִי פַרְעֹה וּבִלְעָדֶיךָ לֹא־יָרִים אִישׁ אֶת־יָדוֹ וְאֶת־רַגְלוֹ
בְּכָל־אֶרֶץ מִצְרָיִם: וַיִּקְרָא פַרְעֹה שֵׁם־יוֹסֵף צָפְנַת פַּעְנֵחַ וַיִּתֶּן־ מה
לוֹ אֶת־אָסְנַת בַּת־פּוֹטִי פֶרַע כֹּהֵן אֹן לְאִשָּׁה וַיֵּצֵא יוֹסֵף עַל־
אֶרֶץ מִצְרָיִם: וְיוֹסֵף בֶּן־שְׁלֹשִׁים שָׁנָה בְּעָמְדוֹ לִפְנֵי פַּרְעֹה מו
מֶלֶךְ־מִצְרָיִם וַיֵּצֵא יוֹסֵף מִלִּפְנֵי פַרְעֹה וַיַּעֲבֹר בְּכָל־אֶרֶץ
מִצְרָיִם: וַתַּעַשׂ הָאָרֶץ בְּשֶׁבַע שְׁנֵי הַשָּׂבָע לִקְמָצִים: וַיִּקְבֹּץ מז מח
אֶת־כָּל־אֹכֶל ׀ שֶׁבַע שָׁנִים אֲשֶׁר הָיוּ בְּאֶרֶץ מִצְרַיִם וַיִּתֶּן־
אֹכֶל בֶּעָרִים אֹכֶל שְׂדֵה־הָעִיר אֲשֶׁר סְבִיבֹתֶיהָ נָתַן בְּתוֹכָהּ:
הולדת מנשה ואפרים בראשית מו, כ וַיִּצְבֹּר יוֹסֵף בָּר כְּחוֹל הַיָּם הַרְבֵּה מְאֹד עַד כִּי־חָדַל לִסְפֹּר מט
כִּי־אֵין מִסְפָּר: וּלְיוֹסֵף יֻלַּד שְׁנֵי בָנִים בְּטֶרֶם תָּבוֹא שְׁנַת נ

נא הָרָעָב אֲשֶׁר יָלְדָה־לּוֹ אָסְנַת בַּת־פּוֹטִי פֶרַע כֹּהֵן אוֹן: וַיִּקְרָא
יוֹסֵף אֶת־שֵׁם הַבְּכוֹר מְנַשֶּׁה כִּי־נַשַּׁנִי אֱלֹהִים אֶת־כָּל־עֲמָלִי
נב וְאֵת כָּל־בֵּית אָבִי: וְאֵת שֵׁם הַשֵּׁנִי קָרָא אֶפְרָיִם כִּי־הִפְרַנִי
נג אֱלֹהִים בְּאֶרֶץ עָנְיִי: וַתִּכְלֶינָה שֶׁבַע שְׁנֵי הַשָּׂבָע אֲשֶׁר הָיָה רביעי
נד בְּאֶרֶץ מִצְרָיִם: וַתְּחִלֶּינָה שֶׁבַע שְׁנֵי הָרָעָב לָבוֹא כַּאֲשֶׁר אָמַר
יוֹסֵף וַיְהִי רָעָב בְּכָל־הָאֲרָצוֹת וּבְכָל־אֶרֶץ מִצְרַיִם הָיָה לָחֶם:
נה וַתִּרְעַב כָּל־אֶרֶץ מִצְרַיִם וַיִּצְעַק הָעָם אֶל־פַּרְעֹה לַלָּחֶם וַיֹּאמֶר
פַּרְעֹה לְכָל־מִצְרַיִם לְכוּ אֶל־יוֹסֵף אֲשֶׁר־יֹאמַר לָכֶם תַּעֲשׂוּ:
נו וְהָרָעָב הָיָה עַל כָּל־פְּנֵי הָאָרֶץ וַיִּפְתַּח יוֹסֵף אֶת־כָּל־אֲשֶׁר
נז בָּהֶם וַיִּשְׁבֹּר לְמִצְרַיִם וַיֶּחֱזַק הָרָעָב בְּאֶרֶץ מִצְרָיִם: וְכָל־הָאָרֶץ
בָּאוּ מִצְרַיְמָה לִשְׁבֹּר אֶל־יוֹסֵף כִּי־חָזַק הָרָעָב בְּכָל־הָאָרֶץ:
מב א וַיַּרְא יַעֲקֹב כִּי יֶשׁ־שֶׁבֶר בְּמִצְרָיִם וַיֹּאמֶר יַעֲקֹב לְבָנָיו לָמָּה
ב תִּתְרָאוּ: וַיֹּאמֶר הִנֵּה שָׁמַעְתִּי כִּי יֶשׁ־שֶׁבֶר בְּמִצְרָיִם רְדוּ־שָׁמָּה
ג וְשִׁבְרוּ־לָנוּ מִשָּׁם וְנִחְיֶה וְלֹא נָמוּת: וַיֵּרְדוּ אֲחֵי־יוֹסֵף עֲשָׂרָה
ד לִשְׁבֹּר בָּר מִמִּצְרָיִם: וְאֶת־בִּנְיָמִין אֲחִי יוֹסֵף לֹא־שָׁלַח יַעֲקֹב
ה אֶת־אֶחָיו כִּי אָמַר פֶּן־יִקְרָאֶנּוּ אָסוֹן: וַיָּבֹאוּ בְּנֵי יִשְׂרָאֵל לִשְׁבֹּר
ו בְּתוֹךְ הַבָּאִים כִּי־הָיָה הָרָעָב בְּאֶרֶץ כְּנָעַן: וְיוֹסֵף הוּא הַשַּׁלִּיט
עַל־הָאָרֶץ הוּא הַמַּשְׁבִּיר לְכָל־עַם הָאָרֶץ וַיָּבֹאוּ אֲחֵי יוֹסֵף
ז וַיִּשְׁתַּחֲווּ־לוֹ אַפַּיִם אָרְצָה: וַיַּרְא יוֹסֵף אֶת־אֶחָיו וַיַּכִּרֵם וַיִּתְנַכֵּר
אֲלֵיהֶם וַיְדַבֵּר אִתָּם קָשׁוֹת וַיֹּאמֶר אֲלֵהֶם מֵאַיִן בָּאתֶם וַיֹּאמְרוּ
ח מֵאֶרֶץ כְּנַעַן לִשְׁבָּר־אֹכֶל: וַיַּכֵּר יוֹסֵף אֶת־אֶחָיו וְהֵם לֹא
ט הִכִּרֻהוּ: וַיִּזְכֹּר יוֹסֵף אֵת הַחֲלֹמוֹת אֲשֶׁר חָלַם לָהֶם וַיֹּאמֶר
אֲלֵהֶם מְרַגְּלִים אַתֶּם לִרְאוֹת אֶת־עֶרְוַת הָאָרֶץ בָּאתֶם:
י יא וַיֹּאמְרוּ אֵלָיו לֹא אֲדֹנִי וַעֲבָדֶיךָ בָּאוּ לִשְׁבָּר־אֹכֶל: כֻּלָּנוּ בְּנֵי
יב אִישׁ־אֶחָד נָחְנוּ כֵּנִים אֲנַחְנוּ לֹא־הָיוּ עֲבָדֶיךָ מְרַגְּלִים: וַיֹּאמֶר
יג אֲלֵהֶם לֹא כִּי־עֶרְוַת הָאָרֶץ בָּאתֶם לִרְאוֹת: וַיֹּאמְרוּ שְׁנֵים
עָשָׂר עֲבָדֶיךָ אַחִים ׀ אֲנַחְנוּ בְּנֵי אִישׁ־אֶחָד בְּאֶרֶץ כְּנָעַן וְהִנֵּה

הדו־שיח בין יוסף לאחיו בראשית מד, יט–כג

חלומות יוסף בראשית לז, ה–י

יד הַקָּטֹן אֶת־אָבִינוּ הַיּוֹם וְהָאֶחָד אֵינֶנּוּ: וַיֹּאמֶר אֲלֵהֶם יוֹסֵף
טו הוּא אֲשֶׁר דִּבַּרְתִּי אֲלֵכֶם לֵאמֹר מְרַגְּלִים אַתֶּם: בְּזֹאת תִּבָּחֵנוּ
חֵי פַרְעֹה אִם־תֵּצְאוּ מִזֶּה כִּי אִם־בְּבוֹא אֲחִיכֶם הַקָּטֹן הֵנָּה:
טז שִׁלְחוּ מִכֶּם אֶחָד וְיִקַּח אֶת־אֲחִיכֶם וְאַתֶּם הֵאָסְרוּ וְיִבָּחֲנוּ
דִּבְרֵיכֶם הַאֱמֶת אִתְּכֶם וְאִם־לֹא חֵי פַרְעֹה כִּי מְרַגְּלִים אַתֶּם:
לח יז יח וַיֶּאֱסֹף אֹתָם אֶל־מִשְׁמָר שְׁלֹשֶׁת יָמִים: וַיֹּאמֶר אֲלֵהֶם יוֹסֵף
חמישי יט בַּיּוֹם הַשְּׁלִישִׁי זֹאת עֲשׂוּ וִחְיוּ אֶת־הָאֱלֹהִים אֲנִי יָרֵא: אִם־
כֵּנִים אַתֶּם אֲחִיכֶם אֶחָד יֵאָסֵר בְּבֵית מִשְׁמַרְכֶם וְאַתֶּם לְכוּ
כ הָבִיאוּ שֶׁבֶר רַעֲבוֹן בָּתֵּיכֶם: וְאֶת־אֲחִיכֶם הַקָּטֹן תָּבִיאוּ אֵלַי
כא וְיֵאָמְנוּ דִבְרֵיכֶם וְלֹא תָמוּתוּ וַיַּעֲשׂוּ־כֵן: וַיֹּאמְרוּ אִישׁ אֶל־
אָחִיו אֲבָל אֲשֵׁמִים ׀ אֲנַחְנוּ עַל־אָחִינוּ אֲשֶׁר רָאִינוּ צָרַת נַפְשׁוֹ
בְּהִתְחַנְנוֹ אֵלֵינוּ וְלֹא שָׁמָעְנוּ עַל־כֵּן בָּאָה אֵלֵינוּ הַצָּרָה הַזֹּאת:
כב וַיַּעַן רְאוּבֵן אֹתָם לֵאמֹר הֲלוֹא אָמַרְתִּי אֲלֵיכֶם ׀ לֵאמֹר אַל־
תֶּחֶטְאוּ בַיֶּלֶד וְלֹא שְׁמַעְתֶּם וְגַם־דָּמוֹ הִנֵּה נִדְרָשׁ: וְהֵם לֹא
כג
כד יָדְעוּ כִּי שֹׁמֵעַ יוֹסֵף כִּי הַמֵּלִיץ בֵּינֹתָם: וַיִּסֹּב מֵעֲלֵיהֶם וַיֵּבְךְּ
וַיָּשָׁב אֲלֵהֶם וַיְדַבֵּר אֲלֵהֶם וַיִּקַּח מֵאִתָּם אֶת־שִׁמְעוֹן וַיֶּאֱסֹר
כה אֹתוֹ לְעֵינֵיהֶם: וַיְצַו יוֹסֵף וַיְמַלְאוּ אֶת־כְּלֵיהֶם בָּר וּלְהָשִׁיב
כַּסְפֵּיהֶם אִישׁ אֶל־שַׂקּוֹ וְלָתֵת לָהֶם צֵדָה לַדָּרֶךְ וַיַּעַשׂ לָהֶם
כו כז כֵּן: וַיִּשְׂאוּ אֶת־שִׁבְרָם עַל־חֲמֹרֵיהֶם וַיֵּלְכוּ מִשָּׁם: וַיִּפְתַּח
הָאֶחָד אֶת־שַׂקּוֹ לָתֵת מִסְפּוֹא לַחֲמֹרוֹ בַּמָּלוֹן וַיַּרְא אֶת־כַּסְפּוֹ
כח וְהִנֵּה־הוּא בְּפִי אַמְתַּחְתּוֹ: וַיֹּאמֶר אֶל־אֶחָיו הוּשַׁב כַּסְפִּי וְגַם
הִנֵּה בְאַמְתַּחְתִּי וַיֵּצֵא לִבָּם וַיֶּחֶרְדוּ אִישׁ אֶל־אָחִיו לֵאמֹר מַה־
כט זֹּאת עָשָׂה אֱלֹהִים לָנוּ: וַיָּבֹאוּ אֶל־יַעֲקֹב אֲבִיהֶם אַרְצָה כְּנָעַן
ל וַיַּגִּידוּ לוֹ אֵת כָּל־הַקֹּרֹת אֹתָם לֵאמֹר: דִּבֶּר הָאִישׁ אֲדֹנֵי
לא הָאָרֶץ אִתָּנוּ קָשׁוֹת וַיִּתֵּן אֹתָנוּ כִּמְרַגְּלִים אֶת־הָאָרֶץ: וַנֹּאמֶר
לב אֵלָיו כֵּנִים אֲנָחְנוּ לֹא הָיִינוּ מְרַגְּלִים: שְׁנֵים־עָשָׂר אֲנַחְנוּ אַחִים
בְּנֵי אָבִינוּ הָאֶחָד אֵינֶנּוּ וְהַקָּטֹן הַיּוֹם אֶת־אָבִינוּ בְּאֶרֶץ כְּנָעַן:

ניסיון ראובן להציל את יוסף בראשית לז, כא–כב

הדו־שיח בין יעקב לבניו בראשית מד, כד–כט

מב לג וַיֹּאמֶר אֵלֵינוּ הָאִישׁ אֲדֹנֵי הָאָרֶץ בְּזֹאת אֵדַע כִּי כֵנִים אַתֶּם
אֲחִיכֶם הָאֶחָד הַנִּיחוּ אִתִּי וְאֶת־רַעֲבוֹן בָּתֵּיכֶם קְחוּ וָלֵכוּ׃
לד וְהָבִיאוּ אֶת־אֲחִיכֶם הַקָּטֹן אֵלַי וְאֵדְעָה כִּי לֹא מְרַגְּלִים אַתֶּם
לה כִּי כֵנִים אַתֶּם אֶת־אֲחִיכֶם אֶתֵּן לָכֶם וְאֶת־הָאָרֶץ תִּסְחָרוּ׃ וַיְהִי
הֵם מְרִיקִים שַׂקֵּיהֶם וְהִנֵּה־אִישׁ צְרוֹר־כַּסְפּוֹ בְּשַׂקּוֹ וַיִּרְאוּ אֶת־
לו צְרֹרוֹת כַּסְפֵּיהֶם הֵמָּה וַאֲבִיהֶם וַיִּירָאוּ׃ וַיֹּאמֶר אֲלֵהֶם יַעֲקֹב
אֲבִיהֶם אֹתִי שִׁכַּלְתֶּם יוֹסֵף אֵינֶנּוּ וְשִׁמְעוֹן אֵינֶנּוּ וְאֶת־בִּנְיָמִן
לז תִּקָּחוּ עָלַי הָיוּ כֻלָּנָה׃ וַיֹּאמֶר רְאוּבֵן אֶל־אָבִיו לֵאמֹר אֶת־
שְׁנֵי בָנַי תָּמִית אִם־לֹא אֲבִיאֶנּוּ אֵלֶיךָ תְּנָה אֹתוֹ עַל־יָדִי וַאֲנִי
לח אֲשִׁיבֶנּוּ אֵלֶיךָ׃ וַיֹּאמֶר לֹא־יֵרֵד בְּנִי עִמָּכֶם כִּי־אָחִיו מֵת וְהוּא
לְבַדּוֹ נִשְׁאָר וּקְרָאָהוּ אָסוֹן בַּדֶּרֶךְ אֲשֶׁר תֵּלְכוּ־בָהּ וְהוֹרַדְתֶּם
מג א ב אֶת־שֵׂיבָתִי בְּיָגוֹן שְׁאוֹלָה׃ וְהָרָעָב כָּבֵד בָּאָרֶץ׃ וַיְהִי כַּאֲשֶׁר כִּלּוּ
לֶאֱכֹל אֶת־הַשֶּׁבֶר אֲשֶׁר הֵבִיאוּ מִמִּצְרָיִם וַיֹּאמֶר אֲלֵיהֶם
ג אֲבִיהֶם שֻׁבוּ שִׁבְרוּ־לָנוּ מְעַט־אֹכֶל׃ וַיֹּאמֶר אֵלָיו יְהוּדָה
לֵאמֹר הָעֵד הֵעִד בָּנוּ הָאִישׁ לֵאמֹר לֹא־תִרְאוּ פָנַי בִּלְתִּי
ד אֲחִיכֶם אִתְּכֶם׃ אִם־יֶשְׁךָ מְשַׁלֵּחַ אֶת־אָחִינוּ אִתָּנוּ נֵרְדָה
ה וְנִשְׁבְּרָה לְךָ אֹכֶל׃ וְאִם־אֵינְךָ מְשַׁלֵּחַ לֹא נֵרֵד כִּי־הָאִישׁ אָמַר
ו אֵלֵינוּ לֹא־תִרְאוּ פָנַי בִּלְתִּי אֲחִיכֶם אִתְּכֶם׃ וַיֹּאמֶר יִשְׂרָאֵל
ז לָמָה הֲרֵעֹתֶם לִי לְהַגִּיד לָאִישׁ הַעוֹד לָכֶם אָח׃ וַיֹּאמְרוּ שָׁאוֹל
שָׁאַל־הָאִישׁ לָנוּ וּלְמוֹלַדְתֵּנוּ לֵאמֹר הַעוֹד אֲבִיכֶם חַי הֲיֵשׁ
לָכֶם אָח וַנַּגֶּד־לוֹ עַל־פִּי הַדְּבָרִים הָאֵלֶּה הֲיָדוֹעַ נֵדַע כִּי יֹאמַר
ח הוֹרִידוּ אֶת־אֲחִיכֶם׃ וַיֹּאמֶר יְהוּדָה אֶל־יִשְׂרָאֵל אָבִיו שִׁלְחָה
הַנַּעַר אִתִּי וְנָקוּמָה וְנֵלֵכָה וְנִחְיֶה וְלֹא נָמוּת גַּם־אֲנַחְנוּ גַם־
ט אַתָּה גַּם־טַפֵּנוּ׃ אָנֹכִי אֶעֶרְבֶנּוּ מִיָּדִי תְּבַקְשֶׁנּוּ אִם־לֹא הֲבִיאֹתִיו
י אֵלֶיךָ וְהִצַּגְתִּיו לְפָנֶיךָ וְחָטָאתִי לְךָ כָּל־הַיָּמִים׃ כִּי לוּלֵא
יא הִתְמַהְמָהְנוּ כִּי־עַתָּה שַׁבְנוּ זֶה פַעֲמָיִם׃ וַיֹּאמֶר אֲלֵהֶם יִשְׂרָאֵל
אֲבִיהֶם אִם־כֵּן ׀ אֵפוֹא זֹאת עֲשׂוּ קְחוּ מִזִּמְרַת הָאָרֶץ בִּכְלֵיכֶם

ערבות יהודה ליוסף
בראשית מד, לב

וְהוֹרִידוּ לָאִישׁ מִנְחָה מְעַט צֳרִי וּמְעַט דְּבַשׁ נְכֹאת וָלֹט בָּטְנִים
וּשְׁקֵדִים׃ וְכֶסֶף מִשְׁנֶה קְחוּ בְיֶדְכֶם וְאֶת־הַכֶּסֶף הַמּוּשָׁב בְּפִי יב
אַמְתְּחֹתֵיכֶם תָּשִׁיבוּ בְיֶדְכֶם אוּלַי מִשְׁגֶּה הוּא׃ וְאֶת־אֲחִיכֶם יג
לט קְחוּ וְקוּמוּ שׁוּבוּ אֶל־הָאִישׁ׃ וְאֵל שַׁדַּי יִתֵּן לָכֶם רַחֲמִים לִפְנֵי יד
הָאִישׁ וְשִׁלַּח לָכֶם אֶת־אֲחִיכֶם אַחֵר וְאֶת־בִּנְיָמִין וַאֲנִי כַּאֲשֶׁר
שָׁכֹלְתִּי שָׁכָלְתִּי׃ וַיִּקְחוּ הָאֲנָשִׁים אֶת־הַמִּנְחָה הַזֹּאת וּמִשְׁנֶה־ טו
כֶּסֶף לָקְחוּ בְיָדָם וְאֶת־בִּנְיָמִן וַיָּקֻמוּ וַיֵּרְדוּ מִצְרַיִם וַיַּעַמְדוּ
ששי לִפְנֵי יוֹסֵף׃ וַיַּרְא יוֹסֵף אִתָּם אֶת־בִּנְיָמִין וַיֹּאמֶר לַאֲשֶׁר עַל־ טז
בֵּיתוֹ הָבֵא אֶת־הָאֲנָשִׁים הַבָּיְתָה וּטְבֹחַ טֶבַח וְהָכֵן כִּי אִתִּי
יֹאכְלוּ הָאֲנָשִׁים בַּצָּהֳרָיִם׃ וַיַּעַשׂ הָאִישׁ כַּאֲשֶׁר אָמַר יוֹסֵף יז
וַיָּבֵא הָאִישׁ אֶת־הָאֲנָשִׁים בֵּיתָה יוֹסֵף׃ וַיִּירְאוּ הָאֲנָשִׁים כִּי יח
הוּבְאוּ בֵּית יוֹסֵף וַיֹּאמְרוּ עַל־דְּבַר הַכֶּסֶף הַשָּׁב בְּאַמְתְּחֹתֵינוּ
בַּתְּחִלָּה אֲנַחְנוּ מוּבָאִים לְהִתְגֹּלֵל עָלֵינוּ וּלְהִתְנַפֵּל עָלֵינוּ
וְלָקַחַת אֹתָנוּ לַעֲבָדִים וְאֶת־חֲמֹרֵינוּ׃ וַיִּגְּשׁוּ אֶל־הָאִישׁ אֲשֶׁר יט
עַל־בֵּית יוֹסֵף וַיְדַבְּרוּ אֵלָיו פֶּתַח הַבָּיִת׃ וַיֹּאמְרוּ בִּי אֲדֹנִי יָרֹד כ
יָרַדְנוּ בַּתְּחִלָּה לִשְׁבָּר־אֹכֶל׃ וַיְהִי כִּי־בָאנוּ אֶל־הַמָּלוֹן וַנִּפְתְּחָה כא
אֶת־אַמְתְּחֹתֵינוּ וְהִנֵּה כֶסֶף־אִישׁ בְּפִי אַמְתַּחְתּוֹ כַּסְפֵּנוּ
בְּמִשְׁקָלוֹ וַנָּשֶׁב אֹתוֹ בְּיָדֵנוּ׃ וְכֶסֶף אַחֵר הוֹרַדְנוּ בְיָדֵנוּ לִשְׁבָּר־ כב
אֹכֶל לֹא יָדַעְנוּ מִי־שָׂם כַּסְפֵּנוּ בְּאַמְתְּחֹתֵינוּ׃ וַיֹּאמֶר שָׁלוֹם כג
לָכֶם אַל־תִּירָאוּ אֱלֹהֵיכֶם וֵאלֹהֵי אֲבִיכֶם נָתַן לָכֶם מַטְמוֹן
בְּאַמְתְּחֹתֵיכֶם כַּסְפְּכֶם בָּא אֵלָי וַיּוֹצֵא אֲלֵהֶם אֶת־שִׁמְעוֹן׃
וַיָּבֵא הָאִישׁ אֶת־הָאֲנָשִׁים בֵּיתָה יוֹסֵף וַיִּתֶּן־מַיִם וַיִּרְחֲצוּ כד
רַגְלֵיהֶם וַיִּתֵּן מִסְפּוֹא לַחֲמֹרֵיהֶם׃ וַיָּכִינוּ אֶת־הַמִּנְחָה עַד־בּוֹא כה
יוֹסֵף בַּצָּהֳרָיִם כִּי שָׁמְעוּ כִּי־שָׁם יֹאכְלוּ לָחֶם׃ וַיָּבֹא יוֹסֵף כו
הַבַּיְתָה וַיָּבִיאוּ לוֹ אֶת־הַמִּנְחָה אֲשֶׁר־בְּיָדָם הַבָּיְתָה וַיִּשְׁתַּחֲווּ־
לוֹ אָרְצָה׃ וַיִּשְׁאַל לָהֶם לְשָׁלוֹם וַיֹּאמֶר הֲשָׁלוֹם אֲבִיכֶם הַזָּקֵן כז
אֲשֶׁר אֲמַרְתֶּם הַעוֹדֶנּוּ חָי׃ וַיֹּאמְרוּ שָׁלוֹם לְעַבְדְּךָ לְאָבִינוּ כח

ירידת אחי יוסף לשבור אוכל במצרים
בראשית מב, א–ה

מציאת הכסף באמתחות האחים
בראשית מב, כז–כח; מב, לה

כט עוֹדֶנּוּ חָי וַיִּקְּדוּ וַיִּשְׁתַּחֲוֻּ: וַיִּשָּׂא עֵינָיו וַיַּרְא אֶת־בִּנְיָמִין אָחִיו
בֶּן־אִמּוֹ וַיֹּאמֶר הֲזֶה אֲחִיכֶם הַקָּטֹן אֲשֶׁר אֲמַרְתֶּם אֵלָי וַיֹּאמַר
ל אֱלֹהִים יָחְנְךָ בְּנִי: וַיְמַהֵר יוֹסֵף כִּי־נִכְמְרוּ רַחֲמָיו אֶל־אָחִיו שביעי
לא וַיְבַקֵּשׁ לִבְכּוֹת וַיָּבֹא הַחַדְרָה וַיֵּבְךְּ שָׁמָּה: וַיִּרְחַץ פָּנָיו וַיֵּצֵא
לב וַיִּתְאַפַּק וַיֹּאמֶר שִׂימוּ לָחֶם: וַיָּשִׂימוּ לוֹ לְבַדּוֹ וְלָהֶם לְבַדָּם
וְלַמִּצְרִים הָאֹכְלִים אִתּוֹ לְבַדָּם כִּי לֹא יוּכְלוּן הַמִּצְרִים לֶאֱכֹל
לג אֶת־הָעִבְרִים לֶחֶם כִּי־תוֹעֵבָה הִוא לְמִצְרָיִם: וַיֵּשְׁבוּ לְפָנָיו
הַבְּכֹר כִּבְכֹרָתוֹ וְהַצָּעִיר כִּצְעִרָתוֹ וַיִּתְמְהוּ הָאֲנָשִׁים אִישׁ אֶל־
לד רֵעֵהוּ: וַיִּשָּׂא מַשְׂאֹת מֵאֵת פָּנָיו אֲלֵהֶם וַתֵּרֶב מַשְׂאַת בִּנְיָמִן
מד א מִמַּשְׂאֹת כֻּלָּם חָמֵשׁ יָדוֹת וַיִּשְׁתּוּ וַיִּשְׁכְּרוּ עִמּוֹ: וַיְצַו אֶת־אֲשֶׁר
עַל־בֵּיתוֹ לֵאמֹר מַלֵּא אֶת־אַמְתְּחֹת הָאֲנָשִׁים אֹכֶל כַּאֲשֶׁר
ב יוּכְלוּן שְׂאֵת וְשִׂים כֶּסֶף־אִישׁ בְּפִי אַמְתַּחְתּוֹ: וְאֶת־גְּבִיעִי
גְּבִיעַ הַכֶּסֶף תָּשִׂים בְּפִי אַמְתַּחַת הַקָּטֹן וְאֵת כֶּסֶף שִׁבְרוֹ וַיַּעַשׂ
ג כִּדְבַר יוֹסֵף אֲשֶׁר דִּבֵּר: הַבֹּקֶר אוֹר וְהָאֲנָשִׁים שֻׁלְּחוּ הֵמָּה
ד וַחֲמֹרֵיהֶם: הֵם יָצְאוּ אֶת־הָעִיר לֹא הִרְחִיקוּ וְיוֹסֵף אָמַר לַאֲשֶׁר
עַל־בֵּיתוֹ קוּם רְדֹף אַחֲרֵי הָאֲנָשִׁים וְהִשַּׂגְתָּם וְאָמַרְתָּ אֲלֵהֶם
ה לָמָּה שִׁלַּמְתֶּם רָעָה תַּחַת טוֹבָה: הֲלוֹא זֶה אֲשֶׁר יִשְׁתֶּה אֲדֹנִי
ו בּוֹ וְהוּא נַחֵשׁ יְנַחֵשׁ בּוֹ הֲרֵעֹתֶם אֲשֶׁר עֲשִׂיתֶם: וַיַּשִּׂגֵם וַיְדַבֵּר
ז אֲלֵהֶם אֶת־הַדְּבָרִים הָאֵלֶּה: וַיֹּאמְרוּ אֵלָיו לָמָּה יְדַבֵּר אֲדֹנִי
ח כַּדְּבָרִים הָאֵלֶּה חָלִילָה לַעֲבָדֶיךָ מֵעֲשׂוֹת כַּדָּבָר הַזֶּה: הֵן כֶּסֶף
אֲשֶׁר מָצָאנוּ בְּפִי אַמְתְּחֹתֵינוּ הֱשִׁיבֹנוּ אֵלֶיךָ מֵאֶרֶץ כְּנָעַן וְאֵיךְ
ט נִגְנֹב מִבֵּית אֲדֹנֶיךָ כֶּסֶף אוֹ זָהָב: אֲשֶׁר יִמָּצֵא אִתּוֹ מֵעֲבָדֶיךָ
י וָמֵת וְגַם־אֲנַחְנוּ נִהְיֶה לַאדֹנִי לַעֲבָדִים: וַיֹּאמֶר גַּם־עַתָּה
כְדִבְרֵיכֶם כֶּן־הוּא אֲשֶׁר יִמָּצֵא אִתּוֹ יִהְיֶה־לִּי עָבֶד וְאַתֶּם
יא תִּהְיוּ נְקִיִּם: וַיְמַהֲרוּ וַיּוֹרִדוּ אִישׁ אֶת־אַמְתַּחְתּוֹ אָרְצָה וַיִּפְתְּחוּ
יב אִישׁ אַמְתַּחְתּוֹ: וַיְחַפֵּשׂ בַּגָּדוֹל הֵחֵל וּבַקָּטֹן כִּלָּה וַיִּמָּצֵא הַגָּבִיעַ
יג בְּאַמְתַּחַת בִּנְיָמִן: וַיִּקְרְעוּ שִׂמְלֹתָם וַיַּעֲמֹס אִישׁ עַל־חֲמֹרוֹ

מפטיר
יד וַיִּשְׁבוּ הָעִירָה׃ וַיָּבֹא יְהוּדָה וְאֶחָיו בֵּיתָה יוֹסֵף וְהוּא עוֹדֶנּוּ
טו שָׁם וַיִּפְּלוּ לְפָנָיו אָרְצָה׃ וַיֹּאמֶר לָהֶם יוֹסֵף מָה־הַמַּעֲשֶׂה הַזֶּה
אֲשֶׁר עֲשִׂיתֶם הֲלוֹא יְדַעְתֶּם כִּי־נַחֵשׁ יְנַחֵשׁ אִישׁ אֲשֶׁר כָּמֹנִי׃
טז וַיֹּאמֶר יְהוּדָה מַה־נֹּאמַר לַאדֹנִי מַה־נְּדַבֵּר וּמַה־נִּצְטַדָּק
הָאֱלֹהִים מָצָא אֶת־עֲוֺן עֲבָדֶיךָ הִנֶּנּוּ עֲבָדִים לַאדֹנִי גַּם־אֲנַחְנוּ
יז גַּם אֲשֶׁר־נִמְצָא הַגָּבִיעַ בְּיָדוֹ׃ וַיֹּאמֶר חָלִילָה לִּי מֵעֲשׂוֹת זֹאת
הָאִישׁ אֲשֶׁר נִמְצָא הַגָּבִיעַ בְּיָדוֹ הוּא יִהְיֶה־לִּי עָבֶד וְאַתֶּם
ויגש מ
יח עֲלוּ לְשָׁלוֹם אֶל־אֲבִיכֶם׃ וַיִּגַּשׁ אֵלָיו יְהוּדָה
וַיֹּאמֶר בִּי אֲדֹנִי יְדַבֶּר־נָא עַבְדְּךָ דָבָר בְּאָזְנֵי אֲדֹנִי וְאַל־יִחַר
יט אַפְּךָ בְּעַבְדֶּךָ כִּי כָמוֹךָ כְּפַרְעֹה׃ אֲדֹנִי שָׁאַל אֶת־עֲבָדָיו לֵאמֹר
כ הֲיֵשׁ־לָכֶם אָב אוֹ־אָח׃ וַנֹּאמֶר אֶל־אֲדֹנִי יֶשׁ־לָנוּ אָב זָקֵן
הדו־שיח בין יוסף לאחיו בראשית מב, ז–כ
וְיֶלֶד זְקֻנִים קָטָן וְאָחִיו מֵת וַיִּוָּתֵר הוּא לְבַדּוֹ לְאִמּוֹ וְאָבִיו
כא אֲהֵבוֹ׃ וַתֹּאמֶר אֶל־עֲבָדֶיךָ הוֹרִדֻהוּ אֵלָי וְאָשִׂימָה עֵינִי עָלָיו׃
כב וַנֹּאמֶר אֶל־אֲדֹנִי לֹא־יוּכַל הַנַּעַר לַעֲזֹב אֶת־אָבִיו וְעָזַב אֶת־
כג אָבִיו וָמֵת׃ וַתֹּאמֶר אֶל־עֲבָדֶיךָ אִם־לֹא יֵרֵד אֲחִיכֶם הַקָּטֹן
כד אִתְּכֶם לֹא תֹסִפוּן לִרְאוֹת פָּנָי׃ וַיְהִי כִּי עָלִינוּ אֶל־עַבְדְּךָ אָבִי
כה וַנַּגֶּד־לוֹ אֵת דִּבְרֵי אֲדֹנִי׃ וַיֹּאמֶר אָבִינוּ שֻׁבוּ שִׁבְרוּ־לָנוּ מְעַט־
הדו־שיח בין יעקב לבניו בראשית מב, ל–לח
כו אֹכֶל׃ וַנֹּאמֶר לֹא נוּכַל לָרֶדֶת אִם־יֵשׁ אָחִינוּ הַקָּטֹן אִתָּנוּ
וְיָרַדְנוּ כִּי־לֹא נוּכַל לִרְאוֹת פְּנֵי הָאִישׁ וְאָחִינוּ הַקָּטֹן אֵינֶנּוּ
כז אִתָּנוּ׃ וַיֹּאמֶר עַבְדְּךָ אָבִי אֵלֵינוּ אַתֶּם יְדַעְתֶּם כִּי שְׁנַיִם יָלְדָה־
כח לִּי אִשְׁתִּי׃ וַיֵּצֵא הָאֶחָד מֵאִתִּי וָאֹמַר אַךְ טָרֹף טֹרָף וְלֹא
כט רְאִיתִיו עַד־הֵנָּה׃ וּלְקַחְתֶּם גַּם־אֶת־זֶה מֵעִם פָּנַי וְקָרָהוּ אָסוֹן
ל וְהוֹרַדְתֶּם אֶת־שֵׂיבָתִי בְּרָעָה שְׁאֹלָה׃ וְעַתָּה כְּבֹאִי אֶל־עַבְדְּךָ
שני
לא אָבִי וְהַנַּעַר אֵינֶנּוּ אִתָּנוּ וְנַפְשׁוֹ קְשׁוּרָה בְנַפְשׁוֹ׃ וְהָיָה כִּרְאוֹתוֹ
כִּי־אֵין הַנַּעַר וָמֵת וְהוֹרִידוּ עֲבָדֶיךָ אֶת־שֵׂיבַת עַבְדְּךָ אָבִינוּ
לב בְּיָגוֹן שְׁאֹלָה׃ כִּי עַבְדְּךָ עָרַב אֶת־הַנַּעַר מֵעִם אָבִי לֵאמֹר
ערבות יהודה ליוסף בראשית מג, ט
לג אִם־לֹא אֲבִיאֶנּוּ אֵלֶיךָ וְחָטָאתִי לְאָבִי כָּל־הַיָּמִים׃ וְעַתָּה

יֵשֶׁב־נָא עַבְדְּךָ תַּחַת הַנַּעַר עֶבֶד לַאדֹנִי וְהַנַּעַר יַעַל עִם־אֶחָיו׃
לד כִּי־אֵיךְ אֶעֱלֶה אֶל־אָבִי וְהַנַּעַר אֵינֶנּוּ אִתִּי פֶּן אֶרְאֶה בָרָע
מה א אֲשֶׁר יִמְצָא אֶת־אָבִי׃ וְלֹא־יָכֹל יוֹסֵף לְהִתְאַפֵּק לְכֹל הַנִּצָּבִים
עָלָיו וַיִּקְרָא הוֹצִיאוּ כָל־אִישׁ מֵעָלָי וְלֹא־עָמַד אִישׁ אִתּוֹ
ב בְּהִתְוַדַּע יוֹסֵף אֶל־אֶחָיו׃ וַיִּתֵּן אֶת־קֹלוֹ בִּבְכִי וַיִּשְׁמְעוּ מִצְרַיִם
ג וַיִּשְׁמַע בֵּית פַּרְעֹה׃ וַיֹּאמֶר יוֹסֵף אֶל־אֶחָיו אֲנִי יוֹסֵף הַעוֹד
ד אָבִי חָי וְלֹא־יָכְלוּ אֶחָיו לַעֲנוֹת אֹתוֹ כִּי נִבְהֲלוּ מִפָּנָיו׃ וַיֹּאמֶר
יוֹסֵף אֶל־אֶחָיו גְּשׁוּ־נָא אֵלַי וַיִּגָּשׁוּ וַיֹּאמֶר אֲנִי יוֹסֵף אֲחִיכֶם
ה אֲשֶׁר־מְכַרְתֶּם אֹתִי מִצְרָיְמָה׃ וְעַתָּה ׀ אַל־תֵּעָצְבוּ וְאַל־יִחַר
בְּעֵינֵיכֶם כִּי־מְכַרְתֶּם אֹתִי הֵנָּה כִּי לְמִחְיָה שְׁלָחַנִי אֱלֹהִים
ו לִפְנֵיכֶם׃ כִּי־זֶה שְׁנָתַיִם הָרָעָב בְּקֶרֶב הָאָרֶץ וְעוֹד חָמֵשׁ שָׁנִים
ז אֲשֶׁר אֵין־חָרִישׁ וְקָצִיר׃ וַיִּשְׁלָחֵנִי אֱלֹהִים לִפְנֵיכֶם לָשׂוּם לָכֶם
ח שְׁאֵרִית בָּאָרֶץ וּלְהַחֲיוֹת לָכֶם לִפְלֵיטָה גְּדֹלָה׃ וְעַתָּה לֹא־אַתֶּם
שְׁלַחְתֶּם אֹתִי הֵנָּה כִּי הָאֱלֹהִים וַיְשִׂימֵנִי לְאָב לְפַרְעֹה וּלְאָדוֹן
ט לְכָל־בֵּיתוֹ וּמֹשֵׁל בְּכָל־אֶרֶץ מִצְרָיִם׃ מַהֲרוּ וַעֲלוּ אֶל־אָבִי
וַאֲמַרְתֶּם אֵלָיו כֹּה אָמַר בִּנְךָ יוֹסֵף שָׂמַנִי אֱלֹהִים לְאָדוֹן לְכָל־
י מִצְרָיִם רְדָה אֵלַי אַל־תַּעֲמֹד׃ וְיָשַׁבְתָּ בְאֶרֶץ־גֹּשֶׁן וְהָיִיתָ קָרוֹב
אֵלַי אַתָּה וּבָנֶיךָ וּבְנֵי בָנֶיךָ וְצֹאנְךָ וּבְקָרְךָ וְכָל־אֲשֶׁר־לָךְ׃
יא וְכִלְכַּלְתִּי אֹתְךָ שָׁם כִּי־עוֹד חָמֵשׁ שָׁנִים רָעָב פֶּן־תִּוָּרֵשׁ אַתָּה
יב וּבֵיתְךָ וְכָל־אֲשֶׁר־לָךְ׃ וְהִנֵּה עֵינֵיכֶם רֹאוֹת וְעֵינֵי אָחִי בִנְיָמִין
יג כִּי־פִי הַמְדַבֵּר אֲלֵיכֶם׃ וְהִגַּדְתֶּם לְאָבִי אֶת־כָּל־כְּבוֹדִי בְּמִצְרַיִם
וְאֵת כָּל־אֲשֶׁר רְאִיתֶם וּמִהַרְתֶּם וְהוֹרַדְתֶּם אֶת־אָבִי הֵנָּה׃
יד וַיִּפֹּל עַל־צַוְּארֵי בִנְיָמִן־אָחִיו וַיֵּבְךְּ וּבִנְיָמִן בָּכָה עַל־צַוָּארָיו׃
טו וַיְנַשֵּׁק לְכָל־אֶחָיו וַיֵּבְךְּ עֲלֵהֶם וְאַחֲרֵי כֵן דִּבְּרוּ אֶחָיו אִתּוֹ׃
טז וְהַקֹּל נִשְׁמַע בֵּית פַּרְעֹה לֵאמֹר בָּאוּ אֲחֵי יוֹסֵף וַיִּיטַב בְּעֵינֵי
יז פַרְעֹה וּבְעֵינֵי עֲבָדָיו׃ וַיֹּאמֶר פַּרְעֹה אֶל־יוֹסֵף אֱמֹר אֶל־אַחֶיךָ
יח זֹאת עֲשׂוּ טַעֲנוּ אֶת־בְּעִירְכֶם וּלְכוּ־בֹאוּ אַרְצָה כְּנָעַן׃ וּקְחוּ

התייחסות יוסף
לירידתו למצרים
בראשית נ, יט–כ

שלישי

אֶת־אֲבִיכֶם וְאֶת־בָּתֵּיכֶם וּבֹאוּ אֵלָי וְאֶתְּנָה לָכֶם אֶת־טוּב
יט רביעי אֶרֶץ מִצְרַיִם וְאִכְלוּ אֶת־חֵלֶב הָאָרֶץ׃ וְאַתָּה צֻוֵּיתָה זֹאת עֲשׂוּ
קְחוּ־לָכֶם מֵאֶרֶץ מִצְרַיִם עֲגָלוֹת לְטַפְּכֶם וְלִנְשֵׁיכֶם וּנְשָׂאתֶם
כ אֶת־אֲבִיכֶם וּבָאתֶם׃ וְעֵינְכֶם אַל־תָּחֹס עַל־כְּלֵיכֶם כִּי־טוּב
כא כָּל־אֶרֶץ מִצְרַיִם לָכֶם הוּא׃ וַיַּעֲשׂוּ־כֵן בְּנֵי יִשְׂרָאֵל וַיִּתֵּן לָהֶם
כב יוֹסֵף עֲגָלוֹת עַל־פִּי פַרְעֹה וַיִּתֵּן לָהֶם צֵדָה לַדָּרֶךְ׃ לְכֻלָּם נָתַן
לָאִישׁ חֲלִפוֹת שְׂמָלֹת וּלְבִנְיָמִן נָתַן שְׁלֹשׁ מֵאוֹת כֶּסֶף וְחָמֵשׁ
כג חֲלִפֹת שְׂמָלֹת׃ וּלְאָבִיו שָׁלַח כְּזֹאת עֲשָׂרָה חֲמֹרִים נֹשְׂאִים
מִטּוּב מִצְרָיִם וְעֶשֶׂר אֲתֹנֹת נֹשְׂאֹת בָּר וָלֶחֶם וּמָזוֹן לְאָבִיו
כד לַדָּרֶךְ׃ וַיְשַׁלַּח אֶת־אֶחָיו וַיֵּלֵכוּ וַיֹּאמֶר אֲלֵהֶם אַל־תִּרְגְּזוּ
כה בַּדָּרֶךְ׃ וַיַּעֲלוּ מִמִּצְרָיִם וַיָּבֹאוּ אֶרֶץ כְּנַעַן אֶל־יַעֲקֹב אֲבִיהֶם׃
כו וַיַּגִּדוּ לוֹ לֵאמֹר עוֹד יוֹסֵף חַי וְכִי־הוּא מֹשֵׁל בְּכָל־אֶרֶץ מִצְרָיִם
כז וַיָּפָג לִבּוֹ כִּי לֹא־הֶאֱמִין לָהֶם׃ וַיְדַבְּרוּ אֵלָיו אֵת כָּל־דִּבְרֵי
יוֹסֵף אֲשֶׁר דִּבֶּר אֲלֵהֶם וַיַּרְא אֶת־הָעֲגָלוֹת אֲשֶׁר־שָׁלַח יוֹסֵף
כח חמישי לָשֵׂאת אֹתוֹ וַתְּחִי רוּחַ יַעֲקֹב אֲבִיהֶם׃ וַיֹּאמֶר יִשְׂרָאֵל רַב עוֹד־
מו א יוֹסֵף בְּנִי חָי אֵלְכָה וְאֶרְאֶנּוּ בְּטֶרֶם אָמוּת׃ וַיִּסַּע יִשְׂרָאֵל וְכָל־
אֲשֶׁר־לוֹ וַיָּבֹא בְּאֵרָה שָּׁבַע וַיִּזְבַּח זְבָחִים לֵאלֹהֵי אָבִיו יִצְחָק׃
ב וַיֹּאמֶר אֱלֹהִים ׀ לְיִשְׂרָאֵל בְּמַרְאֹת הַלַּיְלָה וַיֹּאמֶר יַעֲקֹב ׀ יַעֲקֹב
ג וַיֹּאמֶר הִנֵּנִי׃ וַיֹּאמֶר אָנֹכִי הָאֵל אֱלֹהֵי אָבִיךָ אַל־תִּירָא מֵרְדָה
ד מִצְרַיְמָה כִּי־לְגוֹי גָּדוֹל אֲשִׂימְךָ שָׁם׃ אָנֹכִי אֵרֵד עִמְּךָ מִצְרַיְמָה
ה וְאָנֹכִי אַעַלְךָ גַם־עָלֹה וְיוֹסֵף יָשִׁית יָדוֹ עַל־עֵינֶיךָ׃ וַיָּקָם יַעֲקֹב
מִבְּאֵר שָׁבַע וַיִּשְׂאוּ בְנֵי־יִשְׂרָאֵל אֶת־יַעֲקֹב אֲבִיהֶם וְאֶת־טַפָּם
ו וְאֶת־נְשֵׁיהֶם בָּעֲגָלוֹת אֲשֶׁר־שָׁלַח פַּרְעֹה לָשֵׂאת אֹתוֹ׃ וַיִּקְחוּ
אֶת־מִקְנֵיהֶם וְאֶת־רְכוּשָׁם אֲשֶׁר רָכְשׁוּ בְּאֶרֶץ כְּנַעַן וַיָּבֹאוּ
ז מִצְרָיְמָה יַעֲקֹב וְכָל־זַרְעוֹ אִתּוֹ׃ בָּנָיו וּבְנֵי בָנָיו אִתּוֹ בְּנֹתָיו וּבְנוֹת
ח בָּנָיו וְכָל־זַרְעוֹ הֵבִיא אִתּוֹ מִצְרָיְמָה׃ וְאֵלֶּה שְׁמוֹת
בְּנֵי־יִשְׂרָאֵל הַבָּאִים מִצְרַיְמָה יַעֲקֹב וּבָנָיו בְּכֹר יַעֲקֹב רְאוּבֵן׃

ירידת יעקב ובניו למצרים בשבעים נפש
שמות א, א–ה

ט י ובני ראובן חנוך ופלוא וחצרן וכרמי: ובני שמעון ימואל
יא וימין ואהד ויכין וצחר ושאול בן־הכנענית: ובני לוי גרשון
יב קהת ומררי: ובני יהודה ער ואונן ושלה ופרץ וזרח וימת
יג ער ואונן בארץ כנען ויהיו בני־פרץ חצרן וחמול: ובני
יד יששכר תולע ופוה ויוב ושמרן: ובני זבלון סרד ואלון ויחלאל:
טו אלה | בני לאה אשר ילדה ליעקב בפדן ארם ואת דינה
טז בתו כל־נפש בניו ובנותיו שלשים ושלש: ובני גד צפיון
יז וחגי שוני ואצבן ערי וארודי ואראלי: ובני אשר ימנה וישוה
יח וישוי ובריעה ושרח אחתם ובני בריעה חבר ומלכיאל: אלה
בני זלפה אשר־נתן לבן ללאה בתו ותלד את־אלה ליעקב
יט כ שש עשרה נפש: בני רחל אשת יעקב יוסף ובנימן: ויולד
ליוסף בארץ מצרים אשר ילדה־לו אסנת בת־פוטי פרע
כא כהן אן את־מנשה ואת־אפרים: ובני בנימן בלע ובכר
כב ואשבל גרא ונעמן אחי וראש מפים וחפים וארד: אלה בני
כג רחל אשר ילד ליעקב כל־נפש ארבעה עשר: ובני־דן חשים:
כד כה ובני נפתלי יחצאל וגוני ויצר ושלם: אלה בני בלהה אשר־
נתן לבן לרחל בתו ותלד את־אלה ליעקב כל־נפש שבעה:
כו כל־הנפש הבאה ליעקב מצרימה יצאי ירכו מלבד נשי
כז בני־יעקב כל־נפש ששים ושש: ובני יוסף אשר־ילד־לו
במצרים נפש שנים כל־הנפש לבית־יעקב הבאה מצרימה
כח שבעים: ואת־יהודה שלח לפניו אל־יוסף להורת מא ששי
כט לפניו גשנה ויבאו ארצה גשן: ויאסר יוסף מרכבתו ויעל
לקראת־ישראל אביו גשנה וירא אליו ויפל על־צואריו ויבך
ל על־צואריו עוד: ויאמר ישראל אל־יוסף אמותה הפעם
לא אחרי ראותי את־פניך כי עודך חי: ויאמר יוסף אל־אחיו
ואל־בית אביו אעלה ואגידה לפרעה ואמרה אליו אחי
לב ובית־אבי אשר בארץ־כנען באו אלי: והאנשים רעי צאן

**בני ראובן וצאצאיו**
שמות ו, יד
במדבר כו, ה–ט
דה"א ה, ג–ט

**בני שמעון וצאצאיו**
שמות ו, טו
במדבר כו, יב–יד
דה"א ד, כד–כז

**בני לוי וצאצאיו**
שמות ו, טז–כה
במדבר ג, יז–כ;
כו, נז–סב
דה"א ה, כז – ו,
טו; כג, ז–כג

**בני יהודה וצאצאיו**
בראשית לח
במדבר כו, יט–כב
דה"א ב, ג–ה

**בני יששכר וצאצאיו**
במדבר כו, כג–כה
דה"א ז, א–ה

**בני זבולון וצאצאיו**
במדבר כו, כו–כז

**בני גד וצאצאיו**
במדבר כו, טו–יח
דה"א ה, יא–טו

**בני אשר וצאצאיו**
במדבר כו, מד–מז
דה"א ז, ל–מ

**הולדת מנשה ואפרים**
בראשית מא,
נ–נב

**בני בנימין וצאצאיו**
במדבר כו, לח–מא
דה"א ז, ו–יב;
ח, א–מ

**בני דן וצאצאיו**
במדבר כו,
מב–מג

**בני נפתלי וצאצאיו**
במדבר כו, מח–נ
דה"א ז, יג

כִּי־אַנְשֵׁי מִקְנֶה הָיוּ וְצֹאנָם וּבְקָרָם וְכָל־אֲשֶׁר לָהֶם הֵבִיאוּ׃
וְהָיָה כִּי־יִקְרָא לָכֶם פַּרְעֹה וְאָמַר מַה־מַּעֲשֵׂיכֶם׃ וַאֲמַרְתֶּם לג לד
אַנְשֵׁי מִקְנֶה הָיוּ עֲבָדֶיךָ מִנְּעוּרֵינוּ וְעַד־עַתָּה גַּם־אֲנַחְנוּ גַּם־
אֲבֹתֵינוּ בַּעֲבוּר תֵּשְׁבוּ בְּאֶרֶץ גֹּשֶׁן כִּי־תוֹעֲבַת מִצְרַיִם כָּל־
רֹעֵה צֹאן׃ וַיָּבֹא יוֹסֵף וַיַּגֵּד לְפַרְעֹה וַיֹּאמֶר אָבִי וְאַחַי וְצֹאנָם א מז
וּבְקָרָם וְכָל־אֲשֶׁר לָהֶם בָּאוּ מֵאֶרֶץ כְּנָעַן וְהִנָּם בְּאֶרֶץ גֹּשֶׁן׃
וּמִקְצֵה אֶחָיו לָקַח חֲמִשָּׁה אֲנָשִׁים וַיַּצִּגֵם לִפְנֵי פַרְעֹה׃ וַיֹּאמֶר ב ג
פַּרְעֹה אֶל־אֶחָיו מַה־מַּעֲשֵׂיכֶם וַיֹּאמְרוּ אֶל־פַּרְעֹה רֹעֵה צֹאן
עֲבָדֶיךָ גַּם־אֲנַחְנוּ גַּם־אֲבוֹתֵינוּ׃ וַיֹּאמְרוּ אֶל־פַּרְעֹה לָגוּר ד
בָּאָרֶץ בָּאנוּ כִּי־אֵין מִרְעֶה לַצֹּאן אֲשֶׁר לַעֲבָדֶיךָ כִּי־כָבֵד
הָרָעָב בְּאֶרֶץ כְּנָעַן וְעַתָּה יֵשְׁבוּ־נָא עֲבָדֶיךָ בְּאֶרֶץ גֹּשֶׁן׃
וַיֹּאמֶר פַּרְעֹה אֶל־יוֹסֵף לֵאמֹר אָבִיךָ וְאַחֶיךָ בָּאוּ אֵלֶיךָ׃ אֶרֶץ ה ו
מִצְרַיִם לְפָנֶיךָ הִוא בְּמֵיטַב הָאָרֶץ הוֹשֵׁב אֶת־אָבִיךָ וְאֶת־
אַחֶיךָ יֵשְׁבוּ בְּאֶרֶץ גֹּשֶׁן וְאִם־יָדַעְתָּ וְיֶשׁ־בָּם אַנְשֵׁי־חַיִל וְשַׂמְתָּם
שָׂרֵי מִקְנֶה עַל־אֲשֶׁר־לִי׃ וַיָּבֵא יוֹסֵף אֶת־יַעֲקֹב אָבִיו וַיַּעֲמִדֵהוּ ז
לִפְנֵי פַרְעֹה וַיְבָרֶךְ יַעֲקֹב אֶת־פַּרְעֹה׃ וַיֹּאמֶר פַּרְעֹה אֶל־יַעֲקֹב ח
כַּמָּה יְמֵי שְׁנֵי חַיֶּיךָ׃ וַיֹּאמֶר יַעֲקֹב אֶל־פַּרְעֹה יְמֵי שְׁנֵי מְגוּרַי ט
שְׁלֹשִׁים וּמְאַת שָׁנָה מְעַט וְרָעִים הָיוּ יְמֵי שְׁנֵי חַיַּי וְלֹא הִשִּׂיגוּ
אֶת־יְמֵי שְׁנֵי חַיֵּי אֲבֹתַי בִּימֵי מְגוּרֵיהֶם׃ וַיְבָרֶךְ יַעֲקֹב אֶת־ י
שביעי פַּרְעֹה וַיֵּצֵא מִלִּפְנֵי פַרְעֹה׃ וַיּוֹשֵׁב יוֹסֵף אֶת־אָבִיו וְאֶת־אֶחָיו יא
וַיִּתֵּן לָהֶם אֲחֻזָּה בְּאֶרֶץ מִצְרַיִם בְּמֵיטַב הָאָרֶץ בְּאֶרֶץ רַעְמְסֵס
כַּאֲשֶׁר צִוָּה פַרְעֹה׃ וַיְכַלְכֵּל יוֹסֵף אֶת־אָבִיו וְאֶת־אֶחָיו וְאֵת יב
כָּל־בֵּית אָבִיו לֶחֶם לְפִי הַטָּף׃ וְלֶחֶם אֵין בְּכָל־הָאָרֶץ כִּי־ יג
כָבֵד הָרָעָב מְאֹד וַתֵּלַהּ אֶרֶץ מִצְרַיִם וְאֶרֶץ כְּנַעַן מִפְּנֵי הָרָעָב׃
וַיְלַקֵּט יוֹסֵף אֶת־כָּל־הַכֶּסֶף הַנִּמְצָא בְאֶרֶץ־מִצְרַיִם וּבְאֶרֶץ יד
כְּנַעַן בַּשֶּׁבֶר אֲשֶׁר־הֵם שֹׁבְרִים וַיָּבֵא יוֹסֵף אֶת־הַכֶּסֶף בֵּיתָה
פַרְעֹה׃ וַיִּתֹּם הַכֶּסֶף מֵאֶרֶץ מִצְרַיִם וּמֵאֶרֶץ כְּנַעַן וַיָּבֹאוּ כָל־ טו

מִצְרַיִם אֶל־יוֹסֵף לֵאמֹר הָבָה־לָּנוּ לֶחֶם וְלָמָּה נָמוּת נֶגְדֶּךָ כִּי
טז אָפֵס כָּסֶף׃ וַיֹּאמֶר יוֹסֵף הָבוּ מִקְנֵיכֶם וְאֶתְּנָה לָכֶם בְּמִקְנֵיכֶם
יז אִם־אָפֵס כָּסֶף׃ וַיָּבִיאוּ אֶת־מִקְנֵיהֶם אֶל־יוֹסֵף וַיִּתֵּן לָהֶם יוֹסֵף
לֶחֶם בַּסּוּסִים וּבְמִקְנֵה הַצֹּאן וּבְמִקְנֵה הַבָּקָר וּבַחֲמֹרִים וַיְנַהֲלֵם
יח בַּלֶּחֶם בְּכָל־מִקְנֵהֶם בַּשָּׁנָה הַהִוא׃ וַתִּתֹּם הַשָּׁנָה הַהִוא וַיָּבֹאוּ
אֵלָיו בַּשָּׁנָה הַשֵּׁנִית וַיֹּאמְרוּ לוֹ לֹא־נְכַחֵד מֵאֲדֹנִי כִּי אִם־תַּם
הַכֶּסֶף וּמִקְנֵה הַבְּהֵמָה אֶל־אֲדֹנִי לֹא נִשְׁאַר לִפְנֵי אֲדֹנִי בִּלְתִּי
יט אִם־גְּוִיָּתֵנוּ וְאַדְמָתֵנוּ׃ לָמָּה נָמוּת לְעֵינֶיךָ גַּם־אֲנַחְנוּ גַּם־
אַדְמָתֵנוּ קְנֵה־אֹתָנוּ וְאֶת־אַדְמָתֵנוּ בַּלָּחֶם וְנִהְיֶה אֲנַחְנוּ
וְאַדְמָתֵנוּ עֲבָדִים לְפַרְעֹה וְתֶן־זֶרַע וְנִחְיֶה וְלֹא נָמוּת וְהָאֲדָמָה
כ לֹא תֵשָׁם׃ וַיִּקֶן יוֹסֵף אֶת־כָּל־אַדְמַת מִצְרַיִם לְפַרְעֹה כִּי־
מָכְרוּ מִצְרַיִם אִישׁ שָׂדֵהוּ כִּי־חָזַק עֲלֵהֶם הָרָעָב וַתְּהִי הָאָרֶץ
כא לְפַרְעֹה׃ וְאֶת־הָעָם הֶעֱבִיר אֹתוֹ לֶעָרִים מִקְצֵה גְבוּל־מִצְרַיִם
כב וְעַד־קָצֵהוּ׃ רַק אַדְמַת הַכֹּהֲנִים לֹא קָנָה כִּי חֹק לַכֹּהֲנִים מֵאֵת
פַּרְעֹה וְאָכְלוּ אֶת־חֻקָּם אֲשֶׁר נָתַן לָהֶם פַּרְעֹה עַל־כֵּן לֹא
כג מָכְרוּ אֶת־אַדְמָתָם׃ וַיֹּאמֶר יוֹסֵף אֶל־הָעָם הֵן קָנִיתִי אֶתְכֶם
הַיּוֹם וְאֶת־אַדְמַתְכֶם לְפַרְעֹה הֵא־לָכֶם זֶרַע וּזְרַעְתֶּם אֶת־
כד הָאֲדָמָה׃ וְהָיָה בַּתְּבוּאֹת וּנְתַתֶּם חֲמִישִׁית לְפַרְעֹה וְאַרְבַּע
הַיָּדֹת יִהְיֶה לָכֶם לְזֶרַע הַשָּׂדֶה וּלְאָכְלְכֶם וְלַאֲשֶׁר בְּבָתֵּיכֶם
כה וְלֶאֱכֹל לְטַפְּכֶם׃ וַיֹּאמְרוּ הֶחֱיִתָנוּ נִמְצָא־חֵן בְּעֵינֵי אֲדֹנִי וְהָיִינוּ מפטיר
כו עֲבָדִים לְפַרְעֹה׃ וַיָּשֶׂם אֹתָהּ יוֹסֵף לְחֹק עַד־הַיּוֹם הַזֶּה עַל־
אַדְמַת מִצְרַיִם לְפַרְעֹה לַחֹמֶשׁ רַק אַדְמַת הַכֹּהֲנִים לְבַדָּם לֹא
כז הָיְתָה לְפַרְעֹה׃ וַיֵּשֶׁב יִשְׂרָאֵל בְּאֶרֶץ מִצְרַיִם בְּאֶרֶץ גֹּשֶׁן
כח וַיֵּאָחֲזוּ בָהּ וַיִּפְרוּ וַיִּרְבּוּ מְאֹד׃ וַיְחִי יַעֲקֹב בְּאֶרֶץ מִצְרַיִם שְׁבַע ויחי
עֶשְׂרֵה שָׁנָה וַיְהִי יְמֵי־יַעֲקֹב שְׁנֵי חַיָּיו שֶׁבַע שָׁנִים וְאַרְבָּעִים
כט וּמְאַת שָׁנָה׃ וַיִּקְרְבוּ יְמֵי־יִשְׂרָאֵל לָמוּת וַיִּקְרָא ׀ לִבְנוֹ לְיוֹסֵף
וַיֹּאמֶר לוֹ אִם־נָא מָצָאתִי חֵן בְּעֵינֶיךָ שִׂים־נָא יָדְךָ תַּחַת יְרֵכִי

הריבוי המופלג
של בני ישראל
בארץ מצרים
שמות א, ז

וְעָשִׂיתָ עִמָּדִי חֶסֶד וֶאֱמֶת אַל־נָא תִקְבְּרֵנִי בְּמִצְרָיִם׃ וְשָׁכַבְתִּי ל
עִם־אֲבֹתַי וּנְשָׂאתַנִי מִמִּצְרַיִם וּקְבַרְתַּנִי בִּקְבֻרָתָם וַיֹּאמַר אָנֹכִי
אֶעֱשֶׂה כִדְבָרֶךָ׃ וַיֹּאמֶר הִשָּׁבְעָה לִי וַיִּשָּׁבַע לוֹ וַיִּשְׁתַּחוּ יִשְׂרָאֵל לא
עַל־רֹאשׁ הַמִּטָּה׃

מב וַיְהִי אַחֲרֵי הַדְּבָרִים הָאֵלֶּה וַיֹּאמֶר לְיוֹסֵף הִנֵּה אָבִיךָ חֹלֶה א מח
וַיִּקַּח אֶת־שְׁנֵי בָנָיו עִמּוֹ אֶת־מְנַשֶּׁה וְאֶת־אֶפְרָיִם׃ וַיַּגֵּד לְיַעֲקֹב ב
וַיֹּאמֶר הִנֵּה בִּנְךָ יוֹסֵף בָּא אֵלֶיךָ וַיִּתְחַזֵּק יִשְׂרָאֵל וַיֵּשֶׁב עַל־
הַמִּטָּה׃ וַיֹּאמֶר יַעֲקֹב אֶל־יוֹסֵף אֵל שַׁדַּי נִרְאָה־אֵלַי בְּלוּז ג
בְּאֶרֶץ כְּנָעַן וַיְבָרֶךְ אֹתִי׃ וַיֹּאמֶר אֵלַי הִנְנִי מַפְרְךָ וְהִרְבִּיתִךָ ד

הבטחת ה׳ ליעקב על ירושת הארץ ועל ריבוי הזרע בראשית כח, יג–יד; לב, יג

וּנְתַתִּיךָ לִקְהַל עַמִּים וְנָתַתִּי אֶת־הָאָרֶץ הַזֹּאת לְזַרְעֲךָ אַחֲרֶיךָ
אֲחֻזַּת עוֹלָם׃ וְעַתָּה שְׁנֵי־בָנֶיךָ הַנּוֹלָדִים לְךָ בְּאֶרֶץ מִצְרַיִם עַד־ ה
בֹּאִי אֵלֶיךָ מִצְרַיְמָה לִי־הֵם אֶפְרַיִם וּמְנַשֶּׁה כִּרְאוּבֵן וְשִׁמְעוֹן
יִהְיוּ־לִי׃ וּמוֹלַדְתְּךָ אֲשֶׁר־הוֹלַדְתָּ אַחֲרֵיהֶם לְךָ יִהְיוּ עַל שֵׁם ו
אֲחֵיהֶם יִקָּרְאוּ בְּנַחֲלָתָם׃ וַאֲנִי ׀ בְּבֹאִי מִפַּדָּן מֵתָה עָלַי רָחֵל ז

מות רחל וקבורתה בראשית לה, טז–כ

בְּאֶרֶץ כְּנַעַן בַּדֶּרֶךְ בְּעוֹד כִּבְרַת־אֶרֶץ לָבֹא אֶפְרָתָה וָאֶקְבְּרֶהָ
שָּׁם בְּדֶרֶךְ אֶפְרָת הִוא בֵּית לָחֶם׃ וַיַּרְא יִשְׂרָאֵל אֶת־בְּנֵי ח
יוֹסֵף וַיֹּאמֶר מִי־אֵלֶּה׃ וַיֹּאמֶר יוֹסֵף אֶל־אָבִיו בָּנַי הֵם אֲשֶׁר־ ט
שני נָתַן־לִי אֱלֹהִים בָּזֶה וַיֹּאמַר קָחֶם־נָא אֵלַי וַאֲבָרְכֵם׃ וְעֵינֵי י
יִשְׂרָאֵל כָּבְדוּ מִזֹּקֶן לֹא יוּכַל לִרְאוֹת וַיַּגֵּשׁ אֹתָם אֵלָיו וַיִּשַּׁק
לָהֶם וַיְחַבֵּק לָהֶם׃ וַיֹּאמֶר יִשְׂרָאֵל אֶל־יוֹסֵף רְאֹה פָנֶיךָ לֹא יא
פִלָּלְתִּי וְהִנֵּה הֶרְאָה אֹתִי אֱלֹהִים גַּם אֶת־זַרְעֶךָ׃ וַיּוֹצֵא יוֹסֵף יב
אֹתָם מֵעִם בִּרְכָּיו וַיִּשְׁתַּחוּ לְאַפָּיו אָרְצָה׃ וַיִּקַּח יוֹסֵף אֶת־ יג
שְׁנֵיהֶם אֶת־אֶפְרַיִם בִּימִינוֹ מִשְּׂמֹאל יִשְׂרָאֵל וְאֶת־מְנַשֶּׁה
בִשְׂמֹאלוֹ מִימִין יִשְׂרָאֵל וַיַּגֵּשׁ אֵלָיו׃ וַיִּשְׁלַח יִשְׂרָאֵל אֶת־ יד
יְמִינוֹ וַיָּשֶׁת עַל־רֹאשׁ אֶפְרַיִם וְהוּא הַצָּעִיר וְאֶת־שְׂמֹאלוֹ עַל־
רֹאשׁ מְנַשֶּׁה שִׂכֵּל אֶת־יָדָיו כִּי מְנַשֶּׁה הַבְּכוֹר׃ וַיְבָרֶךְ אֶת־ טו
יוֹסֵף וַיֹּאמַר הָאֱלֹהִים אֲשֶׁר הִתְהַלְּכוּ אֲבֹתַי לְפָנָיו אַבְרָהָם

טז וְיִצְחָק הָאֱלֹהִים הָרֹעֶה אֹתִי מֵעוֹדִי עַד־הַיּוֹם הַזֶּה: הַמַּלְאָךְ
הַגֹּאֵל אֹתִי מִכָּל־רָע יְבָרֵךְ אֶת־הַנְּעָרִים וְיִקָּרֵא בָהֶם שְׁמִי
יז וְשֵׁם אֲבֹתַי אַבְרָהָם וְיִצְחָק וְיִדְגּוּ לָרֹב בְּקֶרֶב הָאָרֶץ: וַיַּרְא שלישי
יוֹסֵף כִּי־יָשִׁית אָבִיו יַד־יְמִינוֹ עַל־רֹאשׁ אֶפְרַיִם וַיֵּרַע בְּעֵינָיו
וַיִּתְמֹךְ יַד־אָבִיו לְהָסִיר אֹתָהּ מֵעַל רֹאשׁ־אֶפְרַיִם עַל־רֹאשׁ
יח מְנַשֶּׁה: וַיֹּאמֶר יוֹסֵף אֶל־אָבִיו לֹא־כֵן אָבִי כִּי־זֶה הַבְּכֹר שִׂים
יט יְמִינְךָ עַל־רֹאשׁוֹ: וַיְמָאֵן אָבִיו וַיֹּאמֶר יָדַעְתִּי בְנִי יָדַעְתִּי גַּם־
הוּא יִהְיֶה־לְּעָם וְגַם־הוּא יִגְדָּל וְאוּלָם אָחִיו הַקָּטֹן יִגְדַּל מִמֶּנּוּ
כ וְזַרְעוֹ יִהְיֶה מְלֹא־הַגּוֹיִם: וַיְבָרְכֵם בַּיּוֹם הַהוּא לֵאמוֹר בְּךָ
יְבָרֵךְ יִשְׂרָאֵל לֵאמֹר יְשִׂמְךָ אֱלֹהִים כְּאֶפְרַיִם וְכִמְנַשֶּׁה וַיָּשֶׂם
כא אֶת־אֶפְרַיִם לִפְנֵי מְנַשֶּׁה: וַיֹּאמֶר יִשְׂרָאֵל אֶל־יוֹסֵף הִנֵּה
אָנֹכִי מֵת וְהָיָה אֱלֹהִים עִמָּכֶם וְהֵשִׁיב אֶתְכֶם אֶל־אֶרֶץ
כב אֲבֹתֵיכֶם: וַאֲנִי נָתַתִּי לְךָ שְׁכֶם אַחַד עַל־אַחֶיךָ אֲשֶׁר לָקַחְתִּי
מִיַּד הָאֱמֹרִי בְּחַרְבִּי וּבְקַשְׁתִּי:

מט א וַיִּקְרָא יַעֲקֹב אֶל־בָּנָיו וַיֹּאמֶר הֵאָסְפוּ וְאַגִּידָה לָכֶם אֵת אֲשֶׁר־ מג רביעי
ב יִקְרָא אֶתְכֶם בְּאַחֲרִית הַיָּמִים: הִקָּבְצוּ וְשִׁמְעוּ בְּנֵי יַעֲקֹב
ג וְשִׁמְעוּ אֶל־יִשְׂרָאֵל אֲבִיכֶם: רְאוּבֵן בְּכֹרִי אַתָּה כֹּחִי וְרֵאשִׁית
ד אוֹנִי יֶתֶר שְׂאֵת וְיֶתֶר עָז: פַּחַז כַּמַּיִם אַל־תּוֹתַר כִּי עָלִיתָ
מִשְׁכְּבֵי אָבִיךָ אָז חִלַּלְתָּ יְצוּעִי עָלָה:

ראובן מחלל
יצועי אביו
בראשית לה, כב
דה"א ה, א

ה ו שִׁמְעוֹן וְלֵוִי אַחִים כְּלֵי חָמָס מְכֵרֹתֵיהֶם: בְּסֹדָם אַל־תָּבֹא
נַפְשִׁי בִּקְהָלָם אַל־תֵּחַד כְּבֹדִי כִּי בְאַפָּם הָרְגוּ אִישׁ וּבִרְצֹנָם
ז עִקְּרוּ־שׁוֹר: אָרוּר אַפָּם כִּי עָז וְעֶבְרָתָם כִּי קָשָׁתָה אֲחַלְּקֵם
בְּיַעֲקֹב וַאֲפִיצֵם בְּיִשְׂרָאֵל:
ח יְהוּדָה אַתָּה יוֹדוּךָ אַחֶיךָ יָדְךָ בְּעֹרֶף אֹיְבֶיךָ יִשְׁתַּחֲווּ לְךָ בְּנֵי
ט אָבִיךָ: גּוּר אַרְיֵה יְהוּדָה מִטֶּרֶף בְּנִי עָלִיתָ כָּרַע רָבַץ כְּאַרְיֵה
י וּכְלָבִיא מִי יְקִימֶנּוּ: לֹא־יָסוּר שֵׁבֶט מִיהוּדָה וּמְחֹקֵק מִבֵּין
יא רַגְלָיו עַד כִּי־יָבֹא שִׁילֹה וְלוֹ יִקְּהַת עַמִּים: אֹסְרִי לַגֶּפֶן עִירֹה

וּלְשֹׂרֵקָה בְּנִי אֲתֹנוֹ כִּבֵּס בַּיַּיִן לְבֻשׁוֹ וּבְדַם־עֲנָבִים סוּתֹה׃
חַכְלִילִי עֵינַיִם מִיָּיִן וּלְבֶן־שִׁנַּיִם מֵחָלָב׃ יב
זְבוּלֻן לְחוֹף יַמִּים יִשְׁכֹּן וְהוּא לְחוֹף אֳנִיֹּת וְיַרְכָתוֹ עַל־צִידֹן׃ יג
יִשָּׂשכָר חֲמֹר גָּרֶם רֹבֵץ בֵּין הַמִּשְׁפְּתָיִם׃ וַיַּרְא מְנֻחָה כִּי יד טו
טוֹב וְאֶת־הָאָרֶץ כִּי נָעֵמָה וַיֵּט שִׁכְמוֹ לִסְבֹּל וַיְהִי לְמַס־
עֹבֵד׃ דָּן יָדִין עַמּוֹ כְּאַחַד שִׁבְטֵי יִשְׂרָאֵל׃ טז
יְהִי־דָן נָחָשׁ עֲלֵי־דֶרֶךְ שְׁפִיפֹן עֲלֵי־אֹרַח הַנֹּשֵׁךְ עִקְּבֵי־סוּס יז
חמישי וַיִּפֹּל רֹכְבוֹ אָחוֹר׃ לִישׁוּעָתְךָ קִוִּיתִי יְהוָה׃ גָּד יח יט
גְּדוּד יְגוּדֶנּוּ וְהוּא יָגֻד עָקֵב׃ מֵאָשֵׁר שְׁמֵנָה לַחְמוֹ כ
וְהוּא יִתֵּן מַעֲדַנֵּי־מֶלֶךְ׃ נַפְתָּלִי אַיָּלָה שְׁלֻחָה כא
הַנֹּתֵן אִמְרֵי־שָׁפֶר׃ בֵּן פֹּרָת יוֹסֵף בֵּן פֹּרָת כב
עֲלֵי־עָיִן בָּנוֹת צָעֲדָה עֲלֵי־שׁוּר׃ וַיְמָרְרֻהוּ וָרֹבּוּ וַיִּשְׂטְמֻהוּ כג
בַּעֲלֵי חִצִּים׃ וַתֵּשֶׁב בְּאֵיתָן קַשְׁתּוֹ וַיָּפֹזּוּ זְרֹעֵי יָדָיו מִידֵי כד
אֲבִיר יַעֲקֹב מִשָּׁם רֹעֶה אֶבֶן יִשְׂרָאֵל׃ מֵאֵל אָבִיךָ וְיַעְזְרֶךָּ כה
וְאֵת שַׁדַּי וִיבָרְכֶךָּ בִּרְכֹת שָׁמַיִם מֵעָל בִּרְכֹת תְּהוֹם רֹבֶצֶת
תָּחַת בִּרְכֹת שָׁדַיִם וָרָחַם׃ בִּרְכֹת אָבִיךָ גָּבְרוּ עַל־בִּרְכֹת הוֹרַי כו
עַד־תַּאֲוַת גִּבְעֹת עוֹלָם תִּהְיֶיןָ לְרֹאשׁ יוֹסֵף וּלְקָדְקֹד נְזִיר
אֶחָיו׃
ששי בִּנְיָמִין זְאֵב יִטְרָף בַּבֹּקֶר יֹאכַל עַד וְלָעֶרֶב יְחַלֵּק שָׁלָל׃ כָּל־ כז כח
אֵלֶּה שִׁבְטֵי יִשְׂרָאֵל שְׁנֵים עָשָׂר וְזֹאת אֲשֶׁר־דִּבֶּר לָהֶם אֲבִיהֶם
וַיְבָרֶךְ אוֹתָם אִישׁ אֲשֶׁר כְּבִרְכָתוֹ בֵּרַךְ אֹתָם׃ וַיְצַו אוֹתָם כט
וַיֹּאמֶר אֲלֵהֶם אֲנִי נֶאֱסָף אֶל־עַמִּי קִבְרוּ אֹתִי אֶל־אֲבֹתָי אֶל־
קניית שדה המכפלה מעפרון בראשית כג, ג–כ הַמְּעָרָה אֲשֶׁר בִּשְׂדֵה עֶפְרוֹן הַחִתִּי׃ בַּמְּעָרָה אֲשֶׁר בִּשְׂדֵה ל
הַמַּכְפֵּלָה אֲשֶׁר־עַל־פְּנֵי מַמְרֵא בְּאֶרֶץ כְּנָעַן אֲשֶׁר קָנָה
אַבְרָהָם אֶת־הַשָּׂדֶה מֵאֵת עֶפְרֹן הַחִתִּי לַאֲחֻזַּת־קָבֶר׃ שָׁמָּה לא
קָבְרוּ אֶת־אַבְרָהָם וְאֵת שָׂרָה אִשְׁתּוֹ שָׁמָּה קָבְרוּ אֶת־יִצְחָק
וְאֵת רִבְקָה אִשְׁתּוֹ וְשָׁמָּה קָבַרְתִּי אֶת־לֵאָה׃ מִקְנֵה הַשָּׂדֶה לב

לג וְהַמְּעָרָה אֲשֶׁר־בּוֹ מֵאֵת בְּנֵי־חֵת׃ וַיְכַל יַעֲקֹב לְצַוֺּת אֶת־
נ א בָּנָיו וַיֶּאֱסֹף רַגְלָיו אֶל־הַמִּטָּה וַיִּגְוַע וַיֵּאָסֶף אֶל־עַמָּיו׃ וַיִּפֹּל
ב יוֹסֵף עַל־פְּנֵי אָבִיו וַיֵּבְךְּ עָלָיו וַיִּשַּׁק־לוֹ׃ וַיְצַו יוֹסֵף אֶת־
עֲבָדָיו אֶת־הָרֹפְאִים לַחֲנֹט אֶת־אָבִיו וַיַּחַנְטוּ הָרֹפְאִים אֶת־
ג יִשְׂרָאֵל׃ וַיִּמְלְאוּ־לוֹ אַרְבָּעִים יוֹם כִּי כֵּן יִמְלְאוּ יְמֵי הַחֲנֻטִים
ד וַיִּבְכּוּ אֹתוֹ מִצְרַיִם שִׁבְעִים יוֹם׃ וַיַּעַבְרוּ יְמֵי בְכִיתוֹ וַיְדַבֵּר
יוֹסֵף אֶל־בֵּית פַּרְעֹה לֵאמֹר אִם־נָא מָצָאתִי חֵן בְּעֵינֵיכֶם
ה דַּבְּרוּ־נָא בְּאָזְנֵי פַרְעֹה לֵאמֹר׃ אָבִי הִשְׁבִּיעַנִי לֵאמֹר הִנֵּה
אָנֹכִי מֵת בְּקִבְרִי אֲשֶׁר כָּרִיתִי לִי בְּאֶרֶץ כְּנַעַן שָׁמָּה תִּקְבְּרֵנִי
ו וְעַתָּה אֶעֱלֶה־נָּא וְאֶקְבְּרָה אֶת־אָבִי וְאָשׁוּבָה׃ וַיֹּאמֶר פַּרְעֹה
ז עֲלֵה וּקְבֹר אֶת־אָבִיךָ כַּאֲשֶׁר הִשְׁבִּיעֶךָ׃ וַיַּעַל יוֹסֵף לִקְבֹּר
אֶת־אָבִיו וַיַּעֲלוּ אִתּוֹ כָּל־עַבְדֵי פַרְעֹה זִקְנֵי בֵיתוֹ וְכֹל זִקְנֵי
ח אֶרֶץ־מִצְרָיִם׃ וְכֹל בֵּית יוֹסֵף וְאֶחָיו וּבֵית אָבִיו רַק טַפָּם וְצֹאנָם
ט וּבְקָרָם עָזְבוּ בְּאֶרֶץ גֹּשֶׁן׃ וַיַּעַל עִמּוֹ גַּם־רֶכֶב גַּם־פָּרָשִׁים וַיְהִי
י הַמַּחֲנֶה כָּבֵד מְאֹד׃ וַיָּבֹאוּ עַד־גֹּרֶן הָאָטָד אֲשֶׁר בְּעֵבֶר הַיַּרְדֵּן
וַיִּסְפְּדוּ־שָׁם מִסְפֵּד גָּדוֹל וְכָבֵד מְאֹד וַיַּעַשׂ לְאָבִיו אֵבֶל שִׁבְעַת
יא יָמִים׃ וַיַּרְא יוֹשֵׁב הָאָרֶץ הַכְּנַעֲנִי אֶת־הָאֵבֶל בְּגֹרֶן הָאָטָד
וַיֹּאמְרוּ אֵבֶל־כָּבֵד זֶה לְמִצְרָיִם עַל־כֵּן קָרָא שְׁמָהּ אָבֵל מִצְרַיִם
יב יג אֲשֶׁר בְּעֵבֶר הַיַּרְדֵּן׃ וַיַּעֲשׂוּ בָנָיו לוֹ כֵּן כַּאֲשֶׁר צִוָּם׃ וַיִּשְׂאוּ
אֹתוֹ בָנָיו אַרְצָה כְּנַעַן וַיִּקְבְּרוּ אֹתוֹ בִּמְעָרַת שְׂדֵה הַמַּכְפֵּלָה
אֲשֶׁר קָנָה אַבְרָהָם אֶת־הַשָּׂדֶה לַאֲחֻזַּת־קֶבֶר מֵאֵת עֶפְרֹן
יד הַחִתִּי עַל־פְּנֵי מַמְרֵא׃ וַיָּשָׁב יוֹסֵף מִצְרַיְמָה הוּא וְאֶחָיו וְכָל־
טו הָעֹלִים אִתּוֹ לִקְבֹּר אֶת־אָבִיו אַחֲרֵי קָבְרוֹ אֶת־אָבִיו׃ וַיִּרְאוּ
אֲחֵי־יוֹסֵף כִּי־מֵת אֲבִיהֶם וַיֹּאמְרוּ לוּ יִשְׂטְמֵנוּ יוֹסֵף וְהָשֵׁב
טז יָשִׁיב לָנוּ אֵת כָּל־הָרָעָה אֲשֶׁר גָּמַלְנוּ אֹתוֹ׃ וַיְצַוּוּ אֶל־יוֹסֵף
יז לֵאמֹר אָבִיךָ צִוָּה לִפְנֵי מוֹתוֹ לֵאמֹר׃ כֹּה־תֹאמְרוּ לְיוֹסֵף אָנָּא
שָׂא נָא לְפֶשַׁע אַחֶיךָ וְחַטָּאתָם כִּי־רָעָה גְמָלוּךָ וְעַתָּה שָׂא נָא

שבועת יוסף ליעקב לקבור אותו בארץ
בראשית מז, כט–לא

יח לְפֶשַׁע עַבְדֵי אֱלֹהֵי אָבִיךָ וַיֵּבְךְּ יוֹסֵף בְּדַבְּרָם אֵלָיו: וַיֵּלְכוּ גַּם־
יט אֶחָיו וַיִּפְּלוּ לְפָנָיו וַיֹּאמְרוּ הִנֶּנּוּ לְךָ לַעֲבָדִים: וַיֹּאמֶר אֲלֵהֶם
כ יוֹסֵף אַל־תִּירָאוּ כִּי הֲתַחַת אֱלֹהִים אָנִי: וְאַתֶּם חֲשַׁבְתֶּם עָלַי
רָעָה אֱלֹהִים חֲשָׁבָהּ לְטֹבָה לְמַעַן עֲשֹׂה כַּיּוֹם הַזֶּה לְהַחֲיֹת
כא עַם־רָב: וְעַתָּה אַל־תִּירָאוּ אָנֹכִי אֲכַלְכֵּל אֶתְכֶם וְאֶת־טַפְּכֶם
כב וַיְנַחֵם אוֹתָם וַיְדַבֵּר עַל־לִבָּם: וַיֵּשֶׁב יוֹסֵף בְּמִצְרַיִם הוּא וּבֵית
כג אָבִיו וַיְחִי יוֹסֵף מֵאָה וָעֶשֶׂר שָׁנִים: וַיַּרְא יוֹסֵף לְאֶפְרַיִם בְּנֵי
כד שִׁלֵּשִׁים גַּם בְּנֵי מָכִיר בֶּן־מְנַשֶּׁה יֻלְּדוּ עַל־בִּרְכֵּי יוֹסֵף: וַיֹּאמֶר
יוֹסֵף אֶל־אֶחָיו אָנֹכִי מֵת וֵאלֹהִים פָּקֹד יִפְקֹד אֶתְכֶם וְהֶעֱלָה
אֶתְכֶם מִן־הָאָרֶץ הַזֹּאת אֶל־הָאָרֶץ אֲשֶׁר נִשְׁבַּע לְאַבְרָהָם
כה לְיִצְחָק וּלְיַעֲקֹב: וַיַּשְׁבַּע יוֹסֵף אֶת־בְּנֵי יִשְׂרָאֵל לֵאמֹר פָּקֹד
כו יִפְקֹד אֱלֹהִים אֶתְכֶם וְהַעֲלִתֶם אֶת־עַצְמֹתַי מִזֶּה: וַיָּמָת יוֹסֵף
בֶּן־מֵאָה וָעֶשֶׂר שָׁנִים וַיַּחַנְטוּ אֹתוֹ וַיִּישֶׂם בָּאָרוֹן בְּמִצְרָיִם:

התייחסות יוסף לירידתו למצרים
בראשית מה, ה–ח

שביעי

מפטיר

העלאת עצמות יוסף
שמות יג, יט
יהושע כד, לב

# שמות

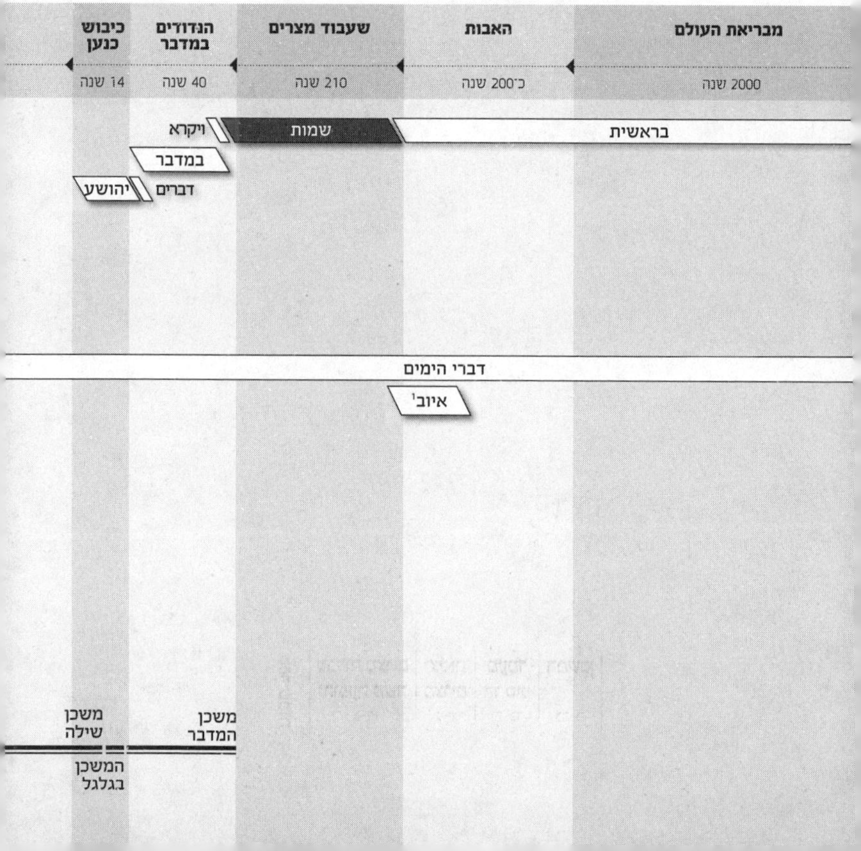

מבריאת העולם
האבות
שעבוד מצרים
הנדודים במדבר
כיבוש כנען
2000 שנה
כ־200 שנה
210 שנה
40 שנה
14 שנה
בראשית
שמות
ויקרא
במדבר
דברים
יהושע
דברי הימים
איוב1
משכן המדבר
משכן שילה
המשכן בגלגל

ספר שמות

| סבלות מצרים והופעת משה | יציאת מצרים | מעמד הר סיני | המשכן |
|---|---|---|---|
| א–ב | ג–יז | יח–כד | כה–מ |

# שמות

## א

ירידת יעקב ובניו למצרים בשבעים נפש
בראשית מו, ח–כז

א וְאֵלֶּה שְׁמוֹת בְּנֵי יִשְׂרָאֵל הַבָּאִים מִצְרָיְמָה אֵת יַעֲקֹב אִישׁ
ב ג וּבֵיתוֹ בָּאוּ: רְאוּבֵן שִׁמְעוֹן לֵוִי וִיהוּדָה: יִשָּׂשכָר זְבוּלֻן וּבִנְיָמִן:
ד ה דָּן וְנַפְתָּלִי גָּד וְאָשֵׁר: וַיְהִי כָּל־נֶפֶשׁ יֹצְאֵי יֶרֶךְ־יַעֲקֹב שִׁבְעִים
ו נָפֶשׁ וְיוֹסֵף הָיָה בְמִצְרָיִם: וַיָּמָת יוֹסֵף וְכָל־אֶחָיו וְכֹל הַדּוֹר
ז הַהוּא: וּבְנֵי יִשְׂרָאֵל פָּרוּ וַיִּשְׁרְצוּ וַיִּרְבּוּ וַיַּעַצְמוּ בִּמְאֹד מְאֹד
וַתִּמָּלֵא הָאָרֶץ אֹתָם:

הריבוי המופלג של בני ישראל בארץ מצרים
בראשית מז, כז

ח ט וַיָּקָם מֶלֶךְ־חָדָשׁ עַל־מִצְרָיִם אֲשֶׁר לֹא־יָדַע אֶת־יוֹסֵף: וַיֹּאמֶר
י אֶל־עַמּוֹ הִנֵּה עַם בְּנֵי יִשְׂרָאֵל רַב וְעָצוּם מִמֶּנּוּ: הָבָה נִתְחַכְּמָה
לוֹ פֶּן־יִרְבֶּה וְהָיָה כִּי־תִקְרֶאנָה מִלְחָמָה וְנוֹסַף גַּם־הוּא עַל־
יא שֹׂנְאֵינוּ וְנִלְחַם־בָּנוּ וְעָלָה מִן־הָאָרֶץ: וַיָּשִׂימוּ עָלָיו שָׂרֵי מִסִּים
לְמַעַן עַנֹּתוֹ בְּסִבְלֹתָם וַיִּבֶן עָרֵי מִסְכְּנוֹת לְפַרְעֹה אֶת־פִּתֹם
יב וְאֶת־רַעַמְסֵס: וְכַאֲשֶׁר יְעַנּוּ אֹתוֹ כֵּן יִרְבֶּה וְכֵן יִפְרֹץ וַיָּקֻצוּ
יג מִפְּנֵי בְּנֵי יִשְׂרָאֵל: וַיַּעֲבִדוּ מִצְרַיִם אֶת־בְּנֵי יִשְׂרָאֵל בְּפָרֶךְ:
יד וַיְמָרְרוּ אֶת־חַיֵּיהֶם בַּעֲבֹדָה קָשָׁה בְּחֹמֶר וּבִלְבֵנִים וּבְכָל־
עֲבֹדָה בַּשָּׂדֶה אֵת כָּל־עֲבֹדָתָם אֲשֶׁר־עָבְדוּ בָהֶם בְּפָרֶךְ:
טו וַיֹּאמֶר מֶלֶךְ מִצְרַיִם לַמְיַלְּדֹת הָעִבְרִיֹּת אֲשֶׁר שֵׁם הָאַחַת שִׁפְרָה
טז וְשֵׁם הַשֵּׁנִית פּוּעָה: וַיֹּאמֶר בְּיַלֶּדְכֶן אֶת־הָעִבְרִיּוֹת וּרְאִיתֶן עַל־
יז הָאׇבְנָיִם אִם־בֵּן הוּא וַהֲמִתֶּן אֹתוֹ וְאִם־בַּת הִוא וָחָיָה: וַתִּירֶאןָ
הַמְיַלְּדֹת אֶת־הָאֱלֹהִים וְלֹא עָשׂוּ כַּאֲשֶׁר דִּבֶּר אֲלֵיהֶן מֶלֶךְ
יח מִצְרָיִם וַתְּחַיֶּיןָ אֶת־הַיְלָדִים: וַיִּקְרָא מֶלֶךְ־מִצְרַיִם לַמְיַלְּדֹת שני
וַיֹּאמֶר לָהֶן מַדּוּעַ עֲשִׂיתֶן הַדָּבָר הַזֶּה וַתְּחַיֶּיןָ אֶת־הַיְלָדִים:
יט וַתֹּאמַרְןָ הַמְיַלְּדֹת אֶל־פַּרְעֹה כִּי לֹא כַנָּשִׁים הַמִּצְרִיֹּת הָעִבְרִיֹּת
כ כִּי־חָיוֹת הֵנָּה בְּטֶרֶם תָּבוֹא אֲלֵהֶן הַמְיַלֶּדֶת וְיָלָדוּ: וַיֵּיטֶב
כא אֱלֹהִים לַמְיַלְּדֹת וַיִּרֶב הָעָם וַיַּעַצְמוּ מְאֹד: וַיְהִי כִּי־יָרְאוּ
כב הַמְיַלְּדֹת אֶת־הָאֱלֹהִים וַיַּעַשׂ לָהֶם בָּתִּים: וַיְצַו פַּרְעֹה לְכָל־
עַמּוֹ לֵאמֹר כָּל־הַבֵּן הַיִּלּוֹד הַיְאֹרָה תַּשְׁלִיכֻהוּ וְכָל־הַבַּת
תְּחַיּוּן:

ב
א ב וַיֵּלֶךְ אִישׁ מִבֵּית לֵוִי וַיִּקַּח אֶת־בַּת־לֵוִי׃ וַתַּהַר הָאִשָּׁה וַתֵּלֶד
ג בֵּן וַתֵּרֶא אֹתוֹ כִּי־טוֹב הוּא וַתִּצְפְּנֵהוּ שְׁלֹשָׁה יְרָחִים׃ וְלֹא־
יָכְלָה עוֹד הַצְּפִינוֹ וַתִּקַּח־לוֹ תֵּבַת גֹּמֶא וַתַּחְמְרָה בַחֵמָר וּבַזָּפֶת
ד וַתָּשֶׂם בָּהּ אֶת־הַיֶּלֶד וַתָּשֶׂם בַּסּוּף עַל־שְׂפַת הַיְאֹר׃ וַתֵּתַצַּב
ה אֲחֹתוֹ מֵרָחֹק לְדֵעָה מַה־יֵּעָשֶׂה לוֹ׃ וַתֵּרֶד בַּת־פַּרְעֹה לִרְחֹץ
עַל־הַיְאֹר וְנַעֲרֹתֶיהָ הֹלְכֹת עַל־יַד הַיְאֹר וַתֵּרֶא אֶת־הַתֵּבָה
ו בְּתוֹךְ הַסּוּף וַתִּשְׁלַח אֶת־אֲמָתָהּ וַתִּקָּחֶהָ׃ וַתִּפְתַּח וַתִּרְאֵהוּ
אֶת־הַיֶּלֶד וְהִנֵּה־נַעַר בֹּכֶה וַתַּחְמֹל עָלָיו וַתֹּאמֶר מִיַּלְדֵי
ז הָעִבְרִים זֶה׃ וַתֹּאמֶר אֲחֹתוֹ אֶל־בַּת־פַּרְעֹה הַאֵלֵךְ וְקָרָאתִי
ח לָךְ אִשָּׁה מֵינֶקֶת מִן הָעִבְרִיֹּת וְתֵינִק לָךְ אֶת־הַיָּלֶד׃ וַתֹּאמֶר־
לָהּ בַּת־פַּרְעֹה לֵכִי וַתֵּלֶךְ הָעַלְמָה וַתִּקְרָא אֶת־אֵם הַיָּלֶד׃
ט וַתֹּאמֶר לָהּ בַּת־פַּרְעֹה הֵילִיכִי אֶת־הַיֶּלֶד הַזֶּה וְהֵינִקִהוּ לִי
י וַאֲנִי אֶתֵּן אֶת־שְׂכָרֵךְ וַתִּקַּח הָאִשָּׁה הַיֶּלֶד וַתְּנִיקֵהוּ׃ וַיִּגְדַּל הַיֶּלֶד
וַתְּבִאֵהוּ לְבַת־פַּרְעֹה וַיְהִי־לָהּ לְבֵן וַתִּקְרָא שְׁמוֹ מֹשֶׁה וַתֹּאמֶר
יא כִּי מִן־הַמַּיִם מְשִׁיתִהוּ׃ וַיְהִי ׀ בַּיָּמִים הָהֵם וַיִּגְדַּל מֹשֶׁה וַיֵּצֵא שלישי
אֶל־אֶחָיו וַיַּרְא בְּסִבְלֹתָם וַיַּרְא אִישׁ מִצְרִי מַכֶּה אִישׁ־עִבְרִי
יב מֵאֶחָיו׃ וַיִּפֶן כֹּה וָכֹה וַיַּרְא כִּי אֵין אִישׁ וַיַּךְ אֶת־הַמִּצְרִי
יג וַיִּטְמְנֵהוּ בַּחוֹל׃ וַיֵּצֵא בַּיּוֹם הַשֵּׁנִי וְהִנֵּה שְׁנֵי־אֲנָשִׁים עִבְרִים
יד נִצִּים וַיֹּאמֶר לָרָשָׁע לָמָּה תַכֶּה רֵעֶךָ׃ וַיֹּאמֶר מִי שָׂמְךָ לְאִישׁ
שַׂר וְשֹׁפֵט עָלֵינוּ הַלְהָרְגֵנִי אַתָּה אֹמֵר כַּאֲשֶׁר הָרַגְתָּ אֶת־
טו הַמִּצְרִי וַיִּירָא מֹשֶׁה וַיֹּאמַר אָכֵן נוֹדַע הַדָּבָר׃ וַיִּשְׁמַע פַּרְעֹה
אֶת־הַדָּבָר הַזֶּה וַיְבַקֵּשׁ לַהֲרֹג אֶת־מֹשֶׁה וַיִּבְרַח מֹשֶׁה מִפְּנֵי
טז פַרְעֹה וַיֵּשֶׁב בְּאֶרֶץ־מִדְיָן וַיֵּשֶׁב עַל־הַבְּאֵר׃ וּלְכֹהֵן מִדְיָן שֶׁבַע
בָּנוֹת וַתָּבֹאנָה וַתִּדְלֶנָה וַתְּמַלֶּאנָה אֶת־הָרְהָטִים לְהַשְׁקוֹת
יז צֹאן אֲבִיהֶן׃ וַיָּבֹאוּ הָרֹעִים וַיְגָרְשׁוּם וַיָּקָם מֹשֶׁה וַיּוֹשִׁעָן וַיַּשְׁקְ
יח אֶת־צֹאנָם׃ וַתָּבֹאנָה אֶל־רְעוּאֵל אֲבִיהֶן וַיֹּאמֶר מַדּוּעַ מִהַרְתֶּן
יט בֹּא הַיּוֹם׃ וַתֹּאמַרְןָ אִישׁ מִצְרִי הִצִּילָנוּ מִיַּד הָרֹעִים וְגַם־דָּלֹה

כ דָּלָה לָנוּ וַיַּשְׁקְ אֶת־הַצֹּאן: וַיֹּאמֶר אֶל־בְּנֹתָיו וְאַיּוֹ לָמָּה זֶּה
כא עֲזַבְתֶּן אֶת־הָאִישׁ קִרְאֶן לוֹ וְיֹאכַל לָחֶם: וַיּוֹאֶל מֹשֶׁה לָשֶׁבֶת
כב אֶת־הָאִישׁ וַיִּתֵּן אֶת־צִפֹּרָה בִתּוֹ לְמֹשֶׁה: וַתֵּלֶד בֵּן וַיִּקְרָא אֶת־
שְׁמוֹ גֵּרְשֹׁם כִּי אָמַר גֵּר הָיִיתִי בְּאֶרֶץ נָכְרִיָּה:

דרישת שמו של גרשום
שמות יח, ג

כג וַיְהִי בַיָּמִים הָרַבִּים הָהֵם וַיָּמָת מֶלֶךְ מִצְרַיִם וַיֵּאָנְחוּ בְנֵי־
יִשְׂרָאֵל מִן־הָעֲבֹדָה וַיִּזְעָקוּ וַתַּעַל שַׁוְעָתָם אֶל־הָאֱלֹהִים מִן־
כד הָעֲבֹדָה: וַיִּשְׁמַע אֱלֹהִים אֶת־נַאֲקָתָם וַיִּזְכֹּר אֱלֹהִים אֶת־
כה בְּרִיתוֹ אֶת־אַבְרָהָם אֶת־יִצְחָק וְאֶת־יַעֲקֹב: וַיַּרְא אֱלֹהִים
ג א אֶת־בְּנֵי יִשְׂרָאֵל וַיֵּדַע אֱלֹהִים: וּמֹשֶׁה הָיָה רֹעֶה ב רביעי
אֶת־צֹאן יִתְרוֹ חֹתְנוֹ כֹּהֵן מִדְיָן וַיִּנְהַג אֶת־הַצֹּאן אַחַר הַמִּדְבָּר
ב וַיָּבֹא אֶל־הַר הָאֱלֹהִים חֹרֵבָה: וַיֵּרָא מַלְאַךְ יהוה אֵלָיו בְּלַבַּת־
אֵשׁ מִתּוֹךְ הַסְּנֶה וַיַּרְא וְהִנֵּה הַסְּנֶה בֹּעֵר בָּאֵשׁ וְהַסְּנֶה אֵינֶנּוּ
ג אֻכָּל: וַיֹּאמֶר מֹשֶׁה אָסֻרָה־נָּא וְאֶרְאֶה אֶת־הַמַּרְאֶה הַגָּדֹל
ד הַזֶּה מַדּוּעַ לֹא־יִבְעַר הַסְּנֶה: וַיַּרְא יהוה כִּי סָר לִרְאוֹת וַיִּקְרָא
אֵלָיו אֱלֹהִים מִתּוֹךְ הַסְּנֶה וַיֹּאמֶר מֹשֶׁה מֹשֶׁה וַיֹּאמֶר הִנֵּנִי:
ה וַיֹּאמֶר אַל־תִּקְרַב הֲלֹם שַׁל־נְעָלֶיךָ מֵעַל רַגְלֶיךָ כִּי הַמָּקוֹם
ו אֲשֶׁר אַתָּה עוֹמֵד עָלָיו אַדְמַת־קֹדֶשׁ הוּא: וַיֹּאמֶר אָנֹכִי אֱלֹהֵי
אָבִיךָ אֱלֹהֵי אַבְרָהָם אֱלֹהֵי יִצְחָק וֵאלֹהֵי יַעֲקֹב וַיַּסְתֵּר מֹשֶׁה
ז פָּנָיו כִּי יָרֵא מֵהַבִּיט אֶל־הָאֱלֹהִים: וַיֹּאמֶר יהוה רָאֹה רָאִיתִי
אֶת־עֳנִי עַמִּי אֲשֶׁר בְּמִצְרָיִם וְאֶת־צַעֲקָתָם שָׁמַעְתִּי מִפְּנֵי
ח נֹגְשָׂיו כִּי יָדַעְתִּי אֶת־מַכְאֹבָיו: וָאֵרֵד לְהַצִּילוֹ ׀ מִיַּד מִצְרַיִם
וּלְהַעֲלֹתוֹ מִן־הָאָרֶץ הַהִוא אֶל־אֶרֶץ טוֹבָה וּרְחָבָה אֶל־אֶרֶץ
זָבַת חָלָב וּדְבָשׁ אֶל־מְקוֹם הַכְּנַעֲנִי וְהַחִתִּי וְהָאֱמֹרִי וְהַפְּרִזִּי
ט וְהַחִוִּי וְהַיְבוּסִי: וְעַתָּה הִנֵּה צַעֲקַת בְּנֵי־יִשְׂרָאֵל בָּאָה אֵלָי וְגַם־
י רָאִיתִי אֶת־הַלַּחַץ אֲשֶׁר מִצְרַיִם לֹחֲצִים אֹתָם: וְעַתָּה לְכָה
וְאֶשְׁלָחֲךָ אֶל־פַּרְעֹה וְהוֹצֵא אֶת־עַמִּי בְנֵי־יִשְׂרָאֵל מִמִּצְרָיִם:
יא וַיֹּאמֶר מֹשֶׁה אֶל־הָאֱלֹהִים מִי אָנֹכִי כִּי אֵלֵךְ אֶל־פַּרְעֹה וְכִי

יב אוֹצִיא אֶת־בְּנֵי יִשְׂרָאֵל מִמִּצְרָיִם׃ וַיֹּאמֶר כִּי־אֶהְיֶה עִמָּךְ וְזֶה־
לְּךָ הָאוֹת כִּי אָנֹכִי שְׁלַחְתִּיךָ בְּהוֹצִיאֲךָ אֶת־הָעָם מִמִּצְרַיִם
יג תַּעַבְדוּן אֶת־הָאֱלֹהִים עַל הָהָר הַזֶּה׃ וַיֹּאמֶר מֹשֶׁה אֶל־
הָאֱלֹהִים הִנֵּה אָנֹכִי בָא אֶל־בְּנֵי יִשְׂרָאֵל וְאָמַרְתִּי לָהֶם אֱלֹהֵי
אֲבוֹתֵיכֶם שְׁלָחַנִי אֲלֵיכֶם וְאָמְרוּ־לִי מַה־שְּׁמוֹ מָה אֹמַר אֲלֵהֶם׃
יד וַיֹּאמֶר אֱלֹהִים אֶל־מֹשֶׁה אֶהְיֶה אֲשֶׁר אֶהְיֶה וַיֹּאמֶר כֹּה תֹאמַר
טו לִבְנֵי יִשְׂרָאֵל אֶהְיֶה שְׁלָחַנִי אֲלֵיכֶם׃ וַיֹּאמֶר עוֹד אֱלֹהִים אֶל־
מֹשֶׁה כֹּה תֹאמַר אֶל־בְּנֵי יִשְׂרָאֵל יהוה אֱלֹהֵי אֲבֹתֵיכֶם אֱלֹהֵי
אַבְרָהָם אֱלֹהֵי יִצְחָק וֵאלֹהֵי יַעֲקֹב שְׁלָחַנִי אֲלֵיכֶם זֶה־שְּׁמִי
טז לְעֹלָם וְזֶה זִכְרִי לְדֹר דֹּר׃ לֵךְ וְאָסַפְתָּ אֶת־זִקְנֵי יִשְׂרָאֵל וְאָמַרְתָּ חמישי
אֲלֵהֶם יהוה אֱלֹהֵי אֲבֹתֵיכֶם נִרְאָה אֵלַי אֱלֹהֵי אַבְרָהָם
יִצְחָק וְיַעֲקֹב לֵאמֹר פָּקֹד פָּקַדְתִּי אֶתְכֶם וְאֶת־הֶעָשׂוּי לָכֶם
יז בְּמִצְרָיִם׃ וָאֹמַר אַעֲלֶה אֶתְכֶם מֵעֳנִי מִצְרַיִם אֶל־אֶרֶץ הַכְּנַעֲנִי
וְהַחִתִּי וְהָאֱמֹרִי וְהַפְּרִזִּי וְהַחִוִּי וְהַיְבוּסִי אֶל־אֶרֶץ זָבַת חָלָב
יח וּדְבָשׁ׃ וְשָׁמְעוּ לְקֹלֶךָ וּבָאתָ אַתָּה וְזִקְנֵי יִשְׂרָאֵל אֶל־מֶלֶךְ
מִצְרַיִם וַאֲמַרְתֶּם אֵלָיו יהוה אֱלֹהֵי הָעִבְרִיִּים נִקְרָה עָלֵינוּ
וְעַתָּה נֵלֲכָה־נָּא דֶּרֶךְ שְׁלֹשֶׁת יָמִים בַּמִּדְבָּר וְנִזְבְּחָה ליהוה
יט אֱלֹהֵינוּ׃ וַאֲנִי יָדַעְתִּי כִּי לֹא־יִתֵּן אֶתְכֶם מֶלֶךְ מִצְרַיִם לַהֲלֹךְ
כ וְלֹא בְּיָד חֲזָקָה׃ וְשָׁלַחְתִּי אֶת־יָדִי וְהִכֵּיתִי אֶת־מִצְרַיִם בְּכֹל
כא נִפְלְאֹתַי אֲשֶׁר אֶעֱשֶׂה בְּקִרְבּוֹ וְאַחֲרֵי־כֵן יְשַׁלַּח אֶתְכֶם׃ וְנָתַתִּי
אֶת־חֵן הָעָם־הַזֶּה בְּעֵינֵי מִצְרָיִם וְהָיָה כִּי תֵלֵכוּן לֹא תֵלְכוּ
כב רֵיקָם׃ וְשָׁאֲלָה אִשָּׁה מִשְּׁכֶנְתָּהּ וּמִגָּרַת בֵּיתָהּ כְּלֵי־כֶסֶף וּכְלֵי
זָהָב וּשְׂמָלֹת וְשַׂמְתֶּם עַל־בְּנֵיכֶם וְעַל־בְּנֹתֵיכֶם וְנִצַּלְתֶּם אֶת־
ד א מִצְרָיִם׃ וַיַּעַן מֹשֶׁה וַיֹּאמֶר וְהֵן לֹא־יַאֲמִינוּ לִי וְלֹא יִשְׁמְעוּ
ב בְּקֹלִי כִּי יֹאמְרוּ לֹא־נִרְאָה אֵלֶיךָ יהוה׃ וַיֹּאמֶר אֵלָיו יהוה
ג מזה בְיָדֶךָ וַיֹּאמֶר מַטֶּה׃ וַיֹּאמֶר הַשְׁלִיכֵהוּ אַרְצָה וַיַּשְׁלִכֵהוּ מַה־זֶּה
ד אַרְצָה וַיְהִי לְנָחָשׁ וַיָּנָס מֹשֶׁה מִפָּנָיו׃ וַיֹּאמֶר יהוה אֶל־מֹשֶׁה

עָנִישַׁת מצרים בעשר המכות
שמות ז–יב

יציאת ישראל ממצרים ברכוש גדול
בראשית טו, יד; שמות יא, ב–ג; יב, לה–לו

שְׁלַח יָדְךָ וֶאֱחֹז בִּזְנָבוֹ וַיִּשְׁלַח יָדוֹ וַיַּחֲזֶק־בּוֹ וַיְהִי לְמַטֶּה בְּכַפּוֹ:
ה לְמַעַן יַאֲמִינוּ כִּי־נִרְאָה אֵלֶיךָ יְהוָה אֱלֹהֵי אֲבֹתָם אֱלֹהֵי
ו אַבְרָהָם אֱלֹהֵי יִצְחָק וֵאלֹהֵי יַעֲקֹב: וַיֹּאמֶר יְהוָה לוֹ עוֹד הָבֵא־
נָא יָדְךָ בְּחֵיקֶךָ וַיָּבֵא יָדוֹ בְּחֵיקוֹ וַיּוֹצִאָהּ וְהִנֵּה יָדוֹ מְצֹרַעַת
ז כַּשָּׁלֶג: וַיֹּאמֶר הָשֵׁב יָדְךָ אֶל־חֵיקֶךָ וַיָּשֶׁב יָדוֹ אֶל־חֵיקוֹ וַיּוֹצִאָהּ
ח מֵחֵיקוֹ וְהִנֵּה־שָׁבָה כִּבְשָׂרוֹ: וְהָיָה אִם־לֹא יַאֲמִינוּ לָךְ וְלֹא
יִשְׁמְעוּ לְקֹל הָאֹת הָרִאשׁוֹן וְהֶאֱמִינוּ לְקֹל הָאֹת הָאַחֲרוֹן:
ט וְהָיָה אִם־לֹא יַאֲמִינוּ גַּם לִשְׁנֵי הָאֹתוֹת הָאֵלֶּה וְלֹא יִשְׁמְעוּן
לְקֹלֶךָ וְלָקַחְתָּ מִמֵּימֵי הַיְאֹר וְשָׁפַכְתָּ הַיַּבָּשָׁה וְהָיוּ הַמַּיִם אֲשֶׁר
י תִּקַּח מִן־הַיְאֹר וְהָיוּ לְדָם בַּיַּבָּשֶׁת: וַיֹּאמֶר מֹשֶׁה אֶל־יְהוָה
בִּי אֲדֹנָי לֹא אִישׁ דְּבָרִים אָנֹכִי גַּם מִתְּמוֹל גַּם מִשִּׁלְשֹׁם גַּם
יא מֵאָז דַּבֶּרְךָ אֶל־עַבְדֶּךָ כִּי כְבַד־פֶּה וּכְבַד לָשׁוֹן אָנֹכִי: וַיֹּאמֶר
יְהוָה אֵלָיו מִי שָׂם פֶּה לָאָדָם אוֹ מִי־יָשׂוּם אִלֵּם אוֹ חֵרֵשׁ אוֹ
יב פִקֵּחַ אוֹ עִוֵּר הֲלֹא אָנֹכִי יְהוָה: וְעַתָּה לֵךְ וְאָנֹכִי אֶהְיֶה עִם־פִּיךָ
יג וְהוֹרֵיתִיךָ אֲשֶׁר תְּדַבֵּר: וַיֹּאמֶר בִּי אֲדֹנָי שְׁלַח־נָא בְּיַד־תִּשְׁלָח:
יד וַיִּחַר־אַף יְהוָה בְּמֹשֶׁה וַיֹּאמֶר הֲלֹא אַהֲרֹן אָחִיךָ הַלֵּוִי יָדַעְתִּי
כִּי־דַבֵּר יְדַבֵּר הוּא וְגַם הִנֵּה־הוּא יֹצֵא לִקְרָאתֶךָ וְרָאֲךָ וְשָׂמַח
טו בְּלִבּוֹ: וְדִבַּרְתָּ אֵלָיו וְשַׂמְתָּ אֶת־הַדְּבָרִים בְּפִיו וְאָנֹכִי אֶהְיֶה
טז עִם־פִּיךָ וְעִם־פִּיהוּ וְהוֹרֵיתִי אֶתְכֶם אֵת אֲשֶׁר תַּעֲשׂוּן: וְדִבֶּר־
הוּא לְךָ אֶל־הָעָם וְהָיָה הוּא יִהְיֶה־לְּךָ לְפֶה וְאַתָּה תִּהְיֶה־
יז לּוֹ לֵאלֹהִים: וְאֶת־הַמַּטֶּה הַזֶּה תִּקַּח בְּיָדֶךָ אֲשֶׁר תַּעֲשֶׂה־
בּוֹ אֶת־הָאֹתֹת:
יח וַיֵּלֶךְ מֹשֶׁה וַיָּשָׁב ׀ אֶל־יֶתֶר חֹתְנוֹ וַיֹּאמֶר לוֹ אֵלְכָה־נָּא וְאָשׁוּבָה ג ששי
אֶל־אַחַי אֲשֶׁר־בְּמִצְרַיִם וְאֶרְאֶה הַעוֹדָם חַיִּים וַיֹּאמֶר יִתְרוֹ
יט לְמֹשֶׁה לֵךְ לְשָׁלוֹם: וַיֹּאמֶר יְהוָה אֶל־מֹשֶׁה בְּמִדְיָן לֵךְ שֻׁב
כ מִצְרָיִם כִּי־מֵתוּ כָּל־הָאֲנָשִׁים הַמְבַקְשִׁים אֶת־נַפְשֶׁךָ: וַיִּקַּח
מֹשֶׁה אֶת־אִשְׁתּוֹ וְאֶת־בָּנָיו וַיַּרְכִּבֵם עַל־הַחֲמֹר וַיָּשָׁב אַרְצָה

כא מִצְרָיִם וַיִּקַּח מֹשֶׁה אֶת־מַטֵּה הָאֱלֹהִים בְּיָדוֹ׃ וַיֹּאמֶר יְהוָה
אֶל־מֹשֶׁה בְּלֶכְתְּךָ לָשׁוּב מִצְרַיְמָה רְאֵה כָּל־הַמֹּפְתִים אֲשֶׁר־
שַׂמְתִּי בְיָדֶךָ וַעֲשִׂיתָם לִפְנֵי פַרְעֹה וַאֲנִי אֲחַזֵּק אֶת־לִבּוֹ וְלֹא
כב יְשַׁלַּח אֶת־הָעָם׃ וְאָמַרְתָּ אֶל־פַּרְעֹה כֹּה אָמַר יְהוָה בְּנִי בְכֹרִי
כג יִשְׂרָאֵל׃ וָאֹמַר אֵלֶיךָ שַׁלַּח אֶת־בְּנִי וְיַעַבְדֵנִי וַתְּמָאֵן לְשַׁלְּחוֹ
כד הִנֵּה אָנֹכִי הֹרֵג אֶת־בִּנְךָ בְּכֹרֶךָ׃ וַיְהִי בַדֶּרֶךְ בַּמָּלוֹן וַיִּפְגְּשֵׁהוּ
כה יְהוָה וַיְבַקֵּשׁ הֲמִיתוֹ׃ וַתִּקַּח צִפֹּרָה צֹר וַתִּכְרֹת אֶת־עָרְלַת
כו בְּנָהּ וַתַּגַּע לְרַגְלָיו וַתֹּאמֶר כִּי חֲתַן־דָּמִים אַתָּה לִי׃ וַיִּרֶף
מִמֶּנּוּ אָז אָמְרָה חֲתַן דָּמִים לַמּוּלֹת׃
כז וַיֹּאמֶר יְהוָה אֶל־אַהֲרֹן לֵךְ לִקְרַאת מֹשֶׁה הַמִּדְבָּרָה וַיֵּלֶךְ
כח וַיִּפְגְּשֵׁהוּ בְּהַר הָאֱלֹהִים וַיִּשַּׁק־לוֹ׃ וַיַּגֵּד מֹשֶׁה לְאַהֲרֹן אֵת כָּל־
כט דִּבְרֵי יְהוָה אֲשֶׁר שְׁלָחוֹ וְאֵת כָּל־הָאֹתֹת אֲשֶׁר צִוָּהוּ׃ וַיֵּלֶךְ
ל מֹשֶׁה וְאַהֲרֹן וַיַּאַסְפוּ אֶת־כָּל־זִקְנֵי בְּנֵי יִשְׂרָאֵל׃ וַיְדַבֵּר אַהֲרֹן
אֵת כָּל־הַדְּבָרִים אֲשֶׁר־דִּבֶּר יְהוָה אֶל־מֹשֶׁה וַיַּעַשׂ הָאֹתֹת
לא לְעֵינֵי הָעָם׃ וַיַּאֲמֵן הָעָם וַיִּשְׁמְעוּ כִּי־פָקַד יְהוָה אֶת־בְּנֵי
ה א שביעי יִשְׂרָאֵל וְכִי רָאָה אֶת־עָנְיָם וַיִּקְּדוּ וַיִּשְׁתַּחֲווּ׃ וְאַחַר בָּאוּ מֹשֶׁה
וְאַהֲרֹן וַיֹּאמְרוּ אֶל־פַּרְעֹה כֹּה־אָמַר יְהוָה אֱלֹהֵי יִשְׂרָאֵל שַׁלַּח
ב אֶת־עַמִּי וְיָחֹגּוּ לִי בַּמִּדְבָּר׃ וַיֹּאמֶר פַּרְעֹה מִי יְהוָה אֲשֶׁר אֶשְׁמַע
בְּקֹלוֹ לְשַׁלַּח אֶת־יִשְׂרָאֵל לֹא יָדַעְתִּי אֶת־יְהוָה וְגַם אֶת־
ג יִשְׂרָאֵל לֹא אֲשַׁלֵּחַ׃ וַיֹּאמְרוּ אֱלֹהֵי הָעִבְרִים נִקְרָא עָלֵינוּ
נֵלְכָה־נָּא דֶּרֶךְ שְׁלֹשֶׁת יָמִים בַּמִּדְבָּר וְנִזְבְּחָה לַיהוָה אֱלֹהֵינוּ
ד פֶּן־יִפְגָּעֵנוּ בַּדֶּבֶר אוֹ בֶחָרֶב׃ וַיֹּאמֶר אֲלֵהֶם מֶלֶךְ מִצְרַיִם לָמָּה
מֹשֶׁה וְאַהֲרֹן תַּפְרִיעוּ אֶת־הָעָם מִמַּעֲשָׂיו לְכוּ לְסִבְלֹתֵיכֶם׃
ה וַיֹּאמֶר פַּרְעֹה הֵן־רַבִּים עַתָּה עַם־הָאָרֶץ וְהִשְׁבַּתֶּם אֹתָם
ו מִסִּבְלֹתָם׃ וַיְצַו פַּרְעֹה בַּיּוֹם הַהוּא אֶת־הַנֹּגְשִׂים בָּעָם וְאֶת־
ז שֹׁטְרָיו לֵאמֹר׃ לֹא תֹאסִפוּן לָתֵת תֶּבֶן לָעָם לִלְבֹּן הַלְּבֵנִים
ח כִּתְמוֹל שִׁלְשֹׁם הֵם יֵלְכוּ וְקֹשְׁשׁוּ לָהֶם תֶּבֶן׃ וְאֶת־מַתְכֹּנֶת

הַלְּבֵנִים אֲשֶׁר הֵם עֹשִׂים תְּמוֹל שִׁלְשֹׁם תָּשִׂימוּ עֲלֵיהֶם לֹא
תִגְרְעוּ מִמֶּנּוּ כִּי־נִרְפִּים הֵם עַל־כֵּן הֵם צֹעֲקִים לֵאמֹר נֵלְכָה
ט נִזְבְּחָה לֵאלֹהֵינוּ׃ תִּכְבַּד הָעֲבֹדָה עַל־הָאֲנָשִׁים וְיַעֲשׂוּ־בָהּ
י וְאַל־יִשְׁעוּ בְּדִבְרֵי־שָׁקֶר׃ וַיֵּצְאוּ נֹגְשֵׂי הָעָם וְשֹׁטְרָיו וַיֹּאמְרוּ
יא אֶל־הָעָם לֵאמֹר כֹּה אָמַר פַּרְעֹה אֵינֶנִּי נֹתֵן לָכֶם תֶּבֶן׃ אַתֶּם
לְכוּ קְחוּ לָכֶם תֶּבֶן מֵאֲשֶׁר תִּמְצָאוּ כִּי אֵין נִגְרָע מֵעֲבֹדַתְכֶם
יב דָּבָר׃ וַיָּפֶץ הָעָם בְּכָל־אֶרֶץ מִצְרָיִם לְקֹשֵׁשׁ קַשׁ לַתֶּבֶן׃
יג וְהַנֹּגְשִׂים אָצִים לֵאמֹר כַּלּוּ מַעֲשֵׂיכֶם דְּבַר־יוֹם בְּיוֹמוֹ כַּאֲשֶׁר
יד בִּהְיוֹת הַתֶּבֶן׃ וַיֻּכּוּ שֹׁטְרֵי בְּנֵי יִשְׂרָאֵל אֲשֶׁר־שָׂמוּ עֲלֵהֶם נֹגְשֵׂי
פַרְעֹה לֵאמֹר מַדּוּעַ לֹא כִלִּיתֶם חָקְכֶם לִלְבֹּן כִּתְמוֹל שִׁלְשֹׁם
טו גַּם־תְּמוֹל גַּם־הַיּוֹם׃ וַיָּבֹאוּ שֹׁטְרֵי בְּנֵי יִשְׂרָאֵל וַיִּצְעֲקוּ אֶל־
טז פַּרְעֹה לֵאמֹר לָמָּה תַעֲשֶׂה כֹה לַעֲבָדֶיךָ׃ תֶּבֶן אֵין נִתָּן לַעֲבָדֶיךָ
וּלְבֵנִים אֹמְרִים לָנוּ עֲשׂוּ וְהִנֵּה עֲבָדֶיךָ מֻכִּים וְחָטָאת עַמֶּךָ׃
יז וַיֹּאמֶר נִרְפִּים אַתֶּם נִרְפִּים עַל־כֵּן אַתֶּם אֹמְרִים נֵלְכָה נִזְבְּחָה
יח לַיהוָה׃ וְעַתָּה לְכוּ עִבְדוּ וְתֶבֶן לֹא־יִנָּתֵן לָכֶם וְתֹכֶן לְבֵנִים
יט תִּתֵּנוּ׃ וַיִּרְאוּ שֹׁטְרֵי בְנֵי־יִשְׂרָאֵל אֹתָם בְּרָע לֵאמֹר לֹא־תִגְרְעוּ
כ מִלִּבְנֵיכֶם דְּבַר־יוֹם בְּיוֹמוֹ׃ וַיִּפְגְּעוּ אֶת־מֹשֶׁה וְאֶת־אַהֲרֹן
כא נִצָּבִים לִקְרָאתָם בְּצֵאתָם מֵאֵת פַּרְעֹה׃ וַיֹּאמְרוּ אֲלֵהֶם יֵרֶא
יְהוָה עֲלֵיכֶם וְיִשְׁפֹּט אֲשֶׁר הִבְאַשְׁתֶּם אֶת־רֵיחֵנוּ בְּעֵינֵי פַרְעֹה
כב וּבְעֵינֵי עֲבָדָיו לָתֶת־חֶרֶב בְּיָדָם לְהָרְגֵנוּ׃ וַיָּשָׁב מֹשֶׁה אֶל־ מפטיר
יְהוָה וַיֹּאמַר אֲדֹנָי לָמָה הֲרֵעֹתָה לָעָם הַזֶּה לָמָּה זֶּה שְׁלַחְתָּנִי׃
כג וּמֵאָז בָּאתִי אֶל־פַּרְעֹה לְדַבֵּר בִּשְׁמֶךָ הֵרַע לָעָם הַזֶּה וְהַצֵּל
ו א לֹא־הִצַּלְתָּ אֶת־עַמֶּךָ׃ וַיֹּאמֶר יְהוָה אֶל־מֹשֶׁה עַתָּה תִרְאֶה
אֲשֶׁר אֶעֱשֶׂה לְפַרְעֹה כִּי בְיָד חֲזָקָה יְשַׁלְּחֵם וּבְיָד חֲזָקָה יְגָרְשֵׁם
ב מֵאַרְצוֹ׃ וַיְדַבֵּר אֱלֹהִים אֶל־מֹשֶׁה וַיֹּאמֶר אֵלָיו ד וארא
ג אֲנִי יְהוָה׃ וָאֵרָא אֶל־אַבְרָהָם אֶל־יִצְחָק וְאֶל־יַעֲקֹב בְּאֵל
ד שַׁדָּי וּשְׁמִי יְהוָה לֹא נוֹדַעְתִּי לָהֶם׃ וְגַם הֲקִמֹתִי אֶת־בְּרִיתִי

התגלות ה' לאבות באל שדי בראשית יז, א; לה, יא

אֹתָם לָתֵת לָהֶם אֶת־אֶרֶץ כְּנָעַן אֵת אֶרֶץ מְגֻרֵיהֶם אֲשֶׁר־
ה גָּרוּ בָהּ׃ וְגַם ׀ אֲנִי שָׁמַעְתִּי אֶת־נַאֲקַת בְּנֵי יִשְׂרָאֵל אֲשֶׁר מִצְרַיִם
ו מַעֲבִדִים אֹתָם וָאֶזְכֹּר אֶת־בְּרִיתִי׃ לָכֵן אֱמֹר לִבְנֵי־יִשְׂרָאֵל
אֲנִי יהוה וְהוֹצֵאתִי אֶתְכֶם מִתַּחַת סִבְלֹת מִצְרַיִם וְהִצַּלְתִּי
אֶתְכֶם מֵעֲבֹדָתָם וְגָאַלְתִּי אֶתְכֶם בִּזְרוֹעַ נְטוּיָה וּבִשְׁפָטִים
ז גְּדֹלִים׃ וְלָקַחְתִּי אֶתְכֶם לִי לְעָם וְהָיִיתִי לָכֶם לֵאלֹהִים וִידַעְתֶּם
כִּי אֲנִי יהוה אֱלֹהֵיכֶם הַמּוֹצִיא אֶתְכֶם מִתַּחַת סִבְלוֹת מִצְרָיִם׃
ח וְהֵבֵאתִי אֶתְכֶם אֶל־הָאָרֶץ אֲשֶׁר נָשָׂאתִי אֶת־יָדִי לָתֵת אֹתָהּ
לְאַבְרָהָם לְיִצְחָק וּלְיַעֲקֹב וְנָתַתִּי אֹתָהּ לָכֶם מוֹרָשָׁה אֲנִי יהוה׃
ט וַיְדַבֵּר מֹשֶׁה כֵּן אֶל־בְּנֵי יִשְׂרָאֵל וְלֹא שָׁמְעוּ אֶל־מֹשֶׁה מִקֹּצֶר
רוּחַ וּמֵעֲבֹדָה קָשָׁה׃
י יא וַיְדַבֵּר יהוה אֶל־מֹשֶׁה לֵּאמֹר׃ בֹּא דַבֵּר אֶל־פַּרְעֹה מֶלֶךְ
יב מִצְרָיִם וִישַׁלַּח אֶת־בְּנֵי־יִשְׂרָאֵל מֵאַרְצוֹ׃ וַיְדַבֵּר מֹשֶׁה לִפְנֵי
יהוה לֵאמֹר הֵן בְּנֵי־יִשְׂרָאֵל לֹא־שָׁמְעוּ אֵלַי וְאֵיךְ יִשְׁמָעֵנִי
פַרְעֹה וַאֲנִי עֲרַל שְׂפָתָיִם׃
יג וַיְדַבֵּר יהוה אֶל־מֹשֶׁה וְאֶל־אַהֲרֹן וַיְצַוֵּם אֶל־בְּנֵי יִשְׂרָאֵל
וְאֶל־פַּרְעֹה מֶלֶךְ מִצְרָיִם לְהוֹצִיא אֶת־בְּנֵי־יִשְׂרָאֵל מֵאֶרֶץ
יד מִצְרָיִם׃ אֵלֶּה רָאשֵׁי בֵית־אֲבֹתָם בְּנֵי רְאוּבֵן שני
בְּכֹר יִשְׂרָאֵל חֲנוֹךְ וּפַלּוּא חֶצְרֹן וְכַרְמִי אֵלֶּה מִשְׁפְּחֹת רְאוּבֵן׃
טו וּבְנֵי שִׁמְעוֹן יְמוּאֵל וְיָמִין וְאֹהַד וְיָכִין וְצֹחַר וְשָׁאוּל בֶּן־הַכְּנַעֲנִית
טז אֵלֶּה מִשְׁפְּחֹת שִׁמְעוֹן׃ וְאֵלֶּה שְׁמוֹת בְּנֵי־לֵוִי לְתֹלְדֹתָם גֵּרְשׁוֹן
יז וּקְהָת וּמְרָרִי וּשְׁנֵי חַיֵּי לֵוִי שֶׁבַע וּשְׁלֹשִׁים וּמְאַת שָׁנָה׃ בְּנֵי
יח גֵרְשׁוֹן לִבְנִי וְשִׁמְעִי לְמִשְׁפְּחֹתָם׃ וּבְנֵי קְהָת עַמְרָם וְיִצְהָר
וְחֶבְרוֹן וְעֻזִּיאֵל וּשְׁנֵי חַיֵּי קְהָת שָׁלֹשׁ וּשְׁלֹשִׁים וּמְאַת שָׁנָה׃
יט כ וּבְנֵי מְרָרִי מַחְלִי וּמוּשִׁי אֵלֶּה מִשְׁפְּחֹת הַלֵּוִי לְתֹלְדֹתָם׃ וַיִּקַּח
עַמְרָם אֶת־יוֹכֶבֶד דֹּדָתוֹ לוֹ לְאִשָּׁה וַתֵּלֶד לוֹ אֶת־אַהֲרֹן וְאֶת־
כא מֹשֶׁה וּשְׁנֵי חַיֵּי עַמְרָם שֶׁבַע וּשְׁלֹשִׁים וּמְאַת שָׁנָה׃ וּבְנֵי יִצְהָר

בני ראובן וצאצאיו
בראשית מו, ט
במדבר כו, ה–ט
דה״א ה, ג–ט

בני שמעון וצאצאיו
בראשית מו, י
במדבר כו, יב–יד
דה״א ד, כד–כז

בני לוי וצאצאיו
בראשית מו, יא
במדבר ג, יז–כ; כו, נז–סב
דה״א ה, כז – ו, טו; כג, ז–כג

כב כג קֹרַח וָנֶפֶג וְזִכְרִי׃ וּבְנֵי עֻזִּיאֵל מִישָׁאֵל וְאֶלְצָפָן וְסִתְרִי׃ וַיִּקַּח
אַהֲרֹן אֶת־אֱלִישֶׁבַע בַּת־עַמִּינָדָב אֲחוֹת נַחְשׁוֹן לוֹ לְאִשָּׁה
וַתֵּלֶד לוֹ אֶת־נָדָב וְאֶת־אֲבִיהוּא אֶת־אֶלְעָזָר וְאֶת־אִיתָמָר׃
כד וּבְנֵי קֹרַח אַסִּיר וְאֶלְקָנָה וַאֲבִיאָסָף אֵלֶּה מִשְׁפְּחֹת הַקָּרְחִי׃
כה וְאֶלְעָזָר בֶּן־אַהֲרֹן לָקַח־לוֹ מִבְּנוֹת פּוּטִיאֵל לוֹ לְאִשָּׁה
וַתֵּלֶד לוֹ אֶת־פִּינְחָס אֵלֶּה רָאשֵׁי אֲבוֹת הַלְוִיִּם לְמִשְׁפְּחֹתָם׃
כו הוּא אַהֲרֹן וּמֹשֶׁה אֲשֶׁר אָמַר יהוה לָהֶם הוֹצִיאוּ אֶת־
כז בְּנֵי יִשְׂרָאֵל מֵאֶרֶץ מִצְרַיִם עַל־צִבְאֹתָם׃ הֵם הַמְדַבְּרִים
אֶל־פַּרְעֹה מֶלֶךְ־מִצְרַיִם לְהוֹצִיא אֶת־בְּנֵי־יִשְׂרָאֵל מִמִּצְרָיִם
כח הוּא מֹשֶׁה וְאַהֲרֹן׃ וַיְהִי בְּיוֹם דִּבֶּר יהוה אֶל־מֹשֶׁה בְּאֶרֶץ
כט מִצְרָיִם׃          וַיְדַבֵּר יהוה אֶל־מֹשֶׁה לֵּאמֹר אֲנִי יהוה שלישי
דַּבֵּר אֶל־פַּרְעֹה מֶלֶךְ מִצְרַיִם אֵת כָּל־אֲשֶׁר אֲנִי דֹּבֵר אֵלֶיךָ׃
ל וַיֹּאמֶר מֹשֶׁה לִפְנֵי יהוה הֵן אֲנִי עֲרַל שְׂפָתַיִם וְאֵיךְ יִשְׁמַע
אֵלַי פַּרְעֹה׃

ז א וַיֹּאמֶר יהוה אֶל־מֹשֶׁה רְאֵה נְתַתִּיךָ אֱלֹהִים לְפַרְעֹה וְאַהֲרֹן
ב אָחִיךָ יִהְיֶה נְבִיאֶךָ׃ אַתָּה תְדַבֵּר אֵת כָּל־אֲשֶׁר אֲצַוֶּךָּ וְאַהֲרֹן
ג אָחִיךָ יְדַבֵּר אֶל־פַּרְעֹה וְשִׁלַּח אֶת־בְּנֵי־יִשְׂרָאֵל מֵאַרְצוֹ׃ וַאֲנִי
אַקְשֶׁה אֶת־לֵב פַּרְעֹה וְהִרְבֵּיתִי אֶת־אֹתֹתַי וְאֶת־מוֹפְתַי בְּאֶרֶץ
ד מִצְרָיִם׃ וְלֹא־יִשְׁמַע אֲלֵכֶם פַּרְעֹה וְנָתַתִּי אֶת־יָדִי בְּמִצְרָיִם
וְהוֹצֵאתִי אֶת־צִבְאֹתַי אֶת־עַמִּי בְנֵי־יִשְׂרָאֵל מֵאֶרֶץ מִצְרַיִם
ה בִּשְׁפָטִים גְּדֹלִים׃ וְיָדְעוּ מִצְרַיִם כִּי־אֲנִי יהוה בִּנְטֹתִי אֶת־
ו יָדִי עַל־מִצְרָיִם וְהוֹצֵאתִי אֶת־בְּנֵי־יִשְׂרָאֵל מִתּוֹכָם׃ וַיַּעַשׂ
ז מֹשֶׁה וְאַהֲרֹן כַּאֲשֶׁר צִוָּה יהוה אֹתָם כֵּן עָשׂוּ׃ וּמֹשֶׁה בֶּן־
שְׁמֹנִים שָׁנָה וְאַהֲרֹן בֶּן־שָׁלֹשׁ וּשְׁמֹנִים שָׁנָה בְּדַבְּרָם אֶל־
פַּרְעֹה׃

ח ט ה רביעי וַיֹּאמֶר יהוה אֶל־מֹשֶׁה וְאֶל־אַהֲרֹן לֵאמֹר׃ כִּי יְדַבֵּר אֲלֵכֶם
פַּרְעֹה לֵאמֹר תְּנוּ לָכֶם מוֹפֵת וְאָמַרְתָּ אֶל־אַהֲרֹן קַח אֶת־

מַטְּךָ וְהַשְׁלֵךְ לִפְנֵי־פַרְעֹה יְהִי לְתַנִּין׃ וַיָּבֹא מֹשֶׁה וְאַהֲרֹן אֶל־ י
פַּרְעֹה וַיַּעֲשׂוּ־כֵן כַּאֲשֶׁר צִוָּה יְהוָה וַיַּשְׁלֵךְ אַהֲרֹן אֶת־מַטֵּהוּ
יא לִפְנֵי פַרְעֹה וְלִפְנֵי עֲבָדָיו וַיְהִי לְתַנִּין׃ וַיִּקְרָא גַּם־פַּרְעֹה לַחֲכָמִים
וְלַמְכַשְּׁפִים וַיַּעֲשׂוּ גַם־הֵם חַרְטֻמֵּי מִצְרַיִם בְּלַהֲטֵיהֶם כֵּן׃
יב וַיַּשְׁלִיכוּ אִישׁ מַטֵּהוּ וַיִּהְיוּ לְתַנִּינִם וַיִּבְלַע מַטֵּה־אַהֲרֹן אֶת־
יג מַטֹּתָם׃ וַיֶּחֱזַק לֵב פַּרְעֹה וְלֹא שָׁמַע אֲלֵהֶם כַּאֲשֶׁר דִּבֶּר
יד יְהוָה׃ וַיֹּאמֶר יְהוָה אֶל־מֹשֶׁה כָּבֵד לֵב פַּרְעֹה
טו מֵאֵן לְשַׁלַּח הָעָם׃ לֵךְ אֶל־פַּרְעֹה בַּבֹּקֶר הִנֵּה יֹצֵא הַמַּיְמָה
וְנִצַּבְתָּ לִקְרָאתוֹ עַל־שְׂפַת הַיְאֹר וְהַמַּטֶּה אֲשֶׁר־נֶהְפַּךְ לְנָחָשׁ
טז תִּקַּח בְּיָדֶךָ׃ וְאָמַרְתָּ אֵלָיו יְהוָה אֱלֹהֵי הָעִבְרִים שְׁלָחַנִי אֵלֶיךָ
לֵאמֹר שַׁלַּח אֶת־עַמִּי וְיַעַבְדֻנִי בַּמִּדְבָּר וְהִנֵּה לֹא־שָׁמַעְתָּ
יז עַד־כֹּה׃ כֹּה אָמַר יְהוָה בְּזֹאת תֵּדַע כִּי אֲנִי יְהוָה הִנֵּה אָנֹכִי
מַכֶּה ׀ בַּמַּטֶּה אֲשֶׁר־בְּיָדִי עַל־הַמַּיִם אֲשֶׁר בַּיְאֹר וְנֶהֶפְכוּ לְדָם׃
יח וְהַדָּגָה אֲשֶׁר־בַּיְאֹר תָּמוּת וּבָאַשׁ הַיְאֹר וְנִלְאוּ מִצְרַיִם לִשְׁתּוֹת
יט מַיִם מִן־הַיְאֹר׃ וַיֹּאמֶר יְהוָה אֶל־מֹשֶׁה אֱמֹר
אֶל־אַהֲרֹן קַח מַטְּךָ וּנְטֵה־יָדְךָ עַל־מֵימֵי מִצְרַיִם עַל־נַהֲרֹתָם ׀
עַל־יְאֹרֵיהֶם וְעַל־אַגְמֵיהֶם וְעַל כָּל־מִקְוֵה מֵימֵיהֶם וְיִהְיוּ־דָם
כ וְהָיָה דָם בְּכָל־אֶרֶץ מִצְרַיִם וּבָעֵצִים וּבָאֲבָנִים׃ וַיַּעֲשׂוּ־כֵן
מֹשֶׁה וְאַהֲרֹן כַּאֲשֶׁר ׀ צִוָּה יְהוָה וַיָּרֶם בַּמַּטֶּה וַיַּךְ אֶת־הַמַּיִם
אֲשֶׁר בַּיְאֹר לְעֵינֵי פַרְעֹה וּלְעֵינֵי עֲבָדָיו וַיֵּהָפְכוּ כָּל־הַמַּיִם אֲשֶׁר־
כא בַּיְאֹר לְדָם׃ וְהַדָּגָה אֲשֶׁר־בַּיְאֹר מֵתָה וַיִּבְאַשׁ הַיְאֹר וְלֹא־
יָכְלוּ מִצְרַיִם לִשְׁתּוֹת מַיִם מִן־הַיְאֹר וַיְהִי הַדָּם בְּכָל־אֶרֶץ
כב מִצְרָיִם׃ וַיַּעֲשׂוּ־כֵן חַרְטֻמֵּי מִצְרַיִם בְּלָטֵיהֶם וַיֶּחֱזַק לֵב־פַּרְעֹה
כג וְלֹא־שָׁמַע אֲלֵהֶם כַּאֲשֶׁר דִּבֶּר יְהוָה׃ וַיִּפֶן פַּרְעֹה וַיָּבֹא אֶל־
כד בֵּיתוֹ וְלֹא־שָׁת לִבּוֹ גַּם־לָזֹאת׃ וַיַּחְפְּרוּ כָל־מִצְרַיִם סְבִיבֹת
כה הַיְאֹר מַיִם לִשְׁתּוֹת כִּי לֹא יָכְלוּ לִשְׁתֹּת מִמֵּימֵי הַיְאֹר׃ וַיִּמָּלֵא
שִׁבְעַת יָמִים אַחֲרֵי הַכּוֹת־יְהוָה אֶת־הַיְאֹר׃

כו וַיֹּאמֶר יְהוָה אֶל־מֹשֶׁה בֹּא אֶל־פַּרְעֹה וְאָמַרְתָּ אֵלָיו כֹּה אָמַר
כז יְהוָה שַׁלַּח אֶת־עַמִּי וְיַעַבְדֻנִי׃ וְאִם־מָאֵן אַתָּה לְשַׁלֵּחַ הִנֵּה
כח אָנֹכִי נֹגֵף אֶת־כָּל־גְּבוּלְךָ בַּצְפַרְדְּעִים׃ וְשָׁרַץ הַיְאֹר צְפַרְדְּעִים
וְעָלוּ וּבָאוּ בְּבֵיתֶךָ וּבַחֲדַר מִשְׁכָּבְךָ וְעַל־מִטָּתֶךָ וּבְבֵית עֲבָדֶיךָ
כט וּבְעַמֶּךָ וּבְתַנּוּרֶיךָ וּבְמִשְׁאֲרוֹתֶיךָ׃ וּבְכָה וּבְעַמְּךָ וּבְכָל־עֲבָדֶיךָ
ח א יַעֲלוּ הַצְפַרְדְּעִים׃ וַיֹּאמֶר יְהוָה אֶל־מֹשֶׁה אֱמֹר אֶל־אַהֲרֹן
נְטֵה אֶת־יָדְךָ בְּמַטֶּךָ עַל־הַנְּהָרֹת עַל־הַיְאֹרִים וְעַל־הָאֲגַמִּים
ב וְהַעַל אֶת־הַצְפַרְדְּעִים עַל־אֶרֶץ מִצְרָיִם׃ וַיֵּט אַהֲרֹן אֶת־יָדוֹ
עַל מֵימֵי מִצְרָיִם וַתַּעַל הַצְּפַרְדֵּעַ וַתְּכַס אֶת־אֶרֶץ מִצְרָיִם׃
ג וַיַּעֲשׂוּ־כֵן הַחַרְטֻמִּים בְּלָטֵיהֶם וַיַּעֲלוּ אֶת־הַצְפַרְדְּעִים עַל־
ד אֶרֶץ מִצְרָיִם׃ וַיִּקְרָא פַרְעֹה לְמֹשֶׁה וּלְאַהֲרֹן וַיֹּאמֶר הַעְתִּירוּ
אֶל־יְהוָה וְיָסֵר הַצְפַרְדְּעִים מִמֶּנִּי וּמֵעַמִּי וַאֲשַׁלְּחָה אֶת־הָעָם
ה וְיִזְבְּחוּ לַיהוָה׃ וַיֹּאמֶר מֹשֶׁה לְפַרְעֹה הִתְפָּאֵר עָלַי לְמָתַי ׀
אַעְתִּיר לְךָ וְלַעֲבָדֶיךָ וּלְעַמְּךָ לְהַכְרִית הַצְפַרְדְּעִים מִמְּךָ
ו וּמִבָּתֶּיךָ רַק בַּיְאֹר תִּשָּׁאַרְנָה׃ וַיֹּאמֶר לְמָחָר וַיֹּאמֶר כִּדְבָרְךָ
ז לְמַעַן תֵּדַע כִּי־אֵין כַּיהוָה אֱלֹהֵינוּ׃ וְסָרוּ הַצְפַרְדְּעִים מִמְּךָ חמישי
ח וּמִבָּתֶּיךָ וּמֵעֲבָדֶיךָ וּמֵעַמֶּךָ רַק בַּיְאֹר תִּשָּׁאַרְנָה׃ וַיֵּצֵא מֹשֶׁה
וְאַהֲרֹן מֵעִם פַּרְעֹה וַיִּצְעַק מֹשֶׁה אֶל־יְהוָה עַל־דְּבַר הַצְפַרְדְּעִים
ט אֲשֶׁר־שָׂם לְפַרְעֹה׃ וַיַּעַשׂ יְהוָה כִּדְבַר מֹשֶׁה וַיָּמֻתוּ הַצְפַרְדְּעִים
י מִן־הַבָּתִּים מִן־הַחֲצֵרֹת וּמִן־הַשָּׂדֹת׃ וַיִּצְבְּרוּ אֹתָם חֳמָרִם
יא חֳמָרִם וַתִּבְאַשׁ הָאָרֶץ׃ וַיַּרְא פַּרְעֹה כִּי הָיְתָה הָרְוָחָה וְהַכְבֵּד
יב אֶת־לִבּוֹ וְלֹא שָׁמַע אֲלֵהֶם כַּאֲשֶׁר דִּבֶּר יְהוָה׃ וַיֹּאמֶר
יְהוָה אֶל־מֹשֶׁה אֱמֹר אֶל־אַהֲרֹן נְטֵה אֶת־מַטְּךָ וְהַךְ אֶת־
יג עֲפַר הָאָרֶץ וְהָיָה לְכִנִּם בְּכָל־אֶרֶץ מִצְרָיִם׃ וַיַּעֲשׂוּ־כֵן וַיֵּט
אַהֲרֹן אֶת־יָדוֹ בְמַטֵּהוּ וַיַּךְ אֶת־עֲפַר הָאָרֶץ וַתְּהִי הַכִּנָּם בָּאָדָם
וּבַבְּהֵמָה כָּל־עֲפַר הָאָרֶץ הָיָה כִנִּים בְּכָל־אֶרֶץ מִצְרָיִם׃
יד וַיַּעֲשׂוּ־כֵן הַחַרְטֻמִּים בְּלָטֵיהֶם לְהוֹצִיא אֶת־הַכִּנִּים וְלֹא יָכֹלוּ

טו וַתְּהִי הַכִּנָּם בָּאָדָם וּבַבְּהֵמָה: וַיֹּאמְרוּ הַחַרְטֻמִּם אֶל־פַּרְעֹה
אֶצְבַּע אֱלֹהִים הִוא וַיֶּחֱזַק לֵב־פַּרְעֹה וְלֹא־שָׁמַע אֲלֵהֶם כַּאֲשֶׁר
טז דִּבֶּר יְהוָה: וַיֹּאמֶר יְהוָה אֶל־מֹשֶׁה הַשְׁכֵּם בַּבֹּקֶר ו
וְהִתְיַצֵּב לִפְנֵי פַרְעֹה הִנֵּה יוֹצֵא הַמָּיְמָה וְאָמַרְתָּ אֵלָיו כֹּה
יז אָמַר יְהוָה שַׁלַּח עַמִּי וְיַעַבְדֻנִי: כִּי אִם־אֵינְךָ מְשַׁלֵּחַ אֶת־עַמִּי
הִנְנִי מַשְׁלִיחַ בְּךָ וּבַעֲבָדֶיךָ וּבְעַמְּךָ וּבְבָתֶּיךָ אֶת־הֶעָרֹב וּמָלְאוּ
יח בָּתֵּי מִצְרַיִם אֶת־הֶעָרֹב וְגַם הָאֲדָמָה אֲשֶׁר־הֵם עָלֶיהָ: וְהִפְלֵיתִי
בַיּוֹם הַהוּא אֶת־אֶרֶץ גֹּשֶׁן אֲשֶׁר עַמִּי עֹמֵד עָלֶיהָ לְבִלְתִּי הֱיוֹת־
יט שָׁם עָרֹב לְמַעַן תֵּדַע כִּי אֲנִי יְהוָה בְּקֶרֶב הָאָרֶץ: וְשַׂמְתִּי ששי
כ פְדֻת בֵּין עַמִּי וּבֵין עַמֶּךָ לְמָחָר יִהְיֶה הָאֹת הַזֶּה: וַיַּעַשׂ יְהוָה
כֵּן וַיָּבֹא עָרֹב כָּבֵד בֵּיתָה פַרְעֹה וּבֵית עֲבָדָיו וּבְכָל־אֶרֶץ
כא מִצְרַיִם תִּשָּׁחֵת הָאָרֶץ מִפְּנֵי הֶעָרֹב: וַיִּקְרָא פַרְעֹה אֶל־מֹשֶׁה
כב וּלְאַהֲרֹן וַיֹּאמֶר לְכוּ זִבְחוּ לֵאלֹהֵיכֶם בָּאָרֶץ: וַיֹּאמֶר מֹשֶׁה
לֹא נָכוֹן לַעֲשׂוֹת כֵּן כִּי תּוֹעֲבַת מִצְרַיִם נִזְבַּח לַיהוָה אֱלֹהֵינוּ
כג הֵן נִזְבַּח אֶת־תּוֹעֲבַת מִצְרַיִם לְעֵינֵיהֶם וְלֹא יִסְקְלֻנוּ: דֶּרֶךְ
שְׁלֹשֶׁת יָמִים נֵלֵךְ בַּמִּדְבָּר וְזָבַחְנוּ לַיהוָה אֱלֹהֵינוּ כַּאֲשֶׁר יֹאמַר
כד אֵלֵינוּ: וַיֹּאמֶר פַּרְעֹה אָנֹכִי אֲשַׁלַּח אֶתְכֶם וּזְבַחְתֶּם לַיהוָה
אֱלֹהֵיכֶם בַּמִּדְבָּר רַק הַרְחֵק לֹא־תַרְחִיקוּ לָלֶכֶת הַעְתִּירוּ
כה בַּעֲדִי: וַיֹּאמֶר מֹשֶׁה הִנֵּה אָנֹכִי יוֹצֵא מֵעִמָּךְ וְהַעְתַּרְתִּי אֶל־
יְהוָה וְסָר הֶעָרֹב מִפַּרְעֹה מֵעֲבָדָיו וּמֵעַמּוֹ מָחָר רַק אַל־יֹסֵף
כו פַּרְעֹה הָתֵל לְבִלְתִּי שַׁלַּח אֶת־הָעָם לִזְבֹּחַ לַיהוָה: וַיֵּצֵא מֹשֶׁה
כז מֵעִם פַּרְעֹה וַיֶּעְתַּר אֶל־יְהוָה: וַיַּעַשׂ יְהוָה כִּדְבַר מֹשֶׁה וַיָּסַר
כח הֶעָרֹב מִפַּרְעֹה מֵעֲבָדָיו וּמֵעַמּוֹ לֹא נִשְׁאַר אֶחָד: וַיַּכְבֵּד פַּרְעֹה
אֶת־לִבּוֹ גַּם בַּפַּעַם הַזֹּאת וְלֹא שִׁלַּח אֶת־הָעָם:
ט א וַיֹּאמֶר יְהוָה אֶל־מֹשֶׁה בֹּא אֶל־פַּרְעֹה וְדִבַּרְתָּ אֵלָיו כֹּה־אָמַר
ב יְהוָה אֱלֹהֵי הָעִבְרִים שַׁלַּח אֶת־עַמִּי וְיַעַבְדֻנִי: כִּי אִם־מָאֵן אַתָּה
ג לְשַׁלֵּחַ וְעוֹדְךָ מַחֲזִיק בָּם: הִנֵּה יַד־יְהוָה הוֹיָה בְּמִקְנְךָ אֲשֶׁר

בַּשָּׂדֶה בַּסּוּסִים בַּחֲמֹרִים בַּגְּמַלִּים בַּבָּקָר וּבַצֹּאן דֶּבֶר כָּבֵד
ד מְאֹד: וְהִפְלָה יהוה בֵּין מִקְנֵה יִשְׂרָאֵל וּבֵין מִקְנֵה מִצְרָיִם
ה וְלֹא יָמוּת מִכָּל־לִבְנֵי יִשְׂרָאֵל דָּבָר: וַיָּשֶׂם יהוה מוֹעֵד לֵאמֹר
ו מָחָר יַעֲשֶׂה יהוה הַדָּבָר הַזֶּה בָּאָרֶץ: וַיַּעַשׂ יהוה אֶת־הַדָּבָר
הַזֶּה מִמָּחֳרָת וַיָּמָת כֹּל מִקְנֵה מִצְרָיִם וּמִמִּקְנֵה בְנֵי־יִשְׂרָאֵל
ז לֹא־מֵת אֶחָד: וַיִּשְׁלַח פַּרְעֹה וְהִנֵּה לֹא־מֵת מִמִּקְנֵה יִשְׂרָאֵל
עַד־אֶחָד וַיִּכְבַּד לֵב פַּרְעֹה וְלֹא שִׁלַּח אֶת־הָעָם:
ח וַיֹּאמֶר יהוה אֶל־מֹשֶׁה וְאֶל־אַהֲרֹן קְחוּ לָכֶם מְלֹא חָפְנֵיכֶם
ט פִּיחַ כִּבְשָׁן וּזְרָקוֹ מֹשֶׁה הַשָּׁמַיְמָה לְעֵינֵי פַרְעֹה: וְהָיָה לְאָבָק
עַל כָּל־אֶרֶץ מִצְרָיִם וְהָיָה עַל־הָאָדָם וְעַל־הַבְּהֵמָה לִשְׁחִין
י פֹּרֵחַ אֲבַעְבֻּעֹת בְּכָל־אֶרֶץ מִצְרָיִם: וַיִּקְחוּ אֶת־פִּיחַ הַכִּבְשָׁן
וַיַּעַמְדוּ לִפְנֵי פַרְעֹה וַיִּזְרֹק אֹתוֹ מֹשֶׁה הַשָּׁמָיְמָה וַיְהִי שְׁחִין
יא אֲבַעְבֻּעֹת פֹּרֵחַ בָּאָדָם וּבַבְּהֵמָה: וְלֹא־יָכְלוּ הַחַרְטֻמִּים לַעֲמֹד
לִפְנֵי מֹשֶׁה מִפְּנֵי הַשְּׁחִין כִּי־הָיָה הַשְּׁחִין בַּחַרְטֻמִּם וּבְכָל־מִצְרָיִם:
יב וַיְחַזֵּק יהוה אֶת־לֵב פַּרְעֹה וְלֹא שָׁמַע אֲלֵהֶם כַּאֲשֶׁר דִּבֶּר
יג יהוה אֶל־מֹשֶׁה: וַיֹּאמֶר יהוה אֶל־מֹשֶׁה הַשְׁכֵּם
בַּבֹּקֶר וְהִתְיַצֵּב לִפְנֵי פַרְעֹה וְאָמַרְתָּ אֵלָיו כֹּה־אָמַר יהוה
יד אֱלֹהֵי הָעִבְרִים שַׁלַּח אֶת־עַמִּי וְיַעַבְדֻנִי: כִּי ׀ בַּפַּעַם הַזֹּאת אֲנִי
שֹׁלֵחַ אֶת־כָּל־מַגֵּפֹתַי אֶל־לִבְּךָ וּבַעֲבָדֶיךָ וּבְעַמֶּךָ בַּעֲבוּר תֵּדַע
טו כִּי אֵין כָּמֹנִי בְּכָל־הָאָרֶץ: כִּי עַתָּה שָׁלַחְתִּי אֶת־יָדִי וָאַךְ אוֹתְךָ
טז וְאֶת־עַמְּךָ בַּדָּבֶר וַתִּכָּחֵד מִן־הָאָרֶץ: וְאוּלָם בַּעֲבוּר זֹאת
הֶעֱמַדְתִּיךָ בַּעֲבוּר הַרְאֹתְךָ אֶת־כֹּחִי וּלְמַעַן סַפֵּר שְׁמִי בְּכָל־
יז יח הָאָרֶץ: עוֹדְךָ מִסְתּוֹלֵל בְּעַמִּי לְבִלְתִּי שַׁלְּחָם: הִנְנִי מַמְטִיר שביעי
כָּעֵת מָחָר בָּרָד כָּבֵד מְאֹד אֲשֶׁר לֹא־הָיָה כָמֹהוּ בְּמִצְרַיִם לְמִן־
יט הַיּוֹם הִוָּסְדָה וְעַד־עָתָּה: וְעַתָּה שְׁלַח הָעֵז אֶת־מִקְנְךָ וְאֵת כָּל־
אֲשֶׁר לְךָ בַּשָּׂדֶה כָּל־הָאָדָם וְהַבְּהֵמָה אֲשֶׁר־יִמָּצֵא בַשָּׂדֶה
כ וְלֹא יֵאָסֵף הַבַּיְתָה וְיָרַד עֲלֵהֶם הַבָּרָד וָמֵתוּ: הַיָּרֵא אֶת־דְּבַר

יְהוָה מֵעַבְדֵי פַּרְעֹה הֵנִיס אֶת־עֲבָדָיו וְאֶת־מִקְנֵהוּ אֶל־
הַבָּתִּים׃ וַאֲשֶׁר לֹא־שָׂם לִבּוֹ אֶל־דְּבַר יְהוָה וַיַּעֲזֹב אֶת־עֲבָדָיו כא
וְאֶת־מִקְנֵהוּ בַּשָּׂדֶה׃
וַיֹּאמֶר יְהוָה אֶל־מֹשֶׁה נְטֵה אֶת־יָדְךָ עַל־הַשָּׁמַיִם וִיהִי בָרָד כב
בְּכָל־אֶרֶץ מִצְרָיִם עַל־הָאָדָם וְעַל־הַבְּהֵמָה וְעַל כָּל־עֵשֶׂב
הַשָּׂדֶה בְּאֶרֶץ מִצְרָיִם׃ וַיֵּט מֹשֶׁה אֶת־מַטֵּהוּ עַל־הַשָּׁמַיִם כג
וַיהוָה נָתַן קֹלֹת וּבָרָד וַתִּהֲלַךְ־אֵשׁ אָרְצָה וַיַּמְטֵר יְהוָה בָּרָד
עַל־אֶרֶץ מִצְרָיִם׃ וַיְהִי בָרָד וְאֵשׁ מִתְלַקַּחַת בְּתוֹךְ הַבָּרָד כָּבֵד כד
מְאֹד אֲשֶׁר לֹא־הָיָה כָמֹהוּ בְּכָל־אֶרֶץ מִצְרַיִם מֵאָז הָיְתָה לְגוֹי׃
וַיַּךְ הַבָּרָד בְּכָל־אֶרֶץ מִצְרַיִם אֵת כָּל־אֲשֶׁר בַּשָּׂדֶה מֵאָדָם כה
וְעַד־בְּהֵמָה וְאֵת כָּל־עֵשֶׂב הַשָּׂדֶה הִכָּה הַבָּרָד וְאֶת־כָּל־עֵץ
הַשָּׂדֶה שִׁבֵּר׃ רַק בְּאֶרֶץ גֹּשֶׁן אֲשֶׁר־שָׁם בְּנֵי יִשְׂרָאֵל לֹא הָיָה כו
בָּרָד׃ וַיִּשְׁלַח פַּרְעֹה וַיִּקְרָא לְמֹשֶׁה וּלְאַהֲרֹן וַיֹּאמֶר אֲלֵהֶם כז
חָטָאתִי הַפָּעַם יְהוָה הַצַּדִּיק וַאֲנִי וְעַמִּי הָרְשָׁעִים׃ הַעְתִּירוּ כח
אֶל־יְהוָה וְרַב מִהְיֹת קֹלֹת אֱלֹהִים וּבָרָד וַאֲשַׁלְּחָה אֶתְכֶם וְלֹא
תֹסִפוּן לַעֲמֹד׃ וַיֹּאמֶר אֵלָיו מֹשֶׁה כְּצֵאתִי אֶת־הָעִיר אֶפְרֹשׂ כט
אֶת־כַּפַּי אֶל־יְהוָה הַקֹּלוֹת יֶחְדָּלוּן וְהַבָּרָד לֹא יִהְיֶה־עוֹד לְמַעַן
תֵּדַע כִּי לַיהוָה הָאָרֶץ׃ וְאַתָּה וַעֲבָדֶיךָ יָדַעְתִּי כִּי טֶרֶם תִּירְאוּן ל
מִפְּנֵי יְהוָה אֱלֹהִים׃ וְהַפִּשְׁתָּה וְהַשְּׂעֹרָה נֻכָּתָה כִּי הַשְּׂעֹרָה לא
אָבִיב וְהַפִּשְׁתָּה גִּבְעֹל׃ וְהַחִטָּה וְהַכֻּסֶּמֶת לֹא נֻכּוּ כִּי אֲפִילֹת לב
מפטיר הֵנָּה׃ וַיֵּצֵא מֹשֶׁה מֵעִם פַּרְעֹה אֶת־הָעִיר וַיִּפְרֹשׂ כַּפָּיו אֶל־יְהוָה לג
וַיַּחְדְּלוּ הַקֹּלוֹת וְהַבָּרָד וּמָטָר לֹא־נִתַּךְ אָרְצָה׃ וַיַּרְא פַּרְעֹה לד
כִּי־חָדַל הַמָּטָר וְהַבָּרָד וְהַקֹּלֹת וַיֹּסֶף לַחֲטֹא וַיַּכְבֵּד לִבּוֹ הוּא
וַעֲבָדָיו׃ וַיֶּחֱזַק לֵב פַּרְעֹה וְלֹא שִׁלַּח אֶת־בְּנֵי יִשְׂרָאֵל כַּאֲשֶׁר לה
דִּבֶּר יְהוָה בְּיַד־מֹשֶׁה׃

בא ז וַיֹּאמֶר יְהוָה אֶל־מֹשֶׁה בֹּא אֶל־פַּרְעֹה כִּי־אֲנִי הִכְבַּדְתִּי אֶת־ א י
לִבּוֹ וְאֶת־לֵב עֲבָדָיו לְמַעַן שִׁתִי אֹתֹתַי אֵלֶּה בְּקִרְבּוֹ׃ וּלְמַעַן ב

תְּסַפֵּר בְּאָזְנֵי בִנְךָ וּבֶן־בִּנְךָ אֵת אֲשֶׁר הִתְעַלַּלְתִּי בְּמִצְרַיִם
ג וְאֶת־אֹתֹתַי אֲשֶׁר־שַׂמְתִּי בָם וִידַעְתֶּם כִּי־אֲנִי יְהוָה׃ וַיָּבֹא
מֹשֶׁה וְאַהֲרֹן אֶל־פַּרְעֹה וַיֹּאמְרוּ אֵלָיו כֹּה־אָמַר יְהוָה אֱלֹהֵי
הָעִבְרִים עַד־מָתַי מֵאַנְתָּ לֵעָנֹת מִפָּנָי שַׁלַּח עַמִּי וְיַעַבְדֻנִי׃
ד כִּי אִם־מָאֵן אַתָּה לְשַׁלֵּחַ אֶת־עַמִּי הִנְנִי מֵבִיא מָחָר אַרְבֶּה
ה בִּגְבֻלֶךָ׃ וְכִסָּה אֶת־עֵין הָאָרֶץ וְלֹא יוּכַל לִרְאֹת אֶת־הָאָרֶץ
וְאָכַל ׀ אֶת־יֶתֶר הַפְּלֵטָה הַנִּשְׁאֶרֶת לָכֶם מִן־הַבָּרָד וְאָכַל אֶת־
ו כָּל־הָעֵץ הַצֹּמֵחַ לָכֶם מִן־הַשָּׂדֶה׃ וּמָלְאוּ בָתֶּיךָ וּבָתֵּי כָל־
עֲבָדֶיךָ וּבָתֵּי כָל־מִצְרַיִם אֲשֶׁר לֹא־רָאוּ אֲבֹתֶיךָ וַאֲבוֹת אֲבֹתֶיךָ
מִיּוֹם הֱיוֹתָם עַל־הָאֲדָמָה עַד הַיּוֹם הַזֶּה וַיִּפֶן וַיֵּצֵא מֵעִם פַּרְעֹה׃
ז וַיֹּאמְרוּ עַבְדֵי פַרְעֹה אֵלָיו עַד־מָתַי יִהְיֶה זֶה לָנוּ לְמוֹקֵשׁ
שַׁלַּח אֶת־הָאֲנָשִׁים וְיַעַבְדוּ אֶת־יְהוָה אֱלֹהֵיהֶם הֲטֶרֶם תֵּדַע
ח כִּי אָבְדָה מִצְרָיִם׃ וַיּוּשַׁב אֶת־מֹשֶׁה וְאֶת־אַהֲרֹן אֶל־פַּרְעֹה
וַיֹּאמֶר אֲלֵהֶם לְכוּ עִבְדוּ אֶת־יְהוָה אֱלֹהֵיכֶם מִי וָמִי הַהֹלְכִים׃
ט וַיֹּאמֶר מֹשֶׁה בִּנְעָרֵינוּ וּבִזְקֵנֵינוּ נֵלֵךְ בְּבָנֵינוּ וּבִבְנוֹתֵנוּ בְּצֹאנֵנוּ
י וּבִבְקָרֵנוּ נֵלֵךְ כִּי חַג־יְהוָה לָנוּ׃ וַיֹּאמֶר אֲלֵהֶם יְהִי כֵן יְהוָה
עִמָּכֶם כַּאֲשֶׁר אֲשַׁלַּח אֶתְכֶם וְאֶת־טַפְּכֶם רְאוּ כִּי רָעָה נֶגֶד
יא פְּנֵיכֶם׃ לֹא כֵן לְכוּ־נָא הַגְּבָרִים וְעִבְדוּ אֶת־יְהוָה כִּי אֹתָהּ אַתֶּם
יב מְבַקְשִׁים וַיְגָרֶשׁ אֹתָם מֵאֵת פְּנֵי פַרְעֹה׃ וַיֹּאמֶר שני
יְהוָה אֶל־מֹשֶׁה נְטֵה יָדְךָ עַל־אֶרֶץ מִצְרַיִם בָּאַרְבֶּה וְיַעַל עַל־
אֶרֶץ מִצְרָיִם וְיֹאכַל אֶת־כָּל־עֵשֶׂב הָאָרֶץ אֵת כָּל־אֲשֶׁר
יג הִשְׁאִיר הַבָּרָד׃ וַיֵּט מֹשֶׁה אֶת־מַטֵּהוּ עַל־אֶרֶץ מִצְרַיִם וַיהוָה
נִהַג רוּחַ־קָדִים בָּאָרֶץ כָּל־הַיּוֹם הַהוּא וְכָל־הַלָּיְלָה הַבֹּקֶר
יד הָיָה וְרוּחַ הַקָּדִים נָשָׂא אֶת־הָאַרְבֶּה׃ וַיַּעַל הָאַרְבֶּה עַל כָּל־
אֶרֶץ מִצְרַיִם וַיָּנַח בְּכֹל גְּבוּל מִצְרָיִם כָּבֵד מְאֹד לְפָנָיו לֹא־
טו הָיָה כֵן אַרְבֶּה כָּמֹהוּ וְאַחֲרָיו לֹא יִהְיֶה־כֵּן׃ וַיְכַס אֶת־עֵין
כָּל־הָאָרֶץ וַתֶּחְשַׁךְ הָאָרֶץ וַיֹּאכַל אֶת־כָּל־עֵשֶׂב הָאָרֶץ וְאֵת

כָּל־פְּרִי הָעֵץ אֲשֶׁר הוֹתִיר הַבָּרָד וְלֹא־נוֹתַר כָּל־יֶרֶק בָּעֵץ
טז וּבְעֵשֶׂב הַשָּׂדֶה בְּכָל־אֶרֶץ מִצְרָיִם׃ וַיְמַהֵר פַּרְעֹה לִקְרֹא
יז לְמֹשֶׁה וּלְאַהֲרֹן וַיֹּאמֶר חָטָאתִי לַיהוָה אֱלֹהֵיכֶם וְלָכֶם׃ וְעַתָּה
שָׂא נָא חַטָּאתִי אַךְ הַפַּעַם וְהַעְתִּירוּ לַיהוָה אֱלֹהֵיכֶם וְיָסֵר
יח מֵעָלַי רַק אֶת־הַמָּוֶת הַזֶּה׃ וַיֵּצֵא מֵעִם פַּרְעֹה וַיֶּעְתַּר אֶל־יְהוָה׃
יט וַיַּהֲפֹךְ יְהוָה רוּחַ־יָם חָזָק מְאֹד וַיִּשָּׂא אֶת־הָאַרְבֶּה וַיִּתְקָעֵהוּ
כ יָמָּה סּוּף לֹא נִשְׁאַר אַרְבֶּה אֶחָד בְּכֹל גְּבוּל מִצְרָיִם׃ וַיְחַזֵּק
יְהוָה אֶת־לֵב פַּרְעֹה וְלֹא שִׁלַּח אֶת־בְּנֵי יִשְׂרָאֵל׃
כא וַיֹּאמֶר יְהוָה אֶל־מֹשֶׁה נְטֵה יָדְךָ עַל־הַשָּׁמַיִם וִיהִי חֹשֶׁךְ עַל־
כב אֶרֶץ מִצְרָיִם וְיָמֵשׁ חֹשֶׁךְ׃ וַיֵּט מֹשֶׁה אֶת־יָדוֹ עַל־הַשָּׁמָיִם
כג וַיְהִי חֹשֶׁךְ־אֲפֵלָה בְּכָל־אֶרֶץ מִצְרַיִם שְׁלֹשֶׁת יָמִים׃ לֹא־רָאוּ
אִישׁ אֶת־אָחִיו וְלֹא־קָמוּ אִישׁ מִתַּחְתָּיו שְׁלֹשֶׁת יָמִים וּלְכָל־
כד בְּנֵי יִשְׂרָאֵל הָיָה אוֹר בְּמוֹשְׁבֹתָם׃ וַיִּקְרָא פַרְעֹה אֶל־מֹשֶׁה שלישי
וַיֹּאמֶר לְכוּ עִבְדוּ אֶת־יְהוָה רַק צֹאנְכֶם וּבְקַרְכֶם יֻצָּג גַּם־
כה טַפְּכֶם יֵלֵךְ עִמָּכֶם׃ וַיֹּאמֶר מֹשֶׁה גַּם־אַתָּה תִּתֵּן בְּיָדֵנוּ זְבָחִים
כו וְעֹלֹת וְעָשִׂינוּ לַיהוָה אֱלֹהֵינוּ׃ וְגַם־מִקְנֵנוּ יֵלֵךְ עִמָּנוּ לֹא
תִשָּׁאֵר פַּרְסָה כִּי מִמֶּנּוּ נִקַּח לַעֲבֹד אֶת־יְהוָה אֱלֹהֵינוּ וַאֲנַחְנוּ
כז לֹא־נֵדַע מַה־נַּעֲבֹד אֶת־יְהוָה עַד־בֹּאֵנוּ שָׁמָּה׃ וַיְחַזֵּק
כח יְהוָה אֶת־לֵב פַּרְעֹה וְלֹא אָבָה לְשַׁלְּחָם׃ וַיֹּאמֶר־לוֹ פַרְעֹה
לֵךְ מֵעָלָי הִשָּׁמֶר לְךָ אַל־תֹּסֶף רְאוֹת פָּנַי כִּי בְּיוֹם רְאֹתְךָ
כט פָנַי תָּמוּת׃ וַיֹּאמֶר מֹשֶׁה כֵּן דִּבַּרְתָּ לֹא־אֹסִף עוֹד רְאוֹת
פָּנֶיךָ׃

יא א וַיֹּאמֶר יְהוָה אֶל־מֹשֶׁה עוֹד נֶגַע אֶחָד אָבִיא עַל־פַּרְעֹה וְעַל־ ח
מִצְרַיִם אַחֲרֵי־כֵן יְשַׁלַּח אֶתְכֶם מִזֶּה כְּשַׁלְּחוֹ כָּלָה גָּרֵשׁ יְגָרֵשׁ
ב אֶתְכֶם מִזֶּה׃ דַּבֶּר־נָא בְּאָזְנֵי הָעָם וְיִשְׁאֲלוּ אִישׁ ׀ מֵאֵת רֵעֵהוּ
ג וְאִשָּׁה מֵאֵת רְעוּתָהּ כְּלֵי־כֶסֶף וּכְלֵי זָהָב׃ וַיִּתֵּן יְהוָה אֶת־חֵן
הָעָם בְּעֵינֵי מִצְרָיִם גַּם ׀ הָאִישׁ מֹשֶׁה גָּדוֹל מְאֹד בְּאֶרֶץ מִצְרַיִם

יציאת ישראל ממצרים ברכוש גדול
בראשית טו, יד
שמות ג, כא–כב; יב, לה–לו

רביעי

מכת בכורות
שמות יב, כט-ל

ד בְּעֵינֵי עַבְדֵי־פַרְעֹה וּבְעֵינֵי הָעָם׃ וַיֹּאמֶר מֹשֶׁה
ה כֹּה אָמַר יהוה כַּחֲצֹת הַלַּיְלָה אֲנִי יוֹצֵא בְּתוֹךְ מִצְרָיִם׃ וּמֵת
כָּל־בְּכוֹר בְּאֶרֶץ מִצְרַיִם מִבְּכוֹר פַּרְעֹה הַיֹּשֵׁב עַל־כִּסְאוֹ עַד
ו בְּכוֹר הַשִּׁפְחָה אֲשֶׁר אַחַר הָרֵחָיִם וְכֹל בְּכוֹר בְּהֵמָה׃ וְהָיְתָה
צְעָקָה גְדֹלָה בְּכָל־אֶרֶץ מִצְרָיִם אֲשֶׁר כָּמֹהוּ לֹא נִהְיָתָה
ז וְכָמֹהוּ לֹא תֹסִף׃ וּלְכֹל ׀ בְּנֵי יִשְׂרָאֵל לֹא יֶחֱרַץ־כֶּלֶב לְשֹׁנוֹ
לְמֵאִישׁ וְעַד־בְּהֵמָה לְמַעַן תֵּדְעוּן אֲשֶׁר יַפְלֶה יהוה בֵּין מִצְרַיִם
ח וּבֵין יִשְׂרָאֵל׃ וְיָרְדוּ כָל־עֲבָדֶיךָ אֵלֶּה אֵלַי וְהִשְׁתַּחֲווּ־לִי לֵאמֹר
צֵא אַתָּה וְכָל־הָעָם אֲשֶׁר־בְּרַגְלֶיךָ וְאַחֲרֵי־כֵן אֵצֵא וַיֵּצֵא
ט מֵעִם־פַּרְעֹה בָּחֳרִי־אָף׃ וַיֹּאמֶר יהוה אֶל־
מֹשֶׁה לֹא־יִשְׁמַע אֲלֵיכֶם פַּרְעֹה לְמַעַן רְבוֹת מוֹפְתַי בְּאֶרֶץ
י מִצְרָיִם׃ וּמֹשֶׁה וְאַהֲרֹן עָשׂוּ אֶת־כָּל־הַמֹּפְתִים הָאֵלֶּה לִפְנֵי
פַרְעֹה וַיְחַזֵּק יהוה אֶת־לֵב פַּרְעֹה וְלֹא־שִׁלַּח אֶת־בְּנֵי־יִשְׂרָאֵל
יב א מֵאַרְצוֹ׃ וַיֹּאמֶר יהוה אֶל־מֹשֶׁה וְאֶל־אַהֲרֹן
ב בְּאֶרֶץ מִצְרַיִם לֵאמֹר׃ הַחֹדֶשׁ הַזֶּה לָכֶם רֹאשׁ חֳדָשִׁים רִאשׁוֹן
ג הוּא לָכֶם לְחָדְשֵׁי הַשָּׁנָה׃ דַּבְּרוּ אֶל־כָּל־עֲדַת יִשְׂרָאֵל לֵאמֹר
בֶּעָשֹׂר לַחֹדֶשׁ הַזֶּה וְיִקְחוּ לָהֶם אִישׁ שֶׂה לְבֵית־אָבֹת שֶׂה
ד לַבָּיִת׃ וְאִם־יִמְעַט הַבַּיִת מִהְיוֹת מִשֶּׂה וְלָקַח הוּא וּשְׁכֵנוֹ
הַקָּרֹב אֶל־בֵּיתוֹ בְּמִכְסַת נְפָשֹׁת אִישׁ לְפִי אָכְלוֹ תָּכֹסּוּ עַל־
ה הַשֶּׂה׃ שֶׂה תָמִים זָכָר בֶּן־שָׁנָה יִהְיֶה לָכֶם מִן־הַכְּבָשִׂים וּמִן־
ו הָעִזִּים תִּקָּחוּ׃ וְהָיָה לָכֶם לְמִשְׁמֶרֶת עַד אַרְבָּעָה עָשָׂר יוֹם
לַחֹדֶשׁ הַזֶּה וְשָׁחֲטוּ אֹתוֹ כֹּל קְהַל עֲדַת־יִשְׂרָאֵל בֵּין הָעַרְבָּיִם׃
ז וְלָקְחוּ מִן־הַדָּם וְנָתְנוּ עַל־שְׁתֵּי הַמְּזוּזֹת וְעַל־הַמַּשְׁקוֹף עַל
ח הַבָּתִּים אֲשֶׁר־יֹאכְלוּ אֹתוֹ בָּהֶם׃ וְאָכְלוּ אֶת־הַבָּשָׂר בַּלַּיְלָה
ט הַזֶּה צְלִי־אֵשׁ וּמַצּוֹת עַל־מְרֹרִים יֹאכְלֻהוּ׃ אַל־תֹּאכְלוּ מִמֶּנּוּ
נָא וּבָשֵׁל מְבֻשָּׁל בַּמָּיִם כִּי אִם־צְלִי־אֵשׁ רֹאשׁוֹ עַל־כְּרָעָיו
י וְעַל־קִרְבּוֹ׃ וְלֹא־תוֹתִירוּ מִמֶּנּוּ עַד־בֹּקֶר וְהַנֹּתָר מִמֶּנּוּ עַד־

דיני קרבן פסח
שמות יב, מג-מט

יא בֹּקֶר בָּאֵשׁ תִּשְׂרֹפוּ: וְכָכָה תֹּאכְלוּ אֹתוֹ מָתְנֵיכֶם חֲגֻרִים
נַעֲלֵיכֶם בְּרַגְלֵיכֶם וּמַקֶּלְכֶם בְּיֶדְכֶם וַאֲכַלְתֶּם אֹתוֹ בְּחִפָּזוֹן
יב פֶּסַח הוּא לַיהוָה: וְעָבַרְתִּי בְאֶרֶץ־מִצְרַיִם בַּלַּיְלָה הַזֶּה וְהִכֵּיתִי
כָל־בְּכוֹר בְּאֶרֶץ מִצְרַיִם מֵאָדָם וְעַד־בְּהֵמָה וּבְכָל־אֱלֹהֵי
יג מִצְרַיִם אֶעֱשֶׂה שְׁפָטִים אֲנִי יְהוָה: וְהָיָה הַדָּם לָכֶם לְאֹת עַל
הַבָּתִּים אֲשֶׁר אַתֶּם שָׁם וְרָאִיתִי אֶת־הַדָּם וּפָסַחְתִּי עֲלֵכֶם
יד וְלֹא־יִהְיֶה בָכֶם נֶגֶף לְמַשְׁחִית בְּהַכֹּתִי בְּאֶרֶץ מִצְרָיִם: וְהָיָה
הַיּוֹם הַזֶּה לָכֶם לְזִכָּרוֹן וְחַגֹּתֶם אֹתוֹ חַג לַיהוָה לְדֹרֹתֵיכֶם
טו חֻקַּת עוֹלָם תְּחָגֻּהוּ: שִׁבְעַת יָמִים מַצּוֹת תֹּאכֵלוּ אַךְ בַּיּוֹם
הָרִאשׁוֹן תַּשְׁבִּיתוּ שְּׂאֹר מִבָּתֵּיכֶם כִּי ׀ כָּל־אֹכֵל חָמֵץ וְנִכְרְתָה
טז הַנֶּפֶשׁ הַהִוא מִיִּשְׂרָאֵל מִיּוֹם הָרִאשֹׁן עַד־יוֹם הַשְּׁבִעִי: וּבַיּוֹם
הָרִאשׁוֹן מִקְרָא־קֹדֶשׁ וּבַיּוֹם הַשְּׁבִיעִי מִקְרָא־קֹדֶשׁ יִהְיֶה לָכֶם
כָּל־מְלָאכָה לֹא־יֵעָשֶׂה בָהֶם אַךְ אֲשֶׁר יֵאָכֵל לְכָל־נֶפֶשׁ הוּא
יז לְבַדּוֹ יֵעָשֶׂה לָכֶם: וּשְׁמַרְתֶּם אֶת־הַמַּצּוֹת כִּי בְּעֶצֶם הַיּוֹם
הַזֶּה הוֹצֵאתִי אֶת־צִבְאוֹתֵיכֶם מֵאֶרֶץ מִצְרָיִם וּשְׁמַרְתֶּם אֶת־
יח הַיּוֹם הַזֶּה לְדֹרֹתֵיכֶם חֻקַּת עוֹלָם: בָּרִאשֹׁן בְּאַרְבָּעָה עָשָׂר
יוֹם לַחֹדֶשׁ בָּעֶרֶב תֹּאכְלוּ מַצֹּת עַד יוֹם הָאֶחָד וְעֶשְׂרִים
יט לַחֹדֶשׁ בָּעָרֶב: שִׁבְעַת יָמִים שְׂאֹר לֹא יִמָּצֵא בְּבָתֵּיכֶם כִּי ׀
כָּל־אֹכֵל מַחְמֶצֶת וְנִכְרְתָה הַנֶּפֶשׁ הַהִוא מֵעֲדַת יִשְׂרָאֵל בַּגֵּר
כ וּבְאֶזְרַח הָאָרֶץ: כָּל־מַחְמֶצֶת לֹא תֹאכֵלוּ בְּכֹל מוֹשְׁבֹתֵיכֶם
תֹּאכְלוּ מַצּוֹת:

כא וַיִּקְרָא מֹשֶׁה לְכָל־זִקְנֵי יִשְׂרָאֵל וַיֹּאמֶר אֲלֵהֶם מִשְׁכוּ וּקְחוּ (חמישי)
כב לָכֶם צֹאן לְמִשְׁפְּחֹתֵיכֶם וְשַׁחֲטוּ הַפָּסַח: וּלְקַחְתֶּם אֲגֻדַּת אֵזוֹב
וּטְבַלְתֶּם בַּדָּם אֲשֶׁר־בַּסַּף וְהִגַּעְתֶּם אֶל־הַמַּשְׁקוֹף וְאֶל־שְׁתֵּי
הַמְּזוּזֹת מִן־הַדָּם אֲשֶׁר בַּסָּף וְאַתֶּם לֹא תֵצְאוּ אִישׁ מִפֶּתַח־
כג בֵּיתוֹ עַד־בֹּקֶר: וְעָבַר יְהוָה לִנְגֹּף אֶת־מִצְרַיִם וְרָאָה אֶת־
הַדָּם עַל־הַמַּשְׁקוֹף וְעַל שְׁתֵּי הַמְּזוּזֹת וּפָסַח יְהוָה עַל־הַפֶּתַח

דיני חג הפסח
שמות יג, ג–י; כג, טו; לד, יח
ויקרא כג, ד–ח
במדבר כח, טז–כה
דברים טז, א–ח

כד וְלֹא יִתֵּן הַמַּשְׁחִית לָבֹא אֶל־בָּתֵּיכֶם לִנְגֹּף: וּשְׁמַרְתֶּם אֶת־
כה הַדָּבָר הַזֶּה לְחָק־לְךָ וּלְבָנֶיךָ עַד־עוֹלָם: וְהָיָה כִּי־תָבֹאוּ
אֶל־הָאָרֶץ אֲשֶׁר יִתֵּן יהוה לָכֶם כַּאֲשֶׁר דִּבֵּר וּשְׁמַרְתֶּם אֶת־
כו הָעֲבֹדָה הַזֹּאת: וְהָיָה כִּי־יֹאמְרוּ אֲלֵיכֶם בְּנֵיכֶם מָה הָעֲבֹדָה
כז הַזֹּאת לָכֶם: וַאֲמַרְתֶּם זֶבַח־פֶּסַח הוּא לַיהוה אֲשֶׁר פָּסַח עַל־
בָּתֵּי בְנֵי־יִשְׂרָאֵל בְּמִצְרַיִם בְּנָגְפּוֹ אֶת־מִצְרַיִם וְאֶת־בָּתֵּינוּ הִצִּיל
כח וַיִּקֹּד הָעָם וַיִּשְׁתַּחֲווּ: וַיֵּלְכוּ וַיַּעֲשׂוּ בְּנֵי יִשְׂרָאֵל כַּאֲשֶׁר צִוָּה
כט יהוה אֶת־מֹשֶׁה וְאַהֲרֹן כֵּן עָשׂוּ: וַיְהִי ׀ בַּחֲצִי הַלַּיְלָה ט ששי
וַיהוה הִכָּה כָל־בְּכוֹר בְּאֶרֶץ מִצְרַיִם מִבְּכֹר פַּרְעֹה הַיֹּשֵׁב עַל־
כִּסְאוֹ עַד בְּכוֹר הַשְּׁבִי אֲשֶׁר בְּבֵית הַבּוֹר וְכֹל בְּכוֹר בְּהֵמָה:
ל וַיָּקָם פַּרְעֹה לַיְלָה הוּא וְכָל־עֲבָדָיו וְכָל־מִצְרַיִם וַתְּהִי צְעָקָה
לא גְדֹלָה בְּמִצְרָיִם כִּי־אֵין בַּיִת אֲשֶׁר אֵין־שָׁם מֵת: וַיִּקְרָא לְמֹשֶׁה
וּלְאַהֲרֹן לַיְלָה וַיֹּאמֶר קוּמוּ צְּאוּ מִתּוֹךְ עַמִּי גַּם־אַתֶּם גַּם־
לב בְּנֵי יִשְׂרָאֵל וּלְכוּ עִבְדוּ אֶת־יהוה כְּדַבֶּרְכֶם: גַּם־צֹאנְכֶם גַּם־
לג בְּקַרְכֶם קְחוּ כַּאֲשֶׁר דִּבַּרְתֶּם וָלֵכוּ וּבֵרַכְתֶּם גַּם־אֹתִי: וַתֶּחֱזַק
מִצְרַיִם עַל־הָעָם לְמַהֵר לְשַׁלְּחָם מִן־הָאָרֶץ כִּי אָמְרוּ כֻּלָּנוּ
לד מֵתִים: וַיִּשָּׂא הָעָם אֶת־בְּצֵקוֹ טֶרֶם יֶחְמָץ מִשְׁאֲרֹתָם צְרֻרֹת
לה בְּשִׂמְלֹתָם עַל־שִׁכְמָם: וּבְנֵי־יִשְׂרָאֵל עָשׂוּ כִּדְבַר מֹשֶׁה וַיִּשְׁאֲלוּ
לו מִמִּצְרַיִם כְּלֵי־כֶסֶף וּכְלֵי זָהָב וּשְׂמָלֹת: וַיהוה נָתַן אֶת־חֵן הָעָם
בְּעֵינֵי מִצְרַיִם וַיַּשְׁאִלוּם וַיְנַצְּלוּ אֶת־מִצְרָיִם:
לז וַיִּסְעוּ בְנֵי־יִשְׂרָאֵל מֵרַעְמְסֵס סֻכֹּתָה כְּשֵׁשׁ־מֵאוֹת אֶלֶף רַגְלִי
לח הַגְּבָרִים לְבַד מִטָּף: וְגַם־עֵרֶב רַב עָלָה אִתָּם וְצֹאן וּבָקָר
לט מִקְנֶה כָּבֵד מְאֹד: וַיֹּאפוּ אֶת־הַבָּצֵק אֲשֶׁר הוֹצִיאוּ מִמִּצְרַיִם
עֻגֹת מַצּוֹת כִּי לֹא חָמֵץ כִּי־גֹרְשׁוּ מִמִּצְרַיִם וְלֹא יָכְלוּ לְהִתְמַהְמֵהַּ
מ וְגַם־צֵדָה לֹא־עָשׂוּ לָהֶם: וּמוֹשַׁב בְּנֵי יִשְׂרָאֵל אֲשֶׁר יָשְׁבוּ
מא בְּמִצְרָיִם שְׁלֹשִׁים שָׁנָה וְאַרְבַּע מֵאוֹת שָׁנָה: וַיְהִי מִקֵּץ שְׁלֹשִׁים
שָׁנָה וְאַרְבַּע מֵאוֹת שָׁנָה וַיְהִי בְּעֶצֶם הַיּוֹם הַזֶּה יָצְאוּ כָּל־

מצוות סיפור יציאת מצרים
שמות יג, ח; יג, יד–טו
דברים ו, כ–כה

יציאת ישראל ממצרים ברכוש גדול
בראשית טו, יד
שמות ג, כא–כב; יא, ב–ג

נסיעת ישראל מרעמסס לסוכות
במדבר לג, ה

משך זמנה של גלות מצרים
בראשית טו, יג

מב צִבְאוֹת יְהוָה מֵאֶרֶץ מִצְרָיִם: לֵיל שִׁמֻּרִים הוּא לַיהוָה
לְהוֹצִיאָם מֵאֶרֶץ מִצְרָיִם הוּא־הַלַּיְלָה הַזֶּה לַיהוָה שִׁמֻּרִים
לְכָל־בְּנֵי יִשְׂרָאֵל לְדֹרֹתָם:

דיני קרבן פסח
שמות יב, ג-י

מג וַיֹּאמֶר יְהוָה אֶל־מֹשֶׁה וְאַהֲרֹן זֹאת חֻקַּת הַפָּסַח כָּל־בֶּן־נֵכָר
מד לֹא־יֹאכַל בּוֹ: וְכָל־עֶבֶד אִישׁ מִקְנַת־כָּסֶף וּמַלְתָּה אֹתוֹ אָז
מה מו יֹאכַל בּוֹ: תּוֹשָׁב וְשָׂכִיר לֹא־יֹאכַל בּוֹ: בְּבַיִת אֶחָד יֵאָכֵל לֹא־
תוֹצִיא מִן־הַבַּיִת מִן־הַבָּשָׂר חוּצָה וְעֶצֶם לֹא תִשְׁבְּרוּ־בוֹ:
מז מח כָּל־עֲדַת יִשְׂרָאֵל יַעֲשׂוּ אֹתוֹ: וְכִי־יָגוּר אִתְּךָ גֵּר וְעָשָׂה פֶסַח
לַיהוָה הִמּוֹל לוֹ כָל־זָכָר וְאָז יִקְרַב לַעֲשֹׂתוֹ וְהָיָה כְּאֶזְרַח הָאָרֶץ
מט וְכָל־עָרֵל לֹא־יֹאכַל בּוֹ: תּוֹרָה אַחַת יִהְיֶה לָאֶזְרָח וְלַגֵּר הַגָּר
נ בְּתוֹכְכֶם: וַיַּעֲשׂוּ כָּל־בְּנֵי יִשְׂרָאֵל כַּאֲשֶׁר צִוָּה יְהוָה אֶת־מֹשֶׁה
נא וְאֶת־אַהֲרֹן כֵּן עָשׂוּ: וַיְהִי בְּעֶצֶם הַיּוֹם הַזֶּה הוֹצִיא
יְהוָה אֶת־בְּנֵי יִשְׂרָאֵל מֵאֶרֶץ מִצְרַיִם עַל־צִבְאֹתָם:

שביעי

יג א ב וַיְדַבֵּר יְהוָה אֶל־מֹשֶׁה לֵּאמֹר: קַדֶּשׁ־לִי כָל־בְּכוֹר פֶּטֶר כָּל־רֶחֶם
ג בִּבְנֵי יִשְׂרָאֵל בָּאָדָם וּבַבְּהֵמָה לִי הוּא: וַיֹּאמֶר מֹשֶׁה אֶל־הָעָם י
זָכוֹר אֶת־הַיּוֹם הַזֶּה אֲשֶׁר יְצָאתֶם מִמִּצְרַיִם מִבֵּית עֲבָדִים כִּי
ד בְּחֹזֶק יָד הוֹצִיא יְהוָה אֶתְכֶם מִזֶּה וְלֹא יֵאָכֵל חָמֵץ: הַיּוֹם
ה אַתֶּם יֹצְאִים בְּחֹדֶשׁ הָאָבִיב: וְהָיָה כִי־יְבִיאֲךָ יְהוָה אֶל־אֶרֶץ
הַכְּנַעֲנִי וְהַחִתִּי וְהָאֱמֹרִי וְהַחִוִּי וְהַיְבוּסִי אֲשֶׁר נִשְׁבַּע לַאֲבֹתֶיךָ
לָתֶת לָךְ אֶרֶץ זָבַת חָלָב וּדְבָשׁ וְעָבַדְתָּ אֶת־הָעֲבֹדָה הַזֹּאת
ו בַּחֹדֶשׁ הַזֶּה: שִׁבְעַת יָמִים תֹּאכַל מַצֹּת וּבַיּוֹם הַשְּׁבִיעִי חַג
ז לַיהוָה: מַצּוֹת יֵאָכֵל אֵת שִׁבְעַת הַיָּמִים וְלֹא־יֵרָאֶה לְךָ חָמֵץ
ח וְלֹא־יֵרָאֶה לְךָ שְׂאֹר בְּכָל־גְּבֻלֶךָ: וְהִגַּדְתָּ לְבִנְךָ בַּיּוֹם הַהוּא
ט לֵאמֹר בַּעֲבוּר זֶה עָשָׂה יְהוָה לִי בְּצֵאתִי מִמִּצְרָיִם: וְהָיָה לְךָ
לְאוֹת עַל־יָדְךָ וּלְזִכָּרוֹן בֵּין עֵינֶיךָ לְמַעַן תִּהְיֶה תּוֹרַת יְהוָה
י בְּפִיךָ כִּי בְּיָד חֲזָקָה הוֹצִאֲךָ יְהוָה מִמִּצְרָיִם: וְשָׁמַרְתָּ אֶת־
הַחֻקָּה הַזֹּאת לְמוֹעֲדָהּ מִיָּמִים יָמִימָה:

דיני בכורות - בהמה ואדם
שמות יג, יא-יג; כב, כח-כט; לד, יט-כ
במדבר יח, טו-יח
דברים טו, יט-כ

דיני חג הפסח
שמות יב, יד-כ; כג, טו; לד, יח
ויקרא כג, ד-ח
במדבר כח, טז-כה
דברים טז, א-ח

מצוות סיפור יציאת מצרים
שמות יב, כה-כז; יג, יד-טו
דברים ו, כ-כה

מצוות תפילין
שמות יג, טז
דברים ו, ח; יא, יח

דיני בכורות - בהמה ואדם
שמות יג, ב; כב, כח–כט; לד, יט–כ
במדבר יח, טו–יח
דברים טו, יט–כ

יא וְהָיָה כִּי־יְבִאֲךָ יהוה אֶל־אֶרֶץ הַכְּנַעֲנִי כַּאֲשֶׁר נִשְׁבַּע לְךָ
יב וְלַאֲבֹתֶיךָ וּנְתָנָהּ לָךְ׃ וְהַעֲבַרְתָּ כָל־פֶּטֶר־רֶחֶם לַיהוה וְכָל־
יג פֶּטֶר ׀ שֶׁגֶר בְּהֵמָה אֲשֶׁר יִהְיֶה לְךָ הַזְּכָרִים לַיהוה׃ וְכָל־פֶּטֶר
חֲמֹר תִּפְדֶּה בְשֶׂה וְאִם־לֹא תִפְדֶּה וַעֲרַפְתּוֹ וְכֹל בְּכוֹר אָדָם
יד בְּבָנֶיךָ תִּפְדֶּה׃ וְהָיָה כִּי־יִשְׁאָלְךָ בִנְךָ מָחָר לֵאמֹר מַה־זֹּאת

מפטיר

מצוות סיפור יציאת מצרים
שמות יב, כה–כז; יג, ח
דברים ו, כ–כה

וְאָמַרְתָּ אֵלָיו בְּחֹזֶק יָד הוֹצִיאָנוּ יהוה מִמִּצְרַיִם מִבֵּית עֲבָדִים׃
טו וַיְהִי כִּי־הִקְשָׁה פַרְעֹה לְשַׁלְּחֵנוּ וַיַּהֲרֹג יהוה כָּל־בְּכוֹר בְּאֶרֶץ
מִצְרַיִם מִבְּכֹר אָדָם וְעַד־בְּכוֹר בְּהֵמָה עַל־כֵּן אֲנִי זֹבֵחַ לַיהוה

מצוות תפילין
שמות יג, ט
דברים ו, ח; יא, יח

טז כָּל־פֶּטֶר רֶחֶם הַזְּכָרִים וְכָל־בְּכוֹר בָּנַי אֶפְדֶּה׃ וְהָיָה לְאוֹת
עַל־יָדְכָה וּלְטוֹטָפֹת בֵּין עֵינֶיךָ כִּי בְּחֹזֶק יָד הוֹצִיאָנוּ יהוה

בשלח

יז מִמִּצְרָיִם׃ וַיְהִי בְּשַׁלַּח פַּרְעֹה אֶת־הָעָם וְלֹא־
נָחָם אֱלֹהִים דֶּרֶךְ אֶרֶץ פְּלִשְׁתִּים כִּי קָרוֹב הוּא כִּי ׀ אָמַר
יח אֱלֹהִים פֶּן־יִנָּחֵם הָעָם בִּרְאֹתָם מִלְחָמָה וְשָׁבוּ מִצְרָיְמָה׃ וַיַּסֵּב
אֱלֹהִים ׀ אֶת־הָעָם דֶּרֶךְ הַמִּדְבָּר יַם־סוּף וַחֲמֻשִׁים עָלוּ בְנֵי־

העלאת עצמות יוסף
בראשית נ, כה
יהושע כד, לב

יט יִשְׂרָאֵל מֵאֶרֶץ מִצְרָיִם׃ וַיִּקַּח מֹשֶׁה אֶת־עַצְמוֹת יוֹסֵף עִמּוֹ
כִּי הַשְׁבֵּעַ הִשְׁבִּיעַ אֶת־בְּנֵי יִשְׂרָאֵל לֵאמֹר פָּקֹד יִפְקֹד אֱלֹהִים

נסיעת ישראל מסוכות לאיתם
במדבר לג, ו

כ אֶתְכֶם וְהַעֲלִיתֶם אֶת־עַצְמֹתַי מִזֶּה אִתְּכֶם׃ וַיִּסְעוּ מִסֻּכֹּת
כא וַיַּחֲנוּ בְאֵתָם בִּקְצֵה הַמִּדְבָּר׃ וַיהוה הֹלֵךְ לִפְנֵיהֶם יוֹמָם
בְּעַמּוּד עָנָן לַנְחֹתָם הַדֶּרֶךְ וְלַיְלָה בְּעַמּוּד אֵשׁ לְהָאִיר לָהֶם
כב לָלֶכֶת יוֹמָם וָלָיְלָה׃ לֹא־יָמִישׁ עַמּוּד הֶעָנָן יוֹמָם וְעַמּוּד הָאֵשׁ
לָיְלָה לִפְנֵי הָעָם׃

נסיעת ישראל מאיתם לפי החירות
במדבר לג, ז

יד א ב וַיְדַבֵּר יהוה אֶל־מֹשֶׁה לֵּאמֹר׃ דַּבֵּר אֶל־בְּנֵי יִשְׂרָאֵל וְיָשֻׁבוּ וְיַחֲנוּ
לִפְנֵי פִּי הַחִירֹת בֵּין מִגְדֹּל וּבֵין הַיָּם לִפְנֵי בַּעַל צְפֹן נִכְחוֹ תַחֲנוּ
ג עַל־הַיָּם׃ וְאָמַר פַּרְעֹה לִבְנֵי יִשְׂרָאֵל נְבֻכִים הֵם בָּאָרֶץ סָגַר
ד עֲלֵיהֶם הַמִּדְבָּר׃ וְחִזַּקְתִּי אֶת־לֵב־פַּרְעֹה וְרָדַף אַחֲרֵיהֶם וְאִכָּבְדָה
בְּפַרְעֹה וּבְכָל־חֵילוֹ וְיָדְעוּ מִצְרַיִם כִּי־אֲנִי יהוה וַיַּעֲשׂוּ־כֵן׃
ה וַיֻּגַּד לְמֶלֶךְ מִצְרַיִם כִּי בָרַח הָעָם וַיֵּהָפֵךְ לְבַב פַּרְעֹה וַעֲבָדָיו

אל־העם ויאמרו מה־זאת עשינו כי־שלחנו את־ישראל
ו ז מעבדנו: ויאסר את־רכבו ואת־עמו לקח עמו: ויקח שש־
ח מאות רכב בחור וכל רכב מצרים ושלשם על־כלו: ויחזק
יהוה את־לב פרעה מלך מצרים וירדף אחרי בני ישראל
שני ט ובני ישראל יצאים ביד רמה: וירדפו מצרים אחריהם וישיגו
אותם חנים על־הים כל־סוס רכב פרעה ופרשיו וחילו על־
י פי החירת לפני בעל צפן: ופרעה הקריב וישאו בני־ישראל
את־עיניהם והנה מצרים ׀ נסע אחריהם וייראו מאד ויצעקו
יא בני־ישראל אל־יהוה: ויאמרו אל־משה המבלי אין־קברים
במצרים לקחתנו למות במדבר מה־זאת עשית לנו להוציאנו
יב ממצרים: הלא־זה הדבר אשר דברנו אליך במצרים לאמר
חדל ממנו ונעבדה את־מצרים כי טוב לנו עבד את־מצרים
יג ממתנו במדבר: ויאמר משה אל־העם אל־תיראו התיצבו
וראו את־ישועת יהוה אשר־יעשה לכם היום כי אשר
ראיתם את־מצרים היום לא תספו לראתם עוד עד־עולם:
יד יהוה ילחם לכם ואתם תחרשון:
שלישי יא טו ויאמר יהוה אל־משה מה־תצעק אלי דבר אל־בני־ישראל
טז ויסעו: ואתה הרם את־מטך ונטה את־ידך על־הים ובקעהו
יז ויבאו בני־ישראל בתוך הים ביבשה: ואני הנני מחזק את־
לב מצרים ויבאו אחריהם ואכבדה בפרעה ובכל־חילו
יח ברכבו ובפרשיו: וידעו מצרים כי־אני יהוה בהכבדי בפרעה
יט ברכבו ובפרשיו: ויסע מלאך האלהים ההלך לפני מחנה
ישראל וילך מאחריהם ויסע עמוד הענן מפניהם ויעמד
כ מאחריהם: ויבא בין ׀ מחנה מצרים ובין מחנה ישראל
ויהי הענן והחשך ויאר את־הלילה ולא־קרב זה אל־זה
כא כל־הלילה: ויט משה את־ידו על־הים ויולך יהוה ׀ את־
הים ברוח קדים עזה כל־הלילה וישם את־הים לחרבה

כב וַיִּבָּקְעוּ הַמָּיִם: וַיָּבֹאוּ בְנֵי־יִשְׂרָאֵל בְּתוֹךְ הַיָּם בַּיַּבָּשָׁה וְהַמַּיִם
כג לָהֶם חוֹמָה מִימִינָם וּמִשְּׂמֹאלָם: וַיִּרְדְּפוּ מִצְרַיִם וַיָּבֹאוּ אַחֲרֵיהֶם
כד כֹּל סוּס פַּרְעֹה רִכְבּוֹ וּפָרָשָׁיו אֶל־תּוֹךְ הַיָּם: וַיְהִי בְּאַשְׁמֹרֶת
הַבֹּקֶר וַיַּשְׁקֵף יְהוָה אֶל־מַחֲנֵה מִצְרַיִם בְּעַמּוּד אֵשׁ וְעָנָן
כה וַיָּהָם אֵת מַחֲנֵה מִצְרָיִם: וַיָּסַר אֵת אֹפַן מַרְכְּבֹתָיו וַיְנַהֲגֵהוּ
בִּכְבֵדֻת וַיֹּאמֶר מִצְרַיִם אָנוּסָה מִפְּנֵי יִשְׂרָאֵל כִּי יְהוָה נִלְחָם
לָהֶם בְּמִצְרָיִם:
כו וַיֹּאמֶר יְהוָה אֶל־מֹשֶׁה נְטֵה אֶת־יָדְךָ עַל־הַיָּם וְיָשֻׁבוּ הַמַּיִם רביעי
כז עַל־מִצְרַיִם עַל־רִכְבּוֹ וְעַל־פָּרָשָׁיו: וַיֵּט מֹשֶׁה אֶת־יָדוֹ עַל־הַיָּם
וַיָּשָׁב הַיָּם לִפְנוֹת בֹּקֶר לְאֵיתָנוֹ וּמִצְרַיִם נָסִים לִקְרָאתוֹ וַיְנַעֵר
כח יְהוָה אֶת־מִצְרַיִם בְּתוֹךְ הַיָּם: וַיָּשֻׁבוּ הַמַּיִם וַיְכַסּוּ אֶת־הָרֶכֶב
וְאֶת־הַפָּרָשִׁים לְכֹל חֵיל פַּרְעֹה הַבָּאִים אַחֲרֵיהֶם בַּיָּם לֹא־
כט נִשְׁאַר בָּהֶם עַד־אֶחָד: וּבְנֵי יִשְׂרָאֵל הָלְכוּ בַיַּבָּשָׁה בְּתוֹךְ הַיָּם
ל וְהַמַּיִם לָהֶם חֹמָה מִימִינָם וּמִשְּׂמֹאלָם: וַיּוֹשַׁע יְהוָה בַּיּוֹם הַהוּא
אֶת־יִשְׂרָאֵל מִיַּד מִצְרָיִם וַיַּרְא יִשְׂרָאֵל אֶת־מִצְרַיִם מֵת עַל־
לא שְׂפַת הַיָּם: וַיַּרְא יִשְׂרָאֵל אֶת־הַיָּד הַגְּדֹלָה אֲשֶׁר עָשָׂה יְהוָה
בְּמִצְרַיִם וַיִּירְאוּ הָעָם אֶת־יְהוָה וַיַּאֲמִינוּ בַּיהוָה וּבְמֹשֶׁה עַבְדּוֹ:

טו א אָז יָשִׁיר־מֹשֶׁה וּבְנֵי יִשְׂרָאֵל אֶת־הַשִּׁירָה הַזֹּאת לַיהוָה וַיֹּאמְרוּ
לֵאמֹר אָשִׁירָה לַּיהוָה כִּי־גָאֹה גָּאָה סוּס
ב וְרֹכְבוֹ רָמָה בַיָּם: עָזִּי וְזִמְרָת יָהּ וַיְהִי־לִי
לִישׁוּעָה זֶה אֵלִי וְאַנְוֵהוּ אֱלֹהֵי
ג אָבִי וַאֲרֹמְמֶנְהוּ: יְהוָה אִישׁ מִלְחָמָה יְהוָה
ד שְׁמוֹ: מַרְכְּבֹת פַּרְעֹה וְחֵילוֹ יָרָה בַיָּם וּמִבְחַר
ה שָׁלִשָׁיו טֻבְּעוּ בְיַם־סוּף: תְּהֹמֹת יְכַסְיֻמוּ יָרְדוּ בִמְצוֹלֹת
ו כְּמוֹ־אָבֶן: יְמִינְךָ יְהוָה נֶאְדָּרִי בַּכֹּחַ יְמִינְךָ
ז יְהוָה תִּרְעַץ אוֹיֵב: וּבְרֹב גְּאוֹנְךָ תַּהֲרֹס

ח קָמֶיךָ תְּשַׁלַּח חֲרֹנְךָ יֹאכְלֵמוֹ כַּקַּשׁ: וּבְרוּחַ
אַפֶּיךָ נֶעֶרְמוּ מַיִם נִצְּבוּ כְמוֹ־נֵד
ט נֹזְלִים קָפְאוּ תְהֹמֹת בְּלֶב־יָם: אָמַר
אוֹיֵב אֶרְדֹּף אַשִּׂיג אֲחַלֵּק שָׁלָל תִּמְלָאֵמוֹ
י נַפְשִׁי אָרִיק חַרְבִּי תּוֹרִישֵׁמוֹ יָדִי: נָשַׁפְתָּ
בְרוּחֲךָ כִּסָּמוֹ יָם צָלֲלוּ כַּעוֹפֶרֶת בְּמַיִם
יא אַדִּירִים: מִי־כָמֹכָה בָּאֵלִם יְהוָה מִי
כָּמֹכָה נֶאְדָּר בַּקֹּדֶשׁ נוֹרָא תְהִלֹּת עֹשֵׂה
יב יג פֶלֶא: נָטִיתָ יְמִינְךָ תִּבְלָעֵמוֹ אָרֶץ: נָחִיתָ
בְחַסְדְּךָ עַם־זוּ גָּאָלְתָּ נֵהַלְתָּ בְעָזְּךָ אֶל־נְוֵה
יד קָדְשֶׁךָ: שָׁמְעוּ עַמִּים יִרְגָּזוּן חִיל
טו אָחַז יֹשְׁבֵי פְּלָשֶׁת: אָז נִבְהֲלוּ אַלּוּפֵי
אֱדוֹם אֵילֵי מוֹאָב יֹאחֲזֵמוֹ רָעַד נָמֹגוּ
טז כֹּל יֹשְׁבֵי כְנָעַן: תִּפֹּל עֲלֵיהֶם אֵימָתָה
וָפַחַד בִּגְדֹל זְרוֹעֲךָ יִדְּמוּ כָּאָבֶן עַד־
יַעֲבֹר עַמְּךָ יְהוָה עַד־יַעֲבֹר עַם־זוּ
יז קָנִיתָ: תְּבִאֵמוֹ וְתִטָּעֵמוֹ בְּהַר נַחֲלָתְךָ מָכוֹן
לְשִׁבְתְּךָ פָּעַלְתָּ יְהוָה מִקְּדָשׁ אֲדֹנָי כּוֹנְנוּ
יח יט יָדֶיךָ: יְהוָה יִמְלֹךְ לְעֹלָם וָעֶד: כִּי
בָא סוּס פַּרְעֹה בְּרִכְבּוֹ וּבְפָרָשָׁיו בַּיָּם וַיָּשֶׁב יְהוָה עֲלֵהֶם אֶת־מֵי
הַיָּם וּבְנֵי יִשְׂרָאֵל הָלְכוּ בַיַּבָּשָׁה בְּתוֹךְ הַיָּם:

כ וַתִּקַּח מִרְיָם הַנְּבִיאָה אֲחוֹת אַהֲרֹן אֶת־הַתֹּף בְּיָדָהּ וַתֵּצֶאןָ
כא כָל־הַנָּשִׁים אַחֲרֶיהָ בְּתֻפִּים וּבִמְחֹלֹת: וַתַּעַן לָהֶם מִרְיָם שִׁירוּ
כב לַיהוָה כִּי־גָאֹה גָּאָה סוּס וְרֹכְבוֹ רָמָה בַיָּם: וַיַּסַּע
מֹשֶׁה אֶת־יִשְׂרָאֵל מִיַּם־סוּף וַיֵּצְאוּ אֶל־מִדְבַּר־שׁוּר וַיֵּלְכוּ שְׁלֹשֶׁת־
כג יָמִים בַּמִּדְבָּר וְלֹא־מָצְאוּ מָיִם: וַיָּבֹאוּ מָרָתָה וְלֹא יָכְלוּ לִשְׁתֹּת

נסיעת ישראל
מים סוף למרה
במדבר לג, ח

כד מַיִם מִמָּרָה כִּי מָרִים הֵם עַל־כֵּן קָרָא־שְׁמָהּ מָרָה: וַיִּלֹּנוּ
כה הָעָם עַל־מֹשֶׁה לֵּאמֹר מַה־נִּשְׁתֶּה: וַיִּצְעַק אֶל־יהוה וַיּוֹרֵהוּ
יהוה עֵץ וַיַּשְׁלֵךְ אֶל־הַמַּיִם וַיִּמְתְּקוּ הַמָּיִם שָׁם שָׂם לוֹ חֹק
כו וּמִשְׁפָּט וְשָׁם נִסָּהוּ: וַיֹּאמֶר אִם־שָׁמוֹעַ תִּשְׁמַע לְקוֹל ׀ יהוה
אֱלֹהֶיךָ וְהַיָּשָׁר בְּעֵינָיו תַּעֲשֶׂה וְהַאֲזַנְתָּ לְמִצְוֺתָיו וְשָׁמַרְתָּ כָּל־
חֻקָּיו כָּל־הַמַּחֲלָה אֲשֶׁר־שַׂמְתִּי בְמִצְרַיִם לֹא־אָשִׂים עָלֶיךָ כִּי
כז אֲנִי יהוה רֹפְאֶךָ: וַיָּבֹאוּ אֵילִמָה וְשָׁם שְׁתֵּים חמישי
עֶשְׂרֵה עֵינֹת מַיִם וְשִׁבְעִים תְּמָרִים וַיַּחֲנוּ־שָׁם עַל־הַמָּיִם:
טז א וַיִּסְעוּ מֵאֵילִם וַיָּבֹאוּ כָּל־עֲדַת בְּנֵי־יִשְׂרָאֵל אֶל־מִדְבַּר־סִין
אֲשֶׁר בֵּין־אֵילִם וּבֵין סִינָי בַּחֲמִשָּׁה עָשָׂר יוֹם לַחֹדֶשׁ הַשֵּׁנִי
ב לְצֵאתָם מֵאֶרֶץ מִצְרָיִם: וילינו כָּל־עֲדַת בְּנֵי־יִשְׂרָאֵל עַל־מֹשֶׁה וַיִּלּוֹנוּ
ג וְעַל־אַהֲרֹן בַּמִּדְבָּר: וַיֹּאמְרוּ אֲלֵהֶם בְּנֵי יִשְׂרָאֵל מִי־יִתֵּן מוּתֵנוּ
בְיַד־יהוה בְּאֶרֶץ מִצְרַיִם בְּשִׁבְתֵּנוּ עַל־סִיר הַבָּשָׂר בְּאָכְלֵנוּ
לֶחֶם לָשֹׂבַע כִּי־הוֹצֵאתֶם אֹתָנוּ אֶל־הַמִּדְבָּר הַזֶּה לְהָמִית
ד אֶת־כָּל־הַקָּהָל הַזֶּה בָּרָעָב: וַיֹּאמֶר יהוה אֶל־ יב
מֹשֶׁה הִנְנִי מַמְטִיר לָכֶם לֶחֶם מִן־הַשָּׁמָיִם וְיָצָא הָעָם וְלָקְטוּ
ה דְּבַר־יוֹם בְּיוֹמוֹ לְמַעַן אֲנַסֶּנּוּ הֲיֵלֵךְ בְּתוֹרָתִי אִם־לֹא: וְהָיָה
בַּיּוֹם הַשִּׁשִּׁי וְהֵכִינוּ אֵת אֲשֶׁר־יָבִיאוּ וְהָיָה מִשְׁנֶה עַל אֲשֶׁר־
ו יִלְקְטוּ יוֹם ׀ יוֹם: וַיֹּאמֶר מֹשֶׁה וְאַהֲרֹן אֶל־כָּל־בְּנֵי יִשְׂרָאֵל
ז עֶרֶב וִידַעְתֶּם כִּי יהוה הוֹצִיא אֶתְכֶם מֵאֶרֶץ מִצְרָיִם: וּבֹקֶר
וּרְאִיתֶם אֶת־כְּבוֹד יהוה בְּשָׁמְעוֹ אֶת־תְּלֻנֹּתֵיכֶם עַל־יהוה
ח וְנַחְנוּ מָה כִּי תלונו עָלֵינוּ: וַיֹּאמֶר מֹשֶׁה בְּתֵת יהוה לָכֶם תַלִּינוּ
בָּעֶרֶב בָּשָׂר לֶאֱכֹל וְלֶחֶם בַּבֹּקֶר לִשְׂבֹּעַ בִּשְׁמֹעַ יהוה אֶת־
תְּלֻנֹּתֵיכֶם אֲשֶׁר־אַתֶּם מַלִּינִם עָלָיו וְנַחְנוּ מָה לֹא־עָלֵינוּ
ט תְלֻנֹּתֵיכֶם כִּי עַל־יהוה: וַיֹּאמֶר מֹשֶׁה אֶל־אַהֲרֹן אֱמֹר אֶל־
כָּל־עֲדַת בְּנֵי יִשְׂרָאֵל קִרְבוּ לִפְנֵי יהוה כִּי שָׁמַע אֵת תְּלֻנֹּתֵיכֶם:
י וַיְהִי כְּדַבֵּר אַהֲרֹן אֶל־כָּל־עֲדַת בְּנֵי־יִשְׂרָאֵל וַיִּפְנוּ אֶל־הַמִּדְבָּר

נסיעת ישראל ממרה לאילים
במדבר לג, ט

נסיעת ישראל מאילים למדבר סין
במדבר לג, י–יא

וְהִנֵּה כְּבוֹד יהוה נִרְאָה בֶּעָנָן׃
יא יב ששי וַיְדַבֵּר יהוה אֶל־מֹשֶׁה לֵּאמֹר׃ שָׁמַעְתִּי אֶת־תְּלוּנֹּת בְּנֵי
יִשְׂרָאֵל דַּבֵּר אֲלֵהֶם לֵאמֹר בֵּין הָעַרְבַּיִם תֹּאכְלוּ בָשָׂר וּבַבֹּקֶר
יג תִּשְׂבְּעוּ־לָחֶם וִידַעְתֶּם כִּי אֲנִי יהוה אֱלֹהֵיכֶם׃ וַיְהִי בָעֶרֶב
וַתַּעַל הַשְּׂלָו וַתְּכַס אֶת־הַמַּחֲנֶה וּבַבֹּקֶר הָיְתָה שִׁכְבַת הַטַּל
יד סָבִיב לַמַּחֲנֶה׃ וַתַּעַל שִׁכְבַת הַטָּל וְהִנֵּה עַל־פְּנֵי הַמִּדְבָּר דַּק
טו מְחֻסְפָּס דַּק כַּכְּפֹר עַל־הָאָרֶץ׃ וַיִּרְאוּ בְנֵי־יִשְׂרָאֵל וַיֹּאמְרוּ אִישׁ
אֶל־אָחִיו מָן הוּא כִּי לֹא יָדְעוּ מַה־הוּא וַיֹּאמֶר מֹשֶׁה אֲלֵהֶם
טז הוּא הַלֶּחֶם אֲשֶׁר נָתַן יהוה לָכֶם לְאָכְלָה׃ זֶה הַדָּבָר אֲשֶׁר
צִוָּה יהוה לִקְטוּ מִמֶּנּוּ אִישׁ לְפִי אָכְלוֹ עֹמֶר לַגֻּלְגֹּלֶת מִסְפַּר
יז נַפְשֹׁתֵיכֶם אִישׁ לַאֲשֶׁר בְּאָהֳלוֹ תִּקָּחוּ׃ וַיַּעֲשׂוּ־כֵן בְּנֵי יִשְׂרָאֵל
יח וַיִּלְקְטוּ הַמַּרְבֶּה וְהַמַּמְעִיט׃ וַיָּמֹדּוּ בָעֹמֶר וְלֹא הֶעְדִּיף הַמַּרְבֶּה
יט וְהַמַּמְעִיט לֹא הֶחְסִיר אִישׁ לְפִי־אָכְלוֹ לָקָטוּ׃ וַיֹּאמֶר מֹשֶׁה
כ אֲלֵהֶם אִישׁ אַל־יוֹתֵר מִמֶּנּוּ עַד־בֹּקֶר׃ וְלֹא־שָׁמְעוּ אֶל־מֹשֶׁה
וַיּוֹתִרוּ אֲנָשִׁים מִמֶּנּוּ עַד־בֹּקֶר וַיָּרֻם תּוֹלָעִים וַיִּבְאַשׁ וַיִּקְצֹף
כא עֲלֵהֶם מֹשֶׁה׃ וַיִּלְקְטוּ אֹתוֹ בַּבֹּקֶר בַּבֹּקֶר אִישׁ כְּפִי אָכְלוֹ
כב וְחַם הַשֶּׁמֶשׁ וְנָמָס׃ וַיְהִי ׀ בַּיּוֹם הַשִּׁשִּׁי לָקְטוּ לֶחֶם מִשְׁנֶה שְׁנֵי
כג הָעֹמֶר לָאֶחָד וַיָּבֹאוּ כָּל־נְשִׂיאֵי הָעֵדָה וַיַּגִּידוּ לְמֹשֶׁה׃ וַיֹּאמֶר
אֲלֵהֶם הוּא אֲשֶׁר דִּבֶּר יהוה שַׁבָּתוֹן שַׁבַּת־קֹדֶשׁ לַיהוה מָחָר
אֵת אֲשֶׁר־תֹּאפוּ אֵפוּ וְאֵת אֲשֶׁר־תְּבַשְּׁלוּ בַּשֵּׁלוּ וְאֵת כָּל־
כד הָעֹדֵף הַנִּיחוּ לָכֶם לְמִשְׁמֶרֶת עַד־הַבֹּקֶר׃ וַיַּנִּיחוּ אֹתוֹ עַד־
הַבֹּקֶר כַּאֲשֶׁר צִוָּה מֹשֶׁה וְלֹא הִבְאִישׁ וְרִמָּה לֹא־הָיְתָה־בּוֹ׃
כה וַיֹּאמֶר מֹשֶׁה אִכְלֻהוּ הַיּוֹם כִּי־שַׁבָּת הַיּוֹם לַיהוה הַיּוֹם לֹא
כו תִמְצָאֻהוּ בַּשָּׂדֶה׃ שֵׁשֶׁת יָמִים תִּלְקְטֻהוּ וּבַיּוֹם הַשְּׁבִיעִי שַׁבָּת
כז לֹא יִהְיֶה־בּוֹ׃ וַיְהִי בַּיּוֹם הַשְּׁבִיעִי יָצְאוּ מִן־הָעָם לִלְקֹט וְלֹא
כח יג מָצָאוּ׃ וַיֹּאמֶר יהוה אֶל־מֹשֶׁה עַד־אָנָה מֵאַנְתֶּם
כט לִשְׁמֹר מִצְוֹתַי וְתוֹרֹתָי׃ רְאוּ כִּי־יהוה נָתַן לָכֶם הַשַּׁבָּת עַל־

מצוות השבת
שמות כ, ז–יז; לא, יב–יז; לה, א–ג
ויקרא יט, ג; יט, ל; כג, ג
דברים ה, יא–יד
ישעיה נח, יג–יד
ירמיה יז, יט–כז
נחמיה יג, טו–כא

כֵּן הוּא נֹתֵן לָכֶם בַּיּוֹם הַשִּׁשִּׁי לֶחֶם יוֹמָיִם שְׁבוּ ׀ אִישׁ תַּחְתָּיו
ל אַל־יֵצֵא אִישׁ מִמְּקֹמוֹ בַּיּוֹם הַשְּׁבִיעִי: וַיִּשְׁבְּתוּ הָעָם בַּיּוֹם
לא הַשְּׁבִעִי: וַיִּקְרְאוּ בֵית־יִשְׂרָאֵל אֶת־שְׁמוֹ מָן וְהוּא כְּזֶרַע גַּד
לב לָבָן וְטַעְמוֹ כְּצַפִּיחִת בִּדְבָשׁ: וַיֹּאמֶר מֹשֶׁה זֶה הַדָּבָר אֲשֶׁר
צִוָּה יְהוָה מְלֹא הָעֹמֶר מִמֶּנּוּ לְמִשְׁמֶרֶת לְדֹרֹתֵיכֶם לְמַעַן ׀ יִרְאוּ
אֶת־הַלֶּחֶם אֲשֶׁר הֶאֱכַלְתִּי אֶתְכֶם בַּמִּדְבָּר בְּהוֹצִיאִי אֶתְכֶם
לג מֵאֶרֶץ מִצְרָיִם: וַיֹּאמֶר מֹשֶׁה אֶל־אַהֲרֹן קַח צִנְצֶנֶת אַחַת
וְתֶן־שָׁמָּה מְלֹא־הָעֹמֶר מָן וְהַנַּח אֹתוֹ לִפְנֵי יְהוָה לְמִשְׁמֶרֶת
לד לְדֹרֹתֵיכֶם: כַּאֲשֶׁר צִוָּה יְהוָה אֶל־מֹשֶׁה וַיַּנִּיחֵהוּ אַהֲרֹן לִפְנֵי
לה הָעֵדֻת לְמִשְׁמָרֶת: וּבְנֵי יִשְׂרָאֵל אָכְלוּ אֶת־הַמָּן אַרְבָּעִים שָׁנָה
עַד־בֹּאָם אֶל־אֶרֶץ נוֹשָׁבֶת אֶת־הַמָּן אָכְלוּ עַד־בֹּאָם אֶל־
לו קְצֵה אֶרֶץ כְּנָעַן: וְהָעֹמֶר עֲשִׂרִית הָאֵיפָה הוּא:

שבתת המן לאחר כניסת ישראל לארץ
יהושע ה, יב

שביעי

נסיעת ישראל ממדבר סין לרפידים
במדבר לג, יב-יד

יז א וַיִּסְעוּ כָּל־עֲדַת בְּנֵי־יִשְׂרָאֵל מִמִּדְבַּר־סִין לְמַסְעֵיהֶם עַל־פִּי יְהוָה
ב וַיַּחֲנוּ בִּרְפִידִים וְאֵין מַיִם לִשְׁתֹּת הָעָם: וַיָּרֶב הָעָם עִם־מֹשֶׁה
וַיֹּאמְרוּ תְּנוּ־לָנוּ מַיִם וְנִשְׁתֶּה וַיֹּאמֶר לָהֶם מֹשֶׁה מַה־תְּרִיבוּן
ג עִמָּדִי מַה־תְּנַסּוּן אֶת־יְהוָה: וַיִּצְמָא שָׁם הָעָם לַמַּיִם וַיָּלֶן הָעָם
עַל־מֹשֶׁה וַיֹּאמֶר לָמָּה זֶּה הֶעֱלִיתָנוּ מִמִּצְרַיִם לְהָמִית אֹתִי
ד וְאֶת־בָּנַי וְאֶת־מִקְנַי בַּצָּמָא: וַיִּצְעַק מֹשֶׁה אֶל־יְהוָה לֵאמֹר
ה מָה אֶעֱשֶׂה לָעָם הַזֶּה עוֹד מְעַט וּסְקָלֻנִי: וַיֹּאמֶר יְהוָה אֶל־
מֹשֶׁה עֲבֹר לִפְנֵי הָעָם וְקַח אִתְּךָ מִזִּקְנֵי יִשְׂרָאֵל וּמַטְּךָ אֲשֶׁר
ו הִכִּיתָ בּוֹ אֶת־הַיְאֹר קַח בְּיָדְךָ וְהָלָכְתָּ: הִנְנִי עֹמֵד לְפָנֶיךָ
שָּׁם ׀ עַל־הַצּוּר בְּחֹרֵב וְהִכִּיתָ בַצּוּר וְיָצְאוּ מִמֶּנּוּ מַיִם וְשָׁתָה
ז הָעָם וַיַּעַשׂ כֵּן מֹשֶׁה לְעֵינֵי זִקְנֵי יִשְׂרָאֵל: וַיִּקְרָא שֵׁם הַמָּקוֹם
מַסָּה וּמְרִיבָה עַל־רִיב ׀ בְּנֵי יִשְׂרָאֵל וְעַל נַסֹּתָם אֶת־יְהוָה
לֵאמֹר הֲיֵשׁ יְהוָה בְּקִרְבֵּנוּ אִם־אָיִן:

מלחמת עמלק ברפידים וזכירתה
דברים כה, יז-יט
שמ״א טו, ב-ג

ח ט וַיָּבֹא עֲמָלֵק וַיִּלָּחֶם עִם־יִשְׂרָאֵל בִּרְפִידִם: וַיֹּאמֶר מֹשֶׁה אֶל־
יְהוֹשֻׁעַ בְּחַר־לָנוּ אֲנָשִׁים וְצֵא הִלָּחֵם בַּעֲמָלֵק מָחָר אָנֹכִי נִצָּב

י עַל־רֹאשׁ הַגִּבְעָה וּמַטֵּה הָאֱלֹהִים בְּיָדִי: וַיַּעַשׂ יְהוֹשֻׁעַ כַּאֲשֶׁר
אָמַר־לוֹ מֹשֶׁה לְהִלָּחֵם בַּעֲמָלֵק וּמֹשֶׁה אַהֲרֹן וְחוּר עָלוּ רֹאשׁ
יא הַגִּבְעָה: וְהָיָה כַּאֲשֶׁר יָרִים מֹשֶׁה יָדוֹ וְגָבַר יִשְׂרָאֵל וְכַאֲשֶׁר
יב יָנִיחַ יָדוֹ וְגָבַר עֲמָלֵק: וִידֵי מֹשֶׁה כְּבֵדִים וַיִּקְחוּ־אֶבֶן וַיָּשִׂימוּ
תַחְתָּיו וַיֵּשֶׁב עָלֶיהָ וְאַהֲרֹן וְחוּר תָּמְכוּ בְיָדָיו מִזֶּה אֶחָד וּמִזֶּה
יג אֶחָד וַיְהִי יָדָיו אֱמוּנָה עַד־בֹּא הַשָּׁמֶשׁ: וַיַּחֲלֹשׁ יְהוֹשֻׁעַ אֶת־
עֲמָלֵק וְאֶת־עַמּוֹ לְפִי־חָרֶב:

מפטיר

יד וַיֹּאמֶר יהוה אֶל־מֹשֶׁה כְּתֹב זֹאת זִכָּרוֹן בַּסֵּפֶר וְשִׂים בְּאָזְנֵי
טו יְהוֹשֻׁעַ כִּי־מָחֹה אֶמְחֶה אֶת־זֵכֶר עֲמָלֵק מִתַּחַת הַשָּׁמָיִם: וַיִּבֶן
טז מֹשֶׁה מִזְבֵּחַ וַיִּקְרָא שְׁמוֹ יהוה | נִסִּי: וַיֹּאמֶר כִּי־יָד עַל־כֵּס
יָהּ מִלְחָמָה לַיהוה בַּעֲמָלֵק מִדֹּר דֹּר:

יתרו יד

יח א וַיִּשְׁמַע יִתְרוֹ כֹהֵן מִדְיָן חֹתֵן מֹשֶׁה אֵת כָּל־אֲשֶׁר עָשָׂה אֱלֹהִים
לְמֹשֶׁה וּלְיִשְׂרָאֵל עַמּוֹ כִּי־הוֹצִיא יהוה אֶת־יִשְׂרָאֵל מִמִּצְרָיִם:
ב וַיִּקַּח יִתְרוֹ חֹתֵן מֹשֶׁה אֶת־צִפֹּרָה אֵשֶׁת מֹשֶׁה אַחַר שִׁלּוּחֶיהָ:
ג וְאֵת שְׁנֵי בָנֶיהָ אֲשֶׁר שֵׁם הָאֶחָד גֵּרְשֹׁם כִּי אָמַר גֵּר הָיִיתִי
ד בְּאֶרֶץ נָכְרִיָּה: וְשֵׁם הָאֶחָד אֱלִיעֶזֶר כִּי־אֱלֹהֵי אָבִי בְּעֶזְרִי
ה וַיַּצִּלֵנִי מֵחֶרֶב פַּרְעֹה: וַיָּבֹא יִתְרוֹ חֹתֵן מֹשֶׁה וּבָנָיו וְאִשְׁתּוֹ
אֶל־מֹשֶׁה אֶל־הַמִּדְבָּר אֲשֶׁר־הוּא חֹנֶה שָׁם הַר הָאֱלֹהִים:
ו וַיֹּאמֶר אֶל־מֹשֶׁה אֲנִי חֹתֶנְךָ יִתְרוֹ בָּא אֵלֶיךָ וְאִשְׁתְּךָ וּשְׁנֵי
ז בָנֶיהָ עִמָּהּ: וַיֵּצֵא מֹשֶׁה לִקְרַאת חֹתְנוֹ וַיִּשְׁתַּחוּ וַיִּשַּׁק־לוֹ
ח וַיִּשְׁאֲלוּ אִישׁ־לְרֵעֵהוּ לְשָׁלוֹם וַיָּבֹאוּ הָאֹהֱלָה: וַיְסַפֵּר מֹשֶׁה
לְחֹתְנוֹ אֵת כָּל־אֲשֶׁר עָשָׂה יהוה לְפַרְעֹה וּלְמִצְרַיִם עַל אוֹדֹת
יִשְׂרָאֵל אֵת כָּל־הַתְּלָאָה אֲשֶׁר מְצָאָתַם בַּדֶּרֶךְ וַיַּצִּלֵם יהוה:
ט וַיִּחַדְּ יִתְרוֹ עַל כָּל־הַטּוֹבָה אֲשֶׁר־עָשָׂה יהוה לְיִשְׂרָאֵל אֲשֶׁר
י הִצִּילוֹ מִיַּד מִצְרָיִם: וַיֹּאמֶר יִתְרוֹ בָּרוּךְ יהוה אֲשֶׁר הִצִּיל
אֶתְכֶם מִיַּד מִצְרַיִם וּמִיַּד פַּרְעֹה אֲשֶׁר הִצִּיל אֶת־הָעָם מִתַּחַת
יא יַד־מִצְרָיִם: עַתָּה יָדַעְתִּי כִּי־גָדוֹל יהוה מִכָּל־הָאֱלֹהִים כִּי

דרישת שמו של גרשום
שמות ב, כב

יב בַּדָּבָר אֲשֶׁר זָדוּ עֲלֵיהֶם: וַיִּקַּח יִתְרוֹ חֹתֵן מֹשֶׁה עֹלָה וּזְבָחִים
לֵאלֹהִים וַיָּבֹא אַהֲרֹן וְכֹל ׀ זִקְנֵי יִשְׂרָאֵל לֶאֱכָל־לֶחֶם עִם־חֹתֵן
יג מֹשֶׁה לִפְנֵי הָאֱלֹהִים: וַיְהִי מִמָּחֳרָת וַיֵּשֶׁב מֹשֶׁה לִשְׁפֹּט אֶת־ שני
יד הָעָם וַיַּעֲמֹד הָעָם עַל־מֹשֶׁה מִן־הַבֹּקֶר עַד־הָעָרֶב: וַיַּרְא חֹתֵן עצת מינוי השופטים דברים א, ט–יז
מֹשֶׁה אֵת כָּל־אֲשֶׁר־הוּא עֹשֶׂה לָעָם וַיֹּאמֶר מָה־הַדָּבָר הַזֶּה
אֲשֶׁר אַתָּה עֹשֶׂה לָעָם מַדּוּעַ אַתָּה יוֹשֵׁב לְבַדֶּךָ וְכָל־הָעָם
טו נִצָּב עָלֶיךָ מִן־בֹּקֶר עַד־עָרֶב: וַיֹּאמֶר מֹשֶׁה לְחֹתְנוֹ כִּי־יָבֹא אֵלַי
טז הָעָם לִדְרֹשׁ אֱלֹהִים: כִּי־יִהְיֶה לָהֶם דָּבָר בָּא אֵלַי וְשָׁפַטְתִּי בֵּין
אִישׁ וּבֵין רֵעֵהוּ וְהוֹדַעְתִּי אֶת־חֻקֵּי הָאֱלֹהִים וְאֶת־תּוֹרֹתָיו:
יז וַיֹּאמֶר חֹתֵן מֹשֶׁה אֵלָיו לֹא־טוֹב הַדָּבָר אֲשֶׁר אַתָּה עֹשֶׂה:
יח נָבֹל תִּבֹּל גַּם־אַתָּה גַּם־הָעָם הַזֶּה אֲשֶׁר עִמָּךְ כִּי־כָבֵד מִמְּךָ
יט הַדָּבָר לֹא־תוּכַל עֲשֹׂהוּ לְבַדֶּךָ: עַתָּה שְׁמַע בְּקֹלִי אִיעָצְךָ וִיהִי
אֱלֹהִים עִמָּךְ הֱיֵה אַתָּה לָעָם מוּל הָאֱלֹהִים וְהֵבֵאתָ אַתָּה
כ אֶת־הַדְּבָרִים אֶל־הָאֱלֹהִים: וְהִזְהַרְתָּה אֶתְהֶם אֶת־הַחֻקִּים
וְאֶת־הַתּוֹרֹת וְהוֹדַעְתָּ לָהֶם אֶת־הַדֶּרֶךְ יֵלְכוּ בָהּ וְאֶת־הַמַּעֲשֶׂה
כא אֲשֶׁר יַעֲשׂוּן: וְאַתָּה תֶחֱזֶה מִכָּל־הָעָם אַנְשֵׁי־חַיִל יִרְאֵי אֱלֹהִים
אַנְשֵׁי אֱמֶת שֹׂנְאֵי בָצַע וְשַׂמְתָּ עֲלֵהֶם שָׂרֵי אֲלָפִים שָׂרֵי מֵאוֹת
כב שָׂרֵי חֲמִשִּׁים וְשָׂרֵי עֲשָׂרֹת: וְשָׁפְטוּ אֶת־הָעָם בְּכָל־עֵת וְהָיָה
כָּל־הַדָּבָר הַגָּדֹל יָבִיאוּ אֵלֶיךָ וְכָל־הַדָּבָר הַקָּטֹן יִשְׁפְּטוּ־הֵם
כג וְהָקֵל מֵעָלֶיךָ וְנָשְׂאוּ אִתָּךְ: אִם אֶת־הַדָּבָר הַזֶּה תַּעֲשֶׂה וְצִוְּךָ
אֱלֹהִים וְיָכָלְתָּ עֲמֹד וְגַם כָּל־הָעָם הַזֶּה עַל־מְקֹמוֹ יָבֹא בְשָׁלוֹם:
כד כה וַיִּשְׁמַע מֹשֶׁה לְקוֹל חֹתְנוֹ וַיַּעַשׂ כֹּל אֲשֶׁר אָמָר: וַיִּבְחַר שלישי
מֹשֶׁה אַנְשֵׁי־חַיִל מִכָּל־יִשְׂרָאֵל וַיִּתֵּן אֹתָם רָאשִׁים עַל־הָעָם
כו שָׂרֵי אֲלָפִים שָׂרֵי מֵאוֹת שָׂרֵי חֲמִשִּׁים וְשָׂרֵי עֲשָׂרֹת: וְשָׁפְטוּ
אֶת־הָעָם בְּכָל־עֵת אֶת־הַדָּבָר הַקָּשֶׁה יְבִיאוּן אֶל־מֹשֶׁה וְכָל־
כז הַדָּבָר הַקָּטֹן יִשְׁפּוּטוּ הֵם: וַיְשַׁלַּח מֹשֶׁה אֶת־חֹתְנוֹ וַיֵּלֶךְ לוֹ
אֶל־אַרְצוֹ:

רביעי
א בַּחֹדֶשׁ הַשְּׁלִישִׁי לְצֵאת בְּנֵי־יִשְׂרָאֵל מֵאֶרֶץ מִצְרָיִם בַּיּוֹם הַזֶּה
נסיעת ישראל מרפידים למדבר סיני
במדבר לג, טו
ב בָּאוּ מִדְבַּר סִינָי: וַיִּסְעוּ מֵרְפִידִים וַיָּבֹאוּ מִדְבַּר סִינַי וַיַּחֲנוּ
ג בַּמִּדְבָּר וַיִּחַן־שָׁם יִשְׂרָאֵל נֶגֶד הָהָר: וּמֹשֶׁה עָלָה אֶל־הָאֱלֹהִים
וַיִּקְרָא אֵלָיו יהוה מִן־הָהָר לֵאמֹר כֹּה תֹאמַר לְבֵית יַעֲקֹב
ד וְתַגֵּיד לִבְנֵי יִשְׂרָאֵל: אַתֶּם רְאִיתֶם אֲשֶׁר עָשִׂיתִי לְמִצְרָיִם
עם ישראל - עם סגולה
דברים ז, ו; יד, ב; כו, יח
ה וָאֶשָּׂא אֶתְכֶם עַל־כַּנְפֵי נְשָׁרִים וָאָבִא אֶתְכֶם אֵלָי: וְעַתָּה
אִם־שָׁמוֹעַ תִּשְׁמְעוּ בְּקֹלִי וּשְׁמַרְתֶּם אֶת־בְּרִיתִי וִהְיִיתֶם לִי
טו
ו סְגֻלָּה מִכָּל־הָעַמִּים כִּי־לִי כָּל־הָאָרֶץ: וְאַתֶּם תִּהְיוּ־לִי מַמְלֶכֶת
כֹּהֲנִים וְגוֹי קָדוֹשׁ אֵלֶּה הַדְּבָרִים אֲשֶׁר תְּדַבֵּר אֶל־בְּנֵי יִשְׂרָאֵל:
חמישי
ז וַיָּבֹא מֹשֶׁה וַיִּקְרָא לְזִקְנֵי הָעָם וַיָּשֶׂם לִפְנֵיהֶם אֵת כָּל־הַדְּבָרִים
ח הָאֵלֶּה אֲשֶׁר צִוָּהוּ יהוה: וַיַּעֲנוּ כָל־הָעָם יַחְדָּו וַיֹּאמְרוּ כֹּל
אֲשֶׁר־דִּבֶּר יהוה נַעֲשֶׂה וַיָּשֶׁב מֹשֶׁה אֶת־דִּבְרֵי הָעָם אֶל־
ט יהוה: וַיֹּאמֶר יהוה אֶל־מֹשֶׁה הִנֵּה אָנֹכִי בָּא אֵלֶיךָ בְּעַב
הֶעָנָן בַּעֲבוּר יִשְׁמַע הָעָם בְּדַבְּרִי עִמָּךְ וְגַם־בְּךָ יַאֲמִינוּ לְעוֹלָם
י וַיַּגֵּד מֹשֶׁה אֶת־דִּבְרֵי הָעָם אֶל־יהוה: וַיֹּאמֶר יהוה אֶל־מֹשֶׁה
יא לֵךְ אֶל־הָעָם וְקִדַּשְׁתָּם הַיּוֹם וּמָחָר וְכִבְּסוּ שִׂמְלֹתָם: וְהָיוּ
נְכֹנִים לַיּוֹם הַשְּׁלִישִׁי כִּי | בַּיּוֹם הַשְּׁלִשִׁי יֵרֵד יהוה לְעֵינֵי כָל־
יב הָעָם עַל־הַר סִינָי: וְהִגְבַּלְתָּ אֶת־הָעָם סָבִיב לֵאמֹר הִשָּׁמְרוּ
לָכֶם עֲלוֹת בָּהָר וּנְגֹעַ בְּקָצֵהוּ כָּל־הַנֹּגֵעַ בָּהָר מוֹת יוּמָת:
יג לֹא־תִגַּע בּוֹ יָד כִּי־סָקוֹל יִסָּקֵל אוֹ־יָרֹה יִיָּרֶה אִם־בְּהֵמָה אִם־
יד אִישׁ לֹא יִחְיֶה בִּמְשֹׁךְ הַיֹּבֵל הֵמָּה יַעֲלוּ בָהָר: וַיֵּרֶד מֹשֶׁה
טו מִן־הָהָר אֶל־הָעָם וַיְקַדֵּשׁ אֶת־הָעָם וַיְכַבְּסוּ שִׂמְלֹתָם: וַיֹּאמֶר
אֶל־הָעָם הֱיוּ נְכֹנִים לִשְׁלֹשֶׁת יָמִים אַל־תִּגְּשׁוּ אֶל־אִשָּׁה:
טז וַיְהִי בַיּוֹם הַשְּׁלִישִׁי בִּהְיֹת הַבֹּקֶר וַיְהִי קֹלֹת וּבְרָקִים וְעָנָן כָּבֵד
עַל־הָהָר וְקֹל שֹׁפָר חָזָק מְאֹד וַיֶּחֱרַד כָּל־הָעָם אֲשֶׁר בַּמַּחֲנֶה:
יז וַיּוֹצֵא מֹשֶׁה אֶת־הָעָם לִקְרַאת הָאֱלֹהִים מִן־הַמַּחֲנֶה וַיִּתְיַצְּבוּ
יח בְּתַחְתִּית הָהָר: וְהַר סִינַי עָשַׁן כֻּלּוֹ מִפְּנֵי אֲשֶׁר יָרַד עָלָיו יהוה

יט בְּאֵשׁ וַיַּעַל עֲשָׁנוֹ כְּעֶשֶׁן הַכִּבְשָׁן וַיֶּחֱרַד כָּל־הָהָר מְאֹד: וַיְהִי קוֹל
הַשֹּׁפָר הוֹלֵךְ וְחָזֵק מְאֹד מֹשֶׁה יְדַבֵּר וְהָאֱלֹהִים יַעֲנֶנּוּ בְקוֹל:
כ וַיֵּרֶד יְהוָה עַל־הַר סִינַי אֶל־רֹאשׁ הָהָר וַיִּקְרָא יְהוָה לְמֹשֶׁה ששי
כא אֶל־רֹאשׁ הָהָר וַיַּעַל מֹשֶׁה: וַיֹּאמֶר יְהוָה אֶל־מֹשֶׁה רֵד הָעֵד
כב בָּעָם פֶּן־יֶהֶרְסוּ אֶל־יְהוָה לִרְאוֹת וְנָפַל מִמֶּנּוּ רָב: וְגַם הַכֹּהֲנִים
כג הַנִּגָּשִׁים אֶל־יְהוָה יִתְקַדָּשׁוּ פֶּן־יִפְרֹץ בָּהֶם יְהוָה: וַיֹּאמֶר מֹשֶׁה
אֶל־יְהוָה לֹא־יוּכַל הָעָם לַעֲלֹת אֶל־הַר סִינָי כִּי־אַתָּה הַעֵדֹתָה
כד בָּנוּ לֵאמֹר הַגְבֵּל אֶת־הָהָר וְקִדַּשְׁתּוֹ: וַיֹּאמֶר אֵלָיו יְהוָה לֶךְ־
רֵד וְעָלִיתָ אַתָּה וְאַהֲרֹן עִמָּךְ וְהַכֹּהֲנִים וְהָעָם אַל־יֶהֶרְסוּ
כה לַעֲלֹת אֶל־יְהוָה פֶּן־יִפְרָץ־בָּם: וַיֵּרֶד מֹשֶׁה אֶל־הָעָם וַיֹּאמֶר
כ א אֲלֵהֶם: וַיְדַבֵּר אֱלֹהִים אֵת כָּל־הַדְּבָרִים הָאֵלֶּה

עשרת הדיברות
דברים ה, ו–יז

ב לֵאמֹר: אָנֹכִי יְהוָה אֱלֹהֶיךָ אֲשֶׁר הוֹצֵאתִיךָ
ג מֵאֶרֶץ מִצְרַיִם מִבֵּית עֲבָדִים: לֹא־יִהְיֶה לְךָ אֱלֹהִים אֲחֵרִים
ד עַל־פָּנָי: לֹא־תַעֲשֶׂה לְךָ פֶסֶל וְכָל־תְּמוּנָה אֲשֶׁר בַּשָּׁמַיִם מִמַּעַל
ה וַאֲשֶׁר בָּאָרֶץ מִתָּחַת וַאֲשֶׁר בַּמַּיִם מִתַּחַת לָאָרֶץ: לֹא־
תִשְׁתַּחֲוֶה לָהֶם וְלֹא תָעָבְדֵם כִּי אָנֹכִי יְהוָה אֱלֹהֶיךָ אֵל קַנָּא
פֹּקֵד עֲוֺן אָבֹת עַל־בָּנִים עַל־שִׁלֵּשִׁים וְעַל־רִבֵּעִים לְשֹׂנְאָי:
ו ז וְעֹשֶׂה חֶסֶד לַאֲלָפִים לְאֹהֲבַי וּלְשֹׁמְרֵי מִצְוֺתָי: לֹא
תִשָּׂא אֶת־שֵׁם־יְהוָה אֱלֹהֶיךָ לַשָּׁוְא כִּי לֹא יְנַקֶּה יְהוָה אֵת
אֲשֶׁר־יִשָּׂא אֶת־שְׁמוֹ לַשָּׁוְא:
ח ט זָכוֹר אֶת־יוֹם הַשַּׁבָּת לְקַדְּשׁוֹ: שֵׁשֶׁת יָמִים תַּעֲבֹד וְעָשִׂיתָ כָּל־
י מְלַאכְתֶּךָ: וְיוֹם הַשְּׁבִיעִי שַׁבָּת לַיהוָה אֱלֹהֶיךָ לֹא־תַעֲשֶׂה כָל־
מְלָאכָה אַתָּה | וּבִנְךָ וּבִתֶּךָ עַבְדְּךָ וַאֲמָתְךָ וּבְהֶמְתֶּךָ וְגֵרְךָ אֲשֶׁר
יא בִּשְׁעָרֶיךָ: כִּי שֵׁשֶׁת־יָמִים עָשָׂה יְהוָה אֶת־הַשָּׁמַיִם וְאֶת־הָאָרֶץ
אֶת־הַיָּם וְאֶת־כָּל־אֲשֶׁר־בָּם וַיָּנַח בַּיּוֹם הַשְּׁבִיעִי עַל־כֵּן בֵּרַךְ
יב יְהוָה אֶת־יוֹם הַשַּׁבָּת וַיְקַדְּשֵׁהוּ: כַּבֵּד אֶת־אָבִיךָ
וְאֶת־אִמֶּךָ לְמַעַן יַאֲרִכוּן יָמֶיךָ עַל הָאֲדָמָה אֲשֶׁר־יְהוָה אֱלֹהֶיךָ

מצוות השבת
שמות טז, כט; לא, יב–יז; לה, א–ג
ויקרא יט, ג; יט, ל; כג, ג
דברים ה, יא–יד
ישעיה נח, יג–יד
ירמיה יז, יט–כז
נחמיה יג, טו–כא

שבעת ימי הבריאה
בראשית א, א – ב, ג

מצוות כיבוד אב ואם
ויקרא יט, ג
דברים ה, טו

איסור גנבה
ויקרא יט, יא
דברים ה, טז

נִתֵּן לָךְ: לֹא תִּרְצָח לֹא יג
תִּנְאָף לֹא תִּגְנֹב לֹא־
תַעֲנֶה בְרֵעֲךָ עֵד שָׁקֶר: לֹא יד
תַחְמֹד בֵּית רֵעֶךָ לֹא־
תַחְמֹד אֵשֶׁת רֵעֶךָ וְעַבְדּוֹ וַאֲמָתוֹ וְשׁוֹרוֹ וַחֲמֹרוֹ וְכֹל אֲשֶׁר
לְרֵעֶךָ:

שביעי
וְכָל־הָעָם רֹאִים אֶת־הַקּוֹלֹת וְאֶת־הַלַּפִּידִם וְאֵת קוֹל הַשֹּׁפָר טו
וְאֶת־הָהָר עָשֵׁן וַיַּרְא הָעָם וַיָּנֻעוּ וַיַּעַמְדוּ מֵרָחֹק: וַיֹּאמְרוּ אֶל־ טז
מֹשֶׁה דַּבֵּר־אַתָּה עִמָּנוּ וְנִשְׁמָעָה וְאַל־יְדַבֵּר עִמָּנוּ אֱלֹהִים פֶּן־
נָמוּת: וַיֹּאמֶר מֹשֶׁה אֶל־הָעָם אַל־תִּירָאוּ כִּי לְבַעֲבוּר נַסּוֹת יז
אֶתְכֶם בָּא הָאֱלֹהִים וּבַעֲבוּר תִּהְיֶה יִרְאָתוֹ עַל־פְּנֵיכֶם לְבִלְתִּי
תֶחֱטָאוּ: וַיַּעֲמֹד הָעָם מֵרָחֹק וּמֹשֶׁה נִגַּשׁ אֶל־הָעֲרָפֶל אֲשֶׁר־ יח

משה מתווך בין ה' לבין העם
דברים ה, ד–ה; יט–כט

מפטיר
שָׁם הָאֱלֹהִים: וַיֹּאמֶר יהוה אֶל־מֹשֶׁה כֹּה יט
תֹאמַר אֶל־בְּנֵי יִשְׂרָאֵל אַתֶּם רְאִיתֶם כִּי מִן־הַשָּׁמַיִם דִּבַּרְתִּי
עִמָּכֶם: לֹא תַעֲשׂוּן אִתִּי אֱלֹהֵי כֶסֶף וֵאלֹהֵי זָהָב לֹא תַעֲשׂוּ כ
לָכֶם: מִזְבַּח אֲדָמָה תַּעֲשֶׂה־לִּי וְזָבַחְתָּ עָלָיו אֶת־עֹלֹתֶיךָ כא
וְאֶת־שְׁלָמֶיךָ אֶת־צֹאנְךָ וְאֶת־בְּקָרֶךָ בְּכָל־הַמָּקוֹם אֲשֶׁר
אַזְכִּיר אֶת־שְׁמִי אָבוֹא אֵלֶיךָ וּבֵרַכְתִּיךָ: וְאִם־מִזְבַּח אֲבָנִים כב
תַּעֲשֶׂה־לִּי לֹא־תִבְנֶה אֶתְהֶן גָּזִית כִּי חַרְבְּךָ הֵנַפְתָּ עָלֶיהָ
וַתְּחַלְלֶהָ: וְלֹא־תַעֲלֶה בְמַעֲלֹת עַל־מִזְבְּחִי אֲשֶׁר לֹא־תִגָּלֶה כג
עֶרְוָתְךָ עָלָיו:

משפטים טז
וְאֵלֶּה הַמִּשְׁפָּטִים אֲשֶׁר תָּשִׂים לִפְנֵיהֶם: כִּי תִקְנֶה עֶבֶד עִבְרִי כא א ב
שֵׁשׁ שָׁנִים יַעֲבֹד וּבַשְּׁבִעִת יֵצֵא לַחָפְשִׁי חִנָּם: אִם־בְּגַפּוֹ יָבֹא ג
בְּגַפּוֹ יֵצֵא אִם־בַּעַל אִשָּׁה הוּא וְיָצְאָה אִשְׁתּוֹ עִמּוֹ: אִם־אֲדֹנָיו ד
יִתֶּן־לוֹ אִשָּׁה וְיָלְדָה־לוֹ בָנִים אוֹ בָנוֹת הָאִשָּׁה וִילָדֶיהָ תִּהְיֶה
לַאדֹנֶיהָ וְהוּא יֵצֵא בְגַפּוֹ: וְאִם־אָמֹר יֹאמַר הָעֶבֶד אָהַבְתִּי ה
אֶת־אֲדֹנִי אֶת־אִשְׁתִּי וְאֶת־בָּנָי לֹא אֵצֵא חָפְשִׁי: וְהִגִּישׁוֹ אֲדֹנָיו ו

דיני עבד עברי
ואמה עבריה
ויקרא כה, לט–מג
דברים טו, יב–יח

אֶל־הָאֱלֹהִים וְהִגִּישׁוֹ אֶל־הַדֶּלֶת אוֹ אֶל־הַמְּזוּזָה וְרָצַע אֲדֹנָיו
ז אֶת־אָזְנוֹ בַּמַּרְצֵעַ וַעֲבָדוֹ לְעֹלָם׃ וְכִי־יִמְכֹּר אִישׁ
ח אֶת־בִּתּוֹ לְאָמָה לֹא תֵצֵא כְּצֵאת הָעֲבָדִים׃ אִם־רָעָה בְּעֵינֵי
אֲדֹנֶיהָ אֲשֶׁר־לֹא יְעָדָהּ וְהֶפְדָּהּ לְעַם נָכְרִי לֹא־יִמְשֹׁל לְמָכְרָהּ לוֹ
ט י בְּבִגְדוֹ־בָהּ׃ וְאִם־לִבְנוֹ יִיעָדֶנָּה כְּמִשְׁפַּט הַבָּנוֹת יַעֲשֶׂה־לָּהּ׃ אִם־
יא אַחֶרֶת יִקַּח־לוֹ שְׁאֵרָהּ כְּסוּתָהּ וְעֹנָתָהּ לֹא יִגְרָע׃ וְאִם־שְׁלָשׁ־
יב אֵלֶּה לֹא יַעֲשֶׂה לָהּ וְיָצְאָה חִנָּם אֵין כָּסֶף׃ מַכֵּה
יג אִישׁ וָמֵת מוֹת יוּמָת׃ וַאֲשֶׁר לֹא צָדָה וְהָאֱלֹהִים אִנָּה לְיָדוֹ
יד וְשַׂמְתִּי לְךָ מָקוֹם אֲשֶׁר יָנוּס שָׁמָּה׃ וְכִי־
יָזִד אִישׁ עַל־רֵעֵהוּ לְהָרְגוֹ בְעָרְמָה מֵעִם מִזְבְּחִי תִּקָּחֶנּוּ
טו טז לָמוּת׃ וּמַכֵּה אָבִיו וְאִמּוֹ מוֹת יוּמָת׃ וְגֹנֵב
יז אִישׁ וּמְכָרוֹ וְנִמְצָא בְיָדוֹ מוֹת יוּמָת׃ וּמְקַלֵּל
יח אָבִיו וְאִמּוֹ מוֹת יוּמָת׃ וְכִי־יְרִיבֻן אֲנָשִׁים וְהִכָּה־
אִישׁ אֶת־רֵעֵהוּ בְּאֶבֶן אוֹ בְאֶגְרֹף וְלֹא יָמוּת וְנָפַל לְמִשְׁכָּב׃
יט אִם־יָקוּם וְהִתְהַלֵּךְ בַּחוּץ עַל־מִשְׁעַנְתּוֹ וְנִקָּה הַמַּכֶּה רַק
כ שִׁבְתּוֹ יִתֵּן וְרַפֹּא יְרַפֵּא׃ וְכִי־יַכֶּה אִישׁ אֶת־עַבְדּוֹ שני
כא אוֹ אֶת־אֲמָתוֹ בַּשֵּׁבֶט וּמֵת תַּחַת יָדוֹ נָקֹם יִנָּקֵם׃ אַךְ אִם־יוֹם
כב אוֹ יוֹמַיִם יַעֲמֹד לֹא יֻקַּם כִּי כַסְפּוֹ הוּא׃ וְכִי־
יִנָּצוּ אֲנָשִׁים וְנָגְפוּ אִשָּׁה הָרָה וְיָצְאוּ יְלָדֶיהָ וְלֹא יִהְיֶה אָסוֹן
עָנוֹשׁ יֵעָנֵשׁ כַּאֲשֶׁר יָשִׁית עָלָיו בַּעַל הָאִשָּׁה וְנָתַן בִּפְלִלִים׃
כג כד וְאִם־אָסוֹן יִהְיֶה וְנָתַתָּה נֶפֶשׁ תַּחַת נָפֶשׁ׃ עַיִן תַּחַת עַיִן שֵׁן
כה תַּחַת שֵׁן יָד תַּחַת יָד רֶגֶל תַּחַת רָגֶל׃ כְּוִיָּה תַּחַת כְּוִיָּה פֶּצַע
כו תַּחַת פָּצַע חַבּוּרָה תַּחַת חַבּוּרָה׃ וְכִי־יַכֶּה אִישׁ
אֶת־עֵין עַבְדּוֹ אוֹ־אֶת־עֵין אֲמָתוֹ וְשִׁחֲתָהּ לַחָפְשִׁי יְשַׁלְּחֶנּוּ
כז תַּחַת עֵינוֹ׃ וְאִם־שֵׁן עַבְדּוֹ אוֹ־שֵׁן אֲמָתוֹ יַפִּיל לַחָפְשִׁי יְשַׁלְּחֶנּוּ
תַּחַת שִׁנּוֹ׃
כח וְכִי־יִגַּח שׁוֹר אֶת־אִישׁ אוֹ אֶת־אִשָּׁה וָמֵת סָקוֹל יִסָּקֵל הַשּׁוֹר

עונש מוות למכה אדם
ויקרא כד, יז–כא
במדבר לה, ל–לא

איסור גנבת נפש
דברים כד, ז

עונש מוות למקלל אביו ואמו
ויקרא כ, ט

כא

כט וְלֹא יֵאָכֵל אֶת־בְּשָׂרוֹ וּבַעַל הַשּׁוֹר נָקִי׃ וְאִם שׁוֹר נַגָּח הוּא
מִתְּמֹל שִׁלְשֹׁם וְהוּעַד בִּבְעָלָיו וְלֹא יִשְׁמְרֶנּוּ וְהֵמִית אִישׁ אוֹ
ל אִשָּׁה הַשּׁוֹר יִסָּקֵל וְגַם־בְּעָלָיו יוּמָת׃ אִם־כֹּפֶר יוּשַׁת עָלָיו וְנָתַן
לא פִּדְיֹן נַפְשׁוֹ כְּכֹל אֲשֶׁר־יוּשַׁת עָלָיו׃ אוֹ־בֵן יִגָּח אוֹ־בַת יִגָּח כַּמִּשְׁפָּט
לב הַזֶּה יֵעָשֶׂה לּוֹ׃ אִם־עֶבֶד יִגַּח הַשּׁוֹר אוֹ אָמָה כֶּסֶף ׀ שְׁלֹשִׁים
לג שְׁקָלִים יִתֵּן לַאדֹנָיו וְהַשּׁוֹר יִסָּקֵל׃ וְכִי־יִפְתַּח
אִישׁ בּוֹר אוֹ כִּי־יִכְרֶה אִישׁ בֹּר וְלֹא יְכַסֶּנּוּ וְנָפַל־שָׁמָּה שּׁוֹר
לד אוֹ חֲמוֹר׃ בַּעַל הַבּוֹר יְשַׁלֵּם כֶּסֶף יָשִׁיב לִבְעָלָיו וְהַמֵּת יִהְיֶה־
לה לּוֹ׃ וְכִי־יִגֹּף שׁוֹר־אִישׁ אֶת־שׁוֹר רֵעֵהוּ וָמֵת
וּמָכְרוּ אֶת־הַשּׁוֹר הַחַי וְחָצוּ אֶת־כַּסְפּוֹ וְגַם אֶת־הַמֵּת יֶחֱצוּן׃
לו אוֹ נוֹדַע כִּי שׁוֹר נַגָּח הוּא מִתְּמוֹל שִׁלְשֹׁם וְלֹא יִשְׁמְרֶנּוּ בְּעָלָיו
לז שַׁלֵּם יְשַׁלֵּם שׁוֹר תַּחַת הַשּׁוֹר וְהַמֵּת יִהְיֶה־לּוֹ׃ כִּי
יִגְנֹב־אִישׁ שׁוֹר אוֹ־שֶׂה וּטְבָחוֹ אוֹ מְכָרוֹ חֲמִשָּׁה בָקָר יְשַׁלֵּם
כב א תַּחַת הַשּׁוֹר וְאַרְבַּע־צֹאן תַּחַת הַשֶּׂה׃ אִם־בַּמַּחְתֶּרֶת יִמָּצֵא
ב הַגַּנָּב וְהֻכָּה וָמֵת אֵין לוֹ דָּמִים׃ אִם־זָרְחָה הַשֶּׁמֶשׁ עָלָיו
ג דָּמִים לוֹ שַׁלֵּם יְשַׁלֵּם אִם־אֵין לוֹ וְנִמְכַּר בִּגְנֵבָתוֹ׃ אִם־
הִמָּצֵא תִמָּצֵא בְיָדוֹ הַגְּנֵבָה מִשּׁוֹר עַד־חֲמוֹר עַד־שֶׂה חַיִּים
ד שְׁנַיִם יְשַׁלֵּם׃ כִּי יַבְעֶר־אִישׁ שָׂדֶה אוֹ־כֶרֶם וְשִׁלַּח שלישי
אֶת־בְּעִירֹה וּבִעֵר בִּשְׂדֵה אַחֵר מֵיטַב שָׂדֵהוּ וּמֵיטַב כַּרְמוֹ
ה יְשַׁלֵּם׃ כִּי־תֵצֵא אֵשׁ וּמָצְאָה קֹצִים וְנֶאֱכַל
גָּדִישׁ אוֹ הַקָּמָה אוֹ הַשָּׂדֶה שַׁלֵּם יְשַׁלֵּם הַמַּבְעִר אֶת־
ו הַבְּעֵרָה׃ כִּי־יִתֵּן אִישׁ אֶל־רֵעֵהוּ כֶּסֶף אוֹ־כֵלִים
ז לִשְׁמֹר וְגֻנַּב מִבֵּית הָאִישׁ אִם־יִמָּצֵא הַגַּנָּב יְשַׁלֵּם שְׁנָיִם׃ אִם־לֹא
יִמָּצֵא הַגַּנָּב וְנִקְרַב בַּעַל־הַבַּיִת אֶל־הָאֱלֹהִים אִם־לֹא שָׁלַח יָדוֹ
ח בִּמְלֶאכֶת רֵעֵהוּ׃ עַל־כָּל־דְּבַר־פֶּשַׁע עַל־שׁוֹר עַל־חֲמוֹר עַל־
שֶׂה עַל־שַׂלְמָה עַל־כָּל־אֲבֵדָה אֲשֶׁר יֹאמַר כִּי־הוּא זֶה עַד
הָאֱלֹהִים יָבֹא דְּבַר־שְׁנֵיהֶם אֲשֶׁר יַרְשִׁיעֻן אֱלֹהִים יְשַׁלֵּם שְׁנַיִם

ט לְרֵעֵהוּ׃ כִּי־יִתֵּן אִישׁ אֶל־רֵעֵהוּ חֲמוֹר אוֹ־שׁוֹר
אוֹ־שֶׂה וְכָל־בְּהֵמָה לִשְׁמֹר וּמֵת אוֹ־נִשְׁבַּר אוֹ־נִשְׁבָּה אֵין
י רֹאֶה׃ שְׁבֻעַת יהוה תִּהְיֶה בֵּין שְׁנֵיהֶם אִם־לֹא שָׁלַח יָדוֹ
יא בִּמְלֶאכֶת רֵעֵהוּ וְלָקַח בְּעָלָיו וְלֹא יְשַׁלֵּם׃ וְאִם־גָּנֹב יִגָּנֵב
יב מֵעִמּוֹ יְשַׁלֵּם לִבְעָלָיו׃ אִם־טָרֹף יִטָּרֵף יְבִאֵהוּ עֵד הַטְּרֵפָה
לֹא יְשַׁלֵּם׃
יג וְכִי־יִשְׁאַל אִישׁ מֵעִם רֵעֵהוּ וְנִשְׁבַּר אוֹ־מֵת בְּעָלָיו אֵין־עִמּוֹ
יד שַׁלֵּם יְשַׁלֵּם׃ אִם־בְּעָלָיו עִמּוֹ לֹא יְשַׁלֵּם אִם־שָׂכִיר הוּא בָּא
טו בִּשְׂכָרוֹ׃ וְכִי־יְפַתֶּה אִישׁ בְּתוּלָה אֲשֶׁר לֹא־אֹרָשָׂה
טז וְשָׁכַב עִמָּהּ מָהֹר יִמְהָרֶנָּה לּוֹ לְאִשָּׁה׃ אִם־מָאֵן יְמָאֵן אָבִיהָ
יז לְתִתָּהּ לוֹ כֶּסֶף יִשְׁקֹל כְּמֹהַר הַבְּתוּלֹת׃ מְכַשֵּׁפָה
יח יט לֹא תְחַיֶּה׃ כָּל־שֹׁכֵב עִם־בְּהֵמָה מוֹת יוּמָת׃ זֹבֵחַ
כ לָאֱלֹהִים יָחֳרָם בִּלְתִּי לַיהוה לְבַדּוֹ׃ וְגֵר לֹא־תוֹנֶה וְלֹא
כא תִלְחָצֶנּוּ כִּי־גֵרִים הֱיִיתֶם בְּאֶרֶץ מִצְרָיִם׃ כָּל־אַלְמָנָה וְיָתוֹם
כב לֹא תְעַנּוּן׃ אִם־עַנֵּה תְעַנֶּה אֹתוֹ כִּי אִם־צָעֹק יִצְעַק אֵלַי
כג שָׁמֹעַ אֶשְׁמַע צַעֲקָתוֹ׃ וְחָרָה אַפִּי וְהָרַגְתִּי אֶתְכֶם בֶּחָרֶב וְהָיוּ
נְשֵׁיכֶם אַלְמָנוֹת וּבְנֵיכֶם יְתֹמִים׃
כד אִם־כֶּסֶף ׀ תַּלְוֶה אֶת־עַמִּי אֶת־הֶעָנִי עִמָּךְ לֹא־תִהְיֶה לוֹ כְּנֹשֶׁה יז
כה לֹא־תְשִׂימוּן עָלָיו נֶשֶׁךְ׃ אִם־חָבֹל תַּחְבֹּל שַׂלְמַת רֵעֶךָ עַד־
כו בֹּא הַשֶּׁמֶשׁ תְּשִׁיבֶנּוּ לוֹ׃ כִּי הִוא כְסוּתֹה לְבַדָּהּ הִוא שִׂמְלָתוֹ
לְעֹרוֹ בַּמֶּה יִשְׁכָּב וְהָיָה כִּי־יִצְעַק אֵלַי וְשָׁמַעְתִּי כִּי־חַנּוּן
כז אָנִי׃ אֱלֹהִים לֹא תְקַלֵּל וְנָשִׂיא בְעַמְּךָ לֹא תָאֹר׃ רביעי
כח כט מְלֵאָתְךָ וְדִמְעֲךָ לֹא תְאַחֵר בְּכוֹר בָּנֶיךָ תִּתֶּן־לִּי׃ כֵּן־תַּעֲשֶׂה
לְשֹׁרְךָ לְצֹאנֶךָ שִׁבְעַת יָמִים יִהְיֶה עִם־אִמּוֹ בַּיּוֹם הַשְּׁמִינִי
ל תִּתְּנוֹ־לִי׃ וְאַנְשֵׁי־קֹדֶשׁ תִּהְיוּן לִי וּבָשָׂר בַּשָּׂדֶה טְרֵפָה לֹא
כג א תֹאכֵלוּ לַכֶּלֶב תַּשְׁלִכוּן אֹתוֹ׃ לֹא תִשָּׂא שֵׁמַע
ב שָׁוְא אַל־תָּשֶׁת יָדְךָ עִם־רָשָׁע לִהְיֹת עֵד חָמָס׃ לֹא־תִהְיֶה

איסור משכב בהמה
ויקרא יח, כג; כ, טו–טז
דברים כז, כא

איסור הונאת גר ולחיצתו
שמות כג, ט
ויקרא יט, לג–לד
ירמיה ז, ו; כב, ג
זכריה ז, י

איסור נשך
ויקרא כה, לה–לז
דברים כג, כ–כא

דיני משכון
דברים כד, י–יג

דיני בכורות - בהמה ואדם
שמות יג, ב; יג, יא–יג; לד, יט–כ
במדבר יח, טו–יח
דברים טו, יט–כ

דין שמונת הימים לקרבן
ויקרא כב, כז

איסור אכילת טרפה
ויקרא יז, טו–טז

אַחֲרֵי־רַבִּים לְרָעֹת וְלֹא־תַעֲנֶה עַל־רִב לִנְטֹת אַחֲרֵי רַבִּים
לְהַטֹּת: וְדָל לֹא תֶהְדַּר בְּרִיבוֹ: כִּי תִפְגַּע שׁוֹר ג ד
אֹיִבְךָ אוֹ חֲמֹרוֹ תֹּעֶה הָשֵׁב תְּשִׁיבֶנּוּ לוֹ: כִּי־ ה
תִרְאֶה חֲמוֹר שֹׂנַאֲךָ רֹבֵץ תַּחַת מַשָּׂאוֹ וְחָדַלְתָּ מֵעֲזֹב לוֹ עָזֹב
חמישי תַּעֲזֹב עִמּוֹ: לֹא תַטֶּה מִשְׁפַּט אֶבְיֹנְךָ בְּרִיבוֹ: ו
מִדְּבַר־שֶׁקֶר תִּרְחָק וְנָקִי וְצַדִּיק אַל־תַּהֲרֹג כִּי לֹא־אַצְדִּיק ז
רָשָׁע: וְשֹׁחַד לֹא תִקָּח כִּי הַשֹּׁחַד יְעַוֵּר פִּקְחִים וִיסַלֵּף דִּבְרֵי ח
צַדִּיקִים: וְגֵר לֹא תִלְחָץ וְאַתֶּם יְדַעְתֶּם אֶת־נֶפֶשׁ הַגֵּר כִּי־ ט
גֵרִים הֱיִיתֶם בְּאֶרֶץ מִצְרָיִם: וְשֵׁשׁ שָׁנִים תִּזְרַע אֶת־אַרְצֶךָ י
וְאָסַפְתָּ אֶת־תְּבוּאָתָהּ: וְהַשְּׁבִיעִת תִּשְׁמְטֶנָּה וּנְטַשְׁתָּהּ וְאָכְלוּ יא
אֶבְיֹנֵי עַמֶּךָ וְיִתְרָם תֹּאכַל חַיַּת הַשָּׂדֶה כֵּן־תַּעֲשֶׂה לְכַרְמְךָ
לְזֵיתֶךָ: שֵׁשֶׁת יָמִים תַּעֲשֶׂה מַעֲשֶׂיךָ וּבַיּוֹם הַשְּׁבִיעִי תִּשְׁבֹּת יב
לְמַעַן יָנוּחַ שׁוֹרְךָ וַחֲמֹרֶךָ וְיִנָּפֵשׁ בֶּן־אֲמָתְךָ וְהַגֵּר: וּבְכֹל אֲשֶׁר־ יג
אָמַרְתִּי אֲלֵיכֶם תִּשָּׁמֵרוּ וְשֵׁם אֱלֹהִים אֲחֵרִים לֹא תַזְכִּירוּ
לֹא יִשָּׁמַע עַל־פִּיךָ: שָׁלֹשׁ רְגָלִים תָּחֹג לִי בַּשָּׁנָה: אֶת־חַג יד טו
הַמַּצּוֹת תִּשְׁמֹר שִׁבְעַת יָמִים תֹּאכַל מַצּוֹת כַּאֲשֶׁר צִוִּיתִךָ
לְמוֹעֵד חֹדֶשׁ הָאָבִיב כִּי־בוֹ יָצָאתָ מִמִּצְרָיִם וְלֹא־יֵרָאוּ פָנַי
רֵיקָם: וְחַג הַקָּצִיר בִּכּוּרֵי מַעֲשֶׂיךָ אֲשֶׁר תִּזְרַע בַּשָּׂדֶה וְחַג טז
הָאָסִף בְּצֵאת הַשָּׁנָה בְּאָסְפְּךָ אֶת־מַעֲשֶׂיךָ מִן־הַשָּׂדֶה: שָׁלֹשׁ יז
פְּעָמִים בַּשָּׁנָה יֵרָאֶה כָּל־זְכוּרְךָ אֶל־פְּנֵי הָאָדֹן ׀ יהוה: לֹא־ יח
תִזְבַּח עַל־חָמֵץ דַּם־זִבְחִי וְלֹא־יָלִין חֵלֶב־חַגִּי עַד־בֹּקֶר:
רֵאשִׁית בִּכּוּרֵי אַדְמָתְךָ תָּבִיא בֵּית יהוה אֱלֹהֶיךָ לֹא־תְבַשֵּׁל יט
גְּדִי בַּחֲלֵב אִמּוֹ:
ששי הִנֵּה אָנֹכִי שֹׁלֵחַ מַלְאָךְ לְפָנֶיךָ לִשְׁמָרְךָ בַּדָּרֶךְ וְלַהֲבִיאֲךָ אֶל־ כ
הַמָּקוֹם אֲשֶׁר הֲכִנֹתִי: הִשָּׁמֶר מִפָּנָיו וּשְׁמַע בְּקֹלוֹ אַל־תַּמֵּר כא
בּוֹ כִּי לֹא יִשָּׂא לְפִשְׁעֲכֶם כִּי שְׁמִי בְּקִרְבּוֹ: כִּי אִם־שָׁמוֹעַ כב
תִּשְׁמַע בְּקֹלוֹ וְעָשִׂיתָ כֹּל אֲשֶׁר אֲדַבֵּר וְאָיַבְתִּי אֶת־אֹיְבֶיךָ

**איסור הטיית משפט לטובת הדל**
ויקרא יט, טו

**מצוות השבת אבדה**
דברים כב, א–ג

**מצוות פריקה וטעינה**
דברים כב, ד

**ציווי על משפט צדק**
ויקרא יט, טו
דברים טז, יח–כ

**איסור לקחת שוחד**
דברים טז, יט; כז, כה

**איסור הונאת גר ולחיצתו**
שמות כב, כ–כג
ויקרא יט, לג–לד
ירמיה ז, ו; כב, ג
זכריה ז, י

**מצוות שמיטת קרקעות**
ויקרא כה, א–ז

**דיני חג הפסח**
שמות יב, יד–כ; יג, ג–י; לד, יח
ויקרא כג, ד–ח
במדבר כח, טז–כה
דברים טז, א–ח

**דיני חג השבועות**
שמות לד, כב
ויקרא כג, טו–כא
במדבר כח, כו–לא
דברים טז, י–יב

**דיני חג הסוכות**
שמות לד, כב
ויקרא כג, לג–מג
במדבר כט, יב–לח
דברים טז, יג–טו
נחמיה ח, יד–טו

**מצוות עלייה לרגל**
שמות לד, כג–כד
דברים טז, טז–יז

**מצוות ביכורים**
שמות לד, כו
דברים כו, א–יא

כג וְצָרַרְתִּ֖י אֶת־צֹרְרֶֽיךָ׃ כִּֽי־יֵלֵ֣ךְ מַלְאָכִי֮ לְפָנֶ֒יךָ֒ וֶהֱבִֽיאֲךָ֙ אֶל־
כד הָֽאֱמֹרִי֙ וְהַ֣חִתִּ֔י וְהַפְּרִזִּי֙ וְהַֽכְּנַעֲנִ֔י הַחִוִּ֖י וְהַיְבוּסִ֑י וְהִכְחַדְתִּֽיו׃ לֹֽא־
תִשְׁתַּחֲוֶ֤ה לֵאלֹֽהֵיהֶם֙ וְלֹ֣א תָֽעָבְדֵ֔ם וְלֹ֥א תַעֲשֶׂ֖ה כְּמַֽעֲשֵׂיהֶ֑ם

איסור בישול גדי בחלב אמו (בעמוד הקודם, פסוק יט) שמות לד, כו דברים יד, כא

כה כִּ֤י הָרֵס֙ תְּהָ֣רְסֵ֔ם וְשַׁבֵּ֥ר תְּשַׁבֵּ֖ר מַצֵּבֹתֵיהֶֽם׃ וַעֲבַדְתֶּ֗ם אֵ֚ת
יְהוָ֣ה אֱלֹהֵיכֶ֔ם וּבֵרַ֥ךְ אֶֽת־לַחְמְךָ֖ וְאֶת־מֵימֶ֑יךָ וַהֲסִרֹתִ֥י מַחֲלָ֖ה
כו מִקִּרְבֶּֽךָ׃ לֹ֥א תִהְיֶ֛ה מְשַׁכֵּלָ֥ה וַעֲקָרָ֖ה בְּאַרְצֶ֑ךָ

שביעי

כז אֶת־מִסְפַּ֥ר יָמֶ֖יךָ אֲמַלֵּֽא׃ אֶת־אֵימָתִי֙ אֲשַׁלַּ֣ח לְפָנֶ֔יךָ וְהַמֹּתִי֙
אֶת־כָּל־הָעָ֔ם אֲשֶׁ֥ר תָּבֹ֖א בָּהֶ֑ם וְנָתַתִּ֧י אֶת־כָּל־אֹיְבֶ֛יךָ אֵלֶ֖יךָ

הצרעה עוזרת בכיבוש הארץ דברים ז, כ יהושע כד, יב

כח עֹֽרֶף׃ וְשָׁלַחְתִּ֥י אֶת־הַצִּרְעָ֖ה לְפָנֶ֑יךָ וְגֵרְשָׁ֗ה אֶת־הַֽחִוִּי֙ אֶת־
כט הַֽכְּנַעֲנִ֔י וְאֶת־הַחִתִּ֖י מִלְּפָנֶֽיךָ׃ לֹ֧א אֲגָרְשֶׁ֛נּוּ מִפָּנֶ֖יךָ בְּשָׁנָ֣ה
ל אֶחָ֑ת פֶּן־תִּהְיֶ֤ה הָאָ֙רֶץ֙ שְׁמָמָ֔ה וְרַבָּ֥ה עָלֶ֖יךָ חַיַּ֥ת הַשָּׂדֶֽה׃ מְעַ֥ט
מְעַ֛ט אֲגָרְשֶׁ֖נּוּ מִפָּנֶ֑יךָ עַ֚ד אֲשֶׁ֣ר תִּפְרֶ֔ה וְנָחַלְתָּ֖ אֶת־הָאָֽרֶץ׃

הבטחה על כיבוש הארץ בהדרגתיות דברים ז, כב

לא וְשַׁתִּ֣י אֶת־גְּבֻלְךָ֗ מִיַּם־סוּף֙ וְעַד־יָ֣ם פְּלִשְׁתִּ֔ים וּמִמִּדְבָּ֖ר עַד־
הַנָּהָ֑ר כִּ֣י ׀ אֶתֵּ֣ן בְּיֶדְכֶ֗ם אֵ֚ת יֹשְׁבֵ֣י הָאָ֔רֶץ וְגֵרַשְׁתָּ֖מוֹ מִפָּנֶֽיךָ׃
לב לג לֹֽא־תִכְרֹ֥ת לָהֶ֛ם וְלֵאלֹהֵיהֶ֖ם בְּרִֽית׃ לֹ֤א יֵשְׁבוּ֙ בְּאַרְצְךָ֔
פֶּן־יַחֲטִ֥יאוּ אֹתְךָ֖ לִ֑י כִּ֤י תַעֲבֹד֙ אֶת־אֱלֹ֣הֵיהֶ֔ם כִּֽי־יִהְיֶ֥ה לְךָ֖
לְמוֹקֵֽשׁ׃

גבולות הארץ בראשית טו, יח–כא במדבר לד, א–יב דברים יא, כד יהושע א, ג–ד יחזקאל מז, טו

כד א וְאֶל־מֹשֶׁ֨ה אָמַ֜ר עֲלֵ֣ה אֶל־יְהוָ֗ה אַתָּה֙ וְאַהֲרֹן֙ נָדָ֣ב וַאֲבִיה֔וּא
ב וְשִׁבְעִ֖ים מִזִּקְנֵ֣י יִשְׂרָאֵ֑ל וְהִשְׁתַּחֲוִיתֶ֖ם מֵרָחֹֽק׃ וְנִגַּ֨שׁ מֹשֶׁ֤ה
ג לְבַדּוֹ֙ אֶל־יְהוָ֔ה וְהֵ֖ם לֹ֣א יִגָּ֑שׁוּ וְהָעָ֕ם לֹ֥א יַעֲל֖וּ עִמּֽוֹ׃ וַיָּבֹ֣א
מֹשֶׁ֗ה וַיְסַפֵּ֤ר לָעָם֙ אֵ֚ת כָּל־דִּבְרֵ֣י יְהוָ֔ה וְאֵ֖ת כָּל־הַמִּשְׁפָּטִ֑ים
וַיַּ֨עַן כָּל־הָעָ֜ם ק֤וֹל אֶחָד֙ וַיֹּ֣אמְר֔וּ כָּל־הַדְּבָרִ֛ים אֲשֶׁר־דִּבֶּ֥ר
ד יְהוָ֖ה נַעֲשֶֽׂה׃ וַיִּכְתֹּ֣ב מֹשֶׁ֗ה אֵ֚ת כָּל־דִּבְרֵ֣י יְהוָ֔ה וַיַּשְׁכֵּ֣ם בַּבֹּ֔קֶר
וַיִּ֥בֶן מִזְבֵּ֖חַ תַּ֣חַת הָהָ֑ר וּשְׁתֵּ֤ים עֶשְׂרֵה֙ מַצֵּבָ֔ה לִשְׁנֵ֥ים עָשָׂ֖ר
ה שִׁבְטֵ֥י יִשְׂרָאֵֽל׃ וַיִּשְׁלַ֗ח אֶֽת־נַעֲרֵי֙ בְּנֵ֣י יִשְׂרָאֵ֔ל וַיַּעֲל֖וּ עֹלֹ֑ת
ו וַֽיִּזְבְּח֞וּ זְבָחִ֧ים שְׁלָמִ֛ים לַיהוָ֖ה פָּרִֽים׃ וַיִּקַּ֤ח מֹשֶׁה֙ חֲצִ֣י הַדָּ֔ם
ז וַיָּ֖שֶׂם בָּאַגָּנֹ֑ת וַחֲצִ֣י הַדָּ֔ם זָרַ֖ק עַל־הַמִּזְבֵּֽחַ׃ וַיִּקַּח֙ סֵ֣פֶר הַבְּרִ֔ית

וַיִּקְרָא בְּאָזְנֵי הָעָם וַיֹּאמְרוּ כֹּל אֲשֶׁר־דִּבֶּר יְהוָה נַעֲשֶׂה וְנִשְׁמָע׃
ח וַיִּקַּח מֹשֶׁה אֶת־הַדָּם וַיִּזְרֹק עַל־הָעָם וַיֹּאמֶר הִנֵּה דַם־הַבְּרִית
ט אֲשֶׁר כָּרַת יְהוָה עִמָּכֶם עַל כָּל־הַדְּבָרִים הָאֵלֶּה׃ וַיַּעַל מֹשֶׁה
י וְאַהֲרֹן נָדָב וַאֲבִיהוּא וְשִׁבְעִים מִזִּקְנֵי יִשְׂרָאֵל׃ וַיִּרְאוּ אֵת
אֱלֹהֵי יִשְׂרָאֵל וְתַחַת רַגְלָיו כְּמַעֲשֵׂה לִבְנַת הַסַּפִּיר וּכְעֶצֶם
יא הַשָּׁמַיִם לָטֹהַר׃ וְאֶל־אֲצִילֵי בְּנֵי יִשְׂרָאֵל לֹא שָׁלַח יָדוֹ וַיֶּחֱזוּ
יב אֶת־הָאֱלֹהִים וַיֹּאכְלוּ וַיִּשְׁתּוּ׃ וַיֹּאמֶר יְהוָה אֶל־
מֹשֶׁה עֲלֵה אֵלַי הָהָרָה וֶהְיֵה־שָׁם וְאֶתְּנָה לְךָ אֶת־לֻחֹת הָאֶבֶן
יג וְהַתּוֹרָה וְהַמִּצְוָה אֲשֶׁר כָּתַבְתִּי לְהוֹרֹתָם׃ וַיָּקָם מֹשֶׁה וִיהוֹשֻׁעַ
יד מְשָׁרְתוֹ וַיַּעַל מֹשֶׁה אֶל־הַר הָאֱלֹהִים׃ וְאֶל־הַזְּקֵנִים אָמַר
שְׁבוּ־לָנוּ בָזֶה עַד אֲשֶׁר־נָשׁוּב אֲלֵיכֶם וְהִנֵּה אַהֲרֹן וְחוּר עִמָּכֶם
מפטיר
טו מִי־בַעַל דְּבָרִים יִגַּשׁ אֲלֵהֶם׃ וַיַּעַל מֹשֶׁה אֶל־הָהָר וַיְכַס הֶעָנָן
טז אֶת־הָהָר׃ וַיִּשְׁכֹּן כְּבוֹד־יְהוָה עַל־הַר סִינַי וַיְכַסֵּהוּ הֶעָנָן שֵׁשֶׁת
יז יָמִים וַיִּקְרָא אֶל־מֹשֶׁה בַּיּוֹם הַשְּׁבִיעִי מִתּוֹךְ הֶעָנָן׃ וּמַרְאֵה
יח כְּבוֹד יְהוָה כְּאֵשׁ אֹכֶלֶת בְּרֹאשׁ הָהָר לְעֵינֵי בְּנֵי יִשְׂרָאֵל׃ וַיָּבֹא
מֹשֶׁה בְּתוֹךְ הֶעָנָן וַיַּעַל אֶל־הָהָר וַיְהִי מֹשֶׁה בָּהָר אַרְבָּעִים
יוֹם וְאַרְבָּעִים לָיְלָה׃

תרומה יח

כה א ב וַיְדַבֵּר יְהוָה אֶל־מֹשֶׁה לֵּאמֹר׃ דַּבֵּר אֶל־בְּנֵי יִשְׂרָאֵל וְיִקְחוּ־
לִי תְּרוּמָה מֵאֵת כָּל־אִישׁ אֲשֶׁר יִדְּבֶנּוּ לִבּוֹ תִּקְחוּ אֶת־תְּרוּמָתִי׃
נדבת העם למשכן - הציווי והביצוע שמות לה, ד–כט
ג ד וְזֹאת הַתְּרוּמָה אֲשֶׁר תִּקְחוּ מֵאִתָּם זָהָב וָכֶסֶף וּנְחֹשֶׁת׃ וּתְכֵלֶת
ה וְאַרְגָּמָן וְתוֹלַעַת שָׁנִי וְשֵׁשׁ וְעִזִּים׃ וְעֹרֹת אֵילִם מְאָדָּמִים
ו וְעֹרֹת תְּחָשִׁים וַעֲצֵי שִׁטִּים׃ שֶׁמֶן לַמָּאֹר בְּשָׂמִים לְשֶׁמֶן
ז הַמִּשְׁחָה וְלִקְטֹרֶת הַסַּמִּים׃ אַבְנֵי־שֹׁהַם וְאַבְנֵי מִלֻּאִים
ח ט לָאֵפֹד וְלַחֹשֶׁן׃ וְעָשׂוּ לִי מִקְדָּשׁ וְשָׁכַנְתִּי בְּתוֹכָם׃ כְּכֹל אֲשֶׁר
אֲנִי מַרְאֶה אוֹתְךָ אֵת תַּבְנִית הַמִּשְׁכָּן וְאֵת תַּבְנִית כָּל־כֵּלָיו
עשיית הארון - הציווי והביצוע שמות לז, א–ה
י וְכֵן תַּעֲשׂוּ׃ וְעָשׂוּ אֲרוֹן עֲצֵי שִׁטִּים אַמָּתַיִם וָחֵצִי
יא אָרְכּוֹ וְאַמָּה וָחֵצִי רָחְבּוֹ וְאַמָּה וָחֵצִי קֹמָתוֹ׃ וְצִפִּיתָ אֹתוֹ זָהָב

טָה֔וֹר מִבַּ֥יִת וּמִח֖וּץ תְּצַפֶּ֑נּוּ וְעָשִׂ֧יתָ עָלָ֛יו זֵ֥ר זָהָ֖ב סָבִֽיב׃
יב וְיָצַ֣קְתָּ לּ֗וֹ אַרְבַּע֙ טַבְּעֹ֣ת זָהָ֔ב וְנָ֣תַתָּ֔ה עַ֖ל אַרְבַּ֣ע פַּעֲמֹתָ֑יו
וּשְׁתֵּ֣י טַבָּעֹ֗ת עַל־צַלְעוֹ֙ הָֽאֶחָ֔ת וּשְׁתֵּי֙ טַבָּעֹ֔ת עַל־צַלְע֖וֹ הַשֵּׁנִֽית׃
יג יד וְעָשִׂ֥יתָ בַדֵּ֖י עֲצֵ֣י שִׁטִּ֑ים וְצִפִּיתָ֥ אֹתָ֖ם זָהָֽב׃ וְהֵבֵאתָ֤ אֶת־הַבַּדִּים֙
טו בַּטַּבָּעֹ֔ת עַ֖ל צַלְעֹ֣ת הָאָרֹ֑ן לָשֵׂ֥את אֶת־הָאָרֹ֖ן בָּהֶֽם׃ בְּטַבְּעֹת֙
טז הָאָרֹ֔ן יִהְי֖וּ הַבַּדִּ֑ים לֹ֥א יָסֻ֖רוּ מִמֶּֽנּוּ׃ וְנָתַתָּ֖ אֶל־הָאָרֹ֑ן אֵ֚ת
יז הָעֵדֻ֔ת אֲשֶׁ֥ר אֶתֵּ֖ן אֵלֶֽיךָ׃ וְעָשִׂ֥יתָ כַפֹּ֖רֶת זָהָ֣ב טָה֑וֹר אַמָּתַ֤יִם שני
יח וָחֵ֙צִי֙ אָרְכָּ֔הּ וְאַמָּ֥ה וָחֵ֖צִי רָחְבָּֽהּ׃ וְעָשִׂ֛יתָ שְׁנַ֥יִם כְּרֻבִ֖ים זָהָ֑ב

עשיית הכפורת והכרובים - הציווי והביצוע שמות לז, ו–ט

יט מִקְשָׁה֙ תַּעֲשֶׂ֣ה אֹתָ֔ם מִשְּׁנֵ֖י קְצ֥וֹת הַכַּפֹּֽרֶת׃ וַ֠עֲשֵׂה כְּר֨וּב אֶחָ֤ד
מִקָּצָה֙ מִזֶּ֔ה וּכְרוּב־אֶחָ֥ד מִקָּצָ֖ה מִזֶּ֑ה מִן־הַכַּפֹּ֛רֶת תַּעֲשׂ֥וּ אֶת־
כ הַכְּרֻבִ֖ים עַל־שְׁנֵ֥י קְצוֹתָֽיו׃ וְהָי֣וּ הַכְּרֻבִים֩ פֹּרְשֵׂ֨י כְנָפַ֜יִם לְמַ֗עְלָה
סֹכְכִ֤ים בְּכַנְפֵיהֶם֙ עַל־הַכַּפֹּ֔רֶת וּפְנֵיהֶ֖ם אִ֣ישׁ אֶל־אָחִ֑יו אֶ֨ל־
כא הַכַּפֹּ֔רֶת יִהְי֖וּ פְּנֵ֥י הַכְּרֻבִֽים׃ וְנָתַתָּ֧ אֶת־הַכַּפֹּ֛רֶת עַל־הָאָרֹ֖ן
מִלְמָ֑עְלָה וְאֶל־הָ֣אָרֹ֔ן תִּתֵּן֙ אֶת־הָ֣עֵדֻ֔ת אֲשֶׁ֥ר אֶתֵּ֖ן אֵלֶֽיךָ׃
כב וְנוֹעַדְתִּ֣י לְךָ֮ שָׁם֒ וְדִבַּרְתִּ֨י אִתְּךָ֜ מֵעַ֣ל הַכַּפֹּ֗רֶת מִבֵּין֙ שְׁנֵ֣י
הַכְּרֻבִ֔ים אֲשֶׁ֖ר עַל־אֲר֣וֹן הָעֵדֻ֑ת אֵ֛ת כָּל־אֲשֶׁ֥ר אֲצַוֶּ֥ה אוֹתְךָ֖
אֶל־בְּנֵ֥י יִשְׂרָאֵֽל׃

עשיית השולחן - הציווי והביצוע שמות לז, י–טז

כג וְעָשִׂ֥יתָ שֻׁלְחָ֖ן עֲצֵ֣י שִׁטִּ֑ים אַמָּתַ֤יִם אָרְכּוֹ֙ וְאַמָּ֣ה רָחְבּ֔וֹ וְאַמָּ֥ה
כד וָחֵ֖צִי קֹמָתֽוֹ׃ וְצִפִּיתָ֥ אֹת֖וֹ זָהָ֣ב טָה֑וֹר וְעָשִׂ֥יתָ לּ֛וֹ זֵ֥ר זָהָ֖ב סָבִֽיב׃
כה וְעָשִׂ֨יתָ לּ֥וֹ מִסְגֶּ֛רֶת טֹ֖פַח סָבִ֑יב וְעָשִׂ֧יתָ זֵר־זָהָ֛ב לְמִסְגַּרְתּ֖וֹ
כו סָבִֽיב׃ וְעָשִׂ֣יתָ לּ֔וֹ אַרְבַּ֖ע טַבְּעֹ֣ת זָהָ֑ב וְנָתַתָּ֙ אֶת־הַטַּבָּעֹ֔ת
כז עַ֚ל אַרְבַּ֣ע הַפֵּאֹ֔ת אֲשֶׁ֖ר לְאַרְבַּ֥ע רַגְלָֽיו׃ לְעֻמַּת֙ הַמִּסְגֶּ֔רֶת תִּהְיֶ֖יןָ
כח הַטַּבָּעֹ֑ת לְבָתִּ֣ים לְבַדִּ֔ים לָשֵׂ֖את אֶת־הַשֻּׁלְחָֽן׃ וְעָשִׂ֤יתָ אֶת־
הַבַּדִּים֙ עֲצֵ֣י שִׁטִּ֔ים וְצִפִּיתָ֥ אֹתָ֖ם זָהָ֑ב וְנִשָּׂא־בָ֖ם אֶת־הַשֻּׁלְחָֽן׃
כט וְעָשִׂ֨יתָ קְּעָרֹתָ֜יו וְכַפֹּתָ֗יו וּקְשׂוֹתָיו֙ וּמְנַקִּיֹּתָ֔יו אֲשֶׁ֥ר יֻסַּ֖ךְ בָּהֵ֑ן
ל זָהָ֥ב טָה֖וֹר תַּעֲשֶׂ֥ה אֹתָֽם׃ וְנָתַתָּ֧ עַל־הַשֻּׁלְחָ֛ן לֶ֥חֶם פָּנִ֖ים לְפָנַ֥י
תָּמִֽיד׃

עשיית המנורה - הציווי והביצוע שמות לז, יז-כד

לא וְעָשִׂיתָ מְנֹרַת זָהָב טָהוֹר מִקְשָׁה תֵּיעָשֶׂה הַמְּנוֹרָה יְרֵכָהּ
לב וְקָנָהּ גְּבִיעֶיהָ כַּפְתֹּרֶיהָ וּפְרָחֶיהָ מִמֶּנָּה יִהְיוּ׃ וְשִׁשָּׁה קָנִים
יֹצְאִים מִצִּדֶּיהָ שְׁלֹשָׁה ׀ קְנֵי מְנֹרָה מִצִּדָּהּ הָאֶחָד וּשְׁלֹשָׁה קְנֵי
לג מְנֹרָה מִצִּדָּהּ הַשֵּׁנִי׃ שְׁלֹשָׁה גְבִעִים מְשֻׁקָּדִים בַּקָּנֶה הָאֶחָד
כַּפְתֹּר וָפֶרַח וּשְׁלֹשָׁה גְבִעִים מְשֻׁקָּדִים בַּקָּנֶה הָאֶחָד כַּפְתֹּר
לד וָפָרַח כֵּן לְשֵׁשֶׁת הַקָּנִים הַיֹּצְאִים מִן־הַמְּנֹרָה׃ וּבַמְּנֹרָה אַרְבָּעָה
לה גְבִעִים מְשֻׁקָּדִים כַּפְתֹּרֶיהָ וּפְרָחֶיהָ׃ וְכַפְתֹּר תַּחַת שְׁנֵי הַקָּנִים
מִמֶּנָּה וְכַפְתֹּר תַּחַת שְׁנֵי הַקָּנִים מִמֶּנָּה וְכַפְתֹּר תַּחַת־שְׁנֵי
לו הַקָּנִים מִמֶּנָּה לְשֵׁשֶׁת הַקָּנִים הַיֹּצְאִים מִן־הַמְּנֹרָה׃ כַּפְתֹּרֵיהֶם
לז וּקְנֹתָם מִמֶּנָּה יִהְיוּ כֻּלָּהּ מִקְשָׁה אַחַת זָהָב טָהוֹר׃ וְעָשִׂיתָ
אֶת־נֵרֹתֶיהָ שִׁבְעָה וְהֶעֱלָה אֶת־נֵרֹתֶיהָ וְהֵאִיר עַל־עֵבֶר פָּנֶיהָ׃
לח לט וּמַלְקָחֶיהָ וּמַחְתֹּתֶיהָ זָהָב טָהוֹר׃ כִּכַּר זָהָב טָהוֹר יַעֲשֶׂה אֹתָהּ
מ אֵת כָּל־הַכֵּלִים הָאֵלֶּה׃ וּרְאֵה וַעֲשֵׂה בְּתַבְנִיתָם אֲשֶׁר־אַתָּה
כו א מָרְאֶה בָּהָר׃ וְאֶת־הַמִּשְׁכָּן תַּעֲשֶׂה עֶשֶׂר יְרִיעֹת שלישי יט

עשיית יריעות המשכן - הציווי והביצוע שמות לו, ח-יט

שֵׁשׁ מָשְׁזָר וּתְכֵלֶת וְאַרְגָּמָן וְתֹלַעַת שָׁנִי כְּרֻבִים מַעֲשֵׂה חֹשֵׁב
ב תַּעֲשֶׂה אֹתָם׃ אֹרֶךְ ׀ הַיְרִיעָה הָאַחַת שְׁמֹנֶה וְעֶשְׂרִים בָּאַמָּה
וְרֹחַב אַרְבַּע בָּאַמָּה הַיְרִיעָה הָאֶחָת מִדָּה אַחַת לְכָל־הַיְרִיעֹת׃
ג חֲמֵשׁ הַיְרִיעֹת תִּהְיֶיןָ חֹבְרֹת אִשָּׁה אֶל־אֲחֹתָהּ וְחָמֵשׁ יְרִיעֹת
ד חֹבְרֹת אִשָּׁה אֶל־אֲחֹתָהּ׃ וְעָשִׂיתָ לֻלְאֹת תְּכֵלֶת עַל שְׂפַת
הַיְרִיעָה הָאֶחָת מִקָּצָה בַּחֹבָרֶת וְכֵן תַּעֲשֶׂה בִּשְׂפַת הַיְרִיעָה
ה הַקִּיצוֹנָה בַּמַּחְבֶּרֶת הַשֵּׁנִית׃ חֲמִשִּׁים לֻלָאֹת תַּעֲשֶׂה בַּיְרִיעָה
הָאֶחָת וַחֲמִשִּׁים לֻלָאֹת תַּעֲשֶׂה בִּקְצֵה הַיְרִיעָה אֲשֶׁר בַּמַּחְבֶּרֶת
ו הַשֵּׁנִית מַקְבִּילֹת הַלֻּלָאֹת אִשָּׁה אֶל־אֲחֹתָהּ׃ וְעָשִׂיתָ חֲמִשִּׁים
קַרְסֵי זָהָב וְחִבַּרְתָּ אֶת־הַיְרִיעֹת אִשָּׁה אֶל־אֲחֹתָהּ בַּקְּרָסִים
ז וְהָיָה הַמִּשְׁכָּן אֶחָד׃ וְעָשִׂיתָ יְרִיעֹת עִזִּים לְאֹהֶל עַל־הַמִּשְׁכָּן
ח עַשְׁתֵּי־עֶשְׂרֵה יְרִיעֹת תַּעֲשֶׂה אֹתָם׃ אֹרֶךְ ׀ הַיְרִיעָה הָאַחַת
שְׁלֹשִׁים בָּאַמָּה וְרֹחַב אַרְבַּע בָּאַמָּה הַיְרִיעָה הָאֶחָת מִדָּה

ט אַחַת לְעַשְׁתֵּי עֶשְׂרֵה יְרִיעֹת: וְחִבַּרְתָּ אֶת־חֲמֵשׁ הַיְרִיעֹת לְבָד
וְאֶת־שֵׁשׁ הַיְרִיעֹת לְבָד וְכָפַלְתָּ אֶת־הַיְרִיעָה הַשִּׁשִּׁית אֶל־
י מוּל פְּנֵי הָאֹהֶל: וְעָשִׂיתָ חֲמִשִּׁים לֻלָאֹת עַל שְׂפַת הַיְרִיעָה
הָאֶחָת הַקִּיצֹנָה בַּחֹבָרֶת וַחֲמִשִּׁים לֻלָאֹת עַל שְׂפַת הַיְרִיעָה
יא הַחֹבֶרֶת הַשֵּׁנִית: וְעָשִׂיתָ קַרְסֵי נְחֹשֶׁת חֲמִשִּׁים וְהֵבֵאתָ אֶת־
יב הַקְּרָסִים בַּלֻּלָאֹת וְחִבַּרְתָּ אֶת־הָאֹהֶל וְהָיָה אֶחָד: וְסֶרַח הָעֹדֵף
בִּירִיעֹת הָאֹהֶל חֲצִי הַיְרִיעָה הָעֹדֶפֶת תִּסְרַח עַל אֲחֹרֵי
יג הַמִּשְׁכָּן: וְהָאַמָּה מִזֶּה וְהָאַמָּה מִזֶּה בָּעֹדֵף בְּאֹרֶךְ יְרִיעֹת
הָאֹהֶל יִהְיֶה סָרוּחַ עַל־צִדֵּי הַמִּשְׁכָּן מִזֶּה וּמִזֶּה לְכַסֹּתוֹ:
יד וְעָשִׂיתָ מִכְסֶה לָאֹהֶל עֹרֹת אֵילִם מְאָדָּמִים וּמִכְסֵה עֹרֹת
תְּחָשִׁים מִלְמָעְלָה:

רביעי
עשיית קרשי המשכן - הציווי והביצוע
שמות לו, כ-לד

טו טז וְעָשִׂיתָ אֶת־הַקְּרָשִׁים לַמִּשְׁכָּן עֲצֵי שִׁטִּים עֹמְדִים: עֶשֶׂר אַמּוֹת
יז אֹרֶךְ הַקָּרֶשׁ וְאַמָּה וַחֲצִי הָאַמָּה רֹחַב הַקֶּרֶשׁ הָאֶחָד: שְׁתֵּי
יָדוֹת לַקֶּרֶשׁ הָאֶחָד מְשֻׁלָּבֹת אִשָּׁה אֶל־אֲחֹתָהּ כֵּן תַּעֲשֶׂה
יח לְכֹל קַרְשֵׁי הַמִּשְׁכָּן: וְעָשִׂיתָ אֶת־הַקְּרָשִׁים לַמִּשְׁכָּן עֶשְׂרִים
יט קֶרֶשׁ לִפְאַת נֶגְבָּה תֵימָנָה: וְאַרְבָּעִים אַדְנֵי־כֶסֶף תַּעֲשֶׂה
תַּחַת עֶשְׂרִים הַקָּרֶשׁ שְׁנֵי אֲדָנִים תַּחַת־הַקֶּרֶשׁ הָאֶחָד לִשְׁתֵּי
כ יְדֹתָיו וּשְׁנֵי אֲדָנִים תַּחַת־הַקֶּרֶשׁ הָאֶחָד לִשְׁתֵּי יְדֹתָיו: וּלְצֶלַע
כא הַמִּשְׁכָּן הַשֵּׁנִית לִפְאַת צָפוֹן עֶשְׂרִים קָרֶשׁ: וְאַרְבָּעִים אַדְנֵיהֶם
כָּסֶף שְׁנֵי אֲדָנִים תַּחַת הַקֶּרֶשׁ הָאֶחָד וּשְׁנֵי אֲדָנִים תַּחַת הַקֶּרֶשׁ
כב כג הָאֶחָד: וּלְיַרְכְּתֵי הַמִּשְׁכָּן יָמָּה תַּעֲשֶׂה שִׁשָּׁה קְרָשִׁים: וּשְׁנֵי
כד קְרָשִׁים תַּעֲשֶׂה לִמְקֻצְעֹת הַמִּשְׁכָּן בַּיַּרְכָתָיִם: וְיִהְיוּ תֹאֲמִם
מִלְּמַטָּה וְיַחְדָּו יִהְיוּ תַמִּים עַל־רֹאשׁוֹ אֶל־הַטַּבַּעַת הָאֶחָת
כה כֵּן יִהְיֶה לִשְׁנֵיהֶם לִשְׁנֵי הַמִּקְצֹעֹת יִהְיוּ: וְהָיוּ שְׁמֹנָה קְרָשִׁים
וְאַדְנֵיהֶם כֶּסֶף שִׁשָּׁה עָשָׂר אֲדָנִים שְׁנֵי אֲדָנִים תַּחַת הַקֶּרֶשׁ
כו הָאֶחָד וּשְׁנֵי אֲדָנִים תַּחַת הַקֶּרֶשׁ הָאֶחָד: וְעָשִׂיתָ בְרִיחִם עֲצֵי
כז שִׁטִּים חֲמִשָּׁה לְקַרְשֵׁי צֶלַע־הַמִּשְׁכָּן הָאֶחָד: וַחֲמִשָּׁה בְרִיחִם

לְקַרְשֵׁי צֶלַע־הַמִּשְׁכָּן הַשֵּׁנִית וַחֲמִשָּׁה בְרִיחִם לְקַרְשֵׁי צֶלַע
כח הַמִּשְׁכָּן לַיַּרְכָתַיִם יָמָּה׃ וְהַבְּרִיחַ הַתִּיכֹן בְּתוֹךְ הַקְּרָשִׁים
כט מַבְרִחַ מִן־הַקָּצֶה אֶל־הַקָּצֶה׃ וְאֶת־הַקְּרָשִׁים תְּצַפֶּה זָהָב
וְאֶת־טַבְּעֹתֵיהֶם תַּעֲשֶׂה זָהָב בָּתִּים לַבְּרִיחִם וְצִפִּיתָ אֶת־
ל הַבְּרִיחִם זָהָב׃ וַהֲקֵמֹתָ אֶת־הַמִּשְׁכָּן כְּמִשְׁפָּטוֹ אֲשֶׁר הָרְאֵיתָ
חמישי כ לא בָּהָר׃ וְעָשִׂיתָ פָרֹכֶת תְּכֵלֶת וְאַרְגָּמָן וְתוֹלַעַת
לב שְׁנִי וְשֵׁשׁ מָשְׁזָר מַעֲשֵׂה חֹשֵׁב יַעֲשֶׂה אֹתָהּ כְּרֻבִים׃ וְנָתַתָּה
אֹתָהּ עַל־אַרְבָּעָה עַמּוּדֵי שִׁטִּים מְצֻפִּים זָהָב וָוֵיהֶם זָהָב עַל־
לג אַרְבָּעָה אַדְנֵי־כָסֶף׃ וְנָתַתָּה אֶת־הַפָּרֹכֶת תַּחַת הַקְּרָסִים
וְהֵבֵאתָ שָׁמָּה מִבֵּית לַפָּרֹכֶת אֵת אֲרוֹן הָעֵדוּת וְהִבְדִּילָה
לד הַפָּרֹכֶת לָכֶם בֵּין הַקֹּדֶשׁ וּבֵין קֹדֶשׁ הַקֳּדָשִׁים׃ וְנָתַתָּ אֶת־
לה הַכַּפֹּרֶת עַל אֲרוֹן הָעֵדֻת בְּקֹדֶשׁ הַקֳּדָשִׁים׃ וְשַׂמְתָּ אֶת־
הַשֻּׁלְחָן מִחוּץ לַפָּרֹכֶת וְאֶת־הַמְּנֹרָה נֹכַח הַשֻּׁלְחָן עַל צֶלַע
לו הַמִּשְׁכָּן תֵּימָנָה וְהַשֻּׁלְחָן תִּתֵּן עַל־צֶלַע צָפוֹן׃ וְעָשִׂיתָ מָסָךְ
לְפֶתַח הָאֹהֶל תְּכֵלֶת וְאַרְגָּמָן וְתוֹלַעַת שְׁנִי וְשֵׁשׁ מָשְׁזָר מַעֲשֵׂה
לז רֹקֵם׃ וְעָשִׂיתָ לַמָּסָךְ חֲמִשָּׁה עַמּוּדֵי שִׁטִּים וְצִפִּיתָ אֹתָם זָהָב
ששי כז א וָוֵיהֶם זָהָב וְיָצַקְתָּ לָהֶם חֲמִשָּׁה אַדְנֵי נְחֹשֶׁת׃ וְעָשִׂיתָ
אֶת־הַמִּזְבֵּחַ עֲצֵי שִׁטִּים חָמֵשׁ אַמּוֹת אֹרֶךְ וְחָמֵשׁ אַמּוֹת רֹחַב
ב רָבוּעַ יִהְיֶה הַמִּזְבֵּחַ וְשָׁלֹשׁ אַמּוֹת קֹמָתוֹ׃ וְעָשִׂיתָ קַרְנֹתָיו עַל
ג אַרְבַּע פִּנֹּתָיו מִמֶּנּוּ תִּהְיֶיןָ קַרְנֹתָיו וְצִפִּיתָ אֹתוֹ נְחֹשֶׁת׃ וְעָשִׂיתָ
סִּירֹתָיו לְדַשְּׁנוֹ וְיָעָיו וּמִזְרְקֹתָיו וּמִזְלְגֹתָיו וּמַחְתֹּתָיו לְכָל־כֵּלָיו
ד תַּעֲשֶׂה נְחֹשֶׁת׃ וְעָשִׂיתָ לּוֹ מִכְבָּר מַעֲשֵׂה רֶשֶׁת נְחֹשֶׁת וְעָשִׂיתָ
ה עַל־הָרֶשֶׁת אַרְבַּע טַבְּעֹת נְחֹשֶׁת עַל אַרְבַּע קְצוֹתָיו׃ וְנָתַתָּה
אֹתָהּ תַּחַת כַּרְכֹּב הַמִּזְבֵּחַ מִלְּמָטָּה וְהָיְתָה הָרֶשֶׁת עַד חֲצִי
ו הַמִּזְבֵּחַ׃ וְעָשִׂיתָ בַדִּים לַמִּזְבֵּחַ בַּדֵּי עֲצֵי שִׁטִּים וְצִפִּיתָ אֹתָם
ז נְחֹשֶׁת׃ וְהוּבָא אֶת־בַּדָּיו בַּטַּבָּעֹת וְהָיוּ הַבַּדִּים עַל־שְׁתֵּי
ח צַלְעֹת הַמִּזְבֵּחַ בִּשְׂאֵת אֹתוֹ׃ נְבוּב לֻחֹת תַּעֲשֶׂה אֹתוֹ כַּאֲשֶׁר

עשיית הפרוכת - הציווי והביצוע שמות לו, לה-לו

עשיית המסך - הציווי והביצוע שמות לו, לז-לח

עשיית מזבח העולה - הציווי והביצוע שמות לח, א-ז

שביעי

עשיית חצר המשכן - הציווי והביצוע
שמות לח, ט–כ

ט הֶרְאָה אֹתְךָ בָּהָר כֵּן יַעֲשׂוּ: וְעָשִׂיתָ אֵת חֲצַר
הַמִּשְׁכָּן לִפְאַת נֶגֶב־תֵּימָנָה קְלָעִים לֶחָצֵר שֵׁשׁ מָשְׁזָר מֵאָה
י בָּאַמָּה אֹרֶךְ לַפֵּאָה הָאֶחָת: וְעַמֻּדָיו עֶשְׂרִים וְאַדְנֵיהֶם עֶשְׂרִים
יא נְחֹשֶׁת וָוֵי הָעַמֻּדִים וַחֲשֻׁקֵיהֶם כָּסֶף: וְכֵן לִפְאַת צָפוֹן בָּאֹרֶךְ
קְלָעִים מֵאָה אֹרֶךְ וְעַמֻּדָו עֶשְׂרִים וְאַדְנֵיהֶם עֶשְׂרִים נְחֹשֶׁת
יב וָוֵי הָעַמֻּדִים וַחֲשֻׁקֵיהֶם כָּסֶף: וְרֹחַב הֶחָצֵר לִפְאַת־יָם קְלָעִים
יג חֲמִשִּׁים אַמָּה עַמֻּדֵיהֶם עֲשָׂרָה וְאַדְנֵיהֶם עֲשָׂרָה: וְרֹחַב הֶחָצֵר
יד לִפְאַת קֵדְמָה מִזְרָחָה חֲמִשִּׁים אַמָּה: וַחֲמֵשׁ עֶשְׂרֵה אַמָּה
טו קְלָעִים לַכָּתֵף עַמֻּדֵיהֶם שְׁלֹשָׁה וְאַדְנֵיהֶם שְׁלֹשָׁה: וְלַכָּתֵף
הַשֵּׁנִית חֲמֵשׁ עֶשְׂרֵה קְלָעִים עַמֻּדֵיהֶם שְׁלֹשָׁה וְאַדְנֵיהֶם שְׁלֹשָׁה:
טז וּלְשַׁעַר הֶחָצֵר מָסָךְ ׀ עֶשְׂרִים אַמָּה תְּכֵלֶת וְאַרְגָּמָן וְתוֹלַעַת
שְׁנִי וְשֵׁשׁ מָשְׁזָר מַעֲשֵׂה רֹקֵם עַמֻּדֵיהֶם אַרְבָּעָה וְאַדְנֵיהֶם
יז אַרְבָּעָה: כָּל־עַמּוּדֵי הֶחָצֵר סָבִיב מְחֻשָּׁקִים כֶּסֶף וָוֵיהֶם כָּסֶף מפטיר
יח וְאַדְנֵיהֶם נְחֹשֶׁת: אֹרֶךְ הֶחָצֵר מֵאָה בָאַמָּה וְרֹחַב ׀ חֲמִשִּׁים
יט בַּחֲמִשִּׁים וְקֹמָה חָמֵשׁ אַמּוֹת שֵׁשׁ מָשְׁזָר וְאַדְנֵיהֶם נְחֹשֶׁת: לְכֹל
כְּלֵי הַמִּשְׁכָּן בְּכֹל עֲבֹדָתוֹ וְכָל־יְתֵדֹתָיו וְכָל־יִתְדֹת הֶחָצֵר
כ נְחֹשֶׁת: וְאַתָּה תְּצַוֶּה ׀ אֶת־בְּנֵי יִשְׂרָאֵל וְיִקְחוּ

## כא תצוה

מצוות הדלקת המנורה
ויקרא כד, א–ד
במדבר ח, א–ג

כא אֵלֶיךָ שֶׁמֶן זַיִת זָךְ כָּתִית לַמָּאוֹר לְהַעֲלֹת נֵר תָּמִיד: בְּאֹהֶל
מוֹעֵד מִחוּץ לַפָּרֹכֶת אֲשֶׁר עַל־הָעֵדֻת יַעֲרֹךְ אֹתוֹ אַהֲרֹן וּבָנָיו
מֵעֶרֶב עַד־בֹּקֶר לִפְנֵי יהוה חֻקַּת עוֹלָם לְדֹרֹתָם מֵאֵת בְּנֵי
כח א יִשְׂרָאֵל: וְאַתָּה הַקְרֵב אֵלֶיךָ אֶת־אַהֲרֹן אָחִיךָ וְאֶת־
בָּנָיו אִתּוֹ מִתּוֹךְ בְּנֵי יִשְׂרָאֵל לְכַהֲנוֹ־לִי אַהֲרֹן נָדָב וַאֲבִיהוּא
ב אֶלְעָזָר וְאִיתָמָר בְּנֵי אַהֲרֹן: וְעָשִׂיתָ בִגְדֵי־קֹדֶשׁ לְאַהֲרֹן אָחִיךָ
ג לְכָבוֹד וּלְתִפְאָרֶת: וְאַתָּה תְּדַבֵּר אֶל־כָּל־חַכְמֵי־לֵב אֲשֶׁר
מִלֵּאתִיו רוּחַ חָכְמָה וְעָשׂוּ אֶת־בִּגְדֵי אַהֲרֹן לְקַדְּשׁוֹ לְכַהֲנוֹ־
ד לִי: וְאֵלֶּה הַבְּגָדִים אֲשֶׁר יַעֲשׂוּ חֹשֶׁן וְאֵפוֹד וּמְעִיל וּכְתֹנֶת
תַּשְׁבֵּץ מִצְנֶפֶת וְאַבְנֵט וְעָשׂוּ בִגְדֵי־קֹדֶשׁ לְאַהֲרֹן אָחִיךָ וּלְבָנָיו

ה לְכַהֲנוֹ־לִי: וְהֵם יִקְחוּ אֶת־הַזָּהָב וְאֶת־הַתְּכֵלֶת וְאֶת־הָאַרְגָּמָן
וְאֶת־תּוֹלַעַת הַשָּׁנִי וְאֶת־הַשֵּׁשׁ:
ו וְעָשׂוּ אֶת־הָאֵפֹד זָהָב תְּכֵלֶת וְאַרְגָּמָן תּוֹלַעַת שָׁנִי וְשֵׁשׁ מָשְׁזָר

עשיית האפוד – הציווי והביצוע שמות לט, ב–ז

ז מַעֲשֵׂה חֹשֵׁב: שְׁתֵּי כְתֵפֹת חֹבְרֹת יִהְיֶה־לּוֹ אֶל־שְׁנֵי קְצוֹתָיו
ח וְחֻבָּר: וְחֵשֶׁב אֲפֻדָּתוֹ אֲשֶׁר עָלָיו כְּמַעֲשֵׂהוּ מִמֶּנּוּ יִהְיֶה זָהָב
ט תְּכֵלֶת וְאַרְגָּמָן וְתוֹלַעַת שָׁנִי וְשֵׁשׁ מָשְׁזָר: וְלָקַחְתָּ אֶת־שְׁתֵּי
י אַבְנֵי־שֹׁהַם וּפִתַּחְתָּ עֲלֵיהֶם שְׁמוֹת בְּנֵי יִשְׂרָאֵל: שִׁשָּׁה מִשְּׁמֹתָם
עַל הָאֶבֶן הָאֶחָת וְאֶת־שְׁמוֹת הַשִּׁשָּׁה הַנּוֹתָרִים עַל־הָאֶבֶן
יא הַשֵּׁנִית כְּתוֹלְדֹתָם: מַעֲשֵׂה חָרַשׁ אֶבֶן פִּתּוּחֵי חֹתָם תְּפַתַּח
אֶת־שְׁתֵּי הָאֲבָנִים עַל־שְׁמֹת בְּנֵי יִשְׂרָאֵל מֻסַבֹּת מִשְׁבְּצוֹת
יב זָהָב תַּעֲשֶׂה אֹתָם: וְשַׂמְתָּ אֶת־שְׁתֵּי הָאֲבָנִים עַל כִּתְפֹת הָאֵפֹד
אַבְנֵי זִכָּרֹן לִבְנֵי יִשְׂרָאֵל וְנָשָׂא אַהֲרֹן אֶת־שְׁמוֹתָם לִפְנֵי יְהוָה
יג עַל־שְׁתֵּי כְתֵפָיו לְזִכָּרֹן: וְעָשִׂיתָ מִשְׁבְּצֹת זָהָב: שני
יד וּשְׁתֵּי שַׁרְשְׁרֹת זָהָב טָהוֹר מִגְבָּלֹת תַּעֲשֶׂה אֹתָם מַעֲשֵׂה עֲבֹת
טו וְנָתַתָּה אֶת־שַׁרְשְׁרֹת הָעֲבֹתֹת עַל־הַמִּשְׁבְּצֹת: וְעָשִׂיתָ

עשיית החושן – הציווי והביצוע שמות לט, ח–כא

חֹשֶׁן מִשְׁפָּט מַעֲשֵׂה חֹשֵׁב כְּמַעֲשֵׂה אֵפֹד תַּעֲשֶׂנּוּ זָהָב תְּכֵלֶת
טז וְאַרְגָּמָן וְתוֹלַעַת שָׁנִי וְשֵׁשׁ מָשְׁזָר תַּעֲשֶׂה אֹתוֹ: רָבוּעַ יִהְיֶה
יז כָּפוּל זֶרֶת אָרְכּוֹ וְזֶרֶת רָחְבּוֹ: וּמִלֵּאתָ בוֹ מִלֻּאַת אֶבֶן אַרְבָּעָה
יח טוּרִים אָבֶן טוּר אֹדֶם פִּטְדָה וּבָרֶקֶת הַטּוּר הָאֶחָד: וְהַטּוּר
יט הַשֵּׁנִי נֹפֶךְ סַפִּיר וְיָהֲלֹם: וְהַטּוּר הַשְּׁלִישִׁי לֶשֶׁם שְׁבוֹ וְאַחְלָמָה:
כ וְהַטּוּר הָרְבִיעִי תַּרְשִׁישׁ וְשֹׁהַם וְיָשְׁפֵה מְשֻׁבָּצִים זָהָב יִהְיוּ
כא בְּמִלּוּאֹתָם: וְהָאֲבָנִים תִּהְיֶיןָ עַל־שְׁמֹת בְּנֵי־יִשְׂרָאֵל שְׁתֵּים
עֶשְׂרֵה עַל־שְׁמֹתָם פִּתּוּחֵי חוֹתָם אִישׁ עַל־שְׁמוֹ תִּהְיֶיןָ לִשְׁנֵי
כב עָשָׂר שָׁבֶט: וְעָשִׂיתָ עַל־הַחֹשֶׁן שַׁרְשֹׁת גַּבְלֻת מַעֲשֵׂה עֲבֹת
כג זָהָב טָהוֹר: וְעָשִׂיתָ עַל־הַחֹשֶׁן שְׁתֵּי טַבְּעוֹת זָהָב וְנָתַתָּ אֶת־
כד שְׁתֵּי הַטַּבָּעוֹת עַל־שְׁנֵי קְצוֹת הַחֹשֶׁן: וְנָתַתָּה אֶת־שְׁתֵּי עֲבֹתֹת
כה הַזָּהָב עַל־שְׁתֵּי הַטַּבָּעֹת אֶל־קְצוֹת הַחֹשֶׁן: וְאֵת שְׁתֵּי קְצוֹת

שְׁתֵּי הָעֲבֹתֹת תִּתֵּן עַל־שְׁתֵּי הַמִּשְׁבְּצוֹת וְנָתַתָּה עַל־כִּתְפוֹת
כו הָאֵפֹד אֶל־מוּל פָּנָיו: וְעָשִׂיתָ שְׁתֵּי טַבְּעוֹת זָהָב וְשַׂמְתָּ אֹתָם
עַל־שְׁנֵי קְצוֹת הַחֹשֶׁן עַל־שְׂפָתוֹ אֲשֶׁר אֶל־עֵבֶר הָאֵפוֹד בָּיְתָה:
כז וְעָשִׂיתָ שְׁתֵּי טַבְּעוֹת זָהָב וְנָתַתָּה אֹתָם עַל־שְׁתֵּי כִתְפוֹת
הָאֵפוֹד מִלְּמַטָּה מִמּוּל פָּנָיו לְעֻמַּת מַחְבַּרְתּוֹ מִמַּעַל לְחֵשֶׁב
כח הָאֵפוֹד: וְיִרְכְּסוּ אֶת־הַחֹשֶׁן מִטַּבְּעֹתָו אֶל־טַבְּעֹת הָאֵפוֹד
בִּפְתִיל תְּכֵלֶת לִהְיוֹת עַל־חֵשֶׁב הָאֵפוֹד וְלֹא־יִזַּח הַחֹשֶׁן מֵעַל
כט הָאֵפוֹד: וְנָשָׂא אַהֲרֹן אֶת־שְׁמוֹת בְּנֵי־יִשְׂרָאֵל בְּחֹשֶׁן הַמִּשְׁפָּט
ל עַל־לִבּוֹ בְּבֹאוֹ אֶל־הַקֹּדֶשׁ לְזִכָּרֹן לִפְנֵי־יְהוָה תָּמִיד: וְנָתַתָּ אֶל־
חֹשֶׁן הַמִּשְׁפָּט אֶת־הָאוּרִים וְאֶת־הַתֻּמִּים וְהָיוּ עַל־לֵב אַהֲרֹן
בְּבֹאוֹ לִפְנֵי יְהוָה וְנָשָׂא אַהֲרֹן אֶת־מִשְׁפַּט בְּנֵי־יִשְׂרָאֵל עַל־
לא לִבּוֹ לִפְנֵי יְהוָה תָּמִיד: וְעָשִׂיתָ אֶת־מְעִיל הָאֵפוֹד (שלישי)
לב כְּלִיל תְּכֵלֶת: וְהָיָה פִי־רֹאשׁוֹ בְּתוֹכוֹ שָׂפָה יִהְיֶה לְפִיו סָבִיב
לג מַעֲשֵׂה אֹרֵג כְּפִי תַחְרָא יִהְיֶה־לּוֹ לֹא יִקָּרֵעַ: וְעָשִׂיתָ עַל־שׁוּלָיו
רִמֹּנֵי תְּכֵלֶת וְאַרְגָּמָן וְתוֹלַעַת שָׁנִי עַל־שׁוּלָיו סָבִיב וּפַעֲמֹנֵי
לד זָהָב בְּתוֹכָם סָבִיב: פַּעֲמֹן זָהָב וְרִמּוֹן פַּעֲמֹן זָהָב וְרִמּוֹן עַל־
לה שׁוּלֵי הַמְּעִיל סָבִיב: וְהָיָה עַל־אַהֲרֹן לְשָׁרֵת וְנִשְׁמַע קוֹלוֹ בְּבֹאוֹ
לו אֶל־הַקֹּדֶשׁ לִפְנֵי יְהוָה וּבְצֵאתוֹ וְלֹא יָמוּת: וְעָשִׂיתָ
לז צִּיץ זָהָב טָהוֹר וּפִתַּחְתָּ עָלָיו פִּתּוּחֵי חֹתָם קֹדֶשׁ לַיהוָה: וְשַׂמְתָּ
אֹתוֹ עַל־פְּתִיל תְּכֵלֶת וְהָיָה עַל־הַמִּצְנָפֶת אֶל־מוּל פְּנֵי־
לח הַמִּצְנֶפֶת יִהְיֶה: וְהָיָה עַל־מֵצַח אַהֲרֹן וְנָשָׂא אַהֲרֹן אֶת־עֲוֺן
הַקֳּדָשִׁים אֲשֶׁר יַקְדִּישׁוּ בְּנֵי יִשְׂרָאֵל לְכָל־מַתְּנֹת קָדְשֵׁיהֶם
לט וְהָיָה עַל־מִצְחוֹ תָּמִיד לְרָצוֹן לָהֶם לִפְנֵי יְהוָה: וְשִׁבַּצְתָּ הַכְּתֹנֶת
מ שֵׁשׁ וְעָשִׂיתָ מִצְנֶפֶת שֵׁשׁ וְאַבְנֵט תַּעֲשֶׂה מַעֲשֵׂה רֹקֵם: וְלִבְנֵי
אַהֲרֹן תַּעֲשֶׂה כֻתֳּנֹת וְעָשִׂיתָ לָהֶם אַבְנֵטִים וּמִגְבָּעוֹת תַּעֲשֶׂה
מא לָהֶם לְכָבוֹד וּלְתִפְאָרֶת: וְהִלְבַּשְׁתָּ אֹתָם אֶת־אַהֲרֹן אָחִיךָ
וְאֶת־בָּנָיו אִתּוֹ וּמָשַׁחְתָּ אֹתָם וּמִלֵּאתָ אֶת־יָדָם וְקִדַּשְׁתָּ אֹתָם

עשיית המעיל - הציווי והביצוע שמות לט, כב–כו

עשיית הציץ - הציווי והביצוע שמות לט, ל–לא

עשיית הכותנות, האבנטים, המגבעות והמכנסיים - הציווי והביצוע שמות לט, כז–כט

מב וְכִהֲנוּ־לִי׃ וַעֲשֵׂה לָהֶם מִכְנְסֵי־בָד לְכַסּוֹת בְּשַׂר עֶרְוָה מִמָּתְנַיִם
מג וְעַד־יְרֵכַיִם יִהְיוּ׃ וְהָיוּ עַל־אַהֲרֹן וְעַל־בָּנָיו בְּבֹאָם ׀ אֶל־אֹהֶל
מוֹעֵד אוֹ בְגִשְׁתָּם אֶל־הַמִּזְבֵּחַ לְשָׁרֵת בַּקֹּדֶשׁ וְלֹא־יִשְׂאוּ עָוֺן
רביעי כב כט א וָמֵתוּ חֻקַּת עוֹלָם לוֹ וּלְזַרְעוֹ אַחֲרָיו׃ וְזֶה הַדָּבָר

שבעת ימי המילואים - הציווי והביצוע ויקרא ח, א–לו

אֲשֶׁר תַּעֲשֶׂה לָהֶם לְקַדֵּשׁ אֹתָם לְכַהֵן לִי לְקַח פַּר אֶחָד בֶּן־
ב בָּקָר וְאֵילִם שְׁנַיִם תְּמִימִם׃ וְלֶחֶם מַצּוֹת וְחַלֹּת מַצֹּת בְּלוּלֹת
בַּשֶּׁמֶן וּרְקִיקֵי מַצּוֹת מְשֻׁחִים בַּשָּׁמֶן סֹלֶת חִטִּים תַּעֲשֶׂה אֹתָם׃
ג וְנָתַתָּ אוֹתָם עַל־סַל אֶחָד וְהִקְרַבְתָּ אֹתָם בַּסָּל וְאֶת־הַפָּר
ד וְאֵת שְׁנֵי הָאֵילִם׃ וְאֶת־אַהֲרֹן וְאֶת־בָּנָיו תַּקְרִיב אֶל־פֶּתַח אֹהֶל

רחיצת אהרן ובניו והלבשתם בבגדי כהונה - הציווי והביצוע שמות מ, יב–טו ויקרא ח, ו–יג

ה מוֹעֵד וְרָחַצְתָּ אֹתָם בַּמָּיִם׃ וְלָקַחְתָּ אֶת־הַבְּגָדִים וְהִלְבַּשְׁתָּ
אֶת־אַהֲרֹן אֶת־הַכֻּתֹּנֶת וְאֵת מְעִיל הָאֵפֹד וְאֶת־הָאֵפֹד וְאֶת־
ו הַחֹשֶׁן וְאָפַדְתָּ לוֹ בְּחֵשֶׁב הָאֵפֹד׃ וְשַׂמְתָּ הַמִּצְנֶפֶת עַל־רֹאשׁוֹ
ז וְנָתַתָּ אֶת־נֵזֶר הַקֹּדֶשׁ עַל־הַמִּצְנָפֶת׃ וְלָקַחְתָּ אֶת־שֶׁמֶן
ח הַמִּשְׁחָה וְיָצַקְתָּ עַל־רֹאשׁוֹ וּמָשַׁחְתָּ אֹתוֹ׃ וְאֶת־בָּנָיו תַּקְרִיב
ט וְהִלְבַּשְׁתָּם כֻּתֳּנֹת׃ וְחָגַרְתָּ אֹתָם אַבְנֵט אַהֲרֹן וּבָנָיו וְחָבַשְׁתָּ
לָהֶם מִגְבָּעֹת וְהָיְתָה לָהֶם כְּהֻנָּה לְחֻקַּת עוֹלָם וּמִלֵּאתָ יַד־
י אַהֲרֹן וְיַד־בָּנָיו׃ וְהִקְרַבְתָּ אֶת־הַפָּר לִפְנֵי אֹהֶל מוֹעֵד וְסָמַךְ
יא אַהֲרֹן וּבָנָיו אֶת־יְדֵיהֶם עַל־רֹאשׁ הַפָּר׃ וְשָׁחַטְתָּ אֶת־הַפָּר
יב לִפְנֵי יְהוָה פֶּתַח אֹהֶל מוֹעֵד׃ וְלָקַחְתָּ מִדַּם הַפָּר וְנָתַתָּה עַל־
קַרְנֹת הַמִּזְבֵּחַ בְּאֶצְבָּעֶךָ וְאֶת־כָּל־הַדָּם תִּשְׁפֹּךְ אֶל־יְסוֹד
יג הַמִּזְבֵּחַ׃ וְלָקַחְתָּ אֶת־כָּל־הַחֵלֶב הַמְכַסֶּה אֶת־הַקֶּרֶב וְאֵת
הַיֹּתֶרֶת עַל־הַכָּבֵד וְאֵת שְׁתֵּי הַכְּלָיֹת וְאֶת־הַחֵלֶב אֲשֶׁר עֲלֵיהֶן
יד וְהִקְטַרְתָּ הַמִּזְבֵּחָה׃ וְאֶת־בְּשַׂר הַפָּר וְאֶת־עֹרוֹ וְאֶת־פִּרְשׁוֹ
טו תִּשְׂרֹף בָּאֵשׁ מִחוּץ לַמַּחֲנֶה חַטָּאת הוּא׃ וְאֶת־הָאַיִל הָאֶחָד
טז תִּקָּח וְסָמְכוּ אַהֲרֹן וּבָנָיו אֶת־יְדֵיהֶם עַל־רֹאשׁ הָאָיִל׃ וְשָׁחַטְתָּ
יז אֶת־הָאָיִל וְלָקַחְתָּ אֶת־דָּמוֹ וְזָרַקְתָּ עַל־הַמִּזְבֵּחַ סָבִיב׃ וְאֶת־
הָאַיִל תְּנַתֵּחַ לִנְתָחָיו וְרָחַצְתָּ קִרְבּוֹ וּכְרָעָיו וְנָתַתָּ עַל־נְתָחָיו

יח וְעַל־רֹאשׁוֹ: וְהִקְטַרְתָּ אֶת־כָּל־הָאַיִל הַמִּזְבֵּחָה עֹלָה הוּא
יט לַיהוָה רֵיחַ נִיחוֹחַ אִשֶּׁה לַיהוָה הוּא: וְלָקַחְתָּ אֵת הָאַיִל הַשֵּׁנִי חמישי
כ וְסָמַךְ אַהֲרֹן וּבָנָיו אֶת־יְדֵיהֶם עַל־רֹאשׁ הָאָיִל: וְשָׁחַטְתָּ אֶת־
הָאַיִל וְלָקַחְתָּ מִדָּמוֹ וְנָתַתָּה עַל־תְּנוּךְ אֹזֶן אַהֲרֹן וְעַל־תְּנוּךְ
אֹזֶן בָּנָיו הַיְמָנִית וְעַל־בֹּהֶן יָדָם הַיְמָנִית וְעַל־בֹּהֶן רַגְלָם
כא הַיְמָנִית וְזָרַקְתָּ אֶת־הַדָּם עַל־הַמִּזְבֵּחַ סָבִיב: וְלָקַחְתָּ מִן־הַדָּם
אֲשֶׁר עַל־הַמִּזְבֵּחַ וּמִשֶּׁמֶן הַמִּשְׁחָה וְהִזֵּיתָ עַל־אַהֲרֹן וְעַל־
בְּגָדָיו וְעַל־בָּנָיו וְעַל־בִּגְדֵי בָנָיו אִתּוֹ וְקָדַשׁ הוּא וּבְגָדָיו וּבָנָיו
כב וּבִגְדֵי בָנָיו אִתּוֹ: וְלָקַחְתָּ מִן־הָאַיִל הַחֵלֶב וְהָאַלְיָה וְאֶת־
הַחֵלֶב ׀ הַמְכַסֶּה אֶת־הַקֶּרֶב וְאֵת יֹתֶרֶת הַכָּבֵד וְאֵת ׀ שְׁתֵּי
הַכְּלָיֹת וְאֶת־הַחֵלֶב אֲשֶׁר עֲלֵיהֶן וְאֵת שׁוֹק הַיָּמִין כִּי אֵיל
כג מִלֻּאִים הוּא: וְכִכַּר לֶחֶם אַחַת וְחַלַּת לֶחֶם שֶׁמֶן אַחַת וְרָקִיק
כד אֶחָד מִסַּל הַמַּצּוֹת אֲשֶׁר לִפְנֵי יְהוָה: וְשַׂמְתָּ הַכֹּל עַל כַּפֵּי
כה אַהֲרֹן וְעַל כַּפֵּי בָנָיו וְהֵנַפְתָּ אֹתָם תְּנוּפָה לִפְנֵי יְהוָה: וְלָקַחְתָּ
אֹתָם מִיָּדָם וְהִקְטַרְתָּ הַמִּזְבֵּחָה עַל־הָעֹלָה לְרֵיחַ נִיחוֹחַ לִפְנֵי
כו יְהוָה אִשֶּׁה הוּא לַיהוָה: וְלָקַחְתָּ אֶת־הֶחָזֶה מֵאֵיל הַמִּלֻּאִים
אֲשֶׁר לְאַהֲרֹן וְהֵנַפְתָּ אֹתוֹ תְּנוּפָה לִפְנֵי יְהוָה וְהָיָה לְךָ לְמָנָה:
כז וְקִדַּשְׁתָּ אֵת ׀ חֲזֵה הַתְּנוּפָה וְאֵת שׁוֹק הַתְּרוּמָה אֲשֶׁר הוּנַף
וַאֲשֶׁר הוּרָם מֵאֵיל הַמִּלֻּאִים מֵאֲשֶׁר לְאַהֲרֹן וּמֵאֲשֶׁר לְבָנָיו:
כח וְהָיָה לְאַהֲרֹן וּלְבָנָיו לְחָק־עוֹלָם מֵאֵת בְּנֵי יִשְׂרָאֵל כִּי תְרוּמָה
הוּא וּתְרוּמָה יִהְיֶה מֵאֵת בְּנֵי־יִשְׂרָאֵל מִזִּבְחֵי שַׁלְמֵיהֶם
כט תְּרוּמָתָם לַיהוָה: וּבִגְדֵי הַקֹּדֶשׁ אֲשֶׁר לְאַהֲרֹן יִהְיוּ לְבָנָיו
ל אַחֲרָיו לְמָשְׁחָה בָהֶם וּלְמַלֵּא־בָם אֶת־יָדָם: שִׁבְעַת יָמִים
יִלְבָּשָׁם הַכֹּהֵן תַּחְתָּיו מִבָּנָיו אֲשֶׁר יָבֹא אֶל־אֹהֶל מוֹעֵד לְשָׁרֵת
לא בַּקֹּדֶשׁ: וְאֵת אֵיל הַמִּלֻּאִים תִּקָּח וּבִשַּׁלְתָּ אֶת־בְּשָׂרוֹ בְּמָקֹם
לב קָדֹשׁ: וְאָכַל אַהֲרֹן וּבָנָיו אֶת־בְּשַׂר הָאַיִל וְאֶת־הַלֶּחֶם אֲשֶׁר
לג בַּסָּל פֶּתַח אֹהֶל מוֹעֵד: וְאָכְלוּ אֹתָם אֲשֶׁר כֻּפַּר בָּהֶם לְמַלֵּא

אֶת־יָדָם לְקַדֵּשׁ אֹתָם וְזָר לֹא־יֹאכַל כִּי־קֹדֶשׁ הֵם: וְאִם־ לד
יִוָּתֵר מִבְּשַׂר הַמִּלֻּאִים וּמִן־הַלֶּחֶם עַד־הַבֹּקֶר וְשָׂרַפְתָּ אֶת־
הַנּוֹתָר בָּאֵשׁ לֹא יֵאָכֵל כִּי־קֹדֶשׁ הוּא: וְעָשִׂיתָ לְאַהֲרֹן וּלְבָנָיו לה
כָּכָה כְּכֹל אֲשֶׁר־צִוִּיתִי אֹתָכָה שִׁבְעַת יָמִים תְּמַלֵּא יָדָם: וּפַר לו
חַטָּאת תַּעֲשֶׂה לַיּוֹם עַל־הַכִּפֻּרִים וְחִטֵּאתָ עַל־הַמִּזְבֵּחַ בְּכַפֶּרְךָ
עָלָיו וּמָשַׁחְתָּ אֹתוֹ לְקַדְּשׁוֹ: שִׁבְעַת יָמִים תְּכַפֵּר עַל־הַמִּזְבֵּחַ לז
וְקִדַּשְׁתָּ אֹתוֹ וְהָיָה הַמִּזְבֵּחַ קֹדֶשׁ קָדָשִׁים כָּל־הַנֹּגֵעַ בַּמִּזְבֵּחַ
ששי יִקְדָּשׁ: וְזֶה אֲשֶׁר תַּעֲשֶׂה עַל־הַמִּזְבֵּחַ כְּבָשִׂים לח
קרבן תמיד
במדבר כח, ג–ח
בְּנֵי־שָׁנָה שְׁנַיִם לַיּוֹם תָּמִיד: אֶת־הַכֶּבֶשׂ הָאֶחָד תַּעֲשֶׂה לט
בַבֹּקֶר וְאֵת הַכֶּבֶשׂ הַשֵּׁנִי תַּעֲשֶׂה בֵּין הָעַרְבָּיִם: וְעִשָּׂרֹן סֹלֶת מ
בָּלוּל בְּשֶׁמֶן כָּתִית רֶבַע הַהִין וְנֵסֶךְ רְבִיעִת הַהִין יָיִן לַכֶּבֶשׂ
הָאֶחָד: וְאֵת הַכֶּבֶשׂ הַשֵּׁנִי תַּעֲשֶׂה בֵּין הָעַרְבָּיִם כְּמִנְחַת מא
הַבֹּקֶר וּכְנִסְכָּהּ תַּעֲשֶׂה־לָּהּ לְרֵיחַ נִיחֹחַ אִשֶּׁה לַיהוָה: עֹלַת מב
תָּמִיד לְדֹרֹתֵיכֶם פֶּתַח אֹהֶל־מוֹעֵד לִפְנֵי יְהוָה אֲשֶׁר אִוָּעֵד
לָכֶם שָׁמָּה לְדַבֵּר אֵלֶיךָ שָׁם: וְנֹעַדְתִּי שָׁמָּה לִבְנֵי יִשְׂרָאֵל מג
וְנִקְדַּשׁ בִּכְבֹדִי: וְקִדַּשְׁתִּי אֶת־אֹהֶל מוֹעֵד וְאֶת־הַמִּזְבֵּחַ מד
וְאֶת־אַהֲרֹן וְאֶת־בָּנָיו אֲקַדֵּשׁ לְכַהֵן לִי: וְשָׁכַנְתִּי בְּתוֹךְ בְּנֵי מה
יִשְׂרָאֵל וְהָיִיתִי לָהֶם לֵאלֹהִים: וְיָדְעוּ כִּי אֲנִי יְהוָה אֱלֹהֵיהֶם מו
אֲשֶׁר הוֹצֵאתִי אֹתָם מֵאֶרֶץ מִצְרַיִם לְשָׁכְנִי בְתוֹכָם אֲנִי יְהוָה
אֱלֹהֵיהֶם:

שביעי כג וְעָשִׂיתָ מִזְבֵּחַ מִקְטַר קְטֹרֶת עֲצֵי שִׁטִּים תַּעֲשֶׂה אֹתוֹ: אַמָּה ל א ב
עשיית מזבח הקטורת – הציווי והביצוע
שמות לז, כה–כח
אָרְכּוֹ וְאַמָּה רָחְבּוֹ רָבוּעַ יִהְיֶה וְאַמָּתַיִם קֹמָתוֹ מִמֶּנּוּ קַרְנֹתָיו:
וְצִפִּיתָ אֹתוֹ זָהָב טָהוֹר אֶת־גַּגּוֹ וְאֶת־קִירֹתָיו סָבִיב וְאֶת־ ג
קַרְנֹתָיו וְעָשִׂיתָ לּוֹ זֵר זָהָב סָבִיב: וּשְׁתֵּי טַבְּעֹת זָהָב תַּעֲשֶׂה־ ד
לּוֹ ׀ מִתַּחַת לְזֵרוֹ עַל שְׁתֵּי צַלְעֹתָיו תַּעֲשֶׂה עַל־שְׁנֵי צִדָּיו וְהָיָה
לְבָתִּים לְבַדִּים לָשֵׂאת אֹתוֹ בָּהֵמָּה: וְעָשִׂיתָ אֶת־הַבַּדִּים עֲצֵי ה
שִׁטִּים וְצִפִּיתָ אֹתָם זָהָב: וְנָתַתָּה אֹתוֹ לִפְנֵי הַפָּרֹכֶת אֲשֶׁר עַל־ ו

אֲרֹן הָעֵדֻת לִפְנֵי הַכַּפֹּרֶת אֲשֶׁר עַל־הָעֵדֻת אֲשֶׁר אִוָּעֵד לְךָ
ז שָׁמָּה׃ וְהִקְטִיר עָלָיו אַהֲרֹן קְטֹרֶת סַמִּים בַּבֹּקֶר בַּבֹּקֶר בְּהֵיטִיבוֹ
ח אֶת־הַנֵּרֹת יַקְטִירֶנָּה׃ וּבְהַעֲלֹת אַהֲרֹן אֶת־הַנֵּרֹת בֵּין הָעַרְבַּיִם מפטיר
ט יַקְטִירֶנָּה קְטֹרֶת תָּמִיד לִפְנֵי יְהוָה לְדֹרֹתֵיכֶם׃ לֹא־תַעֲלוּ עָלָיו
י קְטֹרֶת זָרָה וְעֹלָה וּמִנְחָה וְנֶסֶךְ לֹא תִסְּכוּ עָלָיו׃ וְכִפֶּר אַהֲרֹן
עַל־קַרְנֹתָיו אַחַת בַּשָּׁנָה מִדַּם חַטַּאת הַכִּפֻּרִים אַחַת בַּשָּׁנָה
יְכַפֵּר עָלָיו לְדֹרֹתֵיכֶם קֹדֶשׁ־קָדָשִׁים הוּא לַיהוָה׃

קרבנות יום הכיפורים
ויקרא טז, ב–לד
במדבר כט, ח–יא

כי תשא

יא יב וַיְדַבֵּר יְהוָה אֶל־מֹשֶׁה לֵּאמֹר׃ כִּי תִשָּׂא אֶת־רֹאשׁ בְּנֵי־יִשְׂרָאֵל
לִפְקֻדֵיהֶם וְנָתְנוּ אִישׁ כֹּפֶר נַפְשׁוֹ לַיהוָה בִּפְקֹד אֹתָם וְלֹא־
יג יִהְיֶה בָהֶם נֶגֶף בִּפְקֹד אֹתָם׃ זֶה ׀ יִתְּנוּ כָּל־הָעֹבֵר עַל־הַפְּקֻדִים
מַחֲצִית הַשֶּׁקֶל בְּשֶׁקֶל הַקֹּדֶשׁ עֶשְׂרִים גֵּרָה הַשֶּׁקֶל מַחֲצִית
יד הַשֶּׁקֶל תְּרוּמָה לַיהוָה׃ כֹּל הָעֹבֵר עַל־הַפְּקֻדִים מִבֶּן עֶשְׂרִים
טו שָׁנָה וָמָעְלָה יִתֵּן תְּרוּמַת יְהוָה׃ הֶעָשִׁיר לֹא־יַרְבֶּה וְהַדַּל לֹא
יַמְעִיט מִמַּחֲצִית הַשָּׁקֶל לָתֵת אֶת־תְּרוּמַת יְהוָה לְכַפֵּר עַל־
טז נַפְשֹׁתֵיכֶם׃ וְלָקַחְתָּ אֶת־כֶּסֶף הַכִּפֻּרִים מֵאֵת בְּנֵי יִשְׂרָאֵל וְנָתַתָּ
אֹתוֹ עַל־עֲבֹדַת אֹהֶל מוֹעֵד וְהָיָה לִבְנֵי יִשְׂרָאֵל לְזִכָּרוֹן לִפְנֵי
יְהוָה לְכַפֵּר עַל־נַפְשֹׁתֵיכֶם׃

יז יח וַיְדַבֵּר יְהוָה אֶל־מֹשֶׁה לֵּאמֹר׃ וְעָשִׂיתָ כִּיּוֹר נְחֹשֶׁת וְכַנּוֹ נְחֹשֶׁת
לְרָחְצָה וְנָתַתָּ אֹתוֹ בֵּין־אֹהֶל מוֹעֵד וּבֵין הַמִּזְבֵּחַ וְנָתַתָּ שָׁמָּה
יט כ מָיִם׃ וְרָחֲצוּ אַהֲרֹן וּבָנָיו מִמֶּנּוּ אֶת־יְדֵיהֶם וְאֶת־רַגְלֵיהֶם׃ בְּבֹאָם
אֶל־אֹהֶל מוֹעֵד יִרְחֲצוּ־מַיִם וְלֹא יָמֻתוּ אוֹ בְגִשְׁתָּם אֶל־הַמִּזְבֵּחַ
כא לְשָׁרֵת לְהַקְטִיר אִשֶּׁה לַיהוָה׃ וְרָחֲצוּ יְדֵיהֶם וְרַגְלֵיהֶם וְלֹא
יָמֻתוּ וְהָיְתָה לָהֶם חָק־עוֹלָם לוֹ וּלְזַרְעוֹ לְדֹרֹתָם׃

עשיית הכיור - הציווי והביצוע
שמות לח, ח

כב כג וַיְדַבֵּר יְהוָה אֶל־מֹשֶׁה לֵּאמֹר׃ וְאַתָּה קַח־לְךָ בְּשָׂמִים רֹאשׁ
מָר־דְּרוֹר חֲמֵשׁ מֵאוֹת וְקִנְּמָן־בֶּשֶׂם מַחֲצִיתוֹ חֲמִשִּׁים וּמָאתָיִם
כד וּקְנֵה־בֹשֶׂם חֲמִשִּׁים וּמָאתָיִם׃ וְקִדָּה חֲמֵשׁ מֵאוֹת בְּשֶׁקֶל
כה הַקֹּדֶשׁ וְשֶׁמֶן זַיִת הִין׃ וְעָשִׂיתָ אֹתוֹ שֶׁמֶן מִשְׁחַת־קֹדֶשׁ רֹקַח

עשיית שמן המשחה - הציווי והביצוע
שמות לז, כט

מִרְקַחַת מַעֲשֵׂה רֹקֵחַ שֶׁמֶן מִשְׁחַת־קֹדֶשׁ יִהְיֶה׃ וּמָשַׁחְתָּ בוֹ כו
אֶת־אֹהֶל מוֹעֵד וְאֵת אֲרוֹן הָעֵדֻת׃ וְאֶת־הַשֻּׁלְחָן וְאֶת־כָּל־ כז
כֵּלָיו וְאֶת־הַמְּנֹרָה וְאֶת־כֵּלֶיהָ וְאֵת מִזְבַּח הַקְּטֹרֶת׃ וְאֶת־ כח
מִזְבַּח הָעֹלָה וְאֶת־כָּל־כֵּלָיו וְאֶת־הַכִּיֹּר וְאֶת־כַּנּוֹ׃ וְקִדַּשְׁתָּ כט
אֹתָם וְהָיוּ קֹדֶשׁ קָדָשִׁים כָּל־הַנֹּגֵעַ בָּהֶם יִקְדָּשׁ׃ וְאֶת־אַהֲרֹן ל
וְאֶת־בָּנָיו תִּמְשָׁח וְקִדַּשְׁתָּ אֹתָם לְכַהֵן לִי׃ וְאֶל־בְּנֵי יִשְׂרָאֵל לא
תְּדַבֵּר לֵאמֹר שֶׁמֶן מִשְׁחַת־קֹדֶשׁ יִהְיֶה זֶה לִי לְדֹרֹתֵיכֶם׃ עַל־ לב
בְּשַׂר אָדָם לֹא יִיסָךְ וּבְמַתְכֻּנְתּוֹ לֹא תַעֲשׂוּ כָּמֹהוּ קֹדֶשׁ הוּא
קֹדֶשׁ יִהְיֶה לָכֶם׃ אִישׁ אֲשֶׁר יִרְקַח כָּמֹהוּ וַאֲשֶׁר יִתֵּן מִמֶּנּוּ לג
עַל־זָר וְנִכְרַת מֵעַמָּיו׃ וַיֹּאמֶר יְהוָה אֶל־מֹשֶׁה לד
קַח־לְךָ סַמִּים נָטָף ׀ וּשְׁחֵלֶת וְחֶלְבְּנָה סַמִּים וּלְבֹנָה זַכָּה בַּד
בְּבַד יִהְיֶה׃ וְעָשִׂיתָ אֹתָהּ קְטֹרֶת רֹקַח מַעֲשֵׂה רוֹקֵחַ מְמֻלָּח לה
טָהוֹר קֹדֶשׁ׃ וְשָׁחַקְתָּ מִמֶּנָּה הָדֵק וְנָתַתָּה מִמֶּנָּה לִפְנֵי הָעֵדֻת לו
בְּאֹהֶל מוֹעֵד אֲשֶׁר אִוָּעֵד לְךָ שָׁמָּה קֹדֶשׁ קָדָשִׁים תִּהְיֶה לָכֶם׃
וְהַקְּטֹרֶת אֲשֶׁר תַּעֲשֶׂה בְּמַתְכֻּנְתָּהּ לֹא תַעֲשׂוּ לָכֶם קֹדֶשׁ לז
תִּהְיֶה לְךָ לַיהוָה׃ אִישׁ אֲשֶׁר־יַעֲשֶׂה כָמוֹהָ לְהָרִיחַ בָּהּ וְנִכְרַת לח

עשיית קטורת הסמים - הציווי והביצוע
שמות לז, כט

כד מֵעַמָּיו׃ וַיְדַבֵּר יְהוָה אֶל־מֹשֶׁה לֵּאמֹר׃ רְאֵה א ב לא
קָרָאתִי בְשֵׁם בְּצַלְאֵל בֶּן־אוּרִי בֶן־חוּר לְמַטֵּה יְהוּדָה׃ וָאֲמַלֵּא ג
אֹתוֹ רוּחַ אֱלֹהִים בְּחָכְמָה וּבִתְבוּנָה וּבְדַעַת וּבְכָל־מְלָאכָה׃
לַחְשֹׁב מַחֲשָׁבֹת לַעֲשׂוֹת בַּזָּהָב וּבַכֶּסֶף וּבַנְּחֹשֶׁת׃ וּבַחֲרֹשֶׁת ד ה
אֶבֶן לְמַלֹּאת וּבַחֲרֹשֶׁת עֵץ לַעֲשׂוֹת בְּכָל־מְלָאכָה׃ וַאֲנִי הִנֵּה ו
נָתַתִּי אִתּוֹ אֵת אָהֳלִיאָב בֶּן־אֲחִיסָמָךְ לְמַטֵּה־דָן וּבְלֵב כָּל־
חֲכַם־לֵב נָתַתִּי חָכְמָה וְעָשׂוּ אֵת כָּל־אֲשֶׁר צִוִּיתִךָ׃ אֵת ׀ אֹהֶל ז
מוֹעֵד וְאֶת־הָאָרֹן לָעֵדֻת וְאֶת־הַכַּפֹּרֶת אֲשֶׁר עָלָיו וְאֵת כָּל־
כְּלֵי הָאֹהֶל׃ וְאֶת־הַשֻּׁלְחָן וְאֶת־כֵּלָיו וְאֶת־הַמְּנֹרָה הַטְּהֹרָה ח
וְאֶת־כָּל־כֵּלֶיהָ וְאֵת מִזְבַּח הַקְּטֹרֶת׃ וְאֶת־מִזְבַּח הָעֹלָה ט
וְאֶת־כָּל־כֵּלָיו וְאֶת־הַכִּיּוֹר וְאֶת־כַּנּוֹ׃ וְאֵת בִּגְדֵי הַשְּׂרָד וְאֶת־ י

מינוי בצלאל ואהליאב לעשיית המשכן וכליו
שמות לה, ל-לה

ייחוסו של בצלאל
דהי"א ב, יט-כ

לא

יא בִּגְדֵי הַקֹּדֶשׁ לְאַהֲרֹן הַכֹּהֵן וְאֶת־בִּגְדֵי בָנָיו לְכַהֵן׃ וְאֵת שֶׁמֶן
הַמִּשְׁחָה וְאֶת־קְטֹרֶת הַסַּמִּים לַקֹּדֶשׁ כְּכֹל אֲשֶׁר־צִוִּיתִךָ
יַעֲשׂוּ׃
יב יג וַיֹּאמֶר יְהוָה אֶל־מֹשֶׁה לֵּאמֹר׃ וְאַתָּה דַּבֵּר אֶל־בְּנֵי יִשְׂרָאֵל
לֵאמֹר אַךְ אֶת־שַׁבְּתֹתַי תִּשְׁמֹרוּ כִּי אוֹת הִוא בֵּינִי וּבֵינֵיכֶם
יד לְדֹרֹתֵיכֶם לָדַעַת כִּי אֲנִי יְהוָה מְקַדִּשְׁכֶם׃ וּשְׁמַרְתֶּם אֶת־
הַשַּׁבָּת כִּי קֹדֶשׁ הִוא לָכֶם מְחַלְלֶיהָ מוֹת יוּמָת כִּי כָּל־הָעֹשֶׂה
טו בָהּ מְלָאכָה וְנִכְרְתָה הַנֶּפֶשׁ הַהִוא מִקֶּרֶב עַמֶּיהָ׃ שֵׁשֶׁת יָמִים
יֵעָשֶׂה מְלָאכָה וּבַיּוֹם הַשְּׁבִיעִי שַׁבַּת שַׁבָּתוֹן קֹדֶשׁ לַיהוָה
טז כָּל־הָעֹשֶׂה מְלָאכָה בְּיוֹם הַשַּׁבָּת מוֹת יוּמָת׃ וְשָׁמְרוּ
בְנֵי־יִשְׂרָאֵל אֶת־הַשַּׁבָּת לַעֲשׂוֹת אֶת־הַשַּׁבָּת לְדֹרֹתָם בְּרִית
יז עוֹלָם׃ בֵּינִי וּבֵין בְּנֵי יִשְׂרָאֵל אוֹת הִוא לְעֹלָם כִּי־שֵׁשֶׁת יָמִים
עָשָׂה יְהוָה אֶת־הַשָּׁמַיִם וְאֶת־הָאָרֶץ וּבַיּוֹם הַשְּׁבִיעִי שָׁבַת
יח וַיִּנָּפַשׁ׃ וַיִּתֵּן אֶל־מֹשֶׁה כְּכַלֹּתוֹ לְדַבֵּר אִתּוֹ
בְּהַר סִינַי שְׁנֵי לֻחֹת הָעֵדֻת לֻחֹת אֶבֶן כְּתֻבִים בְּאֶצְבַּע אֱלֹהִים׃
לב א וַיַּרְא הָעָם כִּי־בֹשֵׁשׁ מֹשֶׁה לָרֶדֶת מִן־הָהָר וַיִּקָּהֵל הָעָם עַל־
אַהֲרֹן וַיֹּאמְרוּ אֵלָיו קוּם ׀ עֲשֵׂה־לָנוּ אֱלֹהִים אֲשֶׁר יֵלְכוּ לְפָנֵינוּ
כִּי־זֶה ׀ מֹשֶׁה הָאִישׁ אֲשֶׁר הֶעֱלָנוּ מֵאֶרֶץ מִצְרַיִם לֹא יָדַעְנוּ
ב מֶה־הָיָה לוֹ׃ וַיֹּאמֶר אֲלֵהֶם אַהֲרֹן פָּרְקוּ נִזְמֵי הַזָּהָב אֲשֶׁר
ג בְּאָזְנֵי נְשֵׁיכֶם בְּנֵיכֶם וּבְנֹתֵיכֶם וְהָבִיאוּ אֵלָי׃ וַיִּתְפָּרְקוּ כָּל־
ד הָעָם אֶת־נִזְמֵי הַזָּהָב אֲשֶׁר בְּאָזְנֵיהֶם וַיָּבִיאוּ אֶל־אַהֲרֹן׃ וַיִּקַּח
מִיָּדָם וַיָּצַר אֹתוֹ בַּחֶרֶט וַיַּעֲשֵׂהוּ עֵגֶל מַסֵּכָה וַיֹּאמְרוּ אֵלֶּה
ה אֱלֹהֶיךָ יִשְׂרָאֵל אֲשֶׁר הֶעֱלוּךָ מֵאֶרֶץ מִצְרָיִם׃ וַיַּרְא אַהֲרֹן וַיִּבֶן
ו מִזְבֵּחַ לְפָנָיו וַיִּקְרָא אַהֲרֹן וַיֹּאמַר חַג לַיהוָה מָחָר׃ וַיַּשְׁכִּימוּ
מִמָּחֳרָת וַיַּעֲלוּ עֹלֹת וַיַּגִּשׁוּ שְׁלָמִים וַיֵּשֶׁב הָעָם לֶאֱכֹל וְשָׁתוֹ
וַיָּקֻמוּ לְצַחֵק׃
ז וַיְדַבֵּר יְהוָה אֶל־מֹשֶׁה לֶךְ־רֵד כִּי שִׁחֵת עַמְּךָ אֲשֶׁר הֶעֱלֵיתָ

מצוות השבת
שמות טז, כט; כ, ז–י; לה, א–ג
ויקרא יט, ג; יט, ל; כג, ג
דברים ה, יא–יד
ישעיה נח, יג–יד
ירמיה יז, יט–כז
נחמיה יג, טו–כא

שבעת ימי הבריאה
בראשית א, א – ב, ג

שני

חטא העגל
דברים ט, ח–כה

ח מֵאֶרֶץ מִצְרָיִם: סָרוּ מַהֵר מִן־הַדֶּרֶךְ אֲשֶׁר צִוִּיתִם עָשׂוּ לָהֶם
עֵגֶל מַסֵּכָה וַיִּשְׁתַּחֲווּ־לוֹ וַיִּזְבְּחוּ־לוֹ וַיֹּאמְרוּ אֵלֶּה אֱלֹהֶיךָ
ט יִשְׂרָאֵל אֲשֶׁר הֶעֱלוּךָ מֵאֶרֶץ מִצְרָיִם: וַיֹּאמֶר יְהוָה אֶל־מֹשֶׁה
י רָאִיתִי אֶת־הָעָם הַזֶּה וְהִנֵּה עַם־קְשֵׁה־עֹרֶף הוּא: וְעַתָּה הַנִּיחָה
יא לִּי וְיִחַר־אַפִּי בָהֶם וַאֲכַלֵּם וְאֶעֱשֶׂה אוֹתְךָ לְגוֹי גָּדוֹל: וַיְחַל מֹשֶׁה
אֶת־פְּנֵי יְהוָה אֱלֹהָיו וַיֹּאמֶר לָמָה יְהוָה יֶחֱרֶה אַפְּךָ בְּעַמֶּךָ אֲשֶׁר
יב הוֹצֵאתָ מֵאֶרֶץ מִצְרַיִם בְּכֹחַ גָּדוֹל וּבְיָד חֲזָקָה: לָמָּה יֹאמְרוּ
מִצְרַיִם לֵאמֹר בְּרָעָה הוֹצִיאָם לַהֲרֹג אֹתָם בֶּהָרִים וּלְכַלֹּתָם
מֵעַל פְּנֵי הָאֲדָמָה שׁוּב מֵחֲרוֹן אַפֶּךָ וְהִנָּחֵם עַל־הָרָעָה לְעַמֶּךָ:
יג זְכֹר לְאַבְרָהָם לְיִצְחָק וּלְיִשְׂרָאֵל עֲבָדֶיךָ אֲשֶׁר נִשְׁבַּעְתָּ לָהֶם
בָּךְ וַתְּדַבֵּר אֲלֵהֶם אַרְבֶּה אֶת־זַרְעֲכֶם כְּכוֹכְבֵי הַשָּׁמָיִם וְכָל־
יד הָאָרֶץ הַזֹּאת אֲשֶׁר אָמַרְתִּי אֶתֵּן לְזַרְעֲכֶם וְנָחֲלוּ לְעֹלָם: וַיִּנָּחֶם
יְהוָה עַל־הָרָעָה אֲשֶׁר דִּבֶּר לַעֲשׂוֹת לְעַמּוֹ:

תפילת משה
לה׳ לאחר חטא
העגל
דברים ט, יח–יט;
ט, כה–כט

טו וַיִּפֶן וַיֵּרֶד מֹשֶׁה מִן־הָהָר וּשְׁנֵי לֻחֹת הָעֵדֻת בְּיָדוֹ לֻחֹת כְּתֻבִים כה
טז מִשְּׁנֵי עֶבְרֵיהֶם מִזֶּה וּמִזֶּה הֵם כְּתֻבִים: וְהַלֻּחֹת מַעֲשֵׂה אֱלֹהִים
יז הֵמָּה וְהַמִּכְתָּב מִכְתַּב אֱלֹהִים הוּא חָרוּת עַל־הַלֻּחֹת: וַיִּשְׁמַע
יְהוֹשֻׁעַ אֶת־קוֹל הָעָם בְּרֵעֹה וַיֹּאמֶר אֶל־מֹשֶׁה קוֹל מִלְחָמָה
יח בַּמַּחֲנֶה: וַיֹּאמֶר אֵין קוֹל עֲנוֹת גְּבוּרָה וְאֵין קוֹל עֲנוֹת חֲלוּשָׁה
יט קוֹל עַנּוֹת אָנֹכִי שֹׁמֵעַ: וַיְהִי כַּאֲשֶׁר קָרַב אֶל־הַמַּחֲנֶה וַיַּרְא
אֶת־הָעֵגֶל וּמְחֹלֹת וַיִּחַר־אַף מֹשֶׁה וַיַּשְׁלֵךְ מִיָּדָו אֶת־הַלֻּחֹת
כ וַיְשַׁבֵּר אֹתָם תַּחַת הָהָר: וַיִּקַּח אֶת־הָעֵגֶל אֲשֶׁר עָשׂוּ וַיִּשְׂרֹף
בָּאֵשׁ וַיִּטְחַן עַד אֲשֶׁר־דָּק וַיִּזֶר עַל־פְּנֵי הַמַּיִם וַיַּשְׁקְ אֶת־בְּנֵי
כא יִשְׂרָאֵל: וַיֹּאמֶר מֹשֶׁה אֶל־אַהֲרֹן מֶה־עָשָׂה לְךָ הָעָם הַזֶּה
כב כִּי־הֵבֵאתָ עָלָיו חֲטָאָה גְדֹלָה: וַיֹּאמֶר אַהֲרֹן אַל־יִחַר אַף
כג אֲדֹנִי אַתָּה יָדַעְתָּ אֶת־הָעָם כִּי בְרָע הוּא: וַיֹּאמְרוּ לִי עֲשֵׂה־
לָנוּ אֱלֹהִים אֲשֶׁר יֵלְכוּ לְפָנֵינוּ כִּי־זֶה ׀ מֹשֶׁה הָאִישׁ אֲשֶׁר
כד הֶעֱלָנוּ מֵאֶרֶץ מִצְרַיִם לֹא יָדַעְנוּ מֶה־הָיָה לוֹ: וָאֹמַר לָהֶם

לְמִי זָהָב הִתְפָּרָקוּ וַיִּתְּנוּ־לִי וָאַשְׁלִכֵהוּ בָאֵשׁ וַיֵּצֵא הָעֵגֶל
כה הַזֶּה׃ וַיַּרְא מֹשֶׁה אֶת־הָעָם כִּי פָרֻעַ הוּא כִּי־פְרָעֹה אַהֲרֹן
כו לְשִׁמְצָה בְּקָמֵיהֶם׃ וַיַּעֲמֹד מֹשֶׁה בְּשַׁעַר הַמַּחֲנֶה וַיֹּאמֶר מִי
כז לַיהוָה אֵלָי וַיֵּאָסְפוּ אֵלָיו כָּל־בְּנֵי לֵוִי׃ וַיֹּאמֶר לָהֶם כֹּה־אָמַר
יְהוָה אֱלֹהֵי יִשְׂרָאֵל שִׂימוּ אִישׁ־חַרְבּוֹ עַל־יְרֵכוֹ עִבְרוּ וָשׁוּבוּ
מִשַּׁעַר לָשַׁעַר בַּמַּחֲנֶה וְהִרְגוּ אִישׁ־אֶת־אָחִיו וְאִישׁ אֶת־רֵעֵהוּ
כח וְאִישׁ אֶת־קְרֹבוֹ׃ וַיַּעֲשׂוּ בְנֵי־לֵוִי כִּדְבַר מֹשֶׁה וַיִּפֹּל מִן־הָעָם
כט בַּיּוֹם הַהוּא כִּשְׁלֹשֶׁת אַלְפֵי אִישׁ׃ וַיֹּאמֶר מֹשֶׁה מִלְאוּ יֶדְכֶם
הַיּוֹם לַיהוָה כִּי אִישׁ בִּבְנוֹ וּבְאָחִיו וְלָתֵת עֲלֵיכֶם הַיּוֹם בְּרָכָה׃
ל וַיְהִי מִמָּחֳרָת וַיֹּאמֶר מֹשֶׁה אֶל־הָעָם אַתֶּם חֲטָאתֶם חֲטָאָה
גְדֹלָה וְעַתָּה אֶעֱלֶה אֶל־יְהוָה אוּלַי אֲכַפְּרָה בְּעַד חַטַּאתְכֶם׃
לא וַיָּשָׁב מֹשֶׁה אֶל־יְהוָה וַיֹּאמַר אָנָּא חָטָא הָעָם הַזֶּה חֲטָאָה גְדֹלָה
לב וַיַּעֲשׂוּ לָהֶם אֱלֹהֵי זָהָב׃ וְעַתָּה אִם־תִּשָּׂא חַטָּאתָם וְאִם־אַיִן
לג מְחֵנִי נָא מִסִּפְרְךָ אֲשֶׁר כָּתָבְתָּ׃ וַיֹּאמֶר יְהוָה אֶל־מֹשֶׁה מִי
לד אֲשֶׁר חָטָא־לִי אֶמְחֶנּוּ מִסִּפְרִי׃ וְעַתָּה לֵךְ ׀ נְחֵה אֶת־הָעָם אֶל
אֲשֶׁר־דִּבַּרְתִּי לָךְ הִנֵּה מַלְאָכִי יֵלֵךְ לְפָנֶיךָ וּבְיוֹם פָּקְדִי וּפָקַדְתִּי
לה עֲלֵהֶם חַטָּאתָם׃ וַיִּגֹּף יְהוָה אֶת־הָעָם עַל אֲשֶׁר עָשׂוּ אֶת־
לג א הָעֵגֶל אֲשֶׁר עָשָׂה אַהֲרֹן׃ וַיְדַבֵּר יְהוָה אֶל־מֹשֶׁה
לֵךְ עֲלֵה מִזֶּה אַתָּה וְהָעָם אֲשֶׁר הֶעֱלִיתָ מֵאֶרֶץ מִצְרָיִם אֶל־
הָאָרֶץ אֲשֶׁר נִשְׁבַּעְתִּי לְאַבְרָהָם לְיִצְחָק וּלְיַעֲקֹב לֵאמֹר
ב לְזַרְעֲךָ אֶתְּנֶנָּה׃ וְשָׁלַחְתִּי לְפָנֶיךָ מַלְאָךְ וְגֵרַשְׁתִּי אֶת־הַכְּנַעֲנִי
ג הָאֱמֹרִי וְהַחִתִּי וְהַפְּרִזִּי הַחִוִּי וְהַיְבוּסִי׃ אֶל־אֶרֶץ זָבַת חָלָב
וּדְבָשׁ כִּי לֹא אֶעֱלֶה בְּקִרְבְּךָ כִּי עַם־קְשֵׁה־עֹרֶף אַתָּה פֶּן־
ד אֲכֶלְךָ בַּדָּרֶךְ׃ וַיִּשְׁמַע הָעָם אֶת־הַדָּבָר הָרָע הַזֶּה וַיִּתְאַבָּלוּ
ה וְלֹא־שָׁתוּ אִישׁ עֶדְיוֹ עָלָיו׃ וַיֹּאמֶר יְהוָה אֶל־מֹשֶׁה אֱמֹר אֶל־
בְּנֵי־יִשְׂרָאֵל אַתֶּם עַם־קְשֵׁה־עֹרֶף רֶגַע אֶחָד אֶעֱלֶה בְקִרְבְּךָ
וְכִלִּיתִיךָ וְעַתָּה הוֹרֵד עֶדְיְךָ מֵעָלֶיךָ וְאֵדְעָה מָה אֶעֱשֶׂה־לָּךְ׃

וַיִּתְנַצְּלוּ בְנֵי־יִשְׂרָאֵל אֶת־עֶדְיָם מֵהַר חוֹרֵב׃ וּמֹשֶׁה יִקַּח ו ז
אֶת־הָאֹהֶל וְנָטָה־לוֹ ׀ מִחוּץ לַמַּחֲנֶה הַרְחֵק מִן־הַמַּחֲנֶה וְקָרָא
לוֹ אֹהֶל מוֹעֵד וְהָיָה כָּל־מְבַקֵּשׁ יהוה יֵצֵא אֶל־אֹהֶל מוֹעֵד
אֲשֶׁר מִחוּץ לַמַּחֲנֶה׃ וְהָיָה כְּצֵאת מֹשֶׁה אֶל־הָאֹהֶל יָקוּמוּ ח
כָּל־הָעָם וְנִצְּבוּ אִישׁ פֶּתַח אָהֳלוֹ וְהִבִּיטוּ אַחֲרֵי מֹשֶׁה עַד־
בֹּאוֹ הָאֹהֱלָה׃ וְהָיָה כְּבֹא מֹשֶׁה הָאֹהֱלָה יֵרֵד עַמּוּד הֶעָנָן ט
וְעָמַד פֶּתַח הָאֹהֶל וְדִבֶּר עִם־מֹשֶׁה׃ וְרָאָה כָל־הָעָם אֶת־ י
עַמּוּד הֶעָנָן עֹמֵד פֶּתַח הָאֹהֶל וְקָם כָּל־הָעָם וְהִשְׁתַּחֲווּ אִישׁ
פֶּתַח אָהֳלוֹ׃ וְדִבֶּר יהוה אֶל־מֹשֶׁה פָּנִים אֶל־פָּנִים כַּאֲשֶׁר יא
יְדַבֵּר אִישׁ אֶל־רֵעֵהוּ וְשָׁב אֶל־הַמַּחֲנֶה וּמְשָׁרְתוֹ יְהוֹשֻׁעַ בִּן־
נוּן נַעַר לֹא יָמִישׁ מִתּוֹךְ הָאֹהֶל׃

שלישי וַיֹּאמֶר מֹשֶׁה אֶל־יהוה רְאֵה אַתָּה אֹמֵר אֵלַי הַעַל אֶת־הָעָם יב
הַזֶּה וְאַתָּה לֹא הוֹדַעְתַּנִי אֵת אֲשֶׁר־תִּשְׁלַח עִמִּי וְאַתָּה אָמַרְתָּ
יְדַעְתִּיךָ בְשֵׁם וְגַם־מָצָאתָ חֵן בְּעֵינָי׃ וְעַתָּה אִם־נָא מָצָאתִי יג
חֵן בְּעֵינֶיךָ הוֹדִעֵנִי נָא אֶת־דְּרָכֶךָ וְאֵדָעֲךָ לְמַעַן אֶמְצָא־חֵן
בְּעֵינֶיךָ וּרְאֵה כִּי עַמְּךָ הַגּוֹי הַזֶּה׃ וַיֹּאמַר פָּנַי יֵלֵכוּ וַהֲנִחֹתִי יד
לָךְ׃ וַיֹּאמֶר אֵלָיו אִם־אֵין פָּנֶיךָ הֹלְכִים אַל־תַּעֲלֵנוּ מִזֶּה׃ טו
וּבַמֶּה ׀ יִוָּדַע אֵפוֹא כִּי־מָצָאתִי חֵן בְּעֵינֶיךָ אֲנִי וְעַמֶּךָ הֲלוֹא טז
בְּלֶכְתְּךָ עִמָּנוּ וְנִפְלֵינוּ אֲנִי וְעַמְּךָ מִכָּל־הָעָם אֲשֶׁר עַל־פְּנֵי
הָאֲדָמָה׃

רביעי וַיֹּאמֶר יהוה אֶל־מֹשֶׁה גַּם אֶת־הַדָּבָר הַזֶּה אֲשֶׁר דִּבַּרְתָּ אֶעֱשֶׂה יז
כִּי־מָצָאתָ חֵן בְּעֵינַי וָאֵדָעֲךָ בְּשֵׁם׃ וַיֹּאמַר הַרְאֵנִי נָא אֶת־ יח
כְּבֹדֶךָ׃ וַיֹּאמֶר אֲנִי אַעֲבִיר כָּל־טוּבִי עַל־פָּנֶיךָ וְקָרָאתִי בְשֵׁם יט
יהוה לְפָנֶיךָ וְחַנֹּתִי אֶת־אֲשֶׁר אָחֹן וְרִחַמְתִּי אֶת־אֲשֶׁר אֲרַחֵם׃
וַיֹּאמֶר לֹא תוּכַל לִרְאֹת אֶת־פָּנָי כִּי לֹא־יִרְאַנִי הָאָדָם וָחָי׃ כ
וַיֹּאמֶר יהוה הִנֵּה מָקוֹם אִתִּי וְנִצַּבְתָּ עַל־הַצּוּר׃ וְהָיָה בַּעֲבֹר כא כב
כְּבֹדִי וְשַׂמְתִּיךָ בְּנִקְרַת הַצּוּר וְשַׂכֹּתִי כַפִּי עָלֶיךָ עַד־עָבְרִי׃

כג וַהֲסִרֹתִי אֶת־כַּפִּי וְרָאִיתָ אֶת־אֲחֹרָי וּפָנַי לֹא יֵרָאוּ׃
לד א וַיֹּאמֶר יהוה אֶל־מֹשֶׁה פְּסָל־לְךָ שְׁנֵי־לֻחֹת אֲבָנִים כָּרִאשֹׁנִים חמישי
וְכָתַבְתִּי עַל־הַלֻּחֹת אֶת־הַדְּבָרִים אֲשֶׁר הָיוּ עַל־הַלֻּחֹת פסילת לוחות שניים דברים י, א–ה
ב הָרִאשֹׁנִים אֲשֶׁר שִׁבַּרְתָּ׃ וֶהְיֵה נָכוֹן לַבֹּקֶר וְעָלִיתָ בַבֹּקֶר אֶל־
ג הַר סִינַי וְנִצַּבְתָּ לִי שָׁם עַל־רֹאשׁ הָהָר׃ וְאִישׁ לֹא־יַעֲלֶה עִמָּךְ
וְגַם־אִישׁ אַל־יֵרָא בְּכָל־הָהָר גַּם־הַצֹּאן וְהַבָּקָר אַל־יִרְעוּ אֶל־
ד מוּל הָהָר הַהוּא׃ וַיִּפְסֹל שְׁנֵי־לֻחֹת אֲבָנִים כָּרִאשֹׁנִים וַיַּשְׁכֵּם
מֹשֶׁה בַבֹּקֶר וַיַּעַל אֶל־הַר סִינַי כַּאֲשֶׁר צִוָּה יהוה אֹתוֹ וַיִּקַּח
ה בְּיָדוֹ שְׁנֵי לֻחֹת אֲבָנִים׃ וַיֵּרֶד יהוה בֶּעָנָן וַיִּתְיַצֵּב עִמּוֹ שָׁם
ו וַיִּקְרָא בְשֵׁם יהוה׃ וַיַּעֲבֹר יהוה ׀ עַל־פָּנָיו וַיִּקְרָא יהוה ׀ יהוה
ז אֵל רַחוּם וְחַנּוּן אֶרֶךְ אַפַּיִם וְרַב־חֶסֶד וֶאֱמֶת׃ נֹצֵר חֶסֶד
לָאֲלָפִים נֹשֵׂא עָוֺן וָפֶשַׁע וְחַטָּאָה וְנַקֵּה לֹא יְנַקֶּה פֹּקֵד ׀ עֲוֺן
ח אָבוֹת עַל־בָּנִים וְעַל־בְּנֵי בָנִים עַל־שִׁלֵּשִׁים וְעַל־רִבֵּעִים׃ וַיְמַהֵר
ט מֹשֶׁה וַיִּקֹּד אַרְצָה וַיִּשְׁתָּחוּ׃ וַיֹּאמֶר אִם־נָא מָצָאתִי חֵן בְּעֵינֶיךָ
אֲדֹנָי יֵלֶךְ־נָא אֲדֹנָי בְּקִרְבֵּנוּ כִּי עַם־קְשֵׁה־עֹרֶף הוּא וְסָלַחְתָּ
י לַעֲוֺנֵנוּ וּלְחַטָּאתֵנוּ וּנְחַלְתָּנוּ׃ וַיֹּאמֶר הִנֵּה אָנֹכִי כֹּרֵת בְּרִית ששי
נֶגֶד כָּל־עַמְּךָ אֶעֱשֶׂה נִפְלָאֹת אֲשֶׁר לֹא־נִבְרְאוּ בְכָל־הָאָרֶץ
וּבְכָל־הַגּוֹיִם וְרָאָה כָל־הָעָם אֲשֶׁר־אַתָּה בְקִרְבּוֹ אֶת־מַעֲשֵׂה
יא יהוה כִּי־נוֹרָא הוּא אֲשֶׁר אֲנִי עֹשֶׂה עִמָּךְ׃ שְׁמָר־לְךָ אֵת אֲשֶׁר
אָנֹכִי מְצַוְּךָ הַיּוֹם הִנְנִי גֹרֵשׁ מִפָּנֶיךָ אֶת־הָאֱמֹרִי וְהַכְּנַעֲנִי וְהַחִתִּי
יב וְהַפְּרִזִּי וְהַחִוִּי וְהַיְבוּסִי׃ הִשָּׁמֶר לְךָ פֶּן־תִּכְרֹת בְּרִית לְיוֹשֵׁב
יג הָאָרֶץ אֲשֶׁר אַתָּה בָּא עָלֶיהָ פֶּן־יִהְיֶה לְמוֹקֵשׁ בְּקִרְבֶּךָ׃ כִּי
אֶת־מִזְבְּחֹתָם תִּתֹּצוּן וְאֶת־מַצֵּבֹתָם תְּשַׁבֵּרוּן וְאֶת־אֲשֵׁרָיו
יד תִּכְרֹתוּן׃ כִּי לֹא תִשְׁתַּחֲוֶה לְאֵל אַחֵר כִּי יהוה קַנָּא שְׁמוֹ אֵל
טו קַנָּא הוּא׃ פֶּן־תִּכְרֹת בְּרִית לְיוֹשֵׁב הָאָרֶץ וְזָנוּ ׀ אַחֲרֵי אֱלֹהֵיהֶם
טז וְזָבְחוּ לֵאלֹהֵיהֶם וְקָרָא לְךָ וְאָכַלְתָּ מִזִּבְחוֹ׃ וְלָקַחְתָּ מִבְּנֹתָיו
לִבָנֶיךָ וְזָנוּ בְנֹתָיו אַחֲרֵי אֱלֹהֵיהֶן וְהִזְנוּ אֶת־בָּנֶיךָ אַחֲרֵי אֱלֹהֵיהֶן׃

יח אֱלֹהֵי מַסֵּכָה לֹא תַעֲשֶׂה־לָּךְ׃ אֶת־חַג הַמַּצּוֹת תִּשְׁמֹר שִׁבְעַת
יָמִים תֹּאכַל מַצּוֹת אֲשֶׁר צִוִּיתִךָ לְמוֹעֵד חֹדֶשׁ הָאָבִיב כִּי בְּחֹדֶשׁ
יט הָאָבִיב יָצָאתָ מִמִּצְרָיִם׃ כָּל־פֶּטֶר רֶחֶם לִי וְכָל־מִקְנְךָ תִּזָּכָר
כ פֶּטֶר שׁוֹר וָשֶׂה׃ וּפֶטֶר חֲמוֹר תִּפְדֶּה בְשֶׂה וְאִם־לֹא תִפְדֶּה
כא וַעֲרַפְתּוֹ כֹּל בְּכוֹר בָּנֶיךָ תִּפְדֶּה וְלֹא־יֵרָאוּ פָנַי רֵיקָם׃ שֵׁשֶׁת
יָמִים תַּעֲבֹד וּבַיּוֹם הַשְּׁבִיעִי תִּשְׁבֹּת בֶּחָרִישׁ וּבַקָּצִיר תִּשְׁבֹּת׃
כב וְחַג שָׁבֻעֹת תַּעֲשֶׂה לְךָ בִּכּוּרֵי קְצִיר חִטִּים וְחַג הָאָסִיף תְּקוּפַת
כג הַשָּׁנָה׃ שָׁלֹשׁ פְּעָמִים בַּשָּׁנָה יֵרָאֶה כָּל־זְכוּרְךָ אֶת־פְּנֵי הָאָדֹן ׀
כד יְהוָה אֱלֹהֵי יִשְׂרָאֵל׃ כִּי־אוֹרִישׁ גּוֹיִם מִפָּנֶיךָ וְהִרְחַבְתִּי אֶת־
גְּבֻלֶךָ וְלֹא־יַחְמֹד אִישׁ אֶת־אַרְצְךָ בַּעֲלֹתְךָ לֵרָאוֹת אֶת־פְּנֵי יְהוָה
כה אֱלֹהֶיךָ שָׁלֹשׁ פְּעָמִים בַּשָּׁנָה׃ לֹא־תִשְׁחַט עַל־חָמֵץ דַּם־זִבְחִי
כו וְלֹא־יָלִין לַבֹּקֶר זֶבַח חַג הַפָּסַח׃ רֵאשִׁית בִּכּוּרֵי אַדְמָתְךָ תָּבִיא
בֵּית יְהוָה אֱלֹהֶיךָ לֹא־תְבַשֵּׁל גְּדִי בַּחֲלֵב אִמּוֹ׃

שביעי כו

כז וַיֹּאמֶר יְהוָה אֶל־מֹשֶׁה כְּתָב־לְךָ אֶת־הַדְּבָרִים הָאֵלֶּה כִּי עַל־
כח פִּי ׀ הַדְּבָרִים הָאֵלֶּה כָּרַתִּי אִתְּךָ בְּרִית וְאֶת־יִשְׂרָאֵל׃ וַיְהִי־שָׁם
עִם־יְהוָה אַרְבָּעִים יוֹם וְאַרְבָּעִים לַיְלָה לֶחֶם לֹא אָכַל וּמַיִם
לֹא שָׁתָה וַיִּכְתֹּב עַל־הַלֻּחֹת אֵת דִּבְרֵי הַבְּרִית עֲשֶׂרֶת הַדְּבָרִים׃
כט וַיְהִי בְּרֶדֶת מֹשֶׁה מֵהַר סִינַי וּשְׁנֵי לֻחֹת הָעֵדֻת בְּיַד־מֹשֶׁה בְּרִדְתּוֹ
ל מִן־הָהָר וּמֹשֶׁה לֹא־יָדַע כִּי קָרַן עוֹר פָּנָיו בְּדַבְּרוֹ אִתּוֹ׃ וַיַּרְא
אַהֲרֹן וְכָל־בְּנֵי יִשְׂרָאֵל אֶת־מֹשֶׁה וְהִנֵּה קָרַן עוֹר פָּנָיו וַיִּירְאוּ
לא מִגֶּשֶׁת אֵלָיו׃ וַיִּקְרָא אֲלֵהֶם מֹשֶׁה וַיָּשֻׁבוּ אֵלָיו אַהֲרֹן וְכָל־
לב הַנְּשִׂאִים בָּעֵדָה וַיְדַבֵּר מֹשֶׁה אֲלֵהֶם׃ וְאַחֲרֵי־כֵן נִגְּשׁוּ כָּל־בְּנֵי
מפטיר
לג יִשְׂרָאֵל וַיְצַוֵּם אֵת כָּל־אֲשֶׁר דִּבֶּר יְהוָה אִתּוֹ בְּהַר סִינָי׃ וַיְכַל
לד מֹשֶׁה מִדַּבֵּר אִתָּם וַיִּתֵּן עַל־פָּנָיו מַסְוֶה׃ וּבְבֹא מֹשֶׁה לִפְנֵי
יְהוָה לְדַבֵּר אִתּוֹ יָסִיר אֶת־הַמַּסְוֶה עַד־צֵאתוֹ וְיָצָא וְדִבֶּר אֶל־
לה בְּנֵי יִשְׂרָאֵל אֵת אֲשֶׁר יְצֻוֶּה׃ וְרָאוּ בְנֵי־יִשְׂרָאֵל אֶת־פְּנֵי מֹשֶׁה
כִּי קָרַן עוֹר פְּנֵי מֹשֶׁה וְהֵשִׁיב מֹשֶׁה אֶת־הַמַּסְוֶה עַל־פָּנָיו עַד־

**דיני חג הפסח**
שמות יב, יד-כ; יג, ג-י; כג, טו
ויקרא כג, ד-ח
במדבר כח, טז-כה
דברים טז, א-ח

**דיני בכורות - בהמה ואדם**
שמות יג, ב; יג, יא-יג; כב, כח-כט
במדבר יח, טו-יח
דברים טו, יט-כ

**דיני חג השבועות**
שמות כג, טז
ויקרא כג, טו-כא
במדבר כח, כו-לא
דברים טז, ט-יב

**דיני חג הסוכות**
שמות כג, טז
ויקרא כג, לג-מג
במדבר כט, יב-לח
דברים טז, יג-טו
נחמיה ח, יד-טו

**מצוות עלייה לרגל**
שמות כג, יז
דברים טז, טז-יז

**מצוות ביכורים**
שמות כג, יט
דברים כו, א-יא

**איסור בישול גדי בחלב אמו**
שמות כג, יט
דברים יד, כא

**עליית משה להר סיני בשנית**
דברים י, י

א בֹּאוֹ לְדַבֵּר אִתּוֹ: וַיַּקְהֵל מֹשֶׁה אֶת־כָּל־עֲדַת
בְּנֵי יִשְׂרָאֵל וַיֹּאמֶר אֲלֵהֶם אֵלֶּה הַדְּבָרִים אֲשֶׁר־צִוָּה יְהוָה לַעֲשֹׂת
ב אֹתָם: שֵׁשֶׁת יָמִים תֵּעָשֶׂה מְלָאכָה וּבַיּוֹם הַשְּׁבִיעִי יִהְיֶה לָכֶם
ג קֹדֶשׁ שַׁבַּת שַׁבָּתוֹן לַיהוָה כָּל־הָעֹשֶׂה בוֹ מְלָאכָה יוּמָת: לֹא־
תְבַעֲרוּ אֵשׁ בְּכֹל מֹשְׁבֹתֵיכֶם בְּיוֹם הַשַּׁבָּת:

מצוות השבת
שמות טז, כט; כ, ז–י; לא, יב–יז
ויקרא יט, ג; יט, ל; כג, ג
דברים ה, יא–יד
ישעיה נח, יג–יד
ירמיה יז, יט–כז
נחמיה יג, טו–כא

ד וַיֹּאמֶר מֹשֶׁה אֶל־כָּל־עֲדַת בְּנֵי־יִשְׂרָאֵל לֵאמֹר זֶה הַדָּבָר אֲשֶׁר־
ה צִוָּה יְהוָה לֵאמֹר: קְחוּ מֵאִתְּכֶם תְּרוּמָה לַיהוָה כֹּל נְדִיב
ו לִבּוֹ יְבִיאֶהָ אֵת תְּרוּמַת יְהוָה זָהָב וָכֶסֶף וּנְחֹשֶׁת: וּתְכֵלֶת
ז וְאַרְגָּמָן וְתוֹלַעַת שָׁנִי וְשֵׁשׁ וְעִזִּים: וְעֹרֹת אֵילִם מְאָדָּמִים וְעֹרֹת
ח תְּחָשִׁים וַעֲצֵי שִׁטִּים: וְשֶׁמֶן לַמָּאוֹר וּבְשָׂמִים לְשֶׁמֶן הַמִּשְׁחָה
ט וְלִקְטֹרֶת הַסַּמִּים: וְאַבְנֵי־שֹׁהַם וְאַבְנֵי מִלֻּאִים לָאֵפוֹד וְלַחֹשֶׁן:
י וְכָל־חֲכַם־לֵב בָּכֶם יָבֹאוּ וְיַעֲשׂוּ אֵת כָּל־אֲשֶׁר צִוָּה יְהוָה:
יא אֶת־הַמִּשְׁכָּן אֶת־אָהֳלוֹ וְאֶת־מִכְסֵהוּ אֶת־קְרָסָיו וְאֶת־קְרָשָׁיו
יב אֶת־בְּרִיחָו אֶת־עַמֻּדָיו וְאֶת־אֲדָנָיו: אֶת־הָאָרֹן וְאֶת־בַּדָּיו
יג אֶת־הַכַּפֹּרֶת וְאֵת פָּרֹכֶת הַמָּסָךְ: אֶת־הַשֻּׁלְחָן וְאֶת־בַּדָּיו
יד וְאֶת־כָּל־כֵּלָיו וְאֵת לֶחֶם הַפָּנִים: וְאֶת־מְנֹרַת הַמָּאוֹר וְאֶת־
טו כֵּלֶיהָ וְאֶת־נֵרֹתֶיהָ וְאֵת שֶׁמֶן הַמָּאוֹר: וְאֶת־מִזְבַּח הַקְּטֹרֶת
וְאֶת־בַּדָּיו וְאֵת שֶׁמֶן הַמִּשְׁחָה וְאֵת קְטֹרֶת הַסַּמִּים וְאֶת־
טז מָסַךְ הַפֶּתַח לְפֶתַח הַמִּשְׁכָּן: אֵת ׀ מִזְבַּח הָעֹלָה וְאֶת־מִכְבַּר
הַנְּחֹשֶׁת אֲשֶׁר־לוֹ אֶת־בַּדָּיו וְאֶת־כָּל־כֵּלָיו אֶת־הַכִּיֹּר וְאֶת־
יז כַּנּוֹ: אֵת קַלְעֵי הֶחָצֵר אֶת־עַמֻּדָיו וְאֶת־אֲדָנֶיהָ וְאֵת מָסַךְ
יח שַׁעַר הֶחָצֵר: אֶת־יִתְדֹת הַמִּשְׁכָּן וְאֶת־יִתְדֹת הֶחָצֵר וְאֶת־
יט מֵיתְרֵיהֶם: אֶת־בִּגְדֵי הַשְּׂרָד לְשָׁרֵת בַּקֹּדֶשׁ אֶת־בִּגְדֵי הַקֹּדֶשׁ
כ לְאַהֲרֹן הַכֹּהֵן וְאֶת־בִּגְדֵי בָנָיו לְכַהֵן: וַיֵּצְאוּ כָּל־עֲדַת בְּנֵי־
כא יִשְׂרָאֵל מִלִּפְנֵי מֹשֶׁה: וַיָּבֹאוּ כָּל־אִישׁ אֲשֶׁר־נְשָׂאוֹ לִבּוֹ וְכֹל שני
אֲשֶׁר נָדְבָה רוּחוֹ אֹתוֹ הֵבִיאוּ אֶת־תְּרוּמַת יְהוָה לִמְלֶאכֶת
כב אֹהֶל מוֹעֵד וּלְכָל־עֲבֹדָתוֹ וּלְבִגְדֵי הַקֹּדֶשׁ: וַיָּבֹאוּ הָאֲנָשִׁים

נדבת העם למשכן - הציווי והביצוע
שמות כה, א–ט

עַל־הַנָּשִׁים כֹּל ׀ נְדִיב לֵב הֵבִיאוּ חָח וָנֶזֶם וְטַבַּעַת וְכוּמָז כָּל־
כג כְּלִי זָהָב וְכָל־אִישׁ אֲשֶׁר הֵנִיף תְּנוּפַת זָהָב לַיהוָה: וְכָל־אִישׁ
אֲשֶׁר־נִמְצָא אִתּוֹ תְּכֵלֶת וְאַרְגָּמָן וְתוֹלַעַת שָׁנִי וְשֵׁשׁ וְעִזִּים
כד וְעֹרֹת אֵילִם מְאָדָּמִים וְעֹרֹת תְּחָשִׁים הֵבִיאוּ: כָּל־מֵרִים תְּרוּמַת
כֶּסֶף וּנְחֹשֶׁת הֵבִיאוּ אֵת תְּרוּמַת יְהוָה וְכֹל אֲשֶׁר נִמְצָא אִתּוֹ
כה עֲצֵי שִׁטִּים לְכָל־מְלֶאכֶת הָעֲבֹדָה הֵבִיאוּ: וְכָל־אִשָּׁה חַכְמַת־
לֵב בְּיָדֶיהָ טָווּ וַיָּבִיאוּ מַטְוֶה אֶת־הַתְּכֵלֶת וְאֶת־הָאַרְגָּמָן
כו אֶת־תּוֹלַעַת הַשָּׁנִי וְאֶת־הַשֵּׁשׁ: וְכָל־הַנָּשִׁים אֲשֶׁר נָשָׂא לִבָּן
כז אֹתָנָה בְּחָכְמָה טָווּ אֶת־הָעִזִּים: וְהַנְּשִׂאִם הֵבִיאוּ אֵת אַבְנֵי
כח הַשֹּׁהַם וְאֵת אַבְנֵי הַמִּלֻּאִים לָאֵפוֹד וְלַחֹשֶׁן: וְאֶת־הַבֹּשֶׂם
כט וְאֶת־הַשָּׁמֶן לְמָאוֹר וּלְשֶׁמֶן הַמִּשְׁחָה וְלִקְטֹרֶת הַסַּמִּים: כָּל־
אִישׁ וְאִשָּׁה אֲשֶׁר נָדַב לִבָּם אֹתָם לְהָבִיא לְכָל־הַמְּלָאכָה
אֲשֶׁר צִוָּה יְהוָה לַעֲשׂוֹת בְּיַד־מֹשֶׁה הֵבִיאוּ בְנֵי־יִשְׂרָאֵל נְדָבָה
לַיהוָה:

שלישי /שני/

ל וַיֹּאמֶר מֹשֶׁה אֶל־בְּנֵי יִשְׂרָאֵל רְאוּ קָרָא יְהוָה בְּשֵׁם בְּצַלְאֵל
לא בֶּן־אוּרִי בֶן־חוּר לְמַטֵּה יְהוּדָה: וַיְמַלֵּא אֹתוֹ רוּחַ אֱלֹהִים
לב בְּחָכְמָה בִּתְבוּנָה וּבְדַעַת וּבְכָל־מְלָאכָה: וְלַחְשֹׁב מַחֲשָׁבֹת
לג לַעֲשֹׂת בַּזָּהָב וּבַכֶּסֶף וּבַנְּחֹשֶׁת: וּבַחֲרֹשֶׁת אֶבֶן לְמַלֹּאת
לד וּבַחֲרֹשֶׁת עֵץ לַעֲשׂוֹת בְּכָל־מְלֶאכֶת מַחֲשָׁבֶת: וּלְהוֹרֹת נָתַן
לה בְּלִבּוֹ הוּא וְאָהֳלִיאָב בֶּן־אֲחִיסָמָךְ לְמַטֵּה־דָן: מִלֵּא אֹתָם
חָכְמַת־לֵב לַעֲשׂוֹת כָּל־מְלֶאכֶת חָרָשׁ ׀ וְחֹשֵׁב וְרֹקֵם בַּתְּכֵלֶת
וּבָאַרְגָּמָן בְּתוֹלַעַת הַשָּׁנִי וּבַשֵּׁשׁ וְאֹרֵג עֹשֵׂי כָּל־מְלָאכָה
לו א וְחֹשְׁבֵי מַחֲשָׁבֹת: וְעָשָׂה בְצַלְאֵל וְאָהֳלִיאָב וְכֹל ׀ אִישׁ חֲכַם־
לֵב אֲשֶׁר נָתַן יְהוָה חָכְמָה וּתְבוּנָה בָּהֵמָּה לָדַעַת לַעֲשֹׂת אֶת־
ב כָּל־מְלֶאכֶת עֲבֹדַת הַקֹּדֶשׁ לְכֹל אֲשֶׁר־צִוָּה יְהוָה: וַיִּקְרָא
מֹשֶׁה אֶל־בְּצַלְאֵל וְאֶל־אָהֳלִיאָב וְאֶל כָּל־אִישׁ חֲכַם־לֵב
אֲשֶׁר נָתַן יְהוָה חָכְמָה בְּלִבּוֹ כֹּל אֲשֶׁר נְשָׂאוֹ לִבּוֹ לְקָרְבָה

מינוי בצלאל ואהליאב לעשיית המשכן וכליו
שמות לא, א–יא

ג אֶל־הַמְּלָאכָה לַעֲשֹׂת אֹתָהּ: וַיִּקְחוּ מִלִּפְנֵי מֹשֶׁה אֵת כָּל־
הַתְּרוּמָה אֲשֶׁר הֵבִיאוּ בְּנֵי יִשְׂרָאֵל לִמְלֶאכֶת עֲבֹדַת הַקֹּדֶשׁ
לַעֲשֹׂת אֹתָהּ וְהֵם הֵבִיאוּ אֵלָיו עוֹד נְדָבָה בַּבֹּקֶר בַּבֹּקֶר:
ד וַיָּבֹאוּ כָּל־הַחֲכָמִים הָעֹשִׂים אֵת כָּל־מְלֶאכֶת הַקֹּדֶשׁ אִישׁ
ה אִישׁ מִמְּלַאכְתּוֹ אֲשֶׁר־הֵמָּה עֹשִׂים: וַיֹּאמְרוּ אֶל־מֹשֶׁה לֵּאמֹר
מַרְבִּים הָעָם לְהָבִיא מִדֵּי הָעֲבֹדָה לַמְּלָאכָה אֲשֶׁר־צִוָּה יְהוָה
ו לַעֲשֹׂת אֹתָהּ: וַיְצַו מֹשֶׁה וַיַּעֲבִירוּ קוֹל בַּמַּחֲנֶה לֵאמֹר אִישׁ
וְאִשָּׁה אַל־יַעֲשׂוּ־עוֹד מְלָאכָה לִתְרוּמַת הַקֹּדֶשׁ וַיִּכָּלֵא הָעָם
ז מֵהָבִיא: וְהַמְּלָאכָה הָיְתָה דַיָּם לְכָל־הַמְּלָאכָה לַעֲשׂוֹת אֹתָהּ
ח וְהוֹתֵר: וַיַּעֲשׂוּ כָל־חֲכַם־לֵב בְּעֹשֵׂי הַמְּלָאכָה רביעי
אֶת־הַמִּשְׁכָּן עֶשֶׂר יְרִיעֹת שֵׁשׁ מָשְׁזָר וּתְכֵלֶת וְאַרְגָּמָן וְתוֹלַעַת
ט שָׁנִי כְּרֻבִים מַעֲשֵׂה חֹשֵׁב עָשָׂה אֹתָם: אֹרֶךְ הַיְרִיעָה הָאַחַת
שְׁמֹנֶה וְעֶשְׂרִים בָּאַמָּה וְרֹחַב אַרְבַּע בָּאַמָּה הַיְרִיעָה הָאֶחָת
י מִדָּה אַחַת לְכָל־הַיְרִיעֹת: וַיְחַבֵּר אֶת־חֲמֵשׁ הַיְרִיעֹת אַחַת
יא אֶל־אֶחָת וְחָמֵשׁ יְרִיעֹת חִבַּר אַחַת אֶל־אֶחָת: וַיַּעַשׂ לֻלְאֹת
תְּכֵלֶת עַל שְׂפַת הַיְרִיעָה הָאֶחָת מִקָּצָה בַּמַּחְבָּרֶת כֵּן עָשָׂה
יב בִּשְׂפַת הַיְרִיעָה הַקִּיצוֹנָה בַּמַּחְבֶּרֶת הַשֵּׁנִית: חֲמִשִּׁים לֻלָאֹת
עָשָׂה בַּיְרִיעָה הָאֶחָת וַחֲמִשִּׁים לֻלָאֹת עָשָׂה בִּקְצֵה הַיְרִיעָה
אֲשֶׁר בַּמַּחְבֶּרֶת הַשֵּׁנִית מַקְבִּילֹת הַלֻּלָאֹת אַחַת אֶל־אֶחָת:
יג וַיַּעַשׂ חֲמִשִּׁים קַרְסֵי זָהָב וַיְחַבֵּר אֶת־הַיְרִיעֹת אַחַת אֶל־אַחַת
בַּקְּרָסִים וַיְהִי הַמִּשְׁכָּן אֶחָד:
יד וַיַּעַשׂ יְרִיעֹת עִזִּים לְאֹהֶל עַל־הַמִּשְׁכָּן עַשְׁתֵּי־עֶשְׂרֵה יְרִיעֹת
טו עָשָׂה אֹתָם: אֹרֶךְ הַיְרִיעָה הָאַחַת שְׁלֹשִׁים בָּאַמָּה וְאַרְבַּע
אַמּוֹת רֹחַב הַיְרִיעָה הָאֶחָת מִדָּה אַחַת לְעַשְׁתֵּי עֶשְׂרֵה יְרִיעֹת:
טז יז וַיְחַבֵּר אֶת־חֲמֵשׁ הַיְרִיעֹת לְבָד וְאֶת־שֵׁשׁ הַיְרִיעֹת לְבָד: וַיַּעַשׂ
לֻלָאֹת חֲמִשִּׁים עַל שְׂפַת הַיְרִיעָה הַקִּיצֹנָה בַּמַּחְבָּרֶת וַחֲמִשִּׁים
יח לֻלָאֹת עָשָׂה עַל־שְׂפַת הַיְרִיעָה הַחֹבֶרֶת הַשֵּׁנִית: וַיַּעַשׂ

עשיית יריעות המשכן - הציווי והביצוע
שמות כו, א–יד

יט קַרְסֵי נְחֹשֶׁת חֲמִשִּׁים לְחַבֵּר אֶת־הָאֹהֶל לִהְיֹת אֶחָד: וַיַּעַשׂ
מִכְסֶה לָאֹהֶל עֹרֹת אֵילִם מְאָדָּמִים וּמִכְסֵה עֹרֹת תְּחָשִׁים
חמישי
כ מִלְמָעְלָה: וַיַּעַשׂ אֶת־הַקְּרָשִׁים לַמִּשְׁכָּן עֲצֵי
עשיית קרשי המשכן - הציווי והביצוע שמות כו, טו-כט
כא שִׁטִּים עֹמְדִים: עֶשֶׂר אַמֹּת אֹרֶךְ הַקָּרֶשׁ וְאַמָּה וַחֲצִי הָאַמָּה
כב רֹחַב הַקֶּרֶשׁ הָאֶחָד: שְׁתֵּי יָדֹת לַקֶּרֶשׁ הָאֶחָד מְשֻׁלָּבֹת אַחַת
כג אֶל־אֶחָת כֵּן עָשָׂה לְכֹל קַרְשֵׁי הַמִּשְׁכָּן: וַיַּעַשׂ אֶת־הַקְּרָשִׁים
כד לַמִּשְׁכָּן עֶשְׂרִים קְרָשִׁים לִפְאַת נֶגֶב תֵּימָנָה: וְאַרְבָּעִים אַדְנֵי־
כֶסֶף עָשָׂה תַּחַת עֶשְׂרִים הַקְּרָשִׁים שְׁנֵי אֲדָנִים תַּחַת־הַקֶּרֶשׁ
הָאֶחָד לִשְׁתֵּי יְדֹתָיו וּשְׁנֵי אֲדָנִים תַּחַת־הַקֶּרֶשׁ הָאֶחָד לִשְׁתֵּי
כה יְדֹתָיו: וּלְצֶלַע הַמִּשְׁכָּן הַשֵּׁנִית לִפְאַת צָפוֹן עָשָׂה עֶשְׂרִים
כו קְרָשִׁים: וְאַרְבָּעִים אַדְנֵיהֶם כָּסֶף שְׁנֵי אֲדָנִים תַּחַת הַקֶּרֶשׁ
כז הָאֶחָד וּשְׁנֵי אֲדָנִים תַּחַת הַקֶּרֶשׁ הָאֶחָד: וּלְיַרְכְּתֵי הַמִּשְׁכָּן
כח יָמָּה עָשָׂה שִׁשָּׁה קְרָשִׁים: וּשְׁנֵי קְרָשִׁים עָשָׂה לִמְקֻצְעֹת הַמִּשְׁכָּן
כט בַּיַּרְכָתָיִם: וְהָיוּ תוֹאֲמִם מִלְּמַטָּה וְיַחְדָּו יִהְיוּ תַמִּים אֶל־רֹאשׁוֹ
ל אֶל־הַטַּבַּעַת הָאֶחָת כֵּן עָשָׂה לִשְׁנֵיהֶם לִשְׁנֵי הַמִּקְצֹעֹת: וְהָיוּ
שְׁמֹנָה קְרָשִׁים וְאַדְנֵיהֶם כֶּסֶף שִׁשָּׁה עָשָׂר אֲדָנִים שְׁנֵי אֲדָנִים
לא שְׁנֵי אֲדָנִים תַּחַת הַקֶּרֶשׁ הָאֶחָד: וַיַּעַשׂ בְּרִיחֵי עֲצֵי שִׁטִּים
לב חֲמִשָּׁה לְקַרְשֵׁי צֶלַע־הַמִּשְׁכָּן הָאֶחָת: וַחֲמִשָּׁה בְרִיחִם לְקַרְשֵׁי
צֶלַע־הַמִּשְׁכָּן הַשֵּׁנִית וַחֲמִשָּׁה בְרִיחִם לְקַרְשֵׁי הַמִּשְׁכָּן לַיַּרְכָתַיִם
לג יָמָּה: וַיַּעַשׂ אֶת־הַבְּרִיחַ הַתִּיכֹן לִבְרֹחַ בְּתוֹךְ הַקְּרָשִׁים מִן־
לד הַקָּצֶה אֶל־הַקָּצֶה: וְאֶת־הַקְּרָשִׁים צִפָּה זָהָב וְאֶת־טַבְּעֹתָם
עשיית הפרוכת - הציווי והביצוע שמות כו, לא-לב
לה עָשָׂה זָהָב בָּתִּים לַבְּרִיחִם וַיְצַף אֶת־הַבְּרִיחִם זָהָב: וַיַּעַשׂ אֶת־
הַפָּרֹכֶת תְּכֵלֶת וְאַרְגָּמָן וְתוֹלַעַת שָׁנִי וְשֵׁשׁ מָשְׁזָר מַעֲשֵׂה
לו חֹשֵׁב עָשָׂה אֹתָהּ כְּרֻבִים: וַיַּעַשׂ לָהּ אַרְבָּעָה עַמּוּדֵי שִׁטִּים
עשיית המסך - הציווי והביצוע שמות כו, לו-לז
לז וַיְצַפֵּם זָהָב וָוֵיהֶם זָהָב וַיִּצֹק לָהֶם אַרְבָּעָה אַדְנֵי־כָסֶף: וַיַּעַשׂ
מָסָךְ לְפֶתַח הָאֹהֶל תְּכֵלֶת וְאַרְגָּמָן וְתוֹלַעַת שָׁנִי וְשֵׁשׁ מָשְׁזָר
לח מַעֲשֵׂה רֹקֵם: וְאֶת־עַמּוּדָיו חֲמִשָּׁה וְאֶת־וָוֵיהֶם וְצִפָּה רָאשֵׁיהֶם

וַחֲשֻׁקֵיהֶם זָהָב וְאַדְנֵיהֶם חֲמִשָּׁה נְחֹשֶׁת׃
א וַיַּעַשׂ בְּצַלְאֵל אֶת־הָאָרֹן עֲצֵי שִׁטִּים אַמָּתַיִם וָחֵצִי אָרְכּוֹ וְאַמָּה כז
ב וָחֵצִי רָחְבּוֹ וְאַמָּה וָחֵצִי קֹמָתוֹ׃ וַיְצַפֵּהוּ זָהָב טָהוֹר מִבַּיִת
ג וּמִחוּץ וַיַּעַשׂ לוֹ זֵר זָהָב סָבִיב׃ וַיִּצֹק לוֹ אַרְבַּע טַבְּעֹת זָהָב
עַל אַרְבַּע פַּעֲמֹתָיו וּשְׁתֵּי טַבָּעֹת עַל־צַלְעוֹ הָאֶחָת וּשְׁתֵּי טַבָּעֹת
ד עַל־צַלְעוֹ הַשֵּׁנִית׃ וַיַּעַשׂ בַּדֵּי עֲצֵי שִׁטִּים וַיְצַף אֹתָם זָהָב׃
ה וַיָּבֵא אֶת־הַבַּדִּים בַּטַּבָּעֹת עַל צַלְעֹת הָאָרֹן לָשֵׂאת אֶת־
ו הָאָרֹן׃ וַיַּעַשׂ כַּפֹּרֶת זָהָב טָהוֹר אַמָּתַיִם וָחֵצִי אָרְכָּהּ וְאַמָּה
ז וָחֵצִי רָחְבָּהּ׃ וַיַּעַשׂ שְׁנֵי כְרֻבִים זָהָב מִקְשָׁה עָשָׂה אֹתָם מִשְּׁנֵי
ח קְצוֹת הַכַּפֹּרֶת׃ כְּרוּב־אֶחָד מִקָּצָה מִזֶּה וּכְרוּב־אֶחָד מִקָּצָה מִזֶּה
ט מִן־הַכַּפֹּרֶת עָשָׂה אֶת־הַכְּרֻבִים מִשְּׁנֵי קצוותו׃ וַיִּהְיוּ הַכְּרֻבִים
פֹּרְשֵׂי כְנָפַיִם לְמַעְלָה סֹכְכִים בְּכַנְפֵיהֶם עַל־הַכַּפֹּרֶת וּפְנֵיהֶם
אִישׁ אֶל־אָחִיו אֶל־הַכַּפֹּרֶת הָיוּ פְּנֵי הַכְּרֻבִים׃
י וַיַּעַשׂ אֶת־הַשֻּׁלְחָן עֲצֵי שִׁטִּים אַמָּתַיִם אָרְכּוֹ וְאַמָּה רָחְבּוֹ
יא וְאַמָּה וָחֵצִי קֹמָתוֹ׃ וַיְצַף אֹתוֹ זָהָב טָהוֹר וַיַּעַשׂ לוֹ זֵר זָהָב
יב סָבִיב׃ וַיַּעַשׂ לוֹ מִסְגֶּרֶת טֹפַח סָבִיב וַיַּעַשׂ זֵר־זָהָב לְמִסְגַּרְתּוֹ
יג סָבִיב׃ וַיִּצֹק לוֹ אַרְבַּע טַבְּעֹת זָהָב וַיִּתֵּן אֶת־הַטַּבָּעֹת עַל
יד אַרְבַּע הַפֵּאֹת אֲשֶׁר לְאַרְבַּע רַגְלָיו׃ לְעֻמַּת הַמִּסְגֶּרֶת הָיוּ
טו הַטַּבָּעֹת בָּתִּים לַבַּדִּים לָשֵׂאת אֶת־הַשֻּׁלְחָן׃ וַיַּעַשׂ אֶת־הַבַּדִּים
טז עֲצֵי שִׁטִּים וַיְצַף אֹתָם זָהָב לָשֵׂאת אֶת־הַשֻּׁלְחָן׃ וַיַּעַשׂ אֶת־
הַכֵּלִים ׀ אֲשֶׁר עַל־הַשֻּׁלְחָן אֶת־קְעָרֹתָיו וְאֶת־כַּפֹּתָיו וְאֵת
מְנַקִּיֹּתָיו וְאֶת־הַקְּשָׂוֺת אֲשֶׁר יֻסַּךְ בָּהֵן זָהָב טָהוֹר׃
יז וַיַּעַשׂ אֶת־הַמְּנֹרָה זָהָב טָהוֹר מִקְשָׁה עָשָׂה אֶת־הַמְּנֹרָה יְרֵכָהּ
יח וְקָנָהּ גְּבִיעֶיהָ כַּפְתֹּרֶיהָ וּפְרָחֶיהָ מִמֶּנָּה הָיוּ׃ וְשִׁשָּׁה קָנִים יֹצְאִים
מִצִּדֶּיהָ שְׁלֹשָׁה ׀ קְנֵי מְנֹרָה מִצִּדָּהּ הָאֶחָד וּשְׁלֹשָׁה קְנֵי מְנֹרָה
יט מִצִּדָּהּ הַשֵּׁנִי׃ שְׁלֹשָׁה גְבִעִים מְשֻׁקָּדִים בַּקָּנֶה הָאֶחָד כַּפְתֹּר
וָפֶרַח וּשְׁלֹשָׁה גְבִעִים מְשֻׁקָּדִים בְּקָנֶה אֶחָד כַּפְתֹּר וָפָרַח כֵּן

עשיית הארון - הציווי והביצוע שמות כה, י–טז

עשיית הכפורת והכרובים - הציווי והביצוע שמות כה, יז–כב

קְצוֹתָיו

עשיית השולחן - הציווי והביצוע שמות כה, כג–ל

ששי /שלישי/

עשיית המנורה - הציווי והביצוע שמות כה, לא–מ

כ לְשֵׁשֶׁת הַקָּנִים הַיֹּצְאִים מִן־הַמְּנֹרָה׃ וּבַמְּנֹרָה אַרְבָּעָה גְבִעִים
כא מְשֻׁקָּדִים כַּפְתֹּרֶיהָ וּפְרָחֶיהָ׃ וְכַפְתֹּר תַּחַת שְׁנֵי הַקָּנִים מִמֶּנָּה
וְכַפְתֹּר תַּחַת שְׁנֵי הַקָּנִים מִמֶּנָּה וְכַפְתֹּר תַּחַת־שְׁנֵי הַקָּנִים מִמֶּנָּה
כב לְשֵׁשֶׁת הַקָּנִים הַיֹּצְאִים מִמֶּנָּה׃ כַּפְתֹּרֵיהֶם וּקְנֹתָם מִמֶּנָּה הָיוּ
כג כֻּלָּהּ מִקְשָׁה אַחַת זָהָב טָהוֹר׃ וַיַּעַשׂ אֶת־נֵרֹתֶיהָ שִׁבְעָה
כד וּמַלְקָחֶיהָ וּמַחְתֹּתֶיהָ זָהָב טָהוֹר׃ כִּכָּר זָהָב טָהוֹר עָשָׂה אֹתָהּ
וְאֵת כָּל־כֵּלֶיהָ׃

עשיית מזבח הקטורת - הציווי והביצוע שמות ל, א-ו

כה וַיַּעַשׂ אֶת־מִזְבַּח הַקְּטֹרֶת עֲצֵי שִׁטִּים אַמָּה אָרְכּוֹ וְאַמָּה רָחְבּוֹ
כו רָבוּעַ וְאַמָּתַיִם קֹמָתוֹ מִמֶּנּוּ הָיוּ קַרְנֹתָיו׃ וַיְצַף אֹתוֹ זָהָב
טָהוֹר אֶת־גַּגּוֹ וְאֶת־קִירֹתָיו סָבִיב וְאֶת־קַרְנֹתָיו וַיַּעַשׂ לוֹ
כז זֵר זָהָב סָבִיב׃ וּשְׁתֵּי טַבְּעֹת זָהָב עָשָׂה־לוֹ ׀ מִתַּחַת לְזֵרוֹ

עשיית שמן המשחה - הציווי והביצוע שמות ל, כב-לג

עַל שְׁתֵּי צַלְעֹתָיו עַל שְׁנֵי צִדָּיו לְבָתִּים לְבַדִּים לָשֵׂאת אֹתוֹ
כח כט בָּהֶם׃ וַיַּעַשׂ אֶת־הַבַּדִּים עֲצֵי שִׁטִּים וַיְצַף אֹתָם זָהָב׃ וַיַּעַשׂ

עשיית קטורת הסמים - הציווי והביצוע שמות ל, לד-לה

אֶת־שֶׁמֶן הַמִּשְׁחָה קֹדֶשׁ וְאֶת־קְטֹרֶת הַסַּמִּים טָהוֹר מַעֲשֵׂה
לח א רֹקֵחַ׃ וַיַּעַשׂ אֶת־מִזְבַּח הָעֹלָה עֲצֵי שִׁטִּים חָמֵשׁ

שביעי /רביעי/

עשיית מזבח העולה - הציווי והביצוע שמות כז, א-ח

אַמּוֹת אָרְכּוֹ וְחָמֵשׁ־אַמּוֹת רָחְבּוֹ רָבוּעַ וְשָׁלֹשׁ אַמּוֹת קֹמָתוֹ׃
ב וַיַּעַשׂ קַרְנֹתָיו עַל אַרְבַּע פִּנֹּתָיו מִמֶּנּוּ הָיוּ קַרְנֹתָיו וַיְצַף אֹתוֹ
ג נְחֹשֶׁת׃ וַיַּעַשׂ אֶת־כָּל־כְּלֵי הַמִּזְבֵּחַ אֶת־הַסִּירֹת וְאֶת־הַיָּעִים
וְאֶת־הַמִּזְרָקֹת אֶת־הַמִּזְלָגֹת וְאֶת־הַמַּחְתֹּת כָּל־כֵּלָיו עָשָׂה
ד נְחֹשֶׁת׃ וַיַּעַשׂ לַמִּזְבֵּחַ מִכְבָּר מַעֲשֵׂה רֶשֶׁת נְחֹשֶׁת תַּחַת
ה כַּרְכֻּבּוֹ מִלְּמַטָּה עַד־חֶצְיוֹ׃ וַיִּצֹק אַרְבַּע טַבָּעֹת בְּאַרְבַּע
ו הַקְּצָוֹת לְמִכְבַּר הַנְּחֹשֶׁת בָּתִּים לַבַּדִּים׃ וַיַּעַשׂ אֶת־הַבַּדִּים
ז עֲצֵי שִׁטִּים וַיְצַף אֹתָם נְחֹשֶׁת׃ וַיָּבֵא אֶת־הַבַּדִּים בַּטַּבָּעֹת
עַל צַלְעֹת הַמִּזְבֵּחַ לָשֵׂאת אֹתוֹ בָּהֶם נְבוּב לֻחֹת עָשָׂה

עשיית הכיור - הציווי והביצוע שמות ל, יז-כא

ח אֹתוֹ׃ וַיַּעַשׂ אֵת הַכִּיּוֹר נְחֹשֶׁת וְאֵת כַּנּוֹ נְחֹשֶׁת בְּמַרְאֹת

עשיית חצר המשכן - הציווי והביצוע שמות כז, ט-יט

ט הַצֹּבְאֹת אֲשֶׁר צָבְאוּ פֶּתַח אֹהֶל מוֹעֵד׃ וַיַּעַשׂ
אֶת־הֶחָצֵר לִפְאַת ׀ נֶגֶב תֵּימָנָה קַלְעֵי הֶחָצֵר שֵׁשׁ מָשְׁזָר מֵאָה

י בָּאַמָּה: עַמּוּדֵיהֶם עֶשְׂרִים וְאַדְנֵיהֶם עֶשְׂרִים נְחֹשֶׁת וָוֵי הָעַמּוּדִים
יא וַחֲשֻׁקֵיהֶם כָּסֶף: וְלִפְאַת צָפוֹן מֵאָה בָאַמָּה עַמּוּדֵיהֶם עֶשְׂרִים
יב וְאַדְנֵיהֶם עֶשְׂרִים נְחֹשֶׁת וָוֵי הָעַמּוּדִים וַחֲשֻׁקֵיהֶם כָּסֶף: וְלִפְאַת־
יָם קְלָעִים חֲמִשִּׁים בָּאַמָּה עַמּוּדֵיהֶם עֲשָׂרָה וְאַדְנֵיהֶם עֲשָׂרָה
יג וָוֵי הָעַמֻּדִים וַחֲשׁוּקֵיהֶם כָּסֶף: וְלִפְאַת קֵדְמָה מִזְרָחָה חֲמִשִּׁים
יד אַמָּה: קְלָעִים חֲמֵשׁ־עֶשְׂרֵה אַמָּה אֶל־הַכָּתֵף עַמּוּדֵיהֶם שְׁלֹשָׁה
טו וְאַדְנֵיהֶם שְׁלֹשָׁה: וְלַכָּתֵף הַשֵּׁנִית מִזֶּה וּמִזֶּה לְשַׁעַר הֶחָצֵר
קְלָעִים חֲמֵשׁ עֶשְׂרֵה אַמָּה עַמֻּדֵיהֶם שְׁלֹשָׁה וְאַדְנֵיהֶם שְׁלֹשָׁה:
טז יז כָּל־קַלְעֵי הֶחָצֵר סָבִיב שֵׁשׁ מָשְׁזָר: וְהָאֲדָנִים לָעַמֻּדִים נְחֹשֶׁת
וָוֵי הָעַמּוּדִים וַחֲשׁוּקֵיהֶם כֶּסֶף וְצִפּוּי רָאשֵׁיהֶם כָּסֶף וְהֵם
יח מְחֻשָּׁקִים כֶּסֶף כֹּל עַמֻּדֵי הֶחָצֵר: וּמָסַךְ שַׁעַר הֶחָצֵר מַעֲשֵׂה מפטיר
רֹקֵם תְּכֵלֶת וְאַרְגָּמָן וְתוֹלַעַת שָׁנִי וְשֵׁשׁ מָשְׁזָר וְעֶשְׂרִים
אַמָּה אֹרֶךְ וְקוֹמָה בְרֹחַב חָמֵשׁ אַמּוֹת לְעֻמַּת קַלְעֵי הֶחָצֵר:
יט וְעַמֻּדֵיהֶם אַרְבָּעָה וְאַדְנֵיהֶם אַרְבָּעָה נְחֹשֶׁת וָוֵיהֶם כֶּסֶף וְצִפּוּי
כ רָאשֵׁיהֶם וַחֲשֻׁקֵיהֶם כָּסֶף: וְכָל־הַיְתֵדֹת לַמִּשְׁכָּן וְלֶחָצֵר סָבִיב
כא נְחֹשֶׁת: אֵלֶּה פְקוּדֵי הַמִּשְׁכָּן מִשְׁכַּן הָעֵדֻת כח פקודי
אֲשֶׁר פֻּקַּד עַל־פִּי מֹשֶׁה עֲבֹדַת הַלְוִיִּם בְּיַד אִיתָמָר בֶּן־אַהֲרֹן
כב הַכֹּהֵן: וּבְצַלְאֵל בֶּן־אוּרִי בֶן־חוּר לְמַטֵּה יְהוּדָה עָשָׂה אֵת
כג כָּל־אֲשֶׁר־צִוָּה יְהוָה אֶת־מֹשֶׁה: וְאִתּוֹ אָהֳלִיאָב בֶּן־אֲחִיסָמָךְ
לְמַטֵּה־דָן חָרָשׁ וְחֹשֵׁב וְרֹקֵם בַּתְּכֵלֶת וּבָאַרְגָּמָן וּבְתוֹלַעַת
כד הַשָּׁנִי וּבַשֵּׁשׁ: כָּל־הַזָּהָב הֶעָשׂוּי לַמְּלָאכָה בְּכֹל
מְלֶאכֶת הַקֹּדֶשׁ וַיְהִי ׀ זְהַב הַתְּנוּפָה תֵּשַׁע וְעֶשְׂרִים כִּכָּר וּשְׁבַע
כה מֵאוֹת וּשְׁלֹשִׁים שֶׁקֶל בְּשֶׁקֶל הַקֹּדֶשׁ: וְכֶסֶף פְּקוּדֵי הָעֵדָה מְאַת
כִּכָּר וְאֶלֶף וּשְׁבַע מֵאוֹת וַחֲמִשָּׁה וְשִׁבְעִים שֶׁקֶל בְּשֶׁקֶל הַקֹּדֶשׁ:
כו בֶּקַע לַגֻּלְגֹּלֶת מַחֲצִית הַשֶּׁקֶל בְּשֶׁקֶל הַקֹּדֶשׁ לְכֹל הָעֹבֵר עַל־
הַפְּקֻדִים מִבֶּן עֶשְׂרִים שָׁנָה וָמַעְלָה לְשֵׁשׁ־מֵאוֹת אֶלֶף וּשְׁלֹשֶׁת
כז אֲלָפִים וַחֲמֵשׁ מֵאוֹת וַחֲמִשִּׁים: וַיְהִי מְאַת כִּכַּר הַכֶּסֶף לָצֶקֶת

סך כל פקודי ישראל
במדבר א, מד־מו; ב, לב; כו, נא

אֶת אַדְנֵי הַקֹּדֶשׁ וְאֵת אַדְנֵי הַפָּרֹכֶת מְאַת אֲדָנִים לִמְאַת
כח הַכִּכָּר כִּכָּר לָאָדֶן׃ וְאֶת־הָאֶלֶף וּשְׁבַע הַמֵּאוֹת וַחֲמִשָּׁה וְשִׁבְעִים
כט עָשָׂה וָוִים לָעַמּוּדִים וְצִפָּה רָאשֵׁיהֶם וְחִשַּׁק אֹתָם׃ וּנְחֹשֶׁת
ל הַתְּנוּפָה שִׁבְעִים כִּכָּר וְאַלְפַּיִם וְאַרְבַּע־מֵאוֹת שָׁקֶל׃ וַיַּעַשׂ
בָּהּ אֶת־אַדְנֵי פֶּתַח אֹהֶל מוֹעֵד וְאֵת מִזְבַּח הַנְּחֹשֶׁת וְאֶת־
לא מִכְבַּר הַנְּחֹשֶׁת אֲשֶׁר־לוֹ וְאֵת כָּל־כְּלֵי הַמִּזְבֵּחַ׃ וְאֶת־אַדְנֵי
הֶחָצֵר סָבִיב וְאֶת־אַדְנֵי שַׁעַר הֶחָצֵר וְאֵת כָּל־יִתְדֹת הַמִּשְׁכָּן
לט א וְאֶת־כָּל־יִתְדֹת הֶחָצֵר סָבִיב׃ וּמִן־הַתְּכֵלֶת וְהָאַרְגָּמָן וְתוֹלַעַת
הַשָּׁנִי עָשׂוּ בִגְדֵי־שְׂרָד לְשָׁרֵת בַּקֹּדֶשׁ וַיַּעֲשׂוּ אֶת־בִּגְדֵי הַקֹּדֶשׁ
אֲשֶׁר לְאַהֲרֹן כַּאֲשֶׁר צִוָּה יְהוָה אֶת־מֹשֶׁה׃

שני /חמישי/

ב וַיַּעַשׂ אֶת־הָאֵפֹד זָהָב תְּכֵלֶת וְאַרְגָּמָן וְתוֹלַעַת שָׁנִי וְשֵׁשׁ
ג מָשְׁזָר׃ וַיְרַקְּעוּ אֶת־פַּחֵי הַזָּהָב וְקִצֵּץ פְּתִילִם לַעֲשׂוֹת בְּתוֹךְ
הַתְּכֵלֶת וּבְתוֹךְ הָאַרְגָּמָן וּבְתוֹךְ תּוֹלַעַת הַשָּׁנִי וּבְתוֹךְ הַשֵּׁשׁ
ד מַעֲשֵׂה חֹשֵׁב׃ כְּתֵפֹת עָשׂוּ־לוֹ חֹבְרֹת עַל־שְׁנֵי קְצוֹתָו חֻבָּר׃
ה וְחֵשֶׁב אֲפֻדָּתוֹ אֲשֶׁר עָלָיו מִמֶּנּוּ הוּא כְּמַעֲשֵׂהוּ זָהָב תְּכֵלֶת
וְאַרְגָּמָן וְתוֹלַעַת שָׁנִי וְשֵׁשׁ מָשְׁזָר כַּאֲשֶׁר צִוָּה יְהוָה אֶת־
ו מֹשֶׁה׃ וַיַּעֲשׂוּ אֶת־אַבְנֵי הַשֹּׁהַם מֻסַבֹּת מִשְׁבְּצֹת
ז זָהָב מְפֻתָּחֹת פִּתּוּחֵי חוֹתָם עַל־שְׁמוֹת בְּנֵי יִשְׂרָאֵל׃ וַיָּשֶׂם
אֹתָם עַל כִּתְפֹת הָאֵפֹד אַבְנֵי זִכָּרוֹן לִבְנֵי יִשְׂרָאֵל כַּאֲשֶׁר צִוָּה
יְהוָה אֶת־מֹשֶׁה׃

עשיית האפוד - הציווי והביצוע שמות כח, ו-יד

קְצוֹתָיו

עשיית החושן - הציווי והביצוע שמות כח, טו-ל

ח וַיַּעַשׂ אֶת־הַחֹשֶׁן מַעֲשֵׂה חֹשֵׁב כְּמַעֲשֵׂה אֵפֹד זָהָב תְּכֵלֶת
ט וְאַרְגָּמָן וְתוֹלַעַת שָׁנִי וְשֵׁשׁ מָשְׁזָר׃ רָבוּעַ הָיָה כָּפוּל עָשׂוּ אֶת־
י הַחֹשֶׁן זֶרֶת אָרְכּוֹ וְזֶרֶת רָחְבּוֹ כָּפוּל׃ וַיְמַלְאוּ־בוֹ אַרְבָּעָה טוּרֵי
יא אָבֶן טוּר אֹדֶם פִּטְדָה וּבָרֶקֶת הַטּוּר הָאֶחָד׃ וְהַטּוּר הַשֵּׁנִי נֹפֶךְ
יב יג סַפִּיר וְיָהֲלֹם׃ וְהַטּוּר הַשְּׁלִישִׁי לֶשֶׁם שְׁבוֹ וְאַחְלָמָה׃ וְהַטּוּר
הָרְבִיעִי תַּרְשִׁישׁ שֹׁהַם וְיָשְׁפֵה מוּסַבֹּת מִשְׁבְּצוֹת זָהָב בְּמִלֻּאֹתָם׃
יד וְהָאֲבָנִים עַל־שְׁמֹת בְּנֵי־יִשְׂרָאֵל הֵנָּה שְׁתֵּים עֶשְׂרֵה עַל־שְׁמֹתָם

טו פְּתוּחֵי חוֹתָם אִישׁ עַל־שְׁמוֹ לִשְׁנֵים עָשָׂר שָׁבֶט: וַיַּעֲשׂוּ עַל־
טז הַחֹשֶׁן שַׁרְשְׁרֹת גַּבְלֻת מַעֲשֵׂה עֲבֹת זָהָב טָהוֹר: וַיַּעֲשׂוּ שְׁתֵּי
מִשְׁבְּצֹת זָהָב וּשְׁתֵּי טַבְּעֹת זָהָב וַיִּתְּנוּ אֶת־שְׁתֵּי הַטַּבָּעֹת
יז עַל־שְׁנֵי קְצוֹת הַחֹשֶׁן: וַיִּתְּנוּ שְׁתֵּי הָעֲבֹתֹת הַזָּהָב עַל־שְׁתֵּי
יח הַטַּבָּעֹת עַל־קְצוֹת הַחֹשֶׁן: וְאֵת שְׁתֵּי קְצוֹת שְׁתֵּי הָעֲבֹתֹת
נָתְנוּ עַל־שְׁתֵּי הַמִּשְׁבְּצֹת וַיִּתְּנֻם עַל־כִּתְפֹת הָאֵפֹד אֶל־מוּל
יט פָּנָיו: וַיַּעֲשׂוּ שְׁתֵּי טַבְּעֹת זָהָב וַיָּשִׂימוּ עַל־שְׁנֵי קְצוֹת הַחֹשֶׁן
כ עַל־שְׂפָתוֹ אֲשֶׁר אֶל־עֵבֶר הָאֵפֹד בָּיְתָה: וַיַּעֲשׂוּ שְׁתֵּי טַבְּעֹת
זָהָב וַיִּתְּנֻם עַל־שְׁתֵּי כִתְפֹת הָאֵפֹד מִלְּמַטָּה מִמּוּל פָּנָיו
כא לְעֻמַּת מֶחְבַּרְתּוֹ מִמַּעַל לְחֵשֶׁב הָאֵפֹד: וַיִּרְכְּסוּ אֶת־הַחֹשֶׁן
מִטַּבְּעֹתָיו אֶל־טַבְּעֹת הָאֵפֹד בִּפְתִיל תְּכֵלֶת לִהְיֹת עַל־
חֵשֶׁב הָאֵפֹד וְלֹא־יִזַּח הַחֹשֶׁן מֵעַל הָאֵפֹד כַּאֲשֶׁר צִוָּה יְהוָה
אֶת־מֹשֶׁה:

שלישי / ששי /

כב כג וַיַּעַשׂ אֶת־מְעִיל הָאֵפֹד מַעֲשֵׂה אֹרֵג כְּלִיל תְּכֵלֶת: וּפִי־הַמְּעִיל
כד בְּתוֹכוֹ כְּפִי תַחְרָא שָׂפָה לְפִיו סָבִיב לֹא יִקָּרֵעַ: וַיַּעֲשׂוּ עַל־
שׁוּלֵי הַמְּעִיל רִמּוֹנֵי תְּכֵלֶת וְאַרְגָּמָן וְתוֹלַעַת שָׁנִי מָשְׁזָר:
כה וַיַּעֲשׂוּ פַעֲמֹנֵי זָהָב טָהוֹר וַיִּתְּנוּ אֶת־הַפַּעֲמֹנִים בְּתוֹךְ הָרִמֹּנִים
כו עַל־שׁוּלֵי הַמְּעִיל סָבִיב בְּתוֹךְ הָרִמֹּנִים: פַּעֲמֹן וְרִמֹּן פַּעֲמֹן
וְרִמֹּן עַל־שׁוּלֵי הַמְּעִיל סָבִיב לְשָׁרֵת כַּאֲשֶׁר צִוָּה יְהוָה אֶת־
כז מֹשֶׁה: וַיַּעֲשׂוּ אֶת־הַכָּתְנֹת שֵׁשׁ מַעֲשֵׂה אֹרֵג
כח לְאַהֲרֹן וּלְבָנָיו: וְאֵת הַמִּצְנֶפֶת שֵׁשׁ וְאֶת־פַּאֲרֵי הַמִּגְבָּעֹת שֵׁשׁ
כט וְאֶת־מִכְנְסֵי הַבָּד שֵׁשׁ מָשְׁזָר: וְאֶת־הָאַבְנֵט שֵׁשׁ מָשְׁזָר וּתְכֵלֶת
וְאַרְגָּמָן וְתוֹלַעַת שָׁנִי מַעֲשֵׂה רֹקֵם כַּאֲשֶׁר צִוָּה יְהוָה אֶת־
ל מֹשֶׁה: וַיַּעֲשׂוּ אֶת־צִיץ נֵזֶר־הַקֹּדֶשׁ זָהָב טָהוֹר
לא וַיִּכְתְּבוּ עָלָיו מִכְתַּב פִּתּוּחֵי חוֹתָם קֹדֶשׁ לַיהוָה: וַיִּתְּנוּ עָלָיו
פְּתִיל תְּכֵלֶת לָתֵת עַל־הַמִּצְנֶפֶת מִלְמָעְלָה כַּאֲשֶׁר צִוָּה יְהוָה
לב אֶת־מֹשֶׁה: וַתֵּכֶל כָּל־עֲבֹדַת מִשְׁכַּן אֹהֶל

עשיית המעיל - הציווי והביצוע שמות כח, לא–לה

עשיית הכותנות, האבנטים, המגבעות והמכנסיים - הציווי והביצוע שמות כח, לט–מג

עשיית הציץ - הציווי והביצוע שמות כח, לו–לח

מוֹעֵד וַיַּעֲשׂוּ בְּנֵי יִשְׂרָאֵל כְּכֹל אֲשֶׁר צִוָּה יְהוָה אֶת־מֹשֶׁה כֵּן
עָשׂוּ׃
רביעי כט וַיָּבִיאוּ אֶת־הַמִּשְׁכָּן אֶל־מֹשֶׁה אֶת־הָאֹהֶל וְאֶת־כָּל־כֵּלָיו לג
קְרָסָיו קְרָשָׁיו בְּרִיחָו וְעַמֻּדָיו וַאֲדָנָיו׃ וְאֶת־מִכְסֵה עוֹרֹת הָאֵילִם לד
הַמְאָדָּמִים וְאֶת־מִכְסֵה עֹרֹת הַתְּחָשִׁים וְאֵת פָּרֹכֶת הַמָּסָךְ׃
אֶת־אֲרוֹן הָעֵדֻת וְאֶת־בַּדָּיו וְאֵת הַכַּפֹּרֶת׃ אֶת־הַשֻּׁלְחָן אֶת־ לה לו
כָּל־כֵּלָיו וְאֵת לֶחֶם הַפָּנִים׃ אֶת־הַמְּנֹרָה הַטְּהֹרָה אֶת־נֵרֹתֶיהָ לז
נֵרֹת הַמַּעֲרָכָה וְאֶת־כָּל־כֵּלֶיהָ וְאֵת שֶׁמֶן הַמָּאוֹר׃ וְאֵת מִזְבַּח לח
הַזָּהָב וְאֵת שֶׁמֶן הַמִּשְׁחָה וְאֵת קְטֹרֶת הַסַּמִּים וְאֵת מָסַךְ
פֶּתַח הָאֹהֶל׃ אֵת ׀ מִזְבַּח הַנְּחֹשֶׁת וְאֶת־מִכְבַּר הַנְּחֹשֶׁת אֲשֶׁר־ לט
לוֹ אֶת־בַּדָּיו וְאֶת־כָּל־כֵּלָיו אֶת־הַכִּיֹּר וְאֶת־כַּנּוֹ׃ אֵת קַלְעֵי מ
הֶחָצֵר אֶת־עַמֻּדֶיהָ וְאֶת־אֲדָנֶיהָ וְאֶת־הַמָּסָךְ לְשַׁעַר הֶחָצֵר
אֶת־מֵיתָרָיו וִיתֵדֹתֶיהָ וְאֵת כָּל־כְּלֵי עֲבֹדַת הַמִּשְׁכָּן לְאֹהֶל
מוֹעֵד׃ אֶת־בִּגְדֵי הַשְּׂרָד לְשָׁרֵת בַּקֹּדֶשׁ אֶת־בִּגְדֵי הַקֹּדֶשׁ מא
לְאַהֲרֹן הַכֹּהֵן וְאֶת־בִּגְדֵי בָנָיו לְכַהֵן׃ כְּכֹל אֲשֶׁר־צִוָּה יְהוָה מב
אֶת־מֹשֶׁה כֵּן עָשׂוּ בְּנֵי יִשְׂרָאֵל אֵת כָּל־הָעֲבֹדָה׃ וַיַּרְא מֹשֶׁה מג
אֶת־כָּל־הַמְּלָאכָה וְהִנֵּה עָשׂוּ אֹתָהּ כַּאֲשֶׁר צִוָּה יְהוָה כֵּן עָשׂוּ
וַיְבָרֶךְ אֹתָם מֹשֶׁה׃
חמישי /שביעי/ וַיְדַבֵּר יְהוָה אֶל־מֹשֶׁה לֵּאמֹר׃ בְּיוֹם־הַחֹדֶשׁ הָרִאשׁוֹן בְּאֶחָד א ב מ
לַחֹדֶשׁ תָּקִים אֶת־מִשְׁכַּן אֹהֶל מוֹעֵד׃ וְשַׂמְתָּ שָׁם אֵת אֲרוֹן ג
הָעֵדוּת וְסַכֹּתָ עַל־הָאָרֹן אֶת־הַפָּרֹכֶת׃ וְהֵבֵאתָ אֶת־הַשֻּׁלְחָן ד
וְעָרַכְתָּ אֶת־עֶרְכּוֹ וְהֵבֵאתָ אֶת־הַמְּנֹרָה וְהַעֲלֵיתָ אֶת־נֵרֹתֶיהָ׃
וְנָתַתָּה אֶת־מִזְבַּח הַזָּהָב לִקְטֹרֶת לִפְנֵי אֲרוֹן הָעֵדֻת וְשַׂמְתָּ ה
אֶת־מָסַךְ הַפֶּתַח לַמִּשְׁכָּן׃ וְנָתַתָּה אֵת מִזְבַּח הָעֹלָה לִפְנֵי ו
פֶּתַח מִשְׁכַּן אֹהֶל־מוֹעֵד׃ וְנָתַתָּ אֶת־הַכִּיֹּר בֵּין־אֹהֶל מוֹעֵד ז
וּבֵין הַמִּזְבֵּחַ וְנָתַתָּ שָׁם מָיִם׃ וְשַׂמְתָּ אֶת־הֶחָצֵר סָבִיב וְנָתַתָּ ח
אֶת־מָסַךְ שַׁעַר הֶחָצֵר׃ וְלָקַחְתָּ אֶת־שֶׁמֶן הַמִּשְׁחָה וּמָשַׁחְתָּ ט

אֶת־הַמִּשְׁכָּן וְאֶת־כָּל־אֲשֶׁר־בּוֹ וְקִדַּשְׁתָּ אֹתוֹ וְאֶת־כָּל־כֵּלָיו
י וְהָיָה קֹדֶשׁ: וּמָשַׁחְתָּ אֶת־מִזְבַּח הָעֹלָה וְאֶת־כָּל־כֵּלָיו וְקִדַּשְׁתָּ
יא אֶת־הַמִּזְבֵּחַ וְהָיָה הַמִּזְבֵּחַ קֹדֶשׁ קׇדָשִׁים: וּמָשַׁחְתָּ אֶת־הַכִּיֹּר
יב וְאֶת־כַּנּוֹ וְקִדַּשְׁתָּ אֹתוֹ: וְהִקְרַבְתָּ אֶת־אַהֲרֹן וְאֶת־בָּנָיו אֶל־
יג פֶּתַח אֹהֶל מוֹעֵד וְרָחַצְתָּ אֹתָם בַּמָּיִם: וְהִלְבַּשְׁתָּ אֶת־אַהֲרֹן
יד אֵת בִּגְדֵי הַקֹּדֶשׁ וּמָשַׁחְתָּ אֹתוֹ וְקִדַּשְׁתָּ אֹתוֹ וְכִהֵן לִי: וְאֶת־
טו בָּנָיו תַּקְרִיב וְהִלְבַּשְׁתָּ אֹתָם כֻּתֳּנֹת: וּמָשַׁחְתָּ אֹתָם כַּאֲשֶׁר
מָשַׁחְתָּ אֶת־אֲבִיהֶם וְכִהֲנוּ לִי וְהָיְתָה לִהְיֹת לָהֶם מׇשְׁחָתָם
טז לִכְהֻנַּת עוֹלָם לְדֹרֹתָם: וַיַּעַשׂ מֹשֶׁה כְּכֹל אֲשֶׁר צִוָּה יְהוָה
יז אֹתוֹ כֵּן עָשָׂה: וַיְהִי בַּחֹדֶשׁ הָרִאשׁוֹן בַּשָּׁנָה ששי
יח הַשֵּׁנִית בְּאֶחָד לַחֹדֶשׁ הוּקַם הַמִּשְׁכָּן: וַיָּקֶם מֹשֶׁה אֶת־
הַמִּשְׁכָּן וַיִּתֵּן אֶת־אֲדָנָיו וַיָּשֶׂם אֶת־קְרָשָׁיו וַיִּתֵּן אֶת־בְּרִיחָיו
יט וַיָּקֶם אֶת־עַמּוּדָיו: וַיִּפְרֹשׂ אֶת־הָאֹהֶל עַל־הַמִּשְׁכָּן וַיָּשֶׂם
אֶת־מִכְסֵה הָאֹהֶל עָלָיו מִלְמָעְלָה כַּאֲשֶׁר צִוָּה יְהוָה אֶת־
כ מֹשֶׁה: וַיִּקַּח וַיִּתֵּן אֶת־הָעֵדֻת אֶל־הָאָרֹן וַיָּשֶׂם
אֶת־הַבַּדִּים עַל־הָאָרֹן וַיִּתֵּן אֶת־הַכַּפֹּרֶת עַל־הָאָרֹן מִלְמָעְלָה:
כא וַיָּבֵא אֶת־הָאָרֹן אֶל־הַמִּשְׁכָּן וַיָּשֶׂם אֵת פָּרֹכֶת הַמָּסָךְ וַיָּסֶךְ עַל
כב אֲרוֹן הָעֵדוּת כַּאֲשֶׁר צִוָּה יְהוָה אֶת־מֹשֶׁה: וַיִּתֵּן
אֶת־הַשֻּׁלְחָן בְּאֹהֶל מוֹעֵד עַל יֶרֶךְ הַמִּשְׁכָּן צָפֹנָה מִחוּץ
כג לַפָּרֹכֶת: וַיַּעֲרֹךְ עָלָיו עֵרֶךְ לֶחֶם לִפְנֵי יְהוָה כַּאֲשֶׁר צִוָּה יְהוָה
כד אֶת־מֹשֶׁה: וַיָּשֶׂם אֶת־הַמְּנֹרָה בְּאֹהֶל מוֹעֵד
כה נֹכַח הַשֻּׁלְחָן עַל יֶרֶךְ הַמִּשְׁכָּן נֶגְבָּה: וַיַּעַל הַנֵּרֹת לִפְנֵי יְהוָה
כו כַּאֲשֶׁר צִוָּה יְהוָה אֶת־מֹשֶׁה: וַיָּשֶׂם אֶת־מִזְבַּח
כז הַזָּהָב בְּאֹהֶל מוֹעֵד לִפְנֵי הַפָּרֹכֶת: וַיַּקְטֵר עָלָיו קְטֹרֶת סַמִּים
כח כַּאֲשֶׁר צִוָּה יְהוָה אֶת־מֹשֶׁה: וַיָּשֶׂם אֶת־מָסַךְ שביעי
כט הַפֶּתַח לַמִּשְׁכָּן: וְאֵת מִזְבַּח הָעֹלָה שָׂם פֶּתַח מִשְׁכַּן אֹהֶל־
מוֹעֵד וַיַּעַל עָלָיו אֶת־הָעֹלָה וְאֶת־הַמִּנְחָה כַּאֲשֶׁר צִוָּה יְהוָה

רחיצת אהרן ובניו והלבשתם בבגדי כהונה - הציווי והביצוע
שמות כט, ד–ט
ויקרא ח, ו–יג

מ

ל אֶת־מֹשֶׁה׃ וַיָּשֶׂם אֶת־הַכִּיֹּר בֵּין־אֹהֶל מוֹעֵד
לא וּבֵין הַמִּזְבֵּחַ וַיִּתֵּן שָׁמָּה מַיִם לְרָחְצָה׃ וְרָחֲצוּ מִמֶּנּוּ מֹשֶׁה
לב וְאַהֲרֹן וּבָנָיו אֶת־יְדֵיהֶם וְאֶת־רַגְלֵיהֶם׃ בְּבֹאָם אֶל־אֹהֶל
מוֹעֵד וּבְקָרְבָתָם אֶל־הַמִּזְבֵּחַ יִרְחָצוּ כַּאֲשֶׁר צִוָּה יְהוָה אֶת־
לג מֹשֶׁה׃ וַיָּקֶם אֶת־הֶחָצֵר סָבִיב
לַמִּשְׁכָּן וְלַמִּזְבֵּחַ וַיִּתֵּן אֶת־מָסַךְ שַׁעַר הֶחָצֵר וַיְכַל מֹשֶׁה אֶת־
הַמְּלָאכָה׃

מפטיר

לד וַיְכַס הֶעָנָן אֶת־אֹהֶל מוֹעֵד וּכְבוֹד יְהוָה מָלֵא אֶת־הַמִּשְׁכָּן׃
לה וְלֹא־יָכֹל מֹשֶׁה לָבוֹא אֶל־אֹהֶל מוֹעֵד כִּי־שָׁכַן עָלָיו הֶעָנָן
לו וּכְבוֹד יְהוָה מָלֵא אֶת־הַמִּשְׁכָּן׃ וּבְהֵעָלוֹת הֶעָנָן מֵעַל הַמִּשְׁכָּן
לז יִסְעוּ בְּנֵי יִשְׂרָאֵל בְּכֹל מַסְעֵיהֶם׃ וְאִם־לֹא יֵעָלֶה הֶעָנָן וְלֹא
לח יִסְעוּ עַד־יוֹם הֵעָלֹתוֹ׃ כִּי עֲנַן יְהוָה עַל־הַמִּשְׁכָּן יוֹמָם וְאֵשׁ
תִּהְיֶה לַיְלָה בּוֹ לְעֵינֵי כָל־בֵּית־יִשְׂרָאֵל בְּכָל־מַסְעֵיהֶם׃

נסיעת ישראל במדבר על פי הענן
במדבר ט, טו–כג

# ויקרא

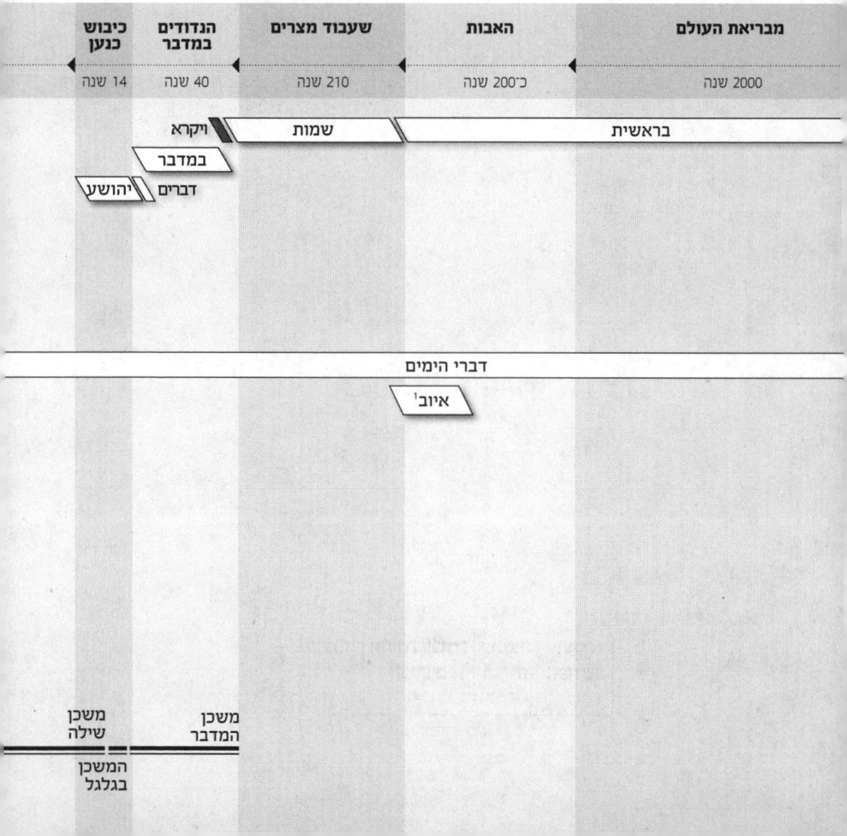

מבריאת העולם
האבות
שעבוד מצרים
הנדודים במדבר
כיבוש כנען
2000 שנה
כ־200 שנה
210 שנה
40 שנה
14 שנה
בראשית
שמות
ויקרא
במדבר
דברים
יהושע
דברי הימים
איוב[1]
משכן המדבר
משכן שילה
המשכן בגלגל

ספר ויקרא

| קרבנות | תחילת עבודת הכוהנים | טומאה וטהרה | חוקת הקדושה |
|---|---|---|---|
| א–ז | ח–י | יא–טו | יז–כו |
| כחודש ימים | | | |

א

א וַיִּקְרָ֖א אֶל־מֹשֶׁ֑ה וַיְדַבֵּ֤ר יְהוָה֙ אֵלָ֔יו מֵאֹ֥הֶל מוֹעֵ֖ד לֵאמֹֽר׃
ב דַּבֵּ֞ר אֶל־בְּנֵ֤י יִשְׂרָאֵל֙ וְאָמַרְתָּ֣ אֲלֵהֶ֔ם אָדָ֗ם כִּֽי־יַקְרִ֥יב מִכֶּ֛ם
קָרְבָּ֖ן לַֽיהוָ֑ה מִן־הַבְּהֵמָ֗ה מִן־הַבָּקָר֙ וּמִן־הַצֹּ֔אן תַּקְרִ֖יבוּ אֶת־
ג קָרְבַּנְכֶֽם׃ אִם־עֹלָ֤ה קָרְבָּנוֹ֙ מִן־הַבָּקָ֔ר זָכָ֥ר תָּמִ֖ים יַקְרִיבֶ֑נּוּ קרבן עולה | ויקרא ו, א–ב
ד אֶל־פֶּ֜תַח אֹ֤הֶל מוֹעֵד֙ יַקְרִ֣יב אֹת֔וֹ לִרְצֹנ֖וֹ לִפְנֵ֥י יְהוָֽה׃ וְסָמַ֣ךְ
ה יָד֔וֹ עַ֖ל רֹ֣אשׁ הָעֹלָ֑ה וְנִרְצָ֥ה ל֖וֹ לְכַפֵּ֥ר עָלָֽיו׃ וְשָׁחַ֛ט אֶת־בֶּ֥ן
הַבָּקָ֖ר לִפְנֵ֣י יְהוָ֑ה וְהִקְרִ֡יבוּ בְּנֵי֩ אַהֲרֹ֨ן הַכֹּהֲנִ֜ים אֶת־הַדָּ֗ם וְזָרְק֨וּ
ו אֶת־הַדָּ֤ם עַל־הַמִּזְבֵּ֙חַ֙ סָבִ֔יב אֲשֶׁר־פֶּ֖תַח אֹ֥הֶל מוֹעֵֽד׃ וְהִפְשִׁ֖יט
ז אֶת־הָעֹלָ֑ה וְנִתַּ֥ח אֹתָ֖הּ לִנְתָחֶֽיהָ׃ וְֽנָתְנ֗וּ בְּנֵ֨י אַהֲרֹ֧ן הַכֹּהֵ֛ן
ח אֵ֖שׁ עַל־הַמִּזְבֵּ֑חַ וְעָרְכ֥וּ עֵצִ֖ים עַל־הָאֵֽשׁ׃ וְעָרְכ֗וּ בְּנֵ֤י אַהֲרֹן֙
הַכֹּ֣הֲנִ֔ים אֵ֚ת הַנְּתָחִ֔ים אֶת־הָרֹ֖אשׁ וְאֶת־הַפָּ֑דֶר עַל־הָעֵצִים֙
ט אֲשֶׁ֣ר עַל־הָאֵ֔שׁ אֲשֶׁ֖ר עַל־הַמִּזְבֵּֽחַ׃ וְקִרְבּ֥וֹ וּכְרָעָ֖יו יִרְחַ֣ץ בַּמָּ֑יִם
וְהִקְטִ֨יר הַכֹּהֵ֤ן אֶת־הַכֹּל֙ הַמִּזְבֵּ֔חָה עֹלָ֛ה אִשֵּׁ֥ה רֵֽיחַ־נִיח֖וֹחַ
י לַיהוָֽה׃ וְאִם־מִן־הַצֹּ֨אן קָרְבָּנ֧וֹ מִן־הַכְּשָׂבִ֛ים א֥וֹ
יא מִן־הָעִזִּ֖ים לְעֹלָ֑ה זָכָ֥ר תָּמִ֖ים יַקְרִיבֶֽנּוּ׃ וְשָׁחַ֨ט אֹת֜וֹ עַ֣ל יֶ֧רֶךְ
הַמִּזְבֵּ֛חַ צָפֹ֖נָה לִפְנֵ֣י יְהוָ֑ה וְזָרְק֡וּ בְּנֵי֩ אַהֲרֹ֨ן הַכֹּהֲנִ֧ים אֶת־דָּמ֛וֹ
יב עַל־הַמִּזְבֵּ֖חַ סָבִֽיב׃ וְנִתַּ֤ח אֹתוֹ֙ לִנְתָחָ֔יו וְאֶת־רֹאשׁ֖וֹ וְאֶת־
פִּדְר֑וֹ וְעָרַ֤ךְ הַכֹּהֵן֙ אֹתָ֔ם עַל־הָעֵצִים֙ אֲשֶׁ֣ר עַל־הָאֵ֔שׁ אֲשֶׁ֖ר
יג עַל־הַמִּזְבֵּֽחַ׃ וְהַקֶּ֥רֶב וְהַכְּרָעַ֖יִם יִרְחַ֣ץ בַּמָּ֑יִם וְהִקְרִ֨יב הַכֹּהֵ֤ן
אֶת־הַכֹּל֙ וְהִקְטִ֣יר הַמִּזְבֵּ֔חָה עֹלָ֣ה ה֗וּא אִשֵּׁ֛ה רֵ֥יחַ נִיחֹ֖חַ
לַיהוָֽה׃
יד וְאִ֧ם מִן־הָע֛וֹף עֹלָ֥ה קָרְבָּנ֖וֹ לַיהוָ֑ה וְהִקְרִ֣יב מִן־הַתֹּרִ֗ים א֛וֹ שני
טו מִן־בְּנֵ֥י הַיּוֹנָ֖ה אֶת־קָרְבָּנֽוֹ׃ וְהִקְרִיב֤וֹ הַכֹּהֵן֙ אֶל־הַמִּזְבֵּ֔חַ וּמָלַק֙
אֶת־רֹאשׁ֔וֹ וְהִקְטִ֖יר הַמִּזְבֵּ֑חָה וְנִמְצָ֣ה דָמ֔וֹ עַ֖ל קִ֥יר הַמִּזְבֵּֽחַ׃
טז וְהֵסִ֥יר אֶת־מֻרְאָת֖וֹ בְּנֹצָתָ֑הּ וְהִשְׁלִ֨יךְ אֹתָ֜הּ אֵ֤צֶל הַמִּזְבֵּ֙חַ֙
יז קֵ֔דְמָה אֶל־מְק֖וֹם הַדָּֽשֶׁן׃ וְשִׁסַּ֨ע אֹת֣וֹ בִכְנָפָיו֮ לֹ֣א יַבְדִּיל֒ וְהִקְטִ֨יר
אֹת֤וֹ הַכֹּהֵן֙ הַמִּזְבֵּ֔חָה עַל־הָעֵצִ֖ים אֲשֶׁ֣ר עַל־הָאֵ֑שׁ עֹלָ֣ה ה֗וּא

ב

קרבן מנחה
ויקרא ו, ז–יא

אִשֵּׁה רֵיחַ נִיחֹחַ לַיהוָה׃ וְנֶפֶשׁ כִּי־תַקְרִיב קָרְבַּן א
מִנְחָה לַיהוָה סֹלֶת יִהְיֶה קָרְבָּנוֹ וְיָצַק עָלֶיהָ שֶׁמֶן וְנָתַן עָלֶיהָ
לְבֹנָה׃ וֶהֱבִיאָהּ אֶל־בְּנֵי אַהֲרֹן הַכֹּהֲנִים וְקָמַץ מִשָּׁם מְלֹא קֻמְצוֹ ב
מִסָּלְתָּהּ וּמִשַּׁמְנָהּ עַל כָּל־לְבֹנָתָהּ וְהִקְטִיר הַכֹּהֵן אֶת־אַזְכָּרָתָהּ
הַמִּזְבֵּחָה אִשֵּׁה רֵיחַ נִיחֹחַ לַיהוָה׃ וְהַנּוֹתֶרֶת מִן־הַמִּנְחָה לְאַהֲרֹן ג
וּלְבָנָיו קֹדֶשׁ קָדָשִׁים מֵאִשֵּׁי יְהוָה׃ וְכִי תַקְרִב ד
קָרְבַּן מִנְחָה מַאֲפֵה תַנּוּר סֹלֶת חַלּוֹת מַצֹּת בְּלוּלֹת בַּשֶּׁמֶן
וּרְקִיקֵי מַצּוֹת מְשֻׁחִים בַּשָּׁמֶן׃ וְאִם־מִנְחָה עַל־ ה
הַמַּחֲבַת קָרְבָּנֶךָ סֹלֶת בְּלוּלָה בַשֶּׁמֶן מַצָּה תִהְיֶה׃ פָּתוֹת אֹתָהּ ו

שלישי

פִּתִּים וְיָצַקְתָּ עָלֶיהָ שָׁמֶן מִנְחָה הִוא׃ וְאִם־ ז
מִנְחַת מַרְחֶשֶׁת קָרְבָּנֶךָ סֹלֶת בַּשֶּׁמֶן תֵּעָשֶׂה׃ וְהֵבֵאתָ אֶת־ ח
הַמִּנְחָה אֲשֶׁר יֵעָשֶׂה מֵאֵלֶּה לַיהוָה וְהִקְרִיבָהּ אֶל־הַכֹּהֵן וְהִגִּישָׁהּ
אֶל־הַמִּזְבֵּחַ׃ וְהֵרִים הַכֹּהֵן מִן־הַמִּנְחָה אֶת־אַזְכָּרָתָהּ וְהִקְטִיר ט
הַמִּזְבֵּחָה אִשֵּׁה רֵיחַ נִיחֹחַ לַיהוָה׃ וְהַנּוֹתֶרֶת מִן־הַמִּנְחָה לְאַהֲרֹן י
וּלְבָנָיו קֹדֶשׁ קָדָשִׁים מֵאִשֵּׁי יְהוָה׃ כָּל־הַמִּנְחָה אֲשֶׁר תַּקְרִיבוּ יא
לַיהוָה לֹא תֵעָשֶׂה חָמֵץ כִּי כָל־שְׂאֹר וְכָל־דְּבַשׁ לֹא־תַקְטִירוּ
מִמֶּנּוּ אִשֶּׁה לַיהוָה׃ קָרְבַּן רֵאשִׁית תַּקְרִיבוּ אֹתָם לַיהוָה וְאֶל־ יב
הַמִּזְבֵּחַ לֹא־יַעֲלוּ לְרֵיחַ נִיחֹחַ׃ וְכָל־קָרְבַּן מִנְחָתְךָ בַּמֶּלַח תִּמְלָח יג
וְלֹא תַשְׁבִּית מֶלַח בְּרִית אֱלֹהֶיךָ מֵעַל מִנְחָתֶךָ עַל כָּל־קָרְבָּנְךָ
תַּקְרִיב מֶלַח׃ וְאִם־תַּקְרִיב מִנְחַת בִּכּוּרִים יד
לַיהוָה אָבִיב קָלוּי בָּאֵשׁ גֶּרֶשׂ כַּרְמֶל תַּקְרִיב אֵת מִנְחַת
בִּכּוּרֶיךָ׃ וְנָתַתָּ עָלֶיהָ שֶׁמֶן וְשַׂמְתָּ עָלֶיהָ לְבֹנָה מִנְחָה הִוא׃ טו
וְהִקְטִיר הַכֹּהֵן אֶת־אַזְכָּרָתָהּ מִגִּרְשָׂהּ וּמִשַּׁמְנָהּ עַל כָּל־לְבֹנָתָהּ טז
אִשֶּׁה לַיהוָה׃

רביעי

קרבן שלמים
ויקרא ז, יא–לד

וְאִם־זֶבַח שְׁלָמִים קָרְבָּנוֹ אִם מִן־הַבָּקָר הוּא מַקְרִיב אִם־ ג א
זָכָר אִם־נְקֵבָה תָּמִים יַקְרִיבֶנּוּ לִפְנֵי יְהוָה׃ וְסָמַךְ יָדוֹ עַל־רֹאשׁ ב
קָרְבָּנוֹ וּשְׁחָטוֹ פֶּתַח אֹהֶל מוֹעֵד וְזָרְקוּ בְּנֵי אַהֲרֹן הַכֹּהֲנִים

ג אֶת־הַדָּם עַל־הַמִּזְבֵּחַ סָבִיב: וְהִקְרִיב מִזֶּבַח הַשְּׁלָמִים אִשֶּׁה
לַיהוָה אֶת־הַחֵלֶב הַמְכַסֶּה אֶת־הַקֶּרֶב וְאֵת כָּל־הַחֵלֶב אֲשֶׁר
ד עַל־הַקֶּרֶב: וְאֵת שְׁתֵּי הַכְּלָיֹת וְאֶת־הַחֵלֶב אֲשֶׁר עֲלֵהֶן אֲשֶׁר
עַל־הַכְּסָלִים וְאֶת־הַיֹּתֶרֶת עַל־הַכָּבֵד עַל־הַכְּלָיוֹת יְסִירֶנָּה:
ה וְהִקְטִירוּ אֹתוֹ בְנֵי־אַהֲרֹן הַמִּזְבֵּחָה עַל־הָעֹלָה אֲשֶׁר עַל־הָעֵצִים
אֲשֶׁר עַל־הָאֵשׁ אִשֵּׁה רֵיחַ נִיחֹחַ לַיהוָה:
ו וְאִם־מִן־הַצֹּאן קָרְבָּנוֹ לְזֶבַח שְׁלָמִים לַיהוָה זָכָר אוֹ נְקֵבָה
ז תָּמִים יַקְרִיבֶנּוּ: אִם־כֶּשֶׂב הוּא־מַקְרִיב אֶת־קָרְבָּנוֹ וְהִקְרִיב
ח אֹתוֹ לִפְנֵי יְהוָה: וְסָמַךְ אֶת־יָדוֹ עַל־רֹאשׁ קָרְבָּנוֹ וְשָׁחַט אֹתוֹ
לִפְנֵי אֹהֶל מוֹעֵד וְזָרְקוּ בְּנֵי אַהֲרֹן אֶת־דָּמוֹ עַל־הַמִּזְבֵּחַ סָבִיב:
ט וְהִקְרִיב מִזֶּבַח הַשְּׁלָמִים אִשֶּׁה לַיהוָה חֶלְבּוֹ הָאַלְיָה תְמִימָה
לְעֻמַּת הֶעָצֶה יְסִירֶנָּה וְאֶת־הַחֵלֶב הַמְכַסֶּה אֶת־הַקֶּרֶב וְאֵת
י כָּל־הַחֵלֶב אֲשֶׁר עַל־הַקֶּרֶב: וְאֵת שְׁתֵּי הַכְּלָיֹת וְאֶת־הַחֵלֶב
אֲשֶׁר עֲלֵהֶן אֲשֶׁר עַל־הַכְּסָלִים וְאֶת־הַיֹּתֶרֶת עַל־הַכָּבֵד
יא עַל־הַכְּלָיֹת יְסִירֶנָּה: וְהִקְטִירוֹ הַכֹּהֵן הַמִּזְבֵּחָה לֶחֶם אִשֶּׁה
לַיהוָה:
יב יג וְאִם־עֵז קָרְבָּנוֹ וְהִקְרִיבוֹ לִפְנֵי יְהוָה: וְסָמַךְ אֶת־יָדוֹ עַל־רֹאשׁוֹ
וְשָׁחַט אֹתוֹ לִפְנֵי אֹהֶל מוֹעֵד וְזָרְקוּ בְּנֵי אַהֲרֹן אֶת־דָּמוֹ עַל־
יד הַמִּזְבֵּחַ סָבִיב: וְהִקְרִיב מִמֶּנּוּ קָרְבָּנוֹ אִשֶּׁה לַיהוָה אֶת־הַחֵלֶב
טו הַמְכַסֶּה אֶת־הַקֶּרֶב וְאֵת כָּל־הַחֵלֶב אֲשֶׁר עַל־הַקֶּרֶב: וְאֵת
שְׁתֵּי הַכְּלָיֹת וְאֶת־הַחֵלֶב אֲשֶׁר עֲלֵהֶן אֲשֶׁר עַל־הַכְּסָלִים
טז וְאֶת־הַיֹּתֶרֶת עַל־הַכָּבֵד עַל־הַכְּלָיֹת יְסִירֶנָּה: וְהִקְטִירָם
הַכֹּהֵן הַמִּזְבֵּחָה לֶחֶם אִשֶּׁה לְרֵיחַ נִיחֹחַ כָּל־חֵלֶב לַיהוָה:
יז חֻקַּת עוֹלָם לְדֹרֹתֵיכֶם בְּכֹל מוֹשְׁבֹתֵיכֶם כָּל־חֵלֶב וְכָל־דָּם
לֹא תֹאכֵלוּ:

איסור אכילת דם
בראשית ט, ד
ויקרא ז, כו–כז; יז, י–יב
דברים יב, טז; יב, כג–כה; טו, כג

איסור אכילת חלב
ויקרא ז, כב–כה

ב חמישי

ד א ב וַיְדַבֵּר יְהוָה אֶל־מֹשֶׁה לֵּאמֹר: דַּבֵּר אֶל־בְּנֵי יִשְׂרָאֵל לֵאמֹר
נֶפֶשׁ כִּי־תֶחֱטָא בִשְׁגָגָה מִכֹּל מִצְוֹת יְהוָה אֲשֶׁר לֹא תֵעָשֶׂינָה

קרבן חטאת
ויקרא ו, יז–כג

ג וְעָשָׂה מֵאַחַת מֵהֵנָּה: אִם הַכֹּהֵן הַמָּשִׁיחַ יֶחֱטָא לְאַשְׁמַת
הָעָם וְהִקְרִיב עַל חַטָּאתוֹ אֲשֶׁר חָטָא פַּר בֶּן־בָּקָר תָּמִים
ד לַיהוָה לְחַטָּאת: וְהֵבִיא אֶת־הַפָּר אֶל־פֶּתַח אֹהֶל מוֹעֵד לִפְנֵי
יְהוָה וְסָמַךְ אֶת־יָדוֹ עַל־רֹאשׁ הַפָּר וְשָׁחַט אֶת־הַפָּר לִפְנֵי
ה יְהוָה: וְלָקַח הַכֹּהֵן הַמָּשִׁיחַ מִדַּם הַפָּר וְהֵבִיא אֹתוֹ אֶל־אֹהֶל
ו מוֹעֵד: וְטָבַל הַכֹּהֵן אֶת־אֶצְבָּעוֹ בַּדָּם וְהִזָּה מִן־הַדָּם שֶׁבַע
ז פְּעָמִים לִפְנֵי יְהוָה אֶת־פְּנֵי פָּרֹכֶת הַקֹּדֶשׁ: וְנָתַן הַכֹּהֵן מִן־
הַדָּם עַל־קַרְנוֹת מִזְבַּח קְטֹרֶת הַסַּמִּים לִפְנֵי יְהוָה אֲשֶׁר בְּאֹהֶל
מוֹעֵד וְאֵת ׀ כָּל־דַּם הַפָּר יִשְׁפֹּךְ אֶל־יְסוֹד מִזְבַּח הָעֹלָה אֲשֶׁר־
ח פֶּתַח אֹהֶל מוֹעֵד: וְאֶת־כָּל־חֵלֶב פַּר הַחַטָּאת יָרִים מִמֶּנּוּ
אֶת־הַחֵלֶב הַמְכַסֶּה עַל־הַקֶּרֶב וְאֵת כָּל־הַחֵלֶב אֲשֶׁר עַל־
ט הַקֶּרֶב: וְאֵת שְׁתֵּי הַכְּלָיֹת וְאֶת־הַחֵלֶב אֲשֶׁר עֲלֵיהֶן אֲשֶׁר עַל־
י הַכְּסָלִים וְאֶת־הַיֹּתֶרֶת עַל־הַכָּבֵד עַל־הַכְּלָיוֹת יְסִירֶנָּה: כַּאֲשֶׁר
יוּרַם מִשּׁוֹר זֶבַח הַשְּׁלָמִים וְהִקְטִירָם הַכֹּהֵן עַל מִזְבַּח הָעֹלָה:
יא וְאֶת־עוֹר הַפָּר וְאֶת־כָּל־בְּשָׂרוֹ עַל־רֹאשׁוֹ וְעַל־כְּרָעָיו וְקִרְבּוֹ
יב וּפִרְשׁוֹ: וְהוֹצִיא אֶת־כָּל־הַפָּר אֶל־מִחוּץ לַמַּחֲנֶה אֶל־מָקוֹם
טָהוֹר אֶל־שֶׁפֶךְ הַדֶּשֶׁן וְשָׂרַף אֹתוֹ עַל־עֵצִים בָּאֵשׁ עַל־שֶׁפֶךְ
הַדֶּשֶׁן יִשָּׂרֵף:

יג וְאִם כָּל־עֲדַת יִשְׂרָאֵל יִשְׁגּוּ וְנֶעְלַם דָּבָר מֵעֵינֵי הַקָּהָל וְעָשׂוּ
יד אַחַת מִכָּל־מִצְוֹת יְהוָה אֲשֶׁר לֹא־תֵעָשֶׂינָה וְאָשֵׁמוּ: וְנוֹדְעָה
הַחַטָּאת אֲשֶׁר חָטְאוּ עָלֶיהָ וְהִקְרִיבוּ הַקָּהָל פַּר בֶּן־בָּקָר
טו לְחַטָּאת וְהֵבִיאוּ אֹתוֹ לִפְנֵי אֹהֶל מוֹעֵד: וְסָמְכוּ זִקְנֵי הָעֵדָה
אֶת־יְדֵיהֶם עַל־רֹאשׁ הַפָּר לִפְנֵי יְהוָה וְשָׁחַט אֶת־הַפָּר לִפְנֵי
טז יז יְהוָה: וְהֵבִיא הַכֹּהֵן הַמָּשִׁיחַ מִדַּם הַפָּר אֶל־אֹהֶל מוֹעֵד: וְטָבַל
הַכֹּהֵן אֶצְבָּעוֹ מִן־הַדָּם וְהִזָּה שֶׁבַע פְּעָמִים לִפְנֵי יְהוָה אֶת־
יח פְּנֵי הַפָּרֹכֶת: וּמִן־הַדָּם יִתֵּן ׀ עַל־קַרְנֹת הַמִּזְבֵּחַ אֲשֶׁר לִפְנֵי
יְהוָה אֲשֶׁר בְּאֹהֶל מוֹעֵד וְאֵת כָּל־הַדָּם יִשְׁפֹּךְ אֶל־יְסוֹד מִזְבַּח

יט הָעֹלָה אֲשֶׁר־פֶּתַח אֹהֶל מוֹעֵד: וְאֵת כָּל־חֶלְבּוֹ יָרִים מִמֶּנּוּ
כ וְהִקְטִיר הַמִּזְבֵּחָה: וְעָשָׂה לַפָּר כַּאֲשֶׁר עָשָׂה לְפַר הַחַטָּאת
כא כֵּן יַעֲשֶׂה־לּוֹ וְכִפֶּר עֲלֵהֶם הַכֹּהֵן וְנִסְלַח לָהֶם: וְהוֹצִיא אֶת־הַפָּר
אֶל־מִחוּץ לַמַּחֲנֶה וְשָׂרַף אֹתוֹ כַּאֲשֶׁר שָׂרַף אֵת הַפָּר הָרִאשׁוֹן
חַטַּאת הַקָּהָל הוּא:

כב אֲשֶׁר נָשִׂיא יֶחֱטָא וְעָשָׂה אַחַת מִכָּל־מִצְוֺת יְהוָה אֱלֹהָיו
כג אֲשֶׁר לֹא־תֵעָשֶׂינָה בִּשְׁגָגָה וְאָשֵׁם: אוֹ־הוֹדַע אֵלָיו חַטָּאתוֹ
אֲשֶׁר חָטָא בָּהּ וְהֵבִיא אֶת־קָרְבָּנוֹ שְׂעִיר עִזִּים זָכָר תָּמִים:
כד וְסָמַךְ יָדוֹ עַל־רֹאשׁ הַשָּׂעִיר וְשָׁחַט אֹתוֹ בִּמְקוֹם אֲשֶׁר־
כה יִשְׁחַט אֶת־הָעֹלָה לִפְנֵי יְהוָה חַטָּאת הוּא: וְלָקַח הַכֹּהֵן — מקום שחיטת העולה ויקרא א, יא
מִדַּם הַחַטָּאת בְּאֶצְבָּעוֹ וְנָתַן עַל־קַרְנֹת מִזְבַּח הָעֹלָה וְאֶת־
כו דָּמוֹ יִשְׁפֹּךְ אֶל־יְסוֹד מִזְבַּח הָעֹלָה: וְאֶת־כָּל־חֶלְבּוֹ יַקְטִיר — הקטרת חלבי השלמים ויקרא ג, ג–ה
הַמִּזְבֵּחָה כְּחֵלֶב זֶבַח הַשְּׁלָמִים וְכִפֶּר עָלָיו הַכֹּהֵן מֵחַטָּאתוֹ
וְנִסְלַח לוֹ:

כז וְאִם־נֶפֶשׁ אַחַת תֶּחֱטָא בִשְׁגָגָה מֵעַם הָאָרֶץ בַּעֲשֹׂתָהּ אַחַת — ששי
כח מִמִּצְוֺת יְהוָה אֲשֶׁר לֹא־תֵעָשֶׂינָה וְאָשֵׁם: אוֹ הוֹדַע אֵלָיו
חַטָּאתוֹ אֲשֶׁר חָטָא וְהֵבִיא קָרְבָּנוֹ שְׂעִירַת עִזִּים תְּמִימָה נְקֵבָה
כט עַל־חַטָּאתוֹ אֲשֶׁר חָטָא: וְסָמַךְ אֶת־יָדוֹ עַל רֹאשׁ הַחַטָּאת
ל וְשָׁחַט אֶת־הַחַטָּאת בִּמְקוֹם הָעֹלָה: וְלָקַח הַכֹּהֵן מִדָּמָהּ
בְּאֶצְבָּעוֹ וְנָתַן עַל־קַרְנֹת מִזְבַּח הָעֹלָה וְאֶת־כָּל־דָּמָהּ יִשְׁפֹּךְ
לא אֶל־יְסוֹד הַמִּזְבֵּחַ: וְאֶת־כָּל־חֶלְבָּהּ יָסִיר כַּאֲשֶׁר הוּסַר חֵלֶב
מֵעַל זֶבַח הַשְּׁלָמִים וְהִקְטִיר הַכֹּהֵן הַמִּזְבֵּחָה לְרֵיחַ נִיחֹחַ לַיהוָה
וְכִפֶּר עָלָיו הַכֹּהֵן וְנִסְלַח לוֹ:

לב וְאִם־כֶּבֶשׂ יָבִיא קָרְבָּנוֹ לְחַטָּאת נְקֵבָה תְמִימָה יְבִיאֶנָּה:
לג וְסָמַךְ אֶת־יָדוֹ עַל רֹאשׁ הַחַטָּאת וְשָׁחַט אֹתָהּ לְחַטָּאת
לד בִּמְקוֹם אֲשֶׁר יִשְׁחַט אֶת־הָעֹלָה: וְלָקַח הַכֹּהֵן מִדַּם הַחַטָּאת
בְּאֶצְבָּעוֹ וְנָתַן עַל־קַרְנֹת מִזְבַּח הָעֹלָה וְאֶת־כָּל־דָּמָהּ יִשְׁפֹּךְ

לה אֶל־יְס֖וֹד הַמִּזְבֵּֽחַ׃ וְאֶת־כָּל־חֶלְבָּ֣הּ יָסִ֗יר כַּאֲשֶׁ֨ר יוּסַ֣ר חֵֽלֶב־
הַכֶּשֶׂב֮ מִזֶּ֣בַח הַשְּׁלָמִים֒ וְהִקְטִ֨יר הַכֹּהֵ֤ן אֹתָם֙ הַמִּזְבֵּ֔חָה עַ֖ל
אִשֵּׁ֣י יְהוָ֑ה וְכִפֶּ֨ר עָלָ֧יו הַכֹּהֵ֛ן עַל־חַטָּאת֥וֹ אֲשֶׁר־חָטָ֖א וְנִסְלַ֥ח
לֽוֹ׃

ה א וְנֶ֣פֶשׁ כִּֽי־תֶחֱטָ֗א וְשָֽׁמְעָה֙ ק֣וֹל אָלָ֔ה וְה֣וּא עֵ֔ד א֥וֹ רָאָ֖ה א֣וֹ יָדָ֑ע
ב אִם־ל֥וֹא יַגִּ֖יד וְנָשָׂ֥א עֲוֺנֽוֹ׃ א֣וֹ נֶ֗פֶשׁ אֲשֶׁ֣ר תִּגַּע֮ בְּכָל־דָּבָ֣ר טָמֵא֒
אוֹ֩ בְנִבְלַ֨ת חַיָּ֜ה טְמֵאָ֗ה א֤וֹ בְּנִבְלַת֙ בְּהֵמָ֣ה טְמֵאָ֔ה א֕וֹ בְּנִבְלַ֖ת
ג שֶׁ֣רֶץ טָמֵ֑א וְנֶעְלַ֣ם מִמֶּ֔נּוּ וְה֥וּא טָמֵ֖א וְאָשֵֽׁם׃ א֣וֹ כִ֤י יִגַּע֙
בְּטֻמְאַ֣ת אָדָ֔ם לְכֹל֙ טֻמְאָת֔וֹ אֲשֶׁ֥ר יִטְמָ֖א בָּ֑הּ וְנֶעְלַ֣ם מִמֶּ֔נּוּ
ד וְה֥וּא יָדַ֖ע וְאָשֵֽׁם׃ א֣וֹ נֶ֡פֶשׁ כִּ֣י תִשָּׁבַע֩ לְבַטֵּ֨א בִשְׂפָתַ֜יִם לְהָרַ֣ע ׀
א֣וֹ לְהֵיטִ֗יב לְכֹל֩ אֲשֶׁ֨ר יְבַטֵּ֧א הָאָדָ֛ם בִּשְׁבֻעָ֖ה וְנֶעְלַ֣ם מִמֶּ֑נּוּ
ה וְהוּא־יָדַ֥ע וְאָשֵׁ֖ם לְאַחַ֥ת מֵאֵֽלֶּה׃ וְהָיָ֥ה כִֽי־יֶאְשַׁ֖ם לְאַחַ֣ת
ו מֵאֵ֑לֶּה וְהִ֨תְוַדָּ֔ה אֲשֶׁ֖ר חָטָ֥א עָלֶֽיהָ׃ וְהֵבִ֣יא אֶת־אֲשָׁמ֣וֹ לַיהוָ֡ה
עַ֣ל חַטָּאתוֹ֩ אֲשֶׁ֨ר חָטָ֜א נְקֵבָ֨ה מִן־הַצֹּ֥אן כִּשְׂבָּ֛ה אֽוֹ־שְׂעִירַ֥ת
ז עִזִּ֖ים לְחַטָּ֑את וְכִפֶּ֥ר עָלָ֛יו הַכֹּהֵ֖ן מֵחַטָּאתֽוֹ׃ וְאִם־לֹ֨א תַגִּ֣יעַ יָדוֹ֮
דֵּ֣י שֶׂה֒ וְהֵבִ֨יא אֶת־אֲשָׁמ֜וֹ אֲשֶׁ֣ר חָטָ֗א שְׁתֵּ֥י תֹרִ֛ים אֽוֹ־שְׁנֵ֥י
ח בְנֵֽי־יוֹנָ֖ה לַיהוָ֑ה אֶחָ֥ד לְחַטָּ֖את וְאֶחָ֥ד לְעֹלָֽה׃ וְהֵבִ֤יא אֹתָם֙
אֶל־הַכֹּהֵ֔ן וְהִקְרִ֛יב אֶת־אֲשֶׁ֥ר לַֽחַטָּ֖את רִאשׁוֹנָ֑ה וּמָלַ֧ק אֶת־
ט רֹאשׁ֛וֹ מִמּ֥וּל עָרְפּ֖וֹ וְלֹ֥א יַבְדִּֽיל׃ וְהִזָּ֞ה מִדַּ֤ם הַֽחַטָּאת֙ עַל־קִ֣יר
הַמִּזְבֵּ֔חַ וְהַנִּשְׁאָ֣ר בַּדָּ֔ם יִמָּצֵ֖ה אֶל־יְס֣וֹד הַמִּזְבֵּ֑חַ חַטָּ֖את הֽוּא׃
י וְאֶת־הַשֵּׁנִ֛י יַעֲשֶׂ֥ה עֹלָ֖ה כַּמִּשְׁפָּ֑ט וְכִפֶּ֨ר עָלָ֧יו הַכֹּהֵ֛ן מֵחַטָּאת֥וֹ
שביעי יא אֲשֶׁר־חָטָ֖א וְנִסְלַ֥ח לֽוֹ׃ וְאִם־לֹא֩ תַשִּׂ֨יג יָד֜וֹ
לִשְׁתֵּ֣י תֹרִ֗ים א֣וֹ לִשְׁנֵ֣י בְנֵֽי־יוֹנָה֒ וְהֵבִ֨יא אֶת־קָרְבָּנ֜וֹ אֲשֶׁ֣ר חָטָ֗א
עֲשִׂירִ֧ת הָאֵפָ֛ה סֹ֖לֶת לְחַטָּ֑את לֹא־יָשִׂ֨ים עָלֶ֜יהָ שֶׁ֗מֶן וְלֹֽא־יִתֵּ֤ן
יב עָלֶ֙יהָ֙ לְבֹנָ֔ה כִּ֥י חַטָּ֖את הִֽוא׃ וֶהֱבִיאָהּ֮ אֶל־הַכֹּהֵן֒ וְקָמַ֣ץ הַכֹּהֵ֣ן ׀
מִ֠מֶּנָּה מְל֨וֹא קֻמְצ֜וֹ אֶת־אַזְכָּרָתָהּ֙ וְהִקְטִ֣יר הַמִּזְבֵּ֔חָה עַ֖ל אִשֵּׁ֣י
יג יְהוָ֑ה חַטָּ֖את הִֽוא׃ וְכִפֶּר֩ עָלָ֨יו הַכֹּהֵ֜ן עַל־חַטָּאת֤וֹ אֲשֶׁר־חָטָא֙

קרבן אשם
ויקרא ז, א–י
במדבר ה, ה–ח

יד מֵאַחַת מֵאֵלֶּה וְנִסְלַח לוֹ וְהָיְתָה לַכֹּהֵן כַּמִּנְחָה׃ וַיְדַבֵּר
טו יְהוָה אֶל־מֹשֶׁה לֵּאמֹר׃ נֶפֶשׁ כִּי־תִמְעֹל מַעַל וְחָטְאָה בִּשְׁגָגָה
מִקָּדְשֵׁי יְהוָה וְהֵבִיא אֶת־אֲשָׁמוֹ לַיהוָה אַיִל תָּמִים מִן־הַצֹּאן
טז בְּעֶרְכְּךָ כֶּסֶף־שְׁקָלִים בְּשֶׁקֶל־הַקֹּדֶשׁ לְאָשָׁם׃ וְאֵת אֲשֶׁר חָטָא
מִן־הַקֹּדֶשׁ יְשַׁלֵּם וְאֶת־חֲמִישִׁתוֹ יוֹסֵף עָלָיו וְנָתַן אֹתוֹ לַכֹּהֵן
וְהַכֹּהֵן יְכַפֵּר עָלָיו בְּאֵיל הָאָשָׁם וְנִסְלַח לוֹ׃
יז וְאִם־נֶפֶשׁ כִּי תֶחֱטָא וְעָשְׂתָה אַחַת מִכָּל־מִצְוֺת יְהוָה אֲשֶׁר
יח לֹא תֵעָשֶׂינָה וְלֹא־יָדַע וְאָשֵׁם וְנָשָׂא עֲוֺנוֹ׃ וְהֵבִיא אַיִל תָּמִים
מִן־הַצֹּאן בְּעֶרְכְּךָ לְאָשָׁם אֶל־הַכֹּהֵן וְכִפֶּר עָלָיו הַכֹּהֵן עַל
יט שִׁגְגָתוֹ אֲשֶׁר־שָׁגָג וְהוּא לֹא־יָדַע וְנִסְלַח לוֹ׃ אָשָׁם הוּא אָשֹׁם
אָשַׁם לַיהוָה׃
כ כא וַיְדַבֵּר יְהוָה אֶל־מֹשֶׁה לֵּאמֹר׃ נֶפֶשׁ כִּי תֶחֱטָא וּמָעֲלָה מַעַל
בַּיהוָה וְכִחֵשׁ בַּעֲמִיתוֹ בְּפִקָּדוֹן אוֹ־בִתְשׂוּמֶת יָד אוֹ בְגָזֵל אוֹ
כב עָשַׁק אֶת־עֲמִיתוֹ׃ אוֹ־מָצָא אֲבֵדָה וְכִחֶשׁ בָּהּ וְנִשְׁבַּע עַל־
כג שָׁקֶר עַל־אַחַת מִכֹּל אֲשֶׁר־יַעֲשֶׂה הָאָדָם לַחֲטֹא בָהֵנָּה׃ וְהָיָה
כִּי־יֶחֱטָא וְאָשֵׁם וְהֵשִׁיב אֶת־הַגְּזֵלָה אֲשֶׁר גָּזָל אוֹ אֶת־הָעֹשֶׁק
אֲשֶׁר עָשָׁק אוֹ אֶת־הַפִּקָּדוֹן אֲשֶׁר הָפְקַד אִתּוֹ אוֹ אֶת־הָאֲבֵדָה
כד אֲשֶׁר מָצָא׃ אוֹ מִכֹּל אֲשֶׁר־יִשָּׁבַע עָלָיו לַשֶּׁקֶר וְשִׁלַּם אֹתוֹ
מפטיר
בְּרֹאשׁוֹ וַחֲמִשִׁתָיו יֹסֵף עָלָיו לַאֲשֶׁר הוּא לוֹ יִתְּנֶנּוּ בְּיוֹם אַשְׁמָתוֹ׃
כה וְאֶת־אֲשָׁמוֹ יָבִיא לַיהוָה אַיִל תָּמִים מִן־הַצֹּאן בְּעֶרְכְּךָ לְאָשָׁם
כו אֶל־הַכֹּהֵן׃ וְכִפֶּר עָלָיו הַכֹּהֵן לִפְנֵי יְהוָה וְנִסְלַח לוֹ עַל־אַחַת
מִכֹּל אֲשֶׁר־יַעֲשֶׂה לְאַשְׁמָה בָהּ׃

צו

קרבן עולה
ויקרא א, ג–יז

ו א ב וַיְדַבֵּר יְהוָה אֶל־מֹשֶׁה לֵּאמֹר׃ צַו אֶת־אַהֲרֹן וְאֶת־בָּנָיו לֵאמֹר
זֹאת תּוֹרַת הָעֹלָה הִוא הָעֹלָה עַל מוֹקְדָה עַל־הַמִּזְבֵּחַ כָּל־
ג הַלַּיְלָה עַד־הַבֹּקֶר וְאֵשׁ הַמִּזְבֵּחַ תּוּקַד בּוֹ׃ וְלָבַשׁ הַכֹּהֵן מִדּוֹ
בַד וּמִכְנְסֵי־בַד יִלְבַּשׁ עַל־בְּשָׂרוֹ וְהֵרִים אֶת־הַדֶּשֶׁן אֲשֶׁר
תֹּאכַל הָאֵשׁ אֶת־הָעֹלָה עַל־הַמִּזְבֵּחַ וְשָׂמוֹ אֵצֶל הַמִּזְבֵּחַ׃

ד וּפָשַׁט אֶת־בְּגָדָיו וְלָבַשׁ בְּגָדִים אֲחֵרִים וְהוֹצִיא אֶת־הַדֶּשֶׁן
ה אֶל־מִחוּץ לַמַּחֲנֶה אֶל־מָקוֹם טָהוֹר׃ וְהָאֵשׁ עַל־הַמִּזְבֵּחַ תּוּקַד־
בּוֹ לֹא תִכְבֶּה וּבִעֵר עָלֶיהָ הַכֹּהֵן עֵצִים בַּבֹּקֶר בַּבֹּקֶר וְעָרַךְ
ו עָלֶיהָ הָעֹלָה וְהִקְטִיר עָלֶיהָ חֶלְבֵי הַשְּׁלָמִים׃ אֵשׁ תָּמִיד תּוּקַד
ז עַל־הַמִּזְבֵּחַ לֹא תִכְבֶּה׃ וְזֹאת תּוֹרַת הַמִּנְחָה

קרבן מנחה
ויקרא ב, א–טז

ח הַקְרֵב אֹתָהּ בְּנֵי־אַהֲרֹן לִפְנֵי יְהוָה אֶל־פְּנֵי הַמִּזְבֵּחַ׃ וְהֵרִים
מִמֶּנּוּ בְּקֻמְצוֹ מִסֹּלֶת הַמִּנְחָה וּמִשַּׁמְנָהּ וְאֵת כָּל־הַלְּבֹנָה אֲשֶׁר
עַל־הַמִּנְחָה וְהִקְטִיר הַמִּזְבֵּחַ רֵיחַ נִיחֹחַ אַזְכָּרָתָהּ לַיהוָה׃
ט וְהַנּוֹתֶרֶת מִמֶּנָּה יֹאכְלוּ אַהֲרֹן וּבָנָיו מַצּוֹת תֵּאָכֵל בְּמָקוֹם
י קָדֹשׁ בַּחֲצַר אֹהֶל־מוֹעֵד יֹאכְלוּהָ׃ לֹא תֵאָפֶה חָמֵץ חֶלְקָם
יא נָתַתִּי אֹתָהּ מֵאִשָּׁי קֹדֶשׁ קָדָשִׁים הִוא כַּחַטָּאת וְכָאָשָׁם׃ כָּל־
זָכָר בִּבְנֵי אַהֲרֹן יֹאכְלֶנָּה חָק־עוֹלָם לְדֹרֹתֵיכֶם מֵאִשֵּׁי יְהוָה
כֹּל אֲשֶׁר־יִגַּע בָּהֶם יִקְדָּשׁ׃

שני ג

יב יג וַיְדַבֵּר יְהוָה אֶל־מֹשֶׁה לֵּאמֹר׃ זֶה קָרְבַּן אַהֲרֹן וּבָנָיו אֲשֶׁר־
יַקְרִיבוּ לַיהוָה בְּיוֹם הִמָּשַׁח אֹתוֹ עֲשִׂירִת הָאֵפָה סֹלֶת מִנְחָה
יד תָּמִיד מַחֲצִיתָהּ בַּבֹּקֶר וּמַחֲצִיתָהּ בָּעָרֶב׃ עַל־מַחֲבַת בַּשֶּׁמֶן
תֵּעָשֶׂה מֻרְבֶּכֶת תְּבִיאֶנָּה תֻּפִינֵי מִנְחַת פִּתִּים תַּקְרִיב רֵיחַ־
טו נִיחֹחַ לַיהוָה׃ וְהַכֹּהֵן הַמָּשִׁיחַ תַּחְתָּיו מִבָּנָיו יַעֲשֶׂה אֹתָהּ חָק־
טז עוֹלָם לַיהוָה כָּלִיל תָּקְטָר׃ וְכָל־מִנְחַת כֹּהֵן כָּלִיל תִּהְיֶה לֹא
תֵאָכֵל׃

קרבן חטאת
ויקרא ד, א–לה

יז יח וַיְדַבֵּר יְהוָה אֶל־מֹשֶׁה לֵּאמֹר׃ דַּבֵּר אֶל־אַהֲרֹן וְאֶל־בָּנָיו לֵאמֹר
זֹאת תּוֹרַת הַחַטָּאת בִּמְקוֹם אֲשֶׁר תִּשָּׁחֵט הָעֹלָה תִּשָּׁחֵט

מקום שחיטת העולה
ויקרא א, יא

יט הַחַטָּאת לִפְנֵי יְהוָה קֹדֶשׁ קָדָשִׁים הִוא׃ הַכֹּהֵן הַמְחַטֵּא אֹתָהּ
כ יֹאכְלֶנָּה בְּמָקוֹם קָדֹשׁ תֵּאָכֵל בַּחֲצַר אֹהֶל מוֹעֵד׃ כֹּל אֲשֶׁר־
יִגַּע בִּבְשָׂרָהּ יִקְדָּשׁ וַאֲשֶׁר יִזֶּה מִדָּמָהּ עַל־הַבֶּגֶד אֲשֶׁר יִזֶּה
כא עָלֶיהָ תְּכַבֵּס בְּמָקוֹם קָדֹשׁ׃ וּכְלִי־חֶרֶשׂ אֲשֶׁר תְּבֻשַּׁל־בּוֹ
כב יִשָּׁבֵר וְאִם־בִּכְלִי נְחֹשֶׁת בֻּשָּׁלָה וּמֹרַק וְשֻׁטַּף בַּמָּיִם׃ כָּל־זָכָר

כג בַּכֹּהֲנִים יֹאכַל אֹתָהּ קֹדֶשׁ קָדָשִׁים הִוא: וְכָל־חַטָּאת אֲשֶׁר
יוּבָא מִדָּמָהּ אֶל־אֹהֶל מוֹעֵד לְכַפֵּר בַּקֹּדֶשׁ לֹא תֵאָכֵל בָּאֵשׁ
תִּשָּׂרֵף:

קרבן אשם
ויקרא ה, יד-כו
במדבר ה, ה-ח

ז א ב וְזֹאת תּוֹרַת הָאָשָׁם קֹדֶשׁ קָדָשִׁים הוּא: בִּמְקוֹם אֲשֶׁר יִשְׁחֲטוּ
אֶת־הָעֹלָה יִשְׁחֲטוּ אֶת־הָאָשָׁם וְאֶת־דָּמוֹ יִזְרֹק עַל־הַמִּזְבֵּחַ
ג סָבִיב: וְאֶת־כָּל־חֶלְבּוֹ יַקְרִיב מִמֶּנּוּ אֵת הָאַלְיָה וְאֶת־הַחֵלֶב
ד הַמְכַסֶּה אֶת־הַקֶּרֶב: וְאֵת שְׁתֵּי הַכְּלָיֹת וְאֶת־הַחֵלֶב אֲשֶׁר
עֲלֵיהֶן אֲשֶׁר עַל־הַכְּסָלִים וְאֶת־הַיֹּתֶרֶת עַל־הַכָּבֵד עַל־הַכְּלָיֹת
ה יְסִירֶנָּה: וְהִקְטִיר אֹתָם הַכֹּהֵן הַמִּזְבֵּחָה אִשֶּׁה לַיהוָה אָשָׁם
ו הוּא: כָּל־זָכָר בַּכֹּהֲנִים יֹאכְלֶנּוּ בְּמָקוֹם קָדוֹשׁ יֵאָכֵל קֹדֶשׁ
ז קָדָשִׁים הוּא: כַּחַטָּאת כָּאָשָׁם תּוֹרָה אַחַת לָהֶם הַכֹּהֵן אֲשֶׁר
ח יְכַפֶּר־בּוֹ לוֹ יִהְיֶה: וְהַכֹּהֵן הַמַּקְרִיב אֶת־עֹלַת אִישׁ עוֹר הָעֹלָה
ט אֲשֶׁר הִקְרִיב לַכֹּהֵן לוֹ יִהְיֶה: וְכָל־מִנְחָה אֲשֶׁר תֵּאָפֶה בַּתַּנּוּר
וְכָל־נַעֲשָׂה בַמַּרְחֶשֶׁת וְעַל־מַחֲבַת לַכֹּהֵן הַמַּקְרִיב אֹתָהּ לוֹ
י תִהְיֶה: וְכָל־מִנְחָה בְלוּלָה־בַשֶּׁמֶן וַחֲרֵבָה לְכָל־בְּנֵי אַהֲרֹן
תִּהְיֶה אִישׁ כְּאָחִיו:

שלישי

קרבן שלמים
ויקרא ג, א-יז

יא יב וְזֹאת תּוֹרַת זֶבַח הַשְּׁלָמִים אֲשֶׁר יַקְרִיב לַיהוָה: אִם עַל־תּוֹדָה
יַקְרִיבֶנּוּ וְהִקְרִיב ׀ עַל־זֶבַח הַתּוֹדָה חַלּוֹת מַצּוֹת בְּלוּלֹת בַּשֶּׁמֶן
וּרְקִיקֵי מַצּוֹת מְשֻׁחִים בַּשָּׁמֶן וְסֹלֶת מֻרְבֶּכֶת חַלֹּת בְּלוּלֹת
יג בַּשָּׁמֶן: עַל־חַלֹּת לֶחֶם חָמֵץ יַקְרִיב קָרְבָּנוֹ עַל־זֶבַח תּוֹדַת
יד שְׁלָמָיו: וְהִקְרִיב מִמֶּנּוּ אֶחָד מִכָּל־קָרְבָּן תְּרוּמָה לַיהוָה לַכֹּהֵן

דיני נותר ופיגול
ויקרא יט, ה-ח;
כב, כט-ל

טו הַזֹּרֵק אֶת־דַּם הַשְּׁלָמִים לוֹ יִהְיֶה: וּבְשַׂר זֶבַח תּוֹדַת שְׁלָמָיו
טז בְּיוֹם קָרְבָּנוֹ יֵאָכֵל לֹא־יַנִּיחַ מִמֶּנּוּ עַד־בֹּקֶר: וְאִם־נֶדֶר ׀ אוֹ
נְדָבָה זֶבַח קָרְבָּנוֹ בְּיוֹם הַקְרִיבוֹ אֶת־זִבְחוֹ יֵאָכֵל וּמִמָּחֳרָת
יז וְהַנּוֹתָר מִמֶּנּוּ יֵאָכֵל: וְהַנּוֹתָר מִבְּשַׂר הַזָּבַח בַּיּוֹם הַשְּׁלִישִׁי
יח בָּאֵשׁ יִשָּׂרֵף: וְאִם הֵאָכֹל יֵאָכֵל מִבְּשַׂר־זֶבַח שְׁלָמָיו בַּיּוֹם
הַשְּׁלִישִׁי לֹא יֵרָצֶה הַמַּקְרִיב אֹתוֹ לֹא יֵחָשֵׁב לוֹ פִּגּוּל יִהְיֶה

יט וְהַנֶּפֶשׁ הָאֹכֶלֶת מִמֶּנּוּ עֲוֺנָהּ תִּשָּׂא׃ וְהַבָּשָׂר אֲשֶׁר־יִגַּע בְּכָל־
טָמֵא לֹא יֵאָכֵל בָּאֵשׁ יִשָּׂרֵף וְהַבָּשָׂר כָּל־טָהוֹר יֹאכַל בָּשָׂר׃
כ וְהַנֶּפֶשׁ אֲשֶׁר־תֹּאכַל בָּשָׂר מִזֶּבַח הַשְּׁלָמִים אֲשֶׁר לַיהוָה
כא וְטֻמְאָתוֹ עָלָיו וְנִכְרְתָה הַנֶּפֶשׁ הַהִוא מֵעַמֶּיהָ׃ וְנֶפֶשׁ כִּי־תִגַּע
בְּכָל־טָמֵא בְּטֻמְאַת אָדָם אוֹ ׀ בִּבְהֵמָה טְמֵאָה אוֹ בְּכָל־שֶׁקֶץ
טָמֵא וְאָכַל מִבְּשַׂר־זֶבַח הַשְּׁלָמִים אֲשֶׁר לַיהוָה וְנִכְרְתָה הַנֶּפֶשׁ
כב כג הַהִוא מֵעַמֶּיהָ׃ וַיְדַבֵּר יְהוָה אֶל־מֹשֶׁה לֵּאמֹר׃ דַּבֵּר אֶל־בְּנֵי

איסור אכילת חלב
ויקרא ג, יז

כד יִשְׂרָאֵל לֵאמֹר כָּל־חֵלֶב שׁוֹר וְכֶשֶׂב וָעֵז לֹא תֹאכֵלוּ׃ וְחֵלֶב נְבֵלָה
כה וְחֵלֶב טְרֵפָה יֵעָשֶׂה לְכָל־מְלָאכָה וְאָכֹל לֹא תֹאכְלֻהוּ׃ כִּי
כָּל־אֹכֵל חֵלֶב מִן־הַבְּהֵמָה אֲשֶׁר יַקְרִיב מִמֶּנָּה אִשֶּׁה לַיהוָה
כו וְנִכְרְתָה הַנֶּפֶשׁ הָאֹכֶלֶת מֵעַמֶּיהָ׃ וְכָל־דָּם לֹא תֹאכְלוּ בְּכֹל
כז מוֹשְׁבֹתֵיכֶם לָעוֹף וְלַבְּהֵמָה׃ כָּל־נֶפֶשׁ אֲשֶׁר־תֹּאכַל כָּל־דָּם
וְנִכְרְתָה הַנֶּפֶשׁ הַהִוא מֵעַמֶּיהָ׃

נתינת החזה והשוק לכוהנים
ויקרא י, יד–טו

כח כט וַיְדַבֵּר יְהוָה אֶל־מֹשֶׁה לֵּאמֹר׃ דַּבֵּר אֶל־בְּנֵי יִשְׂרָאֵל לֵאמֹר
הַמַּקְרִיב אֶת־זֶבַח שְׁלָמָיו לַיהוָה יָבִיא אֶת־קָרְבָּנוֹ לַיהוָה
ל מִזֶּבַח שְׁלָמָיו׃ יָדָיו תְּבִיאֶינָה אֵת אִשֵּׁי יְהוָה אֶת־הַחֵלֶב עַל־
הֶחָזֶה יְבִיאֶנּוּ אֵת הֶחָזֶה לְהָנִיף אֹתוֹ תְּנוּפָה לִפְנֵי יְהוָה׃
לא וְהִקְטִיר הַכֹּהֵן אֶת־הַחֵלֶב הַמִּזְבֵּחָה וְהָיָה הֶחָזֶה לְאַהֲרֹן וּלְבָנָיו׃
לב וְאֵת שׁוֹק הַיָּמִין תִּתְּנוּ תְרוּמָה לַכֹּהֵן מִזִּבְחֵי שַׁלְמֵיכֶם׃
לג הַמַּקְרִיב אֶת־דַּם הַשְּׁלָמִים וְאֶת־הַחֵלֶב מִבְּנֵי אַהֲרֹן לוֹ תִהְיֶה
לד שׁוֹק הַיָּמִין לְמָנָה׃ כִּי אֶת־חֲזֵה הַתְּנוּפָה וְאֵת ׀ שׁוֹק הַתְּרוּמָה
לָקַחְתִּי מֵאֵת בְּנֵי־יִשְׂרָאֵל מִזִּבְחֵי שַׁלְמֵיהֶם וָאֶתֵּן אֹתָם
לה לְאַהֲרֹן הַכֹּהֵן וּלְבָנָיו לְחָק־עוֹלָם מֵאֵת בְּנֵי יִשְׂרָאֵל׃ זֹאת
מִשְׁחַת אַהֲרֹן וּמִשְׁחַת בָּנָיו מֵאִשֵּׁי יְהוָה בְּיוֹם הִקְרִיב אֹתָם
לו לְכַהֵן לַיהוָה׃ אֲשֶׁר צִוָּה יְהוָה לָתֵת לָהֶם בְּיוֹם מָשְׁחוֹ אֹתָם
לז מֵאֵת בְּנֵי יִשְׂרָאֵל חֻקַּת עוֹלָם לְדֹרֹתָם׃ זֹאת הַתּוֹרָה לָעֹלָה
לח לַמִּנְחָה וְלַחַטָּאת וְלָאָשָׁם וְלַמִּלּוּאִים וּלְזֶבַח הַשְּׁלָמִים׃ אֲשֶׁר

צִוָּה יהוה אֶת־מֹשֶׁה בְּהַר סִינָי בְּיוֹם צַוֹּתוֹ אֶת־בְּנֵי יִשְׂרָאֵל
לְהַקְרִיב אֶת־קָרְבְּנֵיהֶם לַיהוה בְּמִדְבַּר סִינָי׃

ח א ב וַיְדַבֵּר יהוה אֶל־מֹשֶׁה לֵּאמֹר׃ קַח אֶת־אַהֲרֹן וְאֶת־בָּנָיו אִתּוֹ ד רביעי
וְאֵת הַבְּגָדִים וְאֵת שֶׁמֶן הַמִּשְׁחָה וְאֵת ׀ פַּר הַחַטָּאת וְאֵת שְׁנֵי

שבעת ימי המילואים - הציווי והביצוע
שמות כט, א-לז

ג הָאֵילִים וְאֵת סַל הַמַּצּוֹת׃ וְאֵת כָּל־הָעֵדָה הַקְהֵל אֶל־פֶּתַח
ד אֹהֶל מוֹעֵד׃ וַיַּעַשׂ מֹשֶׁה כַּאֲשֶׁר צִוָּה יהוה אֹתוֹ וַתִּקָּהֵל הָעֵדָה
ה אֶל־פֶּתַח אֹהֶל מוֹעֵד׃ וַיֹּאמֶר מֹשֶׁה אֶל־הָעֵדָה זֶה הַדָּבָר
ו אֲשֶׁר־צִוָּה יהוה לַעֲשׂוֹת׃ וַיַּקְרֵב מֹשֶׁה אֶת־אַהֲרֹן וְאֶת־בָּנָיו

רחיצת אהרן ובניו והלבשתם בבגדי כהונה - הציווי והביצוע
שמות כט, ד-ט; מ, יב-טו

ז וַיִּרְחַץ אֹתָם בַּמָּיִם׃ וַיִּתֵּן עָלָיו אֶת־הַכֻּתֹּנֶת וַיַּחְגֹּר אֹתוֹ בָּאַבְנֵט
וַיַּלְבֵּשׁ אֹתוֹ אֶת־הַמְּעִיל וַיִּתֵּן עָלָיו אֶת־הָאֵפֹד וַיַּחְגֹּר אֹתוֹ
ח בְּחֵשֶׁב הָאֵפֹד וַיֶּאְפֹּד לוֹ בּוֹ׃ וַיָּשֶׂם עָלָיו אֶת־הַחֹשֶׁן וַיִּתֵּן אֶל־
ט הַחֹשֶׁן אֶת־הָאוּרִים וְאֶת־הַתֻּמִּים׃ וַיָּשֶׂם אֶת־הַמִּצְנֶפֶת עַל־
רֹאשׁוֹ וַיָּשֶׂם עַל־הַמִּצְנֶפֶת אֶל־מוּל פָּנָיו אֵת צִיץ הַזָּהָב נֵזֶר
י הַקֹּדֶשׁ כַּאֲשֶׁר צִוָּה יהוה אֶת־מֹשֶׁה׃ וַיִּקַּח מֹשֶׁה אֶת־שֶׁמֶן
הַמִּשְׁחָה וַיִּמְשַׁח אֶת־הַמִּשְׁכָּן וְאֶת־כָּל־אֲשֶׁר־בּוֹ וַיְקַדֵּשׁ אֹתָם׃
יא וַיַּז מִמֶּנּוּ עַל־הַמִּזְבֵּחַ שֶׁבַע פְּעָמִים וַיִּמְשַׁח אֶת־הַמִּזְבֵּחַ וְאֶת־
יב כָּל־כֵּלָיו וְאֶת־הַכִּיֹּר וְאֶת־כַּנּוֹ לְקַדְּשָׁם׃ וַיִּצֹק מִשֶּׁמֶן הַמִּשְׁחָה
יג עַל רֹאשׁ אַהֲרֹן וַיִּמְשַׁח אֹתוֹ לְקַדְּשׁוֹ׃ וַיַּקְרֵב מֹשֶׁה אֶת־בְּנֵי
אַהֲרֹן וַיַּלְבִּשֵׁם כֻּתֳּנֹת וַיַּחְגֹּר אֹתָם אַבְנֵט וַיַּחֲבֹשׁ לָהֶם מִגְבָּעוֹת
יד כַּאֲשֶׁר צִוָּה יהוה אֶת־מֹשֶׁה׃ וַיַּגֵּשׁ אֵת פַּר הַחַטָּאת וַיִּסְמֹךְ חמישי
טו אַהֲרֹן וּבָנָיו אֶת־יְדֵיהֶם עַל־רֹאשׁ פַּר הַחַטָּאת׃ וַיִּשְׁחָט וַיִּקַּח
מֹשֶׁה אֶת־הַדָּם וַיִּתֵּן עַל־קַרְנוֹת הַמִּזְבֵּחַ סָבִיב בְּאֶצְבָּעוֹ וַיְחַטֵּא
אֶת־הַמִּזְבֵּחַ וְאֶת־הַדָּם יָצַק אֶל־יְסוֹד הַמִּזְבֵּחַ וַיְקַדְּשֵׁהוּ לְכַפֵּר
טז עָלָיו׃ וַיִּקַּח אֶת־כָּל־הַחֵלֶב אֲשֶׁר עַל־הַקֶּרֶב וְאֵת יֹתֶרֶת הַכָּבֵד
יז וְאֶת־שְׁתֵּי הַכְּלָיֹת וְאֶת־חֶלְבְּהֶן וַיַּקְטֵר מֹשֶׁה הַמִּזְבֵּחָה׃ וְאֶת־
הַפָּר וְאֶת־עֹרוֹ וְאֶת־בְּשָׂרוֹ וְאֶת־פִּרְשׁוֹ שָׂרַף בָּאֵשׁ מִחוּץ
יח לַמַּחֲנֶה כַּאֲשֶׁר צִוָּה יהוה אֶת־מֹשֶׁה׃ וַיַּקְרֵב אֵת אֵיל הָעֹלָה

ויסמכו אהרן ובניו את־ידיהם על־ראש האיל: וישחט ויזרק יט
משה את־הדם על־המזבח סביב: ואת־האיל נתח לנתחיו כ
ויקטר משה את־הראש ואת־הנתחים ואת־הפדר: ואת־ כא
הקרב ואת־הכרעים רחץ במים ויקטר משה את־כל־האיל
המזבחה עלה הוא לריח־ניחח אשה הוא ליהוה כאשר צוה
ששי יהוה את־משה: ויקרב את־האיל השני איל המלאים ויסמכו כב
אהרן ובניו את־ידיהם על־ראש האיל: וישחט | ויקח משה כג
מדמו ויתן על־תנוך אזן־אהרן הימנית ועל־בהן ידו הימנית
ועל־בהן רגלו הימנית: ויקרב את־בני אהרן ויתן משה מן־ כד
הדם על־תנוך אזנם הימנית ועל־בהן ידם הימנית ועל־בהן
רגלם הימנית ויזרק משה את־הדם על־המזבח סביב: ויקח כה
את־החלב ואת־האליה ואת־כל־החלב אשר על־הקרב
ואת יתרת הכבד ואת־שתי הכלית ואת־חלבהן ואת שוק
הימין: ומסל המצות אשר | לפני יהוה לקח חלת מצה אחת כו
וחלת לחם שמן אחת ורקיק אחד וישם על־החלבים ועל
שוק הימין: ויתן את־הכל על כפי אהרן ועל כפי בניו וינף כז
אתם תנופה לפני יהוה: ויקח משה אתם מעל כפיהם ויקטר כח
המזבחה על־העלה מלאים הם לריח ניחח אשה הוא ליהוה:
ויקח משה את־החזה ויניפהו תנופה לפני יהוה מאיל המלאים כט
שביעי למשה היה למנה כאשר צוה יהוה את־משה: ויקח משה ל
משמן המשחה ומן־הדם אשר על־המזבח ויז על־אהרן
על־בגדיו ועל־בניו ועל־בגדי בניו אתו ויקדש את־אהרן
את־בגדיו ואת־בניו ואת־בגדי בניו אתו: ויאמר משה אל־ לא
אהרן ואל־בניו בשלו את־הבשר פתח אהל מועד ושם
תאכלו אתו ואת־הלחם אשר בסל המלאים כאשר צויתי
לאמר אהרן ובניו יאכלהו: והנותר בבשר ובלחם באש לב
מפטיר תשרפו: ומפתח אהל מועד לא תצאו שבעת ימים עד יום לג

לד מִלֹּאת יְמֵי מִלֻּאֵיכֶם כִּי שִׁבְעַת יָמִים יְמַלֵּא אֶת־יֶדְכֶם: כַּאֲשֶׁר
לה עָשָׂה בַּיּוֹם הַזֶּה צִוָּה יְהוָה לַעֲשֹׂת לְכַפֵּר עֲלֵיכֶם: וּפֶתַח אֹהֶל
מוֹעֵד תֵּשְׁבוּ יוֹמָם וָלַיְלָה שִׁבְעַת יָמִים וּשְׁמַרְתֶּם אֶת־מִשְׁמֶרֶת
לו יְהוָה וְלֹא תָמוּתוּ כִּי־כֵן צֻוֵּיתִי: וַיַּעַשׂ אַהֲרֹן וּבָנָיו אֵת כָּל־
ט א הַדְּבָרִים אֲשֶׁר־צִוָּה יְהוָה בְּיַד־מֹשֶׁה: וַיְהִי שמיני
ב בַּיּוֹם הַשְּׁמִינִי קָרָא מֹשֶׁה לְאַהֲרֹן וּלְבָנָיו וּלְזִקְנֵי יִשְׂרָאֵל: וַיֹּאמֶר
אֶל־אַהֲרֹן קַח־לְךָ עֵגֶל בֶּן־בָּקָר לְחַטָּאת וְאַיִל לְעֹלָה תְּמִימִם
ג וְהַקְרֵב לִפְנֵי יְהוָה: וְאֶל־בְּנֵי יִשְׂרָאֵל תְּדַבֵּר לֵאמֹר קְחוּ שְׂעִיר־
ד עִזִּים לְחַטָּאת וְעֵגֶל וָכֶבֶשׂ בְּנֵי־שָׁנָה תְּמִימִם לְעֹלָה: וְשׁוֹר
וָאַיִל לִשְׁלָמִים לִזְבֹּחַ לִפְנֵי יְהוָה וּמִנְחָה בְּלוּלָה בַשָּׁמֶן כִּי הַיּוֹם
ה יְהוָה נִרְאָה אֲלֵיכֶם: וַיִּקְחוּ אֵת אֲשֶׁר צִוָּה מֹשֶׁה אֶל־פְּנֵי אֹהֶל
ו מוֹעֵד וַיִּקְרְבוּ כָּל־הָעֵדָה וַיַּעַמְדוּ לִפְנֵי יְהוָה: וַיֹּאמֶר מֹשֶׁה זֶה
ז הַדָּבָר אֲשֶׁר־צִוָּה יְהוָה תַּעֲשׂוּ וְיֵרָא אֲלֵיכֶם כְּבוֹד יְהוָה: וַיֹּאמֶר
מֹשֶׁה אֶל־אַהֲרֹן קְרַב אֶל־הַמִּזְבֵּחַ וַעֲשֵׂה אֶת־חַטָּאתְךָ וְאֶת־
עֹלָתֶךָ וְכַפֵּר בַּעַדְךָ וּבְעַד הָעָם וַעֲשֵׂה אֶת־קָרְבַּן הָעָם וְכַפֵּר
ח בַּעֲדָם כַּאֲשֶׁר צִוָּה יְהוָה: וַיִּקְרַב אַהֲרֹן אֶל־הַמִּזְבֵּחַ וַיִּשְׁחַט
ט אֶת־עֵגֶל הַחַטָּאת אֲשֶׁר־לוֹ: וַיַּקְרִבוּ בְּנֵי אַהֲרֹן אֶת־הַדָּם אֵלָיו
וַיִּטְבֹּל אֶצְבָּעוֹ בַּדָּם וַיִּתֵּן עַל־קַרְנוֹת הַמִּזְבֵּחַ וְאֶת־הַדָּם יָצַק
י אֶל־יְסוֹד הַמִּזְבֵּחַ: וְאֶת־הַחֵלֶב וְאֶת־הַכְּלָיֹת וְאֶת־הַיֹּתֶרֶת מִן־
הַכָּבֵד מִן־הַחַטָּאת הִקְטִיר הַמִּזְבֵּחָה כַּאֲשֶׁר צִוָּה יְהוָה אֶת־
יא מֹשֶׁה: וְאֶת־הַבָּשָׂר וְאֶת־הָעוֹר שָׂרַף בָּאֵשׁ מִחוּץ לַמַּחֲנֶה:
יב וַיִּשְׁחַט אֶת־הָעֹלָה וַיַּמְצִאוּ בְּנֵי אַהֲרֹן אֵלָיו אֶת־הַדָּם וַיִּזְרְקֵהוּ
יג עַל־הַמִּזְבֵּחַ סָבִיב: וְאֶת־הָעֹלָה הִמְצִיאוּ אֵלָיו לִנְתָחֶיהָ וְאֶת־
יד הָרֹאשׁ וַיַּקְטֵר עַל־הַמִּזְבֵּחַ: וַיִּרְחַץ אֶת־הַקֶּרֶב וְאֶת־הַכְּרָעָיִם
טו וַיַּקְטֵר עַל־הָעֹלָה הַמִּזְבֵּחָה: וַיַּקְרֵב אֵת קָרְבַּן הָעָם וַיִּקַּח אֶת־
טז שְׂעִיר הַחַטָּאת אֲשֶׁר לָעָם וַיִּשְׁחָטֵהוּ וַיְחַטְּאֵהוּ כָּרִאשׁוֹן: וַיַּקְרֵב
יז אֶת־הָעֹלָה וַיַּעֲשֶׂהָ כַּמִּשְׁפָּט: וַיַּקְרֵב אֶת־הַמִּנְחָה וַיְמַלֵּא כַפּוֹ שני

מִמֶּנָּה וַיַּקְטֵר עַל־הַמִּזְבֵּחַ מִלְּבַד עֹלַת הַבֹּקֶר׃ וַיִּשְׁחַט אֶת־ יח
הַשּׁוֹר וְאֶת־הָאַיִל זֶבַח הַשְּׁלָמִים אֲשֶׁר לָעָם וַיַּמְצִאוּ בְּנֵי אַהֲרֹן
אֶת־הַדָּם אֵלָיו וַיִּזְרְקֵהוּ עַל־הַמִּזְבֵּחַ סָבִיב׃ וְאֶת־הַחֲלָבִים יט
מִן־הַשּׁוֹר וּמִן־הָאַיִל הָאַלְיָה וְהַמְכַסֶּה וְהַכְּלָיֹת וְיֹתֶרֶת הַכָּבֵד׃
וַיָּשִׂימוּ אֶת־הַחֲלָבִים עַל־הֶחָזוֹת וַיַּקְטֵר הַחֲלָבִים הַמִּזְבֵּחָה׃ כ
וְאֵת הֶחָזוֹת וְאֵת שׁוֹק הַיָּמִין הֵנִיף אַהֲרֹן תְּנוּפָה לִפְנֵי יְהוָה כא
כַּאֲשֶׁר צִוָּה מֹשֶׁה׃ וַיִּשָּׂא אַהֲרֹן אֶת־יָדָו אֶל־הָעָם וַיְבָרְכֵם כב
וַיֵּרֶד מֵעֲשֹׂת הַחַטָּאת וְהָעֹלָה וְהַשְּׁלָמִים׃ וַיָּבֹא מֹשֶׁה וְאַהֲרֹן כג
אֶל־אֹהֶל מוֹעֵד וַיֵּצְאוּ וַיְבָרְכוּ אֶת־הָעָם וַיֵּרָא כְבוֹד־יְהוָה אֶל־
שלישי כָּל־הָעָם׃ וַתֵּצֵא אֵשׁ מִלִּפְנֵי יְהוָה וַתֹּאכַל עַל־הַמִּזְבֵּחַ אֶת־ כד
הָעֹלָה וְאֶת־הַחֲלָבִים וַיַּרְא כָּל־הָעָם וַיָּרֹנּוּ וַיִּפְּלוּ עַל־פְּנֵיהֶם׃
וַיִּקְחוּ בְנֵי־אַהֲרֹן נָדָב וַאֲבִיהוּא אִישׁ מַחְתָּתוֹ וַיִּתְּנוּ בָהֵן אֵשׁ י א
וַיָּשִׂימוּ עָלֶיהָ קְטֹרֶת וַיַּקְרִיבוּ לִפְנֵי יְהוָה אֵשׁ זָרָה אֲשֶׁר לֹא
צִוָּה אֹתָם׃ וַתֵּצֵא אֵשׁ מִלִּפְנֵי יְהוָה וַתֹּאכַל אוֹתָם וַיָּמֻתוּ לִפְנֵי ב
יְהוָה׃ וַיֹּאמֶר מֹשֶׁה אֶל־אַהֲרֹן הוּא אֲשֶׁר־דִּבֶּר יְהוָה ׀ לֵאמֹר ג
ייחוס מישאל ואלצפן שמות ו, כב
בִּקְרֹבַי אֶקָּדֵשׁ וְעַל־פְּנֵי כָל־הָעָם אֶכָּבֵד וַיִּדֹּם אַהֲרֹן׃ וַיִּקְרָא ד
מֹשֶׁה אֶל־מִישָׁאֵל וְאֶל אֶלְצָפָן בְּנֵי עֻזִּיאֵל דֹּד אַהֲרֹן וַיֹּאמֶר
אֲלֵהֶם קִרְבוּ שְׂאוּ אֶת־אֲחֵיכֶם מֵאֵת פְּנֵי־הַקֹּדֶשׁ אֶל־מִחוּץ
לַמַּחֲנֶה׃ וַיִּקְרְבוּ וַיִּשָּׂאֻם בְּכֻתֳּנֹתָם אֶל־מִחוּץ לַמַּחֲנֶה כַּאֲשֶׁר ה
דִּבֶּר מֹשֶׁה׃ וַיֹּאמֶר מֹשֶׁה אֶל־אַהֲרֹן וּלְאֶלְעָזָר וּלְאִיתָמָר ׀ בָּנָיו ו
רָאשֵׁיכֶם אַל־תִּפְרָעוּ ׀ וּבִגְדֵיכֶם לֹא־תִפְרֹמוּ וְלֹא תָמֻתוּ וְעַל כָּל־
הָעֵדָה יִקְצֹף וַאֲחֵיכֶם כָּל־בֵּית יִשְׂרָאֵל יִבְכּוּ אֶת־הַשְּׂרֵפָה
אֲשֶׁר שָׂרַף יְהוָה׃ וּמִפֶּתַח אֹהֶל מוֹעֵד לֹא תֵצְאוּ פֶּן־תָּמֻתוּ כִּי־ ז
שֶׁמֶן מִשְׁחַת יְהוָה עֲלֵיכֶם וַיַּעֲשׂוּ כִּדְבַר מֹשֶׁה׃
ה וַיְדַבֵּר יְהוָה אֶל־אַהֲרֹן לֵאמֹר׃ יַיִן וְשֵׁכָר אַל־תֵּשְׁתְּ ׀ אַתָּה ׀ ח ט
איסור שתיית יין בעת העבודה בבית המקדש יחזקאל מד, כא
וּבָנֶיךָ אִתָּךְ בְּבֹאֲכֶם אֶל־אֹהֶל מוֹעֵד וְלֹא תָמֻתוּ חֻקַּת עוֹלָם
לְדֹרֹתֵיכֶם׃ וּלְהַבְדִּיל בֵּין הַקֹּדֶשׁ וּבֵין הַחֹל וּבֵין הַטָּמֵא וּבֵין י

י

תפקיד הכוהנים - להורות את העם האסור והמותר יחזקאל מד, כג

יא הַטָּהוֹר: וּלְהוֹרֹת אֶת־בְּנֵי יִשְׂרָאֵל אֵת כָּל־הַחֻקִּים אֲשֶׁר דִּבֶּר
יְהוָה אֲלֵיהֶם בְּיַד־מֹשֶׁה:

רביעי

יב וַיְדַבֵּר מֹשֶׁה אֶל־אַהֲרֹן וְאֶל אֶלְעָזָר וְאֶל־אִיתָמָר ׀ בָּנָיו הַנּוֹתָרִים
קְחוּ אֶת־הַמִּנְחָה הַנּוֹתֶרֶת מֵאִשֵּׁי יְהוָה וְאִכְלוּהָ מַצּוֹת אֵצֶל
יג הַמִּזְבֵּחַ כִּי קֹדֶשׁ קָדָשִׁים הִוא: וַאֲכַלְתֶּם אֹתָהּ בְּמָקוֹם קָדוֹשׁ

נתינת החזה והשוק לכוהנים ויקרא ז, כח–לד

יד כִּי חָקְךָ וְחָק־בָּנֶיךָ הִוא מֵאִשֵּׁי יְהוָה כִּי־כֵן צֻוֵּיתִי: וְאֵת
חֲזֵה הַתְּנוּפָה וְאֵת ׀ שׁוֹק הַתְּרוּמָה תֹּאכְלוּ בְּמָקוֹם טָהוֹר
אַתָּה וּבָנֶיךָ וּבְנֹתֶיךָ אִתָּךְ כִּי־חָקְךָ וְחָק־בָּנֶיךָ נִתְּנוּ מִזִּבְחֵי
טו שַׁלְמֵי בְּנֵי יִשְׂרָאֵל: שׁוֹק הַתְּרוּמָה וַחֲזֵה הַתְּנוּפָה עַל אִשֵּׁי
הַחֲלָבִים יָבִיאוּ לְהָנִיף תְּנוּפָה לִפְנֵי יְהוָה וְהָיָה לְךָ וּלְבָנֶיךָ אִתְּךָ

חמישי

טז לְחָק־עוֹלָם כַּאֲשֶׁר צִוָּה יְהוָה: וְאֵת ׀ שְׂעִיר הַחַטָּאת דָּרֹשׁ דָּרַשׁ
מֹשֶׁה וְהִנֵּה שֹׂרָף וַיִּקְצֹף עַל־אֶלְעָזָר וְעַל־אִיתָמָר בְּנֵי אַהֲרֹן
יז הַנּוֹתָרִם לֵאמֹר: מַדּוּעַ לֹא־אֲכַלְתֶּם אֶת־הַחַטָּאת בִּמְקוֹם
הַקֹּדֶשׁ כִּי קֹדֶשׁ קָדָשִׁים הִוא וְאֹתָהּ ׀ נָתַן לָכֶם לָשֵׂאת אֶת־
יח עֲוֹן הָעֵדָה לְכַפֵּר עֲלֵיהֶם לִפְנֵי יְהוָה: הֵן לֹא־הוּבָא אֶת־דָּמָהּ
אֶל־הַקֹּדֶשׁ פְּנִימָה אָכוֹל תֹּאכְלוּ אֹתָהּ בַּקֹּדֶשׁ כַּאֲשֶׁר צִוֵּיתִי:
יט וַיְדַבֵּר אַהֲרֹן אֶל־מֹשֶׁה הֵן הַיּוֹם הִקְרִיבוּ אֶת־חַטָּאתָם וְאֶת־
עֹלָתָם לִפְנֵי יְהוָה וַתִּקְרֶאנָה אֹתִי כָּאֵלֶּה וְאָכַלְתִּי חַטָּאת הַיּוֹם
כ הַיִּיטַב בְּעֵינֵי יְהוָה: וַיִּשְׁמַע מֹשֶׁה וַיִּיטַב בְּעֵינָיו:

ו ששי

בהמות האסורות באכילה דברים יד, ג–ח

יא א ב וַיְדַבֵּר יְהוָה אֶל־מֹשֶׁה וְאֶל־אַהֲרֹן לֵאמֹר אֲלֵהֶם: דַּבְּרוּ אֶל־
בְּנֵי יִשְׂרָאֵל לֵאמֹר זֹאת הַחַיָּה אֲשֶׁר תֹּאכְלוּ מִכָּל־הַבְּהֵמָה
ג אֲשֶׁר עַל־הָאָרֶץ: כֹּל ׀ מַפְרֶסֶת פַּרְסָה וְשֹׁסַעַת שֶׁסַע פְּרָסֹת
ד מַעֲלַת גֵּרָה בַּבְּהֵמָה אֹתָהּ תֹּאכֵלוּ: אַךְ אֶת־זֶה לֹא תֹאכְלוּ
מִמַּעֲלֵי הַגֵּרָה וּמִמַּפְרִסֵי הַפַּרְסָה אֶת־הַגָּמָל כִּי־מַעֲלֵה גֵרָה
ה הוּא וּפַרְסָה אֵינֶנּוּ מַפְרִיס טָמֵא הוּא לָכֶם: וְאֶת־הַשָּׁפָן כִּי־
ו מַעֲלֵה גֵרָה הוּא וּפַרְסָה לֹא יַפְרִיס טָמֵא הוּא לָכֶם: וְאֶת־
הָאַרְנֶבֶת כִּי־מַעֲלַת גֵּרָה הִוא וּפַרְסָה לֹא הִפְרִיסָה טְמֵאָה

ז הוּא לָכֶם׃ וְאֶת־הַחֲזִיר כִּי־מַפְרִיס פַּרְסָה הוּא וְשֹׁסַע שֶׁסַע
ח פַּרְסָה וְהוּא גֵּרָה לֹא־יִגָּר טָמֵא הוּא לָכֶם׃ מִבְּשָׂרָם לֹא
ט תֹאכֵלוּ וּבְנִבְלָתָם לֹא תִגָּעוּ טְמֵאִים הֵם לָכֶם׃ אֶת־זֶה תֹּאכְלוּ
מִכֹּל אֲשֶׁר בַּמָּיִם כֹּל אֲשֶׁר־לוֹ סְנַפִּיר וְקַשְׂקֶשֶׂת בַּמַּיִם בַּיַּמִּים
י וּבַנְּחָלִים אֹתָם תֹּאכֵלוּ׃ וְכֹל אֲשֶׁר אֵין־לוֹ סְנַפִּיר וְקַשְׂקֶשֶׂת
בַּיַּמִּים וּבַנְּחָלִים מִכֹּל שֶׁרֶץ הַמַּיִם וּמִכֹּל נֶפֶשׁ הַחַיָּה אֲשֶׁר
יא בַּמָּיִם שֶׁקֶץ הֵם לָכֶם׃ וְשֶׁקֶץ יִהְיוּ לָכֶם מִבְּשָׂרָם לֹא תֹאכֵלוּ
יב וְאֶת־נִבְלָתָם תְּשַׁקֵּצוּ׃ כֹּל אֲשֶׁר אֵין־לוֹ סְנַפִּיר וְקַשְׂקֶשֶׂת בַּמָּיִם
יג שֶׁקֶץ הוּא לָכֶם׃ וְאֶת־אֵלֶּה תְּשַׁקְּצוּ מִן־הָעוֹף לֹא יֵאָכְלוּ שֶׁקֶץ
יד הֵם אֶת־הַנֶּשֶׁר וְאֶת־הַפֶּרֶס וְאֵת הָעָזְנִיָּה׃ וְאֶת־הַדָּאָה וְאֶת־
טו טז הָאַיָּה לְמִינָהּ׃ אֵת כָּל־עֹרֵב לְמִינוֹ׃ וְאֵת בַּת הַיַּעֲנָה וְאֶת־
יז הַתַּחְמָס וְאֶת־הַשָּׁחַף וְאֶת־הַנֵּץ לְמִינֵהוּ׃ וְאֶת־הַכּוֹס וְאֶת־
יח הַשָּׁלָךְ וְאֶת־הַיַּנְשׁוּף׃ וְאֶת־הַתִּנְשֶׁמֶת וְאֶת־הַקָּאָת וְאֶת־
יט הָרָחָם׃ וְאֵת הַחֲסִידָה הָאֲנָפָה לְמִינָהּ וְאֶת־הַדּוּכִיפַת וְאֶת־
כ הָעֲטַלֵּף׃ כֹּל שֶׁרֶץ הָעוֹף הַהֹלֵךְ עַל־אַרְבַּע שֶׁקֶץ הוּא לָכֶם׃
כא אַךְ אֶת־זֶה תֹּאכְלוּ מִכֹּל שֶׁרֶץ הָעוֹף הַהֹלֵךְ עַל־אַרְבַּע אֲשֶׁר־
כב לא כְרָעַיִם מִמַּעַל לְרַגְלָיו לְנַתֵּר בָּהֵן עַל־הָאָרֶץ׃ אֶת־אֵלֶּה לו
מֵהֶם תֹּאכֵלוּ אֶת־הָאַרְבֶּה לְמִינוֹ וְאֶת־הַסָּלְעָם לְמִינֵהוּ וְאֶת־
כג הַחַרְגֹּל לְמִינֵהוּ וְאֶת־הֶחָגָב לְמִינֵהוּ׃ וְכֹל שֶׁרֶץ הָעוֹף אֲשֶׁר־
כד לוֹ אַרְבַּע רַגְלָיִם שֶׁקֶץ הוּא לָכֶם׃ וּלְאֵלֶּה תִּטַּמָּאוּ כָּל־הַנֹּגֵעַ
כה בְּנִבְלָתָם יִטְמָא עַד־הָעָרֶב׃ וְכָל־הַנֹּשֵׂא מִנִּבְלָתָם יְכַבֵּס בְּגָדָיו
כו וְטָמֵא עַד־הָעָרֶב׃ לְכָל־הַבְּהֵמָה אֲשֶׁר הִוא מַפְרֶסֶת פַּרְסָה
וְשֶׁסַע ׀ אֵינֶנָּה שֹׁסַעַת וְגֵרָה אֵינֶנָּה מַעֲלָה טְמֵאִים הֵם לָכֶם
כז כָּל־הַנֹּגֵעַ בָּהֶם יִטְמָא׃ וְכֹל ׀ הוֹלֵךְ עַל־כַּפָּיו בְּכָל־הַחַיָּה
הַהֹלֶכֶת עַל־אַרְבַּע טְמֵאִים הֵם לָכֶם כָּל־הַנֹּגֵעַ בְּנִבְלָתָם
כח יִטְמָא עַד־הָעָרֶב׃ וְהַנֹּשֵׂא אֶת־נִבְלָתָם יְכַבֵּס בְּגָדָיו וְטָמֵא
כט עַד־הָעָרֶב טְמֵאִים הֵמָּה לָכֶם׃ וְזֶה לָכֶם הַטָּמֵא

דגים האסורים באכילה
דברים יד, ט–י

עופות האסורים באכילה
דברים יד, יא–כ

בַּשֶּׁרֶץ הַשֹּׁרֵץ עַל־הָאָרֶץ הַחֹלֶד וְהָעַכְבָּר וְהַצָּב לְמִינֵהוּ׃
ל לא וְהָאֲנָקָה וְהַכֹּחַ וְהַלְּטָאָה וְהַחֹמֶט וְהַתִּנְשָׁמֶת׃ אֵלֶּה הַטְּמֵאִים
לב לָכֶם בְּכָל־הַשָּׁרֶץ כָּל־הַנֹּגֵעַ בָּהֶם בְּמֹתָם יִטְמָא עַד־הָעָרֶב׃ וְכֹל
אֲשֶׁר־יִפֹּל עָלָיו מֵהֶם ׀ בְּמֹתָם יִטְמָא מִכָּל־כְּלִי־עֵץ אוֹ בֶגֶד אוֹ־
עוֹר אוֹ שָׂק כָּל־כְּלִי אֲשֶׁר־יֵעָשֶׂה מְלָאכָה בָּהֶם בַּמַּיִם יוּבָא וְטָמֵא
לג עַד־הָעֶרֶב וְטָהֵר׃ וְכָל־כְּלִי־חֶרֶשׂ אֲשֶׁר־יִפֹּל מֵהֶם אֶל־תּוֹכוֹ שביעי
לד כֹּל אֲשֶׁר בְּתוֹכוֹ יִטְמָא וְאֹתוֹ תִשְׁבֹּרוּ׃ מִכָּל־הָאֹכֶל אֲשֶׁר
יֵאָכֵל אֲשֶׁר יָבוֹא עָלָיו מַיִם יִטְמָא וְכָל־מַשְׁקֶה אֲשֶׁר יִשָּׁתֶה
לה בְּכָל־כְּלִי יִטְמָא׃ וְכֹל אֲשֶׁר־יִפֹּל מִנִּבְלָתָם ׀ עָלָיו יִטְמָא תַּנּוּר
לו וְכִירַיִם יֻתָּץ טְמֵאִים הֵם וּטְמֵאִים יִהְיוּ לָכֶם׃ אַךְ מַעְיָן וּבוֹר
לז מִקְוֵה־מַיִם יִהְיֶה טָהוֹר וְנֹגֵעַ בְּנִבְלָתָם יִטְמָא׃ וְכִי יִפֹּל מִנִּבְלָתָם
לח עַל־כָּל־זֶרַע זֵרוּעַ אֲשֶׁר יִזָּרֵעַ טָהוֹר הוּא׃ וְכִי יֻתַּן־מַיִם עַל־
לט זֶרַע וְנָפַל מִנִּבְלָתָם עָלָיו טָמֵא הוּא לָכֶם׃ וְכִי
יָמוּת מִן־הַבְּהֵמָה אֲשֶׁר־הִיא לָכֶם לְאָכְלָה הַנֹּגֵעַ בְּנִבְלָתָהּ
מ יִטְמָא עַד־הָעָרֶב׃ וְהָאֹכֵל מִנִּבְלָתָהּ יְכַבֵּס בְּגָדָיו וְטָמֵא עַד־
הָעָרֶב וְהַנֹּשֵׂא אֶת־נִבְלָתָהּ יְכַבֵּס בְּגָדָיו וְטָמֵא עַד־הָעָרֶב׃
מא מב וְכָל־הַשֶּׁרֶץ הַשֹּׁרֵץ עַל־הָאָרֶץ שֶׁקֶץ הוּא לֹא יֵאָכֵל׃ כֹּל הוֹלֵךְ
עַל־גָּחוֹן וְכֹל ׀ הוֹלֵךְ עַל־אַרְבַּע עַד כָּל־מַרְבֵּה רַגְלַיִם לְכָל־
מג הַשֶּׁרֶץ הַשֹּׁרֵץ עַל־הָאָרֶץ לֹא תֹאכְלוּם כִּי־שֶׁקֶץ הֵם׃ אַל־
תְּשַׁקְּצוּ אֶת־נַפְשֹׁתֵיכֶם בְּכָל־הַשֶּׁרֶץ הַשֹּׁרֵץ וְלֹא תִטַּמְּאוּ בָּהֶם
מד וְנִטְמֵתֶם בָּם׃ כִּי אֲנִי יְהוָה אֱלֹהֵיכֶם וְהִתְקַדִּשְׁתֶּם וִהְיִיתֶם
קְדֹשִׁים כִּי קָדוֹשׁ אָנִי וְלֹא תְטַמְּאוּ אֶת־נַפְשֹׁתֵיכֶם בְּכָל־הַשֶּׁרֶץ
מה הָרֹמֵשׂ עַל־הָאָרֶץ׃ כִּי ׀ אֲנִי יְהוָה הַמַּעֲלֶה אֶתְכֶם מֵאֶרֶץ מִצְרַיִם מפטיר
מו לִהְיֹת לָכֶם לֵאלֹהִים וִהְיִיתֶם קְדֹשִׁים כִּי קָדוֹשׁ אָנִי׃ זֹאת
תּוֹרַת הַבְּהֵמָה וְהָעוֹף וְכֹל נֶפֶשׁ הַחַיָּה הָרֹמֶשֶׂת בַּמָּיִם וּלְכָל־
מז נֶפֶשׁ הַשֹּׁרֶצֶת עַל־הָאָרֶץ׃ לְהַבְדִּיל בֵּין הַטָּמֵא וּבֵין הַטָּהֹר וּבֵין
הַחַיָּה הַנֶּאֱכֶלֶת וּבֵין הַחַיָּה אֲשֶׁר לֹא תֵאָכֵל׃

יב א ב וַיְדַבֵּר יְהוָה אֶל־מֹשֶׁה לֵּאמֹר׃ דַּבֵּר אֶל־בְּנֵי יִשְׂרָאֵל לֵאמֹר
אִשָּׁה כִּי תַזְרִיעַ וְיָלְדָה זָכָר וְטָמְאָה שִׁבְעַת יָמִים כִּימֵי נִדַּת
ג ד דְּוֺתָהּ תִּטְמָא׃ וּבַיּוֹם הַשְּׁמִינִי יִמּוֹל בְּשַׂר עָרְלָתוֹ׃ וּשְׁלֹשִׁים
יוֹם וּשְׁלֹשֶׁת יָמִים תֵּשֵׁב בִּדְמֵי טָהֳרָה בְּכָל־קֹדֶשׁ לֹא־תִגָּע
ה וְאֶל־הַמִּקְדָּשׁ לֹא תָבֹא עַד־מְלֹאת יְמֵי טָהֳרָהּ׃ וְאִם־נְקֵבָה
תֵלֵד וְטָמְאָה שְׁבֻעַיִם כְּנִדָּתָהּ וְשִׁשִּׁים יוֹם וְשֵׁשֶׁת יָמִים תֵּשֵׁב
ו עַל־דְּמֵי טָהֳרָה׃ וּבִמְלֹאת ׀ יְמֵי טָהֳרָהּ לְבֵן אוֹ לְבַת תָּבִיא
כֶּבֶשׂ בֶּן־שְׁנָתוֹ לְעֹלָה וּבֶן־יוֹנָה אוֹ־תֹר לְחַטָּאת אֶל־פֶּתַח אֹהֶל־
ז מוֹעֵד אֶל־הַכֹּהֵן׃ וְהִקְרִיבוֹ לִפְנֵי יְהוָה וְכִפֶּר עָלֶיהָ וְטָהֲרָה
ח מִמְּקֹר דָּמֶיהָ זֹאת תּוֹרַת הַיֹּלֶדֶת לַזָּכָר אוֹ לַנְּקֵבָה׃ וְאִם־לֹא
תִמְצָא יָדָהּ דֵּי שֶׂה וְלָקְחָה שְׁתֵּי־תֹרִים אוֹ שְׁנֵי בְּנֵי יוֹנָה אֶחָד
לְעֹלָה וְאֶחָד לְחַטָּאת וְכִפֶּר עָלֶיהָ הַכֹּהֵן וְטָהֵרָה׃

דיני טומאת נידה
ויקרא טו, יט–כד

מצוות המילה
בראשית יז, י–יד

יג א ב וַיְדַבֵּר יְהוָה אֶל־מֹשֶׁה וְאֶל־אַהֲרֹן לֵאמֹר׃ אָדָם כִּי־יִהְיֶה
בְעוֹר־בְּשָׂרוֹ שְׂאֵת אוֹ־סַפַּחַת אוֹ בַהֶרֶת וְהָיָה בְעוֹר־בְּשָׂרוֹ
לְנֶגַע צָרָעַת וְהוּבָא אֶל־אַהֲרֹן הַכֹּהֵן אוֹ אֶל־אַחַד מִבָּנָיו
ג הַכֹּהֲנִים׃ וְרָאָה הַכֹּהֵן אֶת־הַנֶּגַע בְּעוֹר־הַבָּשָׂר וְשֵׂעָר בַּנֶּגַע
הָפַךְ ׀ לָבָן וּמַרְאֵה הַנֶּגַע עָמֹק מֵעוֹר בְּשָׂרוֹ נֶגַע צָרַעַת הוּא
ד וְרָאָהוּ הַכֹּהֵן וְטִמֵּא אֹתוֹ׃ וְאִם־בַּהֶרֶת לְבָנָה הִוא בְּעוֹר בְּשָׂרוֹ
וְעָמֹק אֵין־מַרְאֶהָ מִן־הָעוֹר וּשְׂעָרָה לֹא־הָפַךְ לָבָן וְהִסְגִּיר
ה הַכֹּהֵן אֶת־הַנֶּגַע שִׁבְעַת יָמִים׃ וְרָאָהוּ הַכֹּהֵן בַּיּוֹם הַשְּׁבִיעִי
וְהִנֵּה הַנֶּגַע עָמַד בְּעֵינָיו לֹא־פָשָׂה הַנֶּגַע בָּעוֹר וְהִסְגִּירוֹ הַכֹּהֵן
ו שִׁבְעַת יָמִים שֵׁנִית׃ וְרָאָה הַכֹּהֵן אֹתוֹ בַּיּוֹם הַשְּׁבִיעִי שֵׁנִית שני
וְהִנֵּה כֵּהָה הַנֶּגַע וְלֹא־פָשָׂה הַנֶּגַע בָּעוֹר וְטִהֲרוֹ הַכֹּהֵן מִסְפַּחַת
ז הִוא וְכִבֶּס בְּגָדָיו וְטָהֵר׃ וְאִם־פָּשֹׂה תִפְשֶׂה הַמִּסְפַּחַת בָּעוֹר
אַחֲרֵי הֵרָאֹתוֹ אֶל־הַכֹּהֵן לְטָהֳרָתוֹ וְנִרְאָה שֵׁנִית אֶל־הַכֹּהֵן׃
ח וְרָאָה הַכֹּהֵן וְהִנֵּה פָּשְׂתָה הַמִּסְפַּחַת בָּעוֹר וְטִמְּאוֹ הַכֹּהֵן
צָרַעַת הִוא׃

ט י נֶגַע צָרַעַת כִּי תִהְיֶה בְּאָדָם וְהוּבָא אֶל־הַכֹּהֵן: וְרָאָה הַכֹּהֵן
וְהִנֵּה שְׂאֵת־לְבָנָה בָּעוֹר וְהִיא הָפְכָה שֵׂעָר לָבָן וּמִחְיַת בָּשָׂר
יא חַי בַּשְׂאֵת: צָרַעַת נוֹשֶׁנֶת הִוא בְּעוֹר בְּשָׂרוֹ וְטִמְּאוֹ הַכֹּהֵן
יב לֹא יַסְגִּרֶנּוּ כִּי טָמֵא הוּא: וְאִם־פָּרוֹחַ תִּפְרַח הַצָּרַעַת בָּעוֹר
וְכִסְּתָה הַצָּרַעַת אֵת כָּל־עוֹר הַנֶּגַע מֵרֹאשׁוֹ וְעַד־רַגְלָיו לְכָל־
יג מַרְאֵה עֵינֵי הַכֹּהֵן: וְרָאָה הַכֹּהֵן וְהִנֵּה כִסְּתָה הַצָּרַעַת אֶת־
יד כָּל־בְּשָׂרוֹ וְטִהַר אֶת־הַנָּגַע כֻּלּוֹ הָפַךְ לָבָן טָהוֹר הוּא: וּבְיוֹם
טו הֵרָאוֹת בּוֹ בָּשָׂר חַי יִטְמָא: וְרָאָה הַכֹּהֵן אֶת־הַבָּשָׂר הַחַי
טז וְטִמְּאוֹ הַבָּשָׂר הַחַי טָמֵא הוּא צָרַעַת הוּא: אוֹ כִי יָשׁוּב הַבָּשָׂר
יז הַחַי וְנֶהְפַּךְ לְלָבָן וּבָא אֶל־הַכֹּהֵן: וְרָאָהוּ הַכֹּהֵן וְהִנֵּה נֶהְפַּךְ
הַנֶּגַע לְלָבָן וְטִהַר הַכֹּהֵן אֶת־הַנֶּגַע טָהוֹר הוּא:
יח יט וּבָשָׂר כִּי־יִהְיֶה בוֹ־בְעֹרוֹ שְׁחִין וְנִרְפָּא: וְהָיָה בִּמְקוֹם הַשְּׁחִין שְׂאֵת שלישי
כ לְבָנָה אוֹ בַהֶרֶת לְבָנָה אֲדַמְדָּמֶת וְנִרְאָה אֶל־הַכֹּהֵן: וְרָאָה
הַכֹּהֵן וְהִנֵּה מַרְאֶהָ שָׁפָל מִן־הָעוֹר וּשְׂעָרָהּ הָפַךְ לָבָן וְטִמְּאוֹ
כא הַכֹּהֵן נֶגַע־צָרַעַת הִוא בַּשְּׁחִין פָּרָחָה: וְאִם ׀ יִרְאֶנָּה הַכֹּהֵן וְהִנֵּה
אֵין־בָּהּ שֵׂעָר לָבָן וּשְׁפָלָה אֵינֶנָּה מִן־הָעוֹר וְהִיא כֵהָה וְהִסְגִּירוֹ
כב הַכֹּהֵן שִׁבְעַת יָמִים: וְאִם־פָּשֹׂה תִפְשֶׂה בָּעוֹר וְטִמֵּא הַכֹּהֵן אֹתוֹ
כג נֶגַע הִוא: וְאִם־תַּחְתֶּיהָ תַּעֲמֹד הַבַּהֶרֶת לֹא פָשָׂתָה צָרֶבֶת
כד הַשְּׁחִין הִוא וְטִהֲרוֹ הַכֹּהֵן: אוֹ בָשָׂר כִּי־יִהְיֶה רביעי /שני/
בְעֹרוֹ מִכְוַת־אֵשׁ וְהָיְתָה מִחְיַת הַמִּכְוָה בַּהֶרֶת לְבָנָה אֲדַמְדֶּמֶת
כה אוֹ לְבָנָה: וְרָאָה אֹתָהּ הַכֹּהֵן וְהִנֵּה נֶהְפַּךְ שֵׂעָר לָבָן בַּבַּהֶרֶת
וּמַרְאֶהָ עָמֹק מִן־הָעוֹר צָרַעַת הִוא בַּמִּכְוָה פָּרָחָה וְטִמֵּא אֹתוֹ
כו הַכֹּהֵן נֶגַע צָרַעַת הִוא: וְאִם ׀ יִרְאֶנָּה הַכֹּהֵן וְהִנֵּה אֵין־בַּבַּהֶרֶת
שֵׂעָר לָבָן וּשְׁפָלָה אֵינֶנָּה מִן־הָעוֹר וְהִוא כֵהָה וְהִסְגִּירוֹ הַכֹּהֵן
כז שִׁבְעַת יָמִים: וְרָאָהוּ הַכֹּהֵן בַּיּוֹם הַשְּׁבִיעִי אִם־פָּשֹׂה תִפְשֶׂה
כח בָּעוֹר וְטִמֵּא הַכֹּהֵן אֹתוֹ נֶגַע צָרַעַת הִוא: וְאִם־תַּחְתֶּיהָ תַעֲמֹד
הַבַּהֶרֶת לֹא־פָשְׂתָה בָעוֹר וְהִוא כֵהָה שְׂאֵת הַמִּכְוָה הִוא

וְטִהֲרוֹ הַכֹּהֵן כִּי־צָרֶבֶת הַמִּכְוָה הִוא׃
כט ל חמישי ח וְאִישׁ אוֹ אִשָּׁה כִּי־יִהְיֶה בוֹ נָגַע בְּרֹאשׁ אוֹ בְזָקָן׃ וְרָאָה הַכֹּהֵן
אֶת־הַנֶּגַע וְהִנֵּה מַרְאֵהוּ עָמֹק מִן־הָעוֹר וּבוֹ שֵׂעָר צָהֹב דָּק
וְטִמֵּא אֹתוֹ הַכֹּהֵן נֶתֶק הוּא צָרַעַת הָרֹאשׁ אוֹ הַזָּקָן הוּא׃
לא וְכִי־יִרְאֶה הַכֹּהֵן אֶת־נֶגַע הַנֶּתֶק וְהִנֵּה אֵין־מַרְאֵהוּ עָמֹק מִן־
הָעוֹר וְשֵׂעָר שָׁחֹר אֵין בּוֹ וְהִסְגִּיר הַכֹּהֵן אֶת־נֶגַע הַנֶּתֶק שִׁבְעַת
לב יָמִים׃ וְרָאָה הַכֹּהֵן אֶת־הַנֶּגַע בַּיּוֹם הַשְּׁבִיעִי וְהִנֵּה לֹא־פָשָׂה
הַנֶּתֶק וְלֹא־הָיָה בוֹ שֵׂעָר צָהֹב וּמַרְאֵה הַנֶּתֶק אֵין עָמֹק מִן־
לג הָעוֹר׃ וְהִתְגַּלָּח וְאֶת־הַנֶּתֶק לֹא יְגַלֵּחַ וְהִסְגִּיר הַכֹּהֵן אֶת־הַנֶּתֶק
לד שִׁבְעַת יָמִים שֵׁנִית׃ וְרָאָה הַכֹּהֵן אֶת־הַנֶּתֶק בַּיּוֹם הַשְּׁבִיעִי
וְהִנֵּה לֹא־פָשָׂה הַנֶּתֶק בָּעוֹר וּמַרְאֵהוּ אֵינֶנּוּ עָמֹק מִן־הָעוֹר
לה וְטִהַר אֹתוֹ הַכֹּהֵן וְכִבֶּס בְּגָדָיו וְטָהֵר׃ וְאִם־פָּשֹׂה יִפְשֶׂה הַנֶּתֶק
לו בָּעוֹר אַחֲרֵי טָהֳרָתוֹ׃ וְרָאָהוּ הַכֹּהֵן וְהִנֵּה פָּשָׂה הַנֶּתֶק בָּעוֹר
לז לֹא־יְבַקֵּר הַכֹּהֵן לַשֵּׂעָר הַצָּהֹב טָמֵא הוּא׃ וְאִם־בְּעֵינָיו עָמַד
הַנֶּתֶק וְשֵׂעָר שָׁחֹר צָמַח־בּוֹ נִרְפָּא הַנֶּתֶק טָהוֹר הוּא וְטִהֲרוֹ
לח הַכֹּהֵן׃ וְאִישׁ אוֹ־אִשָּׁה כִּי־יִהְיֶה בְעוֹר־בְּשָׂרָם בֶּהָרֹת
לט בֶּהָרֹת לְבָנֹת׃ וְרָאָה הַכֹּהֵן וְהִנֵּה בְעוֹר־בְּשָׂרָם בֶּהָרֹת כֵּהוֹת
מ ששי /שלישי/ לְבָנֹת בֹּהַק הוּא פָּרַח בָּעוֹר טָהוֹר הוּא׃ וְאִישׁ
מא כִּי יִמָּרֵט רֹאשׁוֹ קֵרֵחַ הוּא טָהוֹר הוּא׃ וְאִם מִפְּאַת פָּנָיו יִמָּרֵט
מב רֹאשׁוֹ גִּבֵּחַ הוּא טָהוֹר הוּא׃ וְכִי־יִהְיֶה בַקָּרַחַת אוֹ בַגַּבַּחַת
נֶגַע לָבָן אֲדַמְדָּם צָרַעַת פֹּרַחַת הִוא בְּקָרַחְתּוֹ אוֹ בְגַבַּחְתּוֹ׃
מג וְרָאָה אֹתוֹ הַכֹּהֵן וְהִנֵּה שְׂאֵת־הַנֶּגַע לְבָנָה אֲדַמְדֶּמֶת בְּקָרַחְתּוֹ
מד אוֹ בְגַבַּחְתּוֹ כְּמַרְאֵה צָרַעַת עוֹר בָּשָׂר׃ אִישׁ־צָרוּעַ הוּא טָמֵא
מה הוּא טַמֵּא יְטַמְּאֶנּוּ הַכֹּהֵן בְּרֹאשׁוֹ נִגְעוֹ׃ וְהַצָּרוּעַ אֲשֶׁר־בּוֹ הַנֶּגַע
בְּגָדָיו יִהְיוּ פְרֻמִים וְרֹאשׁוֹ יִהְיֶה פָרוּעַ וְעַל־שָׂפָם יַעְטֶה וְטָמֵא ׀
מו שילוח הטמאים מן המחנה במדבר ה, א–ד טָמֵא יִקְרָא׃ כָּל־יְמֵי אֲשֶׁר הַנֶּגַע בּוֹ יִטְמָא טָמֵא הוּא בָּדָד
מז יֵשֵׁב מִחוּץ לַמַּחֲנֶה מוֹשָׁבוֹ׃ וְהַבֶּגֶד כִּי־יִהְיֶה בוֹ

מח נֶגַע צָרַעַת בְּבֶגֶד צֶמֶר אוֹ בְּבֶגֶד פִּשְׁתִּים׃ אוֹ בִשְׁתִי אוֹ בְעֵרֶב
מט לַפִּשְׁתִּים וְלַצָּמֶר אוֹ בְעוֹר אוֹ בְּכָל־מְלֶאכֶת עוֹר׃ וְהָיָה הַנֶּגַע
יְרַקְרַק ׀ אוֹ אֲדַמְדָּם בַּבֶּגֶד אוֹ בָעוֹר אוֹ־בַשְּׁתִי אוֹ־בָעֵרֶב אוֹ
נ בְכָל־כְּלִי־עוֹר נֶגַע צָרַעַת הוּא וְהָרְאָה אֶת־הַכֹּהֵן׃ וְרָאָה
נא הַכֹּהֵן אֶת־הַנָּגַע וְהִסְגִּיר אֶת־הַנֶּגַע שִׁבְעַת יָמִים׃ וְרָאָה אֶת־
הַנֶּגַע בַּיּוֹם הַשְּׁבִיעִי כִּי־פָשָׂה הַנֶּגַע בַּבֶּגֶד אוֹ־בַשְּׁתִי אוֹ־בָעֵרֶב
אוֹ בָעוֹר לְכֹל אֲשֶׁר־יֵעָשֶׂה הָעוֹר לִמְלָאכָה צָרַעַת מַמְאֶרֶת
נב הַנֶּגַע טָמֵא הוּא׃ וְשָׂרַף אֶת־הַבֶּגֶד אוֹ אֶת־הַשְּׁתִי ׀ אוֹ אֶת־
הָעֵרֶב בַּצֶּמֶר אוֹ בַפִּשְׁתִּים אוֹ אֶת־כָּל־כְּלִי הָעוֹר אֲשֶׁר־
נג יִהְיֶה בוֹ הַנָּגַע כִּי־צָרַעַת מַמְאֶרֶת הִוא בָּאֵשׁ תִּשָּׂרֵף׃ וְאִם
יִרְאֶה הַכֹּהֵן וְהִנֵּה לֹא־פָשָׂה הַנֶּגַע בַּבֶּגֶד אוֹ בַשְּׁתִי אוֹ בָעֵרֶב
נד אוֹ בְּכָל־כְּלִי־עוֹר׃ וְצִוָּה הַכֹּהֵן וְכִבְּסוּ אֵת אֲשֶׁר־בּוֹ הַנָּגַע
נה וְהִסְגִּירוֹ שִׁבְעַת־יָמִים שֵׁנִית׃ וְרָאָה הַכֹּהֵן אַחֲרֵי ׀ הֻכַּבֵּס שביעי /רביעי/
אֶת־הַנֶּגַע וְהִנֵּה לֹא־הָפַךְ הַנֶּגַע אֶת־עֵינוֹ וְהַנֶּגַע לֹא־פָשָׂה
טָמֵא הוּא בָּאֵשׁ תִּשְׂרְפֶנּוּ פְּחֶתֶת הִוא בְּקָרַחְתּוֹ אוֹ בְגַבַּחְתּוֹ׃
נו וְאִם רָאָה הַכֹּהֵן וְהִנֵּה כֵּהָה הַנֶּגַע אַחֲרֵי הֻכַּבֵּס אֹתוֹ וְקָרַע
אֹתוֹ מִן־הַבֶּגֶד אוֹ מִן־הָעוֹר אוֹ מִן־הַשְּׁתִי אוֹ מִן־הָעֵרֶב׃
נז וְאִם־תֵּרָאֶה עוֹד בַּבֶּגֶד אוֹ־בַשְּׁתִי אוֹ־בָעֵרֶב אוֹ בְכָל־כְּלִי־ מפטיר
נח עוֹר פֹּרַחַת הִוא בָּאֵשׁ תִּשְׂרְפֶנּוּ אֵת אֲשֶׁר־בּוֹ הַנָּגַע׃ וְהַבֶּגֶד
אוֹ־הַשְּׁתִי אוֹ־הָעֵרֶב אוֹ־כָל־כְּלִי הָעוֹר אֲשֶׁר תְּכַבֵּס וְסָר
נט מֵהֶם הַנָּגַע וְכֻבַּס שֵׁנִית וְטָהֵר׃ זֹאת תּוֹרַת נֶגַע־צָרַעַת בֶּגֶד
הַצֶּמֶר ׀ אוֹ הַפִּשְׁתִּים אוֹ הַשְּׁתִי אוֹ הָעֵרֶב אוֹ כָּל־כְּלִי־עוֹר
לְטַהֲרוֹ אוֹ לְטַמְּאוֹ׃

יד א ב וַיְדַבֵּר יְהוָה אֶל־מֹשֶׁה לֵּאמֹר׃ זֹאת תִּהְיֶה תּוֹרַת הַמְּצֹרָע ט מצרע
ג בְּיוֹם טָהֳרָתוֹ וְהוּבָא אֶל־הַכֹּהֵן׃ וְיָצָא הַכֹּהֵן אֶל־מִחוּץ לַמַּחֲנֶה
ד וְרָאָה הַכֹּהֵן וְהִנֵּה נִרְפָּא נֶגַע־הַצָּרַעַת מִן־הַצָּרוּעַ׃ וְצִוָּה הַכֹּהֵן
וְלָקַח לַמִּטַּהֵר שְׁתֵּי־צִפֳּרִים חַיּוֹת טְהֹרוֹת וְעֵץ אֶרֶז וּשְׁנִי תוֹלַעַת

ה וְאֵזֹב׃ וְצִוָּה הַכֹּהֵן וְשָׁחַט אֶת־הַצִּפּוֹר הָאֶחָת אֶל־כְּלִי־חֶרֶשׂ
ו עַל־מַיִם חַיִּים׃ אֶת־הַצִּפֹּר הַחַיָּה יִקַּח אֹתָהּ וְאֶת־עֵץ הָאֶרֶז
וְאֶת־שְׁנִי הַתּוֹלַעַת וְאֶת־הָאֵזֹב וְטָבַל אוֹתָם וְאֵת ׀ הַצִּפֹּר הַחַיָּה
ז בְּדַם הַצִּפֹּר הַשְּׁחֻטָה עַל הַמַּיִם הַחַיִּים׃ וְהִזָּה עַל הַמִּטַּהֵר
מִן־הַצָּרַעַת שֶׁבַע פְּעָמִים וְטִהֲרוֹ וְשִׁלַּח אֶת־הַצִּפֹּר הַחַיָּה
ח עַל־פְּנֵי הַשָּׂדֶה׃ וְכִבֶּס הַמִּטַּהֵר אֶת־בְּגָדָיו וְגִלַּח אֶת־כָּל־
שְׂעָרוֹ וְרָחַץ בַּמַּיִם וְטָהֵר וְאַחַר יָבוֹא אֶל־הַמַּחֲנֶה וְיָשַׁב
ט מִחוּץ לְאָהֳלוֹ שִׁבְעַת יָמִים׃ וְהָיָה בַיּוֹם הַשְּׁבִיעִי יְגַלַּח אֶת־
כָּל־שְׂעָרוֹ אֶת־רֹאשׁוֹ וְאֶת־זְקָנוֹ וְאֵת גַּבֹּת עֵינָיו וְאֶת־כָּל־
שְׂעָרוֹ יְגַלֵּחַ וְכִבֶּס אֶת־בְּגָדָיו וְרָחַץ אֶת־בְּשָׂרוֹ בַּמַּיִם וְטָהֵר׃
י וּבַיּוֹם הַשְּׁמִינִי יִקַּח שְׁנֵי־כְבָשִׂים תְּמִימִם וְכַבְשָׂה אַחַת בַּת־
שְׁנָתָהּ תְּמִימָה וּשְׁלֹשָׁה עֶשְׂרֹנִים סֹלֶת מִנְחָה בְּלוּלָה בַשֶּׁמֶן
יא וְלֹג אֶחָד שָׁמֶן׃ וְהֶעֱמִיד הַכֹּהֵן הַמְטַהֵר אֵת הָאִישׁ הַמִּטַּהֵר
יב וְאֹתָם לִפְנֵי יְהוָה פֶּתַח אֹהֶל מוֹעֵד׃ וְלָקַח הַכֹּהֵן אֶת־הַכֶּבֶשׂ
הָאֶחָד וְהִקְרִיב אֹתוֹ לְאָשָׁם וְאֶת־לֹג הַשָּׁמֶן וְהֵנִיף אֹתָם תְּנוּפָה
יג לִפְנֵי יְהוָה׃ וְשָׁחַט אֶת־הַכֶּבֶשׂ בִּמְקוֹם אֲשֶׁר יִשְׁחַט אֶת־ שני
הַחַטָּאת וְאֶת־הָעֹלָה בִּמְקוֹם הַקֹּדֶשׁ כִּי כַּחַטָּאת הָאָשָׁם
יד הוּא לַכֹּהֵן קֹדֶשׁ קָדָשִׁים הוּא׃ וְלָקַח הַכֹּהֵן מִדַּם הָאָשָׁם וְנָתַן
הַכֹּהֵן עַל־תְּנוּךְ אֹזֶן הַמִּטַּהֵר הַיְמָנִית וְעַל־בֹּהֶן יָדוֹ הַיְמָנִית
טו וְעַל־בֹּהֶן רַגְלוֹ הַיְמָנִית׃ וְלָקַח הַכֹּהֵן מִלֹּג הַשָּׁמֶן וְיָצַק עַל־
טז כַּף הַכֹּהֵן הַשְּׂמָאלִית׃ וְטָבַל הַכֹּהֵן אֶת־אֶצְבָּעוֹ הַיְמָנִית מִן־
הַשֶּׁמֶן אֲשֶׁר עַל־כַּפּוֹ הַשְּׂמָאלִית וְהִזָּה מִן־הַשֶּׁמֶן בְּאֶצְבָּעוֹ
יז שֶׁבַע פְּעָמִים לִפְנֵי יְהוָה׃ וּמִיֶּתֶר הַשֶּׁמֶן אֲשֶׁר עַל־כַּפּוֹ יִתֵּן
הַכֹּהֵן עַל־תְּנוּךְ אֹזֶן הַמִּטַּהֵר הַיְמָנִית וְעַל־בֹּהֶן יָדוֹ הַיְמָנִית
יח וְעַל־בֹּהֶן רַגְלוֹ הַיְמָנִית עַל דַּם הָאָשָׁם׃ וְהַנּוֹתָר בַּשֶּׁמֶן אֲשֶׁר
עַל־כַּף הַכֹּהֵן יִתֵּן עַל־רֹאשׁ הַמִּטַּהֵר וְכִפֶּר עָלָיו הַכֹּהֵן לִפְנֵי
יט יְהוָה׃ וְעָשָׂה הַכֹּהֵן אֶת־הַחַטָּאת וְכִפֶּר עַל־הַמִּטַּהֵר מִטֻּמְאָתוֹ

מקום שחיטת העולה
ויקרא א, יא

כ וְאַחַ֥ר יִשְׁחַ֖ט אֶת־הָעֹלָֽה׃ וְהֶעֱלָ֧ה הַכֹּהֵ֛ן אֶת־הָעֹלָ֥ה וְאֶת־
כא הַמִּנְחָ֖ה הַמִּזְבֵּ֑חָה וְכִפֶּ֥ר עָלָ֛יו הַכֹּהֵ֖ן וְטָהֵֽר׃ וְאִם־ שלישי /חמישי/
דַּ֣ל ה֗וּא וְאֵ֣ין יָדוֹ֮ מַשֶּׂגֶת֒ וְ֠לָקַ֠ח כֶּ֣בֶשׂ אֶחָ֥ד אָשָׁ֛ם לִתְנוּפָ֖ה לְכַפֵּ֣ר
כב עָלָ֑יו וְעִשָּׂר֨וֹן סֹ֜לֶת אֶחָ֨ד בָּל֧וּל בַּשֶּׁ֛מֶן לְמִנְחָ֖ה וְלֹ֥ג שָֽׁמֶן׃ וּשְׁתֵּ֣י
תֹרִ֗ים א֤וֹ שְׁנֵי֙ בְּנֵ֣י יוֹנָ֔ה אֲשֶׁ֥ר תַּשִּׂ֖יג יָד֑וֹ וְהָיָ֤ה אֶחָד֙ חַטָּ֔את
כג וְהָאֶחָ֖ד עֹלָֽה׃ וְהֵבִ֨יא אֹתָ֜ם בַּיּ֧וֹם הַשְּׁמִינִ֛י לְטָהֳרָת֖וֹ אֶל־הַכֹּהֵ֑ן
כד אֶל־פֶּ֥תַח אֹֽהֶל־מוֹעֵ֖ד לִפְנֵ֥י יְהוָֽה׃ וְלָקַ֧ח הַכֹּהֵ֛ן אֶת־כֶּ֥בֶשׂ
הָאָשָׁ֖ם וְאֶת־לֹ֣ג הַשָּׁ֑מֶן וְהֵנִ֨יף אֹתָ֧ם הַכֹּהֵ֛ן תְּנוּפָ֖ה לִפְנֵ֥י יְהוָֽה׃
כה וְשָׁחַט֮ אֶת־כֶּ֣בֶשׂ הָאָשָׁם֒ וְלָקַ֣ח הַכֹּהֵ֗ן מִדַּ֤ם הָֽאָשָׁם֙ וְנָתַ֛ן עַל־
תְּנ֥וּךְ אֹֽזֶן־הַמִּטַּהֵ֖ר הַיְמָנִ֑ית וְעַל־בֹּ֤הֶן יָדוֹ֙ הַיְמָנִ֔ית וְעַל־בֹּ֖הֶן
כו רַגְל֥וֹ הַיְמָנִֽית׃ וּמִן־הַשֶּׁ֖מֶן יִצֹ֣ק הַכֹּהֵ֑ן עַל־כַּ֥ף הַכֹּהֵ֖ן הַשְּׂמָאלִֽית׃
כז וְהִזָּ֤ה הַכֹּהֵן֙ בְּאֶצְבָּע֣וֹ הַיְמָנִ֔ית מִן־הַשֶּׁ֕מֶן אֲשֶׁ֖ר עַל־כַּפּ֑וֹ
כח הַשְּׂמָאלִ֑ית שֶׁ֥בַע פְּעָמִ֖ים לִפְנֵ֥י יְהוָֽה׃ וְנָתַ֨ן הַכֹּהֵ֜ן מִן־הַשֶּׁ֣מֶן ׀
אֲשֶׁ֣ר עַל־כַּפּ֗וֹ עַל־תְּנ֞וּךְ אֹ֤זֶן הַמִּטַּהֵר֙ הַיְמָנִ֔ית וְעַל־בֹּ֣הֶן יָד֔וֹ
כט הַיְמָנִ֔ית וְעַל־בֹּ֖הֶן רַגְל֣וֹ הַיְמָנִ֑ית עַל־מְק֖וֹם דַּ֥ם הָאָשָֽׁם׃ וְהַנּוֹתָ֗ר
מִן־הַשֶּׁ֙מֶן֙ אֲשֶׁר֙ עַל־כַּ֣ף הַכֹּהֵ֔ן יִתֵּ֖ן עַל־רֹ֣אשׁ הַמִּטַּהֵ֑ר לְכַפֵּ֥ר
ל עָלָ֖יו לִפְנֵ֥י יְהוָֽה׃ וְעָשָׂ֤ה אֶת־הָֽאֶחָד֙ מִן־הַתֹּרִ֔ים א֖וֹ מִן־בְּנֵ֣י
לא הַיּוֹנָ֑ה מֵאֲשֶׁ֥ר תַּשִּׂ֖יג יָדֽוֹ׃ אֵ֣ת אֲשֶׁר־תַּשִּׂ֞יג יָד֗וֹ אֶת־הָאֶחָ֥ד
חַטָּ֛את וְאֶת־הָאֶחָ֥ד עֹלָ֖ה עַל־הַמִּנְחָ֑ה וְכִפֶּ֧ר הַכֹּהֵ֛ן עַ֥ל הַמִּטַּהֵ֖ר
לב לִפְנֵ֥י יְהוָֽה׃ זֹ֣את תּוֹרַ֔ת אֲשֶׁר־בּ֖וֹ נֶ֣גַע צָרָ֑עַת אֲשֶׁ֛ר לֹא־תַשִּׂ֥יג
יָד֖וֹ בְּטָהֳרָתֽוֹ׃

לג לד וַיְדַבֵּ֣ר יְהוָ֔ה אֶל־מֹשֶׁ֥ה וְאֶֽל־אַהֲרֹ֖ן לֵאמֹֽר׃ כִּ֤י תָבֹ֙אוּ֙ אֶל־אֶ֣רֶץ י רביעי /ששי/
כְּנַ֔עַן אֲשֶׁ֥ר אֲנִ֛י נֹתֵ֥ן לָכֶ֖ם לַאֲחֻזָּ֑ה וְנָתַתִּי֙ נֶ֣גַע צָרַ֔עַת בְּבֵ֖ית
לה אֶ֥רֶץ אֲחֻזַּתְכֶֽם׃ וּבָא֙ אֲשֶׁר־ל֣וֹ הַבַּ֔יִת וְהִגִּ֥יד לַכֹּהֵ֖ן לֵאמֹ֑ר
לו כְּנֶ֕גַע נִרְאָ֥ה לִ֖י בַּבָּֽיִת׃ וְצִוָּ֨ה הַכֹּהֵ֜ן וּפִנּ֣וּ אֶת־הַבַּ֗יִת בְּטֶ֨רֶם
יָבֹ֤א הַכֹּהֵן֙ לִרְא֣וֹת אֶת־הַנֶּ֔גַע וְלֹ֥א יִטְמָ֖א כָּל־אֲשֶׁ֣ר בַּבָּ֑יִת
לז וְאַ֥חַר כֵּ֛ן יָבֹ֥א הַכֹּהֵ֖ן לִרְא֥וֹת אֶת־הַבָּֽיִת׃ וְרָאָ֣ה אֶת־הַנֶּ֗גַע וְהִנֵּ֤ה

הַנֶּגַע בְּקִירֹת הַבַּיִת שְׁקַעֲרוּרֹת יְרַקְרַקֹּת אוֹ אֲדַמְדַּמֹּת וּמַרְאֵיהֶן
שָׁפָל מִן־הַקִּיר׃ וְיָצָא הַכֹּהֵן מִן־הַבַּיִת אֶל־פֶּתַח הַבָּיִת וְהִסְגִּיר לח
אֶת־הַבַּיִת שִׁבְעַת יָמִים׃ וְשָׁב הַכֹּהֵן בַּיּוֹם הַשְּׁבִיעִי וְרָאָה וְהִנֵּה לט
פָּשָׂה הַנֶּגַע בְּקִירֹת הַבָּיִת׃ וְצִוָּה הַכֹּהֵן וְחִלְּצוּ אֶת־הָאֲבָנִים מ
אֲשֶׁר בָּהֵן הַנָּגַע וְהִשְׁלִיכוּ אֶתְהֶן אֶל־מִחוּץ לָעִיר אֶל־מָקוֹם
טָמֵא׃ וְאֶת־הַבַּיִת יַקְצִעַ מִבַּיִת סָבִיב וְשָׁפְכוּ אֶת־הֶעָפָר אֲשֶׁר מא
הִקְצוּ אֶל־מִחוּץ לָעִיר אֶל־מָקוֹם טָמֵא׃ וְלָקְחוּ אֲבָנִים אֲחֵרוֹת מב
וְהֵבִיאוּ אֶל־תַּחַת הָאֲבָנִים וְעָפָר אַחֵר יִקַּח וְטָח אֶת־הַבָּיִת׃
וְאִם־יָשׁוּב הַנֶּגַע וּפָרַח בַּבַּיִת אַחַר חִלֵּץ אֶת־הָאֲבָנִים וְאַחֲרֵי מג
הִקְצוֹת אֶת־הַבַּיִת וְאַחֲרֵי הִטּוֹחַ׃ וּבָא הַכֹּהֵן וְרָאָה וְהִנֵּה פָּשָׂה מד
הַנֶּגַע בַּבָּיִת צָרַעַת מַמְאֶרֶת הִוא בַּבַּיִת טָמֵא הוּא׃ וְנָתַץ מה
אֶת־הַבַּיִת אֶת־אֲבָנָיו וְאֶת־עֵצָיו וְאֵת כָּל־עֲפַר הַבָּיִת וְהוֹצִיא
אֶל־מִחוּץ לָעִיר אֶל־מָקוֹם טָמֵא׃ וְהַבָּא אֶל־הַבַּיִת כָּל־יְמֵי מו
הִסְגִּיר אֹתוֹ יִטְמָא עַד־הָעָרֶב׃ וְהַשֹּׁכֵב בַּבַּיִת יְכַבֵּס אֶת־בְּגָדָיו מז
וְהָאֹכֵל בַּבַּיִת יְכַבֵּס אֶת־בְּגָדָיו׃ וְאִם־בֹּא יָבֹא הַכֹּהֵן וְרָאָה מח
וְהִנֵּה לֹא־פָשָׂה הַנֶּגַע בַּבַּיִת אַחֲרֵי הִטֹּחַ אֶת־הַבָּיִת וְטִהַר
הַכֹּהֵן אֶת־הַבַּיִת כִּי נִרְפָּא הַנָּגַע׃ וְלָקַח לְחַטֵּא אֶת־הַבַּיִת מט
שְׁתֵּי צִפֳּרִים וְעֵץ אֶרֶז וּשְׁנִי תוֹלַעַת וְאֵזֹב׃ וְשָׁחַט אֶת־הַצִּפֹּר נ
הָאֶחָת אֶל־כְּלִי־חֶרֶשׂ עַל־מַיִם חַיִּים׃ וְלָקַח אֶת־עֵץ־הָאֶרֶז נא
וְאֶת־הָאֵזֹב וְאֵת ׀ שְׁנִי הַתּוֹלַעַת וְאֵת הַצִּפֹּר הַחַיָּה וְטָבַל אֹתָם
בְּדַם הַצִּפֹּר הַשְּׁחוּטָה וּבַמַּיִם הַחַיִּים וְהִזָּה אֶל־הַבַּיִת שֶׁבַע
פְּעָמִים׃ וְחִטֵּא אֶת־הַבַּיִת בְּדַם הַצִּפּוֹר וּבַמַּיִם הַחַיִּים וּבַצִּפֹּר נב
הַחַיָּה וּבְעֵץ הָאֶרֶז וּבָאֵזֹב וּבִשְׁנִי הַתּוֹלָעַת׃ וְשִׁלַּח אֶת־הַצִּפֹּר נג
הַחַיָּה אֶל־מִחוּץ לָעִיר אֶל־פְּנֵי הַשָּׂדֶה וְכִפֶּר עַל־הַבַּיִת וְטָהֵר׃
חמישי זֹאת הַתּוֹרָה לְכָל־נֶגַע הַצָּרַעַת וְלַנָּתֶק׃ וּלְצָרַעַת הַבֶּגֶד וְלַבָּיִת׃ נד נה
וְלַשְׂאֵת וְלַסַּפַּחַת וְלַבֶּהָרֶת׃ לְהוֹרֹת בְּיוֹם הַטָּמֵא וּבְיוֹם הַטָּהֹר נו נז
זֹאת תּוֹרַת הַצָּרָעַת׃

מצרע

טו

יא א ב וַיְדַבֵּר יְהוָה אֶל־מֹשֶׁה וְאֶל־אַהֲרֹן לֵאמֹר׃ דַּבְּרוּ אֶל־בְּנֵי יִשְׂרָאֵל
וַאֲמַרְתֶּם אֲלֵהֶם אִישׁ אִישׁ כִּי יִהְיֶה זָב מִבְּשָׂרוֹ זוֹבוֹ טָמֵא הוּא׃
ג וְזֹאת תִּהְיֶה טֻמְאָתוֹ בְּזוֹבוֹ רָר בְּשָׂרוֹ אֶת־זוֹבוֹ אוֹ־הֶחְתִּים
ד בְּשָׂרוֹ מִזּוֹבוֹ טֻמְאָתוֹ הִוא׃ כָּל־הַמִּשְׁכָּב אֲשֶׁר יִשְׁכַּב עָלָיו
ה הַזָּב יִטְמָא וְכָל־הַכְּלִי אֲשֶׁר־יֵשֵׁב עָלָיו יִטְמָא׃ וְאִישׁ אֲשֶׁר
ו יִגַּע בְּמִשְׁכָּבוֹ יְכַבֵּס בְּגָדָיו וְרָחַץ בַּמַּיִם וְטָמֵא עַד־הָעָרֶב׃
וְהַיֹּשֵׁב עַל־הַכְּלִי אֲשֶׁר־יֵשֵׁב עָלָיו הַזָּב יְכַבֵּס בְּגָדָיו וְרָחַץ בַּמַּיִם
ז וְטָמֵא עַד־הָעָרֶב׃ וְהַנֹּגֵעַ בִּבְשַׂר הַזָּב יְכַבֵּס בְּגָדָיו וְרָחַץ בַּמַּיִם
ח וְטָמֵא עַד־הָעָרֶב׃ וְכִי־יָרֹק הַזָּב בַּטָּהוֹר וְכִבֶּס בְּגָדָיו וְרָחַץ בַּמַּיִם
ט וְטָמֵא עַד־הָעָרֶב׃ וְכָל־הַמֶּרְכָּב אֲשֶׁר יִרְכַּב עָלָיו הַזָּב יִטְמָא׃
י וְכָל־הַנֹּגֵעַ בְּכֹל אֲשֶׁר יִהְיֶה תַחְתָּיו יִטְמָא עַד־הָעָרֶב וְהַנּוֹשֵׂא
יא אוֹתָם יְכַבֵּס בְּגָדָיו וְרָחַץ בַּמַּיִם וְטָמֵא עַד־הָעָרֶב׃ וְכֹל אֲשֶׁר
יִגַּע־בּוֹ הַזָּב וְיָדָיו לֹא־שָׁטַף בַּמָּיִם וְכִבֶּס בְּגָדָיו וְרָחַץ בַּמַּיִם
יב וְטָמֵא עַד־הָעָרֶב׃ וּכְלִי־חֶרֶשׂ אֲשֶׁר־יִגַּע־בּוֹ הַזָּב יִשָּׁבֵר וְכָל־
יג כְּלִי־עֵץ יִשָּׁטֵף בַּמָּיִם׃ וְכִי־יִטְהַר הַזָּב מִזּוֹבוֹ וְסָפַר לוֹ שִׁבְעַת
יָמִים לְטָהֳרָתוֹ וְכִבֶּס בְּגָדָיו וְרָחַץ בְּשָׂרוֹ בְּמַיִם חַיִּים וְטָהֵר׃
יד וּבַיּוֹם הַשְּׁמִינִי יִקַּח־לוֹ שְׁתֵּי תֹרִים אוֹ שְׁנֵי בְּנֵי יוֹנָה וּבָא ׀ לִפְנֵי
טו יְהוָה אֶל־פֶּתַח אֹהֶל מוֹעֵד וּנְתָנָם אֶל־הַכֹּהֵן׃ וְעָשָׂה אֹתָם
הַכֹּהֵן אֶחָד חַטָּאת וְהָאֶחָד עֹלָה וְכִפֶּר עָלָיו הַכֹּהֵן לִפְנֵי יְהוָה
טז מִזּוֹבוֹ׃ וְאִישׁ כִּי־תֵצֵא מִמֶּנּוּ שִׁכְבַת־זָרַע וְרָחַץ ששי /שביעי/
יז בַּמַּיִם אֶת־כָּל־בְּשָׂרוֹ וְטָמֵא עַד־הָעָרֶב׃ וְכָל־בֶּגֶד וְכָל־עוֹר
אֲשֶׁר־יִהְיֶה עָלָיו שִׁכְבַת־זָרַע וְכֻבַּס בַּמַּיִם וְטָמֵא עַד־הָעָרֶב׃
יח וְאִשָּׁה אֲשֶׁר יִשְׁכַּב אִישׁ אֹתָהּ שִׁכְבַת־זָרַע וְרָחֲצוּ בַמַּיִם וְטָמְאוּ
עַד־הָעָרֶב׃

יט וְאִשָּׁה כִּי־תִהְיֶה זָבָה דָּם יִהְיֶה זֹבָהּ בִּבְשָׂרָהּ שִׁבְעַת יָמִים
כ תִּהְיֶה בְנִדָּתָהּ וְכָל־הַנֹּגֵעַ בָּהּ יִטְמָא עַד־הָעָרֶב׃ וְכֹל אֲשֶׁר
כא תִּשְׁכַּב עָלָיו בְּנִדָּתָהּ יִטְמָא וְכֹל אֲשֶׁר־תֵּשֵׁב עָלָיו יִטְמָא׃ וְכָל־

הַנֹּגֵעַ בְּמִשְׁכָּבָהּ יְכַבֵּס בְּגָדָיו וְרָחַץ בַּמַּיִם וְטָמֵא עַד־הָעָרֶב׃
וְכָל־הַנֹּגֵעַ בְּכָל־כְּלִי אֲשֶׁר־תֵּשֵׁב עָלָיו יְכַבֵּס בְּגָדָיו וְרָחַץ בַּמַּיִם כב
וְטָמֵא עַד־הָעָרֶב׃ וְאִם עַל־הַמִּשְׁכָּב הוּא אוֹ עַל־הַכְּלִי אֲשֶׁר־ כג
הִוא יֹשֶׁבֶת־עָלָיו בְּנָגְעוֹ־בוֹ יִטְמָא עַד־הָעָרֶב׃ וְאִם שָׁכֹב יִשְׁכַּב כד
אִישׁ אֹתָהּ וּתְהִי נִדָּתָהּ עָלָיו וְטָמֵא שִׁבְעַת יָמִים וְכָל־הַמִּשְׁכָּב
אֲשֶׁר־יִשְׁכַּב עָלָיו יִטְמָא׃ וְאִשָּׁה כִּי־יָזוּב זוֹב כה יב
דָּמָהּ יָמִים רַבִּים בְּלֹא עֶת־נִדָּתָהּ אוֹ כִי־תָזוּב עַל־נִדָּתָהּ כָּל־
יְמֵי זוֹב טֻמְאָתָהּ כִּימֵי נִדָּתָהּ תִּהְיֶה טְמֵאָה הִוא׃ כָּל־הַמִּשְׁכָּב כו
אֲשֶׁר־תִּשְׁכַּב עָלָיו כָּל־יְמֵי זוֹבָהּ כְּמִשְׁכַּב נִדָּתָהּ יִהְיֶה־לָּהּ
וְכָל־הַכְּלִי אֲשֶׁר תֵּשֵׁב עָלָיו טָמֵא יִהְיֶה כְּטֻמְאַת נִדָּתָהּ׃
וְכָל־הַנּוֹגֵעַ בָּם יִטְמָא וְכִבֶּס בְּגָדָיו וְרָחַץ בַּמַּיִם וְטָמֵא עַד־ כז
הָעָרֶב׃ וְאִם־טָהֲרָה מִזּוֹבָהּ וְסָפְרָה לָּהּ שִׁבְעַת יָמִים וְאַחַר כח
תִּטְהָר׃ וּבַיּוֹם הַשְּׁמִינִי תִּקַּח־לָהּ שְׁתֵּי תֹרִים אוֹ שְׁנֵי בְּנֵי יוֹנָה כט
וְהֵבִיאָה אוֹתָם אֶל־הַכֹּהֵן אֶל־פֶּתַח אֹהֶל מוֹעֵד׃ וְעָשָׂה הַכֹּהֵן ל
אֶת־הָאֶחָד חַטָּאת וְאֶת־הָאֶחָד עֹלָה וְכִפֶּר עָלֶיהָ הַכֹּהֵן לִפְנֵי
יְהוָה מִזּוֹב טֻמְאָתָהּ׃ וְהִזַּרְתֶּם אֶת־בְּנֵי־יִשְׂרָאֵל מִטֻּמְאָתָם לא
וְלֹא יָמֻתוּ בְּטֻמְאָתָם בְּטַמְּאָם אֶת־מִשְׁכָּנִי אֲשֶׁר בְּתוֹכָם׃ זֹאת לב
תּוֹרַת הַזָּב וַאֲשֶׁר תֵּצֵא מִמֶּנּוּ שִׁכְבַת־זֶרַע לְטָמְאָה־בָהּ׃ וְהַדָּוָה לג
בְּנִדָּתָהּ וְהַזָּב אֶת־זוֹבוֹ לַזָּכָר וְלַנְּקֵבָה וּלְאִישׁ אֲשֶׁר יִשְׁכַּב עִם־
טְמֵאָה׃

וַיְדַבֵּר יְהוָה אֶל־מֹשֶׁה אַחֲרֵי מוֹת שְׁנֵי בְּנֵי אַהֲרֹן בְּקָרְבָתָם א טז
לִפְנֵי־יְהוָה וַיָּמֻתוּ׃ וַיֹּאמֶר יְהוָה אֶל־מֹשֶׁה דַּבֵּר אֶל־אַהֲרֹן אָחִיךָ ב
וְאַל־יָבֹא בְכָל־עֵת אֶל־הַקֹּדֶשׁ מִבֵּית לַפָּרֹכֶת אֶל־פְּנֵי הַכַּפֹּרֶת
אֲשֶׁר עַל־הָאָרֹן וְלֹא יָמוּת כִּי בֶּעָנָן אֵרָאֶה עַל־הַכַּפֹּרֶת׃ בְּזֹאת ג
יָבֹא אַהֲרֹן אֶל־הַקֹּדֶשׁ בְּפַר בֶּן־בָּקָר לְחַטָּאת וְאַיִל לְעֹלָה׃
כְּתֹנֶת־בַּד קֹדֶשׁ יִלְבָּשׁ וּמִכְנְסֵי־בַד יִהְיוּ עַל־בְּשָׂרוֹ וּבְאַבְנֵט ד
בַּד יַחְגֹּר וּבְמִצְנֶפֶת בַּד יִצְנֹף בִּגְדֵי־קֹדֶשׁ הֵם וְרָחַץ בַּמַּיִם אֶת־

דין שוכב עם אישה נידה
ויקרא כ, יח

שביעי

מפטיר

אחרי מות

מות נדב ואביהוא
ויקרא י, א–ב

קרבנות יום הכיפורים
שמות ל, י
במדבר כט, ח–יא

ה בְּשָׂרוֹ וּלְבֵשָׁם׃ וּמֵאֵת עֲדַת בְּנֵי יִשְׂרָאֵל יִקַּח שְׁנֵי־שְׂעִירֵי עִזִּים
ו לְחַטָּאת וְאַיִל אֶחָד לְעֹלָה׃ וְהִקְרִיב אַהֲרֹן אֶת־פַּר הַחַטָּאת
ז אֲשֶׁר־לוֹ וְכִפֶּר בַּעֲדוֹ וּבְעַד בֵּיתוֹ׃ וְלָקַח אֶת־שְׁנֵי הַשְּׂעִירִם
ח וְהֶעֱמִיד אֹתָם לִפְנֵי יְהוָה פֶּתַח אֹהֶל מוֹעֵד׃ וְנָתַן אַהֲרֹן עַל־
שְׁנֵי הַשְּׂעִירִם גֹּרָלוֹת גּוֹרָל אֶחָד לַיהוָה וְגוֹרָל אֶחָד לַעֲזָאזֵל׃
ט וְהִקְרִיב אַהֲרֹן אֶת־הַשָּׂעִיר אֲשֶׁר עָלָה עָלָיו הַגּוֹרָל לַיהוָה
י וְעָשָׂהוּ חַטָּאת׃ וְהַשָּׂעִיר אֲשֶׁר עָלָה עָלָיו הַגּוֹרָל לַעֲזָאזֵל יָעֳמַד־
חַי לִפְנֵי יְהוָה לְכַפֵּר עָלָיו לְשַׁלַּח אֹתוֹ לַעֲזָאזֵל הַמִּדְבָּרָה׃
יא וְהִקְרִיב אַהֲרֹן אֶת־פַּר הַחַטָּאת אֲשֶׁר־לוֹ וְכִפֶּר בַּעֲדוֹ וּבְעַד
יב בֵּיתוֹ וְשָׁחַט אֶת־פַּר הַחַטָּאת אֲשֶׁר־לוֹ׃ וְלָקַח מְלֹא־הַמַּחְתָּה
גַּחֲלֵי־אֵשׁ מֵעַל הַמִּזְבֵּחַ מִלִּפְנֵי יְהוָה וּמְלֹא חָפְנָיו קְטֹרֶת סַמִּים
יג דַּקָּה וְהֵבִיא מִבֵּית לַפָּרֹכֶת׃ וְנָתַן אֶת־הַקְּטֹרֶת עַל־הָאֵשׁ לִפְנֵי
יְהוָה וְכִסָּה ׀ עֲנַן הַקְּטֹרֶת אֶת־הַכַּפֹּרֶת אֲשֶׁר עַל־הָעֵדוּת וְלֹא
יד יָמוּת׃ וְלָקַח מִדַּם הַפָּר וְהִזָּה בְאֶצְבָּעוֹ עַל־פְּנֵי הַכַּפֹּרֶת קֵדְמָה
טו וְלִפְנֵי הַכַּפֹּרֶת יַזֶּה שֶׁבַע־פְּעָמִים מִן־הַדָּם בְּאֶצְבָּעוֹ׃ וְשָׁחַט
אֶת־שְׂעִיר הַחַטָּאת אֲשֶׁר לָעָם וְהֵבִיא אֶת־דָּמוֹ אֶל־מִבֵּית
לַפָּרֹכֶת וְעָשָׂה אֶת־דָּמוֹ כַּאֲשֶׁר עָשָׂה לְדַם הַפָּר וְהִזָּה אֹתוֹ עַל־
טז הַכַּפֹּרֶת וְלִפְנֵי הַכַּפֹּרֶת׃ וְכִפֶּר עַל־הַקֹּדֶשׁ מִטֻּמְאֹת בְּנֵי יִשְׂרָאֵל
וּמִפִּשְׁעֵיהֶם לְכָל־חַטֹּאתָם וְכֵן יַעֲשֶׂה לְאֹהֶל מוֹעֵד הַשֹּׁכֵן אִתָּם
יז בְּתוֹךְ טֻמְאֹתָם׃ וְכָל־אָדָם לֹא־יִהְיֶה ׀ בְּאֹהֶל מוֹעֵד בְּבֹאוֹ
לְכַפֵּר בַּקֹּדֶשׁ עַד־צֵאתוֹ וְכִפֶּר בַּעֲדוֹ וּבְעַד בֵּיתוֹ וּבְעַד כָּל־
יח קְהַל יִשְׂרָאֵל׃ וְיָצָא אֶל־הַמִּזְבֵּחַ אֲשֶׁר לִפְנֵי־יְהוָה וְכִפֶּר עָלָיו שני
וְלָקַח מִדַּם הַפָּר וּמִדַּם הַשָּׂעִיר וְנָתַן עַל־קַרְנוֹת הַמִּזְבֵּחַ סָבִיב׃
יט וְהִזָּה עָלָיו מִן־הַדָּם בְּאֶצְבָּעוֹ שֶׁבַע פְּעָמִים וְטִהֲרוֹ וְקִדְּשׁוֹ
כ מִטֻּמְאֹת בְּנֵי יִשְׂרָאֵל׃ וְכִלָּה מִכַּפֵּר אֶת־הַקֹּדֶשׁ וְאֶת־אֹהֶל
כא מוֹעֵד וְאֶת־הַמִּזְבֵּחַ וְהִקְרִיב אֶת־הַשָּׂעִיר הֶחָי׃ וְסָמַךְ אַהֲרֹן
אֶת־שְׁתֵּי יָדָו עַל־רֹאשׁ הַשָּׂעִיר הַחַי וְהִתְוַדָּה עָלָיו אֶת־כָּל־

עֲוֺנֹת בְּנֵי יִשְׂרָאֵל וְאֶת־כׇּל־פִּשְׁעֵיהֶם לְכׇל־חַטֹּאתָם וְנָתַן אֹתָם
כב עַל־רֹאשׁ הַשָּׂעִיר וְשִׁלַּח בְּיַד־אִישׁ עִתִּי הַמִּדְבָּרָה: וְנָשָׂא
הַשָּׂעִיר עָלָיו אֶת־כׇּל־עֲוֺנֹתָם אֶל־אֶרֶץ גְּזֵרָה וְשִׁלַּח אֶת־הַשָּׂעִיר
כג בַּמִּדְבָּר: וּבָא אַהֲרֹן אֶל־אֹהֶל מוֹעֵד וּפָשַׁט אֶת־בִּגְדֵי הַבָּד
כד אֲשֶׁר לָבַשׁ בְּבֹאוֹ אֶל־הַקֹּדֶשׁ וְהִנִּיחָם שָׁם: וְרָחַץ אֶת־בְּשָׂרוֹ
בַמַּיִם בְּמָקוֹם קָדוֹשׁ וְלָבַשׁ אֶת־בְּגָדָיו וְיָצָא וְעָשָׂה אֶת־עֹלָתוֹ
שלישי /שני/
כה וְאֶת־עֹלַת הָעָם וְכִפֶּר בַּעֲדוֹ וּבְעַד הָעָם: וְאֵת חֵלֶב הַחַטָּאת
כו יַקְטִיר הַמִּזְבֵּחָה: וְהַמְשַׁלֵּחַ אֶת־הַשָּׂעִיר לַעֲזָאזֵל יְכַבֵּס בְּגָדָיו
דין שרפת חטאת פנימית מחוץ למחנה ויקרא ו, כג
כז וְרָחַץ אֶת־בְּשָׂרוֹ בַּמָּיִם וְאַחֲרֵי־כֵן יָבוֹא אֶל־הַמַּחֲנֶה: וְאֵת פַּר
הַחַטָּאת וְאֵת ׀ שְׂעִיר הַחַטָּאת אֲשֶׁר הוּבָא אֶת־דָּמָם לְכַפֵּר
בַּקֹּדֶשׁ יוֹצִיא אֶל־מִחוּץ לַמַּחֲנֶה וְשָׂרְפוּ בָאֵשׁ אֶת־עֹרֹתָם וְאֶת־
כח בְּשָׂרָם וְאֶת־פִּרְשָׁם: וְהַשֹּׂרֵף אֹתָם יְכַבֵּס בְּגָדָיו וְרָחַץ אֶת־
מצוות העינוי ביום הכיפורים ויקרא כג, כו–לב במדבר כט, ז
כט בְּשָׂרוֹ בַּמָּיִם וְאַחֲרֵי־כֵן יָבוֹא אֶל־הַמַּחֲנֶה: וְהָיְתָה לָכֶם לְחֻקַּת
עוֹלָם בַּחֹדֶשׁ הַשְּׁבִיעִי בֶּעָשׂוֹר לַחֹדֶשׁ תְּעַנּוּ אֶת־נַפְשֹׁתֵיכֶם
ל וְכׇל־מְלָאכָה לֹא תַעֲשׂוּ הָאֶזְרָח וְהַגֵּר הַגָּר בְּתוֹכְכֶם: כִּי־בַיּוֹם
הַזֶּה יְכַפֵּר עֲלֵיכֶם לְטַהֵר אֶתְכֶם מִכֹּל חַטֹּאתֵיכֶם לִפְנֵי יְהֹוָה
לא תִּטְהָרוּ: שַׁבַּת שַׁבָּתוֹן הִיא לָכֶם וְעִנִּיתֶם אֶת־נַפְשֹׁתֵיכֶם חֻקַּת
לב עוֹלָם: וְכִפֶּר הַכֹּהֵן אֲשֶׁר־יִמְשַׁח אֹתוֹ וַאֲשֶׁר יְמַלֵּא אֶת־יָדוֹ
לג לְכַהֵן תַּחַת אָבִיו וְלָבַשׁ אֶת־בִּגְדֵי הַבָּד בִּגְדֵי הַקֹּדֶשׁ: וְכִפֶּר
אֶת־מִקְדַּשׁ הַקֹּדֶשׁ וְאֶת־אֹהֶל מוֹעֵד וְאֶת־הַמִּזְבֵּחַ יְכַפֵּר וְעַל
לד הַכֹּהֲנִים וְעַל־כׇּל־עַם הַקָּהָל יְכַפֵּר: וְהָיְתָה־זֹּאת לָכֶם לְחֻקַּת
עוֹלָם לְכַפֵּר עַל־בְּנֵי יִשְׂרָאֵל מִכׇּל־חַטֹּאתָם אַחַת בַּשָּׁנָה וַיַּעַשׂ
כַּאֲשֶׁר צִוָּה יְהֹוָה אֶת־מֹשֶׁה:

רביעי יג
איסור הקרבה מחוץ למקדש דברים יב, יג–יד
יז א ב וַיְדַבֵּר יְהֹוָה אֶל־מֹשֶׁה לֵּאמֹר: דַּבֵּר אֶל־אַהֲרֹן וְאֶל־בָּנָיו וְאֶל
כׇּל־בְּנֵי יִשְׂרָאֵל וְאָמַרְתָּ אֲלֵיהֶם זֶה הַדָּבָר אֲשֶׁר־צִוָּה יְהֹוָה
ג לֵאמֹר: אִישׁ אִישׁ מִבֵּית יִשְׂרָאֵל אֲשֶׁר יִשְׁחַט שׁוֹר אוֹ־כֶשֶׂב
ד אוֹ־עֵז בַּמַּחֲנֶה אוֹ אֲשֶׁר יִשְׁחַט מִחוּץ לַמַּחֲנֶה: וְאֶל־פֶּתַח

אֹהֶל מוֹעֵד לֹא הֱבִיאוֹ לְהַקְרִיב קָרְבָּן לַיהוָה לִפְנֵי מִשְׁכַּן יְהוָה
דָּם יֵחָשֵׁב לָאִישׁ הַהוּא דָּם שָׁפָךְ וְנִכְרַת הָאִישׁ הַהוּא מִקֶּרֶב
ה עַמּוֹ׃ לְמַעַן אֲשֶׁר יָבִיאוּ בְּנֵי יִשְׂרָאֵל אֶת־זִבְחֵיהֶם אֲשֶׁר הֵם
זֹבְחִים עַל־פְּנֵי הַשָּׂדֶה וֶהֱבִיאֻם לַיהוָה אֶל־פֶּתַח אֹהֶל מוֹעֵד
ו אֶל־הַכֹּהֵן וְזָבְחוּ זִבְחֵי שְׁלָמִים לַיהוָה אוֹתָם׃ וְזָרַק הַכֹּהֵן אֶת־
הַדָּם עַל־מִזְבַּח יְהוָה פֶּתַח אֹהֶל מוֹעֵד וְהִקְטִיר הַחֵלֶב לְרֵיחַ
ז נִיחֹחַ לַיהוָה׃ וְלֹא־יִזְבְּחוּ עוֹד אֶת־זִבְחֵיהֶם לַשְּׂעִירִם אֲשֶׁר הֵם
ח זֹנִים אַחֲרֵיהֶם חֻקַּת עוֹלָם תִּהְיֶה־זֹּאת לָהֶם לְדֹרֹתָם׃ וַאֲלֵהֶם חמישי /שלישי/
תֹּאמַר אִישׁ אִישׁ מִבֵּית יִשְׂרָאֵל וּמִן־הַגֵּר אֲשֶׁר־יָגוּר בְּתוֹכָם
ט אֲשֶׁר־יַעֲלֶה עֹלָה אוֹ־זָבַח׃ וְאֶל־פֶּתַח אֹהֶל מוֹעֵד לֹא יְבִיאֶנּוּ
י לַעֲשׂוֹת אֹתוֹ לַיהוָה וְנִכְרַת הָאִישׁ הַהוּא מֵעַמָּיו׃ וְאִישׁ אִישׁ
מִבֵּית יִשְׂרָאֵל וּמִן־הַגֵּר הַגָּר בְּתוֹכָם אֲשֶׁר יֹאכַל כָּל־דָּם
וְנָתַתִּי פָנַי בַּנֶּפֶשׁ הָאֹכֶלֶת אֶת־הַדָּם וְהִכְרַתִּי אֹתָהּ מִקֶּרֶב
יא עַמָּהּ׃ כִּי־נֶפֶשׁ הַבָּשָׂר בַּדָּם הִוא וַאֲנִי נְתַתִּיו לָכֶם עַל־הַמִּזְבֵּחַ
יב לְכַפֵּר עַל־נַפְשֹׁתֵיכֶם כִּי־הַדָּם הוּא בַּנֶּפֶשׁ יְכַפֵּר׃ עַל־כֵּן
אָמַרְתִּי לִבְנֵי יִשְׂרָאֵל כָּל־נֶפֶשׁ מִכֶּם לֹא־תֹאכַל דָּם וְהַגֵּר
יג הַגָּר בְּתוֹכְכֶם לֹא־יֹאכַל דָּם׃ וְאִישׁ אִישׁ מִבְּנֵי יִשְׂרָאֵל וּמִן־
הַגֵּר הַגָּר בְּתוֹכָם אֲשֶׁר יָצוּד צֵיד חַיָּה אוֹ־עוֹף אֲשֶׁר יֵאָכֵל
יד וְשָׁפַךְ אֶת־דָּמוֹ וְכִסָּהוּ בֶּעָפָר׃ כִּי־נֶפֶשׁ כָּל־בָּשָׂר דָּמוֹ בְנַפְשׁוֹ
הוּא וָאֹמַר לִבְנֵי יִשְׂרָאֵל דַּם כָּל־בָּשָׂר לֹא תֹאכֵלוּ כִּי נֶפֶשׁ
טו כָּל־בָּשָׂר דָּמוֹ הִוא כָּל־אֹכְלָיו יִכָּרֵת׃ וְכָל־נֶפֶשׁ אֲשֶׁר תֹּאכַל
נְבֵלָה וּטְרֵפָה בָּאֶזְרָח וּבַגֵּר וְכִבֶּס בְּגָדָיו וְרָחַץ בַּמַּיִם וְטָמֵא
טז עַד־הָעֶרֶב וְטָהֵר׃ וְאִם לֹא יְכַבֵּס וּבְשָׂרוֹ לֹא יִרְחָץ וְנָשָׂא
עֲוֺנוֹ׃
יח א ב וַיְדַבֵּר יְהוָה אֶל־מֹשֶׁה לֵּאמֹר׃ דַּבֵּר אֶל־בְּנֵי יִשְׂרָאֵל וְאָמַרְתָּ יד
ג אֲלֵהֶם אֲנִי יְהוָה אֱלֹהֵיכֶם׃ כְּמַעֲשֵׂה אֶרֶץ־מִצְרַיִם אֲשֶׁר יְשַׁבְתֶּם־
בָּהּ לֹא תַעֲשׂוּ וּכְמַעֲשֵׂה אֶרֶץ־כְּנַעַן אֲשֶׁר אֲנִי מֵבִיא אֶתְכֶם

איסור אכילת דם
בראשית ט, ד
ויקרא ג, יז; ז, כו–כז
דברים יב, טז; יב, כג–כה; טו, כג

איסור אכילת טרפה
שמות כב, ל

שָׁמָּה לֹא תַעֲשׂוּ וּבְחֻקֹּתֵיהֶם לֹא תֵלֵכוּ: אֶת־מִשְׁפָּטַי תַּעֲשׂוּ ד
וְאֶת־חֻקֹּתַי תִּשְׁמְרוּ לָלֶכֶת בָּהֶם אֲנִי יְהוָה אֱלֹהֵיכֶם: וּשְׁמַרְתֶּם ה
אֶת־חֻקֹּתַי וְאֶת־מִשְׁפָּטַי אֲשֶׁר יַעֲשֶׂה אֹתָם הָאָדָם וָחַי בָּהֶם אֲנִי
ששי
יְהוָה: אִישׁ אִישׁ אֶל־כָּל־שְׁאֵר בְּשָׂרוֹ לֹא תִקְרְבוּ ו
לְגַלּוֹת עֶרְוָה אֲנִי יְהוָה: עֶרְוַת אָבִיךָ וְעֶרְוַת אִמְּךָ ז
לֹא תְגַלֵּה אִמְּךָ הִוא לֹא תְגַלֶּה עֶרְוָתָהּ: עֶרְוַת ח
אֵשֶׁת־אָבִיךָ לֹא תְגַלֵּה עֶרְוַת אָבִיךָ הִוא: עֶרְוַת ט
אֲחוֹתְךָ בַת־אָבִיךָ אוֹ בַת־אִמֶּךָ מוֹלֶדֶת בַּיִת אוֹ מוֹלֶדֶת חוּץ
לֹא תְגַלֶּה עֶרְוָתָן: עֶרְוַת בַּת־בִּנְךָ אוֹ בַת־ י
בִּתְּךָ לֹא תְגַלֶּה עֶרְוָתָן כִּי עֶרְוָתְךָ הֵנָּה: עֶרְוַת יא
בַּת־אֵשֶׁת אָבִיךָ מוֹלֶדֶת אָבִיךָ אֲחוֹתְךָ הִוא לֹא תְגַלֶּה
עֶרְוָתָהּ: עֶרְוַת אֲחוֹת־אָבִיךָ לֹא תְגַלֵּה שְׁאֵר יב
אָבִיךָ הִוא: עֶרְוַת אֲחוֹת־אִמְּךָ לֹא תְגַלֵּה כִּי־ יג
שְׁאֵר אִמְּךָ הִוא: עֶרְוַת אֲחִי־אָבִיךָ לֹא תְגַלֵּה אֶל־ יד
אִשְׁתּוֹ לֹא תִקְרָב דֹּדָתְךָ הִוא: עֶרְוַת כַּלָּתְךָ לֹא טו
תְגַלֵּה אֵשֶׁת בִּנְךָ הִוא לֹא תְגַלֶּה עֶרְוָתָהּ: עֶרְוַת טז
אֵשֶׁת־אָחִיךָ לֹא תְגַלֵּה עֶרְוַת אָחִיךָ הִוא: עֶרְוַת יז
אִשָּׁה וּבִתָּהּ לֹא תְגַלֵּה אֶת־בַּת־בְּנָהּ וְאֶת־בַּת־בִּתָּהּ לֹא
תִקַּח לְגַלּוֹת עֶרְוָתָהּ שַׁאֲרָה הֵנָּה זִמָּה הִוא: וְאִשָּׁה אֶל־ יח
אֲחֹתָהּ לֹא תִקָּח לִצְרֹר לְגַלּוֹת עֶרְוָתָהּ עָלֶיהָ בְּחַיֶּיהָ: וְאֶל־ יט
אִשָּׁה בְּנִדַּת טֻמְאָתָהּ לֹא תִקְרַב לְגַלּוֹת עֶרְוָתָהּ: וְאֶל־אֵשֶׁת כ
עֲמִיתְךָ לֹא־תִתֵּן שְׁכָבְתְּךָ לְזָרַע לְטָמְאָה־בָהּ: וּמִזַּרְעֲךָ לֹא־ כא
תִתֵּן לְהַעֲבִיר לַמֹּלֶךְ וְלֹא תְחַלֵּל אֶת־שֵׁם אֱלֹהֶיךָ אֲנִי יְהוָה:
שביעי /רביעי/
וְאֶת־זָכָר לֹא תִשְׁכַּב מִשְׁכְּבֵי אִשָּׁה תּוֹעֵבָה הִוא: וּבְכָל־בְּהֵמָה כב כג
לֹא־תִתֵּן שְׁכָבְתְּךָ לְטָמְאָה־בָהּ וְאִשָּׁה לֹא־תַעֲמֹד לִפְנֵי בְהֵמָה
לְרִבְעָהּ תֶּבֶל הוּא: אַל־תִּטַּמְּאוּ בְּכָל־אֵלֶּה כִּי בְכָל־אֵלֶּה כד
נִטְמְאוּ הַגּוֹיִם אֲשֶׁר־אֲנִי מְשַׁלֵּחַ מִפְּנֵיכֶם: וַתִּטְמָא הָאָרֶץ כה

איסור גילוי עריות בקרובי משפחה
ויקרא כ, יא–יב; כ, יז–כא
דברים כג, א; כז, כ–כג

איסור גילוי עריות באישה ובאמה
ויקרא כ, יד

איסור אשת איש
ויקרא כ, י
דברים כב, כב

איסור נתינת הזרע למולך
ויקרא כ, א–ה
דברים יח, י

איסור משכב זכר
ויקרא כ, יג

איסור משכב בהמה
שמות כב, יח
ויקרא כ, טו–טז
דברים כז, כא

כו וָאֶפְקֹד עֲוֺנָהּ עָלֶיהָ וַתָּקִא הָאָרֶץ אֶת־יֹשְׁבֶיהָ: וּשְׁמַרְתֶּם אַתֶּם
אֶת־חֻקֹּתַי וְאֶת־מִשְׁפָּטַי וְלֹא תַעֲשׂוּ מִכֹּל הַתּוֹעֵבֹת הָאֵלֶּה
כז הָאֶזְרָח וְהַגֵּר הַגָּר בְּתוֹכְכֶם: כִּי אֶת־כָּל־הַתּוֹעֵבֹת הָאֵל עָשׂוּ
כח אַנְשֵׁי־הָאָרֶץ אֲשֶׁר לִפְנֵיכֶם וַתִּטְמָא הָאָרֶץ: וְלֹא־תָקִיא הָאָרֶץ מפטיר
אֶתְכֶם בְּטַמַּאֲכֶם אֹתָהּ כַּאֲשֶׁר קָאָה אֶת־הַגּוֹי אֲשֶׁר לִפְנֵיכֶם:
כט כִּי כָּל־אֲשֶׁר יַעֲשֶׂה מִכֹּל הַתּוֹעֵבֹת הָאֵלֶּה וְנִכְרְתוּ הַנְּפָשׁוֹת
ל הָעֹשֹׂת מִקֶּרֶב עַמָּם: וּשְׁמַרְתֶּם אֶת־מִשְׁמַרְתִּי לְבִלְתִּי עֲשׂוֹת
מֵחֻקּוֹת הַתּוֹעֵבֹת אֲשֶׁר נַעֲשׂוּ לִפְנֵיכֶם וְלֹא תִטַּמְּאוּ בָּהֶם אֲנִי
יְהוָה אֱלֹהֵיכֶם:

יט א ב וַיְדַבֵּר יְהוָה אֶל־מֹשֶׁה לֵּאמֹר: דַּבֵּר אֶל־כָּל־עֲדַת בְּנֵי־יִשְׂרָאֵל טו קדשים
וְאָמַרְתָּ אֲלֵהֶם קְדֹשִׁים תִּהְיוּ כִּי קָדוֹשׁ אֲנִי יְהוָה אֱלֹהֵיכֶם:
ג אִישׁ אִמּוֹ וְאָבִיו תִּירָאוּ וְאֶת־שַׁבְּתֹתַי תִּשְׁמֹרוּ אֲנִי יְהוָה
ד אֱלֹהֵיכֶם: אַל־תִּפְנוּ אֶל־הָאֱלִילִם וֵאלֹהֵי מַסֵּכָה לֹא תַעֲשׂוּ
ה לָכֶם אֲנִי יְהוָה אֱלֹהֵיכֶם: וְכִי תִזְבְּחוּ זֶבַח שְׁלָמִים לַיהוָה
ו לִרְצֹנְכֶם תִּזְבָּחֻהוּ: בְּיוֹם זִבְחֲכֶם יֵאָכֵל וּמִמָּחֳרָת וְהַנּוֹתָר עַד־
ז יוֹם הַשְּׁלִישִׁי בָּאֵשׁ יִשָּׂרֵף: וְאִם הֵאָכֹל יֵאָכֵל בַּיּוֹם הַשְּׁלִישִׁי
ח פִּגּוּל הוּא לֹא יֵרָצֶה: וְאֹכְלָיו עֲוֺנוֹ יִשָּׂא כִּי־אֶת־קֹדֶשׁ יְהוָה
ט חִלֵּל וְנִכְרְתָה הַנֶּפֶשׁ הַהִוא מֵעַמֶּיהָ: וּבְקֻצְרְכֶם אֶת־קְצִיר
אַרְצְכֶם לֹא תְכַלֶּה פְּאַת שָׂדְךָ לִקְצֹר וְלֶקֶט קְצִירְךָ לֹא תְלַקֵּט:
י וְכַרְמְךָ לֹא תְעוֹלֵל וּפֶרֶט כַּרְמְךָ לֹא תְלַקֵּט לֶעָנִי וְלַגֵּר תַּעֲזֹב
יא אֹתָם אֲנִי יְהוָה אֱלֹהֵיכֶם: לֹא תִּגְנֹבוּ וְלֹא־תְכַחֲשׁוּ וְלֹא־תְשַׁקְּרוּ
יב אִישׁ בַּעֲמִיתוֹ: וְלֹא־תִשָּׁבְעוּ בִשְׁמִי לַשָּׁקֶר וְחִלַּלְתָּ אֶת־שֵׁם
יג אֱלֹהֶיךָ אֲנִי יְהוָה: לֹא־תַעֲשֹׁק אֶת־רֵעֲךָ וְלֹא תִגְזֹל לֹא־תָלִין
יד פְּעֻלַּת שָׂכִיר אִתְּךָ עַד־בֹּקֶר: לֹא־תְקַלֵּל חֵרֵשׁ וְלִפְנֵי עִוֵּר לֹא
טו תִתֵּן מִכְשֹׁל וְיָרֵאתָ מֵּאֱלֹהֶיךָ אֲנִי יְהוָה: לֹא־תַעֲשׂוּ עָוֶל בַּמִּשְׁפָּט שני /חמישי/
לֹא־תִשָּׂא פְנֵי־דָל וְלֹא תֶהְדַּר פְּנֵי גָדוֹל בְּצֶדֶק תִּשְׁפֹּט עֲמִיתֶךָ:
טז לֹא־תֵלֵךְ רָכִיל בְּעַמֶּיךָ לֹא תַעֲמֹד עַל־דַּם רֵעֶךָ אֲנִי יְהוָה:

מצוות כיבוד אב ואם
שמות כ, יא
דברים ה, טו

מצוות השבת
שמות טז, כט; כ, ז–י; לא, יב–יז; לה, א–ג
ויקרא יט, ל; כג, ג
דברים ה, יא–יד
ישעיה נח, יג–יד
ירמיה יז, יט–כז
נחמיה יג, טו–כא

דיני נותר ופיגול
ויקרא ז, טו–יח; כב, כט–ל

דיני מתנות עניים
ויקרא כג, כב
דברים כד, יט–כב

איסור גנבה
שמות כ, יב
דברים ה, טז

איסור הלנת שכר
דברים כד, יד–טו

ציווי על משפט צדק
שמות כג, ו–ח
דברים טז, יח–כ

איסור הטיית משפט לטובת הדל
שמות כג, ג

יז לֹא־תִשְׂנָא אֶת־אָחִיךָ בִּלְבָבֶךָ הוֹכֵחַ תּוֹכִיחַ אֶת־עֲמִיתֶךָ וְלֹא־
יח תִשָּׂא עָלָיו חֵטְא: לֹא־תִקֹּם וְלֹא־תִטֹּר אֶת־בְּנֵי עַמֶּךָ וְאָהַבְתָּ
יט לְרֵעֲךָ כָּמוֹךָ אֲנִי יְהוָה: אֶת־חֻקֹּתַי תִּשְׁמֹרוּ בְּהֶמְתְּךָ לֹא־תַרְבִּיעַ
כִּלְאַיִם שָׂדְךָ לֹא־תִזְרַע כִּלְאָיִם וּבֶגֶד כִּלְאַיִם שַׁעַטְנֵז לֹא יַעֲלֶה
כ עָלֶיךָ: וְאִישׁ כִּי־יִשְׁכַּב אֶת־אִשָּׁה שִׁכְבַת־זֶרַע וְהִוא שִׁפְחָה
נֶחֱרֶפֶת לְאִישׁ וְהָפְדֵּה לֹא נִפְדָּתָה אוֹ חֻפְשָׁה לֹא נִתַּן־לָהּ
כא בִּקֹּרֶת תִּהְיֶה לֹא יוּמְתוּ כִּי־לֹא חֻפָּשָׁה: וְהֵבִיא אֶת־אֲשָׁמוֹ
כב לַיהוָה אֶל־פֶּתַח אֹהֶל מוֹעֵד אֵיל אָשָׁם: וְכִפֶּר עָלָיו הַכֹּהֵן
בְּאֵיל הָאָשָׁם לִפְנֵי יְהוָה עַל־חַטָּאתוֹ אֲשֶׁר חָטָא וְנִסְלַח לוֹ
מֵחַטָּאתוֹ אֲשֶׁר חָטָא:

איסור כלאיים
דברים כב, ט–יא

שלישי טז

כג וְכִי־תָבֹאוּ אֶל־הָאָרֶץ וּנְטַעְתֶּם כָּל־עֵץ מַאֲכָל וַעֲרַלְתֶּם עָרְלָתוֹ
כד אֶת־פִּרְיוֹ שָׁלֹשׁ שָׁנִים יִהְיֶה לָכֶם עֲרֵלִים לֹא יֵאָכֵל: וּבַשָּׁנָה
כה הָרְבִיעִת יִהְיֶה כָּל־פִּרְיוֹ קֹדֶשׁ הִלּוּלִים לַיהוָה: וּבַשָּׁנָה הַחֲמִישִׁת
תֹּאכְלוּ אֶת־פִּרְיוֹ לְהוֹסִיף לָכֶם תְּבוּאָתוֹ אֲנִי יְהוָה אֱלֹהֵיכֶם:
כו כז לֹא תֹאכְלוּ עַל־הַדָּם לֹא תְנַחֲשׁוּ וְלֹא תְעוֹנֵנוּ: לֹא תַקִּפוּ
כח פְּאַת רֹאשְׁכֶם וְלֹא תַשְׁחִית אֵת פְּאַת זְקָנֶךָ: וְשֶׂרֶט לָנֶפֶשׁ
לֹא תִתְּנוּ בִּבְשַׂרְכֶם וּכְתֹבֶת קַעֲקַע לֹא תִתְּנוּ בָּכֶם אֲנִי יְהוָה:
כט אַל־תְּחַלֵּל אֶת־בִּתְּךָ לְהַזְנוֹתָהּ וְלֹא־תִזְנֶה הָאָרֶץ וּמָלְאָה
ל הָאָרֶץ זִמָּה: אֶת־שַׁבְּתֹתַי תִּשְׁמֹרוּ וּמִקְדָּשִׁי תִּירָאוּ אֲנִי יְהוָה:
לא אַל־תִּפְנוּ אֶל־הָאֹבֹת וְאֶל־הַיִּדְּעֹנִים אַל־תְּבַקְשׁוּ לְטָמְאָה
לב בָהֶם אֲנִי יְהוָה אֱלֹהֵיכֶם: מִפְּנֵי שֵׂיבָה תָּקוּם וְהָדַרְתָּ פְּנֵי זָקֵן
לג וְיָרֵאתָ מֵּאֱלֹהֶיךָ אֲנִי יְהוָה: וְכִי־יָגוּר אִתְּךָ גֵּר
לד בְּאַרְצְכֶם לֹא תוֹנוּ אֹתוֹ: כְּאֶזְרָח מִכֶּם יִהְיֶה לָכֶם הַגֵּר ׀ הַגָּר
אִתְּכֶם וְאָהַבְתָּ לוֹ כָּמוֹךָ כִּי־גֵרִים הֱיִיתֶם בְּאֶרֶץ מִצְרָיִם אֲנִי
לה יְהוָה אֱלֹהֵיכֶם: לֹא־תַעֲשׂוּ עָוֶל בַּמִּשְׁפָּט בַּמִּדָּה בַּמִּשְׁקָל
לו וּבַמְּשׂוּרָה: מֹאזְנֵי צֶדֶק אַבְנֵי־צֶדֶק אֵיפַת צֶדֶק וְהִין צֶדֶק יִהְיֶה
לָכֶם אֲנִי יְהוָה אֱלֹהֵיכֶם אֲשֶׁר־הוֹצֵאתִי אֶתְכֶם מֵאֶרֶץ מִצְרָיִם:

מצוות השבת
שמות טז, כט; כ, ז–י; לא, יב–יז; לה, א–ג
ויקרא יט, ג; כג, ג
דברים ה, יא–יד
ישעיה נח, יג–יד
ירמיה יז, יט–כז
נחמיה יג, טו–כא

איסור פנייה אל האובות ואל הידעונים
ויקרא כ, ו; כ, כז
דברים יח, ט–יד

רביעי/ששי/

איסור הונאת גר ולחיצתו
שמות כב, כ–כג; כג, ט; ירמיה ז, ו; כב, ג; זכריה ז, י

איסור מרמה במידות ובמשקלות
דברים כה, יג–טז
יחזקאל מה, ט–יב
משלי כ, י; כ, כג

לז וּשְׁמַרְתֶּם אֶת־כָּל־חֻקֹּתַי וְאֶת־כָּל־מִשְׁפָּטַי וַעֲשִׂיתֶם אֹתָם אֲנִי
יְהוָה:
כ א ב וַיְדַבֵּר יְהוָה אֶל־מֹשֶׁה לֵּאמֹר: וְאֶל־בְּנֵי יִשְׂרָאֵל תֹּאמַר אִישׁ
אִישׁ מִבְּנֵי יִשְׂרָאֵל וּמִן־הַגֵּר ׀ הַגָּר בְּיִשְׂרָאֵל אֲשֶׁר יִתֵּן מִזַּרְעוֹ
ג לַמֹּלֶךְ מוֹת יוּמָת עַם הָאָרֶץ יִרְגְּמֻהוּ בָאָבֶן: וַאֲנִי אֶתֵּן אֶת־
פָּנַי בָּאִישׁ הַהוּא וְהִכְרַתִּי אֹתוֹ מִקֶּרֶב עַמּוֹ כִּי מִזַּרְעוֹ נָתַן
ד לַמֹּלֶךְ לְמַעַן טַמֵּא אֶת־מִקְדָּשִׁי וּלְחַלֵּל אֶת־שֵׁם קָדְשִׁי: וְאִם
הַעְלֵם יַעְלִימוּ עַם הָאָרֶץ אֶת־עֵינֵיהֶם מִן־הָאִישׁ הַהוּא בְּתִתּוֹ
ה מִזַּרְעוֹ לַמֹּלֶךְ לְבִלְתִּי הָמִית אֹתוֹ: וְשַׂמְתִּי אֲנִי אֶת־פָּנַי בָּאִישׁ
הַהוּא וּבְמִשְׁפַּחְתּוֹ וְהִכְרַתִּי אֹתוֹ וְאֵת ׀ כָּל־הַזֹּנִים אַחֲרָיו לִזְנוֹת
ו אַחֲרֵי הַמֹּלֶךְ מִקֶּרֶב עַמָּם: וְהַנֶּפֶשׁ אֲשֶׁר תִּפְנֶה אֶל־הָאֹבֹת
וְאֶל־הַיִּדְּעֹנִים לִזְנֹת אַחֲרֵיהֶם וְנָתַתִּי אֶת־פָּנַי בַּנֶּפֶשׁ הַהִוא
ז וְהִכְרַתִּי אֹתוֹ מִקֶּרֶב עַמּוֹ: וְהִתְקַדִּשְׁתֶּם וִהְיִיתֶם קְדֹשִׁים כִּי
ח אֲנִי יְהוָה אֱלֹהֵיכֶם: וּשְׁמַרְתֶּם אֶת־חֻקֹּתַי וַעֲשִׂיתֶם אֹתָם אֲנִי
ט יְהוָה מְקַדִּשְׁכֶם: כִּי־אִישׁ אִישׁ אֲשֶׁר יְקַלֵּל אֶת־אָבִיו וְאֶת־
י אִמּוֹ מוֹת יוּמָת אָבִיו וְאִמּוֹ קִלֵּל דָּמָיו בּוֹ: וְאִישׁ אֲשֶׁר יִנְאַף
אֶת־אֵשֶׁת אִישׁ אֲשֶׁר יִנְאַף אֶת־אֵשֶׁת רֵעֵהוּ מוֹת־יוּמַת הַנֹּאֵף
יא וְהַנֹּאָפֶת: וְאִישׁ אֲשֶׁר יִשְׁכַּב אֶת־אֵשֶׁת אָבִיו עֶרְוַת אָבִיו גִּלָּה
יב מוֹת־יוּמְתוּ שְׁנֵיהֶם דְּמֵיהֶם בָּם: וְאִישׁ אֲשֶׁר יִשְׁכַּב אֶת־כַּלָּתוֹ
יג מוֹת יוּמְתוּ שְׁנֵיהֶם תֶּבֶל עָשׂוּ דְּמֵיהֶם בָּם: וְאִישׁ אֲשֶׁר יִשְׁכַּב
אֶת־זָכָר מִשְׁכְּבֵי אִשָּׁה תּוֹעֵבָה עָשׂוּ שְׁנֵיהֶם מוֹת יוּמָתוּ דְּמֵיהֶם
יד בָּם: וְאִישׁ אֲשֶׁר יִקַּח אֶת־אִשָּׁה וְאֶת־אִמָּהּ זִמָּה הִוא בָּאֵשׁ
טו יִשְׂרְפוּ אֹתוֹ וְאֶתְהֶן וְלֹא־תִהְיֶה זִמָּה בְּתוֹכְכֶם: וְאִישׁ אֲשֶׁר
טז יִתֵּן שְׁכָבְתּוֹ בִּבְהֵמָה מוֹת יוּמָת וְאֶת־הַבְּהֵמָה תַּהֲרֹגוּ: וְאִשָּׁה
אֲשֶׁר תִּקְרַב אֶל־כָּל־בְּהֵמָה לְרִבְעָה אֹתָהּ וְהָרַגְתָּ אֶת־הָאִשָּׁה
יז וְאֶת־הַבְּהֵמָה מוֹת יוּמָתוּ דְּמֵיהֶם בָּם: וְאִישׁ אֲשֶׁר־יִקַּח אֶת־
אֲחֹתוֹ בַּת־אָבִיו אוֹ בַת־אִמּוֹ וְרָאָה אֶת־עֶרְוָתָהּ וְהִיא תִרְאֶה

חמישי

איסור נתינת הזרע למולך
ויקרא יח, כא
דברים יח, י

איסור פנייה אל האובות ואל הידעונים
ויקרא יט, לא; כ, כז
דברים יח, ט–יד

ששי /שביעי/

עונש מוות למקלל אביו ואמו
שמות כא, יז

איסור אשת איש
ויקרא יח, כ
דברים כב, כב

איסור גילוי עריות בקרובי משפחה
ויקרא יח, ו–טז
דברים כג, א; כז, כ–כג

איסור משכב זכר
ויקרא יח, כב

איסור גילוי עריות באישה ובאמה
ויקרא יח, יז

איסור משכב בהמה
שמות כב, יח
ויקרא יח, כג
דברים כז, כא

אֶת־עֶרְוָתוֹ חֶסֶד הוּא וְנִכְרְתוּ לְעֵינֵי בְּנֵי עַמָּם עֶרְוַת אֲחֹתוֹ

דין שוכב עם אישה נידה
ויקרא טו, כד

יח גִּלָּה עֲוֺנוֹ יִשָּׂא׃ וְאִישׁ אֲשֶׁר־יִשְׁכַּב אֶת־אִשָּׁה דָּוָה וְגִלָּה אֶת־
עֶרְוָתָהּ אֶת־מְקֹרָהּ הֶעֱרָה וְהִוא גִּלְּתָה אֶת־מְקוֹר דָּמֶיהָ וְנִכְרְתוּ
יט שְׁנֵיהֶם מִקֶּרֶב עַמָּם׃ וְעֶרְוַת אֲחוֹת אִמְּךָ וַאֲחוֹת אָבִיךָ לֹא
כ תְגַלֵּה כִּי אֶת־שְׁאֵרוֹ הֶעֱרָה עֲוֺנָם יִשָּׂאוּ׃ וְאִישׁ אֲשֶׁר יִשְׁכַּב
כא אֶת־דֹּדָתוֹ עֶרְוַת דֹּדוֹ גִּלָּה חֶטְאָם יִשָּׂאוּ עֲרִירִים יָמֻתוּ׃ וְאִישׁ
אֲשֶׁר יִקַּח אֶת־אֵשֶׁת אָחִיו נִדָּה הִוא עֶרְוַת אָחִיו גִּלָּה עֲרִירִים
כב יִהְיוּ׃ וּשְׁמַרְתֶּם אֶת־כָּל־חֻקֹּתַי וְאֶת־כָּל־מִשְׁפָּטַי וַעֲשִׂיתֶם
אֹתָם וְלֹא־תָקִיא אֶתְכֶם הָאָרֶץ אֲשֶׁר אֲנִי מֵבִיא אֶתְכֶם שָׁמָּה

שביעי

כג לָשֶׁבֶת בָּהּ׃ וְלֹא תֵלְכוּ בְּחֻקֹּת הַגּוֹי אֲשֶׁר־אֲנִי מְשַׁלֵּחַ מִפְּנֵיכֶם
כד כִּי אֶת־כָּל־אֵלֶּה עָשׂוּ וָאָקֻץ בָּם׃ וָאֹמַר לָכֶם אַתֶּם תִּירְשׁוּ
אֶת־אַדְמָתָם וַאֲנִי אֶתְּנֶנָּה לָכֶם לָרֶשֶׁת אֹתָהּ אֶרֶץ זָבַת חָלָב
וּדְבָשׁ אֲנִי יהוה אֱלֹהֵיכֶם אֲשֶׁר־הִבְדַּלְתִּי אֶתְכֶם מִן־הָעַמִּים׃

מפטיר

כה וְהִבְדַּלְתֶּם בֵּין־הַבְּהֵמָה הַטְּהֹרָה לַטְּמֵאָה וּבֵין־הָעוֹף הַטָּמֵא
לַטָּהֹר וְלֹא־תְשַׁקְּצוּ אֶת־נַפְשֹׁתֵיכֶם בַּבְּהֵמָה וּבָעוֹף וּבְכֹל
כו אֲשֶׁר תִּרְמֹשׂ הָאֲדָמָה אֲשֶׁר־הִבְדַּלְתִּי לָכֶם לְטַמֵּא׃ וִהְיִיתֶם לִי

איסור פנייה אל האובות ואל הידעונים
ויקרא יט, לא; כ, ו
דברים יח, ט–יד

קְדֹשִׁים כִּי קָדוֹשׁ אֲנִי יהוה וָאַבְדִּל אֶתְכֶם מִן־הָעַמִּים לִהְיוֹת
כז לִי׃ וְאִישׁ אוֹ־אִשָּׁה כִּי־יִהְיֶה בָהֶם אוֹב אוֹ יִדְּעֹנִי מוֹת יוּמָתוּ
בָּאֶבֶן יִרְגְּמוּ אֹתָם דְּמֵיהֶם בָּם׃

אמר יז

כא א וַיֹּאמֶר יהוה אֶל־מֹשֶׁה אֱמֹר אֶל־הַכֹּהֲנִים בְּנֵי אַהֲרֹן וְאָמַרְתָּ

דיני היטמאות הכוהן לקרוביו
יחזקאל מד, כה–כז

ב אֲלֵהֶם לְנֶפֶשׁ לֹא־יִטַּמָּא בְּעַמָּיו׃ כִּי אִם־לִשְׁאֵרוֹ הַקָּרֹב אֵלָיו
ג לְאִמּוֹ וּלְאָבִיו וְלִבְנוֹ וּלְבִתּוֹ וּלְאָחִיו׃ וְלַאֲחֹתוֹ הַבְּתוּלָה הַקְּרוֹבָה
ד אֵלָיו אֲשֶׁר לֹא־הָיְתָה לְאִישׁ לָהּ יִטַּמָּא׃ לֹא יִטַּמָּא בַּעַל בְּעַמָּיו

יִקְרְחוּ

ה לְהֵחַלּוֹ׃ לֹא־יקרחה קָרְחָה בְּרֹאשָׁם וּפְאַת זְקָנָם לֹא יְגַלֵּחוּ
ו וּבִבְשָׂרָם לֹא יִשְׂרְטוּ שָׂרָטֶת׃ קְדֹשִׁים יִהְיוּ לֵאלֹהֵיהֶם וְלֹא

הנשים המותרות לכוהנים
יחזקאל מד, כב

יְחַלְּלוּ שֵׁם אֱלֹהֵיהֶם כִּי אֶת־אִשֵּׁי יהוה לֶחֶם אֱלֹהֵיהֶם הֵם
ז מַקְרִיבִם וְהָיוּ קֹדֶשׁ׃ אִשָּׁה זֹנָה וַחֲלָלָה לֹא יִקָּחוּ וְאִשָּׁה גְּרוּשָׁה

ח מֵאִישָׁהּ לֹא יִקָּחוּ כִּי־קָדֹשׁ הוּא לֵאלֹהָיו: וְקִדַּשְׁתּוֹ כִּי־אֶת־
לֶחֶם אֱלֹהֶיךָ הוּא מַקְרִיב קָדֹשׁ יִהְיֶה־לָּךְ כִּי קָדוֹשׁ אֲנִי יהוה
ט מְקַדִּשְׁכֶם: וּבַת אִישׁ כֹּהֵן כִּי תֵחֵל לִזְנוֹת אֶת־אָבִיהָ הִיא
י מְחַלֶּלֶת בָּאֵשׁ תִּשָּׂרֵף: וְהַכֹּהֵן הַגָּדוֹל מֵאֶחָיו
אֲשֶׁר־יוּצַק עַל־רֹאשׁוֹ | שֶׁמֶן הַמִּשְׁחָה וּמִלֵּא אֶת־יָדוֹ לִלְבֹּשׁ
יא אֶת־הַבְּגָדִים אֶת־רֹאשׁוֹ לֹא יִפְרָע וּבְגָדָיו לֹא יִפְרֹם: וְעַל כָּל־
יב נַפְשֹׁת מֵת לֹא יָבֹא לְאָבִיו וּלְאִמּוֹ לֹא יִטַּמָּא: וּמִן־הַמִּקְדָּשׁ
לֹא יֵצֵא וְלֹא יְחַלֵּל אֵת מִקְדַּשׁ אֱלֹהָיו כִּי נֵזֶר שֶׁמֶן מִשְׁחַת
יג יד אֱלֹהָיו עָלָיו אֲנִי יהוה: וְהוּא אִשָּׁה בִבְתוּלֶיהָ יִקָּח: אַלְמָנָה
וּגְרוּשָׁה וַחֲלָלָה זֹנָה אֶת־אֵלֶּה לֹא יִקָּח כִּי אִם־בְּתוּלָה
טו מֵעַמָּיו יִקַּח אִשָּׁה: וְלֹא־יְחַלֵּל זַרְעוֹ בְּעַמָּיו כִּי אֲנִי יהוה
טז יז מְקַדְּשׁוֹ: וַיְדַבֵּר יהוה אֶל־מֹשֶׁה לֵּאמֹר: דַּבֵּר שני
אֶל־אַהֲרֹן לֵאמֹר אִישׁ מִזַּרְעֲךָ לְדֹרֹתָם אֲשֶׁר יִהְיֶה בוֹ מוּם
יח לֹא יִקְרַב לְהַקְרִיב לֶחֶם אֱלֹהָיו: כִּי כָל־אִישׁ אֲשֶׁר־בּוֹ מוּם לֹא
יט יִקְרָב אִישׁ עִוֵּר אוֹ פִסֵּחַ אוֹ חָרֻם אוֹ שָׂרוּעַ: אוֹ אִישׁ אֲשֶׁר־
כ יִהְיֶה בוֹ שֶׁבֶר רָגֶל אוֹ שֶׁבֶר יָד: אוֹ־גִבֵּן אוֹ־דַק אוֹ תְּבַלֻּל
כא בְּעֵינוֹ אוֹ גָרָב אוֹ יַלֶּפֶת אוֹ מְרוֹחַ אָשֶׁךְ: כָּל־אִישׁ אֲשֶׁר־בּוֹ מוּם
מִזֶּרַע אַהֲרֹן הַכֹּהֵן לֹא יִגַּשׁ לְהַקְרִיב אֶת־אִשֵּׁי יהוה מוּם בּוֹ
כב אֵת לֶחֶם אֱלֹהָיו לֹא יִגַּשׁ לְהַקְרִיב: לֶחֶם אֱלֹהָיו מִקָּדְשֵׁי
כג הַקֳּדָשִׁים וּמִן־הַקֳּדָשִׁים יֹאכֵל: אַךְ אֶל־הַפָּרֹכֶת לֹא יָבֹא וְאֶל־
הַמִּזְבֵּחַ לֹא יִגַּשׁ כִּי־מוּם בּוֹ וְלֹא יְחַלֵּל אֶת־מִקְדָּשַׁי כִּי אֲנִי
כד יהוה מְקַדְּשָׁם: וַיְדַבֵּר מֹשֶׁה אֶל־אַהֲרֹן וְאֶל־בָּנָיו וְאֶל־כָּל־
בְּנֵי יִשְׂרָאֵל:
כב א ב וַיְדַבֵּר יהוה אֶל־מֹשֶׁה לֵּאמֹר: דַּבֵּר אֶל־אַהֲרֹן וְאֶל־בָּנָיו וְיִנָּזְרוּ
מִקָּדְשֵׁי בְנֵי־יִשְׂרָאֵל וְלֹא יְחַלְּלוּ אֶת־שֵׁם קָדְשִׁי אֲשֶׁר הֵם
ג מַקְדִּשִׁים לִי אֲנִי יהוה: אֱמֹר אֲלֵהֶם לְדֹרֹתֵיכֶם כָּל־אִישׁ | אֲשֶׁר־
יִקְרַב מִכָּל־זַרְעֲכֶם אֶל־הַקֳּדָשִׁים אֲשֶׁר יַקְדִּישׁוּ בְנֵי־יִשְׂרָאֵל

לַיהֹוָה וְטֻמְאָתוֹ עָלָיו וְנִכְרְתָה הַנֶּפֶשׁ הַהִוא מִלְּפָנַי אֲנִי יְהֹוָה׃
ד אִישׁ אִישׁ מִזֶּרַע אַהֲרֹן וְהוּא צָרוּעַ אוֹ זָב בַּקֳּדָשִׁים לֹא יֹאכַל
עַד אֲשֶׁר יִטְהָר וְהַנֹּגֵעַ בְּכָל־טְמֵא־נֶפֶשׁ אוֹ אִישׁ אֲשֶׁר־תֵּצֵא
ה מִמֶּנּוּ שִׁכְבַת־זָרַע׃ אוֹ־אִישׁ אֲשֶׁר יִגַּע בְּכָל־שֶׁרֶץ אֲשֶׁר יִטְמָא־
ו לוֹ אוֹ בְאָדָם אֲשֶׁר יִטְמָא־לוֹ לְכֹל טֻמְאָתוֹ׃ נֶפֶשׁ אֲשֶׁר תִּגַּע־
בּוֹ וְטָמְאָה עַד־הָעָרֶב וְלֹא יֹאכַל מִן־הַקֳּדָשִׁים כִּי אִם־רָחַץ
ז בְּשָׂרוֹ בַּמָּיִם׃ וּבָא הַשֶּׁמֶשׁ וְטָהֵר וְאַחַר יֹאכַל מִן־הַקֳּדָשִׁים
ח כִּי לַחְמוֹ הוּא׃ נְבֵלָה וּטְרֵפָה לֹא יֹאכַל לְטָמְאָה־בָהּ אֲנִי יְהֹוָה׃
ט וְשָׁמְרוּ אֶת־מִשְׁמַרְתִּי וְלֹא־יִשְׂאוּ עָלָיו חֵטְא וּמֵתוּ בוֹ כִּי יְחַלְּלֻהוּ
י אֲנִי יְהֹוָה מְקַדְּשָׁם׃ וְכָל־זָר לֹא־יֹאכַל קֹדֶשׁ תּוֹשַׁב כֹּהֵן וְשָׂכִיר
יא לֹא־יֹאכַל קֹדֶשׁ׃ וְכֹהֵן כִּי־יִקְנֶה נֶפֶשׁ קִנְיַן כַּסְפּוֹ הוּא יֹאכַל
יב בּוֹ וִילִיד בֵּיתוֹ הֵם יֹאכְלוּ בְלַחְמוֹ׃ וּבַת־כֹּהֵן כִּי תִהְיֶה לְאִישׁ
יג זָר הִוא בִּתְרוּמַת הַקֳּדָשִׁים לֹא תֹאכֵל׃ וּבַת־כֹּהֵן כִּי תִהְיֶה
אַלְמָנָה וּגְרוּשָׁה וְזֶרַע אֵין לָהּ וְשָׁבָה אֶל־בֵּית אָבִיהָ כִּנְעוּרֶיהָ
יד מִלֶּחֶם אָבִיהָ תֹּאכֵל וְכָל־זָר לֹא־יֹאכַל בּוֹ׃ וְאִישׁ כִּי־יֹאכַל
קֹדֶשׁ בִּשְׁגָגָה וְיָסַף חֲמִשִׁתוֹ עָלָיו וְנָתַן לַכֹּהֵן אֶת־הַקֹּדֶשׁ׃
טו וְלֹא יְחַלְּלוּ אֶת־קָדְשֵׁי בְּנֵי יִשְׂרָאֵל אֵת אֲשֶׁר־יָרִימוּ לַיהֹוָה׃
טז וְהִשִּׂיאוּ אוֹתָם עֲוֺן אַשְׁמָה בְּאָכְלָם אֶת־קָדְשֵׁיהֶם כִּי אֲנִי יְהֹוָה
מְקַדְּשָׁם׃

שלישי יח
יז יח וַיְדַבֵּר יְהֹוָה אֶל־מֹשֶׁה לֵּאמֹר׃ דַּבֵּר אֶל־אַהֲרֹן וְאֶל־בָּנָיו וְאֶל
כָּל־בְּנֵי יִשְׂרָאֵל וְאָמַרְתָּ אֲלֵהֶם אִישׁ אִישׁ מִבֵּית יִשְׂרָאֵל וּמִן־
הַגֵּר בְּיִשְׂרָאֵל אֲשֶׁר יַקְרִיב קָרְבָּנוֹ לְכָל־נִדְרֵיהֶם וּלְכָל־נִדְבוֹתָם
יט אֲשֶׁר־יַקְרִיבוּ לַיהֹוָה לְעֹלָה׃ לִרְצֹנְכֶם תָּמִים זָכָר בַּבָּקָר
כ בַּכְּשָׂבִים וּבָעִזִּים׃ כֹּל אֲשֶׁר־בּוֹ מוּם לֹא תַקְרִיבוּ כִּי־לֹא לְרָצוֹן
כא יִהְיֶה לָכֶם׃ וְאִישׁ כִּי־יַקְרִיב זֶבַח־שְׁלָמִים לַיהֹוָה לְפַלֵּא־נֶדֶר
אוֹ לִנְדָבָה בַּבָּקָר אוֹ בַצֹּאן תָּמִים יִהְיֶה לְרָצוֹן כָּל־מוּם לֹא
כב יִהְיֶה־בּוֹ׃ עַוֶּרֶת אוֹ שָׁבוּר אוֹ־חָרוּץ אוֹ־יַבֶּלֶת אוֹ גָרָב אוֹ

איסור הקרבת קרבן בעל מום
דברים טו, כא; יז, א

יַלֶּפֶת לֹא־תַקְרִיבוּ אֵלֶּה לַיהוָה וְאִשֶּׁה לֹא־תִתְּנוּ מֵהֶם עַל־
כג הַמִּזְבֵּחַ לַיהוָה׃ וְשׁוֹר וָשֶׂה שָׂרוּעַ וְקָלוּט נְדָבָה תַּעֲשֶׂה אֹתוֹ
כד וּלְנֵדֶר לֹא יֵרָצֶה׃ וּמָעוּךְ וְכָתוּת וְנָתוּק וְכָרוּת לֹא תַקְרִיבוּ
כה לַיהוָה וּבְאַרְצְכֶם לֹא תַעֲשׂוּ׃ וּמִיַּד בֶּן־נֵכָר לֹא תַקְרִיבוּ אֶת־
לֶחֶם אֱלֹהֵיכֶם מִכָּל־אֵלֶּה כִּי מָשְׁחָתָם בָּהֶם מוּם בָּם לֹא יֵרָצוּ
כו כז לָכֶם׃ וַיְדַבֵּר יְהוָה אֶל־מֹשֶׁה לֵּאמֹר׃ שׁוֹר אוֹ־

דין שמונת הימים לקרבן
שמות כב, כט

כֶשֶׂב אוֹ־עֵז כִּי יִוָּלֵד וְהָיָה שִׁבְעַת יָמִים תַּחַת אִמּוֹ וּמִיּוֹם הַשְּׁמִינִי
כח וָהָלְאָה יֵרָצֶה לְקָרְבַּן אִשֶּׁה לַיהוָה׃ וְשׁוֹר אוֹ־שֶׂה אֹתוֹ וְאֶת־
כט בְּנוֹ לֹא תִשְׁחֲטוּ בְּיוֹם אֶחָד׃ וְכִי־תִזְבְּחוּ זֶבַח־תּוֹדָה לַיהוָה

דיני נותר ופיגול
ויקרא ז, טו–יח; יט, ה–ח

ל לִרְצֹנְכֶם תִּזְבָּחוּ׃ בַּיּוֹם הַהוּא יֵאָכֵל לֹא־תוֹתִירוּ מִמֶּנּוּ עַד־
לא בֹּקֶר אֲנִי יְהוָה׃ וּשְׁמַרְתֶּם מִצְוֺתַי וַעֲשִׂיתֶם אֹתָם אֲנִי יְהוָה׃
לב וְלֹא תְחַלְּלוּ אֶת־שֵׁם קָדְשִׁי וְנִקְדַּשְׁתִּי בְּתוֹךְ בְּנֵי יִשְׂרָאֵל אֲנִי
לג יְהוָה מְקַדִּשְׁכֶם׃ הַמּוֹצִיא אֶתְכֶם מֵאֶרֶץ מִצְרַיִם לִהְיוֹת לָכֶם
לֵאלֹהִים אֲנִי יְהוָה׃

רביעי

כג א ב וַיְדַבֵּר יְהוָה אֶל־מֹשֶׁה לֵּאמֹר׃ דַּבֵּר אֶל־בְּנֵי יִשְׂרָאֵל וְאָמַרְתָּ
אֲלֵהֶם מוֹעֲדֵי יְהוָה אֲשֶׁר־תִּקְרְאוּ אֹתָם מִקְרָאֵי קֹדֶשׁ אֵלֶּה

מצוות השבת
שמות טז, כט; כ, ז–י; לא, יב–יז; לה, א–ג
ויקרא יט, ג; יט, ל
דברים ה, יא–יד
ישעיה נח, יג–יד
ירמיה יז, יט–כז
נחמיה יג, טו–כא

ג הֵם מוֹעֲדָי׃ שֵׁשֶׁת יָמִים תֵּעָשֶׂה מְלָאכָה וּבַיּוֹם הַשְּׁבִיעִי שַׁבַּת
שַׁבָּתוֹן מִקְרָא־קֹדֶשׁ כָּל־מְלָאכָה לֹא תַעֲשׂוּ שַׁבָּת הִוא לַיהוָה
בְּכֹל מוֹשְׁבֹתֵיכֶם׃
ד אֵלֶּה מוֹעֲדֵי יְהוָה מִקְרָאֵי קֹדֶשׁ אֲשֶׁר־תִּקְרְאוּ אֹתָם בְּמוֹעֲדָם׃

דיני חג הפסח
שמות יב, יד–כ; יג, ג–י; כג, טו; לד, יח
במדבר כח, טז–כה
דברים טז, א–ח

ה בַּחֹדֶשׁ הָרִאשׁוֹן בְּאַרְבָּעָה עָשָׂר לַחֹדֶשׁ בֵּין הָעַרְבָּיִם פֶּסַח
ו לַיהוָה׃ וּבַחֲמִשָּׁה עָשָׂר יוֹם לַחֹדֶשׁ הַזֶּה חַג הַמַּצּוֹת לַיהוָה
ז שִׁבְעַת יָמִים מַצּוֹת תֹּאכֵלוּ׃ בַּיּוֹם הָרִאשׁוֹן מִקְרָא־קֹדֶשׁ יִהְיֶה
ח לָכֶם כָּל־מְלֶאכֶת עֲבֹדָה לֹא תַעֲשׂוּ׃ וְהִקְרַבְתֶּם אִשֶּׁה לַיהוָה
שִׁבְעַת יָמִים בַּיּוֹם הַשְּׁבִיעִי מִקְרָא־קֹדֶשׁ כָּל־מְלֶאכֶת עֲבֹדָה
לֹא תַעֲשׂוּ׃
ט י וַיְדַבֵּר יְהוָה אֶל־מֹשֶׁה לֵּאמֹר׃ דַּבֵּר אֶל־בְּנֵי יִשְׂרָאֵל וְאָמַרְתָּ

אֲלֵהֶם כִּי־תָבֹאוּ אֶל־הָאָרֶץ אֲשֶׁר אֲנִי נֹתֵן לָכֶם וּקְצַרְתֶּם
אֶת־קְצִירָהּ וַהֲבֵאתֶם אֶת־עֹמֶר רֵאשִׁית קְצִירְכֶם אֶל־הַכֹּהֵן׃
וְהֵנִיף אֶת־הָעֹמֶר לִפְנֵי יְהוָה לִרְצֹנְכֶם מִמָּחֳרַת הַשַּׁבָּת יְנִיפֶנּוּ יא
הַכֹּהֵן׃ וַעֲשִׂיתֶם בְּיוֹם הֲנִיפְכֶם אֶת־הָעֹמֶר כֶּבֶשׂ תָּמִים בֶּן־ יב
שְׁנָתוֹ לְעֹלָה לַיהוָה׃ וּמִנְחָתוֹ שְׁנֵי עֶשְׂרֹנִים סֹלֶת בְּלוּלָה יג
בַשֶּׁמֶן אִשֶּׁה לַיהוָה רֵיחַ נִיחֹחַ וְנִסְכֹּה יַיִן רְבִיעִת הַהִין׃
וְלֶחֶם וְקָלִי וְכַרְמֶל לֹא תֹאכְלוּ עַד־עֶצֶם הַיּוֹם הַזֶּה עַד יד
הֲבִיאֲכֶם אֶת־קָרְבַּן אֱלֹהֵיכֶם חֻקַּת עוֹלָם לְדֹרֹתֵיכֶם בְּכֹל
יט מֹשְׁבֹתֵיכֶם׃ וּסְפַרְתֶּם לָכֶם מִמָּחֳרַת הַשַּׁבָּת טו

מצוות ספירת העומר
דברים טז, ט

מִיּוֹם הֲבִיאֲכֶם אֶת־עֹמֶר הַתְּנוּפָה שֶׁבַע שַׁבָּתוֹת תְּמִימֹת
תִּהְיֶינָה׃ עַד מִמָּחֳרַת הַשַּׁבָּת הַשְּׁבִיעִת תִּסְפְּרוּ חֲמִשִּׁים יוֹם טז

דיני חג השבועות
שמות כג, טז; לד, כב
במדבר כח, כו–לא
דברים טז, י–יב

וְהִקְרַבְתֶּם מִנְחָה חֲדָשָׁה לַיהוָה׃ מִמּוֹשְׁבֹתֵיכֶם תָּבִיאוּ ׀ לֶחֶם יז
תְּנוּפָה שְׁתַּיִם שְׁנֵי עֶשְׂרֹנִים סֹלֶת תִּהְיֶינָה חָמֵץ תֵּאָפֶינָה בִּכּוּרִים
לַיהוָה׃ וְהִקְרַבְתֶּם עַל־הַלֶּחֶם שִׁבְעַת כְּבָשִׂים תְּמִימִם בְּנֵי יח
שָׁנָה וּפַר בֶּן־בָּקָר אֶחָד וְאֵילִם שְׁנָיִם יִהְיוּ עֹלָה לַיהוָה וּמִנְחָתָם
וְנִסְכֵּיהֶם אִשֵּׁה רֵיחַ־נִיחֹחַ לַיהוָה׃ וַעֲשִׂיתֶם שְׂעִיר־עִזִּים אֶחָד יט
לְחַטָּאת וּשְׁנֵי כְבָשִׂים בְּנֵי שָׁנָה לְזֶבַח שְׁלָמִים׃ וְהֵנִיף הַכֹּהֵן ׀ כ
אֹתָם עַל לֶחֶם הַבִּכֻּרִים תְּנוּפָה לִפְנֵי יְהוָה עַל־שְׁנֵי כְּבָשִׂים
קֹדֶשׁ יִהְיוּ לַיהוָה לַכֹּהֵן׃ וּקְרָאתֶם בְּעֶצֶם ׀ הַיּוֹם הַזֶּה מִקְרָא־ כא
קֹדֶשׁ יִהְיֶה לָכֶם כָּל־מְלֶאכֶת עֲבֹדָה לֹא תַעֲשׂוּ חֻקַּת עוֹלָם
בְּכָל־מוֹשְׁבֹתֵיכֶם לְדֹרֹתֵיכֶם׃ וּבְקֻצְרְכֶם אֶת־קְצִיר אַרְצְכֶם כב

דיני מתנות עניים
ויקרא יט, ט–י
דברים כד, יט–כב

לֹא־תְכַלֶּה פְּאַת שָׂדְךָ בְּקֻצְרֶךָ וְלֶקֶט קְצִירְךָ לֹא תְלַקֵּט לֶעָנִי
וְלַגֵּר תַּעֲזֹב אֹתָם אֲנִי יְהוָה אֱלֹהֵיכֶם׃

חמישי
וַיְדַבֵּר יְהוָה אֶל־מֹשֶׁה לֵּאמֹר׃ דַּבֵּר אֶל־בְּנֵי יִשְׂרָאֵל לֵאמֹר כג כד

מצוות התרועה בראש השנה
במדבר כט, א

בַּחֹדֶשׁ הַשְּׁבִיעִי בְּאֶחָד לַחֹדֶשׁ יִהְיֶה לָכֶם שַׁבָּתוֹן זִכְרוֹן תְּרוּעָה
מִקְרָא־קֹדֶשׁ׃ כָּל־מְלֶאכֶת עֲבֹדָה לֹא תַעֲשׂוּ וְהִקְרַבְתֶּם אִשֶּׁה כה
לַיהוָה׃ וַיְדַבֵּר יְהוָה אֶל־מֹשֶׁה לֵּאמֹר׃ אַךְ כו כז

מצוות העינוי ביוה״כ
ויקרא טז, כט–לא
במדבר כט, ז

בֶּעָשׂוֹר לַחֹדֶשׁ הַשְּׁבִיעִי הַזֶּה יוֹם הַכִּפֻּרִים הוּא מִקְרָא־קֹדֶשׁ
יִהְיֶה לָכֶם וְעִנִּיתֶם אֶת־נַפְשֹׁתֵיכֶם וְהִקְרַבְתֶּם אִשֶּׁה לַיהוָה:
כח וְכָל־מְלָאכָה לֹא תַעֲשׂוּ בְּעֶצֶם הַיּוֹם הַזֶּה כִּי יוֹם כִּפֻּרִים הוּא
כט לְכַפֵּר עֲלֵיכֶם לִפְנֵי יְהוָה אֱלֹהֵיכֶם: כִּי כָל־הַנֶּפֶשׁ אֲשֶׁר לֹא־
ל תְעֻנֶּה בְּעֶצֶם הַיּוֹם הַזֶּה וְנִכְרְתָה מֵעַמֶּיהָ: וְכָל־הַנֶּפֶשׁ אֲשֶׁר
תַּעֲשֶׂה כָּל־מְלָאכָה בְּעֶצֶם הַיּוֹם הַזֶּה וְהַאֲבַדְתִּי אֶת־הַנֶּפֶשׁ
לא הַהִוא מִקֶּרֶב עַמָּהּ: כָּל־מְלָאכָה לֹא תַעֲשׂוּ חֻקַּת עוֹלָם
לב לְדֹרֹתֵיכֶם בְּכֹל מֹשְׁבֹתֵיכֶם: שַׁבַּת שַׁבָּתוֹן הוּא לָכֶם וְעִנִּיתֶם
אֶת־נַפְשֹׁתֵיכֶם בְּתִשְׁעָה לַחֹדֶשׁ בָּעֶרֶב מֵעֶרֶב עַד־עֶרֶב תִּשְׁבְּתוּ
שַׁבַּתְּכֶם:

ששי

לג לד וַיְדַבֵּר יְהוָה אֶל־מֹשֶׁה לֵּאמֹר: דַּבֵּר אֶל־בְּנֵי יִשְׂרָאֵל לֵאמֹר

דיני חג הסוכות
שמות כג, טז; לד, כב
במדבר כט, יב–לח
דברים טז, יג–טו
נחמיה ח, יד–טו

בַּחֲמִשָּׁה עָשָׂר יוֹם לַחֹדֶשׁ הַשְּׁבִיעִי הַזֶּה חַג הַסֻּכּוֹת שִׁבְעַת
לה יָמִים לַיהוָה: בַּיּוֹם הָרִאשׁוֹן מִקְרָא־קֹדֶשׁ כָּל־מְלֶאכֶת עֲבֹדָה
לו לֹא תַעֲשׂוּ: שִׁבְעַת יָמִים תַּקְרִיבוּ אִשֶּׁה לַיהוָה בַּיּוֹם הַשְּׁמִינִי
מִקְרָא־קֹדֶשׁ יִהְיֶה לָכֶם וְהִקְרַבְתֶּם אִשֶּׁה לַיהוָה עֲצֶרֶת הִוא

דיני חג שמיני עצרת
במדבר כט, לה–לח

לז כָּל־מְלֶאכֶת עֲבֹדָה לֹא תַעֲשׂוּ: אֵלֶּה מוֹעֲדֵי יְהוָה אֲשֶׁר־
תִּקְרְאוּ אֹתָם מִקְרָאֵי קֹדֶשׁ לְהַקְרִיב אִשֶּׁה לַיהוָה עֹלָה וּמִנְחָה
לח זֶבַח וּנְסָכִים דְּבַר־יוֹם בְּיוֹמוֹ: מִלְּבַד שַׁבְּתֹת יְהוָה וּמִלְּבַד
מַתְּנוֹתֵיכֶם וּמִלְּבַד כָּל־נִדְרֵיכֶם וּמִלְּבַד כָּל־נִדְבֹתֵיכֶם אֲשֶׁר
לט תִּתְּנוּ לַיהוָה: אַךְ בַּחֲמִשָּׁה עָשָׂר יוֹם לַחֹדֶשׁ הַשְּׁבִיעִי בְּאָסְפְּכֶם
אֶת־תְּבוּאַת הָאָרֶץ תָּחֹגּוּ אֶת־חַג־יְהוָה שִׁבְעַת יָמִים בַּיּוֹם
מ הָרִאשׁוֹן שַׁבָּתוֹן וּבַיּוֹם הַשְּׁמִינִי שַׁבָּתוֹן: וּלְקַחְתֶּם לָכֶם בַּיּוֹם
הָרִאשׁוֹן פְּרִי עֵץ הָדָר כַּפֹּת תְּמָרִים וַעֲנַף עֵץ־עָבֹת וְעַרְבֵי־
מא נָחַל וּשְׂמַחְתֶּם לִפְנֵי יְהוָה אֱלֹהֵיכֶם שִׁבְעַת יָמִים: וְחַגֹּתֶם
אֹתוֹ חַג לַיהוָה שִׁבְעַת יָמִים בַּשָּׁנָה חֻקַּת עוֹלָם לְדֹרֹתֵיכֶם
מב בַּחֹדֶשׁ הַשְּׁבִיעִי תָּחֹגּוּ אֹתוֹ: בַּסֻּכֹּת תֵּשְׁבוּ שִׁבְעַת יָמִים כָּל־
מג הָאֶזְרָח בְּיִשְׂרָאֵל יֵשְׁבוּ בַּסֻּכֹּת: לְמַעַן יֵדְעוּ דֹרֹתֵיכֶם כִּי בַסֻּכּוֹת

הוֹשַׁבְתִּי אֶת־בְּנֵי יִשְׂרָאֵל בְּהוֹצִיאִי אוֹתָם מֵאֶרֶץ מִצְרָיִם
מד אֲנִי יְהוָה אֱלֹהֵיכֶם׃ וַיְדַבֵּר מֹשֶׁה אֶת־מֹעֲדֵי יְהוָה אֶל־בְּנֵי
יִשְׂרָאֵל׃

שביעי

מצוות הדלקת המנורה
שמות כז, כ–כא
במדבר ח, א–ג

כד א ב וַיְדַבֵּר יְהוָה אֶל־מֹשֶׁה לֵּאמֹר׃ צַו אֶת־בְּנֵי יִשְׂרָאֵל וְיִקְחוּ אֵלֶיךָ
ג שֶׁמֶן זַיִת זָךְ כָּתִית לַמָּאוֹר לְהַעֲלֹת נֵר תָּמִיד׃ מִחוּץ לְפָרֹכֶת
הָעֵדֻת בְּאֹהֶל מוֹעֵד יַעֲרֹךְ אֹתוֹ אַהֲרֹן מֵעֶרֶב עַד־בֹּקֶר לִפְנֵי
ד יְהוָה תָּמִיד חֻקַּת עוֹלָם לְדֹרֹתֵיכֶם׃ עַל הַמְּנֹרָה הַטְּהֹרָה יַעֲרֹךְ
אֶת־הַנֵּרוֹת לִפְנֵי יְהוָה תָּמִיד׃
ה וְלָקַחְתָּ סֹלֶת וְאָפִיתָ אֹתָהּ שְׁתֵּים עֶשְׂרֵה חַלּוֹת שְׁנֵי עֶשְׂרֹנִים יִהְיֶה
ו הַחַלָּה הָאֶחָת׃ וְשַׂמְתָּ אוֹתָם שְׁתַּיִם מַעֲרָכוֹת שֵׁשׁ הַמַּעֲרָכֶת
ז עַל הַשֻּׁלְחָן הַטָּהֹר לִפְנֵי יְהוָה׃ וְנָתַתָּ עַל־הַמַּעֲרֶכֶת לְבֹנָה
ח זַכָּה וְהָיְתָה לַלֶּחֶם לְאַזְכָּרָה אִשֶּׁה לַיהוָה׃ בְּיוֹם הַשַּׁבָּת בְּיוֹם
הַשַּׁבָּת יַעַרְכֶנּוּ לִפְנֵי יְהוָה תָּמִיד מֵאֵת בְּנֵי־יִשְׂרָאֵל בְּרִית עוֹלָם׃
ט וְהָיְתָה לְאַהֲרֹן וּלְבָנָיו וַאֲכָלֻהוּ בְּמָקוֹם קָדֹשׁ כִּי קֹדֶשׁ קָדָשִׁים
י הוּא לוֹ מֵאִשֵּׁי יְהוָה חָק־עוֹלָם׃ וַיֵּצֵא בֶּן־אִשָּׁה
יִשְׂרְאֵלִית וְהוּא בֶּן־אִישׁ מִצְרִי בְּתוֹךְ בְּנֵי יִשְׂרָאֵל וַיִּנָּצוּ בַּמַּחֲנֶה
יא בֶּן הַיִּשְׂרְאֵלִית וְאִישׁ הַיִּשְׂרְאֵלִי׃ וַיִּקֹּב בֶּן־הָאִשָּׁה הַיִּשְׂרְאֵלִית
אֶת־הַשֵּׁם וַיְקַלֵּל וַיָּבִיאוּ אֹתוֹ אֶל־מֹשֶׁה וְשֵׁם אִמּוֹ שְׁלֹמִית
יב בַּת־דִּבְרִי לְמַטֵּה־דָן׃ וַיַּנִּיחֻהוּ בַּמִּשְׁמָר לִפְרֹשׁ לָהֶם עַל־פִּי
יְהוָה׃
יג יד וַיְדַבֵּר יְהוָה אֶל־מֹשֶׁה לֵּאמֹר׃ הוֹצֵא אֶת־הַמְקַלֵּל אֶל־מִחוּץ
לַמַּחֲנֶה וְסָמְכוּ כָל־הַשֹּׁמְעִים אֶת־יְדֵיהֶם עַל־רֹאשׁוֹ וְרָגְמוּ אֹתוֹ
טו כָּל־הָעֵדָה׃ וְאֶל־בְּנֵי יִשְׂרָאֵל תְּדַבֵּר לֵאמֹר אִישׁ אִישׁ כִּי־
טז יְקַלֵּל אֱלֹהָיו וְנָשָׂא חֶטְאוֹ׃ וְנֹקֵב שֵׁם־יְהוָה מוֹת יוּמָת רָגוֹם

עונש מוות למכה אדם
שמות כא, יב
במדבר לה, ל–לא

יז יִרְגְּמוּ־בוֹ כָּל־הָעֵדָה כַּגֵּר כָּאֶזְרָח בְּנָקְבוֹ־שֵׁם יוּמָת׃ וְאִישׁ כִּי
יח יַכֶּה כָּל־נֶפֶשׁ אָדָם מוֹת יוּמָת׃ וּמַכֵּה נֶפֶשׁ־בְּהֵמָה יְשַׁלְּמֶנָּה
יט נֶפֶשׁ תַּחַת נָפֶשׁ׃ וְאִישׁ כִּי־יִתֵּן מוּם בַּעֲמִיתוֹ כַּאֲשֶׁר עָשָׂה כֵּן

כ יַעֲשֶׂה לּוֹ: שֶׁבֶר תַּחַת שֶׁבֶר עַיִן תַּחַת עַיִן שֵׁן תַּחַת שֵׁן כַּאֲשֶׁר
כא יִתֵּן מוּם בָּאָדָם כֵּן יִנָּתֶן בּוֹ: וּמַכֵּה בְהֵמָה יְשַׁלְּמֶנָּה וּמַכֵּה מפטיר
כב אָדָם יוּמָת: מִשְׁפַּט אֶחָד יִהְיֶה לָכֶם כַּגֵּר כָּאֶזְרָח יִהְיֶה כִּי אֲנִי
כג יהוה אֱלֹהֵיכֶם: וַיְדַבֵּר מֹשֶׁה אֶל־בְּנֵי יִשְׂרָאֵל וַיּוֹצִיאוּ אֶת־
הַמְקַלֵּל אֶל־מִחוּץ לַמַּחֲנֶה וַיִּרְגְּמוּ אֹתוֹ אָבֶן וּבְנֵי־יִשְׂרָאֵל עָשׂוּ
כַּאֲשֶׁר צִוָּה יהוה אֶת־מֹשֶׁה:

כה
א ב וַיְדַבֵּר יהוה אֶל־מֹשֶׁה בְּהַר סִינַי לֵאמֹר: דַּבֵּר אֶל־בְּנֵי יִשְׂרָאֵל בהר סיני
וְאָמַרְתָּ אֲלֵהֶם כִּי תָבֹאוּ אֶל־הָאָרֶץ אֲשֶׁר אֲנִי נֹתֵן לָכֶם מצוות שמיטת קרקעות שמות כג, י–יא
ג וְשָׁבְתָה הָאָרֶץ שַׁבָּת לַיהוה: שֵׁשׁ שָׁנִים תִּזְרַע שָׂדֶךָ וְשֵׁשׁ
ד שָׁנִים תִּזְמֹר כַּרְמֶךָ וְאָסַפְתָּ אֶת־תְּבוּאָתָהּ: וּבַשָּׁנָה הַשְּׁבִיעִת
שַׁבַּת שַׁבָּתוֹן יִהְיֶה לָאָרֶץ שַׁבָּת לַיהוה שָׂדְךָ לֹא תִזְרָע וְכַרְמְךָ
ה לֹא תִזְמֹר: אֵת סְפִיחַ קְצִירְךָ לֹא תִקְצוֹר וְאֶת־עִנְּבֵי נְזִירֶךָ
ו לֹא תִבְצֹר שְׁנַת שַׁבָּתוֹן יִהְיֶה לָאָרֶץ: וְהָיְתָה שַׁבַּת הָאָרֶץ
לָכֶם לְאָכְלָה לְךָ וּלְעַבְדְּךָ וְלַאֲמָתֶךָ וְלִשְׂכִירְךָ וּלְתוֹשָׁבְךָ הַגָּרִים
ז עִמָּךְ: וְלִבְהֶמְתְּךָ וְלַחַיָּה אֲשֶׁר בְּאַרְצֶךָ תִּהְיֶה כָל־תְּבוּאָתָהּ
ח לֶאֱכֹל: וְסָפַרְתָּ לְךָ שֶׁבַע שַׁבְּתֹת שָׁנִים שֶׁבַע
שָׁנִים שֶׁבַע פְּעָמִים וְהָיוּ לְךָ יְמֵי שֶׁבַע שַׁבְּתֹת הַשָּׁנִים תֵּשַׁע
ט וְאַרְבָּעִים שָׁנָה: וְהַעֲבַרְתָּ שׁוֹפַר תְּרוּעָה בַּחֹדֶשׁ הַשְּׁבִעִי בֶּעָשׂוֹר
י לַחֹדֶשׁ בְּיוֹם הַכִּפֻּרִים תַּעֲבִירוּ שׁוֹפָר בְּכָל־אַרְצְכֶם: וְקִדַּשְׁתֶּם
אֵת שְׁנַת הַחֲמִשִּׁים שָׁנָה וּקְרָאתֶם דְּרוֹר בָּאָרֶץ לְכָל־יֹשְׁבֶיהָ
יוֹבֵל הִוא תִּהְיֶה לָכֶם וְשַׁבְתֶּם אִישׁ אֶל־אֲחֻזָּתוֹ וְאִישׁ אֶל־
יא מִשְׁפַּחְתּוֹ תָּשֻׁבוּ: יוֹבֵל הִוא שְׁנַת הַחֲמִשִּׁים שָׁנָה תִּהְיֶה לָכֶם
לֹא תִזְרָעוּ וְלֹא תִקְצְרוּ אֶת־סְפִיחֶיהָ וְלֹא תִבְצְרוּ אֶת־נְזִרֶיהָ:
יב כִּי יוֹבֵל הִוא קֹדֶשׁ תִּהְיֶה לָכֶם מִן־הַשָּׂדֶה תֹּאכְלוּ אֶת־תְּבוּאָתָהּ:
יג יד בִּשְׁנַת הַיּוֹבֵל הַזֹּאת תָּשֻׁבוּ אִישׁ אֶל־אֲחֻזָּתוֹ: וְכִי־תִמְכְּרוּ שני
מִמְכָּר לַעֲמִיתֶךָ אוֹ קָנֹה מִיַּד עֲמִיתֶךָ אַל־תּוֹנוּ אִישׁ אֶת־
טו אָחִיו: בְּמִסְפַּר שָׁנִים אַחַר הַיּוֹבֵל תִּקְנֶה מֵאֵת עֲמִיתֶךָ בְּמִסְפַּר

טו שְׁנֵי־תְבוּאֹת יִמְכָּר־לָךְ׃ לְפִי ׀ רֹב הַשָּׁנִים תַּרְבֶּה מִקְנָתוֹ
וּלְפִי מְעֹט הַשָּׁנִים תַּמְעִיט מִקְנָתוֹ כִּי מִסְפַּר תְּבוּאֹת הוּא
יז מֹכֵר לָךְ׃ וְלֹא תוֹנוּ אִישׁ אֶת־עֲמִיתוֹ וְיָרֵאתָ מֵאֱלֹהֶיךָ כִּי
יח אֲנִי יְהוָה אֱלֹהֵיכֶם׃ וַעֲשִׂיתֶם אֶת־חֻקֹּתַי וְאֶת־מִשְׁפָּטַי תִּשְׁמְרוּ
שלישי /שני/ יט וַעֲשִׂיתֶם אֹתָם וִישַׁבְתֶּם עַל־הָאָרֶץ לָבֶטַח׃ וְנָתְנָה הָאָרֶץ
כ פִּרְיָהּ וַאֲכַלְתֶּם לָשֹׂבַע וִישַׁבְתֶּם לָבֶטַח עָלֶיהָ׃ וְכִי תֹאמְרוּ
מַה־נֹּאכַל בַּשָּׁנָה הַשְּׁבִיעִת הֵן לֹא נִזְרָע וְלֹא נֶאֱסֹף אֶת־
כא תְּבוּאָתֵנוּ׃ וְצִוִּיתִי אֶת־בִּרְכָתִי לָכֶם בַּשָּׁנָה הַשִּׁשִּׁית וְעָשָׂת
כב אֶת־הַתְּבוּאָה לִשְׁלֹשׁ הַשָּׁנִים׃ וּזְרַעְתֶּם אֵת הַשָּׁנָה הַשְּׁמִינִת
וַאֲכַלְתֶּם מִן־הַתְּבוּאָה יָשָׁן עַד ׀ הַשָּׁנָה הַתְּשִׁיעִת עַד־בּוֹא
כג תְּבוּאָתָהּ תֹּאכְלוּ יָשָׁן׃ וְהָאָרֶץ לֹא תִמָּכֵר לִצְמִתֻת כִּי־לִי
כד הָאָרֶץ כִּי־גֵרִים וְתוֹשָׁבִים אַתֶּם עִמָּדִי׃ וּבְכֹל אֶרֶץ אֲחֻזַּתְכֶם
רביעי כה גְּאֻלָּה תִּתְּנוּ לָאָרֶץ׃ כִּי־יָמוּךְ אָחִיךָ וּמָכַר
מֵאֲחֻזָּתוֹ וּבָא גֹאֲלוֹ הַקָּרֹב אֵלָיו וְגָאַל אֵת מִמְכַּר אָחִיו׃
כו וְאִישׁ כִּי לֹא יִהְיֶה־לּוֹ גֹּאֵל וְהִשִּׂיגָה יָדוֹ וּמָצָא כְּדֵי גְאֻלָּתוֹ׃
כז וְחִשַּׁב אֶת־שְׁנֵי מִמְכָּרוֹ וְהֵשִׁיב אֶת־הָעֹדֵף לָאִישׁ אֲשֶׁר מָכַר־
כח לוֹ וְשָׁב לַאֲחֻזָּתוֹ׃ וְאִם לֹא־מָצְאָה יָדוֹ דֵּי הָשִׁיב לוֹ וְהָיָה
מִמְכָּרוֹ בְּיַד הַקֹּנֶה אֹתוֹ עַד שְׁנַת הַיּוֹבֵל וְיָצָא בַּיֹּבֵל וְשָׁב
חמישי /שלישי/ כט לַאֲחֻזָּתוֹ׃ וְאִישׁ כִּי־יִמְכֹּר בֵּית־מוֹשַׁב עִיר
חוֹמָה וְהָיְתָה גְּאֻלָּתוֹ עַד־תֹּם שְׁנַת מִמְכָּרוֹ יָמִים תִּהְיֶה
ל גְאֻלָּתוֹ׃ וְאִם לֹא־יִגָּאֵל עַד־מְלֹאת לוֹ שָׁנָה תְמִימָה וְקָם
לוֹ הַבַּיִת אֲשֶׁר־בָּעִיר אֲשֶׁר־לֹא חֹמָה לַצְּמִיתֻת לַקֹּנֶה אֹתוֹ
לא לְדֹרֹתָיו לֹא יֵצֵא בַּיֹּבֵל׃ וּבָתֵּי הַחֲצֵרִים אֲשֶׁר אֵין־לָהֶם
חֹמָה סָבִיב עַל־שְׂדֵה הָאָרֶץ יֵחָשֵׁב גְּאֻלָּה תִּהְיֶה־לּוֹ וּבַיֹּבֵל
לב יֵצֵא׃ וְעָרֵי הַלְוִיִּם בָּתֵּי עָרֵי אֲחֻזָּתָם גְּאֻלַּת עוֹלָם תִּהְיֶה
לג לַלְוִיִּם׃ וַאֲשֶׁר יִגְאַל מִן־הַלְוִיִּם וְיָצָא מִמְכַּר־בַּיִת וְעִיר
אֲחֻזָּתוֹ בַּיֹּבֵל כִּי בָתֵּי עָרֵי הַלְוִיִּם הִוא אֲחֻזָּתָם בְּתוֹךְ בְּנֵי

לד יִשְׂרָאֵל׃ וּשְׂדֵה מִגְרַשׁ עָרֵיהֶם לֹא יִמָּכֵר כִּי־אֲחֻזַּת עוֹלָם הוּא
לה לָהֶם׃ וְכִי־יָמוּךְ אָחִיךָ וּמָטָה יָדוֹ עִמָּךְ וְהֶחֱזַקְתָּ כא
לו בּוֹ גֵּר וְתוֹשָׁב וָחַי עִמָּךְ׃ אַל־תִּקַּח מֵאִתּוֹ נֶשֶׁךְ וְתַרְבִּית וְיָרֵאתָ
לז מֵאֱלֹהֶיךָ וְחֵי אָחִיךָ עִמָּךְ׃ אֶת־כַּסְפְּךָ לֹא־תִתֵּן לוֹ בְּנֶשֶׁךְ
לח וּבְמַרְבִּית לֹא־תִתֵּן אָכְלֶךָ׃ אֲנִי יהוה אֱלֹהֵיכֶם אֲשֶׁר־הוֹצֵאתִי
אֶתְכֶם מֵאֶרֶץ מִצְרָיִם לָתֵת לָכֶם אֶת־אֶרֶץ כְּנַעַן לִהְיוֹת לָכֶם
לט לֵאלֹהִים׃ וְכִי־יָמוּךְ אָחִיךָ עִמָּךְ וְנִמְכַּר־לָךְ לֹא־
מ תַעֲבֹד בּוֹ עֲבֹדַת עָבֶד׃ כְּשָׂכִיר כְּתוֹשָׁב יִהְיֶה עִמָּךְ עַד־שְׁנַת
מא הַיֹּבֵל יַעֲבֹד עִמָּךְ׃ וְיָצָא מֵעִמָּךְ הוּא וּבָנָיו עִמּוֹ וְשָׁב אֶל־
מב מִשְׁפַּחְתּוֹ וְאֶל־אֲחֻזַּת אֲבֹתָיו יָשׁוּב׃ כִּי־עֲבָדַי הֵם אֲשֶׁר־
מג הוֹצֵאתִי אֹתָם מֵאֶרֶץ מִצְרָיִם לֹא יִמָּכְרוּ מִמְכֶּרֶת עָבֶד׃ לֹא־
מד תִרְדֶּה בוֹ בְּפָרֶךְ וְיָרֵאתָ מֵאֱלֹהֶיךָ׃ וְעַבְדְּךָ וַאֲמָתְךָ אֲשֶׁר יִהְיוּ־
לָךְ מֵאֵת הַגּוֹיִם אֲשֶׁר סְבִיבֹתֵיכֶם מֵהֶם תִּקְנוּ עֶבֶד וְאָמָה׃
מה וְגַם מִבְּנֵי הַתּוֹשָׁבִים הַגָּרִים עִמָּכֶם מֵהֶם תִּקְנוּ וּמִמִּשְׁפַּחְתָּם
אֲשֶׁר עִמָּכֶם אֲשֶׁר הוֹלִידוּ בְּאַרְצְכֶם וְהָיוּ לָכֶם לַאֲחֻזָּה׃
מו וְהִתְנַחַלְתֶּם אֹתָם לִבְנֵיכֶם אַחֲרֵיכֶם לָרֶשֶׁת אֲחֻזָּה לְעֹלָם
בָּהֶם תַּעֲבֹדוּ וּבְאַחֵיכֶם בְּנֵי־יִשְׂרָאֵל אִישׁ בְּאָחִיו לֹא־תִרְדֶּה
מז בוֹ בְּפָרֶךְ׃ וְכִי תַשִּׂיג יַד גֵּר וְתוֹשָׁב עִמָּךְ וּמָךְ אָחִיךָ
מח עִמּוֹ וְנִמְכַּר לְגֵר תּוֹשָׁב עִמָּךְ אוֹ לְעֵקֶר מִשְׁפַּחַת גֵּר׃ אַחֲרֵי
מט נִמְכַּר גְּאֻלָּה תִּהְיֶה־לּוֹ אֶחָד מֵאֶחָיו יִגְאָלֶנּוּ׃ אוֹ־דֹדוֹ אוֹ בֶן־
דֹּדוֹ יִגְאָלֶנּוּ אוֹ־מִשְּׁאֵר בְּשָׂרוֹ מִמִּשְׁפַּחְתּוֹ יִגְאָלֶנּוּ אוֹ־הִשִּׂיגָה
נ יָדוֹ וְנִגְאָל׃ וְחִשַּׁב עִם־קֹנֵהוּ מִשְּׁנַת הִמָּכְרוֹ לוֹ עַד שְׁנַת הַיֹּבֵל
נא וְהָיָה כֶּסֶף מִמְכָּרוֹ בְּמִסְפַּר שָׁנִים כִּימֵי שָׂכִיר יִהְיֶה עִמּוֹ׃ אִם־
נב עוֹד רַבּוֹת בַּשָּׁנִים לְפִיהֶן יָשִׁיב גְּאֻלָּתוֹ מִכֶּסֶף מִקְנָתוֹ׃ וְאִם־
מְעַט נִשְׁאַר בַּשָּׁנִים עַד־שְׁנַת הַיֹּבֵל וְחִשַּׁב־לוֹ כְּפִי שָׁנָיו יָשִׁיב
נג אֶת־גְּאֻלָּתוֹ׃ כִּשְׂכִיר שָׁנָה בְּשָׁנָה יִהְיֶה עִמּוֹ לֹא־יִרְדֶּנּוּ בְּפֶרֶךְ
נד לְעֵינֶיךָ׃ וְאִם־לֹא יִגָּאֵל בְּאֵלֶּה וְיָצָא בִּשְׁנַת הַיֹּבֵל הוּא וּבָנָיו

איסור נשך
שמות כב, כד
דברים כג, כ–כא

ששי
/רביעי/

דיני עבד עברי ואמה עבריה
שמות כא, ב–יא
דברים טו, יב–יח

שביעי

נה עַמּוֹ: כִּי־לִי בְנֵי־יִשְׂרָאֵל עֲבָדִים עֲבָדַי הֵם אֲשֶׁר־הוֹצֵאתִי (מפטיר)
כו א אוֹתָם מֵאֶרֶץ מִצְרָיִם אֲנִי יְהוָה אֱלֹהֵיכֶם: לֹא־תַעֲשׂוּ לָכֶם
אֱלִילִם וּפֶסֶל וּמַצֵּבָה לֹא־תָקִימוּ לָכֶם וְאֶבֶן מַשְׂכִּית לֹא תִתְּנוּ
ב בְּאַרְצְכֶם לְהִשְׁתַּחֲוֺת עָלֶיהָ כִּי אֲנִי יְהוָה אֱלֹהֵיכֶם: אֶת־שַׁבְּתֹתַי
תִּשְׁמֹרוּ וּמִקְדָּשִׁי תִּירָאוּ אֲנִי יְהוָה:

בחקתי כב

הברכות - אם ישמרו ישראל את המצוות דברים ז, יב–טז; כח, א–יד

ג ד אִם־בְּחֻקֹּתַי תֵּלֵכוּ וְאֶת־מִצְוֺתַי תִּשְׁמְרוּ וַעֲשִׂיתֶם אֹתָם: וְנָתַתִּי
גִשְׁמֵיכֶם בְּעִתָּם וְנָתְנָה הָאָרֶץ יְבוּלָהּ וְעֵץ הַשָּׂדֶה יִתֵּן פִּרְיוֹ:
ה וְהִשִּׂיג לָכֶם דַּיִשׁ אֶת־בָּצִיר וּבָצִיר יַשִּׂיג אֶת־זָרַע וַאֲכַלְתֶּם
ו לַחְמְכֶם לָשֹׂבַע וִישַׁבְתֶּם לָבֶטַח בְּאַרְצְכֶם: וְנָתַתִּי שָׁלוֹם בָּאָרֶץ (שני)
וּשְׁכַבְתֶּם וְאֵין מַחֲרִיד וְהִשְׁבַּתִּי חַיָּה רָעָה מִן־הָאָרֶץ וְחֶרֶב
ז לֹא־תַעֲבֹר בְּאַרְצְכֶם: וּרְדַפְתֶּם אֶת־אֹיְבֵיכֶם וְנָפְלוּ לִפְנֵיכֶם
ח לֶחָרֶב: וְרָדְפוּ מִכֶּם חֲמִשָּׁה מֵאָה וּמֵאָה מִכֶּם רְבָבָה יִרְדֹּפוּ
ט וְנָפְלוּ אֹיְבֵיכֶם לִפְנֵיכֶם לֶחָרֶב: וּפָנִיתִי אֲלֵיכֶם וְהִפְרֵיתִי אֶתְכֶם
י וְהִרְבֵּיתִי אֶתְכֶם וַהֲקִימֹתִי אֶת־בְּרִיתִי אִתְּכֶם: וַאֲכַלְתֶּם יָשָׁן (שלישי /חמישי/)
יא נוֹשָׁן וְיָשָׁן מִפְּנֵי חָדָשׁ תּוֹצִיאוּ: וְנָתַתִּי מִשְׁכָּנִי בְּתוֹכְכֶם וְלֹא־
יב תִגְעַל נַפְשִׁי אֶתְכֶם: וְהִתְהַלַּכְתִּי בְּתוֹכְכֶם וְהָיִיתִי לָכֶם לֵאלֹהִים
יג וְאַתֶּם תִּהְיוּ־לִי לְעָם: אֲנִי יְהוָה אֱלֹהֵיכֶם אֲשֶׁר הוֹצֵאתִי אֶתְכֶם
מֵאֶרֶץ מִצְרַיִם מִהְיֹת לָהֶם עֲבָדִים וָאֶשְׁבֹּר מֹטֹת עֻלְּכֶם וָאוֹלֵךְ
אֶתְכֶם קוֹמְמִיּוּת:

הקללות - אם לא ישמרו ישראל את המצוות דברים כח, טו–סח

יד טו וְאִם־לֹא תִשְׁמְעוּ לִי וְלֹא תַעֲשׂוּ אֵת כָּל־הַמִּצְוֺת הָאֵלֶּה: וְאִם־
בְּחֻקֹּתַי תִּמְאָסוּ וְאִם אֶת־מִשְׁפָּטַי תִּגְעַל נַפְשְׁכֶם לְבִלְתִּי עֲשׂוֹת
טז אֶת־כָּל־מִצְוֺתַי לְהַפְרְכֶם אֶת־בְּרִיתִי: אַף־אֲנִי אֶעֱשֶׂה־זֹּאת
לָכֶם וְהִפְקַדְתִּי עֲלֵיכֶם בֶּהָלָה אֶת־הַשַּׁחֶפֶת וְאֶת־הַקַּדַּחַת
מְכַלּוֹת עֵינַיִם וּמְדִיבֹת נָפֶשׁ וּזְרַעְתֶּם לָרִיק זַרְעֲכֶם וַאֲכָלֻהוּ
יז אֹיְבֵיכֶם: וְנָתַתִּי פָנַי בָּכֶם וְנִגַּפְתֶּם לִפְנֵי אֹיְבֵיכֶם וְרָדוּ בָכֶם
יח שֹׂנְאֵיכֶם וְנַסְתֶּם וְאֵין־רֹדֵף אֶתְכֶם: וְאִם־עַד־אֵלֶּה לֹא תִשְׁמְעוּ
יט לִי וְיָסַפְתִּי לְיַסְּרָה אֶתְכֶם שֶׁבַע עַל־חַטֹּאתֵיכֶם: וְשָׁבַרְתִּי אֶת־

גְּאוֹן עֻזְּכֶם וְנָתַתִּי אֶת־שְׁמֵיכֶם כַּבַּרְזֶל וְאֶת־אַרְצְכֶם כַּנְּחֻשָׁה׃
כ וְתַם לָרִיק כֹּחֲכֶם וְלֹא־תִתֵּן אַרְצְכֶם אֶת־יְבוּלָהּ וְעֵץ הָאָרֶץ
כא לֹא יִתֵּן פִּרְיוֹ׃ וְאִם־תֵּלְכוּ עִמִּי קֶרִי וְלֹא תֹאבוּ לִשְׁמֹעַ לִי
כב וְיָסַפְתִּי עֲלֵיכֶם מַכָּה שֶׁבַע כְּחַטֹּאתֵיכֶם׃ וְהִשְׁלַחְתִּי בָכֶם אֶת־
חַיַּת הַשָּׂדֶה וְשִׁכְּלָה אֶתְכֶם וְהִכְרִיתָה אֶת־בְּהֶמְתְּכֶם וְהִמְעִיטָה
כג אֶתְכֶם וְנָשַׁמּוּ דַּרְכֵיכֶם׃ וְאִם־בְּאֵלֶּה לֹא תִוָּסְרוּ לִי וַהֲלַכְתֶּם
כד עִמִּי קֶרִי׃ וְהָלַכְתִּי אַף־אֲנִי עִמָּכֶם בְּקֶרִי וְהִכֵּיתִי אֶתְכֶם גַּם־
כה אָנִי שֶׁבַע עַל־חַטֹּאתֵיכֶם׃ וְהֵבֵאתִי עֲלֵיכֶם חֶרֶב נֹקֶמֶת
נְקַם־בְּרִית וְנֶאֱסַפְתֶּם אֶל־עָרֵיכֶם וְשִׁלַּחְתִּי דֶבֶר בְּתוֹכְכֶם
כו וְנִתַּתֶּם בְּיַד־אוֹיֵב׃ בְּשִׁבְרִי לָכֶם מַטֵּה־לֶחֶם וְאָפוּ עֶשֶׂר נָשִׁים
לַחְמְכֶם בְּתַנּוּר אֶחָד וְהֵשִׁיבוּ לַחְמְכֶם בַּמִּשְׁקָל וַאֲכַלְתֶּם וְלֹא
כז תִשְׂבָּעוּ׃ וְאִם־בְּזֹאת לֹא תִשְׁמְעוּ לִי וַהֲלַכְתֶּם
כח עִמִּי בְּקֶרִי׃ וְהָלַכְתִּי עִמָּכֶם בַּחֲמַת־קֶרִי וְיִסַּרְתִּי אֶתְכֶם אַף־
כט אָנִי שֶׁבַע עַל־חַטֹּאתֵיכֶם׃ וַאֲכַלְתֶּם בְּשַׂר בְּנֵיכֶם וּבְשַׂר בְּנֹתֵיכֶם
ל תֹּאכֵלוּ׃ וְהִשְׁמַדְתִּי אֶת־בָּמֹתֵיכֶם וְהִכְרַתִּי אֶת־חַמָּנֵיכֶם וְנָתַתִּי
לא אֶת־פִּגְרֵיכֶם עַל־פִּגְרֵי גִּלּוּלֵיכֶם וְגָעֲלָה נַפְשִׁי אֶתְכֶם׃ וְנָתַתִּי
אֶת־עָרֵיכֶם חָרְבָּה וַהֲשִׁמּוֹתִי אֶת־מִקְדְּשֵׁיכֶם וְלֹא אָרִיחַ בְּרֵיחַ
לב נִיחֹחֲכֶם׃ וַהֲשִׁמֹּתִי אֲנִי אֶת־הָאָרֶץ וְשָׁמְמוּ עָלֶיהָ אֹיְבֵיכֶם
לג הַיֹּשְׁבִים בָּהּ׃ וְאֶתְכֶם אֱזָרֶה בַגּוֹיִם וַהֲרִיקֹתִי אַחֲרֵיכֶם חָרֶב
לד וְהָיְתָה אַרְצְכֶם שְׁמָמָה וְעָרֵיכֶם יִהְיוּ חָרְבָּה׃ אָז תִּרְצֶה הָאָרֶץ
אֶת־שַׁבְּתֹתֶיהָ כֹּל יְמֵי הֳשַּׁמָּה וְאַתֶּם בְּאֶרֶץ אֹיְבֵיכֶם אָז תִּשְׁבַּת
לה הָאָרֶץ וְהִרְצָת אֶת־שַׁבְּתֹתֶיהָ׃ כָּל־יְמֵי הָשַּׁמָּה תִּשְׁבֹּת אֵת
לו אֲשֶׁר לֹא־שָׁבְתָה בְּשַׁבְּתֹתֵיכֶם בְּשִׁבְתְּכֶם עָלֶיהָ׃ וְהַנִּשְׁאָרִים
בָּכֶם וְהֵבֵאתִי מֹרֶךְ בִּלְבָבָם בְּאַרְצֹת אֹיְבֵיהֶם וְרָדַף אֹתָם קוֹל
לז עָלֶה נִדָּף וְנָסוּ מְנֻסַת־חֶרֶב וְנָפְלוּ וְאֵין רֹדֵף׃ וְכָשְׁלוּ אִישׁ־
בְּאָחִיו כְּמִפְּנֵי־חֶרֶב וְרֹדֵף אָיִן וְלֹא־תִהְיֶה לָכֶם תְּקוּמָה לִפְנֵי
לח אֹיְבֵיכֶם׃ וַאֲבַדְתֶּם בַּגּוֹיִם וְאָכְלָה אֶתְכֶם אֶרֶץ אֹיְבֵיכֶם׃

"אז תרצה הארץ את שבתותיה" – הקללה והמימוש דה"ב לו, כא

לט וְהַנִּשְׁאָרִים בָּכֶם יִמַּקּוּ בַּעֲוֺנָם בְּאַרְצֹת אֹיְבֵיכֶם וְאַף בַּעֲוֺנֹת
מ אֲבֹתָם אִתָּם יִמָּקּוּ׃ וְהִתְוַדּוּ אֶת־עֲוֺנָם וְאֶת־עֲוֺן אֲבֹתָם בְּמַעֲלָם
מא אֲשֶׁר מָעֲלוּ־בִי וְאַף אֲשֶׁר־הָלְכוּ עִמִּי בְּקֶרִי׃ אַף־אֲנִי אֵלֵךְ
עִמָּם בְּקֶרִי וְהֵבֵאתִי אֹתָם בְּאֶרֶץ אֹיְבֵיהֶם אוֹ־אָז יִכָּנַע לְבָבָם
מב הֶעָרֵל וְאָז יִרְצוּ אֶת־עֲוֺנָם׃ וְזָכַרְתִּי אֶת־בְּרִיתִי יַעֲקוֹב וְאַף
אֶת־בְּרִיתִי יִצְחָק וְאַף אֶת־בְּרִיתִי אַבְרָהָם אֶזְכֹּר וְהָאָרֶץ אֶזְכֹּר׃
מג וְהָאָרֶץ תֵּעָזֵב מֵהֶם וְתִרֶץ אֶת־שַׁבְּתֹתֶיהָ בָּהְשַׁמָּה מֵהֶם וְהֵם
יִרְצוּ אֶת־עֲוֺנָם יַעַן וּבְיַעַן בְּמִשְׁפָּטַי מָאָסוּ וְאֶת־חֻקֹּתַי גָּעֲלָה
מד נַפְשָׁם׃ וְאַף גַּם־זֹאת בִּהְיוֹתָם בְּאֶרֶץ אֹיְבֵיהֶם לֹא־מְאַסְתִּים
וְלֹא־גְעַלְתִּים לְכַלֹּתָם לְהָפֵר בְּרִיתִי אִתָּם כִּי אֲנִי יְהוָה אֱלֹהֵיהֶם׃
מה וְזָכַרְתִּי לָהֶם בְּרִית רִאשֹׁנִים אֲשֶׁר הוֹצֵאתִי־אֹתָם מֵאֶרֶץ מִצְרַיִם
מו לְעֵינֵי הַגּוֹיִם לִהְיוֹת לָהֶם לֵאלֹהִים אֲנִי יְהוָה׃ אֵלֶּה הַחֻקִּים
וְהַמִּשְׁפָּטִים וְהַתּוֹרֹת אֲשֶׁר נָתַן יְהוָה בֵּינוֹ וּבֵין בְּנֵי יִשְׂרָאֵל
בְּהַר סִינַי בְּיַד־מֹשֶׁה׃

כז א ב וַיְדַבֵּר יְהוָה אֶל־מֹשֶׁה לֵּאמֹר׃ דַּבֵּר אֶל־בְּנֵי יִשְׂרָאֵל וְאָמַרְתָּ כג רביעי /ששי/
ג אֲלֵהֶם אִישׁ כִּי יַפְלִא נֶדֶר בְּעֶרְכְּךָ נְפָשֹׁת לַיהוָה׃ וְהָיָה עֶרְכְּךָ
הַזָּכָר מִבֶּן עֶשְׂרִים שָׁנָה וְעַד בֶּן־שִׁשִּׁים שָׁנָה וְהָיָה עֶרְכְּךָ
ד חֲמִשִּׁים שֶׁקֶל כֶּסֶף בְּשֶׁקֶל הַקֹּדֶשׁ׃ וְאִם־נְקֵבָה הִוא וְהָיָה
ה עֶרְכְּךָ שְׁלֹשִׁים שָׁקֶל׃ וְאִם מִבֶּן־חָמֵשׁ שָׁנִים וְעַד בֶּן־עֶשְׂרִים
שָׁנָה וְהָיָה עֶרְכְּךָ הַזָּכָר עֶשְׂרִים שְׁקָלִים וְלַנְּקֵבָה עֲשֶׂרֶת שְׁקָלִים׃
ו וְאִם מִבֶּן־חֹדֶשׁ וְעַד בֶּן־חָמֵשׁ שָׁנִים וְהָיָה עֶרְכְּךָ הַזָּכָר חֲמִשָּׁה
ז שְׁקָלִים כָּסֶף וְלַנְּקֵבָה עֶרְכְּךָ שְׁלֹשֶׁת שְׁקָלִים כָּסֶף׃ וְאִם מִבֶּן־
שִׁשִּׁים שָׁנָה וָמַעְלָה אִם־זָכָר וְהָיָה עֶרְכְּךָ חֲמִשָּׁה עָשָׂר שָׁקֶל
ח וְלַנְּקֵבָה עֲשָׂרָה שְׁקָלִים׃ וְאִם־מָךְ הוּא מֵעֶרְכֶּךָ וְהֶעֱמִידוֹ לִפְנֵי
הַכֹּהֵן וְהֶעֱרִיךְ אֹתוֹ הַכֹּהֵן עַל־פִּי אֲשֶׁר תַּשִּׂיג יַד הַנֹּדֵר יַעֲרִיכֶנּוּ
ט הַכֹּהֵן׃ וְאִם־בְּהֵמָה אֲשֶׁר יַקְרִיבוּ מִמֶּנָּה קָרְבָּן
י לַיהוָה כֹּל אֲשֶׁר יִתֵּן מִמֶּנּוּ לַיהוָה יִהְיֶה־קֹּדֶשׁ׃ לֹא יַחֲלִיפֶנּוּ

וְלֹא־יָמִיר אֹתוֹ טוֹב בְּרָע אוֹ־רַע בְּטוֹב וְאִם־הָמֵר יָמִיר בְּהֵמָה
יא בִּבְהֵמָה וְהָיָה־הוּא וּתְמוּרָתוֹ יִהְיֶה־קֹּדֶשׁ׃ וְאִם כָּל־בְּהֵמָה
טְמֵאָה אֲשֶׁר לֹא־יַקְרִיבוּ מִמֶּנָּה קָרְבָּן לַיהוָה וְהֶעֱמִיד אֶת־
יב הַבְּהֵמָה לִפְנֵי הַכֹּהֵן׃ וְהֶעֱרִיךְ הַכֹּהֵן אֹתָהּ בֵּין טוֹב וּבֵין רָע
יג כְּעֶרְכְּךָ הַכֹּהֵן כֵּן יִהְיֶה׃ וְאִם־גָּאֹל יִגְאָלֶנָּה וְיָסַף חֲמִישִׁתוֹ עַל־
יד עֶרְכֶּךָ׃ וְאִישׁ כִּי־יַקְדִּשׁ אֶת־בֵּיתוֹ קֹדֶשׁ לַיהוָה וְהֶעֱרִיכוֹ הַכֹּהֵן
טו בֵּין טוֹב וּבֵין רָע כַּאֲשֶׁר יַעֲרִיךְ אֹתוֹ הַכֹּהֵן כֵּן יָקוּם׃ וְאִם־
הַמַּקְדִּישׁ יִגְאַל אֶת־בֵּיתוֹ וְיָסַף חֲמִישִׁית כֶּסֶף־עֶרְכְּךָ עָלָיו
טז וְהָיָה לוֹ׃ וְאִם ׀ מִשְּׂדֵה אֲחֻזָּתוֹ יַקְדִּישׁ אִישׁ לַיהוָה וְהָיָה עֶרְכְּךָ חמישי /שביעי/
יז לְפִי זַרְעוֹ זֶרַע חֹמֶר שְׂעֹרִים בַּחֲמִשִּׁים שֶׁקֶל כָּסֶף׃ אִם־מִשְּׁנַת
יח הַיֹּבֵל יַקְדִּישׁ שָׂדֵהוּ כְּעֶרְכְּךָ יָקוּם׃ וְאִם־אַחַר הַיֹּבֵל יַקְדִּישׁ
שָׂדֵהוּ וְחִשַּׁב־לוֹ הַכֹּהֵן אֶת־הַכֶּסֶף עַל־פִּי הַשָּׁנִים הַנּוֹתָרֹת
יט עַד שְׁנַת הַיֹּבֵל וְנִגְרַע מֵעֶרְכֶּךָ׃ וְאִם־גָּאֹל יִגְאַל אֶת־הַשָּׂדֶה
כ הַמַּקְדִּישׁ אֹתוֹ וְיָסַף חֲמִשִׁית כֶּסֶף־עֶרְכְּךָ עָלָיו וְקָם לוֹ׃ וְאִם־
לֹא יִגְאַל אֶת־הַשָּׂדֶה וְאִם־מָכַר אֶת־הַשָּׂדֶה לְאִישׁ אַחֵר לֹא־
כא יִגָּאֵל עוֹד׃ וְהָיָה הַשָּׂדֶה בְּצֵאתוֹ בַיֹּבֵל קֹדֶשׁ לַיהוָה כִּשְׂדֵה
כב הַחֵרֶם לַכֹּהֵן תִּהְיֶה אֲחֻזָּתוֹ׃ וְאִם אֶת־שְׂדֵה מִקְנָתוֹ אֲשֶׁר לֹא ששי
כג מִשְּׂדֵה אֲחֻזָּתוֹ יַקְדִּישׁ לַיהוָה׃ וְחִשַּׁב־לוֹ הַכֹּהֵן אֵת מִכְסַת
הָעֶרְכְּךָ עַד שְׁנַת הַיֹּבֵל וְנָתַן אֶת־הָעֶרְכְּךָ בַּיּוֹם הַהוּא קֹדֶשׁ
כד לַיהוָה׃ בִּשְׁנַת הַיּוֹבֵל יָשׁוּב הַשָּׂדֶה לַאֲשֶׁר קָנָהוּ מֵאִתּוֹ
כה לַאֲשֶׁר־לוֹ אֲחֻזַּת הָאָרֶץ׃ וְכָל־עֶרְכְּךָ יִהְיֶה בְּשֶׁקֶל הַקֹּדֶשׁ
כו עֶשְׂרִים גֵּרָה יִהְיֶה הַשָּׁקֶל׃ אַךְ־בְּכוֹר אֲשֶׁר יְבֻכַּר לַיהוָה
בִּבְהֵמָה לֹא־יַקְדִּישׁ אִישׁ אֹתוֹ אִם־שׁוֹר אִם־שֶׂה לַיהוָה
כז הוּא׃ וְאִם בַּבְּהֵמָה הַטְּמֵאָה וּפָדָה בְעֶרְכֶּךָ וְיָסַף חֲמִשִׁתוֹ עָלָיו
כח וְאִם־לֹא יִגָּאֵל וְנִמְכַּר בְּעֶרְכֶּךָ׃ אַךְ כָּל־חֵרֶם אֲשֶׁר יַחֲרִם אִישׁ
לַיהוָה מִכָּל־אֲשֶׁר־לוֹ מֵאָדָם וּבְהֵמָה וּמִשְּׂדֵה אֲחֻזָּתוֹ לֹא
כט יִמָּכֵר וְלֹא יִגָּאֵל כָּל־חֵרֶם קֹדֶשׁ־קָדָשִׁים הוּא לַיהוָה׃ כָּל־חֵרֶם שביעי

ל אֲשֶׁר יָחֳרַם מִן־הָאָדָם לֹא יִפָּדֶה מוֹת יוּמָת׃ וְכָל־מַעְשַׂר
הָאָרֶץ מִזֶּרַע הָאָרֶץ מִפְּרִי הָעֵץ לַיהוָה הוּא קֹדֶשׁ לַיהוָה׃
לא לב מפטיר וְאִם־גָּאֹל יִגְאַל אִישׁ מִמַּעַשְׂרוֹ חֲמִשִׁיתוֹ יֹסֵף עָלָיו׃ וְכָל־
מַעְשַׂר בָּקָר וָצֹאן כֹּל אֲשֶׁר־יַעֲבֹר תַּחַת הַשָּׁבֶט הָעֲשִׂירִי יִהְיֶה־
לג קֹדֶשׁ לַיהוָה׃ לֹא יְבַקֵּר בֵּין־טוֹב לָרַע וְלֹא יְמִירֶנּוּ וְאִם־הָמֵר
לד יְמִירֶנּוּ וְהָיָה־הוּא וּתְמוּרָתוֹ יִהְיֶה־קֹּדֶשׁ לֹא יִגָּאֵל׃ אֵלֶּה
הַמִּצְוֹת אֲשֶׁר צִוָּה יְהוָה אֶת־מֹשֶׁה אֶל־בְּנֵי יִשְׂרָאֵל בְּהַר סִינָי׃

# במדבר

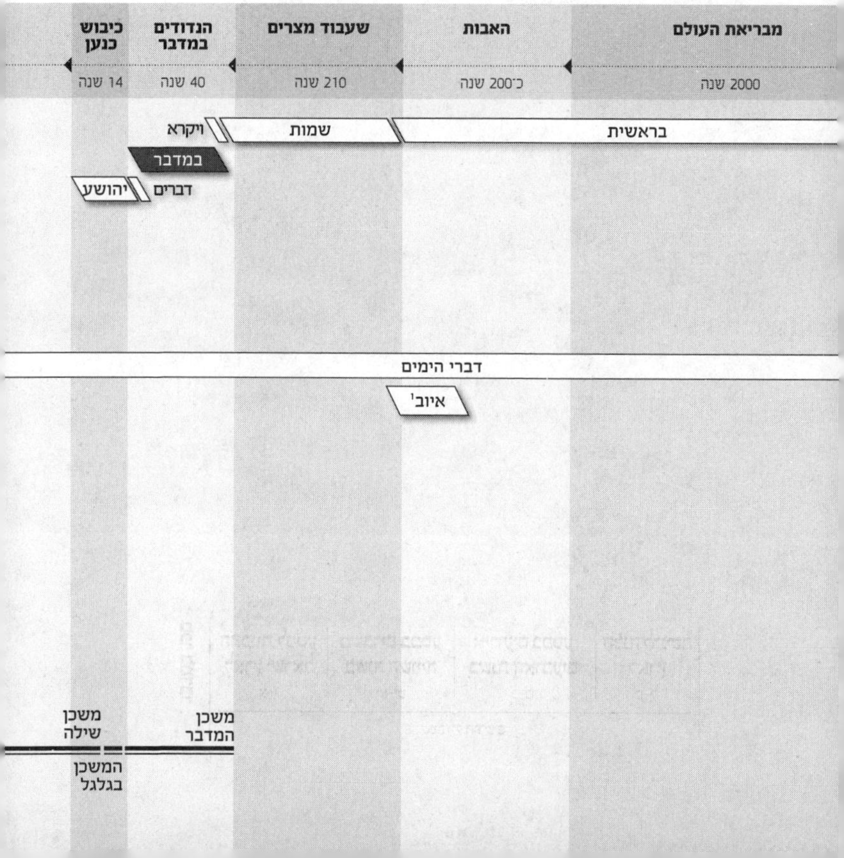

מבריאת העולם
2000 שנה
האבות
כ־200 שנה
שעבוד מצרים
210 שנה
הנדודים במדבר
40 שנה
כיבוש כנען
14 שנה
בראשית
שמות
ויקרא
במדבר
דברים
יהושע
דברי הימים
איוב[1]
משכן המדבר
משכן שילה
המשכן בגלגל

| ספר במדבר | | | | |
|---|---|---|---|---|
| | ההכנות למסע לארץ ישראל | משברים במסע בשנה השנייה | אירועים במסע בשנת הארבעים | הכנה לכניסה לארץ |
| | א–י | יא–יט | כ–כה | כו–לו |
| | 38 שנים ו־9 חודשים | | | |

# א

א וַיְדַבֵּר יְהוָה אֶל־מֹשֶׁה בְּמִדְבַּר סִינַי בְּאֹהֶל מוֹעֵד בְּאֶחָד לַחֹדֶשׁ
ב הַשֵּׁנִי בַּשָּׁנָה הַשֵּׁנִית לְצֵאתָם מֵאֶרֶץ מִצְרַיִם לֵאמֹר: שְׂאוּ אֶת־
רֹאשׁ כָּל־עֲדַת בְּנֵי־יִשְׂרָאֵל לְמִשְׁפְּחֹתָם לְבֵית אֲבֹתָם בְּמִסְפַּר
ג שֵׁמוֹת כָּל־זָכָר לְגֻלְגְּלֹתָם: מִבֶּן עֶשְׂרִים שָׁנָה וָמַעְלָה כָּל־יֹצֵא
ד צָבָא בְּיִשְׂרָאֵל תִּפְקְדוּ אֹתָם לְצִבְאֹתָם אַתָּה וְאַהֲרֹן: וְאִתְּכֶם
ה יִהְיוּ אִישׁ אִישׁ לַמַּטֶּה אִישׁ רֹאשׁ לְבֵית־אֲבֹתָיו הוּא: וְאֵלֶּה
שְׁמוֹת הָאֲנָשִׁים אֲשֶׁר יַעַמְדוּ אִתְּכֶם לִרְאוּבֵן אֱלִיצוּר בֶּן־
ו ז שְׁדֵיאוּר: לְשִׁמְעוֹן שְׁלֻמִיאֵל בֶּן־צוּרִישַׁדָּי: לִיהוּדָה נַחְשׁוֹן בֶּן־
ח ט עַמִּינָדָב: לְיִשָּׂשכָר נְתַנְאֵל בֶּן־צוּעָר: לִזְבוּלֻן אֱלִיאָב בֶּן־חֵלֹן:
י לִבְנֵי יוֹסֵף לְאֶפְרַיִם אֱלִישָׁמָע בֶּן־עַמִּיהוּד לִמְנַשֶּׁה גַּמְלִיאֵל בֶּן־
יא יב פְּדָהצוּר: לְבִנְיָמִן אֲבִידָן בֶּן־גִּדְעֹנִי: לְדָן אֲחִיעֶזֶר בֶּן־עַמִּישַׁדָּי:
יג יד טו לְאָשֵׁר פַּגְעִיאֵל בֶּן־עָכְרָן: לְגָד אֶלְיָסָף בֶּן־דְּעוּאֵל: לְנַפְתָּלִי
טז אֲחִירַע בֶּן־עֵינָן: אֵלֶּה קריאי הָעֵדָה נְשִׂיאֵי מַטּוֹת אֲבוֹתָם רָאשֵׁי קְרוּאֵי
יז אַלְפֵי יִשְׂרָאֵל הֵם: וַיִּקַּח מֹשֶׁה וְאַהֲרֹן אֵת הָאֲנָשִׁים הָאֵלֶּה
יח אֲשֶׁר נִקְּבוּ בְּשֵׁמוֹת: וְאֵת כָּל־הָעֵדָה הִקְהִילוּ בְּאֶחָד לַחֹדֶשׁ
הַשֵּׁנִי וַיִּתְיַלְדוּ עַל־מִשְׁפְּחֹתָם לְבֵית אֲבֹתָם בְּמִסְפַּר שֵׁמוֹת
יט מִבֶּן עֶשְׂרִים שָׁנָה וָמַעְלָה לְגֻלְגְּלֹתָם: כַּאֲשֶׁר צִוָּה יְהוָה אֶת־
כ מֹשֶׁה וַיִּפְקְדֵם בְּמִדְבַּר סִינָי: וַיִּהְיוּ בְנֵי־רְאוּבֵן שני
בְּכֹר יִשְׂרָאֵל תּוֹלְדֹתָם לְמִשְׁפְּחֹתָם לְבֵית אֲבֹתָם בְּמִסְפַּר
שְׁמוֹת לְגֻלְגְּלֹתָם כָּל־זָכָר מִבֶּן עֶשְׂרִים שָׁנָה וָמַעְלָה כֹּל יֹצֵא
כא צָבָא: פְּקֻדֵיהֶם לְמַטֵּה רְאוּבֵן שִׁשָּׁה וְאַרְבָּעִים אֶלֶף וַחֲמֵשׁ
מֵאוֹת:
כב לִבְנֵי שִׁמְעוֹן תּוֹלְדֹתָם לְמִשְׁפְּחֹתָם לְבֵית אֲבֹתָם פְּקֻדָיו בְּמִסְפַּר
שְׁמוֹת לְגֻלְגְּלֹתָם כָּל־זָכָר מִבֶּן עֶשְׂרִים שָׁנָה וָמַעְלָה כֹּל יֹצֵא
כג צָבָא: פְּקֻדֵיהֶם לְמַטֵּה שִׁמְעוֹן תִּשְׁעָה וַחֲמִשִּׁים אֶלֶף וּשְׁלֹשׁ
מֵאוֹת:
כד לִבְנֵי גָד תּוֹלְדֹתָם לְמִשְׁפְּחֹתָם לְבֵית אֲבֹתָם בְּמִסְפַּר שְׁמוֹת

נשיאי השבטים
במדבר לד, יט–כח

מפקד שבט ראובן
במדבר כו, ז

מפקד שבט שמעון
במדבר כו, יד

מפקד שבט גד
במדבר כו, יח

כה מִבֶּן עֶשְׂרִים שָׁנָה וָמַעְלָה כֹּל יֹצֵא צָבָא: פְּקֻדֵיהֶם לְמַטֵּה גָד
חֲמִשָּׁה וְאַרְבָּעִים אֶלֶף וְשֵׁשׁ מֵאוֹת וַחֲמִשִּׁים:

מפקד שבט יהודה
במדבר כו, כב

כו לִבְנֵי יְהוּדָה תּוֹלְדֹתָם לְמִשְׁפְּחֹתָם לְבֵית אֲבֹתָם בְּמִסְפַּר שֵׁמֹת
כז מִבֶּן עֶשְׂרִים שָׁנָה וָמַעְלָה כֹּל יֹצֵא צָבָא: פְּקֻדֵיהֶם לְמַטֵּה יְהוּדָה
אַרְבָּעָה וְשִׁבְעִים אֶלֶף וְשֵׁשׁ מֵאוֹת:

מפקד שבט יששכר
במדבר כו, כה
דה״א ז, ה

כח לִבְנֵי יִשָּׂשכָר תּוֹלְדֹתָם לְמִשְׁפְּחֹתָם לְבֵית אֲבֹתָם בְּמִסְפַּר
כט שֵׁמֹת מִבֶּן עֶשְׂרִים שָׁנָה וָמַעְלָה כֹּל יֹצֵא צָבָא: פְּקֻדֵיהֶם לְמַטֵּה
יִשָּׂשכָר אַרְבָּעָה וַחֲמִשִּׁים אֶלֶף וְאַרְבַּע מֵאוֹת:

מפקד שבט זבולון
במדבר כו, כז

ל לִבְנֵי זְבוּלֻן תּוֹלְדֹתָם לְמִשְׁפְּחֹתָם לְבֵית אֲבֹתָם בְּמִסְפַּר שֵׁמֹת
לא מִבֶּן עֶשְׂרִים שָׁנָה וָמַעְלָה כֹּל יֹצֵא צָבָא: פְּקֻדֵיהֶם לְמַטֵּה זְבוּלֻן
שִׁבְעָה וַחֲמִשִּׁים אֶלֶף וְאַרְבַּע מֵאוֹת:

מפקד שבט אפרים
במדבר כו, לז

לב לִבְנֵי יוֹסֵף לִבְנֵי אֶפְרַיִם תּוֹלְדֹתָם לְמִשְׁפְּחֹתָם לְבֵית אֲבֹתָם
לג בְּמִסְפַּר שֵׁמֹת מִבֶּן עֶשְׂרִים שָׁנָה וָמַעְלָה כֹּל יֹצֵא צָבָא: פְּקֻדֵיהֶם
לְמַטֵּה אֶפְרָיִם אַרְבָּעִים אֶלֶף וַחֲמֵשׁ מֵאוֹת:

מפקד שבט מנשה
במדבר כו, לד

לד לִבְנֵי מְנַשֶּׁה תּוֹלְדֹתָם לְמִשְׁפְּחֹתָם לְבֵית אֲבֹתָם בְּמִסְפַּר שֵׁמוֹת
לה מִבֶּן עֶשְׂרִים שָׁנָה וָמַעְלָה כֹּל יֹצֵא צָבָא: פְּקֻדֵיהֶם לְמַטֵּה מְנַשֶּׁה
שְׁנַיִם וּשְׁלֹשִׁים אֶלֶף וּמָאתָיִם:

מפקד שבט בנימין
במדבר כו, מא

לו לִבְנֵי בִנְיָמִן תּוֹלְדֹתָם לְמִשְׁפְּחֹתָם לְבֵית אֲבֹתָם בְּמִסְפַּר שֵׁמֹת
לז מִבֶּן עֶשְׂרִים שָׁנָה וָמַעְלָה כֹּל יֹצֵא צָבָא: פְּקֻדֵיהֶם לְמַטֵּה בִנְיָמִן
חֲמִשָּׁה וּשְׁלֹשִׁים אֶלֶף וְאַרְבַּע מֵאוֹת:

מפקד שבט דן
במדבר כו, מג

לח לִבְנֵי דָן תּוֹלְדֹתָם לְמִשְׁפְּחֹתָם לְבֵית אֲבֹתָם בְּמִסְפַּר שֵׁמֹת מִבֶּן
לט עֶשְׂרִים שָׁנָה וָמַעְלָה כֹּל יֹצֵא צָבָא: פְּקֻדֵיהֶם לְמַטֵּה דָן שְׁנַיִם
וְשִׁשִּׁים אֶלֶף וּשְׁבַע מֵאוֹת:

מפקד שבט אשר
במדבר כו, מז
דה״א ז, מ

מ לִבְנֵי אָשֵׁר תּוֹלְדֹתָם לְמִשְׁפְּחֹתָם לְבֵית אֲבֹתָם בְּמִסְפַּר שֵׁמֹת
מא מִבֶּן עֶשְׂרִים שָׁנָה וָמַעְלָה כֹּל יֹצֵא צָבָא: פְּקֻדֵיהֶם לְמַטֵּה אָשֵׁר
אֶחָד וְאַרְבָּעִים אֶלֶף וַחֲמֵשׁ מֵאוֹת:

מפקד שבט נפתלי
במדבר כו, נ

מב בְּנֵי נַפְתָּלִי תּוֹלְדֹתָם לְמִשְׁפְּחֹתָם לְבֵית אֲבֹתָם בְּמִסְפַּר שֵׁמֹת

מג מִבֶּן עֶשְׂרִים שָׁנָה וָמַעְלָה כֹּל יֹצֵא צָבָא: פְּקֻדֵיהֶם לְמַטֵּה נַפְתָּלִי
שְׁלֹשָׁה וַחֲמִשִּׁים אֶלֶף וְאַרְבַּע מֵאוֹת:
מד אֵלֶּה הַפְּקֻדִים אֲשֶׁר פָּקַד מֹשֶׁה וְאַהֲרֹן וּנְשִׂיאֵי יִשְׂרָאֵל שְׁנֵים
מה עָשָׂר אִישׁ אִישׁ־אֶחָד לְבֵית־אֲבֹתָיו הָיוּ: וַיִּהְיוּ כָּל־פְּקוּדֵי בְנֵי־
יִשְׂרָאֵל לְבֵית אֲבֹתָם מִבֶּן עֶשְׂרִים שָׁנָה וָמַעְלָה כָּל־יֹצֵא צָבָא
מו בְּיִשְׂרָאֵל: וַיִּהְיוּ כָּל־הַפְּקֻדִים שֵׁשׁ־מֵאוֹת אֶלֶף וּשְׁלֹשֶׁת אֲלָפִים
מז וַחֲמֵשׁ מֵאוֹת וַחֲמִשִּׁים: וְהַלְוִיִּם לְמַטֵּה אֲבֹתָם לֹא הָתְפָּקְדוּ
בְּתוֹכָם:
מח מט וַיְדַבֵּר יְהוָה אֶל־מֹשֶׁה לֵּאמֹר: אַךְ אֶת־מַטֵּה לֵוִי לֹא תִפְקֹד
נ וְאֶת־רֹאשָׁם לֹא תִשָּׂא בְּתוֹךְ בְּנֵי יִשְׂרָאֵל: וְאַתָּה הַפְקֵד אֶת־
הַלְוִיִּם עַל־מִשְׁכַּן הָעֵדֻת וְעַל כָּל־כֵּלָיו וְעַל כָּל־אֲשֶׁר־לוֹ הֵמָּה
יִשְׂאוּ אֶת־הַמִּשְׁכָּן וְאֶת־כָּל־כֵּלָיו וְהֵם יְשָׁרְתֻהוּ וְסָבִיב לַמִּשְׁכָּן
נא יַחֲנוּ: וּבִנְסֹעַ הַמִּשְׁכָּן יוֹרִידוּ אֹתוֹ הַלְוִיִּם וּבַחֲנֹת הַמִּשְׁכָּן יָקִימוּ
נב אֹתוֹ הַלְוִיִּם וְהַזָּר הַקָּרֵב יוּמָת: וְחָנוּ בְּנֵי יִשְׂרָאֵל אִישׁ עַל־
נג מַחֲנֵהוּ וְאִישׁ עַל־דִּגְלוֹ לְצִבְאֹתָם: וְהַלְוִיִּם יַחֲנוּ סָבִיב לְמִשְׁכַּן
הָעֵדֻת וְלֹא־יִהְיֶה קֶצֶף עַל־עֲדַת בְּנֵי יִשְׂרָאֵל וְשָׁמְרוּ הַלְוִיִּם
נד אֶת־מִשְׁמֶרֶת מִשְׁכַּן הָעֵדוּת: וַיַּעֲשׂוּ בְּנֵי יִשְׂרָאֵל כְּכֹל אֲשֶׁר
צִוָּה יְהוָה אֶת־מֹשֶׁה כֵּן עָשׂוּ:

סך כל פקודי ישראל
שמות לח, כו
במדבר ב, לב; כו, נא

ב שלישי

ב א ב וַיְדַבֵּר יְהוָה אֶל־מֹשֶׁה וְאֶל־אַהֲרֹן לֵאמֹר: אִישׁ עַל־דִּגְלוֹ
בְאֹתֹת לְבֵית אֲבֹתָם יַחֲנוּ בְּנֵי יִשְׂרָאֵל מִנֶּגֶד סָבִיב לְאֹהֶל־
ג מוֹעֵד יַחֲנוּ: וְהַחֹנִים קֵדְמָה מִזְרָחָה דֶּגֶל מַחֲנֵה יְהוּדָה לְצִבְאֹתָם
ד וְנָשִׂיא לִבְנֵי יְהוּדָה נַחְשׁוֹן בֶּן־עַמִּינָדָב: וּצְבָאוֹ וּפְקֻדֵיהֶם
ה אַרְבָּעָה וְשִׁבְעִים אֶלֶף וְשֵׁשׁ מֵאוֹת: וְהַחֹנִים עָלָיו מַטֵּה
ו יִשָּׂשכָר וְנָשִׂיא לִבְנֵי יִשָּׂשכָר נְתַנְאֵל בֶּן־צוּעָר: וּצְבָאוֹ וּפְקֻדָיו
ז אַרְבָּעָה וַחֲמִשִּׁים אֶלֶף וְאַרְבַּע מֵאוֹת: מַטֵּה זְבוּלֻן וְנָשִׂיא
ח לִבְנֵי זְבוּלֻן אֱלִיאָב בֶּן־חֵלֹן: וּצְבָאוֹ וּפְקֻדָיו שִׁבְעָה וַחֲמִשִּׁים
ט אֶלֶף וְאַרְבַּע מֵאוֹת: כָּל־הַפְּקֻדִים לְמַחֲנֵה יְהוּדָה מְאַת אֶלֶף

סדר המחנות - ציווי וביצוע
במדבר י, יא–כח

וּשְׁמֹנִים אֶלֶף וְשֵׁשֶׁת־אֲלָפִים וְאַרְבַּע־מֵאוֹת לְצִבְאֹתָם רִאשֹׁנָה
י יִסָּעוּ׃ דֶּגֶל מַחֲנֵה רְאוּבֵן תֵּימָנָה לְצִבְאֹתָם
יא וְנָשִׂיא לִבְנֵי רְאוּבֵן אֱלִיצוּר בֶּן־שְׁדֵיאוּר׃ וּצְבָאוֹ וּפְקֻדָיו
יב שִׁשָּׁה וְאַרְבָּעִים אֶלֶף וַחֲמֵשׁ מֵאוֹת׃ וְהַחוֹנִם עָלָיו מַטֵּה שִׁמְעוֹן
יג וְנָשִׂיא לִבְנֵי שִׁמְעוֹן שְׁלֻמִיאֵל בֶּן־צוּרִישַׁדָּי׃ וּצְבָאוֹ וּפְקֻדֵיהֶם
יד תִּשְׁעָה וַחֲמִשִּׁים אֶלֶף וּשְׁלֹשׁ מֵאוֹת׃ וּמַטֵּה גָּד וְנָשִׂיא לִבְנֵי גָד
טו אֶלְיָסָף בֶּן־רְעוּאֵל׃ וּצְבָאוֹ וּפְקֻדֵיהֶם חֲמִשָּׁה וְאַרְבָּעִים אֶלֶף
טז וְשֵׁשׁ מֵאוֹת וַחֲמִשִּׁים׃ כָּל־הַפְּקֻדִים לְמַחֲנֵה רְאוּבֵן מְאַת
אֶלֶף וְאֶחָד וַחֲמִשִּׁים אֶלֶף וְאַרְבַּע־מֵאוֹת וַחֲמִשִּׁים לְצִבְאֹתָם
יז וּשְׁנִיִּם יִסָּעוּ׃ וְנָסַע אֹהֶל־מוֹעֵד מַחֲנֵה
הַלְוִיִּם בְּתוֹךְ הַמַּחֲנֹת כַּאֲשֶׁר יַחֲנוּ כֵּן יִסָּעוּ אִישׁ עַל־יָדוֹ
יח לְדִגְלֵיהֶם׃ דֶּגֶל מַחֲנֵה אֶפְרַיִם לְצִבְאֹתָם
יט יָמָּה וְנָשִׂיא לִבְנֵי אֶפְרַיִם אֱלִישָׁמָע בֶּן־עַמִּיהוּד׃ וּצְבָאוֹ וּפְקֻדֵיהֶם
כ אַרְבָּעִים אֶלֶף וַחֲמֵשׁ מֵאוֹת׃ וְעָלָיו מַטֵּה מְנַשֶּׁה וְנָשִׂיא לִבְנֵי
כא מְנַשֶּׁה גַּמְלִיאֵל בֶּן־פְּדָהצוּר׃ וּצְבָאוֹ וּפְקֻדֵיהֶם שְׁנַיִם וּשְׁלֹשִׁים
כב אֶלֶף וּמָאתָיִם׃ וּמַטֵּה בִּנְיָמִן וְנָשִׂיא לִבְנֵי בִנְיָמִן אֲבִידָן בֶּן־
כג גִּדְעֹנִי׃ וּצְבָאוֹ וּפְקֻדֵיהֶם חֲמִשָּׁה וּשְׁלֹשִׁים אֶלֶף וְאַרְבַּע מֵאוֹת׃
כד כָּל־הַפְּקֻדִים לְמַחֲנֵה אֶפְרַיִם מְאַת אֶלֶף וּשְׁמֹנַת־אֲלָפִים וּמֵאָה
כה לְצִבְאֹתָם וּשְׁלִשִׁים יִסָּעוּ׃ דֶּגֶל מַחֲנֵה דָן צָפֹנָה
כו לְצִבְאֹתָם וְנָשִׂיא לִבְנֵי דָן אֲחִיעֶזֶר בֶּן־עַמִּישַׁדָּי׃ וּצְבָאוֹ וּפְקֻדֵיהֶם
כז שְׁנַיִם וְשִׁשִּׁים אֶלֶף וּשְׁבַע מֵאוֹת׃ וְהַחֹנִים עָלָיו מַטֵּה אָשֵׁר
כח וְנָשִׂיא לִבְנֵי אָשֵׁר פַּגְעִיאֵל בֶּן־עָכְרָן׃ וּצְבָאוֹ וּפְקֻדֵיהֶם אֶחָד
כט וְאַרְבָּעִים אֶלֶף וַחֲמֵשׁ מֵאוֹת׃ וּמַטֵּה נַפְתָּלִי וְנָשִׂיא לִבְנֵי נַפְתָּלִי
ל אֲחִירַע בֶּן־עֵינָן׃ וּצְבָאוֹ וּפְקֻדֵיהֶם שְׁלֹשָׁה וַחֲמִשִּׁים אֶלֶף וְאַרְבַּע
לא מֵאוֹת׃ כָּל־הַפְּקֻדִים לְמַחֲנֵה דָן מְאַת אֶלֶף וְשִׁבְעָה וַחֲמִשִּׁים
אֶלֶף וְשֵׁשׁ מֵאוֹת לָאַחֲרֹנָה יִסְעוּ לְדִגְלֵיהֶם׃
לב אֵלֶּה פְּקוּדֵי בְנֵי־יִשְׂרָאֵל לְבֵית אֲבֹתָם כָּל־פְּקוּדֵי הַמַּחֲנֹת

סך כל פקודי ישראל
שמות לח, כו
במדבר א, מד־מו; כו, נא

לְצִבְאֹתָם שֵׁשׁ־מֵאוֹת אֶלֶף וּשְׁלֹשֶׁת אֲלָפִים וַחֲמֵשׁ מֵאוֹת
לג וַחֲמִשִּׁים: וְהַלְוִיִּם לֹא הָתְפָּקְדוּ בְּתוֹךְ בְּנֵי יִשְׂרָאֵל כַּאֲשֶׁר צִוָּה
לד יְהוָה אֶת־מֹשֶׁה: וַיַּעֲשׂוּ בְּנֵי יִשְׂרָאֵל כְּכֹל אֲשֶׁר־צִוָּה יְהוָה
אֶת־מֹשֶׁה כֵּן־חָנוּ לְדִגְלֵיהֶם וְכֵן נָסָעוּ אִישׁ לְמִשְׁפְּחֹתָיו עַל־
בֵּית אֲבֹתָיו:

רביעי ג

ג א וְאֵלֶּה תּוֹלְדֹת אַהֲרֹן וּמֹשֶׁה בְּיוֹם דִּבֶּר יְהוָה אֶת־מֹשֶׁה בְּהַר
ב סִינָי: וְאֵלֶּה שְׁמוֹת בְּנֵי־אַהֲרֹן הַבְּכֹר ׀ נָדָב וַאֲבִיהוּא אֶלְעָזָר
ג וְאִיתָמָר: אֵלֶּה שְׁמוֹת בְּנֵי אַהֲרֹן הַכֹּהֲנִים הַמְּשֻׁחִים אֲשֶׁר־מִלֵּא
ד יָדָם לְכַהֵן: וַיָּמָת נָדָב וַאֲבִיהוּא לִפְנֵי יְהוָה בְּהַקְרִבָם אֵשׁ זָרָה
לִפְנֵי יְהוָה בְּמִדְבַּר סִינַי וּבָנִים לֹא־הָיוּ לָהֶם וַיְכַהֵן אֶלְעָזָר
וְאִיתָמָר עַל־פְּנֵי אַהֲרֹן אֲבִיהֶם:

מות נדב ואביהוא
ויקרא י, א–ב

ה-ו וַיְדַבֵּר יְהוָה אֶל־מֹשֶׁה לֵּאמֹר: הַקְרֵב אֶת־מַטֵּה לֵוִי וְהַעֲמַדְתָּ
ז אֹתוֹ לִפְנֵי אַהֲרֹן הַכֹּהֵן וְשֵׁרְתוּ אֹתוֹ: וְשָׁמְרוּ אֶת־מִשְׁמַרְתּוֹ
וְאֶת־מִשְׁמֶרֶת כָּל־הָעֵדָה לִפְנֵי אֹהֶל מוֹעֵד לַעֲבֹד אֶת־עֲבֹדַת
ח הַמִּשְׁכָּן: וְשָׁמְרוּ אֶת־כָּל־כְּלֵי אֹהֶל מוֹעֵד וְאֶת־מִשְׁמֶרֶת
ט בְּנֵי יִשְׂרָאֵל לַעֲבֹד אֶת־עֲבֹדַת הַמִּשְׁכָּן: וְנָתַתָּה אֶת־הַלְוִיִּם
לְאַהֲרֹן וּלְבָנָיו נְתוּנִם נְתוּנִם הֵמָּה לוֹ מֵאֵת בְּנֵי יִשְׂרָאֵל:
י וְאֶת־אַהֲרֹן וְאֶת־בָּנָיו תִּפְקֹד וְשָׁמְרוּ אֶת־כְּהֻנָּתָם וְהַזָּר הַקָּרֵב
יוּמָת:
יא-יב וַיְדַבֵּר יְהוָה אֶל־מֹשֶׁה לֵּאמֹר: וַאֲנִי הִנֵּה לָקַחְתִּי אֶת־הַלְוִיִּם
מִתּוֹךְ בְּנֵי יִשְׂרָאֵל תַּחַת כָּל־בְּכוֹר פֶּטֶר רֶחֶם מִבְּנֵי יִשְׂרָאֵל
יג וְהָיוּ לִי הַלְוִיִּם: כִּי לִי כָּל־בְּכוֹר בְּיוֹם הַכֹּתִי כָל־בְּכוֹר בְּאֶרֶץ
מִצְרַיִם הִקְדַּשְׁתִּי לִי כָל־בְּכוֹר בְּיִשְׂרָאֵל מֵאָדָם עַד־בְּהֵמָה
לִי יִהְיוּ אֲנִי יְהוָה:

הקדשת הבכורות לאחר יציאת מצרים
שמות יג, יא–טז

חמישי

יד-טו וַיְדַבֵּר יְהוָה אֶל־מֹשֶׁה בְּמִדְבַּר סִינַי לֵאמֹר: פְּקֹד אֶת־בְּנֵי לֵוִי
לְבֵית אֲבֹתָם לְמִשְׁפְּחֹתָם כָּל־זָכָר מִבֶּן־חֹדֶשׁ וָמַעְלָה תִּפְקְדֵם:
טז-יז וַיִּפְקֹד אֹתָם מֹשֶׁה עַל־פִּי יְהוָה כַּאֲשֶׁר צֻוָּה: וַיִּהְיוּ־אֵלֶּה בְנֵי־

מפקד שבט לוי
במדבר כו, סב
דה״א כג, ג

בני לוי וצאצאיו
בראשית מו, יא
שמות ו, טז–כה
במדבר כו, נז–סב
דה״א ה, כז – ו, טו; כג, ז–כג

יח לֵוִי בִּשְׁמֹתָם גֵּרְשׁוֹן וּקְהָת וּמְרָרִי: וְאֵלֶּה שְׁמוֹת בְּנֵי־גֵרְשׁוֹן
יט לְמִשְׁפְּחֹתָם לִבְנִי וְשִׁמְעִי: וּבְנֵי קְהָת לְמִשְׁפְּחֹתָם עַמְרָם וְיִצְהָר
כ חֶבְרוֹן וְעֻזִּיאֵל: וּבְנֵי מְרָרִי לְמִשְׁפְּחֹתָם מַחְלִי וּמוּשִׁי אֵלֶּה הֵם
כא מִשְׁפְּחֹת הַלֵּוִי לְבֵית אֲבֹתָם: לְגֵרְשׁוֹן מִשְׁפַּחַת הַלִּבְנִי וּמִשְׁפַּחַת
כב הַשִּׁמְעִי אֵלֶּה הֵם מִשְׁפְּחֹת הַגֵּרְשֻׁנִּי: פְּקֻדֵיהֶם בְּמִסְפַּר כָּל־זָכָר
מִבֶּן־חֹדֶשׁ וָמָעְלָה פְּקֻדֵיהֶם שִׁבְעַת אֲלָפִים וַחֲמֵשׁ מֵאוֹת:
כג כד מִשְׁפְּחֹת הַגֵּרְשֻׁנִּי אַחֲרֵי הַמִּשְׁכָּן יַחֲנוּ יָמָּה: וּנְשִׂיא בֵית־אָב
כה לַגֵּרְשֻׁנִּי אֶלְיָסָף בֶּן־לָאֵל: וּמִשְׁמֶרֶת בְּנֵי־גֵרְשׁוֹן בְּאֹהֶל מוֹעֵד
כו הַמִּשְׁכָּן וְהָאֹהֶל מִכְסֵהוּ וּמָסַךְ פֶּתַח אֹהֶל מוֹעֵד: וְקַלְעֵי הֶחָצֵר
וְאֶת־מָסַךְ פֶּתַח הֶחָצֵר אֲשֶׁר עַל־הַמִּשְׁכָּן וְעַל־הַמִּזְבֵּחַ סָבִיב
כז וְאֵת מֵיתָרָיו לְכֹל עֲבֹדָתוֹ: וְלִקְהָת מִשְׁפַּחַת
הָעַמְרָמִי וּמִשְׁפַּחַת הַיִּצְהָרִי וּמִשְׁפַּחַת הַחֶבְרֹנִי וּמִשְׁפַּחַת
כח הָעָזִּיאֵלִי אֵלֶּה הֵם מִשְׁפְּחֹת הַקְּהָתִי: בְּמִסְפַּר כָּל־זָכָר מִבֶּן־
חֹדֶשׁ וָמָעְלָה שְׁמֹנַת אֲלָפִים וְשֵׁשׁ מֵאוֹת שֹׁמְרֵי מִשְׁמֶרֶת
כט ל הַקֹּדֶשׁ: מִשְׁפְּחֹת בְּנֵי־קְהָת יַחֲנוּ עַל יֶרֶךְ הַמִּשְׁכָּן תֵּימָנָה: וּנְשִׂיא
לא בֵית־אָב לְמִשְׁפְּחֹת הַקְּהָתִי אֱלִיצָפָן בֶּן־עֻזִּיאֵל: וּמִשְׁמַרְתָּם
הָאָרֹן וְהַשֻּׁלְחָן וְהַמְּנֹרָה וְהַמִּזְבְּחֹת וּכְלֵי הַקֹּדֶשׁ אֲשֶׁר יְשָׁרְתוּ
לב בָּהֶם וְהַמָּסָךְ וְכֹל עֲבֹדָתוֹ: וּנְשִׂיא נְשִׂיאֵי הַלֵּוִי אֶלְעָזָר בֶּן־
לג אַהֲרֹן הַכֹּהֵן פְּקֻדַּת שֹׁמְרֵי מִשְׁמֶרֶת הַקֹּדֶשׁ: לִמְרָרִי מִשְׁפַּחַת
לד הַמַּחְלִי וּמִשְׁפַּחַת הַמּוּשִׁי אֵלֶּה הֵם מִשְׁפְּחֹת מְרָרִי: וּפְקֻדֵיהֶם
בְּמִסְפַּר כָּל־זָכָר מִבֶּן־חֹדֶשׁ וָמָעְלָה שֵׁשֶׁת אֲלָפִים וּמָאתָיִם:
לה וּנְשִׂיא בֵית־אָב לְמִשְׁפְּחֹת מְרָרִי צוּרִיאֵל בֶּן־אֲבִיחָיִל עַל יֶרֶךְ
לו הַמִּשְׁכָּן יַחֲנוּ צָפֹנָה: וּפְקֻדַּת מִשְׁמֶרֶת בְּנֵי מְרָרִי קַרְשֵׁי הַמִּשְׁכָּן
לז וּבְרִיחָיו וְעַמֻּדָיו וַאֲדָנָיו וְכָל־כֵּלָיו וְכֹל עֲבֹדָתוֹ: וְעַמֻּדֵי הֶחָצֵר
לח סָבִיב וְאַדְנֵיהֶם וִיתֵדֹתָם וּמֵיתְרֵיהֶם: וְהַחֹנִים לִפְנֵי הַמִּשְׁכָּן
קֵדְמָה לִפְנֵי אֹהֶל־מוֹעֵד ׀ מִזְרָחָה מֹשֶׁה ׀ וְאַהֲרֹן וּבָנָיו שֹׁמְרִים
מִשְׁמֶרֶת הַמִּקְדָּשׁ לְמִשְׁמֶרֶת בְּנֵי יִשְׂרָאֵל וְהַזָּר הַקָּרֵב יוּמָת:

לט כָּל־פְּקוּדֵי הַלְוִיִּם אֲשֶׁר פָּקַד מֹשֶׁה וְאַהֲרֹן עַל־פִּי יְהוָה
לְמִשְׁפְּחֹתָם כָּל־זָכָר מִבֶּן־חֹדֶשׁ וָמַעְלָה שְׁנַיִם וְעֶשְׂרִים
מ אָלֶף׃ וַיֹּאמֶר יְהוָה אֶל־מֹשֶׁה פְּקֹד כָּל־בְּכֹר ששי
זָכָר לִבְנֵי יִשְׂרָאֵל מִבֶּן־חֹדֶשׁ וָמָעְלָה וְשָׂא אֵת מִסְפַּר שְׁמֹתָם׃
מא וְלָקַחְתָּ אֶת־הַלְוִיִּם לִי אֲנִי יְהוָה תַּחַת כָּל־בְּכֹר בִּבְנֵי יִשְׂרָאֵל
וְאֵת בֶּהֱמַת הַלְוִיִּם תַּחַת כָּל־בְּכוֹר בְּבֶהֱמַת בְּנֵי יִשְׂרָאֵל׃
מב וַיִּפְקֹד מֹשֶׁה כַּאֲשֶׁר צִוָּה יְהוָה אֹתוֹ אֶת־כָּל־בְּכוֹר בִּבְנֵי יִשְׂרָאֵל׃
מג וַיְהִי כָל־בְּכוֹר זָכָר בְּמִסְפַּר שֵׁמֹת מִבֶּן־חֹדֶשׁ וָמַעְלָה לִפְקֻדֵיהֶם
שְׁנַיִם וְעֶשְׂרִים אֶלֶף שְׁלֹשָׁה וְשִׁבְעִים וּמָאתָיִם׃
מד מה וַיְדַבֵּר יְהוָה אֶל־מֹשֶׁה לֵּאמֹר׃ קַח אֶת־הַלְוִיִּם תַּחַת כָּל־בְּכוֹר
בִּבְנֵי יִשְׂרָאֵל וְאֶת־בֶּהֱמַת הַלְוִיִּם תַּחַת בְּהֶמְתָּם וְהָיוּ־לִי
מו הַלְוִיִּם אֲנִי יְהוָה׃ וְאֵת פְּדוּיֵי הַשְּׁלֹשָׁה וְהַשִּׁבְעִים וְהַמָּאתָיִם
מז הָעֹדְפִים עַל־הַלְוִיִּם מִבְּכוֹר בְּנֵי יִשְׂרָאֵל׃ וְלָקַחְתָּ חֲמֵשֶׁת
חֲמֵשֶׁת שְׁקָלִים לַגֻּלְגֹּלֶת בְּשֶׁקֶל הַקֹּדֶשׁ תִּקָּח עֶשְׂרִים גֵּרָה
מח הַשָּׁקֶל׃ וְנָתַתָּה הַכֶּסֶף לְאַהֲרֹן וּלְבָנָיו פְּדוּיֵי הָעֹדְפִים בָּהֶם׃
מט וַיִּקַּח מֹשֶׁה אֵת כֶּסֶף הַפִּדְיוֹם מֵאֵת הָעֹדְפִים עַל פְּדוּיֵי הַלְוִיִּם׃
נ מֵאֵת בְּכוֹר בְּנֵי יִשְׂרָאֵל לָקַח אֶת־הַכָּסֶף חֲמִשָּׁה וְשִׁשִּׁים
נא וּשְׁלֹשׁ מֵאוֹת וָאֶלֶף בְּשֶׁקֶל הַקֹּדֶשׁ׃ וַיִּתֵּן מֹשֶׁה אֶת־כֶּסֶף
הַפְּדֻיִם לְאַהֲרֹן וּלְבָנָיו עַל־פִּי יְהוָה כַּאֲשֶׁר צִוָּה יְהוָה אֶת־
מֹשֶׁה׃

ד א ב וַיְדַבֵּר יְהוָה אֶל־מֹשֶׁה וְאֶל־אַהֲרֹן לֵאמֹר׃ נָשֹׂא אֶת־רֹאשׁ בְּנֵי שביעי
ג קְהָת מִתּוֹךְ בְּנֵי לֵוִי לְמִשְׁפְּחֹתָם לְבֵית אֲבֹתָם׃ מִבֶּן שְׁלֹשִׁים
שָׁנָה וָמַעְלָה וְעַד בֶּן־חֲמִשִּׁים שָׁנָה כָּל־בָּא לַצָּבָא לַעֲשׂוֹת
ד מְלָאכָה בְּאֹהֶל מוֹעֵד׃ זֹאת עֲבֹדַת בְּנֵי־קְהָת בְּאֹהֶל מוֹעֵד
ה קֹדֶשׁ הַקֳּדָשִׁים׃ וּבָא אַהֲרֹן וּבָנָיו בִּנְסֹעַ הַמַּחֲנֶה וְהוֹרִדוּ אֵת
ו פָּרֹכֶת הַמָּסָךְ וְכִסּוּ־בָהּ אֵת אֲרֹן הָעֵדֻת׃ וְנָתְנוּ עָלָיו כְּסוּי
עוֹר תַּחַשׁ וּפָרְשׂוּ בֶגֶד־כְּלִיל תְּכֵלֶת מִלְמַעְלָה וְשָׂמוּ בַּדָּיו׃

ז וְעַל ׀ שֻׁלְחַן הַפָּנִים יִפְרְשׂוּ בֶּגֶד תְּכֵלֶת וְנָתְנוּ עָלָיו אֶת־הַקְּעָרֹת
וְאֶת־הַכַּפֹּת וְאֶת־הַמְּנַקִּיֹּת וְאֵת קְשׂוֹת הַנָּסֶךְ וְלֶחֶם הַתָּמִיד
ח עָלָיו יִהְיֶה׃ וּפָרְשׂוּ עֲלֵיהֶם בֶּגֶד תּוֹלַעַת שָׁנִי וְכִסּוּ אֹתוֹ בְּמִכְסֵה
ט עוֹר תָּחַשׁ וְשָׂמוּ אֶת־בַּדָּיו׃ וְלָקְחוּ ׀ בֶּגֶד תְּכֵלֶת וְכִסּוּ אֶת־
מְנֹרַת הַמָּאוֹר וְאֶת־נֵרֹתֶיהָ וְאֶת־מַלְקָחֶיהָ וְאֶת־מַחְתֹּתֶיהָ
י וְאֵת כָּל־כְּלֵי שַׁמְנָהּ אֲשֶׁר יְשָׁרְתוּ־לָהּ בָּהֶם׃ וְנָתְנוּ אֹתָהּ וְאֶת־
יא כָּל־כֵּלֶיהָ אֶל־מִכְסֵה עוֹר תָּחַשׁ וְנָתְנוּ עַל־הַמּוֹט׃ וְעַל ׀ מִזְבַּח
הַזָּהָב יִפְרְשׂוּ בֶּגֶד תְּכֵלֶת וְכִסּוּ אֹתוֹ בְּמִכְסֵה עוֹר תָּחַשׁ וְשָׂמוּ
יב אֶת־בַּדָּיו׃ וְלָקְחוּ אֶת־כָּל־כְּלֵי הַשָּׁרֵת אֲשֶׁר יְשָׁרְתוּ־בָם בַּקֹּדֶשׁ
וְנָתְנוּ אֶל־בֶּגֶד תְּכֵלֶת וְכִסּוּ אוֹתָם בְּמִכְסֵה עוֹר תָּחַשׁ וְנָתְנוּ
יג יד עַל־הַמּוֹט׃ וְדִשְּׁנוּ אֶת־הַמִּזְבֵּחַ וּפָרְשׂוּ עָלָיו בֶּגֶד אַרְגָּמָן׃ וְנָתְנוּ
עָלָיו אֶת־כָּל־כֵּלָיו אֲשֶׁר יְשָׁרְתוּ עָלָיו בָּהֶם אֶת־הַמַּחְתֹּת אֶת־
הַמִּזְלָגֹת וְאֶת־הַיָּעִים וְאֶת־הַמִּזְרָקֹת כֹּל כְּלֵי הַמִּזְבֵּחַ וּפָרְשׂוּ
טו עָלָיו כְּסוּי עוֹר תַּחַשׁ וְשָׂמוּ בַדָּיו׃ וְכִלָּה אַהֲרֹן־וּבָנָיו לְכַסֹּת אֶת־
הַקֹּדֶשׁ וְאֶת־כָּל־כְּלֵי הַקֹּדֶשׁ בִּנְסֹעַ הַמַּחֲנֶה וְאַחֲרֵי־כֵן יָבֹאוּ בְנֵי־
קְהָת לָשֵׂאת וְלֹא־יִגְּעוּ אֶל־הַקֹּדֶשׁ וָמֵתוּ אֵלֶּה מַשָּׂא בְנֵי־קְהָת
טז בְּאֹהֶל מוֹעֵד׃ וּפְקֻדַּת אֶלְעָזָר ׀ בֶּן־אַהֲרֹן הַכֹּהֵן שֶׁמֶן הַמָּאוֹר
וּקְטֹרֶת הַסַּמִּים וּמִנְחַת הַתָּמִיד וְשֶׁמֶן הַמִּשְׁחָה פְּקֻדַּת כָּל־
הַמִּשְׁכָּן וְכָל־אֲשֶׁר־בּוֹ בְּקֹדֶשׁ וּבְכֵלָיו׃

מפטיר ד
יז יח וַיְדַבֵּר יְהוָה אֶל־מֹשֶׁה וְאֶל־אַהֲרֹן לֵאמֹר׃ אַל־תַּכְרִיתוּ אֶת־
יט שֵׁבֶט מִשְׁפְּחֹת הַקְּהָתִי מִתּוֹךְ הַלְוִיִּם׃ וְזֹאת ׀ עֲשׂוּ לָהֶם וְחָיוּ
וְלֹא יָמֻתוּ בְּגִשְׁתָּם אֶת־קֹדֶשׁ הַקֳּדָשִׁים אַהֲרֹן וּבָנָיו יָבֹאוּ וְשָׂמוּ
כ אוֹתָם אִישׁ אִישׁ עַל־עֲבֹדָתוֹ וְאֶל־מַשָּׂאוֹ׃ וְלֹא־יָבֹאוּ לִרְאוֹת
כְּבַלַּע אֶת־הַקֹּדֶשׁ וָמֵתוּ׃

נשא
כא כב וַיְדַבֵּר יְהוָה אֶל־מֹשֶׁה לֵּאמֹר׃ נָשֹׂא אֶת־רֹאשׁ בְּנֵי גֵרְשׁוֹן גַּם־
כג הֵם לְבֵית אֲבֹתָם לְמִשְׁפְּחֹתָם׃ מִבֶּן שְׁלֹשִׁים שָׁנָה וָמַעְלָה עַד
בֶּן־חֲמִשִּׁים שָׁנָה תִּפְקֹד אוֹתָם כָּל־הַבָּא לִצְבֹא צָבָא לַעֲבֹד

כד עֲבֹדָה בְּאֹהֶל מוֹעֵד׃ זֹאת עֲבֹדַת מִשְׁפְּחֹת הַגֵּרְשֻׁנִּי לַעֲבֹד
כה וּלְמַשָּׂא׃ וְנָשְׂאוּ אֶת־יְרִיעֹת הַמִּשְׁכָּן וְאֶת־אֹהֶל מוֹעֵד מִכְסֵהוּ
וּמִכְסֵה הַתַּחַשׁ אֲשֶׁר־עָלָיו מִלְמָעְלָה וְאֶת־מָסַךְ פֶּתַח אֹהֶל
כו מוֹעֵד׃ וְאֵת קַלְעֵי הֶחָצֵר וְאֶת־מָסַךְ ׀ פֶּתַח ׀ שַׁעַר הֶחָצֵר אֲשֶׁר
עַל־הַמִּשְׁכָּן וְעַל־הַמִּזְבֵּחַ סָבִיב וְאֵת מֵיתְרֵיהֶם וְאֶת־כָּל־כְּלֵי
כז עֲבֹדָתָם וְאֵת כָּל־אֲשֶׁר יֵעָשֶׂה לָהֶם וְעָבָדוּ׃ עַל־פִּי אַהֲרֹן וּבָנָיו
תִּהְיֶה כָּל־עֲבֹדַת בְּנֵי הַגֵּרְשֻׁנִּי לְכָל־מַשָּׂאָם וּלְכֹל עֲבֹדָתָם
כח וּפְקַדְתֶּם עֲלֵהֶם בְּמִשְׁמֶרֶת אֵת כָּל־מַשָּׂאָם׃ זֹאת עֲבֹדַת
מִשְׁפְּחֹת בְּנֵי הַגֵּרְשֻׁנִּי בְּאֹהֶל מוֹעֵד וּמִשְׁמַרְתָּם בְּיַד אִיתָמָר בֶּן־
כט אַהֲרֹן הַכֹּהֵן׃ בְּנֵי מְרָרִי לְמִשְׁפְּחֹתָם לְבֵית־
ל אֲבֹתָם תִּפְקֹד אֹתָם׃ מִבֶּן שְׁלֹשִׁים שָׁנָה וָמַעְלָה וְעַד בֶּן־חֲמִשִּׁים
שָׁנָה תִּפְקְדֵם כָּל־הַבָּא לַצָּבָא לַעֲבֹד אֶת־עֲבֹדַת אֹהֶל מוֹעֵד׃
לא וְזֹאת מִשְׁמֶרֶת מַשָּׂאָם לְכָל־עֲבֹדָתָם בְּאֹהֶל מוֹעֵד קַרְשֵׁי הַמִּשְׁכָּן
לב וּבְרִיחָיו וְעַמּוּדָיו וַאֲדָנָיו׃ וְעַמּוּדֵי הֶחָצֵר סָבִיב וְאַדְנֵיהֶם וִיתֵדֹתָם
וּמֵיתְרֵיהֶם לְכָל־כְּלֵיהֶם וּלְכֹל עֲבֹדָתָם וּבְשֵׁמֹת תִּפְקְדוּ אֶת־
לג כְּלֵי מִשְׁמֶרֶת מַשָּׂאָם׃ זֹאת עֲבֹדַת מִשְׁפְּחֹת בְּנֵי מְרָרִי לְכָל־
לד עֲבֹדָתָם בְּאֹהֶל מוֹעֵד בְּיַד אִיתָמָר בֶּן־אַהֲרֹן הַכֹּהֵן׃ וַיִּפְקֹד
מֹשֶׁה וְאַהֲרֹן וּנְשִׂיאֵי הָעֵדָה אֶת־בְּנֵי הַקְּהָתִי לְמִשְׁפְּחֹתָם וּלְבֵית
לה אֲבֹתָם׃ מִבֶּן שְׁלֹשִׁים שָׁנָה וָמַעְלָה וְעַד בֶּן־חֲמִשִּׁים שָׁנָה כָּל־
לו הַבָּא לַצָּבָא לַעֲבֹדָה בְּאֹהֶל מוֹעֵד׃ וַיִּהְיוּ פְקֻדֵיהֶם לְמִשְׁפְּחֹתָם
לז אַלְפַּיִם שְׁבַע מֵאוֹת וַחֲמִשִּׁים׃ אֵלֶּה פְקוּדֵי מִשְׁפְּחֹת הַקְּהָתִי
כָּל־הָעֹבֵד בְּאֹהֶל מוֹעֵד אֲשֶׁר פָּקַד מֹשֶׁה וְאַהֲרֹן עַל־פִּי יְהוָה
לח בְּיַד־מֹשֶׁה׃ וּפְקוּדֵי בְּנֵי גֵּרְשׁוֹן לְמִשְׁפְּחוֹתָם שני
לט וּלְבֵית אֲבֹתָם׃ מִבֶּן שְׁלֹשִׁים שָׁנָה וָמַעְלָה וְעַד בֶּן־חֲמִשִּׁים
מ שָׁנָה כָּל־הַבָּא לַצָּבָא לַעֲבֹדָה בְּאֹהֶל מוֹעֵד׃ וַיִּהְיוּ פְּקֻדֵיהֶם
מא לְמִשְׁפְּחֹתָם לְבֵית אֲבֹתָם אַלְפַּיִם וְשֵׁשׁ מֵאוֹת וּשְׁלֹשִׁים׃ אֵלֶּה
פְקוּדֵי מִשְׁפְּחֹת בְּנֵי גֵרְשׁוֹן כָּל־הָעֹבֵד בְּאֹהֶל מוֹעֵד אֲשֶׁר פָּקַד

מב מֹשֶׁה וְאַהֲרֹן עַל־פִּי יְהוָה׃ וּפְקוּדֵי מִשְׁפְּחֹת בְּנֵי מְרָרִי לְמִשְׁפְּחֹתָם
מג לְבֵית אֲבֹתָם׃ מִבֶּן שְׁלֹשִׁים שָׁנָה וָמַעְלָה וְעַד בֶּן־חֲמִשִּׁים
מד שָׁנָה כָּל־הַבָּא לַצָּבָא לַעֲבֹדָה בְּאֹהֶל מוֹעֵד׃ וַיִּהְיוּ פְקֻדֵיהֶם
מה לְמִשְׁפְּחֹתָם שְׁלֹשֶׁת אֲלָפִים וּמָאתָיִם׃ אֵלֶּה פְּקוּדֵי מִשְׁפְּחֹת
בְּנֵי מְרָרִי אֲשֶׁר פָּקַד מֹשֶׁה וְאַהֲרֹן עַל־פִּי יְהוָה בְּיַד־מֹשֶׁה׃
מו כָּל־הַפְּקֻדִים אֲשֶׁר פָּקַד מֹשֶׁה וְאַהֲרֹן וּנְשִׂיאֵי יִשְׂרָאֵל אֶת־
מז הַלְוִיִּם לְמִשְׁפְּחֹתָם וּלְבֵית אֲבֹתָם׃ מִבֶּן שְׁלֹשִׁים שָׁנָה וָמַעְלָה
וְעַד בֶּן־חֲמִשִּׁים שָׁנָה כָּל־הַבָּא לַעֲבֹד עֲבֹדַת עֲבֹדָה וַעֲבֹדַת
מח מַשָּׂא בְּאֹהֶל מוֹעֵד׃ וַיִּהְיוּ פְּקֻדֵיהֶם שְׁמֹנַת אֲלָפִים וַחֲמֵשׁ מֵאוֹת
מט וּשְׁמֹנִים׃ עַל־פִּי יְהוָה פָּקַד אוֹתָם בְּיַד־מֹשֶׁה אִישׁ אִישׁ עַל־עֲבֹדָתוֹ
וְעַל־מַשָּׂאוֹ וּפְקֻדָיו אֲשֶׁר־צִוָּה יְהוָה אֶת־מֹשֶׁה׃

שלישי

ה א ב וַיְדַבֵּר יְהוָה אֶל־מֹשֶׁה לֵּאמֹר׃ צַו אֶת־בְּנֵי יִשְׂרָאֵל וִישַׁלְּחוּ מִן־
ג הַמַּחֲנֶה כָּל־צָרוּעַ וְכָל־זָב וְכֹל טָמֵא לָנָפֶשׁ׃ מִזָּכָר עַד־נְקֵבָה
תְּשַׁלֵּחוּ אֶל־מִחוּץ לַמַּחֲנֶה תְּשַׁלְּחוּם וְלֹא יְטַמְּאוּ אֶת־מַחֲנֵיהֶם
ד אֲשֶׁר אֲנִי שֹׁכֵן בְּתוֹכָם׃ וַיַּעֲשׂוּ־כֵן בְּנֵי יִשְׂרָאֵל וַיְשַׁלְּחוּ אוֹתָם
אֶל־מִחוּץ לַמַּחֲנֶה כַּאֲשֶׁר דִּבֶּר יְהוָה אֶל־מֹשֶׁה כֵּן עָשׂוּ בְּנֵי
יִשְׂרָאֵל׃

קרבן אשם
ויקרא ה, יד–כו; ז, א–י

ה ו וַיְדַבֵּר יְהוָה אֶל־מֹשֶׁה לֵּאמֹר׃ דַּבֵּר אֶל־בְּנֵי יִשְׂרָאֵל אִישׁ אוֹ־
אִשָּׁה כִּי יַעֲשׂוּ מִכָּל־חַטֹּאת הָאָדָם לִמְעֹל מַעַל בַּיהוָה
ז וְאָשְׁמָה הַנֶּפֶשׁ הַהִוא׃ וְהִתְוַדּוּ אֶת־חַטָּאתָם אֲשֶׁר עָשׂוּ וְהֵשִׁיב
אֶת־אֲשָׁמוֹ בְּרֹאשׁוֹ וַחֲמִישִׁתוֹ יֹסֵף עָלָיו וְנָתַן לַאֲשֶׁר אָשַׁם
ח לוֹ׃ וְאִם־אֵין לָאִישׁ גֹּאֵל לְהָשִׁיב הָאָשָׁם אֵלָיו הָאָשָׁם הַמּוּשָׁב
ט לַיהוָה לַכֹּהֵן מִלְּבַד אֵיל הַכִּפֻּרִים אֲשֶׁר יְכַפֶּר־בּוֹ עָלָיו׃ וְכָל־
תְּרוּמָה לְכָל־קָדְשֵׁי בְנֵי־יִשְׂרָאֵל אֲשֶׁר־יַקְרִיבוּ לַכֹּהֵן לוֹ
י יִהְיֶה׃ וְאִישׁ אֶת־קֳדָשָׁיו לוֹ יִהְיוּ אִישׁ אֲשֶׁר־יִתֵּן לַכֹּהֵן לוֹ
יִהְיֶה׃

רביעי ה

יא יב וַיְדַבֵּר יְהוָה אֶל־מֹשֶׁה לֵּאמֹר׃ דַּבֵּר אֶל־בְּנֵי יִשְׂרָאֵל וְאָמַרְתָּ

ה

יג אֲלֵהֶם אִישׁ אִישׁ כִּי־תִשְׂטֶה אִשְׁתּוֹ וּמָעֲלָה בוֹ מָעַל: וְשָׁכַב
אִישׁ אֹתָהּ שִׁכְבַת־זֶרַע וְנֶעְלַם מֵעֵינֵי אִישָׁהּ וְנִסְתְּרָה וְהִיא
יד נִטְמָאָה וְעֵד אֵין בָּהּ וְהִוא לֹא נִתְפָּשָׂה: וְעָבַר עָלָיו רוּחַ־
קִנְאָה וְקִנֵּא אֶת־אִשְׁתּוֹ וְהִוא נִטְמָאָה אוֹ־עָבַר עָלָיו רוּחַ־
טו קִנְאָה וְקִנֵּא אֶת־אִשְׁתּוֹ וְהִיא לֹא נִטְמָאָה: וְהֵבִיא הָאִישׁ
אֶת־אִשְׁתּוֹ אֶל־הַכֹּהֵן וְהֵבִיא אֶת־קָרְבָּנָהּ עָלֶיהָ עֲשִׂירִת הָאֵיפָה
קֶמַח שְׂעֹרִים לֹא־יִצֹק עָלָיו שֶׁמֶן וְלֹא־יִתֵּן עָלָיו לְבֹנָה כִּי־
טז מִנְחַת קְנָאֹת הוּא מִנְחַת זִכָּרוֹן מַזְכֶּרֶת עָוֺן: וְהִקְרִיב אֹתָהּ
יז הַכֹּהֵן וְהֶעֱמִדָהּ לִפְנֵי יהוה: וְלָקַח הַכֹּהֵן מַיִם קְדֹשִׁים בִּכְלִי־
חָרֶשׂ וּמִן־הֶעָפָר אֲשֶׁר יִהְיֶה בְּקַרְקַע הַמִּשְׁכָּן יִקַּח הַכֹּהֵן וְנָתַן
יח אֶל־הַמָּיִם: וְהֶעֱמִיד הַכֹּהֵן אֶת־הָאִשָּׁה לִפְנֵי יהוה וּפָרַע אֶת־
רֹאשׁ הָאִשָּׁה וְנָתַן עַל־כַּפֶּיהָ אֵת מִנְחַת הַזִּכָּרוֹן מִנְחַת קְנָאֹת
יט הִוא וּבְיַד הַכֹּהֵן יִהְיוּ מֵי הַמָּרִים הַמְאָרְרִים: וְהִשְׁבִּיעַ אֹתָהּ
הַכֹּהֵן וְאָמַר אֶל־הָאִשָּׁה אִם־לֹא שָׁכַב אִישׁ אֹתָךְ וְאִם־לֹא
שָׂטִית טֻמְאָה תַּחַת אִישֵׁךְ הִנָּקִי מִמֵּי הַמָּרִים הַמְאָרְרִים הָאֵלֶּה:
כ וְאַתְּ כִּי שָׂטִית תַּחַת אִישֵׁךְ וְכִי נִטְמֵאת וַיִּתֵּן אִישׁ בָּךְ אֶת־
כא שְׁכָבְתּוֹ מִבַּלְעֲדֵי אִישֵׁךְ: וְהִשְׁבִּיעַ הַכֹּהֵן אֶת־הָאִשָּׁה בִּשְׁבֻעַת
הָאָלָה וְאָמַר הַכֹּהֵן לָאִשָּׁה יִתֵּן יהוה אוֹתָךְ לְאָלָה וְלִשְׁבֻעָה
בְּתוֹךְ עַמֵּךְ בְּתֵת יהוה אֶת־יְרֵכֵךְ נֹפֶלֶת וְאֶת־בִּטְנֵךְ צָבָה:
כב וּבָאוּ הַמַּיִם הַמְאָרְרִים הָאֵלֶּה בְּמֵעַיִךְ לַצְבּוֹת בֶּטֶן וְלַנְפִּל יָרֵךְ
כג וְאָמְרָה הָאִשָּׁה אָמֵן ׀ אָמֵן: וְכָתַב אֶת־הָאָלֹת הָאֵלֶּה הַכֹּהֵן
כד בַּסֵּפֶר וּמָחָה אֶל־מֵי הַמָּרִים: וְהִשְׁקָה אֶת־הָאִשָּׁה אֶת־מֵי
כה הַמָּרִים הַמְאָרְרִים וּבָאוּ בָהּ הַמַּיִם הַמְאָרְרִים לְמָרִים: וְלָקַח
הַכֹּהֵן מִיַּד הָאִשָּׁה אֵת מִנְחַת הַקְּנָאֹת וְהֵנִיף אֶת־הַמִּנְחָה
כו לִפְנֵי יהוה וְהִקְרִיב אֹתָהּ אֶל־הַמִּזְבֵּחַ: וְקָמַץ הַכֹּהֵן מִן־הַמִּנְחָה
אֶת־אַזְכָּרָתָהּ וְהִקְטִיר הַמִּזְבֵּחָה וְאַחַר יַשְׁקֶה אֶת־הָאִשָּׁה אֶת־
כז הַמָּיִם: וְהִשְׁקָהּ אֶת־הַמַּיִם וְהָיְתָה אִם־נִטְמְאָה וַתִּמְעֹל מַעַל

בָּאִשָּׁה וּבָאוּ בָהּ הַמַּיִם הַמְאָרְרִים לְמָרִים וְצָבְתָה בִטְנָהּ
וְנָפְלָה יְרֵכָהּ וְהָיְתָה הָאִשָּׁה לְאָלָה בְּקֶרֶב עַמָּהּ: וְאִם־לֹא כח
נִטְמְאָה הָאִשָּׁה וּטְהֹרָה הִוא וְנִקְּתָה וְנִזְרְעָה זָרַע: זֹאת כט
תּוֹרַת הַקְּנָאֹת אֲשֶׁר תִּשְׂטֶה אִשָּׁה תַּחַת אִישָׁהּ וְנִטְמָאָה:
אוֹ אִישׁ אֲשֶׁר תַּעֲבֹר עָלָיו רוּחַ קִנְאָה וְקִנֵּא אֶת־אִשְׁתּוֹ ל
וְהֶעֱמִיד אֶת־הָאִשָּׁה לִפְנֵי יהוה וְעָשָׂה לָהּ הַכֹּהֵן אֵת כָּל־
הַתּוֹרָה הַזֹּאת: וְנִקָּה הָאִישׁ מֵעָוֺן וְהָאִשָּׁה הַהִוא תִּשָּׂא אֶת־ לא
עֲוֺנָהּ:

וַיְדַבֵּר יהוה אֶל־מֹשֶׁה לֵּאמֹר: דַּבֵּר אֶל־בְּנֵי יִשְׂרָאֵל וְאָמַרְתָּ ו א ב
אֲלֵהֶם אִישׁ אוֹ־אִשָּׁה כִּי יַפְלִא לִנְדֹּר נֶדֶר נָזִיר לְהַזִּיר לַיהוה:
מִיַּיִן וְשֵׁכָר יַזִּיר חֹמֶץ יַיִן וְחֹמֶץ שֵׁכָר לֹא יִשְׁתֶּה וְכָל־מִשְׁרַת ג
עֲנָבִים לֹא יִשְׁתֶּה וַעֲנָבִים לַחִים וִיבֵשִׁים לֹא יֹאכֵל: כֹּל יְמֵי ד
נִזְרוֹ מִכֹּל אֲשֶׁר יֵעָשֶׂה מִגֶּפֶן הַיַּיִן מֵחַרְצַנִּים וְעַד־זָג לֹא יֹאכֵל:
כָּל־יְמֵי נֶדֶר נִזְרוֹ תַּעַר לֹא־יַעֲבֹר עַל־רֹאשׁוֹ עַד־מְלֹאת הַיָּמִם ה
אֲשֶׁר־יַזִּיר לַיהוה קָדֹשׁ יִהְיֶה גַּדֵּל פֶּרַע שְׂעַר רֹאשׁוֹ: כָּל־יְמֵי ו
הַזִּירוֹ לַיהוה עַל־נֶפֶשׁ מֵת לֹא יָבֹא: לְאָבִיו וּלְאִמּוֹ לְאָחִיו ז
וּלְאַחֹתוֹ לֹא־יִטַּמָּא לָהֶם בְּמֹתָם כִּי נֵזֶר אֱלֹהָיו עַל־רֹאשׁוֹ:
כֹּל יְמֵי נִזְרוֹ קָדֹשׁ הוּא לַיהוה: וְכִי־יָמוּת מֵת עָלָיו בְּפֶתַע ח ט
פִּתְאֹם וְטִמֵּא רֹאשׁ נִזְרוֹ וְגִלַּח רֹאשׁוֹ בְּיוֹם טָהֳרָתוֹ בַּיּוֹם הַשְּׁבִיעִי
יְגַלְּחֶנּוּ: וּבַיּוֹם הַשְּׁמִינִי יָבִא שְׁתֵּי תֹרִים אוֹ שְׁנֵי בְּנֵי יוֹנָה אֶל־ י
הַכֹּהֵן אֶל־פֶּתַח אֹהֶל מוֹעֵד: וְעָשָׂה הַכֹּהֵן אֶחָד לְחַטָּאת וְאֶחָד יא
לְעֹלָה וְכִפֶּר עָלָיו מֵאֲשֶׁר חָטָא עַל־הַנָּפֶשׁ וְקִדַּשׁ אֶת־רֹאשׁוֹ
בַּיּוֹם הַהוּא: וְהִזִּיר לַיהוה אֶת־יְמֵי נִזְרוֹ וְהֵבִיא כֶּבֶשׂ בֶּן־שְׁנָתוֹ יב
לְאָשָׁם וְהַיָּמִים הָרִאשֹׁנִים יִפְּלוּ כִּי טָמֵא נִזְרוֹ: וְזֹאת תּוֹרַת יג
הַנָּזִיר בְּיוֹם מְלֹאת יְמֵי נִזְרוֹ יָבִיא אֹתוֹ אֶל־פֶּתַח אֹהֶל מוֹעֵד:
וְהִקְרִיב אֶת־קָרְבָּנוֹ לַיהוה כֶּבֶשׂ בֶּן־שְׁנָתוֹ תָמִים אֶחָד לְעֹלָה יד
וְכַבְשָׂה אַחַת בַּת־שְׁנָתָהּ תְּמִימָה לְחַטָּאת וְאַיִל־אֶחָד תָּמִים

טו לִשְׁלָמִים: וְסַל מַצּוֹת סֹלֶת חַלֹּת בְּלוּלֹת בַּשֶּׁמֶן וּרְקִיקֵי מַצּוֹת
טז מְשֻׁחִים בַּשָּׁמֶן וּמִנְחָתָם וְנִסְכֵּיהֶם: וְהִקְרִיב הַכֹּהֵן לִפְנֵי יְהוָה
יז וְעָשָׂה אֶת־חַטָּאתוֹ וְאֶת־עֹלָתוֹ: וְאֶת־הָאַיִל יַעֲשֶׂה זֶבַח
שְׁלָמִים לַיהוָה עַל סַל הַמַּצּוֹת וְעָשָׂה הַכֹּהֵן אֶת־מִנְחָתוֹ וְאֶת־
יח נִסְכּוֹ: וְגִלַּח הַנָּזִיר פֶּתַח אֹהֶל מוֹעֵד אֶת־רֹאשׁ נִזְרוֹ וְלָקַח
אֶת־שְׂעַר רֹאשׁ נִזְרוֹ וְנָתַן עַל־הָאֵשׁ אֲשֶׁר־תַּחַת זֶבַח הַשְּׁלָמִים:
יט וְלָקַח הַכֹּהֵן אֶת־הַזְּרֹעַ בְּשֵׁלָה מִן־הָאַיִל וְחַלַּת מַצָּה אַחַת
מִן־הַסַּל וּרְקִיק מַצָּה אֶחָד וְנָתַן עַל־כַּפֵּי הַנָּזִיר אַחַר הִתְגַּלְּחוֹ
כ אֶת־נִזְרוֹ: וְהֵנִיף אוֹתָם הַכֹּהֵן ׀ תְּנוּפָה לִפְנֵי יְהוָה קֹדֶשׁ הוּא
לַכֹּהֵן עַל חֲזֵה הַתְּנוּפָה וְעַל שׁוֹק הַתְּרוּמָה וְאַחַר יִשְׁתֶּה
כא הַנָּזִיר יָיִן: זֹאת תּוֹרַת הַנָּזִיר אֲשֶׁר יִדֹּר קָרְבָּנוֹ לַיהוָה עַל־נִזְרוֹ
מִלְּבַד אֲשֶׁר־תַּשִּׂיג יָדוֹ כְּפִי נִדְרוֹ אֲשֶׁר יִדֹּר כֵּן יַעֲשֶׂה עַל תּוֹרַת
נִזְרוֹ:
כב כג וַיְדַבֵּר יְהוָה אֶל־מֹשֶׁה לֵּאמֹר: דַּבֵּר אֶל־אַהֲרֹן וְאֶל־בָּנָיו לֵאמֹר כֹּה ו
כד תְבָרְכוּ אֶת־בְּנֵי יִשְׂרָאֵל אָמוֹר לָהֶם: יְבָרֶכְךָ יְהוָה
כה כו וְיִשְׁמְרֶךָ: יָאֵר יְהוָה ׀ פָּנָיו אֵלֶיךָ וִיחֻנֶּךָּ: יִשָּׂא
כז יְהוָה ׀ פָּנָיו אֵלֶיךָ וְיָשֵׂם לְךָ שָׁלוֹם: וְשָׂמוּ אֶת־שְׁמִי
ז א עַל־בְּנֵי יִשְׂרָאֵל וַאֲנִי אֲבָרְכֵם: וַיְהִי בְּיוֹם כַּלּוֹת מֹשֶׁה חמישי
לְהָקִים אֶת־הַמִּשְׁכָּן וַיִּמְשַׁח אֹתוֹ וַיְקַדֵּשׁ אֹתוֹ וְאֶת־כָּל־כֵּלָיו

יום הקמת המשכן
שמות מ, יז–לה

ב וְאֶת־הַמִּזְבֵּחַ וְאֶת־כָּל־כֵּלָיו וַיִּמְשָׁחֵם וַיְקַדֵּשׁ אֹתָם: וַיַּקְרִיבוּ
נְשִׂיאֵי יִשְׂרָאֵל רָאשֵׁי בֵּית אֲבֹתָם הֵם נְשִׂיאֵי הַמַּטֹּת הֵם
ג הָעֹמְדִים עַל־הַפְּקֻדִים: וַיָּבִיאוּ אֶת־קָרְבָּנָם לִפְנֵי יְהוָה שֵׁשׁ־
עֶגְלֹת צָב וּשְׁנֵי־עָשָׂר בָּקָר עֲגָלָה עַל־שְׁנֵי הַנְּשִׂאִים וְשׁוֹר
ד לְאֶחָד וַיַּקְרִיבוּ אוֹתָם לִפְנֵי הַמִּשְׁכָּן: וַיֹּאמֶר יְהוָה אֶל־מֹשֶׁה
ה לֵּאמֹר: קַח מֵאִתָּם וְהָיוּ לַעֲבֹד אֶת־עֲבֹדַת אֹהֶל מוֹעֵד וְנָתַתָּה
ו אוֹתָם אֶל־הַלְוִיִּם אִישׁ כְּפִי עֲבֹדָתוֹ: וַיִּקַּח מֹשֶׁה אֶת־הָעֲגָלֹת
ז וְאֶת־הַבָּקָר וַיִּתֵּן אוֹתָם אֶל־הַלְוִיִּם: אֵת ׀ שְׁתֵּי הָעֲגָלוֹת וְאֵת

ז

אַרְבַּ֣עַת הַבָּקָ֗ר נָתַ֛ן לִבְנֵ֥י גֵרְשׁ֖וֹן כְּפִ֥י עֲבֹדָתָֽם׃ וְאֵ֣ת ׀ אַרְבַּ֣ע ח
הָעֲגָלֹ֗ת וְאֵת֙ שְׁמֹנַ֣ת הַבָּקָ֔ר נָתַ֖ן לִבְנֵ֣י מְרָרִ֑י כְּפִי֙ עֲבֹ֣דָתָ֔ם בְּיַד֙
אִֽיתָמָ֔ר בֶּֽן־אַהֲרֹ֖ן הַכֹּהֵֽן׃ וְלִבְנֵ֥י קְהָ֖ת לֹ֣א נָתָ֑ן כִּֽי־עֲבֹדַ֤ת הַקֹּ֙דֶשׁ֙ ט
עֲלֵהֶ֔ם בַּכָּתֵ֖ף יִשָּֽׂאוּ׃ וַיַּקְרִ֣יבוּ הַנְּשִׂאִ֗ים אֵ֚ת חֲנֻכַּ֣ת הַמִּזְבֵּ֔חַ בְּי֖וֹם י
הִמָּשַׁ֣ח אֹת֑וֹ וַיַּקְרִ֧יבוּ הַנְּשִׂיאִ֛ם אֶת־קָרְבָּנָ֖ם לִפְנֵ֥י הַמִּזְבֵּֽחַ׃ וַיֹּ֥אמֶר יא
יְהוָ֖ה אֶל־מֹשֶׁ֑ה נָשִׂ֨יא אֶחָ֜ד לַיּ֗וֹם נָשִׂ֤יא אֶחָד֙ לַיּ֔וֹם יַקְרִ֙יבוּ֙
אֶת־קָרְבָּנָ֔ם לַחֲנֻכַּ֖ת הַמִּזְבֵּֽחַ׃ וַיְהִ֗י הַמַּקְרִ֛יב בַּיּ֥וֹם יב
הָרִאשׁ֖וֹן אֶת־קָרְבָּנ֑וֹ נַחְשׁ֥וֹן בֶּן־עַמִּֽינָדָ֖ב לְמַטֵּ֥ה יְהוּדָֽה׃ וְקָרְבָּנ֞וֹ יג
קַֽעֲרַת־כֶּ֣סֶף אַחַ֗ת שְׁלֹשִׁ֣ים וּמֵאָה֮ מִשְׁקָלָהּ֒ מִזְרָ֤ק אֶחָד֙ כֶּ֔סֶף
שִׁבְעִ֥ים שֶׁ֖קֶל בְּשֶׁ֣קֶל הַקֹּ֑דֶשׁ שְׁנֵיהֶ֣ם ׀ מְלֵאִ֗ים סֹ֛לֶת בְּלוּלָ֥ה
בַשֶּׁ֖מֶן לְמִנְחָֽה׃ כַּ֥ף אַחַ֛ת עֲשָׂרָ֥ה זָהָ֖ב מְלֵאָ֥ה קְטֹֽרֶת׃ פַּ֣ר אֶחָ֞ד יד טו
בֶּן־בָּקָ֗ר אַ֧יִל אֶחָ֛ד כֶּֽבֶשׂ־אֶחָ֥ד בֶּן־שְׁנָת֖וֹ לְעֹלָֽה׃ שְׂעִיר־עִזִּ֥ים טז
אֶחָ֖ד לְחַטָּֽאת׃ וּלְזֶ֣בַח הַשְּׁלָמִים֮ בָּקָ֣ר שְׁנַ֒יִם֒ אֵילִ֤ם חֲמִשָּׁה֙ יז
עַתֻּדִ֣ים חֲמִשָּׁ֔ה כְּבָשִׂ֥ים בְּנֵֽי־שָׁנָ֖ה חֲמִשָּׁ֑ה זֶ֛ה קָרְבַּ֥ן נַחְשׁ֖וֹן
בֶּן־עַמִּינָדָֽב׃

בַּיּוֹם֙ הַשֵּׁנִ֔י הִקְרִ֖יב נְתַנְאֵ֣ל בֶּן־צוּעָ֑ר נְשִׂ֖יא יִשָּׂשכָֽר׃ הִקְרִ֙ב יח יט
אֶת־קָרְבָּנ֜וֹ קַֽעֲרַת־כֶּ֣סֶף אַחַ֗ת שְׁלֹשִׁ֣ים וּמֵאָה֮ מִשְׁקָלָהּ֒ מִזְרָ֤ק
אֶחָד֙ כֶּ֔סֶף שִׁבְעִ֥ים שֶׁ֖קֶל בְּשֶׁ֣קֶל הַקֹּ֑דֶשׁ שְׁנֵיהֶ֣ם ׀ מְלֵאִ֗ים סֹ֛לֶת
בְּלוּלָ֥ה בַשֶּׁ֖מֶן לְמִנְחָֽה׃ כַּ֥ף אַחַ֛ת עֲשָׂרָ֥ה זָהָ֖ב מְלֵאָ֥ה קְטֹֽרֶת׃ כ
פַּ֣ר אֶחָ֞ד בֶּן־בָּקָ֗ר אַ֧יִל אֶחָ֛ד כֶּֽבֶשׂ־אֶחָ֥ד בֶּן־שְׁנָת֖וֹ לְעֹלָֽה׃ כא
שְׂעִיר־עִזִּ֥ים אֶחָ֖ד לְחַטָּֽאת׃ וּלְזֶ֣בַח הַשְּׁלָמִים֮ בָּקָ֣ר שְׁנַ֒יִם֒ אֵילִ֤ם כב כג
חֲמִשָּׁה֙ עַתֻּדִ֣ים חֲמִשָּׁ֔ה כְּבָשִׂ֥ים בְּנֵֽי־שָׁנָ֖ה חֲמִשָּׁ֑ה זֶ֛ה קָרְבַּ֥ן
נְתַנְאֵ֖ל בֶּן־צוּעָֽר׃

בַּיּוֹם֙ הַשְּׁלִישִׁ֔י נָשִׂ֖יא לִבְנֵ֣י זְבוּלֻ֑ן אֱלִיאָ֖ב בֶּן־חֵלֹֽן׃ קָרְבָּנ֞וֹ כד כה
קַֽעֲרַת־כֶּ֣סֶף אַחַ֗ת שְׁלֹשִׁ֣ים וּמֵאָה֮ מִשְׁקָלָהּ֒ מִזְרָ֤ק אֶחָד֙ כֶּ֔סֶף
שִׁבְעִ֥ים שֶׁ֖קֶל בְּשֶׁ֣קֶל הַקֹּ֑דֶשׁ שְׁנֵיהֶ֣ם ׀ מְלֵאִ֗ים סֹ֛לֶת בְּלוּלָ֥ה
בַשֶּׁ֖מֶן לְמִנְחָֽה׃ כַּ֥ף אַחַ֛ת עֲשָׂרָ֥ה זָהָ֖ב מְלֵאָ֥ה קְטֹֽרֶת׃ פַּ֣ר אֶחָ֞ד כו כז

כח בֶּן־בָּקָר אַיִל אֶחָד כֶּבֶשׂ־אֶחָד בֶּן־שְׁנָתוֹ לְעֹלָה: שְׂעִיר־עִזִּים
כט אֶחָד לְחַטָּאת: וּלְזֶבַח הַשְּׁלָמִים בָּקָר שְׁנַיִם אֵילִם חֲמִשָּׁה
עַתֻּדִים חֲמִשָּׁה כְּבָשִׂים בְּנֵי־שָׁנָה חֲמִשָּׁה זֶה קָרְבַּן אֱלִיאָב
בֶּן־חֵלֹן:
ל לא בַּיּוֹם הָרְבִיעִי נָשִׂיא לִבְנֵי רְאוּבֵן אֱלִיצוּר בֶּן־שְׁדֵיאוּר: קָרְבָּנוֹ
קַעֲרַת־כֶּסֶף אַחַת שְׁלֹשִׁים וּמֵאָה מִשְׁקָלָהּ מִזְרָק אֶחָד כֶּסֶף
שִׁבְעִים שֶׁקֶל בְּשֶׁקֶל הַקֹּדֶשׁ שְׁנֵיהֶם ׀ מְלֵאִים סֹלֶת בְּלוּלָה
לב לג בַשֶּׁמֶן לְמִנְחָה: כַּף אַחַת עֲשָׂרָה זָהָב מְלֵאָה קְטֹרֶת: פַּר
לד אֶחָד בֶּן־בָּקָר אַיִל אֶחָד כֶּבֶשׂ־אֶחָד בֶּן־שְׁנָתוֹ לְעֹלָה: שְׂעִיר־
לה עִזִּים אֶחָד לְחַטָּאת: וּלְזֶבַח הַשְּׁלָמִים בָּקָר שְׁנַיִם אֵילִם חֲמִשָּׁה
עַתֻּדִים חֲמִשָּׁה כְּבָשִׂים בְּנֵי־שָׁנָה חֲמִשָּׁה זֶה קָרְבַּן אֱלִיצוּר
בֶּן־שְׁדֵיאוּר:
לו בַּיּוֹם הַחֲמִישִׁי נָשִׂיא לִבְנֵי שִׁמְעוֹן שְׁלֻמִיאֵל בֶּן־צוּרִישַׁדָּי:
לז קָרְבָּנוֹ קַעֲרַת־כֶּסֶף אַחַת שְׁלֹשִׁים וּמֵאָה מִשְׁקָלָהּ מִזְרָק
אֶחָד כֶּסֶף שִׁבְעִים שֶׁקֶל בְּשֶׁקֶל הַקֹּדֶשׁ שְׁנֵיהֶם ׀ מְלֵאִים סֹלֶת
לח לט בְּלוּלָה בַשֶּׁמֶן לְמִנְחָה: כַּף אַחַת עֲשָׂרָה זָהָב מְלֵאָה קְטֹרֶת: פַּר
מ אֶחָד בֶּן־בָּקָר אַיִל אֶחָד כֶּבֶשׂ־אֶחָד בֶּן־שְׁנָתוֹ לְעֹלָה: שְׂעִיר־
מא עִזִּים אֶחָד לְחַטָּאת: וּלְזֶבַח הַשְּׁלָמִים בָּקָר שְׁנַיִם אֵילִם חֲמִשָּׁה
עַתֻּדִים חֲמִשָּׁה כְּבָשִׂים בְּנֵי־שָׁנָה חֲמִשָּׁה זֶה קָרְבַּן שְׁלֻמִיאֵל
בֶּן־צוּרִישַׁדָּי:
מב מג בַּיּוֹם הַשִּׁשִּׁי נָשִׂיא לִבְנֵי גָד אֶלְיָסָף בֶּן־דְּעוּאֵל: קָרְבָּנוֹ קַעֲרַת־ ששי
כֶּסֶף אַחַת שְׁלֹשִׁים וּמֵאָה מִשְׁקָלָהּ מִזְרָק אֶחָד כֶּסֶף שִׁבְעִים
שֶׁקֶל בְּשֶׁקֶל הַקֹּדֶשׁ שְׁנֵיהֶם ׀ מְלֵאִים סֹלֶת בְּלוּלָה בַשֶּׁמֶן
מד מה לְמִנְחָה: כַּף אַחַת עֲשָׂרָה זָהָב מְלֵאָה קְטֹרֶת: פַּר אֶחָד בֶּן־
מו בָּקָר אַיִל אֶחָד כֶּבֶשׂ־אֶחָד בֶּן־שְׁנָתוֹ לְעֹלָה: שְׂעִיר־עִזִּים
מז אֶחָד לְחַטָּאת: וּלְזֶבַח הַשְּׁלָמִים בָּקָר שְׁנַיִם אֵילִם חֲמִשָּׁה
עַתֻּדִים חֲמִשָּׁה כְּבָשִׂים בְּנֵי־שָׁנָה חֲמִשָּׁה זֶה קָרְבַּן אֶלְיָסָף

בֶּן־דְּעוּאֵל׃
ז בַּיּוֹם הַשְּׁבִיעִי נָשִׂיא לִבְנֵי אֶפְרָיִם אֱלִישָׁמָע בֶּן־עַמִּיהוּד׃ קָרְבָּנוֹ מח מט
קַעֲרַת־כֶּסֶף אַחַת שְׁלֹשִׁים וּמֵאָה מִשְׁקָלָהּ מִזְרָק אֶחָד כֶּסֶף
שִׁבְעִים שֶׁקֶל בְּשֶׁקֶל הַקֹּדֶשׁ שְׁנֵיהֶם ׀ מְלֵאִים סֹלֶת בְּלוּלָה
בַשֶּׁמֶן לְמִנְחָה׃ כַּף אַחַת עֲשָׂרָה זָהָב מְלֵאָה קְטֹרֶת׃ פַּר אֶחָד נ נא
בֶּן־בָּקָר אַיִל אֶחָד כֶּבֶשׂ־אֶחָד בֶּן־שְׁנָתוֹ לְעֹלָה׃ שְׂעִיר־עִזִּים נב
אֶחָד לְחַטָּאת׃ וּלְזֶבַח הַשְּׁלָמִים בָּקָר שְׁנַיִם אֵילִם חֲמִשָּׁה נג
עַתֻּדִים חֲמִשָּׁה כְּבָשִׂים בְּנֵי־שָׁנָה חֲמִשָּׁה זֶה קָרְבַּן אֱלִישָׁמָע
בֶּן־עַמִּיהוּד׃

בַּיּוֹם הַשְּׁמִינִי נָשִׂיא לִבְנֵי מְנַשֶּׁה גַּמְלִיאֵל בֶּן־פְּדָהצוּר׃ קָרְבָּנוֹ נד נה
קַעֲרַת־כֶּסֶף אַחַת שְׁלֹשִׁים וּמֵאָה מִשְׁקָלָהּ מִזְרָק אֶחָד כֶּסֶף
שִׁבְעִים שֶׁקֶל בְּשֶׁקֶל הַקֹּדֶשׁ שְׁנֵיהֶם ׀ מְלֵאִים סֹלֶת בְּלוּלָה
בַשֶּׁמֶן לְמִנְחָה׃ כַּף אַחַת עֲשָׂרָה זָהָב מְלֵאָה קְטֹרֶת׃ פַּר אֶחָד נו נז
בֶּן־בָּקָר אַיִל אֶחָד כֶּבֶשׂ־אֶחָד בֶּן־שְׁנָתוֹ לְעֹלָה׃ שְׂעִיר־עִזִּים נח
אֶחָד לְחַטָּאת׃ וּלְזֶבַח הַשְּׁלָמִים בָּקָר שְׁנַיִם אֵילִם חֲמִשָּׁה נט
עַתֻּדִים חֲמִשָּׁה כְּבָשִׂים בְּנֵי־שָׁנָה חֲמִשָּׁה זֶה קָרְבַּן גַּמְלִיאֵל
בֶּן־פְּדָהצוּר׃

בַּיּוֹם הַתְּשִׁיעִי נָשִׂיא לִבְנֵי בִנְיָמִן אֲבִידָן בֶּן־גִּדְעֹנִי׃ קָרְבָּנוֹ ס סא
קַעֲרַת־כֶּסֶף אַחַת שְׁלֹשִׁים וּמֵאָה מִשְׁקָלָהּ מִזְרָק אֶחָד כֶּסֶף
שִׁבְעִים שֶׁקֶל בְּשֶׁקֶל הַקֹּדֶשׁ שְׁנֵיהֶם ׀ מְלֵאִים סֹלֶת בְּלוּלָה
בַשֶּׁמֶן לְמִנְחָה׃ כַּף אַחַת עֲשָׂרָה זָהָב מְלֵאָה קְטֹרֶת׃ פַּר אֶחָד סב סג
בֶּן־בָּקָר אַיִל אֶחָד כֶּבֶשׂ־אֶחָד בֶּן־שְׁנָתוֹ לְעֹלָה׃ שְׂעִיר־עִזִּים סד
אֶחָד לְחַטָּאת׃ וּלְזֶבַח הַשְּׁלָמִים בָּקָר שְׁנַיִם אֵילִם חֲמִשָּׁה סה
עַתֻּדִים חֲמִשָּׁה כְּבָשִׂים בְּנֵי־שָׁנָה חֲמִשָּׁה זֶה קָרְבַּן אֲבִידָן
בֶּן־גִּדְעֹנִי׃

בַּיּוֹם הָעֲשִׂירִי נָשִׂיא לִבְנֵי דָן אֲחִיעֶזֶר בֶּן־עַמִּישַׁדָּי׃ קָרְבָּנוֹ סו סז
קַעֲרַת־כֶּסֶף אַחַת שְׁלֹשִׁים וּמֵאָה מִשְׁקָלָהּ מִזְרָק אֶחָד כֶּסֶף

ז
שִׁבְעִים שֶׁקֶל בְּשֶׁקֶל הַקֹּדֶשׁ שְׁנֵיהֶם ׀ מְלֵאִים סֹלֶת בְּלוּלָה
סח סט בַשֶּׁמֶן לְמִנְחָה: כַּף אַחַת עֲשָׂרָה זָהָב מְלֵאָה קְטֹרֶת: פַּר
ע אֶחָד בֶּן־בָּקָר אַיִל אֶחָד כֶּבֶשׂ־אֶחָד בֶּן־שְׁנָתוֹ לְעֹלָה: שְׂעִיר־
עא עִזִּים אֶחָד לְחַטָּאת: וּלְזֶבַח הַשְּׁלָמִים בָּקָר שְׁנַיִם אֵילִם חֲמִשָּׁה
עַתֻּדִים חֲמִשָּׁה כְּבָשִׂים בְּנֵי־שָׁנָה חֲמִשָּׁה זֶה קָרְבַּן אֲחִיעֶזֶר
בֶּן־עַמִּישַׁדָּי:

עב עג בְּיוֹם עַשְׁתֵּי עָשָׂר יוֹם נָשִׂיא לִבְנֵי אָשֵׁר פַּגְעִיאֵל בֶּן־עָכְרָן: קָרְבָּנוֹ שביעי
קַעֲרַת־כֶּסֶף אַחַת שְׁלֹשִׁים וּמֵאָה מִשְׁקָלָהּ מִזְרָק אֶחָד כֶּסֶף
שִׁבְעִים שֶׁקֶל בְּשֶׁקֶל הַקֹּדֶשׁ שְׁנֵיהֶם ׀ מְלֵאִים סֹלֶת בְּלוּלָה
עד עה בַשֶּׁמֶן לְמִנְחָה: כַּף אַחַת עֲשָׂרָה זָהָב מְלֵאָה קְטֹרֶת: פַּר אֶחָד
עו בֶּן־בָּקָר אַיִל אֶחָד כֶּבֶשׂ־אֶחָד בֶּן־שְׁנָתוֹ לְעֹלָה: שְׂעִיר־עִזִּים
עז אֶחָד לְחַטָּאת: וּלְזֶבַח הַשְּׁלָמִים בָּקָר שְׁנַיִם אֵילִם חֲמִשָּׁה
עַתֻּדִים חֲמִשָּׁה כְּבָשִׂים בְּנֵי־שָׁנָה חֲמִשָּׁה זֶה קָרְבַּן פַּגְעִיאֵל
בֶּן־עָכְרָן:

עח עט בְּיוֹם שְׁנֵים עָשָׂר יוֹם נָשִׂיא לִבְנֵי נַפְתָּלִי אֲחִירַע בֶּן־עֵינָן: קָרְבָּנוֹ
קַעֲרַת־כֶּסֶף אַחַת שְׁלֹשִׁים וּמֵאָה מִשְׁקָלָהּ מִזְרָק אֶחָד כֶּסֶף
שִׁבְעִים שֶׁקֶל בְּשֶׁקֶל הַקֹּדֶשׁ שְׁנֵיהֶם ׀ מְלֵאִים סֹלֶת בְּלוּלָה
פ פא בַשֶּׁמֶן לְמִנְחָה: כַּף אַחַת עֲשָׂרָה זָהָב מְלֵאָה קְטֹרֶת: פַּר אֶחָד
פב בֶּן־בָּקָר אַיִל אֶחָד כֶּבֶשׂ־אֶחָד בֶּן־שְׁנָתוֹ לְעֹלָה: שְׂעִיר־עִזִּים
פג אֶחָד לְחַטָּאת: וּלְזֶבַח הַשְּׁלָמִים בָּקָר שְׁנַיִם אֵילִם חֲמִשָּׁה
עַתֻּדִים חֲמִשָּׁה כְּבָשִׂים בְּנֵי־שָׁנָה חֲמִשָּׁה זֶה קָרְבַּן אֲחִירַע
בֶּן־עֵינָן:

פד זֹאת ׀ חֲנֻכַּת הַמִּזְבֵּחַ בְּיוֹם הִמָּשַׁח אֹתוֹ מֵאֵת נְשִׂיאֵי יִשְׂרָאֵל
קַעֲרֹת כֶּסֶף שְׁתֵּים עֶשְׂרֵה מִזְרְקֵי־כֶסֶף שְׁנֵים עָשָׂר כַּפּוֹת זָהָב
פה שְׁתֵּים עֶשְׂרֵה: שְׁלֹשִׁים וּמֵאָה הַקְּעָרָה הָאַחַת כֶּסֶף וְשִׁבְעִים
הַמִּזְרָק הָאֶחָד כֹּל כֶּסֶף הַכֵּלִים אַלְפַּיִם וְאַרְבַּע־מֵאוֹת בְּשֶׁקֶל
פו הַקֹּדֶשׁ: כַּפּוֹת זָהָב שְׁתֵּים־עֶשְׂרֵה מְלֵאֹת קְטֹרֶת עֲשָׂרָה

מפטיר

פז הַכַּף בְּשֶׁקֶל הַקֹּדֶשׁ כָּל־זְהַב הַכַּפּוֹת עֶשְׂרִים וּמֵאָה׃ כָּל־הַבָּקָר
לָעֹלָה שְׁנֵים עָשָׂר פָּרִים אֵילִם שְׁנֵים־עָשָׂר כְּבָשִׂים בְּנֵי־שָׁנָה
פח שְׁנֵים עָשָׂר וּמִנְחָתָם וּשְׂעִירֵי עִזִּים שְׁנֵים עָשָׂר לְחַטָּאת׃ וְכֹל
בְּקַר ׀ זֶבַח הַשְּׁלָמִים עֶשְׂרִים וְאַרְבָּעָה פָּרִים אֵילִם שִׁשִּׁים עַתֻּדִים
שִׁשִּׁים כְּבָשִׂים בְּנֵי־שָׁנָה שִׁשִּׁים זֹאת חֲנֻכַּת הַמִּזְבֵּחַ אַחֲרֵי
פט הִמָּשַׁח אֹתוֹ׃ וּבְבֹא מֹשֶׁה אֶל־אֹהֶל מוֹעֵד לְדַבֵּר אִתּוֹ וַיִּשְׁמַע
אֶת־הַקּוֹל מִדַּבֵּר אֵלָיו מֵעַל הַכַּפֹּרֶת אֲשֶׁר עַל־אֲרֹן הָעֵדֻת מִבֵּין
שְׁנֵי הַכְּרֻבִים וַיְדַבֵּר אֵלָיו׃

בהעלתך ח

ח א ב וַיְדַבֵּר יְהוָה אֶל־מֹשֶׁה לֵּאמֹר׃ דַּבֵּר אֶל־אַהֲרֹן וְאָמַרְתָּ אֵלָיו
בְּהַעֲלֹתְךָ אֶת־הַנֵּרֹת אֶל־מוּל פְּנֵי הַמְּנוֹרָה יָאִירוּ שִׁבְעַת הַנֵּרוֹת׃
ג וַיַּעַשׂ כֵּן אַהֲרֹן אֶל־מוּל פְּנֵי הַמְּנוֹרָה הֶעֱלָה נֵרֹתֶיהָ כַּאֲשֶׁר
ד צִוָּה יְהוָה אֶת־מֹשֶׁה׃ וְזֶה מַעֲשֵׂה הַמְּנֹרָה מִקְשָׁה זָהָב עַד־
יְרֵכָהּ עַד־פִּרְחָהּ מִקְשָׁה הִוא כַּמַּרְאֶה אֲשֶׁר הֶרְאָה יְהוָה אֶת־
מֹשֶׁה כֵּן עָשָׂה אֶת־הַמְּנֹרָה׃

מצוות הדלקת המנורה
שמות כז, כ–כא
ויקרא כד, א–ד

עשיית המנורה – ציווי וביצוע
שמות כה, לא–מ; לז, יז–כד

ה ו וַיְדַבֵּר יְהוָה אֶל־מֹשֶׁה לֵּאמֹר׃ קַח אֶת־הַלְוִיִּם מִתּוֹךְ בְּנֵי יִשְׂרָאֵל
ז וְטִהַרְתָּ אֹתָם׃ וְכֹה־תַעֲשֶׂה לָהֶם לְטַהֲרָם הַזֵּה עֲלֵיהֶם מֵי
חַטָּאת וְהֶעֱבִירוּ תַעַר עַל־כָּל־בְּשָׂרָם וְכִבְּסוּ בִגְדֵיהֶם וְהִטֶּהָרוּ׃
ח וְלָקְחוּ פַּר בֶּן־בָּקָר וּמִנְחָתוֹ סֹלֶת בְּלוּלָה בַשָּׁמֶן וּפַר־שֵׁנִי בֶן־
ט בָּקָר תִּקַּח לְחַטָּאת׃ וְהִקְרַבְתָּ אֶת־הַלְוִיִּם לִפְנֵי אֹהֶל מוֹעֵד
י וְהִקְהַלְתָּ אֶת־כָּל־עֲדַת בְּנֵי יִשְׂרָאֵל׃ וְהִקְרַבְתָּ אֶת־הַלְוִיִּם
יא לִפְנֵי יְהוָה וְסָמְכוּ בְנֵי־יִשְׂרָאֵל אֶת־יְדֵיהֶם עַל־הַלְוִיִּם׃ וְהֵנִיף
אַהֲרֹן אֶת־הַלְוִיִּם תְּנוּפָה לִפְנֵי יְהוָה מֵאֵת בְּנֵי יִשְׂרָאֵל וְהָיוּ
יב לַעֲבֹד אֶת־עֲבֹדַת יְהוָה׃ וְהַלְוִיִּם יִסְמְכוּ אֶת־יְדֵיהֶם עַל רֹאשׁ
הַפָּרִים וַעֲשֵׂה אֶת־הָאֶחָד חַטָּאת וְאֶת־הָאֶחָד עֹלָה לַיהוָה
יג לְכַפֵּר עַל־הַלְוִיִּם׃ וְהַעֲמַדְתָּ אֶת־הַלְוִיִּם לִפְנֵי אַהֲרֹן וְלִפְנֵי בָנָיו
יד וְהֵנַפְתָּ אֹתָם תְּנוּפָה לַיהוָה׃ וְהִבְדַּלְתָּ אֶת־הַלְוִיִּם מִתּוֹךְ בְּנֵי
טו יִשְׂרָאֵל וְהָיוּ לִי הַלְוִיִּם׃ וְאַחֲרֵי־כֵן יָבֹאוּ הַלְוִיִּם לַעֲבֹד אֶת־ שני

ח
טז אֹהֶל מוֹעֵד וְטִהַרְתָּ אֹתָם וְהֵנַפְתָּ אֹתָם תְּנוּפָה: כִּי נְתֻנִים
נְתֻנִים הֵמָּה לִי מִתּוֹךְ בְּנֵי יִשְׂרָאֵל תַּחַת פִּטְרַת כָּל־רֶחֶם בְּכוֹר
יז כֹּל מִבְּנֵי יִשְׂרָאֵל לָקַחְתִּי אֹתָם לִי: כִּי לִי כָל־בְּכוֹר בִּבְנֵי יִשְׂרָאֵל

הקדשת הבכורות לאחר יציאת מצרים
שמות יג, יא–טז

בָּאָדָם וּבַבְּהֵמָה בְּיוֹם הַכֹּתִי כָל־בְּכוֹר בְּאֶרֶץ מִצְרַיִם הִקְדַּשְׁתִּי
יח אֹתָם לִי: וָאֶקַּח אֶת־הַלְוִיִּם תַּחַת כָּל־בְּכוֹר בִּבְנֵי יִשְׂרָאֵל:
יט וָאֶתְּנָה אֶת־הַלְוִיִּם נְתֻנִים ׀ לְאַהֲרֹן וּלְבָנָיו מִתּוֹךְ בְּנֵי יִשְׂרָאֵל
לַעֲבֹד אֶת־עֲבֹדַת בְּנֵי־יִשְׂרָאֵל בְּאֹהֶל מוֹעֵד וּלְכַפֵּר עַל־בְּנֵי
יִשְׂרָאֵל וְלֹא יִהְיֶה בִּבְנֵי יִשְׂרָאֵל נֶגֶף בְּגֶשֶׁת בְּנֵי־יִשְׂרָאֵל אֶל־
כ הַקֹּדֶשׁ: וַיַּעַשׂ מֹשֶׁה וְאַהֲרֹן וְכָל־עֲדַת בְּנֵי־יִשְׂרָאֵל לַלְוִיִּם
כְּכֹל אֲשֶׁר־צִוָּה יהוה אֶת־מֹשֶׁה לַלְוִיִּם כֵּן־עָשׂוּ לָהֶם בְּנֵי
כא יִשְׂרָאֵל: וַיִּתְחַטְּאוּ הַלְוִיִּם וַיְכַבְּסוּ בִּגְדֵיהֶם וַיָּנֶף אַהֲרֹן אֹתָם
כב תְּנוּפָה לִפְנֵי יהוה וַיְכַפֵּר עֲלֵיהֶם אַהֲרֹן לְטַהֲרָם: וְאַחֲרֵי־כֵן
בָּאוּ הַלְוִיִּם לַעֲבֹד אֶת־עֲבֹדָתָם בְּאֹהֶל מוֹעֵד לִפְנֵי אַהֲרֹן
וְלִפְנֵי בָנָיו כַּאֲשֶׁר צִוָּה יהוה אֶת־מֹשֶׁה עַל־הַלְוִיִּם כֵּן עָשׂוּ
כג כד לָהֶם: וַיְדַבֵּר יהוה אֶל־מֹשֶׁה לֵּאמֹר: זֹאת אֲשֶׁר
לַלְוִיִּם מִבֶּן חָמֵשׁ וְעֶשְׂרִים שָׁנָה וָמַעְלָה יָבוֹא לִצְבֹא צָבָא בַּעֲבֹדַת
כה אֹהֶל מוֹעֵד: וּמִבֶּן חֲמִשִּׁים שָׁנָה יָשׁוּב מִצְּבָא הָעֲבֹדָה וְלֹא יַעֲבֹד
כו עוֹד: וְשֵׁרֵת אֶת־אֶחָיו בְּאֹהֶל מוֹעֵד לִשְׁמֹר מִשְׁמֶרֶת וַעֲבֹדָה לֹא
יַעֲבֹד כָּכָה תַּעֲשֶׂה לַלְוִיִּם בְּמִשְׁמְרֹתָם:

שלישי

ט א וַיְדַבֵּר יהוה אֶל־מֹשֶׁה בְמִדְבַּר־סִינַי בַּשָּׁנָה הַשֵּׁנִית לְצֵאתָם
ב מֵאֶרֶץ מִצְרַיִם בַּחֹדֶשׁ הָרִאשׁוֹן לֵאמֹר: וְיַעֲשׂוּ בְנֵי־יִשְׂרָאֵל

דיני קרבן פסח
שמות יב, ג–י; יב, מג–מט

ג אֶת־הַפָּסַח בְּמוֹעֲדוֹ: בְּאַרְבָּעָה עָשָׂר־יוֹם בַּחֹדֶשׁ הַזֶּה בֵּין
הָעַרְבַּיִם תַּעֲשׂוּ אֹתוֹ בְּמֹעֲדוֹ כְּכָל־חֻקֹּתָיו וּכְכָל־מִשְׁפָּטָיו
ד תַּעֲשׂוּ אֹתוֹ: וַיְדַבֵּר מֹשֶׁה אֶל־בְּנֵי יִשְׂרָאֵל לַעֲשֹׂת הַפָּסַח:
ה וַיַּעֲשׂוּ אֶת־הַפֶּסַח בָּרִאשׁוֹן בְּאַרְבָּעָה עָשָׂר יוֹם לַחֹדֶשׁ בֵּין
הָעַרְבַּיִם בְּמִדְבַּר סִינָי כְּכֹל אֲשֶׁר צִוָּה יהוה אֶת־מֹשֶׁה כֵּן עָשׂוּ
ו בְּנֵי יִשְׂרָאֵל: וַיְהִי אֲנָשִׁים אֲשֶׁר הָיוּ טְמֵאִים לְנֶפֶשׁ אָדָם וְלֹא־

יָכְלוּ לַעֲשֹׂת־הַפֶּסַח בַּיּוֹם הַהוּא וַיִּקְרְבוּ לִפְנֵי מֹשֶׁה וְלִפְנֵי
ז אַהֲרֹן בַּיּוֹם הַהוּא׃ וַיֹּאמְרוּ הָאֲנָשִׁים הָהֵמָּה אֵלָיו אֲנַחְנוּ
טְמֵאִים לְנֶפֶשׁ אָדָם לָמָּה נִגָּרַע לְבִלְתִּי הַקְרִב אֶת־קָרְבַּן יהוה
ח בְּמֹעֲדוֹ בְּתוֹךְ בְּנֵי יִשְׂרָאֵל׃ וַיֹּאמֶר אֲלֵהֶם מֹשֶׁה עִמְדוּ וְאֶשְׁמְעָה
מַה־יְצַוֶּה יהוה לָכֶם׃
ט י וַיְדַבֵּר יהוה אֶל־מֹשֶׁה לֵּאמֹר׃ דַּבֵּר אֶל־בְּנֵי יִשְׂרָאֵל לֵאמֹר
אִישׁ אִישׁ כִּי־יִהְיֶה טָמֵא ׀ לָנֶפֶשׁ אוֹ בְדֶרֶךְ רְחֹקָה לָכֶם אוֹ
יא לְדֹרֹתֵיכֶם וְעָשָׂה פֶסַח לַיהוה׃ בַּחֹדֶשׁ הַשֵּׁנִי בְּאַרְבָּעָה עָשָׂר
יוֹם בֵּין הָעַרְבַּיִם יַעֲשׂוּ אֹתוֹ עַל־מַצּוֹת וּמְרֹרִים יֹאכְלֻהוּ׃
יב לֹא־יַשְׁאִירוּ מִמֶּנּוּ עַד־בֹּקֶר וְעֶצֶם לֹא יִשְׁבְּרוּ־בוֹ כְּכָל־חֻקַּת
יג הַפֶּסַח יַעֲשׂוּ אֹתוֹ׃ וְהָאִישׁ אֲשֶׁר־הוּא טָהוֹר וּבְדֶרֶךְ לֹא־
הָיָה וְחָדַל לַעֲשׂוֹת הַפֶּסַח וְנִכְרְתָה הַנֶּפֶשׁ הַהִוא מֵעַמֶּיהָ
כִּי ׀ קָרְבַּן יהוה לֹא הִקְרִיב בְּמֹעֲדוֹ חֶטְאוֹ יִשָּׂא הָאִישׁ הַהוּא׃
יד וְכִי־יָגוּר אִתְּכֶם גֵּר וְעָשָׂה פֶסַח לַיהוה כְּחֻקַּת הַפֶּסַח
וּכְמִשְׁפָּטוֹ כֵּן יַעֲשֶׂה חֻקָּה אַחַת יִהְיֶה לָכֶם וְלַגֵּר וּלְאֶזְרַח
רביעי טו הָאָרֶץ׃ וּבְיוֹם הָקִים אֶת־הַמִּשְׁכָּן כִּסָּה הֶעָנָן
אֶת־הַמִּשְׁכָּן לְאֹהֶל הָעֵדֻת וּבָעֶרֶב יִהְיֶה עַל־הַמִּשְׁכָּן כְּמַרְאֵה־
טז אֵשׁ עַד־בֹּקֶר׃ כֵּן יִהְיֶה תָמִיד הֶעָנָן יְכַסֶּנּוּ וּמַרְאֵה־אֵשׁ לָיְלָה׃
יז וּלְפִי הֵעָלוֹת הֶעָנָן מֵעַל הָאֹהֶל וְאַחֲרֵי כֵן יִסְעוּ בְּנֵי יִשְׂרָאֵל
יח וּבִמְקוֹם אֲשֶׁר יִשְׁכָּן־שָׁם הֶעָנָן שָׁם יַחֲנוּ בְּנֵי יִשְׂרָאֵל׃ עַל־
פִּי יהוה יִסְעוּ בְּנֵי יִשְׂרָאֵל וְעַל־פִּי יהוה יַחֲנוּ כָּל־יְמֵי אֲשֶׁר
יט יִשְׁכֹּן הֶעָנָן עַל־הַמִּשְׁכָּן יַחֲנוּ׃ וּבְהַאֲרִיךְ הֶעָנָן עַל־הַמִּשְׁכָּן
יָמִים רַבִּים וְשָׁמְרוּ בְנֵי־יִשְׂרָאֵל אֶת־מִשְׁמֶרֶת יהוה וְלֹא יִסָּעוּ׃
כ וְיֵשׁ אֲשֶׁר יִהְיֶה הֶעָנָן יָמִים מִסְפָּר עַל־הַמִּשְׁכָּן עַל־פִּי יהוה
כא יַחֲנוּ וְעַל־פִּי יהוה יִסָּעוּ׃ וְיֵשׁ אֲשֶׁר יִהְיֶה הֶעָנָן מֵעֶרֶב עַד־
בֹּקֶר וְנַעֲלָה הֶעָנָן בַּבֹּקֶר וְנָסָעוּ אוֹ יוֹמָם וָלַיְלָה וְנַעֲלָה הֶעָנָן
כב וְנָסָעוּ׃ אוֹ־יֹמַיִם אוֹ־חֹדֶשׁ אוֹ־יָמִים בְּהַאֲרִיךְ הֶעָנָן עַל־הַמִּשְׁכָּן

נסיעת ישראל במדבר על פי הענן
שמות מ, לו–לח

כג לִשְׁכֹּן עָלָיו יַחֲנוּ בְנֵי־יִשְׂרָאֵל וְלֹא יִסָּעוּ וּבְהֵעָלֹתוֹ יִסָּעוּ׃ עַל־
פִּי יְהוָה יַחֲנוּ וְעַל־פִּי יְהוָה יִסָּעוּ אֶת־מִשְׁמֶרֶת יְהוָה שָׁמָרוּ עַל־
פִּי יְהוָה בְּיַד־מֹשֶׁה׃
י א ב וַיְדַבֵּר יְהוָה אֶל־מֹשֶׁה לֵּאמֹר׃ עֲשֵׂה לְךָ שְׁתֵּי חֲצוֹצְרֹת כֶּסֶף ט
מִקְשָׁה תַּעֲשֶׂה אֹתָם וְהָיוּ לְךָ לְמִקְרָא הָעֵדָה וּלְמַסַּע אֶת־
ג הַמַּחֲנוֹת׃ וְתָקְעוּ בָּהֵן וְנוֹעֲדוּ אֵלֶיךָ כָּל־הָעֵדָה אֶל־פֶּתַח אֹהֶל
ד מוֹעֵד׃ וְאִם־בְּאַחַת יִתְקָעוּ וְנוֹעֲדוּ אֵלֶיךָ הַנְּשִׂיאִים רָאשֵׁי
ה אַלְפֵי יִשְׂרָאֵל׃ וּתְקַעְתֶּם תְּרוּעָה וְנָסְעוּ הַמַּחֲנוֹת הַחֹנִים קֵדְמָה׃
ו וּתְקַעְתֶּם תְּרוּעָה שֵׁנִית וְנָסְעוּ הַמַּחֲנוֹת הַחֹנִים תֵּימָנָה תְּרוּעָה
ז יִתְקְעוּ לְמַסְעֵיהֶם׃ וּבְהַקְהִיל אֶת־הַקָּהָל תִּתְקְעוּ וְלֹא תָרִיעוּ׃
ח וּבְנֵי אַהֲרֹן הַכֹּהֲנִים יִתְקְעוּ בַּחֲצֹצְרוֹת וְהָיוּ לָכֶם לְחֻקַּת עוֹלָם
ט לְדֹרֹתֵיכֶם׃ וְכִי־תָבֹאוּ מִלְחָמָה בְּאַרְצְכֶם עַל־הַצַּר הַצֹּרֵר אֶתְכֶם
וַהֲרֵעֹתֶם בַּחֲצֹצְרֹת וְנִזְכַּרְתֶּם לִפְנֵי יְהוָה אֱלֹהֵיכֶם וְנוֹשַׁעְתֶּם
י מֵאֹיְבֵיכֶם׃ וּבְיוֹם שִׂמְחַתְכֶם וּבְמוֹעֲדֵיכֶם וּבְרָאשֵׁי חָדְשֵׁכֶם
וּתְקַעְתֶּם בַּחֲצֹצְרֹת עַל עֹלֹתֵיכֶם וְעַל זִבְחֵי שַׁלְמֵיכֶם וְהָיוּ לָכֶם
לְזִכָּרוֹן לִפְנֵי אֱלֹהֵיכֶם אֲנִי יְהוָה אֱלֹהֵיכֶם׃
יא וַיְהִי בַּשָּׁנָה הַשֵּׁנִית בַּחֹדֶשׁ הַשֵּׁנִי בְּעֶשְׂרִים בַּחֹדֶשׁ נַעֲלָה הֶעָנָן חמישי
יב מֵעַל מִשְׁכַּן הָעֵדֻת׃ וַיִּסְעוּ בְנֵי־יִשְׂרָאֵל לְמַסְעֵיהֶם מִמִּדְבַּר סִינָי
יג וַיִּשְׁכֹּן הֶעָנָן בְּמִדְבַּר פָּארָן׃ וַיִּסְעוּ בָּרִאשֹׁנָה עַל־פִּי יְהוָה בְּיַד־
סדר המחנות - ציווי וביצוע במדבר ב, א–לא
יד מֹשֶׁה׃ וַיִּסַּע דֶּגֶל מַחֲנֵה בְנֵי־יְהוּדָה בָּרִאשֹׁנָה לְצִבְאֹתָם וְעַל־
טו צְבָאוֹ נַחְשׁוֹן בֶּן־עַמִּינָדָב׃ וְעַל־צְבָא מַטֵּה בְּנֵי יִשָּׂשכָר נְתַנְאֵל
טז יז בֶּן־צוּעָר׃ וְעַל־צְבָא מַטֵּה בְּנֵי זְבוּלֻן אֱלִיאָב בֶּן־חֵלֹן׃ וְהוּרַד
יח הַמִּשְׁכָּן וְנָסְעוּ בְנֵי־גֵרְשׁוֹן וּבְנֵי מְרָרִי נֹשְׂאֵי הַמִּשְׁכָּן׃ וְנָסַע דֶּגֶל
יט מַחֲנֵה רְאוּבֵן לְצִבְאֹתָם וְעַל־צְבָאוֹ אֱלִיצוּר בֶּן־שְׁדֵיאוּר׃ וְעַל־
כ צְבָא מַטֵּה בְּנֵי שִׁמְעוֹן שְׁלֻמִיאֵל בֶּן־צוּרִישַׁדָּי׃ וְעַל־צְבָא מַטֵּה
כא בְנֵי־גָד אֶלְיָסָף בֶּן־דְּעוּאֵל׃ וְנָסְעוּ הַקְּהָתִים נֹשְׂאֵי הַמִּקְדָּשׁ
כב וְהֵקִימוּ אֶת־הַמִּשְׁכָּן עַד־בֹּאָם׃ וְנָסַע דֶּגֶל מַחֲנֵה בְנֵי־אֶפְרַיִם

כג לְצִבְאֹתָ֑ם וְעַל־צְבָא֔וֹ אֱלִישָׁמָ֖ע בֶּן־עַמִּיהֽוּד׃ וְעַ֨ל־צְבָ֔א מַטֵּ֖ה
כד בְּנֵ֣י מְנַשֶּׁ֑ה גַּמְלִיאֵ֖ל בֶּן־פְּדָהצֽוּר׃ וְעַ֨ל־צְבָ֔א מַטֵּ֖ה בְּנֵ֣י בִנְיָמִ֑ן
כה אֲבִידָ֖ן בֶּן־גִּדְעוֹנִֽי׃ וְנָסַ֗ע דֶּ֚גֶל מַחֲנֵ֣ה בְנֵי־דָ֔ן מְאַסֵּ֥ף לְכָל־
כו הַמַּחֲנֹ֖ת לְצִבְאֹתָ֑ם וְעַל־צְבָא֔וֹ אֲחִיעֶ֖זֶר בֶּן־עַמִּישַׁדָּֽי׃ וְעַ֨ל־
כז צְבָ֔א מַטֵּ֖ה בְּנֵ֣י אָשֵׁ֑ר פַּגְעִיאֵ֖ל בֶּן־עָכְרָֽן׃ וְעַ֨ל־צְבָ֔א מַטֵּ֖ה
כח בְּנֵ֣י נַפְתָּלִ֑י אֲחִירַ֖ע בֶּן־עֵינָֽן׃ אֵ֛לֶּה מַסְעֵ֥י בְנֵֽי־יִשְׂרָאֵ֖ל לְצִבְאֹתָ֑ם
כט וַיִּסָּֽעוּ׃ וַיֹּ֣אמֶר מֹשֶׁ֗ה לְ֠חֹבָב בֶּן־רְעוּאֵ֣ל הַמִּדְיָנִי֮
חֹתֵ֣ן מֹשֶׁה֒ נֹסְעִ֣ים ׀ אֲנַ֗חְנוּ אֶל־הַמָּקוֹם֙ אֲשֶׁ֣ר אָמַ֣ר יְהוָ֔ה אֹת֖וֹ
אֶתֵּ֣ן לָכֶ֑ם לְכָ֤ה אִתָּ֙נוּ֙ וְהֵטַ֣בְנוּ לָ֔ךְ כִּֽי־יְהוָ֥ה דִּבֶּר־ט֖וֹב עַל־יִשְׂרָאֵֽל׃
ל וַיֹּ֥אמֶר אֵלָ֖יו לֹ֣א אֵלֵ֑ךְ כִּ֧י אִם־אֶל־אַרְצִ֛י וְאֶל־מוֹלַדְתִּ֖י אֵלֵֽךְ׃
לא וַיֹּ֕אמֶר אַל־נָ֖א תַּעֲזֹ֣ב אֹתָ֑נוּ כִּ֣י ׀ עַל־כֵּ֣ן יָדַ֗עְתָּ חֲנֹתֵ֙נוּ֙ בַּמִּדְבָּ֔ר
לב וְהָיִ֥יתָ לָּ֖נוּ לְעֵינָֽיִם׃ וְהָיָ֖ה כִּֽי־תֵלֵ֣ךְ עִמָּ֑נוּ וְהָיָ֣ה ׀ הַטּ֣וֹב הַה֗וּא
לג אֲשֶׁ֨ר יֵיטִ֧יב יְהוָ֛ה עִמָּ֖נוּ וְהֵטַ֥בְנוּ לָֽךְ׃ וַיִּסְעוּ֙ מֵהַ֣ר יְהוָ֔ה דֶּ֖רֶךְ
שְׁלֹ֣שֶׁת יָמִ֑ים וַאֲר֨וֹן בְּרִית־יְהוָ֜ה נֹסֵ֣עַ לִפְנֵיהֶ֗ם דֶּ֚רֶךְ שְׁלֹ֣שֶׁת
לד יָמִ֔ים לָת֥וּר לָהֶ֖ם מְנוּחָֽה׃ וַעֲנַ֧ן יְהוָ֛ה עֲלֵיהֶ֖ם יוֹמָ֑ם בְּנָסְעָ֖ם מִן־
לה הַֽמַּחֲנֶֽה׃ ׆ וַיְהִ֛י בִּנְסֹ֥עַ הָאָרֹ֖ן וַיֹּ֣אמֶר מֹשֶׁ֑ה קוּמָ֣ה ׀
לו יְהוָ֗ה וְיָפֻ֙צוּ֙ אֹֽיְבֶ֔יךָ וְיָנֻ֥סוּ מְשַׂנְאֶ֖יךָ מִפָּנֶֽיךָ׃ וּבְנֻחֹ֖ה יֹאמַ֑ר שׁוּבָ֣ה
יְהוָ֔ה רִֽבְב֖וֹת אַלְפֵ֥י יִשְׂרָאֵֽל׃ ׆

נסיעת ישראל ממדבר סיני לקברות התאווה
במדבר לג, טז

ששי

יא א וַיְהִ֤י הָעָם֙ כְּמִתְאֹ֣נְנִ֔ים רַ֖ע בְּאָזְנֵ֣י יְהוָ֑ה וַיִּשְׁמַ֤ע יְהוָה֙ וַיִּ֣חַר אַפּ֔וֹ
ב וַתִּבְעַר־בָּם֙ אֵ֣שׁ יְהוָ֔ה וַתֹּ֖אכַל בִּקְצֵ֥ה הַֽמַּחֲנֶֽה׃ וַיִּצְעַ֥ק הָעָ֖ם
ג אֶל־מֹשֶׁ֑ה וַיִּתְפַּלֵּ֤ל מֹשֶׁה֙ אֶל־יְהוָ֔ה וַתִּשְׁקַ֖ע הָאֵֽשׁ׃ וַיִּקְרָ֛א שֵׁם־
ד הַמָּק֥וֹם הַה֖וּא תַּבְעֵרָ֑ה כִּֽי־בָעֲרָ֥ה בָ֖ם אֵ֥שׁ יְהוָֽה׃ וְהָאסַפְסֻף֙
אֲשֶׁ֣ר בְּקִרְבּ֔וֹ הִתְאַוּ֖וּ תַּאֲוָ֑ה וַיָּשֻׁ֣בוּ וַיִּבְכּ֗וּ גַּ֚ם בְּנֵ֣י יִשְׂרָאֵ֔ל וַיֹּ֣אמְר֔וּ
ה מִ֥י יַאֲכִלֵ֖נוּ בָּשָֽׂר׃ זָכַ֙רְנוּ֙ אֶת־הַדָּגָ֔ה אֲשֶׁר־נֹאכַ֥ל בְּמִצְרַ֖יִם חִנָּ֑ם
אֵ֣ת הַקִּשֻּׁאִ֗ים וְאֵת֙ הָֽאֲבַטִּחִ֔ים וְאֶת־הֶחָצִ֥יר וְאֶת־הַבְּצָלִ֖ים
ו וְאֶת־הַשּׁוּמִֽים׃ וְעַתָּ֛ה נַפְשֵׁ֥נוּ יְבֵשָׁ֖ה אֵ֣ין כֹּ֑ל בִּלְתִּ֖י אֶל־הַמָּ֥ן
ז ח עֵינֵֽינוּ׃ וְהַמָּ֕ן כִּזְרַע־גַּ֖ד ה֑וּא וְעֵינ֖וֹ כְּעֵ֥ין הַבְּדֹֽלַח׃ שָׁ֩טוּ֩ הָעָ֨ם

וְלָקְטוּ וְטָחֲנוּ בָרֵחַיִם אוֹ דָכוּ בַּמְּדֹכָה וּבִשְּׁלוּ בַּפָּרוּר וְעָשׂוּ אֹתוֹ
ט עֻגוֹת וְהָיָה טַעְמוֹ כְּטַעַם לְשַׁד הַשָּׁמֶן: וּבְרֶדֶת הַטַּל עַל־הַמַּחֲנֶה
י לָיְלָה יֵרֵד הַמָּן עָלָיו: וַיִּשְׁמַע מֹשֶׁה אֶת־הָעָם בֹּכֶה לְמִשְׁפְּחֹתָיו
יא אִישׁ לְפֶתַח אָהֳלוֹ וַיִּחַר־אַף יהוה מְאֹד וּבְעֵינֵי מֹשֶׁה רָע: וַיֹּאמֶר
מֹשֶׁה אֶל־יהוה לָמָה הֲרֵעֹתָ לְעַבְדֶּךָ וְלָמָּה לֹא־מָצָתִי חֵן בְּעֵינֶיךָ
יב לָשׂוּם אֶת־מַשָּׂא כָּל־הָעָם הַזֶּה עָלָי: הֶאָנֹכִי הָרִיתִי אֵת כָּל־הָעָם
הַזֶּה אִם־אָנֹכִי יְלִדְתִּיהוּ כִּי־תֹאמַר אֵלַי שָׂאֵהוּ בְחֵיקֶךָ כַּאֲשֶׁר
יִשָּׂא הָאֹמֵן אֶת־הַיֹּנֵק עַל הָאֲדָמָה אֲשֶׁר נִשְׁבַּעְתָּ לַאֲבֹתָיו:
יג מֵאַיִן לִי בָּשָׂר לָתֵת לְכָל־הָעָם הַזֶּה כִּי־יִבְכּוּ עָלַי לֵאמֹר תְּנָה־
יד לָּנוּ בָשָׂר וְנֹאכֵלָה: לֹא־אוּכַל אָנֹכִי לְבַדִּי לָשֵׂאת אֶת־כָּל־הָעָם
טו הַזֶּה כִּי כָבֵד מִמֶּנִּי: וְאִם־כָּכָה ׀ אַתְּ־עֹשֶׂה לִּי הָרְגֵנִי נָא הָרֹג אִם־
מָצָאתִי חֵן בְּעֵינֶיךָ וְאַל־אֶרְאֶה בְּרָעָתִי:
טז וַיֹּאמֶר יהוה אֶל־מֹשֶׁה אֶסְפָה־לִּי שִׁבְעִים אִישׁ מִזִּקְנֵי יִשְׂרָאֵל י
אֲשֶׁר יָדַעְתָּ כִּי־הֵם זִקְנֵי הָעָם וְשֹׁטְרָיו וְלָקַחְתָּ אֹתָם אֶל־אֹהֶל
יז מוֹעֵד וְהִתְיַצְּבוּ שָׁם עִמָּךְ: וְיָרַדְתִּי וְדִבַּרְתִּי עִמְּךָ שָׁם וְאָצַלְתִּי
מִן־הָרוּחַ אֲשֶׁר עָלֶיךָ וְשַׂמְתִּי עֲלֵיהֶם וְנָשְׂאוּ אִתְּךָ בְּמַשָּׂא
יח הָעָם וְלֹא־תִשָּׂא אַתָּה לְבַדֶּךָ: וְאֶל־הָעָם תֹּאמַר הִתְקַדְּשׁוּ
לְמָחָר וַאֲכַלְתֶּם בָּשָׂר כִּי בְּכִיתֶם בְּאָזְנֵי יהוה לֵאמֹר מִי יַאֲכִלֵנוּ
בָּשָׂר כִּי־טוֹב לָנוּ בְּמִצְרָיִם וְנָתַן יהוה לָכֶם בָּשָׂר וַאֲכַלְתֶּם:
יט לֹא יוֹם אֶחָד תֹּאכְלוּן וְלֹא יוֹמָיִם וְלֹא ׀ חֲמִשָּׁה יָמִים וְלֹא
כ עֲשָׂרָה יָמִים וְלֹא עֶשְׂרִים יוֹם: עַד ׀ חֹדֶשׁ יָמִים עַד אֲשֶׁר־
יֵצֵא מֵאַפְּכֶם וְהָיָה לָכֶם לְזָרָא יַעַן כִּי־מְאַסְתֶּם אֶת־יהוה
אֲשֶׁר בְּקִרְבְּכֶם וַתִּבְכּוּ לְפָנָיו לֵאמֹר לָמָּה זֶּה יָצָאנוּ מִמִּצְרָיִם:
כא וַיֹּאמֶר מֹשֶׁה שֵׁשׁ־מֵאוֹת אֶלֶף רַגְלִי הָעָם אֲשֶׁר אָנֹכִי בְּקִרְבּוֹ
כב וְאַתָּה אָמַרְתָּ בָּשָׂר אֶתֵּן לָהֶם וְאָכְלוּ חֹדֶשׁ יָמִים: הֲצֹאן וּבָקָר
יִשָּׁחֵט לָהֶם וּמָצָא לָהֶם אִם אֶת־כָּל־דְּגֵי הַיָּם יֵאָסֵף לָהֶם וּמָצָא
לָהֶם:

יא כג וַיֹּאמֶר יְהוָה אֶל־מֹשֶׁה הֲיַד יְהוָה תִּקְצָר עַתָּה תִרְאֶה הֲיִקְרְךָ
כד דְבָרִי אִם־לֹא: וַיֵּצֵא מֹשֶׁה וַיְדַבֵּר אֶל־הָעָם אֵת דִּבְרֵי יְהוָה
וַיֶּאֱסֹף שִׁבְעִים אִישׁ מִזִּקְנֵי הָעָם וַיַּעֲמֵד אֹתָם סְבִיבֹת הָאֹהֶל:
כה וַיֵּרֶד יְהוָה | בֶּעָנָן וַיְדַבֵּר אֵלָיו וַיָּאצֶל מִן־הָרוּחַ אֲשֶׁר עָלָיו וַיִּתֵּן
עַל־שִׁבְעִים אִישׁ הַזְּקֵנִים וַיְהִי כְּנוֹחַ עֲלֵיהֶם הָרוּחַ וַיִּתְנַבְּאוּ
כו וְלֹא יָסָפוּ: וַיִּשָּׁאֲרוּ שְׁנֵי־אֲנָשִׁים | בַּמַּחֲנֶה שֵׁם הָאֶחָד | אֶלְדָּד
וְשֵׁם הַשֵּׁנִי מֵידָד וַתָּנַח עֲלֵהֶם הָרוּחַ וְהֵמָּה בַּכְּתֻבִים וְלֹא יָצְאוּ
כז הָאֹהֱלָה וַיִּתְנַבְּאוּ בַּמַּחֲנֶה: וַיָּרָץ הַנַּעַר וַיַּגֵּד לְמֹשֶׁה וַיֹּאמַר
כח אֶלְדָּד וּמֵידָד מִתְנַבְּאִים בַּמַּחֲנֶה: וַיַּעַן יְהוֹשֻׁעַ בִּן־נוּן מְשָׁרֵת
כט מֹשֶׁה מִבְּחֻרָיו וַיֹּאמַר אֲדֹנִי מֹשֶׁה כְּלָאֵם: וַיֹּאמֶר לוֹ מֹשֶׁה
הַמְקַנֵּא אַתָּה לִי וּמִי יִתֵּן כָּל־עַם יְהוָה נְבִיאִים כִּי־יִתֵּן יְהוָה
שביעי ל אֶת־רוּחוֹ עֲלֵיהֶם: וַיֵּאָסֵף מֹשֶׁה אֶל־הַמַּחֲנֶה הוּא וְזִקְנֵי יִשְׂרָאֵל:
לא וְרוּחַ נָסַע | מֵאֵת יְהוָה וַיָּגָז שַׂלְוִים מִן־הַיָּם וַיִּטֹּשׁ עַל־הַמַּחֲנֶה
כְּדֶרֶךְ יוֹם כֹּה וּכְדֶרֶךְ יוֹם כֹּה סְבִיבוֹת הַמַּחֲנֶה וּכְאַמָּתַיִם עַל־
לב פְּנֵי הָאָרֶץ: וַיָּקָם הָעָם כָּל־הַיּוֹם הַהוּא וְכָל־הַלַּיְלָה וְכֹל | יוֹם
הַמָּחֳרָת וַיַּאַסְפוּ אֶת־הַשְּׂלָו הַמַּמְעִיט אָסַף עֲשָׂרָה חֳמָרִים
לג וַיִּשְׁטְחוּ לָהֶם שָׁטוֹחַ סְבִיבוֹת הַמַּחֲנֶה: הַבָּשָׂר עוֹדֶנּוּ בֵּין שִׁנֵּיהֶם
טֶרֶם יִכָּרֵת וְאַף יְהוָה חָרָה בָעָם וַיַּךְ יְהוָה בָּעָם מַכָּה רַבָּה
לד מְאֹד: וַיִּקְרָא אֶת־שֵׁם־הַמָּקוֹם הַהוּא קִבְרוֹת הַתַּאֲוָה כִּי־
לה שָׁם קָבְרוּ אֶת־הָעָם הַמִּתְאַוִּים: מִקִּבְרוֹת הַתַּאֲוָה נָסְעוּ הָעָם
חֲצֵרוֹת וַיִּהְיוּ בַּחֲצֵרוֹת:

נסיעת ישראל
מקברות
התאווה
לחצרות
במדבר לג, יז

יב א וַתְּדַבֵּר מִרְיָם וְאַהֲרֹן בְּמֹשֶׁה עַל־אֹדוֹת הָאִשָּׁה הַכֻּשִׁית אֲשֶׁר
ב לָקָח כִּי־אִשָּׁה כֻשִׁית לָקָח: וַיֹּאמְרוּ הֲרַק אַךְ־בְּמֹשֶׁה דִּבֶּר יְהוָה
ג הֲלֹא גַּם־בָּנוּ דִבֵּר וַיִּשְׁמַע יְהוָה: וְהָאִישׁ מֹשֶׁה עָנָו מְאֹד מִכֹּל
ד הָאָדָם אֲשֶׁר עַל־פְּנֵי הָאֲדָמָה: וַיֹּאמֶר יְהוָה
פִּתְאֹם אֶל־מֹשֶׁה וְאֶל־אַהֲרֹן וְאֶל־מִרְיָם צְאוּ שְׁלָשְׁתְּכֶם אֶל־
ה אֹהֶל מוֹעֵד וַיֵּצְאוּ שְׁלָשְׁתָּם: וַיֵּרֶד יְהוָה בְּעַמּוּד עָנָן וַיַּעֲמֹד

גדלות נבואתו של משה
דברים לד, י

ו פֶּתַח הָאֹהֶל וַיִּקְרָא אַהֲרֹן וּמִרְיָם וַיֵּצְאוּ שְׁנֵיהֶם׃ וַיֹּאמֶר שִׁמְעוּ־
נָא דְבָרָי אִם־יִהְיֶה נְבִיאֲכֶם יהוה בַּמַּרְאָה אֵלָיו אֶתְוַדָּע בַּחֲלוֹם
ז ח אֲדַבֶּר־בּוֹ׃ לֹא־כֵן עַבְדִּי מֹשֶׁה בְּכָל־בֵּיתִי נֶאֱמָן הוּא׃ פֶּה
אֶל־פֶּה אֲדַבֶּר־בּוֹ וּמַרְאֶה וְלֹא בְחִידֹת וּתְמֻנַת יהוה יַבִּיט
ט וּמַדּוּעַ לֹא יְרֵאתֶם לְדַבֵּר בְּעַבְדִּי בְמֹשֶׁה׃ וַיִּחַר־אַף יהוה בָּם
י וַיֵּלַךְ׃ וְהֶעָנָן סָר מֵעַל הָאֹהֶל וְהִנֵּה מִרְיָם מְצֹרַעַת כַּשָּׁלֶג
יא וַיִּפֶן אַהֲרֹן אֶל־מִרְיָם וְהִנֵּה מְצֹרָעַת׃ וַיֹּאמֶר אַהֲרֹן אֶל־
מֹשֶׁה בִּי אֲדֹנִי אַל־נָא תָשֵׁת עָלֵינוּ חַטָּאת אֲשֶׁר נוֹאַלְנוּ וַאֲשֶׁר
יב חָטָאנוּ׃ אַל־נָא תְהִי כַּמֵּת אֲשֶׁר בְּצֵאתוֹ מֵרֶחֶם אִמּוֹ וַיֵּאָכֵל
יג חֲצִי בְשָׂרוֹ׃ וַיִּצְעַק מֹשֶׁה אֶל־יהוה לֵאמֹר אֵל נָא רְפָא נָא
לָהּ׃

יד וַיֹּאמֶר יהוה אֶל־מֹשֶׁה וְאָבִיהָ יָרֹק יָרַק בְּפָנֶיהָ הֲלֹא תִכָּלֵם שִׁבְעַת יָמִים תִּסָּגֵר שִׁבְעַת יָמִים מִחוּץ לַמַּחֲנֶה וְאַחַר תֵּאָסֵף׃ מפטיר
טו וַתִּסָּגֵר מִרְיָם מִחוּץ לַמַּחֲנֶה שִׁבְעַת יָמִים וְהָעָם לֹא נָסַע
טז עַד הֵאָסֵף מִרְיָם׃ וְאַחַר נָסְעוּ הָעָם מֵחֲצֵרוֹת וַיַּחֲנוּ בְּמִדְבַּר
פָּארָן׃

נסיעת ישראל מחצרות
במדבר לג, יח

## יג שלח

חטא המרגלים
דברים א, יט–מ

יג א ב וַיְדַבֵּר יהוה אֶל־מֹשֶׁה לֵּאמֹר׃ שְׁלַח־לְךָ אֲנָשִׁים וְיָתֻרוּ אֶת־
אֶרֶץ כְּנַעַן אֲשֶׁר־אֲנִי נֹתֵן לִבְנֵי יִשְׂרָאֵל אִישׁ אֶחָד אִישׁ אֶחָד
ג לְמַטֵּה אֲבֹתָיו תִּשְׁלָחוּ כֹּל נָשִׂיא בָהֶם׃ וַיִּשְׁלַח אֹתָם מֹשֶׁה
מִמִּדְבַּר פָּארָן עַל־פִּי יהוה כֻּלָּם אֲנָשִׁים רָאשֵׁי בְנֵי־יִשְׂרָאֵל
ד ה הֵמָּה׃ וְאֵלֶּה שְׁמוֹתָם לְמַטֵּה רְאוּבֵן שַׁמּוּעַ בֶּן־זַכּוּר׃ לְמַטֵּה
ו ז שִׁמְעוֹן שָׁפָט בֶּן־חוֹרִי׃ לְמַטֵּה יְהוּדָה כָּלֵב בֶּן־יְפֻנֶּה׃ לְמַטֵּה
ח ט יִשָּׂשכָר יִגְאָל בֶּן־יוֹסֵף׃ לְמַטֵּה אֶפְרָיִם הוֹשֵׁעַ בִּן־נוּן׃ לְמַטֵּה
י יא בִנְיָמִן פַּלְטִי בֶּן־רָפוּא׃ לְמַטֵּה זְבוּלֻן גַּדִּיאֵל בֶּן־סוֹדִי׃ לְמַטֵּה
יב יוֹסֵף לְמַטֵּה מְנַשֶּׁה גַּדִּי בֶּן־סוּסִי׃ לְמַטֵּה דָן עַמִּיאֵל בֶּן־גְּמַלִּי׃
יג יד לְמַטֵּה אָשֵׁר סְתוּר בֶּן־מִיכָאֵל׃ לְמַטֵּה נַפְתָּלִי נַחְבִּי בֶּן־וָפְסִי׃
טו טז לְמַטֵּה גָד גְּאוּאֵל בֶּן־מָכִי׃ אֵלֶּה שְׁמוֹת הָאֲנָשִׁים אֲשֶׁר־שָׁלַח

מֹשֶׁה לָתוּר אֶת־הָאָרֶץ וַיִּקְרָא מֹשֶׁה לְהוֹשֵׁעַ בִּן־נוּן יְהוֹשֻׁעַ׃
יז וַיִּשְׁלַח אֹתָם מֹשֶׁה לָתוּר אֶת־אֶרֶץ כְּנָעַן וַיֹּאמֶר אֲלֵהֶם עֲלוּ
יח זֶה בַּנֶּגֶב וַעֲלִיתֶם אֶת־הָהָר׃ וּרְאִיתֶם אֶת־הָאָרֶץ מַה־הִוא
וְאֶת־הָעָם הַיֹּשֵׁב עָלֶיהָ הֶחָזָק הוּא הֲרָפֶה הַמְעַט הוּא אִם־
יט רָב׃ וּמָה הָאָרֶץ אֲשֶׁר־הוּא יֹשֵׁב בָּהּ הֲטוֹבָה הִוא אִם־רָעָה
וּמָה הֶעָרִים אֲשֶׁר־הוּא יוֹשֵׁב בָּהֵנָּה הַבְּמַחֲנִים אִם בְּמִבְצָרִים׃
כ וּמָה הָאָרֶץ הַשְּׁמֵנָה הִוא אִם־רָזָה הֲיֵשׁ־בָּהּ עֵץ אִם־אַיִן
וְהִתְחַזַּקְתֶּם וּלְקַחְתֶּם מִפְּרִי הָאָרֶץ וְהַיָּמִים יְמֵי בִּכּוּרֵי עֲנָבִים׃
שני כא וַיַּעֲלוּ וַיָּתֻרוּ אֶת־הָאָרֶץ מִמִּדְבַּר־צִן עַד־רְחֹב לְבֹא חֲמָת׃
כב וַיַּעֲלוּ בַנֶּגֶב וַיָּבֹא עַד־חֶבְרוֹן וְשָׁם אֲחִימַן שֵׁשַׁי וְתַלְמַי יְלִידֵי
כג הָעֲנָק וְחֶבְרוֹן שֶׁבַע שָׁנִים נִבְנְתָה לִפְנֵי צֹעַן מִצְרָיִם׃ וַיָּבֹאוּ
עַד־נַחַל אֶשְׁכֹּל וַיִּכְרְתוּ מִשָּׁם זְמוֹרָה וְאֶשְׁכּוֹל עֲנָבִים אֶחָד
כד וַיִּשָּׂאֻהוּ בַמּוֹט בִּשְׁנָיִם וּמִן־הָרִמֹּנִים וּמִן־הַתְּאֵנִים׃ לַמָּקוֹם
הַהוּא קָרָא נַחַל אֶשְׁכּוֹל עַל אֹדוֹת הָאֶשְׁכּוֹל אֲשֶׁר־כָּרְתוּ מִשָּׁם
כה כו בְּנֵי יִשְׂרָאֵל׃ וַיָּשֻׁבוּ מִתּוּר הָאָרֶץ מִקֵּץ אַרְבָּעִים יוֹם׃ וַיֵּלְכוּ
וַיָּבֹאוּ אֶל־מֹשֶׁה וְאֶל־אַהֲרֹן וְאֶל־כָּל־עֲדַת בְּנֵי־יִשְׂרָאֵל אֶל־
מִדְבַּר פָּארָן קָדֵשָׁה וַיָּשִׁיבוּ אֹתָם דָּבָר וְאֶת־כָּל־הָעֵדָה וַיַּרְאוּם
כז אֶת־פְּרִי הָאָרֶץ׃ וַיְסַפְּרוּ־לוֹ וַיֹּאמְרוּ בָּאנוּ אֶל־הָאָרֶץ אֲשֶׁר
כח שְׁלַחְתָּנוּ וְגַם זָבַת חָלָב וּדְבַשׁ הִוא וְזֶה־פִּרְיָהּ׃ אֶפֶס כִּי־עַז
הָעָם הַיֹּשֵׁב בָּאָרֶץ וְהֶעָרִים בְּצֻרוֹת גְּדֹלֹת מְאֹד וְגַם־יְלִדֵי
כט הָעֲנָק רָאִינוּ שָׁם׃ עֲמָלֵק יוֹשֵׁב בְּאֶרֶץ הַנֶּגֶב וְהַחִתִּי וְהַיְבוּסִי
וְהָאֱמֹרִי יוֹשֵׁב בָּהָר וְהַכְּנַעֲנִי יֹשֵׁב עַל־הַיָּם וְעַל יַד הַיַּרְדֵּן׃
ל וַיַּהַס כָּלֵב אֶת־הָעָם אֶל־מֹשֶׁה וַיֹּאמֶר עָלֹה נַעֲלֶה וְיָרַשְׁנוּ
לא אֹתָהּ כִּי־יָכוֹל נוּכַל לָהּ׃ וְהָאֲנָשִׁים אֲשֶׁר עָלוּ עִמּוֹ אָמְרוּ לֹא
לב נוּכַל לַעֲלוֹת אֶל־הָעָם כִּי־חָזָק הוּא מִמֶּנּוּ׃ וַיֹּצִיאוּ דִּבַּת הָאָרֶץ
אֲשֶׁר תָּרוּ אֹתָהּ אֶל־בְּנֵי יִשְׂרָאֵל לֵאמֹר הָאָרֶץ אֲשֶׁר עָבַרְנוּ
בָהּ לָתוּר אֹתָהּ אֶרֶץ אֹכֶלֶת יוֹשְׁבֶיהָ הִוא וְכָל־הָעָם אֲשֶׁר־

לג רָאִינוּ בְתוֹכָהּ אַנְשֵׁי מִדּוֹת׃ וְשָׁם רָאִינוּ אֶת־הַנְּפִילִים בְּנֵי
עֲנָק מִן־הַנְּפִלִים וַנְּהִי בְעֵינֵינוּ כַּחֲגָבִים וְכֵן הָיִינוּ בְּעֵינֵיהֶם׃
יד א וַתִּשָּׂא כָּל־הָעֵדָה וַיִּתְּנוּ אֶת־קוֹלָם וַיִּבְכּוּ הָעָם בַּלַּיְלָה הַהוּא׃
ב וַיִּלֹּנוּ עַל־מֹשֶׁה וְעַל־אַהֲרֹן כֹּל בְּנֵי יִשְׂרָאֵל וַיֹּאמְרוּ אֲלֵהֶם כָּל־
הָעֵדָה לוּ־מַתְנוּ בְּאֶרֶץ מִצְרַיִם אוֹ בַּמִּדְבָּר הַזֶּה לוּ־מָתְנוּ׃
ג וְלָמָה יְהוָה מֵבִיא אֹתָנוּ אֶל־הָאָרֶץ הַזֹּאת לִנְפֹּל בַּחֶרֶב נָשֵׁינוּ
ד וְטַפֵּנוּ יִהְיוּ לָבַז הֲלוֹא טוֹב לָנוּ שׁוּב מִצְרָיְמָה׃ וַיֹּאמְרוּ אִישׁ
ה אֶל־אָחִיו נִתְּנָה רֹאשׁ וְנָשׁוּבָה מִצְרָיְמָה׃ וַיִּפֹּל מֹשֶׁה וְאַהֲרֹן
ו עַל־פְּנֵיהֶם לִפְנֵי כָּל־קְהַל עֲדַת בְּנֵי יִשְׂרָאֵל׃ וִיהוֹשֻׁעַ בִּן־נוּן
ז וְכָלֵב בֶּן־יְפֻנֶּה מִן־הַתָּרִים אֶת־הָאָרֶץ קָרְעוּ בִּגְדֵיהֶם׃ וַיֹּאמְרוּ
אֶל־כָּל־עֲדַת בְּנֵי־יִשְׂרָאֵל לֵאמֹר הָאָרֶץ אֲשֶׁר עָבַרְנוּ בָהּ לָתוּר
ח אֹתָהּ טוֹבָה הָאָרֶץ מְאֹד מְאֹד׃ אִם־חָפֵץ בָּנוּ יְהוָה וְהֵבִיא שלישי
אֹתָנוּ אֶל־הָאָרֶץ הַזֹּאת וּנְתָנָהּ לָנוּ אֶרֶץ אֲשֶׁר־הִוא זָבַת חָלָב
ט וּדְבָשׁ׃ אַךְ בַּיהוָה אַל־תִּמְרֹדוּ וְאַתֶּם אַל־תִּירְאוּ אֶת־עַם הָאָרֶץ
כִּי לַחְמֵנוּ הֵם סָר צִלָּם מֵעֲלֵיהֶם וַיהוָה אִתָּנוּ אַל־תִּירָאֻם׃
י וַיֹּאמְרוּ כָּל־הָעֵדָה לִרְגּוֹם אֹתָם בָּאֲבָנִים וּכְבוֹד יְהוָה נִרְאָה
בְּאֹהֶל מוֹעֵד אֶל־כָּל־בְּנֵי יִשְׂרָאֵל׃
יא וַיֹּאמֶר יְהוָה אֶל־מֹשֶׁה עַד־אָנָה יְנַאֲצֻנִי הָעָם הַזֶּה וְעַד־אָנָה יג
יב לֹא־יַאֲמִינוּ בִי בְּכֹל הָאֹתוֹת אֲשֶׁר עָשִׂיתִי בְּקִרְבּוֹ׃ אַכֶּנּוּ בַדֶּבֶר
יג וְאוֹרִשֶׁנּוּ וְאֶעֱשֶׂה אֹתְךָ לְגוֹי־גָּדוֹל וְעָצוּם מִמֶּנּוּ׃ וַיֹּאמֶר מֹשֶׁה
אֶל־יְהוָה וְשָׁמְעוּ מִצְרַיִם כִּי־הֶעֱלִיתָ בְכֹחֲךָ אֶת־הָעָם הַזֶּה
יד מִקִּרְבּוֹ׃ וְאָמְרוּ אֶל־יוֹשֵׁב הָאָרֶץ הַזֹּאת שָׁמְעוּ כִּי־אַתָּה יְהוָה
בְּקֶרֶב הָעָם הַזֶּה אֲשֶׁר־עַיִן בְּעַיִן נִרְאָה ׀ אַתָּה יְהוָה וַעֲנָנְךָ
עֹמֵד עֲלֵהֶם וּבְעַמֻּד עָנָן אַתָּה הֹלֵךְ לִפְנֵיהֶם יוֹמָם וּבְעַמּוּד אֵשׁ
טו לָיְלָה׃ וְהֵמַתָּה אֶת־הָעָם הַזֶּה כְּאִישׁ אֶחָד וְאָמְרוּ הַגּוֹיִם אֲשֶׁר־
טז שָׁמְעוּ אֶת־שִׁמְעֲךָ לֵאמֹר׃ מִבִּלְתִּי יְכֹלֶת יְהוָה לְהָבִיא אֶת־
יז הָעָם הַזֶּה אֶל־הָאָרֶץ אֲשֶׁר־נִשְׁבַּע לָהֶם וַיִּשְׁחָטֵם בַּמִּדְבָּר׃ וְעַתָּה

יח יִגְדַּל־נָא כֹּחַ אֲדֹנָי כַּאֲשֶׁר דִּבַּרְתָּ לֵאמֹר׃ יְהוָה אֶרֶךְ אַפַּיִם
וְרַב־חֶסֶד נֹשֵׂא עָוֺן וָפָשַׁע וְנַקֵּה לֹא יְנַקֶּה פֹּקֵד עֲוֺן אָבוֹת עַל־
יט בָּנִים עַל־שִׁלֵּשִׁים וְעַל־רִבֵּעִים׃ סְלַח־נָא לַעֲוֺן הָעָם הַזֶּה כְּגֹדֶל
כ חַסְדֶּךָ וְכַאֲשֶׁר נָשָׂאתָה לָעָם הַזֶּה מִמִּצְרַיִם וְעַד־הֵנָּה׃ וַיֹּאמֶר
כא יְהוָה סָלַחְתִּי כִּדְבָרֶךָ׃ וְאוּלָם חַי־אָנִי וְיִמָּלֵא כְבוֹד־יְהוָה אֶת־
כב כָּל־הָאָרֶץ׃ כִּי כָל־הָאֲנָשִׁים הָרֹאִים אֶת־כְּבֹדִי וְאֶת־אֹתֹתַי
אֲשֶׁר־עָשִׂיתִי בְמִצְרַיִם וּבַמִּדְבָּר וַיְנַסּוּ אֹתִי זֶה עֶשֶׂר פְּעָמִים
כג וְלֹא שָׁמְעוּ בְּקוֹלִי׃ אִם־יִרְאוּ אֶת־הָאָרֶץ אֲשֶׁר נִשְׁבַּעְתִּי לַאֲבֹתָם
כד וְכָל־מְנַאֲצַי לֹא יִרְאוּהָ׃ וְעַבְדִּי כָלֵב עֵקֶב הָיְתָה רוּחַ אַחֶרֶת
עִמּוֹ וַיְמַלֵּא אַחֲרָי וַהֲבִיאֹתִיו אֶל־הָאָרֶץ אֲשֶׁר־בָּא שָׁמָּה וְזַרְעוֹ
כה יוֹרִשֶׁנָּה׃ וְהָעֲמָלֵקִי וְהַכְּנַעֲנִי יוֹשֵׁב בָּעֵמֶק מָחָר פְּנוּ וּסְעוּ לָכֶם
הַמִּדְבָּר דֶּרֶךְ יַם־סוּף׃

הבטחת הארץ לכלב
דברים א, לד–לו
יהושע יד, ו–טו

רביעי

כו כז וַיְדַבֵּר יְהוָה אֶל־מֹשֶׁה וְאֶל־אַהֲרֹן לֵאמֹר׃ עַד־מָתַי לָעֵדָה
הָרָעָה הַזֹּאת אֲשֶׁר הֵמָּה מַלִּינִים עָלָי אֶת־תְּלֻנּוֹת בְּנֵי יִשְׂרָאֵל
כח אֲשֶׁר הֵמָּה מַלִּינִים עָלַי שָׁמָעְתִּי׃ אֱמֹר אֲלֵהֶם חַי־אָנִי נְאֻם־
כט יְהוָה אִם־לֹא כַּאֲשֶׁר דִּבַּרְתֶּם בְּאָזְנָי כֵּן אֶעֱשֶׂה לָכֶם׃ בַּמִּדְבָּר
הַזֶּה יִפְּלוּ פִגְרֵיכֶם וְכָל־פְּקֻדֵיכֶם לְכָל־מִסְפַּרְכֶם מִבֶּן עֶשְׂרִים
ל שָׁנָה וָמָעְלָה אֲשֶׁר הֲלִינֹתֶם עָלָי׃ אִם־אַתֶּם תָּבֹאוּ אֶל־הָאָרֶץ
אֲשֶׁר נָשָׂאתִי אֶת־יָדִי לְשַׁכֵּן אֶתְכֶם בָּהּ כִּי אִם־כָּלֵב בֶּן־יְפֻנֶּה
לא וִיהוֹשֻׁעַ בִּן־נוּן׃ וְטַפְּכֶם אֲשֶׁר אֲמַרְתֶּם לָבַז יִהְיֶה וְהֵבֵיאתִי
לב אֹתָם וְיָדְעוּ אֶת־הָאָרֶץ אֲשֶׁר מְאַסְתֶּם בָּהּ׃ וּפִגְרֵיכֶם אַתֶּם
לג יִפְּלוּ בַּמִּדְבָּר הַזֶּה׃ וּבְנֵיכֶם יִהְיוּ רֹעִים בַּמִּדְבָּר אַרְבָּעִים שָׁנָה
לד וְנָשְׂאוּ אֶת־זְנוּתֵיכֶם עַד־תֹּם פִּגְרֵיכֶם בַּמִּדְבָּר׃ בְּמִסְפַּר הַיָּמִים
אֲשֶׁר־תַּרְתֶּם אֶת־הָאָרֶץ אַרְבָּעִים יוֹם יוֹם לַשָּׁנָה יוֹם לַשָּׁנָה
תִּשְׂאוּ אֶת־עֲוֺנֹתֵיכֶם אַרְבָּעִים שָׁנָה וִידַעְתֶּם אֶת־תְּנוּאָתִי׃
לה אֲנִי יְהוָה דִּבַּרְתִּי אִם־לֹא ׀ זֹאת אֶעֱשֶׂה לְכָל־הָעֵדָה הָרָעָה
לו הַזֹּאת הַנּוֹעָדִים עָלָי בַּמִּדְבָּר הַזֶּה יִתַּמּוּ וְשָׁם יָמֻתוּ׃ וְהָאֲנָשִׁים

גזרת הנדודים במדבר
דברים א, לד–מ
יהושע ה, ד–ו

אֲשֶׁר־שָׁלַח מֹשֶׁה לָתוּר אֶת־הָאָרֶץ וַיָּשֻׁבוּ וילונו עָלָיו אֶת־ וַיַּלִּינוּ
לז כָּל־הָעֵדָה לְהוֹצִיא דִבָּה עַל־הָאָרֶץ׃ וַיָּמֻתוּ הָאֲנָשִׁים מוֹצִאֵי
לח דִבַּת־הָאָרֶץ רָעָה בַּמַּגֵּפָה לִפְנֵי יְהוָה׃ וִיהוֹשֻׁעַ בִּן־נוּן וְכָלֵב
בֶּן־יְפֻנֶּה חָיוּ מִן־הָאֲנָשִׁים הָהֵם הַהֹלְכִים לָתוּר אֶת־הָאָרֶץ׃
לט וַיְדַבֵּר מֹשֶׁה אֶת־הַדְּבָרִים הָאֵלֶּה אֶל־כָּל־בְּנֵי יִשְׂרָאֵל וַיִּתְאַבְּלוּ
מ הָעָם מְאֹד׃ וַיַּשְׁכִּמוּ בַבֹּקֶר וַיַּעֲלוּ אֶל־רֹאשׁ־הָהָר לֵאמֹר חטא המעפילים דברים א, מא–מה
מא הִנֶּנּוּ וְעָלִינוּ אֶל־הַמָּקוֹם אֲשֶׁר־אָמַר יְהוָה כִּי חָטָאנוּ׃ וַיֹּאמֶר
מֹשֶׁה לָמָּה זֶּה אַתֶּם עֹבְרִים אֶת־פִּי יְהוָה וְהִוא לֹא תִצְלָח׃
מב אַל־תַּעֲלוּ כִּי אֵין יְהוָה בְּקִרְבְּכֶם וְלֹא תִּנָּגְפוּ לִפְנֵי אֹיְבֵיכֶם׃
מג כִּי הָעֲמָלֵקִי וְהַכְּנַעֲנִי שָׁם לִפְנֵיכֶם וּנְפַלְתֶּם בֶּחָרֶב כִּי־עַל־כֵּן
מד שַׁבְתֶּם מֵאַחֲרֵי יְהוָה וְלֹא־יִהְיֶה יְהוָה עִמָּכֶם׃ וַיַּעְפִּלוּ לַעֲלוֹת
אֶל־רֹאשׁ הָהָר וַאֲרוֹן בְּרִית־יְהוָה וּמֹשֶׁה לֹא־מָשׁוּ מִקֶּרֶב
מה הַמַּחֲנֶה׃ וַיֵּרֶד הָעֲמָלֵקִי וְהַכְּנַעֲנִי הַיֹּשֵׁב בָּהָר הַהוּא וַיַּכּוּם
וַיַּכְּתוּם עַד־הַחָרְמָה׃

טו א ב וַיְדַבֵּר יְהוָה אֶל־מֹשֶׁה לֵּאמֹר׃ דַּבֵּר אֶל־בְּנֵי יִשְׂרָאֵל וְאָמַרְתָּ יד
אֲלֵהֶם כִּי תָבֹאוּ אֶל־אֶרֶץ מוֹשְׁבֹתֵיכֶם אֲשֶׁר אֲנִי נֹתֵן לָכֶם׃
ג וַעֲשִׂיתֶם אִשֶּׁה לַיהוָה עֹלָה אוֹ־זֶבַח לְפַלֵּא־נֶדֶר אוֹ בִנְדָבָה
אוֹ בְּמֹעֲדֵיכֶם לַעֲשׂוֹת רֵיחַ נִיחֹחַ לַיהוָה מִן־הַבָּקָר אוֹ מִן־
ד הַצֹּאן׃ וְהִקְרִיב הַמַּקְרִיב קָרְבָּנוֹ לַיהוָה מִנְחָה סֹלֶת עִשָּׂרוֹן
ה בָּלוּל בִּרְבִעִית הַהִין שָׁמֶן׃ וְיַיִן לַנֶּסֶךְ רְבִיעִית הַהִין תַּעֲשֶׂה
ו עַל־הָעֹלָה אוֹ לַזָּבַח לַכֶּבֶשׂ הָאֶחָד׃ אוֹ לָאַיִל תַּעֲשֶׂה מִנְחָה
ז סֹלֶת שְׁנֵי עֶשְׂרֹנִים בְּלוּלָה בַשֶּׁמֶן שְׁלִשִׁית הַהִין׃ וְיַיִן לַנֶּסֶךְ
ח שְׁלִשִׁית הַהִין תַּקְרִיב רֵיחַ־נִיחֹחַ לַיהוָה׃ וְכִי־תַעֲשֶׂה בֶן־בָּקָר חמישי
ט עֹלָה אוֹ־זָבַח לְפַלֵּא־נֶדֶר אוֹ־שְׁלָמִים לַיהוָה׃ וְהִקְרִיב עַל־
בֶּן־הַבָּקָר מִנְחָה סֹלֶת שְׁלֹשָׁה עֶשְׂרֹנִים בָּלוּל בַּשֶּׁמֶן חֲצִי הַהִין׃
י וְיַיִן תַּקְרִיב לַנֶּסֶךְ חֲצִי הַהִין אִשֵּׁה רֵיחַ־נִיחֹחַ לַיהוָה׃ כָּכָה
יא יֵעָשֶׂה לַשּׁוֹר הָאֶחָד אוֹ לָאַיִל הָאֶחָד אוֹ־לַשֶּׂה בַכְּבָשִׂים אוֹ

יב בְּעִזִּים: כַּמִּסְפָּר אֲשֶׁר תַּעֲשׂוּ כָּכָה תַּעֲשׂוּ לָאֶחָד כְּמִסְפָּרָם:
יג כָּל־הָאֶזְרָח יַעֲשֶׂה־כָּכָה אֶת־אֵלֶּה לְהַקְרִיב אִשֵּׁה רֵיחַ־נִיחֹחַ
יד לַיהוָה: וְכִי־יָגוּר אִתְּכֶם גֵּר אוֹ אֲשֶׁר־בְּתוֹכְכֶם לְדֹרֹתֵיכֶם וְעָשָׂה
טו אִשֵּׁה רֵיחַ־נִיחֹחַ לַיהוָה כַּאֲשֶׁר תַּעֲשׂוּ כֵּן יַעֲשֶׂה: הַקָּהָל חֻקָּה
אַחַת לָכֶם וְלַגֵּר הַגָּר חֻקַּת עוֹלָם לְדֹרֹתֵיכֶם כָּכֶם כַּגֵּר יִהְיֶה
טז לִפְנֵי יְהוָה: תּוֹרָה אַחַת וּמִשְׁפָּט אֶחָד יִהְיֶה לָכֶם וְלַגֵּר הַגָּר
אִתְּכֶם:
יז יח וַיְדַבֵּר יְהוָה אֶל־מֹשֶׁה לֵּאמֹר: דַּבֵּר אֶל־בְּנֵי יִשְׂרָאֵל וְאָמַרְתָּ ששי
יט אֲלֵהֶם בְּבֹאֲכֶם אֶל־הָאָרֶץ אֲשֶׁר אֲנִי מֵבִיא אֶתְכֶם שָׁמָּה: וְהָיָה
כ בַּאֲכָלְכֶם מִלֶּחֶם הָאָרֶץ תָּרִימוּ תְרוּמָה לַיהוָה: רֵאשִׁית עֲרִסֹתֵכֶם
כא חַלָּה תָּרִימוּ תְרוּמָה כִּתְרוּמַת גֹּרֶן כֵּן תָּרִימוּ אֹתָהּ: מֵרֵאשִׁית
כב עֲרִסֹתֵיכֶם תִּתְּנוּ לַיהוָה תְּרוּמָה לְדֹרֹתֵיכֶם: וְכִי
תִשְׁגּוּ וְלֹא תַעֲשׂוּ אֵת כָּל־הַמִּצְוֹת הָאֵלֶּה אֲשֶׁר־דִּבֶּר יְהוָה
כג אֶל־מֹשֶׁה: אֵת כָּל־אֲשֶׁר צִוָּה יְהוָה אֲלֵיכֶם בְּיַד־מֹשֶׁה מִן־
כד הַיּוֹם אֲשֶׁר צִוָּה יְהוָה וָהָלְאָה לְדֹרֹתֵיכֶם: וְהָיָה אִם מֵעֵינֵי
הָעֵדָה נֶעֶשְׂתָה לִשְׁגָגָה וְעָשׂוּ כָל־הָעֵדָה פַּר בֶּן־בָּקָר אֶחָד
לְעֹלָה לְרֵיחַ נִיחֹחַ לַיהוָה וּמִנְחָתוֹ וְנִסְכּוֹ כַּמִּשְׁפָּט וּשְׂעִיר־עִזִּים
כה אֶחָד לְחַטָּת: וְכִפֶּר הַכֹּהֵן עַל־כָּל־עֲדַת בְּנֵי יִשְׂרָאֵל וְנִסְלַח
לָהֶם כִּי־שְׁגָגָה הִוא וְהֵם הֵבִיאוּ אֶת־קָרְבָּנָם אִשֶּׁה לַיהוָה
כו וְחַטָּאתָם לִפְנֵי יְהוָה עַל־שִׁגְגָתָם: וְנִסְלַח לְכָל־עֲדַת בְּנֵי יִשְׂרָאֵל
כז וְלַגֵּר הַגָּר בְּתוֹכָם כִּי לְכָל־הָעָם בִּשְׁגָגָה: וְאִם־ שביעי
נֶפֶשׁ אַחַת תֶּחֱטָא בִשְׁגָגָה וְהִקְרִיבָה עֵז בַּת־שְׁנָתָהּ לְחַטָּאת:
כח וְכִפֶּר הַכֹּהֵן עַל־הַנֶּפֶשׁ הַשֹּׁגֶגֶת בְּחֶטְאָה בִשְׁגָגָה לִפְנֵי יְהוָה
כט לְכַפֵּר עָלָיו וְנִסְלַח לוֹ: הָאֶזְרָח בִּבְנֵי יִשְׂרָאֵל וְלַגֵּר הַגָּר בְּתוֹכָם
ל תּוֹרָה אַחַת יִהְיֶה לָכֶם לָעֹשֶׂה בִּשְׁגָגָה: וְהַנֶּפֶשׁ אֲשֶׁר־תַּעֲשֶׂה
בְּיָד רָמָה מִן־הָאֶזְרָח וּמִן־הַגֵּר אֶת־יְהוָה הוּא מְגַדֵּף וְנִכְרְתָה
לא הַנֶּפֶשׁ הַהִוא מִקֶּרֶב עַמָּהּ: כִּי דְבַר־יְהוָה בָּזָה וְאֶת־מִצְוָתוֹ

הֵפַר הִכָּרֵת ׀ תִּכָּרֵת הַנֶּפֶשׁ הַהִוא עֲוֺנָה בָהּ׃
לב וַיִּהְיוּ בְנֵי־יִשְׂרָאֵל בַּמִּדְבָּר וַיִּמְצְאוּ אִישׁ מְקֹשֵׁשׁ עֵצִים בְּיוֹם
לג הַשַּׁבָּת׃ וַיַּקְרִיבוּ אֹתוֹ הַמֹּצְאִים אֹתוֹ מְקֹשֵׁשׁ עֵצִים אֶל־מֹשֶׁה
לד וְאֶל־אַהֲרֹן וְאֶל כָּל־הָעֵדָה׃ וַיַּנִּיחוּ אֹתוֹ בַּמִּשְׁמָר כִּי לֹא פֹרַשׁ
לה מַה־יֵּעָשֶׂה לוֹ׃ וַיֹּאמֶר יהוה אֶל־מֹשֶׁה מוֹת
יוּמַת הָאִישׁ רָגוֹם אֹתוֹ בָאֲבָנִים כָּל־הָעֵדָה מִחוּץ לַמַּחֲנֶה׃
לו וַיֹּצִיאוּ אֹתוֹ כָּל־הָעֵדָה אֶל־מִחוּץ לַמַּחֲנֶה וַיִּרְגְּמוּ אֹתוֹ בָּאֲבָנִים
וַיָּמֹת כַּאֲשֶׁר צִוָּה יהוה אֶת־מֹשֶׁה׃
לז לח וַיֹּאמֶר יהוה אֶל־מֹשֶׁה לֵּאמֹר׃ דַּבֵּר אֶל־בְּנֵי יִשְׂרָאֵל וְאָמַרְתָּ מפטיר
אֲלֵהֶם וְעָשׂוּ לָהֶם צִיצִת עַל־כַּנְפֵי בִגְדֵיהֶם לְדֹרֹתָם וְנָתְנוּ עַל־ מצוות ציצית / דברים כב, יב
לט צִיצִת הַכָּנָף פְּתִיל תְּכֵלֶת׃ וְהָיָה לָכֶם לְצִיצִת וּרְאִיתֶם אֹתוֹ
וּזְכַרְתֶּם אֶת־כָּל־מִצְוֺת יהוה וַעֲשִׂיתֶם אֹתָם וְלֹא תָתֻרוּ אַחֲרֵי
מ לְבַבְכֶם וְאַחֲרֵי עֵינֵיכֶם אֲשֶׁר־אַתֶּם זֹנִים אַחֲרֵיהֶם׃ לְמַעַן תִּזְכְּרוּ
מא וַעֲשִׂיתֶם אֶת־כָּל־מִצְוֺתָי וִהְיִיתֶם קְדֹשִׁים לֵאלֹהֵיכֶם׃ אֲנִי יהוה
אֱלֹהֵיכֶם אֲשֶׁר הוֹצֵאתִי אֶתְכֶם מֵאֶרֶץ מִצְרַיִם לִהְיוֹת לָכֶם
לֵאלֹהִים אֲנִי יהוה אֱלֹהֵיכֶם׃
טז א וַיִּקַּח קֹרַח בֶּן־יִצְהָר בֶּן־קְהָת בֶּן־לֵוִי וְדָתָן וַאֲבִירָם בְּנֵי אֱלִיאָב טו קרח
ב וְאוֹן בֶּן־פֶּלֶת בְּנֵי רְאוּבֵן׃ וַיָּקֻמוּ לִפְנֵי מֹשֶׁה וַאֲנָשִׁים מִבְּנֵי־ ייחוסו של קרח / שמות ו, טז–כד / דה"א ו, א–ז
יִשְׂרָאֵל חֲמִשִּׁים וּמָאתָיִם נְשִׂיאֵי עֵדָה קְרִאֵי מוֹעֵד אַנְשֵׁי־שֵׁם׃
ג וַיִּקָּהֲלוּ עַל־מֹשֶׁה וְעַל־אַהֲרֹן וַיֹּאמְרוּ אֲלֵהֶם רַב־לָכֶם כִּי כָל־
הָעֵדָה כֻּלָּם קְדֹשִׁים וּבְתוֹכָם יהוה וּמַדּוּעַ תִּתְנַשְּׂאוּ עַל־קְהַל
ד ה יהוה׃ וַיִּשְׁמַע מֹשֶׁה וַיִּפֹּל עַל־פָּנָיו׃ וַיְדַבֵּר אֶל־קֹרַח וְאֶל־כָּל־
עֲדָתוֹ לֵאמֹר בֹּקֶר וְיֹדַע יהוה אֶת־אֲשֶׁר־לוֹ וְאֶת־הַקָּדוֹשׁ וְהִקְרִיב
ו אֵלָיו וְאֵת אֲשֶׁר יִבְחַר־בּוֹ יַקְרִיב אֵלָיו׃ זֹאת עֲשׂוּ קְחוּ־לָכֶם
ז מַחְתּוֹת קֹרַח וְכָל־עֲדָתוֹ׃ וּתְנוּ־בָהֵן ׀ אֵשׁ וְשִׂימוּ עֲלֵיהֶן ׀ קְטֹרֶת
לִפְנֵי יהוה מָחָר וְהָיָה הָאִישׁ אֲשֶׁר־יִבְחַר יהוה הוּא הַקָּדוֹשׁ
ח רַב־לָכֶם בְּנֵי לֵוִי׃ וַיֹּאמֶר מֹשֶׁה אֶל־קֹרַח שִׁמְעוּ־נָא בְּנֵי לֵוִי׃

ט הַמְעַט מִכֶּם כִּֽי־הִבְדִּיל אֱלֹהֵי יִשְׂרָאֵל אֶתְכֶם מֵעֲדַת יִשְׂרָאֵל
לְהַקְרִיב אֶתְכֶם אֵלָיו לַעֲבֹד אֶת־עֲבֹדַת מִשְׁכַּן יְהוָה וְלַעֲמֹד
י לִפְנֵי הָעֵדָה לְשָׁרְתָם׃ וַיַּקְרֵב אֹתְךָ וְאֶת־כָּל־אַחֶיךָ בְנֵֽי־לֵוִי אִתָּךְ
יא וּבִקַּשְׁתֶּם גַּם־כְּהֻנָּה׃ לָכֵן אַתָּה וְכָל־עֲדָתְךָ הַנֹּעָדִים עַל־יְהוָה
יב תַּלִּינוּ וְאַהֲרֹן מַה־הוּא כִּי תלונו עָלָיו׃ וַיִּשְׁלַח מֹשֶׁה לִקְרֹא לְדָתָן
יג וְלַאֲבִירָם בְּנֵי אֱלִיאָב וַיֹּאמְרוּ לֹא נַעֲלֶה׃ הַמְעַט כִּי הֶעֱלִיתָנוּ
מֵאֶרֶץ זָבַת חָלָב וּדְבַשׁ לַהֲמִיתֵנוּ בַּמִּדְבָּר כִּֽי־תִשְׂתָּרֵר עָלֵינוּ
יד שני גַּם־הִשְׂתָּרֵר׃ אַף לֹא אֶל־אֶרֶץ זָבַת חָלָב וּדְבַשׁ הֲבִיאֹתָנוּ
וַתִּתֶּן־לָנוּ נַחֲלַת שָׂדֶה וָכָרֶם הַעֵינֵי הָאֲנָשִׁים הָהֵם תְּנַקֵּר לֹא
טו נַעֲלֶה׃ וַיִּחַר לְמֹשֶׁה מְאֹד וַיֹּאמֶר אֶל־יְהוָה אַל־תֵּפֶן אֶל־
מִנְחָתָם לֹא חֲמוֹר אֶחָד מֵהֶם נָשָׂאתִי וְלֹא הֲרֵעֹתִי אֶת־אַחַד
טז מֵהֶם׃ וַיֹּאמֶר מֹשֶׁה אֶל־קֹרַח אַתָּה וְכָל־עֲדָתְךָ הֱיוּ לִפְנֵי יְהוָה
יז אַתָּה וָהֵם וְאַהֲרֹן מָחָר׃ וּקְחוּ ׀ אִישׁ מַחְתָּתוֹ וּנְתַתֶּם עֲלֵיהֶם
קְטֹרֶת וְהִקְרַבְתֶּם לִפְנֵי יְהוָה אִישׁ מַחְתָּתוֹ חֲמִשִּׁים וּמָאתַיִם
יח מַחְתֹּת וְאַתָּה וְאַהֲרֹן אִישׁ מַחְתָּתוֹ׃ וַיִּקְחוּ אִישׁ מַחְתָּתוֹ וַיִּתְּנוּ
עֲלֵיהֶם אֵשׁ וַיָּשִׂימוּ עֲלֵיהֶם קְטֹרֶת וַיַּעַמְדוּ פֶּתַח אֹהֶל מוֹעֵד
יט וּמֹשֶׁה וְאַהֲרֹן׃ וַיַּקְהֵל עֲלֵיהֶם קֹרַח אֶת־כָּל־הָעֵדָה אֶל־פֶּתַח אֹהֶל
כ שלישי מוֹעֵד וַיֵּרָא כְבוֹד־יְהוָה אֶל־כָּל־הָעֵדָה׃ וַיְדַבֵּר
כא יְהוָה אֶל־מֹשֶׁה וְאֶל־אַהֲרֹן לֵאמֹר׃ הִבָּדְלוּ מִתּוֹךְ הָעֵדָה
כב הַזֹּאת וַאֲכַלֶּה אֹתָם כְּרָגַע׃ וַיִּפְּלוּ עַל־פְּנֵיהֶם וַיֹּאמְרוּ אֵל
אֱלֹהֵי הָרוּחֹת לְכָל־בָּשָׂר הָאִישׁ אֶחָד יֶחֱטָא וְעַל כָּל־הָעֵדָה
כג כד תִּקְצֹף׃ וַיְדַבֵּר יְהוָה אֶל־מֹשֶׁה לֵּאמֹר׃ דַּבֵּר
אֶל־הָעֵדָה לֵאמֹר הֵעָלוּ מִסָּבִיב לְמִשְׁכַּן־קֹרַח דָּתָן וַאֲבִירָם׃
כה וַיָּקָם מֹשֶׁה וַיֵּלֶךְ אֶל־דָּתָן וַאֲבִירָם וַיֵּלְכוּ אַחֲרָיו זִקְנֵי יִשְׂרָאֵל׃
כו וַיְדַבֵּר אֶל־הָעֵדָה לֵאמֹר סוּרוּ נָא מֵעַל אָהֳלֵי הָאֲנָשִׁים הָרְשָׁעִים
הָאֵלֶּה וְאַל־תִּגְּעוּ בְּכָל־אֲשֶׁר לָהֶם פֶּן־תִּסָּפוּ בְּכָל־חַטֹּאתָם׃
כז וַיֵּעָלוּ מֵעַל מִשְׁכַּן־קֹרַח דָּתָן וַאֲבִירָם מִסָּבִיב וְדָתָן וַאֲבִירָם

כח יֹצְאוּ נִצָּבִים פֶּתַח אָהֳלֵיהֶם וּנְשֵׁיהֶם וּבְנֵיהֶם וְטַפָּם: וַיֹּאמֶר
מֹשֶׁה בְּזֹאת תֵּדְעוּן כִּי־יְהוָה שְׁלָחַנִי לַעֲשׂוֹת אֵת כָּל־הַמַּעֲשִׂים
כט הָאֵלֶּה כִּי־לֹא מִלִּבִּי: אִם־כְּמוֹת כָּל־הָאָדָם יְמֻתוּן אֵלֶּה וּפְקֻדַּת
ל כָּל־הָאָדָם יִפָּקֵד עֲלֵיהֶם לֹא יְהוָה שְׁלָחָנִי: וְאִם־בְּרִיאָה יִבְרָא
יְהוָה וּפָצְתָה הָאֲדָמָה אֶת־פִּיהָ וּבָלְעָה אֹתָם וְאֶת־כָּל־אֲשֶׁר
לָהֶם וְיָרְדוּ חַיִּים שְׁאֹלָה וִידַעְתֶּם כִּי נִאֲצוּ הָאֲנָשִׁים הָאֵלֶּה
לא אֶת־יְהוָה: וַיְהִי כְּכַלֹּתוֹ לְדַבֵּר אֵת כָּל־הַדְּבָרִים הָאֵלֶּה וַתִּבָּקַע
לב הָאֲדָמָה אֲשֶׁר תַּחְתֵּיהֶם: וַתִּפְתַּח הָאָרֶץ אֶת־פִּיהָ וַתִּבְלַע אֹתָם
לג וְאֶת־בָּתֵּיהֶם וְאֵת כָּל־הָאָדָם אֲשֶׁר לְקֹרַח וְאֵת כָּל־הָרְכוּשׁ: וַיֵּרְדוּ
הֵם וְכָל־אֲשֶׁר לָהֶם חַיִּים שְׁאֹלָה וַתְּכַס עֲלֵיהֶם הָאָרֶץ וַיֹּאבְדוּ
לד מִתּוֹךְ הַקָּהָל: וְכָל־יִשְׂרָאֵל אֲשֶׁר סְבִיבֹתֵיהֶם נָסוּ לְקֹלָם כִּי
לה אָמְרוּ פֶּן־תִּבְלָעֵנוּ הָאָרֶץ: וְאֵשׁ יָצְאָה מֵאֵת יְהוָה וַתֹּאכַל אֵת
יז א הַחֲמִשִּׁים וּמָאתַיִם אִישׁ מַקְרִיבֵי הַקְּטֹרֶת: וַיְדַבֵּר
ב יְהוָה אֶל־מֹשֶׁה לֵּאמֹר: אֱמֹר אֶל־אֶלְעָזָר בֶּן־אַהֲרֹן הַכֹּהֵן וְיָרֵם
אֶת־הַמַּחְתֹּת מִבֵּין הַשְּׂרֵפָה וְאֶת־הָאֵשׁ זְרֵה־הָלְאָה כִּי קָדֵשׁוּ:
ג אֵת מַחְתּוֹת הַחַטָּאִים הָאֵלֶּה בְּנַפְשֹׁתָם וְעָשׂוּ אֹתָם רִקֻּעֵי
פַחִים צִפּוּי לַמִּזְבֵּחַ כִּי־הִקְרִיבֻם לִפְנֵי־יְהוָה וַיִּקְדָּשׁוּ וְיִהְיוּ לְאוֹת
ד לִבְנֵי יִשְׂרָאֵל: וַיִּקַּח אֶלְעָזָר הַכֹּהֵן אֵת מַחְתּוֹת הַנְּחֹשֶׁת אֲשֶׁר
ה הִקְרִיבוּ הַשְּׂרֻפִים וַיְרַקְּעוּם צִפּוּי לַמִּזְבֵּחַ: זִכָּרוֹן לִבְנֵי יִשְׂרָאֵל
לְמַעַן אֲשֶׁר לֹא־יִקְרַב אִישׁ זָר אֲשֶׁר לֹא מִזֶּרַע אַהֲרֹן הוּא
לְהַקְטִיר קְטֹרֶת לִפְנֵי יְהוָה וְלֹא־יִהְיֶה כְקֹרַח וְכַעֲדָתוֹ כַּאֲשֶׁר
דִּבֶּר יְהוָה בְּיַד־מֹשֶׁה לוֹ:
ו וַיִּלֹּנוּ כָּל־עֲדַת בְּנֵי־יִשְׂרָאֵל מִמָּחֳרָת עַל־מֹשֶׁה וְעַל־אַהֲרֹן
ז לֵאמֹר אַתֶּם הֲמִתֶּם אֶת־עַם יְהוָה: וַיְהִי בְּהִקָּהֵל הָעֵדָה
עַל־מֹשֶׁה וְעַל־אַהֲרֹן וַיִּפְנוּ אֶל־אֹהֶל מוֹעֵד וְהִנֵּה כִסָּהוּ
ח הֶעָנָן וַיֵּרָא כְּבוֹד יְהוָה: וַיָּבֹא מֹשֶׁה וְאַהֲרֹן אֶל־פְּנֵי אֹהֶל
ט מוֹעֵד: וַיְדַבֵּר יְהוָה אֶל־מֹשֶׁה לֵּאמֹר: הֵרֹמּוּ רביעי

מִתּוֹךְ הָעֵדָה הַזֹּאת וַאֲכַלֶּה אֹתָם כְּרָגַע וַיִּפְּלוּ עַל־פְּנֵיהֶם׃
יא וַיֹּאמֶר מֹשֶׁה אֶל־אַהֲרֹן קַח אֶת־הַמַּחְתָּה וְתֶן־עָלֶיהָ אֵשׁ
מֵעַל הַמִּזְבֵּחַ וְשִׂים קְטֹרֶת וְהוֹלֵךְ מְהֵרָה אֶל־הָעֵדָה וְכַפֵּר
יב עֲלֵיהֶם כִּי־יָצָא הַקֶּצֶף מִלִּפְנֵי יְהוָה הֵחֵל הַנָּגֶף׃ וַיִּקַּח אַהֲרֹן
כַּאֲשֶׁר ׀ דִּבֶּר מֹשֶׁה וַיָּרָץ אֶל־תּוֹךְ הַקָּהָל וְהִנֵּה הֵחֵל הַנֶּגֶף בָּעָם
יג וַיִּתֵּן אֶת־הַקְּטֹרֶת וַיְכַפֵּר עַל־הָעָם׃ וַיַּעֲמֹד בֵּין־הַמֵּתִים וּבֵין
יד הַחַיִּים וַתֵּעָצַר הַמַּגֵּפָה׃ וַיִּהְיוּ הַמֵּתִים בַּמַּגֵּפָה אַרְבָּעָה עָשָׂר
טו אֶלֶף וּשְׁבַע מֵאוֹת מִלְּבַד הַמֵּתִים עַל־דְּבַר־קֹרַח׃ וַיָּשָׁב אַהֲרֹן
אֶל־מֹשֶׁה אֶל־פֶּתַח אֹהֶל מוֹעֵד וְהַמַּגֵּפָה נֶעֱצָרָה׃

חמישי טז
טז יז וַיְדַבֵּר יְהוָה אֶל־מֹשֶׁה לֵּאמֹר׃ דַּבֵּר ׀ אֶל־בְּנֵי יִשְׂרָאֵל וְקַח
מֵאִתָּם מַטֶּה מַטֶּה לְבֵית אָב מֵאֵת כָּל־נְשִׂיאֵהֶם לְבֵית אֲבֹתָם
יח שְׁנֵים עָשָׂר מַטּוֹת אִישׁ אֶת־שְׁמוֹ תִּכְתֹּב עַל־מַטֵּהוּ׃ וְאֵת שֵׁם
אַהֲרֹן תִּכְתֹּב עַל־מַטֵּה לֵוִי כִּי מַטֶּה אֶחָד לְרֹאשׁ בֵּית אֲבוֹתָם׃
יט וְהִנַּחְתָּם בְּאֹהֶל מוֹעֵד לִפְנֵי הָעֵדוּת אֲשֶׁר אִוָּעֵד לָכֶם שָׁמָּה׃
כ וְהָיָה הָאִישׁ אֲשֶׁר אֶבְחַר־בּוֹ מַטֵּהוּ יִפְרָח וַהֲשִׁכֹּתִי מֵעָלַי אֶת־
כא תְּלֻנּוֹת בְּנֵי יִשְׂרָאֵל אֲשֶׁר הֵם מַלִּינִם עֲלֵיכֶם׃ וַיְדַבֵּר מֹשֶׁה
אֶל־בְּנֵי יִשְׂרָאֵל וַיִּתְּנוּ אֵלָיו ׀ כָּל־נְשִׂיאֵיהֶם מַטֶּה לְנָשִׂיא אֶחָד
מַטֶּה לְנָשִׂיא אֶחָד לְבֵית אֲבֹתָם שְׁנֵים עָשָׂר מַטּוֹת וּמַטֵּה
כב אַהֲרֹן בְּתוֹךְ מַטּוֹתָם׃ וַיַּנַּח מֹשֶׁה אֶת־הַמַּטֹּת לִפְנֵי יְהוָה בְּאֹהֶל
כג הָעֵדֻת׃ וַיְהִי מִמָּחֳרָת וַיָּבֹא מֹשֶׁה אֶל־אֹהֶל הָעֵדוּת וְהִנֵּה פָּרַח
מַטֵּה־אַהֲרֹן לְבֵית לֵוִי וַיֹּצֵא פֶרַח וַיָּצֵץ צִיץ וַיִּגְמֹל שְׁקֵדִים׃
כד וַיֹּצֵא מֹשֶׁה אֶת־כָּל־הַמַּטֹּת מִלִּפְנֵי יְהוָה אֶל־כָּל־בְּנֵי יִשְׂרָאֵל
וַיִּרְאוּ וַיִּקְחוּ אִישׁ מַטֵּהוּ׃

ששי
כה וַיֹּאמֶר יְהוָה אֶל־מֹשֶׁה הָשֵׁב אֶת־מַטֵּה אַהֲרֹן לִפְנֵי הָעֵדוּת
לְמִשְׁמֶרֶת לְאוֹת לִבְנֵי־מֶרִי וּתְכַל תְּלוּנֹּתָם מֵעָלַי וְלֹא יָמֻתוּ׃
כו וַיַּעַשׂ מֹשֶׁה כַּאֲשֶׁר צִוָּה יְהוָה אֹתוֹ כֵּן עָשָׂה׃
כז וַיֹּאמְרוּ בְּנֵי יִשְׂרָאֵל אֶל־מֹשֶׁה לֵאמֹר הֵן גָּוַעְנוּ אָבַדְנוּ כֻּלָּנוּ

כח אָבַדְנוּ: כֹּל הַקָּרֵב ׀ הַקָּרֵב אֶל־מִשְׁכַּן יְהוָה יָמוּת הַאִם תַּמְנוּ
יח א לִגְוֺעַ: וַיֹּאמֶר יְהוָה אֶל־אַהֲרֹן אַתָּה וּבָנֶיךָ וּבֵית־
אָבִיךָ אִתָּךְ תִּשְׂאוּ אֶת־עֲוֺן הַמִּקְדָּשׁ וְאַתָּה וּבָנֶיךָ אִתָּךְ תִּשְׂאוּ
ב אֶת־עֲוֺן כְּהֻנַּתְכֶם: וְגַם אֶת־אַחֶיךָ מַטֵּה לֵוִי שֵׁבֶט אָבִיךָ הַקְרֵב
אִתָּךְ וְיִלָּווּ עָלֶיךָ וִישָׁרְתוּךָ וְאַתָּה וּבָנֶיךָ אִתָּךְ לִפְנֵי אֹהֶל הָעֵדֻת:
ג וְשָׁמְרוּ מִשְׁמַרְתְּךָ וּמִשְׁמֶרֶת כָּל־הָאֹהֶל אַךְ אֶל־כְּלֵי הַקֹּדֶשׁ
ד וְאֶל־הַמִּזְבֵּחַ לֹא יִקְרָבוּ וְלֹא־יָמֻתוּ גַם־הֵם גַּם־אַתֶּם: וְנִלְווּ
עָלֶיךָ וְשָׁמְרוּ אֶת־מִשְׁמֶרֶת אֹהֶל מוֹעֵד לְכֹל עֲבֹדַת הָאֹהֶל
ה וְזָר לֹא־יִקְרַב אֲלֵיכֶם: וּשְׁמַרְתֶּם אֵת מִשְׁמֶרֶת הַקֹּדֶשׁ וְאֵת
ו מִשְׁמֶרֶת הַמִּזְבֵּחַ וְלֹא־יִהְיֶה עוֹד קֶצֶף עַל־בְּנֵי יִשְׂרָאֵל: וַאֲנִי
הִנֵּה לָקַחְתִּי אֶת־אֲחֵיכֶם הַלְוִיִּם מִתּוֹךְ בְּנֵי יִשְׂרָאֵל לָכֶם
ז מַתָּנָה נְתֻנִים לַיהוָה לַעֲבֹד אֶת־עֲבֹדַת אֹהֶל מוֹעֵד: וְאַתָּה
וּבָנֶיךָ אִתְּךָ תִּשְׁמְרוּ אֶת־כְּהֻנַּתְכֶם לְכָל־דְּבַר הַמִּזְבֵּחַ וּלְמִבֵּית
לַפָּרֹכֶת וַעֲבַדְתֶּם עֲבֹדַת מַתָּנָה אֶתֵּן אֶת־כְּהֻנַּתְכֶם וְהַזָּר הַקָּרֵב
יוּמָת:

ח וַיְדַבֵּר יְהוָה אֶל־אַהֲרֹן וַאֲנִי הִנֵּה נָתַתִּי לְךָ אֶת־מִשְׁמֶרֶת
דיני מתנות כהונה
דברים יח, ג–ה
תְּרוּמֹתָי לְכָל־קָדְשֵׁי בְנֵי־יִשְׂרָאֵל לְךָ נְתַתִּים לְמָשְׁחָה וּלְבָנֶיךָ
ט לְחָק־עוֹלָם: זֶה יִהְיֶה לְךָ מִקֹּדֶשׁ הַקֳּדָשִׁים מִן־הָאֵשׁ כָּל־קָרְבָּנָם
לְכָל־מִנְחָתָם וּלְכָל־חַטָּאתָם וּלְכָל־אֲשָׁמָם אֲשֶׁר יָשִׁיבוּ לִי
י קֹדֶשׁ קָדָשִׁים לְךָ הוּא וּלְבָנֶיךָ: בְּקֹדֶשׁ הַקֳּדָשִׁים תֹּאכְלֶנּוּ כָּל־
יא זָכָר יֹאכַל אֹתוֹ קֹדֶשׁ יִהְיֶה־לָּךְ: וְזֶה־לְּךָ תְּרוּמַת מַתָּנָם לְכָל־
תְּנוּפֹת בְּנֵי יִשְׂרָאֵל לְךָ נְתַתִּים וּלְבָנֶיךָ וְלִבְנֹתֶיךָ אִתְּךָ לְחָק־
יב עוֹלָם כָּל־טָהוֹר בְּבֵיתְךָ יֹאכַל אֹתוֹ: כֹּל חֵלֶב יִצְהָר וְכָל־חֵלֶב
יג תִּירוֹשׁ וְדָגָן רֵאשִׁיתָם אֲשֶׁר־יִתְּנוּ לַיהוָה לְךָ נְתַתִּים: בִּכּוּרֵי
כָּל־אֲשֶׁר בְּאַרְצָם אֲשֶׁר־יָבִיאוּ לַיהוָה לְךָ יִהְיֶה כָּל־טָהוֹר בְּבֵיתְךָ
דיני בכורות – בבהמה ואדם
שמות יג, ב; יג, יא–יג; כב, כח–כט; לד, יט–כ
דברים טו, יט–כ
יד טו יֹאכְלֶנּוּ: כָּל־חֵרֶם בְּיִשְׂרָאֵל לְךָ יִהְיֶה: כָּל־פֶּטֶר רֶחֶם לְכָל־
בָּשָׂר אֲשֶׁר־יַקְרִיבוּ לַיהוָה בָּאָדָם וּבַבְּהֵמָה יִהְיֶה־לָּךְ אַךְ ׀ פָּדֹה

תִּפְדֶּה אֵת בְּכוֹר הָאָדָם וְאֵת בְּכוֹר־הַבְּהֵמָה הַטְּמֵאָה תִּפְדֶּה׃
טז וּפְדוּיָו מִבֶּן־חֹדֶשׁ תִּפְדֶּה בְּעֶרְכְּךָ כֶּסֶף חֲמֵשֶׁת שְׁקָלִים בְּשֶׁקֶל
יז הַקֹּדֶשׁ עֶשְׂרִים גֵּרָה הוּא׃ אַךְ בְּכוֹר־שׁוֹר אוֹ־בְכוֹר כֶּשֶׂב אוֹ־
בְכוֹר עֵז לֹא תִפְדֶּה קֹדֶשׁ הֵם אֶת־דָּמָם תִּזְרֹק עַל־הַמִּזְבֵּחַ
יח וְאֶת־חֶלְבָּם תַּקְטִיר אִשֶּׁה לְרֵיחַ נִיחֹחַ לַיהוָה׃ וּבְשָׂרָם יִהְיֶה־
יט לְךָ כַּחֲזֵה הַתְּנוּפָה וּכְשׁוֹק הַיָּמִין לְךָ יִהְיֶה׃ כֹּל ׀ תְּרוּמֹת
הַקֳּדָשִׁים אֲשֶׁר יָרִימוּ בְנֵי־יִשְׂרָאֵל לַיהוָה נָתַתִּי לְךָ וּלְבָנֶיךָ
וְלִבְנֹתֶיךָ אִתְּךָ לְחָק־עוֹלָם בְּרִית מֶלַח עוֹלָם הִוא לִפְנֵי יְהוָה
כ לְךָ וּלְזַרְעֲךָ אִתָּךְ׃ וַיֹּאמֶר יְהוָה אֶל־אַהֲרֹן בְּאַרְצָם לֹא תִנְחָל
וְחֵלֶק לֹא־יִהְיֶה לְךָ בְּתוֹכָם אֲנִי חֶלְקְךָ וְנַחֲלָתְךָ בְּתוֹךְ בְּנֵי
כא יִשְׂרָאֵל׃ שביעי וְלִבְנֵי לֵוִי הִנֵּה נָתַתִּי כָּל־מַעֲשֵׂר בְּיִשְׂרָאֵל
לְנַחֲלָה חֵלֶף עֲבֹדָתָם אֲשֶׁר־הֵם עֹבְדִים אֶת־עֲבֹדַת אֹהֶל מוֹעֵד׃
כב וְלֹא־יִקְרְבוּ עוֹד בְּנֵי יִשְׂרָאֵל אֶל־אֹהֶל מוֹעֵד לָשֵׂאת חֵטְא
כג לָמוּת׃ וְעָבַד הַלֵּוִי הוּא אֶת־עֲבֹדַת אֹהֶל מוֹעֵד וְהֵם יִשְׂאוּ
עֲוֹנָם חֻקַּת עוֹלָם לְדֹרֹתֵיכֶם וּבְתוֹךְ בְּנֵי יִשְׂרָאֵל לֹא יִנְחֲלוּ
כד נַחֲלָה׃ כִּי אֶת־מַעְשַׂר בְּנֵי־יִשְׂרָאֵל אֲשֶׁר יָרִימוּ לַיהוָה תְּרוּמָה
נָתַתִּי לַלְוִיִּם לְנַחֲלָה עַל־כֵּן אָמַרְתִּי לָהֶם בְּתוֹךְ בְּנֵי יִשְׂרָאֵל
לֹא יִנְחֲלוּ נַחֲלָה׃

שבט לוי ללא נחלה
דברים י, ח–ט; יח, א–ב
יהושע יג, יד; יג, לג; יד, ג–ד

יז כה כו וַיְדַבֵּר יְהוָה אֶל־מֹשֶׁה לֵּאמֹר׃ וְאֶל־הַלְוִיִּם תְּדַבֵּר וְאָמַרְתָּ
אֲלֵהֶם כִּי־תִקְחוּ מֵאֵת בְּנֵי־יִשְׂרָאֵל אֶת־הַמַּעֲשֵׂר אֲשֶׁר נָתַתִּי
לָכֶם מֵאִתָּם בְּנַחֲלַתְכֶם וַהֲרֵמֹתֶם מִמֶּנּוּ תְּרוּמַת יְהוָה מַעֲשֵׂר
כז מִן־הַמַּעֲשֵׂר׃ וְנֶחְשַׁב לָכֶם תְּרוּמַתְכֶם כַּדָּגָן מִן־הַגֹּרֶן וְכַמְלֵאָה
כח מִן־הַיָּקֶב׃ כֵּן תָּרִימוּ גַם־אַתֶּם תְּרוּמַת יְהוָה מִכֹּל מַעְשְׂרֹתֵיכֶם
אֲשֶׁר תִּקְחוּ מֵאֵת בְּנֵי יִשְׂרָאֵל וּנְתַתֶּם מִמֶּנּוּ אֶת־תְּרוּמַת יְהוָה
כט לְאַהֲרֹן הַכֹּהֵן׃ מִכֹּל מַתְּנֹתֵיכֶם תָּרִימוּ אֵת כָּל־תְּרוּמַת יְהוָה
ל מפטיר מִכָּל־חֶלְבּוֹ אֶת־מִקְדְּשׁוֹ מִמֶּנּוּ׃ וְאָמַרְתָּ אֲלֵהֶם בַּהֲרִימְכֶם
אֶת־חֶלְבּוֹ מִמֶּנּוּ וְנֶחְשַׁב לַלְוִיִּם כִּתְבוּאַת גֹּרֶן וְכִתְבוּאַת יָקֶב׃

לא וַאֲכַלְתֶּם אֹתוֹ בְּכָל־מָקוֹם אַתֶּם וּבֵיתְכֶם כִּי־שָׂכָר הוּא לָכֶם
לב חֵלֶף עֲבֹדַתְכֶם בְּאֹהֶל מוֹעֵד: וְלֹא־תִשְׂאוּ עָלָיו חֵטְא בַּהֲרִימְכֶם
אֶת־חֶלְבּוֹ מִמֶּנּוּ וְאֶת־קָדְשֵׁי בְנֵי־יִשְׂרָאֵל לֹא תְחַלְּלוּ וְלֹא
תָמוּתוּ:

יט א ב וַיְדַבֵּר יְהוָה אֶל־מֹשֶׁה וְאֶל־אַהֲרֹן לֵאמֹר: זֹאת חֻקַּת הַתּוֹרָה חקת
אֲשֶׁר־צִוָּה יְהוָה לֵאמֹר דַּבֵּר ׀ אֶל־בְּנֵי יִשְׂרָאֵל וְיִקְחוּ אֵלֶיךָ פָרָה
אֲדֻמָּה תְּמִימָה אֲשֶׁר אֵין־בָּהּ מוּם אֲשֶׁר לֹא־עָלָה עָלֶיהָ עֹל:
ג וּנְתַתֶּם אֹתָהּ אֶל־אֶלְעָזָר הַכֹּהֵן וְהוֹצִיא אֹתָהּ אֶל־מִחוּץ לַמַּחֲנֶה
ד וְשָׁחַט אֹתָהּ לְפָנָיו: וְלָקַח אֶלְעָזָר הַכֹּהֵן מִדָּמָהּ בְּאֶצְבָּעוֹ וְהִזָּה
ה אֶל־נֹכַח פְּנֵי אֹהֶל־מוֹעֵד מִדָּמָהּ שֶׁבַע פְּעָמִים: וְשָׂרַף אֶת־
הַפָּרָה לְעֵינָיו אֶת־עֹרָהּ וְאֶת־בְּשָׂרָהּ וְאֶת־דָּמָהּ עַל־פִּרְשָׁהּ
ו יִשְׂרֹף: וְלָקַח הַכֹּהֵן עֵץ אֶרֶז וְאֵזוֹב וּשְׁנִי תוֹלָעַת וְהִשְׁלִיךְ אֶל־
ז תּוֹךְ שְׂרֵפַת הַפָּרָה: וְכִבֶּס בְּגָדָיו הַכֹּהֵן וְרָחַץ בְּשָׂרוֹ בַּמַּיִם
ח וְאַחַר יָבֹא אֶל־הַמַּחֲנֶה וְטָמֵא הַכֹּהֵן עַד־הָעָרֶב: וְהַשֹּׂרֵף אֹתָהּ
יְכַבֵּס בְּגָדָיו בַּמַּיִם וְרָחַץ בְּשָׂרוֹ בַּמָּיִם וְטָמֵא עַד־הָעָרֶב:
ט וְאָסַף ׀ אִישׁ טָהוֹר אֵת אֵפֶר הַפָּרָה וְהִנִּיחַ מִחוּץ לַמַּחֲנֶה בְּמָקוֹם
טָהוֹר וְהָיְתָה לַעֲדַת בְּנֵי־יִשְׂרָאֵל לְמִשְׁמֶרֶת לְמֵי נִדָּה חַטָּאת
י הִוא: וְכִבֶּס הָאֹסֵף אֶת־אֵפֶר הַפָּרָה אֶת־בְּגָדָיו וְטָמֵא עַד־
הָעָרֶב וְהָיְתָה לִבְנֵי יִשְׂרָאֵל וְלַגֵּר הַגָּר בְּתוֹכָם לְחֻקַּת עוֹלָם:
יא יב הַנֹּגֵעַ בְּמֵת לְכָל־נֶפֶשׁ אָדָם וְטָמֵא שִׁבְעַת יָמִים: הוּא יִתְחַטָּא־
בוֹ בַּיּוֹם הַשְּׁלִישִׁי וּבַיּוֹם הַשְּׁבִיעִי יִטְהָר וְאִם־לֹא יִתְחַטָּא בַּיּוֹם
יג הַשְּׁלִישִׁי וּבַיּוֹם הַשְּׁבִיעִי לֹא יִטְהָר: כָּל־הַנֹּגֵעַ בְּמֵת בְּנֶפֶשׁ
הָאָדָם אֲשֶׁר־יָמוּת וְלֹא יִתְחַטָּא אֶת־מִשְׁכַּן יְהוָה טִמֵּא וְנִכְרְתָה
הַנֶּפֶשׁ הַהִוא מִיִּשְׂרָאֵל כִּי מֵי נִדָּה לֹא־זֹרַק עָלָיו טָמֵא יִהְיֶה
יד עוֹד טֻמְאָתוֹ בוֹ: זֹאת הַתּוֹרָה אָדָם כִּי־יָמוּת בְּאֹהֶל כָּל־
טו הַבָּא אֶל־הָאֹהֶל וְכָל־אֲשֶׁר בָּאֹהֶל יִטְמָא שִׁבְעַת יָמִים: וְכֹל
טז כְּלִי פָתוּחַ אֲשֶׁר אֵין־צָמִיד פָּתִיל עָלָיו טָמֵא הוּא: וְכֹל אֲשֶׁר־

יִגַּע עַל־פְּנֵי הַשָּׂדֶה בַּחֲלַל־חֶרֶב אוֹ בְמֵת אוֹ־בְעֶצֶם אָדָם אוֹ
יז בְקָבֶר יִטְמָא שִׁבְעַת יָמִים׃ וְלָקְחוּ לַטָּמֵא מֵעֲפַר שְׂרֵפַת
יח שני הַחַטָּאת וְנָתַן עָלָיו מַיִם חַיִּים אֶל־כֶּלִי׃ וְלָקַח אֵזוֹב וְטָבַל בַּמַּיִם
אִישׁ טָהוֹר וְהִזָּה עַל־הָאֹהֶל וְעַל־כָּל־הַכֵּלִים וְעַל־הַנְּפָשׁוֹת
אֲשֶׁר הָיוּ־שָׁם וְעַל־הַנֹּגֵעַ בַּעֶצֶם אוֹ בֶחָלָל אוֹ בַמֵּת אוֹ בַקָּבֶר׃
יט וְהִזָּה הַטָּהֹר עַל־הַטָּמֵא בַּיּוֹם הַשְּׁלִישִׁי וּבַיּוֹם הַשְּׁבִיעִי וְחִטְּאוֹ
כ בַּיּוֹם הַשְּׁבִיעִי וְכִבֶּס בְּגָדָיו וְרָחַץ בַּמַּיִם וְטָהֵר בָּעָרֶב׃ וְאִישׁ
אֲשֶׁר־יִטְמָא וְלֹא יִתְחַטָּא וְנִכְרְתָה הַנֶּפֶשׁ הַהִוא מִתּוֹךְ הַקָּהָל
כִּי אֶת־מִקְדַּשׁ יהוה טִמֵּא מֵי נִדָּה לֹא־זֹרַק עָלָיו טָמֵא הוּא׃
כא וְהָיְתָה לָהֶם לְחֻקַּת עוֹלָם וּמַזֵּה מֵי־הַנִּדָּה יְכַבֵּס בְּגָדָיו וְהַנֹּגֵעַ
כב בְּמֵי הַנִּדָּה יִטְמָא עַד־הָעָרֶב׃ וְכֹל אֲשֶׁר־יִגַּע־בּוֹ הַטָּמֵא יִטְמָא
וְהַנֶּפֶשׁ הַנֹּגַעַת תִּטְמָא עַד־הָעָרֶב׃

נסיעת ישראל למדבר צין במדבר לג, לו

כ א וַיָּבֹאוּ בְנֵי־יִשְׂרָאֵל כָּל־הָעֵדָה מִדְבַּר־צִן בַּחֹדֶשׁ הָרִאשׁוֹן וַיֵּשֶׁב
ב הָעָם בְּקָדֵשׁ וַתָּמָת שָׁם מִרְיָם וַתִּקָּבֵר שָׁם׃ וְלֹא־הָיָה מַיִם
ג לָעֵדָה וַיִּקָּהֲלוּ עַל־מֹשֶׁה וְעַל־אַהֲרֹן׃ וַיָּרֶב הָעָם עִם־מֹשֶׁה
ד וַיֹּאמְרוּ לֵאמֹר וְלוּ גָוַעְנוּ בִּגְוַע אַחֵינוּ לִפְנֵי יהוה׃ וְלָמָה הֲבֵאתֶם
אֶת־קְהַל יהוה אֶל־הַמִּדְבָּר הַזֶּה לָמוּת שָׁם אֲנַחְנוּ וּבְעִירֵנוּ׃
ה וְלָמָה הֶעֱלִיתֻנוּ מִמִּצְרַיִם לְהָבִיא אֹתָנוּ אֶל־הַמָּקוֹם הָרָע הַזֶּה
ו לֹא ׀ מְקוֹם זֶרַע וּתְאֵנָה וְגֶפֶן וְרִמּוֹן וּמַיִם אַיִן לִשְׁתּוֹת׃ וַיָּבֹא
מֹשֶׁה וְאַהֲרֹן מִפְּנֵי הַקָּהָל אֶל־פֶּתַח אֹהֶל מוֹעֵד וַיִּפְּלוּ עַל־פְּנֵיהֶם
וַיֵּרָא כְבוֹד־יהוה אֲלֵיהֶם׃

ז ח שלישי /שני/ וַיְדַבֵּר יהוה אֶל־מֹשֶׁה לֵּאמֹר׃ קַח אֶת־הַמַּטֶּה וְהַקְהֵל אֶת־
הָעֵדָה אַתָּה וְאַהֲרֹן אָחִיךָ וְדִבַּרְתֶּם אֶל־הַסֶּלַע לְעֵינֵיהֶם
וְנָתַן מֵימָיו וְהוֹצֵאתָ לָהֶם מַיִם מִן־הַסֶּלַע וְהִשְׁקִיתָ אֶת־הָעֵדָה
ט וְאֶת־בְּעִירָם׃ וַיִּקַּח מֹשֶׁה אֶת־הַמַּטֶּה מִלִּפְנֵי יהוה כַּאֲשֶׁר
י צִוָּהוּ׃ וַיַּקְהִלוּ מֹשֶׁה וְאַהֲרֹן אֶת־הַקָּהָל אֶל־פְּנֵי הַסָּלַע וַיֹּאמֶר
לָהֶם שִׁמְעוּ־נָא הַמֹּרִים הֲמִן־הַסֶּלַע הַזֶּה נוֹצִיא לָכֶם מָיִם׃

יא וַיָּרֶם מֹשֶׁה אֶת־יָדוֹ וַיַּךְ אֶת־הַסֶּלַע בְּמַטֵּהוּ פַּעֲמָיִם וַיֵּצְאוּ
יב מַיִם רַבִּים וַתֵּשְׁתְּ הָעֵדָה וּבְעִירָם: וַיֹּאמֶר יהוה
אֶל־מֹשֶׁה וְאֶל־אַהֲרֹן יַעַן לֹא־הֶאֱמַנְתֶּם בִּי לְהַקְדִּישֵׁנִי לְעֵינֵי
בְּנֵי יִשְׂרָאֵל לָכֵן לֹא תָבִיאוּ אֶת־הַקָּהָל הַזֶּה אֶל־הָאָרֶץ אֲשֶׁר־
יג נָתַתִּי לָהֶם: הֵמָּה מֵי מְרִיבָה אֲשֶׁר־רָבוּ בְנֵי־יִשְׂרָאֵל אֶת־
יד יהוה וַיִּקָּדֵשׁ בָּם: וַיִּשְׁלַח מֹשֶׁה מַלְאָכִים מִקָּדֵשׁ

יח רביעי

מעבר ישראל סביב לאדום
דברים ב, ב–ח

אֶל־מֶלֶךְ אֱדוֹם כֹּה אָמַר אָחִיךָ יִשְׂרָאֵל אַתָּה יָדַעְתָּ אֵת כָּל־
טו הַתְּלָאָה אֲשֶׁר מְצָאָתְנוּ: וַיֵּרְדוּ אֲבֹתֵינוּ מִצְרַיְמָה וַנֵּשֶׁב בְּמִצְרַיִם
טז יָמִים רַבִּים וַיָּרֵעוּ לָנוּ מִצְרַיִם וְלַאֲבֹתֵינוּ: וַנִּצְעַק אֶל־יהוה

גלות מצרים ויציאת מצרים
שמות א–יב

וַיִּשְׁמַע קֹלֵנוּ וַיִּשְׁלַח מַלְאָךְ וַיֹּצִאֵנוּ מִמִּצְרָיִם וְהִנֵּה אֲנַחְנוּ בְקָדֵשׁ
יז עִיר קְצֵה גְבוּלֶךָ: נַעְבְּרָה־נָּא בְאַרְצֶךָ לֹא נַעֲבֹר בְּשָׂדֶה וּבְכֶרֶם
וְלֹא נִשְׁתֶּה מֵי בְאֵר דֶּרֶךְ הַמֶּלֶךְ נֵלֵךְ לֹא נִטֶּה יָמִין וּשְׂמֹאול
יח עַד אֲשֶׁר־נַעֲבֹר גְּבֻלֶךָ: וַיֹּאמֶר אֵלָיו אֱדוֹם לֹא תַעֲבֹר בִּי פֶּן־
יט בַּחֶרֶב אֵצֵא לִקְרָאתֶךָ: וַיֹּאמְרוּ אֵלָיו בְּנֵי־יִשְׂרָאֵל בַּמְסִלָּה נַעֲלֶה
וְאִם־מֵימֶיךָ נִשְׁתֶּה אֲנִי וּמִקְנַי וְנָתַתִּי מִכְרָם רַק אֵין־דָּבָר בְּרַגְלַי
כ אֶעֱבֹרָה: וַיֹּאמֶר לֹא תַעֲבֹר וַיֵּצֵא אֱדוֹם לִקְרָאתוֹ בְּעַם כָּבֵד
כא וּבְיָד חֲזָקָה: וַיְמָאֵן ׀ אֱדוֹם נְתֹן אֶת־יִשְׂרָאֵל עֲבֹר בִּגְבֻלוֹ וַיֵּט
יִשְׂרָאֵל מֵעָלָיו:

חמישי /שלישי/

כב כג וַיִּסְעוּ מִקָּדֵשׁ וַיָּבֹאוּ בְנֵי־יִשְׂרָאֵל כָּל־הָעֵדָה הֹר הָהָר: וַיֹּאמֶר
יהוה אֶל־מֹשֶׁה וְאֶל־אַהֲרֹן בְּהֹר הָהָר עַל־גְּבוּל אֶרֶץ־אֱדוֹם

נסיעת ישראל מקדש להר ההר
במדבר לג, לז

כד לֵאמֹר: יֵאָסֵף אַהֲרֹן אֶל־עַמָּיו כִּי לֹא יָבֹא אֶל־הָאָרֶץ אֲשֶׁר
נָתַתִּי לִבְנֵי יִשְׂרָאֵל עַל אֲשֶׁר־מְרִיתֶם אֶת־פִּי לְמֵי מְרִיבָה:

פטירת אהרן
במדבר לג, לח–לט
דברים י, ו

כה כו קַח אֶת־אַהֲרֹן וְאֶת־אֶלְעָזָר בְּנוֹ וְהַעַל אֹתָם הֹר הָהָר: וְהַפְשֵׁט
אֶת־אַהֲרֹן אֶת־בְּגָדָיו וְהִלְבַּשְׁתָּם אֶת־אֶלְעָזָר בְּנוֹ וְאַהֲרֹן יֵאָסֵף
כז וּמֵת שָׁם: וַיַּעַשׂ מֹשֶׁה כַּאֲשֶׁר צִוָּה יהוה וַיַּעֲלוּ אֶל־הֹר הָהָר
כח לְעֵינֵי כָּל־הָעֵדָה: וַיַּפְשֵׁט מֹשֶׁה אֶת־אַהֲרֹן אֶת־בְּגָדָיו וַיַּלְבֵּשׁ
אֹתָם אֶת־אֶלְעָזָר בְּנוֹ וַיָּמָת אַהֲרֹן שָׁם בְּרֹאשׁ הָהָר וַיֵּרֶד מֹשֶׁה

כט וְאֶלְעָזָר מִן־הָהָר׃ וַיִּרְאוּ כָּל־הָעֵדָה כִּי גָוַע אַהֲרֹן וַיִּבְכּוּ אֶת־

מלחמת מלך ערד בישראל במדבר לג, מ

כא א אַהֲרֹן שְׁלֹשִׁים יוֹם כֹּל בֵּית יִשְׂרָאֵל׃ וַיִּשְׁמַע
הַכְּנַעֲנִי מֶלֶךְ־עֲרָד יֹשֵׁב הַנֶּגֶב כִּי בָּא יִשְׂרָאֵל דֶּרֶךְ הָאֲתָרִים
ב וַיִּלָּחֶם בְּיִשְׂרָאֵל וַיִּשְׁבְּ ׀ מִמֶּנּוּ שֶׁבִי׃ וַיִּדַּר יִשְׂרָאֵל נֶדֶר לַיהוָה
וַיֹּאמַר אִם־נָתֹן תִּתֵּן אֶת־הָעָם הַזֶּה בְּיָדִי וְהַחֲרַמְתִּי אֶת־
ג עָרֵיהֶם׃ וַיִּשְׁמַע יְהוָה בְּקוֹל יִשְׂרָאֵל וַיִּתֵּן אֶת־הַכְּנַעֲנִי וַיַּחֲרֵם
אֶתְהֶם וְאֶת־עָרֵיהֶם וַיִּקְרָא שֵׁם־הַמָּקוֹם חָרְמָה׃

נסיעת ישראל מהר ההר במדבר לג, מא

ד וַיִּסְעוּ מֵהֹר הָהָר דֶּרֶךְ יַם־סוּף לִסְבֹב אֶת־אֶרֶץ אֱדוֹם וַתִּקְצַר
ה נֶפֶשׁ־הָעָם בַּדָּרֶךְ׃ וַיְדַבֵּר הָעָם בֵּאלֹהִים וּבְמֹשֶׁה לָמָה הֶעֱלִיתֻנוּ
מִמִּצְרַיִם לָמוּת בַּמִּדְבָּר כִּי אֵין לֶחֶם וְאֵין מַיִם וְנַפְשֵׁנוּ קָצָה
ו בַּלֶּחֶם הַקְּלֹקֵל׃ וַיְשַׁלַּח יְהוָה בָּעָם אֵת הַנְּחָשִׁים הַשְּׂרָפִים
ז וַיְנַשְּׁכוּ אֶת־הָעָם וַיָּמָת עַם־רָב מִיִּשְׂרָאֵל׃ וַיָּבֹא הָעָם אֶל־
מֹשֶׁה וַיֹּאמְרוּ חָטָאנוּ כִּי־דִבַּרְנוּ בַיהוָה וָבָךְ הִתְפַּלֵּל אֶל־יְהוָה
ח וְיָסֵר מֵעָלֵינוּ אֶת־הַנָּחָשׁ וַיִּתְפַּלֵּל מֹשֶׁה בְּעַד הָעָם׃ וַיֹּאמֶר
יְהוָה אֶל־מֹשֶׁה עֲשֵׂה לְךָ שָׂרָף וְשִׂים אֹתוֹ עַל־נֵס וְהָיָה כָּל־
ט הַנָּשׁוּךְ וְרָאָה אֹתוֹ וָחָי׃ וַיַּעַשׂ מֹשֶׁה נְחַשׁ נְחֹשֶׁת וַיְשִׂמֵהוּ
עַל־הַנֵּס וְהָיָה אִם־נָשַׁךְ הַנָּחָשׁ אֶת־אִישׁ וְהִבִּיט אֶל־נְחַשׁ

ששי

נסיעת ישראל לאובות במדבר לג, מג

נסיעת ישראל מאובות לעיי העברים במדבר לג, מד

נסיעת ישראל מעיי העברים במדבר לג, מה

י יא הַנְּחֹשֶׁת וָחָי׃ וַיִּסְעוּ בְּנֵי יִשְׂרָאֵל וַיַּחֲנוּ בְּאֹבֹת׃ וַיִּסְעוּ מֵאֹבֹת
וַיַּחֲנוּ בְּעִיֵּי הָעֲבָרִים בַּמִּדְבָּר אֲשֶׁר עַל־פְּנֵי מוֹאָב מִמִּזְרַח
יב יג הַשָּׁמֶשׁ׃ מִשָּׁם נָסָעוּ וַיַּחֲנוּ בְּנַחַל זָרֶד׃ מִשָּׁם נָסָעוּ וַיַּחֲנוּ מֵעֵבֶר
אַרְנוֹן אֲשֶׁר בַּמִּדְבָּר הַיֹּצֵא מִגְּבֻל הָאֱמֹרִי כִּי אַרְנוֹן גְּבוּל מוֹאָב
יד בֵּין מוֹאָב וּבֵין הָאֱמֹרִי׃ עַל־כֵּן יֵאָמַר בְּסֵפֶר מִלְחֲמֹת יְהוָה
טו אֶת־וָהֵב בְּסוּפָה וְאֶת־הַנְּחָלִים אַרְנוֹן׃ וְאֶשֶׁד הַנְּחָלִים אֲשֶׁר
טז נָטָה לְשֶׁבֶת עָר וְנִשְׁעַן לִגְבוּל מוֹאָב׃ וּמִשָּׁם בְּאֵרָה הִוא
הַבְּאֵר אֲשֶׁר אָמַר יְהוָה לְמֹשֶׁה אֱסֹף אֶת־הָעָם וְאֶתְּנָה לָהֶם
יז מָיִם׃ אָז יָשִׁיר יִשְׂרָאֵל אֶת־הַשִּׁירָה הַזֹּאת עֲלִי
יח בְאֵר עֱנוּ־לָהּ׃ בְּאֵר חֲפָרוּהָ שָׂרִים כָּרוּהָ נְדִיבֵי הָעָם בִּמְחֹקֵק

יט בְּמִשְׁעֲנֹתָם וּמִמִּדְבָּר מַתָּנָה: וּמִמַּתָּנָה נַחֲלִיאֵל וּמִנַּחֲלִיאֵל
כ בָּמוֹת: וּמִבָּמוֹת הַגַּיְא אֲשֶׁר בִּשְׂדֵה מוֹאָב רֹאשׁ הַפִּסְגָּה וְנִשְׁקָפָה
עַל־פְּנֵי הַיְשִׁימֹן:
כא וַיִּשְׁלַח יִשְׂרָאֵל מַלְאָכִים אֶל־סִיחֹן מֶלֶךְ־הָאֱמֹרִי לֵאמֹר: שביעי /רביעי/
כב אֶעְבְּרָה בְאַרְצֶךָ לֹא נִטֶּה בְּשָׂדֶה וּבְכֶרֶם לֹא נִשְׁתֶּה מֵי בְאֵר
כג בְּדֶרֶךְ הַמֶּלֶךְ נֵלֵךְ עַד אֲשֶׁר־נַעֲבֹר גְּבֻלֶךָ: וְלֹא־נָתַן סִיחֹן אֶת־
יִשְׂרָאֵל עֲבֹר בִּגְבֻלוֹ וַיֶּאֱסֹף סִיחֹן אֶת־כָּל־עַמּוֹ וַיֵּצֵא לִקְרַאת
כד יִשְׂרָאֵל הַמִּדְבָּרָה וַיָּבֹא יָהְצָה וַיִּלָּחֶם בְּיִשְׂרָאֵל: וַיַּכֵּהוּ יִשְׂרָאֵל
לְפִי־חָרֶב וַיִּירַשׁ אֶת־אַרְצוֹ מֵאַרְנֹן עַד־יַבֹּק עַד־בְּנֵי עַמּוֹן כִּי
כה עַז גְּבוּל בְּנֵי עַמּוֹן: וַיִּקַּח יִשְׂרָאֵל אֵת כָּל־הֶעָרִים הָאֵלֶּה וַיֵּשֶׁב
כו יִשְׂרָאֵל בְּכָל־עָרֵי הָאֱמֹרִי בְּחֶשְׁבּוֹן וּבְכָל־בְּנֹתֶיהָ: כִּי חֶשְׁבּוֹן
עִיר סִיחֹן מֶלֶךְ הָאֱמֹרִי הִוא וְהוּא נִלְחַם בְּמֶלֶךְ מוֹאָב הָרִאשׁוֹן
כז וַיִּקַּח אֶת־כָּל־אַרְצוֹ מִיָּדוֹ עַד־אַרְנֹן: עַל־כֵּן יֹאמְרוּ הַמֹּשְׁלִים
כח בֹּאוּ חֶשְׁבּוֹן תִּבָּנֶה וְתִכּוֹנֵן עִיר סִיחוֹן: כִּי־אֵשׁ יָצְאָה מֵחֶשְׁבּוֹן
כט לֶהָבָה מִקִּרְיַת סִיחֹן אָכְלָה עָר מוֹאָב בַּעֲלֵי בָּמוֹת אַרְנֹן: אוֹי־
לְךָ מוֹאָב אָבַדְתָּ עַם־כְּמוֹשׁ נָתַן בָּנָיו פְּלֵיטִם וּבְנֹתָיו בַּשְּׁבִית
ל לְמֶלֶךְ אֱמֹרִי סִיחוֹן: וַנִּירָם אָבַד חֶשְׁבּוֹן עַד־דִּיבֹן וַנַּשִּׁים עַד־
לא לב נֹפַח אֲשֶׁר עַד־מֵידְבָא: וַיֵּשֶׁב יִשְׂרָאֵל בְּאֶרֶץ הָאֱמֹרִי: וַיִּשְׁלַח
מֹשֶׁה לְרַגֵּל אֶת־יַעְזֵר וַיִּלְכְּדוּ בְּנֹתֶיהָ ויירש אֶת־הָאֱמֹרִי אֲשֶׁר־ וַיּוֹרֶשׁ
לג שָׁם: וַיִּפְנוּ וַיַּעֲלוּ דֶּרֶךְ הַבָּשָׁן וַיֵּצֵא עוֹג מֶלֶךְ־הַבָּשָׁן לִקְרָאתָם
לד הוּא וְכָל־עַמּוֹ לַמִּלְחָמָה אֶדְרֶעִי: וַיֹּאמֶר יהוה אֶל־מֹשֶׁה אַל־ מפטיר
תִּירָא אֹתוֹ כִּי בְיָדְךָ נָתַתִּי אֹתוֹ וְאֶת־כָּל־עַמּוֹ וְאֶת־אַרְצוֹ וְעָשִׂיתָ
לוֹ כַּאֲשֶׁר עָשִׂיתָ לְסִיחֹן מֶלֶךְ הָאֱמֹרִי אֲשֶׁר יוֹשֵׁב בְּחֶשְׁבּוֹן:
לה וַיַּכּוּ אֹתוֹ וְאֶת־בָּנָיו וְאֶת־כָּל־עַמּוֹ עַד־בִּלְתִּי הִשְׁאִיר־לוֹ שָׂרִיד
כב א וַיִּירְשׁוּ אֶת־אַרְצוֹ: וַיִּסְעוּ בְּנֵי יִשְׂרָאֵל וַיַּחֲנוּ בְּעַרְבוֹת מוֹאָב
ב מֵעֵבֶר לְיַרְדֵּן יְרֵחוֹ: וַיַּרְא בָּלָק בֶּן־צִפּוֹר אֵת יט בלק
ג כָּל־אֲשֶׁר־עָשָׂה יִשְׂרָאֵל לָאֱמֹרִי: וַיָּגָר מוֹאָב מִפְּנֵי הָעָם מְאֹד

מלחמת סיחון מלך האמורי
דברים ב, כו–לז
יהושע יב, א–ו

מלחמת עוג מלך הבשן
דברים ג, א–יא
יהושע יב, א–ו

נסיעת ישראל לערבות מואב
במדבר לג, מח–מט

כִּי רַב־הוּא וַיָּקָץ מוֹאָב מִפְּנֵי בְּנֵי יִשְׂרָאֵל: וַיֹּאמֶר מוֹאָב אֶל־ ד
זִקְנֵי מִדְיָן עַתָּה יְלַחֲכוּ הַקָּהָל אֶת־כָּל־סְבִיבֹתֵינוּ כִּלְחֹךְ הַשּׁוֹר
אֵת יֶרֶק הַשָּׂדֶה וּבָלָק בֶּן־צִפּוֹר מֶלֶךְ לְמוֹאָב בָּעֵת הַהִוא:
וַיִּשְׁלַח מַלְאָכִים אֶל־בִּלְעָם בֶּן־בְּעוֹר פְּתוֹרָה אֲשֶׁר עַל־הַנָּהָר ה
אֶרֶץ בְּנֵי־עַמּוֹ לִקְרֹא־לוֹ לֵאמֹר הִנֵּה עַם יָצָא מִמִּצְרַיִם הִנֵּה
כִסָּה אֶת־עֵין הָאָרֶץ וְהוּא יֹשֵׁב מִמֻּלִי: וְעַתָּה לְכָה־נָּא אָרָה־ ו
לִּי אֶת־הָעָם הַזֶּה כִּי־עָצוּם הוּא מִמֶּנִּי אוּלַי אוּכַל נַכֶּה־בּוֹ
וַאֲגָרְשֶׁנּוּ מִן־הָאָרֶץ כִּי יָדַעְתִּי אֵת אֲשֶׁר־תְּבָרֵךְ מְבֹרָךְ וַאֲשֶׁר
תָּאֹר יוּאָר: וַיֵּלְכוּ זִקְנֵי מוֹאָב וְזִקְנֵי מִדְיָן וּקְסָמִים בְּיָדָם וַיָּבֹאוּ ז
אֶל־בִּלְעָם וַיְדַבְּרוּ אֵלָיו דִּבְרֵי בָלָק: וַיֹּאמֶר אֲלֵיהֶם לִינוּ פֹה ח
הַלַּיְלָה וַהֲשִׁבֹתִי אֶתְכֶם דָּבָר כַּאֲשֶׁר יְדַבֵּר יְהוָה אֵלָי וַיֵּשְׁבוּ
שָׂרֵי־מוֹאָב עִם־בִּלְעָם: וַיָּבֹא אֱלֹהִים אֶל־בִּלְעָם וַיֹּאמֶר מִי ט
הָאֲנָשִׁים הָאֵלֶּה עִמָּךְ: וַיֹּאמֶר בִּלְעָם אֶל־הָאֱלֹהִים בָּלָק בֶּן־ י
צִפֹּר מֶלֶךְ מוֹאָב שָׁלַח אֵלָי: הִנֵּה הָעָם הַיֹּצֵא מִמִּצְרַיִם וַיְכַס יא
אֶת־עֵין הָאָרֶץ עַתָּה לְכָה קָבָה־לִּי אֹתוֹ אוּלַי אוּכַל לְהִלָּחֶם
בּוֹ וְגֵרַשְׁתִּיו: וַיֹּאמֶר אֱלֹהִים אֶל־בִּלְעָם לֹא תֵלֵךְ עִמָּהֶם לֹא יב
שני /חמישי/ תָאֹר אֶת־הָעָם כִּי בָרוּךְ הוּא: וַיָּקָם בִּלְעָם בַּבֹּקֶר וַיֹּאמֶר יג
אֶל־שָׂרֵי בָלָק לְכוּ אֶל־אַרְצְכֶם כִּי מֵאֵן יְהוָה לְתִתִּי לַהֲלֹךְ
עִמָּכֶם: וַיָּקוּמוּ שָׂרֵי מוֹאָב וַיָּבֹאוּ אֶל־בָּלָק וַיֹּאמְרוּ מֵאֵן בִּלְעָם יד
הֲלֹךְ עִמָּנוּ: וַיֹּסֶף עוֹד בָּלָק שְׁלֹחַ שָׂרִים רַבִּים וְנִכְבָּדִים מֵאֵלֶּה: טו
וַיָּבֹאוּ אֶל־בִּלְעָם וַיֹּאמְרוּ לוֹ כֹּה אָמַר בָּלָק בֶּן־צִפּוֹר אַל־ טז
נָא תִמָּנַע מֵהֲלֹךְ אֵלָי: כִּי־כַבֵּד אֲכַבֶּדְךָ מְאֹד וְכֹל אֲשֶׁר־ יז
תֹּאמַר אֵלַי אֶעֱשֶׂה וּלְכָה־נָּא קָבָה לִּי אֵת הָעָם הַזֶּה: וַיַּעַן יח
בִּלְעָם וַיֹּאמֶר אֶל־עַבְדֵי בָלָק אִם־יִתֶּן־לִי בָלָק מְלֹא בֵיתוֹ
כֶּסֶף וְזָהָב לֹא אוּכַל לַעֲבֹר אֶת־פִּי יְהוָה אֱלֹהָי לַעֲשׂוֹת קְטַנָּה
אוֹ גְדוֹלָה: וְעַתָּה שְׁבוּ נָא בָזֶה גַּם־אַתֶּם הַלָּיְלָה וְאֵדְעָה מַה־ יט
יֹּסֵף יְהוָה דַּבֵּר עִמִּי: וַיָּבֹא אֱלֹהִים ׀ אֶל־בִּלְעָם לַיְלָה וַיֹּאמֶר כ

לוֹ אִם־לִקְרֹא לְךָ בָּאוּ הָאֲנָשִׁים קוּם לֵךְ אִתָּם וְאַךְ אֶת־הַדָּבָר
כא אֲשֶׁר־אֲדַבֵּר אֵלֶיךָ אֹתוֹ תַעֲשֶׂה: וַיָּקָם בִּלְעָם בַּבֹּקֶר וַיַּחֲבֹשׁ שלישי
כב אֶת־אֲתֹנוֹ וַיֵּלֶךְ עִם־שָׂרֵי מוֹאָב: וַיִּחַר־אַף אֱלֹהִים כִּי־הוֹלֵךְ
הוּא וַיִּתְיַצֵּב מַלְאַךְ יְהוָה בַּדֶּרֶךְ לְשָׂטָן לוֹ וְהוּא רֹכֵב עַל־אֲתֹנוֹ
כג וּשְׁנֵי נְעָרָיו עִמּוֹ: וַתֵּרֶא הָאָתוֹן אֶת־מַלְאַךְ יְהוָה נִצָּב בַּדֶּרֶךְ
וְחַרְבּוֹ שְׁלוּפָה בְּיָדוֹ וַתֵּט הָאָתוֹן מִן־הַדֶּרֶךְ וַתֵּלֶךְ בַּשָּׂדֶה וַיַּךְ
כד בִּלְעָם אֶת־הָאָתוֹן לְהַטֹּתָהּ הַדָּרֶךְ: וַיַּעֲמֹד מַלְאַךְ יְהוָה בְּמִשְׁעוֹל
כה הַכְּרָמִים גָּדֵר מִזֶּה וְגָדֵר מִזֶּה: וַתֵּרֶא הָאָתוֹן אֶת־מַלְאַךְ יְהוָה
וַתִּלָּחֵץ אֶל־הַקִּיר וַתִּלְחַץ אֶת־רֶגֶל בִּלְעָם אֶל־הַקִּיר וַיֹּסֶף
כו לְהַכֹּתָהּ: וַיּוֹסֶף מַלְאַךְ־יְהוָה עֲבוֹר וַיַּעֲמֹד בְּמָקוֹם צָר אֲשֶׁר
כז אֵין־דֶּרֶךְ לִנְטוֹת יָמִין וּשְׂמֹאול: וַתֵּרֶא הָאָתוֹן אֶת־מַלְאַךְ יְהוָה
וַתִּרְבַּץ תַּחַת בִּלְעָם וַיִּחַר־אַף בִּלְעָם וַיַּךְ אֶת־הָאָתוֹן בַּמַּקֵּל:
כח וַיִּפְתַּח יְהוָה אֶת־פִּי הָאָתוֹן וַתֹּאמֶר לְבִלְעָם מֶה־עָשִׂיתִי לְךָ
כט כִּי הִכִּיתַנִי זֶה שָׁלֹשׁ רְגָלִים: וַיֹּאמֶר בִּלְעָם לָאָתוֹן כִּי הִתְעַלַּלְתְּ
ל בִּי לוּ יֶשׁ־חֶרֶב בְּיָדִי כִּי עַתָּה הֲרַגְתִּיךְ: וַתֹּאמֶר הָאָתוֹן אֶל־
בִּלְעָם הֲלוֹא אָנֹכִי אֲתֹנְךָ אֲשֶׁר־רָכַבְתָּ עָלַי מֵעוֹדְךָ עַד־הַיּוֹם
לא הַזֶּה הַהַסְכֵּן הִסְכַּנְתִּי לַעֲשׂוֹת לְךָ כֹּה וַיֹּאמֶר לֹא: וַיְגַל יְהוָה
אֶת־עֵינֵי בִלְעָם וַיַּרְא אֶת־מַלְאַךְ יְהוָה נִצָּב בַּדֶּרֶךְ וְחַרְבּוֹ
לב שְׁלֻפָה בְּיָדוֹ וַיִּקֹּד וַיִּשְׁתַּחוּ לְאַפָּיו: וַיֹּאמֶר אֵלָיו מַלְאַךְ יְהוָה
עַל־מָה הִכִּיתָ אֶת־אֲתֹנְךָ זֶה שָׁלוֹשׁ רְגָלִים הִנֵּה אָנֹכִי יָצָאתִי
לג לְשָׂטָן כִּי־יָרַט הַדֶּרֶךְ לְנֶגְדִּי: וַתִּרְאַנִי הָאָתוֹן וַתֵּט לְפָנַי זֶה שָׁלֹשׁ
רְגָלִים אוּלַי נָטְתָה מִפָּנַי כִּי עַתָּה גַּם־אֹתְכָה הָרַגְתִּי וְאוֹתָהּ
לד הֶחֱיֵיתִי: וַיֹּאמֶר בִּלְעָם אֶל־מַלְאַךְ יְהוָה חָטָאתִי כִּי לֹא יָדַעְתִּי
כִּי אַתָּה נִצָּב לִקְרָאתִי בַּדָּרֶךְ וְעַתָּה אִם־רַע בְּעֵינֶיךָ אָשׁוּבָה
לה לִּי: וַיֹּאמֶר מַלְאַךְ יְהוָה אֶל־בִּלְעָם לֵךְ עִם־הָאֲנָשִׁים וְאֶפֶס
אֶת־הַדָּבָר אֲשֶׁר־אֲדַבֵּר אֵלֶיךָ אֹתוֹ תְדַבֵּר וַיֵּלֶךְ בִּלְעָם עִם־
לו שָׂרֵי בָלָק: וַיִּשְׁמַע בָּלָק כִּי־בָא בִלְעָם וַיֵּצֵא לִקְרָאתוֹ אֶל־

עִיר מוֹאָב אֲשֶׁר עַל־גְּבוּל אַרְנֹן אֲשֶׁר בִּקְצֵה הַגְּבוּל׃ וַיֹּאמֶר לז
בָּלָק אֶל־בִּלְעָם הֲלֹא שָׁלֹחַ שָׁלַחְתִּי אֵלֶיךָ לִקְרֹא־לָךְ לָמָּה
לֹא־הָלַכְתָּ אֵלָי הַאֻמְנָם לֹא אוּכַל כַּבְּדֶךָ׃ וַיֹּאמֶר בִּלְעָם אֶל־ לח
בָּלָק הִנֵּה־בָאתִי אֵלֶיךָ עַתָּה הֲיָכֹל אוּכַל דַּבֵּר מְאוּמָה הַדָּבָר
רביעי /ששי/ אֲשֶׁר יָשִׂים אֱלֹהִים בְּפִי אֹתוֹ אֲדַבֵּר׃ וַיֵּלֶךְ בִּלְעָם עִם־בָּלָק לט
וַיָּבֹאוּ קִרְיַת חֻצוֹת׃ וַיִּזְבַּח בָּלָק בָּקָר וָצֹאן וַיְשַׁלַּח לְבִלְעָם מ
וְלַשָּׂרִים אֲשֶׁר אִתּוֹ׃ וַיְהִי בַבֹּקֶר וַיִּקַּח בָּלָק אֶת־בִּלְעָם וַיַּעֲלֵהוּ מא
בָּמוֹת בָּעַל וַיַּרְא מִשָּׁם קְצֵה הָעָם׃ וַיֹּאמֶר בִּלְעָם אֶל־בָּלָק א כג
בְּנֵה־לִי בָזֶה שִׁבְעָה מִזְבְּחֹת וְהָכֵן לִי בָּזֶה שִׁבְעָה פָרִים וְשִׁבְעָה
אֵילִים׃ וַיַּעַשׂ בָּלָק כַּאֲשֶׁר דִּבֶּר בִּלְעָם וַיַּעַל בָּלָק וּבִלְעָם פַּר ב
וָאַיִל בַּמִּזְבֵּחַ׃ וַיֹּאמֶר בִּלְעָם לְבָלָק הִתְיַצֵּב עַל־עֹלָתֶךָ וְאֵלְכָה ג
אוּלַי יִקָּרֵה יְהוָה לִקְרָאתִי וּדְבַר מַה־יַּרְאֵנִי וְהִגַּדְתִּי לָךְ וַיֵּלֶךְ
שֶׁפִי׃ וַיִּקָּר אֱלֹהִים אֶל־בִּלְעָם וַיֹּאמֶר אֵלָיו אֶת־שִׁבְעַת הַמִּזְבְּחֹת ד
עָרַכְתִּי וָאַעַל פַּר וָאַיִל בַּמִּזְבֵּחַ׃ וַיָּשֶׂם יְהוָה דָּבָר בְּפִי בִלְעָם ה
וַיֹּאמֶר שׁוּב אֶל־בָּלָק וְכֹה תְדַבֵּר׃ וַיָּשָׁב אֵלָיו וְהִנֵּה נִצָּב עַל־ ו
עֹלָתוֹ הוּא וְכָל־שָׂרֵי מוֹאָב׃ וַיִּשָּׂא מְשָׁלוֹ וַיֹּאמַר מִן־אֲרָם ז
יַנְחֵנִי בָלָק מֶלֶךְ־מוֹאָב מֵהַרְרֵי־קֶדֶם לְכָה אָרָה־לִּי יַעֲקֹב וּלְכָה
זֹעֲמָה יִשְׂרָאֵל׃ מָה אֶקֹּב לֹא קַבֹּה אֵל וּמָה אֶזְעֹם לֹא זָעַם ח
יְהוָה׃ כִּי־מֵרֹאשׁ צֻרִים אֶרְאֶנּוּ וּמִגְּבָעוֹת אֲשׁוּרֶנּוּ הֶן־עָם ט
כ לְבָדָד יִשְׁכֹּן וּבַגּוֹיִם לֹא יִתְחַשָּׁב׃ מִי מָנָה עֲפַר יַעֲקֹב וּמִסְפָּר י
אֶת־רֹבַע יִשְׂרָאֵל תָּמֹת נַפְשִׁי מוֹת יְשָׁרִים וּתְהִי אַחֲרִיתִי
כָּמֹהוּ׃ וַיֹּאמֶר בָּלָק אֶל־בִּלְעָם מֶה עָשִׂיתָ לִי לָקֹב אֹיְבַי יא
לְקַחְתִּיךָ וְהִנֵּה בֵּרַכְתָּ בָרֵךְ׃ וַיַּעַן וַיֹּאמַר הֲלֹא אֵת אֲשֶׁר יָשִׂים יב
חמישי יְהוָה בְּפִי אֹתוֹ אֶשְׁמֹר לְדַבֵּר׃ וַיֹּאמֶר אֵלָיו בָּלָק לְךָ־נָּא אִתִּי יג
אֶל־מָקוֹם אַחֵר אֲשֶׁר תִּרְאֶנּוּ מִשָּׁם אֶפֶס קָצֵהוּ תִרְאֶה וְכֻלּוֹ
לֹא תִרְאֶה וְקָבְנוֹ־לִי מִשָּׁם׃ וַיִּקָּחֵהוּ שְׂדֵה צֹפִים אֶל־רֹאשׁ יד
הַפִּסְגָּה וַיִּבֶן שִׁבְעָה מִזְבְּחֹת וַיַּעַל פַּר וָאַיִל בַּמִּזְבֵּחַ׃ וַיֹּאמֶר טו

טז אֶל־בָּלָק הִתְיַצֵּב כֹּה עַל־עֹלָתֶךָ וְאָנֹכִי אִקָּרֶה כֹּה׃ וַיִּקָּר יְהוָה
אֶל־בִּלְעָם וַיָּשֶׂם דָּבָר בְּפִיו וַיֹּאמֶר שׁוּב אֶל־בָּלָק וְכֹה תְדַבֵּר׃
יז וַיָּבֹא אֵלָיו וְהִנּוֹ נִצָּב עַל־עֹלָתוֹ וְשָׂרֵי מוֹאָב אִתּוֹ וַיֹּאמֶר לוֹ
יח בָּלָק מַה־דִּבֶּר יְהוָה׃ וַיִּשָּׂא מְשָׁלוֹ וַיֹּאמַר קוּם בָּלָק וּשְׁמָע
יט הַאֲזִינָה עָדַי בְּנוֹ צִפֹּר׃ לֹא אִישׁ אֵל וִיכַזֵּב וּבֶן־אָדָם וְיִתְנֶחָם
כ הַהוּא אָמַר וְלֹא יַעֲשֶׂה וְדִבֶּר וְלֹא יְקִימֶנָּה׃ הִנֵּה בָרֵךְ לָקָחְתִּי
כא וּבֵרֵךְ וְלֹא אֲשִׁיבֶנָּה׃ לֹא־הִבִּיט אָוֶן בְּיַעֲקֹב וְלֹא־רָאָה עָמָל
כב בְּיִשְׂרָאֵל יְהוָה אֱלֹהָיו עִמּוֹ וּתְרוּעַת מֶלֶךְ בּוֹ׃ אֵל מוֹצִיאָם
כג מִמִּצְרָיִם כְּתוֹעֲפֹת רְאֵם לוֹ׃ כִּי לֹא־נַחַשׁ בְּיַעֲקֹב וְלֹא־קֶסֶם
כד בְּיִשְׂרָאֵל כָּעֵת יֵאָמֵר לְיַעֲקֹב וּלְיִשְׂרָאֵל מַה־פָּעַל אֵל׃ הֶן־עָם
כְּלָבִיא יָקוּם וְכַאֲרִי יִתְנַשָּׂא לֹא יִשְׁכַּב עַד־יֹאכַל טֶרֶף וְדַם־
כה חֲלָלִים יִשְׁתֶּה׃ וַיֹּאמֶר בָּלָק אֶל־בִּלְעָם גַּם־קֹב לֹא תִקֳּבֶנּוּ
כו גַּם־בָּרֵךְ לֹא תְבָרְכֶנּוּ׃ וַיַּעַן בִּלְעָם וַיֹּאמֶר אֶל־בָּלָק הֲלֹא
כז דִּבַּרְתִּי אֵלֶיךָ לֵאמֹר כֹּל אֲשֶׁר־יְדַבֵּר יְהוָה אֹתוֹ אֶעֱשֶׂה׃ וַיֹּאמֶר ששי /שביעי/
בָּלָק אֶל־בִּלְעָם לְכָה־נָּא אֶקָּחֲךָ אֶל־מָקוֹם אַחֵר אוּלַי יִישַׁר בְּעֵינֵי
כח הָאֱלֹהִים וְקַבֹּתוֹ לִי מִשָּׁם׃ וַיִּקַּח בָּלָק אֶת־בִּלְעָם רֹאשׁ הַפְּעוֹר
כט הַנִּשְׁקָף עַל־פְּנֵי הַיְשִׁימֹן׃ וַיֹּאמֶר בִּלְעָם אֶל־בָּלָק בְּנֵה־לִי בָזֶה
ל שִׁבְעָה מִזְבְּחֹת וְהָכֵן לִי בָּזֶה שִׁבְעָה פָרִים וְשִׁבְעָה אֵילִם׃ וַיַּעַשׂ
כד א בָּלָק כַּאֲשֶׁר אָמַר בִּלְעָם וַיַּעַל פַּר וָאַיִל בַּמִּזְבֵּחַ׃ וַיַּרְא בִּלְעָם כִּי
טוֹב בְּעֵינֵי יְהוָה לְבָרֵךְ אֶת־יִשְׂרָאֵל וְלֹא־הָלַךְ כְּפַעַם־בְּפַעַם
ב לִקְרַאת נְחָשִׁים וַיָּשֶׁת אֶל־הַמִּדְבָּר פָּנָיו׃ וַיִּשָּׂא בִלְעָם אֶת־עֵינָיו
ג וַיַּרְא אֶת־יִשְׂרָאֵל שֹׁכֵן לִשְׁבָטָיו וַתְּהִי עָלָיו רוּחַ אֱלֹהִים׃ וַיִּשָּׂא
מְשָׁלוֹ וַיֹּאמַר נְאֻם בִּלְעָם בְּנוֹ בְעֹר וּנְאֻם הַגֶּבֶר שְׁתֻם הָעָיִן׃
ד נְאֻם שֹׁמֵעַ אִמְרֵי־אֵל אֲשֶׁר מַחֲזֵה שַׁדַּי יֶחֱזֶה נֹפֵל וּגְלוּי עֵינָיִם׃
ה ו מַה־טֹּבוּ אֹהָלֶיךָ יַעֲקֹב מִשְׁכְּנֹתֶיךָ יִשְׂרָאֵל׃ כִּנְחָלִים נִטָּיוּ כְּגַנֹּת
ז עֲלֵי נָהָר כַּאֲהָלִים נָטַע יְהוָה כַּאֲרָזִים עֲלֵי־מָיִם׃ יִזַּל־מַיִם
מִדָּלְיָו וְזַרְעוֹ בְּמַיִם רַבִּים וְיָרֹם מֵאֲגַג מַלְכּוֹ וְתִנַּשֵּׂא מַלְכֻתוֹ׃

ח אֵל מוֹצִיאוֹ מִמִּצְרַיִם כְּתוֹעֲפֹת רְאֵם לוֹ יֹאכַל גּוֹיִם צָרָיו
ט וְעַצְמֹתֵיהֶם יְגָרֵם וְחִצָּיו יִמְחָץ: כָּרַע שָׁכַב כַּאֲרִי וּכְלָבִיא מִי
י יְקִימֶנּוּ מְבָרְכֶיךָ בָרוּךְ וְאֹרְרֶיךָ אָרוּר: וַיִּחַר־אַף בָּלָק אֶל־
בִּלְעָם וַיִּסְפֹּק אֶת־כַּפָּיו וַיֹּאמֶר בָּלָק אֶל־בִּלְעָם לָקֹב אֹיְבַי
יא קְרָאתִיךָ וְהִנֵּה בֵּרַכְתָּ בָרֵךְ זֶה שָׁלֹשׁ פְּעָמִים: וְעַתָּה בְּרַח־לְךָ
אֶל־מְקוֹמֶךָ אָמַרְתִּי כַּבֵּד אֲכַבֶּדְךָ וְהִנֵּה מְנָעֲךָ יְהוָה מִכָּבוֹד:
יב וַיֹּאמֶר בִּלְעָם אֶל־בָּלָק הֲלֹא גַּם אֶל־מַלְאָכֶיךָ אֲשֶׁר־שָׁלַחְתָּ
יג אֵלַי דִּבַּרְתִּי לֵאמֹר: אִם־יִתֶּן־לִי בָלָק מְלֹא בֵיתוֹ כֶּסֶף וְזָהָב
לֹא אוּכַל לַעֲבֹר אֶת־פִּי יְהוָה לַעֲשׂוֹת טוֹבָה אוֹ רָעָה מִלִּבִּי
יד אֲשֶׁר־יְדַבֵּר יְהוָה אֹתוֹ אֲדַבֵּר: וְעַתָּה הִנְנִי הוֹלֵךְ לְעַמִּי לְכָה שביעי
טו אִיעָצְךָ אֲשֶׁר יַעֲשֶׂה הָעָם הַזֶּה לְעַמְּךָ בְּאַחֲרִית הַיָּמִים: וַיִּשָּׂא
מְשָׁלוֹ וַיֹּאמַר נְאֻם בִּלְעָם בְּנוֹ בְעֹר וּנְאֻם הַגֶּבֶר שְׁתֻם הָעָיִן:
טז נְאֻם שֹׁמֵעַ אִמְרֵי־אֵל וְיֹדֵעַ דַּעַת עֶלְיוֹן מַחֲזֵה שַׁדַּי יֶחֱזֶה נֹפֵל
יז וּגְלוּי עֵינָיִם: אֶרְאֶנּוּ וְלֹא עַתָּה אֲשׁוּרֶנּוּ וְלֹא קָרוֹב דָּרַךְ כּוֹכָב
מִיַּעֲקֹב וְקָם שֵׁבֶט מִיִּשְׂרָאֵל וּמָחַץ פַּאֲתֵי מוֹאָב וְקַרְקַר כָּל־
יח בְּנֵי־שֵׁת: וְהָיָה אֱדוֹם יְרֵשָׁה וְהָיָה יְרֵשָׁה שֵׂעִיר אֹיְבָיו וְיִשְׂרָאֵל
יט כ עֹשֶׂה חָיִל: וְיֵרְדְּ מִיַּעֲקֹב וְהֶאֱבִיד שָׂרִיד מֵעִיר: וַיַּרְא אֶת־
עֲמָלֵק וַיִּשָּׂא מְשָׁלוֹ וַיֹּאמַר רֵאשִׁית גּוֹיִם עֲמָלֵק וְאַחֲרִיתוֹ עֲדֵי
כא אֹבֵד: וַיַּרְא אֶת־הַקֵּינִי וַיִּשָּׂא מְשָׁלוֹ וַיֹּאמַר אֵיתָן מוֹשָׁבֶךָ וְשִׂים
כב בַּסֶּלַע קִנֶּךָ: כִּי אִם־יִהְיֶה לְבָעֵר קָיִן עַד־מָה אַשּׁוּר תִּשְׁבֶּךָּ:
כג כד וַיִּשָּׂא מְשָׁלוֹ וַיֹּאמַר אוֹי מִי יִחְיֶה מִשֻּׂמוֹ אֵל: וְצִים מִיַּד כִּתִּים
כה וְעִנּוּ אַשּׁוּר וְעִנּוּ־עֵבֶר וְגַם־הוּא עֲדֵי אֹבֵד: וַיָּקָם בִּלְעָם וַיֵּלֶךְ
וַיָּשָׁב לִמְקֹמוֹ וְגַם־בָּלָק הָלַךְ לְדַרְכּוֹ:

כה א וַיֵּשֶׁב יִשְׂרָאֵל בַּשִּׁטִּים וַיָּחֶל הָעָם לִזְנוֹת אֶל־בְּנוֹת מוֹאָב: כא
ב וַתִּקְרֶאןָ לָעָם לְזִבְחֵי אֱלֹהֵיהֶן וַיֹּאכַל הָעָם וַיִּשְׁתַּחֲווּ לֵאלֹהֵיהֶן:
ג ד וַיִּצָּמֶד יִשְׂרָאֵל לְבַעַל פְּעוֹר וַיִּחַר־אַף יְהוָה בְּיִשְׂרָאֵל: וַיֹּאמֶר
יְהוָה אֶל־מֹשֶׁה קַח אֶת־כָּל־רָאשֵׁי הָעָם וְהוֹקַע אוֹתָם לַיהוָה

ה נֶגֶד הַשָּׁמֶשׁ וְיָשֹׁב חֲרוֹן אַף־יְהוָה מִיִּשְׂרָאֵל׃ וַיֹּאמֶר מֹשֶׁה אֶל־
ו שֹׁפְטֵי יִשְׂרָאֵל הִרְגוּ אִישׁ אֲנָשָׁיו הַנִּצְמָדִים לְבַעַל פְּעוֹר׃ וְהִנֵּה
אִישׁ מִבְּנֵי יִשְׂרָאֵל בָּא וַיַּקְרֵב אֶל־אֶחָיו אֶת־הַמִּדְיָנִית לְעֵינֵי
מֹשֶׁה וּלְעֵינֵי כָּל־עֲדַת בְּנֵי־יִשְׂרָאֵל וְהֵמָּה בֹכִים פֶּתַח אֹהֶל
ז מוֹעֵד׃ וַיַּרְא פִּינְחָס בֶּן־אֶלְעָזָר בֶּן־אַהֲרֹן הַכֹּהֵן וַיָּקָם מִתּוֹךְ מפטיר
ח הָעֵדָה וַיִּקַּח רֹמַח בְּיָדוֹ׃ וַיָּבֹא אַחַר אִישׁ־יִשְׂרָאֵל אֶל־הַקֻּבָּה
וַיִּדְקֹר אֶת־שְׁנֵיהֶם אֵת אִישׁ יִשְׂרָאֵל וְאֶת־הָאִשָּׁה אֶל־קֳבָתָהּ
ט וַתֵּעָצַר הַמַּגֵּפָה מֵעַל בְּנֵי יִשְׂרָאֵל׃ וַיִּהְיוּ הַמֵּתִים בַּמַּגֵּפָה אַרְבָּעָה
וְעֶשְׂרִים אָלֶף׃
י יא וַיְדַבֵּר יְהוָה אֶל־מֹשֶׁה לֵּאמֹר׃ פִּינְחָס בֶּן־אֶלְעָזָר בֶּן־אַהֲרֹן הַכֹּהֵן כב פינחס
הֵשִׁיב אֶת־חֲמָתִי מֵעַל בְּנֵי־יִשְׂרָאֵל בְּקַנְאוֹ אֶת־קִנְאָתִי בְּתוֹכָם
יב וְלֹא־כִלִּיתִי אֶת־בְּנֵי־יִשְׂרָאֵל בְּקִנְאָתִי׃ לָכֵן אֱמֹר הִנְנִי נֹתֵן לוֹ
יג אֶת־בְּרִיתִי שָׁלוֹם׃ וְהָיְתָה לּוֹ וּלְזַרְעוֹ אַחֲרָיו בְּרִית כְּהֻנַּת עוֹלָם
יד תַּחַת אֲשֶׁר קִנֵּא לֵאלֹהָיו וַיְכַפֵּר עַל־בְּנֵי יִשְׂרָאֵל׃ וְשֵׁם אִישׁ
יִשְׂרָאֵל הַמֻּכֶּה אֲשֶׁר הֻכָּה אֶת־הַמִּדְיָנִית זִמְרִי בֶּן־סָלוּא נְשִׂיא
טו בֵית־אָב לַשִּׁמְעֹנִי׃ וְשֵׁם הָאִשָּׁה הַמֻּכָּה הַמִּדְיָנִית כָּזְבִּי בַת־
צוּר רֹאשׁ אֻמּוֹת בֵּית־אָב בְּמִדְיָן הוּא׃

נקמת ישראל במדין
במדבר לא, א–נד

טז יז וַיְדַבֵּר יְהוָה אֶל־מֹשֶׁה לֵּאמֹר׃ צָרוֹר אֶת־הַמִּדְיָנִים וְהִכִּיתֶם
יח אוֹתָם׃ כִּי צֹרְרִים הֵם לָכֶם בְּנִכְלֵיהֶם אֲשֶׁר־נִכְּלוּ לָכֶם עַל־דְּבַר
פְּעוֹר וְעַל־דְּבַר כָּזְבִּי בַת־נְשִׂיא מִדְיָן אֲחֹתָם הַמֻּכָּה בְיוֹם־
כו א הַמַּגֵּפָה עַל־דְּבַר פְּעוֹר׃ וַיְהִי אַחֲרֵי הַמַּגֵּפָה
וַיֹּאמֶר יְהוָה אֶל־מֹשֶׁה וְאֶל אֶלְעָזָר בֶּן־אַהֲרֹן הַכֹּהֵן לֵאמֹר׃
ב שְׂאוּ אֶת־רֹאשׁ ׀ כָּל־עֲדַת בְּנֵי־יִשְׂרָאֵל מִבֶּן עֶשְׂרִים שָׁנָה וָמַעְלָה

בני ראובן ויצאיו
בראשית מו, ט
שמות ו, יד
דה"א ה, ג–ט

ג לְבֵית אֲבֹתָם כָּל־יֹצֵא צָבָא בְּיִשְׂרָאֵל׃ וַיְדַבֵּר מֹשֶׁה וְאֶלְעָזָר
ד הַכֹּהֵן אֹתָם בְּעַרְבֹת מוֹאָב עַל־יַרְדֵּן יְרֵחוֹ לֵאמֹר׃ מִבֶּן עֶשְׂרִים
שָׁנָה וָמָעְלָה כַּאֲשֶׁר צִוָּה יְהוָה אֶת־מֹשֶׁה וּבְנֵי יִשְׂרָאֵל הַיֹּצְאִים
ה מֵאֶרֶץ מִצְרָיִם׃ רְאוּבֵן בְּכוֹר יִשְׂרָאֵל בְּנֵי רְאוּבֵן חֲנוֹךְ מִשְׁפַּחַת שני

ו הַחֲנֹכִי לְפַלּוּא מִשְׁפַּחַת הַפַּלֻּאִי: לְחֶצְרֹן מִשְׁפַּחַת הַחֶצְרוֹנִי
ז לְכַרְמִי מִשְׁפַּחַת הַכַּרְמִי: אֵלֶּה מִשְׁפְּחֹת הָרֻאוּבֵנִי וַיִּהְיוּ פְקֻדֵיהֶם
ח שְׁלֹשָׁה וְאַרְבָּעִים אֶלֶף וּשְׁבַע מֵאוֹת וּשְׁלֹשִׁים: וּבְנֵי פַלּוּא
ט אֱלִיאָב: וּבְנֵי אֱלִיאָב נְמוּאֵל וְדָתָן וַאֲבִירָם הוּא־דָתָן וַאֲבִירָם
קרואֵי הָעֵדָה אֲשֶׁר הִצּוּ עַל־מֹשֶׁה וְעַל־אַהֲרֹן בַּעֲדַת־קֹרַח
י בְּהַצֹּתָם עַל־יְהוָה: וַתִּפְתַּח הָאָרֶץ אֶת־פִּיהָ וַתִּבְלַע אֹתָם
וְאֶת־קֹרַח בְּמוֹת הָעֵדָה בַּאֲכֹל הָאֵשׁ אֵת חֲמִשִּׁים וּמָאתַיִם
יא יב אִישׁ וַיִּהְיוּ לְנֵס: וּבְנֵי־קֹרַח לֹא־מֵתוּ: בְּנֵי שִׁמְעוֹן
לְמִשְׁפְּחֹתָם לִנְמוּאֵל מִשְׁפַּחַת הַנְּמוּאֵלִי לְיָמִין מִשְׁפַּחַת הַיָּמִינִי
יג לְיָכִין מִשְׁפַּחַת הַיָּכִינִי: לְזֶרַח מִשְׁפַּחַת הַזַּרְחִי לְשָׁאוּל מִשְׁפַּחַת
יד הַשָּׁאוּלִי: אֵלֶּה מִשְׁפְּחֹת הַשִּׁמְעֹנִי שְׁנַיִם וְעֶשְׂרִים אֶלֶף
טו וּמָאתָיִם: בְּנֵי גָד לְמִשְׁפְּחֹתָם לִצְפוֹן מִשְׁפַּחַת הַצְּפוֹנִי
טז לְחַגִּי מִשְׁפַּחַת הַחַגִּי לְשׁוּנִי מִשְׁפַּחַת הַשּׁוּנִי: לְאָזְנִי מִשְׁפַּחַת
יז הָאָזְנִי לְעֵרִי מִשְׁפַּחַת הָעֵרִי: לַאֲרוֹד מִשְׁפַּחַת הָאֲרוֹדִי לְאַרְאֵלִי
יח מִשְׁפַּחַת הָאַרְאֵלִי: אֵלֶּה מִשְׁפְּחֹת בְּנֵי־גָד לִפְקֻדֵיהֶם אַרְבָּעִים
יט אֶלֶף וַחֲמֵשׁ מֵאוֹת: בְּנֵי יְהוּדָה עֵר וְאוֹנָן וַיָּמָת
כ עֵר וְאוֹנָן בְּאֶרֶץ כְּנָעַן: וַיִּהְיוּ בְנֵי־יְהוּדָה לְמִשְׁפְּחֹתָם לְשֵׁלָה
מִשְׁפַּחַת הַשֵּׁלָנִי לְפֶרֶץ מִשְׁפַּחַת הַפַּרְצִי לְזֶרַח מִשְׁפַּחַת הַזַּרְחִי:
כא וַיִּהְיוּ בְנֵי־פֶרֶץ לְחֶצְרֹן מִשְׁפַּחַת הַחֶצְרֹנִי לְחָמוּל מִשְׁפַּחַת הֶחָמוּלִי:
כב אֵלֶּה מִשְׁפְּחֹת יְהוּדָה לִפְקֻדֵיהֶם שִׁשָּׁה וְשִׁבְעִים אֶלֶף וַחֲמֵשׁ
כג מֵאוֹת: בְּנֵי יִשָּׂשכָר לְמִשְׁפְּחֹתָם תּוֹלָע מִשְׁפַּחַת
כד הַתּוֹלָעִי לְפֻוָה מִשְׁפַּחַת הַפּוּנִי: לְיָשׁוּב מִשְׁפַּחַת הַיָּשֻׁבִי לְשִׁמְרֹן
כה מִשְׁפַּחַת הַשִּׁמְרֹנִי: אֵלֶּה מִשְׁפְּחֹת יִשָּׂשכָר לִפְקֻדֵיהֶם אַרְבָּעָה
כו וְשִׁשִּׁים אֶלֶף וּשְׁלֹשׁ מֵאוֹת: בְּנֵי זְבוּלֻן לְמִשְׁפְּחֹתָם
לְסֶרֶד מִשְׁפַּחַת הַסַּרְדִּי לְאֵלוֹן מִשְׁפַּחַת הָאֵלֹנִי לְיַחְלְאֵל מִשְׁפַּחַת
כז הַיַּחְלְאֵלִי: אֵלֶּה מִשְׁפְּחֹת הַזְּבוּלֹנִי לִפְקֻדֵיהֶם שִׁשִּׁים אֶלֶף וַחֲמֵשׁ
כח מֵאוֹת: בְּנֵי יוֹסֵף לְמִשְׁפְּחֹתָם מְנַשֶּׁה וְאֶפְרָיִם:

מפקד שבט ראובן
במדבר א, כ–כא

קְרִיאֵי

דתן ואבירם נבלעים באדמה
במדבר טז, לא–לג

בני שמעון וצאצאיו
בראשית מו, י
שמות ו, טו
דה"א ד, כד–כז

מפקד שבט שמעון
במדבר א, כב–כג

בני גד וצאצאיו
בראשית מו, טז
דה"א ה, יא–טו

מפקד שבט גד
במדבר א, כד–כה

בני יהודה וצאצאיו
בראשית לח; מו, יב
דה"א ב, ג–ה

מפקד שבט יהודה
במדבר א, כו–כז

בני יששכר וצאצאיו
בראשית מו, יג
דה"א ז, א–ה

מפקד שבט יששכר
במדבר א, כח–כט
דה"א ז, ה

בני זבולון
בראשית מו, יד

מפקד שבט זבולון
במדבר א, ל–לא

כט בְּנֵי מְנַשֶּׁה לְמָכִיר מִשְׁפַּחַת הַמָּכִירִי וּמָכִיר הוֹלִיד אֶת־גִּלְעָד
ל לְגִלְעָד מִשְׁפַּחַת הַגִּלְעָדִי: אֵלֶּה בְּנֵי גִלְעָד אִיעֶזֶר מִשְׁפַּחַת
לא הָאִיעֶזְרִי לְחֵלֶק מִשְׁפַּחַת הַחֶלְקִי: וְאַשְׂרִיאֵל מִשְׁפַּחַת הָאַשְׂרְאֵלִי
לב וְשֶׁכֶם מִשְׁפַּחַת הַשִּׁכְמִי: וּשְׁמִידָע מִשְׁפַּחַת הַשְּׁמִידָעִי וְחֵפֶר
לג מִשְׁפַּחַת הַחֶפְרִי: וּצְלָפְחָד בֶּן־חֵפֶר לֹא־הָיוּ לוֹ בָּנִים כִּי אִם־
בָּנוֹת וְשֵׁם בְּנוֹת צְלָפְחָד מַחְלָה וְנֹעָה חָגְלָה מִלְכָּה וְתִרְצָה:
לד אֵלֶּה מִשְׁפְּחֹת מְנַשֶּׁה וּפְקֻדֵיהֶם שְׁנַיִם וַחֲמִשִּׁים אֶלֶף וּשְׁבַע
לה מֵאוֹת: אֵלֶּה בְנֵי־אֶפְרַיִם לְמִשְׁפְּחֹתָם לְשׁוּתֶלַח
מִשְׁפַּחַת הַשֻּׁתַלְחִי לְבֶכֶר מִשְׁפַּחַת הַבַּכְרִי לְתַחַן מִשְׁפַּחַת
לו לז הַתַּחֲנִי: וְאֵלֶּה בְּנֵי שׁוּתָלַח לְעֵרָן מִשְׁפַּחַת הָעֵרָנִי: אֵלֶּה מִשְׁפְּחֹת
בְּנֵי־אֶפְרַיִם לִפְקֻדֵיהֶם שְׁנַיִם וּשְׁלֹשִׁים אֶלֶף וַחֲמֵשׁ מֵאוֹת אֵלֶּה
לח בְנֵי־יוֹסֵף לְמִשְׁפְּחֹתָם: בְּנֵי בִנְיָמִן לְמִשְׁפְּחֹתָם
לְבֶלַע מִשְׁפַּחַת הַבַּלְעִי לְאַשְׁבֵּל מִשְׁפַּחַת הָאַשְׁבֵּלִי לַאֲחִירָם
לט מִשְׁפַּחַת הָאֲחִירָמִי: לִשְׁפוּפָם מִשְׁפַּחַת הַשּׁוּפָמִי לְחוּפָם מִשְׁפַּחַת
מ הַחוּפָמִי: וַיִּהְיוּ בְנֵי־בֶלַע אַרְדְּ וְנַעֲמָן מִשְׁפַּחַת הָאַרְדִּי לְנַעֲמָן
מא מִשְׁפַּחַת הַנַּעֲמִי: אֵלֶּה בְנֵי־בִנְיָמִן לְמִשְׁפְּחֹתָם וּפְקֻדֵיהֶם חֲמִשָּׁה
מב וְאַרְבָּעִים אֶלֶף וְשֵׁשׁ מֵאוֹת: אֵלֶּה בְנֵי־
דָן לְמִשְׁפְּחֹתָם לְשׁוּחָם מִשְׁפַּחַת הַשּׁוּחָמִי אֵלֶּה מִשְׁפְּחֹת דָּן
מג לְמִשְׁפְּחֹתָם: כָּל־מִשְׁפְּחֹת הַשּׁוּחָמִי לִפְקֻדֵיהֶם אַרְבָּעָה וְשִׁשִּׁים
מד אֶלֶף וְאַרְבַּע מֵאוֹת: בְּנֵי אָשֵׁר לְמִשְׁפְּחֹתָם
לְיִמְנָה מִשְׁפַּחַת הַיִּמְנָה לְיִשְׁוִי מִשְׁפַּחַת הַיִּשְׁוִי לִבְרִיעָה
מה מִשְׁפַּחַת הַבְּרִיעִי: לִבְנֵי בְרִיעָה לְחֶבֶר מִשְׁפַּחַת הַחֶבְרִי
מו מז לְמַלְכִּיאֵל מִשְׁפַּחַת הַמַּלְכִּיאֵלִי: וְשֵׁם בַּת־אָשֵׁר שָׂרַח: אֵלֶּה
מִשְׁפְּחֹת בְּנֵי־אָשֵׁר לִפְקֻדֵיהֶם שְׁלֹשָׁה וַחֲמִשִּׁים אֶלֶף וְאַרְבַּע
מח מֵאוֹת: בְּנֵי נַפְתָּלִי לְמִשְׁפְּחֹתָם לְיַחְצְאֵל מִשְׁפַּחַת
מט הַיַּחְצְאֵלִי לְגוּנִי מִשְׁפַּחַת הַגּוּנִי: לְיֵצֶר מִשְׁפַּחַת הַיִּצְרִי לְשִׁלֵּם
נ מִשְׁפַּחַת הַשִּׁלֵּמִי: אֵלֶּה מִשְׁפְּחֹת נַפְתָּלִי לְמִשְׁפְּחֹתָם וּפְקֻדֵיהֶם

**בני מנשה וצאצאיו** דה״א ה, כד; ז, יד–יט

**משפחת צלפחד** במדבר כז, א; יהושע יז, ג

**מפקד שבט מנשה** במדבר א, לד–לה

**בני אפרים וצאצאיו** דה״א ז, כ–כז

**מפקד שבט אפרים** במדבר א, לב–לג

**בני בנימין וצאצאיו** בראשית מו, כא; דה״א ז, ו–יב; ח, א–מ

**מפקד שבט בנימין** במדבר א, לו–לז

**בני דן** בראשית מו, כג

**מפקד שבט דן** במדבר א, לח–לט

**בני אשר וצאצאיו** בראשית מו, יז; דה״א ז, ל–מ

**מפקד שבט אשר** במדבר א, מ–מא; דה״א ז, מ

**בני נפתלי וצאצאיו** בראשית מו, כד; דה״א ז, יג

**מפקד שבט נפתלי** במדבר א, מב–מג

נא חֲמִשָּׁה וְאַרְבָּעִים אֶלֶף וְאַרְבַּע מֵאוֹת׃ אֵלֶּה פְּקוּדֵי בְּנֵי יִשְׂרָאֵל
שֵׁשׁ־מֵאוֹת אֶלֶף וָאָלֶף שְׁבַע מֵאוֹת וּשְׁלֹשִׁים׃
נב נג וַיְדַבֵּר יְהוָה אֶל־מֹשֶׁה לֵּאמֹר׃ לָאֵלֶּה תֵּחָלֵק הָאָרֶץ בְּנַחֲלָה
נד בְּמִסְפַּר שֵׁמוֹת׃ לָרַב תַּרְבֶּה נַחֲלָתוֹ וְלַמְעַט תַּמְעִיט נַחֲלָתוֹ
נה אִישׁ לְפִי פְקֻדָיו יֻתַּן נַחֲלָתוֹ׃ אַךְ־בְּגוֹרָל יֵחָלֵק אֶת־הָאָרֶץ
נו לִשְׁמוֹת מַטּוֹת־אֲבֹתָם יִנְחָלוּ׃ עַל־פִּי הַגּוֹרָל תֵּחָלֵק נַחֲלָתוֹ
נז בֵּין רַב לִמְעָט׃ וְאֵלֶּה פְקוּדֵי הַלֵּוִי לְמִשְׁפְּחֹתָם
לְגֵרְשׁוֹן מִשְׁפַּחַת הַגֵּרְשֻׁנִּי לִקְהָת מִשְׁפַּחַת הַקְּהָתִי לִמְרָרִי
נח מִשְׁפַּחַת הַמְּרָרִי׃ אֵלֶּה ׀ מִשְׁפְּחֹת לֵוִי מִשְׁפַּחַת הַלִּבְנִי מִשְׁפַּחַת
הַחֶבְרֹנִי מִשְׁפַּחַת הַמַּחְלִי מִשְׁפַּחַת הַמּוּשִׁי מִשְׁפַּחַת הַקָּרְחִי
נט וּקְהָת הוֹלִד אֶת־עַמְרָם׃ וְשֵׁם ׀ אֵשֶׁת עַמְרָם יוֹכֶבֶד בַּת־לֵוִי
אֲשֶׁר יָלְדָה אֹתָהּ לְלֵוִי בְּמִצְרָיִם וַתֵּלֶד לְעַמְרָם אֶת־אַהֲרֹן וְאֶת־
ס מֹשֶׁה וְאֵת מִרְיָם אֲחֹתָם׃ וַיִּוָּלֵד לְאַהֲרֹן אֶת־נָדָב וְאֶת־אֲבִיהוּא
סא אֶת־אֶלְעָזָר וְאֶת־אִיתָמָר׃ וַיָּמָת נָדָב וַאֲבִיהוּא בְּהַקְרִיבָם
סב אֵשׁ־זָרָה לִפְנֵי יְהוָה׃ וַיִּהְיוּ פְקֻדֵיהֶם שְׁלֹשָׁה וְעֶשְׂרִים אֶלֶף כָּל־
זָכָר מִבֶּן־חֹדֶשׁ וָמָעְלָה כִּי ׀ לֹא הָתְפָּקְדוּ בְּתוֹךְ בְּנֵי יִשְׂרָאֵל כִּי
סג לֹא־נִתַּן לָהֶם נַחֲלָה בְּתוֹךְ בְּנֵי יִשְׂרָאֵל׃ אֵלֶּה פְּקוּדֵי מֹשֶׁה
וְאֶלְעָזָר הַכֹּהֵן אֲשֶׁר פָּקְדוּ אֶת־בְּנֵי יִשְׂרָאֵל בְּעַרְבֹת מוֹאָב
סד עַל יַרְדֵּן יְרֵחוֹ׃ וּבְאֵלֶּה לֹא־הָיָה אִישׁ מִפְּקוּדֵי מֹשֶׁה וְאַהֲרֹן
סה הַכֹּהֵן אֲשֶׁר פָּקְדוּ אֶת־בְּנֵי יִשְׂרָאֵל בְּמִדְבַּר סִינָי׃ כִּי־אָמַר יְהוָה
לָהֶם מוֹת יָמֻתוּ בַּמִּדְבָּר וְלֹא־נוֹתַר מֵהֶם אִישׁ כִּי אִם־כָּלֵב
כז א בֶּן־יְפֻנֶּה וִיהוֹשֻׁעַ בִּן־נוּן׃ וַתִּקְרַבְנָה בְּנוֹת צְלָפְחָד
בֶּן־חֵפֶר בֶּן־גִּלְעָד בֶּן־מָכִיר בֶּן־מְנַשֶּׁה לְמִשְׁפְּחֹת מְנַשֶּׁה בֶן־
יוֹסֵף וְאֵלֶּה שְׁמוֹת בְּנֹתָיו מַחְלָה נֹעָה וְחָגְלָה וּמִלְכָּה וְתִרְצָה׃
ב וַתַּעֲמֹדְנָה לִפְנֵי מֹשֶׁה וְלִפְנֵי אֶלְעָזָר הַכֹּהֵן וְלִפְנֵי הַנְּשִׂיאִם וְכָל־
ג הָעֵדָה פֶּתַח אֹהֶל־מוֹעֵד לֵאמֹר׃ אָבִינוּ מֵת בַּמִּדְבָּר וְהוּא לֹא־
הָיָה בְּתוֹךְ הָעֵדָה הַנּוֹעָדִים עַל־יְהוָה בַּעֲדַת־קֹרַח כִּי־בְחֶטְאוֹ

סך כל פקודי ישראל
שמות לח, כו
במדבר א, מד–מו; ב, לב

שלישי כג

בני לוי וצאצאיו
בראשית מו, יא
שמות ו, טז–כה
במדבר ג, יז–כ
דה"א ה, כז – ו, טו; כג, ז–כג

מות נדב ואביהוא
ויקרא י, א–ב

מפקד שבט לוי
במדבר ג, יד–לט
דה"א כג, ג

נחלת בנות צלפחד
במדבר לו, א–יב
יהושע יז, ג–ד

משפחת צלפחד
במדבר כו, לג
יהושע יז, ג

חטא קורח ועדתו
במדבר טז, א–לה

ד מֵת וּבָנִים לֹא־הָיוּ לוֹ׃ לָמָּה יִגָּרַע שֵׁם־אָבִינוּ מִתּוֹךְ מִשְׁפַּחְתּוֹ
ה כִּי אֵין לוֹ בֵּן תְּנָה־לָּנוּ אֲחֻזָּה בְּתוֹךְ אֲחֵי אָבִינוּ׃ וַיַּקְרֵב מֹשֶׁה
אֶת־מִשְׁפָּטָן לִפְנֵי יְהוָה׃
ו ז וַיֹּאמֶר יְהוָה אֶל־מֹשֶׁה לֵּאמֹר׃ כֵּן בְּנוֹת צְלָפְחָד דֹּבְרֹת נָתֹן תִּתֵּן רביעי
לָהֶם אֲחֻזַּת נַחֲלָה בְּתוֹךְ אֲחֵי אֲבִיהֶם וְהַעֲבַרְתָּ אֶת־נַחֲלַת
ח אֲבִיהֶן לָהֶן׃ וְאֶל־בְּנֵי יִשְׂרָאֵל תְּדַבֵּר לֵאמֹר אִישׁ כִּי־יָמוּת וּבֵן
ט אֵין לוֹ וְהַעֲבַרְתֶּם אֶת־נַחֲלָתוֹ לְבִתּוֹ׃ וְאִם־אֵין לוֹ בַּת וּנְתַתֶּם
י אֶת־נַחֲלָתוֹ לְאֶחָיו׃ וְאִם־אֵין לוֹ אַחִים וּנְתַתֶּם אֶת־נַחֲלָתוֹ
יא לַאֲחֵי אָבִיו׃ וְאִם־אֵין אַחִים לְאָבִיו וּנְתַתֶּם אֶת־נַחֲלָתוֹ לִשְׁאֵרוֹ
הַקָּרֹב אֵלָיו מִמִּשְׁפַּחְתּוֹ וְיָרַשׁ אֹתָהּ וְהָיְתָה לִבְנֵי יִשְׂרָאֵל לְחֻקַּת
מִשְׁפָּט כַּאֲשֶׁר צִוָּה יְהוָה אֶת־מֹשֶׁה׃
יב וַיֹּאמֶר יְהוָה אֶל־מֹשֶׁה עֲלֵה אֶל־הַר הָעֲבָרִים הַזֶּה וּרְאֵה אֶת־
יג הָאָרֶץ אֲשֶׁר נָתַתִּי לִבְנֵי יִשְׂרָאֵל׃ וְרָאִיתָה אֹתָהּ וְנֶאֱסַפְתָּ אֶל־
יד עַמֶּיךָ גַּם־אָתָּה כַּאֲשֶׁר נֶאֱסַף אַהֲרֹן אָחִיךָ׃ כַּאֲשֶׁר מְרִיתֶם פִּי
בְּמִדְבַּר־צִן בִּמְרִיבַת הָעֵדָה לְהַקְדִּישֵׁנִי בַמַּיִם לְעֵינֵיהֶם הֵם מֵי־
טו מְרִיבַת קָדֵשׁ מִדְבַּר־צִן׃ וַיְדַבֵּר מֹשֶׁה אֶל־יְהוָה כד
טז לֵאמֹר׃ יִפְקֹד יְהוָה אֱלֹהֵי הָרוּחֹת לְכָל־בָּשָׂר אִישׁ עַל־הָעֵדָה׃
יז אֲשֶׁר־יֵצֵא לִפְנֵיהֶם וַאֲשֶׁר יָבֹא לִפְנֵיהֶם וַאֲשֶׁר יוֹצִיאֵם וַאֲשֶׁר
יְבִיאֵם וְלֹא תִהְיֶה עֲדַת יְהוָה כַּצֹּאן אֲשֶׁר אֵין־לָהֶם רֹעֶה׃
יח וַיֹּאמֶר יְהוָה אֶל־מֹשֶׁה קַח־לְךָ אֶת־יְהוֹשֻׁעַ בִּן־נוּן אִישׁ אֲשֶׁר־
יט רוּחַ בּוֹ וְסָמַכְתָּ אֶת־יָדְךָ עָלָיו׃ וְהַעֲמַדְתָּ אֹתוֹ לִפְנֵי אֶלְעָזָר
כ הַכֹּהֵן וְלִפְנֵי כָּל־הָעֵדָה וְצִוִּיתָה אֹתוֹ לְעֵינֵיהֶם׃ וְנָתַתָּה מֵהוֹדְךָ
כא עָלָיו לְמַעַן יִשְׁמְעוּ כָּל־עֲדַת בְּנֵי יִשְׂרָאֵל׃ וְלִפְנֵי אֶלְעָזָר הַכֹּהֵן
יַעֲמֹד וְשָׁאַל לוֹ בְּמִשְׁפַּט הָאוּרִים לִפְנֵי יְהוָה עַל־פִּיו יֵצְאוּ וְעַל־
כב פִּיו יָבֹאוּ הוּא וְכָל־בְּנֵי־יִשְׂרָאֵל אִתּוֹ וְכָל־הָעֵדָה׃ וַיַּעַשׂ מֹשֶׁה
כַּאֲשֶׁר צִוָּה יְהוָה אֹתוֹ וַיִּקַּח אֶת־יְהוֹשֻׁעַ וַיַּעֲמִדֵהוּ לִפְנֵי אֶלְעָזָר
כג הַכֹּהֵן וְלִפְנֵי כָּל־הָעֵדָה׃ וַיִּסְמֹךְ אֶת־יָדָיו עָלָיו וַיְצַוֵּהוּ כַּאֲשֶׁר

עליית משה אל הר העברים - הציווי והביצוע
דברים ג, כז; לב, מח–נב; לד, א–ו

פטירת אהרן
במדבר כ, כב–כט; לג, לח–לט

חטא מי מריבה
במדבר כ, ב–יג

דִּבֶּר יְהוָה בְּיַד־מֹשֶׁה׃

חמישי
כח א ב וַיְדַבֵּר יְהוָה אֶל־מֹשֶׁה לֵּאמֹר׃ צַו אֶת־בְּנֵי יִשְׂרָאֵל וְאָמַרְתָּ
אֲלֵהֶם אֶת־קָרְבָּנִי לַחְמִי לְאִשַּׁי רֵיחַ נִיחֹחִי תִּשְׁמְרוּ לְהַקְרִיב
ג לִי בְּמוֹעֲדוֹ׃ וְאָמַרְתָּ לָהֶם זֶה הָאִשֶּׁה אֲשֶׁר תַּקְרִיבוּ לַיהוָה
ד כְּבָשִׂים בְּנֵי־שָׁנָה תְמִימִם שְׁנַיִם לַיּוֹם עֹלָה תָמִיד׃ אֶת־הַכֶּבֶשׂ
אֶחָד תַּעֲשֶׂה בַבֹּקֶר וְאֵת הַכֶּבֶשׂ הַשֵּׁנִי תַּעֲשֶׂה בֵּין הָעַרְבָּיִם׃
ה וַעֲשִׂירִית הָאֵיפָה סֹלֶת לְמִנְחָה בְּלוּלָה בְּשֶׁמֶן כָּתִית רְבִיעִת
ו הַהִין׃ עֹלַת תָּמִיד הָעֲשֻׂיָה בְּהַר סִינַי לְרֵיחַ נִיחֹחַ אִשֶּׁה לַיהוָה׃
ז וְנִסְכּוֹ רְבִיעִת הַהִין לַכֶּבֶשׂ הָאֶחָד בַּקֹּדֶשׁ הַסֵּךְ נֶסֶךְ שֵׁכָר לַיהוָה׃
ח וְאֵת הַכֶּבֶשׂ הַשֵּׁנִי תַּעֲשֶׂה בֵּין הָעַרְבָּיִם כְּמִנְחַת הַבֹּקֶר וּכְנִסְכּוֹ
תַּעֲשֶׂה אִשֵּׁה רֵיחַ נִיחֹחַ לַיהוָה׃

קרבן תמיד
שמות כט,
לח–מב

ט וּבְיוֹם הַשַּׁבָּת שְׁנֵי־כְבָשִׂים בְּנֵי־שָׁנָה תְּמִימִם וּשְׁנֵי עֶשְׂרֹנִים סֹלֶת
י מִנְחָה בְּלוּלָה בַשֶּׁמֶן וְנִסְכּוֹ׃ עֹלַת שַׁבַּת בְּשַׁבַּתּוֹ עַל־עֹלַת
הַתָּמִיד וְנִסְכָּהּ׃

יא וּבְרָאשֵׁי חָדְשֵׁיכֶם תַּקְרִיבוּ עֹלָה לַיהוָה פָּרִים בְּנֵי־בָקָר שְׁנַיִם
יב וְאַיִל אֶחָד כְּבָשִׂים בְּנֵי־שָׁנָה שִׁבְעָה תְּמִימִם׃ וּשְׁלֹשָׁה עֶשְׂרֹנִים
סֹלֶת מִנְחָה בְּלוּלָה בַשֶּׁמֶן לַפָּר הָאֶחָד וּשְׁנֵי עֶשְׂרֹנִים סֹלֶת
יג מִנְחָה בְּלוּלָה בַשֶּׁמֶן לָאַיִל הָאֶחָד׃ וְעִשָּׂרֹן עִשָּׂרוֹן סֹלֶת
מִנְחָה בְּלוּלָה בַשֶּׁמֶן לַכֶּבֶשׂ הָאֶחָד עֹלָה רֵיחַ נִיחֹחַ אִשֶּׁה
יד לַיהוָה׃ וְנִסְכֵּיהֶם חֲצִי הַהִין יִהְיֶה לַפָּר וּשְׁלִישִׁת הַהִין לָאַיִל
וּרְבִיעִת הַהִין לַכֶּבֶשׂ יָיִן זֹאת עֹלַת חֹדֶשׁ בְּחָדְשׁוֹ לְחָדְשֵׁי הַשָּׁנָה׃
טו וּשְׂעִיר עִזִּים אֶחָד לְחַטָּאת לַיהוָה עַל־עֹלַת הַתָּמִיד יֵעָשֶׂה

ששי
טז וְנִסְכּוֹ׃ וּבַחֹדֶשׁ הָרִאשׁוֹן בְּאַרְבָּעָה עָשָׂר יוֹם
יז לַחֹדֶשׁ פֶּסַח לַיהוָה׃ וּבַחֲמִשָּׁה עָשָׂר יוֹם לַחֹדֶשׁ הַזֶּה חָג שִׁבְעַת
יח יָמִים מַצּוֹת יֵאָכֵל׃ בַּיּוֹם הָרִאשׁוֹן מִקְרָא־קֹדֶשׁ כָּל־מְלֶאכֶת
יט עֲבֹדָה לֹא תַעֲשׂוּ׃ וְהִקְרַבְתֶּם אִשֶּׁה עֹלָה לַיהוָה פָּרִים בְּנֵי־
בָקָר שְׁנַיִם וְאַיִל אֶחָד וְשִׁבְעָה כְבָשִׂים בְּנֵי שָׁנָה תְּמִימִם יִהְיוּ

דיני חג הפסח
שמות יב, יד–כ;
יג, ג–י; כג, טו;
לד, יח
ויקרא כג, ד–ח
דברים טז, א–ח

כ לָכֶם׃ וּמִנְחָתָם סֹלֶת בְּלוּלָה בַשָּׁמֶן שְׁלֹשָׁה עֶשְׂרֹנִים לַפָּר וּשְׁנֵי
כא עֶשְׂרֹנִים לָאַיִל תַּעֲשׂוּ׃ עִשָּׂרוֹן עִשָּׂרוֹן תַּעֲשֶׂה לַכֶּבֶשׂ הָאֶחָד
כב כג לְשִׁבְעַת הַכְּבָשִׂים׃ וּשְׂעִיר חַטָּאת אֶחָד לְכַפֵּר עֲלֵיכֶם׃ מִלְּבַד
כד עֹלַת הַבֹּקֶר אֲשֶׁר לְעֹלַת הַתָּמִיד תַּעֲשׂוּ אֶת־אֵלֶּה׃ כָּאֵלֶּה
תַּעֲשׂוּ לַיּוֹם שִׁבְעַת יָמִים לֶחֶם אִשֵּׁה רֵיחַ־נִיחֹחַ לַיהוָה עַל־
כה עוֹלַת הַתָּמִיד יֵעָשֶׂה וְנִסְכּוֹ׃ וּבַיּוֹם הַשְּׁבִיעִי מִקְרָא־קֹדֶשׁ יִהְיֶה
כו לָכֶם כָּל־מְלֶאכֶת עֲבֹדָה לֹא תַעֲשׂוּ׃ וּבְיוֹם כה
הַבִּכּוּרִים בְּהַקְרִיבְכֶם מִנְחָה חֲדָשָׁה לַיהוָה בְּשָׁבֻעֹתֵיכֶם
מִקְרָא־קֹדֶשׁ יִהְיֶה לָכֶם כָּל־מְלֶאכֶת עֲבֹדָה לֹא תַעֲשׂוּ׃
כז וְהִקְרַבְתֶּם עוֹלָה לְרֵיחַ נִיחֹחַ לַיהוָה פָּרִים בְּנֵי־בָקָר שְׁנַיִם אַיִל
כח אֶחָד שִׁבְעָה כְבָשִׂים בְּנֵי שָׁנָה׃ וּמִנְחָתָם סֹלֶת בְּלוּלָה בַשָּׁמֶן
כט שְׁלֹשָׁה עֶשְׂרֹנִים לַפָּר הָאֶחָד שְׁנֵי עֶשְׂרֹנִים לָאַיִל הָאֶחָד׃ עִשָּׂרוֹן
ל עִשָּׂרוֹן לַכֶּבֶשׂ הָאֶחָד לְשִׁבְעַת הַכְּבָשִׂים׃ שְׂעִיר עִזִּים אֶחָד
לא לְכַפֵּר עֲלֵיכֶם׃ מִלְּבַד עֹלַת הַתָּמִיד וּמִנְחָתוֹ תַּעֲשׂוּ תְּמִימִם
יִהְיוּ־לָכֶם וְנִסְכֵּיהֶם׃

דיני חג השבועות
שמות כג, טז; לד, כב
ויקרא כג, טו–כא
דברים טז, י–יב

כט א וּבַחֹדֶשׁ הַשְּׁבִיעִי בְּאֶחָד לַחֹדֶשׁ מִקְרָא־קֹדֶשׁ יִהְיֶה לָכֶם כָּל־
ב מְלֶאכֶת עֲבֹדָה לֹא תַעֲשׂוּ יוֹם תְּרוּעָה יִהְיֶה לָכֶם׃ וַעֲשִׂיתֶם
עֹלָה לְרֵיחַ נִיחֹחַ לַיהוָה פַּר בֶּן־בָּקָר אֶחָד אַיִל אֶחָד כְּבָשִׂים
ג בְּנֵי־שָׁנָה שִׁבְעָה תְּמִימִם׃ וּמִנְחָתָם סֹלֶת בְּלוּלָה בַשָּׁמֶן שְׁלֹשָׁה
ד עֶשְׂרֹנִים לַפָּר שְׁנֵי עֶשְׂרֹנִים לָאָיִל׃ וְעִשָּׂרוֹן אֶחָד לַכֶּבֶשׂ הָאֶחָד
ה לְשִׁבְעַת הַכְּבָשִׂים׃ וּשְׂעִיר־עִזִּים אֶחָד חַטָּאת לְכַפֵּר עֲלֵיכֶם׃
ו מִלְּבַד עֹלַת הַחֹדֶשׁ וּמִנְחָתָהּ וְעֹלַת הַתָּמִיד וּמִנְחָתָהּ וְנִסְכֵּיהֶם
ז כְּמִשְׁפָּטָם לְרֵיחַ נִיחֹחַ אִשֶּׁה לַיהוָה׃ וּבֶעָשׂוֹר
לַחֹדֶשׁ הַשְּׁבִיעִי הַזֶּה מִקְרָא־קֹדֶשׁ יִהְיֶה לָכֶם וְעִנִּיתֶם אֶת־
ח נַפְשֹׁתֵיכֶם כָּל־מְלָאכָה לֹא תַעֲשׂוּ׃ וְהִקְרַבְתֶּם עֹלָה לַיהוָה רֵיחַ
נִיחֹחַ פַּר בֶּן־בָּקָר אֶחָד אַיִל אֶחָד כְּבָשִׂים בְּנֵי־שָׁנָה שִׁבְעָה תְּמִימִם
ט יִהְיוּ לָכֶם׃ וּמִנְחָתָם סֹלֶת בְּלוּלָה בַשָּׁמֶן שְׁלֹשָׁה עֶשְׂרֹנִים לַפָּר

מצוות התרועה בראש השנה
ויקרא כג, כג–כה

מצוות העינוי ביום הכיפורים
ויקרא טז, כט–לא; כג, כו–לב

קרבנות יום הכיפורים
שמות ל, י
ויקרא טז, ב–לד

י שְׁנֵי עֶשְׂרֹנִים לָאַיִל הָאֶחָד׃ עִשָּׂרוֹן עִשָּׂרוֹן לַכֶּבֶשׂ הָאֶחָד לְשִׁבְעַת
יא הַכְּבָשִׂים׃ שְׂעִיר־עִזִּים אֶחָד חַטָּאת מִלְּבַד חַטַּאת הַכִּפֻּרִים
יב וְעֹלַת הַתָּמִיד וּמִנְחָתָהּ וְנִסְכֵּיהֶם׃ וּבַחֲמִשָּׁה

שביעי

דיני חג הסוכות
שמות כג, טז; לד, כב
ויקרא כג, לג–מג
דברים טז, יג–טו
נחמיה ח, יד–טו

עָשָׂר יוֹם לַחֹדֶשׁ הַשְּׁבִיעִי מִקְרָא־קֹדֶשׁ יִהְיֶה לָכֶם כָּל־מְלֶאכֶת
יג עֲבֹדָה לֹא תַעֲשׂוּ וְחַגֹּתֶם חַג לַיהוָה שִׁבְעַת יָמִים׃ וְהִקְרַבְתֶּם
עֹלָה אִשֵּׁה רֵיחַ נִיחֹחַ לַיהוָה פָּרִים בְּנֵי־בָקָר שְׁלֹשָׁה עָשָׂר אֵילִם
יד שְׁנָיִם כְּבָשִׂים בְּנֵי־שָׁנָה אַרְבָּעָה עָשָׂר תְּמִימִם יִהְיוּ׃ וּמִנְחָתָם
סֹלֶת בְּלוּלָה בַשָּׁמֶן שְׁלֹשָׁה עֶשְׂרֹנִים לַפָּר הָאֶחָד לִשְׁלֹשָׁה עָשָׂר
טו פָּרִים שְׁנֵי עֶשְׂרֹנִים לָאַיִל הָאֶחָד לִשְׁנֵי הָאֵילִם׃ וְעִשָּׂרוֹן עִשָּׂרוֹן
טז לַכֶּבֶשׂ הָאֶחָד לְאַרְבָּעָה עָשָׂר כְּבָשִׂים׃ וּשְׂעִיר־עִזִּים אֶחָד חַטָּאת
יז מִלְּבַד עֹלַת הַתָּמִיד מִנְחָתָהּ וְנִסְכָּהּ׃ וּבַיּוֹם
הַשֵּׁנִי פָּרִים בְּנֵי־בָקָר שְׁנֵים עָשָׂר אֵילִם שְׁנָיִם כְּבָשִׂים בְּנֵי־שָׁנָה
יח אַרְבָּעָה עָשָׂר תְּמִימִם׃ וּמִנְחָתָם וְנִסְכֵּיהֶם לַפָּרִים לָאֵילִם
יט וְלַכְּבָשִׂים בְּמִסְפָּרָם כַּמִּשְׁפָּט׃ וּשְׂעִיר־עִזִּים אֶחָד חַטָּאת מִלְּבַד
כ עֹלַת הַתָּמִיד וּמִנְחָתָהּ וְנִסְכֵּיהֶם׃ וּבַיּוֹם הַשְּׁלִישִׁי
פָּרִים עַשְׁתֵּי־עָשָׂר אֵילִם שְׁנָיִם כְּבָשִׂים בְּנֵי־שָׁנָה אַרְבָּעָה
כא עָשָׂר תְּמִימִם׃ וּמִנְחָתָם וְנִסְכֵּיהֶם לַפָּרִים לָאֵילִם וְלַכְּבָשִׂים
כב בְּמִסְפָּרָם כַּמִּשְׁפָּט׃ וּשְׂעִיר חַטָּאת אֶחָד מִלְּבַד עֹלַת הַתָּמִיד
כג וּמִנְחָתָהּ וְנִסְכָּהּ׃ וּבַיּוֹם הָרְבִיעִי פָּרִים עֲשָׂרָה
כד אֵילִם שְׁנָיִם כְּבָשִׂים בְּנֵי־שָׁנָה אַרְבָּעָה עָשָׂר תְּמִימִם׃ מִנְחָתָם
וְנִסְכֵּיהֶם לַפָּרִים לָאֵילִם וְלַכְּבָשִׂים בְּמִסְפָּרָם כַּמִּשְׁפָּט׃
כה וּשְׂעִיר־עִזִּים אֶחָד חַטָּאת מִלְּבַד עֹלַת הַתָּמִיד מִנְחָתָהּ
כו וְנִסְכָּהּ׃ וּבַיּוֹם הַחֲמִישִׁי פָּרִים תִּשְׁעָה אֵילִם שְׁנָיִם
כז כְּבָשִׂים בְּנֵי־שָׁנָה אַרְבָּעָה עָשָׂר תְּמִימִם׃ וּמִנְחָתָם וְנִסְכֵּיהֶם
כח לַפָּרִים לָאֵילִם וְלַכְּבָשִׂים בְּמִסְפָּרָם כַּמִּשְׁפָּט׃ וּשְׂעִיר חַטָּאת
כט אֶחָד מִלְּבַד עֹלַת הַתָּמִיד וּמִנְחָתָהּ וְנִסְכָּהּ׃ וּבַיּוֹם
הַשִּׁשִּׁי פָּרִים שְׁמֹנָה אֵילִם שְׁנָיִם כְּבָשִׂים בְּנֵי־שָׁנָה אַרְבָּעָה

ל עֶשֶׂר תְּמִימִם׃ וּמִנְחָתָם וְנִסְכֵּיהֶם לַפָּרִים לָאֵילִם וְלַכְּבָשִׂים
לא בְּמִסְפָּרָם כְּמִשְׁפָּט׃ וּשְׂעִיר חַטָּאת אֶחָד מִלְּבַד עֹלַת הַתָּמִיד
לב מִנְחָתָהּ וּנְסָכֶיהָ׃ וּבַיּוֹם הַשְּׁבִיעִי פָּרִים שִׁבְעָה
לג אֵילִם שְׁנָיִם כְּבָשִׂים בְּנֵי־שָׁנָה אַרְבָּעָה עָשָׂר תְּמִימִם׃ וּמִנְחָתָם
לד וְנִסְכֵּהֶם לַפָּרִים לָאֵילִם וְלַכְּבָשִׂים בְּמִסְפָּרָם כְּמִשְׁפָּטָם׃ וּשְׂעִיר
לה חַטָּאת אֶחָד מִלְּבַד עֹלַת הַתָּמִיד מִנְחָתָהּ וְנִסְכָּהּ׃ בַּיּוֹם מפטיר
הַשְּׁמִינִי עֲצֶרֶת תִּהְיֶה לָכֶם כָּל־מְלֶאכֶת עֲבֹדָה לֹא תַעֲשׂוּ׃ דיני חג שמיני עצרת ויקרא כג, לו
לו וְהִקְרַבְתֶּם עֹלָה אִשֵּׁה רֵיחַ נִיחֹחַ לַיהוָה פַּר אֶחָד אַיִל אֶחָד
לז כְּבָשִׂים בְּנֵי־שָׁנָה שִׁבְעָה תְּמִימִם׃ מִנְחָתָם וְנִסְכֵּיהֶם לַפָּר
לח לָאַיִל וְלַכְּבָשִׂים בְּמִסְפָּרָם כַּמִּשְׁפָּט׃ וּשְׂעִיר חַטָּאת אֶחָד
לט מִלְּבַד עֹלַת הַתָּמִיד וּמִנְחָתָהּ וְנִסְכָּהּ׃ אֵלֶּה תַּעֲשׂוּ לַיהוָה
בְּמוֹעֲדֵיכֶם לְבַד מִנִּדְרֵיכֶם וְנִדְבֹתֵיכֶם לְעֹלֹתֵיכֶם וּלְמִנְחֹתֵיכֶם
ל א וּלְנִסְכֵּיכֶם וּלְשַׁלְמֵיכֶם׃ וַיֹּאמֶר מֹשֶׁה אֶל־בְּנֵי יִשְׂרָאֵל כְּכֹל
אֲשֶׁר־צִוָּה יְהוָה אֶת־מֹשֶׁה׃

ב וַיְדַבֵּר מֹשֶׁה אֶל־רָאשֵׁי הַמַּטּוֹת לִבְנֵי יִשְׂרָאֵל לֵאמֹר זֶה הַדָּבָר כו מטות
ג אֲשֶׁר צִוָּה יְהוָה׃ אִישׁ כִּי־יִדֹּר נֶדֶר לַיהוָה אוֹ־הִשָּׁבַע שְׁבֻעָה חובת קיום נדרים דברים כג, כב–כד קהלת ה, ג–ד
לֶאְסֹר אִסָּר עַל־נַפְשׁוֹ לֹא יַחֵל דְּבָרוֹ כְּכָל־הַיֹּצֵא מִפִּיו יַעֲשֶׂה׃
ד וְאִשָּׁה כִּי־תִדֹּר נֶדֶר לַיהוָה וְאָסְרָה אִסָּר בְּבֵית אָבִיהָ בִּנְעֻרֶיהָ׃
ה וְשָׁמַע אָבִיהָ אֶת־נִדְרָהּ וֶאֱסָרָהּ אֲשֶׁר אָסְרָה עַל־נַפְשָׁהּ וְהֶחֱרִישׁ
לָהּ אָבִיהָ וְקָמוּ כָּל־נְדָרֶיהָ וְכָל־אִסָּר אֲשֶׁר־אָסְרָה עַל־נַפְשָׁהּ
ו יָקוּם׃ וְאִם־הֵנִיא אָבִיהָ אֹתָהּ בְּיוֹם שָׁמְעוֹ כָּל־נְדָרֶיהָ וֶאֱסָרֶיהָ
אֲשֶׁר־אָסְרָה עַל־נַפְשָׁהּ לֹא יָקוּם וַיהוָה יִסְלַח־לָהּ כִּי־הֵנִיא
ז אָבִיהָ אֹתָהּ׃ וְאִם־הָיוֹ תִהְיֶה לְאִישׁ וּנְדָרֶיהָ עָלֶיהָ אוֹ מִבְטָא
ח שְׂפָתֶיהָ אֲשֶׁר אָסְרָה עַל־נַפְשָׁהּ׃ וְשָׁמַע אִישָׁהּ בְּיוֹם שָׁמְעוֹ
וְהֶחֱרִישׁ לָהּ וְקָמוּ נְדָרֶיהָ וֶאֱסָרֶהָ אֲשֶׁר־אָסְרָה עַל־נַפְשָׁהּ
ט יָקֻמוּ׃ וְאִם בְּיוֹם שְׁמֹעַ אִישָׁהּ יָנִיא אוֹתָהּ וְהֵפֵר אֶת־נִדְרָהּ
אֲשֶׁר עָלֶיהָ וְאֵת מִבְטָא שְׂפָתֶיהָ אֲשֶׁר אָסְרָה עַל־נַפְשָׁהּ וַיהוָה

יִסְלַח־לָהּ: וְנֵדֶר אַלְמָנָה וּגְרוּשָׁה כֹּל אֲשֶׁר־אָסְרָה עַל־נַפְשָׁהּ י
יָקוּם עָלֶיהָ: וְאִם־בֵּית אִישָׁהּ נָדָרָה אוֹ־אָסְרָה אִסָּר עַל־נַפְשָׁהּ יא
בִּשְׁבֻעָה: וְשָׁמַע אִישָׁהּ וְהֶחֱרִשׁ לָהּ לֹא הֵנִיא אֹתָהּ וְקָמוּ כָּל־ יב
נְדָרֶיהָ וְכָל־אִסָּר אֲשֶׁר־אָסְרָה עַל־נַפְשָׁהּ יָקוּם: וְאִם־הָפֵר יג
יָפֵר אֹתָם ׀ אִישָׁהּ בְּיוֹם שָׁמְעוֹ כָּל־מוֹצָא שְׂפָתֶיהָ לִנְדָרֶיהָ
וּלְאִסַּר נַפְשָׁהּ לֹא יָקוּם אִישָׁהּ הֲפֵרָם וַיהוָה יִסְלַח־לָהּ: כָּל־ יד
נֵדֶר וְכָל־שְׁבֻעַת אִסָּר לְעַנֹּת נָפֶשׁ אִישָׁהּ יְקִימֶנּוּ וְאִישָׁהּ יְפֵרֶנּוּ:
וְאִם־הַחֲרֵשׁ יַחֲרִישׁ לָהּ אִישָׁהּ מִיּוֹם אֶל־יוֹם וְהֵקִים אֶת־כָּל־ טו
נְדָרֶיהָ אוֹ אֶת־כָּל־אֱסָרֶיהָ אֲשֶׁר עָלֶיהָ הֵקִים אֹתָם כִּי־הֶחֱרִשׁ
לָהּ בְּיוֹם שָׁמְעוֹ: וְאִם־הָפֵר יָפֵר אֹתָם אַחֲרֵי שָׁמְעוֹ וְנָשָׂא אֶת־ טז
עֲוֺנָהּ: אֵלֶּה הַחֻקִּים אֲשֶׁר צִוָּה יְהוָה אֶת־מֹשֶׁה בֵּין אִישׁ יז
לְאִשְׁתּוֹ בֵּין־אָב לְבִתּוֹ בִּנְעֻרֶיהָ בֵּית אָבִיהָ:

שני כז וַיְדַבֵּר יְהוָה אֶל־מֹשֶׁה לֵּאמֹר: נְקֹם נִקְמַת בְּנֵי יִשְׂרָאֵל מֵאֵת א ב לא
הַמִּדְיָנִים אַחַר תֵּאָסֵף אֶל־עַמֶּיךָ: וַיְדַבֵּר מֹשֶׁה אֶל־הָעָם לֵאמֹר ג
הֵחָלְצוּ מֵאִתְּכֶם אֲנָשִׁים לַצָּבָא וְיִהְיוּ עַל־מִדְיָן לָתֵת נִקְמַת־
יְהוָה בְּמִדְיָן: אֶלֶף לַמַּטֶּה אֶלֶף לַמַּטֶּה לְכֹל מַטּוֹת יִשְׂרָאֵל ד
תִּשְׁלְחוּ לַצָּבָא: וַיִּמָּסְרוּ מֵאַלְפֵי יִשְׂרָאֵל אֶלֶף לַמַּטֶּה שְׁנֵים־ ה
עָשָׂר אֶלֶף חֲלוּצֵי צָבָא: וַיִּשְׁלַח אֹתָם מֹשֶׁה אֶלֶף לַמַּטֶּה לַצָּבָא ו
אֹתָם וְאֶת־פִּינְחָס בֶּן־אֶלְעָזָר הַכֹּהֵן לַצָּבָא וּכְלֵי הַקֹּדֶשׁ וַחֲצֹצְרוֹת
הריגת בלעם ומלכי מדיין — יהושע יג, כא–כב
הַתְּרוּעָה בְּיָדוֹ: וַיִּצְבְּאוּ עַל־מִדְיָן כַּאֲשֶׁר צִוָּה יְהוָה אֶת־מֹשֶׁה ז
וַיַּהַרְגוּ כָּל־זָכָר: וְאֶת־מַלְכֵי מִדְיָן הָרְגוּ עַל־חַלְלֵיהֶם אֶת־אֱוִי ח
וְאֶת־רֶקֶם וְאֶת־צוּר וְאֶת־חוּר וְאֶת־רֶבַע חֲמֵשֶׁת מַלְכֵי מִדְיָן
וְאֵת בִּלְעָם בֶּן־בְּעוֹר הָרְגוּ בֶּחָרֶב: וַיִּשְׁבּוּ בְנֵי־יִשְׂרָאֵל אֶת־ ט
נְשֵׁי מִדְיָן וְאֶת־טַפָּם וְאֵת כָּל־בְּהֶמְתָּם וְאֶת־כָּל־מִקְנֵהֶם וְאֶת־
כָּל־חֵילָם בָּזָזוּ: וְאֵת כָּל־עָרֵיהֶם בְּמוֹשְׁבֹתָם וְאֵת כָּל־טִירֹתָם י
שָׂרְפוּ בָּאֵשׁ: וַיִּקְחוּ אֶת־כָּל־הַשָּׁלָל וְאֵת כָּל־הַמַּלְקוֹחַ בָּאָדָם יא
וּבַבְּהֵמָה: וַיָּבִאוּ אֶל־מֹשֶׁה וְאֶל־אֶלְעָזָר הַכֹּהֵן וְאֶל־עֲדַת בְּנֵי־ יב

יִשְׂרָאֵל אֶת־הַשְּׁבִי וְאֶת־הַמַּלְקוֹחַ וְאֶת־הַשָּׁלָל אֶל־הַמַּחֲנֶה
יג אֶל־עַרְבֹת מוֹאָב אֲשֶׁר עַל־יַרְדֵּן יְרֵחוֹ: וַיֵּצְאוּ שלישי /שני/
מֹשֶׁה וְאֶלְעָזָר הַכֹּהֵן וְכָל־נְשִׂיאֵי הָעֵדָה לִקְרָאתָם אֶל־מִחוּץ
יד לַמַּחֲנֶה: וַיִּקְצֹף מֹשֶׁה עַל פְּקוּדֵי הֶחָיִל שָׂרֵי הָאֲלָפִים וְשָׂרֵי
טו הַמֵּאוֹת הַבָּאִים מִצְּבָא הַמִּלְחָמָה: וַיֹּאמֶר אֲלֵיהֶם מֹשֶׁה
טז הַחִיִּיתֶם כָּל־נְקֵבָה: הֵן הֵנָּה הָיוּ לִבְנֵי יִשְׂרָאֵל בִּדְבַר בִּלְעָם
לִמְסָר־מַעַל בַּיהוה עַל־דְּבַר פְּעוֹר וַתְּהִי הַמַּגֵּפָה בַּעֲדַת יהוה:
יז וְעַתָּה הִרְגוּ כָל־זָכָר בַּטָּף וְכָל־אִשָּׁה יֹדַעַת אִישׁ לְמִשְׁכַּב
יח זָכָר הֲרֹגוּ: וְכֹל הַטַּף בַּנָּשִׁים אֲשֶׁר לֹא־יָדְעוּ מִשְׁכַּב זָכָר הַחֲיוּ
יט לָכֶם: וְאַתֶּם חֲנוּ מִחוּץ לַמַּחֲנֶה שִׁבְעַת יָמִים כֹּל הֹרֵג נֶפֶשׁ דיני היטהרות מטומאת מת במדבר יט, א–כב
וְכֹל ׀ נֹגֵעַ בֶּחָלָל תִּתְחַטְּאוּ בַּיּוֹם הַשְּׁלִישִׁי וּבַיּוֹם הַשְּׁבִיעִי אַתֶּם
כ וּשְׁבִיכֶם: וְכָל־בֶּגֶד וְכָל־כְּלִי־עוֹר וְכָל־מַעֲשֵׂה עִזִּים וְכָל־כְּלִי־
כא עֵץ תִּתְחַטָּאוּ: וַיֹּאמֶר אֶלְעָזָר הַכֹּהֵן אֶל־אַנְשֵׁי
הַצָּבָא הַבָּאִים לַמִּלְחָמָה זֹאת חֻקַּת הַתּוֹרָה אֲשֶׁר־צִוָּה יהוה
כב אֶת־מֹשֶׁה: אַךְ אֶת־הַזָּהָב וְאֶת־הַכָּסֶף אֶת־הַנְּחֹשֶׁת אֶת־הַבַּרְזֶל
כג אֶת־הַבְּדִיל וְאֶת־הָעֹפָרֶת: כָּל־דָּבָר אֲשֶׁר־יָבֹא בָאֵשׁ תַּעֲבִירוּ
בָאֵשׁ וְטָהֵר אַךְ בְּמֵי נִדָּה יִתְחַטָּא וְכֹל אֲשֶׁר לֹא־יָבֹא בָּאֵשׁ
כד תַּעֲבִירוּ בַמָּיִם: וְכִבַּסְתֶּם בִּגְדֵיכֶם בַּיּוֹם הַשְּׁבִיעִי וּטְהַרְתֶּם
כה וְאַחַר תָּבֹאוּ אֶל־הַמַּחֲנֶה: וַיֹּאמֶר יהוה אֶל־ כח רביעי
כו מֹשֶׁה לֵּאמֹר: שָׂא אֵת רֹאשׁ מַלְקוֹחַ הַשְּׁבִי בָּאָדָם וּבַבְּהֵמָה
כז אַתָּה וְאֶלְעָזָר הַכֹּהֵן וְרָאשֵׁי אֲבוֹת הָעֵדָה: וְחָצִיתָ אֶת־הַמַּלְקוֹחַ
כח בֵּין תֹּפְשֵׂי הַמִּלְחָמָה הַיֹּצְאִים לַצָּבָא וּבֵין כָּל־הָעֵדָה: וַהֲרֵמֹתָ
מֶכֶס לַיהוה מֵאֵת אַנְשֵׁי הַמִּלְחָמָה הַיֹּצְאִים לַצָּבָא אֶחָד נֶפֶשׁ
מֵחֲמֵשׁ הַמֵּאוֹת מִן־הָאָדָם וּמִן־הַבָּקָר וּמִן־הַחֲמֹרִים וּמִן־הַצֹּאן:
כט מִמַּחֲצִיתָם תִּקָּחוּ וְנָתַתָּה לְאֶלְעָזָר הַכֹּהֵן תְּרוּמַת יהוה:
ל וּמִמַּחֲצִת בְּנֵי־יִשְׂרָאֵל תִּקַּח ׀ אֶחָד ׀ אָחֻז מִן־הַחֲמִשִּׁים מִן־הָאָדָם
מִן־הַבָּקָר מִן־הַחֲמֹרִים וּמִן־הַצֹּאן מִכָּל־הַבְּהֵמָה וְנָתַתָּה אֹתָם

לַלְוִיִּם שֹׁמְרֵי מִשְׁמֶרֶת מִשְׁכַּן יְהוָה: וַיַּעַשׂ מֹשֶׁה וְאֶלְעָזָר הַכֹּהֵן לא
כַּאֲשֶׁר צִוָּה יְהוָה אֶת־מֹשֶׁה: וַיְהִי הַמַּלְקוֹחַ יֶתֶר הַבָּז אֲשֶׁר בָּזְזוּ לב
עַם הַצָּבָא צֹאן שֵׁשׁ־מֵאוֹת אֶלֶף וְשִׁבְעִים אֶלֶף וַחֲמֵשֶׁת אֲלָפִים:
וּבָקָר שְׁנַיִם וְשִׁבְעִים אָלֶף: וַחֲמֹרִים אֶחָד וְשִׁשִּׁים אָלֶף: וְנֶפֶשׁ לג לד לה
אָדָם מִן־הַנָּשִׁים אֲשֶׁר לֹא־יָדְעוּ מִשְׁכַּב זָכָר כָּל־נֶפֶשׁ שְׁנַיִם
וּשְׁלֹשִׁים אָלֶף: וַתְּהִי הַמֶּחֱצָה חֵלֶק הַיֹּצְאִים בַּצָּבָא מִסְפַּר לו
הַצֹּאן שְׁלֹשׁ־מֵאוֹת אֶלֶף וּשְׁלֹשִׁים אֶלֶף וְשִׁבְעַת אֲלָפִים וַחֲמֵשׁ
מֵאוֹת: וַיְהִי הַמֶּכֶס לַיהוָה מִן־הַצֹּאן שֵׁשׁ מֵאוֹת חָמֵשׁ וְשִׁבְעִים: לז
וְהַבָּקָר שִׁשָּׁה וּשְׁלֹשִׁים אָלֶף וּמִכְסָם לַיהוָה שְׁנַיִם וְשִׁבְעִים: לח
וַחֲמֹרִים שְׁלֹשִׁים אֶלֶף וַחֲמֵשׁ מֵאוֹת וּמִכְסָם לַיהוָה אֶחָד וְשִׁשִּׁים: לט
וְנֶפֶשׁ אָדָם שִׁשָּׁה עָשָׂר אָלֶף וּמִכְסָם לַיהוָה שְׁנַיִם וּשְׁלֹשִׁים נָפֶשׁ: מ
וַיִּתֵּן מֹשֶׁה אֶת־מֶכֶס תְּרוּמַת יְהוָה לְאֶלְעָזָר הַכֹּהֵן כַּאֲשֶׁר צִוָּה מא
חמישי יְהוָה אֶת־מֹשֶׁה: וּמִמַּחֲצִית בְּנֵי יִשְׂרָאֵל אֲשֶׁר חָצָה מֹשֶׁה מִן־ מב
הָאֲנָשִׁים הַצֹּבְאִים: וַתְּהִי מֶחֱצַת הָעֵדָה מִן־הַצֹּאן שְׁלֹשׁ־מֵאוֹת מג
אֶלֶף וּשְׁלֹשִׁים אֶלֶף שִׁבְעַת אֲלָפִים וַחֲמֵשׁ מֵאוֹת: וּבָקָר שִׁשָּׁה מד
וּשְׁלֹשִׁים אָלֶף: וַחֲמֹרִים שְׁלֹשִׁים אֶלֶף וַחֲמֵשׁ מֵאוֹת: וְנֶפֶשׁ אָדָם מה מו
שִׁשָּׁה עָשָׂר אָלֶף: וַיִּקַּח מֹשֶׁה מִמַּחֲצִת בְּנֵי־יִשְׂרָאֵל אֶת־הָאָחֻז מז
אֶחָד מִן־הַחֲמִשִּׁים מִן־הָאָדָם וּמִן־הַבְּהֵמָה וַיִּתֵּן אֹתָם לַלְוִיִּם
שֹׁמְרֵי מִשְׁמֶרֶת מִשְׁכַּן יְהוָה כַּאֲשֶׁר צִוָּה יְהוָה אֶת־מֹשֶׁה:
וַיִּקְרְבוּ אֶל־מֹשֶׁה הַפְּקֻדִים אֲשֶׁר לְאַלְפֵי הַצָּבָא שָׂרֵי הָאֲלָפִים מח
וְשָׂרֵי הַמֵּאוֹת: וַיֹּאמְרוּ אֶל־מֹשֶׁה עֲבָדֶיךָ נָשְׂאוּ אֶת־רֹאשׁ מט
אַנְשֵׁי הַמִּלְחָמָה אֲשֶׁר בְּיָדֵנוּ וְלֹא־נִפְקַד מִמֶּנּוּ אִישׁ: וַנַּקְרֵב נ
אֶת־קָרְבַּן יְהוָה אִישׁ אֲשֶׁר מָצָא כְלִי־זָהָב אֶצְעָדָה וְצָמִיד
טַבַּעַת עָגִיל וְכוּמָז לְכַפֵּר עַל־נַפְשֹׁתֵינוּ לִפְנֵי יְהוָה: וַיִּקַּח מֹשֶׁה נא
וְאֶלְעָזָר הַכֹּהֵן אֶת־הַזָּהָב מֵאִתָּם כֹּל כְּלִי מַעֲשֶׂה: וַיְהִי ׀ כָּל־ נב
זְהַב הַתְּרוּמָה אֲשֶׁר הֵרִימוּ לַיהוָה שִׁשָּׁה עָשָׂר אֶלֶף שְׁבַע־
מֵאוֹת וַחֲמִשִּׁים שֶׁקֶל מֵאֵת שָׂרֵי הָאֲלָפִים וּמֵאֵת שָׂרֵי הַמֵּאוֹת:

נג נד אַנְשֵׁי הַצָּבָא בָּזְזוּ אִישׁ לוֹ: וַיִּקַּח מֹשֶׁה וְאֶלְעָזָר הַכֹּהֵן אֶת־הַזָּהָב
מֵאֵת שָׂרֵי הָאֲלָפִים וְהַמֵּאוֹת וַיָּבִאוּ אֹתוֹ אֶל־אֹהֶל מוֹעֵד זִכָּרוֹן
לִבְנֵי־יִשְׂרָאֵל לִפְנֵי יְהוָה:

כט ששי /שלישי/

ההסכם בין משה לבין בני גד, ראובן וחצי המנשה
יהושע א, יב–יח; ד, יב–יג; כב, א–ט

לב א וּמִקְנֶה ׀ רַב הָיָה לִבְנֵי רְאוּבֵן וְלִבְנֵי־גָד עָצוּם מְאֹד וַיִּרְאוּ אֶת־
ב אֶרֶץ יַעְזֵר וְאֶת־אֶרֶץ גִּלְעָד וְהִנֵּה הַמָּקוֹם מְקוֹם מִקְנֶה: וַיָּבֹאוּ
בְנֵי־גָד וּבְנֵי רְאוּבֵן וַיֹּאמְרוּ אֶל־מֹשֶׁה וְאֶל־אֶלְעָזָר הַכֹּהֵן וְאֶל־
ג נְשִׂיאֵי הָעֵדָה לֵאמֹר: עֲטָרוֹת וְדִיבֹן וְיַעְזֵר וְנִמְרָה וְחֶשְׁבּוֹן
ד וְאֶלְעָלֵה וּשְׂבָם וּנְבוֹ וּבְעֹן: הָאָרֶץ אֲשֶׁר הִכָּה יְהוָה לִפְנֵי עֲדַת
ה יִשְׂרָאֵל אֶרֶץ מִקְנֶה הִוא וְלַעֲבָדֶיךָ מִקְנֶה: וַיֹּאמְרוּ
אִם־מָצָאנוּ חֵן בְּעֵינֶיךָ יֻתַּן אֶת־הָאָרֶץ הַזֹּאת לַעֲבָדֶיךָ לַאֲחֻזָּה
ו אַל־תַּעֲבִרֵנוּ אֶת־הַיַּרְדֵּן: וַיֹּאמֶר מֹשֶׁה לִבְנֵי־גָד וְלִבְנֵי רְאוּבֵן
ז הַאַחֵיכֶם יָבֹאוּ לַמִּלְחָמָה וְאַתֶּם תֵּשְׁבוּ פֹה: וְלָמָּה תנואון אֶת־

תְּנִיאוּן

ח לֵב בְּנֵי יִשְׂרָאֵל מֵעֲבֹר אֶל־הָאָרֶץ אֲשֶׁר־נָתַן לָהֶם יְהוָה: כֹּה
עָשׂוּ אֲבֹתֵיכֶם בְּשָׁלְחִי אֹתָם מִקָּדֵשׁ בַּרְנֵעַ לִרְאוֹת אֶת־הָאָרֶץ:

חטא המרגלים
במדבר יג, א – יד, לט

ט וַיַּעֲלוּ עַד־נַחַל אֶשְׁכּוֹל וַיִּרְאוּ אֶת־הָאָרֶץ וַיָּנִיאוּ אֶת־לֵב בְּנֵי
י יִשְׂרָאֵל לְבִלְתִּי־בֹא אֶל־הָאָרֶץ אֲשֶׁר־נָתַן לָהֶם יְהוָה: וַיִּחַר־אַף
יא יְהוָה בַּיּוֹם הַהוּא וַיִּשָּׁבַע לֵאמֹר: אִם־יִרְאוּ הָאֲנָשִׁים הָעֹלִים
מִמִּצְרַיִם מִבֶּן עֶשְׂרִים שָׁנָה וָמַעְלָה אֵת הָאֲדָמָה אֲשֶׁר נִשְׁבַּעְתִּי
יב לְאַבְרָהָם לְיִצְחָק וּלְיַעֲקֹב כִּי לֹא־מִלְאוּ אַחֲרָי: בִּלְתִּי כָּלֵב
יג בֶּן־יְפֻנֶּה הַקְּנִזִּי וִיהוֹשֻׁעַ בִּן־נוּן כִּי מִלְאוּ אַחֲרֵי יְהוָה: וַיִּחַר־
אַף יְהוָה בְּיִשְׂרָאֵל וַיְנִעֵם בַּמִּדְבָּר אַרְבָּעִים שָׁנָה עַד־תֹּם כָּל־
יד הַדּוֹר הָעֹשֶׂה הָרַע בְּעֵינֵי יְהוָה: וְהִנֵּה קַמְתֶּם תַּחַת אֲבֹתֵיכֶם
תַּרְבּוּת אֲנָשִׁים חַטָּאִים לִסְפּוֹת עוֹד עַל חֲרוֹן אַף־יְהוָה אֶל־
טו יִשְׂרָאֵל: כִּי תְשׁוּבֻן מֵאַחֲרָיו וְיָסַף עוֹד לְהַנִּיחוֹ בַּמִּדְבָּר וְשִׁחַתֶּם
טז לְכָל־הָעָם הַזֶּה: וַיִּגְּשׁוּ אֵלָיו וַיֹּאמְרוּ גִּדְרֹת צֹאן
יז נִבְנֶה לְמִקְנֵנוּ פֹּה וְעָרִים לְטַפֵּנוּ: וַאֲנַחְנוּ נֵחָלֵץ חֻשִׁים לִפְנֵי בְּנֵי
יִשְׂרָאֵל עַד אֲשֶׁר אִם־הֲבִיאֹנֻם אֶל־מְקוֹמָם וְיָשַׁב טַפֵּנוּ בְּעָרֵי

יח הַמִּבְצָר מִפְּנֵי יֹשְׁבֵי הָאָרֶץ: לֹא נָשׁוּב אֶל־בָּתֵּינוּ עַד הִתְנַחֵל בְּנֵי
יט יִשְׂרָאֵל אִישׁ נַחֲלָתוֹ: כִּי לֹא נִנְחַל אִתָּם מֵעֵבֶר לַיַּרְדֵּן וָהָלְאָה
כִּי בָאָה נַחֲלָתֵנוּ אֵלֵינוּ מֵעֵבֶר הַיַּרְדֵּן מִזְרָחָה:
שביעי /רביעי/
כ וַיֹּאמֶר אֲלֵיהֶם מֹשֶׁה אִם־תַּעֲשׂוּן אֶת־הַדָּבָר הַזֶּה אִם־תֵּחָלְצוּ
כא לִפְנֵי יְהוָה לַמִּלְחָמָה: וְעָבַר לָכֶם כָּל־חָלוּץ אֶת־הַיַּרְדֵּן לִפְנֵי
כב יְהוָה עַד הוֹרִישׁוֹ אֶת־אֹיְבָיו מִפָּנָיו: וְנִכְבְּשָׁה הָאָרֶץ לִפְנֵי יְהוָה
וְאַחַר תָּשֻׁבוּ וִהְיִיתֶם נְקִיִּם מֵיְהוָה וּמִיִּשְׂרָאֵל וְהָיְתָה הָאָרֶץ
כג הַזֹּאת לָכֶם לַאֲחֻזָּה לִפְנֵי יְהוָה: וְאִם־לֹא תַעֲשׂוּן כֵּן הִנֵּה חֲטָאתֶם
כד לַיהוָה וּדְעוּ חַטַּאתְכֶם אֲשֶׁר תִּמְצָא אֶתְכֶם: בְּנוּ־לָכֶם עָרִים
כה לְטַפְּכֶם וּגְדֵרֹת לְצֹנַאֲכֶם וְהַיֹּצֵא מִפִּיכֶם תַּעֲשׂוּ: וַיֹּאמֶר בְּנֵי־
גָד וּבְנֵי רְאוּבֵן אֶל־מֹשֶׁה לֵאמֹר עֲבָדֶיךָ יַעֲשׂוּ כַּאֲשֶׁר אֲדֹנִי
כו מְצַוֶּה: טַפֵּנוּ נָשֵׁינוּ מִקְנֵנוּ וְכָל־בְּהֶמְתֵּנוּ יִהְיוּ־שָׁם בְּעָרֵי הַגִּלְעָד:
כז וַעֲבָדֶיךָ יַעַבְרוּ כָּל־חֲלוּץ צָבָא לִפְנֵי יְהוָה לַמִּלְחָמָה כַּאֲשֶׁר
כח אֲדֹנִי דֹּבֵר: וַיְצַו לָהֶם מֹשֶׁה אֵת אֶלְעָזָר הַכֹּהֵן וְאֵת יְהוֹשֻׁעַ
כט בִּן־נוּן וְאֶת־רָאשֵׁי אֲבוֹת הַמַּטּוֹת לִבְנֵי יִשְׂרָאֵל: וַיֹּאמֶר מֹשֶׁה
אֲלֵהֶם אִם־יַעַבְרוּ בְנֵי־גָד וּבְנֵי־רְאוּבֵן | אִתְּכֶם אֶת־הַיַּרְדֵּן כָּל־
חָלוּץ לַמִּלְחָמָה לִפְנֵי יְהוָה וְנִכְבְּשָׁה הָאָרֶץ לִפְנֵיכֶם וּנְתַתֶּם
ל לָהֶם אֶת־אֶרֶץ הַגִּלְעָד לַאֲחֻזָּה: וְאִם־לֹא יַעַבְרוּ חֲלוּצִים אִתְּכֶם
לא וְנֹאחֲזוּ בְתֹכְכֶם בְּאֶרֶץ כְּנָעַן: וַיַּעֲנוּ בְנֵי־גָד וּבְנֵי רְאוּבֵן לֵאמֹר
לב אֵת אֲשֶׁר דִּבֶּר יְהוָה אֶל־עֲבָדֶיךָ כֵּן נַעֲשֶׂה: נַחְנוּ נַעֲבֹר חֲלוּצִים
לִפְנֵי יְהוָה אֶרֶץ כְּנָעַן וְאִתָּנוּ אֲחֻזַּת נַחֲלָתֵנוּ מֵעֵבֶר לַיַּרְדֵּן:
לג וַיִּתֵּן לָהֶם | מֹשֶׁה לִבְנֵי־גָד וְלִבְנֵי רְאוּבֵן וְלַחֲצִי | שֵׁבֶט | מְנַשֶּׁה
בֶן־יוֹסֵף אֶת־מַמְלֶכֶת סִיחֹן מֶלֶךְ הָאֱמֹרִי וְאֶת־מַמְלֶכֶת עוֹג
נחלת שבט גד
יהושע יג, כד–כח
יחזקאל מח, כז
דה"א ה, יא; ה, טז
לד מֶלֶךְ הַבָּשָׁן הָאָרֶץ לְעָרֶיהָ בִּגְבֻלֹת עָרֵי הָאָרֶץ סָבִיב: וַיִּבְנוּ
לה בְנֵי־גָד אֶת־דִּיבֹן וְאֶת־עֲטָרֹת וְאֵת עֲרֹעֵר: וְאֶת־עַטְרֹת שׁוֹפָן
נחלת שבט ראובן
דברים ג, טז–יז
יהושע יג, טו–כג
יחזקאל מח, ו
לו וְאֶת־יַעְזֵר וְיָגְבְּהָה: וְאֶת־בֵּית נִמְרָה וְאֶת־בֵּית הָרָן עָרֵי מִבְצָר
לז וּגְדֵרֹת צֹאן: וּבְנֵי רְאוּבֵן בָּנוּ אֶת־חֶשְׁבּוֹן וְאֶת־אֶלְעָלֵא וְאֵת

לח קריתים: ואת־נבו ואת־בעל מעון מוסבת שם ואת־שבמה
לט ויקראו בשמת את־שמות הערים אשר בנו: וילכו בני
מכיר בן־מנשה גלעדה וילכדה ויורש את־האמרי אשר־
מ בה: ויתן משה את־הגלעד למכיר בן־מנשה וישב בה:
מא ויאיר בן־מנשה הלך וילכד את־חותיהם ויקרא אתהן חות
מב יאיר: ונבח הלך וילכד את־קנת ואת־בנתיה ויקרא לה
נבח בשמו:

לג א אלה מסעי בני־ישראל אשר יצאו מארץ מצרים לצבאתם
ב ביד־משה ואהרן: ויכתב משה את־מוצאיהם למסעיהם
ג על־פי יהוה ואלה מסעיהם למוצאיהם: ויסעו מרעמסס
בחדש הראשון בחמשה עשר יום לחדש הראשון ממחרת
ד הפסח יצאו בני־ישראל ביד רמה לעיני כל־מצרים: ומצרים
מקברים את אשר הכה יהוה בהם כל־בכור ובאלהיהם
ה עשה יהוה שפטים: ויסעו בני־ישראל מרעמסס ויחנו בסכת:
ו ז ויסעו מסכת ויחנו באתם אשר בקצה המדבר: ויסעו מאתם
וישב על־פי החירת אשר על־פני בעל צפון ויחנו לפני מגדל:
ח ויסעו מפני החירת ויעברו בתוך־הים המדברה וילכו דרך
ט שלשת ימים במדבר אתם ויחנו במרה: ויסעו ממרה ויבאו
אילמה ובאילם שתים עשרה עינת מים ושבעים תמרים
י יא ויחנו־שם: ויסעו מאילם ויחנו על־ים־סוף: ויסעו מים־סוף
יב יג ויחנו במדבר־סין: ויסעו ממדבר־סין ויחנו בדפקה: ויסעו
יד מדפקה ויחנו באלוש: ויסעו מאלוש ויחנו ברפידם ולא־
טו היה שם מים לעם לשתות: ויסעו מרפידם ויחנו במדבר
טז יז סיני: ויסעו ממדבר סיני ויחנו בקברת התאוה: ויסעו מקברת
יח יט התאוה ויחנו בחצרת: ויסעו מחצרת ויחנו ברתמה: ויסעו
כ מרתמה ויחנו ברמן פרץ: ויסעו מרמן פרץ ויחנו בלבנה:
כא כב ויסעו מלבנה ויחנו ברסה: ויסעו מרסה ויחנו בקהלתה:

נחלת חצי המנשה
דברים ג, יג–טו
יהושע יג, כט–לא
דה"א ה, כג

מפטיר

קורות חוות יאיר (בגלעד ובבשן)
דברים ג, יד
יהושע יג, ל
שופטים י, ד
מל"א ד, יג
דה"א ב, כב–כג

ל מסעי

מכת בכורות
שמות יב, כט–ל

נסיעת ישראל מרעמסס לסוכות
שמות יב, לז

נסיעת ישראל מסוכות לאיתם
שמות יג, כ

נסיעת ישראל מאיתם לפי החירות
שמות יד, א–ב

נסיעת ישראל מים סוף למרה
שמות טו, כב–כג

נסיעת ישראל ממרה לאילים
שמות טו, כז

נסיעת ישראל מאילים למדבר סין
שמות טז, א

שני

נסיעת ישראל ממדבר סין לרפידים
שמות יז, א

נסיעת ישראל מרפידים למדבר סיני
שמות יט, א–ב

נסיעת ישראל ממדבר סיני לקברות התאווה
במדבר י, לג – יא, לד

נסיעת ישראל מקברות התאווה לחצרות
במדבר יא, לה

נסיעת ישראל מחצרות במדבר יב, טז
וַיִּסְעוּ מִקְּהֵלָתָה וַיַּחֲנוּ בְּהַר־שָׁפֶר: וַיִּסְעוּ מֵהַר־שָׁפֶר וַיַּחֲנוּ כג כד
בַּחֲרָדָה: וַיִּסְעוּ מֵחֲרָדָה וַיַּחֲנוּ בְּמַקְהֵלֹת: וַיִּסְעוּ מִמַּקְהֵלֹת כה כו
וַיַּחֲנוּ בְּתָחַת: וַיִּסְעוּ מִתָּחַת וַיַּחֲנוּ בְּתָרַח: וַיִּסְעוּ מִתָּרַח וַיַּחֲנוּ כז כח
בְּמִתְקָה: וַיִּסְעוּ מִמִּתְקָה וַיַּחֲנוּ בְּחַשְׁמֹנָה: וַיִּסְעוּ מֵחַשְׁמֹנָה כט ל
וַיַּחֲנוּ בְּמֹסֵרוֹת: וַיִּסְעוּ מִמֹּסֵרוֹת וַיַּחֲנוּ בִּבְנֵי יַעֲקָן: וַיִּסְעוּ מִבְּנֵי לא לב
יַעֲקָן וַיַּחֲנוּ בְּחֹר הַגִּדְגָּד: וַיִּסְעוּ מֵחֹר הַגִּדְגָּד וַיַּחֲנוּ בְּיָטְבָתָה: לג
וַיִּסְעוּ מִיָּטְבָתָה וַיַּחֲנוּ בְּעַבְרֹנָה: וַיִּסְעוּ מֵעַבְרֹנָה וַיַּחֲנוּ בְּעֶצְיֹן לד לה
נסיעת ישראל למדבר צין במדבר כ, א
גָּבֶר: וַיִּסְעוּ מֵעֶצְיֹן גָּבֶר וַיַּחֲנוּ בְמִדְבַּר־צִן הִוא קָדֵשׁ: וַיִּסְעוּ לו לז
נסיעת ישראל מקדש להר ההר במדבר כ, כב
מִקָּדֵשׁ וַיַּחֲנוּ בְּהֹר הָהָר בִּקְצֵה אֶרֶץ אֱדוֹם: וַיַּעַל אַהֲרֹן לח
הַכֹּהֵן אֶל־הֹר הָהָר עַל־פִּי יְהוָה וַיָּמָת שָׁם בִּשְׁנַת הָאַרְבָּעִים
פטירת אהרן במדבר כ, כג-כט דברים י, ו
לְצֵאת בְּנֵי־יִשְׂרָאֵל מֵאֶרֶץ מִצְרַיִם בַּחֹדֶשׁ הַחֲמִישִׁי בְּאֶחָד
לַחֹדֶשׁ: וְאַהֲרֹן בֶּן־שָׁלֹשׁ וְעֶשְׂרִים וּמְאַת שָׁנָה בְּמֹתוֹ בְּהֹר לט
מלחמת מלך ערד בישראל במדבר כא, א-ג
הָהָר: וַיִּשְׁמַע הַכְּנַעֲנִי מֶלֶךְ עֲרָד וְהוּא־יֹשֵׁב מ
נסיעת ישראל מהר ההר במדבר כא, ד
בַּנֶּגֶב בְּאֶרֶץ כְּנָעַן בְּבֹא בְּנֵי יִשְׂרָאֵל: וַיִּסְעוּ מֵהֹר הָהָר וַיַּחֲנוּ מא
בְּצַלְמֹנָה: וַיִּסְעוּ מִצַּלְמֹנָה וַיַּחֲנוּ בְּפוּנֹן: וַיִּסְעוּ מִפּוּנֹן וַיַּחֲנוּ מב מג
נסיעת ישראל לאובות במדבר כא, י
בְּאֹבֹת: וַיִּסְעוּ מֵאֹבֹת וַיַּחֲנוּ בְּעִיֵּי הָעֲבָרִים בִּגְבוּל מוֹאָב: מד
נסיעת ישראל מאובות לעיי העברים במדבר כא, יא
וַיִּסְעוּ מֵעִיִּים וַיַּחֲנוּ בְּדִיבֹן גָּד: וַיִּסְעוּ מִדִּיבֹן גָּד וַיַּחֲנוּ בְּעַלְמֹן מה מו
דִּבְלָתָיְמָה: וַיִּסְעוּ מֵעַלְמֹן דִּבְלָתָיְמָה וַיַּחֲנוּ בְּהָרֵי הָעֲבָרִים מז
נסיעת ישראל מעיי העברים במדבר כא, יב
לִפְנֵי נְבוֹ: וַיִּסְעוּ מֵהָרֵי הָעֲבָרִים וַיַּחֲנוּ בְּעַרְבֹת מוֹאָב עַל יַרְדֵּן מח
יְרֵחוֹ: וַיַּחֲנוּ עַל־הַיַּרְדֵּן מִבֵּית הַיְשִׁמֹת עַד אָבֵל הַשִּׁטִּים בְּעַרְבֹת מט
שלישי /חמישי/
מוֹאָב: וַיְדַבֵּר יְהוָה אֶל־מֹשֶׁה בְּעַרְבֹת מוֹאָב נ
נסיעת ישראל לערבות מואב במדבר כב, א
עַל־יַרְדֵּן יְרֵחוֹ לֵאמֹר: דַּבֵּר אֶל־בְּנֵי יִשְׂרָאֵל וְאָמַרְתָּ אֲלֵהֶם נא
כִּי אַתֶּם עֹבְרִים אֶת־הַיַּרְדֵּן אֶל־אֶרֶץ כְּנָעַן: וְהוֹרַשְׁתֶּם אֶת־ נב
כָּל־יֹשְׁבֵי הָאָרֶץ מִפְּנֵיכֶם וְאִבַּדְתֶּם אֵת כָּל־מַשְׂכִּיֹּתָם וְאֵת
כָּל־צַלְמֵי מַסֵּכֹתָם תְּאַבֵּדוּ וְאֵת כָּל־בָּמוֹתָם תַּשְׁמִידוּ: וְהוֹרַשְׁתֶּם נג
אֶת־הָאָרֶץ וִישַׁבְתֶּם־בָּהּ כִּי לָכֶם נָתַתִּי אֶת־הָאָרֶץ לָרֶשֶׁת
אֹתָהּ: וְהִתְנַחַלְתֶּם אֶת־הָאָרֶץ בְּגוֹרָל לְמִשְׁפְּחֹתֵיכֶם לָרַב נד

תַּרְבּוּ אֶת־נַחֲלָתוֹ וְלַמְעַט תַּמְעִיט אֶת־נַחֲלָתוֹ אֶל אֲשֶׁר־יֵצֵא
נה לוֹ שָׁמָּה הַגּוֹרָל לוֹ יִהְיֶה לְמַטּוֹת אֲבֹתֵיכֶם תִּתְנֶחָלוּ: וְאִם־
לֹא תוֹרִישׁוּ אֶת־יֹשְׁבֵי הָאָרֶץ מִפְּנֵיכֶם וְהָיָה אֲשֶׁר תּוֹתִירוּ
מֵהֶם לְשִׂכִּים בְּעֵינֵיכֶם וְלִצְנִינִם בְּצִדֵּיכֶם וְצָרְרוּ אֶתְכֶם עַל־
נו הָאָרֶץ אֲשֶׁר אַתֶּם יֹשְׁבִים בָּהּ: וְהָיָה כַּאֲשֶׁר דִּמִּיתִי לַעֲשׂוֹת
לָהֶם אֶעֱשֶׂה לָכֶם:

לד א ב וַיְדַבֵּר יְהוָה אֶל־מֹשֶׁה לֵּאמֹר: צַו אֶת־בְּנֵי יִשְׂרָאֵל וְאָמַרְתָּ לא
אֲלֵהֶם כִּי־אַתֶּם בָּאִים אֶל־הָאָרֶץ כְּנָעַן זֹאת הָאָרֶץ אֲשֶׁר
ג תִּפֹּל לָכֶם בְּנַחֲלָה אֶרֶץ כְּנַעַן לִגְבֻלֹתֶיהָ: וְהָיָה לָכֶם פְּאַת־
נֶגֶב מִמִּדְבַּר־צִן עַל־יְדֵי אֱדוֹם וְהָיָה לָכֶם גְּבוּל נֶגֶב מִקְצֵה יָם־
ד הַמֶּלַח קֵדְמָה: וְנָסַב לָכֶם הַגְּבוּל מִנֶּגֶב לְמַעֲלֵה עַקְרַבִּים וְעָבַר
צִנָה והיה תּוֹצְאֹתָיו מִנֶּגֶב לְקָדֵשׁ בַּרְנֵעַ וְיָצָא חֲצַר־אַדָּר וְעָבַר וְהָיוּ
ה עַצְמֹנָה: וְנָסַב הַגְּבוּל מֵעַצְמוֹן נַחְלָה מִצְרָיִם וְהָיוּ תוֹצְאֹתָיו
ו הַיָּמָּה: וּגְבוּל יָם וְהָיָה לָכֶם הַיָּם הַגָּדוֹל וּגְבוּל זֶה־יִהְיֶה לָכֶם
ז גְּבוּל יָם: וְזֶה־יִהְיֶה לָכֶם גְּבוּל צָפוֹן מִן־הַיָּם הַגָּדֹל תְּתָאוּ לָכֶם
ח הֹר הָהָר: מֵהֹר הָהָר תְּתָאוּ לְבֹא חֲמָת וְהָיוּ תּוֹצְאֹת הַגְּבֻל
ט צְדָדָה: וְיָצָא הַגְּבֻל זִפְרֹנָה וְהָיוּ תוֹצְאֹתָיו חֲצַר עֵינָן זֶה־יִהְיֶה
י לָכֶם גְּבוּל צָפוֹן: וְהִתְאַוִּיתֶם לָכֶם לִגְבוּל קֵדְמָה מֵחֲצַר עֵינָן
יא שְׁפָמָה: וְיָרַד הַגְּבֻל מִשְּׁפָם הָרִבְלָה מִקֶּדֶם לָעָיִן וְיָרַד הַגְּבֻל וּמָחָה
יב עַל־כֶּתֶף יָם־כִּנֶּרֶת קֵדְמָה: וְיָרַד הַגְּבוּל הַיַּרְדֵּנָה וְהָיוּ תוֹצְאֹתָיו
יג יָם הַמֶּלַח זֹאת תִּהְיֶה לָכֶם הָאָרֶץ לִגְבֻלֹתֶיהָ סָבִיב: וַיְצַו מֹשֶׁה
אֶת־בְּנֵי יִשְׂרָאֵל לֵאמֹר זֹאת הָאָרֶץ אֲשֶׁר תִּתְנַחֲלוּ אֹתָהּ בְּגוֹרָל
יד אֲשֶׁר צִוָּה יְהוָה לָתֵת לְתִשְׁעַת הַמַּטּוֹת וַחֲצִי הַמַּטֶּה: כִּי לָקְחוּ
מַטֵּה בְנֵי הָראוּבֵנִי לְבֵית אֲבֹתָם וּמַטֵּה בְנֵי־הַגָּדִי לְבֵית אֲבֹתָם
טו וַחֲצִי מַטֵּה מְנַשֶּׁה לָקְחוּ נַחֲלָתָם: שְׁנֵי הַמַּטּוֹת וַחֲצִי הַמַּטֶּה לָקְחוּ
נַחֲלָתָם מֵעֵבֶר לְיַרְדֵּן יְרֵחוֹ קֵדְמָה מִזְרָחָה:

טז יז וַיְדַבֵּר יְהוָה אֶל־מֹשֶׁה לֵּאמֹר: אֵלֶּה שְׁמוֹת הָאֲנָשִׁים אֲשֶׁר־ רביעי /ששי/

גבולות הארץ
בראשית טו, יח–כא
שמות כג, לא
דברים יא, כד–כה
יהושע א, ג–ד
יחזקאל מז, טו

יח יִנְחֲלוּ לָכֶם אֶת־הָאָרֶץ אֶלְעָזָר הַכֹּהֵן וִיהוֹשֻׁעַ בִּן־נוּן׃ וְנָשִׂיא
יט אֶחָד נָשִׂיא אֶחָד מִמַּטֶּה תִּקְחוּ לִנְחֹל אֶת־הָאָרֶץ׃ וְאֵלֶּה שְׁמוֹת
כ הָאֲנָשִׁים לְמַטֵּה יְהוּדָה כָּלֵב בֶּן־יְפֻנֶּה׃ וּלְמַטֵּה בְּנֵי שִׁמְעוֹן
כא כב שְׁמוּאֵל בֶּן־עַמִּיהוּד׃ לְמַטֵּה בִנְיָמִן אֱלִידָד בֶּן־כִּסְלוֹן׃ וּלְמַטֵּה
כג בְנֵי־דָן נָשִׂיא בֻּקִּי בֶּן־יָגְלִי׃ לִבְנֵי יוֹסֵף לְמַטֵּה בְנֵי־מְנַשֶּׁה נָשִׂיא
כד חַנִּיאֵל בֶּן־אֵפֹד׃ וּלְמַטֵּה בְנֵי־אֶפְרַיִם נָשִׂיא קְמוּאֵל בֶּן־שִׁפְטָן׃
כה כו וּלְמַטֵּה בְנֵי־זְבוּלֻן נָשִׂיא אֱלִיצָפָן בֶּן־פַּרְנָךְ׃ וּלְמַטֵּה בְנֵי־יִשָּׂשכָר
כז נָשִׂיא פַּלְטִיאֵל בֶּן־עַזָּן׃ וּלְמַטֵּה בְנֵי־אָשֵׁר נָשִׂיא אֲחִיהוּד בֶּן־שְׁלֹמִי׃
כח כט וּלְמַטֵּה בְנֵי־נַפְתָּלִי נָשִׂיא פְּדַהְאֵל בֶּן־עַמִּיהוּד׃ אֵלֶּה אֲשֶׁר צִוָּה
יהוה לְנַחֵל אֶת־בְּנֵי־יִשְׂרָאֵל בְּאֶרֶץ כְּנָעַן׃

נשיאי השבטים
במדבר א, ה–טו

חמישי

לה א וַיְדַבֵּר יהוה אֶל־מֹשֶׁה בְּעַרְבֹת מוֹאָב עַל־יַרְדֵּן יְרֵחוֹ לֵאמֹר׃
ב צַו אֶת־בְּנֵי יִשְׂרָאֵל וְנָתְנוּ לַלְוִיִּם מִנַּחֲלַת אֲחֻזָּתָם עָרִים לָשָׁבֶת
ג וּמִגְרָשׁ לֶעָרִים סְבִיבֹתֵיהֶם תִּתְּנוּ לַלְוִיִּם׃ וְהָיוּ הֶעָרִים לָהֶם
לָשָׁבֶת וּמִגְרְשֵׁיהֶם יִהְיוּ לִבְהֶמְתָּם וְלִרְכֻשָׁם וּלְכֹל חַיָּתָם׃
ד וּמִגְרְשֵׁי הֶעָרִים אֲשֶׁר תִּתְּנוּ לַלְוִיִּם מִקִּיר הָעִיר וָחוּצָה אֶלֶף
ה אַמָּה סָבִיב׃ וּמַדֹּתֶם מִחוּץ לָעִיר אֶת־פְּאַת־קֵדְמָה אַלְפַּיִם
בָּאַמָּה וְאֶת־פְּאַת־נֶגֶב אַלְפַּיִם בָּאַמָּה וְאֶת־פְּאַת־יָם ׀ אַלְפַּיִם
בָּאַמָּה וְאֵת פְּאַת צָפוֹן אַלְפַּיִם בָּאַמָּה וְהָעִיר בַּתָּוֶךְ זֶה יִהְיֶה לָהֶם
ו מִגְרְשֵׁי הֶעָרִים׃ וְאֵת הֶעָרִים אֲשֶׁר תִּתְּנוּ לַלְוִיִּם אֵת שֵׁשׁ־עָרֵי
הַמִּקְלָט אֲשֶׁר תִּתְּנוּ לָנֻס שָׁמָּה הָרֹצֵחַ וַעֲלֵיהֶם תִּתְּנוּ אַרְבָּעִים
ז וּשְׁתַּיִם עִיר׃ כָּל־הֶעָרִים אֲשֶׁר תִּתְּנוּ לַלְוִיִּם אַרְבָּעִים וּשְׁמֹנֶה עִיר
ח אֶתְהֶן וְאֶת־מִגְרְשֵׁיהֶן׃ וְהֶעָרִים אֲשֶׁר תִּתְּנוּ מֵאֲחֻזַּת בְּנֵי־יִשְׂרָאֵל
מֵאֵת הָרַב תַּרְבּוּ וּמֵאֵת הַמְעַט תַּמְעִיטוּ אִישׁ כְּפִי נַחֲלָתוֹ אֲשֶׁר
יִנְחָלוּ יִתֵּן מֵעָרָיו לַלְוִיִּם׃

ערי הלויים
ומגרשיהם
יהושע כא, א–מ
דה״א ו, לט–סו

ששי /שביעי/ לב

ט וַיְדַבֵּר יהוה אֶל־מֹשֶׁה לֵּאמֹר׃ דַּבֵּר אֶל־בְּנֵי יִשְׂרָאֵל וְאָמַרְתָּ
יא אֲלֵהֶם כִּי אַתֶּם עֹבְרִים אֶת־הַיַּרְדֵּן אַרְצָה כְּנָעַן׃ וְהִקְרִיתֶם
לָכֶם עָרִים עָרֵי מִקְלָט תִּהְיֶינָה לָכֶם וְנָס שָׁמָּה רֹצֵחַ מַכֵּה־

דין רוצח בשגגה
וערי מקלט
דברים ד, מא–מג;
יט, א–י
יהושע כ, א–ט

יב נֶפֶשׁ בִּשְׁגָגָה: וְהָיוּ לָכֶם הֶעָרִים לְמִקְלָט מִגֹּאֵל וְלֹא יָמוּת הָרֹצֵחַ
יג עַד־עָמְדוֹ לִפְנֵי הָעֵדָה לַמִּשְׁפָּט: וְהֶעָרִים אֲשֶׁר תִּתֵּנוּ שֵׁשׁ־
יד עָרֵי מִקְלָט תִּהְיֶינָה לָכֶם: אֵת ׀ שְׁלֹשׁ הֶעָרִים תִּתְּנוּ מֵעֵבֶר
לַיַּרְדֵּן וְאֵת שְׁלֹשׁ הֶעָרִים תִּתְּנוּ בְּאֶרֶץ כְּנָעַן עָרֵי מִקְלָט תִּהְיֶינָה:
טו לִבְנֵי יִשְׂרָאֵל וְלַגֵּר וְלַתּוֹשָׁב בְּתוֹכָם תִּהְיֶינָה שֵׁשׁ־הֶעָרִים הָאֵלֶּה
טז לְמִקְלָט לָנוּס שָׁמָּה כָּל־מַכֵּה־נֶפֶשׁ בִּשְׁגָגָה: וְאִם־בִּכְלִי בַרְזֶל ׀
יז הִכָּהוּ וַיָּמֹת רֹצֵחַ הוּא מוֹת יוּמַת הָרֹצֵחַ: וְאִם בְּאֶבֶן יָד אֲשֶׁר־
יח יָמוּת בָּהּ הִכָּהוּ וַיָּמֹת רֹצֵחַ הוּא מוֹת יוּמַת הָרֹצֵחַ: אוֹ בִּכְלִי
עֵץ־יָד אֲשֶׁר־יָמוּת בּוֹ הִכָּהוּ וַיָּמֹת רֹצֵחַ הוּא מוֹת יוּמַת הָרֹצֵחַ:
יט כ גֹּאֵל הַדָּם הוּא יָמִית אֶת־הָרֹצֵחַ בְּפִגְעוֹ־בוֹ הוּא יְמִתֶנּוּ: וְאִם־
כא בְּשִׂנְאָה יֶהְדָּפֶנּוּ אוֹ־הִשְׁלִיךְ עָלָיו בִּצְדִיָּה וַיָּמֹת: אוֹ בְאֵיבָה
הִכָּהוּ בְיָדוֹ וַיָּמֹת מוֹת־יוּמַת הַמַּכֶּה רֹצֵחַ הוּא גֹּאֵל הַדָּם יָמִית
כב אֶת־הָרֹצֵחַ בְּפִגְעוֹ־בוֹ: וְאִם־בְּפֶתַע בְּלֹא־אֵיבָה הֲדָפוֹ אוֹ־
כג הִשְׁלִיךְ עָלָיו כָּל־כְּלִי בְּלֹא צְדִיָּה: אוֹ בְכָל־אֶבֶן אֲשֶׁר־יָמוּת
בָּהּ בְּלֹא רְאוֹת וַיַּפֵּל עָלָיו וַיָּמֹת וְהוּא לֹא־אוֹיֵב לוֹ וְלֹא מְבַקֵּשׁ
כד רָעָתוֹ: וְשָׁפְטוּ הָעֵדָה בֵּין הַמַּכֶּה וּבֵין גֹּאֵל הַדָּם עַל הַמִּשְׁפָּטִים
כה הָאֵלֶּה: וְהִצִּילוּ הָעֵדָה אֶת־הָרֹצֵחַ מִיַּד גֹּאֵל הַדָּם וְהֵשִׁיבוּ אֹתוֹ
הָעֵדָה אֶל־עִיר מִקְלָטוֹ אֲשֶׁר־נָס שָׁמָּה וְיָשַׁב בָּהּ עַד־מוֹת
כו הַכֹּהֵן הַגָּדֹל אֲשֶׁר־מָשַׁח אֹתוֹ בְּשֶׁמֶן הַקֹּדֶשׁ: וְאִם־יָצֹא יֵצֵא
כז הָרֹצֵחַ אֶת־גְּבוּל עִיר מִקְלָטוֹ אֲשֶׁר יָנוּס שָׁמָּה: וּמָצָא אֹתוֹ
גֹּאֵל הַדָּם מִחוּץ לִגְבוּל עִיר מִקְלָטוֹ וְרָצַח גֹּאֵל הַדָּם אֶת־הָרֹצֵחַ
כח אֵין לוֹ דָּם: כִּי בְעִיר מִקְלָטוֹ יֵשֵׁב עַד־מוֹת הַכֹּהֵן הַגָּדֹל וְאַחֲרֵי־
כט מוֹת הַכֹּהֵן הַגָּדֹל יָשׁוּב הָרֹצֵחַ אֶל־אֶרֶץ אֲחֻזָּתוֹ: וְהָיוּ אֵלֶּה
ל לָכֶם לְחֻקַּת מִשְׁפָּט לְדֹרֹתֵיכֶם בְּכֹל מוֹשְׁבֹתֵיכֶם: כָּל־מַכֵּה־
נֶפֶשׁ לְפִי עֵדִים יִרְצַח אֶת־הָרֹצֵחַ וְעֵד אֶחָד לֹא־יַעֲנֶה בְנֶפֶשׁ
לא לָמוּת: וְלֹא־תִקְחוּ כֹפֶר לְנֶפֶשׁ רֹצֵחַ אֲשֶׁר־הוּא רָשָׁע לָמוּת
לב כִּי־מוֹת יוּמָת: וְלֹא־תִקְחוּ כֹפֶר לָנוּס אֶל־עִיר מִקְלָטוֹ לָשׁוּב

עונש מוות למכה אדם
שמות כא, יב
ויקרא כד, יז–כא

עדות על פי שני עדים
דברים יז, ו; יט, טו

לה

לג לַשֶּׁבֶת בָּאָרֶץ עַד־מוֹת הַכֹּהֵן׃ וְלֹא־תַחֲנִיפוּ אֶת־הָאָרֶץ אֲשֶׁר
אַתֶּם בָּהּ כִּי הַדָּם הוּא יַחֲנִיף אֶת־הָאָרֶץ וְלָאָרֶץ לֹא־יְכֻפַּר
לד לַדָּם אֲשֶׁר שֻׁפַּךְ־בָּהּ כִּי־אִם בְּדַם שֹׁפְכוֹ׃ וְלֹא תְטַמֵּא אֶת־
הָאָרֶץ אֲשֶׁר אַתֶּם יֹשְׁבִים בָּהּ אֲשֶׁר אֲנִי שֹׁכֵן בְּתוֹכָהּ כִּי אֲנִי
יהוה שֹׁכֵן בְּתוֹךְ בְּנֵי יִשְׂרָאֵל׃

לו א שביעי וַיִּקְרְבוּ רָאשֵׁי הָאָבוֹת לְמִשְׁפַּחַת בְּנֵי־גִלְעָד בֶּן־מָכִיר בֶּן־מְנַשֶּׁה
מִמִּשְׁפְּחֹת בְּנֵי יוֹסֵף וַיְדַבְּרוּ לִפְנֵי מֹשֶׁה וְלִפְנֵי הַנְּשִׂאִים רָאשֵׁי
ב אָבוֹת לִבְנֵי יִשְׂרָאֵל׃ וַיֹּאמְרוּ אֶת־אֲדֹנִי צִוָּה יהוה לָתֵת אֶת־הָאָרֶץ
בְּנַחֲלָה בְּגוֹרָל לִבְנֵי יִשְׂרָאֵל וַאדֹנִי צֻוָּה בַיהוה לָתֵת אֶת־נַחֲלַת
ג צְלָפְחָד אָחִינוּ לִבְנֹתָיו׃ וְהָיוּ לְאֶחָד מִבְּנֵי שִׁבְטֵי בְנֵי־יִשְׂרָאֵל
לְנָשִׁים וְנִגְרְעָה נַחֲלָתָן מִנַּחֲלַת אֲבֹתֵינוּ וְנוֹסַף עַל נַחֲלַת הַמַּטֶּה
ד אֲשֶׁר תִּהְיֶינָה לָהֶם וּמִגֹּרַל נַחֲלָתֵנוּ יִגָּרֵעַ׃ וְאִם־יִהְיֶה הַיֹּבֵל לִבְנֵי
יִשְׂרָאֵל וְנוֹסְפָה נַחֲלָתָן עַל נַחֲלַת הַמַּטֶּה אֲשֶׁר תִּהְיֶינָה לָהֶם
ה וּמִנַּחֲלַת מַטֵּה אֲבֹתֵינוּ יִגָּרַע נַחֲלָתָן׃ וַיְצַו מֹשֶׁה אֶת־בְּנֵי יִשְׂרָאֵל
ו עַל־פִּי יהוה לֵאמֹר כֵּן מַטֵּה בְנֵי־יוֹסֵף דֹּבְרִים׃ זֶה הַדָּבָר אֲשֶׁר־צִוָּה
יהוה לִבְנוֹת צְלָפְחָד לֵאמֹר לַטּוֹב בְּעֵינֵיהֶם תִּהְיֶינָה לְנָשִׁים
ז אַךְ לְמִשְׁפַּחַת מַטֵּה אֲבִיהֶם תִּהְיֶינָה לְנָשִׁים׃ וְלֹא־תִסֹּב נַחֲלָה
לִבְנֵי יִשְׂרָאֵל מִמַּטֶּה אֶל־מַטֶּה כִּי אִישׁ בְּנַחֲלַת מַטֵּה אֲבֹתָיו
ח יִדְבְּקוּ בְּנֵי יִשְׂרָאֵל׃ וְכָל־בַּת יֹרֶשֶׁת נַחֲלָה מִמַּטּוֹת בְּנֵי יִשְׂרָאֵל
לְאֶחָד מִמִּשְׁפַּחַת מַטֵּה אָבִיהָ תִּהְיֶה לְאִשָּׁה לְמַעַן יִירְשׁוּ
ט בְּנֵי יִשְׂרָאֵל אִישׁ נַחֲלַת אֲבֹתָיו׃ וְלֹא־תִסֹּב נַחֲלָה מִמַּטֶּה
י לְמַטֶּה אַחֵר כִּי־אִישׁ בְּנַחֲלָתוֹ יִדְבְּקוּ מַטּוֹת בְּנֵי יִשְׂרָאֵל׃ כַּאֲשֶׁר
יא מפטיר צִוָּה יהוה אֶת־מֹשֶׁה כֵּן עָשׂוּ בְּנוֹת צְלָפְחָד׃ וַתִּהְיֶינָה מַחְלָה
תִרְצָה וְחָגְלָה וּמִלְכָּה וְנֹעָה בְּנוֹת צְלָפְחָד לִבְנֵי דֹדֵיהֶן לְנָשִׁים׃
יב מִמִּשְׁפְּחֹת בְּנֵי־מְנַשֶּׁה בֶן־יוֹסֵף הָיוּ לְנָשִׁים וַתְּהִי נַחֲלָתָן עַל־
יג מַטֵּה מִשְׁפַּחַת אֲבִיהֶן׃ אֵלֶּה הַמִּצְוֹת וְהַמִּשְׁפָּטִים אֲשֶׁר צִוָּה
יהוה בְּיַד־מֹשֶׁה אֶל־בְּנֵי יִשְׂרָאֵל בְּעַרְבֹת מוֹאָב עַל יַרְדֵּן יְרֵחוֹ׃

נחלת בנות צלפחד
במדבר כז, א-ז
יהושע יז, ג-ד

# דברים

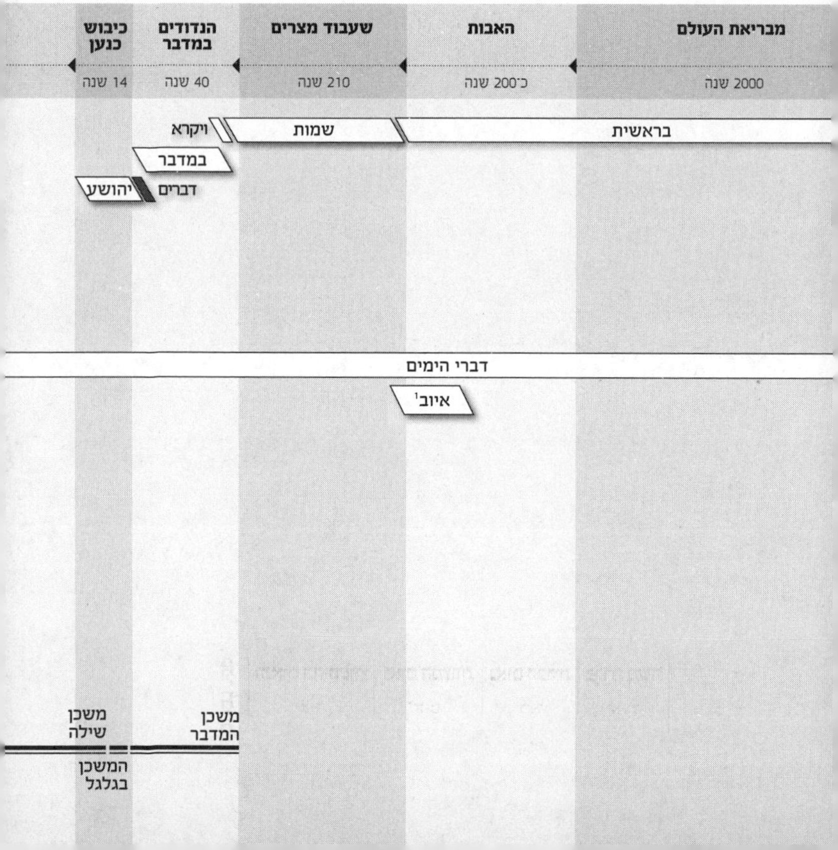
מבריאת העולם
2000 שנה
האבות
כ־200 שנה
שעבוד מצרים
210 שנה
הנדודים במדבר
40 שנה
כיבוש כנען
14 שנה
בראשית
שמות
ויקרא
במדבר
דברים
יהושע
דברי הימים
איוב
משכן המדבר
משכן שילה
המשכן בגלגל

**ספר דברים**

| הנאום ההיסטורי | נאום המצוות | נאום הברית | פרדת משה |
|---|---|---|---|
| א–ד | ה–כו | כו–ל | לא–לד |

א אֵלֶּה הַדְּבָרִים אֲשֶׁר דִּבֶּר מֹשֶׁה אֶל־כׇּל־יִשְׂרָאֵל בְּעֵבֶר הַיַּרְדֵּן א
בַּמִּדְבָּר בָּעֲרָבָה מוֹל סוּף בֵּין־פָּארָן וּבֵין־תֹּפֶל וְלָבָן וַחֲצֵרֹת
ב וְדִי זָהָב׃ אַחַד עָשָׂר יוֹם מֵחֹרֵב דֶּרֶךְ הַר־שֵׂעִיר עַד קָדֵשׁ בַּרְנֵעַ׃
ג וַיְהִי בְּאַרְבָּעִים שָׁנָה בְּעַשְׁתֵּי־עָשָׂר חֹדֶשׁ בְּאֶחָד לַחֹדֶשׁ דִּבֶּר
ד מֹשֶׁה אֶל־בְּנֵי יִשְׂרָאֵל כְּכֹל אֲשֶׁר צִוָּה יְהוָה אֹתוֹ אֲלֵהֶם׃ אַחֲרֵי
הַכֹּתוֹ אֵת סִיחֹן מֶלֶךְ הָאֱמֹרִי אֲשֶׁר יוֹשֵׁב בְּחֶשְׁבּוֹן וְאֵת עוֹג
ה מֶלֶךְ הַבָּשָׁן אֲשֶׁר־יוֹשֵׁב בְּעַשְׁתָּרֹת בְּאֶדְרֶעִי׃ בְּעֵבֶר הַיַּרְדֵּן
בְּאֶרֶץ מוֹאָב הוֹאִיל מֹשֶׁה בֵּאֵר אֶת־הַתּוֹרָה הַזֹּאת לֵאמֹר׃

מלחמת סיחון מלך האמורי ועוג מלך הבשן במדבר כא, כא–לה יהושע יב, א–ו

ו יְהוָה אֱלֹהֵינוּ דִּבֶּר אֵלֵינוּ בְּחֹרֵב לֵאמֹר רַב־לָכֶם שֶׁבֶת בָּהָר
ז הַזֶּה׃ פְּנוּ ׀ וּסְעוּ לָכֶם וּבֹאוּ הַר הָאֱמֹרִי וְאֶל־כׇּל־שְׁכֵנָיו בָּעֲרָבָה
בָהָר וּבַשְּׁפֵלָה וּבַנֶּגֶב וּבְחוֹף הַיָּם אֶרֶץ הַכְּנַעֲנִי וְהַלְּבָנוֹן עַד־
ח הַנָּהָר הַגָּדֹל נְהַר־פְּרָת׃ רְאֵה נָתַתִּי לִפְנֵיכֶם אֶת־הָאָרֶץ בֹּאוּ
וּרְשׁוּ אֶת־הָאָרֶץ אֲשֶׁר נִשְׁבַּע יְהוָה לַאֲבֹתֵיכֶם לְאַבְרָהָם לְיִצְחָק
ט וּלְיַעֲקֹב לָתֵת לָהֶם וּלְזַרְעָם אַחֲרֵיהֶם׃ וָאֹמַר אֲלֵכֶם בָּעֵת הַהִוא
י לֵאמֹר לֹא־אוּכַל לְבַדִּי שְׂאֵת אֶתְכֶם׃ יְהוָה אֱלֹהֵיכֶם הִרְבָּה

עצת מינוי השופטים שמות יח, יג–כו

יא אֶתְכֶם וְהִנְּכֶם הַיּוֹם כְּכוֹכְבֵי הַשָּׁמַיִם לָרֹב׃ יְהוָה אֱלֹהֵי אֲבוֹתֵכֶם שני
יֹסֵף עֲלֵיכֶם כָּכֶם אֶלֶף פְּעָמִים וִיבָרֵךְ אֶתְכֶם כַּאֲשֶׁר דִּבֶּר לָכֶם׃
יב יג אֵיכָה אֶשָּׂא לְבַדִּי טׇרְחֲכֶם וּמַשַּׂאֲכֶם וְרִיבְכֶם׃ הָבוּ לָכֶם אֲנָשִׁים
יד חֲכָמִים וּנְבֹנִים וִידֻעִים לְשִׁבְטֵיכֶם וַאֲשִׂימֵם בְּרָאשֵׁיכֶם׃ וַתַּעֲנוּ
טו אֹתִי וַתֹּאמְרוּ טוֹב־הַדָּבָר אֲשֶׁר־דִּבַּרְתָּ לַעֲשׂוֹת׃ וָאֶקַּח אֶת־
רָאשֵׁי שִׁבְטֵיכֶם אֲנָשִׁים חֲכָמִים וִידֻעִים וָאֶתֵּן אֹתָם רָאשִׁים
עֲלֵיכֶם שָׂרֵי אֲלָפִים וְשָׂרֵי מֵאוֹת וְשָׂרֵי חֲמִשִּׁים וְשָׂרֵי עֲשָׂרֹת
טז וְשֹׁטְרִים לְשִׁבְטֵיכֶם׃ וָאֲצַוֶּה אֶת־שֹׁפְטֵיכֶם בָּעֵת הַהִוא לֵאמֹר
שָׁמֹעַ בֵּין־אֲחֵיכֶם וּשְׁפַטְתֶּם צֶדֶק בֵּין־אִישׁ וּבֵין־אָחִיו וּבֵין גֵּרוֹ׃
יז לֹא־תַכִּירוּ פָנִים בַּמִּשְׁפָּט כַּקָּטֹן כַּגָּדֹל תִּשְׁמָעוּן לֹא תָגוּרוּ
מִפְּנֵי־אִישׁ כִּי הַמִּשְׁפָּט לֵאלֹהִים הוּא וְהַדָּבָר אֲשֶׁר יִקְשֶׁה מִכֶּם
יח תַּקְרִבוּן אֵלַי וּשְׁמַעְתִּיו׃ וָאֲצַוֶּה אֶתְכֶם בָּעֵת הַהִוא אֵת כׇּל־

חטא המרגלים
במדבר יג, א – יד, לט

יט הַדְּבָרִים אֲשֶׁר תַּעֲשׂוּן׃ וַנִּסַּע מֵחֹרֵב וַנֵּלֶךְ אֵת כׇּל־הַמִּדְבָּר
הַגָּדוֹל וְהַנּוֹרָא הַהוּא אֲשֶׁר רְאִיתֶם דֶּרֶךְ הַר הָאֱמֹרִי כַּאֲשֶׁר
כ צִוָּה יְהֹוָה אֱלֹהֵינוּ אֹתָנוּ וַנָּבֹא עַד קָדֵשׁ בַּרְנֵעַ׃ וָאֹמַר אֲלֵכֶם
כא בָּאתֶם עַד־הַר הָאֱמֹרִי אֲשֶׁר־יְהֹוָה אֱלֹהֵינוּ נֹתֵן לָנוּ׃ רְאֵה נָתַן
יְהֹוָה אֱלֹהֶיךָ לְפָנֶיךָ אֶת־הָאָרֶץ עֲלֵה רֵשׁ כַּאֲשֶׁר דִּבֶּר יְהֹוָה
שלישי
כב אֱלֹהֵי אֲבֹתֶיךָ לָךְ אַל־תִּירָא וְאַל־תֵּחָת׃ וַתִּקְרְבוּן אֵלַי כֻּלְּכֶם
וַתֹּאמְרוּ נִשְׁלְחָה אֲנָשִׁים לְפָנֵינוּ וְיַחְפְּרוּ־לָנוּ אֶת־הָאָרֶץ וְיָשִׁבוּ
אֹתָנוּ דָּבָר אֶת־הַדֶּרֶךְ אֲשֶׁר נַעֲלֶה־בָּהּ וְאֵת הֶעָרִים אֲשֶׁר נָבֹא
כג אֲלֵיהֶן׃ וַיִּיטַב בְּעֵינַי הַדָּבָר וָאֶקַּח מִכֶּם שְׁנֵים עָשָׂר אֲנָשִׁים אִישׁ
כד אֶחָד לַשָּׁבֶט׃ וַיִּפְנוּ וַיַּעֲלוּ הָהָרָה וַיָּבֹאוּ עַד־נַחַל אֶשְׁכֹּל וַיְרַגְּלוּ
כה אֹתָהּ׃ וַיִּקְחוּ בְיָדָם מִפְּרִי הָאָרֶץ וַיּוֹרִדוּ אֵלֵינוּ וַיָּשִׁבוּ אֹתָנוּ
כו דָבָר וַיֹּאמְרוּ טוֹבָה הָאָרֶץ אֲשֶׁר־יְהֹוָה אֱלֹהֵינוּ נֹתֵן לָנוּ׃ וְלֹא
כז אֲבִיתֶם לַעֲלֹת וַתַּמְרוּ אֶת־פִּי יְהֹוָה אֱלֹהֵיכֶם׃ וַתֵּרָגְנוּ בְאׇהֳלֵיכֶם
וַתֹּאמְרוּ בְּשִׂנְאַת יְהֹוָה אֹתָנוּ הוֹצִיאָנוּ מֵאֶרֶץ מִצְרָיִם לָתֵת
כח אֹתָנוּ בְּיַד הָאֱמֹרִי לְהַשְׁמִידֵנוּ׃ אָנָה ׀ אֲנַחְנוּ עֹלִים אַחֵינוּ הֵמַסּוּ
אֶת־לְבָבֵנוּ לֵאמֹר עַם גָּדוֹל וָרָם מִמֶּנּוּ עָרִים גְּדֹלֹת וּבְצוּרֹת
כט בַּשָּׁמָיִם וְגַם־בְּנֵי עֲנָקִים רָאִינוּ שָׁם׃ וָאֹמַר אֲלֵכֶם לֹא־תַעַרְצוּן
ל וְלֹא־תִירְאוּן מֵהֶם׃ יְהֹוָה אֱלֹהֵיכֶם הַהֹלֵךְ לִפְנֵיכֶם הוּא יִלָּחֵם
לא לָכֶם כְּכֹל אֲשֶׁר עָשָׂה אִתְּכֶם בְּמִצְרַיִם לְעֵינֵיכֶם׃ וּבַמִּדְבָּר
אֲשֶׁר רָאִיתָ אֲשֶׁר נְשָׂאֲךָ יְהֹוָה אֱלֹהֶיךָ כַּאֲשֶׁר יִשָּׂא־אִישׁ אֶת־
בְּנוֹ בְּכׇל־הַדֶּרֶךְ אֲשֶׁר הֲלַכְתֶּם עַד־בֹּאֲכֶם עַד־הַמָּקוֹם הַזֶּה׃
לב לג וּבַדָּבָר הַזֶּה אֵינְכֶם מַאֲמִינִם בַּיהֹוָה אֱלֹהֵיכֶם׃ הַהֹלֵךְ לִפְנֵיכֶם
גזרת הנדודים במדבר
במדבר יד, כו–לה
יהושע ה, ד–ו
בַּדֶּרֶךְ לָתוּר לָכֶם מָקוֹם לַחֲנֹתְכֶם בָּאֵשׁ ׀ לַיְלָה לַרְאֹתְכֶם בַּדֶּרֶךְ
לד אֲשֶׁר תֵּלְכוּ־בָהּ וּבֶעָנָן יוֹמָם׃ וַיִּשְׁמַע יְהֹוָה אֶת־קוֹל דִּבְרֵיכֶם
לה וַיִּקְצֹף וַיִּשָּׁבַע לֵאמֹר׃ אִם־יִרְאֶה אִישׁ בָּאֲנָשִׁים הָאֵלֶּה הַדּוֹר
הבטחת הארץ לכלב
במדבר יד, כ–לה
יהושע יד, ו–טו
הָרָע הַזֶּה אֵת הָאָרֶץ הַטּוֹבָה אֲשֶׁר נִשְׁבַּעְתִּי לָתֵת לַאֲבֹתֵיכֶם׃
לו זוּלָתִי כָּלֵב בֶּן־יְפֻנֶּה הוּא יִרְאֶנָּה וְלוֹ־אֶתֵּן אֶת־הָאָרֶץ אֲשֶׁר

א

לז דֶּרֶךְ־בָּהּ וּלְבָנָיו יַעַן אֲשֶׁר מִלֵּא אַחֲרֵי יְהוָה: גַּם־בִּי הִתְאַנַּף
לח יְהוָה בִּגְלַלְכֶם לֵאמֹר גַּם־אַתָּה לֹא־תָבֹא שָׁם: יְהוֹשֻׁעַ בִּן־נוּן
הָעֹמֵד לְפָנֶיךָ הוּא יָבֹא שָׁמָּה אֹתוֹ חַזֵּק כִּי־הוּא יַנְחִלֶנָּה אֶת־
לט יִשְׂרָאֵל: וְטַפְּכֶם אֲשֶׁר אֲמַרְתֶּם לָבַז יִהְיֶה וּבְנֵיכֶם אֲשֶׁר לֹא־ רביעי
יָדְעוּ הַיּוֹם טוֹב וָרָע הֵמָּה יָבֹאוּ שָׁמָּה וְלָהֶם אֶתְּנֶנָּה וְהֵם
מ מא יִירָשׁוּהָ: וְאַתֶּם פְּנוּ לָכֶם וּסְעוּ הַמִּדְבָּרָה דֶּרֶךְ יַם־סוּף: וַתַּעֲנוּ ׀ חטא המעפילים במדבר יד, מ–מה
וַתֹּאמְרוּ אֵלַי חָטָאנוּ לַיהוָה אֲנַחְנוּ נַעֲלֶה וְנִלְחַמְנוּ כְּכֹל אֲשֶׁר־
צִוָּנוּ יְהוָה אֱלֹהֵינוּ וַתַּחְגְּרוּ אִישׁ אֶת־כְּלֵי מִלְחַמְתּוֹ וַתָּהִינוּ
מב לַעֲלֹת הָהָרָה: וַיֹּאמֶר יְהוָה אֵלַי אֱמֹר לָהֶם לֹא תַעֲלוּ וְלֹא
מג תִלָּחֲמוּ כִּי אֵינֶנִּי בְּקִרְבְּכֶם וְלֹא תִּנָּגְפוּ לִפְנֵי אֹיְבֵיכֶם: וָאֲדַבֵּר
אֲלֵיכֶם וְלֹא שְׁמַעְתֶּם וַתַּמְרוּ אֶת־פִּי יְהוָה וַתָּזִדוּ וַתַּעֲלוּ הָהָרָה:
מד וַיֵּצֵא הָאֱמֹרִי הַיֹּשֵׁב בָּהָר הַהוּא לִקְרַאתְכֶם וַיִּרְדְּפוּ אֶתְכֶם
כַּאֲשֶׁר תַּעֲשֶׂינָה הַדְּבֹרִים וַיַּכְּתוּ אֶתְכֶם בְּשֵׂעִיר עַד־חָרְמָה:
מה וַתָּשֻׁבוּ וַתִּבְכּוּ לִפְנֵי יְהוָה וְלֹא־שָׁמַע יְהוָה בְּקֹלְכֶם וְלֹא הֶאֱזִין
מו אֲלֵיכֶם: וַתֵּשְׁבוּ בְקָדֵשׁ יָמִים רַבִּים כַּיָּמִים אֲשֶׁר יְשַׁבְתֶּם:
ב א וַנֵּפֶן וַנִּסַּע הַמִּדְבָּרָה דֶּרֶךְ יַם־סוּף כַּאֲשֶׁר דִּבֶּר יְהוָה אֵלָי וַנָּסָב
ב אֶת־הַר־שֵׂעִיר יָמִים רַבִּים: וַיֹּאמֶר יְהוָה אֵלַי ב חמישי
ג ד לֵאמֹר: רַב־לָכֶם סֹב אֶת־הָהָר הַזֶּה פְּנוּ לָכֶם צָפֹנָה: וְאֶת־הָעָם מעבר ישראל סביב לאדום במדבר כ, יד–כא
צַו לֵאמֹר אַתֶּם עֹבְרִים בִּגְבוּל אֲחֵיכֶם בְּנֵי־עֵשָׂו הַיֹּשְׁבִים
ה בְּשֵׂעִיר וְיִירְאוּ מִכֶּם וְנִשְׁמַרְתֶּם מְאֹד: אַל־תִּתְגָּרוּ בָם כִּי לֹא־
אֶתֵּן לָכֶם מֵאַרְצָם עַד מִדְרַךְ כַּף־רָגֶל כִּי־יְרֻשָּׁה לְעֵשָׂו נָתַתִּי
ו אֶת־הַר שֵׂעִיר: אֹכֶל תִּשְׁבְּרוּ מֵאִתָּם בַּכֶּסֶף וַאֲכַלְתֶּם וְגַם־
ז מַיִם תִּכְרוּ מֵאִתָּם בַּכֶּסֶף וּשְׁתִיתֶם: כִּי יְהוָה אֱלֹהֶיךָ בֵּרַכְךָ
בְּכֹל מַעֲשֵׂה יָדֶךָ יָדַע לֶכְתְּךָ אֶת־הַמִּדְבָּר הַגָּדֹל הַזֶּה זֶה ׀ אַרְבָּעִים
ח שָׁנָה יְהוָה אֱלֹהֶיךָ עִמָּךְ לֹא חָסַרְתָּ דָּבָר: וַנַּעֲבֹר מֵאֵת אַחֵינוּ
בְנֵי־עֵשָׂו הַיֹּשְׁבִים בְּשֵׂעִיר מִדֶּרֶךְ הָעֲרָבָה מֵאֵילַת וּמֵעֶצְיֹן
ט גָּבֶר וַנֵּפֶן וַנַּעֲבֹר דֶּרֶךְ מִדְבַּר מוֹאָב: וַיֹּאמֶר

יְהוָה אֵלַי אַל־תָּצַר אֶת־מוֹאָב וְאַל־תִּתְגָּר בָּם מִלְחָמָה כִּי
לֹא־אֶתֵּן לְךָ מֵאַרְצוֹ יְרֻשָּׁה כִּי לִבְנֵי־לוֹט נָתַתִּי אֶת־עָר יְרֻשָּׁה׃
י יא הָאֵמִים לְפָנִים יָשְׁבוּ בָהּ עַם גָּדוֹל וְרַב וָרָם כָּעֲנָקִים׃ רְפָאִים
יב יֵחָשְׁבוּ אַף־הֵם כָּעֲנָקִים וְהַמֹּאָבִים יִקְרְאוּ לָהֶם אֵמִים׃ וּבְשֵׂעִיר
יָשְׁבוּ הַחֹרִים לְפָנִים וּבְנֵי עֵשָׂו יִירָשׁוּם וַיַּשְׁמִידוּם מִפְּנֵיהֶם וַיֵּשְׁבוּ
תַּחְתָּם כַּאֲשֶׁר עָשָׂה יִשְׂרָאֵל לְאֶרֶץ יְרֻשָּׁתוֹ אֲשֶׁר־נָתַן יְהוָה
יג לָהֶם׃ עַתָּה קֻמוּ וְעִבְרוּ לָכֶם אֶת־נַחַל זָרֶד וַנַּעֲבֹר אֶת־נַחַל זָרֶד׃
יד וְהַיָּמִים אֲשֶׁר־הָלַכְנוּ ׀ מִקָּדֵשׁ בַּרְנֵעַ עַד אֲשֶׁר־עָבַרְנוּ אֶת־נַחַל
זֶרֶד שְׁלֹשִׁים וּשְׁמֹנֶה שָׁנָה עַד־תֹּם כָּל־הַדּוֹר אַנְשֵׁי הַמִּלְחָמָה
טו מִקֶּרֶב הַמַּחֲנֶה כַּאֲשֶׁר נִשְׁבַּע יְהוָה לָהֶם׃ וְגַם יַד־יְהוָה הָיְתָה בָּם
טז לְהֻמָּם מִקֶּרֶב הַמַּחֲנֶה עַד תֻּמָּם׃ וַיְהִי כַאֲשֶׁר־תַּמּוּ כָּל־אַנְשֵׁי
יז הַמִּלְחָמָה לָמוּת מִקֶּרֶב הָעָם׃ וַיְדַבֵּר יְהוָה אֵלַי
יח יט לֵאמֹר׃ אַתָּה עֹבֵר הַיּוֹם אֶת־גְּבוּל מוֹאָב אֶת־עָר׃ וְקָרַבְתָּ
מוּל בְּנֵי עַמּוֹן אַל־תְּצֻרֵם וְאַל־תִּתְגָּר בָּם כִּי לֹא־אֶתֵּן מֵאֶרֶץ
כ בְּנֵי־עַמּוֹן לְךָ יְרֻשָּׁה כִּי לִבְנֵי־לוֹט נְתַתִּיהָ יְרֻשָּׁה׃ אֶרֶץ־רְפָאִים
תֵּחָשֵׁב אַף־הִוא רְפָאִים יָשְׁבוּ־בָהּ לְפָנִים וְהָעַמֹּנִים יִקְרְאוּ לָהֶם
כא זַמְזֻמִּים׃ עַם גָּדוֹל וְרַב וָרָם כָּעֲנָקִים וַיַּשְׁמִידֵם יְהוָה מִפְּנֵיהֶם
כב וַיִּירָשֻׁם וַיֵּשְׁבוּ תַחְתָּם׃ כַּאֲשֶׁר עָשָׂה לִבְנֵי עֵשָׂו הַיֹּשְׁבִים בְּשֵׂעִיר
אֲשֶׁר הִשְׁמִיד אֶת־הַחֹרִי מִפְּנֵיהֶם וַיִּירָשֻׁם וַיֵּשְׁבוּ תַחְתָּם עַד הַיּוֹם
כג הַזֶּה׃ וְהָעַוִּים הַיֹּשְׁבִים בַּחֲצֵרִים עַד־עַזָּה כַּפְתֹּרִים הַיֹּצְאִים
כד מִכַּפְתֹּר הִשְׁמִידֻם וַיֵּשְׁבוּ תַחְתָּם׃ קוּמוּ סְּעוּ וְעִבְרוּ אֶת־נַחַל
אַרְנֹן רְאֵה נָתַתִּי בְיָדְךָ אֶת־סִיחֹן מֶלֶךְ־חֶשְׁבּוֹן הָאֱמֹרִי וְאֶת־
כה אַרְצוֹ הָחֵל רָשׁ וְהִתְגָּר בּוֹ מִלְחָמָה׃ הַיּוֹם הַזֶּה אָחֵל תֵּת פַּחְדְּךָ
וְיִרְאָתְךָ עַל־פְּנֵי הָעַמִּים תַּחַת כָּל־הַשָּׁמָיִם אֲשֶׁר יִשְׁמְעוּן שִׁמְעֲךָ
כו וְרָגְזוּ וְחָלוּ מִפָּנֶיךָ׃ וָאֶשְׁלַח מַלְאָכִים מִמִּדְבַּר קְדֵמוֹת אֶל־
כז סִיחוֹן מֶלֶךְ חֶשְׁבּוֹן דִּבְרֵי שָׁלוֹם לֵאמֹר׃ אֶעְבְּרָה בְאַרְצֶךָ בַּדֶּרֶךְ
כח בַּדֶּרֶךְ אֵלֵךְ לֹא אָסוּר יָמִין וּשְׂמֹאול׃ אֹכֶל בַּכֶּסֶף תַּשְׁבִּרֵנִי

מלחמת סיחון
מלך האמורי
במדבר כא, כא–לא
יהושע יב, א–ו

וְאָכַלְתִּי וּמַיִם בַּכֶּסֶף תִּתֶּן־לִי וְשָׁתִיתִי רַק אֶעְבְּרָה בְרַגְלָי׃
כט כַּאֲשֶׁר עָשׂוּ־לִי בְּנֵי עֵשָׂו הַיֹּשְׁבִים בְּשֵׂעִיר וְהַמּוֹאָבִים הַיֹּשְׁבִים
בְּעָר עַד אֲשֶׁר־אֶעֱבֹר אֶת־הַיַּרְדֵּן אֶל־הָאָרֶץ אֲשֶׁר־יהוה
ל אֱלֹהֵינוּ נֹתֵן לָנוּ׃ וְלֹא אָבָה סִיחֹן מֶלֶךְ חֶשְׁבּוֹן הַעֲבִרֵנוּ בּוֹ
כִּי־הִקְשָׁה יהוה אֱלֹהֶיךָ אֶת־רוּחוֹ וְאִמֵּץ אֶת־לְבָבוֹ לְמַעַן תִּתּוֹ
לא בְיָדְךָ כַּיּוֹם הַזֶּה׃ וַיֹּאמֶר יהוה אֵלַי רְאֵה הַחִלֹּתִי ג ששי
תֵּת לְפָנֶיךָ אֶת־סִיחֹן וְאֶת־אַרְצוֹ הָחֵל רָשׁ לָרֶשֶׁת אֶת־אַרְצוֹ׃
לב לג וַיֵּצֵא סִיחֹן לִקְרָאתֵנוּ הוּא וְכָל־עַמּוֹ לַמִּלְחָמָה יָהְצָה׃ וַיִּתְּנֵהוּ
לד יהוה אֱלֹהֵינוּ לְפָנֵינוּ וַנַּךְ אֹתוֹ וְאֶת־בָּנָו וְאֶת־כָּל־עַמּוֹ׃ וַנִּלְכֹּד
אֶת־כָּל־עָרָיו בָּעֵת הַהִוא וַנַּחֲרֵם אֶת־כָּל־עִיר מְתִם וְהַנָּשִׁים
לה וְהַטָּף לֹא הִשְׁאַרְנוּ שָׂרִיד׃ רַק הַבְּהֵמָה בָּזַזְנוּ לָנוּ וּשְׁלַל הֶעָרִים
לו אֲשֶׁר לָכָדְנוּ׃ מֵעֲרֹעֵר אֲשֶׁר עַל־שְׂפַת־נַחַל אַרְנֹן וְהָעִיר אֲשֶׁר
בַּנַּחַל וְעַד־הַגִּלְעָד לֹא הָיְתָה קִרְיָה אֲשֶׁר שָׂגְבָה מִמֶּנּוּ אֶת־
לז הַכֹּל נָתַן יהוה אֱלֹהֵינוּ לְפָנֵינוּ׃ רַק אֶל־אֶרֶץ בְּנֵי־עַמּוֹן לֹא
קָרָבְתָּ כָּל־יַד נַחַל יַבֹּק וְעָרֵי הָהָר וְכֹל אֲשֶׁר־צִוָּה יהוה אֱלֹהֵינוּ׃

מלחמת עוג מלך הבשן
במדבר כא, לג–לה
יהושע יב, א–ו

ג א וַנֵּפֶן וַנַּעַל דֶּרֶךְ הַבָּשָׁן וַיֵּצֵא עוֹג מֶלֶךְ־הַבָּשָׁן לִקְרָאתֵנוּ הוּא
ב וְכָל־עַמּוֹ לַמִּלְחָמָה אֶדְרֶעִי׃ וַיֹּאמֶר יהוה אֵלַי אַל־תִּירָא אֹתוֹ
כִּי בְיָדְךָ נָתַתִּי אֹתוֹ וְאֶת־כָּל־עַמּוֹ וְאֶת־אַרְצוֹ וְעָשִׂיתָ לּוֹ כַּאֲשֶׁר
ג עָשִׂיתָ לְסִיחֹן מֶלֶךְ הָאֱמֹרִי אֲשֶׁר יוֹשֵׁב בְּחֶשְׁבּוֹן׃ וַיִּתֵּן יהוה
אֱלֹהֵינוּ בְּיָדֵנוּ גַּם אֶת־עוֹג מֶלֶךְ־הַבָּשָׁן וְאֶת־כָּל־עַמּוֹ וַנַּכֵּהוּ
ד עַד־בִּלְתִּי הִשְׁאִיר־לוֹ שָׂרִיד׃ וַנִּלְכֹּד אֶת־כָּל־עָרָיו בָּעֵת הַהִוא
לֹא הָיְתָה קִרְיָה אֲשֶׁר לֹא־לָקַחְנוּ מֵאִתָּם שִׁשִּׁים עִיר כָּל־חֶבֶל
ה אַרְגֹּב מַמְלֶכֶת עוֹג בַּבָּשָׁן׃ כָּל־אֵלֶּה עָרִים בְּצֻרֹת חוֹמָה גְבֹהָה
ו דְּלָתַיִם וּבְרִיחַ לְבַד מֵעָרֵי הַפְּרָזִי הַרְבֵּה מְאֹד׃ וַנַּחֲרֵם אוֹתָם
כַּאֲשֶׁר עָשִׂינוּ לְסִיחֹן מֶלֶךְ חֶשְׁבּוֹן הַחֲרֵם כָּל־עִיר מְתִם הַנָּשִׁים
ז ח וְהַטָּף׃ וְכָל־הַבְּהֵמָה וּשְׁלַל הֶעָרִים בַּזּוֹנוּ לָנוּ׃ וַנִּקַּח בָּעֵת הַהִוא
אֶת־הָאָרֶץ מִיַּד שְׁנֵי מַלְכֵי הָאֱמֹרִי אֲשֶׁר בְּעֵבֶר הַיַּרְדֵּן מִנַּחַל

ט אַרְנֹן עַד־הַר חֶרְמוֹן׃ צִידֹנִים יִקְרְאוּ לְחֶרְמוֹן שִׂרְיֹן וְהָאֱמֹרִי
י יִקְרְאוּ־לוֹ שְׂנִיר׃ כֹּל ׀ עָרֵי הַמִּישֹׁר וְכָל־הַגִּלְעָד וְכָל־הַבָּשָׁן עַד־

נחלת בני גד, ראובן וחצי המנשה בעבר הירדן
במדבר לב, לג־מב
יהושע יג, ח־לב

יא סַלְכָה וְאֶדְרֶעִי עָרֵי מַמְלֶכֶת עוֹג בַּבָּשָׁן׃ כִּי רַק־עוֹג מֶלֶךְ הַבָּשָׁן
נִשְׁאַר מִיֶּתֶר הָרְפָאִים הִנֵּה עַרְשׂוֹ עֶרֶשׂ בַּרְזֶל הֲלֹה הִוא בְּרַבַּת
בְּנֵי עַמּוֹן תֵּשַׁע אַמּוֹת אָרְכָּהּ וְאַרְבַּע אַמּוֹת רָחְבָּהּ בְּאַמַּת־
יב אִישׁ׃ וְאֶת־הָאָרֶץ הַזֹּאת יָרַשְׁנוּ בָּעֵת הַהִוא מֵעֲרֹעֵר אֲשֶׁר־עַל־

נחלת חצי המנשה
במדבר לב, לט־מב
יהושע יג, כט־לא
דה"א ה, כג

יג נַחַל אַרְנֹן וַחֲצִי הַר־הַגִּלְעָד וְעָרָיו נָתַתִּי לָראוּבֵנִי וְלַגָּדִי׃ וְיֶתֶר
הַגִּלְעָד וְכָל־הַבָּשָׁן מַמְלֶכֶת עוֹג נָתַתִּי לַחֲצִי שֵׁבֶט הַמְנַשֶּׁה

קורות חוות יאיר (בגלעד ובבשן)
במדבר לב, מא
יהושע יג, ל
שופטים י, ד
מל"א ד, יג
דה"א ב, כב־כג

יד כֹּל חֶבֶל הָאַרְגֹּב לְכָל־הַבָּשָׁן הַהוּא יִקָּרֵא אֶרֶץ רְפָאִים׃ יָאִיר
בֶּן־מְנַשֶּׁה לָקַח אֶת־כָּל־חֶבֶל אַרְגֹּב עַד־גְּבוּל הַגְּשׁוּרִי וְהַמַּעֲכָתִי
וַיִּקְרָא אֹתָם עַל־שְׁמוֹ אֶת־הַבָּשָׁן חַוֺּת יָאִיר עַד הַיּוֹם הַזֶּה׃

שביעי

טו טז וּלְמָכִיר נָתַתִּי אֶת־הַגִּלְעָד׃ וְלָראוּבֵנִי וְלַגָּדִי נָתַתִּי מִן־הַגִּלְעָד
וְעַד־נַחַל אַרְנֹן תּוֹךְ הַנַּחַל וּגְבֻל וְעַד יַבֹּק הַנַּחַל גְּבוּל בְּנֵי עַמּוֹן׃

נחלת שבט ראובן
במדבר לב, לז־לח
יהושע יג, טו־כג
יחזקאל מח, ו

יז וְהָעֲרָבָה וְהַיַּרְדֵּן וּגְבֻל מִכִּנֶּרֶת וְעַד יָם הָעֲרָבָה יָם הַמֶּלַח תַּחַת
יח אַשְׁדֹּת הַפִּסְגָּה מִזְרָחָה׃ וָאֲצַו אֶתְכֶם בָּעֵת הַהִוא לֵאמֹר יְהוָה
אֱלֹהֵיכֶם נָתַן לָכֶם אֶת־הָאָרֶץ הַזֹּאת לְרִשְׁתָּהּ חֲלוּצִים תַּעַבְרוּ

ההסכם בין משה לבין בני גד, ראובן וחצי המנשה
במדבר לב, א־לב
יהושע א, יב־יח; ד, יב־יג; כב, א־ט

יט לִפְנֵי אֲחֵיכֶם בְּנֵי־יִשְׂרָאֵל כָּל־בְּנֵי־חָיִל׃ רַק נְשֵׁיכֶם וְטַפְּכֶם
וּמִקְנֵכֶם יָדַעְתִּי כִּי־מִקְנֶה רַב לָכֶם יֵשְׁבוּ בְּעָרֵיכֶם אֲשֶׁר נָתַתִּי

מפטיר

כ לָכֶם׃ עַד אֲשֶׁר־יָנִיחַ יְהוָה ׀ לַאֲחֵיכֶם כָּכֶם וְיָרְשׁוּ גַם־הֵם אֶת־
הָאָרֶץ אֲשֶׁר יְהוָה אֱלֹהֵיכֶם נֹתֵן לָהֶם בְּעֵבֶר הַיַּרְדֵּן וְשַׁבְתֶּם
כא אִישׁ לִירֻשָּׁתוֹ אֲשֶׁר נָתַתִּי לָכֶם׃ וְאֶת־יְהוֹשׁוּעַ צִוֵּיתִי בָּעֵת
הַהִוא לֵאמֹר עֵינֶיךָ הָרֹאֹת אֵת כָּל־אֲשֶׁר עָשָׂה יְהוָה אֱלֹהֵיכֶם
לִשְׁנֵי הַמְּלָכִים הָאֵלֶּה כֵּן־יַעֲשֶׂה יְהוָה לְכָל־הַמַּמְלָכוֹת אֲשֶׁר
כב אַתָּה עֹבֵר שָׁמָּה׃ לֹא תִּירָאוּם כִּי יְהוָה אֱלֹהֵיכֶם הוּא הַנִּלְחָם
ואתחנן ד
כג לָכֶם׃ וָאֶתְחַנַּן אֶל־יְהוָה בָּעֵת הַהִוא לֵאמֹר׃
כד אֲדֹנָי יְהוִה אַתָּה הַחִלּוֹתָ לְהַרְאוֹת אֶת־עַבְדְּךָ אֶת־גָּדְלְךָ וְאֶת־
יָדְךָ הַחֲזָקָה אֲשֶׁר מִי־אֵל בַּשָּׁמַיִם וּבָאָרֶץ אֲשֶׁר־יַעֲשֶׂה כְמַעֲשֶׂיךָ

כה וּגְבוּרֹתֶךָ: אֶעְבְּרָה־נָּא וְאֶרְאֶה אֶת־הָאָרֶץ הַטּוֹבָה אֲשֶׁר בְּעֵבֶר
כו הַיַּרְדֵּן הָהָר הַטּוֹב הַזֶּה וְהַלְּבָנֹן: וַיִּתְעַבֵּר יְהוָה בִּי לְמַעַנְכֶם
וְלֹא שָׁמַע אֵלָי וַיֹּאמֶר יְהוָה אֵלַי רַב־לָךְ אַל־תּוֹסֶף דַּבֵּר אֵלַי
כז עוֹד בַּדָּבָר הַזֶּה: עֲלֵה | רֹאשׁ הַפִּסְגָּה וְשָׂא עֵינֶיךָ יָמָּה וְצָפֹנָה
וְתֵימָנָה וּמִזְרָחָה וּרְאֵה בְעֵינֶיךָ כִּי־לֹא תַעֲבֹר אֶת־הַיַּרְדֵּן הַזֶּה:
כח וְצַו אֶת־יְהוֹשֻׁעַ וְחַזְּקֵהוּ וְאַמְּצֵהוּ כִּי־הוּא יַעֲבֹר לִפְנֵי הָעָם הַזֶּה
כט וְהוּא יַנְחִיל אוֹתָם אֶת־הָאָרֶץ אֲשֶׁר תִּרְאֶה: וַנֵּשֶׁב בַּגָּיְא מוּל
בֵּית פְּעוֹר:

עליית משה אל הר העברים - הציווי והביצוע
במדבר כז, יב–יג
דברים לב, מח–נב; לד, א–ו

ד א וְעַתָּה יִשְׂרָאֵל שְׁמַע אֶל־הַחֻקִּים וְאֶל־הַמִּשְׁפָּטִים אֲשֶׁר אָנֹכִי
מְלַמֵּד אֶתְכֶם לַעֲשׂוֹת לְמַעַן תִּחְיוּ וּבָאתֶם וִירִשְׁתֶּם אֶת־הָאָרֶץ
ב אֲשֶׁר יְהוָה אֱלֹהֵי אֲבֹתֵיכֶם נֹתֵן לָכֶם: לֹא תֹסִפוּ עַל־הַדָּבָר
אֲשֶׁר אָנֹכִי מְצַוֶּה אֶתְכֶם וְלֹא תִגְרְעוּ מִמֶּנּוּ לִשְׁמֹר אֶת־מִצְוֹת
ג יְהוָה אֱלֹהֵיכֶם אֲשֶׁר אָנֹכִי מְצַוֶּה אֶתְכֶם: עֵינֵיכֶם הָרֹאֹת אֵת
אֲשֶׁר־עָשָׂה יְהוָה בְּבַעַל פְּעוֹר כִּי כָל־הָאִישׁ אֲשֶׁר הָלַךְ אַחֲרֵי
ד בַעַל־פְּעוֹר הִשְׁמִידוֹ יְהוָה אֱלֹהֶיךָ מִקִּרְבֶּךָ: וְאַתֶּם הַדְּבֵקִים
ה בַּיהוָה אֱלֹהֵיכֶם חַיִּים כֻּלְּכֶם הַיּוֹם: רְאֵה | לִמַּדְתִּי אֶתְכֶם חֻקִּים
וּמִשְׁפָּטִים כַּאֲשֶׁר צִוַּנִי יְהוָה אֱלֹהָי לַעֲשׂוֹת כֵּן בְּקֶרֶב הָאָרֶץ
ו אֲשֶׁר אַתֶּם בָּאִים שָׁמָּה לְרִשְׁתָּהּ: וּשְׁמַרְתֶּם וַעֲשִׂיתֶם כִּי הִוא
חָכְמַתְכֶם וּבִינַתְכֶם לְעֵינֵי הָעַמִּים אֲשֶׁר יִשְׁמְעוּן אֵת כָּל־הַחֻקִּים
ז הָאֵלֶּה וְאָמְרוּ רַק עַם־חָכָם וְנָבוֹן הַגּוֹי הַגָּדוֹל הַזֶּה: כִּי מִי־
גוֹי גָּדוֹל אֲשֶׁר־לוֹ אֱלֹהִים קְרֹבִים אֵלָיו כַּיהוָה אֱלֹהֵינוּ בְּכָל־
ח קָרְאֵנוּ אֵלָיו: וּמִי גּוֹי גָּדוֹל אֲשֶׁר־לוֹ חֻקִּים וּמִשְׁפָּטִים צַדִּיקִם
ט כְּכֹל הַתּוֹרָה הַזֹּאת אֲשֶׁר אָנֹכִי נֹתֵן לִפְנֵיכֶם הַיּוֹם: רַק הִשָּׁמֶר
לְךָ וּשְׁמֹר נַפְשְׁךָ מְאֹד פֶּן־תִּשְׁכַּח אֶת־הַדְּבָרִים אֲשֶׁר־רָאוּ
עֵינֶיךָ וּפֶן־יָסוּרוּ מִלְּבָבְךָ כֹּל יְמֵי חַיֶּיךָ וְהוֹדַעְתָּם לְבָנֶיךָ וְלִבְנֵי
י בָנֶיךָ: יוֹם אֲשֶׁר עָמַדְתָּ לִפְנֵי יְהוָה אֱלֹהֶיךָ בְּחֹרֵב בֶּאֱמֹר יְהוָה
אֵלַי הַקְהֶל־לִי אֶת־הָעָם וְאַשְׁמִעֵם אֶת־דְּבָרָי אֲשֶׁר יִלְמְדוּן

חטא בעל פעור ועונשו
במדבר כה, א–ט

שני

לְיִרְאָה אֹתִי כָּל־הַיָּמִים אֲשֶׁר הֵם חַיִּים עַל־הָאֲדָמָה וְאֶת־
יא בְּנֵיהֶם יְלַמֵּדוּן׃ וַתִּקְרְבוּן וַתַּעַמְדוּן תַּחַת הָהָר וְהָהָר בֹּעֵר
יב בָּאֵשׁ עַד־לֵב הַשָּׁמַיִם חֹשֶׁךְ עָנָן וַעֲרָפֶל׃ וַיְדַבֵּר יְהוָה אֲלֵיכֶם
מִתּוֹךְ הָאֵשׁ קוֹל דְּבָרִים אַתֶּם שֹׁמְעִים וּתְמוּנָה אֵינְכֶם רֹאִים
יג זוּלָתִי קוֹל׃ וַיַּגֵּד לָכֶם אֶת־בְּרִיתוֹ אֲשֶׁר צִוָּה אֶתְכֶם לַעֲשׂוֹת
יד עֲשֶׂרֶת הַדְּבָרִים וַיִּכְתְּבֵם עַל־שְׁנֵי לֻחוֹת אֲבָנִים׃ וְאֹתִי צִוָּה
יְהוָה בָּעֵת הַהִוא לְלַמֵּד אֶתְכֶם חֻקִּים וּמִשְׁפָּטִים לַעֲשֹׂתְכֶם
טו אֹתָם בָּאָרֶץ אֲשֶׁר אַתֶּם עֹבְרִים שָׁמָּה לְרִשְׁתָּהּ׃ וְנִשְׁמַרְתֶּם
מְאֹד לְנַפְשֹׁתֵיכֶם כִּי לֹא רְאִיתֶם כָּל־תְּמוּנָה בְּיוֹם דִּבֶּר יְהוָה
טז אֲלֵיכֶם בְּחֹרֵב מִתּוֹךְ הָאֵשׁ׃ פֶּן־תַּשְׁחִתוּן וַעֲשִׂיתֶם לָכֶם פֶּסֶל
יז תְּמוּנַת כָּל־סָמֶל תַּבְנִית זָכָר אוֹ נְקֵבָה׃ תַּבְנִית כָּל־בְּהֵמָה אֲשֶׁר
יח בָּאָרֶץ תַּבְנִית כָּל־צִפּוֹר כָּנָף אֲשֶׁר תָּעוּף בַּשָּׁמָיִם׃ תַּבְנִית כָּל־
רֹמֵשׂ בָּאֲדָמָה תַּבְנִית כָּל־דָּגָה אֲשֶׁר־בַּמַּיִם מִתַּחַת לָאָרֶץ׃
יט וּפֶן־תִּשָּׂא עֵינֶיךָ הַשָּׁמַיְמָה וְרָאִיתָ אֶת־הַשֶּׁמֶשׁ וְאֶת־הַיָּרֵחַ
וְאֶת־הַכּוֹכָבִים כֹּל צְבָא הַשָּׁמַיִם וְנִדַּחְתָּ וְהִשְׁתַּחֲוִיתָ לָהֶם
וַעֲבַדְתָּם אֲשֶׁר חָלַק יְהוָה אֱלֹהֶיךָ אֹתָם לְכֹל הָעַמִּים תַּחַת
כ כָּל־הַשָּׁמָיִם׃ וְאֶתְכֶם לָקַח יְהוָה וַיּוֹצִא אֶתְכֶם מִכּוּר הַבַּרְזֶל
כא מִמִּצְרָיִם לִהְיוֹת לוֹ לְעַם נַחֲלָה כַּיּוֹם הַזֶּה׃ וַיהוָה הִתְאַנַּף־
בִּי עַל־דִּבְרֵיכֶם וַיִּשָּׁבַע לְבִלְתִּי עָבְרִי אֶת־הַיַּרְדֵּן וּלְבִלְתִּי־בֹא
כב אֶל־הָאָרֶץ הַטּוֹבָה אֲשֶׁר יְהוָה אֱלֹהֶיךָ נֹתֵן לְךָ נַחֲלָה׃ כִּי אָנֹכִי
מֵת בָּאָרֶץ הַזֹּאת אֵינֶנִּי עֹבֵר אֶת־הַיַּרְדֵּן וְאַתֶּם עֹבְרִים וִירִשְׁתֶּם
כג אֶת־הָאָרֶץ הַטּוֹבָה הַזֹּאת׃ הִשָּׁמְרוּ לָכֶם פֶּן־תִּשְׁכְּחוּ אֶת־בְּרִית
יְהוָה אֱלֹהֵיכֶם אֲשֶׁר כָּרַת עִמָּכֶם וַעֲשִׂיתֶם לָכֶם פֶּסֶל תְּמוּנַת
כד כֹּל אֲשֶׁר צִוְּךָ יְהוָה אֱלֹהֶיךָ׃ כִּי יְהוָה אֱלֹהֶיךָ אֵשׁ אֹכְלָה הוּא
אֵל קַנָּא׃

כה כִּי־תוֹלִיד בָּנִים וּבְנֵי בָנִים וְנוֹשַׁנְתֶּם בָּאָרֶץ וְהִשְׁחַתֶּם וַעֲשִׂיתֶם
פֶּסֶל תְּמוּנַת כֹּל וַעֲשִׂיתֶם הָרַע בְּעֵינֵי־יְהוָה־אֱלֹהֶיךָ לְהַכְעִיסוֹ׃

כו הַעִידֹתִי בָכֶם הַיּוֹם אֶת־הַשָּׁמַיִם וְאֶת־הָאָרֶץ כִּי־אָבֹד תֹּאבֵדוּן
מַהֵר מֵעַל הָאָרֶץ אֲשֶׁר אַתֶּם עֹבְרִים אֶת־הַיַּרְדֵּן שָׁמָּה לְרִשְׁתָּהּ
כז לֹא־תַאֲרִיכֻן יָמִים עָלֶיהָ כִּי הִשָּׁמֵד תִּשָּׁמֵדוּן׃ וְהֵפִיץ יְהוָה אֶתְכֶם
בָּעַמִּים וְנִשְׁאַרְתֶּם מְתֵי מִסְפָּר בַּגּוֹיִם אֲשֶׁר יְנַהֵג יְהוָה אֶתְכֶם
כח שָׁמָּה׃ וַעֲבַדְתֶּם־שָׁם אֱלֹהִים מַעֲשֵׂה יְדֵי אָדָם עֵץ וָאֶבֶן אֲשֶׁר
כט לֹא־יִרְאוּן וְלֹא יִשְׁמְעוּן וְלֹא יֹאכְלוּן וְלֹא יְרִיחֻן׃ וּבִקַּשְׁתֶּם מִשָּׁם
אֶת־יְהוָה אֱלֹהֶיךָ וּמָצָאתָ כִּי תִדְרְשֶׁנּוּ בְּכָל־לְבָבְךָ וּבְכָל־
ל נַפְשֶׁךָ׃ בַּצַּר לְךָ וּמְצָאוּךָ כֹּל הַדְּבָרִים הָאֵלֶּה בְּאַחֲרִית הַיָּמִים
לא וְשַׁבְתָּ עַד־יְהוָה אֱלֹהֶיךָ וְשָׁמַעְתָּ בְּקֹלוֹ׃ כִּי אֵל רַחוּם יְהוָה
אֱלֹהֶיךָ לֹא יַרְפְּךָ וְלֹא יַשְׁחִיתֶךָ וְלֹא יִשְׁכַּח אֶת־בְּרִית אֲבֹתֶיךָ
לב אֲשֶׁר נִשְׁבַּע לָהֶם׃ כִּי שְׁאַל־נָא לְיָמִים רִאשֹׁנִים אֲשֶׁר־הָיוּ לְפָנֶיךָ
לְמִן־הַיּוֹם אֲשֶׁר בָּרָא אֱלֹהִים ׀ אָדָם עַל־הָאָרֶץ וּלְמִקְצֵה הַשָּׁמַיִם
וְעַד־קְצֵה הַשָּׁמָיִם הֲנִהְיָה כַּדָּבָר הַגָּדוֹל הַזֶּה אוֹ הֲנִשְׁמַע כָּמֹהוּ׃
לג הֲשָׁמַע עָם קוֹל אֱלֹהִים מְדַבֵּר מִתּוֹךְ־הָאֵשׁ כַּאֲשֶׁר־שָׁמַעְתָּ
לד אַתָּה וַיֶּחִי׃ אוֹ ׀ הֲנִסָּה אֱלֹהִים לָבוֹא לָקַחַת לוֹ גוֹי מִקֶּרֶב גּוֹי
בְּמַסֹּת בְּאֹתֹת וּבְמוֹפְתִים וּבְמִלְחָמָה וּבְיָד חֲזָקָה וּבִזְרוֹעַ נְטוּיָה
וּבְמוֹרָאִים גְּדֹלִים כְּכֹל אֲשֶׁר־עָשָׂה לָכֶם יְהוָה אֱלֹהֵיכֶם בְּמִצְרַיִם
לה לְעֵינֶיךָ׃ אַתָּה הָרְאֵתָ לָדַעַת כִּי יְהוָה הוּא הָאֱלֹהִים אֵין עוֹד
לו מִלְבַדּוֹ׃ מִן־הַשָּׁמַיִם הִשְׁמִיעֲךָ אֶת־קֹלוֹ לְיַסְּרֶךָּ וְעַל־הָאָרֶץ
לז הֶרְאֲךָ אֶת־אִשּׁוֹ הַגְּדוֹלָה וּדְבָרָיו שָׁמַעְתָּ מִתּוֹךְ הָאֵשׁ׃ וְתַחַת
כִּי אָהַב אֶת־אֲבֹתֶיךָ וַיִּבְחַר בְּזַרְעוֹ אַחֲרָיו וַיּוֹצִאֲךָ בְּפָנָיו בְּכֹחוֹ
לח הַגָּדֹל מִמִּצְרָיִם׃ לְהוֹרִישׁ גּוֹיִם גְּדֹלִים וַעֲצֻמִים מִמְּךָ מִפָּנֶיךָ
לט לַהֲבִיאֲךָ לָתֶת־לְךָ אֶת־אַרְצָם נַחֲלָה כַּיּוֹם הַזֶּה׃ וְיָדַעְתָּ הַיּוֹם
וַהֲשֵׁבֹתָ אֶל־לְבָבֶךָ כִּי יְהוָה הוּא הָאֱלֹהִים בַּשָּׁמַיִם מִמַּעַל וְעַל־
מ הָאָרֶץ מִתָּחַת אֵין עוֹד׃ וְשָׁמַרְתָּ אֶת־חֻקָּיו וְאֶת־מִצְוֺתָיו אֲשֶׁר אָנֹכִי
מְצַוְּךָ הַיּוֹם אֲשֶׁר יִיטַב לְךָ וּלְבָנֶיךָ אַחֲרֶיךָ וּלְמַעַן תַּאֲרִיךְ יָמִים עַל־
הָאֲדָמָה אֲשֶׁר יְהוָה אֱלֹהֶיךָ נֹתֵן לְךָ כָּל־הַיָּמִים׃

שלישי ה

מא מב אָז יַבְדִּיל מֹשֶׁה שָׁלֹשׁ עָרִים בְּעֵבֶר הַיַּרְדֵּן מִזְרְחָה שָׁמֶשׁ: לָנֻס
שָׁמָּה רוֹצֵחַ אֲשֶׁר יִרְצַח אֶת־רֵעֵהוּ בִּבְלִי־דַעַת וְהוּא לֹא־שֹׂנֵא
מג לוֹ מִתְּמֹל שִׁלְשֹׁם וְנָס אֶל־אַחַת מִן־הֶעָרִים הָאֵל וָחָי: אֶת־בֶּצֶר
בַּמִּדְבָּר בְּאֶרֶץ הַמִּישֹׁר לָראוּבֵנִי וְאֶת־רָאמֹת בַּגִּלְעָד לַגָּדִי
מד וְאֶת־גּוֹלָן בַּבָּשָׁן לַמְנַשִּׁי: וְזֹאת הַתּוֹרָה אֲשֶׁר־שָׂם מֹשֶׁה לִפְנֵי
מה בְּנֵי יִשְׂרָאֵל: אֵלֶּה הָעֵדֹת וְהַחֻקִּים וְהַמִּשְׁפָּטִים אֲשֶׁר דִּבֶּר מֹשֶׁה
מו אֶל־בְּנֵי יִשְׂרָאֵל בְּצֵאתָם מִמִּצְרָיִם: בְּעֵבֶר הַיַּרְדֵּן בַּגַּיְא מוּל
בֵּית פְּעוֹר בְּאֶרֶץ סִיחֹן מֶלֶךְ הָאֱמֹרִי אֲשֶׁר יוֹשֵׁב בְּחֶשְׁבּוֹן אֲשֶׁר
מז הִכָּה מֹשֶׁה וּבְנֵי יִשְׂרָאֵל בְּצֵאתָם מִמִּצְרָיִם: וַיִּירְשׁוּ אֶת־אַרְצוֹ
וְאֶת־אֶרֶץ ׀ עוֹג מֶלֶךְ־הַבָּשָׁן שְׁנֵי מַלְכֵי הָאֱמֹרִי אֲשֶׁר בְּעֵבֶר
מח הַיַּרְדֵּן מִזְרַח שָׁמֶשׁ: מֵעֲרֹעֵר אֲשֶׁר עַל־שְׂפַת־נַחַל אַרְנֹן וְעַד־הַר
מט שִׂיאֹן הוּא חֶרְמוֹן: וְכָל־הָעֲרָבָה עֵבֶר הַיַּרְדֵּן מִזְרָחָה וְעַד יָם
הָעֲרָבָה תַּחַת אַשְׁדֹּת הַפִּסְגָּה:

דין רוצח בשגגה וערי מקלט
במדבר לה, ט–לד
דברים יט, א–י
יהושע כ, א–ט

מלחמת סיחון מלך האמורי ועוג מלך הבשן
במדבר כא, כא–לה
יהושע יב, א–ו

רביעי

ה א וַיִּקְרָא מֹשֶׁה אֶל־כָּל־יִשְׂרָאֵל וַיֹּאמֶר אֲלֵהֶם שְׁמַע יִשְׂרָאֵל
אֶת־הַחֻקִּים וְאֶת־הַמִּשְׁפָּטִים אֲשֶׁר אָנֹכִי דֹּבֵר בְּאָזְנֵיכֶם הַיּוֹם
ב וּלְמַדְתֶּם אֹתָם וּשְׁמַרְתֶּם לַעֲשֹׂתָם: יְהוָה אֱלֹהֵינוּ כָּרַת עִמָּנוּ
ג בְּרִית בְּחֹרֵב: לֹא אֶת־אֲבֹתֵינוּ כָּרַת יְהוָה אֶת־הַבְּרִית הַזֹּאת
ד כִּי אִתָּנוּ אֲנַחְנוּ אֵלֶּה פֹה הַיּוֹם כֻּלָּנוּ חַיִּים: פָּנִים ׀ בְּפָנִים דִּבֶּר
ה יְהוָה עִמָּכֶם בָּהָר מִתּוֹךְ הָאֵשׁ: אָנֹכִי עֹמֵד בֵּין־יְהוָה וּבֵינֵיכֶם
בָּעֵת הַהִוא לְהַגִּיד לָכֶם אֶת־דְּבַר יְהוָה כִּי יְרֵאתֶם מִפְּנֵי הָאֵשׁ
ו וְלֹא־עֲלִיתֶם בָּהָר לֵאמֹר: אָנֹכִי יְהוָה אֱלֹהֶיךָ
ז אֲשֶׁר הוֹצֵאתִיךָ מֵאֶרֶץ מִצְרַיִם מִבֵּית עֲבָדִים: לֹא־יִהְיֶה לְךָ
ח אֱלֹהִים אֲחֵרִים עַל־פָּנָי: לֹא־תַעֲשֶׂה לְךָ פֶסֶל כָּל־תְּמוּנָה
אֲשֶׁר בַּשָּׁמַיִם מִמַּעַל וַאֲשֶׁר בָּאָרֶץ מִתַּחַת וַאֲשֶׁר בַּמַּיִם
ט מִתַּחַת לָאָרֶץ: לֹא־תִשְׁתַּחֲוֶה לָהֶם וְלֹא תָעָבְדֵם כִּי אָנֹכִי יְהוָה
אֱלֹהֶיךָ אֵל קַנָּא פֹּקֵד עֲוֹן אָבוֹת עַל־בָּנִים וְעַל־שִׁלֵּשִׁים
י וְעַל־רִבֵּעִים לְשֹׂנְאָי: וְעֹשֶׂה חֶסֶד לַאֲלָפִים לְאֹהֲבַי וּלְשֹׁמְרֵי

עשרת הדיברות
שמות כ, א–יד

יא מִצְוֺתָו: לֹא תִשָּׂא אֶת־שֵׁם־יְהוָה אֱלֹהֶיךָ לַשָּׁוְא כִּי לֹא

מִצְוֺתָי

יב יְנַקֶּה יְהוָה אֵת אֲשֶׁר־יִשָּׂא אֶת־שְׁמוֹ לַשָּׁוְא: שָׁמוֹר

מצוות השבת
שמות טז, כט; כ, ז–י; לא, יב–יז; לה, א–ג
ויקרא יט, ג; יט, ל; כג, ג
ישעיה נח, יג–יד
ירמיה יז, יט–כז
נחמיה יג, טו–כא

יג אֶת־יוֹם הַשַּׁבָּת לְקַדְּשׁוֹ כַּאֲשֶׁר צִוְּךָ יְהוָה אֱלֹהֶיךָ: שֵׁשֶׁת יָמִים
יד תַּעֲבֹד וְעָשִׂיתָ כָּל־מְלַאכְתֶּךָ: וְיוֹם הַשְּׁבִיעִי שַׁבָּת לַיהוָה
אֱלֹהֶיךָ לֹא־תַעֲשֶׂה כָל־מְלָאכָה אַתָּה ׀ וּבִנְךָ־וּבִתֶּךָ וְעַבְדְּךָ־
וַאֲמָתֶךָ וְשׁוֹרְךָ וַחֲמֹרְךָ וְכָל־בְּהֶמְתֶּךָ וְגֵרְךָ אֲשֶׁר בִּשְׁעָרֶיךָ לְמַעַן

גלות מצרים ויציאת מצרים
שמות א–יב

טו יָנוּחַ עַבְדְּךָ וַאֲמָתְךָ כָּמוֹךָ: וְזָכַרְתָּ כִּי עֶבֶד הָיִיתָ בְּאֶרֶץ מִצְרַיִם
וַיֹּצִאֲךָ יְהוָה אֱלֹהֶיךָ מִשָּׁם בְּיָד חֲזָקָה וּבִזְרֹעַ נְטוּיָה עַל־כֵּן צִוְּךָ
טז יְהוָה אֱלֹהֶיךָ לַעֲשׂוֹת אֶת־יוֹם הַשַּׁבָּת: כַּבֵּד

כיבוד אב ואם ומוראם
שמות כ, יא
ויקרא יט, ג

אֶת־אָבִיךָ וְאֶת־אִמֶּךָ כַּאֲשֶׁר צִוְּךָ יְהוָה אֱלֹהֶיךָ לְמַעַן ׀ יַאֲרִיכֻן
יָמֶיךָ וּלְמַעַן יִיטַב לָךְ עַל הָאֲדָמָה אֲשֶׁר־יְהוָה אֱלֹהֶיךָ נֹתֵן
יז לָךְ: לֹא תִרְצָח וְלֹא
תִנְאָף וְלֹא תִגְנֹב וְלֹא־

איסור גנבה
שמות כ, יב
ויקרא יט, יא

יח תַעֲנֶה בְרֵעֲךָ עֵד שָׁוְא: וְלֹא
תַחְמֹד אֵשֶׁת רֵעֶךָ וְלֹא
תִתְאַוֶּה בֵּית רֵעֶךָ שָׂדֵהוּ וְעַבְדּוֹ וַאֲמָתוֹ שׁוֹרוֹ וַחֲמֹרוֹ וְכֹל אֲשֶׁר
יט לְרֵעֶךָ: אֶת־הַדְּבָרִים הָאֵלֶּה דִּבֶּר יְהוָה אֶל־כָּל־

חמישי

קְהַלְכֶם בָּהָר מִתּוֹךְ הָאֵשׁ הֶעָנָן וְהָעֲרָפֶל קוֹל גָּדוֹל וְלֹא יָסָף
כ וַיִּכְתְּבֵם עַל־שְׁנֵי לֻחֹת אֲבָנִים וַיִּתְּנֵם אֵלָי: וַיְהִי כְּשָׁמְעֲכֶם אֶת־

משה מתווך בין ה' לבין העם
שמות כ, יד–יז

הַקּוֹל מִתּוֹךְ הַחֹשֶׁךְ וְהָהָר בֹּעֵר בָּאֵשׁ וַתִּקְרְבוּן אֵלַי כָּל־רָאשֵׁי
כא שִׁבְטֵיכֶם וְזִקְנֵיכֶם: וַתֹּאמְרוּ הֵן הֶרְאָנוּ יְהוָה אֱלֹהֵינוּ אֶת־כְּבֹדוֹ
וְאֶת־גָּדְלוֹ וְאֶת־קֹלוֹ שָׁמַעְנוּ מִתּוֹךְ הָאֵשׁ הַיּוֹם הַזֶּה רָאִינוּ כִּי־
כב יְדַבֵּר אֱלֹהִים אֶת־הָאָדָם וָחָי: וְעַתָּה לָמָּה נָמוּת כִּי תֹאכְלֵנוּ
הָאֵשׁ הַגְּדֹלָה הַזֹּאת אִם־יֹסְפִים ׀ אֲנַחְנוּ לִשְׁמֹעַ אֶת־קוֹל יְהוָה
כג אֱלֹהֵינוּ עוֹד וָמָתְנוּ: כִּי מִי כָל־בָּשָׂר אֲשֶׁר שָׁמַע קוֹל אֱלֹהִים
כד חַיִּים מְדַבֵּר מִתּוֹךְ־הָאֵשׁ כָּמֹנוּ וַיֶּחִי: קְרַב אַתָּה וּשְׁמָע אֵת כָּל־
אֲשֶׁר יֹאמַר יְהוָה אֱלֹהֵינוּ וְאַתְּ ׀ תְּדַבֵּר אֵלֵינוּ אֵת כָּל־אֲשֶׁר

יְדַבֵּר יְהוָה אֱלֹהֵינוּ אֵלֶיךָ וְשָׁמַעְנוּ וְעָשִׂינוּ׃ וַיִּשְׁמַע יְהוָה אֶת־ כה
קוֹל דִּבְרֵיכֶם בְּדַבֶּרְכֶם אֵלָי וַיֹּאמֶר יְהוָה אֵלַי שָׁמַעְתִּי אֶת־קוֹל
דִּבְרֵי הָעָם הַזֶּה אֲשֶׁר דִּבְּרוּ אֵלֶיךָ הֵיטִיבוּ כָּל־אֲשֶׁר דִּבֵּרוּ׃ מִי־ כו
יִתֵּן וְהָיָה לְבָבָם זֶה לָהֶם לְיִרְאָה אֹתִי וְלִשְׁמֹר אֶת־כָּל־מִצְוֹתַי
כָּל־הַיָּמִים לְמַעַן יִיטַב לָהֶם וְלִבְנֵיהֶם לְעֹלָם׃ לֵךְ אֱמֹר לָהֶם שׁוּבוּ כז
לָכֶם לְאָהֳלֵיכֶם׃ וְאַתָּה פֹּה עֲמֹד עִמָּדִי וַאֲדַבְּרָה אֵלֶיךָ אֵת כָּל־ כח
הַמִּצְוָה וְהַחֻקִּים וְהַמִּשְׁפָּטִים אֲשֶׁר תְּלַמְּדֵם וְעָשׂוּ בָאָרֶץ אֲשֶׁר
אָנֹכִי נֹתֵן לָהֶם לְרִשְׁתָּהּ׃ וּשְׁמַרְתֶּם לַעֲשׂוֹת כַּאֲשֶׁר צִוָּה יְהוָה כט
אֱלֹהֵיכֶם אֶתְכֶם לֹא תָסֻרוּ יָמִין וּשְׂמֹאל׃ בְּכָל־הַדֶּרֶךְ אֲשֶׁר צִוָּה ל
יְהוָה אֱלֹהֵיכֶם אֶתְכֶם תֵּלֵכוּ לְמַעַן תִּחְיוּן וְטוֹב לָכֶם וְהַאֲרַכְתֶּם
יָמִים בָּאָרֶץ אֲשֶׁר תִּירָשׁוּן׃ וְזֹאת הַמִּצְוָה הַחֻקִּים וְהַמִּשְׁפָּטִים ו א
אֲשֶׁר צִוָּה יְהוָה אֱלֹהֵיכֶם לְלַמֵּד אֶתְכֶם לַעֲשׂוֹת בָּאָרֶץ אֲשֶׁר
אַתֶּם עֹבְרִים שָׁמָּה לְרִשְׁתָּהּ׃ לְמַעַן תִּירָא אֶת־יְהוָה אֱלֹהֶיךָ ב
לִשְׁמֹר אֶת־כָּל־חֻקֹּתָיו וּמִצְוֹתָיו אֲשֶׁר אָנֹכִי מְצַוֶּךָ אַתָּה וּבִנְךָ
וּבֶן־בִּנְךָ כֹּל יְמֵי חַיֶּיךָ וּלְמַעַן יַאֲרִכֻן יָמֶיךָ׃ וְשָׁמַעְתָּ יִשְׂרָאֵל ג
וְשָׁמַרְתָּ לַעֲשׂוֹת אֲשֶׁר יִיטַב לְךָ וַאֲשֶׁר תִּרְבּוּן מְאֹד כַּאֲשֶׁר דִּבֶּר
יְהוָה אֱלֹהֵי אֲבֹתֶיךָ לָךְ אֶרֶץ זָבַת חָלָב וּדְבָשׁ׃

ששי ו שְׁמַע יִשְׂרָאֵל יְהוָה אֱלֹהֵינוּ יְהוָה ׀ אֶחָד׃ וְאָהַבְתָּ אֵת יְהוָה ד ה
אֱלֹהֶיךָ בְּכָל־לְבָבְךָ וּבְכָל־נַפְשְׁךָ וּבְכָל־מְאֹדֶךָ׃ וְהָיוּ הַדְּבָרִים ו
הָאֵלֶּה אֲשֶׁר אָנֹכִי מְצַוְּךָ הַיּוֹם עַל־לְבָבֶךָ׃ וְשִׁנַּנְתָּם לְבָנֶיךָ ז
וְדִבַּרְתָּ בָּם בְּשִׁבְתְּךָ בְּבֵיתֶךָ וּבְלֶכְתְּךָ בַדֶּרֶךְ וּבְשָׁכְבְּךָ וּבְקוּמֶךָ׃
וּקְשַׁרְתָּם לְאוֹת עַל־יָדֶךָ וְהָיוּ לְטֹטָפֹת בֵּין עֵינֶיךָ׃ וּכְתַבְתָּם ח ט
עַל־מְזֻזוֹת בֵּיתֶךָ וּבִשְׁעָרֶיךָ׃ וְהָיָה כִּי־יְבִיאֲךָ ׀ יְהוָה י
אֱלֹהֶיךָ אֶל־הָאָרֶץ אֲשֶׁר נִשְׁבַּע לַאֲבֹתֶיךָ לְאַבְרָהָם לְיִצְחָק
וּלְיַעֲקֹב לָתֶת לָךְ עָרִים גְּדֹלֹת וְטֹבֹת אֲשֶׁר לֹא־בָנִיתָ׃ וּבָתִּים יא
מְלֵאִים כָּל־טוּב אֲשֶׁר לֹא־מִלֵּאתָ וּבֹרֹת חֲצוּבִים אֲשֶׁר לֹא־
חָצַבְתָּ כְּרָמִים וְזֵיתִים אֲשֶׁר לֹא־נָטָעְתָּ וְאָכַלְתָּ וְשָׂבָעְתָּ׃ הִשָּׁמֶר יב

מצוות תפילין
שמות יג, ט;
יג, טז
דברים יא, יח

מצוות מזוזה
דברים יא, כ

שפע כלכלי
בארץ ישראל
עלול לגרום
לשכחת ה'
דברים ח, יא–כ

לְךָ פֶּן־תִּשְׁכַּח אֶת־יהוה אֲשֶׁר הוֹצִיאֲךָ מֵאֶרֶץ מִצְרַיִם מִבֵּית
יג יד עֲבָדִים: אֶת־יהוה אֱלֹהֶיךָ תִּירָא וְאֹתוֹ תַעֲבֹד וּבִשְׁמוֹ תִּשָּׁבֵעַ: לֹא
תֵלְכוּן אַחֲרֵי אֱלֹהִים אֲחֵרִים מֵאֱלֹהֵי הָעַמִּים אֲשֶׁר סְבִיבוֹתֵיכֶם:
טו כִּי אֵל קַנָּא יהוה אֱלֹהֶיךָ בְּקִרְבֶּךָ פֶּן־יֶחֱרֶה אַף־יהוה אֱלֹהֶיךָ
טז בָּךְ וְהִשְׁמִידְךָ מֵעַל פְּנֵי הָאֲדָמָה: לֹא תְנַסּוּ אֶת־
יז יהוה אֱלֹהֵיכֶם כַּאֲשֶׁר נִסִּיתֶם בַּמַּסָּה: שָׁמוֹר תִּשְׁמְרוּן אֶת־
יח מִצְוֹת יהוה אֱלֹהֵיכֶם וְעֵדֹתָיו וְחֻקָּיו אֲשֶׁר צִוָּךְ: וְעָשִׂיתָ הַיָּשָׁר
וְהַטּוֹב בְּעֵינֵי יהוה לְמַעַן יִיטַב לָךְ וּבָאתָ וְיָרַשְׁתָּ אֶת־הָאָרֶץ
יט הַטֹּבָה אֲשֶׁר־נִשְׁבַּע יהוה לַאֲבֹתֶיךָ: לַהֲדֹף אֶת־כָּל־אֹיְבֶיךָ
כ מִפָּנֶיךָ כַּאֲשֶׁר דִּבֶּר יהוה: כִּי־יִשְׁאָלְךָ בִנְךָ מָחָר

מצוות סיפור יציאת מצרים
שמות יב, כה–כז; יג, ח; יג, יד–טו

לֵאמֹר מָה הָעֵדֹת וְהַחֻקִּים וְהַמִּשְׁפָּטִים אֲשֶׁר צִוָּה יהוה אֱלֹהֵינוּ
כא אֶתְכֶם: וְאָמַרְתָּ לְבִנְךָ עֲבָדִים הָיִינוּ לְפַרְעֹה בְּמִצְרָיִם וַיֹּצִיאֵנוּ
כב יהוה מִמִּצְרַיִם בְּיָד חֲזָקָה: וַיִּתֵּן יהוה אוֹתֹת וּמֹפְתִים גְּדֹלִים
כג וְרָעִים ׀ בְּמִצְרַיִם בְּפַרְעֹה וּבְכָל־בֵּיתוֹ לְעֵינֵינוּ: וְאוֹתָנוּ הוֹצִיא
מִשָּׁם לְמַעַן הָבִיא אֹתָנוּ לָתֶת לָנוּ אֶת־הָאָרֶץ אֲשֶׁר נִשְׁבַּע
כד לַאֲבֹתֵינוּ: וַיְצַוֵּנוּ יהוה לַעֲשׂוֹת אֶת־כָּל־הַחֻקִּים הָאֵלֶּה לְיִרְאָה
אֶת־יהוה אֱלֹהֵינוּ לְטוֹב לָנוּ כָּל־הַיָּמִים לְחַיֹּתֵנוּ כְּהַיּוֹם הַזֶּה:
כה וּצְדָקָה תִּהְיֶה־לָּנוּ כִּי־נִשְׁמֹר לַעֲשׂוֹת אֶת־כָּל־הַמִּצְוָה הַזֹּאת
ז א לִפְנֵי יהוה אֱלֹהֵינוּ כַּאֲשֶׁר צִוָּנוּ: כִּי יְבִיאֲךָ יהוה שביעי
אֱלֹהֶיךָ אֶל־הָאָרֶץ אֲשֶׁר־אַתָּה בָא־שָׁמָּה לְרִשְׁתָּהּ וְנָשַׁל גּוֹיִם־
רַבִּים ׀ מִפָּנֶיךָ הַחִתִּי וְהַגִּרְגָּשִׁי וְהָאֱמֹרִי וְהַכְּנַעֲנִי וְהַפְּרִזִּי וְהַחִוִּי
ב וְהַיְבוּסִי שִׁבְעָה גוֹיִם רַבִּים וַעֲצוּמִים מִמֶּךָּ: וּנְתָנָם יהוה אֱלֹהֶיךָ
לְפָנֶיךָ וְהִכִּיתָם הַחֲרֵם תַּחֲרִים אֹתָם לֹא־תִכְרֹת לָהֶם בְּרִית
ג וְלֹא תְחָנֵּם: וְלֹא תִתְחַתֵּן בָּם בִּתְּךָ לֹא־תִתֵּן לִבְנוֹ וּבִתּוֹ לֹא־
ד תִקַּח לִבְנֶךָ: כִּי־יָסִיר אֶת־בִּנְךָ מֵאַחֲרַי וְעָבְדוּ אֱלֹהִים אֲחֵרִים
ה וְחָרָה אַף־יהוה בָּכֶם וְהִשְׁמִידְךָ מַהֵר: כִּי אִם־כֹּה תַעֲשׂוּ
לָהֶם מִזְבְּחֹתֵיהֶם תִּתֹּצוּ וּמַצֵּבֹתָם תְּשַׁבֵּרוּ וַאֲשֵׁירֵהֶם תְּגַדֵּעוּן

עם ישראל - עם סגולה
שמות יט, ה
דברים יד, ב; כו, יח

ו וּפְסִילֵיהֶם תִּשְׂרְפוּן בָּאֵשׁ: כִּי עַם קָדוֹשׁ אַתָּה לַיהוה אֱלֹהֶיךָ
בְּךָ בָּחַר ׀ יהוה אֱלֹהֶיךָ לִהְיוֹת לוֹ לְעַם סְגֻלָּה מִכֹּל הָעַמִּים
ז אֲשֶׁר עַל־פְּנֵי הָאֲדָמָה: לֹא מֵרֻבְּכֶם מִכָּל־הָעַמִּים חָשַׁק יהוה
ח בָּכֶם וַיִּבְחַר בָּכֶם כִּי־אַתֶּם הַמְעַט מִכָּל־הָעַמִּים: כִּי מֵאַהֲבַת
יהוה אֶתְכֶם וּמִשָּׁמְרוֹ אֶת־הַשְּׁבֻעָה אֲשֶׁר נִשְׁבַּע לַאֲבֹתֵיכֶם
הוֹצִיא יהוה אֶתְכֶם בְּיָד חֲזָקָה וַיִּפְדְּךָ מִבֵּית עֲבָדִים מִיַּד פַּרְעֹה
מפטיר
ט מֶלֶךְ־מִצְרָיִם: וְיָדַעְתָּ כִּי־יהוה אֱלֹהֶיךָ הוּא הָאֱלֹהִים הָאֵל
הַנֶּאֱמָן שֹׁמֵר הַבְּרִית וְהַחֶסֶד לְאֹהֲבָיו וּלְשֹׁמְרֵי מִצְוֺתָו לְאֶלֶף
י דּוֹר: וּמְשַׁלֵּם לְשֹׂנְאָיו אֶל־פָּנָיו לְהַאֲבִידוֹ לֹא יְאַחֵר לְשֹׂנְאוֹ אֶל־
יא פָּנָיו יְשַׁלֶּם־לוֹ: וְשָׁמַרְתָּ אֶת־הַמִּצְוָה וְאֶת־הַחֻקִּים וְאֶת־הַמִּשְׁפָּטִים
אֲשֶׁר אָנֹכִי מְצַוְּךָ הַיּוֹם לַעֲשׂוֹתָם:

עקב ז

הברכות - אם ישמרו ישראל את המצוות
ויקרא כו, ג–יג
דברים כח, א–יד

יב וְהָיָה ׀ עֵקֶב תִּשְׁמְעוּן אֵת הַמִּשְׁפָּטִים הָאֵלֶּה וּשְׁמַרְתֶּם וַעֲשִׂיתֶם
אֹתָם וְשָׁמַר יהוה אֱלֹהֶיךָ לְךָ אֶת־הַבְּרִית וְאֶת־הַחֶסֶד אֲשֶׁר
יג נִשְׁבַּע לַאֲבֹתֶיךָ: וַאֲהֵבְךָ וּבֵרַכְךָ וְהִרְבֶּךָ וּבֵרַךְ פְּרִי־בִטְנְךָ וּפְרִי־
אַדְמָתֶךָ דְּגָנְךָ וְתִירֹשְׁךָ וְיִצְהָרֶךָ שְׁגַר־אֲלָפֶיךָ וְעַשְׁתְּרֹת צֹאנֶךָ
יד עַל הָאֲדָמָה אֲשֶׁר־נִשְׁבַּע לַאֲבֹתֶיךָ לָתֶת לָךְ: בָּרוּךְ תִּהְיֶה מִכָּל־
טו הָעַמִּים לֹא־יִהְיֶה בְךָ עָקָר וַעֲקָרָה וּבִבְהֶמְתֶּךָ: וְהֵסִיר יהוה
מִמְּךָ כָּל־חֹלִי וְכָל־מַדְוֵי מִצְרַיִם הָרָעִים אֲשֶׁר יָדַעְתָּ לֹא יְשִׂימָם
טז בָּךְ וּנְתָנָם בְּכָל־שֹׂנְאֶיךָ: וְאָכַלְתָּ אֶת־כָּל־הָעַמִּים אֲשֶׁר יהוה
אֱלֹהֶיךָ נֹתֵן לָךְ לֹא־תָחוֹס עֵינְךָ עֲלֵיהֶם וְלֹא תַעֲבֹד אֶת־אֱלֹהֵיהֶם
יז כִּי־מוֹקֵשׁ הוּא לָךְ: כִּי תֹאמַר בִּלְבָבְךָ רַבִּים
יח הַגּוֹיִם הָאֵלֶּה מִמֶּנִּי אֵיכָה אוּכַל לְהוֹרִישָׁם: לֹא תִירָא מֵהֶם
זָכֹר תִּזְכֹּר אֵת אֲשֶׁר־עָשָׂה יהוה אֱלֹהֶיךָ לְפַרְעֹה וּלְכָל־מִצְרָיִם:
יט הַמַּסֹּת הַגְּדֹלֹת אֲשֶׁר־רָאוּ עֵינֶיךָ וְהָאֹתֹת וְהַמֹּפְתִים וְהַיָּד הַחֲזָקָה
וְהַזְּרֹעַ הַנְּטוּיָה אֲשֶׁר הוֹצִאֲךָ יהוה אֱלֹהֶיךָ כֵּן־יַעֲשֶׂה יהוה אֱלֹהֶיךָ

הצרעה עוזרת בכיבוש הארץ
שמות כג, כז–כח
יהושע כד, יב

כ לְכָל־הָעַמִּים אֲשֶׁר־אַתָּה יָרֵא מִפְּנֵיהֶם: וְגַם אֶת־הַצִּרְעָה
יְשַׁלַּח יהוה אֱלֹהֶיךָ בָּם עַד־אֲבֹד הַנִּשְׁאָרִים וְהַנִּסְתָּרִים מִפָּנֶיךָ:

ז
כא לֹא תַעֲרֹץ מִפְּנֵיהֶם כִּי־יְהוָה אֱלֹהֶיךָ בְּקִרְבֶּךָ אֵל גָּדוֹל וְנוֹרָא:
כב וְנָשַׁל יְהוָה אֱלֹהֶיךָ אֶת־הַגּוֹיִם הָאֵל מִפָּנֶיךָ מְעַט מְעָט לֹא

הבטחה על
כיבוש הארץ
בהדרגתיות
שמות כג, כט-ל

כג תוּכַל כַּלֹּתָם מַהֵר פֶּן־תִּרְבֶּה עָלֶיךָ חַיַּת הַשָּׂדֶה: וּנְתָנָם יְהוָה
כד אֱלֹהֶיךָ לְפָנֶיךָ וְהָמָם מְהוּמָה גְדֹלָה עַד הִשָּׁמְדָם: וְנָתַן מַלְכֵיהֶם
בְּיָדֶךָ וְהַאֲבַדְתָּ אֶת־שְׁמָם מִתַּחַת הַשָּׁמָיִם לֹא־יִתְיַצֵּב אִישׁ בְּפָנֶיךָ
כה עַד הִשְׁמִדְךָ אֹתָם: פְּסִילֵי אֱלֹהֵיהֶם תִּשְׂרְפוּן בָּאֵשׁ לֹא־תַחְמֹד
כֶּסֶף וְזָהָב עֲלֵיהֶם וְלָקַחְתָּ לָךְ פֶּן תִּוָּקֵשׁ בּוֹ כִּי תוֹעֲבַת יְהוָה
כו אֱלֹהֶיךָ הוּא: וְלֹא־תָבִיא תוֹעֵבָה אֶל־בֵּיתֶךָ וְהָיִיתָ חֵרֶם כָּמֹהוּ
שַׁקֵּץ ׀ תְּשַׁקְּצֶנּוּ וְתַעֵב ׀ תְּתַעֲבֶנּוּ כִּי־חֵרֶם הוּא:
ח א כָּל־הַמִּצְוָה אֲשֶׁר אָנֹכִי מְצַוְּךָ הַיּוֹם תִּשְׁמְרוּן לַעֲשׂוֹת לְמַעַן
תִּחְיוּן וּרְבִיתֶם וּבָאתֶם וִירִשְׁתֶּם אֶת־הָאָרֶץ אֲשֶׁר־נִשְׁבַּע יְהוָה
ב לַאֲבֹתֵיכֶם: וְזָכַרְתָּ אֶת־כָּל־הַדֶּרֶךְ אֲשֶׁר הוֹלִיכֲךָ יְהוָה אֱלֹהֶיךָ
זֶה אַרְבָּעִים שָׁנָה בַּמִּדְבָּר לְמַעַן עַנֹּתְךָ לְנַסֹּתְךָ לָדַעַת אֶת־
ג אֲשֶׁר בִּלְבָבְךָ הֲתִשְׁמֹר מִצְוֹתָו אִם־לֹא: וַיְעַנְּךָ וַיַּרְעִבֶךָ וַיַּאֲכִלְךָ
אֶת־הַמָּן אֲשֶׁר לֹא־יָדַעְתָּ וְלֹא יָדְעוּן אֲבֹתֶיךָ לְמַעַן הוֹדִיעֲךָ
כִּי לֹא עַל־הַלֶּחֶם לְבַדּוֹ יִחְיֶה הָאָדָם כִּי עַל־כָּל־מוֹצָא פִי־
ד יְהוָה יִחְיֶה הָאָדָם: שִׂמְלָתְךָ לֹא בָלְתָה מֵעָלֶיךָ וְרַגְלְךָ לֹא
ה בָצֵקָה זֶה אַרְבָּעִים שָׁנָה: וְיָדַעְתָּ עִם־לְבָבֶךָ כִּי כַּאֲשֶׁר יְיַסֵּר
ו אִישׁ אֶת־בְּנוֹ יְהוָה אֱלֹהֶיךָ מְיַסְּרֶךָּ: וְשָׁמַרְתָּ אֶת־מִצְוֹת יְהוָה
ז אֱלֹהֶיךָ לָלֶכֶת בִּדְרָכָיו וּלְיִרְאָה אֹתוֹ: כִּי יְהוָה אֱלֹהֶיךָ מְבִיאֲךָ
אֶל־אֶרֶץ טוֹבָה אֶרֶץ נַחֲלֵי מָיִם עֲיָנֹת וּתְהֹמֹת יֹצְאִים בַּבִּקְעָה
ח וּבָהָר: אֶרֶץ חִטָּה וּשְׂעֹרָה וְגֶפֶן וּתְאֵנָה וְרִמּוֹן אֶרֶץ־זֵית שֶׁמֶן
ט וּדְבָשׁ: אֶרֶץ אֲשֶׁר לֹא בְמִסְכֵּנֻת תֹּאכַל־בָּהּ לֶחֶם לֹא־תֶחְסַר
כֹּל בָּהּ אֶרֶץ אֲשֶׁר אֲבָנֶיהָ בַרְזֶל וּמֵהֲרָרֶיהָ תַּחְצֹב נְחֹשֶׁת:
י וְאָכַלְתָּ וְשָׂבָעְתָּ וּבֵרַכְתָּ אֶת־יְהוָה אֱלֹהֶיךָ עַל־הָאָרֶץ הַטֹּבָה
יא אֲשֶׁר נָתַן־לָךְ: הִשָּׁמֶר לְךָ פֶּן־תִּשְׁכַּח אֶת־יְהוָה אֱלֹהֶיךָ לְבִלְתִּי שני
יב שְׁמֹר מִצְוֹתָיו וּמִשְׁפָּטָיו וְחֻקֹּתָיו אֲשֶׁר אָנֹכִי מְצַוְּךָ הַיּוֹם: פֶּן־

השפע הכלכלי בארץ ישראל עלול לגרום לשכחת ה'
דברים ו, י–טו

יג תֹּאכַל וְשָׂבָעְתָּ וּבָתִּים טֹבִים תִּבְנֶה וְיָשָׁבְתָּ: וּבְקָרְךָ וְצֹאנְךָ
יד יִרְבְּיֻן וְכֶסֶף וְזָהָב יִרְבֶּה־לָּךְ וְכֹל אֲשֶׁר־לְךָ יִרְבֶּה: וְרָם לְבָבֶךָ
וְשָׁכַחְתָּ אֶת־יְהוָה אֱלֹהֶיךָ הַמּוֹצִיאֲךָ מֵאֶרֶץ מִצְרַיִם מִבֵּית
טו עֲבָדִים: הַמּוֹלִיכְךָ בַּמִּדְבָּר ׀ הַגָּדֹל וְהַנּוֹרָא נָחָשׁ ׀ שָׂרָף וְעַקְרָב
וְצִמָּאוֹן אֲשֶׁר אֵין־מָיִם הַמּוֹצִיא לְךָ מַיִם מִצּוּר הַחַלָּמִישׁ:
טז הַמַּאֲכִלְךָ מָן בַּמִּדְבָּר אֲשֶׁר לֹא־יָדְעוּן אֲבֹתֶיךָ לְמַעַן עַנֹּתְךָ
יז וּלְמַעַן נַסֹּתֶךָ לְהֵיטִבְךָ בְּאַחֲרִיתֶךָ: וְאָמַרְתָּ בִּלְבָבֶךָ כֹּחִי וְעֹצֶם
יח יָדִי עָשָׂה לִי אֶת־הַחַיִל הַזֶּה: וְזָכַרְתָּ אֶת־יְהוָה אֱלֹהֶיךָ כִּי הוּא
הַנֹּתֵן לְךָ כֹּחַ לַעֲשׂוֹת חָיִל לְמַעַן הָקִים אֶת־בְּרִיתוֹ אֲשֶׁר־נִשְׁבַּע
לַאֲבֹתֶיךָ כַּיּוֹם הַזֶּה:
יט וְהָיָה אִם־שָׁכֹחַ תִּשְׁכַּח אֶת־יְהוָה אֱלֹהֶיךָ וְהָלַכְתָּ אַחֲרֵי אֱלֹהִים
אֲחֵרִים וַעֲבַדְתָּם וְהִשְׁתַּחֲוִיתָ לָהֶם הַעִדֹתִי בָכֶם הַיּוֹם כִּי אָבֹד
כ תֹּאבֵדוּן: כַּגּוֹיִם אֲשֶׁר יְהוָה מַאֲבִיד מִפְּנֵיכֶם כֵּן תֹּאבֵדוּן עֵקֶב
לֹא תִשְׁמְעוּן בְּקוֹל יְהוָה אֱלֹהֵיכֶם:
ט א שְׁמַע יִשְׂרָאֵל אַתָּה עֹבֵר הַיּוֹם אֶת־הַיַּרְדֵּן לָבֹא לָרֶשֶׁת גּוֹיִם ח
ב גְּדֹלִים וַעֲצֻמִים מִמֶּךָּ עָרִים גְּדֹלֹת וּבְצֻרֹת בַּשָּׁמָיִם: עַם־גָּדוֹל
וָרָם בְּנֵי עֲנָקִים אֲשֶׁר אַתָּה יָדַעְתָּ וְאַתָּה שָׁמַעְתָּ מִי יִתְיַצֵּב לִפְנֵי
ג בְּנֵי עֲנָק: וְיָדַעְתָּ הַיּוֹם כִּי יְהוָה אֱלֹהֶיךָ הוּא־הָעֹבֵר לְפָנֶיךָ אֵשׁ
אֹכְלָה הוּא יַשְׁמִידֵם וְהוּא יַכְנִיעֵם לְפָנֶיךָ וְהוֹרַשְׁתָּם וְהַאֲבַדְתָּם
ד מַהֵר כַּאֲשֶׁר דִּבֶּר יְהוָה לָךְ: אַל־תֹּאמַר בִּלְבָבְךָ בַּהֲדֹף יְהוָה שלישי
אֱלֹהֶיךָ אֹתָם ׀ מִלְּפָנֶיךָ לֵאמֹר בְּצִדְקָתִי הֱבִיאַנִי יְהוָה לָרֶשֶׁת
אֶת־הָאָרֶץ הַזֹּאת וּבְרִשְׁעַת הַגּוֹיִם הָאֵלֶּה יְהוָה מוֹרִישָׁם מִפָּנֶיךָ:
ה לֹא בְצִדְקָתְךָ וּבְיֹשֶׁר לְבָבְךָ אַתָּה בָא לָרֶשֶׁת אֶת־אַרְצָם כִּי
בְּרִשְׁעַת ׀ הַגּוֹיִם הָאֵלֶּה יְהוָה אֱלֹהֶיךָ מוֹרִישָׁם מִפָּנֶיךָ וּלְמַעַן
הָקִים אֶת־הַדָּבָר אֲשֶׁר נִשְׁבַּע יְהוָה לַאֲבֹתֶיךָ לְאַבְרָהָם לְיִצְחָק
ו וּלְיַעֲקֹב: וְיָדַעְתָּ כִּי לֹא בְצִדְקָתְךָ יְהוָה אֱלֹהֶיךָ נֹתֵן לְךָ אֶת־
ז הָאָרֶץ הַטּוֹבָה הַזֹּאת לְרִשְׁתָּהּ כִּי עַם־קְשֵׁה־עֹרֶף אָתָּה: זְכֹר

אַל־תִּשְׁכַּח אֵת אֲשֶׁר־הִקְצַפְתָּ אֶת־יְהוָה אֱלֹהֶיךָ בַּמִּדְבָּר לְמִן־
הַיּוֹם אֲשֶׁר־יָצָאתָ ׀ מֵאֶרֶץ מִצְרַיִם עַד־בֹּאֲכֶם עַד־הַמָּקוֹם הַזֶּה
ח מַמְרִים הֱיִיתֶם עִם־יְהוָה׃ וּבְחֹרֵב הִקְצַפְתֶּם אֶת־יְהוָה וַיִּתְאַנַּף

חטא העגל
שמות לב, א–לה

ט יְהוָה בָּכֶם לְהַשְׁמִיד אֶתְכֶם׃ בַּעֲלֹתִי הָהָרָה לָקַחַת לוּחֹת
הָאֲבָנִים לוּחֹת הַבְּרִית אֲשֶׁר־כָּרַת יְהוָה עִמָּכֶם וָאֵשֵׁב בָּהָר
אַרְבָּעִים יוֹם וְאַרְבָּעִים לַיְלָה לֶחֶם לֹא אָכַלְתִּי וּמַיִם לֹא שָׁתִיתִי׃
י וַיִּתֵּן יְהוָה אֵלַי אֶת־שְׁנֵי לוּחֹת הָאֲבָנִים כְּתֻבִים בְּאֶצְבַּע אֱלֹהִים
וַעֲלֵיהֶם כְּכָל־הַדְּבָרִים אֲשֶׁר דִּבֶּר יְהוָה עִמָּכֶם בָּהָר מִתּוֹךְ הָאֵשׁ
יא בְּיוֹם הַקָּהָל׃ וַיְהִי מִקֵּץ אַרְבָּעִים יוֹם וְאַרְבָּעִים לַיְלָה נָתַן יְהוָה
יב אֵלַי אֶת־שְׁנֵי לֻחֹת הָאֲבָנִים לֻחוֹת הַבְּרִית׃ וַיֹּאמֶר יְהוָה אֵלַי קוּם
רֵד מַהֵר מִזֶּה כִּי שִׁחֵת עַמְּךָ אֲשֶׁר הוֹצֵאתָ מִמִּצְרָיִם סָרוּ מַהֵר
יג מִן־הַדֶּרֶךְ אֲשֶׁר צִוִּיתִם עָשׂוּ לָהֶם מַסֵּכָה׃ וַיֹּאמֶר יְהוָה אֵלַי
יד לֵאמֹר רָאִיתִי אֶת־הָעָם הַזֶּה וְהִנֵּה עַם־קְשֵׁה־עֹרֶף הוּא׃ הֶרֶף
מִמֶּנִּי וְאַשְׁמִידֵם וְאֶמְחֶה אֶת־שְׁמָם מִתַּחַת הַשָּׁמָיִם וְאֶעֱשֶׂה
טו אוֹתְךָ לְגוֹי־עָצוּם וָרָב מִמֶּנּוּ׃ וָאֵפֶן וָאֵרֵד מִן־הָהָר וְהָהָר בֹּעֵר
טז בָּאֵשׁ וּשְׁנֵי לוּחֹת הַבְּרִית עַל שְׁתֵּי יָדָי׃ וָאֵרֶא וְהִנֵּה חֲטָאתֶם
לַיהוָה אֱלֹהֵיכֶם עֲשִׂיתֶם לָכֶם עֵגֶל מַסֵּכָה סַרְתֶּם מַהֵר מִן־
יז הַדֶּרֶךְ אֲשֶׁר־צִוָּה יְהוָה אֶתְכֶם׃ וָאֶתְפֹּשׂ בִּשְׁנֵי הַלֻּחֹת וָאַשְׁלִכֵם
יח מֵעַל שְׁתֵּי יָדָי וָאֲשַׁבְּרֵם לְעֵינֵיכֶם׃ וָאֶתְנַפַּל לִפְנֵי יְהוָה כָּרִאשֹׁנָה
אַרְבָּעִים יוֹם וְאַרְבָּעִים לַיְלָה לֶחֶם לֹא אָכַלְתִּי וּמַיִם לֹא שָׁתִיתִי
עַל כָּל־חַטַּאתְכֶם אֲשֶׁר חֲטָאתֶם לַעֲשׂוֹת הָרַע בְּעֵינֵי יְהוָה
יט לְהַכְעִיסוֹ׃ כִּי יָגֹרְתִּי מִפְּנֵי הָאַף וְהַחֵמָה אֲשֶׁר קָצַף יְהוָה עֲלֵיכֶם
כ לְהַשְׁמִיד אֶתְכֶם וַיִּשְׁמַע יְהוָה אֵלַי גַּם בַּפַּעַם הַהִוא׃ וּבְאַהֲרֹן
הִתְאַנַּף יְהוָה מְאֹד לְהַשְׁמִידוֹ וָאֶתְפַּלֵּל גַּם־בְּעַד אַהֲרֹן בָּעֵת
כא הַהִוא׃ וְאֶת־חַטַּאתְכֶם אֲשֶׁר־עֲשִׂיתֶם אֶת־הָעֵגֶל לָקַחְתִּי וָאֶשְׂרֹף

החטא בתבערה
במדבר יא, א–ג

אֹתוֹ ׀ בָּאֵשׁ וָאֶכֹּת אֹתוֹ טָחוֹן הֵיטֵב עַד אֲשֶׁר־דַּק לְעָפָר וָאַשְׁלִךְ
כב אֶת־עֲפָרוֹ אֶל־הַנַּחַל הַיֹּרֵד מִן־הָהָר׃ וּבְתַבְעֵרָה וּבְמַסָּה

החטא במסה ומריבה
שמות יז, א–ז

*החטא בקברות התאווה — במדבר יא, ד–לד*

כג וּבְקִבְרֹת הַתַּאֲוָה מַקְצִפִים הֱיִיתֶם אֶת־יהוה׃ וּבִשְׁלֹחַ יהוה
אֶתְכֶם מִקָּדֵשׁ בַּרְנֵעַ לֵאמֹר עֲלוּ וּרְשׁוּ אֶת־הָאָרֶץ אֲשֶׁר נָתַתִּי

*חטא המרגלים — במדבר יג, א – יד, לט*

לָכֶם וַתַּמְרוּ אֶת־פִּי יהוה אֱלֹהֵיכֶם וְלֹא הֶאֱמַנְתֶּם לוֹ וְלֹא
כד שְׁמַעְתֶּם בְּקֹלוֹ׃ מַמְרִים הֱיִיתֶם עִם־יהוה מִיּוֹם דַּעְתִּי אֶתְכֶם׃

*תפילת משה לה׳ לאחר חטא העגל — שמות לב, יא–יג*

כה וָאֶתְנַפַּל לִפְנֵי יהוה אֶת־אַרְבָּעִים הַיּוֹם וְאֶת־אַרְבָּעִים הַלַּיְלָה
כו אֲשֶׁר הִתְנַפָּלְתִּי כִּי־אָמַר יהוה לְהַשְׁמִיד אֶתְכֶם׃ וָאֶתְפַּלֵּל
אֶל־יהוה וָאֹמַר אֲדֹנָי יֱהוִה אַל־תַּשְׁחֵת עַמְּךָ וְנַחֲלָתְךָ אֲשֶׁר
כז פָּדִיתָ בְּגָדְלֶךָ אֲשֶׁר־הוֹצֵאתָ מִמִּצְרַיִם בְּיָד חֲזָקָה׃ זְכֹר לַעֲבָדֶיךָ
לְאַבְרָהָם לְיִצְחָק וּלְיַעֲקֹב אַל־תֵּפֶן אֶל־קְשִׁי הָעָם הַזֶּה וְאֶל־
כח רִשְׁעוֹ וְאֶל־חַטָּאתוֹ׃ פֶּן־יֹאמְרוּ הָאָרֶץ אֲשֶׁר הוֹצֵאתָנוּ מִשָּׁם
מִבְּלִי יְכֹלֶת יהוה לַהֲבִיאָם אֶל־הָאָרֶץ אֲשֶׁר־דִּבֶּר לָהֶם וּמִשִּׂנְאָתוֹ
כט אוֹתָם הוֹצִיאָם לַהֲמִתָם בַּמִּדְבָּר׃ וְהֵם עַמְּךָ וְנַחֲלָתֶךָ אֲשֶׁר
הוֹצֵאתָ בְּכֹחֲךָ הַגָּדֹל וּבִזְרֹעֲךָ הַנְּטוּיָה׃

רביעי ט

י א בָּעֵת הַהִוא אָמַר יהוה אֵלַי פְּסָל־לְךָ שְׁנֵי־לוּחֹת אֲבָנִים כָּרִאשֹׁנִים

*פסילת לוחות שניים — שמות לד, א–ד*

ב וַעֲלֵה אֵלַי הָהָרָה וְעָשִׂיתָ לְּךָ אֲרוֹן עֵץ׃ וְאֶכְתֹּב עַל־הַלֻּחֹת אֶת־
הַדְּבָרִים אֲשֶׁר הָיוּ עַל־הַלֻּחֹת הָרִאשֹׁנִים אֲשֶׁר שִׁבַּרְתָּ וְשַׂמְתָּם
ג בָּאָרוֹן׃ וָאַעַשׂ אֲרוֹן עֲצֵי שִׁטִּים וָאֶפְסֹל שְׁנֵי־לֻחֹת אֲבָנִים
ד כָּרִאשֹׁנִים וָאַעַל הָהָרָה וּשְׁנֵי הַלֻּחֹת בְּיָדִי׃ וַיִּכְתֹּב עַל־הַלֻּחֹת
כַּמִּכְתָּב הָרִאשׁוֹן אֵת עֲשֶׂרֶת הַדְּבָרִים אֲשֶׁר דִּבֶּר יהוה אֲלֵיכֶם
ה בָּהָר מִתּוֹךְ הָאֵשׁ בְּיוֹם הַקָּהָל וַיִּתְּנֵם יהוה אֵלָי׃ וָאֵפֶן וָאֵרֵד
מִן־הָהָר וָאָשִׂם אֶת־הַלֻּחֹת בָּאָרוֹן אֲשֶׁר עָשִׂיתִי וַיִּהְיוּ שָׁם כַּאֲשֶׁר

*פטירת אהרן — במדבר כ, כב–כט; לג, לז–לט*

ו צִוַּנִי יהוה׃ וּבְנֵי יִשְׂרָאֵל נָסְעוּ מִבְּאֵרֹת בְּנֵי־יַעֲקָן מוֹסֵרָה שָׁם
ז מֵת אַהֲרֹן וַיִּקָּבֵר שָׁם וַיְכַהֵן אֶלְעָזָר בְּנוֹ תַּחְתָּיו׃ מִשָּׁם נָסְעוּ

*שבט לוי ללא נחלה — במדבר יח, כ–כד; דברים יח, א–ב; יהושע יג, יד; יג, לג; יד, ג–ד*

ח הַגֻּדְגֹּדָה וּמִן־הַגֻּדְגֹּדָה יָטְבָתָה אֶרֶץ נַחֲלֵי מָיִם׃ בָּעֵת הַהִוא
הִבְדִּיל יהוה אֶת־שֵׁבֶט הַלֵּוִי לָשֵׂאת אֶת־אֲרוֹן בְּרִית־יהוה
ט לַעֲמֹד לִפְנֵי יהוה לְשָׁרְתוֹ וּלְבָרֵךְ בִּשְׁמוֹ עַד הַיּוֹם הַזֶּה׃ עַל־
כֵּן לֹא־הָיָה לְלֵוִי חֵלֶק וְנַחֲלָה עִם־אֶחָיו יהוה הוּא נַחֲלָתוֹ

י

עליית משה להר סיני בשנית
שמות לד, כח

י כַּאֲשֶׁר דִּבֶּר יהוה אֱלֹהֶיךָ לוֹ: וְאָנֹכִי עָמַדְתִּי בָהָר כַּיָּמִים
הָרִאשֹׁנִים אַרְבָּעִים יוֹם וְאַרְבָּעִים לָיְלָה וַיִּשְׁמַע יהוה אֵלַי גַּם
יא בַּפַּעַם הַהִוא לֹא־אָבָה יהוה הַשְׁחִיתֶךָ: וַיֹּאמֶר יהוה אֵלַי קוּם
לֵךְ לְמַסַּע לִפְנֵי הָעָם וְיָבֹאוּ וְיִירְשׁוּ אֶת־הָאָרֶץ אֲשֶׁר־נִשְׁבַּעְתִּי
לַאֲבֹתָם לָתֵת לָהֶם:

חמישי

יב וְעַתָּה יִשְׂרָאֵל מָה יהוה אֱלֹהֶיךָ שֹׁאֵל מֵעִמָּךְ כִּי אִם־לְיִרְאָה
אֶת־יהוה אֱלֹהֶיךָ לָלֶכֶת בְּכָל־דְּרָכָיו וּלְאַהֲבָה אֹתוֹ וְלַעֲבֹד
יג אֶת־יהוה אֱלֹהֶיךָ בְּכָל־לְבָבְךָ וּבְכָל־נַפְשֶׁךָ: לִשְׁמֹר אֶת־מִצְוֺת
יד יהוה וְאֶת־חֻקֹּתָיו אֲשֶׁר אָנֹכִי מְצַוְּךָ הַיּוֹם לְטוֹב לָךְ: הֵן לַיהוה
טו אֱלֹהֶיךָ הַשָּׁמַיִם וּשְׁמֵי הַשָּׁמָיִם הָאָרֶץ וְכָל־אֲשֶׁר־בָּהּ: רַק
בַּאֲבֹתֶיךָ חָשַׁק יהוה לְאַהֲבָה אוֹתָם וַיִּבְחַר בְּזַרְעָם אַחֲרֵיהֶם
טז בָּכֶם מִכָּל־הָעַמִּים כַּיּוֹם הַזֶּה: וּמַלְתֶּם אֵת עָרְלַת לְבַבְכֶם
יז וְעָרְפְּכֶם לֹא תַקְשׁוּ עוֹד: כִּי יהוה אֱלֹהֵיכֶם הוּא אֱלֹהֵי הָאֱלֹהִים
וַאֲדֹנֵי הָאֲדֹנִים הָאֵל הַגָּדֹל הַגִּבֹּר וְהַנּוֹרָא אֲשֶׁר לֹא־יִשָּׂא פָנִים
יח וְלֹא יִקַּח שֹׁחַד: עֹשֶׂה מִשְׁפַּט יָתוֹם וְאַלְמָנָה וְאֹהֵב גֵּר לָתֶת לוֹ
יט לֶחֶם וְשִׂמְלָה: וַאֲהַבְתֶּם אֶת־הַגֵּר כִּי־גֵרִים הֱיִיתֶם בְּאֶרֶץ מִצְרָיִם:
כ אֶת־יהוה אֱלֹהֶיךָ תִּירָא אֹתוֹ תַעֲבֹד וּבוֹ תִדְבָּק וּבִשְׁמוֹ תִּשָּׁבֵעַ:
כא הוּא תְהִלָּתְךָ וְהוּא אֱלֹהֶיךָ אֲשֶׁר־עָשָׂה אִתְּךָ אֶת־הַגְּדֹלֹת
כב וְאֶת־הַנּוֹרָאֹת הָאֵלֶּה אֲשֶׁר רָאוּ עֵינֶיךָ: בְּשִׁבְעִים נֶפֶשׁ יָרְדוּ
אֲבֹתֶיךָ מִצְרָיְמָה וְעַתָּה שָׂמְךָ יהוה אֱלֹהֶיךָ כְּכוֹכְבֵי הַשָּׁמַיִם

שבעים נפש שירדו למצרים
בראשית מו, ח–כז
שמות א, א–ה

יא א לָרֹב: וְאָהַבְתָּ אֵת יהוה אֱלֹהֶיךָ וְשָׁמַרְתָּ מִשְׁמַרְתּוֹ וְחֻקֹּתָיו
ב וּמִשְׁפָּטָיו וּמִצְוֺתָיו כָּל־הַיָּמִים: וִידַעְתֶּם הַיּוֹם כִּי ׀ לֹא אֶת־בְּנֵיכֶם
אֲשֶׁר לֹא־יָדְעוּ וַאֲשֶׁר לֹא־רָאוּ אֶת־מוּסַר יהוה אֱלֹהֵיכֶם אֶת־
ג גָּדְלוֹ אֶת־יָדוֹ הַחֲזָקָה וּזְרֹעוֹ הַנְּטוּיָה: וְאֶת־אֹתֹתָיו וְאֶת־מַעֲשָׂיו
אֲשֶׁר עָשָׂה בְּתוֹךְ מִצְרָיִם לְפַרְעֹה מֶלֶךְ־מִצְרַיִם וּלְכָל־אַרְצוֹ:

קריעת ים סוף
שמות יד, טו–לא

ד וַאֲשֶׁר עָשָׂה לְחֵיל מִצְרַיִם לְסוּסָיו וּלְרִכְבּוֹ אֲשֶׁר הֵצִיף אֶת־מֵי
יַם־סוּף עַל־פְּנֵיהֶם בְּרָדְפָם אַחֲרֵיכֶם וַיְאַבְּדֵם יהוה עַד הַיּוֹם

ה הַזֶּה׃ וַאֲשֶׁר עָשָׂה לָכֶם בַּמִּדְבָּר עַד־בֹּאֲכֶם עַד־הַמָּקוֹם הַזֶּה׃
ו וַאֲשֶׁר עָשָׂה לְדָתָן וְלַאֲבִירָם בְּנֵי אֱלִיאָב בֶּן־רְאוּבֵן אֲשֶׁר פָּצְתָה
הָאָרֶץ אֶת־פִּיהָ וַתִּבְלָעֵם וְאֶת־בָּתֵּיהֶם וְאֶת־אָהֳלֵיהֶם וְאֵת כָּל־
ז הַיְקוּם אֲשֶׁר בְּרַגְלֵיהֶם בְּקֶרֶב כָּל־יִשְׂרָאֵל׃ כִּי עֵינֵיכֶם הָרֹאֹת
ח אֶת כָּל־מַעֲשֵׂה יהוה הַגָּדֹל אֲשֶׁר עָשָׂה׃ וּשְׁמַרְתֶּם אֶת־כָּל־
הַמִּצְוָה אֲשֶׁר אָנֹכִי מְצַוְּךָ הַיּוֹם לְמַעַן תֶּחֶזְקוּ וּבָאתֶם וִירִשְׁתֶּם
ט אֶת־הָאָרֶץ אֲשֶׁר אַתֶּם עֹבְרִים שָׁמָּה לְרִשְׁתָּהּ׃ וּלְמַעַן תַּאֲרִיכוּ
יָמִים עַל־הָאֲדָמָה אֲשֶׁר נִשְׁבַּע יהוה לַאֲבֹתֵיכֶם לָתֵת לָהֶם
י וּלְזַרְעָם אֶרֶץ זָבַת חָלָב וּדְבָשׁ׃ כִּי הָאָרֶץ אֲשֶׁר ששי
אַתָּה בָא־שָׁמָּה לְרִשְׁתָּהּ לֹא כְאֶרֶץ מִצְרַיִם הִוא אֲשֶׁר יְצָאתֶם
יא מִשָּׁם אֲשֶׁר תִּזְרַע אֶת־זַרְעֲךָ וְהִשְׁקִיתָ בְרַגְלְךָ כְּגַן הַיָּרָק׃ וְהָאָרֶץ
אֲשֶׁר אַתֶּם עֹבְרִים שָׁמָּה לְרִשְׁתָּהּ אֶרֶץ הָרִים וּבְקָעֹת לִמְטַר
יב הַשָּׁמַיִם תִּשְׁתֶּה־מָּיִם׃ אֶרֶץ אֲשֶׁר־יהוה אֱלֹהֶיךָ דֹּרֵשׁ אֹתָהּ
תָּמִיד עֵינֵי יהוה אֱלֹהֶיךָ בָּהּ מֵרֵשִׁית הַשָּׁנָה וְעַד אַחֲרִית
יג שָׁנָה׃ וְהָיָה אִם־שָׁמֹעַ תִּשְׁמְעוּ אֶל־מִצְוֺתַי אֲשֶׁר
אָנֹכִי מְצַוֶּה אֶתְכֶם הַיּוֹם לְאַהֲבָה אֶת־יהוה אֱלֹהֵיכֶם וּלְעָבְדוֹ
יד בְּכָל־לְבַבְכֶם וּבְכָל־נַפְשְׁכֶם׃ וְנָתַתִּי מְטַר־אַרְצְכֶם בְּעִתּוֹ יוֹרֶה
טו וּמַלְקוֹשׁ וְאָסַפְתָּ דְגָנֶךָ וְתִירֹשְׁךָ וְיִצְהָרֶךָ׃ וְנָתַתִּי עֵשֶׂב בְּשָׂדְךָ
טז לִבְהֶמְתֶּךָ וְאָכַלְתָּ וְשָׂבָעְתָּ׃ הִשָּׁמְרוּ לָכֶם פֶּן־יִפְתֶּה לְבַבְכֶם
יז וְסַרְתֶּם וַעֲבַדְתֶּם אֱלֹהִים אֲחֵרִים וְהִשְׁתַּחֲוִיתֶם לָהֶם׃ וְחָרָה
אַף־יהוה בָּכֶם וְעָצַר אֶת־הַשָּׁמַיִם וְלֹא־יִהְיֶה מָטָר וְהָאֲדָמָה
לֹא תִתֵּן אֶת־יְבוּלָהּ וַאֲבַדְתֶּם מְהֵרָה מֵעַל הָאָרֶץ הַטֹּבָה אֲשֶׁר
יח יהוה נֹתֵן לָכֶם׃ וְשַׂמְתֶּם אֶת־דְּבָרַי אֵלֶּה עַל־לְבַבְכֶם וְעַל־
נַפְשְׁכֶם וּקְשַׁרְתֶּם אֹתָם לְאוֹת עַל־יֶדְכֶם וְהָיוּ לְטוֹטָפֹת בֵּין
יט עֵינֵיכֶם׃ וְלִמַּדְתֶּם אֹתָם אֶת־בְּנֵיכֶם לְדַבֵּר בָּם בְּשִׁבְתְּךָ בְּבֵיתֶךָ
כ וּבְלֶכְתְּךָ בַדֶּרֶךְ וּבְשָׁכְבְּךָ וּבְקוּמֶךָ׃ וּכְתַבְתָּם עַל־מְזוּזוֹת
כא בֵּיתֶךָ וּבִשְׁעָרֶיךָ׃ לְמַעַן יִרְבּוּ יְמֵיכֶם וִימֵי בְנֵיכֶם עַל הָאֲדָמָה

דתן ואבירם נבלעים באדמה
במדבר טז, לא–לג

מצוות תפילין
שמות יג, ט; יג, טז
דברים ו, ח

מצוות מזוזה
דברים ו, ט

יא
אֲשֶׁר נִשְׁבַּע יְהוָה לַאֲבֹתֵיכֶם לָתֵת לָהֶם כִּימֵי הַשָּׁמַיִם עַל־
כב הָאָרֶץ׃ כִּי אִם־שָׁמֹר תִּשְׁמְרוּן אֶת־כָּל־

שביעי ומפטיר

הַמִּצְוָה הַזֹּאת אֲשֶׁר אָנֹכִי מְצַוֶּה אֶתְכֶם לַעֲשֹׂתָהּ לְאַהֲבָה
כג אֶת־יְהוָה אֱלֹהֵיכֶם לָלֶכֶת בְּכָל־דְּרָכָיו וּלְדָבְקָה־בוֹ׃ וְהוֹרִישׁ
יְהוָה אֶת־כָּל־הַגּוֹיִם הָאֵלֶּה מִלִּפְנֵיכֶם וִירִשְׁתֶּם גּוֹיִם גְּדֹלִים
כד וַעֲצֻמִים מִכֶּם׃ כָּל־הַמָּקוֹם אֲשֶׁר תִּדְרֹךְ כַּף־רַגְלְכֶם בּוֹ לָכֶם
יִהְיֶה מִן־הַמִּדְבָּר וְהַלְּבָנוֹן מִן־הַנָּהָר נְהַר־פְּרָת וְעַד הַיָּם הָאַחֲרוֹן
כה יִהְיֶה גְּבֻלְכֶם׃ לֹא־יִתְיַצֵּב אִישׁ בִּפְנֵיכֶם פַּחְדְּכֶם וּמוֹרַאֲכֶם יִתֵּן ׀
יְהוָה אֱלֹהֵיכֶם עַל־פְּנֵי כָל־הָאָרֶץ אֲשֶׁר תִּדְרְכוּ־בָהּ כַּאֲשֶׁר דִּבֶּר

גבולות הארץ
בראשית טו, יח–כא
שמות כג, לא
במדבר לד, א–יב
יהושע א, ג–ד
יחזקאל מז, טו–כ

כו לָכֶם׃ רְאֵה אָנֹכִי נֹתֵן לִפְנֵיכֶם הַיּוֹם בְּרָכָה

ראה

כז וּקְלָלָה׃ אֶת־הַבְּרָכָה אֲשֶׁר תִּשְׁמְעוּ אֶל־מִצְוֺת יְהוָה אֱלֹהֵיכֶם
כח אֲשֶׁר אָנֹכִי מְצַוֶּה אֶתְכֶם הַיּוֹם׃ וְהַקְּלָלָה אִם־לֹא תִשְׁמְעוּ
אֶל־מִצְוֺת יְהוָה אֱלֹהֵיכֶם וְסַרְתֶּם מִן־הַדֶּרֶךְ אֲשֶׁר אָנֹכִי
מְצַוֶּה אֶתְכֶם הַיּוֹם לָלֶכֶת אַחֲרֵי אֱלֹהִים אֲחֵרִים אֲשֶׁר לֹא־

מעמד הברכה
והקללה בהר
גריזים ובהר
עיבל
דברים כז, יא–כו
יהושע ח, לג–לה

כט יְדַעְתֶּם׃ וְהָיָה כִּי יְבִיאֲךָ יְהוָה אֱלֹהֶיךָ אֶל־
הָאָרֶץ אֲשֶׁר־אַתָּה בָא־שָׁמָּה לְרִשְׁתָּהּ וְנָתַתָּה אֶת־הַבְּרָכָה
ל עַל־הַר גְּרִזִים וְאֶת־הַקְּלָלָה עַל־הַר עֵיבָל׃ הֲלֹא־הֵמָּה בְּעֵבֶר
הַיַּרְדֵּן אַחֲרֵי דֶּרֶךְ מְבוֹא הַשֶּׁמֶשׁ בְּאֶרֶץ הַכְּנַעֲנִי הַיֹּשֵׁב בָּעֲרָבָה
לא מוּל הַגִּלְגָּל אֵצֶל אֵלוֹנֵי מֹרֶה׃ כִּי אַתֶּם עֹבְרִים אֶת־הַיַּרְדֵּן
לָבֹא לָרֶשֶׁת אֶת־הָאָרֶץ אֲשֶׁר־יְהוָה אֱלֹהֵיכֶם נֹתֵן לָכֶם וִירִשְׁתֶּם
לב אֹתָהּ וִישַׁבְתֶּם־בָּהּ׃ וּשְׁמַרְתֶּם לַעֲשׂוֹת אֵת כָּל־הַחֻקִּים וְאֶת־
יב א הַמִּשְׁפָּטִים אֲשֶׁר אָנֹכִי נֹתֵן לִפְנֵיכֶם הַיּוֹם׃ אֵלֶּה הַחֻקִּים
וְהַמִּשְׁפָּטִים אֲשֶׁר תִּשְׁמְרוּן לַעֲשׂוֹת בָּאָרֶץ אֲשֶׁר נָתַן יְהוָה
אֱלֹהֵי אֲבֹתֶיךָ לְךָ לְרִשְׁתָּהּ כָּל־הַיָּמִים אֲשֶׁר־אַתֶּם חַיִּים עַל־
ב הָאֲדָמָה׃ אַבֵּד תְּאַבְּדוּן אֶת־כָּל־הַמְּקֹמוֹת אֲשֶׁר עָבְדוּ־שָׁם
הַגּוֹיִם אֲשֶׁר אַתֶּם יֹרְשִׁים אֹתָם אֶת־אֱלֹהֵיהֶם עַל־הֶהָרִים
ג הָרָמִים וְעַל־הַגְּבָעוֹת וְתַחַת כָּל־עֵץ רַעֲנָן׃ וְנִתַּצְתֶּם אֶת־

מִזְבְּחֹתָם וְשִׁבַּרְתֶּם אֶת־מַצֵּבֹתָם וַאֲשֵׁרֵיהֶם תִּשְׂרְפוּן בָּאֵשׁ
וּפְסִילֵי אֱלֹהֵיהֶם תְּגַדֵּעוּן וְאִבַּדְתֶּם אֶת־שְׁמָם מִן־הַמָּקוֹם הַהוּא׃
ד ה לֹא־תַעֲשׂוּן כֵּן לַיהוָה אֱלֹהֵיכֶם׃ כִּי אִם־אֶל־הַמָּקוֹם אֲשֶׁר־יִבְחַר
יְהוָה אֱלֹהֵיכֶם מִכָּל־שִׁבְטֵיכֶם לָשׂוּם אֶת־שְׁמוֹ שָׁם לְשִׁכְנוֹ
ו תִדְרְשׁוּ וּבָאתָ שָׁמָּה׃ וַהֲבֵאתֶם שָׁמָּה עֹלֹתֵיכֶם וְזִבְחֵיכֶם וְאֵת
מַעְשְׂרֹתֵיכֶם וְאֵת תְּרוּמַת יֶדְכֶם וְנִדְרֵיכֶם וְנִדְבֹתֵיכֶם וּבְכֹרֹת
ז בְּקַרְכֶם וְצֹאנְכֶם׃ וַאֲכַלְתֶּם־שָׁם לִפְנֵי יְהוָה אֱלֹהֵיכֶם וּשְׂמַחְתֶּם
בְּכֹל מִשְׁלַח יֶדְכֶם אַתֶּם וּבָתֵּיכֶם אֲשֶׁר בֵּרַכְךָ יְהוָה אֱלֹהֶיךָ׃
ח לֹא תַעֲשׂוּן כְּכֹל אֲשֶׁר אֲנַחְנוּ עֹשִׂים פֹּה הַיּוֹם אִישׁ כָּל־הַיָּשָׁר
ט בְּעֵינָיו׃ כִּי לֹא־בָאתֶם עַד־עָתָּה אֶל־הַמְּנוּחָה וְאֶל־הַנַּחֲלָה
י אֲשֶׁר־יְהוָה אֱלֹהֶיךָ נֹתֵן לָךְ׃ וַעֲבַרְתֶּם אֶת־הַיַּרְדֵּן וִישַׁבְתֶּם
בָּאָרֶץ אֲשֶׁר־יְהוָה אֱלֹהֵיכֶם מַנְחִיל אֶתְכֶם וְהֵנִיחַ לָכֶם מִכָּל־
שני יא אֹיְבֵיכֶם מִסָּבִיב וִישַׁבְתֶּם־בֶּטַח׃ וְהָיָה הַמָּקוֹם אֲשֶׁר־יִבְחַר יְהוָה
אֱלֹהֵיכֶם בּוֹ לְשַׁכֵּן שְׁמוֹ שָׁם שָׁמָּה תָבִיאוּ אֵת כָּל־אֲשֶׁר אָנֹכִי
מְצַוֶּה אֶתְכֶם עוֹלֹתֵיכֶם וְזִבְחֵיכֶם מַעְשְׂרֹתֵיכֶם וּתְרֻמַת יֶדְכֶם
יב וְכֹל מִבְחַר נִדְרֵיכֶם אֲשֶׁר תִּדְּרוּ לַיהוָה׃ וּשְׂמַחְתֶּם לִפְנֵי יְהוָה
אֱלֹהֵיכֶם אַתֶּם וּבְנֵיכֶם וּבְנֹתֵיכֶם וְעַבְדֵיכֶם וְאַמְהֹתֵיכֶם וְהַלֵּוִי
יג אֲשֶׁר בְּשַׁעֲרֵיכֶם כִּי אֵין לוֹ חֵלֶק וְנַחֲלָה אִתְּכֶם׃ הִשָּׁמֶר לְךָ פֶּן־
יד תַּעֲלֶה עֹלֹתֶיךָ בְּכָל־מָקוֹם אֲשֶׁר תִּרְאֶה׃ כִּי אִם־בַּמָּקוֹם אֲשֶׁר־
יִבְחַר יְהוָה בְּאַחַד שְׁבָטֶיךָ שָׁם תַּעֲלֶה עֹלֹתֶיךָ וְשָׁם תַּעֲשֶׂה כֹּל
טו אֲשֶׁר אָנֹכִי מְצַוֶּךָּ׃ רַק בְּכָל־אַוַּת נַפְשְׁךָ תִּזְבַּח ׀ וְאָכַלְתָּ בָשָׂר
כְּבִרְכַּת יְהוָה אֱלֹהֶיךָ אֲשֶׁר נָתַן־לְךָ בְּכָל־שְׁעָרֶיךָ הַטָּמֵא וְהַטָּהוֹר
טז יֹאכְלֶנּוּ כַּצְּבִי וְכָאַיָּל׃ רַק הַדָּם לֹא תֹאכֵלוּ עַל־הָאָרֶץ תִּשְׁפְּכֶנּוּ
יז כַּמָּיִם׃ לֹא־תוּכַל לֶאֱכֹל בִּשְׁעָרֶיךָ מַעְשַׂר דְּגָנְךָ וְתִירֹשְׁךָ וְיִצְהָרֶךָ
וּבְכֹרֹת בְּקָרְךָ וְצֹאנֶךָ וְכָל־נְדָרֶיךָ אֲשֶׁר תִּדֹּר וְנִדְבֹתֶיךָ וּתְרוּמַת
יח יָדֶךָ׃ כִּי אִם־לִפְנֵי יְהוָה אֱלֹהֶיךָ תֹּאכְלֶנּוּ בַּמָּקוֹם אֲשֶׁר יִבְחַר
יְהוָה אֱלֹהֶיךָ בּוֹ אַתָּה וּבִנְךָ וּבִתֶּךָ וְעַבְדְּךָ וַאֲמָתֶךָ וְהַלֵּוִי אֲשֶׁר

איסור הקרבה
מחוץ למקדש
ויקרא יז, א–ט

איסור אכילת דם
בראשית ט, ד
ויקרא ג, יז; ז,
כו–כז; יז, י–יב
דברים יב, כג–
כה; טו, כג

יט בִּשְׁעָרֶיךָ וְשָׂמַחְתָּ לִפְנֵי יְהוָה אֱלֹהֶיךָ בְּכֹל מִשְׁלַח יָדֶךָ: הִשָּׁמֶר

איסור עזיבת הלוי
דברים יד, כז

כ לְךָ פֶּן־תַּעֲזֹב אֶת־הַלֵּוִי כָּל־יָמֶיךָ עַל־אַדְמָתֶךָ: כִּי־ יא
יַרְחִיב יְהוָה אֱלֹהֶיךָ אֶת־גְּבֻלְךָ כַּאֲשֶׁר דִּבֶּר־לָךְ וְאָמַרְתָּ אֹכְלָה
בָשָׂר כִּי־תְאַוֶּה נַפְשְׁךָ לֶאֱכֹל בָּשָׂר בְּכָל־אַוַּת נַפְשְׁךָ תֹּאכַל
כא בָּשָׂר: כִּי־יִרְחַק מִמְּךָ הַמָּקוֹם אֲשֶׁר יִבְחַר יְהוָה אֱלֹהֶיךָ לָשׂוּם
שְׁמוֹ שָׁם וְזָבַחְתָּ מִבְּקָרְךָ וּמִצֹּאנְךָ אֲשֶׁר נָתַן יְהוָה לְךָ כַּאֲשֶׁר
כב צִוִּיתִךָ וְאָכַלְתָּ בִּשְׁעָרֶיךָ בְּכֹל אַוַּת נַפְשֶׁךָ: אַךְ כַּאֲשֶׁר יֵאָכֵל
אֶת־הַצְּבִי וְאֶת־הָאַיָּל כֵּן תֹּאכְלֶנּוּ הַטָּמֵא וְהַטָּהוֹר יַחְדָּו

איסור אכילת דם
בראשית ט, ד
ויקרא ג, יז; ז,
כו–כז; יז, י–יב
דברים יב, טז;
טו, כג

כג יֹאכְלֶנּוּ: רַק חֲזַק לְבִלְתִּי אֲכֹל הַדָּם כִּי הַדָּם הוּא הַנָּפֶשׁ וְלֹא־
כד תֹאכַל הַנֶּפֶשׁ עִם־הַבָּשָׂר: לֹא תֹּאכְלֶנּוּ עַל־הָאָרֶץ תִּשְׁפְּכֶנּוּ
כה כַּמָּיִם: לֹא תֹּאכְלֶנּוּ לְמַעַן יִיטַב לְךָ וּלְבָנֶיךָ אַחֲרֶיךָ כִּי־תַעֲשֶׂה
כו הַיָּשָׁר בְּעֵינֵי יְהוָה: רַק קָדָשֶׁיךָ אֲשֶׁר־יִהְיוּ לְךָ וּנְדָרֶיךָ תִּשָּׂא וּבָאתָ
כז אֶל־הַמָּקוֹם אֲשֶׁר־יִבְחַר יְהוָה: וְעָשִׂיתָ עֹלֹתֶיךָ הַבָּשָׂר וְהַדָּם עַל־
מִזְבַּח יְהוָה אֱלֹהֶיךָ וְדַם־זְבָחֶיךָ יִשָּׁפֵךְ עַל־מִזְבַּח יְהוָה אֱלֹהֶיךָ
כח וְהַבָּשָׂר תֹּאכֵל: שְׁמֹר וְשָׁמַעְתָּ אֵת כָּל־הַדְּבָרִים הָאֵלֶּה אֲשֶׁר
אָנֹכִי מְצַוֶּךָּ לְמַעַן יִיטַב לְךָ וּלְבָנֶיךָ אַחֲרֶיךָ עַד־עוֹלָם כִּי תַעֲשֶׂה
כט הַטּוֹב וְהַיָּשָׁר בְּעֵינֵי יְהוָה אֱלֹהֶיךָ: כִּי־יַכְרִית שלישי
יְהוָה אֱלֹהֶיךָ אֶת־הַגּוֹיִם אֲשֶׁר אַתָּה בָא־שָׁמָּה לָרֶשֶׁת אוֹתָם
ל מִפָּנֶיךָ וְיָרַשְׁתָּ אֹתָם וְיָשַׁבְתָּ בְּאַרְצָם: הִשָּׁמֶר לְךָ פֶּן־תִּנָּקֵשׁ
אַחֲרֵיהֶם אַחֲרֵי הִשָּׁמְדָם מִפָּנֶיךָ וּפֶן־תִּדְרֹשׁ לֵאלֹהֵיהֶם לֵאמֹר
אֵיכָה יַעַבְדוּ הַגּוֹיִם הָאֵלֶּה אֶת־אֱלֹהֵיהֶם וְאֶעֱשֶׂה־כֵּן גַּם־אָנִי:
לא לֹא־תַעֲשֶׂה כֵן לַיהוָה אֱלֹהֶיךָ כִּי כָל־תּוֹעֲבַת יְהוָה אֲשֶׁר שָׂנֵא
עָשׂוּ לֵאלֹהֵיהֶם כִּי גַם אֶת־בְּנֵיהֶם וְאֶת־בְּנֹתֵיהֶם יִשְׂרְפוּ בָאֵשׁ
יג א לֵאלֹהֵיהֶם: אֵת כָּל־הַדָּבָר אֲשֶׁר אָנֹכִי מְצַוֶּה אֶתְכֶם אֹתוֹ תִשְׁמְרוּ
לַעֲשׂוֹת לֹא־תֹסֵף עָלָיו וְלֹא תִגְרַע מִמֶּנּוּ:

דין נביא שקר
דברים יח, כ–כב

ב כִּי־יָקוּם בְּקִרְבְּךָ נָבִיא אוֹ חֹלֵם חֲלוֹם וְנָתַן אֵלֶיךָ אוֹת אוֹ
ג מוֹפֵת: וּבָא הָאוֹת וְהַמּוֹפֵת אֲשֶׁר־דִּבֶּר אֵלֶיךָ לֵאמֹר נֵלְכָה

ד אַחֲרֵי אֱלֹהִים אֲחֵרִים אֲשֶׁר לֹא־יְדַעְתָּם וְנָעָבְדֵם׃ לֹא תִשְׁמַע
אֶל־דִּבְרֵי הַנָּבִיא הַהוּא אוֹ אֶל־חוֹלֵם הַחֲלוֹם הַהוּא כִּי מְנַסֶּה
יְהוָה אֱלֹהֵיכֶם אֶתְכֶם לָדַעַת הֲיִשְׁכֶם אֹהֲבִים אֶת־יְהוָה
ה אֱלֹהֵיכֶם בְּכָל־לְבַבְכֶם וּבְכָל־נַפְשְׁכֶם׃ אַחֲרֵי יְהוָה אֱלֹהֵיכֶם
תֵּלֵכוּ וְאֹתוֹ תִירָאוּ וְאֶת־מִצְוֺתָיו תִּשְׁמֹרוּ וּבְקֹלוֹ תִשְׁמָעוּ וְאֹתוֹ
ו תַעֲבֹדוּ וּבוֹ תִדְבָּקוּן׃ וְהַנָּבִיא הַהוּא אוֹ חֹלֵם הַחֲלוֹם הַהוּא
יוּמָת כִּי דִבֶּר־סָרָה עַל־יְהוָה אֱלֹהֵיכֶם הַמּוֹצִיא אֶתְכֶם ׀ מֵאֶרֶץ
מִצְרַיִם וְהַפֹּדְךָ מִבֵּית עֲבָדִים לְהַדִּיחֲךָ מִן־הַדֶּרֶךְ אֲשֶׁר צִוְּךָ יְהוָה
ז אֱלֹהֶיךָ לָלֶכֶת בָּהּ וּבִעַרְתָּ הָרָע מִקִּרְבֶּךָ׃ כִּי
יְסִיתְךָ אָחִיךָ בֶן־אִמֶּךָ אוֹ־בִנְךָ אוֹ־בִתְּךָ אוֹ ׀ אֵשֶׁת חֵיקֶךָ אוֹ
רֵעֲךָ אֲשֶׁר כְּנַפְשְׁךָ בַּסֵּתֶר לֵאמֹר נֵלְכָה וְנַעַבְדָה אֱלֹהִים אֲחֵרִים
ח אֲשֶׁר לֹא יָדַעְתָּ אַתָּה וַאֲבֹתֶיךָ׃ מֵאֱלֹהֵי הָעַמִּים אֲשֶׁר סְבִיבֹתֵיכֶם
הַקְּרֹבִים אֵלֶיךָ אוֹ הָרְחֹקִים מִמֶּךָּ מִקְצֵה הָאָרֶץ וְעַד־קְצֵה
ט הָאָרֶץ׃ לֹא־תֹאבֶה לוֹ וְלֹא תִשְׁמַע אֵלָיו וְלֹא־תָחוֹס עֵינְךָ עָלָיו
י וְלֹא־תַחְמֹל וְלֹא־תְכַסֶּה עָלָיו׃ כִּי הָרֹג תַּהַרְגֶנּוּ יָדְךָ תִּהְיֶה־בּוֹ
יא בָרִאשׁוֹנָה לַהֲמִיתוֹ וְיַד כָּל־הָעָם בָּאַחֲרֹנָה׃ וּסְקַלְתּוֹ בָאֲבָנִים
וָמֵת כִּי בִקֵּשׁ לְהַדִּיחֲךָ מֵעַל יְהוָה אֱלֹהֶיךָ הַמּוֹצִיאֲךָ מֵאֶרֶץ
יב מִצְרַיִם מִבֵּית עֲבָדִים׃ וְכָל־יִשְׂרָאֵל יִשְׁמְעוּ וְיִרָאוּן וְלֹא־יוֹסִפוּ
יג לַעֲשׂוֹת כַּדָּבָר הָרָע הַזֶּה בְּקִרְבֶּךָ׃ כִּי־תִשְׁמַע
בְּאַחַת עָרֶיךָ אֲשֶׁר יְהוָה אֱלֹהֶיךָ נֹתֵן לְךָ לָשֶׁבֶת שָׁם לֵאמֹר׃
יד יָצְאוּ אֲנָשִׁים בְּנֵי־בְלִיַּעַל מִקִּרְבֶּךָ וַיַּדִּיחוּ אֶת־יֹשְׁבֵי עִירָם לֵאמֹר
טו נֵלְכָה וְנַעַבְדָה אֱלֹהִים אֲחֵרִים אֲשֶׁר לֹא־יְדַעְתֶּם׃ וְדָרַשְׁתָּ
וְחָקַרְתָּ וְשָׁאַלְתָּ הֵיטֵב וְהִנֵּה אֱמֶת נָכוֹן הַדָּבָר נֶעֶשְׂתָה הַתּוֹעֵבָה
טז הַזֹּאת בְּקִרְבֶּךָ׃ הַכֵּה תַכֶּה אֶת־יֹשְׁבֵי הָעִיר הַהִוא לְפִי־חָרֶב
הַחֲרֵם אֹתָהּ וְאֶת־כָּל־אֲשֶׁר־בָּהּ וְאֶת־בְּהֶמְתָּהּ לְפִי־חָרֶב׃
יז וְאֶת־כָּל־שְׁלָלָהּ תִּקְבֹּץ אֶל־תּוֹךְ רְחֹבָהּ וְשָׂרַפְתָּ בָאֵשׁ אֶת־
הָעִיר וְאֶת־כָּל־שְׁלָלָהּ כָּלִיל לַיהוָה אֱלֹהֶיךָ וְהָיְתָה תֵּל עוֹלָם

יח לֹא תִבָּנֶה עוֹד: וְלֹא־יִדְבַּק בְּיָדְךָ מְאוּמָה מִן־הַחֵרֶם לְמַעַן יָשׁוּב
יְהוָה מֵחֲרוֹן אַפּוֹ וְנָתַן־לְךָ רַחֲמִים וְרִחַמְךָ וְהִרְבֶּךָ כַּאֲשֶׁר
יט נִשְׁבַּע לַאֲבֹתֶיךָ: כִּי תִשְׁמַע בְּקוֹל יְהוָה אֱלֹהֶיךָ לִשְׁמֹר אֶת־
כָּל־מִצְוֹתָיו אֲשֶׁר אָנֹכִי מְצַוְּךָ הַיּוֹם לַעֲשׂוֹת הַיָּשָׁר בְּעֵינֵי יְהוָה
יד א אֱלֹהֶיךָ: בָּנִים אַתֶּם לַיהוָה אֱלֹהֵיכֶם לֹא תִתְגֹּדְדוּ יב רביעי
ב וְלֹא־תָשִׂימוּ קָרְחָה בֵּין עֵינֵיכֶם לָמֵת: כִּי עַם קָדוֹשׁ אַתָּה
לַיהוָה אֱלֹהֶיךָ וּבְךָ בָּחַר יְהוָה לִהְיוֹת לוֹ לְעַם סְגֻלָּה מִכֹּל
ג הָעַמִּים אֲשֶׁר עַל־פְּנֵי הָאֲדָמָה: לֹא תֹאכַל כָּל־
ד תּוֹעֵבָה: זֹאת הַבְּהֵמָה אֲשֶׁר תֹּאכֵלוּ שׁוֹר שֵׂה כְשָׂבִים וְשֵׂה
ה ו עִזִּים: אַיָּל וּצְבִי וְיַחְמוּר וְאַקּוֹ וְדִישֹׁן וּתְאוֹ וָזָמֶר: וְכָל־בְּהֵמָה
מַפְרֶסֶת פַּרְסָה וְשֹׁסַעַת שֶׁסַע שְׁתֵּי פְרָסוֹת מַעֲלַת גֵּרָה בַּבְּהֵמָה
ז אֹתָהּ תֹּאכֵלוּ: אַךְ אֶת־זֶה לֹא תֹאכְלוּ מִמַּעֲלֵי הַגֵּרָה וּמִמַּפְרִיסֵי
הַפַּרְסָה הַשְּׁסוּעָה אֶת־הַגָּמָל וְאֶת־הָאַרְנֶבֶת וְאֶת־הַשָּׁפָן כִּי־
ח מַעֲלֵה גֵרָה הֵמָּה וּפַרְסָה לֹא הִפְרִיסוּ טְמֵאִים הֵם לָכֶם: וְאֶת־
הַחֲזִיר כִּי־מַפְרִיס פַּרְסָה הוּא וְלֹא גֵרָה טָמֵא הוּא לָכֶם מִבְּשָׂרָם
ט לֹא תֹאכֵלוּ וּבְנִבְלָתָם לֹא תִגָּעוּ: אֶת־זֶה
תֹּאכְלוּ מִכֹּל אֲשֶׁר בַּמָּיִם כֹּל אֲשֶׁר־לוֹ סְנַפִּיר וְקַשְׂקֶשֶׂת תֹּאכֵלוּ:
י וְכֹל אֲשֶׁר אֵין־לוֹ סְנַפִּיר וְקַשְׂקֶשֶׂת לֹא תֹאכֵלוּ טָמֵא הוּא
יא יב לָכֶם: כָּל־צִפּוֹר טְהֹרָה תֹּאכֵלוּ: וְזֶה אֲשֶׁר לֹא־
יג תֹאכְלוּ מֵהֶם הַנֶּשֶׁר וְהַפֶּרֶס וְהָעָזְנִיָּה: וְהָרָאָה וְאֶת־הָאַיָּה וְהַדַּיָּה
יד טו לְמִינָהּ: וְאֵת כָּל־עֹרֵב לְמִינוֹ: וְאֵת בַּת הַיַּעֲנָה וְאֶת־הַתַּחְמָס וְאֶת־
טז הַשָּׁחַף וְאֶת־הַנֵּץ לְמִינֵהוּ: אֶת־הַכּוֹס וְאֶת־הַיַּנְשׁוּף וְהַתִּנְשָׁמֶת:
יז יח וְהַקָּאָת וְאֶת־הָרָחָמָה וְאֶת־הַשָּׁלָךְ: וְהַחֲסִידָה וְהָאֲנָפָה לְמִינָהּ
יט וְהַדּוּכִיפַת וְהָעֲטַלֵּף: וְכֹל שֶׁרֶץ הָעוֹף טָמֵא הוּא לָכֶם לֹא יֵאָכֵלוּ:
כ כא כָּל־עוֹף טָהוֹר תֹּאכֵלוּ: לֹא־תֹאכְלוּ כָל־נְבֵלָה לַגֵּר אֲשֶׁר־בִּשְׁעָרֶיךָ
תִּתְּנֶנָּה וַאֲכָלָהּ אוֹ מָכֹר לְנָכְרִי כִּי עַם קָדוֹשׁ אַתָּה לַיהוָה אֱלֹהֶיךָ
לֹא־תְבַשֵּׁל גְּדִי בַּחֲלֵב אִמּוֹ:

עם ישראל - עם סגולה
שמות יט, ה
דברים ז, ו; כו, יח

בהמות האסורות באכילה
ויקרא יא, א-ח

דגים האסורים באכילה
ויקרא יא, ט-יב

עופות האסורים באכילה
ויקרא יא, יג-כג

איסור בישול גדי בחלב אמו
שמות כג, יט; לד, כו

כב עַשֵּׂר תְּעַשֵּׂר אֵת כׇּל־תְּבוּאַת זַרְעֶךָ הַיֹּצֵא הַשָּׂדֶה שָׁנָה שָׁנָה׃ חמישי
כג וְאָכַלְתָּ לִפְנֵי ׀ יְהוָה אֱלֹהֶיךָ בַּמָּקוֹם אֲשֶׁר־יִבְחַר לְשַׁכֵּן שְׁמוֹ
שָׁם מַעְשַׂר דְּגָנְךָ תִּירֹשְׁךָ וְיִצְהָרֶךָ וּבְכֹרֹת בְּקָרְךָ וְצֹאנֶךָ
כד לְמַעַן תִּלְמַד לְיִרְאָה אֶת־יְהוָה אֱלֹהֶיךָ כׇּל־הַיָּמִים׃ וְכִי־יִרְבֶּה
מִמְּךָ הַדֶּרֶךְ כִּי לֹא תוּכַל שְׂאֵתוֹ כִּי־יִרְחַק מִמְּךָ הַמָּקוֹם אֲשֶׁר
יִבְחַר יְהוָה אֱלֹהֶיךָ לָשׂוּם שְׁמוֹ שָׁם כִּי יְבָרֶכְךָ יְהוָה אֱלֹהֶיךָ׃
כה וְנָתַתָּה בַּכָּסֶף וְצַרְתָּ הַכֶּסֶף בְּיָדְךָ וְהָלַכְתָּ אֶל־הַמָּקוֹם אֲשֶׁר
כו יִבְחַר יְהוָה אֱלֹהֶיךָ בּוֹ׃ וְנָתַתָּה הַכֶּסֶף בְּכֹל אֲשֶׁר־תְּאַוֶּה
נַפְשְׁךָ בַּבָּקָר וּבַצֹּאן וּבַיַּיִן וּבַשֵּׁכָר וּבְכֹל אֲשֶׁר תִּשְׁאָלְךָ
נַפְשֶׁךָ וְאָכַלְתָּ שָּׁם לִפְנֵי יְהוָה אֱלֹהֶיךָ וְשָׂמַחְתָּ אַתָּה וּבֵיתֶךָ׃
כז וְהַלֵּוִי אֲשֶׁר־בִּשְׁעָרֶיךָ לֹא תַעַזְבֶנּוּ כִּי אֵין לוֹ חֵלֶק וְנַחֲלָה — איסור עזיבת הלוי / דברים יב, יט
כח עִמָּךְ׃ מִקְצֵה ׀ שָׁלֹשׁ שָׁנִים תּוֹצִיא אֶת־כׇּל־מַעְשַׂר — מצוות ביעור מעשרות / דברים כו, יב–טו
כט תְּבוּאָתְךָ בַּשָּׁנָה הַהִוא וְהִנַּחְתָּ בִּשְׁעָרֶיךָ׃ וּבָא הַלֵּוִי כִּי אֵין־
לוֹ חֵלֶק וְנַחֲלָה עִמָּךְ וְהַגֵּר וְהַיָּתוֹם וְהָאַלְמָנָה אֲשֶׁר בִּשְׁעָרֶיךָ
וְאָכְלוּ וְשָׂבֵעוּ לְמַעַן יְבָרֶכְךָ יְהוָה אֱלֹהֶיךָ בְּכׇל־מַעֲשֵׂה יָדְךָ
טו א אֲשֶׁר תַּעֲשֶׂה׃ מִקֵּץ שֶׁבַע־שָׁנִים תַּעֲשֶׂה שְׁמִטָּה׃ ששי
ב וְזֶה דְּבַר הַשְּׁמִטָּה שָׁמוֹט כׇּל־בַּעַל מַשֵּׁה יָדוֹ אֲשֶׁר יַשֶּׁה בְּרֵעֵהוּ
ג לֹא־יִגֹּשׂ אֶת־רֵעֵהוּ וְאֶת־אָחִיו כִּי־קָרָא שְׁמִטָּה לַיהוָה׃ אֶת־
ד הַנׇּכְרִי תִּגֹּשׂ וַאֲשֶׁר יִהְיֶה לְךָ אֶת־אָחִיךָ תַּשְׁמֵט יָדֶךָ׃ אֶפֶס
כִּי לֹא יִהְיֶה־בְּךָ אֶבְיוֹן כִּי־בָרֵךְ יְבָרֶכְךָ יְהוָה בָּאָרֶץ אֲשֶׁר יְהוָה
ה אֱלֹהֶיךָ נֹתֵן־לְךָ נַחֲלָה לְרִשְׁתָּהּ׃ רַק אִם־שָׁמוֹעַ תִּשְׁמַע בְּקוֹל
יְהוָה אֱלֹהֶיךָ לִשְׁמֹר לַעֲשׂוֹת אֶת־כׇּל־הַמִּצְוָה הַזֹּאת אֲשֶׁר
ו אָנֹכִי מְצַוְּךָ הַיּוֹם׃ כִּי־יְהוָה אֱלֹהֶיךָ בֵּרַכְךָ כַּאֲשֶׁר דִּבֶּר־לָךְ
וְהַעֲבַטְתָּ גּוֹיִם רַבִּים וְאַתָּה לֹא תַעֲבֹט וּמָשַׁלְתָּ בְּגוֹיִם רַבִּים
ז וּבְךָ לֹא יִמְשֹׁלוּ׃ כִּי־יִהְיֶה בְךָ אֶבְיוֹן מֵאַחַד יג
אַחֶיךָ בְּאַחַד שְׁעָרֶיךָ בְּאַרְצְךָ אֲשֶׁר־יְהוָה אֱלֹהֶיךָ נֹתֵן לָךְ לֹא
ח תְאַמֵּץ אֶת־לְבָבְךָ וְלֹא תִקְפֹּץ אֶת־יָדְךָ מֵאָחִיךָ הָאֶבְיוֹן׃ כִּי־

פָּתֹחַ תִּפְתַּח אֶת־יָדְךָ לוֹ וְהַעֲבֵט תַּעֲבִיטֶנּוּ דֵּי מַחְסֹרוֹ אֲשֶׁר
ט יֶחְסַר לוֹ׃ הִשָּׁמֶר לְךָ פֶּן־יִהְיֶה דָבָר עִם־לְבָבְךָ בְלִיַּעַל לֵאמֹר
קָרְבָה שְׁנַת־הַשֶּׁבַע שְׁנַת הַשְּׁמִטָּה וְרָעָה עֵינְךָ בְּאָחִיךָ הָאֶבְיוֹן
י וְלֹא תִתֵּן לוֹ וְקָרָא עָלֶיךָ אֶל־יהוה וְהָיָה בְךָ חֵטְא׃ נָתוֹן תִּתֵּן
לוֹ וְלֹא־יֵרַע לְבָבְךָ בְּתִתְּךָ לוֹ כִּי בִּגְלַל ׀ הַדָּבָר הַזֶּה יְבָרֶכְךָ יהוה
יא אֱלֹהֶיךָ בְּכָל־מַעֲשֶׂךָ וּבְכֹל מִשְׁלַח יָדֶךָ׃ כִּי לֹא־יֶחְדַּל אֶבְיוֹן
מִקֶּרֶב הָאָרֶץ עַל־כֵּן אָנֹכִי מְצַוְּךָ לֵאמֹר פָּתֹחַ תִּפְתַּח אֶת־
יב יָדְךָ לְאָחִיךָ לַעֲנִיֶּךָ וּלְאֶבְיֹנְךָ בְּאַרְצֶךָ׃ כִּי־יִמָּכֵר
לְךָ אָחִיךָ הָעִבְרִי אוֹ הָעִבְרִיָּה וַעֲבָדְךָ שֵׁשׁ שָׁנִים וּבַשָּׁנָה הַשְּׁבִיעִת
יג תְּשַׁלְּחֶנּוּ חָפְשִׁי מֵעִמָּךְ׃ וְכִי־תְשַׁלְּחֶנּוּ חָפְשִׁי מֵעִמָּךְ לֹא תְשַׁלְּחֶנּוּ
יד רֵיקָם׃ הַעֲנֵיק תַּעֲנִיק לוֹ מִצֹּאנְךָ וּמִגָּרְנְךָ וּמִיִּקְבֶךָ אֲשֶׁר בֵּרַכְךָ
טו יהוה אֱלֹהֶיךָ תִּתֶּן־לוֹ׃ וְזָכַרְתָּ כִּי עֶבֶד הָיִיתָ בְּאֶרֶץ מִצְרַיִם
וַיִּפְדְּךָ יהוה אֱלֹהֶיךָ עַל־כֵּן אָנֹכִי מְצַוְּךָ אֶת־הַדָּבָר הַזֶּה הַיּוֹם׃
טז וְהָיָה כִּי־יֹאמַר אֵלֶיךָ לֹא אֵצֵא מֵעִמָּךְ כִּי אֲהֵבְךָ וְאֶת־בֵּיתֶךָ
יז כִּי־טוֹב לוֹ עִמָּךְ׃ וְלָקַחְתָּ אֶת־הַמַּרְצֵעַ וְנָתַתָּה בְאָזְנוֹ וּבַדֶּלֶת
יח וְהָיָה לְךָ עֶבֶד עוֹלָם וְאַף לַאֲמָתְךָ תַּעֲשֶׂה־כֵּן׃ לֹא־יִקְשֶׁה בְעֵינֶךָ
בְּשַׁלֵּחֲךָ אֹתוֹ חָפְשִׁי מֵעִמָּךְ כִּי מִשְׁנֶה שְׂכַר שָׂכִיר עֲבָדְךָ שֵׁשׁ
שָׁנִים וּבֵרַכְךָ יהוה אֱלֹהֶיךָ בְּכֹל אֲשֶׁר תַּעֲשֶׂה׃

שביעי

יט כָּל־הַבְּכוֹר אֲשֶׁר יִוָּלֵד בִּבְקָרְךָ וּבְצֹאנְךָ הַזָּכָר תַּקְדִּישׁ לַיהוה
כ אֱלֹהֶיךָ לֹא תַעֲבֹד בִּבְכֹר שׁוֹרֶךָ וְלֹא תָגֹז בְּכוֹר צֹאנֶךָ׃ לִפְנֵי
יהוה אֱלֹהֶיךָ תֹאכֲלֶנּוּ שָׁנָה בְשָׁנָה בַּמָּקוֹם אֲשֶׁר־יִבְחַר יהוה
כא אַתָּה וּבֵיתֶךָ׃ וְכִי־יִהְיֶה בוֹ מוּם פִּסֵּחַ אוֹ עִוֵּר כֹּל מוּם רָע
כב לֹא תִזְבָּחֶנּוּ לַיהוה אֱלֹהֶיךָ׃ בִּשְׁעָרֶיךָ תֹּאכֲלֶנּוּ הַטָּמֵא וְהַטָּהוֹר
כג יַחְדָּו כַּצְּבִי וְכָאַיָּל׃ רַק אֶת־דָּמוֹ לֹא תֹאכֵל עַל־הָאָרֶץ תִּשְׁפְּכֶנּוּ
כַּמָּיִם׃
טז א שָׁמוֹר אֶת־חֹדֶשׁ הָאָבִיב וְעָשִׂיתָ פֶּסַח לַיהוה אֱלֹהֶיךָ כִּי בְּחֹדֶשׁ
ב הָאָבִיב הוֹצִיאֲךָ יהוה אֱלֹהֶיךָ מִמִּצְרַיִם לָיְלָה׃ וְזָבַחְתָּ פֶּסַח

דיני עבד עברי ואמה עבריה
שמות כא, ב–יא
ויקרא כה, לט–מג

דיני בכורות - בהמה ואדם
שמות יג, ב; יג, יא–יג; כב, כח–כט; לד, יט–כ
במדבר יח, טו–יח

איסור הקרבת קרבן בעל מום
ויקרא כב, יז–כה
דברים יז, א

איסור אכילת דם
בראשית ט, ד
ויקרא ג, יז; ז, כו–כז; יז, י–יב
דברים יב, טז; יב, כג–כה

דיני חג הפסח
שמות יב, יד–כ; יג, ג–י; כג, טו; לד, יח
ויקרא כג, ד–ח
במדבר ט, א–ג; כח, טז–כה

לַיהוָה אֱלֹהֶיךָ צֹאן וּבָקָר בַּמָּקוֹם אֲשֶׁר יִבְחַר יְהוָה לְשַׁכֵּן
שְׁמוֹ שָׁם׃ לֹא־תֹאכַל עָלָיו חָמֵץ שִׁבְעַת יָמִים תֹּאכַל־עָלָיו מַצּוֹת ג
לֶחֶם עֹנִי כִּי בְחִפָּזוֹן יָצָאתָ מֵאֶרֶץ מִצְרַיִם לְמַעַן תִּזְכֹּר אֶת־יוֹם
צֵאתְךָ מֵאֶרֶץ מִצְרַיִם כֹּל יְמֵי חַיֶּיךָ׃ וְלֹא־יֵרָאֶה לְךָ שְׂאֹר בְּכָל־ ד
גְּבֻלְךָ שִׁבְעַת יָמִים וְלֹא־יָלִין מִן־הַבָּשָׂר אֲשֶׁר תִּזְבַּח בָּעֶרֶב
בַּיּוֹם הָרִאשׁוֹן לַבֹּקֶר׃ לֹא תוּכַל לִזְבֹּחַ אֶת־הַפָּסַח בְּאַחַד ה
שְׁעָרֶיךָ אֲשֶׁר־יְהוָה אֱלֹהֶיךָ נֹתֵן לָךְ׃ כִּי אִם־אֶל־הַמָּקוֹם אֲשֶׁר־ ו
יִבְחַר יְהוָה אֱלֹהֶיךָ לְשַׁכֵּן שְׁמוֹ שָׁם תִּזְבַּח אֶת־הַפֶּסַח בָּעָרֶב
כְּבוֹא הַשֶּׁמֶשׁ מוֹעֵד צֵאתְךָ מִמִּצְרָיִם׃ וּבִשַּׁלְתָּ וְאָכַלְתָּ בַּמָּקוֹם ז
אֲשֶׁר יִבְחַר יְהוָה אֱלֹהֶיךָ בּוֹ וּפָנִיתָ בַבֹּקֶר וְהָלַכְתָּ לְאֹהָלֶיךָ׃
שֵׁשֶׁת יָמִים תֹּאכַל מַצּוֹת וּבַיּוֹם הַשְּׁבִיעִי עֲצֶרֶת לַיהוָה אֱלֹהֶיךָ ח

מצוות ספירת העומר
ויקרא כג, טו–טז

לֹא תַעֲשֶׂה מְלָאכָה׃ שִׁבְעָה שָׁבֻעֹת תִּסְפָּר־לָךְ ט
מֵהָחֵל חֶרְמֵשׁ בַּקָּמָה תָּחֵל לִסְפֹּר שִׁבְעָה שָׁבֻעוֹת׃ וְעָשִׂיתָ חַג י

דיני חג השבועות
שמות כג, טז; לד, כב
ויקרא כג, טו–כא
במדבר כח, כו–לא

שָׁבֻעוֹת לַיהוָה אֱלֹהֶיךָ מִסַּת נִדְבַת יָדְךָ אֲשֶׁר תִּתֵּן כַּאֲשֶׁר
יְבָרֶכְךָ יְהוָה אֱלֹהֶיךָ׃ וְשָׂמַחְתָּ לִפְנֵי ׀ יְהוָה אֱלֹהֶיךָ אַתָּה וּבִנְךָ יא
וּבִתֶּךָ וְעַבְדְּךָ וַאֲמָתֶךָ וְהַלֵּוִי אֲשֶׁר בִּשְׁעָרֶיךָ וְהַגֵּר וְהַיָּתוֹם
וְהָאַלְמָנָה אֲשֶׁר בְּקִרְבֶּךָ בַּמָּקוֹם אֲשֶׁר יִבְחַר יְהוָה אֱלֹהֶיךָ
לְשַׁכֵּן שְׁמוֹ שָׁם׃ וְזָכַרְתָּ כִּי־עֶבֶד הָיִיתָ בְּמִצְרָיִם וְשָׁמַרְתָּ וְעָשִׂיתָ יב
אֶת־הַחֻקִּים הָאֵלֶּה׃

מפטיר

חַג הַסֻּכֹּת תַּעֲשֶׂה לְךָ שִׁבְעַת יָמִים בְּאָסְפְּךָ מִגָּרְנְךָ וּמִיִּקְבֶךָ׃ יג

דיני חג הסוכות
שמות כג, טז; לד, כב
ויקרא כג, לג–מג
במדבר כט, יב–לח
נחמיה ח, יד–טו

וְשָׂמַחְתָּ בְּחַגֶּךָ אַתָּה וּבִנְךָ וּבִתֶּךָ וְעַבְדְּךָ וַאֲמָתֶךָ וְהַלֵּוִי וְהַגֵּר יד
וְהַיָּתוֹם וְהָאַלְמָנָה אֲשֶׁר בִּשְׁעָרֶיךָ׃ שִׁבְעַת יָמִים תָּחֹג לַיהוָה טו
אֱלֹהֶיךָ בַּמָּקוֹם אֲשֶׁר־יִבְחַר יְהוָה כִּי יְבָרֶכְךָ יְהוָה אֱלֹהֶיךָ בְּכֹל
תְּבוּאָתְךָ וּבְכֹל מַעֲשֵׂה יָדֶיךָ וְהָיִיתָ אַךְ שָׂמֵחַ׃ שָׁלוֹשׁ פְּעָמִים ׀ טז

מצוות עלייה לרגל
שמות כג, יז; לד, כג–כד

בַּשָּׁנָה יֵרָאֶה כָל־זְכוּרְךָ אֶת־פְּנֵי ׀ יְהוָה אֱלֹהֶיךָ בַּמָּקוֹם אֲשֶׁר
יִבְחָר בְּחַג הַמַּצּוֹת וּבְחַג הַשָּׁבֻעוֹת וּבְחַג הַסֻּכּוֹת וְלֹא יֵרָאֶה
אֶת־פְּנֵי יְהוָה רֵיקָם׃ אִישׁ כְּמַתְּנַת יָדוֹ כְּבִרְכַּת יְהוָה אֱלֹהֶיךָ יז

יח אֲשֶׁר נָתַן־לָךְ׃ שֹׁפְטִים וְשֹׁטְרִים תִּתֶּן־לְךָ בְּכָל־

ציווי על משפט צדק
שמות כג, ו–ח
ויקרא יט, טו

שְׁעָרֶיךָ אֲשֶׁר יְהוָה אֱלֹהֶיךָ נֹתֵן לְךָ לִשְׁבָטֶיךָ וְשָׁפְטוּ אֶת־הָעָם
יט מִשְׁפַּט־צֶדֶק׃ לֹא־תַטֶּה מִשְׁפָּט לֹא תַכִּיר פָּנִים וְלֹא־תִקַּח

איסור לקחת שוחד
שמות כג, ח
דברים כז, כה

כ שֹׁחַד כִּי הַשֹּׁחַד יְעַוֵּר עֵינֵי חֲכָמִים וִיסַלֵּף דִּבְרֵי צַדִּיקִם׃ צֶדֶק
צֶדֶק תִּרְדֹּף לְמַעַן תִּחְיֶה וְיָרַשְׁתָּ אֶת־הָאָרֶץ אֲשֶׁר־יְהוָה אֱלֹהֶיךָ
כא נֹתֵן לָךְ׃ לֹא־תִטַּע לְךָ אֲשֵׁרָה כָּל־עֵץ אֵצֶל
כב מִזְבַּח יְהוָה אֱלֹהֶיךָ אֲשֶׁר תַּעֲשֶׂה־לָּךְ׃ וְלֹא־תָקִים לְךָ מַצֵּבָה

איסור הקרבת קרבן בעל מום
ויקרא כב, יז–כה
דברים טו, כא

יז א אֲשֶׁר שָׂנֵא יְהוָה אֱלֹהֶיךָ׃ לֹא־תִזְבַּח לַיהוָה
אֱלֹהֶיךָ שׁוֹר וָשֶׂה אֲשֶׁר יִהְיֶה בוֹ מוּם כֹּל דָּבָר רָע כִּי תוֹעֲבַת
ב יְהוָה אֱלֹהֶיךָ הוּא׃ כִּי־יִמָּצֵא בְקִרְבְּךָ בְּאַחַד
שְׁעָרֶיךָ אֲשֶׁר־יְהוָה אֱלֹהֶיךָ נֹתֵן לָךְ אִישׁ אוֹ־אִשָּׁה אֲשֶׁר יַעֲשֶׂה
ג אֶת־הָרַע בְּעֵינֵי יְהוָה־אֱלֹהֶיךָ לַעֲבֹר בְּרִיתוֹ׃ וַיֵּלֶךְ וַיַּעֲבֹד אֱלֹהִים
אֲחֵרִים וַיִּשְׁתַּחוּ לָהֶם וְלַשֶּׁמֶשׁ ׀ אוֹ לַיָּרֵחַ אוֹ לְכָל־צְבָא הַשָּׁמַיִם
ד אֲשֶׁר לֹא־צִוִּיתִי׃ וְהֻגַּד־לְךָ וְשָׁמָעְתָּ וְדָרַשְׁתָּ הֵיטֵב וְהִנֵּה אֱמֶת
ה נָכוֹן הַדָּבָר נֶעֶשְׂתָה הַתּוֹעֵבָה הַזֹּאת בְּיִשְׂרָאֵל׃ וְהוֹצֵאתָ אֶת־
הָאִישׁ הַהוּא אוֹ אֶת־הָאִשָּׁה הַהִוא אֲשֶׁר עָשׂוּ אֶת־הַדָּבָר הָרָע
הַזֶּה אֶל־שְׁעָרֶיךָ אֶת־הָאִישׁ אוֹ אֶת־הָאִשָּׁה וּסְקַלְתָּם בָּאֲבָנִים

עדות על פי שני עדים
במדבר לה, ל
דברים יט, טו

ו וָמֵתוּ׃ עַל־פִּי ׀ שְׁנַיִם עֵדִים אוֹ שְׁלֹשָׁה עֵדִים יוּמַת הַמֵּת לֹא יוּמַת
ז עַל־פִּי עֵד אֶחָד׃ יַד הָעֵדִים תִּהְיֶה־בּוֹ בָרִאשֹׁנָה לַהֲמִיתוֹ וְיַד כָּל־
הָעָם בָּאַחֲרֹנָה וּבִעַרְתָּ הָרָע מִקִּרְבֶּךָ׃
ח כִּי יִפָּלֵא מִמְּךָ דָבָר לַמִּשְׁפָּט בֵּין־דָּם ׀ לְדָם בֵּין־דִּין לְדִין וּבֵין
נֶגַע לָנֶגַע דִּבְרֵי רִיבֹת בִּשְׁעָרֶיךָ וְקַמְתָּ וְעָלִיתָ אֶל־הַמָּקוֹם
ט אֲשֶׁר יִבְחַר יְהוָה אֱלֹהֶיךָ בּוֹ׃ וּבָאתָ אֶל־הַכֹּהֲנִים הַלְוִיִּם וְאֶל־
הַשֹּׁפֵט אֲשֶׁר יִהְיֶה בַּיָּמִים הָהֵם וְדָרַשְׁתָּ וְהִגִּידוּ לְךָ אֵת דְּבַר
י הַמִּשְׁפָּט׃ וְעָשִׂיתָ עַל־פִּי הַדָּבָר אֲשֶׁר יַגִּידוּ לְךָ מִן־הַמָּקוֹם
הַהוּא אֲשֶׁר יִבְחַר יְהוָה וְשָׁמַרְתָּ לַעֲשׂוֹת כְּכֹל אֲשֶׁר יוֹרוּךָ׃
יא עַל־פִּי הַתּוֹרָה אֲשֶׁר יוֹרוּךָ וְעַל־הַמִּשְׁפָּט אֲשֶׁר־יֹאמְרוּ לְךָ

תַּעֲשֶׂה לֹא תָסוּר מִן־הַדָּבָר אֲשֶׁר־יַגִּידוּ לְךָ יָמִין וּשְׂמֹאל׃
יב וְהָאִישׁ אֲשֶׁר־יַעֲשֶׂה בְזָדוֹן לְבִלְתִּי שְׁמֹעַ אֶל־הַכֹּהֵן הָעֹמֵד
לְשָׁרֶת שָׁם אֶת־יְהוָה אֱלֹהֶיךָ אוֹ אֶל־הַשֹּׁפֵט וּמֵת הָאִישׁ הַהוּא
יג וּבִעַרְתָּ הָרָע מִיִּשְׂרָאֵל׃ וְכָל־הָעָם יִשְׁמְעוּ וְיִרָאוּ וְלֹא יְזִידוּן
שני טו
יד עוֹד׃ כִּי־תָבֹא אֶל־הָאָרֶץ אֲשֶׁר יְהוָה אֱלֹהֶיךָ
בקשת ישראל לשים עליהם מלך
שמ״א ח, ד–כב
נֹתֵן לָךְ וִירִשְׁתָּהּ וְיָשַׁבְתָּה בָּהּ וְאָמַרְתָּ אָשִׂימָה עָלַי מֶלֶךְ כְּכָל־
טו הַגּוֹיִם אֲשֶׁר סְבִיבֹתָי׃ שׂוֹם תָּשִׂים עָלֶיךָ מֶלֶךְ אֲשֶׁר יִבְחַר יְהוָה
אֱלֹהֶיךָ בּוֹ מִקֶּרֶב אַחֶיךָ תָּשִׂים עָלֶיךָ מֶלֶךְ לֹא תוּכַל לָתֵת
טז עָלֶיךָ אִישׁ נָכְרִי אֲשֶׁר לֹא־אָחִיךָ הוּא׃ רַק לֹא־יַרְבֶּה־לּוֹ סוּסִים
וְלֹא־יָשִׁיב אֶת־הָעָם מִצְרַיְמָה לְמַעַן הַרְבּוֹת סוּס וַיהוָה אָמַר
יז לָכֶם לֹא תֹסִפוּן לָשׁוּב בַּדֶּרֶךְ הַזֶּה עוֹד׃ וְלֹא יַרְבֶּה־לּוֹ נָשִׁים
יח וְלֹא יָסוּר לְבָבוֹ וְכֶסֶף וְזָהָב לֹא יַרְבֶּה־לּוֹ מְאֹד׃ וְהָיָה כְשִׁבְתּוֹ
עַל כִּסֵּא מַמְלַכְתּוֹ וְכָתַב לוֹ אֶת־מִשְׁנֵה הַתּוֹרָה הַזֹּאת עַל־
יט סֵפֶר מִלִּפְנֵי הַכֹּהֲנִים הַלְוִיִּם׃ וְהָיְתָה עִמּוֹ וְקָרָא בוֹ כָּל־יְמֵי
חַיָּיו לְמַעַן יִלְמַד לְיִרְאָה אֶת־יְהוָה אֱלֹהָיו לִשְׁמֹר אֶת־כָּל־דִּבְרֵי
כ הַתּוֹרָה הַזֹּאת וְאֶת־הַחֻקִּים הָאֵלֶּה לַעֲשֹׂתָם׃ לְבִלְתִּי רוּם־לְבָבוֹ
מֵאֶחָיו וּלְבִלְתִּי סוּר מִן־הַמִּצְוָה יָמִין וּשְׂמֹאול לְמַעַן יַאֲרִיךְ
שלישי
יח א יָמִים עַל־מַמְלַכְתּוֹ הוּא וּבָנָיו בְּקֶרֶב יִשְׂרָאֵל׃ לֹא־
שבט לוי ללא נחלה
במדבר יח, כ–כד
דברים י, ח–ט
יהושע יג, יד; יג, לג; יד, ג–ד
דיני מתנות כהונה
במדבר יח, ח–יט
יִהְיֶה לַכֹּהֲנִים הַלְוִיִּם כָּל־שֵׁבֶט לֵוִי חֵלֶק וְנַחֲלָה עִם־יִשְׂרָאֵל
ב אִשֵּׁי יְהוָה וְנַחֲלָתוֹ יֹאכֵלוּן׃ וְנַחֲלָה לֹא־יִהְיֶה־לּוֹ בְּקֶרֶב אֶחָיו
ג יְהוָה הוּא נַחֲלָתוֹ כַּאֲשֶׁר דִּבֶּר־לוֹ׃ וְזֶה יִהְיֶה
מִשְׁפַּט הַכֹּהֲנִים מֵאֵת הָעָם מֵאֵת זֹבְחֵי הַזֶּבַח אִם־שׁוֹר אִם־
ד שֶׂה וְנָתַן לַכֹּהֵן הַזְּרֹעַ וְהַלְּחָיַיִם וְהַקֵּבָה׃ רֵאשִׁית דְּגָנְךָ תִּירֹשְׁךָ
ה וְיִצְהָרֶךָ וְרֵאשִׁית גֵּז צֹאנְךָ תִּתֶּן־לּוֹ׃ כִּי בוֹ בָּחַר יְהוָה אֱלֹהֶיךָ
מִכָּל־שְׁבָטֶיךָ לַעֲמֹד לְשָׁרֵת בְּשֵׁם־יְהוָה הוּא וּבָנָיו כָּל־
רביעי
ו הַיָּמִים׃ וְכִי־יָבֹא הַלֵּוִי מֵאַחַד שְׁעָרֶיךָ מִכָּל־
יִשְׂרָאֵל אֲשֶׁר־הוּא גָּר שָׁם וּבָא בְּכָל־אַוַּת נַפְשׁוֹ אֶל־הַמָּקוֹם

ז אֲשֶׁר־יִבְחַר יְהוָה׃ וְשֵׁרֵת בְּשֵׁם יְהוָה אֱלֹהָיו כְּכָל־אֶחָיו הַלְוִיִּם
ח הָעֹמְדִים שָׁם לִפְנֵי יְהוָה׃ חֵלֶק כְּחֵלֶק יֹאכֵלוּ לְבַד מִמְכָּרָיו
ט עַל־הָאָבוֹת׃ כִּי אַתָּה בָּא אֶל־הָאָרֶץ אֲשֶׁר־

איסור פנייה אל האובות ואל הידעונים
ויקרא יט, לא; כ, ו; כ, כז

יְהוָה אֱלֹהֶיךָ נֹתֵן לָךְ לֹא־תִלְמַד לַעֲשׂוֹת כְּתוֹעֲבֹת הַגּוֹיִם הָהֵם׃
י לֹא־יִמָּצֵא בְךָ מַעֲבִיר בְּנוֹ־וּבִתּוֹ בָּאֵשׁ קֹסֵם קְסָמִים מְעוֹנֵן

איסור נתינת הזרע למולך
ויקרא יח, כא; כ, א–ה

יא וּמְנַחֵשׁ וּמְכַשֵּׁף׃ וְחֹבֵר חָבֶר וְשֹׁאֵל אוֹב וְיִדְּעֹנִי וְדֹרֵשׁ אֶל־
יב הַמֵּתִים׃ כִּי־תוֹעֲבַת יְהוָה כָּל־עֹשֵׂה אֵלֶּה וּבִגְלַל הַתּוֹעֵבֹת
יג הָאֵלֶּה יְהוָה אֱלֹהֶיךָ מוֹרִישׁ אוֹתָם מִפָּנֶיךָ׃ תָּמִים תִּהְיֶה עִם
יד יְהוָה אֱלֹהֶיךָ׃ כִּי ׀ הַגּוֹיִם הָאֵלֶּה אֲשֶׁר אַתָּה יוֹרֵשׁ אוֹתָם אֶל־ חמישי
מְעֹנְנִים וְאֶל־קֹסְמִים יִשְׁמָעוּ וְאַתָּה לֹא כֵן נָתַן לְךָ יְהוָה אֱלֹהֶיךָ׃
טו נָבִיא מִקִּרְבְּךָ מֵאַחֶיךָ כָּמֹנִי יָקִים לְךָ יְהוָה אֱלֹהֶיךָ אֵלָיו תִּשְׁמָעוּן׃
טז כְּכֹל אֲשֶׁר־שָׁאַלְתָּ מֵעִם יְהוָה אֱלֹהֶיךָ בְּחֹרֵב בְּיוֹם הַקָּהָל לֵאמֹר
לֹא אֹסֵף לִשְׁמֹעַ אֶת־קוֹל יְהוָה אֱלֹהָי וְאֶת־הָאֵשׁ הַגְּדֹלָה הַזֹּאת
יז לֹא־אֶרְאֶה עוֹד וְלֹא אָמוּת׃ וַיֹּאמֶר יְהוָה אֵלָי הֵיטִיבוּ אֲשֶׁר
יח דִּבֵּרוּ׃ נָבִיא אָקִים לָהֶם מִקֶּרֶב אֲחֵיהֶם כָּמוֹךָ וְנָתַתִּי דְבָרַי
יט בְּפִיו וְדִבֶּר אֲלֵיהֶם אֵת כָּל־אֲשֶׁר אֲצַוֶּנּוּ׃ וְהָיָה הָאִישׁ אֲשֶׁר
לֹא־יִשְׁמַע אֶל־דְּבָרַי אֲשֶׁר יְדַבֵּר בִּשְׁמִי אָנֹכִי אֶדְרֹשׁ מֵעִמּוֹ׃

דין נביא שקר
דברים יג, ב–ו

כ אַךְ הַנָּבִיא אֲשֶׁר יָזִיד לְדַבֵּר דָּבָר בִּשְׁמִי אֵת אֲשֶׁר לֹא־צִוִּיתִיו
לְדַבֵּר וַאֲשֶׁר יְדַבֵּר בְּשֵׁם אֱלֹהִים אֲחֵרִים וּמֵת הַנָּבִיא הַהוּא׃
כא וְכִי תֹאמַר בִּלְבָבֶךָ אֵיכָה נֵדַע אֶת־הַדָּבָר אֲשֶׁר לֹא־דִבְּרוֹ
כב יְהוָה׃ אֲשֶׁר יְדַבֵּר הַנָּבִיא בְּשֵׁם יְהוָה וְלֹא־יִהְיֶה הַדָּבָר וְלֹא
יָבֹא הוּא הַדָּבָר אֲשֶׁר לֹא־דִבְּרוֹ יְהוָה בְּזָדוֹן דִּבְּרוֹ הַנָּבִיא לֹא

דין רוצח בשגגה וערי מקלט
במדבר לה, ט–לד
דברים ד, מא–מג
יהושע כ, א–ט

יט א תָגוּר מִמֶּנּוּ׃ כִּי־יַכְרִית יְהוָה אֱלֹהֶיךָ אֶת־הַגּוֹיִם
אֲשֶׁר יְהוָה אֱלֹהֶיךָ נֹתֵן לְךָ אֶת־אַרְצָם וִירִשְׁתָּם וְיָשַׁבְתָּ בְעָרֵיהֶם
ב וּבְבָתֵּיהֶם׃ שָׁלוֹשׁ עָרִים תַּבְדִּיל לָךְ בְּתוֹךְ אַרְצְךָ אֲשֶׁר יְהוָה
ג אֱלֹהֶיךָ נֹתֵן לְךָ לְרִשְׁתָּהּ׃ תָּכִין לְךָ הַדֶּרֶךְ וְשִׁלַּשְׁתָּ אֶת־גְּבוּל
אַרְצְךָ אֲשֶׁר יַנְחִילְךָ יְהוָה אֱלֹהֶיךָ וְהָיָה לָנוּס שָׁמָּה כָּל־רֹצֵחַ׃

ד וְזֶה דְּבַר הָרֹצֵחַ אֲשֶׁר־יָנוּס שָׁמָּה וָחָי אֲשֶׁר יַכֶּה אֶת־רֵעֵהוּ
ה בִּבְלִי־דַעַת וְהוּא לֹא־שֹׂנֵא לוֹ מִתְּמֹל שִׁלְשֹׁם׃ וַאֲשֶׁר יָבֹא אֶת־
רֵעֵהוּ בַיַּעַר לַחְטֹב עֵצִים וְנִדְּחָה יָדוֹ בַגַּרְזֶן לִכְרֹת הָעֵץ וְנָשַׁל
הַבַּרְזֶל מִן־הָעֵץ וּמָצָא אֶת־רֵעֵהוּ וָמֵת הוּא יָנוּס אֶל־אַחַת
ו הֶעָרִים־הָאֵלֶּה וָחָי׃ פֶּן־יִרְדֹּף גֹּאֵל הַדָּם אַחֲרֵי הָרֹצֵחַ כִּי יֵחַם
לְבָבוֹ וְהִשִּׂיגוֹ כִּי־יִרְבֶּה הַדֶּרֶךְ וְהִכָּהוּ נָפֶשׁ וְלוֹ אֵין מִשְׁפַּט־
ז מָוֶת כִּי לֹא־שֹׂנֵא הוּא לוֹ מִתְּמוֹל שִׁלְשׁוֹם׃ עַל־כֵּן אָנֹכִי מְצַוְּךָ
ח לֵאמֹר שָׁלֹשׁ עָרִים תַּבְדִּיל לָךְ׃ וְאִם־יַרְחִיב יְהוָה אֱלֹהֶיךָ אֶת־
גְּבֻלְךָ כַּאֲשֶׁר נִשְׁבַּע לַאֲבֹתֶיךָ וְנָתַן לְךָ אֶת־כָּל־הָאָרֶץ אֲשֶׁר
ט דִּבֶּר לָתֵת לַאֲבֹתֶיךָ׃ כִּי־תִשְׁמֹר אֶת־כָּל־הַמִּצְוָה הַזֹּאת לַעֲשֹׂתָהּ
אֲשֶׁר אָנֹכִי מְצַוְּךָ הַיּוֹם לְאַהֲבָה אֶת־יְהוָה אֱלֹהֶיךָ וְלָלֶכֶת בִּדְרָכָיו
י כָּל־הַיָּמִים וְיָסַפְתָּ לְךָ עוֹד שָׁלֹשׁ עָרִים עַל הַשָּׁלֹשׁ הָאֵלֶּה׃ וְלֹא
יִשָּׁפֵךְ דָּם נָקִי בְּקֶרֶב אַרְצְךָ אֲשֶׁר יְהוָה אֱלֹהֶיךָ נֹתֵן לְךָ נַחֲלָה
וְהָיָה עָלֶיךָ דָּמִים׃

יא וְכִי־יִהְיֶה אִישׁ שֹׂנֵא לְרֵעֵהוּ וְאָרַב לוֹ וְקָם עָלָיו וְהִכָּהוּ נֶפֶשׁ וָמֵת
יב וְנָס אֶל־אַחַת הֶעָרִים הָאֵל׃ וְשָׁלְחוּ זִקְנֵי עִירוֹ וְלָקְחוּ אֹתוֹ מִשָּׁם
יג וְנָתְנוּ אֹתוֹ בְּיַד גֹּאֵל הַדָּם וָמֵת׃ לֹא־תָחוֹס עֵינְךָ עָלָיו וּבִעַרְתָּ דַם־
יד הַנָּקִי מִיִּשְׂרָאֵל וְטוֹב לָךְ׃ לֹא תַסִּיג גְּבוּל רֵעֲךָ ששי
אֲשֶׁר גָּבְלוּ רִאשֹׁנִים בְּנַחֲלָתְךָ אֲשֶׁר תִּנְחַל בָּאָרֶץ אֲשֶׁר יְהוָה
טו אֱלֹהֶיךָ נֹתֵן לְךָ לְרִשְׁתָּהּ׃ לֹא־יָקוּם עֵד אֶחָד

עדות על פי שני עדים
במדבר לה, ל
דברים יז, ו

בְּאִישׁ לְכָל־עָוֹן וּלְכָל־חַטָּאת בְּכָל־חֵטְא אֲשֶׁר יֶחֱטָא עַל־
טז פִּי ׀ שְׁנֵי עֵדִים אוֹ עַל־פִּי שְׁלֹשָׁה־עֵדִים יָקוּם דָּבָר׃ כִּי־יָקוּם עֵד־
יז חָמָס בְּאִישׁ לַעֲנוֹת בּוֹ סָרָה׃ וְעָמְדוּ שְׁנֵי־הָאֲנָשִׁים אֲשֶׁר־לָהֶם
הָרִיב לִפְנֵי יְהוָה לִפְנֵי הַכֹּהֲנִים וְהַשֹּׁפְטִים אֲשֶׁר יִהְיוּ בַּיָּמִים
יח הָהֵם׃ וְדָרְשׁוּ הַשֹּׁפְטִים הֵיטֵב וְהִנֵּה עֵד־שֶׁקֶר הָעֵד שֶׁקֶר עָנָה
יט בְאָחִיו׃ וַעֲשִׂיתֶם לוֹ כַּאֲשֶׁר זָמַם לַעֲשׂוֹת לְאָחִיו וּבִעַרְתָּ הָרָע
כ מִקִּרְבֶּךָ׃ וְהַנִּשְׁאָרִים יִשְׁמְעוּ וְיִרָאוּ וְלֹא־יֹסִפוּ לַעֲשׂוֹת עוֹד כַּדָּבָר

כא הָרָע הַזֶּה בְּקִרְבֶּךָ: וְלֹא תָחוֹס עֵינֶךָ נֶפֶשׁ בְּנֶפֶשׁ עַיִן בְּעַיִן שֵׁן
כ א בְּשֵׁן יָד בְּיָד רֶגֶל בְּרָגֶל: כִּי־תֵצֵא לַמִּלְחָמָה עַל־
אֹיְבֶךָ וְרָאִיתָ סוּס וָרֶכֶב עַם רַב מִמְּךָ לֹא תִירָא מֵהֶם כִּי־יְהוָה
ב אֱלֹהֶיךָ עִמָּךְ הַמַּעַלְךָ מֵאֶרֶץ מִצְרָיִם: וְהָיָה כְּקָרָבְכֶם אֶל־
ג הַמִּלְחָמָה וְנִגַּשׁ הַכֹּהֵן וְדִבֶּר אֶל־הָעָם: וְאָמַר אֲלֵהֶם שְׁמַע
יִשְׂרָאֵל אַתֶּם קְרֵבִים הַיּוֹם לַמִּלְחָמָה עַל־אֹיְבֵיכֶם אַל־יֵרַךְ
ד לְבַבְכֶם אַל־תִּירְאוּ וְאַל־תַּחְפְּזוּ וְאַל־תַּעַרְצוּ מִפְּנֵיהֶם: כִּי יְהוָה
אֱלֹהֵיכֶם הַהֹלֵךְ עִמָּכֶם לְהִלָּחֵם לָכֶם עִם־אֹיְבֵיכֶם לְהוֹשִׁיעַ
ה אֶתְכֶם: וְדִבְּרוּ הַשֹּׁטְרִים אֶל־הָעָם לֵאמֹר מִי־הָאִישׁ אֲשֶׁר בָּנָה
בַיִת־חָדָשׁ וְלֹא חֲנָכוֹ יֵלֵךְ וְיָשֹׁב לְבֵיתוֹ פֶּן־יָמוּת בַּמִּלְחָמָה
ו וְאִישׁ אַחֵר יַחְנְכֶנּוּ: וּמִי־הָאִישׁ אֲשֶׁר נָטַע כֶּרֶם וְלֹא חִלְּלוֹ יֵלֵךְ
ז וְיָשֹׁב לְבֵיתוֹ פֶּן־יָמוּת בַּמִּלְחָמָה וְאִישׁ אַחֵר יְחַלְּלֶנּוּ: וּמִי־
הָאִישׁ אֲשֶׁר אֵרַשׂ אִשָּׁה וְלֹא לְקָחָהּ יֵלֵךְ וְיָשֹׁב לְבֵיתוֹ פֶּן־יָמוּת
ח בַּמִּלְחָמָה וְאִישׁ אַחֵר יִקָּחֶנָּה: וְיָסְפוּ הַשֹּׁטְרִים לְדַבֵּר אֶל־הָעָם
וְאָמְרוּ מִי־הָאִישׁ הַיָּרֵא וְרַךְ הַלֵּבָב יֵלֵךְ וְיָשֹׁב לְבֵיתוֹ וְלֹא יִמַּס
ט אֶת־לְבַב אֶחָיו כִּלְבָבוֹ: וְהָיָה כְּכַלֹּת הַשֹּׁטְרִים לְדַבֵּר אֶל־הָעָם
י וּפָקְדוּ שָׂרֵי צְבָאוֹת בְּרֹאשׁ הָעָם: כִּי־תִקְרַב אֶל־ טז שביעי
יא עִיר לְהִלָּחֵם עָלֶיהָ וְקָרָאתָ אֵלֶיהָ לְשָׁלוֹם: וְהָיָה אִם־שָׁלוֹם
תַּעַנְךָ וּפָתְחָה לָךְ וְהָיָה כָּל־הָעָם הַנִּמְצָא־בָהּ יִהְיוּ לְךָ לָמַס
יב וַעֲבָדוּךָ: וְאִם־לֹא תַשְׁלִים עִמָּךְ וְעָשְׂתָה עִמְּךָ מִלְחָמָה וְצַרְתָּ
יג עָלֶיהָ: וּנְתָנָהּ יְהוָה אֱלֹהֶיךָ בְּיָדֶךָ וְהִכִּיתָ אֶת־כָּל־זְכוּרָהּ לְפִי־
יד חָרֶב: רַק הַנָּשִׁים וְהַטַּף וְהַבְּהֵמָה וְכֹל אֲשֶׁר יִהְיֶה בָעִיר כָּל־
שְׁלָלָהּ תָּבֹז לָךְ וְאָכַלְתָּ אֶת־שְׁלַל אֹיְבֶיךָ אֲשֶׁר נָתַן יְהוָה אֱלֹהֶיךָ
טו לָךְ: כֵּן תַּעֲשֶׂה לְכָל־הֶעָרִים הָרְחֹקֹת מִמְּךָ מְאֹד אֲשֶׁר לֹא־מֵעָרֵי
טז הַגּוֹיִם־הָאֵלֶּה הֵנָּה: רַק מֵעָרֵי הָעַמִּים הָאֵלֶּה אֲשֶׁר יְהוָה אֱלֹהֶיךָ
יז נֹתֵן לְךָ נַחֲלָה לֹא תְחַיֶּה כָּל־נְשָׁמָה: כִּי־הַחֲרֵם תַּחֲרִימֵם הַחִתִּי
וְהָאֱמֹרִי הַכְּנַעֲנִי וְהַפְּרִזִּי הַחִוִּי וְהַיְבוּסִי כַּאֲשֶׁר צִוְּךָ יְהוָה אֱלֹהֶיךָ:

לְמַעַן אֲשֶׁר לֹא־יְלַמְּדוּ אֶתְכֶם לַעֲשׂוֹת כְּכֹל תּוֹעֲבֹתָם אֲשֶׁר יח
עָשׂוּ לֵאלֹהֵיהֶם וַחֲטָאתֶם לַיהוָה אֱלֹהֵיכֶם׃ כִּי־ יט
תָצוּר אֶל־עִיר יָמִים רַבִּים לְהִלָּחֵם עָלֶיהָ לְתָפְשָׂהּ לֹא־תַשְׁחִית
אֶת־עֵצָהּ לִנְדֹּחַ עָלָיו גַּרְזֶן כִּי מִמֶּנּוּ תֹאכֵל וְאֹתוֹ לֹא תִכְרֹת כִּי
הָאָדָם עֵץ הַשָּׂדֶה לָבֹא מִפָּנֶיךָ בַּמָּצוֹר׃ רַק עֵץ אֲשֶׁר־תֵּדַע כִּי־לֹא־ כ
עֵץ מַאֲכָל הוּא אֹתוֹ תַשְׁחִית וְכָרָתָּ וּבָנִיתָ מָצוֹר עַל־הָעִיר
אֲשֶׁר־הִוא עֹשָׂה עִמְּךָ מִלְחָמָה עַד רִדְתָּהּ׃
כִּי־יִמָּצֵא חָלָל בָּאֲדָמָה אֲשֶׁר יְהוָה אֱלֹהֶיךָ נֹתֵן לְךָ לְרִשְׁתָּהּ נֹפֵל א כא
בַּשָּׂדֶה לֹא נוֹדַע מִי הִכָּהוּ׃ וְיָצְאוּ זְקֵנֶיךָ וְשֹׁפְטֶיךָ וּמָדְדוּ אֶל־ ב
הֶעָרִים אֲשֶׁר סְבִיבֹת הֶחָלָל׃ וְהָיָה הָעִיר הַקְּרֹבָה אֶל־הֶחָלָל ג
וְלָקְחוּ זִקְנֵי הָעִיר הַהִוא עֶגְלַת בָּקָר אֲשֶׁר לֹא־עֻבַּד בָּהּ אֲשֶׁר
לֹא־מָשְׁכָה בְּעֹל׃ וְהוֹרִדוּ זִקְנֵי הָעִיר הַהִוא אֶת־הָעֶגְלָה אֶל־ ד
נַחַל אֵיתָן אֲשֶׁר לֹא־יֵעָבֵד בּוֹ וְלֹא יִזָּרֵעַ וְעָרְפוּ־שָׁם אֶת־הָעֶגְלָה
בַּנָּחַל׃ וְנִגְּשׁוּ הַכֹּהֲנִים בְּנֵי לֵוִי כִּי בָם בָּחַר יְהוָה אֱלֹהֶיךָ לְשָׁרְתוֹ ה
וּלְבָרֵךְ בְּשֵׁם יְהוָה וְעַל־פִּיהֶם יִהְיֶה כָּל־רִיב וְכָל־נָגַע׃ וְכֹל ו
זִקְנֵי הָעִיר הַהִוא הַקְּרֹבִים אֶל־הֶחָלָל יִרְחֲצוּ אֶת־יְדֵיהֶם עַל־
מפטיר
שִׁפְכוּ הָעֶגְלָה הָעֲרוּפָה בַנָּחַל׃ וְעָנוּ וְאָמְרוּ יָדֵינוּ לֹא שָׁפְכָה אֶת־ ז
הַדָּם הַזֶּה וְעֵינֵינוּ לֹא רָאוּ׃ כַּפֵּר לְעַמְּךָ יִשְׂרָאֵל אֲשֶׁר־פָּדִיתָ ח
יְהוָה וְאַל־תִּתֵּן דָּם נָקִי בְּקֶרֶב עַמְּךָ יִשְׂרָאֵל וְנִכַּפֵּר לָהֶם
הַדָּם׃ וְאַתָּה תְּבַעֵר הַדָּם הַנָּקִי מִקִּרְבֶּךָ כִּי־תַעֲשֶׂה הַיָּשָׁר ט
כי תצא בְּעֵינֵי יְהוָה׃ כִּי־תֵצֵא לַמִּלְחָמָה עַל־אֹיְבֶיךָ י
וּנְתָנוֹ יְהוָה אֱלֹהֶיךָ בְּיָדֶךָ וְשָׁבִיתָ שִׁבְיוֹ׃ וְרָאִיתָ בַּשִּׁבְיָה אֵשֶׁת יא
יְפַת־תֹּאַר וְחָשַׁקְתָּ בָהּ וְלָקַחְתָּ לְךָ לְאִשָּׁה׃ וַהֲבֵאתָהּ אֶל־ יב
תּוֹךְ בֵּיתֶךָ וְגִלְּחָה אֶת־רֹאשָׁהּ וְעָשְׂתָה אֶת־צִפָּרְנֶיהָ׃ וְהֵסִירָה יג
אֶת־שִׂמְלַת שִׁבְיָהּ מֵעָלֶיהָ וְיָשְׁבָה בְּבֵיתֶךָ וּבָכְתָה אֶת־אָבִיהָ
וְאֶת־אִמָּהּ יֶרַח יָמִים וְאַחַר כֵּן תָּבוֹא אֵלֶיהָ וּבְעַלְתָּהּ וְהָיְתָה
לְךָ לְאִשָּׁה׃ וְהָיָה אִם־לֹא חָפַצְתָּ בָּהּ וְשִׁלַּחְתָּהּ לְנַפְשָׁהּ יד

וּמָכֹר לֹא־תִמְכְּרֶנָּה בַּכָּסֶף לֹא־תִתְעַמֵּר בָּהּ תַּחַת אֲשֶׁר
טו עִנִּיתָהּ: כִּי־תִהְיֶיןָ לְאִישׁ שְׁתֵּי נָשִׁים הָאַחַת
אֲהוּבָה וְהָאַחַת שְׂנוּאָה וְיָלְדוּ־לוֹ בָנִים הָאֲהוּבָה וְהַשְּׂנוּאָה
טז וְהָיָה הַבֵּן הַבְּכֹר לַשְּׂנִיאָה: וְהָיָה בְּיוֹם הַנְחִילוֹ אֶת־בָּנָיו אֵת
אֲשֶׁר־יִהְיֶה לוֹ לֹא יוּכַל לְבַכֵּר אֶת־בֶּן־הָאֲהוּבָה עַל־פְּנֵי בֶן־
יז הַשְּׂנוּאָה הַבְּכֹר: כִּי אֶת־הַבְּכֹר בֶּן־הַשְּׂנוּאָה יַכִּיר לָתֶת לוֹ
פִּי שְׁנַיִם בְּכֹל אֲשֶׁר־יִמָּצֵא לוֹ כִּי־הוּא רֵאשִׁית אֹנוֹ לוֹ מִשְׁפַּט
יח הַבְּכֹרָה: כִּי־יִהְיֶה לְאִישׁ בֵּן סוֹרֵר וּמוֹרֶה אֵינֶנּוּ
שֹׁמֵעַ בְּקוֹל אָבִיו וּבְקוֹל אִמּוֹ וְיִסְּרוּ אֹתוֹ וְלֹא יִשְׁמַע אֲלֵיהֶם:
יט וְתָפְשׂוּ בוֹ אָבִיו וְאִמּוֹ וְהוֹצִיאוּ אֹתוֹ אֶל־זִקְנֵי עִירוֹ וְאֶל־שַׁעַר
כ מְקֹמוֹ: וְאָמְרוּ אֶל־זִקְנֵי עִירוֹ בְּנֵנוּ זֶה סוֹרֵר וּמֹרֶה אֵינֶנּוּ שֹׁמֵעַ
כא בְּקֹלֵנוּ זוֹלֵל וְסֹבֵא: וּרְגָמֻהוּ כָּל־אַנְשֵׁי עִירוֹ בָאֲבָנִים וָמֵת וּבִעַרְתָּ
כב הָרָע מִקִּרְבֶּךָ וְכָל־יִשְׂרָאֵל יִשְׁמְעוּ וְיִרָאוּ: וְכִי־ שני
יִהְיֶה בְאִישׁ חֵטְא מִשְׁפַּט־מָוֶת וְהוּמָת וְתָלִיתָ אֹתוֹ עַל־עֵץ:
כג לֹא־תָלִין נִבְלָתוֹ עַל־הָעֵץ כִּי־קָבוֹר תִּקְבְּרֶנּוּ בַּיּוֹם הַהוּא כִּי־
קִלְלַת אֱלֹהִים תָּלוּי וְלֹא תְטַמֵּא אֶת־אַדְמָתְךָ אֲשֶׁר יְהוָה אֱלֹהֶיךָ
כב א נֹתֵן לְךָ נַחֲלָה: לֹא־תִרְאֶה אֶת־שׁוֹר אָחִיךָ אוֹ (מצוות השבת אבדה, שמות כג, ד)
ב אֶת־שֵׂיוֹ נִדָּחִים וְהִתְעַלַּמְתָּ מֵהֶם הָשֵׁב תְּשִׁיבֵם לְאָחִיךָ: וְאִם־
לֹא קָרוֹב אָחִיךָ אֵלֶיךָ וְלֹא יְדַעְתּוֹ וַאֲסַפְתּוֹ אֶל־תּוֹךְ בֵּיתֶךָ וְהָיָה
ג עִמְּךָ עַד דְּרֹשׁ אָחִיךָ אֹתוֹ וַהֲשֵׁבֹתוֹ לוֹ: וְכֵן תַּעֲשֶׂה לַחֲמֹרוֹ וְכֵן
תַּעֲשֶׂה לְשִׂמְלָתוֹ וְכֵן תַּעֲשֶׂה לְכָל־אֲבֵדַת אָחִיךָ אֲשֶׁר־תֹּאבַד
ד מִמֶּנּוּ וּמְצָאתָהּ לֹא תוּכַל לְהִתְעַלֵּם: לֹא־תִרְאֶה (מצוות פריקה וטעינה, שמות כג, ה)
אֶת־חֲמוֹר אָחִיךָ אוֹ שׁוֹרוֹ נֹפְלִים בַּדֶּרֶךְ וְהִתְעַלַּמְתָּ מֵהֶם הָקֵם
ה תָּקִים עִמּוֹ: לֹא־יִהְיֶה כְלִי־גֶבֶר עַל־אִשָּׁה וְלֹא־
יִלְבַּשׁ גֶּבֶר שִׂמְלַת אִשָּׁה כִּי תוֹעֲבַת יְהוָה אֱלֹהֶיךָ כָּל־עֹשֵׂה
אֵלֶּה:
ו כִּי יִקָּרֵא קַן־צִפּוֹר ׀ לְפָנֶיךָ בַּדֶּרֶךְ בְּכָל־עֵץ ׀ אוֹ עַל־הָאָרֶץ יז

אֶפְרֹחִים אוֹ בֵיצִים וְהָאֵם רֹבֶצֶת עַל־הָאֶפְרֹחִים אוֹ עַל־הַבֵּיצִים
ז לֹא־תִקַּח הָאֵם עַל־הַבָּנִים׃ שַׁלֵּחַ תְּשַׁלַּח אֶת־הָאֵם וְאֶת־הַבָּנִים
שלישי ח תִּקַּח־לָךְ לְמַעַן יִיטַב לָךְ וְהַאֲרַכְתָּ יָמִים׃ כִּי
תִבְנֶה בַּיִת חָדָשׁ וְעָשִׂיתָ מַעֲקֶה לְגַגֶּךָ וְלֹא־תָשִׂים דָּמִים בְּבֵיתֶךָ
איסור כלאיים ויקרא יט, יט ט כִּי־יִפֹּל הַנֹּפֵל מִמֶּנּוּ׃ לֹא־תִזְרַע כַּרְמְךָ כִּלְאָיִם פֶּן־תִּקְדַּשׁ
י הַמְלֵאָה הַזֶּרַע אֲשֶׁר תִּזְרָע וּתְבוּאַת הַכָּרֶם׃ לֹא־
יא תַחֲרֹשׁ בְּשׁוֹר־וּבַחֲמֹר יַחְדָּו׃ לֹא תִלְבַּשׁ שַׁעַטְנֵז צֶמֶר וּפִשְׁתִּים
מצוות ציצית במדבר טו, לז–מא יב יַחְדָּו׃ גְּדִלִים תַּעֲשֶׂה־לָּךְ עַל־אַרְבַּע כַּנְפוֹת
יג כְּסוּתְךָ אֲשֶׁר תְּכַסֶּה־בָּהּ׃ כִּי־יִקַּח אִישׁ אִשָּׁה
יד וּבָא אֵלֶיהָ וּשְׂנֵאָהּ׃ וְשָׂם לָהּ עֲלִילֹת דְּבָרִים וְהוֹצִא עָלֶיהָ
שֵׁם רָע וְאָמַר אֶת־הָאִשָּׁה הַזֹּאת לָקַחְתִּי וָאֶקְרַב אֵלֶיהָ וְלֹא־
טו מָצָאתִי לָהּ בְּתוּלִים׃ וְלָקַח אֲבִי הַנַּעֲרָ וְאִמָּהּ וְהוֹצִיאוּ אֶת־
טז בְּתוּלֵי הַנַּעֲרָ אֶל־זִקְנֵי הָעִיר הַשָּׁעְרָה׃ וְאָמַר אֲבִי הַנַּעֲרָ אֶל־
יז הַזְּקֵנִים אֶת־בִּתִּי נָתַתִּי לָאִישׁ הַזֶּה לְאִשָּׁה וַיִּשְׂנָאֶהָ׃ וְהִנֵּה־הוּא
שָׂם עֲלִילֹת דְּבָרִים לֵאמֹר לֹא־מָצָאתִי לְבִתְּךָ בְּתוּלִים וְאֵלֶּה
יח בְּתוּלֵי בִתִּי וּפָרְשׂוּ הַשִּׂמְלָה לִפְנֵי זִקְנֵי הָעִיר׃ וְלָקְחוּ זִקְנֵי הָעִיר־
יט הַהִוא אֶת־הָאִישׁ וְיִסְּרוּ אֹתוֹ׃ וְעָנְשׁוּ אֹתוֹ מֵאָה כֶסֶף וְנָתְנוּ
לַאֲבִי הַנַּעֲרָה כִּי הוֹצִיא שֵׁם רָע עַל בְּתוּלַת יִשְׂרָאֵל וְלוֹ־תִהְיֶה
כ לְאִשָּׁה לֹא־יוּכַל לְשַׁלְּחָהּ כָּל־יָמָיו׃ וְאִם־אֱמֶת הָיָה
כא הַדָּבָר הַזֶּה לֹא־נִמְצְאוּ בְתוּלִים לַנַּעֲרָ׃ וְהוֹצִיאוּ אֶת־הַנַּעֲרָ
אֶל־פֶּתַח בֵּית־אָבִיהָ וּסְקָלוּהָ אַנְשֵׁי עִירָהּ בָּאֲבָנִים וָמֵתָה
כִּי־עָשְׂתָה נְבָלָה בְּיִשְׂרָאֵל לִזְנוֹת בֵּית אָבִיהָ וּבִעַרְתָּ הָרָע
איסור אשת איש ויקרא יח, כ; כ, י כב מִקִּרְבֶּךָ׃ כִּי־יִמָּצֵא אִישׁ שֹׁכֵב ׀ עִם־אִשָּׁה בְעֻלַת־
בַּעַל וּמֵתוּ גַּם־שְׁנֵיהֶם הָאִישׁ הַשֹּׁכֵב עִם־הָאִשָּׁה וְהָאִשָּׁה וּבִעַרְתָּ
כג הָרָע מִיִּשְׂרָאֵל׃ כִּי יִהְיֶה נַעֲרָ בְתוּלָה מְאֹרָשָׂה
כד לְאִישׁ וּמְצָאָהּ אִישׁ בָּעִיר וְשָׁכַב עִמָּהּ׃ וְהוֹצֵאתֶם אֶת־שְׁנֵיהֶם אֶל־
שַׁעַר ׀ הָעִיר הַהִוא וּסְקַלְתֶּם אֹתָם בָּאֲבָנִים וָמֵתוּ אֶת־הַנַּעֲרָ עַל־

דְּבַר אֲשֶׁר לֹא־צָעֲקָה בָעִיר וְאֶת־הָאִישׁ עַל־דְּבַר אֲשֶׁר־עִנָּה אֶת־
כה אֵשֶׁת רֵעֵהוּ וּבִעַרְתָּ הָרָע מִקִּרְבֶּךָ׃ וְאִם־בַּשָּׂדֶה
יִמְצָא הָאִישׁ אֶת־הַנַּעֲרָ הַמְאֹרָשָׂה וְהֶחֱזִיק־בָּהּ הָאִישׁ וְשָׁכַב
כו עִמָּהּ וּמֵת הָאִישׁ אֲשֶׁר־שָׁכַב עִמָּהּ לְבַדּוֹ׃ וְלַנַּעֲרָ לֹא־תַעֲשֶׂה
דָבָר אֵין לַנַּעֲרָ חֵטְא מָוֶת כִּי כַּאֲשֶׁר יָקוּם אִישׁ עַל־רֵעֵהוּ וּרְצָחוֹ
כז נֶפֶשׁ כֵּן הַדָּבָר הַזֶּה׃ כִּי בַשָּׂדֶה מְצָאָהּ צָעֲקָה הַנַּעֲרָ הַמְאֹרָשָׂה
כח וְאֵין מוֹשִׁיעַ לָהּ׃ כִּי־יִמְצָא אִישׁ נַעֲרָ בְתוּלָה
כט אֲשֶׁר לֹא־אֹרָשָׂה וּתְפָשָׂהּ וְשָׁכַב עִמָּהּ וְנִמְצָאוּ׃ וְנָתַן הָאִישׁ
הַשֹּׁכֵב עִמָּהּ לַאֲבִי הַנַּעֲרָ חֲמִשִּׁים כָּסֶף וְלוֹ־תִהְיֶה לְאִשָּׁה תַּחַת
כג א אֲשֶׁר עִנָּהּ לֹא־יוּכַל שַׁלְּחָהּ כָּל־יָמָיו׃ לֹא־יִקַּח
ב אִישׁ אֶת־אֵשֶׁת אָבִיו וְלֹא יְגַלֶּה כְּנַף אָבִיו׃ לֹא־
ג יָבֹא פְצוּעַ־דַּכָּא וּכְרוּת שָׁפְכָה בִּקְהַל יְהוָה׃ לֹא־
יָבֹא מַמְזֵר בִּקְהַל יְהוָה גַּם דּוֹר עֲשִׂירִי לֹא־יָבֹא לוֹ בִּקְהַל
ד יְהוָה׃ לֹא־יָבֹא עַמּוֹנִי וּמוֹאָבִי בִּקְהַל יְהוָה גַּם
ה דּוֹר עֲשִׂירִי לֹא־יָבֹא לָהֶם בִּקְהַל יְהוָה עַד־עוֹלָם׃ עַל־דְּבַר אֲשֶׁר
לֹא־קִדְּמוּ אֶתְכֶם בַּלֶּחֶם וּבַמַּיִם בַּדֶּרֶךְ בְּצֵאתְכֶם מִמִּצְרָיִם
וַאֲשֶׁר שָׂכַר עָלֶיךָ אֶת־בִּלְעָם בֶּן־בְּעוֹר מִפְּתוֹר אֲרַם נַהֲרַיִם
ו לְקַלְלֶךָּ׃ וְלֹא־אָבָה יְהוָה אֱלֹהֶיךָ לִשְׁמֹעַ אֶל־בִּלְעָם וַיַּהֲפֹךְ יְהוָה
ז אֱלֹהֶיךָ לְּךָ אֶת־הַקְּלָלָה לִבְרָכָה כִּי אֲהֵבְךָ יְהוָה אֱלֹהֶיךָ׃ לֹא־
ח תִדְרֹשׁ שְׁלֹמָם וְטֹבָתָם כָּל־יָמֶיךָ לְעוֹלָם׃ לֹא־ רביעי
תְתַעֵב אֲדֹמִי כִּי אָחִיךָ הוּא לֹא־תְתַעֵב מִצְרִי כִּי־גֵר הָיִיתָ
ט בְאַרְצוֹ׃ בָּנִים אֲשֶׁר־יִוָּלְדוּ לָהֶם דּוֹר שְׁלִישִׁי יָבֹא לָהֶם בִּקְהַל
י יְהוָה׃ כִּי־תֵצֵא מַחֲנֶה עַל־אֹיְבֶיךָ וְנִשְׁמַרְתָּ יח
יא מִכֹּל דָּבָר רָע׃ כִּי־יִהְיֶה בְךָ אִישׁ אֲשֶׁר לֹא־יִהְיֶה טָהוֹר מִקְּרֵה־
יב לָיְלָה וְיָצָא אֶל־מִחוּץ לַמַּחֲנֶה לֹא יָבֹא אֶל־תּוֹךְ הַמַּחֲנֶה׃ וְהָיָה
לִפְנוֹת־עֶרֶב יִרְחַץ בַּמָּיִם וּכְבֹא הַשֶּׁמֶשׁ יָבֹא אֶל־תּוֹךְ הַמַּחֲנֶה׃
יג יד וְיָד תִּהְיֶה לְךָ מִחוּץ לַמַּחֲנֶה וְיָצָאתָ שָׁמָּה חוּץ׃ וְיָתֵד תִּהְיֶה לְךָ

איסור גילוי עריות בקרובי משפחה
ויקרא יח, ו–טז; כ, יא–יב; כ, יז–כא
דברים כז, כ–כג

האיסור לעמוני ולמואבי לבוא בקהל ה׳
נחמיה יג, א–ג

ניסיון הקללה של בלעם
במדבר כב–כד

עַל־אֲזֵנֶךָ וְהָיָה בְּשִׁבְתְּךָ חוּץ וְחָפַרְתָּה בָהּ וְשַׁבְתָּ וְכִסִּיתָ אֶת־
טו צֵאָתֶךָ: כִּי יהוה אֱלֹהֶיךָ מִתְהַלֵּךְ ׀ בְּקֶרֶב מַחֲנֶךָ לְהַצִּילְךָ וְלָתֵת
אֹיְבֶיךָ לְפָנֶיךָ וְהָיָה מַחֲנֶיךָ קָדוֹשׁ וְלֹא־יִרְאֶה בְךָ עֶרְוַת דָּבָר
טז וְשָׁב מֵאַחֲרֶיךָ: לֹא־תַסְגִּיר עֶבֶד אֶל־אֲדֹנָיו אֲשֶׁר־
יז יִנָּצֵל אֵלֶיךָ מֵעִם אֲדֹנָיו: עִמְּךָ יֵשֵׁב בְּקִרְבְּךָ בַּמָּקוֹם אֲשֶׁר־יִבְחַר
יח בְּאַחַד שְׁעָרֶיךָ בַּטּוֹב לוֹ לֹא תּוֹנֶנּוּ: לֹא־תִהְיֶה
יט קְדֵשָׁה מִבְּנוֹת יִשְׂרָאֵל וְלֹא־יִהְיֶה קָדֵשׁ מִבְּנֵי יִשְׂרָאֵל: לֹא־תָבִיא
אֶתְנַן זוֹנָה וּמְחִיר כֶּלֶב בֵּית יהוה אֱלֹהֶיךָ לְכָל־נֶדֶר כִּי תוֹעֲבַת
כ יהוה אֱלֹהֶיךָ גַּם־שְׁנֵיהֶם: לֹא־תַשִּׁיךְ לְאָחִיךָ נֶשֶׁךְ
כא כֶּסֶף נֶשֶׁךְ אֹכֶל נֶשֶׁךְ כָּל־דָּבָר אֲשֶׁר יִשָּׁךְ: לַנָּכְרִי תַשִּׁיךְ וּלְאָחִיךָ
לֹא תַשִּׁיךְ לְמַעַן יְבָרֶכְךָ יהוה אֱלֹהֶיךָ בְּכֹל מִשְׁלַח יָדֶךָ עַל־הָאָרֶץ

איסור נשך
שמות כב, כד
ויקרא כה,
לה–לז

כב אֲשֶׁר־אַתָּה בָא־שָׁמָּה לְרִשְׁתָּהּ: כִּי־תִדֹּר נֶדֶר יט
לַיהוה אֱלֹהֶיךָ לֹא תְאַחֵר לְשַׁלְּמוֹ כִּי־דָרֹשׁ יִדְרְשֶׁנּוּ יהוה אֱלֹהֶיךָ

חובת קיום נדרים
במדבר ל, ג
קהלת ה, ג–ד

כג מֵעִמָּךְ וְהָיָה בְךָ חֵטְא: וְכִי תֶחְדַּל לִנְדֹּר לֹא־יִהְיֶה בְךָ חֵטְא:
כד מוֹצָא שְׂפָתֶיךָ תִּשְׁמֹר וְעָשִׂיתָ כַּאֲשֶׁר נָדַרְתָּ לַיהוה אֱלֹהֶיךָ נְדָבָה
כה אֲשֶׁר דִּבַּרְתָּ בְּפִיךָ: כִּי תָבֹא בְּכֶרֶם רֵעֶךָ וְאָכַלְתָּ חמישי
כו עֲנָבִים כְּנַפְשְׁךָ שָׂבְעֶךָ וְאֶל־כֶּלְיְךָ לֹא תִתֵּן: כִּי
תָבֹא בְּקָמַת רֵעֶךָ וְקָטַפְתָּ מְלִילֹת בְּיָדֶךָ וְחֶרְמֵשׁ לֹא תָנִיף עַל
כד א קָמַת רֵעֶךָ: כִּי־יִקַּח אִישׁ אִשָּׁה וּבְעָלָהּ וְהָיָה אִם־לֹא
תִמְצָא־חֵן בְּעֵינָיו כִּי־מָצָא בָהּ עֶרְוַת דָּבָר וְכָתַב לָהּ סֵפֶר כְּרִיתֻת
ב וְנָתַן בְּיָדָהּ וְשִׁלְּחָהּ מִבֵּיתוֹ: וְיָצְאָה מִבֵּיתוֹ וְהָלְכָה וְהָיְתָה

איסור נשיאת
גרושתו לאחר
נישואיה לאיש
אחר
ירמיה ג, א

ג לְאִישׁ־אַחֵר: וּשְׂנֵאָהּ הָאִישׁ הָאַחֲרוֹן וְכָתַב לָהּ סֵפֶר כְּרִיתֻת
וְנָתַן בְּיָדָהּ וְשִׁלְּחָהּ מִבֵּיתוֹ אוֹ כִי יָמוּת הָאִישׁ הָאַחֲרוֹן אֲשֶׁר־
ד לְקָחָהּ לוֹ לְאִשָּׁה: לֹא־יוּכַל בַּעְלָהּ הָרִאשׁוֹן אֲשֶׁר־שִׁלְּחָהּ לָשׁוּב
לְקַחְתָּהּ לִהְיוֹת לוֹ לְאִשָּׁה אַחֲרֵי אֲשֶׁר הֻטַּמָּאָה כִּי־תוֹעֵבָה
הִוא לִפְנֵי יהוה וְלֹא תַחֲטִיא אֶת־הָאָרֶץ אֲשֶׁר יהוה אֱלֹהֶיךָ נֹתֵן
ה לְךָ נַחֲלָה: כִּי־יִקַּח אִישׁ אִשָּׁה חֲדָשָׁה לֹא יֵצֵא ששי

בַּצָּבָא וְלֹא־יַעֲבֹר עָלָיו לְכָל־דָּבָר נָקִי יִהְיֶה לְבֵיתוֹ שָׁנָה אֶחָת
ו וְשִׂמַּח אֶת־אִשְׁתּוֹ אֲשֶׁר־לָקָח׃ לֹא־יַחֲבֹל רֵחַיִם וָרָכֶב כִּי־נֶפֶשׁ
ז הוּא חֹבֵל׃ כִּי־יִמָּצֵא אִישׁ גֹּנֵב נֶפֶשׁ מֵאֶחָיו מִבְּנֵי
איסור גנבת נפש — שמות כא, טז
יִשְׂרָאֵל וְהִתְעַמֶּר־בּוֹ וּמְכָרוֹ וּמֵת הַגַּנָּב הַהוּא וּבִעַרְתָּ הָרָע
ח מִקִּרְבֶּךָ׃ הִשָּׁמֶר בְּנֶגַע־הַצָּרַעַת לִשְׁמֹר מְאֹד
וְלַעֲשׂוֹת כְּכֹל אֲשֶׁר־יוֹרוּ אֶתְכֶם הַכֹּהֲנִים הַלְוִיִּם כַּאֲשֶׁר צִוִּיתִם
ט תִּשְׁמְרוּ לַעֲשׂוֹת׃ זָכוֹר אֵת אֲשֶׁר־עָשָׂה יְהוָה אֱלֹהֶיךָ לְמִרְיָם
צרעת מרים — במדבר יב, י–טו
י בַּדֶּרֶךְ בְּצֵאתְכֶם מִמִּצְרָיִם׃ כִּי־תַשֶּׁה בְרֵעֲךָ
דיני משכון — שמות כב, כה–כו
יא מַשַּׁאת מְאוּמָה לֹא־תָבֹא אֶל־בֵּיתוֹ לַעֲבֹט עֲבֹטוֹ׃ בַּחוּץ
תַּעֲמֹד וְהָאִישׁ אֲשֶׁר אַתָּה נֹשֶׁה בוֹ יוֹצִיא אֵלֶיךָ אֶת־הַעֲבוֹט
יב יג הַחוּצָה׃ וְאִם־אִישׁ עָנִי הוּא לֹא תִשְׁכַּב בַּעֲבֹטוֹ׃ הָשֵׁב תָּשִׁיב
לוֹ אֶת־הַעֲבוֹט כְּבוֹא הַשֶּׁמֶשׁ וְשָׁכַב בְּשַׂלְמָתוֹ וּבֵרֲכֶךָּ וּלְךָ
יד תִּהְיֶה צְדָקָה לִפְנֵי יְהוָה אֱלֹהֶיךָ׃ לֹא־תַעֲשֹׁק
שביעי
שָׂכִיר עָנִי וְאֶבְיוֹן מֵאַחֶיךָ אוֹ מִגֵּרְךָ אֲשֶׁר בְּאַרְצְךָ בִּשְׁעָרֶיךָ׃
איסור הלנת שכר — ויקרא יט, יג
טו בְּיוֹמוֹ תִתֵּן שְׂכָרוֹ וְלֹא־תָבוֹא עָלָיו הַשֶּׁמֶשׁ כִּי עָנִי הוּא וְאֵלָיו
הוּא נֹשֵׂא אֶת־נַפְשׁוֹ וְלֹא־יִקְרָא עָלֶיךָ אֶל־יְהוָה וְהָיָה בְךָ
טז חֵטְא׃ לֹא־יוּמְתוּ אָבוֹת עַל־בָּנִים וּבָנִים לֹא־
איש בחטאו יומת — מל״ב יד, ה–ו; ירמיה לא, כח–כט; יחזקאל יח, יט–כ; דה״ב כה, ד
יז יוּמְתוּ עַל־אָבוֹת אִישׁ בְּחֶטְאוֹ יוּמָתוּ׃ לֹא תַטֶּה
יח מִשְׁפַּט גֵּר יָתוֹם וְלֹא תַחֲבֹל בֶּגֶד אַלְמָנָה׃ וְזָכַרְתָּ כִּי עֶבֶד הָיִיתָ
בְּמִצְרַיִם וַיִּפְדְּךָ יְהוָה אֱלֹהֶיךָ מִשָּׁם עַל־כֵּן אָנֹכִי מְצַוְּךָ לַעֲשׂוֹת
יט אֶת־הַדָּבָר הַזֶּה׃ כִּי תִקְצֹר קְצִירְךָ בְשָׂדֶךָ וְשָׁכַחְתָּ כ
עֹמֶר בַּשָּׂדֶה לֹא תָשׁוּב לְקַחְתּוֹ לַגֵּר לַיָּתוֹם וְלָאַלְמָנָה יִהְיֶה
דיני מתנות עניים — ויקרא יט, ט–י; כג, כב
כ לְמַעַן יְבָרֶכְךָ יְהוָה אֱלֹהֶיךָ בְּכֹל מַעֲשֵׂה יָדֶיךָ׃ כִּי
תַחְבֹּט זֵיתְךָ לֹא תְפַאֵר אַחֲרֶיךָ לַגֵּר לַיָּתוֹם וְלָאַלְמָנָה יִהְיֶה׃
כא כִּי תִבְצֹר כַּרְמְךָ לֹא תְעוֹלֵל אַחֲרֶיךָ לַגֵּר לַיָּתוֹם וְלָאַלְמָנָה יִהְיֶה׃
כב וְזָכַרְתָּ כִּי־עֶבֶד הָיִיתָ בְּאֶרֶץ מִצְרָיִם עַל־כֵּן אָנֹכִי מְצַוְּךָ לַעֲשׂוֹת
כה א אֶת־הַדָּבָר הַזֶּה׃ כִּי־יִהְיֶה רִיב בֵּין אֲנָשִׁים וְנִגְּשׁוּ

אֶל־הַמִּשְׁפָּט וּשְׁפָטוּם וְהִצְדִּיקוּ אֶת־הַצַּדִּיק וְהִרְשִׁיעוּ אֶת־
ב הָרָשָׁע: וְהָיָה אִם־בִּן הַכּוֹת הָרָשָׁע וְהִפִּילוֹ הַשֹּׁפֵט וְהִכָּהוּ
ג לְפָנָיו כְּדֵי רִשְׁעָתוֹ בְּמִסְפָּר: אַרְבָּעִים יַכֶּנּוּ לֹא יֹסִיף פֶּן־יֹסִיף
ד לְהַכֹּתוֹ עַל־אֵלֶּה מַכָּה רַבָּה וְנִקְלָה אָחִיךָ לְעֵינֶיךָ: לֹא־תַחְסֹם
ה שׁוֹר בְּדִישׁוֹ: כִּי־יֵשְׁבוּ אַחִים יַחְדָּו וּמֵת אַחַד
מֵהֶם וּבֵן אֵין־לוֹ לֹא־תִהְיֶה אֵשֶׁת־הַמֵּת הַחוּצָה לְאִישׁ זָר יְבָמָהּ
ו יָבֹא עָלֶיהָ וּלְקָחָהּ לוֹ לְאִשָּׁה וְיִבְּמָהּ: וְהָיָה הַבְּכוֹר אֲשֶׁר תֵּלֵד
ז יָקוּם עַל־שֵׁם אָחִיו הַמֵּת וְלֹא־יִמָּחֶה שְׁמוֹ מִיִּשְׂרָאֵל: וְאִם־
לֹא יַחְפֹּץ הָאִישׁ לָקַחַת אֶת־יְבִמְתּוֹ וְעָלְתָה יְבִמְתּוֹ הַשַּׁעְרָה
אֶל־הַזְּקֵנִים וְאָמְרָה מֵאֵן יְבָמִי לְהָקִים לְאָחִיו שֵׁם בְּיִשְׂרָאֵל
ח לֹא אָבָה יַבְּמִי: וְקָרְאוּ־לוֹ זִקְנֵי־עִירוֹ וְדִבְּרוּ אֵלָיו וְעָמַד וְאָמַר
ט לֹא חָפַצְתִּי לְקַחְתָּהּ: וְנִגְּשָׁה יְבִמְתּוֹ אֵלָיו לְעֵינֵי הַזְּקֵנִים וְחָלְצָה
נַעֲלוֹ מֵעַל רַגְלוֹ וְיָרְקָה בְּפָנָיו וְעָנְתָה וְאָמְרָה כָּכָה יֵעָשֶׂה לָאִישׁ
י אֲשֶׁר לֹא־יִבְנֶה אֶת־בֵּית אָחִיו: וְנִקְרָא שְׁמוֹ בְּיִשְׂרָאֵל בֵּית חֲלוּץ
יא הַנָּעַל: כִּי־יִנָּצוּ אֲנָשִׁים יַחְדָּו אִישׁ וְאָחִיו וְקָרְבָה
אֵשֶׁת הָאֶחָד לְהַצִּיל אֶת־אִישָׁהּ מִיַּד מַכֵּהוּ וְשָׁלְחָה יָדָהּ וְהֶחֱזִיקָה
יב יג בִּמְבֻשָׁיו: וְקַצֹּתָה אֶת־כַּפָּהּ לֹא תָחוֹס עֵינֶךָ: לֹא־
יד יִהְיֶה לְךָ בְּכִיסְךָ אֶבֶן וָאָבֶן גְּדוֹלָה וּקְטַנָּה: לֹא־יִהְיֶה לְךָ בְּבֵיתְךָ
טו אֵיפָה וְאֵיפָה גְּדוֹלָה וּקְטַנָּה: אֶבֶן שְׁלֵמָה וָצֶדֶק יִהְיֶה־לָּךְ אֵיפָה
שְׁלֵמָה וָצֶדֶק יִהְיֶה־לָּךְ לְמַעַן יַאֲרִיכוּ יָמֶיךָ עַל הָאֲדָמָה אֲשֶׁר־
טז יְהוָה אֱלֹהֶיךָ נֹתֵן לָךְ: כִּי תוֹעֲבַת יְהוָה אֱלֹהֶיךָ כָּל־עֹשֵׂה אֵלֶּה
כֹּל עֹשֵׂה עָוֶל:

איסור מרמה במידות ובמשקלות
ויקרא יט, לה–לו
יחזקאל מה, ט–יב
משלי כ, י; כ, כג

מפטיר

יז יח זָכוֹר אֵת אֲשֶׁר־עָשָׂה לְךָ עֲמָלֵק בַּדֶּרֶךְ בְּצֵאתְכֶם מִמִּצְרָיִם: אֲשֶׁר
קָרְךָ בַּדֶּרֶךְ וַיְזַנֵּב בְּךָ כָּל־הַנֶּחֱשָׁלִים אַחֲרֶיךָ וְאַתָּה עָיֵף וְיָגֵעַ וְלֹא
יט יָרֵא אֱלֹהִים: וְהָיָה בְּהָנִיחַ יְהוָה אֱלֹהֶיךָ ׀ לְךָ מִכָּל־אֹיְבֶיךָ מִסָּבִיב
בָּאָרֶץ אֲשֶׁר־יְהוָה אֱלֹהֶיךָ נֹתֵן לְךָ נַחֲלָה לְרִשְׁתָּהּ תִּמְחֶה אֶת־
זֵכֶר עֲמָלֵק מִתַּחַת הַשָּׁמָיִם לֹא תִּשְׁכָּח:

מלחמת עמלק ברפידים וזכירתה
שמות יז, ח–טז
שמואל א טו, ב–ג

מצוות ביכורים
שמות כג, יט; לד, כו

א וְהָיָה֙ כִּֽי־תָב֣וֹא אֶל־הָאָ֔רֶץ אֲשֶׁר֙ יְהוָ֣ה אֱלֹהֶ֔יךָ נֹתֵ֥ן לְךָ֖ נַחֲלָ֑ה
ב וִֽירִשְׁתָּ֖הּ וְיָשַׁ֥בְתָּ בָּֽהּ׃ וְלָקַחְתָּ֞ מֵרֵאשִׁ֣ית ׀ כָּל־פְּרִ֣י הָאֲדָמָ֗ה אֲשֶׁ֨ר
תָּבִ֧יא מֵֽאַרְצְךָ֛ אֲשֶׁ֨ר יְהוָ֧ה אֱלֹהֶ֛יךָ נֹתֵ֥ן לָ֖ךְ וְשַׂמְתָּ֣ בַטֶּ֑נֶא וְהָֽלַכְתָּ֙
ג אֶל־הַמָּק֔וֹם אֲשֶׁ֤ר יִבְחַר֙ יְהוָ֣ה אֱלֹהֶ֔יךָ לְשַׁכֵּ֥ן שְׁמ֖וֹ שָֽׁם׃ וּבָאתָ֙
אֶל־הַכֹּהֵ֔ן אֲשֶׁ֥ר יִהְיֶ֖ה בַּיָּמִ֣ים הָהֵ֑ם וְאָמַרְתָּ֣ אֵלָ֗יו הִגַּ֤דְתִּי הַיּוֹם֙
לַיהוָ֣ה אֱלֹהֶ֔יךָ כִּי־בָ֙אתִי֙ אֶל־הָאָ֔רֶץ אֲשֶׁ֨ר נִשְׁבַּ֧ע יְהוָ֛ה לַאֲבֹתֵ֖ינוּ
ד לָ֥תֶת לָֽנוּ׃ וְלָקַ֧ח הַכֹּהֵ֛ן הַטֶּ֖נֶא מִיָּדֶ֑ךָ וְהִ֨נִּיח֔וֹ לִפְנֵ֕י מִזְבַּ֖ח יְהוָ֥ה
ה אֱלֹהֶֽיךָ׃ וְעָנִ֨יתָ וְאָמַרְתָּ֜ לִפְנֵ֣י ׀ יְהוָ֣ה אֱלֹהֶ֗יךָ אֲרַמִּי֙ אֹבֵ֣ד אָבִ֔י וַיֵּ֣רֶד
מִצְרַ֔יְמָה וַיָּ֥גָר שָׁ֖ם בִּמְתֵ֣י מְעָ֑ט וַֽיְהִי־שָׁ֕ם לְג֥וֹי גָּד֖וֹל עָצ֥וּם וָרָֽב׃
ו ז וַיָּרֵ֧עוּ אֹתָ֛נוּ הַמִּצְרִ֖ים וַיְעַנּ֑וּנוּ וַיִּתְּנ֥וּ עָלֵ֖ינוּ עֲבֹדָ֥ה קָשָֽׁה׃ וַנִּצְעַ֕ק
אֶל־יְהוָ֖ה אֱלֹהֵ֣י אֲבֹתֵ֑ינוּ וַיִּשְׁמַ֤ע יְהוָה֙ אֶת־קֹלֵ֔נוּ וַיַּ֧רְא אֶת־
ח עָנְיֵ֛נוּ וְאֶת־עֲמָלֵ֖נוּ וְאֶת־לַחֲצֵֽנוּ׃ וַיּוֹצִאֵ֤נוּ יְהוָה֙ מִמִּצְרַ֔יִם בְּיָ֤ד חֲזָקָה֙
ט וּבִזְרֹ֣עַ נְטוּיָ֔ה וּבְמֹרָ֖א גָּדֹ֑ל וּבְאֹת֖וֹת וּבְמֹפְתִֽים׃ וַיְבִאֵ֖נוּ אֶל־
הַמָּק֣וֹם הַזֶּ֑ה וַיִּתֶּן־לָ֙נוּ֙ אֶת־הָאָ֣רֶץ הַזֹּ֔את אֶ֛רֶץ זָבַ֥ת חָלָ֖ב וּדְבָֽשׁ׃
י וְעַתָּ֗ה הִנֵּ֤ה הֵבֵ֙אתִי֙ אֶת־רֵאשִׁית֙ פְּרִ֣י הָאֲדָמָ֔ה אֲשֶׁר־נָתַ֥תָּה לִּ֖י
יְהוָ֑ה וְהִנַּחְתּ֗וֹ לִפְנֵי֙ יְהוָ֣ה אֱלֹהֶ֔יךָ וְהִשְׁתַּחֲוִ֔יתָ לִפְנֵ֖י יְהוָ֥ה אֱלֹהֶֽיךָ׃
יא וְשָׂמַחְתָּ֣ בְכָל־הַטּ֗וֹב אֲשֶׁ֧ר נָֽתַן־לְךָ֛ יְהוָ֥ה אֱלֹהֶ֖יךָ וּלְבֵיתֶ֑ךָ אַתָּה֙
יב וְהַלֵּוִ֔י וְהַגֵּ֖ר אֲשֶׁ֥ר בְּקִרְבֶּֽךָ׃ כִּ֣י תְכַלֶּ֞ה לַ֠עְשֵׂר אֶת־ שני

מצוות ביעור מעשרות
דברים יד, כח–כט

כָּל־מַעְשַׂ֧ר תְּבוּאָתְךָ֛ בַּשָּׁנָ֥ה הַשְּׁלִישִׁ֖ת שְׁנַ֣ת הַֽמַּעֲשֵׂ֑ר וְנָתַתָּ֣ה
יג לַלֵּוִ֗י לַגֵּר֙ לַיָּת֣וֹם וְלָאַלְמָנָ֔ה וְאָכְל֥וּ בִשְׁעָרֶ֖יךָ וְשָׂבֵֽעוּ׃ וְאָמַרְתָּ֡
לִפְנֵי֩ יְהוָ֨ה אֱלֹהֶ֜יךָ בִּעַ֧רְתִּי הַקֹּ֣דֶשׁ מִן־הַבַּ֗יִת וְגַ֨ם נְתַתִּ֤יו לַלֵּוִי֙
וְלַגֵּר֙ לַיָּת֣וֹם וְלָאַלְמָנָ֔ה כְּכָל־מִצְוָתְךָ֖ אֲשֶׁ֣ר צִוִּיתָ֑נִי לֹֽא־עָבַ֥רְתִּי
יד מִמִּצְוֺתֶ֖יךָ וְלֹ֥א שָׁכָֽחְתִּי׃ לֹֽא־אָכַ֨לְתִּי בְאֹנִ֜י מִמֶּ֗נּוּ וְלֹֽא־בִעַ֤רְתִּי
מִמֶּ֙נּוּ֙ בְּטָמֵ֔א וְלֹא־נָתַ֥תִּי מִמֶּ֖נּוּ לְמֵ֑ת שָׁמַ֗עְתִּי בְּקוֹל֙ יְהוָ֣ה אֱלֹהָ֔י
טו עָשִׂ֕יתִי כְּכֹ֖ל אֲשֶׁ֥ר צִוִּיתָֽנִי׃ הַשְׁקִ֩יפָה֩ מִמְּע֨וֹן קָדְשְׁךָ֜ מִן־הַשָּׁמַ֗יִם
וּבָרֵ֤ךְ אֶֽת־עַמְּךָ֙ אֶת־יִשְׂרָאֵ֔ל וְאֵת֙ הָאֲדָמָ֔ה אֲשֶׁ֥ר נָתַ֖תָּה לָ֑נוּ כַּאֲשֶׁ֤ר
טז נִשְׁבַּ֙עְתָּ֙ לַאֲבֹתֵ֔ינוּ אֶ֛רֶץ זָבַ֥ת חָלָ֖ב וּדְבָֽשׁ׃ הַיּ֣וֹם שלישי

הַזֶּה יְהוָה אֱלֹהֶיךָ מְצַוְּךָ לַעֲשׂוֹת אֶת־הַחֻקִּים הָאֵלֶּה וְאֶת־
הַמִּשְׁפָּטִים וְשָׁמַרְתָּ וְעָשִׂיתָ אוֹתָם בְּכָל־לְבָבְךָ וּבְכָל־נַפְשֶׁךָ׃
יז אֶת־יְהוָה הֶאֱמַרְתָּ הַיּוֹם לִהְיוֹת לְךָ לֵאלֹהִים וְלָלֶכֶת בִּדְרָכָיו
יח וְלִשְׁמֹר חֻקָּיו וּמִצְוֺתָיו וּמִשְׁפָּטָיו וְלִשְׁמֹעַ בְּקֹלוֹ׃ וַיהוָה הֶאֱמִירְךָ
הַיּוֹם לִהְיוֹת לוֹ לְעַם סְגֻלָּה כַּאֲשֶׁר דִּבֶּר־לָךְ וְלִשְׁמֹר כָּל־מִצְוֺתָיו׃
יט וּלְתִתְּךָ עֶלְיוֹן עַל כָּל־הַגּוֹיִם אֲשֶׁר עָשָׂה לִתְהִלָּה וּלְשֵׁם וּלְתִפְאָרֶת
וְלִהְיֹתְךָ עַם־קָדֹשׁ לַיהוָה אֱלֹהֶיךָ כַּאֲשֶׁר דִּבֵּר׃

עם ישראל - עם סגולה
שמות יט, ה
דברים ז, ו; יד, ב

רביעי

בניית מזבח בהר עיבל
יהושע ח, ל-לב

כז א וַיְצַו מֹשֶׁה וְזִקְנֵי יִשְׂרָאֵל אֶת־הָעָם לֵאמֹר שָׁמֹר אֶת־כָּל־הַמִּצְוָה
ב אֲשֶׁר אָנֹכִי מְצַוֶּה אֶתְכֶם הַיּוֹם׃ וְהָיָה בַּיּוֹם אֲשֶׁר תַּעַבְרוּ אֶת־
הַיַּרְדֵּן אֶל־הָאָרֶץ אֲשֶׁר־יְהוָה אֱלֹהֶיךָ נֹתֵן לָךְ וַהֲקֵמֹתָ לְךָ אֲבָנִים
ג גְּדֹלוֹת וְשַׂדְתָּ אֹתָם בַּשִּׂיד׃ וְכָתַבְתָּ עֲלֵיהֶן אֶת־כָּל־דִּבְרֵי הַתּוֹרָה
הַזֹּאת בְּעָבְרֶךָ לְמַעַן אֲשֶׁר תָּבֹא אֶל־הָאָרֶץ אֲשֶׁר־יְהוָה אֱלֹהֶיךָ ׀
נֹתֵן לְךָ אֶרֶץ זָבַת חָלָב וּדְבַשׁ כַּאֲשֶׁר דִּבֶּר יְהוָה אֱלֹהֵי־אֲבֹתֶיךָ
ד לָךְ׃ וְהָיָה בְּעָבְרְכֶם אֶת־הַיַּרְדֵּן תָּקִימוּ אֶת־הָאֲבָנִים הָאֵלֶּה
אֲשֶׁר אָנֹכִי מְצַוֶּה אֶתְכֶם הַיּוֹם בְּהַר עֵיבָל וְשַׂדְתָּ אוֹתָם בַּשִּׂיד׃
ה וּבָנִיתָ שָּׁם מִזְבֵּחַ לַיהוָה אֱלֹהֶיךָ מִזְבַּח אֲבָנִים לֹא־תָנִיף עֲלֵיהֶם
ו בַּרְזֶל׃ אֲבָנִים שְׁלֵמוֹת תִּבְנֶה אֶת־מִזְבַּח יְהוָה אֱלֹהֶיךָ וְהַעֲלִיתָ
ז עָלָיו עוֹלֹת לַיהוָה אֱלֹהֶיךָ׃ וְזָבַחְתָּ שְׁלָמִים וְאָכַלְתָּ שָּׁם וְשָׂמַחְתָּ
ח לִפְנֵי יְהוָה אֱלֹהֶיךָ׃ וְכָתַבְתָּ עַל־הָאֲבָנִים אֶת־כָּל־דִּבְרֵי הַתּוֹרָה
ט הַזֹּאת בַּאֵר הֵיטֵב׃ וַיְדַבֵּר מֹשֶׁה וְהַכֹּהֲנִים הַלְוִיִּם
אֶל־כָּל־יִשְׂרָאֵל לֵאמֹר הַסְכֵּת ׀ וּשְׁמַע יִשְׂרָאֵל הַיּוֹם הַזֶּה נִהְיֵיתָ
י לְעָם לַיהוָה אֱלֹהֶיךָ׃ וְשָׁמַעְתָּ בְּקוֹל יְהוָה אֱלֹהֶיךָ וְעָשִׂיתָ אֶת־
יא מִצְוֺתָו וְאֶת־חֻקָּיו אֲשֶׁר אָנֹכִי מְצַוְּךָ הַיּוֹם׃ וַיְצַו

חמישי

מעמד הברכה והקללה בהר גריזים ובהר עיבל
דברים יא, כו-לב
יהושע ח, לג-לה

יב מֹשֶׁה אֶת־הָעָם בַּיּוֹם הַהוּא לֵאמֹר׃ אֵלֶּה יַעַמְדוּ לְבָרֵךְ אֶת־
הָעָם עַל־הַר גְּרִזִים בְּעָבְרְכֶם אֶת־הַיַּרְדֵּן שִׁמְעוֹן וְלֵוִי וִיהוּדָה
יג וְיִשָּׂשכָר וְיוֹסֵף וּבִנְיָמִן׃ וְאֵלֶּה יַעַמְדוּ עַל־הַקְּלָלָה בְּהַר עֵיבָל
יד רְאוּבֵן גָּד וְאָשֵׁר וּזְבוּלֻן דָּן וְנַפְתָּלִי׃ וְעָנוּ הַלְוִיִּם וְאָמְרוּ אֶל־כָּל־

טו אִישׁ יִשְׂרָאֵל קוֹל רָם: אָרוּר הָאִישׁ אֲשֶׁר יַעֲשֶׂה
פֶּסֶל וּמַסֵּכָה תּוֹעֲבַת יְהוָה מַעֲשֵׂה יְדֵי חָרָשׁ וְשָׂם בַּסָּתֶר וְעָנוּ
טז כָל־הָעָם וְאָמְרוּ אָמֵן: אָרוּר מַקְלֶה אָבִיו וְאִמּוֹ
יז וְאָמַר כָּל־הָעָם אָמֵן: אָרוּר מַסִּיג גְּבוּל רֵעֵהוּ
יח וְאָמַר כָּל־הָעָם אָמֵן: אָרוּר מַשְׁגֶּה עִוֵּר בַּדָּרֶךְ
יט וְאָמַר כָּל־הָעָם אָמֵן: אָרוּר מַטֶּה מִשְׁפַּט גֵּר־
כ יָתוֹם וְאַלְמָנָה וְאָמַר כָּל־הָעָם אָמֵן: אָרוּר שֹׁכֵב עִם־אֵשֶׁת
כא אָבִיו כִּי גִלָּה כְּנַף אָבִיו וְאָמַר כָּל־הָעָם אָמֵן: אָרוּר
כב שֹׁכֵב עִם־כָּל־בְּהֵמָה וְאָמַר כָּל־הָעָם אָמֵן: אָרוּר
שֹׁכֵב עִם־אֲחֹתוֹ בַּת־אָבִיו אוֹ בַת־אִמּוֹ וְאָמַר כָּל־הָעָם
כג אָמֵן: אָרוּר שֹׁכֵב עִם־חֹתַנְתּוֹ וְאָמַר כָּל־הָעָם
כד אָמֵן: אָרוּר מַכֵּה רֵעֵהוּ בַּסָּתֶר וְאָמַר כָּל־הָעָם
כה אָמֵן: אָרוּר לֹקֵחַ שֹׁחַד לְהַכּוֹת נֶפֶשׁ דָּם נָקִי
כו וְאָמַר כָּל־הָעָם אָמֵן: אָרוּר אֲשֶׁר לֹא־יָקִים
אֶת־דִּבְרֵי הַתּוֹרָה־הַזֹּאת לַעֲשׂוֹת אוֹתָם וְאָמַר כָּל־הָעָם
אָמֵן:

איסור גילוי עריות בקרובי משפחה
ויקרא יח, ו–טז; כ, יא–יב; כ, יז–כא
דברים כג, א

איסור משכב בהמה
שמות כב, יח
ויקרא יח, כג; כ, טו–טז

איסור לקיחת שוחד
שמות כג, ח
דברים טז, יט

כח א וְהָיָה אִם־שָׁמוֹעַ תִּשְׁמַע בְּקוֹל יְהוָה אֱלֹהֶיךָ לִשְׁמֹר לַעֲשׂוֹת אֶת־ כב
כָּל־מִצְוֺתָיו אֲשֶׁר אָנֹכִי מְצַוְּךָ הַיּוֹם וּנְתָנְךָ יְהוָה אֱלֹהֶיךָ עֶלְיוֹן
ב עַל כָּל־גּוֹיֵי הָאָרֶץ: וּבָאוּ עָלֶיךָ כָּל־הַבְּרָכוֹת הָאֵלֶּה וְהִשִּׂיגֻךָ
ג כִּי תִשְׁמַע בְּקוֹל יְהוָה אֱלֹהֶיךָ: בָּרוּךְ אַתָּה בָּעִיר וּבָרוּךְ אַתָּה
ד בַּשָּׂדֶה: בָּרוּךְ פְּרִי־בִטְנְךָ וּפְרִי אַדְמָתְךָ וּפְרִי בְהֶמְתֶּךָ שְׁגַר
ה ו אֲלָפֶיךָ וְעַשְׁתְּרוֹת צֹאנֶךָ: בָּרוּךְ טַנְאֲךָ וּמִשְׁאַרְתֶּךָ: בָּרוּךְ אַתָּה
ז בְּבֹאֶךָ וּבָרוּךְ אַתָּה בְּצֵאתֶךָ: יִתֵּן יְהוָה אֶת־אֹיְבֶיךָ הַקָּמִים ששי
עָלֶיךָ נִגָּפִים לְפָנֶיךָ בְּדֶרֶךְ אֶחָד יֵצְאוּ אֵלֶיךָ וּבְשִׁבְעָה דְרָכִים
ח יָנוּסוּ לְפָנֶיךָ: יְצַו יְהוָה אִתְּךָ אֶת־הַבְּרָכָה בַּאֲסָמֶיךָ וּבְכֹל
ט מִשְׁלַח יָדֶךָ וּבֵרַכְךָ בָּאָרֶץ אֲשֶׁר־יְהוָה אֱלֹהֶיךָ נֹתֵן לָךְ: יְקִימְךָ
יְהוָה לוֹ לְעַם קָדוֹשׁ כַּאֲשֶׁר נִשְׁבַּע־לָךְ כִּי תִשְׁמֹר אֶת־מִצְוֺת

הברכות - אם ישמרו ישראל את המצוות
ויקרא כו, ג–יג
דברים ז, יב–טז

י יְהוָה אֱלֹהֶיךָ וְהָלַכְתָּ בִּדְרָכָיו׃ וְרָאוּ כָּל־עַמֵּי הָאָרֶץ כִּי שֵׁם
יא יְהוָה נִקְרָא עָלֶיךָ וְיָרְאוּ מִמֶּךָּ׃ וְהוֹתִרְךָ יְהוָה לְטוֹבָה בִּפְרִי
בִטְנְךָ וּבִפְרִי בְהֶמְתְּךָ וּבִפְרִי אַדְמָתֶךָ עַל הָאֲדָמָה אֲשֶׁר נִשְׁבַּע
יב יְהוָה לַאֲבֹתֶיךָ לָתֶת לָךְ׃ יִפְתַּח יְהוָה ׀ לְךָ אֶת־אוֹצָרוֹ הַטּוֹב
אֶת־הַשָּׁמַיִם לָתֵת מְטַר־אַרְצְךָ בְּעִתּוֹ וּלְבָרֵךְ אֵת כָּל־מַעֲשֵׂה
יג יָדֶךָ וְהִלְוִיתָ גּוֹיִם רַבִּים וְאַתָּה לֹא תִלְוֶה׃ וּנְתָנְךָ יְהוָה לְרֹאשׁ
וְלֹא לְזָנָב וְהָיִיתָ רַק לְמַעְלָה וְלֹא תִהְיֶה לְמָטָּה כִּי־תִשְׁמַע אֶל־
מִצְוֺת ׀ יְהוָה אֱלֹהֶיךָ אֲשֶׁר אָנֹכִי מְצַוְּךָ הַיּוֹם לִשְׁמֹר וְלַעֲשׂוֹת׃
יד וְלֹא תָסוּר מִכָּל־הַדְּבָרִים אֲשֶׁר אָנֹכִי מְצַוֶּה אֶתְכֶם הַיּוֹם יָמִין
וּשְׂמֹאול לָלֶכֶת אַחֲרֵי אֱלֹהִים אֲחֵרִים לְעָבְדָם׃

הקללות - אם לא ישמרו ישראל את המצוות
ויקרא כו, יד-מה

טו וְהָיָה אִם־לֹא תִשְׁמַע בְּקוֹל יְהוָה אֱלֹהֶיךָ לִשְׁמֹר לַעֲשׂוֹת אֶת־כָּל־
מִצְוֺתָיו וְחֻקֹּתָיו אֲשֶׁר אָנֹכִי מְצַוְּךָ הַיּוֹם וּבָאוּ עָלֶיךָ כָּל־הַקְּלָלוֹת
טז יז הָאֵלֶּה וְהִשִּׂיגוּךָ׃ אָרוּר אַתָּה בָּעִיר וְאָרוּר אַתָּה בַּשָּׂדֶה׃ אָרוּר
יח טַנְאֲךָ וּמִשְׁאַרְתֶּךָ׃ אָרוּר פְּרִי־בִטְנְךָ וּפְרִי אַדְמָתֶךָ שְׁגַר אֲלָפֶיךָ
יט וְעַשְׁתְּרֹת צֹאנֶךָ׃ אָרוּר אַתָּה בְּבֹאֶךָ וְאָרוּר אַתָּה בְּצֵאתֶךָ׃
כ יְשַׁלַּח יְהוָה ׀ בְּךָ אֶת־הַמְּאֵרָה אֶת־הַמְּהוּמָה וְאֶת־הַמִּגְעֶרֶת
בְּכָל־מִשְׁלַח יָדְךָ אֲשֶׁר תַּעֲשֶׂה עַד הִשָּׁמֶדְךָ וְעַד־אֲבָדְךָ מַהֵר
כא מִפְּנֵי רֹעַ מַעֲלָלֶיךָ אֲשֶׁר עֲזַבְתָּנִי׃ יַדְבֵּק יְהוָה בְּךָ אֶת־הַדָּבֶר עַד
כַּלֹּתוֹ אֹתְךָ מֵעַל הָאֲדָמָה אֲשֶׁר־אַתָּה בָא־שָׁמָּה לְרִשְׁתָּהּ׃
כב יַכְּכָה יְהוָה בַּשַּׁחֶפֶת וּבַקַּדַּחַת וּבַדַּלֶּקֶת וּבַחַרְחֻר וּבַחֶרֶב
כג וּבַשִּׁדָּפוֹן וּבַיֵּרָקוֹן וּרְדָפוּךָ עַד אָבְדֶךָ׃ וְהָיוּ שָׁמֶיךָ אֲשֶׁר עַל־
כד רֹאשְׁךָ נְחֹשֶׁת וְהָאָרֶץ אֲשֶׁר־תַּחְתֶּיךָ בַּרְזֶל׃ יִתֵּן יְהוָה אֶת־
מְטַר אַרְצְךָ אָבָק וְעָפָר מִן־הַשָּׁמַיִם יֵרֵד עָלֶיךָ עַד הִשָּׁמְדָךְ׃
כה יִתֶּנְךָ יְהוָה ׀ נִגָּף לִפְנֵי אֹיְבֶיךָ בְּדֶרֶךְ אֶחָד תֵּצֵא אֵלָיו וּבְשִׁבְעָה
כו דְרָכִים תָּנוּס לְפָנָיו וְהָיִיתָ לְזַעֲוָה לְכֹל מַמְלְכוֹת הָאָרֶץ׃ וְהָיְתָה
נִבְלָתְךָ לְמַאֲכָל לְכָל־עוֹף הַשָּׁמַיִם וּלְבֶהֱמַת הָאָרֶץ וְאֵין מַחֲרִיד׃
כז יַכְּכָה יְהוָה בִּשְׁחִין מִצְרַיִם וּבָעְפָלִים וּבַגָּרָב וּבֶחָרֶס אֲשֶׁר לֹא־ וּבַטְּחֹרִים

כח תּוּכַל לְהֵרָפֵא: יַכְּכָה יְהוָה בְּשִׁגָּעוֹן וּבְעִוָּרוֹן וּבְתִמְהוֹן לֵבָב:
כט וְהָיִיתָ מְמַשֵּׁשׁ בַּצָּהֳרַיִם כַּאֲשֶׁר יְמַשֵּׁשׁ הָעִוֵּר בָּאֲפֵלָה וְלֹא תַצְלִיחַ
אֶת־דְּרָכֶיךָ וְהָיִיתָ אַךְ עָשׁוּק וְגָזוּל כָּל־הַיָּמִים וְאֵין מוֹשִׁיעַ:
ל אִשָּׁה תְאָרֵשׂ וְאִישׁ אַחֵר ישגלנה בַּיִת תִּבְנֶה וְלֹא־תֵשֵׁב בּוֹ יִשְׁכָּבֶנָּה
לא כֶּרֶם תִּטַּע וְלֹא תְחַלְּלֶנּוּ: שׁוֹרְךָ טָבוּחַ לְעֵינֶיךָ וְלֹא תֹאכַל מִמֶּנּוּ
חֲמֹרְךָ גָּזוּל מִלְּפָנֶיךָ וְלֹא יָשׁוּב לָךְ צֹאנְךָ נְתֻנוֹת לְאֹיְבֶיךָ וְאֵין לְךָ
לב מוֹשִׁיעַ: בָּנֶיךָ וּבְנֹתֶיךָ נְתֻנִים לְעַם אַחֵר וְעֵינֶיךָ רֹאוֹת וְכָלוֹת
לג אֲלֵיהֶם כָּל־הַיּוֹם וְאֵין לְאֵל יָדֶךָ: פְּרִי אַדְמָתְךָ וְכָל־יְגִיעֲךָ יֹאכַל
לד עַם אֲשֶׁר לֹא־יָדָעְתָּ וְהָיִיתָ רַק עָשׁוּק וְרָצוּץ כָּל־הַיָּמִים: וְהָיִיתָ
לה מְשֻׁגָּע מִמַּרְאֵה עֵינֶיךָ אֲשֶׁר תִּרְאֶה: יַכְּכָה יְהוָה בִּשְׁחִין רָע
עַל־הַבִּרְכַּיִם וְעַל־הַשֹּׁקַיִם אֲשֶׁר לֹא־תוּכַל לְהֵרָפֵא מִכַּף רַגְלְךָ
לו וְעַד קָדְקֳדֶךָ: יוֹלֵךְ יְהוָה אֹתְךָ וְאֶת־מַלְכְּךָ אֲשֶׁר תָּקִים עָלֶיךָ
אֶל־גּוֹי אֲשֶׁר לֹא־יָדַעְתָּ אַתָּה וַאֲבֹתֶיךָ וְעָבַדְתָּ שָּׁם אֱלֹהִים
לז אֲחֵרִים עֵץ וָאָבֶן: וְהָיִיתָ לְשַׁמָּה לְמָשָׁל וְלִשְׁנִינָה בְּכֹל הָעַמִּים
לח אֲשֶׁר־יְנַהֶגְךָ יְהוָה שָׁמָּה: זֶרַע רַב תּוֹצִיא הַשָּׂדֶה וּמְעַט תֶּאֱסֹף
לט כִּי יַחְסְלֶנּוּ הָאַרְבֶּה: כְּרָמִים תִּטַּע וְעָבָדְתָּ וְיַיִן לֹא־תִשְׁתֶּה וְלֹא
מ תֶאֱגֹר כִּי תֹאכְלֶנּוּ הַתֹּלָעַת: זֵיתִים יִהְיוּ לְךָ בְּכָל־גְּבוּלֶךָ וְשֶׁמֶן
מא לֹא תָסוּךְ כִּי יִשַּׁל זֵיתֶךָ: בָּנִים וּבָנוֹת תּוֹלִיד וְלֹא־יִהְיוּ לָךְ כִּי
מב מג יֵלְכוּ בַּשֶּׁבִי: כָּל־עֵצְךָ וּפְרִי אַדְמָתֶךָ יְיָרֵשׁ הַצְּלָצַל: הַגֵּר אֲשֶׁר
בְּקִרְבְּךָ יַעֲלֶה עָלֶיךָ מַעְלָה מָּעְלָה וְאַתָּה תֵרֵד מַטָּה מָּטָּה:
מד הוּא יַלְוְךָ וְאַתָּה לֹא תַלְוֶנּוּ הוּא יִהְיֶה לְרֹאשׁ וְאַתָּה תִּהְיֶה לְזָנָב:
מה וּבָאוּ עָלֶיךָ כָּל־הַקְּלָלוֹת הָאֵלֶּה וּרְדָפוּךָ וְהִשִּׂיגוּךָ עַד הִשָּׁמְדָךְ
כִּי־לֹא שָׁמַעְתָּ בְּקוֹל יְהוָה אֱלֹהֶיךָ לִשְׁמֹר מִצְוֹתָיו וְחֻקֹּתָיו אֲשֶׁר
מו מז צִוָּךְ: וְהָיוּ בְךָ לְאוֹת וּלְמוֹפֵת וּבְזַרְעֲךָ עַד־עוֹלָם: תַּחַת אֲשֶׁר
לֹא־עָבַדְתָּ אֶת־יְהוָה אֱלֹהֶיךָ בְּשִׂמְחָה וּבְטוּב לֵבָב מֵרֹב כֹּל:
מח וְעָבַדְתָּ אֶת־אֹיְבֶיךָ אֲשֶׁר יְשַׁלְּחֶנּוּ יְהוָה בָּךְ בְּרָעָב וּבְצָמָא
וּבְעֵירֹם וּבְחֹסֶר כֹּל וְנָתַן עֹל בַּרְזֶל עַל־צַוָּארֶךָ עַד הִשְׁמִידוֹ

מט אֹתָךְ׃ יִשָּׂא יְהוָה עָלֶיךָ גּוֹי מֵרָחֹק מִקְצֵה הָאָרֶץ כַּאֲשֶׁר יִדְאֶה
נ הַנָּשֶׁר גּוֹי אֲשֶׁר לֹא־תִשְׁמַע לְשֹׁנוֹ׃ גּוֹי עַז פָּנִים אֲשֶׁר לֹא־יִשָּׂא
נא פָנִים לְזָקֵן וְנַעַר לֹא יָחֹן׃ וְאָכַל פְּרִי בְהֶמְתְּךָ וּפְרִי־אַדְמָתְךָ
עַד הִשָּׁמְדָךְ אֲשֶׁר לֹא־יַשְׁאִיר לְךָ דָּגָן תִּירוֹשׁ וְיִצְהָר שְׁגַר אֲלָפֶיךָ
נב וְעַשְׁתְּרֹת צֹאנֶךָ עַד הַאֲבִידוֹ אֹתָךְ׃ וְהֵצַר לְךָ בְּכָל־שְׁעָרֶיךָ עַד
רֶדֶת חֹמֹתֶיךָ הַגְּבֹהֹת וְהַבְּצֻרוֹת אֲשֶׁר אַתָּה בֹּטֵחַ בָּהֵן בְּכָל־
אַרְצֶךָ וְהֵצַר לְךָ בְּכָל־שְׁעָרֶיךָ בְּכָל־אַרְצְךָ אֲשֶׁר נָתַן יְהוָה
נג אֱלֹהֶיךָ לָךְ׃ וְאָכַלְתָּ פְרִי־בִטְנְךָ בְּשַׂר בָּנֶיךָ וּבְנֹתֶיךָ אֲשֶׁר נָתַן־
נד לְךָ יְהוָה אֱלֹהֶיךָ בְּמָצוֹר וּבְמָצוֹק אֲשֶׁר־יָצִיק לְךָ אֹיְבֶךָ׃ הָאִישׁ
הָרַךְ בְּךָ וְהֶעָנֹג מְאֹד תֵּרַע עֵינוֹ בְאָחִיו וּבְאֵשֶׁת חֵיקוֹ וּבְיֶתֶר
נה בָּנָיו אֲשֶׁר יוֹתִיר׃ מִתֵּת ׀ לְאַחַד מֵהֶם מִבְּשַׂר בָּנָיו אֲשֶׁר יֹאכֵל
מִבְּלִי הִשְׁאִיר־לוֹ כֹּל בְּמָצוֹר וּבְמָצוֹק אֲשֶׁר יָצִיק לְךָ אֹיִבְךָ
נו בְּכָל־שְׁעָרֶיךָ׃ הָרַכָּה בְךָ וְהָעֲנֻגָּה אֲשֶׁר לֹא־נִסְּתָה כַף־רַגְלָהּ
הַצֵּג עַל־הָאָרֶץ מֵהִתְעַנֵּג וּמֵרֹךְ תֵּרַע עֵינָהּ בְּאִישׁ חֵיקָהּ וּבִבְנָהּ
נז וּבְבִתָּהּ׃ וּבְשִׁלְיָתָהּ הַיּוֹצֵת ׀ מִבֵּין רַגְלֶיהָ וּבְבָנֶיהָ אֲשֶׁר תֵּלֵד
כִּי־תֹאכְלֵם בְּחֹסֶר־כֹּל בַּסָּתֶר בְּמָצוֹר וּבְמָצוֹק אֲשֶׁר יָצִיק לְךָ
נח אֹיִבְךָ בִּשְׁעָרֶיךָ׃ אִם־לֹא תִשְׁמֹר לַעֲשׂוֹת אֶת־כָּל־דִּבְרֵי הַתּוֹרָה
הַזֹּאת הַכְּתֻבִים בַּסֵּפֶר הַזֶּה לְיִרְאָה אֶת־הַשֵּׁם הַנִּכְבָּד וְהַנּוֹרָא
נט הַזֶּה אֵת יְהוָה אֱלֹהֶיךָ׃ וְהִפְלָא יְהוָה אֶת־מַכֹּתְךָ וְאֵת מַכּוֹת
ס זַרְעֶךָ מַכּוֹת גְּדֹלֹת וְנֶאֱמָנוֹת וָחֳלָיִם רָעִים וְנֶאֱמָנִים׃ וְהֵשִׁיב
בְּךָ אֵת כָּל־מַדְוֵה מִצְרַיִם אֲשֶׁר יָגֹרְתָּ מִפְּנֵיהֶם וְדָבְקוּ בָּךְ׃
סא גַּם כָּל־חֳלִי וְכָל־מַכָּה אֲשֶׁר לֹא כָתוּב בְּסֵפֶר הַתּוֹרָה הַזֹּאת יַעְלֵם
סב יְהוָה עָלֶיךָ עַד הִשָּׁמְדָךְ׃ וְנִשְׁאַרְתֶּם בִּמְתֵי מְעָט תַּחַת אֲשֶׁר
הֱיִיתֶם כְּכוֹכְבֵי הַשָּׁמַיִם לָרֹב כִּי־לֹא שָׁמַעְתָּ בְּקוֹל יְהוָה אֱלֹהֶיךָ׃
סג וְהָיָה כַּאֲשֶׁר־שָׂשׂ יְהוָה עֲלֵיכֶם לְהֵיטִיב אֶתְכֶם וּלְהַרְבּוֹת אֶתְכֶם
כֵּן יָשִׂישׂ יְהוָה עֲלֵיכֶם לְהַאֲבִיד אֶתְכֶם וּלְהַשְׁמִיד אֶתְכֶם
סד וְנִסַּחְתֶּם מֵעַל הָאֲדָמָה אֲשֶׁר־אַתָּה בָא־שָׁמָּה לְרִשְׁתָּהּ׃ וֶהֱפִיצְךָ

כח יְהוָה בְּכָל־הָעַמִּים מִקְצֵה הָאָרֶץ וְעַד־קְצֵה הָאָרֶץ וְעָבַדְתָּ שָּׁם
סה אֱלֹהִים אֲחֵרִים אֲשֶׁר לֹא־יָדַעְתָּ אַתָּה וַאֲבֹתֶיךָ עֵץ וָאָבֶן: וּבַגּוֹיִם
הָהֵם לֹא תַרְגִּיעַ וְלֹא־יִהְיֶה מָנוֹחַ לְכַף־רַגְלֶךָ וְנָתַן יְהוָה לְךָ
סו שָׁם לֵב רַגָּז וְכִלְיוֹן עֵינַיִם וְדַאֲבוֹן נָפֶשׁ: וְהָיוּ חַיֶּיךָ תְּלֻאִים לְךָ
סז מִנֶּגֶד וּפָחַדְתָּ לַיְלָה וְיוֹמָם וְלֹא תַאֲמִין בְּחַיֶּיךָ: בַּבֹּקֶר תֹּאמַר מִי־
יִתֵּן עֶרֶב וּבָעֶרֶב תֹּאמַר מִי־יִתֵּן בֹּקֶר מִפַּחַד לְבָבְךָ אֲשֶׁר תִּפְחָד
סח וּמִמַּרְאֵה עֵינֶיךָ אֲשֶׁר תִּרְאֶה: וֶהֱשִׁיבְךָ יְהוָה ׀ מִצְרַיִם בָּאֳנִיּוֹת
בַּדֶּרֶךְ אֲשֶׁר אָמַרְתִּי לְךָ לֹא־תֹסִיף עוֹד לִרְאֹתָהּ וְהִתְמַכַּרְתֶּם
סט שָׁם לְאֹיְבֶיךָ לַעֲבָדִים וְלִשְׁפָחוֹת וְאֵין קֹנֶה: אֵלֶּה
דִבְרֵי הַבְּרִית אֲשֶׁר־צִוָּה יְהוָה אֶת־מֹשֶׁה לִכְרֹת אֶת־בְּנֵי יִשְׂרָאֵל
בְּאֶרֶץ מוֹאָב מִלְּבַד הַבְּרִית אֲשֶׁר־כָּרַת אִתָּם בְּחֹרֵב:
כט א וַיִּקְרָא מֹשֶׁה אֶל־כָּל־יִשְׂרָאֵל וַיֹּאמֶר אֲלֵהֶם אַתֶּם רְאִיתֶם אֵת שביעי
כָּל־אֲשֶׁר עָשָׂה יְהוָה לְעֵינֵיכֶם בְּאֶרֶץ מִצְרַיִם לְפַרְעֹה וּלְכָל־
ב עֲבָדָיו וּלְכָל־אַרְצוֹ: הַמַּסּוֹת הַגְּדֹלֹת אֲשֶׁר רָאוּ עֵינֶיךָ הָאֹתֹת
ג וְהַמֹּפְתִים הַגְּדֹלִים הָהֵם: וְלֹא־נָתַן יְהוָה לָכֶם לֵב לָדַעַת
ד וְעֵינַיִם לִרְאוֹת וְאָזְנַיִם לִשְׁמֹעַ עַד הַיּוֹם הַזֶּה: וָאוֹלֵךְ אֶתְכֶם
אַרְבָּעִים שָׁנָה בַּמִּדְבָּר לֹא־בָלוּ שַׂלְמֹתֵיכֶם מֵעֲלֵיכֶם וְנַעַלְךָ לֹא־
ה בָלְתָה מֵעַל רַגְלֶךָ: לֶחֶם לֹא אֲכַלְתֶּם וְיַיִן וְשֵׁכָר לֹא שְׁתִיתֶם
ו לְמַעַן תֵּדְעוּ כִּי אֲנִי יְהוָה אֱלֹהֵיכֶם: וַתָּבֹאוּ אֶל־הַמָּקוֹם הַזֶּה מפטיר
וַיֵּצֵא סִיחֹן מֶלֶךְ־חֶשְׁבּוֹן וְעוֹג מֶלֶךְ־הַבָּשָׁן לִקְרָאתֵנוּ לַמִּלְחָמָה
ז וַנַּכֵּם: וַנִּקַּח אֶת־אַרְצָם וַנִּתְּנָהּ לְנַחֲלָה לָראוּבֵנִי וְלַגָּדִי וְלַחֲצִי
ח שֵׁבֶט הַמְנַשִּׁי: וּשְׁמַרְתֶּם אֶת־דִּבְרֵי הַבְּרִית הַזֹּאת וַעֲשִׂיתֶם
אֹתָם לְמַעַן תַּשְׂכִּילוּ אֵת כָּל־אֲשֶׁר תַּעֲשׂוּן:
ט אַתֶּם נִצָּבִים הַיּוֹם כֻּלְּכֶם לִפְנֵי יְהוָה אֱלֹהֵיכֶם רָאשֵׁיכֶם שִׁבְטֵיכֶם כג נצבים
י זִקְנֵיכֶם וְשֹׁטְרֵיכֶם כֹּל אִישׁ יִשְׂרָאֵל: טַפְּכֶם נְשֵׁיכֶם וְגֵרְךָ אֲשֶׁר
יא בְּקֶרֶב מַחֲנֶיךָ מֵחֹטֵב עֵצֶיךָ עַד שֹׁאֵב מֵימֶיךָ: לְעָבְרְךָ בִּבְרִית
יְהוָה אֱלֹהֶיךָ וּבְאָלָתוֹ אֲשֶׁר יְהוָה אֱלֹהֶיךָ כֹּרֵת עִמְּךָ הַיּוֹם:

מלחמת סיחון מלך האמורי ועוג מלך הבשן במדבר כא, כא–לה

יב לְמַעַן הָקִים־אֹתְךָ הַיּוֹם ׀ לוֹ לְעָם וְהוּא יִהְיֶה־לְּךָ לֵאלֹהִים כַּאֲשֶׁר שני
דִּבֶּר־לָךְ וְכַאֲשֶׁר נִשְׁבַּע לַאֲבֹתֶיךָ לְאַבְרָהָם לְיִצְחָק וּלְיַעֲקֹב׃
יג וְלֹא אִתְּכֶם לְבַדְּכֶם אָנֹכִי כֹּרֵת אֶת־הַבְּרִית הַזֹּאת וְאֶת־הָאָלָה
יד הַזֹּאת׃ כִּי אֶת־אֲשֶׁר יֶשְׁנוֹ פֹּה עִמָּנוּ עֹמֵד הַיּוֹם לִפְנֵי יהוה אֱלֹהֵינוּ
טו וְאֵת אֲשֶׁר אֵינֶנּוּ פֹּה עִמָּנוּ הַיּוֹם׃ כִּי־אַתֶּם יְדַעְתֶּם אֵת אֲשֶׁר־ שלישי
יָשַׁבְנוּ בְּאֶרֶץ מִצְרָיִם וְאֵת אֲשֶׁר־עָבַרְנוּ בְּקֶרֶב הַגּוֹיִם אֲשֶׁר
טז עֲבַרְתֶּם׃ וַתִּרְאוּ אֶת־שִׁקּוּצֵיהֶם וְאֵת גִּלֻּלֵיהֶם עֵץ וָאֶבֶן כֶּסֶף
יז וְזָהָב אֲשֶׁר עִמָּהֶם׃ פֶּן־יֵשׁ בָּכֶם אִישׁ אוֹ־אִשָּׁה אוֹ מִשְׁפָּחָה אוֹ־
שֵׁבֶט אֲשֶׁר לְבָבוֹ פֹנֶה הַיּוֹם מֵעִם יהוה אֱלֹהֵינוּ לָלֶכֶת לַעֲבֹד
אֶת־אֱלֹהֵי הַגּוֹיִם הָהֵם פֶּן־יֵשׁ בָּכֶם שֹׁרֶשׁ פֹּרֶה רֹאשׁ וְלַעֲנָה׃
יח וְהָיָה בְּשָׁמְעוֹ אֶת־דִּבְרֵי הָאָלָה הַזֹּאת וְהִתְבָּרֵךְ בִּלְבָבוֹ לֵאמֹר
שָׁלוֹם יִהְיֶה־לִּי כִּי בִּשְׁרִרוּת לִבִּי אֵלֵךְ לְמַעַן סְפוֹת הָרָוָה אֶת־
יט הַצְּמֵאָה׃ לֹא־יֹאבֶה יהוה סְלֹחַ לוֹ כִּי אָז יֶעְשַׁן אַף־יהוה וְקִנְאָתוֹ
בָּאִישׁ הַהוּא וְרָבְצָה בּוֹ כָּל־הָאָלָה הַכְּתוּבָה בַּסֵּפֶר הַזֶּה וּמָחָה
כ יהוה אֶת־שְׁמוֹ מִתַּחַת הַשָּׁמָיִם׃ וְהִבְדִּילוֹ יהוה לְרָעָה מִכֹּל
שִׁבְטֵי יִשְׂרָאֵל כְּכֹל אָלוֹת הַבְּרִית הַכְּתוּבָה בְּסֵפֶר הַתּוֹרָה
כא הַזֶּה׃ וְאָמַר הַדּוֹר הָאַחֲרוֹן בְּנֵיכֶם אֲשֶׁר יָקוּמוּ מֵאַחֲרֵיכֶם
וְהַנָּכְרִי אֲשֶׁר יָבֹא מֵאֶרֶץ רְחוֹקָה וְרָאוּ אֶת־מַכּוֹת הָאָרֶץ הַהִוא
כב וְאֶת־תַּחֲלֻאֶיהָ אֲשֶׁר־חִלָּה יהוה בָּהּ׃ גָּפְרִית וָמֶלַח שְׂרֵפָה מהפכת סדום ועמורה בראשית יט, כד–כה
כָל־אַרְצָהּ לֹא תִזָּרַע וְלֹא תַצְמִחַ וְלֹא־יַעֲלֶה בָהּ כָּל־עֵשֶׂב
כְּמַהְפֵּכַת סְדֹם וַעֲמֹרָה אַדְמָה וּצְבֹיִים אֲשֶׁר הָפַךְ יהוה בְּאַפּוֹ וצבוֹיִם
כג וּבַחֲמָתוֹ׃ וְאָמְרוּ כָּל־הַגּוֹיִם עַל־מֶה עָשָׂה יהוה כָּכָה לָאָרֶץ
כד הַזֹּאת מֶה חֳרִי הָאַף הַגָּדוֹל הַזֶּה׃ וְאָמְרוּ עַל אֲשֶׁר עָזְבוּ אֶת־
בְּרִית יהוה אֱלֹהֵי אֲבֹתָם אֲשֶׁר כָּרַת עִמָּם בְּהוֹצִיאוֹ אֹתָם
כה מֵאֶרֶץ מִצְרָיִם׃ וַיֵּלְכוּ וַיַּעַבְדוּ אֱלֹהִים אֲחֵרִים וַיִּשְׁתַּחֲווּ לָהֶם
כו אֱלֹהִים אֲשֶׁר לֹא־יְדָעוּם וְלֹא חָלַק לָהֶם׃ וַיִּחַר־אַף יהוה
בָּאָרֶץ הַהִוא לְהָבִיא עָלֶיהָ אֶת־כָּל־הַקְּלָלָה הַכְּתוּבָה בַּסֵּפֶר

כז הַזֶּה: וַיִּתְּשֵׁם יהוה מֵעַל אַדְמָתָם בְּאַף וּבְחֵמָה וּבְקֶצֶף גָּדוֹל
כח וַיַּשְׁלִכֵם אֶל־אֶרֶץ אַחֶרֶת כַּיּוֹם הַזֶּה: הַנִּסְתָּרֹת לַיהוה אֱלֹהֵינוּ
וְהַנִּגְלֹת לָנוּ וּלְבָנֵינוּ עַד־עוֹלָם לַעֲשׂוֹת אֶת־כָּל־דִּבְרֵי הַתּוֹרָה
ל א הַזֹּאת: וְהָיָה כִי־יָבֹאוּ עָלֶיךָ כָּל־הַדְּבָרִים הָאֵלֶּה רביעי /שני/
הַבְּרָכָה וְהַקְּלָלָה אֲשֶׁר נָתַתִּי לְפָנֶיךָ וַהֲשֵׁבֹתָ אֶל־לְבָבֶךָ בְּכָל־
ב הַגּוֹיִם אֲשֶׁר הִדִּיחֲךָ יהוה אֱלֹהֶיךָ שָׁמָּה: וְשַׁבְתָּ עַד־יהוה
אֱלֹהֶיךָ וְשָׁמַעְתָּ בְקֹלוֹ כְּכֹל אֲשֶׁר־אָנֹכִי מְצַוְּךָ הַיּוֹם אַתָּה
ג וּבָנֶיךָ בְּכָל־לְבָבְךָ וּבְכָל־נַפְשֶׁךָ: וְשָׁב יהוה אֱלֹהֶיךָ אֶת־שְׁבוּתְךָ
וְרִחֲמֶךָ וְשָׁב וְקִבֶּצְךָ מִכָּל־הָעַמִּים אֲשֶׁר הֱפִיצְךָ יהוה אֱלֹהֶיךָ
ד שָׁמָּה: אִם־יִהְיֶה נִדַּחֲךָ בִּקְצֵה הַשָּׁמָיִם מִשָּׁם יְקַבֶּצְךָ יהוה
ה אֱלֹהֶיךָ וּמִשָּׁם יִקָּחֶךָ: וֶהֱבִיאֲךָ יהוה אֱלֹהֶיךָ אֶל־הָאָרֶץ אֲשֶׁר־
ו יָרְשׁוּ אֲבֹתֶיךָ וִירִשְׁתָּהּ וְהֵיטִבְךָ וְהִרְבְּךָ מֵאֲבֹתֶיךָ: וּמָל יהוה
אֱלֹהֶיךָ אֶת־לְבָבְךָ וְאֶת־לְבַב זַרְעֶךָ לְאַהֲבָה אֶת־יהוה אֱלֹהֶיךָ
ז בְּכָל־לְבָבְךָ וּבְכָל־נַפְשְׁךָ לְמַעַן חַיֶּיךָ: וְנָתַן יהוה אֱלֹהֶיךָ אֵת חמישי /שלישי/
ח כָּל־הָאָלוֹת הָאֵלֶּה עַל־אֹיְבֶיךָ וְעַל־שֹׂנְאֶיךָ אֲשֶׁר רְדָפוּךָ: וְאַתָּה
תָשׁוּב וְשָׁמַעְתָּ בְּקוֹל יהוה וְעָשִׂיתָ אֶת־כָּל־מִצְוֺתָיו אֲשֶׁר אָנֹכִי
ט מְצַוְּךָ הַיּוֹם: וְהוֹתִירְךָ יהוה אֱלֹהֶיךָ בְּכֹל ׀ מַעֲשֵׂה יָדֶךָ בִּפְרִי
בִטְנְךָ וּבִפְרִי בְהֶמְתְּךָ וּבִפְרִי אַדְמָתְךָ לְטֹבָה כִּי ׀ יָשׁוּב יהוה
י לָשׂוּשׂ עָלֶיךָ לְטוֹב כַּאֲשֶׁר־שָׂשׂ עַל־אֲבֹתֶיךָ: כִּי תִשְׁמַע
בְּקוֹל יהוה אֱלֹהֶיךָ לִשְׁמֹר מִצְוֺתָיו וְחֻקֹּתָיו הַכְּתוּבָה בְּסֵפֶר
הַתּוֹרָה הַזֶּה כִּי תָשׁוּב אֶל־יהוה אֱלֹהֶיךָ בְּכָל־לְבָבְךָ וּבְכָל־
יא נַפְשֶׁךָ: כִּי הַמִּצְוָה הַזֹּאת אֲשֶׁר אָנֹכִי מְצַוְּךָ הַיּוֹם כד ששי
יב לֹא־נִפְלֵאת הִוא מִמְּךָ וְלֹא־רְחֹקָה הִוא: לֹא בַשָּׁמַיִם הִוא
לֵאמֹר מִי יַעֲלֶה־לָּנוּ הַשָּׁמַיְמָה וְיִקָּחֶהָ לָּנוּ וְיַשְׁמִעֵנוּ אֹתָהּ
יג וְנַעֲשֶׂנָּה: וְלֹא־מֵעֵבֶר לַיָּם הִוא לֵאמֹר מִי יַעֲבָר־לָנוּ אֶל־עֵבֶר
יד הַיָּם וְיִקָּחֶהָ לָּנוּ וְיַשְׁמִעֵנוּ אֹתָהּ וְנַעֲשֶׂנָּה: כִּי־קָרוֹב אֵלֶיךָ הַדָּבָר
טו מְאֹד בְּפִיךָ וּבִלְבָבְךָ לַעֲשֹׂתוֹ: רְאֵה נָתַתִּי לְפָנֶיךָ שביעי ומפטיר /רביעי/

הַיּוֹם אֶת־הַחַיִּים וְאֶת־הַטּוֹב וְאֶת־הַמָּוֶת וְאֶת־הָרָע׃ אֲשֶׁר טז
אָנֹכִי מְצַוְּךָ הַיּוֹם לְאַהֲבָה אֶת־יְהוָה אֱלֹהֶיךָ לָלֶכֶת בִּדְרָכָיו
וְלִשְׁמֹר מִצְוֺתָיו וְחֻקֹּתָיו וּמִשְׁפָּטָיו וְחָיִיתָ וְרָבִיתָ וּבֵרַכְךָ יְהוָה
אֱלֹהֶיךָ בָּאָרֶץ אֲשֶׁר־אַתָּה בָא־שָׁמָּה לְרִשְׁתָּהּ׃ וְאִם־יִפְנֶה יז
לְבָבְךָ וְלֹא תִשְׁמָע וְנִדַּחְתָּ וְהִשְׁתַּחֲוִיתָ לֵאלֹהִים אֲחֵרִים
וַעֲבַדְתָּם׃ הִגַּדְתִּי לָכֶם הַיּוֹם כִּי אָבֹד תֹּאבֵדוּן לֹא־תַאֲרִיכֻן יח
יָמִים עַל־הָאֲדָמָה אֲשֶׁר אַתָּה עֹבֵר אֶת־הַיַּרְדֵּן לָבוֹא שָׁמָּה
לְרִשְׁתָּהּ׃ הַעִדֹתִי בָכֶם הַיּוֹם אֶת־הַשָּׁמַיִם וְאֶת־הָאָרֶץ הַחַיִּים יט
וְהַמָּוֶת נָתַתִּי לְפָנֶיךָ הַבְּרָכָה וְהַקְּלָלָה וּבָחַרְתָּ בַּחַיִּים לְמַעַן
תִּחְיֶה אַתָּה וְזַרְעֶךָ׃ לְאַהֲבָה אֶת־יְהוָה אֱלֹהֶיךָ לִשְׁמֹעַ בְּקֹלוֹ כ
וּלְדָבְקָה־בוֹ כִּי הוּא חַיֶּיךָ וְאֹרֶךְ יָמֶיךָ לָשֶׁבֶת עַל־הָאֲדָמָה
אֲשֶׁר נִשְׁבַּע יְהוָה לַאֲבֹתֶיךָ לְאַבְרָהָם לְיִצְחָק וּלְיַעֲקֹב לָתֵת
לָהֶם׃

וילך וַיֵּלֶךְ מֹשֶׁה וַיְדַבֵּר אֶת־הַדְּבָרִים הָאֵלֶּה אֶל־כָּל־יִשְׂרָאֵל׃ וַיֹּאמֶר א ב לא
אֲלֵהֶם בֶּן־מֵאָה וְעֶשְׂרִים שָׁנָה אָנֹכִי הַיּוֹם לֹא־אוּכַל עוֹד
לָצֵאת וְלָבוֹא וַיהוָה אָמַר אֵלַי לֹא תַעֲבֹר אֶת־הַיַּרְדֵּן הַזֶּה׃
יְהוָה אֱלֹהֶיךָ הוּא ׀ עֹבֵר לְפָנֶיךָ הוּא־יַשְׁמִיד אֶת־הַגּוֹיִם הָאֵלֶּה ג
מִלְּפָנֶיךָ וִירִשְׁתָּם יְהוֹשֻׁעַ הוּא עֹבֵר לְפָנֶיךָ כַּאֲשֶׁר דִּבֶּר יְהוָה׃
שני וְעָשָׂה יְהוָה לָהֶם כַּאֲשֶׁר עָשָׂה לְסִיחוֹן וּלְעוֹג מַלְכֵי הָאֱמֹרִי ד
וּלְאַרְצָם אֲשֶׁר הִשְׁמִיד אֹתָם׃ וּנְתָנָם יְהוָה לִפְנֵיכֶם וַעֲשִׂיתֶם ה
לָהֶם כְּכָל־הַמִּצְוָה אֲשֶׁר צִוִּיתִי אֶתְכֶם׃ חִזְקוּ וְאִמְצוּ אַל־תִּירְאוּ ו
וְאַל־תַּעַרְצוּ מִפְּנֵיהֶם כִּי ׀ יְהוָה אֱלֹהֶיךָ הוּא הַהֹלֵךְ עִמָּךְ לֹא
שלישי /חמישי/ יַרְפְּךָ וְלֹא יַעַזְבֶךָּ׃ וַיִּקְרָא מֹשֶׁה לִיהוֹשֻׁעַ וַיֹּאמֶר ז
אֵלָיו לְעֵינֵי כָל־יִשְׂרָאֵל חֲזַק וֶאֱמָץ כִּי אַתָּה תָּבוֹא אֶת־הָעָם
הַזֶּה אֶל־הָאָרֶץ אֲשֶׁר נִשְׁבַּע יְהוָה לַאֲבֹתָם לָתֵת לָהֶם וְאַתָּה
תַּנְחִילֶנָּה אוֹתָם׃ וַיהוָה הוּא ׀ הַהֹלֵךְ לְפָנֶיךָ הוּא יִהְיֶה עִמָּךְ ח
לֹא יַרְפְּךָ וְלֹא יַעַזְבֶךָּ לֹא תִירָא וְלֹא תֵחָת׃ וַיִּכְתֹּב מֹשֶׁה אֶת־ ט

הַתּוֹרָה הַזֹּאת וַיִּתְּנָהּ אֶל־הַכֹּהֲנִים בְּנֵי לֵוִי הַנֹּשְׂאִים אֶת־אֲרוֹן
י בְּרִית יהוה וְאֶל־כָּל־זִקְנֵי יִשְׂרָאֵל: וַיְצַו מֹשֶׁה אוֹתָם לֵאמֹר רביעי
יא מִקֵּץ ׀ שֶׁבַע שָׁנִים בְּמֹעֵד שְׁנַת הַשְּׁמִטָּה בְּחַג הַסֻּכּוֹת: בְּבוֹא
כָל־יִשְׂרָאֵל לֵרָאוֹת אֶת־פְּנֵי יהוה אֱלֹהֶיךָ בַּמָּקוֹם אֲשֶׁר יִבְחָר
יב תִּקְרָא אֶת־הַתּוֹרָה הַזֹּאת נֶגֶד כָּל־יִשְׂרָאֵל בְּאָזְנֵיהֶם: הַקְהֵל
אֶת־הָעָם הָאֲנָשִׁים וְהַנָּשִׁים וְהַטַּף וְגֵרְךָ אֲשֶׁר בִּשְׁעָרֶיךָ לְמַעַן
יִשְׁמְעוּ וּלְמַעַן יִלְמְדוּ וְיָרְאוּ אֶת־יהוה אֱלֹהֵיכֶם וְשָׁמְרוּ לַעֲשׂוֹת
יג אֶת־כָּל־דִּבְרֵי הַתּוֹרָה הַזֹּאת: וּבְנֵיהֶם אֲשֶׁר לֹא־יָדְעוּ יִשְׁמְעוּ
וְלָמְדוּ לְיִרְאָה אֶת־יהוה אֱלֹהֵיכֶם כָּל־הַיָּמִים אֲשֶׁר אַתֶּם
חַיִּים עַל־הָאֲדָמָה אֲשֶׁר אַתֶּם עֹבְרִים אֶת־הַיַּרְדֵּן שָׁמָּה
לְרִשְׁתָּהּ:
יד וַיֹּאמֶר יהוה אֶל־מֹשֶׁה הֵן קָרְבוּ יָמֶיךָ לָמוּת קְרָא אֶת־יְהוֹשֻׁעַ כה חמישי /ששי/
וְהִתְיַצְּבוּ בְּאֹהֶל מוֹעֵד וַאֲצַוֶּנּוּ וַיֵּלֶךְ מֹשֶׁה וִיהוֹשֻׁעַ וַיִּתְיַצְּבוּ בְּאֹהֶל
טו מוֹעֵד: וַיֵּרָא יהוה בָּאֹהֶל בְּעַמּוּד עָנָן וַיַּעֲמֹד עַמּוּד הֶעָנָן עַל־
טז פֶּתַח הָאֹהֶל: וַיֹּאמֶר יהוה אֶל־מֹשֶׁה הִנְּךָ שֹׁכֵב עִם־אֲבֹתֶיךָ
וְקָם הָעָם הַזֶּה וְזָנָה ׀ אַחֲרֵי ׀ אֱלֹהֵי נֵכַר־הָאָרֶץ אֲשֶׁר הוּא בָא־
יז שָׁמָּה בְּקִרְבּוֹ וַעֲזָבַנִי וְהֵפֵר אֶת־בְּרִיתִי אֲשֶׁר כָּרַתִּי אִתּוֹ: וְחָרָה
אַפִּי בוֹ בַיּוֹם־הַהוּא וַעֲזַבְתִּים וְהִסְתַּרְתִּי פָנַי מֵהֶם וְהָיָה לֶאֱכֹל
וּמְצָאֻהוּ רָעוֹת רַבּוֹת וְצָרוֹת וְאָמַר בַּיּוֹם הַהוּא הֲלֹא עַל כִּי־
יח אֵין אֱלֹהַי בְּקִרְבִּי מְצָאוּנִי הָרָעוֹת הָאֵלֶּה: וְאָנֹכִי הַסְתֵּר אַסְתִּיר
פָּנַי בַּיּוֹם הַהוּא עַל כָּל־הָרָעָה אֲשֶׁר עָשָׂה כִּי פָנָה אֶל־אֱלֹהִים
יט אֲחֵרִים: וְעַתָּה כִּתְבוּ לָכֶם אֶת־הַשִּׁירָה הַזֹּאת וְלַמְּדָהּ אֶת־בְּנֵי־
יִשְׂרָאֵל שִׂימָהּ בְּפִיהֶם לְמַעַן תִּהְיֶה־לִּי הַשִּׁירָה הַזֹּאת לְעֵד בִּבְנֵי
כ יִשְׂרָאֵל: כִּי־אֲבִיאֶנּוּ אֶל־הָאֲדָמָה ׀ אֲשֶׁר־נִשְׁבַּעְתִּי לַאֲבֹתָיו זָבַת ששי /שביעי/
חָלָב וּדְבַשׁ וְאָכַל וְשָׂבַע וְדָשֵׁן וּפָנָה אֶל־אֱלֹהִים אֲחֵרִים וַעֲבָדוּם
כא וְנִאֲצוּנִי וְהֵפֵר אֶת־בְּרִיתִי: וְהָיָה כִּי־תִמְצֶאןָ אֹתוֹ רָעוֹת רַבּוֹת
וְצָרוֹת וְעָנְתָה הַשִּׁירָה הַזֹּאת לְפָנָיו לְעֵד כִּי לֹא תִשָּׁכַח מִפִּי

זַרְעוֹ כִּי יָדַעְתִּי אֶת־יִצְרוֹ אֲשֶׁר הוּא עֹשֶׂה הַיּוֹם בְּטֶרֶם אֲבִיאֶנּוּ
כב אֶל־הָאָרֶץ אֲשֶׁר נִשְׁבָּעְתִּי׃ וַיִּכְתֹּב מֹשֶׁה אֶת־הַשִּׁירָה הַזֹּאת
כג בַּיּוֹם הַהוּא וַיְלַמְּדָהּ אֶת־בְּנֵי יִשְׂרָאֵל׃ וַיְצַו אֶת־יְהוֹשֻׁעַ בִּן־
נוּן וַיֹּאמֶר חֲזַק וֶאֱמָץ כִּי אַתָּה תָּבִיא אֶת־בְּנֵי יִשְׂרָאֵל אֶל־
כד הָאָרֶץ אֲשֶׁר־נִשְׁבַּעְתִּי לָהֶם וְאָנֹכִי אֶהְיֶה עִמָּךְ׃ וַיְהִי ׀ כְּכַלּוֹת
מֹשֶׁה לִכְתֹּב אֶת־דִּבְרֵי הַתּוֹרָה־הַזֹּאת עַל־סֵפֶר עַד תֻּמָּם׃
שביעי כה כו וַיְצַו מֹשֶׁה אֶת־הַלְוִיִּם נֹשְׂאֵי אֲרוֹן בְּרִית־יְהוָה לֵאמֹר׃ לָקֹחַ
אֵת סֵפֶר הַתּוֹרָה הַזֶּה וְשַׂמְתֶּם אֹתוֹ מִצַּד אֲרוֹן בְּרִית־יְהוָה
כז אֱלֹהֵיכֶם וְהָיָה־שָׁם בְּךָ לְעֵד׃ כִּי אָנֹכִי יָדַעְתִּי אֶת־מֶרְיְךָ
וְאֶת־עָרְפְּךָ הַקָּשֶׁה הֵן בְּעוֹדֶנִּי חַי עִמָּכֶם הַיּוֹם מַמְרִים הֱיִתֶם
מפטיר כח עִם־יְהוָה וְאַף כִּי־אַחֲרֵי מוֹתִי׃ הַקְהִילוּ אֵלַי אֶת־כָּל־זִקְנֵי
שִׁבְטֵיכֶם וְשֹׁטְרֵיכֶם וַאֲדַבְּרָה בְאָזְנֵיהֶם אֵת הַדְּבָרִים הָאֵלֶּה
כט וְאָעִידָה בָּם אֶת־הַשָּׁמַיִם וְאֶת־הָאָרֶץ׃ כִּי יָדַעְתִּי אַחֲרֵי מוֹתִי
כִּי־הַשְׁחֵת תַּשְׁחִתוּן וְסַרְתֶּם מִן־הַדֶּרֶךְ אֲשֶׁר צִוִּיתִי אֶתְכֶם וְקָרָאת
אֶתְכֶם הָרָעָה בְּאַחֲרִית הַיָּמִים כִּי־תַעֲשׂוּ אֶת־הָרַע בְּעֵינֵי יְהוָה
ל לְהַכְעִיסוֹ בְּמַעֲשֵׂה יְדֵיכֶם׃ וַיְדַבֵּר מֹשֶׁה בְּאָזְנֵי כָּל־קְהַל יִשְׂרָאֵל
אֶת־דִּבְרֵי הַשִּׁירָה הַזֹּאת עַד תֻּמָּם׃

האזינו כו לב א הַאֲזִינוּ הַשָּׁמַיִם וַאֲדַבֵּרָה    וְתִשְׁמַע הָאָרֶץ אִמְרֵי־פִי׃
ב יַעֲרֹף כַּמָּטָר לִקְחִי    תִּזַּל כַּטַּל אִמְרָתִי
כִּשְׂעִירִם עֲלֵי־דֶשֶׁא    וְכִרְבִיבִים עֲלֵי־עֵשֶׂב׃
ג כִּי שֵׁם יְהוָה אֶקְרָא    הָבוּ גֹדֶל לֵאלֹהֵינוּ׃
ד הַצּוּר תָּמִים פָּעֳלוֹ    כִּי כָל־דְּרָכָיו מִשְׁפָּט
אֵל אֱמוּנָה וְאֵין עָוֶל    צַדִּיק וְיָשָׁר הוּא׃
ה שִׁחֵת לוֹ לֹא בָּנָיו מוּמָם    דּוֹר עִקֵּשׁ וּפְתַלְתֹּל׃
ו הַ לְיְהוָה תִּגְמְלוּ־זֹאת    עַם נָבָל וְלֹא חָכָם
הֲלוֹא־הוּא אָבִיךָ קָּנֶךָ    הוּא עָשְׂךָ וַיְכֹנְנֶךָ׃

ז זְכֹר יְמוֹת עוֹלָם    בִּינוּ שְׁנוֹת דֹּר־וָדֹר שני
שְׁאַל אָבִיךָ וְיַגֵּדְךָ    זְקֵנֶיךָ וְיֹאמְרוּ לָךְ׃
ח בְּהַנְחֵל עֶלְיוֹן גּוֹיִם    בְּהַפְרִידוֹ בְּנֵי אָדָם
יַצֵּב גְּבֻלֹת עַמִּים    לְמִסְפַּר בְּנֵי יִשְׂרָאֵל׃
ט כִּי חֵלֶק יְהוָה עַמּוֹ    יַעֲקֹב חֶבֶל נַחֲלָתוֹ׃
י יִמְצָאֵהוּ בְּאֶרֶץ מִדְבָּר    וּבְתֹהוּ יְלֵל יְשִׁמֹן
יְסֹבְבֶנְהוּ יְבוֹנְנֵהוּ    יִצְּרֶנְהוּ כְּאִישׁוֹן עֵינוֹ׃
יא כְּנֶשֶׁר יָעִיר קִנּוֹ    עַל־גּוֹזָלָיו יְרַחֵף
יִפְרֹשׂ כְּנָפָיו יִקָּחֵהוּ    יִשָּׂאֵהוּ עַל־אֶבְרָתוֹ׃
יב יְהוָה בָּדָד יַנְחֶנּוּ    וְאֵין עִמּוֹ אֵל נֵכָר׃
יג יַרְכִּבֵהוּ עַל־בָּמוֹתֵי אָרֶץ    וַיֹּאכַל תְּנוּבֹת שָׂדָי שלישי במתי
וַיֵּנִקֵהוּ דְבַשׁ מִסֶּלַע    וְשֶׁמֶן מֵחַלְמִישׁ צוּר׃
יד חֶמְאַת בָּקָר וַחֲלֵב צֹאן    עִם־חֵלֶב כָּרִים
וְאֵילִים בְּנֵי־בָשָׁן וְעַתּוּדִים    עִם־חֵלֶב כִּלְיוֹת חִטָּה
טו וְדַם־עֵנָב תִּשְׁתֶּה־חָמֶר׃    וַיִּשְׁמַן יְשֻׁרוּן וַיִּבְעָט
שָׁמַנְתָּ עָבִיתָ כָּשִׂיתָ    וַיִּטֹּשׁ אֱלוֹהַ עָשָׂהוּ
טז וַיְנַבֵּל צוּר יְשֻׁעָתוֹ׃    יַקְנִאֻהוּ בְּזָרִים
יז בְּתוֹעֵבֹת יַכְעִיסֻהוּ׃    יִזְבְּחוּ לַשֵּׁדִים לֹא אֱלֹהַ
אֱלֹהִים לֹא יְדָעוּם    חֲדָשִׁים מִקָּרֹב בָּאוּ
יח לֹא שְׂעָרוּם אֲבֹתֵיכֶם׃    צוּר יְלָדְךָ תֶּשִׁי
יט וַתִּשְׁכַּח אֵל מְחֹלְלֶךָ׃    וַיַּרְא יְהוָה וַיִּנְאָץ רביעי
כ מִכַּעַס בָּנָיו וּבְנֹתָיו׃    וַיֹּאמֶר אַסְתִּירָה פָנַי מֵהֶם
אֶרְאֶה מָה אַחֲרִיתָם    כִּי דוֹר תַּהְפֻּכֹת הֵמָּה
כא בָּנִים לֹא־אֵמֻן בָּם׃    הֵם קִנְאוּנִי בְלֹא־אֵל
כִּעֲסוּנִי בְּהַבְלֵיהֶם    וַאֲנִי אַקְנִיאֵם בְּלֹא־עָם
כב בְּגוֹי נָבָל אַכְעִיסֵם׃    כִּי־אֵשׁ קָדְחָה בְאַפִּי
וַתִּיקַד עַד־שְׁאוֹל תַּחְתִּית    וַתֹּאכַל אֶרֶץ וִיבֻלָהּ

וַתְּלַהֵט מוֹסְדֵי הָרִים׃ כג אַסְפֶּה עָלֵימוֹ רָעוֹת
חִצַּי אֲכַלֶּה־בָּם׃ כד מְזֵי רָעָב וּלְחֻמֵי רֶשֶׁף
וְקֶטֶב מְרִירִי וְשֶׁן־בְּהֵמֹת אֲשַׁלַּח־בָּם
עִם־חֲמַת זֹחֲלֵי עָפָר׃ כה מִחוּץ תְּשַׁכֶּל־חֶרֶב
וּמֵחֲדָרִים אֵימָה גַּם־בָּחוּר גַּם־בְּתוּלָה
יוֹנֵק עִם־אִישׁ שֵׂיבָה׃ כו אָמַרְתִּי אַפְאֵיהֶם
אַשְׁבִּיתָה מֵאֱנוֹשׁ זִכְרָם׃ כז לוּלֵי כַּעַס אוֹיֵב אָגוּר
פֶּן־יְנַכְּרוּ צָרֵימוֹ פֶּן־יֹאמְרוּ יָדֵנוּ רָמָה
וְלֹא יְהוָה פָּעַל כָּל־זֹאת׃ כח כִּי־גוֹי אֹבַד עֵצוֹת הֵמָּה
חמישי וְאֵין בָּהֶם תְּבוּנָה׃ כט לוּ חָכְמוּ יַשְׂכִּילוּ זֹאת
יָבִינוּ לְאַחֲרִיתָם׃ ל אֵיכָה יִרְדֹּף אֶחָד אֶלֶף
וּשְׁנַיִם יָנִיסוּ רְבָבָה אִם־לֹא כִּי־צוּרָם מְכָרָם
וַיהוָה הִסְגִּירָם׃ לא כִּי לֹא כְצוּרֵנוּ צוּרָם
וְאֹיְבֵינוּ פְּלִילִים׃ לב כִּי־מִגֶּפֶן סְדֹם גַּפְנָם
וּמִשַּׁדְמֹת עֲמֹרָה עֲנָבֵמוֹ עִנְּבֵי־רוֹשׁ
אַשְׁכְּלֹת מְרֹרֹת לָמוֹ׃ לג חֲמַת תַּנִּינִם יֵינָם
וְרֹאשׁ פְּתָנִים אַכְזָר׃ לד הֲלֹא־הוּא כָּמֻס עִמָּדִי
חָתוּם בְּאוֹצְרֹתָי׃ לה לִי נָקָם וְשִׁלֵּם
לְעֵת תָּמוּט רַגְלָם כִּי קָרוֹב יוֹם אֵידָם
וְחָשׁ עֲתִדֹת לָמוֹ׃ לו כִּי־יָדִין יְהוָה עַמּוֹ
וְעַל־עֲבָדָיו יִתְנֶחָם כִּי יִרְאֶה כִּי־אָזְלַת יָד
וְאֶפֶס עָצוּר וְעָזוּב׃ לז וְאָמַר אֵי אֱלֹהֵימוֹ
צוּר חָסָיוּ בוֹ׃ לח אֲשֶׁר חֵלֶב זְבָחֵימוֹ יֹאכֵלוּ
יִשְׁתּוּ יֵין נְסִיכָם יָקוּמוּ וְיַעְזְרֻכֶם
יְהִי עֲלֵיכֶם סִתְרָה׃ לט רְאוּ ׀ עַתָּה כִּי אֲנִי אֲנִי הוּא
וְאֵין אֱלֹהִים עִמָּדִי אֲנִי אָמִית וַאֲחַיֶּה
מָחַצְתִּי וַאֲנִי אֶרְפָּא וְאֵין מִיָּדִי מַצִּיל׃

מ כִּֽי־אֶשָּׂ֥א אֶל־שָׁמַ֖יִם יָדִ֑י    וְאָמַ֕רְתִּי חַ֥י אָנֹכִ֖י לְעֹלָֽם׃ ששי
מא אִם־שַׁנּוֹתִי֙ בְּרַ֣ק חַרְבִּ֔י    וְתֹאחֵ֥ז בְּמִשְׁפָּ֖ט יָדִ֑י
אָשִׁ֤יב נָקָם֙ לְצָרָ֔י    וְלִמְשַׂנְאַ֖י אֲשַׁלֵּֽם׃
מב אַשְׁכִּ֤יר חִצַּי֙ מִדָּ֔ם    וְחַרְבִּ֖י תֹּאכַ֣ל בָּשָׂ֑ר
מִדַּ֤ם חָלָל֙ וְשִׁבְיָ֔ה    מֵרֹ֖אשׁ פַּרְע֥וֹת אוֹיֵֽב׃
מג הַרְנִ֤ינוּ גוֹיִם֙ עַמּ֔וֹ    כִּ֥י דַם־עֲבָדָ֖יו יִקּ֑וֹם
וְנָקָם֙ יָשִׁ֣יב לְצָרָ֔יו    וְכִפֶּ֥ר אַדְמָת֖וֹ עַמּֽוֹ׃

מד וַיָּבֹ֣א מֹשֶׁ֗ה וַיְדַבֵּ֛ר אֶת־כָּל־דִּבְרֵ֥י הַשִּׁירָֽה־הַזֹּ֖את בְּאָזְנֵ֣י הָעָ֑ם ה֖וּא שביעי
מה וְהוֹשֵׁ֥עַ בִּן־נֽוּן׃ וַיְכַ֣ל מֹשֶׁ֔ה לְדַבֵּ֛ר אֶת־כָּל־הַדְּבָרִ֥ים הָאֵ֖לֶּה אֶל־
מו כָּל־יִשְׂרָאֵֽל׃ וַיֹּ֤אמֶר אֲלֵהֶם֙ שִׂ֣ימוּ לְבַבְכֶ֔ם לְכָל־הַדְּבָרִ֔ים אֲשֶׁ֧ר
אָנֹכִ֛י מֵעִ֥יד בָּכֶ֖ם הַיּ֑וֹם אֲשֶׁ֤ר תְּצַוֻּם֙ אֶת־בְּנֵיכֶ֔ם לִשְׁמֹ֣ר לַעֲשׂ֔וֹת
מז אֶת־כָּל־דִּבְרֵ֖י הַתּוֹרָ֥ה הַזֹּֽאת׃ כִּ֠י לֹֽא־דָבָ֨ר רֵ֥ק הוּא֙ מִכֶּ֔ם כִּי־ה֖וּא
חַיֵּיכֶ֑ם וּבַדָּבָ֣ר הַזֶּ֗ה תַּאֲרִ֤יכוּ יָמִים֙ עַל־הָ֣אֲדָמָ֔ה אֲשֶׁ֨ר אַתֶּ֜ם עֹבְרִ֧ים
אֶת־הַיַּרְדֵּ֛ן שָׁ֖מָּה לְרִשְׁתָּֽהּ׃
מח מט וַיְדַבֵּ֤ר יְהוָה֙ אֶל־מֹשֶׁ֔ה בְּעֶ֛צֶם הַיּ֥וֹם הַזֶּ֖ה לֵאמֹֽר׃ עֲלֵ֡ה אֶל־ מפטיר
הַר֩ הָעֲבָרִ֨ים הַזֶּ֜ה הַר־נְב֗וֹ אֲשֶׁר֙ בְּאֶ֣רֶץ מוֹאָ֔ב אֲשֶׁ֖ר עַל־פְּנֵ֣י
יְרֵח֑וֹ וּרְאֵה֙ אֶת־אֶ֣רֶץ כְּנַ֔עַן אֲשֶׁ֨ר אֲנִ֥י נֹתֵ֛ן לִבְנֵ֥י יִשְׂרָאֵ֖ל
נ לַאֲחֻזָּֽה׃ וּמֻ֗ת בָּהָר֙ אֲשֶׁ֤ר אַתָּה֙ עֹלֶ֣ה שָׁ֔מָּה וְהֵאָסֵ֖ף אֶל־עַמֶּ֑יךָ
נא כַּֽאֲשֶׁר־מֵ֞ת אַהֲרֹ֣ן אָחִ֗יךָ בְּהֹ֣ר הָהָ֔ר וַיֵּאָ֖סֶף אֶל־עַמָּֽיו׃ עַל֩ אֲשֶׁ֨ר
מְעַלְתֶּ֜ם בִּ֗י בְּתוֹךְ֙ בְּנֵ֣י יִשְׂרָאֵ֔ל בְּמֵי־מְרִיבַ֥ת קָדֵ֖שׁ מִדְבַּר־צִ֑ן
נב עַ֣ל אֲשֶׁ֤ר לֹֽא־קִדַּשְׁתֶּם֙ אוֹתִ֔י בְּת֖וֹךְ בְּנֵ֥י יִשְׂרָאֵֽל׃ כִּ֥י מִנֶּ֖גֶד תִּרְאֶ֣ה
אֶת־הָאָ֑רֶץ וְשָׁ֙מָּה֙ לֹ֣א תָב֔וֹא אֶל־הָאָ֕רֶץ אֲשֶׁר־אֲנִ֥י נֹתֵ֖ן לִבְנֵ֥י
יִשְׂרָאֵֽל׃

עליית משה אל הר העברים - הציווי והביצוע
במדבר כז, יב–יג
דברים ג, כז; לד, א–ו

פטירת אהרן
במדבר כ, כב–כט; לג, לז–לט
דברים י, ו

חטא מי מריבה
במדבר כ, ב–יג

כז וזאת הברכה

לג א וְזֹ֣את הַבְּרָכָ֗ה אֲשֶׁ֨ר בֵּרַ֥ךְ מֹשֶׁ֛ה אִ֥ישׁ הָאֱלֹהִ֖ים אֶת־בְּנֵ֣י יִשְׂרָאֵ֑ל
ב לִפְנֵ֖י מוֹתֽוֹ׃ וַיֹּאמַ֗ר יְהוָ֞ה מִסִּינַ֥י בָּא֙ וְזָרַ֤ח מִשֵּׂעִיר֙ לָ֔מוֹ הוֹפִ֨יעַ֙
ג מֵהַ֣ר פָּארָ֔ן וְאָתָ֖ה מֵרִבְבֹ֣ת קֹ֑דֶשׁ מִימִינ֕וֹ אֵשְׁדָּ֖ת לָֽמוֹ׃ אַ֚ף חֹבֵ֣ב אֵ֣שׁ דָּ֔ת

עַמִּים כָּל־קְדֹשָׁיו בְּיָדֶךָ וְהֵם תֻּכּוּ לְרַגְלֶךָ יִשָּׂא מִדַּבְּרֹתֶיךָ׃
ד ה תּוֹרָה צִוָּה־לָנוּ מֹשֶׁה מוֹרָשָׁה קְהִלַּת יַעֲקֹב׃ וַיְהִי בִישֻׁרוּן מֶלֶךְ
ו בְּהִתְאַסֵּף רָאשֵׁי עָם יַחַד שִׁבְטֵי יִשְׂרָאֵל׃ יְחִי רְאוּבֵן וְאַל־יָמֹת
ז וִיהִי מְתָיו מִסְפָּר׃ וְזֹאת לִיהוּדָה וַיֹּאמַר שְׁמַע
יהוה קוֹל יְהוּדָה וְאֶל־עַמּוֹ תְּבִיאֶנּוּ יָדָיו רָב לוֹ וְעֵזֶר מִצָּרָיו
תִּהְיֶה׃
שני ח וּלְלֵוִי אָמַר תֻּמֶּיךָ וְאוּרֶיךָ לְאִישׁ חֲסִידֶךָ אֲשֶׁר נִסִּיתוֹ בְּמַסָּה
ט תְּרִיבֵהוּ עַל־מֵי מְרִיבָה׃ הָאֹמֵר לְאָבִיו וּלְאִמּוֹ לֹא רְאִיתִיו וְאֶת־
אֶחָיו לֹא הִכִּיר וְאֶת־בָּנָו לֹא יָדָע כִּי שָׁמְרוּ אִמְרָתֶךָ וּבְרִיתְךָ
י יִנְצֹרוּ׃ יוֹרוּ מִשְׁפָּטֶיךָ לְיַעֲקֹב וְתוֹרָתְךָ לְיִשְׂרָאֵל יָשִׂימוּ קְטוֹרָה
יא בְּאַפֶּךָ וְכָלִיל עַל־מִזְבְּחֶךָ׃ בָּרֵךְ יהוה חֵילוֹ וּפֹעַל יָדָיו תִּרְצֶה
יב מְחַץ מָתְנַיִם קָמָיו וּמְשַׂנְאָיו מִן־יְקוּמוּן׃ לְבִנְיָמִן
אָמַר יְדִיד יהוה יִשְׁכֹּן לָבֶטַח עָלָיו חֹפֵף עָלָיו כָּל־הַיּוֹם וּבֵין
שלישי יג כְּתֵפָיו שָׁכֵן׃ וּלְיוֹסֵף אָמַר מְבֹרֶכֶת יהוה אַרְצוֹ
יד מִמֶּגֶד שָׁמַיִם מִטָּל וּמִתְּהוֹם רֹבֶצֶת תָּחַת׃ וּמִמֶּגֶד תְּבוּאֹת שָׁמֶשׁ
טו וּמִמֶּגֶד גֶּרֶשׁ יְרָחִים׃ וּמֵרֹאשׁ הַרְרֵי־קֶדֶם וּמִמֶּגֶד גִּבְעוֹת עוֹלָם׃
טז וּמִמֶּגֶד אֶרֶץ וּמְלֹאָהּ וּרְצוֹן שֹׁכְנִי סְנֶה תָּבוֹאתָה לְרֹאשׁ יוֹסֵף
יז וּלְקָדְקֹד נְזִיר אֶחָיו׃ בְּכוֹר שׁוֹרוֹ הָדָר לוֹ וְקַרְנֵי רְאֵם קַרְנָיו בָּהֶם
עַמִּים יְנַגַּח יַחְדָּו אַפְסֵי־אָרֶץ וְהֵם רִבְבוֹת אֶפְרַיִם וְהֵם אַלְפֵי
רביעי יח מְנַשֶּׁה׃ וְלִזְבוּלֻן אָמַר שְׂמַח זְבוּלֻן בְּצֵאתֶךָ
יט וְיִשָּׂשכָר בְּאֹהָלֶיךָ׃ עַמִּים הַר־יִקְרָאוּ שָׁם יִזְבְּחוּ זִבְחֵי־צֶדֶק כִּי
כ שֶׁפַע יַמִּים יִינָקוּ וּשְׂפֻנֵי טְמוּנֵי חוֹל׃ וּלְגָד אָמַר
כא בָּרוּךְ מַרְחִיב גָּד כְּלָבִיא שָׁכֵן וְטָרַף זְרוֹעַ אַף־קָדְקֹד׃ וַיַּרְא
רֵאשִׁית לוֹ כִּי־שָׁם חֶלְקַת מְחֹקֵק סָפוּן וַיֵּתֵא רָאשֵׁי עָם צִדְקַת
חמישי כב יהוה עָשָׂה וּמִשְׁפָּטָיו עִם־יִשְׂרָאֵל׃ וּלְדָן אָמַר
כג דָּן גּוּר אַרְיֵה יְזַנֵּק מִן־הַבָּשָׁן׃ וּלְנַפְתָּלִי אָמַר נַפְתָּלִי שְׂבַע רָצוֹן
כד וּמָלֵא בִּרְכַּת יהוה יָם וְדָרוֹם יְרָשָׁה׃ וּלְאָשֵׁר

לג
אָמַר בָּרוּךְ מִבָּנִים אָשֵׁר יְהִי רְצוּי אֶחָיו וְטֹבֵל בַּשֶּׁמֶן רַגְלוֹ:
כה כו בַּרְזֶל וּנְחֹשֶׁת מִנְעָלֶךָ וּכְיָמֶיךָ דָּבְאֶךָ: אֵין כָּאֵל יְשֻׁרוּן רֹכֵב
כז שָׁמַיִם בְּעֶזְרֶךָ וּבְגַאֲוָתוֹ שְׁחָקִים: מְעֹנָה אֱלֹהֵי קֶדֶם וּמִתַּחַת
חתן התורה
כח זְרֹעֹת עוֹלָם וַיְגָרֶשׁ מִפָּנֶיךָ אוֹיֵב וַיֹּאמֶר הַשְׁמֵד: וַיִּשְׁכֹּן יִשְׂרָאֵל
בֶּטַח בָּדָד עֵין יַעֲקֹב אֶל־אֶרֶץ דָּגָן וְתִירוֹשׁ אַף־שָׁמָיו יַעַרְפוּ־
כט טָל: אַשְׁרֶיךָ יִשְׂרָאֵל מִי כָמוֹךָ עַם נוֹשַׁע בַּיהוָה מָגֵן עֶזְרֶךָ
וַאֲשֶׁר־חֶרֶב גַּאֲוָתֶךָ וְיִכָּחֲשׁוּ אֹיְבֶיךָ לָךְ וְאַתָּה עַל־בָּמוֹתֵימוֹ
לד א תִדְרֹךְ: וַיַּעַל מֹשֶׁה מֵעַרְבֹת מוֹאָב אֶל־הַר נְבוֹ
עליית משה אל הר העברים - הציווי והביצוע במדבר כז, יב–יג דברים ג, כז; לב, מח–נב
רֹאשׁ הַפִּסְגָּה אֲשֶׁר עַל־פְּנֵי יְרֵחוֹ וַיַּרְאֵהוּ יְהוָה אֶת־כָּל־הָאָרֶץ
ב אֶת־הַגִּלְעָד עַד־דָּן: וְאֵת כָּל־נַפְתָּלִי וְאֶת־אֶרֶץ אֶפְרַיִם וּמְנַשֶּׁה
ג וְאֵת כָּל־אֶרֶץ יְהוּדָה עַד הַיָּם הָאַחֲרוֹן: וְאֶת־הַנֶּגֶב וְאֶת־הַכִּכָּר
ד בִּקְעַת יְרֵחוֹ עִיר הַתְּמָרִים עַד־צֹעַר: וַיֹּאמֶר יְהוָה אֵלָיו זֹאת
הָאָרֶץ אֲשֶׁר נִשְׁבַּעְתִּי לְאַבְרָהָם לְיִצְחָק וּלְיַעֲקֹב לֵאמֹר לְזַרְעֲךָ
ה אֶתְּנֶנָּה הֶרְאִיתִיךָ בְעֵינֶיךָ וְשָׁמָּה לֹא תַעֲבֹר: וַיָּמָת שָׁם מֹשֶׁה
ו עֶבֶד־יְהוָה בְּאֶרֶץ מוֹאָב עַל־פִּי יְהוָה: וַיִּקְבֹּר אֹתוֹ בַגַּי בְּאֶרֶץ
מוֹאָב מוּל בֵּית פְּעוֹר וְלֹא־יָדַע אִישׁ אֶת־קְבֻרָתוֹ עַד הַיּוֹם הַזֶּה:
ז וּמֹשֶׁה בֶּן־מֵאָה וְעֶשְׂרִים שָׁנָה בְּמֹתוֹ לֹא־כָהֲתָה עֵינוֹ וְלֹא־
ח נָס לֵחֹה: וַיִּבְכּוּ בְנֵי יִשְׂרָאֵל אֶת־מֹשֶׁה בְּעַרְבֹת מוֹאָב שְׁלֹשִׁים
ט יוֹם וַיִּתְּמוּ יְמֵי בְכִי אֵבֶל מֹשֶׁה: וִיהוֹשֻׁעַ בִּן־נוּן מָלֵא רוּחַ חָכְמָה
כִּי־סָמַךְ מֹשֶׁה אֶת־יָדָיו עָלָיו וַיִּשְׁמְעוּ אֵלָיו בְּנֵי־יִשְׂרָאֵל וַיַּעֲשׂוּ
י כַּאֲשֶׁר צִוָּה יְהוָה אֶת־מֹשֶׁה: וְלֹא־קָם נָבִיא עוֹד בְּיִשְׂרָאֵל
גדלות נבואתו של משה במדבר יב, ו–ח
יא כְּמֹשֶׁה אֲשֶׁר יְדָעוֹ יְהוָה פָּנִים אֶל־פָּנִים: לְכָל־הָאֹתֹת וְהַמּוֹפְתִים
אֲשֶׁר שְׁלָחוֹ יְהוָה לַעֲשׂוֹת בְּאֶרֶץ מִצְרָיִם לְפַרְעֹה וּלְכָל־עֲבָדָיו
יב וּלְכָל־אַרְצוֹ: וּלְכֹל הַיָּד הַחֲזָקָה וּלְכֹל הַמּוֹרָא הַגָּדוֹל אֲשֶׁר
עָשָׂה מֹשֶׁה לְעֵינֵי כָּל־יִשְׂרָאֵל:

# נביאים

# יהושע

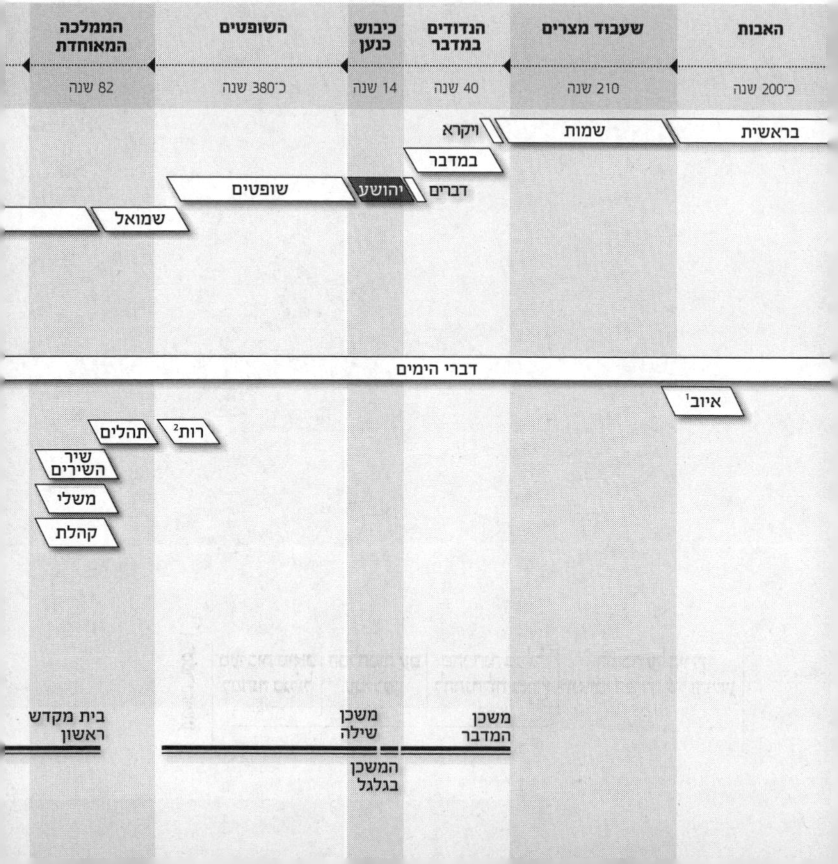

האבות
שעבוד מצרים
הנדודים במדבר
כיבוש כנען
השופטים
הממלכה המאוחדת
כ־200 שנה
210 שנה
40 שנה
14 שנה
כ־380 שנה
82 שנה
בראשית
שמות
ויקרא
במדבר
דברים
יהושע
שופטים
שמואל
דברי הימים
איוב[1]
רות[2]
תהלים
שיר השירים
משלי
קהלת
משכן המדבר
משכן שילה
המשכן בגלגל
בית מקדש ראשון

| ספר יהושע | מערבות מואב למחנה בגלגל | המלחמות עם עמי כנען | מהמחנה בגלגל להתנחלות בארץ | המזבח על הירדן ונאומי הפרֵדה של יהושע |
|---|---|---|---|---|
| | א–ה | ו–יב | יג–כא | כב–כד |
| | 7 שנים | | 7 שנים | |

# א

א וַיְהִי אַחֲרֵי מוֹת מֹשֶׁה עֶבֶד יְהֹוָה וַיֹּאמֶר יְהֹוָה אֶל־יְהוֹשֻׁעַ בִּן־
ב נוּן מְשָׁרֵת מֹשֶׁה לֵאמֹר: מֹשֶׁה עַבְדִּי מֵת וְעַתָּה קוּם עֲבֹר אֶת־
הַיַּרְדֵּן הַזֶּה אַתָּה וְכָל־הָעָם הַזֶּה אֶל־הָאָרֶץ אֲשֶׁר אָנֹכִי נֹתֵן
ג לָהֶם לִבְנֵי יִשְׂרָאֵל: כָּל־מָקוֹם אֲשֶׁר תִּדְרֹךְ כַּף־רַגְלְכֶם בּוֹ
ד לָכֶם נְתַתִּיו כַּאֲשֶׁר דִּבַּרְתִּי אֶל־מֹשֶׁה: מֵהַמִּדְבָּר וְהַלְּבָנוֹן הַזֶּה
וְעַד־הַנָּהָר הַגָּדוֹל נְהַר־פְּרָת כֹּל אֶרֶץ הַחִתִּים וְעַד־הַיָּם
ה הַגָּדוֹל מְבוֹא הַשָּׁמֶשׁ יִהְיֶה גְּבוּלְכֶם: לֹא־יִתְיַצֵּב אִישׁ לְפָנֶיךָ
כֹּל יְמֵי חַיֶּיךָ כַּאֲשֶׁר הָיִיתִי עִם־מֹשֶׁה אֶהְיֶה עִמָּךְ לֹא אַרְפְּךָ
ו וְלֹא אֶעֶזְבֶךָּ: חֲזַק וֶאֱמָץ כִּי אַתָּה תַּנְחִיל אֶת־הָעָם הַזֶּה אֶת־
ז הָאָרֶץ אֲשֶׁר־נִשְׁבַּעְתִּי לַאֲבוֹתָם לָתֵת לָהֶם: רַק חֲזַק וֶאֱמַץ
מְאֹד לִשְׁמֹר לַעֲשׂוֹת כְּכָל־הַתּוֹרָה אֲשֶׁר צִוְּךָ מֹשֶׁה עַבְדִּי אַל־
תָּסוּר מִמֶּנּוּ יָמִין וּשְׂמֹאול לְמַעַן תַּשְׂכִּיל בְּכֹל אֲשֶׁר תֵּלֵךְ:
ח לֹא־יָמוּשׁ סֵפֶר הַתּוֹרָה הַזֶּה מִפִּיךָ וְהָגִיתָ בּוֹ יוֹמָם וָלַיְלָה לְמַעַן
תִּשְׁמֹר לַעֲשׂוֹת כְּכָל־הַכָּתוּב בּוֹ כִּי־אָז תַּצְלִיחַ אֶת־דְּרָכֶךָ וְאָז
ט תַּשְׂכִּיל: הֲלוֹא צִוִּיתִיךָ חֲזַק וֶאֱמָץ אַל־תַּעֲרֹץ וְאַל־תֵּחָת כִּי
י עִמְּךָ יְהֹוָה אֱלֹהֶיךָ בְּכֹל אֲשֶׁר תֵּלֵךְ: וַיְצַו יְהוֹשֻׁעַ
יא אֶת־שֹׁטְרֵי הָעָם לֵאמֹר: עִבְרוּ ׀ בְּקֶרֶב הַמַּחֲנֶה וְצַוּוּ אֶת־
הָעָם לֵאמֹר הָכִינוּ לָכֶם צֵידָה כִּי בְּעוֹד ׀ שְׁלֹשֶׁת יָמִים אַתֶּם
עֹבְרִים אֶת־הַיַּרְדֵּן הַזֶּה לָבוֹא לָרֶשֶׁת אֶת־הָאָרֶץ אֲשֶׁר יְהֹוָה
יב אֱלֹהֵיכֶם נֹתֵן לָכֶם לְרִשְׁתָּהּ: וְלָרְאוּבֵנִי וְלַגָּדִי
יג וְלַחֲצִי שֵׁבֶט הַמְנַשֶּׁה אָמַר יְהוֹשֻׁעַ לֵאמֹר: זָכוֹר אֶת־הַדָּבָר
אֲשֶׁר צִוָּה אֶתְכֶם מֹשֶׁה עֶבֶד־יְהֹוָה לֵאמֹר יְהֹוָה אֱלֹהֵיכֶם
יד מֵנִיחַ לָכֶם וְנָתַן לָכֶם אֶת־הָאָרֶץ הַזֹּאת: נְשֵׁיכֶם טַפְּכֶם וּמִקְנֵיכֶם
יֵשְׁבוּ בָּאָרֶץ אֲשֶׁר נָתַן לָכֶם מֹשֶׁה בְּעֵבֶר הַיַּרְדֵּן וְאַתֶּם תַּעַבְרוּ
טו חֲמֻשִׁים לִפְנֵי אֲחֵיכֶם כֹּל גִּבּוֹרֵי הַחַיִל וַעֲזַרְתֶּם אוֹתָם: עַד
אֲשֶׁר־יָנִיחַ יְהֹוָה ׀ לַאֲחֵיכֶם כָּכֶם וְיָרְשׁוּ גַם־הֵמָּה אֶת־הָאָרֶץ
אֲשֶׁר־יְהֹוָה אֱלֹהֵיכֶם נֹתֵן לָהֶם וְשַׁבְתֶּם לְאֶרֶץ יְרֻשַּׁתְכֶם

פטירת משה
דברים לד, א–ח

גבולות הארץ
בראשית טו, יח–כא
במדבר לד, א–יב
דברים יא, כד–כה
יחזקאל מז, טו–כ

ההסכם בין משה לבין שבט ראובן, גד וחצי המנשה
במדבר לב, א–לב
יהושע ד, יב–יג; כב, א–ט

וִירִשְׁתֶּם אוֹתָהּ אֲשֶׁר ׀ נָתַן לָכֶם מֹשֶׁה עֶבֶד יְהוָה בְּעֵבֶר הַיַּרְדֵּן
טז מִזְרַח הַשָּׁמֶשׁ: וַיַּעֲנוּ אֶת־יְהוֹשֻׁעַ לֵאמֹר כֹּל אֲשֶׁר־צִוִּיתָנוּ
יז נַעֲשֶׂה וְאֶל־כָּל־אֲשֶׁר תִּשְׁלָחֵנוּ נֵלֵךְ: כְּכֹל אֲשֶׁר־שָׁמַעְנוּ אֶל־
מֹשֶׁה כֵּן נִשְׁמַע אֵלֶיךָ רַק יִהְיֶה יְהוָה אֱלֹהֶיךָ עִמָּךְ כַּאֲשֶׁר הָיָה
יח עִם־מֹשֶׁה: כָּל־אִישׁ אֲשֶׁר־יַמְרֶה אֶת־פִּיךָ וְלֹא־יִשְׁמַע אֶת־
דְּבָרֶיךָ לְכֹל אֲשֶׁר־תְּצַוֶּנּוּ יוּמָת רַק חֲזַק וֶאֱמָץ:
ב א וַיִּשְׁלַח יְהוֹשֻׁעַ בִּן־נוּן מִן־הַשִּׁטִּים שְׁנַיִם אֲנָשִׁים מְרַגְּלִים חֶרֶשׁ
לֵאמֹר לְכוּ רְאוּ אֶת־הָאָרֶץ וְאֶת־יְרִיחוֹ וַיֵּלְכוּ וַיָּבֹאוּ בֵּית אִשָּׁה
ב זוֹנָה וּשְׁמָהּ רָחָב וַיִּשְׁכְּבוּ־שָׁמָּה: וַיֵּאָמַר לְמֶלֶךְ יְרִיחוֹ לֵאמֹר
הִנֵּה אֲנָשִׁים בָּאוּ הֵנָּה הַלַּיְלָה מִבְּנֵי יִשְׂרָאֵל לַחְפֹּר אֶת־הָאָרֶץ:
ג וַיִּשְׁלַח מֶלֶךְ יְרִיחוֹ אֶל־רָחָב לֵאמֹר הוֹצִיאִי הָאֲנָשִׁים הַבָּאִים
ד אֵלַיִךְ אֲשֶׁר־בָּאוּ לְבֵיתֵךְ כִּי לַחְפֹּר אֶת־כָּל־הָאָרֶץ בָּאוּ: וַתִּקַּח
הָאִשָּׁה אֶת־שְׁנֵי הָאֲנָשִׁים וַתִּצְפְּנוֹ וַתֹּאמֶר כֵּן בָּאוּ אֵלַי
ה הָאֲנָשִׁים וְלֹא יָדַעְתִּי מֵאַיִן הֵמָּה: וַיְהִי הַשַּׁעַר לִסְגּוֹר בַּחֹשֶׁךְ
וְהָאֲנָשִׁים יָצָאוּ לֹא יָדַעְתִּי אָנָה הָלְכוּ הָאֲנָשִׁים רִדְפוּ מַהֵר
ו אַחֲרֵיהֶם כִּי תַשִּׂיגוּם: וְהִיא הֶעֱלָתַם הַגָּגָה וַתִּטְמְנֵם בְּפִשְׁתֵּי
ז הָעֵץ הָעֲרֻכוֹת לָהּ עַל־הַגָּג: וְהָאֲנָשִׁים רָדְפוּ אַחֲרֵיהֶם דֶּרֶךְ
הַיַּרְדֵּן עַל הַמַּעְבְּרוֹת וְהַשַּׁעַר סָגָרוּ אַחֲרֵי כַּאֲשֶׁר יָצְאוּ
ח הָרֹדְפִים אַחֲרֵיהֶם: וְהֵמָּה טֶרֶם יִשְׁכָּבוּן וְהִיא עָלְתָה עֲלֵיהֶם
ט עַל־הַגָּג: וַתֹּאמֶר אֶל־הָאֲנָשִׁים יָדַעְתִּי כִּי־נָתַן יְהוָה לָכֶם
אֶת־הָאָרֶץ וְכִי־נָפְלָה אֵימַתְכֶם עָלֵינוּ וְכִי נָמֹגוּ כָּל־יֹשְׁבֵי
י הָאָרֶץ מִפְּנֵיכֶם: כִּי שָׁמַעְנוּ אֵת אֲשֶׁר־הוֹבִישׁ יְהוָה אֶת־מֵי
יַם־סוּף מִפְּנֵיכֶם בְּצֵאתְכֶם מִמִּצְרָיִם וַאֲשֶׁר עֲשִׂיתֶם לִשְׁנֵי מַלְכֵי
הָאֱמֹרִי אֲשֶׁר בְּעֵבֶר הַיַּרְדֵּן לְסִיחֹן וּלְעוֹג אֲשֶׁר הֶחֱרַמְתֶּם
יא אוֹתָם: וַנִּשְׁמַע וַיִּמַּס לְבָבֵנוּ וְלֹא־קָמָה עוֹד רוּחַ בְּאִישׁ
מִפְּנֵיכֶם כִּי יְהוָה אֱלֹהֵיכֶם הוּא אֱלֹהִים בַּשָּׁמַיִם מִמַּעַל וְעַל־
יב הָאָרֶץ מִתָּחַת: וְעַתָּה הִשָּׁבְעוּ־נָא לִי בַּיהוָה כִּי־עָשִׂיתִי עִמָּכֶם

קריעת ים סוף
שמות יד, טו–לא

מלחמת סיחון ועוג
במדבר כא, כא–לה
דברים ב, כו – ג, יא

חֶסֶד וַעֲשִׂיתֶם גַּם־אַתֶּם עִם־בֵּית אָבִי חֶסֶד וּנְתַתֶּם לִי אוֹת
יג אֱמֶת׃ וְהַחֲיִתֶם אֶת־אָבִי וְאֶת־אִמִּי וְאֶת־אַחַי וְאֶת־אחותי אַחְיוֹתַי
יד וְאֵת כָּל־אֲשֶׁר לָהֶם וְהִצַּלְתֶּם אֶת־נַפְשֹׁתֵינוּ מִמָּוֶת׃ וַיֹּאמְרוּ
לָהּ הָאֲנָשִׁים נַפְשֵׁנוּ תַחְתֵּיכֶם לָמוּת אִם לֹא תַגִּידוּ אֶת־
דְּבָרֵנוּ זֶה וְהָיָה בְּתֵת־יְהוָה לָנוּ אֶת־הָאָרֶץ וְעָשִׂינוּ עִמָּךְ חֶסֶד
טו וֶאֱמֶת׃ וַתּוֹרִדֵם בַּחֶבֶל בְּעַד הַחַלּוֹן כִּי בֵיתָהּ בְּקִיר הַחוֹמָה
טז וּבַחוֹמָה הִיא יוֹשָׁבֶת׃ וַתֹּאמֶר לָהֶם הָהָרָה לֵּכוּ פֶּן־יִפְגְּעוּ
בָכֶם הָרֹדְפִים וְנַחְבֵּתֶם שָׁמָּה שְׁלֹשֶׁת יָמִים עַד שׁוֹב הָרֹדְפִים
יז וְאַחַר תֵּלְכוּ לְדַרְכְּכֶם׃ וַיֹּאמְרוּ אֵלֶיהָ הָאֲנָשִׁים נְקִיִּם אֲנַחְנוּ
יח מִשְּׁבֻעָתֵךְ הַזֶּה אֲשֶׁר הִשְׁבַּעְתָּנוּ׃ הִנֵּה אֲנַחְנוּ בָאִים בָּאָרֶץ
אֶת־תִּקְוַת חוּט הַשָּׁנִי הַזֶּה תִּקְשְׁרִי בַּחַלּוֹן אֲשֶׁר הוֹרַדְתֵּנוּ
בוֹ וְאֶת־אָבִיךְ וְאֶת־אִמֵּךְ וְאֶת־אַחַיִךְ וְאֵת כָּל־בֵּית אָבִיךְ
יט תַּאַסְפִי אֵלַיִךְ הַבָּיְתָה׃ וְהָיָה כֹּל אֲשֶׁר־יֵצֵא מִדַּלְתֵי בֵיתֵךְ ׀
הַחוּצָה דָּמוֹ בְרֹאשׁוֹ וַאֲנַחְנוּ נְקִיִּם וְכֹל אֲשֶׁר יִהְיֶה אִתָּךְ בַּבַּיִת
כ דָּמוֹ בְרֹאשֵׁנוּ אִם־יָד תִּהְיֶה־בּוֹ׃ וְאִם־תַּגִּידִי אֶת־דְּבָרֵנוּ זֶה
כא וְהָיִינוּ נְקִיִּם מִשְּׁבֻעָתֵךְ אֲשֶׁר הִשְׁבַּעְתָּנוּ׃ וַתֹּאמֶר כְּדִבְרֵיכֶם
כֶּן־הוּא וַתְּשַׁלְּחֵם וַיֵּלֵכוּ וַתִּקְשֹׁר אֶת־תִּקְוַת הַשָּׁנִי בַּחַלּוֹן׃
כב וַיֵּלְכוּ וַיָּבֹאוּ הָהָרָה וַיֵּשְׁבוּ שָׁם שְׁלֹשֶׁת יָמִים עַד־שָׁבוּ הָרֹדְפִים
כג וַיְבַקְשׁוּ הָרֹדְפִים בְּכָל־הַדֶּרֶךְ וְלֹא מָצָאוּ׃ וַיָּשֻׁבוּ שְׁנֵי הָאֲנָשִׁים
וַיֵּרְדוּ מֵהָהָר וַיַּעַבְרוּ וַיָּבֹאוּ אֶל־יְהוֹשֻׁעַ בִּן־נוּן וַיְסַפְּרוּ־
כד לוֹ אֵת כָּל־הַמֹּצְאוֹת אוֹתָם׃ וַיֹּאמְרוּ אֶל־יְהוֹשֻׁעַ כִּי־נָתַן
יְהוָה בְּיָדֵנוּ אֶת־כָּל־הָאָרֶץ וְגַם־נָמֹגוּ כָּל־יֹשְׁבֵי הָאָרֶץ
ג א מִפָּנֵינוּ׃ וַיַּשְׁכֵּם יְהוֹשֻׁעַ בַּבֹּקֶר וַיִּסְעוּ מֵהַשִּׁטִּים
וַיָּבֹאוּ עַד־הַיַּרְדֵּן הוּא וְכָל־בְּנֵי יִשְׂרָאֵל וַיָּלִנוּ שָׁם טֶרֶם יַעֲבֹרוּ׃
ב וַיְהִי מִקְצֵה שְׁלֹשֶׁת יָמִים וַיַּעַבְרוּ הַשֹּׁטְרִים בְּקֶרֶב הַמַּחֲנֶה׃
ג וַיְצַוּוּ אֶת־הָעָם לֵאמֹר כִּרְאֹתְכֶם אֵת אֲרוֹן בְּרִית־יְהוָה
אֱלֹהֵיכֶם וְהַכֹּהֲנִים הַלְוִיִּם נֹשְׂאִים אֹתוֹ וְאַתֶּם תִּסְעוּ מִמְּקוֹמְכֶם

הבטחת המרגלים לרחב
יהושע ו, כב–כג

וַהֲלַכְתֶּם אַחֲרָיו: אַךְ ׀ רָחוֹק יִהְיֶה בֵּינֵיכֶם וּבֵנָו כְּאַלְפַּיִם אַמָּה ד
בַּמִּדָּה אַל־תִּקְרְבוּ אֵלָיו לְמַעַן אֲשֶׁר־תֵּדְעוּ אֶת־הַדֶּרֶךְ אֲשֶׁר תֵּלְכוּ־
בָהּ כִּי לֹא עֲבַרְתֶּם בַּדֶּרֶךְ מִתְּמוֹל שִׁלְשׁוֹם: וַיֹּאמֶר ה
יְהוֹשֻׁעַ אֶל־הָעָם הִתְקַדָּשׁוּ כִּי מָחָר יַעֲשֶׂה יְהוָה בְּקִרְבְּכֶם
נִפְלָאוֹת: וַיֹּאמֶר יְהוֹשֻׁעַ אֶל־הַכֹּהֲנִים לֵאמֹר שְׂאוּ אֶת־אֲרוֹן ו
הַבְּרִית וְעִבְרוּ לִפְנֵי הָעָם וַיִּשְׂאוּ אֶת־אֲרוֹן הַבְּרִית וַיֵּלְכוּ
ב לִפְנֵי הָעָם: וַיֹּאמֶר יְהוָה אֶל־יְהוֹשֻׁעַ הַיּוֹם הַזֶּה ז
אָחֵל גַּדֶּלְךָ בְּעֵינֵי כָּל־יִשְׂרָאֵל אֲשֶׁר יֵדְעוּן כִּי כַּאֲשֶׁר הָיִיתִי
עִם־מֹשֶׁה אֶהְיֶה עִמָּךְ: וְאַתָּה תְּצַוֶּה אֶת־הַכֹּהֲנִים נֹשְׂאֵי ח
אֲרוֹן־הַבְּרִית לֵאמֹר כְּבֹאֲכֶם עַד־קְצֵה מֵי הַיַּרְדֵּן בַּיַּרְדֵּן
תַּעֲמֹדוּ: וַיֹּאמֶר יְהוֹשֻׁעַ אֶל־בְּנֵי יִשְׂרָאֵל גֹּשׁוּ הֵנָּה ט
וְשִׁמְעוּ אֶת־דִּבְרֵי יְהוָה אֱלֹהֵיכֶם: וַיֹּאמֶר יְהוֹשֻׁעַ בְּזֹאת י
תֵּדְעוּן כִּי אֵל חַי בְּקִרְבְּכֶם וְהוֹרֵשׁ יוֹרִישׁ מִפְּנֵיכֶם אֶת־הַכְּנַעֲנִי
וְאֶת־הַחִתִּי וְאֶת־הַחִוִּי וְאֶת־הַפְּרִזִּי וְאֶת־הַגִּרְגָּשִׁי וְהָאֱמֹרִי
וְהַיְבוּסִי: הִנֵּה אֲרוֹן הַבְּרִית אֲדוֹן כָּל־הָאָרֶץ עֹבֵר לִפְנֵיכֶם יא
בַּיַּרְדֵּן: וְעַתָּה קְחוּ לָכֶם שְׁנֵי עָשָׂר אִישׁ מִשִּׁבְטֵי יִשְׂרָאֵל אִישׁ־ יב
אֶחָד אִישׁ־אֶחָד לַשָּׁבֶט: וְהָיָה כְּנוֹחַ כַּפּוֹת רַגְלֵי הַכֹּהֲנִים נֹשְׂאֵי יג
אֲרוֹן יְהוָה אֲדוֹן כָּל־הָאָרֶץ בְּמֵי הַיַּרְדֵּן מֵי הַיַּרְדֵּן יִכָּרֵתוּן
הַמַּיִם הַיֹּרְדִים מִלְמָעְלָה וְיַעַמְדוּ נֵד אֶחָד: וַיְהִי בִּנְסֹעַ הָעָם יד
מֵאָהֳלֵיהֶם לַעֲבֹר אֶת־הַיַּרְדֵּן וְהַכֹּהֲנִים נֹשְׂאֵי הָאָרוֹן הַבְּרִית
לִפְנֵי הָעָם: וּכְבוֹא נֹשְׂאֵי הָאָרוֹן עַד־הַיַּרְדֵּן וְרַגְלֵי הַכֹּהֲנִים טו
נֹשְׂאֵי הָאָרוֹן נִטְבְּלוּ בִּקְצֵה הַמָּיִם וְהַיַּרְדֵּן מָלֵא עַל־כָּל־גְּדוֹתָיו
כֹּל יְמֵי קָצִיר: וַיַּעַמְדוּ הַמַּיִם הַיֹּרְדִים מִלְמַעְלָה קָמוּ נֵד־אֶחָד טז
מאדם הַרְחֵק מְאֹד באדם הָעִיר אֲשֶׁר מִצַּד צָרְתָן וְהַיֹּרְדִים עַל יָם
הָעֲרָבָה יָם־הַמֶּלַח תַּמּוּ נִכְרָתוּ וְהָעָם עָבְרוּ נֶגֶד יְרִיחוֹ: וַיַּעַמְדוּ יז
הַכֹּהֲנִים נֹשְׂאֵי הָאָרוֹן בְּרִית־יְהוָה בֶּחָרָבָה בְּתוֹךְ הַיַּרְדֵּן
הָכֵן וְכָל־יִשְׂרָאֵל עֹבְרִים בֶּחָרָבָה עַד אֲשֶׁר־תַּמּוּ כָּל־הַגּוֹי

ד

א לַעֲב֖וֹר אֶת־הַיַּרְדֵּֽן׃ וַיְהִי֙ כַּאֲשֶׁר־תַּ֣מּוּ כָל־הַגּ֔וֹי לַעֲב֖וֹר אֶת־
ב הַיַּרְדֵּ֑ן וַיֹּ֣אמֶר יְהוָ֔ה אֶל־יְהוֹשֻׁ֖עַ לֵאמֹֽר׃ קְח֤וּ
לָכֶם֙ מִן־הָעָ֔ם שְׁנֵ֥ים עָשָׂ֖ר אֲנָשִׁ֑ים אִֽישׁ־אֶחָ֥ד אִֽישׁ־אֶחָ֖ד
ג מִשָּֽׁבֶט׃ וְצַוּ֨וּ אוֹתָ֜ם לֵאמֹ֗ר שְׂאֽוּ־לָכֶ֨ם מִזֶּ֜ה מִתּ֣וֹךְ הַיַּרְדֵּ֗ן
מִמַּצַּב֙ רַגְלֵ֣י הַכֹּהֲנִ֔ים הָכִ֖ין שְׁתֵּים־עֶשְׂרֵ֣ה אֲבָנִ֑ים וְהַעֲבַרְתֶּ֤ם
אוֹתָם֙ עִמָּכֶ֔ם וְהִנַּחְתֶּ֣ם אוֹתָ֔ם בַּמָּל֕וֹן אֲשֶׁר־תָּלִ֥ינוּ ב֖וֹ
ד הַלָּֽיְלָה׃ וַיִּקְרָ֣א יְהוֹשֻׁ֔עַ אֶל־שְׁנֵ֥ים הֶעָשָׂר֙ אִ֔ישׁ
ה אֲשֶׁ֥ר הֵכִ֖ין מִבְּנֵ֣י יִשְׂרָאֵ֑ל אִֽישׁ־אֶחָ֥ד אִֽישׁ־אֶחָ֖ד מִשָּֽׁבֶט׃ וַיֹּ֤אמֶר
לָהֶם֙ יְהוֹשֻׁ֔עַ עִבְר֗וּ לִפְנֵ֛י אֲר֥וֹן יְהוָ֥ה אֱלֹהֵיכֶ֖ם אֶל־תּ֣וֹךְ הַיַּרְדֵּ֑ן
וְהָרִ֨ימוּ לָכֶ֜ם אִ֣ישׁ אֶ֤בֶן אַחַת֙ עַל־שִׁכְמ֔וֹ לְמִסְפַּ֖ר שִׁבְטֵ֥י בְנֵֽי־
ו יִשְׂרָאֵֽל׃ לְמַ֗עַן תִּהְיֶ֥ה זֹ֛את א֖וֹת בְּקִרְבְּכֶ֑ם כִּֽי־יִשְׁאָל֨וּן בְּנֵיכֶ֤ם
ז מָחָר֙ לֵאמֹ֔ר מָ֛ה הָאֲבָנִ֥ים הָאֵ֖לֶּה לָכֶֽם׃ וַאֲמַרְתֶּ֣ם לָהֶ֗ם אֲשֶׁ֨ר
נִכְרְת֜וּ מֵימֵ֣י הַיַּרְדֵּ֗ן מִפְּנֵי֙ אֲר֣וֹן בְּרִית־יְהוָ֔ה בְּעָבְרוֹ֙ בַּיַּרְדֵּ֔ן
נִכְרְת֖וּ מֵ֣י הַיַּרְדֵּ֑ן וְהָיוּ֩ הָאֲבָנִ֨ים הָאֵ֧לֶּה לְזִכָּר֛וֹן לִבְנֵ֥י יִשְׂרָאֵ֖ל
ח עַד־עוֹלָֽם׃ וַיַּעֲשׂוּ־כֵן֮ בְּנֵֽי־יִשְׂרָאֵל֒ כַּאֲשֶׁ֣ר צִוָּ֣ה יְהוֹשֻׁ֗עַ וַיִּשְׂא֡וּ
שְׁתֵּֽי־עֶשְׂרֵ֨ה אֲבָנִ֜ים מִתּ֣וֹךְ הַיַּרְדֵּ֗ן כַּאֲשֶׁ֨ר דִּבֶּ֤ר יְהוָה֙ אֶל־יְהוֹשֻׁ֔עַ
לְמִסְפַּ֖ר שִׁבְטֵ֣י בְנֵֽי־יִשְׂרָאֵ֑ל וַיַּעֲבִר֤וּם עִמָּם֙ אֶל־הַמָּל֔וֹן וַיַּנִּח֖וּם
ט שָֽׁם׃ וּשְׁתֵּ֨ים עֶשְׂרֵ֜ה אֲבָנִ֗ים הֵקִ֤ים יְהוֹשֻׁעַ֙ בְּת֣וֹךְ הַיַּרְדֵּ֔ן תַּ֗חַת
מַצַּב֙ רַגְלֵ֣י הַכֹּהֲנִ֔ים נֹשְׂאֵ֖י אֲר֣וֹן הַבְּרִ֑ית וַיִּ֣הְיוּ שָׁ֔ם עַ֖ד הַיּ֥וֹם
י הַזֶּֽה׃ וְהַכֹּהֲנִ֞ים נֹשְׂאֵ֣י הָאָר֗וֹן עֹמְדִים֮ בְּת֣וֹךְ הַיַּרְדֵּן֒ עַ֣ד תֹּ֣ם
כָּל־הַדָּבָ֡ר אֲשֶׁר־צִוָּ֣ה יְהוָה֩ אֶת־יְהוֹשֻׁ֨עַ לְדַבֵּ֤ר אֶל־הָעָם֙ כְּכֹ֛ל
יא אֲשֶׁר־צִוָּ֥ה מֹשֶׁ֖ה אֶת־יְהוֹשֻׁ֑עַ וַיְמַהֲר֥וּ הָעָ֖ם וַיַּעֲבֹֽרוּ׃ וַיְהִ֛י
כַּאֲשֶׁר־תַּ֥ם כָּל־הָעָ֖ם לַעֲבֹ֑ר וַיַּעֲבֹ֧ר אֲרוֹן־יְהוָ֛ה וְהַכֹּהֲנִ֖ים לִפְנֵ֥י
יב הָעָֽם׃ וַיַּעַבְר֡וּ בְּנֵֽי־רְאוּבֵן֩ וּבְנֵי־גָ֨ד וַחֲצִ֜י שֵׁ֣בֶט הַֽמְנַשֶּׁ֗ה חֲמֻשִׁ֛ים
יג לִפְנֵ֖י בְּנֵ֣י יִשְׂרָאֵ֑ל כַּאֲשֶׁ֛ר דִּבֶּ֥ר אֲלֵיהֶ֖ם מֹשֶֽׁה׃ כְּאַרְבָּעִ֥ים
אֶ֖לֶף חֲלוּצֵ֣י הַצָּבָ֑א עָֽבְרוּ֙ לִפְנֵ֣י יְהוָ֔ה לַמִּלְחָמָ֔ה אֶ֖ל עַֽרְב֥וֹת
יד יְרִיחֽוֹ׃ בַּיּ֣וֹם הַה֗וּא גִּדַּ֤ל יְהוָה֙ אֶת־יְהוֹשֻׁ֔עַ בְּעֵינֵ֖י

ההסכם בין משה
לבין שבט ראובן,
גד וחצי המנשה
במדבר לב, א–לב
יהושע א, יב–יח;
כב, א–ט

כָּל־יִשְׂרָאֵל וַיִּרְאוּ אֹתוֹ כַּאֲשֶׁר יָרְאוּ אֶת־מֹשֶׁה כָּל־יְמֵי
חַיָּיו׃ וַיֹּאמֶר יְהוָה אֶל־יְהוֹשֻׁעַ לֵאמֹר׃ צַוֵּה טו טז
אֶת־הַכֹּהֲנִים נֹשְׂאֵי אֲרוֹן הָעֵדוּת וְיַעֲלוּ מִן־הַיַּרְדֵּן׃ וַיְצַו יְהוֹשֻׁעַ יז
כַּעֲלוֹת אֶת־הַכֹּהֲנִים לֵאמֹר עֲלוּ מִן־הַיַּרְדֵּן׃ וַיְהִי בעלות הַכֹּהֲנִים יח
נֹשְׂאֵי אֲרוֹן בְּרִית־יְהוָה מִתּוֹךְ הַיַּרְדֵּן נִתְּקוּ כַּפּוֹת רַגְלֵי
הַכֹּהֲנִים אֶל הֶחָרָבָה וַיָּשֻׁבוּ מֵי־הַיַּרְדֵּן לִמְקוֹמָם וַיֵּלְכוּ כִתְמוֹל־
שִׁלְשׁוֹם עַל־כָּל־גְּדוֹתָיו׃ וְהָעָם עָלוּ מִן־הַיַּרְדֵּן בֶּעָשׂוֹר לַחֹדֶשׁ יט
הָרִאשׁוֹן וַיַּחֲנוּ בַּגִּלְגָּל בִּקְצֵה מִזְרַח יְרִיחוֹ׃ וְאֵת שְׁתֵּים עֶשְׂרֵה כ
הָאֲבָנִים הָאֵלֶּה אֲשֶׁר לָקְחוּ מִן־הַיַּרְדֵּן הֵקִים יְהוֹשֻׁעַ בַּגִּלְגָּל׃
וַיֹּאמֶר אֶל־בְּנֵי יִשְׂרָאֵל לֵאמֹר אֲשֶׁר יִשְׁאָלוּן בְּנֵיכֶם מָחָר אֶת־ כא
אֲבוֹתָם לֵאמֹר מָה הָאֲבָנִים הָאֵלֶּה׃ וְהוֹדַעְתֶּם אֶת־בְּנֵיכֶם כב
קריעת ים סוף שמות יד, טו–לא | לֵאמֹר בַּיַּבָּשָׁה עָבַר יִשְׂרָאֵל אֶת־הַיַּרְדֵּן הַזֶּה׃ אֲשֶׁר־הוֹבִישׁ כג
יְהוָה אֱלֹהֵיכֶם אֶת־מֵי הַיַּרְדֵּן מִפְּנֵיכֶם עַד־עָבְרְכֶם כַּאֲשֶׁר עָשָׂה
יְהוָה אֱלֹהֵיכֶם לְיַם־סוּף אֲשֶׁר־הוֹבִישׁ מִפָּנֵינוּ עַד־עָבְרֵנוּ׃
ג לְמַעַן דַּעַת כָּל־עַמֵּי הָאָרֶץ אֶת־יַד יְהוָה כִּי חֲזָקָה הִיא לְמַעַן כד
יְרָאתֶם אֶת־יְהוָה אֱלֹהֵיכֶם כָּל־הַיָּמִים׃ וַיְהִי א ה
כִשְׁמֹעַ כָּל־מַלְכֵי הָאֱמֹרִי אֲשֶׁר בְּעֵבֶר הַיַּרְדֵּן יָמָּה וְכָל־מַלְכֵי
הַכְּנַעֲנִי אֲשֶׁר עַל־הַיָּם אֵת אֲשֶׁר־הוֹבִישׁ יְהוָה אֶת־מֵי הַיַּרְדֵּן
עָבְרָם מִפְּנֵי בְנֵי־יִשְׂרָאֵל עַד־עברנו וַיִּמַּס לְבָבָם וְלֹא־הָיָה בָם עוֹד
רוּחַ מִפְּנֵי בְּנֵי־יִשְׂרָאֵל׃ בָּעֵת הַהִיא אָמַר יְהוָה ב
אֶל־יְהוֹשֻׁעַ עֲשֵׂה לְךָ חַרְבוֹת צֻרִים וְשׁוּב מֹל אֶת־בְּנֵי־יִשְׂרָאֵל
שֵׁנִית׃ וַיַּעַשׂ־לוֹ יְהוֹשֻׁעַ חַרְבוֹת צֻרִים וַיָּמָל אֶת־בְּנֵי יִשְׂרָאֵל ג
אֶל־גִּבְעַת הָעֲרָלוֹת׃ וְזֶה הַדָּבָר אֲשֶׁר־מָל יְהוֹשֻׁעַ כָּל־הָעָם ד
הַיֹּצֵא מִמִּצְרַיִם הַזְּכָרִים כֹּל ׀ אַנְשֵׁי הַמִּלְחָמָה מֵתוּ בַמִּדְבָּר
גזרת הנדודים במדבר ומות דור יוצאי מצרים במדבר יד, כו–לה דברים א, לד–מ | בַּדֶּרֶךְ בְּצֵאתָם מִמִּצְרָיִם׃ כִּי־מֻלִים הָיוּ כָּל־הָעָם הַיֹּצְאִים ה
וְכָל־הָעָם הַיִּלֹּדִים בַּמִּדְבָּר בַּדֶּרֶךְ בְּצֵאתָם מִמִּצְרַיִם לֹא־מָלוּ׃
כִּי ׀ אַרְבָּעִים שָׁנָה הָלְכוּ בְנֵי־יִשְׂרָאֵל בַּמִּדְבָּר עַד־תֹּם כָּל־ ו

הַגּוֹי אַנְשֵׁי הַמִּלְחָמָה הַיֹּצְאִים מִמִּצְרַיִם אֲשֶׁר לֹא־שָׁמְעוּ בְּקוֹל
יְהוָה אֲשֶׁר נִשְׁבַּע יְהוָה לָהֶם לְבִלְתִּי הַרְאוֹתָם אֶת־הָאָרֶץ
אֲשֶׁר נִשְׁבַּע יְהוָה לַאֲבוֹתָם לָתֶת לָנוּ אֶרֶץ זָבַת חָלָב וּדְבָשׁ׃
ז וְאֶת־בְּנֵיהֶם הֵקִים תַּחְתָּם אֹתָם מָל יְהוֹשֻׁעַ כִּי־עֲרֵלִים הָיוּ כִּי
ח לֹא־מָלוּ אוֹתָם בַּדָּרֶךְ׃ וַיְהִי כַּאֲשֶׁר־תַּמּוּ כָל־הַגּוֹי לְהִמּוֹל
ט וַיֵּשְׁבוּ תַחְתָּם בַּמַּחֲנֶה עַד חֲיוֹתָם׃ וַיֹּאמֶר יְהוָה
אֶל־יְהוֹשֻׁעַ הַיּוֹם גַּלּוֹתִי אֶת־חֶרְפַּת מִצְרַיִם מֵעֲלֵיכֶם וַיִּקְרָא
י שֵׁם הַמָּקוֹם הַהוּא גִּלְגָּל עַד הַיּוֹם הַזֶּה׃ וַיַּחֲנוּ בְנֵי־יִשְׂרָאֵל
בַּגִּלְגָּל וַיַּעֲשׂוּ אֶת־הַפֶּסַח בְּאַרְבָּעָה עָשָׂר יוֹם לַחֹדֶשׁ בָּעֶרֶב
יא בְּעַרְבוֹת יְרִיחוֹ׃ וַיֹּאכְלוּ מֵעֲבוּר הָאָרֶץ מִמָּחֳרַת הַפֶּסַח מַצּוֹת
יב וְקָלוּי בְּעֶצֶם הַיּוֹם הַזֶּה׃ וַיִּשְׁבֹּת הַמָּן מִמָּחֳרָת בְּאָכְלָם מֵעֲבוּר
הָאָרֶץ וְלֹא־הָיָה עוֹד לִבְנֵי יִשְׂרָאֵל מָן וַיֹּאכְלוּ מִתְּבוּאַת אֶרֶץ
יג כְּנַעַן בַּשָּׁנָה הַהִיא׃ וַיְהִי בִּהְיוֹת יְהוֹשֻׁעַ בִּירִיחוֹ
וַיִּשָּׂא עֵינָיו וַיַּרְא וְהִנֵּה־אִישׁ עֹמֵד לְנֶגְדּוֹ וְחַרְבּוֹ שְׁלוּפָה בְּיָדוֹ
יד וַיֵּלֶךְ יְהוֹשֻׁעַ אֵלָיו וַיֹּאמֶר לוֹ הֲלָנוּ אַתָּה אִם־לְצָרֵינוּ׃ וַיֹּאמֶר ׀
לֹא כִּי אֲנִי שַׂר־צְבָא־יְהוָה עַתָּה בָאתִי וַיִּפֹּל יְהוֹשֻׁעַ אֶל־
פָּנָיו אַרְצָה וַיִּשְׁתָּחוּ וַיֹּאמֶר לוֹ מָה אֲדֹנִי מְדַבֵּר אֶל־עַבְדּוֹ׃
טו וַיֹּאמֶר שַׂר־צְבָא יְהוָה אֶל־יְהוֹשֻׁעַ שַׁל־נַעַלְךָ מֵעַל רַגְלֶךָ כִּי
הַמָּקוֹם אֲשֶׁר אַתָּה עֹמֵד עָלָיו קֹדֶשׁ הוּא וַיַּעַשׂ יְהוֹשֻׁעַ כֵּן׃
ו א וִירִיחוֹ סֹגֶרֶת וּמְסֻגֶּרֶת מִפְּנֵי בְּנֵי יִשְׂרָאֵל אֵין יוֹצֵא וְאֵין
ב בָּא׃ וַיֹּאמֶר יְהוָה אֶל־יְהוֹשֻׁעַ רְאֵה נָתַתִּי בְיָדְךָ
ג אֶת־יְרִיחוֹ וְאֶת־מַלְכָּהּ גִּבּוֹרֵי הֶחָיִל׃ וְסַבֹּתֶם אֶת־הָעִיר כֹּל
אַנְשֵׁי הַמִּלְחָמָה הַקֵּיף אֶת־הָעִיר פַּעַם אֶחָת כֹּה תַעֲשֶׂה שֵׁשֶׁת
ד יָמִים׃ וְשִׁבְעָה כֹהֲנִים יִשְׂאוּ שִׁבְעָה שׁוֹפְרוֹת הַיּוֹבְלִים לִפְנֵי
הָאָרוֹן וּבַיּוֹם הַשְּׁבִיעִי תָּסֹבּוּ אֶת־הָעִיר שֶׁבַע פְּעָמִים וְהַכֹּהֲנִים
ה יִתְקְעוּ בַּשּׁוֹפָרוֹת׃ וְהָיָה בִּמְשֹׁךְ ׀ בְּקֶרֶן הַיּוֹבֵל בשמעכם אֶת־ כְּשָׁמְעֲכֶם
קוֹל הַשּׁוֹפָר יָרִיעוּ כָל־הָעָם תְּרוּעָה גְדוֹלָה וְנָפְלָה חוֹמַת הָעִיר

שביתת המן לאחר כניסת ישראל לארץ
שמות טז, לה

תַּחְתֶּיהָ וְעָלוּ הָעָם אִישׁ נֶגְדּוֹ׃ וַיִּקְרָא יְהוֹשֻׁעַ בִּן־נוּן אֶל־ ו
הַכֹּהֲנִים וַיֹּאמֶר אֲלֵהֶם שְׂאוּ אֶת־אֲרוֹן הַבְּרִית וְשִׁבְעָה כֹהֲנִים
וַיֹּאמֶר יִשְׂאוּ שִׁבְעָה שׁוֹפְרוֹת יוֹבְלִים לִפְנֵי אֲרוֹן יְהוָה׃ ויאמרו אֶל־ ז
הָעָם עִבְרוּ וְסֹבּוּ אֶת־הָעִיר וְהֶחָלוּץ יַעֲבֹר לִפְנֵי אֲרוֹן יְהוָה׃
וַיְהִי כֶּאֱמֹר יְהוֹשֻׁעַ אֶל־הָעָם וְשִׁבְעָה הַכֹּהֲנִים נֹשְׂאִים שִׁבְעָה ח
שׁוֹפְרוֹת הַיּוֹבְלִים לִפְנֵי יְהוָה עָבְרוּ וְתָקְעוּ בַּשּׁוֹפָרוֹת וַאֲרוֹן
תִּקְעֵי בְּרִית יְהוָה הֹלֵךְ אַחֲרֵיהֶם׃ וְהֶחָלוּץ הֹלֵךְ לִפְנֵי הַכֹּהֲנִים תקעו ט
הַשּׁוֹפָרוֹת וְהַמְאַסֵּף הֹלֵךְ אַחֲרֵי הָאָרוֹן הָלוֹךְ וְתָקוֹעַ בַּשּׁוֹפָרוֹת׃
וְאֶת־הָעָם צִוָּה יְהוֹשֻׁעַ לֵאמֹר לֹא תָרִיעוּ וְלֹא־תַשְׁמִיעוּ אֶת־ י
קוֹלְכֶם וְלֹא־יֵצֵא מִפִּיכֶם דָּבָר עַד יוֹם אָמְרִי אֲלֵיכֶם הָרִיעוּ
וַהֲרֵיעֹתֶם׃ וַיַּסֵּב אֲרוֹן־יְהוָה אֶת־הָעִיר הַקֵּף פַּעַם אֶחָת וַיָּבֹאוּ יא
הַמַּחֲנֶה וַיָּלִינוּ בַּמַּחֲנֶה׃ וַיַּשְׁכֵּם יְהוֹשֻׁעַ בַּבֹּקֶר יב
וַיִּשְׂאוּ הַכֹּהֲנִים אֶת־אֲרוֹן יְהוָה׃ וְשִׁבְעָה הַכֹּהֲנִים נֹשְׂאִים יג
שִׁבְעָה שׁוֹפְרוֹת הַיֹּבְלִים לִפְנֵי אֲרוֹן יְהוָה הֹלְכִים הָלוֹךְ וְתָקְעוּ
בַּשּׁוֹפָרוֹת וְהֶחָלוּץ הֹלֵךְ לִפְנֵיהֶם וְהַמְאַסֵּף הֹלֵךְ אַחֲרֵי אֲרוֹן
הָלוֹךְ יְהוָה הולך וְתָקוֹעַ בַּשּׁוֹפָרוֹת׃ וַיָּסֹבּוּ אֶת־הָעִיר בַּיּוֹם הַשֵּׁנִי יד
פַּעַם אַחַת וַיָּשֻׁבוּ הַמַּחֲנֶה כֹּה עָשׂוּ שֵׁשֶׁת יָמִים׃ וַיְהִי ׀ בַּיּוֹם טו
הַשְּׁבִיעִי וַיַּשְׁכִּמוּ כַּעֲלוֹת הַשַּׁחַר וַיָּסֹבּוּ אֶת־הָעִיר כַּמִּשְׁפָּט הַזֶּה
שֶׁבַע פְּעָמִים רַק בַּיּוֹם הַהוּא סָבְבוּ אֶת־הָעִיר שֶׁבַע פְּעָמִים׃
וַיְהִי בַּפַּעַם הַשְּׁבִיעִית תָּקְעוּ הַכֹּהֲנִים בַּשּׁוֹפָרוֹת וַיֹּאמֶר יְהוֹשֻׁעַ טז
אֶל־הָעָם הָרִיעוּ כִּי־נָתַן יְהוָה לָכֶם אֶת־הָעִיר׃ וְהָיְתָה הָעִיר יז
חֵרֶם הִיא וְכָל־אֲשֶׁר־בָּהּ לַיהוָה רַק רָחָב הַזּוֹנָה תִּחְיֶה הִיא
וְכָל־אֲשֶׁר אִתָּהּ בַּבַּיִת כִּי הֶחְבְּאַתָה אֶת־הַמַּלְאָכִים אֲשֶׁר
שָׁלָחְנוּ׃ וְרַק־אַתֶּם שִׁמְרוּ מִן־הַחֵרֶם פֶּן־תַּחֲרִימוּ וּלְקַחְתֶּם מִן־ יח
הַחֵרֶם וְשַׂמְתֶּם אֶת־מַחֲנֵה יִשְׂרָאֵל לְחֵרֶם וַעֲכַרְתֶּם אוֹתוֹ׃ וְכֹל ׀ יט
כֶּסֶף וְזָהָב וּכְלֵי נְחֹשֶׁת וּבַרְזֶל קֹדֶשׁ הוּא לַיהוָה אוֹצַר יְהוָה
יָבוֹא׃ וַיָּרַע הָעָם וַיִּתְקְעוּ בַּשּׁוֹפָרוֹת וַיְהִי כִשְׁמֹעַ הָעָם אֶת־ כ

קוֹל הַשּׁוֹפָר וַיָּרִיעוּ הָעָם תְּרוּעָה גְדוֹלָה וַתִּפֹּל הַחוֹמָה תַּחְתֶּיהָ
כא וַיַּעַל הָעָם הָעִירָה אִישׁ נֶגְדּוֹ וַיִּלְכְּדוּ אֶת־הָעִיר׃ וַיַּחֲרִימוּ אֶת־
כָּל־אֲשֶׁר בָּעִיר מֵאִישׁ וְעַד־אִשָּׁה מִנַּעַר וְעַד־זָקֵן וְעַד שׁוֹר
כב וָשֶׂה וַחֲמוֹר לְפִי־חָרֶב׃ וְלִשְׁנַיִם הָאֲנָשִׁים הַמְרַגְּלִים אֶת־הָאָרֶץ
אָמַר יְהוֹשֻׁעַ בֹּאוּ בֵּית־הָאִשָּׁה הַזּוֹנָה וְהוֹצִיאוּ מִשָּׁם אֶת־
כג הָאִשָּׁה וְאֶת־כָּל־אֲשֶׁר־לָהּ כַּאֲשֶׁר נִשְׁבַּעְתֶּם לָהּ׃ וַיָּבֹאוּ
הַנְּעָרִים הַמְרַגְּלִים וַיֹּצִיאוּ אֶת־רָחָב וְאֶת־אָבִיהָ וְאֶת־אִמָּהּ
וְאֶת־אַחֶיהָ וְאֶת־כָּל־אֲשֶׁר־לָהּ וְאֵת כָּל־מִשְׁפְּחוֹתֶיהָ הוֹצִיאוּ
כד וַיַּנִּיחוּם מִחוּץ לְמַחֲנֵה יִשְׂרָאֵל׃ וְהָעִיר שָׂרְפוּ בָאֵשׁ וְכָל־אֲשֶׁר־
בָּהּ רַק ׀ הַכֶּסֶף וְהַזָּהָב וּכְלֵי הַנְּחֹשֶׁת וְהַבַּרְזֶל נָתְנוּ אוֹצַר
כה בֵּית־יְהוָה׃ וְאֶת־רָחָב הַזּוֹנָה וְאֶת־בֵּית אָבִיהָ וְאֶת־כָּל־
אֲשֶׁר־לָהּ הֶחֱיָה יְהוֹשֻׁעַ וַתֵּשֶׁב בְּקֶרֶב יִשְׂרָאֵל עַד הַיּוֹם הַזֶּה
כִּי הֶחְבִּיאָה אֶת־הַמַּלְאָכִים אֲשֶׁר־שָׁלַח יְהוֹשֻׁעַ לְרַגֵּל אֶת־
כו יְרִיחוֹ׃ וַיַּשְׁבַּע יְהוֹשֻׁעַ בָּעֵת הַהִיא לֵאמֹר אָרוּר
הָאִישׁ לִפְנֵי יְהוָה אֲשֶׁר יָקוּם וּבָנָה אֶת־הָעִיר הַזֹּאת אֶת־יְרִיחוֹ
כז בִּבְכֹרוֹ יְיַסְּדֶנָּה וּבִצְעִירוֹ יַצִּיב דְּלָתֶיהָ׃ וַיְהִי ד
ז א יְהוָה אֶת־יְהוֹשֻׁעַ וַיְהִי שָׁמְעוֹ בְּכָל־הָאָרֶץ׃ וַיִּמְעֲלוּ בְנֵי־יִשְׂרָאֵל
מַעַל בַּחֵרֶם וַיִּקַּח עָכָן בֶּן־כַּרְמִי בֶן־זַבְדִּי בֶן־זֶרַח לְמַטֵּה יְהוּדָה
ב מִן־הַחֵרֶם וַיִּחַר־אַף יְהוָה בִּבְנֵי יִשְׂרָאֵל׃ וַיִּשְׁלַח
יְהוֹשֻׁעַ אֲנָשִׁים מִירִיחוֹ הָעַי אֲשֶׁר עִם־בֵּית אָוֶן מִקֶּדֶם לְבֵית־
אֵל וַיֹּאמֶר אֲלֵיהֶם לֵאמֹר עֲלוּ וְרַגְּלוּ אֶת־הָאָרֶץ וַיַּעֲלוּ
ג הָאֲנָשִׁים וַיְרַגְּלוּ אֶת־הָעָי׃ וַיָּשֻׁבוּ אֶל־יְהוֹשֻׁעַ וַיֹּאמְרוּ אֵלָיו
אַל־יַעַל כָּל־הָעָם כְּאַלְפַּיִם אִישׁ אוֹ כִּשְׁלֹשֶׁת אֲלָפִים אִישׁ
יַעֲלוּ וְיַכּוּ אֶת־הָעָי אַל־תְּיַגַּע שָׁמָּה אֶת־כָּל־הָעָם כִּי מְעַט
ד הֵמָּה׃ וַיַּעֲלוּ מִן־הָעָם שָׁמָּה כִּשְׁלֹשֶׁת אֲלָפִים אִישׁ וַיָּנֻסוּ לִפְנֵי
ה אַנְשֵׁי הָעָי׃ וַיַּכּוּ מֵהֶם אַנְשֵׁי הָעַי כִּשְׁלֹשִׁים וְשִׁשָּׁה אִישׁ
וַיִּרְדְּפוּם לִפְנֵי הַשַּׁעַר עַד־הַשְּׁבָרִים וַיַּכּוּם בַּמּוֹרָד וַיִּמַּס לְבַב־

הבטחת המרגלים לרחב
יהושע ב, יז–כ

רחב מחביאה את המלאכים
יהושע ב, א–ז

קללת יהושע על בונה יריחו
מל״א טז, לד

ייחוסו של עכן ומעילתו בחרם
דה״א ב, ז

ו הָעָם וַיְהִי לְמָיִם׃ וַיִּקְרַע יְהוֹשֻׁעַ שִׂמְלֹתָיו וַיִּפֹּל עַל־פָּנָיו אַרְצָה
לִפְנֵי אֲרוֹן יהוה עַד־הָעֶרֶב הוּא וְזִקְנֵי יִשְׂרָאֵל וַיַּעֲלוּ עָפָר עַל־
ז רֹאשָׁם׃ וַיֹּאמֶר יְהוֹשֻׁעַ אֲהָהּ ׀ אֲדֹנָי יֱהוִה לָמָה הֵעֲבַרְתָּ
הַעֲבִיר אֶת־הָעָם הַזֶּה אֶת־הַיַּרְדֵּן לָתֵת אֹתָנוּ בְּיַד הָאֱמֹרִי
ח לְהַאֲבִידֵנוּ וְלוּ הוֹאַלְנוּ וַנֵּשֶׁב בְּעֵבֶר הַיַּרְדֵּן׃ בִּי אֲדֹנָי מָה אֹמַר
ט אַחֲרֵי אֲשֶׁר הָפַךְ יִשְׂרָאֵל עֹרֶף לִפְנֵי אֹיְבָיו׃ וְיִשְׁמְעוּ הַכְּנַעֲנִי
וְכֹל יֹשְׁבֵי הָאָרֶץ וְנָסַבּוּ עָלֵינוּ וְהִכְרִיתוּ אֶת־שְׁמֵנוּ מִן־הָאָרֶץ
י וּמַה־תַּעֲשֵׂה לְשִׁמְךָ הַגָּדוֹל׃ וַיֹּאמֶר יהוה אֶל־
יא יְהוֹשֻׁעַ קֻם לָךְ לָמָּה זֶּה אַתָּה נֹפֵל עַל־פָּנֶיךָ׃ חָטָא יִשְׂרָאֵל
וְגַם עָבְרוּ אֶת־בְּרִיתִי אֲשֶׁר צִוִּיתִי אוֹתָם וְגַם לָקְחוּ מִן־הַחֵרֶם
יב וְגַם גָּנְבוּ וְגַם כִּחֲשׁוּ וְגַם שָׂמוּ בִכְלֵיהֶם׃ וְלֹא יֻכְלוּ בְּנֵי יִשְׂרָאֵל
לָקוּם לִפְנֵי אֹיְבֵיהֶם עֹרֶף יִפְנוּ לִפְנֵי אֹיְבֵיהֶם כִּי הָיוּ לְחֵרֶם לֹא
יג אוֹסִיף לִהְיוֹת עִמָּכֶם אִם־לֹא תַשְׁמִידוּ הַחֵרֶם מִקִּרְבְּכֶם׃ קֻם
קַדֵּשׁ אֶת־הָעָם וְאָמַרְתָּ הִתְקַדְּשׁוּ לְמָחָר כִּי כֹה אָמַר יהוה
אֱלֹהֵי יִשְׂרָאֵל חֵרֶם בְּקִרְבְּךָ יִשְׂרָאֵל לֹא תוּכַל לָקוּם לִפְנֵי
יד אֹיְבֶיךָ עַד־הֲסִירְכֶם הַחֵרֶם מִקִּרְבְּכֶם׃ וְנִקְרַבְתֶּם בַּבֹּקֶר
לְשִׁבְטֵיכֶם וְהָיָה הַשֵּׁבֶט אֲשֶׁר־יִלְכְּדֶנּוּ יהוה יִקְרַב לַמִּשְׁפָּחוֹת
וְהַמִּשְׁפָּחָה אֲשֶׁר־יִלְכְּדֶנָּה יהוה תִּקְרַב לַבָּתִּים וְהַבַּיִת אֲשֶׁר
טו יִלְכְּדֶנּוּ יהוה יִקְרַב לַגְּבָרִים׃ וְהָיָה הַנִּלְכָּד בַּחֵרֶם יִשָּׂרֵף בָּאֵשׁ
אֹתוֹ וְאֶת־כָּל־אֲשֶׁר־לוֹ כִּי עָבַר אֶת־בְּרִית יהוה וְכִי־עָשָׂה
טז נְבָלָה בְּיִשְׂרָאֵל׃ וַיַּשְׁכֵּם יְהוֹשֻׁעַ בַּבֹּקֶר וַיַּקְרֵב אֶת־יִשְׂרָאֵל
יז לִשְׁבָטָיו וַיִּלָּכֵד שֵׁבֶט יְהוּדָה׃ וַיַּקְרֵב אֶת־מִשְׁפַּחַת יְהוּדָה
וַיִּלְכֹּד אֵת מִשְׁפַּחַת הַזַּרְחִי וַיַּקְרֵב אֶת־מִשְׁפַּחַת הַזַּרְחִי
יח לַגְּבָרִים וַיִּלָּכֵד זַבְדִּי׃ וַיַּקְרֵב אֶת־בֵּיתוֹ לַגְּבָרִים וַיִּלָּכֵד עָכָן
יט בֶּן־כַּרְמִי בֶן־זַבְדִּי בֶּן־זֶרַח לְמַטֵּה יְהוּדָה׃ וַיֹּאמֶר יְהוֹשֻׁעַ אֶל־
עָכָן בְּנִי שִׂים־נָא כָבוֹד לַיהוה אֱלֹהֵי יִשְׂרָאֵל וְתֶן־לוֹ תוֹדָה
כ וְהַגֶּד־נָא לִי מֶה עָשִׂיתָ אַל־תְּכַחֵד מִמֶּנִּי׃ וַיַּעַן עָכָן אֶת־יְהוֹשֻׁעַ

וַיֹּאמַר אָמְנָה אָנֹכִי חָטָאתִי לַיהוָה אֱלֹהֵי יִשְׂרָאֵל וְכָזֹאת
כא וְכָזֹאת עָשִׂיתִי: ואראה בַשָּׁלָל אַדֶּרֶת שִׁנְעָר אַחַת טוֹבָה וָאֵרֶא
וּמָאתַיִם שְׁקָלִים כֶּסֶף וּלְשׁוֹן זָהָב אֶחָד חֲמִשִּׁים שְׁקָלִים
מִשְׁקָלוֹ וָאֶחְמְדֵם וָאֶקָּחֵם וְהִנָּם טְמוּנִים בָּאָרֶץ בְּתוֹךְ הָאָהֳלִי
כב וְהַכֶּסֶף תַּחְתֶּיהָ: וַיִּשְׁלַח יְהוֹשֻׁעַ מַלְאָכִים וַיָּרֻצוּ הָאֹהֱלָה וְהִנֵּה
כג טְמוּנָה בְּאָהֳלוֹ וְהַכֶּסֶף תַּחְתֶּיהָ: וַיִּקָּחוּם מִתּוֹךְ הָאֹהֶל וַיְבִאוּם
כד אֶל־יְהוֹשֻׁעַ וְאֶל כָּל־בְּנֵי יִשְׂרָאֵל וַיַּצִּקֻם לִפְנֵי יְהוָה: וַיִּקַּח
יְהוֹשֻׁעַ אֶת־עָכָן בֶּן־זֶרַח וְאֶת־הַכֶּסֶף וְאֶת־הָאַדֶּרֶת וְאֶת־
לְשׁוֹן הַזָּהָב וְאֶת־בָּנָיו וְאֶת־בְּנֹתָיו וְאֶת־שׁוֹרוֹ וְאֶת־חֲמֹרוֹ
וְאֶת־צֹאנוֹ וְאֶת־אָהֳלוֹ וְאֶת־כָּל־אֲשֶׁר־לוֹ וְכָל־יִשְׂרָאֵל עִמּוֹ
כה וַיַּעֲלוּ אֹתָם עֵמֶק עָכוֹר: וַיֹּאמֶר יְהוֹשֻׁעַ מֶה עֲכַרְתָּנוּ יַעְכָּרְךָ
יְהוָה בַּיּוֹם הַזֶּה וַיִּרְגְּמוּ אֹתוֹ כָל־יִשְׂרָאֵל אֶבֶן וַיִּשְׂרְפוּ אֹתָם
כו בָּאֵשׁ וַיִּסְקְלוּ אֹתָם בָּאֲבָנִים: וַיָּקִימוּ עָלָיו גַּל־אֲבָנִים גָּדוֹל עַד
הַיּוֹם הַזֶּה וַיָּשָׁב יְהוָה מֵחֲרוֹן אַפּוֹ עַל־כֵּן קָרָא שֵׁם הַמָּקוֹם
הַהוּא עֵמֶק עָכוֹר עַד הַיּוֹם הַזֶּה:
ח א וַיֹּאמֶר יְהוָה אֶל־יְהוֹשֻׁעַ אַל־תִּירָא וְאַל־תֵּחָת קַח עִמְּךָ אֵת
כָּל־עַם הַמִּלְחָמָה וְקוּם עֲלֵה הָעָי רְאֵה ׀ נָתַתִּי בְיָדְךָ אֶת־
ב מֶלֶךְ הָעַי וְאֶת־עַמּוֹ וְאֶת־עִירוֹ וְאֶת־אַרְצוֹ: וְעָשִׂיתָ לָעַי
וּלְמַלְכָּהּ כַּאֲשֶׁר עָשִׂיתָ לִירִיחוֹ וּלְמַלְכָּהּ רַק־שְׁלָלָהּ וּבְהֶמְתָּהּ
ג תָּבֹזּוּ לָכֶם שִׂים־לְךָ אֹרֵב לָעִיר מֵאַחֲרֶיהָ: וַיָּקָם יְהוֹשֻׁעַ וְכָל־
עַם הַמִּלְחָמָה לַעֲלוֹת הָעָי וַיִּבְחַר יְהוֹשֻׁעַ שְׁלֹשִׁים אֶלֶף אִישׁ
ד גִּבּוֹרֵי הַחַיִל וַיִּשְׁלָחֵם לָיְלָה: וַיְצַו אֹתָם לֵאמֹר רְאוּ אַתֶּם
אֹרְבִים לָעִיר מֵאַחֲרֵי הָעִיר אַל־תַּרְחִיקוּ מִן־הָעִיר מְאֹד
ה וִהְיִיתֶם כֻּלְּכֶם נְכֹנִים: וַאֲנִי וְכָל־הָעָם אֲשֶׁר אִתִּי נִקְרַב אֶל־
הָעִיר וְהָיָה כִּי־יֵצְאוּ לִקְרָאתֵנוּ כַּאֲשֶׁר בָּרִאשֹׁנָה וְנַסְנוּ
ו לִפְנֵיהֶם: וְיָצְאוּ אַחֲרֵינוּ עַד הַתִּיקֵנוּ אוֹתָם מִן־הָעִיר כִּי יֹאמְרוּ
ז נָסִים לְפָנֵינוּ כַּאֲשֶׁר בָּרִאשֹׁנָה וְנַסְנוּ לִפְנֵיהֶם: וְאַתֶּם תָּקֻמוּ

מֵהָאוֹרֵב וְהוֹרַשְׁתֶּם אֶת־הָעִיר וּנְתָנָהּ יְהוָה אֱלֹהֵיכֶם בְּיֶדְכֶם׃
ח וְהָיָה כְּתׇפְשְׂכֶם אֶת־הָעִיר תַּצִּיתוּ אֶת־הָעִיר בָּאֵשׁ כִּדְבַר יְהוָה
ט תַּעֲשׂוּ רְאוּ צִוִּיתִי אֶתְכֶם׃ וַיִּשְׁלָחֵם יְהוֹשֻׁעַ וַיֵּלְכוּ אֶל־הַמַּאְרָב
וַיֵּשְׁבוּ בֵּין בֵּית־אֵל וּבֵין הָעַי מִיָּם לָעָי וַיָּלֶן יְהוֹשֻׁעַ בַּלַּיְלָה
י הַהוּא בְּתוֹךְ הָעָם׃ וַיַּשְׁכֵּם יְהוֹשֻׁעַ בַּבֹּקֶר וַיִּפְקֹד אֶת־הָעָם
יא וַיַּעַל הוּא וְזִקְנֵי יִשְׂרָאֵל לִפְנֵי הָעָם הָעָי׃ וְכׇל־הָעָם הַמִּלְחָמָה
אֲשֶׁר אִתּוֹ עָלוּ וַיִּגְּשׁוּ וַיָּבֹאוּ נֶגֶד הָעִיר וַיַּחֲנוּ מִצְּפוֹן לָעַי וְהַגַּי
יב בֵּינוֹ וּבֵין הָעָי׃ וַיִּקַּח כַּחֲמֵשֶׁת אֲלָפִים אִישׁ וַיָּשֶׂם אוֹתָם אֹרֵב
יג בֵּין בֵּית־אֵל וּבֵין הָעַי מִיָּם לעיר׃ וַיָּשִׂימוּ הָעָם אֶת־כׇּל־ לָעָי
הַמַּחֲנֶה אֲשֶׁר מִצְּפוֹן לָעִיר וְאֶת־עֲקֵבוֹ מִיָּם לָעִיר וַיֵּלֶךְ יְהוֹשֻׁעַ
יד בַּלַּיְלָה הַהוּא בְּתוֹךְ הָעֵמֶק׃ וַיְהִי כִּרְאוֹת מֶלֶךְ־הָעַי וַיְמַהֲרוּ
וַיַּשְׁכִּימוּ וַיֵּצְאוּ אַנְשֵׁי־הָעִיר לִקְרַאת־יִשְׂרָאֵל לַמִּלְחָמָה הוּא
וְכׇל־עַמּוֹ לַמּוֹעֵד לִפְנֵי הָעֲרָבָה וְהוּא לֹא יָדַע כִּי־אֹרֵב לוֹ
טו מֵאַחֲרֵי הָעִיר׃ וַיִּנָּגְעוּ יְהוֹשֻׁעַ וְכׇל־יִשְׂרָאֵל לִפְנֵיהֶם וַיָּנֻסוּ דֶּרֶךְ
טז הַמִּדְבָּר׃ וַיִּזָּעֲקוּ כׇּל־הָעָם אֲשֶׁר בעיר לִרְדֹּף אַחֲרֵיהֶם וַיִּרְדְּפוּ בָּעָי
יז אַחֲרֵי יְהוֹשֻׁעַ וַיִּנָּתְקוּ מִן־הָעִיר׃ וְלֹא־נִשְׁאַר אִישׁ בָּעַי וּבֵית
אֵל אֲשֶׁר לֹא־יָצְאוּ אַחֲרֵי יִשְׂרָאֵל וַיַּעַזְבוּ אֶת־הָעִיר פְּתוּחָה
יח וַיִּרְדְּפוּ אַחֲרֵי יִשְׂרָאֵל׃ וַיֹּאמֶר יְהוָה אֶל־יְהוֹשֻׁעַ
נְטֵה בַּכִּידוֹן אֲשֶׁר־בְּיָדְךָ אֶל־הָעַי כִּי בְיָדְךָ אֶתְּנֶנָּה וַיֵּט יְהוֹשֻׁעַ
יט בַּכִּידוֹן אֲשֶׁר־בְּיָדוֹ אֶל־הָעִיר׃ וְהָאוֹרֵב קָם מְהֵרָה מִמְּקוֹמוֹ
וַיָּרוּצוּ כִּנְטוֹת יָדוֹ וַיָּבֹאוּ הָעִיר וַיִּלְכְּדוּהָ וַיְמַהֲרוּ וַיַּצִּיתוּ אֶת־
כ הָעִיר בָּאֵשׁ׃ וַיִּפְנוּ אַנְשֵׁי הָעַי אַחֲרֵיהֶם וַיִּרְאוּ וְהִנֵּה עָלָה עֲשַׁן
הָעִיר הַשָּׁמַיְמָה וְלֹא־הָיָה בָהֶם יָדַיִם לָנוּס הֵנָּה וָהֵנָּה וְהָעָם
כא הַנָּס הַמִּדְבָּר נֶהְפַּךְ אֶל־הָרוֹדֵף׃ וִיהוֹשֻׁעַ וְכׇל־יִשְׂרָאֵל רָאוּ כִּי־
לָכַד הָאֹרֵב אֶת־הָעִיר וְכִי עָלָה עֲשַׁן הָעִיר וַיָּשֻׁבוּ וַיַּכּוּ אֶת־
כב אַנְשֵׁי הָעָי׃ וְאֵלֶּה יָצְאוּ מִן־הָעִיר לִקְרָאתָם וַיִּהְיוּ לְיִשְׂרָאֵל
בַּתָּוֶךְ אֵלֶּה מִזֶּה וְאֵלֶּה מִזֶּה וַיַּכּוּ אוֹתָם עַד־בִּלְתִּי הִשְׁאִיר־

כג לוֹ שָׂרִיד וּפָלִיט: וְאֶת־מֶלֶךְ הָעַי תָּפְשׂוּ חָי וַיַּקְרִבוּ אֹתוֹ
כד אֶל־יְהוֹשֻׁעַ: וַיְהִי כְּכַלּוֹת יִשְׂרָאֵל לַהֲרֹג אֶת־כׇּל־יֹשְׁבֵי הָעַי
בַּשָּׂדֶה בַּמִּדְבָּר אֲשֶׁר רְדָפוּם בּוֹ וַיִּפְּלוּ כֻלָּם לְפִי־חֶרֶב עַד־
תֻּמָּם וַיָּשֻׁבוּ כׇל־יִשְׂרָאֵל הָעַי וַיַּכּוּ אֹתָהּ לְפִי־
כה חָרֶב: וַיְהִי כׇל־הַנֹּפְלִים בַּיּוֹם הַהוּא מֵאִישׁ וְעַד־אִשָּׁה שְׁנֵים
כו עָשָׂר אָלֶף כֹּל אַנְשֵׁי הָעָי: וִיהוֹשֻׁעַ לֹא־הֵשִׁיב יָדוֹ אֲשֶׁר נָטָה
כז בַּכִּידוֹן עַד אֲשֶׁר הֶחֱרִים אֵת כׇּל־יֹשְׁבֵי הָעָי: רַק הַבְּהֵמָה
וּשְׁלַל הָעִיר הַהִיא בָּזְזוּ לָהֶם יִשְׂרָאֵל כִּדְבַר יְהֹוָה אֲשֶׁר צִוָּה
כח אֶת־יְהוֹשֻׁעַ: וַיִּשְׂרֹף יְהוֹשֻׁעַ אֶת־הָעָי וַיְשִׂימֶהָ תֵּל־עוֹלָם
כט שְׁמָמָה עַד הַיּוֹם הַזֶּה: וְאֶת־מֶלֶךְ הָעַי תָּלָה עַל־הָעֵץ עַד־
עֵת הָעָרֶב וּכְבוֹא הַשֶּׁמֶשׁ צִוָּה יְהוֹשֻׁעַ וַיֹּרִידוּ אֶת־נִבְלָתוֹ מִן־
הָעֵץ וַיַּשְׁלִיכוּ אוֹתָהּ אֶל־פֶּתַח שַׁעַר הָעִיר וַיָּקִימוּ עָלָיו גַּל־
אֲבָנִים גָּדוֹל עַד הַיּוֹם הַזֶּה:

בניית המזבח בהר עיבל
דברים כז, א–ח

ל אָז יִבְנֶה יְהוֹשֻׁעַ מִזְבֵּחַ לַיהֹוָה אֱלֹהֵי יִשְׂרָאֵל בְּהַר עֵיבָל:
לא כַּאֲשֶׁר צִוָּה מֹשֶׁה עֶבֶד־יְהֹוָה אֶת־בְּנֵי יִשְׂרָאֵל כַּכָּתוּב בְּסֵפֶר
תּוֹרַת מֹשֶׁה מִזְבַּח אֲבָנִים שְׁלֵמוֹת אֲשֶׁר לֹא־הֵנִיף עֲלֵיהֶן
לב בַּרְזֶל וַיַּעֲלוּ עָלָיו עֹלוֹת לַיהֹוָה וַיִּזְבְּחוּ שְׁלָמִים: וַיִּכְתׇּב־שָׁם עַל־
הָאֲבָנִים אֵת מִשְׁנֵה תּוֹרַת מֹשֶׁה אֲשֶׁר כָּתַב לִפְנֵי בְּנֵי יִשְׂרָאֵל:
לג וְכׇל־יִשְׂרָאֵל וּזְקֵנָיו וְשֹׁטְרִים | וְשֹׁפְטָיו עֹמְדִים מִזֶּה | וּמִזֶּה | ה
לָאָרוֹן נֶגֶד הַכֹּהֲנִים הַלְוִיִּם נֹשְׂאֵי | אֲרוֹן בְּרִית־יְהֹוָה כַּגֵּר
כָּאֶזְרָח חֶצְיוֹ אֶל־מוּל הַר־גְּרִזִים וְהַחֶצְיוֹ אֶל־מוּל הַר־עֵיבָל
כַּאֲשֶׁר צִוָּה מֹשֶׁה עֶבֶד־יְהֹוָה לְבָרֵךְ אֶת־הָעָם יִשְׂרָאֵל

מעמד הברכה והקללה בהר גריזים ובהר עיבל
דברים יא, כו–לב; כז, יא–כו

לד בָּרִאשֹׁנָה: וְאַחֲרֵי־כֵן קָרָא אֶת־כׇּל־דִּבְרֵי הַתּוֹרָה הַבְּרָכָה
לה וְהַקְּלָלָה כְּכׇל־הַכָּתוּב בְּסֵפֶר הַתּוֹרָה: לֹא־הָיָה דָבָר מִכֹּל
אֲשֶׁר־צִוָּה מֹשֶׁה אֲשֶׁר לֹא־קָרָא יְהוֹשֻׁעַ נֶגֶד כׇּל־קְהַל יִשְׂרָאֵל
ט א וְהַנָּשִׁים וְהַטַּף וְהַגֵּר הַהֹלֵךְ בְּקִרְבָּם: וַיְהִי כִשְׁמֹעַ
כׇּל־הַמְּלָכִים אֲשֶׁר בְּעֵבֶר הַיַּרְדֵּן בָּהָר וּבַשְּׁפֵלָה וּבְכֹל חוֹף הַיָּם

הַגָּדוֹל אֶל־מוּל הַלְּבָנוֹן הַחִתִּי וְהָאֱמֹרִי הַכְּנַעֲנִי הַפְּרִזִּי הַחִוִּי
ב וְהַיְבוּסִי׃ וַיִּתְקַבְּצוּ יַחְדָּו לְהִלָּחֵם עִם־יְהוֹשֻׁעַ וְעִם־יִשְׂרָאֵל פֶּה
ג אֶחָד׃ וְיֹשְׁבֵי גִבְעוֹן שָׁמְעוּ אֵת אֲשֶׁר עָשָׂה
ד יְהוֹשֻׁעַ לִירִיחוֹ וְלָעָי׃ וַיַּעֲשׂוּ גַם־הֵמָּה בְּעָרְמָה וַיֵּלְכוּ וַיִּצְטַיָּרוּ
וַיִּקְחוּ שַׂקִּים בָּלִים לַחֲמוֹרֵיהֶם וְנֹאדוֹת יַיִן בָּלִים וּמְבֻקָּעִים
ה וּמְצֹרָרִים׃ וּנְעָלוֹת בָּלוֹת וּמְטֻלָּאוֹת בְּרַגְלֵיהֶם וּשְׂלָמוֹת בָּלוֹת
ו עֲלֵיהֶם וְכֹל לֶחֶם צֵידָם יָבֵשׁ הָיָה נִקֻּדִים׃ וַיֵּלְכוּ אֶל־יְהוֹשֻׁעַ
אֶל־הַמַּחֲנֶה הַגִּלְגָּל וַיֹּאמְרוּ אֵלָיו וְאֶל־אִישׁ יִשְׂרָאֵל מֵאֶרֶץ
ז רְחוֹקָה בָּאנוּ וְעַתָּה כִּרְתוּ־לָנוּ בְרִית׃ ויאמרו אִישׁ־יִשְׂרָאֵל (וַיֹּאמֶר)
אֶל־הַחִוִּי אוּלַי בְּקִרְבִּי אַתָּה יוֹשֵׁב וְאֵיךְ אכרות־לְךָ בְרִית׃ (אֶכְרָת־)
ח וַיֹּאמְרוּ אֶל־יְהוֹשֻׁעַ עֲבָדֶיךָ אֲנָחְנוּ וַיֹּאמֶר אֲלֵיהֶם יְהוֹשֻׁעַ מִי
ט אַתֶּם וּמֵאַיִן תָּבֹאוּ׃ וַיֹּאמְרוּ אֵלָיו מֵאֶרֶץ רְחוֹקָה מְאֹד בָּאוּ
עֲבָדֶיךָ לְשֵׁם יְהוָה אֱלֹהֶיךָ כִּי־שָׁמַעְנוּ שָׁמְעוֹ וְאֵת כָּל־אֲשֶׁר
י עָשָׂה בְּמִצְרָיִם׃ וְאֵת ׀ כָּל־אֲשֶׁר עָשָׂה לִשְׁנֵי מַלְכֵי הָאֱמֹרִי
אֲשֶׁר בְּעֵבֶר הַיַּרְדֵּן לְסִיחוֹן מֶלֶךְ חֶשְׁבּוֹן וּלְעוֹג מֶלֶךְ־הַבָּשָׁן
יא אֲשֶׁר בְּעַשְׁתָּרוֹת׃ וַיֹּאמְרוּ אֵלֵינוּ זְקֵינֵינוּ וְכָל־יֹשְׁבֵי אַרְצֵנוּ
לֵאמֹר קְחוּ בְיֶדְכֶם צֵידָה לַדֶּרֶךְ וּלְכוּ לִקְרָאתָם וַאֲמַרְתֶּם
יב אֲלֵיהֶם עַבְדֵיכֶם אֲנַחְנוּ וְעַתָּה כִּרְתוּ־לָנוּ בְרִית׃ זֶה ׀ לַחְמֵנוּ
חָם הִצְטַיַּדְנוּ אֹתוֹ מִבָּתֵּינוּ בְּיוֹם צֵאתֵנוּ לָלֶכֶת אֲלֵיכֶם וְעַתָּה
יג הִנֵּה יָבֵשׁ וְהָיָה נִקֻּדִים׃ וְאֵלֶּה נֹאדוֹת הַיַּיִן אֲשֶׁר מִלֵּאנוּ
חֲדָשִׁים וְהִנֵּה הִתְבַּקָּעוּ וְאֵלֶּה שַׂלְמוֹתֵינוּ וּנְעָלֵינוּ בָּלוּ מֵרֹב
יד הַדֶּרֶךְ מְאֹד׃ וַיִּקְחוּ הָאֲנָשִׁים מִצֵּידָם וְאֶת־פִּי יְהוָה לֹא שָׁאָלוּ׃
טו וַיַּעַשׂ לָהֶם יְהוֹשֻׁעַ שָׁלוֹם וַיִּכְרֹת לָהֶם בְּרִית לְחַיּוֹתָם וַיִּשָּׁבְעוּ
טז לָהֶם נְשִׂיאֵי הָעֵדָה׃ וַיְהִי מִקְצֵה שְׁלֹשֶׁת יָמִים אַחֲרֵי אֲשֶׁר־
כָּרְתוּ לָהֶם בְּרִית וַיִּשְׁמְעוּ כִּי־קְרֹבִים הֵם אֵלָיו וּבְקִרְבּוֹ הֵם
יז יֹשְׁבִים׃ וַיִּסְעוּ בְנֵי־יִשְׂרָאֵל וַיָּבֹאוּ אֶל־עָרֵיהֶם בַּיּוֹם הַשְּׁלִישִׁי
יח וְעָרֵיהֶם גִּבְעוֹן וְהַכְּפִירָה וּבְאֵרוֹת וְקִרְיַת יְעָרִים׃ וְלֹא הִכּוּם

בְּנֵי יִשְׂרָאֵל כִּי־נִשְׁבְּעוּ לָהֶם נְשִׂיאֵי הָעֵדָה בַּיהוָה אֱלֹהֵי
יט יִשְׂרָאֵל וַיִּלֹּנוּ כָל־הָעֵדָה עַל־הַנְּשִׂיאִים׃ וַיֹּאמְרוּ כָל־הַנְּשִׂיאִים
אֶל־כָּל־הָעֵדָה אֲנַחְנוּ נִשְׁבַּעְנוּ לָהֶם בַּיהוָה אֱלֹהֵי יִשְׂרָאֵל
כ וְעַתָּה לֹא נוּכַל לִנְגֹּעַ בָּהֶם׃ זֹאת נַעֲשֶׂה לָהֶם וְהַחֲיֵה אוֹתָם
וְלֹא־יִהְיֶה עָלֵינוּ קֶצֶף עַל־הַשְּׁבוּעָה אֲשֶׁר־נִשְׁבַּעְנוּ לָהֶם׃
כא וַיֹּאמְרוּ אֲלֵיהֶם הַנְּשִׂיאִים יִחְיוּ וַיִּהְיוּ חֹטְבֵי עֵצִים וְשֹׁאֲבֵי־
כב מַיִם לְכָל־הָעֵדָה כַּאֲשֶׁר דִּבְּרוּ לָהֶם הַנְּשִׂיאִים׃ וַיִּקְרָא לָהֶם
יְהוֹשֻׁעַ וַיְדַבֵּר אֲלֵיהֶם לֵאמֹר לָמָּה רִמִּיתֶם אֹתָנוּ לֵאמֹר
כג רְחוֹקִים אֲנַחְנוּ מִכֶּם מְאֹד וְאַתֶּם בְּקִרְבֵּנוּ יֹשְׁבִים׃ וְעַתָּה
אֲרוּרִים אַתֶּם וְלֹא־יִכָּרֵת מִכֶּם עֶבֶד וְחֹטְבֵי עֵצִים וְשֹׁאֲבֵי מַיִם
כד לְבֵית אֱלֹהָי׃ וַיַּעֲנוּ אֶת־יְהוֹשֻׁעַ וַיֹּאמְרוּ כִּי הֻגֵּד הֻגַּד לַעֲבָדֶיךָ
אֵת אֲשֶׁר צִוָּה יְהוָה אֱלֹהֶיךָ אֶת־מֹשֶׁה עַבְדּוֹ לָתֵת לָכֶם אֶת־
כָּל־הָאָרֶץ וּלְהַשְׁמִיד אֶת־כָּל־יֹשְׁבֵי הָאָרֶץ מִפְּנֵיכֶם וַנִּירָא
כה מְאֹד לְנַפְשֹׁתֵינוּ מִפְּנֵיכֶם וַנַּעֲשֵׂה אֶת־הַדָּבָר הַזֶּה׃ וְעַתָּה הִנְנוּ
כו בְיָדֶךָ כַּטּוֹב וְכַיָּשָׁר בְּעֵינֶיךָ לַעֲשׂוֹת לָנוּ עֲשֵׂה׃ וַיַּעַשׂ לָהֶם כֵּן
כז וַיַּצֵּל אוֹתָם מִיַּד בְּנֵי־יִשְׂרָאֵל וְלֹא הֲרָגוּם׃ וַיִּתְּנֵם יְהוֹשֻׁעַ בַּיּוֹם
הַהוּא חֹטְבֵי עֵצִים וְשֹׁאֲבֵי מַיִם לָעֵדָה וּלְמִזְבַּח יְהוָה עַד־
י א הַיּוֹם הַזֶּה אֶל־הַמָּקוֹם אֲשֶׁר יִבְחָר׃ וַיְהִי כִשְׁמֹעַ
אֲדֹנִי־צֶדֶק מֶלֶךְ יְרוּשָׁלִַם כִּי־לָכַד יְהוֹשֻׁעַ אֶת־הָעַי וַיַּחֲרִימָהּ
כַּאֲשֶׁר עָשָׂה לִירִיחוֹ וּלְמַלְכָּהּ כֵּן־עָשָׂה לָעַי וּלְמַלְכָּהּ וְכִי
ב הִשְׁלִימוּ יֹשְׁבֵי גִבְעוֹן אֶת־יִשְׂרָאֵל וַיִּהְיוּ בְּקִרְבָּם׃ וַיִּירְאוּ מְאֹד
כִּי עִיר גְּדוֹלָה גִּבְעוֹן כְּאַחַת עָרֵי הַמַּמְלָכָה וְכִי הִיא גְדוֹלָה
ג מִן־הָעַי וְכָל־אֲנָשֶׁיהָ גִּבֹּרִים׃ וַיִּשְׁלַח אֲדֹנִי־צֶדֶק מֶלֶךְ יְרוּשָׁלִַם
אֶל־הוֹהָם מֶלֶךְ־חֶבְרוֹן וְאֶל־פִּרְאָם מֶלֶךְ־יַרְמוּת וְאֶל־יָפִיעַ
ד מֶלֶךְ־לָכִישׁ וְאֶל־דְּבִיר מֶלֶךְ־עֶגְלוֹן לֵאמֹר׃ עֲלוּ־אֵלַי וְעִזְרֻנִי
וְנַכֶּה אֶת־גִּבְעוֹן כִּי־הִשְׁלִימָה אֶת־יְהוֹשֻׁעַ וְאֶת־בְּנֵי יִשְׂרָאֵל׃
ה וַיֵּאָסְפוּ וַיַּעֲלוּ חֲמֵשֶׁת ׀ מַלְכֵי הָאֱמֹרִי מֶלֶךְ יְרוּשָׁלִַם מֶלֶךְ־

חֶבְרוֹן מֶלֶךְ־יַרְמוּת מֶלֶךְ־לָכִישׁ מֶלֶךְ־עֶגְלוֹן הֵם וְכׇל־מַחֲנֵיהֶם
ו וַיַּחֲנוּ עַל־גִּבְעוֹן וַיִּלָּחֲמוּ עָלֶיהָ׃ וַיִּשְׁלְחוּ אַנְשֵׁי גִבְעוֹן אֶל־
יְהוֹשֻׁעַ אֶל־הַמַּחֲנֶה הַגִּלְגָּלָה לֵאמֹר אַל־תֶּרֶף יָדֶיךָ מֵעֲבָדֶיךָ
עֲלֵה אֵלֵינוּ מְהֵרָה וְהוֹשִׁיעָה לָּנוּ וְעׇזְרֵנוּ כִּי נִקְבְּצוּ אֵלֵינוּ כׇּל־
ז מַלְכֵי הָאֱמֹרִי יֹשְׁבֵי הָהָר׃ וַיַּעַל יְהוֹשֻׁעַ מִן־הַגִּלְגָּל הוּא וְכׇל־
ח עַם הַמִּלְחָמָה עִמּוֹ וְכֹל גִּבּוֹרֵי הֶחָיִל׃ וַיֹּאמֶר ו
יְהוָה אֶל־יְהוֹשֻׁעַ אַל־תִּירָא מֵהֶם כִּי בְיָדְךָ נְתַתִּים לֹא־יַעֲמֹד
ט אִישׁ מֵהֶם בְּפָנֶיךָ׃ וַיָּבֹא אֲלֵיהֶם יְהוֹשֻׁעַ פִּתְאֹם כׇּל־הַלַּיְלָה
י עָלָה מִן־הַגִּלְגָּל׃ וַיְהֻמֵּם יְהוָה לִפְנֵי יִשְׂרָאֵל וַיַּכֵּם מַכָּה־גְדוֹלָה
בְּגִבְעוֹן וַיִּרְדְּפֵם דֶּרֶךְ מַעֲלֵה בֵית־חוֹרֹן וַיַּכֵּם עַד־עֲזֵקָה וְעַד־
יא מַקֵּדָה׃ וַיְהִי בְּנֻסָם ׀ מִפְּנֵי יִשְׂרָאֵל הֵם בְּמוֹרַד בֵּית־חוֹרֹן וַיהוָה
הִשְׁלִיךְ עֲלֵיהֶם אֲבָנִים גְּדֹלוֹת מִן־הַשָּׁמַיִם עַד־עֲזֵקָה וַיָּמֻתוּ
רַבִּים אֲשֶׁר־מֵתוּ בְּאַבְנֵי הַבָּרָד מֵאֲשֶׁר הָרְגוּ בְּנֵי יִשְׂרָאֵל
יב בֶּחָרֶב׃ אָז יְדַבֵּר יְהוֹשֻׁעַ לַיהוָה בְּיוֹם תֵּת יְהוָה
אֶת־הָאֱמֹרִי לִפְנֵי בְּנֵי יִשְׂרָאֵל וַיֹּאמֶר ׀ לְעֵינֵי יִשְׂרָאֵל שֶׁמֶשׁ
יג בְּגִבְעוֹן דּוֹם וְיָרֵחַ בְּעֵמֶק אַיָּלוֹן׃ וַיִּדֹּם הַשֶּׁמֶשׁ וְיָרֵחַ עָמָד עַד־
יִקֹּם גּוֹי אֹיְבָיו הֲלֹא־הִיא כְתוּבָה עַל־סֵפֶר הַיָּשָׁר וַיַּעֲמֹד
יד הַשֶּׁמֶשׁ בַּחֲצִי הַשָּׁמַיִם וְלֹא־אָץ לָבוֹא כְּיוֹם תָּמִים׃ וְלֹא הָיָה
כַּיּוֹם הַהוּא לְפָנָיו וְאַחֲרָיו לִשְׁמֹעַ יְהוָה בְּקוֹל אִישׁ כִּי יְהוָה
טו נִלְחָם לְיִשְׂרָאֵל׃ וַיָּשׇׁב יְהוֹשֻׁעַ וְכׇל־יִשְׂרָאֵל עִמּוֹ
טז אֶל־הַמַּחֲנֶה הַגִּלְגָּלָה׃ וַיָּנֻסוּ חֲמֵשֶׁת הַמְּלָכִים הָאֵלֶּה וַיֵּחָבְאוּ
יז בַמְּעָרָה בְּמַקֵּדָה׃ וַיֻּגַּד לִיהוֹשֻׁעַ לֵאמֹר נִמְצְאוּ חֲמֵשֶׁת
יח הַמְּלָכִים נֶחְבְּאִים בַּמְּעָרָה בְּמַקֵּדָה׃ וַיֹּאמֶר יְהוֹשֻׁעַ גֹּלּוּ אֲבָנִים
יט גְּדֹלוֹת אֶל־פִּי הַמְּעָרָה וְהַפְקִידוּ עָלֶיהָ אֲנָשִׁים לְשׇׁמְרָם׃ וְאַתֶּם
אַל־תַּעֲמֹדוּ רִדְפוּ אַחֲרֵי אֹיְבֵיכֶם וְזִנַּבְתֶּם אוֹתָם אַל־תִּתְּנוּם
כ לָבוֹא אֶל־עָרֵיהֶם כִּי נְתָנָם יְהוָה אֱלֹהֵיכֶם בְּיֶדְכֶם׃ וַיְהִי
כְּכַלּוֹת יְהוֹשֻׁעַ וּבְנֵי יִשְׂרָאֵל לְהַכּוֹתָם מַכָּה גְדוֹלָה־מְאֹד עַד־

כא תַּמָּם וְהַשְּׂרִידִים שָׂרְדוּ מֵהֶם וַיָּבֹאוּ אֶל־עָרֵי הַמִּבְצָר׃ וַיָּשֻׁבוּ
כָל־הָעָם אֶל־הַמַּחֲנֶה אֶל־יְהוֹשֻׁעַ מַקֵּדָה בְּשָׁלוֹם לֹא־חָרַץ
כב לִבְנֵי יִשְׂרָאֵל לְאִישׁ אֶת־לְשֹׁנוֹ׃ וַיֹּאמֶר יְהוֹשֻׁעַ פִּתְחוּ אֶת־פִּי
הַמְּעָרָה וְהוֹצִיאוּ אֵלַי אֶת־חֲמֵשֶׁת הַמְּלָכִים הָאֵלֶּה מִן־
כג הַמְּעָרָה׃ וַיַּעֲשׂוּ כֵן וַיֹּצִיאוּ אֵלָיו אֶת־חֲמֵשֶׁת הַמְּלָכִים הָאֵלֶּה
מִן־הַמְּעָרָה אֵת ׀ מֶלֶךְ יְרוּשָׁלִַם אֶת־מֶלֶךְ חֶבְרוֹן אֶת־מֶלֶךְ
כד יַרְמוּת אֶת־מֶלֶךְ לָכִישׁ אֶת־מֶלֶךְ עֶגְלוֹן׃ וַיְהִי כְּהוֹצִיאָם אֶת־
הַמְּלָכִים הָאֵלֶּה אֶל־יְהוֹשֻׁעַ וַיִּקְרָא יְהוֹשֻׁעַ אֶל־כָּל־אִישׁ
יִשְׂרָאֵל וַיֹּאמֶר אֶל־קְצִינֵי אַנְשֵׁי הַמִּלְחָמָה הֶהָלְכוּא אִתּוֹ
קִרְבוּ שִׂימוּ אֶת־רַגְלֵיכֶם עַל־צַוְּארֵי הַמְּלָכִים הָאֵלֶּה וַיִּקְרְבוּ
כה וַיָּשִׂימוּ אֶת־רַגְלֵיהֶם עַל־צַוְּארֵיהֶם׃ וַיֹּאמֶר אֲלֵיהֶם יְהוֹשֻׁעַ אַל־
תִּירְאוּ וְאַל־תֵּחָתּוּ חִזְקוּ וְאִמְצוּ כִּי כָכָה יַעֲשֶׂה יהוה לְכָל־
כו אֹיְבֵיכֶם אֲשֶׁר אַתֶּם נִלְחָמִים אוֹתָם׃ וַיַּכֵּם יְהוֹשֻׁעַ אַחֲרֵי־כֵן
וַיְמִיתֵם וַיִּתְלֵם עַל חֲמִשָּׁה עֵצִים וַיִּהְיוּ תְּלוּיִם עַל־הָעֵצִים
כז עַד־הָעָרֶב׃ וַיְהִי לְעֵת ׀ בּוֹא הַשֶּׁמֶשׁ צִוָּה יְהוֹשֻׁעַ וַיֹּרִידוּם מֵעַל
הָעֵצִים וַיַּשְׁלִכֻם אֶל־הַמְּעָרָה אֲשֶׁר נֶחְבְּאוּ־שָׁם וַיָּשִׂמוּ אֲבָנִים
כח גְּדֹלוֹת עַל־פִּי הַמְּעָרָה עַד־עֶצֶם הַיּוֹם הַזֶּה׃ וְאֶת־
מַקֵּדָה לָכַד יְהוֹשֻׁעַ בַּיּוֹם הַהוּא וַיַּכֶּהָ לְפִי־חֶרֶב וְאֶת־מַלְכָּהּ
הֶחֱרִם אוֹתָם וְאֶת־כָּל־הַנֶּפֶשׁ אֲשֶׁר־בָּהּ לֹא הִשְׁאִיר שָׂרִיד וַיַּעַשׂ
כט לְמֶלֶךְ מַקֵּדָה כַּאֲשֶׁר עָשָׂה לְמֶלֶךְ יְרִיחוֹ׃ וַיַּעֲבֹר
יְהוֹשֻׁעַ וְכָל־יִשְׂרָאֵל עִמּוֹ מִמַּקֵּדָה לִבְנָה וַיִּלָּחֶם עִם־לִבְנָה׃
ל וַיִּתֵּן יהוה גַּם־אוֹתָהּ בְּיַד יִשְׂרָאֵל וְאֶת־מַלְכָּהּ וַיַּכֶּהָ לְפִי־חֶרֶב
וְאֶת־כָּל־הַנֶּפֶשׁ אֲשֶׁר־בָּהּ לֹא־הִשְׁאִיר בָּהּ שָׂרִיד וַיַּעַשׂ
לא לְמַלְכָּהּ כַּאֲשֶׁר עָשָׂה לְמֶלֶךְ יְרִיחוֹ׃ וַיַּעֲבֹר יְהוֹשֻׁעַ
וְכָל־יִשְׂרָאֵל עִמּוֹ מִלִּבְנָה לָכִישָׁה וַיִּחַן עָלֶיהָ וַיִּלָּחֶם בָּהּ׃
לב וַיִּתֵּן יהוה אֶת־לָכִישׁ בְּיַד יִשְׂרָאֵל וַיִּלְכְּדָהּ בַּיּוֹם הַשֵּׁנִי
וַיַּכֶּהָ לְפִי־חֶרֶב וְאֶת־כָּל־הַנֶּפֶשׁ אֲשֶׁר־בָּהּ כְּכֹל אֲשֶׁר־עָשָׂה

לג ללבנה: אז עלה הרם מלך גזר לעזר
את־לכיש ויכהו יהושע ואת־עמו עד־בלתי השאיר־לו
לד שריד: ויעבר יהושע וכל־ישראל עמו
לה מלכיש עגלנה ויחנו עליה וילחמו עליה: וילכדוה ביום ההוא
ויכוה לפי־חרב ואת כל־הנפש אשר־בה ביום ההוא החרים
לו ככל אשר־עשה ללכיש: ויעל יהושע וכל־
לז ישראל עמו מעגלונה חברונה וילחמו עליה: וילכדוה ויכוה
לפי־חרב ואת־מלכה ואת־כל־עריה ואת־כל־הנפש אשר־
בה לא־השאיר שריד ככל אשר־עשה לעגלון ויחרם אותה
לח ואת־כל־הנפש אשר־בה: וישב יהושע
לט וכל־ישראל עמו דברה וילחם עליה: וילכדה ואת־מלכה
ואת־כל־עריה ויכום לפי־חרב ויחרימו את־כל־נפש אשר־
בה לא השאיר שריד כאשר עשה לחברון כן־עשה לדברה
מ ולמלכה וכאשר עשה ללבנה ולמלכה: ויכה יהושע את־
כל־הארץ ההר והנגב והשפלה והאשדות ואת כל־מלכיהם
לא השאיר שריד ואת כל־הנשמה החרים כאשר צוה יהוה
מא אלהי ישראל: ויכם יהושע מקדש ברנע ועד־עזה ואת כל־
מב ארץ גשן ועד־גבעון: ואת כל־המלכים האלה ואת־ארצם ז
לכד יהושע פעם אחת כי יהוה אלהי ישראל נלחם
מג לישראל: וישב יהושע וכל־ישראל עמו אל־המחנה
יא א הגלגלה: ויהי כשמע יבין מלך־חצור וישלח
אל־יובב מלך מדון ואל־מלך שמרון ואל־מלך אכשף:
ב ואל־המלכים אשר מצפון בהר ובערבה נגב כנרות ובשפלה
ג ובנפות דור מים: הכנעני ממזרח ומים והאמרי והחתי והפרזי
ד והיבוסי בהר והחוי תחת חרמון בארץ המצפה: ויצאו הם
וכל־מחניהם עמם עם־רב כחול אשר על־שפת־הים לרב
ה וסוס ורכב רב־מאד: ויועדו כל המלכים האלה ויבאו ויחנו

ו יַחְדָּו אֶל־מֵי מֵרוֹם לְהִלָּחֵם עִם־יִשְׂרָאֵל׃ וַיֹּאמֶר
יְהוָה אֶל־יְהוֹשֻׁעַ אַל־תִּירָא מִפְּנֵיהֶם כִּי מָחָר כָּעֵת הַזֹּאת
אָנֹכִי נֹתֵן אֶת־כֻּלָּם חֲלָלִים לִפְנֵי יִשְׂרָאֵל אֶת־סוּסֵיהֶם תְּעַקֵּר
ז וְאֶת־מַרְכְּבֹתֵיהֶם תִּשְׂרֹף בָּאֵשׁ׃ וַיָּבֹא יְהוֹשֻׁעַ וְכָל־עַם הַמִּלְחָמָה
ח עִמּוֹ עֲלֵיהֶם עַל־מֵי מֵרוֹם פִּתְאֹם וַיִּפְּלוּ בָּהֶם׃ וַיִּתְּנֵם יְהוָה
בְּיַד־יִשְׂרָאֵל וַיַּכּוּם וַיִּרְדְּפוּם עַד־צִידוֹן רַבָּה וְעַד מִשְׂרְפוֹת מַיִם
וְעַד־בִּקְעַת מִצְפֶּה מִזְרָחָה וַיַּכֻּם עַד־בִּלְתִּי הִשְׁאִיר־לָהֶם
ט שָׂרִיד׃ וַיַּעַשׂ לָהֶם יְהוֹשֻׁעַ כַּאֲשֶׁר אָמַר־לוֹ יְהוָה אֶת־סוּסֵיהֶם
י עִקֵּר וְאֶת־מַרְכְּבֹתֵיהֶם שָׂרַף בָּאֵשׁ׃ וַיָּשָׁב יְהוֹשֻׁעַ
בָּעֵת הַהִיא וַיִּלְכֹּד אֶת־חָצוֹר וְאֶת־מַלְכָּהּ הִכָּה בֶחָרֶב כִּי־
יא חָצוֹר לְפָנִים הִיא רֹאשׁ כָּל־הַמַּמְלָכוֹת הָאֵלֶּה׃ וַיַּכּוּ אֶת־כָּל־
הַנֶּפֶשׁ אֲשֶׁר־בָּהּ לְפִי־חֶרֶב הַחֲרֵם לֹא נוֹתַר כָּל־נְשָׁמָה וְאֶת־
יב חָצוֹר שָׂרַף בָּאֵשׁ׃ וְאֶת־כָּל־עָרֵי הַמְּלָכִים־הָאֵלֶּה וְאֶת־כָּל־
מַלְכֵיהֶם לָכַד יְהוֹשֻׁעַ וַיַּכֵּם לְפִי־חֶרֶב הֶחֱרִים אוֹתָם כַּאֲשֶׁר
יג צִוָּה מֹשֶׁה עֶבֶד יְהוָה׃ רַק כָּל־הֶעָרִים הָעֹמְדוֹת עַל־תִּלָּם
יד לֹא־שְׂרָפָם יִשְׂרָאֵל זוּלָתִי אֶת־חָצוֹר לְבַדָּהּ שָׂרַף יְהוֹשֻׁעַ׃ וְכֹל
שְׁלַל הֶעָרִים הָאֵלֶּה וְהַבְּהֵמָה בָּזְזוּ לָהֶם בְּנֵי יִשְׂרָאֵל רַק אֶת־
כָּל־הָאָדָם הִכּוּ לְפִי־חֶרֶב עַד־הִשְׁמִדָם אוֹתָם לֹא הִשְׁאִירוּ
טו כָּל־נְשָׁמָה׃ כַּאֲשֶׁר צִוָּה יְהוָה אֶת־מֹשֶׁה עַבְדּוֹ כֵּן־צִוָּה מֹשֶׁה
אֶת־יְהוֹשֻׁעַ וְכֵן עָשָׂה יְהוֹשֻׁעַ לֹא־הֵסִיר דָּבָר מִכֹּל אֲשֶׁר־צִוָּה
טז יְהוָה אֶת־מֹשֶׁה׃ וַיִּקַּח יְהוֹשֻׁעַ אֶת־כָּל־הָאָרֶץ הַזֹּאת הָהָר
וְאֶת־כָּל־הַנֶּגֶב וְאֵת כָּל־אֶרֶץ הַגֹּשֶׁן וְאֶת־הַשְּׁפֵלָה וְאֶת־
יז הָעֲרָבָה וְאֶת־הַר יִשְׂרָאֵל וּשְׁפֵלָתֹה׃ מִן־הָהָר הֶחָלָק הָעֹלֶה
שֵׂעִיר וְעַד־בַּעַל גָּד בְּבִקְעַת הַלְּבָנוֹן תַּחַת הַר־חֶרְמוֹן וְאֵת
יח כָּל־מַלְכֵיהֶם לָכַד וַיַּכֵּם וַיְמִיתֵם׃ יָמִים רַבִּים עָשָׂה יְהוֹשֻׁעַ
יט אֶת־כָּל־הַמְּלָכִים הָאֵלֶּה מִלְחָמָה׃ לֹא־הָיְתָה עִיר אֲשֶׁר
הִשְׁלִימָה אֶל־בְּנֵי יִשְׂרָאֵל בִּלְתִּי הַחִוִּי יֹשְׁבֵי גִבְעוֹן אֶת־הַכֹּל

כ לָקְחוּ בַמִּלְחָמָה: כִּי־מֵאֵת יְהוָה ׀ הָיְתָה לְחַזֵּק אֶת־לִבָּם
לִקְרַאת הַמִּלְחָמָה אֶת־יִשְׂרָאֵל לְמַעַן הַחֲרִימָם לְבִלְתִּי הֱיוֹת־
לָהֶם תְּחִנָּה כִּי לְמַעַן הַשְׁמִידָם כַּאֲשֶׁר צִוָּה יְהוָה אֶת־
כא מֹשֶׁה: וַיָּבֹא יְהוֹשֻׁעַ בָּעֵת הַהִיא וַיַּכְרֵת אֶת־
הָעֲנָקִים מִן־הָהָר מִן־חֶבְרוֹן מִן־דְּבִר מִן־עֲנָב וּמִכֹּל הַר
כב יְהוּדָה וּמִכֹּל הַר יִשְׂרָאֵל עִם־עָרֵיהֶם הֶחֱרִימָם יְהוֹשֻׁעַ: לֹא־
נוֹתַר עֲנָקִים בְּאֶרֶץ בְּנֵי יִשְׂרָאֵל רַק בְּעַזָּה בְּגַת וּבְאַשְׁדּוֹד
כג נִשְׁאָרוּ: וַיִּקַּח יְהוֹשֻׁעַ אֶת־כָּל־הָאָרֶץ כְּכֹל אֲשֶׁר דִּבֶּר יְהוָה אֶל־
מֹשֶׁה וַיִּתְּנָהּ יְהוֹשֻׁעַ לְנַחֲלָה לְיִשְׂרָאֵל כְּמַחְלְקֹתָם לְשִׁבְטֵיהֶם
יב א וְהָאָרֶץ שָׁקְטָה מִמִּלְחָמָה: וְאֵלֶּה ׀ מַלְכֵי הָאָרֶץ
אֲשֶׁר הִכּוּ בְנֵי־יִשְׂרָאֵל וַיִּרְשׁוּ אֶת־אַרְצָם בְּעֵבֶר הַיַּרְדֵּן מִזְרְחָה
הַשָּׁמֶשׁ מִנַּחַל אַרְנוֹן עַד־הַר חֶרְמוֹן וְכָל־הָעֲרָבָה מִזְרָחָה:
ב סִיחוֹן מֶלֶךְ הָאֱמֹרִי הַיּוֹשֵׁב בְּחֶשְׁבּוֹן מֹשֵׁל מֵעֲרוֹעֵר אֲשֶׁר
עַל־שְׂפַת־נַחַל אַרְנוֹן וְתוֹךְ הַנַּחַל וַחֲצִי הַגִּלְעָד וְעַד יַבֹּק
ג הַנַּחַל גְּבוּל בְּנֵי עַמּוֹן: וְהָעֲרָבָה עַד־יָם כִּנְרוֹת מִזְרָחָה
וְעַד יָם הָעֲרָבָה יָם־הַמֶּלַח מִזְרָחָה דֶּרֶךְ בֵּית הַיְשִׁמוֹת
ד וּמִתֵּימָן תַּחַת אַשְׁדּוֹת הַפִּסְגָּה: וּגְבוּל עוֹג מֶלֶךְ הַבָּשָׁן מִיֶּתֶר
ה הָרְפָאִים הַיּוֹשֵׁב בְּעַשְׁתָּרוֹת וּבְאֶדְרֶעִי: וּמֹשֵׁל בְּהַר חֶרְמוֹן
וּבְסַלְכָה וּבְכָל־הַבָּשָׁן עַד־גְּבוּל הַגְּשׁוּרִי וְהַמַּעֲכָתִי וַחֲצִי
ו הַגִּלְעָד גְּבוּל סִיחוֹן מֶלֶךְ־חֶשְׁבּוֹן: מֹשֶׁה עֶבֶד־יְהוָה וּבְנֵי
יִשְׂרָאֵל הִכּוּם וַיִּתְּנָהּ מֹשֶׁה עֶבֶד־יְהוָה יְרֻשָּׁה לָרְאוּבֵנִי וְלַגָּדִי
ז וְלַחֲצִי שֵׁבֶט הַמְנַשֶּׁה: וְאֵלֶּה מַלְכֵי הָאָרֶץ
אֲשֶׁר הִכָּה יְהוֹשֻׁעַ וּבְנֵי יִשְׂרָאֵל בְּעֵבֶר הַיַּרְדֵּן יָמָּה מִבַּעַל גָּד
בְּבִקְעַת הַלְּבָנוֹן וְעַד־הָהָר הֶחָלָק הָעֹלֶה שֵׂעִירָה וַיִּתְּנָהּ
ח יְהוֹשֻׁעַ לְשִׁבְטֵי יִשְׂרָאֵל יְרֻשָּׁה כְּמַחְלְקֹתָם: בָּהָר וּבַשְּׁפֵלָה
וּבָעֲרָבָה וּבָאֲשֵׁדוֹת וּבַמִּדְבָּר וּבַנֶּגֶב הַחִתִּי הָאֱמֹרִי וְהַכְּנַעֲנִי
הַפְּרִזִּי הַחִוִּי וְהַיְבוּסִי:

מלחמת סיחון ועוג
במדבר כא, כא–לה
דברים ב, כו – ג, יא

ט מֶ֣לֶךְ יְרִיח֔וֹ אֶחָ֑ד
מֶ֧לֶךְ הָעַ֛י אֲשֶׁר־מִצַּ֥ד בֵּֽית־אֵ֖ל אֶחָֽד׃
י מֶ֤לֶךְ יְרוּשָׁלִַ֙ם֙ אֶחָ֔ד
מֶ֥לֶךְ חֶבְר֖וֹן אֶחָֽד׃
יא מֶ֤לֶךְ יַרְמוּת֙ אֶחָ֔ד
מֶ֥לֶךְ לָכִ֖ישׁ אֶחָֽד׃
יב מֶ֤לֶךְ עֶגְלוֹן֙ אֶחָ֔ד
מֶ֥לֶךְ גֶּ֖זֶר אֶחָֽד׃
יג מֶ֤לֶךְ דְּבִר֙ אֶחָ֔ד
מֶ֥לֶךְ גֶּ֖דֶר אֶחָֽד׃
יד מֶ֤לֶךְ חָרְמָה֙ אֶחָ֔ד
מֶ֥לֶךְ עֲרָ֖ד אֶחָֽד׃
טו מֶ֤לֶךְ לִבְנָה֙ אֶחָ֔ד
מֶ֥לֶךְ עֲדֻלָּ֖ם אֶחָֽד׃
טז מֶ֤לֶךְ מַקֵּדָה֙ אֶחָ֔ד
מֶ֥לֶךְ בֵּֽית־אֵ֖ל אֶחָֽד׃
יז מֶ֤לֶךְ תַּפּ֙וּחַ֙ אֶחָ֔ד
מֶ֥לֶךְ חֵ֖פֶר אֶחָֽד׃
יח מֶ֤לֶךְ אֲפֵק֙ אֶחָ֔ד
מֶ֥לֶךְ לַשָּׁר֖וֹן אֶחָֽד׃
יט מֶ֤לֶךְ מָדוֹן֙ אֶחָ֔ד
מֶ֥לֶךְ חָצ֖וֹר אֶחָֽד׃
כ מֶ֨לֶךְ שִׁמְר֤וֹן מְראוֹן֙ אֶחָ֔ד
מֶ֥לֶךְ אַכְשָׁ֖ף אֶחָֽד׃
כא מֶ֤לֶךְ תַּעְנַךְ֙ אֶחָ֔ד
מֶ֥לֶךְ מְגִדּ֖וֹ אֶחָֽד׃
כב מֶ֤לֶךְ קֶ֙דֶשׁ֙ אֶחָ֔ד

מֶלֶךְ־יָקְנְעָם לַכַּרְמֶל אֶחָד:
כג מֶלֶךְ דּוֹר לְנָפַת דּוֹר אֶחָד
מֶלֶךְ־גּוֹיִם לְגִלְגָּל אֶחָד:
כד מֶלֶךְ תִּרְצָה אֶחָד
כָּל־מְלָכִים שְׁלֹשִׁים וְאֶחָד:

יג א וִיהוֹשֻׁעַ זָקֵן בָּא בַּיָּמִים וַיֹּאמֶר יהוה אֵלָיו אַתָּה זָקַנְתָּה בָּאתָ ח
ב בַיָּמִים וְהָאָרֶץ נִשְׁאֲרָה הַרְבֵּה־מְאֹד לְרִשְׁתָּהּ: זֹאת הָאָרֶץ
ג הַנִּשְׁאָרֶת כָּל־גְּלִילוֹת הַפְּלִשְׁתִּים וְכָל־הַגְּשׁוּרִי: מִן־הַשִּׁיחוֹר
אֲשֶׁר ׀ עַל־פְּנֵי מִצְרַיִם וְעַד גְּבוּל עֶקְרוֹן צָפוֹנָה לַכְּנַעֲנִי תֵּחָשֵׁב
חֲמֵשֶׁת ׀ סַרְנֵי פְלִשְׁתִּים הָעַזָּתִי וְהָאַשְׁדּוֹדִי הָאֶשְׁקְלוֹנִי הַגִּתִּי
ד וְהָעֶקְרוֹנִי וְהָעַוִּים: מִתֵּימָן כָּל־אֶרֶץ הַכְּנַעֲנִי וּמְעָרָה אֲשֶׁר
ה לַצִּידֹנִים עַד־אֲפֵקָה עַד גְּבוּל הָאֱמֹרִי: וְהָאָרֶץ הַגִּבְלִי וְכָל־
הַלְּבָנוֹן מִזְרַח הַשֶּׁמֶשׁ מִבַּעַל גָּד תַּחַת הַר־חֶרְמוֹן עַד לְבוֹא
ו חֲמָת: כָּל־יֹשְׁבֵי הָהָר מִן־הַלְּבָנוֹן עַד־מִשְׂרְפֹת מַיִם כָּל־
צִידֹנִים אָנֹכִי אוֹרִישֵׁם מִפְּנֵי בְּנֵי יִשְׂרָאֵל רַק הַפִּלֶהָ לְיִשְׂרָאֵל
ז בְּנַחֲלָה כַּאֲשֶׁר צִוִּיתִךָ: וְעַתָּה חַלֵּק אֶת־הָאָרֶץ הַזֹּאת בְּנַחֲלָה
ח לְתִשְׁעַת הַשְּׁבָטִים וַחֲצִי הַשֵּׁבֶט הַמְנַשֶּׁה: עִמּוֹ הָרֻאוּבֵנִי וְהַגָּדִי
לָקְחוּ נַחֲלָתָם אֲשֶׁר נָתַן לָהֶם מֹשֶׁה בְּעֵבֶר הַיַּרְדֵּן מִזְרָחָה
ט כַּאֲשֶׁר נָתַן לָהֶם מֹשֶׁה עֶבֶד יהוה: מֵעֲרוֹעֵר אֲשֶׁר עַל־שְׂפַת־
נַחַל אַרְנוֹן וְהָעִיר אֲשֶׁר בְּתוֹךְ־הַנַּחַל וְכָל־הַמִּישֹׁר מֵידְבָא
י עַד־דִּיבוֹן: וְכֹל עָרֵי סִיחוֹן מֶלֶךְ הָאֱמֹרִי אֲשֶׁר מָלַךְ בְּחֶשְׁבּוֹן
יא עַד־גְּבוּל בְּנֵי עַמּוֹן: וְהַגִּלְעָד וּגְבוּל הַגְּשׁוּרִי וְהַמַּעֲכָתִי וְכֹל הַר
יב חֶרְמוֹן וְכָל־הַבָּשָׁן עַד־סַלְכָה: כָּל־מַמְלְכוּת עוֹג בַּבָּשָׁן אֲשֶׁר־
מָלַךְ בְּעַשְׁתָּרוֹת וּבְאֶדְרֶעִי הוּא נִשְׁאַר מִיֶּתֶר הָרְפָאִים וַיַּכֵּם
יג מֹשֶׁה וַיֹּרִשֵׁם: וְלֹא הוֹרִישׁוּ בְּנֵי יִשְׂרָאֵל אֶת־הַגְּשׁוּרִי וְאֶת־
הַמַּעֲכָתִי וַיֵּשֶׁב גְּשׁוּר וּמַעֲכָת בְּקֶרֶב יִשְׂרָאֵל עַד הַיּוֹם הַזֶּה:
יד רַק לְשֵׁבֶט הַלֵּוִי לֹא נָתַן נַחֲלָה אִשֵּׁי יהוה אֱלֹהֵי יִשְׂרָאֵל הוּא

שבט לוי ללא נחלה
במדבר יח, כ–כד
דברים י, ח–ט;
יד, כט; יח, א–ב
יהושע יג, לג;
יד, ג–ד

טו נַחֲלָתוֹ כַּאֲשֶׁר דִּבֶּר־לוֹ׃ וַיִּתֵּן מֹשֶׁה לְמַטֵּה בְנֵי־
טז רְאוּבֵן לְמִשְׁפְּחֹתָם׃ וַיְהִי לָהֶם הַגְּבוּל מֵעֲרוֹעֵר אֲשֶׁר עַל־
שְׂפַת־נַחַל אַרְנוֹן וְהָעִיר אֲשֶׁר בְּתוֹךְ־הַנַּחַל וְכָל־הַמִּישֹׁר עַל־
יז מֵידְבָא׃ חֶשְׁבּוֹן וְכָל־עָרֶיהָ אֲשֶׁר בַּמִּישֹׁר דִּיבוֹן וּבָמוֹת בַּעַל
יח יט וּבֵית בַּעַל מְעוֹן׃ וְיַהְצָה וּקְדֵמֹת וּמֵפָעַת׃ וְקִרְיָתַיִם וְשִׂבְמָה
כ וְצֶרֶת הַשַּׁחַר בְּהַר הָעֵמֶק׃ וּבֵית פְּעוֹר וְאַשְׁדּוֹת הַפִּסְגָּה וּבֵית
כא הַיְשִׁמוֹת׃ וְכֹל עָרֵי הַמִּישֹׁר וְכָל־מַמְלְכוּת סִיחוֹן מֶלֶךְ הָאֱמֹרִי
אֲשֶׁר מָלַךְ בְּחֶשְׁבּוֹן אֲשֶׁר הִכָּה מֹשֶׁה אֹתוֹ ׀ וְאֶת־נְשִׂיאֵי
מִדְיָן אֶת־אֱוִי וְאֶת־רֶקֶם וְאֶת־צוּר וְאֶת־חוּר וְאֶת־רֶבַע
כב נְסִיכֵי סִיחוֹן יֹשְׁבֵי הָאָרֶץ׃ וְאֶת־בִּלְעָם בֶּן־בְּעוֹר הַקּוֹסֵם
כג הָרְגוּ בְנֵי־יִשְׂרָאֵל בַּחֶרֶב אֶל־חַלְלֵיהֶם׃ וַיְהִי גְּבוּל בְּנֵי רְאוּבֵן
הַיַּרְדֵּן וּגְבוּל זֹאת נַחֲלַת בְּנֵי־רְאוּבֵן לְמִשְׁפְּחוֹתָם הֶעָרִים
כד וְחַצְרֵיהֶן׃ וַיִּתֵּן מֹשֶׁה לְמַטֵּה גָד לִבְנֵי גָד
כה לְמִשְׁפְּחֹתָם׃ וַיְהִי לָהֶם הַגְּבוּל יַעְזֵר וְכָל־עָרֵי הַגִּלְעָד וַחֲצִי
כו אֶרֶץ בְּנֵי עַמּוֹן עַד־עֲרוֹעֵר אֲשֶׁר עַל־פְּנֵי רַבָּה׃ וּמֵחֶשְׁבּוֹן
עַד־רָמַת הַמִּצְפֶּה וּבְטֹנִים וּמִמַּחֲנַיִם עַד־גְּבוּל לִדְבִר׃
כז וּבָעֵמֶק בֵּית הָרָם וּבֵית נִמְרָה וְסֻכּוֹת וְצָפוֹן יֶתֶר מַמְלְכוּת
סִיחוֹן מֶלֶךְ חֶשְׁבּוֹן הַיַּרְדֵּן וּגְבֻל עַד־קְצֵה יָם־כִּנֶּרֶת עֵבֶר
כח הַיַּרְדֵּן מִזְרָחָה׃ זֹאת נַחֲלַת בְּנֵי־גָד לְמִשְׁפְּחֹתָם הֶעָרִים
כט וְחַצְרֵיהֶם׃ וַיִּתֵּן מֹשֶׁה לַחֲצִי שֵׁבֶט מְנַשֶּׁה וַיְהִי
ל לַחֲצִי מַטֵּה בְנֵי־מְנַשֶּׁה לְמִשְׁפְּחוֹתָם׃ וַיְהִי גְבוּלָם מִמַּחֲנַיִם
כָּל־הַבָּשָׁן כָּל־מַמְלְכוּת ׀ עוֹג מֶלֶךְ־הַבָּשָׁן וְכָל־חַוֺּת יָאִיר
לא אֲשֶׁר בַּבָּשָׁן שִׁשִּׁים עִיר׃ וַחֲצִי הַגִּלְעָד וְעַשְׁתָּרוֹת וְאֶדְרֶעִי עָרֵי
מַמְלְכוּת עוֹג בַּבָּשָׁן לִבְנֵי מָכִיר בֶּן־מְנַשֶּׁה לַחֲצִי בְנֵי־מָכִיר
לב לְמִשְׁפְּחוֹתָם׃ אֵלֶּה אֲשֶׁר־נִחַל מֹשֶׁה בְּעַרְבוֹת מוֹאָב מֵעֵבֶר
לג לְיַרְדֵּן יְרִיחוֹ מִזְרָחָה׃ וּלְשֵׁבֶט הַלֵּוִי לֹא־נָתַן מֹשֶׁה נַחֲלָה יְהוָה
יד א אֱלֹהֵי יִשְׂרָאֵל הוּא נַחֲלָתָם כַּאֲשֶׁר דִּבֶּר לָהֶם׃ וְאֵלֶּה אֲשֶׁר־

נחלת שבט ראובן
במדבר לב, לז–לח
יחזקאל מח, ו

הריגת בלעם ומלכי מדיין
במדבר לא, ז–ח

נחלת שבט גד
במדבר לב, לד–לו
יחזקאל מח, כז
דה"א ה, יא

נחלת חצי שבט המנשה
במדבר לב, לט–מב
דה"א ה, כג

קורות חוות יאיר (בגלעד ובבשן)
במדבר לב, מא
דברים ג, יד
שופטים י, ד
מל"א ד, יג
דבה"א ב, כב–כג

שבט לוי ללא נחלה
במדבר יח, כ–כד
דברים י, ח–ט;
יד, כט; יח, א–ב
יהושע יג, יד;
יד, ג–ד

יד

נָחֲלוּ בְנֵי־יִשְׂרָאֵל בְּאֶרֶץ כְּנָעַן אֲשֶׁר נִחֲלוּ אוֹתָם אֶלְעָזָר הַכֹּהֵן
ב וִיהוֹשֻׁעַ בִּן־נוּן וְרָאשֵׁי אֲבוֹת הַמַּטּוֹת לִבְנֵי יִשְׂרָאֵל׃ בְּגוֹרַל
נַחֲלָתָם כַּאֲשֶׁר צִוָּה יהוה בְּיַד־מֹשֶׁה לְתִשְׁעַת הַמַּטּוֹת וַחֲצִי
ג הַמַּטֶּה׃ כִּי־נָתַן מֹשֶׁה נַחֲלַת שְׁנֵי הַמַּטּוֹת וַחֲצִי הַמַּטֶּה מֵעֵבֶר
ד לַיַּרְדֵּן וְלַלְוִיִּם לֹא־נָתַן נַחֲלָה בְּתוֹכָם׃ כִּי־הָיוּ בְנֵי־יוֹסֵף שְׁנֵי
מַטּוֹת מְנַשֶּׁה וְאֶפְרָיִם וְלֹא־נָתְנוּ חֵלֶק לַלְוִיִּם בָּאָרֶץ כִּי
ה אִם־עָרִים לָשֶׁבֶת וּמִגְרְשֵׁיהֶם לְמִקְנֵיהֶם וּלְקִנְיָנָם׃ כַּאֲשֶׁר
צִוָּה יהוה אֶת־מֹשֶׁה כֵּן עָשׂוּ בְּנֵי יִשְׂרָאֵל וַיַּחְלְקוּ אֶת־
ו הָאָרֶץ׃ וַיִּגְּשׁוּ בְנֵי־יְהוּדָה אֶל־יְהוֹשֻׁעַ בַּגִּלְגָּל

הבטחת הארץ לכלב
במדבר יד, כ–לה
דברים א, לו

וַיֹּאמֶר אֵלָיו כָּלֵב בֶּן־יְפֻנֶּה הַקְּנִזִּי אַתָּה יָדַעְתָּ אֶת־הַדָּבָר
אֲשֶׁר־דִּבֶּר יהוה אֶל־מֹשֶׁה אִישׁ־הָאֱלֹהִים עַל אֹדוֹתַי וְעַל
ז אֹדוֹתֶיךָ בְּקָדֵשׁ בַּרְנֵעַ׃ בֶּן־אַרְבָּעִים שָׁנָה אָנֹכִי בִּשְׁלֹחַ מֹשֶׁה

שליחת המרגלים וחטאם
במדבר יג, א – יד, י
דברים א, כב–מ

עֶבֶד־יהוה אֹתִי מִקָּדֵשׁ בַּרְנֵעַ לְרַגֵּל אֶת־הָאָרֶץ וָאָשֵׁב אֹתוֹ
ח דָּבָר כַּאֲשֶׁר עִם־לְבָבִי׃ וְאַחַי אֲשֶׁר עָלוּ עִמִּי הִמְסִיו אֶת־לֵב
ט הָעָם וְאָנֹכִי מִלֵּאתִי אַחֲרֵי יהוה אֱלֹהָי׃ וַיִּשָּׁבַע מֹשֶׁה בַּיּוֹם
הַהוּא לֵאמֹר אִם־לֹא הָאָרֶץ אֲשֶׁר דָּרְכָה רַגְלְךָ בָּהּ לְךָ תִהְיֶה
י לְנַחֲלָה וּלְבָנֶיךָ עַד־עוֹלָם כִּי מִלֵּאתָ אַחֲרֵי יהוה אֱלֹהָי׃ וְעַתָּה
הִנֵּה הֶחֱיָה יהוה ׀ אוֹתִי כַּאֲשֶׁר דִּבֵּר זֶה אַרְבָּעִים וְחָמֵשׁ שָׁנָה
מֵאָז דִּבֶּר יהוה אֶת־הַדָּבָר הַזֶּה אֶל־מֹשֶׁה אֲשֶׁר־הָלַךְ יִשְׂרָאֵל
יא בַּמִּדְבָּר וְעַתָּה הִנֵּה אָנֹכִי הַיּוֹם בֶּן־חָמֵשׁ וּשְׁמוֹנִים שָׁנָה׃ עוֹדֶנִּי
הַיּוֹם חָזָק כַּאֲשֶׁר בְּיוֹם שְׁלֹחַ אוֹתִי מֹשֶׁה כְּכֹחִי אָז וּכְכֹחִי עָתָּה
יב לַמִּלְחָמָה וְלָצֵאת וְלָבוֹא׃ וְעַתָּה תְּנָה־לִּי אֶת־הָהָר הַזֶּה
אֲשֶׁר־דִּבֶּר יהוה בַּיּוֹם הַהוּא כִּי־אַתָּה שָׁמַעְתָּ בַיּוֹם הַהוּא כִּי־
עֲנָקִים שָׁם וְעָרִים גְּדֹלוֹת בְּצֻרוֹת אוּלַי יהוה אוֹתִי וְהוֹרַשְׁתִּים

נתינת חברון לכלב לנחלה
יהושע טו, יג; כא, יב
שופטים א, כ

יג כַּאֲשֶׁר דִּבֶּר יהוה׃ וַיְבָרְכֵהוּ יְהוֹשֻׁעַ וַיִּתֵּן אֶת־חֶבְרוֹן לְכָלֵב
יד בֶּן־יְפֻנֶּה לְנַחֲלָה׃ עַל־כֵּן הָיְתָה־חֶבְרוֹן לְכָלֵב בֶּן־יְפֻנֶּה הַקְּנִזִּי
לְנַחֲלָה עַד הַיּוֹם הַזֶּה יַעַן אֲשֶׁר מִלֵּא אַחֲרֵי יהוה אֱלֹהֵי

טו יִשְׂרָאֵל: וְשֵׁם חֶבְרוֹן לְפָנִים קִרְיַת אַרְבַּע הָאָדָם הַגָּדוֹל ט

נחלת שבט יהודה
יחזקאל מח, ז

טו א בָּעֲנָקִים הוּא וְהָאָרֶץ שָׁקְטָה מִמִּלְחָמָה: וַיְהִי
הַגּוֹרָל לְמַטֵּה בְּנֵי יְהוּדָה לְמִשְׁפְּחֹתָם אֶל־גְּבוּל אֱדוֹם מִדְבַּר־
ב צִן נֶגְבָּה מִקְצֵה תֵימָן: וַיְהִי לָהֶם גְּבוּל נֶגֶב מִקְצֵה יָם הַמֶּלַח
ג מִן־הַלָּשֹׁן הַפֹּנֶה נֶגְבָּה: וְיָצָא אֶל־מִנֶּגֶב לְמַעֲלֵה עַקְרַבִּים
וְעָבַר צִנָה וְעָלָה מִנֶּגֶב לְקָדֵשׁ בַּרְנֵעַ וְעָבַר חֶצְרוֹן וְעָלָה
ד אַדָּרָה וְנָסַב הַקַּרְקָעָה: וְעָבַר עַצְמוֹנָה וְיָצָא נַחַל מִצְרַיִם והיה (וְהָיוּ)
ה תֹּצְאוֹת הַגְּבוּל יָמָּה זֶה־יִהְיֶה לָכֶם גְּבוּל נֶגֶב: וּגְבוּל קֵדְמָה
יָם הַמֶּלַח עַד־קְצֵה הַיַּרְדֵּן וּגְבוּל לִפְאַת צָפוֹנָה מִלְּשׁוֹן הַיָּם
ו מִקְצֵה הַיַּרְדֵּן: וְעָלָה הַגְּבוּל בֵּית חָגְלָה וְעָבַר מִצְּפוֹן לְבֵית
ז הָעֲרָבָה וְעָלָה הַגְּבוּל אֶבֶן בֹּהַן בֶּן־רְאוּבֵן: וְעָלָה הַגְּבוּל ׀
דְּבִרָה מֵעֵמֶק עָכוֹר וְצָפוֹנָה פֹּנֶה אֶל־הַגִּלְגָּל אֲשֶׁר־נֹכַח
לְמַעֲלֵה אֲדֻמִּים אֲשֶׁר מִנֶּגֶב לַנָּחַל וְעָבַר הַגְּבוּל אֶל־מֵי־עֵין־
ח שֶׁמֶשׁ וְהָיוּ תֹצְאֹתָיו אֶל־עֵין רֹגֵל: וְעָלָה הַגְּבוּל גֵּי בֶן־הִנֹּם
אֶל־כֶּתֶף הַיְבוּסִי מִנֶּגֶב הִיא יְרוּשָׁלִָם וְעָלָה הַגְּבוּל אֶל־רֹאשׁ
הָהָר אֲשֶׁר עַל־פְּנֵי גֵי־הִנֹּם יָמָּה אֲשֶׁר בִּקְצֵה עֵמֶק־רְפָאִים
ט צָפוֹנָה: וְתָאַר הַגְּבוּל מֵרֹאשׁ הָהָר אֶל־מַעְיַן מֵי נֶפְתּוֹחַ וְיָצָא
אֶל־עָרֵי הַר־עֶפְרוֹן וְתָאַר הַגְּבוּל בַּעֲלָה הִיא קִרְיַת יְעָרִים:
י וְנָסַב הַגְּבוּל מִבַּעֲלָה יָמָּה אֶל־הַר שֵׂעִיר וְעָבַר אֶל־כֶּתֶף הַר־
יְעָרִים מִצָּפוֹנָה הִיא כְסָלוֹן וְיָרַד בֵּית־שֶׁמֶשׁ וְעָבַר תִּמְנָה:
יא וְיָצָא הַגְּבוּל אֶל־כֶּתֶף עֶקְרוֹן צָפוֹנָה וְתָאַר הַגְּבוּל שִׁכְּרוֹנָה
וְעָבַר הַר־הַבַּעֲלָה וְיָצָא יַבְנְאֵל וְהָיוּ תֹּצְאוֹת הַגְּבוּל יָמָּה:

נתינת חברון לכלב לנחלה
יהושע יד, יג–יד; כא, יב
שופטים א, כ

יב וּגְבוּל יָם הַיָּמָּה הַגָּדוֹל וּגְבוּל זֶה גְּבוּל בְּנֵי־יְהוּדָה סָבִיב
יג לְמִשְׁפְּחֹתָם: וּלְכָלֵב בֶּן־יְפֻנֶּה נָתַן חֵלֶק בְּתוֹךְ בְּנֵי־יְהוּדָה אֶל־
פִּי יְהוָה לִיהוֹשֻׁעַ אֶת־קִרְיַת אַרְבַּע אֲבִי הָעֲנָק הִיא חֶבְרוֹן:

הורשת הענקים בחברון
שופטים א, י; א, כ

יד וַיֹּרֶשׁ מִשָּׁם כָּלֵב אֶת־שְׁלוֹשָׁה בְּנֵי הָעֲנָק אֶת־שֵׁשַׁי וְאֶת־אֲחִימַן
טו וְאֶת־תַּלְמַי יְלִידֵי הָעֲנָק: וַיַּעַל מִשָּׁם אֶל־יֹשְׁבֵי דְּבִר וְשֵׁם־

*הכאת קריית ספר בידי עתניאל בן־קנז — שופטים א, יא–טו*

טז דְּבִר לְפָנִים קִרְיַת־סֵפֶר׃ וַיֹּאמֶר כָּלֵב אֲשֶׁר־יַכֶּה אֶת־קִרְיַת־
יז סֵפֶר וּלְכָדָהּ וְנָתַתִּי לוֹ אֶת־עַכְסָה בִתִּי לְאִשָּׁה׃ וַיִּלְכְּדָהּ
עָתְנִיאֵל בֶּן־קְנַז אֲחִי כָלֵב וַיִּתֶּן־לוֹ אֶת־עַכְסָה בִתּוֹ לְאִשָּׁה׃
יח וַיְהִי בְּבוֹאָהּ וַתְּסִיתֵהוּ לִשְׁאוֹל מֵאֵת־אָבִיהָ שָׂדֶה וַתִּצְנַח מֵעַל
יט הַחֲמוֹר וַיֹּאמֶר־לָהּ כָּלֵב מַה־לָּךְ׃ וַתֹּאמֶר תְּנָה־לִּי בְרָכָה כִּי
אֶרֶץ הַנֶּגֶב נְתַתָּנִי וְנָתַתָּה לִי גֻּלֹּת מָיִם וַיִּתֶּן־לָהּ אֵת גֻּלֹּת
כ עִלִּיּוֹת וְאֵת גֻּלֹּת תַּחְתִּיּוֹת׃ זֹאת נַחֲלַת מַטֵּה

*רשימת ערי יהודה — נחמיה יא, כה–ל*

כא בְנֵי־יְהוּדָה לְמִשְׁפְּחֹתָם׃ וַיִּהְיוּ הֶעָרִים מִקְצֵה לְמַטֵּה בְנֵי־
כב יְהוּדָה אֶל־גְּבוּל אֱדוֹם בַּנֶּגְבָּה קַבְצְאֵל וְעֵדֶר וְיָגוּר׃ וְקִינָה
כג כד וְדִימוֹנָה וְעַדְעָדָה׃ וְקֶדֶשׁ וְחָצוֹר וְיִתְנָן׃ זִיף וָטֶלֶם וּבְעָלוֹת׃
כה כו וְחָצוֹר ׀ חֲדַתָּה וּקְרִיּוֹת חֶצְרוֹן הִיא חָצוֹר׃ אֲמָם וּשְׁמַע וּמוֹלָדָה׃
כז כח וַחֲצַר גַּדָּה וְחֶשְׁמוֹן וּבֵית פָּלֶט׃ וַחֲצַר שׁוּעָל וּבְאֵר שֶׁבַע
כט ל לא וּבִזְיוֹתְיָה׃ בַּעֲלָה וְעִיִּים וָעָצֶם׃ וְאֶלְתּוֹלַד וּכְסִיל וְחָרְמָה׃ וְצִקְלַג
לב וּמַדְמַנָּה וְסַנְסַנָּה׃ וּלְבָאוֹת וְשִׁלְחִים וְעַיִן וְרִמּוֹן כָּל־עָרִים
לג עֶשְׂרִים וָתֵשַׁע וְחַצְרֵיהֶן׃ בַּשְּׁפֵלָה אֶשְׁתָּאוֹל
לד לה וְצָרְעָה וְאַשְׁנָה׃ וְזָנוֹחַ וְעֵין גַּנִּים תַּפּוּחַ וְהָעֵינָם׃ יַרְמוּת
לו וַעֲדֻלָּם שׂוֹכֹה וַעֲזֵקָה׃ וְשַׁעֲרַיִם וַעֲדִיתַיִם וְהַגְּדֵרָה וּגְדֵרֹתָיִם
לז עָרִים אַרְבַּע־עֶשְׂרֵה וְחַצְרֵיהֶן׃ צְנָן וַחֲדָשָׁה
לח לט וּמִגְדַּל־גָּד׃ וְדִלְעָן וְהַמִּצְפֶּה וְיָקְתְאֵל׃ לָכִישׁ וּבָצְקַת וְעֶגְלוֹן׃
מ מא וְכַבּוֹן וְלַחְמָס וְכִתְלִישׁ׃ וּגְדֵרוֹת בֵּית־דָּגוֹן וְנַעֲמָה וּמַקֵּדָה
מב עָרִים שֵׁשׁ־עֶשְׂרֵה וְחַצְרֵיהֶן׃ לִבְנָה וָעֶתֶר וְעָשָׁן׃
מג מד וְיִפְתָּח וְאַשְׁנָה וּנְצִיב׃ וּקְעִילָה וְאַכְזִיב וּמָרֵאשָׁה עָרִים תֵּשַׁע
מה מו וְחַצְרֵיהֶן׃ עֶקְרוֹן וּבְנֹתֶיהָ וַחֲצֵרֶיהָ׃ מֵעֶקְרוֹן
מז וָיָמָּה כֹּל אֲשֶׁר־עַל־יַד אַשְׁדּוֹד וְחַצְרֵיהֶן׃ אַשְׁדּוֹד
בְּנוֹתֶיהָ וַחֲצֵרֶיהָ עַזָּה בְּנוֹתֶיהָ וַחֲצֵרֶיהָ עַד־נַחַל מִצְרָיִם וְהַיָּם
מח מט הַגְּבוּל וּגְבוּל׃ וּבָהָר שָׁמִיר וְיַתִּיר וְשׂוֹכֹה׃ וְדַנָּה וְקִרְיַת־סַנָּה (הַגָּדוֹל)
נ נא הִיא דְבִר׃ וַעֲנָב וְאֶשְׁתְּמֹה וְעָנִים׃ וְגֹשֶׁן וְחֹלֹן וְגִלֹה עָרִים

נב אַחַת־עֶשְׂרֵה וְחַצְרֵיהֶן׃ אֲרַב וְדוּמָה וְאֶשְׁעָן׃
נג נד וינים וּבֵית־תַּפּוּחַ וַאֲפֵקָה׃ וְחֻמְטָה וְקִרְיַת אַרְבַּע הִיא וְיָנוּם
נה חֶבְרוֹן וְצִיעֹר עָרִים תֵּשַׁע וְחַצְרֵיהֶן׃ מָעוֹן ׀
נו נז כַּרְמֶל וָזִיף וְיוּטָּה׃ וְיִזְרְעֶאל וְיָקְדְעָם וְזָנוֹחַ׃ הַקַּיִן גִּבְעָה
נח וְתִמְנָה עָרִים עֶשֶׂר וְחַצְרֵיהֶן׃ חַלְחוּל
נט בֵּית־צוּר וּגְדוֹר׃ וּמַעֲרָת וּבֵית־עֲנוֹת וְאֶלְתְּקֹן עָרִים שֵׁשׁ
ס וְחַצְרֵיהֶן׃ קִרְיַת־בַּעַל הִיא קִרְיַת יְעָרִים
סא וְהָרַבָּה עָרִים שְׁתַּיִם וְחַצְרֵיהֶן׃ בַּמִּדְבָּר
סב בֵּית הָעֲרָבָה מִדִּין וּסְכָכָה׃ וְהַנִּבְשָׁן וְעִיר־הַמֶּלַח וְעֵין
סג גֶּדִי עָרִים שֵׁשׁ וְחַצְרֵיהֶן׃ וְאֶת־הַיְבוּסִי יוֹשְׁבֵי היבוסי נשאר בירושלים שופטים א, כא
יְרוּשָׁלִַם לֹא־יוכלו בְנֵי־יְהוּדָה לְהוֹרִישָׁם וַיֵּשֶׁב הַיְבוּסִי אֶת־ יָכְלוּ
טז א בְּנֵי יְהוּדָה בִּירוּשָׁלִַם עַד הַיּוֹם הַזֶּה׃ וַיֵּצֵא הַגּוֹרָל
לִבְנֵי יוֹסֵף מִיַּרְדֵּן יְרִיחוֹ לְמֵי יְרִיחוֹ מִזְרָחָה הַמִּדְבָּר עֹלֶה
ב מִירִיחוֹ בָּהָר בֵּית־אֵל׃ וְיָצָא מִבֵּית־אֵל לוּזָה וְעָבַר אֶל־גְּבוּל
ג הָאַרְכִּי עֲטָרוֹת׃ וְיָרַד יָמָּה אֶל־גְּבוּל הַיַּפְלֵטִי עַד־גְּבוּל בֵּית־
ד חֹרוֹן תַּחְתּוֹן וְעַד־גָּזֶר וְהָיוּ תֹצְאֹתָיו יָמָּה׃ וַיִּנְחֲלוּ בְנֵי־יוֹסֵף
ה מְנַשֶּׁה וְאֶפְרָיִם׃ וַיְהִי גְּבוּל בְּנֵי־אֶפְרַיִם לְמִשְׁפְּחֹתָם וַיְהִי גְּבוּל נחלת שבט אפרים יחזקאל מח, ה דה"א ז, כח
ו נַחֲלָתָם מִזְרָחָה עַטְרוֹת אַדָּר עַד־בֵּית חֹרוֹן עֶלְיוֹן׃ וְיָצָא
הַגְּבוּל הַיָּמָּה הַמִּכְמְתָת מִצָּפוֹן וְנָסַב הַגְּבוּל מִזְרָחָה תַּאֲנַת
ז שִׁלֹה וְעָבַר אוֹתוֹ מִמִּזְרַח יָנוֹחָה׃ וְיָרַד מִיָּנוֹחָה עֲטָרוֹת
ח וְנַעֲרָתָה וּפָגַע בִּירִיחוֹ וְיָצָא הַיַּרְדֵּן׃ מִתַּפּוּחַ יֵלֵךְ הַגְּבוּל יָמָּה
נַחַל קָנָה וְהָיוּ תֹצְאֹתָיו הַיָּמָּה זֹאת נַחֲלַת מַטֵּה בְנֵי־אֶפְרַיִם
ט לְמִשְׁפְּחֹתָם׃ וְהֶעָרִים הַמִּבְדָּלוֹת לִבְנֵי אֶפְרַיִם בְּתוֹךְ נַחֲלַת
י בְּנֵי־מְנַשֶּׁה כָּל־הֶעָרִים וְחַצְרֵיהֶן׃ וְלֹא הוֹרִישׁוּ אֶת־הַכְּנַעֲנִי בני אפרים אינם מורישים את תושבי גזר שופטים א, כט
הַיּוֹשֵׁב בְּגָזֶר וַיֵּשֶׁב הַכְּנַעֲנִי בְּקֶרֶב אֶפְרַיִם עַד־הַיּוֹם הַזֶּה וַיְהִי
יז א לְמַס־עֹבֵד׃ וַיְהִי הַגּוֹרָל לְמַטֵּה מְנַשֶּׁה כִּי־הוּא נחלת שבט מנשה יחזקאל מח, ד דה"א ז, כט
בְּכוֹר יוֹסֵף לְמָכִיר בְּכוֹר מְנַשֶּׁה אֲבִי הַגִּלְעָד כִּי הוּא הָיָה אִישׁ

ב מִלְחָמָה וַיְהִי־לוֹ הַגִּלְעָד וְהַבָּשָׁן: וַיְהִי לִבְנֵי מְנַשֶּׁה הַנּוֹתָרִים
לְמִשְׁפְּחֹתָם לִבְנֵי אֲבִיעֶזֶר וְלִבְנֵי־חֵלֶק וְלִבְנֵי אַשְׂרִיאֵל וְלִבְנֵי־
שֶׁכֶם וְלִבְנֵי־חֵפֶר וְלִבְנֵי שְׁמִידָע אֵלֶּה בְּנֵי מְנַשֶּׁה בֶּן־יוֹסֵף
ג הַזְּכָרִים לְמִשְׁפְּחֹתָם: וְלִצְלָפְחָד בֶּן־חֵפֶר בֶּן־גִּלְעָד בֶּן־מָכִיר
בֶּן־מְנַשֶּׁה לֹא־הָיוּ לוֹ בָּנִים כִּי אִם־בָּנוֹת וְאֵלֶּה שְׁמוֹת בְּנֹתָיו

נחלת בנות צלפחד
במדבר כז, א–ז

ד מַחְלָה וְנֹעָה חָגְלָה מִלְכָּה וְתִרְצָה: וַתִּקְרַבְנָה לִפְנֵי אֶלְעָזָר י
הַכֹּהֵן וְלִפְנֵי ׀ יְהוֹשֻׁעַ בִּן־נוּן וְלִפְנֵי הַנְּשִׂיאִים לֵאמֹר יְהוָה צִוָּה
אֶת־מֹשֶׁה לָתֶת־לָנוּ נַחֲלָה בְּתוֹךְ אַחֵינוּ וַיִּתֵּן לָהֶם אֶל־פִּי

משפחת צלפחד
במדבר כו, לג; כז, א

ה יְהוָה נַחֲלָה בְּתוֹךְ אֲחֵי אֲבִיהֶן: וַיִּפְּלוּ חַבְלֵי־מְנַשֶּׁה עֲשָׂרָה
ו לְבַד מֵאֶרֶץ הַגִּלְעָד וְהַבָּשָׁן אֲשֶׁר מֵעֵבֶר לַיַּרְדֵּן: כִּי בְּנוֹת
מְנַשֶּׁה נָחֲלוּ נַחֲלָה בְּתוֹךְ בָּנָיו וְאֶרֶץ הַגִּלְעָד הָיְתָה לִבְנֵי־
ז מְנַשֶּׁה הַנּוֹתָרִים: וַיְהִי גְבוּל־מְנַשֶּׁה מֵאָשֵׁר הַמִּכְמְתָת אֲשֶׁר
עַל־פְּנֵי שְׁכֶם וְהָלַךְ הַגְּבוּל אֶל־הַיָּמִין אֶל־יֹשְׁבֵי עֵין תַּפּוּחַ:
ח לִמְנַשֶּׁה הָיְתָה אֶרֶץ תַּפּוּחַ וְתַפּוּחַ אֶל־גְּבוּל מְנַשֶּׁה לִבְנֵי
ט אֶפְרָיִם: וְיָרַד הַגְּבוּל נַחַל קָנָה נֶגְבָּה לַנַּחַל עָרִים הָאֵלֶּה
לְאֶפְרַיִם בְּתוֹךְ עָרֵי מְנַשֶּׁה וּגְבוּל מְנַשֶּׁה מִצְּפוֹן לַנַּחַל וַיְהִי
י תֹצְאֹתָיו הַיָּמָּה: נֶגְבָּה לְאֶפְרַיִם וְצָפוֹנָה לִמְנַשֶּׁה וַיְהִי הַיָּם

הערים שאותן מנשה לא הוריש
שופטים א, כז–כח

יא גְּבוּלוֹ וּבְאָשֵׁר יִפְגְּעוּן מִצָּפוֹן וּבְיִשָּׂשכָר מִמִּזְרָח: וַיְהִי לִמְנַשֶּׁה
בְּיִשָּׂשכָר וּבְאָשֵׁר בֵּית־שְׁאָן וּבְנוֹתֶיהָ וְיִבְלְעָם וּבְנוֹתֶיהָ וְאֶת־
יֹשְׁבֵי דֹאר וּבְנוֹתֶיהָ וְיֹשְׁבֵי עֵין־דֹּר וּבְנֹתֶיהָ וְיֹשְׁבֵי תַעְנַךְ
יב וּבְנֹתֶיהָ וְיֹשְׁבֵי מְגִדּוֹ וּבְנוֹתֶיהָ שְׁלֹשֶׁת הַנָּפֶת: וְלֹא יָכְלוּ בְּנֵי
מְנַשֶּׁה לְהוֹרִישׁ אֶת־הֶעָרִים הָאֵלֶּה וַיּוֹאֶל הַכְּנַעֲנִי לָשֶׁבֶת
יג בָּאָרֶץ הַזֹּאת: וַיְהִי כִּי חָזְקוּ בְּנֵי יִשְׂרָאֵל וַיִּתְּנוּ אֶת־הַכְּנַעֲנִי
יד לָמַס וְהוֹרֵשׁ לֹא הוֹרִישׁוֹ: וַיְדַבְּרוּ בְּנֵי יוֹסֵף אֶת־
יְהוֹשֻׁעַ לֵאמֹר מַדּוּעַ נָתַתָּה לִּי נַחֲלָה גּוֹרָל אֶחָד וְחֶבֶל אֶחָד
טו וַאֲנִי עַם רָב עַד אֲשֶׁר־עַד־כֹּה בֵּרְכַנִי יְהוָה: וַיֹּאמֶר אֲלֵיהֶם
יְהוֹשֻׁעַ אִם־עַם־רַב אַתָּה עֲלֵה לְךָ הַיַּעְרָה וּבֵרֵאתָ לְךָ שָׁם

טז בְּאֶרֶץ הַפְּרִזִּי וְהָרְפָאִים כִּי־אָץ לְךָ הַר־אֶפְרָיִם: וַיֹּאמְרוּ בְּנֵי
יוֹסֵף לֹא־יִמָּצֵא לָנוּ הָהָר וְרֶכֶב בַּרְזֶל בְּכָל־הַכְּנַעֲנִי הַיֹּשֵׁב
בְּאֶרֶץ־הָעֵמֶק לַאֲשֶׁר בְּבֵית־שְׁאָן וּבְנוֹתֶיהָ וְלַאֲשֶׁר בְּעֵמֶק
יז יִזְרְעֶאל: וַיֹּאמֶר יְהוֹשֻׁעַ אֶל־בֵּית יוֹסֵף לְאֶפְרַיִם וְלִמְנַשֶּׁה
לֵאמֹר עַם־רַב אַתָּה וְכֹחַ גָּדוֹל לָךְ לֹא־יִהְיֶה לְךָ גּוֹרָל
יח אֶחָד: כִּי הַר יִהְיֶה־לָּךְ כִּי־יַעַר הוּא וּבֵרֵאתוֹ וְהָיָה לְךָ
תֹּצְאֹתָיו כִּי־תוֹרִישׁ אֶת־הַכְּנַעֲנִי כִּי רֶכֶב בַּרְזֶל לוֹ כִּי
יח א חָזָק הוּא: וַיִּקָּהֲלוּ כָּל־עֲדַת בְּנֵי־יִשְׂרָאֵל שִׁלֹה
ב וַיַּשְׁכִּינוּ שָׁם אֶת־אֹהֶל מוֹעֵד וְהָאָרֶץ נִכְבְּשָׁה לִפְנֵיהֶם: וַיִּוָּתְרוּ
בִּבְנֵי יִשְׂרָאֵל אֲשֶׁר לֹא־חָלְקוּ אֶת־נַחֲלָתָם שִׁבְעָה שְׁבָטִים:
ג וַיֹּאמֶר יְהוֹשֻׁעַ אֶל־בְּנֵי יִשְׂרָאֵל עַד־אָנָה אַתֶּם מִתְרַפִּים לָבוֹא
ד לָרֶשֶׁת אֶת־הָאָרֶץ אֲשֶׁר נָתַן לָכֶם יְהוָה אֱלֹהֵי אֲבוֹתֵיכֶם: הָבוּ
לָכֶם שְׁלֹשָׁה אֲנָשִׁים לַשָּׁבֶט וְאֶשְׁלָחֵם וְיָקֻמוּ וְיִתְהַלְּכוּ בָאָרֶץ
ה וְיִכְתְּבוּ אוֹתָהּ לְפִי נַחֲלָתָם וְיָבֹאוּ אֵלָי: וְהִתְחַלְּקוּ אֹתָהּ
לְשִׁבְעָה חֲלָקִים יְהוּדָה יַעֲמֹד עַל־גְּבוּלוֹ מִנֶּגֶב וּבֵית יוֹסֵף
ו יַעַמְדוּ עַל־גְּבוּלָם מִצָּפוֹן: וְאַתֶּם תִּכְתְּבוּ אֶת־הָאָרֶץ שִׁבְעָה
חֲלָקִים וַהֲבֵאתֶם אֵלַי הֵנָּה וְיָרִיתִי לָכֶם גּוֹרָל פֹּה לִפְנֵי יְהוָה
ז אֱלֹהֵינוּ: כִּי אֵין־חֵלֶק לַלְוִיִּם בְּקִרְבְּכֶם כִּי־כְהֻנַּת יְהוָה
נַחֲלָתוֹ וְגָד וּרְאוּבֵן וַחֲצִי שֵׁבֶט הַמְנַשֶּׁה לָקְחוּ נַחֲלָתָם מֵעֵבֶר
ח לַיַּרְדֵּן מִזְרָחָה אֲשֶׁר נָתַן לָהֶם מֹשֶׁה עֶבֶד יְהוָה: וַיָּקֻמוּ
הָאֲנָשִׁים וַיֵּלֵכוּ וַיְצַו יְהוֹשֻׁעַ אֶת־הַהֹלְכִים לִכְתֹּב אֶת־הָאָרֶץ
לֵאמֹר לְכוּ וְהִתְהַלְּכוּ בָאָרֶץ וְכִתְבוּ אוֹתָהּ וְשׁוּבוּ אֵלַי וּפֹה
ט אַשְׁלִיךְ לָכֶם גּוֹרָל לִפְנֵי יְהוָה בְּשִׁלֹה: וַיֵּלְכוּ הָאֲנָשִׁים וַיַּעַבְרוּ
בָאָרֶץ וַיִּכְתְּבוּהָ לֶעָרִים לְשִׁבְעָה חֲלָקִים עַל־סֵפֶר וַיָּבֹאוּ
י אֶל־יְהוֹשֻׁעַ אֶל־הַמַּחֲנֶה שִׁלֹה: וַיַּשְׁלֵךְ לָהֶם יְהוֹשֻׁעַ גּוֹרָל
בְּשִׁלֹה לִפְנֵי יְהוָה וַיְחַלֶּק־שָׁם יְהוֹשֻׁעַ אֶת־הָאָרֶץ לִבְנֵי
יא יִשְׂרָאֵל כְּמַחְלְקֹתָם: וַיַּעַל גּוֹרַל מַטֵּה בְנֵי־בִנְיָמִן

נחלת שבט בנימין
יחזקאל מח, כג

לְמִשְׁפְּחֹתָם וַיֵּצֵא גְּבוּל גּוֹרָלָם בֵּין בְּנֵי יְהוּדָה וּבֵין בְּנֵי יוֹסֵף׃
יב וַיְהִי לָהֶם הַגְּבוּל לִפְאַת צָפוֹנָה מִן־הַיַּרְדֵּן וְעָלָה הַגְּבוּל אֶל־
כֶּתֶף יְרִיחוֹ מִצָּפוֹן וְעָלָה בָהָר יָמָּה והיה תֹּצְאֹתָיו מִדְבַּרָה וְהָיוּ
יג בֵּית אָוֶן׃ וְעָבַר מִשָּׁם הַגְּבוּל לוּזָה אֶל־כֶּתֶף לוּזָה נֶגְבָּה הִיא
בֵּית־אֵל וְיָרַד הַגְּבוּל עַטְרוֹת אַדָּר עַל־הָהָר אֲשֶׁר מִנֶּגֶב
יד לְבֵית־חֹרוֹן תַּחְתּוֹן׃ וְתָאַר הַגְּבוּל וְנָסַב לִפְאַת־יָם נֶגְבָּה מִן־
הָהָר אֲשֶׁר עַל־פְּנֵי בֵית־חֹרוֹן נֶגְבָּה והיה תֹּצְאֹתָיו אֶל־קִרְיַת־ וְהָיוּ
טו בַּעַל הִיא קִרְיַת יְעָרִים עִיר בְּנֵי יְהוּדָה זֹאת פְּאַת־יָם׃ וּפְאַת־
נֶגְבָּה מִקְצֵה קִרְיַת יְעָרִים וְיָצָא הַגְּבוּל יָמָּה וְיָצָא אֶל־מַעְיַן
טז מֵי נֶפְתּוֹחַ׃ וְיָרַד הַגְּבוּל אֶל־קְצֵה הָהָר אֲשֶׁר עַל־פְּנֵי גֵּי בֶן־
הִנֹּם אֲשֶׁר בְּעֵמֶק רְפָאִים צָפוֹנָה וְיָרַד גֵּי הִנֹּם אֶל־כֶּתֶף
יז הַיְבוּסִי נֶגְבָּה וְיָרַד עֵין רֹגֵל׃ וְתָאַר מִצָּפוֹן וְיָצָא עֵין שֶׁמֶשׁ
וְיָצָא אֶל־גְּלִילוֹת אֲשֶׁר־נֹכַח מַעֲלֵה אֲדֻמִּים וְיָרַד אֶבֶן
יח בֹּהַן בֶּן־רְאוּבֵן׃ וְעָבַר אֶל־כֶּתֶף מוּל־הָעֲרָבָה צָפוֹנָה וְיָרַד
יט הָעֲרָבָתָה׃ וְעָבַר הַגְּבוּל אֶל־כֶּתֶף בֵּית־חָגְלָה צָפוֹנָה והיה וְהָיוּ
תוצאותיו הַגְּבוּל אֶל־לְשׁוֹן יַם־הַמֶּלַח צָפוֹנָה אֶל־קְצֵה הַיַּרְדֵּן תּוֹצְאוֹת
כ נֶגְבָּה זֶה גְּבוּל נֶגֶב׃ וְהַיַּרְדֵּן יִגְבֹּל־אֹתוֹ לִפְאַת־קֵדְמָה זֹאת
כא נַחֲלַת בְּנֵי בִנְיָמִן לִגְבוּלֹתֶיהָ סָבִיב לְמִשְׁפְּחֹתָם׃ וְהָיוּ הֶעָרִים רשימת ערי בנימין נחמיה יא, לא–לה
לְמַטֵּה בְּנֵי בִנְיָמִן לְמִשְׁפְּחוֹתֵיהֶם יְרִיחוֹ וּבֵית־חָגְלָה וְעֵמֶק
כב כג קְצִיץ׃ וּבֵית הָעֲרָבָה וּצְמָרַיִם וּבֵית־אֵל׃ וְהָעַוִּים וְהַפָּרָה
כד וְעָפְרָה׃ וּכְפַר העמני וְהָעָפְנִי וָגָבַע עָרִים שְׁתֵּים־עֶשְׂרֵה הָעַמֹּנָה
כה כו וְחַצְרֵיהֶן׃ גִּבְעוֹן וְהָרָמָה וּבְאֵרוֹת׃ וְהַמִּצְפֶּה וְהַכְּפִירָה וְהַמֹּצָה׃
כז כח וְרֶקֶם וְיִרְפְּאֵל וְתַרְאֲלָה׃ וְצֵלַע הָאֶלֶף וְהַיְבוּסִי הִיא יְרוּשָׁלִַם יא
גִּבְעַת קִרְיַת עָרִים אַרְבַּע־עֶשְׂרֵה וְחַצְרֵיהֶן זֹאת נַחֲלַת בְּנֵי־
יט א בִנְיָמִן לְמִשְׁפְּחֹתָם׃ וַיֵּצֵא הַגּוֹרָל הַשֵּׁנִי לְשִׁמְעוֹן נחלת שבט שמעון יחזקאל מח, כד דה״א ד, כח–לג
לְמַטֵּה בְנֵי־שִׁמְעוֹן לְמִשְׁפְּחוֹתָם וַיְהִי נַחֲלָתָם בְּתוֹךְ נַחֲלַת
ב בְּנֵי־יְהוּדָה׃ וַיְהִי לָהֶם בְּנַחֲלָתָם בְּאֵר־שֶׁבַע וְשֶׁבַע וּמוֹלָדָה׃

ג ד ה וַחֲצַר שׁוּעָל וּבָלָה וָעָצֶם׃ וְאֶלְתּוֹלַד וּבְתוּל וְחָרְמָה׃ וְצִקְלַג
ו וּבֵית־הַמַּרְכָּבוֹת וַחֲצַר סוּסָה׃ וּבֵית לְבָאוֹת וְשָׁרוּחֶן עָרִים
ז שְׁלֹשׁ־עֶשְׂרֵה וְחַצְרֵיהֶן׃ עַיִן רִמּוֹן וָעֶתֶר וְעָשָׁן עָרִים אַרְבַּע
ח וְחַצְרֵיהֶן׃ וְכָל־הַחֲצֵרִים אֲשֶׁר סְבִיבוֹת הֶעָרִים הָאֵלֶּה עַד־
בַּעֲלַת בְּאֵר רָאמַת נֶגֶב זֹאת נַחֲלַת מַטֵּה בְנֵי־שִׁמְעוֹן
ט לְמִשְׁפְּחֹתָם׃ מֵחֶבֶל בְּנֵי יְהוּדָה נַחֲלַת בְּנֵי שִׁמְעוֹן כִּי־
הָיָה חֵלֶק בְּנֵי־יְהוּדָה רַב מֵהֶם וַיִּנְחֲלוּ בְנֵי־שִׁמְעוֹן בְּתוֹךְ
י נַחֲלָתָם׃ וַיַּעַל הַגּוֹרָל הַשְּׁלִישִׁי לִבְנֵי זְבוּלֻן (נחלת שבט זבולון / יחזקאל מח, כו)
יא לְמִשְׁפְּחֹתָם וַיְהִי גְּבוּל נַחֲלָתָם עַד־שָׂרִיד׃ וְעָלָה גְבוּלָם ׀ לַיָּמָּה
וּמַרְעֲלָה וּפָגַע בְּדַבָּשֶׁת וּפָגַע אֶל־הַנַּחַל אֲשֶׁר עַל־פְּנֵי יָקְנְעָם׃
יב וְשָׁב מִשָּׂרִיד קֵדְמָה מִזְרַח הַשֶּׁמֶשׁ עַל־גְּבוּל כִּסְלֹת תָּבֹר
יג וְיָצָא אֶל־הַדָּבְרַת וְעָלָה יָפִיעַ׃ וּמִשָּׁם עָבַר קֵדְמָה מִזְרָחָה
יד גִּתָּה חֵפֶר עִתָּה קָצִין וְיָצָא רִמּוֹן הַמְּתֹאָר הַנֵּעָה׃ וְנָסַב אֹתוֹ
טו הַגְּבוּל מִצְּפוֹן חַנָּתֹן וְהָיוּ תֹּצְאֹתָיו גֵּי יִפְתַּח־אֵל׃ וְקַטָּת
וְנַהֲלָל וְשִׁמְרוֹן וְיִדְאֲלָה וּבֵית לָחֶם עָרִים שְׁתֵּים־עֶשְׂרֵה
טז וְחַצְרֵיהֶן׃ זֹאת נַחֲלַת בְּנֵי־זְבוּלֻן לְמִשְׁפְּחוֹתָם הֶעָרִים הָאֵלֶּה
יז וְחַצְרֵיהֶן׃ לְיִשָּׂשכָר יָצָא הַגּוֹרָל הָרְבִיעִי לִבְנֵי (נחלת שבט יששכר / יחזקאל מח, כה)
יח יִשָּׂשכָר לְמִשְׁפְּחוֹתָם׃ וַיְהִי גְּבוּלָם יִזְרְעֶאלָה וְהַכְּסֻלּוֹת וְשׁוּנֵם׃
יט כ כא וַחֲפָרַיִם וְשִׁיאֹן וַאֲנָחֲרַת׃ וְהָרַבִּית וְקִשְׁיוֹן וָאָבֶץ׃ וְרֶמֶת וְעֵין־
כב גַּנִּים וְעֵין חַדָּה וּבֵית פַּצֵּץ׃ וּפָגַע הַגְּבוּל בְּתָבוֹר ושחצומה (וְשַׁחֲצִימָה)
וּבֵית שֶׁמֶשׁ וְהָיוּ תֹּצְאוֹת גְּבוּלָם הַיַּרְדֵּן עָרִים שֵׁשׁ־עֶשְׂרֵה
כג וְחַצְרֵיהֶן׃ זֹאת נַחֲלַת מַטֵּה בְנֵי־יִשָּׂשכָר לְמִשְׁפְּחֹתָם הֶעָרִים
כד וְחַצְרֵיהֶן׃ וַיֵּצֵא הַגּוֹרָל הַחֲמִישִׁי לְמַטֵּה בְנֵי־ (נחלת שבט אשר / יחזקאל מח, ב)
כה אָשֵׁר לְמִשְׁפְּחוֹתָם׃ וַיְהִי גְּבוּלָם חֶלְקַת וַחֲלִי וָבֶטֶן וְאַכְשָׁף׃
כו וְאַלַמֶּלֶךְ וְעַמְעָד וּמִשְׁאָל וּפָגַע בְּכַרְמֶל הַיָּמָּה וּבְשִׁיחוֹר לִבְנָת׃
כז וְשָׁב מִזְרַח הַשֶּׁמֶשׁ בֵּית דָּגֹן וּפָגַע בִּזְבֻלוּן וּבְגֵי יִפְתַּח־אֵל
כח צָפוֹנָה בֵּית הָעֵמֶק וּנְעִיאֵל וְיָצָא אֶל־כָּבוּל מִשְּׂמֹאל׃ וְעֶבְרֹן

ורחב וחמון וקנה עד צידון רבה: ושב הגבול הרמה ועד־ כט
והיו | עיר מבצר־צר ושב הגבול חסה ויהיו תצאתיו הימה מחבל
אכזיבה: ועמה ואפק ורחב ערים עשרים ושתים וחצריהן: ל
זאת נחלת מטה בני־אשר למשפחתם הערים האלה לא
נחלת שבט נפתלי | יחזקאל מח, ג
וחצריהן: לבני נפתלי יצא הגורל הששי לבני לב
נפתלי למשפחתם: ויהי גבולם מחלף מאלון בצעננים ואדמי לג
הנקב ויבנאל עד־לקום ויהי תצאתיו הירדן: ושב הגבול לד
ימה אזנות תבור ויצא משם חוקקה ופגע בזבלון מנגב
ובאשר פגע מים וביהודה הירדן מזרח השמש: וערי מבצר לה
הצדים צר וחמת רקת וכנרת: ואדמה והרמה וחצור: וקדש לו לז
ואדרעי ועין חצור: ויראון ומגדל־אל חרם ובית־ענת ובית לח
שמש ערים תשע־עשרה וחצריהן: זאת נחלת מטה בני־ לט
נחלת שבט דן | יחזקאל מח, א
נפתלי למשפחתם הערים וחצריהן: למטה מ
בני־דן למשפחתם יצא הגורל השביעי: ויהי גבול נחלתם מא
צרעה ואשתאול ועיר שמש: ושעלבין ואילון ויתלה: ואילון מב מג
ותמנתה ועקרון: ואלתקה וגבתון ובעלת: ויהד ובני־ברק מד מה
כיבוש העיר ליש/לשם בידי שבט דן | שופטים יח, א–לא
וגת־רמון: ומי הירקון והרקון עם־הגבול מול יפו: ויצא מו מז
גבול בני־דן מהם ויעלו בני־דן וילחמו עם־לשם וילכדו
אותה ׀ ויכו אותה לפי־חרב וירשו אותה וישבו בה ויקראו
ללשם דן כשם דן אביהם: זאת נחלת מטה בני־דן מח
למשפחתם הערים האלה וחצריהן: ויכלו מט
לנחל את־הארץ לגבולתיה ויתנו בני־ישראל נחלה
ליהושע בן־נון בתוכם: על־פי יהוה נתנו לו את־העיר נ
אשר שאל את־תמנת־סרח בהר אפרים ויבנה את־
העיר וישב בה: אלה הנחלת אשר־נחלו נא יב
אלעזר הכהן ׀ ויהושע בן־נון וראשי האבות למטות בני־
ישראל ׀ בגורל ׀ בשלה לפני יהוה פתח אהל מועד ויכלו

מְחַלֵּק אֶת־הָאָרֶץ:

דין רוצח בשגגה וערי מקלט במדבר לה, ט–לד דברים ד, מא–מג; יט, א–י

א ב וַיְדַבֵּר יְהוָה אֶל־יְהוֹשֻׁעַ לֵאמֹר: דַּבֵּר אֶל־בְּנֵי יִשְׂרָאֵל לֵאמֹר
תְּנוּ לָכֶם אֶת־עָרֵי הַמִּקְלָט אֲשֶׁר־דִּבַּרְתִּי אֲלֵיכֶם בְּיַד־מֹשֶׁה:
ג לָנוּס שָׁמָּה רוֹצֵחַ מַכֵּה־נֶפֶשׁ בִּשְׁגָגָה בִּבְלִי־דָעַת וְהָיוּ לָכֶם
ד לְמִקְלָט מִגֹּאֵל הַדָּם: וְנָס אֶל־אַחַת | מֵהֶעָרִים הָאֵלֶּה וְעָמַד
פֶּתַח שַׁעַר הָעִיר וְדִבֶּר בְּאָזְנֵי זִקְנֵי הָעִיר־הַהִיא אֶת־דְּבָרָיו
ה וְאָסְפוּ אֹתוֹ הָעִירָה אֲלֵיהֶם וְנָתְנוּ־לוֹ מָקוֹם וְיָשַׁב עִמָּם: וְכִי
יִרְדֹּף גֹּאֵל הַדָּם אַחֲרָיו וְלֹא־יַסְגִּרוּ אֶת־הָרֹצֵחַ בְּיָדוֹ כִּי בִבְלִי־
דַעַת הִכָּה אֶת־רֵעֵהוּ וְלֹא־שֹׂנֵא הוּא לוֹ מִתְּמוֹל שִׁלְשׁוֹם:
ו וְיָשַׁב | בָּעִיר הַהִיא עַד־עָמְדוֹ לִפְנֵי הָעֵדָה לַמִּשְׁפָּט עַד־מוֹת
הַכֹּהֵן הַגָּדוֹל אֲשֶׁר יִהְיֶה בַּיָּמִים הָהֵם אָז | יָשׁוּב הָרוֹצֵחַ וּבָא
ז אֶל־עִירוֹ וְאֶל־בֵּיתוֹ אֶל־הָעִיר אֲשֶׁר־נָס מִשָּׁם: וַיַּקְדִּשׁוּ אֶת־
קֶדֶשׁ בַּגָּלִיל בְּהַר נַפְתָּלִי וְאֶת־שְׁכֶם בְּהַר אֶפְרָיִם וְאֶת־קִרְיַת
ח אַרְבַּע הִיא חֶבְרוֹן בְּהַר יְהוּדָה: וּמֵעֵבֶר לְיַרְדֵּן יְרִיחוֹ מִזְרָחָה
נָתְנוּ אֶת־בֶּצֶר בַּמִּדְבָּר בַּמִּישֹׁר מִמַּטֵּה רְאוּבֵן וְאֶת־רָאמֹת
ט בַּגִּלְעָד מִמַּטֵּה גָד וְאֶת־גלון בַּבָּשָׁן מִמַּטֵּה מְנַשֶּׁה: אֵלֶּה הָיוּ גּוֹלָן
עָרֵי הַמּוּעָדָה לְכֹל | בְּנֵי יִשְׂרָאֵל וְלַגֵּר הַגָּר בְּתוֹכָם לָנוּס שָׁמָּה
כָּל־מַכֵּה־נֶפֶשׁ בִּשְׁגָגָה וְלֹא יָמוּת בְּיַד גֹּאֵל הַדָּם עַד־עָמְדוֹ לִפְנֵי

עָרֵי הלויים ומגרשיהם במדבר לה, א–ח דה"א ו, לט–סו

כא א הָעֵדָה: וַיִּגְּשׁוּ רָאשֵׁי אֲבוֹת הַלְוִיִּם אֶל־אֶלְעָזָר
הַכֹּהֵן וְאֶל־יְהוֹשֻׁעַ בִּן־נוּן וְאֶל־רָאשֵׁי אֲבוֹת הַמַּטּוֹת לִבְנֵי
ב יִשְׂרָאֵל: וַיְדַבְּרוּ אֲלֵיהֶם בְּשִׁלֹה בְּאֶרֶץ כְּנַעַן לֵאמֹר יְהוָה צִוָּה בְיַד־
ג מֹשֶׁה לָתֶת־לָנוּ עָרִים לָשָׁבֶת וּמִגְרְשֵׁיהֶן לִבְהֶמְתֵּנוּ: וַיִּתְּנוּ בְנֵי־
יִשְׂרָאֵל לַלְוִיִּם מִנַּחֲלָתָם אֶל־פִּי יְהוָה אֶת־הֶעָרִים הָאֵלֶּה וְאֶת־
ד מִגְרְשֵׁיהֶן: וַיֵּצֵא הַגּוֹרָל לְמִשְׁפְּחֹת הַקְּהָתִי וַיְהִי
לִבְנֵי אַהֲרֹן הַכֹּהֵן מִן־הַלְוִיִּם מִמַּטֵּה יְהוּדָה וּמִמַּטֵּה הַשִּׁמְעֹנִי
ה וּמִמַּטֵּה בִנְיָמִן בַּגּוֹרָל עָרִים שְׁלֹשׁ עֶשְׂרֵה: וְלִבְנֵי
קְהָת הַנּוֹתָרִים מִמִּשְׁפְּחֹת מַטֵּה־אֶפְרַיִם וּמִמַּטֵּה־דָן וּמֵחֲצִי

מַטֵּה מְנַשֶּׁה בַּגּוֹרָל עָרִים עָשֶׂר׃ וְלִבְנֵי ו
גֵרְשׁוֹן מִמִּשְׁפְּחוֹת מַטֵּה־יִשָּׂשכָר וּמִמַּטֵּה־אָשֵׁר וּמִמַּטֵּה
נַפְתָּלִי וּמֵחֲצִי מַטֵּה מְנַשֶּׁה בַבָּשָׁן בַּגּוֹרָל עָרִים שְׁלֹשׁ
עֶשְׂרֵה׃ לִבְנֵי מְרָרִי לְמִשְׁפְּחֹתָם מִמַּטֵּה רְאוּבֵן וּמִמַּטֵּה־ ז
גָד וּמִמַּטֵּה זְבוּלֻן עָרִים שְׁתֵּים עֶשְׂרֵה׃ וַיִּתְּנוּ בְנֵי־ ח
יִשְׂרָאֵל לַלְוִיִּם אֶת־הֶעָרִים הָאֵלֶּה וְאֶת־מִגְרְשֵׁיהֶן כַּאֲשֶׁר
צִוָּה יְהוָה בְּיַד־מֹשֶׁה בַּגּוֹרָל׃ וַיִּתְּנוּ מִמַּטֵּה בְּנֵי ט
יְהוּדָה וּמִמַּטֵּה בְּנֵי שִׁמְעוֹן אֵת הֶעָרִים הָאֵלֶּה אֲשֶׁר־יִקְרָא
אֶתְהֶן בְּשֵׁם׃ וַיְהִי לִבְנֵי אַהֲרֹן מִמִּשְׁפְּחוֹת הַקְּהָתִי מִבְּנֵי י
לֵוִי כִּי לָהֶם הָיָה הַגּוֹרָל רִאשֹׁנָה׃ וַיִּתְּנוּ לָהֶם אֶת־קִרְיַת יא
אַרְבַּע אֲבִי הָעֲנוֹק הִיא חֶבְרוֹן בְּהַר יְהוּדָה וְאֶת־מִגְרָשֶׁהָ
סְבִיבֹתֶיהָ׃ וְאֶת־שְׂדֵה הָעִיר וְאֶת־חֲצֵרֶיהָ נָתְנוּ לְכָלֵב בֶּן־יְפֻנֶּה יב
בַּאֲחֻזָּתוֹ׃ וְלִבְנֵי ׀ אַהֲרֹן הַכֹּהֵן נָתְנוּ אֶת־עִיר מִקְלַט יג
הָרֹצֵחַ אֶת־חֶבְרוֹן וְאֶת־מִגְרָשֶׁהָ וְאֶת־לִבְנָה וְאֶת־מִגְרָשֶׁהָ׃
וְאֶת־יַתִּר וְאֶת־מִגְרָשֶׁהָ וְאֶת־אֶשְׁתְּמֹעַ וְאֶת־מִגְרָשֶׁהָ׃ וְאֶת־ יד טו
חֹלֹן וְאֶת־מִגְרָשֶׁהָ וְאֶת־דְּבִר וְאֶת־מִגְרָשֶׁהָ׃ וְאֶת־עַיִן וְאֶת־ טז
מִגְרָשֶׁהָ וְאֶת־יֻטָּה וְאֶת־מִגְרָשֶׁהָ אֶת־בֵּית שֶׁמֶשׁ וְאֶת־מִגְרָשֶׁהָ
עָרִים תֵּשַׁע מֵאֵת שְׁנֵי הַשְּׁבָטִים הָאֵלֶּה׃ וּמִמַּטֵּה יז
בִנְיָמִין אֶת־גִּבְעוֹן וְאֶת־מִגְרָשֶׁהָ אֶת־גֶּבַע וְאֶת־מִגְרָשֶׁהָ׃
אֶת־עֲנָתוֹת וְאֶת־מִגְרָשֶׁהָ וְאֶת־עַלְמוֹן וְאֶת־מִגְרָשֶׁהָ עָרִים יח
אַרְבַּע׃ כָּל־עָרֵי בְנֵי־אַהֲרֹן הַכֹּהֲנִים שְׁלֹשׁ־עֶשְׂרֵה עָרִים יט
וּמִגְרְשֵׁיהֶן׃ וּלְמִשְׁפְּחוֹת בְּנֵי־קְהָת הַלְוִיִּם הַנּוֹתָרִים כ
מִבְּנֵי קְהָת וַיְהִי עָרֵי גוֹרָלָם מִמַּטֵּה אֶפְרָיִם׃ וַיִּתְּנוּ לָהֶם אֶת־ כא
עִיר מִקְלַט הָרֹצֵחַ אֶת־שְׁכֶם וְאֶת־מִגְרָשֶׁהָ בְּהַר אֶפְרָיִם וְאֶת־
גֶּזֶר וְאֶת־מִגְרָשֶׁהָ׃ וְאֶת־קִבְצַיִם וְאֶת־מִגְרָשֶׁהָ וְאֶת־בֵּית חוֹרֹן כב
וְאֶת־מִגְרָשֶׁהָ עָרִים אַרְבַּע׃ וּמִמַּטֵּה־דָן אֶת־אֶלְתְּקֵא כג
וְאֶת־מִגְרָשֶׁהָ אֶת־גִּבְּתוֹן וְאֶת־מִגְרָשֶׁהָ׃ אֶת־אַיָּלוֹן וְאֶת־מִגְרָשֶׁהָ כד

נתינת חברון לכלב לנחלה
יהושע יד, יג–יד; טו, יג
שופטים א, כ

כה אֶת־גַּת־רִמּוֹן וְאֶת־מִגְרָשֶׁהָ עָרִים אַרְבַּע׃ וּמִמַּחֲצִית
מַטֵּה מְנַשֶּׁה אֶת־תַּעְנַךְ וְאֶת־מִגְרָשֶׁהָ וְאֶת־גַּת רִמּוֹן וְאֶת־
כו מִגְרָשֶׁהָ עָרִים שְׁתָּיִם׃ כָּל־עָרִים עֶשֶׂר וּמִגְרְשֵׁיהֶן לְמִשְׁפְּחוֹת
כז בְּנֵי־קְהָת הַנּוֹתָרִים׃ וְלִבְנֵי גֵרְשׁוֹן מִמִּשְׁפְּחֹת
הַלְוִיִּם מֵחֲצִי מַטֵּה מְנַשֶּׁה אֶת־עִיר מִקְלַט הָרֹצֵחַ אֶת־גלון גּוֹלָן
בַּבָּשָׁן וְאֶת־מִגְרָשֶׁהָ וְאֶת־בְּעֶשְׁתְּרָה וְאֶת־מִגְרָשֶׁהָ עָרִים
כח שְׁתָּיִם׃ וּמִמַּטֵּה יִשָּׂשכָר אֶת־קִשְׁיוֹן וְאֶת־
כט מִגְרָשֶׁהָ אֶת־דָּבְרַת וְאֶת־מִגְרָשֶׁהָ׃ אֶת־יַרְמוּת וְאֶת־מִגְרָשֶׁהָ
ל אֶת־עֵין גַּנִּים וְאֶת־מִגְרָשֶׁהָ עָרִים אַרְבַּע׃ וּמִמַּטֵּה
אָשֵׁר אֶת־מִשְׁאָל וְאֶת־מִגְרָשֶׁהָ אֶת־עַבְדּוֹן וְאֶת־מִגְרָשֶׁהָ׃
לא אֶת־חֶלְקָת וְאֶת־מִגְרָשֶׁהָ וְאֶת־רְחֹב וְאֶת־מִגְרָשֶׁהָ עָרִים
לב אַרְבַּע׃ וּמִמַּטֵּה נַפְתָּלִי אֶת־עִיר ׀ מִקְלַט הָרֹצֵחַ
אֶת־קֶדֶשׁ בַּגָּלִיל וְאֶת־מִגְרָשֶׁהָ וְאֶת־חַמֹּת דֹּאר וְאֶת־מִגְרָשֶׁהָ
לג וְאֶת־קַרְתָּן וְאֶת־מִגְרָשֶׁהָ עָרִים שָׁלֹשׁ׃ כָּל־עָרֵי הַגֵּרְשֻׁנִּי
לד לְמִשְׁפְּחֹתָם שְׁלֹשׁ־עֶשְׂרֵה עִיר וּמִגְרְשֵׁיהֶן׃ וּלְמִשְׁפְּחוֹת
בְּנֵי־מְרָרִי הַלְוִיִּם הַנּוֹתָרִים מֵאֵת מַטֵּה זְבוּלֻן אֶת־יָקְנְעָם וְאֶת־
לה מִגְרָשֶׁהָ אֶת־קַרְתָּה וְאֶת־מִגְרָשֶׁהָ׃ אֶת־דִּמְנָה וְאֶת־מִגְרָשֶׁהָ
לו אֶת־נַהֲלָל וְאֶת־מִגְרָשֶׁהָ עָרִים אַרְבַּע׃ וּמִמַּטֵּה־
גָד אֶת־עִיר מִקְלַט הָרֹצֵחַ אֶת־רָמֹת בַּגִּלְעָד וְאֶת־מִגְרָשֶׁהָ
לז וְאֶת־מַחֲנַיִם וְאֶת־מִגְרָשֶׁהָ׃ אֶת־חֶשְׁבּוֹן וְאֶת־מִגְרָשֶׁהָ אֶת־
לח יַעְזֵר וְאֶת־מִגְרָשֶׁהָ כָּל־עָרִים אַרְבַּע׃ כָּל־
הֶעָרִים לִבְנֵי מְרָרִי לְמִשְׁפְּחֹתָם הַנּוֹתָרִים מִמִּשְׁפְּחוֹת הַלְוִיִּם
לט וַיְהִי גּוֹרָלָם עָרִים שְׁתֵּים עֶשְׂרֵה׃ כֹּל עָרֵי הַלְוִיִּם בְּתוֹךְ אֲחֻזַּת
מ בְּנֵי־יִשְׂרָאֵל עָרִים אַרְבָּעִים וּשְׁמֹנֶה וּמִגְרְשֵׁיהֶן׃ תִּהְיֶינָה

בקצת ספרים אחר פסוק לה

וּמִמַּטֵּה רְאוּבֵן אֶת־בֶּצֶר וְאֶת־מִגְרָשֶׁהָ וְאֶת־יַהְצָה וְאֶת־מִגְרָשֶׁהָ׃
אֶת־קְדֵמוֹת וְאֶת־מִגְרָשֶׁהָ וְאֶת־מֵיפַעַת וְאֶת־מִגְרָשֶׁהָ עָרִים אַרְבַּע׃

הֶעָרִים הָאֵלֶּה עִיר עִיר וּמִגְרָשֶׁיהָ סְבִיבֹתֶיהָ כֵּן לְכָל־הֶעָרִים
יג הָאֵלֶּה: וַיִּתֵּן יְהוָה לְיִשְׂרָאֵל אֶת־כָּל־הָאָרֶץ מא
אֲשֶׁר נִשְׁבַּע לָתֵת לַאֲבוֹתָם וַיִּרָשׁוּהָ וַיֵּשְׁבוּ בָהּ: וַיָּנַח יְהוָה מב
לָהֶם מִסָּבִיב כְּכֹל אֲשֶׁר־נִשְׁבַּע לַאֲבוֹתָם וְלֹא־עָמַד אִישׁ
בִּפְנֵיהֶם מִכָּל־אֹיְבֵיהֶם אֵת כָּל־אֹיְבֵיהֶם נָתַן יְהוָה בְּיָדָם:
לֹא־נָפַל דָּבָר מִכֹּל הַדָּבָר הַטּוֹב אֲשֶׁר־דִּבֶּר יְהוָה אֶל־בֵּית מג
יִשְׂרָאֵל הַכֹּל בָּא: אָז יִקְרָא יְהוֹשֻׁעַ לָרְאוּבֵנִי א כב
וְלַגָּדִי וְלַחֲצִי מַטֵּה מְנַשֶּׁה: וַיֹּאמֶר אֲלֵיהֶם אַתֶּם שְׁמַרְתֶּם אֵת ב
כָּל־אֲשֶׁר צִוָּה אֶתְכֶם מֹשֶׁה עֶבֶד יְהוָה וַתִּשְׁמְעוּ בְקוֹלִי לְכֹל
אֲשֶׁר־צִוִּיתִי אֶתְכֶם: לֹא־עֲזַבְתֶּם אֶת־אֲחֵיכֶם זֶה יָמִים רַבִּים עַד ג
הַיּוֹם הַזֶּה וּשְׁמַרְתֶּם אֶת־מִשְׁמֶרֶת מִצְוַת יְהוָה אֱלֹהֵיכֶם:
וְעַתָּה הֵנִיחַ יְהוָה אֱלֹהֵיכֶם לַאֲחֵיכֶם כַּאֲשֶׁר דִּבֶּר לָהֶם וְעַתָּה ד
פְּנוּ וּלְכוּ לָכֶם לְאָהֳלֵיכֶם אֶל־אֶרֶץ אֲחֻזַּתְכֶם אֲשֶׁר ׀ נָתַן לָכֶם
מֹשֶׁה עֶבֶד יְהוָה בְּעֵבֶר הַיַּרְדֵּן: רַק ׀ שִׁמְרוּ מְאֹד לַעֲשׂוֹת אֶת־ ה
הַמִּצְוָה וְאֶת־הַתּוֹרָה אֲשֶׁר צִוָּה אֶתְכֶם מֹשֶׁה עֶבֶד־יְהוָה
לְאַהֲבָה אֶת־יְהוָה אֱלֹהֵיכֶם וְלָלֶכֶת בְּכָל־דְּרָכָיו וְלִשְׁמֹר מִצְוֺתָיו
וּלְדָבְקָה־בוֹ וּלְעָבְדוֹ בְּכָל־לְבַבְכֶם וּבְכָל־נַפְשְׁכֶם: וַיְבָרְכֵם ו
יְהוֹשֻׁעַ וַיְשַׁלְּחֵם וַיֵּלְכוּ אֶל־אָהֳלֵיהֶם: וְלַחֲצִי ׀ ז
שֵׁבֶט הַמְנַשֶּׁה נָתַן מֹשֶׁה בַּבָּשָׁן וּלְחֶצְיוֹ נָתַן יְהוֹשֻׁעַ עִם־
בְּעֵבֶר אֲחֵיהֶם מעבר הַיַּרְדֵּן יָמָּה וְגַם כִּי שִׁלְּחָם יְהוֹשֻׁעַ אֶל־
אָהֳלֵיהֶם וַיְבָרְכֵם: וַיֹּאמֶר אֲלֵיהֶם לֵאמֹר בִּנְכָסִים רַבִּים שׁוּבוּ ח
אֶל־אָהֳלֵיכֶם וּבְמִקְנֶה רַב־מְאֹד בְּכֶסֶף וּבְזָהָב וּבִנְחֹשֶׁת
וּבְבַרְזֶל וּבִשְׂלָמוֹת הַרְבֵּה מְאֹד חִלְקוּ שְׁלַל־אֹיְבֵיכֶם עִם־
אֲחֵיכֶם: וַיָּשֻׁבוּ וַיֵּלְכוּ בְּנֵי־רְאוּבֵן וּבְנֵי־גָד וַחֲצִי ׀ ט
שֵׁבֶט הַמְנַשֶּׁה מֵאֵת בְּנֵי יִשְׂרָאֵל מִשִּׁלֹה אֲשֶׁר־בְּאֶרֶץ כְּנָעַן
לָלֶכֶת אֶל־אֶרֶץ הַגִּלְעָד אֶל־אֶרֶץ אֲחֻזָּתָם אֲשֶׁר נֹאחֲזוּ־בָהּ
עַל־פִּי יְהוָה בְּיַד־מֹשֶׁה: וַיָּבֹאוּ אֶל־גְּלִילוֹת הַיַּרְדֵּן אֲשֶׁר בְּאֶרֶץ י

ההסכם בין משה לבין שבט ראובן, גד וחצי המנשה
במדבר לב, א–לב
דברים ג, יח–כ
יהושע א, יב–יח; ד, יב–יג

כְּנַעַן וַיִּבְנוּ בְנֵי־רְאוּבֵן וּבְנֵי־גָד וַחֲצִי שֵׁבֶט הַמְנַשֶּׁה שָׁם מִזְבֵּחַ
יא עַל־הַיַּרְדֵּן מִזְבֵּחַ גָּדוֹל לְמַרְאֶה: וַיִּשְׁמְעוּ בְנֵי־יִשְׂרָאֵל לֵאמֹר
הִנֵּה־בָנוּ בְנֵי־רְאוּבֵן וּבְנֵי־גָד וַחֲצִי שֵׁבֶט הַמְנַשֶּׁה אֶת־הַמִּזְבֵּחַ
אֶל־מוּל אֶרֶץ כְּנַעַן אֶל־גְּלִילוֹת הַיַּרְדֵּן אֶל־עֵבֶר בְּנֵי יִשְׂרָאֵל:
יב וַיִּשְׁמְעוּ בְּנֵי יִשְׂרָאֵל וַיִּקָּהֲלוּ כָּל־עֲדַת בְּנֵי־יִשְׂרָאֵל שִׁלֹה
יג לַעֲלוֹת עֲלֵיהֶם לַצָּבָא: וַיִּשְׁלְחוּ בְנֵי־יִשְׂרָאֵל
אֶל־בְּנֵי־רְאוּבֵן וְאֶל־בְּנֵי־גָד וְאֶל־חֲצִי שֵׁבֶט־מְנַשֶּׁה אֶל־אֶרֶץ
יד הַגִּלְעָד אֶת־פִּינְחָס בֶּן־אֶלְעָזָר הַכֹּהֵן: וַעֲשָׂרָה נְשִׂאִים עִמּוֹ
נָשִׂיא אֶחָד נָשִׂיא אֶחָד לְבֵית אָב לְכֹל מַטּוֹת יִשְׂרָאֵל וְאִישׁ
טו רֹאשׁ בֵּית־אֲבוֹתָם הֵמָּה לְאַלְפֵי יִשְׂרָאֵל: וַיָּבֹאוּ אֶל־בְּנֵי־
רְאוּבֵן וְאֶל־בְּנֵי־גָד וְאֶל־חֲצִי שֵׁבֶט־מְנַשֶּׁה אֶל־אֶרֶץ הַגִּלְעָד
טז וַיְדַבְּרוּ אִתָּם לֵאמֹר: כֹּה אָמְרוּ כֹּל ׀ עֲדַת יְהוָה מָה־הַמַּעַל
הַזֶּה אֲשֶׁר מְעַלְתֶּם בֵּאלֹהֵי יִשְׂרָאֵל לָשׁוּב הַיּוֹם מֵאַחֲרֵי יְהוָה
יז בִּבְנוֹתְכֶם לָכֶם מִזְבֵּחַ לִמְרָדְכֶם הַיּוֹם בַּיהוָה: הַמְעַט־לָנוּ אֶת־
עֲוֺן פְּעוֹר אֲשֶׁר לֹא־הִטַּהַרְנוּ מִמֶּנּוּ עַד הַיּוֹם הַזֶּה וַיְהִי הַנֶּגֶף
יח בַּעֲדַת יְהוָה: וְאַתֶּם תָּשֻׁבוּ הַיּוֹם מֵאַחֲרֵי יְהוָה וְהָיָה אַתֶּם
יט תִּמְרְדוּ הַיּוֹם בַּיהוָה וּמָחָר אֶל־כָּל־עֲדַת יִשְׂרָאֵל יִקְצֹף: וְאַךְ
אִם־טְמֵאָה אֶרֶץ אֲחֻזַּתְכֶם עִבְרוּ לָכֶם אֶל־אֶרֶץ אֲחֻזַּת יְהוָה
אֲשֶׁר שָׁכַן־שָׁם מִשְׁכַּן יְהוָה וְהֵאָחֲזוּ בְּתוֹכֵנוּ וּבַיהוָה אַל־
תִּמְרֹדוּ וְאֹתָנוּ אַל־תִּמְרֹדוּ בִּבְנֹתְכֶם לָכֶם מִזְבֵּחַ מִבַּלְעֲדֵי
כ מִזְבַּח יְהוָה אֱלֹהֵינוּ: הֲלוֹא ׀ עָכָן בֶּן־זֶרַח מָעַל מַעַל בַּחֵרֶם
וְעַל־כָּל־עֲדַת יִשְׂרָאֵל הָיָה קָצֶף וְהוּא אִישׁ אֶחָד לֹא גָוַע
כא בַּעֲוֺנוֹ: וַיַּעֲנוּ בְּנֵי־רְאוּבֵן וּבְנֵי־גָד וַחֲצִי שֵׁבֶט
כב הַמְנַשֶּׁה וַיְדַבְּרוּ אֶת־רָאשֵׁי אַלְפֵי יִשְׂרָאֵל: אֵל ׀ אֱלֹהִים ׀ יְהוָה
אֵל ׀ אֱלֹהִים ׀ יְהוָה הוּא יֹדֵעַ וְיִשְׂרָאֵל הוּא יֵדָע אִם־בְּמֶרֶד
כג וְאִם־בְּמַעַל בַּיהוָה אַל־תּוֹשִׁיעֵנוּ הַיּוֹם הַזֶּה: לִבְנוֹת לָנוּ מִזְבֵּחַ
לָשׁוּב מֵאַחֲרֵי יְהוָה וְאִם־לְהַעֲלוֹת עָלָיו עוֹלָה וּמִנְחָה וְאִם־

עוון פעור
במדבר כה, א–ט

מעלו של עכן
יהושע ז, א–כו

לַעֲשׂוֹת עָלָיו זִבְחֵי שְׁלָמִים יְהוָה הוּא יְבַקֵּשׁ: וְאִם־לֹא מִדְּאָגָה כד
מִדָּבָר עָשִׂינוּ אֶת־זֹאת לֵאמֹר מָחָר יֹאמְרוּ בְנֵיכֶם לְבָנֵינוּ
לֵאמֹר מַה־לָּכֶם וְלַיהוָה אֱלֹהֵי יִשְׂרָאֵל: וּגְבוּל נָתַן־יְהוָה בֵּינֵנוּ כה
וּבֵינֵיכֶם בְּנֵי־רְאוּבֵן וּבְנֵי־גָד אֶת־הַיַּרְדֵּן אֵין־לָכֶם חֵלֶק בַּיהוָה
וְהִשְׁבִּיתוּ בְנֵיכֶם אֶת־בָּנֵינוּ לְבִלְתִּי יְרֹא אֶת־יְהוָה: וַנֹּאמֶר כו
נַעֲשֶׂה־נָּא לָנוּ לִבְנוֹת אֶת־הַמִּזְבֵּחַ לֹא לְעוֹלָה וְלֹא לְזָבַח: כִּי כז
עֵד הוּא בֵּינֵינוּ וּבֵינֵיכֶם וּבֵין דֹּרוֹתֵינוּ אַחֲרֵינוּ לַעֲבֹד אֶת־
עֲבֹדַת יְהוָה לְפָנָיו בְּעֹלוֹתֵינוּ וּבִזְבָחֵינוּ וּבִשְׁלָמֵינוּ וְלֹא־יֹאמְרוּ
בְנֵיכֶם מָחָר לְבָנֵינוּ אֵין־לָכֶם חֵלֶק בַּיהוָה: וַנֹּאמֶר וְהָיָה כִּי־ כח
יֹאמְרוּ אֵלֵינוּ וְאֶל־דֹּרֹתֵינוּ מָחָר וְאָמַרְנוּ רְאוּ אֶת־תַּבְנִית
מִזְבַּח יְהוָה אֲשֶׁר־עָשׂוּ אֲבוֹתֵינוּ לֹא לְעוֹלָה וְלֹא לְזֶבַח כִּי־
עֵד הוּא בֵּינֵינוּ וּבֵינֵיכֶם: חָלִילָה לָּנוּ מִמֶּנּוּ לִמְרֹד בַּיהוָה וְלָשׁוּב כט
הַיּוֹם מֵאַחֲרֵי יְהוָה לִבְנוֹת מִזְבֵּחַ לְעֹלָה לְמִנְחָה וּלְזָבַח מִלְּבַד
מִזְבַּח יְהוָה אֱלֹהֵינוּ אֲשֶׁר לִפְנֵי מִשְׁכָּנוֹ: וַיִּשְׁמַע ל
פִּינְחָס הַכֹּהֵן וּנְשִׂיאֵי הָעֵדָה וְרָאשֵׁי אַלְפֵי יִשְׂרָאֵל אֲשֶׁר אִתּוֹ
אֶת־הַדְּבָרִים אֲשֶׁר דִּבְּרוּ בְּנֵי־רְאוּבֵן וּבְנֵי־גָד וּבְנֵי מְנַשֶּׁה וַיִּיטַב
בְּעֵינֵיהֶם: וַיֹּאמֶר פִּינְחָס בֶּן־אֶלְעָזָר הַכֹּהֵן אֶל־בְּנֵי־רְאוּבֵן לא
וְאֶל־בְּנֵי־גָד וְאֶל־בְּנֵי מְנַשֶּׁה הַיּוֹם יָדַעְנוּ כִּי־בְתוֹכֵנוּ יְהוָה
אֲשֶׁר לֹא־מְעַלְתֶּם בַּיהוָה הַמַּעַל הַזֶּה אָז הִצַּלְתֶּם אֶת־בְּנֵי
יִשְׂרָאֵל מִיַּד יְהוָה: וַיָּשָׁב פִּינְחָס בֶּן־אֶלְעָזָר הַכֹּהֵן ׀ וְהַנְּשִׂיאִים לב
מֵאֵת בְּנֵי־רְאוּבֵן וּמֵאֵת בְּנֵי־גָד מֵאֶרֶץ הַגִּלְעָד אֶל־אֶרֶץ כְּנַעַן
אֶל־בְּנֵי יִשְׂרָאֵל וַיָּשִׁבוּ אוֹתָם דָּבָר: וַיִּיטַב הַדָּבָר בְּעֵינֵי בְּנֵי לג
יִשְׂרָאֵל וַיְבָרְכוּ אֱלֹהִים בְּנֵי יִשְׂרָאֵל וְלֹא אָמְרוּ לַעֲלוֹת עֲלֵיהֶם
לַצָּבָא לְשַׁחֵת אֶת־הָאָרֶץ אֲשֶׁר בְּנֵי־רְאוּבֵן וּבְנֵי־גָד יֹשְׁבִים
יד בָּהּ: וַיִּקְרְאוּ בְּנֵי־רְאוּבֵן וּבְנֵי־גָד לַמִּזְבֵּחַ כִּי עֵד הוּא בֵּינֹתֵינוּ לד
כִּי יְהוָה הָאֱלֹהִים:
וַיְהִי מִיָּמִים רַבִּים אַחֲרֵי אֲשֶׁר־הֵנִיחַ יְהוָה לְיִשְׂרָאֵל מִכָּל־ א כג

ב אֹיְבֵיהֶם מִסָּבִיב וִיהוֹשֻׁעַ זָקֵן בָּא בַּיָּמִים׃ וַיִּקְרָא יְהוֹשֻׁעַ לְכָל־
יִשְׂרָאֵל לִזְקֵנָיו וּלְרָאשָׁיו וּלְשֹׁפְטָיו וּלְשֹׁטְרָיו וַיֹּאמֶר אֲלֵהֶם
ג אֲנִי זָקַנְתִּי בָּאתִי בַּיָּמִים׃ וְאַתֶּם רְאִיתֶם אֵת כָּל־אֲשֶׁר עָשָׂה
יְהוָה אֱלֹהֵיכֶם לְכָל־הַגּוֹיִם הָאֵלֶּה מִפְּנֵיכֶם כִּי יְהוָה אֱלֹהֵיכֶם
ד הוּא הַנִּלְחָם לָכֶם׃ רְאוּ הִפַּלְתִּי לָכֶם אֶת־הַגּוֹיִם הַנִּשְׁאָרִים
הָאֵלֶּה בְּנַחֲלָה לְשִׁבְטֵיכֶם מִן־הַיַּרְדֵּן וְכָל־הַגּוֹיִם אֲשֶׁר הִכְרַתִּי
ה וְהַיָּם הַגָּדוֹל מְבוֹא הַשָּׁמֶשׁ׃ וַיהוָה אֱלֹהֵיכֶם הוּא יֶהְדֳּפֵם
מִפְּנֵיכֶם וְהוֹרִישׁ אֹתָם מִלִּפְנֵיכֶם וִירִשְׁתֶּם אֶת־אַרְצָם כַּאֲשֶׁר
ו דִּבֶּר יְהוָה אֱלֹהֵיכֶם לָכֶם׃ וַחֲזַקְתֶּם מְאֹד לִשְׁמֹר וְלַעֲשׂוֹת
אֵת כָּל־הַכָּתוּב בְּסֵפֶר תּוֹרַת מֹשֶׁה לְבִלְתִּי סוּר־מִמֶּנּוּ יָמִין
ז וּשְׂמֹאול׃ לְבִלְתִּי־בוֹא בַּגּוֹיִם הָאֵלֶּה הַנִּשְׁאָרִים הָאֵלֶּה אִתְּכֶם
וּבְשֵׁם אֱלֹהֵיהֶם לֹא־תַזְכִּירוּ וְלֹא תַשְׁבִּיעוּ וְלֹא תַעַבְדוּם וְלֹא
ח תִשְׁתַּחֲווּ לָהֶם׃ כִּי אִם־בַּיהוָה אֱלֹהֵיכֶם תִּדְבָּקוּ כַּאֲשֶׁר עֲשִׂיתֶם
ט עַד הַיּוֹם הַזֶּה׃ וַיּוֹרֶשׁ יְהוָה מִפְּנֵיכֶם גּוֹיִם גְּדֹלִים וַעֲצוּמִים
י וְאַתֶּם לֹא־עָמַד אִישׁ בִּפְנֵיכֶם עַד הַיּוֹם הַזֶּה׃ אִישׁ־אֶחָד מִכֶּם
יִרְדָּף־אָלֶף כִּי ׀ יְהוָה אֱלֹהֵיכֶם הוּא הַנִּלְחָם לָכֶם כַּאֲשֶׁר דִּבֶּר
יא לָכֶם׃ וְנִשְׁמַרְתֶּם מְאֹד לְנַפְשֹׁתֵיכֶם לְאַהֲבָה אֶת־יְהוָה אֱלֹהֵיכֶם׃
יב כִּי ׀ אִם־שׁוֹב תָּשׁוּבוּ וּדְבַקְתֶּם בְּיֶתֶר הַגּוֹיִם הָאֵלֶּה הַנִּשְׁאָרִים
יג הָאֵלֶּה אִתְּכֶם וְהִתְחַתַּנְתֶּם בָּהֶם וּבָאתֶם בָּהֶם וְהֵם בָּכֶם׃ יָדוֹעַ
תֵּדְעוּ כִּי לֹא יוֹסִיף יְהוָה אֱלֹהֵיכֶם לְהוֹרִישׁ אֶת־הַגּוֹיִם הָאֵלֶּה
מִלִּפְנֵיכֶם וְהָיוּ לָכֶם לְפַח וּלְמוֹקֵשׁ וּלְשֹׁטֵט בְּצִדֵּיכֶם וְלִצְנִנִים
בְּעֵינֵיכֶם עַד אֲבָדְכֶם מֵעַל הָאֲדָמָה הַטּוֹבָה הַזֹּאת אֲשֶׁר נָתַן
יד לָכֶם יְהוָה אֱלֹהֵיכֶם׃ וְהִנֵּה אָנֹכִי הוֹלֵךְ הַיּוֹם בְּדֶרֶךְ כָּל־הָאָרֶץ
וִידַעְתֶּם בְּכָל־לְבַבְכֶם וּבְכָל־נַפְשְׁכֶם כִּי לֹא־נָפַל דָּבָר אֶחָד
מִכֹּל ׀ הַדְּבָרִים הַטּוֹבִים אֲשֶׁר דִּבֶּר יְהוָה אֱלֹהֵיכֶם עֲלֵיכֶם הַכֹּל
טו בָּאוּ לָכֶם לֹא־נָפַל מִמֶּנּוּ דָּבָר אֶחָד׃ וְהָיָה כַּאֲשֶׁר־בָּא עֲלֵיכֶם
כָּל־הַדָּבָר הַטּוֹב אֲשֶׁר דִּבֶּר יְהוָה אֱלֹהֵיכֶם אֲלֵיכֶם כֵּן יָבִיא

יְהוָה עֲלֵיכֶם אֵת כָּל־הַדָּבָר הָרָע עַד־הַשְׁמִידוֹ אוֹתְכֶם מֵעַל
הָאֲדָמָה הַטּוֹבָה הַזֹּאת אֲשֶׁר נָתַן לָכֶם יְהוָה אֱלֹהֵיכֶם׃
טז בְּעָבְרְכֶם אֶת־בְּרִית יְהוָה אֱלֹהֵיכֶם אֲשֶׁר צִוָּה אֶתְכֶם וַהֲלַכְתֶּם
וַעֲבַדְתֶּם אֱלֹהִים אֲחֵרִים וְהִשְׁתַּחֲוִיתֶם לָהֶם וְחָרָה אַף־
יְהוָה בָּכֶם וַאֲבַדְתֶּם מְהֵרָה מֵעַל הָאָרֶץ הַטּוֹבָה אֲשֶׁר נָתַן
כד א לָכֶם׃ וַיֶּאֱסֹף יְהוֹשֻׁעַ אֶת־כָּל־שִׁבְטֵי יִשְׂרָאֵל
שְׁכֶמָה וַיִּקְרָא לְזִקְנֵי יִשְׂרָאֵל וּלְרָאשָׁיו וּלְשֹׁפְטָיו וּלְשֹׁטְרָיו
ב וַיִּתְיַצְּבוּ לִפְנֵי הָאֱלֹהִים׃ וַיֹּאמֶר יְהוֹשֻׁעַ אֶל־כָּל־הָעָם כֹּה־אָמַר
יְהוָה אֱלֹהֵי יִשְׂרָאֵל בְּעֵבֶר הַנָּהָר יָשְׁבוּ אֲבוֹתֵיכֶם מֵעוֹלָם תֶּרַח
ג אֲבִי אַבְרָהָם וַאֲבִי נָחוֹר וַיַּעַבְדוּ אֱלֹהִים אֲחֵרִים׃ וָאֶקַּח אֶת־
אֲבִיכֶם אֶת־אַבְרָהָם מֵעֵבֶר הַנָּהָר וָאוֹלֵךְ אוֹתוֹ בְּכָל־אֶרֶץ
ד כְּנָעַן וָאַרְבֶּ אֶת־זַרְעוֹ וָאֶתֶּן־לוֹ אֶת־יִצְחָק׃ וָאֶתֵּן לְיִצְחָק אֶת־
יַעֲקֹב וְאֶת־עֵשָׂו וָאֶתֵּן לְעֵשָׂו אֶת־הַר שֵׂעִיר לָרֶשֶׁת אוֹתוֹ
ה וְיַעֲקֹב וּבָנָיו יָרְדוּ מִצְרָיִם׃ וָאֶשְׁלַח אֶת־מֹשֶׁה וְאֶת־אַהֲרֹן וָאֶגֹּף
אֶת־מִצְרַיִם כַּאֲשֶׁר עָשִׂיתִי בְּקִרְבּוֹ וְאַחַר הוֹצֵאתִי אֶתְכֶם׃
ו וָאוֹצִיא אֶת־אֲבוֹתֵיכֶם מִמִּצְרַיִם וַתָּבֹאוּ הַיָּמָּה וַיִּרְדְּפוּ מִצְרַיִם
ז אַחֲרֵי אֲבוֹתֵיכֶם בְּרֶכֶב וּבְפָרָשִׁים יַם־סוּף׃ וַיִּצְעֲקוּ אֶל־יְהוָה
וַיָּשֶׂם מַאֲפֵל בֵּינֵיכֶם ׀ וּבֵין הַמִּצְרִים וַיָּבֵא עָלָיו אֶת־הַיָּם
וַיְכַסֵּהוּ וַתִּרְאֶינָה עֵינֵיכֶם אֵת אֲשֶׁר־עָשִׂיתִי בְּמִצְרָיִם וַתֵּשְׁבוּ
ח בַמִּדְבָּר יָמִים רַבִּים׃ וָאָבִאָה אֶתְכֶם אֶל־אֶרֶץ הָאֱמֹרִי הַיּוֹשֵׁב
בְּעֵבֶר הַיַּרְדֵּן וַיִּלָּחֲמוּ אִתְּכֶם וָאֶתֵּן אוֹתָם בְּיֶדְכֶם וַתִּירְשׁוּ אֶת־
ט אַרְצָם וָאַשְׁמִידֵם מִפְּנֵיכֶם׃ וַיָּקָם בָּלָק בֶּן־צִפּוֹר מֶלֶךְ מוֹאָב
וַיִּלָּחֶם בְּיִשְׂרָאֵל וַיִּשְׁלַח וַיִּקְרָא לְבִלְעָם בֶּן־בְּעוֹר לְקַלֵּל אֶתְכֶם׃
י וְלֹא אָבִיתִי לִשְׁמֹעַ לְבִלְעָם וַיְבָרֶךְ בָּרוֹךְ אֶתְכֶם וָאַצִּל אֶתְכֶם
יא מִיָּדוֹ׃ וַתַּעַבְרוּ אֶת־הַיַּרְדֵּן וַתָּבֹאוּ אֶל־יְרִיחוֹ וַיִּלָּחֲמוּ בָכֶם
בַעֲלֵי־יְרִיחוֹ הָאֱמֹרִי וְהַפְּרִזִּי וְהַכְּנַעֲנִי וְהַחִתִּי וְהַגִּרְגָּשִׁי הַחִוִּי
יב וְהַיְבוּסִי וָאֶתֵּן אוֹתָם בְּיֶדְכֶם׃ וָאֶשְׁלַח לִפְנֵיכֶם אֶת־הַצִּרְעָה

תרח ומשפחתו
בראשית יא, כד–לב

מעבר אברהם לארץ כנען
בראשית יב, א–ט

הולדת יצחק
בראשית כא, א–ח

הולדת יעקב ועשו
בראשית כה, כא–כו

מושב עשו בהר שעיר
בראשית לג, טז; לו, ו–ח

ירידת יעקב ובניו למצרים
בראשית מו, א–כז
שמות א, א–ה

מינוי משה ואהרן להוציא את ישראל ממצרים
שמות ג–יב

קריעת ים סוף
שמות יד

וָאָבִיא

הורשת מלכי האמורי
במדבר כא, כא–לה
דברים ב, כו – ג, יא

סיכול ניסיונם של בלק ובלעם לקלל את ישראל
במדבר כב–כד

מלחמת יריחו
יהושע ו

וַתְּגָרֶשׁ אוֹתָם מִפְּנֵיכֶם שְׁנֵי מַלְכֵי הָאֱמֹרִי לֹא בְחַרְבְּךָ וְלֹא
יג בְקַשְׁתֶּךָ׃ וָאֶתֵּן לָכֶם אֶרֶץ ׀ אֲשֶׁר לֹא־יָגַעְתָּ בָּהּ וְעָרִים אֲשֶׁר
לֹא־בְנִיתֶם וַתֵּשְׁבוּ בָּהֶם כְּרָמִים וְזֵיתִים אֲשֶׁר לֹא־נְטַעְתֶּם
יד אַתֶּם אֹכְלִים׃ וְעַתָּה יְראוּ אֶת־יְהוָה וְעִבְדוּ אֹתוֹ בְּתָמִים
וּבֶאֱמֶת וְהָסִירוּ אֶת־אֱלֹהִים אֲשֶׁר עָבְדוּ אֲבוֹתֵיכֶם בְּעֵבֶר
טו הַנָּהָר וּבְמִצְרַיִם וְעִבְדוּ אֶת־יְהוָה׃ וְאִם רַע בְּעֵינֵיכֶם לַעֲבֹד
אֶת־יְהוָה בַּחֲרוּ לָכֶם הַיּוֹם אֶת־מִי תַעֲבֹדוּן אִם אֶת־אֱלֹהִים
אֲשֶׁר־עָבְדוּ אֲבוֹתֵיכֶם אֲשֶׁר בעבר הַנָּהָר וְאִם אֶת־אֱלֹהֵי
הָאֱמֹרִי אֲשֶׁר אַתֶּם יֹשְׁבִים בְּאַרְצָם וְאָנֹכִי וּבֵיתִי נַעֲבֹד אֶת־
טז יְהוָה׃ וַיַּעַן הָעָם וַיֹּאמֶר חָלִילָה לָּנוּ מֵעֲזֹב אֶת־
יז יְהוָה לַעֲבֹד אֱלֹהִים אֲחֵרִים׃ כִּי יְהוָה אֱלֹהֵינוּ הוּא הַמַּעֲלֶה
אֹתָנוּ וְאֶת־אֲבוֹתֵינוּ מֵאֶרֶץ מִצְרַיִם מִבֵּית עֲבָדִים וַאֲשֶׁר עָשָׂה
לְעֵינֵינוּ אֶת־הָאֹתוֹת הַגְּדֹלוֹת הָאֵלֶּה וַיִּשְׁמְרֵנוּ בְּכָל־הַדֶּרֶךְ
יח אֲשֶׁר הָלַכְנוּ בָהּ וּבְכֹל הָעַמִּים אֲשֶׁר עָבַרְנוּ בְּקִרְבָּם׃ וַיְגָרֶשׁ
יְהוָה אֶת־כָּל־הָעַמִּים וְאֶת־הָאֱמֹרִי יֹשֵׁב הָאָרֶץ מִפָּנֵינוּ גַּם־
יט אֲנַחְנוּ נַעֲבֹד אֶת־יְהוָה כִּי־הוּא אֱלֹהֵינוּ׃ וַיֹּאמֶר
יְהוֹשֻׁעַ אֶל־הָעָם לֹא תוּכְלוּ לַעֲבֹד אֶת־יְהוָה כִּי־אֱלֹהִים
קְדֹשִׁים הוּא אֵל־קַנּוֹא הוּא לֹא־יִשָּׂא לְפִשְׁעֲכֶם וּלְחַטֹּאותֵיכֶם׃
כ כִּי תַעַזְבוּ אֶת־יְהוָה וַעֲבַדְתֶּם אֱלֹהֵי נֵכָר וְשָׁב וְהֵרַע לָכֶם
כא וְכִלָּה אֶתְכֶם אַחֲרֵי אֲשֶׁר־הֵיטִיב לָכֶם׃ וַיֹּאמֶר הָעָם אֶל־
כב יְהוֹשֻׁעַ לֹא כִּי אֶת־יְהוָה נַעֲבֹד׃ וַיֹּאמֶר יְהוֹשֻׁעַ אֶל־הָעָם עֵדִים
אַתֶּם בָּכֶם כִּי־אַתֶּם בְּחַרְתֶּם לָכֶם אֶת־יְהוָה לַעֲבֹד אוֹתוֹ
כג וַיֹּאמְרוּ עֵדִים׃ וְעַתָּה הָסִירוּ אֶת־אֱלֹהֵי הַנֵּכָר אֲשֶׁר בְּקִרְבְּכֶם
כד וְהַטּוּ אֶת־לְבַבְכֶם אֶל־יְהוָה אֱלֹהֵי יִשְׂרָאֵל׃ וַיֹּאמְרוּ הָעָם
כה אֶל־יְהוֹשֻׁעַ אֶת־יְהוָה אֱלֹהֵינוּ נַעֲבֹד וּבְקוֹלוֹ נִשְׁמָע׃ וַיִּכְרֹת
יְהוֹשֻׁעַ בְּרִית לָעָם בַּיּוֹם הַהוּא וַיָּשֶׂם לוֹ חֹק וּמִשְׁפָּט בִּשְׁכֶם׃
כו וַיִּכְתֹּב יְהוֹשֻׁעַ אֶת־הַדְּבָרִים הָאֵלֶּה בְּסֵפֶר תּוֹרַת אֱלֹהִים

הצרעה עוזרת
בכיבוש הארץ
שמות כג, כז–כח
דברים ז, כ

מֵעֵבֶר

וַיִּקַּח֙ אֶ֣בֶן גְּדוֹלָ֔ה וַיְקִימֶ֣הָ שָּׁ֔ם תַּ֚חַת הָֽאַלָּ֔ה אֲשֶׁ֖ר בְּמִקְדַּ֥שׁ
כז יְהוָֽה׃ וַיֹּ֨אמֶר יְהוֹשֻׁ֜עַ אֶל־כָּל־הָעָ֗ם הִנֵּ֨ה הָאֶ֤בֶן
הַזֹּאת֙ תִּֽהְיֶה־בָּ֣נוּ לְעֵדָ֔ה כִּֽי־הִ֣יא שָׁמְעָ֗ה אֵ֚ת כָּל־אִמְרֵ֣י יְהוָ֔ה
אֲשֶׁ֥ר דִּבֶּ֖ר עִמָּ֑נוּ וְהָיְתָ֤ה בָכֶם֙ לְעֵדָ֔ה פֶּֽן־תְּכַחֲשׁ֖וּן בֵּאלֹהֵיכֶֽם׃
כח כט וַיְשַׁלַּ֤ח יְהוֹשֻׁ֙עַ֙ אֶת־הָעָ֔ם אִ֖ישׁ לְנַחֲלָתֽוֹ׃ וַֽיְהִ֗י

פטירת יהושע
שופטים ב, ח–ט

אַחֲרֵי֙ הַדְּבָרִ֣ים הָאֵ֔לֶּה וַיָּ֛מָת יְהוֹשֻׁ֥עַ בִּן־נ֖וּן עֶ֣בֶד יְהוָ֑ה בֶּן־
ל מֵאָ֥ה וָעֶ֖שֶׂר שָׁנִֽים׃ וַיִּקְבְּר֤וּ אוֹתוֹ֙ בִּגְב֣וּל נַחֲלָת֔וֹ בְּתִמְנַת־סֶ֖רַח
לא אֲשֶׁ֣ר בְּהַר־אֶפְרָ֑יִם מִצְּפ֖וֹן לְהַר־גָּֽעַשׁ׃ וַיַּעֲבֹ֤ד יִשְׂרָאֵל֙ אֶת־
יְהוָ֔ה כֹּ֖ל יְמֵ֣י יְהוֹשֻׁ֑עַ וְכֹ֣ל ׀ יְמֵ֣י הַזְּקֵנִ֗ים אֲשֶׁ֨ר הֶאֱרִ֤יכוּ יָמִים֙
אַחֲרֵ֣י יְהוֹשֻׁ֔עַ וַאֲשֶׁ֣ר יָֽדְע֗וּ אֵ֚ת כָּל־מַעֲשֵׂ֣ה יְהוָ֔ה אֲשֶׁ֥ר עָשָׂ֖ה

העלאת עצמות יוסף
בראשית נ, כה
שמות יג, יט

לב לְיִשְׂרָאֵֽל׃ וְאֶת־עַצְמ֣וֹת י֠וֹסֵף אֲשֶׁר־הֶעֱל֨וּ בְנֵֽי־יִשְׂרָאֵ֥ל ׀
מִמִּצְרַ֘יִם֮ קָבְר֣וּ בִשְׁכֶם֒ בְּחֶלְקַ֣ת הַשָּׂדֶ֗ה אֲשֶׁ֨ר קָנָ֧ה יַעֲקֹ֛ב מֵאֵ֛ת

קניית חלקת השדה בשכם
בראשית לג, יח–כ

בְּנֵֽי־חֲמ֥וֹר אֲבִֽי־שְׁכֶ֖ם בְּמֵאָ֣ה קְשִׂיטָ֑ה וַיִּהְי֥וּ לִבְנֵֽי־יוֹסֵ֖ף לְנַחֲלָֽה׃
לג וְאֶלְעָזָ֥ר בֶּֽן־אַהֲרֹ֖ן מֵ֑ת וַיִּקְבְּר֣וּ אֹת֗וֹ בְּגִבְעַת֙ פִּֽינְחָ֣ס בְּנ֔וֹ אֲשֶׁ֥ר
נִתַּן־ל֖וֹ בְּהַ֥ר אֶפְרָֽיִם׃

# שופטים

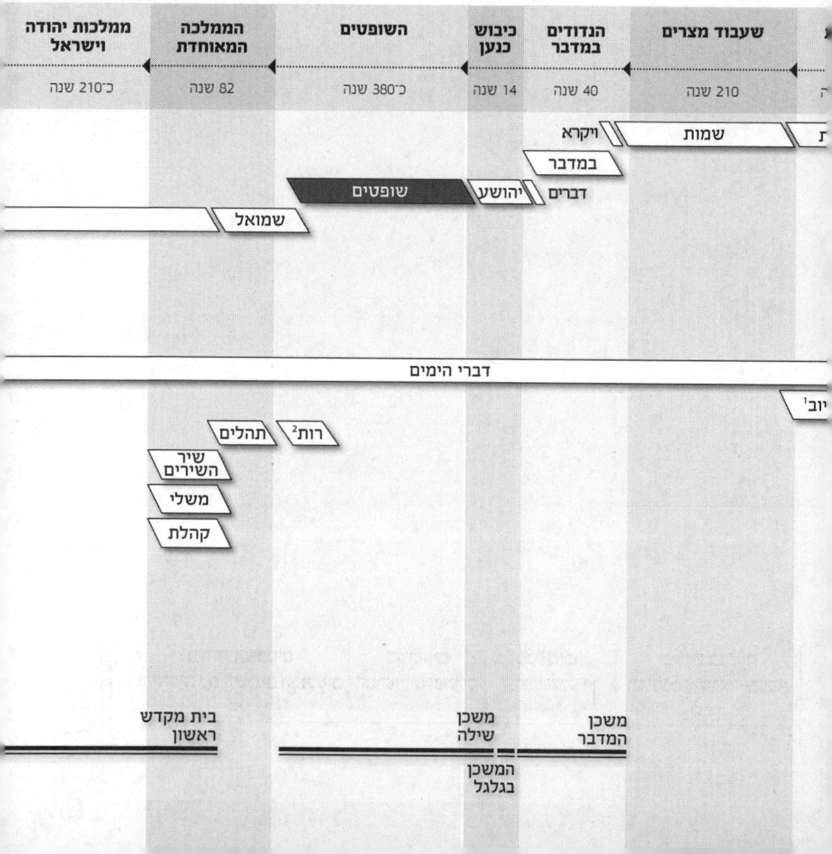

שעבוד מצרים
210 שנה
הנדודים במדבר
40 שנה
כיבוש כנען
14 שנה
השופטים
כ־380 שנה
הממלכה המאוחדת
82 שנה
ממלכות יהודה וישראל
כ־210 שנה
שמות
ויקרא
במדבר
דברים
יהושע
שופטים
שמואל
דברי הימים
יוב[1]
רות[2]
תהלים
שיר השירים
משלי
קהלת
משכן המדבר
משכן שילה
המשכן בגלגל
בית מקדש ראשון

# שופטים

**ספר שופטים**

| נחלות השבטים והיחסים עם השכנים הכנעניים | השופטים המושיעים ופועלם | פסל מיכה ונדודי שבט דן | פילגש בגבעה ומלחמות ישראל ובנימין |
|---|---|---|---|
| א–ב | ג–טז | יז–יח | יט–כא |

כ־300 שנה

# א

א וַיְהִי אַחֲרֵי מוֹת יְהוֹשֻׁעַ וַיִּשְׁאֲלוּ בְּנֵי יִשְׂרָאֵל בַּיהוָה לֵאמֹר
ב מִי יַעֲלֶה־לָּנוּ אֶל־הַכְּנַעֲנִי בַּתְּחִלָּה לְהִלָּחֶם בּוֹ: וַיֹּאמֶר יְהוָה
ג יְהוּדָה יַעֲלֶה הִנֵּה נָתַתִּי אֶת־הָאָרֶץ בְּיָדוֹ: וַיֹּאמֶר יְהוּדָה
לְשִׁמְעוֹן אָחִיו עֲלֵה אִתִּי בְגוֹרָלִי וְנִלָּחֲמָה בַּכְּנַעֲנִי וְהָלַכְתִּי גַם־
ד אֲנִי אִתְּךָ בְּגוֹרָלֶךָ וַיֵּלֶךְ אִתּוֹ שִׁמְעוֹן: וַיַּעַל יְהוּדָה וַיִּתֵּן יְהוָה אֶת־
ה הַכְּנַעֲנִי וְהַפְּרִזִּי בְּיָדָם וַיַּכּוּם בְּבֶזֶק עֲשֶׂרֶת אֲלָפִים אִישׁ: וַיִּמְצְאוּ
אֶת־אֲדֹנִי בֶזֶק בְּבֶזֶק וַיִּלָּחֲמוּ בּוֹ וַיַּכּוּ אֶת־הַכְּנַעֲנִי וְאֶת־הַפְּרִזִּי:
ו וַיָּנָס אֲדֹנִי בֶזֶק וַיִּרְדְּפוּ אַחֲרָיו וַיֹּאחֲזוּ אֹתוֹ וַיְקַצְּצוּ אֶת־בְּהֹנוֹת
ז יָדָיו וְרַגְלָיו: וַיֹּאמֶר אֲדֹנִי־בֶזֶק שִׁבְעִים ׀ מְלָכִים בְּהֹנוֹת יְדֵיהֶם
וְרַגְלֵיהֶם מְקֻצָּצִים הָיוּ מְלַקְּטִים תַּחַת שֻׁלְחָנִי כַּאֲשֶׁר עָשִׂיתִי
כֵּן שִׁלַּם־לִי אֱלֹהִים וַיְבִיאֻהוּ יְרוּשָׁלִַם וַיָּמָת שָׁם:
ח וַיִּלָּחֲמוּ בְנֵי־יְהוּדָה בִּירוּשָׁלִַם וַיִּלְכְּדוּ אוֹתָהּ וַיַּכּוּהָ לְפִי־חָרֶב
ט וְאֶת־הָעִיר שִׁלְּחוּ בָאֵשׁ: וְאַחַר יָרְדוּ בְּנֵי יְהוּדָה לְהִלָּחֵם בַּכְּנַעֲנִי
י יוֹשֵׁב הָהָר וְהַנֶּגֶב וְהַשְּׁפֵלָה: וַיֵּלֶךְ יְהוּדָה אֶל־הַכְּנַעֲנִי הַיּוֹשֵׁב
בְּחֶבְרוֹן וְשֵׁם־חֶבְרוֹן לְפָנִים קִרְיַת אַרְבַּע וַיַּכּוּ אֶת־שֵׁשַׁי וְאֶת־
יא אֲחִימַן וְאֶת־תַּלְמָי: וַיֵּלֶךְ מִשָּׁם אֶל־יוֹשְׁבֵי דְּבִיר וְשֵׁם־דְּבִיר
יב לְפָנִים קִרְיַת־סֵפֶר: וַיֹּאמֶר כָּלֵב אֲשֶׁר־יַכֶּה אֶת־קִרְיַת־סֵפֶר
יג וּלְכָדָהּ וְנָתַתִּי לוֹ אֶת־עַכְסָה בִתִּי לְאִשָּׁה: וַיִּלְכְּדָהּ עָתְנִיאֵל
בֶּן־קְנַז אֲחִי כָלֵב הַקָּטֹן מִמֶּנּוּ וַיִּתֶּן־לוֹ אֶת־עַכְסָה בִתּוֹ לְאִשָּׁה:
יד וַיְהִי בְּבוֹאָהּ וַתְּסִיתֵהוּ לִשְׁאוֹל מֵאֵת־אָבִיהָ הַשָּׂדֶה וַתִּצְנַח מֵעַל
טו הַחֲמוֹר וַיֹּאמֶר־לָהּ כָּלֵב מַה־לָּךְ: וַתֹּאמֶר לוֹ הָבָה־לִּי בְרָכָה
כִּי אֶרֶץ הַנֶּגֶב נְתַתָּנִי וְנָתַתָּה לִי גֻּלֹּת מָיִם וַיִּתֶּן־לָהּ כָּלֵב אֵת
טז גֻּלֹּת עִלִּית וְאֵת גֻּלֹּת תַּחְתִּית: וּבְנֵי קֵינִי חֹתֵן
מֹשֶׁה עָלוּ מֵעִיר הַתְּמָרִים אֶת־בְּנֵי יְהוּדָה מִדְבַּר יְהוּדָה אֲשֶׁר
יז בְּנֶגֶב עֲרָד וַיֵּלֶךְ וַיֵּשֶׁב אֶת־הָעָם: וַיֵּלֶךְ יְהוּדָה אֶת־שִׁמְעוֹן
אָחִיו וַיַּכּוּ אֶת־הַכְּנַעֲנִי יוֹשֵׁב צְפַת וַיַּחֲרִימוּ אוֹתָהּ וַיִּקְרָא אֶת־
יח שֵׁם־הָעִיר חָרְמָה: וַיִּלְכֹּד יְהוּדָה אֶת־עַזָּה וְאֶת־גְּבוּלָהּ וְאֶת־

הורשת הענקים בחברון
יהושע טו, יג–יד
שופטים א, כ

הכאת קריית ספר בידי עתניאל בן־קנז
יהושע טו, טו–יט

יט אַשְׁקְלוֹן וְאֶת־גְּבוּלָהּ וְאֶת־עֶקְרוֹן וְאֶת־גְּבוּלָהּ: וַיְהִי יְהוָה
אֶת־יְהוּדָה וַיֹּרֶשׁ אֶת־הָהָר כִּי לֹא לְהוֹרִישׁ אֶת־יֹשְׁבֵי הָעֵמֶק
כ כִּי־רֶכֶב בַּרְזֶל לָהֶם: וַיִּתְּנוּ לְכָלֵב אֶת־חֶבְרוֹן כַּאֲשֶׁר דִּבֶּר
כא מֹשֶׁה וַיּוֹרֶשׁ מִשָּׁם אֶת־שְׁלֹשָׁה בְּנֵי הָעֲנָק: וְאֶת־הַיְבוּסִי יֹשֵׁב
יְרוּשָׁלִַם לֹא הוֹרִישׁוּ בְּנֵי בִנְיָמִן וַיֵּשֶׁב הַיְבוּסִי אֶת־בְּנֵי בִנְיָמִן
כב בִּירוּשָׁלִַם עַד הַיּוֹם הַזֶּה: וַיַּעֲלוּ בֵית־יוֹסֵף גַּם־
כג הֵם בֵּית־אֵל וַיהוָה עִמָּם: וַיָּתִירוּ בֵית־יוֹסֵף בְּבֵית־אֵל וְשֵׁם־
כד הָעִיר לְפָנִים לוּז: וַיִּרְאוּ הַשֹּׁמְרִים אִישׁ יוֹצֵא מִן־הָעִיר וַיֹּאמְרוּ
כה לוֹ הַרְאֵנוּ נָא אֶת־מְבוֹא הָעִיר וְעָשִׂינוּ עִמְּךָ חָסֶד: וַיַּרְאֵם אֶת־
מְבוֹא הָעִיר וַיַּכּוּ אֶת־הָעִיר לְפִי־חָרֶב וְאֶת־הָאִישׁ וְאֶת־כָּל־
כו מִשְׁפַּחְתּוֹ שִׁלֵּחוּ: וַיֵּלֶךְ הָאִישׁ אֶרֶץ הַחִתִּים וַיִּבֶן עִיר וַיִּקְרָא
כז שְׁמָהּ לוּז הוּא שְׁמָהּ עַד הַיּוֹם הַזֶּה: וְלֹא־הוֹרִישׁ
מְנַשֶּׁה אֶת־בֵּית־שְׁאָן וְאֶת־בְּנוֹתֶיהָ וְאֶת־תַּעְנַךְ וְאֶת־בְּנֹתֶיהָ
וְאֶת־יֹשְׁבֵי דוֹר וְאֶת־בְּנוֹתֶיהָ וְאֶת־יוֹשְׁבֵי יִבְלְעָם וְאֶת־בְּנֹתֶיהָ
וְאֶת־יוֹשְׁבֵי מְגִדּוֹ וְאֶת־בְּנוֹתֶיהָ וַיּוֹאֶל הַכְּנַעֲנִי לָשֶׁבֶת בָּאָרֶץ
כח הַזֹּאת: וַיְהִי כִּי־חָזַק יִשְׂרָאֵל וַיָּשֶׂם אֶת־הַכְּנַעֲנִי לָמַס וְהוֹרֵישׁ
כט לֹא הוֹרִישׁוֹ: וְאֶפְרַיִם לֹא הוֹרִישׁ אֶת־הַכְּנַעֲנִי
ל הַיּוֹשֵׁב בְּגָזֶר וַיֵּשֶׁב הַכְּנַעֲנִי בְּקִרְבּוֹ בְּגָזֶר: זְבוּלֻן
לֹא הוֹרִישׁ אֶת־יוֹשְׁבֵי קִטְרוֹן וְאֶת־יוֹשְׁבֵי נַהֲלֹל וַיֵּשֶׁב הַכְּנַעֲנִי
לא בְּקִרְבּוֹ וַיִּהְיוּ לָמַס: אָשֵׁר לֹא הוֹרִישׁ אֶת־יֹשְׁבֵי
עַכּוֹ וְאֶת־יוֹשְׁבֵי צִידוֹן וְאֶת־אַחְלָב וְאֶת־אַכְזִיב וְאֶת־חֶלְבָּה
לב וְאֶת־אֲפִיק וְאֶת־רְחֹב: וַיֵּשֶׁב הָאָשֵׁרִי בְּקֶרֶב הַכְּנַעֲנִי יֹשְׁבֵי
לג הָאָרֶץ כִּי לֹא הוֹרִישׁוֹ: נַפְתָּלִי לֹא־הוֹרִישׁ אֶת־
יֹשְׁבֵי בֵית־שֶׁמֶשׁ וְאֶת־יֹשְׁבֵי בֵית־עֲנָת וַיֵּשֶׁב בְּקֶרֶב הַכְּנַעֲנִי
יֹשְׁבֵי הָאָרֶץ וְיֹשְׁבֵי בֵית־שֶׁמֶשׁ וּבֵית עֲנָת הָיוּ לָהֶם לָמַס:
לד וַיִּלְחֲצוּ הָאֱמֹרִי אֶת־בְּנֵי־דָן הָהָרָה כִּי־לֹא נְתָנוֹ לָרֶדֶת לָעֵמֶק:
לה וַיּוֹאֶל הָאֱמֹרִי לָשֶׁבֶת בְּהַר־חֶרֶס בְּאַיָּלוֹן וּבְשַׁעַלְבִים וַתִּכְבַּד

נתינת חברון לכלב לנחלה
יהושע יד, יג–יד; טו, יג; כא, יב

הורשת הענקים בחברון
יהושע טו, יג–יד
שופטים א, י

היבוסי נשאר בירושלים
יהושע טו, סג

שמה הקודם של בית אל - לוז
בראשית כח, יט

הערים שאותן מנשה לא הוריש
יהושע יז, יא–יג

בני אפרים אינם מורישים את תושבי גזר
יהושע טז, י

לו יַד בֵּית־יוֹסֵף וַיִּהְיוּ לָמַס׃ וּגְבוּל הָאֱמֹרִי מִמַּעֲלֵה עַקְרַבִּים
א מֵהַסֶּלַע וָמָעְלָה׃ וַיַּעַל מַלְאַךְ־יְהוָה מִן־הַגִּלְגָּל ב
אֶל־הַבֹּכִים וַיֹּאמֶר אַעֲלֶה אֶתְכֶם מִמִּצְרַיִם
וָאָבִיא אֶתְכֶם אֶל־הָאָרֶץ אֲשֶׁר נִשְׁבַּעְתִּי לַאֲבֹתֵיכֶם וָאֹמַר
ב לֹא־אָפֵר בְּרִיתִי אִתְּכֶם לְעוֹלָם׃ וְאַתֶּם לֹא־תִכְרְתוּ בְרִית
לְיוֹשְׁבֵי הָאָרֶץ הַזֹּאת מִזְבְּחוֹתֵיהֶם תִּתֹּצוּן וְלֹא־שְׁמַעְתֶּם בְּקֹלִי
ג מַה־זֹּאת עֲשִׂיתֶם׃ וְגַם אָמַרְתִּי לֹא־אֲגָרֵשׁ אוֹתָם מִפְּנֵיכֶם וְהָיוּ
ד לָכֶם לְצִדִּים וֵאלֹהֵיהֶם יִהְיוּ לָכֶם לְמוֹקֵשׁ׃ וַיְהִי כְּדַבֵּר מַלְאַךְ
יְהוָה אֶת־הַדְּבָרִים הָאֵלֶּה אֶל־כָּל־בְּנֵי יִשְׂרָאֵל וַיִּשְׂאוּ הָעָם
ה אֶת־קוֹלָם וַיִּבְכּוּ׃ וַיִּקְרְאוּ שֵׁם־הַמָּקוֹם הַהוּא בֹּכִים וַיִּזְבְּחוּ־שָׁם
ו לַיהוָה׃ וַיְשַׁלַּח יְהוֹשֻׁעַ אֶת־הָעָם וַיֵּלְכוּ בְנֵי־
ז יִשְׂרָאֵל אִישׁ לְנַחֲלָתוֹ לָרֶשֶׁת אֶת־הָאָרֶץ׃ וַיַּעַבְדוּ הָעָם אֶת־ ב
יְהוָה כֹּל יְמֵי יְהוֹשֻׁעַ וְכֹל ׀ יְמֵי הַזְּקֵנִים אֲשֶׁר הֶאֱרִיכוּ יָמִים
אַחֲרֵי יְהוֹשׁוּעַ אֲשֶׁר רָאוּ אֵת כָּל־מַעֲשֵׂה יְהוָה הַגָּדוֹל אֲשֶׁר
ח עָשָׂה לְיִשְׂרָאֵל׃ וַיָּמָת יְהוֹשֻׁעַ בִּן־נוּן עֶבֶד יְהוָה בֶּן־מֵאָה
ט וָעֶשֶׂר שָׁנִים׃ וַיִּקְבְּרוּ אוֹתוֹ בִּגְבוּל נַחֲלָתוֹ בְּתִמְנַת־חֶרֶס בְּהַר
י אֶפְרָיִם מִצְּפוֹן לְהַר־גָּעַשׁ׃ וְגַם כָּל־הַדּוֹר הַהוּא נֶאֶסְפוּ אֶל־
אֲבוֹתָיו וַיָּקָם דּוֹר אַחֵר אַחֲרֵיהֶם אֲשֶׁר לֹא־יָדְעוּ אֶת־יְהוָה
יא וְגַם אֶת־הַמַּעֲשֶׂה אֲשֶׁר עָשָׂה לְיִשְׂרָאֵל׃ וַיַּעֲשׂוּ
בְנֵי־יִשְׂרָאֵל אֶת־הָרַע בְּעֵינֵי יְהוָה וַיַּעַבְדוּ אֶת־הַבְּעָלִים׃
יב וַיַּעַזְבוּ אֶת־יְהוָה ׀ אֱלֹהֵי אֲבוֹתָם הַמּוֹצִיא אוֹתָם מֵאֶרֶץ
מִצְרַיִם וַיֵּלְכוּ אַחֲרֵי ׀ אֱלֹהִים אֲחֵרִים מֵאֱלֹהֵי הָעַמִּים אֲשֶׁר
יג סְבִיבוֹתֵיהֶם וַיִּשְׁתַּחֲווּ לָהֶם וַיַּכְעִסוּ אֶת־יְהוָה׃ וַיַּעַזְבוּ אֶת־
יד יְהוָה וַיַּעַבְדוּ לַבַּעַל וְלָעַשְׁתָּרוֹת׃ וַיִּחַר־אַף יְהוָה בְּיִשְׂרָאֵל
וַיִּתְּנֵם בְּיַד שֹׁסִים וַיָּשֹׁסּוּ אוֹתָם וַיִּמְכְּרֵם בְּיַד אוֹיְבֵיהֶם מִסָּבִיב
טו וְלֹא־יָכְלוּ עוֹד לַעֲמֹד לִפְנֵי אוֹיְבֵיהֶם׃ בְּכֹל ׀ אֲשֶׁר יָצְאוּ יַד־
יְהוָה הָיְתָה־בָּם לְרָעָה כַּאֲשֶׁר דִּבֶּר יְהוָה וְכַאֲשֶׁר נִשְׁבַּע יְהוָה

פטירת יהושע
יהושע כד,
כט–לא

להם ויצר להם מאד: ויקם יהוה שפטים ויושיעום מיד
טז שסיהם: וגם אל־שפטיהם לא שמעו כי זנו אחרי אלהים
יז אחרים וישתחוו להם סרו מהר מן־הדרך אשר הלכו אבותם
לשמע מצות־יהוה לא־עשו כן: וכי־הקים יהוה ׀ להם
יח שפטים והיה יהוה עם־השפט והושיעם מיד איביהם כל ימי
השופט כי־ינחם יהוה מנאקתם מפני לחציהם ודחקיהם: והיה ׀
יט במות השופט ישבו והשחיתו מאבותם ללכת אחרי אלהים
אחרים לעבדם ולהשתחות להם לא הפילו ממעלליהם
ומדרכם הקשה: ויחר־אף יהוה בישראל ויאמר יען אשר
כ עברו הגוי הזה את־בריתי אשר צויתי את־אבותם ולא
שמעו לקולי: גם־אני לא אוסיף להוריש איש מפניהם מן־
כא הגוים אשר־עזב יהושע וימת: למען נסות בם את־ישראל
כב השמרים הם את־דרך יהוה ללכת בם כאשר שמרו אבותם
אם־לא: וינח יהוה את־הגוים האלה לבלתי הורישם מהר
כג ולא נתנם ביד יהושע: ואלה הגוים אשר הניח
ג א יהוה לנסות בם את־ישראל את כל־אשר לא־ידעו את כל־
מלחמות כנען: רק למען דעת דרות בני־ישראל ללמדם
ב מלחמה רק אשר־לפנים לא ידעום: חמשת ׀ סרני פלשתים
ג וכל־הכנעני והצידני והחוי ישב הר הלבנון מהר בעל חרמון
עד לבוא חמת: ויהיו לנסות בם את־ישראל לדעת הישמעו
ד את־מצות יהוה אשר־צוה את־אבותם ביד־משה: ובני
ה ישראל ישבו בקרב הכנעני החתי והאמרי והפרזי והחוי
והיבוסי: ויקחו את־בנותיהם להם לנשים ואת־בנותיהם
ו נתנו לבניהם ויעבדו את־אלהיהם: ויעשו
ז בני־ישראל את־הרע בעיני יהוה וישכחו את־יהוה אלהיהם
ויעבדו את־הבעלים ואת־האשרות: ויחר־אף יהוה בישראל
ח וימכרם ביד כושן רשעתים מלך ארם נהרים ויעבדו בני־

ג

ט יִשְׂרָאֵל אֶת־כּוּשַׁן רִשְׁעָתַיִם שְׁמֹנֶה שָׁנִים: וַיִּזְעֲקוּ בְנֵי־יִשְׂרָאֵל
אֶל־יהוה וַיָּקֶם יהוה מוֹשִׁיעַ לִבְנֵי יִשְׂרָאֵל וַיּוֹשִׁיעֵם אֵת עָתְנִיאֵל
י בֶּן־קְנַז אֲחִי כָלֵב הַקָּטֹן מִמֶּנּוּ: וַתְּהִי עָלָיו רוּחַ־יהוה וַיִּשְׁפֹּט
אֶת־יִשְׂרָאֵל וַיֵּצֵא לַמִּלְחָמָה וַיִּתֵּן יהוה בְּיָדוֹ אֶת־כּוּשַׁן רִשְׁעָתַיִם
יא מֶלֶךְ אֲרָם וַתָּעָז יָדוֹ עַל כּוּשַׁן רִשְׁעָתָיִם: וַתִּשְׁקֹט הָאָרֶץ
יב אַרְבָּעִים שָׁנָה וַיָּמָת עָתְנִיאֵל בֶּן־קְנַז: וַיֹּסִפוּ בְּנֵי
יִשְׂרָאֵל לַעֲשׂוֹת הָרַע בְּעֵינֵי יהוה וַיְחַזֵּק יהוה אֶת־עֶגְלוֹן מֶלֶךְ־
יג מוֹאָב עַל־יִשְׂרָאֵל עַל כִּי־עָשׂוּ אֶת־הָרַע בְּעֵינֵי יהוה: וַיֶּאֱסֹף
אֵלָיו אֶת־בְּנֵי עַמּוֹן וַעֲמָלֵק וַיֵּלֶךְ וַיַּךְ אֶת־יִשְׂרָאֵל וַיִּירְשׁוּ אֶת־
יד עִיר הַתְּמָרִים: וַיַּעַבְדוּ בְנֵי־יִשְׂרָאֵל אֶת־עֶגְלוֹן מֶלֶךְ־מוֹאָב
טו שְׁמוֹנֶה עֶשְׂרֵה שָׁנָה: וַיִּזְעֲקוּ בְנֵי־יִשְׂרָאֵל אֶל־יהוה וַיָּקֶם יהוה
לָהֶם מוֹשִׁיעַ אֶת־אֵהוּד בֶּן־גֵּרָא בֶּן־הַיְמִינִי אִישׁ אִטֵּר יַד־
יְמִינוֹ וַיִּשְׁלְחוּ בְנֵי־יִשְׂרָאֵל בְּיָדוֹ מִנְחָה לְעֶגְלוֹן מֶלֶךְ מוֹאָב:
טז וַיַּעַשׂ לוֹ אֵהוּד חֶרֶב וְלָהּ שְׁנֵי פֵיוֹת גֹּמֶד אָרְכָּהּ וַיַּחְגֹּר אוֹתָהּ
יז מִתַּחַת לְמַדָּיו עַל יֶרֶךְ יְמִינוֹ: וַיַּקְרֵב אֶת־הַמִּנְחָה לְעֶגְלוֹן מֶלֶךְ
יח מוֹאָב וְעֶגְלוֹן אִישׁ בָּרִיא מְאֹד: וַיְהִי כַּאֲשֶׁר כִּלָּה לְהַקְרִיב
יט אֶת־הַמִּנְחָה וַיְשַׁלַּח אֶת־הָעָם נֹשְׂאֵי הַמִּנְחָה: וְהוּא שָׁב מִן־
הַפְּסִילִים אֲשֶׁר אֶת־הַגִּלְגָּל וַיֹּאמֶר דְּבַר־סֵתֶר לִי אֵלֶיךָ הַמֶּלֶךְ
כ וַיֹּאמֶר הָס וַיֵּצְאוּ מֵעָלָיו כָּל־הָעֹמְדִים עָלָיו: וְאֵהוּד ׀ בָּא אֵלָיו
וְהוּא יֹשֵׁב בַּעֲלִיַּת הַמְּקֵרָה אֲשֶׁר־לוֹ לְבַדּוֹ וַיֹּאמֶר אֵהוּד דְּבַר־
כא אֱלֹהִים לִי אֵלֶיךָ וַיָּקָם מֵעַל הַכִּסֵּא: וַיִּשְׁלַח אֵהוּד אֶת־יַד
שְׂמֹאלוֹ וַיִּקַּח אֶת־הַחֶרֶב מֵעַל יֶרֶךְ יְמִינוֹ וַיִּתְקָעֶהָ בְּבִטְנוֹ:
כב וַיָּבֹא גַם־הַנִּצָּב אַחַר הַלַּהַב וַיִּסְגֹּר הַחֵלֶב בְּעַד הַלַּהַב כִּי לֹא
כג שָׁלַף הַחֶרֶב מִבִּטְנוֹ וַיֵּצֵא הַפַּרְשְׁדֹנָה: וַיֵּצֵא אֵהוּד הַמִּסְדְּרוֹנָה
כד וַיִּסְגֹּר דַּלְתוֹת הָעֲלִיָּה בַּעֲדוֹ וְנָעָל: וְהוּא יָצָא וַעֲבָדָיו בָּאוּ
וַיִּרְאוּ וְהִנֵּה דַּלְתוֹת הָעֲלִיָּה נְעֻלוֹת וַיֹּאמְרוּ אַךְ מֵסִיךְ הוּא
כה אֶת־רַגְלָיו בַּחֲדַר הַמְּקֵרָה: וַיָּחִילוּ עַד־בּוֹשׁ וְהִנֵּה אֵינֶנּוּ פֹתֵחַ

ג

דַּלְתוֹת הָעֲלִיָּה וַיִּקְחוּ אֶת־הַמַּפְתֵּחַ וַיִּפְתָּחוּ וְהִנֵּה אֲדֹנֵיהֶם נֹפֵל
אַרְצָה מֵת׃ וְאֵהוּד נִמְלַט עַד הִתְמַהְמְהָם וְהוּא עָבַר אֶת־ כו
הַפְּסִילִים וַיִּמָּלֵט הַשְּׂעִירָתָה׃ וַיְהִי בְּבוֹאוֹ וַיִּתְקַע בַּשּׁוֹפָר כז
בְּהַר אֶפְרָיִם וַיֵּרְדוּ עִמּוֹ בְנֵי־יִשְׂרָאֵל מִן־הָהָר וְהוּא לִפְנֵיהֶם׃
וַיֹּאמֶר אֲלֵהֶם רִדְפוּ אַחֲרַי כִּי־נָתַן יְהוָה אֶת־אֹיְבֵיכֶם אֶת־ כח
מוֹאָב בְּיֶדְכֶם וַיֵּרְדוּ אַחֲרָיו וַיִּלְכְּדוּ אֶת־מַעְבְּרוֹת הַיַּרְדֵּן
לְמוֹאָב וְלֹא־נָתְנוּ אִישׁ לַעֲבֹר׃ וַיַּכּוּ אֶת־מוֹאָב בָּעֵת הַהִיא כט
כַּעֲשֶׂרֶת אֲלָפִים אִישׁ כָּל־שָׁמֵן וְכָל־אִישׁ חָיִל וְלֹא נִמְלַט אִישׁ׃
וַתִּכָּנַע מוֹאָב בַּיּוֹם הַהוּא תַּחַת יַד יִשְׂרָאֵל וַתִּשְׁקֹט הָאָרֶץ ל
שְׁמוֹנִים שָׁנָה׃ וְאַחֲרָיו הָיָה שַׁמְגַּר בֶּן־עֲנָת וַיַּךְ לא ג
אֶת־פְּלִשְׁתִּים שֵׁשׁ־מֵאוֹת אִישׁ בְּמַלְמַד הַבָּקָר וַיּוֹשַׁע גַּם־הוּא
אֶת־יִשְׂרָאֵל׃ וַיֹּסִפוּ בְּנֵי יִשְׂרָאֵל לַעֲשׂוֹת הָרַע א ד
בְּעֵינֵי יְהוָה וְאֵהוּד מֵת׃ וַיִּמְכְּרֵם יְהוָה בְּיַד יָבִין מֶלֶךְ־כְּנַעַן אֲשֶׁר ב
מָלַךְ בְּחָצוֹר וְשַׂר־צְבָאוֹ סִיסְרָא וְהוּא יוֹשֵׁב בַּחֲרֹשֶׁת הַגּוֹיִם׃
וַיִּצְעֲקוּ בְנֵי־יִשְׂרָאֵל אֶל־יְהוָה כִּי תְּשַׁע מֵאוֹת רֶכֶב־בַּרְזֶל לוֹ ג
וְהוּא לָחַץ אֶת־בְּנֵי יִשְׂרָאֵל בְּחָזְקָה עֶשְׂרִים שָׁנָה׃
וּדְבוֹרָה אִשָּׁה נְבִיאָה אֵשֶׁת לַפִּידוֹת הִיא שֹׁפְטָה אֶת־יִשְׂרָאֵל ד
בָּעֵת הַהִיא׃ וְהִיא יוֹשֶׁבֶת תַּחַת־תֹּמֶר דְּבוֹרָה בֵּין הָרָמָה וּבֵין ה
בֵּית־אֵל בְּהַר אֶפְרָיִם וַיַּעֲלוּ אֵלֶיהָ בְּנֵי יִשְׂרָאֵל לַמִּשְׁפָּט׃
וַתִּשְׁלַח וַתִּקְרָא לְבָרָק בֶּן־אֲבִינֹעַם מִקֶּדֶשׁ נַפְתָּלִי וַתֹּאמֶר ו
אֵלָיו הֲלֹא־צִוָּה ׀ יְהוָה אֱלֹהֵי־יִשְׂרָאֵל לֵךְ וּמָשַׁכְתָּ בְּהַר תָּבוֹר
וְלָקַחְתָּ עִמְּךָ עֲשֶׂרֶת אֲלָפִים אִישׁ מִבְּנֵי נַפְתָּלִי וּמִבְּנֵי זְבֻלוּן׃
וּמָשַׁכְתִּי אֵלֶיךָ אֶל־נַחַל קִישׁוֹן אֶת־סִיסְרָא שַׂר־צְבָא יָבִין ז
וְאֶת־רִכְבּוֹ וְאֶת־הֲמוֹנוֹ וּנְתַתִּיהוּ בְּיָדֶךָ׃ וַיֹּאמֶר אֵלֶיהָ בָּרָק ח
אִם־תֵּלְכִי עִמִּי וְהָלָכְתִּי וְאִם־לֹא תֵלְכִי עִמִּי לֹא אֵלֵךְ׃ וַתֹּאמֶר ט
הָלֹךְ אֵלֵךְ עִמָּךְ אֶפֶס כִּי לֹא תִהְיֶה תִּפְאַרְתְּךָ עַל־הַדֶּרֶךְ אֲשֶׁר
אַתָּה הוֹלֵךְ כִּי בְיַד־אִשָּׁה יִמְכֹּר יְהוָה אֶת־סִיסְרָא וַתָּקָם

נ

י דְּבוֹרָה וַתֵּלֶךְ עִם־בָּרָק קֶדְשָׁה: וַיַּזְעֵק בָּרָק אֶת־זְבוּלֻן וְאֶת־
נַפְתָּלִי קֶדְשָׁה וַיַּעַל בְּרַגְלָיו עֲשֶׂרֶת אַלְפֵי אִישׁ וַתַּעַל עִמּוֹ
יא דְּבוֹרָה: וְחֶבֶר הַקֵּינִי נִפְרָד מִקַּיִן מִבְּנֵי חֹבָב חֹתֵן מֹשֶׁה וַיֵּט
יב אָהֳלוֹ עַד־אֵלוֹן בצענים אֲשֶׁר אֶת־קֶדֶשׁ: וַיַּגִּדוּ לְסִיסְרָא כִּי בְּצַעֲנַנִּים
יג עָלָה בָּרָק בֶּן־אֲבִינֹעַם הַר־תָּבוֹר: וַיַּזְעֵק סִיסְרָא אֶת־כָּל־
רִכְבּוֹ תְּשַׁע מֵאוֹת רֶכֶב בַּרְזֶל וְאֶת־כָּל־הָעָם אֲשֶׁר אִתּוֹ
יד מֵחֲרֹשֶׁת הַגּוֹיִם אֶל־נַחַל קִישׁוֹן: וַתֹּאמֶר דְּבֹרָה אֶל־בָּרָק קוּם
כִּי זֶה הַיּוֹם אֲשֶׁר נָתַן יהוה אֶת־סִיסְרָא בְּיָדֶךָ הֲלֹא יהוה יָצָא
לְפָנֶיךָ וַיֵּרֶד בָּרָק מֵהַר תָּבוֹר וַעֲשֶׂרֶת אֲלָפִים אִישׁ אַחֲרָיו:
טו וַיָּהָם יהוה אֶת־סִיסְרָא וְאֶת־כָּל־הָרֶכֶב וְאֶת־כָּל־הַמַּחֲנֶה
לְפִי־חֶרֶב לִפְנֵי בָרָק וַיֵּרֶד סִיסְרָא מֵעַל הַמֶּרְכָּבָה וַיָּנָס בְּרַגְלָיו:
טז וּבָרָק רָדַף אַחֲרֵי הָרֶכֶב וְאַחֲרֵי הַמַּחֲנֶה עַד חֲרֹשֶׁת הַגּוֹיִם וַיִּפֹּל
יז כָּל־מַחֲנֵה סִיסְרָא לְפִי־חֶרֶב לֹא נִשְׁאַר עַד־אֶחָד: וְסִיסְרָא נָס
בְּרַגְלָיו אֶל־אֹהֶל יָעֵל אֵשֶׁת חֶבֶר הַקֵּינִי כִּי שָׁלוֹם בֵּין יָבִין
יח מֶלֶךְ־חָצוֹר וּבֵין בֵּית חֶבֶר הַקֵּינִי: וַתֵּצֵא יָעֵל לִקְרַאת סִיסְרָא
וַתֹּאמֶר אֵלָיו סוּרָה אֲדֹנִי סוּרָה אֵלַי אַל־תִּירָא וַיָּסַר אֵלֶיהָ
יט הָאֹהֱלָה וַתְּכַסֵּהוּ בַּשְּׂמִיכָה: וַיֹּאמֶר אֵלֶיהָ הַשְׁקִינִי־נָא מְעַט־
מַיִם כִּי צָמֵאתִי וַתִּפְתַּח אֶת־נֹאוד הֶחָלָב וַתַּשְׁקֵהוּ וַתְּכַסֵּהוּ:
כ וַיֹּאמֶר אֵלֶיהָ עֲמֹד פֶּתַח הָאֹהֶל וְהָיָה אִם־אִישׁ יָבֹא וּשְׁאֵלֵךְ
כא וְאָמַר הֲיֵשׁ־פֹּה אִישׁ וְאָמַרְתְּ אָיִן: וַתִּקַּח יָעֵל אֵשֶׁת־חֶבֶר
אֶת־יְתַד הָאֹהֶל וַתָּשֶׂם אֶת־הַמַּקֶּבֶת בְּיָדָהּ וַתָּבוֹא אֵלָיו
בַּלָּאט וַתִּתְקַע אֶת־הַיָּתֵד בְּרַקָּתוֹ וַתִּצְנַח בָּאָרֶץ וְהוּא־
כב נִרְדָּם וַיָּעַף וַיָּמֹת: וְהִנֵּה בָרָק רֹדֵף אֶת־סִיסְרָא וַתֵּצֵא
יָעֵל לִקְרָאתוֹ וַתֹּאמֶר לוֹ לֵךְ וְאַרְאֶךָּ אֶת־הָאִישׁ אֲשֶׁר־
אַתָּה מְבַקֵּשׁ וַיָּבֹא אֵלֶיהָ וְהִנֵּה סִיסְרָא נֹפֵל מֵת וְהַיָּתֵד
כג בְּרַקָּתוֹ: וַיַּכְנַע אֱלֹהִים בַּיּוֹם הַהוּא אֵת יָבִין מֶלֶךְ־כְּנָעַן
כד לִפְנֵי בְּנֵי יִשְׂרָאֵל: וַתֵּלֶךְ יַד בְּנֵי־יִשְׂרָאֵל הָלוֹךְ וְקָשָׁה עַל

יָבִין מֶלֶךְ־כְּנָעַן עַד אֲשֶׁר הִכְרִיתוּ אֵת יָבִין מֶלֶךְ־כְּנָעַן׃

וַתָּשַׁר דְּבוֹרָה וּבָרָק בֶּן־אֲבִינֹעַם בַּיּוֹם הַהוּא ה א
לֵאמֹר׃ בִּפְרֹעַ פְּרָעוֹת בְּיִשְׂרָאֵל בְּהִתְנַדֵּב ב
עָם בָּרְכוּ יְהוָה׃ שִׁמְעוּ מְלָכִים הַאֲזִינוּ ג
רֹזְנִים אָנֹכִי לַיהוָה אָנֹכִי אָשִׁירָה אֲזַמֵּר
לַיהוָה אֱלֹהֵי יִשְׂרָאֵל׃ יְהוָה בְּצֵאתְךָ ד
מִשֵּׂעִיר בְּצַעְדְּךָ מִשְּׂדֵה אֱדוֹם אֶרֶץ
רָעָשָׁה גַּם־שָׁמַיִם נָטָפוּ גַּם־עָבִים נָטְפוּ
מָיִם׃ הָרִים נָזְלוּ מִפְּנֵי יְהוָה זֶה ה
סִינַי מִפְּנֵי יְהוָה אֱלֹהֵי יִשְׂרָאֵל׃ בִּימֵי שַׁמְגַּר בֶּן־ ו
עֲנָת בִּימֵי יָעֵל חָדְלוּ אֳרָחוֹת וְהֹלְכֵי
נְתִיבוֹת יֵלְכוּ אֳרָחוֹת עֲקַלְקַלּוֹת׃ חָדְלוּ פְרָזוֹן בְּיִשְׂרָאֵל ז
חָדֵלּוּ עַד שַׁקַּמְתִּי דְּבוֹרָה שַׁקַּמְתִּי
אֵם בְּיִשְׂרָאֵל׃ יִבְחַר אֱלֹהִים ח
חֲדָשִׁים אָז לָחֶם שְׁעָרִים מָגֵן
אִם־יֵרָאֶה וָרֹמַח בְּאַרְבָּעִים אֶלֶף
בְּיִשְׂרָאֵל׃ לִבִּי לְחוֹקְקֵי יִשְׂרָאֵל הַמִּתְנַדְּבִים ט
בָּעָם בָּרְכוּ יְהוָה׃ רֹכְבֵי אֲתֹנוֹת י
צְחֹרוֹת יֹשְׁבֵי עַל־מִדִּין וְהֹלְכֵי
עַל־דֶּרֶךְ שִׂיחוּ׃ מִקּוֹל מְחַצְצִים בֵּין יא
מַשְׁאַבִּים שָׁם יְתַנּוּ צִדְקוֹת יְהוָה צִדְקֹת
פִּרְזֹנוֹ בְּיִשְׂרָאֵל אָז יָרְדוּ לַשְּׁעָרִים עַם־
יְהוָה׃ עוּרִי עוּרִי דְּבוֹרָה עוּרִי יב
עוּרִי דַּבְּרִי־שִׁיר קוּם בָּרָק וּשֲׁבֵה שֶׁבְיְךָ בֶּן־
אֲבִינֹעַם׃ אָז יְרַד שָׂרִיד לְאַדִּירִים עָם יְהוָה יג
יְרַד־לִי בַּגִּבּוֹרִים׃ מִנִּי אֶפְרַיִם שָׁרְשָׁם יד

בַּעֲמָלֵק אַחֲרֶיךָ בִנְיָמִין בַּעֲמָמֶיךָ מִנִּי
מָכִיר יָרְדוּ מְחֹקְקִים וּמִזְּבוּלֻן מֹשְׁכִים בְּשֵׁבֶט
טו סֹפֵר: וְשָׂרַי בְּיִשָּׂשכָר עִם־דְּבֹרָה וְיִשָּׂשכָר
כֵּן בָּרָק בָּעֵמֶק שֻׁלַּח
בְּרַגְלָיו בִּפְלַגּוֹת רְאוּבֵן גְּדֹלִים
טז חִקְקֵי־לֵב: לָמָּה יָשַׁבְתָּ בֵּין
הַמִּשְׁפְּתַיִם לִשְׁמֹעַ שְׁרִקוֹת עֲדָרִים לִפְלַגּוֹת
יז רְאוּבֵן גְּדוֹלִים חִקְרֵי־לֵב: גִּלְעָד בְּעֵבֶר הַיַּרְדֵּן
שָׁכֵן וְדָן לָמָּה יָגוּר אֳנִיּוֹת אָשֵׁר
יָשַׁב לְחוֹף יַמִּים וְעַל מִפְרָצָיו
יח יִשְׁכּוֹן: זְבֻלוּן עַם חֵרֵף נַפְשׁוֹ לָמוּת וְנַפְתָּלִי
יט עַל מְרוֹמֵי שָׂדֶה: בָּאוּ מְלָכִים
נִלְחָמוּ אָז נִלְחֲמוּ מַלְכֵי כְנַעַן בְּתַעְנַךְ
עַל־מֵי מְגִדּוֹ בֶּצַע כֶּסֶף לֹא
כ לָקָחוּ: מִן־שָׁמַיִם נִלְחָמוּ הַכּוֹכָבִים
כא מִמְּסִלּוֹתָם נִלְחֲמוּ עִם סִיסְרָא: נַחַל קִישׁוֹן
גְּרָפָם נַחַל קְדוּמִים נַחַל קִישׁוֹן תִּדְרְכִי
כב נַפְשִׁי עֹז: אָז הָלְמוּ עִקְּבֵי־
כג סוּס מִדַּהֲרוֹת דַּהֲרוֹת אַבִּירָיו: אוֹרוּ
מֵרוֹז אָמַר מַלְאַךְ יהוה אֹרוּ אָרוֹר
יֹשְׁבֶיהָ כִּי לֹא־בָאוּ לְעֶזְרַת יהוה לְעֶזְרַת
כד יהוה בַּגִּבּוֹרִים: תְּבֹרַךְ מִנָּשִׁים
יָעֵל אֵשֶׁת חֶבֶר הַקֵּינִי מִנָּשִׁים
כה בָּאֹהֶל תְּבֹרָךְ: מַיִם שָׁאַל חָלָב
כו נָתָנָה בְּסֵפֶל אַדִּירִים הִקְרִיבָה חֶמְאָה: יָדָהּ
לַיָּתֵד תִּשְׁלַחְנָה וִימִינָהּ לְהַלְמוּת
עֲמֵלִים וְהָלְמָה סִיסְרָא מָחֲקָה רֹאשׁוֹ וּמָחֲצָה

כז וְחָלְפָה רַקָּתוֹ׃ בֵּין רַגְלֶיהָ כָּרַע נָפַל
שָׁכָב בֵּין רַגְלֶיהָ כָּרַע נָפָל בַּאֲשֶׁר
כח כָּרַע שָׁם נָפַל שָׁדוּד׃ בְּעַד הַחַלּוֹן נִשְׁקְפָה
וַתְּיַבֵּב אֵם סִיסְרָא בְּעַד הָאֶשְׁנָב מַדּוּעַ
בֹּשֵׁשׁ רִכְבּוֹ לָבוֹא מַדּוּעַ אֶחֱרוּ פַּעֲמֵי
כט מַרְכְּבוֹתָיו׃ חַכְמוֹת שָׂרוֹתֶיהָ תַּעֲנֶינָּה אַף־
ל הִיא תָּשִׁיב אֲמָרֶיהָ לָהּ׃ הֲלֹא יִמְצְאוּ יְחַלְּקוּ
שָׁלָל רַחַם רַחֲמָתַיִם לְרֹאשׁ גֶּבֶר שְׁלַל
צְבָעִים לְסִיסְרָא שְׁלַל צְבָעִים
לא רִקְמָה צֶבַע רִקְמָתַיִם לְצַוְּארֵי שָׁלָל׃ כֵּן ד
יֹאבְדוּ כָל־אוֹיְבֶיךָ יְהוָה וְאֹהֲבָיו כְּצֵאת הַשֶּׁמֶשׁ
בִּגְבֻרָתוֹ וַתִּשְׁקֹט הָאָרֶץ אַרְבָּעִים שָׁנָה׃

ו א וַיַּעֲשׂוּ בְנֵי־יִשְׂרָאֵל הָרַע בְּעֵינֵי יְהוָה וַיִּתְּנֵם יְהוָה בְּיַד־מִדְיָן
ב שֶׁבַע שָׁנִים׃ וַתָּעָז יַד־מִדְיָן עַל־יִשְׂרָאֵל מִפְּנֵי מִדְיָן עָשׂוּ לָהֶם ׀
בְּנֵי יִשְׂרָאֵל אֶת־הַמִּנְהָרוֹת אֲשֶׁר בֶּהָרִים וְאֶת־הַמְּעָרוֹת וְאֶת־
ג הַמְּצָדוֹת׃ וְהָיָה אִם־זָרַע יִשְׂרָאֵל וְעָלָה מִדְיָן וַעֲמָלֵק וּבְנֵי־
ד קֶדֶם וְעָלוּ עָלָיו׃ וַיַּחֲנוּ עֲלֵיהֶם וַיַּשְׁחִיתוּ אֶת־יְבוּל הָאָרֶץ עַד־
ה בּוֹאֲךָ עַזָּה וְלֹא־יַשְׁאִירוּ מִחְיָה בְּיִשְׂרָאֵל וְשֶׂה וָשׁוֹר וַחֲמוֹר׃ כִּי
הֵם וּמִקְנֵיהֶם יַעֲלוּ וְאָהֳלֵיהֶם יבאו כְדֵי־אַרְבֶּה לָרֹב וְלָהֶם וּבָאוּ
ו וְלִגְמַלֵּיהֶם אֵין מִסְפָּר וַיָּבֹאוּ בָאָרֶץ לְשַׁחֲתָהּ׃ וַיִּדַּל יִשְׂרָאֵל
ז מְאֹד מִפְּנֵי מִדְיָן וַיִּזְעֲקוּ בְנֵי־יִשְׂרָאֵל אֶל־יְהוָה׃ וַיְהִי כִּי־זָעֲקוּ
ח בְנֵי־יִשְׂרָאֵל אֶל־יְהוָה עַל אֹדוֹת מִדְיָן׃ וַיִּשְׁלַח יְהוָה אִישׁ נָבִיא
אֶל־בְּנֵי יִשְׂרָאֵל וַיֹּאמֶר לָהֶם כֹּה־אָמַר יְהוָה ׀ אֱלֹהֵי יִשְׂרָאֵל
אָנֹכִי הֶעֱלֵיתִי אֶתְכֶם מִמִּצְרַיִם וָאֹצִיא אֶתְכֶם מִבֵּית עֲבָדִים׃
ט וָאַצִּל אֶתְכֶם מִיַּד מִצְרַיִם וּמִיַּד כָּל־לֹחֲצֵיכֶם וָאֲגָרֵשׁ אוֹתָם
י מִפְּנֵיכֶם וָאֶתְּנָה לָכֶם אֶת־אַרְצָם׃ וָאֹמְרָה לָכֶם אֲנִי יְהוָה

הצלת ישראל
ממצרים
שמות א–יב

אֱלֹהֵיכֶם לֹא תִירְאוּ אֶת־אֱלֹהֵי הָאֱמֹרִי אֲשֶׁר אַתֶּם יוֹשְׁבִים
יא בְּאַרְצָם וְלֹא שְׁמַעְתֶּם בְּקוֹלִי: וַיָּבֹא מַלְאַךְ יְהוָה
וַיֵּשֶׁב תַּחַת הָאֵלָה אֲשֶׁר בְּעָפְרָה אֲשֶׁר לְיוֹאָשׁ אֲבִי הָעֶזְרִי
יב וְגִדְעוֹן בְּנוֹ חֹבֵט חִטִּים בַּגַּת לְהָנִיס מִפְּנֵי מִדְיָן: וַיֵּרָא אֵלָיו
יג מַלְאַךְ יְהוָה וַיֹּאמֶר אֵלָיו יְהוָה עִמְּךָ גִּבּוֹר הֶחָיִל: וַיֹּאמֶר אֵלָיו
גִּדְעוֹן בִּי אֲדֹנִי וְיֵשׁ יְהוָה עִמָּנוּ וְלָמָּה מְצָאַתְנוּ כָּל־זֹאת וְאַיֵּה
כָל־נִפְלְאֹתָיו אֲשֶׁר סִפְּרוּ־לָנוּ אֲבוֹתֵינוּ לֵאמֹר הֲלֹא מִמִּצְרַיִם
יד הֶעֱלָנוּ יְהוָה וְעַתָּה נְטָשָׁנוּ יְהוָה וַיִּתְּנֵנוּ בְּכַף מִדְיָן: וַיִּפֶן אֵלָיו
יְהוָה וַיֹּאמֶר לֵךְ בְּכֹחֲךָ זֶה וְהוֹשַׁעְתָּ אֶת־יִשְׂרָאֵל מִכַּף מִדְיָן
טו הֲלֹא שְׁלַחְתִּיךָ: וַיֹּאמֶר אֵלָיו בִּי אֲדֹנָי בַּמָּה אוֹשִׁיעַ אֶת־
יִשְׂרָאֵל הִנֵּה אַלְפִּי הַדַּל בִּמְנַשֶּׁה וְאָנֹכִי הַצָּעִיר בְּבֵית אָבִי:
טז וַיֹּאמֶר אֵלָיו יְהוָה כִּי אֶהְיֶה עִמָּךְ וְהִכִּיתָ אֶת־מִדְיָן כְּאִישׁ
יז אֶחָד: וַיֹּאמֶר אֵלָיו אִם־נָא מָצָאתִי חֵן בְּעֵינֶיךָ וְעָשִׂיתָ לִּי אוֹת
יח שָׁאַתָּה מְדַבֵּר עִמִּי: אַל־נָא תָמֻשׁ מִזֶּה עַד־בֹּאִי אֵלֶיךָ
וְהֹצֵאתִי אֶת־מִנְחָתִי וְהִנַּחְתִּי לְפָנֶיךָ וַיֹּאמַר אָנֹכִי אֵשֵׁב עַד
יט שׁוּבֶךָ: וְגִדְעוֹן בָּא וַיַּעַשׂ גְּדִי־עִזִּים וְאֵיפַת־קֶמַח מַצּוֹת הַבָּשָׂר
שָׂם בַּסַּל וְהַמָּרַק שָׂם בַּפָּרוּר וַיּוֹצֵא אֵלָיו אֶל־תַּחַת הָאֵלָה
כ וַיַּגַּשׁ: וַיֹּאמֶר אֵלָיו מַלְאַךְ הָאֱלֹהִים קַח אֶת־
הַבָּשָׂר וְאֶת־הַמַּצּוֹת וְהַנַּח אֶל־הַסֶּלַע הַלָּז וְאֶת־הַמָּרַק שְׁפוֹךְ
כא וַיַּעַשׂ כֵּן: וַיִּשְׁלַח מַלְאַךְ יְהוָה אֶת־קְצֵה הַמִּשְׁעֶנֶת אֲשֶׁר בְּיָדוֹ
וַיִּגַּע בַּבָּשָׂר וּבַמַּצּוֹת וַתַּעַל הָאֵשׁ מִן־הַצּוּר וַתֹּאכַל אֶת־
כב הַבָּשָׂר וְאֶת־הַמַּצּוֹת וּמַלְאַךְ יְהוָה הָלַךְ מֵעֵינָיו: וַיַּרְא גִּדְעוֹן
כִּי־מַלְאַךְ יְהוָה הוּא וַיֹּאמֶר גִּדְעוֹן אֲהָהּ אֲדֹנָי יֱהוִֹה כִּי־
כג עַל־כֵּן רָאִיתִי מַלְאַךְ יְהוָה פָּנִים אֶל־פָּנִים: וַיֹּאמֶר לוֹ יְהוָה
כד שָׁלוֹם לְךָ אַל־תִּירָא לֹא תָּמוּת: וַיִּבֶן שָׁם גִּדְעוֹן מִזְבֵּחַ לַיהוָה
וַיִּקְרָא־לוֹ יְהוָה ׀ שָׁלוֹם עַד הַיּוֹם הַזֶּה עוֹדֶנּוּ בְּעָפְרַת אֲבִי
כה הָעֶזְרִי: וַיְהִי בַּלַּיְלָה הַהוּא וַיֹּאמֶר לוֹ יְהוָה קַח

אֶת־פַּר־הַשּׁוֹר אֲשֶׁר לְאָבִיךָ וּפַר הַשֵּׁנִי שֶׁבַע שָׁנִים וְהָרַסְתָּ
אֶת־מִזְבַּח הַבַּעַל אֲשֶׁר לְאָבִיךָ וְאֶת־הָאֲשֵׁרָה אֲשֶׁר־עָלָיו
כו תִּכְרֹת׃ וּבָנִיתָ מִזְבֵּחַ לַיהוָה אֱלֹהֶיךָ עַל רֹאשׁ הַמָּעוֹז הַזֶּה
בַּמַּעֲרָכָה וְלָקַחְתָּ אֶת־הַפָּר הַשֵּׁנִי וְהַעֲלִיתָ עוֹלָה בַּעֲצֵי
כז הָאֲשֵׁרָה אֲשֶׁר תִּכְרֹת׃ וַיִּקַּח גִּדְעוֹן עֲשָׂרָה אֲנָשִׁים מֵעֲבָדָיו
וַיַּעַשׂ כַּאֲשֶׁר דִּבֶּר אֵלָיו יְהוָה וַיְהִי כַּאֲשֶׁר יָרֵא אֶת־בֵּית אָבִיו
כח וְאֶת־אַנְשֵׁי הָעִיר מֵעֲשׂוֹת יוֹמָם וַיַּעַשׂ לָיְלָה׃ וַיַּשְׁכִּימוּ אַנְשֵׁי
הָעִיר בַּבֹּקֶר וְהִנֵּה נֻתַּץ מִזְבַּח הַבַּעַל וְהָאֲשֵׁרָה אֲשֶׁר־עָלָיו
כט כֹּרָתָה וְאֵת הַפָּר הַשֵּׁנִי הֹעֲלָה עַל־הַמִּזְבֵּחַ הַבָּנוּי׃ וַיֹּאמְרוּ אִישׁ
אֶל־רֵעֵהוּ מִי עָשָׂה הַדָּבָר הַזֶּה וַיִּדְרְשׁוּ וַיְבַקְשׁוּ וַיֹּאמְרוּ גִּדְעוֹן
ל בֶּן־יוֹאָשׁ עָשָׂה הַדָּבָר הַזֶּה׃ וַיֹּאמְרוּ אַנְשֵׁי הָעִיר אֶל־יוֹאָשׁ
הוֹצֵא אֶת־בִּנְךָ וְיָמֹת כִּי נָתַץ אֶת־מִזְבַּח הַבַּעַל וְכִי כָרַת
לא הָאֲשֵׁרָה אֲשֶׁר־עָלָיו׃ וַיֹּאמֶר יוֹאָשׁ לְכֹל אֲשֶׁר־עָמְדוּ עָלָיו
הַאַתֶּם ׀ תְּרִיבוּן לַבַּעַל אִם־אַתֶּם תּוֹשִׁיעוּן אוֹתוֹ אֲשֶׁר יָרִיב
לוֹ יוּמַת עַד־הַבֹּקֶר אִם־אֱלֹהִים הוּא יָרֶב לוֹ כִּי נָתַץ אֶת־
לב מִזְבְּחוֹ׃ וַיִּקְרָא־לוֹ בַיּוֹם־הַהוּא יְרֻבַּעַל לֵאמֹר יָרֶב בּוֹ הַבַּעַל כִּי
לג נָתַץ אֶת־מִזְבְּחוֹ׃ וְכָל־מִדְיָן וַעֲמָלֵק וּבְנֵי־קֶדֶם
לד נֶאֶסְפוּ יַחְדָּו וַיַּעַבְרוּ וַיַּחֲנוּ בְּעֵמֶק יִזְרְעֶאל׃ וְרוּחַ יְהוָה לָבְשָׁה
לה אֶת־גִּדְעוֹן וַיִּתְקַע בַּשּׁוֹפָר וַיִּזָּעֵק אֲבִיעֶזֶר אַחֲרָיו׃ וּמַלְאָכִים
שָׁלַח בְּכָל־מְנַשֶּׁה וַיִּזָּעֵק גַּם־הוּא אַחֲרָיו וּמַלְאָכִים שָׁלַח
לו בְּאָשֵׁר וּבִזְבֻלוּן וּבְנַפְתָּלִי וַיַּעֲלוּ לִקְרָאתָם׃ וַיֹּאמֶר גִּדְעוֹן אֶל־
הָאֱלֹהִים אִם־יֶשְׁךָ מוֹשִׁיעַ בְּיָדִי אֶת־יִשְׂרָאֵל כַּאֲשֶׁר דִּבַּרְתָּ׃
לז הִנֵּה אָנֹכִי מַצִּיג אֶת־גִּזַּת הַצֶּמֶר בַּגֹּרֶן אִם טַל יִהְיֶה עַל־הַגִּזָּה
לְבַדָּהּ וְעַל כָּל־הָאָרֶץ חֹרֶב וְיָדַעְתִּי כִּי־תוֹשִׁיעַ בְּיָדִי אֶת־
לח יִשְׂרָאֵל כַּאֲשֶׁר דִּבַּרְתָּ׃ וַיְהִי־כֵן וַיַּשְׁכֵּם מִמָּחֳרָת וַיָּזַר אֶת־
לט הַגִּזָּה וַיִּמֶץ טַל מִן־הַגִּזָּה מְלוֹא הַסֵּפֶל מָיִם׃ וַיֹּאמֶר גִּדְעוֹן אֶל־
הָאֱלֹהִים אַל־יִחַר אַפְּךָ בִּי וַאֲדַבְּרָה אַךְ הַפָּעַם אֲנַסֶּה נָּא־רַק

הַפַּעַם בַּגִּזָּה יְהִי־נָא חֹרֶב אֶל־הַגִּזָּה לְבַדָּהּ וְעַל־כָּל־הָאָרֶץ
מ יִהְיֶה־טָּל׃ וַיַּעַשׂ אֱלֹהִים כֵּן בַּלַּיְלָה הַהוּא וַיְהִי־חֹרֶב אֶל־הַגִּזָּה ה
ז א לְבַדָּהּ וְעַל־כָּל־הָאָרֶץ הָיָה טָל׃ וַיַּשְׁכֵּם יְרֻבַּעַל הוּא גִדְעוֹן
וְכָל־הָעָם אֲשֶׁר אִתּוֹ וַיַּחֲנוּ עַל־עֵין חֲרֹד וּמַחֲנֵה מִדְיָן הָיָה־לוֹ
ב מִצָּפוֹן מִגִּבְעַת הַמּוֹרֶה בָּעֵמֶק׃ וַיֹּאמֶר יְהוָה
אֶל־גִּדְעוֹן רַב הָעָם אֲשֶׁר אִתָּךְ מִתִּתִּי אֶת־מִדְיָן בְּיָדָם פֶּן־
ג יִתְפָּאֵר עָלַי יִשְׂרָאֵל לֵאמֹר יָדִי הוֹשִׁיעָה לִּי׃ וְעַתָּה קְרָא
נָא בְּאָזְנֵי הָעָם לֵאמֹר מִי־יָרֵא וְחָרֵד יָשֹׁב וְיִצְפֹּר מֵהַר
הַגִּלְעָד וַיָּשָׁב מִן־הָעָם עֶשְׂרִים וּשְׁנַיִם אֶלֶף וַעֲשֶׂרֶת אֲלָפִים
ד נִשְׁאָרוּ׃ וַיֹּאמֶר יְהוָה אֶל־גִּדְעוֹן עוֹד הָעָם רָב
הוֹרֵד אוֹתָם אֶל־הַמַּיִם וְאֶצְרְפֶנּוּ לְךָ שָׁם וְהָיָה אֲשֶׁר אֹמַר אֵלֶיךָ
זֶה ׀ יֵלֵךְ אִתָּךְ הוּא יֵלֵךְ אִתָּךְ וְכֹל אֲשֶׁר־אֹמַר אֵלֶיךָ זֶה לֹא־
ה יֵלֵךְ עִמָּךְ הוּא לֹא יֵלֵךְ׃ וַיּוֹרֶד אֶת־הָעָם אֶל־הַמָּיִם וַיֹּאמֶר יְהוָה
אֶל־גִּדְעוֹן כֹּל אֲשֶׁר־יָלֹק בִּלְשׁוֹנוֹ מִן־הַמַּיִם כַּאֲשֶׁר יָלֹק הַכֶּלֶב
ו תַּצִּיג אוֹתוֹ לְבָד וְכֹל אֲשֶׁר־יִכְרַע עַל־בִּרְכָּיו לִשְׁתּוֹת׃ וַיְהִי
מִסְפַּר הַמְלַקְקִים בְּיָדָם אֶל־פִּיהֶם שְׁלֹשׁ מֵאוֹת אִישׁ וְכֹל יֶתֶר
ז הָעָם כָּרְעוּ עַל־בִּרְכֵיהֶם לִשְׁתּוֹת מָיִם׃ וַיֹּאמֶר
יְהוָה אֶל־גִּדְעוֹן בִּשְׁלֹשׁ מֵאוֹת הָאִישׁ הַמְלַקְקִים אוֹשִׁיעַ אֶתְכֶם
ח וְנָתַתִּי אֶת־מִדְיָן בְּיָדֶךָ וְכָל־הָעָם יֵלְכוּ אִישׁ לִמְקֹמוֹ׃ וַיִּקְחוּ
אֶת־צֵדָה הָעָם בְּיָדָם וְאֵת שׁוֹפְרֹתֵיהֶם וְאֵת כָּל־אִישׁ יִשְׂרָאֵל
שִׁלַּח אִישׁ לְאֹהָלָיו וּבִשְׁלֹשׁ־מֵאוֹת הָאִישׁ הֶחֱזִיק וּמַחֲנֵה מִדְיָן
ט הָיָה לוֹ מִתַּחַת בָּעֵמֶק׃ וַיְהִי בַּלַּיְלָה הַהוּא
י וַיֹּאמֶר אֵלָיו יְהוָה קוּם רֵד בַּמַּחֲנֶה כִּי נְתַתִּיו בְּיָדֶךָ׃ וְאִם־יָרֵא
יא אַתָּה לָרֶדֶת רֵד אַתָּה וּפֻרָה נַעַרְךָ אֶל־הַמַּחֲנֶה׃ וְשָׁמַעְתָּ מַה־
יְדַבֵּרוּ וְאַחַר תֶּחֱזַקְנָה יָדֶיךָ וְיָרַדְתָּ בַּמַּחֲנֶה וַיֵּרֶד הוּא וּפֻרָה
יב נַעֲרוֹ אֶל־קְצֵה הַחֲמֻשִׁים אֲשֶׁר בַּמַּחֲנֶה׃ וּמִדְיָן וַעֲמָלֵק וְכָל־
בְּנֵי־קֶדֶם נֹפְלִים בָּעֵמֶק כָּאַרְבֶּה לָרֹב וְלִגְמַלֵּיהֶם אֵין מִסְפָּר

יג כְּחוֹל שֶׁעַל־שְׂפַת הַיָּם לָרֹב: וַיָּבֹא גִדְעוֹן וְהִנֵּה־אִישׁ מְסַפֵּר
לְרֵעֵהוּ חֲלוֹם וַיֹּאמֶר הִנֵּה חֲלוֹם חָלַמְתִּי וְהִנֵּה צלול לֶחֶם צְלִיל
שְׂעֹרִים מִתְהַפֵּךְ בְּמַחֲנֵה מִדְיָן וַיָּבֹא עַד־הָאֹהֶל וַיַּכֵּהוּ וַיִּפֹּל
יד וַיְהַפְּכֵהוּ לְמַעְלָה וְנָפַל הָאֹהֶל: וַיַּעַן רֵעֵהוּ וַיֹּאמֶר אֵין זֹאת
בִּלְתִּי אִם־חֶרֶב גִּדְעוֹן בֶּן־יוֹאָשׁ אִישׁ יִשְׂרָאֵל נָתַן הָאֱלֹהִים
טו בְּיָדוֹ אֶת־מִדְיָן וְאֶת־כָּל־הַמַּחֲנֶה: וַיְהִי כִשְׁמֹעַ
גִדְעוֹן אֶת־מִסְפַּר הַחֲלוֹם וְאֶת־שִׁבְרוֹ וַיִּשְׁתָּחוּ וַיָּשָׁב אֶל־
מַחֲנֵה יִשְׂרָאֵל וַיֹּאמֶר קוּמוּ כִּי־נָתַן יְהוָה בְּיֶדְכֶם אֶת־מַחֲנֵה
טז מִדְיָן: וַיַּחַץ אֶת־שְׁלֹשׁ־מֵאוֹת הָאִישׁ שְׁלֹשָׁה רָאשִׁים וַיִּתֵּן
יז שׁוֹפָרוֹת בְּיַד־כֻּלָּם וְכַדִּים רֵקִים וְלַפִּדִים בְּתוֹךְ הַכַּדִּים: וַיֹּאמֶר
אֲלֵיהֶם מִמֶּנִּי תִרְאוּ וְכֵן תַּעֲשׂוּ וְהִנֵּה אָנֹכִי בָא בִּקְצֵה הַמַּחֲנֶה
יח וְהָיָה כַאֲשֶׁר אֶעֱשֶׂה כֵּן תַּעֲשׂוּן: וְתָקַעְתִּי בַּשּׁוֹפָר אָנֹכִי וְכָל־
אֲשֶׁר אִתִּי וּתְקַעְתֶּם בַּשּׁוֹפָרוֹת גַּם־אַתֶּם סְבִיבוֹת כָּל־הַמַּחֲנֶה
יט וַאֲמַרְתֶּם לַיהוָה וּלְגִדְעוֹן: וַיָּבֹא גִדְעוֹן וּמֵאָה־
אִישׁ אֲשֶׁר־אִתּוֹ בִּקְצֵה הַמַּחֲנֶה רֹאשׁ הָאַשְׁמֹרֶת הַתִּיכוֹנָה אַךְ
הָקֵם הֵקִימוּ אֶת־הַשֹּׁמְרִים וַיִּתְקְעוּ בַּשּׁוֹפָרוֹת וְנָפוֹץ הַכַּדִּים
כ אֲשֶׁר בְּיָדָם: וַיִּתְקְעוּ שְׁלֹשֶׁת הָרָאשִׁים בַּשּׁוֹפָרוֹת וַיִּשְׁבְּרוּ
הַכַּדִּים וַיַּחֲזִיקוּ בְיַד־שְׂמֹאולָם בַּלַּפִּדִים וּבְיַד־יְמִינָם הַשּׁוֹפָרוֹת
כא לִתְקוֹעַ וַיִּקְרְאוּ חֶרֶב לַיהוָה וּלְגִדְעוֹן: וַיַּעַמְדוּ אִישׁ תַּחְתָּיו
כב סָבִיב לַמַּחֲנֶה וַיָּרָץ כָּל־הַמַּחֲנֶה וַיָּרִיעוּ ויניסו: וַיִּתְקְעוּ שְׁלֹשׁ־ וַיָּנוּסוּ
מֵאוֹת הַשּׁוֹפָרוֹת וַיָּשֶׂם יְהוָה אֶת־חֶרֶב אִישׁ בְּרֵעֵהוּ וּבְכָל־
הַמַּחֲנֶה וַיָּנָס הַמַּחֲנֶה עַד־בֵּית הַשִּׁטָּה צְרֵרָתָה עַד שְׂפַת־אָבֵל
כג מְחוֹלָה עַל־טַבָּת: וַיִּצָּעֵק אִישׁ־יִשְׂרָאֵל מִנַּפְתָּלִי וּמִן־אָשֵׁר
כד וּמִן־כָּל־מְנַשֶּׁה וַיִּרְדְּפוּ אַחֲרֵי מִדְיָן: וּמַלְאָכִים שָׁלַח גִּדְעוֹן
בְּכָל־הַר אֶפְרַיִם לֵאמֹר רְדוּ לִקְרַאת מִדְיָן וְלִכְדוּ לָהֶם אֶת־
הַמַּיִם עַד בֵּית בָּרָה וְאֶת־הַיַּרְדֵּן וַיִּצָּעֵק כָּל־אִישׁ אֶפְרַיִם
כה וַיִּלְכְּדוּ אֶת־הַמַּיִם עַד בֵּית בָּרָה וְאֶת־הַיַּרְדֵּן: וַיִּלְכְּדוּ שְׁנֵי־שָׂרֵי

מדין את־ערב ואת־זאב ויהרגו את־עורב בצור־עורב ואת־
זאב הרגו ביקב־זאב וירדפו אל־מדין וראש־ערב וזאב
ח א הביאו אל־גדעון מעבר לירדן: ויאמרו אליו איש אפרים
מה־הדבר הזה עשית לנו לבלתי קראות לנו כי הלכת
ב להלחם במדין ויריבון אתו בחזקה: ויאמר אליהם מה־
עשיתי עתה ככם הלא טוב עללות אפרים מבציר אביעזר:
ג בידכם נתן אלהים את־שרי מדין את־ערב ואת־זאב ומה־ ו
יכלתי עשות ככם אז רפתה רוחם מעליו בדברו הדבר הזה:
ד ויבא גדעון הירדנה עבר הוא ושלש־מאות האיש אשר אתו
ה עיפים ורדפים: ויאמר לאנשי סכות תנו־נא ככרות לחם לעם
אשר ברגלי כי־עיפים הם ואנכי רדף אחרי זבח וצלמנע
ו מלכי מדין: ויאמר שרי סכות הכף זבח וצלמנע עתה בידך
ז כי־נתן לצבאך לחם: ויאמר גדעון לכן בתת יהוה את־זבח
ואת־צלמנע בידי ודשתי את־בשרכם את־קוצי המדבר
ח ואת־הברקנים: ויעל משם פנואל וידבר אליהם כזאת
ט ויענו אותו אנשי פנואל כאשר ענו אנשי סכות: ויאמר
גם־לאנשי פנואל לאמר בשובי בשלום אתץ את־המגדל
י הזה: וזבח וצלמנע בקרקר ומחניהם עמם
כחמשת עשר אלף כל הנותרים מכל מחנה בני־קדם
יא והנפלים מאה ועשרים אלף איש שלף חרב: ויעל גדעון
דרך השכוני באהלים מקדם לנבח ויגבהה ויך את־המחנה
יב והמחנה היה בטח: וינסו זבח וצלמנע וירדף אחריהם וילכד
את־שני ׀ מלכי מדין את־זבח ואת־צלמנע וכל־המחנה
יג החריד: וישב גדעון בן־יואש מן־המלחמה מלמעלה החרס:
יד וילכד־נער מאנשי סכות וישאלהו ויכתב אליו את־שרי
טו סכות ואת־זקניה שבעים ושבעה איש: ויבא אל־אנשי סכות
ויאמר הנה זבח וצלמנע אשר חרפתם אותי לאמר הכף זבח

וְצַלְמֻנָּע עַתָּה בְּיָדֶךָ כִּי נִתֵּן לַאֲנָשֶׁיךָ הַיְּעֵפִים לָחֶם: וַיִּקַּח אֶת־ טז
זִקְנֵי הָעִיר וְאֶת־קוֹצֵי הַמִּדְבָּר וְאֶת־הַבַּרְקָנִים וַיֹּדַע בָּהֶם אֵת
אַנְשֵׁי סֻכּוֹת: וְאֶת־מִגְדַּל פְּנוּאֵל נָתָץ וַיַּהֲרֹג אֶת־אַנְשֵׁי הָעִיר: יז
וַיֹּאמֶר אֶל־זֶבַח וְאֶל־צַלְמֻנָּע אֵיפֹה הָאֲנָשִׁים אֲשֶׁר הֲרַגְתֶּם יח
בְּתָבוֹר וַיֹּאמְרוּ כָּמוֹךָ כְמוֹהֶם אֶחָד כְּתֹאַר בְּנֵי הַמֶּלֶךְ: וַיֹּאמַר יט
אַחַי בְּנֵי־אִמִּי הֵם חַי־יהוה לוּ הַחֲיִתֶם אוֹתָם לֹא הָרַגְתִּי
אֶתְכֶם: וַיֹּאמֶר לְיֶתֶר בְּכוֹרוֹ קוּם הֲרֹג אוֹתָם וְלֹא־שָׁלַף כ
הַנַּעַר חַרְבּוֹ כִּי יָרֵא כִּי עוֹדֶנּוּ נָעַר: וַיֹּאמֶר זֶבַח וְצַלְמֻנָּע כא
קוּם אַתָּה וּפְגַע־בָּנוּ כִּי כָאִישׁ גְּבוּרָתוֹ וַיָּקָם גִּדְעוֹן וַיַּהֲרֹג
אֶת־זֶבַח וְאֶת־צַלְמֻנָּע וַיִּקַּח אֶת־הַשַּׂהֲרֹנִים אֲשֶׁר בְּצַוְּארֵי
גְמַלֵּיהֶם: וַיֹּאמְרוּ אִישׁ־יִשְׂרָאֵל אֶל־גִּדְעוֹן כב
מְשָׁל־בָּנוּ גַּם־אַתָּה גַּם־בִּנְךָ גַּם בֶּן־בְּנֶךָ כִּי הוֹשַׁעְתָּנוּ מִיַּד
מִדְיָן: וַיֹּאמֶר אֲלֵהֶם גִּדְעוֹן לֹא־אֶמְשֹׁל אֲנִי בָּכֶם וְלֹא־יִמְשֹׁל כג
בְּנִי בָּכֶם יהוה יִמְשֹׁל בָּכֶם: וַיֹּאמֶר אֲלֵהֶם גִּדְעוֹן אֶשְׁאֲלָה כד
מִכֶּם שְׁאֵלָה וּתְנוּ־לִי אִישׁ נֶזֶם שְׁלָלוֹ כִּי־נִזְמֵי זָהָב לָהֶם כִּי
יִשְׁמְעֵאלִים הֵם: וַיֹּאמְרוּ נָתוֹן נִתֵּן וַיִּפְרְשׂוּ אֶת־הַשִּׂמְלָה כה
וַיַּשְׁלִיכוּ שָׁמָּה אִישׁ נֶזֶם שְׁלָלוֹ: וַיְהִי מִשְׁקַל נִזְמֵי הַזָּהָב אֲשֶׁר כו
שָׁאָל אֶלֶף וּשְׁבַע־מֵאוֹת זָהָב לְבַד מִן־הַשַּׂהֲרֹנִים וְהַנְּטִיפוֹת
וּבִגְדֵי הָאַרְגָּמָן שֶׁעַל מַלְכֵי מִדְיָן וּלְבַד מִן־הָעֲנָקוֹת אֲשֶׁר
בְּצַוְּארֵי גְמַלֵּיהֶם: וַיַּעַשׂ אוֹתוֹ גִדְעוֹן לְאֵפוֹד וַיַּצֵּג אוֹתוֹ בְעִירוֹ כז
בְּעָפְרָה וַיִּזְנוּ כָל־יִשְׂרָאֵל אַחֲרָיו שָׁם וַיְהִי לְגִדְעוֹן וּלְבֵיתוֹ
לְמוֹקֵשׁ: וַיִּכָּנַע מִדְיָן לִפְנֵי בְּנֵי יִשְׂרָאֵל וְלֹא יָסְפוּ לָשֵׂאת רֹאשָׁם כח
וַתִּשְׁקֹט הָאָרֶץ אַרְבָּעִים שָׁנָה בִּימֵי גִדְעוֹן: וַיֵּלֶךְ כט
יְרֻבַּעַל בֶּן־יוֹאָשׁ וַיֵּשֶׁב בְּבֵיתוֹ: וּלְגִדְעוֹן הָיוּ שִׁבְעִים בָּנִים יֹצְאֵי ל
יְרֵכוֹ כִּי־נָשִׁים רַבּוֹת הָיוּ לוֹ: וּפִילַגְשׁוֹ אֲשֶׁר בִּשְׁכֶם יָלְדָה־לּוֹ לא
גַם־הִיא בֵּן וַיָּשֶׂם אֶת־שְׁמוֹ אֲבִימֶלֶךְ: וַיָּמָת גִּדְעוֹן בֶּן־ לב
יוֹאָשׁ בְּשֵׂיבָה טוֹבָה וַיִּקָּבֵר בְּקֶבֶר יוֹאָשׁ אָבִיו בְּעָפְרָה אֲבִי

לג הָעֶזְרִי׃ וַיְהִי כַּאֲשֶׁר מֵת גִּדְעוֹן וַיָּשׁוּבוּ בְּנֵי
יִשְׂרָאֵל וַיִּזְנוּ אַחֲרֵי הַבְּעָלִים וַיָּשִׂימוּ לָהֶם בַּעַל בְּרִית לֵאלֹהִים׃
לד וְלֹא זָכְרוּ בְּנֵי יִשְׂרָאֵל אֶת־יְהוָה אֱלֹהֵיהֶם הַמַּצִּיל אוֹתָם מִיַּד
לה כָּל־אֹיְבֵיהֶם מִסָּבִיב׃ וְלֹא־עָשׂוּ חֶסֶד עִם־בֵּית יְרֻבַּעַל גִּדְעוֹן
ט א כְּכָל־הַטּוֹבָה אֲשֶׁר עָשָׂה עִם־יִשְׂרָאֵל׃ וַיֵּלֶךְ
אֲבִימֶלֶךְ בֶּן־יְרֻבַּעַל שְׁכֶמָה אֶל־אֲחֵי אִמּוֹ וַיְדַבֵּר אֲלֵיהֶם וְאֶל־
ב כָּל־מִשְׁפַּחַת בֵּית־אֲבִי אִמּוֹ לֵאמֹר׃ דַּבְּרוּ־נָא בְּאָזְנֵי כָל־בַּעֲלֵי
שְׁכֶם מַה־טּוֹב לָכֶם הַמְשֹׁל בָּכֶם שִׁבְעִים אִישׁ כֹּל בְּנֵי יְרֻבַּעַל
אִם־מְשֹׁל בָּכֶם אִישׁ אֶחָד וּזְכַרְתֶּם כִּי־עַצְמְכֶם וּבְשַׂרְכֶם אָנִי׃
ג וַיְדַבְּרוּ אֲחֵי־אִמּוֹ עָלָיו בְּאָזְנֵי כָּל־בַּעֲלֵי שְׁכֶם אֵת כָּל־הַדְּבָרִים
ד הָאֵלֶּה וַיֵּט לִבָּם אַחֲרֵי אֲבִימֶלֶךְ כִּי אָמְרוּ אָחִינוּ הוּא׃ וַיִּתְּנוּ־
לוֹ שִׁבְעִים כֶּסֶף מִבֵּית בַּעַל בְּרִית וַיִּשְׂכֹּר בָּהֶם אֲבִימֶלֶךְ
ה אֲנָשִׁים רֵיקִים וּפֹחֲזִים וַיֵּלְכוּ אַחֲרָיו׃ וַיָּבֹא בֵית־אָבִיו עָפְרָתָה
וַיַּהֲרֹג אֶת־אֶחָיו בְּנֵי־יְרֻבַּעַל שִׁבְעִים אִישׁ עַל־אֶבֶן אֶחָת וַיִּוָּתֵר
ו יוֹתָם בֶּן־יְרֻבַּעַל הַקָּטֹן כִּי נֶחְבָּא׃ וַיֵּאָסְפוּ כָּל־
בַּעֲלֵי שְׁכֶם וְכָל־בֵּית מִלּוֹא וַיֵּלְכוּ וַיַּמְלִיכוּ אֶת־אֲבִימֶלֶךְ
ז לְמֶלֶךְ עִם־אֵלוֹן מֻצָּב אֲשֶׁר בִּשְׁכֶם׃ וַיַּגִּדוּ לְיוֹתָם וַיֵּלֶךְ וַיַּעֲמֹד ז
בְּרֹאשׁ הַר־גְּרִזִים וַיִּשָּׂא קוֹלוֹ וַיִּקְרָא וַיֹּאמֶר לָהֶם שִׁמְעוּ אֵלַי
ח בַּעֲלֵי שְׁכֶם וְיִשְׁמַע אֲלֵיכֶם אֱלֹהִים׃ הָלוֹךְ הָלְכוּ הָעֵצִים לִמְשֹׁחַ
ט עֲלֵיהֶם מֶלֶךְ וַיֹּאמְרוּ לַזַּיִת מלוכה עָלֵינוּ׃ וַיֹּאמֶר לָהֶם הַזַּיִת מָלְכָה
הֶחֳדַלְתִּי אֶת־דִּשְׁנִי אֲשֶׁר־בִּי יְכַבְּדוּ אֱלֹהִים וַאֲנָשִׁים וְהָלַכְתִּי
י לָנוּעַ עַל־הָעֵצִים׃ וַיֹּאמְרוּ הָעֵצִים לַתְּאֵנָה לְכִי־אַתְּ מָלְכִי
יא עָלֵינוּ׃ וַתֹּאמֶר לָהֶם הַתְּאֵנָה הֶחֳדַלְתִּי אֶת־מָתְקִי וְאֶת־
יב תְּנוּבָתִי הַטּוֹבָה וְהָלַכְתִּי לָנוּעַ עַל־הָעֵצִים׃ וַיֹּאמְרוּ הָעֵצִים
יג לַגֶּפֶן לְכִי־אַתְּ מלוכי עָלֵינוּ׃ וַתֹּאמֶר לָהֶם הַגֶּפֶן הֶחֳדַלְתִּי אֶת־ מָלְכִי
תִּירוֹשִׁי הַמְשַׂמֵּחַ אֱלֹהִים וַאֲנָשִׁים וְהָלַכְתִּי לָנוּעַ עַל־הָעֵצִים׃
יד טו וַיֹּאמְרוּ כָל־הָעֵצִים אֶל־הָאָטָד לֵךְ אַתָּה מְלָךְ־עָלֵינוּ׃ וַיֹּאמֶר

הָאָטָד אֶל־הָעֵצִים אִם בֶּאֱמֶת אַתֶּם מֹשְׁחִים אֹתִי לְמֶלֶךְ
עֲלֵיכֶם בֹּאוּ חֲסוּ בְצִלִּי וְאִם־אַיִן תֵּצֵא אֵשׁ מִן־הָאָטָד וְתֹאכַל
טז אֶת־אַרְזֵי הַלְּבָנוֹן: וְעַתָּה אִם־בֶּאֱמֶת וּבְתָמִים עֲשִׂיתֶם
וַתַּמְלִיכוּ אֶת־אֲבִימֶלֶךְ וְאִם־טוֹבָה עֲשִׂיתֶם עִם־יְרֻבַּעַל וְעִם־
יז בֵּיתוֹ וְאִם־כִּגְמוּל יָדָיו עֲשִׂיתֶם לוֹ: אֲשֶׁר־נִלְחַם אָבִי עֲלֵיכֶם
יח וַיַּשְׁלֵךְ אֶת־נַפְשׁוֹ מִנֶּגֶד וַיַּצֵּל אֶתְכֶם מִיַּד מִדְיָן: וְאַתֶּם קַמְתֶּם
עַל־בֵּית אָבִי הַיּוֹם וַתַּהַרְגוּ אֶת־בָּנָיו שִׁבְעִים אִישׁ עַל־אֶבֶן
אֶחָת וַתַּמְלִיכוּ אֶת־אֲבִימֶלֶךְ בֶּן־אֲמָתוֹ עַל־בַּעֲלֵי שְׁכֶם כִּי
יט אֲחִיכֶם הוּא: וְאִם־בֶּאֱמֶת וּבְתָמִים עֲשִׂיתֶם עִם־יְרֻבַּעַל וְעִם־
כ בֵּיתוֹ הַיּוֹם הַזֶּה שִׂמְחוּ בַּאֲבִימֶלֶךְ וְיִשְׂמַח גַּם־הוּא בָּכֶם: וְאִם־
אַיִן תֵּצֵא אֵשׁ מֵאֲבִימֶלֶךְ וְתֹאכַל אֶת־בַּעֲלֵי שְׁכֶם וְאֶת־בֵּית
מִלּוֹא וְתֵצֵא אֵשׁ מִבַּעֲלֵי שְׁכֶם וּמִבֵּית מִלּוֹא וְתֹאכַל אֶת־
כא אֲבִימֶלֶךְ: וַיָּנָס יוֹתָם וַיִּבְרַח וַיֵּלֶךְ בְּאֵרָה וַיֵּשֶׁב שָׁם מִפְּנֵי
כב אֲבִימֶלֶךְ אָחִיו: וַיָּשַׂר אֲבִימֶלֶךְ עַל־יִשְׂרָאֵל
כג שָׁלֹשׁ שָׁנִים: וַיִּשְׁלַח אֱלֹהִים רוּחַ רָעָה בֵּין אֲבִימֶלֶךְ וּבֵין בַּעֲלֵי
כד שְׁכֶם וַיִּבְגְּדוּ בַעֲלֵי־שְׁכֶם בַּאֲבִימֶלֶךְ: לָבוֹא חֲמַס שִׁבְעִים
בְּנֵי־יְרֻבָּעַל וְדָמָם לָשׂוּם עַל־אֲבִימֶלֶךְ אֲחִיהֶם אֲשֶׁר הָרַג אוֹתָם
כה וְעַל בַּעֲלֵי שְׁכֶם אֲשֶׁר־חִזְּקוּ אֶת־יָדָיו לַהֲרֹג אֶת־אֶחָיו: וַיָּשִׂימוּ
לוֹ בַעֲלֵי שְׁכֶם מְאָרְבִים עַל רָאשֵׁי הֶהָרִים וַיִּגְזְלוּ אֵת כָּל־
כו אֲשֶׁר־יַעֲבֹר עֲלֵיהֶם בַּדָּרֶךְ וַיֻּגַּד לַאֲבִימֶלֶךְ: וַיָּבֹא
גַּעַל בֶּן־עֶבֶד וְאֶחָיו וַיַּעַבְרוּ בִּשְׁכֶם וַיִּבְטְחוּ־בוֹ בַּעֲלֵי שְׁכֶם:
כז וַיֵּצְאוּ הַשָּׂדֶה וַיִּבְצְרוּ אֶת־כַּרְמֵיהֶם וַיִּדְרְכוּ וַיַּעֲשׂוּ הִלּוּלִים
וַיָּבֹאוּ בֵּית אֱלֹהֵיהֶם וַיֹּאכְלוּ וַיִּשְׁתּוּ וַיְקַלְלוּ אֶת־אֲבִימֶלֶךְ:
כח וַיֹּאמֶר ׀ גַּעַל בֶּן־עֶבֶד מִי־אֲבִימֶלֶךְ וּמִי־שְׁכֶם כִּי נַעַבְדֶנּוּ הֲלֹא
בֶן־יְרֻבַּעַל וּזְבֻל פְּקִידוֹ עִבְדוּ אֶת־אַנְשֵׁי חֲמוֹר אֲבִי שְׁכֶם
כט וּמַדּוּעַ נַעַבְדֶנּוּ אֲנָחְנוּ: וּמִי יִתֵּן אֶת־הָעָם הַזֶּה בְּיָדִי וְאָסִירָה
ל אֶת־אֲבִימֶלֶךְ וַיֹּאמֶר לַאֲבִימֶלֶךְ רַבֶּה צְבָאֲךָ וָצֵאָה: וַיִּשְׁמַע

גדעון מציל את ישראל מיד מדיין
שופטים ו–ח

לא זְבֻל שַׂר הָעִיר אֶת־דִּבְרֵי גַּעַל בֶּן־עָבֶד וַיִּחַר אַפּוֹ׃ וַיִּשְׁלַח
מַלְאָכִים אֶל־אֲבִימֶלֶךְ בְּתָרְמָה לֵאמֹר הִנֵּה גַעַל בֶּן־עֶבֶד
לב וְאֶחָיו בָּאִים שְׁכֶמָה וְהִנָּם צָרִים אֶת־הָעִיר עָלֶיךָ׃ וְעַתָּה קוּם
לג לַיְלָה אַתָּה וְהָעָם אֲשֶׁר־אִתָּךְ וֶאֱרֹב בַּשָּׂדֶה׃ וְהָיָה בַבֹּקֶר
כִּזְרֹחַ הַשֶּׁמֶשׁ תַּשְׁכִּים וּפָשַׁטְתָּ עַל־הָעִיר וְהִנֵּה־הוּא וְהָעָם
לד אֲשֶׁר־אִתּוֹ יֹצְאִים אֵלֶיךָ וְעָשִׂיתָ לּוֹ כַּאֲשֶׁר תִּמְצָא יָדֶךָ׃ וַיָּקָם
אֲבִימֶלֶךְ וְכָל־הָעָם אֲשֶׁר־עִמּוֹ לַיְלָה וַיֶּאֶרְבוּ עַל־שְׁכֶם
לה אַרְבָּעָה רָאשִׁים׃ וַיֵּצֵא גַּעַל בֶּן־עֶבֶד וַיַּעֲמֹד פֶּתַח שַׁעַר הָעִיר
לו וַיָּקָם אֲבִימֶלֶךְ וְהָעָם אֲשֶׁר־אִתּוֹ מִן־הַמַּאְרָב׃ וַיַּרְא־גַעַל אֶת־
הָעָם וַיֹּאמֶר אֶל־זְבֻל הִנֵּה־עָם יוֹרֵד מֵרָאשֵׁי הֶהָרִים וַיֹּאמֶר
לז אֵלָיו זְבֻל אֵת צֵל הֶהָרִים אַתָּה רֹאֶה כָּאֲנָשִׁים׃ וַיֹּסֶף עוֹד
גַּעַל לְדַבֵּר וַיֹּאמֶר הִנֵּה־עָם יוֹרְדִים מֵעִם טַבּוּר הָאָרֶץ וְרֹאשׁ־
לח אֶחָד בָּא מִדֶּרֶךְ אֵלוֹן מְעוֹנְנִים׃ וַיֹּאמֶר אֵלָיו זְבֻל אַיֵּה אֵפוֹא
פִיךָ אֲשֶׁר תֹּאמַר מִי אֲבִימֶלֶךְ כִּי נַעַבְדֶנּוּ הֲלֹא זֶה הָעָם אֲשֶׁר־
לט מָאַסְתָּה בּוֹ צֵא־נָא עַתָּה וְהִלָּחֶם בּוֹ׃ וַיֵּצֵא גַעַל לִפְנֵי בַּעֲלֵי
מ שְׁכֶם וַיִּלָּחֶם בַּאֲבִימֶלֶךְ׃ וַיִּרְדְּפֵהוּ אֲבִימֶלֶךְ וַיָּנָס מִפָּנָיו וַיִּפְּלוּ
מא חֲלָלִים רַבִּים עַד־פֶּתַח הַשָּׁעַר׃ וַיֵּשֶׁב אֲבִימֶלֶךְ בָּארוּמָה וַיְגָרֶשׁ
מב זְבֻל אֶת־גַּעַל וְאֶת־אֶחָיו מִשֶּׁבֶת בִּשְׁכֶם׃ וַיְהִי
מג מִמָּחֳרָת וַיֵּצֵא הָעָם הַשָּׂדֶה וַיַּגִּדוּ לַאֲבִימֶלֶךְ׃ וַיִּקַּח אֶת־הָעָם
וַיֶּחֱצֵם לִשְׁלֹשָׁה רָאשִׁים וַיֶּאֱרֹב בַּשָּׂדֶה וַיַּרְא וְהִנֵּה הָעָם יֹצֵא
מד מִן־הָעִיר וַיָּקָם עֲלֵיהֶם וַיַּכֵּם׃ וַאֲבִימֶלֶךְ וְהָרָאשִׁים אֲשֶׁר עִמּוֹ
פָּשְׁטוּ וַיַּעַמְדוּ פֶּתַח שַׁעַר הָעִיר וּשְׁנֵי הָרָאשִׁים פָּשְׁטוּ עַל־כָּל־
מה אֲשֶׁר בַּשָּׂדֶה וַיַּכּוּם׃ וַאֲבִימֶלֶךְ נִלְחָם בָּעִיר כֹּל הַיּוֹם הַהוּא
וַיִּלְכֹּד אֶת־הָעִיר וְאֶת־הָעָם אֲשֶׁר־בָּהּ הָרָג וַיִּתֹּץ אֶת־הָעִיר
מו וַיִּזְרָעֶהָ מֶלַח׃ וַיִּשְׁמְעוּ כָּל־בַּעֲלֵי מִגְדַּל־שְׁכֶם
מז וַיָּבֹאוּ אֶל־צְרִיחַ בֵּית אֵל בְּרִית׃ וַיֻּגַּד לַאֲבִימֶלֶךְ כִּי הִתְקַבְּצוּ
מח כָּל־בַּעֲלֵי מִגְדַּל־שְׁכֶם׃ וַיַּעַל אֲבִימֶלֶךְ הַר־צַלְמוֹן הוּא וְכָל־

הָעָם אֲשֶׁר־אִתּוֹ וַיִּקַּח אֲבִימֶלֶךְ אֶת־הַקַּרְדֻּמּוֹת בְּיָדוֹ וַיִּכְרֹת
שׂוֹכַת עֵצִים וַיִּשָּׂאֶהָ וַיָּשֶׂם עַל־שִׁכְמוֹ וַיֹּאמֶר אֶל־הָעָם אֲשֶׁר־
עִמּוֹ מָה רְאִיתֶם עָשִׂיתִי מַהֲרוּ עֲשׂוּ כָמוֹנִי׃ וַיִּכְרְתוּ גַם־כָּל־ מט
הָעָם אִישׁ שׂוֹכֹה וַיֵּלְכוּ אַחֲרֵי אֲבִימֶלֶךְ וַיָּשִׂימוּ עַל־הַצְּרִיחַ
וַיַּצִּיתוּ עֲלֵיהֶם אֶת־הַצְּרִיחַ בָּאֵשׁ וַיָּמֻתוּ גַּם כָּל־אַנְשֵׁי מִגְדַּל־
שְׁכֶם כְּאֶלֶף אִישׁ וְאִשָּׁה׃ וַיֵּלֶךְ אֲבִימֶלֶךְ אֶל־ נ
תֵּבֵץ וַיִּחַן בְּתֵבֵץ וַיִּלְכְּדָהּ׃ וּמִגְדַּל־עֹז הָיָה בְתוֹךְ־הָעִיר וַיָּנֻסוּ נא
שָׁמָּה כָּל־הָאֲנָשִׁים וְהַנָּשִׁים וְכֹל בַּעֲלֵי הָעִיר וַיִּסְגְּרוּ בַּעֲדָם
וַיַּעֲלוּ עַל־גַּג הַמִּגְדָּל׃ וַיָּבֹא אֲבִימֶלֶךְ עַד־הַמִּגְדָּל וַיִּלָּחֶם בּוֹ נב
וַיִּגַּשׁ עַד־פֶּתַח הַמִּגְדָּל לְשָׂרְפוֹ בָאֵשׁ׃ וַתַּשְׁלֵךְ אִשָּׁה אַחַת פֶּלַח נג
רֶכֶב עַל־רֹאשׁ אֲבִימֶלֶךְ וַתָּרִץ אֶת־גֻּלְגָּלְתּוֹ׃ וַיִּקְרָא מְהֵרָה נד
אֶל־הַנַּעַר ׀ נֹשֵׂא כֵלָיו וַיֹּאמֶר לוֹ שְׁלֹף חַרְבְּךָ וּמוֹתְתֵנִי פֶּן־
יֹאמְרוּ לִי אִשָּׁה הֲרָגָתְהוּ וַיִּדְקְרֵהוּ נַעֲרוֹ וַיָּמֹת׃ וַיִּרְאוּ אִישׁ־ נה
יִשְׂרָאֵל כִּי־מֵת אֲבִימֶלֶךְ וַיֵּלְכוּ אִישׁ לִמְקֹמוֹ׃ וַיָּשֶׁב אֱלֹהִים אֵת נו
רָעַת אֲבִימֶלֶךְ אֲשֶׁר עָשָׂה לְאָבִיו לַהֲרֹג אֶת־שִׁבְעִים אֶחָיו׃
וְאֵת כָּל־רָעַת אַנְשֵׁי שְׁכֶם הֵשִׁיב אֱלֹהִים בְּרֹאשָׁם וַתָּבֹא נז

קללת יותם
שופטים ט, יט–כ

ח אֲלֵיהֶם קִלְלַת יוֹתָם בֶּן־יְרֻבָּעַל׃ וַיָּקָם אַחֲרֵי א י
אֲבִימֶלֶךְ לְהוֹשִׁיעַ אֶת־יִשְׂרָאֵל תּוֹלָע בֶּן־פּוּאָה בֶּן־דּוֹדוֹ אִישׁ
יִשָּׂשכָר וְהוּא־יֹשֵׁב בְּשָׁמִיר בְּהַר אֶפְרָיִם׃ וַיִּשְׁפֹּט אֶת־יִשְׂרָאֵל ב
עֶשְׂרִים וְשָׁלֹשׁ שָׁנָה וַיָּמָת וַיִּקָּבֵר בְּשָׁמִיר׃ וַיָּקָם ג
אַחֲרָיו יָאִיר הַגִּלְעָדִי וַיִּשְׁפֹּט אֶת־יִשְׂרָאֵל עֶשְׂרִים וּשְׁתַּיִם
שָׁנָה׃ וַיְהִי־לוֹ שְׁלֹשִׁים בָּנִים רֹכְבִים עַל־שְׁלֹשִׁים עֲיָרִים ד
וּשְׁלֹשִׁים עֲיָרִים לָהֶם לָהֶם יִקְרְאוּ ׀ חַוֺּת יָאִיר עַד הַיּוֹם הַזֶּה
אֲשֶׁר בְּאֶרֶץ הַגִּלְעָד׃ וַיָּמָת יָאִיר וַיִּקָּבֵר בְּקָמוֹן׃ ה
וַיֹּסִפוּ ׀ בְּנֵי יִשְׂרָאֵל לַעֲשׂוֹת הָרַע בְּעֵינֵי יהוה וַיַּעַבְדוּ אֶת־ ו
הַבְּעָלִים וְאֶת־הָעַשְׁתָּרוֹת וְאֶת־אֱלֹהֵי אֲרָם וְאֶת־אֱלֹהֵי צִידוֹן
וְאֵת ׀ אֱלֹהֵי מוֹאָב וְאֵת אֱלֹהֵי בְנֵי־עַמּוֹן וְאֵת אֱלֹהֵי פְלִשְׁתִּים

קורות חוות יאיר (בגלעד ובבשן)
במדבר לב, מא
דברים ג, יד
יהושע יג, ל
מל״א ד, יג
דה״א ב, כב–כג

ז וַיַּעַזְבוּ אֶת־יְהוָה וְלֹא עֲבָדוּהוּ׃ וַיִּחַר־אַף יְהוָה בְּיִשְׂרָאֵל
ח וַיִּמְכְּרֵם בְּיַד־פְּלִשְׁתִּים וּבְיַד בְּנֵי עַמּוֹן׃ וַיִּרְעֲצוּ וַיְרֹצְצוּ אֶת־
בְּנֵי יִשְׂרָאֵל בַּשָּׁנָה הַהִיא שְׁמֹנֶה עֶשְׂרֵה שָׁנָה אֶת־כָּל־בְּנֵי
יִשְׂרָאֵל אֲשֶׁר בְּעֵבֶר הַיַּרְדֵּן בְּאֶרֶץ הָאֱמֹרִי אֲשֶׁר בַּגִּלְעָד׃
ט וַיַּעַבְרוּ בְנֵי־עַמּוֹן אֶת־הַיַּרְדֵּן לְהִלָּחֵם גַּם־בִּיהוּדָה וּבְבִנְיָמִין
י וּבְבֵית אֶפְרָיִם וַתֵּצֶר לְיִשְׂרָאֵל מְאֹד׃ וַיִּזְעֲקוּ בְּנֵי יִשְׂרָאֵל אֶל־
יְהוָה לֵאמֹר חָטָאנוּ לָךְ וְכִי עָזַבְנוּ אֶת־אֱלֹהֵינוּ וַנַּעֲבֹד אֶת־
יא הַבְּעָלִים׃ וַיֹּאמֶר יְהוָה אֶל־בְּנֵי יִשְׂרָאֵל הֲלֹא
יב מִמִּצְרַיִם וּמִן־הָאֱמֹרִי וּמִן־בְּנֵי עַמּוֹן וּמִן־פְּלִשְׁתִּים׃ וְצִידוֹנִים
וַעֲמָלֵק וּמָעוֹן לָחֲצוּ אֶתְכֶם וַתִּצְעֲקוּ אֵלַי וָאוֹשִׁיעָה אֶתְכֶם
יג מִיָּדָם׃ וְאַתֶּם עֲזַבְתֶּם אוֹתִי וַתַּעַבְדוּ אֱלֹהִים אֲחֵרִים לָכֵן לֹא־
יד אוֹסִיף לְהוֹשִׁיעַ אֶתְכֶם׃ לְכוּ וְזַעֲקוּ אֶל־הָאֱלֹהִים אֲשֶׁר בְּחַרְתֶּם
טו בָּם הֵמָּה יוֹשִׁיעוּ לָכֶם בְּעֵת צָרַתְכֶם׃ וַיֹּאמְרוּ בְנֵי־יִשְׂרָאֵל אֶל־
יְהוָה חָטָאנוּ עֲשֵׂה־אַתָּה לָנוּ כְּכָל־הַטּוֹב בְּעֵינֶיךָ אַךְ הַצִּילֵנוּ נָא
טז הַיּוֹם הַזֶּה׃ וַיָּסִירוּ אֶת־אֱלֹהֵי הַנֵּכָר מִקִּרְבָּם וַיַּעַבְדוּ אֶת־יְהוָה
יז וַתִּקְצַר נַפְשׁוֹ בַּעֲמַל יִשְׂרָאֵל׃ וַיִּצָּעֲקוּ בְּנֵי עַמּוֹן
יח וַיַּחֲנוּ בַּגִּלְעָד וַיֵּאָסְפוּ בְּנֵי יִשְׂרָאֵל וַיַּחֲנוּ בַּמִּצְפָּה׃ וַיֹּאמְרוּ הָעָם
שָׂרֵי גִלְעָד אִישׁ אֶל־רֵעֵהוּ מִי הָאִישׁ אֲשֶׁר יָחֵל לְהִלָּחֵם בִּבְנֵי
יא א עַמּוֹן יִהְיֶה לְרֹאשׁ לְכֹל יֹשְׁבֵי גִלְעָד׃ וְיִפְתָּח
הַגִּלְעָדִי הָיָה גִּבּוֹר חַיִל וְהוּא בֶּן־אִשָּׁה זוֹנָה וַיּוֹלֶד גִּלְעָד אֶת־
ב יִפְתָּח׃ וַתֵּלֶד אֵשֶׁת־גִּלְעָד לוֹ בָּנִים וַיִּגְדְּלוּ בְנֵי־הָאִשָּׁה וַיְגָרְשׁוּ
אֶת־יִפְתָּח וַיֹּאמְרוּ לוֹ לֹא־תִנְחַל בְּבֵית־אָבִינוּ כִּי בֶּן־אִשָּׁה אַחֶרֶת
ג אָתָּה׃ וַיִּבְרַח יִפְתָּח מִפְּנֵי אֶחָיו וַיֵּשֶׁב בְּאֶרֶץ טוֹב וַיִּתְלַקְּטוּ
ד אֶל־יִפְתָּח אֲנָשִׁים רֵיקִים וַיֵּצְאוּ עִמּוֹ׃ וַיְהִי
ה מִיָּמִים וַיִּלָּחֲמוּ בְנֵי־עַמּוֹן עִם־יִשְׂרָאֵל׃ וַיְהִי כַּאֲשֶׁר־נִלְחֲמוּ
בְנֵי־עַמּוֹן עִם־יִשְׂרָאֵל וַיֵּלְכוּ זִקְנֵי גִלְעָד לָקַחַת אֶת־יִפְתָּח
ו מֵאֶרֶץ טוֹב׃ וַיֹּאמְרוּ לְיִפְתָּח לְכָה וְהָיִיתָה לָּנוּ לְקָצִין וְנִלָּחֲמָה

ז בִּבְנֵי עַמּוֹן: וַיֹּאמֶר יִפְתָּח לְזִקְנֵי גִלְעָד הֲלֹא אַתֶּם שְׂנֵאתֶם
אוֹתִי וַתְּגָרְשׁוּנִי מִבֵּית אָבִי וּמַדּוּעַ בָּאתֶם אֵלַי עַתָּה כַּאֲשֶׁר
ח צַר לָכֶם: וַיֹּאמְרוּ זִקְנֵי גִלְעָד אֶל־יִפְתָּח לָכֵן עַתָּה שַׁבְנוּ אֵלֶיךָ
וְהָלַכְתָּ עִמָּנוּ וְנִלְחַמְתָּ בִּבְנֵי עַמּוֹן וְהָיִיתָ לָּנוּ לְרֹאשׁ לְכֹל יֹשְׁבֵי
ט גִלְעָד: וַיֹּאמֶר יִפְתָּח אֶל־זִקְנֵי גִלְעָד אִם־מְשִׁיבִים אַתֶּם אוֹתִי
לְהִלָּחֵם בִּבְנֵי עַמּוֹן וְנָתַן יהוה אוֹתָם לְפָנָי אָנֹכִי אֶהְיֶה לָכֶם
י לְרֹאשׁ: וַיֹּאמְרוּ זִקְנֵי־גִלְעָד אֶל־יִפְתָּח יהוה יִהְיֶה שֹׁמֵעַ
יא בֵּינוֹתֵינוּ אִם־לֹא כִדְבָרְךָ כֵּן נַעֲשֶׂה: וַיֵּלֶךְ יִפְתָּח עִם־זִקְנֵי
גִלְעָד וַיָּשִׂימוּ הָעָם אוֹתוֹ עֲלֵיהֶם לְרֹאשׁ וּלְקָצִין וַיְדַבֵּר יִפְתָּח
יב אֶת־כָּל־דְּבָרָיו לִפְנֵי יהוה בַּמִּצְפָּה: וַיִּשְׁלַח
יִפְתָּח מַלְאָכִים אֶל־מֶלֶךְ בְּנֵי־עַמּוֹן לֵאמֹר מַה־לִּי וָלָךְ כִּי־
יג בָאתָ אֵלַי לְהִלָּחֵם בְּאַרְצִי: וַיֹּאמֶר מֶלֶךְ בְּנֵי־עַמּוֹן אֶל־מַלְאֲכֵי
יִפְתָּח כִּי־לָקַח יִשְׂרָאֵל אֶת־אַרְצִי בַּעֲלוֹתוֹ מִמִּצְרַיִם מֵאַרְנוֹן
יד וְעַד־הַיַּבֹּק וְעַד־הַיַּרְדֵּן וְעַתָּה הָשִׁיבָה אֶתְהֶן בְּשָׁלוֹם: וַיּוֹסֶף
טו עוֹד יִפְתָּח וַיִּשְׁלַח מַלְאָכִים אֶל־מֶלֶךְ בְּנֵי עַמּוֹן: וַיֹּאמֶר לוֹ כֹּה
אָמַר יִפְתָּח לֹא־לָקַח יִשְׂרָאֵל אֶת־אֶרֶץ מוֹאָב וְאֶת־אֶרֶץ
טז בְּנֵי עַמּוֹן: כִּי בַּעֲלוֹתָם מִמִּצְרָיִם וַיֵּלֶךְ יִשְׂרָאֵל בַּמִּדְבָּר עַד־
יז יַם־סוּף וַיָּבֹא קָדֵשָׁה: וַיִּשְׁלַח יִשְׂרָאֵל מַלְאָכִים ׀ אֶל־מֶלֶךְ
אֱדוֹם לֵאמֹר אֶעְבְּרָה־נָּא בְאַרְצֶךָ וְלֹא שָׁמַע מֶלֶךְ אֱדוֹם וְגַם
יח אֶל־מֶלֶךְ מוֹאָב שָׁלַח וְלֹא אָבָה וַיֵּשֶׁב יִשְׂרָאֵל בְּקָדֵשׁ: וַיֵּלֶךְ
בַּמִּדְבָּר וַיָּסָב אֶת־אֶרֶץ אֱדוֹם וְאֶת־אֶרֶץ מוֹאָב וַיָּבֹא מִמִּזְרַח־
שֶׁמֶשׁ לְאֶרֶץ מוֹאָב וַיַּחֲנוּן בְּעֵבֶר אַרְנוֹן וְלֹא־בָאוּ בִּגְבוּל מוֹאָב
יט כִּי אַרְנוֹן גְּבוּל מוֹאָב: וַיִּשְׁלַח יִשְׂרָאֵל מַלְאָכִים אֶל־סִיחוֹן
מֶלֶךְ־הָאֱמֹרִי מֶלֶךְ חֶשְׁבּוֹן וַיֹּאמֶר לוֹ יִשְׂרָאֵל נַעְבְּרָה־נָּא
כ בְאַרְצְךָ עַד־מְקוֹמִי: וְלֹא־הֶאֱמִין סִיחוֹן אֶת־יִשְׂרָאֵל עֲבֹר
בִּגְבֻלוֹ וַיֶּאֱסֹף סִיחוֹן אֶת־כָּל־עַמּוֹ וַיַּחֲנוּ בְּיָהְצָה וַיִּלָּחֶם עִם־
כא יִשְׂרָאֵל: וַיִּתֵּן יהוה אֱלֹהֵי־יִשְׂרָאֵל אֶת־סִיחוֹן וְאֶת־כָּל־עַמּוֹ

בקשת משה ממלך אדום לעבור בגבולו
במדבר כ, יד–כא
דברים ב, ב–ח

בקשת משה ממלך מואב לעבור בגבולו
דברים ב, ח–ט

עיקוף ארץ אדום וחנייה בעבר ארנון
במדבר כא, ד–יג

מלחמת סיחון מלך האמורי
במדבר כא, כא–לא
דברים ב, כו–לז

בְּיַד יִשְׂרָאֵל וַיַּכּוּם וַיִּירַשׁ יִשְׂרָאֵל אֵת כָּל־אֶרֶץ הָאֱמֹרִי יוֹשֵׁב
כב הָאָרֶץ הַהִיא׃ וַיִּירְשׁוּ אֵת כָּל־גְּבוּל הָאֱמֹרִי מֵאַרְנוֹן וְעַד־הַיַּבֹּק
כג וּמִן־הַמִּדְבָּר וְעַד־הַיַּרְדֵּן׃ וְעַתָּה יהוה ׀ אֱלֹהֵי יִשְׂרָאֵל הוֹרִישׁ
כד אֶת־הָאֱמֹרִי מִפְּנֵי עַמּוֹ יִשְׂרָאֵל וְאַתָּה תִּירָשֶׁנּוּ׃ הֲלֹא אֵת אֲשֶׁר
יוֹרִישְׁךָ כְּמוֹשׁ אֱלֹהֶיךָ אוֹתוֹ תִירָשׁ וְאֵת כָּל־אֲשֶׁר הוֹרִישׁ יהוה
כה אֱלֹהֵינוּ מִפָּנֵינוּ אוֹתוֹ נִירָשׁ׃ וְעַתָּה הֲטוֹב טוֹב אַתָּה מִבָּלָק בֶּן־
צִפּוֹר מֶלֶךְ מוֹאָב הֲרוֹב רָב עִם־יִשְׂרָאֵל אִם־נִלְחֹם נִלְחַם בָּם׃

פרשיית בלק ובלעם
במדבר כב–כד

כו בְּשֶׁבֶת יִשְׂרָאֵל בְּחֶשְׁבּוֹן וּבִבְנוֹתֶיהָ וּבְעַרְעוֹר וּבִבְנוֹתֶיהָ וּבְכָל־
הֶעָרִים אֲשֶׁר עַל־יְדֵי אַרְנוֹן שְׁלֹשׁ מֵאוֹת שָׁנָה וּמַדּוּעַ לֹא־
כז הִצַּלְתֶּם בָּעֵת הַהִיא׃ וְאָנֹכִי לֹא־חָטָאתִי לָךְ וְאַתָּה עֹשֶׂה אִתִּי
רָעָה לְהִלָּחֶם בִּי יִשְׁפֹּט יהוה הַשֹּׁפֵט הַיּוֹם בֵּין בְּנֵי יִשְׂרָאֵל וּבֵין
כח בְּנֵי עַמּוֹן׃ וְלֹא שָׁמַע מֶלֶךְ בְּנֵי עַמּוֹן אֶל־דִּבְרֵי יִפְתָּח אֲשֶׁר
כט שָׁלַח אֵלָיו׃ וַתְּהִי עַל־יִפְתָּח רוּחַ יהוה וַיַּעֲבֹר
אֶת־הַגִּלְעָד וְאֶת־מְנַשֶּׁה וַיַּעֲבֹר אֶת־מִצְפֵּה גִלְעָד וּמִמִּצְפֵּה
ל גִּלְעָד עָבַר בְּנֵי עַמּוֹן׃ וַיִּדַּר יִפְתָּח נֶדֶר לַיהוה וַיֹּאמַר אִם־
לא נָתוֹן תִּתֵּן אֶת־בְּנֵי עַמּוֹן בְּיָדִי׃ וְהָיָה הַיּוֹצֵא אֲשֶׁר יֵצֵא
מִדַּלְתֵי בֵיתִי לִקְרָאתִי בְּשׁוּבִי בְשָׁלוֹם מִבְּנֵי עַמּוֹן וְהָיָה
לַיהוה וְהַעֲלִיתִיהוּ עוֹלָה׃
לב וַיַּעֲבֹר יִפְתָּח אֶל־בְּנֵי עַמּוֹן לְהִלָּחֶם בָּם וַיִּתְּנֵם יהוה בְּיָדוֹ׃ ט
לג וַיַּכֵּם מֵעֲרוֹעֵר וְעַד־בֹּאֲךָ מִנִּית עֶשְׂרִים עִיר וְעַד אָבֵל
כְּרָמִים מַכָּה גְּדוֹלָה מְאֹד וַיִּכָּנְעוּ בְּנֵי עַמּוֹן מִפְּנֵי בְּנֵי
לד יִשְׂרָאֵל׃ וַיָּבֹא יִפְתָּח הַמִּצְפָּה אֶל־בֵּיתוֹ וְהִנֵּה
בִתּוֹ יֹצֵאת לִקְרָאתוֹ בְּתֻפִּים וּבִמְחֹלוֹת וְרַק הִיא יְחִידָה אֵין־
לה לוֹ מִמֶּנּוּ בֵּן אוֹ־בַת׃ וַיְהִי כִרְאוֹתוֹ אוֹתָהּ וַיִּקְרַע אֶת־בְּגָדָיו
וַיֹּאמֶר אֲהָהּ בִּתִּי הַכְרֵעַ הִכְרַעְתִּנִי וְאַתְּ הָיִית בְּעֹכְרָי וְאָנֹכִי
לו פָּצִיתִי פִי אֶל־יהוה וְלֹא אוּכַל לָשׁוּב׃ וַתֹּאמֶר אֵלָיו אָבִי
פָּצִיתָה אֶת־פִּיךָ אֶל־יהוה עֲשֵׂה לִי כַּאֲשֶׁר יָצָא מִפִּיךָ אַחֲרֵי

אֲשֶׁר עָשָׂה לְךָ יְהוָה נְקָמוֹת מֵאֹיְבֶיךָ מִבְּנֵי עַמּוֹן: וַתֹּאמֶר אֶל־ לז
אָבִיהָ יֵעָשֶׂה לִּי הַדָּבָר הַזֶּה הַרְפֵּה מִמֶּנִּי שְׁנַיִם חֳדָשִׁים וְאֵלְכָה
וְיָרַדְתִּי עַל־הֶהָרִים וְאֶבְכֶּה עַל־בְּתוּלַי אָנֹכִי ורעיתי: וַיֹּאמֶר לח — וְרֵעוֹתָי
לֵכִי וַיִּשְׁלַח אוֹתָהּ שְׁנֵי חֳדָשִׁים וַתֵּלֶךְ הִיא וְרֵעוֹתֶיהָ וַתֵּבְךְּ עַל־
בְּתוּלֶיהָ עַל־הֶהָרִים: וַיְהִי מִקֵּץ ׀ שְׁנַיִם חֳדָשִׁים וַתָּשָׁב אֶל־אָבִיהָ לט
וַיַּעַשׂ לָהּ אֶת־נִדְרוֹ אֲשֶׁר נָדָר וְהִיא לֹא־יָדְעָה אִישׁ וַתְּהִי־חֹק
בְּיִשְׂרָאֵל: מִיָּמִים ׀ יָמִימָה תֵּלַכְנָה בְּנוֹת יִשְׂרָאֵל לְתַנּוֹת לְבַת־ מ
יִפְתָּח הַגִּלְעָדִי אַרְבַּעַת יָמִים בַּשָּׁנָה: וַיִּצָּעֵק א יב
אִישׁ אֶפְרַיִם וַיַּעֲבֹר צָפוֹנָה וַיֹּאמְרוּ לְיִפְתָּח מַדּוּעַ ׀ עָבַרְתָּ ׀
לְהִלָּחֵם בִּבְנֵי־עַמּוֹן וְלָנוּ לֹא קָרָאתָ לָלֶכֶת עִמָּךְ בֵּיתְךָ נִשְׂרֹף
עָלֶיךָ בָּאֵשׁ: וַיֹּאמֶר יִפְתָּח אֲלֵיהֶם אִישׁ רִיב הָיִיתִי אֲנִי וְעַמִּי ב
וּבְנֵי־עַמּוֹן מְאֹד וָאֶזְעַק אֶתְכֶם וְלֹא־הוֹשַׁעְתֶּם אוֹתִי מִיָּדָם:
וָאֶרְאֶה כִּי־אֵינְךָ מוֹשִׁיעַ וָאָשִׂימָה נַפְשִׁי בְכַפִּי וָאֶעְבְּרָה אֶל־ ג
בְּנֵי עַמּוֹן וַיִּתְּנֵם יְהוָה בְּיָדִי וְלָמָה עֲלִיתֶם אֵלַי הַיּוֹם הַזֶּה
לְהִלָּחֶם בִּי: וַיִּקְבֹּץ יִפְתָּח אֶת־כָּל־אַנְשֵׁי גִלְעָד וַיִּלָּחֶם אֶת־ ד
אֶפְרָיִם וַיַּכּוּ אַנְשֵׁי גִלְעָד אֶת־אֶפְרַיִם כִּי אָמְרוּ פְּלִיטֵי אֶפְרַיִם
אַתֶּם גִּלְעָד בְּתוֹךְ אֶפְרַיִם בְּתוֹךְ מְנַשֶּׁה: וַיִּלְכֹּד גִּלְעָד אֶת־ ה
מַעְבְּרוֹת הַיַּרְדֵּן לְאֶפְרָיִם וְהָיָה כִּי יֹאמְרוּ פְּלִיטֵי אֶפְרַיִם
אֶעֱבֹרָה וַיֹּאמְרוּ לוֹ אַנְשֵׁי־גִלְעָד הַאֶפְרָתִי אַתָּה וַיֹּאמֶר ׀
לֹא: וַיֹּאמְרוּ לוֹ אֱמָר־נָא שִׁבֹּלֶת וַיֹּאמֶר סִבֹּלֶת וְלֹא יָכִין ו
לְדַבֵּר כֵּן וַיֹּאחֲזוּ אוֹתוֹ וַיִּשְׁחָטוּהוּ אֶל־מַעְבְּרוֹת הַיַּרְדֵּן וַיִּפֹּל
בָּעֵת הַהִיא מֵאֶפְרַיִם אַרְבָּעִים וּשְׁנַיִם אָלֶף: וַיִּשְׁפֹּט יִפְתָּח ז
אֶת־יִשְׂרָאֵל שֵׁשׁ שָׁנִים וַיָּמָת יִפְתָּח הַגִּלְעָדִי וַיִּקָּבֵר בְּעָרֵי
גִלְעָד: וַיִּשְׁפֹּט אַחֲרָיו אֶת־יִשְׂרָאֵל אִבְצָן מִבֵּית ח
לָחֶם: וַיְהִי־לוֹ שְׁלֹשִׁים בָּנִים וּשְׁלֹשִׁים בָּנוֹת שִׁלַּח הַחוּצָה ט
וּשְׁלֹשִׁים בָּנוֹת הֵבִיא לְבָנָיו מִן־הַחוּץ וַיִּשְׁפֹּט אֶת־יִשְׂרָאֵל שֶׁבַע
שָׁנִים: וַיָּמָת אִבְצָן וַיִּקָּבֵר בְּבֵית לָחֶם: וַיִּשְׁפֹּט י יא

אַחֲרָיו אֶת־יִשְׂרָאֵל אֵילוֹן הַזְּבוּלֹנִי וַיִּשְׁפֹּט אֶת־יִשְׂרָאֵל
יב עֶשֶׂר שָׁנִים: וַיָּמָת אֵילוֹן הַזְּבוּלֹנִי וַיִּקָּבֵר בְּאַיָּלוֹן בְּאֶרֶץ
יג זְבוּלֻן: וַיִּשְׁפֹּט אַחֲרָיו אֶת־יִשְׂרָאֵל עַבְדּוֹן בֶּן־
יד הִלֵּל הַפִּרְעָתוֹנִי: וַיְהִי־לוֹ אַרְבָּעִים בָּנִים וּשְׁלֹשִׁים בְּנֵי בָנִים
רֹכְבִים עַל־שִׁבְעִים עֲיָרִם וַיִּשְׁפֹּט אֶת־יִשְׂרָאֵל שְׁמֹנֶה שָׁנִים:
טו וַיָּמָת עַבְדּוֹן בֶּן־הִלֵּל הַפִּרְעָתוֹנִי וַיִּקָּבֵר בְּפִרְעָתוֹן בְּאֶרֶץ
יג א אֶפְרַיִם בְּהַר הָעֲמָלֵקִי: וַיֹּסִפוּ בְּנֵי יִשְׂרָאֵל
לַעֲשׂוֹת הָרַע בְּעֵינֵי יְהוָה וַיִּתְּנֵם יְהוָה בְּיַד־פְּלִשְׁתִּים אַרְבָּעִים
ב שָׁנָה: וַיְהִי אִישׁ אֶחָד מִצָּרְעָה מִמִּשְׁפַּחַת הַדָּנִי
ג וּשְׁמוֹ מָנוֹחַ וְאִשְׁתּוֹ עֲקָרָה וְלֹא יָלָדָה: וַיֵּרָא מַלְאַךְ־יְהוָה אֶל־
הָאִשָּׁה וַיֹּאמֶר אֵלֶיהָ הִנֵּה־נָא אַתְּ־עֲקָרָה וְלֹא יָלַדְתְּ וְהָרִית
ד וְיָלַדְתְּ בֵּן: וְעַתָּה הִשָּׁמְרִי נָא וְאַל־תִּשְׁתִּי יַיִן וְשֵׁכָר וְאַל־
ה תֹּאכְלִי כָּל־טָמֵא: כִּי הִנָּךְ הָרָה וְיֹלַדְתְּ בֵּן וּמוֹרָה לֹא־יַעֲלֶה
עַל־רֹאשׁוֹ כִּי־נְזִיר אֱלֹהִים יִהְיֶה הַנַּעַר מִן־הַבָּטֶן וְהוּא יָחֵל
ו לְהוֹשִׁיעַ אֶת־יִשְׂרָאֵל מִיַּד פְּלִשְׁתִּים: וַתָּבֹא הָאִשָּׁה וַתֹּאמֶר
לְאִישָׁהּ לֵאמֹר אִישׁ הָאֱלֹהִים בָּא אֵלַי וּמַרְאֵהוּ כְּמַרְאֵה מַלְאַךְ
הָאֱלֹהִים נוֹרָא מְאֹד וְלֹא שְׁאִלְתִּיהוּ אֵי־מִזֶּה הוּא וְאֶת־שְׁמוֹ
ז לֹא־הִגִּיד לִי: וַיֹּאמֶר לִי הִנָּךְ הָרָה וְיֹלַדְתְּ בֵּן וְעַתָּה אַל־תִּשְׁתִּי
יַיִן וְשֵׁכָר וְאַל־תֹּאכְלִי כָּל־טֻמְאָה כִּי־נְזִיר אֱלֹהִים יִהְיֶה הַנַּעַר
מִן־הַבֶּטֶן עַד־יוֹם מוֹתוֹ:
ח וַיֶּעְתַּר מָנוֹחַ אֶל־יְהוָה וַיֹּאמַר בִּי אֲדוֹנָי אִישׁ הָאֱלֹהִים אֲשֶׁר
שָׁלַחְתָּ יָבוֹא־נָא עוֹד אֵלֵינוּ וְיוֹרֵנוּ מַה־נַּעֲשֶׂה לַנַּעַר הַיּוּלָּד:
ט וַיִּשְׁמַע הָאֱלֹהִים בְּקוֹל מָנוֹחַ וַיָּבֹא מַלְאַךְ הָאֱלֹהִים עוֹד אֶל־
י הָאִשָּׁה וְהִיא יוֹשֶׁבֶת בַּשָּׂדֶה וּמָנוֹחַ אִישָׁהּ אֵין עִמָּהּ: וַתְּמַהֵר
הָאִשָּׁה וַתָּרָץ וַתַּגֵּד לְאִישָׁהּ וַתֹּאמֶר אֵלָיו הִנֵּה נִרְאָה אֵלַי
יא הָאִישׁ אֲשֶׁר־בָּא בַיּוֹם אֵלָי: וַיָּקָם וַיֵּלֶךְ מָנוֹחַ אַחֲרֵי אִשְׁתּוֹ
וַיָּבֹא אֶל־הָאִישׁ וַיֹּאמֶר לוֹ הַאַתָּה הָאִישׁ אֲשֶׁר־דִּבַּרְתָּ אֶל־

איסורי הנזיר
במדבר ו, א–ה

הָאִשָּׁה וַיֹּאמֶר אָנִי׃ וַיֹּאמֶר מָנוֹחַ עַתָּה יָבֹא דְבָרֶיךָ מַה־יִּהְיֶה יב
מִשְׁפַּט־הַנַּעַר וּמַעֲשֵׂהוּ׃ וַיֹּאמֶר מַלְאַךְ יְהוָה אֶל־מָנוֹחַ מִכֹּל יג
אֲשֶׁר־אָמַרְתִּי אֶל־הָאִשָּׁה תִּשָּׁמֵר׃ מִכֹּל אֲשֶׁר־יֵצֵא מִגֶּפֶן הַיַּיִן יד
לֹא תֹאכַל וְיַיִן וְשֵׁכָר אַל־תֵּשְׁתְּ וְכָל־טֻמְאָה אַל־תֹּאכַל כֹּל
אֲשֶׁר־צִוִּיתִיהָ תִּשְׁמֹר׃ וַיֹּאמֶר מָנוֹחַ אֶל־מַלְאַךְ יְהוָה נַעְצְרָה־ טו
נָּא אוֹתָךְ וְנַעֲשֶׂה לְפָנֶיךָ גְּדִי עִזִּים׃ וַיֹּאמֶר מַלְאַךְ יְהוָה אֶל־ טז
מָנוֹחַ אִם־תַּעְצְרֵנִי לֹא־אֹכַל בְּלַחְמֶךָ וְאִם־תַּעֲשֶׂה עֹלָה לַיהוָה
תַּעֲלֶנָּה כִּי לֹא־יָדַע מָנוֹחַ כִּי־מַלְאַךְ יְהוָה הוּא׃ וַיֹּאמֶר מָנוֹחַ יז
דְבָרְךָ אֶל־מַלְאַךְ יְהוָה מִי שְׁמֶךָ כִּי־יָבֹא דבריך וְכִבַּדְנוּךָ׃ וַיֹּאמֶר יח
לוֹ מַלְאַךְ יְהוָה לָמָּה זֶּה תִּשְׁאַל לִשְׁמִי וְהוּא־פֶלִאי׃ וַיִּקַּח מָנוֹחַ יט
אֶת־גְּדִי הָעִזִּים וְאֶת־הַמִּנְחָה וַיַּעַל עַל־הַצּוּר לַיהוָה וּמַפְלִא
לַעֲשׂוֹת וּמָנוֹחַ וְאִשְׁתּוֹ רֹאִים׃ וַיְהִי בַעֲלוֹת הַלַּהַב מֵעַל הַמִּזְבֵּחַ כ
הַשָּׁמַיְמָה וַיַּעַל מַלְאַךְ־יְהוָה בְּלַהַב הַמִּזְבֵּחַ וּמָנוֹחַ וְאִשְׁתּוֹ
רֹאִים וַיִּפְּלוּ עַל־פְּנֵיהֶם אָרְצָה׃ וְלֹא־יָסַף עוֹד מַלְאַךְ יְהוָה כא
לְהֵרָאֹה אֶל־מָנוֹחַ וְאֶל־אִשְׁתּוֹ אָז יָדַע מָנוֹחַ כִּי־מַלְאַךְ יְהוָה
הוּא׃ וַיֹּאמֶר מָנוֹחַ אֶל־אִשְׁתּוֹ מוֹת נָמוּת כִּי אֱלֹהִים רָאִינוּ׃ כב
וַתֹּאמֶר לוֹ אִשְׁתּוֹ לוּ חָפֵץ יְהוָה לַהֲמִיתֵנוּ לֹא־לָקַח מִיָּדֵנוּ כג
עֹלָה וּמִנְחָה וְלֹא הֶרְאָנוּ אֶת־כָּל־אֵלֶּה וְכָעֵת לֹא הִשְׁמִיעָנוּ
י כָּזֹאת׃ וַתֵּלֶד הָאִשָּׁה בֵּן וַתִּקְרָא אֶת־שְׁמוֹ שִׁמְשׁוֹן וַיִּגְדַּל הַנַּעַר כד
וַיְבָרְכֵהוּ יְהוָה׃ וַתָּחֶל רוּחַ יְהוָה לְפַעֲמוֹ בְּמַחֲנֵה־דָן בֵּין צָרְעָה כה
וּבֵין אֶשְׁתָּאֹל׃ וַיֵּרֶד שִׁמְשׁוֹן תִּמְנָתָה וַיַּרְא יד א
אִשָּׁה בְּתִמְנָתָה מִבְּנוֹת פְּלִשְׁתִּים׃ וַיַּעַל וַיַּגֵּד לְאָבִיו וּלְאִמּוֹ ב
וַיֹּאמֶר אִשָּׁה רָאִיתִי בְתִמְנָתָה מִבְּנוֹת פְּלִשְׁתִּים וְעַתָּה קְחוּ־
אוֹתָהּ לִי לְאִשָּׁה׃ וַיֹּאמֶר לוֹ אָבִיו וְאִמּוֹ הַאֵין בִּבְנוֹת אַחֶיךָ ג
וּבְכָל־עַמִּי אִשָּׁה כִּי־אַתָּה הוֹלֵךְ לָקַחַת אִשָּׁה מִפְּלִשְׁתִּים
הָעֲרֵלִים וַיֹּאמֶר שִׁמְשׁוֹן אֶל־אָבִיו אוֹתָהּ קַח־לִי כִּי־הִיא יָשְׁרָה
בְעֵינָי׃ וְאָבִיו וְאִמּוֹ לֹא יָדְעוּ כִּי מֵיְהוָה הִיא כִּי־תֹאֲנָה הוּא־ ד

מְבַקֵּשׁ מִפְּלִשְׁתִּים וּבָעֵת הַהִיא פְּלִשְׁתִּים מֹשְׁלִים בְּיִשְׂרָאֵל׃
ה וַיֵּרֶד שִׁמְשׁוֹן וְאָבִיו וְאִמּוֹ תִּמְנָתָה וַיָּבֹאוּ עַד־כַּרְמֵי תִמְנָתָה
ו וְהִנֵּה כְּפִיר אֲרָיוֹת שֹׁאֵג לִקְרָאתוֹ׃ וַתִּצְלַח עָלָיו רוּחַ יהוה
וַיְשַׁסְּעֵהוּ כְּשַׁסַּע הַגְּדִי וּמְאוּמָה אֵין בְּיָדוֹ וְלֹא הִגִּיד לְאָבִיו
ז וּלְאִמּוֹ אֵת אֲשֶׁר עָשָׂה׃ וַיֵּרֶד וַיְדַבֵּר לָאִשָּׁה וַתִּישַׁר בְּעֵינֵי
ח שִׁמְשׁוֹן׃ וַיָּשָׁב מִיָּמִים לְקַחְתָּהּ וַיָּסַר לִרְאוֹת אֵת מַפֶּלֶת
ט הָאַרְיֵה וְהִנֵּה עֲדַת דְּבוֹרִים בִּגְוִיַּת הָאַרְיֵה וּדְבָשׁ׃ וַיִּרְדֵּהוּ אֶל־
כַּפָּיו וַיֵּלֶךְ הָלוֹךְ וְאָכֹל וַיֵּלֶךְ אֶל־אָבִיו וְאֶל־אִמּוֹ וַיִּתֵּן לָהֶם
י וַיֹּאכֵלוּ וְלֹא־הִגִּיד לָהֶם כִּי מִגְּוִיַּת הָאַרְיֵה רָדָה הַדְּבָשׁ׃ וַיֵּרֶד
אָבִיהוּ אֶל־הָאִשָּׁה וַיַּעַשׂ שָׁם שִׁמְשׁוֹן מִשְׁתֶּה כִּי כֵּן יַעֲשׂוּ
יא הַבַּחוּרִים׃ וַיְהִי כִּרְאוֹתָם אוֹתוֹ וַיִּקְחוּ שְׁלֹשִׁים מֵרֵעִים וַיִּהְיוּ
יב אִתּוֹ׃ וַיֹּאמֶר לָהֶם שִׁמְשׁוֹן אָחוּדָה־נָּא לָכֶם חִידָה אִם־הַגֵּד
תַּגִּידוּ אוֹתָהּ לִי שִׁבְעַת יְמֵי הַמִּשְׁתֶּה וּמְצָאתֶם וְנָתַתִּי לָכֶם
יג שְׁלֹשִׁים סְדִינִים וּשְׁלֹשִׁים חֲלִפֹת בְּגָדִים׃ וְאִם־לֹא תוּכְלוּ לְהַגִּיד
לִי וּנְתַתֶּם אַתֶּם לִי שְׁלֹשִׁים סְדִינִים וּשְׁלֹשִׁים חֲלִיפוֹת בְּגָדִים
יד וַיֹּאמְרוּ לוֹ חוּדָה חִידָתְךָ וְנִשְׁמָעֶנָּה׃ וַיֹּאמֶר לָהֶם מֵהָאֹכֵל יָצָא
מַאֲכָל וּמֵעַז יָצָא מָתוֹק וְלֹא יָכְלוּ לְהַגִּיד הַחִידָה שְׁלֹשֶׁת
טו יָמִים׃ וַיְהִי ׀ בַּיּוֹם הַשְּׁבִיעִי וַיֹּאמְרוּ לְאֵשֶׁת־שִׁמְשׁוֹן פַּתִּי אֶת־
אִישֵׁךְ וְיַגֶּד־לָנוּ אֶת־הַחִידָה פֶּן־נִשְׂרֹף אוֹתָךְ וְאֶת־בֵּית אָבִיךְ
טז בָּאֵשׁ הַלְיָרְשֵׁנוּ קְרָאתֶם לָנוּ הֲלֹא׃ וַתֵּבְךְּ אֵשֶׁת שִׁמְשׁוֹן עָלָיו
וַתֹּאמֶר רַק־שְׂנֵאתַנִי וְלֹא אֲהַבְתָּנִי הַחִידָה חַדְתָּ לִבְנֵי עַמִּי
וְלִי לֹא הִגַּדְתָּה וַיֹּאמֶר לָהּ הִנֵּה לְאָבִי וּלְאִמִּי לֹא הִגַּדְתִּי וְלָךְ
יז אַגִּיד׃ וַתֵּבְךְּ עָלָיו שִׁבְעַת הַיָּמִים אֲשֶׁר־הָיָה לָהֶם הַמִּשְׁתֶּה
וַיְהִי ׀ בַּיּוֹם הַשְּׁבִיעִי וַיַּגֶּד־לָהּ כִּי הֱצִיקַתְהוּ וַתַּגֵּד הַחִידָה לִבְנֵי
יח עַמָּהּ׃ וַיֹּאמְרוּ לוֹ אַנְשֵׁי הָעִיר בַּיּוֹם הַשְּׁבִיעִי בְּטֶרֶם יָבֹא
הַחַרְסָה מַה־מָּתוֹק מִדְּבַשׁ וּמֶה עַז מֵאֲרִי וַיֹּאמֶר לָהֶם לוּלֵא
יט חֲרַשְׁתֶּם בְּעֶגְלָתִי לֹא מְצָאתֶם חִידָתִי׃ וַתִּצְלַח עָלָיו רוּחַ יהוה

וַיֵּרֶד אַשְׁקְלוֹן וַיַּךְ מֵהֶם ׀ שְׁלֹשִׁים אִישׁ וַיִּקַּח אֶת־חֲלִיצוֹתָם
וַיִּתֵּן הַחֲלִיפוֹת לְמַגִּידֵי הַחִידָה וַיִּחַר אַפּוֹ וַיַּעַל בֵּית אָבִיהוּ׃
כ טו א וַתְּהִי אֵשֶׁת שִׁמְשׁוֹן לְמֵרֵעֵהוּ אֲשֶׁר רֵעָה לוֹ׃ וַיְהִי
מִיָּמִים בִּימֵי קְצִיר־חִטִּים וַיִּפְקֹד שִׁמְשׁוֹן אֶת־אִשְׁתּוֹ בִּגְדִי
עִזִּים וַיֹּאמֶר אָבֹאָה אֶל־אִשְׁתִּי הֶחָדְרָה וְלֹא־נְתָנוֹ אָבִיהָ
ב לָבוֹא׃ וַיֹּאמֶר אָבִיהָ אָמֹר אָמַרְתִּי כִּי־שָׂנֹא שְׂנֵאתָהּ וָאֶתְּנֶנָּה
לְמֵרֵעֶךָ הֲלֹא אֲחוֹתָהּ הַקְּטַנָּה טוֹבָה מִמֶּנָּה תְּהִי־נָא לְךָ
ג תַּחְתֶּיהָ׃ וַיֹּאמֶר לָהֶם שִׁמְשׁוֹן נִקֵּיתִי הַפַּעַם מִפְּלִשְׁתִּים כִּי־
ד עֹשֶׂה אֲנִי עִמָּם רָעָה׃ וַיֵּלֶךְ שִׁמְשׁוֹן וַיִּלְכֹּד שְׁלֹשׁ־מֵאוֹת
שׁוּעָלִים וַיִּקַּח לַפִּדִים וַיֶּפֶן זָנָב אֶל־זָנָב וַיָּשֶׂם לַפִּיד אֶחָד בֵּין־
ה שְׁנֵי הַזְּנָבוֹת בַּתָּוֶךְ׃ וַיַּבְעֶר־אֵשׁ בַּלַּפִּידִים וַיְשַׁלַּח בְּקָמוֹת
ו פְּלִשְׁתִּים וַיַּבְעֵר מִגָּדִישׁ וְעַד־קָמָה וְעַד־כֶּרֶם זָיִת׃ וַיֹּאמְרוּ
פְלִשְׁתִּים מִי עָשָׂה זֹאת וַיֹּאמְרוּ שִׁמְשׁוֹן חֲתַן הַתִּמְנִי כִּי לָקַח
אֶת־אִשְׁתּוֹ וַיִּתְּנָהּ לְמֵרֵעֵהוּ וַיַּעֲלוּ פְלִשְׁתִּים וַיִּשְׂרְפוּ אוֹתָהּ
ז וְאֶת־אָבִיהָ בָּאֵשׁ׃ וַיֹּאמֶר לָהֶם שִׁמְשׁוֹן אִם־תַּעֲשׂוּן כָּזֹאת כִּי
ח אִם־נִקַּמְתִּי בָכֶם וְאַחַר אֶחְדָּל׃ וַיַּךְ אוֹתָם שׁוֹק עַל־יָרֵךְ מַכָּה
ט גְדוֹלָה וַיֵּרֶד וַיֵּשֶׁב בִּסְעִיף סֶלַע עֵיטָם׃ וַיַּעֲלוּ
י פְלִשְׁתִּים וַיַּחֲנוּ בִּיהוּדָה וַיִּנָּטְשׁוּ בַּלֶּחִי׃ וַיֹּאמְרוּ אִישׁ יְהוּדָה
לָמָה עֲלִיתֶם עָלֵינוּ וַיֹּאמְרוּ לֶאֱסוֹר אֶת־שִׁמְשׁוֹן עָלִינוּ לַעֲשׂוֹת
יא לוֹ כַּאֲשֶׁר עָשָׂה לָנוּ׃ וַיֵּרְדוּ שְׁלֹשֶׁת אֲלָפִים אִישׁ מִיהוּדָה אֶל־
סְעִיף סֶלַע עֵיטָם וַיֹּאמְרוּ לְשִׁמְשׁוֹן הֲלֹא יָדַעְתָּ כִּי־מֹשְׁלִים בָּנוּ
פְּלִשְׁתִּים וּמַה־זֹּאת עָשִׂיתָ לָּנוּ וַיֹּאמֶר לָהֶם כַּאֲשֶׁר עָשׂוּ לִי כֵּן
יב עָשִׂיתִי לָהֶם׃ וַיֹּאמְרוּ לוֹ לֶאֱסָרְךָ יָרַדְנוּ לְתִתְּךָ בְּיַד־פְּלִשְׁתִּים
יג וַיֹּאמֶר לָהֶם שִׁמְשׁוֹן הִשָּׁבְעוּ לִי פֶּן־תִּפְגְּעוּן בִּי אַתֶּם׃ וַיֹּאמְרוּ
לוֹ לֵאמֹר לֹא כִּי־אָסֹר נֶאֱסָרְךָ וּנְתַנּוּךָ בְיָדָם וְהָמֵת לֹא נְמִיתֶךָ
יד וַיַּאַסְרֻהוּ בִּשְׁנַיִם עֲבֹתִים חֲדָשִׁים וַיַּעֲלוּהוּ מִן־הַסָּלַע׃ הוּא־בָא
עַד־לֶחִי וּפְלִשְׁתִּים הֵרִיעוּ לִקְרָאתוֹ וַתִּצְלַח עָלָיו רוּחַ יְהוָה

ותהיינה העבתים אשר־על־זרועותיו כפשתים אשר בערו
טו באש וימסו אסוריו מעל ידיו: וימצא לחי־חמור טריה וישלח
טז ידו ויקחה ויך־בה אלף איש: ויאמר שמשון בלחי החמור
יז חמור חמרתים בלחי החמור הכיתי אלף איש: ויהי ככלתו
לדבר וישלך הלחי מידו ויקרא למקום ההוא רמת לחי:
יח ויצמא מאד ויקרא אל־יהוה ויאמר אתה נתת ביד־עבדך
את־התשועה הגדלה הזאת ועתה אמות בצמא ונפלתי ביד
יט הערלים: ויבקע אלהים את־המכתש אשר־בלחי ויצאו ממנו
מים וישת ותשב רוחו ויחי על־כן ׀ קרא שמה עין הקורא
כ אשר בלחי עד היום הזה: וישפט את־ישראל בימי פלשתים
עשרים שנה:

טז א וילך שמשון עזתה וירא־שם
ב אשה זונה ויבא אליה: לעזתים ׀ לאמר בא שמשון הנה
ויסבו ויארבו־לו כל־הלילה בשער העיר ויתחרשו כל־
ג הלילה לאמר עד־אור הבקר והרגנהו: וישכב שמשון עד־ יא
חצי הלילה ויקם ׀ בחצי הלילה ויאחז בדלתות שער־העיר
ובשתי המזזות ויסעם עם־הבריח וישם על־כתפיו ויעלם
ד אל־ראש ההר אשר על־פני חברון: ויהי
ה אחרי־כן ויאהב אשה בנחל שורק ושמה דלילה: ויעלו
אליה סרני פלשתים ויאמרו לה פתי אותו וראי במה כחו
גדול ובמה נוכל לו ואסרנוהו לענותו ואנחנו נתן־לך איש
ו אלף ומאה כסף: ותאמר דלילה אל־שמשון הגידה־נא
ז לי במה כחך גדול ובמה תאסר לענותך: ויאמר אליה
שמשון אם־יאסרני בשבעה יתרים לחים אשר לא־חרבו
ח וחליתי והייתי כאחד האדם: ויעלו־לה סרני פלשתים שבעה
ט יתרים לחים אשר לא־חרבו ותאסרהו בהם: והארב ישב
לה בחדר ותאמר אליו פלשתים עליך שמשון וינתק את־
היתרים כאשר ינתק פתיל־הנערת בהריחו אש ולא נודע

י כֹּחוֹ: וַתֹּאמֶר דְּלִילָה אֶל־שִׁמְשׁוֹן הִנֵּה הֵתַלְתָּ בִּי וַתְּדַבֵּר אֵלַי
יא כְּזָבִים עַתָּה הַגִּידָה־נָּא לִי בַּמֶּה תֵּאָסֵר: וַיֹּאמֶר אֵלֶיהָ אִם־
אָסוֹר יַאַסְרוּנִי בַּעֲבֹתִים חֲדָשִׁים אֲשֶׁר לֹא־נַעֲשָׂה בָהֶם מְלָאכָה
יב וְחָלִיתִי וְהָיִיתִי כְּאַחַד הָאָדָם: וַתִּקַּח דְּלִילָה עֲבֹתִים חֲדָשִׁים
וַתַּאַסְרֵהוּ בָהֶם וַתֹּאמֶר אֵלָיו פְּלִשְׁתִּים עָלֶיךָ שִׁמְשׁוֹן וְהָאֹרֵב
יג יֹשֵׁב בֶּחָדֶר וַיְנַתְּקֵם מֵעַל זְרֹעֹתָיו כַּחוּט: וַתֹּאמֶר דְּלִילָה אֶל־
שִׁמְשׁוֹן עַד־הֵנָּה הֵתַלְתָּ בִּי וַתְּדַבֵּר אֵלַי כְּזָבִים הַגִּידָה לִּי בַּמֶּה
תֵּאָסֵר וַיֹּאמֶר אֵלֶיהָ אִם־תַּאַרְגִי אֶת־שֶׁבַע מַחְלְפוֹת רֹאשִׁי
יד עִם־הַמַּסָּכֶת: וַתִּתְקַע בַּיָּתֵד וַתֹּאמֶר אֵלָיו פְּלִשְׁתִּים עָלֶיךָ
שִׁמְשׁוֹן וַיִּיקַץ מִשְּׁנָתוֹ וַיִּסַּע אֶת־הַיְתַד הָאֶרֶג וְאֶת־הַמַּסָּכֶת:
טו וַתֹּאמֶר אֵלָיו אֵיךְ תֹּאמַר אֲהַבְתִּיךְ וְלִבְּךָ אֵין אִתִּי זֶה שָׁלֹשׁ
טז פְּעָמִים הֵתַלְתָּ בִּי וְלֹא־הִגַּדְתָּ לִּי בַּמֶּה כֹּחֲךָ גָדוֹל: וַיְהִי כִּי־
הֵצִיקָה לּוֹ בִדְבָרֶיהָ כָּל־הַיָּמִים וַתְּאַלְצֵהוּ וַתִּקְצַר נַפְשׁוֹ לָמוּת:
יז וַיַּגֶּד־לָהּ אֶת־כָּל־לִבּוֹ וַיֹּאמֶר לָהּ מוֹרָה לֹא־עָלָה עַל־רֹאשִׁי
כִּי־נְזִיר אֱלֹהִים אֲנִי מִבֶּטֶן אִמִּי אִם־גֻּלַּחְתִּי וְסָר מִמֶּנִּי כֹחִי
יח וְחָלִיתִי וְהָיִיתִי כְּכָל־הָאָדָם: וַתֵּרֶא דְלִילָה כִּי־הִגִּיד לָהּ אֶת־
כָּל־לִבּוֹ וַתִּשְׁלַח וַתִּקְרָא לְסַרְנֵי פְלִשְׁתִּים לֵאמֹר עֲלוּ הַפַּעַם
כִּי־הִגִּיד לה אֶת־כָּל־לִבּוֹ וְעָלוּ אֵלֶיהָ סַרְנֵי פְלִשְׁתִּים וַיַּעֲלוּ לִי
יט הַכֶּסֶף בְּיָדָם: וַתְּיַשְּׁנֵהוּ עַל־בִּרְכֶּיהָ וַתִּקְרָא לָאִישׁ וַתְּגַלַּח אֶת־
כ שֶׁבַע מַחְלְפוֹת רֹאשׁוֹ וַתָּחֶל לְעַנּוֹתוֹ וַיָּסַר כֹּחוֹ מֵעָלָיו: וַתֹּאמֶר
פְּלִשְׁתִּים עָלֶיךָ שִׁמְשׁוֹן וַיִּקַץ מִשְּׁנָתוֹ וַיֹּאמֶר אֵצֵא כְּפַעַם
כא בְּפַעַם וְאִנָּעֵר וְהוּא לֹא יָדַע כִּי יְהוָה סָר מֵעָלָיו: וַיֹּאחֲזוּהוּ
פְלִשְׁתִּים וַיְנַקְּרוּ אֶת־עֵינָיו וַיּוֹרִידוּ אוֹתוֹ עַזָּתָה וַיַּאַסְרוּהוּ
כב בַּנְחֻשְׁתַּיִם וַיְהִי טוֹחֵן בְּבֵית האסירים: וַיָּחֶל שְׂעַר־רֹאשׁוֹ הָאֲסוּרִים
כג לִצְמֹחַ כַּאֲשֶׁר גֻּלָּח: וְסַרְנֵי פְלִשְׁתִּים נֶאֶסְפוּ לִזְבֹּחַ
זֶבַח־גָּדוֹל לְדָגוֹן אֱלֹהֵיהֶם וּלְשִׂמְחָה וַיֹּאמְרוּ נָתַן אֱלֹהֵינוּ בְּיָדֵנוּ
כד אֶת שִׁמְשׁוֹן אוֹיְבֵנוּ: וַיִּרְאוּ אֹתוֹ הָעָם וַיְהַלְלוּ אֶת־אֱלֹהֵיהֶם

כִּי אָמְרוּ נָתַן אֱלֹהֵינוּ בְּיָדֵנוּ אֶת־אוֹיְבֵנוּ וְאֵת מַחֲרִיב אַרְצֵנוּ
כה וַאֲשֶׁר הִרְבָּה אֶת־חֲלָלֵנוּ: וַיְהִי כִּי טוֹב לִבָּם וַיֹּאמְרוּ קִרְאוּ כְּטוֹב
לְשִׁמְשׁוֹן וִישַׂחֶק־לָנוּ וַיִּקְרְאוּ לְשִׁמְשׁוֹן מִבֵּית האסירים וַיְצַחֵק הָאֲסוּרִים
כו לִפְנֵיהֶם וַיַּעֲמִידוּ אוֹתוֹ בֵּין הָעַמּוּדִים: וַיֹּאמֶר שִׁמְשׁוֹן אֶל־
הַנַּעַר הַמַּחֲזִיק בְּיָדוֹ הַנִּיחָה אוֹתִי והימשני אֶת־הָעַמֻּדִים אֲשֶׁר וַהֲמִשֵׁנִי
כז הַבַּיִת נָכוֹן עֲלֵיהֶם וְאֶשָּׁעֵן עֲלֵיהֶם: וְהַבַּיִת מָלֵא הָאֲנָשִׁים
וְהַנָּשִׁים וְשָׁמָּה כֹּל סַרְנֵי פְלִשְׁתִּים וְעַל־הַגָּג כִּשְׁלֹשֶׁת אֲלָפִים
כח אִישׁ וְאִשָּׁה הָרֹאִים בִּשְׂחוֹק שִׁמְשׁוֹן: וַיִּקְרָא שִׁמְשׁוֹן אֶל־יְהוָה
וַיֹּאמַר אֲדֹנָי יֱהוִה זָכְרֵנִי נָא וְחַזְּקֵנִי נָא אַךְ הַפַּעַם הַזֶּה הָאֱלֹהִים
כט וְאִנָּקְמָה נְקַם־אַחַת מִשְּׁתֵי עֵינַי מִפְּלִשְׁתִּים: וַיִּלְפֹּת שִׁמְשׁוֹן
אֶת־שְׁנֵי ׀ עַמּוּדֵי הַתָּוֶךְ אֲשֶׁר הַבַּיִת נָכוֹן עֲלֵיהֶם וַיִּסָּמֵךְ עֲלֵיהֶם
ל אֶחָד בִּימִינוֹ וְאֶחָד בִּשְׂמֹאלוֹ: וַיֹּאמֶר שִׁמְשׁוֹן תָּמוֹת נַפְשִׁי עִם־
פְּלִשְׁתִּים וַיֵּט בְּכֹחַ וַיִּפֹּל הַבַּיִת עַל־הַסְּרָנִים וְעַל־כָּל־הָעָם
אֲשֶׁר־בּוֹ וַיִּהְיוּ הַמֵּתִים אֲשֶׁר הֵמִית בְּמוֹתוֹ רַבִּים מֵאֲשֶׁר
לא הֵמִית בְּחַיָּיו: וַיֵּרְדוּ אֶחָיו וְכָל־בֵּית אָבִיהוּ וַיִּשְׂאוּ אֹתוֹ וַיַּעֲלוּ ׀
וַיִּקְבְּרוּ אוֹתוֹ בֵּין צָרְעָה וּבֵין אֶשְׁתָּאֹל בְּקֶבֶר מָנוֹחַ אָבִיו וְהוּא
יז א שָׁפַט אֶת־יִשְׂרָאֵל עֶשְׂרִים שָׁנָה: וַיְהִי־אִישׁ
ב מֵהַר־אֶפְרָיִם וּשְׁמוֹ מִיכָיְהוּ: וַיֹּאמֶר לְאִמּוֹ אֶלֶף וּמֵאָה הַכֶּסֶף
אֲשֶׁר לֻקַּח־לָךְ ואתי אָלִית וְגַם אָמַרְתְּ בְּאָזְנַי הִנֵּה־הַכֶּסֶף אִתִּי וְאַתְּ
ג אֲנִי לְקַחְתִּיו וַתֹּאמֶר אִמּוֹ בָּרוּךְ בְּנִי לַיהוָה: וַיָּשֶׁב אֶת־אֶלֶף־
וּמֵאָה הַכֶּסֶף לְאִמּוֹ וַתֹּאמֶר אִמּוֹ הַקְדֵּשׁ הִקְדַּשְׁתִּי אֶת־הַכֶּסֶף
לַיהוָה מִיָּדִי לִבְנִי לַעֲשׂוֹת פֶּסֶל וּמַסֵּכָה וְעַתָּה אֲשִׁיבֶנּוּ לָךְ:
ד וַיָּשֶׁב אֶת־הַכֶּסֶף לְאִמּוֹ וַתִּקַּח אִמּוֹ מָאתַיִם כֶּסֶף וַתִּתְּנֵהוּ
ה לַצּוֹרֵף וַיַּעֲשֵׂהוּ פֶּסֶל וּמַסֵּכָה וַיְהִי בְּבֵית מִיכָיְהוּ: וְהָאִישׁ מִיכָה
לוֹ בֵּית אֱלֹהִים וַיַּעַשׂ אֵפוֹד וּתְרָפִים וַיְמַלֵּא אֶת־יַד אַחַד
ו מִבָּנָיו וַיְהִי־לוֹ לְכֹהֵן: בַּיָּמִים הָהֵם אֵין מֶלֶךְ בְּיִשְׂרָאֵל אִישׁ
ז הַיָּשָׁר בְּעֵינָיו יַעֲשֶׂה: וַיְהִי־נַעַר מִבֵּית לֶחֶם

ח יְהוּדָה מִמִּשְׁפַּחַת יְהוּדָה וְהוּא לֵוִי וְהוּא גָר־שָׁם: וַיֵּלֶךְ הָאִישׁ
מֵהָעִיר מִבֵּית לֶחֶם יְהוּדָה לָגוּר בַּאֲשֶׁר יִמְצָא וַיָּבֹא הַר־
ט אֶפְרַיִם עַד־בֵּית מִיכָה לַעֲשׂוֹת דַּרְכּוֹ: וַיֹּאמֶר־לוֹ מִיכָה מֵאַיִן
תָּבוֹא וַיֹּאמֶר אֵלָיו לֵוִי אָנֹכִי מִבֵּית לֶחֶם יְהוּדָה וְאָנֹכִי הֹלֵךְ
י לָגוּר בַּאֲשֶׁר אֶמְצָא: וַיֹּאמֶר לוֹ מִיכָה שְׁבָה עִמָּדִי וֶהְיֵה־לִי
לְאָב וּלְכֹהֵן וְאָנֹכִי אֶתֶּן־לְךָ עֲשֶׂרֶת כֶּסֶף לַיָּמִים וְעֵרֶךְ בְּגָדִים
יא וּמִחְיָתֶךָ וַיֵּלֶךְ הַלֵּוִי: וַיּוֹאֶל הַלֵּוִי לָשֶׁבֶת אֶת־הָאִישׁ וַיְהִי הַנַּעַר
יב לוֹ כְּאַחַד מִבָּנָיו: וַיְמַלֵּא מִיכָה אֶת־יַד הַלֵּוִי וַיְהִי־לוֹ הַנַּעַר
יג לְכֹהֵן וַיְהִי בְּבֵית מִיכָה: וַיֹּאמֶר מִיכָה עַתָּה יָדַעְתִּי כִּי־יֵיטִיב
יח א יְהוָה לִי כִּי הָיָה־לִי הַלֵּוִי לְכֹהֵן: בַּיָּמִים הָהֵם אֵין מֶלֶךְ
בְּיִשְׂרָאֵל וּבַיָּמִים הָהֵם שֵׁבֶט הַדָּנִי מְבַקֶּשׁ־לוֹ נַחֲלָה לָשֶׁבֶת
כִּי לֹא־נָפְלָה לּוֹ עַד־הַיּוֹם הַהוּא בְּתוֹךְ־שִׁבְטֵי יִשְׂרָאֵל
ב בְּנַחֲלָה: וַיִּשְׁלְחוּ בְנֵי־דָן ׀ מִמִּשְׁפַּחְתָּם חֲמִשָּׁה
אֲנָשִׁים מִקְצוֹתָם אֲנָשִׁים בְּנֵי־חַיִל מִצָּרְעָה וּמֵאֶשְׁתָּאֹל לְרַגֵּל
אֶת־הָאָרֶץ וּלְחָקְרָהּ וַיֹּאמְרוּ אֲלֵהֶם לְכוּ חִקְרוּ אֶת־הָאָרֶץ
ג וַיָּבֹאוּ הַר־אֶפְרַיִם עַד־בֵּית מִיכָה וַיָּלִינוּ שָׁם: הֵמָּה עִם־בֵּית
מִיכָה וְהֵמָּה הִכִּירוּ אֶת־קוֹל הַנַּעַר הַלֵּוִי וַיָּסוּרוּ שָׁם וַיֹּאמְרוּ
ד לוֹ מִי־הֱבִיאֲךָ הֲלֹם וּמָה־אַתָּה עֹשֶׂה בָּזֶה וּמַה־לְּךָ פֹה: וַיֹּאמֶר
אֲלֵהֶם כָּזֶה וְכָזֶה עָשָׂה לִי מִיכָה וַיִּשְׂכְּרֵנִי וָאֱהִי־לוֹ לְכֹהֵן:
ה וַיֹּאמְרוּ לוֹ שְׁאַל־נָא בֵאלֹהִים וְנֵדְעָה הֲתַצְלִיחַ דַּרְכֵּנוּ אֲשֶׁר
ו אֲנַחְנוּ הֹלְכִים עָלֶיהָ: וַיֹּאמֶר לָהֶם הַכֹּהֵן לְכוּ לְשָׁלוֹם נֹכַח יב
ז יְהוָה דַּרְכְּכֶם אֲשֶׁר תֵּלְכוּ־בָהּ: וַיֵּלְכוּ חֲמֵשֶׁת
הָאֲנָשִׁים וַיָּבֹאוּ לָיְשָׁה וַיִּרְאוּ אֶת־הָעָם אֲשֶׁר־בְּקִרְבָּהּ יוֹשֶׁבֶת
לָבֶטַח כְּמִשְׁפַּט צִדֹנִים שֹׁקֵט ׀ וּבֹטֵחַ וְאֵין־מַכְלִים דָּבָר בָּאָרֶץ
יוֹרֵשׁ עֶצֶר וּרְחוֹקִים הֵמָּה מִצִּדֹנִים וְדָבָר אֵין־לָהֶם עִם־אָדָם:
ח וַיָּבֹאוּ אֶל־אֲחֵיהֶם צָרְעָה וְאֶשְׁתָּאֹל וַיֹּאמְרוּ לָהֶם אֲחֵיהֶם מָה
ט אַתֶּם: וַיֹּאמְרוּ קוּמָה וְנַעֲלֶה עֲלֵיהֶם כִּי רָאִינוּ אֶת־הָאָרֶץ וְהִנֵּה

כיבוש העיר ליש/לשם בידי שבט דן
יהושע יט, מז–מח

טוֹבָה מְאֹד וְאַתֶּם מַחְשִׁים אַל־תֵּעָצְלוּ לָלֶכֶת לָבֹא לָרֶשֶׁת
י אֶת־הָאָרֶץ׃ כְּבֹאֲכֶם תָּבֹאוּ ׀ אֶל־עַם בֹּטֵחַ וְהָאָרֶץ רַחֲבַת
יָדַיִם כִּֽי־נְתָנָהּ אֱלֹהִים בְּיֶדְכֶם מְקוֹם אֲשֶׁר אֵין־שָׁם מַחְסוֹר
יא כָּל־דָּבָר אֲשֶׁר בָּאָרֶץ׃ וַיִּסְעוּ מִשָּׁם מִמִּשְׁפַּחַת הַדָּנִי מִצָּרְעָה
יב וּמֵאֶשְׁתָּאֹל שֵׁשׁ־מֵאוֹת אִישׁ חָגוּר כְּלֵי מִלְחָמָה׃ וַיַּעֲלוּ וַיַּחֲנוּ
בְּקִרְיַת יְעָרִים בִּיהוּדָה עַל־כֵּן קָרְאוּ לַמָּקוֹם הַהוּא מַחֲנֵה־דָן
יג עַד הַיּוֹם הַזֶּה הִנֵּה אַחֲרֵי קִרְיַת יְעָרִים׃ וַיַּעַבְרוּ מִשָּׁם הַר־
יד אֶפְרָיִם וַיָּבֹאוּ עַד־בֵּית מִיכָה׃ וַיַּעֲנוּ חֲמֵשֶׁת הָאֲנָשִׁים הַהֹלְכִים
לְרַגֵּל אֶת־הָאָרֶץ לַיִשׁ וַיֹּאמְרוּ אֶל־אֲחֵיהֶם הַיְדַעְתֶּם כִּי יֵשׁ
בַּבָּתִּים הָאֵלֶּה אֵפוֹד וּתְרָפִים וּפֶסֶל וּמַסֵּכָה וְעַתָּה דְּעוּ מַה־
טו תַּעֲשׂוּ׃ וַיָּסוּרוּ שָׁמָּה וַיָּבֹאוּ אֶל־בֵּית־הַנַּעַר הַלֵּוִי בֵּית מִיכָה
טז וַיִּשְׁאֲלוּ־לוֹ לְשָׁלוֹם׃ וְשֵׁשׁ־מֵאוֹת אִישׁ חֲגוּרִים כְּלֵי מִלְחַמְתָּם
יז נִצָּבִים פֶּתַח הַשָּׁעַר אֲשֶׁר מִבְּנֵי־דָן׃ וַיַּעֲלוּ חֲמֵשֶׁת הָאֲנָשִׁים
הַהֹלְכִים לְרַגֵּל אֶת־הָאָרֶץ בָּאוּ שָׁמָּה לָקְחוּ אֶת־הַפֶּסֶל וְאֶת־
הָאֵפוֹד וְאֶת־הַתְּרָפִים וְאֶת־הַמַּסֵּכָה וְהַכֹּהֵן נִצָּב פֶּתַח הַשַּׁעַר
יח וְשֵׁשׁ־מֵאוֹת הָאִישׁ הֶחָגוּר כְּלֵי הַמִּלְחָמָה׃ וְאֵלֶּה בָּאוּ בֵּית
מִיכָה וַיִּקְחוּ אֶת־פֶּסֶל הָאֵפוֹד וְאֶת־הַתְּרָפִים וְאֶת־הַמַּסֵּכָה
יט וַיֹּאמֶר אֲלֵיהֶם הַכֹּהֵן מָה אַתֶּם עֹשִׂים׃ וַיֹּאמְרוּ לוֹ הַחֲרֵשׁ שִׂים־
יָדְךָ עַל־פִּיךָ וְלֵךְ עִמָּנוּ וֶהְיֵה־לָנוּ לְאָב וּלְכֹהֵן הֲטוֹב ׀ הֱיוֹתְךָ
כֹהֵן לְבֵית אִישׁ אֶחָד אוֹ הֱיוֹתְךָ כֹהֵן לְשֵׁבֶט וּלְמִשְׁפָּחָה
כ בְּיִשְׂרָאֵל׃ וַיִּיטַב לֵב הַכֹּהֵן וַיִּקַּח אֶת־הָאֵפוֹד וְאֶת־הַתְּרָפִים
כא וְאֶת־הַפָּסֶל וַיָּבֹא בְּקֶרֶב הָעָם׃ וַיִּפְנוּ וַיֵּלֵכוּ וַיָּשִׂימוּ אֶת־הַטַּף
כב וְאֶת־הַמִּקְנֶה וְאֶת־הַכְּבוּדָּה לִפְנֵיהֶם׃ הֵמָּה הִרְחִיקוּ מִבֵּית
מִיכָה וְהָאֲנָשִׁים אֲשֶׁר בַּבָּתִּים אֲשֶׁר עִם־בֵּית מִיכָה נִזְעֲקוּ
כג וַיַּדְבִּיקוּ אֶת־בְּנֵי־דָן׃ וַיִּקְרְאוּ אֶל־בְּנֵי־דָן וַיַּסֵּבּוּ פְּנֵיהֶם וַיֹּאמְרוּ
כד לְמִיכָה מַה־לְּךָ כִּי נִזְעָקְתָּ׃ וַיֹּאמֶר אֶת־אֱלֹהַי אֲשֶׁר־עָשִׂיתִי
לְקַחְתֶּם וְאֶת־הַכֹּהֵן וַתֵּלְכוּ וּמַה־לִּי עוֹד וּמַה־זֶּה תֹּאמְרוּ אֵלַי

כה מַה־לָּךְ: וַיֹּאמְרוּ אֵלָיו בְּנֵי־דָן אַל־תַּשְׁמַע קוֹלְךָ עִמָּנוּ פֶּן־
יִפְגְּעוּ בָכֶם אֲנָשִׁים מָרֵי נֶפֶשׁ וְאָסַפְתָּה נַפְשְׁךָ וְנֶפֶשׁ בֵּיתֶךָ:
כו וַיֵּלְכוּ בְנֵי־דָן לְדַרְכָּם וַיַּרְא מִיכָה כִּי־חֲזָקִים הֵמָּה מִמֶּנּוּ וַיִּפֶן
כז וַיָּשָׁב אֶל־בֵּיתוֹ: וְהֵמָּה לָקְחוּ אֵת אֲשֶׁר־עָשָׂה מִיכָה וְאֶת־
הַכֹּהֵן אֲשֶׁר הָיָה־לוֹ וַיָּבֹאוּ עַל־לַיִשׁ עַל־עַם שֹׁקֵט וּבֹטֵחַ וַיַּכּוּ
כח אוֹתָם לְפִי־חָרֶב וְאֶת־הָעִיר שָׂרְפוּ בָאֵשׁ: וְאֵין מַצִּיל כִּי
רְחוֹקָה־הִיא מִצִּידוֹן וְדָבָר אֵין־לָהֶם עִם־אָדָם וְהִיא בָּעֵמֶק
כט אֲשֶׁר לְבֵית־רְחוֹב וַיִּבְנוּ אֶת־הָעִיר וַיֵּשְׁבוּ בָהּ: וַיִּקְרְאוּ שֵׁם־
הָעִיר דָּן בְּשֵׁם דָּן אֲבִיהֶם אֲשֶׁר יוּלַּד לְיִשְׂרָאֵל וְאוּלָם לַיִשׁ
ל שֵׁם־הָעִיר לָרִאשֹׁנָה: וַיָּקִימוּ לָהֶם בְּנֵי־דָן אֶת־הַפָּסֶל וִיהוֹנָתָן
בֶּן־גֵּרְשֹׁם בֶּן־מְנַשֶּׁה הוּא וּבָנָיו הָיוּ כֹהֲנִים לְשֵׁבֶט הַדָּנִי עַד־
לא יוֹם גְּלוֹת הָאָרֶץ: וַיָּשִׂימוּ לָהֶם אֶת־פֶּסֶל מִיכָה אֲשֶׁר עָשָׂה
יט א כָּל־יְמֵי הֱיוֹת בֵּית־הָאֱלֹהִים בְּשִׁלֹה: וַיְהִי
בַּיָּמִים הָהֵם וּמֶלֶךְ אֵין בְּיִשְׂרָאֵל וַיְהִי ׀ אִישׁ לֵוִי גָּר בְּיַרְכְּתֵי
ב הַר־אֶפְרַיִם וַיִּקַּח־לוֹ אִשָּׁה פִילֶגֶשׁ מִבֵּית לֶחֶם יְהוּדָה: וַתִּזְנֶה
עָלָיו פִּילַגְשׁוֹ וַתֵּלֶךְ מֵאִתּוֹ אֶל־בֵּית אָבִיהָ אֶל־בֵּית לֶחֶם
ג יְהוּדָה וַתְּהִי־שָׁם יָמִים אַרְבָּעָה חֳדָשִׁים: וַיָּקָם אִישָׁהּ וַיֵּלֶךְ
אַחֲרֶיהָ לְדַבֵּר עַל־לִבָּהּ להשיבו וְנַעֲרוֹ עִמּוֹ וְצֶמֶד חֲמֹרִים לַהֲשִׁיבָהּ
וַתְּבִיאֵהוּ בֵּית אָבִיהָ וַיִּרְאֵהוּ אֲבִי הַנַּעֲרָה וַיִּשְׂמַח לִקְרָאתוֹ:
ד וַיֶּחֱזַק־בּוֹ חֹתְנוֹ אֲבִי הַנַּעֲרָה וַיֵּשֶׁב אִתּוֹ שְׁלֹשֶׁת יָמִים וַיֹּאכְלוּ
ה וַיִּשְׁתּוּ וַיָּלִינוּ שָׁם: וַיְהִי בַּיּוֹם הָרְבִיעִי וַיַּשְׁכִּימוּ בַבֹּקֶר וַיָּקָם
לָלֶכֶת וַיֹּאמֶר אֲבִי הַנַּעֲרָה אֶל־חֲתָנוֹ סְעָד לִבְּךָ פַּת־לֶחֶם
ו וְאַחַר תֵּלֵכוּ: וַיֵּשְׁבוּ וַיֹּאכְלוּ שְׁנֵיהֶם יַחְדָּו וַיִּשְׁתּוּ וַיֹּאמֶר אֲבִי
ז הַנַּעֲרָה אֶל־הָאִישׁ הוֹאֶל־נָא וְלִין וְיִטַב לִבֶּךָ: וַיָּקָם הָאִישׁ
ח לָלֶכֶת וַיִּפְצַר־בּוֹ חֹתְנוֹ וַיָּשָׁב וַיָּלֶן שָׁם: וַיַּשְׁכֵּם בַּבֹּקֶר בַּיּוֹם
הַחֲמִישִׁי לָלֶכֶת וַיֹּאמֶר ׀ אֲבִי הַנַּעֲרָה סְעָד־נָא לְבָבְךָ
ט וְהִתְמַהְמְהוּ עַד־נְטוֹת הַיּוֹם וַיֹּאכְלוּ שְׁנֵיהֶם: וַיָּקָם הָאִישׁ לָלֶכֶת

הוּא וּפִילַגְשׁוֹ וְנַעֲרוֹ וַיֹּאמֶר לוֹ חֹתְנוֹ אֲבִי הַנַּעֲרָה הִנֵּה נָא
רָפָה הַיּוֹם לַעֲרֹב לִינוּ־נָא הִנֵּה חֲנוֹת הַיּוֹם לִין פֹּה וְיִיטַב
י לְבָבֶךָ וְהִשְׁכַּמְתֶּם מָחָר לְדַרְכְּכֶם וְהָלַכְתָּ לְאֹהָלֶךָ: וְלֹא־אָבָה
הָאִישׁ לָלוּן וַיָּקָם וַיֵּלֶךְ וַיָּבֹא עַד־נֹכַח יְבוּס הִיא יְרוּשָׁלָםִ וְעִמּוֹ
יא צֶמֶד חֲמוֹרִים חֲבוּשִׁים וּפִילַגְשׁוֹ עִמּוֹ: הֵם עִם־יְבוּס וְהַיּוֹם רַד
מְאֹד וַיֹּאמֶר הַנַּעַר אֶל־אֲדֹנָיו לְכָה־נָּא וְנָסוּרָה אֶל־עִיר־
יב הַיְבוּסִי הַזֹּאת וְנָלִין בָּהּ: וַיֹּאמֶר אֵלָיו אֲדֹנָיו לֹא נָסוּר אֶל־
עִיר נָכְרִי אֲשֶׁר לֹא־מִבְּנֵי יִשְׂרָאֵל הֵנָּה וְעָבַרְנוּ עַד־גִּבְעָה:
יג וַיֹּאמֶר לְנַעֲרוֹ לְךָ וְנִקְרְבָה בְּאַחַד הַמְּקֹמוֹת וְלַנּוּ בַגִּבְעָה אוֹ
יד בָרָמָה: וַיַּעַבְרוּ וַיֵּלֵכוּ וַתָּבֹא לָהֶם הַשֶּׁמֶשׁ אֵצֶל הַגִּבְעָה אֲשֶׁר
טו לְבִנְיָמִן: וַיָּסֻרוּ שָׁם לָבוֹא לָלוּן בַּגִּבְעָה וַיָּבֹא וַיֵּשֶׁב בִּרְחֹב
טז הָעִיר וְאֵין אִישׁ מְאַסֵּף־אוֹתָם הַבַּיְתָה לָלוּן: וְהִנֵּה ׀ אִישׁ זָקֵן
בָּא מִן־מַעֲשֵׂהוּ מִן־הַשָּׂדֶה בָּעֶרֶב וְהָאִישׁ מֵהַר אֶפְרַיִם וְהוּא־
יז גָר בַּגִּבְעָה וְאַנְשֵׁי הַמָּקוֹם בְּנֵי יְמִינִי: וַיִּשָּׂא עֵינָיו וַיַּרְא אֶת־
הָאִישׁ הָאֹרֵחַ בִּרְחֹב הָעִיר וַיֹּאמֶר הָאִישׁ הַזָּקֵן אָנָה תֵלֵךְ
יח וּמֵאַיִן תָּבוֹא: וַיֹּאמֶר אֵלָיו עֹבְרִים אֲנַחְנוּ מִבֵּית־לֶחֶם יְהוּדָה
עַד־יַרְכְּתֵי הַר־אֶפְרַיִם מִשָּׁם אָנֹכִי וָאֵלֵךְ עַד־בֵּית לֶחֶם
יְהוּדָה וְאֶת־בֵּית יהוה אֲנִי הֹלֵךְ וְאֵין אִישׁ מְאַסֵּף אוֹתִי
יט הַבָּיְתָה: וְגַם־תֶּבֶן גַּם־מִסְפּוֹא יֵשׁ לַחֲמוֹרֵינוּ וְגַם לֶחֶם וָיַיִן יֶשׁ־
כ לִי וְלַאֲמָתֶךָ וְלַנַּעַר עִם־עֲבָדֶיךָ אֵין מַחְסוֹר כָּל־דָּבָר: וַיֹּאמֶר יג
הָאִישׁ הַזָּקֵן שָׁלוֹם לָךְ רַק כָּל־מַחְסוֹרְךָ עָלָי רַק בָּרְחוֹב אַל־
כא תָּלַן: וַיְבִיאֵהוּ לְבֵיתוֹ ויבול לַחֲמוֹרִים וַיִּרְחֲצוּ רַגְלֵיהֶם וַיֹּאכְלוּ וַיָּבָל
כב וַיִּשְׁתּוּ: הֵמָּה מֵיטִיבִים אֶת־לִבָּם וְהִנֵּה אַנְשֵׁי הָעִיר אַנְשֵׁי בְנֵי־
בְלִיַּעַל נָסַבּוּ אֶת־הַבַּיִת מִתְדַּפְּקִים עַל־הַדָּלֶת וַיֹּאמְרוּ אֶל־
הָאִישׁ בַּעַל הַבַּיִת הַזָּקֵן לֵאמֹר הוֹצֵא אֶת־הָאִישׁ אֲשֶׁר־בָּא
כג אֶל־בֵּיתְךָ וְנֵדָעֶנּוּ: וַיֵּצֵא אֲלֵיהֶם הָאִישׁ בַּעַל הַבַּיִת וַיֹּאמֶר
אֲלֵהֶם אַל־אַחַי אַל־תָּרֵעוּ נָא אַחֲרֵי אֲשֶׁר־בָּא הָאִישׁ הַזֶּה

כד אֶל־בֵּיתִי אַל־תַּעֲשׂוּ אֶת־הַנְּבָלָה הַזֹּאת׃ הִנֵּה בִתִּי הַבְּתוּלָה
וּפִילַגְשֵׁהוּ אוֹצִיאָה־נָּא אוֹתָם וְעַנּוּ אוֹתָם וַעֲשׂוּ לָהֶם הַטּוֹב
כה בְּעֵינֵיכֶם וְלָאִישׁ הַזֶּה לֹא תַעֲשׂוּ דְּבַר הַנְּבָלָה הַזֹּאת׃ וְלֹא־
אָבוּ הָאֲנָשִׁים לִשְׁמֹעַ לוֹ וַיַּחֲזֵק הָאִישׁ בְּפִילַגְשׁוֹ וַיֹּצֵא אֲלֵיהֶם
הַחוּץ וַיֵּדְעוּ אוֹתָהּ וַיִּתְעַלְּלוּ־בָהּ כָּל־הַלַּיְלָה עַד־הַבֹּקֶר
כו וַיְשַׁלְּחוּהָ בעלות הַשָּׁחַר׃ וַתָּבֹא הָאִשָּׁה לִפְנוֹת הַבֹּקֶר וַתִּפֹּל כַּעֲלוֹת
כז פֶּתַח בֵּית־הָאִישׁ אֲשֶׁר־אֲדוֹנֶיהָ שָּׁם עַד־הָאוֹר׃ וַיָּקָם אֲדֹנֶיהָ
בַּבֹּקֶר וַיִּפְתַּח דַּלְתוֹת הַבַּיִת וַיֵּצֵא לָלֶכֶת לְדַרְכּוֹ וְהִנֵּה הָאִשָּׁה
כח פִילַגְשׁוֹ נֹפֶלֶת פֶּתַח הַבַּיִת וְיָדֶיהָ עַל־הַסַּף׃ וַיֹּאמֶר אֵלֶיהָ קוּמִי
וְנֵלֵכָה וְאֵין עֹנֶה וַיִּקָּחֶהָ עַל־הַחֲמוֹר וַיָּקָם הָאִישׁ וַיֵּלֶךְ לִמְקֹמוֹ׃
כט וַיָּבֹא אֶל־בֵּיתוֹ וַיִּקַּח אֶת־הַמַּאֲכֶלֶת וַיַּחֲזֵק בְּפִילַגְשׁוֹ וַיְנַתְּחֶהָ
לַעֲצָמֶיהָ לִשְׁנֵים עָשָׂר נְתָחִים וַיְשַׁלְּחֶהָ בְּכֹל גְּבוּל יִשְׂרָאֵל׃
ל וְהָיָה כָל־הָרֹאֶה וְאָמַר לֹא־נִהְיְתָה וְלֹא־נִרְאֲתָה כָּזֹאת לְמִיּוֹם
עֲלוֹת בְּנֵי־יִשְׂרָאֵל מֵאֶרֶץ מִצְרַיִם עַד הַיּוֹם הַזֶּה שִׂימוּ־לָכֶם
כ א עָלֶיהָ עֻצוּ וְדַבֵּרוּ׃ וַיֵּצְאוּ כָּל־בְּנֵי יִשְׂרָאֵל וַתִּקָּהֵל
הָעֵדָה כְּאִישׁ אֶחָד לְמִדָּן וְעַד־בְּאֵר שֶׁבַע וְאֶרֶץ הַגִּלְעָד אֶל־
ב יְהוָה הַמִּצְפָּה׃ וַיִּתְיַצְּבוּ פִּנּוֹת כָּל־הָעָם כֹּל שִׁבְטֵי יִשְׂרָאֵל
בִּקְהַל עַם הָאֱלֹהִים אַרְבַּע מֵאוֹת אֶלֶף אִישׁ רַגְלִי שֹׁלֵף
ג חָרֶב׃ וַיִּשְׁמְעוּ בְּנֵי בִנְיָמִן כִּי־עָלוּ בְנֵי־יִשְׂרָאֵל
הַמִּצְפָּה וַיֹּאמְרוּ בְּנֵי יִשְׂרָאֵל דַּבְּרוּ אֵיכָה נִהְיְתָה הָרָעָה הַזֹּאת׃
ד וַיַּעַן הָאִישׁ הַלֵּוִי אִישׁ הָאִשָּׁה הַנִּרְצָחָה וַיֹּאמַר הַגִּבְעָתָה אֲשֶׁר
ה לְבִנְיָמִן בָּאתִי אֲנִי וּפִילַגְשִׁי לָלוּן׃ וַיָּקֻמוּ עָלַי בַּעֲלֵי הַגִּבְעָה
וַיָּסֹבּוּ עָלַי אֶת־הַבַּיִת לָיְלָה אוֹתִי דִּמּוּ לַהֲרֹג וְאֶת־פִּילַגְשִׁי עִנּוּ
ו וַתָּמֹת׃ וָאֹחֵז בְּפִילַגְשִׁי וָאֲנַתְּחֶהָ וָאֲשַׁלְּחֶהָ בְּכָל־שְׂדֵה נַחֲלַת
ז יִשְׂרָאֵל כִּי עָשׂוּ זִמָּה וּנְבָלָה בְּיִשְׂרָאֵל׃ הִנֵּה כֻלְּכֶם בְּנֵי יִשְׂרָאֵל
ח הָבוּ לָכֶם דָּבָר וְעֵצָה הֲלֹם׃ וַיָּקָם כָּל־הָעָם כְּאִישׁ אֶחָד לֵאמֹר
ט לֹא נֵלֵךְ אִישׁ לְאָהֳלוֹ וְלֹא נָסוּר אִישׁ לְבֵיתוֹ׃ וְעַתָּה זֶה הַדָּבָר

י אֲשֶׁר נַעֲשָׂה לְגִבְעָה עָלֶיהָ בְּגוֹרָל: וְלָקַחְנוּ עֲשָׂרָה אֲנָשִׁים
לַמֵּאָה לְכֹל ׀ שִׁבְטֵי יִשְׂרָאֵל וּמֵאָה לָאֶלֶף וְאֶלֶף לָרְבָבָה לָקַחַת
צֵדָה לָעָם לַעֲשׂוֹת לְבוֹאָם לְגֶבַע בִּנְיָמִן כְּכָל־הַנְּבָלָה אֲשֶׁר
יא עָשָׂה בְּיִשְׂרָאֵל: וַיֵּאָסֵף כָּל־אִישׁ יִשְׂרָאֵל אֶל־הָעִיר כְּאִישׁ
יב אֶחָד חֲבֵרִים: וַיִּשְׁלְחוּ שִׁבְטֵי יִשְׂרָאֵל אֲנָשִׁים
בְּכָל־שִׁבְטֵי בִנְיָמִן לֵאמֹר מָה הָרָעָה הַזֹּאת אֲשֶׁר נִהְיְתָה
יג בָּכֶם: וְעַתָּה תְּנוּ אֶת־הָאֲנָשִׁים בְּנֵי־בְלִיַּעַל אֲשֶׁר בַּגִּבְעָה
וּנְמִיתֵם וּנְבַעֲרָה רָעָה מִיִּשְׂרָאֵל וְלֹא אָבוּ בִּנְיָמִן לִשְׁמֹעַ בְּנֵי
יד בְּקוֹל אֲחֵיהֶם בְּנֵי־יִשְׂרָאֵל: וַיֵּאָסְפוּ בְנֵי־בִנְיָמִן מִן־הֶעָרִים
טו הַגִּבְעָתָה לָצֵאת לַמִּלְחָמָה עִם־בְּנֵי יִשְׂרָאֵל: וַיִּתְפָּקְדוּ בְנֵי
בִנְיָמִן בַּיּוֹם הַהוּא מֵהֶעָרִים עֶשְׂרִים וְשִׁשָּׁה אֶלֶף אִישׁ שֹׁלֵף
חָרֶב לְבַד מִיֹּשְׁבֵי הַגִּבְעָה הִתְפָּקְדוּ שְׁבַע מֵאוֹת אִישׁ בָּחוּר:
טז מִכֹּל ׀ הָעָם הַזֶּה שְׁבַע מֵאוֹת אִישׁ בָּחוּר אִטֵּר יַד־יְמִינוֹ כָּל־זֶה
יז קֹלֵעַ בָּאֶבֶן אֶל־הַשַּׂעֲרָה וְלֹא יַחֲטִא: וְאִישׁ
יִשְׂרָאֵל הִתְפָּקְדוּ לְבַד מִבִּנְיָמִן אַרְבַּע מֵאוֹת אֶלֶף אִישׁ שֹׁלֵף
יח חָרֶב כָּל־זֶה אִישׁ מִלְחָמָה: וַיָּקֻמוּ וַיַּעֲלוּ בֵית־אֵל וַיִּשְׁאֲלוּ
בֵאלֹהִים וַיֹּאמְרוּ בְּנֵי יִשְׂרָאֵל מִי יַעֲלֶה־לָּנוּ בַתְּחִלָּה לַמִּלְחָמָה
יט עִם־בְּנֵי בִנְיָמִן וַיֹּאמֶר יהוה יְהוּדָה בַתְּחִלָּה: וַיָּקוּמוּ בְנֵי־
כ יִשְׂרָאֵל בַּבֹּקֶר וַיַּחֲנוּ עַל־הַגִּבְעָה: וַיֵּצֵא אִישׁ יִשְׂרָאֵל לַמִּלְחָמָה
עִם־בִּנְיָמִן וַיַּעַרְכוּ אִתָּם אִישׁ־יִשְׂרָאֵל מִלְחָמָה אֶל־הַגִּבְעָה:
כא וַיֵּצְאוּ בְנֵי־בִנְיָמִן מִן־הַגִּבְעָה וַיַּשְׁחִיתוּ בְיִשְׂרָאֵל בַּיּוֹם הַהוּא
כב שְׁנַיִם וְעֶשְׂרִים אֶלֶף אִישׁ אָרְצָה: וַיִּתְחַזֵּק הָעָם אִישׁ יִשְׂרָאֵל
וַיֹּסִפוּ לַעֲרֹךְ מִלְחָמָה בַּמָּקוֹם אֲשֶׁר־עָרְכוּ שָׁם בַּיּוֹם הָרִאשׁוֹן:
כג וַיַּעֲלוּ בְנֵי־יִשְׂרָאֵל וַיִּבְכּוּ לִפְנֵי־יהוה עַד־הָעֶרֶב וַיִּשְׁאֲלוּ בַיהוה
לֵאמֹר הַאוֹסִיף לָגֶשֶׁת לַמִּלְחָמָה עִם־בְּנֵי בִנְיָמִן אָחִי וַיֹּאמֶר
כד יהוה עֲלוּ אֵלָיו: וַיִּקְרְבוּ בְנֵי־יִשְׂרָאֵל אֶל־בְּנֵי
כה בִנְיָמִן בַּיּוֹם הַשֵּׁנִי: וַיֵּצֵא בִנְיָמִן ׀ לִקְרָאתָם ׀ מִן־הַגִּבְעָה בַּיּוֹם

הַשֵּׁנִי וַיַּשְׁחִיתוּ בִבְנֵי יִשְׂרָאֵל עוֹד שְׁמֹנַת עָשָׂר אֶלֶף אִישׁ אַרְצָה
כו כָּל־אֵלֶּה שֹׁלְפֵי חָרֶב׃ וַיַּעֲלוּ כָל־בְּנֵי יִשְׂרָאֵל וְכָל־הָעָם וַיָּבֹאוּ
בֵית־אֵל וַיִּבְכּוּ וַיֵּשְׁבוּ שָׁם לִפְנֵי יהוה וַיָּצוּמוּ בַיּוֹם־הַהוּא עַד־
כז הָעָרֶב וַיַּעֲלוּ עֹלוֹת וּשְׁלָמִים לִפְנֵי יהוה׃ וַיִּשְׁאֲלוּ בְנֵי־יִשְׂרָאֵל יד
כח בַּיהוה וְשָׁם אֲרוֹן בְּרִית הָאֱלֹהִים בַּיָּמִים הָהֵם׃ וּפִינְחָס בֶּן־
אֶלְעָזָר בֶּן־אַהֲרֹן עֹמֵד ׀ לְפָנָיו בַּיָּמִים הָהֵם לֵאמֹר הַאוֹסִף עוֹד
לָצֵאת לַמִּלְחָמָה עִם־בְּנֵי־בִנְיָמִן אָחִי אִם־אֶחְדָּל וַיֹּאמֶר יהוה
כט עֲלוּ כִּי מָחָר אֶתְּנֶנּוּ בְיָדֶךָ׃ וַיָּשֶׂם יִשְׂרָאֵל אֹרְבִים אֶל־הַגִּבְעָה
ל סָבִיב׃ וַיַּעֲלוּ בְנֵי־יִשְׂרָאֵל אֶל־בְּנֵי בִנְיָמִן בַּיּוֹם
לא הַשְּׁלִישִׁי וַיַּעַרְכוּ אֶל־הַגִּבְעָה כְּפַעַם בְּפָעַם׃ וַיֵּצְאוּ בְנֵי־בִנְיָמִן
לִקְרַאת הָעָם הָנְתְּקוּ מִן־הָעִיר וַיָּחֵלּוּ לְהַכּוֹת מֵהָעָם חֲלָלִים
כְּפַעַם ׀ בְּפַעַם בַּמְסִלּוֹת אֲשֶׁר אַחַת עֹלָה בֵית־אֵל וְאַחַת
לב גִּבְעָתָה בַּשָּׂדֶה כִּשְׁלֹשִׁים אִישׁ בְּיִשְׂרָאֵל׃ וַיֹּאמְרוּ בְּנֵי בִנְיָמִן
נִגָּפִים הֵם לְפָנֵינוּ כְּבָרִאשֹׁנָה וּבְנֵי יִשְׂרָאֵל אָמְרוּ נָנוּסָה
לג וּנְתַקְּנֻהוּ מִן־הָעִיר אֶל־הַמְסִלּוֹת׃ וְכֹל ׀ אִישׁ יִשְׂרָאֵל קָמוּ
מִמְּקוֹמוֹ וַיַּעַרְכוּ בְּבַעַל תָּמָר וְאֹרֵב יִשְׂרָאֵל מֵגִיחַ מִמְּקֹמוֹ
לד מִמַּעֲרֵה־גָבַע׃ וַיָּבֹאוּ מִנֶּגֶד לַגִּבְעָה עֲשֶׂרֶת אֲלָפִים אִישׁ בָּחוּר
מִכָּל־יִשְׂרָאֵל וְהַמִּלְחָמָה כָּבֵדָה וְהֵם לֹא יָדְעוּ כִּי־נֹגַעַת
לה עֲלֵיהֶם הָרָעָה׃ וַיִּגֹּף יהוה ׀ אֶת־בִּנְיָמִן לִפְנֵי
יִשְׂרָאֵל וַיַּשְׁחִיתוּ בְנֵי יִשְׂרָאֵל בְּבִנְיָמִן בַּיּוֹם הַהוּא עֶשְׂרִים
לו וַחֲמִשָּׁה אֶלֶף וּמֵאָה אִישׁ כָּל־אֵלֶּה שֹׁלֵף חָרֶב׃ וַיִּרְאוּ בְנֵי־
בִנְיָמִן כִּי נִגָּפוּ וַיִּתְּנוּ אִישׁ־יִשְׂרָאֵל מָקוֹם לְבִנְיָמִן כִּי בָטְחוּ אֶל־
לז הָאֹרֵב אֲשֶׁר שָׂמוּ אֶל־הַגִּבְעָה׃ וְהָאֹרֵב הֵחִישׁוּ וַיִּפְשְׁטוּ אֶל־
לח הַגִּבְעָה וַיִּמְשֹׁךְ הָאֹרֵב וַיַּךְ אֶת־כָּל־הָעִיר לְפִי־חָרֶב׃ וְהַמּוֹעֵד
הָיָה לְאִישׁ יִשְׂרָאֵל עִם־הָאֹרֵב הֶרֶב לְהַעֲלוֹתָם מַשְׂאַת הֶעָשָׁן
לט מִן־הָעִיר׃ וַיַּהֲפֹךְ אִישׁ־יִשְׂרָאֵל בַּמִּלְחָמָה וּבִנְיָמִן הֵחֵל לְהַכּוֹת
חֲלָלִים בְּאִישׁ־יִשְׂרָאֵל כִּשְׁלֹשִׁים אִישׁ כִּי אָמְרוּ אַךְ נִגּוֹף נִגָּף

מ הוּא לְפָנֵינוּ כַּמִּלְחָמָה הָרִאשֹׁנָה׃ וְהַמַּשְׂאֵת הֵחֵלָּה לַעֲלוֹת מִן־
הָעִיר עַמּוּד עָשָׁן וַיִּפֶן בִּנְיָמִן אַחֲרָיו וְהִנֵּה עָלָה כְלִיל־הָעִיר
מא הַשָּׁמָיְמָה׃ וְאִישׁ יִשְׂרָאֵל הָפַךְ וַיִּבָּהֵל אִישׁ בִּנְיָמִן כִּי רָאָה כִּי־
מב נָגְעָה עָלָיו הָרָעָה׃ וַיִּפְנוּ לִפְנֵי אִישׁ יִשְׂרָאֵל אֶל־דֶּרֶךְ הַמִּדְבָּר
וְהַמִּלְחָמָה הִדְבִּיקָתְהוּ וַאֲשֶׁר מֵהֶעָרִים מַשְׁחִיתִים אוֹתוֹ
מג בְּתוֹכוֹ׃ כִּתְּרוּ אֶת־בִּנְיָמִן הִרְדִיפֻהוּ מְנוּחָה הִדְרִיכֻהוּ עַד נֹכַח
מד הַגִּבְעָה מִמִּזְרַח־שָׁמֶשׁ׃ וַיִּפְּלוּ מִבִּנְיָמִן שְׁמֹנָה־עָשָׂר אֶלֶף אִישׁ
מה אֶת־כָּל־אֵלֶּה אַנְשֵׁי־חָיִל׃ וַיִּפְנוּ וַיָּנֻסוּ הַמִּדְבָּרָה אֶל־סֶלַע
הָרִמּוֹן וַיְעֹלְלֻהוּ בַּמְסִלּוֹת חֲמֵשֶׁת אֲלָפִים אִישׁ וַיַּדְבִּיקוּ אַחֲרָיו
מו עַד־גִּדְעֹם וַיַּכּוּ מִמֶּנּוּ אַלְפַּיִם אִישׁ׃ וַיְהִי כָל־הַנֹּפְלִים מִבִּנְיָמִן
עֶשְׂרִים וַחֲמִשָּׁה אֶלֶף אִישׁ שֹׁלֵף חֶרֶב בַּיּוֹם הַהוּא אֶת־כָּל־
מז אֵלֶּה אַנְשֵׁי־חָיִל׃ וַיִּפְנוּ וַיָּנֻסוּ הַמִּדְבָּרָה אֶל־סֶלַע הָרִמּוֹן שֵׁשׁ
מח מֵאוֹת אִישׁ וַיֵּשְׁבוּ בְּסֶלַע רִמּוֹן אַרְבָּעָה חֳדָשִׁים׃ וְאִישׁ
יִשְׂרָאֵל שָׁבוּ אֶל־בְּנֵי בִנְיָמִן וַיַּכּוּם לְפִי־חֶרֶב מֵעִיר מְתֹם עַד־
בְּהֵמָה עַד כָּל־הַנִּמְצָא גַּם כָּל־הֶעָרִים הַנִּמְצָאוֹת שִׁלְּחוּ
כא א בָאֵשׁ׃ וְאִישׁ יִשְׂרָאֵל נִשְׁבַּע בַּמִּצְפָּה לֵאמֹר אִישׁ
ב מִמֶּנּוּ לֹא־יִתֵּן בִּתּוֹ לְבִנְיָמִן לְאִשָּׁה׃ וַיָּבֹא הָעָם בֵּית־אֵל וַיֵּשְׁבוּ
שָׁם עַד־הָעֶרֶב לִפְנֵי הָאֱלֹהִים וַיִּשְׂאוּ קוֹלָם וַיִּבְכּוּ בְּכִי גָדוֹל׃
ג וַיֹּאמְרוּ לָמָה יהוה אֱלֹהֵי יִשְׂרָאֵל הָיְתָה־זֹּאת בְּיִשְׂרָאֵל לְהִפָּקֵד
ד הַיּוֹם מִיִּשְׂרָאֵל שֵׁבֶט אֶחָד׃ וַיְהִי מִמָּחֳרָת וַיַּשְׁכִּימוּ הָעָם
ה וַיִּבְנוּ־שָׁם מִזְבֵּחַ וַיַּעֲלוּ עֹלוֹת וּשְׁלָמִים׃ וַיֹּאמְרוּ
בְּנֵי יִשְׂרָאֵל מִי אֲשֶׁר לֹא־עָלָה בַקָּהָל מִכָּל־שִׁבְטֵי יִשְׂרָאֵל
אֶל־יהוה כִּי הַשְּׁבוּעָה הַגְּדוֹלָה הָיְתָה לַאֲשֶׁר לֹא־עָלָה אֶל־
ו יהוה הַמִּצְפָּה לֵאמֹר מוֹת יוּמָת׃ וַיִּנָּחֲמוּ בְּנֵי יִשְׂרָאֵל אֶל־
ז בִּנְיָמִן אָחִיו וַיֹּאמְרוּ נִגְדַּע הַיּוֹם שֵׁבֶט אֶחָד מִיִּשְׂרָאֵל׃ מַה־
נַּעֲשֶׂה לָהֶם לַנּוֹתָרִים לְנָשִׁים וַאֲנַחְנוּ נִשְׁבַּעְנוּ בַיהוה לְבִלְתִּי
ח תֵּת־לָהֶם מִבְּנוֹתֵינוּ לְנָשִׁים׃ וַיֹּאמְרוּ מִי אֶחָד מִשִּׁבְטֵי יִשְׂרָאֵל

אֲשֶׁר לֹא־עָלָה אֶל־יְהוָה הַמִּצְפָּה וְהִנֵּה לֹא בָא־אִישׁ אֶל־
ט הַמַּחֲנֶה מִיָּבֵישׁ גִּלְעָד אֶל־הַקָּהָל׃ וַיִּתְפָּקֵד הָעָם וְהִנֵּה אֵין־
י שָׁם אִישׁ מִיּוֹשְׁבֵי יָבֵשׁ גִּלְעָד׃ וַיִּשְׁלְחוּ־שָׁם הָעֵדָה שְׁנֵים־עָשָׂר
אֶלֶף אִישׁ מִבְּנֵי הֶחָיִל וַיְצַוּוּ אוֹתָם לֵאמֹר לְכוּ וְהִכִּיתֶם אֶת־
יא יוֹשְׁבֵי יָבֵשׁ גִּלְעָד לְפִי־חֶרֶב וְהַנָּשִׁים וְהַטָּף׃ וְזֶה הַדָּבָר אֲשֶׁר
תַּעֲשׂוּ כָּל־זָכָר וְכָל־אִשָּׁה יֹדַעַת מִשְׁכַּב־זָכָר תַּחֲרִימוּ׃
יב וַיִּמְצְאוּ מִיּוֹשְׁבֵי ׀ יָבֵישׁ גִּלְעָד אַרְבַּע מֵאוֹת נַעֲרָה בְתוּלָה אֲשֶׁר
לֹא־יָדְעָה אִישׁ לְמִשְׁכַּב זָכָר וַיָּבִיאוּ אוֹתָם אֶל־הַמַּחֲנֶה שִׁלֹה
יג אֲשֶׁר בְּאֶרֶץ כְּנָעַן׃ וַיִּשְׁלְחוּ כָּל־הָעֵדָה וַיְדַבְּרוּ
אֶל־בְּנֵי בִנְיָמִן אֲשֶׁר בְּסֶלַע רִמּוֹן וַיִּקְרְאוּ לָהֶם שָׁלוֹם׃
יד וַיָּשָׁב בִּנְיָמִן בָּעֵת הַהִיא וַיִּתְּנוּ לָהֶם הַנָּשִׁים אֲשֶׁר חִיּוּ מִנְּשֵׁי
טו יָבֵשׁ גִּלְעָד וְלֹא־מָצְאוּ לָהֶם כֵּן׃ וְהָעָם נִחָם לְבִנְיָמִן כִּי־עָשָׂה
טז יְהוָה פֶּרֶץ בְּשִׁבְטֵי יִשְׂרָאֵל׃ וַיֹּאמְרוּ זִקְנֵי הָעֵדָה מַה־נַּעֲשֶׂה
יז לַנּוֹתָרִים לְנָשִׁים כִּי־נִשְׁמְדָה מִבִּנְיָמִן אִשָּׁה׃ וַיֹּאמְרוּ יְרֻשַּׁת
יח פְּלֵיטָה לְבִנְיָמִן וְלֹא־יִמָּחֶה שֵׁבֶט מִיִּשְׂרָאֵל׃ וַאֲנַחְנוּ לֹא נוּכַל
לָתֵת־לָהֶם נָשִׁים מִבְּנוֹתֵינוּ כִּי־נִשְׁבְּעוּ בְנֵי־יִשְׂרָאֵל לֵאמֹר
יט אָרוּר נֹתֵן אִשָּׁה לְבִנְיָמִן׃ וַיֹּאמְרוּ הִנֵּה חַג־יְהוָה בְּשִׁלוֹ מִיָּמִים ׀
יָמִימָה אֲשֶׁר מִצְּפוֹנָה לְבֵית־אֵל מִזְרְחָה הַשֶּׁמֶשׁ לִמְסִלָּה
כ הָעֹלָה מִבֵּית־אֵל שְׁכֶמָה וּמִנֶּגֶב לִלְבוֹנָה׃ וַיְצַוּוּ אֶת־בְּנֵי בִנְיָמִן
כא לֵאמֹר לְכוּ וַאֲרַבְתֶּם בַּכְּרָמִים׃ וּרְאִיתֶם וְהִנֵּה אִם־יֵצְאוּ בְנוֹת־
שִׁילוֹ לָחוּל בַּמְּחֹלוֹת וִיצָאתֶם מִן־הַכְּרָמִים וַחֲטַפְתֶּם לָכֶם אִישׁ
כב אִשְׁתּוֹ מִבְּנוֹת שִׁילוֹ וַהֲלַכְתֶּם אֶרֶץ בִּנְיָמִן׃ וְהָיָה כִּי־יָבֹאוּ
אֲבוֹתָם אוֹ אֲחֵיהֶם לרוב ׀ אֵלֵינוּ וְאָמַרְנוּ אֲלֵיהֶם חָנּוּנוּ אוֹתָם לָרִיב
כִּי לֹא לָקַחְנוּ אִישׁ אִשְׁתּוֹ בַּמִּלְחָמָה כִּי לֹא אַתֶּם נְתַתֶּם לָהֶם
כג כָּעֵת תֶּאְשָׁמוּ׃ וַיַּעֲשׂוּ־כֵן בְּנֵי בִנְיָמִן וַיִּשְׂאוּ נָשִׁים לְמִסְפָּרָם מִן־
הַמְּחֹלְלוֹת אֲשֶׁר גָּזָלוּ וַיֵּלְכוּ וַיָּשׁוּבוּ אֶל־נַחֲלָתָם וַיִּבְנוּ אֶת־
כד הֶעָרִים וַיֵּשְׁבוּ בָּהֶם׃ וַיִּתְהַלְּכוּ מִשָּׁם בְּנֵי־יִשְׂרָאֵל בָּעֵת הַהִיא

כה אִ֥ישׁ לְשִׁבְט֖וֹ וּלְמִשְׁפַּחְתּ֑וֹ וַיֵּצְא֣וּ מִשָּׁ֔ם אִ֖ישׁ לְנַחֲלָתֽוֹ׃ בַּיָּמִ֣ים
הָהֵ֔ם אֵ֥ין מֶ֖לֶךְ בְּיִשְׂרָאֵ֑ל אִ֛ישׁ הַיָּשָׁ֥ר בְּעֵינָ֖יו יַעֲשֶֽׂה׃

# שמואל

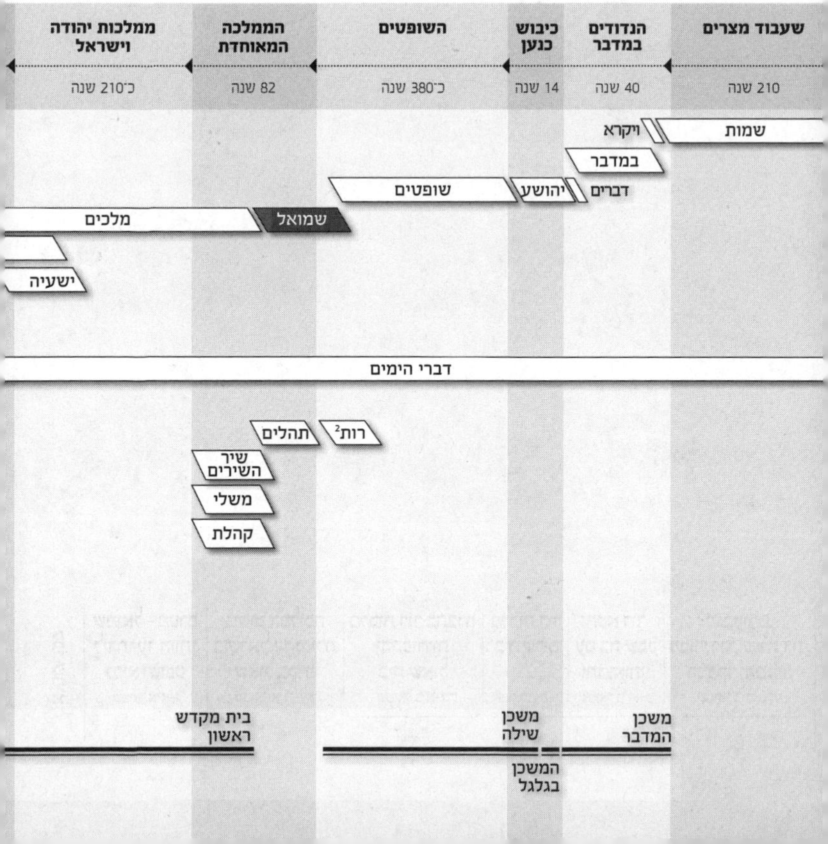

שעבוד מצרים
הנדודים במדבר
כיבוש כנען
השופטים
הממלכה המאוחדת
ממלכות יהודה וישראל
210 שנה
40 שנה
14 שנה
כ־380 שנה
82 שנה
כ־210 שנה
שמות
ויקרא
במדבר
דברים
יהושע
שופטים
שמואל
מלכים
ישעיה
דברי הימים
רות2
תהלים
שיר השירים
משלי
קהלת
משכן המדבר
משכן שילה
המשכן בגלגל
בית מקדש ראשון

| ספר שמואל | שמואל – מטרם לידתו עד היותו נביא ושופט<br>שמואל א׳ א–ז | ביסוס המלוכה בישראל עד נפילת שאול בקרב<br>שמואל א׳ ח–לא | מלכות דוד בחברון והתפוררות בית שאול<br>שמואל ב׳ א–ד | מלכות דוד בירושלים<br>שמואל ב׳ ה–י | חטא דוד עם בת שבע ותוצאותיו<br>שמואל ב׳ יא–כ | הגבעונים, גיבורי דוד, שירת דוד, המִפקד והמגפה<br>שמואל ב׳ כא–כד |
|---|---|---|---|---|---|---|
| | | | 7 שנים | כ־33 שנה | | |

ייחוסו של אלקנה
דה"א ו, יא-יב, יט-כ

א וַיְהִי אִישׁ אֶחָד מִן־הָרָמָתַיִם צוֹפִים מֵהַר אֶפְרָיִם וּשְׁמוֹ אֶלְקָנָה
ב בֶּן־יְרֹחָם בֶּן־אֱלִיהוּא בֶּן־תֹּחוּ בֶן־צוּף אֶפְרָתִי: וְלוֹ שְׁתֵּי נָשִׁים
שֵׁם אַחַת חַנָּה וְשֵׁם הַשֵּׁנִית פְּנִנָּה וַיְהִי לִפְנִנָּה יְלָדִים וּלְחַנָּה
ג אֵין יְלָדִים: וְעָלָה הָאִישׁ הַהוּא מֵעִירוֹ מִיָּמִים ׀ יָמִימָה
לְהִשְׁתַּחֲוֺת וְלִזְבֹּחַ לַיהוָה צְבָאוֹת בְּשִׁלֹה וְשָׁם שְׁנֵי בְנֵי־עֵלִי
ד חָפְנִי וּפִנְחָס כֹּהֲנִים לַיהוָה: וַיְהִי הַיּוֹם וַיִּזְבַּח אֶלְקָנָה וְנָתַן
ה לִפְנִנָּה אִשְׁתּוֹ וּלְכָל־בָּנֶיהָ וּבְנוֹתֶיהָ מָנוֹת: וּלְחַנָּה יִתֵּן מָנָה
ו אַחַת אַפָּיִם כִּי אֶת־חַנָּה אָהֵב וַיהוָה סָגַר רַחְמָהּ: וְכִעֲסַתָּה
צָרָתָהּ גַּם־כַּעַס בַּעֲבוּר הַרְּעִמָהּ כִּי־סָגַר יְהוָה בְּעַד רַחְמָהּ:
ז וְכֵן יַעֲשֶׂה שָׁנָה בְשָׁנָה מִדֵּי עֲלֹתָהּ בְּבֵית יְהוָה כֵּן תַּכְעִסֶנָּה
ח וַתִּבְכֶּה וְלֹא תֹאכַל: וַיֹּאמֶר לָהּ אֶלְקָנָה אִישָׁהּ חַנָּה לָמֶה
תִבְכִּי וְלָמֶה לֹא תֹאכְלִי וְלָמֶה יֵרַע לְבָבֵךְ הֲלוֹא אָנֹכִי טוֹב
ט לָךְ מֵעֲשָׂרָה בָּנִים: וַתָּקָם חַנָּה אַחֲרֵי אָכְלָה בְשִׁלֹה וְאַחֲרֵי
י שָׁתֹה וְעֵלִי הַכֹּהֵן יֹשֵׁב עַל־הַכִּסֵּא עַל־מְזוּזַת הֵיכַל יְהוָה: וְהִיא
יא מָרַת נָפֶשׁ וַתִּתְפַּלֵּל עַל־יְהוָה וּבָכֹה תִבְכֶּה: וַתִּדֹּר נֶדֶר וַתֹּאמַר
יְהוָה צְבָאוֹת אִם־רָאֹה תִרְאֶה ׀ בָּעֳנִי אֲמָתֶךָ וּזְכַרְתַּנִי וְלֹא־
תִשְׁכַּח אֶת־אֲמָתֶךָ וְנָתַתָּה לַאֲמָתְךָ זֶרַע אֲנָשִׁים וּנְתַתִּיו
יב לַיהוָה כָּל־יְמֵי חַיָּיו וּמוֹרָה לֹא־יַעֲלֶה עַל־רֹאשׁוֹ: וְהָיָה כִּי
יג הִרְבְּתָה לְהִתְפַּלֵּל לִפְנֵי יְהוָה וְעֵלִי שֹׁמֵר אֶת־פִּיהָ: וְחַנָּה הִיא
מְדַבֶּרֶת עַל־לִבָּהּ רַק שְׂפָתֶיהָ נָּעוֹת וְקוֹלָהּ לֹא יִשָּׁמֵעַ וַיַּחְשְׁבֶהָ
יד עֵלִי לְשִׁכֹּרָה: וַיֹּאמֶר אֵלֶיהָ עֵלִי עַד־מָתַי תִּשְׁתַּכָּרִין הָסִירִי
טו אֶת־יֵינֵךְ מֵעָלָיִךְ: וַתַּעַן חַנָּה וַתֹּאמֶר לֹא אֲדֹנִי אִשָּׁה קְשַׁת־
רוּחַ אָנֹכִי וְיַיִן וְשֵׁכָר לֹא שָׁתִיתִי וָאֶשְׁפֹּךְ אֶת־נַפְשִׁי לִפְנֵי יְהוָה:
טז אַל־תִּתֵּן אֶת־אֲמָתְךָ לִפְנֵי בַּת־בְּלִיָּעַל כִּי־מֵרֹב שִׂיחִי וְכַעְסִי
יז דִּבַּרְתִּי עַד־הֵנָּה: וַיַּעַן עֵלִי וַיֹּאמֶר לְכִי לְשָׁלוֹם וֵאלֹהֵי יִשְׂרָאֵל
יח יִתֵּן אֶת־שֵׁלָתֵךְ אֲשֶׁר שָׁאַלְתְּ מֵעִמּוֹ: וַתֹּאמֶר תִּמְצָא שִׁפְחָתְךָ
חֵן בְּעֵינֶיךָ וַתֵּלֶךְ הָאִשָּׁה לְדַרְכָּהּ וַתֹּאכַל וּפָנֶיהָ לֹא־הָיוּ־לָהּ

עוֹד: וַיַּשְׁכִּמוּ בַבֹּקֶר וַיִּשְׁתַּחֲווּ לִפְנֵי יְהוָה וַיָּשֻׁבוּ וַיָּבֹאוּ אֶל־ יט
בֵּיתָם הָרָמָתָה וַיֵּדַע אֶלְקָנָה אֶת־חַנָּה אִשְׁתּוֹ וַיִּזְכְּרֶהָ יְהוָה:
וַיְהִי לִתְקֻפוֹת הַיָּמִים וַתַּהַר חַנָּה וַתֵּלֶד בֵּן וַתִּקְרָא אֶת־שְׁמוֹ כ
שְׁמוּאֵל כִּי מֵיְהוָה שְׁאִלְתִּיו: וַיַּעַל הָאִישׁ אֶלְקָנָה וְכָל־בֵּיתוֹ כא
לִזְבֹּחַ לַיהוָה אֶת־זֶבַח הַיָּמִים וְאֶת־נִדְרוֹ: וְחַנָּה לֹא עָלָתָה כִּי־ כב
אָמְרָה לְאִישָׁהּ עַד יִגָּמֵל הַנַּעַר וַהֲבִאֹתִיו וְנִרְאָה אֶת־פְּנֵי יְהוָה
וְיָשַׁב שָׁם עַד־עוֹלָם: וַיֹּאמֶר לָהּ אֶלְקָנָה אִישָׁהּ עֲשִׂי הַטּוֹב כג
בְּעֵינַיִךְ שְׁבִי עַד־גָּמְלֵךְ אֹתוֹ אַךְ יָקֵם יְהוָה אֶת־דְּבָרוֹ וַתֵּשֶׁב
הָאִשָּׁה וַתֵּינֶק אֶת־בְּנָהּ עַד־גָמְלָהּ אֹתוֹ: וַתַּעֲלֵהוּ עִמָּהּ כַּאֲשֶׁר כד
גְּמָלַתּוּ בְּפָרִים שְׁלֹשָׁה וְאֵיפָה אַחַת קֶמַח וְנֵבֶל יַיִן וַתְּבִאֵהוּ
בֵית־יְהוָה שִׁלוֹ וְהַנַּעַר נָעַר: וַיִּשְׁחֲטוּ אֶת־הַפָּר וַיָּבִאוּ אֶת־ כה
הַנַּעַר אֶל־עֵלִי: וַתֹּאמֶר בִּי אֲדֹנִי חֵי נַפְשְׁךָ אֲדֹנִי אֲנִי הָאִשָּׁה כו
הַנִּצֶּבֶת עִמְּכָה בָּזֶה לְהִתְפַּלֵּל אֶל־יְהוָה: אֶל־הַנַּעַר הַזֶּה כז
הִתְפַּלָּלְתִּי וַיִּתֵּן יְהוָה לִי אֶת־שְׁאֵלָתִי אֲשֶׁר שָׁאַלְתִּי מֵעִמּוֹ:
וְגַם אָנֹכִי הִשְׁאִלְתִּהוּ לַיהוָה כָּל־הַיָּמִים אֲשֶׁר הָיָה הוּא כח
שָׁאוּל לַיהוָה וַיִּשְׁתַּחוּ שָׁם לַיהוָה: וַתִּתְפַּלֵּל חַנָּה א ב
וַתֹּאמַר עָלַץ לִבִּי בַּיהוָה רָמָה קַרְנִי בַּיהוָה רָחַב פִּי עַל־אוֹיְבַי
כִּי שָׂמַחְתִּי בִּישׁוּעָתֶךָ: אֵין־קָדוֹשׁ כַּיהוָה כִּי־אֵין בִּלְתֶּךָ וְאֵין ב
צוּר כֵּאלֹהֵינוּ: אַל־תַּרְבּוּ תְדַבְּרוּ גְּבֹהָה גְבֹהָה יֵצֵא עָתָק ג
וְלוֹ מִפִּיכֶם כִּי אֵל דֵּעוֹת יְהוָה וְלֹא נִתְכְּנוּ עֲלִלוֹת: קֶשֶׁת גִּבֹּרִים ד
חַתִּים וְנִכְשָׁלִים אָזְרוּ חָיִל: שְׂבֵעִים בַּלֶּחֶם נִשְׂכָּרוּ וּרְעֵבִים חָדֵלּוּ ה
עַד־עֲקָרָה יָלְדָה שִׁבְעָה וְרַבַּת בָּנִים אֻמְלָלָה: יְהוָה מֵמִית ו
וּמְחַיֶּה מוֹרִיד שְׁאוֹל וַיָּעַל: יְהוָה מוֹרִישׁ וּמַעֲשִׁיר מַשְׁפִּיל ז
אַף־מְרוֹמֵם: מֵקִים מֵעָפָר דָּל מֵאַשְׁפֹּת יָרִים אֶבְיוֹן לְהוֹשִׁיב ח
עִם־נְדִיבִים וְכִסֵּא כָבוֹד יַנְחִלֵם כִּי לַיהוָה מְצֻקֵי אֶרֶץ וַיָּשֶׁת
עֲלֵיהֶם תֵּבֵל: רַגְלֵי חֲסִידָו יִשְׁמֹר וּרְשָׁעִים בַּחֹשֶׁךְ יִדָּמּוּ כִּי־לֹא ט
ב בְכֹחַ יִגְבַּר־אִישׁ: יְהוָה יֵחַתּוּ מְרִיבָו עָלָו בַּשָּׁמַיִם יַרְעֵם יְהוָה י

יָדִין אַפְסֵי־אָרֶץ וְיִתֶּן־עֹז לְמַלְכּוֹ וְיָרֵם קֶרֶן מְשִׁיחוֹ׃
יא וַיֵּלֶךְ אֶלְקָנָה הָרָמָתָה עַל־בֵּיתוֹ וְהַנַּעַר הָיָה מְשָׁרֵת אֶת־יהוה
יב אֶת־פְּנֵי עֵלִי הַכֹּהֵן׃ וּבְנֵי עֵלִי בְּנֵי בְלִיָּעַל לֹא יָדְעוּ אֶת־יהוה׃
יג וּמִשְׁפַּט הַכֹּהֲנִים אֶת־הָעָם כָּל־אִישׁ זֹבֵחַ זֶבַח וּבָא נַעַר הַכֹּהֵן
יד כְּבַשֵּׁל הַבָּשָׂר וְהַמַּזְלֵג שְׁלֹשׁ־הַשִּׁנַּיִם בְּיָדוֹ׃ וְהִכָּה בַכִּיּוֹר אוֹ
בַדּוּד אוֹ בַקַּלַּחַת אוֹ בַפָּרוּר כֹּל אֲשֶׁר יַעֲלֶה הַמַּזְלֵג יִקַּח הַכֹּהֵן
טו בּוֹ כָּכָה יַעֲשׂוּ לְכָל־יִשְׂרָאֵל הַבָּאִים שָׁם בְּשִׁלֹה׃ גַּם בְּטֶרֶם
יַקְטִרוּן אֶת־הַחֵלֶב וּבָא ׀ נַעַר הַכֹּהֵן וְאָמַר לָאִישׁ הַזֹּבֵחַ תְּנָה
בָשָׂר לִצְלוֹת לַכֹּהֵן וְלֹא־יִקַּח מִמְּךָ בָּשָׂר מְבֻשָּׁל כִּי אִם־חָי׃
טז וַיֹּאמֶר אֵלָיו הָאִישׁ קַטֵּר יַקְטִירוּן כַּיּוֹם הַחֵלֶב וְקַח־לְךָ
כַּאֲשֶׁר תְּאַוֶּה נַפְשֶׁךָ וְאָמַר ׀ לוֹ כִּי עַתָּה תִתֵּן וְאִם־לֹא לָקַחְתִּי לֹא
יז בְחָזְקָה׃ וַתְּהִי חַטַּאת הַנְּעָרִים גְּדוֹלָה מְאֹד אֶת־פְּנֵי יהוה כִּי
יח נִאֲצוּ הָאֲנָשִׁים אֵת מִנְחַת יהוה׃ וּשְׁמוּאֵל מְשָׁרֵת אֶת־פְּנֵי
יט יהוה נַעַר חָגוּר אֵפוֹד בָּד׃ וּמְעִיל קָטֹן תַּעֲשֶׂה־לּוֹ אִמּוֹ
וְהַעַלְתָה לוֹ מִיָּמִים ׀ יָמִימָה בַּעֲלוֹתָהּ אֶת־אִישָׁהּ לִזְבֹּחַ אֶת־
כ זֶבַח הַיָּמִים׃ וּבֵרַךְ עֵלִי אֶת־אֶלְקָנָה וְאֶת־אִשְׁתּוֹ וְאָמַר
יָשֵׂם יהוה לְךָ זֶרַע מִן־הָאִשָּׁה הַזֹּאת תַּחַת הַשְּׁאֵלָה אֲשֶׁר
כא שָׁאַל לַיהוה וְהָלְכוּ לִמְקֹמוֹ׃ כִּי־פָקַד יהוה אֶת־חַנָּה וַתַּהַר
וַתֵּלֶד שְׁלֹשָׁה־בָנִים וּשְׁתֵּי בָנוֹת וַיִּגְדַּל הַנַּעַר שְׁמוּאֵל עִם־
כב יהוה׃ וְעֵלִי זָקֵן מְאֹד וְשָׁמַע אֵת כָּל־אֲשֶׁר
יַעֲשׂוּן בָּנָיו לְכָל־יִשְׂרָאֵל וְאֵת אֲשֶׁר־יִשְׁכְּבֻן אֶת־הַנָּשִׁים
כג הַצֹּבְאוֹת פֶּתַח אֹהֶל מוֹעֵד׃ וַיֹּאמֶר לָהֶם לָמָּה תַעֲשׂוּן כַּדְּבָרִים
הָאֵלֶּה אֲשֶׁר אָנֹכִי שֹׁמֵעַ אֶת־דִּבְרֵיכֶם רָעִים מֵאֵת כָּל־הָעָם
כד אֵלֶּה׃ אַל בָּנָי כִּי לוֹא־טוֹבָה הַשְּׁמֻעָה אֲשֶׁר אָנֹכִי שֹׁמֵעַ
כה מַעֲבִרִים עַם־יהוה׃ אִם־יֶחֱטָא אִישׁ לְאִישׁ וּפִלְלוֹ אֱלֹהִים
וְאִם לַיהוה יֶחֱטָא־אִישׁ מִי יִתְפַּלֶּל־לוֹ וְלֹא יִשְׁמְעוּ לְקוֹל
כו אֲבִיהֶם כִּי־חָפֵץ יהוה לַהֲמִיתָם׃ וְהַנַּעַר שְׁמוּאֵל הֹלֵךְ וְגָדֵל

וְטוֹב גַּם עִם־יְהוָה וְגַם עִם־אֲנָשִׁים׃
כז וַיָּבֹא אִישׁ־אֱלֹהִים אֶל־עֵלִי וַיֹּאמֶר אֵלָיו כֹּה אָמַר יְהוָה הֲנִגְלֹה
כח נִגְלֵיתִי אֶל־בֵּית אָבִיךָ בִּהְיוֹתָם בְּמִצְרַיִם לְבֵית פַּרְעֹה׃ וּבָחֹר
אֹתוֹ מִכָּל־שִׁבְטֵי יִשְׂרָאֵל לִי לְכֹהֵן לַעֲלוֹת עַל־מִזְבְּחִי לְהַקְטִיר
קְטֹרֶת לָשֵׂאת אֵפוֹד לְפָנָי וָאֶתְּנָה לְבֵית אָבִיךָ אֶת־כָּל־אִשֵּׁי
כט בְּנֵי יִשְׂרָאֵל׃ לָמָּה תִבְעֲטוּ בְּזִבְחִי וּבְמִנְחָתִי אֲשֶׁר צִוִּיתִי מָעוֹן
וַתְּכַבֵּד אֶת־בָּנֶיךָ מִמֶּנִּי לְהַבְרִיאֲכֶם מֵרֵאשִׁית כָּל־מִנְחַת
ל יִשְׂרָאֵל לְעַמִּי׃ לָכֵן נְאֻם יְהוָה אֱלֹהֵי יִשְׂרָאֵל אָמוֹר אָמַרְתִּי
בֵּיתְךָ וּבֵית אָבִיךָ יִתְהַלְּכוּ לְפָנַי עַד־עוֹלָם וְעַתָּה נְאֻם־יְהוָה
לא חָלִילָה לִּי כִּי־מְכַבְּדַי אֲכַבֵּד וּבֹזַי יֵקָלּוּ׃ הִנֵּה יָמִים בָּאִים
וְגָדַעְתִּי אֶת־זְרֹעֲךָ וְאֶת־זְרֹעַ בֵּית אָבִיךָ מִהְיוֹת זָקֵן בְּבֵיתֶךָ׃

נבואה על נטילת הכהונה מבית עלי מל״א ב, כו-כז

לב וְהִבַּטְתָּ צַר מָעוֹן בְּכֹל אֲשֶׁר־יֵיטִיב אֶת־יִשְׂרָאֵל וְלֹא־יִהְיֶה
לג זָקֵן בְּבֵיתְךָ כָּל־הַיָּמִים׃ וְאִישׁ לֹא־אַכְרִית לְךָ מֵעִם מִזְבְּחִי
לְכַלּוֹת אֶת־עֵינֶיךָ וְלַאֲדִיב אֶת־נַפְשֶׁךָ וְכָל־מַרְבִּית בֵּיתְךָ
לד יָמוּתוּ אֲנָשִׁים׃ וְזֶה־לְּךָ הָאוֹת אֲשֶׁר יָבֹא אֶל־שְׁנֵי בָנֶיךָ אֶל־

מות חפני ופינחס שמ״א ד, יא

לה חָפְנִי וּפִינְחָס בְּיוֹם אֶחָד יָמוּתוּ שְׁנֵיהֶם׃ וַהֲקִימֹתִי לִי כֹּהֵן נֶאֱמָן
כַּאֲשֶׁר בִּלְבָבִי וּבְנַפְשִׁי יַעֲשֶׂה וּבָנִיתִי לוֹ בַּיִת נֶאֱמָן וְהִתְהַלֵּךְ
לו לִפְנֵי־מְשִׁיחִי כָּל־הַיָּמִים׃ וְהָיָה כָּל־הַנּוֹתָר בְּבֵיתְךָ יָבוֹא
לְהִשְׁתַּחֲוֺת לוֹ לַאֲגוֹרַת כֶּסֶף וְכִכַּר־לָחֶם וְאָמַר סְפָחֵנִי נָא אֶל־
א ג אַחַת הַכְּהֻנּוֹת לֶאֱכֹל פַּת־לָחֶם׃ וְהַנַּעַר שְׁמוּאֵל
מְשָׁרֵת אֶת־יְהוָה לִפְנֵי עֵלִי וּדְבַר יְהוָה הָיָה יָקָר בַּיָּמִים הָהֵם
ב אֵין חָזוֹן נִפְרָץ׃ וַיְהִי בַּיּוֹם הַהוּא וְעֵלִי שֹׁכֵב בִּמְקוֹמוֹ וְעֵינָו הֵחֵלּוּ
ג כֵהוֹת לֹא יוּכַל לִרְאוֹת׃ וְנֵר אֱלֹהִים טֶרֶם יִכְבֶּה וּשְׁמוּאֵל שֹׁכֵב
ד בְּהֵיכַל יְהוָה אֲשֶׁר־שָׁם אֲרוֹן אֱלֹהִים׃ וַיִּקְרָא
ה יְהוָה אֶל־שְׁמוּאֵל וַיֹּאמֶר הִנֵּנִי׃ וַיָּרָץ אֶל־עֵלִי וַיֹּאמֶר הִנְנִי כִּי־
ו קָרָאתָ לִּי וַיֹּאמֶר לֹא־קָרָאתִי שׁוּב שְׁכָב וַיֵּלֶךְ וַיִּשְׁכָּב׃ וַיֹּסֶף
יְהוָה קְרֹא עוֹד שְׁמוּאֵל וַיָּקָם שְׁמוּאֵל וַיֵּלֶךְ אֶל־עֵלִי וַיֹּאמֶר

ז הִנְנִי כִּי קָרָאתָ לִי וַיֹּאמֶר לֹא־קָרָאתִי בְנִי שׁוּב שְׁכָב׃ וּשְׁמוּאֵל
ח טֶרֶם יָדַע אֶת־יְהוָה וְטֶרֶם יִגָּלֶה אֵלָיו דְּבַר־יְהוָה׃ וַיֹּסֶף יְהוָה
קְרֹא־שְׁמוּאֵל בַּשְּׁלִשִׁית וַיָּקָם וַיֵּלֶךְ אֶל־עֵלִי וַיֹּאמֶר הִנְנִי כִּי
ט קָרָאתָ לִי וַיָּבֶן עֵלִי כִּי יְהוָה קֹרֵא לַנָּעַר׃ וַיֹּאמֶר עֵלִי לִשְׁמוּאֵל
לֵךְ שְׁכָב וְהָיָה אִם־יִקְרָא אֵלֶיךָ וְאָמַרְתָּ דַּבֵּר יְהוָה כִּי שֹׁמֵעַ
י עַבְדֶּךָ וַיֵּלֶךְ שְׁמוּאֵל וַיִּשְׁכַּב בִּמְקוֹמוֹ׃ וַיָּבֹא יְהוָה וַיִּתְיַצַּב וַיִּקְרָא
כְפַעַם־בְּפַעַם שְׁמוּאֵל ׀ שְׁמוּאֵל וַיֹּאמֶר שְׁמוּאֵל דַּבֵּר כִּי שֹׁמֵעַ
יא עַבְדֶּךָ׃ וַיֹּאמֶר יְהוָה אֶל־שְׁמוּאֵל הִנֵּה אָנֹכִי
יב עֹשֶׂה דָבָר בְּיִשְׂרָאֵל אֲשֶׁר כָּל־שֹׁמְעוֹ תְּצִלֶּינָה שְׁתֵּי אָזְנָיו׃ בַּיּוֹם
הַהוּא אָקִים אֶל־עֵלִי אֵת כָּל־אֲשֶׁר דִּבַּרְתִּי אֶל־בֵּיתוֹ הָחֵל
יג וְכַלֵּה׃ וְהִגַּדְתִּי לוֹ כִּי־שֹׁפֵט אֲנִי אֶת־בֵּיתוֹ עַד־עוֹלָם בַּעֲוֺן
יד אֲשֶׁר־יָדַע כִּי־מְקַלְלִים לָהֶם בָּנָיו וְלֹא כִהָה בָּם׃ וְלָכֵן נִשְׁבַּעְתִּי
לְבֵית עֵלִי אִם־יִתְכַּפֵּר עֲוֺן בֵּית־עֵלִי בְּזֶבַח וּבְמִנְחָה עַד־עוֹלָם׃
טו וַיִּשְׁכַּב שְׁמוּאֵל עַד־הַבֹּקֶר וַיִּפְתַּח אֶת־דַּלְתוֹת בֵּית־יְהוָה
טז וּשְׁמוּאֵל יָרֵא מֵהַגִּיד אֶת־הַמַּרְאָה אֶל־עֵלִי׃ וַיִּקְרָא עֵלִי אֶת־
יז שְׁמוּאֵל וַיֹּאמֶר שְׁמוּאֵל בְּנִי וַיֹּאמֶר הִנֵּנִי׃ וַיֹּאמֶר מָה הַדָּבָר
אֲשֶׁר דִּבֶּר אֵלֶיךָ אַל־נָא תְכַחֵד מִמֶּנִּי כֹּה יַעֲשֶׂה־לְּךָ אֱלֹהִים
וְכֹה יוֹסִיף אִם־תְּכַחֵד מִמֶּנִּי דָּבָר מִכָּל־הַדָּבָר אֲשֶׁר־דִּבֶּר
יח אֵלֶיךָ׃ וַיַּגֶּד־לוֹ שְׁמוּאֵל אֶת־כָּל־הַדְּבָרִים וְלֹא כִחֵד מִמֶּנּוּ
יט וַיֹּאמַר יְהוָה הוּא הַטּוֹב בְּעֵינָו יַעֲשֶׂה׃ וַיִּגְדַּל
ג כ שְׁמוּאֵל וַיהוָה הָיָה עִמּוֹ וְלֹא־הִפִּיל מִכָּל־דְּבָרָיו אָרְצָה׃ וַיֵּדַע
כָּל־יִשְׂרָאֵל מִדָּן וְעַד־בְּאֵר שָׁבַע כִּי־נֶאֱמָן שְׁמוּאֵל לְנָבִיא
כא לַיהוָה׃ וַיֹּסֶף יְהוָה לְהֵרָאֹה בְשִׁלֹה כִּי־נִגְלָה
ד א יְהוָה אֶל־שְׁמוּאֵל בְּשִׁלוֹ בִּדְבַר יְהוָה׃ וַיְהִי
דְבַר־שְׁמוּאֵל לְכָל־יִשְׂרָאֵל וַיֵּצֵא יִשְׂרָאֵל
לִקְרַאת פְּלִשְׁתִּים לַמִּלְחָמָה וַיַּחֲנוּ עַל־הָאֶבֶן הָעֵזֶר וּפְלִשְׁתִּים
ב חָנוּ בַאֲפֵק׃ וַיַּעַרְכוּ פְלִשְׁתִּים לִקְרַאת יִשְׂרָאֵל וַתִּטֹּשׁ הַמִּלְחָמָה

וַיִּנָּגֶף יִשְׂרָאֵל לִפְנֵי פְלִשְׁתִּים וַיַּכּוּ בַמַּעֲרָכָה בַּשָּׂדֶה כְּאַרְבַּעַת
ג אֲלָפִים אִישׁ׃ וַיָּבֹא הָעָם אֶל־הַמַּחֲנֶה וַיֹּאמְרוּ זִקְנֵי יִשְׂרָאֵל
לָמָּה נְגָפָנוּ יְהוָה הַיּוֹם לִפְנֵי פְלִשְׁתִּים נִקְחָה אֵלֵינוּ מִשִּׁלֹה אֶת־
ד אֲרוֹן בְּרִית יְהוָה וְיָבֹא בְקִרְבֵּנוּ וְיֹשִׁעֵנוּ מִכַּף אֹיְבֵינוּ׃ וַיִּשְׁלַח
הָעָם שִׁלֹה וַיִּשְׂאוּ מִשָּׁם אֵת אֲרוֹן בְּרִית־יְהוָה צְבָאוֹת יֹשֵׁב
הַכְּרֻבִים וְשָׁם שְׁנֵי בְנֵי־עֵלִי עִם־אֲרוֹן בְּרִית הָאֱלֹהִים חָפְנִי
ה וּפִינְחָס׃ וַיְהִי כְּבוֹא אֲרוֹן בְּרִית־יְהוָה אֶל־הַמַּחֲנֶה וַיָּרִעוּ כָל־
ו יִשְׂרָאֵל תְּרוּעָה גְדוֹלָה וַתֵּהֹם הָאָרֶץ׃ וַיִּשְׁמְעוּ פְלִשְׁתִּים אֶת־
קוֹל הַתְּרוּעָה וַיֹּאמְרוּ מֶה קוֹל הַתְּרוּעָה הַגְּדוֹלָה הַזֹּאת
ז בְּמַחֲנֵה הָעִבְרִים וַיֵּדְעוּ כִּי אֲרוֹן יְהוָה בָּא אֶל־הַמַּחֲנֶה׃ וַיִּרְאוּ
הַפְּלִשְׁתִּים כִּי אָמְרוּ בָּא אֱלֹהִים אֶל־הַמַּחֲנֶה וַיֹּאמְרוּ אוֹי לָנוּ
ח כִּי לֹא הָיְתָה כָּזֹאת אֶתְמוֹל שִׁלְשֹׁם׃ אוֹי לָנוּ מִי יַצִּילֵנוּ מִיַּד
הָאֱלֹהִים הָאַדִּירִים הָאֵלֶּה אֵלֶּה הֵם הָאֱלֹהִים הַמַּכִּים אֶת־
ט מִצְרַיִם בְּכָל־מַכָּה בַּמִּדְבָּר׃ הִתְחַזְּקוּ וִהְיוּ לַאֲנָשִׁים פְּלִשְׁתִּים
פֶּן תַּעַבְדוּ לָעִבְרִים כַּאֲשֶׁר עָבְדוּ לָכֶם וִהְיִיתֶם לַאֲנָשִׁים
י וְנִלְחַמְתֶּם׃ וַיִּלָּחֲמוּ פְלִשְׁתִּים וַיִּנָּגֶף יִשְׂרָאֵל וַיָּנֻסוּ אִישׁ לְאֹהָלָיו
וַתְּהִי הַמַּכָּה גְּדוֹלָה מְאֹד וַיִּפֹּל מִיִּשְׂרָאֵל שְׁלֹשִׁים אֶלֶף רַגְלִי׃
יא יב וַאֲרוֹן אֱלֹהִים נִלְקָח וּשְׁנֵי בְנֵי־עֵלִי מֵתוּ חָפְנִי וּפִינְחָס׃ וַיָּרָץ מות חפני ופינחס שמ״א ב, לד
אִישׁ־בִּנְיָמִן מֵהַמַּעֲרָכָה וַיָּבֹא שִׁלֹה בַּיּוֹם הַהוּא וּמַדָּיו קְרֻעִים
יג וַאֲדָמָה עַל־רֹאשׁוֹ׃ וַיָּבוֹא וְהִנֵּה עֵלִי יֹשֵׁב עַל־הַכִּסֵּא יך דֶּרֶךְ יַד
מְצַפֶּה כִּי־הָיָה לִבּוֹ חָרֵד עַל אֲרוֹן הָאֱלֹהִים וְהָאִישׁ בָּא לְהַגִּיד
יד בָּעִיר וַתִּזְעַק כָּל־הָעִיר׃ וַיִּשְׁמַע עֵלִי אֶת־קוֹל הַצְּעָקָה וַיֹּאמֶר
טו מֶה קוֹל הֶהָמוֹן הַזֶּה וְהָאִישׁ מִהַר וַיָּבֹא וַיַּגֵּד לְעֵלִי׃ וְעֵלִי בֶּן־
טז תִּשְׁעִים וּשְׁמֹנֶה שָׁנָה וְעֵינָיו קָמָה וְלֹא יָכוֹל לִרְאוֹת׃ וַיֹּאמֶר
הָאִישׁ אֶל־עֵלִי אָנֹכִי הַבָּא מִן־הַמַּעֲרָכָה וַאֲנִי מִן־הַמַּעֲרָכָה
יז נַסְתִּי הַיּוֹם וַיֹּאמֶר מֶה־הָיָה הַדָּבָר בְּנִי׃ וַיַּעַן הַמְבַשֵּׂר וַיֹּאמֶר
נָס יִשְׂרָאֵל לִפְנֵי פְלִשְׁתִּים וְגַם מַגֵּפָה גְדוֹלָה הָיְתָה בָעָם וְגַם־

יח שְׁנֵי בָנֶיךָ מֵתוּ חָפְנִי וּפִינְחָס וַאֲרוֹן הָאֱלֹהִים נִלְקָחָה: וַיְהִי
כְּהַזְכִּירוֹ ׀ אֶת־אֲרוֹן הָאֱלֹהִים וַיִּפֹּל מֵעַל־הַכִּסֵּא אֲחֹרַנִּית בְּעַד ׀
יַד הַשַּׁעַר וַתִּשָּׁבֵר מַפְרַקְתּוֹ וַיָּמֹת כִּי־זָקֵן הָאִישׁ וְכָבֵד וְהוּא
יט שָׁפַט אֶת־יִשְׂרָאֵל אַרְבָּעִים שָׁנָה: וְכַלָּתוֹ אֵשֶׁת־פִּינְחָס הָרָה
לָלַת וַתִּשְׁמַע אֶת־הַשְּׁמוּעָה אֶל־הִלָּקַח אֲרוֹן הָאֱלֹהִים וּמֵת
כ חָמִיהָ וְאִישָׁהּ וַתִּכְרַע וַתֵּלֶד כִּי־נֶהֶפְכוּ עָלֶיהָ צִרֶיהָ: וּכְעֵת
מוּתָהּ וַתְּדַבֵּרְנָה הַנִּצָּבוֹת עָלֶיהָ אַל־תִּירְאִי כִּי־בֵן יָלָדְתְּ וְלֹא
כא עָנְתָה וְלֹא־שָׁתָה לִבָּהּ: וַתִּקְרָא לַנַּעַר אִי כָבוֹד לֵאמֹר גָּלָה
כָבוֹד מִיִּשְׂרָאֵל אֶל־הִלָּקַח אֲרוֹן הָאֱלֹהִים וְאֶל־חָמִיהָ וְאִישָׁהּ:
כב וַתֹּאמֶר גָּלָה כָבוֹד מִיִּשְׂרָאֵל כִּי נִלְקַח אֲרוֹן הָאֱלֹהִים:
ה א וּפְלִשְׁתִּים לָקְחוּ אֵת אֲרוֹן הָאֱלֹהִים וַיְבִאֻהוּ מֵאֶבֶן הָעֶזֶר
ב אַשְׁדּוֹדָה: וַיִּקְחוּ פְלִשְׁתִּים אֶת־אֲרוֹן הָאֱלֹהִים וַיָּבִאוּ אֹתוֹ בֵּית
ג דָּגוֹן וַיַּצִּיגוּ אֹתוֹ אֵצֶל דָּגוֹן: וַיַּשְׁכִּמוּ אַשְׁדּוֹדִים מִמָּחֳרָת וְהִנֵּה
דָגוֹן נֹפֵל לְפָנָיו אַרְצָה לִפְנֵי אֲרוֹן יְהוָה וַיִּקְחוּ אֶת־דָּגוֹן וַיָּשִׁבוּ
ד אֹתוֹ לִמְקוֹמוֹ: וַיַּשְׁכִּמוּ בַבֹּקֶר מִמָּחֳרָת וְהִנֵּה דָגוֹן נֹפֵל לְפָנָיו
אַרְצָה לִפְנֵי אֲרוֹן יְהוָה וְרֹאשׁ דָּגוֹן וּשְׁתֵּי ׀ כַּפּוֹת יָדָיו כְּרֻתוֹת
ה אֶל־הַמִּפְתָּן רַק דָּגוֹן נִשְׁאַר עָלָיו: עַל־כֵּן לֹא־יִדְרְכוּ כֹהֲנֵי דָגוֹן
וְכָל־הַבָּאִים בֵּית־דָּגוֹן עַל־מִפְתַּן דָּגוֹן בְּאַשְׁדּוֹד עַד הַיּוֹם
ו הַזֶּה: וַתִּכְבַּד יַד־יְהוָה אֶל־הָאַשְׁדּוֹדִים וַיְשִׁמֵּם
ז וַיַּךְ אֹתָם בעפלים אֶת־אַשְׁדּוֹד וְאֶת־גְּבוּלֶיהָ: וַיִּרְאוּ אַנְשֵׁי־ בַּטְּחֹרִים
אַשְׁדּוֹד כִּי־כֵן וְאָמְרוּ לֹא־יֵשֵׁב אֲרוֹן אֱלֹהֵי יִשְׂרָאֵל עִמָּנוּ כִּי־
ח קָשְׁתָה יָדוֹ עָלֵינוּ וְעַל דָּגוֹן אֱלֹהֵינוּ: וַיִּשְׁלְחוּ וַיַּאַסְפוּ אֶת־כָּל־
סַרְנֵי פְלִשְׁתִּים אֲלֵיהֶם וַיֹּאמְרוּ מַה־נַּעֲשֶׂה לַאֲרוֹן אֱלֹהֵי
יִשְׂרָאֵל וַיֹּאמְרוּ גַּת יִסֹּב אֲרוֹן אֱלֹהֵי יִשְׂרָאֵל וַיַּסֵּבּוּ אֶת־אֲרוֹן
ט אֱלֹהֵי יִשְׂרָאֵל: וַיְהִי אַחֲרֵי ׀ הֵסַבּוּ אֹתוֹ וַתְּהִי יַד־יְהוָה בָּעִיר
מְהוּמָה גְּדוֹלָה מְאֹד וַיַּךְ אֶת־אַנְשֵׁי הָעִיר מִקָּטֹן וְעַד־גָּדוֹל
י וַיִּשָּׂתְרוּ לָהֶם עפלים: וַיְשַׁלְּחוּ אֶת־אֲרוֹן הָאֱלֹהִים עֶקְרוֹן וַיְהִי טְחֹרִים

כְּבוֹא אֲרוֹן הָאֱלֹהִים עֶקְרוֹן וַיִּזְעֲקוּ הָעֶקְרֹנִים לֵאמֹר הֵסַבּוּ
יא אֵלַי אֶת־אֲרוֹן אֱלֹהֵי יִשְׂרָאֵל לַהֲמִיתֵנִי וְאֶת־עַמִּי: וַיִּשְׁלְחוּ
וַיַּאַסְפוּ אֶת־כָּל־סַרְנֵי פְלִשְׁתִּים וַיֹּאמְרוּ שַׁלְּחוּ אֶת־אֲרוֹן אֱלֹהֵי
יִשְׂרָאֵל וְיָשֹׁב לִמְקֹמוֹ וְלֹא־יָמִית אֹתִי וְאֶת־עַמִּי כִּי־הָיְתָה
מְהוּמַת־מָוֶת בְּכָל־הָעִיר כָּבְדָה מְאֹד יַד הָאֱלֹהִים שָׁם:
יב וְהָאֲנָשִׁים אֲשֶׁר לֹא־מֵתוּ הֻכּוּ בעפלים וַתַּעַל שַׁוְעַת הָעִיר בַּטְּחֹרִים
ו א הַשָּׁמָיִם: וַיְהִי אֲרוֹן־יהוה בִּשְׂדֵה פְלִשְׁתִּים
ב שִׁבְעָה חֳדָשִׁים: וַיִּקְרְאוּ פְלִשְׁתִּים לַכֹּהֲנִים וְלַקֹּסְמִים לֵאמֹר
מַה־נַּעֲשֶׂה לַאֲרוֹן יהוה הוֹדִעֻנוּ בַּמֶּה נְשַׁלְּחֶנּוּ לִמְקוֹמוֹ:
ג וַיֹּאמְרוּ אִם־מְשַׁלְּחִים אֶת־אֲרוֹן אֱלֹהֵי יִשְׂרָאֵל אַל־תְּשַׁלְּחוּ
אֹתוֹ רֵיקָם כִּי־הָשֵׁב תָּשִׁיבוּ לוֹ אָשָׁם אָז תֵּרָפְאוּ וְנוֹדַע לָכֶם
ד לָמָּה לֹא־תָסוּר יָדוֹ מִכֶּם: וַיֹּאמְרוּ מָה הָאָשָׁם אֲשֶׁר נָשִׁיב לוֹ
וַיֹּאמְרוּ מִסְפַּר סַרְנֵי פְלִשְׁתִּים חֲמִשָּׁה עפלי זָהָב וַחֲמִשָּׁה טְחֹרֵי
ה עַכְבְּרֵי זָהָב כִּי־מַגֵּפָה אַחַת לְכֻלָּם וּלְסַרְנֵיכֶם: וַעֲשִׂיתֶם צַלְמֵי
עפליכם וְצַלְמֵי עַכְבְּרֵיכֶם הַמַּשְׁחִיתִם אֶת־הָאָרֶץ וּנְתַתֶּם טְחֹרֵיכֶם
לֵאלֹהֵי יִשְׂרָאֵל כָּבוֹד אוּלַי יָקֵל אֶת־יָדוֹ מֵעֲלֵיכֶם וּמֵעַל
ו אֱלֹהֵיכֶם וּמֵעַל אַרְצְכֶם: וְלָמָּה תְכַבְּדוּ אֶת־לְבַבְכֶם כַּאֲשֶׁר
כִּבְּדוּ מִצְרַיִם וּפַרְעֹה אֶת־לִבָּם הֲלוֹא כַּאֲשֶׁר הִתְעַלֵּל בָּהֶם
ז וַיְשַׁלְּחוּם וַיֵּלֵכוּ: וְעַתָּה קְחוּ וַעֲשׂוּ עֲגָלָה חֲדָשָׁה אֶחָת וּשְׁתֵּי
פָרוֹת עָלוֹת אֲשֶׁר לֹא־עָלָה עֲלֵיהֶם עֹל וַאֲסַרְתֶּם אֶת־הַפָּרוֹת
ח בָּעֲגָלָה וַהֲשֵׁיבֹתֶם בְּנֵיהֶם מֵאַחֲרֵיהֶם הַבָּיְתָה: וּלְקַחְתֶּם אֶת־
אֲרוֹן יהוה וּנְתַתֶּם אֹתוֹ אֶל־הָעֲגָלָה וְאֵת ׀ כְּלֵי הַזָּהָב אֲשֶׁר
הֲשֵׁבֹתֶם לוֹ אָשָׁם תָּשִׂימוּ בָאַרְגַּז מִצִּדּוֹ וְשִׁלַּחְתֶּם אֹתוֹ וְהָלָךְ:
ט וּרְאִיתֶם אִם־דֶּרֶךְ גְּבוּלוֹ יַעֲלֶה בֵּית שֶׁמֶשׁ הוּא עָשָׂה לָנוּ אֶת־
הָרָעָה הַגְּדוֹלָה הַזֹּאת וְאִם־לֹא וְיָדַעְנוּ כִּי לֹא יָדוֹ נָגְעָה
י בָּנוּ מִקְרֶה הוּא הָיָה לָנוּ: וַיַּעֲשׂוּ הָאֲנָשִׁים כֵּן וַיִּקְחוּ שְׁתֵּי
יא פָרוֹת עָלוֹת וַיַּאַסְרוּם בָּעֲגָלָה וְאֶת־בְּנֵיהֶם כָּלוּ בַבָּיִת: וַיָּשִׂמוּ

הכבדת לב פרעה, ומכות מצרים
שמות ז-יב

אֶת־אֲרוֹן יהוה אֶל־הָעֲגָלָה וְאֵת הָאַרְגַּז וְאֵת עַכְבְּרֵי הַזָּהָב
יב וְאֵת צַלְמֵי טְחֹרֵיהֶם: וַיִּשַּׁרְנָה הַפָּרוֹת בַּדֶּרֶךְ עַל־דֶּרֶךְ בֵּית
שֶׁמֶשׁ בִּמְסִלָּה אַחַת הָלְכוּ הָלֹךְ וְגָעוֹ וְלֹא־סָרוּ יָמִין וּשְׂמֹאול
יג וְסַרְנֵי פְלִשְׁתִּים הֹלְכִים אַחֲרֵיהֶם עַד־גְּבוּל בֵּית שָׁמֶשׁ: וּבֵית
שֶׁמֶשׁ קֹצְרִים קְצִיר־חִטִּים בָּעֵמֶק וַיִּשְׂאוּ אֶת־עֵינֵיהֶם וַיִּרְאוּ
יד אֶת־הָאָרוֹן וַיִּשְׂמְחוּ לִרְאוֹת: וְהָעֲגָלָה בָּאָה אֶל־שְׂדֵה יְהוֹשֻׁעַ ד
בֵּית־הַשִּׁמְשִׁי וַתַּעֲמֹד שָׁם וְשָׁם אֶבֶן גְּדוֹלָה וַיְבַקְּעוּ אֶת־עֲצֵי
טו הָעֲגָלָה וְאֶת־הַפָּרוֹת הֶעֱלוּ עֹלָה לַיהוה: וְהַלְוִיִּם
הוֹרִידוּ ׀ אֶת־אֲרוֹן יהוה וְאֶת־הָאַרְגַּז אֲשֶׁר־אִתּוֹ אֲשֶׁר־בּוֹ
כְלֵי־זָהָב וַיָּשִׂמוּ אֶל־הָאֶבֶן הַגְּדוֹלָה וְאַנְשֵׁי בֵית־שֶׁמֶשׁ הֶעֱלוּ
טז עֹלוֹת וַיִּזְבְּחוּ זְבָחִים בַּיּוֹם הַהוּא לַיהוה: וַחֲמִשָּׁה סַרְנֵי־
יז פְלִשְׁתִּים רָאוּ וַיָּשֻׁבוּ עֶקְרוֹן בַּיּוֹם הַהוּא: וְאֵלֶּה
טְחֹרֵי הַזָּהָב אֲשֶׁר הֵשִׁיבוּ פְלִשְׁתִּים אָשָׁם לַיהוה לְאַשְׁדּוֹד
אֶחָד לְעַזָּה אֶחָד לְאַשְׁקְלוֹן אֶחָד לְגַת אֶחָד לְעֶקְרוֹן
יח אֶחָד: וְעַכְבְּרֵי הַזָּהָב מִסְפַּר כָּל־עָרֵי פְלִשְׁתִּים
לַחֲמֵשֶׁת הַסְּרָנִים מֵעִיר מִבְצָר וְעַד כֹּפֶר הַפְּרָזִי וְעַד ׀ אָבֵל
הַגְּדוֹלָה אֲשֶׁר הִנִּיחוּ עָלֶיהָ אֵת אֲרוֹן יהוה עַד הַיּוֹם הַזֶּה בִּשְׂדֵה
יט יְהוֹשֻׁעַ בֵּית־הַשִּׁמְשִׁי: וַיַּךְ בְּאַנְשֵׁי בֵית־שֶׁמֶשׁ כִּי רָאוּ בַּאֲרוֹן
יהוה וַיַּךְ בָּעָם שִׁבְעִים אִישׁ חֲמִשִּׁים אֶלֶף אִישׁ וַיִּתְאַבְּלוּ הָעָם
כ כִּי־הִכָּה יהוה בָּעָם מַכָּה גְדוֹלָה: וַיֹּאמְרוּ אַנְשֵׁי בֵית־שֶׁמֶשׁ
מִי יוּכַל לַעֲמֹד לִפְנֵי יהוה הָאֱלֹהִים הַקָּדוֹשׁ הַזֶּה וְאֶל־מִי
כא יַעֲלֶה מֵעָלֵינוּ: וַיִּשְׁלְחוּ מַלְאָכִים אֶל־יוֹשְׁבֵי קִרְיַת־יְעָרִים
לֵאמֹר הֵשִׁבוּ פְלִשְׁתִּים אֶת־אֲרוֹן יהוה רְדוּ הַעֲלוּ אֹתוֹ
ז א אֲלֵיכֶם: וַיָּבֹאוּ אַנְשֵׁי ׀ קִרְיַת יְעָרִים וַיַּעֲלוּ אֶת־אֲרוֹן יהוה
וַיָּבִאוּ אֹתוֹ אֶל־בֵּית אֲבִינָדָב בַּגִּבְעָה וְאֶת־אֶלְעָזָר בְּנוֹ קִדְּשׁוּ
ב לִשְׁמֹר אֶת־אֲרוֹן יהוה: וַיְהִי מִיּוֹם שֶׁבֶת הָאָרוֹן
בְּקִרְיַת יְעָרִים וַיִּרְבּוּ הַיָּמִים וַיִּהְיוּ עֶשְׂרִים שָׁנָה וַיִּנָּהוּ כָּל־בֵּית

יִשְׂרָאֵל אַחֲרֵי יְהוָה׃ וַיֹּאמֶר שְׁמוּאֵל אֶל־כָּל־ ג
בֵּית יִשְׂרָאֵל לֵאמֹר אִם־בְּכָל־לְבַבְכֶם אַתֶּם שָׁבִים אֶל־יְהוָה
הָסִירוּ אֶת־אֱלֹהֵי הַנֵּכָר מִתּוֹכְכֶם וְהָעַשְׁתָּרוֹת וְהָכִינוּ לְבַבְכֶם
אֶל־יְהוָה וְעִבְדֻהוּ לְבַדּוֹ וְיַצֵּל אֶתְכֶם מִיַּד פְּלִשְׁתִּים׃ וַיָּסִירוּ בְּנֵי ד
יִשְׂרָאֵל אֶת־הַבְּעָלִים וְאֶת־הָעַשְׁתָּרֹת וַיַּעַבְדוּ אֶת־יְהוָה
לְבַדּוֹ׃ וַיֹּאמֶר שְׁמוּאֵל קִבְצוּ אֶת־כָּל־יִשְׂרָאֵל ה
הַמִּצְפָּתָה וְאֶתְפַּלֵּל בַּעַדְכֶם אֶל־יְהוָה׃ וַיִּקָּבְצוּ הַמִּצְפָּתָה ו
וַיִּשְׁאֲבוּ־מַיִם וַיִּשְׁפְּכוּ ׀ לִפְנֵי יְהוָה וַיָּצוּמוּ בַּיּוֹם הַהוּא וַיֹּאמְרוּ
שָׁם חָטָאנוּ לַיהוָה וַיִּשְׁפֹּט שְׁמוּאֵל אֶת־בְּנֵי יִשְׂרָאֵל בַּמִּצְפָּה׃
וַיִּשְׁמְעוּ פְלִשְׁתִּים כִּי־הִתְקַבְּצוּ בְנֵי־יִשְׂרָאֵל הַמִּצְפָּתָה וַיַּעֲלוּ ז
סַרְנֵי־פְלִשְׁתִּים אֶל־יִשְׂרָאֵל וַיִּשְׁמְעוּ בְּנֵי יִשְׂרָאֵל וַיִּרְאוּ מִפְּנֵי
פְּלִשְׁתִּים׃ וַיֹּאמְרוּ בְנֵי־יִשְׂרָאֵל אֶל־שְׁמוּאֵל אַל־תַּחֲרֵשׁ מִמֶּנּוּ ח
מִזְּעֹק אֶל־יְהוָה אֱלֹהֵינוּ וְיֹשִׁעֵנוּ מִיַּד פְּלִשְׁתִּים׃ וַיִּקַּח שְׁמוּאֵל ט
טְלֵה חָלָב אֶחָד וַיַּעֲלֵה עוֹלָה כָּלִיל לַיהוָה וַיִּזְעַק שְׁמוּאֵל אֶל־
יְהוָה בְּעַד יִשְׂרָאֵל וַיַּעֲנֵהוּ יְהוָה׃ וַיְהִי שְׁמוּאֵל מַעֲלֶה הָעוֹלָה י
וּפְלִשְׁתִּים נִגְּשׁוּ לַמִּלְחָמָה בְּיִשְׂרָאֵל וַיַּרְעֵם יְהוָה ׀ בְּקוֹל־גָּדוֹל
בַּיּוֹם הַהוּא עַל־פְּלִשְׁתִּים וַיְהֻמֵּם וַיִּנָּגְפוּ לִפְנֵי יִשְׂרָאֵל׃ וַיֵּצְאוּ יא
אַנְשֵׁי יִשְׂרָאֵל מִן־הַמִּצְפָּה וַיִּרְדְּפוּ אֶת־פְּלִשְׁתִּים וַיַּכּוּם עַד־
מִתַּחַת לְבֵית כָּר׃ וַיִּקַּח שְׁמוּאֵל אֶבֶן אַחַת וַיָּשֶׂם בֵּין־הַמִּצְפָּה יב
וּבֵין הַשֵּׁן וַיִּקְרָא אֶת־שְׁמָהּ אֶבֶן הָעָזֶר וַיֹּאמַר עַד־הֵנָּה עֲזָרָנוּ
יְהוָה׃ וַיִּכָּנְעוּ הַפְּלִשְׁתִּים וְלֹא־יָסְפוּ עוֹד לָבוֹא בִּגְבוּל יִשְׂרָאֵל יג
וַתְּהִי יַד־יְהוָה בַּפְּלִשְׁתִּים כֹּל יְמֵי שְׁמוּאֵל׃ וַתָּשֹׁבְנָה הֶעָרִים יד
אֲשֶׁר לָקְחוּ־פְלִשְׁתִּים מֵאֵת יִשְׂרָאֵל ׀ לְיִשְׂרָאֵל מֵעֶקְרוֹן וְעַד־
גַּת וְאֶת־גְּבוּלָן הִצִּיל יִשְׂרָאֵל מִיַּד פְּלִשְׁתִּים וַיְהִי שָׁלוֹם
בֵּין יִשְׂרָאֵל וּבֵין הָאֱמֹרִי׃ וַיִּשְׁפֹּט שְׁמוּאֵל אֶת־יִשְׂרָאֵל כֹּל טו
יְמֵי חַיָּיו׃ וְהָלַךְ מִדֵּי שָׁנָה בְּשָׁנָה וְסָבַב בֵּית־אֵל וְהַגִּלְגָּל טז
וְהַמִּצְפָּה וְשָׁפַט אֶת־יִשְׂרָאֵל אֵת כָּל־הַמְּקוֹמוֹת הָאֵלֶּה׃

יז וּתְשֻׁבָתוֹ הָרָמָתָה כִּי־שָׁם בֵּיתוֹ וְשָׁם שְׁפָטָם אֶת־יִשְׂרָאֵל
וַיִּבֶן־שָׁם מִזְבֵּחַ לַיהוָה׃
ח א וַיְהִי כַּאֲשֶׁר זָקֵן שְׁמוּאֵל וַיָּשֶׂם אֶת־בָּנָיו שֹׁפְטִים לְיִשְׂרָאֵל׃
ב וַיְהִי שֶׁם־בְּנוֹ הַבְּכוֹר יוֹאֵל וְשֵׁם מִשְׁנֵהוּ אֲבִיָּה שֹׁפְטִים בִּבְאֵר
ג שָׁבַע׃ וְלֹא־הָלְכוּ בָנָיו בִּדְרָכָו וַיִּטּוּ אַחֲרֵי הַבָּצַע וַיִּקְחוּ־שֹׁחַד
ד וַיַּטּוּ מִשְׁפָּט׃ וַיִּתְקַבְּצוּ כֹּל זִקְנֵי יִשְׂרָאֵל וַיָּבֹאוּ
ה אֶל־שְׁמוּאֵל הָרָמָתָה׃ וַיֹּאמְרוּ אֵלָיו הִנֵּה אַתָּה זָקַנְתָּ וּבָנֶיךָ לֹא
הָלְכוּ בִּדְרָכֶיךָ עַתָּה שִׂימָה־לָּנוּ מֶלֶךְ לְשָׁפְטֵנוּ כְּכָל־הַגּוֹיִם׃
ו וַיֵּרַע הַדָּבָר בְּעֵינֵי שְׁמוּאֵל כַּאֲשֶׁר אָמְרוּ תְּנָה־לָּנוּ מֶלֶךְ
ז לְשָׁפְטֵנוּ וַיִּתְפַּלֵּל שְׁמוּאֵל אֶל־יְהוָה׃ וַיֹּאמֶר
יהוה אֶל־שְׁמוּאֵל שְׁמַע בְּקוֹל הָעָם לְכֹל אֲשֶׁר־יֹאמְרוּ אֵלֶיךָ
ח כִּי לֹא אֹתְךָ מָאָסוּ כִּי־אֹתִי מָאֲסוּ מִמְּלֹךְ עֲלֵיהֶם׃ כְּכָל־
הַמַּעֲשִׂים אֲשֶׁר־עָשׂוּ מִיּוֹם הַעֲלֹתִי אוֹתָם מִמִּצְרַיִם וְעַד־הַיּוֹם
הַזֶּה וַיַּעַזְבֻנִי וַיַּעַבְדוּ אֱלֹהִים אֲחֵרִים כֵּן הֵמָּה עֹשִׂים גַּם־לָךְ׃
ט וְעַתָּה שְׁמַע בְּקוֹלָם אַךְ כִּי־הָעֵד תָּעִיד בָּהֶם וְהִגַּדְתָּ לָהֶם
י מִשְׁפַּט הַמֶּלֶךְ אֲשֶׁר יִמְלֹךְ עֲלֵיהֶם׃ וַיֹּאמֶר
שְׁמוּאֵל אֵת כָּל־דִּבְרֵי יהוה אֶל־הָעָם הַשֹּׁאֲלִים מֵאִתּוֹ
יא מֶלֶךְ׃ וַיֹּאמֶר זֶה יִהְיֶה מִשְׁפַּט הַמֶּלֶךְ אֲשֶׁר יִמְלֹךְ
עֲלֵיכֶם אֶת־בְּנֵיכֶם יִקָּח וְשָׂם לוֹ בְּמֶרְכַּבְתּוֹ וּבְפָרָשָׁיו וְרָצוּ לִפְנֵי
יב מֶרְכַּבְתּוֹ׃ וְלָשׂוּם לוֹ שָׂרֵי אֲלָפִים וְשָׂרֵי חֲמִשִּׁים וְלַחֲרֹשׁ חֲרִישׁוֹ
יג וְלִקְצֹר קְצִירוֹ וְלַעֲשׂוֹת כְּלֵי־מִלְחַמְתּוֹ וּכְלֵי רִכְבּוֹ׃ וְאֶת־
יד בְּנוֹתֵיכֶם יִקָּח לְרַקָּחוֹת וּלְטַבָּחוֹת וּלְאֹפוֹת׃ וְאֶת־שְׂדוֹתֵיכֶם
טו וְאֶת־כַּרְמֵיכֶם וְזֵיתֵיכֶם הַטּוֹבִים יִקָּח וְנָתַן לַעֲבָדָיו׃ וְזַרְעֵיכֶם
טז וְכַרְמֵיכֶם יַעְשֹׂר וְנָתַן לְסָרִיסָיו וְלַעֲבָדָיו׃ וְאֶת־עַבְדֵיכֶם וְאֶת־
שִׁפְחוֹתֵיכֶם וְאֶת־בַּחוּרֵיכֶם הַטּוֹבִים וְאֶת־חֲמוֹרֵיכֶם יִקָּח
יז וְעָשָׂה לִמְלַאכְתּוֹ׃ צֹאנְכֶם יַעְשֹׂר וְאַתֶּם תִּהְיוּ־לוֹ לַעֲבָדִים׃
יח וּזְעַקְתֶּם בַּיּוֹם הַהוּא מִלִּפְנֵי מַלְכְּכֶם אֲשֶׁר בְּחַרְתֶּם לָכֶם וְלֹא־

בני שמואל
דה"א ו, יג

בקשת ישראל
לשים עליהם
מלך
דברים יז, יד-כ

יט יַעֲנֶה יְהוָה אֶתְכֶם בַּיּוֹם הַהוּא׃ וַיְמָאֲנוּ הָעָם לִשְׁמֹעַ בְּקוֹל
כ שְׁמוּאֵל וַיֹּאמְרוּ לֹּא כִּי אִם־מֶלֶךְ יִהְיֶה עָלֵינוּ׃ וְהָיִינוּ גַם־
אֲנַחְנוּ כְּכָל־הַגּוֹיִם וּשְׁפָטָנוּ מַלְכֵּנוּ וְיָצָא לְפָנֵינוּ וְנִלְחַם אֶת־
כא מִלְחֲמֹתֵינוּ׃ וַיִּשְׁמַע שְׁמוּאֵל אֵת כָּל־דִּבְרֵי הָעָם וַיְדַבְּרֵם בְּאָזְנֵי
כב יְהוָה׃ וַיֹּאמֶר יְהוָה אֶל־שְׁמוּאֵל שְׁמַע בְּקוֹלָם
וְהִמְלַכְתָּ לָהֶם מֶלֶךְ וַיֹּאמֶר שְׁמוּאֵל אֶל־אַנְשֵׁי יִשְׂרָאֵל לְכוּ
ט א אִישׁ לְעִירוֹ׃ וַיְהִי־אִישׁ מבן ימין וּשְׁמוֹ קִישׁ בֶּן־ מִבִּנְיָמִין
אֲבִיאֵל בֶּן־צְרוֹר בֶּן־בְּכוֹרַת בֶּן־אֲפִיחַ בֶּן־אִישׁ יְמִינִי גִּבּוֹר
ב חָיִל׃ וְלוֹ־הָיָה בֵן וּשְׁמוֹ שָׁאוּל בָּחוּר וָטוֹב וְאֵין אִישׁ מִבְּנֵי ה
ג יִשְׂרָאֵל טוֹב מִמֶּנּוּ מִשִּׁכְמוֹ וָמַעְלָה גָּבֹהַּ מִכָּל־הָעָם׃ וַתֹּאבַדְנָה
הָאֲתֹנוֹת לְקִישׁ אֲבִי שָׁאוּל וַיֹּאמֶר קִישׁ אֶל־שָׁאוּל בְּנוֹ קַח־נָא
ד אִתְּךָ אֶת־אַחַד מֵהַנְּעָרִים וְקוּם לֵךְ בַּקֵּשׁ אֶת־הָאֲתֹנֹת׃ וַיַּעֲבֹר
בְּהַר־אֶפְרַיִם וַיַּעֲבֹר בְּאֶרֶץ־שָׁלִשָׁה וְלֹא מָצָאוּ וַיַּעַבְרוּ בְאֶרֶץ־
ה שַׁעֲלִים וָאַיִן וַיַּעֲבֹר בְּאֶרֶץ־יְמִינִי וְלֹא מָצָאוּ׃ הֵמָּה בָּאוּ בְּאֶרֶץ
צוּף וְשָׁאוּל אָמַר לְנַעֲרוֹ אֲשֶׁר־עִמּוֹ לְכָה וְנָשׁוּבָה פֶּן־יֶחְדַּל אָבִי
ו מִן־הָאֲתֹנוֹת וְדָאַג לָנוּ׃ וַיֹּאמֶר לוֹ הִנֵּה־נָא אִישׁ־אֱלֹהִים בָּעִיר
הַזֹּאת וְהָאִישׁ נִכְבָּד כֹּל אֲשֶׁר־יְדַבֵּר בּוֹא יָבוֹא עַתָּה נֵלְכָה שָּׁם
ז אוּלַי יַגִּיד לָנוּ אֶת־דַּרְכֵּנוּ אֲשֶׁר־הָלַכְנוּ עָלֶיהָ׃ וַיֹּאמֶר שָׁאוּל
לְנַעֲרוֹ וְהִנֵּה נֵלֵךְ וּמַה־נָּבִיא לָאִישׁ כִּי הַלֶּחֶם אָזַל מִכֵּלֵינוּ
ח וּתְשׁוּרָה אֵין־לְהָבִיא לְאִישׁ הָאֱלֹהִים מָה אִתָּנוּ׃ וַיֹּסֶף הַנַּעַר
לַעֲנוֹת אֶת־שָׁאוּל וַיֹּאמֶר הִנֵּה נִמְצָא בְיָדִי רֶבַע שֶׁקֶל כָּסֶף
ט וְנָתַתִּי לְאִישׁ הָאֱלֹהִים וְהִגִּיד לָנוּ אֶת־דַּרְכֵּנוּ׃ לְפָנִים ׀ בְּיִשְׂרָאֵל
כֹּה־אָמַר הָאִישׁ בְּלֶכְתּוֹ לִדְרוֹשׁ אֱלֹהִים לְכוּ וְנֵלְכָה עַד־הָרֹאֶה
י כִּי לַנָּבִיא הַיּוֹם יִקָּרֵא לְפָנִים הָרֹאֶה׃ וַיֹּאמֶר שָׁאוּל לְנַעֲרוֹ טוֹב
דְּבָרְךָ לְכָה ׀ נֵלֵכָה וַיֵּלְכוּ אֶל־הָעִיר אֲשֶׁר־שָׁם אִישׁ הָאֱלֹהִים׃
יא הֵמָּה עֹלִים בְּמַעֲלֵה הָעִיר וְהֵמָּה מָצְאוּ נְעָרוֹת יֹצְאוֹת לִשְׁאֹב
יב מָיִם וַיֹּאמְרוּ לָהֶן הֲיֵשׁ בָּזֶה הָרֹאֶה׃ וַתַּעֲנֶינָה אוֹתָם וַתֹּאמַרְנָה

ייחוסו של שאול
דה"א ח, לג; ט, לט

יֵשׁ הִנֵּה לְפָנֶיךָ מַהֵר ׀ עַתָּה כִּי הַיּוֹם בָּא לָעִיר כִּי זֶבַח הַיּוֹם
יג לָעָם בַּבָּמָה׃ כְּבֹאֲכֶם הָעִיר כֵּן תִּמְצְאוּן אֹתוֹ בְּטֶרֶם יַעֲלֶה
הַבָּמָתָה לֶאֱכֹל כִּי לֹא־יֹאכַל הָעָם עַד־בֹּאוֹ כִּי־הוּא יְבָרֵךְ
הַזֶּבַח אַחֲרֵי־כֵן יֹאכְלוּ הַקְּרֻאִים וְעַתָּה עֲלוּ כִּי־אֹתוֹ כְהַיּוֹם
יד תִּמְצְאוּן אֹתוֹ׃ וַיַּעֲלוּ הָעִיר הֵמָּה בָּאִים בְּתוֹךְ הָעִיר וְהִנֵּה
טו שְׁמוּאֵל יֹצֵא לִקְרָאתָם לַעֲלוֹת הַבָּמָה׃ וַיהוָה
טז גָּלָה אֶת־אֹזֶן שְׁמוּאֵל יוֹם אֶחָד לִפְנֵי בוֹא־שָׁאוּל לֵאמֹר׃ כָּעֵת ׀
מָחָר אֶשְׁלַח אֵלֶיךָ אִישׁ מֵאֶרֶץ בִּנְיָמִן וּמְשַׁחְתּוֹ לְנָגִיד עַל־עַמִּי
יִשְׂרָאֵל וְהוֹשִׁיעַ אֶת־עַמִּי מִיַּד פְּלִשְׁתִּים כִּי רָאִיתִי אֶת־עַמִּי
יז כִּי בָּאָה צַעֲקָתוֹ אֵלָי׃ וּשְׁמוּאֵל רָאָה אֶת־שָׁאוּל וַיהוָה עָנָהוּ
יח הִנֵּה הָאִישׁ אֲשֶׁר אָמַרְתִּי אֵלֶיךָ זֶה יַעְצֹר בְּעַמִּי׃ וַיִּגַּשׁ שָׁאוּל
אֶת־שְׁמוּאֵל בְּתוֹךְ הַשָּׁעַר וַיֹּאמֶר הַגִּידָה־נָּא לִי אֵי־זֶה בֵּית
יט הָרֹאֶה׃ וַיַּעַן שְׁמוּאֵל אֶת־שָׁאוּל וַיֹּאמֶר אָנֹכִי הָרֹאֶה עֲלֵה
לְפָנַי הַבָּמָה וַאֲכַלְתֶּם עִמִּי הַיּוֹם וְשִׁלַּחְתִּיךָ בַבֹּקֶר וְכֹל אֲשֶׁר
כ בִּלְבָבְךָ אַגִּיד לָךְ׃ וְלָאֲתֹנוֹת הָאֹבְדוֹת לְךָ הַיּוֹם שְׁלֹשֶׁת הַיָּמִים
אַל־תָּשֶׂם אֶת־לִבְּךָ לָהֶם כִּי נִמְצָאוּ וּלְמִי כָּל־חֶמְדַּת יִשְׂרָאֵל
כא הֲלוֹא לְךָ וּלְכֹל בֵּית אָבִיךָ׃ וַיַּעַן שָׁאוּל וַיֹּאמֶר
הֲלוֹא בֶן־יְמִינִי אָנֹכִי מִקַּטַנֵּי שִׁבְטֵי יִשְׂרָאֵל וּמִשְׁפַּחְתִּי הַצְּעִרָה
מִכָּל־מִשְׁפְּחוֹת שִׁבְטֵי בִנְיָמִן וְלָמָּה דִּבַּרְתָּ אֵלַי כַּדָּבָר
כב הַזֶּה׃ וַיִּקַּח שְׁמוּאֵל אֶת־שָׁאוּל וְאֶת־נַעֲרוֹ
וַיְבִיאֵם לִשְׁכָּתָה וַיִּתֵּן לָהֶם מָקוֹם בְּרֹאשׁ הַקְּרוּאִים וְהֵמָּה
כג כִּשְׁלֹשִׁים אִישׁ׃ וַיֹּאמֶר שְׁמוּאֵל לַטַּבָּח תְּנָה אֶת־הַמָּנָה אֲשֶׁר
כד נָתַתִּי לָךְ אֲשֶׁר אָמַרְתִּי אֵלֶיךָ שִׂים אֹתָהּ עִמָּךְ׃ וַיָּרֶם הַטַּבָּח
אֶת־הַשּׁוֹק וְהֶעָלֶיהָ וַיָּשֶׂם ׀ לִפְנֵי שָׁאוּל וַיֹּאמֶר הִנֵּה הַנִּשְׁאָר
שִׂים־לְפָנֶיךָ אֱכֹל כִּי לַמּוֹעֵד שָׁמוּר־לְךָ לֵאמֹר הָעָם קָרָאתִי
כה וַיֹּאכַל שָׁאוּל עִם־שְׁמוּאֵל בַּיּוֹם הַהוּא׃ וַיֵּרְדוּ מֵהַבָּמָה הָעִיר
כו וַיְדַבֵּר עִם־שָׁאוּל עַל־הַגָּג׃ וַיַּשְׁכִּמוּ וַיְהִי כַּעֲלוֹת הַשַּׁחַר וַיִּקְרָא

שְׁמוּאֵל אֶל־שָׁאוּל הַגָּג לֵאמֹר קוּמָה וַאֲשַׁלְּחֶךָּ וַיָּקָם שָׁאוּל
וַיֵּצְאוּ שְׁנֵיהֶם הוּא וּשְׁמוּאֵל הַחוּצָה: הֵמָּה יוֹרְדִים בִּקְצֵה הָעִיר כז
וּשְׁמוּאֵל אָמַר אֶל־שָׁאוּל אֱמֹר לַנַּעַר וְיַעֲבֹר לְפָנֵינוּ וַיַּעֲבֹר וְאַתָּה
עֲמֹד כַּיּוֹם וְאַשְׁמִיעֲךָ אֶת־דְּבַר אֱלֹהִים: וַיִּקַּח א י
שְׁמוּאֵל אֶת־פַּךְ הַשֶּׁמֶן וַיִּצֹק עַל־רֹאשׁוֹ וַיִּשָּׁקֵהוּ וַיֹּאמֶר הֲלוֹא
כִּי־מְשָׁחֲךָ יְהוָה עַל־נַחֲלָתוֹ לְנָגִיד: בְּלֶכְתְּךָ הַיּוֹם מֵעִמָּדִי ב
וּמָצָאתָ שְׁנֵי אֲנָשִׁים עִם־קְבֻרַת רָחֵל בִּגְבוּל בִּנְיָמִן בְּצֶלְצַח
וְאָמְרוּ אֵלֶיךָ נִמְצְאוּ הָאֲתֹנוֹת אֲשֶׁר הָלַכְתָּ לְבַקֵּשׁ וְהִנֵּה נָטַשׁ
אָבִיךָ אֶת־דִּבְרֵי הָאֲתֹנוֹת וְדָאַג לָכֶם לֵאמֹר מָה אֶעֱשֶׂה לִבְנִי:
וְחָלַפְתָּ מִשָּׁם וָהָלְאָה וּבָאתָ עַד־אֵלוֹן תָּבוֹר וּמְצָאוּךָ שָׁם ג
שְׁלֹשָׁה אֲנָשִׁים עֹלִים אֶל־הָאֱלֹהִים בֵּית־אֵל אֶחָד נֹשֵׂא
שְׁלֹשָׁה גְדָיִים וְאֶחָד נֹשֵׂא שְׁלֹשֶׁת כִּכְּרוֹת לֶחֶם וְאֶחָד נֹשֵׂא
נֵבֶל־יָיִן: וְשָׁאֲלוּ לְךָ לְשָׁלוֹם וְנָתְנוּ לְךָ שְׁתֵּי־לֶחֶם וְלָקַחְתָּ ד
מִיָּדָם: אַחַר כֵּן תָּבוֹא גִּבְעַת הָאֱלֹהִים אֲשֶׁר־שָׁם נְצִבֵי ה
פְלִשְׁתִּים וִיהִי כְבֹאֲךָ שָׁם הָעִיר וּפָגַעְתָּ חֶבֶל נְבִאִים יֹרְדִים
מֵהַבָּמָה וְלִפְנֵיהֶם נֵבֶל וְתֹף וְחָלִיל וְכִנּוֹר וְהֵמָּה מִתְנַבְּאִים:
וְצָלְחָה עָלֶיךָ רוּחַ יְהוָה וְהִתְנַבִּיתָ עִמָּם וְנֶהְפַּכְתָּ לְאִישׁ אַחֵר: ו
וְהָיָה כִּי תבאינה הָאֹתוֹת הָאֵלֶּה לָךְ עֲשֵׂה לְךָ אֲשֶׁר תִּמְצָא ז
יָדֶךָ כִּי הָאֱלֹהִים עִמָּךְ: וְיָרַדְתָּ לְפָנַי הַגִּלְגָּל וְהִנֵּה אָנֹכִי יֹרֵד ח
אֵלֶיךָ לְהַעֲלוֹת עֹלוֹת לִזְבֹּחַ זִבְחֵי שְׁלָמִים שִׁבְעַת יָמִים תּוֹחֵל
עַד־בּוֹאִי אֵלֶיךָ וְהוֹדַעְתִּי לְךָ אֵת אֲשֶׁר תַּעֲשֶׂה: וְהָיָה כְּהַפְנֹתוֹ ט
שִׁכְמוֹ לָלֶכֶת מֵעִם שְׁמוּאֵל וַיַּהֲפָךְ־לוֹ אֱלֹהִים לֵב אַחֵר וַיָּבֹאוּ
כָּל־הָאֹתוֹת הָאֵלֶּה בַּיּוֹם הַהוּא: וַיָּבֹאוּ שָׁם י
הַגִּבְעָתָה וְהִנֵּה חֶבֶל־נְבִאִים לִקְרָאתוֹ וַתִּצְלַח עָלָיו רוּחַ אֱלֹהִים
וַיִּתְנַבֵּא בְּתוֹכָם: וַיְהִי כָּל־יוֹדְעוֹ מֵאִתְמוֹל שִׁלְשׁוֹם וַיִּרְאוּ יא
וְהִנֵּה עִם־נְבִאִים נִבָּא וַיֹּאמֶר הָעָם אִישׁ אֶל־
רֵעֵהוּ מַה־זֶּה הָיָה לְבֶן־קִישׁ הֲגַם שָׁאוּל בַּנְּבִיאִים: וַיַּעַן אִישׁ יב

מקום קבורת רחל
בראשית לה, יט-כ

תָבֹאנָה

מפגש שמואל ושאול בגלגל
שמ"א יג, ח-יד

מִשָּׁם וַיֹּאמֶר וּמִי אֲבִיהֶם עַל־כֵּן הָיְתָה לְמָשָׁל הֲגַם שָׁאוּל
יג יד בַּנְּבִאִים׃ וַיְכַל מֵהִתְנַבּוֹת וַיָּבֹא הַבָּמָה׃ וַיֹּאמֶר דּוֹד שָׁאוּל
אֵלָיו וְאֶל־נַעֲרוֹ אָן הֲלַכְתֶּם וַיֹּאמֶר לְבַקֵּשׁ אֶת־הָאֲתֹנוֹת
טו וַנִּרְאֶה כִּי־אַיִן וַנָּבוֹא אֶל־שְׁמוּאֵל׃ וַיֹּאמֶר דּוֹד שָׁאוּל הַגִּידָה־
טז נָּא לִי מָה־אָמַר לָכֶם שְׁמוּאֵל׃ וַיֹּאמֶר שָׁאוּל אֶל־דּוֹדוֹ הַגֵּד
הִגִּיד לָנוּ כִּי נִמְצְאוּ הָאֲתֹנוֹת וְאֶת־דְּבַר הַמְּלוּכָה לֹא־הִגִּיד לוֹ
יז אֲשֶׁר אָמַר שְׁמוּאֵל׃ וַיַּצְעֵק שְׁמוּאֵל אֶת־הָעָם
יח אֶל־יְהוָה הַמִּצְפָּה׃ וַיֹּאמֶר ׀ אֶל־בְּנֵי יִשְׂרָאֵל כֹּה־אָמַר יְהוָה
אֱלֹהֵי יִשְׂרָאֵל אָנֹכִי הֶעֱלֵיתִי אֶת־יִשְׂרָאֵל מִמִּצְרָיִם וָאַצִּיל
אֶתְכֶם מִיַּד מִצְרַיִם וּמִיַּד כָּל־הַמַּמְלָכוֹת הַלֹּחֲצִים אֶתְכֶם׃
יט וְאַתֶּם הַיּוֹם מְאַסְתֶּם אֶת־אֱלֹהֵיכֶם אֲשֶׁר־הוּא מוֹשִׁיעַ לָכֶם
מִכָּל־רָעוֹתֵיכֶם וְצָרֹתֵיכֶם וַתֹּאמְרוּ לוֹ כִּי־מֶלֶךְ תָּשִׂים עָלֵינוּ
כ וְעַתָּה הִתְיַצְּבוּ לִפְנֵי יְהוָה לְשִׁבְטֵיכֶם וּלְאַלְפֵיכֶם׃ וַיַּקְרֵב
כא שְׁמוּאֵל אֵת כָּל־שִׁבְטֵי יִשְׂרָאֵל וַיִּלָּכֵד שֵׁבֶט בִּנְיָמִן׃ וַיַּקְרֵב
אֶת־שֵׁבֶט בִּנְיָמִן לְמִשְׁפְּחֹתָו וַתִּלָּכֵד מִשְׁפַּחַת הַמַּטְרִי וַיִּלָּכֵד
כב שָׁאוּל בֶּן־קִישׁ וַיְבַקְשֻׁהוּ וְלֹא נִמְצָא׃ וַיִּשְׁאֲלוּ־עוֹד בַּיהוָה
הֲבָא עוֹד הֲלֹם אִישׁ וַיֹּאמֶר יְהוָה הִנֵּה־הוּא
כג נֶחְבָּא אֶל־הַכֵּלִים׃ וַיָּרֻצוּ וַיִּקָּחֻהוּ מִשָּׁם וַיִּתְיַצֵּב בְּתוֹךְ הָעָם
כד וַיִּגְבַּהּ מִכָּל־הָעָם מִשִּׁכְמוֹ וָמָעְלָה׃ וַיֹּאמֶר שְׁמוּאֵל אֶל־כָּל־ ו
הָעָם הַרְּאִיתֶם אֲשֶׁר בָּחַר־בּוֹ יְהוָה כִּי אֵין כָּמֹהוּ בְּכָל־הָעָם
כה וַיָּרִעוּ כָל־הָעָם וַיֹּאמְרוּ יְחִי הַמֶּלֶךְ׃ וַיְדַבֵּר שְׁמוּאֵל
אֶל־הָעָם אֵת מִשְׁפַּט הַמְּלֻכָה וַיִּכְתֹּב בַּסֵּפֶר וַיַּנַּח לִפְנֵי
כו יְהוָה וַיְשַׁלַּח שְׁמוּאֵל אֶת־כָּל־הָעָם אִישׁ לְבֵיתוֹ׃ וְגַם־שָׁאוּל
הָלַךְ לְבֵיתוֹ גִּבְעָתָה וַיֵּלְכוּ עִמּוֹ הַחַיִל אֲשֶׁר־נָגַע אֱלֹהִים
כז בְּלִבָּם׃ וּבְנֵי בְלִיַּעַל אָמְרוּ מַה־יֹּשִׁעֵנוּ זֶה וַיִּבְזֻהוּ וְלֹא־הֵבִיאוּ
יא א לוֹ מִנְחָה וַיְהִי כְּמַחֲרִישׁ׃ וַיַּעַל נָחָשׁ הָעַמּוֹנִי וַיִּחַן
עַל־יָבֵישׁ גִּלְעָד וַיֹּאמְרוּ כָּל־אַנְשֵׁי יָבֵישׁ אֶל־נָחָשׁ כְּרָת־לָנוּ

בְּרִית וְנַעַבְדֶךָּ׃ וַיֹּאמֶר אֲלֵיהֶם נָחָשׁ הָעַמּוֹנִי בְּזֹאת אֶכְרֹת ב
לָכֶם בִּנְקוֹר לָכֶם כָּל־עֵין יָמִין וְשַׂמְתִּיהָ חֶרְפָּה עַל־כָּל־
יִשְׂרָאֵל׃ וַיֹּאמְרוּ אֵלָיו זִקְנֵי יָבֵישׁ הֶרֶף לָנוּ שִׁבְעַת יָמִים ג
וְנִשְׁלְחָה מַלְאָכִים בְּכֹל גְּבוּל יִשְׂרָאֵל וְאִם־אֵין מוֹשִׁיעַ אֹתָנוּ
וְיָצָאנוּ אֵלֶיךָ׃ וַיָּבֹאוּ הַמַּלְאָכִים גִּבְעַת שָׁאוּל וַיְדַבְּרוּ הַדְּבָרִים ד
בְּאָזְנֵי הָעָם וַיִּשְׂאוּ כָל־הָעָם אֶת־קוֹלָם וַיִּבְכּוּ׃ וְהִנֵּה שָׁאוּל בָּא ה
אַחֲרֵי הַבָּקָר מִן־הַשָּׂדֶה וַיֹּאמֶר שָׁאוּל מַה־לָּעָם כִּי יִבְכּוּ
וַיְסַפְּרוּ־לוֹ אֶת־דִּבְרֵי אַנְשֵׁי יָבֵישׁ׃ וַתִּצְלַח רוּחַ־אֱלֹהִים עַל־ ו
כְּשָׁמְעוֹ שָׁאוּל בשמעו אֶת־הַדְּבָרִים הָאֵלֶּה וַיִּחַר אַפּוֹ מְאֹד׃ וַיִּקַּח ז
צֶמֶד בָּקָר וַיְנַתְּחֵהוּ וַיְשַׁלַּח בְּכָל־גְּבוּל יִשְׂרָאֵל בְּיַד הַמַּלְאָכִים ׀
לֵאמֹר אֲשֶׁר אֵינֶנּוּ יֹצֵא אַחֲרֵי שָׁאוּל וְאַחַר שְׁמוּאֵל כֹּה יֵעָשֶׂה
לִבְקָרוֹ וַיִּפֹּל פַּחַד־יְהוָה עַל־הָעָם וַיֵּצְאוּ כְּאִישׁ אֶחָד׃ וַיִּפְקְדֵם ח
בְּבָזֶק וַיִּהְיוּ בְנֵי־יִשְׂרָאֵל שְׁלֹשׁ מֵאוֹת אֶלֶף וְאִישׁ יְהוּדָה שְׁלֹשִׁים
אָלֶף׃ וַיֹּאמְרוּ לַמַּלְאָכִים הַבָּאִים כֹּה תֹאמְרוּן לְאִישׁ יָבֵישׁ ט
כְּחֹם גִּלְעָד מָחָר תִּהְיֶה־לָכֶם תְּשׁוּעָה בחם הַשָּׁמֶשׁ וַיָּבֹאוּ הַמַּלְאָכִים
וַיַּגִּידוּ לְאַנְשֵׁי יָבֵישׁ וַיִּשְׂמָחוּ׃ וַיֹּאמְרוּ אַנְשֵׁי יָבֵישׁ מָחָר נֵצֵא י
אֲלֵיכֶם וַעֲשִׂיתֶם לָּנוּ כְּכָל־הַטּוֹב בְּעֵינֵיכֶם׃ וַיְהִי יא
מִמָּחֳרָת וַיָּשֶׂם שָׁאוּל אֶת־הָעָם שְׁלֹשָׁה רָאשִׁים וַיָּבֹאוּ בְתוֹךְ־
הַמַּחֲנֶה בְּאַשְׁמֹרֶת הַבֹּקֶר וַיַּכּוּ אֶת־עַמּוֹן עַד־חֹם הַיּוֹם וַיְהִי
הַנִּשְׁאָרִים וַיָּפֻצוּ וְלֹא נִשְׁאֲרוּ־בָם שְׁנַיִם יָחַד׃ וַיֹּאמֶר הָעָם אֶל־ יב
שְׁמוּאֵל מִי הָאֹמֵר שָׁאוּל יִמְלֹךְ עָלֵינוּ תְּנוּ הָאֲנָשִׁים וּנְמִיתֵם׃
וַיֹּאמֶר שָׁאוּל לֹא־יוּמַת אִישׁ בַּיּוֹם הַזֶּה כִּי הַיּוֹם עָשָׂה־יְהוָה יג
תְּשׁוּעָה בְּיִשְׂרָאֵל׃ וַיֹּאמֶר שְׁמוּאֵל אֶל־הָעָם יד
לְכוּ וְנֵלְכָה הַגִּלְגָּל וּנְחַדֵּשׁ שָׁם הַמְּלוּכָה׃ וַיֵּלְכוּ כָל־הָעָם טו
הַגִּלְגָּל וַיַּמְלִכוּ שָׁם אֶת־שָׁאוּל לִפְנֵי יְהוָה בַּגִּלְגָּל וַיִּזְבְּחוּ־שָׁם
זְבָחִים שְׁלָמִים לִפְנֵי יְהוָה וַיִּשְׂמַח שָׁם שָׁאוּל וְכָל־אַנְשֵׁי
יִשְׂרָאֵל עַד־מְאֹד׃ וַיֹּאמֶר שְׁמוּאֵל אֶל־כָּל־ א יב

יב יִשְׂרָאֵל הִנֵּה שָׁמַעְתִּי בְקֹלְכֶם לְכֹל אֲשֶׁר־אֲמַרְתֶּם לִי וָאַמְלִיךְ
ב עֲלֵיכֶם מֶלֶךְ: וְעַתָּה הִנֵּה הַמֶּלֶךְ ׀ מִתְהַלֵּךְ לִפְנֵיכֶם וַאֲנִי זָקַנְתִּי
וָשַׂבְתִּי וּבָנַי הִנָּם אִתְּכֶם וַאֲנִי הִתְהַלַּכְתִּי לִפְנֵיכֶם מִנְּעֻרַי עַד־
ג הַיּוֹם הַזֶּה: הִנְנִי עֲנוּ בִי נֶגֶד יְהוָה וְנֶגֶד מְשִׁיחוֹ אֶת־שׁוֹר ׀ מִי
לָקַחְתִּי וַחֲמוֹר מִי לָקַחְתִּי וְאֶת־מִי עָשַׁקְתִּי אֶת־מִי רַצּוֹתִי
ד וּמִיַּד־מִי לָקַחְתִּי כֹפֶר וְאַעְלִים עֵינַי בּוֹ וְאָשִׁיב לָכֶם: וַיֹּאמְרוּ
לֹא עֲשַׁקְתָּנוּ וְלֹא רַצּוֹתָנוּ וְלֹא־לָקַחְתָּ מִיַּד־אִישׁ מְאוּמָה:
ה וַיֹּאמֶר אֲלֵיהֶם עֵד יְהוָה בָּכֶם וְעֵד מְשִׁיחוֹ הַיּוֹם הַזֶּה כִּי לֹא
ו מְצָאתֶם בְּיָדִי מְאוּמָה וַיֹּאמֶר עֵד: וַיֹּאמֶר
שְׁמוּאֵל אֶל־הָעָם יְהוָה אֲשֶׁר עָשָׂה אֶת־מֹשֶׁה וְאֶת־אַהֲרֹן
ז וַאֲשֶׁר הֶעֱלָה אֶת־אֲבוֹתֵיכֶם מֵאֶרֶץ מִצְרָיִם: וְעַתָּה הִתְיַצְּבוּ
וְאִשָּׁפְטָה אִתְּכֶם לִפְנֵי יְהוָה אֵת כָּל־צִדְקוֹת יְהוָה אֲשֶׁר־עָשָׂה
ח אִתְּכֶם וְאֶת־אֲבוֹתֵיכֶם: כַּאֲשֶׁר־בָּא יַעֲקֹב מִצְרָיִם וַיִּזְעֲקוּ
אֲבֹתֵיכֶם אֶל־יְהוָה וַיִּשְׁלַח יְהוָה אֶת־מֹשֶׁה וְאֶת־אַהֲרֹן
ט וַיּוֹצִיאוּ אֶת־אֲבוֹתֵיכֶם מִמִּצְרַיִם וַיֹּשִׁבוּם בַּמָּקוֹם הַזֶּה: וַיִּשְׁכְּחוּ
אֶת־יְהוָה אֱלֹהֵיהֶם וַיִּמְכֹּר אֹתָם בְּיַד סִיסְרָא שַׂר־צְבָא חָצוֹר
י וּבְיַד־פְּלִשְׁתִּים וּבְיַד מֶלֶךְ מוֹאָב וַיִּלָּחֲמוּ בָּם: וַיִּזְעֲקוּ אֶל־יְהוָה
וַיֹּאמֶר חָטָאנוּ כִּי עָזַבְנוּ אֶת־יְהוָה וַנַּעֲבֹד אֶת־הַבְּעָלִים וְאֶת־
יא הָעַשְׁתָּרוֹת וְעַתָּה הַצִּילֵנוּ מִיַּד אֹיְבֵינוּ וְנַעַבְדֶךָּ: וַיִּשְׁלַח יְהוָה
אֶת־יְרֻבַּעַל וְאֶת־בְּדָן וְאֶת־יִפְתָּח וְאֶת־שְׁמוּאֵל וַיַּצֵּל אֶתְכֶם
יב מִיַּד אֹיְבֵיכֶם מִסָּבִיב וַתֵּשְׁבוּ בֶּטַח: וַתִּרְאוּ כִּי נָחָשׁ מֶלֶךְ בְּנֵי־
עַמּוֹן בָּא עֲלֵיכֶם וַתֹּאמְרוּ לִי לֹא כִּי־מֶלֶךְ יִמְלֹךְ עָלֵינוּ וַיהוָה
יג אֱלֹהֵיכֶם מַלְכְּכֶם: וְעַתָּה הִנֵּה הַמֶּלֶךְ אֲשֶׁר בְּחַרְתֶּם אֲשֶׁר
יד שְׁאֶלְתֶּם וְהִנֵּה נָתַן יְהוָה עֲלֵיכֶם מֶלֶךְ: אִם־תִּירְאוּ אֶת־יְהוָה
וַעֲבַדְתֶּם אֹתוֹ וּשְׁמַעְתֶּם בְּקֹלוֹ וְלֹא תַמְרוּ אֶת־פִּי יְהוָה וִהְיִתֶם
גַּם־אַתֶּם וְגַם־הַמֶּלֶךְ אֲשֶׁר מָלַךְ עֲלֵיכֶם אַחַר יְהוָה אֱלֹהֵיכֶם:
טו וְאִם־לֹא תִשְׁמְעוּ בְּקוֹל יְהוָה וּמְרִיתֶם אֶת־פִּי יְהוָה וְהָיְתָה

ירידת יעקב ובניו למצרים
בראשית מו, א-כז
שמות א, א-ה

מינוי משה ואהרן להוציא את ישראל ממצרים
שמות ג-יב

שעבוד סיסרא והמלחמה בו
שופטים ד

שעבוד עגלון מלך מואב והמלחמה בו
שופטים ג, יב-ל

פרקי גדעון
שופטים ו-ח

פרקי יפתח
שופטים יא-יב

פרקי שמואל
שמ"א א-טז

מלחמת נחש העמוני
שמ"א יא

יַד־יְהוָה בָּכֶם וּבַאֲבֹתֵיכֶם׃ גַּם־עַתָּה הִתְיַצְּבוּ וּרְאוּ אֶת־ טז
הַדָּבָר הַגָּדוֹל הַזֶּה אֲשֶׁר יְהוָה עֹשֶׂה לְעֵינֵיכֶם׃ הֲלוֹא קְצִיר־ יז
חִטִּים הַיּוֹם אֶקְרָא אֶל־יְהוָה וְיִתֵּן קֹלוֹת וּמָטָר וּדְעוּ וּרְאוּ
כִּי־רָעַתְכֶם רַבָּה אֲשֶׁר עֲשִׂיתֶם בְּעֵינֵי יְהוָה לִשְׁאוֹל לָכֶם
מֶלֶךְ׃ וַיִּקְרָא שְׁמוּאֵל אֶל־יְהוָה וַיִּתֵּן יְהוָה קֹלֹת יח
וּמָטָר בַּיּוֹם הַהוּא וַיִּירָא כָל־הָעָם מְאֹד אֶת־יְהוָה וְאֶת־
שְׁמוּאֵל׃ וַיֹּאמְרוּ כָל־הָעָם אֶל־שְׁמוּאֵל הִתְפַּלֵּל בְּעַד־עֲבָדֶיךָ יט
אֶל־יְהוָה אֱלֹהֶיךָ וְאַל־נָמוּת כִּי־יָסַפְנוּ עַל־כָּל־חַטֹּאתֵינוּ
רָעָה לִשְׁאֹל לָנוּ מֶלֶךְ׃ וַיֹּאמֶר שְׁמוּאֵל אֶל־הָעָם כ
אַל־תִּירָאוּ אַתֶּם עֲשִׂיתֶם אֵת כָּל־הָרָעָה הַזֹּאת אַךְ אַל־
תָּסוּרוּ מֵאַחֲרֵי יְהוָה וַעֲבַדְתֶּם אֶת־יְהוָה בְּכָל־לְבַבְכֶם׃ וְלֹא כא
תָּסוּרוּ כִּי ׀ אַחֲרֵי הַתֹּהוּ אֲשֶׁר לֹא־יוֹעִילוּ וְלֹא יַצִּילוּ כִּי־תֹהוּ
ז הֵמָּה׃ כִּי לֹא־יִטֹּשׁ יְהוָה אֶת־עַמּוֹ בַּעֲבוּר שְׁמוֹ הַגָּדוֹל כִּי כב
הוֹאִיל יְהוָה לַעֲשׂוֹת אֶתְכֶם לוֹ לְעָם׃ גַּם אָנֹכִי חָלִילָה לִּי כג
מֵחֲטֹא לַיהוָה מֵחֲדֹל לְהִתְפַּלֵּל בַּעַדְכֶם וְהוֹרֵיתִי אֶתְכֶם בְּדֶרֶךְ
הַטּוֹבָה וְהַיְשָׁרָה׃ אַךְ ׀ יְראוּ אֶת־יְהוָה וַעֲבַדְתֶּם אֹתוֹ בֶּאֱמֶת כד
בְּכָל־לְבַבְכֶם כִּי רְאוּ אֵת אֲשֶׁר־הִגְדִּל עִמָּכֶם׃ וְאִם־הָרֵעַ כה
תָּרֵעוּ גַּם־אַתֶּם גַּם־מַלְכְּכֶם תִּסָּפוּ׃

בֶּן־שָׁנָה שָׁאוּל בְּמָלְכוֹ וּשְׁתֵּי שָׁנִים מָלַךְ עַל־יִשְׂרָאֵל׃ וַיִּבְחַר־ א ב יג
לוֹ שָׁאוּל שְׁלֹשֶׁת אֲלָפִים מִיִּשְׂרָאֵל וַיִּהְיוּ עִם־שָׁאוּל אַלְפַּיִם
בְּמִכְמָשׂ וּבְהַר בֵּית־אֵל וְאֶלֶף הָיוּ עִם־יוֹנָתָן בְּגִבְעַת בִּנְיָמִין
וְיֶתֶר הָעָם שִׁלַּח אִישׁ לְאֹהָלָיו׃ וַיַּךְ יוֹנָתָן אֵת נְצִיב פְּלִשְׁתִּים ג
אֲשֶׁר בְּגֶבַע וַיִּשְׁמְעוּ פְּלִשְׁתִּים וְשָׁאוּל תָּקַע בַּשּׁוֹפָר בְּכָל־
הָאָרֶץ לֵאמֹר יִשְׁמְעוּ הָעִבְרִים׃ וְכָל־יִשְׂרָאֵל שָׁמְעוּ לֵאמֹר ד
הִכָּה שָׁאוּל אֶת־נְצִיב פְּלִשְׁתִּים וְגַם־נִבְאַשׁ יִשְׂרָאֵל בַּפְּלִשְׁתִּים
וַיִּצָּעֲקוּ הָעָם אַחֲרֵי שָׁאוּל הַגִּלְגָּל׃ וּפְלִשְׁתִּים נֶאֶסְפוּ ׀ לְהִלָּחֵם ה
עִם־יִשְׂרָאֵל שְׁלֹשִׁים אֶלֶף רֶכֶב וְשֵׁשֶׁת אֲלָפִים פָּרָשִׁים וְעָם

כַּחוֹל אֲשֶׁר עַל־שְׂפַת־הַיָּם לָרֹב וַיַּעֲלוּ וַיַּחֲנוּ בְמִכְמָשׂ קִדְמַת
ו בֵּית אָוֶן: וְאִישׁ יִשְׂרָאֵל רָאוּ כִּי צַר־לוֹ כִּי נִגַּשׂ הָעָם וַיִּתְחַבְּאוּ
ז הָעָם בַּמְּעָרוֹת וּבַחֲוָחִים וּבַסְּלָעִים וּבַצְּרִחִים וּבַבֹּרוֹת: וְעִבְרִים
עָבְרוּ אֶת־הַיַּרְדֵּן אֶרֶץ גָּד וְגִלְעָד וְשָׁאוּל עוֹדֶנּוּ בַגִּלְגָּל וְכָל־
ח הָעָם חָרְדוּ אַחֲרָיו: וייחל | שִׁבְעַת יָמִים לַמּוֹעֵד אֲשֶׁר שְׁמוּאֵל
ט וְלֹא־בָא שְׁמוּאֵל הַגִּלְגָּל וַיָּפֶץ הָעָם מֵעָלָיו: וַיֹּאמֶר שָׁאוּל הַגִּשׁוּ
י אֵלַי הָעֹלָה וְהַשְּׁלָמִים וַיַּעַל הָעֹלָה: וַיְהִי כְּכַלֹּתוֹ לְהַעֲלוֹת
יא הָעֹלָה וְהִנֵּה שְׁמוּאֵל בָּא וַיֵּצֵא שָׁאוּל לִקְרָאתוֹ לְבָרְכוֹ: וַיֹּאמֶר
שְׁמוּאֵל מֶה עָשִׂיתָ וַיֹּאמֶר שָׁאוּל כִּי־רָאִיתִי כִּי־נָפַץ הָעָם
מֵעָלַי וְאַתָּה לֹא־בָאתָ לְמוֹעֵד הַיָּמִים וּפְלִשְׁתִּים נֶאֱסָפִים
יב מִכְמָשׂ: וָאֹמַר עַתָּה יֵרְדוּ פְלִשְׁתִּים אֵלַי הַגִּלְגָּל וּפְנֵי יְהוָה לֹא
יג חִלִּיתִי וָאֶתְאַפַּק וָאַעֲלֶה הָעֹלָה: וַיֹּאמֶר שְׁמוּאֵל
אֶל־שָׁאוּל נִסְכָּלְתָּ לֹא שָׁמַרְתָּ אֶת־מִצְוַת יְהוָה אֱלֹהֶיךָ אֲשֶׁר
צִוָּךְ כִּי עַתָּה הֵכִין יְהוָה אֶת־מַמְלַכְתְּךָ אֶל־יִשְׂרָאֵל עַד־
יד עוֹלָם: וְעַתָּה מַמְלַכְתְּךָ לֹא־תָקוּם בִּקֵּשׁ יְהוָה לוֹ אִישׁ כִּלְבָבוֹ
וַיְצַוֵּהוּ יְהוָה לְנָגִיד עַל־עַמּוֹ כִּי לֹא שָׁמַרְתָּ אֵת אֲשֶׁר־צִוְּךָ
טו יְהוָה: וַיָּקָם שְׁמוּאֵל וַיַּעַל מִן־הַגִּלְגָּל גִּבְעַת
בִּנְיָמִן וַיִּפְקֹד שָׁאוּל אֶת־הָעָם הַנִּמְצְאִים עִמּוֹ כְּשֵׁשׁ מֵאוֹת
טז אִישׁ: וְשָׁאוּל וְיוֹנָתָן בְּנוֹ וְהָעָם הַנִּמְצָא עִמָּם יֹשְׁבִים בְּגֶבַע
יז בִּנְיָמִן וּפְלִשְׁתִּים חָנוּ בְמִכְמָשׂ: וַיֵּצֵא הַמַּשְׁחִית מִמַּחֲנֵה
פְלִשְׁתִּים שְׁלֹשָׁה רָאשִׁים הָרֹאשׁ אֶחָד יִפְנֶה אֶל־דֶּרֶךְ
יח עָפְרָה אֶל־אֶרֶץ שׁוּעָל: וְהָרֹאשׁ אֶחָד יִפְנֶה דֶּרֶךְ בֵּית חֹרוֹן
וְהָרֹאשׁ אֶחָד יִפְנֶה דֶּרֶךְ הַגְּבוּל הַנִּשְׁקָף עַל־גֵּי הַצְּבֹעִים
יט הַמִּדְבָּרָה: וְחָרָשׁ לֹא יִמָּצֵא בְּכֹל אֶרֶץ יִשְׂרָאֵל
כ כִּי־אָמַר פְּלִשְׁתִּים פֶּן יַעֲשׂוּ הָעִבְרִים חֶרֶב אוֹ חֲנִית: וַיֵּרְדוּ
כָל־יִשְׂרָאֵל הַפְּלִשְׁתִּים לִלְטוֹשׁ אִישׁ אֶת־מַחֲרַשְׁתּוֹ וְאֶת־אֵתוֹ
כא וְאֶת־קַרְדֻּמּוֹ וְאֵת מַחֲרֵשָׁתוֹ: וְהָיְתָה הַפְּצִירָה פִים לַמַּחֲרֵשֹׁת

וַיּוֹחֶל

מפגש שמואל ושאול בגלגל
שמ"א י, ח

כב וְלָאֵתִ֗ים וְלִשְׁל֥שׁ קִלְּשׁ֛וֹן וּלְהַקַּרְדֻּמִּ֔ים וּלְהַצִּ֖יב הַדָּרְבָֽן׃ וְהָיָה֙
בְּי֣וֹם מִלְחֶ֔מֶת וְלֹ֨א נִמְצָ֜א חֶ֤רֶב וַחֲנִית֙ בְּיַ֣ד כָּל־הָעָ֔ם אֲשֶׁ֥ר
כג אֶת־שָׁא֖וּל וְאֶת־יוֹנָתָ֑ן וַתִּמָּצֵ֥א לְשָׁא֖וּל וּלְיוֹנָתָ֥ן בְּנֽוֹ׃ וַיֵּצֵא֙
יד א מַצַּ֣ב פְּלִשְׁתִּ֔ים אֶל־מַעֲבַ֖ר מִכְמָֽשׂ׃ וַיְהִ֣י הַיּ֗וֹם
וַיֹּ֨אמֶר יוֹנָתָ֤ן בֶּן־שָׁאוּל֙ אֶל־הַנַּ֙עַר֙ נֹשֵׂ֣א כֵלָ֔יו לְכָ֥ה וְנַעְבְּרָ֙ה֙
ב אֶל־מַצַּ֣ב פְּלִשְׁתִּ֔ים אֲשֶׁ֥ר מֵעֵ֖בֶר הַלָּ֑ז וּלְאָבִ֖יו לֹ֥א הִגִּֽיד׃ וְשָׁא֗וּל
יוֹשֵׁב֙ בִּקְצֵ֣ה הַגִּבְעָ֔ה תַּ֥חַת הָרִמּ֖וֹן אֲשֶׁ֣ר בְּמִגְר֑וֹן וְהָעָם֙ אֲשֶׁ֣ר
ג עִמּ֔וֹ כְּשֵׁ֥שׁ מֵא֖וֹת אִֽישׁ׃ וַאֲחִיָּ֣ה בֶן־אֲחִט֡וּב אֲ֠חִי אִיכָב֨וֹד ׀ בֶּן־
פִּינְחָ֤ס בֶּן־עֵלִי֙ כֹּהֵ֣ן יְהוָ֔ה בְּשִׁל֖וֹ נֹשֵׂ֣א אֵפ֑וֹד וְהָעָם֙ לֹ֣א יָדַ֔ע כִּ֥י
ד הָלַ֖ךְ יוֹנָתָֽן׃ וּבֵ֣ין הַֽמַּעְבְּר֗וֹת אֲשֶׁ֨ר בִּקֵּ֤שׁ יוֹנָתָן֙ לַעֲבֹ֙ר֙ עַל־מַצַּ֣ב
פְּלִשְׁתִּ֔ים שֵׁן־הַסֶּ֤לַע מֵהָעֵ֙בֶר֙ מִזֶּ֔ה וְשֵׁן־הַסֶּ֥לַע מֵהָעֵ֖בֶר מִזֶּ֑ה
ה וְשֵׁ֤ם הָֽאֶחָד֙ בּוֹצֵ֔ץ וְשֵׁ֥ם הָאֶחָ֖ד סֶֽנֶּה׃ הַשֵּׁ֣ן הָאֶחָ֥ד מָצ֛וּק מִצָּפ֖וֹן
ו מ֣וּל מִכְמָ֑שׂ וְהָאֶחָ֥ד מִנֶּ֖גֶב מ֥וּל גָּֽבַע׃ וַיֹּ֨אמֶר
יְהוֹנָתָ֜ן אֶל־הַנַּ֣עַר ׀ נֹשֵׂ֣א כֵלָ֗יו לְכָ֤ה וְנַעְבְּרָה֙ אֶל־מַצַּב֙ הָעֲרֵלִ֣ים
הָאֵ֔לֶּה אוּלַ֖י יַעֲשֶׂ֣ה יְהוָ֣ה לָ֑נוּ כִּ֣י אֵ֤ין לַֽיהוָה֙ מַעְצ֔וֹר לְהוֹשִׁ֥יעַ
ז בְּרַ֖ב א֥וֹ בִמְעָֽט׃ וַיֹּ֤אמֶר לוֹ֙ נֹשֵׂ֣א כֵלָ֔יו עֲשֵׂ֖ה כָּל־אֲשֶׁ֣ר בִּלְבָבֶ֑ךָ
ח נְטֵ֣ה לָ֔ךְ הִנְנִ֥י עִמְּךָ֖ כִּלְבָבֶֽךָ׃ וַיֹּ֙אמֶר֙ יְה֣וֹנָתָ֔ן הִנֵּ֛ה
ט אֲנַ֥חְנוּ עֹבְרִ֖ים אֶל־הָאֲנָשִׁ֑ים וְנִגְלִ֖ינוּ אֲלֵיהֶֽם׃ אִם־כֹּ֤ה יֹאמְרוּ֙
אֵלֵ֔ינוּ דֹּ֕מּוּ עַד־הַגִּיעֵ֖נוּ אֲלֵיכֶ֑ם וְעָמַ֣דְנוּ תַחְתֵּ֔ינוּ וְלֹ֥א נַעֲלֶ֖ה
י אֲלֵיהֶֽם׃ וְאִם־כֹּ֞ה יֹאמְר֤וּ עֲל֙וּ עָלֵ֙ינוּ֙ וְעָלִ֔ינוּ כִּֽי־נְתָנָ֥ם יְהוָ֖ה
יא בְּיָדֵ֑נוּ וְזֶה־לָּ֖נוּ הָאֽוֹת׃ וַיִּגָּל֣וּ שְׁנֵיהֶ֔ם אֶל־מַצַּ֖ב פְּלִשְׁתִּ֑ים וַיֹּאמְר֣וּ
פְלִשְׁתִּ֗ים הִנֵּ֤ה עִבְרִים֙ יֹֽצְאִ֔ים מִן־הַחֹרִ֖ים אֲשֶׁ֥ר הִתְחַבְּאוּ־שָֽׁם׃
יב וַיַּעֲנוּ֩ אַנְשֵׁ֨י הַמַּצָּבָ֜ה אֶת־יוֹנָתָ֣ן ׀ וְאֶת־נֹשֵׂ֣א כֵלָ֗יו וַיֹּאמְרוּ֙ עֲל֣וּ
אֵלֵ֔ינוּ וְנוֹדִ֥יעָה אֶתְכֶ֖ם דָּבָ֑ר וַיֹּ֨אמֶר יוֹנָתָ֜ן אֶל־
יג נֹשֵׂ֣א כֵלָ֗יו עֲלֵ֤ה אַחֲרַי֙ כִּֽי־נְתָנָ֥ם יְהוָ֖ה בְּיַ֥ד יִשְׂרָאֵֽל׃ וַיַּ֨עַל יוֹנָתָ֜ן
עַל־יָדָיו֙ וְעַל־רַגְלָ֔יו וְנֹשֵׂ֥א כֵלָ֖יו אַחֲרָ֑יו וַיִּפְּלוּ֙ לִפְנֵ֣י יוֹנָתָ֔ן וְנֹשֵׂ֥א
יד כֵלָ֖יו מְמוֹתֵ֥ת אַחֲרָֽיו׃ וַתְּהִ֞י הַמַּכָּ֣ה הָרִֽאשֹׁנָ֗ה אֲשֶׁ֨ר הִכָּ֤ה יוֹנָתָן֙

וְנֹשֵׂא כֵלָיו כְּבַחֲצִי כְּבַעֲשְׂרִים אִישׁ כְּבַחֲצִי מַעֲנָה צֶמֶד שָׂדֶה:
טו וַתְּהִי חֲרָדָה בַמַּחֲנֶה בַשָּׂדֶה וּבְכָל־הָעָם הַמַּצָּב וְהַמַּשְׁחִית
טז חָרְדוּ גַּם־הֵמָּה וַתִּרְגַּז הָאָרֶץ וַתְּהִי לְחֶרְדַּת אֱלֹהִים: וַיִּרְאוּ
הַצֹּפִים לְשָׁאוּל בְּגִבְעַת בִּנְיָמִן וְהִנֵּה הֶהָמוֹן נָמוֹג וַיֵּלֶךְ
יז וַהֲלֹם: וַיֹּאמֶר שָׁאוּל לָעָם אֲשֶׁר אִתּוֹ פִּקְדוּ־
נָא וּרְאוּ מִי הָלַךְ מֵעִמָּנוּ וַיִּפְקְדוּ וְהִנֵּה אֵין יוֹנָתָן וְנֹשֵׂא
יח כֵלָיו: וַיֹּאמֶר שָׁאוּל לַאֲחִיָּה הַגִּישָׁה אֲרוֹן הָאֱלֹהִים כִּי־
יט הָיָה אֲרוֹן הָאֱלֹהִים בַּיּוֹם הַהוּא וּבְנֵי יִשְׂרָאֵל: וַיְהִי עַד דִּבֶּר
שָׁאוּל אֶל־הַכֹּהֵן וְהֶהָמוֹן אֲשֶׁר בְּמַחֲנֵה פְלִשְׁתִּים וַיֵּלֶךְ הָלוֹךְ
כ וָרָב וַיֹּאמֶר שָׁאוּל אֶל־הַכֹּהֵן אֱסֹף יָדֶךָ: וַיִּזָּעֵק
שָׁאוּל וְכָל־הָעָם אֲשֶׁר אִתּוֹ וַיָּבֹאוּ עַד־הַמִּלְחָמָה וְהִנֵּה הָיְתָה
כא חֶרֶב אִישׁ בְּרֵעֵהוּ מְהוּמָה גְּדוֹלָה מְאֹד: וְהָעִבְרִים הָיוּ
לַפְּלִשְׁתִּים כְּאֶתְמוֹל שִׁלְשׁוֹם אֲשֶׁר עָלוּ עִמָּם בַּמַּחֲנֶה סָבִיב
כב וְגַם־הֵמָּה לִהְיוֹת עִם־יִשְׂרָאֵל אֲשֶׁר עִם־שָׁאוּל וְיוֹנָתָן: וְכֹל
אִישׁ יִשְׂרָאֵל הַמִּתְחַבְּאִים בְּהַר־אֶפְרַיִם שָׁמְעוּ כִּי־נָסוּ
כג פְּלִשְׁתִּים וַיַּדְבְּקוּ גַם־הֵמָּה אַחֲרֵיהֶם בַּמִּלְחָמָה: וַיּוֹשַׁע יְהוָה ח
בַּיּוֹם הַהוּא אֶת־יִשְׂרָאֵל וְהַמִּלְחָמָה עָבְרָה אֶת־בֵּית אָוֶן:
כד וְאִישׁ־יִשְׂרָאֵל נִגַּשׂ בַּיּוֹם הַהוּא וַיֹּאֶל שָׁאוּל אֶת־הָעָם לֵאמֹר
אָרוּר הָאִישׁ אֲשֶׁר־יֹאכַל לֶחֶם עַד־הָעֶרֶב וְנִקַּמְתִּי מֵאֹיְבַי וְלֹא־
כה טָעַם כָּל־הָעָם לָחֶם: וְכָל־הָאָרֶץ בָּאוּ בַיָּעַר וַיְהִי דְבַשׁ עַל־
כו פְּנֵי הַשָּׂדֶה: וַיָּבֹא הָעָם אֶל־הַיַּעַר וְהִנֵּה הֵלֶךְ דְּבָשׁ וְאֵין־מַשִּׂיג
כז יָדוֹ אֶל־פִּיו כִּי־יָרֵא הָעָם אֶת־הַשְּׁבֻעָה: וְיוֹנָתָן לֹא־שָׁמַע
בְּהַשְׁבִּיעַ אָבִיו אֶת־הָעָם וַיִּשְׁלַח אֶת־קְצֵה הַמַּטֶּה אֲשֶׁר בְּיָדוֹ
וַיִּטְבֹּל אוֹתָהּ בְּיַעְרַת הַדְּבָשׁ וַיָּשֶׁב יָדוֹ אֶל־פִּיו ותראנה עֵינָיו: וַתָּאֹרְנָה
כח וַיַּעַן אִישׁ מֵהָעָם וַיֹּאמֶר הַשְׁבֵּעַ הִשְׁבִּיעַ אָבִיךָ אֶת־הָעָם
כט לֵאמֹר אָרוּר הָאִישׁ אֲשֶׁר־יֹאכַל לֶחֶם הַיּוֹם וַיָּעַף הָעָם: וַיֹּאמֶר
יוֹנָתָן עָכַר אָבִי אֶת־הָאָרֶץ רְאוּ־נָא כִּי־אֹרוּ עֵינַי כִּי טָעַמְתִּי

ל מְעַט דְּבַשׁ הַזֶּה׃ אַף כִּי לוּא אָכֹל אָכַל הַיּוֹם הָעָם מִשְּׁלַל
לא אֹיְבָיו אֲשֶׁר מָצָא כִּי עַתָּה לֹא־רָבְתָה מַכָּה בַּפְּלִשְׁתִּים׃ וַיַּכּוּ
לב בַּיּוֹם הַהוּא בַּפְּלִשְׁתִּים מִמִּכְמָשׂ אַיָּלֹנָה וַיָּעַף הָעָם מְאֹד׃ ויעש וַיַּעַט
הָעָם אֶל־שלל וַיִּקְחוּ צֹאן וּבָקָר וּבְנֵי בָקָר וַיִּשְׁחֲטוּ אָרְצָה הַשָּׁלָל
לג וַיֹּאכַל הָעָם עַל־הַדָּם׃ וַיַּגִּידוּ לְשָׁאוּל לֵאמֹר הִנֵּה הָעָם חֹטְאִים
לַיהוָה לֶאֱכֹל עַל־הַדָּם וַיֹּאמֶר בְּגַדְתֶּם גֹּלּוּ אֵלַי הַיּוֹם אֶבֶן
לד גְּדוֹלָה׃ וַיֹּאמֶר שָׁאוּל פֻּצוּ בָעָם וַאֲמַרְתֶּם לָהֶם הַגִּישׁוּ אֵלַי אִישׁ
שׁוֹרוֹ וְאִישׁ שֵׂיֵהוּ וּשְׁחַטְתֶּם בָּזֶה וַאֲכַלְתֶּם וְלֹא־תֶחֶטְאוּ לַיהוָה
לֶאֱכֹל אֶל־הַדָּם וַיַּגִּשׁוּ כָל־הָעָם אִישׁ שׁוֹרוֹ בְיָדוֹ הַלַּיְלָה
לה וַיִּשְׁחֲטוּ־שָׁם׃ וַיִּבֶן שָׁאוּל מִזְבֵּחַ לַיהוָה אֹתוֹ הֵחֵל לִבְנוֹת מִזְבֵּחַ
לו לַיהוָה׃ וַיֹּאמֶר שָׁאוּל נֵרְדָה אַחֲרֵי פְלִשְׁתִּים
לַיְלָה וְנָבֹזָּה בָהֶם ׀ עַד־אוֹר הַבֹּקֶר וְלֹא־נַשְׁאֵר בָּהֶם אִישׁ
וַיֹּאמְרוּ כָּל־הַטּוֹב בְּעֵינֶיךָ עֲשֵׂה וַיֹּאמֶר הַכֹּהֵן
לז נִקְרְבָה הֲלֹם אֶל־הָאֱלֹהִים׃ וַיִּשְׁאַל שָׁאוּל בֵּאלֹהִים הַאֵרֵד
אַחֲרֵי פְלִשְׁתִּים הֲתִתְּנֵם בְּיַד יִשְׂרָאֵל וְלֹא עָנָהוּ בַּיּוֹם הַהוּא׃
לח וַיֹּאמֶר שָׁאוּל גֹּשׁוּ הֲלֹם כֹּל פִּנּוֹת הָעָם וּדְעוּ וּרְאוּ בַּמָּה הָיְתָה
לט הַחַטָּאת הַזֹּאת הַיּוֹם׃ כִּי חַי־יְהוָה הַמּוֹשִׁיעַ אֶת־יִשְׂרָאֵל כִּי
אִם־יֶשְׁנוֹ בְּיוֹנָתָן בְּנִי כִּי מוֹת יָמוּת וְאֵין עֹנֵהוּ מִכָּל־הָעָם׃
מ וַיֹּאמֶר אֶל־כָּל־יִשְׂרָאֵל אַתֶּם תִּהְיוּ לְעֵבֶר אֶחָד וַאֲנִי וְיוֹנָתָן
בְּנִי נִהְיֶה לְעֵבֶר אֶחָד וַיֹּאמְרוּ הָעָם אֶל־שָׁאוּל הַטּוֹב בְּעֵינֶיךָ
מא עֲשֵׂה׃ וַיֹּאמֶר שָׁאוּל אֶל־יְהוָה אֱלֹהֵי יִשְׂרָאֵל
מב הָבָה תָמִים וַיִּלָּכֵד יוֹנָתָן וְשָׁאוּל וְהָעָם יָצָאוּ׃ וַיֹּאמֶר שָׁאוּל
מג הַפִּילוּ בֵּינִי וּבֵין יוֹנָתָן בְּנִי וַיִּלָּכֵד יוֹנָתָן׃ וַיֹּאמֶר שָׁאוּל אֶל־
יוֹנָתָן הַגִּידָה לִּי מֶה עָשִׂיתָה וַיַּגֶּד־לוֹ יוֹנָתָן וַיֹּאמֶר טָעֹם
טָעַמְתִּי בִּקְצֵה הַמַּטֶּה אֲשֶׁר־בְּיָדִי מְעַט דְּבַשׁ הִנְנִי אָמוּת׃
מד וַיֹּאמֶר שָׁאוּל כֹּה־יַעֲשֶׂה אֱלֹהִים וְכֹה יוֹסִף כִּי־מוֹת תָּמוּת
מה יוֹנָתָן׃ וַיֹּאמֶר הָעָם אֶל־שָׁאוּל הֲיוֹנָתָן יָמוּת אֲשֶׁר עָשָׂה

הַיְשׁוּעָה הַגְּדוֹלָה הַזֹּאת בְּיִשְׂרָאֵל חָלִילָה חַי־יהוה אִם־יִפֹּל
מִשַּׂעֲרַת רֹאשׁוֹ אַרְצָה כִּי־עִם־אֱלֹהִים עָשָׂה הַיּוֹם הַזֶּה וַיִּפְדּוּ
מו הָעָם אֶת־יוֹנָתָן וְלֹא־מֵת׃ וַיַּעַל שָׁאוּל מֵאַחֲרֵי
מז פְּלִשְׁתִּים וּפְלִשְׁתִּים הָלְכוּ לִמְקוֹמָם׃ וְשָׁאוּל לָכַד הַמְּלוּכָה
עַל־יִשְׂרָאֵל וַיִּלָּחֶם סָבִיב ׀ בְּכָל־אֹיְבָיו בְּמוֹאָב ׀ וּבִבְנֵי־
עַמּוֹן וּבֶאֱדוֹם וּבְמַלְכֵי צוֹבָה וּבַפְּלִשְׁתִּים וּבְכֹל אֲשֶׁר־יִפְנֶה
מח יַרְשִׁיעַ׃ וַיַּעַשׂ חַיִל וַיַּךְ אֶת־עֲמָלֵק וַיַּצֵּל אֶת־יִשְׂרָאֵל מִיַּד
מט שֹׁסֵהוּ׃ וַיִּהְיוּ בְּנֵי שָׁאוּל יוֹנָתָן וְיִשְׁוִי וּמַלְכִּי־שׁוּעַ
נ וְשֵׁם שְׁתֵּי בְנֹתָיו שֵׁם הַבְּכִירָה מֵרַב וְשֵׁם הַקְּטַנָּה מִיכַל׃ וְשֵׁם
אֵשֶׁת שָׁאוּל אֲחִינֹעַם בַּת־אֲחִימָעַץ וְשֵׁם שַׂר־צְבָאוֹ אֲבִינֵר
נא בֶּן־נֵר דּוֹד שָׁאוּל׃ וְקִישׁ אֲבִי־שָׁאוּל וְנֵר אֲבִי־אַבְנֵר בֶּן־
נב אֲבִיאֵל׃ וַתְּהִי הַמִּלְחָמָה חֲזָקָה עַל־פְּלִשְׁתִּים
כֹּל יְמֵי שָׁאוּל וְרָאָה שָׁאוּל כָּל־אִישׁ גִּבּוֹר וְכָל־בֶּן־חַיִל
טו א וַיַּאַסְפֵהוּ אֵלָיו׃ וַיֹּאמֶר שְׁמוּאֵל אֶל־שָׁאוּל אֹתִי
שָׁלַח יהוה לִמְשָׁחֳךָ לְמֶלֶךְ עַל־עַמּוֹ עַל־יִשְׂרָאֵל וְעַתָּה
ב שְׁמַע לְקוֹל דִּבְרֵי יהוה׃ כֹּה אָמַר יהוה צְבָאוֹת
פָּקַדְתִּי אֵת אֲשֶׁר־עָשָׂה עֲמָלֵק לְיִשְׂרָאֵל אֲשֶׁר־שָׂם לוֹ
ג בַּדֶּרֶךְ בַּעֲלֹתוֹ מִמִּצְרָיִם׃ עַתָּה לֵךְ וְהִכִּיתָה אֶת־עֲמָלֵק
וְהַחֲרַמְתֶּם אֶת־כָּל־אֲשֶׁר־לוֹ וְלֹא תַחְמֹל עָלָיו וְהֵמַתָּה מֵאִישׁ
עַד־אִשָּׁה מֵעֹלֵל וְעַד־יוֹנֵק מִשּׁוֹר וְעַד־שֶׂה מִגָּמָל וְעַד־
ד חֲמוֹר׃ וַיְשַׁמַּע שָׁאוּל אֶת־הָעָם וַיִּפְקְדֵם בַּטְּלָאִים
ה מָאתַיִם אֶלֶף רַגְלִי וַעֲשֶׂרֶת אֲלָפִים אֶת־אִישׁ יְהוּדָה׃ וַיָּבֹא
ו שָׁאוּל עַד־עִיר עֲמָלֵק וַיָּרֶב בַּנָּחַל׃ וַיֹּאמֶר שָׁאוּל אֶל־הַקֵּינִי
לְכוּ סֻּרוּ רְדוּ מִתּוֹךְ עֲמָלֵקִי פֶּן־אֹסִפְךָ עִמּוֹ וְאַתָּה עָשִׂיתָה
חֶסֶד עִם־כָּל־בְּנֵי יִשְׂרָאֵל בַּעֲלוֹתָם מִמִּצְרָיִם וַיָּסַר קֵינִי מִתּוֹךְ
ז עֲמָלֵק׃ וַיַּךְ שָׁאוּל אֶת־עֲמָלֵק מֵחֲוִילָה בּוֹאֲךָ שׁוּר אֲשֶׁר עַל־
ח פְּנֵי מִצְרָיִם׃ וַיִּתְפֹּשׂ אֶת־אֲגַג מֶלֶךְ־עֲמָלֵק חָי וְאֶת־כָּל־הָעָם

בני שאול
שמ״א לא, ב
דה״א ח, לג;
ט, לט

מלחמת עמלק
ברפידים
וזכירתה
שמות יז, ח-טז
דברים כה, יז-יט

ט הֶחֱרִים לְפִי־חָרֶב׃ וַיַּחְמֹל שָׁאוּל וְהָעָם עַל־אֲגָג וְעַל־
מֵיטַב הַצֹּאן וְהַבָּקָר וְהַמִּשְׁנִים וְעַל־הַכָּרִים וְעַל־כָּל־הַטּוֹב
וְלֹא אָבוּ הַחֲרִימָם וְכָל־הַמְּלָאכָה נְמִבְזָה וְנָמֵס אֹתָהּ
י הֶחֱרִימוּ׃ וַיְהִי דְּבַר יְהוָה אֶל־שְׁמוּאֵל לֵאמֹר׃
יא נִחַמְתִּי כִּי־הִמְלַכְתִּי אֶת־שָׁאוּל לְמֶלֶךְ כִּי־שָׁב מֵאַחֲרַי
וְאֶת־דְּבָרַי לֹא הֵקִים וַיִּחַר לִשְׁמוּאֵל וַיִּזְעַק אֶל־יְהוָה
יב כָּל־הַלָּיְלָה׃ וַיַּשְׁכֵּם שְׁמוּאֵל לִקְרַאת שָׁאוּל בַּבֹּקֶר וַיֻּגַּד
לִשְׁמוּאֵל לֵאמֹר בָּא־שָׁאוּל הַכַּרְמֶלָה וְהִנֵּה מַצִּיב לוֹ יָד וַיִּסֹּב
יג וַיַּעֲבֹר וַיֵּרֶד הַגִּלְגָּל׃ וַיָּבֹא שְׁמוּאֵל אֶל־שָׁאוּל וַיֹּאמֶר לוֹ
יד שָׁאוּל בָּרוּךְ אַתָּה לַיהוָה הֲקִימֹתִי אֶת־דְּבַר יְהוָה׃ וַיֹּאמֶר
שְׁמוּאֵל וּמֶה קוֹל־הַצֹּאן הַזֶּה בְּאָזְנָי וְקוֹל הַבָּקָר אֲשֶׁר אָנֹכִי
טו שֹׁמֵעַ׃ וַיֹּאמֶר שָׁאוּל מֵעֲמָלֵקִי הֱבִיאוּם אֲשֶׁר חָמַל הָעָם
עַל־מֵיטַב הַצֹּאן וְהַבָּקָר לְמַעַן זְבֹחַ לַיהוָה אֱלֹהֶיךָ וְאֶת־
טז הַיּוֹתֵר הֶחֱרַמְנוּ׃ וַיֹּאמֶר שְׁמוּאֵל אֶל־שָׁאוּל הֶרֶף
וְאַגִּידָה לְּךָ אֵת אֲשֶׁר דִּבֶּר יְהוָה אֵלַי הַלָּיְלָה ויאמרו לוֹ וַיֹּאמֶר
יז דַּבֵּר׃ וַיֹּאמֶר שְׁמוּאֵל הֲלוֹא אִם־קָטֹן אַתָּה ט
בְּעֵינֶיךָ רֹאשׁ שִׁבְטֵי יִשְׂרָאֵל אָתָּה וַיִּמְשָׁחֲךָ יְהוָה לְמֶלֶךְ עַל־
יח יִשְׂרָאֵל׃ וַיִּשְׁלָחֲךָ יְהוָה בְּדָרֶךְ וַיֹּאמֶר לֵךְ וְהַחֲרַמְתָּה אֶת־
יט הַחַטָּאִים אֶת־עֲמָלֵק וְנִלְחַמְתָּ בוֹ עַד־כַּלּוֹתָם אֹתָם׃ וְלָמָּה
לֹא־שָׁמַעְתָּ בְּקוֹל יְהוָה וַתַּעַט אֶל־הַשָּׁלָל וַתַּעַשׂ הָרַע
כ בְּעֵינֵי יְהוָה׃ וַיֹּאמֶר שָׁאוּל אֶל־שְׁמוּאֵל אֲשֶׁר
שָׁמַעְתִּי בְּקוֹל יְהוָה וָאֵלֵךְ בַּדֶּרֶךְ אֲשֶׁר־שְׁלָחַנִי יְהוָה וָאָבִיא
כא אֶת־אֲגַג מֶלֶךְ עֲמָלֵק וְאֶת־עֲמָלֵק הֶחֱרַמְתִּי׃ וַיִּקַּח הָעָם
מֵהַשָּׁלָל צֹאן וּבָקָר רֵאשִׁית הַחֵרֶם לִזְבֹּחַ לַיהוָה אֱלֹהֶיךָ
כב בַּגִּלְגָּל׃ וַיֹּאמֶר שְׁמוּאֵל הַחֵפֶץ לַיהוָה בְּעֹלוֹת
וּזְבָחִים כִּשְׁמֹעַ בְּקוֹל יְהוָה הִנֵּה שְׁמֹעַ מִזֶּבַח טוֹב לְהַקְשִׁיב
כג מֵחֵלֶב אֵילִים׃ כִּי חַטַּאת־קֶסֶם מֶרִי וְאָוֶן וּתְרָפִים הַפְצַר יַעַן

כג מָאַסְתָּ אֶת־דְּבַר יְהוָה וַיִּמְאָסְךָ מִמֶּלֶךְ׃ וַיֹּאמֶר
שָׁאוּל אֶל־שְׁמוּאֵל חָטָאתִי כִּי־עָבַרְתִּי אֶת־פִּי־יְהוָה וְאֶת־
כה דְּבָרֶיךָ כִּי יָרֵאתִי אֶת־הָעָם וָאֶשְׁמַע בְּקוֹלָם׃ וְעַתָּה שָׂא נָא
כו אֶת־חַטָּאתִי וְשׁוּב עִמִּי וְאֶשְׁתַּחֲוֶה לַיהוָה׃ וַיֹּאמֶר שְׁמוּאֵל אֶל־
שָׁאוּל לֹא אָשׁוּב עִמָּךְ כִּי מָאַסְתָּה אֶת־דְּבַר יְהוָה וַיִּמְאָסְךָ
כז יְהוָה מִהְיוֹת מֶלֶךְ עַל־יִשְׂרָאֵל׃ וַיִּסֹּב שְׁמוּאֵל לָלֶכֶת וַיַּחֲזֵק
כח בִּכְנַף־מְעִילוֹ וַיִּקָּרַע׃ וַיֹּאמֶר אֵלָיו שְׁמוּאֵל קָרַע יְהוָה אֶת־
כט מַמְלְכוּת יִשְׂרָאֵל מֵעָלֶיךָ הַיּוֹם וּנְתָנָהּ לְרֵעֲךָ הַטּוֹב מִמֶּךָּ׃ וְגַם
נֵצַח יִשְׂרָאֵל לֹא יְשַׁקֵּר וְלֹא יִנָּחֵם כִּי לֹא אָדָם הוּא לְהִנָּחֵם׃
ל וַיֹּאמֶר חָטָאתִי עַתָּה כַּבְּדֵנִי נָא נֶגֶד זִקְנֵי־עַמִּי וְנֶגֶד יִשְׂרָאֵל
לא וְשׁוּב עִמִּי וְהִשְׁתַּחֲוֵיתִי לַיהוָה אֱלֹהֶיךָ׃ וַיָּשָׁב שְׁמוּאֵל אַחֲרֵי
לב שָׁאוּל וַיִּשְׁתַּחוּ שָׁאוּל לַיהוָה׃ וַיֹּאמֶר שְׁמוּאֵל
הַגִּישׁוּ אֵלַי אֶת־אֲגַג מֶלֶךְ עֲמָלֵק וַיֵּלֶךְ אֵלָיו אֲגַג מַעֲדַנֹּת
לג וַיֹּאמֶר אֲגָג אָכֵן סָר מַר־הַמָּוֶת׃ וַיֹּאמֶר שְׁמוּאֵל כַּאֲשֶׁר שִׁכְּלָה
נָשִׁים חַרְבֶּךָ כֵּן־תִּשְׁכַּל מִנָּשִׁים אִמֶּךָ וַיְשַׁסֵּף שְׁמוּאֵל אֶת־אֲגָג
לד לִפְנֵי יְהוָה בַּגִּלְגָּל׃ וַיֵּלֶךְ שְׁמוּאֵל הָרָמָתָה וְשָׁאוּל
לה עָלָה אֶל־בֵּיתוֹ גִּבְעַת שָׁאוּל׃ וְלֹא־יָסַף שְׁמוּאֵל לִרְאוֹת אֶת־
שָׁאוּל עַד־יוֹם מוֹתוֹ כִּי־הִתְאַבֵּל שְׁמוּאֵל אֶל־שָׁאוּל וַיהוָה נִחָם
טז א כִּי־הִמְלִיךְ אֶת־שָׁאוּל עַל־יִשְׂרָאֵל׃ וַיֹּאמֶר
יְהוָה אֶל־שְׁמוּאֵל עַד־מָתַי אַתָּה מִתְאַבֵּל אֶל־שָׁאוּל וַאֲנִי
מְאַסְתִּיו מִמְּלֹךְ עַל־יִשְׂרָאֵל מַלֵּא קַרְנְךָ שֶׁמֶן וְלֵךְ אֶשְׁלָחֲךָ
ב אֶל־יִשַׁי בֵּית־הַלַּחְמִי כִּי־רָאִיתִי בְּבָנָיו לִי מֶלֶךְ׃ וַיֹּאמֶר
שְׁמוּאֵל אֵיךְ אֵלֵךְ וְשָׁמַע שָׁאוּל וַהֲרָגָנִי וַיֹּאמֶר
יְהוָה עֶגְלַת בָּקָר תִּקַּח בְּיָדֶךָ וְאָמַרְתָּ לִזְבֹּחַ לַיהוָה בָּאתִי׃
ג וְקָרָאתָ לְיִשַׁי בַּזָּבַח וְאָנֹכִי אוֹדִיעֲךָ אֵת אֲשֶׁר־תַּעֲשֶׂה וּמָשַׁחְתָּ
ד לִי אֵת אֲשֶׁר־אֹמַר אֵלֶיךָ׃ וַיַּעַשׂ שְׁמוּאֵל אֵת אֲשֶׁר דִּבֶּר יְהוָה
וַיָּבֹא בֵּית לָחֶם וַיֶּחֶרְדוּ זִקְנֵי הָעִיר לִקְרָאתוֹ וַיֹּאמֶר שָׁלֹם

ה בּוֹאֶךָ: וַיֹּאמֶר ׀ שָׁלוֹם לִזְבֹּחַ לַיהוָה בָּאתִי הִתְקַדְּשׁוּ וּבָאתֶם
אִתִּי בַּזָּבַח וַיְקַדֵּשׁ אֶת־יִשַׁי וְאֶת־בָּנָיו וַיִּקְרָא לָהֶם לַזָּבַח:
ו וַיְהִי בְּבוֹאָם וַיַּרְא אֶת־אֱלִיאָב וַיֹּאמֶר אַךְ נֶגֶד יְהוָה
ז מְשִׁיחוֹ: וַיֹּאמֶר יְהוָה אֶל־שְׁמוּאֵל אַל־תַּבֵּט
אֶל־מַרְאֵהוּ וְאֶל־גְּבֹהַּ קוֹמָתוֹ כִּי מְאַסְתִּיהוּ כִּי ׀ לֹא אֲשֶׁר
יִרְאֶה הָאָדָם כִּי הָאָדָם יִרְאֶה לַעֵינַיִם וַיהוָה יִרְאֶה לַלֵּבָב:
ח וַיִּקְרָא יִשַׁי אֶל־אֲבִינָדָב וַיַּעֲבִרֵהוּ לִפְנֵי שְׁמוּאֵל וַיֹּאמֶר
ט גַּם־בָּזֶה לֹא־בָחַר יְהוָה: וַיַּעֲבֵר יִשַׁי שַׁמָּה וַיֹּאמֶר גַּם־בָּזֶה
י לֹא־בָחַר יְהוָה: וַיַּעֲבֵר יִשַׁי שִׁבְעַת בָּנָיו לִפְנֵי שְׁמוּאֵל
יא וַיֹּאמֶר שְׁמוּאֵל אֶל־יִשַׁי לֹא־בָחַר יְהוָה בָּאֵלֶּה: וַיֹּאמֶר
שְׁמוּאֵל אֶל־יִשַׁי הֲתַמּוּ הַנְּעָרִים וַיֹּאמֶר עוֹד שָׁאַר הַקָּטָן וְהִנֵּה
רֹעֶה בַּצֹּאן וַיֹּאמֶר שְׁמוּאֵל אֶל־יִשַׁי שִׁלְחָה וְקָחֶנּוּ כִּי לֹא־נָסֹב
יב עַד־בֹּאוֹ פֹה: וַיִּשְׁלַח וַיְבִיאֵהוּ וְהוּא אַדְמוֹנִי עִם־יְפֵה עֵינַיִם
וְטוֹב רֹאִי וַיֹּאמֶר יְהוָה קוּם מְשָׁחֵהוּ כִּי־זֶה הוּא:
יג וַיִּקַּח שְׁמוּאֵל אֶת־קֶרֶן הַשֶּׁמֶן וַיִּמְשַׁח אֹתוֹ בְּקֶרֶב אֶחָיו וַתִּצְלַח
רוּחַ־יְהוָה אֶל־דָּוִד מֵהַיּוֹם הַהוּא וָמָעְלָה וַיָּקָם שְׁמוּאֵל וַיֵּלֶךְ
יד הָרָמָתָה: וְרוּחַ יְהוָה סָרָה מֵעִם שָׁאוּל וּבִעֲתַתּוּ רוּחַ־רָעָה מֵאֵת
טו יְהוָה: וַיֹּאמְרוּ עַבְדֵי־שָׁאוּל אֵלָיו הִנֵּה־נָא רוּחַ־אֱלֹהִים רָעָה
טז מְבַעִתֶּךָ: יֹאמַר־נָא אֲדֹנֵנוּ עֲבָדֶיךָ לְפָנֶיךָ יְבַקְשׁוּ אִישׁ יֹדֵעַ
מְנַגֵּן בַּכִּנּוֹר וְהָיָה בִּהְיוֹת עָלֶיךָ רוּחַ־אֱלֹהִים רָעָה וְנִגֵּן בְּיָדוֹ
יז וְטוֹב לָךְ: וַיֹּאמֶר שָׁאוּל אֶל־עֲבָדָיו רְאוּ־נָא לִי אִישׁ מֵיטִיב
יח לְנַגֵּן וַהֲבִיאוֹתֶם אֵלָי: וַיַּעַן אֶחָד מֵהַנְּעָרִים וַיֹּאמֶר הִנֵּה רָאִיתִי י
בֵּן לְיִשַׁי בֵּית הַלַּחְמִי יֹדֵעַ נַגֵּן וְגִבּוֹר חַיִל וְאִישׁ מִלְחָמָה וּנְבוֹן
יט דָּבָר וְאִישׁ תֹּאַר וַיהוָה עִמּוֹ: וַיִּשְׁלַח שָׁאוּל מַלְאָכִים אֶל־יִשָׁי
כ וַיֹּאמֶר שִׁלְחָה אֵלַי אֶת־דָּוִד בִּנְךָ אֲשֶׁר בַּצֹּאן: וַיִּקַּח יִשַׁי חֲמוֹר
לֶחֶם וְנֹאד יַיִן וּגְדִי עִזִּים אֶחָד וַיִּשְׁלַח בְּיַד־דָּוִד בְּנוֹ אֶל־שָׁאוּל:
כא וַיָּבֹא דָוִד אֶל־שָׁאוּל וַיַּעֲמֹד לְפָנָיו וַיֶּאֱהָבֵהוּ מְאֹד וַיְהִי־לוֹ נֹשֵׂא

כב כֵּלִים: וַיִּשְׁלַח שָׁאוּל אֶל־יִשַׁי לֵאמֹר יַעֲמָד־נָא דָוִד לְפָנַי כִּי־
כג מָצָא חֵן בְּעֵינָי: וְהָיָה בִּהְיוֹת רוּחַ־אֱלֹהִים אֶל־שָׁאוּל וְלָקַח
דָּוִד אֶת־הַכִּנּוֹר וְנִגֵּן בְּיָדוֹ וְרָוַח לְשָׁאוּל וְטוֹב לוֹ וְסָרָה מֵעָלָיו
יז א רוּחַ הָרָעָה: וַיַּאַסְפוּ פְלִשְׁתִּים אֶת־מַחֲנֵיהֶם
לַמִּלְחָמָה וַיֵּאָסְפוּ שֹׂכֹה אֲשֶׁר לִיהוּדָה וַיַּחֲנוּ בֵּין־שׂוֹכֹה וּבֵין־
ב עֲזֵקָה בְּאֶפֶס דַּמִּים: וְשָׁאוּל וְאִישׁ־יִשְׂרָאֵל נֶאֶסְפוּ וַיַּחֲנוּ בְּעֵמֶק
ג הָאֵלָה וַיַּעַרְכוּ מִלְחָמָה לִקְרַאת פְּלִשְׁתִּים: וּפְלִשְׁתִּים עֹמְדִים
אֶל־הָהָר מִזֶּה וְיִשְׂרָאֵל עֹמְדִים אֶל־הָהָר מִזֶּה וְהַגַּיְא בֵּינֵיהֶם:
ד וַיֵּצֵא אִישׁ־הַבֵּנַיִם מִמַּחֲנוֹת פְּלִשְׁתִּים גָּלְיָת שְׁמוֹ מִגַּת גָּבְהוֹ
ה שֵׁשׁ אַמּוֹת וָזָרֶת: וְכוֹבַע נְחֹשֶׁת עַל־רֹאשׁוֹ וְשִׁרְיוֹן קַשְׂקַשִּׂים
הוּא לָבוּשׁ וּמִשְׁקַל הַשִּׁרְיוֹן חֲמֵשֶׁת־אֲלָפִים שְׁקָלִים נְחֹשֶׁת:
ו ז וּמִצְחַת נְחֹשֶׁת עַל־רַגְלָיו וְכִידוֹן נְחֹשֶׁת בֵּין כְּתֵפָיו: וחץ חֲנִיתוֹ וְעֵץ
כִּמְנוֹר אֹרְגִים וְלַהֶבֶת חֲנִיתוֹ שֵׁשׁ־מֵאוֹת שְׁקָלִים בַּרְזֶל וְנֹשֵׂא
ח הַצִּנָּה הֹלֵךְ לְפָנָיו: וַיַּעֲמֹד וַיִּקְרָא אֶל־מַעַרְכֹת יִשְׂרָאֵל וַיֹּאמֶר
לָהֶם לָמָּה תֵצְאוּ לַעֲרֹךְ מִלְחָמָה הֲלוֹא אָנֹכִי הַפְּלִשְׁתִּי וְאַתֶּם
ט עֲבָדִים לְשָׁאוּל בְּרוּ־לָכֶם אִישׁ וְיֵרֵד אֵלָי: אִם־יוּכַל לְהִלָּחֵם
אִתִּי וְהִכָּנִי וְהָיִינוּ לָכֶם לַעֲבָדִים וְאִם־אֲנִי אוּכַל־לוֹ וְהִכִּיתִיו
י וִהְיִיתֶם לָנוּ לַעֲבָדִים וַעֲבַדְתֶּם אֹתָנוּ: וַיֹּאמֶר הַפְּלִשְׁתִּי אֲנִי
חֵרַפְתִּי אֶת־מַעַרְכוֹת יִשְׂרָאֵל הַיּוֹם הַזֶּה תְּנוּ־לִי אִישׁ וְנִלָּחֲמָה
יא יָחַד: וַיִּשְׁמַע שָׁאוּל וְכָל־יִשְׂרָאֵל אֶת־דִּבְרֵי הַפְּלִשְׁתִּי הָאֵלֶּה
יב וַיֵּחַתּוּ וַיִּרְאוּ מְאֹד: וְדָוִד בֶּן־אִישׁ אֶפְרָתִי הַזֶּה
מִבֵּית לֶחֶם יְהוּדָה וּשְׁמוֹ יִשַׁי וְלוֹ שְׁמֹנָה בָנִים וְהָאִישׁ
יג בִּימֵי שָׁאוּל זָקֵן בָּא בַאֲנָשִׁים: וַיֵּלְכוּ שְׁלֹשֶׁת בְּנֵי־יִשַׁי הַגְּדֹלִים
הָלְכוּ אַחֲרֵי־שָׁאוּל לַמִּלְחָמָה וְשֵׁם ׀ שְׁלֹשֶׁת בָּנָיו אֲשֶׁר
הָלְכוּ בַּמִּלְחָמָה אֱלִיאָב הַבְּכוֹר וּמִשְׁנֵהוּ אֲבִינָדָב וְהַשְּׁלִשִׁי
יד שַׁמָּה: וְדָוִד הוּא הַקָּטָן וּשְׁלֹשָׁה הַגְּדֹלִים הָלְכוּ אַחֲרֵי
טו שָׁאוּל: וְדָוִד הֹלֵךְ וָשָׁב מֵעַל שָׁאוּל לִרְעוֹת אֶת־צֹאן אָבִיו

בני ישי וצאצאיו
דה"א ב, יג-יז

טז בֵּית־לָחֶם׃ וַיִּגַּשׁ הַפְּלִשְׁתִּי הַשְׁכֵּם וְהַעֲרֵב וַיִּתְיַצֵּב אַרְבָּעִים
יז יוֹם׃ וַיֹּאמֶר יִשַׁי לְדָוִד בְּנוֹ קַח־נָא לְאַחֶיךָ אֵיפַת
יח הַקָּלִיא הַזֶּה וַעֲשָׂרָה לֶחֶם הַזֶּה וְהָרֵץ הַמַּחֲנֶה לְאַחֶיךָ׃ וְאֵת
עֲשֶׂרֶת חֲרִיצֵי הֶחָלָב הָאֵלֶּה תָּבִיא לְשַׂר הָאָלֶף וְאֶת־אַחֶיךָ תִּפְקֹד
יט לְשָׁלוֹם וְאֶת־עֲרֻבָּתָם תִּקָּח׃ וְשָׁאוּל וְהֵמָּה וְכָל־אִישׁ יִשְׂרָאֵל
כ בְּעֵמֶק הָאֵלָה נִלְחָמִים עִם־פְּלִשְׁתִּים׃ וַיַּשְׁכֵּם
דָּוִד בַּבֹּקֶר וַיִּטֹּשׁ אֶת־הַצֹּאן עַל־שֹׁמֵר וַיִּשָּׂא וַיֵּלֶךְ כַּאֲשֶׁר צִוָּהוּ
יִשָׁי וַיָּבֹא הַמַּעְגָּלָה וְהַחַיִל הַיֹּצֵא אֶל־הַמַּעֲרָכָה וְהֵרֵעוּ
כא בַּמִּלְחָמָה׃ וַתַּעֲרֹךְ יִשְׂרָאֵל וּפְלִשְׁתִּים מַעֲרָכָה לִקְרַאת
כב מַעֲרָכָה׃ וַיִּטֹּשׁ דָּוִד אֶת־הַכֵּלִים מֵעָלָיו עַל־יַד שׁוֹמֵר הַכֵּלִים
כג וַיָּרָץ הַמַּעֲרָכָה וַיָּבֹא וַיִּשְׁאַל לְאֶחָיו לְשָׁלוֹם׃ וְהוּא ׀ מְדַבֵּר עִמָּם
וְהִנֵּה אִישׁ הַבֵּנַיִם עוֹלֶה גָּלְיָת הַפְּלִשְׁתִּי שְׁמוֹ מִגַּת ממערות מִמַּעַרְכוֹת
כד פְּלִשְׁתִּים וַיְדַבֵּר כַּדְּבָרִים הָאֵלֶּה וַיִּשְׁמַע דָּוִד׃ וְכֹל אִישׁ
יִשְׂרָאֵל בִּרְאוֹתָם אֶת־הָאִישׁ וַיָּנֻסוּ מִפָּנָיו וַיִּירְאוּ מְאֹד׃
כה וַיֹּאמֶר ׀ אִישׁ יִשְׂרָאֵל הַרְּאִיתֶם הָאִישׁ הָעֹלֶה הַזֶּה כִּי לְחָרֵף
אֶת־יִשְׂרָאֵל עֹלֶה וְהָיָה הָאִישׁ אֲשֶׁר־יַכֶּנּוּ יַעְשְׁרֶנּוּ הַמֶּלֶךְ ׀
עֹשֶׁר גָּדוֹל וְאֶת־בִּתּוֹ יִתֶּן־לוֹ וְאֵת בֵּית אָבִיו יַעֲשֶׂה חָפְשִׁי
כו בְּיִשְׂרָאֵל׃ וַיֹּאמֶר דָּוִד אֶל־הָאֲנָשִׁים הָעֹמְדִים
עִמּוֹ לֵאמֹר מַה־יֵּעָשֶׂה לָאִישׁ אֲשֶׁר יַכֶּה אֶת־הַפְּלִשְׁתִּי הַלָּז
וְהֵסִיר חֶרְפָּה מֵעַל יִשְׂרָאֵל כִּי מִי הַפְּלִשְׁתִּי הֶעָרֵל הַזֶּה כִּי
כז חֵרֵף מַעַרְכוֹת אֱלֹהִים חַיִּים׃ וַיֹּאמֶר לוֹ הָעָם כַּדָּבָר הַזֶּה לֵאמֹר
כח כֹּה יֵעָשֶׂה לָאִישׁ אֲשֶׁר יַכֶּנּוּ׃ וַיִּשְׁמַע אֱלִיאָב אָחִיו הַגָּדוֹל
בְּדַבְּרוֹ אֶל־הָאֲנָשִׁים וַיִּחַר־אַף אֱלִיאָב בְּדָוִד וַיֹּאמֶר ׀ לָמָּה־זֶּה
יָרַדְתָּ וְעַל־מִי נָטַשְׁתָּ מְעַט הַצֹּאן הָהֵנָּה בַּמִּדְבָּר אֲנִי יָדַעְתִּי
אֶת־זְדֹנְךָ וְאֵת רֹעַ לְבָבֶךָ כִּי לְמַעַן רְאוֹת הַמִּלְחָמָה יָרָדְתָּ׃
כט ל וַיֹּאמֶר דָּוִד מֶה עָשִׂיתִי עָתָּה הֲלוֹא דָּבָר הוּא׃ וַיִּסֹּב מֵאֶצְלוֹ
אֶל־מוּל אַחֵר וַיֹּאמֶר כַּדָּבָר הַזֶּה וַיְשִׁבֻהוּ הָעָם דָּבָר כַּדָּבָר

לא הָרִאשׁוֹן: וַיִּשָּׁמְעוּ הַדְּבָרִים אֲשֶׁר דִּבֶּר דָּוִד וַיַּגִּדוּ לִפְנֵי־שָׁאוּל
לב וַיִּקָּחֵהוּ: וַיֹּאמֶר דָּוִד אֶל־שָׁאוּל אַל־יִפֹּל לֵב־אָדָם עָלָיו עַבְדְּךָ
לג יֵלֵךְ וְנִלְחַם עִם־הַפְּלִשְׁתִּי הַזֶּה: וַיֹּאמֶר שָׁאוּל אֶל־דָּוִד לֹא
תוּכַל לָלֶכֶת אֶל־הַפְּלִשְׁתִּי הַזֶּה לְהִלָּחֵם עִמּוֹ כִּי־נַעַר אַתָּה
לד וְהוּא אִישׁ מִלְחָמָה מִנְּעֻרָיו: וַיֹּאמֶר דָּוִד אֶל־
שָׁאוּל רֹעֶה הָיָה עַבְדְּךָ לְאָבִיו בַּצֹּאן וּבָא הָאֲרִי וְאֶת־הַדּוֹב
לה וְנָשָׂא שֶׂה מֵהָעֵדֶר: וְיָצָאתִי אַחֲרָיו וְהִכִּתִיו וְהִצַּלְתִּי מִפִּיו וַיָּקָם
לו עָלַי וְהֶחֱזַקְתִּי בִּזְקָנוֹ וְהִכִּתִיו וַהֲמִיתִּיו: גַּם אֶת־הָאֲרִי גַּם־הַדּוֹב
הִכָּה עַבְדֶּךָ וְהָיָה הַפְּלִשְׁתִּי הֶעָרֵל הַזֶּה כְּאַחַד מֵהֶם כִּי חֵרֵף
לז מַעַרְכֹת אֱלֹהִים חַיִּים: וַיֹּאמֶר דָּוִד יהוה אֲשֶׁר יא
הִצִּלַנִי מִיַּד הָאֲרִי וּמִיַּד הַדֹּב הוּא יַצִּילֵנִי מִיַּד הַפְּלִשְׁתִּי
הַזֶּה וַיֹּאמֶר שָׁאוּל אֶל־דָּוִד לֵךְ וַיהוה יִהְיֶה
לח עִמָּךְ: וַיַּלְבֵּשׁ שָׁאוּל אֶת־דָּוִד מַדָּיו וְנָתַן קוֹבַע נְחֹשֶׁת עַל־
לט רֹאשׁוֹ וַיַּלְבֵּשׁ אֹתוֹ שִׁרְיוֹן: וַיַּחְגֹּר דָּוִד אֶת־חַרְבּוֹ מֵעַל לְמַדָּיו
וַיֹּאֶל לָלֶכֶת כִּי לֹא־נִסָּה וַיֹּאמֶר דָּוִד אֶל־שָׁאוּל לֹא אוּכַל
מ לָלֶכֶת בָּאֵלֶּה כִּי לֹא נִסִּיתִי וַיְסִרֵם דָּוִד מֵעָלָיו: וַיִּקַּח מַקְלוֹ
בְּיָדוֹ וַיִּבְחַר־לוֹ חֲמִשָּׁה חַלֻּקֵי אֲבָנִים ׀ מִן־הַנַּחַל וַיָּשֶׂם אֹתָם
בִּכְלִי הָרֹעִים אֲשֶׁר־לוֹ וּבַיַּלְקוּט וְקַלְעוֹ בְיָדוֹ וַיִּגַּשׁ אֶל־
מא הַפְּלִשְׁתִּי: וַיֵּלֶךְ הַפְּלִשְׁתִּי הֹלֵךְ וְקָרֵב אֶל־דָּוִד וְהָאִישׁ נֹשֵׂא
מב הַצִּנָּה לְפָנָיו: וַיַּבֵּט הַפְּלִשְׁתִּי וַיִּרְאֶה אֶת־דָּוִד וַיִּבְזֵהוּ כִּי־הָיָה
מג נַעַר וְאַדְמֹנִי עִם־יְפֵה מַרְאֶה: וַיֹּאמֶר הַפְּלִשְׁתִּי אֶל־דָּוִד הֲכֶלֶב
אָנֹכִי כִּי־אַתָּה בָא־אֵלַי בַּמַּקְלוֹת וַיְקַלֵּל הַפְּלִשְׁתִּי אֶת־דָּוִד
מד בֵּאלֹהָיו: וַיֹּאמֶר הַפְּלִשְׁתִּי אֶל־דָּוִד לְכָה אֵלַי וְאֶתְּנָה אֶת־
מה בְּשָׂרְךָ לְעוֹף הַשָּׁמַיִם וּלְבֶהֱמַת הַשָּׂדֶה: וַיֹּאמֶר
דָּוִד אֶל־הַפְּלִשְׁתִּי אַתָּה בָּא אֵלַי בְּחֶרֶב וּבַחֲנִית וּבְכִידוֹן וְאָנֹכִי
בָא־אֵלֶיךָ בְּשֵׁם יהוה צְבָאוֹת אֱלֹהֵי מַעַרְכוֹת יִשְׂרָאֵל אֲשֶׁר
מו חֵרַפְתָּ: הַיּוֹם הַזֶּה יְסַגֶּרְךָ יהוה בְּיָדִי וְהִכִּיתִךָ וַהֲסִרֹתִי אֶת־

רֹאשְׁךָ מֵעָלֶיךָ וְנָתַתִּי פֶּגֶר מַחֲנֵה פְלִשְׁתִּים הַיּוֹם הַזֶּה לְעוֹף
הַשָּׁמַיִם וּלְחַיַּת הָאָרֶץ וְיֵדְעוּ כָּל־הָאָרֶץ כִּי יֵשׁ אֱלֹהִים
לְיִשְׂרָאֵל: וְיֵדְעוּ כָּל־הַקָּהָל הַזֶּה כִּי־לֹא בְּחֶרֶב וּבַחֲנִית יְהוֹשִׁיעַ מז
יְהוָה כִּי לַיהוָה הַמִּלְחָמָה וְנָתַן אֶתְכֶם בְּיָדֵנוּ: וְהָיָה כִּי־קָם מח
הַפְּלִשְׁתִּי וַיֵּלֶךְ וַיִּקְרַב לִקְרַאת דָּוִד וַיְמַהֵר דָּוִד וַיָּרָץ הַמַּעֲרָכָה
לִקְרַאת הַפְּלִשְׁתִּי: וַיִּשְׁלַח דָּוִד אֶת־יָדוֹ אֶל־הַכֶּלִי וַיִּקַּח מִשָּׁם מט
אֶבֶן וַיְקַלַּע וַיַּךְ אֶת־הַפְּלִשְׁתִּי אֶל־מִצְחוֹ וַתִּטְבַּע הָאֶבֶן בְּמִצְחוֹ
וַיִּפֹּל עַל־פָּנָיו אָרְצָה: וַיֶּחֱזַק דָּוִד מִן־הַפְּלִשְׁתִּי בַּקֶּלַע וּבָאֶבֶן נ
וַיַּךְ אֶת־הַפְּלִשְׁתִּי וַיְמִיתֵהוּ וְחֶרֶב אֵין בְּיַד־דָּוִד: וַיָּרָץ דָּוִד נא
וַיַּעֲמֹד אֶל־הַפְּלִשְׁתִּי וַיִּקַּח אֶת־חַרְבּוֹ וַיִּשְׁלְפָהּ מִתַּעְרָהּ
וַיְמֹתְתֵהוּ וַיִּכְרָת־בָּהּ אֶת־רֹאשׁוֹ וַיִּרְאוּ הַפְּלִשְׁתִּים כִּי־מֵת
גִּבּוֹרָם וַיָּנֻסוּ: וַיָּקֻמוּ אַנְשֵׁי יִשְׂרָאֵל וִיהוּדָה וַיָּרִעוּ וַיִּרְדְּפוּ אֶת־ נב
הַפְּלִשְׁתִּים עַד־בּוֹאֲךָ גַיְא וְעַד שַׁעֲרֵי עֶקְרוֹן וַיִּפְּלוּ חַלְלֵי
פְלִשְׁתִּים בְּדֶרֶךְ שַׁעֲרַיִם וְעַד־גַּת וְעַד־עֶקְרוֹן: וַיָּשֻׁבוּ בְּנֵי נג
יִשְׂרָאֵל מִדְּלֹק אַחֲרֵי פְלִשְׁתִּים וַיָּשֹׁסּוּ אֶת־מַחֲנֵיהֶם: וַיִּקַּח נד
דָּוִד אֶת־רֹאשׁ הַפְּלִשְׁתִּי וַיְבִאֵהוּ יְרוּשָׁלִָם וְאֶת־כֵּלָיו שָׂם
בְּאָהֳלוֹ: וְכִרְאוֹת שָׁאוּל אֶת־דָּוִד יֹצֵא לִקְרַאת נה
הַפְּלִשְׁתִּי אָמַר אֶל־אַבְנֵר שַׂר הַצָּבָא בֶּן־מִי־זֶה הַנַּעַר אַבְנֵר
וַיֹּאמֶר אַבְנֵר חֵי־נַפְשְׁךָ הַמֶּלֶךְ אִם־יָדָעְתִּי: וַיֹּאמֶר הַמֶּלֶךְ שְׁאַל נו
אַתָּה בֶּן־מִי־זֶה הָעָלֶם: וּכְשׁוּב דָּוִד מֵהַכּוֹת נז
אֶת־הַפְּלִשְׁתִּי וַיִּקַּח אֹתוֹ אַבְנֵר וַיְבִאֵהוּ לִפְנֵי שָׁאוּל וְרֹאשׁ
הַפְּלִשְׁתִּי בְּיָדוֹ: וַיֹּאמֶר אֵלָיו שָׁאוּל בֶּן־מִי אַתָּה הַנָּעַר וַיֹּאמֶר נח
דָּוִד בֶּן־עַבְדְּךָ יִשַׁי בֵּית הַלַּחְמִי: וַיְהִי כְּכַלֹּתוֹ לְדַבֵּר אֶל־שָׁאוּל א יח
וַיֶּאֱהָבֵהוּ וְנֶפֶשׁ יְהוֹנָתָן נִקְשְׁרָה בְּנֶפֶשׁ דָּוִד ויאהבו יְהוֹנָתָן כְּנַפְשׁוֹ:
וַיִּקָּחֵהוּ שָׁאוּל בַּיּוֹם הַהוּא וְלֹא נְתָנוֹ לָשׁוּב בֵּית אָבִיו: וַיִּכְרֹת ב ג
יְהוֹנָתָן וְדָוִד בְּרִית בְּאַהֲבָתוֹ אֹתוֹ כְּנַפְשׁוֹ: וַיִּתְפַּשֵּׁט יְהוֹנָתָן ד
אֶת־הַמְּעִיל אֲשֶׁר עָלָיו וַיִּתְּנֵהוּ לְדָוִד וּמַדָּיו וְעַד־חַרְבּוֹ וְעַד־

ה קַשְׁתּוֹ וְעַד־חֲגֹרוֹ׃ וַיֵּצֵא דָוִד בְּכֹל אֲשֶׁר יִשְׁלָחֶנּוּ שָׁאוּל יַשְׂכִּיל
וַיְשִׂמֵהוּ שָׁאוּל עַל אַנְשֵׁי הַמִּלְחָמָה וַיִּיטַב בְּעֵינֵי כָל־הָעָם וְגַם
ו בְּעֵינֵי עַבְדֵי שָׁאוּל׃ וַיְהִי בְּבוֹאָם בְּשׁוּב דָּוִד
מֵהַכּוֹת אֶת־הַפְּלִשְׁתִּי וַתֵּצֶאנָה הַנָּשִׁים מִכָּל־עָרֵי יִשְׂרָאֵל
לשוּר וְהַמְּחֹלוֹת לִקְרַאת שָׁאוּל הַמֶּלֶךְ בְּתֻפִּים בְּשִׂמְחָה לָשִׁיר
ז וּבְשָׁלִשִׁים׃ וַתַּעֲנֶינָה הַנָּשִׁים הַמְשַׂחֲקוֹת וַתֹּאמַרְןָ הִכָּה שָׁאוּל
ח בַּאֲלָפָו וְדָוִד בְּרִבְבֹתָיו׃ וַיִּחַר לְשָׁאוּל מְאֹד וַיֵּרַע בְּעֵינָיו הַדָּבָר
הַזֶּה וַיֹּאמֶר נָתְנוּ לְדָוִד רְבָבוֹת וְלִי נָתְנוּ הָאֲלָפִים וְעוֹד
ט לוֹ אַךְ הַמְּלוּכָה׃ וַיְהִי שָׁאוּל עון אֶת־דָּוִד מֵהַיּוֹם הַהוּא עוֹיֵן
י וָהָלְאָה׃ וַיְהִי מִמָּחֳרָת וַתִּצְלַח רוּחַ אֱלֹהִים ׀
רָעָה ׀ אֶל־שָׁאוּל וַיִּתְנַבֵּא בְתוֹךְ־הַבַּיִת וְדָוִד מְנַגֵּן בְּיָדוֹ כְּיוֹם ׀
יא בְּיוֹם וְהַחֲנִית בְּיַד־שָׁאוּל׃ וַיָּטֶל שָׁאוּל אֶת־הַחֲנִית וַיֹּאמֶר אַכֶּה
יב בְדָוִד וּבַקִּיר וַיִּסֹּב דָּוִד מִפָּנָיו פַּעֲמָיִם׃ וַיִּרָא שָׁאוּל מִלִּפְנֵי דָוִד
יג כִּי־הָיָה יהוה עִמּוֹ וּמֵעִם שָׁאוּל סָר׃ וַיְסִרֵהוּ שָׁאוּל מֵעִמּוֹ
יד וַיְשִׂמֵהוּ לוֹ שַׂר־אָלֶף וַיֵּצֵא וַיָּבֹא לִפְנֵי הָעָם׃ וַיְהִי יב
טו דָוִד לְכָל־דְּרָכָו מַשְׂכִּיל וַיהוה עִמּוֹ׃ וַיַּרְא שָׁאוּל אֲשֶׁר־הוּא
טז מַשְׂכִּיל מְאֹד וַיָּגָר מִפָּנָיו׃ וְכָל־יִשְׂרָאֵל וִיהוּדָה אֹהֵב אֶת־דָּוִד
יז כִּי־הוּא יוֹצֵא וָבָא לִפְנֵיהֶם׃ וַיֹּאמֶר שָׁאוּל אֶל־
דָּוִד הִנֵּה בִתִּי הַגְּדוֹלָה מֵרַב אֹתָהּ אֶתֶּן־לְךָ לְאִשָּׁה אַךְ הֱיֵה־לִּי
לְבֶן־חַיִל וְהִלָּחֵם מִלְחֲמוֹת יהוה וְשָׁאוּל אָמַר אַל־תְּהִי יָדִי בּוֹ
יח וּתְהִי־בוֹ יַד־פְּלִשְׁתִּים׃ וַיֹּאמֶר דָּוִד אֶל־שָׁאוּל
מִי אָנֹכִי וּמִי חַיַּי מִשְׁפַּחַת אָבִי בְּיִשְׂרָאֵל כִּי־אֶהְיֶה חָתָן לַמֶּלֶךְ׃
יט וַיְהִי בְּעֵת תֵּת אֶת־מֵרַב בַּת־שָׁאוּל לְדָוִד וְהִיא נִתְּנָה
כ לְעַדְרִיאֵל הַמְּחֹלָתִי לְאִשָּׁה׃ וַתֶּאֱהַב מִיכַל בַּת־שָׁאוּל אֶת־
כא דָּוִד וַיַּגִּדוּ לְשָׁאוּל וַיִּשַׁר הַדָּבָר בְּעֵינָיו׃ וַיֹּאמֶר שָׁאוּל אֶתְּנֶנָּה לּוֹ
וּתְהִי־לוֹ לְמוֹקֵשׁ וּתְהִי־בוֹ יַד־פְּלִשְׁתִּים וַיֹּאמֶר שָׁאוּל אֶל־דָּוִד
כב בִּשְׁתַּיִם תִּתְחַתֵּן בִּי הַיּוֹם׃ וַיְצַו שָׁאוּל אֶת־עֲבָדָו דַּבְּרוּ אֶל־

דָּוִד בַּלָּט לֵאמֹר הִנֵּה חָפֵץ בְּךָ הַמֶּלֶךְ וְכָל־עֲבָדָיו אֲהֵבוּךָ
וְעַתָּה הִתְחַתֵּן בַּמֶּלֶךְ׃ וַיְדַבְּרוּ עַבְדֵי שָׁאוּל בְּאָזְנֵי דָוִד אֶת־ כג
הַדְּבָרִים הָאֵלֶּה וַיֹּאמֶר דָּוִד הַנְקַלָּה בְעֵינֵיכֶם הִתְחַתֵּן בַּמֶּלֶךְ
וְאָנֹכִי אִישׁ־רָשׁ וְנִקְלֶה׃ וַיַּגִּדוּ עַבְדֵי שָׁאוּל לוֹ לֵאמֹר כַּדְּבָרִים כד
הָאֵלֶּה דִּבֶּר דָּוִד׃ וַיֹּאמֶר שָׁאוּל כֹּה־תֹאמְרוּ כה
לְדָוִד אֵין־חֵפֶץ לַמֶּלֶךְ בְּמֹהַר כִּי בְּמֵאָה עָרְלוֹת פְּלִשְׁתִּים
לְהִנָּקֵם בְּאֹיְבֵי הַמֶּלֶךְ וְשָׁאוּל חָשַׁב לְהַפִּיל אֶת־דָּוִד בְּיַד־
פְּלִשְׁתִּים׃ וַיַּגִּדוּ עֲבָדָיו לְדָוִד אֶת־הַדְּבָרִים הָאֵלֶּה וַיִּשַׁר הַדָּבָר כו
בְּעֵינֵי דָוִד לְהִתְחַתֵּן בַּמֶּלֶךְ וְלֹא מָלְאוּ הַיָּמִים׃ וַיָּקָם דָּוִד וַיֵּלֶךְ ׀ כז
הוּא וַאֲנָשָׁיו וַיַּךְ בַּפְּלִשְׁתִּים מָאתַיִם אִישׁ וַיָּבֵא דָוִד אֶת־
עָרְלֹתֵיהֶם וַיְמַלְאוּם לַמֶּלֶךְ לְהִתְחַתֵּן בַּמֶּלֶךְ וַיִּתֶּן־לוֹ שָׁאוּל
אֶת־מִיכַל בִּתּוֹ לְאִשָּׁה׃ וַיַּרְא שָׁאוּל וַיֵּדַע כִּי יְהוָה עִם־דָּוִד כח
וּמִיכַל בַּת־שָׁאוּל אֲהֵבַתְהוּ׃ וַיֹּאסֶף שָׁאוּל לֵרֹא מִפְּנֵי דָוִד עוֹד כט
וַיְהִי שָׁאוּל אֹיֵב אֶת־דָּוִד כָּל־הַיָּמִים׃ וַיֵּצְאוּ ל
שָׂרֵי פְלִשְׁתִּים וַיְהִי ׀ מִדֵּי צֵאתָם שָׂכַל דָּוִד מִכֹּל עַבְדֵי שָׁאוּל
וַיִּיקַר שְׁמוֹ מְאֹד׃ וַיְדַבֵּר שָׁאוּל אֶל־יוֹנָתָן בְּנוֹ יט א
וְאֶל־כָּל־עֲבָדָיו לְהָמִית אֶת־דָּוִד וִיהוֹנָתָן בֶּן־שָׁאוּל חָפֵץ
בְּדָוִד מְאֹד׃ וַיַּגֵּד יְהוֹנָתָן לְדָוִד לֵאמֹר מְבַקֵּשׁ שָׁאוּל אָבִי ב
לַהֲמִיתֶךָ וְעַתָּה הִשָּׁמֶר־נָא בַבֹּקֶר וְיָשַׁבְתָּ בַסֵּתֶר וְנַחְבֵּאתָ׃
וַאֲנִי אֵצֵא וְעָמַדְתִּי לְיַד־אָבִי בַּשָּׂדֶה אֲשֶׁר אַתָּה שָׁם וַאֲנִי ג
אֲדַבֵּר בְּךָ אֶל־אָבִי וְרָאִיתִי מָה וְהִגַּדְתִּי לָךְ׃ וַיְדַבֵּר ד
יְהוֹנָתָן בְּדָוִד טוֹב אֶל־שָׁאוּל אָבִיו וַיֹּאמֶר אֵלָיו אַל־יֶחֱטָא
הַמֶּלֶךְ בְּעַבְדּוֹ בְדָוִד כִּי לוֹא חָטָא לָךְ וְכִי מַעֲשָׂיו טוֹב־לְךָ
מְאֹד׃ וַיָּשֶׂם אֶת־נַפְשׁוֹ בְכַפּוֹ וַיַּךְ אֶת־הַפְּלִשְׁתִּי וַיַּעַשׂ יְהוָה ה
תְּשׁוּעָה גְדוֹלָה לְכָל־יִשְׂרָאֵל רָאִיתָ וַתִּשְׂמָח וְלָמָּה תֶחֱטָא בְּדָם
נָקִי לְהָמִית אֶת־דָּוִד חִנָּם׃ וַיִּשְׁמַע שָׁאוּל בְּקוֹל יְהוֹנָתָן וַיִּשָּׁבַע ו
שָׁאוּל חַי־יְהוָה אִם־יוּמָת׃ וַיִּקְרָא יְהוֹנָתָן לְדָוִד וַיַּגֶּד־לוֹ יְהוֹנָתָן ז

אֶת כָּל־הַדְּבָרִים הָאֵלֶּה וַיָּבֵא יְהוֹנָתָן אֶת־דָּוִד אֶל־שָׁאוּל
ח וַיְהִי לְפָנָיו כְּאֶתְמוֹל שִׁלְשׁוֹם׃ וַתּוֹסֶף הַמִּלְחָמָה
לִהְיוֹת וַיֵּצֵא דָוִד וַיִּלָּחֶם בַּפְּלִשְׁתִּים וַיַּךְ בָּהֶם מַכָּה גְדוֹלָה וַיָּנֻסוּ
ט מִפָּנָיו׃ וַתְּהִי רוּחַ יְהוָה ׀ רָעָה אֶל־שָׁאוּל וְהוּא בְּבֵיתוֹ יוֹשֵׁב
י וַחֲנִיתוֹ בְּיָדוֹ וְדָוִד מְנַגֵּן בְּיָד׃ וַיְבַקֵּשׁ שָׁאוּל לְהַכּוֹת בַּחֲנִית בְּדָוִד
וּבַקִּיר וַיִּפְטַר מִפְּנֵי שָׁאוּל וַיַּךְ אֶת־הַחֲנִית בַּקִּיר וְדָוִד נָס וַיִּמָּלֵט
יא בַּלַּיְלָה הוּא׃ וַיִּשְׁלַח שָׁאוּל מַלְאָכִים אֶל־בֵּית
דָּוִד לְשָׁמְרוֹ וְלַהֲמִיתוֹ בַּבֹּקֶר וַתַּגֵּד לְדָוִד מִיכַל אִשְׁתּוֹ לֵאמֹר
יב אִם־אֵינְךָ מְמַלֵּט אֶת־נַפְשְׁךָ הַלַּיְלָה מָחָר אַתָּה מוּמָת׃ וַתֹּרֶד
יג מִיכַל אֶת־דָּוִד בְּעַד הַחַלּוֹן וַיֵּלֶךְ וַיִּבְרַח וַיִּמָּלֵט׃ וַתִּקַּח מִיכַל
אֶת־הַתְּרָפִים וַתָּשֶׂם אֶל־הַמִּטָּה וְאֵת כְּבִיר הָעִזִּים שָׂמָה
יד מְרַאֲשֹׁתָיו וַתְּכַס בַּבָּגֶד׃ וַיִּשְׁלַח שָׁאוּל מַלְאָכִים
טו לָקַחַת אֶת־דָּוִד וַתֹּאמֶר חֹלֶה הוּא׃ וַיִּשְׁלַח
שָׁאוּל אֶת־הַמַּלְאָכִים לִרְאוֹת אֶת־דָּוִד לֵאמֹר הַעֲלוּ אֹתוֹ
טז בַמִּטָּה אֵלַי לַהֲמִתוֹ׃ וַיָּבֹאוּ הַמַּלְאָכִים וְהִנֵּה הַתְּרָפִים אֶל־
יז הַמִּטָּה וּכְבִיר הָעִזִּים מְרַאֲשֹׁתָיו׃ וַיֹּאמֶר שָׁאוּל
אֶל־מִיכַל לָמָּה כָּכָה רִמִּיתִנִי וַתְּשַׁלְּחִי אֶת־אֹיְבִי וַיִּמָּלֵט
וַתֹּאמֶר מִיכַל אֶל־שָׁאוּל הוּא־אָמַר אֵלַי שַׁלְּחִנִי לָמָה אֲמִיתֵךְ׃
יח וְדָוִד בָּרַח וַיִּמָּלֵט וַיָּבֹא אֶל־שְׁמוּאֵל הָרָמָתָה וַיַּגֶּד־לוֹ אֵת כָּל־
יט אֲשֶׁר עָשָׂה־לוֹ שָׁאוּל וַיֵּלֶךְ הוּא וּשְׁמוּאֵל וַיֵּשְׁבוּ בנוית׃ וַיֻּגַּד בְּנָיוֹת
כ לְשָׁאוּל לֵאמֹר הִנֵּה דָוִד בנוית בָּרָמָה׃ וַיִּשְׁלַח שָׁאוּל מַלְאָכִים בְּנָיוֹת
לָקַחַת אֶת־דָּוִד וַיַּרְא אֶת־לַהֲקַת הַנְּבִיאִים נִבְּאִים וּשְׁמוּאֵל
עֹמֵד נִצָּב עֲלֵיהֶם וַתְּהִי עַל־מַלְאֲכֵי שָׁאוּל רוּחַ אֱלֹהִים
כא וַיִּתְנַבְּאוּ גַּם־הֵמָּה׃ וַיַּגִּדוּ לְשָׁאוּל וַיִּשְׁלַח מַלְאָכִים אֲחֵרִים
וַיִּתְנַבְּאוּ גַּם־הֵמָּה וַיֹּסֶף שָׁאוּל וַיִּשְׁלַח מַלְאָכִים שְׁלִשִׁים
כב וַיִּתְנַבְּאוּ גַּם־הֵמָּה׃ וַיֵּלֶךְ גַּם־הוּא הָרָמָתָה וַיָּבֹא עַד־בּוֹר
הַגָּדוֹל אֲשֶׁר בַּשֵּׂכוּ וַיִּשְׁאַל וַיֹּאמֶר אֵיפֹה שְׁמוּאֵל וְדָוִד וַיֹּאמֶר

נסיון שאול להרוג את דוד בביתו
תהלים נט

בְּנָיוֹת נָיוֹת הִנֵּה בְנָוֹית בָּרָמָה׃ וַיֵּלֶךְ שָׁם אֶל־נָוֹית בָּרָמָה וַתְּהִי עָלָיו גַם־ כג
בְּנָיוֹת הוּא רוּחַ אֱלֹהִים וַיֵּלֶךְ הָלוֹךְ וַיִּתְנַבֵּא עַד־בֹּאוֹ בְּנָוֹית בָּרָמָה׃
וַיִּפְשַׁט גַּם־הוּא בְּגָדָיו וַיִּתְנַבֵּא גַם־הוּא לִפְנֵי שְׁמוּאֵל וַיִּפֹּל כד
עָרֹם כָּל־הַיּוֹם הַהוּא וְכָל־הַלָּיְלָה עַל־כֵּן יֹאמְרוּ הֲגַם שָׁאוּל
מִנָּיוֹת בַּנְּבִיאִם׃ וַיִּבְרַח דָּוִד מִנָּוֹית בָּרָמָה וַיָּבֹא וַיֹּאמֶר ׀ א כ
לִפְנֵי יְהוֹנָתָן מֶה עָשִׂיתִי מֶה־עֲוֺנִי וּמֶה־חַטָּאתִי לִפְנֵי אָבִיךָ כִּי
לֹא־יַעֲשֶׂה מְבַקֵּשׁ אֶת־נַפְשִׁי׃ וַיֹּאמֶר לוֹ חָלִילָה לֹא תָמוּת הִנֵּה לוֹ־עָשָׂה ב
אָבִי דָּבָר גָּדוֹל אוֹ דָּבָר קָטֹן וְלֹא יִגְלֶה אֶת־אָזְנִי וּמַדּוּעַ יַסְתִּיר
אָבִי מִמֶּנִּי אֶת־הַדָּבָר הַזֶּה אֵין זֹאת׃ וַיִּשָּׁבַע עוֹד דָּוִד וַיֹּאמֶר ג
יָדֹעַ יָדַע אָבִיךָ כִּי־מָצָאתִי חֵן בְּעֵינֶיךָ וַיֹּאמֶר אַל־יֵדַע־זֹאת
יְהוֹנָתָן פֶּן־יֵעָצֵב וְאוּלָם חַי־יְהוָה וְחֵי נַפְשֶׁךָ כִּי כְפֶשַׂע בֵּינִי וּבֵין
יג הַמָּוֶת׃ וַיֹּאמֶר יְהוֹנָתָן אֶל־דָּוִד מַה־תֹּאמַר נַפְשְׁךָ וְאֶעֱשֶׂה־ ד
לָּךְ׃ וַיֹּאמֶר דָּוִד אֶל־יְהוֹנָתָן הִנֵּה־חֹדֶשׁ מָחָר ה
וְאָנֹכִי יָשֹׁב־אֵשֵׁב עִם־הַמֶּלֶךְ לֶאֱכוֹל וְשִׁלַּחְתַּנִי וְנִסְתַּרְתִּי בַשָּׂדֶה
עַד הָעֶרֶב הַשְּׁלִשִׁית׃ אִם־פָּקֹד יִפְקְדֵנִי אָבִיךָ וְאָמַרְתָּ נִשְׁאֹל ו
נִשְׁאַל מִמֶּנִּי דָוִד לָרוּץ בֵּית־לֶחֶם עִירוֹ כִּי זֶבַח הַיָּמִים שָׁם לְכָל־
הַמִּשְׁפָּחָה׃ אִם־כֹּה יֹאמַר טוֹב שָׁלוֹם לְעַבְדֶּךָ וְאִם־חָרֹה יֶחֱרֶה ז
לוֹ דַּע כִּי־כָלְתָה הָרָעָה מֵעִמּוֹ׃ וְעָשִׂיתָ חֶסֶד עַל־עַבְדֶּךָ כִּי ח
בִּבְרִית יְהוָה הֵבֵאתָ אֶת־עַבְדְּךָ עִמָּךְ וְאִם־יֶשׁ־בִּי עָוֺן הֲמִיתֵנִי
אַתָּה וְעַד־אָבִיךָ לָמָּה־זֶּה תְבִיאֵנִי׃ וַיֹּאמֶר ט
יְהוֹנָתָן חָלִילָה לָּךְ כִּי ׀ אִם־יָדֹעַ אֵדַע כִּי־כָלְתָה הָרָעָה מֵעִם
אָבִי לָבוֹא עָלֶיךָ וְלֹא אֹתָהּ אַגִּיד לָךְ׃ וַיֹּאמֶר י
דָּוִד אֶל־יְהוֹנָתָן מִי יַגִּיד לִי אוֹ מַה־יַּעַנְךָ אָבִיךָ קָשָׁה׃
וַיֹּאמֶר יְהוֹנָתָן אֶל־דָּוִד לְכָה וְנֵצֵא הַשָּׂדֶה וַיֵּצְאוּ שְׁנֵיהֶם יא
הַשָּׂדֶה׃ וַיֹּאמֶר יְהוֹנָתָן אֶל־דָּוִד יְהוָה אֱלֹהֵי יב
יִשְׂרָאֵל כִּי־אֶחְקֹר אֶת־אָבִי כָּעֵת ׀ מָחָר הַשְּׁלִשִׁית וְהִנֵּה־טוֹב
אֶל־דָּוִד וְלֹא־אָז אֶשְׁלַח אֵלֶיךָ וְגָלִיתִי אֶת־אָזְנֶךָ׃ כֹּה־יַעֲשֶׂה יג

יְהֹוָה לִיהוֹנָתָן וְכֹה יֹסִיף כִּֽי־יֵיטִב אֶל־אָבִי אֶת־הָרָעָה עָלֶיךָ
וְגָלִיתִי אֶת־אָזְנֶךָ וְשִׁלַּחְתִּיךָ וְהָלַכְתָּ לְשָׁלוֹם וִיהִי יְהֹוָה עִמָּךְ
יד כַּאֲשֶׁר הָיָה עִם־אָבִי׃ וְלֹא אִם־עוֹדֶנִּי חָי וְלֹא־תַעֲשֶׂה עִמָּדִי
טו חֶסֶד יְהֹוָה וְלֹא אָמוּת׃ וְלֹא־תַכְרִית אֶת־חַסְדְּךָ מֵעִם בֵּיתִי
עַד־עוֹלָם וְלֹא בְּהַכְרִת יְהֹוָה אֶת־אֹיְבֵי דָוִד אִישׁ מֵעַל פְּנֵי
טז הָאֲדָמָה׃ וַיִּכְרֹת יְהוֹנָתָן עִם־בֵּית דָּוִד וּבִקֵּשׁ יְהֹוָה מִיַּד אֹיְבֵי
יז דָוִד׃ וַיּוֹסֶף יְהוֹנָתָן לְהַשְׁבִּיעַ אֶת־דָּוִד בְּאַהֲבָתוֹ אֹתוֹ כִּי־
יח אַהֲבַת נַפְשׁוֹ אֲהֵבוֹ׃ וַיֹּאמֶר־לוֹ יְהוֹנָתָן מָחָר
יט חֹדֶשׁ וְנִפְקַדְתָּ כִּי יִפָּקֵד מוֹשָׁבֶךָ׃ וְשִׁלַּשְׁתָּ תֵּרֵד מְאֹד וּבָאתָ
אֶל־הַמָּקוֹם אֲשֶׁר־נִסְתַּרְתָּ שָּׁם בְּיוֹם הַמַּעֲשֶׂה וְיָשַׁבְתָּ אֵצֶל
כ הָאֶבֶן הָאָזֶל׃ וַאֲנִי שְׁלֹשֶׁת הַחִצִּים צִדָּה אוֹרֶה לְשַׁלַּח־לִי
כא לְמַטָּרָה׃ וְהִנֵּה אֶשְׁלַח אֶת־הַנַּעַר לֵךְ מְצָא אֶת־הַחִצִּים אִם־
אָמֹר אֹמַר לַנַּעַר הִנֵּה הַחִצִּים ׀ מִמְּךָ וָהֵנָּה קָחֶנּוּ וָבֹאָה כִּי־
כב שָׁלוֹם לְךָ וְאֵין דָּבָר חַי־יְהֹוָה׃ וְאִם־כֹּה אֹמַר לָעֶלֶם הִנֵּה הַחִצִּים
כג מִמְּךָ וָהָלְאָה לֵךְ כִּי שִׁלַּחֲךָ יְהֹוָה׃ וְהַדָּבָר אֲשֶׁר דִּבַּרְנוּ אֲנִי
כד וָאָתָּה הִנֵּה יְהֹוָה בֵּינִי וּבֵינְךָ עַד־עוֹלָם׃ וַיִּסָּתֵר
כה דָּוִד בַּשָּׂדֶה וַיְהִי הַחֹדֶשׁ וַיֵּשֶׁב הַמֶּלֶךְ עַל־הַלֶּחֶם לֶאֱכוֹל׃ וַיֵּשֶׁב אֶל־
הַמֶּלֶךְ עַל־מוֹשָׁבוֹ כְּפַעַם ׀ בְּפַעַם אֶל־מוֹשַׁב הַקִּיר וַיָּקָם יְהוֹנָתָן
כו וַיֵּשֶׁב אַבְנֵר מִצַּד שָׁאוּל וַיִּפָּקֵד מְקוֹם דָּוִד׃ וְלֹא־דִבֶּר שָׁאוּל
מְאוּמָה בַּיּוֹם הַהוּא כִּי אָמַר מִקְרֶה הוּא בִּלְתִּי טָהוֹר הוּא כִּי־
כז לֹא טָהוֹר׃ וַיְהִי מִמָּחֳרַת הַחֹדֶשׁ הַשֵּׁנִי וַיִּפָּקֵד
מְקוֹם דָּוִד וַיֹּאמֶר שָׁאוּל אֶל־יְהוֹנָתָן בְּנוֹ מַדּוּעַ לֹא־בָא בֶן־יִשַׁי
כח גַּם־תְּמוֹל גַּם־הַיּוֹם אֶל־הַלָּחֶם׃ וַיַּעַן יְהוֹנָתָן אֶת־שָׁאוּל נִשְׁאֹל
כט נִשְׁאַל דָּוִד מֵעִמָּדִי עַד־בֵּית לָחֶם׃ וַיֹּאמֶר שַׁלְּחֵנִי נָא כִּי זֶבַח
מִשְׁפָּחָה לָנוּ בָּעִיר וְהוּא צִוָּה־לִי אָחִי וְעַתָּה אִם־מָצָאתִי חֵן
בְּעֵינֶיךָ אִמָּלְטָה נָּא וְאֶרְאֶה אֶת־אֶחָי עַל־כֵּן לֹא־בָא אֶל־
ל שֻׁלְחַן הַמֶּלֶךְ׃ וַיִּחַר־אַף שָׁאוּל בִּיהוֹנָתָן וַיֹּאמֶר

לוֹ בֶּן־נַעֲוַת הַמַּרְדּוּת הֲלוֹא יָדַעְתִּי כִּי־בֹחֵר אַתָּה לְבֶן־יִשַׁי
לא לְבָשְׁתְּךָ וּלְבֹשֶׁת עֶרְוַת אִמֶּךָ׃ כִּי כָל־הַיָּמִים אֲשֶׁר בֶּן־יִשַׁי חַי
עַל־הָאֲדָמָה לֹא תִכּוֹן אַתָּה וּמַלְכוּתֶךָ וְעַתָּה שְׁלַח וְקַח אֹתוֹ
לב אֵלַי כִּי בֶן־מָוֶת הוּא׃ וַיַּעַן יְהוֹנָתָן אֶת־שָׁאוּל
לג אָבִיו וַיֹּאמֶר אֵלָיו לָמָּה יוּמַת מֶה עָשָׂה׃ וַיָּטֶל שָׁאוּל אֶת־
הַחֲנִית עָלָיו לְהַכֹּתוֹ וַיֵּדַע יְהוֹנָתָן כִּי־כָלָה הִיא מֵעִם אָבִיו
לד לְהָמִית אֶת־דָּוִד׃ וַיָּקָם יְהוֹנָתָן מֵעִם הַשֻּׁלְחָן
בָּחֳרִי־אָף וְלֹא־אָכַל בְּיוֹם־הַחֹדֶשׁ הַשֵּׁנִי לֶחֶם כִּי נֶעְצַב
לה אֶל־דָּוִד כִּי הִכְלִמוֹ אָבִיו׃ וַיְהִי בַבֹּקֶר וַיֵּצֵא
לו יְהוֹנָתָן הַשָּׂדֶה לְמוֹעֵד דָּוִד וְנַעַר קָטֹן עִמּוֹ׃ וַיֹּאמֶר לְנַעֲרוֹ רֻץ
מְצָא־נָא אֶת־הַחִצִּים אֲשֶׁר אָנֹכִי מוֹרֶה הַנַּעַר רָץ וְהוּא־יָרָה
לז הַחֵצִי לְהַעֲבִרוֹ׃ וַיָּבֹא הַנַּעַר עַד־מְקוֹם הַחֵצִי אֲשֶׁר יָרָה יְהוֹנָתָן
וַיִּקְרָא יְהוֹנָתָן אַחֲרֵי הַנַּעַר וַיֹּאמֶר הֲלוֹא הַחֵצִי מִמְּךָ וָהָלְאָה׃
לח וַיִּקְרָא יְהוֹנָתָן אַחֲרֵי הַנַּעַר מְהֵרָה חוּשָׁה אַל־תַּעֲמֹד וַיְלַקֵּט
לט נַעַר יְהוֹנָתָן אֶת־הַחִצִי וַיָּבֹא אֶל־אֲדֹנָיו׃ וְהַנַּעַר לֹא־יָדַע הַחִצִּים
מ מְאוּמָה אַךְ יְהוֹנָתָן וְדָוִד יָדְעוּ אֶת־הַדָּבָר׃ וַיִּתֵּן יְהוֹנָתָן אֶת־
מא כֵּלָיו אֶל־הַנַּעַר אֲשֶׁר־לוֹ וַיֹּאמֶר לוֹ לֵךְ הָבֵיא הָעִיר׃ הַנַּעַר
בָּא וְדָוִד קָם מֵאֵצֶל הַנֶּגֶב וַיִּפֹּל לְאַפָּיו אַרְצָה וַיִּשְׁתַּחוּ שָׁלֹשׁ
פְּעָמִים וַיִּשְּׁקוּ ׀ אִישׁ אֶת־רֵעֵהוּ וַיִּבְכּוּ אִישׁ אֶת־רֵעֵהוּ עַד־
מב דָּוִד הִגְדִּיל׃ וַיֹּאמֶר יְהוֹנָתָן לְדָוִד לֵךְ לְשָׁלוֹם אֲשֶׁר נִשְׁבַּעְנוּ יד
שְׁנֵינוּ אֲנַחְנוּ בְּשֵׁם יְהוָה לֵאמֹר יְהוָה יִהְיֶה ׀ בֵּינִי וּבֵינֶךָ וּבֵין
כא א זַרְעִי וּבֵין זַרְעֲךָ עַד־עוֹלָם׃ וַיָּקָם וַיֵּלַךְ וִיהוֹנָתָן
ב בָּא הָעִיר׃ וַיָּבֹא דָוִד נֹבֶה אֶל־אֲחִימֶלֶךְ הַכֹּהֵן וַיֶּחֱרַד אֲחִימֶלֶךְ
לִקְרַאת דָּוִד וַיֹּאמֶר לוֹ מַדּוּעַ אַתָּה לְבַדֶּךָ וְאִישׁ אֵין אִתָּךְ׃
ג וַיֹּאמֶר דָּוִד לַאֲחִימֶלֶךְ הַכֹּהֵן הַמֶּלֶךְ צִוַּנִי דָבָר וַיֹּאמֶר אֵלַי אִישׁ
אַל־יֵדַע מְאוּמָה אֶת־הַדָּבָר אֲשֶׁר־אָנֹכִי שֹׁלֵחֲךָ וַאֲשֶׁר צִוִּיתִךָ
ד וְאֶת־הַנְּעָרִים יוֹדַעְתִּי אֶל־מְקוֹם פְּלֹנִי אַלְמֹנִי׃ וְעַתָּה מַה־יֵּשׁ

ה תחת־ידך חמשה־לחם תנה בידי או הנמצא: ויען הכהן
את־דוד ויאמר אין־לחם חל אל־תחת ידי כי־אם־לחם קדש
ו יש אם־נשמרו הנערים אך מאשה: ויען דוד את־
הכהן ויאמר לו כי אם־אשה עצרה־לנו כתמול שלשם
בצאתי ויהיו כלי־הנערים קדש והוא דרך חל ואף כי היום
ז יקדש בכלי: ויתן־לו הכהן קדש כי לא־היה שם לחם כי־
אם־לחם הפנים המוסרים מלפני יהוה לשום לחם חם ביום
ח הלקחו: ושם איש מעבדי שאול ביום ההוא נעצר לפני יהוה
ט ושמו דאג האדמי אביר הרעים אשר לשאול: ויאמר
דוד לאחימלך ואין יש־פה תחת־ידך חנית או־חרב כי
גם־חרבי וגם־כלי לא־לקחתי בידי כי־היה דבר־המלך
י נחוץ: ויאמר הכהן חרב גלית הפלשתי אשר־
הכית | בעמק האלה הנה־היא לוטה בשמלה אחרי
האפוד אם־אתה תקח־לך קח כי אין אחרת זולתה
יא בזה ויאמר דוד אין כמוה תננה לי: ויקם דוד
ויברח ביום־ההוא מפני שאול ויבא אל־אכיש מלך גת:
יב ויאמרו עבדי אכיש אליו הלוא־זה דוד מלך הארץ הלוא לזה
יג יענו במחלות לאמר הכה שאול באלפו ודוד ברבבתו: וישם
דוד את־הדברים האלה בלבבו וירא מאד מפני אכיש מלך־
יד גת: וישנו את־טעמו בעיניהם ויתהלל בידם ויתו על־דלתות
טו השער ויורד רירו אל־זקנו: ויאמר אכיש אל־
טז עבדיו הנה תראו איש משתגע למה תביאו אתו אלי: חסר
משגעים אני כי־הבאתם את־זה להשתגע עלי הזה יבוא
כב א אל־ביתי: וילך דוד משם וימלט אל־מערת
עדלם וישמעו אחיו וכל־בית אביו וירדו אליו שמה:
ב ויתקבצו אליו כל־איש מצוק וכל־איש אשר־לו נשא וכל־
איש מר־נפש ויהי עליהם לשר ויהיו עמו כארבע מאות

חרב גלית הפלשתי
שמ"א יז, נא; יז, נד

דוד משנה טעמו לפני מלך פלשתים
תהלים לד

ג אִישׁ: וַיֵּלֶךְ דָּוִד מִשָּׁם מִצְפֵּה מוֹאָב וַיֹּאמֶר ׀ אֶל־מֶלֶךְ מוֹאָב
יֵצֵא־נָא אָבִי וְאִמִּי אִתְּכֶם עַד אֲשֶׁר אֵדַע מַה־יַּעֲשֶׂה־לִּי
ד אֱלֹהִים: וַיַּנְחֵם אֶת־פְּנֵי מֶלֶךְ מוֹאָב וַיֵּשְׁבוּ עִמּוֹ כָּל־יְמֵי הֱיוֹת־
ה דָּוִד בַּמְּצוּדָה: וַיֹּאמֶר גָּד הַנָּבִיא אֶל־דָּוִד לֹא
תֵשֵׁב בַּמְּצוּדָה לֵךְ וּבָאתָ־לְּךָ אֶרֶץ יְהוּדָה וַיֵּלֶךְ דָּוִד וַיָּבֹא יַעַר
ו חָרֶת: וַיִּשְׁמַע שָׁאוּל כִּי נוֹדַע דָּוִד וַאֲנָשִׁים אֲשֶׁר
אִתּוֹ וְשָׁאוּל יוֹשֵׁב בַּגִּבְעָה תַּחַת־הָאֶשֶׁל בָּרָמָה וַחֲנִיתוֹ בְיָדוֹ
ז וְכָל־עֲבָדָיו נִצָּבִים עָלָיו: וַיֹּאמֶר שָׁאוּל לַעֲבָדָיו הַנִּצָּבִים עָלָיו
שִׁמְעוּ־נָא בְּנֵי יְמִינִי גַּם־לְכֻלְּכֶם יִתֵּן בֶּן־יִשַׁי שָׂדוֹת וּכְרָמִים
ח לְכֻלְּכֶם יָשִׂים שָׂרֵי אֲלָפִים וְשָׂרֵי מֵאוֹת: כִּי קְשַׁרְתֶּם כֻּלְּכֶם
עָלַי וְאֵין־גֹּלֶה אֶת־אָזְנִי בִּכְרָת־בְּנִי עִם־בֶּן־יִשַׁי וְאֵין־חֹלֶה
מִכֶּם עָלַי וְגֹלֶה אֶת־אָזְנִי כִּי הֵקִים בְּנִי אֶת־עַבְדִּי עָלַי
ט לְאֹרֵב כַּיּוֹם הַזֶּה: וַיַּעַן דֹּאֵג הָאֲדֹמִי וְהוּא נִצָּב
עַל־עַבְדֵי־שָׁאוּל וַיֹּאמַר רָאִיתִי אֶת־בֶּן־יִשַׁי בָּא נֹבֶה אֶל־
י אֲחִימֶלֶךְ בֶּן־אֲחִטוּב: וַיִּשְׁאַל־לוֹ בַּיהוָה וְצֵידָה נָתַן לוֹ וְאֵת
יא חֶרֶב גָּלְיָת הַפְּלִשְׁתִּי נָתַן לוֹ: וַיִּשְׁלַח הַמֶּלֶךְ לִקְרֹא אֶת־
אֲחִימֶלֶךְ בֶּן־אֲחִיטוּב הַכֹּהֵן וְאֵת כָּל־בֵּית אָבִיו הַכֹּהֲנִים אֲשֶׁר
יב בְּנֹב וַיָּבֹאוּ כֻלָּם אֶל־הַמֶּלֶךְ: וַיֹּאמֶר שָׁאוּל
יג שְׁמַע־נָא בֶּן־אֲחִיטוּב וַיֹּאמֶר הִנְנִי אֲדֹנִי: וַיֹּאמֶר אֵלָו שָׁאוּל
לָמָּה קְשַׁרְתֶּם עָלַי אַתָּה וּבֶן־יִשָׁי בְּתִתְּךָ לוֹ לֶחֶם וְחֶרֶב וְשָׁאוֹל
יד לוֹ בֵּאלֹהִים לָקוּם אֵלַי לְאֹרֵב כַּיּוֹם הַזֶּה: וַיַּעַן
אֲחִימֶלֶךְ אֶת־הַמֶּלֶךְ וַיֹּאמַר וּמִי בְכָל־עֲבָדֶיךָ כְּדָוִד נֶאֱמָן
טו וַחֲתַן הַמֶּלֶךְ וְסָר אֶל־מִשְׁמַעְתֶּךָ וְנִכְבָּד בְּבֵיתֶךָ: הַיּוֹם הַחִלֹּתִי
לשאול־לוֹ בֵאלֹהִים חָלִילָה לִּי אַל־יָשֵׂם הַמֶּלֶךְ בְּעַבְדּוֹ דָבָר לִשְׁאָל־
בְּכָל־בֵּית אָבִי כִּי לֹא־יָדַע עַבְדְּךָ בְּכָל־זֹאת דָּבָר קָטֹן אוֹ גָדוֹל:
טז וַיֹּאמֶר הַמֶּלֶךְ מוֹת תָּמוּת אֲחִימֶלֶךְ אַתָּה וְכָל־בֵּית אָבִיךָ:
יז וַיֹּאמֶר הַמֶּלֶךְ לָרָצִים הַנִּצָּבִים עָלָיו סֹבּוּ וְהָמִיתוּ ׀ כֹּהֲנֵי יְהוָה

דואג האדומי
מסגיר את דוד
לשאול
תהלים נב

כִּי גַם־יָדָם עִם־דָּוִד וְכִי יָדְעוּ כִּי־בֹרֵחַ הוּא וְלֹא גָלוּ אֶת־
אָזְנוֹ וְלֹא־אָבוּ עַבְדֵי הַמֶּלֶךְ לִשְׁלֹחַ אֶת־יָדָם לִפְגֹעַ בְּכֹהֲנֵי אָזְנִי
יח יְהוָה: וַיֹּאמֶר הַמֶּלֶךְ לדויג סֹב אַתָּה וּפְגַע לְדוֹאֵג
בַּכֹּהֲנִים וַיִּסֹּב דויג הָאֲדֹמִי וַיִּפְגַּע־הוּא בַּכֹּהֲנִים וַיָּמֶת ׀ בַּיּוֹם דוֹאֵג
יט הַהוּא שְׁמֹנִים וַחֲמִשָּׁה אִישׁ נֹשֵׂא אֵפוֹד בָּד: וְאֵת נֹב עִיר־
הַכֹּהֲנִים הִכָּה לְפִי־חֶרֶב מֵאִישׁ וְעַד־אִשָּׁה מֵעוֹלֵל וְעַד־יוֹנֵק
כ וְשׁוֹר וַחֲמוֹר וָשֶׂה לְפִי־חָרֶב: וַיִּמָּלֵט בֵּן־אֶחָד לַאֲחִימֶלֶךְ בֶּן־
כא אֲחִטוּב וּשְׁמוֹ אֶבְיָתָר וַיִּבְרַח אַחֲרֵי דָוִד: וַיַּגֵּד אֶבְיָתָר לְדָוִד
כב כִּי הָרַג שָׁאוּל אֵת כֹּהֲנֵי יְהוָה: וַיֹּאמֶר דָּוִד לְאֶבְיָתָר יָדַעְתִּי
בַּיּוֹם הַהוּא כִּי־שָׁם דויג הָאֲדֹמִי כִּי־הַגֵּד יַגִּיד לְשָׁאוּל אָנֹכִי דוֹאֵג
כג סַבֹּתִי בְּכָל־נֶפֶשׁ בֵּית אָבִיךָ: שְׁבָה אִתִּי אַל־תִּירָא כִּי אֲשֶׁר־
יְבַקֵּשׁ אֶת־נַפְשִׁי יְבַקֵּשׁ אֶת־נַפְשֶׁךָ כִּי־מִשְׁמֶרֶת אַתָּה עִמָּדִי:
כג א וַיַּגִּדוּ לְדָוִד לֵאמֹר הִנֵּה פְלִשְׁתִּים נִלְחָמִים בִּקְעִילָה וְהֵמָּה
ב שֹׁסִים אֶת־הַגֳּרָנוֹת: וַיִּשְׁאַל דָּוִד בַּיהוָה לֵאמֹר הַאֵלֵךְ וְהִכֵּיתִי
בַּפְּלִשְׁתִּים הָאֵלֶּה וַיֹּאמֶר יְהוָה אֶל־דָּוִד לֵךְ
ג וְהִכִּיתָ בַפְּלִשְׁתִּים וְהוֹשַׁעְתָּ אֶת־קְעִילָה: וַיֹּאמְרוּ אַנְשֵׁי דָוִד
אֵלָיו הִנֵּה אֲנַחְנוּ פֹה בִּיהוּדָה יְרֵאִים וְאַף כִּי־נֵלֵךְ קְעִלָה אֶל־
ד מַעַרְכוֹת פְּלִשְׁתִּים: וַיּוֹסֶף עוֹד דָּוִד לִשְׁאֹל טו
בַּיהוָה וַיַּעֲנֵהוּ יְהוָה וַיֹּאמֶר קוּם רֵד קְעִילָה כִּי־
ה אֲנִי נֹתֵן אֶת־פְּלִשְׁתִּים בְּיָדֶךָ: וַיֵּלֶךְ דָּוִד וַאֲנָשָׁו קְעִילָה וַיִּלָּחֶם
בַּפְּלִשְׁתִּים וַיִּנְהַג אֶת־מִקְנֵיהֶם וַיַּךְ בָּהֶם מַכָּה גְדוֹלָה וַיֹּשַׁע
ו דָּוִד אֵת יֹשְׁבֵי קְעִילָה: וַיְהִי בִּבְרֹחַ אֶבְיָתָר בֶּן־
ז אֲחִימֶלֶךְ אֶל־דָּוִד קְעִילָה אֵפוֹד יָרַד בְּיָדוֹ: וַיֻּגַּד לְשָׁאוּל כִּי־בָא
דָוִד קְעִילָה וַיֹּאמֶר שָׁאוּל נִכַּר אֹתוֹ אֱלֹהִים בְּיָדִי כִּי נִסְגַּר
ח לָבוֹא בְּעִיר דְּלָתַיִם וּבְרִיחַ: וַיְשַׁמַּע שָׁאוּל אֶת־כָּל־הָעָם
ט לַמִּלְחָמָה לָרֶדֶת קְעִילָה לָצוּר אֶל־דָּוִד וְאֶל־אֲנָשָׁיו: וַיֵּדַע דָּוִד
כִּי עָלָיו שָׁאוּל מַחֲרִישׁ הָרָעָה וַיֹּאמֶר אֶל־אֶבְיָתָר הַכֹּהֵן

הַגִּישָׁה הָאֵפוֹד׃ וַיֹּאמֶר דָּוִד יְהוָה אֱלֹהֵי יִשְׂרָאֵל י
שָׁמֹעַ שָׁמַע עַבְדְּךָ כִּי־מְבַקֵּשׁ שָׁאוּל לָבוֹא אֶל־קְעִילָה
לְשַׁחֵת לָעִיר בַּעֲבוּרִי׃ הֲיַסְגִּרֻנִי בַעֲלֵי קְעִילָה בְיָדוֹ הֲיֵרֵד יא
שָׁאוּל כַּאֲשֶׁר שָׁמַע עַבְדֶּךָ יְהוָה אֱלֹהֵי יִשְׂרָאֵל הַגֶּד־נָא
לְעַבְדֶּךָ וַיֹּאמֶר יְהוָה יֵרֵד׃ וַיֹּאמֶר דָּוִד הֲיַסְגִּרוּ יב
בַּעֲלֵי קְעִילָה אֹתִי וְאֶת־אֲנָשַׁי בְּיַד שָׁאוּל וַיֹּאמֶר יְהוָה
יַסְגִּירוּ׃ וַיָּקָם דָּוִד וַאֲנָשָׁיו כְּשֵׁשׁ־מֵאוֹת אִישׁ יג

נדודי דוד
במדבר יהודה
תהלים סג

וַיֵּצְאוּ מִקְּעִלָה וַיִּתְהַלְּכוּ בַּאֲשֶׁר יִתְהַלָּכוּ וּלְשָׁאוּל הֻגַּד כִּי־נִמְלַט
דָּוִד מִקְּעִילָה וַיֶּחְדַּל לָצֵאת׃ וַיֵּשֶׁב דָּוִד בַּמִּדְבָּר בַּמְּצָדוֹת וַיֵּשֶׁב יד
בָּהָר בְּמִדְבַּר־זִיף וַיְבַקְשֵׁהוּ שָׁאוּל כָּל־הַיָּמִים וְלֹא־נְתָנוֹ אֱלֹהִים
בְּיָדוֹ׃ וַיַּרְא דָוִד כִּי־יָצָא שָׁאוּל לְבַקֵּשׁ אֶת־נַפְשׁוֹ וְדָוִד בְּמִדְבַּר־ טו
זִיף בַּחֹרְשָׁה׃ וַיָּקָם יְהוֹנָתָן בֶּן־שָׁאוּל וַיֵּלֶךְ אֶל־ טז
דָּוִד חֹרְשָׁה וַיְחַזֵּק אֶת־יָדוֹ בֵּאלֹהִים׃ וַיֹּאמֶר אֵלָיו אַל־תִּירָא יז
כִּי לֹא תִמְצָאֲךָ יַד־שָׁאוּל אָבִי וְאַתָּה תִּמְלֹךְ עַל־יִשְׂרָאֵל
וְאָנֹכִי אֶהְיֶה־לְּךָ לְמִשְׁנֶה וְגַם־שָׁאוּל אָבִי יֹדֵעַ כֵּן׃ וַיִּכְרְתוּ יח
שְׁנֵיהֶם בְּרִית לִפְנֵי יְהוָה וַיֵּשֶׁב דָּוִד בַּחֹרְשָׁה וִיהוֹנָתָן הָלַךְ
לְבֵיתוֹ׃ וַיַּעֲלוּ זִפִים אֶל־שָׁאוּל הַגִּבְעָתָה לֵאמֹר יט

הזיפים מסגירים
את דוד לשאול
תהלים נד

הֲלוֹא דָוִד מִסְתַּתֵּר עִמָּנוּ בַמְּצָדוֹת בַּחֹרְשָׁה בְּגִבְעַת הַחֲכִילָה
אֲשֶׁר מִימִין הַיְשִׁימוֹן׃ וְעַתָּה לְכָל־אַוַּת נַפְשְׁךָ הַמֶּלֶךְ לָרֶדֶת כ
רֵד וְלָנוּ הַסְגִּירוֹ בְּיַד הַמֶּלֶךְ׃ וַיֹּאמֶר שָׁאוּל בְּרוּכִים אַתֶּם כא
לַיהוָה כִּי חֲמַלְתֶּם עָלָי׃ לְכוּ־נָא הָכִינוּ עוֹד וּדְעוּ וּרְאוּ אֶת־ כב
מְקוֹמוֹ אֲשֶׁר תִּהְיֶה רַגְלוֹ מִי רָאָהוּ שָׁם כִּי אָמַר אֵלַי עָרוֹם
יַעְרִם הוּא׃ וּרְאוּ וּדְעוּ מִכֹּל הַמַּחֲבֹאִים אֲשֶׁר יִתְחַבֵּא שָׁם כג
וְשַׁבְתֶּם אֵלַי אֶל־נָכוֹן וְהָלַכְתִּי אִתְּכֶם וְהָיָה אִם־יֶשְׁנוֹ בָאָרֶץ
וְחִפַּשְׂתִּי אֹתוֹ בְּכֹל אַלְפֵי יְהוּדָה׃ וַיָּקוּמוּ וַיֵּלְכוּ זִיפָה לִפְנֵי כד
שָׁאוּל וְדָוִד וַאֲנָשָׁיו בְּמִדְבַּר מָעוֹן בָּעֲרָבָה אֶל יְמִין הַיְשִׁימוֹן׃
וַיֵּלֶךְ שָׁאוּל וַאֲנָשָׁיו לְבַקֵּשׁ וַיַּגִּדוּ לְדָוִד וַיֵּרֶד הַסֶּלַע וַיֵּשֶׁב כה

בְּמִדְבַּר מָעוֹן וַיִּשְׁמַע שָׁאוּל וַיִּרְדֹּף אַחֲרֵי־דָוִד מִדְבַּר מָעוֹן׃
כו וַיֵּלֶךְ שָׁאוּל מִצַּד הָהָר מִזֶּה וְדָוִד וַאֲנָשָׁיו מִצַּד הָהָר מִזֶּה וַיְהִי
דָוִד נֶחְפָּז לָלֶכֶת מִפְּנֵי שָׁאוּל וְשָׁאוּל וַאֲנָשָׁיו עֹטְרִים אֶל־דָּוִד
כז וְאֶל־אֲנָשָׁיו לְתָפְשָׂם׃ וּמַלְאָךְ בָּא אֶל־שָׁאוּל לֵאמֹר מַהֲרָה
כח וְלֵכָה כִּי־פָשְׁטוּ פְלִשְׁתִּים עַל־הָאָרֶץ׃ וַיָּשָׁב שָׁאוּל מִרְדֹף
אַחֲרֵי דָוִד וַיֵּלֶךְ לִקְרַאת פְּלִשְׁתִּים עַל־כֵּן קָרְאוּ לַמָּקוֹם
כט הַהוּא סֶלַע הַמַּחְלְקוֹת׃ וַיַּעַל דָּוִד מִשָּׁם וַיֵּשֶׁב בִּמְצָדוֹת עֵין־
כד א גֶּדִי׃ וַיְהִי כַּאֲשֶׁר שָׁב שָׁאוּל מֵאַחֲרֵי פְּלִשְׁתִּים

דוד מסתתר
במערה מפני
שאול
תהלים נז, קמב

ב וַיַּגִּדוּ לוֹ לֵאמֹר הִנֵּה דָוִד בְּמִדְבַּר עֵין גֶּדִי׃ וַיִּקַּח
שָׁאוּל שְׁלֹשֶׁת אֲלָפִים אִישׁ בָּחוּר מִכָּל־יִשְׂרָאֵל וַיֵּלֶךְ לְבַקֵּשׁ
ג אֶת־דָּוִד וַאֲנָשָׁיו עַל־פְּנֵי צוּרֵי הַיְּעֵלִים׃ וַיָּבֹא אֶל־גִּדְרוֹת הַצֹּאן
עַל־הַדֶּרֶךְ וְשָׁם מְעָרָה וַיָּבֹא שָׁאוּל לְהָסֵךְ אֶת־רַגְלָיו וְדָוִד
ד וַאֲנָשָׁיו בְּיַרְכְּתֵי הַמְּעָרָה יֹשְׁבִים׃ וַיֹּאמְרוּ אַנְשֵׁי דָוִד אֵלָיו הִנֵּה
הַיּוֹם אֲשֶׁר־אָמַר יְהוָה אֵלֶיךָ הִנֵּה אָנֹכִי נֹתֵן אֶת־איביך בְּיָדֶךָ אֹיִבְךָ
וְעָשִׂיתָ לּוֹ כַּאֲשֶׁר יִטַב בְּעֵינֶיךָ וַיָּקָם דָּוִד וַיִּכְרֹת אֶת־כְּנַף־
ה הַמְּעִיל אֲשֶׁר־לְשָׁאוּל בַּלָּט׃ וַיְהִי אַחֲרֵי־כֵן וַיַּךְ לֵב־דָּוִד אֹתוֹ
ו עַל אֲשֶׁר כָּרַת אֶת־כָּנָף אֲשֶׁר לְשָׁאוּל׃ וַיֹּאמֶר לַאֲנָשָׁיו חָלִילָה
לִּי מֵיְהוָה אִם־אֶעֱשֶׂה אֶת־הַדָּבָר הַזֶּה לַאדֹנִי לִמְשִׁיחַ יְהוָה
ז לִשְׁלֹחַ יָדִי בּוֹ כִּי־מְשִׁיחַ יְהוָה הוּא׃ וַיְשַׁסַּע דָּוִד אֶת־אֲנָשָׁיו
בַּדְּבָרִים וְלֹא נְתָנָם לָקוּם אֶל־שָׁאוּל וְשָׁאוּל קָם מֵהַמְּעָרָה
ח וַיֵּלֶךְ בַּדָּרֶךְ׃ וַיָּקָם דָּוִד אַחֲרֵי־כֵן וַיֵּצֵא מן המערה מֵהַמְּעָרָה
וַיִּקְרָא אַחֲרֵי־שָׁאוּל לֵאמֹר אֲדֹנִי הַמֶּלֶךְ וַיַּבֵּט שָׁאוּל אַחֲרָיו
ט וַיִּקֹּד דָּוִד אַפַּיִם אַרְצָה וַיִּשְׁתָּחוּ׃ וַיֹּאמֶר דָּוִד לְשָׁאוּל לָמָּה
י תִשְׁמַע אֶת־דִּבְרֵי אָדָם לֵאמֹר הִנֵּה דָוִד מְבַקֵּשׁ רָעָתֶךָ׃ הִנֵּה
הַיּוֹם הַזֶּה רָאוּ עֵינֶיךָ אֵת אֲשֶׁר־נְתָנְךָ יְהוָה ׀ הַיּוֹם ׀ בְּיָדִי
בַּמְּעָרָה וְאָמַר לַהֲרָגְךָ וַתָּחָס עָלֶיךָ וָאֹמַר לֹא־אֶשְׁלַח יָדִי בַּאדֹנִי
יא כִּי־מְשִׁיחַ יְהוָה הוּא׃ וְאָבִי רְאֵה גַּם רְאֵה אֶת־כְּנַף מְעִילְךָ בְּיָדִי

כִּי בְּכָרְתִי אֶת־כְּנַף מְעִילְךָ וְלֹא הֲרַגְתִּיךָ דַּע וּרְאֵה כִּי אֵין בְּיָדִי
רָעָה וָפֶשַׁע וְלֹא־חָטָאתִי לָךְ וְאַתָּה צֹדֶה אֶת־נַפְשִׁי לְקַחְתָּהּ׃
יב יִשְׁפֹּט יְהוָה בֵּינִי וּבֵינֶךָ וּנְקָמַנִי יְהוָה מִמֶּךָּ וְיָדִי לֹא תִהְיֶה־בָּךְ׃
יג כַּאֲשֶׁר יֹאמַר מְשַׁל הַקַּדְמֹנִי מֵרְשָׁעִים יֵצֵא רֶשַׁע וְיָדִי לֹא
יד תִהְיֶה־בָּךְ׃ אַחֲרֵי מִי יָצָא מֶלֶךְ יִשְׂרָאֵל אַחֲרֵי מִי אַתָּה רֹדֵף
טו אַחֲרֵי כֶּלֶב מֵת אַחֲרֵי פַּרְעֹשׁ אֶחָד׃ וְהָיָה יְהוָה לְדַיָּן וְשָׁפַט בֵּינִי
טז וּבֵינֶךָ וְיֵרֶא וְיָרֵב אֶת־רִיבִי וְיִשְׁפְּטֵנִי מִיָּדֶךָ׃ וַיְהִי
כְּכַלּוֹת דָּוִד לְדַבֵּר אֶת־הַדְּבָרִים הָאֵלֶּה אֶל־שָׁאוּל וַיֹּאמֶר
יז שָׁאוּל הֲקֹלְךָ זֶה בְּנִי דָוִד וַיִּשָּׂא שָׁאוּל קֹלוֹ וַיֵּבְךְּ׃ וַיֹּאמֶר אֶל־
דָּוִד צַדִּיק אַתָּה מִמֶּנִּי כִּי אַתָּה גְּמַלְתַּנִי הַטּוֹבָה וַאֲנִי גְּמַלְתִּיךָ
יח הָרָעָה׃ וְאַתְּ הִגַּדְתָּ הַיּוֹם אֵת אֲשֶׁר־עָשִׂיתָה אִתִּי טוֹבָה אֵת
יט אֲשֶׁר סִגְּרַנִי יְהוָה בְּיָדְךָ וְלֹא הֲרַגְתָּנִי׃ וְכִי־יִמְצָא אִישׁ אֶת־
אֹיְבוֹ וְשִׁלְּחוֹ בְּדֶרֶךְ טוֹבָה וַיהוָה יְשַׁלֶּמְךָ טוֹבָה תַּחַת הַיּוֹם הַזֶּה
טז כ אֲשֶׁר עָשִׂיתָה לִי׃ וְעַתָּה הִנֵּה יָדַעְתִּי כִּי מָלֹךְ תִּמְלוֹךְ וְקָמָה
כא בְּיָדְךָ מַמְלֶכֶת יִשְׂרָאֵל׃ וְעַתָּה הִשָּׁבְעָה לִּי בַּיהוָה אִם־תַּכְרִית
כב אֶת־זַרְעִי אַחֲרָי וְאִם־תַּשְׁמִיד אֶת־שְׁמִי מִבֵּית אָבִי׃ וַיִּשָּׁבַע
דָּוִד לְשָׁאוּל וַיֵּלֶךְ שָׁאוּל אֶל־בֵּיתוֹ וְדָוִד וַאֲנָשָׁיו עָלוּ עַל־
כה א הַמְּצוּדָה׃ וַיָּמָת שְׁמוּאֵל וַיִּקָּבְצוּ כָל־יִשְׂרָאֵל

פטירת שמואל וקבורתו
שמ״א כח, ג

וַיִּסְפְּדוּ־לוֹ וַיִּקְבְּרֻהוּ בְּבֵיתוֹ בָּרָמָה וַיָּקָם דָּוִד וַיֵּרֶד אֶל־מִדְבַּר
ב פָּארָן׃ וְאִישׁ בְּמָעוֹן וּמַעֲשֵׂהוּ בַכַּרְמֶל וְהָאִישׁ
גָּדוֹל מְאֹד וְלוֹ צֹאן שְׁלֹשֶׁת־אֲלָפִים וְאֶלֶף עִזִּים וַיְהִי בִּגְזֹז אֶת־
ג צֹאנוֹ בַּכַּרְמֶל׃ וְשֵׁם הָאִישׁ נָבָל וְשֵׁם אִשְׁתּוֹ אֲבִגָיִל וְהָאִשָּׁה
טוֹבַת־שֶׂכֶל וִיפַת תֹּאַר וְהָאִישׁ קָשֶׁה וְרַע מַעֲלָלִים וְהוּא
ד ה כלבו׃ וַיִּשְׁמַע דָּוִד בַּמִּדְבָּר כִּי־גֹזֵז נָבָל אֶת־צֹאנוֹ׃ וַיִּשְׁלַח דָּוִד (כָלִבִּי)
עֲשָׂרָה נְעָרִים וַיֹּאמֶר דָּוִד לַנְּעָרִים עֲלוּ כַרְמֶלָה וּבָאתֶם אֶל־
ו נָבָל וּשְׁאֶלְתֶּם־לוֹ בִשְׁמִי לְשָׁלוֹם׃ וַאֲמַרְתֶּם כֹּה לֶחָי וְאַתָּה
ז שָׁלוֹם וּבֵיתְךָ שָׁלוֹם וְכֹל אֲשֶׁר־לְךָ שָׁלוֹם׃ וְעַתָּה שָׁמַעְתִּי כִּי

גֹּזְזִים לָךְ עַתָּה הָרֹעִים אֲשֶׁר־לְךָ הָיוּ עִמָּנוּ לֹא הֶכְלַמְנוּם וְלֹא־
ח נִפְקַד לָהֶם מְאוּמָה כָּל־יְמֵי הֱיוֹתָם בַּכַּרְמֶל׃ שְׁאַל אֶת־
נְעָרֶיךָ וְיַגִּידוּ לָךְ וְיִמְצְאוּ הַנְּעָרִים חֵן בְּעֵינֶיךָ כִּי־עַל־יוֹם טוֹב
בנו תְּנָה־נָּא אֵת אֲשֶׁר תִּמְצָא יָדְךָ לַעֲבָדֶיךָ וּלְבִנְךָ לְדָוִד׃ בָּאנוּ
ט וַיָּבֹאוּ נַעֲרֵי דָוִד וַיְדַבְּרוּ אֶל־נָבָל כְּכָל־הַדְּבָרִים הָאֵלֶּה בְּשֵׁם
י דָּוִד וַיָּנוּחוּ׃ וַיַּעַן נָבָל אֶת־עַבְדֵי דָוִד וַיֹּאמֶר מִי דָוִד וּמִי בֶן־
יא יִשָׁי הַיּוֹם רַבּוּ עֲבָדִים הַמִּתְפָּרְצִים אִישׁ מִפְּנֵי אֲדֹנָיו׃ וְלָקַחְתִּי
אֶת־לַחְמִי וְאֶת־מֵימַי וְאֵת טִבְחָתִי אֲשֶׁר טָבַחְתִּי לְגֹזְזָי וְנָתַתִּי
יב לַאֲנָשִׁים אֲשֶׁר לֹא יָדַעְתִּי אֵי מִזֶּה הֵמָּה׃ וַיַּהַפְכוּ נַעֲרֵי־דָוִד
יג לְדַרְכָּם וַיָּשֻׁבוּ וַיָּבֹאוּ וַיַּגִּדוּ לוֹ כְּכֹל הַדְּבָרִים הָאֵלֶּה׃ וַיֹּאמֶר
דָּוִד לַאֲנָשָׁיו חִגְרוּ ׀ אִישׁ אֶת־חַרְבּוֹ וַיַּחְגְּרוּ אִישׁ אֶת־חַרְבּוֹ
וַיַּחְגֹּר גַּם־דָּוִד אֶת־חַרְבּוֹ וַיַּעֲלוּ ׀ אַחֲרֵי דָוִד כְּאַרְבַּע מֵאוֹת
יד אִישׁ וּמָאתַיִם יָשְׁבוּ עַל־הַכֵּלִים׃ וְלַאֲבִיגַיִל אֵשֶׁת נָבָל הִגִּיד
נַעַר־אֶחָד מֵהַנְּעָרִים לֵאמֹר הִנֵּה שָׁלַח דָּוִד מַלְאָכִים ׀
טו מֵהַמִּדְבָּר לְבָרֵךְ אֶת־אֲדֹנֵינוּ וַיָּעַט בָּהֶם׃ וְהָאֲנָשִׁים טֹבִים לָנוּ
מְאֹד וְלֹא הָכְלַמְנוּ וְלֹא־פָקַדְנוּ מְאוּמָה כָּל־יְמֵי הִתְהַלַּכְנוּ
טז אִתָּם בִּהְיוֹתֵנוּ בַּשָּׂדֶה׃ חוֹמָה הָיוּ עָלֵינוּ גַּם־לַיְלָה גַּם־יוֹמָם
יז כָּל־יְמֵי הֱיוֹתֵנוּ עִמָּם רֹעִים הַצֹּאן׃ וְעַתָּה דְּעִי וּרְאִי מַה־תַּעֲשִׂי
כִּי־כָלְתָה הָרָעָה אֶל־אֲדֹנֵינוּ וְעַל־כָּל־בֵּיתוֹ וְהוּא בֶּן־בְּלִיַּעַל
יח מִדַּבֵּר אֵלָיו׃ וַתְּמַהֵר אבוגיל וַתִּקַּח מָאתַיִם לֶחֶם וּשְׁנַיִם נִבְלֵי־ אֲבִיגַיִל
יַיִן וְחָמֵשׁ צֹאן עשוות וְחָמֵשׁ סְאִים קָלִי וּמֵאָה צִמֻּקִים עֲשׂוּיוֹת
יט וּמָאתַיִם דְּבֵלִים וַתָּשֶׂם עַל־הַחֲמֹרִים׃ וַתֹּאמֶר לִנְעָרֶיהָ עִבְרוּ
כ לְפָנַי הִנְנִי אַחֲרֵיכֶם בָּאָה וּלְאִישָׁהּ נָבָל לֹא הִגִּידָה׃ וְהָיָה הִיא ׀
רֹכֶבֶת עַל־הַחֲמוֹר וְיֹרֶדֶת בְּסֵתֶר הָהָר וְהִנֵּה דָוִד וַאֲנָשָׁיו
כא יֹרְדִים לִקְרָאתָהּ וַתִּפְגֹּשׁ אֹתָם׃ וְדָוִד אָמַר אַךְ לַשֶּׁקֶר שָׁמַרְתִּי
אֶת־כָּל־אֲשֶׁר לָזֶה בַּמִּדְבָּר וְלֹא־נִפְקַד מִכָּל־אֲשֶׁר־לוֹ מְאוּמָה
כב וַיָּשֶׁב־לִי רָעָה תַּחַת טוֹבָה׃ כֹּה־יַעֲשֶׂה אֱלֹהִים לְאֹיְבֵי דָוִד וְכֹה

יֹסִיף אִם־אַשְׁאִיר מִכָּל־אֲשֶׁר־לוֹ עַד־הַבֹּקֶר מַשְׁתִּין
כג בְּקִיר׃ וַתֵּרֶא אֲבִיגַיִל אֶת־דָּוִד וַתְּמַהֵר וַתֵּרֶד מֵעַל הַחֲמוֹר
כד וַתִּפֹּל לְאַפֵּי דָוִד עַל־פָּנֶיהָ וַתִּשְׁתַּחוּ אָרֶץ׃ וַתִּפֹּל עַל־רַגְלָיו
וַתֹּאמֶר בִּי־אֲנִי אֲדֹנִי הֶעָוֺן וּתְדַבֶּר־נָא אֲמָתְךָ בְּאָזְנֶיךָ וּשְׁמַע
כה אֵת דִּבְרֵי אֲמָתֶךָ׃ אַל־נָא יָשִׂים אֲדֹנִי ׀ אֶת־לִבּוֹ אֶל־אִישׁ
הַבְּלִיַּעַל הַזֶּה עַל־נָבָל כִּי כִשְׁמוֹ כֶּן־הוּא נָבָל שְׁמוֹ וּנְבָלָה
עִמּוֹ וַאֲנִי אֲמָתְךָ לֹא רָאִיתִי אֶת־נַעֲרֵי אֲדֹנִי אֲשֶׁר שָׁלָחְתָּ׃
כו וְעַתָּה אֲדֹנִי חַי־יהוה וְחֵי־נַפְשְׁךָ אֲשֶׁר מְנָעֲךָ יהוה מִבּוֹא
בְדָמִים וְהוֹשֵׁעַ יָדְךָ לָךְ וְעַתָּה יִהְיוּ כְנָבָל אֹיְבֶיךָ וְהַמְבַקְשִׁים
כז אֶל־אֲדֹנִי רָעָה׃ וְעַתָּה הַבְּרָכָה הַזֹּאת אֲשֶׁר־הֵבִיא שִׁפְחָתְךָ
כח לַאדֹנִי וְנִתְּנָה לַנְּעָרִים הַמִּתְהַלְּכִים בְּרַגְלֵי אֲדֹנִי׃ שָׂא נָא
לְפֶשַׁע אֲמָתֶךָ כִּי־עָשֹׂה יַעֲשֶׂה יהוה לַאדֹנִי בַּיִת נֶאֱמָן כִּי־
כט מִלְחֲמוֹת יהוה אֲדֹנִי נִלְחָם וְרָעָה לֹא־תִמָּצֵא בְךָ מִיָּמֶיךָ׃ וַיָּקָם
אָדָם לִרְדָפְךָ וּלְבַקֵּשׁ אֶת־נַפְשֶׁךָ וְהָיְתָה נֶפֶשׁ אֲדֹנִי צְרוּרָה ׀
בִּצְרוֹר הַחַיִּים אֵת יהוה אֱלֹהֶיךָ וְאֵת נֶפֶשׁ אֹיְבֶיךָ יְקַלְּעֶנָּה
ל בְּתוֹךְ כַּף הַקָּלַע׃ וְהָיָה כִּי־יַעֲשֶׂה יהוה לַאדֹנִי כְּכֹל אֲשֶׁר־
לא דִּבֶּר אֶת־הַטּוֹבָה עָלֶיךָ וְצִוְּךָ לְנָגִיד עַל־יִשְׂרָאֵל׃ וְלֹא
תִהְיֶה זֹאת ׀ לְךָ לְפוּקָה וּלְמִכְשׁוֹל לֵב לַאדֹנִי וְלִשְׁפָּךְ־דָּם
חִנָּם וּלְהוֹשִׁיעַ אֲדֹנִי לוֹ וְהֵיטִב יהוה לַאדֹנִי וְזָכַרְתָּ אֶת־
לב אֲמָתֶךָ׃ וַיֹּאמֶר דָּוִד לַאֲבִגַל בָּרוּךְ יהוה אֱלֹהֵי
לג יִשְׂרָאֵל אֲשֶׁר שְׁלָחֵךְ הַיּוֹם הַזֶּה לִקְרָאתִי׃ וּבָרוּךְ טַעְמֵךְ יז
וּבְרוּכָה אָתְּ אֲשֶׁר כְּלִתִנִי הַיּוֹם הַזֶּה מִבּוֹא בְדָמִים וְהֹשֵׁעַ יָדִי
לד לִי׃ וְאוּלָם חַי־יהוה אֱלֹהֵי יִשְׂרָאֵל אֲשֶׁר מְנָעַנִי מֵהָרַע אֹתָךְ
כִּי ׀ לוּלֵי מִהַרְתְּ ותבאתי לִקְרָאתִי כִּי אִם־נוֹתַר לְנָבָל עַד־ וַתָּבֹאת
לה אוֹר הַבֹּקֶר מַשְׁתִּין בְּקִיר׃ וַיִּקַּח דָּוִד מִיָּדָהּ אֵת אֲשֶׁר־הֵבִיאָה
לוֹ וְלָהּ אָמַר עֲלִי לְשָׁלוֹם לְבֵיתֵךְ רְאִי שָׁמַעְתִּי בְקוֹלֵךְ וָאֶשָּׂא
לו פָּנָיִךְ׃ וַתָּבֹא אֲבִיגַיִל ׀ אֶל־נָבָל וְהִנֵּה־לוֹ מִשְׁתֶּה בְּבֵיתוֹ

כְּמִשְׁתֵּה הַמֶּלֶךְ וְלֵב נָבָל טוֹב עָלָיו וְהוּא שִׁכֹּר עַד־מְאֹד וְלֹא־
לז הִגִּידָה לּוֹ דָּבָר קָטֹן וְגָדוֹל עַד־אוֹר הַבֹּקֶר: וַיְהִי בַבֹּקֶר בְּצֵאת
הַיַּיִן מִנָּבָל וַתַּגֶּד־לוֹ אִשְׁתּוֹ אֶת־הַדְּבָרִים הָאֵלֶּה וַיָּמָת לִבּוֹ
לח בְּקִרְבּוֹ וְהוּא הָיָה לְאָבֶן: וַיְהִי כַּעֲשֶׂרֶת הַיָּמִים וַיִּגֹּף יְהוָה אֶת־
לט נָבָל וַיָּמֹת: וַיִּשְׁמַע דָּוִד כִּי־מֵת נָבָל וַיֹּאמֶר בָּרוּךְ יְהוָה אֲשֶׁר
רָב אֶת־רִיב חֶרְפָּתִי מִיַּד נָבָל וְאֶת־עַבְדּוֹ חָשַׂךְ מֵרָעָה וְאֵת
רָעַת נָבָל הֵשִׁיב יְהוָה בְּרֹאשׁוֹ וַיִּשְׁלַח דָּוִד וַיְדַבֵּר בַּאֲבִיגַיִל
מ לְקַחְתָּהּ לוֹ לְאִשָּׁה: וַיָּבֹאוּ עַבְדֵי דָוִד אֶל־אֲבִיגַיִל הַכַּרְמֶלָה
וַיְדַבְּרוּ אֵלֶיהָ לֵאמֹר דָּוִד שְׁלָחָנוּ אֵלַיִךְ לְקַחְתֵּךְ לוֹ לְאִשָּׁה:
מא וַתָּקָם וַתִּשְׁתַּחוּ אַפַּיִם אָרְצָה וַתֹּאמֶר הִנֵּה אֲמָתְךָ לְשִׁפְחָה
מב לִרְחֹץ רַגְלֵי עַבְדֵי אֲדֹנִי: וַתְּמַהֵר וַתָּקָם אֲבִיגַיִל וַתִּרְכַּב עַל־
הַחֲמוֹר וְחָמֵשׁ נַעֲרֹתֶיהָ הַהֹלְכוֹת לְרַגְלָהּ וַתֵּלֶךְ אַחֲרֵי מַלְאֲכֵי
מג דָוִד וַתְּהִי־לוֹ לְאִשָּׁה: וְאֶת־אֲחִינֹעַם לָקַח דָּוִד מִיִּזְרְעֶאל
מד וַתִּהְיֶיןָ גַּם־שְׁתֵּיהֶן לוֹ לְנָשִׁים: וְשָׁאוּל נָתַן אֶת־
כו א מִיכַל בִּתּוֹ אֵשֶׁת דָּוִד לְפַלְטִי בֶן־לַיִשׁ אֲשֶׁר מִגַּלִּים: וַיָּבֹאוּ
הַזִּפִים אֶל־שָׁאוּל הַגִּבְעָתָה לֵאמֹר הֲלוֹא דָוִד מִסְתַּתֵּר בְּגִבְעַת
ב הַחֲכִילָה עַל פְּנֵי הַיְשִׁימֹן: וַיָּקָם שָׁאוּל וַיֵּרֶד אֶל־מִדְבַּר־זִיף
וְאִתּוֹ שְׁלֹשֶׁת־אֲלָפִים אִישׁ בְּחוּרֵי יִשְׂרָאֵל לְבַקֵּשׁ אֶת־דָּוִד
ג בְּמִדְבַּר־זִיף: וַיִּחַן שָׁאוּל בְּגִבְעַת הַחֲכִילָה אֲשֶׁר עַל־פְּנֵי
הַיְשִׁימֹן עַל־הַדָּרֶךְ וְדָוִד יֹשֵׁב בַּמִּדְבָּר וַיַּרְא כִּי בָא שָׁאוּל
ד אַחֲרָיו הַמִּדְבָּרָה: וַיִּשְׁלַח דָּוִד מְרַגְּלִים וַיֵּדַע כִּי־בָא שָׁאוּל אֶל־
ה נָכוֹן: וַיָּקָם דָּוִד וַיָּבֹא אֶל־הַמָּקוֹם אֲשֶׁר חָנָה־שָׁם שָׁאוּל וַיַּרְא
דָּוִד אֶת־הַמָּקוֹם אֲשֶׁר שָׁכַב־שָׁם שָׁאוּל וְאַבְנֵר בֶּן־נֵר שַׂר־
ו צְבָאוֹ וְשָׁאוּל שֹׁכֵב בַּמַּעְגָּל וְהָעָם חֹנִים סְבִיבֹתָו: וַיַּעַן דָּוִד
וַיֹּאמֶר ׀ אֶל־אֲחִימֶלֶךְ הַחִתִּי וְאֶל־אֲבִישַׁי בֶּן־צְרוּיָה אֲחִי יוֹאָב
לֵאמֹר מִי־יֵרֵד אִתִּי אֶל־שָׁאוּל אֶל־הַמַּחֲנֶה וַיֹּאמֶר אֲבִישַׁי אֲנִי
ז אֵרֵד עִמָּךְ: וַיָּבֹא דָוִד וַאֲבִישַׁי ׀ אֶל־הָעָם לַיְלָה וְהִנֵּה שָׁאוּל

הזיפים מסגירים
את דוד לשאול
תהלים נד

שֹׁכֵב יָשֵׁן בַּמַּעְגָּל וַחֲנִיתוֹ מְעוּכָה־בָאָרֶץ מְרַאֲשֹׁתָו וְאַבְנֵר
ח וְהָעָם שֹׁכְבִים סְבִיבֹתָו׃ וַיֹּאמֶר אֲבִישַׁי אֶל־דָּוִד
סִגַּר אֱלֹהִים הַיּוֹם אֶת־אֹיִבְךָ בְּיָדֶךָ וְעַתָּה אַכֶּנּוּ נָא בַּחֲנִית
ט וּבָאָרֶץ פַּעַם אַחַת וְלֹא אֶשְׁנֶה לוֹ׃ וַיֹּאמֶר דָּוִד אֶל־אֲבִישַׁי אַל־
י תַּשְׁחִיתֵהוּ כִּי מִי שָׁלַח יָדוֹ בִּמְשִׁיחַ יְהוָה וְנִקָּה׃ וַיֹּאמֶר דָּוִד חַי־
יְהוָה כִּי אִם־יְהוָה יִגָּפֶנּוּ אוֹ־יוֹמוֹ יָבוֹא וָמֵת אוֹ בַמִּלְחָמָה יֵרֵד
יא וְנִסְפָּה׃ חָלִילָה לִּי מֵיהוָה מִשְּׁלֹחַ יָדִי בִּמְשִׁיחַ יְהוָה וְעַתָּה קַח־
נָא אֶת־הַחֲנִית אֲשֶׁר מְרַאֲשֹׁתָו וְאֶת־צַפַּחַת הַמַּיִם וְנֵלְכָה־
יב לָּנוּ׃ וַיִּקַּח דָּוִד אֶת־הַחֲנִית וְאֶת־צַפַּחַת הַמַּיִם מֵרַאֲשֹׁתֵי
שָׁאוּל וַיֵּלְכוּ לָהֶם וְאֵין רֹאֶה וְאֵין יוֹדֵעַ וְאֵין מֵקִיץ כִּי כֻלָּם
יג יְשֵׁנִים כִּי תַּרְדֵּמַת יְהוָה נָפְלָה עֲלֵיהֶם׃ וַיַּעֲבֹר דָּוִד הָעֵבֶר
יד וַיַּעֲמֹד עַל־רֹאשׁ־הָהָר מֵרָחֹק רַב הַמָּקוֹם בֵּינֵיהֶם׃ וַיִּקְרָא דָוִד
אֶל־הָעָם וְאֶל־אַבְנֵר בֶּן־נֵר לֵאמֹר הֲלוֹא תַעֲנֶה אַבְנֵר וַיַּעַן
טו אַבְנֵר וַיֹּאמֶר מִי אַתָּה קָרָאתָ אֶל־הַמֶּלֶךְ׃ וַיֹּאמֶר דָּוִד אֶל־
אַבְנֵר הֲלוֹא־אִישׁ אַתָּה וּמִי כָמוֹךָ בְּיִשְׂרָאֵל וְלָמָּה לֹא שָׁמַרְתָּ
אֶל־אֲדֹנֶיךָ הַמֶּלֶךְ כִּי־בָא אַחַד הָעָם לְהַשְׁחִית אֶת־הַמֶּלֶךְ
טז אֲדֹנֶיךָ׃ לֹא־טוֹב הַדָּבָר הַזֶּה אֲשֶׁר עָשִׂיתָ חַי־יְהוָה כִּי בְנֵי־מָוֶת
אַתֶּם אֲשֶׁר לֹא־שְׁמַרְתֶּם עַל־אֲדֹנֵיכֶם עַל־מְשִׁיחַ יְהוָה וְעַתָּה ׀
יז רְאֵה אֵי־חֲנִית הַמֶּלֶךְ וְאֶת־צַפַּחַת הַמַּיִם אֲשֶׁר מְרַאֲשֹׁתָו׃ וַיַּכֵּר
שָׁאוּל אֶת־קוֹל דָּוִד וַיֹּאמֶר הֲקוֹלְךָ זֶה בְּנִי דָוִד וַיֹּאמֶר דָּוִד
יח קוֹלִי אֲדֹנִי הַמֶּלֶךְ׃ וַיֹּאמֶר לָמָּה זֶּה אֲדֹנִי רֹדֵף אַחֲרֵי עַבְדּוֹ כִּי
יט מֶה עָשִׂיתִי וּמַה־בְּיָדִי רָעָה׃ וְעַתָּה יִשְׁמַע־נָא אֲדֹנִי הַמֶּלֶךְ אֵת
דִּבְרֵי עַבְדּוֹ אִם־יְהוָה הֱסִיתְךָ בִי יָרַח מִנְחָה וְאִם ׀ בְּנֵי הָאָדָם
אֲרוּרִים הֵם לִפְנֵי יְהוָה כִּי־גֵרְשׁוּנִי הַיּוֹם מֵהִסְתַּפֵּחַ בְּנַחֲלַת יְהוָה
כ לֵאמֹר לֵךְ עֲבֹד אֱלֹהִים אֲחֵרִים׃ וְעַתָּה אַל־יִפֹּל דָּמִי אַרְצָה
מִנֶּגֶד פְּנֵי יְהוָה כִּי־יָצָא מֶלֶךְ יִשְׂרָאֵל לְבַקֵּשׁ אֶת־פַּרְעֹשׁ אֶחָד
כא כַּאֲשֶׁר יִרְדֹּף הַקֹּרֵא בֶּהָרִים׃ וַיֹּאמֶר שָׁאוּל חָטָאתִי שׁוּב בְּנִי־

דָּוִד כִּי לֹא־אָרַע לְךָ עוֹד תַּחַת אֲשֶׁר יָקְרָה נַפְשִׁי בְּעֵינֶיךָ הַיּוֹם
כב הַזֶּה הִנֵּה הִסְכַּלְתִּי וָאֶשְׁגֶּה הַרְבֵּה מְאֹד׃ וַיַּעַן דָּוִד וַיֹּאמֶר הִנֵּה
כג הַחֲנִית הַמֶּלֶךְ וְיַעֲבֹר אֶחָד מֵהַנְּעָרִים וְיִקָּחֶהָ׃ וַיהוָה יָשִׁיב חֲנִית
לָאִישׁ אֶת־צִדְקָתוֹ וְאֶת־אֱמֻנָתוֹ אֲשֶׁר נְתָנְךָ יְהוָה ׀ הַיּוֹם בְּיָד
כד וְלֹא אָבִיתִי לִשְׁלֹחַ יָדִי בִּמְשִׁיחַ יְהוָה׃ וְהִנֵּה כַּאֲשֶׁר גָּדְלָה
נַפְשְׁךָ הַיּוֹם הַזֶּה בְּעֵינָי כֵּן תִּגְדַּל נַפְשִׁי בְּעֵינֵי יְהוָה וְיַצִּלֵנִי
כה מִכָּל־צָרָה׃ וַיֹּאמֶר שָׁאוּל אֶל־דָּוִד בָּרוּךְ אַתָּה בְּנִי דָוִד גַּם יח
עָשֹׂה תַעֲשֶׂה וְגַם יָכֹל תּוּכָל וַיֵּלֶךְ דָּוִד לְדַרְכּוֹ וְשָׁאוּל שָׁב
כז א לִמְקוֹמוֹ׃ וַיֹּאמֶר דָּוִד אֶל־לִבּוֹ עַתָּה אֶסָּפֶה יוֹם־
אֶחָד בְּיַד־שָׁאוּל אֵין־לִי טוֹב כִּי הִמָּלֵט אִמָּלֵט ׀ אֶל־אֶרֶץ
פְּלִשְׁתִּים וְנוֹאַשׁ מִמֶּנִּי שָׁאוּל לְבַקְשֵׁנִי עוֹד בְּכָל־גְּבוּל יִשְׂרָאֵל
ב וְנִמְלַטְתִּי מִיָּדוֹ׃ וַיָּקָם דָּוִד וַיַּעֲבֹר הוּא וְשֵׁשׁ־מֵאוֹת אִישׁ אֲשֶׁר
ג עִמּוֹ אֶל־אָכִישׁ בֶּן־מָעוֹךְ מֶלֶךְ גַּת׃ וַיֵּשֶׁב דָּוִד עִם־אָכִישׁ בְּגַת
הוּא וַאֲנָשָׁיו אִישׁ וּבֵיתוֹ דָּוִד וּשְׁתֵּי נָשָׁיו אֲחִינֹעַם הַיִּזְרְעֵאלִית
ד וַאֲבִיגַיִל אֵשֶׁת־נָבָל הַכַּרְמְלִית׃ וַיֻּגַּד לְשָׁאוּל כִּי־בָרַח דָּוִד גַּת
ה וְלֹא־יוסף עוֹד לְבַקְשׁוֹ׃ וַיֹּאמֶר דָּוִד אֶל־אָכִישׁ יָסַף
אִם־נָא מָצָאתִי חֵן בְּעֵינֶיךָ יִתְּנוּ־לִי מָקוֹם בְּאַחַת עָרֵי הַשָּׂדֶה
ו וְאֵשְׁבָה שָּׁם וְלָמָּה יֵשֵׁב עַבְדְּךָ בְּעִיר הַמַּמְלָכָה עִמָּךְ׃ וַיִּתֶּן־לוֹ
אָכִישׁ בַּיּוֹם הַהוּא אֶת־צִקְלָג לָכֵן הָיְתָה צִקְלַג לְמַלְכֵי יְהוּדָה
ז עַד הַיּוֹם הַזֶּה׃ וַיְהִי מִסְפַּר הַיָּמִים אֲשֶׁר־יָשַׁב
ח דָּוִד בִּשְׂדֵה פְלִשְׁתִּים יָמִים וְאַרְבָּעָה חֳדָשִׁים׃ וַיַּעַל דָּוִד וַאֲנָשָׁיו
וַיִּפְשְׁטוּ אֶל־הַגְּשׁוּרִי והגרזי וְהָעֲמָלֵקִי כִּי הֵנָּה יֹשְׁבוֹת הָאָרֶץ וְהַגִּזְרִי
ט אֲשֶׁר מֵעוֹלָם בּוֹאֲךָ שׁוּרָה וְעַד־אֶרֶץ מִצְרָיִם׃ וְהִכָּה דָוִד אֶת־
הָאָרֶץ וְלֹא יְחַיֶּה אִישׁ וְאִשָּׁה וְלָקַח צֹאן וּבָקָר וַחֲמֹרִים וּגְמַלִּים
י וּבְגָדִים וַיָּשָׁב וַיָּבֹא אֶל־אָכִישׁ׃ וַיֹּאמֶר אָכִישׁ אַל־פְּשַׁטְתֶּם
הַיּוֹם וַיֹּאמֶר דָּוִד עַל־נֶגֶב יְהוּדָה וְעַל־נֶגֶב הַיְּרַחְמְאֵלִי וְאֶל־
יא נֶגֶב הַקֵּינִי׃ וְאִישׁ וְאִשָּׁה לֹא־יְחַיֶּה דָוִד לְהָבִיא גַת לֵאמֹר פֶּן־

יַגִּדוּ עָלֵינוּ לֵאמֹר כֹּה־עָשָׂה דָוִד וְכֹה מִשְׁפָּטוֹ כָּל־הַיָּמִים אֲשֶׁר
יב יָשַׁב בִּשְׂדֵה פְלִשְׁתִּים: וַיַּאֲמֵן אָכִישׁ בְּדָוִד לֵאמֹר הַבְאֵשׁ
כח א הִבְאִישׁ בְּעַמּוֹ בְיִשְׂרָאֵל וְהָיָה לִי לְעֶבֶד עוֹלָם: וַיְהִי
בַּיָּמִים הָהֵם וַיִּקְבְּצוּ פְלִשְׁתִּים אֶת־מַחֲנֵיהֶם לַצָּבָא לְהִלָּחֵם
בְּיִשְׂרָאֵל וַיֹּאמֶר אָכִישׁ אֶל־דָּוִד יָדֹעַ תֵּדַע כִּי אִתִּי תֵּצֵא
ב בַמַּחֲנֶה אַתָּה וַאֲנָשֶׁיךָ: וַיֹּאמֶר דָּוִד אֶל־אָכִישׁ לָכֵן אַתָּה
תֵדַע אֵת אֲשֶׁר־יַעֲשֶׂה עַבְדֶּךָ וַיֹּאמֶר אָכִישׁ אֶל־דָּוִד לָכֵן
שֹׁמֵר לְרֹאשִׁי אֲשִׂימְךָ כָּל־הַיָּמִים:

פטירת שמואל
וקבורתו
שמ"א כה, א

ג וּשְׁמוּאֵל מֵת וַיִּסְפְּדוּ־לוֹ כָּל־יִשְׂרָאֵל וַיִּקְבְּרֻהוּ בָרָמָה וּבְעִירוֹ
ד וְשָׁאוּל הֵסִיר הָאֹבוֹת וְאֶת־הַיִּדְּעֹנִים מֵהָאָרֶץ: וַיִּקָּבְצוּ
פְלִשְׁתִּים וַיָּבֹאוּ וַיַּחֲנוּ בְשׁוּנֵם וַיִּקְבֹּץ שָׁאוּל אֶת־כָּל־יִשְׂרָאֵל
ה וַיַּחֲנוּ בַּגִּלְבֹּעַ: וַיַּרְא שָׁאוּל אֶת־מַחֲנֵה פְלִשְׁתִּים וַיִּרָא וַיֶּחֱרַד
ו לִבּוֹ מְאֹד: וַיִּשְׁאַל שָׁאוּל בַּיהוָה וְלֹא עָנָהוּ יְהוָה גַּם בַּחֲלֹמוֹת
ז גַּם בָּאוּרִים גַּם בַּנְּבִיאִם: וַיֹּאמֶר שָׁאוּל לַעֲבָדָיו בַּקְּשׁוּ־לִי אֵשֶׁת
בַּעֲלַת־אוֹב וְאֵלְכָה אֵלֶיהָ וְאֶדְרְשָׁה־בָּהּ וַיֹּאמְרוּ עֲבָדָיו אֵלָיו
ח הִנֵּה אֵשֶׁת בַּעֲלַת־אוֹב בְּעֵין דּוֹר: וַיִּתְחַפֵּשׂ שָׁאוּל וַיִּלְבַּשׁ
בְּגָדִים אֲחֵרִים וַיֵּלֶךְ הוּא וּשְׁנֵי אֲנָשִׁים עִמּוֹ וַיָּבֹאוּ אֶל־הָאִשָּׁה
לָיְלָה וַיֹּאמֶר קסומי־נָא לִי בָּאוֹב וְהַעֲלִי לִי אֵת אֲשֶׁר־אֹמַר

קָסֳמִי־

ט אֵלָיִךְ: וַתֹּאמֶר הָאִשָּׁה אֵלָיו הִנֵּה אַתָּה יָדַעְתָּ אֵת אֲשֶׁר־עָשָׂה
שָׁאוּל אֲשֶׁר הִכְרִית אֶת־הָאֹבוֹת וְאֶת־הַיִּדְּעֹנִי מִן־הָאָרֶץ
י וְלָמָה אַתָּה מִתְנַקֵּשׁ בְּנַפְשִׁי לַהֲמִיתֵנִי: וַיִּשָּׁבַע לָהּ שָׁאוּל
יא בַּיהוָה לֵאמֹר חַי־יְהוָה אִם־יִקְּרֵךְ עָוֺן בַּדָּבָר הַזֶּה: וַתֹּאמֶר
הָאִשָּׁה אֶת־מִי אַעֲלֶה־לָּךְ וַיֹּאמֶר אֶת־שְׁמוּאֵל הַעֲלִי־לִי:
יב וַתֵּרֶא הָאִשָּׁה אֶת־שְׁמוּאֵל וַתִּזְעַק בְּקוֹל גָּדוֹל וַתֹּאמֶר הָאִשָּׁה
יג אֶל־שָׁאוּל ׀ לֵאמֹר לָמָּה רִמִּיתָנִי וְאַתָּה שָׁאוּל: וַיֹּאמֶר לָהּ
הַמֶּלֶךְ אַל־תִּירְאִי כִּי מָה רָאִית וַתֹּאמֶר הָאִשָּׁה אֶל־שָׁאוּל
יד אֱלֹהִים רָאִיתִי עֹלִים מִן־הָאָרֶץ: וַיֹּאמֶר לָהּ מַה־תָּאֳרוֹ וַתֹּאמֶר

כח

אִישׁ זָקֵן עֹלֶה וְהוּא עֹטֶה מְעִיל וַיֵּדַע שָׁאוּל כִּי־שְׁמוּאֵל הוּא
טו וַיִּקֹּד אַפַּיִם אַרְצָה וַיִּשְׁתָּחוּ׃ וַיֹּאמֶר שְׁמוּאֵל
אֶל־שָׁאוּל לָמָּה הִרְגַּזְתַּנִי לְהַעֲלוֹת אֹתִי וַיֹּאמֶר שָׁאוּל צַר־לִי
מְאֹד וּפְלִשְׁתִּים ׀ נִלְחָמִים בִּי וֵאלֹהִים סָר מֵעָלַי וְלֹא־עָנָנִי עוֹד
גַּם בְּיַד הַנְּבִיאִים גַּם בַּחֲלֹמוֹת וָאֶקְרָאֶה לְךָ לְהוֹדִיעֵנִי מָה
טז אֶעֱשֶׂה׃ וַיֹּאמֶר שְׁמוּאֵל וְלָמָּה תִּשְׁאָלֵנִי וַיהוָה סָר מֵעָלֶיךָ וַיְהִי
יז עָרֶךָ׃ וַיַּעַשׂ יְהוָה לוֹ כַּאֲשֶׁר דִּבֶּר בְּיָדִי וַיִּקְרַע יְהוָה אֶת־
יח הַמַּמְלָכָה מִיָּדֶךָ וַיִּתְּנָהּ לְרֵעֲךָ לְדָוִד׃ כַּאֲשֶׁר לֹא־שָׁמַעְתָּ בְּקוֹל
יְהוָה וְלֹא־עָשִׂיתָ חֲרוֹן־אַפּוֹ בַּעֲמָלֵק עַל־כֵּן הַדָּבָר הַזֶּה עָשָׂה־
יט לְךָ יְהוָה הַיּוֹם הַזֶּה׃ וְיִתֵּן יְהוָה גַּם אֶת־יִשְׂרָאֵל עִמְּךָ בְּיַד־
פְּלִשְׁתִּים וּמָחָר אַתָּה וּבָנֶיךָ עִמִּי גַּם אֶת־מַחֲנֵה יִשְׂרָאֵל יִתֵּן
כ יְהוָה בְּיַד־פְּלִשְׁתִּים׃ וַיְמַהֵר שָׁאוּל וַיִּפֹּל מְלֹא־קוֹמָתוֹ אַרְצָה
וַיִּרָא מְאֹד מִדִּבְרֵי שְׁמוּאֵל גַּם־כֹּחַ לֹא־הָיָה בוֹ כִּי לֹא אָכַל
כא לֶחֶם כָּל־הַיּוֹם וְכָל־הַלָּיְלָה׃ וַתָּבוֹא הָאִשָּׁה אֶל־שָׁאוּל וַתֵּרֶא
כִּי־נִבְהַל מְאֹד וַתֹּאמֶר אֵלָיו הִנֵּה שָׁמְעָה שִׁפְחָתְךָ בְּקוֹלֶךָ
וָאָשִׂים נַפְשִׁי בְּכַפִּי וָאֶשְׁמַע אֶת־דְּבָרֶיךָ אֲשֶׁר דִּבַּרְתָּ אֵלָי׃
כב וְעַתָּה שְׁמַע־נָא גַם־אַתָּה בְּקוֹל שִׁפְחָתֶךָ וְאָשִׂמָה לְפָנֶיךָ
כג פַּת־לֶחֶם וֶאֱכוֹל וִיהִי בְךָ כֹּחַ כִּי תֵלֵךְ בַּדָּרֶךְ׃ וַיְמָאֵן
וַיֹּאמֶר לֹא אֹכַל וַיִּפְרְצוּ־בוֹ עֲבָדָיו וְגַם־הָאִשָּׁה וַיִּשְׁמַע
כד לְקֹלָם וַיָּקָם מֵהָאָרֶץ וַיֵּשֶׁב אֶל־הַמִּטָּה׃ וְלָאִשָּׁה עֵגֶל־מַרְבֵּק יט
בַּבַּיִת וַתְּמַהֵר וַתִּזְבָּחֵהוּ וַתִּקַּח־קֶמַח וַתָּלָשׁ וַתֹּפֵהוּ מַצּוֹת׃
כה וַתַּגֵּשׁ לִפְנֵי־שָׁאוּל וְלִפְנֵי עֲבָדָיו וַיֹּאכֵלוּ וַיָּקֻמוּ וַיֵּלְכוּ בַּלַּיְלָה
כט א הַהוּא׃ וַיִּקְבְּצוּ פְלִשְׁתִּים אֶת־כָּל־מַחֲנֵיהֶם
ב אֲפֵקָה וְיִשְׂרָאֵל חֹנִים בַּעַיִן אֲשֶׁר בְּיִזְרְעֶאל׃ וְסַרְנֵי פְלִשְׁתִּים
עֹבְרִים לְמֵאוֹת וְלַאֲלָפִים וְדָוִד וַאֲנָשָׁיו עֹבְרִים בָּאַחֲרֹנָה
ג עִם־אָכִישׁ׃ וַיֹּאמְרוּ שָׂרֵי פְלִשְׁתִּים מָה הָעִבְרִים הָאֵלֶּה וַיֹּאמֶר
אָכִישׁ אֶל־שָׂרֵי פְלִשְׁתִּים הֲלוֹא־זֶה דָוִד עֶבֶד ׀ שָׁאוּל מֶלֶךְ־

עונש קריעת הממלכה מידי שאול
שמ"א טו, כז–כח

מפלת ישראל לפני פלשתים
שמ"א לא, א–ז

יִשְׂרָאֵל אֲשֶׁר הָיָה אִתִּי זֶה יָמִים אוֹ־זֶה שָׁנִים וְלֹא־מָצָאתִי
ד בוֹ מְאוּמָה מִיּוֹם נָפְלוֹ עַד־הַיּוֹם הַזֶּה׃ וַיִּקְצְפוּ
עָלָיו שָׂרֵי פְלִשְׁתִּים וַיֹּאמְרוּ לוֹ שָׂרֵי פְלִשְׁתִּים הָשֵׁב אֶת־
הָאִישׁ וְיָשֹׁב אֶל־מְקוֹמוֹ אֲשֶׁר הִפְקַדְתּוֹ שָׁם וְלֹא־יֵרֵד עִמָּנוּ
בַּמִּלְחָמָה וְלֹא־יִהְיֶה־לָּנוּ לְשָׂטָן בַּמִּלְחָמָה וּבַמֶּה יִתְרַצֶּה זֶה
ה אֶל־אֲדֹנָיו הֲלוֹא בְּרָאשֵׁי הָאֲנָשִׁים הָהֵם׃ הֲלוֹא־זֶה דָוִד
אֲשֶׁר יַעֲנוּ־לוֹ בַּמְּחֹלוֹת לֵאמֹר הִכָּה שָׁאוּל בַּאֲלָפָיו וְדָוִד
ו בְּרִבְבֹתָו׃ וַיִּקְרָא אָכִישׁ אֶל־דָּוִד וַיֹּאמֶר אֵלָיו
חַי־יְהוָה כִּי־יָשָׁר אַתָּה וְטוֹב בְּעֵינַי צֵאתְךָ וּבֹאֲךָ אִתִּי בַּמַּחֲנֶה
כִּי לֹא־מָצָאתִי בְךָ רָעָה מִיּוֹם בֹּאֲךָ אֵלַי עַד־הַיּוֹם הַזֶּה וּבְעֵינֵי
ז הַסְּרָנִים לֹא־טוֹב אָתָּה׃ וְעַתָּה שׁוּב וְלֵךְ בְּשָׁלוֹם וְלֹא־תַעֲשֶׂה
ח רָע בְּעֵינֵי סַרְנֵי פְלִשְׁתִּים׃ וַיֹּאמֶר דָּוִד אֶל־אָכִישׁ
כִּי מֶה עָשִׂיתִי וּמַה־מָּצָאתָ בְעַבְדְּךָ מִיּוֹם אֲשֶׁר הָיִיתִי לְפָנֶיךָ
עַד הַיּוֹם הַזֶּה כִּי לֹא אָבוֹא וְנִלְחַמְתִּי בְּאֹיְבֵי אֲדֹנִי הַמֶּלֶךְ׃
ט וַיַּעַן אָכִישׁ וַיֹּאמֶר אֶל־דָּוִד יָדַעְתִּי כִּי טוֹב אַתָּה בְּעֵינַי
כְּמַלְאַךְ אֱלֹהִים אַךְ שָׂרֵי פְלִשְׁתִּים אָמְרוּ לֹא־יַעֲלֶה עִמָּנוּ
י בַּמִּלְחָמָה׃ וְעַתָּה הַשְׁכֵּם בַּבֹּקֶר וְעַבְדֵי אֲדֹנֶיךָ אֲשֶׁר־בָּאוּ אִתָּךְ
יא וְהִשְׁכַּמְתֶּם בַּבֹּקֶר וְאוֹר לָכֶם וָלֵכוּ׃ וַיַּשְׁכֵּם דָּוִד הוּא וַאֲנָשָׁיו
לָלֶכֶת בַּבֹּקֶר לָשׁוּב אֶל־אֶרֶץ פְּלִשְׁתִּים וּפְלִשְׁתִּים עָלוּ
ל א יִזְרְעֶאל׃ וַיְהִי בְּבֹא דָוִד וַאֲנָשָׁיו צִקְלַג בַּיּוֹם
הַשְּׁלִישִׁי וַעֲמָלֵקִי פָשְׁטוּ אֶל־נֶגֶב וְאֶל־צִקְלַג וַיַּכּוּ אֶת־צִקְלַג
ב וַיִּשְׂרְפוּ אֹתָהּ בָּאֵשׁ׃ וַיִּשְׁבּוּ אֶת־הַנָּשִׁים אֲשֶׁר־בָּהּ מִקָּטֹן וְעַד־
ג גָּדוֹל לֹא הֵמִיתוּ אִישׁ וַיִּנְהֲגוּ וַיֵּלְכוּ לְדַרְכָּם׃ וַיָּבֹא דָוִד וַאֲנָשָׁיו
אֶל־הָעִיר וְהִנֵּה שְׂרוּפָה בָּאֵשׁ וּנְשֵׁיהֶם וּבְנֵיהֶם וּבְנֹתֵיהֶם נִשְׁבּוּ׃
ד וַיִּשָּׂא דָוִד וְהָעָם אֲשֶׁר־אִתּוֹ אֶת־קוֹלָם וַיִּבְכּוּ עַד אֲשֶׁר אֵין־
ה בָּהֶם כֹּחַ לִבְכּוֹת׃ וּשְׁתֵּי נְשֵׁי־דָוִד נִשְׁבּוּ אֲחִינֹעַם הַיִּזְרְעֵלִית
ו וַאֲבִיגַיִל אֵשֶׁת נָבָל הַכַּרְמְלִי׃ וַתֵּצֶר לְדָוִד מְאֹד כִּי־אָמְרוּ הָעָם

שירת הנשים
לדוד
שמ״א יח, ו–ז

לְסָקְלוֹ כִּי־מָרָה נֶפֶשׁ כָּל־הָעָם אִישׁ עַל־בָּנָו וְעַל־בְּנֹתָיו
ז וַיִּתְחַזֵּק דָּוִד בַּיהוָה אֱלֹהָיו׃ וַיֹּאמֶר דָּוִד אֶל־
אֶבְיָתָר הַכֹּהֵן בֶּן־אֲחִימֶלֶךְ הַגִּישָׁה־נָּא לִי הָאֵפוֹד וַיַּגֵּשׁ אֶבְיָתָר
ח אֶת־הָאֵפוֹד אֶל־דָּוִד׃ וַיִּשְׁאַל דָּוִד בַּיהוָה לֵאמֹר אֶרְדֹּף אַחֲרֵי
הַגְּדוּד־הַזֶּה הַאַשִּׂגֶנּוּ וַיֹּאמֶר לוֹ רְדֹף כִּי־הַשֵּׂג תַּשִּׂיג וְהַצֵּל
ט תַּצִּיל׃ וַיֵּלֶךְ דָּוִד הוּא וְשֵׁשׁ־מֵאוֹת אִישׁ אֲשֶׁר אִתּוֹ וַיָּבֹאוּ עַד־
י נַחַל הַבְּשׂוֹר וְהַנּוֹתָרִים עָמָדוּ׃ וַיִּרְדֹּף דָּוִד הוּא וְאַרְבַּע־מֵאוֹת
אִישׁ וַיַּעַמְדוּ מָאתַיִם אִישׁ אֲשֶׁר פִּגְּרוּ מֵעֲבֹר אֶת־נַחַל הַבְּשׂוֹר׃
יא וַיִּמְצְאוּ אִישׁ־מִצְרִי בַּשָּׂדֶה וַיִּקְחוּ אֹתוֹ אֶל־דָּוִד וַיִּתְּנוּ־לוֹ לֶחֶם
יב וַיֹּאכַל וַיַּשְׁקֻהוּ מָיִם׃ וַיִּתְּנוּ־לוֹ פֶלַח דְּבֵלָה וּשְׁנֵי צִמֻּקִים וַיֹּאכַל
וַתָּשָׁב רוּחוֹ אֵלָיו כִּי לֹא־אָכַל לֶחֶם וְלֹא־שָׁתָה מַיִם שְׁלֹשָׁה
יג יָמִים וּשְׁלֹשָׁה לֵילוֹת׃ וַיֹּאמֶר לוֹ דָוִד לְמִי־אַתָּה
וְאֵי מִזֶּה אָתָּה וַיֹּאמֶר נַעַר מִצְרִי אָנֹכִי עֶבֶד לְאִישׁ עֲמָלֵקִי
יד וַיַּעַזְבֵנִי אֲדֹנִי כִּי חָלִיתִי הַיּוֹם שְׁלֹשָׁה׃ אֲנַחְנוּ פָּשַׁטְנוּ נֶגֶב
הַכְּרֵתִי וְעַל־אֲשֶׁר לִיהוּדָה וְעַל־נֶגֶב כָּלֵב וְאֶת־צִקְלַג שָׂרַפְנוּ
טו בָאֵשׁ׃ וַיֹּאמֶר אֵלָיו דָּוִד הֲתוֹרִדֵנִי אֶל־הַגְּדוּד הַזֶּה וַיֹּאמֶר
הִשָּׁבְעָה לִּי בֵאלֹהִים אִם־תְּמִיתֵנִי וְאִם־תַּסְגִּרֵנִי בְּיַד־אֲדֹנִי
טז וְאוֹרִדְךָ אֶל־הַגְּדוּד הַזֶּה׃ וַיֹּרִדֵהוּ וְהִנֵּה נְטֻשִׁים עַל־פְּנֵי כָל־
הָאָרֶץ אֹכְלִים וְשֹׁתִים וְחֹגְגִים בְּכֹל הַשָּׁלָל הַגָּדוֹל אֲשֶׁר לָקְחוּ
יז מֵאֶרֶץ פְּלִשְׁתִּים וּמֵאֶרֶץ יְהוּדָה׃ וַיַּכֵּם דָּוִד מֵהַנֶּשֶׁף וְעַד־הָעֶרֶב
לְמָחֳרָתָם וְלֹא־נִמְלַט מֵהֶם אִישׁ כִּי אִם־אַרְבַּע מֵאוֹת אִישׁ־
יח נַעַר אֲשֶׁר־רָכְבוּ עַל־הַגְּמַלִּים וַיָּנֻסוּ׃ וַיַּצֵּל דָּוִד אֵת כָּל־אֲשֶׁר
יט לָקְחוּ עֲמָלֵק וְאֶת־שְׁתֵּי נָשָׁיו הִצִּיל דָּוִד׃ וְלֹא נֶעְדַּר־לָהֶם מִן־
הַקָּטֹן וְעַד־הַגָּדוֹל וְעַד־בָּנִים וּבָנוֹת וּמִשָּׁלָל וְעַד כָּל־אֲשֶׁר
כ לָקְחוּ לָהֶם הַכֹּל הֵשִׁיב דָּוִד׃ וַיִּקַּח דָּוִד אֶת־כָּל־הַצֹּאן וְהַבָּקָר
כא נָהֲגוּ לִפְנֵי הַמִּקְנֶה הַהוּא וַיֹּאמְרוּ זֶה שְׁלַל דָּוִד׃ וַיָּבֹא דָוִד אֶל־
מָאתַיִם הָאֲנָשִׁים אֲשֶׁר־פִּגְּרוּ ׀ מִלֶּכֶת ׀ אַחֲרֵי דָוִד וַיֹּשִׁיבֻם בְּנַחַל

הַבְּשׂוֹר וַיֵּצְאוּ לִקְרַאת דָּוִד וְלִקְרַאת הָעָם אֲשֶׁר אִתּוֹ וַיִּגַּשׁ דָּוִד
כב אֶת־הָעָם וַיִּשְׁאַל לָהֶם לְשָׁלוֹם׃ וַיַּעַן כָּל־אִישׁ ׀
רַע וּבְלִיַּעַל מֵהָאֲנָשִׁים אֲשֶׁר הָלְכוּ עִם־דָּוִד וַיֹּאמְרוּ יַעַן אֲשֶׁר
לֹא־הָלְכוּ עִמִּי לֹא־נִתֵּן לָהֶם מֵהַשָּׁלָל אֲשֶׁר הִצַּלְנוּ כִּי אִם־
כג אִישׁ אֶת־אִשְׁתּוֹ וְאֶת־בָּנָיו וְיִנְהֲגוּ וְיֵלֵכוּ׃ וַיֹּאמֶר
דָּוִד לֹא־תַעֲשׂוּ כֵן אֶחָי אֵת אֲשֶׁר־נָתַן יְהוָה לָנוּ וַיִּשְׁמֹר אֹתָנוּ
כד וַיִּתֵּן אֶת־הַגְּדוּד הַבָּא עָלֵינוּ בְּיָדֵנוּ׃ וּמִי יִשְׁמַע לָכֶם לַדָּבָר
הַזֶּה כִּי כְּחֵלֶק ׀ הורד בַּמִּלְחָמָה וּכְחֵלֶק הַיֹּשֵׁב עַל־הַכֵּלִים   הַיֹּרֵד
כה יַחְדָּו יַחֲלֹקוּ׃ וַיְהִי מֵהַיּוֹם הַהוּא וָמָעְלָה וַיְשִׂמֶהָ   כ
כו לְחֹק וּלְמִשְׁפָּט לְיִשְׂרָאֵל עַד הַיּוֹם הַזֶּה׃ וַיָּבֹא
דָּוִד אֶל־צִקְלַג וַיְשַׁלַּח מֵהַשָּׁלָל לְזִקְנֵי יְהוּדָה לְרֵעֵהוּ לֵאמֹר
כז הִנֵּה לָכֶם בְּרָכָה מִשְּׁלַל אֹיְבֵי יְהוָה׃ לַאֲשֶׁר בְּבֵית־אֵל וְלַאֲשֶׁר
כח בְּרָמוֹת־נֶגֶב וְלַאֲשֶׁר בְּיַתִּר׃ וְלַאֲשֶׁר בַּעֲרֹעֵר וְלַאֲשֶׁר בְּשִׂפְמוֹת
כט וְלַאֲשֶׁר בְּאֶשְׁתְּמֹעַ׃ וְלַאֲשֶׁר בְּרָכָל וְלַאֲשֶׁר בְּעָרֵי הַיְּרַחְמְאֵלִי
ל וְלַאֲשֶׁר בְּעָרֵי הַקֵּינִי׃ וְלַאֲשֶׁר בְּחָרְמָה וְלַאֲשֶׁר בְּבוֹר־עָשָׁן
לא וְלַאֲשֶׁר בַּעֲתָךְ׃ וְלַאֲשֶׁר בְּחֶבְרוֹן וּלְכָל־הַמְּקֹמוֹת אֲשֶׁר־
הִתְהַלֶּךְ־שָׁם דָּוִד הוּא וַאֲנָשָׁיו׃

מות שאול ובניו במלחמה עם פלשתים
דה"א י, א-י

לא א וּפְלִשְׁתִּים נִלְחָמִים בְּיִשְׂרָאֵל וַיָּנֻסוּ אַנְשֵׁי יִשְׂרָאֵל מִפְּנֵי
ב פְלִשְׁתִּים וַיִּפְּלוּ חֲלָלִים בְּהַר הַגִּלְבֹּעַ׃ וַיַּדְבְּקוּ פְלִשְׁתִּים אֶת־
שָׁאוּל וְאֶת־בָּנָיו וַיַּכּוּ פְלִשְׁתִּים אֶת־יְהוֹנָתָן וְאֶת־אֲבִינָדָב

בני שאול
שמ"א יד, מט
דה"א ח, לג; ט, לט

ג וְאֶת־מַלְכִּי־שׁוּעַ בְּנֵי שָׁאוּל׃ וַתִּכְבַּד הַמִּלְחָמָה אֶל־שָׁאוּל
ד וַיִּמְצָאֻהוּ הַמּוֹרִים אֲנָשִׁים בַּקָּשֶׁת וַיָּחֶל מְאֹד מֵהַמּוֹרִים׃ וַיֹּאמֶר
שָׁאוּל לְנֹשֵׂא כֵלָיו שְׁלֹף חַרְבְּךָ ׀ וְדָקְרֵנִי בָהּ פֶּן־יָבוֹאוּ הָעֲרֵלִים
הָאֵלֶּה וּדְקָרֻנִי וְהִתְעַלְּלוּ־בִי וְלֹא אָבָה נֹשֵׂא כֵלָיו כִּי יָרֵא מְאֹד
ה וַיִּקַּח שָׁאוּל אֶת־הַחֶרֶב וַיִּפֹּל עָלֶיהָ׃ וַיַּרְא נֹשֵׂא־כֵלָיו כִּי־מֵת
ו שָׁאוּל וַיִּפֹּל גַּם־הוּא עַל־חַרְבּוֹ וַיָּמָת עִמּוֹ׃ וַיָּמָת שָׁאוּל וּשְׁלֹשֶׁת
ז בָּנָיו וְנֹשֵׂא כֵלָיו גַּם כָּל־אֲנָשָׁיו בַּיּוֹם הַהוּא יַחְדָּו׃ וַיִּרְאוּ אַנְשֵׁי־

יִשְׂרָאֵל אֲשֶׁר־בְּעֵבֶר הָעֵמֶק וַאֲשֶׁר ׀ בְּעֵבֶר הַיַּרְדֵּן כִּי־נָסוּ אַנְשֵׁי
יִשְׂרָאֵל וְכִי־מֵתוּ שָׁאוּל וּבָנָיו וַיַּעַזְבוּ אֶת־הֶעָרִים וַיָּנֻסוּ וַיָּבֹאוּ
ח פְלִשְׁתִּים וַיֵּשְׁבוּ בָּהֶן׃ וַיְהִי מִמָּחֳרָת וַיָּבֹאוּ
פְלִשְׁתִּים לְפַשֵּׁט אֶת־הַחֲלָלִים וַיִּמְצְאוּ אֶת־שָׁאוּל וְאֶת־
ט שְׁלֹשֶׁת בָּנָיו נֹפְלִים בְּהַר הַגִּלְבֹּעַ׃ וַיִּכְרְתוּ אֶת־רֹאשׁוֹ וַיַּפְשִׁטוּ
אֶת־כֵּלָיו וַיְשַׁלְּחוּ בְאֶרֶץ־פְּלִשְׁתִּים סָבִיב לְבַשֵּׂר בֵּית עֲצַבֵּיהֶם
י וְאֶת־הָעָם׃ וַיָּשִׂמוּ אֶת־כֵּלָיו בֵּית עַשְׁתָּרוֹת וְאֶת־גְּוִיָּתוֹ תָּקְעוּ
יא בְּחוֹמַת בֵּית שָׁן׃ וַיִּשְׁמְעוּ אֵלָיו יֹשְׁבֵי יָבֵישׁ גִּלְעָד אֵת אֲשֶׁר־
יב עָשׂוּ פְלִשְׁתִּים לְשָׁאוּל׃ וַיָּקוּמוּ כָּל־אִישׁ חַיִל וַיֵּלְכוּ כָל־הַלַּיְלָה
וַיִּקְחוּ אֶת־גְּוִיַּת שָׁאוּל וְאֵת גְּוִיֹּת בָּנָיו מֵחוֹמַת בֵּית שָׁן וַיָּבֹאוּ
יג יָבֵשָׁה וַיִּשְׂרְפוּ אֹתָם שָׁם׃ וַיִּקְחוּ אֶת־עַצְמֹתֵיהֶם וַיִּקְבְּרוּ תַחַת־

הטיפול בגופות שאול ובניו ובעצמותיהם
שמ״ב כא, יב–יד
דה״א י, יא–יב

## שמואל ב

א א הָאֶשֶׁל בְּיָבֵשָׁה וַיָּצֻמוּ שִׁבְעַת יָמִים׃ וַיְהִי אַחֲרֵי
מוֹת שָׁאוּל וְדָוִד שָׁב מֵהַכּוֹת אֶת־הָעֲמָלֵק וַיֵּשֶׁב דָּוִד
ב בְּצִקְלָג יָמִים שְׁנָיִם׃ וַיְהִי ׀ בַּיּוֹם הַשְּׁלִישִׁי וְהִנֵּה אִישׁ בָּא מִן־
הַמַּחֲנֶה מֵעִם שָׁאוּל וּבְגָדָיו קְרֻעִים וַאֲדָמָה עַל־רֹאשׁוֹ וַיְהִי
ג בְּבֹאוֹ אֶל־דָּוִד וַיִּפֹּל אַרְצָה וַיִּשְׁתָּחוּ׃ וַיֹּאמֶר לוֹ דָוִד אֵי מִזֶּה
ד תָּבוֹא וַיֹּאמֶר אֵלָיו מִמַּחֲנֵה יִשְׂרָאֵל נִמְלָטְתִּי׃ וַיֹּאמֶר אֵלָיו
דָּוִד מֶה־הָיָה הַדָּבָר הַגֶּד־נָא לִי וַיֹּאמֶר אֲשֶׁר־נָס הָעָם מִן־
הַמִּלְחָמָה וְגַם־הַרְבֵּה נָפַל מִן־הָעָם וַיָּמֻתוּ וְגַם שָׁאוּל וִיהוֹנָתָן
ה בְּנוֹ מֵתוּ׃ וַיֹּאמֶר דָּוִד אֶל־הַנַּעַר הַמַּגִּיד לוֹ אֵיךְ יָדַעְתָּ כִּי־
ו מֵת שָׁאוּל וִיהוֹנָתָן בְּנוֹ׃ וַיֹּאמֶר הַנַּעַר ׀ הַמַּגִּיד לוֹ נִקְרֹא
נִקְרֵיתִי בְּהַר הַגִּלְבֹּעַ וְהִנֵּה שָׁאוּל נִשְׁעָן עַל־חֲנִיתוֹ וְהִנֵּה
ז הָרֶכֶב וּבַעֲלֵי הַפָּרָשִׁים הִדְבִּקֻהוּ׃ וַיִּפֶן אַחֲרָיו וַיִּרְאֵנִי וַיִּקְרָא
ח אֵלָי וָאֹמַר הִנֵּנִי׃ וַיֹּאמֶר לִי מִי־אָתָּה ויאמר אֵלָיו עֲמָלֵקִי
ט אָנֹכִי׃ וַיֹּאמֶר אֵלַי עֲמָד־נָא עָלַי וּמֹתְתֵנִי כִּי אֲחָזַנִי הַשָּׁבָץ כִּי־
י כָל־עוֹד נַפְשִׁי בִּי׃ וָאֶעֱמֹד עָלָיו וַאֲמֹתְתֵהוּ כִּי יָדַעְתִּי כִּי לֹא
יִחְיֶה אַחֲרֵי נִפְלוֹ וָאֶקַּח הַנֵּזֶר ׀ אֲשֶׁר עַל־רֹאשׁוֹ וְאֶצְעָדָה אֲשֶׁר

תיאור מות שאול
שמ״א לא, ג–ו
דה״א י, א–ו

וָאֹמַר

יא על־זרעו ואביאם אל־אדני הנה: ויחזק דוד בבגדו ויקרעם
יב וגם כל־האנשים אשר אתו: ויספדו ויבכו ויצמו עד־הערב
על־שאול ועל־יהונתן בנו ועל־עם יהוה ועל־בית ישראל
יג כי נפלו בחרב: ויאמר דוד אל־הנער המגיד
יד לו אי מזה אתה ויאמר בן־איש גר עמלקי אנכי: ויאמר
אליו דוד איך לא יראת לשלח ידך לשחת את־משיח יהוה:
טו ויקרא דוד לאחד מהנערים ויאמר גש פגע־בו ויכהו וימת:
טז ויאמר אליו דוד דמיך על־ראשך כי פיך ענה בך לאמר דמך
יז אנכי מתתי את־משיח יהוה: ויקנן דוד את־
יח הקינה הזאת על־שאול ועל־יהונתן בנו: ויאמר ללמד בני־
יט יהודה קשת הנה כתובה על־ספר הישר: הצבי ישראל על־
כ במותיך חלל איך נפלו גבורים: אל־תגידו בגת אל־תבשרו
בחוצת אשקלון פן־תשמחנה בנות פלשתים פן־תעלזנה
כא בנות הערלים: הרי בגלבע אל־טל ואל־מטר עליכם ושדי
תרומת כי שם נגעל מגן גבורים מגן שאול בלי משיח בשמן:
כב מדם חללים מחלב גבורים קשת יהונתן לא נשוג אחור
כג וחרב שאול לא תשוב ריקם: שאול ויהונתן הנאהבים
והנעימם בחייהם ובמותם לא נפרדו מנשרים קלו מאריות
כד גברו: בנות ישראל אל־שאול בכינה המלבשכם שני עם־
כה עדנים המעלה עדי זהב על לבושכן: איך נפלו גברים בתוך
כו המלחמה יהונתן על־במותיך חלל: צר־לי עליך אחי יהונתן
כז נעמת לי מאד נפלאתה אהבתך לי מאהבת נשים: איך
ב א נפלו גבורים ויאבדו כלי מלחמה: ויהי אחרי־
כן וישאל דוד ביהוה | לאמר האעלה באחת ערי יהודה
ויאמר יהוה אליו עלה ויאמר דוד אנה אעלה ויאמר חברנה:
ב ויעל שם דוד וגם שתי נשיו אחינעם היזרעלית ואביגיל אשת
ג נבל הכרמלי: ואנשיו אשר־עמו העלה דוד איש וביתו וישבו

ד בְּעָרֵי חֶבְרוֹן: וַיָּבֹאוּ אַנְשֵׁי יְהוּדָה וַיִּמְשְׁחוּ־שָׁם אֶת־דָּוִד לְמֶלֶךְ
עַל־בֵּית יְהוּדָה וַיַּגִּדוּ לְדָוִד לֵאמֹר אַנְשֵׁי יָבֵישׁ גִּלְעָד אֲשֶׁר
ה קָבְרוּ אֶת־שָׁאוּל: וַיִּשְׁלַח דָּוִד מַלְאָכִים אֶל־
אַנְשֵׁי יָבֵישׁ גִּלְעָד וַיֹּאמֶר אֲלֵיהֶם בְּרֻכִים אַתֶּם לַיהוָה אֲשֶׁר
עֲשִׂיתֶם הַחֶסֶד הַזֶּה עִם־אֲדֹנֵיכֶם עִם־שָׁאוּל וַתִּקְבְּרוּ אֹתוֹ:
ו וְעַתָּה יַעַשׂ־יְהוָה עִמָּכֶם חֶסֶד וֶאֱמֶת וְגַם אָנֹכִי אֶעֱשֶׂה אִתְּכֶם
ז הַטּוֹבָה הַזֹּאת אֲשֶׁר עֲשִׂיתֶם הַדָּבָר הַזֶּה: וְעַתָּה ׀ תֶּחֱזַקְנָה כא
יְדֵיכֶם וִהְיוּ לִבְנֵי־חַיִל כִּי־מֵת אֲדֹנֵיכֶם שָׁאוּל וְגַם אֹתִי מָשְׁחוּ
ח בֵית־יְהוּדָה לְמֶלֶךְ עֲלֵיהֶם: וְאַבְנֵר בֶּן־נֵר שַׂר־
צָבָא אֲשֶׁר לְשָׁאוּל לָקַח אֶת־אִישׁ בֹּשֶׁת בֶּן־שָׁאוּל וַיַּעֲבִרֵהוּ
ט מַחֲנָיִם: וַיַּמְלִכֵהוּ אֶל־הַגִּלְעָד וְאֶל־הָאֲשׁוּרִי וְאֶל־יִזְרְעֶאל
י וְעַל־אֶפְרַיִם וְעַל־בִּנְיָמִן וְעַל־יִשְׂרָאֵל כֻּלֹּה: בֶּן־
אַרְבָּעִים שָׁנָה אִישׁ־בֹּשֶׁת בֶּן־שָׁאוּל בְּמָלְכוֹ עַל־יִשְׂרָאֵל
יא וּשְׁתַּיִם שָׁנִים מָלָךְ אַךְ בֵּית יְהוּדָה הָיוּ אַחֲרֵי דָוִד: וַיְהִי מִסְפַּר
הַיָּמִים אֲשֶׁר הָיָה דָוִד מֶלֶךְ בְּחֶבְרוֹן עַל־בֵּית יְהוּדָה שֶׁבַע
יב שָׁנִים וְשִׁשָּׁה חֳדָשִׁים: וַיֵּצֵא אַבְנֵר בֶּן־נֵר וְעַבְדֵי
יג אִישׁ־בֹּשֶׁת בֶּן־שָׁאוּל מִמַּחֲנַיִם גִּבְעוֹנָה: וְיוֹאָב בֶּן־צְרוּיָה
וְעַבְדֵי דָוִד יָצְאוּ וַיִּפְגְּשׁוּם עַל־בְּרֵכַת גִּבְעוֹן יַחְדָּו וַיֵּשְׁבוּ אֵלֶּה
יד עַל־הַבְּרֵכָה מִזֶּה וְאֵלֶּה עַל־הַבְּרֵכָה מִזֶּה: וַיֹּאמֶר אַבְנֵר אֶל־
יוֹאָב יָקוּמוּ נָא הַנְּעָרִים וִישַׂחֲקוּ לְפָנֵינוּ וַיֹּאמֶר יוֹאָב יָקֻמוּ:
טו וַיָּקֻמוּ וַיַּעַבְרוּ בְמִסְפָּר שְׁנֵים עָשָׂר לְבִנְיָמִן וּלְאִישׁ בֹּשֶׁת בֶּן־
טז שָׁאוּל וּשְׁנֵים עָשָׂר מֵעַבְדֵי דָוִד: וַיַּחֲזִקוּ אִישׁ ׀ בְּרֹאשׁ רֵעֵהוּ
וְחַרְבּוֹ בְּצַד רֵעֵהוּ וַיִּפְּלוּ יַחְדָּו וַיִּקְרָא לַמָּקוֹם הַהוּא חֶלְקַת
יז הַצֻּרִים אֲשֶׁר בְּגִבְעוֹן: וַתְּהִי הַמִּלְחָמָה קָשָׁה עַד־מְאֹד בַּיּוֹם
יח הַהוּא וַיִּנָּגֶף אַבְנֵר וְאַנְשֵׁי יִשְׂרָאֵל לִפְנֵי עַבְדֵי דָוִד: וַיִּהְיוּ שָׁם
שְׁלֹשָׁה בְּנֵי צְרוּיָה יוֹאָב וַאֲבִישַׁי וַעֲשָׂהאֵל וַעֲשָׂהאֵל קַל
יט בְּרַגְלָיו כְּאַחַד הַצְּבָיִם אֲשֶׁר בַּשָּׂדֶה: וַיִּרְדֹּף עֲשָׂהאֵל אַחֲרֵי

חסדם של אנשי יבש לשאול
שמ"א לא, יא-יג
דה"א י, יא-יב

שנות מלכותו של דוד
שמ"ב ה, ד-ה
מל"א ב, יא
דה"א ג, ד; כט, כז

שלושת בני צרויה
דה"א ב, טז

אַבְנֵר וְלֹא־נָטָה לָלֶכֶת עַל־הַיָּמִין וְעַל־הַשְּׂמֹאול מֵאַחֲרֵי
אַבְנֵר: וַיִּפֶן אַבְנֵר אַחֲרָיו וַיֹּאמֶר הַאַתָּה זֶה עֲשָׂהאֵל וַיֹּאמֶר כ
אָנֹכִי: וַיֹּאמֶר לוֹ אַבְנֵר נְטֵה לְךָ עַל־יְמִינְךָ אוֹ עַל־שְׂמֹאלֶךָ כא
וֶאֱחֹז לְךָ אֶחָד מֵהַנְּעָרִים וְקַח־לְךָ אֶת־חֲלִצָתוֹ וְלֹא־אָבָה
עֲשָׂהאֵל לָסוּר מֵאַחֲרָיו: וַיֹּסֶף עוֹד אַבְנֵר לֵאמֹר אֶל־עֲשָׂהאֵל כב
סוּר לְךָ מֵאַחֲרָי לָמָּה אַכֶּכָּה אַרְצָה וְאֵיךְ אֶשָּׂא פָנַי אֶל־יוֹאָב
אָחִיךָ: וַיְמָאֵן לָסוּר וַיַּכֵּהוּ אַבְנֵר בְּאַחֲרֵי הַחֲנִית אֶל־הַחֹמֶשׁ כג
וַתֵּצֵא הַחֲנִית מֵאַחֲרָיו וַיִּפָּל־שָׁם וַיָּמָת תַּחְתָּו וַיְהִי כָּל־הַבָּא
אֶל־הַמָּקוֹם אֲשֶׁר־נָפַל שָׁם עֲשָׂהאֵל וַיָּמֹת וַיַּעֲמֹדוּ: וַיִּרְדְּפוּ כד
יוֹאָב וַאֲבִישַׁי אַחֲרֵי אַבְנֵר וְהַשֶּׁמֶשׁ בָּאָה וְהֵמָּה בָּאוּ עַד־
גִּבְעַת אַמָּה אֲשֶׁר עַל־פְּנֵי־גִיחַ דֶּרֶךְ מִדְבַּר גִּבְעוֹן: וַיִּתְקַבְּצוּ כה
בְנֵי־בִנְיָמִן אַחֲרֵי אַבְנֵר וַיִּהְיוּ לַאֲגֻדָּה אֶחָת וַיַּעַמְדוּ עַל רֹאשׁ־
גִּבְעָה אֶחָת: וַיִּקְרָא אַבְנֵר אֶל־יוֹאָב וַיֹּאמֶר הֲלָנֶצַח תֹּאכַל כו
חֶרֶב הֲלוֹא יָדַעְתָּה כִּי־מָרָה תִהְיֶה בָּאַחֲרוֹנָה וְעַד־מָתַי לֹא־
תֹאמַר לָעָם לָשׁוּב מֵאַחֲרֵי אֲחֵיהֶם: וַיֹּאמֶר יוֹאָב חַי הָאֱלֹהִים כז
כִּי לוּלֵא דִּבַּרְתָּ כִּי אָז מֵהַבֹּקֶר נַעֲלָה הָעָם אִישׁ מֵאַחֲרֵי אָחִיו:
וַיִּתְקַע יוֹאָב בַּשּׁוֹפָר וַיַּעַמְדוּ כָּל־הָעָם וְלֹא־יִרְדְּפוּ עוֹד אַחֲרֵי כח
יִשְׂרָאֵל וְלֹא־יָסְפוּ עוֹד לְהִלָּחֵם: וְאַבְנֵר וַאֲנָשָׁיו הָלְכוּ בָּעֲרָבָה כט
כֹּל הַלַּיְלָה הַהוּא וַיַּעַבְרוּ אֶת־הַיַּרְדֵּן וַיֵּלְכוּ כָּל־הַבִּתְרוֹן וַיָּבֹאוּ
מַחֲנָיִם: וְיוֹאָב שָׁב מֵאַחֲרֵי אַבְנֵר וַיִּקְבֹּץ אֶת־כָּל־הָעָם וַיִּפָּקְדוּ ל
מֵעַבְדֵי דָוִד תִּשְׁעָה־עָשָׂר אִישׁ וַעֲשָׂהאֵל: וְעַבְדֵי דָוִד הִכּוּ לא
מִבִּנְיָמִן וּבְאַנְשֵׁי אַבְנֵר שְׁלֹשׁ־מֵאוֹת וְשִׁשִּׁים אִישׁ מֵתוּ: וַיִּשְׂאוּ לב
אֶת־עֲשָׂהאֵל וַיִּקְבְּרֻהוּ בְּקֶבֶר אָבִיו אֲשֶׁר בֵּית לָחֶם וַיֵּלְכוּ כָל־
הַלַּיְלָה יוֹאָב וַאֲנָשָׁיו וַיֵּאֹר לָהֶם בְּחֶבְרוֹן: וַתְּהִי הַמִּלְחָמָה א ג
אֲרֻכָּה בֵּין בֵּית שָׁאוּל וּבֵין בֵּית דָּוִד וְדָוִד הֹלֵךְ וְחָזֵק וּבֵית
שָׁאוּל הֹלְכִים וְדַלִּים: וילדו לְדָוִד בָּנִים בְּחֶבְרוֹן ב ויולדו
וַיְהִי בְכוֹרוֹ אַמְנוֹן לַאֲחִינֹעַם הַיִּזְרְעֵאלִת: וּמִשְׁנֵהוּ כִלְאָב ג

לַאֲבִיגַל אֵשֶׁת נָבָל הַכַּרְמְלִי וְהַשְּׁלִשִׁי אַבְשָׁלוֹם בֶּן־מַעֲכָה

לַאֲבִיגַיִל

ד בַּת־תַּלְמַי מֶלֶךְ גְּשׁוּר׃ וְהָרְבִיעִי אֲדֹנִיָּה בֶן־חַגִּית וְהַחֲמִישִׁי

בני דוד שנולדו בחברון
דה"א ג, א–ד

ה שְׁפַטְיָה בֶן־אֲבִיטָל׃ וְהַשִּׁשִּׁי יִתְרְעָם לְעֶגְלָה אֵשֶׁת דָּוִד אֵלֶּה
ו יֻלְּדוּ לְדָוִד בְּחֶבְרוֹן׃ וַיְהִי בִּהְיוֹת הַמִּלְחָמָה בֵּין
בֵּית שָׁאוּל וּבֵין בֵּית דָּוִד וְאַבְנֵר הָיָה מִתְחַזֵּק בְּבֵית שָׁאוּל׃
ז וּלְשָׁאוּל פִּלֶגֶשׁ וּשְׁמָהּ רִצְפָּה בַת־אַיָּה וַיֹּאמֶר אֶל־אַבְנֵר מַדּוּעַ
ח בָּאתָה אֶל־פִּילֶגֶשׁ אָבִי׃ וַיִּחַר לְאַבְנֵר מְאֹד עַל־דִּבְרֵי אִישׁ־
בֹּשֶׁת וַיֹּאמֶר הֲרֹאשׁ כֶּלֶב אָנֹכִי אֲשֶׁר לִיהוּדָה הַיּוֹם אֶעֱשֶׂה־
חֶסֶד עִם־בֵּית ׀ שָׁאוּל אָבִיךָ אֶל־אֶחָיו וְאֶל־מֵרֵעֵהוּ וְלֹא
ט הִמְצִיתִךָ בְּיַד דָּוִד וַתִּפְקֹד עָלַי עֲוֹן הָאִשָּׁה הַיּוֹם׃ כֹּה־יַעֲשֶׂה
אֱלֹהִים לְאַבְנֵר וְכֹה יֹסִיף לוֹ כִּי כַּאֲשֶׁר נִשְׁבַּע יְהוָה לְדָוִד כִּי־
י כֵן אֶעֱשֶׂה־לּוֹ׃ לְהַעֲבִיר הַמַּמְלָכָה מִבֵּית שָׁאוּל וּלְהָקִים
אֶת־כִּסֵּא דָוִד עַל־יִשְׂרָאֵל וְעַל־יְהוּדָה מִדָּן וְעַד־בְּאֵר
יא שָׁבַע׃ וְלֹא־יָכֹל עוֹד לְהָשִׁיב אֶת־אַבְנֵר דָּבָר מִיִּרְאָתוֹ
יב אֹתוֹ׃ וַיִּשְׁלַח אַבְנֵר מַלְאָכִים ׀ אֶל־דָּוִד תַּחְתָּו
לֵאמֹר לְמִי־אָרֶץ לֵאמֹר כָּרְתָה בְרִיתְךָ אִתִּי וְהִנֵּה יָדִי עִמָּךְ
יג לְהָסֵב אֵלֶיךָ אֶת־כָּל־יִשְׂרָאֵל׃ וַיֹּאמֶר טוֹב אֲנִי אֶכְרֹת אִתְּךָ
בְּרִית אַךְ דָּבָר אֶחָד אָנֹכִי שֹׁאֵל מֵאִתְּךָ לֵאמֹר לֹא־תִרְאֶה
אֶת־פָּנַי כִּי ׀ אִם־לִפְנֵי הֱבִיאֲךָ אֵת מִיכַל בַּת־שָׁאוּל בְּבֹאֲךָ
יד לִרְאוֹת אֶת־פָּנָי׃ וַיִּשְׁלַח דָּוִד מַלְאָכִים אֶל־אִישׁ־בֹּשֶׁת
בֶּן־שָׁאוּל לֵאמֹר תְּנָה אֶת־אִשְׁתִּי אֶת־מִיכַל אֲשֶׁר אֵרַשְׂתִּי לִי

אירושי דוד ומיכל תמורת מאה ערלות פלשתים
שמ"א יח, כה–כז

טו בְּמֵאָה עָרְלוֹת פְּלִשְׁתִּים׃ וַיִּשְׁלַח אִישׁ בֹּשֶׁת וַיִּקָּחֶהָ מֵעִם אִישׁ
טז מֵעִם פַּלְטִיאֵל בֶּן־לוּשׁ׃ וַיֵּלֶךְ אִתָּהּ אִישָׁהּ הָלוֹךְ וּבָכֹה אַחֲרֶיהָ

לִישׁ

יז עַד־בַּחֻרִים וַיֹּאמֶר אֵלָיו אַבְנֵר לֵךְ שׁוּב וַיָּשֹׁב׃ וּדְבַר־אַבְנֵר
הָיָה עִם־זִקְנֵי יִשְׂרָאֵל לֵאמֹר גַּם־תְּמוֹל גַּם־שִׁלְשֹׁם הֱיִיתֶם
יח מְבַקְשִׁים אֶת־דָּוִד לְמֶלֶךְ עֲלֵיכֶם׃ וְעַתָּה עֲשׂוּ כִּי יְהוָה אָמַר
אֶל־דָּוִד לֵאמֹר בְּיַד ׀ דָּוִד עַבְדִּי הוֹשִׁיעַ אֶת־עַמִּי יִשְׂרָאֵל מִיַּד

פְּלִשְׁתִּים וּמִיַּד כׇּל־אֹיְבֵיהֶם׃ וַיְדַבֵּר גַּם־אַבְנֵר בְּאׇזְנֵי בִנְיָמִין יט
וַיֵּלֶךְ גַּם־אַבְנֵר לְדַבֵּר בְּאׇזְנֵי דָוִד בְּחֶבְרוֹן אֵת כׇּל־אֲשֶׁר־טוֹב
בְּעֵינֵי יִשְׂרָאֵל וּבְעֵינֵי כׇּל־בֵּית בִּנְיָמִן׃ וַיָּבֹא אַבְנֵר אֶל־דָּוִד כ
חֶבְרוֹן וְאִתּוֹ עֶשְׂרִים אֲנָשִׁים וַיַּעַשׂ דָּוִד לְאַבְנֵר וְלַאֲנָשִׁים אֲשֶׁר־
כב אִתּוֹ מִשְׁתֶּה׃ וַיֹּאמֶר אַבְנֵר אֶל־דָּוִד אָקוּמָה ׀ וְאֵלֵכָה וְאֶקְבְּצָה כא
אֶל־אֲדֹנִי הַמֶּלֶךְ אֶת־כׇּל־יִשְׂרָאֵל וְיִכְרְתוּ אִתְּךָ בְּרִית וּמָלַכְתָּ
בְּכֹל אֲשֶׁר־תְּאַוֶּה נַפְשֶׁךָ וַיְשַׁלַּח דָּוִד אֶת־אַבְנֵר וַיֵּלֶךְ בְּשָׁלוֹם׃
וְהִנֵּה עַבְדֵי דָוִד וְיוֹאָב בָּא מֵהַגְּדוּד וְשָׁלָל רָב עִמָּם הֵבִיאוּ כב
וְאַבְנֵר אֵינֶנּוּ עִם־דָּוִד בְּחֶבְרוֹן כִּי שִׁלְּחוֹ וַיֵּלֶךְ בְּשָׁלוֹם׃ וְיוֹאָב כג
וְכׇל־הַצָּבָא אֲשֶׁר־אִתּוֹ בָּאוּ וַיַּגִּדוּ לְיוֹאָב לֵאמֹר בָּא־אַבְנֵר בֶּן־
נֵר אֶל־הַמֶּלֶךְ וַיְשַׁלְּחֵהוּ וַיֵּלֶךְ בְּשָׁלוֹם׃ וַיָּבֹא יוֹאָב אֶל־הַמֶּלֶךְ כד
וַיֹּאמֶר מֶה עָשִׂיתָה הִנֵּה־בָא אַבְנֵר אֵלֶיךָ לָמָּה־זֶּה שִׁלַּחְתּוֹ
וַיֵּלֶךְ הָלוֹךְ׃ יָדַעְתָּ אֶת־אַבְנֵר בֶּן־נֵר כִּי לְפַתֹּתְךָ בָּא וְלָדַעַת כה
מוּבָאֶךָ אֶת־מוֹצָאֲךָ וְאֶת־מבואך וְלָדַעַת אֵת כׇּל־אֲשֶׁר אַתָּה עֹשֶׂה׃
וַיֵּצֵא יוֹאָב מֵעִם דָּוִד וַיִּשְׁלַח מַלְאָכִים אַחֲרֵי אַבְנֵר וַיָּשִׁבוּ אֹתוֹ כו
מִבּוֹר הַסִּרָה וְדָוִד לֹא יָדָע׃ וַיָּשׇׁב אַבְנֵר חֶבְרוֹן וַיַּטֵּהוּ יוֹאָב כז
אֶל־תּוֹךְ הַשַּׁעַר לְדַבֵּר אִתּוֹ בַּשֶּׁלִי וַיַּכֵּהוּ שָׁם הַחֹמֶשׁ וַיָּמׇת
בְּדַם עֲשָׂהאֵל אָחִיו׃ וַיִּשְׁמַע דָּוִד מֵאַחֲרֵי כֵן וַיֹּאמֶר נָקִי אָנֹכִי כח
וּמַמְלַכְתִּי מֵעִם יְהֹוָה עַד־עוֹלָם מִדְּמֵי אַבְנֵר בֶּן־נֵר׃ יָחֻלוּ עַל־ כט
רֹאשׁ יוֹאָב וְאֶל כׇּל־בֵּית אָבִיו וְאַל־יִכָּרֵת מִבֵּית יוֹאָב זָב
וּמְצֹרָע וּמַחֲזִיק בַּפֶּלֶךְ וְנֹפֵל בַּחֶרֶב וַחֲסַר־לָחֶם׃ וְיוֹאָב וַאֲבִישַׁי ל
אָחִיו הָרְגוּ לְאַבְנֵר עַל אֲשֶׁר הֵמִית אֶת־עֲשָׂהאֵל אֲחִיהֶם
בְּגִבְעוֹן בַּמִּלְחָמָה׃ וַיֹּאמֶר דָּוִד אֶל־יוֹאָב וְאֶל־ לא
כׇּל־הָעָם אֲשֶׁר־אִתּוֹ קִרְעוּ בִגְדֵיכֶם וְחִגְרוּ שַׂקִּים וְסִפְדוּ לִפְנֵי
אַבְנֵר וְהַמֶּלֶךְ דָּוִד הֹלֵךְ אַחֲרֵי הַמִּטָּה׃ וַיִּקְבְּרוּ אֶת־אַבְנֵר לב
בְּחֶבְרוֹן וַיִּשָּׂא הַמֶּלֶךְ אֶת־קוֹלוֹ וַיֵּבְךְּ אֶל־קֶבֶר אַבְנֵר וַיִּבְכּוּ כׇּל־
הָעָם׃ וַיְקֹנֵן הַמֶּלֶךְ אֶל־אַבְנֵר וַיֹּאמַר הַכְּמוֹת לג

ג

לד נְבָל יָמוּת אַבְנֵר: יָדֶךָ לֹא־אֲסֻרוֹת וְרַגְלֶיךָ לֹא־לִנְחֻשְׁתַּיִם
הֻגָּשׁוּ כִּנְפוֹל לִפְנֵי בְנֵי־עַוְלָה נָפָלְתָּ וַיֹּסִפוּ כָל־הָעָם לִבְכּוֹת
לה עָלָיו: וַיָּבֹא כָל־הָעָם לְהַבְרוֹת אֶת־דָּוִד לֶחֶם בְּעוֹד הַיּוֹם
וַיִּשָּׁבַע דָּוִד לֵאמֹר כֹּה יַעֲשֶׂה־לִּי אֱלֹהִים וְכֹה יֹסִיף כִּי אִם־
לו לִפְנֵי בוֹא־הַשֶּׁמֶשׁ אֶטְעַם־לֶחֶם אוֹ כָל־מְאוּמָה: וְכָל־הָעָם
הִכִּירוּ וַיִּיטַב בְּעֵינֵיהֶם כְּכֹל אֲשֶׁר עָשָׂה הַמֶּלֶךְ בְּעֵינֵי כָל־הָעָם
לז טוֹב: וַיֵּדְעוּ כָל־הָעָם וְכָל־יִשְׂרָאֵל בַּיּוֹם הַהוּא כִּי לֹא הָיְתָה
לח מֵהַמֶּלֶךְ לְהָמִית אֶת־אַבְנֵר בֶּן־נֵר: וַיֹּאמֶר
הַמֶּלֶךְ אֶל־עֲבָדָיו הֲלוֹא תֵדְעוּ כִּי־שַׂר וְגָדוֹל נָפַל הַיּוֹם
לט הַזֶּה בְּיִשְׂרָאֵל: וְאָנֹכִי הַיּוֹם רַךְ וּמָשׁוּחַ מֶלֶךְ וְהָאֲנָשִׁים
הָאֵלֶּה בְּנֵי צְרוּיָה קָשִׁים מִמֶּנִּי יְשַׁלֵּם יְהוָה לְעֹשֵׂה הָרָעָה
ד א כְּרָעָתוֹ: וַיִּשְׁמַע בֶּן־שָׁאוּל כִּי מֵת אַבְנֵר בְּחֶבְרוֹן
ב וַיִּרְפּוּ יָדָיו וְכָל־יִשְׂרָאֵל נִבְהָלוּ: וּשְׁנֵי אֲנָשִׁים שָׂרֵי־גְדוּדִים הָיוּ
בֶן־שָׁאוּל שֵׁם הָאֶחָד בַּעֲנָה וְשֵׁם הַשֵּׁנִי רֵכָב בְּנֵי רִמּוֹן הַבְּאֵרֹתִי
ג מִבְּנֵי בִנְיָמִן כִּי גַּם־בְּאֵרוֹת תֵּחָשֵׁב עַל־בִּנְיָמִן: וַיִּבְרְחוּ הַבְּאֵרֹתִים
ד גִּתָּיְמָה וַיִּהְיוּ־שָׁם גָּרִים עַד הַיּוֹם הַזֶּה: וְלִיהוֹנָתָן
בֶּן־שָׁאוּל בֵּן נְכֵה רַגְלָיִם בֶּן־חָמֵשׁ שָׁנִים הָיָה בְּבֹא שְׁמֻעַת
שָׁאוּל וִיהוֹנָתָן מִיִּזְרְעֶאל וַתִּשָּׂאֵהוּ אֹמַנְתּוֹ וַתָּנֹס וַיְהִי בְּחָפְזָהּ
ה לָנוּס וַיִּפֹּל וַיִּפָּסֵחַ וּשְׁמוֹ מְפִיבֹשֶׁת: וַיֵּלְכוּ בְּנֵי־רִמּוֹן הַבְּאֵרֹתִי
רֵכָב וּבַעֲנָה וַיָּבֹאוּ כְּחֹם הַיּוֹם אֶל־בֵּית אִישׁ בֹּשֶׁת וְהוּא שֹׁכֵב
ו אֵת מִשְׁכַּב הַצָּהֳרָיִם: וְהֵנָּה בָּאוּ עַד־תּוֹךְ הַבַּיִת לֹקְחֵי חִטִּים
ז וַיַּכֻּהוּ אֶל־הַחֹמֶשׁ וְרֵכָב וּבַעֲנָה אָחִיו נִמְלָטוּ: וַיָּבֹאוּ הַבַּיִת
וְהוּא־שֹׁכֵב עַל־מִטָּתוֹ בַּחֲדַר מִשְׁכָּבוֹ וַיַּכֻּהוּ וַיְמִתֻהוּ וַיָּסִירוּ אֶת־
ח רֹאשׁוֹ וַיִּקְחוּ אֶת־רֹאשׁוֹ וַיֵּלְכוּ דֶּרֶךְ הָעֲרָבָה כָּל־הַלָּיְלָה: וַיָּבִאוּ
אֶת־רֹאשׁ אִישׁ־בֹּשֶׁת אֶל־דָּוִד חֶבְרוֹן וַיֹּאמְרוּ אֶל־הַמֶּלֶךְ
הִנֵּה־רֹאשׁ אִישׁ־בֹּשֶׁת בֶּן־שָׁאוּל אֹיִבְךָ אֲשֶׁר בִּקֵּשׁ אֶת־נַפְשֶׁךָ
וַיִּתֵּן יְהוָה לַאדֹנִי הַמֶּלֶךְ נְקָמוֹת הַיּוֹם הַזֶּה מִשָּׁאוּל וּמִזַּרְעוֹ:

בארות - עיר
בנחלת בנימין
יהושע יח, כה

ד

ט וַיַּעַן דָּוִד אֶת־רֵכָב ׀ וְאֶת־בַּעֲנָה אָחִיו בְּנֵי רִמּוֹן הַבְּאֵרֹתִי

הריגת המבשר על מות שאול שמ״ב א, יג–טז

י וַיֹּאמֶר לָהֶם חַי־יהוה אֲשֶׁר־פָּדָה אֶת־נַפְשִׁי מִכָּל־צָרָה: כִּי
הַמַּגִּיד לִי לֵאמֹר הִנֵּה־מֵת שָׁאוּל וְהוּא־הָיָה כִמְבַשֵּׂר בְּעֵינָיו
יא וָאֹחֲזָה בוֹ וָאֶהְרְגֵהוּ בְּצִקְלָג אֲשֶׁר לְתִתִּי־לוֹ בְּשֹׂרָה: אַף כִּי־
אֲנָשִׁים רְשָׁעִים הָרְגוּ אֶת־אִישׁ־צַדִּיק בְּבֵיתוֹ עַל־מִשְׁכָּבוֹ
וְעַתָּה הֲלוֹא אֲבַקֵּשׁ אֶת־דָּמוֹ מִיֶּדְכֶם וּבִעַרְתִּי אֶתְכֶם מִן־
יב הָאָרֶץ: וַיְצַו דָּוִד אֶת־הַנְּעָרִים וַיַּהַרְגוּם וַיְקַצְּצוּ אֶת־יְדֵיהֶם
וְאֶת־רַגְלֵיהֶם וַיִּתְלוּ עַל־הַבְּרֵכָה בְּחֶבְרוֹן וְאֵת רֹאשׁ אִישׁ־

המלכת דוד על כל ישראל דה״א יא, א–ג; יב, כד–מא

ה א בֹּשֶׁת לָקָחוּ וַיִּקְבְּרוּ בְקֶבֶר־אַבְנֵר בְּחֶבְרוֹן: וַיָּבֹאוּ
כָּל־שִׁבְטֵי יִשְׂרָאֵל אֶל־דָּוִד חֶבְרוֹנָה וַיֹּאמְרוּ לֵאמֹר הִנְנוּ
ב עַצְמְךָ וּבְשָׂרְךָ אֲנָחְנוּ: גַּם־אֶתְמוֹל גַּם־שִׁלְשׁוֹם בִּהְיוֹת

הַמּוֹצִיא

שָׁאוּל מֶלֶךְ עָלֵינוּ אַתָּה הָיִיתָה מוֹצִיא וְהַמֵּבִי אֶת־
יִשְׂרָאֵל וַיֹּאמֶר יהוה לְךָ אַתָּה תִרְעֶה אֶת־עַמִּי
ג אֶת־יִשְׂרָאֵל וְאַתָּה תִּהְיֶה לְנָגִיד עַל־יִשְׂרָאֵל: וַיָּבֹאוּ כָּל־
זִקְנֵי יִשְׂרָאֵל אֶל־הַמֶּלֶךְ חֶבְרוֹנָה וַיִּכְרֹת לָהֶם הַמֶּלֶךְ דָּוִד
בְּרִית בְּחֶבְרוֹן לִפְנֵי יהוה וַיִּמְשְׁחוּ אֶת־דָּוִד לְמֶלֶךְ עַל־

שנות מלכותו של דוד שמ״ב ב, יא מל״א ב, יא דה״א ג, ד; כט, כז

ד יִשְׂרָאֵל: בֶּן־שְׁלֹשִׁים שָׁנָה דָּוִד בְּמָלְכוֹ אַרְבָּעִים
ה שָׁנָה מָלָךְ: בְּחֶבְרוֹן מָלַךְ עַל־יְהוּדָה שֶׁבַע שָׁנִים וְשִׁשָּׁה חֳדָשִׁים
וּבִירוּשָׁלַ͏ִם מָלַךְ שְׁלֹשִׁים וְשָׁלֹשׁ שָׁנָה עַל כָּל־יִשְׂרָאֵל וִיהוּדָה:

כיבוש ירושלים על ידי דוד דה״א יא, ד–ח

ו וַיֵּלֶךְ הַמֶּלֶךְ וַאֲנָשָׁיו יְרוּשָׁלַ͏ִם אֶל־הַיְבֻסִי יוֹשֵׁב הָאָרֶץ וַיֹּאמֶר
לְדָוִד לֵאמֹר לֹא־תָבוֹא הֵנָּה כִּי אִם־הֱסִירְךָ הַעִוְרִים וְהַפִּסְחִים
ז לֵאמֹר לֹא־יָבוֹא דָוִד הֵנָּה: וַיִּלְכֹּד דָּוִד אֵת מְצֻדַת צִיּוֹן הִיא
ח עִיר דָּוִד: וַיֹּאמֶר דָּוִד בַּיּוֹם הַהוּא כָּל־מַכֵּה יְבֻסִי וְיִגַּע בַּצִּנּוֹר

שְׂנֻאֵי

וְאֶת־הַפִּסְחִים וְאֶת־הַעִוְרִים שנאו נֶפֶשׁ דָּוִד עַל־כֵּן יֹאמְרוּ
ט עִוֵּר וּפִסֵּחַ לֹא יָבוֹא אֶל־הַבָּיִת: וַיֵּשֶׁב דָּוִד בַּמְּצֻדָה וַיִּקְרָא־לָהּ
י עִיר דָּוִד וַיִּבֶן דָּוִד סָבִיב מִן־הַמִּלּוֹא וָבָיְתָה: וַיֵּלֶךְ דָּוִד הָלוֹךְ כג

מלאכי חירם בונים בית לדוד דה״א יד, א–ב

יא וְגָדוֹל וַיהוה אֱלֹהֵי צְבָאוֹת עִמּוֹ: וַיִּשְׁלַח חִירָם

ה

מֶלֶךְ־צֹר מַלְאָכִים אֶל־דָּוִד וַעֲצֵי אֲרָזִים וְחָרָשֵׁי עֵץ וְחָרָשֵׁי אֶבֶן
יב קִיר וַיִּבְנוּ־בַיִת לְדָוִד׃ וַיֵּדַע דָּוִד כִּי־הֱכִינוֹ יְהוָה לְמֶלֶךְ עַל־יִשְׂרָאֵל
יג וְכִי נִשֵּׂא מַמְלַכְתּוֹ בַּעֲבוּר עַמּוֹ יִשְׂרָאֵל׃ וַיִּקַּח

בני דוד שנולדו בירושלים
דה"א ג, ה–ט; יד, ג–ז

דָּוִד עוֹד פִּלַגְשִׁים וְנָשִׁים מִירוּשָׁלִַם אַחֲרֵי בֹּאוֹ מֵחֶבְרוֹן וַיִּוָּלְדוּ
יד עוֹד לְדָוִד בָּנִים וּבָנוֹת׃ וְאֵלֶּה שְׁמוֹת הַיִּלֹּדִים לוֹ בִּירוּשָׁלִָם
טו שַׁמּוּעַ וְשׁוֹבָב וְנָתָן וּשְׁלֹמֹה׃ וְיִבְחָר וֶאֱלִישׁוּעַ וְנֶפֶג וְיָפִיעַ׃
טז יז וֶאֱלִישָׁמָע וְאֶלְיָדָע וֶאֱלִיפָלֶט׃ וַיִּשְׁמְעוּ פְלִשְׁתִּים

מלחמות דוד בפלשתים בעקבות המלכתו
דה"א יד, ח–יז

כִּי־מָשְׁחוּ אֶת־דָּוִד לְמֶלֶךְ עַל־יִשְׂרָאֵל וַיַּעֲלוּ כָל־פְּלִשְׁתִּים
יח לְבַקֵּשׁ אֶת־דָּוִד וַיִּשְׁמַע דָּוִד וַיֵּרֶד אֶל־הַמְּצוּדָה׃ וּפְלִשְׁתִּים
יט בָּאוּ וַיִּנָּטְשׁוּ בְּעֵמֶק רְפָאִים׃ וַיִּשְׁאַל דָּוִד בַּיהוָה לֵאמֹר הַאֶעֱלֶה
אֶל־פְּלִשְׁתִּים הֲתִתְּנֵם בְּיָדִי וַיֹּאמֶר יְהוָה אֶל־
כ דָּוִד עֲלֵה כִּי־נָתֹן אֶתֵּן אֶת־הַפְּלִשְׁתִּים בְּיָדֶךָ׃ וַיָּבֹא דָוִד
בְּבַעַל־פְּרָצִים וַיַּכֵּם שָׁם דָּוִד וַיֹּאמֶר פָּרַץ יְהוָה אֶת־אֹיְבַי לְפָנַי
כא כְּפֶרֶץ מָיִם עַל־כֵּן קָרָא שֵׁם־הַמָּקוֹם הַהוּא בַּעַל פְּרָצִים׃ וַיַּעַזְבוּ־
כב שָׁם אֶת־עֲצַבֵּיהֶם וַיִּשָּׂאֵם דָּוִד וַאֲנָשָׁיו׃ וַיֹּסִפוּ
כג עוֹד פְּלִשְׁתִּים לַעֲלוֹת וַיִּנָּטְשׁוּ בְּעֵמֶק רְפָאִים׃ וַיִּשְׁאַל דָּוִד בַּיהוָה
וַיֹּאמֶר לֹא תַעֲלֶה הָסֵב אֶל־אַחֲרֵיהֶם וּבָאתָ לָהֶם מִמּוּל
כד בְּכָאִים׃ וִיהִי בשמעך אֶת־קוֹל צְעָדָה בְּרָאשֵׁי הַבְּכָאִים אָז

כְּשָׁמְעֲךָ

כה תֶּחֱרָץ כִּי אָז יָצָא יְהוָה לְפָנֶיךָ לְהַכּוֹת בְּמַחֲנֵה פְלִשְׁתִּים׃ וַיַּעַשׂ
דָּוִד כֵּן כַּאֲשֶׁר צִוָּהוּ יְהוָה וַיַּךְ אֶת־פְּלִשְׁתִּים מִגֶּבַע עַד־בֹּאֲךָ
ו א גָזֶר׃ וַיֹּסֶף עוֹד דָּוִד אֶת־כָּל־בָּחוּר בְּיִשְׂרָאֵל

העלאת ארון ה' מקריית יערים לבית עובד אדום הגתי
דה"א יג, א–יד

ב שְׁלֹשִׁים אָלֶף׃ וַיָּקָם ׀ וַיֵּלֶךְ דָּוִד וְכָל־הָעָם אֲשֶׁר אִתּוֹ מִבַּעֲלֵי
יְהוּדָה לְהַעֲלוֹת מִשָּׁם אֵת אֲרוֹן הָאֱלֹהִים אֲשֶׁר־נִקְרָא שֵׁם שֵׁם
ג יְהוָה צְבָאוֹת יֹשֵׁב הַכְּרֻבִים עָלָיו׃ וַיַּרְכִּבוּ אֶת־אֲרוֹן הָאֱלֹהִים
אֶל־עֲגָלָה חֲדָשָׁה וַיִּשָּׂאֻהוּ מִבֵּית אֲבִינָדָב אֲשֶׁר בַּגִּבְעָה וְעֻזָּא
ד וְאַחְיוֹ בְּנֵי אֲבִינָדָב נֹהֲגִים אֶת־הָעֲגָלָה חֲדָשָׁה׃ וַיִּשָּׂאֻהוּ מִבֵּית
אֲבִינָדָב אֲשֶׁר בַּגִּבְעָה עִם אֲרוֹן הָאֱלֹהִים וְאַחְיוֹ הֹלֵךְ לִפְנֵי

ה הָאָרוֹן׃ וְדָוִד ׀ וְכָל־בֵּית יִשְׂרָאֵל מְשַׂחֲקִים לִפְנֵי יהוה בְּכֹל עֲצֵי
בְרוֹשִׁים וּבְכִנֹּרוֹת וּבִנְבָלִים וּבְתֻפִּים וּבִמְנַעַנְעִים וּבְצֶלְצֶלִים׃
ו וַיָּבֹאוּ עַד־גֹּרֶן נָכוֹן וַיִּשְׁלַח עֻזָּה אֶל־אֲרוֹן הָאֱלֹהִים וַיֹּאחֶז בּוֹ
ז כִּי שָׁמְטוּ הַבָּקָר׃ וַיִּחַר־אַף יהוה בְּעֻזָּה וַיַּכֵּהוּ שָׁם הָאֱלֹהִים
ח עַל־הַשַּׁל וַיָּמָת שָׁם עִם אֲרוֹן הָאֱלֹהִים׃ וַיִּחַר לְדָוִד עַל אֲשֶׁר
פָּרַץ יהוה פֶּרֶץ בְּעֻזָּה וַיִּקְרָא לַמָּקוֹם הַהוּא פֶּרֶץ עֻזָּה עַד
ט הַיּוֹם הַזֶּה׃ וַיִּרָא דָוִד אֶת־יהוה בַּיּוֹם הַהוּא וַיֹּאמֶר אֵיךְ יָבוֹא
י אֵלַי אֲרוֹן יהוה׃ וְלֹא־אָבָה דָוִד לְהָסִיר אֵלָיו אֶת־אֲרוֹן יהוה
יא עַל־עִיר דָּוִד וַיַּטֵּהוּ דָוִד בֵּית עֹבֵד־אֱדֹם הַגִּתִּי׃ וַיֵּשֶׁב אֲרוֹן
יהוה בֵּית עֹבֵד אֱדֹם הַגִּתִּי שְׁלֹשָׁה חֳדָשִׁים וַיְבָרֶךְ יהוה אֶת־
יב עֹבֵד אֱדֹם וְאֶת־כָּל־בֵּיתוֹ׃ וַיֻּגַּד לַמֶּלֶךְ דָּוִד לֵאמֹר בֵּרַךְ יהוה
אֶת־בֵּית עֹבֵד אֱדֹם וְאֶת־כָּל־אֲשֶׁר־לוֹ בַּעֲבוּר אֲרוֹן הָאֱלֹהִים
וַיֵּלֶךְ דָּוִד וַיַּעַל אֶת־אֲרוֹן הָאֱלֹהִים מִבֵּית עֹבֵד אֱדֹם עִיר דָּוִד
יג בְּשִׂמְחָה׃ וַיְהִי כִּי צָעֲדוּ נֹשְׂאֵי אֲרוֹן־יהוה שִׁשָּׁה צְעָדִים וַיִּזְבַּח
יד שׁוֹר וּמְרִיא׃ וְדָוִד מְכַרְכֵּר בְּכָל־עֹז לִפְנֵי יהוה וְדָוִד חָגוּר
טו אֵפוֹד בָּד׃ וְדָוִד וְכָל־בֵּית יִשְׂרָאֵל מַעֲלִים אֶת־אֲרוֹן יהוה
טז בִּתְרוּעָה וּבְקוֹל שׁוֹפָר׃ וְהָיָה אֲרוֹן יהוה בָּא עִיר דָּוִד וּמִיכַל
בַּת־שָׁאוּל נִשְׁקְפָה ׀ בְּעַד הַחַלּוֹן וַתֵּרֶא אֶת־הַמֶּלֶךְ דָּוִד מְפַזֵּז
יז וּמְכַרְכֵּר לִפְנֵי יהוה וַתִּבֶז לוֹ בְּלִבָּהּ׃ וַיָּבִאוּ אֶת־אֲרוֹן יהוה
וַיַּצִּגוּ אֹתוֹ בִּמְקוֹמוֹ בְּתוֹךְ הָאֹהֶל אֲשֶׁר נָטָה־לוֹ דָּוִד וַיַּעַל דָּוִד
יח עֹלוֹת לִפְנֵי יהוה וּשְׁלָמִים׃ וַיְכַל דָּוִד מֵהַעֲלוֹת הָעוֹלָה
יט וְהַשְּׁלָמִים וַיְבָרֶךְ אֶת־הָעָם בְּשֵׁם יהוה צְבָאוֹת׃ וַיְחַלֵּק לְכָל־
הָעָם לְכָל־הֲמוֹן יִשְׂרָאֵל לְמֵאִישׁ וְעַד־אִשָּׁה לְאִישׁ חַלַּת לֶחֶם
אַחַת וְאֶשְׁפָּר אֶחָד וַאֲשִׁישָׁה אֶחָת וַיֵּלֶךְ כָּל־הָעָם אִישׁ לְבֵיתוֹ׃
כ וַיָּשָׁב דָּוִד לְבָרֵךְ אֶת־בֵּיתוֹ וַתֵּצֵא מִיכַל בַּת־שָׁאוּל לִקְרַאת
דָּוִד וַתֹּאמֶר מַה־נִּכְבַּד הַיּוֹם מֶלֶךְ יִשְׂרָאֵל אֲשֶׁר נִגְלָה הַיּוֹם
כא לְעֵינֵי אַמְהוֹת עֲבָדָיו כְּהִגָּלוֹת נִגְלוֹת אַחַד הָרֵקִים׃ וַיֹּאמֶר דָּוִד

העלאת ארון ה׳
לעיר דוד
דה״א טו, א –
טז, ד

ו
אֶל־מִיכַל לִפְנֵי יהוה אֲשֶׁר בָּחַר־בִּי מֵאָבִיךְ וּמִכָּל־בֵּיתוֹ לְצַוֹּת
כב אֹתִי נָגִיד עַל־עַם יהוה עַל־יִשְׂרָאֵל וְשִׂחַקְתִּי לִפְנֵי יהוה׃ וּנְקַלֹּתִי
עוֹד מִזֹּאת וְהָיִיתִי שָׁפָל בְּעֵינָי וְעִם־הָאֲמָהוֹת אֲשֶׁר אָמַרְתְּ
כג עִמָּם אִכָּבֵדָה׃ וּלְמִיכַל בַּת־שָׁאוּל לֹא־הָיָה לָהּ יָלֶד עַד יוֹם
ז א מוֹתָהּ׃ וַיְהִי כִּי־יָשַׁב הַמֶּלֶךְ בְּבֵיתוֹ וַיהוה הֵנִיחַ־

דוד מבקש לבנות בית לה׳
דה״א יז, א–ב

ב לוֹ מִסָּבִיב מִכָּל־אֹיְבָיו׃ וַיֹּאמֶר הַמֶּלֶךְ אֶל־נָתָן הַנָּבִיא רְאֵה נָא
אָנֹכִי יוֹשֵׁב בְּבֵית אֲרָזִים וַאֲרוֹן הָאֱלֹהִים יֹשֵׁב בְּתוֹךְ הַיְרִיעָה׃
ג וַיֹּאמֶר נָתָן אֶל־הַמֶּלֶךְ כֹּל אֲשֶׁר בִּלְבָבְךָ לֵךְ עֲשֵׂה כִּי יהוה
ד עִמָּךְ׃ וַיְהִי בַּלַּיְלָה הַהוּא וַיְהִי
ה דְּבַר־יהוה אֶל־נָתָן לֵאמֹר׃ לֵךְ וְאָמַרְתָּ אֶל־עַבְדִּי אֶל־דָּוִד
ו כֹּה אָמַר יהוה הַאַתָּה תִּבְנֶה־לִּי בַיִת לְשִׁבְתִּי׃ כִּי לֹא יָשַׁבְתִּי
בְּבַיִת לְמִיּוֹם הַעֲלֹתִי אֶת־בְּנֵי יִשְׂרָאֵל מִמִּצְרַיִם וְעַד הַיּוֹם הַזֶּה
ז וָאֶהְיֶה מִתְהַלֵּךְ בְּאֹהֶל וּבְמִשְׁכָּן׃ בְּכֹל אֲשֶׁר־הִתְהַלַּכְתִּי בְּכָל־
בְּנֵי יִשְׂרָאֵל הֲדָבָר דִּבַּרְתִּי אֶת־אַחַד שִׁבְטֵי יִשְׂרָאֵל אֲשֶׁר
צִוִּיתִי לִרְעוֹת אֶת־עַמִּי אֶת־יִשְׂרָאֵל לֵאמֹר לָמָּה לֹא־בְנִיתֶם
ח לִי בֵּית אֲרָזִים׃ וְעַתָּה כֹּה־תֹאמַר לְעַבְדִּי לְדָוִד כֹּה אָמַר יהוה
צְבָאוֹת אֲנִי לְקַחְתִּיךָ מִן־הַנָּוֶה מֵאַחַר הַצֹּאן לִהְיוֹת נָגִיד עַל־
ט עַמִּי עַל־יִשְׂרָאֵל׃ וָאֶהְיֶה עִמְּךָ בְּכֹל אֲשֶׁר הָלַכְתָּ וָאַכְרִתָה
אֶת־כָּל־אֹיְבֶיךָ מִפָּנֶיךָ וְעָשִׂתִי לְךָ שֵׁם גָּדוֹל כְּשֵׁם הַגְּדֹלִים
י אֲשֶׁר בָּאָרֶץ׃ וְשַׂמְתִּי מָקוֹם לְעַמִּי לְיִשְׂרָאֵל וּנְטַעְתִּיו וְשָׁכַן
תַּחְתָּיו וְלֹא יִרְגַּז עוֹד וְלֹא־יֹסִיפוּ בְנֵי־עַוְלָה לְעַנּוֹתוֹ כַּאֲשֶׁר
יא בָּרִאשׁוֹנָה׃ וּלְמִן־הַיּוֹם אֲשֶׁר צִוִּיתִי שֹׁפְטִים עַל־עַמִּי יִשְׂרָאֵל
וַהֲנִיחֹתִי לְךָ מִכָּל־אֹיְבֶיךָ וְהִגִּיד לְךָ יהוה כִּי־בַיִת יַעֲשֶׂה־לְּךָ
יב יהוה׃ כִּי ׀ יִמְלְאוּ יָמֶיךָ וְשָׁכַבְתָּ אֶת־אֲבֹתֶיךָ וַהֲקִימֹתִי אֶת־
יג זַרְעֲךָ אַחֲרֶיךָ אֲשֶׁר יֵצֵא מִמֵּעֶיךָ וַהֲכִינֹתִי אֶת־מַמְלַכְתּוֹ׃ הוּא
יד יִבְנֶה־בַּיִת לִשְׁמִי וְכֹנַנְתִּי אֶת־כִּסֵּא מַמְלַכְתּוֹ עַד־עוֹלָם׃ אֲנִי
אֶהְיֶה־לּוֹ לְאָב וְהוּא יִהְיֶה־לִּי לְבֵן אֲשֶׁר בְּהַעֲוֺתוֹ וְהֹכַחְתִּיו

טו בְּשֵׁבֶט אֲנָשִׁים וּבְנִגְעֵי בְּנֵי אָדָם: וְחַסְדִּי לֹא־יָסוּר מִמֶּנּוּ כַּאֲשֶׁר
טז הֲסִרֹתִי מֵעִם שָׁאוּל אֲשֶׁר הֲסִרֹתִי מִלְּפָנֶיךָ: וְנֶאְמַן בֵּיתְךָ כד
יז וּמַמְלַכְתְּךָ עַד־עוֹלָם לְפָנֶיךָ כִּסְאֲךָ יִהְיֶה נָכוֹן עַד־עוֹלָם: כְּכֹל
הַדְּבָרִים הָאֵלֶּה וּכְכֹל הַחִזָּיוֹן הַזֶּה כֵּן דִּבֶּר נָתָן אֶל־דָּוִד:

תפילת ההודאה של דוד
דה"א יז, טז–כז

יח וַיָּבֹא הַמֶּלֶךְ דָּוִד וַיֵּשֶׁב לִפְנֵי יהוה וַיֹּאמֶר מִי אָנֹכִי אֲדֹנָי יֱהֹוִה
יט וּמִי בֵיתִי כִּי הֲבִיאֹתַנִי עַד־הֲלֹם: וַתִּקְטַן עוֹד זֹאת בְּעֵינֶיךָ אֲדֹנָי
יֱהֹוִה וַתְּדַבֵּר גַּם אֶל־בֵּית־עַבְדְּךָ לְמֵרָחוֹק וְזֹאת תּוֹרַת הָאָדָם
כ אֲדֹנָי יֱהֹוִה: וּמַה־יּוֹסִיף דָּוִד עוֹד לְדַבֵּר אֵלֶיךָ וְאַתָּה יָדַעְתָּ
כא אֶת־עַבְדְּךָ אֲדֹנָי יֱהֹוִה: בַּעֲבוּר דְּבָרְךָ וּכְלִבְּךָ עָשִׂיתָ אֵת כָּל־
כב הַגְּדוּלָּה הַזֹּאת לְהוֹדִיעַ אֶת־עַבְדֶּךָ: עַל־כֵּן גָּדַלְתָּ יהוה אֱלֹהִים
כִּי־אֵין כָּמוֹךָ וְאֵין אֱלֹהִים זוּלָתֶךָ בְּכֹל אֲשֶׁר־שָׁמַעְנוּ בְּאָזְנֵינוּ:
כג וּמִי כְעַמְּךָ כְּיִשְׂרָאֵל גּוֹי אֶחָד בָּאָרֶץ אֲשֶׁר הָלְכוּ־אֱלֹהִים
לִפְדּוֹת־לוֹ לְעָם וְלָשׂוּם לוֹ שֵׁם וְלַעֲשׂוֹת לָכֶם הַגְּדוּלָּה וְנֹרָאוֹת
לְאַרְצֶךָ מִפְּנֵי עַמְּךָ אֲשֶׁר פָּדִיתָ לְּךָ מִמִּצְרַיִם גּוֹיִם וֵאלֹהָיו:
כד וַתְּכוֹנֵן לְךָ אֶת־עַמְּךָ יִשְׂרָאֵל ׀ לְךָ לְעָם עַד־עוֹלָם וְאַתָּה יהוה
כה הָיִיתָ לָהֶם לֵאלֹהִים: וְעַתָּה יהוה אֱלֹהִים הַדָּבָר אֲשֶׁר דִּבַּרְתָּ
עַל־עַבְדְּךָ וְעַל־בֵּיתוֹ הָקֵם עַד־עוֹלָם וַעֲשֵׂה כַּאֲשֶׁר דִּבַּרְתָּ:
כו וְיִגְדַּל שִׁמְךָ עַד־עוֹלָם לֵאמֹר יהוה צְבָאוֹת אֱלֹהִים עַל־יִשְׂרָאֵל
כז וּבֵית עַבְדְּךָ דָוִד יִהְיֶה נָכוֹן לְפָנֶיךָ: כִּי־אַתָּה יהוה צְבָאוֹת
אֱלֹהֵי יִשְׂרָאֵל גָּלִיתָה אֶת־אֹזֶן עַבְדְּךָ לֵאמֹר בַּיִת אֶבְנֶה־
לָּךְ עַל־כֵּן מָצָא עַבְדְּךָ אֶת־לִבּוֹ לְהִתְפַּלֵּל אֵלֶיךָ אֶת־
כח הַתְּפִלָּה הַזֹּאת: וְעַתָּה ׀ אֲדֹנָי יֱהֹוִה אַתָּה־הוּא הָאֱלֹהִים
וּדְבָרֶיךָ יִהְיוּ אֱמֶת וַתְּדַבֵּר אֶל־עַבְדְּךָ אֶת־הַטּוֹבָה הַזֹּאת:
כט וְעַתָּה הוֹאֵל וּבָרֵךְ אֶת־בֵּית עַבְדְּךָ לִהְיוֹת לְעוֹלָם לְפָנֶיךָ
כִּי־אַתָּה אֲדֹנָי יֱהֹוִה דִּבַּרְתָּ וּמִבִּרְכָתְךָ יְבֹרַךְ בֵּית־עַבְדְּךָ
ח א לְעוֹלָם: וַיְהִי אַחֲרֵי־כֵן וַיַּךְ דָּוִד אֶת־פְּלִשְׁתִּים

כיבוש מואב
דה"א יח, ב

ב וַיַּכְנִיעֵם וַיִּקַּח דָּוִד אֶת־מֶתֶג הָאַמָּה מִיַּד פְּלִשְׁתִּים: וַיַּךְ אֶת־

ח מוֹאָב וַיְמַדְּדֵם בַּחֶבֶל הַשְׁכֵּב אוֹתָם אַרְצָה וַיְמַדֵּד שְׁנֵי־חֲבָלִים
לְהָמִית וּמְלֹא הַחֶבֶל לְהַחֲיוֹת וַתְּהִי מוֹאָב לְדָוִד לַעֲבָדִים נֹשְׂאֵי

מלחמת דוד בארם ובאדום
תהלים ס
דה״א יח, ג–יג

ג מִנְחָה׃ וַיַּךְ דָּוִד אֶת־הֲדַדְעֶזֶר בֶּן־רְחֹב מֶלֶךְ צוֹבָה בְּלֶכְתּוֹ
ד לְהָשִׁיב יָדוֹ בִּנְהַר־ : וַיִּלְכֹּד דָּוִד מִמֶּנּוּ אֶלֶף וּשְׁבַע־מֵאוֹת

פְּרָת

פָּרָשִׁים וְעֶשְׂרִים אֶלֶף אִישׁ רַגְלִי וַיְעַקֵּר דָּוִד אֶת־כָּל־הָרֶכֶב
ה וַיּוֹתֵר מִמֶּנּוּ מֵאָה רָכֶב׃ וַתָּבֹא אֲרַם דַּמֶּשֶׂק לַעְזֹר לַהֲדַדְעֶזֶר
ו מֶלֶךְ צוֹבָה וַיַּךְ דָּוִד בַּאֲרָם עֶשְׂרִים־וּשְׁנַיִם אֶלֶף אִישׁ׃ וַיָּשֶׂם
דָּוִד נְצִבִים בַּאֲרַם דַּמֶּשֶׂק וַתְּהִי אֲרָם לְדָוִד לַעֲבָדִים נוֹשְׂאֵי
ז מִנְחָה וַיֹּשַׁע יְהוָה אֶת־דָּוִד בְּכֹל אֲשֶׁר הָלָךְ׃ וַיִּקַּח דָּוִד אֵת
שִׁלְטֵי הַזָּהָב אֲשֶׁר הָיוּ אֶל עַבְדֵי הֲדַדְעָזֶר וַיְבִיאֵם יְרוּשָׁלָם׃
ח וּמִבֶּטַח וּמִבֵּרֹתַי עָרֵי הֲדַדְעָזֶר לָקַח הַמֶּלֶךְ דָּוִד נְחֹשֶׁת הַרְבֵּה

תועי מברך את דוד
דה״א יח, ט–י

ט מְאֹד׃ וַיִּשְׁמַע תֹּעִי מֶלֶךְ חֲמָת כִּי הִכָּה דָוִד אֵת
י כָּל־חֵיל הֲדַדְעָזֶר׃ וַיִּשְׁלַח תֹּעִי אֶת־יוֹרָם־בְּנוֹ אֶל־הַמֶּלֶךְ דָּוִד
לִשְׁאָל־לוֹ לְשָׁלוֹם וּלְבָרְכוֹ עַל אֲשֶׁר נִלְחַם בַּהֲדַדְעֶזֶר וַיַּכֵּהוּ
כִּי־אִישׁ מִלְחֲמוֹת תֹּעִי הָיָה הֲדַדְעָזֶר וּבְיָדוֹ הָיוּ כְּלֵי־כֶסֶף וּכְלֵי־
יא זָהָב וּכְלֵי נְחֹשֶׁת׃ גַּם־אֹתָם הִקְדִּישׁ הַמֶּלֶךְ דָּוִד לַיהוָה עִם־
יב הַכֶּסֶף וְהַזָּהָב אֲשֶׁר הִקְדִּישׁ מִכָּל־הַגּוֹיִם אֲשֶׁר כִּבֵּשׁ׃ מֵאֲרָם
וּמִמּוֹאָב וּמִבְּנֵי עַמּוֹן וּמִפְּלִשְׁתִּים וּמֵעֲמָלֵק וּמִשְּׁלַל הֲדַדְעֶזֶר

כיבוש אדום
דה״א יח, יב–יג

יג בֶּן־רְחֹב מֶלֶךְ צוֹבָה׃ וַיַּעַשׂ דָּוִד שֵׁם בְּשֻׁבוֹ מֵהַכּוֹתוֹ אֶת־אֲרָם
יד בְּגֵיא־מֶלַח שְׁמוֹנָה עָשָׂר אָלֶף׃ וַיָּשֶׂם בֶּאֱדוֹם נְצִבִים בְּכָל־
אֱדוֹם שָׂם נְצִבִים וַיְהִי כָל־אֱדוֹם עֲבָדִים לְדָוִד וַיּוֹשַׁע יְהוָה אֶת־

סדרי ממלכת בית דוד
שמ״ב כ, כג–כו
דה״א יח, יד–יז; כז, כה–לד

טו דָּוִד בְּכֹל אֲשֶׁר הָלָךְ׃ וַיִּמְלֹךְ דָּוִד עַל־כָּל־יִשְׂרָאֵל וַיְהִי דָוִד עֹשֶׂה
טז מִשְׁפָּט וּצְדָקָה לְכָל־עַמּוֹ׃ וְיוֹאָב בֶּן־צְרוּיָה עַל־הַצָּבָא וִיהוֹשָׁפָט
יז בֶּן־אֲחִילוּד מַזְכִּיר׃ וְצָדוֹק בֶּן־אֲחִיטוּב וַאֲחִימֶלֶךְ בֶּן־אֶבְיָתָר
יח כֹּהֲנִים וּשְׂרָיָה סוֹפֵר׃ וּבְנָיָהוּ בֶּן־יְהוֹיָדָע וְהַכְּרֵתִי וְהַפְּלֵתִי וּבְנֵי
ט א דָוִד כֹּהֲנִים הָיוּ׃ וַיֹּאמֶר דָּוִד הֲכִי יֶשׁ־עוֹד אֲשֶׁר
ב נוֹתַר לְבֵית שָׁאוּל וְאֶעֱשֶׂה עִמּוֹ חֶסֶד בַּעֲבוּר יְהוֹנָתָן׃ וּלְבֵית

שָׁאוּל עֶבֶד וּשְׁמוֹ צִיבָא וַיִּקְרְאוּ־לוֹ אֶל־דָּוִד וַיֹּאמֶר הַמֶּלֶךְ
ג אֵלָיו הַאַתָּה צִיבָא וַיֹּאמֶר עַבְדֶּךָ׃ וַיֹּאמֶר הַמֶּלֶךְ הַאֶפֶס עוֹד
אִישׁ לְבֵית שָׁאוּל וְאֶעֱשֶׂה עִמּוֹ חֶסֶד אֱלֹהִים וַיֹּאמֶר צִיבָא אֶל־
ד הַמֶּלֶךְ עוֹד בֵּן לִיהוֹנָתָן נְכֵה רַגְלָיִם׃ וַיֹּאמֶר־לוֹ הַמֶּלֶךְ אֵיפֹה
הוּא וַיֹּאמֶר צִיבָא אֶל־הַמֶּלֶךְ הִנֵּה־הוּא בֵּית מָכִיר בֶּן־עַמִּיאֵל
ה בְּלוֹ דְבָר׃ וַיִּשְׁלַח הַמֶּלֶךְ דָּוִד וַיִּקָּחֵהוּ מִבֵּית מָכִיר בֶּן־עַמִּיאֵל
ו מִלּוֹ דְבָר׃ וַיָּבֹא מְפִיבֹשֶׁת בֶּן־יְהוֹנָתָן בֶּן־שָׁאוּל אֶל־דָּוִד וַיִּפֹּל
עַל־פָּנָיו וַיִּשְׁתָּחוּ וַיֹּאמֶר דָּוִד מְפִיבֹשֶׁת וַיֹּאמֶר הִנֵּה עַבְדֶּךָ׃
ז וַיֹּאמֶר לוֹ דָוִד אַל־תִּירָא כִּי עָשֹׂה אֶעֱשֶׂה עִמְּךָ חֶסֶד בַּעֲבוּר
יְהוֹנָתָן אָבִיךָ וַהֲשִׁבֹתִי לְךָ אֶת־כָּל־שְׂדֵה שָׁאוּל אָבִיךָ
ח וְאַתָּה תֹּאכַל לֶחֶם עַל־שֻׁלְחָנִי תָּמִיד׃ וַיִּשְׁתַּחוּ וַיֹּאמֶר מֶה
ט עַבְדֶּךָ כִּי פָנִיתָ אֶל־הַכֶּלֶב הַמֵּת אֲשֶׁר כָּמוֹנִי׃ וַיִּקְרָא הַמֶּלֶךְ
אֶל־צִיבָא נַעַר שָׁאוּל וַיֹּאמֶר אֵלָיו כֹּל אֲשֶׁר הָיָה לְשָׁאוּל
י וּלְכָל־בֵּיתוֹ נָתַתִּי לְבֶן־אֲדֹנֶיךָ׃ וְעָבַדְתָּ לּוֹ אֶת־הָאֲדָמָה אַתָּה
וּבָנֶיךָ וַעֲבָדֶיךָ וְהֵבֵאתָ וְהָיָה לְבֶן־אֲדֹנֶיךָ לֶּחֶם וַאֲכָלוֹ וּמְפִיבֹשֶׁת
בֶּן־אֲדֹנֶיךָ יֹאכַל תָּמִיד לֶחֶם עַל־שֻׁלְחָנִי וּלְצִיבָא חֲמִשָּׁה עָשָׂר
יא בָּנִים וְעֶשְׂרִים עֲבָדִים׃ וַיֹּאמֶר צִיבָא אֶל־הַמֶּלֶךְ כְּכֹל אֲשֶׁר
יְצַוֶּה אֲדֹנִי הַמֶּלֶךְ אֶת־עַבְדּוֹ כֵּן יַעֲשֶׂה עַבְדֶּךָ וּמְפִיבֹשֶׁת אֹכֵל
יב עַל־שֻׁלְחָנִי כְּאַחַד מִבְּנֵי הַמֶּלֶךְ׃ וְלִמְפִיבֹשֶׁת בֵּן־קָטָן וּשְׁמוֹ
יג מִיכָא וְכֹל מוֹשַׁב בֵּית־צִיבָא עֲבָדִים לִמְפִיבֹשֶׁת׃ וּמְפִיבֹשֶׁת
יֹשֵׁב בִּירוּשָׁלַםִ כִּי עַל־שֻׁלְחַן הַמֶּלֶךְ תָּמִיד הוּא אֹכֵל וְהוּא
י א פִּסֵּחַ שְׁתֵּי רַגְלָיו׃ וַיְהִי אַחֲרֵי־כֵן וַיָּמָת מֶלֶךְ בְּנֵי

מלחמת דוד
בעמון ובארם
דה"א יט, א–יט

ב עַמּוֹן וַיִּמְלֹךְ חָנוּן בְּנוֹ תַּחְתָּיו׃ וַיֹּאמֶר דָּוִד אֶעֱשֶׂה־חֶסֶד ׀ עִם־
חָנוּן בֶּן־נָחָשׁ כַּאֲשֶׁר עָשָׂה אָבִיו עִמָּדִי חֶסֶד וַיִּשְׁלַח דָּוִד
לְנַחֲמוֹ בְּיַד־עֲבָדָיו אֶל־אָבִיו וַיָּבֹאוּ עַבְדֵי דָוִד אֶרֶץ בְּנֵי עַמּוֹן׃
ג וַיֹּאמְרוּ שָׂרֵי בְנֵי־עַמּוֹן אֶל־חָנוּן אֲדֹנֵיהֶם הַמְכַבֵּד דָּוִד אֶת־
אָבִיךָ בְּעֵינֶיךָ כִּי־שָׁלַח לְךָ מְנַחֲמִים הֲלוֹא בַּעֲבוּר חֲקוֹר אֶת־

י
ד הָעִיר וּלְרַגְּלָהּ וּלְהָפְכָהּ שָׁלַח דָּוִד אֶת־עֲבָדָיו אֵלֶיךָ: וַיִּקַּח חָנוּן
אֶת־עַבְדֵי דָוִד וַיְגַלַּח אֶת־חֲצִי זְקָנָם וַיִּכְרֹת אֶת־מַדְוֵיהֶם
ה בַּחֵצִי עַד־שְׁתוֹתֵיהֶם וַיְשַׁלְּחֵם: וַיַּגִּדוּ לְדָוִד וַיִּשְׁלַח לִקְרָאתָם
כִּי־הָיוּ הָאֲנָשִׁים נִכְלָמִים מְאֹד וַיֹּאמֶר הַמֶּלֶךְ שְׁבוּ בִירֵחוֹ עַד־
ו יְצַמַּח זְקַנְכֶם וְשַׁבְתֶּם: וַיִּרְאוּ בְּנֵי עַמּוֹן כִּי נִבְאֲשׁוּ בְּדָוִד
וַיִּשְׁלְחוּ בְנֵי־עַמּוֹן וַיִּשְׂכְּרוּ אֶת־אֲרַם בֵּית־רְחוֹב וְאֶת־אֲרַם
צוֹבָא עֶשְׂרִים אֶלֶף רַגְלִי וְאֶת־מֶלֶךְ מַעֲכָה אֶלֶף אִישׁ וְאִישׁ
ז טוֹב שְׁנֵים־עָשָׂר אֶלֶף אִישׁ: וַיִּשְׁמַע דָּוִד וַיִּשְׁלַח אֶת־יוֹאָב
ח וְאֵת כָּל־הַצָּבָא הַגִּבֹּרִים: וַיֵּצְאוּ בְּנֵי עַמּוֹן וַיַּעַרְכוּ מִלְחָמָה
פֶּתַח הַשָּׁעַר וַאֲרַם צוֹבָא וּרְחוֹב וְאִישׁ־טוֹב וּמַעֲכָה לְבַדָּם
ט בַּשָּׂדֶה: וַיַּרְא יוֹאָב כִּי־הָיְתָה אֵלָיו פְּנֵי הַמִּלְחָמָה מִפָּנִים
וּמֵאָחוֹר וַיִּבְחַר מִכֹּל בְּחוּרֵי בישראל וַיַּעֲרֹךְ לִקְרַאת אֲרָם: יִשְׂרָאֵל
י וְאֵת יֶתֶר הָעָם נָתַן בְּיַד אַבְשַׁי אָחִיו וַיַּעֲרֹךְ לִקְרַאת בְּנֵי עַמּוֹן:
יא וַיֹּאמֶר אִם־תֶּחֱזַק אֲרָם מִמֶּנִּי וְהָיְתָה לִּי לִישׁוּעָה וְאִם־בְּנֵי עַמּוֹן
יב יֶחֶזְקוּ מִמְּךָ וְהָלַכְתִּי לְהוֹשִׁיעַ לָךְ: חֲזַק וְנִתְחַזַּק בְּעַד עַמֵּנוּ
יג וּבְעַד עָרֵי אֱלֹהֵינוּ וַיהוָה יַעֲשֶׂה הַטּוֹב בְּעֵינָיו: וַיִּגַּשׁ יוֹאָב כה
יד וְהָעָם אֲשֶׁר עִמּוֹ לַמִּלְחָמָה בַּאֲרָם וַיָּנֻסוּ מִפָּנָיו: וּבְנֵי עַמּוֹן | רָאוּ
כִּי־נָס אֲרָם וַיָּנֻסוּ מִפְּנֵי אֲבִישַׁי וַיָּבֹאוּ הָעִיר וַיָּשָׁב יוֹאָב מֵעַל
טו בְּנֵי עַמּוֹן וַיָּבֹא יְרוּשָׁלִָם: וַיַּרְא אֲרָם כִּי נִגַּף לִפְנֵי יִשְׂרָאֵל
טז וַיֵּאָסְפוּ יָחַד: וַיִּשְׁלַח הֲדַדְעֶזֶר וַיֹּצֵא אֶת־אֲרָם אֲשֶׁר מֵעֵבֶר
יז הַנָּהָר וַיָּבֹאוּ חֵילָם וְשׁוֹבַךְ שַׂר־צְבָא הֲדַדְעֶזֶר לִפְנֵיהֶם: וַיֻּגַּד
לְדָוִד וַיֶּאֱסֹף אֶת־כָּל־יִשְׂרָאֵל וַיַּעֲבֹר אֶת־הַיַּרְדֵּן וַיָּבֹא
יח חֵלָאמָה וַיַּעַרְכוּ אֲרָם לִקְרַאת דָּוִד וַיִּלָּחֲמוּ עִמּוֹ: וַיָּנָס אֲרָם
מִפְּנֵי יִשְׂרָאֵל וַיַּהֲרֹג דָּוִד מֵאֲרָם שְׁבַע מֵאוֹת רֶכֶב וְאַרְבָּעִים
יט אֶלֶף פָּרָשִׁים וְאֵת שׁוֹבַךְ שַׂר־צְבָאוֹ הִכָּה וַיָּמָת שָׁם: וַיִּרְאוּ
כָל־הַמְּלָכִים עַבְדֵי הֲדַדְעֶזֶר כִּי נִגְּפוּ לִפְנֵי יִשְׂרָאֵל וַיַּשְׁלִמוּ
אֶת־יִשְׂרָאֵל וַיַּעַבְדוּם וַיִּרְאוּ אֲרָם לְהוֹשִׁיעַ עוֹד אֶת־בְּנֵי

יא

כיבוש רבת עמון
שמ"ב יב, כו–לא
דה"א כ, א–ג

א עַמּוֹן: וַיְהִי לִתְשׁוּבַת הַשָּׁנָה לְעֵת ׀ צֵאת
הַמַּלְאכִים וַיִּשְׁלַח דָּוִד אֶת־יוֹאָב וְאֶת־עֲבָדָיו עִמּוֹ וְאֶת־כָּל־
יִשְׂרָאֵל וַיַּשְׁחִתוּ אֶת־בְּנֵי עַמּוֹן וַיָּצֻרוּ עַל־רַבָּה וְדָוִד יוֹשֵׁב
ב בִּירוּשָׁלִָם: וַיְהִי ׀ לְעֵת הָעֶרֶב וַיָּקָם דָּוִד מֵעַל
מִשְׁכָּבוֹ וַיִּתְהַלֵּךְ עַל־גַּג בֵּית־הַמֶּלֶךְ וַיַּרְא אִשָּׁה רֹחֶצֶת מֵעַל
ג הַגָּג וְהָאִשָּׁה טוֹבַת מַרְאֶה מְאֹד: וַיִּשְׁלַח דָּוִד וַיִּדְרֹשׁ לָאִשָּׁה
וַיֹּאמֶר הֲלוֹא־זֹאת בַּת־שֶׁבַע בַּת־אֱלִיעָם אֵשֶׁת אוּרִיָּה הַחִתִּי:
ד וַיִּשְׁלַח דָּוִד מַלְאָכִים וַיִּקָּחֶהָ וַתָּבוֹא אֵלָיו וַיִּשְׁכַּב עִמָּהּ
ה וְהִיא מִתְקַדֶּשֶׁת מִטֻּמְאָתָהּ וַתָּשָׁב אֶל־בֵּיתָהּ: וַתַּהַר הָאִשָּׁה
ו וַתִּשְׁלַח וַתַּגֵּד לְדָוִד וַתֹּאמֶר הָרָה אָנֹכִי: וַיִּשְׁלַח דָּוִד אֶל־יוֹאָב
שְׁלַח אֵלַי אֶת־אוּרִיָּה הַחִתִּי וַיִּשְׁלַח יוֹאָב אֶת־אוּרִיָּה אֶל־
ז דָּוִד: וַיָּבֹא אוּרִיָּה אֵלָיו וַיִּשְׁאַל דָּוִד לִשְׁלוֹם יוֹאָב וְלִשְׁלוֹם
ח הָעָם וְלִשְׁלוֹם הַמִּלְחָמָה: וַיֹּאמֶר דָּוִד לְאוּרִיָּה רֵד לְבֵיתְךָ וּרְחַץ
רַגְלֶיךָ וַיֵּצֵא אוּרִיָּה מִבֵּית הַמֶּלֶךְ וַתֵּצֵא אַחֲרָיו מַשְׂאַת הַמֶּלֶךְ:
ט וַיִּשְׁכַּב אוּרִיָּה פֶּתַח בֵּית הַמֶּלֶךְ אֵת כָּל־עַבְדֵי אֲדֹנָיו וְלֹא יָרַד
י אֶל־בֵּיתוֹ: וַיַּגִּדוּ לְדָוִד לֵאמֹר לֹא־יָרַד אוּרִיָּה אֶל־בֵּיתוֹ וַיֹּאמֶר
דָּוִד אֶל־אוּרִיָּה הֲלוֹא מִדֶּרֶךְ אַתָּה בָא מַדּוּעַ לֹא־יָרַדְתָּ אֶל־
יא בֵּיתֶךָ: וַיֹּאמֶר אוּרִיָּה אֶל־דָּוִד הָאָרוֹן וְיִשְׂרָאֵל וִיהוּדָה יֹשְׁבִים
בַּסֻּכּוֹת וַאדֹנִי יוֹאָב וְעַבְדֵי אֲדֹנִי עַל־פְּנֵי הַשָּׂדֶה חֹנִים וַאֲנִי
אָבוֹא אֶל־בֵּיתִי לֶאֱכֹל וְלִשְׁתּוֹת וְלִשְׁכַּב עִם־אִשְׁתִּי חַיֶּךָ וְחֵי
יב נַפְשֶׁךָ אִם־אֶעֱשֶׂה אֶת־הַדָּבָר הַזֶּה: וַיֹּאמֶר דָּוִד אֶל־אוּרִיָּה
שֵׁב בָּזֶה גַּם־הַיּוֹם וּמָחָר אֲשַׁלְּחֶךָּ וַיֵּשֶׁב אוּרִיָּה בִירוּשָׁלִַם בַּיּוֹם
יג הַהוּא וּמִמָּחֳרָת: וַיִּקְרָא־לוֹ דָוִד וַיֹּאכַל לְפָנָיו וַיֵּשְׁתְּ וַיְשַׁכְּרֵהוּ
וַיֵּצֵא בָעֶרֶב לִשְׁכַּב בְּמִשְׁכָּבוֹ עִם־עַבְדֵי אֲדֹנָיו וְאֶל־בֵּיתוֹ לֹא
יד יָרָד: וַיְהִי בַבֹּקֶר וַיִּכְתֹּב דָּוִד סֵפֶר אֶל־יוֹאָב וַיִּשְׁלַח בְּיַד אוּרִיָּה:
טו וַיִּכְתֹּב בַּסֵּפֶר לֵאמֹר הָבוּ אֶת־אוּרִיָּה אֶל־מוּל פְּנֵי הַמִּלְחָמָה
טז הַחֲזָקָה וְשַׁבְתֶּם מֵאַחֲרָיו וְנֻכָּה וָמֵת: וַיְהִי

יא
בִּשְׁמוֹר יוֹאָב אֶל־הָעִיר וַיִּתֵּן אֶת־אוּרִיָּה אֶל־הַמָּקוֹם אֲשֶׁר
יז יָדַע כִּי אַנְשֵׁי־חַיִל שָׁם׃ וַיֵּצְאוּ אַנְשֵׁי הָעִיר וַיִּלָּחֲמוּ אֶת־יוֹאָב
יח וַיִּפֹּל מִן־הָעָם מֵעַבְדֵי דָוִד וַיָּמָת גַּם אוּרִיָּה הַחִתִּי׃ וַיִּשְׁלַח
יט יוֹאָב וַיַּגֵּד לְדָוִד אֵת כָּל־דִּבְרֵי הַמִּלְחָמָה׃ וַיְצַו אֶת־הַמַּלְאָךְ
לֵאמֹר כְּכַלּוֹתְךָ אֵת כָּל־דִּבְרֵי הַמִּלְחָמָה לְדַבֵּר אֶל־הַמֶּלֶךְ׃
כ וְהָיָה אִם־תַּעֲלֶה חֲמַת הַמֶּלֶךְ וְאָמַר לְךָ מַדּוּעַ נִגַּשְׁתֶּם אֶל־
כא הָעִיר לְהִלָּחֵם הֲלוֹא יְדַעְתֶּם אֵת אֲשֶׁר־יֹרוּ מֵעַל הַחוֹמָה׃ מִי־
הִכָּה אֶת־אֲבִימֶלֶךְ בֶּן־יְרֻבֶּשֶׁת הֲלוֹא אִשָּׁה הִשְׁלִיכָה עָלָיו
פֶּלַח רֶכֶב מֵעַל הַחוֹמָה וַיָּמָת בְּתֵבֵץ לָמָּה נִגַּשְׁתֶּם אֶל־הַחוֹמָה
כב וְאָמַרְתָּ גַּם עַבְדְּךָ אוּרִיָּה הַחִתִּי מֵת׃ וַיֵּלֶךְ הַמַּלְאָךְ וַיָּבֹא
כג וַיַּגֵּד לְדָוִד אֵת כָּל־אֲשֶׁר שְׁלָחוֹ יוֹאָב׃ וַיֹּאמֶר הַמַּלְאָךְ אֶל־
דָּוִד כִּי־גָבְרוּ עָלֵינוּ הָאֲנָשִׁים וַיֵּצְאוּ אֵלֵינוּ הַשָּׂדֶה וַנִּהְיֶה
כד עֲלֵיהֶם עַד־פֶּתַח הַשָּׁעַר׃ וַיֹּרְאוּ הַמּוֹרְאִים אֶל־עֲבָדֶיךָ מֵעַל
הַחוֹמָה וַיָּמוּתוּ מֵעַבְדֵי הַמֶּלֶךְ וְגַם עַבְדְּךָ אוּרִיָּה הַחִתִּי
כה מֵת׃ וַיֹּאמֶר דָּוִד אֶל־הַמַּלְאָךְ כֹּה־תֹאמַר אֶל־
יוֹאָב אַל־יֵרַע בְּעֵינֶיךָ אֶת־הַדָּבָר הַזֶּה כִּי־כָזֹה וְכָזֶה תֹּאכַל
כו הֶחָרֶב הַחֲזֵק מִלְחַמְתְּךָ אֶל־הָעִיר וְהָרְסָהּ וְחַזְּקֵהוּ׃ וַתִּשְׁמַע
אֵשֶׁת אוּרִיָּה כִּי־מֵת אוּרִיָּה אִישָׁהּ וַתִּסְפֹּד עַל־בַּעְלָהּ׃
כז וַיַּעֲבֹר הָאֵבֶל וַיִּשְׁלַח דָּוִד וַיַּאַסְפָהּ אֶל־בֵּיתוֹ וַתְּהִי־לוֹ
לְאִשָּׁה וַתֵּלֶד לוֹ בֵּן וַיֵּרַע הַדָּבָר אֲשֶׁר־עָשָׂה דָוִד בְּעֵינֵי
יב א יְהוָה׃ וַיִּשְׁלַח יְהוָה אֶת־נָתָן אֶל־דָּוִד וַיָּבֹא אֵלָיו
וַיֹּאמֶר לוֹ שְׁנֵי אֲנָשִׁים הָיוּ בְּעִיר אֶחָת אֶחָד עָשִׁיר וְאֶחָד רָאשׁ׃
ב ג לְעָשִׁיר הָיָה צֹאן וּבָקָר הַרְבֵּה מְאֹד׃ וְלָרָשׁ אֵין־כֹּל כִּי אִם־
כִּבְשָׂה אַחַת קְטַנָּה אֲשֶׁר קָנָה וַיְחַיֶּהָ וַתִּגְדַּל עִמּוֹ וְעִם־בָּנָיו
יַחְדָּו מִפִּתּוֹ תֹאכַל וּמִכֹּסוֹ תִשְׁתֶּה וּבְחֵיקוֹ תִשְׁכָּב וַתְּהִי־לוֹ כְּבַת׃
ד וַיָּבֹא הֵלֶךְ לְאִישׁ הֶעָשִׁיר וַיַּחְמֹל לָקַחַת מִצֹּאנוֹ וּמִבְּקָרוֹ
לַעֲשׂוֹת לָאֹרֵחַ הַבָּא־לוֹ וַיִּקַּח אֶת־כִּבְשַׂת הָאִישׁ הָרָאשׁ וַיַּעֲשֶׂהָ

מות אבימלך
שופטים ט, נ–נד

נבואת נתן על
מעשה דוד עם
בת שבע
תהלים נ

לָאִישׁ הַבָּא אֵלָיו׃ וַיִּחַר־אַף דָּוִד בָּאִישׁ מְאֹד וַיֹּאמֶר אֶל־נָתָן ה
ו חַי־יְהוָה כִּי בֶן־מָוֶת הָאִישׁ הָעֹשֶׂה זֹאת׃ וְאֶת־הַכִּבְשָׂה יְשַׁלֵּם
אַרְבַּעְתָּיִם עֵקֶב אֲשֶׁר עָשָׂה אֶת־הַדָּבָר הַזֶּה וְעַל אֲשֶׁר לֹא־
ז חָמָל׃ וַיֹּאמֶר נָתָן אֶל־דָּוִד אַתָּה הָאִישׁ כֹּה־
אָמַר יְהוָה אֱלֹהֵי יִשְׂרָאֵל אָנֹכִי מְשַׁחְתִּיךָ לְמֶלֶךְ עַל־יִשְׂרָאֵל
ח וְאָנֹכִי הִצַּלְתִּיךָ מִיַּד שָׁאוּל׃ וָאֶתְּנָה לְךָ אֶת־בֵּית אֲדֹנֶיךָ וְאֶת־
נְשֵׁי אֲדֹנֶיךָ בְּחֵיקֶךָ וָאֶתְּנָה לְךָ אֶת־בֵּית יִשְׂרָאֵל וִיהוּדָה וְאִם־
ט מְעָט וְאֹסִפָה לְּךָ כָּהֵנָּה וְכָהֵנָּה׃ מַדּוּעַ בָּזִיתָ ׀ אֶת־דְּבַר יְהוָה
לַעֲשׂוֹת הָרַע בעינו אֵת אוּרִיָּה הַחִתִּי הִכִּיתָ בַחֶרֶב וְאֶת־ בְּעֵינַי
י אִשְׁתּוֹ לָקַחְתָּ לְּךָ לְאִשָּׁה וְאֹתוֹ הָרַגְתָּ בְּחֶרֶב בְּנֵי עַמּוֹן׃ וְעַתָּה
לֹא־תָסוּר חֶרֶב מִבֵּיתְךָ עַד־עוֹלָם עֵקֶב כִּי בְזִתָנִי וַתִּקַּח אֶת־
יא אֵשֶׁת אוּרִיָּה הַחִתִּי לִהְיוֹת לְךָ לְאִשָּׁה׃ כֹּה ׀
אָמַר יְהוָה הִנְנִי מֵקִים עָלֶיךָ רָעָה מִבֵּיתֶךָ וְלָקַחְתִּי אֶת־נָשֶׁיךָ
לְעֵינֶיךָ וְנָתַתִּי לְרֵעֶיךָ וְשָׁכַב עִם־נָשֶׁיךָ לְעֵינֵי הַשֶּׁמֶשׁ הַזֹּאת׃
יב כִּי אַתָּה עָשִׂיתָ בַסָּתֶר וַאֲנִי אֶעֱשֶׂה אֶת־הַדָּבָר הַזֶּה נֶגֶד כָּל־
יג יִשְׂרָאֵל וְנֶגֶד הַשָּׁמֶשׁ׃ וַיֹּאמֶר דָּוִד אֶל־נָתָן כו
חָטָאתִי לַיהוָה וַיֹּאמֶר נָתָן אֶל־דָּוִד גַּם־יְהוָה
יד הֶעֱבִיר חַטָּאתְךָ לֹא תָמוּת׃ אֶפֶס כִּי־נִאֵץ נִאַצְתָּ אֶת־אֹיְבֵי
טו יְהוָה בַּדָּבָר הַזֶּה גַּם הַבֵּן הַיִּלּוֹד לְךָ מוֹת יָמוּת׃ וַיֵּלֶךְ נָתָן אֶל־
בֵּיתוֹ וַיִּגֹּף יְהוָה אֶת־הַיֶּלֶד אֲשֶׁר יָלְדָה אֵשֶׁת־אוּרִיָּה לְדָוִד
טז וַיֵּאָנַשׁ׃ וַיְבַקֵּשׁ דָּוִד אֶת־הָאֱלֹהִים בְּעַד הַנָּעַר וַיָּצָם דָּוִד צוֹם
יז וּבָא וְלָן וְשָׁכַב אָרְצָה׃ וַיָּקֻמוּ זִקְנֵי בֵיתוֹ עָלָיו לַהֲקִימוֹ מִן־
יח הָאָרֶץ וְלֹא אָבָה וְלֹא־בָרָא אִתָּם לָחֶם׃ וַיְהִי בַּיּוֹם הַשְּׁבִיעִי
וַיָּמָת הַיָּלֶד וַיִּרְאוּ עַבְדֵי דָוִד לְהַגִּיד לוֹ ׀ כִּי־מֵת הַיֶּלֶד כִּי
אָמְרוּ הִנֵּה בִהְיוֹת הַיֶּלֶד חַי דִּבַּרְנוּ אֵלָיו וְלֹא־שָׁמַע בְּקוֹלֵנוּ
יט וְאֵיךְ נֹאמַר אֵלָיו מֵת הַיֶּלֶד וְעָשָׂה רָעָה׃ וַיַּרְא דָּוִד כִּי עֲבָדָיו
מִתְלַחֲשִׁים וַיָּבֶן דָּוִד כִּי מֵת הַיָּלֶד וַיֹּאמֶר דָּוִד אֶל־עֲבָדָיו הֲמֵת

ביאת אבשלום אל פילגשי אביו לעיני ישראל שמ"ב טז, כא-כב

כ הַיֶּלֶד וַיֹּאמְרוּ מֵת׃ וַיָּקָם דָּוִד מֵהָאָרֶץ וַיִּרְחַץ וַיָּסֶךְ וַיְחַלֵּף
שִׂמְלֹתָו וַיָּבֹא בֵית־יְהוָה וַיִּשְׁתָּחוּ וַיָּבֹא אֶל־בֵּיתוֹ וַיִּשְׁאַל
כא וַיָּשִׂימוּ לוֹ לֶחֶם וַיֹּאכַל׃ וַיֹּאמְרוּ עֲבָדָיו אֵלָיו מָה־הַדָּבָר הַזֶּה
אֲשֶׁר עָשִׂיתָה בַּעֲבוּר הַיֶּלֶד חַי צַמְתָּ וַתֵּבְךְּ וְכַאֲשֶׁר מֵת הַיֶּלֶד
כב קַמְתָּ וַתֹּאכַל לָחֶם׃ וַיֹּאמֶר בְּעוֹד הַיֶּלֶד חַי צַמְתִּי וָאֶבְכֶּה כִּי
כג אָמַרְתִּי מִי יוֹדֵעַ יחנני יְהוָה וְחַי הַיָּלֶד׃ וְעַתָּה ׀ מֵת לָמָּה זֶּה וְחַנַּנִי
אֲנִי צָם הַאוּכַל לַהֲשִׁיבוֹ עוֹד אֲנִי הֹלֵךְ אֵלָיו וְהוּא לֹא־יָשׁוּב
כד אֵלָי׃ וַיְנַחֵם דָּוִד אֵת בַּת־שֶׁבַע אִשְׁתּוֹ וַיָּבֹא אֵלֶיהָ וַיִּשְׁכַּב
עִמָּהּ וַתֵּלֶד בֵּן ויקרא אֶת־שְׁמוֹ שְׁלֹמֹה וַיהוָה אֲהֵבוֹ׃ וַתִּקְרָא
כה וַיִּשְׁלַח בְּיַד נָתָן הַנָּבִיא וַיִּקְרָא אֶת־שְׁמוֹ יְדִידְיָהּ בַּעֲבוּר
כו יְהוָה׃ וַיִּלָּחֶם יוֹאָב בְּרַבַּת בְּנֵי עַמּוֹן וַיִּלְכֹּד אֶת־ כיבוש רבת עמון שמ"ב יא, א דה"א כ, א–ג
כז עִיר הַמְּלוּכָה׃ וַיִּשְׁלַח יוֹאָב מַלְאָכִים אֶל־דָּוִד וַיֹּאמֶר נִלְחַמְתִּי
כח בְרַבָּה גַּם־לָכַדְתִּי אֶת־עִיר הַמָּיִם׃ וְעַתָּה אֱסֹף אֶת־יֶתֶר הָעָם
וַחֲנֵה עַל־הָעִיר וְלָכְדָהּ פֶּן־אֶלְכֹּד אֲנִי אֶת־הָעִיר וְנִקְרָא
כט שְׁמִי עָלֶיהָ׃ וַיֶּאֱסֹף דָּוִד אֶת־כָּל־הָעָם וַיֵּלֶךְ רַבָּתָה וַיִּלָּחֶם בָּהּ
ל וַיִּלְכְּדָהּ׃ וַיִּקַּח אֶת־עֲטֶרֶת־מַלְכָּם מֵעַל רֹאשׁוֹ וּמִשְׁקָלָהּ כִּכַּר
זָהָב וְאֶבֶן יְקָרָה וַתְּהִי עַל־רֹאשׁ דָּוִד וּשְׁלַל הָעִיר הוֹצִיא הַרְבֵּה
לא מְאֹד׃ וְאֶת־הָעָם אֲשֶׁר־בָּהּ הוֹצִיא וַיָּשֶׂם בַּמְּגֵרָה וּבַחֲרִצֵי הַבַּרְזֶל
וּבְמַגְזְרֹת הַבַּרְזֶל וְהֶעֱבִיר אוֹתָם במלכן וְכֵן יַעֲשֶׂה לְכֹל עָרֵי בַּמַּלְבֵּן
יג א בְנֵי־עַמּוֹן וַיָּשָׁב דָּוִד וְכָל־הָעָם יְרוּשָׁלִָם׃ וַיְהִי
אַחֲרֵי־כֵן וּלְאַבְשָׁלוֹם בֶּן־דָּוִד אָחוֹת יָפָה וּשְׁמָהּ תָּמָר וַיֶּאֱהָבֶהָ
ב אַמְנוֹן בֶּן־דָּוִד׃ וַיֵּצֶר לְאַמְנוֹן לְהִתְחַלּוֹת בַּעֲבוּר תָּמָר אֲחֹתוֹ
כִּי בְתוּלָה הִיא וַיִּפָּלֵא בְּעֵינֵי אַמְנוֹן לַעֲשׂוֹת לָהּ מְאוּמָה׃
ג וּלְאַמְנוֹן רֵעַ וּשְׁמוֹ יוֹנָדָב בֶּן־שִׁמְעָה אֲחִי דָוִד וְיוֹנָדָב אִישׁ
ד חָכָם מְאֹד׃ וַיֹּאמֶר לוֹ מַדּוּעַ אַתָּה כָּכָה דַּל בֶּן־הַמֶּלֶךְ בַּבֹּקֶר
בַּבֹּקֶר הֲלוֹא תַּגִּיד לִי וַיֹּאמֶר לוֹ אַמְנוֹן אֶת־תָּמָר אֲחוֹת
ה אַבְשָׁלֹם אָחִי אֲנִי אֹהֵב׃ וַיֹּאמֶר לוֹ יְהוֹנָדָב שְׁכַב עַל־מִשְׁכָּבְךָ

וְהִתְחָל וּבָא אָבִיךָ לִרְאוֹתֶךָ וְאָמַרְתָּ אֵלָיו תָּבֹא נָא תָמָר
אֲחוֹתִי וְתַבְרֵנִי לֶחֶם וְעָשְׂתָה לְעֵינַי אֶת־הַבִּרְיָה לְמַעַן אֲשֶׁר
ו אֶרְאֶה וְאָכַלְתִּי מִיָּדָהּ׃ וַיִּשְׁכַּב אַמְנוֹן וַיִּתְחָל וַיָּבֹא הַמֶּלֶךְ
לִרְאוֹתוֹ וַיֹּאמֶר אַמְנוֹן אֶל־הַמֶּלֶךְ תָּבוֹא־נָא תָּמָר אֲחֹתִי
ז וּתְלַבֵּב לְעֵינַי שְׁתֵּי לְבִבוֹת וְאֶבְרֶה מִיָּדָהּ׃ וַיִּשְׁלַח דָּוִד אֶל־
תָּמָר הַבַּיְתָה לֵאמֹר לְכִי נָא בֵּית אַמְנוֹן אָחִיךְ וַעֲשִׂי־לוֹ
ח הַבִּרְיָה׃ וַתֵּלֶךְ תָּמָר בֵּית אַמְנוֹן אָחִיהָ וְהוּא שֹׁכֵב וַתִּקַּח אֶת־
ט הַבָּצֵק ותלוש וַתְּלַבֵּב לְעֵינָיו וַתְּבַשֵּׁל אֶת־הַלְּבִבוֹת׃ וַתִּקַּח — וַתָּלָשׁ
אֶת־הַמַּשְׂרֵת וַתִּצֹק לְפָנָיו וַיְמָאֵן לֶאֱכוֹל וַיֹּאמֶר אַמְנוֹן הוֹצִיאוּ
י כָל־אִישׁ מֵעָלַי וַיֵּצְאוּ כָל־אִישׁ מֵעָלָיו׃ וַיֹּאמֶר אַמְנוֹן אֶל־תָּמָר
הָבִיאִי הַבִּרְיָה הַחֶדֶר וְאֶבְרֶה מִיָּדֵךְ וַתִּקַּח תָּמָר אֶת־הַלְּבִבוֹת
יא אֲשֶׁר עָשָׂתָה וַתָּבֵא לְאַמְנוֹן אָחִיהָ הֶחָדְרָה׃ וַתַּגֵּשׁ אֵלָיו לֶאֱכֹל
יב וַיַּחֲזֶק־בָּהּ וַיֹּאמֶר לָהּ בּוֹאִי שִׁכְבִי עִמִּי אֲחוֹתִי׃ וַתֹּאמֶר לוֹ אַל־
אָחִי אַל־תְּעַנֵּנִי כִּי לֹא־יֵעָשֶׂה כֵן בְּיִשְׂרָאֵל אַל־תַּעֲשֵׂה אֶת־
יג הַנְּבָלָה הַזֹּאת׃ וַאֲנִי אָנָה אוֹלִיךְ אֶת־חֶרְפָּתִי וְאַתָּה תִּהְיֶה
כְּאַחַד הַנְּבָלִים בְּיִשְׂרָאֵל וְעַתָּה דַּבֶּר־נָא אֶל־הַמֶּלֶךְ כִּי לֹא
יד יִמְנָעֵנִי מִמֶּךָּ׃ וְלֹא אָבָה לִשְׁמֹעַ בְּקוֹלָהּ וַיֶּחֱזַק מִמֶּנָּה וַיְעַנֶּהָ
טו וַיִּשְׁכַּב אֹתָהּ׃ וַיִּשְׂנָאֶהָ אַמְנוֹן שִׂנְאָה גְּדוֹלָה מְאֹד כִּי גְדוֹלָה
הַשִּׂנְאָה אֲשֶׁר שְׂנֵאָהּ מֵאַהֲבָה אֲשֶׁר אֲהֵבָהּ וַיֹּאמֶר־לָהּ אַמְנוֹן
טז קוּמִי לֵכִי׃ וַתֹּאמֶר לוֹ אַל־אוֹדֹת הָרָעָה הַגְּדוֹלָה הַזֹּאת
מֵאַחֶרֶת אֲשֶׁר־עָשִׂיתָ עִמִּי לְשַׁלְּחֵנִי וְלֹא אָבָה לִשְׁמֹעַ לָהּ׃
יז וַיִּקְרָא אֶת־נַעֲרוֹ מְשָׁרְתוֹ וַיֹּאמֶר שִׁלְחוּ־נָא אֶת־זֹאת מֵעָלַי
יח הַחוּצָה וּנְעֹל הַדֶּלֶת אַחֲרֶיהָ׃ וְעָלֶיהָ כְּתֹנֶת פַּסִּים כִּי כֵן
תִּלְבַּשְׁןָ בְנוֹת־הַמֶּלֶךְ הַבְּתוּלֹת מְעִילִים וַיֹּצֵא אוֹתָהּ מְשָׁרְתוֹ
יט הַחוּץ וְנָעַל הַדֶּלֶת אַחֲרֶיהָ׃ וַתִּקַּח תָּמָר אֵפֶר עַל־רֹאשָׁהּ
וּכְתֹנֶת הַפַּסִּים אֲשֶׁר עָלֶיהָ קָרָעָה וַתָּשֶׂם יָדָהּ עַל־רֹאשָׁהּ
כ וַתֵּלֶךְ הָלוֹךְ וְזָעָקָה׃ וַיֹּאמֶר אֵלֶיהָ אַבְשָׁלוֹם אָחִיהָ הַאֲמִינוֹן

אָחִיךָ הָיָה עִמָּךְ וְעַתָּה אֲחוֹתִי הַחֲרִישִׁי אָחִיךְ הוּא אַל־תָּשִׁיתִי
אֶת־לִבֵּךְ לַדָּבָר הַזֶּה וַתֵּשֶׁב תָּמָר וְשֹׁמֵמָה בֵּית אַבְשָׁלוֹם
כא אָחִיהָ׃ וְהַמֶּלֶךְ דָּוִד שָׁמַע אֵת כָּל־הַדְּבָרִים הָאֵלֶּה וַיִּחַר לוֹ
כב מְאֹד׃ וְלֹא־דִבֶּר אַבְשָׁלוֹם עִם־אַמְנוֹן לְמֵרָע וְעַד־טוֹב כִּי־
שָׂנֵא אַבְשָׁלוֹם אֶת־אַמְנוֹן עַל־דְּבַר אֲשֶׁר עִנָּה אֵת תָּמָר
כג אֲחֹתוֹ׃ וַיְהִי לִשְׁנָתַיִם יָמִים וַיִּהְיוּ גֹזְזִים לְאַבְשָׁלוֹם
בְּבַעַל חָצוֹר אֲשֶׁר עִם־אֶפְרָיִם וַיִּקְרָא אַבְשָׁלוֹם לְכָל־בְּנֵי
כד הַמֶּלֶךְ׃ וַיָּבֹא אַבְשָׁלוֹם אֶל־הַמֶּלֶךְ וַיֹּאמֶר הִנֵּה־נָא גֹזְזִים
כה לְעַבְדֶּךָ יֵלֶךְ־נָא הַמֶּלֶךְ וַעֲבָדָיו עִם־עַבְדֶּךָ׃ וַיֹּאמֶר הַמֶּלֶךְ אֶל־ כז
אַבְשָׁלוֹם אַל־בְּנִי אַל־נָא נֵלֵךְ כֻּלָּנוּ וְלֹא נִכְבַּד עָלֶיךָ וַיִּפְרָץ־
כו בּוֹ וְלֹא־אָבָה לָלֶכֶת וַיְבָרְכֵהוּ׃ וַיֹּאמֶר אַבְשָׁלוֹם וָלֹא יֵלֶךְ־
נָא אִתָּנוּ אַמְנוֹן אָחִי וַיֹּאמֶר לוֹ הַמֶּלֶךְ לָמָּה יֵלֵךְ עִמָּךְ׃
כז וַיִּפְרָץ־בּוֹ אַבְשָׁלוֹם וַיִּשְׁלַח אִתּוֹ אֶת־אַמְנוֹן וְאֵת כָּל־בְּנֵי
כח הַמֶּלֶךְ׃ וַיְצַו אַבְשָׁלוֹם אֶת־נְעָרָיו לֵאמֹר רְאוּ־
נָא כְּטוֹב לֵב־אַמְנוֹן בַּיַּיִן וְאָמַרְתִּי אֲלֵיכֶם הַכּוּ אֶת־אַמְנוֹן
וַהֲמִתֶּם אֹתוֹ אַל־תִּירָאוּ הֲלוֹא כִּי אָנֹכִי צִוִּיתִי אֶתְכֶם
כט חִזְקוּ וִהְיוּ לִבְנֵי־חָיִל׃ וַיַּעֲשׂוּ נַעֲרֵי אַבְשָׁלוֹם לְאַמְנוֹן כַּאֲשֶׁר
צִוָּה אַבְשָׁלוֹם וַיָּקֻמוּ ׀ כָּל־בְּנֵי הַמֶּלֶךְ וַיִּרְכְּבוּ אִישׁ עַל־
ל פִּרְדּוֹ וַיָּנֻסוּ׃ וַיְהִי הֵמָּה בַדֶּרֶךְ וְהַשְּׁמֻעָה בָאָה אֶל־דָּוִד
לֵאמֹר הִכָּה אַבְשָׁלוֹם אֶת־כָּל־בְּנֵי הַמֶּלֶךְ וְלֹא־נוֹתַר מֵהֶם
לא אֶחָד׃ וַיָּקָם הַמֶּלֶךְ וַיִּקְרַע אֶת־בְּגָדָיו וַיִּשְׁכַּב
לב אָרְצָה וְכָל־עֲבָדָיו נִצָּבִים קְרֻעֵי בְגָדִים׃ וַיַּעַן
יוֹנָדָב ׀ בֶּן־שִׁמְעָה אֲחִי־דָוִד וַיֹּאמֶר אַל־יֹאמַר אֲדֹנִי אֵת כָּל־
הַנְּעָרִים בְּנֵי־הַמֶּלֶךְ הֵמִיתוּ כִּי־אַמְנוֹן לְבַדּוֹ מֵת כִּי־עַל־פִּי
לג אַבְשָׁלוֹם הָיְתָה שִׂימָה מִיּוֹם עַנֹּתוֹ אֵת תָּמָר אֲחֹתוֹ׃ וְעַתָּה שׁוּמָה
אַל־יָשֵׂם אֲדֹנִי הַמֶּלֶךְ אֶל־לִבּוֹ דָּבָר לֵאמֹר כָּל־בְּנֵי הַמֶּלֶךְ מֵתוּ
לד כִּי־אִם־אַמְנוֹן לְבַדּוֹ מֵת׃ וַיִּבְרַח אַבְשָׁלוֹם וַיִּשָּׂא

הַנַּעַר הַצֹּפֶה אֶת־עֵינָו וַיַּרְא וְהִנֵּה עַם־רַב הֹלְכִים מִדֶּרֶךְ
אַחֲרָיו מִצַּד הָהָר׃ וַיֹּאמֶר יוֹנָדָב אֶל־הַמֶּלֶךְ הִנֵּה בְנֵי־הַמֶּלֶךְ לה
בָּאוּ כִּדְבַר עַבְדְּךָ כֵּן הָיָה׃ וַיְהִי ׀ כְּכַלֹּתוֹ לְדַבֵּר וְהִנֵּה בְנֵי־ לו
הַמֶּלֶךְ בָּאוּ וַיִּשְׂאוּ קוֹלָם וַיִּבְכּוּ וְגַם־הַמֶּלֶךְ וְכָל־עֲבָדָיו בָּכוּ בְּכִי
עַמִּיהוּד גָּדוֹל מְאֹד׃ וְאַבְשָׁלוֹם בָּרַח וַיֵּלֶךְ אֶל־תַּלְמַי בֶּן־עמיחור מֶלֶךְ לז
גְּשׁוּר וַיִּתְאַבֵּל עַל־בְּנוֹ כָּל־הַיָּמִים׃ וְאַבְשָׁלוֹם בָּרַח וַיֵּלֶךְ גְּשׁוּר לח
וַיְהִי־שָׁם שָׁלֹשׁ שָׁנִים׃ וַתְּכַל דָּוִד הַמֶּלֶךְ לָצֵאת אֶל־אַבְשָׁלוֹם לט
כִּי־נִחַם עַל־אַמְנוֹן כִּי־מֵת׃ וַיֵּדַע יוֹאָב בֶּן־ יד א
צְרֻיָה כִּי־לֵב הַמֶּלֶךְ עַל־אַבְשָׁלוֹם׃ וַיִּשְׁלַח יוֹאָב תְּקוֹעָה וַיִּקַּח ב
מִשָּׁם אִשָּׁה חֲכָמָה וַיֹּאמֶר אֵלֶיהָ הִתְאַבְּלִי־נָא וְלִבְשִׁי־נָא
בִגְדֵי־אֵבֶל וְאַל־תָּסוּכִי שֶׁמֶן וְהָיִית כְּאִשָּׁה זֶה יָמִים רַבִּים
מִתְאַבֶּלֶת עַל־מֵת׃ וּבָאת אֶל־הַמֶּלֶךְ וְדִבַּרְתְּ אֵלָיו כַּדָּבָר ג
הַזֶּה וַיָּשֶׂם יוֹאָב אֶת־הַדְּבָרִים בְּפִיהָ׃ וַתֹּאמֶר הָאִשָּׁה הַתְּקֹעִית ד
אֶל־הַמֶּלֶךְ וַתִּפֹּל עַל־אַפֶּיהָ אַרְצָה וַתִּשְׁתָּחוּ וַתֹּאמֶר הוֹשִׁעָה
הַמֶּלֶךְ׃ וַיֹּאמֶר־לָהּ הַמֶּלֶךְ מַה־לָּךְ וַתֹּאמֶר ה
אֲבָל אִשָּׁה־אַלְמָנָה אָנִי וַיָּמָת אִישִׁי׃ וּלְשִׁפְחָתְךָ שְׁנֵי בָנִים ו
וַיִּנָּצוּ שְׁנֵיהֶם בַּשָּׂדֶה וְאֵין מַצִּיל בֵּינֵיהֶם וַיַּכּוּ הָאֶחָד אֶת־הָאֶחָד
וַיָּמֶת אֹתוֹ׃ וְהִנֵּה קָמָה כָל־הַמִּשְׁפָּחָה עַל־שִׁפְחָתֶךָ וַיֹּאמְרוּ ז
תְּנִי ׀ אֶת־מַכֵּה אָחִיו וּנְמִתֵהוּ בְּנֶפֶשׁ אָחִיו אֲשֶׁר הָרָג וְנַשְׁמִידָה
שִׂים־ גַּם אֶת־הַיּוֹרֵשׁ וְכִבּוּ אֶת־גַּחַלְתִּי אֲשֶׁר נִשְׁאָרָה לְבִלְתִּי שׂום־
לְאִישִׁי שֵׁם וּשְׁאֵרִית עַל־פְּנֵי הָאֲדָמָה׃ וַיֹּאמֶר ח
הַמֶּלֶךְ אֶל־הָאִשָּׁה לְכִי לְבֵיתֵךְ וַאֲנִי אֲצַוֶּה עָלָיִךְ׃ וַתֹּאמֶר ט
הָאִשָּׁה הַתְּקוֹעִית אֶל־הַמֶּלֶךְ עָלַי אֲדֹנִי הַמֶּלֶךְ הֶעָוֺן וְעַל־בֵּית
אָבִי וְהַמֶּלֶךְ וְכִסְאוֹ נָקִי׃ וַיֹּאמֶר הַמֶּלֶךְ הַמְדַבֵּר י
אֵלַיִךְ וַהֲבֵאתוֹ אֵלַי וְלֹא־יֹסִיף עוֹד לָגַעַת בָּךְ׃ וַתֹּאמֶר יִזְכָּר־ יא
מֵהַרְבַּת נָא הַמֶּלֶךְ אֶת־יְהוָה אֱלֹהֶיךָ מהרבית גֹּאֵל הַדָּם לְשַׁחֵת וְלֹא
יַשְׁמִידוּ אֶת־בְּנִי וַיֹּאמֶר חַי־יְהוָה אִם־יִפֹּל מִשַּׂעֲרַת בְּנֵךְ

יב אַרְצָה: וַתֹּאמֶר הָאִשָּׁה תְּדַבֶּר־נָא שִׁפְחָתְךָ אֶל־אֲדֹנִי הַמֶּלֶךְ
יג דָּבָר וַיֹּאמֶר דַּבֵּרִי: וַתֹּאמֶר הָאִשָּׁה וְלָמָּה
חָשַׁבְתָּה כָּזֹאת עַל־עַם אֱלֹהִים וּמִדַּבֵּר הַמֶּלֶךְ הַדָּבָר הַזֶּה
יד כְּאָשֵׁם לְבִלְתִּי הָשִׁיב הַמֶּלֶךְ אֶת־נִדְּחוֹ: כִּי־מוֹת נָמוּת וְכַמַּיִם
הַנִּגָּרִים אַרְצָה אֲשֶׁר לֹא יֵאָסֵפוּ וְלֹא־יִשָּׂא אֱלֹהִים נֶפֶשׁ וְחָשַׁב
טו מַחֲשָׁבוֹת לְבִלְתִּי יִדַּח מִמֶּנּוּ נִדָּח: וְעַתָּה אֲשֶׁר־בָּאתִי לְדַבֵּר
אֶל־הַמֶּלֶךְ אֲדֹנִי אֶת־הַדָּבָר הַזֶּה כִּי יֵרְאֻנִי הָעָם וַתֹּאמֶר
שִׁפְחָתְךָ אֲדַבְּרָה־נָּא אֶל־הַמֶּלֶךְ אוּלַי יַעֲשֶׂה הַמֶּלֶךְ אֶת־דְּבַר
טז אֲמָתוֹ: כִּי יִשְׁמַע הַמֶּלֶךְ לְהַצִּיל אֶת־אֲמָתוֹ מִכַּף הָאִישׁ
יז לְהַשְׁמִיד אֹתִי וְאֶת־בְּנִי יַחַד מִנַּחֲלַת אֱלֹהִים: וַתֹּאמֶר שִׁפְחָתְךָ
יִהְיֶה־נָּא דְּבַר־אֲדֹנִי הַמֶּלֶךְ לִמְנֻחָה כִּי ׀ כְּמַלְאַךְ הָאֱלֹהִים
כֵּן אֲדֹנִי הַמֶּלֶךְ לִשְׁמֹעַ הַטּוֹב וְהָרָע וַיהוָה אֱלֹהֶיךָ יְהִי
יח עִמָּךְ: וַיַּעַן הַמֶּלֶךְ וַיֹּאמֶר אֶל־הָאִשָּׁה אַל־נָא
תְכַחֲדִי מִמֶּנִּי דָּבָר אֲשֶׁר אָנֹכִי שֹׁאֵל אֹתָךְ וַתֹּאמֶר הָאִשָּׁה
יט יְדַבֶּר־נָא אֲדֹנִי הַמֶּלֶךְ: וַיֹּאמֶר הַמֶּלֶךְ הֲיַד יוֹאָב אִתָּךְ בְּכָל־
זֹאת וַתַּעַן הָאִשָּׁה וַתֹּאמֶר חֵי־נַפְשְׁךָ אֲדֹנִי הַמֶּלֶךְ אִם־אִשׁ ׀
לְהֵמִין וּלְהַשְׂמִיל מִכֹּל אֲשֶׁר־דִּבֶּר אֲדֹנִי הַמֶּלֶךְ כִּי־עַבְדְּךָ יוֹאָב
הוּא צִוָּנִי וְהוּא שָׂם בְּפִי שִׁפְחָתְךָ אֵת כָּל־הַדְּבָרִים הָאֵלֶּה:
כ לְבַעֲבוּר סַבֵּב אֶת־פְּנֵי הַדָּבָר עָשָׂה עַבְדְּךָ יוֹאָב אֶת־הַדָּבָר
הַזֶּה וַאדֹנִי חָכָם כְּחָכְמַת מַלְאַךְ הָאֱלֹהִים לָדַעַת אֶת־כָּל־
כא אֲשֶׁר בָּאָרֶץ: וַיֹּאמֶר הַמֶּלֶךְ אֶל־יוֹאָב הִנֵּה־נָא
עָשִׂיתִי אֶת־הַדָּבָר הַזֶּה וְלֵךְ הָשֵׁב אֶת־הַנַּעַר אֶת־אַבְשָׁלוֹם:
כב וַיִּפֹּל יוֹאָב אֶל־פָּנָיו אַרְצָה וַיִּשְׁתַּחוּ וַיְבָרֶךְ אֶת־הַמֶּלֶךְ וַיֹּאמֶר
יוֹאָב הַיּוֹם יָדַע עַבְדְּךָ כִּי־מָצָאתִי חֵן בְּעֵינֶיךָ אֲדֹנִי הַמֶּלֶךְ
כג אֲשֶׁר־עָשָׂה הַמֶּלֶךְ אֶת־דְּבַר עבדו: וַיָּקָם יוֹאָב וַיֵּלֶךְ גְּשׁוּרָה עַבְדֶּךָ
כד וַיָּבֵא אֶת־אַבְשָׁלוֹם יְרוּשָׁלָם: וַיֹּאמֶר הַמֶּלֶךְ
יִסֹּב אֶל־בֵּיתוֹ וּפָנַי לֹא יִרְאֶה וַיִּסֹּב אַבְשָׁלוֹם אֶל־בֵּיתוֹ וּפְנֵי

כה הַמֶּלֶךְ לֹא רָאָה: וּכְאַבְשָׁלוֹם לֹא־הָיָה אִישׁ־
יָפֶה בְּכָל־יִשְׂרָאֵל לְהַלֵּל מְאֹד מִכַּף רַגְלוֹ וְעַד קָדְקֳדוֹ לֹא־
כו הָיָה בוֹ מוּם: וּבְגַלְּחוֹ אֶת־רֹאשׁוֹ וְהָיָה מִקֵּץ יָמִים ׀ לַיָּמִים
אֲשֶׁר יְגַלֵּחַ כִּי־כָבֵד עָלָיו וְגִלְּחוֹ וְשָׁקַל אֶת־שְׂעַר רֹאשׁוֹ
כז מָאתַיִם שְׁקָלִים בְּאֶבֶן הַמֶּלֶךְ: וַיִּוָּלְדוּ לְאַבְשָׁלוֹם שְׁלוֹשָׁה
בָנִים וּבַת אַחַת וּשְׁמָהּ תָּמָר הִיא הָיְתָה אִשָּׁה יְפַת
כח מַרְאֶה: וַיֵּשֶׁב אַבְשָׁלוֹם בִּירוּשָׁלִַם שְׁנָתַיִם יָמִים
כט וּפְנֵי הַמֶּלֶךְ לֹא רָאָה: וַיִּשְׁלַח אַבְשָׁלוֹם אֶל־יוֹאָב לִשְׁלֹחַ אֹתוֹ
אֶל־הַמֶּלֶךְ וְלֹא אָבָה לָבוֹא אֵלָיו וַיִּשְׁלַח עוֹד שֵׁנִית וְלֹא אָבָה
ל לָבוֹא: וַיֹּאמֶר אֶל־עֲבָדָיו רְאוּ חֶלְקַת יוֹאָב אֶל־יָדִי וְלוֹ־שָׁם
שְׂעֹרִים לְכוּ והוצתיה בָאֵשׁ וַיַּצִּתוּ עַבְדֵי אַבְשָׁלוֹם אֶת־ וְהַצִּיתוּהָ
לא הַחֶלְקָה בָּאֵשׁ: וַיָּקָם יוֹאָב וַיָּבֹא אֶל־אַבְשָׁלוֹם
הַבָּיְתָה וַיֹּאמֶר אֵלָיו לָמָּה הִצִּיתוּ עֲבָדֶיךָ אֶת־הַחֶלְקָה אֲשֶׁר־
לב לִי בָּאֵשׁ: וַיֹּאמֶר אַבְשָׁלוֹם אֶל־יוֹאָב הִנֵּה שָׁלַחְתִּי אֵלֶיךָ ׀
לֵאמֹר בֹּא הֵנָּה וְאֶשְׁלְחָה אֹתְךָ אֶל־הַמֶּלֶךְ לֵאמֹר לָמָּה בָּאתִי
מִגְּשׁוּר טוֹב לִי עֹד אֲנִי־שָׁם וְעַתָּה אֶרְאֶה פְּנֵי הַמֶּלֶךְ וְאִם־יֶשׁ־
לג בִּי עָוֺן וֶהֱמִתָנִי: וַיָּבֹא יוֹאָב אֶל־הַמֶּלֶךְ וַיַּגֶּד־לוֹ וַיִּקְרָא אֶל־ כח
אַבְשָׁלוֹם וַיָּבֹא אֶל־הַמֶּלֶךְ וַיִּשְׁתַּחוּ לוֹ עַל־אַפָּיו אַרְצָה לִפְנֵי
טו א הַמֶּלֶךְ וַיִּשַּׁק הַמֶּלֶךְ לְאַבְשָׁלוֹם: וַיְהִי מֵאַחֲרֵי כֵן
וַיַּעַשׂ לוֹ אַבְשָׁלוֹם מֶרְכָּבָה וְסֻסִים וַחֲמִשִּׁים אִישׁ רָצִים לְפָנָיו:
ב וְהִשְׁכִּים אַבְשָׁלוֹם וְעָמַד עַל־יַד דֶּרֶךְ הַשָּׁעַר וַיְהִי כָּל־הָאִישׁ
אֲשֶׁר־יִהְיֶה־לּוֹ רִיב לָבוֹא אֶל־הַמֶּלֶךְ לַמִּשְׁפָּט וַיִּקְרָא אַבְשָׁלוֹם
אֵלָיו וַיֹּאמֶר אֵי־מִזֶּה עִיר אַתָּה וַיֹּאמֶר מֵאַחַד שִׁבְטֵי־יִשְׂרָאֵל
ג עַבְדֶּךָ: וַיֹּאמֶר אֵלָיו אַבְשָׁלוֹם רְאֵה דְבָרֶךָ טוֹבִים וּנְכֹחִים
ד וְשֹׁמֵעַ אֵין־לְךָ מֵאֵת הַמֶּלֶךְ: וַיֹּאמֶר אַבְשָׁלוֹם מִי־יְשִׂמֵנִי שֹׁפֵט
בָּאָרֶץ וְעָלַי יָבוֹא כָּל־אִישׁ אֲשֶׁר־יִהְיֶה־לּוֹ־רִיב וּמִשְׁפָּט
ה וְהִצְדַּקְתִּיו: וְהָיָה בִּקְרָב־אִישׁ לְהִשְׁתַּחֲוֺת לוֹ וְשָׁלַח אֶת־יָדוֹ

ו וְהֶחֱזִיק לוֹ וְנָשַׁק לוֹ׃ וַיַּעַשׂ אַבְשָׁלוֹם כַּדָּבָר הַזֶּה לְכָל־
יִשְׂרָאֵל אֲשֶׁר־יָבֹאוּ לַמִּשְׁפָּט אֶל־הַמֶּלֶךְ וַיְגַנֵּב אַבְשָׁלוֹם אֶת־
ז לֵב אַנְשֵׁי יִשְׂרָאֵל׃ וַיְהִי מִקֵּץ אַרְבָּעִים שָׁנָה
וַיֹּאמֶר אַבְשָׁלוֹם אֶל־הַמֶּלֶךְ אֵלְכָה נָּא וַאֲשַׁלֵּם אֶת־נִדְרִי
ח אֲשֶׁר־נָדַרְתִּי לַיהוָה בְּחֶבְרוֹן׃ כִּי־נֵדֶר נָדַר עַבְדְּךָ בְּשִׁבְתִּי
בִגְשׁוּר בַּאֲרָם לֵאמֹר אִם־ישיב יְשִׁיבֵנִי יְהוָה יְרוּשָׁלִַם יָשׁוֹב
ט וְעָבַדְתִּי אֶת־יְהוָה׃ וַיֹּאמֶר־לוֹ הַמֶּלֶךְ לֵךְ בְּשָׁלוֹם וַיָּקָם וַיֵּלֶךְ
י חֶבְרוֹנָה׃ וַיִּשְׁלַח אַבְשָׁלוֹם מְרַגְּלִים בְּכָל־שִׁבְטֵי
יִשְׂרָאֵל לֵאמֹר כְּשָׁמְעֲכֶם אֶת־קוֹל הַשֹּׁפָר וַאֲמַרְתֶּם מָלַךְ
יא אַבְשָׁלוֹם בְּחֶבְרוֹן׃ וְאֶת־אַבְשָׁלוֹם הָלְכוּ מָאתַיִם אִישׁ
יב מִירוּשָׁלִַם קְרֻאִים וְהֹלְכִים לְתֻמָּם וְלֹא יָדְעוּ כָּל־דָּבָר׃ וַיִּשְׁלַח
אַבְשָׁלוֹם אֶת־אֲחִיתֹפֶל הַגִּילֹנִי יוֹעֵץ דָּוִד מֵעִירוֹ מִגִּלֹה בְּזָבְחוֹ
אֶת־הַזְּבָחִים וַיְהִי הַקֶּשֶׁר אַמִּץ וְהָעָם הוֹלֵךְ וָרָב אֶת־
יג אַבְשָׁלוֹם׃ וַיָּבֹא הַמַּגִּיד אֶל־דָּוִד לֵאמֹר הָיָה לֶב־אִישׁ יִשְׂרָאֵל
יד אַחֲרֵי אַבְשָׁלוֹם׃ וַיֹּאמֶר דָּוִד לְכָל־עֲבָדָיו אֲשֶׁר־אִתּוֹ בִירוּשָׁלִַם
דוד בורח מאבשלום תהלים ג
קוּמוּ וְנִבְרָחָה כִּי לֹא־תִהְיֶה־לָּנוּ פְלֵיטָה מִפְּנֵי אַבְשָׁלֹם מַהֲרוּ
לָלֶכֶת פֶּן־יְמַהֵר וְהִשִּׂגֻנוּ וְהִדִּיחַ עָלֵינוּ אֶת־הָרָעָה וְהִכָּה הָעִיר
טו לְפִי־חָרֶב׃ וַיֹּאמְרוּ עַבְדֵי־הַמֶּלֶךְ אֶל־הַמֶּלֶךְ כְּכֹל אֲשֶׁר־יִבְחַר
טז אֲדֹנִי הַמֶּלֶךְ הִנֵּה עֲבָדֶיךָ׃ וַיֵּצֵא הַמֶּלֶךְ וְכָל־בֵּיתוֹ בְּרַגְלָיו וַיַּעֲזֹב
יז הַמֶּלֶךְ אֵת עֶשֶׂר נָשִׁים פִּלַגְשִׁים לִשְׁמֹר הַבָּיִת׃ וַיֵּצֵא הַמֶּלֶךְ וְכָל־
יח הָעָם בְּרַגְלָיו וַיַּעַמְדוּ בֵּית הַמֶּרְחָק׃ וְכָל־עֲבָדָיו עֹבְרִים עַל־יָדוֹ
וְכָל־הַכְּרֵתִי וְכָל־הַפְּלֵתִי וְכָל־הַגִּתִּים שֵׁשׁ־מֵאוֹת אִישׁ אֲשֶׁר־
יט בָּאוּ בְרַגְלוֹ מִגַּת עֹבְרִים עַל־פְּנֵי הַמֶּלֶךְ׃ וַיֹּאמֶר
הַמֶּלֶךְ אֶל־אִתַּי הַגִּתִּי לָמָּה תֵלֵךְ גַּם־אַתָּה אִתָּנוּ שׁוּב וְשֵׁב
כ עִם־הַמֶּלֶךְ כִּי־נָכְרִי אַתָּה וְגַם־גֹּלֶה אַתָּה לִמְקוֹמֶךָ׃ תְּמוֹל ׀
בּוֹאֶךָ וְהַיּוֹם אנועך עִמָּנוּ לָלֶכֶת וַאֲנִי הוֹלֵךְ עַל אֲשֶׁר־אֲנִי הוֹלֵךְ אֲנִיעֲךָ
כא שׁוּב וְהָשֵׁב אֶת־אַחֶיךָ עִמָּךְ חֶסֶד וֶאֱמֶת׃ וַיַּעַן אִתַּי אֶת־הַמֶּלֶךְ

וַיֹּאמַר חַי־יהוה וְחֵי אֲדֹנִי הַמֶּלֶךְ כִּי אִם בִּמְקוֹם אֲשֶׁר יִהְיֶה־
שָּׁם ׀ אֲדֹנִי הַמֶּלֶךְ אִם־לְמָוֶת אִם־לְחַיִּים כִּי־שָׁם יִהְיֶה עַבְדֶּךָ׃
כב וַיֹּאמֶר דָּוִד אֶל־אִתַּי לֵךְ וַעֲבֹר וַיַּעֲבֹר אִתַּי הַגִּתִּי וְכָל־אֲנָשָׁיו
כג וְכָל־הַטַּף אֲשֶׁר אִתּוֹ׃ וְכָל־הָאָרֶץ בּוֹכִים קוֹל גָּדוֹל וְכָל־הָעָם
עֹבְרִים וְהַמֶּלֶךְ עֹבֵר בְּנַחַל קִדְרוֹן וְכָל־הָעָם עֹבְרִים עַל־פְּנֵי דֶרֶךְ
כד אֶת־הַמִּדְבָּר׃ וְהִנֵּה גַם־צָדוֹק וְכָל־הַלְוִיִּם אִתּוֹ נֹשְׂאִים אֶת־
אֲרוֹן בְּרִית הָאֱלֹהִים וַיַּצִּקוּ אֶת־אֲרוֹן הָאֱלֹהִים וַיַּעַל אֶבְיָתָר
כה עַד־תֹּם כָּל־הָעָם לַעֲבוֹר מִן־הָעִיר׃ וַיֹּאמֶר
הַמֶּלֶךְ לְצָדוֹק הָשֵׁב אֶת־אֲרוֹן הָאֱלֹהִים הָעִיר אִם־אֶמְצָא
כו חֵן בְּעֵינֵי יהוה וֶהֱשִׁבַנִי וְהִרְאַנִי אֹתוֹ וְאֶת־נָוֵהוּ׃ וְאִם
כֹּה יֹאמַר לֹא חָפַצְתִּי בָּךְ הִנְנִי יַעֲשֶׂה־לִּי כַּאֲשֶׁר טוֹב
כז בְּעֵינָיו׃ וַיֹּאמֶר הַמֶּלֶךְ אֶל־צָדוֹק הַכֹּהֵן הֲרוֹאֶה
אַתָּה שֻׁבָה הָעִיר בְּשָׁלוֹם וַאֲחִימַעַץ בִּנְךָ וִיהוֹנָתָן בֶּן־אֶבְיָתָר
בְּעַרְבוֹת כח שְׁנֵי בְנֵיכֶם אִתְּכֶם׃ רְאוּ אָנֹכִי מִתְמַהְמֵהַּ בעברות הַמִּדְבָּר
כט עַד בּוֹא דָבָר מֵעִמָּכֶם לְהַגִּיד לִי׃ וַיָּשֶׁב צָדוֹק וְאֶבְיָתָר אֶת־
ל אֲרוֹן הָאֱלֹהִים יְרוּשָׁלִָם וַיֵּשְׁבוּ שָׁם׃ וְדָוִד עֹלֶה בְמַעֲלֵה הַזֵּיתִים
עֹלֶה ׀ וּבוֹכֶה וְרֹאשׁ לוֹ חָפוּי וְהוּא הֹלֵךְ יָחֵף וְכָל־הָעָם אֲשֶׁר־
לא אִתּוֹ חָפוּ אִישׁ רֹאשׁוֹ וְעָלוּ עָלֹה וּבָכֹה׃ וְדָוִד הִגִּיד לֵאמֹר
אֲחִיתֹפֶל בַּקֹּשְׁרִים עִם־אַבְשָׁלוֹם וַיֹּאמֶר דָּוִד סַכֶּל־נָא אֶת־
לב עֲצַת אֲחִיתֹפֶל יהוה׃ וַיְהִי דָוִד בָּא עַד־הָרֹאשׁ אֲשֶׁר־יִשְׁתַּחֲוֶה
שָׁם לֵאלֹהִים וְהִנֵּה לִקְרָאתוֹ חוּשַׁי הָאַרְכִּי קָרוּעַ כֻּתָּנְתּוֹ
לג וַאֲדָמָה עַל־רֹאשׁוֹ׃ וַיֹּאמֶר לוֹ דָּוִד אִם עָבַרְתָּ אִתִּי וְהָיִתָ עָלַי
לד לְמַשָּׂא׃ וְאִם־הָעִיר תָּשׁוּב וְאָמַרְתָּ לְאַבְשָׁלוֹם עַבְדְּךָ אֲנִי
הַמֶּלֶךְ אֶהְיֶה עֶבֶד אָבִיךָ וַאֲנִי מֵאָז וְעַתָּה וַאֲנִי עַבְדֶּךָ וְהֵפַרְתָּה
לה לִי אֵת עֲצַת אֲחִיתֹפֶל׃ וַהֲלוֹא עִמְּךָ שָׁם צָדוֹק וְאֶבְיָתָר
הַכֹּהֲנִים וְהָיָה כָּל־הַדָּבָר אֲשֶׁר תִּשְׁמַע מִבֵּית הַמֶּלֶךְ תַּגִּיד
לו לְצָדוֹק וּלְאֶבְיָתָר הַכֹּהֲנִים׃ הִנֵּה־שָׁם עִמָּם שְׁנֵי בְנֵיהֶם אֲחִימַעַץ

לְצָד֔וֹק וִיהוֹנָתָ֖ן לְאֶבְיָתָ֑ר וּשְׁלַחְתֶּ֤ם בְּיָדָם֙ אֵלַ֔י כָּל־דָּבָ֖ר
לז אֲשֶׁ֥ר תִּשְׁמָֽעוּ׃ וַיָּבֹ֥א חוּשַׁ֛י רֵעֵ֥ה דָוִ֖ד הָעִ֑יר וְאַבְשָׁל֕וֹם יָב֖וֹא כט
טז א יְרוּשָׁלִָֽם׃ וְדָוִ֗ד עָבַ֤ר מְעַט֙ מֵֽהָרֹ֔אשׁ וְהִנֵּ֥ה צִיבָ֛א
נַ֥עַר מְפִיבֹ֖שֶׁת לִקְרָאת֑וֹ וְצֶ֨מֶד חֲמֹרִ֜ים חֲבֻשִׁ֗ים וַעֲלֵיהֶם֩ מָאתַ֨יִם
ב לֶ֜חֶם וּמֵאָ֧ה צִמּוּקִ֛ים וּמֵ֥אָה קַ֖יִץ וְנֵ֥בֶל יָֽיִן׃ וַיֹּ֧אמֶר הַמֶּ֛לֶךְ אֶל־
צִיבָ֖א מָה־אֵ֣לֶּה לָּ֑ךְ וַיֹּ֣אמֶר צִ֠יבָא הַחֲמוֹרִ֨ים לְבֵית־הַמֶּ֜לֶךְ
לִרְכֹּ֗ב ולהלחם וְהַקַּ֙יִץ֙ לֶאֱכ֣וֹל הַנְּעָרִ֔ים וְהַיַּ֕יִן לִשְׁתּ֥וֹת הַיָּעֵ֖ף וְהַלֶּ֫חֶם
ג בַּמִּדְבָּֽר׃ וַיֹּ֣אמֶר הַמֶּ֔לֶךְ וְאַיֵּ֖ה בֶּן־אֲדֹנֶ֑יךָ וַיֹּ֨אמֶר צִיבָ֜א אֶל־
הַמֶּ֗לֶךְ הִנֵּה֙ יוֹשֵׁ֣ב בִּירוּשָׁלִַ֔ם כִּ֣י אָמַ֔ר הַיּ֗וֹם יָשִׁ֤יבוּ לִי֙ בֵּ֣ית יִשְׂרָאֵ֔ל
ד אֵ֖ת מַמְלְכ֥וּת אָבִֽי׃ וַיֹּ֤אמֶר הַמֶּ֙לֶךְ֙ לְצִבָ֔א הִנֵּ֣ה לְךָ֔ כֹּ֖ל אֲשֶׁ֣ר
לִמְפִיבֹ֑שֶׁת וַיֹּ֤אמֶר צִיבָא֙ הִשְׁתַּחֲוֵ֔יתִי אֶמְצָא־חֵ֥ן בְּעֵינֶ֖יךָ אֲדֹנִ֥י
ה הַמֶּֽלֶךְ׃ וּבָ֛א הַמֶּ֥לֶךְ דָּוִ֖ד עַד־בַּחוּרִ֑ים וְהִנֵּ֣ה מִשָּׁם֩ אִ֨ישׁ יוֹצֵ֜א
מִמִּשְׁפַּ֣חַת בֵּית־שָׁא֗וּל וּשְׁמוֹ֙ שִׁמְעִ֣י בֶן־גֵּרָ֔א יֹצֵ֥א יָצ֖וֹא
ו וּמְקַלֵּֽל׃ וַיְסַקֵּ֤ל בָּאֲבָנִים֙ אֶת־דָּוִ֔ד וְאֶת־כָּל־עַבְדֵ֖י הַמֶּ֣לֶךְ דָּוִ֑ד
ז וְכָל־הָעָם֙ וְכָל־הַגִּבֹּרִ֔ים מִימִינ֖וֹ וּמִשְּׂמֹאלֽוֹ׃ וְכֹֽה־אָמַ֥ר שִׁמְעִ֖י
ח בְּקַֽלְל֑וֹ צֵ֤א צֵא֙ אִ֣ישׁ הַדָּמִ֔ים וְאִ֖ישׁ הַבְּלִיָּֽעַל׃ הֵשִׁיב֩ עָלֶ֨יךָ יְהוָ֜ה
כֹּ֣ל ׀ דְּמֵ֣י בֵית־שָׁא֗וּל אֲשֶׁ֤ר מָלַ֙כְתָּ֙ תַּחְתָּ֔ו וַיִּתֵּ֤ן יְהוָה֙ אֶת־
הַמְּלוּכָ֔ה בְּיַ֖ד אַבְשָׁל֣וֹם בְּנֶ֑ךָ וְהִנְּךָ֙ בְּרָ֣עָתֶ֔ךָ כִּ֛י אִ֥ישׁ דָּמִ֖ים
ט אָֽתָּה׃ וַיֹּ֨אמֶר אֲבִישַׁ֤י בֶן־צְרוּיָה֙ אֶל־הַמֶּ֔לֶךְ לָ֣מָּה יְקַלֵּ֗ל
הַכֶּ֤לֶב הַמֵּת֙ הַזֶּ֔ה אֶת־אֲדֹנִ֖י הַמֶּ֑לֶךְ אֶעְבְּרָה־נָּ֖א וְאָסִ֥ירָה אֶת־
י רֹאשֽׁוֹ׃ וַיֹּ֣אמֶר הַמֶּ֔לֶךְ מַה־לִּ֥י וְלָכֶ֖ם בְּנֵ֣י צְרֻיָ֑ה
כי יְקַלֵּ֗ל וכי יְהוָה֙ אָ֤מַר לוֹ֙ קַלֵּ֣ל אֶת־דָּוִ֔ד וּמִ֥י יֹאמַ֖ר מַדּ֖וּעַ כֹּ֣ה כִּ֔י
יא עָשִׂ֥יתָה כֵּֽן׃ וַיֹּ֨אמֶר דָּוִ֤ד אֶל־אֲבִישַׁי֙ וְאֶל־כָּל־
עֲבָדָ֔יו הִנֵּ֥ה בְנִ֛י אֲשֶׁר־יָצָ֥א מִמֵּעַ֖י מְבַקֵּ֣שׁ אֶת־נַפְשִׁ֑י וְאַף֙ כִּֽי־
יב עַתָּ֣ה בֶּן־הַיְמִינִ֔י הַנִּ֤חוּ לוֹ֙ וִֽיקַלֵּ֔ל כִּ֥י אָֽמַר־ל֖וֹ יְהוָֽה׃ אוּלַ֛י יִרְאֶ֥ה
יְהוָ֖ה בעוני וְהֵשִׁ֨יב יְהוָ֥ה לִי֙ טוֹבָ֔ה תַּ֥חַת קִלְלָת֖וֹ הַיּ֥וֹם הַזֶּֽה׃ בְּעֵינִ֔י
יג וַיֵּ֧לֶךְ דָּוִ֛ד וַאֲנָשָׁ֖יו בַּדָּ֑רֶךְ וְשִׁמְעִ֗י הֹלֵ֨ךְ בְּצֵ֤לַע

הָהָר לְעֻמָּתוֹ הָלוֹךְ וַיְקַלֵּל וַיְסַקֵּל בָּאֲבָנִים לְעֻמָּתוֹ וְעִפַּר
בֶּעָפָר: וַיָּבֹא הַמֶּלֶךְ וְכָל־הָעָם אֲשֶׁר־אִתּוֹ יד
עֲיֵפִים וַיִּנָּפֵשׁ שָׁם: וְאַבְשָׁלוֹם וְכָל־הָעָם אִישׁ יִשְׂרָאֵל בָּאוּ טו
יְרוּשָׁלִָם וַאֲחִיתֹפֶל אִתּוֹ: וַיְהִי כַּאֲשֶׁר־בָּא חוּשַׁי הָאַרְכִּי רֵעֶה טז
דָוִד אֶל־אַבְשָׁלוֹם וַיֹּאמֶר חוּשַׁי אֶל־אַבְשָׁלוֹם יְחִי הַמֶּלֶךְ יְחִי
הַמֶּלֶךְ: וַיֹּאמֶר אַבְשָׁלוֹם אֶל־חוּשַׁי זֶה חַסְדְּךָ אֶת־רֵעֶךָ לָמָּה יז
לֹא־הָלַכְתָּ אֶת־רֵעֶךָ: וַיֹּאמֶר חוּשַׁי אֶל־אַבְשָׁלֹם לֹא כִּי אֲשֶׁר יח
לוֹ בָּחַר יהוה וְהָעָם הַזֶּה וְכָל־אִישׁ יִשְׂרָאֵל לֹא אֶהְיֶה וְאִתּוֹ
אֵשֵׁב: וְהַשֵּׁנִית לְמִי אֲנִי אֶעֱבֹד הֲלוֹא לִפְנֵי בְנוֹ כַּאֲשֶׁר עָבַדְתִּי יט
לִפְנֵי אָבִיךָ כֵּן אֶהְיֶה לְפָנֶיךָ: וַיֹּאמֶר אַבְשָׁלוֹם כ
אֶל־אֲחִיתֹפֶל הָבוּ לָכֶם עֵצָה מַה־נַּעֲשֶׂה: וַיֹּאמֶר אֲחִיתֹפֶל כא
אֶל־אַבְשָׁלֹם בּוֹא אֶל־פִּלַגְשֵׁי אָבִיךָ אֲשֶׁר הִנִּיחַ לִשְׁמוֹר הַבָּיִת
וְשָׁמַע כָּל־יִשְׂרָאֵל כִּי־נִבְאַשְׁתָּ אֶת־אָבִיךָ וְחָזְקוּ יְדֵי כָּל־אֲשֶׁר
אִתָּךְ: וַיַּטּוּ לְאַבְשָׁלוֹם הָאֹהֶל עַל־הַגָּג וַיָּבֹא אַבְשָׁלוֹם אֶל־ כב
פִּלַגְשֵׁי אָבִיו לְעֵינֵי כָּל־יִשְׂרָאֵל: וַעֲצַת אֲחִיתֹפֶל אֲשֶׁר יָעַץ כג
אִישׁ בַּיָּמִים הָהֵם כַּאֲשֶׁר יִשְׁאַל־ בִּדְבַר הָאֱלֹהִים כֵּן כָּל־עֲצַת
אֲחִיתֹפֶל גַּם־לְדָוִד גַּם־לְאַבְשָׁלֹם: וַיֹּאמֶר א יז
אֲחִיתֹפֶל אֶל־אַבְשָׁלֹם אֶבְחֲרָה נָּא שְׁנֵים־עָשָׂר אֶלֶף אִישׁ
וְאָקוּמָה וְאֶרְדְּפָה אַחֲרֵי־דָוִד הַלָּיְלָה: וְאָבוֹא עָלָיו וְהוּא יָגֵעַ ב
וּרְפֵה יָדַיִם וְהַחֲרַדְתִּי אֹתוֹ וְנָס כָּל־הָעָם אֲשֶׁר־אִתּוֹ וְהִכֵּיתִי
אֶת־הַמֶּלֶךְ לְבַדּוֹ: וְאָשִׁיבָה כָל־הָעָם אֵלֶיךָ כְּשׁוּב הַכֹּל הָאִישׁ ג
אֲשֶׁר אַתָּה מְבַקֵּשׁ כָּל־הָעָם יִהְיֶה שָׁלוֹם: וַיִּישַׁר הַדָּבָר בְּעֵינֵי ד
אַבְשָׁלֹם וּבְעֵינֵי כָּל־זִקְנֵי יִשְׂרָאֵל: וַיֹּאמֶר ה
אַבְשָׁלוֹם קְרָא נָא גַּם לְחוּשַׁי הָאַרְכִּי וְנִשְׁמְעָה מַה־בְּפִיו גַּם־
הוּא: וַיָּבֹא חוּשַׁי אֶל־אַבְשָׁלוֹם וַיֹּאמֶר אַבְשָׁלוֹם אֵלָיו לֵאמֹר ו
כַּדָּבָר הַזֶּה דִּבֶּר אֲחִיתֹפֶל הֲנַעֲשֶׂה אֶת־דְּבָרוֹ אִם־אַיִן אַתָּה
דַבֵּר: וַיֹּאמֶר חוּשַׁי אֶל־אַבְשָׁלוֹם לֹא־טוֹבָה ז

ביאת אבשלום
אל פילגשי אביו
לעיני ישראל
שמ"ב יב, יא–יב

ח הָעֵצָה אֲשֶׁר־יָעַץ אֲחִיתֹפֶל בַּפַּעַם הַזֹּאת׃ וַיֹּאמֶר חוּשַׁי אַתָּה
יָדַעְתָּ אֶת־אָבִיךָ וְאֶת־אֲנָשָׁיו כִּי גִבֹּרִים הֵמָּה וּמָרֵי נֶפֶשׁ הֵמָּה
כְּדֹב שַׁכּוּל בַּשָּׂדֶה וְאָבִיךָ אִישׁ מִלְחָמָה וְלֹא יָלִין אֶת־הָעָם׃
ט הִנֵּה עַתָּה הוּא־נֶחְבָּא בְּאַחַת הַפְּחָתִים אוֹ בְּאַחַד הַמְּקוֹמֹת
וְהָיָה כִּנְפֹל בָּהֶם בַּתְּחִלָּה וְשָׁמַע הַשֹּׁמֵעַ וְאָמַר הָיְתָה מַגֵּפָה
י בָּעָם אֲשֶׁר אַחֲרֵי אַבְשָׁלֹם׃ וְהוּא גַם־בֶּן־חַיִל אֲשֶׁר לִבּוֹ כְּלֵב
הָאַרְיֵה הִמֵּס יִמָּס כִּי־יֹדֵעַ כָּל־יִשְׂרָאֵל כִּי־גִבּוֹר אָבִיךָ וּבְנֵי־
יא חַיִל אֲשֶׁר אִתּוֹ׃ כִּי יָעַצְתִּי הֵאָסֹף יֵאָסֵף עָלֶיךָ כָל־יִשְׂרָאֵל מִדָּן
וְעַד־בְּאֵר שֶׁבַע כַּחוֹל אֲשֶׁר־עַל־הַיָּם לָרֹב וּפָנֶיךָ הֹלְכִים
יב בַּקְרָב׃ וּבָאנוּ אֵלָיו באחת הַמְּקוֹמֹת אֲשֶׁר נִמְצָא שָׁם וְנַחְנוּ בְּאַחַד
עָלָיו כַּאֲשֶׁר יִפֹּל הַטַּל עַל־הָאֲדָמָה וְלֹא־נוֹתַר בּוֹ וּבְכָל־
יג הָאֲנָשִׁים אֲשֶׁר־אִתּוֹ גַּם־אֶחָד׃ וְאִם־אֶל־עִיר יֵאָסֵף וְהִשִּׂיאוּ
כָל־יִשְׂרָאֵל אֶל־הָעִיר הַהִיא חֲבָלִים וְסָחַבְנוּ אֹתוֹ עַד־הַנַּחַל
יד עַד אֲשֶׁר־לֹא־נִמְצָא שָׁם גַּם־צְרוֹר׃ וַיֹּאמֶר
אַבְשָׁלוֹם וְכָל־אִישׁ יִשְׂרָאֵל טוֹבָה עֲצַת חוּשַׁי הָאַרְכִּי
מֵעֲצַת אֲחִיתֹפֶל וַיהוָה צִוָּה לְהָפֵר אֶת־עֲצַת
אֲחִיתֹפֶל הַטּוֹבָה לְבַעֲבוּר הָבִיא יְהוָה אֶל־אַבְשָׁלוֹם אֶת־
טו הָרָעָה׃ וַיֹּאמֶר חוּשַׁי אֶל־צָדוֹק וְאֶל־אֶבְיָתָר
הַכֹּהֲנִים כָּזֹאת וְכָזֹאת יָעַץ אֲחִיתֹפֶל אֶת־אַבְשָׁלֹם וְאֵת זִקְנֵי
טז יִשְׂרָאֵל וְכָזֹאת וְכָזֹאת יָעַצְתִּי אָנִי׃ וְעַתָּה שִׁלְחוּ מְהֵרָה וְהַגִּידוּ
לְדָוִד לֵאמֹר אַל־תָּלֶן הַלַּיְלָה בְּעַרְבוֹת הַמִּדְבָּר וְגַם עָבוֹר
יז תַּעֲבוֹר פֶּן יְבֻלַּע לַמֶּלֶךְ וּלְכָל־הָעָם אֲשֶׁר אִתּוֹ׃ וִיהוֹנָתָן
וַאֲחִימַעַץ עֹמְדִים בְּעֵין־רֹגֵל וְהָלְכָה הַשִּׁפְחָה וְהִגִּידָה לָהֶם וְהֵם
יֵלְכוּ וְהִגִּידוּ לַמֶּלֶךְ דָּוִד כִּי לֹא יוּכְלוּ לְהֵרָאוֹת לָבוֹא הָעִירָה׃
יח וַיַּרְא אֹתָם נַעַר וַיַּגֵּד לְאַבְשָׁלֹם וַיֵּלְכוּ שְׁנֵיהֶם מְהֵרָה וַיָּבֹאוּ
יט אֶל־בֵּית־אִישׁ בְּבַחֻרִים וְלוֹ בְאֵר בַּחֲצֵרוֹ וַיֵּרְדוּ שָׁם׃ וַתִּקַּח
הָאִשָּׁה וַתִּפְרֹשׂ אֶת־הַמָּסָךְ עַל־פְּנֵי הַבְּאֵר וַתִּשְׁטַח עָלָיו

ל הָרְפוּת וְלֹא נוֹדַע דָּבָר: וַיָּבֹאוּ עַבְדֵי אַבְשָׁלוֹם אֶל־ כ
הָאִשָּׁה הַבַּיְתָה וַיֹּאמְרוּ אַיֵּה אֲחִימַעַץ וִיהוֹנָתָן וַתֹּאמֶר לָהֶם
הָאִשָּׁה עָבְרוּ מִיכַל הַמָּיִם וַיְבַקְשׁוּ וְלֹא מָצָאוּ וַיָּשֻׁבוּ
יְרוּשָׁלִָם: וַיְהִי ׀ אַחֲרֵי לֶכְתָּם וַיַּעֲלוּ מֵהַבְּאֵר כא
וַיֵּלְכוּ וַיַּגִּדוּ לַמֶּלֶךְ דָּוִד וַיֹּאמְרוּ אֶל־דָּוִד קוּמוּ וְעִבְרוּ מְהֵרָה
אֶת־הַמַּיִם כִּי־כָכָה יָעַץ עֲלֵיכֶם אֲחִיתֹפֶל: וַיָּקָם דָּוִד וְכָל־הָעָם כב
אֲשֶׁר אִתּוֹ וַיַּעַבְרוּ אֶת־הַיַּרְדֵּן עַד־אוֹר הַבֹּקֶר עַד־אַחַד
לֹא נֶעְדָּר אֲשֶׁר לֹא־עָבַר אֶת־הַיַּרְדֵּן: וַאֲחִיתֹפֶל רָאָה כִּי כג
לֹא נֶעֶשְׂתָה עֲצָתוֹ וַיַּחֲבֹשׁ אֶת־הַחֲמוֹר וַיָּקָם וַיֵּלֶךְ אֶל־
בֵּיתוֹ אֶל־עִירוֹ וַיְצַו אֶל־בֵּיתוֹ וַיֵּחָנַק וַיָּמָת וַיִּקָּבֵר בְּקֶבֶר
אָבִיו: וְדָוִד בָּא מַחֲנָיְמָה וְאַבְשָׁלֹם עָבַר אֶת־ כד
הַיַּרְדֵּן הוּא וְכָל־אִישׁ יִשְׂרָאֵל עִמּוֹ: וְאֶת־עֲמָשָׂא שָׂם אַבְשָׁלֹם כה
תַּחַת יוֹאָב עַל־הַצָּבָא וַעֲמָשָׂא בֶן־אִישׁ וּשְׁמוֹ יִתְרָא הַיִּשְׂרְאֵלִי
אֲשֶׁר־בָּא אֶל־אֲבִיגַל בַּת־נָחָשׁ אֲחוֹת צְרוּיָה אֵם יוֹאָב: וַיִּחַן כו
יִשְׂרָאֵל וְאַבְשָׁלֹם אֶרֶץ הַגִּלְעָד: וַיְהִי כְּבוֹא דָוִד כז
מַחֲנָיְמָה וְשֹׁבִי בֶן־נָחָשׁ מֵרַבַּת בְּנֵי־עַמּוֹן וּמָכִיר בֶּן־עַמִּיאֵל
מִלֹּא דְבָר וּבַרְזִלַּי הַגִּלְעָדִי מֵרֹגְלִים: מִשְׁכָּב וְסַפּוֹת וּכְלִי יוֹצֵר כח
וְחִטִּים וּשְׂעֹרִים וְקֶמַח וְקָלִי וּפוֹל וַעֲדָשִׁים וְקָלִי: וּדְבַשׁ וְחֶמְאָה כט
וְצֹאן וּשְׁפוֹת בָּקָר הִגִּישׁוּ לְדָוִד וְלָעָם אֲשֶׁר־אִתּוֹ לֶאֱכוֹל כִּי
אָמְרוּ הָעָם רָעֵב וְעָיֵף וְצָמֵא בַּמִּדְבָּר: וַיִּפְקֹד דָּוִד אֶת־הָעָם א יח
אֲשֶׁר אִתּוֹ וַיָּשֶׂם עֲלֵיהֶם שָׂרֵי אֲלָפִים וְשָׂרֵי מֵאוֹת: וַיְשַׁלַּח דָּוִד ב
אֶת־הָעָם הַשְּׁלִשִׁית בְּיַד־יוֹאָב וְהַשְּׁלִשִׁית בְּיַד אֲבִישַׁי בֶּן־צְרוּיָה
אֲחִי יוֹאָב וְהַשְּׁלִשִׁת בְּיַד אִתַּי הַגִּתִּי וַיֹּאמֶר
הַמֶּלֶךְ אֶל־הָעָם יָצֹא אֵצֵא גַּם־אֲנִי עִמָּכֶם: וַיֹּאמֶר הָעָם לֹא ג
תֵצֵא כִּי אִם־נֹס נָנוּס לֹא־יָשִׂימוּ אֵלֵינוּ לֵב וְאִם־יָמֻתוּ חֶצְיֵנוּ
לֹא־יָשִׂימוּ אֵלֵינוּ לֵב כִּי־עַתָּה כָמֹנוּ עֲשָׂרָה אֲלָפִים וְעַתָּה טוֹב
לַעְזוֹר כִּי־תִהְיֶה־לָּנוּ מֵעִיר לעזיר: וַיֹּאמֶר אֲלֵיהֶם ד

ייחוסו של עמשא דה"א ב, יז

הַמֶּלֶךְ אֲשֶׁר־יִיטַב בְּעֵינֵיכֶם אֶעֱשֶׂה וַיַּעֲמֹד הַמֶּלֶךְ אֶל־יַד
ה הַשַּׁעַר וְכָל־הָעָם יָצְאוּ לְמֵאוֹת וְלַאֲלָפִים: וַיְצַו הַמֶּלֶךְ אֶת־
יוֹאָב וְאֶת־אֲבִישַׁי וְאֶת־אִתַּי לֵאמֹר לְאַט־לִי לַנַּעַר לְאַבְשָׁלוֹם
וְכָל־הָעָם שָׁמְעוּ בְּצַוֺּת הַמֶּלֶךְ אֶת־כָּל־הַשָּׂרִים עַל־דְּבַר
ו אַבְשָׁלוֹם: וַיֵּצֵא הָעָם הַשָּׂדֶה לִקְרַאת יִשְׂרָאֵל וַתְּהִי הַמִּלְחָמָה
ז בְּיַעַר אֶפְרָיִם: וַיִּנָּגְפוּ שָׁם עַם יִשְׂרָאֵל לִפְנֵי עַבְדֵי דָוִד וַתְּהִי־
ח שָׁם הַמַּגֵּפָה גְדוֹלָה בַּיּוֹם הַהוּא עֶשְׂרִים אָלֶף: וַתְּהִי־שָׁם
הַמִּלְחָמָה נפצות עַל־פְּנֵי כָל־הָאָרֶץ וַיֶּרֶב הַיַּעַר לֶאֱכֹל בָּעָם נָפוֹצֶת
ט מֵאֲשֶׁר אָכְלָה הַחֶרֶב בַּיּוֹם הַהוּא: וַיִּקָּרֵא אַבְשָׁלוֹם לִפְנֵי עַבְדֵי
דָוִד וְאַבְשָׁלוֹם רֹכֵב עַל־הַפֶּרֶד וַיָּבֹא הַפֶּרֶד תַּחַת שׂוֹבֶךְ הָאֵלָה
הַגְּדוֹלָה וַיֶּחֱזַק רֹאשׁוֹ בָאֵלָה וַיֻּתַּן בֵּין הַשָּׁמַיִם וּבֵין הָאָרֶץ
י וְהַפֶּרֶד אֲשֶׁר־תַּחְתָּיו עָבָר: וַיַּרְא אִישׁ אֶחָד וַיַּגֵּד לְיוֹאָב וַיֹּאמֶר
יא הִנֵּה רָאִיתִי אֶת־אַבְשָׁלֹם תָּלוּי בָּאֵלָה: וַיֹּאמֶר יוֹאָב לָאִישׁ
הַמַּגִּיד לוֹ וְהִנֵּה רָאִיתָ וּמַדּוּעַ לֹא־הִכִּיתוֹ שָׁם אָרְצָה וְעָלַי
יב לָתֶת לְךָ עֲשָׂרָה כֶסֶף וַחֲגֹרָה אֶחָת: וַיֹּאמֶר הָאִישׁ אֶל־יוֹאָב
ולא אָנֹכִי שֹׁקֵל עַל־כַּפַּי אֶלֶף כֶּסֶף לֹא־אֶשְׁלַח יָדִי אֶל־בֶּן־ וְלוּ
הַמֶּלֶךְ כִּי בְאָזְנֵינוּ צִוָּה הַמֶּלֶךְ אֹתְךָ וְאֶת־אֲבִישַׁי וְאֶת־אִתַּי
יג לֵאמֹר שִׁמְרוּ־מִי בַּנַּעַר בְּאַבְשָׁלוֹם: אוֹ־עָשִׂיתִי בנפשו שֶׁקֶר בְנַפְשִׁי
יד וְכָל־דָּבָר לֹא־יִכָּחֵד מִן־הַמֶּלֶךְ וְאַתָּה תִּתְיַצֵּב מִנֶּגֶד: וַיֹּאמֶר
יוֹאָב לֹא־כֵן אֹחִילָה לְפָנֶיךָ וַיִּקַּח שְׁלֹשָׁה שְׁבָטִים בְּכַפּוֹ
טו וַיִּתְקָעֵם בְּלֵב אַבְשָׁלוֹם עוֹדֶנּוּ חַי בְּלֵב הָאֵלָה: וַיָּסֹבּוּ עֲשָׂרָה
טז נְעָרִים נֹשְׂאֵי כְּלֵי יוֹאָב וַיַּכּוּ אֶת־אַבְשָׁלוֹם וַיְמִתֻהוּ: וַיִּתְקַע
יוֹאָב בַּשֹּׁפָר וַיָּשָׁב הָעָם מִרְדֹף אַחֲרֵי יִשְׂרָאֵל כִּי־חָשַׂךְ יוֹאָב
יז אֶת־הָעָם: וַיִּקְחוּ אֶת־אַבְשָׁלוֹם וַיַּשְׁלִיכוּ אֹתוֹ בַיַּעַר אֶל־הַפַּחַת
הַגָּדוֹל וַיַּצִּבוּ עָלָיו גַּל־אֲבָנִים גָּדוֹל מְאֹד וְכָל־יִשְׂרָאֵל נָסוּ אִישׁ
יח לְאֹהָלָו: וְאַבְשָׁלֹם לָקַח וַיַּצֶּב־לוֹ בְחַיָּו אֶת־מַצֶּבֶת אֲשֶׁר
בְּעֵמֶק־הַמֶּלֶךְ כִּי אָמַר אֵין־לִי בֵן בַּעֲבוּר הַזְכִּיר שְׁמִי

ויקרא למצבת על־שמו ויקרא לה יד אבשלום עד היום
יט הזה: ואחימעץ בן־צדוק אמר ארוצה נא
כ ואבשרה את־המלך כי־שפטו יהוה מיד איביו: ויאמר לו
יואב לא איש בשרה אתה היום הזה ובשרת ביום אחר
כא והיום הזה לא תבשר כי על־ בן־המלך מת: ויאמר יואב כן
לכושי לך הגד למלך אשר ראיתה וישתחו כושי ליואב
כב וירץ: ויסף עוד אחימעץ בן־צדוק ויאמר אל־יואב ויהי מה
ארצה־נא גם־אני אחרי הכושי ויאמר יואב למה זה אתה
כג רץ בני ולכה אין־בשורה מצאת: ויהי־מה ארוץ ויאמר לו
כד רוץ וירץ אחימעץ דרך הככר ויעבר את־הכושי: ודוד יושב
בין־שני השערים וילך הצפה אל־גג השער אל־החומה
כה וישא את־עיניו וירא והנה־איש רץ לבדו: ויקרא הצפה ויגד
למלך ויאמר המלך אם־לבדו בשורה בפיו וילך הלוך וקרב:
כו וירא הצפה איש־אחר רץ ויקרא הצפה אל־השער ויאמר
כז הנה־איש רץ לבדו ויאמר המלך גם־זה מבשר: ויאמר לא
הצפה אני ראה את־מרוצת הראשון כמרצת אחימעץ בן־
צדוק ויאמר המלך איש־טוב זה ואל־בשורה טובה יבוא:
כח ויקרא אחימעץ ויאמר אל־המלך שלום וישתחו למלך לאפיו
ארצה ויאמר ברוך יהוה אלהיך אשר סגר את־האנשים
כט אשר־נשאו את־ידם באדני המלך: ויאמר
המלך שלום לנער לאבשלום ויאמר אחימעץ ראיתי ההמון
הגדול לשלח את־עבד המלך יואב ואת־עבדך ולא ידעתי
ל לא מה: ויאמר המלך סב התיצב כה ויסב ויעמד: והנה הכושי
בא ויאמר הכושי יתבשר אדני המלך כי־שפטך יהוה היום
לב מיד כל־הקמים עליך: ויאמר המלך אל־
הכושי השלום לנער לאבשלום ויאמר הכושי יהיו כנער איבי
יט א אדני המלך וכל אשר־קמו עליך לרעה: וירגז

הַמֶּלֶךְ וַיַּעַל עַל־עֲלִיַּת הַשַּׁעַר וַיֵּבְךְּ וְכֹה ׀ אָמַר בְּלֶכְתּוֹ בְּנִי
אַבְשָׁלוֹם בְּנִי בְנִי אַבְשָׁלוֹם מִי־יִתֵּן מוּתִי אֲנִי תַחְתֶּיךָ אַבְשָׁלוֹם
ב בְּנִי בְנִי: וַיֻּגַּד לְיוֹאָב הִנֵּה הַמֶּלֶךְ בֹּכֶה וַיִּתְאַבֵּל עַל־אַבְשָׁלֹם:
ג וַתְּהִי הַתְּשֻׁעָה בַּיּוֹם הַהוּא לְאֵבֶל לְכָל־הָעָם כִּי־שָׁמַע הָעָם
ד בַּיּוֹם הַהוּא לֵאמֹר נֶעֱצַב הַמֶּלֶךְ עַל־בְּנוֹ: וַיִּתְגַּנֵּב הָעָם בַּיּוֹם
הַהוּא לָבוֹא הָעִיר כַּאֲשֶׁר יִתְגַּנֵּב הָעָם הַנִּכְלָמִים בְּנוּסָם
ה בַּמִּלְחָמָה: וְהַמֶּלֶךְ לָאַט אֶת־פָּנָיו וַיִּזְעַק הַמֶּלֶךְ קוֹל גָּדוֹל בְּנִי
ו אַבְשָׁלוֹם אַבְשָׁלוֹם בְּנִי בְנִי: וַיָּבֹא יוֹאָב אֶל־הַמֶּלֶךְ
הַבָּיִת וַיֹּאמֶר הֹבַשְׁתָּ הַיּוֹם אֶת־פְּנֵי כָל־עֲבָדֶיךָ הַמְמַלְּטִים
אֶת־נַפְשְׁךָ הַיּוֹם וְאֵת נֶפֶשׁ בָּנֶיךָ וּבְנֹתֶיךָ וְנֶפֶשׁ נָשֶׁיךָ וְנֶפֶשׁ
ז פִּלַגְשֶׁיךָ: לְאַהֲבָה אֶת־שֹׂנְאֶיךָ וְלִשְׂנֹא אֶת־אֹהֲבֶיךָ כִּי ׀ הִגַּדְתָּ
הַיּוֹם כִּי אֵין לְךָ שָׂרִים וַעֲבָדִים כִּי ׀ יָדַעְתִּי הַיּוֹם כִּי לא אַבְשָׁלוֹם לוּ
ח חַי וְכֻלָּנוּ הַיּוֹם מֵתִים כִּי־אָז יָשָׁר בְּעֵינֶיךָ: וְעַתָּה קוּם צֵא וְדַבֵּר
עַל־לֵב עֲבָדֶיךָ כִּי בַיהוָה נִשְׁבַּעְתִּי כִּי־אֵינְךָ יוֹצֵא אִם־יָלִין
אִישׁ אִתְּךָ הַלַּיְלָה וְרָעָה לְךָ זֹאת מִכָּל־הָרָעָה אֲשֶׁר־בָּאָה עָלֶיךָ
ט מִנְּעֻרֶיךָ עַד־עָתָּה: וַיָּקָם הַמֶּלֶךְ וַיֵּשֶׁב בַּשָּׁעַר
וּלְכָל־הָעָם הִגִּידוּ לֵאמֹר הִנֵּה הַמֶּלֶךְ יוֹשֵׁב בַּשַּׁעַר וַיָּבֹא כָל־
י הָעָם לִפְנֵי הַמֶּלֶךְ וְיִשְׂרָאֵל נָס אִישׁ לְאֹהָלָיו: וַיְהִי
כָל־הָעָם נָדוֹן בְּכָל־שִׁבְטֵי יִשְׂרָאֵל לֵאמֹר הַמֶּלֶךְ הִצִּילָנוּ ׀ מִכַּף
אֹיְבֵינוּ וְהוּא מִלְּטָנוּ מִכַּף פְּלִשְׁתִּים וְעַתָּה בָּרַח מִן־הָאָרֶץ מֵעַל
יא אַבְשָׁלוֹם: וְאַבְשָׁלוֹם אֲשֶׁר מָשַׁחְנוּ עָלֵינוּ מֵת בַּמִּלְחָמָה וְעַתָּה
יב לָמָה אַתֶּם מַחֲרִשִׁים לְהָשִׁיב אֶת־הַמֶּלֶךְ: וְהַמֶּלֶךְ
דָּוִד שָׁלַח אֶל־צָדוֹק וְאֶל־אֶבְיָתָר הַכֹּהֲנִים לֵאמֹר דַּבְּרוּ אֶל־
זִקְנֵי יְהוּדָה לֵאמֹר לָמָּה תִהְיוּ אַחֲרֹנִים לְהָשִׁיב אֶת־הַמֶּלֶךְ אֶל־
יג בֵּיתוֹ וּדְבַר כָּל־יִשְׂרָאֵל בָּא אֶל־הַמֶּלֶךְ אֶל־בֵּיתוֹ: אַחַי אַתֶּם
עַצְמִי וּבְשָׂרִי אַתֶּם וְלָמָּה תִהְיוּ אַחֲרֹנִים לְהָשִׁיב אֶת־הַמֶּלֶךְ:
יד וְלַעֲמָשָׂא תֹּמְרוּ הֲלוֹא עַצְמִי וּבְשָׂרִי אָתָּה כֹּה יַעֲשֶׂה־לִּי

אֱלֹהִים וְכֹה יוֹסִיף אִם־לֹא שַׂר־צָבָא תִּהְיֶה לְפָנַי כָּל־הַיָּמִים
טו תַּחַת יוֹאָב׃ וַיַּט אֶת־לְבַב כָּל־אִישׁ־יְהוּדָה כְּאִישׁ אֶחָד
טז וַיִּשְׁלְחוּ אֶל־הַמֶּלֶךְ שׁוּב אַתָּה וְכָל־עֲבָדֶיךָ׃ וַיָּשָׁב הַמֶּלֶךְ וַיָּבֹא
עַד־הַיַּרְדֵּן וִיהוּדָה בָּא הַגִּלְגָּלָה לָלֶכֶת לִקְרַאת הַמֶּלֶךְ
יז לְהַעֲבִיר אֶת־הַמֶּלֶךְ אֶת־הַיַּרְדֵּן׃ וַיְמַהֵר שִׁמְעִי בֶן־גֵּרָא בֶּן־
הַיְמִינִי אֲשֶׁר מִבַּחוּרִים וַיֵּרֶד עִם־אִישׁ יְהוּדָה לִקְרַאת הַמֶּלֶךְ
יח דָּוִד׃ וְאֶלֶף אִישׁ עִמּוֹ מִבִּנְיָמִן וְצִיבָא נַעַר בֵּית שָׁאוּל וַחֲמֵשֶׁת
עָשָׂר בָּנָיו וְעֶשְׂרִים עֲבָדָיו אִתּוֹ וְצָלְחוּ הַיַּרְדֵּן לִפְנֵי הַמֶּלֶךְ׃
יט וְעָבְרָה הָעֲבָרָה לַעֲבִיר אֶת־בֵּית הַמֶּלֶךְ וְלַעֲשׂוֹת הַטּוֹב בְּעֵינָו
כ וְשִׁמְעִי בֶן־גֵּרָא נָפַל לִפְנֵי הַמֶּלֶךְ בְּעָבְרוֹ בַּיַּרְדֵּן׃ וַיֹּאמֶר
אֶל־הַמֶּלֶךְ אַל־יַחֲשָׁב־לִי אֲדֹנִי עָוֹן וְאַל־תִּזְכֹּר אֵת אֲשֶׁר
הֶעֱוָה עַבְדְּךָ בַּיּוֹם אֲשֶׁר־יָצָא אֲדֹנִי־הַמֶּלֶךְ מִירוּשָׁלִָם לָשׂוּם
כא הַמֶּלֶךְ אֶל־לִבּוֹ׃ כִּי יָדַע עַבְדְּךָ כִּי אֲנִי חָטָאתִי וְהִנֵּה־
בָאתִי הַיּוֹם רִאשׁוֹן לְכָל־בֵּית יוֹסֵף לָרֶדֶת לִקְרַאת אֲדֹנִי
כב הַמֶּלֶךְ׃ וַיַּעַן אֲבִישַׁי בֶּן־צְרוּיָה וַיֹּאמֶר הֲתַחַת זֹאת
כג לֹא יוּמַת שִׁמְעִי כִּי קִלֵּל אֶת־מְשִׁיחַ יְהוָה׃ וַיֹּאמֶר
דָּוִד מַה־לִּי וְלָכֶם בְּנֵי צְרוּיָה כִּי־תִהְיוּ־לִי הַיּוֹם לְשָׂטָן הַיּוֹם
יוּמַת אִישׁ בְּיִשְׂרָאֵל כִּי הֲלוֹא יָדַעְתִּי כִּי הַיּוֹם אֲנִי־מֶלֶךְ עַל־
כד יִשְׂרָאֵל׃ וַיֹּאמֶר הַמֶּלֶךְ אֶל־שִׁמְעִי לֹא תָמוּת וַיִּשָּׁבַע לוֹ
כה הַמֶּלֶךְ׃ וּמְפִבֹשֶׁת בֶּן־שָׁאוּל יָרַד לִקְרַאת הַמֶּלֶךְ
וְלֹא־עָשָׂה רַגְלָיו וְלֹא־עָשָׂה שְׂפָמוֹ וְאֶת־בְּגָדָיו לֹא כִבֵּס לְמִן־
כו הַיּוֹם לֶכֶת הַמֶּלֶךְ עַד־הַיּוֹם אֲשֶׁר־בָּא בְשָׁלוֹם׃ וַיְהִי כִּי־בָא
יְרוּשָׁלִַם לִקְרַאת הַמֶּלֶךְ וַיֹּאמֶר לוֹ הַמֶּלֶךְ לָמָּה לֹא־הָלַכְתָּ
כז עִמִּי מְפִיבֹשֶׁת׃ וַיֹּאמַר אֲדֹנִי הַמֶּלֶךְ עַבְדִּי רִמָּנִי כִּי־אָמַר עַבְדְּךָ
אֶחְבְּשָׁה־לִּי הַחֲמוֹר וְאֶרְכַּב עָלֶיהָ וְאֵלֵךְ אֶת־הַמֶּלֶךְ כִּי
כח פִסֵּחַ עַבְדֶּךָ׃ וַיְרַגֵּל בְּעַבְדְּךָ אֶל־אֲדֹנִי הַמֶּלֶךְ וַאדֹנִי הַמֶּלֶךְ
כט כְּמַלְאַךְ הָאֱלֹהִים וַעֲשֵׂה הַטּוֹב בְּעֵינֶיךָ׃ כִּי לֹא הָיָה כָּל־

חטאו של שמעי
שמ"ב טז, ה-יג

בֵּית אָבִי כִּי אִם־אַנְשֵׁי־מָוֶת לַאדֹנִי הַמֶּלֶךְ וַתָּשֶׁת אֶת־עַבְדְּךָ
בְּאֹכְלֵי שֻׁלְחָנֶךָ וּמַה־יֶּשׁ־לִי עוֹד צְדָקָה וְלִזְעֹק עוֹד אֶל־
ל הַמֶּלֶךְ׃ וַיֹּאמֶר לוֹ הַמֶּלֶךְ לָמָּה תְּדַבֵּר עוֹד
לא דְּבָרֶיךָ אָמַרְתִּי אַתָּה וְצִיבָא תַּחְלְקוּ אֶת־הַשָּׂדֶה׃ וַיֹּאמֶר
מְפִיבֹשֶׁת אֶל־הַמֶּלֶךְ גַּם אֶת־הַכֹּל יִקָּח אַחֲרֵי אֲשֶׁר־בָּא אֲדֹנִי
לב הַמֶּלֶךְ בְּשָׁלוֹם אֶל־בֵּיתוֹ׃ וּבַרְזִלַּי הַגִּלְעָדִי יָרַד
לג מֵרֹגְלִים וַיַּעֲבֹר אֶת־הַמֶּלֶךְ הַיַּרְדֵּן לְשַׁלְּחוֹ את־בירדן׃ וּבַרְזִלַּי הַיַּרְדֵּן
זָקֵן מְאֹד בֶּן־שְׁמֹנִים שָׁנָה וְהוּא־כִלְכַּל אֶת־הַמֶּלֶךְ בְּשִׁיבָתוֹ
לד בְּמַחֲנַיִם כִּי־אִישׁ גָּדוֹל הוּא מְאֹד׃ וַיֹּאמֶר הַמֶּלֶךְ אֶל־בַּרְזִלָּי
לה אַתָּה עֲבֹר אִתִּי וְכִלְכַּלְתִּי אֹתְךָ עִמָּדִי בִּירוּשָׁלִָם׃ וַיֹּאמֶר
בַּרְזִלַּי אֶל־הַמֶּלֶךְ כַּמָּה יְמֵי שְׁנֵי חַיַּי כִּי־אֶעֱלֶה אֶת־הַמֶּלֶךְ
לו יְרוּשָׁלִָם׃ בֶּן־שְׁמֹנִים שָׁנָה אָנֹכִי הַיּוֹם הַאֵדַע ׀ בֵּין־טוֹב לְרָע
אִם־יִטְעַם עַבְדְּךָ אֶת־אֲשֶׁר אֹכַל וְאֶת־אֲשֶׁר אֶשְׁתֶּה אִם־
אֶשְׁמַע עוֹד בְּקוֹל שָׁרִים וְשָׁרוֹת וְלָמָּה יִהְיֶה עַבְדְּךָ עוֹד לְמַשָּׂא
לז אֶל־אֲדֹנִי הַמֶּלֶךְ׃ כִּמְעַט יַעֲבֹר עַבְדְּךָ אֶת־הַיַּרְדֵּן אֶת־הַמֶּלֶךְ
לח וְלָמָּה יִגְמְלֵנִי הַמֶּלֶךְ הַגְּמוּלָה הַזֹּאת׃ יָשָׁב־נָא עַבְדְּךָ וְאָמֻת
בְּעִירִי עִם קֶבֶר אָבִי וְאִמִּי וְהִנֵּה ׀ עַבְדְּךָ כִמְהָם יַעֲבֹר עִם־אֲדֹנִי
לט הַמֶּלֶךְ וַעֲשֵׂה־לוֹ אֵת אֲשֶׁר־טוֹב בְּעֵינֶיךָ׃ וַיֹּאמֶר
הַמֶּלֶךְ אִתִּי יַעֲבֹר כִּמְהָם וַאֲנִי אֶעֱשֶׂה־לּוֹ אֶת־הַטּוֹב בְּעֵינֶיךָ
מ וְכֹל אֲשֶׁר־תִּבְחַר עָלַי אֶעֱשֶׂה־לָּךְ׃ וַיַּעֲבֹר כָּל־הָעָם אֶת־ לב
הַיַּרְדֵּן וְהַמֶּלֶךְ עָבָר וַיִּשַּׁק הַמֶּלֶךְ לְבַרְזִלַּי וַיְבָרְכֵהוּ וַיָּשָׁב
מא לִמְקֹמוֹ׃ וַיַּעֲבֹר הַמֶּלֶךְ הַגִּלְגָּלָה וְכִמְהָן עָבַר עִמּוֹ
וְכָל־עַם יְהוּדָה ויעבירו אֶת־הַמֶּלֶךְ וְגַם חֲצִי עַם יִשְׂרָאֵל׃ הֶעֱבִירוּ
מב וְהִנֵּה כָּל־אִישׁ יִשְׂרָאֵל בָּאִים אֶל־הַמֶּלֶךְ וַיֹּאמְרוּ אֶל־הַמֶּלֶךְ
מַדּוּעַ גְּנָבוּךָ אַחֵינוּ אִישׁ יְהוּדָה וַיַּעֲבִרוּ אֶת־הַמֶּלֶךְ וְאֶת־בֵּיתוֹ
מג אֶת־הַיַּרְדֵּן וְכָל־אַנְשֵׁי דָוִד עִמּוֹ׃ וַיַּעַן כָּל־אִישׁ
יְהוּדָה עַל־אִישׁ יִשְׂרָאֵל כִּי־קָרוֹב הַמֶּלֶךְ אֵלַי וְלָמָּה זֶּה חָרָה

הבטחת דוד למפיבושת שיאכל תמיד על שולחנו
שמ"ב ט, ז–יג

ברזילי מכלכל את דוד במחניים
שמ"ב יז, כז–כט

לְךָ עַל־הַדָּבָר הַזֶּה הֶאָכוֹל אָכַלְנוּ מִן־הַמֶּלֶךְ אִם־נִשֵּׂאת נִשָּׂא
לָנוּ׃ וַיַּעַן אִישׁ־יִשְׂרָאֵל אֶת־אִישׁ יְהוּדָה וַיֹּאמֶר מד
עֶשֶׂר־יָדוֹת לִי בַמֶּלֶךְ וְגַם־בְּדָוִד אֲנִי מִמְּךָ וּמַדּוּעַ הֱקִלֹּתַנִי וְלֹא־
הָיָה דְבָרִי רִאשׁוֹן לִי לְהָשִׁיב אֶת־מַלְכִּי וַיִּקֶשׁ דְּבַר־אִישׁ
יְהוּדָה מִדְּבַר אִישׁ יִשְׂרָאֵל׃ וְשָׁם נִקְרָא אִישׁ בְּלִיַּעַל וּשְׁמוֹ כ א
שֶׁבַע בֶּן־בִּכְרִי אִישׁ יְמִינִי וַיִּתְקַע בַּשֹּׁפָר וַיֹּאמֶר אֵין־לָנוּ חֵלֶק
בְּדָוִד וְלֹא נַחֲלָה־לָנוּ בְּבֶן־יִשַׁי אִישׁ לְאֹהָלָיו יִשְׂרָאֵל׃ וַיַּעַל ב
כָּל־אִישׁ יִשְׂרָאֵל מֵאַחֲרֵי דָוִד אַחֲרֵי שֶׁבַע בֶּן־בִּכְרִי וְאִישׁ
יְהוּדָה דָּבְקוּ בְמַלְכָּם מִן־הַיַּרְדֵּן וְעַד־יְרוּשָׁלִָם׃ וַיָּבֹא דָוִד ג
אֶל־בֵּיתוֹ יְרוּשָׁלִַם וַיִּקַּח הַמֶּלֶךְ אֵת עֶשֶׂר־נָשִׁים ׀ פִּלַגְשִׁים
אֲשֶׁר הִנִּיחַ לִשְׁמֹר הַבַּיִת וַיִּתְּנֵם בֵּית־מִשְׁמֶרֶת וַיְכַלְכְּלֵם
וַאֲלֵיהֶם לֹא־בָא וַתִּהְיֶינָה צְרֻרוֹת עַד־יוֹם מֻתָן אַלְמְנוּת
חַיּוּת׃ וַיֹּאמֶר הַמֶּלֶךְ אֶל־עֲמָשָׂא הַזְעֶק־לִי אֶת־ ד
אִישׁ־יְהוּדָה שְׁלֹשֶׁת יָמִים וְאַתָּה פֹּה עֲמֹד׃ וַיֵּלֶךְ עֲמָשָׂא לְהַזְעִיק ה
אֶת־יְהוּדָה וייחר מִן־הַמּוֹעֵד אֲשֶׁר יְעָדוֹ׃ וַיֹּאמֶר ו
דָּוִד אֶל־אֲבִישַׁי עַתָּה יֵרַע לָנוּ שֶׁבַע בֶּן־בִּכְרִי מִן־אַבְשָׁלוֹם
אַתָּה קַח אֶת־עַבְדֵי אֲדֹנֶיךָ וּרְדֹף אַחֲרָיו פֶּן־מָצָא לוֹ עָרִים
בְּצֻרוֹת וְהִצִּיל עֵינֵנוּ׃ וַיֵּצְאוּ אַחֲרָיו אַנְשֵׁי יוֹאָב וְהַכְּרֵתִי ז
וְהַפְּלֵתִי וְכָל־הַגִּבֹּרִים וַיֵּצְאוּ מִירוּשָׁלִַם לִרְדֹּף אַחֲרֵי שֶׁבַע בֶּן־
בִּכְרִי׃ הֵם עִם־הָאֶבֶן הַגְּדוֹלָה אֲשֶׁר בְּגִבְעוֹן וַעֲמָשָׂא בָּא ח
לִפְנֵיהֶם וְיוֹאָב חָגוּר ׀ מִדּוֹ לְבֻשׁוֹ וְעָלָו חֲגוֹר חֶרֶב מְצֻמֶּדֶת עַל־
מָתְנָיו בְּתַעְרָהּ וְהוּא יָצָא וַתִּפֹּל׃ וַיֹּאמֶר יוֹאָב ט
לַעֲמָשָׂא הֲשָׁלוֹם אַתָּה אָחִי וַתֹּחֶז יַד־יְמִין יוֹאָב בִּזְקַן עֲמָשָׂא
לִנְשָׁק־לוֹ׃ וַעֲמָשָׂא לֹא־נִשְׁמַר בַּחֶרֶב ׀ אֲשֶׁר בְּיַד־יוֹאָב י
וַיַּכֵּהוּ בָהּ אֶל־הַחֹמֶשׁ וַיִּשְׁפֹּךְ מֵעָיו אַרְצָה וְלֹא־שָׁנָה לוֹ
וַיָּמֹת וְיוֹאָב וַאֲבִישַׁי אָחִיו רָדַף אַחֲרֵי שֶׁבַע בֶּן־
בִּכְרִי׃ וְאִישׁ עָמַד עָלָיו מִנַּעֲרֵי יוֹאָב וַיֹּאמֶר מִי אֲשֶׁר חָפֵץ יא

הפילגשים שהשאיר דוד בביתו בירושלים שמ״ב טו, טז

וַיּוֹחַר

כ

יב בַּיּוֹאָב וּמִי אֲשֶׁר־לְדָוִד אַחֲרֵי יוֹאָב׃ וַעֲמָשָׂא מִתְגֹּלֵל בַּדָּם
בְּתוֹךְ הַמְסִלָּה וַיַּרְא הָאִישׁ כִּי־עָמַד כָּל־הָעָם וַיַּסֵּב אֶת־
עֲמָשָׂא מִן־הַמְסִלָּה הַשָּׂדֶה וַיַּשְׁלֵךְ עָלָיו בֶּגֶד כַּאֲשֶׁר רָאָה כָּל־
יג הַבָּא עָלָיו וְעָמָד׃ כַּאֲשֶׁר הֹגָה מִן־הַמְסִלָּה עָבַר כָּל־אִישׁ
יד אַחֲרֵי יוֹאָב לִרְדֹּף אַחֲרֵי שֶׁבַע בֶּן־בִּכְרִי׃ וַיַּעֲבֹר בְּכָל־שִׁבְטֵי
יִשְׂרָאֵל אָבֵלָה וּבֵית מַעֲכָה וְכָל־הַבֵּרִים ויקלהו וַיָּבֹאוּ אַף־ וַיִּקָּהֲלוּ
טו אַחֲרָיו׃ וַיָּבֹאוּ וַיָּצֻרוּ עָלָיו בְּאָבֵלָה בֵּית הַמַּעֲכָה וַיִּשְׁפְּכוּ סֹלְלָה
אֶל־הָעִיר וַתַּעֲמֹד בַּחֵל וְכָל־הָעָם אֲשֶׁר אֶת־יוֹאָב מַשְׁחִיתִם
טז לְהַפִּיל הַחוֹמָה׃ וַתִּקְרָא אִשָּׁה חֲכָמָה מִן־הָעִיר שִׁמְעוּ שִׁמְעוּ
יז אִמְרוּ־נָא אֶל־יוֹאָב קְרַב עַד־הֵנָּה וַאֲדַבְּרָה אֵלֶיךָ׃ וַיִּקְרַב
אֵלֶיהָ וַתֹּאמֶר הָאִשָּׁה הַאַתָּה יוֹאָב וַיֹּאמֶר אָנִי וַתֹּאמֶר לוֹ
יח שְׁמַע דִּבְרֵי אֲמָתֶךָ וַיֹּאמֶר שֹׁמֵעַ אָנֹכִי׃ וַתֹּאמֶר לֵאמֹר דַּבֵּר
יט יְדַבְּרוּ בָרִאשֹׁנָה לֵאמֹר שָׁאוֹל יְשָׁאֲלוּ בְּאָבֵל וְכֵן הֵתַמּוּ׃ אָנֹכִי
שְׁלֻמֵי אֱמוּנֵי יִשְׂרָאֵל אַתָּה מְבַקֵּשׁ לְהָמִית עִיר וְאֵם בְּיִשְׂרָאֵל
כ לָמָּה תְבַלַּע נַחֲלַת יְהוָה׃ וַיַּעַן יוֹאָב וַיֹּאמַר
כא חָלִילָה חָלִילָה לִּי אִם־אֲבַלַּע וְאִם־אַשְׁחִית׃ לֹא־כֵן הַדָּבָר כִּי
אִישׁ מֵהַר אֶפְרַיִם שֶׁבַע בֶּן־בִּכְרִי שְׁמוֹ נָשָׂא יָדוֹ בַּמֶּלֶךְ בְּדָוִד
תְּנוּ־אֹתוֹ לְבַדּוֹ וְאֵלְכָה מֵעַל הָעִיר וַתֹּאמֶר הָאִשָּׁה אֶל־יוֹאָב
כב הִנֵּה רֹאשׁוֹ מֻשְׁלָךְ אֵלֶיךָ בְּעַד הַחוֹמָה׃ וַתָּבוֹא הָאִשָּׁה אֶל־כָּל־
הָעָם בְּחָכְמָתָהּ וַיִּכְרְתוּ אֶת־רֹאשׁ שֶׁבַע בֶּן־בִּכְרִי וַיַּשְׁלִכוּ אֶל־
יוֹאָב וַיִּתְקַע בַּשּׁוֹפָר וַיָּפֻצוּ מֵעַל־הָעִיר אִישׁ לְאֹהָלָיו וְיוֹאָב
כג שָׁב יְרוּשָׁלִַם אֶל־הַמֶּלֶךְ׃ וְיוֹאָב אֶל כָּל־הַצָּבָא
כד יִשְׂרָאֵל וּבְנָיָה בֶּן־יְהוֹיָדָע עַל־הכרי וְעַל־הַפְּלֵתִי׃ וַאֲדֹרָם עַל־ הַכְּרֵתִי
כה הַמַּס וִיהוֹשָׁפָט בֶּן־אֲחִילוּד הַמַּזְכִּיר׃ ושיא סֹפֵר וְצָדוֹק וְאֶבְיָתָר וּשְׁוָא
כו כא א כֹּהֲנִים׃ וְגַם עִירָא הַיָּאִרִי הָיָה כֹהֵן לְדָוִד׃ וַיְהִי
רָעָב בִּימֵי דָוִד שָׁלֹשׁ שָׁנִים שָׁנָה אַחֲרֵי שָׁנָה וַיְבַקֵּשׁ דָּוִד אֶת־
פְּנֵי יְהוָה וַיֹּאמֶר יְהוָה אֶל־שָׁאוּל וְאֶל־בֵּית

סדרי ממלכת בית דוד
שמ"ב ח, טו–יח
דה"א יח, יד–יז; כז, כה–לד

שבועת ישראל לגבעונים
יהושע ט, טו

ב הַדָּמִים עַל אֲשֶׁר־הֵמִית אֶת־הַגִּבְעֹנִים׃ וַיִּקְרָא הַמֶּלֶךְ
לַגִּבְעֹנִים וַיֹּאמֶר אֲלֵיהֶם וְהַגִּבְעֹנִים לֹא מִבְּנֵי יִשְׂרָאֵל הֵמָּה כִּי
אִם־מִיֶּתֶר הָאֱמֹרִי וּבְנֵי יִשְׂרָאֵל נִשְׁבְּעוּ לָהֶם וַיְבַקֵּשׁ שָׁאוּל
ג לְהַכֹּתָם בְּקַנֹּאתוֹ לִבְנֵי־יִשְׂרָאֵל וִיהוּדָה׃ וַיֹּאמֶר דָּוִד אֶל־
הַגִּבְעֹנִים מָה אֶעֱשֶׂה לָכֶם וּבַמָּה אֲכַפֵּר וּבָרְכוּ אֶת־נַחֲלַת
ד יהוה׃ וַיֹּאמְרוּ לוֹ הַגִּבְעֹנִים אֵין־לִי כֶּסֶף וְזָהָב עִם־שָׁאוּל וְעִם־ (לָנוּ)
בֵּיתוֹ וְאֵין־לָנוּ אִישׁ לְהָמִית בְּיִשְׂרָאֵל וַיֹּאמֶר מָה־אַתֶּם
ה אֹמְרִים אֶעֱשֶׂה לָכֶם׃ וַיֹּאמְרוּ אֶל־הַמֶּלֶךְ הָאִישׁ אֲשֶׁר כִּלָּנוּ
ו וַאֲשֶׁר דִּמָּה־לָנוּ נִשְׁמַדְנוּ מֵהִתְיַצֵּב בְּכָל־גְּבֻל יִשְׂרָאֵל׃ ינתן־ (יֻתַּן־)
לָנוּ שִׁבְעָה אֲנָשִׁים מִבָּנָיו וְהוֹקַעֲנוּם לַיהוה בְּגִבְעַת שָׁאוּל בְּחִיר
ז יהוה    וַיֹּאמֶר הַמֶּלֶךְ אֲנִי אֶתֵּן׃ וַיַּחְמֹל הַמֶּלֶךְ עַל־ (לג)
מְפִיבֹשֶׁת בֶּן־יְהוֹנָתָן בֶּן־שָׁאוּל עַל־שְׁבֻעַת יהוה אֲשֶׁר בֵּינֹתָם
ח בֵּין דָּוִד וּבֵין יְהוֹנָתָן בֶּן־שָׁאוּל׃ וַיִּקַּח הַמֶּלֶךְ אֶת־שְׁנֵי בְּנֵי
רִצְפָּה בַת־אַיָּה אֲשֶׁר יָלְדָה לְשָׁאוּל אֶת־אַרְמֹנִי וְאֶת־
מְפִבֹשֶׁת וְאֶת־חֲמֵשֶׁת בְּנֵי מִיכַל בַּת־שָׁאוּל אֲשֶׁר יָלְדָה
ט לְעַדְרִיאֵל בֶּן־בַּרְזִלַּי הַמְּחֹלָתִי׃ וַיִּתְּנֵם בְּיַד הַגִּבְעֹנִים וַיֹּקִיעֻם
בָּהָר לִפְנֵי יהוה וַיִּפְּלוּ שבעתים יָחַד והם הֻמְתוּ בִּימֵי קָצִיר (שִׁבְעָתָם וְהֵמָּה)
י בָּרִאשֹׁנִים תחלת קְצִיר שְׂעֹרִים׃ וַתִּקַּח רִצְפָּה בַת־אַיָּה אֶת־ (בִּתְחִלַּת)
הַשַּׂק וַתַּטֵּהוּ לָהּ אֶל־הַצּוּר מִתְּחִלַּת קָצִיר עַד נִתַּךְ־מַיִם
עֲלֵיהֶם מִן־הַשָּׁמָיִם וְלֹא־נָתְנָה עוֹף הַשָּׁמַיִם לָנוּחַ עֲלֵיהֶם יוֹמָם
יא וְאֶת־חַיַּת הַשָּׂדֶה לָיְלָה׃ וַיֻּגַּד לְדָוִד אֵת אֲשֶׁר־עָשְׂתָה רִצְפָּה
יב בַת־אַיָּה פִּלֶגֶשׁ שָׁאוּל׃ וַיֵּלֶךְ דָּוִד וַיִּקַּח אֶת־עַצְמוֹת שָׁאוּל
וְאֶת־עַצְמוֹת יְהוֹנָתָן בְּנוֹ מֵאֵת בַּעֲלֵי יָבֵישׁ גִּלְעָד אֲשֶׁר
גָּנְבוּ אֹתָם מֵרְחֹב בֵּית־שַׁן אֲשֶׁר תלום שם הפלשתים (תְּלָאוּם שָׁמָּה פְּלִשְׁתִּים)

טיפול בגופות שאול ובניו ובעצמותיהם
שמ"א לא, יא-יג
דה"א י, יא-יב

יג בְּיוֹם הַכּוֹת פְּלִשְׁתִּים אֶת־שָׁאוּל בַּגִּלְבֹּעַ׃ וַיַּעַל מִשָּׁם אֶת־
עַצְמוֹת שָׁאוּל וְאֶת־עַצְמוֹת יְהוֹנָתָן בְּנוֹ וַיַּאַסְפוּ אֶת־עַצְמוֹת
יד הַמּוּקָעִים׃ וַיִּקְבְּרוּ אֶת־עַצְמוֹת־שָׁאוּל וִיהוֹנָתָן־בְּנוֹ בְּאֶרֶץ

בִּנְיָמִ֜ן בְּצֵלָ֗ע בְּקֶ֙בֶר֙ קִ֣ישׁ אָבִ֔יו וַֽיַּעֲשׂ֕וּ כֹּ֖ל אֲשֶׁר־צִוָּ֣ה הַמֶּ֑לֶךְ
טו וַיֵּעָתֵ֧ר אֱלֹהִ֛ים לָאָ֖רֶץ אַחֲרֵי־כֵֽן׃ וַתְּהִי־ע֧וֹד
מִלְחָמָ֛ה לַפְּלִשְׁתִּ֖ים אֶת־יִשְׂרָאֵ֑ל וַיֵּ֨רֶד דָּוִ֜ד וַעֲבָדָ֣יו עִמּ֗וֹ
טז וַיִּלָּחֲמ֛וּ אֶת־פְּלִשְׁתִּ֖ים וַיָּ֥עַף דָּוִֽד׃ וישבו בְּנֹ֜ב אֲשֶׁ֣ר ׀ בִּילִידֵ֣י
הָרָפָ֗ה וּמִשְׁקַ֨ל קֵינ֜וֹ שְׁלֹ֤שׁ מֵאוֹת֙ מִשְׁקַ֣ל נְח֔שֶׁת וְה֖וּא
יז חָג֣וּר חֲדָשָׁ֑ה וַיֹּ֖אמֶר לְהַכּ֥וֹת אֶת־דָּוִֽד׃ וַיַּעֲזָר־לוֹ֙ אֲבִישַׁ֣י בֶּן־
צְרוּיָ֔ה וַיַּךְ֙ אֶת־הַפְּלִשְׁתִּ֖י וַיְמִיתֵ֑הוּ אָ֣ז נִשְׁבְּע֣וּ אַנְשֵׁי־דָוִ֡ד ל֣וֹ
לֵאמֹ֗ר לֹֽא־תֵצֵ֨א ע֤וֹד אִתָּ֙נוּ֙ לַמִּלְחָמָ֔ה וְלֹ֥א תְכַבֶּ֖ה אֶת־נֵ֥ר
יח יִשְׂרָאֵֽל׃ וַֽיְהִי֙ אַחֲרֵי־כֵ֔ן וַתְּהִי־ע֧וֹד הַמִּלְחָמָ֛ה
בְּג֖וֹב עִם־פְּלִשְׁתִּ֑ים אָ֣ז הִכָּ֗ה סִבְּכַי֙ הַחֻ֣שָׁתִ֔י אֶת־סַ֕ף אֲשֶׁ֖ר בִּילִדֵ֥י
יט הָרָפָֽה׃ וַתְּהִי־ע֧וֹד הַמִּלְחָמָ֛ה בְּג֖וֹב עִם־פְּלִשְׁתִּ֑ים
וַיַּ֡ךְ אֶלְחָנָן֩ בֶּן־יַעְרֵ֨י אֹרְגִ֜ים בֵּ֣ית הַלַּחְמִ֗י אֵ֚ת גָּלְיָ֣ת הַגִּתִּ֔י
כ וְעֵ֣ץ חֲנִית֔וֹ כִּמְנ֖וֹר אֹרְגִֽים׃ וַתְּהִי־ע֥וֹד מִלְחָמָ֖ה
בְּגַ֑ת וַיְהִ֣י ׀ אִ֣ישׁ מדין וְאֶצְבְּעֹ֣ת יָדָיו֩ וְאֶצְבְּע֨וֹת רַגְלָ֜יו שֵׁ֤שׁ וָשֵׁשׁ֙
כא עֶשְׂרִ֣ים וְאַרְבַּ֣ע מִסְפָּ֔ר וְגַם־ה֖וּא יֻלַּ֥ד לְהָרָפָֽה׃ וַיְחָרֵ֖ף אֶת־
כב יִשְׂרָאֵ֑ל וַיַּכֵּ֕הוּ יְהוֹנָתָ֖ן בֶּן־שמעי אֲחִ֥י דָוִֽד׃ אֶת־אַרְבַּ֥עַת
אֵ֛לֶּה יֻלְּד֥וּ לְהָרָפָ֖ה בְּגַ֑ת וַיִּפְּל֥וּ בְיַד־דָּוִ֖ד וּבְיַ֥ד עֲבָדָֽיו׃

מלחמות דוד ואנשיו בילידי הרפה
דה"א כ,ד-ח

וְיִשְׁבִּ֞י

מָד֑וֹן

שִׁמְעָ֖ה

כב א וַיְדַבֵּ֤ר דָּוִד֙ לַֽיהוָ֔ה אֶת־דִּבְרֵ֖י הַשִּׁירָ֣ה הַזֹּ֑את בְּיוֹם֩
הִצִּ֨יל יְהוָ֥ה אֹת֛וֹ מִכַּ֥ף כָּל־אֹיְבָ֖יו וּמִכַּ֥ף שָׁאֽוּל׃
ב ג וַיֹּאמַ֑ר יְהוָ֛ה סַלְעִ֥י וּמְצֻדָתִ֖י וּמְפַלְטִי־לִֽי׃ אֱלֹהֵ֥י
צוּרִ֖י אֶחֱסֶה־בּ֑וֹ מָגִנִּ֞י וְקֶ֣רֶן יִשְׁעִ֗י מִשְׂגַּבִּי֙
ד וּמְנוּסִ֔י מֹשִׁעִ֕י מֵחָמָ֖ס תֹּשִׁעֵֽנִי׃ מְהֻלָּ֖ל
ה אֶקְרָ֣א יְהוָ֑ה וּמֵאֹיְבַ֖י אִוָּשֵֽׁעַ׃ כִּ֥י אֲפָפֻ֖נִי מִשְׁבְּרֵי־
ו מָ֑וֶת נַחֲלֵ֥י בְלִיַּ֖עַל יְבַעֲתֻֽנִי׃ חֶבְלֵ֥י
שְׁא֖וֹל סַבֻּ֑נִי קִדְּמֻ֖נִי מֹֽקְשֵׁי־
ז מָֽוֶת׃ בַּצַּר־לִי֙ אֶקְרָ֣א יְהוָ֔ה וְאֶל־

אֱלֹהַי אֶקְרָא    וַיִּשְׁמַע מֵהֵיכָלוֹ
וַיִּתְגָּעַשׁ    קוֹלִי    וְשַׁוְעָתִי בְּאׇזְנָיו׃    ותגעש ח
וַתִּרְעַשׁ הָאָרֶץ    מוֹסְדוֹת הַשָּׁמַיִם
יִרְגָּזוּ    וַיִּתְגָּעֲשׁוּ כִּי־חָרָה לוֹ׃    עָלָה ט
עָשָׁן בְּאַפּוֹ    וְאֵשׁ מִפִּיו
תֹּאכֵל    גֶּחָלִים בָּעֲרוּ מִמֶּנּוּ׃    וַיֵּט י
שָׁמַיִם וַיֵּרַד    וַעֲרָפֶל תַּחַת
רַגְלָיו׃    וַיִּרְכַּב עַל־כְּרוּב וַיָּעֹף    וַיֵּרָא יא
עַל־כַּנְפֵי־רוּחַ׃    וַיָּשֶׁת חֹשֶׁךְ סְבִיבֹתָיו יב
סֻכּוֹת    חַשְׁרַת־מַיִם עָבֵי שְׁחָקִים׃    מִנֹּגַהּ יג
נֶגְדּוֹ בָּעֲרוּ גַּחֲלֵי־אֵשׁ׃    יַרְעֵם מִן־שָׁמַיִם יד
יְהֹוָה    וְעֶלְיוֹן יִתֵּן קוֹלוֹ׃    וַיִּשְׁלַח טו
וַיָּהֹם    חִצִּים וַיְפִיצֵם בָּרָק ויהמם׃    וַיֵּרָאוּ אֲפִקֵי טז
יָם    יִגָּלוּ מֹסְדוֹת תֵּבֵל    בְּגַעֲרַת
יְהֹוָה מִנִּשְׁמַת רוּחַ אַפּוֹ׃    יִשְׁלַח מִמָּרוֹם יז
יִקָּחֵנִי    יַמְשֵׁנִי מִמַּיִם רַבִּים׃    יַצִּילֵנִי יח
מֵאֹיְבִי עָז    מִשֹּׂנְאַי כִּי אָמְצוּ
מִמֶּנִּי׃    יְקַדְּמֻנִי בְּיוֹם אֵידִי    וַיְהִי יט
יְהֹוָה מִשְׁעָן לִי׃    וַיֹּצֵא לַמֶּרְחָב כ
אֹתִי    יְחַלְּצֵנִי כִּי־חָפֵץ בִּי׃    יִגְמְלֵנִי כא
יְהֹוָה כְּצִדְקָתִי    כְּבֹר יָדַי יָשִׁיב
לִי׃    כִּי שָׁמַרְתִּי דַּרְכֵי יְהֹוָה    וְלֹא כב
רָשַׁעְתִּי מֵאֱלֹהָי׃    כִּי כׇל־מִשְׁפָּטָו כג
לְנֶגְדִּי    וְחֻקֹּתָיו לֹא־אָסוּר מִמֶּנָּה׃    וָאֶהְיֶה כד
תָמִים לוֹ וָאֶשְׁתַּמְּרָה מֵעֲוֺנִי׃    וַיָּשֶׁב יְהֹוָה לִי כה
כְּצִדְקָתִי    כְּבֹרִי לְנֶגֶד עֵינָיו׃    עִם־ כו
חָסִיד תִּתְחַסָּד    עִם־גְּבוֹר תָּמִים

כז תִּתַּמָּם: עִם־נָבָר תִּתָּבָר וְעִם־
כח עִקֵּשׁ תִּתַּפָּל: וְאֶת־עַם עָנִי
כט תּוֹשִׁיעַ וְעֵינֶיךָ עַל־רָמִים תַּשְׁפִּיל: כִּי־
אַתָּה נֵירִי יְהוָה וַיהוָה יַגִּיהַ
ל חָשְׁכִּי: כִּי בְכָה אָרוּץ גְּדוּד בֵּאלֹהַי
לא אֲדַלֶּג־שׁוּר: הָאֵל תָּמִים
דַּרְכּוֹ אִמְרַת יְהוָה צְרוּפָה מָגֵן
לב הוּא לְכֹל הַחֹסִים בּוֹ: כִּי מִי־אֵל מִבַּלְעֲדֵי
לג יְהוָה וּמִי צוּר מִבַּלְעֲדֵי אֱלֹהֵינוּ: הָאֵל
מָעוּזִּי חָיִל וַיַּתֵּר תָּמִים
לד דרכו: מְשַׁוֶּה רגליו כָּאַיָּלוֹת וְעַל־ דַּרְכִּי רַגְלַי
לה בָּמוֹתַי יַעֲמִידֵנִי: מְלַמֵּד יָדַי
לו לַמִּלְחָמָה וְנִחַת קֶשֶׁת־נְחוּשָׁה זְרֹעֹתָי: וַתִּתֶּן־
לז לִי מָגֵן יִשְׁעֶךָ וַעֲנֹתְךָ תַּרְבֵּנִי: תַּרְחִיב צַעֲדִי
לח תַּחְתֵּנִי וְלֹא מָעֲדוּ קַרְסֻלָּי: אֶרְדְּפָה
אֹיְבַי וָאַשְׁמִידֵם וְלֹא אָשׁוּב עַד־
לט כַּלּוֹתָם: וָאֲכַלֵּם וָאֶמְחָצֵם וְלֹא יְקוּמוּן וַיִּפְּלוּ
מ תַּחַת רַגְלָי: וַתַּזְרֵנִי חַיִל
מא לַמִּלְחָמָה תַּכְרִיעַ קָמַי תַּחְתֵּנִי: וְאֹיְבַי
מב תַּתָּה לִּי עֹרֶף מְשַׂנְאַי וָאַצְמִיתֵם: יִשְׁעוּ וְאֵין
מג מֹשִׁיעַ אֶל־יְהוָה וְלֹא עָנָם: וְאֶשְׁחָקֵם
כַּעֲפַר־אָרֶץ כְּטִיט־חוּצוֹת אֲדִקֵּם
מד אֶרְקָעֵם: וַתְּפַלְּטֵנִי מֵרִיבֵי עַמִּי תִּשְׁמְרֵנִי
לְרֹאשׁ גּוֹיִם עַם לֹא־יָדַעְתִּי
מה יַעַבְדֻנִי: בְּנֵי נֵכָר יִתְכַּחֲשׁוּ־לִי לִשְׁמוֹעַ
מו אֹזֶן יִשָּׁמְעוּ לִי: בְּנֵי נֵכָר יִבֹּלוּ וְיַחְגְּרוּ
מז מִמִּסְגְּרוֹתָם: חַי־יְהוָה וּבָרוּךְ צוּרִי וְיָרֻם

אֱלֹהֵי צוּר יִשְׁעִי׃ הָאֵל הַנֹּתֵן נְקָמֹת מח
לִי וּמוֹרִיד עַמִּים תַּחְתֵּנִי׃ וּמוֹצִיאִי מט
מֵאֹיְבָי וּמִקָּמַי תְּרוֹמְמֵנִי מֵאִישׁ חֲמָסִים
תַּצִּילֵנִי׃ עַל־כֵּן אוֹדְךָ יְהוָה בַּגּוֹיִם וּלְשִׁמְךָ נ
מִגְדּוֹל לד אֲזַמֵּר׃ מגדיל יְשׁוּעוֹת נא
מַלְכּוֹ וְעֹשֶׂה־חֶסֶד לִמְשִׁיחוֹ
לְדָוִד וּלְזַרְעוֹ עַד־עוֹלָם׃

וְאֵלֶּה דִּבְרֵי דָוִד הָאַחֲרֹנִים נְאֻם דָּוִד בֶּן־יִשַׁי וּנְאֻם הַגֶּבֶר הֻקַם א כג
עָל מְשִׁיחַ אֱלֹהֵי יַעֲקֹב וּנְעִים זְמִרוֹת יִשְׂרָאֵל׃ רוּחַ יְהוָה דִּבֶּר־ ב
בִּי וּמִלָּתוֹ עַל־לְשׁוֹנִי׃ אָמַר אֱלֹהֵי יִשְׂרָאֵל לִי דִבֶּר צוּר יִשְׂרָאֵל ג
מוֹשֵׁל בָּאָדָם צַדִּיק מוֹשֵׁל יִרְאַת אֱלֹהִים׃ וּכְאוֹר בֹּקֶר יִזְרַח־ ד
שָׁמֶשׁ בֹּקֶר לֹא עָבוֹת מִנֹּגַהּ מִמָּטָר דֶּשֶׁא מֵאָרֶץ׃ כִּי־לֹא־כֵן ה
בֵּיתִי עִם־אֵל כִּי בְרִית עוֹלָם שָׂם לִי עֲרוּכָה בַכֹּל וּשְׁמֻרָה כִּי־
כָל־יִשְׁעִי וְכָל־חֵפֶץ כִּי־לֹא יַצְמִיחַ׃ וּבְלִיַּעַל כְּקוֹץ מֻנָד כֻּלָּהַם ו
כִּי־לֹא בְיָד יִקָּחוּ׃ וְאִישׁ יִגַּע בָּהֶם יִמָּלֵא בַרְזֶל וְעֵץ חֲנִית ז
וּבָאֵשׁ שָׂרוֹף יִשָּׂרְפוּ בַּשָּׁבֶת׃

גיבורי דוד | דה״א יא, י–מז

אֵלֶּה שְׁמוֹת הַגִּבֹּרִים אֲשֶׁר לְדָוִד יֹשֵׁב בַּשֶּׁבֶת תַּחְכְּמֹנִי | רֹאשׁ ח
הָעֶצְנִי הַשָּׁלִשִׁי הוּא עֲדִינוֹ הָעֶצְנוֹ עַל־שְׁמֹנֶה מֵאוֹת חָלָל בְּפַעַם
אֶחָת דֹּדוֹ אֶחָד׃ וְאַחֲרוֹ אֶלְעָזָר בֶּן־דֹּדִי בֶּן־אֲחֹחִי בִּשְׁלֹשָׁה גברים ט
הַגִּבֹּרִים עִם־דָּוִד בְּחָרְפָם בַּפְּלִשְׁתִּים נֶאֶסְפוּ־שָׁם לַמִּלְחָמָה וַיַּעֲלוּ אִישׁ
יִשְׂרָאֵל׃ הוּא קָם וַיַּךְ בַּפְּלִשְׁתִּים עַד | כִּי־יָגְעָה יָדוֹ וַתִּדְבַּק יָדוֹ י
אֶל־הַחֶרֶב וַיַּעַשׂ יְהוָה תְּשׁוּעָה גְדוֹלָה בַּיּוֹם הַהוּא וְהָעָם יָשֻׁבוּ
אַחֲרָיו אַךְ לְפַשֵּׁט׃ וְאַחֲרָיו שַׁמָּא בֶן־אָגֵא הָרָרִי וַיֵּאָסְפוּ יא
פְלִשְׁתִּים לַחַיָּה וַתְּהִי־שָׁם חֶלְקַת הַשָּׂדֶה מְלֵאָה עֲדָשִׁים וְהָעָם
נָס מִפְּנֵי פְלִשְׁתִּים׃ וַיִּתְיַצֵּב בְּתוֹךְ־הַחֶלְקָה וַיַּצִּילֶהָ וַיַּךְ אֶת־ יב
שְׁלֹשָׁה פְּלִשְׁתִּים וַיַּעַשׂ יְהוָה תְּשׁוּעָה גְדוֹלָה׃ וַיֵּרְדוּ שלשים יג

מֵהַשְּׁלֹשִׁים רֹאשׁ וַיָּבֹאוּ אֶל־קָצִיר אֶל־דָּוִד אֶל־מְעָרַת עֲדֻלָּם
יד וְחַיַּת פְּלִשְׁתִּים חֹנָה בְּעֵמֶק רְפָאִים: וְדָוִד אָז בַּמְּצוּדָה וּמַצַּב
טו פְּלִשְׁתִּים אָז בֵּית לָחֶם: וַיִּתְאַוֶּה דָוִד וַיֹּאמַר מִי יַשְׁקֵנִי מַיִם
טז מִבֹּאר בֵּית־לֶחֶם אֲשֶׁר בַּשָּׁעַר: וַיִּבְקְעוּ שְׁלֹשֶׁת הַגִּבֹּרִים
בְּמַחֲנֵה פְלִשְׁתִּים וַיִּשְׁאֲבוּ־מַיִם מִבֹּאר בֵּית־לֶחֶם אֲשֶׁר בַּשַּׁעַר
וַיִּשְׂאוּ וַיָּבִאוּ אֶל־דָּוִד וְלֹא אָבָה לִשְׁתּוֹתָם וַיַּסֵּךְ אֹתָם
יז לַיהוָה: וַיֹּאמֶר חָלִילָה לִּי יְהוָה מֵעֲשֹׂתִי זֹאת הֲדַם הָאֲנָשִׁים
הַהֹלְכִים בְּנַפְשׁוֹתָם וְלֹא אָבָה לִשְׁתּוֹתָם אֵלֶּה עָשׂוּ שְׁלֹשֶׁת
יח הַגִּבֹּרִים: וַאֲבִישַׁי אֲחִי ׀ יוֹאָב בֶּן־צְרוּיָה הוּא רֹאשׁ
השלשי וְהוּא עוֹרֵר אֶת־חֲנִיתוֹ עַל־שְׁלֹשׁ מֵאוֹת חָלָל וְלוֹ־שֵׁם הַשְּׁלֹשָׁה
יט בַּשְּׁלֹשָׁה: מִן־הַשְּׁלֹשָׁה הֲכִי נִכְבָּד וַיְהִי לָהֶם לְשָׂר וְעַד־
כ הַשְּׁלֹשָׁה לֹא־בָא: וּבְנָיָהוּ בֶן־יְהוֹיָדָע בֶּן־אִישׁ־חַי רַב־ חָיִל
פְּעָלִים מִקַּבְצְאֵל הוּא הִכָּה אֵת שְׁנֵי אֲרִאֵל מוֹאָב וְהוּא יָרַד
כא וְהִכָּה אֶת־הארִיה בְּתוֹךְ הַבֹּאר בְּיוֹם הַשָּׁלֶג: וְהוּא הִכָּה הָאֲרִי
אֶת־איש מִצְרִי אֲשֶׁר מַרְאֶה וּבְיַד הַמִּצְרִי חֲנִית וַיֵּרֶד אֵלָיו אִישׁ
בַּשָּׁבֶט וַיִּגְזֹל אֶת־הַחֲנִית מִיַּד הַמִּצְרִי וַיַּהַרְגֵהוּ בַּחֲנִיתוֹ:
כב אֵלֶּה עָשָׂה בְּנָיָהוּ בֶּן־יְהוֹיָדָע וְלוֹ־שֵׁם בִּשְׁלֹשָׁה הַגִּבֹּרִים:
כג מִן־הַשְּׁלֹשִׁים נִכְבָּד וְאֶל־הַשְּׁלֹשָׁה לֹא־בָא וַיְשִׂמֵהוּ דָוִד
כד אֶל־מִשְׁמַעְתּוֹ: עֲשָׂהאֵל אֲחִי־יוֹאָב בַּשְּׁלֹשִׁים אֶלְחָנָן
כה כו בֶּן־דדו בֵּית לָחֶם: שַׁמָּה הַחֲרֹדִי אֱלִיקָא הַחֲרֹדִי: חֶלֶץ דּוֹדוֹ
כז הַפַּלְטִי עִירָא בֶן־עִקֵּשׁ הַתְּקוֹעִי: אֲבִיעֶזֶר הָעַנְּתֹתִי מְבֻנַּי
כח כט הַחֻשָׁתִי: צַלְמוֹן הָאֲחֹחִי מַהְרַי הַנְּטֹפָתִי: חֵלֶב בֶּן־
ל בַּעֲנָה הַנְּטֹפָתִי אִתַּי בֶּן־רִיבַי מִגִּבְעַת בְּנֵי בִנְיָמִן: בְּנָיָהוּ
לא פִּרְעָתֹנִי הִדַּי מִנַּחֲלֵי־גָעַשׁ: אֲבִי־עַלְבוֹן הָעַרְבָתִי עַזְמָוֶת
לב לג הַבַּרְחֻמִי: אֶלְיַחְבָּא הַשַּׁעַלְבֹנִי בְּנֵי יָשֵׁן יְהוֹנָתָן: שַׁמָּה
לד הַהֲרָרִי אֲחִיאָם בֶּן־שָׁרָר הָארָרִי: אֱלִיפֶלֶט בֶּן־אֲחַסְבַּי
לה בֶּן־הַמַּעֲכָתִי אֱלִיעָם בֶּן־אֲחִיתֹפֶל הַגִּלֹנִי: חצרו הַכַּרְמְלִי חֶצְרַי

לו לז פערי הארבי: יגאל בן־נתן מצבה בני הגדי: צלק
לח העמני נחרי הבארתי נשאי כלי יואב בן־צריה: עירא
נשא
לט היתרי גרב היתרי: אוריה החתי כל שלשים
כד א ושבעה: ויסף אף־יהוה לחרות בישראל ויסת
את־דוד בהם לאמר לך מנה את־ישראל ואת־יהודה:

דוד פוקד את העם
דה"א כא, א–ז

ב ויאמר המלך אל־יואב ׀ שר־החיל אשר־אתו שוט־נא בכל־
שבטי ישראל מדן ועד־באר שבע ופקדו את־העם וידעתי
ג את מספר העם: ויאמר יואב אל־המלך ויוסף
יהוה אלהיך אל־העם כהם ׀ וכהם מאה פעמים ועיני אדני־
ד המלך ראות ואדני המלך למה חפץ בדבר הזה: ויחזק דבר־
המלך אל־יואב ועל שרי החיל ויצא יואב ושרי החיל לפני
ה המלך לפקד את־העם את־ישראל: ויעברו את־הירדן
ויחנו בערוער ימין העיר אשר בתוך־הנחל הגד ואל־יעזר:
ו ויבאו הגלעדה ואל־ארץ תחתים חדשי ויבאו דנה יען
ז וסביב אל־צידון: ויבאו מבצר־צר וכל־ערי החוי והכנעני
ח ויצאו אל־נגב יהודה באר שבע: וישטו בכל־הארץ
ט ויבאו מקצה תשעה חדשים ועשרים יום ירושלם: ויתן
יואב את־מספר מפקד־העם אל־המלך ותהי ישראל
שמנה מאות אלף איש־חיל שלף חרב ואיש יהודה חמש־
י מאות אלף איש: ויך לב־דוד אתו אחרי־כן ספר את־

חרטת דוד ועונשו
דה"א כא, ח–יז

העם ויאמר דוד אל־יהוה חטאתי מאד אשר
עשיתי ועתה יהוה העבר־נא את־עון עבדך כי נסכלתי
יא מאד: ויקם דוד בבקר ודבר־יהוה היה אל־גד
יב הנביא חזה דוד לאמר: הלוך ודברת אל־דוד כה אמר יהוה
שלש אנכי נוטל עליך בחר־לך אחת־מהם ואעשה־לך:
יג ויבא־גד אל־דוד ויגד־לו ויאמר לו התבוא לך שבע־שנים ׀
רעב ׀ בארצך ואם־שלשה חדשים נסך לפני־צריך והוא

רְדֶפְךָ וְאִם־הֱיוֹת שְׁלֹשֶׁת יָמִים דֶּבֶר בְּאַרְצְךָ עַתָּה דַּע וּרְאֵה
יד מָה־אָשִׁיב שֹׁלְחִי דָּבָר: וַיֹּאמֶר דָּוִד אֶל־גָּד צַר־
לִי מְאֹד נִפְּלָה־נָּא בְיַד־יהוה כִּי־רַבִּים רַחֲמָו וּבְיַד־אָדָם אַל־
טו אֶפֹּלָה: וַיִּתֵּן יהוה דֶּבֶר בְּיִשְׂרָאֵל מֵהַבֹּקֶר וְעַד־עֵת מוֹעֵד וַיָּמָת
טז מִן־הָעָם מִדָּן וְעַד־בְּאֵר שֶׁבַע שִׁבְעִים אֶלֶף אִישׁ: וַיִּשְׁלַח יָדוֹ
הַמַּלְאָךְ ׀ יְרוּשָׁלִַם לְשַׁחֲתָהּ וַיִּנָּחֶם יהוה אֶל־הָרָעָה וַיֹּאמֶר
לַמַּלְאָךְ הַמַּשְׁחִית בָּעָם רַב עַתָּה הֶרֶף יָדֶךָ וּמַלְאַךְ יהוה הָיָה
יז עִם־גֹּרֶן הָאוֹרְנָה הַיְבֻסִי: וַיֹּאמֶר דָּוִד אֶל־יהוה
בִּרְאֹתוֹ ׀ אֶת־הַמַּלְאָךְ ׀ הַמַּכֶּה בָעָם וַיֹּאמֶר הִנֵּה אָנֹכִי חָטָאתִי
וְאָנֹכִי הֶעֱוֵיתִי וְאֵלֶּה הַצֹּאן מֶה עָשׂוּ תְּהִי נָא יָדְךָ בִּי וּבְבֵית
יח אָבִי: וַיָּבֹא־גָד אֶל־דָּוִד בַּיּוֹם הַהוּא וַיֹּאמֶר לוֹ
יט עֲלֵה הָקֵם לַיהוה מִזְבֵּחַ בְּגֹרֶן אֲרַנְיָה הַיְבֻסִי: וַיַּעַל דָּוִד כִּדְבַר־
כ גָּד כַּאֲשֶׁר צִוָּה יהוה: וַיַּשְׁקֵף אֲרַוְנָה וַיַּרְא אֶת־הַמֶּלֶךְ וְאֶת־
עֲבָדָיו עֹבְרִים עָלָיו וַיֵּצֵא אֲרַוְנָה וַיִּשְׁתַּחוּ לַמֶּלֶךְ אַפָּיו אָרְצָה:
כא וַיֹּאמֶר אֲרַוְנָה מַדּוּעַ בָּא אֲדֹנִי־הַמֶּלֶךְ אֶל־עַבְדּוֹ וַיֹּאמֶר דָּוִד
לִקְנוֹת מֵעִמְּךָ אֶת־הַגֹּרֶן לִבְנוֹת מִזְבֵּחַ לַיהוה וְתֵעָצַר הַמַּגֵּפָה
כב מֵעַל הָעָם: וַיֹּאמֶר אֲרַוְנָה אֶל־דָּוִד יִקַּח וְיַעַל אֲדֹנִי הַמֶּלֶךְ
הַטּוֹב בְּעֵינָו רְאֵה הַבָּקָר לָעֹלָה וְהַמֹּרִגִּים וּכְלֵי הַבָּקָר לָעֵצִים:
כג הַכֹּל נָתַן אֲרַוְנָה הַמֶּלֶךְ לַמֶּלֶךְ וַיֹּאמֶר אֲרַוְנָה
כד אֶל־הַמֶּלֶךְ יהוה אֱלֹהֶיךָ יִרְצֶךָ: וַיֹּאמֶר הַמֶּלֶךְ אֶל־אֲרַוְנָה לֹא
כִּי־קָנוֹ אֶקְנֶה מֵאוֹתְךָ בִּמְחִיר וְלֹא אַעֲלֶה לַיהוה אֱלֹהַי עֹלוֹת
חִנָּם וַיִּקֶן דָּוִד אֶת־הַגֹּרֶן וְאֶת־הַבָּקָר בְּכֶסֶף שְׁקָלִים חֲמִשִּׁים:
כה וַיִּבֶן שָׁם דָּוִד מִזְבֵּחַ לַיהוה וַיַּעַל עֹלוֹת וּשְׁלָמִים וַיֵּעָתֵר יהוה
לָאָרֶץ וַתֵּעָצַר הַמַּגֵּפָה מֵעַל יִשְׂרָאֵל:

הָאֲרַוְנָה

בניית המזבח בגורן ארוונה וסיום המגפה דה"א כא, יח – כב, א

אֲרַוְנָה

# מלכים

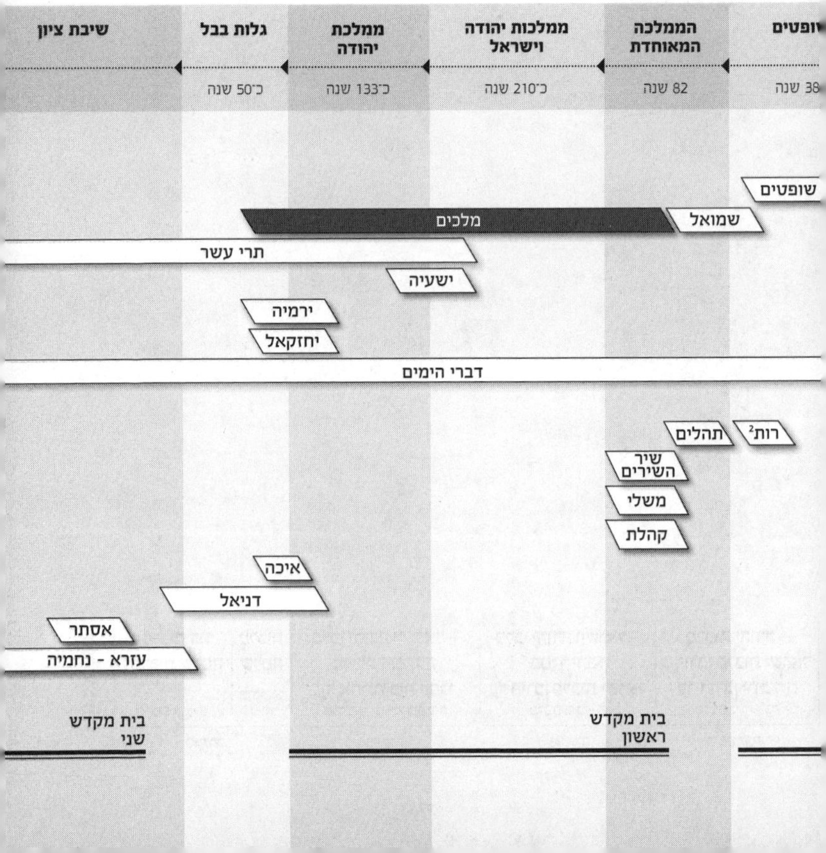

שופטים
38 שנה
הממלכה המאוחדת
82 שנה
ממלכות יהודה וישראל
כ־210 שנה
ממלכת יהודה
כ־133 שנה
גלות בבל
כ־50 שנה
שיבת ציון
שופטים
שמואל
מלכים
תרי עשר
ישעיה
ירמיה
יחזקאל
דברי הימים
רות[2]
תהלים
שיר השירים
משלי
קהלת
איכה
דניאל
אסתר
עזרא - נחמיה
בית מקדש ראשון
בית מקדש שני

**ספר מלכים**

| ספר מלכים | | | | |
|---|---|---|---|---|
| ממלכות דוד למלכות שלמה<br>מלכים א׳ א–ב | מלכות שלמה<br>מלכים א׳ ג–יא | מלכי יהודה וישראל – מפילוג המלוכה עד אחרית בית עמרי<br>מלכים א׳ יב – מלכים ב׳ ח | מלכי יהודה וישראל – ממרד יהוא עד חורבן מלכות ישראל<br>מלכים ב׳ ט – יז | מלכות יהודה – מחורבן מלכות ישראל עד חורבן ירושלים<br>מלכים ב׳ יח – כה |
| 40 שנה | | 98 שנה | 143 שנה | כ־135 שנה |

א וְהַמֶּלֶךְ דָּוִד זָקֵן בָּא בַּיָּמִים וַיְכַסֻּהוּ בַּבְּגָדִים וְלֹא יִחַם לוֹ׃ א
ב וַיֹּאמְרוּ לוֹ עֲבָדָיו יְבַקְשׁוּ לַאדֹנִי הַמֶּלֶךְ נַעֲרָה בְתוּלָה וְעָמְדָה
לִפְנֵי הַמֶּלֶךְ וּתְהִי־לוֹ סֹכֶנֶת וְשָׁכְבָה בְחֵיקֶךָ וְחַם לַאדֹנִי הַמֶּלֶךְ׃
ג וַיְבַקְשׁוּ נַעֲרָה יָפָה בְּכֹל גְּבוּל יִשְׂרָאֵל וַיִּמְצְאוּ אֶת־אֲבִישַׁג
ד הַשּׁוּנַמִּית וַיָּבִאוּ אֹתָהּ לַמֶּלֶךְ׃ וְהַנַּעֲרָה יָפָה עַד־מְאֹד וַתְּהִי
ה לַמֶּלֶךְ סֹכֶנֶת וַתְּשָׁרְתֵהוּ וְהַמֶּלֶךְ לֹא יְדָעָהּ׃ וַאֲדֹנִיָּה בֶן־חַגִּית
מִתְנַשֵּׂא לֵאמֹר אֲנִי אֶמְלֹךְ וַיַּעַשׂ לוֹ רֶכֶב וּפָרָשִׁים וַחֲמִשִּׁים
ו אִישׁ רָצִים לְפָנָיו׃ וְלֹא־עֲצָבוֹ אָבִיו מִיָּמָיו לֵאמֹר מַדּוּעַ כָּכָה
עָשִׂיתָ וְגַם־הוּא טוֹב־תֹּאַר מְאֹד וְאֹתוֹ יָלְדָה אַחֲרֵי אַבְשָׁלוֹם׃
ז וַיִּהְיוּ דְבָרָיו עִם יוֹאָב בֶּן־צְרוּיָה וְעִם אֶבְיָתָר הַכֹּהֵן וַיַּעְזְרוּ
ח אַחֲרֵי אֲדֹנִיָּה׃ וְצָדוֹק הַכֹּהֵן וּבְנָיָהוּ בֶן־יְהוֹיָדָע וְנָתָן הַנָּבִיא
ט וְשִׁמְעִי וְרֵעִי וְהַגִּבּוֹרִים אֲשֶׁר לְדָוִד לֹא הָיוּ עִם־אֲדֹנִיָּהוּ׃ וַיִּזְבַּח
אֲדֹנִיָּהוּ צֹאן וּבָקָר וּמְרִיא עִם אֶבֶן הַזֹּחֶלֶת אֲשֶׁר־אֵצֶל עֵין
רֹגֵל וַיִּקְרָא אֶת־כָּל־אֶחָיו בְּנֵי הַמֶּלֶךְ וּלְכָל־אַנְשֵׁי יְהוּדָה עַבְדֵי
י הַמֶּלֶךְ׃ וְאֶת־נָתָן הַנָּבִיא וּבְנָיָהוּ וְאֶת־הַגִּבּוֹרִים וְאֶת־שְׁלֹמֹה
יא אָחִיו לֹא קָרָא׃ וַיֹּאמֶר נָתָן אֶל־בַּת־שֶׁבַע אֵם־שְׁלֹמֹה לֵאמֹר
יב הֲלוֹא שָׁמַעַתְּ כִּי מָלַךְ אֲדֹנִיָּהוּ בֶן־חַגִּית וַאֲדֹנֵינוּ דָוִד לֹא יָדָע׃
וְעַתָּה לְכִי אִיעָצֵךְ נָא עֵצָה וּמַלְּטִי אֶת־נַפְשֵׁךְ וְאֶת־נֶפֶשׁ בְּנֵךְ
יג שְׁלֹמֹה׃ לְכִי וּבֹאִי ׀ אֶל־הַמֶּלֶךְ דָּוִד וְאָמַרְתְּ אֵלָיו הֲלֹא־אַתָּה
אֲדֹנִי הַמֶּלֶךְ נִשְׁבַּעְתָּ לַאֲמָתְךָ לֵאמֹר כִּי־שְׁלֹמֹה בְנֵךְ יִמְלֹךְ
יד אַחֲרַי וְהוּא יֵשֵׁב עַל־כִּסְאִי וּמַדּוּעַ מָלַךְ אֲדֹנִיָּהוּ׃ הִנֵּה עוֹדָךְ
מְדַבֶּרֶת שָׁם עִם־הַמֶּלֶךְ וַאֲנִי אָבוֹא אַחֲרַיִךְ וּמִלֵּאתִי אֶת־
טו דְּבָרָיִךְ׃ וַתָּבֹא בַת־שֶׁבַע אֶל־הַמֶּלֶךְ הַחַדְרָה וְהַמֶּלֶךְ זָקֵן מְאֹד
טז וַאֲבִישַׁג הַשּׁוּנַמִּית מְשָׁרַת אֶת־הַמֶּלֶךְ׃ וַתִּקֹּד בַּת־שֶׁבַע
יז וַתִּשְׁתַּחוּ לַמֶּלֶךְ וַיֹּאמֶר הַמֶּלֶךְ מַה־לָּךְ׃ וַתֹּאמֶר לוֹ אֲדֹנִי אַתָּה
נִשְׁבַּעְתָּ בַּיהוָה אֱלֹהֶיךָ לַאֲמָתֶךָ כִּי־שְׁלֹמֹה בְנֵךְ יִמְלֹךְ אַחֲרָי
יח וְהוּא יֵשֵׁב עַל־כִּסְאִי׃ וְעַתָּה הִנֵּה אֲדֹנִיָּה מָלָךְ וְעַתָּה אֲדֹנִי

יט הַמֶּלֶךְ לֹא יָדָעְתָּ: וַיִּזְבַּח שׁוֹר וּמְרִיא־וְצֹאן לָרֹב וַיִּקְרָא לְכָל־
בְּנֵי הַמֶּלֶךְ וּלְאֶבְיָתָר הַכֹּהֵן וּלְיֹאָב שַׂר הַצָּבָא וְלִשְׁלֹמֹה עַבְדְּךָ
כ לֹא קָרָא: וְאַתָּה אֲדֹנִי הַמֶּלֶךְ עֵינֵי כָל־יִשְׂרָאֵל עָלֶיךָ לְהַגִּיד
כא לָהֶם מִי יֵשֵׁב עַל־כִּסֵּא אֲדֹנִי־הַמֶּלֶךְ אַחֲרָיו: וְהָיָה כִּשְׁכַב
כב אֲדֹנִי־הַמֶּלֶךְ עִם־אֲבֹתָיו וְהָיִיתִי אֲנִי וּבְנִי שְׁלֹמֹה חַטָּאִים: וְהִנֵּה
כג עוֹדֶנָּה מְדַבֶּרֶת עִם־הַמֶּלֶךְ וְנָתָן הַנָּבִיא בָּא: וַיַּגִּידוּ לַמֶּלֶךְ
לֵאמֹר הִנֵּה נָתָן הַנָּבִיא וַיָּבֹא לִפְנֵי הַמֶּלֶךְ וַיִּשְׁתַּחוּ לַמֶּלֶךְ עַל־
כד אַפָּיו אָרְצָה: וַיֹּאמֶר נָתָן אֲדֹנִי הַמֶּלֶךְ אַתָּה אָמַרְתָּ אֲדֹנִיָּהוּ
כה יִמְלֹךְ אַחֲרָי וְהוּא יֵשֵׁב עַל־כִּסְאִי: כִּי ׀ יָרַד הַיּוֹם וַיִּזְבַּח שׁוֹר
וּמְרִיא־וְצֹאן לָרֹב וַיִּקְרָא לְכָל־בְּנֵי הַמֶּלֶךְ וּלְשָׂרֵי הַצָּבָא
וּלְאֶבְיָתָר הַכֹּהֵן וְהִנָּם אֹכְלִים וְשֹׁתִים לְפָנָיו וַיֹּאמְרוּ יְחִי הַמֶּלֶךְ
כו אֲדֹנִיָּהוּ: וְלִי אֲנִי־עַבְדֶּךָ וּלְצָדֹק הַכֹּהֵן וְלִבְנָיָהוּ בֶן־יְהוֹיָדָע
כז וְלִשְׁלֹמֹה עַבְדְּךָ לֹא קָרָא: אִם מֵאֵת אֲדֹנִי הַמֶּלֶךְ נִהְיָה הַדָּבָר
הַזֶּה וְלֹא הוֹדַעְתָּ אֶת־עבדיך מִי יֵשֵׁב עַל־כִּסֵּא אֲדֹנִי־הַמֶּלֶךְ עַבְדְּךָ
כח אַחֲרָיו: וַיַּעַן הַמֶּלֶךְ דָּוִד וַיֹּאמֶר קִרְאוּ־לִי לְבַת־שָׁבַע וַתָּבֹא
כט לִפְנֵי הַמֶּלֶךְ וַתַּעֲמֹד לִפְנֵי הַמֶּלֶךְ: וַיִּשָּׁבַע הַמֶּלֶךְ וַיֹּאמַר חַי־
ל יְהוָה אֲשֶׁר־פָּדָה אֶת־נַפְשִׁי מִכָּל־צָרָה: כִּי כַּאֲשֶׁר נִשְׁבַּעְתִּי
לָךְ בַּיהוָה אֱלֹהֵי יִשְׂרָאֵל לֵאמֹר כִּי־שְׁלֹמֹה בְנֵךְ יִמְלֹךְ אַחֲרַי
לא וְהוּא יֵשֵׁב עַל־כִּסְאִי תַּחְתָּי כִּי כֵּן אֶעֱשֶׂה הַיּוֹם הַזֶּה: וַתִּקֹּד
בַּת־שֶׁבַע אַפַּיִם אֶרֶץ וַתִּשְׁתַּחוּ לַמֶּלֶךְ וַתֹּאמֶר יְחִי אֲדֹנִי הַמֶּלֶךְ
לב דָּוִד לְעֹלָם: וַיֹּאמֶר ׀ הַמֶּלֶךְ דָּוִד קִרְאוּ־לִי לְצָדוֹק
הַכֹּהֵן וּלְנָתָן הַנָּבִיא וְלִבְנָיָהוּ בֶּן־יְהוֹיָדָע וַיָּבֹאוּ לִפְנֵי הַמֶּלֶךְ:
לג וַיֹּאמֶר הַמֶּלֶךְ לָהֶם קְחוּ עִמָּכֶם אֶת־עַבְדֵי אֲדֹנֵיכֶם וְהִרְכַּבְתֶּם
אֶת־שְׁלֹמֹה בְנִי עַל־הַפִּרְדָּה אֲשֶׁר־לִי וְהוֹרַדְתֶּם אֹתוֹ אֶל־
לד גִּחוֹן: וּמָשַׁח אֹתוֹ שָׁם צָדוֹק הַכֹּהֵן וְנָתָן הַנָּבִיא לְמֶלֶךְ עַל־
לה יִשְׂרָאֵל וּתְקַעְתֶּם בַּשּׁוֹפָר וַאֲמַרְתֶּם יְחִי הַמֶּלֶךְ שְׁלֹמֹה: וַעֲלִיתֶם
אַחֲרָיו וּבָא וְיָשַׁב עַל־כִּסְאִי וְהוּא יִמְלֹךְ תַּחְתָּי וְאֹתוֹ צִוִּיתִי

א

לו לִהְיוֹת נָגִיד עַל־יִשְׂרָאֵל וְעַל־יְהוּדָה׃ וַיַּעַן בְּנָיָהוּ בֶן־יְהוֹיָדָע
אֶת־הַמֶּלֶךְ וַיֹּאמֶר ׀ אָמֵן כֵּן יֹאמַר יהוה אֱלֹהֵי אֲדֹנִי הַמֶּלֶךְ׃
לז כַּאֲשֶׁר הָיָה יהוה עִם־אֲדֹנִי הַמֶּלֶךְ כֵּן יְהִי עִם־שְׁלֹמֹה וִיגַדֵּל
לח אֶת־כִּסְאוֹ מִכִּסֵּא אֲדֹנִי הַמֶּלֶךְ דָּוִד׃ וַיֵּרֶד צָדוֹק הַכֹּהֵן וְנָתָן
הַנָּבִיא וּבְנָיָהוּ בֶן־יְהוֹיָדָע וְהַכְּרֵתִי וְהַפְּלֵתִי וַיַּרְכִּבוּ אֶת־
לט שְׁלֹמֹה עַל־פִּרְדַּת הַמֶּלֶךְ דָּוִד וַיֹּלִכוּ אֹתוֹ עַל־גִּחוֹן׃ וַיִּקַּח צָדוֹק

המלכת שלמה
דה"א כג, א;
כט, כב–כה

הַכֹּהֵן אֶת־קֶרֶן הַשֶּׁמֶן מִן־הָאֹהֶל וַיִּמְשַׁח אֶת־שְׁלֹמֹה וַיִּתְקְעוּ
מ בַּשּׁוֹפָר וַיֹּאמְרוּ כָּל־הָעָם יְחִי הַמֶּלֶךְ שְׁלֹמֹה׃ וַיַּעֲלוּ כָל־הָעָם
אַחֲרָיו וְהָעָם מְחַלְּלִים בַּחֲלִלִים וּשְׂמֵחִים שִׂמְחָה גְדוֹלָה וַתִּבָּקַע
מא הָאָרֶץ בְּקוֹלָם׃ וַיִּשְׁמַע אֲדֹנִיָּהוּ וְכָל־הַקְּרֻאִים אֲשֶׁר אִתּוֹ וְהֵם
כִּלּוּ לֶאֱכֹל וַיִּשְׁמַע יוֹאָב אֶת־קוֹל הַשּׁוֹפָר וַיֹּאמֶר מַדּוּעַ קוֹל־
מב הַקִּרְיָה הוֹמָה׃ עוֹדֶנּוּ מְדַבֵּר וְהִנֵּה יוֹנָתָן בֶּן־אֶבְיָתָר הַכֹּהֵן בָּא
מג וַיֹּאמֶר אֲדֹנִיָּהוּ בֹּא כִּי אִישׁ חַיִל אַתָּה וְטוֹב תְּבַשֵּׂר׃ וַיַּעַן יוֹנָתָן
וַיֹּאמֶר לַאֲדֹנִיָּהוּ אֲבָל אֲדֹנֵינוּ הַמֶּלֶךְ־דָּוִד הִמְלִיךְ אֶת־שְׁלֹמֹה׃
מד וַיִּשְׁלַח אִתּוֹ הַמֶּלֶךְ אֶת־צָדוֹק הַכֹּהֵן וְאֶת־נָתָן הַנָּבִיא וּבְנָיָהוּ
בֶּן־יְהוֹיָדָע וְהַכְּרֵתִי וְהַפְּלֵתִי וַיַּרְכִּבוּ אֹתוֹ עַל פִּרְדַּת הַמֶּלֶךְ׃
מה וַיִּמְשְׁחוּ אֹתוֹ צָדוֹק הַכֹּהֵן וְנָתָן הַנָּבִיא ׀ לְמֶלֶךְ בְּגִחוֹן וַיַּעֲלוּ
מו מִשָּׁם שְׂמֵחִים וַתֵּהֹם הַקִּרְיָה הוּא הַקּוֹל אֲשֶׁר שְׁמַעְתֶּם׃ וְגַם
מז יָשַׁב שְׁלֹמֹה עַל כִּסֵּא הַמְּלוּכָה׃ וְגַם־בָּאוּ עַבְדֵי הַמֶּלֶךְ לְבָרֵךְ
אֶת־אֲדֹנֵינוּ הַמֶּלֶךְ דָּוִד לֵאמֹר יֵיטֵב אלהיך אֶת־שֵׁם שְׁלֹמֹה אֱלֹהִים
מִשְּׁמֶךָ וִיגַדֵּל אֶת־כִּסְאוֹ מִכִּסְאֶךָ וַיִּשְׁתַּחוּ הַמֶּלֶךְ עַל־
מח הַמִּשְׁכָּב׃ וְגַם־כָּכָה אָמַר הַמֶּלֶךְ בָּרוּךְ יהוה אֱלֹהֵי יִשְׂרָאֵל ב
מט אֲשֶׁר נָתַן הַיּוֹם יֹשֵׁב עַל־כִּסְאִי וְעֵינַי רֹאוֹת׃ וַיֶּחֶרְדוּ וַיָּקֻמוּ כָּל־
נ הַקְּרֻאִים אֲשֶׁר לַאֲדֹנִיָּהוּ וַיֵּלְכוּ אִישׁ לְדַרְכּוֹ׃ וַאֲדֹנִיָּהוּ יָרֵא מִפְּנֵי
נא שְׁלֹמֹה וַיָּקָם וַיֵּלֶךְ וַיַּחֲזֵק בְּקַרְנוֹת הַמִּזְבֵּחַ׃ וַיֻּגַּד לִשְׁלֹמֹה לֵאמֹר
הִנֵּה אֲדֹנִיָּהוּ יָרֵא אֶת־הַמֶּלֶךְ שְׁלֹמֹה וְהִנֵּה אָחַז בְּקַרְנוֹת
הַמִּזְבֵּחַ לֵאמֹר יִשָּׁבַע־לִי כַיּוֹם הַמֶּלֶךְ שְׁלֹמֹה אִם־יָמִית אֶת־

נב עַבְדּוֹ בֶּחָרֶב׃ וַיֹּאמֶר שְׁלֹמֹה אִם יִהְיֶה לְבֶן־חַיִל לֹא־יִפֹּל
נג מִשַּׂעֲרָתוֹ אָרְצָה וְאִם־רָעָה תִמָּצֵא־בוֹ וָמֵת׃ וַיִּשְׁלַח הַמֶּלֶךְ
שְׁלֹמֹה וַיֹּרִדֻהוּ מֵעַל הַמִּזְבֵּחַ וַיָּבֹא וַיִּשְׁתַּחוּ לַמֶּלֶךְ שְׁלֹמֹה
ב א וַיֹּאמֶר־לוֹ שְׁלֹמֹה לֵךְ לְבֵיתֶךָ׃ וַיִּקְרְבוּ יְמֵי־דָוִד

ציווי דוד לשלמה באחרית ימיו
דה״א כב, ה–טז; כח, ט–י

ב לָמוּת וַיְצַו אֶת־שְׁלֹמֹה בְנוֹ לֵאמֹר׃ אָנֹכִי הֹלֵךְ בְּדֶרֶךְ כָּל־
ג הָאָרֶץ וְחָזַקְתָּ וְהָיִיתָ לְאִישׁ׃ וְשָׁמַרְתָּ אֶת־מִשְׁמֶרֶת ׀ יְהוָה
אֱלֹהֶיךָ לָלֶכֶת בִּדְרָכָיו לִשְׁמֹר חֻקֹּתָיו מִצְוֺתָיו וּמִשְׁפָּטָיו
וְעֵדְוֺתָיו כַּכָּתוּב בְּתוֹרַת מֹשֶׁה לְמַעַן תַּשְׂכִּיל אֵת כָּל־אֲשֶׁר
ד תַּעֲשֶׂה וְאֵת כָּל־אֲשֶׁר תִּפְנֶה שָׁם׃ לְמַעַן יָקִים יְהוָה אֶת־דְּבָרוֹ

הבטחת ה׳ לדוד על שושלת מלכותו
שמ״ב ז, יב–טז
דה״א יז, יא–יד

אֲשֶׁר דִּבֶּר עָלַי לֵאמֹר אִם־יִשְׁמְרוּ בָנֶיךָ אֶת־דַּרְכָּם לָלֶכֶת
לְפָנַי בֶּאֱמֶת בְּכָל־לְבָבָם וּבְכָל־נַפְשָׁם לֵאמֹר לֹא־יִכָּרֵת לְךָ
ה אִישׁ מֵעַל כִּסֵּא יִשְׂרָאֵל׃ וְגַם אַתָּה יָדַעְתָּ אֵת אֲשֶׁר־עָשָׂה לִי

יואב הורג את אבנר ואת עמשא
שמ״ב ג, כו–כז
שמ״ב כ, ט–י

יוֹאָב בֶּן־צְרוּיָה אֲשֶׁר עָשָׂה לִשְׁנֵי־שָׂרֵי צִבְאוֹת יִשְׂרָאֵל
לְאַבְנֵר בֶּן־נֵר וְלַעֲמָשָׂא בֶן־יֶתֶר וַיַּהַרְגֵם וַיָּשֶׂם דְּמֵי־מִלְחָמָה
בְּשָׁלֹם וַיִּתֵּן דְּמֵי מִלְחָמָה בַּחֲגֹרָתוֹ אֲשֶׁר בְּמָתְנָיו וּבְנַעֲלוֹ
ו אֲשֶׁר בְּרַגְלָיו׃ וְעָשִׂיתָ כְּחָכְמָתֶךָ וְלֹא־תוֹרֵד שֵׂיבָתוֹ בְּשָׁלֹם
ז שְׁאֹל׃ וְלִבְנֵי בַרְזִלַּי הַגִּלְעָדִי תַּעֲשֶׂה־חֶסֶד וְהָיוּ

מעשי החסד של בני ברזילי הגלעדי
שמ״ב יז, כז–כט

בְּאֹכְלֵי שֻׁלְחָנֶךָ כִּי־כֵן קָרְבוּ אֵלַי בְּבָרְחִי מִפְּנֵי אַבְשָׁלוֹם אָחִיךָ׃
ח וְהִנֵּה עִמְּךָ שִׁמְעִי בֶן־גֵּרָא בֶן־הַיְמִינִי מִבַּחֻרִים וְהוּא קִלְלַנִי

מעשיו של שמעי ושבועתו של דוד לשמעי
שמ״ב טז, ה–יג; יט, יז–כד

קְלָלָה נִמְרֶצֶת בְּיוֹם לֶכְתִּי מַחֲנָיִם וְהוּא־יָרַד לִקְרָאתִי הַיַּרְדֵּן
ט וָאֶשָּׁבַע לוֹ בַיהוָה לֵאמֹר אִם־אֲמִיתְךָ בֶּחָרֶב׃ וְעַתָּה אַל־
תְּנַקֵּהוּ כִּי אִישׁ חָכָם אָתָּה וְיָדַעְתָּ אֵת אֲשֶׁר תַּעֲשֶׂה־לּוֹ
י וְהוֹרַדְתָּ אֶת־שֵׂיבָתוֹ בְּדָם שְׁאוֹל׃ וַיִּשְׁכַּב דָּוִד עִם־אֲבֹתָיו

מות דוד
דה״א כט, כח

יא וַיִּקָּבֵר בְּעִיר דָּוִד׃ וְהַיָּמִים אֲשֶׁר מָלַךְ דָּוִד עַל־

שנות מלכותו של דוד
שמ״ב ה, ה
דה״א ג, ד; כט, כז

יִשְׂרָאֵל אַרְבָּעִים שָׁנָה בְּחֶבְרוֹן מָלַךְ שֶׁבַע שָׁנִים וּבִירוּשָׁלִַם
יב מָלַךְ שְׁלֹשִׁים וְשָׁלֹשׁ שָׁנִים׃ וּשְׁלֹמֹה יָשַׁב עַל־כִּסֵּא דָּוִד אָבִיו
יג וַתִּכֹּן מַלְכֻתוֹ מְאֹד׃ וַיָּבֹא אֲדֹנִיָּהוּ בֶן־חַגִּית

אֶל־בַּת־שֶׁבַע אֵם־שְׁלֹמֹה וַתֹּאמֶר הֲשָׁלוֹם בֹּאֶךָ וַיֹּאמֶר שָׁלוֹם:
יד טו וַיֹּאמֶר דָּבָר לִי אֵלָיִךְ וַתֹּאמֶר דַּבֵּר: וַיֹּאמֶר אַתְּ יָדַעַתְּ כִּי־לִי
הָיְתָה הַמְּלוּכָה וְעָלַי שָׂמוּ כָל־יִשְׂרָאֵל פְּנֵיהֶם לִמְלֹךְ וַתִּסֹּב
טז הַמְּלוּכָה וַתְּהִי לְאָחִי כִּי מֵיְהוָה הָיְתָה לּוֹ: וְעַתָּה שְׁאֵלָה אַחַת
אָנֹכִי שֹׁאֵל מֵאִתָּךְ אַל־תָּשִׁבִי אֶת־פָּנָי וַתֹּאמֶר אֵלָיו דַּבֵּר:
יז וַיֹּאמֶר אִמְרִי־נָא לִשְׁלֹמֹה הַמֶּלֶךְ כִּי לֹא־יָשִׁיב אֶת־פָּנָיִךְ
יח וְיִתֶּן־לִי אֶת־אֲבִישַׁג הַשּׁוּנַמִּית לְאִשָּׁה: וַתֹּאמֶר בַּת־שֶׁבַע
יט טוֹב אָנֹכִי אֲדַבֵּר עָלֶיךָ אֶל־הַמֶּלֶךְ: וַתָּבֹא בַת־שֶׁבַע אֶל־
הַמֶּלֶךְ שְׁלֹמֹה לְדַבֶּר־לוֹ עַל־אֲדֹנִיָּהוּ וַיָּקָם הַמֶּלֶךְ לִקְרָאתָהּ
וַיִּשְׁתַּחוּ לָהּ וַיֵּשֶׁב עַל־כִּסְאוֹ וַיָּשֶׂם כִּסֵּא לְאֵם הַמֶּלֶךְ וַתֵּשֶׁב
כ לִימִינוֹ: וַתֹּאמֶר שְׁאֵלָה אַחַת קְטַנָּה אָנֹכִי שֹׁאֶלֶת מֵאִתָּךְ אַל־
תָּשֶׁב אֶת־פָּנָי וַיֹּאמֶר לָהּ הַמֶּלֶךְ שַׁאֲלִי אִמִּי כִּי לֹא־אָשִׁיב
כא אֶת־פָּנָיִךְ: וַתֹּאמֶר יֻתַּן אֶת־אֲבִישַׁג הַשֻּׁנַמִּית לַאֲדֹנִיָּהוּ אָחִיךָ
כב לְאִשָּׁה: וַיַּעַן הַמֶּלֶךְ שְׁלֹמֹה וַיֹּאמֶר לְאִמּוֹ וְלָמָה אַתְּ שֹׁאֶלֶת
אֶת־אֲבִישַׁג הַשֻּׁנַמִּית לַאֲדֹנִיָּהוּ וְשַׁאֲלִי־לוֹ אֶת־הַמְּלוּכָה כִּי
הוּא אָחִי הַגָּדוֹל מִמֶּנִּי וְלוֹ וּלְאֶבְיָתָר הַכֹּהֵן וּלְיוֹאָב בֶּן־
כג צְרוּיָה: וַיִּשָּׁבַע הַמֶּלֶךְ שְׁלֹמֹה בַּיהוָה לֵאמֹר כֹּה
יַעֲשֶׂה־לִּי אֱלֹהִים וְכֹה יוֹסִיף כִּי בְנַפְשׁוֹ דִּבֶּר אֲדֹנִיָּהוּ אֶת־
כד הַדָּבָר הַזֶּה: וְעַתָּה חַי־יְהוָה אֲשֶׁר הֱכִינַנִי וַיּוֹשִׁיבִינִי עַל־כִּסֵּא וַיּוֹשִׁיבַנִי
דָּוִד אָבִי וַאֲשֶׁר עָשָׂה־לִי בַּיִת כַּאֲשֶׁר דִּבֵּר כִּי הַיּוֹם יוּמַת
כה אֲדֹנִיָּהוּ: וַיִּשְׁלַח הַמֶּלֶךְ שְׁלֹמֹה בְּיַד בְּנָיָהוּ בֶן־יְהוֹיָדָע וַיִּפְגַּע־
כו בּוֹ וַיָּמֹת: וּלְאֶבְיָתָר הַכֹּהֵן אָמַר הַמֶּלֶךְ עֲנָתֹת
לֵךְ עַל־שָׂדֶיךָ כִּי אִישׁ מָוֶת אָתָּה וּבַיּוֹם הַזֶּה לֹא אֲמִיתֶךָ כִּי־
נָשָׂאתָ אֶת־אֲרוֹן אֲדֹנָי יְהוִה לִפְנֵי דָּוִד אָבִי וְכִי הִתְעַנִּיתָ בְּכֹל
כז אֲשֶׁר־הִתְעַנָּה אָבִי: וַיְגָרֶשׁ שְׁלֹמֹה אֶת־אֶבְיָתָר מִהְיוֹת כֹּהֵן
הנבואה על בית עלי שמ"א ב, כז–לו
לַיהוָה לְמַלֵּא אֶת־דְּבַר יְהוָה אֲשֶׁר דִּבֶּר עַל־בֵּית עֵלִי
כח בְּשִׁלֹה: וְהַשְּׁמֻעָה בָּאָה עַד־יוֹאָב כִּי יוֹאָב נָטָה

ב

אַחֲרֵי אֲדֹנִיָּה וְאַחֲרֵי אַבְשָׁלוֹם לֹא נָטָה וַיָּנָס יוֹאָב אֶל־אֹהֶל
כט יהוה וַיַּחֲזֵק בְּקַרְנוֹת הַמִּזְבֵּחַ׃ וַיֻּגַּד לַמֶּלֶךְ שְׁלֹמֹה כִּי נָס יוֹאָב
אֶל־אֹהֶל יהוה וְהִנֵּה אֵצֶל הַמִּזְבֵּחַ וַיִּשְׁלַח שְׁלֹמֹה אֶת־בְּנָיָהוּ
ל בֶּן־יְהוֹיָדָע לֵאמֹר לֵךְ פְּגַע־בּוֹ׃ וַיָּבֹא בְנָיָהוּ אֶל־אֹהֶל יהוה
וַיֹּאמֶר אֵלָיו כֹּה־אָמַר הַמֶּלֶךְ צֵא וַיֹּאמֶר ׀ לֹא כִּי פֹה אָמוּת
וַיָּשֶׁב בְּנָיָהוּ אֶת־הַמֶּלֶךְ דָּבָר לֵאמֹר כֹּה־דִבֶּר יוֹאָב וְכֹה עָנָנִי׃
לא וַיֹּאמֶר לוֹ הַמֶּלֶךְ עֲשֵׂה כַּאֲשֶׁר דִּבֶּר וּפְגַע־בּוֹ וּקְבַרְתּוֹ וַהֲסִירֹתָ ׀
לב דְּמֵי חִנָּם אֲשֶׁר שָׁפַךְ יוֹאָב מֵעָלַי וּמֵעַל בֵּית אָבִי׃ וְהֵשִׁיב יהוה
אֶת־דָּמוֹ עַל־רֹאשׁוֹ אֲשֶׁר פָּגַע בִּשְׁנֵי־אֲנָשִׁים צַדִּקִים וְטֹבִים
מִמֶּנּוּ וַיַּהַרְגֵם בַּחֶרֶב וְאָבִי דָוִד לֹא יָדָע אֶת־אַבְנֵר בֶּן־נֵר שַׂר־
לג צְבָא יִשְׂרָאֵל וְאֶת־עֲמָשָׂא בֶן־יֶתֶר שַׂר־צְבָא יְהוּדָה׃ וְשָׁבוּ
דְמֵיהֶם בְּרֹאשׁ יוֹאָב וּבְרֹאשׁ זַרְעוֹ לְעֹלָם וּלְדָוִד וּלְזַרְעוֹ וּלְבֵיתוֹ
לד וּלְכִסְאוֹ יִהְיֶה שָׁלוֹם עַד־עוֹלָם מֵעִם יהוה׃ וַיַּעַל בְּנָיָהוּ בֶּן־
לה יְהוֹיָדָע וַיִּפְגַּע־בּוֹ וַיְמִתֵהוּ וַיִּקָּבֵר בְּבֵיתוֹ בַּמִּדְבָּר׃ וַיִּתֵּן הַמֶּלֶךְ
אֶת־בְּנָיָהוּ בֶן־יְהוֹיָדָע תַּחְתָּיו עַל־הַצָּבָא וְאֶת־צָדוֹק הַכֹּהֵן
לו נָתַן הַמֶּלֶךְ תַּחַת אֶבְיָתָר׃ וַיִּשְׁלַח הַמֶּלֶךְ וַיִּקְרָא לְשִׁמְעִי וַיֹּאמֶר
לוֹ בְּנֵה־לְךָ בַיִת בִּירוּשָׁלַםִ וְיָשַׁבְתָּ שָׁם וְלֹא־תֵצֵא מִשָּׁם אָנֶה
לז וָאָנָה׃ וְהָיָה ׀ בְּיוֹם צֵאתְךָ וְעָבַרְתָּ אֶת־נַחַל קִדְרוֹן יָדֹעַ תֵּדַע
לח כִּי מוֹת תָּמוּת דָּמְךָ יִהְיֶה בְרֹאשֶׁךָ׃ וַיֹּאמֶר שִׁמְעִי לַמֶּלֶךְ טוֹב
הַדָּבָר כַּאֲשֶׁר דִּבֶּר אֲדֹנִי הַמֶּלֶךְ כֵּן יַעֲשֶׂה עַבְדֶּךָ וַיֵּשֶׁב שִׁמְעִי
לט בִּירוּשָׁלַםִ יָמִים רַבִּים׃ וַיְהִי מִקֵּץ שָׁלֹשׁ שָׁנִים
וַיִּבְרְחוּ שְׁנֵי־עֲבָדִים לְשִׁמְעִי אֶל־אָכִישׁ בֶּן־מַעֲכָה מֶלֶךְ גַּת
מ וַיַּגִּידוּ לְשִׁמְעִי לֵאמֹר הִנֵּה עֲבָדֶיךָ בְּגַת׃ וַיָּקָם שִׁמְעִי וַיַּחֲבֹשׁ
אֶת־חֲמֹרוֹ וַיֵּלֶךְ גַּתָה אֶל־אָכִישׁ לְבַקֵּשׁ אֶת־עֲבָדָיו וַיֵּלֶךְ
מא שִׁמְעִי וַיָּבֵא אֶת־עֲבָדָיו מִגַּת׃ וַיֻּגַּד לִשְׁלֹמֹה
מב כִּי־הָלַךְ שִׁמְעִי מִירוּשָׁלַםִ גַּת וַיָּשֹׁב׃ וַיִּשְׁלַח הַמֶּלֶךְ וַיִּקְרָא
לְשִׁמְעִי וַיֹּאמֶר אֵלָיו הֲלוֹא הִשְׁבַּעְתִּיךָ בַיהוה וָאָעִד בְּךָ לֵאמֹר

בְּי֣וֹם צֵאתְךָ֗ וְהָלַכְתָּ֙ אָ֣נֶה וָאָ֔נָה יָדֹ֥עַ תֵּדַ֖ע כִּ֣י מ֣וֹת תָּמ֑וּת
מג וַתֹּ֥אמֶר אֵלַ֛י ט֥וֹב הַדָּבָ֖ר שָׁמָֽעְתִּי׃ וּמַדּ֗וּעַ לֹ֤א שָׁמַ֙רְתָּ֙ אֵ֚ת
מד שְׁבֻעַ֣ת יְהוָ֔ה וְאֶת־הַמִּצְוָ֖ה אֲשֶׁר־צִוִּ֥יתִי עָלֶֽיךָ׃ וַיֹּ֨אמֶר הַמֶּ֜לֶךְ
אֶל־שִׁמְעִ֗י אַתָּ֨ה יָדַ֜עְתָּ אֵ֤ת כָּל־הָֽרָעָה֙ אֲשֶׁ֣ר יָדַ֣ע לְבָבְךָ֔ אֲשֶׁ֥ר
מה עָשִׂ֖יתָ לְדָוִ֣ד אָבִ֑י וְהֵשִׁ֧יב יְהוָ֛ה אֶת־רָעָתְךָ֖ בְּרֹאשֶֽׁךָ׃ וְהַמֶּ֥לֶךְ ג
מו שְׁלֹמֹ֖ה בָּר֑וּךְ וְכִסֵּ֣א דָוִ֗ד יִהְיֶ֥ה נָכ֛וֹן לִפְנֵ֥י יְהוָ֖ה עַד־עוֹלָֽם׃ וַיְצַ֣ו
הַמֶּ֗לֶךְ אֶת־בְּנָיָ֙הוּ֙ בֶּן־יְה֣וֹיָדָ֔ע וַיֵּצֵ֕א וַיִּפְגַּע־בּ֖וֹ וַיָּמֹ֑ת וְהַמַּמְלָכָ֥ה
ג א נָכ֖וֹנָה בְּיַד־שְׁלֹמֹֽה׃ וַיִּתְחַתֵּ֣ן שְׁלֹמֹ֔ה אֶת־פַּרְעֹ֖ה
מֶ֣לֶךְ מִצְרָ֑יִם וַיִּקַּ֣ח אֶת־בַּת־פַּרְעֹ֗ה וַיְבִיאֶ֙הָ֙ אֶל־עִ֣יר דָּוִ֔ד עַ֣ד
כַּלֹּת֗וֹ לִבְנ֤וֹת אֶת־בֵּיתוֹ֙ וְאֶת־בֵּ֣ית יְהוָ֔ה וְאֶת־חוֹמַ֥ת יְרוּשָׁלַ֖͏ִם
ב סָבִֽיב׃ רַ֣ק הָעָ֔ם מְזַבְּחִ֖ים בַּבָּמ֑וֹת כִּ֠י לֹא־נִבְנָ֥ה בַ֙יִת֙ לְשֵׁ֣ם יְהוָ֔ה
ג עַ֖ד הַיָּמִ֥ים הָהֵֽם׃ וַיֶּאֱהַ֤ב שְׁלֹמֹה֙ אֶת־יְהוָ֔ה
לָלֶ֕כֶת בְּחֻקּ֖וֹת דָּוִ֣ד אָבִ֑יו רַ֚ק בַּבָּמ֔וֹת ה֥וּא מְזַבֵּ֖חַ וּמַקְטִֽיר׃
ד וַיֵּ֨לֶךְ הַמֶּ֤לֶךְ גִּבְעֹ֙נָה֙ לִזְבֹּ֣חַ שָׁ֔ם כִּ֛י הִ֖יא הַבָּמָ֣ה הַגְּדוֹלָ֑ה אֶ֤לֶף
ה עֹלוֹת֙ יַעֲלֶ֣ה שְׁלֹמֹ֔ה עַ֖ל הַמִּזְבֵּ֥חַ הַהֽוּא׃ בְּגִבְע֗וֹן
נִרְאָ֧ה יְהוָ֛ה אֶל־שְׁלֹמֹ֖ה בַּחֲל֣וֹם הַלָּ֑יְלָה וַיֹּ֣אמֶר אֱלֹהִ֔ים שְׁאַ֖ל
ו מָ֥ה אֶתֶּן־לָֽךְ׃ וַיֹּ֣אמֶר שְׁלֹמֹ֗ה אַתָּ֨ה עָשִׂ֜יתָ עִם־עַבְדְּךָ֨ דָוִ֣ד אָבִי֮
חֶ֣סֶד גָּדוֹל֒ כַּאֲשֶׁר֩ הָלַ֨ךְ לְפָנֶ֜יךָ בֶּאֱמֶ֧ת וּבִצְדָקָ֛ה וּבְיִשְׁרַ֥ת לֵבָ֖ב
עִמָּ֑ךְ וַתִּשְׁמָר־ל֗וֹ אֶת־הַחֶ֤סֶד הַגָּדוֹל֙ הַזֶּ֔ה וַתִּתֶּן־ל֥וֹ בֵ֛ן יֹשֵׁ֥ב
ז עַל־כִּסְא֖וֹ כַּיּ֥וֹם הַזֶּֽה׃ וְעַתָּה֙ יְהוָ֣ה אֱלֹהָ֔י אַתָּה֙ הִמְלַ֣כְתָּ אֶֽת־
עַבְדְּךָ֔ תַּ֖חַת דָּוִ֣ד אָבִ֑י וְאָֽנֹכִי֙ נַ֣עַר קָטֹ֔ן לֹ֥א אֵדַ֖ע צֵ֥את וָבֹֽא׃
ח וְעַ֙בְדְּךָ֔ בְּת֖וֹךְ עַמְּךָ֣ אֲשֶׁ֣ר בָּחָ֑רְתָּ עַם־רָ֕ב אֲשֶׁ֥ר לֹֽא־יִמָּנֶ֛ה וְלֹ֥א
ט יִסָּפֵ֖ר מֵרֹֽב׃ וְנָתַתָּ֨ לְעַבְדְּךָ֜ לֵ֤ב שֹׁמֵ֙עַ֙ לִשְׁפֹּ֣ט אֶֽת־עַמְּךָ֔ לְהָבִ֖ין
י בֵּֽין־ט֣וֹב לְרָ֑ע כִּ֣י מִ֤י יוּכַל֙ לִשְׁפֹּ֔ט אֶת־עַמְּךָ֥ הַכָּבֵ֖ד הַזֶּֽה׃ וַיִּיטַ֥ב
יא הַדָּבָ֖ר בְּעֵינֵ֣י אֲדֹנָ֑י כִּ֚י שָׁאַ֣ל שְׁלֹמֹ֔ה אֶת־הַדָּבָ֖ר הַזֶּֽה׃ וַיֹּ֨אמֶר
אֱלֹהִ֜ים אֵלָ֗יו יַ֡עַן אֲשֶׁ֣ר שָׁאַ֩לְתָּ֩ אֶת־הַדָּבָ֨ר הַזֶּ֜ה וְלֹֽא־שָׁאַ֨לְתָּ
לְּךָ֜ יָמִ֣ים רַבִּ֗ים וְלֹֽא־שָׁאַ֤לְתָּ לְּךָ֙ עֹ֔שֶׁר וְלֹ֥א שָׁאַ֖לְתָּ נֶ֣פֶשׁ אֹיְבֶ֑יךָ

הקרבת אלף עולות על המזבח בגבעון דה״ב א, ב–ו

החלום בגבעון דה״ב א, ז–יג

יב וְשָׁאַלְתָּ לְךָ הָבִין לִשְׁמֹעַ מִשְׁפָּט׃ הִנֵּה עָשִׂיתִי כִּדְבָרֶיךָ הִנֵּה ׀
נָתַתִּי לְךָ לֵב חָכָם וְנָבוֹן אֲשֶׁר כָּמוֹךָ לֹא־הָיָה לְפָנֶיךָ וְאַחֲרֶיךָ
יג לֹא־יָקוּם כָּמוֹךָ׃ וְגַם אֲשֶׁר לֹא־שָׁאַלְתָּ נָתַתִּי לָךְ גַּם־עֹשֶׁר גַּם־
יד כָּבוֹד אֲשֶׁר לֹא־הָיָה כָמוֹךָ אִישׁ בַּמְּלָכִים כָּל־יָמֶיךָ׃ וְאִם ׀
תֵּלֵךְ בִּדְרָכַי לִשְׁמֹר חֻקַּי וּמִצְוֺתַי כַּאֲשֶׁר הָלַךְ דָּוִיד אָבִיךָ
טו וְהַאֲרַכְתִּי אֶת־יָמֶיךָ׃ וַיִּקַץ שְׁלֹמֹה וְהִנֵּה חֲלוֹם
וַיָּבוֹא יְרוּשָׁלִַם וַיַּעֲמֹד ׀ לִפְנֵי ׀ אֲרוֹן בְּרִית־אֲדֹנָי וַיַּעַל עֹלוֹת וַיַּעַשׂ
טז שְׁלָמִים וַיַּעַשׂ מִשְׁתֶּה לְכָל־עֲבָדָיו׃ אָז תָּבֹאנָה
יז שְׁתַּיִם נָשִׁים זֹנוֹת אֶל־הַמֶּלֶךְ וַתַּעֲמֹדְנָה לְפָנָיו׃ וַתֹּאמֶר הָאִשָּׁה
הָאַחַת בִּי אֲדֹנִי אֲנִי וְהָאִשָּׁה הַזֹּאת יֹשְׁבֹת בְּבַיִת אֶחָד וָאֵלֵד
יח עִמָּהּ בַּבָּיִת׃ וַיְהִי בַּיּוֹם הַשְּׁלִישִׁי לְלִדְתִּי וַתֵּלֶד גַּם־הָאִשָּׁה
הַזֹּאת וַאֲנַחְנוּ יַחְדָּו אֵין־זָר אִתָּנוּ בַּבַּיִת זוּלָתִי שְׁתַּיִם־אֲנַחְנוּ
יט כ בַּבָּיִת׃ וַיָּמָת בֶּן־הָאִשָּׁה הַזֹּאת לָיְלָה אֲשֶׁר שָׁכְבָה עָלָיו׃ וַתָּקָם
בְּתוֹךְ הַלַּיְלָה וַתִּקַּח אֶת־בְּנִי מֵאֶצְלִי וַאֲמָתְךָ יְשֵׁנָה וַתַּשְׁכִּיבֵהוּ
כא בְּחֵיקָהּ וְאֶת־בְּנָהּ הַמֵּת הִשְׁכִּיבָה בְחֵיקִי׃ וָאָקֻם בַּבֹּקֶר
לְהֵינִיק אֶת־בְּנִי וְהִנֵּה־מֵת וָאֶתְבּוֹנֵן אֵלָיו בַּבֹּקֶר וְהִנֵּה לֹא־
כב הָיָה בְנִי אֲשֶׁר יָלָדְתִּי׃ וַתֹּאמֶר הָאִשָּׁה הָאַחֶרֶת לֹא כִי בְּנִי הַחַי
וּבְנֵךְ הַמֵּת וְזֹאת אֹמֶרֶת לֹא כִי בְּנֵךְ הַמֵּת וּבְנִי הֶחָי וַתְּדַבֵּרְנָה
כג לִפְנֵי הַמֶּלֶךְ׃ וַיֹּאמֶר הַמֶּלֶךְ זֹאת אֹמֶרֶת זֶה־בְּנִי הַחַי וּבְנֵךְ הַמֵּת
כד וְזֹאת אֹמֶרֶת לֹא כִי בְּנֵךְ הַמֵּת וּבְנִי הֶחָי׃ וַיֹּאמֶר
כה הַמֶּלֶךְ קְחוּ לִי־חָרֶב וַיָּבִאוּ הַחֶרֶב לִפְנֵי הַמֶּלֶךְ׃ וַיֹּאמֶר הַמֶּלֶךְ
גִּזְרוּ אֶת־הַיֶּלֶד הַחַי לִשְׁנָיִם וּתְנוּ אֶת־הַחֲצִי לְאַחַת וְאֶת־
כו הַחֲצִי לְאֶחָת׃ וַתֹּאמֶר הָאִשָּׁה אֲשֶׁר־בְּנָהּ הַחַי אֶל־הַמֶּלֶךְ כִּי־
נִכְמְרוּ רַחֲמֶיהָ עַל־בְּנָהּ וַתֹּאמֶר ׀ בִּי אֲדֹנִי תְּנוּ־לָהּ אֶת־הַיָּלוּד
הַחַי וְהָמֵת אַל־תְּמִיתֻהוּ וְזֹאת אֹמֶרֶת גַּם־לִי גַם־לָךְ לֹא יִהְיֶה
כז גְּזֹרוּ׃ וַיַּעַן הַמֶּלֶךְ וַיֹּאמֶר תְּנוּ־לָהּ אֶת־הַיָּלוּד הַחַי וְהָמֵת לֹא
כח תְמִיתֻהוּ הִיא אִמּוֹ׃ וַיִּשְׁמְעוּ כָל־יִשְׂרָאֵל אֶת־הַמִּשְׁפָּט אֲשֶׁר

שָׁפַט הַמֶּלֶךְ וַיִּרְאוּ מִפְּנֵי הַמֶּלֶךְ כִּי רָאוּ כִּי־חָכְמַת אֱלֹהִים
ד א בְּקִרְבּוֹ לַעֲשׂוֹת מִשְׁפָּט׃ וַיְהִי הַמֶּלֶךְ שְׁלֹמֹה מֶלֶךְ עַל־כָּל־
ב יִשְׂרָאֵל׃ וְאֵלֶּה הַשָּׂרִים אֲשֶׁר־לוֹ עֲזַרְיָהוּ בֶן־צָדוֹק
ג הַכֹּהֵן׃ אֱלִיחֹרֶף וַאֲחִיָּה בְּנֵי שִׁישָׁא סֹפְרִים יְהוֹשָׁפָט בֶּן־
ד אֲחִילוּד הַמַּזְכִּיר׃ וּבְנָיָהוּ בֶן־יְהוֹיָדָע עַל־הַצָּבָא וְצָדוֹק
ה וְאֶבְיָתָר כֹּהֲנִים׃ וַעֲזַרְיָהוּ בֶן־נָתָן עַל־הַנִּצָּבִים וְזָבוּד בֶּן־נָתָן
ו כֹּהֵן רֵעֶה הַמֶּלֶךְ׃ וַאֲחִישָׁר עַל־הַבָּיִת וַאֲדֹנִירָם בֶּן־עַבְדָּא
ז עַל־הַמַּס׃ וְלִשְׁלֹמֹה שְׁנֵים־עָשָׂר נִצָּבִים עַל־כָּל־
יִשְׂרָאֵל וְכִלְכְּלוּ אֶת־הַמֶּלֶךְ וְאֶת־בֵּיתוֹ חֹדֶשׁ בַּשָּׁנָה יִהְיֶה עַל־
ח ט אחד לְכַלְכֵּל׃ וְאֵלֶּה שְׁמוֹתָם בֶּן־חוּר בְּהַר אֶפְרָיִם׃ בֶּן־דֶּקֶר הָאֶחָד
י בְּמָקַץ וּבְשַׁעַלְבִים וּבֵית שָׁמֶשׁ וְאֵילוֹן בֵּית חָנָן׃ בֶּן־חֶסֶד
יא בָּאֲרֻבּוֹת לוֹ שֹׂכֹה וְכָל־אֶרֶץ חֵפֶר׃ בֶּן־אֲבִינָדָב כָּל־נָפַת דֹּאר
יב טָפַת בַּת־שְׁלֹמֹה הָיְתָה לּוֹ לְאִשָּׁה׃ בַּעֲנָא בֶּן־
אֲחִילוּד תַּעְנַךְ וּמְגִדּוֹ וְכָל־בֵּית שְׁאָן אֲשֶׁר אֵצֶל צָרְתַנָה
מִתַּחַת לְיִזְרְעֶאל מִבֵּית שְׁאָן עַד אָבֵל מְחוֹלָה עַד מֵעֵבֶר
יג לְיָקְמְעָם׃ בֶּן־גֶּבֶר בְּרָמֹת גִּלְעָד לוֹ חַוֹּת יָאִיר
בֶּן־מְנַשֶּׁה אֲשֶׁר בַּגִּלְעָד לוֹ חֶבֶל אַרְגֹּב אֲשֶׁר בַּבָּשָׁן שִׁשִּׁים
יד עָרִים גְּדֹלוֹת חוֹמָה וּבְרִיחַ נְחֹשֶׁת׃ אֲחִינָדָב
טו בֶּן־עִדֹּא מַחֲנָיְמָה׃ אֲחִימַעַץ בְּנַפְתָּלִי גַּם־הוּא
טז לָקַח אֶת־בָּשְׂמַת בַּת־שְׁלֹמֹה לְאִשָּׁה׃ בַּעֲנָא
יז בֶּן־חוּשָׁי בְּאָשֵׁר וּבְעָלוֹת׃ יְהוֹשָׁפָט בֶּן־פָּרוּחַ
יח יט בְּיִשָּׂשכָר׃ שִׁמְעִי בֶן־אֵלָא בְּבִנְיָמִן׃ גֶּבֶר
בֶּן־אֻרִי בְּאֶרֶץ גִּלְעָד אֶרֶץ סִיחוֹן ׀ מֶלֶךְ הָאֱמֹרִי וְעֹג מֶלֶךְ
כ הַבָּשָׁן וּנְצִיב אֶחָד אֲשֶׁר בָּאָרֶץ׃ יְהוּדָה וְיִשְׂרָאֵל רַבִּים ד
ה א כַּחוֹל אֲשֶׁר־עַל־הַיָּם לָרֹב אֹכְלִים וְשֹׁתִים וּשְׂמֵחִים׃ וּשְׁלֹמֹה
הָיָה מוֹשֵׁל בְּכָל־הַמַּמְלָכוֹת מִן־הַנָּהָר אֶרֶץ פְּלִשְׁתִּים וְעַד
גְּבוּל מִצְרָיִם מַגִּשִׁים מִנְחָה וְעֹבְדִים אֶת־שְׁלֹמֹה כָּל־יְמֵי

ב חַיָּיו׃ וַיְהִי לֶחֶם־שְׁלֹמֹה לְיוֹם אֶחָד שְׁלֹשִׁים כֹּר
ג סֹלֶת וְשִׁשִּׁים כֹּר קָמַח׃ עֲשָׂרָה בָקָר בְּרִאִים וְעֶשְׂרִים בָּקָר
רְעִי וּמֵאָה צֹאן לְבַד מֵאַיָּל וּצְבִי וְיַחְמוּר וּבַרְבֻּרִים אֲבוּסִים׃
ד כִּי־הוּא רֹדֶה ׀ בְּכָל־עֵבֶר הַנָּהָר מִתִּפְסַח וְעַד־עַזָּה בְּכָל־מַלְכֵי
ה עֵבֶר הַנָּהָר וְשָׁלוֹם הָיָה לוֹ מִכָּל־עֲבָרָיו מִסָּבִיב׃ וַיֵּשֶׁב יְהוּדָה
וְיִשְׂרָאֵל לָבֶטַח אִישׁ תַּחַת גַּפְנוֹ וְתַחַת תְּאֵנָתוֹ מִדָּן וְעַד־בְּאֵר
ו שָׁבַע כֹּל יְמֵי שְׁלֹמֹה׃ וַיְהִי לִשְׁלֹמֹה אַרְבָּעִים
ז אֶלֶף אֻרְוֺת סוּסִים לְמֶרְכָּבוֹ וּשְׁנֵים־עָשָׂר אֶלֶף פָּרָשִׁים׃ וְכִלְכְּלוּ
הַנִּצָּבִים הָאֵלֶּה אֶת־הַמֶּלֶךְ שְׁלֹמֹה וְאֵת כָּל־הַקָּרֵב אֶל־שֻׁלְחַן
ח הַמֶּלֶךְ־שְׁלֹמֹה אִישׁ חָדְשׁוֹ לֹא יְעַדְּרוּ דָּבָר׃ וְהַשְּׂעֹרִים וְהַתֶּבֶן
לַסּוּסִים וְלָרֶכֶשׁ יָבִאוּ אֶל־הַמָּקוֹם אֲשֶׁר יִהְיֶה־שָּׁם אִישׁ
ט כְּמִשְׁפָּטוֹ׃ וַיִּתֵּן אֱלֹהִים חָכְמָה לִשְׁלֹמֹה וּתְבוּנָה
י הַרְבֵּה מְאֹד וְרֹחַב לֵב כַּחוֹל אֲשֶׁר עַל־שְׂפַת הַיָּם׃ וַתֵּרֶב
חָכְמַת שְׁלֹמֹה מֵחָכְמַת כָּל־בְּנֵי־קֶדֶם וּמִכֹּל חָכְמַת מִצְרָיִם׃
יא וַיֶּחְכַּם מִכָּל־הָאָדָם מֵאֵיתָן הָאֶזְרָחִי וְהֵימָן וְכַלְכֹּל וְדַרְדַּע בְּנֵי
יב מָחוֹל וַיְהִי־שְׁמוֹ בְכָל־הַגּוֹיִם סָבִיב׃ וַיְדַבֵּר שְׁלֹשֶׁת אֲלָפִים
יג מָשָׁל וַיְהִי שִׁירוֹ חֲמִשָּׁה וָאָלֶף׃ וַיְדַבֵּר עַל־הָעֵצִים מִן־הָאֶרֶז
אֲשֶׁר בַּלְּבָנוֹן וְעַד הָאֵזוֹב אֲשֶׁר יֹצֵא בַּקִּיר וַיְדַבֵּר עַל־הַבְּהֵמָה
יד וְעַל־הָעוֹף וְעַל־הָרֶמֶשׂ וְעַל־הַדָּגִים׃ וַיָּבֹאוּ מִכָּל־הָעַמִּים
לִשְׁמֹעַ אֵת חָכְמַת שְׁלֹמֹה מֵאֵת כָּל־מַלְכֵי הָאָרֶץ אֲשֶׁר שָׁמְעוּ
טו אֶת־חָכְמָתוֹ׃ וַיִּשְׁלַח חִירָם מֶלֶךְ־צוֹר אֶת־עֲבָדָיו
אֶל־שְׁלֹמֹה כִּי שָׁמַע כִּי אֹתוֹ מָשְׁחוּ לְמֶלֶךְ תַּחַת אָבִיהוּ
טז כִּי אֹהֵב הָיָה חִירָם לְדָוִד כָּל־הַיָּמִים׃ וַיִּשְׁלַח
יז שְׁלֹמֹה אֶל־חִירָם לֵאמֹר׃ אַתָּה יָדַעְתָּ אֶת־דָּוִד אָבִי כִּי לֹא
יָכֹל לִבְנוֹת בַּיִת לְשֵׁם יהוה אֱלֹהָיו מִפְּנֵי הַמִּלְחָמָה אֲשֶׁר
יח סְבָבֻהוּ עַד תֵּת־יהוה אֹתָם תַּחַת כַּפּוֹת רגלו׃ וְעַתָּה הֵנִיחַ
יט יהוה אֱלֹהַי לִי מִסָּבִיב אֵין שָׂטָן וְאֵין פֶּגַע רָע׃ וְהִנְנִי אֹמֵר

תיאור הסוסים, הרכב והפרשים של שלמה מל״א י, כו דה״ב א, יד; ט, כה

בקשת שלמה מחירם מלך צור דה״ב ב, ב–ט

רַגְלָי

לִבְנוֹת בַּיִת לְשֵׁם יהוה אֱלֹהָי כַּאֲשֶׁר ׀ דִּבֶּר יהוה אֶל־דָּוִד אָבִי
לֵאמֹר בִּנְךָ אֲשֶׁר אֶתֵּן תַּחְתֶּיךָ עַל־כִּסְאֶךָ הוּא־יִבְנֶה הַבַּיִת
כ לִשְׁמִי: וְעַתָּה צַוֵּה וְיִכְרְתוּ־לִי אֲרָזִים מִן־הַלְּבָנוֹן וַעֲבָדַי
יִהְיוּ עִם־עֲבָדֶיךָ וּשְׂכַר עֲבָדֶיךָ אֶתֵּן לְךָ כְּכֹל אֲשֶׁר תֹּאמֵר
כִּי ׀ אַתָּה יָדַעְתָּ כִּי אֵין בָּנוּ אִישׁ יֹדֵעַ לִכְרָת־עֵצִים
כא כַּצִּדֹנִים: וַיְהִי כִּשְׁמֹעַ חִירָם אֶת־דִּבְרֵי שְׁלֹמֹה

תשובת חירם לבקשת שלמה דה"ב ב, י–טו

וַיִּשְׂמַח מְאֹד וַיֹּאמֶר בָּרוּךְ יהוה הַיּוֹם אֲשֶׁר נָתַן לְדָוִד בֵּן
כב חָכָם עַל־הָעָם הָרָב הַזֶּה: וַיִּשְׁלַח חִירָם אֶל־שְׁלֹמֹה לֵאמֹר
שָׁמַעְתִּי אֵת אֲשֶׁר־שָׁלַחְתָּ אֵלָי אֲנִי אֶעֱשֶׂה אֶת־כָּל־חֶפְצְךָ
כג בַּעֲצֵי אֲרָזִים וּבַעֲצֵי בְרוֹשִׁים: עֲבָדַי יֹרִדוּ מִן־הַלְּבָנוֹן יָמָּה
וַאֲנִי אֲשִׂימֵם דֹּבְרוֹת בַּיָּם עַד־הַמָּקוֹם אֲשֶׁר־תִּשְׁלַח אֵלַי
וְנִפַּצְתִּים שָׁם וְאַתָּה תִשָּׂא וְאַתָּה תַּעֲשֶׂה אֶת־חֶפְצִי לָתֵת
כד לֶחֶם בֵּיתִי: וַיְהִי חִירוֹם נֹתֵן לִשְׁלֹמֹה עֲצֵי אֲרָזִים וַעֲצֵי
כה בְרוֹשִׁים כָּל־חֶפְצוֹ: וּשְׁלֹמֹה נָתַן לְחִירָם עֶשְׂרִים אֶלֶף כֹּר

הסחורה שסיפק שלמה לחירם מדי שנה בשנה דה"ב ב, ט

חִטִּים מַכֹּלֶת לְבֵיתוֹ וְעֶשְׂרִים כֹּר שֶׁמֶן כָּתִית כֹּה־יִתֵּן שְׁלֹמֹה
לְחִירָם שָׁנָה בְשָׁנָה:
כו וַיהוה נָתַן חָכְמָה לִשְׁלֹמֹה כַּאֲשֶׁר דִּבֶּר־לוֹ וַיְהִי שָׁלֹם בֵּין
כז חִירָם וּבֵין שְׁלֹמֹה וַיִּכְרְתוּ בְרִית שְׁנֵיהֶם: וַיַּעַל הַמֶּלֶךְ שְׁלֹמֹה
כח מַס מִכָּל־יִשְׂרָאֵל וַיְהִי הַמַּס שְׁלֹשִׁים אֶלֶף אִישׁ: וַיִּשְׁלָחֵם
לְבָנוֹנָה עֲשֶׂרֶת אֲלָפִים בַּחֹדֶשׁ חֲלִיפוֹת חֹדֶשׁ יִהְיוּ בַלְּבָנוֹן
כט שְׁנַיִם חֳדָשִׁים בְּבֵיתוֹ וַאֲדֹנִירָם עַל־הַמַּס: וַיְהִי

מספר עובדי שלמה, הסבלים, החוצבים והממונים עליהם מל"א ט, כג דה"ב ב, א; ב, טז–יז; ח, י

לִשְׁלֹמֹה שִׁבְעִים אֶלֶף נֹשֵׂא סַבָּל וּשְׁמֹנִים אֶלֶף חֹצֵב בָּהָר:
ל לְבַד מִשָּׂרֵי הַנִּצָּבִים לִשְׁלֹמֹה אֲשֶׁר עַל־הַמְּלָאכָה שְׁלֹשֶׁת
לא אֲלָפִים וּשְׁלֹשׁ מֵאוֹת הָרֹדִים בָּעָם הָעֹשִׂים בַּמְּלָאכָה: וַיְצַו
הַמֶּלֶךְ וַיַּסִּעוּ אֲבָנִים גְּדֹלוֹת אֲבָנִים יְקָרוֹת לְיַסֵּד הַבָּיִת אַבְנֵי
לב גָזִית: וַיִּפְסְלוּ בֹּנֵי שְׁלֹמֹה וּבֹנֵי חִירוֹם וְהַגִּבְלִים וַיָּכִינוּ הָעֵצִים
ו א וְהָאֲבָנִים לִבְנוֹת הַבָּיִת: וַיְהִי בִשְׁמוֹנִים שָׁנָה

ו

וְאַרְבַּע מֵאוֹת שָׁנָה לְצֵאת בְּנֵי־יִשְׂרָאֵל מֵאֶרֶץ־מִצְרַיִם בַּשָּׁנָה
הָרְבִיעִית בְּחֹדֶשׁ זִו הוּא הַחֹדֶשׁ הַשֵּׁנִי לִמְלֹךְ שְׁלֹמֹה עַל־
ב יִשְׂרָאֵל וַיִּבֶן הַבַּיִת לַיהוָה: וְהַבַּיִת אֲשֶׁר בָּנָה הַמֶּלֶךְ שְׁלֹמֹה
לַיהוָה שִׁשִּׁים־אַמָּה אָרְכּוֹ וְעֶשְׂרִים רָחְבּוֹ וּשְׁלֹשִׁים אַמָּה
ג קוֹמָתוֹ: וְהָאוּלָם עַל־פְּנֵי הֵיכַל הַבַּיִת עֶשְׂרִים אַמָּה אָרְכּוֹ עַל־
ד פְּנֵי רֹחַב הַבָּיִת עֶשֶׂר בָּאַמָּה רָחְבּוֹ עַל־פְּנֵי הַבָּיִת: וַיַּעַשׂ לַבָּיִת
ה חַלּוֹנֵי שְׁקֻפִים אֲטֻמִים: וַיִּבֶן עַל־קִיר הַבַּיִת יצוע סָבִיב אֶת־ יָצִיעַ
ו קִירוֹת הַבַּיִת סָבִיב לַהֵיכָל וְלַדְּבִיר וַיַּעַשׂ צְלָעוֹת סָבִיב: היצוע הַיָּצִיעַ
הַתַּחְתֹּנָה חָמֵשׁ בָּאַמָּה רָחְבָּהּ וְהַתִּיכֹנָה שֵׁשׁ בָּאַמָּה רָחְבָּהּ
וְהַשְּׁלִישִׁית שֶׁבַע בָּאַמָּה רָחְבָּהּ כִּי מִגְרָעוֹת נָתַן לַבַּיִת סָבִיב
ז חוּצָה לְבִלְתִּי אֲחֹז בְּקִירוֹת הַבָּיִת: וְהַבַּיִת בְּהִבָּנֹתוֹ אֶבֶן־
שְׁלֵמָה מַסָּע נִבְנָה וּמַקָּבוֹת וְהַגַּרְזֶן כָּל־כְּלִי בַרְזֶל לֹא־נִשְׁמַע
ח בַּבַּיִת בְּהִבָּנֹתוֹ: פֶּתַח הַצֵּלָע הַתִּיכֹנָה אֶל־כֶּתֶף הַבַּיִת הַיְמָנִית
וּבְלוּלִּים יַעֲלוּ עַל־הַתִּיכֹנָה וּמִן־הַתִּיכֹנָה אֶל־הַשְּׁלִשִׁים:
ט וַיִּבֶן אֶת־הַבַּיִת וַיְכַלֵּהוּ וַיִּסְפֹּן אֶת־הַבַּיִת גֵּבִים וּשְׂדֵרֹת
י בָּאֲרָזִים: וַיִּבֶן אֶת־היצוע עַל־כָּל־הַבַּיִת חָמֵשׁ אַמּוֹת קוֹמָתוֹ הַיָּצִיעַ
יא וַיֶּאֱחֹז אֶת־הַבַּיִת בַּעֲצֵי אֲרָזִים: וַיְהִי דְּבַר־
יב יְהוָה אֶל־שְׁלֹמֹה לֵאמֹר: הַבַּיִת הַזֶּה אֲשֶׁר־אַתָּה בֹנֶה אִם־
תֵּלֵךְ בְּחֻקֹּתַי וְאֶת־מִשְׁפָּטַי תַּעֲשֶׂה וְשָׁמַרְתָּ אֶת־כָּל־מִצְוֺתַי
לָלֶכֶת בָּהֶם וַהֲקִמֹתִי אֶת־דְּבָרִי אִתָּךְ אֲשֶׁר דִּבַּרְתִּי אֶל־דָּוִד
יג אָבִיךָ: וְשָׁכַנְתִּי בְּתוֹךְ בְּנֵי יִשְׂרָאֵל וְלֹא אֶעֱזֹב אֶת־עַמִּי ה
יד טו יִשְׂרָאֵל: וַיִּבֶן שְׁלֹמֹה אֶת־הַבַּיִת וַיְכַלֵּהוּ: וַיִּבֶן
אֶת־קִירוֹת הַבַּיִת מִבַּיְתָה בְּצַלְעוֹת אֲרָזִים מִקַּרְקַע הַבַּיִת עַד־
קִירוֹת הַסִּפֻּן צִפָּה עֵץ מִבָּיִת וַיְצַף אֶת־קַרְקַע הַבַּיִת בְּצַלְעוֹת
טז בְּרוֹשִׁים: וַיִּבֶן אֶת־עֶשְׂרִים אַמָּה מירכותי הַבַּיִת בְּצַלְעוֹת מִיַּרְכְּתֵי
אֲרָזִים מִן־הַקַּרְקַע עַד־הַקִּירוֹת וַיִּבֶן לוֹ מִבַּיִת לִדְבִיר לְקֹדֶשׁ
יז הַקֳּדָשִׁים: וְאַרְבָּעִים בָּאַמָּה הָיָה הַבָּיִת הוּא הַהֵיכָל לִפְנָי:

ו
יח וְאֶרֶז אֶל־הַבַּיִת פְּנִימָה מִקְלַעַת פְּקָעִים וּפְטוּרֵי צִצִּים הַכֹּל אֶרֶז
יט אֵין אֶבֶן נִרְאָה׃ וּדְבִיר בְּתוֹךְ־הַבַּיִת מִפְּנִימָה הֵכִין לְתִתֵּן שָׁם
כ אֶת־אֲרוֹן בְּרִית יְהוָה׃ וְלִפְנֵי הַדְּבִיר עֶשְׂרִים אַמָּה אֹרֶךְ
וְעֶשְׂרִים אַמָּה רֹחַב וְעֶשְׂרִים אַמָּה קוֹמָתוֹ וַיְצַפֵּהוּ זָהָב סָגוּר
כא וַיְצַף מִזְבֵּחַ אָרֶז׃ וַיְצַף שְׁלֹמֹה אֶת־הַבַּיִת מִפְּנִימָה זָהָב סָגוּר
כב וַיְעַבֵּר ברתיקות זָהָב לִפְנֵי הַדְּבִיר וַיְצַפֵּהוּ זָהָב׃ וְאֶת־כָּל־הַבַּיִת בְּרַתּוּקוֹת
צִפָּה זָהָב עַד־תֹּם כָּל־הַבָּיִת וְכָל־הַמִּזְבֵּחַ אֲשֶׁר־לַדְּבִיר צִפָּה
כג זָהָב׃ וַיַּעַשׂ בַּדְּבִיר שְׁנֵי כְרוּבִים עֲצֵי־שָׁמֶן עֶשֶׂר אַמּוֹת קוֹמָתוֹ׃ עשיית הכרובים דה"ב ג, י–יג
כד וְחָמֵשׁ אַמּוֹת כְּנַף הַכְּרוּב הָאֶחָת וְחָמֵשׁ אַמּוֹת כְּנַף הַכְּרוּב
כה הַשֵּׁנִית עֶשֶׂר אַמּוֹת מִקְצוֹת כְּנָפָיו וְעַד־קְצוֹת כְּנָפָיו׃ וְעֶשֶׂר
בָּאַמָּה הַכְּרוּב הַשֵּׁנִי מִדָּה אַחַת וְקֶצֶב אֶחָד לִשְׁנֵי הַכְּרֻבִים׃
כו כז קוֹמַת הַכְּרוּב הָאֶחָד עֶשֶׂר בָּאַמָּה וְכֵן הַכְּרוּב הַשֵּׁנִי׃ וַיִּתֵּן אֶת־
הַכְּרוּבִים בְּתוֹךְ ׀ הַבַּיִת הַפְּנִימִי וַיִּפְרְשׂוּ אֶת־כַּנְפֵי הַכְּרֻבִים
וַתִּגַּע כְּנַף־הָאֶחָד בַּקִּיר וּכְנַף הַכְּרוּב הַשֵּׁנִי נֹגַעַת בַּקִּיר הַשֵּׁנִי
כח וְכַנְפֵיהֶם אֶל־תּוֹךְ הַבַּיִת נֹגְעֹת כָּנָף אֶל־כָּנָף׃ וַיְצַף אֶת־
כט הַכְּרוּבִים זָהָב׃ וְאֵת כָּל־קִירוֹת הַבַּיִת מֵסַב ׀ קָלַע פִּתּוּחֵי
ל מִקְלְעוֹת כְּרוּבִים וְתִמֹרֹת וּפְטוּרֵי צִצִּים מִלִּפְנִים וְלַחִיצוֹן׃ וְאֶת־
לא קַרְקַע הַבַּיִת צִפָּה זָהָב לִפְנִימָה וְלַחִיצוֹן׃ וְאֵת פֶּתַח הַדְּבִיר
לב עָשָׂה דַּלְתוֹת עֲצֵי־שָׁמֶן הָאַיִל מְזוּזוֹת חֲמִשִׁית׃ וּשְׁתֵּי דַּלְתוֹת
עֲצֵי־שֶׁמֶן וְקָלַע עֲלֵיהֶם מִקְלְעוֹת כְּרוּבִים וְתִמֹרוֹת וּפְטוּרֵי צִצִּים
לג וְצִפָּה זָהָב וַיָּרֶד עַל־הַכְּרוּבִים וְעַל־הַתִּמֹרוֹת אֶת־הַזָּהָב׃ וְכֵן
לד עָשָׂה לְפֶתַח הַהֵיכָל מְזוּזֹת עֲצֵי־שָׁמֶן מֵאֵת רְבִעִית׃ וּשְׁתֵּי
דַלְתוֹת עֲצֵי בְרוֹשִׁים שְׁנֵי צְלָעִים הַדֶּלֶת הָאַחַת גְּלִילִים וּשְׁנֵי
לה קְלָעִים הַדֶּלֶת הַשֵּׁנִית גְּלִילִים׃ וְקָלַע כְּרוּבִים וְתִמֹרוֹת וּפְטֻרֵי
לו צִצִּים וְצִפָּה זָהָב מְיֻשָּׁר עַל־הַמְּחֻקֶּה׃ וַיִּבֶן אֶת־הֶחָצֵר הַפְּנִימִית
לז שְׁלֹשָׁה טוּרֵי גָזִית וְטוּר כְּרֻתֹת אֲרָזִים׃ בַּשָּׁנָה הָרְבִעִית יֻסַּד
לח בֵּית יְהוָה בְּיֶרַח זִו׃ וּבַשָּׁנָה הָאַחַת עֶשְׂרֵה בְּיֶרַח בּוּל הוּא הַחֹדֶשׁ

הַשְּׁמִינִי כָּלָה הַבַּיִת לְכָל־דְּבָרָיו וּלְכָל־מִשְׁפָּטָו וַיִּבְנֵהוּ שֶׁבַע
ז א שָׁנִים׃ וְאֶת־בֵּיתוֹ בָּנָה שְׁלֹמֹה שְׁלֹשׁ עֶשְׂרֵה שָׁנָה וַיְכַל אֶת־כָּל־
ב בֵּיתוֹ׃ וַיִּבֶן אֶת־בֵּית ׀ יַעַר הַלְּבָנוֹן מֵאָה אַמָּה אָרְכּוֹ וַחֲמִשִּׁים
אַמָּה רָחְבּוֹ וּשְׁלֹשִׁים אַמָּה קוֹמָתוֹ עַל אַרְבָּעָה טוּרֵי עַמּוּדֵי
ג אֲרָזִים וּכְרֻתוֹת אֲרָזִים עַל־הָעַמּוּדִים׃ וְסָפֻן בָּאֶרֶז מִמַּעַל עַל־
הַצְּלָעֹת אֲשֶׁר עַל־הָעַמּוּדִים אַרְבָּעִים וַחֲמִשָּׁה חֲמִשָּׁה עָשָׂר
ד הַטּוּר׃ וּשְׁקֻפִים שְׁלֹשָׁה טוּרִים וּמֶחֱזָה אֶל־מֶחֱזָה שָׁלֹשׁ פְּעָמִים׃
ה וְכָל־הַפְּתָחִים וְהַמְּזוּזֹת רְבֻעִים שָׁקֶף וּמוּל מֶחֱזָה אֶל־מֶחֱזָה
ו שָׁלֹשׁ פְּעָמִים׃ וְאֵת אוּלָם הָעַמּוּדִים עָשָׂה חֲמִשִּׁים אַמָּה אָרְכּוֹ
וּשְׁלֹשִׁים אַמָּה רָחְבּוֹ וְאוּלָם עַל־פְּנֵיהֶם וְעַמֻּדִים וְעָב עַל־פְּנֵיהֶם׃
ז וְאוּלָם הַכִּסֵּא אֲשֶׁר יִשְׁפָּט־שָׁם אֻלָם הַמִּשְׁפָּט עָשָׂה וְסָפוּן בָּאֶרֶז
ח מֵהַקַּרְקַע עַד־הַקַּרְקָע׃ וּבֵיתוֹ אֲשֶׁר־יֵשֶׁב שָׁם חָצֵר הָאַחֶרֶת
מִבֵּית לָאוּלָם כַּמַּעֲשֶׂה הַזֶּה הָיָה וּבַיִת יַעֲשֶׂה לְבַת־פַּרְעֹה
ט אֲשֶׁר לָקַח שְׁלֹמֹה כָּאוּלָם הַזֶּה׃ כָּל־אֵלֶּה אֲבָנִים יְקָרֹת כְּמִדּוֹת
גָּזִית מְגֹרָרוֹת בַּמְּגֵרָה מִבַּיִת וּמִחוּץ וּמִמַּסָּד עַד־הַטְּפָחוֹת
י וּמִחוּץ עַד־הֶחָצֵר הַגְּדוֹלָה׃ וּמְיֻסָּד אֲבָנִים יְקָרוֹת אֲבָנִים גְּדֹלוֹת
יא אַבְנֵי עֶשֶׂר אַמּוֹת וְאַבְנֵי שְׁמֹנֶה אַמּוֹת׃ וּמִלְמַעְלָה אֲבָנִים
יב יְקָרוֹת כְּמִדּוֹת גָּזִית וָאָרֶז׃ וְחָצֵר הַגְּדוֹלָה סָבִיב שְׁלֹשָׁה טוּרִים
גָּזִית וְטוּר כְּרֻתֹת אֲרָזִים וְלַחֲצַר בֵּית־יְהוָה הַפְּנִימִית וּלְאֻלָם
יג הַבָּיִת׃ וַיִּשְׁלַח הַמֶּלֶךְ שְׁלֹמֹה וַיִּקַּח אֶת־חִירָם
יד מִצֹּר׃ בֶּן־אִשָּׁה אַלְמָנָה הוּא מִמַּטֵּה נַפְתָּלִי וְאָבִיו אִישׁ־צֹרִי
חֹרֵשׁ נְחֹשֶׁת וַיִּמָּלֵא אֶת־הַחָכְמָה וְאֶת־הַתְּבוּנָה וְאֶת־הַדַּעַת
לַעֲשׂוֹת כָּל־מְלָאכָה בַּנְּחֹשֶׁת וַיָּבוֹא אֶל־הַמֶּלֶךְ שְׁלֹמֹה וַיַּעַשׂ
טו אֶת־כָּל־מְלַאכְתּוֹ׃ וַיָּצַר אֶת־שְׁנֵי הָעַמּוּדִים נְחֹשֶׁת שְׁמֹנֶה
עֶשְׂרֵה אַמָּה קוֹמַת הָעַמּוּד הָאֶחָד וְחוּט שְׁתֵּים־עֶשְׂרֵה אַמָּה
טז יָסֹב אֶת־הָעַמּוּד הַשֵּׁנִי׃ וּשְׁתֵּי כֹתָרֹת עָשָׂה לָתֵת עַל־רָאשֵׁי
הָעַמּוּדִים מֻצַק נְחֹשֶׁת חָמֵשׁ אַמּוֹת קוֹמַת הַכֹּתֶרֶת הָאֶחָת

חירם, האומן מצור, נלקח להכין את כלי הנחושת
דה״ב ב, ו; ב, יב–יג

עשיית שני העמודים ״יכין ובועז״
דה״ב ג, טו–יז

יז וחמש אמות קומת הכתרת השנית: שבכים מעשה שבכה
גדלים מעשה שרשרות לכתרת אשר על־ראש העמודים
יח שבעה לכתרת האחת ושבעה לכתרת השנית: ויעש את־
העמודים ושני טורים סביב על־השבכה האחת לכסות את־
הכתרת אשר על־ראש הרמנים וכן עשה לכתרת השנית:
יט וכתרת אשר על־ראש העמודים מעשה שושן באולם
כ ארבע אמות: וכתרת על־שני העמודים גם־ממעל מלעמת
הבטן אשר לעבר שבכה והרמונים מאתים טרים סביב על השבכה
כא הכתרת השנית: ויקם את־העמדים לאלם ההיכל ויקם ו
את־העמוד הימני ויקרא את־שמו יכין ויקם את־העמוד
כב השמאלי ויקרא את־שמו בעז: ועל ראש העמודים מעשה
כג שושן ותתם מלאכת העמודים: ויעש את־
הים מוצק עשר באמה משפתו עד־שפתו עגל ׀ סביב וחמש
כד באמה קומתו וקוה שלשים באמה יסב אתו סביב: ופקעים וקו
מתחת לשפתו ׀ סביב סבבים אתו עשר באמה מקפים את־
כה הים סביב שני טורים הפקעים יצקים ביצקתו: עמד על־שני
עשר בקר שלשה פנים ׀ צפונה ושלשה פנים ׀ ימה ושלשה ׀
פנים נגבה ושלשה פנים מזרחה והים עליהם מלמעלה וכל־
כו אחריהם ביתה: ועביו טפח ושפתו כמעשה שפת־כוס פרח
כז שושן אלפים בת יכיל: ויעש את־המכנות
עשר נחשת ארבע באמה ארך המכונה האחת וארבע
כח באמה רחבה ושלש באמה קומתה: וזה מעשה המכונה
כט מסגרת להם ומסגרת בין השלבים: ועל־המסגרות אשר ׀
בין השלבים אריות ׀ בקר וכרובים ועל־השלבים כן ממעל
ל ומתחת לאריות ולבקר ליות מעשה מורד: וארבעה אופני
נחשת למכונה האחת וסרני נחשת וארבעה פעמתיו כתפת
לא להם מתחת לכיר הכתפת יצקות מעבר איש ליות: ופיהו

מִבַּיִת לַכֹּתֶרֶת וָמַעְלָה בָּאַמָּה וּפִיהָ עָגֹל מַעֲשֵׂה־כֵן אַמָּה וַחֲצִי
הָאַמָּה וְגַם־עַל־פִּיהָ מִקְלָעוֹת וּמִסְגְּרֹתֵיהֶם מְרֻבָּעוֹת לֹא
לב עֲגֻלּוֹת׃ וְאַרְבַּעַת הָאוֹפַנִּים לְמִתַּחַת לַמִּסְגְּרוֹת וִידוֹת הָאֹפַנִּים
לג בַּמְּכוֹנָה וְקוֹמַת הָאוֹפַן הָאֶחָד אַמָּה וַחֲצִי הָאַמָּה׃ וּמַעֲשֵׂה
הָאוֹפַנִּים כְּמַעֲשֵׂה אוֹפַן הַמֶּרְכָּבָה יְדוֹתָם וְגַבֵּיהֶם וְחִשֻּׁקֵיהֶם
לד וְחִשֻּׁרֵיהֶם הַכֹּל מוּצָק׃ וְאַרְבַּע כְּתֵפוֹת אֶל אַרְבַּע פִּנּוֹת
לה הַמְּכֹנָה הָאֶחָת מִן־הַמְּכֹנָה כְּתֵפֶיהָ׃ וּבְרֹאשׁ הַמְּכוֹנָה חֲצִי
הָאַמָּה קוֹמָה עָגֹל ׀ סָבִיב וְעַל רֹאשׁ הַמְּכֹנָה יְדֹתֶיהָ וּמִסְגְּרֹתֶיהָ
לו מִמֶּנָּה׃ וַיְפַתַּח עַל־הַלֻּחֹת יְדֹתֶיהָ וְעַל ומסגרתיה כְּרוּבִים מִסְגְּרֹתֶיהָ
לז אֲרָיוֹת וְתִמֹרֹת כְּמַעַר־אִישׁ וְלֹיוֹת סָבִיב׃ כָּזֹאת עָשָׂה
אֵת עֶשֶׂר הַמְּכֹנוֹת מוּצָק אֶחָד מִדָּה אַחַת קֶצֶב אֶחָד

עשיית הכיורים
דה״ב ד,ו

לח לְכֻלָּהְנָה׃ וַיַּעַשׂ עֲשָׂרָה כִיֹּרוֹת נְחֹשֶׁת אַרְבָּעִים
בַּת יָכִיל ׀ הַכִּיּוֹר הָאֶחָד אַרְבַּע בָּאַמָּה הַכִּיּוֹר הָאֶחָד כִּיּוֹר
לט אֶחָד עַל־הַמְּכוֹנָה הָאַחַת לְעֶשֶׂר הַמְּכֹנוֹת׃ וַיִּתֵּן אֶת־
הַמְּכֹנוֹת חָמֵשׁ עַל־כֶּתֶף הַבַּיִת מִיָּמִין וְחָמֵשׁ עַל־כֶּתֶף הַבַּיִת
מִשְּׂמֹאלוֹ וְאֶת־הַיָּם נָתַן מִכֶּתֶף הַבַּיִת הַיְמָנִית קֵדְמָה מִמּוּל
מ נֶגֶב׃ וַיַּעַשׂ חִירוֹם אֶת־הַכִּיֹּרוֹת וְאֶת־הַיָּעִים

סיכום כללי
של עשיית
כלי הקודש
דה״ב ד,ז-כב

וְאֶת־הַמִּזְרָקוֹת וַיְכַל חִירָם לַעֲשׂוֹת אֶת־כָּל־הַמְּלָאכָה אֲשֶׁר
מא עָשָׂה לַמֶּלֶךְ שְׁלֹמֹה בֵּית יְהוָה׃ עַמֻּדִים שְׁנַיִם וְגֻלֹּת הַכֹּתָרֹת
אֲשֶׁר־עַל־רֹאשׁ הָעַמֻּדִים שְׁתָּיִם וְהַשְּׂבָכוֹת שְׁתַּיִם לְכַסּוֹת
מב אֶת־שְׁתֵּי גֻּלּוֹת הַכֹּתָרֹת אֲשֶׁר עַל־רֹאשׁ הָעַמּוּדִים׃ וְאֶת־
הָרִמֹּנִים אַרְבַּע מֵאוֹת לִשְׁתֵּי הַשְּׂבָכוֹת שְׁנֵי־טוּרִים רִמֹּנִים
לַשְּׂבָכָה הָאֶחָת לְכַסּוֹת אֶת־שְׁתֵּי גֻּלֹּת הַכֹּתָרֹת אֲשֶׁר עַל־
מג פְּנֵי הָעַמּוּדִים׃ וְאֶת־הַמְּכֹנוֹת עֶשֶׂר וְאֶת־הַכִּיֹּרֹת עֲשָׂרָה עַל־
מד הַמְּכֹנוֹת׃ וְאֶת־הַיָּם הָאֶחָד וְאֶת־הַבָּקָר שְׁנֵים־עָשָׂר תַּחַת
מה הַיָּם׃ וְאֶת־הַסִּירוֹת וְאֶת־הַיָּעִים וְאֶת־הַמִּזְרָקוֹת וְאֵת כָּל־
הַכֵּלִים האהל אֲשֶׁר עָשָׂה חִירָם לַמֶּלֶךְ שְׁלֹמֹה בֵּית יְהוָה הָאֵלֶּה

מו נְחֹשֶׁת מְמֹרָט׃ בְּכִכַּר הַיַּרְדֵּן יְצָקָם הַמֶּלֶךְ בְּמַעֲבֵה הָאֲדָמָה
מז בֵּין סֻכּוֹת וּבֵין צָרְתָן׃ וַיַּנַּח שְׁלֹמֹה אֶת־כָּל־הַכֵּלִים מֵרֹב מְאֹד
מח מְאֹד לֹא נֶחְקַר מִשְׁקַל הַנְּחֹשֶׁת׃ וַיַּעַשׂ שְׁלֹמֹה אֵת כָּל־
הַכֵּלִים אֲשֶׁר בֵּית יהוה אֵת מִזְבַּח הַזָּהָב וְאֶת־הַשֻּׁלְחָן אֲשֶׁר
מט עָלָיו לֶחֶם הַפָּנִים זָהָב׃ וְאֶת־הַמְּנֹרוֹת חָמֵשׁ מִיָּמִין וְחָמֵשׁ
מִשְּׂמֹאול לִפְנֵי הַדְּבִיר זָהָב סָגוּר וְהַפֶּרַח וְהַנֵּרֹת וְהַמֶּלְקַחַיִם
נ זָהָב׃ וְהַסִּפּוֹת וְהַמְזַמְּרוֹת וְהַמִּזְרָקוֹת וְהַכַּפּוֹת וְהַמַּחְתּוֹת זָהָב
סָגוּר וְהַפֹּתוֹת לְדַלְתוֹת הַבַּיִת הַפְּנִימִי לְקֹדֶשׁ הַקֳּדָשִׁים לְדַלְתֵי
נא הַבַּיִת לְהֵיכָל זָהָב׃ וַתִּשְׁלַם כָּל־הַמְּלָאכָה אֲשֶׁר עָשָׂה

סיום מלאכת בניית בית המקדש דה״ב ה, א

הַמֶּלֶךְ שְׁלֹמֹה בֵּית יהוה וַיָּבֵא שְׁלֹמֹה אֶת־קָדְשֵׁי ׀ דָּוִד אָבִיו
אֶת־הַכֶּסֶף וְאֶת־הַזָּהָב וְאֶת־הַכֵּלִים נָתַן בְּאֹצְרוֹת בֵּית
ח א יהוה׃ אָז יַקְהֵל שְׁלֹמֹה אֶת־זִקְנֵי יִשְׂרָאֵל אֶת־

חנוכת המקדש דה״ב ה, ב-י

כָּל־רָאשֵׁי הַמַּטּוֹת נְשִׂיאֵי הָאָבוֹת לִבְנֵי יִשְׂרָאֵל אֶל־הַמֶּלֶךְ
שְׁלֹמֹה יְרוּשָׁלָ͏ִם לְהַעֲלוֹת אֶת־אֲרוֹן בְּרִית־יהוה מֵעִיר דָּוִד
ב הִיא צִיּוֹן׃ וַיִּקָּהֲלוּ אֶל־הַמֶּלֶךְ שְׁלֹמֹה כָּל־אִישׁ יִשְׂרָאֵל בְּיֶרַח
ג הָאֵתָנִים בֶּחָג הוּא הַחֹדֶשׁ הַשְּׁבִיעִי׃ וַיָּבֹאוּ כֹּל זִקְנֵי יִשְׂרָאֵל
ד וַיִּשְׂאוּ הַכֹּהֲנִים אֶת־הָאָרוֹן׃ וַיַּעֲלוּ אֶת־אֲרוֹן יהוה וְאֶת־אֹהֶל
מוֹעֵד וְאֶת־כָּל־כְּלֵי הַקֹּדֶשׁ אֲשֶׁר בָּאֹהֶל וַיַּעֲלוּ אֹתָם הַכֹּהֲנִים
ה וְהַלְוִיִּם׃ וְהַמֶּלֶךְ שְׁלֹמֹה וְכָל־עֲדַת יִשְׂרָאֵל הַנּוֹעָדִים עָלָיו אִתּוֹ
לִפְנֵי הָאָרוֹן מְזַבְּחִים צֹאן וּבָקָר אֲשֶׁר לֹא־יִסָּפְרוּ וְלֹא יִמָּנוּ מֵרֹב׃
ו וַיָּבִאוּ הַכֹּהֲנִים אֶת־אֲרוֹן בְּרִית־יהוה אֶל־מְקוֹמוֹ אֶל־דְּבִיר
ז הַבַּיִת אֶל־קֹדֶשׁ הַקֳּדָשִׁים אֶל־תַּחַת כַּנְפֵי הַכְּרוּבִים׃ כִּי הַכְּרוּבִים
פֹּרְשִׂים כְּנָפַיִם אֶל־מְקוֹם הָאָרוֹן וַיָּסֹכּוּ הַכְּרֻבִים עַל־הָאָרוֹן וְעַל־
ח בַּדָּיו מִלְמָעְלָה׃ וַיַּאֲרִכוּ הַבַּדִּים וַיֵּרָאוּ רָאשֵׁי הַבַּדִּים מִן־הַקֹּדֶשׁ
ט עַל־פְּנֵי הַדְּבִיר וְלֹא יֵרָאוּ הַחוּצָה וַיִּהְיוּ שָׁם עַד הַיּוֹם הַזֶּה׃ אֵין
בָּאָרוֹן רַק שְׁנֵי לֻחוֹת הָאֲבָנִים אֲשֶׁר הִנִּחַ שָׁם מֹשֶׁה בְּחֹרֵב אֲשֶׁר
י כָּרַת יהוה עִם־בְּנֵי יִשְׂרָאֵל בְּצֵאתָם מֵאֶרֶץ מִצְרָיִם׃ וַיְהִי

ז בְּצֵאת הַכֹּהֲנִים מִן־הַקֹּדֶשׁ וְהֶעָנָן מָלֵא אֶת־בֵּית יְהוָה׃ וְלֹא־ יא
יָכְלוּ הַכֹּהֲנִים לַעֲמֹד לְשָׁרֵת מִפְּנֵי הֶעָנָן כִּי־מָלֵא כְבוֹד־יְהוָה
אֶת־בֵּית יְהוָה׃ אָז אָמַר שְׁלֹמֹה יְהוָה אָמַר יב
לִשְׁכֹּן בָּעֲרָפֶל׃ בָּנֹה בָנִיתִי בֵּית זְבֻל לָךְ מָכוֹן לְשִׁבְתְּךָ עוֹלָמִים׃ יג
וַיַּסֵּב הַמֶּלֶךְ אֶת־פָּנָיו וַיְבָרֶךְ אֵת כָּל־קְהַל יִשְׂרָאֵל וְכָל־קְהַל יד
יִשְׂרָאֵל עֹמֵד׃ וַיֹּאמֶר בָּרוּךְ יְהוָה אֱלֹהֵי יִשְׂרָאֵל אֲשֶׁר דִּבֶּר טו
בְּפִיו אֵת דָּוִד אָבִי וּבְיָדוֹ מִלֵּא לֵאמֹר׃ מִן־הַיּוֹם אֲשֶׁר הוֹצֵאתִי טז
אֶת־עַמִּי אֶת־יִשְׂרָאֵל מִמִּצְרַיִם לֹא־בָחַרְתִּי בְעִיר מִכֹּל שִׁבְטֵי
יִשְׂרָאֵל לִבְנוֹת בַּיִת לִהְיוֹת שְׁמִי שָׁם וָאֶבְחַר בְּדָוִד לִהְיוֹת עַל־
עַמִּי יִשְׂרָאֵל׃ וַיְהִי עִם־לְבַב דָּוִד אָבִי לִבְנוֹת בַּיִת לְשֵׁם יְהוָה יז
אֱלֹהֵי יִשְׂרָאֵל׃ וַיֹּאמֶר יְהוָה אֶל־דָּוִד אָבִי יַעַן אֲשֶׁר הָיָה עִם־ יח
לְבָבְךָ לִבְנוֹת בַּיִת לִשְׁמִי הֱטִיבֹתָ כִּי הָיָה עִם־לְבָבֶךָ׃ רַק אַתָּה יט
לֹא תִבְנֶה הַבָּיִת כִּי אִם־בִּנְךָ הַיֹּצֵא מֵחֲלָצֶיךָ הוּא־יִבְנֶה הַבַּיִת
לִשְׁמִי׃ וַיָּקֶם יְהוָה אֶת־דְּבָרוֹ אֲשֶׁר דִּבֵּר וָאָקֻם תַּחַת דָּוִד אָבִי כ
וָאֵשֵׁב ׀ עַל־כִּסֵּא יִשְׂרָאֵל כַּאֲשֶׁר דִּבֶּר יְהוָה וָאֶבְנֶה הַבַּיִת לְשֵׁם
יְהוָה אֱלֹהֵי יִשְׂרָאֵל׃ וָאָשִׂם שָׁם מָקוֹם לָאָרוֹן אֲשֶׁר־שָׁם כא
בְּרִית יְהוָה אֲשֶׁר כָּרַת עִם־אֲבֹתֵינוּ בְּהוֹצִיאוֹ אֹתָם מֵאֶרֶץ
מִצְרָיִם׃ וַיַּעֲמֹד שְׁלֹמֹה לִפְנֵי מִזְבַּח יְהוָה נֶגֶד כב
כָּל־קְהַל יִשְׂרָאֵל וַיִּפְרֹשׂ כַּפָּיו הַשָּׁמָיִם׃ וַיֹּאמַר יְהוָה אֱלֹהֵי כג
יִשְׂרָאֵל אֵין־כָּמוֹךָ אֱלֹהִים בַּשָּׁמַיִם מִמַּעַל וְעַל־הָאָרֶץ מִתָּחַת
שֹׁמֵר הַבְּרִית וְהַחֶסֶד לַעֲבָדֶיךָ הַהֹלְכִים לְפָנֶיךָ בְּכָל־לִבָּם׃
אֲשֶׁר שָׁמַרְתָּ לְעַבְדְּךָ דָּוִד אָבִי אֵת אֲשֶׁר־דִּבַּרְתָּ לוֹ וַתְּדַבֵּר כד
בְּפִיךָ וּבְיָדְךָ מִלֵּאתָ כַּיּוֹם הַזֶּה׃ וְעַתָּה יְהוָה ׀ אֱלֹהֵי יִשְׂרָאֵל כה
שְׁמֹר לְעַבְדְּךָ דָוִד אָבִי אֵת אֲשֶׁר דִּבַּרְתָּ לּוֹ לֵאמֹר לֹא־יִכָּרֵת
לְךָ אִישׁ מִלְּפָנַי יֹשֵׁב עַל־כִּסֵּא יִשְׂרָאֵל רַק אִם־יִשְׁמְרוּ בָנֶיךָ
אֶת־דַּרְכָּם לָלֶכֶת לְפָנַי כַּאֲשֶׁר הָלַכְתָּ לְפָנָי׃ וְעַתָּה אֱלֹהֵי כו
דְּבָרְךָ יִשְׂרָאֵל יֵאָמֶן נָא דבריך אֲשֶׁר דִּבַּרְתָּ לְעַבְדְּךָ דָּוִד אָבִי׃ כִּי כז

השראת השכינה בבית המקדש
דה"ב ה, יא־יד; ז, א־ג

תפילת שלמה
דה"ב ו, א־מב

הַאֻמְנָם יֵשֵׁב אֱלֹהִים עַל־הָאָרֶץ הִנֵּה הַשָּׁמַיִם וּשְׁמֵי הַשָּׁמַיִם
כח לֹא יְכַלְכְּלוּךָ אַף כִּי־הַבַּיִת הַזֶּה אֲשֶׁר בָּנִיתִי׃ וּפָנִיתָ אֶל־תְּפִלַּת
עַבְדְּךָ וְאֶל־תְּחִנָּתוֹ יְהוָה אֱלֹהָי לִשְׁמֹעַ אֶל־הָרִנָּה וְאֶל־
כט הַתְּפִלָּה אֲשֶׁר עַבְדְּךָ מִתְפַּלֵּל לְפָנֶיךָ הַיּוֹם׃ לִהְיוֹת עֵינֶךָ פְתֻחֹת
אֶל־הַבַּיִת הַזֶּה לַיְלָה וָיוֹם אֶל־הַמָּקוֹם אֲשֶׁר אָמַרְתָּ יִהְיֶה שְׁמִי
שָׁם לִשְׁמֹעַ אֶל־הַתְּפִלָּה אֲשֶׁר יִתְפַּלֵּל עַבְדְּךָ אֶל־הַמָּקוֹם הַזֶּה׃
ל וְשָׁמַעְתָּ אֶל־תְּחִנַּת עַבְדְּךָ וְעַמְּךָ יִשְׂרָאֵל אֲשֶׁר יִתְפַּלְלוּ
אֶל־הַמָּקוֹם הַזֶּה וְאַתָּה תִּשְׁמַע אֶל־מְקוֹם שִׁבְתְּךָ אֶל־
לא הַשָּׁמַיִם וְשָׁמַעְתָּ וְסָלָחְתָּ׃ אֵת אֲשֶׁר יֶחֱטָא אִישׁ לְרֵעֵהוּ
וְנָשָׁא־בוֹ אָלָה לְהַאֲלֹתוֹ וּבָא אָלָה לִפְנֵי מִזְבַּחֲךָ בַּבַּיִת
לב הַזֶּה׃ וְאַתָּה ׀ תִּשְׁמַע הַשָּׁמַיִם וְעָשִׂיתָ וְשָׁפַטְתָּ אֶת־עֲבָדֶיךָ
לְהַרְשִׁיעַ רָשָׁע לָתֵת דַּרְכּוֹ בְּרֹאשׁוֹ וּלְהַצְדִּיק צַדִּיק לָתֶת
לג לוֹ כְּצִדְקָתוֹ׃ בְּהִנָּגֵף עַמְּךָ יִשְׂרָאֵל לִפְנֵי אוֹיֵב
אֲשֶׁר יֶחֶטְאוּ־לָךְ וְשָׁבוּ אֵלֶיךָ וְהוֹדוּ אֶת־שְׁמֶךָ וְהִתְפַּלְלוּ
לד וְהִתְחַנְּנוּ אֵלֶיךָ בַּבַּיִת הַזֶּה׃ וְאַתָּה תִּשְׁמַע הַשָּׁמַיִם וְסָלַחְתָּ
לְחַטַּאת עַמְּךָ יִשְׂרָאֵל וַהֲשֵׁבֹתָם אֶל־הָאֲדָמָה אֲשֶׁר נָתַתָּ
לה לַאֲבוֹתָם׃ בְּהֵעָצֵר שָׁמַיִם וְלֹא־יִהְיֶה מָטָר כִּי
יֶחֶטְאוּ־לָךְ וְהִתְפַּלְלוּ אֶל־הַמָּקוֹם הַזֶּה וְהוֹדוּ אֶת־שְׁמֶךָ
לו וּמֵחַטָּאתָם יְשׁוּבוּן כִּי תַעֲנֵם׃ וְאַתָּה ׀ תִּשְׁמַע הַשָּׁמַיִם וְסָלַחְתָּ
לְחַטַּאת עֲבָדֶיךָ וְעַמְּךָ יִשְׂרָאֵל כִּי תוֹרֵם אֶת־הַדֶּרֶךְ הַטּוֹבָה
אֲשֶׁר יֵלְכוּ־בָהּ וְנָתַתָּה מָטָר עַל־אַרְצְךָ אֲשֶׁר־נָתַתָּה לְעַמְּךָ
לז לְנַחֲלָה׃ רָעָב כִּי־יִהְיֶה בָאָרֶץ דֶּבֶר כִּי־יִהְיֶה
שִׁדָּפוֹן יֵרָקוֹן אַרְבֶּה חָסִיל כִּי יִהְיֶה כִּי יָצַר־לוֹ אֹיְבוֹ בְּאֶרֶץ
לח שְׁעָרָיו כָּל־נֶגַע כָּל־מַחֲלָה׃ כָּל־תְּפִלָּה כָל־תְּחִנָּה אֲשֶׁר תִהְיֶה
לְכָל־הָאָדָם לְכֹל עַמְּךָ יִשְׂרָאֵל אֲשֶׁר יֵדְעוּן אִישׁ נֶגַע לְבָבוֹ
לט וּפָרַשׂ כַּפָּיו אֶל־הַבַּיִת הַזֶּה׃ וְאַתָּה תִּשְׁמַע הַשָּׁמַיִם מְכוֹן
שִׁבְתֶּךָ וְסָלַחְתָּ וְעָשִׂיתָ וְנָתַתָּ לָאִישׁ כְּכָל־דְּרָכָיו אֲשֶׁר תֵּדַע

אֶת־לְבָבוֹ כִּי־אַתָּה יָדַעְתָּ לְבַדְּךָ אֶת־לְבַב כׇּל־בְּנֵי הָאָדָם׃
לְמַעַן יִרָאוּךָ כׇּל־הַיָּמִים אֲשֶׁר־הֵם חַיִּים עַל־פְּנֵי הָאֲדָמָה אֲשֶׁר מ
נָתַתָּה לַאֲבֹתֵינוּ׃ וְגַם אֶל־הַנׇּכְרִי אֲשֶׁר לֹא־ מא
מֵעַמְּךָ יִשְׂרָאֵל הוּא וּבָא מֵאֶרֶץ רְחוֹקָה לְמַעַן שְׁמֶךָ׃ כִּי מב
יִשְׁמְעוּן אֶת־שִׁמְךָ הַגָּדוֹל וְאֶת־יָדְךָ הַחֲזָקָה וּזְרֹעֲךָ הַנְּטוּיָה
וּבָא וְהִתְפַּלֵּל אֶל־הַבַּיִת הַזֶּה׃ אַתָּה תִּשְׁמַע הַשָּׁמַיִם מְכוֹן מג
שִׁבְתֶּךָ וְעָשִׂיתָ כְּכֹל אֲשֶׁר־יִקְרָא אֵלֶיךָ הַנׇּכְרִי לְמַעַן יֵדְעוּן כׇּל־
עַמֵּי הָאָרֶץ אֶת־שְׁמֶךָ לְיִרְאָה אֹתְךָ כְּעַמְּךָ יִשְׂרָאֵל וְלָדַעַת כִּי־
שִׁמְךָ נִקְרָא עַל־הַבַּיִת הַזֶּה אֲשֶׁר בָּנִיתִי׃ כִּי־ מד
יֵצֵא עַמְּךָ לַמִּלְחָמָה עַל־אֹיְבוֹ בַּדֶּרֶךְ אֲשֶׁר תִּשְׁלָחֵם וְהִתְפַּלְלוּ
אֶל־יְהוָה דֶּרֶךְ הָעִיר אֲשֶׁר בָּחַרְתָּ בָּהּ וְהַבַּיִת אֲשֶׁר־בָּנִתִי
לִשְׁמֶךָ׃ וְשָׁמַעְתָּ הַשָּׁמַיִם אֶת־תְּפִלָּתָם וְאֶת־תְּחִנָּתָם וְעָשִׂיתָ מה
מִשְׁפָּטָם׃ כִּי יֶחֶטְאוּ־לָךְ כִּי אֵין אָדָם אֲשֶׁר לֹא־יֶחֱטָא וְאָנַפְתָּ מו
בָם וּנְתַתָּם לִפְנֵי אוֹיֵב וְשָׁבוּם שֹׁבֵיהֶם אֶל־אֶרֶץ הָאוֹיֵב
רְחוֹקָה אוֹ קְרוֹבָה׃ וְהֵשִׁיבוּ אֶל־לִבָּם בָּאָרֶץ אֲשֶׁר נִשְׁבּוּ־שָׁם מז
וְשָׁבוּ ׀ וְהִתְחַנְּנוּ אֵלֶיךָ בְּאֶרֶץ שֹׁבֵיהֶם לֵאמֹר חָטָאנוּ וְהֶעֱוִינוּ
רָשָׁעְנוּ׃ וְשָׁבוּ אֵלֶיךָ בְּכׇל־לְבָבָם וּבְכׇל־נַפְשָׁם בְּאֶרֶץ אֹיְבֵיהֶם מח
אֲשֶׁר־שָׁבוּ אֹתָם וְהִתְפַּלְלוּ אֵלֶיךָ דֶּרֶךְ אַרְצָם אֲשֶׁר־נָתַתָּה
לַאֲבוֹתָם הָעִיר אֲשֶׁר בָּחַרְתָּ וְהַבַּיִת אֲשֶׁר־בָּנִית לִשְׁמֶךָ׃
וְשָׁמַעְתָּ הַשָּׁמַיִם מְכוֹן שִׁבְתְּךָ אֶת־תְּפִלָּתָם וְאֶת־תְּחִנָּתָם מט
וְעָשִׂיתָ מִשְׁפָּטָם׃ וְסָלַחְתָּ לְעַמְּךָ אֲשֶׁר חָטְאוּ־לָךְ וּלְכׇל־ נ
פִּשְׁעֵיהֶם אֲשֶׁר פָּשְׁעוּ־בָךְ וּנְתַתָּם לְרַחֲמִים לִפְנֵי שֹׁבֵיהֶם
וְרִחֲמוּם׃ כִּי־עַמְּךָ וְנַחֲלָתְךָ הֵם אֲשֶׁר הוֹצֵאתָ מִמִּצְרַיִם מִתּוֹךְ נא
כּוּר הַבַּרְזֶל׃ לִהְיוֹת עֵינֶיךָ פְתֻחוֹת אֶל־תְּחִנַּת עַבְדְּךָ וְאֶל־ נב
תְּחִנַּת עַמְּךָ יִשְׂרָאֵל לִשְׁמֹעַ אֲלֵיהֶם בְּכֹל קׇרְאָם אֵלֶיךָ׃ כִּי־ נג
אַתָּה הִבְדַּלְתָּם לְךָ לְנַחֲלָה מִכֹּל עַמֵּי הָאָרֶץ כַּאֲשֶׁר דִּבַּרְתָּ
בְּיַד ׀ מֹשֶׁה עַבְדֶּךָ בְּהוֹצִיאֲךָ אֶת־אֲבֹתֵינוּ מִמִּצְרַיִם אֲדֹנָי

נד יְהוָה׃ וַיְהִי ׀ כְּכַלּוֹת שְׁלֹמֹה לְהִתְפַּלֵּל אֶל־יְהוָה
אֵת כָּל־הַתְּפִלָּה וְהַתְּחִנָּה הַזֹּאת קָם מִלִּפְנֵי מִזְבַּח יְהוָה מִכְּרֹעַ
נה עַל־בִּרְכָּיו וְכַפָּיו פְּרֻשׂוֹת הַשָּׁמָיִם׃ וַיַּעֲמֹד וַיְבָרֶךְ אֵת כָּל־קְהַל
נו יִשְׂרָאֵל קוֹל גָּדוֹל לֵאמֹר׃ בָּרוּךְ יְהוָה אֲשֶׁר נָתַן מְנוּחָה לְעַמּוֹ
יִשְׂרָאֵל כְּכֹל אֲשֶׁר דִּבֵּר לֹא־נָפַל דָּבָר אֶחָד מִכֹּל דְּבָרוֹ הַטּוֹב
נז אֲשֶׁר דִּבֶּר בְּיַד מֹשֶׁה עַבְדּוֹ׃ יְהִי יְהוָה אֱלֹהֵינוּ עִמָּנוּ כַּאֲשֶׁר
נח הָיָה עִם־אֲבֹתֵינוּ אַל־יַעַזְבֵנוּ וְאַל־יִטְּשֵׁנוּ׃ לְהַטּוֹת לְבָבֵנוּ אֵלָיו ח
לָלֶכֶת בְּכָל־דְּרָכָיו וְלִשְׁמֹר מִצְוֹתָיו וְחֻקָּיו וּמִשְׁפָּטָיו אֲשֶׁר צִוָּה
נט אֶת־אֲבֹתֵינוּ׃ וְיִהְיוּ דְבָרַי אֵלֶּה אֲשֶׁר הִתְחַנַּנְתִּי לִפְנֵי יְהוָה
קְרֹבִים אֶל־יְהוָה אֱלֹהֵינוּ יוֹמָם וָלָיְלָה לַעֲשׂוֹת ׀ מִשְׁפַּט עַבְדּוֹ
ס וּמִשְׁפַּט עַמּוֹ יִשְׂרָאֵל דְּבַר־יוֹם בְּיוֹמוֹ׃ לְמַעַן דַּעַת כָּל־עַמֵּי
סא הָאָרֶץ כִּי יְהוָה הוּא הָאֱלֹהִים אֵין עוֹד׃ וְהָיָה לְבַבְכֶם שָׁלֵם
עִם יְהוָה אֱלֹהֵינוּ לָלֶכֶת בְּחֻקָּיו וְלִשְׁמֹר מִצְוֹתָיו כַּיּוֹם הַזֶּה׃
סב וְהַמֶּלֶךְ וְכָל־יִשְׂרָאֵל עִמּוֹ זֹבְחִים זֶבַח לִפְנֵי יְהוָה׃ וַיִּזְבַּח שְׁלֹמֹה
אֵת זֶבַח הַשְּׁלָמִים אֲשֶׁר זָבַח לַיהוָה בָּקָר עֶשְׂרִים וּשְׁנַיִם אֶלֶף
וְצֹאן מֵאָה וְעֶשְׂרִים אָלֶף וַיַּחְנְכוּ אֶת־בֵּית יְהוָה הַמֶּלֶךְ וְכָל־
סד בְּנֵי יִשְׂרָאֵל׃ בַּיּוֹם הַהוּא קִדַּשׁ הַמֶּלֶךְ אֶת־תּוֹךְ הֶחָצֵר אֲשֶׁר
לִפְנֵי בֵית־יְהוָה כִּי־עָשָׂה שָׁם אֶת־הָעֹלָה וְאֶת־הַמִּנְחָה וְאֵת
חֶלְבֵי הַשְּׁלָמִים כִּי־מִזְבַּח הַנְּחֹשֶׁת אֲשֶׁר לִפְנֵי יְהוָה קָטֹן
סה מֵהָכִיל אֶת־הָעֹלָה וְאֶת־הַמִּנְחָה וְאֵת חֶלְבֵי הַשְּׁלָמִים׃ וַיַּעַשׂ
שְׁלֹמֹה בָעֵת־הַהִיא ׀ אֶת־הֶחָג וְכָל־יִשְׂרָאֵל עִמּוֹ קָהָל גָּדוֹל
מִלְּבוֹא חֲמָת ׀ עַד־נַחַל מִצְרַיִם לִפְנֵי יְהוָה אֱלֹהֵינוּ שִׁבְעַת
סו יָמִים וְשִׁבְעַת יָמִים אַרְבָּעָה עָשָׂר יוֹם׃ בַּיּוֹם הַשְּׁמִינִי שִׁלַּח
אֶת־הָעָם וַיְבָרְכוּ אֶת־הַמֶּלֶךְ וַיֵּלְכוּ לְאָהֳלֵיהֶם שְׂמֵחִים וְטוֹבֵי
לֵב עַל כָּל־הַטּוֹבָה אֲשֶׁר עָשָׂה יְהוָה לְדָוִד עַבְדּוֹ וּלְיִשְׂרָאֵל
ט א עַמּוֹ׃ וַיְהִי כְּכַלּוֹת שְׁלֹמֹה לִבְנוֹת אֶת־בֵּית־
יְהוָה וְאֶת־בֵּית הַמֶּלֶךְ וְאֵת כָּל־חֵשֶׁק שְׁלֹמֹה אֲשֶׁר חָפֵץ

ב לַעֲשׂוֹת׃ וַיֵּרָא יְהוָה אֶל־שְׁלֹמֹה שֵׁנִית כַּאֲשֶׁר
ג נִרְאָה אֵלָיו בְּגִבְעוֹן׃ וַיֹּאמֶר יְהוָה אֵלָיו שָׁמַעְתִּי אֶת־תְּפִלָּתְךָ
וְאֶת־תְּחִנָּתְךָ אֲשֶׁר הִתְחַנַּנְתָּה לְפָנַי הִקְדַּשְׁתִּי אֶת־הַבַּיִת הַזֶּה
אֲשֶׁר בָּנִתָה לָשׂוּם־שְׁמִי שָׁם עַד־עוֹלָם וְהָיוּ עֵינַי וְלִבִּי שָׁם כָּל־
ד הַיָּמִים׃ וְאַתָּה אִם־תֵּלֵךְ לְפָנַי כַּאֲשֶׁר הָלַךְ דָּוִד אָבִיךָ בְּתָם־
לֵבָב וּבְיֹשֶׁר לַעֲשׂוֹת כְּכֹל אֲשֶׁר צִוִּיתִיךָ חֻקַּי וּמִשְׁפָּטַי תִּשְׁמֹר׃
ה וַהֲקִמֹתִי אֶת־כִּסֵּא מַמְלַכְתְּךָ עַל־יִשְׂרָאֵל לְעֹלָם כַּאֲשֶׁר
דִּבַּרְתִּי עַל־דָּוִד אָבִיךָ לֵאמֹר לֹא־יִכָּרֵת לְךָ אִישׁ מֵעַל כִּסֵּא
ו יִשְׂרָאֵל׃ אִם־שׁוֹב תְּשֻׁבוּן אַתֶּם וּבְנֵיכֶם מֵאַחֲרַי וְלֹא תִשְׁמְרוּ
מִצְוֺתַי חֻקֹּתַי אֲשֶׁר נָתַתִּי לִפְנֵיכֶם וַהֲלַכְתֶּם וַעֲבַדְתֶּם אֱלֹהִים
ז אֲחֵרִים וְהִשְׁתַּחֲוִיתֶם לָהֶם׃ וְהִכְרַתִּי אֶת־יִשְׂרָאֵל מֵעַל פְּנֵי
הָאֲדָמָה אֲשֶׁר נָתַתִּי לָהֶם וְאֶת־הַבַּיִת אֲשֶׁר הִקְדַּשְׁתִּי לִשְׁמִי
אֲשַׁלַּח מֵעַל פָּנָי וְהָיָה יִשְׂרָאֵל לְמָשָׁל וְלִשְׁנִינָה בְּכָל־הָעַמִּים׃
ח וְהַבַּיִת הַזֶּה יִהְיֶה עֶלְיוֹן כָּל־עֹבֵר עָלָיו יִשֹּׁם וְשָׁרָק וְאָמְרוּ עַל־
ט מֶה עָשָׂה יְהוָה כָּכָה לָאָרֶץ הַזֹּאת וְלַבַּיִת הַזֶּה׃ וְאָמְרוּ עַל אֲשֶׁר
עָזְבוּ אֶת־יְהוָה אֱלֹהֵיהֶם אֲשֶׁר הוֹצִיא אֶת־אֲבֹתָם מֵאֶרֶץ
מִצְרַיִם וַיַּחֲזִקוּ בֵּאלֹהִים אֲחֵרִים וַיִּשְׁתַּחֲוּוּ לָהֶם וַיַּעַבְדֻם עַל־כֵּן
י הֵבִיא יְהוָה עֲלֵיהֶם אֵת כָּל־הָרָעָה הַזֹּאת׃ וַיְהִי
מִקְצֵה עֶשְׂרִים שָׁנָה אֲשֶׁר־בָּנָה שְׁלֹמֹה אֶת־שְׁנֵי הַבָּתִּים אֶת־
יא בֵּית יְהוָה וְאֶת־בֵּית הַמֶּלֶךְ׃ חִירָם מֶלֶךְ־צֹר נִשָּׂא אֶת־שְׁלֹמֹה
בַּעֲצֵי אֲרָזִים וּבַעֲצֵי בְרוֹשִׁים וּבַזָּהָב לְכָל־חֶפְצוֹ אָז יִתֵּן הַמֶּלֶךְ
יב שְׁלֹמֹה לְחִירָם עֶשְׂרִים עִיר בְּאֶרֶץ הַגָּלִיל׃ וַיֵּצֵא חִירָם מִצֹּר
לִרְאוֹת אֶת־הֶעָרִים אֲשֶׁר נָתַן־לוֹ שְׁלֹמֹה וְלֹא יָשְׁרוּ בְּעֵינָיו׃
יג וַיֹּאמֶר מָה הֶעָרִים הָאֵלֶּה אֲשֶׁר־נָתַתָּה לִּי אָחִי וַיִּקְרָא לָהֶם
יד אֶרֶץ כָּבוּל עַד הַיּוֹם הַזֶּה׃ וַיִּשְׁלַח חִירָם לַמֶּלֶךְ
טו מֵאָה וְעֶשְׂרִים כִּכַּר זָהָב׃ וְזֶה דְבַר־הַמַּס אֲשֶׁר־הֶעֱלָה ׀ הַמֶּלֶךְ
שְׁלֹמֹה לִבְנוֹת אֶת־בֵּית יְהוָה וְאֶת־בֵּיתוֹ וְאֶת־הַמִּלּוֹא וְאֵת

ביסוס היישוב בתקופת שלמה
דה"ב ח, א–ט

טז חוֹמַת יְרוּשָׁלִַם וְאֶת־חָצֹר וְאֶת־מְגִדּוֹ וְאֶת־גָּזֶר׃ פַּרְעֹה מֶלֶךְ־
מִצְרַיִם עָלָה וַיִּלְכֹּד אֶת־גֶּזֶר וַיִּשְׂרְפָהּ בָּאֵשׁ וְאֶת־הַכְּנַעֲנִי
יז הַיֹּשֵׁב בָּעִיר הָרָג וַיִּתְּנָהּ שִׁלֻּחִים לְבִתּוֹ אֵשֶׁת שְׁלֹמֹה׃ וַיִּבֶן
יח שְׁלֹמֹה אֶת־גֶּזֶר וְאֶת־בֵּית חֹרֹן תַּחְתּוֹן׃ וְאֶת־בַּעֲלָת וְאֶת־
יט תמר בַּמִּדְבָּר בָּאָרֶץ׃ וְאֵת כָּל־עָרֵי הַמִּסְכְּנוֹת אֲשֶׁר הָיוּ תַּדְמֹר
לִשְׁלֹמֹה וְאֵת עָרֵי הָרֶכֶב וְאֵת עָרֵי הַפָּרָשִׁים וְאֵת ׀ חֵשֶׁק
שְׁלֹמֹה אֲשֶׁר חָשַׁק לִבְנוֹת בִּירוּשָׁלִַם וּבַלְּבָנוֹן וּבְכֹל אֶרֶץ
כ מֶמְשַׁלְתּוֹ׃ כָּל־הָעָם הַנּוֹתָר מִן־הָאֱמֹרִי הַחִתִּי הַפְּרִזִּי הַחִוִּי
כא וְהַיְבוּסִי אֲשֶׁר לֹא־מִבְּנֵי יִשְׂרָאֵל הֵמָּה׃ בְּנֵיהֶם אֲשֶׁר נֹתְרוּ
אַחֲרֵיהֶם בָּאָרֶץ אֲשֶׁר לֹא־יָכְלוּ בְּנֵי יִשְׂרָאֵל לְהַחֲרִימָם וַיַּעֲלֵם
כב שְׁלֹמֹה לְמַס־עֹבֵד עַד הַיּוֹם הַזֶּה׃ וּמִבְּנֵי יִשְׂרָאֵל לֹא־נָתַן
שְׁלֹמֹה עָבֶד כִּי־הֵם אַנְשֵׁי הַמִּלְחָמָה וַעֲבָדָיו וְשָׂרָיו וְשָׁלִשָׁיו
כג וְשָׂרֵי רִכְבּוֹ וּפָרָשָׁיו׃ אֵלֶּה ׀ שָׂרֵי הַנִּצָּבִים אֲשֶׁר
עַל־הַמְּלָאכָה לִשְׁלֹמֹה חֲמִשִּׁים וַחֲמֵשׁ מֵאוֹת הָרֹדִים בָּעָם
כד הָעֹשִׂים בַּמְּלָאכָה׃ אַךְ בַּת־פַּרְעֹה עָלְתָה מֵעִיר דָּוִד אֶל־
כה בֵּיתָהּ אֲשֶׁר בָּנָה־לָהּ אָז בָּנָה אֶת־הַמִּלּוֹא׃ וְהֶעֱלָה שְׁלֹמֹה
שָׁלֹשׁ פְּעָמִים בַּשָּׁנָה עֹלוֹת וּשְׁלָמִים עַל־הַמִּזְבֵּחַ אֲשֶׁר בָּנָה
כו לַיהוה וְהַקְטֵיר אִתּוֹ אֲשֶׁר לִפְנֵי יהוה וְשִׁלַּם אֶת־הַבָּיִת׃ וָאֳנִי
עָשָׂה הַמֶּלֶךְ שְׁלֹמֹה בְּעֶצְיוֹן־גֶּבֶר אֲשֶׁר אֶת־אֵלוֹת עַל־שְׂפַת
כז יַם־סוּף בְּאֶרֶץ אֱדוֹם׃ וַיִּשְׁלַח חִירָם בָּאֳנִי אֶת־עֲבָדָיו אַנְשֵׁי
כח אֳנִיּוֹת יֹדְעֵי הַיָּם עִם עַבְדֵי שְׁלֹמֹה׃ וַיָּבֹאוּ אוֹפִירָה וַיִּקְחוּ
מִשָּׁם זָהָב אַרְבַּע־מֵאוֹת וְעֶשְׂרִים כִּכָּר וַיָּבִאוּ אֶל־הַמֶּלֶךְ
י א שְׁלֹמֹה׃ וּמַלְכַּת־שְׁבָא שֹׁמַעַת אֶת־שֵׁמַע שְׁלֹמֹה
ב לְשֵׁם יהוה וַתָּבֹא לְנַסֹּתוֹ בְּחִידוֹת׃ וַתָּבֹא יְרוּשָׁלַ͏ְמָה בְּחַיִל
כָּבֵד מְאֹד גְּמַלִּים נֹשְׂאִים בְּשָׂמִים וְזָהָב רַב־מְאֹד וְאֶבֶן יְקָרָה
וַתָּבֹא אֶל־שְׁלֹמֹה וַתְּדַבֵּר אֵלָיו אֵת כָּל־אֲשֶׁר הָיָה עִם־לְבָבָהּ׃
ג וַיַּגֶּד־לָהּ שְׁלֹמֹה אֶת־כָּל־דְּבָרֶיהָ לֹא־הָיָה דָּבָר נֶעְלָם מִן־

מספר עובדי שלמה, הסבלים, החוצבים והממונים עליהם
מל״א ה, כט–ל
דה״ב ב, א; ב, טז–יז; ח, י

העלאת בת פרעה לבית שבנה לה שלמה
דה״ב ח, יא

שלמה מעלה קרבנות שלוש פעמים בשנה
דה״ב ח, יב–טז

אניות שלמה
מל״א י, כב
דה״ב ח, יז–יח

המפגש בין שלמה המלך לבין מלכת שבא
דה״ב ט, א–יב

ד הַמֶּ֔לֶךְ אֲשֶׁ֥ר לֹ֖א הִגִּ֥יד לָֽהּ׃ וַתֵּ֙רֶא֙ מַֽלְכַּת־שְׁבָ֔א אֵ֖ת כׇּל־חׇכְמַ֣ת
ה שְׁלֹמֹ֑ה וְהַבַּ֖יִת אֲשֶׁ֥ר בָּנָֽה׃ וּמַאֲכַ֨ל שֻׁלְחָנ֜וֹ וּמוֹשַׁ֣ב עֲבָדָ֗יו וּמַעֲמַ֤ד
מְשָׁרְתָו֙ וּמַלְבֻּ֣שֵׁיהֶ֔ם וּמַשְׁקָ֔יו וְעֹ֣לָת֔וֹ אֲשֶׁ֥ר יַעֲלֶ֖ה בֵּ֣ית יְהֹוָ֑ה
ו וְלֹא־הָ֥יָה ב֛הּ ע֖וֹד רֽוּחַ׃ וַתֹּ֙אמֶר֙ אֶל־הַמֶּ֔לֶךְ אֱמֶת֙ הָיָ֣ה הַדָּבָ֔ר
ז אֲשֶׁ֥ר שָׁמַ֖עְתִּי בְּאַרְצִ֑י עַל־דְּבָרֶ֖יךָ וְעַל־חׇכְמָתֶֽךָ׃ וְלֹא־הֶאֱמַ֣נְתִּי
לַדְּבָרִ֗ים עַ֤ד אֲשֶׁר־בָּ֙אתִי֙ וַתִּרְאֶ֣ינָה עֵינַ֔י וְהִנֵּ֥ה לֹֽא־הֻגַּד־לִ֖י
ח הַחֵ֑צִי הוֹסַ֤פְתָּ חׇכְמָה֙ וָט֔וֹב אֶל־הַשְּׁמוּעָ֖ה אֲשֶׁ֥ר שָׁמָֽעְתִּי׃ אַשְׁרֵ֣י
אֲנָשֶׁ֔יךָ אַשְׁרֵ֖י עֲבָדֶ֣יךָ אֵ֑לֶּה הָעֹמְדִ֤ים לְפָנֶ֙יךָ֙ תָּמִ֔יד הַשֹּׁמְעִ֖ים
ט ט אֶת־חׇכְמָתֶֽךָ׃ יְהִ֨י יְהֹוָ֤ה אֱלֹהֶ֙יךָ֙ בָּר֔וּךְ אֲשֶׁר֙ חָפֵ֣ץ בְּךָ֔ לְתִתְּךָ֖
עַל־כִּסֵּ֣א יִשְׂרָאֵ֑ל בְּאַהֲבַ֨ת יְהֹוָ֤ה אֶת־יִשְׂרָאֵל֙ לְעֹלָ֔ם וַיְשִׂימְךָ֣
י לְמֶ֔לֶךְ לַעֲשׂ֖וֹת מִשְׁפָּ֥ט וּצְדָקָֽה׃ וַתִּתֵּ֣ן לַ֠מֶּלֶךְ מֵאָ֨ה וְעֶשְׂרִ֥ים ׀
כִּכַּ֣ר זָהָ֗ב וּבְשָׂמִ֛ים הַרְבֵּ֥ה מְאֹ֖ד וְאֶ֣בֶן יְקָרָ֑ה לֹ֣א בָא֩ כַבֹּ֨שֶׂם
יא הַה֥וּא עוֹד֙ לָרֹ֔ב אֲשֶׁר־נָתְנָ֥ה מַֽלְכַּת־שְׁבָ֖א לַמֶּ֥לֶךְ שְׁלֹמֹֽה׃ וְ֠גַם
אֳנִ֤י חִירָם֙ אֲשֶׁר־נָשָׂ֣א זָהָ֔ב מֵאוֹפִ֑יר הֵבִ֨יא מֵאֹפִ֜יר עֲצֵ֧י אַלְמֻגִּ֛ים
יב הַרְבֵּ֥ה מְאֹ֖ד וְאֶ֥בֶן יְקָרָֽה׃ וַיַּ֣עַשׂ הַ֠מֶּלֶךְ אֶת־עֲצֵ֨י הָאַלְמֻגִּ֜ים
מִסְעָ֤ד לְבֵית־יְהֹוָה֙ וּלְבֵ֣ית הַמֶּ֔לֶךְ וְכִנֹּר֥וֹת וּנְבָלִ֖ים לַשָּׁרִ֑ים לֹ֣א
יג בָֽא־כֵ֞ן עֲצֵ֤י אַלְמֻגִּים֙ וְלֹ֣א נִרְאָ֔ה עַ֖ד הַיּ֥וֹם הַזֶּֽה׃ וְהַמֶּ֨לֶךְ שְׁלֹמֹ֜ה
נָתַ֣ן לְמַֽלְכַּת־שְׁבָ֗א אֶת־כׇּל־חֶפְצָהּ֙ אֲשֶׁ֣ר שָׁאָ֔לָה מִלְּבַד֙ אֲשֶׁ֣ר
נָֽתַן־לָ֔הּ כְּיַ֖ד הַמֶּ֣לֶךְ שְׁלֹמֹ֑ה וַתֵּ֛פֶן וַתֵּ֥לֶךְ לְאַרְצָ֖הּ הִ֥יא

שפע הזהב בימי שלמה
דה״ב ט, יג–יד

יד וַעֲבָדֶֽיהָ׃ וַיְהִ֗י מִשְׁקַ֤ל הַזָּהָב֙ אֲשֶׁר־בָּ֣א לִשְׁלֹמֹ֔ה
טו בְּשָׁנָ֖ה אֶחָ֑ת שֵׁ֥שׁ מֵא֛וֹת שִׁשִּׁ֥ים וָשֵׁ֖שׁ כִּכַּ֥ר זָהָֽב׃ לְבַד֙ מֵאַנְשֵׁ֣י
הַתָּרִ֔ים וּמִסְחַ֖ר הָרֹֽכְלִ֑ים וְכׇל־מַלְכֵ֥י הָעֶ֖רֶב וּפַח֥וֹת הָאָֽרֶץ׃

עשיית הצינות ומגני הזהב
דה״ב ט, טו–טז

טז וַיַּ֨עַשׂ הַמֶּ֧לֶךְ שְׁלֹמֹ֛ה מָאתַ֖יִם צִנָּ֣ה זָהָ֣ב שָׁח֑וּט שֵׁשׁ־מֵא֣וֹת זָהָ֔ב
יז יַעֲלֶ֖ה עַל־הַצִּנָּ֥ה הָאֶחָֽת׃ וּשְׁלֹשׁ־מֵא֨וֹת מָגִנִּ֜ים זָהָ֣ב שָׁח֗וּט
שְׁלֹ֤שֶׁת מָנִים֙ זָהָ֔ב יַעֲלֶ֖ה עַל־הַמָּגֵ֣ן הָאֶחָ֑ת וַיִּתְּנֵ֣ם הַמֶּ֔לֶךְ בֵּ֖ית

כיסא שלמה
דה״ב ט, יז–יט

יח יַ֥עַר הַלְּבָנֽוֹן׃ וַיַּ֥עַשׂ הַמֶּ֛לֶךְ כִּסֵּא־שֵׁ֖ן גָּד֑וֹל וַיְצַפֵּ֖הוּ
יט זָהָ֥ב מוּפָֽז׃ שֵׁ֧שׁ מַעֲל֣וֹת לַכִּסֵּ֗ה וְרֹאשׁ־עָג֤וֹל לַכִּסֵּה֙ מֵֽאַחֲרָ֔יו

וְיָדֹת מִזֶּה וּמִזֶּה אֶל־מְקוֹם הַשָּׁבֶת וּשְׁנַיִם אֲרָיוֹת עֹמְדִים אֵצֶל
כ הַיָּדוֹת׃ וּשְׁנֵים עָשָׂר אֲרָיִים עֹמְדִים שָׁם עַל־שֵׁשׁ הַמַּעֲלוֹת מִזֶּה
כא וּמִזֶּה לֹא־נַעֲשָׂה כֵן לְכָל־מַמְלָכוֹת׃ וְכֹל כְּלֵי מַשְׁקֵה הַמֶּלֶךְ
שְׁלֹמֹה זָהָב וְכֹל כְּלֵי בֵּית־יַעַר הַלְּבָנוֹן זָהָב סָגוּר אֵין כֶּסֶף לֹא
כב נֶחְשָׁב בִּימֵי שְׁלֹמֹה לִמְאוּמָה׃ כִּי אֳנִי תַרְשִׁישׁ לַמֶּלֶךְ בַּיָּם עִם
אֳנִי חִירָם אַחַת לְשָׁלֹשׁ שָׁנִים תָּבוֹא ׀ אֳנִי תַרְשִׁישׁ נֹשְׂאֵת זָהָב
כג וָכֶסֶף שֶׁנְהַבִּים וְקֹפִים וְתֻכִּיִּים׃ וַיִּגְדַּל הַמֶּלֶךְ שְׁלֹמֹה מִכֹּל מַלְכֵי
כד הָאָרֶץ לְעֹשֶׁר וּלְחָכְמָה׃ וְכָל־הָאָרֶץ מְבַקְשִׁים אֶת־פְּנֵי שְׁלֹמֹה
כה לִשְׁמֹעַ אֶת־חָכְמָתוֹ אֲשֶׁר־נָתַן אֱלֹהִים בְּלִבּוֹ׃ וְהֵמָּה מְבִאִים
אִישׁ מִנְחָתוֹ כְּלֵי־כֶסֶף וּכְלֵי זָהָב וּשְׂלָמוֹת וְנֵשֶׁק וּבְשָׂמִים סוּסִים
כו וּפְרָדִים דְּבַר־שָׁנָה בְּשָׁנָה׃ וַיֶּאֱסֹף שְׁלֹמֹה רֶכֶב
וּפָרָשִׁים וַיְהִי־לוֹ אֶלֶף וְאַרְבַּע־מֵאוֹת רֶכֶב וּשְׁנֵים־עָשָׂר אֶלֶף
כז פָּרָשִׁים וַיַּנְחֵם בְּעָרֵי הָרֶכֶב וְעִם־הַמֶּלֶךְ בִּירוּשָׁלִָם׃ וַיִּתֵּן הַמֶּלֶךְ
אֶת־הַכֶּסֶף בִּירוּשָׁלִַם כָּאֲבָנִים וְאֵת הָאֲרָזִים נָתַן כַּשִּׁקְמִים
כח אֲשֶׁר־בַּשְּׁפֵלָה לָרֹב׃ וּמוֹצָא הַסּוּסִים אֲשֶׁר לִשְׁלֹמֹה מִמִּצְרָיִם
כט וּמִקְוֵה סֹחֲרֵי הַמֶּלֶךְ יִקְחוּ מִקְוֵה בִּמְחִיר׃ וַתַּעֲלֶה וַתֵּצֵא מֶרְכָּבָה
מִמִּצְרַיִם בְּשֵׁשׁ מֵאוֹת כֶּסֶף וְסוּס בַּחֲמִשִּׁים וּמֵאָה וְכֵן לְכָל־
יא א מַלְכֵי הַחִתִּים וּלְמַלְכֵי אֲרָם בְּיָדָם יֵצְאוּ׃ וְהַמֶּלֶךְ
שְׁלֹמֹה אָהַב נָשִׁים נָכְרִיּוֹת רַבּוֹת וְאֶת־בַּת־פַּרְעֹה מוֹאֲבִיּוֹת
ב עַמֳּנִיּוֹת אֲדֹמִיֹּת צֵדְנִיֹּת חִתִּיֹּת׃ מִן־הַגּוֹיִם אֲשֶׁר אָמַר־יְהוָה
אֶל־בְּנֵי יִשְׂרָאֵל לֹא־תָבֹאוּ בָהֶם וְהֵם לֹא־יָבֹאוּ בָכֶם אָכֵן יַטּוּ
ג אֶת־לְבַבְכֶם אַחֲרֵי אֱלֹהֵיהֶם בָּהֶם דָּבַק שְׁלֹמֹה לְאַהֲבָה׃ וַיְהִי־
לוֹ נָשִׁים שָׂרוֹת שְׁבַע מֵאוֹת וּפִלַגְשִׁים שְׁלֹשׁ מֵאוֹת וַיַּטּוּ נָשָׁיו
ד אֶת־לִבּוֹ׃ וַיְהִי לְעֵת זִקְנַת שְׁלֹמֹה נָשָׁיו הִטּוּ אֶת־לְבָבוֹ אַחֲרֵי
אֱלֹהִים אֲחֵרִים וְלֹא־הָיָה לְבָבוֹ שָׁלֵם עִם־יְהוָה אֱלֹהָיו כִּלְבַב
ה דָּוִיד אָבִיו׃ וַיֵּלֶךְ שְׁלֹמֹה אַחֲרֵי עַשְׁתֹּרֶת אֱלֹהֵי צִדֹנִים וְאַחֲרֵי
ו מִלְכֹּם שִׁקֻּץ עַמֹּנִים׃ וַיַּעַשׂ שְׁלֹמֹה הָרַע בְּעֵינֵי יְהוָה וְלֹא מִלֵּא

השפע הכלכלי בימי שלמה
דה"ב א, טו–יז; ט, כ–כד

אניות שלמה
מל"א ט, כו–כח
דה"ב ח, יז–יח

אַחֲרֵי יְהוָה כְּדָוִד אָבִיו׃ אָז יִבְנֶה שְׁלֹמֹה בָּמָה ז
לִכְמוֹשׁ שִׁקֻּץ מוֹאָב בָּהָר אֲשֶׁר עַל־פְּנֵי יְרוּשָׁלָ͏ִם וּלְמֹלֶךְ שִׁקֻּץ
ח בְּנֵי עַמּוֹן׃ וְכֵן עָשָׂה לְכָל־נָשָׁיו הַנָּכְרִיּוֹת מַקְטִירוֹת וּמְזַבְּחוֹת
ט לֵאלֹהֵיהֶן׃ וַיִּתְאַנַּף יְהוָה בִּשְׁלֹמֹה כִּי־נָטָה לְבָבוֹ מֵעִם יְהוָה
י אֱלֹהֵי יִשְׂרָאֵל הַנִּרְאָה אֵלָיו פַּעֲמָיִם׃ וְצִוָּה אֵלָיו עַל־הַדָּבָר הַזֶּה
לְבִלְתִּי־לֶכֶת אַחֲרֵי אֱלֹהִים אֲחֵרִים וְלֹא שָׁמַר אֵת אֲשֶׁר־צִוָּה
יא יְהוָה׃ וַיֹּאמֶר יְהוָה לִשְׁלֹמֹה יַעַן אֲשֶׁר הָיְתָה־
זֹּאת עִמָּךְ וְלֹא שָׁמַרְתָּ בְּרִיתִי וְחֻקֹּתַי אֲשֶׁר צִוִּיתִי עָלֶיךָ קָרֹעַ
יב אֶקְרַע אֶת־הַמַּמְלָכָה מֵעָלֶיךָ וּנְתַתִּיהָ לְעַבְדֶּךָ׃ אַךְ־בְּיָמֶיךָ
יג לֹא אֶעֱשֶׂנָּה לְמַעַן דָּוִד אָבִיךָ מִיַּד בִּנְךָ אֶקְרָעֶנָּה׃ רַק אֶת־
כָּל־הַמַּמְלָכָה לֹא אֶקְרָע שֵׁבֶט אֶחָד אֶתֵּן לִבְנֶךָ לְמַעַן דָּוִד
יד עַבְדִּי וּלְמַעַן יְרוּשָׁלַ͏ִם אֲשֶׁר בָּחָרְתִּי׃ וַיָּקֶם יְהוָה ׀
שָׂטָן לִשְׁלֹמֹה אֵת הֲדַד הָאֲדֹמִי מִזֶּרַע הַמֶּלֶךְ הוּא בֶּאֱדוֹם׃
טו וַיְהִי בִּהְיוֹת דָּוִד אֶת־אֱדוֹם בַּעֲלוֹת יוֹאָב שַׂר הַצָּבָא לְקַבֵּר
טז אֶת־הַחֲלָלִים וַיַּךְ כָּל־זָכָר בֶּאֱדוֹם׃ כִּי שֵׁשֶׁת חֳדָשִׁים יָשַׁב־שָׁם
יז יוֹאָב וְכָל־יִשְׂרָאֵל עַד־הִכְרִית כָּל־זָכָר בֶּאֱדוֹם׃ וַיִּבְרַח אֲדַד
הוּא וַאֲנָשִׁים אֲדֹמִיִּים מֵעַבְדֵי אָבִיו אִתּוֹ לָבוֹא מִצְרָיִם וַהֲדַד
יח נַעַר קָטָן׃ וַיָּקֻמוּ מִמִּדְיָן וַיָּבֹאוּ פָּארָן וַיִּקְחוּ אֲנָשִׁים עִמָּם
מִפָּארָן וַיָּבֹאוּ מִצְרַיִם אֶל־פַּרְעֹה מֶלֶךְ־מִצְרַיִם וַיִּתֶּן־לוֹ בַיִת
יט וְלֶחֶם אָמַר לוֹ וְאֶרֶץ נָתַן לוֹ׃ וַיִּמְצָא הֲדַד חֵן בְּעֵינֵי פַרְעֹה
מְאֹד וַיִּתֶּן־לוֹ אִשָּׁה אֶת־אֲחוֹת אִשְׁתּוֹ אֲחוֹת תַּחְפְּנֵיס הַגְּבִירָה׃
כ וַתֵּלֶד לוֹ אֲחוֹת תַּחְפְּנֵיס אֵת גְּנֻבַת בְּנוֹ וַתִּגְמְלֵהוּ תַחְפְּנֵס בְּתוֹךְ
כא בֵּית פַּרְעֹה וַיְהִי גְנֻבַת בֵּית פַּרְעֹה בְּתוֹךְ בְּנֵי פַרְעֹה׃ וַהֲדַד
שָׁמַע בְּמִצְרַיִם כִּי־שָׁכַב דָּוִד עִם־אֲבֹתָיו וְכִי־מֵת יוֹאָב שַׂר־
כב הַצָּבָא וַיֹּאמֶר הֲדַד אֶל־פַּרְעֹה שַׁלְּחֵנִי וְאֵלֵךְ אֶל־אַרְצִי׃ וַיֹּאמֶר
לוֹ פַרְעֹה כִּי מָה־אַתָּה חָסֵר עִמִּי וְהִנְּךָ מְבַקֵּשׁ לָלֶכֶת אֶל־
כג אַרְצֶךָ וַיֹּאמֶר ׀ לֹא כִּי שַׁלֵּחַ תְּשַׁלְּחֵנִי׃ וַיָּקֶם אֱלֹהִים לוֹ שָׂטָן

אֶת־רְז֖וֹן בֶּן־אֶלְיָדָ֑ע אֲשֶׁ֣ר בָּרַ֗ח מֵאֵ֛ת הֲדַדְעֶ֥זֶר מֶֽלֶךְ־צוֹבָ֖ה
כד אֲדֹנָֽיו׃ וַיִּקְבֹּ֤ץ עָלָיו֙ אֲנָשִׁ֔ים וַיְהִ֣י שַׂר־גְּד֔וּד בַּהֲרֹ֥ג דָּוִ֖ד אֹתָ֑ם
כה וַיֵּלְכ֤וּ דַמֶּ֨שֶׂק֙ וַיֵּ֣שְׁבוּ בָ֔הּ וַֽיִּמְלְכ֖וּ בְּדַמָּֽשֶׂק׃ וַיְהִ֨י שָׂטָ֤ן לְיִשְׂרָאֵל֙
כָּל־יְמֵ֣י שְׁלֹמֹ֔ה וְאֶת־הָרָעָ֖ה אֲשֶׁ֣ר הֲדָ֑ד וַיָּ֨קָץ֙ בְּיִשְׂרָאֵ֔ל וַיִּמְלֹ֖ךְ
כו עַל־אֲרָֽם׃ וְיָרָבְעָ֨ם בֶּן־נְבָ֜ט אֶפְרָתִ֣י מִן־הַצְּרֵדָ֗ה
וְשֵׁ֤ם אִמּוֹ֙ צְרוּעָ֔ה אִשָּׁ֖ה אַלְמָנָ֑ה עֶ֚בֶד לִשְׁלֹמֹ֔ה וַיָּ֥רֶם יָ֖ד בַּמֶּֽלֶךְ׃
כז וְזֶ֣ה הַדָּבָ֔ר אֲשֶׁר־הֵרִ֥ים יָ֖ד בַּמֶּ֑לֶךְ שְׁלֹמֹה֙ בָּנָ֣ה אֶת־הַמִּלּ֔וֹא
כח סָגַ֕ר אֶת־פֶּ֖רֶץ עִ֥יר דָּוִ֖ד אָבִֽיו׃ וְהָאִ֥ישׁ יָרָבְעָ֖ם גִּבּ֣וֹר חָ֑יִל וַיַּ֨רְא י
שְׁלֹמֹ֜ה אֶת־הַנַּ֗עַר כִּֽי־עֹשֵׂ֤ה מְלָאכָה֙ ה֔וּא וַיַּפְקֵ֣ד אֹת֔וֹ לְכָל־
כט סֵ֖בֶל בֵּ֥ית יוֹסֵֽף׃ וַיְהִי֙ בָּעֵ֣ת הַהִ֔יא וְיָרָבְעָ֖ם יָצָ֣א
מִירוּשָׁלִָ֑ם וַיִּמְצָ֣א אֹת֡וֹ אֲחִיָּה֩ הַשִּׁילֹנִ֨י הַנָּבִ֜יא בַּדֶּ֗רֶךְ וְה֤וּא
ל מִתְכַּסֶּה֙ בְּשַׂלְמָ֣ה חֲדָשָׁ֔ה וּשְׁנֵיהֶ֥ם לְבַדָּ֖ם בַּשָּׂדֶֽה׃ וַיִּתְפֹּ֣שׂ אֲחִיָּ֔ה
בַּשַּׂלְמָ֥ה הַחֲדָשָׁ֖ה אֲשֶׁ֣ר עָלָ֑יו וַיִּ֨קְרָעֶ֔הָ שְׁנֵ֥ים עָשָׂ֖ר קְרָעִֽים׃
לא וַיֹּ֨אמֶר֙ לְיָֽרָבְעָ֔ם קַח־לְךָ֖ עֲשָׂרָ֣ה קְרָעִ֑ים כִּי֩ כֹ֨ה אָמַ֜ר יְהֹוָ֨ה
אֱלֹהֵ֣י יִשְׂרָאֵ֗ל הִנְנִ֨י קֹרֵ֤עַ אֶת־הַמַּמְלָכָה֙ מִיַּ֣ד שְׁלֹמֹ֔ה וְנָתַתִּ֣י לְךָ֔
לב אֵ֖ת עֲשָׂרָ֥ה הַשְּׁבָטִֽים׃ וְהַשֵּׁ֥בֶט הָאֶחָ֖ד יִֽהְיֶה־לּ֑וֹ לְמַ֣עַן ׀ עַבְדִּ֣י
דָוִ֗ד וּלְמַ֨עַן֙ יְר֣וּשָׁלִַ֔ם הָעִיר֙ אֲשֶׁ֣ר בָּחַ֣רְתִּי בָ֔הּ מִכֹּ֖ל שִׁבְטֵ֥י
לג יִשְׂרָאֵֽל׃ יַ֣עַן ׀ אֲשֶׁ֣ר עֲזָב֗וּנִי וַיִּֽשְׁתַּחֲווּ֮ לְעַשְׁתֹּ֣רֶת אֱלֹהֵ֣י צִדֹנִין֒
לִכְמוֹשׁ֙ אֱלֹהֵ֣י מוֹאָ֔ב וּלְמִלְכֹּ֖ם אֱלֹהֵ֣י בְנֵֽי־עַמּ֑וֹן וְלֹא־הָלְכ֣וּ
לד בִדְרָכַ֗י לַעֲשׂ֨וֹת הַיָּשָׁ֧ר בְּעֵינַ֛י וְחֻקֹּתַ֥י וּמִשְׁפָּטַ֖י כְּדָוִ֥ד אָבִֽיו׃ וְלֹֽא־
אֶקַּ֛ח אֶת־כָּל־הַמַּמְלָכָ֖ה מִיָּד֑וֹ כִּ֣י ׀ נָשִׂ֣יא אֲשִׁתֶ֗נּוּ כֹּ֚ל יְמֵ֣י חַיָּ֔יו
לְמַ֨עַן֙ דָּוִ֣ד עַבְדִּ֔י אֲשֶׁ֥ר בָּחַ֖רְתִּי אֹת֑וֹ אֲשֶׁ֥ר שָׁמַ֛ר מִצְוֺתַ֖י וְחֻקֹּתָֽי׃
לה וְלָקַחְתִּ֥י הַמְּלוּכָ֖ה מִיַּ֣ד בְּנ֑וֹ וּנְתַתִּ֣יהָ לְּךָ֔ אֵ֖ת עֲשֶׂ֥רֶת הַשְּׁבָטִֽים׃
לו וְלִבְנ֖וֹ אֶתֵּ֣ן שֵֽׁבֶט־אֶחָ֑ד לְמַ֣עַן הֱיֽוֹת־נִ֣יר לְדָֽוִיד־עַ֠בְדִּי כָּֽל־
הַיָּמִ֤ים ׀ לְפָנַי֙ בִּיר֣וּשָׁלִַ֔ם הָעִיר֙ אֲשֶׁ֣ר בָּחַ֣רְתִּי לִ֔י לָשׂ֥וּם שְׁמִ֖י שָֽׁם׃
לז וְאֹֽתְךָ֣ אֶקַּ֔ח וּמָ֣לַכְתָּ֔ בְּכֹ֥ל אֲשֶׁר־תְּאַוֶּ֖ה נַפְשֶׁ֑ךָ וְהָיִ֥יתָ מֶּ֖לֶךְ
לח עַל־יִשְׂרָאֵֽל׃ וְהָיָ֗ה אִם־תִּשְׁמַע֮ אֶת־כָּל־אֲשֶׁ֣ר אֲצַוֶּךָ֒ וְהָלַכְתָּ֣

בִּדְרָכַי וְעָשִׂיתָ הַיָּשָׁר בְּעֵינַי לִשְׁמוֹר חֻקּוֹתַי וּמִצְוֺתַי כַּאֲשֶׁר עָשָׂה
דָּוִד עַבְדִּי וְהָיִיתִי עִמָּךְ וּבָנִיתִי לְךָ בַיִת־נֶאֱמָן כַּאֲשֶׁר בָּנִיתִי
לט לְדָוִד וְנָתַתִּי לְךָ אֶת־יִשְׂרָאֵל: וַאְעַנֶּה אֶת־זֶרַע דָּוִד לְמַעַן
מ זֹאת אַךְ לֹא כָל־הַיָּמִים: וַיְבַקֵּשׁ שְׁלֹמֹה לְהָמִית אֶת־יָרָבְעָם
וַיָּקָם יָרָבְעָם וַיִּבְרַח מִצְרַיִם אֶל־שִׁישַׁק מֶלֶךְ־מִצְרַיִם וַיְהִי
מא בְמִצְרַיִם עַד־מוֹת שְׁלֹמֹה: וְיֶתֶר דִּבְרֵי שְׁלֹמֹה וְכָל־אֲשֶׁר עָשָׂה
מב וְחָכְמָתוֹ הֲלוֹא־הֵם כְּתֻבִים עַל־סֵפֶר דִּבְרֵי שְׁלֹמֹה: וְהַיָּמִים
מג אֲשֶׁר מָלַךְ שְׁלֹמֹה בִירוּשָׁלִַם עַל־כָּל־יִשְׂרָאֵל אַרְבָּעִים שָׁנָה:
וַיִּשְׁכַּב שְׁלֹמֹה עִם־אֲבֹתָיו וַיִּקָּבֵר בְּעִיר דָּוִד אָבִיו וַיִּמְלֹךְ
יב א רְחַבְעָם בְּנוֹ תַּחְתָּיו: וַיֵּלֶךְ רְחַבְעָם שְׁכֶם כִּי שְׁכֶם
ב בָּא כָל־יִשְׂרָאֵל לְהַמְלִיךְ אֹתוֹ: וַיְהִי כִּשְׁמֹעַ ׀ יָרָבְעָם בֶּן־נְבָט
וְהוּא עוֹדֶנּוּ בְמִצְרַיִם אֲשֶׁר בָּרַח מִפְּנֵי הַמֶּלֶךְ שְׁלֹמֹה וַיֵּשֶׁב
ג יָרָבְעָם בְּמִצְרָיִם: וַיִּשְׁלְחוּ וַיִּקְרְאוּ־לוֹ וַיָּבאוּ יָרָבְעָם וְכָל־קְהַל
ד יִשְׂרָאֵל וַיְדַבְּרוּ אֶל־רְחַבְעָם לֵאמֹר: אָבִיךָ הִקְשָׁה אֶת־עֻלֵּנוּ
וְאַתָּה עַתָּה הָקֵל מֵעֲבֹדַת אָבִיךָ הַקָּשָׁה וּמֵעֻלּוֹ הַכָּבֵד אֲשֶׁר־
ה נָתַן עָלֵינוּ וְנַעַבְדֶךָּ: וַיֹּאמֶר אֲלֵיהֶם לְכוּ־עֹד שְׁלֹשָׁה יָמִים וְשׁוּבוּ
ו אֵלָי וַיֵּלְכוּ הָעָם: וַיִּוָּעַץ הַמֶּלֶךְ רְחַבְעָם אֶת־הַזְּקֵנִים אֲשֶׁר־הָיוּ
עֹמְדִים אֶת־פְּנֵי שְׁלֹמֹה אָבִיו בִּהְיֹתוֹ חַי לֵאמֹר אֵיךְ אַתֶּם
ז נוֹעָצִים לְהָשִׁיב אֶת־הָעָם־הַזֶּה דָּבָר: וַיְדַבֵּר אֵלָיו לֵאמֹר אִם־
הַיּוֹם תִּהְיֶה־עֶבֶד לָעָם הַזֶּה וַעֲבַדְתָּם וַעֲנִיתָם וְדִבַּרְתָּ אֲלֵיהֶם
ח דְּבָרִים טוֹבִים וְהָיוּ לְךָ עֲבָדִים כָּל־הַיָּמִים: וַיַּעֲזֹב אֶת־עֲצַת
הַזְּקֵנִים אֲשֶׁר יְעָצֻהוּ וַיִּוָּעַץ אֶת־הַיְלָדִים אֲשֶׁר גָּדְלוּ אִתּוֹ אֲשֶׁר
ט הָעֹמְדִים לְפָנָיו: וַיֹּאמֶר אֲלֵיהֶם מָה אַתֶּם נוֹעָצִים וְנָשִׁיב דָּבָר
אֶת־הָעָם הַזֶּה אֲשֶׁר דִּבְּרוּ אֵלַי לֵאמֹר הָקֵל מִן־הָעֹל אֲשֶׁר־
י נָתַן אָבִיךָ עָלֵינוּ: וַיְדַבְּרוּ אֵלָיו הַיְלָדִים אֲשֶׁר גָּדְלוּ אִתּוֹ לֵאמֹר
כֹּה־תֹאמַר לָעָם הַזֶּה אֲשֶׁר דִּבְּרוּ אֵלֶיךָ לֵאמֹר אָבִיךָ הִכְבִּיד
אֶת־עֻלֵּנוּ וְאַתָּה הָקֵל מֵעָלֵינוּ כֹּה תְּדַבֵּר אֲלֵיהֶם קָטָנִּי עָבָה

סיכום מלכותו של שלמה
דה"ב ט, כט-לא

בקשת ירבעם והעם מרחבעם
דה"ב י, א-ה

וַיָּבֹא

התייעצויותיו של רחבעם
דה"ב י, ו-יא

יא מִמׇּתְנֵי אָבִי: וְעַתָּה אָבִי הֶעְמִיס עֲלֵיכֶם עֹל כָּבֵד וַאֲנִי אֹסִיף
עַל־עֻלְּכֶם אָבִי יִסַּר אֶתְכֶם בַּשּׁוֹטִים וַאֲנִי אֲיַסֵּר אֶתְכֶם
יב בָּעַקְרַבִּים: וַיָּבוֹ יָרׇבְעָם וְכׇל־הָעָם אֶל־רְחַבְעָם בַּיּוֹם הַשְּׁלִישִׁי
יג כַּאֲשֶׁר דִּבֶּר הַמֶּלֶךְ לֵאמֹר שׁוּבוּ אֵלַי בַּיּוֹם הַשְּׁלִישִׁי: וַיַּעַן
הַמֶּלֶךְ אֶת־הָעָם קָשָׁה וַיַּעֲזֹב אֶת־עֲצַת הַזְּקֵנִים אֲשֶׁר יְעָצֻהוּ:
יד וַיְדַבֵּר אֲלֵיהֶם כַּעֲצַת הַיְלָדִים לֵאמֹר אָבִי הִכְבִּיד אֶת־עֻלְּכֶם
וַאֲנִי אֹסִיף עַל־עֻלְּכֶם אָבִי יִסַּר אֶתְכֶם בַּשּׁוֹטִים וַאֲנִי אֲיַסֵּר
טו אֶתְכֶם בָּעַקְרַבִּים: וְלֹא־שָׁמַע הַמֶּלֶךְ אֶל־הָעָם כִּי־הָיְתָה סִבָּה
מֵעִם יהוה לְמַעַן הָקִים אֶת־דְּבָרוֹ אֲשֶׁר דִּבֶּר יהוה בְּיַד אֲחִיָּה
טז הַשִּׁילֹנִי אֶל־יָרׇבְעָם בֶּן־נְבָט: וַיַּרְא כׇּל־יִשְׂרָאֵל כִּי לֹא־שָׁמַע
הַמֶּלֶךְ אֲלֵהֶם וַיָּשִׁבוּ הָעָם אֶת־הַמֶּלֶךְ ׀ דָּבָר ׀ לֵאמֹר מַה־לָּנוּ
חֵלֶק בְּדָוִד וְלֹא־נַחֲלָה בְּבֶן־יִשַׁי לְאֹהָלֶיךָ יִשְׂרָאֵל עַתָּה רְאֵה
יז בֵיתְךָ דָּוִד וַיֵּלֶךְ יִשְׂרָאֵל לְאֹהָלָיו: וּבְנֵי יִשְׂרָאֵל הַיֹּשְׁבִים בְּעָרֵי
יְהוּדָה וַיִּמְלֹךְ עֲלֵיהֶם רְחַבְעָם:
יח וַיִּשְׁלַח הַמֶּלֶךְ רְחַבְעָם אֶת־אֲדֹרָם אֲשֶׁר עַל־הַמַּס וַיִּרְגְּמוּ כׇל־
יִשְׂרָאֵל בּוֹ אֶבֶן וַיָּמֹת וְהַמֶּלֶךְ רְחַבְעָם הִתְאַמֵּץ לַעֲלוֹת
יט בַּמֶּרְכָּבָה לָנוּס יְרוּשָׁלִָם: וַיִּפְשְׁעוּ יִשְׂרָאֵל בְּבֵית דָּוִד עַד הַיּוֹם
כ הַזֶּה: וַיְהִי כִּשְׁמֹעַ כׇּל־יִשְׂרָאֵל כִּי־שָׁב יָרׇבְעָם
וַיִּשְׁלְחוּ וַיִּקְרְאוּ אֹתוֹ אֶל־הָעֵדָה וַיַּמְלִיכוּ אֹתוֹ עַל־כׇּל־
יִשְׂרָאֵל לֹא הָיָה אַחֲרֵי בֵית־דָּוִד זוּלָתִי שֵׁבֶט־יְהוּדָה לְבַדּוֹ:
כא וַיָּבֹאוּ רְחַבְעָם יְרוּשָׁלַםִ וַיַּקְהֵל אֶת־כׇּל־בֵּית יְהוּדָה וְאֶת־ וַיָּבֹא
שֵׁבֶט בִּנְיָמִן מֵאָה וּשְׁמֹנִים אֶלֶף בָּחוּר עֹשֵׂה מִלְחָמָה
לְהִלָּחֵם עִם־בֵּית יִשְׂרָאֵל לְהָשִׁיב אֶת־הַמְּלוּכָה לִרְחַבְעָם
כב בֶּן־שְׁלֹמֹה: וַיְהִי דְּבַר הָאֱלֹהִים אֶל־שְׁמַעְיָה
כג אִישׁ־הָאֱלֹהִים לֵאמֹר: אֱמֹר אֶל־רְחַבְעָם בֶּן־שְׁלֹמֹה מֶלֶךְ
כד יְהוּדָה וְאֶל־כׇּל־בֵּית יְהוּדָה וּבִנְיָמִן וְיֶתֶר הָעָם לֵאמֹר: כֹּה יא
אָמַר יהוה לֹא־תַעֲלוּ וְלֹא־תִלָּחֲמוּן עִם־אֲחֵיכֶם בְּנֵי־יִשְׂרָאֵל

תשובת רחבעם לעם ותגובת העם
דה"ב י, יב–טז

שובו איש לביתו כי מאתי נהיה הדבר הזה וישמעו את־
כה דבר יהוה וישבו ללכת כדבר יהוה: ויבן
ירבעם את־שכם בהר אפרים וישב בה ויצא משם ויבן את־
כו פנואל: ויאמר ירבעם בלבו עתה תשוב הממלכה לבית־
כז דוד: אם־יעלה | העם הזה לעשות זבחים בבית־יהוה
בירושלם ושב לב העם הזה אל־אדניהם אל־רחבעם מלך
כח יהודה והרגני ושבו אל־רחבעם מלך־יהודה: ויועץ המלך
ויעש שני עגלי זהב ויאמר אלהם רב־לכם מעלות ירושלם
כט הנה אלהיך ישראל אשר העלוך מארץ מצרים: וישם את־
ל האחד בבית־אל ואת־האחד נתן בדן: ויהי הדבר הזה
לא לחטאת וילכו העם לפני האחד עד־דן: ויעש את־בית במות
לב ויעש כהנים מקצות העם אשר לא־היו מבני לוי: ויעש
ירבעם | חג בחדש השמיני בחמשה־עשר יום | לחדש כחג |
אשר ביהודה ויעל על־המזבח כן עשה בבית־אל לזבח
לעגלים אשר־עשה והעמיד בבית אל את־כהני הבמות
לג אשר עשה: ויעל על־המזבח | אשר־עשה בבית־אל בחמשה
עשר יום בחדש השמיני בחדש אשר־בדא מלבד ויעש חג (מלבו)
יג א לבני ישראל ויעל על־המזבח להקטיר: והנה |
איש אלהים בא מיהודה בדבר יהוה אל־בית־אל וירבעם
ב עמד על־המזבח להקטיר: ויקרא על־המזבח בדבר יהוה
ויאמר מזבח מזבח כה אמר יהוה הנה־בן נולד לבית־דוד
יאשיהו שמו וזבח עליך את־כהני הבמות המקטרים עליך
ג ועצמות אדם ישרפו עליך: ונתן ביום ההוא מופת לאמר זה
המופת אשר דבר יהוה הנה המזבח נקרע ונשפך הדשן
ד אשר־עליו: ויהי כשמע המלך את־דבר איש־האלהים אשר
קרא על־המזבח בבית־אל וישלח ירבעם את־ידו מעל
המזבח לאמר | תפשהו ותיבש ידו אשר שלח עליו ולא יכל

ירבעם מעמיד כוהני במות
דה"ב יא, טו

ה לַהֲשִׁיבָהּ אֵלָיו: וְהַמִּזְבֵּחַ נִקְרָע וַיִּשָּׁפֵךְ הַדֶּשֶׁן מִן־הַמִּזְבֵּחַ
ו כַּמּוֹפֵת אֲשֶׁר נָתַן אִישׁ הָאֱלֹהִים בִּדְבַר יהוה: וַיַּעַן הַמֶּלֶךְ
וַיֹּאמֶר ׀ אֶל־אִישׁ הָאֱלֹהִים חַל־נָא אֶת־פְּנֵי יהוה אֱלֹהֶיךָ
וְהִתְפַּלֵּל בַּעֲדִי וְתָשֹׁב יָדִי אֵלָי וַיְחַל אִישׁ־הָאֱלֹהִים אֶת־פְּנֵי
ז יהוה וַתָּשָׁב יַד־הַמֶּלֶךְ אֵלָיו וַתְּהִי כְּבָרִאשֹׁנָה: וַיְדַבֵּר הַמֶּלֶךְ
אֶל־אִישׁ הָאֱלֹהִים בֹּאָה־אִתִּי הַבַּיְתָה וּסְעָדָה וְאֶתְּנָה לְךָ
ח מַתָּת: וַיֹּאמֶר אִישׁ־הָאֱלֹהִים אֶל־הַמֶּלֶךְ אִם־תִּתֶּן־לִי אֶת־
חֲצִי בֵיתֶךָ לֹא אָבֹא עִמָּךְ וְלֹא־אֹכַל לֶחֶם וְלֹא אֶשְׁתֶּה־מַּיִם
ט בַּמָּקוֹם הַזֶּה: כִּי־כֵן ׀ צִוָּה אֹתִי בִּדְבַר יהוה לֵאמֹר לֹא־תֹאכַל
לֶחֶם וְלֹא תִשְׁתֶּה־מָּיִם וְלֹא תָשׁוּב בַּדֶּרֶךְ אֲשֶׁר הָלָכְתָּ:
י וַיֵּלֶךְ בְּדֶרֶךְ אַחֵר וְלֹא־שָׁב בַּדֶּרֶךְ אֲשֶׁר בָּא בָהּ אֶל־בֵּית־
יא אֵל: וְנָבִיא אֶחָד זָקֵן יֹשֵׁב בְּבֵית־אֵל וַיָּבוֹא בְנוֹ
וַיְסַפֶּר־לוֹ אֶת־כָּל־הַמַּעֲשֶׂה אֲשֶׁר־עָשָׂה אִישׁ־הָאֱלֹהִים ׀ הַיּוֹם
בְּבֵית־אֵל אֶת־הַדְּבָרִים אֲשֶׁר דִּבֶּר אֶל־הַמֶּלֶךְ וַיְסַפְּרוּם
יב לַאֲבִיהֶם: וַיְדַבֵּר אֲלֵהֶם אֲבִיהֶם אֵי־זֶה הַדֶּרֶךְ הָלָךְ וַיִּרְאוּ בָנָיו
אֶת־הַדֶּרֶךְ אֲשֶׁר הָלַךְ אִישׁ הָאֱלֹהִים אֲשֶׁר־בָּא מִיהוּדָה:
יג וַיֹּאמֶר אֶל־בָּנָיו חִבְשׁוּ־לִי הַחֲמוֹר וַיַּחְבְּשׁוּ־לוֹ הַחֲמוֹר וַיִּרְכַּב
יד עָלָיו: וַיֵּלֶךְ אַחֲרֵי אִישׁ הָאֱלֹהִים וַיִּמְצָאֵהוּ יֹשֵׁב תַּחַת הָאֵלָה
וַיֹּאמֶר אֵלָיו הַאַתָּה אִישׁ־הָאֱלֹהִים אֲשֶׁר־בָּאתָ מִיהוּדָה
טו טז וַיֹּאמֶר אָנִי: וַיֹּאמֶר אֵלָיו לֵךְ אִתִּי הַבָּיְתָה וֶאֱכֹל לָחֶם: וַיֹּאמֶר
לֹא אוּכַל לָשׁוּב אִתָּךְ וְלָבוֹא אִתָּךְ וְלֹא־אֹכַל לֶחֶם וְלֹא־אֶשְׁתֶּה
יז אִתְּךָ מַיִם בַּמָּקוֹם הַזֶּה: כִּי־דָבָר אֵלַי בִּדְבַר יהוה לֹא־תֹאכַל
לֶחֶם וְלֹא־תִשְׁתֶּה שָׁם מָיִם לֹא־תָשׁוּב לָלֶכֶת בַּדֶּרֶךְ אֲשֶׁר־
יח הָלַכְתָּ בָּהּ: וַיֹּאמֶר לוֹ גַּם־אֲנִי נָבִיא כָּמוֹךָ וּמַלְאָךְ דִּבֶּר אֵלַי
בִּדְבַר יהוה לֵאמֹר הֲשִׁבֵהוּ אִתְּךָ אֶל־בֵּיתֶךָ וְיֹאכַל לֶחֶם וְיֵשְׁתְּ
יט כ מָיִם כִּחֵשׁ לוֹ: וַיָּשָׁב אִתּוֹ וַיֹּאכַל לֶחֶם בְּבֵיתוֹ וַיֵּשְׁתְּ מָיִם: וַיְהִי
הֵם יֹשְׁבִים אֶל־הַשֻּׁלְחָן    וַיְהִי דְּבַר־יהוה אֶל־הַנָּבִיא אֲשֶׁר

כא הֵשִׁיבוֹ: וַיִּקְרָא אֶל־אִישׁ הָאֱלֹהִים אֲשֶׁר־בָּא מִיהוּדָה לֵאמֹר
כֹּה אָמַר יְהוָה יַעַן כִּי מָרִיתָ פִּי יְהוָה וְלֹא שָׁמַרְתָּ אֶת־הַמִּצְוָה
כב אֲשֶׁר צִוְּךָ יְהוָה אֱלֹהֶיךָ: וַתָּשָׁב וַתֹּאכַל לֶחֶם וַתֵּשְׁתְּ מַיִם
בַּמָּקוֹם אֲשֶׁר דִּבֶּר אֵלֶיךָ אַל־תֹּאכַל לֶחֶם וְאַל־תֵּשְׁתְּ מָיִם לֹא־
כג תָבוֹא נִבְלָתְךָ אֶל־קֶבֶר אֲבֹתֶיךָ: וַיְהִי אַחֲרֵי אָכְלוֹ לֶחֶם וְאַחֲרֵי
כד שְׁתוֹתוֹ וַיַּחֲבָשׁ־לוֹ הַחֲמוֹר לַנָּבִיא אֲשֶׁר הֱשִׁיבוֹ: וַיֵּלֶךְ וַיִּמְצָאֵהוּ
אַרְיֵה בַּדֶּרֶךְ וַיְמִיתֵהוּ וַתְּהִי נִבְלָתוֹ מֻשְׁלֶכֶת בַּדֶּרֶךְ וְהַחֲמוֹר
כה עֹמֵד אֶצְלָהּ וְהָאַרְיֵה עֹמֵד אֵצֶל הַנְּבֵלָה: וְהִנֵּה אֲנָשִׁים עֹבְרִים
וַיִּרְאוּ אֶת־הַנְּבֵלָה מֻשְׁלֶכֶת בַּדֶּרֶךְ וְאֶת־הָאַרְיֵה עֹמֵד אֵצֶל
הַנְּבֵלָה וַיָּבֹאוּ וַיְדַבְּרוּ בָעִיר אֲשֶׁר הַנָּבִיא הַזָּקֵן יֹשֵׁב בָּהּ:
כו וַיִּשְׁמַע הַנָּבִיא אֲשֶׁר הֱשִׁיבוֹ מִן־הַדֶּרֶךְ וַיֹּאמֶר אִישׁ הָאֱלֹהִים
הוּא אֲשֶׁר מָרָה אֶת־פִּי יְהוָה וַיִּתְּנֵהוּ יְהוָה לָאַרְיֵה וַיִּשְׁבְּרֵהוּ
כז וַיְמִתֵהוּ כִּדְבַר יְהוָה אֲשֶׁר דִּבֶּר־לוֹ: וַיְדַבֵּר אֶל־בָּנָיו לֵאמֹר
כח חִבְשׁוּ־לִי אֶת־הַחֲמוֹר וַיַּחֲבֹשׁוּ: וַיֵּלֶךְ וַיִּמְצָא אֶת־נִבְלָתוֹ
מֻשְׁלֶכֶת בַּדֶּרֶךְ וַחֲמוֹר וְהָאַרְיֵה עֹמְדִים אֵצֶל הַנְּבֵלָה לֹא־אָכַל
כט הָאַרְיֵה אֶת־הַנְּבֵלָה וְלֹא שָׁבַר אֶת־הַחֲמוֹר: וַיִּשָּׂא הַנָּבִיא
אֶת־נִבְלַת אִישׁ־הָאֱלֹהִים וַיַּנִּחֵהוּ אֶל־הַחֲמוֹר וַיְשִׁיבֵהוּ וַיָּבֹא
ל אֶל־עִיר הַנָּבִיא הַזָּקֵן לִסְפֹּד וּלְקָבְרוֹ: וַיַּנַּח אֶת־נִבְלָתוֹ בְּקִבְרוֹ
לא וַיִּסְפְּדוּ עָלָיו הוֹי אָחִי: וַיְהִי אַחֲרֵי קָבְרוֹ אֹתוֹ וַיֹּאמֶר אֶל־בָּנָיו יב
לֵאמֹר בְּמוֹתִי וּקְבַרְתֶּם אֹתִי בַּקֶּבֶר אֲשֶׁר אִישׁ הָאֱלֹהִים קָבוּר
לב בּוֹ אֵצֶל עַצְמֹתָיו הַנִּיחוּ אֶת־עַצְמֹתָי: כִּי הָיֹה יִהְיֶה הַדָּבָר אֲשֶׁר
קָרָא בִּדְבַר יְהוָה עַל־הַמִּזְבֵּחַ אֲשֶׁר בְּבֵית־אֵל וְעַל כָּל־
לג בָּתֵּי הַבָּמוֹת אֲשֶׁר בְּעָרֵי שֹׁמְרוֹן: אַחַר הַדָּבָר
הַזֶּה לֹא־שָׁב יָרָבְעָם מִדַּרְכּוֹ הָרָעָה וַיָּשָׁב וַיַּעַשׂ מִקְצוֹת הָעָם
לד כֹּהֲנֵי בָמוֹת הֶחָפֵץ יְמַלֵּא אֶת־יָדוֹ וִיהִי כֹּהֲנֵי בָמוֹת: וַיְהִי
בַּדָּבָר הַזֶּה לְחַטַּאת בֵּית יָרָבְעָם וּלְהַכְחִיד וּלְהַשְׁמִיד מֵעַל פְּנֵי
יד א הָאֲדָמָה: בָּעֵת הַהִיא חָלָה אֲבִיָּה בֶן־יָרָבְעָם:

ב וַיֹּאמֶר יָרָבְעָם לְאִשְׁתּוֹ קוּמִי נָא וְהִשְׁתַּנִּית וְלֹא יֵדְעוּ כִּי־אַתִּי (אַתְּ)
אֵשֶׁת יָרָבְעָם וְהָלַכְתְּ שִׁלֹה הִנֵּה־שָׁם אֲחִיָּה הַנָּבִיא הוּא־דִבֶּר
ג עָלַי לְמֶלֶךְ עַל־הָעָם הַזֶּה׃ וְלָקַחַתְּ בְּיָדֵךְ עֲשָׂרָה לֶחֶם וְנִקֻּדִים
ד וּבַקְבֻּק דְּבַשׁ וּבָאת אֵלָיו הוּא יַגִּיד לָךְ מַה־יִּהְיֶה לַנָּעַר׃ וַתַּעַשׂ
כֵּן אֵשֶׁת יָרָבְעָם וַתָּקָם וַתֵּלֶךְ שִׁלֹה וַתָּבֹא בֵּית אֲחִיָּה וַאֲחִיָּהוּ
ה לֹא־יָכֹל לִרְאוֹת כִּי קָמוּ עֵינָיו מִשֵּׂיבוֹ׃ וַיהוָה
אָמַר אֶל־אֲחִיָּהוּ הִנֵּה אֵשֶׁת יָרָבְעָם בָּאָה לִדְרֹשׁ דָּבָר מֵעִמְּךָ
אֶל־בְּנָהּ כִּי־חֹלֶה הוּא כָּזֹה וְכָזֶה תְּדַבֵּר אֵלֶיהָ וִיהִי כְבֹאָהּ
ו וְהִיא מִתְנַכֵּרָה׃ וַיְהִי כִשְׁמֹעַ אֲחִיָּהוּ אֶת־קוֹל רַגְלֶיהָ בָּאָה
בַפֶּתַח וַיֹּאמֶר בֹּאִי אֵשֶׁת יָרָבְעָם לָמָּה זֶּה אַתְּ מִתְנַכֵּרָה וְאָנֹכִי
ז שָׁלוּחַ אֵלַיִךְ קָשָׁה׃ לְכִי אִמְרִי לְיָרָבְעָם כֹּה־אָמַר יְהוָה אֱלֹהֵי
יִשְׂרָאֵל יַעַן אֲשֶׁר הֲרִימֹתִיךָ מִתּוֹךְ הָעָם וָאֶתֶּנְךָ נָגִיד עַל עַמִּי
ח יִשְׂרָאֵל׃ וָאֶקְרַע אֶת־הַמַּמְלָכָה מִבֵּית דָּוִד וָאֶתְּנֶהָ לָךְ וְלֹא־
הָיִיתָ כְּעַבְדִּי דָוִד אֲשֶׁר שָׁמַר מִצְוֺתַי וַאֲשֶׁר הָלַךְ אַחֲרַי בְּכָל־
ט לְבָבוֹ לַעֲשׂוֹת רַק הַיָּשָׁר בְּעֵינָי׃ וַתָּרַע לַעֲשׂוֹת מִכֹּל אֲשֶׁר־הָיוּ
לְפָנֶיךָ וַתֵּלֶךְ וַתַּעֲשֶׂה־לְּךָ אֱלֹהִים אֲחֵרִים וּמַסֵּכוֹת לְהַכְעִיסֵנִי
י וְאֹתִי הִשְׁלַכְתָּ אַחֲרֵי גַוֶּךָ׃ לָכֵן הִנְנִי מֵבִיא רָעָה אֶל־בֵּית
יָרָבְעָם וְהִכְרַתִּי לְיָרָבְעָם מַשְׁתִּין בְּקִיר עָצוּר וְעָזוּב בְּיִשְׂרָאֵל
וּבִעַרְתִּי אַחֲרֵי בֵית־יָרָבְעָם כַּאֲשֶׁר יְבַעֵר הַגָּלָל עַד־תֻּמּוֹ׃
יא הַמֵּת לְיָרָבְעָם בָּעִיר יֹאכְלוּ הַכְּלָבִים וְהַמֵּת בַּשָּׂדֶה יֹאכְלוּ עוֹף
יב הַשָּׁמָיִם כִּי יְהוָה דִּבֵּר׃ וְאַתְּ קוּמִי לְכִי לְבֵיתֵךְ בְּבֹאָה רַגְלַיִךְ
יג הָעִירָה וּמֵת הַיָּלֶד׃ וְסָפְדוּ־לוֹ כָל־יִשְׂרָאֵל וְקָבְרוּ אֹתוֹ כִּי־זֶה
לְבַדּוֹ יָבֹא לְיָרָבְעָם אֶל־קָבֶר יַעַן נִמְצָא־בוֹ דָּבָר טוֹב אֶל־יְהוָה
יד אֱלֹהֵי יִשְׂרָאֵל בְּבֵית יָרָבְעָם׃ וְהֵקִים יְהוָה לוֹ מֶלֶךְ עַל־יִשְׂרָאֵל
טו אֲשֶׁר יַכְרִית אֶת־בֵּית יָרָבְעָם זֶה הַיּוֹם וּמֶה גַּם־עָתָּה׃ וְהִכָּה
יְהוָה אֶת־יִשְׂרָאֵל כַּאֲשֶׁר יָנוּד הַקָּנֶה בַּמַּיִם וְנָתַשׁ אֶת־יִשְׂרָאֵל
מֵעַל הָאֲדָמָה הַטּוֹבָה הַזֹּאת אֲשֶׁר נָתַן לַאֲבוֹתֵיהֶם וְזֵרָם

מעבר לנהר יען אשר עשו את־אשריהם מכעיסים את־
טז יהוה: ויתן את־ישראל בגלל חטאות ירבעם אשר חטא
יז ואשר החטיא את־ישראל: ותקם אשת ירבעם ותלך ותבא
יח תרצתה היא באה בסף־הבית והנער מת: ויקברו אתו
ויספדו־לו כל־ישראל כדבר יהוה אשר דבר ביד־עבדו
יט אחיהו הנביא: ויתר דברי ירבעם אשר נלחם ואשר מלך
כ הנם כתובים על־ספר דברי הימים למלכי ישראל: והימים
אשר מלך ירבעם עשרים ושתים שנה וישכב עם־אבתיו
כא וימלך נדב בנו תחתיו: ורחבעם בן־שלמה

פתיחה
למלכות רחבעם
דה"ב יב, יג–יד

מלך ביהודה בן־ארבעים ואחת שנה רחבעם במלכו ושבע
עשרה שנה | מלך בירושלם העיר אשר־בחר יהוה לשום
את־שמו שם מכל שבטי ישראל ושם אמו נעמה העמנית:
כב ויעש יהודה הרע בעיני יהוה ויקנאו אתו מכל אשר עשו
כג אבתם בחטאתם אשר חטאו: ויבנו גם־המה להם במות
ומצבות ואשרים על כל־גבעה גבהה ותחת כל־עץ רענן:
כד וגם־קדש היה בארץ עשו ככל התועבת הגוים אשר הוריש
כה יהוה מפני בני ישראל: ויהי בשנה החמישית
כו למלך רחבעם עלה שושק מלך־מצרים על־ירושלם: ויקח

שישק

עליית שישק
מלך מצרים
על ירושלים
דה"ב יב, ב–יב

את־אצרות בית־יהוה ואת־אוצרות בית המלך ואת־הכל
כז לקח ויקח את־כל־מגני הזהב אשר עשה שלמה: ויעש
המלך רחבעם תחתם מגני נחשת והפקיד על־יד שרי
כח הרצים השמרים פתח בית המלך: ויהי מדי־בא המלך בית
כט יהוה ישאום הרצים והשיבום אל־תא הרצים: ויתר דברי

סיכום
מלכות רחבעם
דה"ב יב, טו–טז

רחבעם וכל־אשר עשה הלא־המה כתובים על־ספר דברי
ל הימים למלכי יהודה: ומלחמה היתה בין־רחבעם ובין
לא ירבעם כל־הימים: וישכב רחבעם עם־אבתיו ויקבר עם־
אבתיו בעיר דוד ושם אמו נעמה העמנית וימלך אבים בנו

פתיחה למלכות אבים/אביה
דה"ב יג, א–ב

א תַּחְתָּיו׃ וּבִשְׁנַת שְׁמֹנֶה עֶשְׂרֵה לַמֶּלֶךְ יָרָבְעָם
ב בֶּן־נְבָט מָלַךְ אֲבִיָּם עַל־יְהוּדָה׃ שָׁלֹשׁ שָׁנִים מָלַךְ בִּירוּשָׁלִָם
ג וְשֵׁם אִמּוֹ מַעֲכָה בַּת־אֲבִישָׁלוֹם׃ וַיֵּלֶךְ בְּכָל־חַטֹּאות אָבִיו
אֲשֶׁר־עָשָׂה לְפָנָיו וְלֹא־הָיָה לְבָבוֹ שָׁלֵם עִם־יְהוָה אֱלֹהָיו
ד כִּלְבַב דָּוִד אָבִיו׃ כִּי לְמַעַן דָּוִד נָתַן יְהוָה אֱלֹהָיו לוֹ נִיר
בִּירוּשָׁלִָם לְהָקִים אֶת־בְּנוֹ אַחֲרָיו וּלְהַעֲמִיד אֶת־יְרוּשָׁלִָם׃
ה אֲשֶׁר עָשָׂה דָוִד אֶת־הַיָּשָׁר בְּעֵינֵי יְהוָה וְלֹא־סָר מִכֹּל ׀ אֲשֶׁר
ו צִוָּהוּ כֹּל יְמֵי חַיָּיו רַק בִּדְבַר אוּרִיָּה הַחִתִּי׃ וּמִלְחָמָה הָיְתָה

סיכום מלכות אבים/אביה
דה"ב יג, כב–כג

ז בֵּין־רְחַבְעָם וּבֵין יָרָבְעָם כָּל־יְמֵי חַיָּיו׃ וְיֶתֶר דִּבְרֵי אֲבִיָּם וְכָל־
אֲשֶׁר עָשָׂה הֲלוֹא־הֵם כְּתוּבִים עַל־סֵפֶר דִּבְרֵי הַיָּמִים לְמַלְכֵי
ח יְהוּדָה וּמִלְחָמָה הָיְתָה בֵּין אֲבִיָּם וּבֵין יָרָבְעָם׃ וַיִּשְׁכַּב יג
אֲבִיָּם עִם־אֲבֹתָיו וַיִּקְבְּרוּ אֹתוֹ בְּעִיר דָּוִד וַיִּמְלֹךְ אָסָא בְנוֹ

פתיחה למלכות אסא
דה"ב יג, כג – יד, ד; טו, טז–יח

ט תַּחְתָּיו׃ וּבִשְׁנַת עֶשְׂרִים לְיָרָבְעָם מֶלֶךְ יִשְׂרָאֵל
י מָלַךְ אָסָא עַל־יְהוּדָה׃ וְאַרְבָּעִים וְאַחַת שָׁנָה מָלַךְ בִּירוּשָׁלִָם
יא וְשֵׁם אִמּוֹ מַעֲכָה בַּת־אֲבִישָׁלוֹם׃ וַיַּעַשׂ אָסָא הַיָּשָׁר בְּעֵינֵי
יב יְהוָה כְּדָוִד אָבִיו׃ וַיַּעֲבֵר הַקְּדֵשִׁים מִן־הָאָרֶץ וַיָּסַר אֶת־כָּל־
יג הַגִּלֻּלִים אֲשֶׁר עָשׂוּ אֲבֹתָיו׃ וְגַם ׀ אֶת־מַעֲכָה אִמּוֹ וַיְסִרֶהָ
מִגְּבִירָה אֲשֶׁר־עָשְׂתָה מִפְלֶצֶת לָאֲשֵׁרָה וַיִּכְרֹת אָסָא אֶת־
יד מִפְלַצְתָּהּ וַיִּשְׂרֹף בְּנַחַל קִדְרוֹן׃ וְהַבָּמוֹת לֹא־סָרוּ רַק לְבַב־
טו אָסָא הָיָה שָׁלֵם עִם־יְהוָה כָּל־יָמָיו׃ וַיָּבֵא אֶת־קָדְשֵׁי אָבִיו
טז וקדשו בֵּית יְהוָה כֶּסֶף וְזָהָב וְכֵלִים׃ וּמִלְחָמָה הָיְתָה בֵּין אָסָא וְקָדְשֵׁי
יז וּבֵין בַּעְשָׁא מֶלֶךְ־יִשְׂרָאֵל כָּל־יְמֵיהֶם׃ וַיַּעַל בַּעְשָׁא מֶלֶךְ־
יִשְׂרָאֵל עַל־יְהוּדָה וַיִּבֶן אֶת־הָרָמָה לְבִלְתִּי תֵּת יֹצֵא וָבָא
יח לְאָסָא מֶלֶךְ יְהוּדָה׃ וַיִּקַּח אָסָא אֶת־כָּל־הַכֶּסֶף וְהַזָּהָב
הַנּוֹתָרִים ׀ בְּאוֹצְרוֹת בֵּית־יְהוָה וְאֶת־אוֹצְרוֹת בֵּית מלך וַיִּתְּנֵם הַמֶּלֶךְ
בְּיַד עֲבָדָיו וַיִּשְׁלָחֵם הַמֶּלֶךְ אָסָא אֶל־בֶּן־הֲדַד בֶּן־טַבְרִמֹּן בֶּן־
יט חֶזְיוֹן מֶלֶךְ אֲרָם הַיֹּשֵׁב בְּדַמֶּשֶׂק לֵאמֹר׃ בְּרִית בֵּינִי וּבֵינֶךָ בֵּין

אָבִי וּבֵין אָבִיךָ הִנֵּה שָׁלַחְתִּי לְךָ שֹׁחַד כֶּסֶף וְזָהָב לֵךְ הָפֵרָה
כ אֶת־בְּרִיתְךָ אֶת־בַּעְשָׁא מֶלֶךְ־יִשְׂרָאֵל וְיַעֲלֶה מֵעָלָי׃ וַיִּשְׁמַע
בֶּן־הֲדַד אֶל־הַמֶּלֶךְ אָסָא וַיִּשְׁלַח אֶת־שָׂרֵי הַחֲיָלִים אֲשֶׁר־לוֹ
עַל־עָרֵי יִשְׂרָאֵל וַיַּךְ אֶת־עִיּוֹן וְאֶת־דָּן וְאֵת אָבֵל בֵּית־מַעֲכָה
כא וְאֵת כָּל־כִּנְּרוֹת עַל כָּל־אֶרֶץ נַפְתָּלִי׃ וַיְהִי כִּשְׁמֹעַ בַּעְשָׁא
כב וַיֶּחְדַּל מִבְּנוֹת אֶת־הָרָמָה וַיֵּשֶׁב בְּתִרְצָה׃ וְהַמֶּלֶךְ אָסָא
הִשְׁמִיעַ אֶת־כָּל־יְהוּדָה אֵין נָקִי וַיִּשְׂאוּ אֶת־אַבְנֵי הָרָמָה וְאֶת־
עֵצֶיהָ אֲשֶׁר בָּנָה בַּעְשָׁא וַיִּבֶן בָּם הַמֶּלֶךְ אָסָא אֶת־גֶּבַע בִּנְיָמִן
כג וְאֶת־הַמִּצְפָּה׃ וְיֶתֶר כָּל־דִּבְרֵי אָסָא וְכָל־גְּבוּרָתוֹ וְכָל־אֲשֶׁר
עָשָׂה וְהֶעָרִים אֲשֶׁר בָּנָה הֲלֹא־הֵמָּה כְּתוּבִים עַל־סֵפֶר דִּבְרֵי
כד הַיָּמִים לְמַלְכֵי יְהוּדָה רַק לְעֵת זִקְנָתוֹ חָלָה אֶת־רַגְלָיו׃ וַיִּשְׁכַּב
אָסָא עִם־אֲבֹתָיו וַיִּקָּבֵר עִם־אֲבֹתָיו בְּעִיר דָּוִד אָבִיו וַיִּמְלֹךְ
כה יְהוֹשָׁפָט בְּנוֹ תַּחְתָּיו׃ וְנָדָב בֶּן־יָרָבְעָם מָלַךְ עַל־
יִשְׂרָאֵל בִּשְׁנַת שְׁתַּיִם לְאָסָא מֶלֶךְ יְהוּדָה וַיִּמְלֹךְ עַל־יִשְׂרָאֵל
כו שְׁנָתָיִם׃ וַיַּעַשׂ הָרַע בְּעֵינֵי יְהוָה וַיֵּלֶךְ בְּדֶרֶךְ אָבִיו וּבְחַטָּאתוֹ
כז אֲשֶׁר הֶחֱטִיא אֶת־יִשְׂרָאֵל׃ וַיִּקְשֹׁר עָלָיו בַּעְשָׁא בֶן־אֲחִיָּה לְבֵית
יִשָּׂשכָר וַיַּכֵּהוּ בַעְשָׁא בְּגִבְּתוֹן אֲשֶׁר לַפְּלִשְׁתִּים וְנָדָב וְכָל־
כח יִשְׂרָאֵל צָרִים עַל־גִּבְּתוֹן׃ וַיְמִתֵהוּ בַעְשָׁא בִּשְׁנַת שָׁלֹשׁ לְאָסָא
כט מֶלֶךְ יְהוּדָה וַיִּמְלֹךְ תַּחְתָּיו׃ וַיְהִי כְמָלְכוֹ הִכָּה אֶת־כָּל־בֵּית
יָרָבְעָם לֹא־הִשְׁאִיר כָּל־נְשָׁמָה לְיָרָבְעָם עַד־הִשְׁמִדוֹ כִּדְבַר
ל יְהוָה אֲשֶׁר דִּבֶּר בְּיַד־עַבְדּוֹ אֲחִיָּה הַשִּׁילֹנִי׃ עַל־חַטֹּאות יָרָבְעָם
אֲשֶׁר חָטָא וַאֲשֶׁר הֶחֱטִיא אֶת־יִשְׂרָאֵל בְּכַעְסוֹ אֲשֶׁר הִכְעִיס
לא אֶת־יְהוָה אֱלֹהֵי יִשְׂרָאֵל׃ וְיֶתֶר דִּבְרֵי נָדָב וְכָל־אֲשֶׁר עָשָׂה
הֲלֹא־הֵם כְּתוּבִים עַל־סֵפֶר דִּבְרֵי הַיָּמִים לְמַלְכֵי יִשְׂרָאֵל׃
לב וּמִלְחָמָה הָיְתָה בֵּין אָסָא וּבֵין בַּעְשָׁא מֶלֶךְ־יִשְׂרָאֵל כָּל־
לג יְמֵיהֶם׃ בִּשְׁנַת שָׁלֹשׁ לְאָסָא מֶלֶךְ יְהוּדָה מָלַךְ
בַּעְשָׁא בֶן־אֲחִיָּה עַל־כָּל־יִשְׂרָאֵל בְּתִרְצָה עֶשְׂרִים וְאַרְבַּע

סיכום מלכות אסא
דה״ב טו, יא–יד

לד שָׁנָה׃ וַיַּעַשׂ הָרַע בְּעֵינֵי יְהוָה וַיֵּלֶךְ בְּדֶרֶךְ יָרָבְעָם וּבְחַטָּאתוֹ
טז א אֲשֶׁר הֶחֱטִיא אֶת־יִשְׂרָאֵל׃ וַיְהִי דְבַר־יְהוָה
ב אֶל־יֵהוּא בֶן־חֲנָנִי עַל־בַּעְשָׁא לֵאמֹר׃ יַעַן אֲשֶׁר הֲרִימֹתִיךָ מִן־
הֶעָפָר וָאֶתֶּנְךָ נָגִיד עַל עַמִּי יִשְׂרָאֵל וַתֵּלֶךְ ׀ בְּדֶרֶךְ יָרָבְעָם
ג וַתַּחֲטִא אֶת־עַמִּי יִשְׂרָאֵל לְהַכְעִיסֵנִי בְּחַטֹּאתָם׃ הִנְנִי מַבְעִיר
אַחֲרֵי בַעְשָׁא וְאַחֲרֵי בֵיתוֹ וְנָתַתִּי אֶת־בֵּיתְךָ כְּבֵית יָרָבְעָם בֶּן־
ד נְבָט׃ הַמֵּת לְבַעְשָׁא בָּעִיר יֹאכְלוּ הַכְּלָבִים וְהַמֵּת לוֹ בַּשָּׂדֶה
ה יֹאכְלוּ עוֹף הַשָּׁמָיִם׃ וְיֶתֶר דִּבְרֵי בַעְשָׁא וַאֲשֶׁר עָשָׂה וּגְבוּרָתוֹ
הֲלֹא־הֵם כְּתוּבִים עַל־סֵפֶר דִּבְרֵי הַיָּמִים לְמַלְכֵי יִשְׂרָאֵל׃
ו וַיִּשְׁכַּב בַּעְשָׁא עִם־אֲבֹתָיו וַיִּקָּבֵר בְּתִרְצָה וַיִּמְלֹךְ אֵלָה בְנוֹ
ז תַּחְתָּיו׃ וְגַם בְּיַד יֵהוּא בֶן־חֲנָנִי הַנָּבִיא דְּבַר־יְהוָה הָיָה אֶל־
בַּעְשָׁא וְאֶל־בֵּיתוֹ וְעַל כָּל־הָרָעָה ׀ אֲשֶׁר־עָשָׂה ׀ בְּעֵינֵי יְהוָה
לְהַכְעִיסוֹ בְּמַעֲשֵׂה יָדָיו לִהְיוֹת כְּבֵית יָרָבְעָם וְעַל אֲשֶׁר־הִכָּה
ח אֹתוֹ׃ בִּשְׁנַת עֶשְׂרִים וָשֵׁשׁ שָׁנָה לְאָסָא מֶלֶךְ
יְהוּדָה מָלַךְ אֵלָה בֶן־בַּעְשָׁא עַל־יִשְׂרָאֵל בְּתִרְצָה שְׁנָתָיִם׃
ט וַיִּקְשֹׁר עָלָיו עַבְדּוֹ זִמְרִי שַׂר מַחֲצִית הָרָכֶב וְהוּא בְתִרְצָה
י שֹׁתֶה שִׁכּוֹר בֵּית אַרְצָא אֲשֶׁר עַל־הַבַּיִת בְּתִרְצָה׃ וַיָּבֹא זִמְרִי
וַיַּכֵּהוּ וַיְמִיתֵהוּ בִּשְׁנַת עֶשְׂרִים וָשֶׁבַע לְאָסָא מֶלֶךְ יְהוּדָה וַיִּמְלֹךְ
יא תַּחְתָּיו׃ וַיְהִי בְמָלְכוֹ כְּשִׁבְתּוֹ עַל־כִּסְאוֹ הִכָּה אֶת־כָּל־בֵּית
יב בַּעְשָׁא לֹא־הִשְׁאִיר לוֹ מַשְׁתִּין בְּקִיר וְגֹאֲלָיו וְרֵעֵהוּ׃ וַיַּשְׁמֵד
זִמְרִי אֵת כָּל־בֵּית בַּעְשָׁא כִּדְבַר יְהוָה אֲשֶׁר דִּבֶּר אֶל־בַּעְשָׁא
יג בְּיַד יֵהוּא הַנָּבִיא׃ אֶל כָּל־חַטֹּאות בַּעְשָׁא וְחַטֹּאות אֵלָה בְנוֹ
אֲשֶׁר חָטְאוּ וַאֲשֶׁר הֶחֱטִיאוּ אֶת־יִשְׂרָאֵל לְהַכְעִיס אֶת־יְהוָה
יד אֱלֹהֵי יִשְׂרָאֵל בְּהַבְלֵיהֶם׃ וְיֶתֶר דִּבְרֵי אֵלָה וְכָל־אֲשֶׁר
עָשָׂה הֲלוֹא־הֵם כְּתוּבִים עַל־סֵפֶר דִּבְרֵי הַיָּמִים לְמַלְכֵי
טו יִשְׂרָאֵל׃ בִּשְׁנַת עֶשְׂרִים וָשֶׁבַע שָׁנָה לְאָסָא מֶלֶךְ יד
יְהוּדָה מָלַךְ זִמְרִי שִׁבְעַת יָמִים בְּתִרְצָה וְהָעָם חֹנִים עַל־גִּבְּתוֹן

טז אֲשֶׁר לַפְּלִשְׁתִּים: וַיִּשְׁמַע הָעָם הַחֹנִים לֵאמֹר קָשַׁר זִמְרִי וְגַם
הִכָּה אֶת־הַמֶּלֶךְ וַיַּמְלִכוּ כָל־יִשְׂרָאֵל אֶת־עָמְרִי שַׂר־צָבָא
יז עַל־יִשְׂרָאֵל בַּיּוֹם הַהוּא בַּמַּחֲנֶה: וַיַּעֲלֶה עָמְרִי וְכָל־יִשְׂרָאֵל
יח עִמּוֹ מִגִּבְּתוֹן וַיָּצֻרוּ עַל־תִּרְצָה: וַיְהִי כִּרְאוֹת זִמְרִי כִּי־נִלְכְּדָה
הָעִיר וַיָּבֹא אֶל־אַרְמוֹן בֵּית־הַמֶּלֶךְ וַיִּשְׂרֹף עָלָיו אֶת־בֵּית־
יט מֶלֶךְ בָּאֵשׁ וַיָּמֹת: עַל־חַטֹּאתָיו אֲשֶׁר חָטָא לַעֲשׂוֹת הָרַע בְּעֵינֵי
יְהוָה לָלֶכֶת בְּדֶרֶךְ יָרָבְעָם וּבְחַטָּאתוֹ אֲשֶׁר עָשָׂה לְהַחֲטִיא
כ אֶת־יִשְׂרָאֵל: וְיֶתֶר דִּבְרֵי זִמְרִי וְקִשְׁרוֹ אֲשֶׁר קָשָׁר הֲלֹא־הֵם
כא כְּתוּבִים עַל־סֵפֶר דִּבְרֵי הַיָּמִים לְמַלְכֵי יִשְׂרָאֵל: אָז
יֵחָלֵק הָעָם יִשְׂרָאֵל לַחֵצִי חֲצִי הָעָם הָיָה אַחֲרֵי תִבְנִי
כב בֶן־גִּינַת לְהַמְלִיכוֹ וְהַחֲצִי אַחֲרֵי עָמְרִי: וַיֶּחֱזַק הָעָם אֲשֶׁר
אַחֲרֵי עָמְרִי אֶת־הָעָם אֲשֶׁר אַחֲרֵי תִּבְנִי בֶן־גִּינַת וַיָּמָת
תִּבְנִי וַיִּמְלֹךְ עָמְרִי:
כג בִּשְׁנַת שְׁלֹשִׁים וְאַחַת שָׁנָה לְאָסָא מֶלֶךְ יְהוּדָה מָלַךְ עָמְרִי
כד עַל־יִשְׂרָאֵל שְׁתֵּים עֶשְׂרֵה שָׁנָה בְּתִרְצָה מָלַךְ שֵׁשׁ־שָׁנִים: וַיִּקֶן
אֶת־הָהָר שֹׁמְרוֹן מֵאֶת שֶׁמֶר בְּכִכְּרַיִם כָּסֶף וַיִּבֶן אֶת־הָהָר
וַיִּקְרָא אֶת־שֵׁם הָעִיר אֲשֶׁר בָּנָה עַל שֶׁם־שֶׁמֶר אֲדֹנֵי
כה הָהָר שֹׁמְרוֹן: וַיַּעֲשֶׂה עָמְרִי הָרַע בְּעֵינֵי יְהוָה וַיָּרַע מִכֹּל
כו אֲשֶׁר לְפָנָיו: וַיֵּלֶךְ בְּכָל־דֶּרֶךְ יָרָבְעָם בֶּן־נְבָט וּבְחַטֹּאתָיו וּבְחַטָּאתוֹ
אֲשֶׁר הֶחֱטִיא אֶת־יִשְׂרָאֵל לְהַכְעִיס אֶת־יְהוָה אֱלֹהֵי יִשְׂרָאֵל
כז בְּהַבְלֵיהֶם: וְיֶתֶר דִּבְרֵי עָמְרִי אֲשֶׁר עָשָׂה וּגְבוּרָתוֹ אֲשֶׁר עָשָׂה
הֲלֹא־הֵם כְּתוּבִים עַל־סֵפֶר דִּבְרֵי הַיָּמִים לְמַלְכֵי יִשְׂרָאֵל:
כח וַיִּשְׁכַּב עָמְרִי עִם־אֲבֹתָיו וַיִּקָּבֵר בְּשֹׁמְרוֹן וַיִּמְלֹךְ אַחְאָב בְּנוֹ
כט תַּחְתָּיו: וְאַחְאָב בֶּן־עָמְרִי מָלַךְ עַל־יִשְׂרָאֵל בִּשְׁנַת
שְׁלֹשִׁים וּשְׁמֹנֶה שָׁנָה לְאָסָא מֶלֶךְ יְהוּדָה וַיִּמְלֹךְ אַחְאָב
ל בֶּן־עָמְרִי עַל־יִשְׂרָאֵל בְּשֹׁמְרוֹן עֶשְׂרִים וּשְׁתַּיִם שָׁנָה: וַיַּעַשׂ
לא אַחְאָב בֶּן־עָמְרִי הָרַע בְּעֵינֵי יְהוָה מִכֹּל אֲשֶׁר לְפָנָיו: וַיְהִי

הֲנָקֵל לֶכְתּוֹ בְּחַטֹּאות יָרָבְעָם בֶּן־נְבָט וַיִּקַּח אִשָּׁה אֶת־אִיזֶבֶל
בַּת־אֶתְבַּעַל מֶלֶךְ צִידֹנִים וַיֵּלֶךְ וַיַּעֲבֹד אֶת־הַבַּעַל וַיִּשְׁתַּחוּ לוֹ׃
לב לג וַיָּקֶם מִזְבֵּחַ לַבָּעַל בֵּית הַבַּעַל אֲשֶׁר בָּנָה בְּשֹׁמְרוֹן׃ וַיַּעַשׂ
אַחְאָב אֶת־הָאֲשֵׁרָה וַיּוֹסֶף אַחְאָב לַעֲשׂוֹת לְהַכְעִיס אֶת־יְהוָה
לד אֱלֹהֵי יִשְׂרָאֵל מִכֹּל מַלְכֵי יִשְׂרָאֵל אֲשֶׁר הָיוּ לְפָנָיו׃ בְּיָמָיו בָּנָה
חִיאֵל בֵּית הָאֱלִי אֶת־יְרִיחֹה בַּאֲבִירָם בְּכֹרוֹ יִסְּדָהּ ובשגיב
צְעִירוֹ הִצִּיב דְּלָתֶיהָ כִּדְבַר יְהוָה אֲשֶׁר דִּבֶּר בְּיַד יְהוֹשֻׁעַ בִּן־
יז א נוּן׃ וַיֹּאמֶר אֵלִיָּהוּ הַתִּשְׁבִּי מִתֹּשָׁבֵי גִלְעָד אֶל־
אַחְאָב חַי־יְהוָה אֱלֹהֵי יִשְׂרָאֵל אֲשֶׁר עָמַדְתִּי לְפָנָיו אִם־יִהְיֶה
ב הַשָּׁנִים הָאֵלֶּה טַל וּמָטָר כִּי אִם־לְפִי דְבָרִי׃ וַיְהִי
ג דְבַר־יְהוָה אֵלָיו לֵאמֹר׃ לֵךְ מִזֶּה וּפָנִיתָ לְּךָ קֵדְמָה וְנִסְתַּרְתָּ
ד בְּנַחַל כְּרִית אֲשֶׁר עַל־פְּנֵי הַיַּרְדֵּן׃ וְהָיָה מֵהַנַּחַל תִּשְׁתֶּה וְאֶת־
ה הָעֹרְבִים צִוִּיתִי לְכַלְכֶּלְךָ שָׁם׃ וַיֵּלֶךְ וַיַּעַשׂ כִּדְבַר יְהוָה וַיֵּלֶךְ וַיֵּשֶׁב
ו בְּנַחַל כְּרִית אֲשֶׁר עַל־פְּנֵי הַיַּרְדֵּן׃ וְהָעֹרְבִים מְבִיאִים לוֹ לֶחֶם
ז וּבָשָׂר בַּבֹּקֶר וְלֶחֶם וּבָשָׂר בָּעָרֶב וּמִן־הַנַּחַל יִשְׁתֶּה׃ וַיְהִי מִקֵּץ
ח יָמִים וַיִּיבַשׁ הַנָּחַל כִּי לֹא־הָיָה גֶשֶׁם בָּאָרֶץ׃ וַיְהִי
ט דְבַר־יְהוָה אֵלָיו לֵאמֹר׃ קוּם לֵךְ צָרְפַתָה אֲשֶׁר לְצִידוֹן וְיָשַׁבְתָּ
י שָׁם הִנֵּה צִוִּיתִי שָׁם אִשָּׁה אַלְמָנָה לְכַלְכְּלֶךָ׃ וַיָּקָם ׀ וַיֵּלֶךְ צָרְפַתָה
וַיָּבֹא אֶל־פֶּתַח הָעִיר וְהִנֵּה־שָׁם אִשָּׁה אַלְמָנָה מְקֹשֶׁשֶׁת עֵצִים
וַיִּקְרָא אֵלֶיהָ וַיֹּאמַר קְחִי־נָא לִי מְעַט־מַיִם בַּכְּלִי וְאֶשְׁתֶּה׃
יא וַתֵּלֶךְ לָקַחַת וַיִּקְרָא אֵלֶיהָ וַיֹּאמַר לִקְחִי־נָא לִי פַּת־לֶחֶם בְּיָדֵךְ׃
יב וַתֹּאמֶר חַי־יְהוָה אֱלֹהֶיךָ אִם־יֶשׁ־לִי מָעוֹג כִּי אִם־מְלֹא
כַף־קֶמַח בַּכַּד וּמְעַט־שֶׁמֶן בַּצַּפָּחַת וְהִנְנִי מְקֹשֶׁשֶׁת שְׁנַיִם
יג עֵצִים וּבָאתִי וַעֲשִׂיתִיהוּ לִי וְלִבְנִי וַאֲכַלְנֻהוּ וָמָתְנוּ׃ וַיֹּאמֶר
אֵלֶיהָ אֵלִיָּהוּ אַל־תִּירְאִי בֹּאִי עֲשִׂי כִדְבָרֵךְ אַךְ עֲשִׂי־לִי
מִשָּׁם עֻגָה קְטַנָּה בָרִאשֹׁנָה וְהוֹצֵאתְ לִי וְלָךְ וְלִבְנֵךְ תַּעֲשִׂי
יד בָּאַחֲרֹנָה׃ כִּי כֹה אָמַר יְהוָה אֱלֹהֵי יִשְׂרָאֵל כַּד

הקללה על בונה ידיחו
יהושע ו, כו

וּבִשְׂגוּב

הַקֶּמַח לֹא תִכְלָה וְצַפַּחַת הַשֶּׁמֶן לֹא תֶחְסָר עַד יוֹם תתן־יְהוָה תֵּת־
טו גֶּשֶׁם עַל־פְּנֵי הָאֲדָמָה: וַתֵּלֶךְ וַתַּעֲשֶׂה כִּדְבַר אֵלִיָּהוּ וַתֹּאכַל
טז הוא־והיא וּבֵיתָהּ יָמִים: כַּד הַקֶּמַח לֹא כָלָתָה וְצַפַּחַת הַשֶּׁמֶן הִיא־וָהוּא
יז לֹא חָסֵר כִּדְבַר יְהוָה אֲשֶׁר דִּבֶּר בְּיַד אֵלִיָּהוּ: וַיְהִי
אַחַר הַדְּבָרִים הָאֵלֶּה חָלָה בֶּן־הָאִשָּׁה בַּעֲלַת הַבָּיִת וַיְהִי חָלְיוֹ
יח חָזָק מְאֹד עַד אֲשֶׁר לֹא־נוֹתְרָה־בּוֹ נְשָׁמָה: וַתֹּאמֶר אֶל־אֵלִיָּהוּ
מַה־לִּי וָלָךְ אִישׁ הָאֱלֹהִים בָּאתָ אֵלַי לְהַזְכִּיר אֶת־עֲוֺנִי
יט וּלְהָמִית אֶת־בְּנִי: וַיֹּאמֶר אֵלֶיהָ תְּנִי־לִי אֶת־בְּנֵךְ וַיִּקָּחֵהוּ
מֵחֵיקָהּ וַיַּעֲלֵהוּ אֶל־הָעֲלִיָּה אֲשֶׁר־הוּא יֹשֵׁב שָׁם וַיַּשְׁכִּבֵהוּ עַל־
כ מִטָּתוֹ: וַיִּקְרָא אֶל־יְהוָה וַיֹּאמַר יְהוָה אֱלֹהָי הֲגַם עַל־הָאַלְמָנָה
כא אֲשֶׁר־אֲנִי מִתְגּוֹרֵר עִמָּהּ הֲרֵעוֹתָ לְהָמִית אֶת־בְּנָהּ: וַיִּתְמֹדֵד
עַל־הַיֶּלֶד שָׁלֹשׁ פְּעָמִים וַיִּקְרָא אֶל־יְהוָה וַיֹּאמַר יְהוָה אֱלֹהָי
כב תָּשָׁב־נָא נֶפֶשׁ־הַיֶּלֶד הַזֶּה עַל־קִרְבּוֹ: וַיִּשְׁמַע יְהוָה בְּקוֹל
כג אֵלִיָּהוּ וַתָּשָׁב נֶפֶשׁ־הַיֶּלֶד עַל־קִרְבּוֹ וַיֶּחִי: וַיִּקַּח אֵלִיָּהוּ אֶת־
הַיֶּלֶד וַיֹּרִדֵהוּ מִן־הָעֲלִיָּה הַבַּיְתָה וַיִּתְּנֵהוּ לְאִמּוֹ וַיֹּאמֶר אֵלִיָּהוּ
כד רְאִי חַי בְּנֵךְ: וַתֹּאמֶר הָאִשָּׁה אֶל־אֵלִיָּהוּ עַתָּה זֶה יָדַעְתִּי כִּי טו
יח א אִישׁ אֱלֹהִים אָתָּה וּדְבַר־יְהוָה בְּפִיךָ אֱמֶת: וַיְהִי
יָמִים רַבִּים וּדְבַר־יְהוָה הָיָה אֶל־אֵלִיָּהוּ בַּשָּׁנָה הַשְּׁלִישִׁית
לֵאמֹר לֵךְ הֵרָאֵה אֶל־אַחְאָב וְאֶתְּנָה מָטָר עַל־פְּנֵי הָאֲדָמָה:
ב ג וַיֵּלֶךְ אֵלִיָּהוּ לְהֵרָאוֹת אֶל־אַחְאָב וְהָרָעָב חָזָק בְּשֹׁמְרוֹן: וַיִּקְרָא
אַחְאָב אֶל־עֹבַדְיָהוּ אֲשֶׁר עַל־הַבָּיִת וְעֹבַדְיָהוּ הָיָה יָרֵא אֶת־
ד יְהוָה מְאֹד: וַיְהִי בְּהַכְרִית אִיזֶבֶל אֵת נְבִיאֵי יְהוָה וַיִּקַּח
עֹבַדְיָהוּ מֵאָה נְבִאִים וַיַּחְבִּיאֵם חֲמִשִּׁים אִישׁ בַּמְּעָרָה וְכִלְכְּלָם
ה לֶחֶם וָמָיִם: וַיֹּאמֶר אַחְאָב אֶל־עֹבַדְיָהוּ לֵךְ בָּאָרֶץ אֶל־כָּל־
מַעְיְנֵי הַמַּיִם וְאֶל כָּל־הַנְּחָלִים אוּלַי | נִמְצָא חָצִיר וּנְחַיֶּה סוּס
ו וָפֶרֶד וְלוֹא נַכְרִית מֵהַבְּהֵמָה: וַיְחַלְּקוּ לָהֶם אֶת־הָאָרֶץ לַעֲבָר־
בָּהּ אַחְאָב הָלַךְ בְּדֶרֶךְ אֶחָד לְבַדּוֹ וְעֹבַדְיָהוּ הָלַךְ בְּדֶרֶךְ־אֶחָד

ז לְבַדּוֹ׃ וַיְהִי עֹבַדְיָהוּ בַּדֶּרֶךְ וְהִנֵּה אֵלִיָּהוּ לִקְרָאתוֹ וַיַּכִּרֵהוּ וַיִּפֹּל
ח עַל־פָּנָיו וַיֹּאמֶר הַאַתָּה זֶה אֲדֹנִי אֵלִיָּהוּ׃ וַיֹּאמֶר לוֹ אָנִי לֵךְ
ט אֱמֹר לַאדֹנֶיךָ הִנֵּה אֵלִיָּהוּ׃ וַיֹּאמֶר מֶה חָטָאתִי כִּי־אַתָּה נֹתֵן
י אֶת־עַבְדְּךָ בְּיַד־אַחְאָב לַהֲמִיתֵנִי׃ חַי ׀ יְהוָה אֱלֹהֶיךָ אִם־יֶשׁ־
גּוֹי וּמַמְלָכָה אֲשֶׁר לֹא־שָׁלַח אֲדֹנִי שָׁם לְבַקֶּשְׁךָ וְאָמְרוּ אָיִן
יא וְהִשְׁבִּיעַ אֶת־הַמַּמְלָכָה וְאֶת־הַגּוֹי כִּי לֹא יִמְצָאֶכָּה׃ וְעַתָּה
יב אַתָּה אֹמֵר לֵךְ אֱמֹר לַאדֹנֶיךָ הִנֵּה אֵלִיָּהוּ׃ וְהָיָה אֲנִי ׀ אֵלֵךְ
מֵאִתָּךְ וְרוּחַ יְהוָה ׀ יִשָּׂאֲךָ עַל אֲשֶׁר לֹא־אֵדָע וּבָאתִי לְהַגִּיד
לְאַחְאָב וְלֹא יִמְצָאֲךָ וַהֲרָגָנִי וְעַבְדְּךָ יָרֵא אֶת־יְהוָה מִנְּעֻרָי׃
יג הֲלֹא־הֻגַּד לַאדֹנִי אֵת אֲשֶׁר־עָשִׂיתִי בַּהֲרֹג אִיזֶבֶל אֵת נְבִיאֵי
יְהוָה וָאַחְבִּא מִנְּבִיאֵי יְהוָה מֵאָה אִישׁ חֲמִשִּׁים חֲמִשִּׁים אִישׁ
יד בַּמְּעָרָה וָאֲכַלְכְּלֵם לֶחֶם וָמָיִם׃ וְעַתָּה אַתָּה אֹמֵר לֵךְ אֱמֹר
טו לַאדֹנֶיךָ הִנֵּה אֵלִיָּהוּ וַהֲרָגָנִי׃ וַיֹּאמֶר אֵלִיָּהוּ חַי יְהוָה צְבָאוֹת
טז אֲשֶׁר עָמַדְתִּי לְפָנָיו כִּי הַיּוֹם אֵרָאֶה אֵלָיו׃ וַיֵּלֶךְ עֹבַדְיָהוּ
יז לִקְרַאת אַחְאָב וַיַּגֶּד־לוֹ וַיֵּלֶךְ אַחְאָב לִקְרַאת אֵלִיָּהוּ׃ וַיְהִי
כִּרְאוֹת אַחְאָב אֶת־אֵלִיָּהוּ וַיֹּאמֶר אַחְאָב אֵלָיו הַאַתָּה זֶה עֹכֵר
יח יִשְׂרָאֵל׃ וַיֹּאמֶר לֹא עָכַרְתִּי אֶת־יִשְׂרָאֵל כִּי אִם־אַתָּה וּבֵית
יט אָבִיךָ בַּעֲזָבְכֶם אֶת־מִצְוֺת יְהוָה וַתֵּלֶךְ אַחֲרֵי הַבְּעָלִים׃ וְעַתָּה
שְׁלַח קְבֹץ אֵלַי אֶת־כָּל־יִשְׂרָאֵל אֶל־הַר הַכַּרְמֶל וְאֶת־נְבִיאֵי
הַבַּעַל אַרְבַּע מֵאוֹת וַחֲמִשִּׁים וּנְבִיאֵי הָאֲשֵׁרָה אַרְבַּע מֵאוֹת
כ אֹכְלֵי שֻׁלְחַן אִיזָבֶל׃ וַיִּשְׁלַח אַחְאָב בְּכָל־בְּנֵי יִשְׂרָאֵל וַיִּקְבֹּץ
כא אֶת־הַנְּבִיאִים אֶל־הַר הַכַּרְמֶל׃ וַיִּגַּשׁ אֵלִיָּהוּ אֶל־כָּל־הָעָם
וַיֹּאמֶר עַד־מָתַי אַתֶּם פֹּסְחִים עַל־שְׁתֵּי הַסְּעִפִּים אִם־יְהוָה
הָאֱלֹהִים לְכוּ אַחֲרָיו וְאִם־הַבַּעַל לְכוּ אַחֲרָיו וְלֹא־עָנוּ הָעָם
כב אֹתוֹ דָּבָר׃ וַיֹּאמֶר אֵלִיָּהוּ אֶל־הָעָם אֲנִי נוֹתַרְתִּי נָבִיא לַיהוָה
כג לְבַדִּי וּנְבִיאֵי הַבַּעַל אַרְבַּע־מֵאוֹת וַחֲמִשִּׁים אִישׁ׃ וְיִתְּנוּ־לָנוּ
שְׁנַיִם פָּרִים וְיִבְחֲרוּ לָהֶם הַפָּר הָאֶחָד וִינַתְּחֻהוּ וְיָשִׂימוּ עַל־

הָֽעֵצִים וְאֵשׁ לֹא יָשִׂימוּ וַאֲנִי אֶעֱשֶׂה ׀ אֶת־הַפָּר הָאֶחָד וְנָתַתִּי
כד עַל־הָעֵצִים וְאֵשׁ לֹא אָשִׂים: וּקְרָאתֶם בְּשֵׁם אֱלֹהֵיכֶם וַאֲנִי
אֶקְרָא בְשֵׁם־יְהוָה וְהָיָה הָאֱלֹהִים אֲשֶׁר־יַעֲנֶה בָאֵשׁ הוּא
כה הָאֱלֹהִים וַיַּעַן כָּל־הָעָם וַיֹּאמְרוּ טוֹב הַדָּבָר: וַיֹּאמֶר אֵלִיָּהוּ
לִנְבִיאֵי הַבַּעַל בַּחֲרוּ לָכֶם הַפָּר הָאֶחָד וַעֲשׂוּ רִאשֹׁנָה כִּי אַתֶּם
כו הָרַבִּים וְקִרְאוּ בְּשֵׁם אֱלֹהֵיכֶם וְאֵשׁ לֹא תָשִׂימוּ: וַיִּקְחוּ אֶת־
הַפָּר אֲשֶׁר־נָתַן לָהֶם וַיַּעֲשׂוּ וַיִּקְרְאוּ בְשֵׁם־הַבַּעַל מֵהַבֹּקֶר
וְעַד־הַצָּהֳרַיִם לֵאמֹר הַבַּעַל עֲנֵנוּ וְאֵין קוֹל וְאֵין עֹנֶה וַיְפַסְּחוּ
כז עַל־הַמִּזְבֵּחַ אֲשֶׁר עָשָׂה: וַיְהִי בַצָּהֳרַיִם וַיְהַתֵּל בָּהֶם אֵלִיָּהוּ
וַיֹּאמֶר קִרְאוּ בְקוֹל־גָּדוֹל כִּי־אֱלֹהִים הוּא כִּי שִׂיחַ וְכִי־שִׂיג לוֹ
כח וְכִי־דֶרֶךְ לוֹ אוּלַי יָשֵׁן הוּא וְיִקָץ: וַיִּקְרְאוּ בְּקוֹל גָּדוֹל וַיִּתְגֹּדְדוּ
כט כְּמִשְׁפָּטָם בַּחֲרָבוֹת וּבָרְמָחִים עַד־שְׁפָךְ־דָּם עֲלֵיהֶם: וַיְהִי
כַּעֲבֹר הַצָּהֳרַיִם וַיִּתְנַבְּאוּ עַד לַעֲלוֹת הַמִּנְחָה וְאֵין־קוֹל וְאֵין־
ל עֹנֶה וְאֵין קָשֶׁב: וַיֹּאמֶר אֵלִיָּהוּ לְכָל־הָעָם גְּשׁוּ אֵלַי וַיִּגְּשׁוּ כָל־
לא הָעָם אֵלָיו וַיְרַפֵּא אֶת־מִזְבַּח יְהוָה הֶהָרוּס: וַיִּקַּח אֵלִיָּהוּ שְׁתֵּים
עֶשְׂרֵה אֲבָנִים כְּמִסְפַּר שִׁבְטֵי בְנֵי־יַעֲקֹב אֲשֶׁר הָיָה דְבַר־יְהוָה
לב אֵלָיו לֵאמֹר יִשְׂרָאֵל יִהְיֶה שְׁמֶךָ: וַיִּבְנֶה אֶת־הָאֲבָנִים מִזְבֵּחַ
בְּשֵׁם יְהוָה וַיַּעַשׂ תְּעָלָה כְּבֵית סָאתַיִם זֶרַע סָבִיב לַמִּזְבֵּחַ:
לג לד וַיַּעֲרֹךְ אֶת־הָעֵצִים וַיְנַתַּח אֶת־הַפָּר וַיָּשֶׂם עַל־הָעֵצִים: וַיֹּאמֶר
מִלְאוּ אַרְבָּעָה כַדִּים מַיִם וְיִצְקוּ עַל־הָעֹלָה וְעַל־הָעֵצִים וַיֹּאמֶר
לה שְׁנוּ וַיִּשְׁנוּ וַיֹּאמֶר שַׁלֵּשׁוּ וַיְשַׁלֵּשׁוּ: וַיֵּלְכוּ הַמַּיִם סָבִיב לַמִּזְבֵּחַ
לו וְגַם אֶת־הַתְּעָלָה מִלֵּא־מָיִם: וַיְהִי ׀ בַּעֲלוֹת הַמִּנְחָה וַיִּגַּשׁ
אֵלִיָּהוּ הַנָּבִיא וַיֹּאמַר יְהוָה אֱלֹהֵי אַבְרָהָם יִצְחָק וְיִשְׂרָאֵל הַיּוֹם
יִוָּדַע כִּי־אַתָּה אֱלֹהִים בְּיִשְׂרָאֵל וַאֲנִי עַבְדֶּךָ ובדבריך עָשִׂיתִי וּבִדְבָרְךָ
לז אֵת כָּל־הַדְּבָרִים הָאֵלֶּה: עֲנֵנִי יְהוָה עֲנֵנִי וְיֵדְעוּ הָעָם הַזֶּה כִּי־
לח אַתָּה יְהוָה הָאֱלֹהִים וְאַתָּה הֲסִבֹּתָ אֶת־לִבָּם אֲחֹרַנִּית: וַתִּפֹּל
אֵשׁ־יְהוָה וַתֹּאכַל אֶת־הָעֹלָה וְאֶת־הָעֵצִים וְאֶת־הָאֲבָנִים

לט וְאֶת־הֶעָפָר וְאֶת־הַמַּיִם אֲשֶׁר־בַּתְּעָלָה לִחֵכָה׃ וַיַּרְא כָּל־
הָעָם וַיִּפְּלוּ עַל־פְּנֵיהֶם וַיֹּאמְרוּ יהוה הוּא הָאֱלֹהִים יהוה הוּא
מ הָאֱלֹהִים׃ וַיֹּאמֶר אֵלִיָּהוּ לָהֶם תִּפְשׂוּ ׀ אֶת־נְבִיאֵי הַבַּעַל אִישׁ
אַל־יִמָּלֵט מֵהֶם וַיִּתְפְּשׂוּם וַיּוֹרִדֵם אֵלִיָּהוּ אֶל־נַחַל קִישׁוֹן
מא וַיִּשְׁחָטֵם שָׁם׃ וַיֹּאמֶר אֵלִיָּהוּ לְאַחְאָב עֲלֵה אֱכֹל וּשְׁתֵה כִּי־
מב קוֹל הֲמוֹן הַגָּשֶׁם׃ וַיַּעֲלֶה אַחְאָב לֶאֱכֹל וְלִשְׁתּוֹת וְאֵלִיָּהוּ עָלָה
מג אֶל־רֹאשׁ הַכַּרְמֶל וַיִּגְהַר אַרְצָה וַיָּשֶׂם פָּנָיו בֵּין בִּרְכָּו׃ וַיֹּאמֶר
אֶל־נַעֲרוֹ עֲלֵה־נָא הַבֵּט דֶּרֶךְ־יָם וַיַּעַל וַיַּבֵּט וַיֹּאמֶר אֵין
מד מְאוּמָה וַיֹּאמֶר שֻׁב שֶׁבַע פְּעָמִים׃ וַיְהִי בַּשְּׁבִעִית וַיֹּאמֶר הִנֵּה־
עָב קְטַנָּה כְּכַף־אִישׁ עֹלָה מִיָּם וַיֹּאמֶר עֲלֵה אֱמֹר אֶל־אַחְאָב
מה אֱסֹר וָרֵד וְלֹא יַעַצָרְכָה הַגָּשֶׁם׃ וַיְהִי ׀ עַד־כֹּה וְעַד־כֹּה וְהַשָּׁמַיִם
הִתְקַדְּרוּ עָבִים וְרוּחַ וַיְהִי גֶּשֶׁם גָּדוֹל וַיִּרְכַּב אַחְאָב וַיֵּלֶךְ
מו יִזְרְעֶאלָה׃ וְיַד־יהוה הָיְתָה אֶל־אֵלִיָּהוּ וַיְשַׁנֵּס
יט א מָתְנָיו וַיָּרָץ לִפְנֵי אַחְאָב עַד־בֹּאֲכָה יִזְרְעֶאלָה׃ וַיַּגֵּד אַחְאָב
לְאִיזֶבֶל אֵת כָּל־אֲשֶׁר עָשָׂה אֵלִיָּהוּ וְאֵת כָּל־אֲשֶׁר הָרַג אֶת־
ב כָּל־הַנְּבִיאִים בֶּחָרֶב׃ וַתִּשְׁלַח אִיזֶבֶל מַלְאָךְ אֶל־אֵלִיָּהוּ לֵאמֹר
כֹּה־יַעֲשׂוּן אֱלֹהִים וְכֹה יוֹסִפוּן כִּי־כָעֵת מָחָר אָשִׂים אֶת־נַפְשְׁךָ
ג כְּנֶפֶשׁ אַחַד מֵהֶם׃ וַיַּרְא וַיָּקָם וַיֵּלֶךְ אֶל־נַפְשׁוֹ וַיָּבֹא בְּאֵר שֶׁבַע
ד אֲשֶׁר לִיהוּדָה וַיַּנַּח אֶת־נַעֲרוֹ שָׁם׃ וְהוּא־הָלַךְ בַּמִּדְבָּר דֶּרֶךְ יוֹם
וַיָּבֹא וַיֵּשֶׁב תַּחַת רֹתֶם אחת וַיִּשְׁאַל אֶת־נַפְשׁוֹ לָמוּת וַיֹּאמֶר ׀ אֶחָד
ה רַב עַתָּה יהוה קַח נַפְשִׁי כִּי־לֹא־טוֹב אָנֹכִי מֵאֲבֹתָי׃ וַיִּשְׁכַּב
וַיִּישַׁן תַּחַת רֹתֶם אֶחָד וְהִנֵּה־זֶה מַלְאָךְ נֹגֵעַ בּוֹ וַיֹּאמֶר לוֹ קוּם
ו אֱכוֹל׃ וַיַּבֵּט וְהִנֵּה מְרַאֲשֹׁתָיו עֻגַת רְצָפִים וְצַפַּחַת מָיִם וַיֹּאכַל
ז וַיֵּשְׁתְּ וַיָּשָׁב וַיִּשְׁכָּב׃ וַיָּשָׁב מַלְאַךְ יהוה ׀ שֵׁנִית וַיִּגַּע־בּוֹ וַיֹּאמֶר
ח קוּם אֱכֹל כִּי רַב מִמְּךָ הַדָּרֶךְ׃ וַיָּקָם וַיֹּאכַל וַיִּשְׁתֶּה וַיֵּלֶךְ
בְּכֹחַ ׀ הָאֲכִילָה הַהִיא אַרְבָּעִים יוֹם וְאַרְבָּעִים לַיְלָה עַד הַר
ט הָאֱלֹהִים חֹרֵב׃ וַיָּבֹא־שָׁם אֶל־הַמְּעָרָה וַיָּלֶן שָׁם וְהִנֵּה דְבַר־

י יְהוָה אֵלָיו וַיֹּאמֶר לוֹ מַה־לְּךָ פֹה אֵלִיָּהוּ: וַיֹּאמֶר קַנֹּא קִנֵּאתִי
לַיהוָה ׀ אֱלֹהֵי צְבָאוֹת כִּי־עָזְבוּ בְרִיתְךָ בְּנֵי יִשְׂרָאֵל אֶת־
מִזְבְּחֹתֶיךָ הָרָסוּ וְאֶת־נְבִיאֶיךָ הָרְגוּ בֶחָרֶב וָאִוָּתֵר אֲנִי לְבַדִּי
יא וַיְבַקְשׁוּ אֶת־נַפְשִׁי לְקַחְתָּהּ: וַיֹּאמֶר צֵא וְעָמַדְתָּ בָהָר לִפְנֵי
יְהוָה וְהִנֵּה יְהוָה עֹבֵר וְרוּחַ גְּדוֹלָה וְחָזָק מְפָרֵק הָרִים וּמְשַׁבֵּר
סְלָעִים לִפְנֵי יְהוָה לֹא בָרוּחַ יְהוָה וְאַחַר הָרוּחַ רַעַשׁ לֹא בָרַעַשׁ
יב יְהוָה: וְאַחַר הָרַעַשׁ אֵשׁ לֹא בָאֵשׁ יְהוָה וְאַחַר הָאֵשׁ קוֹל
יג דְּמָמָה דַקָּה: וַיְהִי ׀ כִּשְׁמֹעַ אֵלִיָּהוּ וַיָּלֶט פָּנָיו בְּאַדַּרְתּוֹ
וַיֵּצֵא וַיַּעֲמֹד פֶּתַח הַמְּעָרָה וְהִנֵּה אֵלָיו קוֹל וַיֹּאמֶר מַה־לְּךָ
יד פֹה אֵלִיָּהוּ: וַיֹּאמֶר קַנֹּא קִנֵּאתִי לַיהוָה ׀ אֱלֹהֵי צְבָאוֹת
כִּי־עָזְבוּ בְרִיתְךָ בְּנֵי יִשְׂרָאֵל אֶת־מִזְבְּחֹתֶיךָ הָרָסוּ וְאֶת־
נְבִיאֶיךָ הָרְגוּ בֶחָרֶב וָאִוָּתֵר אֲנִי לְבַדִּי וַיְבַקְשׁוּ אֶת־נַפְשִׁי
טו לְקַחְתָּהּ: וַיֹּאמֶר יְהוָה אֵלָיו לֵךְ שׁוּב לְדַרְכְּךָ
מִדְבַּרָה דַמָּשֶׂק וּבָאתָ וּמָשַׁחְתָּ אֶת־חֲזָאֵל לְמֶלֶךְ עַל־אֲרָם:
טז וְאֵת יֵהוּא בֶן־נִמְשִׁי תִּמְשַׁח לְמֶלֶךְ עַל־יִשְׂרָאֵל וְאֶת־אֱלִישָׁע
יז בֶּן־שָׁפָט מֵאָבֵל מְחוֹלָה תִּמְשַׁח לְנָבִיא תַּחְתֶּיךָ: וְהָיָה הַנִּמְלָט
מֵחֶרֶב חֲזָאֵל יָמִית יֵהוּא וְהַנִּמְלָט מֵחֶרֶב יֵהוּא יָמִית אֱלִישָׁע:
יח וְהִשְׁאַרְתִּי בְיִשְׂרָאֵל שִׁבְעַת אֲלָפִים כָּל־הַבִּרְכַּיִם אֲשֶׁר לֹא־
יט כָרְעוּ לַבַּעַל וְכָל־הַפֶּה אֲשֶׁר לֹא־נָשַׁק לוֹ: וַיֵּלֶךְ מִשָּׁם וַיִּמְצָא
אֶת־אֱלִישָׁע בֶּן־שָׁפָט וְהוּא חֹרֵשׁ שְׁנֵים־עָשָׂר צְמָדִים לְפָנָיו
וְהוּא בִּשְׁנֵים הֶעָשָׂר וַיַּעֲבֹר אֵלִיָּהוּ אֵלָיו וַיַּשְׁלֵךְ אַדַּרְתּוֹ אֵלָיו:
כ וַיַּעֲזֹב אֶת־הַבָּקָר וַיָּרָץ אַחֲרֵי אֵלִיָּהוּ וַיֹּאמֶר אֶשְּׁקָה־נָּא לְאָבִי
וּלְאִמִּי וְאֵלְכָה אַחֲרֶיךָ וַיֹּאמֶר לוֹ לֵךְ שׁוּב כִּי מֶה־עָשִׂיתִי לָךְ:
כא וַיָּשָׁב מֵאַחֲרָיו וַיִּקַּח אֶת־צֶמֶד הַבָּקָר וַיִּזְבָּחֵהוּ וּבִכְלִי הַבָּקָר
בִּשְּׁלָם הַבָּשָׂר וַיִּתֵּן לָעָם וַיֹּאכֵלוּ וַיָּקָם וַיֵּלֶךְ אַחֲרֵי אֵלִיָּהוּ
כ א וַיְשָׁרְתֵהוּ: וּבֶן־הֲדַד מֶלֶךְ־אֲרָם קָבַץ אֶת־כָּל־
חֵילוֹ וּשְׁלֹשִׁים וּשְׁנַיִם מֶלֶךְ אִתּוֹ וְסוּס וָרָכֶב וַיַּעַל וַיָּצַר עַל־

כ
ב שֹׁמְרוֹן וַיִּלָּחֶם בָּהּ: וַיִּשְׁלַח מַלְאָכִים אֶל־אַחְאָב מֶלֶךְ־יִשְׂרָאֵל
ג הָעִירָה: וַיֹּאמֶר לוֹ כֹּה אָמַר בֶּן־הֲדַד כַּסְפְּךָ וּזְהָבְךָ לִי־הוּא
ד וְנָשֶׁיךָ וּבָנֶיךָ הַטּוֹבִים לִי־הֵם: וַיַּעַן מֶלֶךְ־יִשְׂרָאֵל וַיֹּאמֶר
ה כִּדְבָרְךָ אֲדֹנִי הַמֶּלֶךְ לְךָ אֲנִי וְכָל־אֲשֶׁר־לִי: וַיָּשֻׁבוּ הַמַּלְאָכִים
וַיֹּאמְרוּ כֹּה־אָמַר בֶּן־הֲדַד לֵאמֹר כִּי־שָׁלַחְתִּי אֵלֶיךָ לֵאמֹר
ו כַּסְפְּךָ וּזְהָבְךָ וְנָשֶׁיךָ וּבָנֶיךָ לִי תִתֵּן: כִּי ׀ אִם־כָּעֵת מָחָר אֶשְׁלַח
אֶת־עֲבָדַי אֵלֶיךָ וְחִפְּשׂוּ אֶת־בֵּיתְךָ וְאֵת בָּתֵּי עֲבָדֶיךָ וְהָיָה
ז כָּל־מַחְמַד עֵינֶיךָ יָשִׂימוּ בְיָדָם וְלָקָחוּ: וַיִּקְרָא מֶלֶךְ־יִשְׂרָאֵל
לְכָל־זִקְנֵי הָאָרֶץ וַיֹּאמֶר דְּעוּ־נָא וּרְאוּ כִּי רָעָה זֶה מְבַקֵּשׁ כִּי־
שָׁלַח אֵלַי לְנָשַׁי וּלְבָנַי וּלְכַסְפִּי וְלִזְהָבִי וְלֹא מָנַעְתִּי מִמֶּנּוּ:
ח וַיֹּאמְרוּ אֵלָיו כָּל־הַזְּקֵנִים וְכָל־הָעָם אַל־תִּשְׁמַע וְלוֹא תֹאבֶה:
וַיֹּאמֶר לְמַלְאֲכֵי בֶן־הֲדַד אִמְרוּ לַאדֹנִי הַמֶּלֶךְ כֹּל אֲשֶׁר־שָׁלַחְתָּ
אֶל־עַבְדְּךָ בָרִאשֹׁנָה אֶעֱשֶׂה וְהַדָּבָר הַזֶּה לֹא אוּכַל לַעֲשׂוֹת
י וַיֵּלְכוּ הַמַּלְאָכִים וַיְשִׁבֻהוּ דָּבָר: וַיִּשְׁלַח אֵלָיו בֶּן־הֲדַד וַיֹּאמֶר
כֹּה־יַעֲשׂוּן לִי אֱלֹהִים וְכֹה יוֹסִפוּ אִם־יִשְׂפֹּק עֲפַר שֹׁמְרוֹן
יא לִשְׁעָלִים לְכָל־הָעָם אֲשֶׁר בְּרַגְלָי: וַיַּעַן מֶלֶךְ־יִשְׂרָאֵל וַיֹּאמֶר
יב דַּבְּרוּ אַל־יִתְהַלֵּל חֹגֵר כִּמְפַתֵּחַ: וַיְהִי כִּשְׁמֹעַ אֶת־הַדָּבָר הַזֶּה
וְהוּא שֹׁתֶה הוּא וְהַמְּלָכִים בַּסֻּכּוֹת וַיֹּאמֶר אֶל־עֲבָדָיו שִׂימוּ
יג וַיָּשִׂימוּ עַל־הָעִיר: וְהִנֵּה ׀ נָבִיא אֶחָד נִגַּשׁ אֶל־אַחְאָב מֶלֶךְ־ יז
יִשְׂרָאֵל וַיֹּאמֶר כֹּה אָמַר יְהוָה הֲרָאִיתָ אֵת כָּל־הֶהָמוֹן הַגָּדוֹל
יד הַזֶּה הִנְנִי נֹתְנוֹ בְיָדְךָ הַיּוֹם וְיָדַעְתָּ כִּי־אֲנִי יְהוָה: וַיֹּאמֶר אַחְאָב
בְּמִי וַיֹּאמֶר כֹּה־אָמַר יְהוָה בְּנַעֲרֵי שָׂרֵי הַמְּדִינוֹת וַיֹּאמֶר מִי־
טו יֶאְסֹר הַמִּלְחָמָה וַיֹּאמֶר אָתָּה: וַיִּפְקֹד אֶת־נַעֲרֵי שָׂרֵי הַמְּדִינוֹת
וַיִּהְיוּ מָאתַיִם שְׁנַיִם וּשְׁלֹשִׁים וְאַחֲרֵיהֶם פָּקַד אֶת־כָּל־הָעָם
טז כָּל־בְּנֵי יִשְׂרָאֵל שִׁבְעַת אֲלָפִים: וַיֵּצְאוּ בַּצָּהֳרָיִם וּבֶן־הֲדַד
שֹׁתֶה שִׁכּוֹר בַּסֻּכּוֹת הוּא וְהַמְּלָכִים שְׁלֹשִׁים־וּשְׁנַיִם מֶלֶךְ עֹזֵר
יז אֹתוֹ: וַיֵּצְאוּ נַעֲרֵי שָׂרֵי הַמְּדִינוֹת בָּרִאשֹׁנָה וַיִּשְׁלַח בֶּן־הֲדַד

יח וַיַּגִּידוּ לוֹ לֵאמֹר אֲנָשִׁים יָצְאוּ מִשֹּׁמְרוֹן: וַיֹּאמֶר אִם־לְשָׁלוֹם
יט יָצְאוּ תִּפְשׂוּם חַיִּים וְאִם לְמִלְחָמָה יָצְאוּ חַיִּים תִּפְשׂוּם: וְאֵלֶּה
יָצְאוּ מִן־הָעִיר נַעֲרֵי שָׂרֵי הַמְּדִינוֹת וְהַחַיִל אֲשֶׁר אַחֲרֵיהֶם:
כ וַיַּכּוּ אִישׁ אִישׁוֹ וַיָּנֻסוּ אֲרָם וַיִּרְדְּפֵם יִשְׂרָאֵל וַיִּמָּלֵט בֶּן־הֲדַד
כא מֶלֶךְ אֲרָם עַל־סוּס וּפָרָשִׁים: וַיֵּצֵא מֶלֶךְ יִשְׂרָאֵל וַיַּךְ אֶת־
כב הַסּוּס וְאֶת־הָרֶכֶב וְהִכָּה בַאֲרָם מַכָּה גְדוֹלָה: וַיִּגַּשׁ הַנָּבִיא אֶל־
מֶלֶךְ יִשְׂרָאֵל וַיֹּאמֶר לוֹ לֵךְ הִתְחַזַּק וְדַע וּרְאֵה אֵת אֲשֶׁר־
תַּעֲשֶׂה כִּי לִתְשׁוּבַת הַשָּׁנָה מֶלֶךְ אֲרָם עֹלֶה עָלֶיךָ:
כג וְעַבְדֵי מֶלֶךְ־אֲרָם אָמְרוּ אֵלָיו אֱלֹהֵי הָרִים אֱלֹהֵיהֶם עַל־כֵּן
חָזְקוּ מִמֶּנּוּ וְאוּלָם נִלָּחֵם אִתָּם בַּמִּישׁוֹר אִם־לֹא נֶחֱזַק מֵהֶם:
כד וְאֶת־הַדָּבָר הַזֶּה עֲשֵׂה הָסֵר הַמְּלָכִים אִישׁ מִמְּקֹמוֹ וְשִׂים
כה פַּחוֹת תַּחְתֵּיהֶם: וְאַתָּה תִמְנֶה־לְךָ ׀ חַיִל כַּחַיִל הַנֹּפֵל מֵאוֹתָךְ
וְסוּס כַּסּוּס ׀ וְרֶכֶב כָּרֶכֶב וְנִלָּחֲמָה אוֹתָם בַּמִּישׁוֹר אִם־לֹא נֶחֱזַק
כו מֵהֶם וַיִּשְׁמַע לְקֹלָם וַיַּעַשׂ כֵּן: וַיְהִי לִתְשׁוּבַת
הַשָּׁנָה וַיִּפְקֹד בֶּן־הֲדַד אֶת־אֲרָם וַיַּעַל אֲפֵקָה לַמִּלְחָמָה עִם־
כז יִשְׂרָאֵל: וּבְנֵי יִשְׂרָאֵל הָתְפָּקְדוּ וְכָלְכְּלוּ וַיֵּלְכוּ לִקְרָאתָם וַיַּחֲנוּ
בְנֵי־יִשְׂרָאֵל נֶגְדָּם כִּשְׁנֵי חֲשִׂפֵי עִזִּים וַאֲרָם מִלְאוּ אֶת־הָאָרֶץ:
כח וַיִּגַּשׁ אִישׁ הָאֱלֹהִים וַיֹּאמֶר אֶל־מֶלֶךְ יִשְׂרָאֵל וַיֹּאמֶר כֹּה־אָמַר
יהוה יַעַן אֲשֶׁר אָמְרוּ אֲרָם אֱלֹהֵי הָרִים יהוה וְלֹא־אֱלֹהֵי
עֲמָקִים הוּא וְנָתַתִּי אֶת־כָּל־הֶהָמוֹן הַגָּדוֹל הַזֶּה בְּיָדֶךָ וִידַעְתֶּם
כט כִּי־אֲנִי יהוה: וַיַּחֲנוּ אֵלֶּה נֹכַח־אֵלֶּה שִׁבְעַת יָמִים וַיְהִי ׀ בַּיּוֹם
הַשְּׁבִיעִי וַתִּקְרַב הַמִּלְחָמָה וַיַּכּוּ בְנֵי־יִשְׂרָאֵל אֶת־אֲרָם מֵאָה־
ל אֶלֶף רַגְלִי בְּיוֹם אֶחָד: וַיָּנֻסוּ הַנּוֹתָרִים ׀ אֲפֵקָה אֶל־הָעִיר וַתִּפֹּל
הַחוֹמָה עַל־עֶשְׂרִים וְשִׁבְעָה אֶלֶף אִישׁ הַנּוֹתָרִים וּבֶן־הֲדַד נָס
לא וַיָּבֹא אֶל־הָעִיר חֶדֶר בְּחָדֶר: וַיֹּאמְרוּ אֵלָיו עֲבָדָיו הִנֵּה־נָא
שָׁמַעְנוּ כִּי מַלְכֵי בֵּית יִשְׂרָאֵל כִּי־מַלְכֵי חֶסֶד הֵם נָשִׂימָה נָּא
שַׂקִּים בְּמָתְנֵינוּ וַחֲבָלִים בְּרֹאשֵׁנוּ וְנֵצֵא אֶל־מֶלֶךְ יִשְׂרָאֵל אוּלַי

כ

לב יחיה את־נפשך: ויחגרו שקים במתניהם וחבלים בראשיהם
ויבאו אל־מלך ישראל ויאמרו עבדך בן־הדד אמר תחי־נא
לג נפשי ויאמר העודנו חי אחי הוא: והאנשים ינחשו וימהרו
ויחלטו הממנו ויאמרו אחיך בן־הדד ויאמר באו קחהו ויצא
לד אליו בן־הדד ויעלהו על־המרכבה: ויאמר אליו הערים
אשר־לקח־אבי מאת אביך אשיב וחצות תשים לך בדמשק
כאשר־שם אבי בשמרון ואני בברית אשלחך ויכרת־לו
לה ברית וישלחהו: ואיש אחד מבני הנביאים
אמר אל־רעהו בדבר יהוה הכיני נא וימאן האיש להכתו:
לו ויאמר לו יען אשר לא־שמעת בקול יהוה הנך הולך מאתי
לז והכך האריה וילך מאצלו וימצאהו האריה ויכהו: וימצא
לח איש אחר ויאמר הכיני נא ויכהו האיש הכה ופצע: וילך
הנביא ויעמד למלך על־הדרך ויתחפש באפר על־עיניו:
לט ויהי המלך עבר והוא צעק אל־המלך ויאמר עבדך | יצא
בקרב־המלחמה והנה־איש סר ויבא אלי איש ויאמר שמר
את־האיש הזה אם־הפקד יפקד והיתה נפשך תחת נפשו או
מ ככר־כסף תשקול: ויהי עבדך עשה הנה והנה והוא איננו
מא ויאמר אליו מלך־ישראל כן משפטך אתה חרצת: וימהר
ויסר את־האפר מעל עיניו ויכר אתו מלך ישראל כי
מב מהנביאים הוא: ויאמר אליו כה אמר יהוה יען שלחת
את־איש־חרמי מיד והיתה נפשך תחת נפשו ועמך
מג תחת עמו: וילך מלך־ישראל על־ביתו סר וזעף ויבא
כא א שמרונה: ויהי אחר הדברים האלה כרם היה
לנבות היזרעאלי אשר ביזרעאל אצל היכל אחאב מלך
ב שמרון: וידבר אחאב אל־נבות | לאמר | תנה־לי את־כרמך
ויהי־לי לגן־ירק כי הוא קרוב אצל ביתי ואתנה לך תחתיו
כרם טוב ממנו אם טוב בעיניך אתנה־לך כסף מחיר זה:

וַיֹּאמֶר נָבוֹת אֶל־אַחְאָב חָלִילָה לִּי מֵיהוָה מִתִּתִּי אֶת־נַחֲלַת ג
אֲבֹתַי לָךְ׃ וַיָּבֹא אַחְאָב אֶל־בֵּיתוֹ סַר וְזָעֵף עַל־הַדָּבָר אֲשֶׁר־ ד
דִּבֶּר אֵלָיו נָבוֹת הַיִּזְרְעֵאלִי וַיֹּאמֶר לֹא־אֶתֵּן לְךָ אֶת־נַחֲלַת
אֲבוֹתָי וַיִּשְׁכַּב עַל־מִטָּתוֹ וַיַּסֵּב אֶת־פָּנָיו וְלֹא־אָכַל לָחֶם׃
וַתָּבֹא אֵלָיו אִיזֶבֶל אִשְׁתּוֹ וַתְּדַבֵּר אֵלָיו מַה־זֶּה רוּחֲךָ סָרָה ה
וְאֵינְךָ אֹכֵל לָחֶם׃ וַיְדַבֵּר אֵלֶיהָ כִּי־אֲדַבֵּר אֶל־נָבוֹת הַיִּזְרְעֵאלִי ו
וָאֹמַר לוֹ תְּנָה־לִּי אֶת־כַּרְמְךָ בְּכֶסֶף אוֹ אִם־חָפֵץ אַתָּה אֶתְּנָה־
לְךָ כֶרֶם תַּחְתָּיו וַיֹּאמֶר לֹא־אֶתֵּן לְךָ אֶת־כַּרְמִי׃ וַתֹּאמֶר אֵלָיו ז
אִיזֶבֶל אִשְׁתּוֹ אַתָּה עַתָּה תַּעֲשֶׂה מְלוּכָה עַל־יִשְׂרָאֵל קוּם
אֱכָל־לֶחֶם וְיִטַב לִבֶּךָ אֲנִי אֶתֵּן לְךָ אֶת־כֶּרֶם נָבוֹת הַיִּזְרְעֵאלִי׃
סְפָרִים וַתִּכְתֹּב סְפָרִים בְּשֵׁם אַחְאָב וַתַּחְתֹּם בְּחֹתָמוֹ וַתִּשְׁלַח הספרים ח
אֶל־הַזְּקֵנִים וְאֶל־הַחֹרִים אֲשֶׁר בְּעִירוֹ הַיֹּשְׁבִים אֶת־נָבוֹת׃ ט
וַתִּכְתֹּב בַּסְּפָרִים לֵאמֹר קִרְאוּ־צוֹם וְהֹשִׁיבוּ אֶת־נָבוֹת בְּרֹאשׁ
הָעָם׃ וְהוֹשִׁיבוּ שְׁנַיִם אֲנָשִׁים בְּנֵי־בְלִיַּעַל נֶגְדּוֹ וִיעִדֻהוּ לֵאמֹר י
בֵּרַכְתָּ אֱלֹהִים וָמֶלֶךְ וְהוֹצִיאֻהוּ וְסִקְלֻהוּ וְיָמֹת׃ וַיַּעֲשׂוּ אַנְשֵׁי יא
עִירוֹ הַזְּקֵנִים וְהַחֹרִים אֲשֶׁר הַיֹּשְׁבִים בְּעִירוֹ כַּאֲשֶׁר שָׁלְחָה
אֲלֵיהֶם אִיזָבֶל כַּאֲשֶׁר כָּתוּב בַּסְּפָרִים אֲשֶׁר שָׁלְחָה אֲלֵיהֶם׃
קָרְאוּ צוֹם וְהֹשִׁיבוּ אֶת־נָבוֹת בְּרֹאשׁ הָעָם׃ וַיָּבֹאוּ שְׁנֵי הָאֲנָשִׁים יב יג
בְּנֵי־בְלִיַּעַל וַיֵּשְׁבוּ נֶגְדּוֹ וַיְעִדֻהוּ אַנְשֵׁי הַבְּלִיַּעַל אֶת־נָבוֹת נֶגֶד
הָעָם לֵאמֹר בֵּרַךְ נָבוֹת אֱלֹהִים וָמֶלֶךְ וַיֹּצִאֻהוּ מִחוּץ לָעִיר
וַיִּסְקְלֻהוּ בָאֲבָנִים וַיָּמֹת׃ וַיִּשְׁלְחוּ אֶל־אִיזֶבֶל לֵאמֹר סֻקַּל נָבוֹת יד
וַיָּמֹת׃ וַיְהִי כִּשְׁמֹעַ אִיזֶבֶל כִּי־סֻקַּל נָבוֹת וַיָּמֹת וַתֹּאמֶר אִיזֶבֶל טו
אֶל־אַחְאָב קוּם רֵשׁ אֶת־כֶּרֶם ׀ נָבוֹת הַיִּזְרְעֵאלִי אֲשֶׁר מֵאֵן
לָתֶת־לְךָ בְכֶסֶף כִּי אֵין נָבוֹת חַי כִּי־מֵת׃ וַיְהִי כִשְׁמֹעַ אַחְאָב טז
כִּי מֵת נָבוֹת וַיָּקָם אַחְאָב לָרֶדֶת אֶל־כֶּרֶם נָבוֹת הַיִּזְרְעֵאלִי
לְרִשְׁתּוֹ׃ וַיְהִי דְּבַר־יְהוָה אֶל־אֵלִיָּהוּ הַתִּשְׁבִּי יז
יח לֵאמֹר׃ קוּם רֵד לִקְרַאת אַחְאָב מֶלֶךְ־יִשְׂרָאֵל אֲשֶׁר בְּשֹׁמְרוֹן יח

יט הִנֵּה בְּכֶרֶם נָבוֹת אֲשֶׁר־יָרַד שָׁם לְרִשְׁתּוֹ: וְדִבַּרְתָּ אֵלָיו לֵאמֹר
כֹּה אָמַר יהוה הֲרָצַחְתָּ וְגַם־יָרָשְׁתָּ וְדִבַּרְתָּ אֵלָיו לֵאמֹר כֹּה
אָמַר יהוה בִּמְקוֹם אֲשֶׁר לָקְקוּ הַכְּלָבִים אֶת־דַּם נָבוֹת יָלֹקּוּ
כ הַכְּלָבִים אֶת־דָּמְךָ גַּם־אָתָּה: וַיֹּאמֶר אַחְאָב אֶל־אֵלִיָּהוּ
הַמְצָאתַנִי אֹיְבִי וַיֹּאמֶר מָצָאתִי יַעַן הִתְמַכֶּרְךָ לַעֲשׂוֹת הָרַע
כא בְּעֵינֵי יהוה: הִנְנִי מֵבִי אֵלֶיךָ רָעָה וּבִעַרְתִּי אַחֲרֶיךָ וְהִכְרַתִּי
כב לְאַחְאָב מַשְׁתִּין בְּקִיר וְעָצוּר וְעָזוּב בְּיִשְׂרָאֵל: וְנָתַתִּי אֶת־
בֵּיתְךָ כְּבֵית יָרָבְעָם בֶּן־נְבָט וּכְבֵית בַּעְשָׁא בֶן־אֲחִיָּה אֶל־
כג הַכַּעַס אֲשֶׁר הִכְעַסְתָּ וַתַּחֲטִא אֶת־יִשְׂרָאֵל: וְגַם־לְאִיזֶבֶל דִּבֶּר
כד יהוה לֵאמֹר הַכְּלָבִים יֹאכְלוּ אֶת־אִיזֶבֶל בְּחֵל יִזְרְעֶאל: הַמֵּת
לְאַחְאָב בָּעִיר יֹאכְלוּ הַכְּלָבִים וְהַמֵּת בַּשָּׂדֶה יֹאכְלוּ עוֹף
כה הַשָּׁמָיִם: רַק לֹא־הָיָה כְאַחְאָב אֲשֶׁר הִתְמַכֵּר לַעֲשׂוֹת הָרַע
כו בְּעֵינֵי יהוה אֲשֶׁר־הֵסַתָּה אֹתוֹ אִיזֶבֶל אִשְׁתּוֹ: וַיַּתְעֵב מְאֹד
לָלֶכֶת אַחֲרֵי הַגִּלֻּלִים כְּכֹל אֲשֶׁר עָשׂוּ הָאֱמֹרִי אֲשֶׁר הוֹרִישׁ
כז יהוה מִפְּנֵי בְּנֵי יִשְׂרָאֵל: וַיְהִי כִשְׁמֹעַ אַחְאָב אֶת־הַדְּבָרִים
הָאֵלֶּה וַיִּקְרַע בְּגָדָיו וַיָּשֶׂם־שַׂק עַל־בְּשָׂרוֹ וַיָּצוֹם וַיִּשְׁכַּב בַּשָּׂק
כח וַיְהַלֵּךְ אַט: וַיְהִי דְּבַר־יהוה אֶל־אֵלִיָּהוּ הַתִּשְׁבִּי
כט לֵאמֹר: הֲרָאִיתָ כִּי־נִכְנַע אַחְאָב מִלְּפָנָי יַעַן כִּי־נִכְנַע מִפָּנַי לֹא־
כב א אָבִי הָרָעָה בְּיָמָיו בִּימֵי בְנוֹ אָבִיא הָרָעָה עַל־בֵּיתוֹ: וַיֵּשְׁבוּ אָבִיא
שָׁלֹשׁ שָׁנִים אֵין מִלְחָמָה בֵּין אֲרָם וּבֵין יִשְׂרָאֵל:
ב וַיְהִי בַּשָּׁנָה הַשְּׁלִישִׁית וַיֵּרֶד יְהוֹשָׁפָט מֶלֶךְ־יְהוּדָה אֶל־מֶלֶךְ
ג יִשְׂרָאֵל: וַיֹּאמֶר מֶלֶךְ־יִשְׂרָאֵל אֶל־עֲבָדָיו הַיְדַעְתֶּם כִּי־לָנוּ רָמֹת
ד גִּלְעָד וַאֲנַחְנוּ מַחְשִׁים מִקַּחַת אֹתָהּ מִיַּד מֶלֶךְ אֲרָם: וַיֹּאמֶר
אֶל־יְהוֹשָׁפָט הֲתֵלֵךְ אִתִּי לַמִּלְחָמָה רָמֹת גִּלְעָד וַיֹּאמֶר יְהוֹשָׁפָט
אֶל־מֶלֶךְ יִשְׂרָאֵל כָּמוֹנִי כָמוֹךָ כְּעַמִּי כְעַמֶּךָ כְּסוּסַי כְּסוּסֶיךָ:
ה וַיֹּאמֶר יְהוֹשָׁפָט אֶל־מֶלֶךְ יִשְׂרָאֵל דְּרָשׁ־נָא כַיּוֹם אֶת־דְּבַר
ו יהוה: וַיִּקְבֹּץ מֶלֶךְ־יִשְׂרָאֵל אֶת־הַנְּבִיאִים כְּאַרְבַּע מֵאוֹת אִישׁ

וַיֹּאמֶר אֲלֵהֶם הַאֵלֵךְ עַל־רָמֹת גִּלְעָד לַמִּלְחָמָה אִם־אֶחְדָּל
ז וַיֹּאמְרוּ עֲלֵה וְיִתֵּן אֲדֹנָי בְּיַד הַמֶּלֶךְ: וַיֹּאמֶר יְהוֹשָׁפָט הַאֵין פֹּה
ח נָבִיא לַיהוָה עוֹד וְנִדְרְשָׁה מֵאוֹתוֹ: וַיֹּאמֶר מֶלֶךְ־יִשְׂרָאֵל ׀ אֶל־
יְהוֹשָׁפָט עוֹד אִישׁ־אֶחָד לִדְרֹשׁ אֶת־יְהוָה מֵאֹתוֹ וַאֲנִי שְׂנֵאתִיו
כִּי לֹא־יִתְנַבֵּא עָלַי טוֹב כִּי אִם־רָע מִיכָיְהוּ בֶּן־יִמְלָה וַיֹּאמֶר
ט יְהוֹשָׁפָט אַל־יֹאמַר הַמֶּלֶךְ כֵּן: וַיִּקְרָא מֶלֶךְ יִשְׂרָאֵל אֶל־סָרִיס
י אֶחָד וַיֹּאמֶר מַהֲרָה מִיכָיְהוּ בֶן־יִמְלָה: וּמֶלֶךְ יִשְׂרָאֵל וִיהוֹשָׁפָט
מֶלֶךְ־יְהוּדָה יֹשְׁבִים אִישׁ עַל־כִּסְאוֹ מְלֻבָּשִׁים בְּגָדִים בְּגֹרֶן
יא פֶּתַח שַׁעַר שֹׁמְרוֹן וְכָל־הַנְּבִיאִים מִתְנַבְּאִים לִפְנֵיהֶם: וַיַּעַשׂ לוֹ
צִדְקִיָּה בֶן־כְּנַעֲנָה קַרְנֵי בַרְזֶל וַיֹּאמֶר כֹּה־אָמַר יְהוָה בְּאֵלֶּה
יב תְּנַגַּח אֶת־אֲרָם עַד־כַּלֹּתָם: וְכָל־הַנְּבִאִים נִבְּאִים כֵּן לֵאמֹר
יג עֲלֵה רָמֹת גִּלְעָד וְהַצְלַח וְנָתַן יְהוָה בְּיַד הַמֶּלֶךְ: וְהַמַּלְאָךְ
אֲשֶׁר־הָלַךְ ׀ לִקְרֹא מִיכָיְהוּ דִּבֶּר אֵלָיו לֵאמֹר הִנֵּה־נָא דִּבְרֵי
הַנְּבִיאִים פֶּה־אֶחָד טוֹב אֶל־הַמֶּלֶךְ יְהִי־נָא דבריך כִּדְבַר אַחַד דְבָרְךָ
יד מֵהֶם וְדִבַּרְתָּ טּוֹב: וַיֹּאמֶר מִיכָיְהוּ חַי־יְהוָה כִּי אֶת־אֲשֶׁר יֹאמַר
טו יְהוָה אֵלַי אֹתוֹ אֲדַבֵּר: וַיָּבוֹא אֶל־הַמֶּלֶךְ וַיֹּאמֶר הַמֶּלֶךְ אֵלָיו
מִיכָיְהוּ הֲנֵלֵךְ אֶל־רָמֹת גִּלְעָד לַמִּלְחָמָה אִם־נֶחְדָּל וַיֹּאמֶר
טז אֵלָיו עֲלֵה וְהַצְלַח וְנָתַן יְהוָה בְּיַד הַמֶּלֶךְ: וַיֹּאמֶר אֵלָיו הַמֶּלֶךְ
עַד־כַּמֶּה פְעָמִים אֲנִי מַשְׁבִּעֶךָ אֲשֶׁר לֹא־תְדַבֵּר אֵלַי רַק־
יז אֱמֶת בְּשֵׁם יְהוָה: וַיֹּאמֶר רָאִיתִי אֶת־כָּל־יִשְׂרָאֵל נְפֹצִים אֶל־
הֶהָרִים כַּצֹּאן אֲשֶׁר אֵין־לָהֶם רֹעֶה וַיֹּאמֶר יְהוָה לֹא־אֲדֹנִים
יח לָאֵלֶּה יָשׁוּבוּ אִישׁ־לְבֵיתוֹ בְּשָׁלוֹם: וַיֹּאמֶר מֶלֶךְ־יִשְׂרָאֵל אֶל־
יְהוֹשָׁפָט הֲלוֹא אָמַרְתִּי אֵלֶיךָ לוֹא־יִתְנַבֵּא עָלַי טוֹב כִּי אִם־רָע:
יט וַיֹּאמֶר לָכֵן שְׁמַע דְּבַר־יְהוָה רָאִיתִי אֶת־יְהוָה יֹשֵׁב עַל־כִּסְאוֹ
כ וְכָל־צְבָא הַשָּׁמַיִם עֹמֵד עָלָיו מִימִינוֹ וּמִשְּׂמֹאלוֹ: וַיֹּאמֶר יְהוָה
מִי יְפַתֶּה אֶת־אַחְאָב וְיַעַל וְיִפֹּל בְּרָמֹת גִּלְעָד וַיֹּאמֶר זֶה בְּכֹה
כא וְזֶה אֹמֵר בְּכֹה: וַיֵּצֵא הָרוּחַ וַיַּעֲמֹד לִפְנֵי יְהוָה וַיֹּאמֶר אֲנִי

כב אֲפַתֶּנּוּ וַיֹּאמֶר יְהוָה אֵלָיו בַּמָּה: וַיֹּאמֶר אֵצֵא וְהָיִיתִי רוּחַ שֶׁקֶר
כג בְּפִי כָּל־נְבִיאָיו וַיֹּאמֶר תְּפַתֶּה וְגַם־תּוּכָל צֵא וַעֲשֵׂה־כֵן: וְעַתָּה
הִנֵּה נָתַן יְהוָה רוּחַ שֶׁקֶר בְּפִי כָּל־נְבִיאֶיךָ אֵלֶּה וַיהוָה דִּבֶּר
כד עָלֶיךָ רָעָה: וַיִּגַּשׁ צִדְקִיָּהוּ בֶן־כְּנַעֲנָה וַיַּכֶּה אֶת־מִיכָיְהוּ עַל־
הַלֶּחִי וַיֹּאמֶר אֵי־זֶה עָבַר רוּחַ־יְהוָה מֵאִתִּי לְדַבֵּר אוֹתָךְ:
כה וַיֹּאמֶר מִיכָיְהוּ הִנְּךָ רֹאֶה בַּיּוֹם הַהוּא אֲשֶׁר תָּבֹא חֶדֶר בְּחֶדֶר
כו לְהֵחָבֵה: וַיֹּאמֶר מֶלֶךְ יִשְׂרָאֵל קַח אֶת־מִיכָיְהוּ וַהֲשִׁיבֵהוּ אֶל־
כז אָמֹן שַׂר־הָעִיר וְאֶל־יוֹאָשׁ בֶּן־הַמֶּלֶךְ: וְאָמַרְתָּ כֹּה אָמַר
הַמֶּלֶךְ שִׂימוּ אֶת־זֶה בֵּית הַכֶּלֶא וְהַאֲכִלֻהוּ לֶחֶם לַחַץ וּמַיִם
כח לַחַץ עַד בֹּאִי בְשָׁלוֹם: וַיֹּאמֶר מִיכָיְהוּ אִם־שׁוֹב תָּשׁוּב בְּשָׁלוֹם
כט לֹא־דִבֶּר יְהוָה בִּי וַיֹּאמֶר שִׁמְעוּ עַמִּים כֻּלָּם: וַיַּעַל מֶלֶךְ־
ל יִשְׂרָאֵל וִיהוֹשָׁפָט מֶלֶךְ־יְהוּדָה רָמֹת גִּלְעָד: וַיֹּאמֶר מֶלֶךְ
יִשְׂרָאֵל אֶל־יְהוֹשָׁפָט הִתְחַפֵּשׂ וָבֹא בַמִּלְחָמָה וְאַתָּה לְבַשׁ
לא בְּגָדֶיךָ וַיִּתְחַפֵּשׂ מֶלֶךְ יִשְׂרָאֵל וַיָּבוֹא בַּמִּלְחָמָה: וּמֶלֶךְ אֲרָם
צִוָּה אֶת־שָׂרֵי הָרֶכֶב אֲשֶׁר־לוֹ שְׁלֹשִׁים וּשְׁנַיִם לֵאמֹר לֹא
תִּלָּחֲמוּ אֶת־קָטֹן וְאֶת־גָּדוֹל כִּי אִם־אֶת־מֶלֶךְ יִשְׂרָאֵל לְבַדּוֹ:
לב וַיְהִי כִּרְאוֹת שָׂרֵי הָרֶכֶב אֶת־יְהוֹשָׁפָט וְהֵמָּה אָמְרוּ אַךְ מֶלֶךְ־
לג יִשְׂרָאֵל הוּא וַיָּסֻרוּ עָלָיו לְהִלָּחֵם וַיִּזְעַק יְהוֹשָׁפָט: וַיְהִי כִּרְאוֹת
לד שָׂרֵי הָרֶכֶב כִּי־לֹא־מֶלֶךְ יִשְׂרָאֵל הוּא וַיָּשׁוּבוּ מֵאַחֲרָיו: וְאִישׁ
מָשַׁךְ בַּקֶּשֶׁת לְתֻמּוֹ וַיַּכֶּה אֶת־מֶלֶךְ יִשְׂרָאֵל בֵּין הַדְּבָקִים וּבֵין
הַשִּׁרְיָן וַיֹּאמֶר לְרַכָּבוֹ הֲפֹךְ יָדְךָ וְהוֹצִיאֵנִי מִן־הַמַּחֲנֶה כִּי
לה הָחֳלֵיתִי: וַתַּעֲלֶה הַמִּלְחָמָה בַּיּוֹם הַהוּא וְהַמֶּלֶךְ הָיָה מָעֳמָד
בַּמֶּרְכָּבָה נֹכַח אֲרָם וַיָּמָת בָּעֶרֶב וַיִּצֶק דַּם־הַמַּכָּה אֶל־חֵיק
לו הָרָכֶב: וַיַּעֲבֹר הָרִנָּה בַּמַּחֲנֶה כְּבֹא הַשֶּׁמֶשׁ לֵאמֹר אִישׁ אֶל־עִירוֹ
לז וְאִישׁ אֶל־אַרְצוֹ: וַיָּמָת הַמֶּלֶךְ וַיָּבוֹא שֹׁמְרוֹן וַיִּקְבְּרוּ אֶת־הַמֶּלֶךְ
לח בְּשֹׁמְרוֹן: וַיִּשְׁטֹף אֶת־הָרֶכֶב עַל ׀ בְּרֵכַת שֹׁמְרוֹן וַיָּלֹקּוּ הַכְּלָבִים
לט אֶת־דָּמוֹ וְהַזֹּנוֹת רָחָצוּ כִּדְבַר יְהוָה אֲשֶׁר דִּבֵּר: וְיֶתֶר דִּבְרֵי

אַחְאָב וְכׇל־אֲשֶׁר עָשָׂה וּבֵית הַשֵּׁן אֲשֶׁר בָּנָה וְכׇל־הֶעָרִים
אֲשֶׁר בָּנָה הֲלוֹא־הֵם כְּתוּבִים עַל־סֵפֶר דִּבְרֵי הַיָּמִים לְמַלְכֵי
יִשְׂרָאֵל׃ וַיִּשְׁכַּב אַחְאָב עִם־אֲבֹתָיו וַיִּמְלֹךְ אֲחַזְיָהוּ בְנוֹ מ
תַּחְתָּיו׃ וִיהוֹשָׁפָט בֶּן־אָסָא מָלַךְ עַל־יְהוּדָה מא

פתיחה למלכות יהושפט
דה״ב יז, א–ו; כ, לא–לג

בִּשְׁנַת אַרְבַּע לְאַחְאָב מֶלֶךְ יִשְׂרָאֵל׃ יְהוֹשָׁפָט בֶּן־שְׁלֹשִׁים מב
וְחָמֵשׁ שָׁנָה בְּמׇלְכוֹ וְעֶשְׂרִים וְחָמֵשׁ שָׁנָה מָלַךְ בִּירוּשָׁלָ͏ִם וְשֵׁם
יט אִמּוֹ עֲזוּבָה בַּת־שִׁלְחִי׃ וַיֵּלֶךְ בְּכׇל־דֶּרֶךְ אָסָא אָבִיו לֹא־סָר מג
מִמֶּנּוּ לַעֲשׂוֹת הַיָּשָׁר בְּעֵינֵי יְהֹוָה׃ אַךְ הַבָּמוֹת לֹא־סָרוּ עוֹד מד
הָעָם מְזַבְּחִים וּמְקַטְּרִים בַּבָּמוֹת׃ וַיַּשְׁלֵם יְהוֹשָׁפָט עִם־מֶלֶךְ מה
יִשְׂרָאֵל׃ וְיֶתֶר דִּבְרֵי יְהוֹשָׁפָט וּגְבוּרָתוֹ אֲשֶׁר־עָשָׂה וַאֲשֶׁר מו
נִלְחָם הֲלֹא־הֵם כְּתוּבִים עַל־סֵפֶר דִּבְרֵי הַיָּמִים לְמַלְכֵי יְהוּדָה׃
וְיֶתֶר הַקָּדֵשׁ אֲשֶׁר נִשְׁאַר בִּימֵי אָסָא אָבִיו בִּעֵר מִן־הָאָרֶץ׃ מז
עָשָׂה וּמֶלֶךְ אֵין בֶּאֱדוֹם נִצָּב מֶלֶךְ׃ יְהוֹשָׁפָט עשר אֳנִיּוֹת תַּרְשִׁישׁ מח מט
נִשְׁבְּרוּ לָלֶכֶת אוֹפִירָה לַזָּהָב וְלֹא הָלָךְ כִּי־נשברה אֳנִיּוֹת בְּעֶצְיוֹן
גָּבֶר׃ אָז אָמַר אֲחַזְיָהוּ בֶן־אַחְאָב אֶל־יְהוֹשָׁפָט יֵלְכוּ עֲבָדַי נ

שיתוף פעולה בין יהושפט ובין אחזיה
דה״ב כ, לה–לז
סיכום מלכות יהושפט
דה״ב כא, א–ג

עִם־עֲבָדֶיךָ בָּאֳנִיּוֹת וְלֹא אָבָה יְהוֹשָׁפָט׃ וַיִּשְׁכַּב יְהוֹשָׁפָט עִם־ נא
אֲבֹתָיו וַיִּקָּבֵר עִם־אֲבֹתָיו בְּעִיר דָּוִד אָבִיו וַיִּמְלֹךְ יְהוֹרָם בְּנוֹ
תַּחְתָּיו׃ אֲחַזְיָהוּ בֶן־אַחְאָב מָלַךְ עַל־יִשְׂרָאֵל נב
בְּשֹׁמְרוֹן בִּשְׁנַת שְׁבַע עֶשְׂרֵה לִיהוֹשָׁפָט מֶלֶךְ יְהוּדָה וַיִּמְלֹךְ
עַל־יִשְׂרָאֵל שְׁנָתָיִם׃ וַיַּעַשׂ הָרַע בְּעֵינֵי יְהֹוָה וַיֵּלֶךְ בְּדֶרֶךְ אָבִיו נג
וּבְדֶרֶךְ אִמּוֹ וּבְדֶרֶךְ יָרׇבְעָם בֶּן־נְבָט אֲשֶׁר הֶחֱטִיא אֶת־
יִשְׂרָאֵל׃ וַיַּעֲבֹד אֶת־הַבַּעַל וַיִּשְׁתַּחֲוֶה לוֹ וַיַּכְעֵס אֶת־יְהֹוָה נד
מלכים ב אֱלֹהֵי יִשְׂרָאֵל כְּכֹל אֲשֶׁר־עָשָׂה אָבִיו׃ וַיִּפְשַׁע מוֹאָב בְּיִשְׂרָאֵל א א
אַחֲרֵי מוֹת אַחְאָב׃ וַיִּפֹּל אֲחַזְיָה בְּעַד הַשְּׂבָכָה בַּעֲלִיָּתוֹ אֲשֶׁר ב
בְּשֹׁמְרוֹן וַיָּחַל וַיִּשְׁלַח מַלְאָכִים וַיֹּאמֶר אֲלֵהֶם לְכוּ דִרְשׁוּ בְּבַעַל
זְבוּב אֱלֹהֵי עֶקְרוֹן אִם־אֶחְיֶה מֵחֳלִי זֶה׃ וּמַלְאַךְ ג
יְהֹוָה דִּבֶּר אֶל־אֵלִיָּה הַתִּשְׁבִּי קוּם עֲלֵה לִקְרַאת מַלְאֲכֵי

מֶלֶךְ־שֹׁמְרוֹן וְדַבֵּר אֲלֵהֶם הַמִבְּלִי אֵין־אֱלֹהִים בְּיִשְׂרָאֵל
ד אַתֶּם הֹלְכִים לִדְרֹשׁ בְּבַעַל זְבוּב אֱלֹהֵי עֶקְרוֹן׃ וְלָכֵן כֹּה־
אָמַר יְהוָה הַמִּטָּה אֲשֶׁר־עָלִיתָ שָּׁם לֹא־תֵרֵד מִמֶּנָּה כִּי מוֹת
ה תָּמוּת וַיֵּלֶךְ אֵלִיָּה׃ וַיָּשׁוּבוּ הַמַּלְאָכִים אֵלָיו וַיֹּאמֶר אֲלֵיהֶם מַה־
ו זֶּה שַׁבְתֶּם׃ וַיֹּאמְרוּ אֵלָיו אִישׁ ׀ עָלָה לִקְרָאתֵנוּ וַיֹּאמֶר אֵלֵינוּ
לְכוּ שׁוּבוּ אֶל־הַמֶּלֶךְ אֲשֶׁר־שָׁלַח אֶתְכֶם וְדִבַּרְתֶּם אֵלָיו כֹּה
אָמַר יְהוָה הֲמִבְּלִי אֵין־אֱלֹהִים בְּיִשְׂרָאֵל אַתָּה שֹׁלֵחַ לִדְרֹשׁ
בְּבַעַל זְבוּב אֱלֹהֵי עֶקְרוֹן לָכֵן הַמִּטָּה אֲשֶׁר־עָלִיתָ שָּׁם לֹא־
ז תֵרֵד מִמֶּנָּה כִּי־מוֹת תָּמוּת׃ וַיְדַבֵּר אֲלֵהֶם מֶה מִשְׁפַּט הָאִישׁ
אֲשֶׁר עָלָה לִקְרַאתְכֶם וַיְדַבֵּר אֲלֵיכֶם אֶת־הַדְּבָרִים הָאֵלֶּה׃
ח וַיֹּאמְרוּ אֵלָיו אִישׁ בַּעַל שֵׂעָר וְאֵזוֹר עוֹר אָזוּר בְּמָתְנָיו וַיֹּאמַר
ט אֵלִיָּה הַתִּשְׁבִּי הוּא׃ וַיִּשְׁלַח אֵלָיו שַׂר־חֲמִשִּׁים וַחֲמִשָּׁיו וַיַּעַל
אֵלָיו וְהִנֵּה יֹשֵׁב עַל־רֹאשׁ הָהָר וַיְדַבֵּר אֵלָיו אִישׁ הָאֱלֹהִים
י הַמֶּלֶךְ דִּבֶּר רֵדָה׃ וַיַּעֲנֶה אֵלִיָּהוּ וַיְדַבֵּר אֶל־שַׂר הַחֲמִשִּׁים וְאִם־
אִישׁ אֱלֹהִים אָנִי תֵּרֶד אֵשׁ מִן־הַשָּׁמַיִם וְתֹאכַל אֹתְךָ וְאֶת־
חֲמִשֶּׁיךָ וַתֵּרֶד אֵשׁ מִן־הַשָּׁמַיִם וַתֹּאכַל אֹתוֹ וְאֶת־חֲמִשָּׁיו׃
יא וַיָּשָׁב וַיִּשְׁלַח אֵלָיו שַׂר־חֲמִשִּׁים אַחֵר וַחֲמִשָּׁיו וַיַּעַן וַיְדַבֵּר אֵלָיו
יב אִישׁ הָאֱלֹהִים כֹּה־אָמַר הַמֶּלֶךְ מְהֵרָה רֵדָה׃ וַיַּעַן אֵלִיָּה וַיְדַבֵּר
אֲלֵיהֶם אִם־אִישׁ הָאֱלֹהִים אָנִי תֵּרֶד אֵשׁ מִן־הַשָּׁמַיִם וְתֹאכַל
אֹתְךָ וְאֶת־חֲמִשֶּׁיךָ וַתֵּרֶד אֵשׁ־אֱלֹהִים מִן־הַשָּׁמַיִם וַתֹּאכַל
יג אֹתוֹ וְאֶת־חֲמִשָּׁיו׃ וַיָּשָׁב וַיִּשְׁלַח שַׂר־חֲמִשִּׁים שְׁלִשִׁים וַחֲמִשָּׁיו
וַיַּעַל וַיָּבֹא שַׂר־הַחֲמִשִּׁים הַשְּׁלִישִׁי וַיִּכְרַע עַל־בִּרְכָּיו ׀ לְנֶגֶד
אֵלִיָּהוּ וַיִּתְחַנֵּן אֵלָיו וַיְדַבֵּר אֵלָיו אִישׁ הָאֱלֹהִים תִּיקַר־נָא נַפְשִׁי
יד וְנֶפֶשׁ עֲבָדֶיךָ אֵלֶּה חֲמִשִּׁים בְּעֵינֶיךָ׃ הִנֵּה יָרְדָה אֵשׁ מִן־הַשָּׁמַיִם
וַתֹּאכַל אֶת־שְׁנֵי שָׂרֵי הַחֲמִשִּׁים הָרִאשֹׁנִים וְאֶת־חֲמִשֵּׁיהֶם
טו וְעַתָּה תִּיקַר נַפְשִׁי בְּעֵינֶיךָ׃ · וַיְדַבֵּר מַלְאַךְ יְהוָה
אֶל־אֵלִיָּהוּ רֵד אוֹתוֹ אַל־תִּירָא מִפָּנָיו וַיָּקָם וַיֵּרֶד אוֹתוֹ אֶל־

טז המלך: וידבר אליו כה־אמר יהוה יען אשר־שלחת מלאכים
לדרש בבעל זבוב אלהי עקרון המבלי אין־אלהים בישראל
לדרש בדברו לכן המטה אשר־עלית שם לא־תרד ממנה
יז כי־מות תמות: וימת כדבר־יהוה ׀ אשר־דבר אליהו וימלך
יהורם תחתיו    בשנת שתים ליהורם בן־יהושפט
יח מלך יהודה כי לא־היה לו בן: ויתר דברי אחזיהו אשר
עשה הלוא־המה כתובים על־ספר דברי הימים למלכי
ישראל:    ויהי בהעלות יהוה את־אליהו בסערה ב א
ב השמים וילך אליהו ואלישע מן־הגלגל: ויאמר אליהו אל־
אלישע שב־נא פה כי יהוה שלחני עד־בית־אל ויאמר
אלישע חי־יהוה וחי־נפשך אם־אעזבך וירדו בית־אל:
ג ויצאו בני־הנביאים אשר־בית־אל אל־אלישע ויאמרו אליו
הידעת כי היום יהוה לקח את־אדניך מעל ראשך ויאמר
ד גם־אני ידעתי החשו: ויאמר לו אליהו אלישע ׀ שב־נא פה
כי יהוה שלחני יריחו ויאמר חי־יהוה וחי־נפשך אם־אעזבך
ה ויבאו יריחו: ויגשו בני־הנביאים ׀ אשר־ביריחו אל־אלישע
ויאמרו אליו הידעת כי היום יהוה לקח את־אדניך מעל
ו ראשך ויאמר גם־אני ידעתי החשו: ויאמר לו אליהו שב־
נא פה כי יהוה שלחני הירדנה ויאמר חי־יהוה וחי־נפשך
ז אם־אעזבך וילכו שניהם: וחמשים איש מבני הנביאים הלכו
ח ויעמדו מנגד מרחוק ושניהם עמדו על־הירדן: ויקח אליהו
את־אדרתו ויגלם ויכה את־המים ויחצו הנה והנה ויעברו
ט שניהם בחרבה: ויהי כעברם ואליהו אמר אל־אלישע שאל
מה אעשה־לך בטרם אלקח מעמך ויאמר אלישע ויהי־נא
י פי־שנים ברוחך אלי: ויאמר הקשית לשאול אם־תראה
יא אתי לקח מאתך יהי־לך כן ואם־אין לא יהיה: ויהי המה
הלכים הלוך ודבר והנה רכב־אש וסוסי אש ויפרדו בין

יב שְׁנֵיהֶם וַיַּעַל אֵלִיָּהוּ בַּסְּעָרָה הַשָּׁמָיִם׃ וֶאֱלִישָׁע רֹאֶה וְהוּא
מְצַעֵק אָבִי ׀ אָבִי רֶכֶב יִשְׂרָאֵל וּפָרָשָׁיו וְלֹא רָאָהוּ עוֹד וַיַּחֲזֵק
יג בִּבְגָדָיו וַיִּקְרָעֵם לִשְׁנַיִם קְרָעִים׃ וַיָּרֶם אֶת־אַדֶּרֶת אֵלִיָּהוּ אֲשֶׁר
יד נָפְלָה מֵעָלָיו וַיָּשָׁב וַיַּעֲמֹד עַל־שְׂפַת הַיַּרְדֵּן׃ וַיִּקַּח אֶת־אַדֶּרֶת
אֵלִיָּהוּ אֲשֶׁר־נָפְלָה מֵעָלָיו וַיַּכֶּה אֶת־הַמַּיִם וַיֹּאמַר אַיֵּה יְהוָה
אֱלֹהֵי אֵלִיָּהוּ אַף־הוּא ׀ וַיַּכֶּה אֶת־הַמַּיִם וַיֵּחָצוּ הֵנָּה וָהֵנָּה
טו וַיַּעֲבֹר אֱלִישָׁע׃ וַיִּרְאֻהוּ בְנֵי־הַנְּבִיאִים אֲשֶׁר־בִּירִיחוֹ מִנֶּגֶד כ
וַיֹּאמְרוּ נָחָה רוּחַ אֵלִיָּהוּ עַל־אֱלִישָׁע וַיָּבֹאוּ לִקְרָאתוֹ וַיִּשְׁתַּחֲווּ־
טז לוֹ אָרְצָה׃ וַיֹּאמְרוּ אֵלָיו הִנֵּה־נָא יֵשׁ־אֶת־עֲבָדֶיךָ חֲמִשִּׁים
אֲנָשִׁים בְּנֵי־חַיִל יֵלְכוּ נָא וִיבַקְשׁוּ אֶת־אֲדֹנֶיךָ פֶּן־נְשָׂאוֹ רוּחַ
יְהוָה וַיַּשְׁלִכֵהוּ בְּאַחַד הֶהָרִים אוֹ בְּאַחַת הגיאות וַיֹּאמֶר לֹא הַגֵּאָיוֹת
יז תִשְׁלָחוּ׃ וַיִּפְצְרוּ־בוֹ עַד־בֹּשׁ וַיֹּאמֶר שְׁלָחוּ וַיְשַׁלְּחוּ חֲמִשִּׁים
יח אִישׁ וַיְבַקְשׁוּ שְׁלֹשָׁה־יָמִים וְלֹא מְצָאֻהוּ׃ וַיָּשֻׁבוּ אֵלָיו וְהוּא
יֹשֵׁב בִּירִיחוֹ וַיֹּאמֶר אֲלֵהֶם הֲלוֹא־אָמַרְתִּי אֲלֵיכֶם אַל־תֵּלֵכוּ׃
יט וַיֹּאמְרוּ אַנְשֵׁי הָעִיר אֶל־אֱלִישָׁע הִנֵּה־נָא מוֹשַׁב הָעִיר טוֹב
כ כַּאֲשֶׁר אֲדֹנִי רֹאֶה וְהַמַּיִם רָעִים וְהָאָרֶץ מְשַׁכָּלֶת׃ וַיֹּאמֶר קְחוּ־
כא לִי צְלֹחִית חֲדָשָׁה וְשִׂימוּ שָׁם מֶלַח וַיִּקְחוּ אֵלָיו׃ וַיֵּצֵא אֶל־
מוֹצָא הַמַּיִם וַיַּשְׁלֶךְ־שָׁם מֶלַח וַיֹּאמֶר כֹּה־אָמַר יְהוָה רִפִּאתִי
כב לַמַּיִם הָאֵלֶּה לֹא־יִהְיֶה מִשָּׁם עוֹד מָוֶת וּמְשַׁכָּלֶת׃ וַיֵּרָפוּ הַמַּיִם
כג עַד הַיּוֹם הַזֶּה כִּדְבַר אֱלִישָׁע אֲשֶׁר דִּבֵּר׃ וַיַּעַל
מִשָּׁם בֵּית־אֵל וְהוּא ׀ עֹלֶה בַדֶּרֶךְ וּנְעָרִים קְטַנִּים יָצְאוּ מִן־
כד הָעִיר וַיִּתְקַלְּסוּ־בוֹ וַיֹּאמְרוּ לוֹ עֲלֵה קֵרֵחַ עֲלֵה קֵרֵחַ׃ וַיִּפֶן
אַחֲרָיו וַיִּרְאֵם וַיְקַלְלֵם בְּשֵׁם יְהוָה וַתֵּצֶאנָה שְׁתַּיִם דֻּבִּים מִן־
כה הַיַּעַר וַתְּבַקַּעְנָה מֵהֶם אַרְבָּעִים וּשְׁנֵי יְלָדִים׃ וַיֵּלֶךְ מִשָּׁם אֶל־
ג א הַר הַכַּרְמֶל וּמִשָּׁם שָׁב שֹׁמְרוֹן׃ וִיהוֹרָם בֶּן־
אַחְאָב מָלַךְ עַל־יִשְׂרָאֵל בְּשֹׁמְרוֹן בִּשְׁנַת שְׁמֹנֶה עֶשְׂרֵה
ב לִיהוֹשָׁפָט מֶלֶךְ יְהוּדָה וַיִּמְלֹךְ שְׁתֵּים־עֶשְׂרֵה שָׁנָה׃ וַיַּעֲשֶׂה

הָרַע בְּעֵינֵי יְהוָה רַק לֹא כְאָבִיו וּכְאִמּוֹ וַיָּסַר אֶת־מַצְּבַת הַבַּעַל
ג אֲשֶׁר עָשָׂה אָבִיו׃ רַק בְּחַטֹּאות יָרָבְעָם בֶּן־נְבָט אֲשֶׁר־הֶחֱטִיא
ד אֶת־יִשְׂרָאֵל דָּבֵק לֹא־סָר מִמֶּנָּה׃ וּמֵישַׁע מֶלֶךְ־
מוֹאָב הָיָה נֹקֵד וְהֵשִׁיב לְמֶלֶךְ־יִשְׂרָאֵל מֵאָה־אֶלֶף כָּרִים
ה וּמֵאָה אֶלֶף אֵילִים צָמֶר׃ וַיְהִי כְּמוֹת אַחְאָב וַיִּפְשַׁע מֶלֶךְ־
ו מוֹאָב בְּמֶלֶךְ יִשְׂרָאֵל׃ וַיֵּצֵא הַמֶּלֶךְ יְהוֹרָם בַּיּוֹם הַהוּא מִשֹּׁמְרוֹן
ז וַיִּפְקֹד אֶת־כָּל־יִשְׂרָאֵל׃ וַיֵּלֶךְ וַיִּשְׁלַח אֶל־יְהוֹשָׁפָט מֶלֶךְ־
יְהוּדָה לֵאמֹר מֶלֶךְ מוֹאָב פָּשַׁע בִּי הֲתֵלֵךְ אִתִּי אֶל־מוֹאָב
לַמִּלְחָמָה וַיֹּאמֶר אֶעֱלֶה כָּמוֹנִי כָמוֹךָ כְּעַמִּי כְעַמֶּךָ כְּסוּסַי
ח כְּסוּסֶיךָ׃ וַיֹּאמֶר אֵי־זֶה הַדֶּרֶךְ נַעֲלֶה וַיֹּאמֶר דֶּרֶךְ מִדְבַּר אֱדוֹם׃
ט וַיֵּלֶךְ מֶלֶךְ יִשְׂרָאֵל וּמֶלֶךְ יְהוּדָה וּמֶלֶךְ אֱדוֹם וַיָּסֹבּוּ דֶּרֶךְ שִׁבְעַת
י יָמִים וְלֹא־הָיָה מַיִם לַמַּחֲנֶה וְלַבְּהֵמָה אֲשֶׁר בְּרַגְלֵיהֶם׃ וַיֹּאמֶר
מֶלֶךְ יִשְׂרָאֵל אֲהָהּ כִּי־קָרָא יְהוָה לִשְׁלֹשֶׁת הַמְּלָכִים הָאֵלֶּה
יא לָתֵת אוֹתָם בְּיַד־מוֹאָב׃ וַיֹּאמֶר יְהוֹשָׁפָט הַאֵין פֹּה נָבִיא לַיהוָה
וְנִדְרְשָׁה אֶת־יְהוָה מֵאוֹתוֹ וַיַּעַן אֶחָד מֵעַבְדֵי מֶלֶךְ־יִשְׂרָאֵל
וַיֹּאמֶר פֹּה אֱלִישָׁע בֶּן־שָׁפָט אֲשֶׁר־יָצַק מַיִם עַל־יְדֵי אֵלִיָּהוּ׃
יב וַיֹּאמֶר יְהוֹשָׁפָט יֵשׁ אוֹתוֹ דְּבַר־יְהוָה וַיֵּרְדוּ אֵלָיו מֶלֶךְ יִשְׂרָאֵל
יג וִיהוֹשָׁפָט וּמֶלֶךְ אֱדוֹם׃ וַיֹּאמֶר אֱלִישָׁע אֶל־מֶלֶךְ יִשְׂרָאֵל מַה־לִּי
וָלָךְ לֵךְ אֶל־נְבִיאֵי אָבִיךָ וְאֶל־נְבִיאֵי אִמֶּךָ וַיֹּאמֶר לוֹ מֶלֶךְ
יִשְׂרָאֵל אַל כִּי־קָרָא יְהוָה לִשְׁלֹשֶׁת הַמְּלָכִים הָאֵלֶּה לָתֵת
יד אוֹתָם בְּיַד מוֹאָב׃ וַיֹּאמֶר אֱלִישָׁע חַי־יְהוָה צְבָאוֹת אֲשֶׁר
עָמַדְתִּי לְפָנָיו כִּי לוּלֵי פְּנֵי־יְהוֹשָׁפָט מֶלֶךְ־יְהוּדָה אֲנִי נֹשֵׂא אִם־
טו אַבִּיט אֵלֶיךָ וְאִם־אֶרְאֶךָּ׃ וְעַתָּה קְחוּ־לִי מְנַגֵּן וְהָיָה כְּנַגֵּן
טז הַמְנַגֵּן וַתְּהִי עָלָיו יַד יְהוָה׃ וַיֹּאמֶר כֹּה אָמַר יְהוָה עָשֹׂה הַנַּחַל
יז הַזֶּה גֵּבִים ׀ גֵּבִים׃ כִּי־כֹה ׀ אָמַר יְהוָה לֹא־תִרְאוּ רוּחַ וְלֹא־
תִרְאוּ גֶשֶׁם וְהַנַּחַל הַהוּא יִמָּלֵא מָיִם וּשְׁתִיתֶם אַתֶּם וּמִקְנֵיכֶם
יח וּבְהֶמְתְּכֶם׃ וְנָקַל זֹאת בְּעֵינֵי יְהוָה וְנָתַן אֶת־מוֹאָב בְּיֶדְכֶם׃

יט וְהִכִּיתֶם כָּל־עִיר מִבְצָר וְכָל־עִיר מִבְחוֹר וְכָל־עֵץ טוֹב תַּפִּילוּ
וְכָל־מַעְיְנֵי־מַיִם תִּסְתֹּמוּ וְכֹל הַחֶלְקָה הַטּוֹבָה תַּכְאִבוּ
כ בָּאֲבָנִים: וַיְהִי בַבֹּקֶר כַּעֲלוֹת הַמִּנְחָה וְהִנֵּה־מַיִם בָּאִים מִדֶּרֶךְ
כא אֱדוֹם וַתִּמָּלֵא הָאָרֶץ אֶת־הַמָּיִם: וְכָל־מוֹאָב שָׁמְעוּ כִּי־עָלוּ
הַמְּלָכִים לְהִלָּחֶם בָּם וַיִּצָּעֲקוּ מִכֹּל חֹגֵר חֲגֹרָה וָמָעְלָה וַיַּעַמְדוּ
כב עַל־הַגְּבוּל: וַיַּשְׁכִּימוּ בַבֹּקֶר וְהַשֶּׁמֶשׁ זָרְחָה עַל־הַמָּיִם וַיִּרְאוּ
כג מוֹאָב מִנֶּגֶד אֶת־הַמַּיִם אֲדֻמִּים כַּדָּם: וַיֹּאמְרוּ דָּם זֶה הֶחָרֵב
נֶחֶרְבוּ הַמְּלָכִים וַיַּכּוּ אִישׁ אֶת־רֵעֵהוּ וְעַתָּה לַשָּׁלָל מוֹאָב:
כד וַיָּבֹאוּ אֶל־מַחֲנֵה יִשְׂרָאֵל וַיָּקֻמוּ יִשְׂרָאֵל וַיַּכּוּ אֶת־מוֹאָב וַיָּנֻסוּ
כה מִפְּנֵיהֶם ויבו־בָהּ וְהַכּוֹת אֶת־מוֹאָב: וְהֶעָרִים יַהֲרֹסוּ וְכָל־ וַיַּכּוּ־
חֶלְקָה טוֹבָה יַשְׁלִיכוּ אִישׁ־אַבְנוֹ וּמִלְאוּהָ וְכָל־מַעְיַן־מַיִם
יִסְתְּמוּ וְכָל־עֵץ־טוֹב יַפִּילוּ עַד־הִשְׁאִיר אֲבָנֶיהָ בַּקִּיר חֲרָשֶׂת
כו וַיָּסֹבּוּ הַקַּלָּעִים וַיַּכּוּהָ: וַיַּרְא מֶלֶךְ מוֹאָב כִּי־חָזַק מִמֶּנּוּ
הַמִּלְחָמָה וַיִּקַּח אוֹתוֹ שְׁבַע־מֵאוֹת אִישׁ שֹׁלֵף חֶרֶב לְהַבְקִיעַ
כז אֶל־מֶלֶךְ אֱדוֹם וְלֹא יָכֹלוּ: וַיִּקַּח אֶת־בְּנוֹ הַבְּכוֹר אֲשֶׁר־יִמְלֹךְ
תַּחְתָּיו וַיַּעֲלֵהוּ עֹלָה עַל־הַחֹמָה וַיְהִי קֶצֶף־גָּדוֹל עַל־יִשְׂרָאֵל
ד א וַיִּסְעוּ מֵעָלָיו וַיָּשֻׁבוּ לָאָרֶץ: וְאִשָּׁה אַחַת מִנְּשֵׁי
בְנֵי־הַנְּבִיאִים צָעֲקָה אֶל־אֱלִישָׁע לֵאמֹר עַבְדְּךָ אִישִׁי מֵת
וְאַתָּה יָדַעְתָּ כִּי עַבְדְּךָ הָיָה יָרֵא אֶת־יְהוָה וְהַנֹּשֶׁה בָּא לָקַחַת
ב אֶת־שְׁנֵי יְלָדַי לוֹ לַעֲבָדִים: וַיֹּאמֶר אֵלֶיהָ אֱלִישָׁע מָה אֶעֱשֶׂה־
לָּךְ הַגִּידִי לִי מַה־יֶּשׁ־לכי בַּבָּיִת וַתֹּאמֶר אֵין לְשִׁפְחָתְךָ כֹל לָךְ
ג בַּבַּיִת כִּי אִם־אָסוּךְ שָׁמֶן: וַיֹּאמֶר לְכִי שַׁאֲלִי־לָךְ כֵּלִים מִן־
ד הַחוּץ מֵאֵת כָּל־שכניכי כֵּלִים רֵקִים אַל־תַּמְעִיטִי: וּבָאת שְׁכֵנָיִךְ
וְסָגַרְתְּ הַדֶּלֶת בַּעֲדֵךְ וּבְעַד־בָּנַיִךְ וְיָצַקְתְּ עַל כָּל־הַכֵּלִים הָאֵלֶּה
ה וְהַמָּלֵא תַּסִּיעִי: וַתֵּלֶךְ מֵאִתּוֹ וַתִּסְגֹּר הַדֶּלֶת בַּעֲדָהּ וּבְעַד בָּנֶיהָ
ו הֵם מַגִּשִׁים אֵלֶיהָ וְהִיא מיצקת: וַיְהִי ׀ כִּמְלֹאת הַכֵּלִים מוֹצָקֶת
וַתֹּאמֶר אֶל־בְּנָהּ הַגִּישָׁה אֵלַי עוֹד כֶּלִי וַיֹּאמֶר אֵלֶיהָ אֵין עוֹד

ז כְּלִי וַיַּעֲמֹד הַשָּׁמֶן׃ וַתָּבֹא וַתַּגֵּד לְאִישׁ הָאֱלֹהִים וַיֹּאמֶר
לְכִי מִכְרִי אֶת־הַשֶּׁמֶן וְשַׁלְּמִי אֶת־נשיכי ואת בניכי תִּחְיִי (נִשְׁיֵךְ | וּבָנַיִךְ)
ח בַּנּוֹתָר׃ וַיְהִי הַיּוֹם וַיַּעֲבֹר אֱלִישָׁע אֶל־שׁוּנֵם
וְשָׁם אִשָּׁה גְדוֹלָה וַתַּחֲזֶק־בּוֹ לֶאֱכָל־לָחֶם וַיְהִי מִדֵּי עָבְרוֹ יָסֻר
ט שָׁמָּה לֶאֱכָל־לָחֶם׃ וַתֹּאמֶר אֶל־אִישָׁהּ הִנֵּה־נָא יָדַעְתִּי כִּי
י אִישׁ אֱלֹהִים קָדוֹשׁ הוּא עֹבֵר עָלֵינוּ תָּמִיד׃ נַעֲשֶׂה־נָּא עֲלִיַּת־
קִיר קְטַנָּה וְנָשִׂים לוֹ שָׁם מִטָּה וְשֻׁלְחָן וְכִסֵּא וּמְנוֹרָה וְהָיָה
יא בְּבֹאוֹ אֵלֵינוּ יָסוּר שָׁמָּה׃ וַיְהִי הַיּוֹם וַיָּבֹא שָׁמָּה וַיָּסַר אֶל־
יב הָעֲלִיָּה וַיִּשְׁכַּב־שָׁמָּה׃ וַיֹּאמֶר אֶל־גֵּיחֲזִי נַעֲרוֹ קְרָא לַשּׁוּנַמִּית
יג הַזֹּאת וַיִּקְרָא־לָהּ וַתַּעֲמֹד לְפָנָיו׃ וַיֹּאמֶר לוֹ אֱמָר־נָא אֵלֶיהָ
הִנֵּה חָרַדְתְּ ׀ אֵלֵינוּ אֶת־כָּל־הַחֲרָדָה הַזֹּאת מֶה לַעֲשׂוֹת לָךְ
הֲיֵשׁ לְדַבֶּר־לָךְ אֶל־הַמֶּלֶךְ אוֹ אֶל־שַׂר הַצָּבָא וַתֹּאמֶר בְּתוֹךְ
יד עַמִּי אָנֹכִי יֹשָׁבֶת׃ וַיֹּאמֶר וּמֶה לַעֲשׂוֹת לָהּ וַיֹּאמֶר גֵּיחֲזִי אֲבָל
טו בֵּן אֵין־לָהּ וְאִישָׁהּ זָקֵן׃ וַיֹּאמֶר קְרָא־לָהּ וַיִּקְרָא־לָהּ וַתַּעֲמֹד
טז בַּפָּתַח׃ וַיֹּאמֶר לַמּוֹעֵד הַזֶּה כָּעֵת חַיָּה אתי חֹבֶקֶת בֵּן וַתֹּאמֶר (אַתְּ)
יז אַל־אֲדֹנִי אִישׁ הָאֱלֹהִים אַל־תְּכַזֵּב בְּשִׁפְחָתֶךָ׃ וַתַּהַר הָאִשָּׁה
וַתֵּלֶד בֵּן לַמּוֹעֵד הַזֶּה כָּעֵת חַיָּה אֲשֶׁר־דִּבֶּר אֵלֶיהָ אֱלִישָׁע׃
יח יט וַיִּגְדַּל הַיָּלֶד וַיְהִי הַיּוֹם וַיֵּצֵא אֶל־אָבִיו אֶל־הַקֹּצְרִים׃ וַיֹּאמֶר
אֶל־אָבִיו רֹאשִׁי ׀ רֹאשִׁי וַיֹּאמֶר אֶל־הַנַּעַר שָׂאֵהוּ אֶל־אִמּוֹ׃
כ וַיִּשָּׂאֵהוּ וַיְבִיאֵהוּ אֶל־אִמּוֹ וַיֵּשֶׁב עַל־בִּרְכֶּיהָ עַד־הַצָּהֳרַיִם
כא וַיָּמֹת׃ וַתַּעַל וַתַּשְׁכִּבֵהוּ עַל־מִטַּת אִישׁ הָאֱלֹהִים וַתִּסְגֹּר בַּעֲדוֹ
כב וַתֵּצֵא׃ וַתִּקְרָא אֶל־אִישָׁהּ וַתֹּאמֶר שִׁלְחָה נָא לִי אֶחָד מִן־
הַנְּעָרִים וְאַחַת הָאֲתֹנוֹת וְאָרוּצָה עַד־אִישׁ הָאֱלֹהִים וְאָשׁוּבָה׃
כג וַיֹּאמֶר מַדּוּעַ אתי הלכתי אֵלָיו הַיּוֹם לֹא־חֹדֶשׁ וְלֹא שַׁבָּת (אַתְּ הֹלֶכֶת)
כד וַתֹּאמֶר שָׁלוֹם׃ וַתַּחֲבֹשׁ הָאָתוֹן וַתֹּאמֶר אֶל־נַעֲרָהּ נְהַג וָלֵךְ
כה אַל־תַּעֲצָר־לִי לִרְכֹּב כִּי אִם־אָמַרְתִּי לָךְ׃ וַתֵּלֶךְ וַתָּבוֹא אֶל־
אִישׁ הָאֱלֹהִים אֶל־הַר הַכַּרְמֶל וַיְהִי כִּרְאוֹת אִישׁ־הָאֱלֹהִים

כו אַתָּה מִנֶּגֶד וַיֹּאמֶר אֶל־גֵּיחֲזִי נַעֲרוֹ הִנֵּה הַשּׁוּנַמִּית הַלָּז׃ עַתָּה כא
רוּץ־נָא לִקְרָאתָהּ וֶאֱמָר־לָהּ הֲשָׁלוֹם לָךְ הֲשָׁלוֹם לְאִישֵׁךְ
כז הֲשָׁלוֹם לַיָּלֶד וַתֹּאמֶר שָׁלוֹם׃ וַתָּבֹא אֶל־אִישׁ הָאֱלֹהִים אֶל־
הָהָר וַתַּחֲזֵק בְּרַגְלָיו וַיִּגַּשׁ גֵּיחֲזִי לְהָדְפָהּ וַיֹּאמֶר אִישׁ הָאֱלֹהִים
הַרְפֵּה־לָהּ כִּי־נַפְשָׁהּ מָרָה־לָהּ וַיהוָה הֶעְלִים מִמֶּנִּי וְלֹא הִגִּיד
כח לִי׃ וַתֹּאמֶר הֲשָׁאַלְתִּי בֵן מֵאֵת אֲדֹנִי הֲלֹא אָמַרְתִּי לֹא תַשְׁלֶה
כט אֹתִי׃ וַיֹּאמֶר לְגֵיחֲזִי חֲגֹר מָתְנֶיךָ וְקַח מִשְׁעַנְתִּי בְיָדְךָ וָלֵךְ כִּי־
תִמְצָא אִישׁ לֹא תְבָרְכֶנּוּ וְכִי־יְבָרֶכְךָ אִישׁ לֹא תַעֲנֶנּוּ וְשַׂמְתָּ
ל מִשְׁעַנְתִּי עַל־פְּנֵי הַנָּעַר׃ וַתֹּאמֶר אֵם הַנַּעַר חַי־יְהוָה וְחֵי־נַפְשְׁךָ
לא אִם־אֶעֶזְבֶךָּ וַיָּקָם וַיֵּלֶךְ אַחֲרֶיהָ׃ וְגֵחֲזִי עָבַר לִפְנֵיהֶם וַיָּשֶׂם אֶת־
הַמִּשְׁעֶנֶת עַל־פְּנֵי הַנַּעַר וְאֵין קוֹל וְאֵין קָשֶׁב וַיָּשָׁב לִקְרָאתוֹ
לב וַיַּגֶּד־לוֹ לֵאמֹר לֹא הֵקִיץ הַנָּעַר׃ וַיָּבֹא אֱלִישָׁע הַבָּיְתָה וְהִנֵּה
לג הַנַּעַר מֵת מֻשְׁכָּב עַל־מִטָּתוֹ׃ וַיָּבֹא וַיִּסְגֹּר הַדֶּלֶת בְּעַד שְׁנֵיהֶם
לד וַיִּתְפַּלֵּל אֶל־יְהוָה׃ וַיַּעַל וַיִּשְׁכַּב עַל־הַיֶּלֶד וַיָּשֶׂם פִּיו עַל־פִּיו
וְעֵינָיו עַל־עֵינָיו וְכַפָּיו עַל־כַּפָּו וַיִּגְהַר עָלָיו וַיָּחָם בְּשַׂר הַיָּלֶד׃
לה וַיָּשָׁב וַיֵּלֶךְ בַּבַּיִת אַחַת הֵנָּה וְאַחַת הֵנָּה וַיַּעַל וַיִּגְהַר עָלָיו וַיְזוֹרֵר
לו הַנַּעַר עַד־שֶׁבַע פְּעָמִים וַיִּפְקַח הַנַּעַר אֶת־עֵינָיו׃ וַיִּקְרָא אֶל־
גֵּיחֲזִי וַיֹּאמֶר קְרָא אֶל־הַשֻּׁנַמִּית הַזֹּאת וַיִּקְרָאֶהָ וַתָּבוֹא אֵלָיו
לז וַיֹּאמֶר שְׂאִי בְנֵךְ׃ וַתָּבֹא וַתִּפֹּל עַל־רַגְלָיו וַתִּשְׁתַּחוּ אָרְצָה
לח וַתִּשָּׂא אֶת־בְּנָהּ וַתֵּצֵא׃ וֶאֱלִישָׁע שָׁב הַגִּלְגָּלָה
וְהָרָעָב בָּאָרֶץ וּבְנֵי הַנְּבִיאִים יֹשְׁבִים לְפָנָיו וַיֹּאמֶר לְנַעֲרוֹ שְׁפֹת
לט הַסִּיר הַגְּדוֹלָה וּבַשֵּׁל נָזִיד לִבְנֵי הַנְּבִיאִים׃ וַיֵּצֵא אֶחָד אֶל־
הַשָּׂדֶה לְלַקֵּט אֹרֹת וַיִּמְצָא גֶּפֶן שָׂדֶה וַיְלַקֵּט מִמֶּנּוּ פַּקֻּעֹת שָׂדֶה
מ מְלֹא בִגְדוֹ וַיָּבֹא וַיְפַלַּח אֶל־סִיר הַנָּזִיד כִּי־לֹא יָדָעוּ׃ וַיִּצְקוּ
לַאֲנָשִׁים לֶאֱכוֹל וַיְהִי כְּאָכְלָם מֵהַנָּזִיד וְהֵמָּה צָעָקוּ וַיֹּאמְרוּ מָוֶת
מא בַּסִּיר אִישׁ הָאֱלֹהִים וְלֹא יָכְלוּ לֶאֱכֹל׃ וַיֹּאמֶר וּקְחוּ־קֶמַח
וַיַּשְׁלֵךְ אֶל־הַסִּיר וַיֹּאמֶר צַק לָעָם וְיֹאכֵלוּ וְלֹא הָיָה דָּבָר רָע

בַּסִּיר׃ וְאִישׁ בָּא מִבַּעַל שָׁלִשָׁה וַיָּבֵא לְאִישׁ מב
הָאֱלֹהִים לֶחֶם בִּכּוּרִים עֶשְׂרִים־לֶחֶם שְׂעֹרִים וְכַרְמֶל בְּצִקְלֹנוֹ
וַיֹּאמֶר תֵּן לָעָם וְיֹאכֵלוּ׃ וַיֹּאמֶר מְשָׁרְתוֹ מָה אֶתֵּן זֶה לִפְנֵי מֵאָה מג
אִישׁ וַיֹּאמֶר תֵּן לָעָם וְיֹאכֵלוּ כִּי כֹה אָמַר יְהוָה אָכֹל וְהוֹתֵר׃
וַיִּתֵּן לִפְנֵיהֶם וַיֹּאכְלוּ וַיּוֹתִרוּ כִּדְבַר יְהוָה׃ וְנַעֲמָן מד ה א
שַׂר־צְבָא מֶלֶךְ־אֲרָם הָיָה אִישׁ גָּדוֹל לִפְנֵי אֲדֹנָיו וּנְשֻׂא פָנִים
כִּי־בוֹ נָתַן־יְהוָה תְּשׁוּעָה לַאֲרָם וְהָאִישׁ הָיָה גִּבּוֹר חַיִל מְצֹרָע׃
וַאֲרָם יָצְאוּ גְדוּדִים וַיִּשְׁבּוּ מֵאֶרֶץ יִשְׂרָאֵל נַעֲרָה קְטַנָּה וַתְּהִי ב
לִפְנֵי אֵשֶׁת נַעֲמָן׃ וַתֹּאמֶר אֶל־גְּבִרְתָּהּ אַחֲלֵי אֲדֹנִי לִפְנֵי ג
הַנָּבִיא אֲשֶׁר בְּשֹׁמְרוֹן אָז יֶאֱסֹף אֹתוֹ מִצָּרַעְתּוֹ׃ וַיָּבֹא וַיַּגֵּד ד
לַאדֹנָיו לֵאמֹר כָּזֹאת וְכָזֹאת דִּבְּרָה הַנַּעֲרָה אֲשֶׁר מֵאֶרֶץ
יִשְׂרָאֵל׃ וַיֹּאמֶר מֶלֶךְ־אֲרָם לֶךְ־בֹּא וְאֶשְׁלְחָה סֵפֶר אֶל־מֶלֶךְ ה
יִשְׂרָאֵל וַיֵּלֶךְ וַיִּקַּח בְּיָדוֹ עֶשֶׂר כִּכְּרֵי־כֶסֶף וְשֵׁשֶׁת אֲלָפִים זָהָב
וְעֶשֶׂר חֲלִיפוֹת בְּגָדִים׃ וַיָּבֵא הַסֵּפֶר אֶל־מֶלֶךְ יִשְׂרָאֵל לֵאמֹר ו
וְעַתָּה כְּבוֹא הַסֵּפֶר הַזֶּה אֵלֶיךָ הִנֵּה שָׁלַחְתִּי אֵלֶיךָ אֶת־נַעֲמָן
עַבְדִּי וַאֲסַפְתּוֹ מִצָּרַעְתּוֹ׃ וַיְהִי כִּקְרֹא מֶלֶךְ־יִשְׂרָאֵל אֶת־ ז
הַסֵּפֶר וַיִּקְרַע בְּגָדָיו וַיֹּאמֶר הַאֱלֹהִים אָנִי לְהָמִית וּלְהַחֲיוֹת כִּי־
זֶה שֹׁלֵחַ אֵלַי לֶאֱסֹף אִישׁ מִצָּרַעְתּוֹ כִּי אַךְ־דְּעוּ־נָא וּרְאוּ כִּי־
מִתְאַנֶּה הוּא לִי׃ וַיְהִי כִּשְׁמֹעַ ׀ אֱלִישָׁע אִישׁ־הָאֱלֹהִים כִּי־קָרַע ח
מֶלֶךְ־יִשְׂרָאֵל אֶת־בְּגָדָיו וַיִּשְׁלַח אֶל־הַמֶּלֶךְ לֵאמֹר לָמָּה
קָרַעְתָּ בְּגָדֶיךָ יָבֹא־נָא אֵלַי וְיֵדַע כִּי יֵשׁ נָבִיא בְּיִשְׂרָאֵל׃ וַיָּבֹא ט
נַעֲמָן בְּסוּסָו וּבְרִכְבּוֹ וַיַּעֲמֹד פֶּתַח־הַבַּיִת לֶאֱלִישָׁע׃ וַיִּשְׁלַח י
אֵלָיו אֱלִישָׁע מַלְאָךְ לֵאמֹר הָלוֹךְ וְרָחַצְתָּ שֶׁבַע־פְּעָמִים בַּיַּרְדֵּן
וְיָשֹׁב בְּשָׂרְךָ לְךָ וּטְהָר׃ וַיִּקְצֹף נַעֲמָן וַיֵּלַךְ וַיֹּאמֶר הִנֵּה אָמַרְתִּי יא
אֵלַי ׀ יֵצֵא יָצוֹא וְעָמַד וְקָרָא בְּשֵׁם־יְהוָה אֱלֹהָיו וְהֵנִיף יָדוֹ אֶל־
אֲמָנָה הַמָּקוֹם וְאָסַף הַמְּצֹרָע׃ הֲלֹא טוֹב אבנה וּפַרְפַּר נַהֲרוֹת דַּמֶּשֶׂק יב
מִכֹּל מֵימֵי יִשְׂרָאֵל הֲלֹא־אֶרְחַץ בָּהֶם וְטָהָרְתִּי וַיִּפֶן וַיֵּלֶךְ

יג בְּחֵמָה: וַיִּגְּשׁוּ עֲבָדָיו וַיְדַבְּרוּ אֵלָיו וַיֹּאמְרוּ אָבִי דָּבָר גָּדוֹל
הַנָּבִיא דִּבֶּר אֵלֶיךָ הֲלוֹא תַעֲשֶׂה וְאַף כִּי־אָמַר אֵלֶיךָ רְחַץ
יד וּטְהָר: וַיֵּרֶד וַיִּטְבֹּל בַּיַּרְדֵּן שֶׁבַע פְּעָמִים כִּדְבַר אִישׁ הָאֱלֹהִים
טו וַיָּשָׁב בְּשָׂרוֹ כִּבְשַׂר נַעַר קָטֹן וַיִּטְהָר: וַיָּשָׁב אֶל־אִישׁ הָאֱלֹהִים
הוּא וְכָל־מַחֲנֵהוּ וַיָּבֹא וַיַּעֲמֹד לְפָנָיו וַיֹּאמֶר הִנֵּה־נָא יָדַעְתִּי כִּי
אֵין אֱלֹהִים בְּכָל־הָאָרֶץ כִּי אִם־בְּיִשְׂרָאֵל וְעַתָּה קַח־נָא
טז בְרָכָה מֵאֵת עַבְדֶּךָ: וַיֹּאמֶר חַי־יהוה אֲשֶׁר־עָמַדְתִּי לְפָנָיו אִם־
יז אֶקָּח וַיִּפְצַר־בּוֹ לָקַחַת וַיְמָאֵן: וַיֹּאמֶר נַעֲמָן וָלֹא יֻתַּן־נָא
לְעַבְדְּךָ מַשָּׂא צֶמֶד־פְּרָדִים אֲדָמָה כִּי לוֹא־יַעֲשֶׂה עוֹד עַבְדְּךָ
יח עֹלָה וָזֶבַח לֵאלֹהִים אֲחֵרִים כִּי אִם־לַיהוה: לַדָּבָר הַזֶּה יִסְלַח
יהוה לְעַבְדֶּךָ בְּבוֹא אֲדֹנִי בֵית־רִמּוֹן לְהִשְׁתַּחֲוֺת שָׁמָּה וְהוּא ׀
נִשְׁעָן עַל־יָדִי וְהִשְׁתַּחֲוֵיתִי בֵּית רִמֹּן בְּהִשְׁתַּחֲוָיָתִי בֵּית רִמֹּן
יט יִסְלַח־נָא־יהוה לְעַבְדְּךָ בַּדָּבָר הַזֶּה: וַיֹּאמֶר לוֹ לֵךְ לְשָׁלוֹם
כ וַיֵּלֶךְ מֵאִתּוֹ כִּבְרַת אָרֶץ: וַיֹּאמֶר גֵּיחֲזִי נַעַר
אֱלִישָׁע אִישׁ־הָאֱלֹהִים הִנֵּה ׀ חָשַׂךְ אֲדֹנִי אֶת־נַעֲמָן הָאֲרַמִּי
הַזֶּה מִקַּחַת מִיָּדוֹ אֵת אֲשֶׁר־הֵבִיא חַי־יהוה כִּי־אִם־רַצְתִּי
כא אַחֲרָיו וְלָקַחְתִּי מֵאִתּוֹ מְאוּמָה: וַיִּרְדֹּף גֵּיחֲזִי אַחֲרֵי נַעֲמָן
וַיִּרְאֶה נַעֲמָן רָץ אַחֲרָיו וַיִּפֹּל מֵעַל הַמֶּרְכָּבָה לִקְרָאתוֹ וַיֹּאמֶר
כב הֲשָׁלוֹם: וַיֹּאמֶר ׀ שָׁלוֹם אֲדֹנִי שְׁלָחַנִי לֵאמֹר הִנֵּה עַתָּה זֶה בָּאוּ
אֵלַי שְׁנֵי־נְעָרִים מֵהַר אֶפְרַיִם מִבְּנֵי הַנְּבִיאִים תְּנָה־נָּא לָהֶם
כג כִּכַּר־כֶּסֶף וּשְׁתֵּי חֲלִפוֹת בְּגָדִים: וַיֹּאמֶר נַעֲמָן הוֹאֵל קַח
כִּכָּרָיִם וַיִּפְרָץ־בּוֹ וַיָּצַר כִּכְּרַיִם כֶּסֶף בִּשְׁנֵי חֲרִטִים וּשְׁתֵּי חֲלִפוֹת
כד בְּגָדִים וַיִּתֵּן אֶל־שְׁנֵי נְעָרָיו וַיִּשְׂאוּ לְפָנָיו: וַיָּבֹא אֶל־הָעֹפֶל וַיִּקַּח
כה מִיָּדָם וַיַּפְקֵד בַּבָּיִת וַיְשַׁלַּח אֶת־הָאֲנָשִׁים וַיֵּלֵכוּ: וְהוּא־בָא
וַיַּעֲמֹד אֶל־אֲדֹנָיו וַיֹּאמֶר אֵלָיו אֱלִישָׁע מֵאַן גֵּחֲזִי וַיֹּאמֶר לֹא־ מֵאַיִן
כו הָלַךְ עַבְדְּךָ אָנֶה וָאָנָה: וַיֹּאמֶר אֵלָיו לֹא־לִבִּי הָלַךְ כַּאֲשֶׁר
הָפַךְ־אִישׁ מֵעַל מֶרְכַּבְתּוֹ לִקְרָאתֶךָ הַעֵת לָקַחַת אֶת־הַכֶּסֶף

וְלָקַחַת בְּגָדִים וְזֵיתִים וּכְרָמִים וְצֹאן וּבָקָר וַעֲבָדִים וּשְׁפָחוֹת:
כז וְצָרַעַת נַעֲמָן תִּדְבַּק־בְּךָ וּבְזַרְעֲךָ לְעוֹלָם וַיֵּצֵא מִלְּפָנָיו מְצֹרָע
ו א כַּשָּׁלֶג: וַיֹּאמְרוּ בְנֵי־הַנְּבִיאִים אֶל־אֱלִישָׁע הִנֵּה־
ב נָא הַמָּקוֹם אֲשֶׁר אֲנַחְנוּ יֹשְׁבִים שָׁם לְפָנֶיךָ צַר מִמֶּנּוּ: נֵלְכָה־
נָּא עַד־הַיַּרְדֵּן וְנִקְחָה מִשָּׁם אִישׁ קוֹרָה אֶחָת וְנַעֲשֶׂה־לָּנוּ שָׁם
ג מָקוֹם לָשֶׁבֶת שָׁם וַיֹּאמֶר לֵכוּ: וַיֹּאמֶר הָאֶחָד הוֹאֶל נָא וְלֵךְ
ד אֶת־עֲבָדֶיךָ וַיֹּאמֶר אֲנִי אֵלֵךְ: וַיֵּלֶךְ אִתָּם וַיָּבֹאוּ הַיַּרְדֵּנָה
ה וַיִּגְזְרוּ הָעֵצִים: וַיְהִי הָאֶחָד מַפִּיל הַקּוֹרָה וְאֶת־הַבַּרְזֶל נָפַל
ו אֶל־הַמָּיִם וַיִּצְעַק וַיֹּאמֶר אֲהָהּ אֲדֹנִי וְהוּא שָׁאוּל: וַיֹּאמֶר
אִישׁ־הָאֱלֹהִים אָנָה נָפָל וַיַּרְאֵהוּ אֶת־הַמָּקוֹם וַיִּקְצָב־עֵץ
ז וַיַּשְׁלֶךְ־שָׁמָּה וַיָּצֶף הַבַּרְזֶל: וַיֹּאמֶר הָרֶם לָךְ וַיִּשְׁלַח יָדוֹ
ח וַיִּקָּחֵהוּ: וּמֶלֶךְ אֲרָם הָיָה נִלְחָם בְּיִשְׂרָאֵל וַיִּוָּעַץ
ט אֶל־עֲבָדָיו לֵאמֹר אֶל־מְקוֹם פְּלֹנִי אַלְמֹנִי תַּחֲנֹתִי: וַיִּשְׁלַח אִישׁ
הָאֱלֹהִים אֶל־מֶלֶךְ יִשְׂרָאֵל לֵאמֹר הִשָּׁמֶר מֵעֲבֹר הַמָּקוֹם הַזֶּה
י כִּי־שָׁם אֲרָם נְחִתִּים: וַיִּשְׁלַח מֶלֶךְ יִשְׂרָאֵל אֶל־הַמָּקוֹם אֲשֶׁר
אָמַר־לוֹ אִישׁ־הָאֱלֹהִים וְהִזְהִירֹה וְנִשְׁמַר שָׁם לֹא־אַחַת וְלֹא
יא שְׁתָּיִם: וַיִּסָּעֵר לֵב מֶלֶךְ־אֲרָם עַל־הַדָּבָר הַזֶּה וַיִּקְרָא אֶל־
עֲבָדָיו וַיֹּאמֶר אֲלֵיהֶם הֲלוֹא תַּגִּידוּ לִי מִי מִשֶּׁלָּנוּ אֶל־מֶלֶךְ
יב יִשְׂרָאֵל: וַיֹּאמֶר אַחַד מֵעֲבָדָיו לוֹא אֲדֹנִי הַמֶּלֶךְ כִּי־אֱלִישָׁע
הַנָּבִיא אֲשֶׁר בְּיִשְׂרָאֵל יַגִּיד לְמֶלֶךְ יִשְׂרָאֵל אֶת־הַדְּבָרִים אֲשֶׁר
יג תְּדַבֵּר בַּחֲדַר מִשְׁכָּבֶךָ: וַיֹּאמֶר לְכוּ וּרְאוּ אֵיכֹה הוּא וְאֶשְׁלַח
יד וְאֶקָּחֵהוּ וַיֻּגַּד־לוֹ לֵאמֹר הִנֵּה בְדֹתָן: וַיִּשְׁלַח שָׁמָּה סוּסִים וְרֶכֶב
טו וְחַיִל כָּבֵד וַיָּבֹאוּ לַיְלָה וַיַּקִּפוּ עַל־הָעִיר: וַיַּשְׁכֵּם מְשָׁרֵת אִישׁ
הָאֱלֹהִים לָקוּם וַיֵּצֵא וְהִנֵּה־חַיִל סוֹבֵב אֶת־הָעִיר וְסוּס וָרָכֶב
טז וַיֹּאמֶר נַעֲרוֹ אֵלָיו אֲהָהּ אֲדֹנִי אֵיכָה נַעֲשֶׂה: וַיֹּאמֶר אַל־תִּירָא
יז כִּי רַבִּים אֲשֶׁר אִתָּנוּ מֵאֲשֶׁר אוֹתָם: וַיִּתְפַּלֵּל אֱלִישָׁע וַיֹּאמַר
יְהוָה פְּקַח־נָא אֶת־עֵינָיו וְיִרְאֶה וַיִּפְקַח יְהוָה אֶת־עֵינֵי הַנַּעַר

וַיַּרְא וְהִנֵּה הָהָר מָלֵא סוּסִים וְרֶכֶב אֵשׁ סְבִיבֹת אֱלִישָׁע׃
יח וַיֵּרְדוּ אֵלָיו וַיִּתְפַּלֵּל אֱלִישָׁע אֶל־יהוה וַיֹּאמַר הַךְ־נָא אֶת־
יט הַגּוֹי־הַזֶּה בַּסַּנְוֵרִים וַיַּכֵּם בַּסַּנְוֵרִים כִּדְבַר אֱלִישָׁע׃ וַיֹּאמֶר
אֲלֵהֶם אֱלִישָׁע לֹא זֶה הַדֶּרֶךְ וְלֹא־זֹה הָעִיר לְכוּ אַחֲרַי
וְאוֹלִיכָה אֶתְכֶם אֶל־הָאִישׁ אֲשֶׁר תְּבַקֵּשׁוּן וַיֹּלֶךְ אוֹתָם
כ שֹׁמְרוֹנָה׃ וַיְהִי כְּבֹאָם שֹׁמְרוֹן וַיֹּאמֶר אֱלִישָׁע יהוה פְּקַח אֶת־
עֵינֵי־אֵלֶּה וְיִרְאוּ וַיִּפְקַח יהוה אֶת־עֵינֵיהֶם וַיִּרְאוּ וְהִנֵּה בְּתוֹךְ
כא שֹׁמְרוֹן׃ וַיֹּאמֶר מֶלֶךְ־יִשְׂרָאֵל אֶל־אֱלִישָׁע כִּרְאֹתוֹ אוֹתָם
כב הַאַכֶּה אַכֶּה אָבִי׃ וַיֹּאמֶר לֹא תַכֶּה הַאֲשֶׁר שָׁבִיתָ בְּחַרְבְּךָ
וּבְקַשְׁתְּךָ אַתָּה מַכֶּה שִׂים לֶחֶם וָמַיִם לִפְנֵיהֶם וְיֹאכְלוּ וְיִשְׁתּוּ
כג וְיֵלְכוּ אֶל־אֲדֹנֵיהֶם׃ וַיִּכְרֶה לָהֶם כֵּרָה גְדוֹלָה וַיֹּאכְלוּ וַיִּשְׁתּוּ כב
וַיְשַׁלְּחֵם וַיֵּלְכוּ אֶל־אֲדֹנֵיהֶם וְלֹא־יָסְפוּ עוֹד גְּדוּדֵי אֲרָם לָבוֹא
כד בְּאֶרֶץ יִשְׂרָאֵל׃ וַיְהִי אַחֲרֵי־כֵן וַיִּקְבֹּץ בֶּן־הֲדַד
כה מֶלֶךְ־אֲרָם אֶת־כָּל־מַחֲנֵהוּ וַיַּעַל וַיָּצַר עַל־שֹׁמְרוֹן׃ וַיְהִי רָעָב
גָּדוֹל בְּשֹׁמְרוֹן וְהִנֵּה צָרִים עָלֶיהָ עַד הֱיוֹת רֹאשׁ־חֲמוֹר בִּשְׁמֹנִים
כו כֶּסֶף וְרֹבַע הַקַּב חרייונים בַּחֲמִשָּׁה כָסֶף׃ וַיְהִי מֶלֶךְ יִשְׂרָאֵל דִּבְיוֹנִים
עֹבֵר עַל־הַחֹמָה וְאִשָּׁה צָעֲקָה אֵלָיו לֵאמֹר הוֹשִׁיעָה אֲדֹנִי
כז הַמֶּלֶךְ׃ וַיֹּאמֶר אַל־יוֹשִׁעֵךְ יהוה מֵאַיִן אוֹשִׁיעֵךְ הֲמִן־הַגֹּרֶן אוֹ
כח מִן־הַיָּקֶב׃ וַיֹּאמֶר־לָהּ הַמֶּלֶךְ מַה־לָּךְ וַתֹּאמֶר הָאִשָּׁה הַזֹּאת
אָמְרָה אֵלַי תְּנִי אֶת־בְּנֵךְ וְנֹאכְלֶנּוּ הַיּוֹם וְאֶת־בְּנִי נֹאכַל מָחָר׃
כט וַנְּבַשֵּׁל אֶת־בְּנִי וַנֹּאכְלֵהוּ וָאֹמַר אֵלֶיהָ בַּיּוֹם הָאַחֵר תְּנִי אֶת־
ל בְּנֵךְ וְנֹאכְלֶנּוּ וַתַּחְבִּא אֶת־בְּנָהּ׃ וַיְהִי כִשְׁמֹעַ הַמֶּלֶךְ אֶת־דִּבְרֵי
הָאִשָּׁה וַיִּקְרַע אֶת־בְּגָדָיו וְהוּא עֹבֵר עַל־הַחֹמָה וַיַּרְא הָעָם
לא וְהִנֵּה הַשַּׂק עַל־בְּשָׂרוֹ מִבָּיִת׃ וַיֹּאמֶר כֹּה־יַעֲשֶׂה־לִּי אֱלֹהִים
וְכֹה יוֹסִף אִם־יַעֲמֹד רֹאשׁ אֱלִישָׁע בֶּן־שָׁפָט עָלָיו הַיּוֹם׃
לב וֶאֱלִישָׁע יֹשֵׁב בְּבֵיתוֹ וְהַזְּקֵנִים יֹשְׁבִים אִתּוֹ וַיִּשְׁלַח אִישׁ מִלְּפָנָיו
בְּטֶרֶם יָבֹא הַמַּלְאָךְ אֵלָיו וְהוּא ׀ אָמַר אֶל־הַזְּקֵנִים הַרְּאִיתֶם

כִּֽי־שָׁלַח בֶּן־הַֽמְרַצֵּחַ הַזֶּה לְהָסִיר אֶת־רֹאשִׁי רְאוּ ׀ כְּבֹא
הַמַּלְאָךְ סִגְרוּ הַדֶּלֶת וּלְחַצְתֶּם אֹתוֹ בַּדֶּלֶת הֲלוֹא קוֹל רַגְלֵי
אֲדֹנָיו אַחֲרָיו׃ עוֹדֶנּוּ מְדַבֵּר עִמָּם וְהִנֵּה הַמַּלְאָךְ יֹרֵד אֵלָיו לג
וַיֹּאמֶר הִנֵּה־זֹאת הָרָעָה מֵאֵת יהוה מָה־אוֹחִיל לַיהוה
עוֹד׃ וַיֹּאמֶר אֱלִישָׁע שִׁמְעוּ דְּבַר־יהוה כֹּה ׀ ז א
אָמַר יהוה כָּעֵת ׀ מָחָר סְאָה־סֹלֶת בְּשֶׁקֶל וְסָאתַיִם שְׂעֹרִים
בְּשֶׁקֶל בְּשַׁעַר שֹׁמְרוֹן׃ וַיַּעַן הַשָּׁלִישׁ אֲשֶׁר לַמֶּלֶךְ נִשְׁעָן עַל־ ב
יָדוֹ אֶת־אִישׁ הָאֱלֹהִים וַיֹּאמַר הִנֵּה יהוה עֹשֶׂה אֲרֻבּוֹת בַּשָּׁמַיִם
הֲיִהְיֶה הַדָּבָר הַזֶּה וַיֹּאמֶר הִנְּכָה רֹאֶה בְּעֵינֶיךָ וּמִשָּׁם לֹא
תֹאכֵל׃ וְאַרְבָּעָה אֲנָשִׁים הָיוּ מְצֹרָעִים פֶּתַח ג
הַשָּׁעַר וַיֹּאמְרוּ אִישׁ אֶל־רֵעֵהוּ מָה אֲנַחְנוּ יֹשְׁבִים פֹּה עַד־
מָתְנוּ׃ אִם־אָמַרְנוּ נָבוֹא הָעִיר וְהָרָעָב בָּעִיר וָמַתְנוּ שָׁם וְאִם־ ד
יָשַׁבְנוּ פֹה וָמָתְנוּ וְעַתָּה לְכוּ וְנִפְּלָה אֶל־מַחֲנֵה אֲרָם אִם־יְחַיֻּנוּ
נִחְיֶה וְאִם־יְמִיתֻנוּ וָמָתְנוּ׃ וַיָּקֻמוּ בַנֶּשֶׁף לָבוֹא אֶל־מַחֲנֵה אֲרָם ה
וַיָּבֹאוּ עַד־קְצֵה מַחֲנֵה אֲרָם וְהִנֵּה אֵין־שָׁם אִישׁ׃ וַאדֹנָי ו
הִשְׁמִיעַ ׀ אֶת־מַחֲנֵה אֲרָם קוֹל רֶכֶב קוֹל סוּס קוֹל חַיִל גָּדוֹל
וַיֹּאמְרוּ אִישׁ אֶל־אָחִיו הִנֵּה שָׂכַר־עָלֵינוּ מֶלֶךְ יִשְׂרָאֵל אֶת־
מַלְכֵי הַחִתִּים וְאֶת־מַלְכֵי מִצְרַיִם לָבוֹא עָלֵינוּ׃ וַיָּקוּמוּ וַיָּנוּסוּ ז
בַנֶּשֶׁף וַיַּעַזְבוּ אֶת־אָהֳלֵיהֶם וְאֶת־סוּסֵיהֶם וְאֶת־חֲמֹרֵיהֶם
הַמַּחֲנֶה כַּאֲשֶׁר הִיא וַיָּנֻסוּ אֶל־נַפְשָׁם׃ וַיָּבֹאוּ הַמְצֹרָעִים הָאֵלֶּה ח
עַד־קְצֵה הַמַּחֲנֶה וַיָּבֹאוּ אֶל־אֹהֶל אֶחָד וַיֹּאכְלוּ וַיִּשְׁתּוּ וַיִּשְׂאוּ
מִשָּׁם כֶּסֶף וְזָהָב וּבְגָדִים וַיֵּלְכוּ וַיַּטְמִנוּ וַיָּשֻׁבוּ וַיָּבֹאוּ אֶל־אֹהֶל
אַחֵר וַיִּשְׂאוּ מִשָּׁם וַיֵּלְכוּ וַיַּטְמִנוּ׃ וַיֹּאמְרוּ אִישׁ אֶל־רֵעֵהוּ לֹא־ ט
כֵן ׀ אֲנַחְנוּ עֹשִׂים הַיּוֹם הַזֶּה יוֹם־בְּשֹׂרָה הוּא וַאֲנַחְנוּ מַחְשִׁים
וְחִכִּינוּ עַד־אוֹר הַבֹּקֶר וּמְצָאָנוּ עָווֹן וְעַתָּה לְכוּ וְנָבֹאָה וְנַגִּידָה
בֵּית הַמֶּלֶךְ׃ וַיָּבֹאוּ וַיִּקְרְאוּ אֶל־שֹׁעֵר הָעִיר וַיַּגִּידוּ לָהֶם לֵאמֹר י
בָּאנוּ אֶל־מַחֲנֵה אֲרָם וְהִנֵּה אֵין־שָׁם אִישׁ וְקוֹל אָדָם כִּי אִם־

יא הַסּוּס אָסוּר וְהַחֲמוֹר אָסוּר וְאֹהָלִים כַּאֲשֶׁר הֵמָּה׃ וַיִּקְרָא
יב הַשֹּׁעֲרִים וַיַּגִּידוּ בֵּית הַמֶּלֶךְ פְּנִימָה׃ וַיָּקָם הַמֶּלֶךְ לַיְלָה וַיֹּאמֶר
אֶל־עֲבָדָיו אַגִּידָה־נָּא לָכֶם אֵת אֲשֶׁר־עָשׂוּ לָנוּ אֲרָם יָדְעוּ
כִּי־רְעֵבִים אֲנַחְנוּ וַיֵּצְאוּ מִן־הַמַּחֲנֶה לְהֵחָבֵה בהשדה לֵאמֹר בַשָּׂדֶה
יג כִּי־יֵצְאוּ מִן־הָעִיר וְנִתְפְּשֵׂם חַיִּים וְאֶל־הָעִיר נָבֹא׃ וַיַּעַן אֶחָד
מֵעֲבָדָיו וַיֹּאמֶר וְיִקְחוּ־נָא חֲמִשָּׁה מִן־הַסּוּסִים הַנִּשְׁאָרִים
אֲשֶׁר נִשְׁאֲרוּ־בָהּ הִנָּם כְּכָל־ההמון יִשְׂרָאֵל אֲשֶׁר נִשְׁאֲרוּ־בָהּ הֶהָמוֹן
יד הִנָּם כְּכָל־הֲמוֹן יִשְׂרָאֵל אֲשֶׁר־תָּמּוּ וְנִשְׁלְחָה וְנִרְאֶה׃ וַיִּקְחוּ
שְׁנֵי רֶכֶב סוּסִים וַיִּשְׁלַח הַמֶּלֶךְ אַחֲרֵי מַחֲנֵה־אֲרָם לֵאמֹר לְכוּ
טו וּרְאוּ׃ וַיֵּלְכוּ אַחֲרֵיהֶם עַד־הַיַּרְדֵּן וְהִנֵּה כָל־הַדֶּרֶךְ מְלֵאָה
בְגָדִים וְכֵלִים אֲשֶׁר־הִשְׁלִיכוּ אֲרָם בהחפזם וַיָּשֻׁבוּ הַמַּלְאָכִים בְּחָפְזָם
טז וַיַּגִּדוּ לַמֶּלֶךְ׃ וַיֵּצֵא הָעָם וַיָּבֹזּוּ אֵת מַחֲנֵה אֲרָם וַיְהִי סְאָה־סֹלֶת כג
יז בְּשֶׁקֶל וְסָאתַיִם שְׂעֹרִים בְּשֶׁקֶל כִּדְבַר יְהוָה׃ וְהַמֶּלֶךְ הִפְקִיד
אֶת־הַשָּׁלִישׁ אֲשֶׁר־נִשְׁעָן עַל־יָדוֹ עַל־הַשַּׁעַר וַיִּרְמְסֻהוּ הָעָם
בַּשַּׁעַר וַיָּמֹת כַּאֲשֶׁר דִּבֶּר אִישׁ הָאֱלֹהִים אֲשֶׁר דִּבֶּר בְּרֶדֶת
יח הַמֶּלֶךְ אֵלָיו׃ וַיְהִי כְּדַבֵּר אִישׁ הָאֱלֹהִים אֶל־הַמֶּלֶךְ לֵאמֹר
סָאתַיִם שְׂעֹרִים בְּשֶׁקֶל וּסְאָה־סֹלֶת בְּשֶׁקֶל יִהְיֶה כָּעֵת מָחָר
יט בְּשַׁעַר שֹׁמְרוֹן׃ וַיַּעַן הַשָּׁלִישׁ אֶת־אִישׁ הָאֱלֹהִים וַיֹּאמַר וְהִנֵּה
יְהוָה עֹשֶׂה אֲרֻבּוֹת בַּשָּׁמַיִם הֲיִהְיֶה כַּדָּבָר הַזֶּה וַיֹּאמֶר הִנְּךָ
כ רֹאֶה בְּעֵינֶיךָ וּמִשָּׁם לֹא תֹאכֵל׃ וַיְהִי־לוֹ כֵּן וַיִּרְמְסוּ אֹתוֹ הָעָם
ח א בַּשַּׁעַר וַיָּמֹת׃ וֶאֱלִישָׁע דִּבֶּר אֶל־הָאִשָּׁה אֲשֶׁר־
הֶחֱיָה אֶת־בְּנָהּ לֵאמֹר קוּמִי וּלְכִי אתי וּבֵיתֵךְ וְגוּרִי בַּאֲשֶׁר אַתְּ
תָּגוּרִי כִּי־קָרָא יְהוָה לָרָעָב וְגַם־בָּא אֶל־הָאָרֶץ שֶׁבַע שָׁנִים׃
ב וַתָּקָם הָאִשָּׁה וַתַּעַשׂ כִּדְבַר אִישׁ הָאֱלֹהִים וַתֵּלֶךְ הִיא וּבֵיתָהּ
ג וַתָּגָר בְּאֶרֶץ־פְּלִשְׁתִּים שֶׁבַע שָׁנִים׃ וַיְהִי מִקְצֵה שֶׁבַע שָׁנִים
וַתָּשָׁב הָאִשָּׁה מֵאֶרֶץ פְּלִשְׁתִּים וַתֵּצֵא לִצְעֹק אֶל־הַמֶּלֶךְ אֶל־
ד בֵּיתָהּ וְאֶל־שָׂדָהּ׃ וְהַמֶּלֶךְ מְדַבֵּר אֶל־גֵּחֲזִי נַעַר אִישׁ־הָאֱלֹהִים

לֵאמֹר סַפְּרָה־נָּא לִי אֵת כׇּל־הַגְּדֹלוֹת אֲשֶׁר־עָשָׂה אֱלִישָׁע׃
ה וַיְהִי הוּא מְסַפֵּר לַמֶּלֶךְ אֵת אֲשֶׁר־הֶחֱיָה אֶת־הַמֵּת וְהִנֵּה
הָאִשָּׁה אֲשֶׁר־הֶחֱיָה אֶת־בְּנָהּ צֹעֶקֶת אֶל־הַמֶּלֶךְ עַל־בֵּיתָהּ
וְעַל־שָׂדָהּ וַיֹּאמֶר גֵּחֲזִי אֲדֹנִי הַמֶּלֶךְ זֹאת הָאִשָּׁה וְזֶה־
ו בְּנָהּ אֲשֶׁר־הֶחֱיָה אֱלִישָׁע׃ וַיִּשְׁאַל הַמֶּלֶךְ לָאִשָּׁה וַתְּסַפֶּר־
לוֹ וַיִּתֶּן־לָהּ הַמֶּלֶךְ סָרִיס אֶחָד לֵאמֹר הָשֵׁיב אֶת־כׇּל־
אֲשֶׁר־לָהּ וְאֵת כׇּל־תְּבוּאֹת הַשָּׂדֶה מִיּוֹם עָזְבָה אֶת־הָאָרֶץ
וְעַד־עָתָּה׃
ז וַיָּבֹא אֱלִישָׁע דַּמֶּשֶׂק וּבֶן־הֲדַד מֶלֶךְ־אֲרָם חֹלֶה וַיֻּגַּד־לוֹ לֵאמֹר
ח בָּא אִישׁ הָאֱלֹהִים עַד־הֵנָּה׃ וַיֹּאמֶר הַמֶּלֶךְ אֶל־חֲזָהאֵל קַח
בְּיָדְךָ מִנְחָה וְלֵךְ לִקְרַאת אִישׁ הָאֱלֹהִים וְדָרַשְׁתָּ אֶת־יְהוָה
ט מֵאוֹתוֹ לֵאמֹר הַאֶחְיֶה מֵחֳלִי זֶה׃ וַיֵּלֶךְ חֲזָאֵל לִקְרָאתוֹ וַיִּקַּח
מִנְחָה בְיָדוֹ וְכׇל־טוּב דַּמֶּשֶׂק מַשָּׂא אַרְבָּעִים גָּמָל וַיָּבֹא וַיַּעֲמֹד
לְפָנָיו וַיֹּאמֶר בִּנְךָ בֶן־הֲדַד מֶלֶךְ־אֲרָם שְׁלָחַנִי אֵלֶיךָ לֵאמֹר
י הַאֶחְיֶה מֵחֳלִי זֶה׃ וַיֹּאמֶר אֵלָיו אֱלִישָׁע לֵךְ אֱמׇר־לא חָיֹה (לוֹ)
יא תִחְיֶה וְהִרְאַנִי יְהוָה כִּי־מוֹת יָמוּת׃ וַיַּעֲמֵד אֶת־פָּנָיו וַיָּשֶׂם עַד־
יב בֹּשׁ וַיֵּבְךְּ אִישׁ הָאֱלֹהִים׃ וַיֹּאמֶר חֲזָאֵל מַדּוּעַ אֲדֹנִי בֹכֶה וַיֹּאמֶר
כִּי־יָדַעְתִּי אֵת אֲשֶׁר־תַּעֲשֶׂה לִבְנֵי יִשְׂרָאֵל רָעָה מִבְצְרֵיהֶם
תְּשַׁלַּח בָּאֵשׁ וּבַחֻרֵיהֶם בַּחֶרֶב תַּהֲרֹג וְעֹלְלֵיהֶם תְּרַטֵּשׁ
יג וְהָרֹתֵיהֶם תְּבַקֵּעַ׃ וַיֹּאמֶר חֲזָהאֵל כִּי מָה עַבְדְּךָ הַכֶּלֶב כִּי
יַעֲשֶׂה הַדָּבָר הַגָּדוֹל הַזֶּה וַיֹּאמֶר אֱלִישָׁע הִרְאַנִי יְהוָה אֹתְךָ
יד מֶלֶךְ עַל־אֲרָם׃ וַיֵּלֶךְ ׀ מֵאֵת אֱלִישָׁע וַיָּבֹא אֶל־אֲדֹנָיו וַיֹּאמֶר
טו לוֹ מָה־אָמַר לְךָ אֱלִישָׁע וַיֹּאמֶר אָמַר לִי חָיֹה תִחְיֶה׃ וַיְהִי
מִמׇּחֳרָת וַיִּקַּח הַמַּכְבֵּר וַיִּטְבֹּל בַּמַּיִם וַיִּפְרֹשׂ עַל־פָּנָיו וַיָּמֹת
טז וַיִּמְלֹךְ חֲזָהאֵל תַּחְתָּיו׃ וּבִשְׁנַת חָמֵשׁ לְיוֹרָם בֶּן־
אַחְאָב מֶלֶךְ יִשְׂרָאֵל וִיהוֹשָׁפָט מֶלֶךְ יְהוּדָה מָלַךְ יְהוֹרָם בֶּן־
יז יְהוֹשָׁפָט מֶלֶךְ יְהוּדָה׃ בֶּן־שְׁלֹשִׁים וּשְׁתַּיִם שָׁנָה הָיָה בְמׇלְכוֹ

פתיחה למלכות יהורם
דה"ב כא, ד–יא

שָׁנִים

יח וּשְׁמֹנֶה שָׁנָה מָלַךְ בִּירוּשָׁלָם: וַיֵּלֶךְ בְּדֶרֶךְ ׀ מַלְכֵי יִשְׂרָאֵל
כַּאֲשֶׁר עָשׂוּ בֵּית אַחְאָב כִּי בַּת־אַחְאָב הָיְתָה־לּוֹ לְאִשָּׁה וַיַּעַשׂ
יט הָרַע בְּעֵינֵי יהוה: וְלֹא־אָבָה יהוה לְהַשְׁחִית אֶת־יְהוּדָה לְמַעַן
דָּוִד עַבְדּוֹ כַּאֲשֶׁר אָמַר־לוֹ לָתֵת לוֹ נִיר וּלְבָנָיו כָּל־הַיָּמִים:
כ בְּיָמָיו פָּשַׁע אֱדוֹם מִתַּחַת יַד־יְהוּדָה וַיַּמְלִכוּ עֲלֵיהֶם מֶלֶךְ:
כא וַיַּעֲבֹר יוֹרָם צָעִירָה וְכָל־הָרֶכֶב עִמּוֹ וַיְהִי־הוּא קָם לַיְלָה וַיַּכֶּה
אֶת־אֱדוֹם הַסֹּבֵיב אֵלָיו וְאֵת שָׂרֵי הָרֶכֶב וַיָּנָס הָעָם לְאֹהָלָיו:
כב וַיִּפְשַׁע אֱדוֹם מִתַּחַת יַד־יְהוּדָה עַד הַיּוֹם הַזֶּה אָז תִּפְשַׁע לִבְנָה
כג בָּעֵת הַהִיא: וְיֶתֶר דִּבְרֵי יוֹרָם וְכָל־אֲשֶׁר עָשָׂה הֲלֹא־הֵם
כד כְּתוּבִים עַל־סֵפֶר דִּבְרֵי הַיָּמִים לְמַלְכֵי יְהוּדָה: וַיִּשְׁכַּב יוֹרָם
עִם־אֲבֹתָיו וַיִּקָּבֵר עִם־אֲבֹתָיו בְּעִיר דָּוִד וַיִּמְלֹךְ אֲחַזְיָהוּ בְנוֹ
כה תַּחְתָּיו: בִּשְׁנַת שְׁתֵּים־עֶשְׂרֵה שָׁנָה לְיוֹרָם בֶּן־
כו אַחְאָב מֶלֶךְ יִשְׂרָאֵל מָלַךְ אֲחַזְיָהוּ בֶן־יְהוֹרָם מֶלֶךְ יְהוּדָה: בֶּן־
עֶשְׂרִים וּשְׁתַּיִם שָׁנָה אֲחַזְיָהוּ בְמָלְכוֹ וְשָׁנָה אַחַת מָלַךְ
כז בִּירוּשָׁלָם וְשֵׁם אִמּוֹ עֲתַלְיָהוּ בַּת־עָמְרִי מֶלֶךְ יִשְׂרָאֵל: וַיֵּלֶךְ
בְּדֶרֶךְ בֵּית אַחְאָב וַיַּעַשׂ הָרַע בְּעֵינֵי יהוה כְּבֵית אַחְאָב כִּי
כח חֲתַן בֵּית־אַחְאָב הוּא: וַיֵּלֶךְ אֶת־יוֹרָם בֶּן־אַחְאָב לַמִּלְחָמָה
עִם־חֲזָאֵל מֶלֶךְ־אֲרָם בְּרָמֹת גִּלְעָד וַיַּכּוּ אֲרַמִּים אֶת־יוֹרָם:
כט וַיָּשָׁב יוֹרָם הַמֶּלֶךְ לְהִתְרַפֵּא בְיִזְרְעֶאל מִן־הַמַּכִּים אֲשֶׁר יַכֻּהוּ
אֲרַמִּים בָּרָמָה בְּהִלָּחֲמוֹ אֶת־חֲזָהאֵל מֶלֶךְ אֲרָם וַאֲחַזְיָהוּ בֶן־
יְהוֹרָם מֶלֶךְ יְהוּדָה יָרַד לִרְאוֹת אֶת־יוֹרָם בֶּן־אַחְאָב בְּיִזְרְעֶאל
ט א כִּי־חֹלֶה הוּא: וֶאֱלִישָׁע הַנָּבִיא קָרָא לְאַחַד
מִבְּנֵי הַנְּבִיאִים וַיֹּאמֶר לוֹ חֲגֹר מָתְנֶיךָ וְקַח פַּךְ הַשֶּׁמֶן הַזֶּה
ב בְּיָדֶךָ וְלֵךְ רָמֹת גִּלְעָד: וּבָאתָ שָׁמָּה וּרְאֵה־שָׁם יֵהוּא בֶן־
יְהוֹשָׁפָט בֶּן־נִמְשִׁי וּבָאתָ וַהֲקֵמֹתוֹ מִתּוֹךְ אֶחָיו וְהֵבֵיאתָ אֹתוֹ
ג חֶדֶר בְּחָדֶר: וְלָקַחְתָּ פַךְ־הַשֶּׁמֶן וְיָצַקְתָּ עַל־רֹאשׁוֹ וְאָמַרְתָּ
כֹּה־אָמַר יהוה מְשַׁחְתִּיךָ לְמֶלֶךְ אֶל־יִשְׂרָאֵל וּפָתַחְתָּ הַדֶּלֶת

סיכום מלכות יהורם
דה"ב כא, טז – כב, א

פתיחה למלכות אחזיה
דה"ב כב, א–ד

ד וְנַסְתָּה וְלֹא תְחַכֶּה׃ וַיֵּלֶךְ הַנַּעַר הַנַּעַר הַנָּבִיא רָמֹת גִּלְעָד׃
ה וַיָּבֹא וְהִנֵּה שָׂרֵי הַחַיִל יֹשְׁבִים וַיֹּאמֶר דָּבָר לִי אֵלֶיךָ הַשָּׂר
ו וַיֹּאמֶר יֵהוּא אֶל־מִי מִכֻּלָּנוּ וַיֹּאמֶר אֵלֶיךָ הַשָּׂר׃ וַיָּקָם וַיָּבֹא
הַבַּיְתָה וַיִּצֹק הַשֶּׁמֶן אֶל־רֹאשׁוֹ וַיֹּאמֶר לוֹ כֹּה־אָמַר יְהוָה
אֱלֹהֵי יִשְׂרָאֵל מְשַׁחְתִּיךָ לְמֶלֶךְ אֶל־עַם יְהוָה אֶל־יִשְׂרָאֵל׃
ז וְהִכִּיתָה אֶת־בֵּית אַחְאָב אֲדֹנֶיךָ וְנִקַּמְתִּי דְּמֵי ׀ עֲבָדַי הַנְּבִיאִים
ח וּדְמֵי כָּל־עַבְדֵי יְהוָה מִיַּד אִיזָבֶל׃ וְאָבַד כָּל־בֵּית אַחְאָב
ט וְהִכְרַתִּי לְאַחְאָב מַשְׁתִּין בְּקִיר וְעָצוּר וְעָזוּב בְּיִשְׂרָאֵל׃ וְנָתַתִּי
אֶת־בֵּית אַחְאָב כְּבֵית יָרָבְעָם בֶּן־נְבָט וּכְבֵית בַּעְשָׁא בֶן־
י אֲחִיָּה׃ וְאֶת־אִיזֶבֶל יֹאכְלוּ הַכְּלָבִים בְּחֵלֶק יִזְרְעֶאל וְאֵין קֹבֵר
יא וַיִּפְתַּח הַדֶּלֶת וַיָּנֹס׃ וְיֵהוּא יָצָא אֶל־עַבְדֵי אֲדֹנָיו וַיֹּאמֶר לוֹ
הֲשָׁלוֹם מַדּוּעַ בָּא־הַמְשֻׁגָּע הַזֶּה אֵלֶיךָ וַיֹּאמֶר אֲלֵיהֶם אַתֶּם
יב יְדַעְתֶּם אֶת־הָאִישׁ וְאֶת־שִׂיחוֹ׃ וַיֹּאמְרוּ שֶׁקֶר הַגֶּד־נָא לָנוּ
וַיֹּאמֶר כָּזֹאת וְכָזֹאת אָמַר אֵלַי לֵאמֹר כֹּה אָמַר יְהוָה מְשַׁחְתִּיךָ
יג לְמֶלֶךְ אֶל־יִשְׂרָאֵל׃ וַיְמַהֲרוּ וַיִּקְחוּ אִישׁ בִּגְדוֹ וַיָּשִׂימוּ תַחְתָּיו כד
אֶל־גֶּרֶם הַמַּעֲלוֹת וַיִּתְקְעוּ בַּשּׁוֹפָר וַיֹּאמְרוּ מָלַךְ יֵהוּא׃
יד וַיִּתְקַשֵּׁר יֵהוּא בֶּן־יְהוֹשָׁפָט בֶּן־נִמְשִׁי אֶל־יוֹרָם וְיוֹרָם הָיָה
שֹׁמֵר בְּרָמֹת גִּלְעָד הוּא וְכָל־יִשְׂרָאֵל מִפְּנֵי חֲזָאֵל מֶלֶךְ אֲרָם׃
טו וַיָּשָׁב יְהוֹרָם הַמֶּלֶךְ לְהִתְרַפֵּא בְיִזְרְעֶאל מִן־הַמַּכִּים אֲשֶׁר יַכֻּהוּ
אֲרַמִּים בְּהִלָּחֲמוֹ אֶת־חֲזָאֵל מֶלֶךְ אֲרָם וַיֹּאמֶר יֵהוּא אִם־יֵשׁ
נַפְשְׁכֶם אַל־יֵצֵא פָלִיט מִן־הָעִיר לָלֶכֶת לגיד בְּיִזְרְעֶאל׃ לְהַגִּיד
טז וַיִּרְכַּב יֵהוּא וַיֵּלֶךְ יִזְרְעֶאלָה כִּי יוֹרָם שֹׁכֵב שָׁמָּה וַאֲחַזְיָה מֶלֶךְ
יז יְהוּדָה יָרַד לִרְאוֹת אֶת־יוֹרָם׃ וְהַצֹּפֶה עֹמֵד עַל־הַמִּגְדָּל
בְּיִזְרְעֶאל וַיַּרְא אֶת־שִׁפְעַת יֵהוּא בְּבֹאוֹ וַיֹּאמֶר שִׁפְעַת אֲנִי רֹאֶה
וַיֹּאמֶר יְהוֹרָם קַח רַכָּב וּשְׁלַח לִקְרָאתָם וְיֹאמַר הֲשָׁלוֹם׃
יח וַיֵּלֶךְ רֹכֵב הַסּוּס לִקְרָאתוֹ וַיֹּאמֶר כֹּה־אָמַר הַמֶּלֶךְ הֲשָׁלוֹם
וַיֹּאמֶר יֵהוּא מַה־לְּךָ וּלְשָׁלוֹם סֹב אֶל־אַחֲרָי וַיַּגֵּד הַצֹּפֶה לֵאמֹר

יט בָּא־הַמַּלְאָךְ עַד־הֵם וְלֹא־שָׁב׃ וַיִּשְׁלַח רֹכֵב סוּס שֵׁנִי וַיָּבֹא
אֲלֵהֶם וַיֹּאמֶר כֹּה־אָמַר הַמֶּלֶךְ שָׁלוֹם וַיֹּאמֶר יֵהוּא מַה־לְּךָ
כ וּלְשָׁלוֹם סֹב אֶל־אַחֲרָי׃ וַיַּגֵּד הַצֹּפֶה לֵאמֹר בָּא עַד־אֲלֵיהֶם
וְלֹא־שָׁב וְהַמִּנְהָג כְּמִנְהַג יֵהוּא בֶן־נִמְשִׁי כִּי בְשִׁגָּעוֹן יִנְהָג׃
כא וַיֹּאמֶר יְהוֹרָם אֱסֹר וַיֶּאְסֹר רִכְבּוֹ וַיֵּצֵא יְהוֹרָם מֶלֶךְ־יִשְׂרָאֵל
וַאֲחַזְיָהוּ מֶלֶךְ־יְהוּדָה אִישׁ בְּרִכְבּוֹ וַיֵּצְאוּ לִקְרַאת יֵהוּא
כב וַיִּמְצָאֻהוּ בְּחֶלְקַת נָבוֹת הַיִּזְרְעֵאלִי׃ וַיְהִי כִּרְאוֹת יְהוֹרָם אֶת־
יֵהוּא וַיֹּאמֶר הֲשָׁלוֹם יֵהוּא וַיֹּאמֶר מָה הַשָּׁלוֹם עַד־זְנוּנֵי אִיזֶבֶל
כג אִמְּךָ וּכְשָׁפֶיהָ הָרַבִּים׃ וַיַּהֲפֹךְ יְהוֹרָם יָדָיו וַיָּנֹס וַיֹּאמֶר אֶל־
כד אֲחַזְיָהוּ מִרְמָה אֲחַזְיָה׃ וְיֵהוּא מִלֵּא יָדוֹ בַקֶּשֶׁת וַיַּךְ אֶת־יְהוֹרָם
כה בֵּין זְרֹעָיו וַיֵּצֵא הַחֵצִי מִלִּבּוֹ וַיִּכְרַע בְּרִכְבּוֹ׃ וַיֹּאמֶר אֶל־בִּדְקַר
שָׁלִשֹׁה שָׂא הַשְׁלִכֵהוּ בְּחֶלְקַת שְׂדֵה נָבוֹת הַיִּזְרְעֵאלִי כִּי־זְכֹר
אֲנִי וָאַתָּה אֵת רֹכְבִים צְמָדִים אַחֲרֵי אַחְאָב אָבִיו וַיהוָה נָשָׂא
כו עָלָיו אֶת־הַמַּשָּׂא הַזֶּה׃ אִם־לֹא אֶת־דְּמֵי נָבוֹת וְאֶת־דְּמֵי בָנָיו
רָאִיתִי אֶמֶשׁ נְאֻם־יְהוָה וְשִׁלַּמְתִּי לְךָ בַּחֶלְקָה הַזֹּאת נְאֻם־
כז יְהוָה וְעַתָּה שָׂא הַשְׁלִכֵהוּ בַּחֶלְקָה כִּדְבַר יְהוָה׃ וַאֲחַזְיָה מֶלֶךְ־
יְהוּדָה רָאָה וַיָּנָס דֶּרֶךְ בֵּית הַגָּן וַיִּרְדֹּף אַחֲרָיו יֵהוּא וַיֹּאמֶר
גַּם־אֹתוֹ הַכֻּהוּ אֶל־הַמֶּרְכָּבָה בְּמַעֲלֵה־גוּר אֲשֶׁר אֶת־יִבְלְעָם
כח וַיָּנָס מְגִדּוֹ וַיָּמָת שָׁם׃ וַיַּרְכִּבוּ אֹתוֹ עֲבָדָיו יְרוּשָׁלְָמָה וַיִּקְבְּרוּ
כט אֹתוֹ בִקְבֻרָתוֹ עִם־אֲבֹתָיו בְּעִיר דָּוִד׃ וּבִשְׁנַת
אַחַת־עֶשְׂרֵה שָׁנָה לְיוֹרָם בֶּן־אַחְאָב מָלַךְ אֲחַזְיָה עַל־יְהוּדָה׃
ל וַיָּבוֹא יֵהוּא יִזְרְעֶאלָה וְאִיזֶבֶל שָׁמְעָה וַתָּשֶׂם בַּפּוּךְ עֵינֶיהָ
לא וַתֵּיטֶב אֶת־רֹאשָׁהּ וַתַּשְׁקֵף בְּעַד הַחַלּוֹן׃ וְיֵהוּא בָּא בַשָּׁעַר
לב וַתֹּאמֶר הֲשָׁלוֹם זִמְרִי הֹרֵג אֲדֹנָיו׃ וַיִּשָּׂא פָנָיו אֶל־הַחַלּוֹן וַיֹּאמֶר
לג מִי אִתִּי מִי וַיַּשְׁקִיפוּ אֵלָיו שְׁנַיִם שְׁלֹשָׁה סָרִיסִים׃ וַיֹּאמֶר
שמטהו וַיִּשְׁמְטוּהָ וַיִּז מִדָּמָהּ אֶל־הַקִּיר וְאֶל־הַסּוּסִים שִׁמְטֻהָ
לד וַיִּרְמְסֶנָּה׃ וַיָּבֹא וַיֹּאכַל וַיֵּשְׁתְּ וַיֹּאמֶר פִּקְדוּ־נָא אֶת־הָאֲרוּרָה

מותו של אחזיה
ביד יהוא
דה"ב כב, ה–ט

לה הַזֹּאת וְקִבְרוּהָ כִּי בַת־מֶלֶךְ הִיא: וַיֵּלְכוּ לְקָבְרָהּ וְלֹא־מָצְאוּ
לו בָהּ כִּי אִם־הַגֻּלְגֹּלֶת וְהָרַגְלַיִם וְכַפּוֹת הַיָּדָיִם: וַיָּשֻׁבוּ וַיַּגִּידוּ לוֹ
וַיֹּאמֶר דְּבַר־יְהוָה הוּא אֲשֶׁר דִּבֶּר בְּיַד־עַבְדּוֹ אֵלִיָּהוּ הַתִּשְׁבִּי
לז לֵאמֹר בְּחֵלֶק יִזְרְעֶאל יֹאכְלוּ הַכְּלָבִים אֶת־בְּשַׂר אִיזָבֶל: וְהָיְתָ
נִבְלַת אִיזֶבֶל כְּדֹמֶן עַל־פְּנֵי הַשָּׂדֶה בְּחֵלֶק יִזְרְעֶאל אֲשֶׁר לֹא־
י א יֹאמְרוּ זֹאת אִיזָבֶל: וּלְאַחְאָב שִׁבְעִים בָּנִים
בְּשֹׁמְרוֹן וַיִּכְתֹּב יֵהוּא סְפָרִים וַיִּשְׁלַח שֹׁמְרוֹן אֶל־שָׂרֵי יִזְרְעֶאל
ב הַזְּקֵנִים וְאֶל־הָאֹמְנִים אַחְאָב לֵאמֹר: וְעַתָּה כְּבֹא הַסֵּפֶר הַזֶּה
אֲלֵיכֶם וְאִתְּכֶם בְּנֵי אֲדֹנֵיכֶם וְאִתְּכֶם הָרֶכֶב וְהַסּוּסִים וְעִיר
ג מִבְצָר וְהַנָּשֶׁק: וּרְאִיתֶם הַטּוֹב וְהַיָּשָׁר מִבְּנֵי אֲדֹנֵיכֶם וְשַׂמְתֶּם
ד עַל־כִּסֵּא אָבִיו וְהִלָּחֲמוּ עַל־בֵּית אֲדֹנֵיכֶם: וַיִּרְאוּ מְאֹד מְאֹד
וַיֹּאמְרוּ הִנֵּה שְׁנֵי הַמְּלָכִים לֹא עָמְדוּ לְפָנָיו וְאֵיךְ נַעֲמֹד אֲנָחְנוּ:
ה וַיִּשְׁלַח אֲשֶׁר־עַל־הַבַּיִת וַאֲשֶׁר עַל־הָעִיר וְהַזְּקֵנִים וְהָאֹמְנִים
אֶל־יֵהוּא ׀ לֵאמֹר עֲבָדֶיךָ אֲנַחְנוּ וְכֹל אֲשֶׁר־תֹּאמַר אֵלֵינוּ
ו נַעֲשֶׂה לֹא־נַמְלִיךְ אִישׁ הַטּוֹב בְּעֵינֶיךָ עֲשֵׂה: וַיִּכְתֹּב אֲלֵיהֶם
סֵפֶר ׀ שֵׁנִית לֵאמֹר אִם־לִי אַתֶּם וּלְקֹלִי ׀ אַתֶּם שֹׁמְעִים קְחוּ
אֶת־רָאשֵׁי אַנְשֵׁי בְנֵי־אֲדֹנֵיכֶם וּבֹאוּ אֵלַי כָּעֵת מָחָר יִזְרְעֶאלָה
ז וּבְנֵי הַמֶּלֶךְ שִׁבְעִים אִישׁ אֶת־גְּדֹלֵי הָעִיר מְגַדְּלִים אוֹתָם: וַיְהִי
כְּבֹא הַסֵּפֶר אֲלֵיהֶם וַיִּקְחוּ אֶת־בְּנֵי הַמֶּלֶךְ וַיִּשְׁחֲטוּ שִׁבְעִים
אִישׁ וַיָּשִׂימוּ אֶת־רָאשֵׁיהֶם בַּדּוּדִים וַיִּשְׁלְחוּ אֵלָיו יִזְרְעֶאלָה:
ח וַיָּבֹא הַמַּלְאָךְ וַיַּגֶּד־לוֹ לֵאמֹר הֵבִיאוּ רָאשֵׁי בְנֵי־הַמֶּלֶךְ וַיֹּאמֶר
ט שִׂימוּ אֹתָם שְׁנֵי צִבֻּרִים פֶּתַח הַשַּׁעַר עַד־הַבֹּקֶר: וַיְהִי בַבֹּקֶר
וַיֵּצֵא וַיַּעֲמֹד וַיֹּאמֶר אֶל־כָּל־הָעָם צַדִּקִים אַתֶּם הִנֵּה אֲנִי
י קָשַׁרְתִּי עַל־אֲדֹנִי וָאֶהֶרְגֵהוּ וּמִי הִכָּה אֶת־כָּל־אֵלֶּה: דְּעוּ
אֵפוֹא כִּי לֹא יִפֹּל מִדְּבַר יְהוָה אַרְצָה אֲשֶׁר־דִּבֶּר יְהוָה עַל־
יא בֵּית אַחְאָב וַיהוָה עָשָׂה אֵת אֲשֶׁר דִּבֶּר בְּיַד עַבְדּוֹ אֵלִיָּהוּ: וַיַּךְ
יֵהוּא אֵת כָּל־הַנִּשְׁאָרִים לְבֵית־אַחְאָב בְּיִזְרְעֶאל וְכָל־גְּדֹלָיו

יב וּמְיֻדָּעָיו וְכֹהֲנָיו עַד־בִּלְתִּי הִשְׁאִיר־לוֹ שָׂרִיד: וַיָּקָם וַיָּבֹא וַיֵּלֶךְ
יג שֹׁמְרוֹן הוּא בֵּית־עֵקֶד הָרֹעִים בַּדָּרֶךְ: וְיֵהוּא מָצָא אֶת־אֲחֵי
אֲחַזְיָהוּ מֶלֶךְ־יְהוּדָה וַיֹּאמֶר מִי אַתֶּם וַיֹּאמְרוּ אֲחֵי אֲחַזְיָהוּ
יד אֲנַחְנוּ וַנֵּרֶד לִשְׁלוֹם בְּנֵי־הַמֶּלֶךְ וּבְנֵי הַגְּבִירָה: וַיֹּאמֶר תִּפְשׂוּם
חַיִּים וַיִּתְפְּשׂוּם חַיִּים וַיִּשְׁחָטוּם אֶל־בּוֹר בֵּית־עֵקֶד אַרְבָּעִים
טו וּשְׁנַיִם אִישׁ וְלֹא־הִשְׁאִיר אִישׁ מֵהֶם: וַיֵּלֶךְ כה
מִשָּׁם וַיִּמְצָא אֶת־יְהוֹנָדָב בֶּן־רֵכָב לִקְרָאתוֹ וַיְבָרְכֵהוּ וַיֹּאמֶר
אֵלָיו הֲיֵשׁ אֶת־לְבָבְךָ יָשָׁר כַּאֲשֶׁר לְבָבִי עִם־לְבָבֶךָ וַיֹּאמֶר
יְהוֹנָדָב יֵשׁ וָיֵשׁ תְּנָה אֶת־יָדֶךָ וַיִּתֵּן יָדוֹ וַיַּעֲלֵהוּ אֵלָיו
טז אֶל־הַמֶּרְכָּבָה: וַיֹּאמֶר לְכָה אִתִּי וּרְאֵה בְּקִנְאָתִי לַיהוָה
יז וַיַּרְכִּבוּ אֹתוֹ בְּרִכְבּוֹ: וַיָּבֹא שֹׁמְרוֹן וַיַּךְ אֶת־כָּל־הַנִּשְׁאָרִים
לְאַחְאָב בְּשֹׁמְרוֹן עַד־הִשְׁמִדוֹ כִּדְבַר יְהוָה אֲשֶׁר דִּבֶּר אֶל־
יח אֵלִיָּהוּ: וַיִּקְבֹּץ יֵהוּא אֶת־כָּל־הָעָם וַיֹּאמֶר
אֲלֵהֶם אַחְאָב עָבַד אֶת־הַבַּעַל מְעָט יֵהוּא יַעַבְדֶנּוּ הַרְבֵּה:
יט וְעַתָּה כָל־נְבִיאֵי הַבַּעַל כָּל־עֹבְדָיו וְכָל־כֹּהֲנָיו קִרְאוּ אֵלַי אִישׁ
אַל־יִפָּקֵד כִּי זֶבַח גָּדוֹל לִי לַבַּעַל כֹּל אֲשֶׁר־יִפָּקֵד לֹא יִחְיֶה וְיֵהוּא
כ עָשָׂה בְעָקְבָּה לְמַעַן הַאֲבִיד אֶת־עֹבְדֵי הַבָּעַל: וַיֹּאמֶר יֵהוּא
כא קַדְּשׁוּ עֲצָרָה לַבַּעַל וַיִּקְרָאוּ: וַיִּשְׁלַח יֵהוּא בְּכָל־יִשְׂרָאֵל וַיָּבֹאוּ
כָּל־עֹבְדֵי הַבַּעַל וְלֹא־נִשְׁאַר אִישׁ אֲשֶׁר לֹא־בָא וַיָּבֹאוּ בֵּית
כב הַבַּעַל וַיִּמָּלֵא בֵית־הַבַּעַל פֶּה לָפֶה: וַיֹּאמֶר לַאֲשֶׁר עַל־
הַמֶּלְתָּחָה הוֹצֵא לְבוּשׁ לְכֹל עֹבְדֵי הַבָּעַל וַיֹּצֵא לָהֶם הַמַּלְבּוּשׁ:
כג וַיָּבֹא יֵהוּא וִיהוֹנָדָב בֶּן־רֵכָב בֵּית הַבָּעַל וַיֹּאמֶר לְעֹבְדֵי הַבַּעַל
חַפְּשׂוּ וּרְאוּ פֶּן־יֶשׁ־פֹּה עִמָּכֶם מֵעַבְדֵי יְהוָה כִּי אִם־עֹבְדֵי
כד הַבַּעַל לְבַדָּם: וַיָּבֹאוּ לַעֲשׂוֹת זְבָחִים וְעֹלוֹת וְיֵהוּא שָׂם־לוֹ בַחוּץ
שְׁמֹנִים אִישׁ וַיֹּאמֶר הָאִישׁ אֲשֶׁר־יִמָּלֵט מִן־הָאֲנָשִׁים אֲשֶׁר אֲנִי
כה מֵבִיא עַל־יְדֵיכֶם נַפְשׁוֹ תַּחַת נַפְשׁוֹ: וַיְהִי כְּכַלֹּתוֹ ׀ לַעֲשׂוֹת
הָעֹלָה וַיֹּאמֶר יֵהוּא לָרָצִים וְלַשָּׁלִשִׁים בֹּאוּ הַכּוּם אִישׁ אַל־יֵצֵא

יהוא הורג את
אחי אחזיה
דה״ב כב, ח

וַיַּכּוּם לְפִי־חָרֶב וַיַּשְׁלִכוּ הָרָצִים וְהַשָּׁלִשִׁים וַיֵּלְכוּ עַד־עִיר
כו בֵּית־הַבָּעַל׃ וַיֹּצִאוּ אֶת־מַצְּבוֹת בֵּית־הַבַּעַל וַיִּשְׂרְפוּהָ׃
כז וַיִּתְּצוּ אֵת מַצְּבַת הַבָּעַל וַיִּתְּצוּ אֶת־בֵּית הַבַּעַל וַיְשִׂמֻהוּ
כח כט למחראות עַד־הַיּוֹם׃ וַיַּשְׁמֵד יֵהוּא אֶת־הַבַּעַל מִיִּשְׂרָאֵל׃ רַק
לְמוֹצָאוֹת
חֲטָאֵי יָרָבְעָם בֶּן־נְבָט אֲשֶׁר הֶחֱטִיא אֶת־יִשְׂרָאֵל לֹא־
סָר יֵהוּא מֵאַחֲרֵיהֶם עֶגְלֵי הַזָּהָב אֲשֶׁר בֵּית־אֵל וַאֲשֶׁר
ל בְּדָן׃ וַיֹּאמֶר יְהוָה אֶל־יֵהוּא יַעַן אֲשֶׁר־הֱטִיבֹתָ
לַעֲשׂוֹת הַיָּשָׁר בְּעֵינַי כְּכֹל אֲשֶׁר בִּלְבָבִי עָשִׂיתָ לְבֵית אַחְאָב
לא בְּנֵי רְבִעִים יֵשְׁבוּ לְךָ עַל־כִּסֵּא יִשְׂרָאֵל׃ וְיֵהוּא לֹא שָׁמַר לָלֶכֶת
בְּתוֹרַת־יְהוָה אֱלֹהֵי־יִשְׂרָאֵל בְּכָל־לְבָבוֹ לֹא סָר מֵעַל חַטֹּאות
לב יָרָבְעָם אֲשֶׁר הֶחֱטִיא אֶת־יִשְׂרָאֵל׃ בַּיָּמִים הָהֵם הֵחֵל יְהוָה
לג לְקַצּוֹת בְּיִשְׂרָאֵל וַיַּכֵּם חֲזָאֵל בְּכָל־גְּבוּל יִשְׂרָאֵל׃ מִן־הַיַּרְדֵּן
מִזְרַח הַשֶּׁמֶשׁ אֵת כָּל־אֶרֶץ הַגִּלְעָד הַגָּדִי וְהָראוּבֵנִי וְהַמְנַשִּׁי
לד מֵעֲרֹעֵר אֲשֶׁר עַל־נַחַל אַרְנֹן וְהַגִּלְעָד וְהַבָּשָׁן׃ וְיֶתֶר דִּבְרֵי
יֵהוּא וְכָל־אֲשֶׁר עָשָׂה וְכָל־גְּבוּרָתוֹ הֲלוֹא־הֵם כְּתוּבִים
לה עַל־סֵפֶר דִּבְרֵי הַיָּמִים לְמַלְכֵי יִשְׂרָאֵל׃ וַיִּשְׁכַּב יֵהוּא עִם־
אֲבֹתָיו וַיִּקְבְּרוּ אֹתוֹ בְּשֹׁמְרוֹן וַיִּמְלֹךְ יְהוֹאָחָז בְּנוֹ תַּחְתָּיו׃
לו וְהַיָּמִים אֲשֶׁר מָלַךְ יֵהוּא עַל־יִשְׂרָאֵל עֶשְׂרִים־וּשְׁמֹנֶה שָׁנָה
יא א בְּשֹׁמְרוֹן׃ וַעֲתַלְיָה אֵם אֲחַזְיָהוּ וראתה כִּי מֵת
רָאֲתָה
ב בְּנָהּ וַתָּקָם וַתְּאַבֵּד אֵת כָּל־זֶרַע הַמַּמְלָכָה׃ וַתִּקַּח יְהוֹשֶׁבַע
עתליה תופסת את השלטון דה"ב כב, י–יב
בַּת־הַמֶּלֶךְ־יוֹרָם אֲחוֹת אֲחַזְיָהוּ אֶת־יוֹאָשׁ בֶּן־אֲחַזְיָה וַתִּגְנֹב
אֹתוֹ מִתּוֹךְ בְּנֵי־הַמֶּלֶךְ הממותתים אֹתוֹ וְאֶת־מֵינִקְתּוֹ בַּחֲדַר
הַמּוּמָתִים
ג הַמִּטּוֹת וַיַּסְתִּרוּ אֹתוֹ מִפְּנֵי עֲתַלְיָהוּ וְלֹא הוּמָת׃ וַיְהִי
אִתָּהּ בֵּית יְהוָה מִתְחַבֵּא שֵׁשׁ שָׁנִים וַעֲתַלְיָה מֹלֶכֶת עַל־
ד הָאָרֶץ׃ וּבַשָּׁנָה הַשְּׁבִיעִית שָׁלַח יְהוֹיָדָע וַיִּקַּח
המלכת יואש דה"ב כג, א–יא
אֶת־שָׂרֵי המאיות לַכָּרִי וְלָרָצִים וַיָּבֵא אֹתָם אֵלָיו בֵּית יְהוָה
הַמֵּאוֹת
וַיִּכְרֹת לָהֶם בְּרִית וַיַּשְׁבַּע אֹתָם בְּבֵית יְהוָה וַיַּרְא אֹתָם אֶת־

ה בֶּן־הַמֶּלֶךְ׃ וַיְצַוֵּם לֵאמֹר זֶה הַדָּבָר אֲשֶׁר תַּעֲשׂוּן הַשְּׁלִשִׁית
ו מִכֶּם בָּאֵי הַשַּׁבָּת וְשֹׁמְרֵי מִשְׁמֶרֶת בֵּית הַמֶּלֶךְ׃ וְהַשְּׁלִשִׁית
בְּשַׁעַר סוּר וְהַשְּׁלִשִׁית בַּשַּׁעַר אַחַר הָרָצִים וּשְׁמַרְתֶּם אֶת־
ז מִשְׁמֶרֶת הַבַּיִת מַסָּח׃ וּשְׁתֵּי הַיָּדוֹת בָּכֶם כֹּל יֹצְאֵי הַשַּׁבָּת
ח וְשָׁמְרוּ אֶת־מִשְׁמֶרֶת בֵּית־יְהוָה אֶל־הַמֶּלֶךְ׃ וְהִקַּפְתֶּם עַל־
הַמֶּלֶךְ סָבִיב אִישׁ וְכֵלָיו בְּיָדוֹ וְהַבָּא אֶל־הַשְּׂדֵרוֹת יוּמָת וִהְיוּ
ט אֶת־הַמֶּלֶךְ בְּצֵאתוֹ וּבְבֹאוֹ׃ וַיַּעֲשׂוּ שָׂרֵי המאיות כְּכֹל אֲשֶׁר־ הַמֵּאוֹת
צִוָּה יְהוֹיָדָע הַכֹּהֵן וַיִּקְחוּ אִישׁ אֶת־אֲנָשָׁיו בָּאֵי הַשַּׁבָּת עִם
י יֹצְאֵי הַשַּׁבָּת וַיָּבֹאוּ אֶל־יְהוֹיָדָע הַכֹּהֵן׃ וַיִּתֵּן הַכֹּהֵן לְשָׂרֵי
המאיות אֶת־הַחֲנִית וְאֶת־הַשְּׁלָטִים אֲשֶׁר לַמֶּלֶךְ דָּוִד אֲשֶׁר הַמֵּאוֹת
יא בְּבֵית יְהוָה׃ וַיַּעַמְדוּ הָרָצִים אִישׁ ׀ וְכֵלָיו בְּיָדוֹ מִכֶּתֶף הַבַּיִת
הַיְמָנִית עַד־כֶּתֶף הַבַּיִת הַשְּׂמָאלִית לַמִּזְבֵּחַ וְלַבָּיִת עַל־
יב הַמֶּלֶךְ סָבִיב׃ וַיּוֹצִא אֶת־בֶּן־הַמֶּלֶךְ וַיִּתֵּן עָלָיו אֶת־הַנֵּזֶר
וְאֶת־הָעֵדוּת וַיַּמְלִכוּ אֹתוֹ וַיִּמְשָׁחֻהוּ וַיַּכּוּ־כָף וַיֹּאמְרוּ יְחִי
יג הַמֶּלֶךְ׃ וַתִּשְׁמַע עֲתַלְיָה אֶת־קוֹל הָרָצִין הָעָם | מותה של עתליה דה"ב כג, יב–טו
יד וַתָּבֹא אֶל־הָעָם בֵּית יְהוָה׃ וַתֵּרֶא וְהִנֵּה הַמֶּלֶךְ עֹמֵד עַל־
הָעַמּוּד כַּמִּשְׁפָּט וְהַשָּׂרִים וְהַחֲצֹצְרוֹת אֶל־הַמֶּלֶךְ וְכָל־עַם
הָאָרֶץ שָׂמֵחַ וְתֹקֵעַ בַּחֲצֹצְרוֹת וַתִּקְרַע עֲתַלְיָה אֶת־בְּגָדֶיהָ
טו וַתִּקְרָא קֶשֶׁר קָשֶׁר׃ וַיְצַו יְהוֹיָדָע הַכֹּהֵן אֶת־שָׂרֵי המאיות ׀ הַמֵּאוֹת ׀
פְּקֻדֵי הַחַיִל וַיֹּאמֶר אֲלֵיהֶם הוֹצִיאוּ אֹתָהּ אֶל־מִבֵּית לַשְּׂדֵרֹת
וְהַבָּא אַחֲרֶיהָ הָמֵת בֶּחָרֶב כִּי אָמַר הַכֹּהֵן אַל־תּוּמַת בֵּית
טז יְהוָה׃ וַיָּשִׂמוּ לָהּ יָדַיִם וַתָּבוֹא דֶּרֶךְ־מְבוֹא הַסּוּסִים בֵּית הַמֶּלֶךְ
יז וַתּוּמַת שָׁם׃ וַיִּכְרֹת יְהוֹיָדָע אֶת־הַבְּרִית בֵּין | יהוידע כורת ברית בין ה' ובין המלך ובין העם דה"ב כג, טז–כא
יְהוָה וּבֵין הַמֶּלֶךְ וּבֵין הָעָם לִהְיוֹת לְעָם לַיהוָה וּבֵין הַמֶּלֶךְ וּבֵין
יח הָעָם׃ וַיָּבֹאוּ כָל־עַם הָאָרֶץ בֵּית־הַבַּעַל וַיִּתְּצֻהוּ אֶת־מִזְבְּחֹתָו
וְאֶת־צְלָמָיו שִׁבְּרוּ הֵיטֵב וְאֵת מַתָּן כֹּהֵן הַבַּעַל הָרְגוּ לִפְנֵי
יט הַמִּזְבְּחוֹת וַיָּשֶׂם הַכֹּהֵן פְּקֻדֹּת עַל־בֵּית יְהוָה׃ וַיִּקַּח אֶת־שָׂרֵי

הַמֵּאוֹת וְאֶת־הַכָּרִי וְאֶת־הָרָצִים וְאֵת ׀ כָּל־עַם הָאָרֶץ
וַיֹּרִידוּ אֶת־הַמֶּלֶךְ מִבֵּית יְהוָה וַיָּבוֹאוּ דֶּרֶךְ־שַׁעַר הָרָצִים
בֵּית הַמֶּלֶךְ וַיֵּשֶׁב עַל־כִּסֵּא הַמְּלָכִים׃ וַיִּשְׂמַח כָּל־עַם־ כ
הָאָרֶץ וְהָעִיר שָׁקָטָה וְאֶת־עֲתַלְיָהוּ הֵמִיתוּ בַחֶרֶב בֵּית
מלך׃ בֶּן־שֶׁבַע שָׁנִים יְהוֹאָשׁ בְּמָלְכוֹ׃ בִּשְׁנַת־ א ב יב (הַמֶּלֶךְ)
שֶׁבַע לְיֵהוּא מָלַךְ יְהוֹאָשׁ וְאַרְבָּעִים שָׁנָה מָלַךְ בִּירוּשָׁלִָם וְשֵׁם
אִמּוֹ צִבְיָה מִבְּאֵר שָׁבַע׃ וַיַּעַשׂ יְהוֹאָשׁ הַיָּשָׁר בְּעֵינֵי יְהוָה כָּל־ ג (כו; פתיחה למלכות יואש דה״ב כד, א–ג)
יָמָיו אֲשֶׁר הוֹרָהוּ יְהוֹיָדָע הַכֹּהֵן׃ רַק הַבָּמוֹת לֹא־סָרוּ עוֹד הָעָם ד
מְזַבְּחִים וּמְקַטְּרִים בַּבָּמוֹת׃ וַיֹּאמֶר יְהוֹאָשׁ אֶל־הַכֹּהֲנִים כֹּל ה (חיזוק בדק הבית בימי יואש)
כֶּסֶף הַקֳּדָשִׁים אֲשֶׁר יוּבָא בֵית־יְהוָה כֶּסֶף עוֹבֵר אִישׁ כֶּסֶף
נַפְשׁוֹת עֶרְכּוֹ כָּל־כֶּסֶף אֲשֶׁר יַעֲלֶה עַל לֶב־אִישׁ לְהָבִיא בֵּית
יְהוָה׃ יִקְחוּ לָהֶם הַכֹּהֲנִים אִישׁ מֵאֵת מַכָּרוֹ וְהֵם יְחַזְּקוּ אֶת־ ו
בֶּדֶק הַבַּיִת לְכֹל אֲשֶׁר־יִמָּצֵא שָׁם בָּדֶק׃ וַיְהִי ז
בִּשְׁנַת עֶשְׂרִים וְשָׁלֹשׁ שָׁנָה לַמֶּלֶךְ יְהוֹאָשׁ לֹא־חִזְּקוּ הַכֹּהֲנִים
אֶת־בֶּדֶק הַבָּיִת׃ וַיִּקְרָא הַמֶּלֶךְ יְהוֹאָשׁ לִיהוֹיָדָע הַכֹּהֵן ח
וְלַכֹּהֲנִים וַיֹּאמֶר אֲלֵהֶם מַדּוּעַ אֵינְכֶם מְחַזְּקִים אֶת־בֶּדֶק הַבָּיִת
וְעַתָּה אַל־תִּקְחוּ־כֶסֶף מֵאֵת מַכָּרֵיכֶם כִּי־לְבֶדֶק הַבַּיִת
תִּתְּנֻהוּ׃ וַיֵּאֹתוּ הַכֹּהֲנִים לְבִלְתִּי קְחַת־כֶּסֶף מֵאֵת הָעָם וּלְבִלְתִּי ט
חַזֵּק אֶת־בֶּדֶק הַבָּיִת׃ וַיִּקַּח יְהוֹיָדָע הַכֹּהֵן אֲרוֹן אֶחָד וַיִּקֹּב י
חֹר בְּדַלְתּוֹ וַיִּתֵּן אֹתוֹ אֵצֶל הַמִּזְבֵּחַ בימין בְּבוֹא־אִישׁ בֵּית (מִיָּמִין)
יְהוָה וְנָתְנוּ־שָׁמָּה הַכֹּהֲנִים שֹׁמְרֵי הַסַּף אֶת־כָּל־הַכֶּסֶף הַמּוּבָא
בֵית־יְהוָה׃ וַיְהִי כִּרְאוֹתָם כִּי־רַב הַכֶּסֶף בָּאָרוֹן וַיַּעַל סֹפֵר יא
הַמֶּלֶךְ וְהַכֹּהֵן הַגָּדוֹל וַיָּצֻרוּ וַיִּמְנוּ אֶת־הַכֶּסֶף הַנִּמְצָא בֵית־
יְהוָה׃ וְנָתְנוּ אֶת־הַכֶּסֶף הַמְתֻכָּן עַל־יַד עֹשֵׂי הַמְּלָאכָה יב
הפקדים בֵּית יְהוָה וַיּוֹצִיאֻהוּ לְחָרָשֵׁי הָעֵץ וְלַבֹּנִים הָעֹשִׂים (הַמֻּפְקָדִים)
בֵּית יְהוָה׃ וְלַגֹּדְרִים וּלְחֹצְבֵי הָאֶבֶן וְלִקְנוֹת עֵצִים וְאַבְנֵי מַחְצֵב יג
לְחַזֵּק אֶת־בֶּדֶק בֵּית־יְהוָה וּלְכֹל אֲשֶׁר־יֵצֵא עַל־הַבַּיִת

יב

יד לְחַזְּקָה: אַךְ לֹא יֵעָשֶׂה בֵּית יהוה סִפּוֹת כֶּסֶף מְזַמְּרוֹת מִזְרָקוֹת
חֲצֹצְרוֹת כָּל־כְּלִי זָהָב וּכְלִי־כָסֶף מִן־הַכֶּסֶף הַמּוּבָא בֵית־
טו יהוה: כִּי־לְעֹשֵׂי הַמְּלָאכָה יִתְּנֻהוּ וְחִזְּקוּ־בוֹ אֶת־בֵּית יהוה:
טז וְלֹא יְחַשְּׁבוּ אֶת־הָאֲנָשִׁים אֲשֶׁר יִתְּנוּ אֶת־הַכֶּסֶף עַל־יָדָם
יז לָתֵת לְעֹשֵׂי הַמְּלָאכָה כִּי בֶאֱמֻנָה הֵם עֹשִׂים: כֶּסֶף אָשָׁם וְכֶסֶף

מלך ארם עולה להילחם בירושלים
דה"ב כד, כג–כד

יח חַטָּאוֹת לֹא יוּבָא בֵּית יהוה לַכֹּהֲנִים יִהְיוּ: אָז
יַעֲלֶה חֲזָאֵל מֶלֶךְ אֲרָם וַיִּלָּחֶם עַל־גַּת וַיִּלְכְּדָהּ וַיָּשֶׂם חֲזָאֵל
יט פָּנָיו לַעֲלוֹת עַל־יְרוּשָׁלִָם: וַיִּקַּח יְהוֹאָשׁ מֶלֶךְ־יְהוּדָה אֵת כָּל־
הַקֳּדָשִׁים אֲשֶׁר־הִקְדִּישׁוּ יְהוֹשָׁפָט וִיהוֹרָם וַאֲחַזְיָהוּ אֲבֹתָיו
מַלְכֵי יְהוּדָה וְאֶת־קֳדָשָׁיו וְאֵת כָּל־הַזָּהָב הַנִּמְצָא בְּאֹצְרוֹת
בֵּית־יהוה וּבֵית הַמֶּלֶךְ וַיִּשְׁלַח לַחֲזָאֵל מֶלֶךְ אֲרָם וַיַּעַל מֵעַל

סיכום מלכות יואש מלך יהודה, וההתנקשות בו
דה"ב כד, כה–כז

כ יְרוּשָׁלִָם: וְיֶתֶר דִּבְרֵי יוֹאָשׁ וְכָל־אֲשֶׁר עָשָׂה הֲלוֹא־הֵם כְּתוּבִים
כא עַל־סֵפֶר דִּבְרֵי הַיָּמִים לְמַלְכֵי יְהוּדָה: וַיָּקֻמוּ עֲבָדָיו וַיִּקְשְׁרוּ־
כב קָשֶׁר וַיַּכּוּ אֶת־יוֹאָשׁ בֵּית מִלֹּא הַיֹּרֵד סִלָּא: וְיוֹזָכָר בֶּן־שִׁמְעָת
וִיהוֹזָבָד בֶּן־שֹׁמֵר | עֲבָדָיו הִכֻּהוּ וַיָּמֹת וַיִּקְבְּרוּ אֹתוֹ עִם־אֲבֹתָיו
יג א בְּעִיר דָּוִד וַיִּמְלֹךְ אֲמַצְיָה בְנוֹ תַּחְתָּיו: בִּשְׁנַת
עֶשְׂרִים וְשָׁלֹשׁ שָׁנָה לְיוֹאָשׁ בֶּן־אֲחַזְיָהוּ מֶלֶךְ יְהוּדָה מָלַךְ
יְהוֹאָחָז בֶּן־יֵהוּא עַל־יִשְׂרָאֵל בְּשֹׁמְרוֹן שְׁבַע עֶשְׂרֵה שָׁנָה:
ב וַיַּעַשׂ הָרַע בְּעֵינֵי יהוה וַיֵּלֶךְ אַחַר חַטֹּאת יָרָבְעָם בֶּן־נְבָט
ג אֲשֶׁר־הֶחֱטִיא אֶת־יִשְׂרָאֵל לֹא־סָר מִמֶּנָּה: וַיִּחַר־אַף יהוה
בְּיִשְׂרָאֵל וַיִּתְּנֵם בְּיַד | חֲזָאֵל מֶלֶךְ־אֲרָם וּבְיַד בֶּן־הֲדַד בֶּן־
ד חֲזָאֵל כָּל־הַיָּמִים: וַיְחַל יְהוֹאָחָז אֶת־פְּנֵי יהוה וַיִּשְׁמַע אֵלָיו
יהוה כִּי רָאָה אֶת־לַחַץ יִשְׂרָאֵל כִּי־לָחַץ אֹתָם מֶלֶךְ אֲרָם:
ה וַיִּתֵּן יהוה לְיִשְׂרָאֵל מוֹשִׁיעַ וַיֵּצְאוּ מִתַּחַת יַד־אֲרָם וַיֵּשְׁבוּ בְנֵי־
ו יִשְׂרָאֵל בְּאָהֳלֵיהֶם כִּתְמוֹל שִׁלְשׁוֹם: אַךְ לֹא־סָרוּ מֵחַטֹּאת
בֵּית־יָרָבְעָם אֲשֶׁר־הֶחֱטִי אֶת־יִשְׂרָאֵל בָּהּ הָלָךְ וְגַם הָאֲשֵׁרָה
ז עָמְדָה בְּשֹׁמְרוֹן: כִּי לֹא הִשְׁאִיר לִיהוֹאָחָז עָם כִּי אִם־חֲמִשִּׁים

יג

פָּרָשִׁים וַעֲשָׂרָה רֶכֶב וַעֲשֶׂרֶת אֲלָפִים רַגְלִי כִּי אִבְּדָם מֶלֶךְ
ח אֲרָם וַיְשִׂמֵם כֶּעָפָר לָדֻשׁ: וְיֶתֶר דִּבְרֵי יְהוֹאָחָז וְכָל־אֲשֶׁר עָשָׂה
וּגְבוּרָתוֹ הֲלוֹא־הֵם כְּתוּבִים עַל־סֵפֶר דִּבְרֵי הַיָּמִים לְמַלְכֵי
ט יִשְׂרָאֵל: וַיִּשְׁכַּב יְהוֹאָחָז עִם־אֲבֹתָיו וַיִּקְבְּרֻהוּ בְּשֹׁמְרוֹן וַיִּמְלֹךְ
יוֹאָשׁ בְּנוֹ תַּחְתָּיו:
י בִּשְׁנַת שְׁלֹשִׁים וָשֶׁבַע שָׁנָה לְיוֹאָשׁ מֶלֶךְ יְהוּדָה מָלַךְ יְהוֹאָשׁ
יא בֶּן־יְהוֹאָחָז עַל־יִשְׂרָאֵל בְּשֹׁמְרוֹן שֵׁשׁ עֶשְׂרֵה שָׁנָה: וַיַּעֲשֶׂה
הָרַע בְּעֵינֵי יהוה לֹא סָר מִכָּל־חַטֹּאות יָרָבְעָם בֶּן־נְבָט אֲשֶׁר־
יב הֶחֱטִיא אֶת־יִשְׂרָאֵל בָּהּ הָלָךְ: וְיֶתֶר דִּבְרֵי יוֹאָשׁ וְכָל־אֲשֶׁר
עָשָׂה וּגְבוּרָתוֹ אֲשֶׁר נִלְחַם עִם אֲמַצְיָה מֶלֶךְ־יְהוּדָה הֲלֹא־הֵם
יג כְּתוּבִים עַל־סֵפֶר דִּבְרֵי הַיָּמִים לְמַלְכֵי יִשְׂרָאֵל: וַיִּשְׁכַּב יוֹאָשׁ
עִם־אֲבֹתָיו וְיָרָבְעָם יָשַׁב עַל־כִּסְאוֹ וַיִּקָּבֵר יוֹאָשׁ בְּשֹׁמְרוֹן עִם
יד מַלְכֵי יִשְׂרָאֵל: וֶאֱלִישָׁע חָלָה אֶת־חָלְיוֹ אֲשֶׁר
יָמוּת בּוֹ וַיֵּרֶד אֵלָיו יוֹאָשׁ מֶלֶךְ־יִשְׂרָאֵל וַיֵּבְךְּ עַל־פָּנָיו וַיֹּאמַר
טו אָבִי ׀ אָבִי רֶכֶב יִשְׂרָאֵל וּפָרָשָׁיו: וַיֹּאמֶר לוֹ אֱלִישָׁע קַח קֶשֶׁת
טז וְחִצִּים וַיִּקַּח אֵלָיו קֶשֶׁת וְחִצִּים: וַיֹּאמֶר ׀ לְמֶלֶךְ יִשְׂרָאֵל הַרְכֵּב
יָדְךָ עַל־הַקֶּשֶׁת וַיַּרְכֵּב יָדוֹ וַיָּשֶׂם אֱלִישָׁע יָדָיו עַל־יְדֵי הַמֶּלֶךְ:
יז וַיֹּאמֶר פְּתַח הַחַלּוֹן קֵדְמָה וַיִּפְתָּח וַיֹּאמֶר אֱלִישָׁע יְרֵה וַיּוֹר
וַיֹּאמֶר חֵץ־תְּשׁוּעָה לַיהוה וְחֵץ תְּשׁוּעָה בַאֲרָם וְהִכִּיתָ אֶת־
יח אֲרָם בַּאֲפֵק עַד־כַּלֵּה: וַיֹּאמֶר קַח הַחִצִּים וַיִּקָּח וַיֹּאמֶר לְמֶלֶךְ־
יט יִשְׂרָאֵל הַךְ־אַרְצָה וַיַּךְ שָׁלֹשׁ־פְּעָמִים וַיַּעֲמֹד: וַיִּקְצֹף עָלָיו
אִישׁ הָאֱלֹהִים וַיֹּאמֶר לְהַכּוֹת חָמֵשׁ אוֹ־שֵׁשׁ פְּעָמִים אָז
הִכִּיתָ אֶת־אֲרָם עַד־כַּלֵּה וְעַתָּה שָׁלֹשׁ פְּעָמִים תַּכֶּה אֶת־
כ אֲרָם: וַיָּמָת אֱלִישָׁע וַיִּקְבְּרֻהוּ וּגְדוּדֵי מוֹאָב
כא יָבֹאוּ בָאָרֶץ בָּא שָׁנָה: וַיְהִי הֵם ׀ קֹבְרִים אִישׁ וְהִנֵּה רָאוּ אֶת־
הַגְּדוּד וַיַּשְׁלִיכוּ אֶת־הָאִישׁ בְּקֶבֶר אֱלִישָׁע וַיֵּלֶךְ וַיִּגַּע הָאִישׁ
כב בְּעַצְמוֹת אֱלִישָׁע וַיְחִי וַיָּקָם עַל־רַגְלָיו: וַחֲזָאֵל מֶלֶךְ אֲרָם לָחַץ

סיכום
מלכות יואש
מלך ישראל
מל״ב יד, טו–טז

כג אֶת־יִשְׂרָאֵל כֹּל יְמֵי יְהוֹאָחָז: וַיָּחׇן יְהוָה אֹתָם וַיְרַחֲמֵם וַיִּפֶן
אֲלֵיהֶם לְמַעַן בְּרִיתוֹ אֶת־אַבְרָהָם יִצְחָק וְיַעֲקֹב וְלֹא אָבָה
כד הַשְׁחִיתָם וְלֹא־הִשְׁלִיכָם מֵעַל־פָּנָיו עַד־עָתָּה: וַיָּמׇת חֲזָאֵל
כה מֶלֶךְ־אֲרָם וַיִּמְלֹךְ בֶּן־הֲדַד בְּנוֹ תַּחְתָּיו: וַיָּשׇׁב יְהוֹאָשׁ בֶּן־
יְהוֹאָחָז וַיִּקַּח אֶת־הֶעָרִים מִיַּד בֶּן־הֲדַד בֶּן־חֲזָאֵל אֲשֶׁר לָקַח
מִיַּד יְהוֹאָחָז אָבִיו בַּמִּלְחָמָה שָׁלֹשׁ פְּעָמִים הִכָּהוּ יוֹאָשׁ וַיָּשֶׁב
יד א אֶת־עָרֵי יִשְׂרָאֵל: בִּשְׁנַת שְׁתַּיִם לְיוֹאָשׁ בֶּן־

פתיחה למלכות אמציה
דה"ב כה, א–ד

ב יוֹאָחָז מֶלֶךְ יִשְׂרָאֵל מָלַךְ אֲמַצְיָהוּ בֶן־יוֹאָשׁ מֶלֶךְ יְהוּדָה: בֶּן־
עֶשְׂרִים וְחָמֵשׁ שָׁנָה הָיָה בְמׇלְכוֹ וְעֶשְׂרִים וָתֵשַׁע שָׁנָה מָלַךְ
ג בִּירוּשָׁלָ͏ִם וְשֵׁם אִמּוֹ יְהוֹעַדִּין מִן־יְרוּשָׁלָ͏ִם: וַיַּעַשׂ הַיָּשָׁר בְּעֵינֵי

יְהוֹעַדָּן

יְהוָה רַק לֹא כְּדָוִד אָבִיו כְּכֹל אֲשֶׁר־עָשָׂה יוֹאָשׁ אָבִיו עָשָׂה:
ד רַק הַבָּמוֹת לֹא־סָרוּ עוֹד הָעָם מְזַבְּחִים וּמְקַטְּרִים בַּבָּמוֹת:
ה וַיְהִי כַּאֲשֶׁר חָזְקָה הַמַּמְלָכָה בְּיָדוֹ וַיַּךְ אֶת־עֲבָדָיו הַמַּכִּים אֶת־

איש בחטאו יומת
דברים כד, טז
ירמיה לא, כח–כט
יחזקאל יח, יט–כ
דה"ב כה, ג–ד

ו הַמֶּלֶךְ אָבִיו: וְאֶת־בְּנֵי הַמַּכִּים לֹא הֵמִית כַּכָּתוּב בְּסֵפֶר תּוֹרַת־
מֹשֶׁה אֲשֶׁר־צִוָּה יְהוָה לֵאמֹר לֹא־יוּמְתוּ אָבוֹת עַל־בָּנִים
וּבָנִים לֹא־יוּמְתוּ עַל־אָבוֹת כִּי אִם־אִישׁ בְּחֶטְאוֹ ימות:

יוּמָת

ז הוּא־הִכָּה אֶת־אֱדוֹם בְּגֵי־הַמלח עֲשֶׂרֶת אֲלָפִים וְתָפַשׂ

מֶלַח

אֶת־הַסֶּלַע בַּמִּלְחָמָה וַיִּקְרָא אֶת־שְׁמָהּ יׇקְתְאֵל עַד הַיּוֹם
ח הַזֶּה: אָז שָׁלַח אֲמַצְיָה מַלְאָכִים אֶל־יְהוֹאָשׁ

מלחמת אמציה באדום
דה"ב כה, ה–טז

מלחמת אמציה מלך יהודה ביואש מלך ישראל
דה"ב כה, יז–כד

בֶּן־יְהוֹאָחָז בֶּן־יֵהוּא מֶלֶךְ יִשְׂרָאֵל לֵאמֹר לְכָה נִתְרָאֶה פָנִים:
ט וַיִּשְׁלַח יְהוֹאָשׁ מֶלֶךְ־יִשְׂרָאֵל אֶל־אֲמַצְיָהוּ מֶלֶךְ־יְהוּדָה לֵאמֹר
הַחוֹחַ אֲשֶׁר בַּלְּבָנוֹן שָׁלַח אֶל־הָאֶרֶז אֲשֶׁר בַּלְּבָנוֹן לֵאמֹר תְּנָה
אֶת־בִּתְּךָ לִבְנִי לְאִשָּׁה וַתַּעֲבֹר חַיַּת הַשָּׂדֶה אֲשֶׁר בַּלְּבָנוֹן
י וַתִּרְמֹס אֶת־הַחוֹחַ: הַכֵּה הִכִּיתָ אֶת־אֱדוֹם וּנְשָׂאֲךָ לִבֶּךָ הִכָּבֵד
וְשֵׁב בְּבֵיתֶךָ וְלָמָּה תִתְגָּרֶה בְּרָעָה וְנָפַלְתָּה אַתָּה וִיהוּדָה
יא עִמָּךְ: וְלֹא־שָׁמַע אֲמַצְיָהוּ וַיַּעַל יְהוֹאָשׁ מֶלֶךְ־יִשְׂרָאֵל וַיִּתְרָאוּ
יב פָנִים הוּא וַאֲמַצְיָהוּ מֶלֶךְ־יְהוּדָה בְּבֵית שֶׁמֶשׁ אֲשֶׁר לִיהוּדָה:

וַיִּנָּגֶף יְהוּדָה לִפְנֵי יִשְׂרָאֵל וַיָּנֻסוּ אִישׁ לְאֹהָלָו׃ וְאֵת אֲמַצְיָהוּ יג
מֶלֶךְ־יְהוּדָה בֶּן־יְהוֹאָשׁ בֶּן־אֲחַזְיָהוּ תָּפַשׂ יְהוֹאָשׁ מֶלֶךְ־
יִשְׂרָאֵל בְּבֵית שָׁמֶשׁ ויבאו יְרוּשָׁלַ͏ִם וַיִּפְרֹץ בְּחוֹמַת יְרוּשָׁלַ͏ִם
(וַיָּבֹא)
בְּשַׁעַר אֶפְרַיִם עַד־שַׁעַר הַפִּנָּה אַרְבַּע מֵאוֹת אַמָּה׃ וְלָקַח אֶת־ יד
כָּל־הַזָּהָב וְהַכֶּסֶף וְאֵת כָּל־הַכֵּלִים הַנִּמְצְאִים בֵּית־יְהוָה
וּבְאוֹצְרוֹת בֵּית הַמֶּלֶךְ וְאֵת בְּנֵי הַתַּעֲרֻבוֹת וַיָּשָׁב שֹׁמְרוֹנָה׃

סיכום מלכות יואש מלך ישראל מל״ב יג, יב–יג

וְיֶתֶר דִּבְרֵי יְהוֹאָשׁ אֲשֶׁר עָשָׂה וּגְבוּרָתוֹ וַאֲשֶׁר נִלְחַם עִם טו
אֲמַצְיָהוּ מֶלֶךְ־יְהוּדָה הֲלֹא־הֵם כְּתוּבִים עַל־סֵפֶר דִּבְרֵי הַיָּמִים
לְמַלְכֵי יִשְׂרָאֵל׃ וַיִּשְׁכַּב יְהוֹאָשׁ עִם־אֲבֹתָיו וַיִּקָּבֵר בְּשֹׁמְרוֹן עִם טז
מַלְכֵי יִשְׂרָאֵל וַיִּמְלֹךְ יָרָבְעָם בְּנוֹ תַּחְתָּיו׃ וַיְחִי יז

סיכום מלכות אמציה דה״ב כה, כה–כח

אֲמַצְיָהוּ בֶן־יוֹאָשׁ מֶלֶךְ יְהוּדָה אַחֲרֵי מוֹת יְהוֹאָשׁ בֶּן־יְהוֹאָחָז
מֶלֶךְ יִשְׂרָאֵל חֲמֵשׁ עֶשְׂרֵה שָׁנָה׃ וְיֶתֶר דִּבְרֵי אֲמַצְיָהוּ הֲלֹא־הֵם יח
כְּתֻבִים עַל־סֵפֶר דִּבְרֵי הַיָּמִים לְמַלְכֵי יְהוּדָה׃ וַיִּקְשְׁרוּ עָלָיו יט
קֶשֶׁר בִּירוּשָׁלַ͏ִם וַיָּנָס לָכִישָׁה וַיִּשְׁלְחוּ אַחֲרָיו לָכִישָׁה וַיְמִתֻהוּ
שָׁם׃ וַיִּשְׂאוּ אֹתוֹ עַל־הַסּוּסִים וַיִּקָּבֵר בִּירוּשָׁלַ͏ִם עִם־אֲבֹתָיו כ

פתיחה למלכות עוזיה דה״ב כו, א–ד

בְּעִיר דָּוִד׃ וַיִּקְחוּ כָּל־עַם יְהוּדָה אֶת־עֲזַרְיָה וְהוּא בֶּן־ כא
שֵׁשׁ עֶשְׂרֵה שָׁנָה וַיַּמְלִכוּ אֹתוֹ תַּחַת אָבִיו אֲמַצְיָהוּ׃ הוּא כב
בָּנָה אֶת־אֵילַת וַיְשִׁבֶהָ לִיהוּדָה אַחֲרֵי שְׁכַב־הַמֶּלֶךְ עִם־
אֲבֹתָיו׃ בִּשְׁנַת חֲמֵשׁ־עֶשְׂרֵה שָׁנָה לַאֲמַצְיָהוּ כג
בֶן־יוֹאָשׁ מֶלֶךְ יְהוּדָה מָלַךְ יָרָבְעָם בֶּן־יוֹאָשׁ מֶלֶךְ־יִשְׂרָאֵל
בְּשֹׁמְרוֹן אַרְבָּעִים וְאַחַת שָׁנָה׃ וַיַּעַשׂ הָרַע בְּעֵינֵי יְהוָה לֹא סָר כד
מִכָּל־חַטֹּאות יָרָבְעָם בֶּן־נְבָט אֲשֶׁר הֶחֱטִיא אֶת־יִשְׂרָאֵל׃
הוּא הֵשִׁיב אֶת־גְּבוּל יִשְׂרָאֵל מִלְּבוֹא חֲמָת עַד־יָם הָעֲרָבָה כה
כִּדְבַר יְהוָה אֱלֹהֵי יִשְׂרָאֵל אֲשֶׁר דִּבֶּר בְּיַד־עַבְדּוֹ יוֹנָה בֶן־
אֲמִתַּי הַנָּבִיא אֲשֶׁר מִגַּת הַחֵפֶר׃ כִּי־רָאָה יְהוָה אֶת־עֳנִי כו
יִשְׂרָאֵל מֹרֶה מְאֹד וְאֶפֶס עָצוּר וְאֶפֶס עָזוּב וְאֵין עֹזֵר לְיִשְׂרָאֵל׃
וְלֹא־דִבֶּר יְהוָה לִמְחוֹת אֶת־שֵׁם יִשְׂרָאֵל מִתַּחַת הַשָּׁמָיִם כז

כח וַיּוֹשִׁיעֵם בְּיַד יָרָבְעָם בֶּן־יוֹאָשׁ: וְיֶתֶר דִּבְרֵי יָרָבְעָם וְכָל־אֲשֶׁר
עָשָׂה וּגְבוּרָתוֹ אֲשֶׁר־נִלְחָם וַאֲשֶׁר הֵשִׁיב אֶת־דַּמֶּשֶׂק וְאֶת־
חֲמָת לִיהוּדָה בְּיִשְׂרָאֵל הֲלֹא־הֵם כְּתוּבִים עַל־סֵפֶר דִּבְרֵי
כט הַיָּמִים לְמַלְכֵי יִשְׂרָאֵל: וַיִּשְׁכַּב יָרָבְעָם עִם־אֲבֹתָיו עִם מַלְכֵי
טו א יִשְׂרָאֵל וַיִּמְלֹךְ זְכַרְיָה בְנוֹ תַּחְתָּיו: בִּשְׁנַת
עֶשְׂרִים וָשֶׁבַע שָׁנָה לְיָרָבְעָם מֶלֶךְ יִשְׂרָאֵל מָלַךְ עֲזַרְיָה בֶן־
ב אֲמַצְיָה מֶלֶךְ יְהוּדָה: בֶּן־שֵׁשׁ עֶשְׂרֵה שָׁנָה הָיָה בְמָלְכוֹ
וַחֲמִשִּׁים וּשְׁתַּיִם שָׁנָה מָלַךְ בִּירוּשָׁלָ͏ִם וְשֵׁם אִמּוֹ יְכָלְיָהוּ
ג מִירוּשָׁלָ͏ִם: וַיַּעַשׂ הַיָּשָׁר בְּעֵינֵי יְהוָה כְּכֹל אֲשֶׁר־עָשָׂה אֲמַצְיָהוּ
ד אָבִיו: רַק הַבָּמוֹת לֹא־סָרוּ עוֹד הָעָם מְזַבְּחִים וּמְקַטְּרִים
ה בַּבָּמוֹת: וַיְנַגַּע יְהוָה אֶת־הַמֶּלֶךְ וַיְהִי מְצֹרָע עַד־יוֹם מֹתוֹ
וַיֵּשֶׁב בְּבֵית הַחָפְשִׁית וְיוֹתָם בֶּן־הַמֶּלֶךְ עַל־הַבַּיִת שֹׁפֵט אֶת־
ו עַם הָאָרֶץ: וְיֶתֶר דִּבְרֵי עֲזַרְיָהוּ וְכָל־אֲשֶׁר עָשָׂה הֲלֹא־הֵם
ז כְּתוּבִים עַל־סֵפֶר דִּבְרֵי הַיָּמִים לְמַלְכֵי יְהוּדָה: וַיִּשְׁכַּב עֲזַרְיָה כח
עִם־אֲבֹתָיו וַיִּקְבְּרוּ אֹתוֹ עִם־אֲבֹתָיו בְּעִיר דָּוִד וַיִּמְלֹךְ יוֹתָם בְּנוֹ
ח תַּחְתָּיו: בִּשְׁנַת שְׁלֹשִׁים וּשְׁמֹנֶה שָׁנָה לַעֲזַרְיָהוּ
מֶלֶךְ יְהוּדָה מָלַךְ זְכַרְיָהוּ בֶן־יָרָבְעָם עַל־יִשְׂרָאֵל בְּשֹׁמְרוֹן
ט שִׁשָּׁה חֳדָשִׁים: וַיַּעַשׂ הָרַע בְּעֵינֵי יְהוָה כַּאֲשֶׁר עָשׂוּ אֲבֹתָיו לֹא
סָר מֵחַטֹּאות יָרָבְעָם בֶּן־נְבָט אֲשֶׁר הֶחֱטִיא אֶת־יִשְׂרָאֵל:
י וַיִּקְשֹׁר עָלָיו שַׁלֻּם בֶּן־יָבֵשׁ וַיַּכֵּהוּ קָבָל־עָם וַיְמִיתֵהוּ וַיִּמְלֹךְ
יא תַּחְתָּיו: וְיֶתֶר דִּבְרֵי זְכַרְיָה הִנָּם כְּתוּבִים עַל־סֵפֶר דִּבְרֵי הַיָּמִים
יב לְמַלְכֵי יִשְׂרָאֵל: הוּא דְבַר־יְהוָה אֲשֶׁר דִּבֶּר אֶל־יֵהוּא
לֵאמֹר בְּנֵי רְבִיעִים יֵשְׁבוּ לְךָ עַל־כִּסֵּא יִשְׂרָאֵל וַיְהִי־
יג כֵן: שַׁלּוּם בֶּן־יָבֵישׁ מָלַךְ בִּשְׁנַת שְׁלֹשִׁים וָתֵשַׁע
יד שָׁנָה לְעֻזִּיָּה מֶלֶךְ יְהוּדָה וַיִּמְלֹךְ יֶרַח־יָמִים בְּשֹׁמְרוֹן: וַיַּעַל
מְנַחֵם בֶּן־גָּדִי מִתִּרְצָה וַיָּבֹא שֹׁמְרוֹן וַיַּךְ אֶת־שַׁלּוּם בֶּן־יָבֵישׁ
טו בְּשֹׁמְרוֹן וַיְמִיתֵהוּ וַיִּמְלֹךְ תַּחְתָּיו: וְיֶתֶר דִּבְרֵי שַׁלּוּם וְקִשְׁרוֹ

צרעת עוזיה
דה״ב כו, טז–כא

סיכום
מלכות עוזיה
דה״ב כו, כב–כג

אֲשֶׁר קָשָׁר הִנָּם כְּתוּבִים עַל־סֵפֶר דִּבְרֵי הַיָּמִים לְמַלְכֵי
טז יִשְׂרָאֵל: אָז יַכֶּה־מְנַחֵם אֶת־תִּפְסַח וְאֶת־כָּל־אֲשֶׁר־בָּהּ
וְאֶת־גְּבוּלֶיהָ מִתִּרְצָה כִּי לֹא פָתַח וַיַּךְ אֵת כָּל־הֶהָרוֹתֶיהָ
יז בִּקֵּעַ: בִּשְׁנַת שְׁלֹשִׁים וָתֵשַׁע שָׁנָה לַעֲזַרְיָה מֶלֶךְ
יְהוּדָה מָלַךְ מְנַחֵם בֶּן־גָּדִי עַל־יִשְׂרָאֵל עֶשֶׂר שָׁנִים בְּשֹׁמְרוֹן:
יח וַיַּעַשׂ הָרַע בְּעֵינֵי יְהוָה לֹא סָר מֵעַל חַטֹּאות יָרָבְעָם בֶּן־נְבָט
יט אֲשֶׁר־הֶחֱטִיא אֶת־יִשְׂרָאֵל כָּל־יָמָיו: בָּא פוּל מֶלֶךְ־אַשּׁוּר עַל־
הָאָרֶץ וַיִּתֵּן מְנַחֵם לְפוּל אֶלֶף כִּכַּר־כָּסֶף לִהְיוֹת יָדָיו אִתּוֹ
כ לְהַחֲזִיק הַמַּמְלָכָה בְּיָדוֹ: וַיֹּצֵא מְנַחֵם אֶת־הַכֶּסֶף עַל־יִשְׂרָאֵל
עַל כָּל־גִּבּוֹרֵי הַחַיִל לָתֵת לְמֶלֶךְ אַשּׁוּר חֲמִשִּׁים שְׁקָלִים כֶּסֶף
כא לְאִישׁ אֶחָד וַיָּשָׁב מֶלֶךְ אַשּׁוּר וְלֹא־עָמַד שָׁם בָּאָרֶץ: וְיֶתֶר
דִּבְרֵי מְנַחֵם וְכָל־אֲשֶׁר עָשָׂה הֲלוֹא־הֵם כְּתוּבִים עַל־סֵפֶר
כב דִּבְרֵי הַיָּמִים לְמַלְכֵי יִשְׂרָאֵל: וַיִּשְׁכַּב מְנַחֵם עִם־אֲבֹתָיו וַיִּמְלֹךְ
כג פְּקַחְיָה בְנוֹ תַּחְתָּיו: בִּשְׁנַת חֲמִשִּׁים שָׁנָה לַעֲזַרְיָה
מֶלֶךְ יְהוּדָה מָלַךְ פְּקַחְיָה בֶן־מְנַחֵם עַל־יִשְׂרָאֵל בְּשֹׁמְרוֹן
כד שְׁנָתָיִם: וַיַּעַשׂ הָרַע בְּעֵינֵי יְהוָה לֹא סָר מֵחַטֹּאות יָרָבְעָם בֶּן־
כה נְבָט אֲשֶׁר הֶחֱטִיא אֶת־יִשְׂרָאֵל: וַיִּקְשֹׁר עָלָיו פֶּקַח בֶּן־רְמַלְיָהוּ
שָׁלִישׁוֹ וַיַּכֵּהוּ בְשֹׁמְרוֹן בְּאַרְמוֹן בֵּית־מֶלֶךְ אֶת־אַרְגֹּב וְאֶת־ הַמֶּלֶךְ
הָאַרְיֵה וְעִמּוֹ חֲמִשִּׁים אִישׁ מִבְּנֵי גִלְעָדִים וַיְמִתֵהוּ וַיִּמְלֹךְ
כו תַּחְתָּיו: וְיֶתֶר דִּבְרֵי פְקַחְיָה וְכָל־אֲשֶׁר עָשָׂה הִנָּם כְּתוּבִים
כז עַל־סֵפֶר דִּבְרֵי הַיָּמִים לְמַלְכֵי יִשְׂרָאֵל: בִּשְׁנַת
חֲמִשִּׁים וּשְׁתַּיִם שָׁנָה לַעֲזַרְיָה מֶלֶךְ יְהוּדָה מָלַךְ פֶּקַח בֶּן־
כח רְמַלְיָהוּ עַל־יִשְׂרָאֵל בְּשֹׁמְרוֹן עֶשְׂרִים שָׁנָה: וַיַּעַשׂ הָרַע בְּעֵינֵי
יְהוָה לֹא סָר מִן־חַטֹּאות יָרָבְעָם בֶּן־נְבָט אֲשֶׁר הֶחֱטִיא אֶת־
כט יִשְׂרָאֵל: בִּימֵי פֶּקַח מֶלֶךְ־יִשְׂרָאֵל בָּא תִּגְלַת פִּלְאֶסֶר מֶלֶךְ
אַשּׁוּר וַיִּקַּח אֶת־עִיּוֹן וְאֶת־אָבֵל בֵּית־מַעֲכָה וְאֶת־יָנוֹחַ וְאֶת־
קֶדֶשׁ וְאֶת־חָצוֹר וְאֶת־הַגִּלְעָד וְאֶת־הַגָּלִילָה כֹּל אֶרֶץ נַפְתָּלִי

גלות בני הגליל ועבר הירדן דה"א ה, כה–כו

ל וַיַּגְלֵם אַשּׁוּרָה: וַיִּקְשָׁר־קֶשֶׁר הוֹשֵׁעַ בֶּן־אֵלָה עַל־פֶּקַח בֶּן־
רְמַלְיָהוּ וַיַּכֵּהוּ וַיְמִיתֵהוּ וַיִּמְלֹךְ תַּחְתָּיו בִּשְׁנַת עֶשְׂרִים לְיוֹתָם
לא בֶּן־עֻזִּיָּה: וְיֶתֶר דִּבְרֵי־פֶקַח וְכָל־אֲשֶׁר עָשָׂה הִנָּם כְּתוּבִים
לב עַל־סֵפֶר דִּבְרֵי הַיָּמִים לְמַלְכֵי יִשְׂרָאֵל: בִּשְׁנַת

פתיחה
למלכות יותם
דה"ב כז, א–ו

שְׁתַּיִם לְפֶקַח בֶּן־רְמַלְיָהוּ מֶלֶךְ יִשְׂרָאֵל מָלַךְ יוֹתָם בֶּן־עֻזִּיָּהוּ
לג מֶלֶךְ יְהוּדָה: בֶּן־עֶשְׂרִים וְחָמֵשׁ שָׁנָה הָיָה בְמָלְכוֹ וְשֵׁשׁ־עֶשְׂרֵה
לד שָׁנָה מָלַךְ בִּירוּשָׁלָםִ וְשֵׁם אִמּוֹ יְרוּשָׁא בַּת־צָדוֹק: וַיַּעַשׂ הַיָּשָׁר
לה בְּעֵינֵי יְהוָה כְּכֹל אֲשֶׁר־עָשָׂה עֻזִּיָּהוּ אָבִיו עָשָׂה: רַק הַבָּמוֹת
לֹא סָרוּ עוֹד הָעָם מְזַבְּחִים וּמְקַטְּרִים בַּבָּמוֹת הוּא בָּנָה אֶת־
לו שַׁעַר בֵּית־יְהוָה הָעֶלְיוֹן: וְיֶתֶר דִּבְרֵי יוֹתָם וְכָל־אֲשֶׁר עָשָׂה

סיכום
מלכות יותם
דה"ב כז, ז–ט

לז הֲלֹא־הֵם כְּתוּבִים עַל־סֵפֶר דִּבְרֵי הַיָּמִים לְמַלְכֵי יְהוּדָה: בַּיָּמִים
הָהֵם הֵחֵל יְהוָה לְהַשְׁלִיחַ בִּיהוּדָה רְצִין מֶלֶךְ אֲרָם וְאֵת פֶּקַח
לח בֶּן־רְמַלְיָהוּ: וַיִּשְׁכַּב יוֹתָם עִם־אֲבֹתָיו וַיִּקָּבֵר עִם־אֲבֹתָיו בְּעִיר
טז א דָּוִד אָבִיו וַיִּמְלֹךְ אָחָז בְּנוֹ תַּחְתָּיו: בִּשְׁנַת שְׁבַע־

פתיחה
למלכות אחז
דה"ב כח, א–ד

עֶשְׂרֵה שָׁנָה לְפֶקַח בֶּן־רְמַלְיָהוּ מָלַךְ אָחָז בֶּן־יוֹתָם מֶלֶךְ
ב יְהוּדָה: בֶּן־עֶשְׂרִים שָׁנָה אָחָז בְּמָלְכוֹ וְשֵׁשׁ־עֶשְׂרֵה שָׁנָה מָלַךְ
בִּירוּשָׁלָםִ וְלֹא־עָשָׂה הַיָּשָׁר בְּעֵינֵי יְהוָה אֱלֹהָיו כְּדָוִד אָבִיו:
ג וַיֵּלֶךְ בְּדֶרֶךְ מַלְכֵי יִשְׂרָאֵל וְגַם אֶת־בְּנוֹ הֶעֱבִיר בָּאֵשׁ כְּתֹעֲבוֹת
ד הַגּוֹיִם אֲשֶׁר הוֹרִישׁ יְהוָה אֹתָם מִפְּנֵי בְּנֵי יִשְׂרָאֵל: וַיְזַבֵּחַ וַיְקַטֵּר
ה בַּבָּמוֹת וְעַל־הַגְּבָעוֹת וְתַחַת כָּל־עֵץ רַעֲנָן: אָז יַעֲלֶה רְצִין

מלחמת ארם
וישראל ביהודה
ישעיה ז, א–ט
דה"ב כח, ה–כב

מֶלֶךְ־אֲרָם וּפֶקַח בֶּן־רְמַלְיָהוּ מֶלֶךְ־יִשְׂרָאֵל יְרוּשָׁלַםִ לַמִּלְחָמָה
ו וַיָּצֻרוּ עַל־אָחָז וְלֹא יָכְלוּ לְהִלָּחֵם: בָּעֵת הַהִיא הֵשִׁיב רְצִין
מֶלֶךְ־אֲרָם אֶת־אֵילַת לַאֲרָם וַיְנַשֵּׁל אֶת־הַיְהוּדִים מֵאֵילוֹת
ז ואדומים בָּאוּ אֵילַת וַיֵּשְׁבוּ שָׁם עַד הַיּוֹם הַזֶּה: וַיִּשְׁלַח אָחָז וַאֲדוֹמִים
מַלְאָכִים אֶל־תִּגְלַת פְּלֶסֶר מֶלֶךְ־אַשּׁוּר לֵאמֹר עַבְדְּךָ וּבִנְךָ אָנִי
עֲלֵה וְהוֹשִׁעֵנִי מִכַּף מֶלֶךְ־אֲרָם וּמִכַּף מֶלֶךְ יִשְׂרָאֵל הַקּוֹמִים
ח עָלָי: וַיִּקַּח אָחָז אֶת־הַכֶּסֶף וְאֶת־הַזָּהָב הַנִּמְצָא בֵּית יְהוָה

ט וּבְאֹצְרוֹת בֵּית הַמֶּלֶךְ וַיִּשְׁלַח לְמֶלֶךְ אַשּׁוּר שֹׁחַד: וַיִּשְׁמַע אֵלָיו
מֶלֶךְ אַשּׁוּר וַיַּעַל מֶלֶךְ אַשּׁוּר אֶל־דַּמֶּשֶׂק וַיִּתְפְּשֶׂהָ וַיַּגְלֶהָ קִירָה
י וְאֶת־רְצִין הֵמִית: וַיֵּלֶךְ הַמֶּלֶךְ אָחָז לִקְרַאת תִּגְלַת פִּלְאֶסֶר
מֶלֶךְ־אַשּׁוּר דּוּמֶּשֶׂק וַיַּרְא אֶת־הַמִּזְבֵּחַ אֲשֶׁר בְּדַמָּשֶׂק וַיִּשְׁלַח
הַמֶּלֶךְ אָחָז אֶל־אוּרִיָּה הַכֹּהֵן אֶת־דְּמוּת הַמִּזְבֵּחַ וְאֶת־תַּבְנִיתוֹ
יא לְכָל־מַעֲשֵׂהוּ: וַיִּבֶן אוּרִיָּה הַכֹּהֵן אֶת־הַמִּזְבֵּחַ כְּכֹל אֲשֶׁר־שָׁלַח
הַמֶּלֶךְ אָחָז מִדַּמֶּשֶׂק כֵּן עָשָׂה אוּרִיָּה הַכֹּהֵן עַד־בּוֹא הַמֶּלֶךְ־
יב אָחָז מִדַּמָּשֶׂק: וַיָּבֹא הַמֶּלֶךְ מִדַּמֶּשֶׂק וַיַּרְא הַמֶּלֶךְ אֶת־הַמִּזְבֵּחַ
יג וַיִּקְרַב הַמֶּלֶךְ עַל־הַמִּזְבֵּחַ וַיַּעַל עָלָיו: וַיַּקְטֵר אֶת־עֹלָתוֹ וְאֶת־
מִנְחָתוֹ וַיַּסֵּךְ אֶת־נִסְכּוֹ וַיִּזְרֹק אֶת־דַּם־הַשְּׁלָמִים אֲשֶׁר־לוֹ
יד עַל־הַמִּזְבֵּחַ: וְאֵת הַמִּזְבַּח הַנְּחֹשֶׁת אֲשֶׁר לִפְנֵי יְהוָה וַיַּקְרֵב
מֵאֵת פְּנֵי הַבַּיִת מִבֵּין הַמִּזְבֵּחַ וּמִבֵּין בֵּית יְהוָה וַיִּתֵּן אֹתוֹ עַל־
טו יֶרֶךְ הַמִּזְבֵּחַ צָפוֹנָה: ויצוהו הַמֶּלֶךְ אָחָז אֶת־אוּרִיָּה הַכֹּהֵן — וַיְצַוֵּה
לֵאמֹר עַל הַמִּזְבֵּחַ הַגָּדוֹל הַקְטֵר אֶת־עֹלַת־הַבֹּקֶר וְאֶת־
מִנְחַת הָעֶרֶב וְאֶת־עֹלַת הַמֶּלֶךְ וְאֶת־מִנְחָתוֹ וְאֵת עֹלַת כָּל־
עַם הָאָרֶץ וּמִנְחָתָם וְנִסְכֵּיהֶם וְכָל־דַּם עֹלָה וְכָל־דַּם־זֶבַח עָלָיו
טז תִּזְרֹק וּמִזְבַּח הַנְּחֹשֶׁת יִהְיֶה־לִּי לְבַקֵּר: וַיַּעַשׂ אוּרִיָּה הַכֹּהֵן
יז כְּכֹל אֲשֶׁר־צִוָּה הַמֶּלֶךְ אָחָז: וַיְקַצֵּץ הַמֶּלֶךְ אָחָז אֶת־הַמִּסְגְּרוֹת
הַמְּכֹנוֹת וַיָּסַר מֵעֲלֵיהֶם ואת־הַכִּיֹּר וְאֶת־הַיָּם הוֹרִד מֵעַל — אֶת־
הַבָּקָר הַנְּחֹשֶׁת אֲשֶׁר תַּחְתֶּיהָ וַיִּתֵּן אֹתוֹ עַל מַרְצֶפֶת אֲבָנִים:
יח וְאֶת־מיסך הַשַּׁבָּת אֲשֶׁר־בָּנוּ בַבַּיִת וְאֶת־מְבוֹא הַמֶּלֶךְ — מוּסַךְ
יט הַחִיצוֹנָה הֵסֵב בֵּית יְהוָה מִפְּנֵי מֶלֶךְ אַשּׁוּר: וְיֶתֶר דִּבְרֵי אָחָז
אֲשֶׁר עָשָׂה הֲלֹא־הֵם כְּתוּבִים עַל־סֵפֶר דִּבְרֵי הַיָּמִים לְמַלְכֵי
כ יְהוּדָה: וַיִּשְׁכַּב אָחָז עִם־אֲבֹתָיו וַיִּקָּבֵר עִם־אֲבֹתָיו בְּעִיר דָּוִד — כט
יז א וַיִּמְלֹךְ חִזְקִיָּהוּ בְנוֹ תַּחְתָּיו: בִּשְׁנַת שְׁתֵּים עֶשְׂרֵה
לְאָחָז מֶלֶךְ יְהוּדָה מָלַךְ הוֹשֵׁעַ בֶּן־אֵלָה בְשֹׁמְרוֹן עַל־יִשְׂרָאֵל
ב תֵּשַׁע שָׁנִים: וַיַּעַשׂ הָרַע בְּעֵינֵי יְהוָה רַק לֹא כְּמַלְכֵי יִשְׂרָאֵל

אחז חוטא בעבודה זרה
דה״ב כח, כב–כה

סיכום מלכות אחז
דה״ב כח, כו–כז

חורבן
מלכות ישראל
מל״ב יח, ט–יב

יז
ג אֲשֶׁר הָיוּ לְפָנָיו: עָלָיו עָלָה שַׁלְמַנְאֶסֶר מֶלֶךְ אַשּׁוּר וַיְהִי־לוֹ
ד הוֹשֵׁעַ עֶבֶד וַיָּשֶׁב לוֹ מִנְחָה: וַיִּמְצָא מֶלֶךְ־אַשּׁוּר בְּהוֹשֵׁעַ קֶשֶׁר
אֲשֶׁר שָׁלַח מַלְאָכִים אֶל־סוֹא מֶלֶךְ־מִצְרַיִם וְלֹא־הֶעֱלָה מִנְחָה
לְמֶלֶךְ אַשּׁוּר כְּשָׁנָה בְשָׁנָה וַיַּעַצְרֵהוּ מֶלֶךְ אַשּׁוּר וַיַּאַסְרֵהוּ בֵּית
ה כֶּלֶא: וַיַּעַל מֶלֶךְ־אַשּׁוּר בְּכָל־הָאָרֶץ וַיַּעַל שֹׁמְרוֹן וַיָּצַר עָלֶיהָ
ו שָׁלֹשׁ שָׁנִים: בִּשְׁנַת הַתְּשִׁיעִית לְהוֹשֵׁעַ לָכַד מֶלֶךְ־אַשּׁוּר אֶת־
שֹׁמְרוֹן וַיֶּגֶל אֶת־יִשְׂרָאֵל אַשּׁוּרָה וַיֹּשֶׁב אֹתָם בַּחְלַח וּבְחָבוֹר
ז נְהַר גּוֹזָן וְעָרֵי מָדָי: וַיְהִי כִּי־חָטְאוּ בְנֵי־יִשְׂרָאֵל
לַיהוָה אֱלֹהֵיהֶם הַמַּעֲלֶה אֹתָם מֵאֶרֶץ מִצְרַיִם מִתַּחַת יַד
ח פַּרְעֹה מֶלֶךְ־מִצְרָיִם וַיִּירְאוּ אֱלֹהִים אֲחֵרִים: וַיֵּלְכוּ בְּחֻקּוֹת
הַגּוֹיִם אֲשֶׁר הוֹרִישׁ יְהוָה מִפְּנֵי בְּנֵי יִשְׂרָאֵל וּמַלְכֵי יִשְׂרָאֵל אֲשֶׁר
ט עָשׂוּ: וַיְחַפְּאוּ בְנֵי־יִשְׂרָאֵל דְּבָרִים אֲשֶׁר לֹא־כֵן עַל־יְהוָה
אֱלֹהֵיהֶם וַיִּבְנוּ לָהֶם בָּמוֹת בְּכָל־עָרֵיהֶם מִמִּגְדַּל נוֹצְרִים עַד־
י עִיר מִבְצָר: וַיַּצִּבוּ לָהֶם מַצֵּבוֹת וַאֲשֵׁרִים עַל כָּל־גִּבְעָה גְבֹהָה
יא וְתַחַת כָּל־עֵץ רַעֲנָן: וַיְקַטְּרוּ־שָׁם בְּכָל־בָּמוֹת כַּגּוֹיִם אֲשֶׁר־
הֶגְלָה יְהוָה מִפְּנֵיהֶם וַיַּעֲשׂוּ דְּבָרִים רָעִים לְהַכְעִיס אֶת־יְהוָה:
יב וַיַּעַבְדוּ הַגִּלֻּלִים אֲשֶׁר אָמַר יְהוָה לָהֶם לֹא תַעֲשׂוּ אֶת־הַדָּבָר
יג הַזֶּה: וַיָּעַד יְהוָה בְּיִשְׂרָאֵל וּבִיהוּדָה בְּיַד כָּל־נביאו כָּל־חֹזֶה נְבִיאֵי
לֵאמֹר שֻׁבוּ מִדַּרְכֵיכֶם הָרָעִים וְשִׁמְרוּ מִצְוֺתַי חֻקּוֹתַי כְּכָל־
הַתּוֹרָה אֲשֶׁר צִוִּיתִי אֶת־אֲבֹתֵיכֶם וַאֲשֶׁר שָׁלַחְתִּי אֲלֵיכֶם בְּיַד
יד עֲבָדַי הַנְּבִיאִים: וְלֹא שָׁמֵעוּ וַיַּקְשׁוּ אֶת־עָרְפָּם כְּעֹרֶף אֲבוֹתָם
טו אֲשֶׁר לֹא הֶאֱמִינוּ בַּיהוָה אֱלֹהֵיהֶם: וַיִּמְאֲסוּ אֶת־חֻקָּיו וְאֶת־
בְּרִיתוֹ אֲשֶׁר כָּרַת אֶת־אֲבוֹתָם וְאֵת עֵדְוֺתָיו אֲשֶׁר הֵעִיד בָּם
וַיֵּלְכוּ אַחֲרֵי הַהֶבֶל וַיֶּהְבָּלוּ וְאַחֲרֵי הַגּוֹיִם אֲשֶׁר סְבִיבֹתָם אֲשֶׁר
טז צִוָּה יְהוָה אֹתָם לְבִלְתִּי עֲשׂוֹת כָּהֶם: וַיַּעַזְבוּ אֶת־כָּל־מִצְוֺת
יְהוָה אֱלֹהֵיהֶם וַיַּעֲשׂוּ לָהֶם מַסֵּכָה שְׁנֵים עֲגָלִים וַיַּעֲשׂוּ אֲשֵׁירָה שְׁנֵי
יז וַיִּשְׁתַּחֲווּ לְכָל־צְבָא הַשָּׁמַיִם וַיַּעַבְדוּ אֶת־הַבָּעַל: וַיַּעֲבִירוּ אֶת־

יז

בְּנֵיהֶם וְאֶת־בְּנוֹתֵיהֶם בָּאֵשׁ וַיִּקְסְמוּ קְסָמִים וַיְנַחֵשׁוּ וַיִּתְמַכְּרוּ
יח לַעֲשׂוֹת הָרַע בְּעֵינֵי יְהוָה לְהַכְעִיסוֹ׃ וַיִּתְאַנַּף יְהוָה מְאֹד
בְּיִשְׂרָאֵל וַיְסִרֵם מֵעַל פָּנָיו לֹא נִשְׁאַר רַק שֵׁבֶט יְהוּדָה לְבַדּוֹ׃
יט גַּם־יְהוּדָה לֹא שָׁמַר אֶת־מִצְוֺת יְהוָה אֱלֹהֵיהֶם וַיֵּלְכוּ בְּחֻקּוֹת
כ יִשְׂרָאֵל אֲשֶׁר עָשׂוּ׃ וַיִּמְאַס יְהוָה בְּכָל־זֶרַע יִשְׂרָאֵל וַיְעַנֵּם
כא וַיִּתְּנֵם בְּיַד־שֹׁסִים עַד אֲשֶׁר הִשְׁלִיכָם מִפָּנָיו׃ כִּי־קָרַע יִשְׂרָאֵל
מֵעַל בֵּית דָּוִד וַיַּמְלִיכוּ אֶת־יָרָבְעָם בֶּן־נְבָט וידא יָרָבְעָם אֶת־ [וַיַּדַּח]
כב יִשְׂרָאֵל מֵאַחֲרֵי יְהוָה וְהֶחֱטִיאָם חֲטָאָה גְדוֹלָה׃ וַיֵּלְכוּ בְּנֵי
כג יִשְׂרָאֵל בְּכָל־חַטֹּאות יָרָבְעָם אֲשֶׁר עָשָׂה לֹא־סָרוּ מִמֶּנָּה׃ עַד
אֲשֶׁר־הֵסִיר יְהוָה אֶת־יִשְׂרָאֵל מֵעַל פָּנָיו כַּאֲשֶׁר דִּבֶּר בְּיַד כָּל־
עֲבָדָיו הַנְּבִיאִים וַיִּגֶל יִשְׂרָאֵל מֵעַל אַדְמָתוֹ אַשּׁוּרָה עַד הַיּוֹם
כד הַזֶּה׃ וַיָּבֵא מֶלֶךְ־אַשּׁוּר מִבָּבֶל וּמִכּוּתָה וּמֵעַוָּא
וּמֵחֲמָת וספרוים וַיֹּשֶׁב בְּעָרֵי שֹׁמְרוֹן תַּחַת בְּנֵי יִשְׂרָאֵל וַיִּרְשׁוּ [וּמִסְפַרְוַיִם]
כה אֶת־שֹׁמְרוֹן וַיֵּשְׁבוּ בְּעָרֶיהָ׃ וַיְהִי בִּתְחִלַּת שִׁבְתָּם שָׁם לֹא יָרְאוּ
אֶת־יְהוָה וַיְשַׁלַּח יְהוָה בָּהֶם אֶת־הָאֲרָיוֹת וַיִּהְיוּ הֹרְגִים בָּהֶם׃
כו וַיֹּאמְרוּ לְמֶלֶךְ אַשּׁוּר לֵאמֹר הַגּוֹיִם אֲשֶׁר הִגְלִיתָ וַתּוֹשֶׁב בְּעָרֵי
שֹׁמְרוֹן לֹא יָדְעוּ אֶת־מִשְׁפַּט אֱלֹהֵי הָאָרֶץ וַיְשַׁלַּח־בָּם אֶת־
הָאֲרָיוֹת וְהִנָּם מְמִיתִים אוֹתָם כַּאֲשֶׁר אֵינָם יֹדְעִים אֶת־מִשְׁפַּט
כז אֱלֹהֵי הָאָרֶץ׃ וַיְצַו מֶלֶךְ־אַשּׁוּר לֵאמֹר הֹלִיכוּ שָׁמָּה אֶחָד
מֵהַכֹּהֲנִים אֲשֶׁר הִגְלִיתֶם מִשָּׁם וְיֵלְכוּ וְיֵשְׁבוּ שָׁם וְיֹרֵם אֶת־
כח מִשְׁפַּט אֱלֹהֵי הָאָרֶץ׃ וַיָּבֹא אֶחָד מֵהַכֹּהֲנִים אֲשֶׁר הִגְלוּ
מִשֹּׁמְרוֹן וַיֵּשֶׁב בְּבֵית־אֵל וַיְהִי מוֹרֶה אֹתָם אֵיךְ יִירְאוּ אֶת־
כט יְהוָה׃ וַיִּהְיוּ עֹשִׂים גּוֹי גּוֹי אֱלֹהָיו וַיַּנִּיחוּ ׀ בְּבֵית הַבָּמוֹת אֲשֶׁר
ל עָשׂוּ הַשֹּׁמְרֹנִים גּוֹי גּוֹי בְּעָרֵיהֶם אֲשֶׁר הֵם יֹשְׁבִים שָׁם׃ וְאַנְשֵׁי
בָבֶל עָשׂוּ אֶת־סֻכּוֹת בְּנוֹת וְאַנְשֵׁי־כוּת עָשׂוּ אֶת־נֵרְגַל וְאַנְשֵׁי
לא חֲמָת עָשׂוּ אֶת־אֲשִׁימָא׃ וְהָעַוִּים עָשׂוּ נִבְחַז וְאֶת־תַּרְתָּק
וְהַסְפַרְוִים שֹׂרְפִים אֶת־בְּנֵיהֶם בָּאֵשׁ לְאַדְרַמֶּלֶךְ וַעֲנַמֶּלֶךְ אֱלֹהַ

ספרוים

לב ספרים: ויהיו יראים את־יהוה ויעשו להם מקצותם כהני
לג במות ויהיו עשים להם בבית הבמות: את־יהוה היו יראים
ואת־אלהיהם היו עבדים כמשפט הגוים אשר־הגלו אתם
לד משם: עד היום הזה הם עשים כמשפטים הראשנים אינם
יראים את־יהוה ואינם עשים כחקתם וכמשפטם וכתורה
וכמצוה אשר צוה יהוה את־בני יעקב אשר־שם שמו
לה ישראל: ויכרת יהוה אתם ברית ויצום לאמר לא תיראו
אלהים אחרים ולא־תשתחוו להם ולא תעבדום ולא תזבחו
לו להם: כי | אם־את־יהוה אשר העלה אתכם מארץ מצרים
בכח גדול ובזרוע נטויה אתו תיראו ולו תשתחוו ולו תזבחו:
לז ואת־החקים ואת־המשפטים והתורה והמצוה אשר כתב
לכם תשמרון לעשות כל־הימים ולא תיראו אלהים אחרים:
לח והברית אשר־כרתי אתכם לא תשכחו ולא תיראו אלהים
לט אחרים: כי אם־את־יהוה אלהיכם תיראו והוא יציל אתכם
מ מיד כל־איביכם: ולא שמעו כי אם־כמשפטם הראשון הם
מא עשים: ויהיו | הגוים האלה יראים את־יהוה ואת־פסיליהם
היו עבדים גם־בניהם | ובני בניהם כאשר עשו אבתם הם
יח א עשים עד היום הזה: ויהי בשנת שלש להושע

פתיחה למלכות חזקיה
דה״ב כט, א–ב

ב בן־אלה מלך ישראל מלך חזקיה בן־אחז מלך יהודה: בן־
עשרים וחמש שנה היה במלכו ועשרים ותשע שנה מלך
ג בירושלם ושם אמו אבי בת־זכריה: ויעש הישר בעיני יהוה
ד ככל אשר־עשה דוד אביו: הוא | הסיר את־הבמות ושבר

ביעור עבודת האלילים מן הארץ
דה״ב כט, טו–טז; לא, א

את־המצבת וכרת את־האשרה וכתת נחש הנחשת אשר־
עשה משה כי עד־הימים ההמה היו בני־ישראל מקטרים
ה לו ויקרא־לו נחשתן: ביהוה אלהי־ישראל בטח ואחריו לא־
ו היה כמהו בכל מלכי יהודה ואשר היו לפניו: וידבק ביהוה ל
לא־סר מאחריו וישמר מצותיו אשר־צוה יהוה את־משה:

ז וְהָיָה יְהוָה עִמּוֹ בְּכֹל אֲשֶׁר־יֵצֵא יַשְׂכִּיל וַיִּמְרֹד בְּמֶלֶךְ־אַשּׁוּר
ח וְלֹא עֲבָדוֹ׃ הוּא־הִכָּה אֶת־פְּלִשְׁתִּים עַד־עַזָּה וְאֶת־גְּבוּלֶיהָ
ט מִמִּגְדַּל נוֹצְרִים עַד־עִיר מִבְצָר׃ וַיְהִי בַּשָּׁנָה

חורבן מלכות ישראל
מל״ב יז, ג-ו

הָרְבִיעִית לַמֶּלֶךְ חִזְקִיָּהוּ הִיא הַשָּׁנָה הַשְּׁבִיעִית לְהוֹשֵׁעַ בֶּן־
אֵלָה מֶלֶךְ יִשְׂרָאֵל עָלָה שַׁלְמַנְאֶסֶר מֶלֶךְ־אַשּׁוּר עַל־שֹׁמְרוֹן
י וַיָּצַר עָלֶיהָ׃ וַיִּלְכְּדֻהָ מִקְצֵה שָׁלֹשׁ שָׁנִים בִּשְׁנַת־שֵׁשׁ לְחִזְקִיָּה
יא הִיא שְׁנַת־תֵּשַׁע לְהוֹשֵׁעַ מֶלֶךְ יִשְׂרָאֵל נִלְכְּדָה שֹׁמְרוֹן׃ וַיֶּגֶל
מֶלֶךְ־אַשּׁוּר אֶת־יִשְׂרָאֵל אַשּׁוּרָה וַיַּנְחֵם בַּחְלַח וּבְחָבוֹר נְהַר
יב גּוֹזָן וְעָרֵי מָדָי׃ עַל ׀ אֲשֶׁר לֹא־שָׁמְעוּ בְּקוֹל יְהוָה אֱלֹהֵיהֶם
וַיַּעַבְרוּ אֶת־בְּרִיתוֹ אֵת כָּל־אֲשֶׁר צִוָּה מֹשֶׁה עֶבֶד יְהוָה
וְלֹא שָׁמְעוּ וְלֹא עָשׂוּ׃

יג וּבְאַרְבַּע עֶשְׂרֵה שָׁנָה לַמֶּלֶךְ חִזְקִיָּה עָלָה סַנְחֵרִיב מֶלֶךְ־אַשּׁוּר
יד עַל כָּל־עָרֵי יְהוּדָה הַבְּצֻרוֹת וַיִּתְפְּשֵׂם׃ וַיִּשְׁלַח חִזְקִיָּה מֶלֶךְ־

תגובת חזקיה לפלישת סנחריב ליהודה
דה״ב לב, ב-ח

יְהוּדָה אֶל־מֶלֶךְ־אַשּׁוּר ׀ לָכִישָׁה ׀ לֵאמֹר ׀ חָטָאתִי שׁוּב מֵעָלַי
אֵת אֲשֶׁר־תִּתֵּן עָלַי אֶשָּׂא וַיָּשֶׂם מֶלֶךְ־אַשּׁוּר עַל־חִזְקִיָּה מֶלֶךְ־
טו יְהוּדָה שְׁלֹשׁ מֵאוֹת כִּכַּר־כֶּסֶף וּשְׁלֹשִׁים כִּכַּר זָהָב׃ וַיִּתֵּן חִזְקִיָּה
אֶת־כָּל־הַכֶּסֶף הַנִּמְצָא בֵית־יְהוָה וּבְאֹצְרוֹת בֵּית הַמֶּלֶךְ׃
טז בָּעֵת הַהִיא קִצַּץ חִזְקִיָּה אֶת־דַּלְתוֹת הֵיכַל יְהוָה וְאֶת־
הָאֹמְנוֹת אֲשֶׁר צִפָּה חִזְקִיָּה מֶלֶךְ יְהוּדָה וַיִּתְּנֵם לְמֶלֶךְ
יז אַשּׁוּר׃ וַיִּשְׁלַח מֶלֶךְ־אַשּׁוּר אֶת־תַּרְתָּן וְאֶת־

נאום רבשקה
ישעיה לו, ב-כ
דה״ב לב, ט-יט

רַב־סָרִיס ׀ וְאֶת־רַבְשָׁקֵה מִן־לָכִישׁ אֶל־הַמֶּלֶךְ חִזְקִיָּהוּ בְּחֵיל
כָּבֵד יְרוּשָׁלִָם וַיַּעֲלוּ וַיָּבֹאוּ יְרוּשָׁלִַם וַיַּעֲלוּ וַיָּבֹאוּ וַיַּעַמְדוּ
יח בִּתְעָלַת הַבְּרֵכָה הָעֶלְיוֹנָה אֲשֶׁר בִּמְסִלַּת שְׂדֵה כוֹבֵס׃ וַיִּקְרְאוּ
אֶל־הַמֶּלֶךְ וַיֵּצֵא אֲלֵהֶם אֶלְיָקִים בֶּן־חִלְקִיָּהוּ אֲשֶׁר עַל־הַבָּיִת
יט וְשֶׁבְנָה הַסֹּפֵר וְיוֹאָח בֶּן־אָסָף הַמַּזְכִּיר׃ וַיֹּאמֶר אֲלֵיהֶם רַבְשָׁקֵה
אִמְרוּ־נָא אֶל־חִזְקִיָּהוּ כֹּה־אָמַר הַמֶּלֶךְ הַגָּדוֹל מֶלֶךְ אַשּׁוּר מָה
כ הַבִּטָּחוֹן הַזֶּה אֲשֶׁר בָּטָחְתָּ׃ אָמַרְתָּ אַךְ־דְּבַר־שְׂפָתַיִם עֵצָה

כא וּגְבוּרָה לַמִּלְחָמָה עַתָּה עַל־מִי בָטַחְתָּ כִּי מָרַדְתָּ בִּי: עַתָּה
הִנֵּה בָטַחְתָּ לְּךָ עַל־מִשְׁעֶנֶת הַקָּנֶה הָרָצוּץ הַזֶּה עַל־מִצְרַיִם
אֲשֶׁר יִסָּמֵךְ אִישׁ עָלָיו וּבָא בְכַפּוֹ וּנְקָבָהּ כֵּן פַּרְעֹה מֶלֶךְ־
כב מִצְרַיִם לְכָל־הַבֹּטְחִים עָלָיו: וְכִי־תֹאמְרוּן אֵלַי אֶל־יְהוָה
אֱלֹהֵינוּ בָּטָחְנוּ הֲלוֹא־הוּא אֲשֶׁר הֵסִיר חִזְקִיָּהוּ אֶת־בָּמֹתָיו
וְאֶת־מִזְבְּחֹתָיו וַיֹּאמֶר לִיהוּדָה וְלִירוּשָׁלִַם לִפְנֵי הַמִּזְבֵּחַ הַזֶּה
כג תִּשְׁתַּחֲווּ בִּירוּשָׁלִָם: וְעַתָּה הִתְעָרֶב נָא אֶת־אֲדֹנִי אֶת־מֶלֶךְ
אַשּׁוּר וְאֶתְּנָה לְךָ אַלְפַּיִם סוּסִים אִם־תּוּכַל לָתֶת לְךָ רֹכְבִים
כד עֲלֵיהֶם: וְאֵיךְ תָּשִׁיב אֵת פְּנֵי פַחַת אַחַד עַבְדֵי אֲדֹנִי הַקְּטַנִּים
כה וַתִּבְטַח לְךָ עַל־מִצְרַיִם לְרֶכֶב וּלְפָרָשִׁים: עַתָּה הֲמִבַּלְעֲדֵי
יְהוָה עָלִיתִי עַל־הַמָּקוֹם הַזֶּה לְהַשְׁחִתוֹ יְהוָה אָמַר אֵלַי עֲלֵה
כו עַל־הָאָרֶץ הַזֹּאת וְהַשְׁחִיתָהּ: וַיֹּאמֶר אֶלְיָקִים בֶּן־חִלְקִיָּהוּ
וְשֶׁבְנָה וְיוֹאָח אֶל־רַבְשָׁקֵה דַּבֶּר־נָא אֶל־עֲבָדֶיךָ אֲרָמִית כִּי
שֹׁמְעִים אֲנָחְנוּ וְאַל־תְּדַבֵּר עִמָּנוּ יְהוּדִית בְּאָזְנֵי הָעָם אֲשֶׁר
כז עַל־הַחֹמָה: וַיֹּאמֶר אֲלֵיהֶם רַבְשָׁקֵה הַעַל אֲדֹנֶיךָ וְאֵלֶיךָ שְׁלָחַנִי
אֲדֹנִי לְדַבֵּר אֶת־הַדְּבָרִים הָאֵלֶּה הֲלֹא עַל־הָאֲנָשִׁים הַיֹּשְׁבִים
עַל־הַחֹמָה לֶאֱכֹל אֶת־חריהם וְלִשְׁתּוֹת אֶת־שיניהם עִמָּכֶם: צוֹאָתָם מֵימֵי רַגְלֵיהֶם
כח וַיַּעֲמֹד רַבְשָׁקֵה וַיִּקְרָא בְקוֹל־גָּדוֹל יְהוּדִית וַיְדַבֵּר וַיֹּאמֶר
כט שִׁמְעוּ דְּבַר־הַמֶּלֶךְ הַגָּדוֹל מֶלֶךְ אַשּׁוּר: כֹּה אָמַר הַמֶּלֶךְ אַל־
ל יַשִּׁא לָכֶם חִזְקִיָּהוּ כִּי־לֹא יוּכַל לְהַצִּיל אֶתְכֶם מִיָּדוֹ: וְאַל־
יַבְטַח אֶתְכֶם חִזְקִיָּהוּ אֶל־יְהוָה לֵאמֹר הַצֵּל יַצִּילֵנוּ יְהוָה וְלֹא
לא תִנָּתֵן אֶת־הָעִיר הַזֹּאת בְּיַד מֶלֶךְ אַשּׁוּר: אַל־תִּשְׁמְעוּ אֶל־
חִזְקִיָּהוּ כִּי כֹה אָמַר מֶלֶךְ אַשּׁוּר עֲשׂוּ אִתִּי בְרָכָה וּצְאוּ אֵלַי
לב וְאִכְלוּ אִישׁ־גַּפְנוֹ וְאִישׁ תְּאֵנָתוֹ וּשְׁתוּ אִישׁ מֵי־בֹרוֹ: עַד־בֹּאִי
וְלָקַחְתִּי אֶתְכֶם אֶל־אֶרֶץ כְּאַרְצְכֶם אֶרֶץ דָּגָן וְתִירוֹשׁ אֶרֶץ
לֶחֶם וּכְרָמִים אֶרֶץ זֵית יִצְהָר וּדְבַשׁ וִחְיוּ וְלֹא תָמֻתוּ וְאַל־
תִּשְׁמְעוּ אֶל־חִזְקִיָּהוּ כִּי־יַסִּית אֶתְכֶם לֵאמֹר יְהוָה יַצִּילֵנוּ:

לג הַהַצֵּל הִצִּילוּ אֱלֹהֵי הַגּוֹיִם אִישׁ אֶת־אַרְצוֹ מִיַּד מֶלֶךְ אַשּׁוּר׃
לד אַיֵּה אֱלֹהֵי חֲמָת וְאַרְפָּד אַיֵּה אֱלֹהֵי סְפַרְוַיִם הֵנַע וְעִוָּה כִּי־
לה הִצִּילוּ אֶת־שֹׁמְרוֹן מִיָּדִי׃ מִי בְּכָל־אֱלֹהֵי הָאֲרָצוֹת אֲשֶׁר־
הִצִּילוּ אֶת־אַרְצָם מִיָּדִי כִּי־יַצִּיל יהוה אֶת־יְרוּשָׁלַםִ מִיָּדִי׃
לו וְהֶחֱרִישׁוּ הָעָם וְלֹא־עָנוּ אֹתוֹ דָּבָר כִּי־מִצְוַת הַמֶּלֶךְ הִיא
לז לֵאמֹר לֹא תַעֲנֻהוּ׃ וַיָּבֹא אֶלְיָקִים בֶּן־חִלְקִיָּה אֲשֶׁר־עַל־הַבַּיִת
וְשֶׁבְנָא הַסֹּפֵר וְיוֹאָח בֶּן־אָסָף הַמַּזְכִּיר אֶל־חִזְקִיָּהוּ קְרוּעֵי
יט א בְגָדִים וַיַּגִּדוּ לוֹ דִּבְרֵי רַבְשָׁקֵה׃ וַיְהִי כִּשְׁמֹעַ הַמֶּלֶךְ חִזְקִיָּהוּ
ב וַיִּקְרַע אֶת־בְּגָדָיו וַיִּתְכַּס בַּשָּׂק וַיָּבֹא בֵּית יהוה׃ וַיִּשְׁלַח אֶת־
אֶלְיָקִים אֲשֶׁר־עַל־הַבַּיִת וְשֶׁבְנָא הַסֹּפֵר וְאֵת זִקְנֵי הַכֹּהֲנִים
ג מִתְכַּסִּים בַּשַּׂקִּים אֶל־יְשַׁעְיָהוּ הַנָּבִיא בֶּן־אָמוֹץ׃ וַיֹּאמְרוּ אֵלָיו
כֹּה אָמַר חִזְקִיָּהוּ יוֹם־צָרָה וְתוֹכֵחָה וּנְאָצָה הַיּוֹם הַזֶּה כִּי־בָאוּ
ד בָנִים עַד־מַשְׁבֵּר וְכֹחַ אַיִן לְלֵדָה׃ אוּלַי יִשְׁמַע יהוה אֱלֹהֶיךָ
אֵת ׀ כָּל־דִּבְרֵי רַבְשָׁקֵה אֲשֶׁר שְׁלָחוֹ מֶלֶךְ־אַשּׁוּר ׀ אֲדֹנָיו לְחָרֵף
אֱלֹהִים חַי וְהוֹכִיחַ בַּדְּבָרִים אֲשֶׁר שָׁמַע יהוה אֱלֹהֶיךָ וְנָשָׂאתָ
ה תְפִלָּה בְּעַד הַשְּׁאֵרִית הַנִּמְצָאָה׃ וַיָּבֹאוּ עַבְדֵי הַמֶּלֶךְ חִזְקִיָּהוּ
ו אֶל־יְשַׁעְיָהוּ׃ וַיֹּאמֶר לָהֶם יְשַׁעְיָהוּ כֹּה תֹאמְרוּן אֶל־אֲדֹנֵיכֶם
כֹּה ׀ אָמַר יהוה אַל־תִּירָא מִפְּנֵי הַדְּבָרִים אֲשֶׁר שָׁמַעְתָּ אֲשֶׁר
ז גִּדְּפוּ נַעֲרֵי מֶלֶךְ־אַשּׁוּר אֹתִי׃ הִנְנִי נֹתֵן בּוֹ רוּחַ וְשָׁמַע שְׁמוּעָה
ח וְשָׁב לְאַרְצוֹ וְהִפַּלְתִּיו בַּחֶרֶב בְּאַרְצוֹ׃ וַיָּשָׁב רַבְשָׁקֵה וַיִּמְצָא
אֶת־מֶלֶךְ אַשּׁוּר נִלְחָם עַל־לִבְנָה כִּי שָׁמַע כִּי נָסַע מִלָּכִישׁ׃
ט וַיִּשְׁמַע אֶל־תִּרְהָקָה מֶלֶךְ־כּוּשׁ לֵאמֹר הִנֵּה יָצָא לְהִלָּחֵם אִתָּךְ
י וַיָּשָׁב וַיִּשְׁלַח מַלְאָכִים אֶל־חִזְקִיָּהוּ לֵאמֹר׃ כֹּה תֹאמְרוּן אֶל־
חִזְקִיָּהוּ מֶלֶךְ־יְהוּדָה לֵאמֹר אַל־יַשִּׁאֲךָ אֱלֹהֶיךָ אֲשֶׁר אַתָּה
יא בֹּטֵחַ בּוֹ לֵאמֹר לֹא תִנָּתֵן יְרוּשָׁלַםִ בְּיַד מֶלֶךְ אַשּׁוּר׃ הִנֵּה ׀ אַתָּה
שָׁמַעְתָּ אֵת אֲשֶׁר עָשׂוּ מַלְכֵי אַשּׁוּר לְכָל־הָאֲרָצוֹת לְהַחֲרִימָם
יב וְאַתָּה תִּנָּצֵל׃ הַהִצִּילוּ אֹתָם אֱלֹהֵי הַגּוֹיִם אֲשֶׁר שִׁחֲתוּ אֲבוֹתַי

נבואת ישעיה
על סנחריב
ישעיה לז, ו–ז

רבשקה שולח
ספרים
אל חזקיה
ישעיה לז, ח–יג
דה״ב לב, יז–יט

יג אֶת־גּוֹזָן וְאֶת־חָרָן וְרֶצֶף וּבְנֵי־עֶדֶן אֲשֶׁר בִּתְלַאשָּׂר: אַיּוֹ מֶלֶךְ־
יד חֲמָת וּמֶלֶךְ אַרְפָּד וּמֶלֶךְ לָעִיר סְפַרְוָיִם הֵנַע וְעִוָּה: וַיִּקַּח
חִזְקִיָּהוּ אֶת־הַסְּפָרִים מִיַּד הַמַּלְאָכִים וַיִּקְרָאֵם וַיַּעַל בֵּית יְהוָה
וַיִּפְרְשֵׂהוּ חִזְקִיָּהוּ לִפְנֵי יְהוָה:

תפילת חזקיה
ישעיה לז, יד–כ
דה״ב לב, כ

טו וַיִּתְפַּלֵּל חִזְקִיָּהוּ לִפְנֵי יְהוָה וַיֹּאמַר יְהוָה אֱלֹהֵי יִשְׂרָאֵל יֹשֵׁב
הַכְּרֻבִים אַתָּה־הוּא הָאֱלֹהִים לְבַדְּךָ לְכֹל מַמְלְכוֹת הָאָרֶץ
טז אַתָּה עָשִׂיתָ אֶת־הַשָּׁמַיִם וְאֶת־הָאָרֶץ: הַטֵּה יְהוָה ׀ אָזְנְךָ
וּשְׁמָע פְּקַח יְהוָה עֵינֶיךָ וּרְאֵה וּשְׁמַע אֵת דִּבְרֵי סַנְחֵרִיב אֲשֶׁר
יז שְׁלָחוֹ לְחָרֵף אֱלֹהִים חָי: אָמְנָם יְהוָה הֶחֱרִיבוּ מַלְכֵי אַשּׁוּר אֶת־
יח הַגּוֹיִם וְאֶת־אַרְצָם: וְנָתְנוּ אֶת־אֱלֹהֵיהֶם בָּאֵשׁ כִּי לֹא אֱלֹהִים
יט הֵמָּה כִּי אִם־מַעֲשֵׂה יְדֵי־אָדָם עֵץ וָאֶבֶן וַיְאַבְּדוּם: וְעַתָּה יְהוָה לא
אֱלֹהֵינוּ הוֹשִׁיעֵנוּ נָא מִיָּדוֹ וְיֵדְעוּ כָּל־מַמְלְכוֹת הָאָרֶץ כִּי אַתָּה
כ יְהוָה אֱלֹהִים לְבַדֶּךָ: וַיִּשְׁלַח יְשַׁעְיָהוּ בֶן־אָמוֹץ

נבואת ישעיה
על מפלת אשור
ישעיה לז, כא–לה

אֶל־חִזְקִיָּהוּ לֵאמֹר כֹּה־אָמַר יְהוָה אֱלֹהֵי יִשְׂרָאֵל אֲשֶׁר
כא הִתְפַּלַּלְתָּ אֵלַי אֶל־סַנְחֵרִב מֶלֶךְ־אַשּׁוּר שָׁמָעְתִּי: זֶה הַדָּבָר
אֲשֶׁר־דִּבֶּר יְהוָה עָלָיו בָּזָה לְךָ לָעֲגָה לְךָ בְּתוּלַת בַּת־צִיּוֹן
כב אַחֲרֶיךָ רֹאשׁ הֵנִיעָה בַּת יְרוּשָׁלִָם: אֶת־מִי חֵרַפְתָּ וְגִדַּפְתָּ וְעַל־
כג מִי הֲרִימוֹתָ קּוֹל וַתִּשָּׂא מָרוֹם עֵינֶיךָ עַל־קְדוֹשׁ יִשְׂרָאֵל: בְּיַד
מַלְאָכֶיךָ חֵרַפְתָּ ׀ אֲדֹנָי וַתֹּאמֶר ברכב רִכְבִּי אֲנִי עָלִיתִי מְרוֹם בְּרֹב
הָרִים יַרְכְּתֵי לְבָנוֹן וְאֶכְרֹת קוֹמַת אֲרָזָיו מִבְחוֹר בְּרֹשָׁיו
כד וְאָבוֹאָה מְלוֹן קִצֹּה יַעַר כַּרְמִלּוֹ: אֲנִי קַרְתִּי וְשָׁתִיתִי מַיִם זָרִים
כה וְאַחְרִב בְּכַף־פְּעָמַי כֹּל יְאֹרֵי מָצוֹר: הֲלֹא־שָׁמַעְתָּ לְמֵרָחוֹק
אֹתָהּ עָשִׂיתִי לְמִימֵי קֶדֶם וִיצַרְתִּיהָ עַתָּה הֲבֵיאתִיהָ וּתְהִי
כו לַהְשׁוֹת גַּלִּים נִצִּים עָרִים בְּצֻרוֹת: וְיֹשְׁבֵיהֶן קִצְרֵי־יָד חַתּוּ
וַיֵּבֹשׁוּ הָיוּ עֵשֶׂב שָׂדֶה וִירַק דֶּשֶׁא חֲצִיר גַּגּוֹת וּשְׁדֵפָה לִפְנֵי
כז כח קָמָה: וְשִׁבְתְּךָ וְצֵאתְךָ וּבֹאֲךָ יָדָעְתִּי וְאֵת הִתְרַגֶּזְךָ אֵלָי: יַעַן
הִתְרַגֶּזְךָ אֵלַי וְשַׁאֲנַנְךָ עָלָה בְאָזְנָי וְשַׂמְתִּי חַחִי בְּאַפֶּךָ וּמִתְגִּי

כט בִּשְׂפָתֶיךָ וַהֲשִׁבֹתִיךָ בַּדֶּרֶךְ אֲשֶׁר־בָּאתָ בָּהּ: וְזֶה־לְּךָ הָאוֹת
אָכוֹל הַשָּׁנָה סָפִיחַ וּבַשָּׁנָה הַשֵּׁנִית סָחִישׁ וּבַשָּׁנָה הַשְּׁלִישִׁית
ל זִרְעוּ וְקִצְרוּ וְנִטְעוּ כְרָמִים וְאִכְלוּ פִרְיָם: וְיָסְפָה פְּלֵיטַת בֵּית־
לא יְהוּדָה הַנִּשְׁאָרָה שֹׁרֶשׁ לְמָטָּה וְעָשָׂה פְרִי לְמָעְלָה: כִּי
מִירוּשָׁלִַם תֵּצֵא שְׁאֵרִית וּפְלֵיטָה מֵהַר צִיּוֹן קִנְאַת יְהוָה
צְבָאוֹת
לב תַּעֲשֶׂה־זֹּאת: לָכֵן כֹּה־אָמַר יְהוָה אֶל־מֶלֶךְ
אַשּׁוּר לֹא יָבֹא אֶל־הָעִיר הַזֹּאת וְלֹא־יוֹרֶה שָׁם חֵץ וְלֹא־
לג יְקַדְּמֶנָּה מָגֵן וְלֹא־יִשְׁפֹּךְ עָלֶיהָ סֹלְלָה: בַּדֶּרֶךְ אֲשֶׁר־יָבֹא בָּהּ
לד יָשׁוּב וְאֶל־הָעִיר הַזֹּאת לֹא יָבֹא נְאֻם־יְהוָה: וְגַנּוֹתִי אֶל־הָעִיר
לה הַזֹּאת לְהוֹשִׁיעָהּ לְמַעֲנִי וּלְמַעַן דָּוִד עַבְדִּי: וַיְהִי

המגפה במחנה אשור וסופו של סנחריב
ישעיה לז, לו–לח
דה״ב לב, כא–כג

בַּלַּיְלָה הַהוּא וַיֵּצֵא ׀ מַלְאַךְ יְהוָה וַיַּךְ בְּמַחֲנֵה אַשּׁוּר מֵאָה
שְׁמוֹנִים וַחֲמִשָּׁה אָלֶף וַיַּשְׁכִּימוּ בַבֹּקֶר וְהִנֵּה כֻלָּם פְּגָרִים מֵתִים:
לו לז וַיִּסַּע וַיֵּלֶךְ וַיָּשָׁב סַנְחֵרִיב מֶלֶךְ־אַשּׁוּר וַיֵּשֶׁב בְּנִינְוֵה: וַיְהִי
הוּא מִשְׁתַּחֲוֶה בֵּית ׀ נִסְרֹךְ אֱלֹהָיו וְאַדְרַמֶּלֶךְ וְשַׂרְאֶצֶר
בָּנָיו
הִכֻּהוּ בַחֶרֶב וְהֵמָּה נִמְלְטוּ אֶרֶץ אֲרָרָט וַיִּמְלֹךְ אֵסַר־חַדֹּן
כ א בְּנוֹ תַּחְתָּיו: בַּיָּמִים הָהֵם חָלָה חִזְקִיָּהוּ לָמוּת וַיָּבֹא

מחלת חזקיה ורפואתו
ישעיה לח, א–כב
דה״ב לב, כד

אֵלָיו יְשַׁעְיָהוּ בֶן־אָמוֹץ הַנָּבִיא וַיֹּאמֶר אֵלָיו כֹּה־אָמַר יְהוָה
ב צַו לְבֵיתֶךָ כִּי מֵת אַתָּה וְלֹא תִחְיֶה: וַיַּסֵּב אֶת־פָּנָיו אֶל־הַקִּיר
ג וַיִּתְפַּלֵּל אֶל־יְהוָה לֵאמֹר: אָנָּה יְהוָה זְכָר־נָא אֵת אֲשֶׁר
הִתְהַלַּכְתִּי לְפָנֶיךָ בֶּאֱמֶת וּבְלֵבָב שָׁלֵם וְהַטּוֹב בְּעֵינֶיךָ עָשִׂיתִי
ד וַיֵּבְךְּ חִזְקִיָּהוּ בְּכִי גָדוֹל: וַיְהִי יְשַׁעְיָהוּ לֹא יָצָא
ה הָעִיר הַתִּיכֹנָה וּדְבַר־יְהוָה הָיָה אֵלָיו לֵאמֹר: שׁוּב וְאָמַרְתָּ
חָצֵר
אֶל־חִזְקִיָּהוּ נְגִיד־עַמִּי כֹּה־אָמַר יְהוָה אֱלֹהֵי דָּוִד אָבִיךָ
שָׁמַעְתִּי אֶת־תְּפִלָּתֶךָ רָאִיתִי אֶת־דִּמְעָתֶךָ הִנְנִי רֹפֶא לָךְ בַּיּוֹם
ו הַשְּׁלִישִׁי תַּעֲלֶה בֵּית יְהוָה: וְהֹסַפְתִּי עַל־יָמֶיךָ חֲמֵשׁ עֶשְׂרֵה
שָׁנָה וּמִכַּף מֶלֶךְ־אַשּׁוּר אַצִּילְךָ וְאֵת הָעִיר הַזֹּאת וְגַנּוֹתִי עַל־
ז הָעִיר הַזֹּאת לְמַעֲנִי וּלְמַעַן דָּוִד עַבְדִּי: וַיֹּאמֶר יְשַׁעְיָהוּ קְחוּ

ח דְּבֶלֶת תְּאֵנִים וַיִּקְחוּ וַיָּשִׂימוּ עַל־הַשְּׁחִין וַיֶּחִי׃ וַיֹּאמֶר חִזְקִיָּהוּ
אֶל־יְשַׁעְיָהוּ מָה אוֹת כִּי־יִרְפָּא יְהוָה לִי וְעָלִיתִי בַּיּוֹם הַשְּׁלִישִׁי
ט בֵּית יְהוָה׃ וַיֹּאמֶר יְשַׁעְיָהוּ זֶה־לְּךָ הָאוֹת מֵאֵת יְהוָה כִּי יַעֲשֶׂה
יְהוָה אֶת־הַדָּבָר אֲשֶׁר דִּבֵּר הָלַךְ הַצֵּל עֶשֶׂר מַעֲלוֹת אִם־יָשׁוּב
י עֶשֶׂר מַעֲלוֹת׃ וַיֹּאמֶר יְחִזְקִיָּהוּ נָקֵל לַצֵּל לִנְטוֹת עֶשֶׂר מַעֲלוֹת
יא לֹא כִּי יָשׁוּב הַצֵּל אֲחֹרַנִּית עֶשֶׂר מַעֲלוֹת׃ וַיִּקְרָא יְשַׁעְיָהוּ
הַנָּבִיא אֶל־יְהוָה וַיָּשֶׁב אֶת־הַצֵּל בַּמַּעֲלוֹת אֲשֶׁר יָרְדָה
יב בְּמַעֲלוֹת אָחָז אֲחֹרַנִּית עֶשֶׂר מַעֲלוֹת׃ בָּעֵת

משלחת מלך
בבל מבקרת
בירושלים
ישעיה לט, א–ח
דה"ב לב, לא

הַהִיא שָׁלַח בְּרֹאדַךְ בַּלְאֲדָן בֶּן־בַּלְאֲדָן מֶלֶךְ־בָּבֶל סְפָרִים
יג וּמִנְחָה אֶל־חִזְקִיָּהוּ כִּי שָׁמַע כִּי חָלָה חִזְקִיָּהוּ׃ וַיִּשְׁמַע עֲלֵיהֶם
חִזְקִיָּהוּ וַיַּרְאֵם אֶת־כָּל־בֵּית נְכֹתֹה אֶת־הַכֶּסֶף וְאֶת־הַזָּהָב
וְאֶת־הַבְּשָׂמִים וְאֵת ׀ שֶׁמֶן הַטּוֹב וְאֵת בֵּית כֵּלָיו וְאֵת כָּל־אֲשֶׁר
נִמְצָא בְּאוֹצְרֹתָיו לֹא־הָיָה דָבָר אֲשֶׁר לֹא־הֶרְאָם חִזְקִיָּהוּ
יד בְּבֵיתוֹ וּבְכָל־מֶמְשַׁלְתּוֹ׃ וַיָּבֹא יְשַׁעְיָהוּ הַנָּבִיא אֶל־הַמֶּלֶךְ
חִזְקִיָּהוּ וַיֹּאמֶר אֵלָיו מָה־אָמְרוּ ׀ הָאֲנָשִׁים הָאֵלֶּה וּמֵאַיִן יָבֹאוּ
טו אֵלֶיךָ וַיֹּאמֶר חִזְקִיָּהוּ מֵאֶרֶץ רְחוֹקָה בָּאוּ מִבָּבֶל׃ וַיֹּאמֶר מָה
רָאוּ בְּבֵיתֶךָ וַיֹּאמֶר חִזְקִיָּהוּ אֵת כָּל־אֲשֶׁר בְּבֵיתִי רָאוּ לֹא־
טז הָיָה דָבָר אֲשֶׁר לֹא־הִרְאִיתִם בְּאֹצְרֹתָי׃ וַיֹּאמֶר יְשַׁעְיָהוּ אֶל־
יז חִזְקִיָּהוּ שְׁמַע דְּבַר־יְהוָה׃ הִנֵּה יָמִים בָּאִים וְנִשָּׂא ׀ כָּל־אֲשֶׁר
בְּבֵיתֶךָ וַאֲשֶׁר אָצְרוּ אֲבֹתֶיךָ עַד־הַיּוֹם הַזֶּה בָּבֶלָה לֹא־יִוָּתֵר
יח דָּבָר אָמַר יְהוָה׃ וּמִבָּנֶיךָ אֲשֶׁר יֵצְאוּ מִמְּךָ אֲשֶׁר תּוֹלִיד יִקָּח וְהָיוּ
יט סָרִיסִים בְּהֵיכַל מֶלֶךְ בָּבֶל׃ וַיֹּאמֶר חִזְקִיָּהוּ אֶל־יְשַׁעְיָהוּ טוֹב
דְּבַר־יְהוָה אֲשֶׁר דִּבַּרְתָּ וַיֹּאמֶר הֲלוֹא אִם־שָׁלוֹם וֶאֱמֶת יִהְיֶה
כ בְיָמָי׃ וְיֶתֶר דִּבְרֵי חִזְקִיָּהוּ וְכָל־גְּבוּרָתוֹ וַאֲשֶׁר עָשָׂה אֶת־

סיכום
מלכות חזקיה
דה"ב לב, ל;
לב, לב–לג

הַבְּרֵכָה וְאֶת־הַתְּעָלָה וַיָּבֵא אֶת־הַמַּיִם הָעִירָה הֲלֹא־הֵם
כא כְּתוּבִים עַל־סֵפֶר דִּבְרֵי הַיָּמִים לְמַלְכֵי יְהוּדָה׃ וַיִּשְׁכַּב חִזְקִיָּהוּ
כא א עִם־אֲבֹתָיו וַיִּמְלֹךְ מְנַשֶּׁה בְנוֹ תַּחְתָּיו׃ בֶּן־

פתיחה למלכות מנשה; מעשיו הרעים ותשובתו אל ה׳
דה״ב לג, א–יז

שְׁתֵּים עֶשְׂרֵה שָׁנָה מְנַשֶּׁה בְמָלְכוֹ וַחֲמִשִּׁים וְחָמֵשׁ שָׁנָה מָלַךְ
ב בִּירוּשָׁלָם וְשֵׁם אִמּוֹ חֶפְצִי־בָהּ׃ וַיַּעַשׂ הָרַע בְּעֵינֵי יְהוָה
ג כְּתוֹעֲבֹת הַגּוֹיִם אֲשֶׁר הוֹרִישׁ יְהוָה מִפְּנֵי בְּנֵי יִשְׂרָאֵל׃ וַיָּשָׁב
וַיִּבֶן אֶת־הַבָּמוֹת אֲשֶׁר אִבַּד חִזְקִיָּהוּ אָבִיו וַיָּקֶם מִזְבְּחֹת
לַבַּעַל וַיַּעַשׂ אֲשֵׁרָה כַּאֲשֶׁר עָשָׂה אַחְאָב מֶלֶךְ יִשְׂרָאֵל וַיִּשְׁתַּחוּ
ד לְכָל־צְבָא הַשָּׁמַיִם וַיַּעֲבֹד אֹתָם׃ וּבָנָה מִזְבְּחֹת בְּבֵית יְהוָה
ה אֲשֶׁר אָמַר יְהוָה בִּירוּשָׁלַם אָשִׂים אֶת־שְׁמִי׃ וַיִּבֶן מִזְבְּחוֹת
ו לְכָל־צְבָא הַשָּׁמָיִם בִּשְׁתֵּי חַצְרוֹת בֵּית־יְהוָה׃ וְהֶעֱבִיר אֶת־
בְּנוֹ בָּאֵשׁ וְעוֹנֵן וְנִחֵשׁ וְעָשָׂה אוֹב וְיִדְּעֹנִים הִרְבָּה לַעֲשׂוֹת הָרַע
ז בְּעֵינֵי יְהוָה לְהַכְעִיס׃ וַיָּשֶׂם אֶת־פֶּסֶל הָאֲשֵׁרָה אֲשֶׁר עָשָׂה
בַּבַּיִת אֲשֶׁר אָמַר יְהוָה אֶל־דָּוִד וְאֶל־שְׁלֹמֹה בְנוֹ בַּבַּיִת הַזֶּה
וּבִירוּשָׁלַם אֲשֶׁר בָּחַרְתִּי מִכֹּל שִׁבְטֵי יִשְׂרָאֵל אָשִׂים אֶת־שְׁמִי
ח לְעוֹלָם׃ וְלֹא אֹסִיף לְהָנִיד רֶגֶל יִשְׂרָאֵל מִן־הָאֲדָמָה אֲשֶׁר
נָתַתִּי לַאֲבוֹתָם רַק ׀ אִם־יִשְׁמְרוּ לַעֲשׂוֹת כְּכֹל אֲשֶׁר צִוִּיתִים
ט וּלְכָל־הַתּוֹרָה אֲשֶׁר־צִוָּה אֹתָם עַבְדִּי מֹשֶׁה׃ וְלֹא שָׁמֵעוּ וַיַּתְעֵם
מְנַשֶּׁה לַעֲשׂוֹת אֶת־הָרָע מִן־הַגּוֹיִם אֲשֶׁר הִשְׁמִיד יְהוָה מִפְּנֵי
יא בְּנֵי יִשְׂרָאֵל׃ וַיְדַבֵּר יְהוָה בְּיַד־עֲבָדָיו הַנְּבִיאִים לֵאמֹר׃ יַעַן
אֲשֶׁר עָשָׂה מְנַשֶּׁה מֶלֶךְ־יְהוּדָה הַתֹּעֵבוֹת הָאֵלֶּה הֵרַע מִכֹּל
אֲשֶׁר־עָשׂוּ הָאֱמֹרִי אֲשֶׁר לְפָנָיו וַיַּחֲטִא גַם־אֶת־יְהוּדָה
יב בְּגִלּוּלָיו׃ לָכֵן כֹּה־אָמַר יְהוָה אֱלֹהֵי יִשְׂרָאֵל
הִנְנִי מֵבִיא רָעָה עַל־יְרוּשָׁלַם וִיהוּדָה אֲשֶׁר כָּל־שמעיו (שֹׁמְעָהּ)
יג תִּצַּלְנָה שְׁתֵּי אָזְנָיו׃ וְנָטִיתִי עַל־יְרוּשָׁלַם אֵת קָו שֹׁמְרוֹן וְאֶת־
מִשְׁקֹלֶת בֵּית אַחְאָב וּמָחִיתִי אֶת־יְרוּשָׁלַם כַּאֲשֶׁר־יִמְחֶה
יד אֶת־הַצַּלַּחַת מָחָה וְהָפַךְ עַל־פָּנֶיהָ׃ וְנָטַשְׁתִּי אֵת שְׁאֵרִית
נַחֲלָתִי וּנְתַתִּים בְּיַד אֹיְבֵיהֶם וְהָיוּ לְבַז וְלִמְשִׁסָּה לְכָל־
טו אֹיְבֵיהֶם׃ יַעַן אֲשֶׁר עָשׂוּ אֶת־הָרַע בְּעֵינַי וַיִּהְיוּ מַכְעִסִים אֹתִי
טז מִן־הַיּוֹם אֲשֶׁר יָצְאוּ אֲבוֹתָם מִמִּצְרַיִם וְעַד הַיּוֹם הַזֶּה׃ וְגַם

דָּם נָקִי שָׁפַךְ מְנַשֶּׁה הַרְבֵּה מְאֹד עַד אֲשֶׁר־מִלֵּא אֶת־יְרוּשָׁלִָם
פֶּה לָפֶה לְבַד מֵחַטָּאתוֹ אֲשֶׁר הֶחֱטִיא אֶת־יְהוּדָה לַעֲשׂוֹת
יז הָרַע בְּעֵינֵי יְהוָה: וְיֶתֶר דִּבְרֵי מְנַשֶּׁה וְכָל־אֲשֶׁר עָשָׂה וְחַטָּאתוֹ
אֲשֶׁר חָטָא הֲלֹא־הֵם כְּתוּבִים עַל־סֵפֶר דִּבְרֵי הַיָּמִים לְמַלְכֵי

סיכום מלכות מנשה
דה״ב לג, יח–כ

יח יְהוּדָה: וַיִּשְׁכַּב מְנַשֶּׁה עִם־אֲבֹתָיו וַיִּקָּבֵר בְּגַן־בֵּיתוֹ בְּגַן־עֻזָּא
יט וַיִּמְלֹךְ אָמוֹן בְּנוֹ תַּחְתָּיו: בֶּן־עֶשְׂרִים וּשְׁתַּיִם
שָׁנָה אָמוֹן בְּמָלְכוֹ וּשְׁתַּיִם שָׁנִים מָלַךְ בִּירוּשָׁלִָם וְשֵׁם אִמּוֹ

פתיחה למלכות אמון
דה״ב לג, כא–כג

כ מְשֻׁלֶּמֶת בַּת־חָרוּץ מִן־יָטְבָה: וַיַּעַשׂ הָרַע בְּעֵינֵי יְהוָה כַּאֲשֶׁר
כא עָשָׂה מְנַשֶּׁה אָבִיו: וַיֵּלֶךְ בְּכָל־הַדֶּרֶךְ אֲשֶׁר־הָלַךְ אָבִיו וַיַּעֲבֹד
כב אֶת־הַגִּלֻּלִים אֲשֶׁר עָבַד אָבִיו וַיִּשְׁתַּחוּ לָהֶם: וַיַּעֲזֹב אֶת־יְהוָה
כג אֱלֹהֵי אֲבֹתָיו וְלֹא־הָלַךְ בְּדֶרֶךְ יְהוָה: וַיִּקְשְׁרוּ עַבְדֵי־אָמוֹן עָלָיו
כד וַיָּמִיתוּ אֶת־הַמֶּלֶךְ בְּבֵיתוֹ: וַיַּךְ עַם־הָאָרֶץ אֵת כָּל־הַקֹּשְׁרִים
עַל־הַמֶּלֶךְ אָמוֹן וַיַּמְלִיכוּ עַם־הָאָרֶץ אֶת־יֹאשִׁיָּהוּ בְנוֹ תַּחְתָּיו:
כה וְיֶתֶר דִּבְרֵי אָמוֹן אֲשֶׁר עָשָׂה הֲלֹא־הֵם כְּתוּבִים עַל־סֵפֶר דִּבְרֵי
כו הַיָּמִים לְמַלְכֵי יְהוּדָה: וַיִּקְבֹּר אֹתוֹ בִּקְבֻרָתוֹ בְּגַן־עֻזָּא וַיִּמְלֹךְ

סיכום מלכות אמון
דה״ב לג, כד–כה

כב א יֹאשִׁיָּהוּ בְנוֹ תַּחְתָּיו: בֶּן־שְׁמֹנֶה שָׁנָה יֹאשִׁיָּהוּ
בְמָלְכוֹ וּשְׁלֹשִׁים וְאַחַת שָׁנָה מָלַךְ בִּירוּשָׁלִָם וְשֵׁם אִמּוֹ יְדִידָה

פתיחה למלכות יאשיהו
דה״ב לד, א–ב

ב בַת־עֲדָיָה מִבָּצְקַת: וַיַּעַשׂ הַיָּשָׁר בְּעֵינֵי יְהוָה וַיֵּלֶךְ בְּכָל־דֶּרֶךְ לג
ג דָּוִד אָבִיו וְלֹא־סָר יָמִין וּשְׂמֹאול: וַיְהִי בִּשְׁמֹנֶה עֶשְׂרֵה שָׁנָה
לַמֶּלֶךְ יֹאשִׁיָּהוּ שָׁלַח הַמֶּלֶךְ אֶת־שָׁפָן בֶּן־אֲצַלְיָהוּ בֶן־מְשֻׁלָּם

חיזוק בדק הבית
דה״ב לד, ח–יז

ד הַסֹּפֵר בֵּית יְהוָה לֵאמֹר: עֲלֵה אֶל־חִלְקִיָּהוּ הַכֹּהֵן הַגָּדוֹל וְיַתֵּם
אֶת־הַכֶּסֶף הַמּוּבָא בֵּית יְהוָה אֲשֶׁר אָסְפוּ שֹׁמְרֵי הַסַּף מֵאֵת
ה הָעָם: וְיִתְּנָה עַל־יַד עֹשֵׂי הַמְּלָאכָה הַמֻּפְקָדִים בבית יְהוָה בֵּית
וְיִתְּנוּ אֹתוֹ לְעֹשֵׂי הַמְּלָאכָה אֲשֶׁר בְּבֵית יְהוָה לְחַזֵּק בֶּדֶק
ו הַבָּיִת: לֶחָרָשִׁים וְלַבֹּנִים וְלַגֹּדְרִים וְלִקְנוֹת עֵצִים וְאַבְנֵי מַחְצֵב
ז לְחַזֵּק אֶת־הַבָּיִת: אַךְ לֹא־יֵחָשֵׁב אִתָּם הַכֶּסֶף הַנִּתָּן עַל־יָדָם
ח כִּי בֶאֱמוּנָה הֵם עֹשִׂים: וַיֹּאמֶר חִלְקִיָּהוּ הַכֹּהֵן הַגָּדוֹל עַל־שָׁפָן

הַסֹּפֵר סֵפֶר הַתּוֹרָה מָצָאתִי בְּבֵית יְהוָה וַיִּתֵּן חִלְקִיָּה אֶת־
ט הַסֵּפֶר אֶל־שָׁפָן וַיִּקְרָאֵהוּ: וַיָּבֹא שָׁפָן הַסֹּפֵר אֶל־הַמֶּלֶךְ וַיָּשֶׁב
אֶת־הַמֶּלֶךְ דָּבָר וַיֹּאמֶר הִתִּיכוּ עֲבָדֶיךָ אֶת־הַכֶּסֶף הַנִּמְצָא
בַבַּיִת וַיִּתְּנֻהוּ עַל־יַד עֹשֵׂי הַמְּלָאכָה הַמֻּפְקָדִים בֵּית יְהוָה:
י וַיַּגֵּד שָׁפָן הַסֹּפֵר לַמֶּלֶךְ לֵאמֹר סֵפֶר נָתַן לִי חִלְקִיָּה הַכֹּהֵן
יא וַיִּקְרָאֵהוּ שָׁפָן לִפְנֵי הַמֶּלֶךְ: וַיְהִי כִּשְׁמֹעַ הַמֶּלֶךְ אֶת־דִּבְרֵי
יב סֵפֶר הַתּוֹרָה וַיִּקְרַע אֶת־בְּגָדָיו: וַיְצַו הַמֶּלֶךְ אֶת־חִלְקִיָּה הַכֹּהֵן
וְאֶת־אֲחִיקָם בֶּן־שָׁפָן וְאֶת־עַכְבּוֹר בֶּן־מִיכָיָה וְאֵת ׀ שָׁפָן הַסֹּפֵר
יג וְאֵת עֲשָׂיָה עֶבֶד־הַמֶּלֶךְ לֵאמֹר: לְכוּ דִרְשׁוּ אֶת־יְהוָה בַּעֲדִי
וּבְעַד־הָעָם וּבְעַד כָּל־יְהוּדָה עַל־דִּבְרֵי הַסֵּפֶר הַנִּמְצָא הַזֶּה
כִּי־גְדוֹלָה חֲמַת יְהוָה אֲשֶׁר־הִיא נִצְּתָה בָנוּ עַל אֲשֶׁר לֹא־
שָׁמְעוּ אֲבֹתֵינוּ עַל־דִּבְרֵי הַסֵּפֶר הַזֶּה לַעֲשׂוֹת כְּכָל־הַכָּתוּב
יד עָלֵינוּ: וַיֵּלֶךְ חִלְקִיָּהוּ הַכֹּהֵן וַאֲחִיקָם וְעַכְבּוֹר וְשָׁפָן וַעֲשָׂיָה אֶל־
חֻלְדָּה הַנְּבִיאָה אֵשֶׁת ׀ שַׁלֻּם בֶּן־תִּקְוָה בֶּן־חַרְחַס שֹׁמֵר הַבְּגָדִים
טו וְהִיא יֹשֶׁבֶת בִּירוּשָׁלִַם בַּמִּשְׁנֶה וַיְדַבְּרוּ אֵלֶיהָ: וַתֹּאמֶר אֲלֵיהֶם
כֹּה־אָמַר יְהוָה אֱלֹהֵי יִשְׂרָאֵל אִמְרוּ לָאִישׁ אֲשֶׁר־שָׁלַח אֶתְכֶם
טז אֵלָי: כֹּה אָמַר יְהוָה הִנְנִי מֵבִיא רָעָה אֶל־הַמָּקוֹם הַזֶּה וְעַל־
יז יֹשְׁבָיו אֵת כָּל־דִּבְרֵי הַסֵּפֶר אֲשֶׁר קָרָא מֶלֶךְ יְהוּדָה: תַּחַת ׀
אֲשֶׁר עֲזָבוּנִי וַיְקַטְּרוּ לֵאלֹהִים אֲחֵרִים לְמַעַן הַכְעִיסֵנִי בְּכֹל
יח מַעֲשֵׂה יְדֵיהֶם וְנִצְּתָה חֲמָתִי בַּמָּקוֹם הַזֶּה וְלֹא תִכְבֶּה: וְאֶל־
מֶלֶךְ יְהוּדָה הַשֹּׁלֵחַ אֶתְכֶם לִדְרֹשׁ אֶת־יְהוָה כֹּה תֹאמְרוּ אֵלָיו
יט כֹּה־אָמַר יְהוָה אֱלֹהֵי יִשְׂרָאֵל הַדְּבָרִים אֲשֶׁר שָׁמָעְתָּ: יַעַן רַךְ־
לְבָבְךָ וַתִּכָּנַע ׀ מִפְּנֵי יְהוָה בְּשָׁמְעֲךָ אֲשֶׁר דִּבַּרְתִּי עַל־הַמָּקוֹם
הַזֶּה וְעַל־יֹשְׁבָיו לִהְיוֹת לְשַׁמָּה וְלִקְלָלָה וַתִּקְרַע אֶת־בְּגָדֶיךָ
כ וַתִּבְכֶּה לְפָנָי וְגַם אָנֹכִי שָׁמַעְתִּי נְאֻם־יְהוָה: לָכֵן הִנְנִי אֹסִפְךָ
עַל־אֲבֹתֶיךָ וְנֶאֱסַפְתָּ אֶל־קִבְרֹתֶיךָ בְּשָׁלוֹם וְלֹא־תִרְאֶינָה
עֵינֶיךָ בְּכֹל הָרָעָה אֲשֶׁר־אֲנִי מֵבִיא עַל־הַמָּקוֹם הַזֶּה וַיָּשִׁבוּ

מציאת ספר התורה ושליחת משלחת לחולדה הנביאה
דה״ב לד, יח-כב

נבואת חולדה
דה״ב לד, כג-כח

כג

יאשיהו כורת ברית בין ה׳ ובין העם
דה״ב לד, כט–לב

א אֶת־הַמֶּלֶךְ דָּבָר: וַיִּשְׁלַח הַמֶּלֶךְ וַיַּאַסְפוּ אֵלָיו כָּל־זִקְנֵי יְהוּדָה
ב וִירוּשָׁלָם: וַיַּעַל הַמֶּלֶךְ בֵּית־יהוה וְכָל־אִישׁ יְהוּדָה וְכָל־יֹשְׁבֵי
יְרוּשָׁלַם אִתּוֹ וְהַכֹּהֲנִים וְהַנְּבִיאִים וְכָל־הָעָם לְמִקָּטֹן וְעַד־גָּדוֹל
וַיִּקְרָא בְאָזְנֵיהֶם אֶת־כָּל־דִּבְרֵי סֵפֶר הַבְּרִית הַנִּמְצָא בְּבֵית
ג יהוה: וַיַּעֲמֹד הַמֶּלֶךְ עַל־הָעַמּוּד וַיִּכְרֹת אֶת־הַבְּרִית ׀ לִפְנֵי
יהוה לָלֶכֶת אַחַר יהוה וְלִשְׁמֹר מִצְוֺתָיו וְאֶת־עֵדְוֺתָיו וְאֶת־
חֻקֹּתָיו בְּכָל־לֵב וּבְכָל־נֶפֶשׁ לְהָקִים אֶת־דִּבְרֵי הַבְּרִית הַזֹּאת

הסרת עבודה זרה מן הארץ
דה״ב לד, ג–ז; לד, לג

ד הַכְּתֻבִים עַל־הַסֵּפֶר הַזֶּה וַיַּעֲמֹד כָּל־הָעָם בַּבְּרִית: וַיְצַו
הַמֶּלֶךְ אֶת־חִלְקִיָּהוּ הַכֹּהֵן הַגָּדוֹל וְאֶת־כֹּהֲנֵי הַמִּשְׁנֶה וְאֶת־
שֹׁמְרֵי הַסַּף לְהוֹצִיא מֵהֵיכַל יהוה אֵת כָּל־הַכֵּלִים הָעֲשׂוּיִם
לַבַּעַל וְלָאֲשֵׁרָה וּלְכֹל צְבָא הַשָּׁמָיִם וַיִּשְׂרְפֵם מִחוּץ לִירוּשָׁלַם
ה בְּשַׁדְמוֹת קִדְרוֹן וְנָשָׂא אֶת עֲפָרָם בֵּית־אֵל: וְהִשְׁבִּית אֶת־
הַכְּמָרִים אֲשֶׁר נָתְנוּ מַלְכֵי יְהוּדָה וַיְקַטֵּר בַּבָּמוֹת בְּעָרֵי
יְהוּדָה וּמְסִבֵּי יְרוּשָׁלָם וְאֶת־הַמְקַטְּרִים לַבַּעַל לַשֶּׁמֶשׁ וְלַיָּרֵחַ
ו וְלַמַּזָּלוֹת וּלְכֹל צְבָא הַשָּׁמָיִם: וַיֹּצֵא אֶת־הָאֲשֵׁרָה מִבֵּית יהוה
מִחוּץ לִירוּשָׁלַם אֶל־נַחַל קִדְרוֹן וַיִּשְׂרֹף אֹתָהּ בְּנַחַל קִדְרוֹן
ז וַיָּדֶק לְעָפָר וַיַּשְׁלֵךְ אֶת־עֲפָרָהּ עַל־קֶבֶר בְּנֵי הָעָם: וַיִּתֹּץ אֶת־
בָּתֵּי הַקְּדֵשִׁים אֲשֶׁר בְּבֵית יהוה אֲשֶׁר הַנָּשִׁים אֹרְגוֹת שָׁם
ח בָּתִּים לָאֲשֵׁרָה: וַיָּבֵא אֶת־כָּל־הַכֹּהֲנִים מֵעָרֵי יְהוּדָה וַיְטַמֵּא
אֶת־הַבָּמוֹת אֲשֶׁר קִטְּרוּ־שָׁמָּה הַכֹּהֲנִים מִגֶּבַע עַד־בְּאֵר שָׁבַע
וְנָתַץ אֶת־בָּמוֹת הַשְּׁעָרִים אֲשֶׁר־פֶּתַח שַׁעַר יְהוֹשֻׁעַ שַׂר־הָעִיר
ט אֲשֶׁר־עַל־שְׂמֹאול אִישׁ בְּשַׁעַר הָעִיר: אַךְ לֹא יַעֲלוּ כֹּהֲנֵי
הַבָּמוֹת אֶל־מִזְבַּח יהוה בִּירוּשָׁלָם כִּי אִם־אָכְלוּ מַצּוֹת בְּתוֹךְ
י אֲחֵיהֶם: וְטִמֵּא אֶת־הַתֹּפֶת אֲשֶׁר בְּגֵי בני־הִנֹּם לְבִלְתִּי בֶּן־
יא לְהַעֲבִיר אִישׁ אֶת־בְּנוֹ וְאֶת־בִּתּוֹ בָּאֵשׁ לַמֹּלֶךְ: וַיַּשְׁבֵּת אֶת־
הַסּוּסִים אֲשֶׁר נָתְנוּ מַלְכֵי יְהוּדָה לַשֶּׁמֶשׁ מִבֹּא בֵית־יהוה אֶל־
לִשְׁכַּת נְתַן־מֶלֶךְ הַסָּרִיס אֲשֶׁר בַּפַּרְוָרִים וְאֶת־מַרְכְּבוֹת

הַשֶּׁמֶשׁ שָׂרַף בָּאֵשׁ׃ וְאֶת־הַמִּזְבְּחוֹת אֲשֶׁר עַל־הַגָּג עֲלִיַּת אָחָז יב
אֲשֶׁר־עָשׂוּ ׀ מַלְכֵי יְהוּדָה וְאֶת־הַמִּזְבְּחוֹת אֲשֶׁר עָשָׂה מְנַשֶּׁה
בִּשְׁתֵּי חַצְרוֹת בֵּית־יְהוָה נָתַץ הַמֶּלֶךְ וַיָּרָץ מִשָּׁם וְהִשְׁלִיךְ
אֶת־עֲפָרָם אֶל־נַחַל קִדְרוֹן׃ וְאֶת־הַבָּמוֹת אֲשֶׁר ׀ עַל־פְּנֵי יג
יְרוּשָׁלִַם אֲשֶׁר מִימִין לְהַר־הַמַּשְׁחִית אֲשֶׁר בָּנָה שְׁלֹמֹה מֶלֶךְ־
יִשְׂרָאֵל לְעַשְׁתֹּרֶת ׀ שִׁקֻּץ צִידֹנִים וְלִכְמוֹשׁ שִׁקֻּץ מוֹאָב
וּלְמִלְכֹּם תּוֹעֲבַת בְּנֵי־עַמּוֹן טִמֵּא הַמֶּלֶךְ׃ וְשִׁבַּר אֶת־הַמַּצֵּבוֹת יד
וַיִּכְרֹת אֶת־הָאֲשֵׁרִים וַיְמַלֵּא אֶת־מְקוֹמָם עַצְמוֹת אָדָם׃ וְגַם טו
אֶת־הַמִּזְבֵּחַ אֲשֶׁר בְּבֵית־אֵל הַבָּמָה אֲשֶׁר עָשָׂה יָרָבְעָם בֶּן־
נְבָט אֲשֶׁר הֶחֱטִיא אֶת־יִשְׂרָאֵל גַּם אֶת־הַמִּזְבֵּחַ הַהוּא וְאֶת־
הַבָּמָה נָתָץ וַיִּשְׂרֹף אֶת־הַבָּמָה הֵדַק לְעָפָר וְשָׂרַף אֲשֵׁרָה׃ וַיִּפֶן טז
יֹאשִׁיָּהוּ וַיַּרְא אֶת־הַקְּבָרִים אֲשֶׁר־שָׁם בָּהָר וַיִּשְׁלַח וַיִּקַּח אֶת־
הָעֲצָמוֹת מִן־הַקְּבָרִים וַיִּשְׂרֹף עַל־הַמִּזְבֵּחַ וַיְטַמְּאֵהוּ כִּדְבַר
יְהוָה אֲשֶׁר קָרָא אִישׁ הָאֱלֹהִים אֲשֶׁר קָרָא אֶת־הַדְּבָרִים
הָאֵלֶּה׃ וַיֹּאמֶר מָה הַצִּיּוּן הַלָּז אֲשֶׁר אֲנִי רֹאֶה וַיֹּאמְרוּ אֵלָיו יז
אַנְשֵׁי הָעִיר הַקֶּבֶר אִישׁ־הָאֱלֹהִים אֲשֶׁר־בָּא מִיהוּדָה וַיִּקְרָא
אֶת־הַדְּבָרִים הָאֵלֶּה אֲשֶׁר עָשִׂיתָ עַל הַמִּזְבַּח בֵּית־אֵל׃ וַיֹּאמֶר יח
הַנִּיחוּ לוֹ אִישׁ אַל־יָנַע עַצְמֹתָיו וַיְמַלְּטוּ עַצְמֹתָיו אֵת עַצְמוֹת
הַנָּבִיא אֲשֶׁר־בָּא מִשֹּׁמְרוֹן׃ וְגַם אֶת־כָּל־בָּתֵּי הַבָּמוֹת אֲשֶׁר ׀ יט
בְּעָרֵי שֹׁמְרוֹן אֲשֶׁר עָשׂוּ מַלְכֵי יִשְׂרָאֵל לְהַכְעִיס הֵסִיר יֹאשִׁיָּהוּ
וַיַּעַשׂ לָהֶם כְּכָל־הַמַּעֲשִׂים אֲשֶׁר עָשָׂה בְּבֵית־אֵל׃ וַיִּזְבַּח כ
אֶת־כָּל־כֹּהֲנֵי הַבָּמוֹת אֲשֶׁר־שָׁם עַל־הַמִּזְבְּחוֹת וַיִּשְׂרֹף אֶת־
עַצְמוֹת אָדָם עֲלֵיהֶם וַיָּשָׁב יְרוּשָׁלִָם׃ וַיְצַו הַמֶּלֶךְ אֶת־כָּל־הָעָם כא
לֵאמֹר עֲשׂוּ פֶסַח לַיהוָה אֱלֹהֵיכֶם כַּכָּתוּב עַל סֵפֶר הַבְּרִית
הַזֶּה׃ כִּי לֹא נַעֲשָׂה כַּפֶּסַח הַזֶּה מִימֵי הַשֹּׁפְטִים אֲשֶׁר שָׁפְטוּ כב
אֶת־יִשְׂרָאֵל וְכֹל יְמֵי מַלְכֵי יִשְׂרָאֵל וּמַלְכֵי יְהוּדָה׃ כִּי אִם־ כג
בִּשְׁמֹנֶה עֶשְׂרֵה שָׁנָה לַמֶּלֶךְ יֹאשִׁיָּהוּ נַעֲשָׂה הַפֶּסַח הַזֶּה לַיהוָה

פסח יאשיהו
דה"ב לה, א–יט

כד בִּירוּשָׁלִָם: וְגַם אֶת־הָאֹבוֹת וְאֶת־הַיִּדְּעֹנִים וְאֶת־הַתְּרָפִים
וְאֶת־הַגִּלֻּלִים וְאֵת כָּל־הַשִּׁקֻּצִים אֲשֶׁר נִרְאוּ בְּאֶרֶץ יְהוּדָה
וּבִירוּשָׁלִַם בִּעֵר יֹאשִׁיָּהוּ לְמַעַן הָקִים אֶת־דִּבְרֵי הַתּוֹרָה
הַכְּתֻבִים עַל־הַסֵּפֶר אֲשֶׁר מָצָא חִלְקִיָּהוּ הַכֹּהֵן בֵּית יְהוָה:
כה וְכָמֹהוּ לֹא־הָיָה לְפָנָיו מֶלֶךְ אֲשֶׁר־שָׁב אֶל־יְהוָה בְּכָל־לְבָבוֹ לד
וּבְכָל־נַפְשׁוֹ וּבְכָל־מְאֹדוֹ כְּכֹל תּוֹרַת מֹשֶׁה וְאַחֲרָיו לֹא־קָם
כו כָּמֹהוּ: אַךְ ׀ לֹא־שָׁב יְהוָה מֵחֲרוֹן אַפּוֹ הַגָּדוֹל אֲשֶׁר־חָרָה אַפּוֹ
כז בִּיהוּדָה עַל כָּל־הַכְּעָסִים אֲשֶׁר הִכְעִיסוֹ מְנַשֶּׁה: וַיֹּאמֶר יְהוָה גַּם
אֶת־יְהוּדָה אָסִיר מֵעַל פָּנַי כַּאֲשֶׁר הֲסִרֹתִי אֶת־יִשְׂרָאֵל וּמָאַסְתִּי
אֶת־הָעִיר הַזֹּאת אֲשֶׁר־בָּחַרְתִּי אֶת־יְרוּשָׁלִַם וְאֶת־הַבַּיִת

סיכום מלכות יאשיהו ותיאור מותו ביד פרעה נכו
דה״ב לה, כ–כז

כח אֲשֶׁר אָמַרְתִּי יִהְיֶה שְׁמִי שָׁם: וְיֶתֶר דִּבְרֵי יֹאשִׁיָּהוּ וְכָל־אֲשֶׁר
עָשָׂה הֲלֹא־הֵם כְּתוּבִים עַל־סֵפֶר דִּבְרֵי הַיָּמִים לְמַלְכֵי יְהוּדָה:
כט בְּיָמָיו עָלָה פַרְעֹה נְכֹה מֶלֶךְ־מִצְרַיִם עַל־מֶלֶךְ אַשּׁוּר עַל־נְהַר
פְּרָת וַיֵּלֶךְ הַמֶּלֶךְ יֹאשִׁיָּהוּ לִקְרָאתוֹ וַיְמִיתֵהוּ בִּמְגִדּוֹ כִּרְאֹתוֹ
ל אֹתוֹ: וַיַּרְכִּבֻהוּ עֲבָדָיו מֵת מִמְּגִדּוֹ וַיְבִאֻהוּ יְרוּשָׁלִַם וַיִּקְבְּרֻהוּ

פתיחה למלכות יהואחז
דה״ב לו, א–ב

בִּקְבֻרָתוֹ וַיִּקַּח עַם־הָאָרֶץ אֶת־יְהוֹאָחָז בֶּן־יֹאשִׁיָּהוּ וַיִּמְשְׁחוּ
לא אֹתוֹ וַיַּמְלִיכוּ אֹתוֹ תַּחַת אָבִיו: בֶּן־עֶשְׂרִים
וְשָׁלֹשׁ שָׁנָה יְהוֹאָחָז בְּמָלְכוֹ וּשְׁלֹשָׁה חֳדָשִׁים מָלַךְ בִּירוּשָׁלִָם
לב וְשֵׁם אִמּוֹ חֲמוּטַל בַּת־יִרְמְיָהוּ מִלִּבְנָה: וַיַּעַשׂ הָרַע בְּעֵינֵי יְהוָה
לג כְּכֹל אֲשֶׁר־עָשׂוּ אֲבֹתָיו: וַיַּאַסְרֵהוּ פַרְעֹה נְכֹה בְרִבְלָה בְּאֶרֶץ
חֲמָת בִּמְלֹךְ בִּירוּשָׁלִָם וַיִּתֶּן־עֹנֶשׁ עַל־הָאָרֶץ מֵאָה כִכַּר־ מִמְּלֹךְ

פרעה נכו אוסר את יהואחז, ממליך את יהויקים ונותן עונש על הארץ
דה״ב לו, ג–ד

לד כֶּסֶף וְכִכַּר זָהָב: וַיַּמְלֵךְ פַּרְעֹה נְכֹה אֶת־אֶלְיָקִים בֶּן־יֹאשִׁיָּהוּ
תַּחַת יֹאשִׁיָּהוּ אָבִיו וַיַּסֵּב אֶת־שְׁמוֹ יְהוֹיָקִים וְאֶת־יְהוֹאָחָז לָקַח
לה וַיָּבֹא מִצְרַיִם וַיָּמָת שָׁם: וְהַכֶּסֶף וְהַזָּהָב נָתַן יְהוֹיָקִים לְפַרְעֹה
אַךְ הֶעֱרִיךְ אֶת־הָאָרֶץ לָתֵת אֶת־הַכֶּסֶף עַל־פִּי פַרְעֹה אִישׁ
כְּעֶרְכּוֹ נָגַשׂ אֶת־הַכֶּסֶף וְאֶת־הַזָּהָב אֶת־עַם הָאָרֶץ לָתֵת

פתיחה למלכות יהויקים
דה״ב לו, ה

לו לְפַרְעֹה נְכֹה: בֶּן־עֶשְׂרִים וְחָמֵשׁ שָׁנָה יְהוֹיָקִים

זְבוּדָּה

בְּמָלְכוֹ וְאַחַת עֶשְׂרֵה שָׁנָה מָלַךְ בִּירוּשָׁלִָם וְשֵׁם אִמּוֹ זבידה
לז בַת־פְּדָיָה מִן־רוּמָה: וַיַּעַשׂ הָרַע בְּעֵינֵי יְהוָה כְּכֹל אֲשֶׁר־עָשׂוּ

נבוכדנאצר עולה על יהויקים
דה״ב לו, ו–ז

כד א אֲבֹתָיו: בְּיָמָיו עָלָה נְבֻכַדְנֶאצַּר מֶלֶךְ בָּבֶל וַיְהִי־לוֹ יְהוֹיָקִים
ב עֶבֶד שָׁלֹשׁ שָׁנִים וַיָּשָׁב וַיִּמְרָד־בּוֹ: וַיְשַׁלַּח יְהוָה | בּוֹ אֶת־גְּדוּדֵי
כַשְׂדִּים וְאֶת־גְּדוּדֵי אֲרָם וְאֵת | גְּדוּדֵי מוֹאָב וְאֵת גְּדוּדֵי בְנֵי־
עַמּוֹן וַיְשַׁלְּחֵם בִּיהוּדָה לְהַאֲבִידוֹ כִּדְבַר יְהוָה אֲשֶׁר דִּבֶּר בְּיַד

נבואת ה׳ על חטאי מנשה
מל״ב כא, י–טז

ג עֲבָדָיו הַנְּבִיאִים: אַךְ | עַל־פִּי יְהוָה הָיְתָה בִּיהוּדָה לְהָסִיר
ד מֵעַל פָּנָיו בְּחַטֹּאת מְנַשֶּׁה כְּכֹל אֲשֶׁר עָשָׂה: וְגַם דַּם־הַנָּקִי
אֲשֶׁר שָׁפָךְ וַיְמַלֵּא אֶת־יְרוּשָׁלִַם דָּם נָקִי וְלֹא־אָבָה יְהוָה

סיכום מלכות יהויקים
דה״ב לו, ח

ה לִסְלֹחַ: וְיֶתֶר דִּבְרֵי יְהוֹיָקִים וְכָל־אֲשֶׁר עָשָׂה הֲלֹא־הֵם כְּתוּבִים
ו עַל־סֵפֶר דִּבְרֵי הַיָּמִים לְמַלְכֵי יְהוּדָה: וַיִּשְׁכַּב יְהוֹיָקִים עִם־
ז אֲבֹתָיו וַיִּמְלֹךְ יְהוֹיָכִין בְּנוֹ תַּחְתָּיו: וְלֹא־הֹסִיף עוֹד מֶלֶךְ
מִצְרַיִם לָצֵאת מֵאַרְצוֹ כִּי־לָקַח מֶלֶךְ בָּבֶל מִנַּחַל מִצְרַיִם עַד־

פתיחה למלכות יהויכין
דה״ב לו, ט

ח נְהַר פְּרָת כֹּל אֲשֶׁר הָיְתָה לְמֶלֶךְ מִצְרָיִם: בֶּן־
שְׁמֹנֶה עֶשְׂרֵה שָׁנָה יְהוֹיָכִין בְּמָלְכוֹ וּשְׁלֹשָׁה חֳדָשִׁים מָלַךְ
ט בִּירוּשָׁלִָם וְשֵׁם אִמּוֹ נְחֻשְׁתָּא בַת־אֶלְנָתָן מִירוּשָׁלִָם: וַיַּעַשׂ

עָלוּ

י הָרַע בְּעֵינֵי יְהוָה כְּכֹל אֲשֶׁר־עָשָׂה אָבִיו: בָּעֵת הַהִיא עלה

גלות יהויכין
ירמיה נב, כח
דה״ב לו, י

עַבְדֵי נְבֻכַדְנֶאצַּר מֶלֶךְ־בָּבֶל יְרוּשָׁלִָם וַתָּבֹא הָעִיר בַּמָּצוֹר:
יא וַיָּבֹא נְבֻכַדְנֶאצַּר מֶלֶךְ־בָּבֶל עַל־הָעִיר וַעֲבָדָיו צָרִים עָלֶיהָ:
יב וַיֵּצֵא יְהוֹיָכִין מֶלֶךְ־יְהוּדָה עַל־מֶלֶךְ בָּבֶל הוּא וְאִמּוֹ וַעֲבָדָיו
וְשָׂרָיו וְסָרִיסָיו וַיִּקַּח אֹתוֹ מֶלֶךְ בָּבֶל בִּשְׁנַת שְׁמֹנֶה לְמָלְכוֹ:
יג וַיּוֹצֵא מִשָּׁם אֶת־כָּל־אוֹצְרוֹת בֵּית יְהוָה וְאוֹצְרוֹת בֵּית הַמֶּלֶךְ
וַיְקַצֵּץ אֶת־כָּל־כְּלֵי הַזָּהָב אֲשֶׁר עָשָׂה שְׁלֹמֹה מֶלֶךְ־יִשְׂרָאֵל
יד בְּהֵיכַל יְהוָה כַּאֲשֶׁר דִּבֶּר יְהוָה: וְהִגְלָה אֶת־כָּל־יְרוּשָׁלִַם וְאֶת־

עֲשֶׂרֶת

כָּל־הַשָּׂרִים וְאֵת | כָּל־גִּבּוֹרֵי הַחַיִל עשרה אֲלָפִים גּוֹלֶה וְכָל־
טו הֶחָרָשׁ וְהַמַּסְגֵּר לֹא נִשְׁאַר זוּלַת דַּלַּת עַם־הָאָרֶץ: וַיֶּגֶל אֶת־
יְהוֹיָכִין בָּבֶלָה וְאֶת־אֵם הַמֶּלֶךְ וְאֶת־נְשֵׁי הַמֶּלֶךְ וְאֶת־סָרִיסָיו

טז וְאֵת אוּלֵי הָאָרֶץ הוֹלִיךְ גּוֹלָה מִירוּשָׁלִַם בָּבֶלָה׃ וְאֵת כׇּל־ אילי
אַנְשֵׁי הַחַיִל שִׁבְעַת אֲלָפִים וְהֶחָרָשׁ וְהַמַּסְגֵּר אֶלֶף הַכֹּל
גִּבּוֹרִים עֹשֵׂי מִלְחָמָה וַיְבִיאֵם מֶלֶךְ־בָּבֶל גּוֹלָה בָּבֶלָה׃

פתיחה למלכות צדקיהו
ירמיה נב, א–ג
דה״ב לו, יא–יג

יז וַיַּמְלֵךְ מֶלֶךְ־בָּבֶל אֶת־מַתַּנְיָה דֹדוֹ תַּחְתָּיו וַיַּסֵּב אֶת־
יח שְׁמוֹ צִדְקִיָּהוּ׃ בֶּן־עֶשְׂרִים וְאַחַת שָׁנָה צִדְקִיָּהוּ לה
בְמׇלְכוֹ וְאַחַת עֶשְׂרֵה שָׁנָה מָלַךְ בִּירוּשָׁלִָם וְשֵׁם אִמּוֹ
יט חמיטל בַּת־יִרְמְיָהוּ מִלִּבְנָה׃ וַיַּעַשׂ הָרַע בְּעֵינֵי יְהֹוָה כְּכֹל חֲמוּטַל
כ אֲשֶׁר־עָשָׂה יְהוֹיָקִים׃ כִּי ׀ עַל־אַף יְהֹוָה הָיְתָה בִירוּשָׁלִַם
וּבִיהוּדָה עַד־הִשְׁלִכוֹ אֹתָם מֵעַל פָּנָיו וַיִּמְרֹד צִדְקִיָּהוּ בְּמֶלֶךְ

המצור על ירושלים וסופו של צדקיהו
ירמיה לט, א–ז; נב, ד–יא

ה א בָּבֶל׃ וַיְהִי בִשְׁנַת הַתְּשִׁיעִית לְמׇלְכוֹ בַּחֹדֶשׁ
הָעֲשִׂירִי בֶּעָשׂוֹר לַחֹדֶשׁ בָּא נְבֻכַדְנֶאצַּר מֶלֶךְ־בָּבֶל הוּא וְכׇל־
ב חֵילוֹ עַל־יְרוּשָׁלִַם וַיִּחַן עָלֶיהָ וַיִּבְנוּ עָלֶיהָ דָּיֵק סָבִיב׃ וַתָּבֹא
ג הָעִיר בַּמָּצוֹר עַד עַשְׁתֵּי עֶשְׂרֵה שָׁנָה לַמֶּלֶךְ צִדְקִיָּהוּ׃ בְּתִשְׁעָה
ד לַחֹדֶשׁ וַיֶּחֱזַק הָרָעָב בָּעִיר וְלֹא־הָיָה לֶחֶם לְעַם הָאָרֶץ׃ וַתִּבָּקַע
הָעִיר וְכׇל־אַנְשֵׁי הַמִּלְחָמָה ׀ הַלַּיְלָה דֶּרֶךְ שַׁעַר ׀ בֵּין הַחֹמֹתַיִם
אֲשֶׁר עַל־גַּן הַמֶּלֶךְ וְכַשְׂדִּים עַל־הָעִיר סָבִיב וַיֵּלֶךְ דֶּרֶךְ
ה הָעֲרָבָה׃ וַיִּרְדְּפוּ חֵיל־כַּשְׂדִּים אַחַר הַמֶּלֶךְ וַיַּשִּׂגוּ אֹתוֹ בְּעַרְבוֹת
ו יְרֵחוֹ וְכׇל־חֵילוֹ נָפֹצוּ מֵעָלָיו׃ וַיִּתְפְּשׂוּ אֶת־הַמֶּלֶךְ וַיַּעֲלוּ אֹתוֹ
ז אֶל־מֶלֶךְ בָּבֶל רִבְלָתָה וַיְדַבְּרוּ אִתּוֹ מִשְׁפָּט׃ וְאֶת־בְּנֵי צִדְקִיָּהוּ
שָׁחֲטוּ לְעֵינָיו וְאֶת־עֵינֵי צִדְקִיָּהוּ עִוֵּר וַיַּאַסְרֵהוּ בַנְחֻשְׁתַּיִם

חורבן ירושלים ובית המקדש
ירמיה לט, ח–י; נב, יב–ל
דה״ב לו, יז–כא

ח וַיְבִאֵהוּ בָּבֶל׃ וּבַחֹדֶשׁ הַחֲמִישִׁי בְּשִׁבְעָה לַחֹדֶשׁ
הִיא שְׁנַת תְּשַׁע־עֶשְׂרֵה שָׁנָה לַמֶּלֶךְ נְבֻכַדְנֶאצַּר מֶלֶךְ־בָּבֶל
ט בָּא נְבוּזַרְאֲדָן רַב־טַבָּחִים עֶבֶד מֶלֶךְ־בָּבֶל יְרוּשָׁלִָם׃ וַיִּשְׂרֹף
אֶת־בֵּית יְהֹוָה וְאֶת־בֵּית הַמֶּלֶךְ וְאֵת כׇּל־בָּתֵּי יְרוּשָׁלִַם וְאֶת־
י כׇּל־בֵּית גָּדוֹל שָׂרַף בָּאֵשׁ׃ וְאֶת־חוֹמֹת יְרוּשָׁלִַם סָבִיב נָתְצוּ
יא כׇּל־חֵיל כַּשְׂדִּים אֲשֶׁר רַב־טַבָּחִים׃ וְאֵת יֶתֶר הָעָם הַנִּשְׁאָרִים
בָּעִיר וְאֶת־הַנֹּפְלִים אֲשֶׁר נָפְלוּ עַל־הַמֶּלֶךְ בָּבֶל וְאֵת יֶתֶר

יב הֶהָמוֹן הֶגְלָה נְבוּזַרְאֲדָן רַב־טַבָּחִים: וּמִדַּלַּת הָאָרֶץ הִשְׁאִיר
יג רַב־טַבָּחִים לְכֹרְמִים ולגבים: וְאֶת־עַמּוּדֵי הַנְּחֹשֶׁת אֲשֶׁר וּלְיֹגְבִים
בֵית־יְהוָה וְאֶת־הַמְּכֹנוֹת וְאֶת־יָם הַנְּחֹשֶׁת אֲשֶׁר בְּבֵית־יְהוָה
יד שִׁבְּרוּ כַשְׂדִּים וַיִּשְׂאוּ אֶת־נְחֻשְׁתָּם בָּבֶלָה: וְאֶת־הַסִּירֹת
וְאֶת־הַיָּעִים וְאֶת־הַמְזַמְּרוֹת וְאֶת־הַכַּפּוֹת וְאֵת כָּל־כְּלֵי
טו הַנְּחֹשֶׁת אֲשֶׁר יְשָׁרְתוּ־בָם לָקָחוּ: וְאֶת־הַמַּחְתּוֹת וְאֶת־
הַמִּזְרָקוֹת אֲשֶׁר זָהָב זָהָב וַאֲשֶׁר־כֶּסֶף כָּסֶף לָקַח רַב־טַבָּחִים:
טז הָעַמּוּדִים ׀ שְׁנַיִם הַיָּם הָאֶחָד וְהַמְּכֹנוֹת אֲשֶׁר־עָשָׂה שְׁלֹמֹה
לְבֵית יְהוָה לֹא־הָיָה מִשְׁקָל לִנְחֹשֶׁת כָּל־הַכֵּלִים הָאֵלֶּה:
יז שְׁמֹנֶה עֶשְׂרֵה אַמָּה קוֹמַת ׀ הָעַמּוּד הָאֶחָד וְכֹתֶרֶת עָלָיו ׀
נְחֹשֶׁת וְקוֹמַת הַכֹּתֶרֶת שָׁלֹשׁ אמה וּשְׂבָכָה וְרִמֹּנִים עַל־ אַמּוֹת
הַכֹּתֶרֶת סָבִיב הַכֹּל נְחֹשֶׁת וְכָאֵלֶּה לַעַמּוּד הַשֵּׁנִי עַל־הַשְּׂבָכָה:
יח וַיִּקַּח רַב־טַבָּחִים אֶת־שְׂרָיָה כֹּהֵן הָרֹאשׁ וְאֶת־צְפַנְיָהוּ כֹּהֵן
יט מִשְׁנֶה וְאֶת־שְׁלֹשֶׁת שֹׁמְרֵי הַסַּף: וּמִן־הָעִיר לָקַח סָרִיס אֶחָד
אֲשֶׁר־הוּא פָקִיד ׀ עַל־אַנְשֵׁי הַמִּלְחָמָה וַחֲמִשָּׁה אֲנָשִׁים מֵרֹאֵי
פְנֵי־הַמֶּלֶךְ אֲשֶׁר נִמְצְאוּ בָעִיר וְאֵת הַסֹּפֵר שַׂר הַצָּבָא הַמַּצְבִּא
אֶת־עַם הָאָרֶץ וְשִׁשִּׁים אִישׁ מֵעַם הָאָרֶץ הַנִּמְצְאִים בָּעִיר:
כ וַיִּקַּח אֹתָם נְבוּזַרְאֲדָן רַב־טַבָּחִים וַיֹּלֶךְ אֹתָם עַל־מֶלֶךְ בָּבֶל
כא רִבְלָתָה: וַיַּךְ אֹתָם מֶלֶךְ בָּבֶל וַיְמִיתֵם בְּרִבְלָה בְּאֶרֶץ חֲמָת
כב וַיִּגֶל יְהוּדָה מֵעַל אַדְמָתוֹ: וְהָעָם הַנִּשְׁאָר בְּאֶרֶץ יְהוּדָה אֲשֶׁר
הִשְׁאִיר נְבוּכַדְנֶאצַּר מֶלֶךְ בָּבֶל וַיַּפְקֵד עֲלֵיהֶם אֶת־גְּדַלְיָהוּ
כג בֶּן־אֲחִיקָם בֶּן־שָׁפָן: וַיִּשְׁמְעוּ כָל־שָׂרֵי הַחֲיָלִים הֵמָּה וְהָאֲנָשִׁים
כִּי־הִפְקִיד מֶלֶךְ־בָּבֶל אֶת־גְּדַלְיָהוּ וַיָּבֹאוּ אֶל־גְּדַלְיָהוּ הַמִּצְפָּה
וְיִשְׁמָעֵאל בֶּן־נְתַנְיָה וְיוֹחָנָן בֶּן־קָרֵחַ וּשְׂרָיָה בֶן־תַּנְחֻמֶת
כד הַנְּטֹפָתִי וְיַאֲזַנְיָהוּ בֶּן־הַמַּעֲכָתִי הֵמָּה וְאַנְשֵׁיהֶם: וַיִּשָּׁבַע לָהֶם
גְּדַלְיָהוּ וּלְאַנְשֵׁיהֶם וַיֹּאמֶר לָהֶם אַל־תִּירְאוּ מֵעַבְדֵי הַכַּשְׂדִּים
כה שְׁבוּ בָאָרֶץ וְעִבְדוּ אֶת־מֶלֶךְ בָּבֶל וְיִטַב לָכֶם: וַיְהִי ׀

שארית הפליטה מתקבצת סביב גדליה
ירמיה מ, ז–יב

בַּחֹדֶשׁ הַשְּׁבִיעִי בָּא יִשְׁמָעֵאל בֶּן־נְתַנְיָה בֶּן־אֱלִישָׁמָע מִזֶּרַע
הַמְּלוּכָה וַעֲשָׂרָה אֲנָשִׁים אִתּוֹ וַיַּכּוּ אֶת־גְּדַלְיָהוּ וַיָּמֹת וְאֶת־
כו הַיְּהוּדִים וְאֶת־הַכַּשְׂדִּים אֲשֶׁר־הָיוּ אִתּוֹ בַּמִּצְפָּה׃ וַיָּקֻמוּ כָל־
הָעָם מִקָּטֹן וְעַד־גָּדוֹל וְשָׂרֵי הַחֲיָלִים וַיָּבֹאוּ מִצְרָיִם כִּי יָרְאוּ
כז מִפְּנֵי כַשְׂדִּים׃ וַיְהִי בִשְׁלֹשִׁים וָשֶׁבַע שָׁנָה לְגָלוּת
יְהוֹיָכִין מֶלֶךְ־יְהוּדָה בִּשְׁנֵים עָשָׂר חֹדֶשׁ בְּעֶשְׂרִים וְשִׁבְעָה
לַחֹדֶשׁ נָשָׂא אֱוִיל מְרֹדַךְ מֶלֶךְ בָּבֶל בִּשְׁנַת מָלְכוֹ אֶת־רֹאשׁ
כח יְהוֹיָכִין מֶלֶךְ־יְהוּדָה מִבֵּית כֶּלֶא׃ וַיְדַבֵּר אִתּוֹ טֹבוֹת וַיִּתֵּן אֶת־
כט כִּסְאוֹ מֵעַל כִּסֵּא הַמְּלָכִים אֲשֶׁר אִתּוֹ בְּבָבֶל׃ וְשִׁנָּא אֵת בִּגְדֵי
ל כִלְאוֹ וְאָכַל לֶחֶם תָּמִיד לְפָנָיו כָּל־יְמֵי חַיָּו׃ וַאֲרֻחָתוֹ אֲרֻחַת
תָּמִיד נִתְּנָה־לּוֹ מֵאֵת הַמֶּלֶךְ דְּבַר־יוֹם בְּיוֹמוֹ כֹּל יְמֵי חַיָּו׃

ההתנקשות בגדליה ובאנשיו
ירמיה מ, יג – מא, י

שארית הפליטה יורדת למצרים
ירמיה מא, טז–יח

מלך בבל חונן את יהויכין
ירמיה נב, לא–לד

# ישעיה

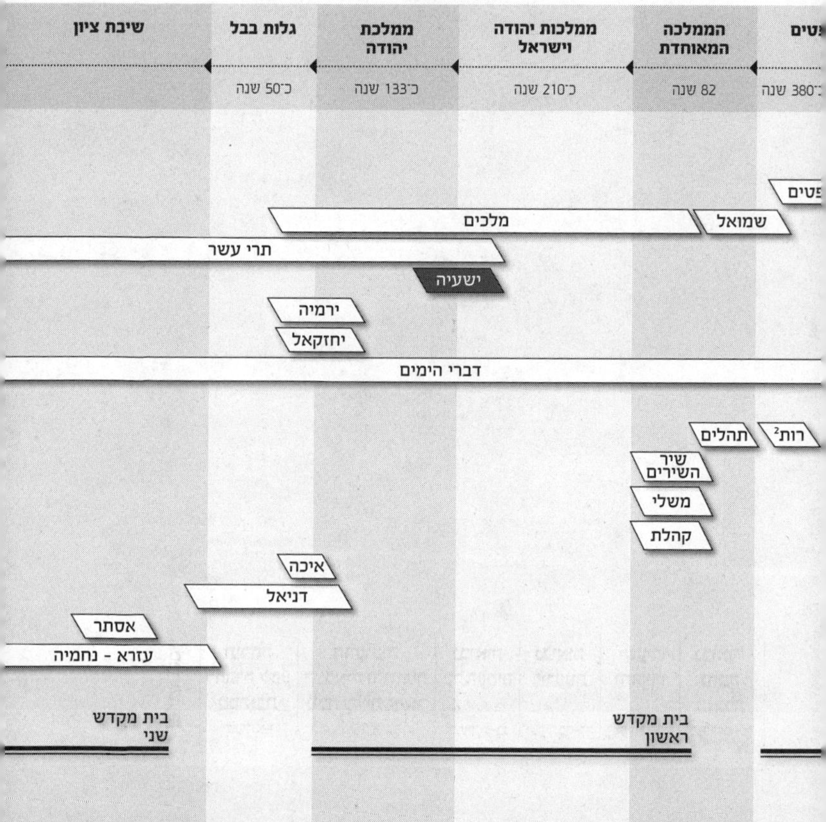

שופטים
כ־380 שנה
הממלכה המאוחדת
82 שנה
ממלכות יהודה וישראל
כ־210 שנה
ממלכת יהודה
כ־133 שנה
גלות בבל
כ־50 שנה
שיבת ציון
שופטים
שמואל
מלכים
תרי עשר
ישעיה
ירמיה
יחזקאל
דברי הימים
רות[2]
תהלים
שיר השירים
משלי
קהלת
איכה
דניאל
אסתר
עזרא - נחמיה
בית מקדש ראשון
בית מקדש שני

| ספר ישעיה | | | | | | |
|---|---|---|---|---|---|---|
| | תוכחה לחברת שפע מסואבת | ההערכות הצבאית והרוחנית נוכח עליית אשור | נבואות על העמים | נבואות פורענות | ישעיהו וחזקיהו | נבואות נחמה וגאולה |
| | ישעיה א-ו | ישעיה ז–יב | ישעיה יג–כג | ישעיה כד–לה | ישעיה לו–לט | ישעיה מ–סו |

# א

א חֲזוֹן יְשַׁעְיָהוּ בֶן־אָמוֹץ אֲשֶׁר חָזָה עַל־יְהוּדָה וִירוּשָׁלָםִ בִּימֵי
ב עֻזִּיָּהוּ יוֹתָם אָחָז יְחִזְקִיָּהוּ מַלְכֵי יְהוּדָה: שִׁמְעוּ שָׁמַיִם וְהַאֲזִינִי
ג אֶרֶץ כִּי יְהוָה דִּבֵּר בָּנִים גִּדַּלְתִּי וְרוֹמַמְתִּי וְהֵם פָּשְׁעוּ בִי: יָדַע
שׁוֹר קֹנֵהוּ וַחֲמוֹר אֵבוּס בְּעָלָיו יִשְׂרָאֵל לֹא יָדַע עַמִּי לֹא
ד הִתְבּוֹנָן: הוֹי ׀ גּוֹי חֹטֵא עַם כֶּבֶד עָוֺן זֶרַע מְרֵעִים בָּנִים מַשְׁחִיתִים
ה עָזְבוּ אֶת־יְהוָה נִאֲצוּ אֶת־קְדוֹשׁ יִשְׂרָאֵל נָזֹרוּ אָחוֹר: עַל מֶה
ו תֻכּוּ עוֹד תּוֹסִיפוּ סָרָה כָּל־רֹאשׁ לָחֳלִי וְכָל־לֵבָב דַּוָּי: מִכַּף־רֶגֶל
וְעַד־רֹאשׁ אֵין־בּוֹ מְתֹם פֶּצַע וְחַבּוּרָה וּמַכָּה טְרִיָּה לֹא־זֹרוּ
ז וְלֹא חֻבָּשׁוּ וְלֹא רֻכְּכָה בַּשָּׁמֶן: אַרְצְכֶם שְׁמָמָה עָרֵיכֶם שְׂרֻפוֹת
אֵשׁ אַדְמַתְכֶם לְנֶגְדְּכֶם זָרִים אֹכְלִים אֹתָהּ וּשְׁמָמָה כְּמַהְפֵּכַת
ח זָרִים: וְנוֹתְרָה בַת־צִיּוֹן כְּסֻכָּה בְכָרֶם כִּמְלוּנָה בְמִקְשָׁה כְּעִיר
ט נְצוּרָה: לוּלֵי יְהוָה צְבָאוֹת הוֹתִיר לָנוּ שָׂרִיד כִּמְעָט כִּסְדֹם
י הָיִינוּ לַעֲמֹרָה דָּמִינוּ: שִׁמְעוּ דְבַר־יְהוָה קְצִינֵי
יא סְדֹם הַאֲזִינוּ תּוֹרַת אֱלֹהֵינוּ עַם עֲמֹרָה: לָמָּה לִּי רֹב־זִבְחֵיכֶם
יֹאמַר יְהוָה שָׂבַעְתִּי עֹלוֹת אֵילִים וְחֵלֶב מְרִיאִים וְדַם פָּרִים
יב וּכְבָשִׂים וְעַתּוּדִים לֹא חָפָצְתִּי: כִּי תָבֹאוּ לֵרָאוֹת פָּנָי מִי־בִקֵּשׁ
יג זֹאת מִיֶּדְכֶם רְמֹס חֲצֵרָי: לֹא תוֹסִיפוּ הָבִיא מִנְחַת־שָׁוְא
קְטֹרֶת תּוֹעֵבָה הִיא לִי חֹדֶשׁ וְשַׁבָּת קְרֹא מִקְרָא לֹא־אוּכַל
יד אָוֶן וַעֲצָרָה: חָדְשֵׁיכֶם וּמוֹעֲדֵיכֶם שָׂנְאָה נַפְשִׁי הָיוּ עָלַי
טו לָטֹרַח נִלְאֵיתִי נְשֹׂא: וּבְפָרִשְׂכֶם כַּפֵּיכֶם אַעְלִים עֵינַי מִכֶּם
גַּם כִּי־תַרְבּוּ תְפִלָּה אֵינֶנִּי שֹׁמֵעַ יְדֵיכֶם דָּמִים מָלֵאוּ:
טז רַחֲצוּ הִזַּכּוּ הָסִירוּ רֹעַ מַעַלְלֵיכֶם מִנֶּגֶד עֵינָי חִדְלוּ הָרֵעַ:
יז לִמְדוּ הֵיטֵב דִּרְשׁוּ מִשְׁפָּט אַשְּׁרוּ חָמוֹץ שִׁפְטוּ יָתוֹם רִיבוּ
יח אַלְמָנָה: לְכוּ־נָא וְנִוָּכְחָה יֹאמַר יְהוָה אִם־יִהְיוּ
חֲטָאֵיכֶם כַּשָּׁנִים כַּשֶּׁלֶג יַלְבִּינוּ אִם־יַאְדִּימוּ כַתּוֹלָע כַּצֶּמֶר יִהְיוּ:
יט כ אִם־תֹּאבוּ וּשְׁמַעְתֶּם טוּב הָאָרֶץ תֹּאכֵלוּ: וְאִם־תְּמָאֲנוּ
כא וּמְרִיתֶם חֶרֶב תְּאֻכְּלוּ כִּי פִּי יְהוָה דִּבֵּר: אֵיכָה

מלכות עוזיה
מל"ב יד, כא – טו, ז
דה"ב כו, א–כג

מלכות יותם
מל"ב טו, לב–לח
דה"ב כז, א–ט

מלכות אחז
מל"ב טז, א–כ
דה"ב כח, א–כז

מלכות חזקיה
מל"ב יח–כ
דה"ב כט–לב

הָיְתָה לְזוֹנָה קִרְיָה נֶאֱמָנָה מְלֵאֲתִי מִשְׁפָּט צֶדֶק יָלִין בָּהּ וְעַתָּה
כב כג מְרַצְּחִים: כַּסְפֵּךְ הָיָה לְסִיגִים סָבְאֵךְ מָהוּל בַּמָּיִם: שָׂרַיִךְ
סוֹרְרִים וְחַבְרֵי גַּנָּבִים כֻּלּוֹ אֹהֵב שֹׁחַד וְרֹדֵף שַׁלְמֹנִים יָתוֹם לֹא
כד יִשְׁפֹּטוּ וְרִיב אַלְמָנָה לֹא־יָבוֹא אֲלֵיהֶם: לָכֵן
נְאֻם הָאָדוֹן יהוה צְבָאוֹת אֲבִיר יִשְׂרָאֵל הוֹי אֶנָּחֵם מִצָּרַי
כה וְאִנָּקְמָה מֵאוֹיְבָי: וְאָשִׁיבָה יָדִי עָלַיִךְ וְאֶצְרֹף כַּבֹּר סִיגָיִךְ
כו וְאָסִירָה כָּל־בְּדִילָיִךְ: וְאָשִׁיבָה שֹׁפְטַיִךְ כְּבָרִאשֹׁנָה וְיֹעֲצַיִךְ
כז כְּבַתְּחִלָּה אַחֲרֵי־כֵן יִקָּרֵא לָךְ עִיר הַצֶּדֶק קִרְיָה נֶאֱמָנָה: צִיּוֹן
כח בְּמִשְׁפָּט תִּפָּדֶה וְשָׁבֶיהָ בִּצְדָקָה: וְשֶׁבֶר פֹּשְׁעִים וְחַטָּאִים יַחְדָּו
כט וְעֹזְבֵי יהוה יִכְלוּ: כִּי יֵבֹשׁוּ מֵאֵילִים אֲשֶׁר חֲמַדְתֶּם וְתַחְפְּרוּ
ל מֵהַגַּנּוֹת אֲשֶׁר בְּחַרְתֶּם: כִּי תִהְיוּ כְּאֵלָה נֹבֶלֶת עָלֶהָ וּכְגַנָּה
לא אֲשֶׁר־מַיִם אֵין לָהּ: וְהָיָה הֶחָסֹן לִנְעֹרֶת וּפֹעֲלוֹ לְנִיצוֹץ וּבָעֲרוּ
ב א שְׁנֵיהֶם יַחְדָּו וְאֵין מְכַבֶּה: הַדָּבָר אֲשֶׁר חָזָה

נבואת "נכון יהיה הר בית־ה'" מיכה ד, א–ג

ב יְשַׁעְיָהוּ בֶּן־אָמוֹץ עַל־יְהוּדָה וִירוּשָׁלָ‍ִם: וְהָיָה ׀ בְּאַחֲרִית
הַיָּמִים נָכוֹן יִהְיֶה הַר בֵּית־יהוה בְּרֹאשׁ הֶהָרִים וְנִשָּׂא מִגְּבָעוֹת
ג וְנָהֲרוּ אֵלָיו כָּל־הַגּוֹיִם: וְהָלְכוּ עַמִּים רַבִּים וְאָמְרוּ לְכוּ ׀ וְנַעֲלֶה
אֶל־הַר־יהוה אֶל־בֵּית אֱלֹהֵי יַעֲקֹב וְיֹרֵנוּ מִדְּרָכָיו וְנֵלְכָה
ד בְּאֹרְחֹתָיו כִּי מִצִּיּוֹן תֵּצֵא תוֹרָה וּדְבַר־יהוה מִירוּשָׁלָ‍ִם: וְשָׁפַט
בֵּין הַגּוֹיִם וְהוֹכִיחַ לְעַמִּים רַבִּים וְכִתְּתוּ חַרְבוֹתָם לְאִתִּים
וַחֲנִיתוֹתֵיהֶם לְמַזְמֵרוֹת לֹא־יִשָּׂא גוֹי אֶל־גּוֹי חֶרֶב וְלֹא־יִלְמְדוּ
ה עוֹד מִלְחָמָה: בֵּית יַעֲקֹב לְכוּ וְנֵלְכָה בְּאוֹר
ו יהוה: כִּי נָטַשְׁתָּה עַמְּךָ בֵּית יַעֲקֹב כִּי מָלְאוּ מִקֶּדֶם וְעֹנְנִים
ז כַּפְּלִשְׁתִּים וּבְיַלְדֵי נָכְרִים יַשְׂפִּיקוּ: וַתִּמָּלֵא אַרְצוֹ כֶּסֶף
וְזָהָב וְאֵין קֵצֶה לְאֹצְרֹתָיו וַתִּמָּלֵא אַרְצוֹ סוּסִים וְאֵין קֵצֶה
ח לְמַרְכְּבֹתָיו: וַתִּמָּלֵא אַרְצוֹ אֱלִילִים לְמַעֲשֵׂה יָדָיו יִשְׁתַּחֲווּ
ט לַאֲשֶׁר עָשׂוּ אֶצְבְּעֹתָיו: וַיִּשַּׁח אָדָם וַיִּשְׁפַּל־אִישׁ וְאַל־תִּשָּׂא
י לָהֶם: בּוֹא בַצּוּר וְהִטָּמֵן בֶּעָפָר מִפְּנֵי פַּחַד יהוה וּמֵהֲדַר גְּאֹנוֹ:

יא עיני גבהות אדם שפל ושח רום אנשים ונשגב יהוה לבדו
יב ביום ההוא: כי יום ליהוה צבאות על כל־גאה
יג ורם ועל כל־נשא ושפל: ועל כל־ארזי הלבנון הרמים
יד והנשאים ועל כל־אלוני הבשן: ועל כל־ההרים הרמים ועל
טו כל־הגבעות הנשאות: ועל כל־מגדל גבה ועל כל־חומה
טז בצורה: ועל כל־אניות תרשיש ועל כל־שכיות החמדה:
יז ושח גבהות האדם ושפל רום אנשים ונשגב יהוה לבדו ביום
יח יט ההוא: והאלילים כליל יחלף: ובאו במערות צרים ובמחלות
כ עפר מפני פחד יהוה ומהדר גאונו בקומו לערץ הארץ: ביום
ההוא ישליך האדם את אלילי כספו ואת אלילי זהבו אשר
כא עשו־לו להשתחות לחפר פרות ולעטלפים: לבוא בנקרות
הצרים ובסעפי הסלעים מפני פחד יהוה ומהדר גאונו בקומו
כב לערץ הארץ: חדלו לכם מן־האדם אשר נשמה באפו כי
ג א במה נחשב הוא: כי הנה האדון יהוה צבאות
מסיר מירושלם ומיהודה משען ומשענה כל משען־לחם
ב וכל משען־מים: גבור ואיש מלחמה שופט ונביא וקסם וזקן:
ג שר־חמשים ונשוא פנים ויועץ וחכם חרשים ונבון לחש:
ד ה ונתתי נערים שריהם ותעלולים ימשלו־בם: ונגש העם איש
ו באיש ואיש ברעהו ירהבו הנער בזקן והנקלה בנכבד: כי־
יתפש איש באחיו בית אביו שמלה לכה קצין תהיה־לנו
ז והמכשלה הזאת תחת ידך: ישא ביום ההוא | לאמר לא־
אהיה חבש ובביתי אין לחם ואין שמלה לא תשימני קצין
ח עם: כי כשלה ירושלם ויהודה נפל כי־לשונם ומעלליהם
ט אל־יהוה למרות עני כבודו: הכרת פניהם ענתה בם וחטאתם
כסדם הגידו לא כחדו אוי לנפשם כי־גמלו להם רעה:
י יא אמרו צדיק כי־טוב כי־פרי מעלליהם יאכלו: אוי לרשע רע
יב כי־גמול ידיו יעשה לו: עמי נגשיו מעולל ונשים משלו בו עמי

יג מְאַשְּׁרֶיךָ מַתְעִים וְדֶרֶךְ אֹרְחֹתֶיךָ בִּלֵּעוּ׃ נִצָּב
יד לָרִיב יְהוָה וְעֹמֵד לָדִין עַמִּים׃ יְהוָה בְּמִשְׁפָּט יָבוֹא עִם־זִקְנֵי
עַמּוֹ וְשָׂרָיו וְאַתֶּם בִּעַרְתֶּם הַכֶּרֶם גְּזֵלַת הֶעָנִי בְּבָתֵּיכֶם׃
טו מלכם תְּדַכְּאוּ עַמִּי וּפְנֵי עֲנִיִּים תִּטְחָנוּ נְאֻם־אֲדֹנָי יֱהוִה מַה־לָּכֶם
טז צְבָאוֹת׃ וַיֹּאמֶר יְהוָה יַעַן כִּי גָבְהוּ בְּנוֹת צִיּוֹן
וַתֵּלַכְנָה נטוות גָּרוֹן וּמְשַׂקְּרוֹת עֵינָיִם הָלוֹךְ וְטָפֹף תֵּלַכְנָה נְטוּיוֹת
יז וּבְרַגְלֵיהֶם תְּעַכַּסְנָה׃ וְשִׂפַּח אֲדֹנָי קָדְקֹד בְּנוֹת צִיּוֹן וַיהוָה פָּתְהֵן
יח יְעָרֶה׃ בַּיּוֹם הַהוּא יָסִיר אֲדֹנָי אֵת תִּפְאֶרֶת
יט הָעֲכָסִים וְהַשְּׁבִיסִים וְהַשַּׂהֲרֹנִים׃ הַנְּטִפוֹת וְהַשֵּׁירוֹת וְהָרְעָלוֹת׃
כ כא הַפְּאֵרִים וְהַצְּעָדוֹת וְהַקִּשֻּׁרִים וּבָתֵּי הַנֶּפֶשׁ וְהַלְּחָשִׁים׃ הַטַּבָּעוֹת
כב וְנִזְמֵי הָאָף׃ הַמַּחֲלָצוֹת וְהַמַּעֲטָפוֹת וְהַמִּטְפָּחוֹת וְהָחֲרִיטִים׃
כג כד הַגִּלְיֹנִים וְהַסְּדִינִים וְהַצְּנִיפוֹת וְהָרְדִידִים׃ וְהָיָה תַחַת בֹּשֶׂם מַק
יִהְיֶה וְתַחַת חֲגוֹרָה נִקְפָּה וְתַחַת מַעֲשֶׂה מִקְשֶׁה קָרְחָה
כה וְתַחַת פְּתִיגִיל מַחֲגֹרֶת שָׂק כִּי־תַחַת יֹפִי׃ מְתַיִךְ בַּחֶרֶב יִפֹּלוּ
כו וּגְבוּרָתֵךְ בַּמִּלְחָמָה׃ וְאָנוּ וְאָבְלוּ פְּתָחֶיהָ וְנִקָּתָה לָאָרֶץ
ד א תֵּשֵׁב׃ וְהֶחֱזִיקוּ שֶׁבַע נָשִׁים בְּאִישׁ אֶחָד בַּיּוֹם הַהוּא לֵאמֹר
לַחְמֵנוּ נֹאכֵל וְשִׂמְלָתֵנוּ נִלְבָּשׁ רַק יִקָּרֵא שִׁמְךָ עָלֵינוּ אֱסֹף
ב חֶרְפָּתֵנוּ׃ בַּיּוֹם הַהוּא יִהְיֶה צֶמַח יְהוָה לִצְבִי
ג וּלְכָבוֹד וּפְרִי הָאָרֶץ לְגָאוֹן וּלְתִפְאֶרֶת לִפְלֵיטַת יִשְׂרָאֵל׃ וְהָיָה ׀ ב
הַנִּשְׁאָר בְּצִיּוֹן וְהַנּוֹתָר בִּירוּשָׁלַם קָדוֹשׁ יֵאָמֶר לוֹ כָּל־הַכָּתוּב
ד לַחַיִּים בִּירוּשָׁלָם׃ אִם ׀ רָחַץ אֲדֹנָי אֵת צֹאַת בְּנוֹת־צִיּוֹן וְאֶת־
ה דְּמֵי יְרוּשָׁלַם יָדִיחַ מִקִּרְבָּהּ בְּרוּחַ מִשְׁפָּט וּבְרוּחַ בָּעֵר׃ וּבָרָא
יְהוָה עַל כָּל־מְכוֹן הַר־צִיּוֹן וְעַל־מִקְרָאֶהָ עָנָן ׀ יוֹמָם
וְעָשָׁן וְנֹגַהּ אֵשׁ לֶהָבָה לָיְלָה כִּי עַל־כָּל־כָּבוֹד חֻפָּה׃
ו וְסֻכָּה תִּהְיֶה לְצֵל־יוֹמָם מֵחֹרֶב וּלְמַחְסֶה וּלְמִסְתּוֹר מִזֶּרֶם
ה א וּמִמָּטָר׃ אָשִׁירָה נָּא לִידִידִי שִׁירַת דּוֹדִי לְכַרְמוֹ
ב כֶּרֶם הָיָה לִידִידִי בְּקֶרֶן בֶּן־שָׁמֶן׃ וַיְעַזְּקֵהוּ וַיְסַקְּלֵהוּ וַיִּטָּעֵהוּ

שֹׂרֵק וַיִּבֶן מִגְדָּל בְּתוֹכוֹ וְגַם־יֶקֶב חָצֵב בּוֹ וַיְקַו לַעֲשׂוֹת עֲנָבִים
ג וַיַּעַשׂ בְּאֻשִׁים: וְעַתָּה יוֹשֵׁב יְרוּשָׁלִַם וְאִישׁ יְהוּדָה שִׁפְטוּ־נָא
ד בֵּינִי וּבֵין כַּרְמִי: מַה־לַּעֲשׂוֹת עוֹד לְכַרְמִי וְלֹא עָשִׂיתִי בּוֹ
ה מַדּוּעַ קִוֵּיתִי לַעֲשׂוֹת עֲנָבִים וַיַּעַשׂ בְּאֻשִׁים: וְעַתָּה אוֹדִיעָה־נָּא
אֶתְכֶם אֵת אֲשֶׁר־אֲנִי עֹשֶׂה לְכַרְמִי הָסֵר מְשׂוּכָּתוֹ וְהָיָה לְבָעֵר
ו פָּרֹץ גְּדֵרוֹ וְהָיָה לְמִרְמָס: וַאֲשִׁיתֵהוּ בָתָה לֹא יִזָּמֵר וְלֹא
יֵעָדֵר וְעָלָה שָׁמִיר וָשָׁיִת וְעַל הֶעָבִים אֲצַוֶּה מֵהַמְטִיר עָלָיו
ז מָטָר: כִּי כֶרֶם יְהוָה צְבָאוֹת בֵּית יִשְׂרָאֵל וְאִישׁ יְהוּדָה
נְטַע שַׁעֲשׁוּעָיו וַיְקַו לְמִשְׁפָּט וְהִנֵּה מִשְׂפָּח לִצְדָקָה וְהִנֵּה
ח צְעָקָה: הוֹי מַגִּיעֵי בַיִת בְּבַיִת שָׂדֶה בְשָׂדֶה
יַקְרִיבוּ עַד אֶפֶס מָקוֹם וְהוּשַׁבְתֶּם לְבַדְּכֶם בְּקֶרֶב הָאָרֶץ:
ט בְּאָזְנָי יְהוָה צְבָאוֹת אִם־לֹא בָּתִּים רַבִּים לְשַׁמָּה יִהְיוּ גְּדֹלִים
י וְטוֹבִים מֵאֵין יוֹשֵׁב: כִּי עֲשֶׂרֶת צִמְדֵּי־כֶרֶם יַעֲשׂוּ בַּת אֶחָת
יא וְזֶרַע חֹמֶר יַעֲשֶׂה אֵיפָה: הוֹי מַשְׁכִּימֵי בַבֹּקֶר
יב שֵׁכָר יִרְדֹּפוּ מְאַחֲרֵי בַנֶּשֶׁף יַיִן יַדְלִיקֵם: וְהָיָה כִנּוֹר וָנֶבֶל תֹּף
וְחָלִיל וָיַיִן מִשְׁתֵּיהֶם וְאֵת פֹּעַל יְהוָה לֹא יַבִּיטוּ וּמַעֲשֵׂה יָדָיו
יג לֹא רָאוּ: לָכֵן גָּלָה עַמִּי מִבְּלִי־דָעַת וּכְבוֹדוֹ מְתֵי רָעָב וַהֲמוֹנוֹ
יד צִחֵה צָמָא: לָכֵן הִרְחִיבָה שְּׁאוֹל נַפְשָׁהּ וּפָעֲרָה פִיהָ לִבְלִי־
טו חֹק וְיָרַד הֲדָרָהּ וַהֲמוֹנָהּ וּשְׁאוֹנָהּ וְעָלֵז בָּהּ: וַיִּשַּׁח אָדָם
טז וַיִּשְׁפַּל־אִישׁ וְעֵינֵי גְבֹהִים תִּשְׁפַּלְנָה: וַיִּגְבַּהּ יְהוָה צְבָאוֹת
יז בַּמִּשְׁפָּט וְהָאֵל הַקָּדוֹשׁ נִקְדָּשׁ בִּצְדָקָה: וְרָעוּ כְבָשִׂים כְּדָבְרָם
יח וְחָרְבוֹת מֵחִים גָּרִים יֹאכֵלוּ: הוֹי מֹשְׁכֵי הֶעָוֺן
יט בְּחַבְלֵי הַשָּׁוְא וְכַעֲבוֹת הָעֲגָלָה חַטָּאָה: הָאֹמְרִים יְמַהֵר ׀
יָחִישָׁה מַעֲשֵׂהוּ לְמַעַן נִרְאֶה וְתִקְרַב וְתָבוֹאָה עֲצַת קְדוֹשׁ
כ יִשְׂרָאֵל וְנֵדָעָה: הוֹי הָאֹמְרִים לָרַע טוֹב וְלַטּוֹב
רָע שָׂמִים חֹשֶׁךְ לְאוֹר וְאוֹר לְחֹשֶׁךְ שָׂמִים מַר לְמָתוֹק
כא וּמָתוֹק לְמָר: הוֹי חֲכָמִים בְּעֵינֵיהֶם וְנֶגֶד פְּנֵיהֶם

כב נְבֹנִים׃ הוֹי גִּבּוֹרִים לִשְׁתּוֹת יָיִן וְאַנְשֵׁי־חַיִל
כג לִמְסֹךְ שֵׁכָר׃ מַצְדִּיקֵי רָשָׁע עֵקֶב שֹׁחַד וְצִדְקַת צַדִּיקִים יָסִירוּ
כד מִמֶּנּוּ׃ לָכֵן כֶּאֱכֹל קַשׁ לְשׁוֹן אֵשׁ וַחֲשַׁשׁ לֶהָבָה
יִרְפֶּה שָׁרְשָׁם כַּמָּק יִהְיֶה וּפִרְחָם כָּאָבָק יַעֲלֶה כִּי מָאֲסוּ אֵת
כה תּוֹרַת יְהוָה צְבָאוֹת וְאֵת אִמְרַת קְדוֹשׁ־יִשְׂרָאֵל נִאֵצוּ׃ עַל־כֵּן
חָרָה אַף־יְהוָה בְּעַמּוֹ וַיֵּט יָדוֹ עָלָיו וַיַּכֵּהוּ וַיִּרְגְּזוּ הֶהָרִים וַתְּהִי
נִבְלָתָם כַּסּוּחָה בְּקֶרֶב חוּצוֹת בְּכָל־זֹאת לֹא־שָׁב אַפּוֹ וְעוֹד
כו יָדוֹ נְטוּיָה׃ וְנָשָׂא־נֵס לַגּוֹיִם מֵרָחוֹק וְשָׁרַק לוֹ מִקְצֵה הָאָרֶץ
כז וְהִנֵּה מְהֵרָה קַל יָבוֹא׃ אֵין־עָיֵף וְאֵין־כּוֹשֵׁל בּוֹ לֹא יָנוּם וְלֹא
כח יִישָׁן וְלֹא נִפְתַּח אֵזוֹר חֲלָצָיו וְלֹא נִתַּק שְׂרוֹךְ נְעָלָיו׃ אֲשֶׁר
חִצָּיו שְׁנוּנִים וְכָל־קַשְּׁתֹתָיו דְּרֻכוֹת פַּרְסוֹת סוּסָיו כַּצַּר
כט נֶחְשָׁבוּ וְגַלְגִּלָּיו כַּסּוּפָה׃ שְׁאָגָה לוֹ כַּלָּבִיא ושאג כַּכְּפִירִים יִשְׁאַג
ל וְיִנְהֹם וְיֹאחֵז טֶרֶף וְיַפְלִיט וְאֵין מַצִּיל׃ וְיִנְהֹם עָלָיו בַּיּוֹם
הַהוּא כְּנַהֲמַת־יָם וְנִבַּט לָאָרֶץ וְהִנֵּה־חֹשֶׁךְ צַר וָאוֹר חָשַׁךְ
ו א בַּעֲרִיפֶיהָ׃ בִּשְׁנַת־מוֹת הַמֶּלֶךְ עֻזִּיָּהוּ וָאֶרְאֶה

שנת מות המלך עוזיה
מל״ב טו, ה–ז
דה״ב כו, טז–כג

אֶת־אֲדֹנָי יֹשֵׁב עַל־כִּסֵּא רָם וְנִשָּׂא וְשׁוּלָיו מְלֵאִים אֶת־
ב הַהֵיכָל׃ שְׂרָפִים עֹמְדִים ׀ מִמַּעַל לוֹ שֵׁשׁ כְּנָפַיִם שֵׁשׁ כְּנָפַיִם
לְאֶחָד בִּשְׁתַּיִם ׀ יְכַסֶּה פָנָיו וּבִשְׁתַּיִם יְכַסֶּה רַגְלָיו וּבִשְׁתַּיִם
ג יְעוֹפֵף׃ וְקָרָא זֶה אֶל־זֶה וְאָמַר קָדוֹשׁ ׀ קָדוֹשׁ קָדוֹשׁ יְהוָה ג
ד צְבָאוֹת מְלֹא כָל־הָאָרֶץ כְּבוֹדוֹ׃ וַיָּנֻעוּ אַמּוֹת הַסִּפִּים מִקּוֹל

הרעש בימי עוזיה
עמוס א, א
זכריה יד, ה

ה הַקּוֹרֵא וְהַבַּיִת יִמָּלֵא עָשָׁן׃ וָאֹמַר אוֹי־לִי כִי־נִדְמֵיתִי כִּי אִישׁ
טְמֵא־שְׂפָתַיִם אָנֹכִי וּבְתוֹךְ עַם־טְמֵא שְׂפָתַיִם אָנֹכִי יוֹשֵׁב כִּי
ו אֶת־הַמֶּלֶךְ יְהוָה צְבָאוֹת רָאוּ עֵינָי׃ וַיָּעָף אֵלַי אֶחָד מִן־
ז הַשְּׂרָפִים וּבְיָדוֹ רִצְפָּה בְּמֶלְקַחַיִם לָקַח מֵעַל הַמִּזְבֵּחַ׃ וַיַּגַּע עַל־
פִּי וַיֹּאמֶר הִנֵּה נָגַע זֶה עַל־שְׂפָתֶיךָ וְסָר עֲוֹנֶךָ וְחַטָּאתְךָ
ח תְּכֻפָּר׃ וָאֶשְׁמַע אֶת־קוֹל אֲדֹנָי אֹמֵר אֶת־מִי אֶשְׁלַח וּמִי יֵלֶךְ־
ט לָנוּ וָאֹמַר הִנְנִי שְׁלָחֵנִי׃ וַיֹּאמֶר לֵךְ וְאָמַרְתָּ לָעָם הַזֶּה שִׁמְעוּ

ו
י שָׁמוֹעַ וְאַל־תָּבִינוּ וּרְאוּ רָאוֹ וְאַל־תֵּדָעוּ: הַשְׁמֵן לֵב־הָעָם הַזֶּה
וְאָזְנָיו הַכְבֵּד וְעֵינָיו הָשַׁע פֶּן־יִרְאֶה בְעֵינָיו וּבְאָזְנָיו יִשְׁמָע וּלְבָבוֹ
יא יָבִין וָשָׁב וְרָפָא לוֹ: וָאֹמַר עַד־מָתַי אֲדֹנָי וַיֹּאמֶר עַד אֲשֶׁר
אִם־שָׁאוּ עָרִים מֵאֵין יוֹשֵׁב וּבָתִּים מֵאֵין אָדָם וְהָאֲדָמָה תִּשָּׁאֶה
יב שְׁמָמָה: וְרִחַק יהוה אֶת־הָאָדָם וְרַבָּה הָעֲזוּבָה בְּקֶרֶב הָאָרֶץ:
יג וְעוֹד בָּהּ עֲשִׂירִיָּה וְשָׁבָה וְהָיְתָה לְבָעֵר כָּאֵלָה וְכָאַלּוֹן אֲשֶׁר
ז א בְּשַׁלֶּכֶת מַצֶּבֶת בָּם זֶרַע קֹדֶשׁ מַצַּבְתָּהּ: וַיְהִי
בִּימֵי אָחָז בֶּן־יוֹתָם בֶּן־עֻזִּיָּהוּ מֶלֶךְ יְהוּדָה עָלָה רְצִין מֶלֶךְ־
אֲרָם וּפֶקַח בֶּן־רְמַלְיָהוּ מֶלֶךְ־יִשְׂרָאֵל יְרוּשָׁלַםִ לַמִּלְחָמָה עָלֶיהָ
ב וְלֹא יָכֹל לְהִלָּחֵם עָלֶיהָ: וַיֻּגַּד לְבֵית דָּוִד לֵאמֹר נָחָה אֲרָם
עַל־אֶפְרָיִם וַיָּנַע לְבָבוֹ וּלְבַב עַמּוֹ כְּנוֹעַ עֲצֵי־יַעַר מִפְּנֵי־
ג רוּחַ: וַיֹּאמֶר יהוה אֶל־יְשַׁעְיָהוּ צֵא־נָא לִקְרַאת
אָחָז אַתָּה וּשְׁאָר יָשׁוּב בְּנֶךָ אֶל־קְצֵה תְּעָלַת הַבְּרֵכָה הָעֶלְיוֹנָה
ד אֶל־מְסִלַּת שְׂדֵה כוֹבֵס: וְאָמַרְתָּ אֵלָיו הִשָּׁמֵר וְהַשְׁקֵט אַל־
תִּירָא וּלְבָבְךָ אַל־יֵרַךְ מִשְּׁנֵי זַנְבוֹת הָאוּדִים הָעֲשֵׁנִים הָאֵלֶּה
ה בָּחֳרִי־אַף רְצִין וַאֲרָם וּבֶן־רְמַלְיָהוּ: יַעַן כִּי־יָעַץ עָלֶיךָ
ו אֲרָם רָעָה אֶפְרַיִם וּבֶן־רְמַלְיָהוּ לֵאמֹר: נַעֲלֶה בִיהוּדָה
וּנְקִיצֶנָּה וְנַבְקִעֶנָּה אֵלֵינוּ וְנַמְלִיךְ מֶלֶךְ בְּתוֹכָהּ אֵת בֶּן־
ז טָבְאַל: כֹּה אָמַר אֲדֹנָי יֱהֹוִה לֹא תָקוּם וְלֹא
ח תִהְיֶה: כִּי רֹאשׁ אֲרָם דַּמֶּשֶׂק וְרֹאשׁ דַּמֶּשֶׂק רְצִין וּבְעוֹד
ט שִׁשִּׁים וְחָמֵשׁ שָׁנָה יֵחַת אֶפְרַיִם מֵעָם: וְרֹאשׁ אֶפְרַיִם
שֹׁמְרוֹן וְרֹאשׁ שֹׁמְרוֹן בֶּן־רְמַלְיָהוּ אִם לֹא תַאֲמִינוּ כִּי לֹא
י תֵאָמֵנוּ: וַיּוֹסֶף יהוה דַּבֵּר אֶל־אָחָז לֵאמֹר:
יא שְׁאַל־לְךָ אוֹת מֵעִם יהוה אֱלֹהֶיךָ הַעְמֵק שְׁאָלָה אוֹ הַגְבֵּהַּ
יב לְמָעְלָה: וַיֹּאמֶר אָחָז לֹא־אֶשְׁאַל וְלֹא־אֲנַסֶּה אֶת־יהוה:
יג וַיֹּאמֶר שִׁמְעוּ־נָא בֵּית דָּוִד הַמְעַט מִכֶּם הַלְאוֹת אֲנָשִׁים כִּי
יד תַלְאוּ גַּם אֶת־אֱלֹהָי: לָכֵן יִתֵּן אֲדֹנָי הוּא לָכֶם אוֹת הִנֵּה

מלחמת ארם וישראל ביהודה
מל"ב טז, ה-ט
דה"ב כח, ה-כא

טו הָעַלְמָה הָרָה וְיֹלֶדֶת בֵּן וְקָרָאת שְׁמוֹ עִמָּנוּאֵל׃ חֶמְאָה וּדְבַשׁ
טז יֹאכֵל לְדַעְתּוֹ מָאוֹס בָּרָע וּבָחוֹר בַּטּוֹב׃ כִּי בְּטֶרֶם יֵדַע הַנַּעַר
מָאֹס בָּרָע וּבָחֹר בַּטּוֹב תֵּעָזֵב הָאֲדָמָה אֲשֶׁר־אַתָּה קָץ מִפְּנֵי
יז שְׁנֵי מְלָכֶיהָ׃ יָבִיא יְהוָה עָלֶיךָ וְעַל־עַמְּךָ וְעַל־בֵּית אָבִיךָ יָמִים
אֲשֶׁר לֹא־בָאוּ לְמִיּוֹם סוּר־אֶפְרַיִם מֵעַל יְהוּדָה אֵת מֶלֶךְ
יח אַשּׁוּר׃ וְהָיָה ׀ בַּיּוֹם הַהוּא יִשְׁרֹק יְהוָה לַזְּבוּב
יט אֲשֶׁר בִּקְצֵה יְאֹרֵי מִצְרָיִם וְלַדְּבוֹרָה אֲשֶׁר בְּאֶרֶץ אַשּׁוּר׃ וּבָאוּ
וְנָחוּ כֻלָּם בְּנַחֲלֵי הַבַּתּוֹת וּבִנְקִיקֵי הַסְּלָעִים וּבְכֹל הַנַּעֲצוּצִים
כ וּבְכֹל הַנַּהֲלֹלִים׃ בַּיּוֹם הַהוּא יְגַלַּח אֲדֹנָי בְּתַעַר הַשְּׂכִירָה
בְּעֶבְרֵי נָהָר בְּמֶלֶךְ אַשּׁוּר אֶת־הָרֹאשׁ וְשַׂעַר הָרַגְלָיִם וְגַם אֶת־
כא הַזָּקָן תִּסְפֶּה׃ וְהָיָה בַּיּוֹם הַהוּא יְחַיֶּה־אִישׁ
כב עֶגְלַת בָּקָר וּשְׁתֵּי־צֹאן׃ וְהָיָה מֵרֹב עֲשׂוֹת חָלָב יֹאכַל חֶמְאָה
כג כִּי־חֶמְאָה וּדְבַשׁ יֹאכֵל כָּל־הַנּוֹתָר בְּקֶרֶב הָאָרֶץ׃ וְהָיָה בַּיּוֹם
הַהוּא יִהְיֶה כָל־מָקוֹם אֲשֶׁר יִהְיֶה־שָּׁם אֶלֶף גֶּפֶן בְּאֶלֶף כָּסֶף
כד לַשָּׁמִיר וְלַשַּׁיִת יִהְיֶה׃ בַּחִצִּים וּבַקֶּשֶׁת יָבוֹא שָׁמָּה כִּי־שָׁמִיר
כה וָשַׁיִת תִּהְיֶה כָל־הָאָרֶץ׃ וְכֹל הֶהָרִים אֲשֶׁר בַּמַּעְדֵּר יֵעָדֵרוּן
לֹא־תָבוֹא שָׁמָּה יִרְאַת שָׁמִיר וָשָׁיִת וְהָיָה לְמִשְׁלַח שׁוֹר
ח א וּלְמִרְמַס שֶׂה׃ וַיֹּאמֶר יְהוָה אֵלַי קַח־לְךָ גִּלָּיוֹן
ב גָּדוֹל וּכְתֹב עָלָיו בְּחֶרֶט אֱנוֹשׁ לְמַהֵר שָׁלָל חָשׁ בַּז׃ וְאָעִידָה
לִּי עֵדִים נֶאֱמָנִים אֵת אוּרִיָּה הַכֹּהֵן וְאֶת־זְכַרְיָהוּ בֶּן יְבֶרֶכְיָהוּ׃
ג וָאֶקְרַב אֶל־הַנְּבִיאָה וַתַּהַר וַתֵּלֶד בֵּן וַיֹּאמֶר יְהוָה אֵלַי קְרָא
ד שְׁמוֹ מַהֵר שָׁלָל חָשׁ בַּז׃ כִּי בְּטֶרֶם יֵדַע הַנַּעַר קְרֹא אָבִי
וְאִמִּי יִשָּׂא ׀ אֶת־חֵיל דַּמֶּשֶׂק וְאֵת שְׁלַל שֹׁמְרוֹן לִפְנֵי מֶלֶךְ
ה ו אַשּׁוּר׃ וַיֹּסֶף יְהוָה דַּבֵּר אֵלַי עוֹד לֵאמֹר׃ יַעַן
כִּי מָאַס הָעָם הַזֶּה אֵת מֵי הַשִּׁלֹחַ הַהֹלְכִים לְאַט וּמְשׂוֹשׂ אֶת־
ז רְצִין וּבֶן־רְמַלְיָהוּ׃ וְלָכֵן הִנֵּה אֲדֹנָי מַעֲלֶה עֲלֵיהֶם אֶת־מֵי
הַנָּהָר הָעֲצוּמִים וְהָרַבִּים אֶת־מֶלֶךְ אַשּׁוּר וְאֶת־כָּל־כְּבוֹדוֹ

ח וְעָלָה עַל־כָּל־אֲפִיקָיו וְהָלַךְ עַל־כָּל־גְּדוֹתָיו: וְחָלַף בִּיהוּדָה
שָׁטַף וְעָבַר עַד־צַוָּאר יַגִּיעַ וְהָיָה מֻטּוֹת כְּנָפָיו מְלֹא רֹחַב־
ט אַרְצְךָ עִמָּנוּאֵל: רֹעוּ עַמִּים וָחֹתּוּ וְהַאֲזִינוּ כֹּל
י מֶרְחַקֵּי־אָרֶץ הִתְאַזְּרוּ וָחֹתּוּ הִתְאַזְּרוּ וָחֹתּוּ: עֻצוּ עֵצָה וְתֻפָר
יא דַּבְּרוּ דָבָר וְלֹא יָקוּם כִּי עִמָּנוּ אֵל: כִּי כֹה אָמַר
יְהוָה אֵלַי כְּחֶזְקַת הַיָּד וְיִסְּרֵנִי מִלֶּכֶת בְּדֶרֶךְ הָעָם־הַזֶּה לֵאמֹר:
יב לֹא־תֹאמְרוּן קֶשֶׁר לְכֹל אֲשֶׁר־יֹאמַר הָעָם הַזֶּה קָשֶׁר וְאֶת־
יג מוֹרָאוֹ לֹא־תִירְאוּ וְלֹא תַעֲרִיצוּ: אֶת־יְהוָה צְבָאוֹת אֹתוֹ
יד תַקְדִּישׁוּ וְהוּא מוֹרַאֲכֶם וְהוּא מַעֲרִצְכֶם: וְהָיָה לְמִקְדָּשׁ
וּלְאֶבֶן נֶגֶף וּלְצוּר מִכְשׁוֹל לִשְׁנֵי בָתֵּי יִשְׂרָאֵל לְפַח וּלְמוֹקֵשׁ
טו לְיוֹשֵׁב יְרוּשָׁלִָם: וְכָשְׁלוּ בָם רַבִּים וְנָפְלוּ וְנִשְׁבָּרוּ וְנוֹקְשׁוּ
טז וְנִלְכָּדוּ: צוֹר תְּעוּדָה חֲתוֹם תּוֹרָה בְּלִמֻּדָי:
יז יח וְחִכִּיתִי לַיהוָה הַמַּסְתִּיר פָּנָיו מִבֵּית יַעֲקֹב וְקִוֵּיתִי־לוֹ: הִנֵּה
אָנֹכִי וְהַיְלָדִים אֲשֶׁר נָתַן־לִי יְהוָה לְאֹתוֹת וּלְמוֹפְתִים בְּיִשְׂרָאֵל
יט מֵעִם יְהוָה צְבָאוֹת הַשֹּׁכֵן בְּהַר צִיּוֹן: וְכִי־
יֹאמְרוּ אֲלֵיכֶם דִּרְשׁוּ אֶל־הָאֹבוֹת וְאֶל־הַיִּדְּעֹנִים הַמְצַפְצְפִים
וְהַמַּהְגִּים הֲלוֹא־עַם אֶל־אֱלֹהָיו יִדְרֹשׁ בְּעַד הַחַיִּים אֶל־
כ הַמֵּתִים: לְתוֹרָה וְלִתְעוּדָה אִם־לֹא יֹאמְרוּ כַּדָּבָר הַזֶּה אֲשֶׁר
כא אֵין־לוֹ שָׁחַר: וְעָבַר בָּהּ נִקְשֶׁה וְרָעֵב וְהָיָה כִי־יִרְעַב וְהִתְקַצַּף
כב וְקִלֵּל בְּמַלְכּוֹ וּבֵאלֹהָיו וּפָנָה לְמָעְלָה: וְאֶל־אֶרֶץ יַבִּיט וְהִנֵּה
כג צָרָה וַחֲשֵׁכָה מְעוּף צוּקָה וַאֲפֵלָה מְנֻדָּח: כִּי לֹא מוּעָף לַאֲשֶׁר
מוּצָק לָהּ כָּעֵת הָרִאשׁוֹן הֵקַל אַרְצָה זְבֻלוּן וְאַרְצָה נַפְתָּלִי
ט א וְהָאַחֲרוֹן הִכְבִּיד דֶּרֶךְ הַיָּם עֵבֶר הַיַּרְדֵּן גְּלִיל הַגּוֹיִם: הָעָם
הַהֹלְכִים בַּחֹשֶׁךְ רָאוּ אוֹר גָּדוֹל יֹשְׁבֵי בְּאֶרֶץ צַלְמָוֶת אוֹר נָגַהּ
ב עֲלֵיהֶם: הִרְבִּיתָ הַגּוֹי לֹא הִגְדַּלְתָּ הַשִּׂמְחָה שָׂמְחוּ לְפָנֶיךָ לוֹ
ג כְּשִׂמְחַת בַּקָּצִיר כַּאֲשֶׁר יָגִילוּ בְּחַלְּקָם שָׁלָל: כִּי ׀ אֶת־עֹל
סֻבֳּלוֹ וְאֵת מַטֵּה שִׁכְמוֹ שֵׁבֶט הַנֹּגֵשׂ בּוֹ הַחִתֹּתָ כְּיוֹם מִדְיָן:

ד כִּי כָל־סְאוֹן סֹאֵן בְּרַעַשׁ וְשִׂמְלָה מְגוֹלָלָה בְדָמִים וְהָיְתָה
ה לִשְׂרֵפָה מַאֲכֹלֶת אֵשׁ: כִּי־יֶלֶד יֻלַּד־לָנוּ בֵּן נִתַּן־לָנוּ וַתְּהִי
הַמִּשְׂרָה עַל־שִׁכְמוֹ וַיִּקְרָא שְׁמוֹ פֶּלֶא יוֹעֵץ אֵל גִּבּוֹר אֲבִי־
ו עַד שַׂר־שָׁלוֹם: לםרבה הַמִּשְׂרָה וּלְשָׁלוֹם אֵין־קֵץ עַל־ לְמַרְבֵּה ד
כִּסֵּא דָוִד וְעַל־מַמְלַכְתּוֹ לְהָכִין אֹתָהּ וּלְסַעֲדָהּ בְּמִשְׁפָּט
וּבִצְדָקָה מֵעַתָּה וְעַד־עוֹלָם קִנְאַת יְהוָה צְבָאוֹת תַּעֲשֶׂה־
ז זֹּאת: דָּבָר שָׁלַח אֲדֹנָי בְּיַעֲקֹב וְנָפַל בְּיִשְׂרָאֵל:
ח וְיָדְעוּ הָעָם כֻּלּוֹ אֶפְרַיִם וְיוֹשֵׁב שֹׁמְרוֹן בְּגַאֲוָה וּבְגֹדֶל לֵבָב
ט לֵאמֹר: לְבֵנִים נָפָלוּ וְגָזִית נִבְנֶה שִׁקְמִים גֻּדָּעוּ וַאֲרָזִים נַחֲלִיף:
יא וַיְשַׂגֵּב יְהוָה אֶת־צָרֵי רְצִין עָלָיו וְאֶת־אֹיְבָיו יְסַכְסֵךְ: אֲרָם
מִקֶּדֶם וּפְלִשְׁתִּים מֵאָחוֹר וַיֹּאכְלוּ אֶת־יִשְׂרָאֵל בְּכָל־פֶּה בְּכָל־
יב זֹאת לֹא־שָׁב אַפּוֹ וְעוֹד יָדוֹ נְטוּיָה: וְהָעָם לֹא־שָׁב עַד־הַמַּכֵּהוּ
יג וְאֶת־יְהוָה צְבָאוֹת לֹא דָרָשׁוּ: וַיַּכְרֵת יְהוָה
יד מִיִּשְׂרָאֵל רֹאשׁ וְזָנָב כִּפָּה וְאַגְמוֹן יוֹם אֶחָד: זָקֵן וּנְשׂוּא־פָנִים
טו הוּא הָרֹאשׁ וְנָבִיא מוֹרֶה־שֶּׁקֶר הוּא הַזָּנָב: וַיִּהְיוּ מְאַשְּׁרֵי
טז הָעָם־הַזֶּה מַתְעִים וּמְאֻשָּׁרָיו מְבֻלָּעִים: עַל־כֵּן עַל־בַּחוּרָיו
לֹא־יִשְׂמַח ׀ אֲדֹנָי וְאֶת־יְתֹמָיו וְאֶת־אַלְמְנֹתָיו לֹא יְרַחֵם כִּי
כֻלּוֹ חָנֵף וּמֵרַע וְכָל־פֶּה דֹּבֵר נְבָלָה בְּכָל־זֹאת לֹא־שָׁב אַפּוֹ
יז וְעוֹד יָדוֹ נְטוּיָה: כִּי־בָעֲרָה כָאֵשׁ רִשְׁעָה שָׁמִיר וָשַׁיִת תֹּאכֵל
יח וַתִּצַּת בְּסִבְכֵי הַיַּעַר וַיִּתְאַבְּכוּ גֵּאוּת עָשָׁן: בְּעֶבְרַת יְהוָה
צְבָאוֹת נֶעְתַּם אָרֶץ וַיְהִי הָעָם כְּמַאֲכֹלֶת אֵשׁ אִישׁ אֶל־אָחִיו
יט לֹא יַחְמֹלוּ: וַיִּגְזֹר עַל־יָמִין וְרָעֵב וַיֹּאכַל עַל־שְׂמֹאול וְלֹא שָׂבֵעוּ
כ אִישׁ בְּשַׂר־זְרֹעוֹ יֹאכֵלוּ: מְנַשֶּׁה אֶת־אֶפְרַיִם וְאֶפְרַיִם אֶת־
מְנַשֶּׁה יַחְדָּו הֵמָּה עַל־יְהוּדָה בְּכָל־זֹאת לֹא־שָׁב אַפּוֹ וְעוֹד יָדוֹ
י א נְטוּיָה: הוֹי הַחֹקְקִים חִקְקֵי־אָוֶן וּמְכַתְּבִים עָמָל
ב כִּתֵּבוּ: לְהַטּוֹת מִדִּין דַּלִּים וְלִגְזֹל מִשְׁפַּט עֲנִיֵּי עַמִּי לִהְיוֹת
ג אַלְמָנוֹת שְׁלָלָם וְאֶת־יְתוֹמִים יָבֹזּוּ: וּמַה־תַּעֲשׂוּ לְיוֹם פְּקֻדָּה

וּלְשׁוֹאָה מִמֶּרְחָק תָּבוֹא עַל־מִי תָּנוּסוּ לְעֶזְרָה וְאָנָה תַעַזְבוּ
ד כְּבוֹדְכֶם׃ בִּלְתִּי כָרַע תַּחַת אַסִּיר וְתַחַת הֲרוּגִים יִפֹּלוּ בְּכָל־
ה זֹאת לֹא־שָׁב אַפּוֹ וְעוֹד יָדוֹ נְטוּיָה׃ הוֹי אַשּׁוּר
ו שֵׁבֶט אַפִּי וּמַטֶּה־הוּא בְיָדָם זַעְמִי׃ בְּגוֹי חָנֵף אֲשַׁלְּחֶנּוּ וְעַל־עַם
עֶבְרָתִי אֲצַוֶּנּוּ לִשְׁלֹל שָׁלָל וְלָבֹז בַּז ולשימו מִרְמָס כְּחֹמֶר וּלְשׂוּמוֹ
ז חוּצוֹת׃ וְהוּא לֹא־כֵן יְדַמֶּה וּלְבָבוֹ לֹא־כֵן יַחְשֹׁב כִּי לְהַשְׁמִיד
ח בִּלְבָבוֹ וּלְהַכְרִית גּוֹיִם לֹא מְעָט׃ כִּי יֹאמַר הֲלֹא שָׂרַי יַחְדָּו
ט מְלָכִים׃ הֲלֹא כְּכַרְכְּמִישׁ כַּלְנוֹ אִם־לֹא כְאַרְפַּד חֲמָת אִם־
י לֹא כְדַמֶּשֶׂק שֹׁמְרוֹן׃ כַּאֲשֶׁר מָצְאָה יָדִי לְמַמְלְכֹת הָאֱלִיל
יא וּפְסִילֵיהֶם מִירוּשָׁלִַם וּמִשֹּׁמְרוֹן׃ הֲלֹא כַּאֲשֶׁר עָשִׂיתִי לְשֹׁמְרוֹן
יב וְלֶאֱלִילֶיהָ כֵּן אֶעֱשֶׂה לִירוּשָׁלִַם וְלַעֲצַבֶּיהָ׃ וְהָיָה
כִּי־יְבַצַּע אֲדֹנָי אֶת־כָּל־מַעֲשֵׂהוּ בְּהַר צִיּוֹן וּבִירוּשָׁלִָם אֶפְקֹד
יג עַל־פְּרִי־גֹדֶל לְבַב מֶלֶךְ־אַשּׁוּר וְעַל־תִּפְאֶרֶת רוּם עֵינָיו׃ כִּי
אָמַר בְּכֹחַ יָדִי עָשִׂיתִי וּבְחָכְמָתִי כִּי נְבֻנוֹתִי וְאָסִיר ׀ גְּבוּלֹת
יד עַמִּים ועתידתיהם שׁוֹשֵׂתִי וְאוֹרִיד כַּאבִּיר יוֹשְׁבִים׃ וַתִּמְצָא וַעֲתוּדֹתֵיהֶם
כַקֵּן ׀ יָדִי לְחֵיל הָעַמִּים וְכֶאֱסֹף בֵּיצִים עֲזֻבוֹת כָּל־הָאָרֶץ אֲנִי
טו אָסָפְתִּי וְלֹא הָיָה נֹדֵד כָּנָף וּפֹצֶה פֶה וּמְצַפְצֵף׃ הֲיִתְפָּאֵר הַגַּרְזֶן
עַל הַחֹצֵב בּוֹ אִם־יִתְגַּדֵּל הַמַּשּׂוֹר עַל־מְנִיפוֹ כְּהָנִיף שֵׁבֶט
טז וְאֶת־מְרִימָיו כְּהָרִים מַטֶּה לֹא־עֵץ׃ לָכֵן יְשַׁלַּח
הָאָדוֹן יְהוִה צְבָאוֹת בְּמִשְׁמַנָּיו רָזוֹן וְתַחַת כְּבֹדוֹ יֵקַד יְקֹד
יז כִּיקוֹד אֵשׁ׃ וְהָיָה אוֹר־יִשְׂרָאֵל לְאֵשׁ וּקְדוֹשׁוֹ לְלֶהָבָה וּבָעֲרָה
יח וְאָכְלָה שִׁיתוֹ וּשְׁמִירוֹ בְּיוֹם אֶחָד׃ וּכְבוֹד יַעְרוֹ וְכַרְמִלּוֹ מִנֶּפֶשׁ
יט וְעַד־בָּשָׂר יְכַלֶּה וְהָיָה כִּמְסֹס נֹסֵס׃ וּשְׁאָר עֵץ יַעְרוֹ מִסְפָּר יִהְיוּ
כ וְנַעַר יִכְתְּבֵם׃ וְהָיָה ׀ בַּיּוֹם הַהוּא לֹא־יוֹסִיף עוֹד
שְׁאָר יִשְׂרָאֵל וּפְלֵיטַת בֵּית־יַעֲקֹב לְהִשָּׁעֵן עַל־מַכֵּהוּ וְנִשְׁעַן
כא עַל־יְהוָה קְדוֹשׁ יִשְׂרָאֵל בֶּאֱמֶת׃ שְׁאָר יָשׁוּב שְׁאָר יַעֲקֹב אֶל־
כב אֵל גִּבּוֹר׃ כִּי אִם־יִהְיֶה עַמְּךָ יִשְׂרָאֵל כְּחוֹל הַיָּם שְׁאָר יָשׁוּב

כג בּוֹ כִּלָּיוֹן חָרוּץ שׁוֹטֵף צְדָקָה: כִּי כָלָה וְנֶחֱרָצָה אֲדֹנָי יֱהֹוִה
כד צְבָאוֹת עֹשֶׂה בְּקֶרֶב כָּל־הָאָרֶץ: לָכֵן כֹּה־אָמַר
אֲדֹנָי יֱהֹוִה צְבָאוֹת אַל־תִּירָא עַמִּי יֹשֵׁב צִיּוֹן מֵאַשּׁוּר בַּשֵּׁבֶט
כה יַכֶּכָּה וּמַטֵּהוּ יִשָּׂא־עָלֶיךָ בְּדֶרֶךְ מִצְרָיִם: כִּי־עוֹד מְעַט מִזְעָר
כו וְכָלָה זַעַם וְאַפִּי עַל־תַּבְלִיתָם: וְעוֹרֵר עָלָיו יְהֹוָה צְבָאוֹת שׁוֹט
כְּמַכַּת מִדְיָן בְּצוּר עוֹרֵב וּמַטֵּהוּ עַל־הַיָּם וּנְשָׂאוֹ בְּדֶרֶךְ
כז מִצְרָיִם: וְהָיָה ׀ בַּיּוֹם הַהוּא יָסוּר סֻבֳּלוֹ מֵעַל שִׁכְמֶךָ וְעֻלּוֹ מֵעַל
כח צַוָּארֶךָ וְחֻבַּל עֹל מִפְּנֵי־שָׁמֶן: בָּא עַל־עַיַּת עָבַר בְּמִגְרוֹן
כט לְמִכְמָשׂ יַפְקִיד כֵּלָיו: עָבְרוּ מַעְבָּרָה גֶּבַע מָלוֹן לָנוּ חָרְדָה
ל הָרָמָה גִּבְעַת שָׁאוּל נָסָה: צַהֲלִי קוֹלֵךְ בַּת־גַּלִּים הַקְשִׁיבִי
לא לַיְשָׁה עֲנִיָּה עֲנָתוֹת: נָדְדָה מַדְמֵנָה יֹשְׁבֵי הַגֵּבִים הֵעִיזוּ:
לב עוֹד הַיּוֹם בְּנֹב לַעֲמֹד יְנֹפֵף יָדוֹ הַר בית־צִיּוֹן גִּבְעַת בַּת־
לג יְרוּשָׁלִָם: הִנֵּה הָאָדוֹן יְהֹוָה צְבָאוֹת מְסָעֵף
לד פֻּארָה בְּמַעֲרָצָה וְרָמֵי הַקּוֹמָה גְּדֻעִים וְהַגְּבֹהִים יִשְׁפָּלוּ: וְנִקַּף
יא א סִבְכֵי הַיַּעַר בַּבַּרְזֶל וְהַלְּבָנוֹן בְּאַדִּיר יִפּוֹל: וְיָצָא
ב חֹטֶר מִגֵּזַע יִשָׁי וְנֵצֶר מִשָּׁרָשָׁיו יִפְרֶה: וְנָחָה עָלָיו רוּחַ יְהֹוָה ה
רוּחַ חָכְמָה וּבִינָה רוּחַ עֵצָה וּגְבוּרָה רוּחַ דַּעַת וְיִרְאַת יְהֹוָה:
ג וַהֲרִיחוֹ בְּיִרְאַת יְהֹוָה וְלֹא־לְמַרְאֵה עֵינָיו יִשְׁפּוֹט וְלֹא־לְמִשְׁמַע
ד אָזְנָיו יוֹכִיחַ: וְשָׁפַט בְּצֶדֶק דַּלִּים וְהוֹכִיחַ בְּמִישׁוֹר לְעַנְוֵי־אָרֶץ
ה וְהִכָּה־אֶרֶץ בְּשֵׁבֶט פִּיו וּבְרוּחַ שְׂפָתָיו יָמִית רָשָׁע: וְהָיָה
ו צֶדֶק אֵזוֹר מָתְנָיו וְהָאֱמוּנָה אֵזוֹר חֲלָצָיו: וְגָר זְאֵב עִם־
כֶּבֶשׂ וְנָמֵר עִם־גְּדִי יִרְבָּץ וְעֵגֶל וּכְפִיר וּמְרִיא יַחְדָּו וְנַעַר
ז קָטֹן נֹהֵג בָּם: וּפָרָה וָדֹב תִּרְעֶינָה יַחְדָּו יִרְבְּצוּ יַלְדֵיהֶן
ח וְאַרְיֵה כַּבָּקָר יֹאכַל־תֶּבֶן: וְשִׁעֲשַׁע יוֹנֵק עַל־חֻר פָּתֶן וְעַל
ט מְאוּרַת צִפְעוֹנִי גָּמוּל יָדוֹ הָדָה: לֹא־יָרֵעוּ וְלֹא־יַשְׁחִיתוּ
בְּכָל־הַר קָדְשִׁי כִּי־מָלְאָה הָאָרֶץ דֵּעָה אֶת־יְהֹוָה כַּמַּיִם
י לַיָּם מְכַסִּים: וְהָיָה בַּיּוֹם הַהוּא שֹׁרֶשׁ יִשַׁי

נבואת
"וארִיה כבקר
יאכל־תבן"
ישעיה סה, כה

אֲשֶׁר עֹמֵד לְנֵס עַמִּים אֵלָיו גּוֹיִם יִדְרֹשׁוּ וְהָיְתָה מְנֻחָתוֹ
יא כָּבוֹד׃ וְהָיָה ׀ בַּיּוֹם הַהוּא יוֹסִיף אֲדֹנָי ׀ שֵׁנִית
יָדוֹ לִקְנוֹת אֶת־שְׁאָר עַמּוֹ אֲשֶׁר יִשָּׁאֵר מֵאַשּׁוּר וּמִמִּצְרַיִם
יב וּמִפַּתְרוֹס וּמִכּוּשׁ וּמֵעֵילָם וּמִשִּׁנְעָר וּמֵחֲמָת וּמֵאִיֵּי הַיָּם׃ וְנָשָׂא
נֵס לַגּוֹיִם וְאָסַף נִדְחֵי יִשְׂרָאֵל וּנְפֻצוֹת יְהוּדָה יְקַבֵּץ מֵאַרְבַּע
יג כַּנְפוֹת הָאָרֶץ׃ וְסָרָה קִנְאַת אֶפְרַיִם וְצֹרְרֵי יְהוּדָה יִכָּרֵתוּ
אֶפְרַיִם לֹא־יְקַנֵּא אֶת־יְהוּדָה וִיהוּדָה לֹא־יָצֹר אֶת־אֶפְרָיִם׃
יד וְעָפוּ בְכָתֵף פְּלִשְׁתִּים יָמָּה יַחְדָּו יָבֹזּוּ אֶת־בְּנֵי־קֶדֶם אֱדוֹם
טו וּמוֹאָב מִשְׁלוֹחַ יָדָם וּבְנֵי עַמּוֹן מִשְׁמַעְתָּם׃ וְהֶחֱרִים יהוה אֵת
לְשׁוֹן יָם־מִצְרַיִם וְהֵנִיף יָדוֹ עַל־הַנָּהָר בַּעְיָם רוּחוֹ וְהִכָּהוּ
טז לְשִׁבְעָה נְחָלִים וְהִדְרִיךְ בַּנְּעָלִים׃ וְהָיְתָה מְסִלָּה לִשְׁאָר עַמּוֹ
אֲשֶׁר יִשָּׁאֵר מֵאַשּׁוּר כַּאֲשֶׁר הָיְתָה לְיִשְׂרָאֵל בְּיוֹם עֲלֹתוֹ מֵאֶרֶץ
יב א מִצְרָיִם׃ וְאָמַרְתָּ בַּיּוֹם הַהוּא אוֹדְךָ יהוה כִּי אָנַפְתָּ בִּי יָשֹׁב אַפְּךָ
ב וּתְנַחֲמֵנִי׃ הִנֵּה אֵל יְשׁוּעָתִי אֶבְטַח וְלֹא אֶפְחָד כִּי־עָזִּי וְזִמְרָת
ג יָהּ יהוה וַיְהִי־לִי לִישׁוּעָה׃ וּשְׁאַבְתֶּם־מַיִם בְּשָׂשׂוֹן מִמַּעַיְנֵי
ד הַיְשׁוּעָה׃ וַאֲמַרְתֶּם בַּיּוֹם הַהוּא הוֹדוּ לַיהוה קִרְאוּ בִשְׁמוֹ
ה הוֹדִיעוּ בָעַמִּים עֲלִילֹתָיו הַזְכִּירוּ כִּי נִשְׂגָּב שְׁמוֹ׃ זַמְּרוּ יהוה
ו כִּי גֵאוּת עָשָׂה מידעת זֹאת בְּכָל־הָאָרֶץ׃ צַהֲלִי וָרֹנִּי יוֹשֶׁבֶת מוּדַעַת
יג א צִיּוֹן כִּי־גָדוֹל בְּקִרְבֵּךְ קְדוֹשׁ יִשְׂרָאֵל׃ מַשָּׂא
ב בָּבֶל אֲשֶׁר חָזָה יְשַׁעְיָהוּ בֶּן־אָמוֹץ׃ עַל הַר־נִשְׁפֶּה שְׂאוּ־נֵס
ג הָרִימוּ קוֹל לָהֶם הָנִיפוּ יָד וְיָבֹאוּ פִּתְחֵי נְדִיבִים׃ אֲנִי צִוֵּיתִי
ד לִמְקֻדָּשָׁי גַּם קָרָאתִי גִבּוֹרַי לְאַפִּי עַלִּיזֵי גַּאֲוָתִי׃ קוֹל הָמוֹן
בֶּהָרִים דְּמוּת עַם־רָב קוֹל שְׁאוֹן מַמְלְכוֹת גּוֹיִם נֶאֱסָפִים יהוה
ה צְבָאוֹת מְפַקֵּד צְבָא מִלְחָמָה׃ בָּאִים מֵאֶרֶץ מֶרְחָק מִקְצֵה
ו הַשָּׁמָיִם יהוה וּכְלֵי זַעְמוֹ לְחַבֵּל כָּל־הָאָרֶץ׃ הֵילִילוּ כִּי קָרוֹב
ז יוֹם יהוה כְּשֹׁד מִשַּׁדַּי יָבוֹא׃ עַל־כֵּן כָּל־יָדַיִם תִּרְפֶּינָה וְכָל־
ח לְבַב אֱנוֹשׁ יִמָּס׃ וְנִבְהָלוּ ׀ צִירִים וַחֲבָלִים יֹאחֵזוּן כַּיּוֹלֵדָה

יְחִילוּן אִישׁ אֶל־רֵעֵהוּ יִתְמָהוּ פְּנֵי לְהָבִים פְּנֵיהֶם׃ הִנֵּה יוֹם־ ט
יְהוָה בָּא אַכְזָרִי וְעֶבְרָה וַחֲרוֹן אָף לָשׂוּם הָאָרֶץ לְשַׁמָּה
וְחַטָּאֶיהָ יַשְׁמִיד מִמֶּנָּה׃ כִּי־כוֹכְבֵי הַשָּׁמַיִם וּכְסִילֵיהֶם לֹא יָהֵלּוּ י
אוֹרָם חָשַׁךְ הַשֶּׁמֶשׁ בְּצֵאתוֹ וְיָרֵחַ לֹא־יַגִּיהַּ אוֹרוֹ׃ וּפָקַדְתִּי עַל־ יא
תֵּבֵל רָעָה וְעַל־רְשָׁעִים עֲוֺנָם וְהִשְׁבַּתִּי גְּאוֹן זֵדִים וְגַאֲוַת
עָרִיצִים אַשְׁפִּיל׃ אוֹקִיר אֱנוֹשׁ מִפָּז וְאָדָם מִכֶּתֶם אוֹפִיר׃ עַל־ יב יג
כֵּן שָׁמַיִם אַרְגִּיז וְתִרְעַשׁ הָאָרֶץ מִמְּקוֹמָהּ בְּעֶבְרַת יְהוָה
צְבָאוֹת וּבְיוֹם חֲרוֹן אַפּוֹ׃ וְהָיָה כִּצְבִי מֻדָּח וּכְצֹאן וְאֵין מְקַבֵּץ יד
אִישׁ אֶל־עַמּוֹ יִפְנוּ וְאִישׁ אֶל־אַרְצוֹ יָנוּסוּ׃ כָּל־הַנִּמְצָא יִדָּקֵר טו
וְכָל־הַנִּסְפֶּה יִפּוֹל בֶּחָרֶב׃ וְעֹלְלֵיהֶם יְרֻטְּשׁוּ לְעֵינֵיהֶם יִשַּׁסּוּ טז
תִּשָּׁכַבְנָה בָּתֵּיהֶם וּנְשֵׁיהֶם תשגלנה׃ הִנְנִי מֵעִיר עֲלֵיהֶם אֶת־מָדָי אֲשֶׁר־ יז
כֶּסֶף לֹא יַחְשֹׁבוּ וְזָהָב לֹא יַחְפְּצוּ־בוֹ׃ וּקְשָׁתוֹת נְעָרִים תְּרַטַּשְׁנָה יח
וּפְרִי־בֶטֶן לֹא יְרַחֵמוּ עַל־בָּנִים לֹא־תָחוּס עֵינָם׃ וְהָיְתָה בָבֶל יט
צְבִי מַמְלָכוֹת תִּפְאֶרֶת גְּאוֹן כַּשְׂדִּים כְּמַהְפֵּכַת אֱלֹהִים אֶת־
סְדֹם וְאֶת־עֲמֹרָה׃ לֹא־תֵשֵׁב לָנֶצַח וְלֹא תִשְׁכֹּן עַד־דּוֹר וָדוֹר כ
וְלֹא־יַהֵל שָׁם עֲרָבִי וְרֹעִים לֹא־יַרְבִּצוּ שָׁם׃ וְרָבְצוּ־שָׁם צִיִּים כא
וּמָלְאוּ בָתֵּיהֶם אֹחִים וְשָׁכְנוּ שָׁם בְּנוֹת יַעֲנָה וּשְׂעִירִים יְרַקְּדוּ־
שָׁם׃ וְעָנָה אִיִּים בְּאַלְמְנוֹתָיו וְתַנִּים בְּהֵיכְלֵי עֹנֶג וְקָרוֹב לָבוֹא כב
עִתָּהּ וְיָמֶיהָ לֹא יִמָּשֵׁכוּ׃ כִּי יְרַחֵם יְהוָה אֶת־יַעֲקֹב וּבָחַר עוֹד א יד
בְּיִשְׂרָאֵל וְהִנִּיחָם עַל־אַדְמָתָם וְנִלְוָה הַגֵּר עֲלֵיהֶם וְנִסְפְּחוּ עַל־
ו בֵּית יַעֲקֹב׃ וּלְקָחוּם עַמִּים וֶהֱבִיאוּם אֶל־מְקוֹמָם וְהִתְנַחֲלוּם ב
בֵּית־יִשְׂרָאֵל עַל אַדְמַת יְהוָה לַעֲבָדִים וְלִשְׁפָחוֹת וְהָיוּ שֹׁבִים
לְשֹׁבֵיהֶם וְרָדוּ בְּנֹגְשֵׂיהֶם׃ וְהָיָה בְּיוֹם הָנִיחַ יְהוָה ג
לְךָ מֵעָצְבְּךָ וּמֵרָגְזֶךָ וּמִן־הָעֲבֹדָה הַקָּשָׁה אֲשֶׁר עֻבַּד־בָּךְ׃
וְנָשָׂאתָ הַמָּשָׁל הַזֶּה עַל־מֶלֶךְ בָּבֶל וְאָמָרְתָּ אֵיךְ שָׁבַת נֹגֵשׂ ד
שָׁבְתָה מַדְהֵבָה׃ שָׁבַר יְהוָה מַטֵּה רְשָׁעִים שֵׁבֶט מֹשְׁלִים׃ מַכֶּה ה ו
עַמִּים בְּעֶבְרָה מַכַּת בִּלְתִּי סָרָה רֹדֶה בָאַף גּוֹיִם מֻרְדָּף בְּלִי

ז ח חָשָׂךְ: נָחָה שָׁקְטָה כָּל־הָאָרֶץ פָּצְחוּ רִנָּה: גַּם־בְּרוֹשִׁים שָׂמְחוּ
ט לְךָ אַרְזֵי לְבָנוֹן מֵאָז שָׁכַבְתָּ לֹא־יַעֲלֶה הַכֹּרֵת עָלֵינוּ: שְׁאוֹל
מִתַּחַת רָגְזָה לְךָ לִקְרַאת בּוֹאֶךָ עוֹרֵר לְךָ רְפָאִים כָּל־עַתּוּדֵי
י אֶרֶץ הֵקִים מִכִּסְאוֹתָם כֹּל מַלְכֵי גוֹיִם: כֻּלָּם יַעֲנוּ וְיֹאמְרוּ
יא אֵלֶיךָ גַּם־אַתָּה חֻלֵּיתָ כָמוֹנוּ אֵלֵינוּ נִמְשָׁלְתָּ: הוּרַד שְׁאוֹל
יב גְּאוֹנֶךָ הֶמְיַת נְבָלֶיךָ תַּחְתֶּיךָ יֻצַּע רִמָּה וּמְכַסֶּיךָ תּוֹלֵעָה: אֵיךְ
נָפַלְתָּ מִשָּׁמַיִם הֵילֵל בֶּן־שָׁחַר נִגְדַּעְתָּ לָאָרֶץ חוֹלֵשׁ עַל־גּוֹיִם:
יג וְאַתָּה אָמַרְתָּ בִלְבָבְךָ הַשָּׁמַיִם אֶעֱלֶה מִמַּעַל לְכוֹכְבֵי־אֵל
יד אָרִים כִּסְאִי וְאֵשֵׁב בְּהַר־מוֹעֵד בְּיַרְכְּתֵי צָפוֹן: אֶעֱלֶה עַל־
טו בָּמֳתֵי עָב אֶדַּמֶּה לְעֶלְיוֹן: אַךְ אֶל־שְׁאוֹל תּוּרָד אֶל־יַרְכְּתֵי־
טז בוֹר: רֹאֶיךָ אֵלֶיךָ יַשְׁגִּיחוּ אֵלֶיךָ יִתְבּוֹנָנוּ הֲזֶה הָאִישׁ מַרְגִּיז
יז הָאָרֶץ מַרְעִישׁ מַמְלָכוֹת: שָׂם תֵּבֵל כַּמִּדְבָּר וְעָרָיו הָרָס
יח אֲסִירָיו לֹא־פָתַח בָּיְתָה: כָּל־מַלְכֵי גוֹיִם כֻּלָּם שָׁכְבוּ בְכָבוֹד
יט אִישׁ בְּבֵיתוֹ: וְאַתָּה הָשְׁלַכְתָּ מִקִּבְרְךָ כְּנֵצֶר נִתְעָב לְבוּשׁ הֲרֻגִים
כ מְטֹעֲנֵי חָרֶב יוֹרְדֵי אֶל־אַבְנֵי־בוֹר כְּפֶגֶר מוּבָס: לֹא־תֵחַד אִתָּם
בִּקְבוּרָה כִּי־אַרְצְךָ שִׁחַתָּ עַמְּךָ הָרָגְתָּ לֹא־יִקָּרֵא לְעוֹלָם זֶרַע
כא מְרֵעִים: הָכִינוּ לְבָנָיו מַטְבֵּחַ בַּעֲוֹן אֲבוֹתָם בַּל־יָקֻמוּ וְיָרְשׁוּ
כב אָרֶץ וּמָלְאוּ פְנֵי־תֵבֵל עָרִים: וְקַמְתִּי עֲלֵיהֶם נְאֻם יְהוָה צְבָאוֹת
כג וְהִכְרַתִּי לְבָבֶל שֵׁם וּשְׁאָר וְנִין וָנֶכֶד נְאֻם־יְהוָה: וְשַׂמְתִּיהָ
לְמוֹרַשׁ קִפֹּד וְאַגְמֵי־מָיִם וְטֵאטֵאתִיהָ בְּמַטְאֲטֵא הַשְׁמֵד נְאֻם
כד יְהוָה צְבָאוֹת: נִשְׁבַּע יְהוָה צְבָאוֹת לֵאמֹר אִם־
כה לֹא כַּאֲשֶׁר דִּמִּיתִי כֵּן הָיָתָה וְכַאֲשֶׁר יָעַצְתִּי הִיא תָקוּם: לִשְׁבֹּר
אַשּׁוּר בְּאַרְצִי וְעַל־הָרַי אֲבוּסֶנּוּ וְסָר מֵעֲלֵיהֶם עֻלּוֹ וְסֻבֳּלוֹ מֵעַל
כו שִׁכְמוֹ יָסוּר: זֹאת הָעֵצָה הַיְּעוּצָה עַל־כָּל־הָאָרֶץ וְזֹאת הַיָּד
כז הַנְּטוּיָה עַל־כָּל־הַגּוֹיִם: כִּי־יְהוָה צְבָאוֹת יָעָץ וּמִי יָפֵר וְיָדוֹ
כח הַנְּטוּיָה וּמִי יְשִׁיבֶנָּה: בִּשְׁנַת־מוֹת הַמֶּלֶךְ אָחָז
כט הָיָה הַמַּשָּׂא הַזֶּה: אַל־תִּשְׂמְחִי פְלֶשֶׁת כֻּלֵּךְ כִּי נִשְׁבַּר שֵׁבֶט

ל מַכֵּךְ כִּי־מִשֹּׁרֶשׁ נָחָשׁ יֵצֵא צֶפַע וּפִרְיוֹ שָׂרָף מְעוֹפֵף׃ וְרָעוּ
בְּכוֹרֵי דַלִּים וְאֶבְיוֹנִים לָבֶטַח יִרְבָּצוּ וְהֵמַתִּי בָרָעָב שָׁרְשֵׁךְ
לא וּשְׁאֵרִיתֵךְ יַהֲרֹג׃ הֵילִילִי שַׁעַר זַעֲקִי־עִיר נָמוֹג פְּלֶשֶׁת כֻּלֵּךְ כִּי
לב מִצָּפוֹן עָשָׁן בָּא וְאֵין בּוֹדֵד בְּמוֹעָדָיו׃ וּמַה־יַּעֲנֶה מַלְאֲכֵי־גוֹי כִּי
טו א יְהוָה יִסַּד צִיּוֹן וּבָהּ יֶחֱסוּ עֲנִיֵּי עַמּוֹ׃ מַשָּׂא מוֹאָב
כִּי בְּלֵיל שֻׁדַּד עָר מוֹאָב נִדְמָה כִּי בְּלֵיל שֻׁדַּד קִיר־מוֹאָב
ב נִדְמָה׃ עָלָה הַבַּיִת וְדִיבֹן הַבָּמוֹת לְבֶכִי עַל־נְבוֹ וְעַל מֵידְבָא
ג מוֹאָב יְיֵלִיל בְּכָל־רֹאשָׁיו קָרְחָה כָּל־זָקָן גְּרוּעָה׃ בְּחוּצֹתָיו
חָגְרוּ שָׂק עַל גַּגּוֹתֶיהָ וּבִרְחֹבֹתֶיהָ כֻּלֹּה יְיֵלִיל יֹרֵד בַּבֶּכִי׃
ד וַתִּזְעַק חֶשְׁבּוֹן וְאֶלְעָלֵה עַד־יַהַץ נִשְׁמַע קוֹלָם עַל־כֵּן חֲלֻצֵי
ה מוֹאָב יָרִיעוּ נַפְשׁוֹ יָרְעָה לוֹ׃ לִבִּי לְמוֹאָב יִזְעָק בְּרִיחֶהָ עַד־
צֹעַר עֶגְלַת שְׁלִשִׁיָּה כִּי ׀ מַעֲלֵה הַלּוּחִית בִּבְכִי יַעֲלֶה־בּוֹ כִּי
ו דֶּרֶךְ חוֹרֹנַיִם זַעֲקַת־שֶׁבֶר יְעֹעֵרוּ׃ כִּי־מֵי נִמְרִים מְשַׁמּוֹת יִהְיוּ
ז כִּי־יָבֵשׁ חָצִיר כָּלָה דֶשֶׁא יֶרֶק לֹא הָיָה׃ עַל־כֵּן יִתְרָה עָשָׂה
ח וּפְקֻדָּתָם עַל נַחַל הָעֲרָבִים יִשָּׂאוּם׃ כִּי־הִקִּיפָה הַזְּעָקָה אֶת־
ט גְּבוּל מוֹאָב עַד־אֶגְלַיִם יִלְלָתָהּ וּבְאֵר אֵילִים יִלְלָתָהּ׃ כִּי מֵי
דִימוֹן מָלְאוּ דָם כִּי־אָשִׁית עַל־דִּימוֹן נוֹסָפוֹת לִפְלֵיטַת מוֹאָב
טז א אַרְיֵה וְלִשְׁאֵרִית אֲדָמָה׃ שִׁלְחוּ־כַר מֹשֵׁל־אֶרֶץ מִסֶּלַע
ב מִדְבָּרָה אֶל־הַר בַּת־צִיּוֹן׃ וְהָיָה כְעוֹף־נוֹדֵד קֵן מְשֻׁלָּח תִּהְיֶינָה
ג בְּנוֹת מוֹאָב מַעְבָּרֹת לְאַרְנוֹן׃ הָבִיאוּ עֵצָה עֲשִׂי פְלִילָה שִׁיתִי הָבִיאִי | עֲשׂוּ
ד כַלַּיִל צִלֵּךְ בְּתוֹךְ צָהֳרָיִם סַתְּרִי נִדָּחִים נֹדֵד אַל־תְּגַלִּי׃ יָגוּרוּ
בָךְ נִדָּחַי מוֹאָב הֱוִי־סֵתֶר לָמוֹ מִפְּנֵי שׁוֹדֵד כִּי־אָפֵס הַמֵּץ כָּלָה
ה שֹׁד תַּמּוּ רֹמֵס מִן־הָאָרֶץ׃ וְהוּכַן בַּחֶסֶד כִּסֵּא ז
וְיָשַׁב עָלָיו בֶּאֱמֶת בְּאֹהֶל דָּוִד שֹׁפֵט וְדֹרֵשׁ מִשְׁפָּט וּמְהִר צֶדֶק׃
ו שָׁמַעְנוּ גְאוֹן־מוֹאָב גֵּא מְאֹד גַּאֲוָתוֹ וּגְאוֹנוֹ וְעֶבְרָתוֹ לֹא־כֵן
ז בַּדָּיו׃ לָכֵן יְיֵלִיל מוֹאָב לְמוֹאָב כֻּלֹּה יְיֵלִיל לַאֲשִׁישֵׁי קִיר־
ח חֲרֶשֶׂת תֶּהְגּוּ אַךְ־נְכָאִים׃ כִּי שַׁדְמוֹת חֶשְׁבּוֹן אֻמְלָל גֶּפֶן

שִׂבְמָה בַּעֲלֵי גוֹיִם הָלְמוּ שְׂרוּקֶּיהָ עַד־יַעְזֵר נָגָעוּ תָּעוּ מִדְבָּר
ט שְׁלֻחוֹתֶיהָ נִטְּשׁוּ עָבְרוּ יָם: עַל־כֵּן אֶבְכֶּה בִּבְכִי יַעְזֵר גֶּפֶן
שִׂבְמָה אֲרַיָּוֶךְ דִּמְעָתִי חֶשְׁבּוֹן וְאֶלְעָלֵה כִּי עַל־קֵיצֵךְ וְעַל־
י קְצִירֵךְ הֵידָד נָפָל: וְנֶאֱסַף שִׂמְחָה וָגִיל מִן־הַכַּרְמֶל וּבַכְּרָמִים
לֹא־יְרֻנָּן לֹא יְרֹעָע יַיִן בַּיְקָבִים לֹא־יִדְרֹךְ הַדֹּרֵךְ הֵידָד
יא הִשְׁבַּתִּי: עַל־כֵּן מֵעַי לְמוֹאָב כַּכִּנּוֹר יֶהֱמוּ וְקִרְבִּי לְקִיר חָרֶשׂ:
יב וְהָיָה כִי־נִרְאָה כִּי־נִלְאָה מוֹאָב עַל־הַבָּמָה וּבָא אֶל־מִקְדָּשׁוֹ
יג לְהִתְפַּלֵּל וְלֹא יוּכָל: זֶה הַדָּבָר אֲשֶׁר דִּבֶּר יְהוָה
יד אֶל־מוֹאָב מֵאָז: וְעַתָּה דִּבֶּר יְהוָה לֵאמֹר בְּשָׁלֹשׁ שָׁנִים כִּשְׁנֵי
שָׂכִיר וְנִקְלָה כְּבוֹד מוֹאָב בְּכֹל הֶהָמוֹן הָרָב וּשְׁאָר מְעַט מִזְעָר
יז א לוֹא כַבִּיר: מַשָּׂא דַּמָּשֶׂק הִנֵּה דַמֶּשֶׂק מוּסָר
ב מֵעִיר וְהָיְתָה מְעִי מַפָּלָה: עֲזֻבוֹת עָרֵי עֲרֹעֵר לַעֲדָרִים תִּהְיֶינָה
ג וְרָבְצוּ וְאֵין מַחֲרִיד: וְנִשְׁבַּת מִבְצָר מֵאֶפְרַיִם וּמַמְלָכָה
מִדַּמֶּשֶׂק וּשְׁאָר אֲרָם כִּכְבוֹד בְּנֵי־יִשְׂרָאֵל יִהְיוּ נְאֻם יְהוָה
ד צְבָאוֹת: וְהָיָה בַּיּוֹם הַהוּא יִדַּל כְּבוֹד יַעֲקֹב
ה וּמִשְׁמַן בְּשָׂרוֹ יֵרָזֶה: וְהָיָה כֶּאֱסֹף קָצִיר קָמָה וּזְרֹעוֹ שִׁבֳּלִים
ו יִקְצוֹר וְהָיָה כִּמְלַקֵּט שִׁבֳּלִים בְּעֵמֶק רְפָאִים: וְנִשְׁאַר־בּוֹ עוֹלֵלֹת
כְּנֹקֶף זַיִת שְׁנַיִם שְׁלֹשָׁה גַּרְגְּרִים בְּרֹאשׁ אָמִיר אַרְבָּעָה חֲמִשָּׁה
ז בִּסְעִפֶיהָ פֹּרִיָּה נְאֻם־יְהוָה אֱלֹהֵי יִשְׂרָאֵל: בַּיּוֹם
הַהוּא יִשְׁעֶה הָאָדָם עַל־עֹשֵׂהוּ וְעֵינָיו אֶל־קְדוֹשׁ יִשְׂרָאֵל
ח תִּרְאֶינָה: וְלֹא יִשְׁעֶה אֶל־הַמִּזְבְּחוֹת מַעֲשֵׂה יָדָיו וַאֲשֶׁר עָשׂוּ
ט אֶצְבְּעֹתָיו לֹא יִרְאֶה וְהָאֲשֵׁרִים וְהַחַמָּנִים: בַּיּוֹם
הַהוּא יִהְיוּ | עָרֵי מָעֻזּוֹ כַּעֲזוּבַת הַחֹרֶשׁ וְהָאָמִיר אֲשֶׁר עָזְבוּ
י מִפְּנֵי בְּנֵי יִשְׂרָאֵל וְהָיְתָה שְׁמָמָה: כִּי שָׁכַחַתְּ אֱלֹהֵי יִשְׁעֵךְ וְצוּר
מָעֻזֵּךְ לֹא זָכָרְתְּ עַל־כֵּן תִּטְּעִי נִטְעֵי נַעֲמָנִים וּזְמֹרַת זָר
יא תִּזְרָעֶנּוּ: בְּיוֹם נִטְעֵךְ תְּשַׂגְשֵׂגִי וּבַבֹּקֶר זַרְעֵךְ תַּפְרִיחִי נֵד קָצִיר
יב בְּיוֹם נַחֲלָה וּכְאֵב אָנוּשׁ: הוֹי הֲמוֹן עַמִּים רַבִּים

כַּהֲמוֹת יַמִּים יֶהֱמָיוּן וּשְׁאוֹן לְאֻמִּים כִּשְׁאוֹן מַיִם כַּבִּירִים
יִשָּׁאוּן׃ לְאֻמִּים כִּשְׁאוֹן מַיִם רַבִּים יִשָּׁאוּן וְגָעַר בּוֹ וְנָס מִמֶּרְחָק יג
וְרֻדַּף כְּמֹץ הָרִים לִפְנֵי־רוּחַ וּכְגַלְגַּל לִפְנֵי סוּפָה׃ לְעֵת עֶרֶב יד
וְהִנֵּה בַלָּהָה בְּטֶרֶם בֹּקֶר אֵינֶנּוּ זֶה חֵלֶק שׁוֹסֵינוּ וְגוֹרָל
לְבֹזְזֵינוּ׃ הוֹי אֶרֶץ צִלְצַל כְּנָפָיִם אֲשֶׁר מֵעֵבֶר א יח
לְנַהֲרֵי־כוּשׁ׃ הַשֹּׁלֵחַ בַּיָּם צִירִים וּבִכְלֵי־גֹמֶא עַל־פְּנֵי־מַיִם לְכוּ ׀ ב
מַלְאָכִים קַלִּים אֶל־גּוֹי מְמֻשָּׁךְ וּמוֹרָט אֶל־עַם נוֹרָא מִן־הוּא
וָהָלְאָה גּוֹי קַו־קָו וּמְבוּסָה אֲשֶׁר־בָּזְאוּ נְהָרִים אַרְצוֹ׃ כָּל־ ג
יֹשְׁבֵי תֵבֵל וְשֹׁכְנֵי אָרֶץ כִּנְשֹׂא־נֵס הָרִים תִּרְאוּ וְכִתְקֹעַ שׁוֹפָר
אֶשְׁקֳטָה תִּשְׁמָעוּ׃ כִּי כֹה אָמַר יְהוָה אֵלַי אשקוטה ד
וְאַבִּיטָה בִמְכוֹנִי כְּחֹם צַח עֲלֵי־אוֹר כְּעָב טַל בְּחֹם קָצִיר׃ כִּי־ ה
לִפְנֵי קָצִיר כְּתָם־פֶּרַח וּבֹסֶר גֹּמֵל יִהְיֶה נִצָּה וְכָרַת הַזַּלְזַלִּים
בַּמַּזְמֵרוֹת וְאֶת־הַנְּטִישׁוֹת הֵסִיר הֵתַז׃ יֵעָזְבוּ יַחְדָּו לְעֵיט הָרִים ו
וּלְבֶהֱמַת הָאָרֶץ וְקָץ עָלָיו הָעַיִט וְכָל־בֶּהֱמַת הָאָרֶץ עָלָיו
תֶּחֱרָף׃ בָּעֵת הַהִיא יוּבַל־שַׁי לַיהוָה צְבָאוֹת עַם ז
מְמֻשָּׁךְ וּמוֹרָט וּמֵעַם נוֹרָא מִן־הוּא וָהָלְאָה גּוֹי ׀ קַו־קָו וּמְבוּסָה
אֲשֶׁר בָּזְאוּ נְהָרִים אַרְצוֹ אֶל־מְקוֹם שֵׁם־יְהוָה צְבָאוֹת הַר־
צִיּוֹן׃ מַשָּׂא מִצְרָיִם הִנֵּה יְהוָה רֹכֵב עַל־עָב קַל א יט
וּבָא מִצְרַיִם וְנָעוּ אֱלִילֵי מִצְרַיִם מִפָּנָיו וּלְבַב מִצְרַיִם יִמַּס
בְּקִרְבּוֹ׃ וְסִכְסַכְתִּי מִצְרַיִם בְּמִצְרַיִם וְנִלְחֲמוּ אִישׁ בְּאָחִיו וְאִישׁ ב
בְּרֵעֵהוּ עִיר בְּעִיר מַמְלָכָה בְּמַמְלָכָה׃ וְנָבְקָה רוּחַ־מִצְרַיִם ג
בְּקִרְבּוֹ וַעֲצָתוֹ אֲבַלֵּעַ וְדָרְשׁוּ אֶל־הָאֱלִילִים וְאֶל־הָאִטִּים וְאֶל־
הָאֹבוֹת וְאֶל־הַיִּדְּעֹנִים׃ וְסִכַּרְתִּי אֶת־מִצְרַיִם בְּיַד אֲדֹנִים קָשֶׁה ד
וּמֶלֶךְ עַז יִמְשָׁל־בָּם נְאֻם הָאָדוֹן יְהוָה צְבָאוֹת׃ וְנִשְּׁתוּ־מַיִם ה
מֵהַיָּם וְנָהָר יֶחֱרַב וְיָבֵשׁ׃ וְהֶאֶזְנִיחוּ נְהָרוֹת דָּלְלוּ וְחָרְבוּ יְאֹרֵי ו
מָצוֹר קָנֶה וָסוּף קָמֵלוּ׃ עָרוֹת עַל־יְאוֹר עַל־פִּי יְאוֹר וְכֹל ז
מִזְרַע יְאוֹר יִיבַשׁ נִדַּף וְאֵינֶנּוּ׃ וְאָנוּ הַדַּיָּגִים וְאָבְלוּ כָּל־מַשְׁלִיכֵי ח

ט בַּיְאוֹר חַכָּה וּפֹרְשֵׂי מִכְמֹרֶת עַל־פְּנֵי־מַיִם אֻמְלָלוּ׃ וּבֹשׁוּ עֹבְדֵי
י פִשְׁתִּים שְׂרִיקוֹת וְאֹרְגִים חוֹרָי׃ וְהָיוּ שָׁתֹתֶיהָ מְדֻכָּאִים כָּל־
יא עֹשֵׂי שֶׂכֶר אַגְמֵי־נָפֶשׁ׃ אַךְ־אֱוִלִים שָׂרֵי צֹעַן חַכְמֵי יֹעֲצֵי פַרְעֹה
עֵצָה נִבְעָרָה אֵיךְ תֹּאמְרוּ אֶל־פַּרְעֹה בֶּן־חֲכָמִים אֲנִי בֶּן־
יב מַלְכֵי־קֶדֶם׃ אַיָּם אֵפוֹא חֲכָמֶיךָ וְיַגִּידוּ נָא לָךְ וְיֵדְעוּ מַה־יָּעַץ
יג יְהוָה צְבָאוֹת עַל־מִצְרָיִם׃ נוֹאֲלוּ שָׂרֵי צֹעַן נִשְּׁאוּ שָׂרֵי נֹף
יד הִתְעוּ אֶת־מִצְרַיִם פִּנַּת שְׁבָטֶיהָ׃ יְהוָה מָסַךְ בְּקִרְבָּהּ רוּחַ
עִוְעִים וְהִתְעוּ אֶת־מִצְרַיִם בְּכָל־מַעֲשֵׂהוּ כְּהִתָּעוֹת שִׁכּוֹר
טו בְּקִיאוֹ׃ וְלֹא־יִהְיֶה לְמִצְרַיִם מַעֲשֶׂה אֲשֶׁר יַעֲשֶׂה רֹאשׁ וְזָנָב
טז כִּפָּה וְאַגְמוֹן׃ בַּיּוֹם הַהוּא יִהְיֶה מִצְרַיִם כַּנָּשִׁים
וְחָרֵד ׀ וּפָחַד מִפְּנֵי תְּנוּפַת יַד־יְהוָה צְבָאוֹת אֲשֶׁר־הוּא מֵנִיף
יז עָלָיו׃ וְהָיְתָה אַדְמַת יְהוּדָה לְמִצְרַיִם לְחָגָּא כֹּל אֲשֶׁר יַזְכִּיר
אֹתָהּ אֵלָיו יִפְחָד מִפְּנֵי עֲצַת יְהוָה צְבָאוֹת אֲשֶׁר־הוּא יוֹעֵץ
יח עָלָיו׃ בַּיּוֹם הַהוּא יִהְיוּ חָמֵשׁ עָרִים בְּאֶרֶץ
מִצְרַיִם מְדַבְּרוֹת שְׂפַת כְּנַעַן וְנִשְׁבָּעוֹת לַיהוָה צְבָאוֹת עִיר
יט הַהֶרֶס יֵאָמֵר לְאֶחָת׃ בַּיּוֹם הַהוּא יִהְיֶה מִזְבֵּחַ
כ לַיהוָה בְּתוֹךְ אֶרֶץ מִצְרָיִם וּמַצֵּבָה אֵצֶל־גְּבוּלָהּ לַיהוָה׃ וְהָיָה
לְאוֹת וּלְעֵד לַיהוָה צְבָאוֹת בְּאֶרֶץ מִצְרָיִם כִּי־יִצְעֲקוּ אֶל־יְהוָה
כא מִפְּנֵי לֹחֲצִים וְיִשְׁלַח לָהֶם מוֹשִׁיעַ וָרָב וְהִצִּילָם׃ וְנוֹדַע יְהוָה
לְמִצְרַיִם וְיָדְעוּ מִצְרַיִם אֶת־יְהוָה בַּיּוֹם הַהוּא וְעָבְדוּ זֶבַח וּמִנְחָה
כב וְנָדְרוּ־נֵדֶר לַיהוָה וְשִׁלֵּמוּ׃ וְנָגַף יְהוָה אֶת־מִצְרַיִם נָגֹף וְרָפוֹא
כג וְשָׁבוּ עַד־יְהוָה וְנֶעְתַּר לָהֶם וּרְפָאָם׃ בַּיּוֹם הַהוּא
תִּהְיֶה מְסִלָּה מִמִּצְרַיִם אַשּׁוּרָה וּבָא־אַשּׁוּר בְּמִצְרַיִם וּמִצְרַיִם
כד בְּאַשּׁוּר וְעָבְדוּ מִצְרַיִם אֶת־אַשּׁוּר׃ בַּיּוֹם הַהוּא
יִהְיֶה יִשְׂרָאֵל שְׁלִישִׁיָּה לְמִצְרַיִם וּלְאַשּׁוּר בְּרָכָה בְּקֶרֶב הָאָרֶץ׃
כה אֲשֶׁר בֵּרְכוֹ יְהוָה צְבָאוֹת לֵאמֹר בָּרוּךְ עַמִּי מִצְרַיִם וּמַעֲשֵׂה ח
כ א יְדַי אַשּׁוּר וְנַחֲלָתִי יִשְׂרָאֵל׃ בִּשְׁנַת בֹּא תַרְתָּן

אַשְׁדּוֹדָה בִּשְׁלֹחַ אֹתוֹ סַרְגוֹן מֶלֶךְ אַשּׁוּר וַיִּלָּחֶם בְּאַשְׁדּוֹד
וַיִּלְכְּדָהּ׃ בָּעֵת הַהִיא דִּבֶּר יְהוָה בְּיַד יְשַׁעְיָהוּ בֶן־אָמוֹץ לֵאמֹר ב
לֵךְ וּפִתַּחְתָּ הַשַּׂק מֵעַל מָתְנֶיךָ וְנַעַלְךָ תַחֲלֹץ מֵעַל רַגְלֶךָ וַיַּעַשׂ
כֵּן הָלֹךְ עָרוֹם וְיָחֵף׃ וַיֹּאמֶר יְהוָה כַּאֲשֶׁר הָלַךְ ג
עַבְדִּי יְשַׁעְיָהוּ עָרוֹם וְיָחֵף שָׁלֹשׁ שָׁנִים אוֹת וּמוֹפֵת עַל־מִצְרַיִם
וְעַל־כּוּשׁ׃ כֵּן יִנְהַג מֶלֶךְ־אַשּׁוּר אֶת־שְׁבִי מִצְרַיִם וְאֶת־גָּלוּת ד
כּוּשׁ נְעָרִים וּזְקֵנִים עָרוֹם וְיָחֵף וַחֲשׂוּפַי שֵׁת עֶרְוַת מִצְרָיִם׃ וְחַתּוּ ה
וָבֹשׁוּ מִכּוּשׁ מַבָּטָם וּמִן־מִצְרַיִם תִּפְאַרְתָּם׃ וְאָמַר יֹשֵׁב הָאִי ו
הַזֶּה בַּיּוֹם הַהוּא הִנֵּה־כֹה מַבָּטֵנוּ אֲשֶׁר נַסְנוּ שָׁם לְעֶזְרָה לְהִנָּצֵל
מִפְּנֵי מֶלֶךְ אַשּׁוּר וְאֵיךְ נִמָּלֵט אֲנָחְנוּ׃ מַשָּׂא א כא
מִדְבַּר־יָם כְּסוּפוֹת בַּנֶּגֶב לַחֲלֹף מִמִּדְבָּר בָּא מֵאֶרֶץ נוֹרָאָה׃
חָזוּת קָשָׁה הֻגַּד־לִי הַבּוֹגֵד ׀ בּוֹגֵד וְהַשּׁוֹדֵד ׀ שׁוֹדֵד עֲלִי עֵילָם ב
צוּרִי מָדַי כָּל־אַנְחָתָה הִשְׁבַּתִּי׃ עַל־כֵּן מָלְאוּ מָתְנַי חַלְחָלָה ג
צִירִים אֲחָזוּנִי כְּצִירֵי יוֹלֵדָה נַעֲוֵיתִי מִשְּׁמֹעַ נִבְהַלְתִּי מֵרְאוֹת׃
תָּעָה לְבָבִי פַּלָּצוּת בִּעֲתָתְנִי אֵת נֶשֶׁף חִשְׁקִי שָׂם לִי לַחֲרָדָה׃ ד
עָרֹךְ הַשֻּׁלְחָן צָפֹה הַצָּפִית אָכוֹל שָׁתֹה קוּמוּ הַשָּׂרִים מִשְׁחוּ ה
מָגֵן׃ כִּי כֹה אָמַר אֵלַי אֲדֹנָי לֵךְ הַעֲמֵד הַמְצַפֶּה ו
אֲשֶׁר יִרְאֶה יַגִּיד׃ וְרָאָה רֶכֶב צֶמֶד פָּרָשִׁים רֶכֶב חֲמוֹר רֶכֶב ז
גָּמָל וְהִקְשִׁיב קֶשֶׁב רַב־קָשֶׁב׃ וַיִּקְרָא אַרְיֵה עַל־מִצְפֶּה ׀ אֲדֹנָי ח
אָנֹכִי עֹמֵד תָּמִיד יוֹמָם וְעַל־מִשְׁמַרְתִּי אָנֹכִי נִצָּב כָּל־הַלֵּילוֹת׃
וְהִנֵּה־זֶה בָא רֶכֶב אִישׁ צֶמֶד פָּרָשִׁים וַיַּעַן וַיֹּאמֶר נָפְלָה נָפְלָה ט
בָּבֶל וְכָל־פְּסִילֵי אֱלֹהֶיהָ שִׁבַּר לָאָרֶץ׃ מְדֻשָׁתִי וּבֶן־גָּרְנִי י
אֲשֶׁר שָׁמַעְתִּי מֵאֵת יְהוָה צְבָאוֹת אֱלֹהֵי יִשְׂרָאֵל הִגַּדְתִּי
לָכֶם׃ מַשָּׂא דּוּמָה אֵלַי קֹרֵא מִשֵּׂעִיר שֹׁמֵר מַה־ יא
מִלַּיְלָה שֹׁמֵר מַה־מִּלֵּיל׃ אָמַר שֹׁמֵר אָתָא בֹקֶר וְגַם־לַיְלָה יב
אִם־תִּבְעָיוּן בְּעָיוּ שֻׁבוּ אֵתָיוּ׃ מַשָּׂא בַּעְרָב יג
בַּיַּעַר בַּעְרַב תָּלִינוּ אֹרְחוֹת דְּדָנִים׃ לִקְרַאת צָמֵא הֵתָיוּ יד

טו מַיִם יֹשְׁבֵי אֶרֶץ תֵּימָא בְּלַחְמוֹ קִדְּמוּ נֹדֵד: כִּי־מִפְּנֵי חֲרָבוֹת
נָדָדוּ מִפְּנֵי ׀ חֶרֶב נְטוּשָׁה וּמִפְּנֵי קֶשֶׁת דְּרוּכָה וּמִפְּנֵי כֹּבֶד
טז מִלְחָמָה: כִּי־כֹה אָמַר אֲדֹנָי אֵלָי בְּעוֹד שָׁנָה כִּשְׁנֵי
יז שְׂכִיר וְכָלָה כָּל־כְּבוֹד קֵדָר: וּשְׁאָר מִסְפַּר־קֶשֶׁת גִּבּוֹרֵי בְנֵי־
כב א קֵדָר יִמְעָטוּ כִּי יְהוָה אֱלֹהֵי־יִשְׂרָאֵל דִּבֵּר: מַשָּׂא
ב גֵּיא חִזָּיוֹן מַה־לָּךְ אֵפוֹא כִּי־עָלִית כֻּלָּךְ לַגַּגּוֹת: תְּשֻׁאוֹת ׀
מְלֵאָה עִיר הוֹמִיָּה קִרְיָה עַלִּיזָה חֲלָלַיִךְ לֹא חַלְלֵי־חֶרֶב וְלֹא
ג מֵתֵי מִלְחָמָה: כָּל־קְצִינַיִךְ נָדְדוּ יַחַד מִקֶּשֶׁת אֻסָּרוּ כָּל־
ד נִמְצָאַיִךְ אֻסְּרוּ יַחְדָּו מֵרָחוֹק בָּרָחוּ: עַל־כֵּן אָמַרְתִּי שְׁעוּ מִנִּי
ה אֲמָרֵר בַּבֶּכִי אַל־תָּאִיצוּ לְנַחֲמֵנִי עַל־שֹׁד בַּת־עַמִּי: כִּי יוֹם
מְהוּמָה וּמְבוּסָה וּמְבוּכָה לַאדֹנָי יֱהֹוִה צְבָאוֹת בְּגֵי חִזָּיוֹן
ו מְקַרְקַר קִר וְשׁוֹעַ אֶל־הָהָר: וְעֵילָם נָשָׂא אַשְׁפָּה בְּרֶכֶב אָדָם
ז פָּרָשִׁים וְקִיר עֵרָה מָגֵן: וַיְהִי מִבְחַר־עֲמָקַיִךְ מָלְאוּ רָכֶב
ח וְהַפָּרָשִׁים שֹׁת שָׁתוּ הַשָּׁעְרָה: וַיְגַל אֵת מָסַךְ יְהוּדָה וַתַּבֵּט
ט בַּיּוֹם הַהוּא אֶל־נֶשֶׁק בֵּית הַיָּעַר: וְאֵת בְּקִיעֵי עִיר־דָּוִד רְאִיתֶם
י כִּי־רָבּוּ וַתְּקַבְּצוּ אֶת־מֵי הַבְּרֵכָה הַתַּחְתּוֹנָה: וְאֶת־בָּתֵּי
יא יְרוּשָׁלִַם סְפַרְתֶּם וַתִּתְצוּ הַבָּתִּים לְבַצֵּר הַחוֹמָה: וּמִקְוָה
עֲשִׂיתֶם בֵּין הַחֹמֹתַיִם לְמֵי הַבְּרֵכָה הַיְשָׁנָה וְלֹא הִבַּטְתֶּם אֶל־
יב עֹשֶׂיהָ וְיֹצְרָהּ מֵרָחוֹק לֹא רְאִיתֶם: וַיִּקְרָא אֲדֹנָי יֱהֹוִה צְבָאוֹת
יג בַּיּוֹם הַהוּא לִבְכִי וּלְמִסְפֵּד וּלְקָרְחָה וְלַחֲגֹר שָׂק: וְהִנֵּה ׀ שָׂשׂוֹן
וְשִׂמְחָה הָרֹג ׀ בָּקָר וְשָׁחֹט צֹאן אָכֹל בָּשָׂר וְשָׁתוֹת יָיִן
יד אָכוֹל וְשָׁתוֹ כִּי מָחָר נָמוּת: וְנִגְלָה בְאָזְנָי יְהוָה צְבָאוֹת
אִם־יְכֻפַּר הֶעָוֹן הַזֶּה לָכֶם עַד־תְּמֻתוּן אָמַר אֲדֹנָי יֱהֹוִה
טו צְבָאוֹת: כֹּה אָמַר אֲדֹנָי יֱהֹוִה צְבָאוֹת לֶךְ־בֹּא
טז אֶל־הַסֹּכֵן הַזֶּה עַל־שֶׁבְנָא אֲשֶׁר עַל־הַבָּיִת: מַה־לְּךָ פֹה וּמִי
לְךָ פֹה כִּי־חָצַבְתָּ לְּךָ פֹּה קָבֶר חֹצְבִי מָרוֹם קִבְרוֹ חֹקְקִי בַסֶּלַע
יז מִשְׁכָּן לוֹ: הִנֵּה יְהוָה מְטַלְטֶלְךָ טַלְטֵלָה גָּבֶר וְעֹטְךָ עָטֹה:

יח צָנוֹף יִצְנָפְךָ צְנֵפָה כַּדּוּר אֶל־אֶרֶץ רַחֲבַת יָדָיִם שָׁמָּה תָמוּת
יט וְשָׁמָּה מַרְכְּבוֹת כְּבוֹדֶךָ קְלוֹן בֵּית אֲדֹנֶיךָ: וַהֲדַפְתִּיךָ מִמַּצָּבֶךָ
כ וּמִמַּעֲמָדְךָ יֶהֶרְסֶךָ: וְהָיָה בַּיּוֹם הַהוּא וְקָרָאתִי לְעַבְדִּי לְאֶלְיָקִים
כא בֶּן־חִלְקִיָּהוּ: וְהִלְבַּשְׁתִּיו כֻּתָּנְתֶּךָ וְאַבְנֵטְךָ אֲחַזְּקֶנּוּ וּמֶמְשַׁלְתְּךָ
כב אֶתֵּן בְּיָדוֹ וְהָיָה לְאָב לְיוֹשֵׁב יְרוּשָׁלִַם וּלְבֵית יְהוּדָה: וְנָתַתִּי
מַפְתֵּחַ בֵּית־דָּוִד עַל־שִׁכְמוֹ וּפָתַח וְאֵין סֹגֵר וְסָגַר וְאֵין פֹּתֵחַ:
כג וּתְקַעְתִּיו יָתֵד בְּמָקוֹם נֶאֱמָן וְהָיָה לְכִסֵּא כָבוֹד לְבֵית אָבִיו: ט
כד וְתָלוּ עָלָיו כֹּל ׀ כְּבוֹד בֵּית־אָבִיו הַצֶּאֱצָאִים וְהַצְּפִעוֹת כֹּל
כה כְּלֵי הַקָּטָן מִכְּלֵי הָאַגָּנוֹת וְעַד כָּל־כְּלֵי הַנְּבָלִים: בַּיּוֹם
הַהוּא נְאֻם יהוה צְבָאוֹת תָּמוּשׁ הַיָּתֵד הַתְּקוּעָה בְּמָקוֹם
נֶאֱמָן וְנִגְדְּעָה וְנָפְלָה וְנִכְרַת הַמַּשָּׂא אֲשֶׁר־עָלֶיהָ כִּי יהוה
כג א דִּבֵּר: מַשָּׂא צֹר הֵילִילוּ ׀ אֳנִיּוֹת תַּרְשִׁישׁ כִּי־שֻׁדַּד
ב מִבַּיִת מִבּוֹא מֵאֶרֶץ כִּתִּים נִגְלָה־לָמוֹ: דֹּמּוּ יֹשְׁבֵי אִי סֹחֵר
ג צִידוֹן עֹבֵר יָם מִלְאוּךְ: וּבְמַיִם רַבִּים זֶרַע שִׁחֹר קְצִיר יְאוֹר
ד תְּבוּאָתָהּ וַתְּהִי סְחַר גּוֹיִם: בּוֹשִׁי צִידוֹן כִּי־אָמַר יָם מָעוֹז הַיָּם
לֵאמֹר לֹא־חַלְתִּי וְלֹא־יָלַדְתִּי וְלֹא גִדַּלְתִּי בַחוּרִים רוֹמַמְתִּי
ה ו בְתוּלוֹת: כַּאֲשֶׁר־שֵׁמַע לְמִצְרָיִם יָחִילוּ כְּשֵׁמַע צֹר: עִבְרוּ
ז תַּרְשִׁישָׁה הֵילִילוּ יֹשְׁבֵי אִי: הֲזֹאת לָכֶם עַלִּיזָה מִימֵי־קֶדֶם
ח קַדְמָתָהּ יֹבִלוּהָ רַגְלֶיהָ מֵרָחוֹק לָגוּר: מִי יָעַץ זֹאת עַל־צֹר
ט הַמַּעֲטִירָה אֲשֶׁר סֹחֲרֶיהָ שָׂרִים כִּנְעָנֶיהָ נִכְבַּדֵּי־אָרֶץ: יהוה
צְבָאוֹת יְעָצָהּ לְחַלֵּל גְּאוֹן כָּל־צְבִי לְהָקֵל כָּל־נִכְבַּדֵּי־אָרֶץ:
י יא עִבְרִי אַרְצֵךְ כַּיְאֹר בַּת־תַּרְשִׁישׁ אֵין מֵזַח עוֹד: יָדוֹ נָטָה עַל־
הַיָּם הִרְגִּיז מַמְלָכוֹת יהוה צִוָּה אֶל־כְּנַעַן לַשְׁמִד מָעֻזְנֶיהָ:
יב וַיֹּאמֶר לֹא־תוֹסִיפִי עוֹד לַעֲלוֹז הַמְעֻשָּׁקָה בְּתוּלַת בַּת־צִידוֹן
יג כתיים קוּמִי עֲבֹרִי גַּם־שָׁם לֹא־יָנוּחַ לָךְ: הֵן ׀ אֶרֶץ כַּשְׂדִּים זֶה כִּתִּים
הָעָם לֹא הָיָה אַשּׁוּר יְסָדָהּ לְצִיִּים הֵקִימוּ בחיניו עֹרְרוּ בַּחוּנָיו
יד אַרְמְנוֹתֶיהָ שָׂמָהּ לְמַפֵּלָה: הֵילִילוּ אֳנִיּוֹת תַּרְשִׁישׁ כִּי שֻׁדַּד

טו מָעֻזְּכֶן׃ וְהָיָה בַּיּוֹם הַהוּא וְנִשְׁכַּחַת צֹר שִׁבְעִים
שָׁנָה כִּימֵי מֶלֶךְ אֶחָד מִקֵּץ שִׁבְעִים שָׁנָה יִהְיֶה לְצֹר כְּשִׁירַת
טז הַזּוֹנָה׃ קְחִי כִנּוֹר סֹבִּי עִיר זוֹנָה נִשְׁכָּחָה הֵיטִיבִי נַגֵּן הַרְבִּי־
יז שִׁיר לְמַעַן תִּזָּכֵרִי׃ וְהָיָה מִקֵּץ ׀ שִׁבְעִים שָׁנָה יִפְקֹד יהוה אֶת־
צֹר וְשָׁבָה לְאֶתְנַנָּה וְזָנְתָה אֶת־כָּל־מַמְלְכוֹת הָאָרֶץ עַל־פְּנֵי
יח הָאֲדָמָה׃ וְהָיָה סַחְרָהּ וְאֶתְנַנָּהּ קֹדֶשׁ לַיהוה לֹא יֵאָצֵר וְלֹא יֵחָסֵן
כִּי לַיֹּשְׁבִים לִפְנֵי יהוה יִהְיֶה סַחְרָהּ לֶאֱכֹל לְשָׂבְעָה וְלִמְכַסֶּה
כד א עָתִיק׃ הִנֵּה יהוה בּוֹקֵק הָאָרֶץ וּבוֹלְקָהּ וְעִוָּה
ב פָנֶיהָ וְהֵפִיץ יֹשְׁבֶיהָ׃ וְהָיָה כָעָם כַּכֹּהֵן כַּעֶבֶד כַּאדֹנָיו כַּשִּׁפְחָה
כַּגְּבִרְתָּהּ כַּקּוֹנֶה כַּמּוֹכֵר כַּמַּלְוֶה כַּלֹּוֶה כַּנֹּשֶׁה כַּאֲשֶׁר נֹשֶׁא בוֹ׃
ג הִבּוֹק ׀ תִּבּוֹק הָאָרֶץ וְהִבּוֹז ׀ תִּבּוֹז כִּי יהוה דִּבֶּר אֶת־הַדָּבָר
ד הַזֶּה׃ אָבְלָה נָבְלָה הָאָרֶץ אֻמְלְלָה נָבְלָה תֵּבֵל אֻמְלָלוּ מְרוֹם
ה עַם־הָאָרֶץ׃ וְהָאָרֶץ חָנְפָה תַּחַת יֹשְׁבֶיהָ כִּי־עָבְרוּ תוֹרֹת חָלְפוּ
ו חֹק הֵפֵרוּ בְּרִית עוֹלָם׃ עַל־כֵּן אָלָה אָכְלָה אֶרֶץ וַיֶּאְשְׁמוּ יֹשְׁבֵי
ז בָהּ עַל־כֵּן חָרוּ יֹשְׁבֵי אֶרֶץ וְנִשְׁאַר אֱנוֹשׁ מִזְעָר׃ אָבַל תִּירוֹשׁ
ח אֻמְלְלָה־גָפֶן נֶאֶנְחוּ כָּל־שִׂמְחֵי־לֵב׃ שָׁבַת מְשׂוֹשׂ תֻּפִּים חָדַל
ט שְׁאוֹן עַלִּיזִים שָׁבַת מְשׂוֹשׂ כִּנּוֹר׃ בַּשִּׁיר לֹא יִשְׁתּוּ־יָיִן יֵמַר
י יא שֵׁכָר לְשֹׁתָיו׃ נִשְׁבְּרָה קִרְיַת־תֹּהוּ סֻגַּר כָּל־בַּיִת מִבּוֹא׃ צְוָחָה
יב עַל־הַיַּיִן בַּחוּצוֹת עָרְבָה כָּל־שִׂמְחָה גָּלָה מְשׂוֹשׂ הָאָרֶץ׃ נִשְׁאַר
יג בָּעִיר שַׁמָּה וּשְׁאִיָּה יֻכַּת־שָׁעַר׃ כִּי כֹה יִהְיֶה בְּקֶרֶב הָאָרֶץ
יד בְּתוֹךְ הָעַמִּים כְּנֹקֶף זַיִת כְּעוֹלֵלֹת אִם־כָּלָה בָצִיר׃ הֵמָּה יִשְׂאוּ
טו קוֹלָם יָרֹנּוּ בִּגְאוֹן יהוה צָהֲלוּ מִיָּם׃ עַל־כֵּן בָּאֻרִים כַּבְּדוּ יהוה
טז בְּאִיֵּי הַיָּם שֵׁם יהוה אֱלֹהֵי יִשְׂרָאֵל׃ מִכְּנַף
הָאָרֶץ זְמִרֹת שָׁמַעְנוּ צְבִי לַצַּדִּיק וָאֹמַר רָזִי־לִי רָזִי־לִי אוֹי לִי
יז בֹּגְדִים בָּגָדוּ וּבֶגֶד בּוֹגְדִים בָּגָדוּ׃ פַּחַד וָפַחַת וָפָח עָלֶיךָ יוֹשֵׁב
יח הָאָרֶץ׃ וְהָיָה הַנָּס מִקּוֹל הַפַּחַד יִפֹּל אֶל־הַפַּחַת וְהָעוֹלֶה מִתּוֹךְ
הַפַּחַת יִלָּכֵד בַּפָּח כִּי־אֲרֻבּוֹת מִמָּרוֹם נִפְתָּחוּ וַיִּרְעֲשׁוּ מוֹסְדֵי

יט אֶרֶץ׃ רֹעָה הִתְרֹעֲעָה הָאָרֶץ פּוֹר הִתְפּוֹרְרָה אֶרֶץ מוֹט
כ הִתְמוֹטְטָה אָרֶץ׃ נוֹעַ תָּנוּעַ אֶרֶץ כַּשִּׁכּוֹר וְהִתְנוֹדְדָה כַּמְּלוּנָה
כא וְכָבַד עָלֶיהָ פִּשְׁעָהּ וְנָפְלָה וְלֹא־תֹסִיף קוּם׃ וְהָיָה
בַּיּוֹם הַהוּא יִפְקֹד יְהוָה עַל־צְבָא הַמָּרוֹם בַּמָּרוֹם וְעַל־מַלְכֵי
כב הָאֲדָמָה עַל־הָאֲדָמָה׃ וְאֻסְּפוּ אֲסֵפָה אַסִּיר עַל־בּוֹר וְסֻגְּרוּ עַל־
כג מַסְגֵּר וּמֵרֹב יָמִים יִפָּקֵדוּ׃ וְחָפְרָה הַלְּבָנָה וּבוֹשָׁה הַחַמָּה י
כִּי־מָלַךְ יְהוָה צְבָאוֹת בְּהַר צִיּוֹן וּבִירוּשָׁלִַם וְנֶגֶד זְקֵנָיו
א כה כָּבוֹד׃ יְהוָה אֱלֹהַי אַתָּה אֲרוֹמִמְךָ אוֹדֶה שִׁמְךָ
ב כִּי עָשִׂיתָ פֶּלֶא עֵצוֹת מֵרָחוֹק אֱמוּנָה אֹמֶן׃ כִּי שַׂמְתָּ מֵעִיר לַגָּל
קִרְיָה בְצוּרָה לְמַפֵּלָה אַרְמוֹן זָרִים מֵעִיר לְעוֹלָם לֹא יִבָּנֶה׃
ג ד עַל־כֵּן יְכַבְּדוּךָ עַם־עָז קִרְיַת גּוֹיִם עָרִיצִים יִירָאוּךָ׃ כִּי־הָיִיתָ
מָעוֹז לַדָּל מָעוֹז לָאֶבְיוֹן בַּצַּר־לוֹ מַחְסֶה מִזֶּרֶם צֵל מֵחֹרֶב כִּי
ה רוּחַ עָרִיצִים כְּזֶרֶם קִיר׃ כְּחֹרֶב בְּצָיוֹן שְׁאוֹן זָרִים תַּכְנִיעַ חֹרֶב
ו בְּצֵל עָב זְמִיר עָרִיצִים יַעֲנֶה׃ וְעָשָׂה יְהוָה
צְבָאוֹת לְכָל־הָעַמִּים בָּהָר הַזֶּה מִשְׁתֵּה שְׁמָנִים מִשְׁתֵּה שְׁמָרִים
ז שְׁמָנִים מְמֻחָיִם שְׁמָרִים מְזֻקָּקִים׃ וּבִלַּע בָּהָר הַזֶּה פְּנֵי־הַלּוֹט ׀
ח הַלּוֹט עַל־כָּל־הָעַמִּים וְהַמַּסֵּכָה הַנְּסוּכָה עַל־כָּל־הַגּוֹיִם׃ בִּלַּע
הַמָּוֶת לָנֶצַח וּמָחָה אֲדֹנָי יְהוִה דִּמְעָה מֵעַל כָּל־פָּנִים וְחֶרְפַּת
ט עַמּוֹ יָסִיר מֵעַל כָּל־הָאָרֶץ כִּי יְהוָה דִּבֵּר׃ וְאָמַר
בַּיּוֹם הַהוּא הִנֵּה אֱלֹהֵינוּ זֶה קִוִּינוּ לוֹ וְיוֹשִׁיעֵנוּ זֶה יְהוָה קִוִּינוּ
י לוֹ נָגִילָה וְנִשְׂמְחָה בִּישׁוּעָתוֹ׃ כִּי־תָנוּחַ יַד־יְהוָה בָּהָר הַזֶּה
יא וְנָדוֹשׁ מוֹאָב תַּחְתָּיו כְּהִדּוֹשׁ מַתְבֵּן בְּמֵי מַדְמֵנָה׃ וּפֵרַשׂ יָדָיו בְּמוֹ
בְּקִרְבּוֹ כַּאֲשֶׁר יְפָרֵשׂ הַשֹּׂחֶה לִשְׂחוֹת וְהִשְׁפִּיל גַּאֲוָתוֹ עִם
יב אָרְבּוֹת יָדָיו׃ וּמִבְצַר מִשְׂגַּב חוֹמֹתֶיךָ הֵשַׁח הִשְׁפִּיל הִגִּיעַ
א כו לָאָרֶץ עַד־עָפָר׃ בַּיּוֹם הַהוּא יוּשַׁר הַשִּׁיר־הַזֶּה
ב בְּאֶרֶץ יְהוּדָה עִיר עָז־לָנוּ יְשׁוּעָה יָשִׁית חוֹמוֹת וָחֵל׃ פִּתְחוּ
ג שְׁעָרִים וְיָבֹא גוֹי־צַדִּיק שֹׁמֵר אֱמֻנִים׃ יֵצֶר סָמוּךְ תִּצֹּר שָׁלוֹם ׀

ד שָׁלוֹם כִּי בְךָ בָּטוּחַ: בִּטְחוּ בַיהוָה עֲדֵי־עַד כִּי בְּיָהּ יְהוָה צוּר
ה עוֹלָמִים: כִּי הֵשַׁח יֹשְׁבֵי מָרוֹם קִרְיָה נִשְׂגָּבָה יַשְׁפִּילֶנָּה יַשְׁפִּילָהּ
ו עַד־אֶרֶץ יַגִּיעֶנָּה עַד־עָפָר: תִּרְמְסֶנָּה רָגֶל רַגְלֵי עָנִי פַּעֲמֵי
ז ח דַלִּים: אֹרַח לַצַּדִּיק מֵישָׁרִים יָשָׁר מַעְגַּל צַדִּיק תְּפַלֵּס: אַף
ט אֹרַח מִשְׁפָּטֶיךָ יְהוָה קִוִּינוּךָ לְשִׁמְךָ וּלְזִכְרְךָ תַּאֲוַת־נָפֶשׁ: נַפְשִׁי
אִוִּיתִךָ בַּלַּיְלָה אַף־רוּחִי בְקִרְבִּי אֲשַׁחֲרֶךָּ כִּי כַּאֲשֶׁר מִשְׁפָּטֶיךָ
י לָאָרֶץ צֶדֶק לָמְדוּ יֹשְׁבֵי תֵבֵל: יֻחַן רָשָׁע בַּל־לָמַד צֶדֶק בְּאֶרֶץ
יא נְכֹחוֹת יְעַוֵּל וּבַל־יִרְאֶה גֵּאוּת יְהוָה: יְהוָה רָמָה
יָדְךָ בַּל־יֶחֱזָיוּן יֶחֱזוּ וְיֵבֹשׁוּ קִנְאַת־עָם אַף־אֵשׁ צָרֶיךָ תֹאכְלֵם:
יב יג יְהוָה תִּשְׁפֹּת שָׁלוֹם לָנוּ כִּי גַּם כָּל־מַעֲשֵׂינוּ פָּעַלְתָּ לָּנוּ: יְהוָה
יד אֱלֹהֵינוּ בְּעָלוּנוּ אֲדֹנִים זוּלָתֶךָ לְבַד־בְּךָ נַזְכִּיר שְׁמֶךָ: מֵתִים
בַּל־יִחְיוּ רְפָאִים בַּל־יָקֻמוּ לָכֵן פָּקַדְתָּ וַתַּשְׁמִידֵם וַתְּאַבֵּד כָּל־
טו זֵכֶר לָמוֹ: יָסַפְתָּ לַגּוֹי יְהוָה יָסַפְתָּ לַגּוֹי נִכְבָּדְתָּ רִחַקְתָּ כָּל־
טז קַצְוֵי־אָרֶץ: יְהוָה בַּצַּר פְּקָדוּךָ צָקוּן לַחַשׁ
יז מוּסָרְךָ לָמוֹ: כְּמוֹ הָרָה תַּקְרִיב לָלֶדֶת תָּחִיל תִּזְעַק בַּחֲבָלֶיהָ
יח כֵּן הָיִינוּ מִפָּנֶיךָ יְהוָה: הָרִינוּ חַלְנוּ כְּמוֹ יָלַדְנוּ רוּחַ יְשׁוּעֹת בַּל־
יט נַעֲשֶׂה אֶרֶץ וּבַל־יִפְּלוּ יֹשְׁבֵי תֵבֵל: יִחְיוּ מֵתֶיךָ נְבֵלָתִי יְקוּמוּן
הָקִיצוּ וְרַנְּנוּ שֹׁכְנֵי עָפָר כִּי טַל אוֹרֹת טַלֶּךָ וָאָרֶץ רְפָאִים
כ תַּפִּיל: לֵךְ עַמִּי בֹּא בַחֲדָרֶיךָ וּסְגֹר דלתיך בַּעֲדֶךָ דְּלָתְךָ
כא חֲבִי כִמְעַט־רֶגַע עַד־יעבור־זָעַם: כִּי־הִנֵּה יְהוָה יֹצֵא מִמְּקוֹמוֹ יַעֲבָר־
לִפְקֹד עֲוֹן יֹשֵׁב־הָאָרֶץ עָלָיו וְגִלְּתָה הָאָרֶץ אֶת־דָּמֶיהָ
כז א וְלֹא־תְכַסֶּה עוֹד עַל־הֲרוּגֶיהָ: בַּיּוֹם הַהוּא יִפְקֹד
יְהוָה בְּחַרְבּוֹ הַקָּשָׁה וְהַגְּדוֹלָה וְהַחֲזָקָה עַל לִוְיָתָן נָחָשׁ
בָּרִחַ וְעַל לִוְיָתָן נָחָשׁ עֲקַלָּתוֹן וְהָרַג אֶת־הַתַּנִּין אֲשֶׁר
ב ג בַּיָּם: בַּיּוֹם הַהוּא כֶּרֶם חֶמֶר עַנּוּ־לָהּ: אֲנִי יְהוָה
נֹצְרָהּ לִרְגָעִים אַשְׁקֶנָּה פֶּן יִפְקֹד עָלֶיהָ לַיְלָה וָיוֹם אֶצֳּרֶנָּה:
ד חֵמָה אֵין לִי מִי־יִתְּנֵנִי שָׁמִיר שַׁיִת בַּמִּלְחָמָה אֶפְשְׂעָה בָהּ

אֲצִיתֶנָּה יָּחַד: אוֹ יַחֲזֵק בְּמָעוּזִּי יַעֲשֶׂה שָׁלוֹם לִי שָׁלוֹם יַעֲשֶׂה־ ה
לִּי: הַבָּאִים יַשְׁרֵשׁ יַעֲקֹב יָצִיץ וּפָרַח יִשְׂרָאֵל וּמָלְאוּ פְנֵי־תֵבֵל ו
תְּנוּבָה: הַכְּמַכַּת מַכֵּהוּ הִכָּהוּ אִם־כְּהֶרֶג הֲרֻגָיו ז
הֹרָג: בְּסַאסְּאָה בְּשַׁלְחָהּ תְּרִיבֶנָּה הָגָה בְּרוּחוֹ הַקָּשָׁה בְּיוֹם ח
קָדִים: לָכֵן בְּזֹאת יְכֻפַּר עֲוֺן־יַעֲקֹב וְזֶה כָּל־פְּרִי הָסִר חַטָּאתוֹ ט
בְּשׂוּמוֹ ׀ כָּל־אַבְנֵי מִזְבֵּחַ כְּאַבְנֵי־גִר מְנֻפָּצוֹת לֹא־יָקֻמוּ אֲשֵׁרִים
וְחַמָּנִים: כִּי עִיר בְּצוּרָה בָּדָד נָוֶה מְשֻׁלָּח וְנֶעֱזָב כַּמִּדְבָּר שָׁם י
יִרְעֶה עֵגֶל וְשָׁם יִרְבָּץ וְכִלָּה סְעִפֶיהָ: בִּיבֹשׁ קְצִירָהּ תִּשָּׁבַרְנָה יא
נָשִׁים בָּאוֹת מְאִירוֹת אוֹתָהּ כִּי לֹא עַם־בִּינוֹת הוּא עַל־כֵּן
לֹא־יְרַחֲמֶנּוּ עֹשֵׂהוּ וְיֹצְרוֹ לֹא יְחֻנֶּנּוּ: וְהָיָה בַּיּוֹם יב
הַהוּא יַחְבֹּט יְהוָה מִשִּׁבֹּלֶת הַנָּהָר עַד־נַחַל מִצְרָיִם וְאַתֶּם
תְּלֻקְּטוּ לְאַחַד אֶחָד בְּנֵי יִשְׂרָאֵל: וְהָיָה ׀ בַּיּוֹם יג
הַהוּא יִתָּקַע בְּשׁוֹפָר גָּדוֹל וּבָאוּ הָאֹבְדִים בְּאֶרֶץ אַשּׁוּר
וְהַנִּדָּחִים בְּאֶרֶץ מִצְרָיִם וְהִשְׁתַּחֲווּ לַיהוָה בְּהַר הַקֹּדֶשׁ
בִּירוּשָׁלִָם: הוֹי עֲטֶרֶת גֵּאוּת שִׁכֹּרֵי אֶפְרַיִם וְצִיץ א כח
נֹבֵל צְבִי תִפְאַרְתּוֹ אֲשֶׁר עַל־רֹאשׁ גֵּיא־שְׁמָנִים הֲלוּמֵי יָיִן: הִנֵּה ב
חָזָק וְאַמִּץ לַאדֹנָי כְּזֶרֶם בָּרָד שַׂעַר קָטֶב כְּזֶרֶם מַיִם כַּבִּירִים
שֹׁטְפִים הִנִּיחַ לָאָרֶץ בְּיָד: בְּרַגְלַיִם תֵּרָמַסְנָה עֲטֶרֶת גֵּאוּת ג
שִׁכּוֹרֵי אֶפְרָיִם: וְהָיְתָה צִיצַת נֹבֵל צְבִי תִפְאַרְתּוֹ אֲשֶׁר עַל־ ד
רֹאשׁ גֵּיא שְׁמָנִים כְּבִכּוּרָהּ בְּטֶרֶם קַיִץ אֲשֶׁר יִרְאֶה הָרֹאֶה
אוֹתָהּ בְּעוֹדָהּ בְּכַפּוֹ יִבְלָעֶנָּה: בַּיּוֹם הַהוּא יִהְיֶה ה
יְהוָה צְבָאוֹת לַעֲטֶרֶת צְבִי וְלִצְפִירַת תִּפְאָרָה לִשְׁאָר עַמּוֹ:
וּלְרוּחַ מִשְׁפָּט לַיּוֹשֵׁב עַל־הַמִּשְׁפָּט וְלִגְבוּרָה מְשִׁיבֵי מִלְחָמָה ו
שָׁעְרָה: וְגַם־אֵלֶּה בַּיַּיִן שָׁגוּ וּבַשֵּׁכָר תָּעוּ כֹּהֵן וְנָבִיא שָׁגוּ בַשֵּׁכָר ז
נִבְלְעוּ מִן־הַיַּיִן תָּעוּ מִן־הַשֵּׁכָר שָׁגוּ בָּרֹאֶה פָּקוּ פְּלִילִיָּה: כִּי ח
כָּל־שֻׁלְחָנוֹת מָלְאוּ קִיא צֹאָה בְּלִי מָקוֹם: אֶת־ ט
מִי יוֹרֶה דֵעָה וְאֶת־מִי יָבִין שְׁמוּעָה גְּמוּלֵי מֵחָלָב עַתִּיקֵי

י מְשָׁדָיִם: כִּי צַו לָצָו צַו לָצָו קַו לָקָו קַו לָקָו זְעֵיר שָׁם זְעֵיר שָׁם:
יא יב כִּי בְּלַעֲגֵי שָׂפָה וּבְלָשׁוֹן אַחֶרֶת יְדַבֵּר אֶל־הָעָם הַזֶּה: אֲשֶׁר ׀
אָמַר אֲלֵיהֶם זֹאת הַמְּנוּחָה הָנִיחוּ לֶעָיֵף וְזֹאת הַמַּרְגֵּעָה וְלֹא
יג אָבוּא שְׁמוֹעַ: וְהָיָה לָהֶם דְּבַר־יְהוָה צַו לָצָו צַו לָצָו קַו לָקָו קַו
לָקָו זְעֵיר שָׁם זְעֵיר שָׁם לְמַעַן יֵלְכוּ וְכָשְׁלוּ אָחוֹר וְנִשְׁבָּרוּ וְנוֹקְשׁוּ
יד וְנִלְכָּדוּ: לָכֵן שִׁמְעוּ דְבַר־יְהוָה אַנְשֵׁי לָצוֹן
טו מֹשְׁלֵי הָעָם הַזֶּה אֲשֶׁר בִּירוּשָׁלָםִ: כִּי אֲמַרְתֶּם כָּרַתְנוּ בְרִית
אֶת־מָוֶת וְעִם־שְׁאוֹל עָשִׂינוּ חֹזֶה שיט שׁוֹטֵף כִּי־עבר לֹא יְבוֹאֵנוּ שׁוֹט | יַעֲבֹר
טז כִּי שַׂמְנוּ כָזָב מַחְסֵנוּ וּבַשֶּׁקֶר נִסְתָּרְנוּ: לָכֵן כֹּה
אָמַר אֲדֹנָי יֱהֹוִה הִנְנִי יִסַּד בְּצִיּוֹן אָבֶן אֶבֶן בֹּחַן פִּנַּת יִקְרַת
יז מוּסָד מוּסָּד הַמַּאֲמִין לֹא יָחִישׁ: וְשַׂמְתִּי מִשְׁפָּט לְקָו וּצְדָקָה
יח לְמִשְׁקָלֶת וְיָעָה בָרָד מַחְסֵה כָזָב וְסֵתֶר מַיִם יִשְׁטֹפוּ: וְכֻפַּר
בְּרִיתְכֶם אֶת־מָוֶת וְחָזוּתְכֶם אֶת־שְׁאוֹל לֹא תָקוּם שׁוֹט שׁוֹטֵף
יט כִּי יַעֲבֹר וִהְיִיתֶם לוֹ לְמִרְמָס: מִדֵּי עָבְרוֹ יִקַּח אֶתְכֶם כִּי־בַבֹּקֶר
כ בַּבֹּקֶר יַעֲבֹר בַּיּוֹם וּבַלָּיְלָה וְהָיָה רַק־זְוָעָה הָבִין שְׁמוּעָה: כִּי־
כא קָצַר הַמַּצָּע מֵהִשְׂתָּרֵעַ וְהַמַּסֵּכָה צָרָה כְּהִתְכַּנֵּס: כִּי כְהַר־
פְּרָצִים יָקוּם יְהוָה כְּעֵמֶק בְּגִבְעוֹן יִרְגָּז לַעֲשׂוֹת מַעֲשֵׂהוּ זָר
כב מַעֲשֵׂהוּ וְלַעֲבֹד עֲבֹדָתוֹ נָכְרִיָּה עֲבֹדָתוֹ: וְעַתָּה אַל־תִּתְלוֹצָצוּ
פֶּן־יֶחְזְקוּ מוֹסְרֵיכֶם כִּי־כָלָה וְנֶחֱרָצָה שָׁמַעְתִּי מֵאֵת אֲדֹנָי יֱהֹוִה
כג צְבָאוֹת עַל־כָּל־הָאָרֶץ: הַאֲזִינוּ וְשִׁמְעוּ קוֹלִי
כד הַקְשִׁיבוּ וְשִׁמְעוּ אִמְרָתִי: הֲכֹל הַיּוֹם יַחֲרֹשׁ הַחֹרֵשׁ לִזְרֹעַ יְפַתַּח
כה וִישַׂדֵּד אַדְמָתוֹ: הֲלוֹא אִם־שִׁוָּה פָנֶיהָ וְהֵפִיץ קֶצַח וְכַמֹּן יִזְרֹק
כו וְשָׂם חִטָּה שׂוֹרָה וּשְׂעֹרָה נִסְמָן וְכֻסֶּמֶת גְּבֻלָתוֹ: וְיִסְּרוֹ לַמִּשְׁפָּט
כז אֱלֹהָיו יוֹרֶנּוּ: כִּי לֹא בֶחָרוּץ יוּדַשׁ קֶצַח וְאוֹפַן עֲגָלָה עַל־כַּמֹּן
כח יוּסָּב כִּי בַמַּטֶּה יֵחָבֶט קֶצַח וְכַמֹּן בַּשָּׁבֶט: לֶחֶם יוּדָק כִּי
לֹא לָנֶצַח אָדוֹשׁ יְדוּשֶׁנּוּ וְהָמַם גִּלְגַּל עֶגְלָתוֹ וּפָרָשָׁיו לֹא
כט יְדֻקֶּנּוּ: גַּם־זֹאת מֵעִם יְהוָה צְבָאוֹת יָצָאָה הִפְלִא עֵצָה הִגְדִּיל

א תּוּשִׁיָּה׃ הוֹי אֲרִיאֵל אֲרִיאֵל קִרְיַת חָנָה דָוִד סְפוּ
ב שָׁנָה עַל־שָׁנָה חַגִּים יִנְקֹפוּ׃ וַהֲצִיקוֹתִי לַאֲרִיאֵל וְהָיְתָה תַאֲנִיָּה
ג וַאֲנִיָּה וְהָיְתָה לִּי כַּאֲרִיאֵל׃ וְחָנִיתִי כַדּוּר עָלָיִךְ וְצַרְתִּי עָלַיִךְ מֻצָּב
ד וַהֲקִמֹתִי עָלַיִךְ מְצֻרֹת׃ וְשָׁפַלְתְּ מֵאֶרֶץ תְּדַבֵּרִי וּמֵעָפָר
תִּשַּׁח אִמְרָתֵךְ וְהָיָה כְּאוֹב מֵאֶרֶץ קוֹלֵךְ וּמֵעָפָר אִמְרָתֵךְ
ה תְּצַפְצֵף׃ וְהָיָה כְּאָבָק דַּק הֲמוֹן זָרָיִךְ וּכְמֹץ עֹבֵר הֲמוֹן עָרִיצִים
ו וְהָיָה לְפֶתַע פִּתְאֹם׃ מֵעִם יהוה צְבָאוֹת תִּפָּקֵד בְּרַעַם וּבְרַעַשׁ
ז וְקוֹל גָּדוֹל סוּפָה וּסְעָרָה וְלַהַב אֵשׁ אוֹכֵלָה׃ וְהָיָה כַּחֲלוֹם חֲזוֹן
לַיְלָה הֲמוֹן כָּל־הַגּוֹיִם הַצֹּבְאִים עַל־אֲרִיאֵל וְכָל־צֹבֶיהָ
ח וּמְצֹדָתָהּ וְהַמְּצִיקִים לָהּ׃ וְהָיָה כַּאֲשֶׁר יַחֲלֹם הָרָעֵב וְהִנֵּה אוֹכֵל
וְהֵקִיץ וְרֵיקָה נַפְשׁוֹ וְכַאֲשֶׁר יַחֲלֹם הַצָּמֵא וְהִנֵּה שֹׁתֶה וְהֵקִיץ
וְהִנֵּה עָיֵף וְנַפְשׁוֹ שׁוֹקֵקָה כֵּן יִהְיֶה הֲמוֹן כָּל־הַגּוֹיִם הַצֹּבְאִים
ט עַל־הַר צִיּוֹן׃ הִתְמַהְמְהוּ וּתְמָהוּ הִשְׁתַּעַשְׁעוּ
י וָשֹׁעוּ שָׁכְרוּ וְלֹא־יַיִן נָעוּ וְלֹא שֵׁכָר׃ כִּי־נָסַךְ עֲלֵיכֶם יהוה רוּחַ
תַּרְדֵּמָה וַיְעַצֵּם אֶת־עֵינֵיכֶם אֶת־הַנְּבִיאִים וְאֶת־רָאשֵׁיכֶם
יא הַחֹזִים כִּסָּה׃ וַתְּהִי לָכֶם חָזוּת הַכֹּל כְּדִבְרֵי הַסֵּפֶר הֶחָתוּם
אֲשֶׁר־יִתְּנוּ אֹתוֹ אֶל־יוֹדֵעַ הספר לֵאמֹר קְרָא נָא־זֶה וְאָמַר לֹא סֵפֶר
יב אוּכַל כִּי חָתוּם הוּא׃ וְנִתַּן הַסֵּפֶר עַל אֲשֶׁר לֹא־יָדַע סֵפֶר לֵאמֹר
יג קְרָא נָא־זֶה וְאָמַר לֹא יָדַעְתִּי סֵפֶר׃ וַיֹּאמֶר
אֲדֹנָי יַעַן כִּי נִגַּשׁ הָעָם הַזֶּה בְּפִיו וּבִשְׂפָתָיו כִּבְּדוּנִי וְלִבּוֹ רִחַק
יד מִמֶּנִּי וַתְּהִי יִרְאָתָם אֹתִי מִצְוַת אֲנָשִׁים מְלֻמָּדָה׃ לָכֵן הִנְנִי
יוֹסִף לְהַפְלִיא אֶת־הָעָם־הַזֶּה הַפְלֵא וָפֶלֶא וְאָבְדָה חָכְמַת
טו חֲכָמָיו וּבִינַת נְבֹנָיו תִּסְתַּתָּר׃ הוֹי הַמַּעֲמִיקִים
מֵיהוָה לַסְתִּר עֵצָה וְהָיָה בְמַחְשָׁךְ מַעֲשֵׂיהֶם וַיֹּאמְרוּ מִי רֹאֵנוּ
טז וּמִי יֹדְעֵנוּ׃ הַפְכְּכֶם אִם־כְּחֹמֶר הַיֹּצֵר יֵחָשֵׁב כִּי־יֹאמַר מַעֲשֶׂה
יז לְעֹשֵׂהוּ לֹא עָשָׂנִי וְיֵצֶר אָמַר לְיֹצְרוֹ לֹא הֵבִין׃ הֲלוֹא־עוֹד מְעַט
יח מִזְעָר וְשָׁב לְבָנוֹן לַכַּרְמֶל וְהַכַּרְמֶל לַיַּעַר יֵחָשֵׁב׃ וְשָׁמְעוּ בַיּוֹם־

הַהוּא הַחֵרְשִׁים דִּבְרֵי־סֵפֶר וּמֵאֹפֶל וּמֵחֹשֶׁךְ עֵינֵי עִוְרִים
יט תִּרְאֶינָה׃ וְיָסְפוּ עֲנָוִים בַּיהוָה שִׂמְחָה וְאֶבְיוֹנֵי אָדָם בִּקְדוֹשׁ
כ יִשְׂרָאֵל יָגִילוּ׃ כִּי־אָפֵס עָרִיץ וְכָלָה לֵץ וְנִכְרְתוּ כָּל־שֹׁקְדֵי
כא אָוֶן׃ מַחֲטִיאֵי אָדָם בְּדָבָר וְלַמּוֹכִיחַ בַּשַּׁעַר יְקֹשׁוּן וַיַּטּוּ בַתֹּהוּ
כב צַדִּיק׃ לָכֵן כֹּה־אָמַר יְהוָה אֶל־בֵּית יַעֲקֹב אֲשֶׁר
פָּדָה אֶת־אַבְרָהָם לֹא־עַתָּה יֵבוֹשׁ יַעֲקֹב וְלֹא עַתָּה פָּנָיו יֶחֱוָרוּ׃
כג כִּי בִרְאוֹתוֹ יְלָדָיו מַעֲשֵׂה יָדַי בְּקִרְבּוֹ יַקְדִּישׁוּ שְׁמִי וְהִקְדִּישׁוּ יב
כד אֶת־קְדוֹשׁ יַעֲקֹב וְאֶת־אֱלֹהֵי יִשְׂרָאֵל יַעֲרִיצוּ׃ וְיָדְעוּ תֹעֵי־רוּחַ
ל א בִּינָה וְרוֹגְנִים יִלְמְדוּ־לֶקַח׃ הוֹי בָּנִים סוֹרְרִים
נְאֻם־יְהוָה לַעֲשׂוֹת עֵצָה וְלֹא מִנִּי וְלִנְסֹךְ מַסֵּכָה וְלֹא רוּחִי
ב לְמַעַן סְפוֹת חַטָּאת עַל־חַטָּאת׃ הַהֹלְכִים לָרֶדֶת מִצְרַיִם וּפִי
ג לֹא שָׁאָלוּ לָעוֹז בְּמָעוֹז פַּרְעֹה וְלַחְסוֹת בְּצֵל מִצְרָיִם׃ וְהָיָה
ד לָכֶם מָעוֹז פַּרְעֹה לְבֹשֶׁת וְהֶחָסוּת בְּצֵל־מִצְרַיִם לִכְלִמָּה׃ כִּי־
ה הָיוּ בְצֹעַן שָׂרָיו וּמַלְאָכָיו חָנֵס יַגִּיעוּ׃ כֹּל הִבְאִישׁ עַל־עַם
לֹא־יוֹעִילוּ לָמוֹ לֹא לְעֵזֶר וְלֹא לְהוֹעִיל כִּי לְבֹשֶׁת וְגַם־
ו לְחֶרְפָּה׃ מַשָּׂא בַּהֲמוֹת נֶגֶב בְּאֶרֶץ צָרָה וְצוּקָה
לָבִיא וָלַיִשׁ מֵהֶם אֶפְעֶה וְשָׂרָף מְעוֹפֵף יִשְׂאוּ עַל־כֶּתֶף עורים עֲיָרִים
חֵילֵיהֶם וְעַל־דַּבֶּשֶׁת גְּמַלִּים אוֹצְרֹתָם עַל־עַם לֹא יוֹעִילוּ׃
ז וּמִצְרַיִם הֶבֶל וָרִיק יַעְזֹרוּ לָכֵן קָרָאתִי לָזֹאת רַהַב הֵם שָׁבֶת׃
ח עַתָּה בּוֹא כָתְבָהּ עַל־לוּחַ אִתָּם וְעַל־סֵפֶר חֻקָּהּ וּתְהִי לְיוֹם
ט אַחֲרוֹן לָעַד עַד־עוֹלָם׃ כִּי עַם מְרִי הוּא בָּנִים כֶּחָשִׁים בָּנִים
י לֹא־אָבוּ שְׁמוֹעַ תּוֹרַת יְהוָה׃ אֲשֶׁר אָמְרוּ לָרֹאִים לֹא תִרְאוּ
וְלַחֹזִים לֹא־תֶחֱזוּ־לָנוּ נְכֹחוֹת דַּבְּרוּ־לָנוּ חֲלָקוֹת חֲזוּ מַהֲתַלּוֹת׃
יא סוּרוּ מִנֵּי־דֶרֶךְ הַטּוּ מִנֵּי־אֹרַח הַשְׁבִּיתוּ מִפָּנֵינוּ אֶת־קְדוֹשׁ
יב יִשְׂרָאֵל׃ לָכֵן כֹּה אָמַר קְדוֹשׁ יִשְׂרָאֵל יַעַן
יג מָאָסְכֶם בַּדָּבָר הַזֶּה וַתִּבְטְחוּ בְּעֹשֶׁק וְנָלוֹז וַתִּשָּׁעֲנוּ עָלָיו׃ לָכֵן
יִהְיֶה לָכֶם הֶעָוֹן הַזֶּה כְּפֶרֶץ נֹפֵל נִבְעֶה בְּחוֹמָה נִשְׂגָּבָה אֲשֶׁר־

פִּתְאֹם לְפֶתַע יָבוֹא שִׁבְרָהּ׃ וּשְׁבָרָהּ כְּשֵׁבֶר נֵבֶל יוֹצְרִים כָּתוּת יד
לֹא יַחְמֹל וְלֹא־יִמָּצֵא בִמְכִתָּתוֹ חֶרֶשׂ לַחְתּוֹת אֵשׁ מִיָּקוּד
וְלַחְשֹׂף מַיִם מִגֶּבֶא׃ כִּי כֹה־אָמַר אֲדֹנָי יֱהֹוִה טו
קְדוֹשׁ יִשְׂרָאֵל בְּשׁוּבָה וָנַחַת תִּוָּשֵׁעוּן בְּהַשְׁקֵט וּבְבִטְחָה תִּהְיֶה
גְּבוּרַתְכֶם וְלֹא אֲבִיתֶם׃ וַתֹּאמְרוּ לֹא־כִי עַל־סוּס נָנוּס עַל־כֵּן טז
תְּנוּסוּן וְעַל־קַל נִרְכָּב עַל־כֵּן יִקַּלּוּ רֹדְפֵיכֶם׃ אֶלֶף אֶחָד מִפְּנֵי יז
גַּעֲרַת אֶחָד מִפְּנֵי גַּעֲרַת חֲמִשָּׁה תָּנֻסוּ עַד אִם־נוֹתַרְתֶּם כַּתֹּרֶן
עַל־רֹאשׁ הָהָר וְכַנֵּס עַל־הַגִּבְעָה׃ וְלָכֵן יְחַכֶּה יהוה לַחֲנַנְכֶם יח
וְלָכֵן יָרוּם לְרַחֶמְכֶם כִּי־אֱלֹהֵי מִשְׁפָּט יהוה אַשְׁרֵי כָּל־חוֹכֵי
לוֹ׃ כִּי־עַם בְּצִיּוֹן יֵשֵׁב בִּירוּשָׁלָ͏ִם בָּכוֹ לֹא־ יט
תִבְכֶּה חָנוֹן יָחְנְךָ לְקוֹל זַעֲקֶךָ כְּשָׁמְעָתוֹ עָנָךְ׃ וְנָתַן לָכֶם אֲדֹנָי כ
לֶחֶם צָר וּמַיִם לָחַץ וְלֹא־יִכָּנֵף עוֹד מוֹרֶיךָ וְהָיוּ עֵינֶיךָ רֹאוֹת
אֶת־מוֹרֶיךָ׃ וְאָזְנֶיךָ תִּשְׁמַעְנָה דָבָר מֵאַחֲרֶיךָ לֵאמֹר זֶה הַדֶּרֶךְ כא
לְכוּ בוֹ כִּי תַאֲמִינוּ וְכִי תַשְׂמְאִילוּ׃ וְטִמֵּאתֶם אֶת־צִפּוּי פְּסִילֵי כב
כַסְפֶּךָ וְאֶת־אֲפֻדַּת מַסֵּכַת זְהָבֶךָ תִּזְרֵם כְּמוֹ דָוָה צֵא תֹּאמַר
לוֹ׃ וְנָתַן מְטַר זַרְעֲךָ אֲשֶׁר־תִּזְרַע אֶת־הָאֲדָמָה וְלֶחֶם תְּבוּאַת כג
הָאֲדָמָה וְהָיָה דָשֵׁן וְשָׁמֵן יִרְעֶה מִקְנֶיךָ בַּיּוֹם הַהוּא כַּר נִרְחָב׃
וְהָאֲלָפִים וְהָעֲיָרִים עֹבְדֵי הָאֲדָמָה בְּלִיל חָמִיץ יֹאכֵלוּ אֲשֶׁר־ כד
זֹרֶה בָרַחַת וּבַמִּזְרֶה׃ וְהָיָה ׀ עַל־כָּל־הַר גָּבֹהַּ וְעַל כָּל־גִּבְעָה כה
נִשָּׂאָה פְּלָגִים יִבְלֵי־מָיִם בְּיוֹם הֶרֶג רָב בִּנְפֹל מִגְדָּלִים׃ וְהָיָה כו
אוֹר־הַלְּבָנָה כְּאוֹר הַחַמָּה וְאוֹר הַחַמָּה יִהְיֶה שִׁבְעָתַיִם כְּאוֹר
שִׁבְעַת הַיָּמִים בְּיוֹם חֲבֹשׁ יהוה אֶת־שֶׁבֶר עַמּוֹ וּמַחַץ מַכָּתוֹ
יִרְפָּא׃ הִנֵּה שֵׁם־יהוה בָּא מִמֶּרְחָק בֹּעֵר אַפּוֹ כז
וְכֹבֶד מַשָּׂאָה שְׂפָתָיו מָלְאוּ זַעַם וּלְשׁוֹנוֹ כְּאֵשׁ אֹכָלֶת׃ וְרוּחוֹ כח
כְּנַחַל שׁוֹטֵף עַד־צַוָּאר יֶחֱצֶה לַהֲנָפָה גוֹיִם בְּנָפַת שָׁוְא וְרֶסֶן
מַתְעֶה עַל לְחָיֵי עַמִּים׃ הַשִּׁיר יִהְיֶה לָכֶם כְּלֵיל הִתְקַדֶּשׁ־חָג כט
וְשִׂמְחַת לֵבָב כַּהוֹלֵךְ בֶּחָלִיל לָבוֹא בְהַר־יהוה אֶל־צוּר

ל יִשְׂרָאֵל: וְהִשְׁמִיעַ יְהוָה אֶת־הוֹד קוֹלוֹ וְנַחַת זְרוֹעוֹ יַרְאֶה
לא בְּזַעַף אַף וְלַהַב אֵשׁ אוֹכֵלָה נֶפֶץ וָזֶרֶם וְאֶבֶן בָּרָד: כִּי־מִקּוֹל
לב יְהוָה יֵחַת אַשּׁוּר בַּשֵּׁבֶט יַכֶּה: וְהָיָה כֹּל מַעֲבַר מַטֵּה מוּסָדָה
אֲשֶׁר יָנִיחַ יְהוָה עָלָיו בְּתֻפִּים וּבְכִנֹּרוֹת וּבְמִלְחֲמוֹת תְּנוּפָה
לג נִלְחַם־בָּה: כִּי־עָרוּךְ מֵאֶתְמוּל תָּפְתֶּה גַּם־הוּא לַמֶּלֶךְ הוּכָן בָּם הִיא
הֶעְמִיק הִרְחִב מְדֻרָתָהּ אֵשׁ וְעֵצִים הַרְבֵּה נִשְׁמַת יְהוָה כְּנַחַל
לא א גָּפְרִית בֹּעֲרָה בָּהּ: הוֹי הַיֹּרְדִים מִצְרַיִם לְעֶזְרָה
עַל־סוּסִים יִשָּׁעֵנוּ וַיִּבְטְחוּ עַל־רֶכֶב כִּי רָב וְעַל פָּרָשִׁים כִּי־
עָצְמוּ מְאֹד וְלֹא שָׁעוּ עַל־קְדוֹשׁ יִשְׂרָאֵל וְאֶת־יְהוָה לֹא דָרָשׁוּ:
ב וְגַם־הוּא חָכָם וַיָּבֵא רָע וְאֶת־דְּבָרָיו לֹא הֵסִיר וְקָם עַל־בֵּית
ג מְרֵעִים וְעַל־עֶזְרַת פֹּעֲלֵי אָוֶן: וּמִצְרַיִם אָדָם וְלֹא־אֵל וְסוּסֵיהֶם
בָּשָׂר וְלֹא־רוּחַ וַיהוָה יַטֶּה יָדוֹ וְכָשַׁל עוֹזֵר וְנָפַל עָזֻר וְיַחְדָּו
ד כֻּלָּם יִכְלָיוּן: כִּי כֹה אָמַר־יְהוָה ׀ אֵלַי כַּאֲשֶׁר
יֶהְגֶּה הָאַרְיֵה וְהַכְּפִיר עַל־טַרְפּוֹ אֲשֶׁר יִקָּרֵא עָלָיו מְלֹא רֹעִים
מִקּוֹלָם לֹא יֵחָת וּמֵהֲמוֹנָם לֹא יַעֲנֶה כֵּן יֵרֵד יְהוָה צְבָאוֹת
ה לִצְבֹּא עַל־הַר־צִיּוֹן וְעַל־גִּבְעָתָהּ: כְּצִפֳּרִים עָפוֹת כֵּן יָגֵן יְהוָה
ו צְבָאוֹת עַל־יְרוּשָׁלִָם גָּנוֹן וְהִצִּיל פָּסֹחַ וְהִמְלִיט: שׁוּבוּ לַאֲשֶׁר
ז הֶעְמִיקוּ סָרָה בְּנֵי יִשְׂרָאֵל: כִּי בַּיּוֹם הַהוּא יִמְאָסוּן אִישׁ אֱלִילֵי
ח כַסְפּוֹ וֶאֱלִילֵי זְהָבוֹ אֲשֶׁר עָשׂוּ לָכֶם יְדֵיכֶם חֵטְא: וְנָפַל אַשּׁוּר
בְּחֶרֶב לֹא־אִישׁ וְחֶרֶב לֹא־אָדָם תֹּאכְלֶנּוּ וְנָס לוֹ מִפְּנֵי־חֶרֶב
ט וּבַחוּרָיו לָמַס יִהְיוּ: וְסַלְעוֹ מִמָּגוֹר יַעֲבוֹר וְחַתּוּ מִנֵּס שָׂרָיו נְאֻם־
לב א יְהוָה אֲשֶׁר־אוּר לוֹ בְּצִיּוֹן וְתַנּוּר לוֹ בִּירוּשָׁלִָם: הֵן
ב לְצֶדֶק יִמְלָךְ־מֶלֶךְ וּלְשָׂרִים לְמִשְׁפָּט יָשֹׂרוּ: וְהָיָה־אִישׁ
כְּמַחֲבֵא־רוּחַ וְסֵתֶר זָרֶם כְּפַלְגֵי־מַיִם בְּצָיוֹן כְּצֵל סֶלַע־כָּבֵד
ג בְּאֶרֶץ עֲיֵפָה: וְלֹא תִשְׁעֶינָה עֵינֵי רֹאִים וְאָזְנֵי שֹׁמְעִים
ד תִּקְשַׁבְנָה: וּלְבַב נִמְהָרִים יָבִין לָדָעַת וּלְשׁוֹן עִלְּגִים תְּמַהֵר
ה לְדַבֵּר צָחוֹת: לֹא־יִקָּרֵא עוֹד לְנָבָל נָדִיב וּלְכִילַי לֹא יֵאָמֵר

ו שׁוֹעַ׃ כִּי נָבָל נְבָלָה יְדַבֵּר וְלִבּוֹ יַעֲשֶׂה־אָוֶן לַעֲשׂוֹת חֹנֶף
וּלְדַבֵּר אֶל־יְהוָה תּוֹעָה לְהָרִיק נֶפֶשׁ רָעֵב וּמַשְׁקֶה צָמֵא
ז יַחְסִיר׃ וְכֵלַי כֵּלָיו רָעִים הוּא זִמּוֹת יָעָץ לְחַבֵּל ענוים בְּאִמְרֵי־ עֲנִיִּים
ח שֶׁקֶר וּבְדַבֵּר אֶבְיוֹן מִשְׁפָּט׃ וְנָדִיב נְדִיבוֹת יָעָץ וְהוּא עַל־
ט נְדִיבוֹת יָקוּם׃ נָשִׁים שַׁאֲנַנּוֹת קֹמְנָה שְׁמַעְנָה
י קוֹלִי בָּנוֹת בֹּטְחוֹת הַאְזֵנָּה אִמְרָתִי׃ יָמִים עַל־שָׁנָה תִּרְגַּזְנָה
יא בֹּטְחוֹת כִּי כָּלָה בָצִיר אֹסֶף בְּלִי יָבוֹא׃ חִרְדוּ שַׁאֲנַנּוֹת רְגָזָה
יב בֹּטְחוֹת פְּשֹׁטָה וְעֹרָה וַחֲגוֹרָה עַל־חֲלָצָיִם׃ עַל־שָׁדַיִם סֹפְדִים
יג עַל־שְׂדֵי־חֶמֶד עַל־גֶּפֶן פֹּרִיָּה׃ עַל אַדְמַת עַמִּי קוֹץ שָׁמִיר
יד תַּעֲלֶה כִּי עַל־כָּל־בָּתֵּי מָשׂוֹשׂ קִרְיָה עַלִּיזָה׃ כִּי־אַרְמוֹן נֻטָּשׁ
הֲמוֹן עִיר עֻזָּב עֹפֶל וָבַחַן הָיָה בְעַד מְעָרוֹת עַד־עוֹלָם מְשׂוֹשׂ
טו פְּרָאִים מִרְעֵה עֲדָרִים׃ עַד־יֵעָרֶה עָלֵינוּ רוּחַ מִמָּרוֹם וְהָיָה
טז מִדְבָּר לַכַּרְמֶל וכרמל לַיַּעַר יֵחָשֵׁב׃ וְשָׁכַן בַּמִּדְבָּר מִשְׁפָּט וְהַכַּרְמֶל
יז וּצְדָקָה בַּכַּרְמֶל תֵּשֵׁב׃ וְהָיָה מַעֲשֵׂה הַצְּדָקָה שָׁלוֹם וַעֲבֹדַת
יח הַצְּדָקָה הַשְׁקֵט וָבֶטַח עַד־עוֹלָם׃ וְיָשַׁב עַמִּי בִּנְוֵה שָׁלוֹם יג
יט וּבְמִשְׁכְּנוֹת מִבְטַחִים וּבִמְנוּחֹת שַׁאֲנַנּוֹת׃ וּבָרַד בְּרֶדֶת הַיָּעַר
כ וּבַשִּׁפְלָה תִּשְׁפַּל הָעִיר׃ אַשְׁרֵיכֶם זֹרְעֵי עַל־כָּל־מָיִם מְשַׁלְּחֵי
לג א רֶגֶל־הַשּׁוֹר וְהַחֲמוֹר׃ הוֹי שׁוֹדֵד וְאַתָּה לֹא שָׁדוּד
וּבוֹגֵד וְלֹא־בָגְדוּ בוֹ כַּהֲתִמְךָ שׁוֹדֵד תּוּשַּׁד כְּנַלֹּתְךָ לִבְגֹּד
ב יִבְגְּדוּ־בָךְ׃ יְהוָה חָנֵּנוּ לְךָ קִוִּינוּ הֱיֵה זְרֹעָם
ג לַבְּקָרִים אַף־יְשׁוּעָתֵנוּ בְּעֵת צָרָה׃ מִקּוֹל הָמוֹן נָדְדוּ עַמִּים
ד מֵרֹמְמֻתֶךָ נָפְצוּ גּוֹיִם׃ וְאֻסַּף שְׁלַלְכֶם אֹסֶף הֶחָסִיל כְּמַשַּׁק גֵּבִים
ה שֹׁקֵק בּוֹ׃ נִשְׂגָּב יְהוָה כִּי שֹׁכֵן מָרוֹם מִלֵּא צִיּוֹן מִשְׁפָּט
ו וּצְדָקָה׃ וְהָיָה אֱמוּנַת עִתֶּיךָ חֹסֶן יְשׁוּעֹת חָכְמַת וָדָעַת יִרְאַת
ז יְהוָה הִיא אוֹצָרוֹ׃ הֵן אֶרְאֶלָּם צָעֲקוּ חֻצָה
ח מַלְאֲכֵי שָׁלוֹם מַר יִבְכָּיוּן׃ נָשַׁמּוּ מְסִלּוֹת שָׁבַת עֹבֵר אֹרַח הֵפֵר
ט בְּרִית מָאַס עָרִים לֹא חָשַׁב אֱנוֹשׁ׃ אָבַל אֻמְלְלָה אֶרֶץ הֶחְפִּיר

י לְבָנ֖וֹן קָמַ֑ל הָיָ֤ה הַשָּׁרוֹן֙ כָּֽעֲרָבָ֔ה וְנֹעֵ֥ר בָּשָׁ֖ן וְכַרְמֶֽל׃ עַתָּ֥ה
יא אָק֖וּם יֹאמַ֣ר יְהוָ֑ה עַתָּה֙ אֵֽרוֹמָ֔ם עַתָּ֖ה אֶנָּשֵֽׂא׃ תַּהֲר֥וּ חֲשַׁ֖שׁ
יב תֵּ֣לְדוּ קַ֑שׁ רֽוּחֲכֶ֕ם אֵ֖שׁ תֹּאכַלְכֶֽם׃ וְהָי֥וּ עַמִּ֖ים מִשְׂרְפ֣וֹת שִׂ֑יד
יג קוֹצִ֥ים כְּסוּחִ֖ים בָּאֵ֥שׁ יִצַּֽתּוּ׃ שִׁמְע֥וּ רְחוֹקִ֖ים
יד אֲשֶׁ֣ר עָשִׂ֑יתִי וּדְע֥וּ קְרוֹבִ֖ים גְּבֻרָתִֽי׃ פָּחֲד֤וּ בְצִיּוֹן֙ חַטָּאִ֔ים אָחֲזָ֥ה
רְעָדָ֖ה חֲנֵפִ֑ים מִ֣י ׀ יָג֣וּר לָ֗נוּ אֵ֚שׁ אוֹכֵלָ֔ה מִֽי־יָג֥וּר לָ֖נוּ מוֹקְדֵ֥י
טו עוֹלָֽם׃ הֹלֵ֣ךְ צְדָק֔וֹת וְדֹבֵ֖ר מֵישָׁרִ֑ים מֹאֵ֞ס בְּבֶ֣צַע מַעֲשַׁקּ֗וֹת נֹעֵ֤ר
כַּפָּיו֙ מִתְּמֹ֣ךְ בַּשֹּׁ֔חַד אֹטֵ֤ם אָזְנוֹ֙ מִשְּׁמֹ֣עַ דָּמִ֔ים וְעֹצֵ֥ם עֵינָ֖יו
טז מֵרְא֥וֹת בְּרָֽע׃ ה֚וּא מְרוֹמִ֣ים יִשְׁכֹּ֔ן מְצָד֥וֹת סְלָעִ֖ים מִשְׂגַּבּ֑וֹ
יז לַחְמוֹ֙ נִתָּ֔ן מֵימָ֖יו נֶאֱמָנִֽים׃ מֶ֥לֶךְ בְּיָפְי֖וֹ תֶּחֱזֶ֣ינָה עֵינֶ֑יךָ תִּרְאֶ֖ינָה
יח אֶ֥רֶץ מַרְחַקִּֽים׃ לִבְּךָ֖ יֶהְגֶּ֣ה אֵימָ֑ה אַיֵּ֤ה סֹפֵר֙ אַיֵּ֣ה שֹׁקֵ֔ל אַיֵּ֖ה
יט סֹפֵ֥ר אֶת־הַמִּגְדָּלִֽים׃ אֶת־עַ֥ם נוֹעָ֖ז לֹ֣א תִרְאֶ֑ה עַ֞ם עִמְקֵ֤י שָׂפָה֙
כ מִשְּׁמ֔וֹעַ נִלְעַ֥ג לָשׁ֖וֹן אֵ֥ין בִּינָֽה׃ חֲזֵה֙ צִיּ֔וֹן קִרְיַ֖ת מוֹעֲדֵ֑נוּ עֵינֶ֜יךָ
תִרְאֶ֨ינָה יְרוּשָׁלִַ֜ם נָוֶ֣ה שַׁאֲנָ֗ן אֹ֤הֶל בַּל־יִצְעָן֙ בַּל־יִסַּ֤ע יְתֵֽדֹתָיו֙
כא לָנֶ֔צַח וְכָל־חֲבָלָ֖יו בַּל־יִנָּתֵֽקוּ׃ כִּ֣י אִם־שָׁ֞ם אַדִּ֤יר יְהוָה֙ לָ֔נוּ
מְקוֹם־נְהָרִ֥ים יְאֹרִ֖ים רַחֲבֵ֣י יָדָ֑יִם בַּל־תֵּ֤לֶךְ בּוֹ֙ אֳנִי־שַׁ֔יִט וְצִ֥י
כב אַדִּ֖יר לֹ֥א יַעַבְרֶֽנּוּ׃ כִּ֤י יְהוָה֙ שֹׁפְטֵ֔נוּ יְהוָ֖ה מְחֹקְקֵ֑נוּ יְהוָ֥ה מַלְכֵּ֖נוּ
כג ה֥וּא יוֹשִׁיעֵֽנוּ׃ נִטְּשׁ֖וּ חֲבָלָ֑יִךְ בַּל־יְחַזְּק֤וּ כֵן־תָּרְנָם֙ בַּל־פָּ֣רְשׂוּ
כד נֵ֔ס אָ֣ז חֻלַּ֤ק עַד־שָׁלָל֙ מַרְבֶּ֔ה פִּסְחִ֖ים בָּ֥זְזוּ בַֽז׃ וּבַל־יֹאמַ֥ר שָׁכֵ֖ן
לד א חָלִ֑יתִי הָעָ֛ם הַיֹּשֵׁ֥ב בָּ֖הּ נְשֻׂ֥א עָוֺֽן׃ קִרְב֤וּ גוֹיִם֙
לִשְׁמֹ֔עַ וּלְאֻמִּ֖ים הַקְשִׁ֑יבוּ תִּשְׁמַ֤ע הָאָ֙רֶץ֙ וּמְלֹאָ֔הּ תֵּבֵ֖ל וְכָל־
ב צֶאֱצָאֶֽיהָ׃ כִּ֣י קֶ֤צֶף לַֽיהוָה֙ עַל־כָּל־הַגּוֹיִ֔ם וְחֵמָ֖ה עַל־כָּל־צְבָאָ֑ם
ג הֶחֱרִימָ֖ם נְתָנָ֥ם לַטָּֽבַח׃ וְחַלְלֵיהֶם֙ יֻשְׁלָ֔כוּ וּפִגְרֵיהֶ֖ם יַעֲלֶ֣ה בָאְשָׁ֑ם
ד וְנָמַ֥סּוּ הָרִ֖ים מִדָּמָֽם׃ וְנָמַ֙קּוּ֙ כָּל־צְבָ֣א הַשָּׁמַ֔יִם וְנָגֹ֥לּוּ כַסֵּ֖פֶר
הַשָּׁמָ֑יִם וְכָל־צְבָאָ֣ם יִבּ֔וֹל כִּנְבֹ֤ל עָלֶה֙ מִגֶּ֔פֶן וּכְנֹבֶ֖לֶת מִתְּאֵנָֽה׃
ה כִּֽי־רִוְּתָ֥ה בַשָּׁמַ֖יִם חַרְבִּ֑י הִנֵּה֙ עַל־אֱד֣וֹם תֵּרֵ֔ד וְעַל־עַ֥ם חֶרְמִ֖י
ו לְמִשְׁפָּֽט׃ חֶ֣רֶב לַֽיהוָה֙ מָלְאָ֣ה דָ֔ם הֻדַּ֣שְׁנָה מֵחֵ֔לֶב מִדַּ֥ם כָּרִ֖ים

וְעַתּוּדִים מֵחֵלֶב כִּלְיוֹת אֵילִים כִּי זֶבַח לַיהוָה בְּבָצְרָה וְטֶבַח
ז גָּדוֹל בְּאֶרֶץ אֱדוֹם׃ וְיָרְדוּ רְאֵמִים עִמָּם וּפָרִים עִם־אַבִּירִים
ח וְרִוְּתָה אַרְצָם מִדָּם וַעֲפָרָם מֵחֵלֶב יְדֻשָּׁן׃ כִּי יוֹם נָקָם לַיהוָה
ט שְׁנַת שִׁלּוּמִים לְרִיב צִיּוֹן׃ וְנֶהֶפְכוּ נְחָלֶיהָ לְזֶפֶת וַעֲפָרָהּ
י לְגָפְרִית וְהָיְתָה אַרְצָהּ לְזֶפֶת בֹּעֵרָה׃ לַיְלָה וְיוֹמָם לֹא תִכְבֶּה
לְעוֹלָם יַעֲלֶה עֲשָׁנָהּ מִדּוֹר לָדוֹר תֶּחֱרָב לְנֵצַח נְצָחִים אֵין עֹבֵר
יא בָּהּ׃ וִירֵשׁוּהָ קָאַת וְקִפּוֹד וְיַנְשׁוֹף וְעֹרֵב יִשְׁכְּנוּ־בָהּ וְנָטָה עָלֶיהָ
יב קַו־תֹהוּ וְאַבְנֵי־בֹהוּ׃ חֹרֶיהָ וְאֵין־שָׁם מְלוּכָה יִקְרָאוּ וְכָל־
יג שָׂרֶיהָ יִהְיוּ אָפֶס׃ וְעָלְתָה אַרְמְנֹתֶיהָ סִירִים קִמּוֹשׁ וָחוֹחַ
יד בְּמִבְצָרֶיהָ וְהָיְתָה נְוֵה תַנִּים חָצִיר לִבְנוֹת יַעֲנָה׃ וּפָגְשׁוּ צִיִּים
אֶת־אִיִּים וְשָׂעִיר עַל־רֵעֵהוּ יִקְרָא אַךְ־שָׁם הִרְגִּיעָה לִּילִית
טו וּמָצְאָה לָהּ מָנוֹחַ׃ שָׁמָּה קִנְּנָה קִפּוֹז וַתְּמַלֵּט וּבָקְעָה וְדָגְרָה
טז בְצִלָּהּ אַךְ־שָׁם נִקְבְּצוּ דַיּוֹת אִשָּׁה רְעוּתָהּ׃ דִּרְשׁוּ מֵעַל־סֵפֶר
יְהוָה וּקְרָאוּ אַחַת מֵהֵנָּה לֹא נֶעְדָּרָה אִשָּׁה רְעוּתָהּ לֹא פָקָדוּ
יז כִּי־פִי הוּא צִוָּה וְרוּחוֹ הוּא קִבְּצָן׃ וְהוּא־הִפִּיל לָהֶן גּוֹרָל וְיָדוֹ
חִלְּקַתָּה לָהֶם בַּקָּו עַד־עוֹלָם יִירָשׁוּהָ לְדוֹר וָדוֹר יִשְׁכְּנוּ־
לה א בָהּ׃ יְשֻׂשׂוּם מִדְבָּר וְצִיָּה וְתָגֵל עֲרָבָה וְתִפְרַח
ב כַּחֲבַצָּלֶת׃ פָּרֹחַ תִּפְרַח וְתָגֵל אַף גִּילַת וְרַנֵּן כְּבוֹד הַלְּבָנוֹן
נִתַּן־לָהּ הֲדַר הַכַּרְמֶל וְהַשָּׁרוֹן הֵמָּה יִרְאוּ כְבוֹד־יְהוָה הֲדַר
ג אֱלֹהֵינוּ׃ חַזְּקוּ יָדַיִם רָפוֹת וּבִרְכַּיִם כֹּשְׁלוֹת
ד אַמֵּצוּ׃ אִמְרוּ לְנִמְהֲרֵי־לֵב חִזְקוּ אַל־תִּירָאוּ הִנֵּה אֱלֹהֵיכֶם
ה נָקָם יָבוֹא גְּמוּל אֱלֹהִים הוּא יָבוֹא וְיֹשַׁעֲכֶם׃ אָז תִּפָּקַחְנָה עֵינֵי
ו עִוְרִים וְאָזְנֵי חֵרְשִׁים תִּפָּתַחְנָה׃ אָז יְדַלֵּג כָּאַיָּל פִּסֵּחַ וְתָרֹן לְשׁוֹן
ז אִלֵּם כִּי־נִבְקְעוּ בַמִּדְבָּר מַיִם וּנְחָלִים בָּעֲרָבָה׃ וְהָיָה הַשָּׁרָב
לַאֲגַם וְצִמָּאוֹן לְמַבּוּעֵי מָיִם בִּנְוֵה תַנִּים רִבְצָהּ חָצִיר לְקָנֶה
ח וָגֹמֶא׃ וְהָיָה־שָׁם מַסְלוּל וָדֶרֶךְ וְדֶרֶךְ הַקֹּדֶשׁ יִקָּרֵא לָהּ לֹא־
ט יַעַבְרֶנּוּ טָמֵא וְהוּא־לָמוֹ הֹלֵךְ דֶּרֶךְ וֶאֱוִילִים לֹא יִתְעוּ׃ לֹא־

לה
יִהְיֶה שָׁם אַרְיֵה וּפְרִיץ חַיּוֹת בַּל־יַעֲלֶנָּה לֹא תִמָּצֵא שָׁם וְהָלְכוּ
י גְּאוּלִים׃ וּפְדוּיֵי יְהוָה יְשֻׁבוּן וּבָאוּ צִיּוֹן בְּרִנָּה וְשִׂמְחַת עוֹלָם יד
עַל־רֹאשָׁם שָׂשׂוֹן וְשִׂמְחָה יַשִּׂיגוּ וְנָסוּ יָגוֹן וַאֲנָחָה׃

נבואת "ופדויי ה' ישובון"
ישעיה נא, יא

כיבוש ערי יהודה על ידי סנחריב
מל"ב יח, יג
דה"ב לב, א

נאום רבשקה
מל"ב יח, יז–לה
דה"ב לב, ט–יט

לו א וַיְהִי בְּאַרְבַּע עֶשְׂרֵה שָׁנָה לַמֶּלֶךְ חִזְקִיָּהוּ עָלָה סַנְחֵרִיב מֶלֶךְ־
ב אַשּׁוּר עַל כָּל־עָרֵי יְהוּדָה הַבְּצֻרוֹת וַיִּתְפְּשֵׂם׃ וַיִּשְׁלַח מֶלֶךְ־
אַשּׁוּר ׀ אֶת־רַבְשָׁקֵה מִלָּכִישׁ יְרוּשָׁלַ͏ְמָה אֶל־הַמֶּלֶךְ חִזְקִיָּהוּ
בְּחֵיל כָּבֵד וַיַּעֲמֹד בִּתְעָלַת הַבְּרֵכָה הָעֶלְיוֹנָה בִּמְסִלַּת שְׂדֵה
ג כוֹבֵס׃ וַיֵּצֵא אֵלָיו אֶלְיָקִים בֶּן־חִלְקִיָּהוּ אֲשֶׁר עַל־הַבָּיִת וְשֶׁבְנָא
ד הַסֹּפֵר וְיוֹאָח בֶּן־אָסָף הַמַּזְכִּיר׃ וַיֹּאמֶר אֲלֵיהֶם רַבְשָׁקֵה אִמְרוּ־
נָא אֶל־חִזְקִיָּהוּ כֹּה־אָמַר הַמֶּלֶךְ הַגָּדוֹל מֶלֶךְ אַשּׁוּר מָה
ה הַבִּטָּחוֹן הַזֶּה אֲשֶׁר בָּטָחְתָּ׃ אָמַרְתִּי אַךְ־דְּבַר־שְׂפָתַיִם עֵצָה
ו וּגְבוּרָה לַמִּלְחָמָה עַתָּה עַל־מִי בָטַחְתָּ כִּי מָרַדְתָּ בִּי׃ הִנֵּה
בָטַחְתָּ עַל־מִשְׁעֶנֶת הַקָּנֶה הָרָצוּץ הַזֶּה עַל־מִצְרַיִם אֲשֶׁר
יִסָּמֵךְ אִישׁ עָלָיו וּבָא בְכַפּוֹ וּנְקָבָהּ כֵּן פַּרְעֹה מֶלֶךְ־מִצְרַיִם
ז לְכָל־הַבֹּטְחִים עָלָיו׃ וְכִי־תֹאמַר אֵלַי אֶל־יְהוָה אֱלֹהֵינוּ
בָּטָחְנוּ הֲלוֹא הוּא אֲשֶׁר הֵסִיר חִזְקִיָּהוּ אֶת־בָּמֹתָיו וְאֶת־
מִזְבְּחֹתָיו וַיֹּאמֶר לִיהוּדָה וְלִירוּשָׁלַ͏ִם לִפְנֵי הַמִּזְבֵּחַ הַזֶּה
ח תִּשְׁתַּחֲווּ׃ וְעַתָּה הִתְעָרֶב נָא אֶת־אֲדֹנִי הַמֶּלֶךְ אַשּׁוּר וְאֶתְּנָה
ט לְךָ אַלְפַּיִם סוּסִים אִם־תּוּכַל לָתֶת לְךָ רֹכְבִים עֲלֵיהֶם׃ וְאֵיךְ
תָּשִׁיב אֵת פְּנֵי פַחַת אַחַד עַבְדֵי אֲדֹנִי הַקְּטַנִּים וַתִּבְטַח לְךָ
י עַל־מִצְרַיִם לְרֶכֶב וּלְפָרָשִׁים׃ וְעַתָּה הֲמִבַּלְעֲדֵי יְהוָה עָלִיתִי
עַל־הָאָרֶץ הַזֹּאת לְהַשְׁחִיתָהּ יְהוָה אָמַר אֵלַי עֲלֵה אֶל־הָאָרֶץ
יא הַזֹּאת וְהַשְׁחִיתָהּ׃ וַיֹּאמֶר אֶלְיָקִים וְשֶׁבְנָא וְיוֹאָח אֶל־רַבְשָׁקֵה
דַּבֶּר־נָא אֶל־עֲבָדֶיךָ אֲרָמִית כִּי שֹׁמְעִים אֲנָחְנוּ וְאַל־תְּדַבֵּר
יב אֵלֵינוּ יְהוּדִית בְּאָזְנֵי הָעָם אֲשֶׁר עַל־הַחוֹמָה׃ וַיֹּאמֶר רַבְשָׁקֵה
הַאֶל אֲדֹנֶיךָ וְאֵלֶיךָ שְׁלָחַנִי אֲדֹנִי לְדַבֵּר אֶת־הַדְּבָרִים הָאֵלֶּה
הֲלֹא עַל־הָאֲנָשִׁים הַיֹּשְׁבִים עַל־הַחוֹמָה לֶאֱכֹל אֶת־חראיהם צוֹאָתָם

מֵימֵי רַגְלֵיהֶם

וְלִשְׁתּוֹת אֶת־שֵׁינֵיהֶם עִמָּכֶם׃ וַיַּעֲמֹד רַבְשָׁקֵה וַיִּקְרָא בְקוֹל־ יג
גָּדוֹל יְהוּדִית וַיֹּאמֶר שִׁמְעוּ אֶת־דִּבְרֵי הַמֶּלֶךְ הַגָּדוֹל מֶלֶךְ
אַשּׁוּר׃ כֹּה אָמַר הַמֶּלֶךְ אַל־יַשִּׁא לָכֶם חִזְקִיָּהוּ כִּי לֹא־יוּכַל יד
לְהַצִּיל אֶתְכֶם׃ וְאַל־יַבְטַח אֶתְכֶם חִזְקִיָּהוּ אֶל־יְהוָה לֵאמֹר טו
הַצֵּל יַצִּילֵנוּ יְהוָה לֹא תִנָּתֵן הָעִיר הַזֹּאת בְּיַד מֶלֶךְ אַשּׁוּר׃
אַל־תִּשְׁמְעוּ אֶל־חִזְקִיָּהוּ כִּי כֹה אָמַר הַמֶּלֶךְ אַשּׁוּר עֲשׂוּ אִתִּי טז
בְרָכָה וּצְאוּ אֵלַי וְאִכְלוּ אִישׁ־גַּפְנוֹ וְאִישׁ תְּאֵנָתוֹ וּשְׁתוּ אִישׁ
מֵי־בוֹרוֹ׃ עַד־בֹּאִי וְלָקַחְתִּי אֶתְכֶם אֶל־אֶרֶץ כְּאַרְצְכֶם אֶרֶץ יז
דָּגָן וְתִירוֹשׁ אֶרֶץ לֶחֶם וּכְרָמִים׃ פֶּן־יַסִּית אֶתְכֶם חִזְקִיָּהוּ יח
לֵאמֹר יְהוָה יַצִּילֵנוּ הַהִצִּילוּ אֱלֹהֵי הַגּוֹיִם אִישׁ אֶת־אַרְצוֹ מִיַּד
מֶלֶךְ אַשּׁוּר׃ אַיֵּה אֱלֹהֵי חֲמָת וְאַרְפָּד אַיֵּה אֱלֹהֵי סְפַרְוָיִם וְכִי־ יט
הִצִּילוּ אֶת־שֹׁמְרוֹן מִיָּדִי׃ מִי בְּכָל־אֱלֹהֵי הָאֲרָצוֹת הָאֵלֶּה כ
אֲשֶׁר־הִצִּילוּ אֶת־אַרְצָם מִיָּדִי כִּי־יַצִּיל יְהוָה אֶת־יְרוּשָׁלִַם
מִיָּדִי׃ וַיַּחֲרִישׁוּ וְלֹא־עָנוּ אֹתוֹ דָּבָר כִּי־מִצְוַת הַמֶּלֶךְ הִיא כא
לֵאמֹר לֹא תַעֲנֻהוּ׃ וַיָּבֹא אֶלְיָקִים בֶּן־חִלְקִיָּהוּ אֲשֶׁר־עַל־הַבַּיִת כב
וְשֶׁבְנָא הַסֹּפֵר וְיוֹאָח בֶּן־אָסָף הַמַּזְכִּיר אֶל־חִזְקִיָּהוּ קְרוּעֵי
בְגָדִים וַיַּגִּידוּ לוֹ אֵת דִּבְרֵי רַבְשָׁקֵה׃ וַיְהִי כִּשְׁמֹעַ א לז
הַמֶּלֶךְ חִזְקִיָּהוּ וַיִּקְרַע אֶת־בְּגָדָיו וַיִּתְכַּס בַּשָּׂק וַיָּבֹא בֵּית יְהוָה׃
וַיִּשְׁלַח אֶת־אֶלְיָקִים אֲשֶׁר־עַל־הַבַּיִת וְאֵת ׀ שֶׁבְנָא הַסּוֹפֵר ב
וְאֵת זִקְנֵי הַכֹּהֲנִים מִתְכַּסִּים בַּשַּׂקִּים אֶל־יְשַׁעְיָהוּ בֶן־אָמוֹץ
הַנָּבִיא׃ וַיֹּאמְרוּ אֵלָיו כֹּה אָמַר חִזְקִיָּהוּ יוֹם־צָרָה וְתוֹכֵחָה ג
וּנְאָצָה הַיּוֹם הַזֶּה כִּי בָאוּ בָנִים עַד־מַשְׁבֵּר וְכֹחַ אַיִן לְלֵדָה׃
אוּלַי יִשְׁמַע יְהוָה אֱלֹהֶיךָ אֵת ׀ דִּבְרֵי רַבְשָׁקֵה אֲשֶׁר שְׁלָחוֹ ד
מֶלֶךְ־אַשּׁוּר ׀ אֲדֹנָיו לְחָרֵף אֱלֹהִים חַי וְהוֹכִיחַ בַּדְּבָרִים אֲשֶׁר
שָׁמַע יְהוָה אֱלֹהֶיךָ וְנָשָׂאתָ תְפִלָּה בְּעַד הַשְּׁאֵרִית הַנִּמְצָאָה׃
וַיָּבֹאוּ עַבְדֵי הַמֶּלֶךְ חִזְקִיָּהוּ אֶל־יְשַׁעְיָהוּ׃ וַיֹּאמֶר אֲלֵיהֶם ה ו
יְשַׁעְיָהוּ כֹּה תֹאמְרוּן אֶל־אֲדֹנֵיכֶם כֹּה ׀ אָמַר יְהוָה אַל־תִּירָא

תגובת העם ותגובת חזקיה לדבריו של רבשקה
מל״ב יח, לו – יט, ד

נבואת ישעיה על סנחריב
מל״ב יט, ה–ז

מִפְּנֵי הַדְּבָרִים אֲשֶׁר שָׁמַעְתָּ אֲשֶׁר גִּדְּפוּ נַעֲרֵי מֶלֶךְ־אַשּׁוּר
ז אוֹתִי׃ הִנְנִי נוֹתֵן בּוֹ רוּחַ וְשָׁמַע שְׁמוּעָה וְשָׁב אֶל־אַרְצוֹ
ח וְהִפַּלְתִּיו בַּחֶרֶב בְּאַרְצוֹ׃ וַיָּשָׁב רַבְשָׁקֵה וַיִּמְצָא אֶת־מֶלֶךְ
ט אַשּׁוּר נִלְחָם עַל־לִבְנָה כִּי שָׁמַע כִּי נָסַע מִלָּכִישׁ׃ וַיִּשְׁמַע עַל־
תִּרְהָקָה מֶלֶךְ־כּוּשׁ לֵאמֹר יָצָא לְהִלָּחֵם אִתָּךְ וַיִּשְׁמַע וַיִּשְׁלַח
י מַלְאָכִים אֶל־חִזְקִיָּהוּ לֵאמֹר׃ כֹּה תֹאמְרוּן אֶל־חִזְקִיָּהוּ מֶלֶךְ־
יְהוּדָה לֵאמֹר אַל־יַשִּׁאֲךָ אֱלֹהֶיךָ אֲשֶׁר אַתָּה בּוֹטֵחַ בּוֹ לֵאמֹר
יא לֹא תִנָּתֵן יְרוּשָׁלַםִ בְּיַד מֶלֶךְ אַשּׁוּר׃ הִנֵּה ׀ אַתָּה שָׁמַעְתָּ אֲשֶׁר
עָשׂוּ מַלְכֵי אַשּׁוּר לְכָל־הָאֲרָצוֹת לְהַחֲרִימָם וְאַתָּה תִּנָּצֵל׃
יב הַהִצִּילוּ אוֹתָם אֱלֹהֵי הַגּוֹיִם אֲשֶׁר הִשְׁחִיתוּ אֲבוֹתַי אֶת־גּוֹזָן
יג וְאֶת־חָרָן וְרֶצֶף וּבְנֵי־עֶדֶן אֲשֶׁר בִּתְלַשָּׂר׃ אַיֵּה מֶלֶךְ־חֲמָת
יד וּמֶלֶךְ אַרְפָּד וּמֶלֶךְ לָעִיר סְפַרְוָיִם הֵנַע וְעִוָּה׃ וַיִּקַּח חִזְקִיָּהוּ
אֶת־הַסְּפָרִים מִיַּד הַמַּלְאָכִים וַיִּקְרָאֵהוּ וַיַּעַל בֵּית יְהוָה
טו וַיִּפְרְשֵׂהוּ חִזְקִיָּהוּ לִפְנֵי יְהוָה׃ וַיִּתְפַּלֵּל חִזְקִיָּהוּ אֶל־יְהוָה לֵאמֹר׃
טז יְהוָה צְבָאוֹת אֱלֹהֵי יִשְׂרָאֵל יֹשֵׁב הַכְּרֻבִים אַתָּה־הוּא הָאֱלֹהִים
לְבַדְּךָ לְכֹל מַמְלְכוֹת הָאָרֶץ אַתָּה עָשִׂיתָ אֶת־הַשָּׁמַיִם וְאֶת־
יז הָאָרֶץ׃ הַטֵּה יְהוָה ׀ אָזְנְךָ וּשְׁמָע פְּקַח יְהוָה עֵינֶךָ וּרְאֵה וּשְׁמַע
יח אֵת כָּל־דִּבְרֵי סַנְחֵרִיב אֲשֶׁר שָׁלַח לְחָרֵף אֱלֹהִים חָי׃ אָמְנָם
יְהוָה הֶחֱרִיבוּ מַלְכֵי אַשּׁוּר אֶת־כָּל־הָאֲרָצוֹת וְאֶת־אַרְצָם׃
יט וְנָתֹן אֶת־אֱלֹהֵיהֶם בָּאֵשׁ כִּי לֹא אֱלֹהִים הֵמָּה כִּי אִם־מַעֲשֵׂה
כ יְדֵי־אָדָם עֵץ וָאֶבֶן וַיְאַבְּדוּם׃ וְעַתָּה יְהוָה אֱלֹהֵינוּ הוֹשִׁיעֵנוּ טו
כא מִיָּדוֹ וְיֵדְעוּ כָּל־מַמְלְכוֹת הָאָרֶץ כִּי־אַתָּה יְהוָה לְבַדֶּךָ׃ וַיִּשְׁלַח
יְשַׁעְיָהוּ בֶן־אָמוֹץ אֶל־חִזְקִיָּהוּ לֵאמֹר כֹּה־אָמַר יְהוָה אֱלֹהֵי
כב יִשְׂרָאֵל אֲשֶׁר הִתְפַּלַּלְתָּ אֵלַי אֶל־סַנְחֵרִיב מֶלֶךְ אַשּׁוּר׃ זֶה
הַדָּבָר אֲשֶׁר־דִּבֶּר יְהוָה עָלָיו בָּזָה לְךָ לָעֲגָה לְךָ בְּתוּלַת בַּת־
כג צִיּוֹן אַחֲרֶיךָ רֹאשׁ הֵנִיעָה בַּת יְרוּשָׁלָםִ׃ אֶת־מִי חֵרַפְתָּ וְגִדַּפְתָּ
וְעַל־מִי הֲרִימוֹתָה קּוֹל וַתִּשָּׂא מָרוֹם עֵינֶיךָ אֶל־קְדוֹשׁ יִשְׂרָאֵל׃

רבשקה שולח ספרים אל חזקיה
מל"ב יט, ח–יג
דה"ב לב, יז–יט

תפילת חזקיה
מל"ב יט, יד–יט
דה"ב לב, כ

נבואת ישעיה על מפלת אשור
מל"ב יט, כ–לד

כד בְּיַד עֲבָדֶיךָ חֵרַפְתָּ ׀ אֲדֹנָי וַתֹּאמֶר בְּרֹב רִכְבִּי אֲנִי עָלִיתִי מְרוֹם
הָרִים יַרְכְּתֵי לְבָנוֹן וְאֶכְרֹת קוֹמַת אֲרָזָיו מִבְחַר בְּרֹשָׁיו וְאָבוֹא
כה מְרוֹם קִצּוֹ יַעַר כַּרְמִלּוֹ: אֲנִי קַרְתִּי וְשָׁתִיתִי מָיִם וְאַחְרִב בְּכַף־
כו פְּעָמַי כֹּל יְאֹרֵי מָצוֹר: הֲלוֹא־שָׁמַעְתָּ לְמֵרָחוֹק אוֹתָהּ עָשִׂיתִי
מִימֵי קֶדֶם וִיצַרְתִּיהָ עַתָּה הֲבֵאתִיהָ וּתְהִי לְהַשְׁאוֹת גַּלִּים נִצִּים
כז עָרִים בְּצֻרוֹת: וְיֹשְׁבֵיהֶן קִצְרֵי־יָד חַתּוּ וָבֹשׁוּ הָיוּ עֵשֶׂב שָׂדֶה
כח וִירַק דֶּשֶׁא חֲצִיר גַּגּוֹת וּשְׁדֵמָה לִפְנֵי קָמָה: וְשִׁבְתְּךָ וְצֵאתְךָ
כט וּבוֹאֲךָ יָדָעְתִּי וְאֵת הִתְרַגֶּזְךָ אֵלָי: יַעַן הִתְרַגֶּזְךָ אֵלַי וְשַׁאֲנַנְךָ
עָלָה בְאָזְנָי וְשַׂמְתִּי חַחִי בְּאַפֶּךָ וּמִתְגִּי בִּשְׂפָתֶיךָ וַהֲשִׁיבֹתִיךָ
ל בַּדֶּרֶךְ אֲשֶׁר־בָּאתָ בָּהּ: וְזֶה־לְּךָ הָאוֹת אָכוֹל הַשָּׁנָה סָפִיחַ
וּבַשָּׁנָה הַשֵּׁנִית שָׁחִיס וּבַשָּׁנָה הַשְּׁלִישִׁית זִרְעוּ וְקִצְרוּ וְנִטְעוּ
לא כְרָמִים ואכול פִּרְיָם: וְיָסְפָה פְּלֵיטַת בֵּית־יְהוּדָה הַנִּשְׁאָרָה וְאִכְלוּ
לב שֹׁרֶשׁ לְמָטָּה וְעָשָׂה פְרִי לְמָעְלָה: כִּי מִירוּשָׁלִַם תֵּצֵא
שְׁאֵרִית וּפְלֵיטָה מֵהַר צִיּוֹן קִנְאַת יהוה צְבָאוֹת תַּעֲשֶׂה־
לג זֹּאת: לָכֵן כֹּה־אָמַר יהוה אֶל־מֶלֶךְ אַשּׁוּר לֹא
יָבוֹא אֶל־הָעִיר הַזֹּאת וְלֹא־יוֹרֶה שָׁם חֵץ וְלֹא־יְקַדְּמֶנָּה מָגֵן
לד וְלֹא־יִשְׁפֹּךְ עָלֶיהָ סֹלְלָה: בַּדֶּרֶךְ אֲשֶׁר־בָּא בָּהּ יָשׁוּב וְאֶל־
לה הָעִיר הַזֹּאת לֹא יָבוֹא נְאֻם־יהוה: וְגַנּוֹתִי עַל־הָעִיר הַזֹּאת
לו לְהוֹשִׁיעָהּ לְמַעֲנִי וּלְמַעַן דָּוִד עַבְדִּי: וַיֵּצֵא ׀

המגפה במחנה אשור וסופו של סנחריב
מל"ב יט, לה–לז
דה"ב לב, כא–כג

מַלְאַךְ יהוה וַיַּכֶּה בְּמַחֲנֵה אַשּׁוּר מֵאָה וּשְׁמֹנִים וַחֲמִשָּׁה
לז אָלֶף וַיַּשְׁכִּימוּ בַבֹּקֶר וְהִנֵּה כֻלָּם פְּגָרִים מֵתִים: וַיִּסַּע
לח וַיֵּלֶךְ וַיָּשָׁב סַנְחֵרִיב מֶלֶךְ־אַשּׁוּר וַיֵּשֶׁב בְּנִינְוֵה: וַיְהִי הוּא
מִשְׁתַּחֲוֶה בֵּית ׀ נִסְרֹךְ אֱלֹהָיו וְאַדְרַמֶּלֶךְ וְשַׂרְאֶצֶר בָּנָיו הִכֻּהוּ
בַחֶרֶב וְהֵמָּה נִמְלְטוּ אֶרֶץ אֲרָרָט וַיִּמְלֹךְ אֵסַר־חַדֹּן בְּנוֹ
תַּחְתָּיו:

מחלת חזקיה ורפואתו
מל"ב כ, א–יא
דה"ב לב, כד

לח א בַּיָּמִים הָהֵם חָלָה חִזְקִיָּהוּ לָמוּת וַיָּבוֹא
אֵלָיו יְשַׁעְיָהוּ בֶן־אָמוֹץ הַנָּבִיא וַיֹּאמֶר אֵלָיו כֹּה־אָמַר יהוה צַו
ב לְבֵיתֶךָ כִּי מֵת אַתָּה וְלֹא תִחְיֶה: וַיַּסֵּב חִזְקִיָּהוּ פָּנָיו אֶל־הַקִּיר

של

ג וַיִּתְפַּלֵּל אֶל־יְהוָה׃ וַיֹּאמַר אָנָּה יְהוָה זְכׇר־נָא אֵת אֲשֶׁר
הִתְהַלַּכְתִּי לְפָנֶיךָ בֶּאֱמֶת וּבְלֵב שָׁלֵם וְהַטּוֹב בְּעֵינֶיךָ עָשִׂיתִי
ד וַיֵּבְךְּ חִזְקִיָּהוּ בְּכִי גָדוֹל׃ וַיְהִי דְּבַר־יְהוָה אֶל־
ה יְשַׁעְיָהוּ לֵאמֹר׃ הָלוֹךְ וְאָמַרְתָּ אֶל־חִזְקִיָּהוּ כֹּה־אָמַר יְהוָה
אֱלֹהֵי דָּוִד אָבִיךָ שָׁמַעְתִּי אֶת־תְּפִלָּתֶךָ רָאִיתִי אֶת־דִּמְעָתֶךָ
ו הִנְנִי יוֹסִף עַל־יָמֶיךָ חֲמֵשׁ עֶשְׂרֵה שָׁנָה׃ וּמִכַּף מֶלֶךְ־אַשּׁוּר
ז אַצִּילְךָ וְאֵת הָעִיר הַזֹּאת וְגַנּוֹתִי עַל־הָעִיר הַזֹּאת׃ וְזֶה־לְּךָ
הָאוֹת מֵאֵת יְהוָה אֲשֶׁר יַעֲשֶׂה יְהוָה אֶת־הַדָּבָר הַזֶּה אֲשֶׁר
ח דִּבֵּר׃ הִנְנִי מֵשִׁיב אֶת־צֵל הַמַּעֲלוֹת אֲשֶׁר יָרְדָה בְמַעֲלוֹת אָחָז
בַּשֶּׁמֶשׁ אֲחֹרַנִּית עֶשֶׂר מַעֲלוֹת וַתָּשׇׁב הַשֶּׁמֶשׁ עֶשֶׂר מַעֲלוֹת
ט בַּמַּעֲלוֹת אֲשֶׁר יָרָדָה׃ מִכְתָּב לְחִזְקִיָּהוּ מֶלֶךְ־
י יְהוּדָה בַּחֲלֹתוֹ וַיְחִי מֵחׇלְיוֹ׃ אֲנִי אָמַרְתִּי בִּדְמִי יָמַי אֵלֵכָה
יא בְּשַׁעֲרֵי שְׁאוֹל פֻּקַּדְתִּי יֶתֶר שְׁנוֹתָי׃ אָמַרְתִּי לֹא־אֶרְאֶה יָהּ יָהּ
יב בְּאֶרֶץ הַחַיִּים לֹא־אַבִּיט אָדָם עוֹד עִם־יוֹשְׁבֵי חָדֶל׃ דּוֹרִי נִסַּע
וְנִגְלָה מִנִּי כְּאֹהֶל רֹעִי קִפַּדְתִּי כָאֹרֵג חַיַּי מִדַּלָּה יְבַצְּעֵנִי מִיּוֹם
יג עַד־לַיְלָה תַּשְׁלִימֵנִי׃ שִׁוִּיתִי עַד־בֹּקֶר כָּאֲרִי כֵּן יְשַׁבֵּר כׇּל־
יד עַצְמוֹתָי מִיּוֹם עַד־לַיְלָה תַּשְׁלִימֵנִי׃ כְּסוּס עָגוּר כֵּן אֲצַפְצֵף
טו אֶהְגֶּה כַּיּוֹנָה דַּלּוּ עֵינַי לַמָּרוֹם אֲדֹנָי עָשְׁקָה־לִּי עׇרְבֵנִי׃ מָה־
אֲדַבֵּר וְאָמַר־לִי וְהוּא עָשָׂה אֶדַּדֶּה כׇל־שְׁנוֹתַי עַל־מַר נַפְשִׁי׃
טז יז אֲדֹנָי עֲלֵיהֶם יִחְיוּ וּלְכׇל־בָּהֶן חַיֵּי רוּחִי וְתַחֲלִימֵנִי וְהַחֲיֵנִי׃ הִנֵּה
לְשָׁלוֹם מַר־לִי מָר וְאַתָּה חָשַׁקְתָּ נַפְשִׁי מִשַּׁחַת בְּלִי כִּי
יח הִשְׁלַכְתָּ אַחֲרֵי גֵוְךָ כׇּל־חֲטָאָי׃ כִּי לֹא שְׁאוֹל תּוֹדֶךָּ מָוֶת
יט יְהַלְלֶךָּ לֹא־יְשַׂבְּרוּ יוֹרְדֵי־בוֹר אֶל־אֲמִתֶּךָ׃ חַי חַי הוּא יוֹדֶךָ
כ כָּמוֹנִי הַיּוֹם אָב לְבָנִים יוֹדִיעַ אֶל־אֲמִתֶּךָ׃ יְהוָה לְהוֹשִׁיעֵנִי
כא וּנְגִנוֹתַי נְנַגֵּן כׇּל־יְמֵי חַיֵּינוּ עַל־בֵּית יְהוָה׃ וַיֹּאמֶר יְשַׁעְיָהוּ
כב יִשְׂאוּ דְּבֶלֶת תְּאֵנִים וְיִמְרְחוּ עַל־הַשְּׁחִין וְיֶחִי׃ וַיֹּאמֶר חִזְקִיָּהוּ
לט א מָה אוֹת כִּי אֶעֱלֶה בֵּית יְהוָה׃ בָּעֵת הַהִוא שָׁלַח

משלחת מלך בבל מבקרת בירושלים
מל"ב כ, יב-יט
דה"ב לב, לא

מְרֹאדַךְ בַּלְאֲדָן בֶּן־בַּלְאֲדָן מֶלֶךְ־בָּבֶל סְפָרִים וּמִנְחָה אֶל־
חִזְקִיָּהוּ וַיִּשְׁמַע כִּי חָלָה וַיֶּחֱזָק׃ וַיִּשְׂמַח עֲלֵיהֶם חִזְקִיָּהוּ וַיַּרְאֵם ב
אֶת־בֵּית נְכֹתֹה אֶת־הַכֶּסֶף וְאֶת־הַזָּהָב וְאֶת־הַבְּשָׂמִים וְאֵת ׀
הַשֶּׁמֶן הַטּוֹב וְאֵת כָּל־בֵּית כֵּלָיו וְאֵת כָּל־אֲשֶׁר נִמְצָא
בְּאוֹצְרֹתָיו לֹא־הָיָה דָבָר אֲשֶׁר לֹא־הֶרְאָם חִזְקִיָּהוּ בְּבֵיתוֹ
וּבְכָל־מֶמְשַׁלְתּוֹ׃ וַיָּבֹא יְשַׁעְיָהוּ הַנָּבִיא אֶל־הַמֶּלֶךְ חִזְקִיָּהוּ ג
וַיֹּאמֶר אֵלָיו מָה אָמְרוּ ׀ הָאֲנָשִׁים הָאֵלֶּה וּמֵאַיִן יָבֹאוּ אֵלֶיךָ
וַיֹּאמֶר חִזְקִיָּהוּ מֵאֶרֶץ רְחוֹקָה בָּאוּ אֵלַי מִבָּבֶל׃ וַיֹּאמֶר מָה ד
רָאוּ בְּבֵיתֶךָ וַיֹּאמֶר חִזְקִיָּהוּ אֵת כָּל־אֲשֶׁר בְּבֵיתִי רָאוּ לֹא־הָיָה
דָבָר אֲשֶׁר לֹא־הִרְאִיתִים בְּאוֹצְרֹתָי׃ וַיֹּאמֶר יְשַׁעְיָהוּ אֶל־ ה
חִזְקִיָּהוּ שְׁמַע דְּבַר־יְהוָה צְבָאוֹת׃ הִנֵּה יָמִים בָּאִים וְנִשָּׂא ׀ ו
כָּל־אֲשֶׁר בְּבֵיתֶךָ וַאֲשֶׁר אָצְרוּ אֲבֹתֶיךָ עַד־הַיּוֹם הַזֶּה בָּבֶל
לֹא־יִוָּתֵר דָּבָר אָמַר יְהוָה׃ וּמִבָּנֶיךָ אֲשֶׁר יֵצְאוּ מִמְּךָ אֲשֶׁר ז
תּוֹלִיד יִקָּחוּ וְהָיוּ סָרִיסִים בְּהֵיכַל מֶלֶךְ בָּבֶל׃ וַיֹּאמֶר חִזְקִיָּהוּ ח
אֶל־יְשַׁעְיָהוּ טוֹב דְּבַר־יְהוָה אֲשֶׁר דִּבַּרְתָּ וַיֹּאמֶר כִּי יִהְיֶה
טז שָׁלוֹם וֶאֱמֶת בְּיָמָי׃ נַחֲמוּ נַחֲמוּ עַמִּי יֹאמַר אמ
אֱלֹהֵיכֶם׃ דַּבְּרוּ עַל־לֵב יְרוּשָׁלִַם וְקִרְאוּ אֵלֶיהָ כִּי מָלְאָה ב
צְבָאָהּ כִּי נִרְצָה עֲוֺנָהּ כִּי לָקְחָה מִיַּד יְהוָה כִּפְלַיִם בְּכָל־
חַטֹּאתֶיהָ׃ קוֹל קוֹרֵא בַּמִּדְבָּר פַּנּוּ דֶּרֶךְ יְהוָה ג
יַשְּׁרוּ בָּעֲרָבָה מְסִלָּה לֵאלֹהֵינוּ׃ כָּל־גֶּיא יִנָּשֵׂא וְכָל־הַר וְגִבְעָה ד
יִשְׁפָּלוּ וְהָיָה הֶעָקֹב לְמִישׁוֹר וְהָרְכָסִים לְבִקְעָה׃ וְנִגְלָה כְּבוֹד ה
יְהוָה וְרָאוּ כָל־בָּשָׂר יַחְדָּו כִּי פִּי יְהוָה דִּבֵּר׃ קוֹל ו
אֹמֵר קְרָא וְאָמַר מָה אֶקְרָא כָּל־הַבָּשָׂר חָצִיר וְכָל־חַסְדּוֹ
כְּצִיץ הַשָּׂדֶה׃ יָבֵשׁ חָצִיר נָבֵל צִיץ כִּי רוּחַ יְהוָה נָשְׁבָה בּוֹ ז
אָכֵן חָצִיר הָעָם׃ יָבֵשׁ חָצִיר נָבֵל צִיץ וּדְבַר אֱלֹהֵינוּ יָקוּם ח
לְעוֹלָם׃ עַל הַר־גָּבֹהַּ עֲלִי־לָךְ מְבַשֶּׂרֶת צִיּוֹן ט
הָרִימִי בַכֹּחַ קוֹלֵךְ מְבַשֶּׂרֶת יְרוּשָׁלִָם הָרִימִי אַל־תִּירָאִי

י אִמְרִי לְעָרֵי יְהוּדָה הִנֵּה אֱלֹהֵיכֶם: הִנֵּה אֲדֹנָי יֱהוִה בְּחָזָק
יָבוֹא וּזְרֹעוֹ מֹשְׁלָה לוֹ הִנֵּה שְׂכָרוֹ אִתּוֹ וּפְעֻלָּתוֹ לְפָנָיו:
יא כְּרֹעֶה עֶדְרוֹ יִרְעֶה בִּזְרֹעוֹ יְקַבֵּץ טְלָאִים וּבְחֵיקוֹ יִשָּׂא עָלוֹת
יב יְנַהֵל: מִי־מָדַד בְּשָׁעֳלוֹ מַיִם וְשָׁמַיִם בַּזֶּרֶת תִּכֵּן
וְכָל בַּשָּׁלִשׁ עֲפַר הָאָרֶץ וְשָׁקַל בַּפֶּלֶס הָרִים וּגְבָעוֹת בְּמֹאזְנָיִם:
יג יד מִי־תִכֵּן אֶת־רוּחַ יהוה וְאִישׁ עֲצָתוֹ יוֹדִיעֶנּוּ: אֶת־מִי נוֹעָץ
וַיְבִינֵהוּ וַיְלַמְּדֵהוּ בְּאֹרַח מִשְׁפָּט וַיְלַמְּדֵהוּ דַעַת וְדֶרֶךְ תְּבוּנוֹת
טו יוֹדִיעֶנּוּ: הֵן גּוֹיִם כְּמַר מִדְּלִי וּכְשַׁחַק מֹאזְנַיִם נֶחְשָׁבוּ
טז הֵן אִיִּים כַּדַּק יִטּוֹל: וּלְבָנוֹן אֵין דֵּי בָּעֵר וְחַיָּתוֹ אֵין דֵּי
יז עוֹלָה: כָּל־הַגּוֹיִם כְּאַיִן נֶגְדּוֹ מֵאֶפֶס וָתֹהוּ
יח נֶחְשְׁבוּ־לוֹ: וְאֶל־מִי תְּדַמְּיוּן אֵל וּמַה־דְּמוּת תַּעַרְכוּ־לוֹ:
יט הַפֶּסֶל נָסַךְ חָרָשׁ וְצֹרֵף בַּזָּהָב יְרַקְּעֶנּוּ וּרְתֻקוֹת כֶּסֶף צוֹרֵף:
כ הַמְסֻכָּן תְּרוּמָה עֵץ לֹא־יִרְקַב יִבְחָר חָרָשׁ חָכָם יְבַקֶּשׁ־לוֹ
כא לְהָכִין פֶּסֶל לֹא יִמּוֹט: הֲלוֹא תֵדְעוּ הֲלוֹא תִשְׁמָעוּ הֲלוֹא הֻגַּד
כב מֵרֹאשׁ לָכֶם הֲלוֹא הֲבִינֹתֶם מוֹסְדוֹת הָאָרֶץ: הַיֹּשֵׁב עַל־חוּג
הָאָרֶץ וְיֹשְׁבֶיהָ כַּחֲגָבִים הַנּוֹטֶה כַדֹּק שָׁמַיִם וַיִּמְתָּחֵם כָּאֹהֶל
כג כד לָשָׁבֶת: הַנּוֹתֵן רוֹזְנִים לְאָיִן שֹׁפְטֵי אֶרֶץ כַּתֹּהוּ עָשָׂה: אַף בַּל־
נִטָּעוּ אַף בַּל־זֹרָעוּ אַף בַּל־שֹׁרֵשׁ בָּאָרֶץ גִּזְעָם וְגַם נָשַׁף בָּהֶם
כה וַיִּבָשׁוּ וּסְעָרָה כַּקַּשׁ תִּשָּׂאֵם: וְאֶל־מִי תְדַמְּיוּנִי
כו וְאֶשְׁוֶה יֹאמַר קָדוֹשׁ: שְׂאוּ־מָרוֹם עֵינֵיכֶם וּרְאוּ מִי־בָרָא אֵלֶּה
הַמּוֹצִיא בְמִסְפָּר צְבָאָם לְכֻלָּם בְּשֵׁם יִקְרָא מֵרֹב אוֹנִים וְאַמִּיץ
כז כֹּחַ אִישׁ לֹא נֶעְדָּר: לָמָּה תֹאמַר יַעֲקֹב וּתְדַבֵּר
כח יִשְׂרָאֵל נִסְתְּרָה דַרְכִּי מֵיהוה וּמֵאֱלֹהַי מִשְׁפָּטִי יַעֲבוֹר: הֲלוֹא
יָדַעְתָּ אִם־לֹא שָׁמַעְתָּ אֱלֹהֵי עוֹלָם ׀ יהוה בּוֹרֵא קְצוֹת הָאָרֶץ
כט לֹא יִיעַף וְלֹא יִיגָע אֵין חֵקֶר לִתְבוּנָתוֹ: נֹתֵן לַיָּעֵף כֹּחַ וּלְאֵין
ל אוֹנִים עָצְמָה יַרְבֶּה: וְיִעֲפוּ נְעָרִים וְיִגָעוּ וּבַחוּרִים כָּשׁוֹל יִכָּשֵׁלוּ:
לא וְקוֹיֵ יהוה יַחֲלִיפוּ כֹחַ יַעֲלוּ אֵבֶר כַּנְּשָׁרִים יָרוּצוּ וְלֹא יִיגָעוּ

א יֵלְכוּ וְלֹא יִיעָפוּ׃ הַחֲרִישׁוּ אֵלַי אִיִּים וּלְאֻמִּים
ב יַחֲלִיפוּ כֹחַ יִגְּשׁוּ אָז יְדַבֵּרוּ יַחְדָּו לַמִּשְׁפָּט נִקְרָבָה׃ מִי הֵעִיר
מִמִּזְרָח צֶדֶק יִקְרָאֵהוּ לְרַגְלוֹ יִתֵּן לְפָנָיו גּוֹיִם וּמְלָכִים יַרְדְּ יִתֵּן
ג כֶּעָפָר חַרְבּוֹ כְּקַשׁ נִדָּף קַשְׁתּוֹ׃ יִרְדְּפֵם יַעֲבוֹר שָׁלוֹם אֹרַח
ד בְּרַגְלָיו לֹא יָבוֹא׃ מִי־פָעַל וְעָשָׂה קֹרֵא הַדֹּרוֹת מֵרֹאשׁ אֲנִי
ה יְהוָה רִאשׁוֹן וְאֶת־אַחֲרֹנִים אֲנִי־הוּא׃ רָאוּ אִיִּים וְיִירָאוּ קְצוֹת
ו הָאָרֶץ יֶחֱרָדוּ קָרְבוּ וַיֶּאֱתָיוּן׃ אִישׁ אֶת־רֵעֵהוּ יַעְזֹרוּ וּלְאָחִיו
ז יֹאמַר חֲזָק׃ וַיְחַזֵּק חָרָשׁ אֶת־צֹרֵף מַחֲלִיק פַּטִּישׁ אֶת־
הוֹלֶם פָּעַם אֹמֵר לַדֶּבֶק טוֹב הוּא וַיְחַזְּקֵהוּ בְמַסְמְרִים לֹא
ח יִמּוֹט׃ וְאַתָּה יִשְׂרָאֵל עַבְדִּי יַעֲקֹב אֲשֶׁר בְּחַרְתִּיךָ
ט זֶרַע אַבְרָהָם אֹהֲבִי׃ אֲשֶׁר הֶחֱזַקְתִּיךָ מִקְצוֹת הָאָרֶץ וּמֵאֲצִילֶיהָ
י קְרָאתִיךָ וָאֹמַר לְךָ עַבְדִּי־אַתָּה בְּחַרְתִּיךָ וְלֹא מְאַסְתִּיךָ׃ אַל־
תִּירָא כִּי עִמְּךָ־אָנִי אַל־תִּשְׁתָּע כִּי־אֲנִי אֱלֹהֶיךָ אִמַּצְתִּיךָ אַף־
יא עֲזַרְתִּיךָ אַף־תְּמַכְתִּיךָ בִּימִין צִדְקִי׃ הֵן יֵבֹשׁוּ וְיִכָּלְמוּ כֹּל
יב הַנֶּחֱרִים בָּךְ יִהְיוּ כְאַיִן וְיֹאבְדוּ אַנְשֵׁי רִיבֶךָ׃ תְּבַקְשֵׁם וְלֹא
יג תִמְצָאֵם אַנְשֵׁי מַצֻּתֶךָ יִהְיוּ כְאַיִן וּכְאֶפֶס אַנְשֵׁי מִלְחַמְתֶּךָ׃ כִּי
אֲנִי יְהוָה אֱלֹהֶיךָ מַחֲזִיק יְמִינֶךָ הָאֹמֵר לְךָ אַל־תִּירָא אֲנִי
יד עֲזַרְתִּיךָ׃ אַל־תִּירְאִי תּוֹלַעַת יַעֲקֹב מְתֵי יִשְׂרָאֵל
טו אֲנִי עֲזַרְתִּיךְ נְאֻם־יְהוָה וְגֹאֲלֵךְ קְדוֹשׁ יִשְׂרָאֵל׃ הִנֵּה שַׂמְתִּיךְ
לְמוֹרַג חָרוּץ חָדָשׁ בַּעַל פִּיפִיּוֹת תָּדוּשׁ הָרִים וְתָדֹק וּגְבָעוֹת
טז כַּמֹּץ תָּשִׂים׃ תִּזְרֵם וְרוּחַ תִּשָּׂאֵם וּסְעָרָה תָּפִיץ אוֹתָם וְאַתָּה
יז תָּגִיל בַּיהוָה בִּקְדוֹשׁ יִשְׂרָאֵל תִּתְהַלָּל׃ הָעֲנִיִּים
וְהָאֶבְיוֹנִים מְבַקְשִׁים מַיִם וָאַיִן לְשׁוֹנָם בַּצָּמָא נָשָׁתָּה אֲנִי יְהוָה
יח אֶעֱנֵם אֱלֹהֵי יִשְׂרָאֵל לֹא אֶעֶזְבֵם׃ אֶפְתַּח עַל־שְׁפָיִים נְהָרוֹת
וּבְתוֹךְ בְּקָעוֹת מַעְיָנוֹת אָשִׂים מִדְבָּר לַאֲגַם־מַיִם וְאֶרֶץ צִיָּה
יט לְמוֹצָאֵי מָיִם׃ אֶתֵּן בַּמִּדְבָּר אֶרֶז שִׁטָּה וַהֲדַס וְעֵץ שָׁמֶן אָשִׂים
כ בָּעֲרָבָה בְּרוֹשׁ תִּדְהָר וּתְאַשּׁוּר יַחְדָּו׃ לְמַעַן יִרְאוּ וְיֵדְעוּ וְיָשִׂימוּ

וְיַשְׂכִּילוּ יַחְדָּו כִּי יַד־יְהוָה עָשְׂתָה זֹּאת וּקְדוֹשׁ יִשְׂרָאֵל
כא בְּרָאָהּ׃ קָרְבוּ רִיבְכֶם יֹאמַר יְהוָה הַגִּישׁוּ
כב עֲצֻמוֹתֵיכֶם יֹאמַר מֶלֶךְ יַעֲקֹב׃ יַגִּישׁוּ וְיַגִּידוּ לָנוּ אֵת אֲשֶׁר
תִּקְרֶינָה הָרִאשֹׁנוֹת ׀ מָה הֵנָּה הַגִּידוּ וְנָשִׂימָה לִבֵּנוּ וְנֵדְעָה
כג אַחֲרִיתָן אוֹ הַבָּאוֹת הַשְׁמִיעֻנוּ׃ הַגִּידוּ הָאֹתִיּוֹת לְאָחוֹר
וְנֵדְעָה כִּי אֱלֹהִים אַתֶּם אַף־תֵּיטִיבוּ וְתָרֵעוּ וְנִשְׁתָּעָה
כד וְנִרְאֶה יַחְדָּו׃ הֵן־אַתֶּם מֵאַיִן וּפָעָלְכֶם מֵאָפַע תּוֹעֵבָה יִבְחַר
כה בָּכֶם׃ הַעִירוֹתִי מִצָּפוֹן וַיַּאת מִמִּזְרַח־שֶׁמֶשׁ
יִקְרָא בִשְׁמִי וְיָבֹא סְגָנִים כְּמוֹ־חֹמֶר וּכְמוֹ יוֹצֵר יִרְמָס־טִיט׃
כו מִי־הִגִּיד מֵרֹאשׁ וְנֵדָעָה וּמִלְּפָנִים וְנֹאמַר צַדִּיק אַף אֵין־מַגִּיד
כז אַף אֵין מַשְׁמִיעַ אַף אֵין־שֹׁמֵעַ אִמְרֵיכֶם׃ רִאשׁוֹן לְצִיּוֹן הִנֵּה יז
כח הִנָּם וְלִירוּשָׁלִַם מְבַשֵּׂר אֶתֵּן׃ וְאֵרֶא וְאֵין אִישׁ וּמֵאֵלֶּה וְאֵין
כט יוֹעֵץ וְאֶשְׁאָלֵם וְיָשִׁיבוּ דָבָר׃ הֵן כֻּלָּם אָוֶן אֶפֶס מַעֲשֵׂיהֶם רוּחַ
מב א וָתֹהוּ נִסְכֵּיהֶם׃ הֵן עַבְדִּי אֶתְמָךְ־בּוֹ בְּחִירִי
ב רָצְתָה נַפְשִׁי נָתַתִּי רוּחִי עָלָיו מִשְׁפָּט לַגּוֹיִם יוֹצִיא׃ לֹא
ג יִצְעַק וְלֹא יִשָּׂא וְלֹא־יַשְׁמִיעַ בַּחוּץ קוֹלוֹ׃ קָנֶה רָצוּץ לֹא
ד יִשְׁבּוֹר וּפִשְׁתָּה כֵהָה לֹא יְכַבֶּנָּה לֶאֱמֶת יוֹצִיא מִשְׁפָּט׃ לֹא
יִכְהֶה וְלֹא יָרוּץ עַד־יָשִׂים בָּאָרֶץ מִשְׁפָּט וּלְתוֹרָתוֹ אִיִּים
ה יְיַחֵלוּ׃ כֹּה־אָמַר הָאֵל ׀ יְהוָה בּוֹרֵא הַשָּׁמַיִם
וְנוֹטֵיהֶם רֹקַע הָאָרֶץ וְצֶאֱצָאֶיהָ נֹתֵן נְשָׁמָה לָעָם עָלֶיהָ וְרוּחַ
ו לַהֹלְכִים בָּהּ׃ אֲנִי יְהוָה קְרָאתִיךָ בְצֶדֶק וְאַחְזֵק בְּיָדֶךָ וְאֶצָּרְךָ
ז וְאֶתֶּנְךָ לִבְרִית עָם לְאוֹר גּוֹיִם׃ לִפְקֹחַ עֵינַיִם עִוְרוֹת לְהוֹצִיא
ח מִמַּסְגֵּר אַסִּיר מִבֵּית כֶּלֶא יֹשְׁבֵי חֹשֶׁךְ׃ אֲנִי יְהוָה הוּא
ט שְׁמִי וּכְבוֹדִי לְאַחֵר לֹא־אֶתֵּן וּתְהִלָּתִי לַפְּסִילִים׃ הָרִאשֹׁנוֹת
הִנֵּה־בָאוּ וַחֲדָשׁוֹת אֲנִי מַגִּיד בְּטֶרֶם תִּצְמַחְנָה אַשְׁמִיעַ
י אֶתְכֶם׃ שִׁירוּ לַיהוָה שִׁיר חָדָשׁ תְּהִלָּתוֹ
יא מִקְצֵה הָאָרֶץ יוֹרְדֵי הַיָּם וּמְלֹאוֹ אִיִּים וְיֹשְׁבֵיהֶם׃ יִשְׂאוּ מִדְבָּר

וְעָרָיו חֲצֵרִים תֵּשֵׁב קֵדָר יָרֹנּוּ יֹשְׁבֵי סֶלַע מֵרֹאשׁ הָרִים יִצְוָחוּ׃
יב יג יָשִׂימוּ לַיהוָה כָּבוֹד וּתְהִלָּתוֹ בָּאִיִּים יַגִּידוּ׃ יְהוָה כַּגִּבּוֹר יֵצֵא
כְּאִישׁ מִלְחָמוֹת יָעִיר קִנְאָה יָרִיעַ אַף־יַצְרִיחַ עַל־אֹיְבָיו
יד יִתְגַּבָּר׃ הֶחֱשֵׁיתִי מֵעוֹלָם אַחֲרִישׁ אֶתְאַפָּק כַּיּוֹלֵדָה
טו אֶפְעֶה אֶשֹּׁם וְאֶשְׁאַף יָחַד׃ אַחֲרִיב הָרִים וּגְבָעוֹת וְכָל־עֶשְׂבָּם
טז אוֹבִישׁ וְשַׂמְתִּי נְהָרוֹת לָאִיִּים וַאֲגַמִּים אוֹבִישׁ׃ וְהוֹלַכְתִּי עִוְרִים
בְּדֶרֶךְ לֹא יָדָעוּ בִּנְתִיבוֹת לֹא־יָדְעוּ אַדְרִיכֵם אָשִׂים מַחְשָׁךְ
לִפְנֵיהֶם לָאוֹר וּמַעֲקַשִּׁים לְמִישׁוֹר אֵלֶּה הַדְּבָרִים עֲשִׂיתִם וְלֹא
יז עֲזַבְתִּים׃ נָסֹגוּ אָחוֹר יֵבֹשׁוּ בֹשֶׁת הַבֹּטְחִים בַּפָּסֶל הָאֹמְרִים
יח לְמַסֵּכָה אַתֶּם אֱלֹהֵינוּ׃ הַחֵרְשִׁים שְׁמָעוּ וְהַעִוְרִים
יט הַבִּיטוּ לִרְאוֹת׃ מִי עִוֵּר כִּי אִם־עַבְדִּי וְחֵרֵשׁ כְּמַלְאָכִי אֶשְׁלָח
כ מִי עִוֵּר כִּמְשֻׁלָּם וְעִוֵּר כְּעֶבֶד יְהוָה׃ רָאִית רַבּוֹת וְלֹא תִשְׁמֹר רָאוֹת
כא פָּקוֹחַ אָזְנַיִם וְלֹא יִשְׁמָע׃ יְהוָה חָפֵץ לְמַעַן צִדְקוֹ יַגְדִּיל תּוֹרָה
כב וְיַאְדִּיר׃ וְהוּא עַם־בָּזוּז וְשָׁסוּי הָפֵחַ בַּחוּרִים כֻּלָּם וּבְבָתֵּי
כְלָאִים הָחְבָּאוּ הָיוּ לָבַז וְאֵין מַצִּיל מְשִׁסָּה וְאֵין־אֹמֵר הָשַׁב׃
כג כד מִי בָכֶם יַאֲזִין זֹאת יַקְשִׁב וְיִשְׁמַע לְאָחוֹר׃ מִי־נָתַן לִמְשׁוֹסָּה לִמְשִׁסָּה
יַעֲקֹב וְיִשְׂרָאֵל לְבֹזְזִים הֲלוֹא יְהוָה זוּ חָטָאנוּ לוֹ וְלֹא־אָבוּ
כה בִדְרָכָיו הָלוֹךְ וְלֹא שָׁמְעוּ בְּתוֹרָתוֹ׃ וַיִּשְׁפֹּךְ עָלָיו חֵמָה אַפּוֹ
וֶעֱזוּז מִלְחָמָה וַתְּלַהֲטֵהוּ מִסָּבִיב וְלֹא יָדָע וַתִּבְעַר־בּוֹ וְלֹא־
מג א יָשִׂים עַל־לֵב׃ וְעַתָּה כֹּה־אָמַר יְהוָה בֹּרַאֲךָ
יַעֲקֹב וְיֹצֶרְךָ יִשְׂרָאֵל אַל־תִּירָא כִּי גְאַלְתִּיךָ קָרָאתִי בְשִׁמְךָ
ב לִי־אָתָּה׃ כִּי־תַעֲבֹר בַּמַּיִם אִתְּךָ אָנִי וּבַנְּהָרוֹת לֹא יִשְׁטְפוּךָ
ג כִּי־תֵלֵךְ בְּמוֹ־אֵשׁ לֹא תִכָּוֶה וְלֶהָבָה לֹא תִבְעַר־בָּךְ׃ כִּי אֲנִי
יְהוָה אֱלֹהֶיךָ קְדוֹשׁ יִשְׂרָאֵל מוֹשִׁיעֶךָ נָתַתִּי כָפְרְךָ מִצְרַיִם כּוּשׁ
ד וּסְבָא תַּחְתֶּיךָ׃ מֵאֲשֶׁר יָקַרְתָּ בְעֵינַי נִכְבַּדְתָּ וַאֲנִי אֲהַבְתִּיךָ
ה וְאֶתֵּן אָדָם תַּחְתֶּיךָ וּלְאֻמִּים תַּחַת נַפְשֶׁךָ׃ אַל־תִּירָא כִּי אִתְּךָ־
ו אָנִי מִמִּזְרָח אָבִיא זַרְעֶךָ וּמִמַּעֲרָב אֲקַבְּצֶךָּ׃ אֹמַר לַצָּפוֹן תֵּנִי

וּלְתֵימָן אַל־תִּכְלָאִי הָבִיאִי בָנַי מֵרָחוֹק וּבְנוֹתַי מִקְצֵה הָאָרֶץ׃
ז כֹּל הַנִּקְרָא בִשְׁמִי וְלִכְבוֹדִי בְּרָאתִיו יְצַרְתִּיו אַף־עֲשִׂיתִיו׃
ח ט הוֹצִיא עַם־עִוֵּר וְעֵינַיִם יֵשׁ וְחֵרְשִׁים וְאָזְנַיִם לָמוֹ׃ כָּל־הַגּוֹיִם
נִקְבְּצוּ יַחְדָּו וְיֵאָסְפוּ לְאֻמִּים מִי בָהֶם יַגִּיד זֹאת וְרִאשֹׁנוֹת
י יַשְׁמִיעֻנוּ יִתְּנוּ עֵדֵיהֶם וְיִצְדָּקוּ וְיִשְׁמְעוּ וְיֹאמְרוּ אֱמֶת׃ אַתֶּם
עֵדַי נְאֻם־יְהֹוָה וְעַבְדִּי אֲשֶׁר בָּחָרְתִּי לְמַעַן תֵּדְעוּ וְתַאֲמִינוּ
לִי וְתָבִינוּ כִּי־אֲנִי הוּא לְפָנַי לֹא־נוֹצַר אֵל וְאַחֲרַי לֹא
יא יִהְיֶה׃ אָנֹכִי אָנֹכִי יְהֹוָה וְאֵין מִבַּלְעָדַי מוֹשִׁיעַ׃
יב אָנֹכִי הִגַּדְתִּי וְהוֹשַׁעְתִּי וְהִשְׁמַעְתִּי וְאֵין בָּכֶם זָר וְאַתֶּם עֵדַי
יג נְאֻם־יְהֹוָה וַאֲנִי־אֵל׃ גַּם־מִיּוֹם אֲנִי הוּא וְאֵין מִיָּדִי מַצִּיל אֶפְעַל
יד וּמִי יְשִׁיבֶנָּה׃ כֹּה־אָמַר יְהֹוָה גֹּאַלְכֶם קְדוֹשׁ
יִשְׂרָאֵל לְמַעַנְכֶם שִׁלַּחְתִּי בָבֶלָה וְהוֹרַדְתִּי בָרִיחִים כֻּלָּם
טו וְכַשְׂדִּים בָּאֳנִיּוֹת רִנָּתָם׃ אֲנִי יְהֹוָה קְדוֹשְׁכֶם בּוֹרֵא יִשְׂרָאֵל
טז מַלְכְּכֶם׃ כֹּה אָמַר יְהֹוָה הַנּוֹתֵן בַּיָּם דָּרֶךְ וּבְמַיִם
יז עַזִּים נְתִיבָה׃ הַמּוֹצִיא רֶכֶב־וָסוּס חַיִל וְעִזּוּז יַחְדָּו יִשְׁכְּבוּ בַּל־
יח יָקוּמוּ דָּעֲכוּ כַּפִּשְׁתָּה כָבוּ׃ אַל־תִּזְכְּרוּ רִאשֹׁנוֹת וְקַדְמֹנִיּוֹת
יט אַל־תִּתְבֹּנָנוּ׃ הִנְנִי עֹשֶׂה חֲדָשָׁה עַתָּה תִצְמָח הֲלוֹא תֵדָעוּהָ
כ אַף אָשִׂים בַּמִּדְבָּר דֶּרֶךְ בִּישִׁמֹן נְהָרוֹת׃ תְּכַבְּדֵנִי חַיַּת הַשָּׂדֶה
תַּנִּים וּבְנוֹת יַעֲנָה כִּי־נָתַתִּי בַמִּדְבָּר מַיִם נְהָרוֹת בִּישִׁימֹן
כא כב לְהַשְׁקוֹת עַמִּי בְחִירִי׃ עַם־זוּ יָצַרְתִּי לִי תְּהִלָּתִי יְסַפֵּרוּ׃ וְלֹא־
כג אֹתִי קָרָאתָ יַעֲקֹב כִּי־יָגַעְתָּ בִּי יִשְׂרָאֵל׃ לֹא־הֵבֵיאתָ לִּי שֵׂה
עֹלֹתֶיךָ וּזְבָחֶיךָ לֹא כִבַּדְתָּנִי לֹא הֶעֱבַדְתִּיךָ בְּמִנְחָה וְלֹא
כד הוֹגַעְתִּיךָ בִּלְבוֹנָה׃ לֹא־קָנִיתָ לִּי בַכֶּסֶף קָנֶה וְחֵלֶב זְבָחֶיךָ לֹא
כה הִרְוִיתָנִי אַךְ הֶעֱבַדְתַּנִי בְּחַטֹּאותֶיךָ הוֹגַעְתַּנִי בַּעֲוֺנֹתֶיךָ׃ אָנֹכִי
כו אָנֹכִי הוּא מֹחֶה פְשָׁעֶיךָ לְמַעֲנִי וְחַטֹּאתֶיךָ לֹא אֶזְכֹּר׃ הַזְכִּירֵנִי
כז נִשָּׁפְטָה יָחַד סַפֵּר אַתָּה לְמַעַן תִּצְדָּק׃ אָבִיךָ הָרִאשׁוֹן חָטָא
כח וּמְלִיצֶיךָ פָּשְׁעוּ בִי׃ וַאֲחַלֵּל שָׂרֵי קֹדֶשׁ וְאֶתְּנָה לַחֵרֶם יַעֲקֹב

א וְיִשְׂרָאֵ֖ל לְגִדּוּפִֽים׃ וְעַתָּ֥ה שְׁמַ֖ע יַעֲקֹ֣ב עַבְדִּ֑י
ב וְיִשְׂרָאֵ֖ל בָּחַ֥רְתִּי בֽוֹ׃ כֹּה־אָמַ֨ר יְהוָ֥ה עֹשֶׂ֛ךָ וְיֹצֶרְךָ֥ מִבֶּ֖טֶן יַעְזְרֶ֑ךָּ
ג אַל־תִּירָא֙ עַבְדִּ֣י יַעֲקֹ֔ב וִישֻׁר֖וּן בָּחַ֥רְתִּי בֽוֹ׃ כִּ֤י אֶצָּק־מַ֙יִם֙ עַל־
צָמֵ֔א וְנֹזְלִ֖ים עַל־יַבָּשָׁ֑ה אֶצֹּ֤ק רוּחִי֙ עַל־זַרְעֶ֔ךָ וּבִרְכָתִ֖י עַל־
ד ה צֶאֱצָאֶֽיךָ׃ וְצָמְח֖וּ בְּבֵ֣ין חָצִ֑יר כַּעֲרָבִ֖ים עַל־יִבְלֵי־מָֽיִם׃ זֶ֤ה
יֹאמַר֙ לַיהוָ֣ה אָ֔נִי וְזֶ֖ה יִקְרָ֣א בְשֵׁם־יַעֲקֹ֑ב וְזֶ֗ה יִכְתֹּ֤ב יָדוֹ֙ לַֽיהוָ֔ה
יח ו וּבְשֵׁ֥ם יִשְׂרָאֵ֖ל יְכַנֶּֽה׃ כֹּֽה־אָמַ֨ר יְהוָ֧ה מֶֽלֶךְ־
יִשְׂרָאֵ֛ל וְגֹאֲל֖וֹ יְהוָ֣ה צְבָא֑וֹת אֲנִ֤י רִאשׁוֹן֙ וַאֲנִ֣י אַחֲר֔וֹן וּמִבַּלְעָדַ֖י
ז אֵ֥ין אֱלֹהִֽים׃ וּמִֽי־כָמ֣וֹנִי יִקְרָ֗א וְיַגִּידֶ֤הָ וְיַעְרְכֶ֙הָ֙ לִ֔י מִשּׂוּמִ֖י עַם־
ח עוֹלָ֑ם וְאֹתִיּ֛וֹת וַאֲשֶׁ֥ר תָּבֹ֖אנָה יַגִּ֥ידוּ לָֽמוֹ׃ אַֽל־תִּפְחֲדוּ֙ וְאַל־
תִּרְה֔וּ הֲלֹ֥א מֵאָ֛ז הִשְׁמַעְתִּ֥יךָ וְהִגַּ֖דְתִּי וְאַתֶּ֣ם עֵדָ֑י הֲיֵ֤שׁ אֱל֙וֹהַּ֙
ט מִבַּלְעָדַ֔י וְאֵ֥ין צ֖וּר בַּל־יָדָֽעְתִּי׃ יֹֽצְרֵי־פֶ֤סֶל כֻּלָּם֙ תֹּ֔הוּ וַחֲמוּדֵיהֶ֖ם
י בַּל־יוֹעִ֑ילוּ וְעֵדֵיהֶ֣ם הֵ֗מָּה בַּל־יִרְא֛וּ וּבַל־יֵדְע֖וּ לְמַ֥עַן יֵבֹֽשׁוּ׃ מִֽי־
יא יָצַ֥ר אֵ֛ל וּפֶ֥סֶל נָסָ֖ךְ לְבִלְתִּ֥י הוֹעִֽיל׃ הֵ֤ן כָּל־חֲבֵרָיו֙ יֵבֹ֔שׁוּ וְחָרָשִׁ֥ים
יב הֵ֖מָּה מֵאָדָ֑ם יִתְקַבְּצ֤וּ כֻלָּם֙ יַעֲמֹ֔דוּ יִפְחֲד֖וּ יֵבֹ֥שׁוּ יָֽחַד׃ חָרַ֤שׁ
בַּרְזֶל֙ מַעֲצָ֔ד וּפָעַל֙ בַּפֶּחָ֔ם וּבַמַּקָּב֖וֹת יִצְּרֵ֑הוּ וַיִּפְעָלֵ֙הוּ֙ בִּזְר֣וֹעַ
יג כֹּח֔וֹ גַּם־רָעֵב֙ וְאֵ֣ין כֹּ֔חַ לֹא־שָׁ֥תָה מַ֖יִם וַיִּעָֽף׃ חָרַ֨שׁ עֵצִ֜ים נָ֣טָה
קָ֗ו יְתָאֳרֵ֤הוּ בַשֶּׂ֙רֶד֙ יַעֲשֵׂ֙הוּ֙ בַּמַּקְצֻע֔וֹת וּבַמְּחוּגָ֖ה יְתָאֳרֵ֑הוּ
יד וַֽיַּעֲשֵׂ֙הוּ֙ כְּתַבְנִ֣ית אִ֔ישׁ כְּתִפְאֶ֥רֶת אָדָ֖ם לָשֶׁ֥בֶת בָּֽיִת׃ לִכְרָת־ל֣וֹ
אֲרָזִ֔ים וַיִּקַּ֤ח תִּרְזָה֙ וְאַלּ֔וֹן וַיְאַמֶּץ־ל֖וֹ בַּעֲצֵי־יָ֑עַר נָטַ֥ע אֹ֖רֶן וְגֶ֥שֶׁם
טו יְגַדֵּֽל׃ וְהָיָ֤ה לְאָדָם֙ לְבָעֵ֔ר וַיִּקַּ֥ח מֵהֶ֖ם וַיָּ֑חָם אַף־יַשִּׂ֖יק וְאָ֣פָה
טז לָ֑חֶם אַף־יִפְעַל־אֵל֙ וַיִּשְׁתָּ֔חוּ עָשָׂ֥הוּ פֶ֖סֶל וַיִּסְגָּד־לָֽמוֹ׃ חֶצְיוֹ֙
שָׂרַ֣ף בְּמוֹ־אֵ֔שׁ עַל־חֶצְיוֹ֙ בָּשָׂ֣ר יֹאכֵ֔ל יִצְלֶ֥ה צָלִ֖י וְיִשְׂבָּ֑ע אַף־יָחֹם֙
יז וְיֹאמַ֣ר הֶאָ֔ח חַמּוֹתִ֖י רָאִ֥יתִי אֽוּר׃ וּשְׁאֵ֣רִית֔וֹ לְאֵ֥ל עָשָׂ֖ה לְפִסְל֑וֹ
יִסְגָּד־ יסגוד־ל֤וֹ וְיִשְׁתַּחוּ֙ וְיִתְפַּלֵּ֣ל אֵלָ֔יו וְיֹאמַר֙ הַצִּילֵ֔נִי כִּ֥י אֵלִ֖י אָֽתָּה׃
יח לֹ֥א יָדְע֖וּ וְלֹ֣א יָבִ֑ינוּ כִּ֣י טַ֤ח מֵֽרְאוֹת֙ עֵֽינֵיהֶ֔ם מֵהַשְׂכִּ֖יל לִבֹּתָֽם׃
יט וְלֹֽא־יָשִׁ֣יב אֶל־לִבּ֗וֹ וְלֹ֨א דַ֥עַת וְלֹֽא־תְבוּנָ֣ה לֵאמֹר֮ חֶצְיוֹ֙

שָׂרַפְתִּי בְמוֹ־אֵשׁ וְאַף אָפִיתִי עַל־גֶּחָלָיו לֶחֶם אֶצְלֶה בָשָׂר
כ וְאֹכֵל וְיִתְרוֹ לְתוֹעֵבָה אֶעֱשֶׂה לְבוּל עֵץ אֶסְגּוֹד: רֹעֶה אֵפֶר לֵב
הוּתַל הִטָּהוּ וְלֹא־יַצִּיל אֶת־נַפְשׁוֹ וְלֹא יֹאמַר הֲלוֹא שֶׁקֶר
כא בִּימִינִי: זְכָר־אֵלֶּה יַעֲקֹב וְיִשְׂרָאֵל כִּי עַבְדִּי־
כב אָתָּה יְצַרְתִּיךָ עֶבֶד־לִי אַתָּה יִשְׂרָאֵל לֹא תִנָּשֵׁנִי: מָחִיתִי כָעָב
כג פְּשָׁעֶיךָ וְכֶעָנָן חַטֹּאותֶיךָ שׁוּבָה אֵלַי כִּי גְאַלְתִּיךָ: רָנּוּ שָׁמַיִם כִּי־
עָשָׂה יהוה הָרִיעוּ תַּחְתִּיּוֹת אָרֶץ פִּצְחוּ הָרִים רִנָּה יַעַר וְכָל־עֵץ
כד בּוֹ כִּי־גָאַל יהוה יַעֲקֹב וּבְיִשְׂרָאֵל יִתְפָּאָר: כֹּה־
אָמַר יהוה גֹּאֲלֶךָ וְיֹצֶרְךָ מִבָּטֶן אָנֹכִי יהוה עֹשֶׂה כֹּל נֹטֶה
כה שָׁמַיִם לְבַדִּי רֹקַע הָאָרֶץ מִי אִתִּי: מֵפֵר אֹתוֹת בַּדִּים וְקֹסְמִים מֵאִתִּי
כו יְהוֹלֵל מֵשִׁיב חֲכָמִים אָחוֹר וְדַעְתָּם יְסַכֵּל: מֵקִים דְּבַר עַבְדּוֹ
וַעֲצַת מַלְאָכָיו יַשְׁלִים הָאֹמֵר לִירוּשָׁלִַם תּוּשָׁב וּלְעָרֵי יְהוּדָה
כז תִּבָּנֶינָה וְחָרְבוֹתֶיהָ אֲקוֹמֵם: הָאֹמֵר לַצּוּלָה חֳרָבִי וְנַהֲרֹתַיִךְ
כח אוֹבִישׁ: הָאֹמֵר לְכוֹרֶשׁ רֹעִי וְכָל־חֶפְצִי יַשְׁלִם וְלֵאמֹר לִירוּשָׁלִַם
מה א תִּבָּנֶה וְהֵיכָל תִּוָּסֵד: כֹּה־אָמַר יהוה לִמְשִׁיחוֹ
לְכוֹרֶשׁ ׀ אֲשֶׁר־הֶחֱזַקְתִּי בִימִינוֹ לְרַד־לְפָנָיו גּוֹיִם וּמָתְנֵי מְלָכִים
ב אֲפַתֵּחַ לִפְתֹּחַ לְפָנָיו דְּלָתַיִם וּשְׁעָרִים לֹא יִסָּגֵרוּ: אֲנִי לְפָנֶיךָ
אֵלֵךְ וַהֲדוּרִים אוּשֵׁר דַּלְתוֹת נְחוּשָׁה אֲשַׁבֵּר וּבְרִיחֵי בַרְזֶל אֲיַשֵּׁר
ג אֲגַדֵּעַ: וְנָתַתִּי לְךָ אוֹצְרוֹת חֹשֶׁךְ וּמַטְמֻנֵי מִסְתָּרִים לְמַעַן תֵּדַע
ד כִּי־אֲנִי יהוה הַקּוֹרֵא בְשִׁמְךָ אֱלֹהֵי יִשְׂרָאֵל: לְמַעַן עַבְדִּי יַעֲקֹב
ה וְיִשְׂרָאֵל בְּחִירִי וָאֶקְרָא לְךָ בִּשְׁמֶךָ אֲכַנְּךָ וְלֹא יְדַעְתָּנִי: אֲנִי
ו יהוה וְאֵין עוֹד זוּלָתִי אֵין אֱלֹהִים אֲאַזֶּרְךָ וְלֹא יְדַעְתָּנִי: לְמַעַן
יֵדְעוּ מִמִּזְרַח־שֶׁמֶשׁ וּמִמַּעֲרָבָה כִּי־אֶפֶס בִּלְעָדָי אֲנִי יהוה וְאֵין
ז עוֹד: יוֹצֵר אוֹר וּבוֹרֵא חֹשֶׁךְ עֹשֶׂה שָׁלוֹם וּבוֹרֵא רָע אֲנִי יהוה
ח עֹשֶׂה כָל־אֵלֶּה: הַרְעִיפוּ שָׁמַיִם מִמַּעַל וּשְׁחָקִים
יִזְּלוּ־צֶדֶק תִּפְתַּח־אֶרֶץ וְיִפְרוּ־יֶשַׁע וּצְדָקָה תַצְמִיחַ יַחַד אֲנִי
ט יהוה בְּרָאתִיו: הוֹי רָב אֶת־יֹצְרוֹ חֶרֶשׂ אֶת־

הצהרת כורש
עזרא א, א–ד;
ו, ג–יב
דה"ב לו, כב–כג

חַרְשֵׂי אֲדָמָה הֲיֹאמַר חֹמֶר לְיֹצְרוֹ מַה־תַּעֲשֶׂה וּפָעָלְךָ אֵין־
י יָדַיִם לוֹ׃ הוֹי אֹמֵר לְאָב מַה־תּוֹלִיד וּלְאִשָּׁה
יא מַה־תְּחִילִין׃ כֹּה־אָמַר יהוה קְדוֹשׁ יִשְׂרָאֵל
יב וְיֹצְרוֹ הָאֹתִיּוֹת שְׁאָלוּנִי עַל־בָּנַי וְעַל־פֹּעַל יָדַי תְּצַוֻּנִי׃ אָנֹכִי
עָשִׂיתִי אֶרֶץ וְאָדָם עָלֶיהָ בָרָאתִי אֲנִי יָדַי נָטוּ שָׁמַיִם וְכָל־
יג צְבָאָם צִוֵּיתִי׃ אָנֹכִי הַעִירֹתִהוּ בְצֶדֶק וְכָל־דְּרָכָיו אֲיַשֵּׁר הוּא־
יִבְנֶה עִירִי וְגָלוּתִי יְשַׁלֵּחַ לֹא בִמְחִיר וְלֹא בְשֹׁחַד אָמַר יהוה
יד צְבָאוֹת׃ כֹּה ׀ אָמַר יהוה יְגִיעַ מִצְרַיִם וּסְחַר־
כּוּשׁ וּסְבָאִים אַנְשֵׁי מִדָּה עָלַיִךְ יַעֲבֹרוּ וְלָךְ יִהְיוּ אַחֲרַיִךְ יֵלֵכוּ
בַּזִּקִּים יַעֲבֹרוּ וְאֵלַיִךְ יִשְׁתַּחֲווּ אֵלַיִךְ יִתְפַּלָּלוּ אַךְ בָּךְ אֵל וְאֵין
טו עוֹד אֶפֶס אֱלֹהִים׃ אָכֵן אַתָּה אֵל מִסְתַּתֵּר אֱלֹהֵי יִשְׂרָאֵל
טז מוֹשִׁיעַ׃ בּוֹשׁוּ וְגַם־נִכְלְמוּ כֻּלָּם יַחְדָּו הָלְכוּ בַכְּלִמָּה חָרָשֵׁי
יז צִירִים׃ יִשְׂרָאֵל נוֹשַׁע בַּיהוה תְּשׁוּעַת עוֹלָמִים לֹא־תֵבֹשׁוּ יט
יח וְלֹא־תִכָּלְמוּ עַד־עוֹלְמֵי עַד׃ כִּי כֹה אָמַר־
יהוה בּוֹרֵא הַשָּׁמַיִם הוּא הָאֱלֹהִים יֹצֵר הָאָרֶץ וְעֹשָׂהּ הוּא
יט כוֹנְנָהּ לֹא־תֹהוּ בְרָאָהּ לָשֶׁבֶת יְצָרָהּ אֲנִי יהוה וְאֵין עוֹד׃ לֹא
בַסֵּתֶר דִּבַּרְתִּי בִּמְקוֹם אֶרֶץ חֹשֶׁךְ לֹא אָמַרְתִּי לְזֶרַע יַעֲקֹב תֹּהוּ
כ בַקְּשׁוּנִי אֲנִי יהוה דֹּבֵר צֶדֶק מַגִּיד מֵישָׁרִים׃ הִקָּבְצוּ וָבֹאוּ
הִתְנַגְּשׁוּ יַחְדָּו פְּלִיטֵי הַגּוֹיִם לֹא יָדְעוּ הַנֹּשְׂאִים אֶת־עֵץ פִּסְלָם
כא וּמִתְפַּלְלִים אֶל־אֵל לֹא יוֹשִׁיעַ׃ הַגִּידוּ וְהַגִּישׁוּ אַף יִוָּעֲצוּ יַחְדָּו
מִי הִשְׁמִיעַ זֹאת מִקֶּדֶם מֵאָז הִגִּידָהּ הֲלוֹא אֲנִי יהוה וְאֵין־עוֹד
כב אֱלֹהִים מִבַּלְעָדַי אֵל־צַדִּיק וּמוֹשִׁיעַ אַיִן זוּלָתִי׃ פְּנוּ־אֵלַי
כג וְהִוָּשְׁעוּ כָּל־אַפְסֵי־אָרֶץ כִּי אֲנִי־אֵל וְאֵין עוֹד׃ בִּי נִשְׁבַּעְתִּי
יָצָא מִפִּי צְדָקָה דָּבָר וְלֹא יָשׁוּב כִּי־לִי תִּכְרַע כָּל־בֶּרֶךְ תִּשָּׁבַע
כד כָּל־לָשׁוֹן׃ אַךְ בַּיהוה לִי אָמַר צְדָקוֹת וָעֹז עָדָיו יָבוֹא וְיֵבֹשׁוּ
כה א כֹּל הַנֶּחֱרִים בּוֹ׃ בַּיהוה יִצְדְּקוּ וְיִתְהַלְלוּ כָּל־זֶרַע יִשְׂרָאֵל׃ כָּרַע
בֵּל קֹרֵס נְבוֹ הָיוּ עֲצַבֵּיהֶם לַחַיָּה וְלַבְּהֵמָה נְשֻׂאֹתֵיכֶם עֲמוּסוֹת

ב מַשָּׂא לַעֲיֵפָה׃ קָרְסוּ כָרְעוּ יַחְדָּו לֹא יָכְלוּ מַלֵּט מַשָּׂא וְנַפְשָׁם
ג בַּשְּׁבִי הָלָכָה׃ שִׁמְעוּ אֵלַי בֵּית יַעֲקֹב וְכָל־
שְׁאֵרִית בֵּית יִשְׂרָאֵל הָעֲמֻסִים מִנִּי־בֶטֶן הַנְּשֻׂאִים מִנִּי־רָחַם׃
ד וְעַד־זִקְנָה אֲנִי הוּא וְעַד־שֵׂיבָה אֲנִי אֶסְבֹּל אֲנִי עָשִׂיתִי וַאֲנִי
ה אֶשָּׂא וַאֲנִי אֶסְבֹּל וַאֲמַלֵּט׃ לְמִי תְדַמְּיוּנִי וְתַשְׁווּ
ו וְתַמְשִׁלוּנִי וְנִדְמֶה׃ הַזָּלִים זָהָב מִכִּיס וְכֶסֶף בַּקָּנֶה יִשְׁקֹלוּ
ז יִשְׂכְּרוּ צוֹרֵף וְיַעֲשֵׂהוּ אֵל יִסְגְּדוּ אַף־יִשְׁתַּחֲווּ׃ יִשָּׂאֻהוּ עַל־כָּתֵף
יִסְבְּלֻהוּ וְיַנִּיחֻהוּ תַחְתָּיו וְיַעֲמֹד מִמְּקוֹמוֹ לֹא יָמִישׁ אַף־יִצְעַק
ח אֵלָיו וְלֹא יַעֲנֶה מִצָּרָתוֹ לֹא יוֹשִׁיעֶנּוּ׃ זִכְרוּ־זֹאת
ט וְהִתְאֹשָׁשׁוּ הָשִׁיבוּ פוֹשְׁעִים עַל־לֵב׃ זִכְרוּ רִאשֹׁנוֹת מֵעוֹלָם כִּי
י אָנֹכִי אֵל וְאֵין עוֹד אֱלֹהִים וְאֶפֶס כָּמוֹנִי׃ מַגִּיד מֵרֵאשִׁית
אַחֲרִית וּמִקֶּדֶם אֲשֶׁר לֹא־נַעֲשׂוּ אֹמֵר עֲצָתִי תָקוּם וְכָל־חֶפְצִי
יא אֶעֱשֶׂה׃ קֹרֵא מִמִּזְרָח עַיִט מֵאֶרֶץ מֶרְחָק אִישׁ עצתו אַף־ עֲצָתִי
יב דִּבַּרְתִּי אַף־אֲבִיאֶנָּה יָצַרְתִּי אַף־אֶעֱשֶׂנָּה׃ שִׁמְעוּ
יג אֵלַי אַבִּירֵי לֵב הָרְחוֹקִים מִצְּדָקָה׃ קֵרַבְתִּי צִדְקָתִי לֹא
תִרְחָק וּתְשׁוּעָתִי לֹא תְאַחֵר וְנָתַתִּי בְצִיּוֹן תְּשׁוּעָה לְיִשְׂרָאֵל
מז א תִּפְאַרְתִּי׃ רְדִי ׀ וּשְׁבִי עַל־עָפָר בְּתוּלַת בַּת־
בָּבֶל שְׁבִי־לָאָרֶץ אֵין־כִּסֵּא בַּת־כַּשְׂדִּים כִּי לֹא תוֹסִיפִי
ב יִקְרְאוּ־לָךְ רַכָּה וַעֲנֻגָּה׃ קְחִי רֵחַיִם וְטַחֲנִי קָמַח גַּלִּי צַמָּתֵךְ
ג חֶשְׂפִּי־שֹׁבֶל גַּלִּי־שׁוֹק עִבְרִי נְהָרוֹת׃ תִּגָּל עֶרְוָתֵךְ גַּם תֵּרָאֶה
ד חֶרְפָּתֵךְ נָקָם אֶקָּח וְלֹא אֶפְגַּע אָדָם׃ גֹּאֲלֵנוּ יהוה
ה צְבָאוֹת שְׁמוֹ קְדוֹשׁ יִשְׂרָאֵל׃ שְׁבִי דוּמָם וּבֹאִי בַחֹשֶׁךְ בַּת־
ו כַּשְׂדִּים כִּי לֹא תוֹסִיפִי יִקְרְאוּ־לָךְ גְּבֶרֶת מַמְלָכוֹת׃ קָצַפְתִּי עַל־
עַמִּי חִלַּלְתִּי נַחֲלָתִי וָאֶתְּנֵם בְּיָדֵךְ לֹא־שַׂמְתְּ לָהֶם רַחֲמִים עַל־
ז זָקֵן הִכְבַּדְתְּ עֻלֵּךְ מְאֹד׃ וַתֹּאמְרִי לְעוֹלָם אֶהְיֶה גְבָרֶת עַד
ח לֹא־שַׂמְתְּ אֵלֶּה עַל־לִבֵּךְ לֹא זָכַרְתְּ אַחֲרִיתָהּ׃ וְעַתָּה
שִׁמְעִי־זֹאת עֲדִינָה הַיּוֹשֶׁבֶת לָבֶטַח הָאֹמְרָה בִּלְבָבָהּ אֲנִי

ט וְאַפְסִי עוֹד לֹא אֵשֵׁב אַלְמָנָה וְלֹא אֵדַע שְׁכוֹל: וְתָבֹאנָה לָּךְ
שְׁתֵּי־אֵלֶּה רֶגַע בְּיוֹם אֶחָד שְׁכוֹל וְאַלְמֹן כְּתֻמָּם בָּאוּ עָלַיִךְ
י בְּרֹב כְּשָׁפַיִךְ בְּעָצְמַת חֲבָרַיִךְ מְאֹד: וַתִּבְטְחִי בְרָעָתֵךְ אָמַרְתְּ
אֵין רֹאָנִי חָכְמָתֵךְ וְדַעְתֵּךְ הִיא שׁוֹבְבָתֶךְ וַתֹּאמְרִי בְלִבֵּךְ אֲנִי
יא וְאַפְסִי עוֹד: וּבָא עָלַיִךְ רָעָה לֹא תֵדְעִי שַׁחְרָהּ וְתִפֹּל עָלַיִךְ הֹוָה
יב לֹא תוּכְלִי כַּפְּרָהּ וְתָבֹא עָלַיִךְ פִּתְאֹם שׁוֹאָה לֹא תֵדָעִי: עִמְדִי־
נָא בַחֲבָרַיִךְ וּבְרֹב כְּשָׁפַיִךְ בַּאֲשֶׁר יָגַעַתְּ מִנְּעוּרָיִךְ אוּלַי תּוּכְלִי
יג הוֹעִיל אוּלַי תַּעֲרוֹצִי: נִלְאֵית בְּרֹב עֲצָתָיִךְ יַעַמְדוּ־נָא וְיוֹשִׁיעֻךְ
הברו שָׁמַיִם הַחֹזִים בַּכּוֹכָבִים מוֹדִיעִים לֶחֳדָשִׁים מֵאֲשֶׁר יָבֹאוּ הֹבְרֵי
יד עָלָיִךְ: הִנֵּה הָיוּ כְקַשׁ אֵשׁ שְׂרָפָתַם לֹא־יַצִּילוּ אֶת־נַפְשָׁם
טו מִיַּד לֶהָבָה אֵין־גַּחֶלֶת לַחְמָם אוּר לָשֶׁבֶת נֶגְדּוֹ: כֵּן הָיוּ־
לָךְ אֲשֶׁר יָגָעַתְּ סֹחֲרַיִךְ מִנְּעוּרַיִךְ אִישׁ לְעֶבְרוֹ תָּעוּ אֵין
מח א מוֹשִׁיעֵךְ: שִׁמְעוּ־זֹאת בֵּית־יַעֲקֹב הַנִּקְרָאִים
בְּשֵׁם יִשְׂרָאֵל וּמִמֵּי יְהוּדָה יָצָאוּ הַנִּשְׁבָּעִים ׀ בְּשֵׁם יְהוָה
ב וּבֵאלֹהֵי יִשְׂרָאֵל יַזְכִּירוּ לֹא בֶאֱמֶת וְלֹא בִצְדָקָה: כִּי־מֵעִיר כ
הַקֹּדֶשׁ נִקְרָאוּ וְעַל־אֱלֹהֵי יִשְׂרָאֵל נִסְמָכוּ יְהוָה צְבָאוֹת
ג שְׁמוֹ: הָרִאשֹׁנוֹת מֵאָז הִגַּדְתִּי וּמִפִּי יָצְאוּ
ד וְאַשְׁמִיעֵם פִּתְאֹם עָשִׂיתִי וַתָּבֹאנָה: מִדַּעְתִּי כִּי קָשֶׁה אָתָּה
ה וְגִיד בַּרְזֶל עָרְפֶּךָ וּמִצְחֲךָ נְחוּשָׁה: וָאַגִּיד לְךָ מֵאָז בְּטֶרֶם תָּבוֹא
ו הִשְׁמַעְתִּיךָ פֶּן־תֹּאמַר עָצְבִּי עָשָׂם וּפִסְלִי וְנִסְכִּי צִוָּם: שָׁמַעְתָּ
חֲזֵה כֻּלָּהּ וְאַתֶּם הֲלוֹא תַגִּידוּ הִשְׁמַעְתִּיךָ חֲדָשׁוֹת מֵעַתָּה
ז וּנְצֻרוֹת וְלֹא יְדַעְתָּם: עַתָּה נִבְרְאוּ וְלֹא מֵאָז וְלִפְנֵי־יוֹם וְלֹא
ח שְׁמַעְתָּם פֶּן־תֹּאמַר הִנֵּה יְדַעְתִּין: גַּם לֹא־שָׁמַעְתָּ גַּם לֹא
יָדַעְתָּ גַּם מֵאָז לֹא־פִתְּחָה אָזְנֶךָ כִּי יָדַעְתִּי בָּגוֹד תִּבְגּוֹד וּפֹשֵׁעַ
ט מִבֶּטֶן קֹרָא לָךְ: לְמַעַן שְׁמִי אַאֲרִיךְ אַפִּי וּתְהִלָּתִי אֶחֱטָם־לָךְ
י לְבִלְתִּי הַכְרִיתֶךָ: הִנֵּה צְרַפְתִּיךָ וְלֹא בְכָסֶף בְּחַרְתִּיךָ בְּכוּר
יא עֹנִי: לְמַעֲנִי לְמַעֲנִי אֶעֱשֶׂה כִּי אֵיךְ יֵחָל וּכְבוֹדִי לְאַחֵר לֹא־

יב אָתֵּן׃ שְׁמַע אֵלַי יַעֲקֹב וְיִשְׂרָאֵל מְקֹרָאִי אֲנִי־
יג הוּא אֲנִי רִאשׁוֹן אַף אֲנִי אַחֲרוֹן׃ אַף־יָדִי יָסְדָה אֶרֶץ וִימִינִי
יד טִפְּחָה שָׁמָיִם קֹרֵא אֲנִי אֲלֵיהֶם יַעַמְדוּ יַחְדָּו׃ הִקָּבְצוּ כֻלְּכֶם
וּשְׁמָעוּ מִי בָהֶם הִגִּיד אֶת־אֵלֶּה יְהוָה אֲהֵבוֹ יַעֲשֶׂה חֶפְצוֹ
טו בְּבָבֶל וּזְרֹעוֹ כַּשְׂדִּים׃ אֲנִי אֲנִי דִּבַּרְתִּי אַף־קְרָאתִיו הֲבִיאֹתִיו
טז וְהִצְלִיחַ דַּרְכּוֹ׃ קִרְבוּ אֵלַי שִׁמְעוּ־זֹאת לֹא מֵרֹאשׁ בַּסֵּתֶר
דִּבַּרְתִּי מֵעֵת הֱיוֹתָהּ שָׁם אָנִי וְעַתָּה אֲדֹנָי יֱהוִה שְׁלָחַנִי
יז וְרוּחוֹ׃ כֹּה־אָמַר יְהוָה גֹּאַלְךָ קְדוֹשׁ יִשְׂרָאֵל אֲנִי
יח יְהוָה אֱלֹהֶיךָ מְלַמֶּדְךָ לְהוֹעִיל מַדְרִיכְךָ בְּדֶרֶךְ תֵּלֵךְ׃ לוּא
יט הִקְשַׁבְתָּ לְמִצְוֹתָי וַיְהִי כַנָּהָר שְׁלוֹמֶךָ וְצִדְקָתְךָ כְּגַלֵּי הַיָּם׃ וַיְהִי
כַחוֹל זַרְעֶךָ וְצֶאֱצָאֵי מֵעֶיךָ כִּמְעֹתָיו לֹא־יִכָּרֵת וְלֹא־יִשָּׁמֵד
כ שְׁמוֹ מִלְּפָנָי׃ צְאוּ מִבָּבֶל בִּרְחוּ מִכַּשְׂדִּים בְּקוֹל
רִנָּה הַגִּידוּ הַשְׁמִיעוּ זֹאת הוֹצִיאוּהָ עַד־קְצֵה הָאָרֶץ אִמְרוּ
כא גָּאַל יְהוָה עַבְדּוֹ יַעֲקֹב׃ וְלֹא צָמְאוּ בָּחֳרָבוֹת הוֹלִיכָם מַיִם
כב מִצּוּר הִזִּיל לָמוֹ וַיִּבְקַע־צוּר וַיָּזֻבוּ מָיִם׃ אֵין שָׁלוֹם אָמַר יְהוָה
מט א לָרְשָׁעִים׃ שִׁמְעוּ אִיִּים אֵלַי וְהַקְשִׁיבוּ לְאֻמִּים
ב מֵרָחוֹק יְהוָה מִבֶּטֶן קְרָאָנִי מִמְּעֵי אִמִּי הִזְכִּיר שְׁמִי׃ וַיָּשֶׂם פִּי
כְּחֶרֶב חַדָּה בְּצֵל יָדוֹ הֶחְבִּיאָנִי וַיְשִׂימֵנִי לְחֵץ בָּרוּר בְּאַשְׁפָּתוֹ
ג הִסְתִּירָנִי׃ וַיֹּאמֶר לִי עַבְדִּי־אָתָּה יִשְׂרָאֵל אֲשֶׁר־בְּךָ אֶתְפָּאָר׃
ד וַאֲנִי אָמַרְתִּי לְרִיק יָגַעְתִּי לְתֹהוּ וְהֶבֶל כֹּחִי כִלֵּיתִי אָכֵן מִשְׁפָּטִי
ה אֶת־יְהוָה וּפְעֻלָּתִי אֶת־אֱלֹהָי׃ וְעַתָּה ׀ אָמַר
יְהוָה יֹצְרִי מִבֶּטֶן לְעֶבֶד לוֹ לְשׁוֹבֵב יַעֲקֹב אֵלָיו וְיִשְׂרָאֵל לא לוֹ
ו יֵאָסֵף וְאֶכָּבֵד בְּעֵינֵי יְהוָה וֵאלֹהַי הָיָה עֻזִּי׃ וַיֹּאמֶר נָקֵל
מִהְיוֹתְךָ לִי עֶבֶד לְהָקִים אֶת־שִׁבְטֵי יַעֲקֹב ונצירי יִשְׂרָאֵל וּנְצוּרֵי
לְהָשִׁיב וּנְתַתִּיךָ לְאוֹר גּוֹיִם לִהְיוֹת יְשׁוּעָתִי עַד־קְצֵה
ז הָאָרֶץ׃ כֹּה אָמַר־יְהוָה גֹּאֵל יִשְׂרָאֵל קְדוֹשׁוֹ
לִבְזֹה־נֶפֶשׁ לִמְתָעֵב גּוֹי לְעֶבֶד מֹשְׁלִים מְלָכִים יִרְאוּ וָקָמוּ

שָׂרִים וְיִשְׁתַּחֲווּ לְמַעַן יהוה אֲשֶׁר נֶאֱמָן קְדֹשׁ יִשְׂרָאֵל
ח וַיִּבְחָרֶךָּ׃ כֹּה ׀ אָמַר יהוה בְּעֵת רָצוֹן עֲנִיתִיךָ
וּבְיוֹם יְשׁוּעָה עֲזַרְתִּיךָ וְאֶצָּרְךָ וְאֶתֶּנְךָ לִבְרִית עָם לְהָקִים אֶרֶץ
ט לְהַנְחִיל נְחָלוֹת שֹׁמֵמוֹת׃ לֵאמֹר לַאֲסוּרִים צֵאוּ לַאֲשֶׁר בַּחֹשֶׁךְ
י הִגָּלוּ עַל־דְּרָכִים יִרְעוּ וּבְכָל־שְׁפָיִים מַרְעִיתָם׃ לֹא יִרְעָבוּ וְלֹא
יִצְמָאוּ וְלֹא־יַכֵּם שָׁרָב וָשָׁמֶשׁ כִּי־מְרַחֲמָם יְנַהֲגֵם וְעַל־
יא מַבּוּעֵי מַיִם יְנַהֲלֵם׃ וְשַׂמְתִּי כָל־הָרַי לַדָּרֶךְ וּמְסִלֹּתַי יְרֻמוּן׃
יב הִנֵּה־אֵלֶּה מֵרָחוֹק יָבֹאוּ וְהִנֵּה־אֵלֶּה מִצָּפוֹן וּמִיָּם וְאֵלֶּה מֵאֶרֶץ
יג סִינִים׃ רָנּוּ שָׁמַיִם וְגִילִי אָרֶץ יפצחו הָרִים רִנָּה כִּי־נִחַם יהוה ופִצְחוּ
יד עַמּוֹ וַעֲנִיָּו יְרַחֵם׃ וַתֹּאמֶר צִיּוֹן עֲזָבַנִי יהוה וַאדֹנָי
טו שְׁכֵחָנִי׃ הֲתִשְׁכַּח אִשָּׁה עוּלָהּ מֵרַחֵם בֶּן־בִּטְנָהּ גַּם־אֵלֶּה
טז תִשְׁכַּחְנָה וְאָנֹכִי לֹא אֶשְׁכָּחֵךְ׃ הֵן עַל־כַּפַּיִם חַקֹּתִיךְ חוֹמֹתַיִךְ
יז יח נֶגְדִּי תָּמִיד׃ מִהֲרוּ בָּנָיִךְ מְהָרְסַיִךְ וּמַחֲרִבַיִךְ מִמֵּךְ יֵצֵאוּ׃ שְׂאִי־
סָבִיב עֵינַיִךְ וּרְאִי כֻּלָּם נִקְבְּצוּ בָאוּ־לָךְ חַי־אָנִי נְאֻם־יהוה כִּי
יט כֻלָּם כַּעֲדִי תִלְבָּשִׁי וּתְקַשְּׁרִים כַּכַּלָּה׃ כִּי חָרְבֹתַיִךְ וְשֹׁמְמֹתַיִךְ
כ וְאֶרֶץ הֲרִסֻתֵךְ כִּי עַתָּה תֵּצְרִי מִיּוֹשֵׁב וְרָחֲקוּ מְבַלְּעָיִךְ׃ עוֹד
יֹאמְרוּ בְאָזְנַיִךְ בְּנֵי שִׁכֻּלָיִךְ צַר־לִי הַמָּקוֹם גְּשָׁה־לִּי וְאֵשֵׁבָה׃
כא וְאָמַרְתְּ בִּלְבָבֵךְ מִי יָלַד־לִי אֶת־אֵלֶּה וַאֲנִי שְׁכוּלָה וְגַלְמוּדָה
גֹּלָה ׀ וְסוּרָה וְאֵלֶּה מִי גִדֵּל הֵן אֲנִי נִשְׁאַרְתִּי לְבַדִּי אֵלֶּה אֵיפֹה
כב הֵם׃ כֹּה־אָמַר אֲדֹנָי יֱהוִה הִנֵּה אֶשָּׂא אֶל־גּוֹיִם
יָדִי וְאֶל־עַמִּים אָרִים נִסִּי וְהֵבִיאוּ בָנַיִךְ בְּחֹצֶן וּבְנֹתַיִךְ עַל־
כג כָּתֵף תִּנָּשֶׂאנָה׃ וְהָיוּ מְלָכִים אֹמְנַיִךְ וְשָׂרוֹתֵיהֶם מֵינִיקֹתַיִךְ
אַפַּיִם אֶרֶץ יִשְׁתַּחֲווּ לָךְ וַעֲפַר רַגְלַיִךְ יְלַחֵכוּ וְיָדַעַתְּ כִּי־אֲנִי
כד יהוה אֲשֶׁר לֹא־יֵבֹשׁוּ קֹוָי׃ הֲיֻקַּח מִגִּבּוֹר מַלְקוֹחַ
כה וְאִם־שְׁבִי צַדִּיק יִמָּלֵט׃ כִּי־כֹה ׀ אָמַר יהוה גַּם־שְׁבִי גִבּוֹר יֻקָּח
וּמַלְקוֹחַ עָרִיץ יִמָּלֵט וְאֶת־יְרִיבֵךְ אָנֹכִי אָרִיב וְאֶת־בָּנַיִךְ אָנֹכִי
כו אוֹשִׁיעַ׃ וְהַאֲכַלְתִּי אֶת־מוֹנַיִךְ אֶת־בְּשָׂרָם וְכֶעָסִיס דָּמָם כא

יִשְׁכָּרוּן וְיָדְעוּ כָל־בָּשָׂר כִּי אֲנִי יְהוָה מוֹשִׁיעֵךְ וְגֹאֲלֵךְ אֲבִיר
נ א יַעֲקֹב: כֹּה ׀ אָמַר יְהוָה אֵי זֶה סֵפֶר כְּרִיתוּת
אִמְּכֶם אֲשֶׁר שִׁלַּחְתִּיהָ אוֹ מִי מִנּוֹשַׁי אֲשֶׁר־מָכַרְתִּי אֶתְכֶם לוֹ
ב הֵן בַּעֲוֺנֹתֵיכֶם נִמְכַּרְתֶּם וּבְפִשְׁעֵיכֶם שֻׁלְּחָה אִמְּכֶם: מַדּוּעַ
בָּאתִי וְאֵין אִישׁ קָרָאתִי וְאֵין עוֹנֶה הֲקָצוֹר קָצְרָה יָדִי מִפְּדוּת
וְאִם־אֵין־בִּי כֹחַ לְהַצִּיל הֵן בְּגַעֲרָתִי אַחֲרִיב יָם אָשִׂים נְהָרוֹת
ג מִדְבָּר תִּבְאַשׁ דְּגָתָם מֵאֵין מַיִם וְתָמֹת בַּצָּמָא: אַלְבִּישׁ שָׁמַיִם
ד קַדְרוּת וְשַׂק אָשִׂים כְּסוּתָם: אֲדֹנָי יֱהוִה נָתַן לִי
לְשׁוֹן לִמּוּדִים לָדַעַת לָעוּת אֶת־יָעֵף דָּבָר יָעִיר ׀ בַּבֹּקֶר בַּבֹּקֶר
ה יָעִיר לִי אֹזֶן לִשְׁמֹעַ כַּלִּמּוּדִים: אֲדֹנָי יֱהוִה פָּתַח־לִי אֹזֶן וְאָנֹכִי
ו לֹא מָרִיתִי אָחוֹר לֹא נְסוּגֹתִי: גֵּוִי נָתַתִּי לְמַכִּים וּלְחָיַי לְמֹרְטִים
ז פָּנַי לֹא הִסְתַּרְתִּי מִכְּלִמּוֹת וָרֹק: וַאדֹנָי יֱהוִה יַעֲזָר־לִי עַל־כֵּן
לֹא נִכְלָמְתִּי עַל־כֵּן שַׂמְתִּי פָנַי כַּחַלָּמִישׁ וָאֵדַע כִּי־לֹא אֵבוֹשׁ:
ח קָרוֹב מַצְדִּיקִי מִי־יָרִיב אִתִּי נַעַמְדָה יָּחַד מִי־בַעַל מִשְׁפָּטִי יִגַּשׁ
ט אֵלָי: הֵן אֲדֹנָי יֱהוִה יַעֲזָר־לִי מִי־הוּא יַרְשִׁיעֵנִי הֵן כֻּלָּם כַּבֶּגֶד
י יִבְלוּ עָשׁ יֹאכְלֵם: מִי בָכֶם יְרֵא יְהוָה שֹׁמֵעַ בְּקוֹל
עַבְדּוֹ אֲשֶׁר ׀ הָלַךְ חֲשֵׁכִים וְאֵין נֹגַהּ לוֹ יִבְטַח בְּשֵׁם יְהוָה וְיִשָּׁעֵן
יא בֵּאלֹהָיו: הֵן כֻּלְּכֶם קֹדְחֵי אֵשׁ מְאַזְּרֵי זִיקוֹת לְכוּ ׀ בְּאוּר
אֶשְׁכֶם וּבְזִיקוֹת בְּעַרְתֶּם מִיָּדִי הָיְתָה־זֹּאת לָכֶם לְמַעֲצֵבָה
נא א תִּשְׁכָּבוּן: שִׁמְעוּ אֵלַי רֹדְפֵי צֶדֶק מְבַקְשֵׁי יְהוָה
ב הַבִּיטוּ אֶל־צוּר חֻצַּבְתֶּם וְאֶל־מַקֶּבֶת בּוֹר נֻקַּרְתֶּם: הַבִּיטוּ אֶל־
אַבְרָהָם אֲבִיכֶם וְאֶל־שָׂרָה תְּחוֹלֶלְכֶם כִּי־אֶחָד קְרָאתִיו
ג וַאֲבָרְכֵהוּ וְאַרְבֵּהוּ: כִּי־נִחַם יְהוָה צִיּוֹן נִחַם כָּל־חָרְבֹתֶיהָ וַיָּשֶׂם
מִדְבָּרָהּ כְּעֵדֶן וְעַרְבָתָהּ כְּגַן־יְהוָה שָׂשׂוֹן וְשִׂמְחָה יִמָּצֵא בָהּ
ד תּוֹדָה וְקוֹל זִמְרָה: הַקְשִׁיבוּ אֵלַי עַמִּי וּלְאוּמִּי
אֵלַי הַאֲזִינוּ כִּי תוֹרָה מֵאִתִּי תֵצֵא וּמִשְׁפָּטִי לְאוֹר עַמִּים אַרְגִּיעַ:
ה קָרוֹב צִדְקִי יָצָא יִשְׁעִי וּזְרֹעַי עַמִּים יִשְׁפֹּטוּ אֵלַי אִיִּים יְקַוּוּ

ו וְאֶל־זְרֹעִי יְיַחֵלוּן: שְׂאוּ לַשָּׁמַיִם עֵינֵיכֶם וְהַבִּיטוּ אֶל־הָאָרֶץ
מִתַּחַת כִּי־שָׁמַיִם כֶּעָשָׁן נִמְלָחוּ וְהָאָרֶץ כַּבֶּגֶד תִּבְלֶה
וְיֹשְׁבֶיהָ כְּמוֹ־כֵן יְמוּתוּן וִישׁוּעָתִי לְעוֹלָם תִּהְיֶה וְצִדְקָתִי לֹא
ז תֵחָת: שִׁמְעוּ אֵלַי יֹדְעֵי צֶדֶק עַם תּוֹרָתִי בְלִבָּם
ח אַל־תִּירְאוּ חֶרְפַּת אֱנוֹשׁ וּמִגִּדֻּפֹתָם אַל־תֵּחָתּוּ: כִּי כַבֶּגֶד
יֹאכְלֵם עָשׁ וְכַצֶּמֶר יֹאכְלֵם סָס וְצִדְקָתִי לְעוֹלָם תִּהְיֶה וִישׁוּעָתִי
ט לְדוֹר דּוֹרִים: עוּרִי עוּרִי לִבְשִׁי־עֹז זְרוֹעַ יְהוָה
עוּרִי כִּימֵי קֶדֶם דֹּרוֹת עוֹלָמִים הֲלוֹא אַתְּ־הִיא הַמַּחְצֶבֶת
י רַהַב מְחוֹלֶלֶת תַּנִּין: הֲלוֹא אַתְּ־הִיא הַמַּחֲרֶבֶת יָם מֵי תְּהוֹם
יא רַבָּה הַשָּׂמָה מַעֲמַקֵּי־יָם דֶּרֶךְ לַעֲבֹר גְּאוּלִים: וּפְדוּיֵי יְהוָה
יְשׁוּבוּן וּבָאוּ צִיּוֹן בְּרִנָּה וְשִׂמְחַת עוֹלָם עַל־רֹאשָׁם שָׂשׂוֹן
יב וְשִׂמְחָה יַשִּׂיגוּן נָסוּ יָגוֹן וַאֲנָחָה: אָנֹכִי אָנֹכִי הוּא
מְנַחֶמְכֶם מִי־אַתְּ וַתִּירְאִי מֵאֱנוֹשׁ יָמוּת וּמִבֶּן־אָדָם חָצִיר
יג יִנָּתֵן: וַתִּשְׁכַּח יְהוָה עֹשֶׂךָ נוֹטֶה שָׁמַיִם וְיֹסֵד אָרֶץ וַתְּפַחֵד
תָּמִיד כָּל־הַיּוֹם מִפְּנֵי חֲמַת הַמֵּצִיק כַּאֲשֶׁר כּוֹנֵן לְהַשְׁחִית
יד וְאַיֵּה חֲמַת הַמֵּצִיק: מִהַר צֹעֶה לְהִפָּתֵחַ וְלֹא־יָמוּת לַשַּׁחַת וְלֹא
טו יֶחְסַר לַחְמוֹ: וְאָנֹכִי יְהוָה אֱלֹהֶיךָ רֹגַע הַיָּם וַיֶּהֱמוּ גַּלָּיו יְהוָה
טז צְבָאוֹת שְׁמוֹ: וָאָשִׂם דְּבָרַי בְּפִיךָ וּבְצֵל יָדִי כִּסִּיתִיךָ לִנְטֹעַ שָׁמַיִם
יז וְלִיסֹד אָרֶץ וְלֵאמֹר לְצִיּוֹן עַמִּי־אָתָּה: הִתְעוֹרְרִי
הִתְעוֹרְרִי קוּמִי יְרוּשָׁלַםִ אֲשֶׁר שָׁתִית מִיַּד יְהוָה אֶת־כּוֹס חֲמָתוֹ
יח אֶת־קֻבַּעַת כּוֹס הַתַּרְעֵלָה שָׁתִית מָצִית: אֵין־מְנַהֵל לָהּ מִכָּל־
יט בָּנִים יָלָדָה וְאֵין מַחֲזִיק בְּיָדָהּ מִכָּל־בָּנִים גִּדֵּלָה: שְׁתַּיִם הֵנָּה
קֹרְאֹתַיִךְ מִי יָנוּד לָךְ הַשֹּׁד וְהַשֶּׁבֶר וְהָרָעָב וְהַחֶרֶב מִי אֲנַחֲמֵךְ:
כ בָּנַיִךְ עֻלְּפוּ שָׁכְבוּ בְּרֹאשׁ כָּל־חוּצוֹת כְּתוֹא מִכְמָר הַמְלֵאִים
כא חֲמַת־יְהוָה גַּעֲרַת אֱלֹהָיִךְ: לָכֵן שִׁמְעִי־נָא זֹאת עֲנִיָּה וּשְׁכֻרַת
כב וְלֹא מִיָּיִן: כֹּה־אָמַר אֲדֹנַיִךְ יְהוָה וֵאלֹהַיִךְ יָרִיב
עַמּוֹ הִנֵּה לָקַחְתִּי מִיָּדֵךְ אֶת־כּוֹס הַתַּרְעֵלָה אֶת־קֻבַּעַת

נבואת "ופדויי ה' ישובון" ישעיה לה, י

כג כּוֹס חֲמָתִי לֹא־תוֹסִיפִי לִשְׁתּוֹתָהּ עוֹד: וְשַׂמְתִּיהָ בְּיַד־מוֹגַיִךְ
אֲשֶׁר־אָמְרוּ לְנַפְשֵׁךְ שְׁחִי וְנַעֲבֹרָה וַתָּשִׂימִי כָאָרֶץ גֵּוֵךְ וְכַחוּץ
נב א לַעֹבְרִים: עוּרִי עוּרִי לִבְשִׁי עֻזֵּךְ צִיּוֹן לִבְשִׁי ׀ בִּגְדֵי
תִפְאַרְתֵּךְ יְרוּשָׁלִַם עִיר הַקֹּדֶשׁ כִּי לֹא יוֹסִיף יָבֹא־בָךְ עוֹד עָרֵל
ב וְטָמֵא: הִתְנַעֲרִי מֵעָפָר קוּמִי שְּׁבִי יְרוּשָׁלִָם התפתחו מוֹסְרֵי הִתְפַּתְּחִי
ג צַוָּארֵךְ שְׁבִיָּה בַּת־צִיּוֹן: כִּי־כֹה אָמַר יְהוָה חִנָּם
ד נִמְכַּרְתֶּם וְלֹא בְכֶסֶף תִּגָּאֵלוּ: כִּי כֹה אָמַר אֲדֹנָי
יְהוִה מִצְרַיִם יָרַד־עַמִּי בָרִאשֹׁנָה לָגוּר שָׁם וְאַשּׁוּר בְּאֶפֶס
ה עֲשָׁקוֹ: וְעַתָּה מַה־לִּי־פֹה נְאֻם־יְהוָה כִּי־לֻקַּח עַמִּי חִנָּם מֹשְׁלָו
ו יְהֵילִילוּ נְאֻם־יְהוָה וְתָמִיד כָּל־הַיּוֹם שְׁמִי מִנֹּאָץ: לָכֵן
יֵדַע עַמִּי שְׁמִי לָכֵן בַּיּוֹם הַהוּא כִּי־אֲנִי־הוּא הַמְדַבֵּר
ז הִנֵּנִי: מַה־נָּאווּ עַל־הֶהָרִים רַגְלֵי מְבַשֵּׂר מַשְׁמִיעַ כב
שָׁלוֹם מְבַשֵּׂר טוֹב מַשְׁמִיעַ יְשׁוּעָה אֹמֵר לְצִיּוֹן מָלַךְ אֱלֹהָיִךְ:
ח קוֹל צֹפַיִךְ נָשְׂאוּ קוֹל יַחְדָּו יְרַנֵּנוּ כִּי עַיִן בְּעַיִן יִרְאוּ בְּשׁוּב יְהוָה
ט צִיּוֹן: פִּצְחוּ רַנְּנוּ יַחְדָּו חָרְבוֹת יְרוּשָׁלִָם כִּי־נִחַם יְהוָה עַמּוֹ גָּאַל
י יְרוּשָׁלִָם: חָשַׂף יְהוָה אֶת־זְרוֹעַ קָדְשׁוֹ לְעֵינֵי כָּל־הַגּוֹיִם וְרָאוּ
יא כָּל־אַפְסֵי־אָרֶץ אֵת יְשׁוּעַת אֱלֹהֵינוּ: סוּרוּ סוּרוּ
צְאוּ מִשָּׁם טָמֵא אַל־תִּגָּעוּ צְאוּ מִתּוֹכָהּ הִבָּרוּ נֹשְׂאֵי כְּלֵי יְהוָה:
יב כִּי לֹא בְחִפָּזוֹן תֵּצֵאוּ וּבִמְנוּסָה לֹא תֵלֵכוּן כִּי־הֹלֵךְ לִפְנֵיכֶם
יג יְהוָה וּמְאַסִּפְכֶם אֱלֹהֵי יִשְׂרָאֵל: הִנֵּה יַשְׂכִּיל
יד עַבְדִּי יָרוּם וְנִשָּׂא וְגָבַהּ מְאֹד: כַּאֲשֶׁר שָׁמְמוּ עָלֶיךָ רַבִּים כֵּן־
טו מִשְׁחַת מֵאִישׁ מַרְאֵהוּ וְתֹאֲרוֹ מִבְּנֵי אָדָם: כֵּן יַזֶּה גּוֹיִם רַבִּים
עָלָיו יִקְפְּצוּ מְלָכִים פִּיהֶם כִּי אֲשֶׁר לֹא־סֻפַּר לָהֶם רָאוּ וַאֲשֶׁר
נג א לֹא־שָׁמְעוּ הִתְבּוֹנָנוּ: מִי הֶאֱמִין לִשְׁמֻעָתֵנוּ וּזְרוֹעַ יְהוָה עַל־מִי
ב נִגְלָתָה: וַיַּעַל כַּיּוֹנֵק לְפָנָיו וְכַשֹּׁרֶשׁ מֵאֶרֶץ צִיָּה לֹא־תֹאַר לוֹ
ג וְלֹא הָדָר וְנִרְאֵהוּ וְלֹא־מַרְאֶה וְנֶחְמְדֵהוּ: נִבְזֶה וַחֲדַל אִישִׁים
אִישׁ מַכְאֹבוֹת וִידוּעַ חֹלִי וּכְמַסְתֵּר פָּנִים מִמֶּנּוּ נִבְזֶה וְלֹא

ד חֲשַׁבְנֻהוּ: אָכֵן חֳלָיֵנוּ הוּא נָשָׂא וּמַכְאֹבֵינוּ סְבָלָם וַאֲנַחְנוּ
ה חֲשַׁבְנֻהוּ נָגוּעַ מֻכֵּה אֱלֹהִים וּמְעֻנֶּה: וְהוּא מְחֹלָל מִפְּשָׁעֵנוּ
מְדֻכָּא מֵעֲוֺנֹתֵינוּ מוּסַר שְׁלוֹמֵנוּ עָלָיו וּבַחֲבֻרָתוֹ נִרְפָּא־לָנוּ:
ו כֻּלָּנוּ כַּצֹּאן תָּעִינוּ אִישׁ לְדַרְכּוֹ פָּנִינוּ וַיהוָה הִפְגִּיעַ בּוֹ אֵת עֲוֺן
ז כֻּלָּנוּ: נִגַּשׂ וְהוּא נַעֲנֶה וְלֹא יִפְתַּח־פִּיו כַּשֶּׂה לַטֶּבַח יוּבָל
ח וּכְרָחֵל לִפְנֵי גֹזְזֶיהָ נֶאֱלָמָה וְלֹא יִפְתַּח פִּיו: מֵעֹצֶר וּמִמִּשְׁפָּט
לֻקָּח וְאֶת־דּוֹרוֹ מִי יְשׂוֹחֵחַ כִּי נִגְזַר מֵאֶרֶץ חַיִּים מִפֶּשַׁע עַמִּי
ט נֶגַע לָמוֹ: וַיִּתֵּן אֶת־רְשָׁעִים קִבְרוֹ וְאֶת־עָשִׁיר בְּמֹתָיו עַל לֹא־
י חָמָס עָשָׂה וְלֹא מִרְמָה בְּפִיו: וַיהוָה חָפֵץ דַּכְּאוֹ הֶחֱלִי אִם־
תָּשִׂים אָשָׁם נַפְשׁוֹ יִרְאֶה זֶרַע יַאֲרִיךְ יָמִים וְחֵפֶץ יְהוָה
יא בְּיָדוֹ יִצְלָח: מֵעֲמַל נַפְשׁוֹ יִרְאֶה יִשְׂבָּע בְּדַעְתּוֹ יַצְדִּיק
יב צַדִּיק עַבְדִּי לָרַבִּים וַעֲוֺנֹתָם הוּא יִסְבֹּל: לָכֵן אֲחַלֶּק־לוֹ
בָרַבִּים וְאֶת־עֲצוּמִים יְחַלֵּק שָׁלָל תַּחַת אֲשֶׁר הֶעֱרָה לַמָּוֶת
נַפְשׁוֹ וְאֶת־פֹּשְׁעִים נִמְנָה וְהוּא חֵטְא־רַבִּים נָשָׂא וְלַפֹּשְׁעִים
נד א יַפְגִּיעַ: רָנִּי עֲקָרָה לֹא יָלָדָה פִּצְחִי רִנָּה וְצַהֲלִי
לֹא־חָלָה כִּי־רַבִּים בְּנֵי־שׁוֹמֵמָה מִבְּנֵי בְעוּלָה אָמַר יְהוָה:
ב הַרְחִיבִי ׀ מְקוֹם אָהֳלֵךְ וִירִיעוֹת מִשְׁכְּנוֹתַיִךְ יַטּוּ אַל־תַּחְשֹׂכִי
ג הַאֲרִיכִי מֵיתָרַיִךְ וִיתֵדֹתַיִךְ חַזֵּקִי: כִּי־יָמִין וּשְׂמֹאול תִּפְרֹצִי
ד וְזַרְעֵךְ גּוֹיִם יִירָשׁ וְעָרִים נְשַׁמּוֹת יוֹשִׁיבוּ: אַל־תִּירְאִי כִּי־לֹא
תֵבוֹשִׁי וְאַל־תִּכָּלְמִי כִּי לֹא תַחְפִּירִי כִּי בֹשֶׁת עֲלוּמַיִךְ תִּשְׁכָּחִי
ה וְחֶרְפַּת אַלְמְנוּתַיִךְ לֹא תִזְכְּרִי־עוֹד: כִּי בֹעֲלַיִךְ עֹשַׂיִךְ יְהוָה
צְבָאוֹת שְׁמוֹ וְגֹאֲלֵךְ קְדוֹשׁ יִשְׂרָאֵל אֱלֹהֵי כָל־הָאָרֶץ יִקָּרֵא:
ו כִּי־כְאִשָּׁה עֲזוּבָה וַעֲצוּבַת רוּחַ קְרָאָךְ יְהוָה וְאֵשֶׁת נְעוּרִים כִּי
ז תִמָּאֵס אָמַר אֱלֹהָיִךְ: בְּרֶגַע קָטֹן עֲזַבְתִּיךְ וּבְרַחֲמִים גְּדֹלִים
ח אֲקַבְּצֵךְ: בְּשֶׁצֶף קֶצֶף הִסְתַּרְתִּי פָנַי רֶגַע מִמֵּךְ וּבְחֶסֶד עוֹלָם
ט רִחַמְתִּיךְ אָמַר גֹּאֲלֵךְ יְהוָה: כִּי־מֵי נֹחַ זֹאת לִי
אֲשֶׁר נִשְׁבַּעְתִּי מֵעֲבֹר מֵי־נֹחַ עוֹד עַל־הָאָרֶץ כֵּן נִשְׁבַּעְתִּי

הבטחת ה׳ שלא יהיה מבול נוסף
בראשית ט, ח–יז

י מִקְּצֹף עָלַיִךְ וּמִגְּעָר־בָּךְ׃ כִּי הֶהָרִים יָמוּשׁוּ וְהַגְּבָעוֹת תְּמוּטֶינָה
וְחַסְדִּי מֵאִתֵּךְ לֹא־יָמוּשׁ וּבְרִית שְׁלוֹמִי לֹא תָמוּט אָמַר
יא מְרַחֲמֵךְ יְהוָה׃ עֲנִיָּה סֹעֲרָה לֹא נֻחָמָה הִנֵּה
יב אָנֹכִי מַרְבִּיץ בַּפּוּךְ אֲבָנַיִךְ וִיסַדְתִּיךְ בַּסַּפִּירִים׃ וְשַׂמְתִּי כַּדְכֹד
שִׁמְשֹׁתַיִךְ וּשְׁעָרַיִךְ לְאַבְנֵי אֶקְדָּח וְכָל־גְּבוּלֵךְ לְאַבְנֵי־חֵפֶץ׃
יג יד וְכָל־בָּנַיִךְ לִמּוּדֵי יְהוָה וְרַב שְׁלוֹם בָּנָיִךְ׃ בִּצְדָקָה תִּכּוֹנָנִי רַחֲקִי
טו מֵעֹשֶׁק כִּי־לֹא תִירָאִי וּמִמְּחִתָּה כִּי לֹא־תִקְרַב אֵלָיִךְ׃ הֵן גּוֹר
טז יָגוּר אֶפֶס מֵאוֹתִי מִי־גָר אִתָּךְ עָלַיִךְ יִפּוֹל׃ הִן אָנֹכִי בָּרָאתִי הִנֵּה
חָרָשׁ נֹפֵחַ בְּאֵשׁ פֶּחָם וּמוֹצִיא כְלִי לְמַעֲשֵׂהוּ וְאָנֹכִי בָּרָאתִי
יז מַשְׁחִית לְחַבֵּל׃ כָּל־כְּלִי יוּצַר עָלַיִךְ לֹא יִצְלָח וְכָל־לָשׁוֹן
תָּקוּם־אִתָּךְ לַמִּשְׁפָּט תַּרְשִׁיעִי זֹאת נַחֲלַת עַבְדֵי יְהוָה וְצִדְקָתָם
נה א מֵאִתִּי נְאֻם־יְהוָה׃ הוֹי כָּל־צָמֵא לְכוּ לַמַּיִם
וַאֲשֶׁר אֵין־לוֹ כָּסֶף לְכוּ שִׁבְרוּ וֶאֱכֹלוּ וּלְכוּ שִׁבְרוּ בְּלוֹא־כֶסֶף
ב וּבְלוֹא מְחִיר יַיִן וְחָלָב׃ לָמָּה תִשְׁקְלוּ־כֶסֶף בְּלוֹא־לֶחֶם
וִיגִיעֲכֶם בְּלוֹא לְשָׂבְעָה שִׁמְעוּ שָׁמוֹעַ אֵלַי וְאִכְלוּ־טוֹב וְתִתְעַנַּג
ג בַּדֶּשֶׁן נַפְשְׁכֶם׃ הַטּוּ אָזְנְכֶם וּלְכוּ אֵלַי שִׁמְעוּ וּתְחִי נַפְשְׁכֶם
ד וְאֶכְרְתָה לָכֶם בְּרִית עוֹלָם חַסְדֵי דָוִד הַנֶּאֱמָנִים׃ הֵן עֵד
ה לְאוּמִּים נְתַתִּיו נָגִיד וּמְצַוֵּה לְאֻמִּים׃ הֵן גּוֹי לֹא־תֵדַע תִּקְרָא
וְגוֹי לֹא־יְדָעוּךָ אֵלֶיךָ יָרוּצוּ לְמַעַן יְהוָה אֱלֹהֶיךָ וְלִקְדוֹשׁ
ו יִשְׂרָאֵל כִּי פֵאֲרָךְ׃ דִּרְשׁוּ יְהוָה בְּהִמָּצְאוֹ קְרָאֻהוּ
ז בִּהְיוֹתוֹ קָרוֹב׃ יַעֲזֹב רָשָׁע דַּרְכּוֹ וְאִישׁ אָוֶן מַחְשְׁבֹתָיו וְיָשֹׁב
ח אֶל־יְהוָה וִירַחֲמֵהוּ וְאֶל־אֱלֹהֵינוּ כִּי־יַרְבֶּה לִסְלוֹחַ׃ כִּי לֹא
ט מַחְשְׁבוֹתַי מַחְשְׁבוֹתֵיכֶם וְלֹא דַרְכֵיכֶם דְּרָכָי נְאֻם יְהוָה׃ כִּי־
גָבְהוּ שָׁמַיִם מֵאָרֶץ כֵּן גָּבְהוּ דְרָכַי מִדַּרְכֵיכֶם וּמַחְשְׁבֹתַי
י מִמַּחְשְׁבֹתֵיכֶם׃ כִּי כַּאֲשֶׁר יֵרֵד הַגֶּשֶׁם וְהַשֶּׁלֶג מִן־הַשָּׁמַיִם
וְשָׁמָּה לֹא יָשׁוּב כִּי אִם־הִרְוָה אֶת־הָאָרֶץ וְהוֹלִידָהּ וְהִצְמִיחָהּ
יא וְנָתַן זֶרַע לַזֹּרֵעַ וְלֶחֶם לָאֹכֵל׃ כֵּן יִהְיֶה דְבָרִי אֲשֶׁר יֵצֵא מִפִּי

לֹא־יָשׁוּב אֵלַי רֵיקָם כִּי אִם־עָשָׂה אֶת־אֲשֶׁר חָפַצְתִּי וְהִצְלִיחַ
יב אֲשֶׁר שְׁלַחְתִּיו׃ כִּי־בְשִׂמְחָה תֵצֵאוּ וּבְשָׁלוֹם תּוּבָלוּן הֶהָרִים
וְהַגְּבָעוֹת יִפְצְחוּ לִפְנֵיכֶם רִנָּה וְכָל־עֲצֵי הַשָּׂדֶה יִמְחֲאוּ־כָף׃
יג תַּחַת הַנַּעֲצוּץ יַעֲלֶה בְרוֹשׁ תחת הַסִּרְפַּד יַעֲלֶה הֲדַס וְהָיָה    כג וְתַחַת
נו א לַיהוה לְשֵׁם לְאוֹת עוֹלָם לֹא יִכָּרֵת׃ כֹּה אָמַר
יהוה שִׁמְרוּ מִשְׁפָּט וַעֲשׂוּ צְדָקָה כִּי־קְרוֹבָה יְשׁוּעָתִי לָבוֹא
ב וְצִדְקָתִי לְהִגָּלוֹת׃ אַשְׁרֵי אֱנוֹשׁ יַעֲשֶׂה־זֹּאת וּבֶן־אָדָם יַחֲזִיק
ג בָּהּ שֹׁמֵר שַׁבָּת מֵחַלְּלוֹ וְשֹׁמֵר יָדוֹ מֵעֲשׂוֹת כָּל־רָע׃ וְאַל־יֹאמַר
בֶּן־הַנֵּכָר הַנִּלְוָה אֶל־יהוה לֵאמֹר הַבְדֵּל יַבְדִּילַנִי יהוה מֵעַל
ד עַמּוֹ וְאַל־יֹאמַר הַסָּרִיס הֵן אֲנִי עֵץ יָבֵשׁ׃ כִּי־
כֹה ׀ אָמַר יהוה לַסָּרִיסִים אֲשֶׁר יִשְׁמְרוּ אֶת־שַׁבְּתוֹתַי וּבָחֲרוּ
ה בַּאֲשֶׁר חָפָצְתִּי וּמַחֲזִיקִים בִּבְרִיתִי׃ וְנָתַתִּי לָהֶם בְּבֵיתִי
וּבְחוֹמֹתַי יָד וָשֵׁם טוֹב מִבָּנִים וּמִבָּנוֹת שֵׁם עוֹלָם אֶתֶּן־לוֹ אֲשֶׁר
ו לֹא יִכָּרֵת׃ וּבְנֵי הַנֵּכָר הַנִּלְוִים עַל־יהוה לְשָׁרְתוֹ
וּלְאַהֲבָה אֶת־שֵׁם יהוה לִהְיוֹת לוֹ לַעֲבָדִים כָּל־שֹׁמֵר שַׁבָּת
ז מֵחַלְּלוֹ וּמַחֲזִיקִים בִּבְרִיתִי׃ וַהֲבִיאוֹתִים אֶל־הַר קָדְשִׁי
וְשִׂמַּחְתִּים בְּבֵית תְּפִלָּתִי עוֹלֹתֵיהֶם וְזִבְחֵיהֶם לְרָצוֹן עַל־
ח מִזְבְּחִי כִּי בֵיתִי בֵּית־תְּפִלָּה יִקָּרֵא לְכָל־הָעַמִּים׃ נְאֻם אֲדֹנָי
ט יֱהוִה מְקַבֵּץ נִדְחֵי יִשְׂרָאֵל עוֹד אֲקַבֵּץ עָלָיו לְנִקְבָּצָיו׃ כֹּל חַיְתוֹ
י שָׂדָי אֵתָיוּ לֶאֱכֹל כָּל־חַיְתוֹ בַּיָּעַר׃ צֹפָו עִוְרִים
כֻּלָּם לֹא יָדָעוּ כֻּלָּם כְּלָבִים אִלְּמִים לֹא יוּכְלוּ לִנְבֹּחַ הֹזִים
יא שֹׁכְבִים אֹהֲבֵי לָנוּם׃ וְהַכְּלָבִים עַזֵּי־נֶפֶשׁ לֹא יָדְעוּ שָׂבְעָה וְהֵמָּה
רֹעִים לֹא יָדְעוּ הָבִין כֻּלָּם לְדַרְכָּם פָּנוּ אִישׁ לְבִצְעוֹ מִקָּצֵהוּ׃
יב אֵתָיוּ אֶקְחָה־יַיִן וְנִסְבְּאָה שֵׁכָר וְהָיָה כָזֶה יוֹם מָחָר גָּדוֹל יֶתֶר
נז א מְאֹד׃ הַצַּדִּיק אָבָד וְאֵין אִישׁ שָׂם עַל־לֵב וְאַנְשֵׁי־חֶסֶד
ב נֶאֱסָפִים בְּאֵין מֵבִין כִּי־מִפְּנֵי הָרָעָה נֶאֱסַף הַצַּדִּיק׃ יָבוֹא שָׁלוֹם
ג יָנוּחוּ עַל־מִשְׁכְּבוֹתָם הֹלֵךְ נְכֹחוֹ׃ וְאַתֶּם קִרְבוּ־

ד הִנָּה בְּנֵי עֹנְנָה זֶרַע מְנָאֵף וַתִּזְנֶה: עַל־מִי תִּתְעַנָּגוּ עַל־מִי
תַּרְחִיבוּ פֶה תַּאֲרִיכוּ לָשׁוֹן הֲלוֹא־אַתֶּם יִלְדֵי־פֶשַׁע זֶרַע שָׁקֶר:
ה הַנֵּחָמִים בָּאֵלִים תַּחַת כָּל־עֵץ רַעֲנָן שֹׁחֲטֵי הַיְלָדִים בַּנְּחָלִים
ו תַּחַת סְעִפֵי הַסְּלָעִים: בְּחַלְּקֵי־נַחַל חֶלְקֵךְ הֵם הֵם גּוֹרָלֵךְ גַּם־
ז לָהֶם שָׁפַכְתְּ נֶסֶךְ הֶעֱלִית מִנְחָה הַעַל אֵלֶּה אֶנָּחֵם: עַל הַר־גָּבֹהַּ
ח וְנִשָּׂא שַׂמְתְּ מִשְׁכָּבֵךְ גַּם־שָׁם עָלִית לִזְבֹּחַ זָבַח: וְאַחַר הַדֶּלֶת
וְהַמְּזוּזָה שַׂמְתְּ זִכְרוֹנֵךְ כִּי מֵאִתִּי גִּלִּית וַתַּעֲלִי הִרְחַבְתְּ מִשְׁכָּבֵךְ
ט וַתִּכְרָת־לָךְ מֵהֶם אָהַבְתְּ מִשְׁכָּבָם יָד חָזִית: וַתָּשֻׁרִי לַמֶּלֶךְ
בַּשֶּׁמֶן וַתַּרְבִּי רִקֻּחָיִךְ וַתְּשַׁלְּחִי צִרַיִךְ עַד־מֵרָחֹק וַתַּשְׁפִּילִי עַד־
י שְׁאוֹל: בְּרֹב דַּרְכֵּךְ יָגַעַתְּ לֹא אָמַרְתְּ נוֹאָשׁ חַיַּת יָדֵךְ מָצָאת
יא עַל־כֵּן לֹא חָלִית: וְאֶת־מִי דָּאַגְתְּ וַתִּירְאִי כִּי תְכַזֵּבִי וְאוֹתִי לֹא
זָכַרְתְּ לֹא־שַׂמְתְּ עַל־לִבֵּךְ הֲלֹא אֲנִי מַחְשֶׁה וּמֵעֹלָם וְאוֹתִי לֹא
יב יג תִירָאִי: אֲנִי אַגִּיד צִדְקָתֵךְ וְאֶת־מַעֲשַׂיִךְ וְלֹא יוֹעִילוּךְ: בְּזַעֲקֵךְ
יַצִּילֻךְ קִבּוּצַיִךְ וְאֶת־כֻּלָּם יִשָּׂא־רוּחַ יִקַּח־הָבֶל וְהַחוֹסֶה בִי
יד יִנְחַל־אֶרֶץ וְיִירַשׁ הַר קָדְשִׁי: וְאָמַר סֹלּוּ־סֹלּוּ פַּנּוּ־דָרֶךְ הָרִימוּ
טו מִכְשׁוֹל מִדֶּרֶךְ עַמִּי: כִּי כֹה אָמַר רָם וְנִשָּׂא שֹׁכֵן
עַד וְקָדוֹשׁ שְׁמוֹ מָרוֹם וְקָדוֹשׁ אֶשְׁכּוֹן וְאֶת־דַּכָּא וּשְׁפַל־רוּחַ
טז לְהַחֲיוֹת רוּחַ שְׁפָלִים וּלְהַחֲיוֹת לֵב נִדְכָּאִים: כִּי לֹא לְעוֹלָם
אָרִיב וְלֹא לָנֶצַח אֶקְּצוֹף כִּי־רוּחַ מִלְּפָנַי יַעֲטוֹף וּנְשָׁמוֹת אֲנִי
יז עָשִׂיתִי: בַּעֲוֹן בִּצְעוֹ קָצַפְתִּי וְאַכֵּהוּ הַסְתֵּר וְאֶקְצֹף וַיֵּלֶךְ שׁוֹבָב
יח בְּדֶרֶךְ לִבּוֹ: דְּרָכָיו רָאִיתִי וְאֶרְפָּאֵהוּ וְאַנְחֵהוּ וַאֲשַׁלֵּם נִחֻמִים
יט לוֹ וְלַאֲבֵלָיו: בּוֹרֵא נוּב שְׂפָתָיִם שָׁלוֹם ׀ שָׁלוֹם לָרָחוֹק וְלַקָּרוֹב ניב
כ אָמַר יְהוָה וּרְפָאתִיו: וְהָרְשָׁעִים כַּיָּם נִגְרָשׁ כִּי הַשְׁקֵט לֹא
כא יוּכָל וַיִּגְרְשׁוּ מֵימָיו רֶפֶשׁ וָטִיט: אֵין שָׁלוֹם אָמַר אֱלֹהַי
ח א לָרְשָׁעִים: קְרָא בְגָרוֹן אַל־תַּחְשֹׂךְ כַּשּׁוֹפָר הָרֵם
ב קוֹלֶךָ וְהַגֵּד לְעַמִּי פִּשְׁעָם וּלְבֵית יַעֲקֹב חַטֹּאתָם: וְאוֹתִי יוֹם יוֹם
יִדְרֹשׁוּן וְדַעַת דְּרָכַי יֶחְפָּצוּן כְּגוֹי אֲשֶׁר־צְדָקָה עָשָׂה וּמִשְׁפַּט

אֱלֹהָיו לֹא עָזָב יִשְׁאָלוּנִי מִשְׁפְּטֵי־צֶדֶק קִרְבַת אֱלֹהִים יֶחְפָּצוּן:
לָמָּה צַּמְנוּ וְלֹא רָאִיתָ עִנִּינוּ נַפְשֵׁנוּ וְלֹא תֵדָע הֵן בְּיוֹם צֹמְכֶם ג
תִּמְצְאוּ־חֵפֶץ וְכָל־עַצְּבֵיכֶם תִּנְגֹּשׂוּ: הֵן לְרִיב וּמַצָּה תָּצוּמוּ ד
וּלְהַכּוֹת בְּאֶגְרֹף רֶשַׁע לֹא־תָצוּמוּ כַיּוֹם לְהַשְׁמִיעַ בַּמָּרוֹם
קוֹלְכֶם: הֲכָזֶה יִהְיֶה צוֹם אֶבְחָרֵהוּ יוֹם עַנּוֹת אָדָם נַפְשׁוֹ הֲלָכֹף ה
כְּאַגְמֹן רֹאשׁוֹ וְשַׂק וָאֵפֶר יַצִּיעַ הֲלָזֶה תִּקְרָא־צוֹם וְיוֹם רָצוֹן
לַיהוה: הֲלוֹא זֶה צוֹם אֶבְחָרֵהוּ פַּתֵּחַ חַרְצֻבּוֹת רֶשַׁע הַתֵּר ו
אֲגֻדּוֹת מוֹטָה וְשַׁלַּח רְצוּצִים חָפְשִׁים וְכָל־מוֹטָה תְּנַתֵּקוּ: הֲלוֹא ז
פָרֹס לָרָעֵב לַחְמֶךָ וַעֲנִיִּים מְרוּדִים תָּבִיא בָיִת כִּי־תִרְאֶה עָרֹם
וְכִסִּיתוֹ וּמִבְּשָׂרְךָ לֹא תִתְעַלָּם: אָז יִבָּקַע כַּשַּׁחַר אוֹרֶךָ וַאֲרֻכָתְךָ ח
מְהֵרָה תִצְמָח וְהָלַךְ לְפָנֶיךָ צִדְקֶךָ כְּבוֹד יהוה יַאַסְפֶךָ: אָז ט
תִּקְרָא וַיהוה יַעֲנֶה תְּשַׁוַּע וְיֹאמַר הִנֵּנִי אִם־תָּסִיר מִתּוֹכְךָ
מוֹטָה שְׁלַח אֶצְבַּע וְדַבֶּר־אָוֶן: וְתָפֵק לָרָעֵב נַפְשֶׁךָ וְנֶפֶשׁ נַעֲנָה י
תַּשְׂבִּיעַ וְזָרַח בַּחֹשֶׁךְ אוֹרֶךָ וַאֲפֵלָתְךָ כַּצָּהֳרָיִם: וְנָחֲךָ יהוה יא
תָּמִיד וְהִשְׂבִּיעַ בְּצַחְצָחוֹת נַפְשֶׁךָ וְעַצְמֹתֶיךָ יַחֲלִיץ וְהָיִיתָ כְּגַן
רָוֶה וּכְמוֹצָא מַיִם אֲשֶׁר לֹא־יְכַזְּבוּ מֵימָיו: וּבָנוּ מִמְּךָ חָרְבוֹת יב
עוֹלָם מוֹסְדֵי דוֹר־וָדוֹר תְּקוֹמֵם וְקֹרָא לְךָ גֹּדֵר פֶּרֶץ מְשֹׁבֵב
נְתִיבוֹת לָשָׁבֶת: אִם־תָּשִׁיב מִשַּׁבָּת רַגְלֶךָ עֲשׂוֹת חֲפָצֶךָ בְּיוֹם יג
קָדְשִׁי וְקָרָאתָ לַשַּׁבָּת עֹנֶג לִקְדוֹשׁ יהוה מְכֻבָּד וְכִבַּדְתּוֹ
כד מֵעֲשׂוֹת דְּרָכֶיךָ מִמְּצוֹא חֶפְצְךָ וְדַבֵּר דָּבָר: אָז תִּתְעַנַּג עַל־ יד
בָּמֳתֵי יהוה וְהִרְכַּבְתִּיךָ עַל־בָּמוֹתֵי אָרֶץ וְהַאֲכַלְתִּיךָ נַחֲלַת יַעֲקֹב
אָבִיךָ כִּי פִּי יהוה דִּבֵּר: הֵן לֹא־קָצְרָה יַד־יהוה א נט
מֵהוֹשִׁיעַ וְלֹא־כָבְדָה אָזְנוֹ מִשְּׁמוֹעַ: כִּי אִם־עֲוֺנֹתֵיכֶם הָיוּ ב
מַבְדִּלִים בֵּינֵכֶם לְבֵין אֱלֹהֵיכֶם וְחַטֹּאותֵיכֶם הִסְתִּירוּ פָנִים מִכֶּם
מִשְּׁמוֹעַ: כִּי כַפֵּיכֶם נְגֹאֲלוּ בַדָּם וְאֶצְבְּעוֹתֵיכֶם בֶּעָוֺן שִׂפְתוֹתֵיכֶם ג
דִּבְּרוּ־שֶׁקֶר לְשׁוֹנְכֶם עַוְלָה תֶהְגֶּה: אֵין־קֹרֵא בְצֶדֶק וְאֵין נִשְׁפָּט ד
בֶּאֱמוּנָה בָּטוֹחַ עַל־תֹּהוּ וְדַבֶּר־שָׁוְא הָרוֹ עָמָל וְהוֹלֵיד אָוֶן:

מצוות השבת
שמות טז, כט; כ, ז–י; לא, יב–יז; לה, א–ג
ויקרא יט, ג; יט, ל; כג, ג
דברים ה, יא–יד
ירמיה יז, יט–כז
נחמיה יג, טו–כא

ה בֵּיצֵי צִפְעוֹנִי בִּקֵּעוּ וְקוּרֵי עַכָּבִישׁ יֶאֱרֹגוּ הָאֹכֵל מִבֵּיצֵיהֶם יָמוּת
ו וְהַזּוּרֶה תִּבָּקַע אֶפְעֶה: קוּרֵיהֶם לֹא־יִהְיוּ לְבֶגֶד וְלֹא יִתְכַּסּוּ
ז בְּמַעֲשֵׂיהֶם מַעֲשֵׂיהֶם מַעֲשֵׂי־אָוֶן וּפֹעַל חָמָס בְּכַפֵּיהֶם: רַגְלֵיהֶם
לָרַע יָרֻצוּ וִימַהֲרוּ לִשְׁפֹּךְ דָּם נָקִי מַחְשְׁבוֹתֵיהֶם מַחְשְׁבוֹת אָוֶן
ח שֹׁד וָשֶׁבֶר בִּמְסִלּוֹתָם: דֶּרֶךְ שָׁלוֹם לֹא יָדָעוּ וְאֵין מִשְׁפָּט
בְּמַעְגְּלוֹתָם נְתִיבוֹתֵיהֶם עִקְּשׁוּ לָהֶם כֹּל דֹּרֵךְ בָּהּ לֹא יָדַע
ט שָׁלוֹם: עַל־כֵּן רָחַק מִשְׁפָּט מִמֶּנּוּ וְלֹא תַשִּׂיגֵנוּ צְדָקָה נְקַוֶּה
י לָאוֹר וְהִנֵּה־חֹשֶׁךְ לִנְגֹהוֹת בָּאֲפֵלוֹת נְהַלֵּךְ: נְגַשְׁשָׁה כַעִוְרִים
קִיר וּכְאֵין עֵינַיִם נְגַשֵּׁשָׁה כָּשַׁלְנוּ בַצָּהֳרַיִם כַּנֶּשֶׁף בָּאַשְׁמַנִּים
יא כַּמֵּתִים: נֶהֱמֶה כַדֻּבִּים כֻּלָּנוּ וְכַיּוֹנִים הָגֹה נֶהְגֶּה נְקַוֶּה לַמִּשְׁפָּט
יב וָאַיִן לִישׁוּעָה רָחֲקָה מִמֶּנּוּ: כִּי־רַבּוּ פְשָׁעֵינוּ נֶגְדֶּךָ וְחַטֹּאותֵינוּ
יג עָנְתָה בָּנוּ כִּי־פְשָׁעֵינוּ אִתָּנוּ וַעֲוֹנֹתֵינוּ יְדַעֲנוּם: פָּשֹׁעַ וְכַחֵשׁ
בַּיהוָה וְנָסוֹג מֵאַחַר אֱלֹהֵינוּ דַּבֶּר־עֹשֶׁק וְסָרָה הֹרוֹ וְהֹגוֹ מִלֵּב
יד דִּבְרֵי־שָׁקֶר: וְהֻסַּג אָחוֹר מִשְׁפָּט וּצְדָקָה מֵרָחוֹק תַּעֲמֹד כִּי־
טו כָשְׁלָה בָרְחוֹב אֱמֶת וּנְכֹחָה לֹא־תוּכַל לָבוֹא: וַתְּהִי הָאֱמֶת
נֶעְדֶּרֶת וְסָר מֵרָע מִשְׁתּוֹלֵל וַיַּרְא יְהוָה וַיֵּרַע בְּעֵינָיו כִּי־אֵין
טז מִשְׁפָּט: וַיַּרְא כִּי־אֵין אִישׁ וַיִּשְׁתּוֹמֵם כִּי אֵין מַפְגִּיעַ וַתּוֹשַׁע
יז לוֹ זְרֹעוֹ וְצִדְקָתוֹ הִיא סְמָכָתְהוּ: וַיִּלְבַּשׁ צְדָקָה כַּשִּׁרְיָן וְכוֹבַע
יְשׁוּעָה בְּרֹאשׁוֹ וַיִּלְבַּשׁ בִּגְדֵי נָקָם תִּלְבֹּשֶׁת וַיַּעַט כַּמְעִיל קִנְאָה:
יח כְּעַל גְּמֻלוֹת כְּעַל יְשַׁלֵּם חֵמָה לְצָרָיו גְּמוּל לְאֹיְבָיו לָאִיִּים גְּמוּל
יט יְשַׁלֵּם: וְיִירְאוּ מִמַּעֲרָב אֶת־שֵׁם יְהוָה וּמִמִּזְרַח־שֶׁמֶשׁ אֶת־
כ כְּבוֹדוֹ כִּי־יָבוֹא כַנָּהָר צָר רוּחַ יְהוָה נֹסְסָה בוֹ: וּבָא לְצִיּוֹן גּוֹאֵל
כא וּלְשָׁבֵי פֶשַׁע בְּיַעֲקֹב נְאֻם יְהוָה: וַאֲנִי זֹאת בְּרִיתִי אוֹתָם אָמַר
יְהוָה רוּחִי אֲשֶׁר עָלֶיךָ וּדְבָרַי אֲשֶׁר־שַׂמְתִּי בְּפִיךָ לֹא־יָמוּשׁוּ
מִפִּיךָ וּמִפִּי זַרְעֲךָ וּמִפִּי זֶרַע זַרְעֲךָ אָמַר יְהוָה מֵעַתָּה וְעַד־
ס א עוֹלָם: קוּמִי אוֹרִי כִּי בָא אוֹרֵךְ וּכְבוֹד יְהוָה
ב עָלַיִךְ זָרָח: כִּי־הִנֵּה הַחֹשֶׁךְ יְכַסֶּה־אֶרֶץ וַעֲרָפֶל לְאֻמִּים וְעָלַיִךְ

"כי רגליהם לרע ירוצו וימהרו לשפך־דם" משלי א, טז

ג יִזְרַח יהוה וּכְבוֹדוֹ עָלַיִךְ יֵרָאֶה: וְהָלְכוּ גוֹיִם לְאוֹרֵךְ וּמְלָכִים
ד לְנֹגַהּ זַרְחֵךְ: שְׂאִי־סָבִיב עֵינַיִךְ וּרְאִי כֻּלָּם נִקְבְּצוּ בָאוּ־
ה לָךְ בָּנַיִךְ מֵרָחוֹק יָבֹאוּ וּבְנֹתַיִךְ עַל־צַד תֵּאָמַנָה: אָז תִּרְאִי
וְנָהַרְתְּ וּפָחַד וְרָחַב לְבָבֵךְ כִּי־יֵהָפֵךְ עָלַיִךְ הֲמוֹן יָם חֵיל גּוֹיִם
ו יָבֹאוּ לָךְ: שִׁפְעַת גְּמַלִּים תְּכַסֵּךְ בִּכְרֵי מִדְיָן וְעֵיפָה כֻּלָּם
ז מִשְּׁבָא יָבֹאוּ זָהָב וּלְבוֹנָה יִשָּׂאוּ וּתְהִלּוֹת יהוה יְבַשֵּׂרוּ: כָּל־
צֹאן קֵדָר יִקָּבְצוּ לָךְ אֵילֵי נְבָיוֹת יְשָׁרְתוּנֶךְ יַעֲלוּ עַל־רָצוֹן
ח מִזְבְּחִי וּבֵית תִּפְאַרְתִּי אֲפָאֵר: מִי־אֵלֶּה כָּעָב תְּעוּפֶינָה וְכַיּוֹנִים
ט אֶל־אֲרֻבֹּתֵיהֶם: כִּי־לִי ׀ אִיִּים יְקַוּוּ וָאֳנִיּוֹת תַּרְשִׁישׁ בָּרִאשֹׁנָה
לְהָבִיא בָנַיִךְ מֵרָחוֹק כַּסְפָּם וּזְהָבָם אִתָּם לְשֵׁם יהוה אֱלֹהַיִךְ
י וְלִקְדוֹשׁ יִשְׂרָאֵל כִּי פֵאֲרָךְ: וּבָנוּ בְנֵי־נֵכָר חֹמֹתַיִךְ וּמַלְכֵיהֶם
יא יְשָׁרְתוּנֶךְ כִּי בְקִצְפִּי הִכִּיתִיךְ וּבִרְצוֹנִי רִחַמְתִּיךְ: וּפִתְּחוּ שְׁעָרַיִךְ
תָּמִיד יוֹמָם וָלַיְלָה לֹא יִסָּגֵרוּ לְהָבִיא אֵלַיִךְ חֵיל גּוֹיִם וּמַלְכֵיהֶם
יב נְהוּגִים: כִּי־הַגּוֹי וְהַמַּמְלָכָה אֲשֶׁר לֹא־יַעַבְדוּךְ יֹאבֵדוּ וְהַגּוֹיִם
יג חָרֹב יֶחֱרָבוּ: כְּבוֹד הַלְּבָנוֹן אֵלַיִךְ יָבוֹא בְּרוֹשׁ תִּדְהָר וּתְאַשּׁוּר
יד יַחְדָּו לְפָאֵר מְקוֹם מִקְדָּשִׁי וּמְקוֹם רַגְלַי אֲכַבֵּד: וְהָלְכוּ אֵלַיִךְ
שְׁחוֹחַ בְּנֵי מְעַנַּיִךְ וְהִשְׁתַּחֲווּ עַל־כַּפּוֹת רַגְלַיִךְ כָּל־מְנַאֲצָיִךְ
טו וְקָרְאוּ לָךְ עִיר יהוה צִיּוֹן קְדוֹשׁ יִשְׂרָאֵל: תַּחַת הֱיוֹתֵךְ עֲזוּבָה
וּשְׂנוּאָה וְאֵין עוֹבֵר וְשַׂמְתִּיךְ לִגְאוֹן עוֹלָם מְשׂוֹשׂ דּוֹר וָדוֹר:
טז וְיָנַקְתְּ חֲלֵב גּוֹיִם וְשֹׁד מְלָכִים תִּינָקִי וְיָדַעַתְּ כִּי אֲנִי יהוה
יז מוֹשִׁיעֵךְ וְגֹאֲלֵךְ אֲבִיר יַעֲקֹב: תַּחַת הַנְּחֹשֶׁת אָבִיא זָהָב וְתַחַת
הַבַּרְזֶל אָבִיא כֶסֶף וְתַחַת הָעֵצִים נְחֹשֶׁת וְתַחַת הָאֲבָנִים בַּרְזֶל
יח וְשַׂמְתִּי פְקֻדָּתֵךְ שָׁלוֹם וְנֹגְשַׂיִךְ צְדָקָה: לֹא־יִשָּׁמַע עוֹד חָמָס
בְּאַרְצֵךְ שֹׁד וָשֶׁבֶר בִּגְבוּלָיִךְ וְקָרָאת יְשׁוּעָה חוֹמֹתַיִךְ וּשְׁעָרַיִךְ
יט תְּהִלָּה: לֹא־יִהְיֶה־לָּךְ עוֹד הַשֶּׁמֶשׁ לְאוֹר יוֹמָם וּלְנֹגַהּ הַיָּרֵחַ
לֹא־יָאִיר לָךְ וְהָיָה־לָךְ יהוה לְאוֹר עוֹלָם וֵאלֹהַיִךְ לְתִפְאַרְתֵּךְ:
כ לֹא־יָבוֹא עוֹד שִׁמְשֵׁךְ וִירֵחֵךְ לֹא יֵאָסֵף כִּי יהוה יִהְיֶה־לָּךְ

ס
כא לְא֣וֹר עוֹלָ֔ם וְשָׁלְמ֖וּ יְמֵ֥י אֶבְלֵֽךְ׃ וְעַמֵּךְ֙ כֻּלָּ֣ם צַדִּיקִ֔ים לְעוֹלָ֖ם
כב יִ֣ירְשׁוּ אָ֑רֶץ נֵ֧צֶר מטעו מַעֲשֵׂ֛ה יָדַ֖י לְהִתְפָּאֵֽר׃ הַקָּטֹן֙ יִהְיֶ֣ה לָאֶ֔לֶף מַטָּעַ֛י
סא א וְהַצָּעִ֖יר לְג֣וֹי עָצ֑וּם אֲנִ֥י יְהוָ֖ה בְּעִתָּ֥הּ אֲחִישֶֽׁנָּה׃ ר֛וּחַ
אֲדֹנָ֥י יְהוִ֖ה עָלָ֑י יַ֡עַן מָשַׁח֩ יְהוָ֨ה אֹתִ֜י לְבַשֵּׂ֣ר עֲנָוִ֗ים שְׁלָחַ֙נִי֙ לַחֲבֹ֣שׁ
לְנִשְׁבְּרֵי־לֵ֔ב לִקְרֹ֤א לִשְׁבוּיִם֙ דְּר֔וֹר וְלַאֲסוּרִ֖ים פְּקַח־קֽוֹחַ׃
ב לִקְרֹ֤א שְׁנַת־רָצוֹן֙ לַֽיהוָ֔ה וְי֥וֹם נָקָ֖ם לֵאלֹהֵ֑ינוּ לְנַחֵ֖ם כָּל־
ג אֲבֵלִֽים׃ לָשׂ֣וּם ׀ לַאֲבֵלֵ֣י צִיּ֗וֹן לָתֵת֩ לָהֶ֨ם פְּאֵ֜ר תַּ֣חַת אֵ֗פֶר שֶׁ֤מֶן
שָׂשׂוֹן֙ תַּ֣חַת אֵ֔בֶל מַעֲטֵ֣ה תְהִלָּ֔ה תַּ֖חַת ר֣וּחַ כֵּהָ֑ה וְקֹרָ֤א לָהֶם֙
ד אֵילֵ֣י הַצֶּ֔דֶק מַטַּ֥ע יְהוָ֖ה לְהִתְפָּאֵֽר׃ וּבָנוּ֙ חָרְב֣וֹת עוֹלָ֔ם שֹׁמְמ֥וֹת
ה רִאשֹׁנִ֖ים יְקוֹמֵ֑מוּ וְחִדְּשׁוּ֙ עָ֣רֵי חֹ֔רֶב שֹׁמְמ֖וֹת דּ֥וֹר וָדֽוֹר׃ וְעָֽמְדוּ
ו זָרִ֔ים וְרָע֖וּ צֹאנְכֶ֑ם וּבְנֵ֣י נֵכָ֔ר אִכָּרֵיכֶ֖ם וְכֹֽרְמֵיכֶֽם׃ וְאַתֶּ֗ם כֹּהֲנֵ֤י
יְהוָה֙ תִּקָּרֵ֔אוּ מְשָׁרְתֵ֣י אֱלֹהֵ֔ינוּ יֵאָמֵ֖ר לָכֶ֑ם חֵ֤יל גּוֹיִם֙ תֹּאכֵ֔לוּ
ז וּבִכְבוֹדָ֖ם תִּתְיַמָּֽרוּ׃ תַּ֤חַת בָּשְׁתְּכֶם֙ מִשְׁנֶ֔ה וּכְלִמָּ֖ה יָרֹ֣נּוּ חֶלְקָ֑ם
ח לָכֵ֤ן בְּאַרְצָם֙ מִשְׁנֶ֣ה יִירָ֔שׁוּ שִׂמְחַ֥ת עוֹלָ֖ם תִּהְיֶ֥ה לָהֶֽם׃ כִּ֣י
אֲנִ֤י יְהוָה֙ אֹהֵ֣ב מִשְׁפָּ֔ט שֹׂנֵ֥א גָזֵ֖ל בְּעוֹלָ֑ה וְנָתַתִּ֤י פְעֻלָּתָם֙
ט בֶּאֱמֶ֔ת וּבְרִ֥ית עוֹלָ֖ם אֶכְר֥וֹת לָהֶֽם׃ וְנוֹדַ֤ע בַּגּוֹיִם֙ זַרְעָ֔ם כה
וְצֶאֱצָאֵיהֶ֖ם בְּת֣וֹךְ הָעַמִּ֑ים כָּל־רֹאֵיהֶם֙ יַכִּיר֔וּם כִּ֛י הֵ֥ם זֶ֖רַע בֵּרַ֥ךְ
י יְהוָֽה׃ שׂ֧וֹשׂ אָשִׂ֣ישׂ בַּֽיהוָ֗ה תָּגֵ֤ל נַפְשִׁי֙ בֵּֽאלֹהַ֔י כִּ֤י
הִלְבִּישַׁ֙נִי֙ בִּגְדֵי־יֶ֔שַׁע מְעִ֥יל צְדָקָ֖ה יְעָטָ֑נִי כֶּֽחָתָן֙ יְכַהֵ֣ן פְּאֵ֔ר
יא וְכַכַּלָּ֖ה תַּעְדֶּ֥ה כֵלֶֽיהָ׃ כִּ֤י כָאָ֙רֶץ֙ תּוֹצִ֣יא צִמְחָ֔הּ וּכְגַנָּ֖ה זֵרוּעֶ֣יהָ
תַצְמִ֑יחַ כֵּ֣ן ׀ אֲדֹנָ֣י יְהוִ֗ה יַצְמִ֤יחַ צְדָקָה֙ וּתְהִלָּ֔ה נֶ֖גֶד כָּל־הַגּוֹיִֽם׃
סב א לְמַ֤עַן צִיּוֹן֙ לֹ֣א אֶחֱשֶׁ֔ה וּלְמַ֥עַן יְרוּשָׁלִַ֖ם לֹ֣א אֶשְׁק֑וֹט עַד־יֵצֵ֤א
ב כַנֹּ֙גַהּ֙ צִדְקָ֔הּ וִישׁוּעָתָ֖הּ כְּלַפִּ֥יד יִבְעָֽר׃ וְרָא֤וּ גוֹיִם֙ צִדְקֵ֔ךְ וְכָל־
מְלָכִ֖ים כְּבוֹדֵ֑ךְ וְקֹ֤רָא לָךְ֙ שֵׁ֣ם חָדָ֔שׁ אֲשֶׁ֛ר פִּ֥י יְהוָ֖ה יִקֳּבֶֽנּוּ׃
ג וְהָיִ֛ית עֲטֶ֥רֶת תִּפְאֶ֖רֶת בְּיַד־יְהוָ֑ה וצנוף מְלוּכָ֖ה בְּכַף־אֱלֹהָֽיִךְ׃ וּצְנִ֥יף
ד לֹא־יֵאָמֵ֨ר לָ֥ךְ ע֜וֹד עֲזוּבָ֗ה וּלְאַרְצֵךְ֙ לֹא־יֵאָמֵ֥ר עוֹד֙ שְׁמָמָ֔ה כִּ֣י
לָ֞ךְ יִקָּרֵ֤א חֶפְצִי־בָהּ֙ וּלְאַרְצֵ֣ךְ בְּעוּלָ֔ה כִּֽי־חָפֵ֤ץ יְהוָה֙ בָּ֔ךְ וְאַרְצֵ֖ךְ

שנה

ה תִבָּעֵל: כִּי־יִבְעַל בָּחוּר בְּתוּלָה יִבְעָלוּךְ בָּנָיִךְ וּמְשׂוֹשׂ חָתָן עַל־
ו כַּלָּה יָשִׂישׂ עָלַיִךְ אֱלֹהָיִךְ: עַל־חוֹמֹתַיִךְ יְרוּשָׁלִַם הִפְקַדְתִּי
שֹׁמְרִים כָּל־הַיּוֹם וְכָל־הַלַּיְלָה תָּמִיד לֹא יֶחֱשׁוּ הַמַּזְכִּרִים אֶת־
ז יהוה אַל־דֳּמִי לָכֶם: וְאַל־תִּתְּנוּ דֳמִי לוֹ עַד־יְכוֹנֵן וְעַד־יָשִׂים
ח אֶת־יְרוּשָׁלִַם תְּהִלָּה בָּאָרֶץ: נִשְׁבַּע יהוה בִּימִינוֹ וּבִזְרוֹעַ עֻזּוֹ
אִם־אֶתֵּן אֶת־דְּגָנֵךְ עוֹד מַאֲכָל לְאֹיְבַיִךְ וְאִם־יִשְׁתּוּ בְנֵי־נֵכָר
ט תִּירוֹשֵׁךְ אֲשֶׁר יָגַעַתְּ בּוֹ: כִּי מְאַסְפָיו יֹאכְלֻהוּ וְהִלְלוּ אֶת־יהוה
י וּמְקַבְּצָיו יִשְׁתֻּהוּ בְּחַצְרוֹת קָדְשִׁי: עִבְרוּ עִבְרוּ
בַּשְּׁעָרִים פַּנּוּ דֶּרֶךְ הָעָם סֹלּוּ סֹלּוּ הַמְסִלָּה סַקְּלוּ מֵאֶבֶן הָרִימוּ
יא נֵס עַל־הָעַמִּים: הִנֵּה יהוה הִשְׁמִיעַ אֶל־קְצֵה הָאָרֶץ אִמְרוּ
לְבַת־צִיּוֹן הִנֵּה יִשְׁעֵךְ בָּא הִנֵּה שְׂכָרוֹ אִתּוֹ וּפְעֻלָּתוֹ לְפָנָיו:
יב וְקָרְאוּ לָהֶם עַם־הַקֹּדֶשׁ גְּאוּלֵי יהוה וְלָךְ יִקָּרֵא דְרוּשָׁה עִיר לֹא
סג א נֶעֱזָבָה: מִי־זֶה ׀ בָּא מֵאֱדוֹם חֲמוּץ בְּגָדִים
מִבָּצְרָה זֶה הָדוּר בִּלְבוּשׁוֹ צֹעֶה בְּרֹב כֹּחוֹ אֲנִי מְדַבֵּר בִּצְדָקָה
ב ג רַב לְהוֹשִׁיעַ: מַדּוּעַ אָדֹם לִלְבוּשֶׁךָ וּבְגָדֶיךָ כְּדֹרֵךְ בְּגַת: פּוּרָה ׀
דָּרַכְתִּי לְבַדִּי וּמֵעַמִּים אֵין־אִישׁ אִתִּי וְאֶדְרְכֵם בְּאַפִּי וְאֶרְמְסֵם
ד בַּחֲמָתִי וְיֵז נִצְחָם עַל־בְּגָדַי וְכָל־מַלְבּוּשַׁי אֶגְאָלְתִּי: כִּי יוֹם נָקָם
ה בְּלִבִּי וּשְׁנַת גְּאוּלַי בָּאָה: וְאַבִּיט וְאֵין עֹזֵר וְאֶשְׁתּוֹמֵם וְאֵין
ו סוֹמֵךְ וַתּוֹשַׁע לִי זְרֹעִי וַחֲמָתִי הִיא סְמָכָתְנִי: וְאָבוּס עַמִּים בְּאַפִּי
ז וַאֲשַׁכְּרֵם בַּחֲמָתִי וְאוֹרִיד לָאָרֶץ נִצְחָם: חַסְדֵי
יהוה ׀ אַזְכִּיר תְּהִלֹּת יהוה כְּעַל כֹּל אֲשֶׁר־גְּמָלָנוּ יהוה וְרַב־
ח טוּב לְבֵית יִשְׂרָאֵל אֲשֶׁר־גְּמָלָם כְּרַחֲמָיו וּכְרֹב חֲסָדָיו: וַיֹּאמֶר
ט אַךְ־עַמִּי הֵמָּה בָּנִים לֹא יְשַׁקֵּרוּ וַיְהִי לָהֶם לְמוֹשִׁיעַ: בְּכָל־
צָרָתָם ׀ לֹא צָר וּמַלְאַךְ פָּנָיו הוֹשִׁיעָם בְּאַהֲבָתוֹ וּבְחֶמְלָתוֹ הוּא לוֹ
י גְאָלָם וַיְנַטְּלֵם וַיְנַשְּׂאֵם כָּל־יְמֵי עוֹלָם: וְהֵמָּה מָרוּ וְעִצְּבוּ אֶת־
יא רוּחַ קָדְשׁוֹ וַיֵּהָפֵךְ לָהֶם לְאוֹיֵב הוּא נִלְחַם־בָּם: וַיִּזְכֹּר יְמֵי־עוֹלָם
מֹשֶׁה עַמּוֹ אַיֵּה ׀ הַמַּעֲלֵם מִיָּם אֵת רֹעֵה צֹאנוֹ אַיֵּה הַשָּׂם בְּקִרְבּוֹ

יב אֶת־רוּחַ קָדְשׁוֹ׃ מוֹלִיךְ לִימִין מֹשֶׁה זְרוֹעַ תִּפְאַרְתּוֹ בּוֹקֵעַ מַיִם
יג מִפְּנֵיהֶם לַעֲשׂוֹת לוֹ שֵׁם עוֹלָם׃ מוֹלִיכָם בַּתְּהֹמוֹת כַּסּוּס
יד בַּמִּדְבָּר לֹא יִכָּשֵׁלוּ׃ כַּבְּהֵמָה בַּבִּקְעָה תֵרֵד רוּחַ יהוה תְּנִיחֶנּוּ
טו כֵּן נִהַגְתָּ עַמְּךָ לַעֲשׂוֹת לְךָ שֵׁם תִּפְאָרֶת׃ הַבֵּט מִשָּׁמַיִם וּרְאֵה
מִזְּבֻל קָדְשְׁךָ וְתִפְאַרְתֶּךָ אַיֵּה קִנְאָתְךָ וּגְבוּרֹתֶךָ הֲמוֹן מֵעֶיךָ
טז וְרַחֲמֶיךָ אֵלַי הִתְאַפָּקוּ׃ כִּי־אַתָּה אָבִינוּ כִּי אַבְרָהָם לֹא יְדָעָנוּ
וְיִשְׂרָאֵל לֹא יַכִּירָנוּ אַתָּה יהוה אָבִינוּ גֹּאֲלֵנוּ מֵעוֹלָם שְׁמֶךָ׃
יז לָמָּה תַתְעֵנוּ יהוה מִדְּרָכֶיךָ תַּקְשִׁיחַ לִבֵּנוּ מִיִּרְאָתֶךָ שׁוּב לְמַעַן
יח עֲבָדֶיךָ שִׁבְטֵי נַחֲלָתֶךָ׃ לַמִּצְעָר יָרְשׁוּ עַם־קָדְשֶׁךָ צָרֵינוּ בּוֹסְסוּ
יט מִקְדָּשֶׁךָ׃ הָיִינוּ מֵעוֹלָם לֹא־מָשַׁלְתָּ בָּם לֹא־נִקְרָא שִׁמְךָ
סד א עֲלֵיהֶם לוּא־קָרַעְתָּ שָׁמַיִם יָרַדְתָּ מִפָּנֶיךָ הָרִים נָזֹלּוּ׃ כִּקְדֹחַ
אֵשׁ הֲמָסִים מַיִם תִּבְעֶה־אֵשׁ לְהוֹדִיעַ שִׁמְךָ לְצָרֶיךָ מִפָּנֶיךָ גּוֹיִם
ב יִרְגָּזוּ׃ בַּעֲשׂוֹתְךָ נוֹרָאוֹת לֹא נְקַוֶּה יָרַדְתָּ מִפָּנֶיךָ הָרִים נָזֹלּוּ׃
ג וּמֵעוֹלָם לֹא־שָׁמְעוּ לֹא הֶאֱזִינוּ עַיִן לֹא־רָאָתָה אֱלֹהִים זוּלָתְךָ
ד יַעֲשֶׂה לִמְחַכֵּה־לוֹ׃ פָּגַעְתָּ אֶת־שָׂשׂ וְעֹשֵׂה צֶדֶק בִּדְרָכֶיךָ
ה יִזְכְּרוּךָ הֵן־אַתָּה קָצַפְתָּ וַנֶּחֱטָא בָּהֶם עוֹלָם וְנִוָּשֵׁעַ׃ וַנְּהִי כַטָּמֵא
כֻּלָּנוּ וּכְבֶגֶד עִדִּים כָּל־צִדְקֹתֵינוּ וַנָּבֶל כֶּעָלֶה כֻּלָּנוּ וַעֲוֹנֵנוּ כָּרוּחַ
ו יִשָּׂאֻנוּ׃ וְאֵין־קוֹרֵא בְשִׁמְךָ מִתְעוֹרֵר לְהַחֲזִיק בָּךְ כִּי־הִסְתַּרְתָּ
ז פָנֶיךָ מִמֶּנּוּ וַתְּמוּגֵנוּ בְּיַד־עֲוֹנֵנוּ׃ וְעַתָּה יהוה אָבִינוּ אָתָּה אֲנַחְנוּ
ח הַחֹמֶר וְאַתָּה יֹצְרֵנוּ וּמַעֲשֵׂה יָדְךָ כֻּלָּנוּ׃ אַל־תִּקְצֹף יהוה עַד־
ט מְאֹד וְאַל־לָעַד תִּזְכֹּר עָוֹן הֵן הַבֶּט־נָא עַמְּךָ כֻלָּנוּ׃ עָרֵי קָדְשְׁךָ
י הָיוּ מִדְבָּר צִיּוֹן מִדְבָּר הָיָתָה יְרוּשָׁלִַם שְׁמָמָה׃ בֵּית קָדְשֵׁנוּ
וְתִפְאַרְתֵּנוּ אֲשֶׁר הִלְלוּךָ אֲבֹתֵינוּ הָיָה לִשְׂרֵפַת אֵשׁ וְכָל־
יא מַחֲמַדֵּינוּ הָיָה לְחָרְבָּה׃ הַעַל־אֵלֶּה תִתְאַפַּק יהוה תֶּחֱשֶׁה
סה א וּתְעַנֵּנוּ עַד־מְאֹד׃ נִדְרַשְׁתִּי לְלוֹא שָׁאָלוּ נִמְצֵאתִי
לְלֹא בִקְשֻׁנִי אָמַרְתִּי הִנֵּנִי הִנֵּנִי אֶל־גּוֹי לֹא־קֹרָא בִשְׁמִי׃
ב פֵּרַשְׂתִּי יָדַי כָּל־הַיּוֹם אֶל־עַם סוֹרֵר הַהֹלְכִים הַדֶּרֶךְ לֹא־טוֹב

ג אַחַר מַחְשְׁבֹתֵיהֶם׃ הָעָם הַמַּכְעִסִים אוֹתִי עַל־פָּנַי תָּמִיד
ד זֹבְחִים בַּגַּנּוֹת וּמְקַטְּרִים עַל־הַלְּבֵנִים׃ הַיֹּשְׁבִים בַּקְּבָרִים
וּבַנְּצוּרִים יָלִינוּ הָאֹכְלִים בְּשַׂר הַחֲזִיר ופרק פִּגֻּלִים כְּלֵיהֶם׃ וּמְרַק
ה הָאֹמְרִים קְרַב אֵלֶיךָ אַל־תִּגַּשׁ־בִּי כִּי קְדַשְׁתִּיךָ אֵלֶּה עָשָׁן
ו בְּאַפִּי אֵשׁ יֹקֶדֶת כָּל־הַיּוֹם׃ הִנֵּה כְתוּבָה לְפָנָי לֹא אֶחֱשֶׁה כִּי
ז אִם־שִׁלַּמְתִּי וְשִׁלַּמְתִּי עַל־חֵיקָם׃ עֲוֺנֹתֵיכֶם וַעֲוֺנֹת אֲבוֹתֵיכֶם
יַחְדָּו אָמַר יְהוָה אֲשֶׁר קִטְּרוּ עַל־הֶהָרִים וְעַל־הַגְּבָעוֹת חֵרְפוּנִי
ח וּמַדֹּתִי פְעֻלָּתָם רִאשֹׁנָה עַל־חֵיקָם׃ כֹּה ׀ אָמַר אֶל־
יְהוָה כַּאֲשֶׁר יִמָּצֵא הַתִּירוֹשׁ בָּאֶשְׁכּוֹל וְאָמַר אַל־תַּשְׁחִיתֵהוּ כִּי
בְרָכָה בּוֹ כֵּן אֶעֱשֶׂה לְמַעַן עֲבָדַי לְבִלְתִּי הַשְׁחִית הַכֹּל׃
ט וְהוֹצֵאתִי מִיַּעֲקֹב זֶרַע וּמִיהוּדָה יוֹרֵשׁ הָרָי וִירֵשׁוּהָ בְחִירַי כו
י וַעֲבָדַי יִשְׁכְּנוּ־שָׁמָּה׃ וְהָיָה הַשָּׁרוֹן לִנְוֵה־צֹאן וְעֵמֶק עָכוֹר
יא לְרֵבֶץ בָּקָר לְעַמִּי אֲשֶׁר דְּרָשׁוּנִי׃ וְאַתֶּם עֹזְבֵי יְהוָה הַשְּׁכֵחִים
אֶת־הַר קָדְשִׁי הַעֹרְכִים לַגַּד שֻׁלְחָן וְהַמְמַלְאִים לַמְנִי מִמְסָךְ׃
יב וּמָנִיתִי אֶתְכֶם לַחֶרֶב וְכֻלְּכֶם לַטֶּבַח תִּכְרָעוּ יַעַן קָרָאתִי וְלֹא
עֲנִיתֶם דִּבַּרְתִּי וְלֹא שְׁמַעְתֶּם וַתַּעֲשׂוּ הָרַע בְּעֵינַי וּבַאֲשֶׁר לֹא־
יג חָפַצְתִּי בְּחַרְתֶּם׃ לָכֵן כֹּה־אָמַר ׀ אֲדֹנָי יְהוִה הִנֵּה
עֲבָדַי ׀ יֹאכֵלוּ וְאַתֶּם תִּרְעָבוּ הִנֵּה עֲבָדַי יִשְׁתּוּ וְאַתֶּם תִּצְמָאוּ
יד הִנֵּה עֲבָדַי יִשְׂמָחוּ וְאַתֶּם תֵּבֹשׁוּ׃ הִנֵּה עֲבָדַי יָרֹנּוּ מִטּוּב לֵב
טו וְאַתֶּם תִּצְעֲקוּ מִכְּאֵב לֵב וּמִשֵּׁבֶר רוּחַ תְּיֵלִילוּ׃ וְהִנַּחְתֶּם שִׁמְכֶם
לִשְׁבוּעָה לִבְחִירַי וֶהֱמִיתְךָ אֲדֹנָי יְהוִה וְלַעֲבָדָיו יִקְרָא שֵׁם
טז אַחֵר׃ אֲשֶׁר הַמִּתְבָּרֵךְ בָּאָרֶץ יִתְבָּרֵךְ בֵּאלֹהֵי אָמֵן וְהַנִּשְׁבָּע
בָּאָרֶץ יִשָּׁבַע בֵּאלֹהֵי אָמֵן כִּי נִשְׁכְּחוּ הַצָּרוֹת הָרִאשֹׁנוֹת וְכִי
יז נִסְתְּרוּ מֵעֵינָי׃ כִּי־הִנְנִי בוֹרֵא שָׁמַיִם חֲדָשִׁים וָאָרֶץ חֲדָשָׁה וְלֹא
יח תִזָּכַרְנָה הָרִאשֹׁנוֹת וְלֹא תַעֲלֶינָה עַל־לֵב׃ כִּי־אִם־שִׂישׂוּ וְגִילוּ
עֲדֵי־עַד אֲשֶׁר אֲנִי בוֹרֵא כִּי הִנְנִי בוֹרֵא אֶת־יְרוּשָׁלִַם גִּילָה
יט וְעַמָּהּ מָשׂוֹשׂ׃ וְגַלְתִּי בִירוּשָׁלִַם וְשַׂשְׂתִּי בְעַמִּי וְלֹא־יִשָּׁמַע בָּהּ

כ עוֹד קוֹל בְּכִי וְקוֹל זְעָקָה׃ לֹא־יִהְיֶה מִשָּׁם עוֹד עוּל יָמִים וְזָקֵן
אֲשֶׁר לֹא־יְמַלֵּא אֶת־יָמָיו כִּי הַנַּעַר בֶּן־מֵאָה שָׁנָה יָמוּת
כא וְהַחוֹטֶא בֶּן־מֵאָה שָׁנָה יְקֻלָּל׃ וּבָנוּ בָתִּים וְיָשָׁבוּ וְנָטְעוּ כְרָמִים
כב וְאָכְלוּ פִּרְיָם׃ לֹא יִבְנוּ וְאַחֵר יֵשֵׁב לֹא יִטְּעוּ וְאַחֵר יֹאכֵל כִּי־
כג כִימֵי הָעֵץ יְמֵי עַמִּי וּמַעֲשֵׂה יְדֵיהֶם יְבַלּוּ בְחִירָי׃ לֹא יִיגְעוּ
לָרִיק וְלֹא יֵלְדוּ לַבֶּהָלָה כִּי זֶרַע בְּרוּכֵי יהוה הֵמָּה וְצֶאֱצָאֵיהֶם
כד אִתָּם׃ וְהָיָה טֶרֶם יִקְרָאוּ וַאֲנִי אֶעֱנֶה עוֹד הֵם מְדַבְּרִים וַאֲנִי
כה אֶשְׁמָע׃ זְאֵב וְטָלֶה יִרְעוּ כְאֶחָד וְאַרְיֵה כַּבָּקָר יֹאכַל־תֶּבֶן וְנָחָשׁ
עָפָר לַחְמוֹ לֹא־יָרֵעוּ וְלֹא־יַשְׁחִיתוּ בְּכָל־הַר קָדְשִׁי אָמַר
סו א יהוה׃ כֹּה אָמַר יהוה הַשָּׁמַיִם כִּסְאִי וְהָאָרֶץ
הֲדֹם רַגְלָי אֵי־זֶה בַיִת אֲשֶׁר תִּבְנוּ־לִי וְאֵי־זֶה מָקוֹם מְנוּחָתִי׃
ב וְאֶת־כָּל־אֵלֶּה יָדִי עָשָׂתָה וַיִּהְיוּ כָל־אֵלֶּה נְאֻם־יהוה וְאֶל־זֶה
ג אַבִּיט אֶל־עָנִי וּנְכֵה־רוּחַ וְחָרֵד עַל־דְּבָרִי׃ שׁוֹחֵט הַשּׁוֹר מַכֵּה־
אִישׁ זוֹבֵחַ הַשֶּׂה עֹרֵף כֶּלֶב מַעֲלֵה מִנְחָה דַּם־חֲזִיר מַזְכִּיר
לְבֹנָה מְבָרֵךְ אָוֶן גַּם־הֵמָּה בָּחֲרוּ בְּדַרְכֵיהֶם וּבְשִׁקּוּצֵיהֶם נַפְשָׁם
ד חָפֵצָה׃ גַּם־אֲנִי אֶבְחַר בְּתַעֲלֻלֵיהֶם וּמְגוּרֹתָם אָבִיא לָהֶם יַעַן
קָרָאתִי וְאֵין עוֹנֶה דִּבַּרְתִּי וְלֹא שָׁמֵעוּ וַיַּעֲשׂוּ הָרַע בְּעֵינַי
ה וּבַאֲשֶׁר לֹא־חָפַצְתִּי בָּחָרוּ׃ שִׁמְעוּ דְּבַר־יהוה
הַחֲרֵדִים אֶל־דְּבָרוֹ אָמְרוּ אֲחֵיכֶם שֹׂנְאֵיכֶם מְנַדֵּיכֶם לְמַעַן שְׁמִי
ו יִכְבַּד יהוה וְנִרְאֶה בְשִׂמְחַתְכֶם וְהֵם יֵבֹשׁוּ׃ קוֹל שָׁאוֹן מֵעִיר
ז קוֹל מֵהֵיכָל קוֹל יהוה מְשַׁלֵּם גְּמוּל לְאֹיְבָיו׃ בְּטֶרֶם תָּחִיל
ח יָלָדָה בְּטֶרֶם יָבוֹא חֵבֶל לָהּ וְהִמְלִיטָה זָכָר׃ מִי־שָׁמַע כָּזֹאת
מִי רָאָה כָּאֵלֶּה הֲיוּחַל אֶרֶץ בְּיוֹם אֶחָד אִם־יִוָּלֵד גּוֹי פַּעַם
ט אֶחָת כִּי־חָלָה גַּם־יָלְדָה צִיּוֹן אֶת־בָּנֶיהָ׃ הַאֲנִי אַשְׁבִּיר
וְלֹא אוֹלִיד יֹאמַר יהוה אִם־אֲנִי הַמּוֹלִיד וְעָצַרְתִּי אָמַר
י אֱלֹהָיִךְ׃ שִׂמְחוּ אֶת־יְרוּשָׁלִַם וְגִילוּ בָהּ כָּל־
יא אֹהֲבֶיהָ שִׂישׂוּ אִתָּהּ מָשׂוֹשׂ כָּל־הַמִּתְאַבְּלִים עָלֶיהָ׃ לְמַעַן

נבואת
"ואריה כבקר
יאכל־תבן"
ישעיה יא, ו–ט

תִּינְקוּ וּשְׂבַעְתֶּם מִשֹּׁד תַּנְחֻמֶיהָ לְמַעַן תָּמֹצּוּ וְהִתְעַנַּגְתֶּם מִזִּיז
יב כְּבוֹדָהּ׃ כִּי־כֹה ׀ אָמַר יְהוָה הִנְנִי נֹטֶה־אֵלֶיהָ
כְּנָהָר שָׁלוֹם וּכְנַחַל שׁוֹטֵף כְּבוֹד גּוֹיִם וִינַקְתֶּם עַל־צַד תִּנָּשֵׂאוּ
יג וְעַל־בִּרְכַּיִם תְּשָׁעֳשָׁעוּ׃ כְּאִישׁ אֲשֶׁר אִמּוֹ תְּנַחֲמֶנּוּ כֵּן אָנֹכִי
יד אֲנַחֶמְכֶם וּבִירוּשָׁלִַם תְּנֻחָמוּ׃ וּרְאִיתֶם וְשָׂשׂ לִבְּכֶם וְעַצְמוֹתֵיכֶם
כַּדֶּשֶׁא תִפְרַחְנָה וְנוֹדְעָה יַד־יְהוָה אֶת־עֲבָדָיו וְזָעַם אֶת־
טו אֹיְבָיו׃ כִּי־הִנֵּה יְהוָה בָּאֵשׁ יָבוֹא וְכַסּוּפָה מַרְכְּבֹתָיו לְהָשִׁיב
טז בְּחֵמָה אַפּוֹ וְגַעֲרָתוֹ בְּלַהֲבֵי־אֵשׁ׃ כִּי בָאֵשׁ יְהוָה נִשְׁפָּט וּבְחַרְבּוֹ
יז אֶת־כׇּל־בָּשָׂר וְרַבּוּ חַלְלֵי יְהוָה׃ הַמִּתְקַדְּשִׁים וְהַמִּטַּהֲרִים אֶל־
הַגַּנּוֹת אַחַר אַחַד בַּתָּוֶךְ אֹכְלֵי בְּשַׂר הַחֲזִיר וְהַשֶּׁקֶץ וְהָעַכְבָּר אַחַת
יח יַחְדָּו יָסֻפוּ נְאֻם־יְהוָה׃ וְאָנֹכִי מַעֲשֵׂיהֶם וּמַחְשְׁבֹתֵיהֶם בָּאָה
לְקַבֵּץ אֶת־כׇּל־הַגּוֹיִם וְהַלְּשֹׁנוֹת וּבָאוּ וְרָאוּ אֶת־כְּבוֹדִי׃
יט וְשַׂמְתִּי בָהֶם אוֹת וְשִׁלַּחְתִּי מֵהֶם ׀ פְּלֵיטִים אֶל־הַגּוֹיִם תַּרְשִׁישׁ
פּוּל וְלוּד מֹשְׁכֵי קֶשֶׁת תֻּבַל וְיָוָן הָאִיִּים הָרְחֹקִים אֲשֶׁר לֹא־
שָׁמְעוּ אֶת־שִׁמְעִי וְלֹא־רָאוּ אֶת־כְּבוֹדִי וְהִגִּידוּ אֶת־כְּבוֹדִי
כ בַּגּוֹיִם׃ וְהֵבִיאוּ אֶת־כׇּל־אֲחֵיכֶם ׀ מִכׇּל־הַגּוֹיִם ׀ מִנְחָה ׀ לַיהוָה
בַּסּוּסִים וּבָרֶכֶב וּבַצַּבִּים וּבַפְּרָדִים וּבַכִּרְכָּרוֹת עַל הַר קׇדְשִׁי
יְרוּשָׁלִַם אָמַר יְהוָה כַּאֲשֶׁר יָבִיאוּ בְנֵי יִשְׂרָאֵל אֶת־הַמִּנְחָה
כא בִּכְלִי טָהוֹר בֵּית יְהוָה׃ וְגַם־מֵהֶם אֶקַּח לַכֹּהֲנִים לַלְוִיִּם אָמַר
כב יְהוָה׃ כִּי כַאֲשֶׁר הַשָּׁמַיִם הַחֲדָשִׁים וְהָאָרֶץ הַחֲדָשָׁה אֲשֶׁר אֲנִי
עֹשֶׂה עֹמְדִים לְפָנַי נְאֻם־יְהוָה כֵּן יַעֲמֹד זַרְעֲכֶם וְשִׁמְכֶם׃
כג וְהָיָה מִדֵּי־חֹדֶשׁ בְּחׇדְשׁוֹ וּמִדֵּי שַׁבָּת בְּשַׁבַּתּוֹ יָבוֹא כׇל־בָּשָׂר
כד לְהִשְׁתַּחֲוֺת לְפָנַי אָמַר יְהוָה׃ וְיָצְאוּ וְרָאוּ בְּפִגְרֵי הָאֲנָשִׁים
הַפֹּשְׁעִים בִּי כִּי תוֹלַעְתָּם לֹא תָמוּת וְאִשָּׁם לֹא תִכְבֶּה
וְהָיוּ דֵרָאוֹן לְכׇל־בָּשָׂר׃

והיה מדי חדש בחדשו ומדי שבת בשבתו
יבוא כל בשר להשתחות לפני
אמר יהוה

# ירמיה

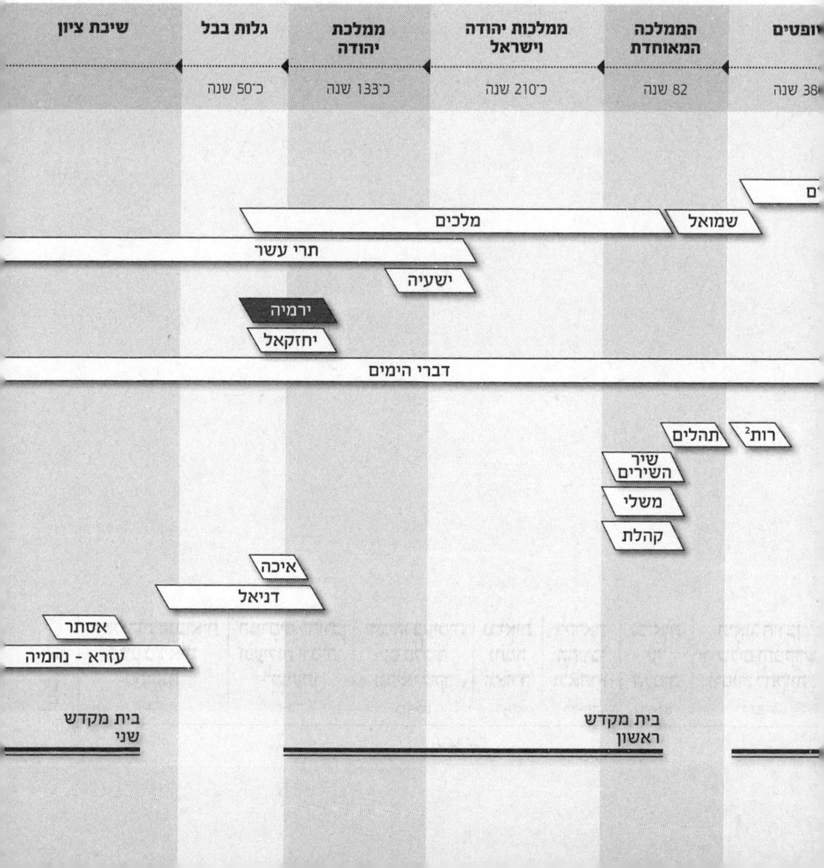
שיבת ציון
גלות בבל
ממלכת יהודה
ממלכות יהודה וישראל
הממלכה המאוחדת
ופטים
כ־50 שנה
כ־133 שנה
כ־210 שנה
82 שנה
38 שנה
שמואל
מלכים
תרי עשר
ישעיה
ירמיה
יחזקאל
דברי הימים
רות2
תהלים
שיר השירים
משלי
קהלת
איכה
דניאל
אסתר
עזרא - נחמיה
בית מקדש שני
בית מקדש ראשון

| ספר ירמיה | השליחות הנבואית לכונן מציאות מתוקנת | הגורמים לחורבן ופעולות ירמיהו למניעתו | ירמיהו בעימות עם מלכים ונביאי שקר | נבואות נחמה וגאולה | לקראת החורבן ולאחריו | נבואות על העמים | תיאור חורבן ירושלים והמקדש ורמיזה לתקווה |
|---|---|---|---|---|---|---|---|
| | א–ו | ז–כד | כה–כט | ל–לג | לד–מה | מו–נא | נב |

כ־42 שנה

# א

א דִּבְרֵי יִרְמְיָהוּ בֶּן־חִלְקִיָּהוּ מִן־הַכֹּהֲנִים אֲשֶׁר בַּעֲנָתוֹת בְּאֶרֶץ
ב בִּנְיָמִן: אֲשֶׁר הָיָה דְבַר־יהוה אֵלָיו בִּימֵי יֹאשִׁיָּהוּ בֶן־אָמוֹן
ג מֶלֶךְ יְהוּדָה בִּשְׁלֹשׁ־עֶשְׂרֵה שָׁנָה לְמָלְכוֹ: וַיְהִי בִּימֵי יְהוֹיָקִים
בֶּן־יֹאשִׁיָּהוּ מֶלֶךְ יְהוּדָה עַד־תֹּם עַשְׁתֵּי־עֶשְׂרֵה שָׁנָה
לְצִדְקִיָּהוּ בֶן־יֹאשִׁיָּהוּ מֶלֶךְ יְהוּדָה עַד־גְּלוֹת יְרוּשָׁלַםִ בַּחֹדֶשׁ
ד ה הַחֲמִישִׁי: וַיְהִי דְבַר־יהוה אֵלַי לֵאמֹר: בְּטֶרֶם
אצורך בַבֶּטֶן יְדַעְתִּיךָ וּבְטֶרֶם תֵּצֵא מֵרֶחֶם הִקְדַּשְׁתִּיךָ נָבִיא
ו לַגּוֹיִם נְתַתִּיךָ: וָאֹמַר אֲהָהּ אֲדֹנָי יֱהֹוִה הִנֵּה לֹא־יָדַעְתִּי דַּבֵּר
ז כִּי־נַעַר אָנֹכִי: וַיֹּאמֶר יהוה אֵלַי אַל־תֹּאמַר נַעַר אָנֹכִי כִּי עַל־
ח כָּל־אֲשֶׁר אֶשְׁלָחֲךָ תֵּלֵךְ וְאֵת כָּל־אֲשֶׁר אֲצַוְּךָ תְּדַבֵּר: אַל־
ט תִּירָא מִפְּנֵיהֶם כִּי־אִתְּךָ אֲנִי לְהַצִּלֶךָ נְאֻם־יהוה: וַיִּשְׁלַח יהוה
אֶת־יָדוֹ וַיַּגַּע עַל־פִּי וַיֹּאמֶר יהוה אֵלַי הִנֵּה נָתַתִּי דְבָרַי בְּפִיךָ:
י רְאֵה הִפְקַדְתִּיךָ | הַיּוֹם הַזֶּה עַל־הַגּוֹיִם וְעַל־הַמַּמְלָכוֹת לִנְתוֹשׁ
יא וְלִנְתוֹץ וּלְהַאֲבִיד וְלַהֲרוֹס לִבְנוֹת וְלִנְטוֹעַ: וַיְהִי
דְבַר־יהוה אֵלַי לֵאמֹר מָה־אַתָּה רֹאֶה יִרְמְיָהוּ וָאֹמַר מַקֵּל
יב שָׁקֵד אֲנִי רֹאֶה: וַיֹּאמֶר יהוה אֵלַי הֵיטַבְתָּ לִרְאוֹת כִּי־שֹׁקֵד
יג אֲנִי עַל־דְּבָרִי לַעֲשֹׂתוֹ: וַיְהִי דְבַר־יהוה | אֵלַי
שֵׁנִית לֵאמֹר מָה אַתָּה רֹאֶה וָאֹמַר סִיר נָפוּחַ אֲנִי רֹאֶה וּפָנָיו
יד מִפְּנֵי צָפוֹנָה: וַיֹּאמֶר יהוה אֵלָי מִצָּפוֹן תִּפָּתַח הָרָעָה עַל כָּל־
טו יֹשְׁבֵי הָאָרֶץ: כִּי | הִנְנִי קֹרֵא לְכָל־מִשְׁפְּחוֹת מַמְלְכוֹת צָפוֹנָה
נְאֻם־יהוה וּבָאוּ וְנָתְנוּ אִישׁ כִּסְאוֹ פֶּתַח | שַׁעֲרֵי יְרוּשָׁלַםִ וְעַל
טז כָּל־חוֹמֹתֶיהָ סָבִיב וְעַל כָּל־עָרֵי יְהוּדָה: וְדִבַּרְתִּי מִשְׁפָּטַי
אוֹתָם עַל כָּל־רָעָתָם אֲשֶׁר עֲזָבוּנִי וַיְקַטְּרוּ לֵאלֹהִים אֲחֵרִים
יז וַיִּשְׁתַּחֲווּ לְמַעֲשֵׂי יְדֵיהֶם: וְאַתָּה תֶּאְזֹר מָתְנֶיךָ וְקַמְתָּ וְדִבַּרְתָּ
אֲלֵיהֶם אֵת כָּל־אֲשֶׁר אָנֹכִי אֲצַוֶּךָּ אַל־תֵּחַת מִפְּנֵיהֶם פֶּן־
יח אֲחִתְּךָ לִפְנֵיהֶם: וַאֲנִי הִנֵּה נְתַתִּיךָ הַיּוֹם לְעִיר מִבְצָר וּלְעַמּוּד
בַּרְזֶל וּלְחֹמוֹת נְחֹשֶׁת עַל־כָּל־הָאָרֶץ לְמַלְכֵי יְהוּדָה לְשָׂרֶיהָ

מלכות יאשיהו
מל״ב כב, א – כג, ל
דה״ב לד, א – לה, כז

מלכות יהויקים
מל״ב כג, לו – כד, ו
דה״ב לו, ה–ח

אֶצָּרְךָ

מלכות צדקיהו
מל״ב כד, יח – כה, ז
ירמיה נב, א–יא
דה״ב לו, יא–יג

חורבן בית המקדש וגלות בבל
מל״ב כה, ח–כא
ירמיה לט, ח–י; נב, יב–ל
דה״ב לו, יז–כא

נבואת ״ואני הנה נתתיך... ולחמות נחושת״
ירמיה טו, כ

יט לכהניה ולעם הארץ: ונלחמו אליך ולא־יוכלו לך כי־אתך
אב אני נאם־יהוה להצילך: ויהי דבר־יהוה אלי
ב לאמר: הלך וקראת באזני ירושלם לאמר כה אמר יהוה
זכרתי לך חסד נעוריך אהבת כלולתיך לכתך אחרי
ג במדבר בארץ לא זרועה: קדש ישראל ליהוה ראשית
תבואתה כל־אכליו יאשמו רעה תבא אליהם נאם־
ד יהוה: שמעו דבר־יהוה בית יעקב וכל־
ה משפחות בית ישראל: כה | אמר יהוה מה־מצאו אבותיכם
ו בי עול כי רחקו מעלי וילכו אחרי ההבל ויהבלו: ולא אמרו
איה יהוה המעלה אתנו מארץ מצרים המוליך אתנו
במדבר בארץ ערבה ושוחה בארץ ציה וצלמות בארץ לא־
ז עבר בה איש ולא־ישב אדם שם: ואביא אתכם אל־ארץ
הכרמל לאכל פריה וטובה ותבאו ותטמאו את־ארצי
ח ונחלתי שמתם לתועבה: הכהנים לא אמרו איה יהוה ותפשי
התורה לא ידעוני והרעים פשעו בי והנביאים נבאו בבעל
ט ואחרי לא־יועלו הלכו: לכן עד אריב אתכם נאם־יהוה
י ואת־בני בניכם אריב: כי עברו איי כתיים וראו וקדר שלחו
יא והתבוננו מאד וראו הן היתה כזאת: ההימיר גוי אלהים
יב והמה לא אלהים ועמי המיר כבודו בלוא יועיל: שמו שמים
יג על־זאת ושערו חרבו מאד נאם־יהוה: כי־שתים רעות עשה
עמי אתי עזבו מקור | מים חיים לחצב להם בארות בארת
יד נשברים אשר לא־יכלו המים: העבד ישראל אם־יליד בית
טו הוא מדוע היה לבז: עליו ישאגו כפרים נתנו קולם וישיתו
טז ארצו לשמה עריו נצתה מבלי ישב: גם־בני־נף ותחפנס נִצְּתוּ | וְתַחְפַּנְחֵס
יז ירעוך קדקד: הלוא־זאת תעשה־לך עזבך את־יהוה אלהיך
יח בעת מולכך בדרך: ועתה מה־לך לדרך מצרים לשתות מי
יט שחור ומה־לך לדרך אשור לשתות מי נהר: תיסרך רעתך

וּמְשֻׁבוֹתַיִךְ תּוֹכִחֻךְ וּדְעִי וּרְאִי כִּי־רַע וָמָר עָזְבֵךְ אֶת־יְהוָה
כ אֱלֹהָיִךְ וְלֹא פַחְדָּתִי אֵלַיִךְ נְאֻם־אֲדֹנָי יֱהוִה צְבָאוֹת׃ כִּי מֵעוֹלָם
שָׁבַרְתִּי עֻלֵּךְ נִתַּקְתִּי מוֹסְרוֹתַיִךְ וַתֹּאמְרִי לֹא אעבוד כִּי עַל־ אֶעֱבוֹר
כא כָּל־גִּבְעָה גְּבֹהָה וְתַחַת כָּל־עֵץ רַעֲנָן אַתְּ צֹעָה זֹנָה׃ וְאָנֹכִי
נְטַעְתִּיךְ שֹׂרֵק כֻּלֹּה זֶרַע אֱמֶת וְאֵיךְ נֶהְפַּכְתְּ לִי סוּרֵי הַגֶּפֶן
כב נָכְרִיָּה׃ כִּי אִם־תְּכַבְּסִי בַּנֶּתֶר וְתַרְבִּי־לָךְ בֹּרִית נִכְתָּם עֲוֺנֵךְ
כג לְפָנַי נְאֻם אֲדֹנָי יֱהוִה׃ אֵיךְ תֹּאמְרִי לֹא נִטְמֵאתִי אַחֲרֵי
הַבְּעָלִים לֹא הָלַכְתִּי רְאִי דַרְכֵּךְ בַּגַּיְא דְּעִי מֶה עָשִׂית בִּכְרָה
כד קַלָּה מְשָׂרֶכֶת דְּרָכֶיהָ׃ פֶּרֶה ׀ לִמֻּד מִדְבָּר בְּאַוַּת נפשו שָׁאֲפָה נַפְשָׁהּ
רוּחַ תַּאֲנָתָהּ מִי יְשִׁיבֶנָּה כָּל־מְבַקְשֶׁיהָ לֹא יִיעָפוּ בְּחָדְשָׁהּ
כה יִמְצָאוּנְהָ׃ מִנְעִי רַגְלֵךְ מִיָּחֵף וגורנך מִצִּמְאָה וַתֹּאמְרִי נוֹאָשׁ וּגְרוֹנֵךְ
כו לוֹא כִּי־אָהַבְתִּי זָרִים וְאַחֲרֵיהֶם אֵלֵךְ׃ כְּבֹשֶׁת גַּנָּב כִּי יִמָּצֵא
כֵּן הֹבִישׁוּ בֵּית יִשְׂרָאֵל הֵמָּה מַלְכֵיהֶם שָׂרֵיהֶם וְכֹהֲנֵיהֶם
כז וּנְבִיאֵיהֶם׃ אֹמְרִים לָעֵץ אָבִי אַתָּה וְלָאֶבֶן אַתְּ ילדתני כִּי־פָנוּ יְלִדְתָּנוּ
אֵלַי עֹרֶף וְלֹא פָנִים וּבְעֵת רָעָתָם יֹאמְרוּ קוּמָה וְהוֹשִׁיעֵנוּ׃
כח וְאַיֵּה אֱלֹהֶיךָ אֲשֶׁר עָשִׂיתָ לָּךְ יָקוּמוּ אִם־יוֹשִׁיעוּךָ בְּעֵת רָעָתֶךָ
כט כִּי מִסְפַּר עָרֶיךָ הָיוּ אֱלֹהֶיךָ יְהוּדָה׃ לָמָּה תָרִיבוּ
ל אֵלָי כֻּלְּכֶם פְּשַׁעְתֶּם בִּי נְאֻם־יְהוָה׃ לַשָּׁוְא הִכֵּיתִי אֶת־בְּנֵיכֶם
מוּסָר לֹא לָקָחוּ אָכְלָה חַרְבְּכֶם נְבִיאֵיכֶם כְּאַרְיֵה מַשְׁחִית׃
לא הַדּוֹר אַתֶּם רְאוּ דְבַר־יְהוָה הֲמִדְבָּר הָיִיתִי לְיִשְׂרָאֵל אִם אֶרֶץ
מַאְפֵּלְיָה מַדּוּעַ אָמְרוּ עַמִּי רַדְנוּ לוֹא־נָבוֹא עוֹד אֵלֶיךָ׃
לב הֲתִשְׁכַּח בְּתוּלָה עֶדְיָהּ כַּלָּה קִשֻּׁרֶיהָ וְעַמִּי שְׁכֵחוּנִי יָמִים אֵין
לג מִסְפָּר׃ מַה־תֵּיטִבִי דַּרְכֵּךְ לְבַקֵּשׁ אַהֲבָה לָכֵן גַּם אֶת־הָרָעוֹת
לד למדתי אֶת־דְּרָכָיִךְ׃ גַּם בִּכְנָפַיִךְ נִמְצְאוּ דַּם נַפְשׁוֹת אֶבְיוֹנִים לִמַּדְתְּ
לה נְקִיִּים לֹא־בַמַּחְתֶּרֶת מְצָאתִים כִּי עַל־כָּל־אֵלֶּה׃ וַתֹּאמְרִי כִּי
נִקֵּיתִי אַךְ שָׁב אַפּוֹ מִמֶּנִּי הִנְנִי נִשְׁפָּט אוֹתָךְ עַל־אָמְרֵךְ לֹא
לו חָטָאתִי׃ מַה־תֵּזְלִי מְאֹד לְשַׁנּוֹת אֶת־דַּרְכֵּךְ גַּם מִמִּצְרַיִם

לז תֵּבֹשִׁי כַּאֲשֶׁר־בֹּשְׁתְּ מֵאַשּׁוּר: גַּם מֵאֵת זֶה תֵּצְאִי וְיָדַיִךְ עַל־
א ג רֹאשֵׁךְ כִּי־מָאַס יְהוָה בְּמִבְטַחַיִךְ וְלֹא תַצְלִיחִי לָהֶם: לֵאמֹר הֵן
יְשַׁלַּח אִישׁ אֶת־אִשְׁתּוֹ וְהָלְכָה מֵאִתּוֹ וְהָיְתָה לְאִישׁ־אַחֵר
הֲיָשׁוּב אֵלֶיהָ עוֹד הֲלוֹא חָנוֹף תֶּחֱנַף הָאָרֶץ הַהִיא וְאַתְּ זָנִית
ב רֵעִים רַבִּים וְשׁוֹב אֵלַי נְאֻם־יְהוָה: שְׂאִי־עֵינַיִךְ עַל־שְׁפָיִם וּרְאִי
אֵיפֹה לֹא שגלת עַל־דְּרָכִים יָשַׁבְתְּ לָהֶם כַּעֲרָבִי בַּמִּדְבָּר וַתַּחֲנִיפִי
ג אֶרֶץ בִּזְנוּתַיִךְ וּבְרָעָתֵךְ: וַיִּמָּנְעוּ רְבִבִים וּמַלְקוֹשׁ לוֹא הָיָה
ד וּמֵצַח אִשָּׁה זוֹנָה הָיָה לָךְ מֵאַנְתְּ הִכָּלֵם: הֲלוֹא מֵעַתָּה קראתי
ה לִי אָבִי אַלּוּף נְעֻרַי אָתָּה: הֲיִנְטֹר לְעוֹלָם אִם־יִשְׁמֹר לָנֶצַח
ו הִנֵּה דִבַּרְתְּ וַתַּעֲשִׂי הָרָעוֹת וַתּוּכָל: וַיֹּאמֶר יְהוָה
אֵלַי בִּימֵי יֹאשִׁיָּהוּ הַמֶּלֶךְ הֲרָאִיתָ אֲשֶׁר עָשְׂתָה מְשֻׁבָה יִשְׂרָאֵל
הֹלְכָה הִיא עַל־כָּל־הַר גָּבֹהַּ וְאֶל־תַּחַת כָּל־עֵץ רַעֲנָן וַתִּזְנִי־
ז שָׁם: וָאֹמַר אַחֲרֵי עֲשׂוֹתָהּ אֶת־כָּל־אֵלֶּה אֵלַי תָּשׁוּב וְלֹא־שָׁבָה
ח ותראה בָּגוֹדָה אֲחוֹתָהּ יְהוּדָה: וָאֵרֶא כִּי עַל־כָּל־אֹדוֹת אֲשֶׁר
נִאֲפָה מְשֻׁבָה יִשְׂרָאֵל שִׁלַּחְתִּיהָ וָאֶתֵּן אֶת־סֵפֶר כְּרִיתֻתֶיהָ
אֵלֶיהָ וְלֹא יָרְאָה בֹּגֵדָה יְהוּדָה אֲחוֹתָהּ וַתֵּלֶךְ וַתִּזֶן גַּם־הִיא:
ט וְהָיָה מִקֹּל זְנוּתָהּ וַתֶּחֱנַף אֶת־הָאָרֶץ וַתִּנְאַף אֶת־הָאֶבֶן וְאֶת־
י הָעֵץ: וְגַם־בְּכָל־זֹאת לֹא־שָׁבָה אֵלַי בָּגוֹדָה אֲחוֹתָהּ יְהוּדָה
יא בְּכָל־לִבָּהּ כִּי אִם־בְּשֶׁקֶר נְאֻם־יְהוָה: וַיֹּאמֶר
יב יְהוָה אֵלַי צִדְּקָה נַפְשָׁהּ מְשֻׁבָה יִשְׂרָאֵל מִבֹּגֵדָה יְהוּדָה: הָלֹךְ
וְקָרָאתָ אֶת־הַדְּבָרִים הָאֵלֶּה צָפוֹנָה וְאָמַרְתָּ שׁוּבָה מְשֻׁבָה
יִשְׂרָאֵל נְאֻם־יְהוָה לוֹא־אַפִּיל פָּנַי בָּכֶם כִּי־חָסִיד אֲנִי נְאֻם־
יג יְהוָה לֹא אֶטּוֹר לְעוֹלָם: אַךְ דְּעִי עֲוֺנֵךְ כִּי בַּיהוָה אֱלֹהַיִךְ
פָּשָׁעַתְּ וַתְּפַזְּרִי אֶת־דְּרָכַיִךְ לַזָּרִים תַּחַת כָּל־עֵץ רַעֲנָן וּבְקוֹלִי
יד לֹא־שְׁמַעְתֶּם נְאֻם־יְהוָה: שׁוּבוּ בָנִים שׁוֹבָבִים נְאֻם־יְהוָה כִּי
אָנֹכִי בָּעַלְתִּי בָכֶם וְלָקַחְתִּי אֶתְכֶם אֶחָד מֵעִיר וּשְׁנַיִם
טו מִמִּשְׁפָּחָה וְהֵבֵאתִי אֶתְכֶם צִיּוֹן: וְנָתַתִּי לָכֶם רֹעִים כְּלִבִּי וְרָעוּ

איסור נשיאת גרושתו לאחר נישואיה לאיש אחר
דברים כד, א-ד

שֻׁכַּבְתְּ

קָרָאת ב

וַתֵּרֶא

טז אֶתְכֶם דֵּעָה וְהַשְׂכֵּיל: וְהָיָה כִּי תִרְבּוּ וּפְרִיתֶם בָּאָרֶץ בַּיָּמִים
הָהֵמָּה נְאֻם־יהוה לֹא־יֹאמְרוּ עוֹד אֲרוֹן בְּרִית־יהוה וְלֹא יַעֲלֶה
יז עַל־לֵב וְלֹא יִזְכְּרוּ־בוֹ וְלֹא יִפְקֹדוּ וְלֹא יֵעָשֶׂה עוֹד: בָּעֵת
הַהִיא יִקְרְאוּ לִירוּשָׁלִַם כִּסֵּא יהוה וְנִקְווּ אֵלֶיהָ כָל־הַגּוֹיִם
לְשֵׁם יהוה לִירוּשָׁלִָם וְלֹא־יֵלְכוּ עוֹד אַחֲרֵי שְׁרִרוּת לִבָּם
יח הָרָע: בַּיָּמִים הָהֵמָּה יֵלְכוּ בֵית־יְהוּדָה עַל־בֵּית
יִשְׂרָאֵל וְיָבֹאוּ יַחְדָּו מֵאֶרֶץ צָפוֹן עַל־הָאָרֶץ אֲשֶׁר הִנְחַלְתִּי
יט אֶת־אֲבוֹתֵיכֶם: וְאָנֹכִי אָמַרְתִּי אֵיךְ אֲשִׁיתֵךְ בַּבָּנִים וְאֶתֶּן־לָךְ
אֶרֶץ חֶמְדָּה נַחֲלַת צְבִי צִבְאוֹת גּוֹיִם וָאֹמַר אָבִי תקראו־לִי תִּקְרְאִי־
כ וּמֵאַחֲרַי לֹא תשובו: אָכֵן בָּגְדָה אִשָּׁה מֵרֵעָהּ כֵּן בְּגַדְתֶּם בִּי תָשׁוּבִי
כא בֵּית יִשְׂרָאֵל נְאֻם־יהוה: קוֹל עַל־שְׁפָיִים נִשְׁמָע בְּכִי תַחֲנוּנֵי
בְּנֵי יִשְׂרָאֵל כִּי הֶעֱווּ אֶת־דַּרְכָּם שָׁכְחוּ אֶת־יהוה אֱלֹהֵיהֶם:
כב שׁוּבוּ בָּנִים שׁוֹבָבִים אֶרְפָּה מְשׁוּבֹתֵיכֶם הִנְנוּ אָתָנוּ לָךְ כִּי אַתָּה
כג יהוה אֱלֹהֵינוּ: אָכֵן לַשֶּׁקֶר מִגְּבָעוֹת הָמוֹן הָרִים אָכֵן בַּיהוה
כד אֱלֹהֵינוּ תְּשׁוּעַת יִשְׂרָאֵל: וְהַבֹּשֶׁת אָכְלָה אֶת־יְגִיעַ אֲבוֹתֵינוּ
מִנְּעוּרֵינוּ אֶת־צֹאנָם וְאֶת־בְּקָרָם אֶת־בְּנֵיהֶם וְאֶת־בְּנוֹתֵיהֶם:
כה נִשְׁכְּבָה בְּבָשְׁתֵּנוּ וּתְכַסֵּנוּ כְּלִמָּתֵנוּ כִּי לַיהוה אֱלֹהֵינוּ חָטָאנוּ
אֲנַחְנוּ וַאֲבוֹתֵינוּ מִנְּעוּרֵינוּ וְעַד־הַיּוֹם הַזֶּה וְלֹא שָׁמַעְנוּ
ד א בְּקוֹל יהוה אֱלֹהֵינוּ: אִם־תָּשׁוּב יִשְׂרָאֵל ׀ נְאֻם־יהוה אֵלַי
ב תָּשׁוּב וְאִם־תָּסִיר שִׁקּוּצֶיךָ מִפָּנַי וְלֹא תָנוּד: וְנִשְׁבַּעְתָּ
חַי־יהוה בֶּאֱמֶת בְּמִשְׁפָּט וּבִצְדָקָה וְהִתְבָּרְכוּ בוֹ גּוֹיִם וּבוֹ
ג יִתְהַלָּלוּ: כִּי־כֹה ׀ אָמַר יהוה לְאִישׁ יְהוּדָה
ד וְלִירוּשָׁלִַם נִירוּ לָכֶם נִיר וְאַל־תִּזְרְעוּ אֶל־קֹצִים: הִמֹּלוּ לַיהוה
וְהָסִרוּ עָרְלוֹת לְבַבְכֶם אִישׁ יְהוּדָה וְיֹשְׁבֵי יְרוּשָׁלִָם פֶּן־תֵּצֵא
ה כָאֵשׁ חֲמָתִי וּבָעֲרָה וְאֵין מְכַבֶּה מִפְּנֵי רֹעַ מַעַלְלֵיכֶם: הַגִּידוּ
בִיהוּדָה וּבִירוּשָׁלִַם הַשְׁמִיעוּ וְאִמְרוּ ותקעו שׁוֹפָר בָּאָרֶץ קִרְאוּ תִּקְעוּ
ו מַלְאוּ וְאִמְרוּ הֵאָסְפוּ וְנָבוֹאָה אֶל־עָרֵי הַמִּבְצָר: שְׂאוּ־נֵס

צִיּוֹנָה הָעִיזוּ אַל־תַּעֲמֹדוּ כִּי רָעָה אָנֹכִי מֵבִיא מִצָּפוֹן וְשֶׁבֶר
ז גָּדוֹל: עָלָה אַרְיֵה מִסֻּבְּכוֹ וּמַשְׁחִית גּוֹיִם נָסַע יָצָא מִמְּקֹמוֹ
ח לָשׂוּם אַרְצֵךְ לְשַׁמָּה עָרַיִךְ תִּצֶּינָה מֵאֵין יוֹשֵׁב: עַל־זֹאת
חִגְרוּ שַׂקִּים סִפְדוּ וְהֵילִילוּ כִּי לֹא־שָׁב חֲרוֹן אַף־יְהוָה
ט מִמֶּנּוּ: וְהָיָה בַיּוֹם־הַהוּא נְאֻם־יְהוָה יֹאבַד לֵב־
י הַמֶּלֶךְ וְלֵב הַשָּׂרִים וְנָשַׁמּוּ הַכֹּהֲנִים וְהַנְּבִאִים יִתְמָהוּ: וָאֹמַר
אֲהָהּ ׀ אֲדֹנָי יֱהֹוִה אָכֵן הַשֵּׁא הִשֵּׁאתָ לָעָם הַזֶּה וְלִירוּשָׁלַ͏ִם
יא לֵאמֹר שָׁלוֹם יִהְיֶה לָכֶם וְנָגְעָה חֶרֶב עַד־הַנָּפֶשׁ: בָּעֵת הַהִיא
יֵאָמֵר לָעָם־הַזֶּה וְלִירוּשָׁלַ͏ִם רוּחַ צַח שְׁפָיִים בַּמִּדְבָּר דֶּרֶךְ בַּת־
יב עַמִּי לוֹא לִזְרוֹת וְלוֹא לְהָבַר: רוּחַ מָלֵא מֵאֵלֶּה יָבוֹא לִי עַתָּה
יג גַּם־אֲנִי אֲדַבֵּר מִשְׁפָּטִים אוֹתָם: הִנֵּה ׀ כַּעֲנָנִים יַעֲלֶה וְכַסּוּפָה
יד מַרְכְּבוֹתָיו קַלּוּ מִנְּשָׁרִים סוּסָיו אוֹי לָנוּ כִּי שֻׁדָּדְנוּ: כַּבְּסִי
מֵרָעָה לִבֵּךְ יְרוּשָׁלַ͏ִם לְמַעַן תִּוָּשֵׁעִי עַד־מָתַי תָּלִין בְּקִרְבֵּךְ
טו מַחְשְׁבוֹת אוֹנֵךְ: כִּי קוֹל מַגִּיד מִדָּן וּמַשְׁמִיעַ אָוֶן מֵהַר אֶפְרָיִם:
טז הַזְכִּירוּ לַגּוֹיִם הִנֵּה הַשְׁמִיעוּ עַל־יְרוּשָׁלַ͏ִם נֹצְרִים בָּאִים מֵאֶרֶץ
יז הַמֶּרְחָק וַיִּתְּנוּ עַל־עָרֵי יְהוּדָה קוֹלָם: כְּשֹׁמְרֵי שָׂדַי הָיוּ עָלֶיהָ
יח מִסָּבִיב כִּי־אֹתִי מָרָתָה נְאֻם יְהוָה: דַּרְכֵּךְ וּמַעֲלָלַיִךְ עָשׂוֹ אֵלֶּה
יט לָךְ זֹאת רָעָתֵךְ כִּי מָר כִּי נָגַע עַד־לִבֵּךְ: מֵעַי ׀
מֵעַי ׀ אחולה קִירוֹת לִבִּי הֹמֶה־לִּי לִבִּי לֹא אַחֲרִשׁ כִּי קוֹל אוֹחִילָה
כ שׁוֹפָר שמעתי נַפְשִׁי תְּרוּעַת מִלְחָמָה: שֶׁבֶר עַל־שֶׁבֶר נִקְרָא שָׁמַעַתְּ
כא כִּי־שֻׁדְּדָה כָּל־הָאָרֶץ פִּתְאֹם שֻׁדְּדוּ אֹהָלַי רֶגַע יְרִיעֹתָי: עַד־
כב מָתַי אֶרְאֶה־נֵּס אֶשְׁמְעָה קוֹל שׁוֹפָר: כִּי ׀ אֱוִיל
עַמִּי אוֹתִי לֹא יָדָעוּ בָּנִים סְכָלִים הֵמָּה וְלֹא נְבוֹנִים הֵמָּה
כג חֲכָמִים הֵמָּה לְהָרַע וּלְהֵיטִיב לֹא יָדָעוּ: רָאִיתִי אֶת־הָאָרֶץ
כד וְהִנֵּה־תֹהוּ וָבֹהוּ וְאֶל־הַשָּׁמַיִם וְאֵין אוֹרָם: רָאִיתִי הֶהָרִים וְהִנֵּה
כה רֹעֲשִׁים וְכָל־הַגְּבָעוֹת הִתְקַלְקָלוּ: רָאִיתִי וְהִנֵּה אֵין הָאָדָם
כו וְכָל־עוֹף הַשָּׁמַיִם נָדָדוּ: רָאִיתִי וְהִנֵּה הַכַּרְמֶל הַמִּדְבָּר וְכָל־

כז עָרָיו נִתְּצוּ מִפְּנֵי יְהוָה מִפְּנֵי חֲרוֹן אַפּוֹ׃ כִּי־כֹה
כח אָמַר יְהוָה שְׁמָמָה תִהְיֶה כָּל־הָאָרֶץ וְכָלָה לֹא אֶעֱשֶׂה׃ עַל־
זֹאת תֶּאֱבַל הָאָרֶץ וְקָדְרוּ הַשָּׁמַיִם מִמָּעַל עַל כִּי־דִבַּרְתִּי זַמֹּתִי
כט וְלֹא נִחַמְתִּי וְלֹא־אָשׁוּב מִמֶּנָּה׃ מִקּוֹל פָּרָשׁ וְרֹמֵה קֶשֶׁת
בֹּרַחַת כָּל־הָעִיר בָּאוּ בֶּעָבִים וּבַכֵּפִים עָלוּ כָּל־הָעִיר עֲזוּבָה
ל וְאֵין־יוֹשֵׁב בָּהֵן אִישׁ׃ וְאַתְּי שָׁדוּד מַה־תַּעֲשִׂי כִּי־תִלְבְּשִׁי שָׁנִי וְאַתְּ
כִּי־תַעְדִּי עֲדִי־זָהָב כִּי־תִקְרְעִי בַפּוּךְ עֵינַיִךְ לַשָּׁוְא תִּתְיַפִּי
לא מָאֲסוּ־בָךְ עֹגְבִים נַפְשֵׁךְ יְבַקֵּשׁוּ׃ כִּי קוֹל כְּחוֹלָה שָׁמַעְתִּי צָרָה
כְּמַבְכִּירָה קוֹל בַּת־צִיּוֹן תִּתְיַפֵּחַ תְּפָרֵשׂ כַּפֶּיהָ אוֹי־נָא לִי כִּי־
ה א עָיְפָה נַפְשִׁי לְהֹרְגִים׃ שׁוֹטְטוּ בְּחוּצוֹת יְרוּשָׁלִַם ג
וּרְאוּ־נָא וּדְעוּ וּבַקְשׁוּ בִרְחוֹבוֹתֶיהָ אִם־תִּמְצְאוּ אִישׁ אִם־יֵשׁ
ב עֹשֶׂה מִשְׁפָּט מְבַקֵּשׁ אֱמוּנָה וְאֶסְלַח לָהּ׃ וְאִם חַי־יְהוָה יֹאמֵרוּ
ג לָכֵן לַשֶּׁקֶר יִשָּׁבֵעוּ׃ יְהוָה עֵינֶיךָ הֲלוֹא לֶאֱמוּנָה הִכִּיתָה אֹתָם
וְלֹא־חָלוּ כִּלִּיתָם מֵאֲנוּ קַחַת מוּסָר חִזְּקוּ פְנֵיהֶם מִסֶּלַע מֵאֲנוּ
ד לָשׁוּב׃ וַאֲנִי אָמַרְתִּי אַךְ־דַּלִּים הֵם נוֹאֲלוּ כִּי לֹא יָדְעוּ דֶּרֶךְ
ה יְהוָה מִשְׁפַּט אֱלֹהֵיהֶם׃ אֵלֲכָה־לִּי אֶל־הַגְּדֹלִים וַאֲדַבְּרָה אוֹתָם
כִּי הֵמָּה יָדְעוּ דֶּרֶךְ יְהוָה מִשְׁפַּט אֱלֹהֵיהֶם אַךְ הֵמָּה יַחְדָּו שָׁבְרוּ
ו עֹל נִתְּקוּ מוֹסֵרוֹת׃ עַל־כֵּן הִכָּם אַרְיֵה מִיַּעַר זְאֵב עֲרָבוֹת
יְשָׁדְדֵם נָמֵר שֹׁקֵד עַל־עָרֵיהֶם כָּל־הַיּוֹצֵא מֵהֵנָּה יִטָּרֵף כִּי רַבּוּ
ז פִּשְׁעֵיהֶם עָצְמוּ מְשֻׁבוֹתֵיהֶם׃ אֵי לָזֹאת אסלוח־לָךְ בָּנַיִךְ אֶסְלַח־
עֲזָבוּנִי וַיִּשָּׁבְעוּ בְּלֹא אֱלֹהִים וָאַשְׂבִּעַ אוֹתָם וַיִּנְאָפוּ וּבֵית זוֹנָה
ח יִתְגּוֹדָדוּ׃ סוּסִים מוזנים מַשְׁכִּים הָיוּ אִישׁ אֶל־אֵשֶׁת רֵעֵהוּ מְיֻזָּנִים
ט יִצְהָלוּ׃ הַעַל־אֵלֶּה לוֹא־אֶפְקֹד נְאֻם־יְהוָה וְאִם בְּגוֹי אֲשֶׁר־
י כָּזֶה לֹא תִתְנַקֵּם נַפְשִׁי׃ עֲלוּ בְשָׁרוֹתֶיהָ וְשַׁחֵתוּ
יא וְכָלָה אַל־תַּעֲשׂוּ הָסִירוּ נְטִישׁוֹתֶיהָ כִּי לוֹא לַיהוָה הֵמָּה׃ כִּי
יב בָגוֹד בָּגְדוּ בִּי בֵּית יִשְׂרָאֵל וּבֵית יְהוּדָה נְאֻם־יְהוָה׃ כִּחֲשׁוּ
בַּיהוָה וַיֹּאמְרוּ לוֹא־הוּא וְלֹא־תָבוֹא עָלֵינוּ רָעָה וְחֶרֶב וְרָעָב

לֹא נִרְאֶה׃ וְהַנְּבִיאִים יִהְיוּ לְרוּחַ וְהַדִּבֵּר אֵין בָּהֶם כֹּה יֵעָשֶׂה יג
לָהֶם׃ לָכֵן כֹּה־אָמַר יְהוָה אֱלֹהֵי צְבָאוֹת יַעַן יד
דַּבֶּרְכֶם אֶת־הַדָּבָר הַזֶּה הִנְנִי נֹתֵן דְּבָרַי בְּפִיךָ לְאֵשׁ וְהָעָם הַזֶּה
עֵצִים וַאֲכָלָתַם׃ הִנְנִי מֵבִיא עֲלֵיכֶם גּוֹי מִמֶּרְחָק בֵּית יִשְׂרָאֵל טו
נְאֻם־יְהוָה גּוֹי ׀ אֵיתָן הוּא גּוֹי מֵעוֹלָם הוּא גּוֹי לֹא־תֵדַע לְשֹׁנוֹ
וְלֹא תִשְׁמַע מַה־יְדַבֵּר׃ אַשְׁפָּתוֹ כְּקֶבֶר פָּתוּחַ כֻּלָּם גִּבּוֹרִים׃ טז
וְאָכַל קְצִירְךָ וְלַחְמֶךָ יֹאכְלוּ בָּנֶיךָ וּבְנוֹתֶיךָ יֹאכַל צֹאנְךָ וּבְקָרֶךָ יז
יֹאכַל גַּפְנְךָ וּתְאֵנָתֶךָ יְרֹשֵׁשׁ עָרֵי מִבְצָרֶיךָ אֲשֶׁר אַתָּה בּוֹטֵחַ
בָּהֵנָּה בֶּחָרֶב׃ וְגַם בַּיָּמִים הָהֵמָּה נְאֻם־יְהוָה לֹא־אֶעֱשֶׂה אִתְּכֶם יח
כָּלָה׃ וְהָיָה כִּי תֹאמְרוּ תַּחַת מֶה עָשָׂה יְהוָה אֱלֹהֵינוּ יט
לָנוּ אֶת־כָּל־אֵלֶּה וְאָמַרְתָּ אֲלֵיהֶם כַּאֲשֶׁר עֲזַבְתֶּם אוֹתִי
וַתַּעַבְדוּ אֱלֹהֵי נֵכָר בְּאַרְצְכֶם כֵּן תַּעַבְדוּ זָרִים בְּאֶרֶץ לֹא
לָכֶם׃ הַגִּידוּ זֹאת בְּבֵית יַעֲקֹב וְהַשְׁמִיעוּהָ כ
בִיהוּדָה לֵאמֹר׃ שִׁמְעוּ־נָא זֹאת עַם סָכָל וְאֵין לֵב עֵינַיִם כא
לָהֶם וְלֹא יִרְאוּ אָזְנַיִם לָהֶם וְלֹא יִשְׁמָעוּ׃ הַאוֹתִי לֹא־תִירָאוּ כב
נְאֻם־יְהוָה אִם מִפָּנַי לֹא תָחִילוּ אֲשֶׁר־שַׂמְתִּי חוֹל גְּבוּל לַיָּם
חָק־עוֹלָם וְלֹא יַעַבְרֶנְהוּ וַיִּתְגָּעֲשׁוּ וְלֹא יוּכָלוּ וְהָמוּ גַלָּיו וְלֹא־
יַעַבְרֻנְהוּ׃ וְלָעָם הַזֶּה הָיָה לֵב סוֹרֵר וּמוֹרֶה סָרוּ וַיֵּלֵכוּ׃ וְלוֹא־ כג כד
יוֹרֶה אָמְרוּ בִלְבָבָם נִירָא נָא אֶת־יְהוָה אֱלֹהֵינוּ הַנֹּתֵן גֶּשֶׁם וירה
וּמַלְקוֹשׁ בְּעִתּוֹ שְׁבֻעֹת חֻקּוֹת קָצִיר יִשְׁמָר־לָנוּ׃ עֲוֺנוֹתֵיכֶם כה
הִטּוּ־אֵלֶּה וְחַטֹּאותֵיכֶם מָנְעוּ הַטּוֹב מִכֶּם׃ כִּי־נִמְצְאוּ בְעַמִּי כו
רְשָׁעִים יָשׁוּר כְּשַׁךְ יְקוּשִׁים הִצִּיבוּ מַשְׁחִית אֲנָשִׁים יִלְכֹּדוּ׃
כִּכְלוּב מָלֵא עוֹף כֵּן בָּתֵּיהֶם מְלֵאִים מִרְמָה עַל־כֵּן גָּדְלוּ כז
וַיַּעֲשִׁירוּ׃ שָׁמְנוּ עָשְׁתוּ גַּם עָבְרוּ דִבְרֵי־רָע דִּין לֹא־דָנוּ כח
דִּין יָתוֹם וְיַצְלִיחוּ וּמִשְׁפַּט אֶבְיוֹנִים לֹא שָׁפָטוּ׃ הַעַל־אֵלֶּה כט
לֹא־אֶפְקֹד נְאֻם־יְהוָה אִם בְּגוֹי אֲשֶׁר־כָּזֶה לֹא תִתְנַקֵּם
נַפְשִׁי׃ שַׁמָּה וְשַׁעֲרוּרָה נִהְיְתָה בָּאָרֶץ׃ הַנְּבִאִים ל לא

נִבְּאוּ בַשֶּׁקֶר וְהַכֹּהֲנִים יִרְדּוּ עַל־יְדֵיהֶם וְעַמִּי אָהֲבוּ כֵן וּמַה־
ו א תַּעֲשׂוּ לְאַחֲרִיתָהּ׃ הָעִזוּ ׀ בְּנֵי בִנְיָמִן מִקֶּרֶב יְרוּשָׁלִַם וּבִתְקוֹעַ
תִּקְעוּ שׁוֹפָר וְעַל־בֵּית הַכֶּרֶם שְׂאוּ מַשְׂאֵת כִּי רָעָה נִשְׁקְפָה
ב ג מִצָּפוֹן וְשֶׁבֶר גָּדוֹל׃ הַנָּוָה וְהַמְּעֻנָּגָה דָּמִיתִי בַּת־צִיּוֹן׃ אֵלֶיהָ ד
יָבֹאוּ רֹעִים וְעֶדְרֵיהֶם תָּקְעוּ עָלֶיהָ אֹהָלִים סָבִיב רָעוּ אִישׁ אֶת־
ד יָדוֹ׃ קַדְּשׁוּ עָלֶיהָ מִלְחָמָה קוּמוּ וְנַעֲלֶה בַצָּהֳרָיִם אוֹי לָנוּ כִּי־
ה פָנָה הַיּוֹם כִּי־יִנָּטוּ צִלְלֵי־עָרֶב׃ קוּמוּ וְנַעֲלֶה בַלָּיְלָה וְנַשְׁחִיתָה
ו אַרְמְנוֹתֶיהָ׃ כִּי כֹה אָמַר יְהוָה צְבָאוֹת כִּרְתוּ
עֵצָה וְשִׁפְכוּ עַל־יְרוּשָׁלִַם סֹלְלָה הִיא הָעִיר הָפְקַד כֻּלָּהּ עֹשֶׁק
ז בְּקִרְבָּהּ׃ כְּהָקִיר בור מֵימֶיהָ כֵּן הֵקֵרָה רָעָתָהּ חָמָס וָשֹׁד יִשָּׁמַע בַּיִר
ח בָּהּ עַל־פָּנַי תָּמִיד חֳלִי וּמַכָּה׃ הִוָּסְרִי יְרוּשָׁלִַם פֶּן־תֵּקַע נַפְשִׁי
ט מִמֵּךְ פֶּן־אֲשִׂימֵךְ שְׁמָמָה אֶרֶץ לוֹא נוֹשָׁבָה׃ כֹּה
אָמַר יְהוָה צְבָאוֹת עוֹלֵל יְעוֹלְלוּ כַגֶּפֶן שְׁאֵרִית יִשְׂרָאֵל הָשֵׁב
י יָדְךָ כְּבוֹצֵר עַל־סַלְסִלּוֹת׃ עַל־מִי אֲדַבְּרָה וְאָעִידָה וְיִשְׁמָעוּ
הִנֵּה עֲרֵלָה אָזְנָם וְלֹא יוּכְלוּ לְהַקְשִׁיב הִנֵּה דְבַר־יְהוָה הָיָה
יא לָהֶם לְחֶרְפָּה לֹא יַחְפְּצוּ־בוֹ׃ וְאֵת חֲמַת יְהוָה ׀ מָלֵאתִי נִלְאֵיתִי
הָכִיל שְׁפֹךְ עַל־עוֹלָל בַּחוּץ וְעַל סוֹד בַּחוּרִים יַחְדָּו כִּי־גַם־אִישׁ
יב עִם־אִשָּׁה יִלָּכֵדוּ זָקֵן עִם־מְלֵא יָמִים׃ וְנָסַבּוּ בָתֵּיהֶם לַאֲחֵרִים
שָׂדוֹת וְנָשִׁים יַחְדָּו כִּי־אַטֶּה אֶת־יָדִי עַל־יֹשְׁבֵי הָאָרֶץ נְאֻם־
יג יְהוָה׃ כִּי מִקְּטַנָּם וְעַד־גְּדוֹלָם כֻּלּוֹ בּוֹצֵעַ בָּצַע וּמִנָּבִיא וְעַד־
יד כֹּהֵן כֻּלּוֹ עֹשֶׂה שָּׁקֶר׃ וַיְרַפְּאוּ אֶת־שֶׁבֶר עַמִּי עַל־נְקַלָּה לֵאמֹר
טו שָׁלוֹם ׀ שָׁלוֹם וְאֵין שָׁלוֹם׃ הֹבִשׁוּ כִּי־תוֹעֵבָה עָשׂוּ גַּם־בּוֹשׁ
לֹא־יֵבוֹשׁוּ גַּם־הַכְלִים לֹא יָדָעוּ לָכֵן יִפְּלוּ בַנֹּפְלִים בְּעֵת־
טז פְּקַדְתִּים יִכָּשְׁלוּ אָמַר יְהוָה׃ כֹּה אָמַר יְהוָה
עִמְדוּ עַל־דְּרָכִים וּרְאוּ וְשַׁאֲלוּ ׀ לִנְתִבוֹת עוֹלָם אֵי־זֶה דֶרֶךְ
הַטּוֹב וּלְכוּ־בָהּ וּמִצְאוּ מַרְגּוֹעַ לְנַפְשְׁכֶם וַיֹּאמְרוּ לֹא נֵלֵךְ׃
יז וַהֲקִמֹתִי עֲלֵיכֶם צֹפִים הַקְשִׁיבוּ לְקוֹל שׁוֹפָר וַיֹּאמְרוּ לֹא

נבואת "כי מקטנם ועד גדולם כולו בוצע בצע"
ירמיה ח, י–יב

נַקְשִׁיב׃ לָכֵן שִׁמְעוּ הַגּוֹיִם וּדְעִי עֵדָה אֶת־אֲשֶׁר־בָּם׃ שִׁמְעִי יח יט
הָאָרֶץ הִנֵּה אָנֹכִי מֵבִיא רָעָה אֶל־הָעָם הַזֶּה פְּרִי מַחְשְׁבוֹתָם
כִּי עַל־דְּבָרַי לֹא הִקְשִׁיבוּ וְתוֹרָתִי וַיִּמְאֲסוּ־בָהּ׃ לָמָּה־זֶּה לִי כ
לְבוֹנָה מִשְּׁבָא תָבוֹא וְקָנֶה הַטּוֹב מֵאֶרֶץ מֶרְחָק עֹלוֹתֵיכֶם לֹא
לְרָצוֹן וְזִבְחֵיכֶם לֹא־עָרְבוּ לִי׃ לָכֵן כֹּה אָמַר כא
יְהוָה הִנְנִי נֹתֵן אֶל־הָעָם הַזֶּה מִכְשֹׁלִים וְכָשְׁלוּ בָם אָבוֹת וּבָנִים
ואבדו
יַחְדָּו שָׁכֵן וְרֵעוֹ יֹאבֵדוּ׃ כֹּה אָמַר יְהוָה הִנֵּה עַם כב
נבואת "הנה עם בא מארץ צפון" ירמיה נ, מא–מג
בָּא מֵאֶרֶץ צָפוֹן וְגוֹי גָּדוֹל יֵעוֹר מִיַּרְכְּתֵי־אָרֶץ׃ קֶשֶׁת וְכִידוֹן כג
יַחֲזִיקוּ אַכְזָרִי הוּא וְלֹא יְרַחֵמוּ קוֹלָם כַּיָּם יֶהֱמֶה וְעַל־סוּסִים
יִרְכָּבוּ עָרוּךְ כְּאִישׁ לַמִּלְחָמָה עָלַיִךְ בַּת־צִיּוֹן׃ שָׁמַעְנוּ אֶת־ כד
תצאו
שָׁמְעוֹ רָפוּ יָדֵינוּ צָרָה הֶחֱזִקַתְנוּ חִיל כַּיּוֹלֵדָה׃ אַל־תֵּצְאִי כה
תלכו
הַשָּׂדֶה וּבַדֶּרֶךְ אַל־תֵּלֵכִי כִּי חֶרֶב לְאֹיֵב מָגוֹר מִסָּבִיב׃ בַּת־ כו
עַמִּי חִגְרִי־שָׂק וְהִתְפַּלְּשִׁי בָאֵפֶר אֵבֶל יָחִיד עֲשִׂי לָךְ מִסְפַּד
תַּמְרוּרִים כִּי פִתְאֹם יָבֹא הַשֹּׁדֵד עָלֵינוּ׃ בָּחוֹן נְתַתִּיךָ בְעַמִּי כז
מִבְצָר וְתֵדַע וּבָחַנְתָּ אֶת־דַּרְכָּם׃ כֻּלָּם סָרֵי סוֹרְרִים הֹלְכֵי רָכִיל כח
מאש תם
נְחֹשֶׁת וּבַרְזֶל כֻּלָּם מַשְׁחִיתִם הֵמָּה׃ נָחַר מַפֻּחַ מֵאֵשְׁתָם כט
עֹפָרֶת לַשָּׁוְא צָרַף צָרוֹף וְרָעִים לֹא נִתָּקוּ׃ כֶּסֶף נִמְאָס קָרְאוּ ל
לָהֶם כִּי־מָאַס יְהוָה בָּהֶם׃ הַדָּבָר אֲשֶׁר הָיָה ז א
אֶל־יִרְמְיָהוּ מֵאֵת יְהוָה לֵאמֹר׃ עֲמֹד בְּשַׁעַר בֵּית יְהוָה וְקָרָאתָ ב
שָּׁם אֶת־הַדָּבָר הַזֶּה וְאָמַרְתָּ שִׁמְעוּ דְבַר־יְהוָה כָּל־יְהוּדָה
הַבָּאִים בַּשְּׁעָרִים הָאֵלֶּה לְהִשְׁתַּחֲוֺת לַיהוָה׃ כֹּה־ ג
אָמַר יְהוָה צְבָאוֹת אֱלֹהֵי יִשְׂרָאֵל הֵיטִיבוּ דַרְכֵיכֶם וּמַעַלְלֵיכֶם
וַאֲשַׁכְּנָה אֶתְכֶם בַּמָּקוֹם הַזֶּה׃ אַל־תִּבְטְחוּ לָכֶם אֶל־דִּבְרֵי ד
הַשֶּׁקֶר לֵאמֹר הֵיכַל יְהוָה הֵיכַל יְהוָה הֵיכַל יְהוָה הֵמָּה׃ כִּי אִם־ ה
איסור הונאת גר ולחיצתו שמות כב, כ–כג; כג, ט ויקרא יט, לג–לד ירמיה כב, ג זכריה ז, י
הֵיטֵיב תֵּיטִיבוּ אֶת־דַּרְכֵיכֶם וְאֶת־מַעַלְלֵיכֶם אִם־עָשׂוֹ תַעֲשׂוּ
מִשְׁפָּט בֵּין אִישׁ וּבֵין רֵעֵהוּ׃ גֵּר יָתוֹם וְאַלְמָנָה לֹא תַעֲשֹׁקוּ וְדָם ו
נָקִי אַל־תִּשְׁפְּכוּ בַּמָּקוֹם הַזֶּה וְאַחֲרֵי אֱלֹהִים אֲחֵרִים לֹא תֵלְכוּ

ז לְרַע לָכֶם׃ וְשִׁכַּנְתִּי אֶתְכֶם בַּמָּקוֹם הַזֶּה בָּאָרֶץ אֲשֶׁר נָתַתִּי
ח לַאֲבוֹתֵיכֶם לְמִן־עוֹלָם וְעַד־עוֹלָם׃ הִנֵּה אַתֶּם בֹּטְחִים לָכֶם
ט עַל־דִּבְרֵי הַשָּׁקֶר לְבִלְתִּי הוֹעִיל׃ הֲגָנֹב ׀ רָצֹחַ וְנָאֹף וְהִשָּׁבֵעַ
לַשֶּׁקֶר וְקַטֵּר לַבָּעַל וְהָלֹךְ אַחֲרֵי אֱלֹהִים אֲחֵרִים אֲשֶׁר לֹא־
י יְדַעְתֶּם׃ וּבָאתֶם וַעֲמַדְתֶּם לְפָנַי בַּבַּיִת הַזֶּה אֲשֶׁר נִקְרָא־שְׁמִי
עָלָיו וַאֲמַרְתֶּם נִצַּלְנוּ לְמַעַן עֲשׂוֹת אֵת כָּל־הַתּוֹעֵבֹת הָאֵלֶּה׃
יא הַמְעָרַת פָּרִצִים הָיָה הַבַּיִת הַזֶּה אֲשֶׁר־נִקְרָא־שְׁמִי עָלָיו
יב בְּעֵינֵיכֶם גַּם אָנֹכִי הִנֵּה רָאִיתִי נְאֻם־יְהוָה׃ כִּי לְכוּ־נָא אֶל־
מְקוֹמִי אֲשֶׁר בְּשִׁילוֹ אֲשֶׁר שִׁכַּנְתִּי שְׁמִי שָׁם בָּרִאשׁוֹנָה וּרְאוּ
יג אֵת אֲשֶׁר־עָשִׂיתִי לוֹ מִפְּנֵי רָעַת עַמִּי יִשְׂרָאֵל׃ וְעַתָּה יַעַן
עֲשׂוֹתְכֶם אֶת־כָּל־הַמַּעֲשִׂים הָאֵלֶּה נְאֻם־יְהוָה וָאֲדַבֵּר אֲלֵיכֶם
הַשְׁכֵּם וְדַבֵּר וְלֹא שְׁמַעְתֶּם וָאֶקְרָא אֶתְכֶם וְלֹא עֲנִיתֶם׃
יד וְעָשִׂיתִי לַבַּיִת ׀ אֲשֶׁר נִקְרָא־שְׁמִי עָלָיו אֲשֶׁר אַתֶּם בֹּטְחִים בּוֹ
וְלַמָּקוֹם אֲשֶׁר־נָתַתִּי לָכֶם וְלַאֲבוֹתֵיכֶם כַּאֲשֶׁר עָשִׂיתִי לְשִׁלוֹ׃
טו וְהִשְׁלַכְתִּי אֶתְכֶם מֵעַל פָּנָי כַּאֲשֶׁר הִשְׁלַכְתִּי אֶת־כָּל־אֲחֵיכֶם
טז אֵת כָּל־זֶרַע אֶפְרָיִם׃ וְאַתָּה אַל־תִּתְפַּלֵּל ׀ בְּעַד
הָעָם הַזֶּה וְאַל־תִּשָּׂא בַעֲדָם רִנָּה וּתְפִלָּה וְאַל־תִּפְגַּע־בִּי
יז כִּי־אֵינֶנִּי שֹׁמֵעַ אֹתָךְ׃ הַאֵינְךָ רֹאֶה מָה הֵמָּה עֹשִׂים בְּעָרֵי
יח יְהוּדָה וּבְחֻצוֹת יְרוּשָׁלָםִ׃ הַבָּנִים מְלַקְּטִים עֵצִים וְהָאָבוֹת
מְבַעֲרִים אֶת־הָאֵשׁ וְהַנָּשִׁים לָשׁוֹת בָּצֵק לַעֲשׂוֹת כַּוָּנִים
לִמְלֶכֶת הַשָּׁמַיִם וְהַסֵּךְ נְסָכִים לֵאלֹהִים אֲחֵרִים לְמַעַן הַכְעִסֵנִי׃
יט הַאֹתִי הֵם מַכְעִסִים נְאֻם־יְהוָה הֲלוֹא אֹתָם לְמַעַן בֹּשֶׁת
כ פְּנֵיהֶם׃ לָכֵן כֹּה־אָמַר ׀ אֲדֹנָי יֱהוִה הִנֵּה אַפִּי וַחֲמָתִי
נִתֶּכֶת אֶל־הַמָּקוֹם הַזֶּה עַל־הָאָדָם וְעַל־הַבְּהֵמָה וְעַל־עֵץ
כא הַשָּׂדֶה וְעַל־פְּרִי הָאֲדָמָה וּבָעֲרָה וְלֹא תִכְבֶּה׃ כֹּה
אָמַר יְהוָה צְבָאוֹת אֱלֹהֵי יִשְׂרָאֵל עֹלוֹתֵיכֶם סְפוּ עַל־זִבְחֵיכֶם
כב וְאִכְלוּ בָשָׂר׃ כִּי לֹא־דִבַּרְתִּי אֶת־אֲבוֹתֵיכֶם וְלֹא צִוִּיתִים בְּיוֹם

נבואת "ואתה אל תתפלל בעד העם הזה" ירמיה יא, יד

ה הוֹצִיא אוֹתָם מֵאֶרֶץ מִצְרָיִם עַל־דִּבְרֵי עוֹלָה וָזָבַח: כִּי אִם־ כג
אֶת־הַדָּבָר הַזֶּה צִוִּיתִי אוֹתָם לֵאמֹר שִׁמְעוּ בְקוֹלִי וְהָיִיתִי לָכֶם
לֵאלֹהִים וְאַתֶּם תִּהְיוּ־לִי לְעָם וַהֲלַכְתֶּם בְּכָל־הַדֶּרֶךְ אֲשֶׁר
אֲצַוֶּה אֶתְכֶם לְמַעַן יִיטַב לָכֶם: וְלֹא שָׁמְעוּ וְלֹא־הִטּוּ אֶת־ כד
אָזְנָם וַיֵּלְכוּ בְּמֹעֵצוֹת בִּשְׁרִרוּת לִבָּם הָרָע וַיִּהְיוּ לְאָחוֹר וְלֹא
לְפָנִים: לְמִן־הַיּוֹם אֲשֶׁר יָצְאוּ אֲבוֹתֵיכֶם מֵאֶרֶץ מִצְרַיִם עַד כה
הַיּוֹם הַזֶּה וָאֶשְׁלַח אֲלֵיכֶם אֶת־כָּל־עֲבָדַי הַנְּבִיאִים יוֹם הַשְׁכֵּם
וְשָׁלֹחַ: וְלוֹא שָׁמְעוּ אֵלַי וְלֹא הִטּוּ אֶת־אָזְנָם וַיַּקְשׁוּ אֶת־עָרְפָּם כו
הֵרֵעוּ מֵאֲבוֹתָם: וְדִבַּרְתָּ אֲלֵיהֶם אֶת־כָּל־הַדְּבָרִים הָאֵלֶּה וְלֹא כז
יִשְׁמְעוּ אֵלֶיךָ וְקָרָאתָ אֲלֵיהֶם וְלֹא יַעֲנוּכָה: וְאָמַרְתָּ אֲלֵיהֶם זֶה כח
הַגּוֹי אֲשֶׁר לוֹא־שָׁמְעוּ בְּקוֹל יְהוָה אֱלֹהָיו וְלֹא לָקְחוּ מוּסָר
אָבְדָה הָאֱמוּנָה וְנִכְרְתָה מִפִּיהֶם: גָּזִּי נִזְרֵךְ כט
וְהַשְׁלִיכִי וּשְׂאִי עַל־שְׁפָיִם קִינָה כִּי מָאַס יְהוָה וַיִּטֹּשׁ אֶת־דּוֹר
עֶבְרָתוֹ: כִּי־עָשׂוּ בְנֵי־יְהוּדָה הָרַע בְּעֵינַי נְאֻם־יְהוָה שָׂמוּ ל
שִׁקּוּצֵיהֶם בַּבַּיִת אֲשֶׁר־נִקְרָא־שְׁמִי עָלָיו לְטַמְּאוֹ: וּבָנוּ בָּמוֹת לא
הַתֹּפֶת אֲשֶׁר בְּגֵיא בֶן־הִנֹּם לִשְׂרֹף אֶת־בְּנֵיהֶם וְאֶת־בְּנֹתֵיהֶם
בָּאֵשׁ אֲשֶׁר לֹא צִוִּיתִי וְלֹא עָלְתָה עַל־לִבִּי: לָכֵן לב

נבואת "ולא־יֵאמר עוד התפת וגיא בן־הִנֹּם" ירמיה יט, ה–ז

הִנֵּה יָמִים בָּאִים נְאֻם־יְהוָה וְלֹא־יֵאָמֵר עוֹד הַתֹּפֶת וְגֵיא בֶן־
הִנֹּם כִּי אִם־גֵּיא הַהֲרֵגָה וְקָבְרוּ בְתֹפֶת מֵאֵין מָקוֹם: וְהָיְתָה לג
נִבְלַת הָעָם הַזֶּה לְמַאֲכָל לְעוֹף הַשָּׁמַיִם וּלְבֶהֱמַת הָאָרֶץ וְאֵין
מַחֲרִיד: וְהִשְׁבַּתִּי ׀ מֵעָרֵי יְהוּדָה וּמֵחֻצוֹת יְרוּשָׁלִַם קוֹל שָׂשׂוֹן לד
וְקוֹל שִׂמְחָה קוֹל חָתָן וְקוֹל כַּלָּה כִּי לְחָרְבָּה תִּהְיֶה הָאָרֶץ:
יוֹצִיאוּ בָּעֵת הַהִיא נְאֻם־יְהוָה וְיוֹצִיאוּ אֶת־עַצְמוֹת מַלְכֵי־יְהוּדָה ח א
וְאֶת־עַצְמוֹת שָׂרָיו וְאֶת־עַצְמוֹת הַכֹּהֲנִים וְאֵת ׀ עַצְמוֹת
הַנְּבִיאִים וְאֵת עַצְמוֹת יוֹשְׁבֵי־יְרוּשָׁלִָם מִקִּבְרֵיהֶם: וּשְׁטָחוּם ב
לַשֶּׁמֶשׁ וְלַיָּרֵחַ וּלְכֹל ׀ צְבָא הַשָּׁמַיִם אֲשֶׁר אֲהֵבוּם וַאֲשֶׁר עֲבָדוּם
וַאֲשֶׁר הָלְכוּ אַחֲרֵיהֶם וַאֲשֶׁר דְּרָשׁוּם וַאֲשֶׁר הִשְׁתַּחֲווּ לָהֶם לֹא

ג יֵאָסְפוּ וְלֹא יִקָּבֵרוּ לְדֹמֶן עַל־פְּנֵי הָאֲדָמָה יִהְיוּ: וְנִבְחַר מָוֶת
מֵחַיִּים לְכֹל הַשְּׁאֵרִית הַנִּשְׁאָרִים מִן־הַמִּשְׁפָּחָה הָרָעָה הַזֹּאת
בְּכָל־הַמְּקֹמוֹת הַנִּשְׁאָרִים אֲשֶׁר הִדַּחְתִּים שָׁם נְאֻם יְהוָה
ד צְבָאוֹת: וְאָמַרְתָּ אֲלֵיהֶם כֹּה אָמַר יְהוָה הֲיִפְּלוּ
ה וְלֹא יָקוּמוּ אִם־יָשׁוּב וְלֹא יָשׁוּב: מַדּוּעַ שׁוֹבְבָה הָעָם הַזֶּה
יְרוּשָׁלַ͏ִם מְשֻׁבָה נִצַּחַת הֶחֱזִיקוּ בַּתַּרְמִת מֵאֲנוּ לָשׁוּב:
ו הִקְשַׁבְתִּי וָאֶשְׁמָע לוֹא־כֵן יְדַבֵּרוּ אֵין אִישׁ נִחָם עַל־רָעָתוֹ
לֵאמֹר מֶה עָשִׂיתִי כֻּלֹּה שָׁב במרצותם כְּסוּס שׁוֹטֵף בַּמִּלְחָמָה: בִּמְרוּצָתָם
ז גַּם־חֲסִידָה בַשָּׁמַיִם יָדְעָה מוֹעֲדֶיהָ וְתֹר וסוס וְעָגוּר שָׁמְרוּ אֶת־ וְסִיס
ח עֵת בֹּאָנָה וְעַמִּי לֹא יָדְעוּ אֵת מִשְׁפַּט יְהוָה: אֵיכָה תֹאמְרוּ
חֲכָמִים אֲנַחְנוּ וְתוֹרַת יְהוָה אִתָּנוּ אָכֵן הִנֵּה לַשֶּׁקֶר עָשָׂה עֵט
ט שֶׁקֶר סֹפְרִים: הֹבִשׁוּ חֲכָמִים חַתּוּ וַיִּלָּכֵדוּ הִנֵּה בִדְבַר־יְהוָה
י מָאָסוּ וְחָכְמַת־מֶה לָהֶם: לָכֵן אֶתֵּן אֶת־נְשֵׁיהֶם לַאֲחֵרִים
שְׂדוֹתֵיהֶם לְיוֹרְשִׁים כִּי מִקָּטֹן וְעַד־גָּדוֹל כֻּלֹּה בֹּצֵעַ בָּצַע מִנָּבִיא
יא וְעַד־כֹּהֵן כֻּלֹּה עֹשֶׂה שָּׁקֶר: וַיְרַפּוּ אֶת־שֶׁבֶר בַּת־עַמִּי עַל־
יב נְקַלָּה לֵאמֹר שָׁלוֹם ׀ שָׁלוֹם וְאֵין שָׁלוֹם: הֹבִשׁוּ כִּי תוֹעֵבָה עָשׂוּ
גַּם־בּוֹשׁ לֹא־יֵבֹשׁוּ וְהִכָּלֵם לֹא יָדָעוּ לָכֵן יִפְּלוּ בַנֹּפְלִים בְּעֵת
יג פְּקֻדָּתָם יִכָּשְׁלוּ אָמַר יְהוָה: אָסֹף אֲסִיפֵם נְאֻם־יְהוָה
אֵין עֲנָבִים בַּגֶּפֶן וְאֵין תְּאֵנִים בַּתְּאֵנָה וְהֶעָלֶה נָבֵל וָאֶתֵּן לָהֶם
יד יַעַבְרוּם: עַל־מָה אֲנַחְנוּ יֹשְׁבִים הֵאָסְפוּ וְנָבוֹא אֶל־עָרֵי
הַמִּבְצָר וְנִדְּמָה־שָּׁם כִּי יְהוָה אֱלֹהֵינוּ הֲדִמָּנוּ וַיַּשְׁקֵנוּ מֵי־רֹאשׁ
טו כִּי חָטָאנוּ לַיהוָה: קַוֵּה לְשָׁלוֹם וְאֵין טוֹב לְעֵת מַרְפֵּה וְהִנֵּה
טז בְעָתָה: מִדָּן נִשְׁמַע נַחְרַת סוּסָיו מִקּוֹל מִצְהֲלוֹת אַבִּירָיו
רָעֲשָׁה כָּל־הָאָרֶץ וַיָּבוֹאוּ וַיֹּאכְלוּ אֶרֶץ וּמְלוֹאָהּ עִיר וְיֹשְׁבֵי
יז בָהּ: כִּי הִנְנִי מְשַׁלֵּחַ בָּכֶם נְחָשִׁים צִפְעֹנִים אֲשֶׁר אֵין־לָהֶם לָחַשׁ
יח וְנִשְּׁכוּ אֶתְכֶם נְאֻם־יְהוָה: מַבְלִיגִיתִי עֲלֵי יָגוֹן
יט עָלַי לִבִּי דַוָּי: הִנֵּה־קוֹל שַׁוְעַת בַּת־עַמִּי מֵאֶרֶץ מַרְחַקִּים

נבואת "כי מקטנם ועד־גדולם כלו בוצע בָּצַע" ירמיה ו, יב–טו

הַיהוָה אֵין בְּצִיּוֹן אִם־מַלְכָּהּ אֵין בָּהּ מַדּוּעַ הִכְעִסוּנִי בִּפְסִלֵיהֶם
בְּהַבְלֵי נֵכָר׃ עָבַר קָצִיר כָּלָה קָיִץ וַאֲנַחְנוּ לוֹא נוֹשָׁעְנוּ׃ עַל־ כ כא
שֶׁבֶר בַּת־עַמִּי הָשְׁבָּרְתִּי קָדַרְתִּי שַׁמָּה הֶחֱזִקָתְנִי׃ הַצֳרִי אֵין כב
בְּגִלְעָד אִם־רֹפֵא אֵין שָׁם כִּי מַדּוּעַ לֹא עָלְתָה אֲרֻכַת בַּת־
עַמִּי׃ מִי־יִתֵּן רֹאשִׁי מַיִם וְעֵינִי מְקוֹר דִּמְעָה כג
וְאֶבְכֶּה יוֹמָם וָלַיְלָה אֵת חַלְלֵי בַת־עַמִּי׃ מִי־יִתְּנֵנִי בַמִּדְבָּר ט א
מְלוֹן אֹרְחִים וְאֶעֶזְבָה אֶת־עַמִּי וְאֵלְכָה מֵאִתָּם כִּי כֻלָּם
מְנָאֲפִים עֲצֶרֶת בֹּגְדִים׃ וַיַּדְרְכוּ אֶת־לְשׁוֹנָם קַשְׁתָּם שֶׁקֶר וְלֹא ב
לֶאֱמוּנָה גָּבְרוּ בָאָרֶץ כִּי מֵרָעָה אֶל־רָעָה ׀ יָצָאוּ וְאֹתִי לֹא־
יָדָעוּ נְאֻם־יהוָה׃ אִישׁ מֵרֵעֵהוּ הִשָּׁמֵרוּ וְעַל־כָּל־אָח אַל־ ג
תִּבְטָחוּ כִּי כָל־אָח עָקוֹב יַעְקֹב וְכָל־רֵעַ רָכִיל יַהֲלֹךְ׃ וְאִישׁ ד
בְּרֵעֵהוּ יְהָתֵלּוּ וֶאֱמֶת לֹא יְדַבֵּרוּ לִמְּדוּ לְשׁוֹנָם דַּבֶּר־שֶׁקֶר הַעֲוֵה
נִלְאוּ׃ שִׁבְתְּךָ בְּתוֹךְ מִרְמָה בְּמִרְמָה מֵאֲנוּ דַעַת־אוֹתִי נְאֻם־ ה
יהוָה׃ לָכֵן כֹּה אָמַר יהוָה צְבָאוֹת הִנְנִי צוֹרְפָם ו
שָׁחוּט וּבְחַנְתִּים כִּי־אֵיךְ אֶעֱשֶׂה מִפְּנֵי בַּת־עַמִּי׃ חֵץ שׁוֹחֵט לְשׁוֹנָם ז
מִרְמָה דִבֵּר בְּפִיו שָׁלוֹם אֶת־רֵעֵהוּ יְדַבֵּר וּבְקִרְבּוֹ יָשִׂים אָרְבּוֹ׃
הַעַל־אֵלֶּה לֹא־אֶפְקָד־בָּם נְאֻם־יהוָה אִם בְּגוֹי אֲשֶׁר־כָּזֶה לֹא ח
תִתְנַקֵּם נַפְשִׁי׃ עַל־הֶהָרִים אֶשָּׂא בְכִי וָנֶהִי ט
וְעַל־נְאוֹת מִדְבָּר קִינָה כִּי נִצְּתוּ מִבְּלִי־אִישׁ עֹבֵר וְלֹא שָׁמְעוּ
קוֹל מִקְנֶה מֵעוֹף הַשָּׁמַיִם וְעַד־בְּהֵמָה נָדְדוּ הָלָכוּ׃ וְנָתַתִּי אֶת־ י
יְרוּשָׁלַםִ לְגַלִּים מְעוֹן תַּנִּים וְאֶת־עָרֵי יְהוּדָה אֶתֵּן שְׁמָמָה מִבְּלִי
יוֹשֵׁב׃ מִי־הָאִישׁ הֶחָכָם וְיָבֵן אֶת־זֹאת וַאֲשֶׁר יא
דִּבֶּר פִּי־יהוָה אֵלָיו וְיַגִּדָהּ עַל־מָה אָבְדָה הָאָרֶץ נִצְּתָה
כַמִּדְבָּר מִבְּלִי עֹבֵר׃ וַיֹּאמֶר יהוָה עַל־עָזְבָם יב
אֶת־תּוֹרָתִי אֲשֶׁר נָתַתִּי לִפְנֵיהֶם וְלֹא־שָׁמְעוּ בְקוֹלִי וְלֹא־הָלְכוּ
בָהּ׃ וַיֵּלְכוּ אַחֲרֵי שְׁרִרוּת לִבָּם וְאַחֲרֵי הַבְּעָלִים אֲשֶׁר לִמְּדוּם יג
אֲבוֹתָם׃ לָכֵן כֹּה־אָמַר יהוָה צְבָאוֹת אֱלֹהֵי יד

ישראל הנני מאכילם את־העם הזה לענה והשקיתים מי־
טו ראש: והפצותים בגוים אשר לא ידעו המה ואבותם ושלחתי
טז אחריהם את־החרב עד כלותי אותם: כה
אמר יהוה צבאות התבוננו וקראו למקוננות ותבואינה ואל־
יז החכמות שלחו ותבואנה: ותמהרנה ותשנה עלינו נהי
יח ותרדנה עינינו דמעה ועפעפינו יזלו־מים: כי קול נהי נשמע
מציון איך שדדנו בשנו מאד כי־עזבנו ארץ כי השליכו
יט משכנותינו: כי־שמענה נשים דבר־יהוה ותקח
אזנכם דבר־פיו ולמדנה בנותיכם נהי ואשה רעותה קינה:
כ כי־עלה מות בחלונינו בא בארמנותינו להכרית עולל
כא מחוץ בחורים מרחבות: דבר כה נאם־יהוה ונפלה נבלת
האדם כדמן על־פני השדה וכעמיר מאחרי הקוצר ואין
כב מאסף: כה | אמר יהוה אל־יתהלל חכם
בחכמתו ואל־יתהלל הגבור בגבורתו אל־יתהלל עשיר
כג בעשרו: כי אם־בזאת יתהלל המתהלל השכל וידע אותי ו
כי אני יהוה עשה חסד משפט וצדקה בארץ כי־באלה
כד חפצתי נאם־יהוה: הנה ימים באים נאם־יהוה
כה ופקדתי על־כל־מול בערלה: על־מצרים ועל־יהודה ועל־
אדום ועל־בני עמון ועל־מואב ועל כל־קצוצי פאה הישבים
במדבר כי כל־הגוים ערלים וכל־בית ישראל ערלי־
יא לב: שמעו את־הדבר אשר דבר יהוה עליכם
ב בית ישראל: כה | אמר יהוה אל־דרך הגוים אל־תלמדו
ג ומאתות השמים אל־תחתו כי־יחתו הגוים מהמה: כי־
חקות העמים הבל הוא כי־עץ מיער כרתו מעשה ידי־חרש
ד במעצד: בכסף ובזהב ייפהו במסמרות ובמקבות יחזקום
ה ולוא יפיק: כתמר מקשה המה ולא ידברו נשוא ינשוא
כי לא יצעדו אל־תיראו מהם כי־לא ירעו וגם־היטב אין

ו אוֹתָם: מֵאֵין כָּמוֹךָ יְהוָה גָּדוֹל אַתָּה וְגָדוֹל שִׁמְךָ
ז בִּגְבוּרָה: מִי לֹא יִרָאֲךָ מֶלֶךְ הַגּוֹיִם כִּי לְךָ יָאָתָה כִּי בְכָל־חַכְמֵי
ח הַגּוֹיִם וּבְכָל־מַלְכוּתָם מֵאֵין כָּמוֹךָ: וּבְאַחַת יִבְעֲרוּ וְיִכְסָלוּ
ט מוּסַר הֲבָלִים עֵץ הוּא: כֶּסֶף מְרֻקָּע מִתַּרְשִׁישׁ יוּבָא וְזָהָב מֵאוּפָז
מַעֲשֵׂה חָרָשׁ וִידֵי צוֹרֵף תְּכֵלֶת וְאַרְגָּמָן לְבוּשָׁם מַעֲשֵׂה חֲכָמִים
י כֻּלָּם: וַיהוָה אֱלֹהִים אֱמֶת הוּא־אֱלֹהִים חַיִּים וּמֶלֶךְ עוֹלָם מִקִּצְפּוֹ
יא תִּרְעַשׁ הָאָרֶץ וְלֹא־יָכִלוּ גוֹיִם זַעְמוֹ: כִּדְנָה
תֵּאמְרוּן לְהוֹם אֱלָהַיָּא דִּי־שְׁמַיָּא וְאַרְקָא לָא עֲבַדוּ יֵאבַדוּ
יב מֵאַרְעָא וּמִן־תְּחוֹת שְׁמַיָּא אֵלֶּה: עֹשֵׂה אֶרֶץ
יג בְּכֹחוֹ מֵכִין תֵּבֵל בְּחָכְמָתוֹ וּבִתְבוּנָתוֹ נָטָה שָׁמָיִם: לְקוֹל
תִּתּוֹ הֲמוֹן מַיִם בַּשָּׁמַיִם וַיַּעֲלֶה נְשִׂאִים מִקְצֵה אֶרֶץ בְּרָקִים
יד לַמָּטָר עָשָׂה וַיּוֹצֵא רוּחַ מֵאֹצְרֹתָיו: נִבְעַר כָּל־אָדָם מִדַּעַת
טו הֹבִישׁ כָּל־צוֹרֵף מִפָּסֶל כִּי שֶׁקֶר נִסְכּוֹ וְלֹא־רוּחַ בָּם: הֶבֶל
טז הֵמָּה מַעֲשֵׂה תַּעְתֻּעִים בְּעֵת פְּקֻדָּתָם יֹאבֵדוּ: לֹא־כְאֵלֶּה
חֵלֶק יַעֲקֹב כִּי־יוֹצֵר הַכֹּל הוּא וְיִשְׂרָאֵל שֵׁבֶט נַחֲלָתוֹ
יז יְהוָה צְבָאוֹת שְׁמוֹ: אִסְפִּי מֵאֶרֶץ כִּנְעָתֵךְ
יח יושבתי בַּמָּצוֹר: כִּי־כֹה אָמַר יְהוָה הִנְנִי
קוֹלֵעַ אֶת־יוֹשְׁבֵי הָאָרֶץ בַּפַּעַם הַזֹּאת וַהֲצֵרוֹתִי לָהֶם לְמַעַן
יט יִמְצָאוּ: אוֹי לִי עַל־שִׁבְרִי נַחְלָה מַכָּתִי וַאֲנִי
כ אָמַרְתִּי אַךְ זֶה חֳלִי וְאֶשָּׂאֶנּוּ: אָהֳלִי שֻׁדָּד וְכָל־מֵיתָרַי נִתָּקוּ
כא בָּנַי יְצָאֻנִי וְאֵינָם אֵין־נֹטֶה עוֹד אָהֳלִי וּמֵקִים יְרִיעוֹתָי: כִּי
נִבְעֲרוּ הָרֹעִים וְאֶת־יְהוָה לֹא דָרָשׁוּ עַל־כֵּן לֹא הִשְׂכִּילוּ וְכָל־
כב מַרְעִיתָם נְפוֹצָה: קוֹל שְׁמוּעָה הִנֵּה בָאָה וְרַעַשׁ
גָּדוֹל מֵאֶרֶץ צָפוֹן לָשׂוּם אֶת־עָרֵי יְהוּדָה שְׁמָמָה מְעוֹן תַּנִּים:
כג יָדַעְתִּי יְהוָה כִּי לֹא לָאָדָם דַּרְכּוֹ לֹא־לְאִישׁ הֹלֵךְ וְהָכִין אֶת־
כד כה צַעֲדוֹ: יַסְּרֵנִי יְהוָה אַךְ בְּמִשְׁפָּט אַל־בְּאַפְּךָ פֶּן־תַּמְעִטֵנִי: שְׁפֹךְ
חֲמָתְךָ עַל־הַגּוֹיִם אֲשֶׁר לֹא־יְדָעוּךָ וְעַל מִשְׁפָּחוֹת אֲשֶׁר בְּשִׁמְךָ

נבואת "עשה ארץ בכחו מכין תבל בחכמתו" ירמיה נא, טו–יט

הָאָרֶץ

יֹשֶׁבֶת

"שפך חמתך אל־הגוים" תהלים עט, ו–ז

לֹא קָרָאוּ כִּי־אָכְלוּ אֶת־יַעֲקֹב וַאֲכָלֻהוּ וַיְכַלֻּהוּ וְאֶת־נָוֵהוּ
יא א הֵשַׁמּוּ׃ הַדָּבָר אֲשֶׁר הָיָה אֶל־יִרְמְיָהוּ מֵאֵת
ב יְהוָה לֵאמֹר׃ שִׁמְעוּ אֶת־דִּבְרֵי הַבְּרִית הַזֹּאת וְדִבַּרְתָּם אֶל־
ג אִישׁ יְהוּדָה וְעַל־יֹשְׁבֵי יְרוּשָׁלִָם׃ וְאָמַרְתָּ אֲלֵיהֶם כֹּה־אָמַר
יְהוָה אֱלֹהֵי יִשְׂרָאֵל אָרוּר הָאִישׁ אֲשֶׁר לֹא יִשְׁמַע אֶת־דִּבְרֵי
ד הַבְּרִית הַזֹּאת׃ אֲשֶׁר צִוִּיתִי אֶת־אֲבוֹתֵיכֶם בְּיוֹם הוֹצִיאִי־
אוֹתָם מֵאֶרֶץ־מִצְרַיִם מִכּוּר הַבַּרְזֶל לֵאמֹר שִׁמְעוּ בְקוֹלִי
וַעֲשִׂיתֶם אוֹתָם כְּכֹל אֲשֶׁר־אֲצַוֶּה אֶתְכֶם וִהְיִיתֶם לִי לְעָם
ה וְאָנֹכִי אֶהְיֶה לָכֶם לֵאלֹהִים׃ לְמַעַן הָקִים אֶת־הַשְּׁבוּעָה אֲשֶׁר־
נִשְׁבַּעְתִּי לַאֲבוֹתֵיכֶם לָתֵת לָהֶם אֶרֶץ זָבַת חָלָב וּדְבַשׁ כַּיּוֹם
ו הַזֶּה וָאַעַן וָאֹמַר אָמֵן ׀ יְהוָה׃ וַיֹּאמֶר יְהוָה אֵלַי
קְרָא אֶת־כָּל־הַדְּבָרִים הָאֵלֶּה בְּעָרֵי יְהוּדָה וּבְחֻצוֹת יְרוּשָׁלִַם
ז לֵאמֹר שִׁמְעוּ אֶת־דִּבְרֵי הַבְּרִית הַזֹּאת וַעֲשִׂיתֶם אוֹתָם׃ כִּי
הָעֵד הַעִדֹתִי בַּאֲבוֹתֵיכֶם בְּיוֹם הַעֲלוֹתִי אוֹתָם מֵאֶרֶץ מִצְרַיִם
ח עַד־הַיּוֹם הַזֶּה הַשְׁכֵּם וְהָעֵד לֵאמֹר שִׁמְעוּ בְּקוֹלִי׃ וְלֹא שָׁמְעוּ
וְלֹא־הִטּוּ אֶת־אָזְנָם וַיֵּלְכוּ אִישׁ בִּשְׁרִירוּת לִבָּם הָרָע וָאָבִיא
עֲלֵיהֶם אֶת־כָּל־דִּבְרֵי הַבְּרִית־הַזֹּאת אֲשֶׁר־צִוִּיתִי לַעֲשׂוֹת
ט וְלֹא עָשׂוּ׃ וַיֹּאמֶר יְהוָה אֵלָי נִמְצָא־קֶשֶׁר בְּאִישׁ
י יְהוּדָה וּבְיֹשְׁבֵי יְרוּשָׁלִָם׃ שָׁבוּ עַל־עֲוֺנֹת אֲבוֹתָם הָרִאשֹׁנִים
אֲשֶׁר מֵאֲנוּ לִשְׁמוֹעַ אֶת־דְּבָרַי וְהֵמָּה הָלְכוּ אַחֲרֵי אֱלֹהִים
אֲחֵרִים לְעָבְדָם הֵפֵרוּ בֵית־יִשְׂרָאֵל וּבֵית יְהוּדָה אֶת־בְּרִיתִי
יא אֲשֶׁר כָּרַתִּי אֶת־אֲבוֹתָם׃ לָכֵן כֹּה אָמַר יְהוָה
הִנְנִי מֵבִיא אֲלֵיהֶם רָעָה אֲשֶׁר לֹא־יוּכְלוּ לָצֵאת מִמֶּנָּה וְזָעֲקוּ
יב אֵלַי וְלֹא אֶשְׁמַע אֲלֵיהֶם׃ וְהָלְכוּ עָרֵי יְהוּדָה וְיֹשְׁבֵי יְרוּשָׁלִַם
וְזָעֲקוּ אֶל־הָאֱלֹהִים אֲשֶׁר הֵם מְקַטְּרִים לָהֶם וְהוֹשֵׁעַ לֹא־
יג יוֹשִׁיעוּ לָהֶם בְּעֵת רָעָתָם׃ כִּי מִסְפַּר עָרֶיךָ הָיוּ אֱלֹהֶיךָ יְהוּדָה
וּמִסְפַּר חֻצוֹת יְרוּשָׁלִַם שַׂמְתֶּם מִזְבְּחוֹת לַבֹּשֶׁת מִזְבְּחוֹת

נבואת "ואתה אל־תתפלל בעד־העם הזה" ירמיה ז, טז

יד לְקַטֵּר לַבָּעַל: וְאַתָּה אַל־תִּתְפַּלֵּל בְּעַד־הָעָם הַזֶּה
וְאַל־תִּשָּׂא בַעֲדָם רִנָּה וּתְפִלָּה כִּי | אֵינֶנִּי שֹׁמֵעַ בְּעֵת קָרְאָם
טו אֵלַי בְּעַד רָעָתָם: מֶה לִידִידִי בְּבֵיתִי עֲשׂוֹתָהּ
הַמְזִמָּתָה הָרַבִּים וּבְשַׂר־קֹדֶשׁ יַעַבְרוּ מֵעָלָיִךְ כִּי רָעָתֵכִי אָז
טז תַּעֲלֹזִי: זַיִת רַעֲנָן יְפֵה פְרִי־תֹאַר קָרָא יְהוָה שְׁמֵךְ לְקוֹל | הֲמוּלָּה
יז גְדֹלָה הִצִּית אֵשׁ עָלֶיהָ וְרָעוּ דָּלִיּוֹתָיו: וַיהוָה צְבָאוֹת הַנּוֹטֵעַ
אוֹתָךְ דִּבֶּר עָלַיִךְ רָעָה בִּגְלַל רָעַת בֵּית־יִשְׂרָאֵל וּבֵית יְהוּדָה
יח אֲשֶׁר עָשׂוּ לָהֶם לְהַכְעִסֵנִי לְקַטֵּר לַבָּעַל: וַיהוָה
יט הוֹדִיעַנִי וָאֵדָעָה אָז הִרְאִיתַנִי מַעַלְלֵיהֶם: וַאֲנִי כְּכֶבֶשׂ
אַלּוּף יוּבַל לִטְבוֹחַ וְלֹא־יָדַעְתִּי כִּי־עָלַי | חָשְׁבוּ מַחֲשָׁבוֹת
נַשְׁחִיתָה עֵץ בְּלַחְמוֹ וְנִכְרְתֶנּוּ מֵאֶרֶץ חַיִּים וּשְׁמוֹ לֹא־
כ יִזָּכֵר עוֹד: וַיהוָה צְבָאוֹת שֹׁפֵט צֶדֶק בֹּחֵן
כְּלָיוֹת וָלֵב אֶרְאֶה נִקְמָתְךָ מֵהֶם כִּי אֵלֶיךָ גִּלִּיתִי אֶת־
כא רִיבִי: לָכֵן כֹּה־אָמַר יְהוָה עַל־אַנְשֵׁי עֲנָתוֹת
הַמְבַקְשִׁים אֶת־נַפְשְׁךָ לֵאמֹר לֹא תִנָּבֵא בְּשֵׁם יְהוָה וְלֹא
כב תָמוּת בְּיָדֵנוּ: לָכֵן כֹּה אָמַר יְהוָה צְבָאוֹת הִנְנִי
פֹקֵד עֲלֵיהֶם הַבַּחוּרִים יָמֻתוּ בַחֶרֶב בְּנֵיהֶם וּבְנוֹתֵיהֶם יָמֻתוּ
כג בָּרָעָב: וּשְׁאֵרִית לֹא תִהְיֶה לָהֶם כִּי־אָבִיא רָעָה אֶל־אַנְשֵׁי
יב א עֲנָתוֹת שְׁנַת פְּקֻדָּתָם: צַדִּיק אַתָּה יְהוָה כִּי
אָרִיב אֵלֶיךָ אַךְ מִשְׁפָּטִים אֲדַבֵּר אוֹתָךְ מַדּוּעַ דֶּרֶךְ רְשָׁעִים
ב צָלֵחָה שָׁלוּ כָּל־בֹּגְדֵי בָגֶד: נְטַעְתָּם גַּם־שֹׁרָשׁוּ יֵלְכוּ גַּם־עָשׂוּ
ג פֶרִי קָרוֹב אַתָּה בְּפִיהֶם וְרָחוֹק מִכִּלְיוֹתֵיהֶם: וְאַתָּה יְהוָה
יְדַעְתָּנִי תִּרְאֵנִי וּבָחַנְתָּ לִבִּי אִתָּךְ הַתִּקֵם כְּצֹאן לְטִבְחָה
ד וְהַקְדִּשֵׁם לְיוֹם הֲרֵגָה: עַד־מָתַי תֶּאֱבַל הָאָרֶץ
וְעֵשֶׂב כָּל־הַשָּׂדֶה יִיבָשׁ מֵרָעַת יֹשְׁבֵי־בָהּ סָפְתָה בְהֵמוֹת וָעוֹף
ה כִּי אָמְרוּ לֹא יִרְאֶה אֶת־אַחֲרִיתֵנוּ: כִּי אֶת־רַגְלִים | רַצְתָּה וַיַּלְאוּךָ
וְאֵיךְ תְּתַחֲרֶה אֶת־הַסּוּסִים וּבְאֶרֶץ שָׁלוֹם אַתָּה בוֹטֵחַ וְאֵיךְ

ו תַּעֲשֶׂה בִּגְאוֹן הַיַּרְדֵּן׃ כִּי גַם־אַחֶיךָ וּבֵית־אָבִיךָ גַּם־הֵמָּה בָּגְדוּ
בָךְ גַּם־הֵמָּה קָרְאוּ אַחֲרֶיךָ מָלֵא אַל־תַּאֲמֵן בָּם כִּי־יְדַבְּרוּ
ז אֵלֶיךָ טוֹבוֹת׃ עָזַבְתִּי אֶת־בֵּיתִי נָטַשְׁתִּי אֶת־
ח נַחֲלָתִי נָתַתִּי אֶת־יְדִדוּת נַפְשִׁי בְּכַף אֹיְבֶיהָ׃ הָיְתָה־לִּי נַחֲלָתִי
ט כְּאַרְיֵה בַיָּעַר נָתְנָה עָלַי בְּקוֹלָהּ עַל־כֵּן שְׂנֵאתִיהָ׃ הַעַיִט צָבוּעַ
נַחֲלָתִי לִי הַעַיִט סָבִיב עָלֶיהָ לְכוּ אִסְפוּ כָּל־חַיַּת הַשָּׂדֶה הֵתָיוּ
י לְאָכְלָה׃ רֹעִים רַבִּים שִׁחֲתוּ כַרְמִי בֹּסְסוּ אֶת־חֶלְקָתִי נָתְנוּ
יא אֶת־חֶלְקַת חֶמְדָּתִי לְמִדְבַּר שְׁמָמָה׃ שָׂמָהּ לִשְׁמָמָה אָבְלָה
יב עָלַי שְׁמֵמָה נָשַׁמָּה כָּל־הָאָרֶץ כִּי אֵין אִישׁ שָׂם עַל־לֵב׃ עַל־
כָּל־שְׁפָיִם בַּמִּדְבָּר בָּאוּ שֹׁדְדִים כִּי חֶרֶב לַיהוָה אֹכְלָה מִקְצֵה
יג אֶרֶץ וְעַד־קְצֵה הָאָרֶץ אֵין שָׁלוֹם לְכָל־בָּשָׂר׃ זָרְעוּ חִטִּים
וְקֹצִים קָצָרוּ נֶחְלוּ לֹא יוֹעִלוּ וּבֹשׁוּ מִתְּבוּאֹתֵיכֶם מֵחֲרוֹן אַף־
יד יְהוָה׃ כֹּה ׀ אָמַר יְהוָה עַל־כָּל־שְׁכֵנַי הָרָעִים
הַנֹּגְעִים בַּנַּחֲלָה אֲשֶׁר־הִנְחַלְתִּי אֶת־עַמִּי אֶת־יִשְׂרָאֵל הִנְנִי
טו נֹתְשָׁם מֵעַל אַדְמָתָם וְאֶת־בֵּית יְהוּדָה אֶתּוֹשׁ מִתּוֹכָם׃ וְהָיָה ז
אַחֲרֵי נָתְשִׁי אוֹתָם אָשׁוּב וְרִחַמְתִּים וַהֲשִׁבֹתִים אִישׁ לְנַחֲלָתוֹ
טז וְאִישׁ לְאַרְצוֹ׃ וְהָיָה אִם־לָמֹד יִלְמְדוּ אֶת־דַּרְכֵי עַמִּי לְהִשָּׁבֵעַ
בִּשְׁמִי חַי־יְהוָה כַּאֲשֶׁר לִמְּדוּ אֶת־עַמִּי לְהִשָּׁבֵעַ בַּבָּעַל וְנִבְנוּ
יז בְּתוֹךְ עַמִּי׃ וְאִם לֹא יִשְׁמָעוּ וְנָתַשְׁתִּי אֶת־הַגּוֹי הַהוּא
יג א נָתוֹשׁ וְאַבֵּד נְאֻם־יְהוָה׃ כֹּה־אָמַר יְהוָה אֵלַי
הָלוֹךְ וְקָנִיתָ לְּךָ אֵזוֹר פִּשְׁתִּים וְשַׂמְתּוֹ עַל־מָתְנֶיךָ וּבַמַּיִם
ב לֹא תְבִאֵהוּ׃ וָאֶקְנֶה אֶת־הָאֵזוֹר כִּדְבַר יְהוָה וָאָשִׂם עַל־
ג ד מָתְנָי׃ וַיְהִי דְבַר־יְהוָה אֵלַי שֵׁנִית לֵאמֹר׃ קַח
אֶת־הָאֵזוֹר אֲשֶׁר קָנִיתָ אֲשֶׁר עַל־מָתְנֶיךָ וְקוּם לֵךְ פְּרָתָה
ה וְטָמְנֵהוּ שָׁם בִּנְקִיק הַסָּלַע׃ וָאֵלֵךְ וָאֶטְמְנֵהוּ בִּפְרָת כַּאֲשֶׁר צִוָּה
ו יְהוָה אוֹתִי׃ וַיְהִי מִקֵּץ יָמִים רַבִּים וַיֹּאמֶר יְהוָה אֵלַי קוּם לֵךְ
ז פְּרָתָה וְקַח מִשָּׁם אֶת־הָאֵזוֹר אֲשֶׁר צִוִּיתִיךָ לְטָמְנוֹ־שָׁם׃ וָאֵלֵךְ

פְּרָתָה וָאֶחְפֹּר וָאֶקַּח אֶת־הָאֵזוֹר מִן־הַמָּקוֹם אֲשֶׁר־טְמַנְתִּיו
שָׁמָּה וְהִנֵּה נִשְׁחַת הָאֵזוֹר לֹא יִצְלַח לַכֹּל׃
ח וַיְהִי דְבַר־
ט יְהוָה אֵלַי לֵאמֹר׃ כֹּה אָמַר יְהוָה כָּכָה אַשְׁחִית אֶת־גְּאוֹן
י יְהוּדָה וְאֶת־גְּאוֹן יְרוּשָׁלִַם הָרָב׃ הָעָם הַזֶּה הָרָע הַמֵּאֲנִים ׀
לִשְׁמוֹעַ אֶת־דְּבָרַי הַהֹלְכִים בִּשְׁרִרוּת לִבָּם וַיֵּלְכוּ אַחֲרֵי אֱלֹהִים
אֲחֵרִים לְעָבְדָם וּלְהִשְׁתַּחֲוֺת לָהֶם וִיהִי כָּאֵזוֹר הַזֶּה אֲשֶׁר לֹא־
יא יִצְלַח לַכֹּל׃ כִּי כַּאֲשֶׁר יִדְבַּק הָאֵזוֹר אֶל־מָתְנֵי־אִישׁ כֵּן הִדְבַּקְתִּי
אֵלַי אֶת־כָּל־בֵּית יִשְׂרָאֵל וְאֶת־כָּל־בֵּית יְהוּדָה נְאֻם־יְהוָה
יב לִהְיוֹת לִי לְעָם וּלְשֵׁם וְלִתְהִלָּה וּלְתִפְאָרֶת וְלֹא שָׁמֵעוּ׃ וְאָמַרְתָּ
אֲלֵיהֶם אֶת־הַדָּבָר הַזֶּה כֹּה־אָמַר יְהוָה אֱלֹהֵי יִשְׂרָאֵל כָּל־
נֵבֶל יִמָּלֵא יָיִן וְאָמְרוּ אֵלֶיךָ הֲיָדֹעַ לֹא נֵדַע כִּי
יג כָל־נֵבֶל יִמָּלֵא יָיִן׃ וְאָמַרְתָּ אֲלֵיהֶם כֹּה־אָמַר יְהוָה הִנְנִי מְמַלֵּא
אֶת־כָּל־יֹשְׁבֵי הָאָרֶץ הַזֹּאת וְאֶת־הַמְּלָכִים הַיֹּשְׁבִים לְדָוִד
עַל־כִּסְאוֹ וְאֶת־הַכֹּהֲנִים וְאֶת־הַנְּבִיאִים וְאֵת כָּל־יֹשְׁבֵי
יד יְרוּשָׁלִָם שִׁכָּרוֹן׃ וְנִפַּצְתִּים אִישׁ אֶל־אָחִיו וְהָאָבוֹת וְהַבָּנִים
יַחְדָּו נְאֻם־יְהוָה לֹא־אֶחְמוֹל וְלֹא־אָחוּס וְלֹא אֲרַחֵם
טו מֵהַשְׁחִיתָם׃ שִׁמְעוּ וְהַאֲזִינוּ אַל־תִּגְבָּהוּ כִּי
טז יְהוָה דִּבֵּר׃ תְּנוּ לַיהוָה אֱלֹהֵיכֶם כָּבוֹד בְּטֶרֶם יַחְשִׁךְ וּבְטֶרֶם
יִתְנַגְּפוּ רַגְלֵיכֶם עַל־הָרֵי נָשֶׁף וְקִוִּיתֶם לְאוֹר וְשָׂמָהּ לְצַלְמָוֶת
יז ישית לַעֲרָפֶל׃ וְאִם לֹא תִשְׁמָעוּהָ בְּמִסְתָּרִים תִּבְכֶּה־נַפְשִׁי וְשִׁית
מִפְּנֵי גֵוָה וְדָמֹעַ תִּדְמַע וְתֵרַד עֵינִי דִּמְעָה כִּי נִשְׁבָּה עֵדֶר
יח יְהוָה׃ אֱמֹר לַמֶּלֶךְ וְלַגְּבִירָה הַשְׁפִּילוּ שֵׁבוּ כִּי
יט יָרַד מַרְאֲשׁוֹתֵיכֶם עֲטֶרֶת תִּפְאַרְתְּכֶם׃ עָרֵי הַנֶּגֶב סֻגְּרוּ וְאֵין
כ פֹּתֵחַ הָגְלָת יְהוּדָה כֻּלָּהּ הָגְלָת שְׁלוֹמִים׃ שאי שְׂאוּ
עֵינֵיכֶם וראי הַבָּאִים מִצָּפוֹן אַיֵּה הָעֵדֶר נִתַּן־לָךְ צֹאן וּרְאוּ
כא תִּפְאַרְתֵּךְ׃ מַה־תֹּאמְרִי כִּי־יִפְקֹד עָלַיִךְ וְאַתְּ לִמַּדְתְּ אֹתָם
עָלַיִךְ אַלֻּפִים לְרֹאשׁ הֲלוֹא חֲבָלִים יֹאחֱזוּךְ כְּמוֹ אֵשֶׁת לֵדָה׃

כב וְכִי תֹאמְרִי בִּלְבָבֵךְ מַדּוּעַ קְרָאֻנִי אֵלֶּה בְּרֹב עֲוֺנֵךְ נִגְלוּ שׁוּלַיִךְ
כג נֶחְמְסוּ עֲקֵבָיִךְ: הֲיַהֲפֹךְ כּוּשִׁי עוֹרוֹ וְנָמֵר חֲבַרְבֻּרֹתָיו גַּם־אַתֶּם
כד תּוּכְלוּ לְהֵיטִיב לִמֻּדֵי הָרֵעַ: וַאֲפִיצֵם כְּקַשׁ עוֹבֵר לְרוּחַ מִדְבָּר:
כה זֶה גוֹרָלֵךְ מְנָת־מִדַּיִךְ מֵאִתִּי נְאֻם־יְהוָה אֲשֶׁר שָׁכַחַתְּ אוֹתִי
כו וַתִּבְטְחִי בַּשָּׁקֶר: וְגַם־אֲנִי חָשַׂפְתִּי שׁוּלַיִךְ עַל־פָּנָיִךְ וְנִרְאָה
כז קְלוֹנֵךְ: נִאֻפַיִךְ וּמִצְהֲלוֹתַיִךְ זִמַּת זְנוּתֵךְ עַל־גְּבָעוֹת בַּשָּׂדֶה
רָאִיתִי שִׁקּוּצָיִךְ אוֹי לָךְ יְרוּשָׁלַםִ לֹא תִטְהֲרִי אַחֲרֵי מָתַי
יד א עֹד: אֲשֶׁר הָיָה דְבַר־יְהוָה אֶל־יִרְמְיָהוּ עַל־
ב דִּבְרֵי הַבַּצָּרוֹת: אָבְלָה יְהוּדָה וּשְׁעָרֶיהָ אֻמְלְלוּ קָדְרוּ לָאָרֶץ
ג וְצִוְחַת יְרוּשָׁלַםִ עָלָתָה: וְאַדִּרֵיהֶם שָׁלְחוּ צעוריהם לַמָּיִם בָּאוּ צְעִירֵיהֶם
עַל־גֵּבִים לֹא־מָצְאוּ מַיִם שָׁבוּ כְלֵיהֶם רֵיקָם בֹּשׁוּ וְהָכְלְמוּ וְחָפוּ
ד רֹאשָׁם: בַּעֲבוּר הָאֲדָמָה חַתָּה כִּי לֹא־הָיָה גֶשֶׁם בָּאָרֶץ בֹּשׁוּ
ה אִכָּרִים חָפוּ רֹאשָׁם: כִּי גַם־אַיֶּלֶת בַּשָּׂדֶה יָלְדָה וְעָזוֹב כִּי לֹא־
ו הָיָה דֶּשֶׁא: וּפְרָאִים עָמְדוּ עַל־שְׁפָיִם שָׁאֲפוּ רוּחַ כַּתַּנִּים כָּלוּ
ז עֵינֵיהֶם כִּי־אֵין עֵשֶׂב: אִם־עֲוֺנֵינוּ עָנוּ בָנוּ יְהוָה עֲשֵׂה לְמַעַן
ח שְׁמֶךָ כִּי־רַבּוּ מְשׁוּבֹתֵינוּ לְךָ חָטָאנוּ: מִקְוֵה יִשְׂרָאֵל מוֹשִׁיעוֹ
ט בְּעֵת צָרָה לָמָּה תִהְיֶה כְּגֵר בָּאָרֶץ וּכְאֹרֵחַ נָטָה לָלוּן: לָמָּה
תִהְיֶה כְּאִישׁ נִדְהָם כְּגִבּוֹר לֹא־יוּכַל לְהוֹשִׁיעַ וְאַתָּה בְקִרְבֵּנוּ
י יְהוָה וְשִׁמְךָ עָלֵינוּ נִקְרָא אַל־תַּנִּחֵנוּ: כֹּה־אָמַר
יְהוָה לָעָם הַזֶּה כֵּן אָהֲבוּ לָנוּעַ רַגְלֵיהֶם לֹא חָשָׂכוּ וַיהוָה לֹא
יא רָצָם עַתָּה יִזְכֹּר עֲוֺנָם וְיִפְקֹד חַטֹּאתָם: וַיֹּאמֶר
יב יְהוָה אֵלָי אַל־תִּתְפַּלֵּל בְּעַד־הָעָם הַזֶּה לְטוֹבָה: כִּי יָצֻמוּ אֵינֶנִּי
שֹׁמֵעַ אֶל־רִנָּתָם וְכִי יַעֲלוּ עֹלָה וּמִנְחָה אֵינֶנִּי רֹצָם כִּי בַּחֶרֶב
יג וּבָרָעָב וּבַדֶּבֶר אָנֹכִי מְכַלֶּה אוֹתָם: וָאֹמַר אֲהָהּ | אֲדֹנָי יְהוִה הִנֵּה
הַנְּבִאִים אֹמְרִים לָהֶם לֹא־תִרְאוּ חֶרֶב וְרָעָב לֹא־יִהְיֶה לָכֶם
יד כִּי־שְׁלוֹם אֱמֶת אֶתֵּן לָכֶם בַּמָּקוֹם הַזֶּה: וַיֹּאמֶר
יְהוָה אֵלַי שֶׁקֶר הַנְּבִאִים נִבְּאִים בִּשְׁמִי לֹא שְׁלַחְתִּים וְלֹא

צויתים ולא דברתי אליהם חזון שקר וקסם ואלול ותרמות (ואליל ותרמית)
טו לבם המה מתנבאים לכם: לכן כה־אמר יהוה
על־הנבאים הנבאים בשמי ואני לא־שלחתים והמה אמרים
חרב ורעב לא יהיה בארץ הזאת בחרב וברעב יתמו הנבאים
טז ההמה: והעם אשר־המה נבאים להם יהיו משלכים בחצות
ירושלם מפני ׀ הרעב והחרב ואין מקבר להמה המה נשיהם
יז ובניהם ובנתיהם ושפכתי עליהם את־רעתם: ואמרת אליהם
את־הדבר הזה תרדנה עיני דמעה לילה ויומם ואל־תדמינה
כי שבר גדול נשברה בתולת בת־עמי מכה נחלה מאד:
יח אם־יצאתי השדה והנה חללי־חרב ואם באתי העיר והנה
תחלואי רעב כי־גם־נביא גם־כהן סחרו אל־ארץ ולא
יט ידעו: המאס מאסת את־יהודה אם־בציון
געלה נפשך מדוע הכיתנו ואין לנו מרפא קוה לשלום ואין
כ טוב ולעת מרפא והנה בעתה: ידענו יהוה רשענו עון
כא אבותינו כי חטאנו לך: אל־תנאץ למען שמך אל־תנבל
כב כסא כבודך זכר אל־תפר בריתך אתנו: היש בהבלי ח
הגוים מגשמים ואם־השמים יתנו רבבים הלא אתה־
הוא יהוה אלהינו ונקוה־לך כי־אתה עשית את־כל־
טו א אלה: ויאמר יהוה אלי אם־יעמד משה
ושמואל לפני אין נפשי אל־העם הזה שלח מעל־פני ויצאו:
ב והיה כי־יאמרו אליך אנה נצא ואמרת אליהם כה־אמר
יהוה אשר למות למות ואשר לחרב לחרב ואשר לרעב לרעב
ג ואשר לשבי לשבי: ופקדתי עליהם ארבע משפחות
נאם־יהוה את־החרב להרג ואת־הכלבים לסחב ואת־עוף
ד השמים ואת־בהמת הארץ לאכל ולהשחית: ונתתים לזועה (לזעוה)
לכל ממלכות הארץ בגלל מנשה בן־יחזקיהו מלך יהודה
ה על אשר־עשה בירושלם: כי מי־יחמל עליך ירושלם ומי

מעשיו של מנשה מלך יהודה
מל"ב כא, א–יח
דה"ב לג, א–כ

ו יָנוּד לָךְ וּמִי יָסוּר לִשְׁאֹל לְשָׁלֹם לָךְ׃ אַתְּ נָטַשְׁתְּ אֹתִי נְאֻם־
יְהוָה אָחוֹר תֵּלֵכִי וָאַט אֶת־יָדִי עָלַיִךְ וָאַשְׁחִיתֵךְ נִלְאֵיתִי
ז הִנָּחֵם׃ וָאֶזְרֵם בְּמִזְרֶה בְּשַׁעֲרֵי הָאָרֶץ שִׁכַּלְתִּי אִבַּדְתִּי אֶת־עַמִּי
ח מִדַּרְכֵיהֶם לוֹא־שָׁבוּ׃ עָצְמוּ־לִי אַלְמְנוֹתָו מֵחוֹל יַמִּים הֵבֵאתִי
לָהֶם עַל־אֵם בָּחוּר שֹׁדֵד בַּצָּהֳרָיִם הִפַּלְתִּי עָלֶיהָ פִּתְאֹם עִיר
ט וּבֶהָלוֹת׃ אֻמְלְלָה יֹלֶדֶת הַשִּׁבְעָה נָפְחָה נַפְשָׁהּ באה שִׁמְשָׁהּ בָּא
בְּעֹד יוֹמָם בּוֹשָׁה וְחָפֵרָה וּשְׁאֵרִיתָם לַחֶרֶב אֶתֵּן לִפְנֵי אֹיְבֵיהֶם
י נְאֻם־יְהוָה׃ אוֹי־לִי אִמִּי כִּי יְלִדְתִּנִי אִישׁ רִיב
וְאִישׁ מָדוֹן לְכָל־הָאָרֶץ לֹא־נָשִׁיתִי וְלֹא־נָשׁוּ־בִי כֻּלֹּה
יא מְקַלְלַונִי׃ אָמַר יְהוָה אִם־לֹא שרותך לְטוֹב אִם־לוֹא ׀ הִפְגַּעְתִּי שֵׁרִיתִךָ
יב בְךָ בְּעֵת רָעָה וּבְעֵת צָרָה אֶת־הָאֹיֵב׃ הֲיָרֹעַ בַּרְזֶל ׀ בַּרְזֶל
יג מִצָּפוֹן וּנְחֹשֶׁת׃ חֵילְךָ וְאוֹצְרוֹתֶיךָ לָבַז אֶתֵּן לֹא בִמְחִיר וּבְכָל־ נבואת "חילך ואוצרותיך לבז אתן" ירמיה יז, ג–ד
יד חַטֹּאותֶיךָ וּבְכָל־גְּבוּלֶיךָ׃ וְהַעֲבַרְתִּי אֶת־אֹיְבֶיךָ בְּאֶרֶץ לֹא
טו יָדָעְתָּ כִּי־אֵשׁ קָדְחָה בְאַפִּי עֲלֵיכֶם תּוּקָד׃ אַתָּה
יָדַעְתָּ יְהוָה זָכְרֵנִי וּפָקְדֵנִי וְהִנָּקֶם לִי מֵרֹדְפַי אַל־לְאֶרֶךְ אַפְּךָ
טז תִּקָּחֵנִי דַּע שְׂאֵתִי עָלֶיךָ חֶרְפָּה׃ נִמְצְאוּ דְבָרֶיךָ וָאֹכְלֵם וַיְהִי
דבריך לִי לְשָׂשׂוֹן וּלְשִׂמְחַת לְבָבִי כִּי־נִקְרָא שִׁמְךָ עָלַי יְהוָה דְּבָרְךָ
יז אֱלֹהֵי צְבָאוֹת׃ לֹא־יָשַׁבְתִּי בְסוֹד־מְשַׂחֲקִים וָאֶעְלֹז מִפְּנֵי
יח יָדְךָ בָּדָד יָשַׁבְתִּי כִּי־זַעַם מִלֵּאתָנִי׃ לָמָּה הָיָה כְאֵבִי נֶצַח
וּמַכָּתִי אֲנוּשָׁה מֵאֲנָה הֵרָפֵא הָיוֹ תִהְיֶה לִי כְּמוֹ אַכְזָב מַיִם לֹא
יט נֶאֱמָנוּ׃ לָכֵן כֹּה־אָמַר יְהוָה אִם־תָּשׁוּב וַאֲשִׁיבְךָ
לְפָנַי תַּעֲמֹד וְאִם־תּוֹצִיא יָקָר מִזּוֹלֵל כְּפִי תִהְיֶה יָשֻׁבוּ הֵמָּה
כ אֵלֶיךָ וְאַתָּה לֹא־תָשׁוּב אֲלֵיהֶם׃ וּנְתַתִּיךָ לָעָם הַזֶּה לְחוֹמַת נבואת "ואני הנה נתתיך... ולחמות נחושת" ירמיה א, יח–יט
נְחֹשֶׁת בְּצוּרָה וְנִלְחֲמוּ אֵלֶיךָ וְלֹא־יוּכְלוּ לָךְ כִּי־אִתְּךָ אֲנִי
כא לְהוֹשִׁיעֲךָ וּלְהַצִּילֶךָ נְאֻם־יְהוָה׃ וְהִצַּלְתִּיךָ מִיַּד רָעִים וּפְדִתִיךָ
טז א מִכַּף עָרִצִים׃ וַיְהִי דְבַר־יְהוָה אֵלַי לֵאמֹר׃
ב לֹא־תִקַּח לְךָ אִשָּׁה וְלֹא־יִהְיוּ לְךָ בָּנִים וּבָנוֹת בַּמָּקוֹם

ג הַזֶּה׃ כִּי־כֹה ׀ אָמַר יְהוָה עַל־הַבָּנִים וְעַל־
הַבָּנוֹת הַיִּלּוֹדִים בַּמָּקוֹם הַזֶּה וְעַל־אִמֹּתָם הַיֹּלְדוֹת אוֹתָם וְעַל־
ד אֲבוֹתָם הַמּוֹלִדִים אוֹתָם בָּאָרֶץ הַזֹּאת׃ מְמוֹתֵי תַחֲלֻאִים יָמֻתוּ
לֹא יִסָּפְדוּ וְלֹא יִקָּבֵרוּ לְדֹמֶן עַל־פְּנֵי הָאֲדָמָה יִהְיוּ וּבַחֶרֶב
וּבָרָעָב יִכְלוּ וְהָיְתָה נִבְלָתָם לְמַאֲכָל לְעוֹף הַשָּׁמַיִם וּלְבֶהֱמַת
ה הָאָרֶץ׃ כִּי־כֹה ׀ אָמַר יְהוָה אַל־תָּבוֹא בֵּית
מַרְזֵחַ וְאַל־תֵּלֵךְ לִסְפּוֹד וְאַל־תָּנֹד לָהֶם כִּי־אָסַפְתִּי אֶת־
שְׁלוֹמִי מֵאֵת הָעָם הַזֶּה נְאֻם־יְהוָה אֶת־הַחֶסֶד וְאֶת־הָרַחֲמִים׃
ו וּמֵתוּ גְדֹלִים וּקְטַנִּים בָּאָרֶץ הַזֹּאת לֹא יִקָּבֵרוּ וְלֹא־יִסְפְּדוּ לָהֶם
ז וְלֹא יִתְגֹּדַד וְלֹא יִקָּרֵחַ לָהֶם׃ וְלֹא־יִפְרְסוּ לָהֶם עַל־אֵבֶל
לְנַחֲמוֹ עַל־מֵת וְלֹא־יַשְׁקוּ אוֹתָם כּוֹס תַּנְחוּמִים עַל־אָבִיו
ח וְעַל־אִמּוֹ׃ וּבֵית־מִשְׁתֶּה לֹא־תָבוֹא לָשֶׁבֶת אוֹתָם לֶאֱכֹל
ט וְלִשְׁתּוֹת׃ כִּי כֹה אָמַר יְהוָה צְבָאוֹת אֱלֹהֵי
יִשְׂרָאֵל הִנְנִי מַשְׁבִּית מִן־הַמָּקוֹם הַזֶּה לְעֵינֵיכֶם וּבִימֵיכֶם קוֹל
י שָׂשׂוֹן וְקוֹל שִׂמְחָה קוֹל חָתָן וְקוֹל כַּלָּה׃ וְהָיָה כִּי תַגִּיד לָעָם
הַזֶּה אֵת כָּל־הַדְּבָרִים הָאֵלֶּה וְאָמְרוּ אֵלֶיךָ עַל־מֶה דִבֶּר יְהוָה
עָלֵינוּ אֵת כָּל־הָרָעָה הַגְּדוֹלָה הַזֹּאת וּמֶה עֲוֺנֵנוּ וּמֶה חַטָּאתֵנוּ
יא אֲשֶׁר חָטָאנוּ לַיהוָה אֱלֹהֵינוּ׃ וְאָמַרְתָּ אֲלֵיהֶם עַל אֲשֶׁר־עָזְבוּ
אֲבוֹתֵיכֶם אוֹתִי נְאֻם־יְהוָה וַיֵּלְכוּ אַחֲרֵי אֱלֹהִים אֲחֵרִים
וַיַּעַבְדוּם וַיִּשְׁתַּחֲווּ לָהֶם וְאֹתִי עָזָבוּ וְאֶת־תּוֹרָתִי לֹא שָׁמָרוּ׃
יב וְאַתֶּם הֲרֵעֹתֶם לַעֲשׂוֹת מֵאֲבוֹתֵיכֶם וְהִנְּכֶם הֹלְכִים אִישׁ אַחֲרֵי
יג שְׁרִרוּת לִבּוֹ־הָרָע לְבִלְתִּי שְׁמֹעַ אֵלָי׃ וְהֵטַלְתִּי אֶתְכֶם מֵעַל
הָאָרֶץ הַזֹּאת עַל־הָאָרֶץ אֲשֶׁר לֹא יְדַעְתֶּם אַתֶּם וַאֲבוֹתֵיכֶם
וַעֲבַדְתֶּם־שָׁם אֶת־אֱלֹהִים אֲחֵרִים יוֹמָם וָלַיְלָה אֲשֶׁר לֹא־אֶתֵּן
יד לָכֶם חֲנִינָה׃ לָכֵן הִנֵּה־יָמִים בָּאִים נְאֻם־יְהוָה
וְלֹא־יֵאָמֵר עוֹד חַי־יְהוָה אֲשֶׁר הֶעֱלָה אֶת־בְּנֵי יִשְׂרָאֵל מֵאֶרֶץ
טו מִצְרָיִם׃ כִּי אִם־חַי־יְהוָה אֲשֶׁר הֶעֱלָה אֶת־בְּנֵי יִשְׂרָאֵל מֵאֶרֶץ

נבואת "ולא־יֵאמר עוד חי־ה' אשר העלה" ירמיה כג, ז–ח

צָפוֹן וּמִכֹּל הָאֲרָצוֹת אֲשֶׁר הִדִּיחָם שָׁמָּה וַהֲשִׁבֹתִים עַל־
טו אַדְמָתָם אֲשֶׁר נָתַתִּי לַאֲבוֹתָם: הִנְנִי שֹׁלֵחַ
לדוגים רַבִּים נְאֻם־יְהוָה וְדִיגוּם וְאַחֲרֵי־כֵן אֶשְׁלַח לְרַבִּים לְדַיָּגִים
צַיָּדִים וְצָדוּם מֵעַל כָּל־הַר וּמֵעַל כָּל־גִּבְעָה וּמִנְּקִיקֵי הַסְּלָעִים:
יז כִּי עֵינַי עַל־כָּל־דַּרְכֵיהֶם לֹא נִסְתְּרוּ מִלְּפָנָי וְלֹא־נִצְפַּן עֲוֺנָם
יח מִנֶּגֶד עֵינָי: וְשִׁלַּמְתִּי רִאשׁוֹנָה מִשְׁנֵה עֲוֺנָם וְחַטָּאתָם עַל
חַלְּלָם אֶת־אַרְצִי בְּנִבְלַת שִׁקּוּצֵיהֶם וְתוֹעֲבוֹתֵיהֶם מָלְאוּ אֶת־
יט נַחֲלָתִי: יְהוָה עֻזִּי וּמָעֻזִּי וּמְנוּסִי בְּיוֹם צָרָה אֵלֶיךָ
גּוֹיִם יָבֹאוּ מֵאַפְסֵי־אָרֶץ וְיֹאמְרוּ אַךְ־שֶׁקֶר נָחֲלוּ אֲבוֹתֵינוּ הֶבֶל
כ וְאֵין־בָּם מוֹעִיל: הֲיַעֲשֶׂה־לּוֹ אָדָם אֱלֹהִים וְהֵמָּה לֹא אֱלֹהִים:
כא לָכֵן הִנְנִי מוֹדִיעָם בַּפַּעַם הַזֹּאת אוֹדִיעֵם אֶת־יָדִי וְאֶת־גְּבוּרָתִי
יז א וְיָדְעוּ כִּי־שְׁמִי יְהוָה: חַטַּאת יְהוּדָה כְּתוּבָה
בְּעֵט בַּרְזֶל בְּצִפֹּרֶן שָׁמִיר חֲרוּשָׁה עַל־לוּחַ לִבָּם וּלְקַרְנוֹת
ב מִזְבְּחוֹתֵיכֶם: כִּזְכֹּר בְּנֵיהֶם מִזְבְּחוֹתָם וַאֲשֵׁרֵיהֶם עַל־עֵץ רַעֲנָן
ג עַל גְּבָעוֹת הַגְּבֹהוֹת: הֲרָרִי בַּשָּׂדֶה חֵילְךָ כָל־אוֹצְרוֹתֶיךָ לָבַז
ד אֶתֵּן בָּמֹתֶיךָ בְּחַטָּאת בְּכָל־גְּבוּלֶיךָ: וְשָׁמַטְתָּה וּבְךָ מִנַּחֲלָתְךָ
אֲשֶׁר נָתַתִּי לָךְ וְהַעֲבַדְתִּיךָ אֶת־אֹיְבֶיךָ בָּאָרֶץ אֲשֶׁר לֹא־יָדָעְתָּ
ה כִּי־אֵשׁ קְדַחְתֶּם בְּאַפִּי עַד־עוֹלָם תּוּקָד: כֹּה ׀
אָמַר יְהוָה אָרוּר הַגֶּבֶר אֲשֶׁר יִבְטַח בָּאָדָם וְשָׂם בָּשָׂר זְרֹעוֹ
ו וּמִן־יְהוָה יָסוּר לִבּוֹ: וְהָיָה כְּעַרְעָר בָּעֲרָבָה וְלֹא יִרְאֶה
כִּי־יָבוֹא טוֹב וְשָׁכַן חֲרֵרִים בַּמִּדְבָּר אֶרֶץ מְלֵחָה וְלֹא
ז תֵשֵׁב: בָּרוּךְ הַגֶּבֶר אֲשֶׁר יִבְטַח בַּיהוָה וְהָיָה ט
ח יְהוָה מִבְטַחוֹ: וְהָיָה כְּעֵץ ׀ שָׁתוּל עַל־מַיִם וְעַל־יוּבַל יְשַׁלַּח
שָׁרָשָׁיו וְלֹא ירא כִּי־יָבֹא חֹם וְהָיָה עָלֵהוּ רַעֲנָן וּבִשְׁנַת בַּצֹּרֶת
ט לֹא יִדְאָג וְלֹא יָמִישׁ מֵעֲשׂוֹת פֶּרִי: עָקֹב הַלֵּב מִכֹּל וְאָנֻשׁ הוּא
י מִי יֵדָעֶנּוּ: אֲנִי יְהוָה חֹקֵר לֵב בֹּחֵן כְּלָיוֹת וְלָתֵת לְאִישׁ כדרכו
יא כִּפְרִי מַעֲלָלָיו: קֹרֵא דָגַר וְלֹא יָלָד עֹשֶׂה עֹשֶׁר

נבואת "חילך ואוצרותיך לבז אתן" ירמיה טו, יג-יד

יב וְלֹא בְמִשְׁפָּט בַּחֲצִי יָמָו יַעַזְבֶנּוּ וּבְאַחֲרִיתוֹ יִהְיֶה נָבָל׃ כִּסֵּא
יג כְבוֹד מָרוֹם מֵרִאשׁוֹן מְקוֹם מִקְדָּשֵׁנוּ׃ מִקְוֵה יִשְׂרָאֵל יְהוָה כָּל־
עֹזְבֶיךָ יֵבֹשׁוּ יסורי בָּאָרֶץ יִכָּתֵבוּ כִּי עָזְבוּ מְקוֹר מַיִם־חַיִּים (וְסוּרַי)
יד אֶת־יְהוָה׃ רְפָאֵנִי יְהוָה וְאֵרָפֵא הוֹשִׁיעֵנִי וְאִוָּשֵׁעָה
טו כִּי תְהִלָּתִי אָתָּה׃ הִנֵּה־הֵמָּה אֹמְרִים אֵלָי אַיֵּה דְבַר־יְהוָה יָבוֹא־
טז נָא׃ וַאֲנִי לֹא־אַצְתִּי ׀ מֵרֹעֶה אַחֲרֶיךָ וְיוֹם אָנוּשׁ לֹא הִתְאַוֵּיתִי
יז אַתָּה יָדָעְתָּ מוֹצָא שְׂפָתַי נֹכַח פָּנֶיךָ הָיָה׃ אַל־תִּהְיֵה־לִי
יח לִמְחִתָּה מַחֲסִי־אַתָּה בְּיוֹם רָעָה׃ יֵבֹשׁוּ רֹדְפַי וְאַל־אֵבֹשָׁה אָנִי
יֵחַתּוּ הֵמָּה וְאַל־אֵחַתָּה אָנִי הָבִיא עֲלֵיהֶם יוֹם רָעָה וּמִשְׁנֶה
יט שִׁבָּרוֹן שָׁבְרֵם׃ כֹּה־אָמַר יְהוָה אֵלַי הָלֹךְ
וְעָמַדְתָּ בְּשַׁעַר בְּנֵי־עם אֲשֶׁר יָבֹאוּ בוֹ מַלְכֵי יְהוּדָה וַאֲשֶׁר (הָעָם)
כ יֵצְאוּ בוֹ וּבְכֹל שַׁעֲרֵי יְרוּשָׁלִָם׃ וְאָמַרְתָּ אֲלֵיהֶם שִׁמְעוּ דְבַר־
יְהוָה מַלְכֵי יְהוּדָה וְכָל־יְהוּדָה וְכֹל יֹשְׁבֵי יְרוּשָׁלִַם הַבָּאִים
כא בַּשְּׁעָרִים הָאֵלֶּה׃ כֹּה אָמַר יְהוָה הִשָּׁמְרוּ בְּנַפְשׁוֹתֵיכֶם וְאַל־
כב תִּשְׂאוּ מַשָּׂא בְּיוֹם הַשַּׁבָּת וַהֲבֵאתֶם בְּשַׁעֲרֵי יְרוּשָׁלִָם׃ וְלֹא־
תוֹצִיאוּ מַשָּׂא מִבָּתֵּיכֶם בְּיוֹם הַשַּׁבָּת וְכָל־מְלָאכָה לֹא תַעֲשׂוּ
כג וְקִדַּשְׁתֶּם אֶת־יוֹם הַשַּׁבָּת כַּאֲשֶׁר צִוִּיתִי אֶת־אֲבוֹתֵיכֶם׃ וְלֹא
שָׁמְעוּ וְלֹא הִטּוּ אֶת־אָזְנָם וַיַּקְשׁוּ אֶת־עָרְפָּם לְבִלְתִּי שׁומע (שְׁמוֹעַ)
כד וּלְבִלְתִּי קַחַת מוּסָר׃ וְהָיָה אִם־שָׁמֹעַ תִּשְׁמְעוּן אֵלַי נְאֻם־יְהוָה
לְבִלְתִּי ׀ הָבִיא מַשָּׂא בְּשַׁעֲרֵי הָעִיר הַזֹּאת בְּיוֹם הַשַּׁבָּת וּלְקַדֵּשׁ
כה אֶת־יוֹם הַשַּׁבָּת לְבִלְתִּי עֲשׂוֹת־בָּהּ כָּל־מְלָאכָה׃ וּבָאוּ בְשַׁעֲרֵי
הָעִיר הַזֹּאת מְלָכִים ׀ וְשָׂרִים יֹשְׁבִים עַל־כִּסֵּא דָוִד רֹכְבִים ׀
בָּרֶכֶב וּבַסּוּסִים הֵמָּה וְשָׂרֵיהֶם אִישׁ יְהוּדָה וְיֹשְׁבֵי יְרוּשָׁלִָם
כו וְיָשְׁבָה הָעִיר הַזֹּאת לְעוֹלָם׃ וּבָאוּ מֵעָרֵי־יְהוּדָה וּמִסְּבִיבוֹת
יְרוּשָׁלִַם וּמֵאֶרֶץ בִּנְיָמִן וּמִן־הַשְּׁפֵלָה וּמִן־הָהָר וּמִן־הַנֶּגֶב
מְבִאִים עֹלָה וְזֶבַח וּמִנְחָה וּלְבוֹנָה וּמְבִאֵי תוֹדָה בֵּית יְהוָה׃
כז וְאִם־לֹא תִשְׁמְעוּ אֵלַי לְקַדֵּשׁ אֶת־יוֹם הַשַּׁבָּת וּלְבִלְתִּי ׀ שְׂאֵת

מצוות השבת
שמות טז,כט; כ, ז-י; לא, יב-יז; לה, א-ג
ויקרא יט, ג; יט, ל; כג, ג
דברים ה, יא-יד
ישעיה נח, יג-יד
נחמיה יג, טו-כא

מַשָּׂא וּבָא בְּשַׁעֲרֵי יְרוּשָׁלִָם בְּיוֹם הַשַּׁבָּת וְהִצַּתִּי אֵשׁ בִּשְׁעָרֶיהָ
יח א וְאָכְלָה אַרְמְנוֹת יְרוּשָׁלִָם וְלֹא תִכְבֶּה׃ הַדָּבָר
ב אֲשֶׁר הָיָה אֶל־יִרְמְיָהוּ מֵאֵת יְהוָה לֵאמֹר׃ קוּם וְיָרַדְתָּ בֵּית
ג הַיּוֹצֵר וְשָׁמָּה אַשְׁמִיעֲךָ אֶת־דְּבָרָי׃ וָאֵרֵד בֵּית הַיּוֹצֵר והנהו וְהִנֵּה־הוּא
ד עֹשֶׂה מְלָאכָה עַל־הָאָבְנָיִם׃ וְנִשְׁחַת הַכְּלִי אֲשֶׁר הוּא עֹשֶׂה
בַּחֹמֶר בְּיַד הַיּוֹצֵר וְשָׁב וַיַּעֲשֵׂהוּ כְּלִי אַחֵר כַּאֲשֶׁר יָשַׁר
ה בְּעֵינֵי הַיּוֹצֵר לַעֲשׂוֹת׃ וַיְהִי דְבַר־יְהוָה אֵלַי
ו לֵאמוֹר׃ הֲכַיּוֹצֵר הַזֶּה לֹא־אוּכַל לַעֲשׂוֹת לָכֶם בֵּית יִשְׂרָאֵל
נְאֻם־יְהוָה הִנֵּה כַחֹמֶר בְּיַד הַיּוֹצֵר כֵּן־אַתֶּם בְּיָדִי בֵּית
ז יִשְׂרָאֵל׃ רֶגַע אֲדַבֵּר עַל־גּוֹי וְעַל־מַמְלָכָה
ח לִנְתוֹשׁ וְלִנְתוֹץ וּלְהַאֲבִיד׃ וְשָׁב הַגּוֹי הַהוּא מֵרָעָתוֹ אֲשֶׁר
דִּבַּרְתִּי עָלָיו וְנִחַמְתִּי עַל־הָרָעָה אֲשֶׁר חָשַׁבְתִּי לַעֲשׂוֹת
ט לוֹ׃ וְרֶגַע אֲדַבֵּר עַל־גּוֹי וְעַל־מַמְלָכָה לִבְנֹת
י וְלִנְטֹעַ׃ וְעָשָׂה הרעה בְּעֵינַי לְבִלְתִּי שְׁמֹעַ בְּקוֹלִי וְנִחַמְתִּי עַל־ הָרַע
יא הַטּוֹבָה אֲשֶׁר אָמַרְתִּי לְהֵיטִיב אוֹתוֹ׃ וְעַתָּה אֱמָר־נָא אֶל־
אִישׁ־יְהוּדָה וְעַל־יוֹשְׁבֵי יְרוּשָׁלִַם לֵאמֹר כֹּה אָמַר יְהוָה הִנֵּה
אָנֹכִי יוֹצֵר עֲלֵיכֶם רָעָה וְחֹשֵׁב עֲלֵיכֶם מַחֲשָׁבָה שׁוּבוּ נָא
יב אִישׁ מִדַּרְכּוֹ הָרָעָה וְהֵיטִיבוּ דַרְכֵיכֶם וּמַעַלְלֵיכֶם׃ וְאָמְרוּ
נוֹאָשׁ כִּי־אַחֲרֵי מַחְשְׁבוֹתֵינוּ נֵלֵךְ וְאִישׁ שְׁרִרוּת לִבּוֹ־הָרָע
יג נַעֲשֶׂה׃ לָכֵן כֹּה אָמַר יְהוָה שַׁאֲלוּ־נָא בַּגּוֹיִם מִי
יד שָׁמַע כָּאֵלֶּה שַׁעֲרֻרִת עָשְׂתָה מְאֹד בְּתוּלַת יִשְׂרָאֵל׃ הֲיַעֲזֹב
טו מִצּוּר שָׂדַי שֶׁלֶג לְבָנוֹן אִם־יִנָּתְשׁוּ מַיִם זָרִים קָרִים נוֹזְלִים׃ כִּי־
שְׁכֵחֻנִי עַמִּי לַשָּׁוְא יְקַטֵּרוּ וַיַּכְשִׁלוּם בְּדַרְכֵיהֶם שבולי עוֹלָם שְׁבִילֵי
טז לָלֶכֶת נְתִיבוֹת דֶּרֶךְ לֹא סְלוּלָה׃ לָשׂוּם אַרְצָם לְשַׁמָּה
יז שרוקת עוֹלָם כֹּל עוֹבֵר עָלֶיהָ יִשֹּׁם וְיָנִיד בְּרֹאשׁוֹ׃ כְּרוּחַ־ שְׁרִיקוֹת
קָדִים אֲפִיצֵם לִפְנֵי אוֹיֵב עֹרֶף וְלֹא־פָנִים אֶרְאֵם בְּיוֹם
יח אֵידָם׃ וַיֹּאמְרוּ לְכוּ וְנַחְשְׁבָה עַל־יִרְמְיָהוּ

מַחֲשָׁבוֹת כִּי לֹא־תֹאבַד תּוֹרָה מִכֹּהֵן וְעֵצָה מֵחָכָם וְדָבָר
מִנָּבִיא לְכוּ וְנַכֵּהוּ בַלָּשׁוֹן וְאַל־נַקְשִׁיבָה אֶל־כָּל־דְּבָרָיו:
הַקְשִׁיבָה יְהוָה אֵלָי וּשְׁמַע לְקוֹל יְרִיבָי: הַיְשֻׁלַּם תַּחַת־טוֹבָה יט כ
רָעָה כִּי־כָרוּ שׁוּחָה לְנַפְשִׁי זְכֹר ׀ עָמְדִי לְפָנֶיךָ לְדַבֵּר עֲלֵיהֶם
טוֹבָה לְהָשִׁיב אֶת־חֲמָתְךָ מֵהֶם: לָכֵן תֵּן אֶת־בְּנֵיהֶם לָרָעָב כא
וְהַגִּרֵם עַל־יְדֵי־חֶרֶב וְתִהְיֶנָה נְשֵׁיהֶם שַׁכֻּלוֹת וְאַלְמָנוֹת
וְאַנְשֵׁיהֶם יִהְיוּ הֲרֻגֵי מָוֶת בַּחוּרֵיהֶם מֻכֵּי־חֶרֶב בַּמִּלְחָמָה:
תִּשָּׁמַע זְעָקָה מִבָּתֵּיהֶם כִּי־תָבִיא עֲלֵיהֶם גְּדוּד פִּתְאֹם כִּי־כָרוּ כב
שׁוּחָה שיחה לְלָכְדֵנִי וּפַחִים טָמְנוּ לְרַגְלָי: וְאַתָּה יְהוָה יָדַעְתָּ אֶת־כָּל־ כג
עֲצָתָם עָלַי לַמָּוֶת אַל־תְּכַפֵּר עַל־עֲוֹנָם וְחַטָּאתָם מִלְּפָנֶיךָ אַל־
וְיִהְיוּ תֶּמְחִי והיו מֻכְשָׁלִים לְפָנֶיךָ בְּעֵת אַפְּךָ עֲשֵׂה בָהֶם: כֹּה א יט
אָמַר יְהוָה הָלֹךְ וְקָנִיתָ בַקְבֻּק יוֹצֵר חָרֶשׂ וּמִזִּקְנֵי הָעָם
וּמִזִּקְנֵי הַכֹּהֲנִים: וְיָצָאתָ אֶל־גֵּיא בֶן־הִנֹּם אֲשֶׁר פֶּתַח שַׁעַר ב
הַחַרְסִית החרסות וְקָרָאתָ שָּׁם אֶת־הַדְּבָרִים אֲשֶׁר־אֲדַבֵּר אֵלֶיךָ:
וְאָמַרְתָּ שִׁמְעוּ דְבַר־יְהוָה מַלְכֵי יְהוּדָה וְיֹשְׁבֵי יְרוּשָׁלִָם כֹּה־ ג
אָמַר יְהוָה צְבָאוֹת אֱלֹהֵי יִשְׂרָאֵל הִנְנִי מֵבִיא רָעָה עַל־הַמָּקוֹם
הַזֶּה אֲשֶׁר כָּל־שֹׁמְעָהּ תִּצַּלְנָה אָזְנָיו: יַעַן ׀ אֲשֶׁר עֲזָבֻנִי וַיְנַכְּרוּ ד
אֶת־הַמָּקוֹם הַזֶּה וַיְקַטְּרוּ־בוֹ לֵאלֹהִים אֲחֵרִים אֲשֶׁר לֹא־
יְדָעוּם הֵמָּה וַאֲבוֹתֵיהֶם וּמַלְכֵי יְהוּדָה וּמָלְאוּ אֶת־הַמָּקוֹם הַזֶּה
דַּם נְקִיִּם: וּבָנוּ אֶת־בָּמוֹת הַבַּעַל לִשְׂרֹף אֶת־בְּנֵיהֶם בָּאֵשׁ ה
עֹלוֹת לַבָּעַל אֲשֶׁר לֹא־צִוִּיתִי וְלֹא דִבַּרְתִּי וְלֹא עָלְתָה
עַל־לִבִּי: לָכֵן הִנֵּה־יָמִים בָּאִים נְאֻם־יְהוָה וְלֹא־ ו
יִקָּרֵא לַמָּקוֹם הַזֶּה עוֹד הַתֹּפֶת וְגֵיא בֶן־הִנֹּם כִּי אִם־גֵּיא
הַהֲרֵגָה: וּבַקֹּתִי אֶת־עֲצַת יְהוּדָה וִירוּשָׁלִַם בַּמָּקוֹם הַזֶּה ז
וְהִפַּלְתִּים בַּחֶרֶב לִפְנֵי אֹיְבֵיהֶם וּבְיַד מְבַקְשֵׁי נַפְשָׁם וְנָתַתִּי אֶת־
נִבְלָתָם לְמַאֲכָל לְעוֹף הַשָּׁמַיִם וּלְבֶהֱמַת הָאָרֶץ: וְשַׂמְתִּי אֶת־ ח
הָעִיר הַזֹּאת לְשַׁמָּה וְלִשְׁרֵקָה כֹּל עֹבֵר עָלֶיהָ יִשֹּׁם וְיִשְׁרֹק עַל־

נבואת "ולא־יאמר עוד התפת וגיא בן־הנם" ירמיה ז, לא־לג

ט כָּל־מַכֹּתֶהָ: וְהַאֲכַלְתִּים אֶת־בְּשַׂר בְּנֵיהֶם וְאֵת בְּשַׂר בְּנֹתֵיהֶם
וְאִישׁ בְּשַׂר־רֵעֵהוּ יֹאכֵלוּ בְּמָצוֹר וּבְמָצוֹק אֲשֶׁר יָצִיקוּ לָהֶם
י אֹיְבֵיהֶם וּמְבַקְשֵׁי נַפְשָׁם: וְשָׁבַרְתָּ הַבַּקְבֻּק לְעֵינֵי הָאֲנָשִׁים
יא הַהֹלְכִים אוֹתָךְ: וְאָמַרְתָּ אֲלֵיהֶם כֹּה־אָמַר ׀ יְהוָה צְבָאוֹת כָּכָה
אֶשְׁבֹּר אֶת־הָעָם הַזֶּה וְאֶת־הָעִיר הַזֹּאת כַּאֲשֶׁר יִשְׁבֹּר אֶת־
כְּלִי הַיּוֹצֵר אֲשֶׁר לֹא־יוּכַל לְהֵרָפֵה עוֹד וּבְתֹפֶת יִקְבְּרוּ מֵאֵין
יב מָקוֹם לִקְבּוֹר: כֵּן־אֶעֱשֶׂה לַמָּקוֹם הַזֶּה נְאֻם־יְהוָה וּלְיוֹשְׁבָיו
יג וְלָתֵת אֶת־הָעִיר הַזֹּאת כְּתֹפֶת: וְהָיוּ בָּתֵּי יְרוּשָׁלַםִ וּבָתֵּי
מַלְכֵי יְהוּדָה כִּמְקוֹם הַתֹּפֶת הַטְּמֵאִים לְכֹל הַבָּתִּים אֲשֶׁר
קִטְּרוּ עַל־גַּגֹּתֵיהֶם לְכֹל צְבָא הַשָּׁמַיִם וְהַסֵּךְ נְסָכִים לֵאלֹהִים
יד אֲחֵרִים: וַיָּבֹא יִרְמְיָהוּ מֵהַתֹּפֶת אֲשֶׁר שְׁלָחוֹ
יְהוָה שָׁם לְהִנָּבֵא וַיַּעֲמֹד בַּחֲצַר בֵּית־יְהוָה וַיֹּאמֶר אֶל־כָּל־
טו הָעָם: כֹּה־אָמַר יְהוָה צְבָאוֹת אֱלֹהֵי יִשְׂרָאֵל
הִנְנִי מֵבִי אֶל־הָעִיר הַזֹּאת וְעַל־כָּל־עָרֶיהָ אֵת כָּל־הָרָעָה
אֲשֶׁר דִּבַּרְתִּי עָלֶיהָ כִּי הִקְשׁוּ אֶת־עָרְפָּם לְבִלְתִּי שְׁמוֹעַ אֶת־
כ א דְּבָרָי: וַיִּשְׁמַע פַּשְׁחוּר בֶּן־אִמֵּר הַכֹּהֵן וְהוּא־פָקִיד נָגִיד בְּבֵית
ב יְהוָה אֶת־יִרְמְיָהוּ נִבָּא אֶת־הַדְּבָרִים הָאֵלֶּה: וַיַּכֶּה פַשְׁחוּר אֵת
יִרְמְיָהוּ הַנָּבִיא וַיִּתֵּן אֹתוֹ עַל־הַמַּהְפֶּכֶת אֲשֶׁר בְּשַׁעַר בִּנְיָמִן
ג הָעֶלְיוֹן אֲשֶׁר בְּבֵית יְהוָה: וַיְהִי מִמָּחֳרָת וַיֹּצֵא פַשְׁחוּר אֶת־
יִרְמְיָהוּ מִן־הַמַּהְפָּכֶת וַיֹּאמֶר אֵלָיו יִרְמְיָהוּ לֹא פַשְׁחוּר קָרָא
ד יְהוָה שְׁמֶךָ כִּי אִם־מָגוֹר מִסָּבִיב: כִּי כֹה
אָמַר יְהוָה הִנְנִי נֹתֶנְךָ לְמָגוֹר לְךָ וּלְכָל־אֹהֲבֶיךָ וְנָפְלוּ בְּחֶרֶב
אֹיְבֵיהֶם וְעֵינֶיךָ רֹאוֹת וְאֶת־כָּל־יְהוּדָה אֶתֵּן בְּיַד מֶלֶךְ־בָּבֶל
ה וְהִגְלָם בָּבֶלָה וְהִכָּם בֶּחָרֶב: וְנָתַתִּי אֶת־כָּל־חֹסֶן הָעִיר
הַזֹּאת וְאֶת־כָּל־יְגִיעָהּ וְאֶת־כָּל־יְקָרָהּ וְאֵת כָּל־אוֹצְרוֹת
מַלְכֵי יְהוּדָה אֶתֵּן בְּיַד אֹיְבֵיהֶם וּבְזָזוּם וּלְקָחוּם וֶהֱבִיאוּם
ו בָּבֶלָה: וְאַתָּה פַשְׁחוּר וְכֹל יֹשְׁבֵי בֵיתֶךָ תֵּלְכוּ בַּשֶּׁבִי וּבָבֶל

תָּבוֹא וְשָׁם תָּמוּת וְשָׁם תִּקָּבֵר אַתָּה וְכָל־אֹהֲבֶיךָ אֲשֶׁר־נִבֵּאתָ
ז לָהֶם בַּשָּׁקֶר׃ פִּתִּיתַנִי יהוה וָאֶפָּת חֲזַקְתַּנִי וַתּוּכָל
ח הָיִיתִי לִשְׂחוֹק כָּל־הַיּוֹם כֻּלֹּה לֹעֵג לִי׃ כִּי־מִדֵּי אֲדַבֵּר אֶזְעָק
חָמָס וָשֹׁד אֶקְרָא כִּי־הָיָה דְבַר־יהוה לִי לְחֶרְפָּה וּלְקֶלֶס כָּל־
ט הַיּוֹם׃ וְאָמַרְתִּי לֹא־אֶזְכְּרֶנּוּ וְלֹא־אֲדַבֵּר עוֹד בִּשְׁמוֹ וְהָיָה בְלִבִּי
י כְּאֵשׁ בֹּעֶרֶת עָצֻר בְּעַצְמֹתָי וְנִלְאֵיתִי כַּלְכֵל וְלֹא אוּכָל׃ כִּי
שָׁמַעְתִּי דִּבַּת רַבִּים מָגוֹר מִסָּבִיב הַגִּידוּ וְנַגִּידֶנּוּ כֹּל אֱנוֹשׁ
שְׁלֹמִי שֹׁמְרֵי צַלְעִי אוּלַי יְפֻתֶּה וְנוּכְלָה לוֹ וְנִקְחָה נִקְמָתֵנוּ
יא מִמֶּנּוּ׃ וַיהוה אוֹתִי כְּגִבּוֹר עָרִיץ עַל־כֵּן רֹדְפַי יִכָּשְׁלוּ
וְלֹא יֻכָלוּ בֹּשׁוּ מְאֹד כִּי־לֹא הִשְׂכִּילוּ כְּלִמַּת עוֹלָם לֹא
יב תִשָּׁכֵחַ׃ וַיהוה צְבָאוֹת בֹּחֵן צַדִּיק רֹאֶה כְלָיוֹת וָלֵב אֶרְאֶה
יג נִקְמָתְךָ מֵהֶם כִּי אֵלֶיךָ גִּלִּיתִי אֶת־רִיבִי׃ שִׁירוּ יא
לַיהוה הַלְלוּ אֶת־יהוה כִּי הִצִּיל אֶת־נֶפֶשׁ אֶבְיוֹן מִיַּד
יד מְרֵעִים׃ אָרוּר הַיּוֹם אֲשֶׁר יֻלַּדְתִּי בּוֹ יוֹם אֲשֶׁר־
טו יְלָדַתְנִי אִמִּי אַל־יְהִי בָרוּךְ׃ אָרוּר הָאִישׁ אֲשֶׁר בִּשַּׂר אֶת־אָבִי
טז לֵאמֹר יֻלַּד־לְךָ בֵּן זָכָר שַׂמֵּחַ שִׂמְּחָהוּ׃ וְהָיָה הָאִישׁ הַהוּא
כֶּעָרִים אֲשֶׁר־הָפַךְ יהוה וְלֹא נִחָם וְשָׁמַע זְעָקָה בַּבֹּקֶר וּתְרוּעָה
יז בְּעֵת צָהֳרָיִם׃ אֲשֶׁר לֹא־מוֹתְתַנִי מֵרָחֶם וַתְּהִי־לִי אִמִּי קִבְרִי
יח וְרַחְמָה הֲרַת עוֹלָם׃ לָמָּה זֶּה מֵרֶחֶם יָצָאתִי לִרְאוֹת עָמָל
כא א וְיָגוֹן וַיִּכְלוּ בְּבֹשֶׁת יָמָי׃ הַדָּבָר אֲשֶׁר־הָיָה
אֶל־יִרְמְיָהוּ מֵאֵת יהוה בִּשְׁלֹחַ אֵלָיו הַמֶּלֶךְ צִדְקִיָּהוּ אֶת־
פַּשְׁחוּר בֶּן־מַלְכִּיָּה וְאֶת־צְפַנְיָה בֶן־מַעֲשֵׂיָה הַכֹּהֵן לֵאמֹר׃
ב דְּרָשׁ־נָא בַעֲדֵנוּ אֶת־יהוה כִּי נְבוּכַדְרֶאצַּר מֶלֶךְ־בָּבֶל
נִלְחָם עָלֵינוּ אוּלַי יַעֲשֶׂה יהוה אוֹתָנוּ כְּכָל־נִפְלְאֹתָיו וְיַעֲלֶה
ג מֵעָלֵינוּ׃ וַיֹּאמֶר יִרְמְיָהוּ אֲלֵיהֶם כֹּה תֹאמְרֻן
ד אֶל־צִדְקִיָּהוּ׃ כֹּה־אָמַר יהוה אֱלֹהֵי יִשְׂרָאֵל הִנְנִי מֵסֵב אֶת־
כְּלֵי הַמִּלְחָמָה אֲשֶׁר בְּיֶדְכֶם אֲשֶׁר אַתֶּם נִלְחָמִים בָּם אֶת־מֶלֶךְ

בָּבֶל וְאֶת־הַכַּשְׂדִּים הַצָּרִים עֲלֵיכֶם מִחוּץ לַחוֹמָה וְאָסַפְתִּי
ה אוֹתָם אֶל־תּוֹךְ הָעִיר הַזֹּאת׃ וְנִלְחַמְתִּי אֲנִי אִתְּכֶם בְּיָד נְטוּיָה
ו וּבִזְרוֹעַ חֲזָקָה וּבְאַף וּבְחֵמָה וּבְקֶצֶף גָּדוֹל׃ וְהִכֵּיתִי אֶת־יוֹשְׁבֵי
הָעִיר הַזֹּאת וְאֶת־הָאָדָם וְאֶת־הַבְּהֵמָה בְּדֶבֶר גָּדוֹל יָמֻתוּ׃
ז וְאַחֲרֵי־כֵן נְאֻם־יְהוָה אֶתֵּן אֶת־צִדְקִיָּהוּ מֶלֶךְ־יְהוּדָה ׀ וְאֶת־
עֲבָדָיו ׀ וְאֶת־הָעָם וְאֶת־הַנִּשְׁאָרִים בָּעִיר הַזֹּאת מִן־הַדֶּבֶר ׀
מִן־הַחֶרֶב וּמִן־הָרָעָב בְּיַד נְבוּכַדְרֶאצַּר מֶלֶךְ־בָּבֶל וּבְיַד
אֹיְבֵיהֶם וּבְיַד מְבַקְשֵׁי נַפְשָׁם וְהִכָּם לְפִי־חֶרֶב לֹא־יָחוּס עֲלֵיהֶם
ח וְלֹא יַחְמֹל וְלֹא יְרַחֵם׃ וְאֶל־הָעָם הַזֶּה תֹּאמַר כֹּה אָמַר יְהוָה
ט הִנְנִי נֹתֵן לִפְנֵיכֶם אֶת־דֶּרֶךְ הַחַיִּים וְאֶת־דֶּרֶךְ הַמָּוֶת׃ הַיֹּשֵׁב בָּעִיר
הַזֹּאת יָמוּת בַּחֶרֶב וּבָרָעָב וּבַדָּבֶר וְהַיּוֹצֵא וְנָפַל עַל־הַכַּשְׂדִּים
י הַצָּרִים עֲלֵיכֶם יחיה וְהָיְתָה־לּוֹ נַפְשׁוֹ לְשָׁלָל׃ כִּי שַׂמְתִּי פָנַי וְחָיָה
בָּעִיר הַזֹּאת לְרָעָה וְלֹא לְטוֹבָה נְאֻם־יְהוָה בְּיַד מֶלֶךְ־בָּבֶל
יא תִּנָּתֵן וּשְׂרָפָהּ בָּאֵשׁ׃ וּלְבֵית מֶלֶךְ יְהוּדָה שִׁמְעוּ
יב דְּבַר־יְהוָה׃ בֵּית דָּוִד כֹּה אָמַר יְהוָה דִּינוּ לַבֹּקֶר מִשְׁפָּט
וְהַצִּילוּ גָזוּל מִיַּד עוֹשֵׁק פֶּן־תֵּצֵא כָאֵשׁ חֲמָתִי וּבָעֲרָה וְאֵין
יג מְכַבֶּה מִפְּנֵי רֹעַ מעלליהם׃ הִנְנִי אֵלַיִךְ יֹשֶׁבֶת הָעֵמֶק צוּר מַעַלְלֵיכֶם
הַמִּישֹׁר נְאֻם־יְהוָה הָאֹמְרִים מִי־יֵחַת עָלֵינוּ וּמִי יָבוֹא
יד בִּמְעוֹנוֹתֵינוּ׃ וּפָקַדְתִּי עֲלֵיכֶם כִּפְרִי מַעַלְלֵיכֶם נְאֻם־יְהוָה
כב א וְהִצַּתִּי אֵשׁ בְּיַעְרָהּ וְאָכְלָה כָּל־סְבִיבֶיהָ׃ כֹּה
אָמַר יְהוָה רֵד בֵּית־מֶלֶךְ יְהוּדָה וְדִבַּרְתָּ שָּׁם אֶת־הַדָּבָר הַזֶּה׃
ב וְאָמַרְתָּ שְׁמַע דְּבַר־יְהוָה מֶלֶךְ יְהוּדָה הַיֹּשֵׁב עַל־כִּסֵּא דָוִד
ג אַתָּה וַעֲבָדֶיךָ וְעַמְּךָ הַבָּאִים בַּשְּׁעָרִים הָאֵלֶּה׃ כֹּה ׀ אָמַר יְהוָה
עֲשׂוּ מִשְׁפָּט וּצְדָקָה וְהַצִּילוּ גָזוּל מִיַּד עָשׁוֹק וְגֵר יָתוֹם וְאַלְמָנָה
ד אַל־תֹּנוּ אַל־תַּחְמֹסוּ וְדָם נָקִי אַל־תִּשְׁפְּכוּ בַּמָּקוֹם הַזֶּה׃ כִּי אִם־
עָשׂוֹ תַּעֲשׂוּ אֶת־הַדָּבָר הַזֶּה וּבָאוּ בְשַׁעֲרֵי הַבַּיִת הַזֶּה מְלָכִים
יֹשְׁבִים לְדָוִד עַל־כִּסְאוֹ רֹכְבִים בָּרֶכֶב וּבַסּוּסִים הוּא וַעֲבָדָו

איסור הונאת גר ולחיצתו
שמות כב, כ–כג; כג, ט
ויקרא יט, לג–לד
ירמיה ז, ו
זכריה ז, י

ה וְעַמּוֹ: וְאִם לֹא תִשְׁמְעוּ אֶת־הַדְּבָרִים הָאֵלֶּה בִּי נִשְׁבַּעְתִּי
ו נְאֻם־יהוה כִּי־לְחָרְבָּה יִהְיֶה הַבַּיִת הַזֶּה: כִּי־
כֹה ׀ אָמַר יהוה עַל־בֵּית מֶלֶךְ יְהוּדָה גִּלְעָד אַתָּה לִי רֹאשׁ
ז הַלְּבָנוֹן אִם־לֹא אֲשִׁיתְךָ מִדְבָּר עָרִים לֹא נוֹשָׁבָה: וְקִדַּשְׁתִּי נוֹשָׁבוּ
עָלֶיךָ מַשְׁחִתִים אִישׁ וְכֵלָיו וְכָרְתוּ מִבְחַר אֲרָזֶיךָ וְהִפִּילוּ עַל־
ח הָאֵשׁ: וְעָבְרוּ גּוֹיִם רַבִּים עַל הָעִיר הַזֹּאת וְאָמְרוּ אִישׁ אֶל־
ט רֵעֵהוּ עַל־מֶה עָשָׂה יהוה כָּכָה לָעִיר הַגְּדוֹלָה הַזֹּאת: וְאָמְרוּ
עַל אֲשֶׁר עָזְבוּ אֶת־בְּרִית יהוה אֱלֹהֵיהֶם וַיִּשְׁתַּחֲווּ לֵאלֹהִים
י אֲחֵרִים וַיַּעַבְדוּם: אַל־תִּבְכּוּ לְמֵת וְאַל־תָּנֻדוּ
לוֹ בְּכוּ בָכוֹ לַהֹלֵךְ כִּי לֹא יָשׁוּב עוֹד וְרָאָה אֶת־אֶרֶץ
יא מוֹלַדְתּוֹ: כִּי־כֹה אָמַר־יהוה אֶל־שַׁלֻּם בֶּן־
יֹאשִׁיָּהוּ מֶלֶךְ יְהוּדָה הַמֹּלֵךְ תַּחַת יֹאשִׁיָּהוּ אָבִיו אֲשֶׁר יָצָא מִן־
יב הַמָּקוֹם הַזֶּה לֹא־יָשׁוּב שָׁם עוֹד: כִּי בִּמְקוֹם אֲשֶׁר־הִגְלוּ אֹתוֹ
יג שָׁם יָמוּת וְאֶת־הָאָרֶץ הַזֹּאת לֹא־יִרְאֶה עוֹד: הוֹי
בֹּנֶה בֵיתוֹ בְּלֹא־צֶדֶק וַעֲלִיּוֹתָיו בְּלֹא מִשְׁפָּט בְּרֵעֵהוּ יַעֲבֹד חִנָּם
יד וּפֹעֲלוֹ לֹא יִתֶּן־לוֹ: הָאֹמֵר אֶבְנֶה־לִּי בֵּית מִדּוֹת וַעֲלִיּוֹת
טו מְרֻוָּחִים וְקָרַע לוֹ חַלּוֹנָי וְסָפוּן בָּאָרֶז וּמָשׁוֹחַ בַּשָּׁשַׁר: הֲתִמְלֹךְ
כִּי אַתָּה מְתַחֲרֶה בָאָרֶז אָבִיךָ הֲלוֹא אָכַל וְשָׁתָה וְעָשָׂה
טז מִשְׁפָּט וּצְדָקָה אָז טוֹב לוֹ: דָּן דִּין־עָנִי וְאֶבְיוֹן אָז טוֹב הֲלוֹא־
יז הִיא הַדַּעַת אֹתִי נְאֻם־יהוה: כִּי אֵין עֵינֶיךָ וְלִבְּךָ כִּי אִם־
עַל־בִּצְעֶךָ וְעַל דַּם־הַנָּקִי לִשְׁפּוֹךְ וְעַל־הָעֹשֶׁק וְעַל־הַמְּרוּצָה
יח לַעֲשׂוֹת: לָכֵן כֹּה־אָמַר יהוה אֶל־יְהוֹיָקִים בֶּן־
יֹאשִׁיָּהוּ מֶלֶךְ יְהוּדָה לֹא־יִסְפְּדוּ לוֹ הוֹי אָחִי וְהוֹי אָחוֹת לֹא־
יט יִסְפְּדוּ לוֹ הוֹי אָדוֹן וְהוֹי הֹדֹה: קְבוּרַת חֲמוֹר יִקָּבֵר סָחוֹב
כ וְהַשְׁלֵךְ מֵהָלְאָה לְשַׁעֲרֵי יְרוּשָׁלִָם: עֲלִי הַלְּבָנוֹן
וּצְעָקִי וּבַבָּשָׁן תְּנִי קוֹלֵךְ וְצַעֲקִי מֵעֲבָרִים כִּי נִשְׁבְּרוּ כָּל־
כא מְאַהֲבָיִךְ: דִּבַּרְתִּי אֵלַיִךְ בְּשַׁלְוֹתַיִךְ אָמַרְתְּ לֹא אֶשְׁמָע זֶה

כב דַּרְכֵּךְ מִנְּעוּרַיִךְ כִּי לֹא־שָׁמַעַתְּ בְּקוֹלִי: כָּל־רֹעַיִךְ תִּרְעֶה־רוּחַ
וּמְאַהֲבַיִךְ בַּשְּׁבִי יֵלֵכוּ כִּי אָז תֵּבֹשִׁי וְנִכְלַמְתְּ מִכֹּל רָעָתֵךְ:
כג ישבתי בַּלְּבָנוֹן מקננתי בָּאֲרָזִים מַה־נֵּחַנְתְּ בְּבֹא־לָךְ חֲבָלִים יֹשַׁבְתְּ | מְקֻנַּנְתְּ
כד חִיל כַּיֹּלֵדָה: חַי־אָנִי נְאֻם־יְהוָה כִּי אִם־יִהְיֶה כָּנְיָהוּ בֶן־
יְהוֹיָקִים מֶלֶךְ יְהוּדָה חוֹתָם עַל־יַד יְמִינִי כִּי מִשָּׁם אֶתְּקֶנְךָּ:
כה וּנְתַתִּיךָ בְּיַד מְבַקְשֵׁי נַפְשֶׁךָ וּבְיַד אֲשֶׁר־אַתָּה יָגוֹר מִפְּנֵיהֶם
כו וּבְיַד נְבוּכַדְרֶאצַּר מֶלֶךְ־בָּבֶל וּבְיַד הַכַּשְׂדִּים: וְהֵטַלְתִּי אֹתְךָ
וְאֶת־אִמְּךָ אֲשֶׁר יְלָדַתְךָ עַל הָאָרֶץ אַחֶרֶת אֲשֶׁר לֹא־יֻלַּדְתֶּם
כז שָׁם וְשָׁם תָּמוּתוּ: וְעַל־הָאָרֶץ אֲשֶׁר־הֵם מְנַשְּׂאִים אֶת־נַפְשָׁם
כח לָשׁוּב שָׁם שָׁמָּה לֹא יָשׁוּבוּ: הַעֶצֶב נִבְזֶה נָפוּץ
הָאִישׁ הַזֶּה כָּנְיָהוּ אִם־כְּלִי אֵין חֵפֶץ בּוֹ מַדּוּעַ הוּטְלוּ הוּא
כט וְזַרְעוֹ וְהֻשְׁלְכוּ עַל־הָאָרֶץ אֲשֶׁר לֹא־יָדָעוּ: אֶרֶץ אֶרֶץ אָרֶץ
ל שִׁמְעִי דְּבַר־יְהוָה: כֹּה ׀ אָמַר יְהוָה כִּתְבוּ אֶת־הָאִישׁ הַזֶּה
עֲרִירִי גֶּבֶר לֹא־יִצְלַח בְּיָמָיו כִּי לֹא יִצְלַח מִזַּרְעוֹ אִישׁ יֹשֵׁב
כג א עַל־כִּסֵּא דָוִד וּמֹשֵׁל עוֹד בִּיהוּדָה: הוֹי רֹעִים
ב מְאַבְּדִים וּמְפִצִים אֶת־צֹאן מַרְעִיתִי נְאֻם־יְהוָה: לָכֵן כֹּה־
אָמַר יְהוָה אֱלֹהֵי יִשְׂרָאֵל עַל־הָרֹעִים הָרֹעִים אֶת־עַמִּי אַתֶּם
הֲפִצֹתֶם אֶת־צֹאנִי וַתַּדִּחוּם וְלֹא פְקַדְתֶּם אֹתָם הִנְנִי פֹקֵד
ג עֲלֵיכֶם אֶת־רֹעַ מַעַלְלֵיכֶם נְאֻם־יְהוָה: וַאֲנִי אֲקַבֵּץ אֶת־
שְׁאֵרִית צֹאנִי מִכֹּל הָאֲרָצוֹת אֲשֶׁר־הִדַּחְתִּי אֹתָם שָׁם וַהֲשִׁבֹתִי
ד אֶתְהֶן עַל־נְוֵהֶן וּפָרוּ וְרָבוּ: וַהֲקִמֹתִי עֲלֵיהֶם רֹעִים וְרָעוּם וְלֹא־ נבואת "הנה ימים באים... והקמתי לדוד צמח צדיק" ירמיה לג, יד–טז
ה יִירְאוּ עוֹד וְלֹא־יֵחַתּוּ וְלֹא יִפָּקֵדוּ נְאֻם־יְהוָה: הִנֵּה
יָמִים בָּאִים נְאֻם־יְהוָה וַהֲקִמֹתִי לְדָוִד צֶמַח צַדִּיק וּמָלַךְ
ו מֶלֶךְ וְהִשְׂכִּיל וְעָשָׂה מִשְׁפָּט וּצְדָקָה בָּאָרֶץ: בְּיָמָיו תִּוָּשַׁע יב
יְהוּדָה וְיִשְׂרָאֵל יִשְׁכֹּן לָבֶטַח וְזֶה־שְּׁמוֹ אֲשֶׁר־יִקְרְאוֹ יְהוָה ׀
ז צִדְקֵנוּ: לָכֵן הִנֵּה־יָמִים בָּאִים נְאֻם־יְהוָה וְלֹא־ נבואת "ולא־יאמר עוד חי־ה' אשר העלה" ירמיה טז, יד–טו
יֹאמְרוּ עוֹד חַי־יְהוָה אֲשֶׁר הֶעֱלָה אֶת־בְּנֵי יִשְׂרָאֵל מֵאֶרֶץ

ח מִצְרָיִם: כִּי אִם־חַי־יְהוָה אֲשֶׁר הֶעֱלָה וַאֲשֶׁר הֵבִיא אֶת־זֶרַע
בֵּית יִשְׂרָאֵל מֵאֶרֶץ צָפוֹנָה וּמִכֹּל הָאֲרָצוֹת אֲשֶׁר הִדַּחְתִּים שָׁם
ט וְיָשְׁבוּ עַל־אַדְמָתָם: לַנְּבִאִים נִשְׁבַּר לִבִּי בְקִרְבִּי
רָחֲפוּ כָּל־עַצְמוֹתַי הָיִיתִי כְּאִישׁ שִׁכּוֹר וּכְגֶבֶר עֲבָרוֹ יָיִן מִפְּנֵי
י יְהוָה וּמִפְּנֵי דִּבְרֵי קָדְשׁוֹ: כִּי מְנָאֲפִים מָלְאָה הָאָרֶץ כִּי־מִפְּנֵי
אָלָה אָבְלָה הָאָרֶץ יָבְשׁוּ נְאוֹת מִדְבָּר וַתְּהִי מְרוּצָתָם רָעָה
יא וּגְבוּרָתָם לֹא־כֵן: כִּי־גַם־נָבִיא גַם־כֹּהֵן חָנֵפוּ גַּם־בְּבֵיתִי
יב מָצָאתִי רָעָתָם נְאֻם־יְהוָה: לָכֵן יִהְיֶה דַרְכָּם לָהֶם כַּחֲלַקְלַקּוֹת
בָּאֲפֵלָה יִדַּחוּ וְנָפְלוּ בָהּ כִּי־אָבִיא עֲלֵיהֶם רָעָה שְׁנַת פְּקֻדָּתָם
יג נְאֻם־יְהוָה: וּבִנְבִיאֵי שֹׁמְרוֹן רָאִיתִי תִפְלָה
יד הִנַּבְּאוּ בַבַּעַל וַיַּתְעוּ אֶת־עַמִּי אֶת־יִשְׂרָאֵל: וּבִנְבִאֵי יְרוּשָׁלִַם
רָאִיתִי שַׁעֲרוּרָה נָאוֹף וְהָלֹךְ בַּשֶּׁקֶר וְחִזְּקוּ יְדֵי מְרֵעִים
לְבִלְתִּי־שָׁבוּ אִישׁ מֵרָעָתוֹ הָיוּ־לִי כֻלָּם כִּסְדֹם וְיֹשְׁבֶיהָ
טו כַּעֲמֹרָה: לָכֵן כֹּה־אָמַר יְהוָה צְבָאוֹת עַל־
הַנְּבִאִים הִנְנִי מַאֲכִיל אוֹתָם לַעֲנָה וְהִשְׁקִתִים מֵי־רֹאשׁ כִּי מֵאֵת
טז נְבִיאֵי יְרוּשָׁלִַם יָצְאָה חֲנֻפָּה לְכָל־הָאָרֶץ: כֹּה־
אָמַר יְהוָה צְבָאוֹת אַל־תִּשְׁמְעוּ עַל־דִּבְרֵי הַנְּבִאִים הַנִּבְּאִים
לָכֶם מַהְבִּלִים הֵמָּה אֶתְכֶם חֲזוֹן לִבָּם יְדַבֵּרוּ לֹא מִפִּי יְהוָה:
יז אֹמְרִים אָמוֹר לִמְנַאֲצַי דִּבֶּר יְהוָה שָׁלוֹם יִהְיֶה לָכֶם וְכֹל
יח הֹלֵךְ בִּשְׁרִרוּת לִבּוֹ אָמְרוּ לֹא־תָבוֹא עֲלֵיכֶם רָעָה: כִּי מִי
עָמַד בְּסוֹד יְהוָה וְיֵרֶא וְיִשְׁמַע אֶת־דְּבָרוֹ מִי־הִקְשִׁיב דברי
יט וַיִּשְׁמָע: הִנֵּה ׀ סַעֲרַת יְהוָה חֵמָה יָצְאָה וְסַעַר
כ מִתְחוֹלֵל עַל רֹאשׁ רְשָׁעִים יָחוּל: לֹא יָשׁוּב אַף־יְהוָה עַד־
עֲשֹׂתוֹ וְעַד־הֲקִימוֹ מְזִמּוֹת לִבּוֹ בְּאַחֲרִית הַיָּמִים תִּתְבּוֹנְנוּ בָהּ
כא בִּינָה: לֹא־שָׁלַחְתִּי אֶת־הַנְּבִאִים וְהֵם רָצוּ לֹא־דִבַּרְתִּי אֲלֵיהֶם
כב וְהֵם נִבָּאוּ: וְאִם־עָמְדוּ בְּסוֹדִי וְיַשְׁמִעוּ דְבָרַי אֶת־עַמִּי וִישִׁבוּם
כג מִדַּרְכָּם הָרָע וּמֵרֹעַ מַעַלְלֵיהֶם: הַאֱלֹהֵי מִקָּרֹב

דְּבָרוֹ

נבואת "הנה סערת ה' חמה יצאה" ירמיה ל, כג-כד

כד אָנִי נְאֻם־יְהוָה וְלֹא אֱלֹהֵי מֵרָחֹק: אִם־יִסָּתֵר אִישׁ בַּמִּסְתָּרִים
וַאֲנִי לֹא־אֶרְאֶנּוּ נְאֻם־יְהוָה הֲלוֹא אֶת־הַשָּׁמַיִם וְאֶת־הָאָרֶץ
כה אֲנִי מָלֵא נְאֻם־יְהוָה: שָׁמַעְתִּי אֵת אֲשֶׁר־אָמְרוּ הַנְּבִאִים
כו הַנִּבְּאִים בִּשְׁמִי שֶׁקֶר לֵאמֹר חָלַמְתִּי חָלָמְתִּי: עַד־מָתַי הֲיֵשׁ
כז בְּלֵב הַנְּבִאִים נִבְּאֵי הַשָּׁקֶר וּנְבִיאֵי תַּרְמִת לִבָּם: הַחֹשְׁבִים
לְהַשְׁכִּיחַ אֶת־עַמִּי שְׁמִי בַּחֲלוֹמֹתָם אֲשֶׁר יְסַפְּרוּ אִישׁ לְרֵעֵהוּ
כח כַּאֲשֶׁר שָׁכְחוּ אֲבוֹתָם אֶת־שְׁמִי בַּבָּעַל: הַנָּבִיא אֲשֶׁר־אִתּוֹ
חֲלוֹם יְסַפֵּר חֲלוֹם וַאֲשֶׁר דְּבָרִי אִתּוֹ יְדַבֵּר דְּבָרִי אֱמֶת מַה־
כט לַתֶּבֶן אֶת־הַבָּר נְאֻם־יְהוָה: הֲלוֹא כֹה דְבָרִי כָּאֵשׁ נְאֻם־יְהוָה
ל וּכְפַטִּישׁ יְפֹצֵץ סָלַע: לָכֵן הִנְנִי עַל־הַנְּבִאִים נְאֻם־יְהוָה מְגַנְּבֵי
לא דְבָרַי אִישׁ מֵאֵת רֵעֵהוּ: הִנְנִי עַל־הַנְּבִיאִם נְאֻם־יְהוָה הַלֹּקְחִים
לב לְשׁוֹנָם וַיִּנְאֲמוּ נְאֻם: הִנְנִי עַל־נִבְּאֵי חֲלֹמוֹת שֶׁקֶר נְאֻם־יְהוָה
וַיְסַפְּרוּם וַיַּתְעוּ אֶת־עַמִּי בְּשִׁקְרֵיהֶם וּבְפַחֲזוּתָם וְאָנֹכִי לֹא־
שְׁלַחְתִּים וְלֹא צִוִּיתִים וְהוֹעֵיל לֹא־יוֹעִילוּ לָעָם־הַזֶּה נְאֻם־יְהוָה:
לג וְכִי־יִשְׁאָלְךָ הָעָם הַזֶּה אוֹ־הַנָּבִיא אוֹ־כֹהֵן לֵאמֹר מַה־מַּשָּׂא
יְהוָה וְאָמַרְתָּ אֲלֵיהֶם אֶת־מַה־מַּשָּׂא וְנָטַשְׁתִּי אֶתְכֶם נְאֻם־
לד יְהוָה: וְהַנָּבִיא וְהַכֹּהֵן וְהָעָם אֲשֶׁר יֹאמַר מַשָּׂא יְהוָה וּפָקַדְתִּי
לה עַל־הָאִישׁ הַהוּא וְעַל־בֵּיתוֹ: כֹּה תֹאמְרוּ אִישׁ עַל־רֵעֵהוּ וְאִישׁ
לו אֶל־אָחִיו מֶה־עָנָה יְהוָה וּמַה־דִּבֶּר יְהוָה: וּמַשָּׂא יְהוָה לֹא
תִזְכְּרוּ־עוֹד כִּי הַמַּשָּׂא יִהְיֶה לְאִישׁ דְּבָרוֹ וַהֲפַכְתֶּם אֶת־דִּבְרֵי
לז אֱלֹהִים חַיִּים יְהוָה צְבָאוֹת אֱלֹהֵינוּ: כֹּה תֹאמַר אֶל־הַנָּבִיא
לח מֶה־עָנָךְ יְהוָה וּמַה־דִּבֶּר יְהוָה: וְאִם־מַשָּׂא יְהוָה תֹּאמֵרוּ לָכֵן
כֹּה אָמַר יְהוָה יַעַן אֲמָרְכֶם אֶת־הַדָּבָר הַזֶּה מַשָּׂא יְהוָה
לט וָאֶשְׁלַח אֲלֵיכֶם לֵאמֹר לֹא תֹאמְרוּ מַשָּׂא יְהוָה: לָכֵן הִנְנִי
וְנָשִׁיתִי אֶתְכֶם נָשֹׁא וְנָטַשְׁתִּי אֶתְכֶם וְאֶת־הָעִיר אֲשֶׁר נָתַתִּי
מ לָכֶם וְלַאֲבוֹתֵיכֶם מֵעַל פָּנָי: וְנָתַתִּי עֲלֵיכֶם חֶרְפַּת עוֹלָם וּכְלִמּוּת
כד א עוֹלָם אֲשֶׁר לֹא תִשָּׁכֵחַ: הִרְאַנִי יְהוָה וְהִנֵּה שְׁנֵי

גלות יהויכין
מל״ב כד, י–טז
ירמיה נב, כח
דה״ב לו, י

דּוּדָאֵי תְאֵנִים מוּעָדִים לִפְנֵי הֵיכַל יהוה אַחֲרֵי הַגְלוֹת
נְבוּכַדְרֶאצַּר מֶלֶךְ־בָּבֶל אֶת־יְכָנְיָהוּ בֶן־יְהוֹיָקִים מֶלֶךְ־יְהוּדָה
וְאֶת־שָׂרֵי יְהוּדָה וְאֶת־הֶחָרָשׁ וְאֶת־הַמַּסְגֵּר מִירוּשָׁלַ͏ִם
ב וַיְבִאֵם בָּבֶל׃ הַדּוּד אֶחָד תְּאֵנִים טֹבוֹת מְאֹד כִּתְאֵנֵי
הַבַּכֻּרוֹת וְהַדּוּד אֶחָד תְּאֵנִים רָעוֹת מְאֹד אֲשֶׁר לֹא־תֵאָכַלְנָה
ג מֵרֹעַ׃ וַיֹּאמֶר יהוה אֵלַי מָה־אַתָּה רֹאֶה יִרְמְיָהוּ
וָאֹמַר תְּאֵנִים הַתְּאֵנִים הַטֹּבוֹת טֹבוֹת מְאֹד וְהָרָעוֹת רָעוֹת
ד מְאֹד אֲשֶׁר לֹא־תֵאָכַלְנָה מֵרֹעַ׃ וַיְהִי דְבַר־
ה יהוה אֵלַי לֵאמֹר׃ כֹּה־אָמַר יהוה אֱלֹהֵי יִשְׂרָאֵל כַּתְּאֵנִים
הַטֹּבוֹת הָאֵלֶּה כֵּן אַכִּיר אֶת־גָּלוּת יְהוּדָה אֲשֶׁר שִׁלַּחְתִּי מִן־
ו הַמָּקוֹם הַזֶּה אֶרֶץ כַּשְׂדִּים לְטוֹבָה׃ וְשַׂמְתִּי עֵינִי עֲלֵיהֶם לְטוֹבָה
וַהֲשִׁבֹתִים עַל־הָאָרֶץ הַזֹּאת וּבְנִיתִים וְלֹא אֶהֱרֹס וּנְטַעְתִּים
ז וְלֹא אֶתּוֹשׁ׃ וְנָתַתִּי לָהֶם לֵב לָדַעַת אֹתִי כִּי אֲנִי יהוה וְהָיוּ־ יג
לִי לְעָם וְאָנֹכִי אֶהְיֶה לָהֶם לֵאלֹהִים כִּי־יָשֻׁבוּ אֵלַי בְּכָל־
ח לִבָּם׃ וְכַתְּאֵנִים הָרָעוֹת אֲשֶׁר לֹא־תֵאָכַלְנָה
מֵרֹעַ כִּי־כֹה ׀ אָמַר יהוה כֵּן אֶתֵּן אֶת־צִדְקִיָּהוּ מֶלֶךְ־יְהוּדָה
וְאֶת־שָׂרָיו וְאֵת ׀ שְׁאֵרִית יְרוּשָׁלַ͏ִם הַנִּשְׁאָרִים בָּאָרֶץ הַזֹּאת
ט וְהַיֹּשְׁבִים בְּאֶרֶץ מִצְרָיִם׃ וּנְתַתִּים לזועה לְרָעָה לְכֹל לְזַעֲוָה
מַמְלְכוֹת הָאָרֶץ לְחֶרְפָּה וּלְמָשָׁל לִשְׁנִינָה וְלִקְלָלָה בְּכָל־
י הַמְּקֹמוֹת אֲשֶׁר־אַדִּיחֵם שָׁם׃ וְשִׁלַּחְתִּי בָם אֶת־הַחֶרֶב אֶת־
הָרָעָב וְאֶת־הַדָּבֶר עַד־תֻּמָּם מֵעַל הָאֲדָמָה אֲשֶׁר־נָתַתִּי לָהֶם
כה א וְלַאֲבוֹתֵיהֶם׃ הַדָּבָר אֲשֶׁר־הָיָה עַל־יִרְמְיָהוּ
עַל־כָּל־עַם יְהוּדָה בַּשָּׁנָה הָרְבִעִית לִיהוֹיָקִים בֶּן־יֹאשִׁיָּהוּ
מֶלֶךְ יְהוּדָה הִיא הַשָּׁנָה הָרִאשֹׁנִית לִנְבוּכַדְרֶאצַּר מֶלֶךְ בָּבֶל׃
ב אֲשֶׁר דִּבֶּר יִרְמְיָהוּ הַנָּבִיא עַל־כָּל־עַם יְהוּדָה וְאֶל כָּל־יֹשְׁבֵי
ג יְרוּשָׁלַ͏ִם לֵאמֹר׃ מִן־שְׁלֹשׁ עֶשְׂרֵה שָׁנָה לְיֹאשִׁיָּהוּ בֶן־אָמוֹן
מֶלֶךְ יְהוּדָה וְעַד ׀ הַיּוֹם הַזֶּה זֶה שָׁלֹשׁ וְעֶשְׂרִים שָׁנָה הָיָה

דְּבַר־יְהוָה אֵלַי וָאֲדַבֵּר אֲלֵיכֶם אַשְׁכֵּים וְדַבֵּר וְלֹא שְׁמַעְתֶּם׃
ד וְשָׁלַח יְהוָה אֲלֵיכֶם אֶת־כָּל־עֲבָדָיו הַנְּבִאִים הַשְׁכֵּם וְשָׁלֹחַ וְלֹא
ה שְׁמַעְתֶּם וְלֹא־הִטִּיתֶם אֶת־אָזְנְכֶם לִשְׁמֹעַ׃ לֵאמֹר שֽׁוּבוּ־נָא
אִישׁ מִדַּרְכּוֹ הָרָעָה וּמֵרֹעַ מַעַלְלֵיכֶם וּשְׁבוּ עַל־הָאֲדָמָה אֲשֶׁר
ו נָתַן יְהוָה לָכֶם וְלַאֲבוֹתֵיכֶם לְמִן־עוֹלָם וְעַד־עוֹלָם׃ וְאַל־
תֵּלְכוּ אַחֲרֵי אֱלֹהִים אֲחֵרִים לְעָבְדָם וּלְהִשְׁתַּחֲוֺת לָהֶם
ז וְלֹא־תַכְעִיסוּ אוֹתִי בְּמַעֲשֵׂה יְדֵיכֶם וְלֹא אָרַע לָכֶם׃ וְלֹא־
שְׁמַעְתֶּם אֵלַי נְאֻם־יְהוָה לְמַעַן הכעסוני בְּמַעֲשֵׂה יְדֵיכֶם לְרַע הַכְעִיסֵנִי
ח לָכֶם׃ לָכֵן כֹּה אָמַר יְהוָה צְבָאוֹת יַעַן אֲשֶׁר לֹא־
ט שְׁמַעְתֶּם אֶת־דְּבָרָי׃ הִנְנִי שֹׁלֵחַ וְלָקַחְתִּי אֶת־כָּל־מִשְׁפְּחוֹת
צָפוֹן נְאֻם־יְהוָה וְאֶל־נְבוּכַדְרֶאצַּר מֶלֶךְ־בָּבֶל עַבְדִּי וַהֲבִאֹתִים
עַל־הָאָרֶץ הַזֹּאת וְעַל־יֹשְׁבֶיהָ וְעַל כָּל־הַגּוֹיִם הָאֵלֶּה סָבִיב
וְהַחֲרַמְתִּים וְשַׂמְתִּים לְשַׁמָּה וְלִשְׁרֵקָה וּלְחָרְבוֹת עוֹלָם׃
י וְהַאֲבַדְתִּי מֵהֶם קוֹל שָׂשׂוֹן וְקוֹל שִׂמְחָה קוֹל חָתָן וְקוֹל כַּלָּה
יא קוֹל רֵחַיִם וְאוֹר נֵר׃ וְהָיְתָה כָּל־הָאָרֶץ הַזֹּאת לְחָרְבָּה לְשַׁמָּה
יב וְעָבְדוּ הַגּוֹיִם הָאֵלֶּה אֶת־מֶלֶךְ בָּבֶל שִׁבְעִים שָׁנָה׃ וְהָיָה
כִמְלֹאות שִׁבְעִים שָׁנָה אֶפְקֹד עַל־מֶלֶךְ־בָּבֶל וְעַל־הַגּוֹי הַהוּא
נְאֻם־יְהוָה אֶת־עֲוֺנָם וְעַל־אֶרֶץ כַּשְׂדִּים וְשַׂמְתִּי אֹתוֹ
יג לְשִׁמְמוֹת עוֹלָם׃ והבאותי עַל־הָאָרֶץ הַהִיא אֶת־כָּל־דְּבָרַי וְהֵבֵאתִי
אֲשֶׁר־דִּבַּרְתִּי עָלֶיהָ אֵת כָּל־הַכָּתוּב בַּסֵּפֶר הַזֶּה אֲשֶׁר־ נבואות ירמיהו על בבל ירמיה נ–נא
יד נִבָּא יִרְמְיָהוּ עַל־כָּל־הַגּוֹיִם׃ כִּי עָבְדוּ־בָם גַּם־הֵמָּה גּוֹיִם
רַבִּים וּמְלָכִים גְּדוֹלִים וְשִׁלַּמְתִּי לָהֶם כְּפָעֳלָם וּכְמַעֲשֵׂה
טו יְדֵיהֶם׃ כִּי כֹה אָמַר יְהוָה אֱלֹהֵי יִשְׂרָאֵל אֵלַי
קַח אֶת־כּוֹס הַיַּיִן הַחֵמָה הַזֹּאת מִיָּדִי וְהִשְׁקִיתָה אֹתוֹ אֶת־
טז כָּל־הַגּוֹיִם אֲשֶׁר אָנֹכִי שֹׁלֵחַ אוֹתְךָ אֲלֵיהֶם׃ וְשָׁתוּ וְהִתְגֹּעֲשׁוּ
יז וְהִתְהֹלְלוּ מִפְּנֵי הַחֶרֶב אֲשֶׁר אָנֹכִי שֹׁלֵחַ בֵּינֹתָם׃ וָאֶקַּח אֶת־
הַכּוֹס מִיַּד יְהוָה וָאַשְׁקֶה אֶת־כָּל־הַגּוֹיִם אֲשֶׁר־שְׁלָחַנִי יְהוָה

יח אֲלֵיהֶם: אֶת־יְרוּשָׁלִַם וְאֶת־עָרֵי יְהוּדָה וְאֶת־מְלָכֶיהָ אֶת־
שָׂרֶיהָ לָתֵת אֹתָם לְחָרְבָּה לְשַׁמָּה לִשְׁרֵקָה וְלִקְלָלָה כַּיּוֹם הַזֶּה:
יט אֶת־פַּרְעֹה מֶלֶךְ־מִצְרַיִם וְאֶת־עֲבָדָיו וְאֶת־שָׂרָיו וְאֶת־כָּל־
כ עַמּוֹ: וְאֵת כָּל־הָעֶרֶב וְאֵת כָּל־מַלְכֵי אֶרֶץ הָעוּץ וְאֵת כָּל־
מַלְכֵי אֶרֶץ פְּלִשְׁתִּים וְאֶת־אַשְׁקְלוֹן וְאֶת־עַזָּה וְאֶת־עֶקְרוֹן
כא וְאֵת שְׁאֵרִית אַשְׁדּוֹד: אֶת־אֱדוֹם וְאֶת־מוֹאָב וְאֶת־בְּנֵי עַמּוֹן:
כב וְאֵת כָּל־מַלְכֵי צֹר וְאֵת כָּל־מַלְכֵי צִידוֹן וְאֵת מַלְכֵי הָאִי אֲשֶׁר
כג בְּעֵבֶר הַיָּם: אֶת־דְּדָן וְאֶת־תֵּימָא וְאֶת־בּוּז וְאֵת כָּל־קְצוּצֵי
כד פֵאָה: וְאֵת כָּל־מַלְכֵי עֲרָב וְאֵת כָּל־מַלְכֵי הָעֶרֶב הַשֹּׁכְנִים
כה בַּמִּדְבָּר: וְאֵת ׀ כָּל־מַלְכֵי זִמְרִי וְאֵת כָּל־מַלְכֵי עֵילָם וְאֵת כָּל־
כו מַלְכֵי מָדָי: וְאֵת ׀ כָּל־מַלְכֵי הַצָּפוֹן הַקְּרֹבִים וְהָרְחֹקִים אִישׁ
אֶל־אָחִיו וְאֵת כָּל־הַמַּמְלְכוֹת הָאָרֶץ אֲשֶׁר עַל־פְּנֵי הָאֲדָמָה
כז וּמֶלֶךְ שֵׁשַׁךְ יִשְׁתֶּה אַחֲרֵיהֶם: וְאָמַרְתָּ אֲלֵיהֶם כֹּה־אָמַר יְהוָה
צְבָאוֹת אֱלֹהֵי יִשְׂרָאֵל שְׁתוּ וְשִׁכְרוּ וּקְיוּ וְנִפְלוּ וְלֹא תָקוּמוּ מִפְּנֵי
כח הַחֶרֶב אֲשֶׁר אָנֹכִי שֹׁלֵחַ בֵּינֵיכֶם: וְהָיָה כִּי יְמָאֲנוּ לָקַחַת־הַכּוֹס
מִיָּדְךָ לִשְׁתּוֹת וְאָמַרְתָּ אֲלֵיהֶם כֹּה אָמַר יְהוָה צְבָאוֹת שָׁתוֹ
כט תִשְׁתּוּ: כִּי הִנֵּה בָעִיר אֲשֶׁר־נִקְרָא שְׁמִי עָלֶיהָ אָנֹכִי מֵחֵל
לְהָרַע וְאַתֶּם הִנָּקֵה תִנָּקוּ לֹא תִנָּקוּ כִּי חֶרֶב אֲנִי קֹרֵא עַל־
ל כָּל־יֹשְׁבֵי הָאָרֶץ נְאֻם יְהוָה צְבָאוֹת: וְאַתָּה תִּנָּבֵא אֲלֵיהֶם אֵת
כָּל־הַדְּבָרִים הָאֵלֶּה וְאָמַרְתָּ אֲלֵיהֶם יְהוָה מִמָּרוֹם יִשְׁאָג
וּמִמְּעוֹן קָדְשׁוֹ יִתֵּן קוֹלוֹ שָׁאֹג יִשְׁאַג עַל־נָוֵהוּ הֵידָד כְּדֹרְכִים
לא יַעֲנֶה אֶל כָּל־יֹשְׁבֵי הָאָרֶץ: בָּא שָׁאוֹן עַד־קְצֵה הָאָרֶץ כִּי רִיב
לַיהוָה בַּגּוֹיִם נִשְׁפָּט הוּא לְכָל־בָּשָׂר הָרְשָׁעִים נְתָנָם לַחֶרֶב
לב נְאֻם־יְהוָה: כֹּה אָמַר יְהוָה צְבָאוֹת הִנֵּה רָעָה
לג יֹצֵאת מִגּוֹי אֶל־גּוֹי וְסַעַר גָּדוֹל יֵעוֹר מִיַּרְכְּתֵי־אָרֶץ: וְהָיוּ חַלְלֵי
יְהוָה בַּיּוֹם הַהוּא מִקְצֵה הָאָרֶץ וְעַד־קְצֵה הָאָרֶץ לֹא יִסָּפְדוּ
לד וְלֹא יֵאָסְפוּ וְלֹא יִקָּבֵרוּ לְדֹמֶן עַל־פְּנֵי הָאֲדָמָה יִהְיוּ: הֵילִילוּ

הָרֹעִים וְזַעֲקוּ וְהִתְפַּלְּשׁוּ אַדִּירֵי הַצֹּאן כִּי־מָלְאוּ יְמֵיכֶם לִטְבוֹחַ
לה וּתְפוֹצוֹתִיכֶם וּנְפַלְתֶּם כִּכְלִי חֶמְדָּה׃ וְאָבַד מָנוֹס מִן־הָרֹעִים
לו וּפְלֵיטָה מֵאַדִּירֵי הַצֹּאן׃ קוֹל צַעֲקַת הָרֹעִים וִילְלַת אַדִּירֵי
לז הַצֹּאן כִּי־שֹׁדֵד יְהוָה אֶת־מַרְעִיתָם׃ וְנָדַמּוּ נְאוֹת הַשָּׁלוֹם מִפְּנֵי
לח חֲרוֹן אַף־יְהוָה׃ עָזַב כַּכְּפִיר סֻכּוֹ כִּי־הָיְתָה אַרְצָם לְשַׁמָּה מִפְּנֵי
כו א חֲרוֹן הַיּוֹנָה וּמִפְּנֵי חֲרוֹן אַפּוֹ׃ בְּרֵאשִׁית מַמְלְכוּת יד
יְהוֹיָקִים בֶּן־יֹאשִׁיָּהוּ מֶלֶךְ יְהוּדָה הָיָה הַדָּבָר הַזֶּה מֵאֵת יְהוָה
ב לֵאמֹר׃ כֹּה ׀ אָמַר יְהוָה עֲמֹד בַּחֲצַר בֵּית־יְהוָה וְדִבַּרְתָּ עַל־
כָּל־עָרֵי יְהוּדָה הַבָּאִים לְהִשְׁתַּחֲוֺת בֵּית־יְהוָה אֵת כָּל־
ג הַדְּבָרִים אֲשֶׁר צִוִּיתִיךָ לְדַבֵּר אֲלֵיהֶם אַל־תִּגְרַע דָּבָר׃ אוּלַי
יִשְׁמְעוּ וְיָשֻׁבוּ אִישׁ מִדַּרְכּוֹ הָרָעָה וְנִחַמְתִּי אֶל־הָרָעָה אֲשֶׁר
ד אָנֹכִי חֹשֵׁב לַעֲשׂוֹת לָהֶם מִפְּנֵי רֹעַ מַעַלְלֵיהֶם׃ וְאָמַרְתָּ אֲלֵיהֶם
כֹּה אָמַר יְהוָה אִם־לֹא תִשְׁמְעוּ אֵלַי לָלֶכֶת בְּתוֹרָתִי אֲשֶׁר
ה נָתַתִּי לִפְנֵיכֶם׃ לִשְׁמֹעַ עַל־דִּבְרֵי עֲבָדַי הַנְּבִאִים אֲשֶׁר אָנֹכִי
ו שֹׁלֵחַ אֲלֵיכֶם וְהַשְׁכֵּם וְשָׁלֹחַ וְלֹא שְׁמַעְתֶּם׃ וְנָתַתִּי אֶת־
הַבַּיִת הַזֶּה כְּשִׁלֹה וְאֶת־הָעִיר הזאתה אֶתֵּן לִקְלָלָה לְכֹל גּוֹיֵי הַזֹּאת
ז הָאָרֶץ׃ וַיִּשְׁמְעוּ הַכֹּהֲנִים וְהַנְּבִאִים וְכָל־הָעָם
ח אֶת־יִרְמְיָהוּ מְדַבֵּר אֶת־הַדְּבָרִים הָאֵלֶּה בְּבֵית יְהוָה׃ וַיְהִי ׀
כְּכַלּוֹת יִרְמְיָהוּ לְדַבֵּר אֵת כָּל־אֲשֶׁר־צִוָּה יְהוָה לְדַבֵּר אֶל־כָּל־
הָעָם וַיִּתְפְּשׂוּ אֹתוֹ הַכֹּהֲנִים וְהַנְּבִיאִים וְכָל־הָעָם לֵאמֹר מוֹת
ט תָּמוּת׃ מַדּוּעַ נִבֵּיתָ בְשֵׁם־יְהוָה לֵאמֹר כְּשִׁלוֹ יִהְיֶה הַבַּיִת הַזֶּה
וְהָעִיר הַזֹּאת תֶּחֱרַב מֵאֵין יוֹשֵׁב וַיִּקָּהֵל כָּל־הָעָם אֶל־יִרְמְיָהוּ
י בְּבֵית יְהוָה׃ וַיִּשְׁמְעוּ ׀ שָׂרֵי יְהוּדָה אֵת הַדְּבָרִים הָאֵלֶּה וַיַּעֲלוּ
מִבֵּית־הַמֶּלֶךְ בֵּית יְהוָה וַיֵּשְׁבוּ בְּפֶתַח שַׁעַר־יְהוָה הֶחָדָשׁ׃
יא וַיֹּאמְרוּ הַכֹּהֲנִים וְהַנְּבִאִים אֶל־הַשָּׂרִים וְאֶל־כָּל־הָעָם לֵאמֹר
מִשְׁפַּט־מָוֶת לָאִישׁ הַזֶּה כִּי נִבָּא אֶל־הָעִיר הַזֹּאת כַּאֲשֶׁר
יב שְׁמַעְתֶּם בְּאָזְנֵיכֶם׃ וַיֹּאמֶר יִרְמְיָהוּ אֶל־כָּל־הַשָּׂרִים וְאֶל־כָּל־

הָעָם לֵאמֹר יְהוָה שְׁלָחַנִי לְהִנָּבֵא אֶל־הַבַּיִת הַזֶּה וְאֶל־הָעִיר
הַזֹּאת אֵת כָּל־הַדְּבָרִים אֲשֶׁר שְׁמַעְתֶּם׃ וְעַתָּה הֵיטִיבוּ יג
דַרְכֵיכֶם וּמַעַלְלֵיכֶם וְשִׁמְעוּ בְּקוֹל יְהוָה אֱלֹהֵיכֶם וְיִנָּחֵם יְהוָה
אֶל־הָרָעָה אֲשֶׁר דִּבֶּר עֲלֵיכֶם׃ וַאֲנִי הִנְנִי בְיֶדְכֶם עֲשׂוּ־לִי כַּטּוֹב יד
וְכַיָּשָׁר בְּעֵינֵיכֶם׃ אַךְ ׀ יָדֹעַ תֵּדְעוּ כִּי אִם־מְמִתִים אַתֶּם אֹתִי טו
כִּי־דָם נָקִי אַתֶּם נֹתְנִים עֲלֵיכֶם וְאֶל־הָעִיר הַזֹּאת וְאֶל־יֹשְׁבֶיהָ
כִּי בֶאֱמֶת שְׁלָחַנִי יְהוָה עֲלֵיכֶם לְדַבֵּר בְּאָזְנֵיכֶם אֵת כָּל־
הַדְּבָרִים הָאֵלֶּה׃ וַיֹּאמְרוּ הַשָּׂרִים וְכָל־הָעָם טז
אֶל־הַכֹּהֲנִים וְאֶל־הַנְּבִיאִים אֵין־לָאִישׁ הַזֶּה מִשְׁפַּט־מָוֶת כִּי
בְּשֵׁם יְהוָה אֱלֹהֵינוּ דִּבֶּר אֵלֵינוּ׃ וַיָּקֻמוּ אֲנָשִׁים מִזִּקְנֵי הָאָרֶץ יז
מִיכָה וַיֹּאמְרוּ אֶל־כָּל־קְהַל הָעָם לֵאמֹר׃ מִיכִיָה הַמּוֹרַשְׁתִּי הָיָה נִבָּא יח
נבואת "ציון שדה תחרש" מיכה ג, יב
בִּימֵי חִזְקִיָּהוּ מֶלֶךְ־יְהוּדָה וַיֹּאמֶר אֶל־כָּל־עַם יְהוּדָה לֵאמֹר
כֹּה־אָמַר ׀ יְהוָה צְבָאוֹת צִיּוֹן שָׂדֶה תֵחָרֵשׁ וִירוּשָׁלַיִם עִיִּים
תִּהְיֶה וְהַר הַבַּיִת לְבָמוֹת יָעַר׃ הֶהָמֵת הֱמִתֻהוּ חִזְקִיָּהוּ מֶלֶךְ־ יט
יְהוּדָה וְכָל־יְהוּדָה הֲלֹא יָרֵא אֶת־יְהוָה וַיְחַל אֶת־פְּנֵי יְהוָה
וַיִּנָּחֶם יְהוָה אֶל־הָרָעָה אֲשֶׁר־דִּבֶּר עֲלֵיהֶם וַאֲנַחְנוּ עֹשִׂים רָעָה
גְדוֹלָה עַל־נַפְשׁוֹתֵינוּ׃ וְגַם־אִישׁ הָיָה מִתְנַבֵּא בְּשֵׁם יְהוָה כ
אוּרִיָּהוּ בֶּן־שְׁמַעְיָהוּ מִקִּרְיַת הַיְּעָרִים וַיִּנָּבֵא עַל־הָעִיר הַזֹּאת
וְעַל־הָאָרֶץ הַזֹּאת כְּכֹל דִּבְרֵי יִרְמְיָהוּ׃ וַיִּשְׁמַע הַמֶּלֶךְ יְהוֹיָקִים כא
וְכָל־גִּבּוֹרָיו וְכָל־הַשָּׂרִים אֶת־דְּבָרָיו וַיְבַקֵּשׁ הַמֶּלֶךְ הֲמִיתוֹ
וַיִּשְׁמַע אוּרִיָּהוּ וַיִּרָא וַיִּבְרַח וַיָּבֹא מִצְרָיִם׃ וַיִּשְׁלַח הַמֶּלֶךְ כב
יְהוֹיָקִים אֲנָשִׁים מִצְרָיִם אֶת־אֶלְנָתָן בֶּן־עַכְבּוֹר וַאֲנָשִׁים אִתּוֹ
אֶל־מִצְרָיִם׃ וַיּוֹצִיאוּ אֶת־אוּרִיָּהוּ מִמִּצְרַיִם וַיְבִאֻהוּ אֶל־הַמֶּלֶךְ כג
יְהוֹיָקִים וַיַּכֵּהוּ בֶּחָרֶב וַיַּשְׁלֵךְ אֶת־נִבְלָתוֹ אֶל־קִבְרֵי בְּנֵי הָעָם׃
אַךְ יַד אֲחִיקָם בֶּן־שָׁפָן הָיְתָה אֶת־יִרְמְיָהוּ לְבִלְתִּי תֵּת־אֹתוֹ כד
בְיַד־הָעָם לַהֲמִיתוֹ׃ בְּרֵאשִׁית מַמְלְכֻת יְהוֹיָקִם כז א
בֶּן־יֹאושִׁיָּהוּ מֶלֶךְ יְהוּדָה הָיָה הַדָּבָר הַזֶּה אֶל־יִרְמְיָה מֵאֵת

ב יְהוָה לֵאמֹר: כֹּה־אָמַר יְהוָה אֵלַי עֲשֵׂה לְךָ מוֹסֵרוֹת וּמֹטוֹת
ג וּנְתַתָּם עַל־צַוָּארֶךָ: וְשִׁלַּחְתָּם אֶל־מֶלֶךְ אֱדוֹם וְאֶל־מֶלֶךְ
מוֹאָב וְאֶל־מֶלֶךְ בְּנֵי עַמּוֹן וְאֶל־מֶלֶךְ צֹר וְאֶל־מֶלֶךְ צִידוֹן בְּיַד
ד מַלְאָכִים הַבָּאִים יְרוּשָׁלִַם אֶל־צִדְקִיָּהוּ מֶלֶךְ יְהוּדָה: וְצִוִּיתָ
אֹתָם אֶל־אֲדֹנֵיהֶם לֵאמֹר כֹּה־אָמַר יְהוָה צְבָאוֹת אֱלֹהֵי
ה יִשְׂרָאֵל כֹּה תֹאמְרוּ אֶל־אֲדֹנֵיכֶם: אָנֹכִי עָשִׂיתִי אֶת־הָאָרֶץ טו
אֶת־הָאָדָם וְאֶת־הַבְּהֵמָה אֲשֶׁר עַל־פְּנֵי הָאָרֶץ בְּכֹחִי הַגָּדוֹל
ו וּבִזְרוֹעִי הַנְּטוּיָה וּנְתַתִּיהָ לַאֲשֶׁר יָשַׁר בְּעֵינָי: וְעַתָּה אָנֹכִי נָתַתִּי
אֶת־כָּל־הָאֲרָצוֹת הָאֵלֶּה בְּיַד נְבוּכַדְנֶאצַּר מֶלֶךְ־בָּבֶל עַבְדִּי
ז וְגַם אֶת־חַיַּת הַשָּׂדֶה נָתַתִּי לוֹ לְעָבְדוֹ: וְעָבְדוּ אֹתוֹ כָּל־הַגּוֹיִם
וְאֶת־בְּנוֹ וְאֶת־בֶּן־בְּנוֹ עַד בֹּא־עֵת אַרְצוֹ גַּם־הוּא וְעָבְדוּ בוֹ
ח גּוֹיִם רַבִּים וּמְלָכִים גְּדֹלִים: וְהָיָה הַגּוֹי וְהַמַּמְלָכָה אֲשֶׁר לֹא־
יַעַבְדוּ אֹתוֹ אֶת־נְבוּכַדְנֶאצַּר מֶלֶךְ־בָּבֶל וְאֵת אֲשֶׁר לֹא־יִתֵּן
אֶת־צַוָּארוֹ בְּעֹל מֶלֶךְ בָּבֶל בַּחֶרֶב וּבָרָעָב וּבַדֶּבֶר אֶפְקֹד עַל־
ט הַגּוֹי הַהוּא נְאֻם־יְהוָה עַד־תֻּמִּי אֹתָם בְּיָדוֹ: וְאַתֶּם אַל־
תִּשְׁמְעוּ אֶל־נְבִיאֵיכֶם וְאֶל־קֹסְמֵיכֶם וְאֶל חֲלֹמֹתֵיכֶם וְאֶל־
עֹנְנֵיכֶם וְאֶל־כַּשָּׁפֵיכֶם אֲשֶׁר־הֵם אֹמְרִים אֲלֵיכֶם לֵאמֹר לֹא
י תַעַבְדוּ אֶת־מֶלֶךְ בָּבֶל: כִּי שֶׁקֶר הֵם נִבְּאִים לָכֶם לְמַעַן
יא הַרְחִיק אֶתְכֶם מֵעַל אַדְמַתְכֶם וְהִדַּחְתִּי אֶתְכֶם וַאֲבַדְתֶּם: וְהַגּוֹי
אֲשֶׁר יָבִיא אֶת־צַוָּארוֹ בְּעֹל מֶלֶךְ־בָּבֶל וַעֲבָדוֹ וְהִנַּחְתִּיו עַל־
יב אַדְמָתוֹ נְאֻם־יְהוָה וַעֲבָדָהּ וְיָשַׁב בָּהּ: וְאֶל־צִדְקִיָּה מֶלֶךְ־
יְהוּדָה דִּבַּרְתִּי כְּכָל־הַדְּבָרִים הָאֵלֶּה לֵאמֹר הָבִיאוּ אֶת־
יג צַוְּארֵיכֶם בְּעֹל ׀ מֶלֶךְ־בָּבֶל וְעִבְדוּ אֹתוֹ וְעַמּוֹ וִחְיוּ: לָמָּה תָמוּתוּ
אַתָּה וְעַמֶּךָ בַּחֶרֶב בָּרָעָב וּבַדָּבֶר כַּאֲשֶׁר דִּבֶּר יְהוָה אֶל־הַגּוֹי
יד אֲשֶׁר לֹא־יַעֲבֹד אֶת־מֶלֶךְ בָּבֶל: וְאַל־תִּשְׁמְעוּ אֶל־דִּבְרֵי
הַנְּבִאִים הָאֹמְרִים אֲלֵיכֶם לֵאמֹר לֹא תַעַבְדוּ אֶת־מֶלֶךְ בָּבֶל
טו כִּי שֶׁקֶר הֵם נִבְּאִים לָכֶם: כִּי לֹא שְׁלַחְתִּים נְאֻם־יְהוָה וְהֵם

נִבְּאִים בִּשְׁמִי לַשָּׁקֶר לְמַעַן הַדִּיחִי אֶתְכֶם וַאֲבַדְתֶּם אַתֶּם
טז וְהַנְּבִאִים הַנִּבְּאִים לָכֶם: וְאֶל־הַכֹּהֲנִים וְאֶל־כָּל־הָעָם הַזֶּה
דִּבַּרְתִּי לֵאמֹר כֹּה אָמַר יְהוָה אַל־תִּשְׁמְעוּ אֶל־דִּבְרֵי נְבִיאֵיכֶם
הַנִּבְּאִים לָכֶם לֵאמֹר הִנֵּה כְלֵי בֵית־יְהוָה מוּשָׁבִים מִבָּבֶלָה
יז עַתָּה מְהֵרָה כִּי שֶׁקֶר הֵמָּה נִבְּאִים לָכֶם: אַל־תִּשְׁמְעוּ אֲלֵיהֶם
עִבְדוּ אֶת־מֶלֶךְ בָּבֶל וִחְיוּ לָמָּה תִהְיֶה הָעִיר הַזֹּאת חָרְבָּה:
יח וְאִם־נְבִאִים הֵם וְאִם־יֵשׁ דְּבַר־יְהוָה אִתָּם יִפְגְּעוּ־נָא בַיהוָה
צְבָאוֹת לְבִלְתִּי־בֹאוּ הַכֵּלִים ׀ הַנּוֹתָרִים בְּבֵית־יְהוָה וּבֵית מֶלֶךְ
יט יְהוּדָה וּבִירוּשָׁלִַם בָּבֶלָה: כִּי כֹה אָמַר יְהוָה
צְבָאוֹת אֶל־הָעַמֻּדִים וְעַל־הַיָּם וְעַל־הַמְּכֹנוֹת וְעַל יֶתֶר הַכֵּלִים
כ הַנּוֹתָרִים בָּעִיר הַזֹּאת: אֲשֶׁר לֹא־לְקָחָם נְבוּכַדְנֶאצַּר מֶלֶךְ
בָּבֶל בַּגְלוֹתוֹ אֶת־יכוניה בֶן־יְהוֹיָקִים מֶלֶךְ־יְהוּדָה מִירוּשָׁלִַם

יְכָנְיָה

כא בָּבֶלָה וְאֵת כָּל־חֹרֵי יְהוּדָה וִירוּשָׁלִָם: כִּי כֹה
אָמַר יְהוָה צְבָאוֹת אֱלֹהֵי יִשְׂרָאֵל עַל־הַכֵּלִים הַנּוֹתָרִים בֵּית
כב יְהוָה וּבֵית מֶלֶךְ־יְהוּדָה וִירוּשָׁלִָם: בָּבֶלָה יוּבָאוּ וְשָׁמָּה יִהְיוּ עַד
יוֹם פָּקְדִי אֹתָם נְאֻם־יְהוָה וְהַעֲלִיתִים וַהֲשִׁיבֹתִים אֶל־הַמָּקוֹם
כח א הַזֶּה: וַיְהִי ׀ בַּשָּׁנָה הַהִיא בְּרֵאשִׁית מַמְלֶכֶת
צִדְקִיָּה מֶלֶךְ־יְהוּדָה בשנת הָרְבִעִית בַּחֹדֶשׁ הַחֲמִישִׁי אָמַר

בַּשָּׁנָה

אֵלַי חֲנַנְיָה בֶן־עַזּוּר הַנָּבִיא אֲשֶׁר מִגִּבְעוֹן בְּבֵית יְהוָה לְעֵינֵי
ב הַכֹּהֲנִים וְכָל־הָעָם לֵאמֹר: כֹּה־אָמַר יְהוָה צְבָאוֹת אֱלֹהֵי
ג יִשְׂרָאֵל לֵאמֹר שָׁבַרְתִּי אֶת־עֹל מֶלֶךְ בָּבֶל: בְּעוֹד ׀ שְׁנָתַיִם
יָמִים אֲנִי מֵשִׁיב אֶל־הַמָּקוֹם הַזֶּה אֶת־כָּל־כְּלֵי בֵּית יְהוָה
אֲשֶׁר לָקַח נְבוּכַדְנֶאצַּר מֶלֶךְ־בָּבֶל מִן־הַמָּקוֹם הַזֶּה וַיְבִיאֵם
ד בָּבֶל: וְאֶת־יְכָנְיָה בֶן־יְהוֹיָקִים מֶלֶךְ־יְהוּדָה וְאֶת־כָּל־גָּלוּת
יְהוּדָה הַבָּאִים בָּבֶלָה אֲנִי מֵשִׁיב אֶל־הַמָּקוֹם הַזֶּה נְאֻם־יְהוָה
ה כִּי אֶשְׁבֹּר אֶת־עֹל מֶלֶךְ בָּבֶל: וַיֹּאמֶר יִרְמְיָה הַנָּבִיא אֶל־
חֲנַנְיָה הַנָּבִיא לְעֵינֵי הַכֹּהֲנִים וּלְעֵינֵי כָּל־הָעָם הָעֹמְדִים בְּבֵית

כלי המקדש – נלקחים מירושלים ומושבים אליה
ירמיה נב, יז–כג
דניאל א, ב; ה, ב–ג
עזרא א, ז–יא; ה, יד–טו; ו, ה
דה"ב לו, יח

ו יְהוָה: וַיֹּאמֶר יִרְמְיָה הַנָּבִיא אָמֵן כֵּן יַעֲשֶׂה יְהוָה יָקֵם יְהוָה
אֶת־דְּבָרֶיךָ אֲשֶׁר נִבֵּאתָ לְהָשִׁיב כְּלֵי בֵית־יְהוָה וְכָל־הַגּוֹלָה
ז מִבָּבֶל אֶל־הַמָּקוֹם הַזֶּה: אַךְ שְׁמַע־נָא הַדָּבָר הַזֶּה אֲשֶׁר אָנֹכִי
ח דֹּבֵר בְּאָזְנֶיךָ וּבְאָזְנֵי כָּל־הָעָם: הַנְּבִיאִים אֲשֶׁר הָיוּ לְפָנַי וּלְפָנֶיךָ
מִן־הָעוֹלָם וַיִּנָּבְאוּ אֶל־אֲרָצוֹת רַבּוֹת וְעַל־מַמְלָכוֹת גְּדֹלוֹת
ט לְמִלְחָמָה וּלְרָעָה וּלְדָבֶר: הַנָּבִיא אֲשֶׁר יִנָּבֵא לְשָׁלוֹם בְּבֹא
י דְּבַר הַנָּבִיא יִוָּדַע הַנָּבִיא אֲשֶׁר־שְׁלָחוֹ יְהוָה בֶּאֱמֶת: וַיִּקַּח
חֲנַנְיָה הַנָּבִיא אֶת־הַמּוֹטָה מֵעַל צַוַּאר יִרְמְיָה הַנָּבִיא
יא וַיִּשְׁבְּרֵהוּ: וַיֹּאמֶר חֲנַנְיָה לְעֵינֵי כָל־הָעָם לֵאמֹר כֹּה אָמַר
יְהוָה כָּכָה אֶשְׁבֹּר אֶת־עֹל ׀ נְבֻכַדְנֶאצַּר מֶלֶךְ־בָּבֶל בְּעוֹד
שְׁנָתַיִם יָמִים מֵעַל צַוַּאר כָּל־הַגּוֹיִם וַיֵּלֶךְ יִרְמְיָה הַנָּבִיא
יב לְדַרְכּוֹ: וַיְהִי דְבַר־יְהוָה אֶל־יִרְמְיָה אַחֲרֵי
שְׁבוֹר חֲנַנְיָה הַנָּבִיא אֶת־הַמּוֹטָה מֵעַל צַוַּאר יִרְמְיָה הַנָּבִיא
יג לֵאמֹר: הָלוֹךְ וְאָמַרְתָּ אֶל־חֲנַנְיָה לֵאמֹר כֹּה אָמַר יְהוָה מוֹטֹת
יד עֵץ שָׁבָרְתָּ וְעָשִׂיתָ תַחְתֵּיהֶן מֹטוֹת בַּרְזֶל: כִּי כֹה־אָמַר יְהוָה
צְבָאוֹת אֱלֹהֵי יִשְׂרָאֵל עֹל בַּרְזֶל נָתַתִּי עַל־צַוַּאר ׀ כָּל־
הַגּוֹיִם הָאֵלֶּה לַעֲבֹד אֶת־נְבֻכַדְנֶאצַּר מֶלֶךְ־בָּבֶל וַעֲבָדֻהוּ
טו וְגַם אֶת־חַיַּת הַשָּׂדֶה נָתַתִּי לוֹ: וַיֹּאמֶר יִרְמְיָה הַנָּבִיא אֶל־
חֲנַנְיָה הַנָּבִיא שְׁמַע־נָא חֲנַנְיָה לֹא־שְׁלָחֲךָ יְהוָה וְאַתָּה
טז הִבְטַחְתָּ אֶת־הָעָם הַזֶּה עַל־שָׁקֶר: לָכֵן כֹּה אָמַר יְהוָה הִנְנִי
מְשַׁלֵּחֲךָ מֵעַל פְּנֵי הָאֲדָמָה הַשָּׁנָה אַתָּה מֵת כִּי־סָרָה
יז דִבַּרְתָּ אֶל־יְהוָה: וַיָּמָת חֲנַנְיָה הַנָּבִיא בַּשָּׁנָה הַהִיא בַּחֹדֶשׁ
כט א הַשְּׁבִיעִי: וְאֵלֶּה דִּבְרֵי הַסֵּפֶר אֲשֶׁר שָׁלַח יִרְמְיָה
הַנָּבִיא מִירוּשָׁלָםִ אֶל־יֶתֶר זִקְנֵי הַגּוֹלָה וְאֶל־הַכֹּהֲנִים וְאֶל־
הַנְּבִיאִים וְאֶל־כָּל־הָעָם אֲשֶׁר הֶגְלָה נְבוּכַדְנֶאצַּר מִירוּשָׁלַםִ
ב בָּבֶלָה: אַחֲרֵי צֵאת יְכָנְיָה־הַמֶּלֶךְ וְהַגְּבִירָה וְהַסָּרִיסִים שָׂרֵי
ג יְהוּדָה וִירוּשָׁלַםִ וְהֶחָרָשׁ וְהַמַּסְגֵּר מִירוּשָׁלָםִ: בְּיַד אֶלְעָשָׂה

גלות יהויכין
מל"ב כד, י–טז
ירמיה נב, כח
דה"ב לו, י

בֶּן־שָׁפָן וּגְמַרְיָה בֶּן־חִלְקִיָּה אֲשֶׁר שָׁלַח צִדְקִיָּה מֶלֶךְ־יְהוּדָה
ד אֶל־נְבוּכַדְנֶאצַּר מֶלֶךְ בָּבֶל בָּבֶלָה לֵאמֹר: כֹּה אָמַר יְהוָה
צְבָאוֹת אֱלֹהֵי יִשְׂרָאֵל לְכָל־הַגּוֹלָה אֲשֶׁר־הִגְלֵיתִי מִירוּשָׁלִַם
ה ו בָּבֶלָה: בְּנוּ בָתִּים וְשֵׁבוּ וְנִטְעוּ גַנּוֹת וְאִכְלוּ אֶת־פִּרְיָן: קְחוּ נָשִׁים
וְהוֹלִידוּ בָּנִים וּבָנוֹת וּקְחוּ לִבְנֵיכֶם נָשִׁים וְאֶת־בְּנוֹתֵיכֶם תְּנוּ
ז לַאֲנָשִׁים וְתֵלַדְנָה בָּנִים וּבָנוֹת וּרְבוּ־שָׁם וְאַל־תִּמְעָטוּ: וְדִרְשׁוּ טז
אֶת־שְׁלוֹם הָעִיר אֲשֶׁר הִגְלֵיתִי אֶתְכֶם שָׁמָּה וְהִתְפַּלְלוּ בַעֲדָהּ
ח אֶל־יְהוָה כִּי בִשְׁלוֹמָהּ יִהְיֶה לָכֶם שָׁלוֹם: כִּי כֹה
אָמַר יְהוָה צְבָאוֹת אֱלֹהֵי יִשְׂרָאֵל אַל־יַשִּׁיאוּ לָכֶם נְבִיאֵיכֶם
אֲשֶׁר־בְּקִרְבְּכֶם וְקֹסְמֵיכֶם וְאַל־תִּשְׁמְעוּ אֶל־חֲלֹמֹתֵיכֶם אֲשֶׁר
ט אַתֶּם מַחְלְמִים: כִּי בְשֶׁקֶר הֵם נִבְּאִים לָכֶם בִּשְׁמִי לֹא
י שְׁלַחְתִּים נְאֻם־יְהוָה: כִּי־כֹה אָמַר יְהוָה כִּי לְפִי
מְלֹאת לְבָבֶל שִׁבְעִים שָׁנָה אֶפְקֹד אֶתְכֶם וַהֲקִמֹתִי עֲלֵיכֶם
יא אֶת־דְּבָרִי הַטּוֹב לְהָשִׁיב אֶתְכֶם אֶל־הַמָּקוֹם הַזֶּה: כִּי אָנֹכִי
יָדַעְתִּי אֶת־הַמַּחֲשָׁבֹת אֲשֶׁר אָנֹכִי חֹשֵׁב עֲלֵיכֶם נְאֻם־יְהוָה
מַחְשְׁבוֹת שָׁלוֹם וְלֹא לְרָעָה לָתֵת לָכֶם אַחֲרִית וְתִקְוָה:
יב וּקְרָאתֶם אֹתִי וַהֲלַכְתֶּם וְהִתְפַּלַּלְתֶּם אֵלָי וְשָׁמַעְתִּי אֲלֵיכֶם:
יג יד וּבִקַּשְׁתֶּם אֹתִי וּמְצָאתֶם כִּי תִדְרְשֻׁנִי בְּכָל־לְבַבְכֶם: וְנִמְצֵאתִי
לָכֶם נְאֻם־יְהוָה וְשַׁבְתִּי אֶת־שביתכם וְקִבַּצְתִּי אֶתְכֶם מִכָּל־ שְׁבוּתְכֶם
הַגּוֹיִם וּמִכָּל־הַמְּקוֹמוֹת אֲשֶׁר הִדַּחְתִּי אֶתְכֶם שָׁם נְאֻם־יְהוָה
טו וַהֲשִׁבֹתִי אֶתְכֶם אֶל־הַמָּקוֹם אֲשֶׁר־הִגְלֵיתִי אֶתְכֶם מִשָּׁם: כִּי
טז אֲמַרְתֶּם הֵקִים לָנוּ יְהוָה נְבִאִים בָּבֶלָה: כִּי
כֹה ׀ אָמַר יְהוָה אֶל־הַמֶּלֶךְ הַיּוֹשֵׁב אֶל־כִּסֵּא דָוִד וְאֶל־כָּל־
הָעָם הַיּוֹשֵׁב בָּעִיר הַזֹּאת אֲחֵיכֶם אֲשֶׁר לֹא־יָצְאוּ אִתְּכֶם
יז בַּגּוֹלָה: כֹּה אָמַר יְהוָה צְבָאוֹת הִנְנִי מְשַׁלֵּחַ בָּם
אֶת־הַחֶרֶב אֶת־הָרָעָב וְאֶת־הַדָּבֶר וְנָתַתִּי אוֹתָם כַּתְּאֵנִים
יח הַשֹּׁעָרִים אֲשֶׁר לֹא־תֵאָכַלְנָה מֵרֹעַ: וְרָדַפְתִּי אַחֲרֵיהֶם בַּחֶרֶב

בָּרָעָב וּבַדָּבֶר וּנְתַתִּים לזועה לְכֹל ׀ מַמְלְכוֹת הָאָרֶץ לְאָלָה לְזַעֲוָה
וּלְשַׁמָּה וְלִשְׁרֵקָה וּלְחֶרְפָּה בְּכָל־הַגּוֹיִם אֲשֶׁר־הִדַּחְתִּים שָׁם׃
יט תַּחַת אֲשֶׁר־לֹא־שָׁמְעוּ אֶל־דְּבָרַי נְאֻם־יְהוָה אֲשֶׁר שָׁלַחְתִּי
אֲלֵיהֶם אֶת־עֲבָדַי הַנְּבִאִים הַשְׁכֵּם וְשָׁלֹחַ וְלֹא שְׁמַעְתֶּם נְאֻם־
כ יְהוָה׃ וְאַתֶּם שִׁמְעוּ דְבַר־יְהוָה כָּל־הַגּוֹלָה אֲשֶׁר־שִׁלַּחְתִּי
כא מִירוּשָׁלִַם בָּבֶלָה׃ כֹּה־אָמַר יְהוָה צְבָאוֹת אֱלֹהֵי
יִשְׂרָאֵל אֶל־אַחְאָב בֶּן־קוֹלָיָה וְאֶל־צִדְקִיָּהוּ בֶן־מַעֲשֵׂיָה
הַנִּבְּאִים לָכֶם בִּשְׁמִי שָׁקֶר הִנְנִי ׀ נֹתֵן אֹתָם בְּיַד נְבוּכַדְרֶאצַּר
כב מֶלֶךְ־בָּבֶל וְהִכָּם לְעֵינֵיכֶם׃ וְלֻקַּח מֵהֶם קְלָלָה לְכֹל גָּלוּת
יְהוּדָה אֲשֶׁר בְּבָבֶל לֵאמֹר יְשִׂמְךָ יְהוָה כְּצִדְקִיָּהוּ וּכְאֶחָב אֲשֶׁר־
כג קָלָם מֶלֶךְ־בָּבֶל בָּאֵשׁ׃ יַעַן אֲשֶׁר עָשׂוּ נְבָלָה בְּיִשְׂרָאֵל וַיְנַאֲפוּ
אֶת־נְשֵׁי רֵעֵיהֶם וַיְדַבְּרוּ דָבָר בִּשְׁמִי שֶׁקֶר אֲשֶׁר לוֹא צִוִּיתִם
כד וְאָנֹכִי הוידע וָעֵד נְאֻם־יְהוָה׃ וְאֶל־שְׁמַעְיָהוּ הַיּוֹדֵעַ
כה הַנֶּחֱלָמִי תֹּאמַר לֵאמֹר׃ כֹּה־אָמַר יְהוָה צְבָאוֹת אֱלֹהֵי יִשְׂרָאֵל
לֵאמֹר יַעַן אֲשֶׁר אַתָּה שָׁלַחְתָּ בְשִׁמְכָה סְפָרִים אֶל־כָּל־הָעָם
אֲשֶׁר בִּירוּשָׁלִַם וְאֶל־צְפַנְיָה בֶן־מַעֲשֵׂיָה הַכֹּהֵן וְאֶל־כָּל־
כו הַכֹּהֲנִים לֵאמֹר׃ יְהוָה נְתָנְךָ כֹהֵן תַּחַת יְהוֹיָדָע הַכֹּהֵן לִהְיוֹת
פְקִדִים בֵּית יְהוָה לְכָל־אִישׁ מְשֻׁגָּע וּמִתְנַבֵּא וְנָתַתָּה אֹתוֹ אֶל־
כז הַמַּהְפֶּכֶת וְאֶל־הַצִּינֹק׃ וְעַתָּה לָמָּה לֹא גָעַרְתָּ בְּיִרְמְיָהוּ
כח הָעֲנְּתֹתִי הַמִּתְנַבֵּא לָכֶם׃ כִּי עַל־כֵּן שָׁלַח אֵלֵינוּ בָּבֶל לֵאמֹר
אֲרֻכָּה הִיא בְּנוּ בָתִּים וְשֵׁבוּ וְנִטְעוּ גַנּוֹת וְאִכְלוּ אֶת־
כט פְּרִיהֶן׃ וַיִּקְרָא צְפַנְיָה הַכֹּהֵן אֶת־הַסֵּפֶר הַזֶּה בְּאָזְנֵי יִרְמְיָהוּ
ל הַנָּבִיא׃ וַיְהִי דְּבַר־יְהוָה אֶל־יִרְמְיָהוּ לֵאמֹר׃
לא שְׁלַח עַל־כָּל־הַגּוֹלָה לֵאמֹר כֹּה אָמַר יְהוָה אֶל־שְׁמַעְיָה
הַנֶּחֱלָמִי יַעַן אֲשֶׁר נִבָּא לָכֶם שְׁמַעְיָה וַאֲנִי לֹא שְׁלַחְתִּיו וַיַּבְטַח
לב אֶתְכֶם עַל־שָׁקֶר׃ לָכֵן כֹּה־אָמַר יְהוָה הִנְנִי פֹקֵד עַל־שְׁמַעְיָה
הַנֶּחֱלָמִי וְעַל־זַרְעוֹ לֹא־יִהְיֶה לוֹ אִישׁ ׀ יוֹשֵׁב ׀ בְּתוֹךְ־הָעָם הַזֶּה

וְלֹא־יִרְאֶה בַטּוֹב אֲשֶׁר־אֲנִי עֹשֶׂה־לְעַמִּי נְאֻם־יְהוָה כִּי־סָרָה
ל א דִבֶּר עַל־יְהוָה׃ הַדָּבָר אֲשֶׁר הָיָה אֶל־יִרְמְיָהוּ
ב מֵאֵת יְהוָה לֵאמֹר׃ כֹּה־אָמַר יְהוָה אֱלֹהֵי יִשְׂרָאֵל לֵאמֹר
ג כְּתָב־לְךָ אֵת כָּל־הַדְּבָרִים אֲשֶׁר־דִּבַּרְתִּי אֵלֶיךָ אֶל־סֵפֶר׃ כִּי
הִנֵּה יָמִים בָּאִים נְאֻם־יְהוָה וְשַׁבְתִּי אֶת־שְׁבוּת עַמִּי יִשְׂרָאֵל
וִיהוּדָה אָמַר יְהוָה וַהֲשִׁבֹתִים אֶל־הָאָרֶץ אֲשֶׁר־נָתַתִּי לַאֲבֹתָם
ד וִירֵשׁוּהָ׃ וְאֵלֶּה הַדְּבָרִים אֲשֶׁר דִּבֶּר יְהוָה אֶל־
ה יִשְׂרָאֵל וְאֶל־יְהוּדָה׃ כִּי־כֹה אָמַר יְהוָה קוֹל חֲרָדָה שָׁמָעְנוּ
ו פַּחַד וְאֵין שָׁלוֹם׃ שַׁאֲלוּ־נָא וּרְאוּ אִם־יֹלֵד זָכָר מַדּוּעַ רָאִיתִי
ז כָל־גֶּבֶר יָדָיו עַל־חֲלָצָיו כַּיּוֹלֵדָה וְנֶהֶפְכוּ כָל־פָּנִים לְיֵרָקוֹן׃ הוֹי
כִּי גָדוֹל הַיּוֹם הַהוּא מֵאַיִן כָּמֹהוּ וְעֵת־צָרָה הִיא לְיַעֲקֹב וּמִמֶּנָּה
ח יִוָּשֵׁעַ׃ וְהָיָה בַיּוֹם הַהוּא נְאֻם ׀ יְהוָה צְבָאוֹת אֶשְׁבֹּר עֻלּוֹ
מֵעַל צַוָּארֶךָ וּמוֹסְרוֹתֶיךָ אֲנַתֵּק וְלֹא־יַעַבְדוּ־בוֹ עוֹד זָרִים׃
ט וְעָבְדוּ אֵת יְהוָה אֱלֹהֵיהֶם וְאֵת דָּוִד מַלְכָּם אֲשֶׁר אָקִים יז
י לָהֶם׃ וְאַתָּה אַל־תִּירָא עַבְדִּי יַעֲקֹב נְאֻם־יְהוָה
וְאַל־תֵּחַת יִשְׂרָאֵל כִּי הִנְנִי מוֹשִׁיעֲךָ מֵרָחוֹק וְאֶת־זַרְעֲךָ מֵאֶרֶץ
יא שִׁבְיָם וְשָׁב יַעֲקֹב וְשָׁקַט וְשַׁאֲנַן וְאֵין מַחֲרִיד׃ כִּי־אִתְּךָ אֲנִי
נְאֻם־יְהוָה לְהוֹשִׁיעֶךָ כִּי אֶעֱשֶׂה כָלָה בְּכָל־הַגּוֹיִם ׀ אֲשֶׁר
הֲפִצוֹתִיךָ שָׁם אַךְ אֹתְךָ לֹא־אֶעֱשֶׂה כָלָה וְיִסַּרְתִּיךָ לַמִּשְׁפָּט
יב וְנַקֵּה לֹא אֲנַקֶּךָּ׃ כִּי כֹה אָמַר יְהוָה אָנוּשׁ
יג לְשִׁבְרֵךְ נַחְלָה מַכָּתֵךְ׃ אֵין־דָּן דִּינֵךְ לְמָזוֹר רְפֻאוֹת תְּעָלָה אֵין
יד לָךְ׃ כָּל־מְאַהֲבַיִךְ שְׁכֵחוּךְ אוֹתָךְ לֹא יִדְרֹשׁוּ כִּי מַכַּת אוֹיֵב
טו הִכִּיתִיךְ מוּסַר אַכְזָרִי עַל רֹב עֲוֺנֵךְ עָצְמוּ חַטֹּאתָיִךְ׃ מַה
תִּזְעַק עַל־שִׁבְרֵךְ אָנוּשׁ מַכְאֹבֵךְ עַל ׀ רֹב עֲוֺנֵךְ עָצְמוּ חַטֹּאתַיִךְ
טז עָשִׂיתִי אֵלֶּה לָךְ׃ לָכֵן כָּל־אֹכְלַיִךְ יֵאָכֵלוּ וְכָל־צָרַיִךְ כֻּלָּם
יז בַּשְּׁבִי יֵלֵכוּ וְהָיוּ שֹׁאסַיִךְ לִמְשִׁסָּה וְכָל־בֹּזְזַיִךְ אֶתֵּן לָבַז׃ כִּי
אַעֲלֶה אֲרֻכָה לָךְ וּמִמַּכּוֹתַיִךְ אֶרְפָּאֵךְ נְאֻם־יְהוָה כִּי נִדָּחָה

נבואת "ואתה אל־תירא עבדי יעקב" ירמיה מו, כז–כח

יח קְרָאוּ לָךְ צִיּוֹן הִיא דֹּרֵשׁ אֵין לָהּ׃ כֹּה ׀ אָמַר
יְהוָה הִנְנִי־שָׁב שְׁבוּת אׇהֳלֵי יַעֲקוֹב וּמִשְׁכְּנֹתָיו אֲרַחֵם וְנִבְנְתָה
יט עִיר עַל־תִּלָּהּ וְאַרְמוֹן עַל־מִשְׁפָּטוֹ יֵשֵׁב׃ וְיָצָא מֵהֶם תּוֹדָה וְקוֹל
כ מְשַׂחֲקִים וְהִרְבִּתִים וְלֹא יִמְעָטוּ וְהִכְבַּדְתִּים וְלֹא יִצְעָרוּ׃ וְהָיוּ
כא בָנָיו כְּקֶדֶם וַעֲדָתוֹ לְפָנַי תִּכּוֹן וּפָקַדְתִּי עַל כׇּל־לֹחֲצָיו׃ וְהָיָה
אַדִּירוֹ מִמֶּנּוּ וּמֹשְׁלוֹ מִקִּרְבּוֹ יֵצֵא וְהִקְרַבְתִּיו וְנִגַּשׁ אֵלָי כִּי מִי
כב הוּא־זֶה עָרַב אֶת־לִבּוֹ לָגֶשֶׁת אֵלַי נְאֻם־יְהוָה׃ וִהְיִיתֶם
כג לִי לְעָם וְאָנֹכִי אֶהְיֶה לָכֶם לֵאלֹהִים׃ הִנֵּה ׀
סַעֲרַת יְהוָה חֵמָה יָצְאָה סַעַר מִתְגּוֹרֵר עַל רֹאשׁ רְשָׁעִים
כד יָחוּל׃ לֹא יָשׁוּב חֲרוֹן אַף־יְהוָה עַד־עֲשֹׂתוֹ וְעַד־הֲקִימוֹ
כה מְזִמּוֹת לִבּוֹ בְּאַחֲרִית הַיָּמִים תִּתְבּוֹנְנוּ בָהּ׃ בָּעֵת הַהִיא נְאֻם־
יְהוָה אֶהְיֶה לֵאלֹהִים לְכֹל מִשְׁפְּחוֹת יִשְׂרָאֵל וְהֵמָּה יִהְיוּ־לִי
לא א לְעָם׃ כֹּה אָמַר יְהוָה מָצָא חֵן בַּמִּדְבָּר עַם
ב שְׂרִידֵי חָרֶב הָלוֹךְ לְהַרְגִּיעוֹ יִשְׂרָאֵל׃ מֵרָחוֹק יְהוָה נִרְאָה לִי
ג וְאַהֲבַת עוֹלָם אֲהַבְתִּיךְ עַל־כֵּן מְשַׁכְתִּיךְ חָסֶד׃ עוֹד אֶבְנֵךְ
וְנִבְנֵית בְּתוּלַת יִשְׂרָאֵל עוֹד תַּעְדִּי תֻפַּיִךְ וְיָצָאת בִּמְחוֹל
ד מְשַׂחֲקִים׃ עוֹד תִּטְּעִי כְרָמִים בְּהָרֵי שֹׁמְרוֹן נָטְעוּ נֹטְעִים
ה וְחִלֵּלוּ׃ כִּי יֶשׁ־יוֹם קָרְאוּ נֹצְרִים בְּהַר אֶפְרָיִם קוּמוּ וְנַעֲלֶה צִיּוֹן
ו אֶל־יְהוָה אֱלֹהֵינוּ׃ כִּי־כֹה ׀ אָמַר יְהוָה רׇנּוּ
לְיַעֲקֹב שִׂמְחָה וְצַהֲלוּ בְּרֹאשׁ הַגּוֹיִם הַשְׁמִיעוּ הַלְלוּ וְאִמְרוּ
ז הוֹשַׁע יְהוָה אֶת־עַמְּךָ אֵת שְׁאֵרִית יִשְׂרָאֵל׃ הִנְנִי מֵבִיא אוֹתָם
מֵאֶרֶץ צָפוֹן וְקִבַּצְתִּים מִיַּרְכְּתֵי־אָרֶץ בָּם עִוֵּר וּפִסֵּחַ הָרָה
ח וְיֹלֶדֶת יַחְדָּו קָהָל גָּדוֹל יָשׁוּבוּ הֵנָּה׃ בִּבְכִי יָבֹאוּ וּבְתַחֲנוּנִים
אוֹבִילֵם אוֹלִיכֵם אֶל־נַחֲלֵי מַיִם בְּדֶרֶךְ יָשָׁר לֹא יִכָּשְׁלוּ בָּהּ כִּי־
ט הָיִיתִי לְיִשְׂרָאֵל לְאָב וְאֶפְרַיִם בְּכֹרִי הוּא׃ שִׁמְעוּ
דְבַר־יְהוָה גּוֹיִם וְהַגִּידוּ בָאִיִּים מִמֶּרְחָק וְאִמְרוּ מְזָרֵה יִשְׂרָאֵל
י יְקַבְּצֶנּוּ וּשְׁמָרוֹ כְּרֹעֶה עֶדְרוֹ׃ כִּי־פָדָה יְהוָה אֶת־יַעֲקֹב וּגְאָלוֹ

נבואת "הנה סערת ה' חֵמה יצאה"
ירמיה כג, יט–כ

יא מִיַּד חָזָק מִמֶּנּוּ׃ וּבָאוּ וְרִנְּנוּ בִמְרוֹם־צִיּוֹן וְנָהֲרוּ אֶל־טוּב יהוה
עַל־דָּגָן וְעַל־תִּירֹשׁ וְעַל־יִצְהָר וְעַל־בְּנֵי־צֹאן וּבָקָר וְהָיְתָה
יב נַפְשָׁם כְּגַן רָוֶה וְלֹא־יוֹסִיפוּ לְדַאֲבָה עוֹד׃ אָז תִּשְׂמַח בְּתוּלָה
בְּמָחוֹל וּבַחֻרִים וּזְקֵנִים יַחְדָּו וְהָפַכְתִּי אֶבְלָם לְשָׂשׂוֹן וְנִחַמְתִּים
יג וְשִׂמַּחְתִּים מִיגוֹנָם׃ וְרִוֵּיתִי נֶפֶשׁ הַכֹּהֲנִים דָּשֶׁן וְעַמִּי אֶת־טוּבִי
יד יִשְׂבָּעוּ נְאֻם־יהוה׃ כֹּה ׀ אָמַר יהוה קוֹל בְּרָמָה
נִשְׁמָע נְהִי בְּכִי תַמְרוּרִים רָחֵל מְבַכָּה עַל־בָּנֶיהָ מֵאֲנָה לְהִנָּחֵם
טו עַל־בָּנֶיהָ כִּי אֵינֶנּוּ׃ כֹּה ׀ אָמַר יהוה מִנְעִי קוֹלֵךְ
מִבֶּכִי וְעֵינַיִךְ מִדִּמְעָה כִּי יֵשׁ שָׂכָר לִפְעֻלָּתֵךְ נְאֻם־יהוה וְשָׁבוּ
טז מֵאֶרֶץ אוֹיֵב׃ וְיֵשׁ־תִּקְוָה לְאַחֲרִיתֵךְ נְאֻם־יהוה וְשָׁבוּ בָנִים
יז לִגְבוּלָם׃ שָׁמוֹעַ שָׁמַעְתִּי אֶפְרַיִם מִתְנוֹדֵד יִסַּרְתַּנִי וָאִוָּסֵר כְּעֵגֶל
יח לֹא לֻמָּד הֲשִׁבֵנִי וְאָשׁוּבָה כִּי אַתָּה יהוה אֱלֹהָי׃ כִּי־אַחֲרֵי שׁוּבִי
נִחַמְתִּי וְאַחֲרֵי הִוָּדְעִי סָפַקְתִּי עַל־יָרֵךְ בֹּשְׁתִּי וְגַם־נִכְלַמְתִּי כִּי
יט נָשָׂאתִי חֶרְפַּת נְעוּרָי׃ הֲבֵן יַקִּיר לִי אֶפְרַיִם אִם יֶלֶד שַׁעֲשֻׁעִים
כִּי־מִדֵּי דַבְּרִי בּוֹ זָכֹר אֶזְכְּרֶנּוּ עוֹד עַל־כֵּן הָמוּ מֵעַי לוֹ רַחֵם
כ אֲרַחֲמֶנּוּ נְאֻם־יהוה׃ הַצִּיבִי לָךְ צִיֻּנִים שִׂמִי לָךְ
תַּמְרוּרִים שִׁתִי לִבֵּךְ לַמְסִלָּה דֶּרֶךְ הלכתי שׁוּבִי בְּתוּלַת הָלָכְתְּ
כא יִשְׂרָאֵל שֻׁבִי אֶל־עָרַיִךְ אֵלֶּה׃ עַד־מָתַי תִּתְחַמָּקִין הַבַּת
הַשּׁוֹבֵבָה כִּי־בָרָא יהוה חֲדָשָׁה בָּאָרֶץ נְקֵבָה תְּסוֹבֵב
כב גָּבֶר׃ כֹּה־אָמַר יהוה צְבָאוֹת אֱלֹהֵי יִשְׂרָאֵל עוֹד
יֹאמְרוּ אֶת־הַדָּבָר הַזֶּה בְּאֶרֶץ יְהוּדָה וּבְעָרָיו בְּשׁוּבִי אֶת־
כג שְׁבוּתָם יְבָרֶכְךָ יהוה נְוֵה־צֶדֶק הַר הַקֹּדֶשׁ׃ וְיָשְׁבוּ בָהּ יְהוּדָה
כד וְכָל־עָרָיו יַחְדָּו אִכָּרִים וְנָסְעוּ בַּעֵדֶר׃ כִּי הִרְוֵיתִי נֶפֶשׁ עֲיֵפָה
כה וְכָל־נֶפֶשׁ דָּאֲבָה מִלֵּאתִי׃ עַל־זֹאת הֱקִיצֹתִי וָאֶרְאֶה וּשְׁנָתִי
כו עָרְבָה לִּי׃ הִנֵּה יָמִים בָּאִים נְאֻם־יהוה וְזָרַעְתִּי
אֶת־בֵּית יִשְׂרָאֵל וְאֶת־בֵּית יְהוּדָה זֶרַע אָדָם וְזֶרַע בְּהֵמָה׃
כז וְהָיָה כַּאֲשֶׁר שָׁקַדְתִּי עֲלֵיהֶם לִנְתוֹשׁ וְלִנְתוֹץ וְלַהֲרֹס וּלְהַאֲבִיד

איש בחטאו יומת
דברים כד, טז
מל"ב יד, ה-ו
יחזקאל יח, יט-כ
דה"ב כה, ד

כח וּלְהָרֵעַ כֵּן אֶשְׁקֹד עֲלֵיהֶם לִבְנוֹת וְלִנְטוֹעַ נְאֻם־יְהוָה׃ בַּיָּמִים
הָהֵם לֹא־יֹאמְרוּ עוֹד אָבוֹת אָכְלוּ בֹסֶר וְשִׁנֵּי בָנִים תִּקְהֶינָה׃
כט כִּי אִם־אִישׁ בַּעֲוֺנוֹ יָמוּת כָּל־הָאָדָם הָאֹכֵל הַבֹּסֶר תִּקְהֶינָה
ל שִׁנָּיו׃ הִנֵּה יָמִים בָּאִים נְאֻם־יְהוָה וְכָרַתִּי אֶת־
לא בֵּית יִשְׂרָאֵל וְאֶת־בֵּית יְהוּדָה בְּרִית חֲדָשָׁה׃ לֹא כַבְּרִית אֲשֶׁר
כָּרַתִּי אֶת־אֲבוֹתָם בְּיוֹם הֶחֱזִיקִי בְיָדָם לְהוֹצִיאָם מֵאֶרֶץ
מִצְרָיִם אֲשֶׁר־הֵמָּה הֵפֵרוּ אֶת־בְּרִיתִי וְאָנֹכִי בָּעַלְתִּי בָם נְאֻם־
לב יְהוָה׃ כִּי זֹאת הַבְּרִית אֲשֶׁר אֶכְרֹת אֶת־בֵּית יִשְׂרָאֵל אַחֲרֵי יח
הַיָּמִים הָהֵם נְאֻם־יְהוָה נָתַתִּי אֶת־תּוֹרָתִי בְּקִרְבָּם וְעַל־לִבָּם
לג אֶכְתֲּבֶנָּה וְהָיִיתִי לָהֶם לֵאלֹהִים וְהֵמָּה יִהְיוּ־לִי לְעָם׃ וְלֹא
יְלַמְּדוּ עוֹד אִישׁ אֶת־רֵעֵהוּ וְאִישׁ אֶת־אָחִיו לֵאמֹר דְּעוּ אֶת־
יְהוָה כִּי כוּלָּם יֵדְעוּ אוֹתִי לְמִקְּטַנָּם וְעַד־גְּדוֹלָם נְאֻם־יְהוָה כִּי
לד אֶסְלַח לַעֲוֺנָם וּלְחַטָּאתָם לֹא אֶזְכָּר־עוֹד׃ כֹּה ׀
אָמַר יְהוָה נֹתֵן שֶׁמֶשׁ לְאוֹר יוֹמָם חֻקֹּת יָרֵחַ וְכוֹכָבִים לְאוֹר
לה לָיְלָה רֹגַע הַיָּם וַיֶּהֱמוּ גַלָּיו יְהוָה צְבָאוֹת שְׁמוֹ׃ אִם־יָמֻשׁוּ
הַחֻקִּים הָאֵלֶּה מִלְּפָנַי נְאֻם־יְהוָה גַּם זֶרַע יִשְׂרָאֵל יִשְׁבְּתוּ
לו מִהְיוֹת גּוֹי לְפָנַי כָּל־הַיָּמִים׃ כֹּה ׀ אָמַר יְהוָה
אִם־יִמַּדּוּ שָׁמַיִם מִלְמַעְלָה וְיֵחָקְרוּ מוֹסְדֵי־אֶרֶץ לְמָטָּה גַּם־
אֲנִי אֶמְאַס בְּכָל־זֶרַע יִשְׂרָאֵל עַל־כָּל־אֲשֶׁר עָשׂוּ נְאֻם־
לז יְהוָה׃ הִנֵּה יָמִים נְאֻם־יְהוָה וְנִבְנְתָה הָעִיר בָּאִים
לח לַיהוָה מִמִּגְדַּל חֲנַנְאֵל עַד־שַׁעַר הַפִּנָּה׃ וְיָצָא עוֹד קָוֵה הַמִּדָּה קָו
לט נֶגְדּוֹ עַל גִּבְעַת גָּרֵב וְנָסַב גֹּעָתָה׃ וְכָל־הָעֵמֶק הַפְּגָרִים ׀
וְהַדֶּשֶׁן וְכָל־השרמות עַד־נַחַל קִדְרוֹן עַד־פִּנַּת שַׁעַר הַשְּׁדֵמוֹת
הַסּוּסִים מִזְרָחָה קֹדֶשׁ לַיהוָה לֹא־יִנָּתֵשׁ וְלֹא־יֵהָרֵס עוֹד
לב א לְעוֹלָם׃ הַדָּבָר אֲשֶׁר הָיָה אֶל־יִרְמְיָהוּ מֵאֵת
יְהוָה בשנת הָעֲשִׂרִית לְצִדְקִיָּהוּ מֶלֶךְ יְהוּדָה הִיא הַשָּׁנָה בַּשָּׁנָה
ב שְׁמֹנֶה־עֶשְׂרֵה שָׁנָה לִנְבוּכַדְרֶאצַּר׃ וְאָז חֵיל מֶלֶךְ בָּבֶל צָרִים

מצור בבל על ירושלים
מל"ב כה, א-ב

נבואת ירמיה על סופו של צדקיהו ירמיה לד, א–ה

עַל־יְרוּשָׁלִָם וְיִרְמְיָהוּ הַנָּבִיא הָיָה כָלוּא בַּחֲצַר הַמַּטָּרָה אֲשֶׁר
ג בֵּית־מֶלֶךְ יְהוּדָה׃ אֲשֶׁר כְּלָאוֹ צִדְקִיָּהוּ מֶלֶךְ־יְהוּדָה לֵאמֹר
מַדּוּעַ אַתָּה נִבָּא לֵאמֹר כֹּה אָמַר יְהוָה הִנְנִי נֹתֵן אֶת־הָעִיר
ד הַזֹּאת בְּיַד מֶלֶךְ־בָּבֶל וּלְכָדָהּ׃ וְצִדְקִיָּהוּ מֶלֶךְ יְהוּדָה לֹא יִמָּלֵט
מִיַּד הַכַּשְׂדִּים כִּי־הִנָּתֹן יִנָּתֵן בְּיַד מֶלֶךְ־בָּבֶל וְדִבֶּר־פִּיו עִם־
ה פִּיו וְעֵינָיו אֶת־עֵינָו תִּרְאֶינָה׃ וּבָבֶל יוֹלִךְ אֶת־צִדְקִיָּהוּ וְשָׁם
יִהְיֶה עַד־פָּקְדִי אֹתוֹ נְאֻם־יְהוָה כִּי תִלָּחֲמוּ אֶת־הַכַּשְׂדִּים לֹא
ו תַצְלִיחוּ׃ וַיֹּאמֶר יִרְמְיָהוּ הָיָה דְּבַר־יְהוָה אֵלַי
ז לֵאמֹר׃ הִנֵּה חֲנַמְאֵל בֶּן־שַׁלֻּם דֹּדְךָ בָּא אֵלֶיךָ לֵאמֹר קְנֵה לְךָ
ח אֶת־שָׂדִי אֲשֶׁר בַּעֲנָתוֹת כִּי לְךָ מִשְׁפַּט הַגְּאֻלָּה לִקְנוֹת׃ וַיָּבֹא
אֵלַי חֲנַמְאֵל בֶּן־דֹּדִי כִּדְבַר יְהוָה אֶל־חֲצַר הַמַּטָּרָה וַיֹּאמֶר
אֵלַי קְנֵה נָא אֶת־שָׂדִי אֲשֶׁר־בַּעֲנָתוֹת אֲשֶׁר ׀ בְּאֶרֶץ בִּנְיָמִין כִּי
לְךָ מִשְׁפַּט הַיְרֻשָּׁה וּלְךָ הַגְּאֻלָּה קְנֵה־לָךְ וָאֵדַע כִּי דְבַר־יְהוָה
ט הוּא׃ וָאֶקְנֶה אֶת־הַשָּׂדֶה מֵאֵת חֲנַמְאֵל בֶּן־דֹּדִי אֲשֶׁר בַּעֲנָתוֹת
וָאֶשְׁקְלָה־לּוֹ אֶת־הַכֶּסֶף שִׁבְעָה שְׁקָלִים וַעֲשָׂרָה הַכָּסֶף׃
י וָאֶכְתֹּב בַּסֵּפֶר וָאֶחְתֹּם וָאָעֵד עֵדִים וָאֶשְׁקֹל הַכֶּסֶף בְּמֹאזְנָיִם׃
יא וָאֶקַּח אֶת־סֵפֶר הַמִּקְנָה אֶת־הֶחָתוּם הַמִּצְוָה וְהַחֻקִּים וְאֶת־
יב הַגָּלוּי׃ וָאֶתֵּן אֶת־הַסֵּפֶר הַמִּקְנָה אֶל־בָּרוּךְ בֶּן־נֵרִיָּה בֶּן־
מַחְסֵיָה לְעֵינֵי חֲנַמְאֵל דֹּדִי וּלְעֵינֵי הָעֵדִים הַכֹּתְבִים בְּסֵפֶר
יג הַמִּקְנָה לְעֵינֵי כָּל־הַיְּהוּדִים הַיֹּשְׁבִים בַּחֲצַר הַמַּטָּרָה׃ וָאֲצַוֶּה
יד אֶת־בָּרוּךְ לְעֵינֵיהֶם לֵאמֹר׃ כֹּה־אָמַר יְהוָה צְבָאוֹת אֱלֹהֵי
יִשְׂרָאֵל לָקוֹחַ אֶת־הַסְּפָרִים הָאֵלֶּה אֵת סֵפֶר הַמִּקְנָה הַזֶּה וְאֵת
הֶחָתוּם וְאֵת סֵפֶר הַגָּלוּי הַזֶּה וּנְתַתָּם בִּכְלִי־חָרֶשׂ לְמַעַן
טו יַעַמְדוּ יָמִים רַבִּים׃ כִּי כֹה אָמַר יְהוָה צְבָאוֹת
אֱלֹהֵי יִשְׂרָאֵל עוֹד יִקָּנוּ בָתִּים וְשָׂדוֹת וּכְרָמִים בָּאָרֶץ
טז הַזֹּאת׃ וָאֶתְפַּלֵּל אֶל־יְהוָה אַחֲרֵי תִתִּי אֶת־
יז סֵפֶר הַמִּקְנָה אֶל־בָּרוּךְ בֶּן־נֵרִיָּה לֵאמֹר׃ אֲהָהּ אֲדֹנָי יֱהוִה

הנה ׀ אתה עשית את־השמים ואת־הארץ בכחך הגדול
יח ובזרעך הנטויה לא־יפלא ממך כל־דבר: עשה חסד
לאלפים ומשלם עון אבות אל־חיק בניהם אחריהם האל
יט הגדול הגבור יהוה צבאות שמו: גדל העצה ורב העליליה
אשר־עיניך פקחות על־כל־דרכי בני אדם לתת לאיש
כ כדרכיו וכפרי מעלליו: אשר שמת אתות ומפתים בארץ
מצרים עד־היום הזה ובישראל ובאדם ותעשה־לך שם כיום
כא הזה: ותצא את־עמך את־ישראל מארץ מצרים באתות
כב ובמופתים וביד חזקה ובאזרוע נטויה ובמורא גדול: ותתן יט
להם את־הארץ הזאת אשר־נשבעת לאבותם לתת להם
כג ארץ זבת חלב ודבש: ויבאו וירשו אתה ולא־שמעו בקולך
ובתרותך לא־הלכו את כל־אשר צויתה להם לעשות לא ובתורתך
כד עשו ותקרא אתם את כל־הרעה הזאת: הנה הסללות באו
העיר ללכדה והעיר נתנה ביד הכשדים הנלחמים עליה
מפני החרב והרעב והדבר ואשר דברת היה והנך ראה:
כה ואתה אמרת אלי אדני יהוה קנה־לך השדה בכסף והעד
כו עדים והעיר נתנה ביד הכשדים: ויהי דבר־
כז יהוה אל־ירמיהו לאמר: הנה אני יהוה אלהי כל־בשר
כח הממני יפלא כל־דבר: לכן כה אמר יהוה הנני נתן את־העיר
הזאת ביד הכשדים וביד נבוכדראצר מלך־בבל ולכדה:
כט ובאו הכשדים הנלחמים על־העיר הזאת והציתו את־העיר
הזאת באש ושרפוה ואת הבתים אשר קטרו על־גגותיהם
ל לבעל והסכו נסכים לאלהים אחרים למען הכעסני: כי־היו
בני־ישראל ובני יהודה אך עשים הרע בעיני מנעריהם כי
לא בני־ישראל אך מכעסים אתי במעשה ידיהם נאם־יהוה: כי
על־אפי ועל־חמתי היתה לי העיר הזאת למן־היום אשר
לב בנו אותה ועד היום הזה להסירה מעל פני: על כל־רעת

בְּנֵי־יִשְׂרָאֵל וּבְנֵי יְהוּדָה אֲשֶׁר עָשׂוּ לְהַכְעִסֵנִי הֵמָּה מַלְכֵיהֶם
שָׂרֵיהֶם כֹּהֲנֵיהֶם וּנְבִיאֵיהֶם וְאִישׁ יְהוּדָה וְיֹשְׁבֵי יְרוּשָׁלִָם׃ וַיִּפְנוּ לג
אֵלַי עֹרֶף וְלֹא פָנִים וְלַמֵּד אֹתָם הַשְׁכֵּם וְלַמֵּד וְאֵינָם שֹׁמְעִים
לָקַחַת מוּסָר׃ וַיָּשִׂימוּ שִׁקּוּצֵיהֶם בַּבַּיִת אֲשֶׁר־נִקְרָא־שְׁמִי עָלָיו לד
לְטַמְּאוֹ׃ וַיִּבְנוּ אֶת־בָּמוֹת הַבַּעַל אֲשֶׁר ׀ בְּגֵיא בֶן־הִנֹּם לְהַעֲבִיר לה
אֶת־בְּנֵיהֶם וְאֶת־בְּנוֹתֵיהֶם לַמֹּלֶךְ אֲשֶׁר לֹא־צִוִּיתִים וְלֹא
עָלְתָה עַל־לִבִּי לַעֲשׂוֹת הַתּוֹעֵבָה הַזֹּאת לְמַעַן הַחֲטִי אֶת־
יְהוּדָה׃ וְעַתָּה לָכֵן כֹּה־אָמַר יְהוָה אֱלֹהֵי לו
יִשְׂרָאֵל אֶל־הָעִיר הַזֹּאת אֲשֶׁר ׀ אַתֶּם אֹמְרִים נִתְּנָה בְּיַד
מֶלֶךְ־בָּבֶל בַּחֶרֶב וּבָרָעָב וּבַדָּבֶר׃ הִנְנִי מְקַבְּצָם מִכָּל־הָאֲרָצוֹת לז
אֲשֶׁר הִדַּחְתִּים שָׁם בְּאַפִּי וּבַחֲמָתִי וּבְקֶצֶף גָּדוֹל וַהֲשִׁבֹתִים אֶל־
הַמָּקוֹם הַזֶּה וְהֹשַׁבְתִּים לָבֶטַח׃ וְהָיוּ לִי לְעָם וַאֲנִי אֶהְיֶה לָהֶם לח
לֵאלֹהִים׃ וְנָתַתִּי לָהֶם לֵב אֶחָד וְדֶרֶךְ אֶחָד לְיִרְאָה אוֹתִי כָּל־ לט
הַיָּמִים לְטוֹב לָהֶם וְלִבְנֵיהֶם אַחֲרֵיהֶם׃ וְכָרַתִּי לָהֶם בְּרִית עוֹלָם מ
אֲשֶׁר לֹא־אָשׁוּב מֵאַחֲרֵיהֶם לְהֵיטִיבִי אוֹתָם וְאֶת־יִרְאָתִי
אֶתֵּן בִּלְבָבָם לְבִלְתִּי סוּר מֵעָלָי׃ וְשַׂשְׂתִּי עֲלֵיהֶם לְהֵטִיב מא
אוֹתָם וּנְטַעְתִּים בָּאָרֶץ הַזֹּאת בֶּאֱמֶת בְּכָל־לִבִּי וּבְכָל־
נַפְשִׁי׃ כִּי־כֹה אָמַר יְהוָה כַּאֲשֶׁר הֵבֵאתִי אֶל־ מב
הָעָם הַזֶּה אֵת כָּל־הָרָעָה הַגְּדוֹלָה הַזֹּאת כֵּן אָנֹכִי מֵבִיא
עֲלֵיהֶם אֶת־כָּל־הַטּוֹבָה אֲשֶׁר אָנֹכִי דֹּבֵר עֲלֵיהֶם׃ וְנִקְנָה מג
הַשָּׂדֶה בָּאָרֶץ הַזֹּאת אֲשֶׁר ׀ אַתֶּם אֹמְרִים שְׁמָמָה הִיא מֵאֵין
אָדָם וּבְהֵמָה נִתְּנָה בְּיַד הַכַּשְׂדִּים׃ שָׂדוֹת בַּכֶּסֶף יִקְנוּ וְכָתוֹב מד
בַּסֵּפֶר ׀ וְחָתוֹם וְהָעֵד עֵדִים בְּאֶרֶץ בִּנְיָמִן וּבִסְבִיבֵי יְרוּשָׁלִַם
וּבְעָרֵי יְהוּדָה וּבְעָרֵי הָהָר וּבְעָרֵי הַשְּׁפֵלָה וּבְעָרֵי הַנֶּגֶב כִּי־
אָשִׁיב אֶת־שְׁבוּתָם נְאֻם־יְהוָה׃ וַיְהִי דְבַר־ לג א
יְהוָה אֶל־יִרְמְיָהוּ שֵׁנִית וְהוּא עוֹדֶנּוּ עָצוּר בַּחֲצַר הַמַּטָּרָה
לֵאמֹר׃ כֹּה־אָמַר יְהוָה עֹשָׂהּ יְהוָה יוֹצֵר אוֹתָהּ לַהֲכִינָהּ יְהוָה ב

ג שְׁמוּ: קְרָא אֵלַי וְאֶעֱנֶךָּ וְאַגִּידָה לְךָ גְּדֹלוֹת וּבְצֻרוֹת לֹא
ד יְדַעְתָּם: כִּי כֹה אָמַר יהוה אֱלֹהֵי יִשְׂרָאֵל עַל־
בָּתֵּי הָעִיר הַזֹּאת וְעַל־בָּתֵּי מַלְכֵי יְהוּדָה הַנְּתֻצִים אֶל־
ה הַסֹּלְלוֹת וְאֶל־הֶחָרֶב: בָּאִים לְהִלָּחֵם אֶת־הַכַּשְׂדִּים וּלְמַלְאָם
אֶת־פִּגְרֵי הָאָדָם אֲשֶׁר־הִכֵּיתִי בְאַפִּי וּבַחֲמָתִי וַאֲשֶׁר הִסְתַּרְתִּי
ו פָנַי מֵהָעִיר הַזֹּאת עַל כָּל־רָעָתָם: הִנְנִי מַעֲלֶה־לָּהּ אֲרֻכָה
ז וּמַרְפֵּא וּרְפָאתִים וְגִלֵּיתִי לָהֶם עֲתֶרֶת שָׁלוֹם וֶאֱמֶת: וַהֲשִׁבֹתִי
אֶת־שְׁבוּת יְהוּדָה וְאֵת שְׁבוּת יִשְׂרָאֵל וּבְנִתִים כְּבָרִאשֹׁנָה:
ח וְטִהַרְתִּים מִכָּל־עֲוֺנָם אֲשֶׁר חָטְאוּ־לִי וְסָלַחְתִּי לכול־ לְכָל־
ט עֲוֺנוֹתֵיהֶם אֲשֶׁר חָטְאוּ־לִי וַאֲשֶׁר פָּשְׁעוּ בִי: וְהָיְתָה לִּי לְשֵׁם
שָׂשׂוֹן לִתְהִלָּה וּלְתִפְאֶרֶת לְכֹל גּוֹיֵי הָאָרֶץ אֲשֶׁר יִשְׁמְעוּ אֶת־
כָּל־הַטּוֹבָה אֲשֶׁר אָנֹכִי עֹשֶׂה אוֹתָם וּפָחֲדוּ וְרָגְזוּ עַל כָּל־הַטּוֹבָה
י וְעַל כָּל־הַשָּׁלוֹם אֲשֶׁר אָנֹכִי עֹשֶׂה לָּהּ: כֹּה ׀
אָמַר יהוה עוֹד יִשָּׁמַע בַּמָּקוֹם־הַזֶּה אֲשֶׁר אַתֶּם אֹמְרִים חָרֵב
הוּא מֵאֵין אָדָם וּמֵאֵין בְּהֵמָה בְּעָרֵי יְהוּדָה וּבְחֻצוֹת יְרוּשָׁלִַם
יא הַנְשַׁמּוֹת מֵאֵין אָדָם וּמֵאֵין יוֹשֵׁב וּמֵאֵין בְּהֵמָה: קוֹל שָׂשׂוֹן
וְקוֹל שִׂמְחָה קוֹל חָתָן וְקוֹל כַּלָּה קוֹל אֹמְרִים הוֹדוּ אֶת־
יהוה צְבָאוֹת כִּי־טוֹב יהוה כִּי־לְעוֹלָם חַסְדּוֹ מְבִאִים תּוֹדָה
בֵּית יהוה כִּי־אָשִׁיב אֶת־שְׁבוּת־הָאָרֶץ כְּבָרִאשֹׁנָה אָמַר
יב יהוה: כֹּה אָמַר יהוה צְבָאוֹת עוֹד יִהְיֶה ׀ בַּמָּקוֹם
הַזֶּה הֶחָרֵב מֵאֵין־אָדָם וְעַד־בְּהֵמָה וּבְכָל־עָרָיו נְוֵה רֹעִים
יג מַרְבִּצִים צֹאן: בְּעָרֵי הָהָר בְּעָרֵי הַשְּׁפֵלָה וּבְעָרֵי הַנֶּגֶב וּבְאֶרֶץ
בִּנְיָמִן וּבִסְבִיבֵי יְרוּשָׁלִַם וּבְעָרֵי יְהוּדָה עֹד תַּעֲבֹרְנָה הַצֹּאן עַל־
יד יְדֵי מוֹנֶה אָמַר יהוה: הִנֵּה יָמִים בָּאִים נְאֻם־
יהוה וַהֲקִמֹתִי אֶת־הַדָּבָר הַטּוֹב אֲשֶׁר דִּבַּרְתִּי אֶל־בֵּית
טו יִשְׂרָאֵל וְעַל־בֵּית יְהוּדָה: בַּיָּמִים הָהֵם וּבָעֵת הַהִיא אַצְמִיחַ
טז לְדָוִד צֶמַח צְדָקָה וְעָשָׂה מִשְׁפָּט וּצְדָקָה בָּאָרֶץ: בַּיָּמִים הָהֵם כ

נבואת "הנה ימים באים... והקמֹתי לדוד צמח צדיק" ירמיה כג, ה-ו

תִּוָּשַׁע יְהוּדָה וִירוּשָׁלַם תִּשְׁכּוֹן לָבֶטַח וְזֶה אֲשֶׁר־יִקְרָא־לָהּ
יז יְהוָה ׀ צִדְקֵנוּ׃ כִּי־כֹה אָמַר יְהוָה לֹא־יִכָּרֵת
יח לְדָוִד אִישׁ יֹשֵׁב עַל־כִּסֵּא בֵית־יִשְׂרָאֵל׃ וְלַכֹּהֲנִים הַלְוִיִּם לֹא־
יִכָּרֵת אִישׁ מִלְּפָנָי מַעֲלֶה עוֹלָה וּמַקְטִיר מִנְחָה וְעֹשֶׂה זֶּבַח
יט כָּל־הַיָּמִים׃ וַיְהִי דְּבַר־יְהוָה אֶל־יִרְמְיָהוּ לֵאמוֹר׃
כ כֹּה אָמַר יְהוָה אִם־תָּפֵרוּ אֶת־בְּרִיתִי הַיּוֹם וְאֶת־בְּרִיתִי
כא הַלָּיְלָה וּלְבִלְתִּי הֱיוֹת יוֹמָם־וָלַיְלָה בְּעִתָּם׃ גַּם־בְּרִיתִי תֻפַר
אֶת־דָּוִד עַבְדִּי מִהְיוֹת־לוֹ בֵן מֹלֵךְ עַל־כִּסְאוֹ וְאֶת־הַלְוִיִּם
כב הַכֹּהֲנִים מְשָׁרְתָי׃ אֲשֶׁר לֹא־יִסָּפֵר צְבָא הַשָּׁמַיִם וְלֹא יִמַּד
חוֹל הַיָּם כֵּן אַרְבֶּה אֶת־זֶרַע דָּוִד עַבְדִּי וְאֶת־הַלְוִיִּם מְשָׁרְתֵי
כג אֹתִי׃ וַיְהִי דְּבַר־יְהוָה אֶל־יִרְמְיָהוּ לֵאמֹר׃
כד הֲלוֹא רָאִיתָ מָה־הָעָם הַזֶּה דִּבְּרוּ לֵאמֹר שְׁתֵּי הַמִּשְׁפָּחוֹת
אֲשֶׁר בָּחַר יְהוָה בָּהֶם וַיִּמְאָסֵם וְאֶת־עַמִּי יִנְאָצוּן מִהְיוֹת עוֹד
כה גּוֹי לִפְנֵיהֶם׃ כֹּה אָמַר יְהוָה אִם־לֹא בְרִיתִי יוֹמָם
כו וָלָיְלָה חֻקּוֹת שָׁמַיִם וָאָרֶץ לֹא־שָׂמְתִּי׃ גַּם־זֶרַע יַעֲקוֹב וְדָוִד
עַבְדִּי אֶמְאַס מִקַּחַת מִזַּרְעוֹ מֹשְׁלִים אֶל־זֶרַע אַבְרָהָם יִשְׂחָק
לד א וְיַעֲקֹב כִּי־אָשׁוּב אֶת־שְׁבוּתָם וְרִחַמְתִּים׃ הַדָּבָר אָשִׁיב
אֲשֶׁר־הָיָה אֶל־יִרְמְיָהוּ מֵאֵת יְהוָה וּנְבוּכַדְרֶאצַּר מֶלֶךְ־בָּבֶל ׀
וְכָל־חֵילוֹ וְכָל־מַמְלְכוֹת אֶרֶץ מֶמְשֶׁלֶת יָדוֹ וְכָל־הָעַמִּים
ב נִלְחָמִים עַל־יְרוּשָׁלַם וְעַל־כָּל־עָרֶיהָ לֵאמֹר׃ כֹּה־אָמַר יְהוָה
אֱלֹהֵי יִשְׂרָאֵל הָלֹךְ וְאָמַרְתָּ אֶל־צִדְקִיָּהוּ מֶלֶךְ יְהוּדָה וְאָמַרְתָּ
אֵלָיו כֹּה אָמַר יְהוָה הִנְנִי נֹתֵן אֶת־הָעִיר הַזֹּאת בְּיַד מֶלֶךְ־בָּבֶל
ג וּשְׂרָפָהּ בָּאֵשׁ׃ וְאַתָּה לֹא תִמָּלֵט מִיָּדוֹ כִּי תָּפֹשׂ תִּתָּפֵשׂ וּבְיָדוֹ
תִּנָּתֵן וְעֵינֶיךָ אֶת־עֵינֵי מֶלֶךְ־בָּבֶל תִּרְאֶינָה וּפִיהוּ אֶת־פִּיךָ
ד יְדַבֵּר וּבָבֶל תָּבוֹא׃ אַךְ שְׁמַע דְּבַר־יְהוָה צִדְקִיָּהוּ מֶלֶךְ יְהוּדָה
ה כֹּה־אָמַר יְהוָה עָלֶיךָ לֹא תָמוּת בֶּחָרֶב׃ בְּשָׁלוֹם תָּמוּת
וּבְמִשְׂרְפוֹת אֲבוֹתֶיךָ הַמְּלָכִים הָרִאשֹׁנִים אֲשֶׁר־הָיוּ לְפָנֶיךָ כֵּן

יִשְׂרְפוּ־לָךְ וְהוֹי אָדוֹן יִסְפְּדוּ־לָךְ כִּי־דָבָר אֲנִי־דִבַּרְתִּי נְאֻם־
ו יְהוָה׃ וַיְדַבֵּר יִרְמְיָהוּ הַנָּבִיא אֶל־צִדְקִיָּהוּ מֶלֶךְ
ז יְהוּדָה אֵת כָּל־הַדְּבָרִים הָאֵלֶּה בִּירוּשָׁלִָם׃ וְחֵיל מֶלֶךְ־
בָּבֶל נִלְחָמִים עַל־יְרוּשָׁלִַם וְעַל כָּל־עָרֵי יְהוּדָה הַנּוֹתָרוֹת
אֶל־לָכִישׁ וְאֶל־עֲזֵקָה כִּי הֵנָּה נִשְׁאֲרוּ בְּעָרֵי יְהוּדָה עָרֵי
ח מִבְצָר׃ הַדָּבָר אֲשֶׁר־הָיָה אֶל־יִרְמְיָהוּ מֵאֵת
יְהוָה אַחֲרֵי כְּרֹת הַמֶּלֶךְ צִדְקִיָּהוּ בְּרִית אֶת־כָּל־הָעָם אֲשֶׁר
ט בִּירוּשָׁלִַם לִקְרֹא לָהֶם דְּרוֹר׃ לְשַׁלַּח אִישׁ אֶת־עַבְדּוֹ וְאִישׁ
אֶת־שִׁפְחָתוֹ הָעִבְרִי וְהָעִבְרִיָּה חָפְשִׁים לְבִלְתִּי עֲבָד־בָּם
י בִּיהוּדִי אָחִיהוּ אִישׁ׃ וַיִּשְׁמְעוּ כָל־הַשָּׂרִים וְכָל־הָעָם אֲשֶׁר־
בָּאוּ בַבְּרִית לְשַׁלַּח אִישׁ אֶת־עַבְדּוֹ וְאִישׁ אֶת־שִׁפְחָתוֹ חָפְשִׁים
יא לְבִלְתִּי עֲבָד־בָּם עוֹד וַיִּשְׁמְעוּ וַיְשַׁלֵּחוּ׃ וַיָּשׁוּבוּ אַחֲרֵי־כֵן וַיָּשִׁבוּ
אֶת־הָעֲבָדִים וְאֶת־הַשְּׁפָחוֹת אֲשֶׁר שִׁלְּחוּ חָפְשִׁים ויכבישום וַיִּכְבְּשׁוּם
יב לַעֲבָדִים וְלִשְׁפָחוֹת׃ וַיְהִי דְבַר־יְהוָה אֶל־
יג יִרְמְיָהוּ מֵאֵת יְהוָה לֵאמֹר׃ כֹּה־אָמַר יְהוָה אֱלֹהֵי יִשְׂרָאֵל אָנֹכִי
כָּרַתִּי בְרִית אֶת־אֲבוֹתֵיכֶם בְּיוֹם הוֹצִאִי אוֹתָם מֵאֶרֶץ מִצְרַיִם
יד מִבֵּית עֲבָדִים לֵאמֹר׃ מִקֵּץ שֶׁבַע שָׁנִים תְּשַׁלְּחוּ אִישׁ אֶת־
אָחִיו הָעִבְרִי אֲשֶׁר־יִמָּכֵר לְךָ וַעֲבָדְךָ שֵׁשׁ שָׁנִים וְשִׁלַּחְתּוֹ חָפְשִׁי
טו מֵעִמָּךְ וְלֹא־שָׁמְעוּ אֲבוֹתֵיכֶם אֵלַי וְלֹא הִטּוּ אֶת־אָזְנָם׃ וַתָּשֻׁבוּ
אַתֶּם הַיּוֹם וַתַּעֲשׂוּ אֶת־הַיָּשָׁר בְּעֵינַי לִקְרֹא דְרוֹר אִישׁ לְרֵעֵהוּ
טז וַתִּכְרְתוּ בְרִית לְפָנַי בַּבַּיִת אֲשֶׁר־נִקְרָא שְׁמִי עָלָיו׃ וַתָּשֻׁבוּ
וַתְּחַלְּלוּ אֶת־שְׁמִי וַתָּשִׁבוּ אִישׁ אֶת־עַבְדּוֹ וְאִישׁ אֶת־שִׁפְחָתוֹ
אֲשֶׁר־שִׁלַּחְתֶּם חָפְשִׁים לְנַפְשָׁם וַתִּכְבְּשׁוּ אֹתָם לִהְיוֹת לָכֶם
יז לַעֲבָדִים וְלִשְׁפָחוֹת׃ לָכֵן כֹּה־אָמַר יְהוָה אַתֶּם
לֹא־שְׁמַעְתֶּם אֵלַי לִקְרֹא דְרוֹר אִישׁ לְאָחִיו וְאִישׁ לְרֵעֵהוּ הִנְנִי
קֹרֵא לָכֶם דְּרוֹר נְאֻם־יְהוָה אֶל־הַחֶרֶב אֶל־הַדֶּבֶר וְאֶל־הָרָעָב
יח וְנָתַתִּי אֶתְכֶם לזועה לְכֹל מַמְלְכוֹת הָאָרֶץ׃ וְנָתַתִּי אֶת־ לְזַעֲוָה

שחרור עבד
עברי בשנה
השביעית
שמות כא, ב
דברים טו, יב

הָאֲנָשִׁים הָעֹבְרִים אֶת־בְּרִתִי אֲשֶׁר לֹא־הֵקִימוּ אֶת־דִּבְרֵי
הַבְּרִית אֲשֶׁר כָּרְתוּ לְפָנָי הָעֵגֶל אֲשֶׁר כָּרְתוּ לִשְׁנַיִם וַיַּעַבְרוּ
יט בֵּין בְּתָרָיו׃ שָׂרֵי יְהוּדָה וְשָׂרֵי יְרוּשָׁלִַם הַסָּרִסִים וְהַכֹּהֲנִים וְכֹל
כ עַם הָאָרֶץ הָעֹבְרִים בֵּין בִּתְרֵי הָעֵגֶל׃ וְנָתַתִּי אוֹתָם בְּיַד
אֹיְבֵיהֶם וּבְיַד מְבַקְשֵׁי נַפְשָׁם וְהָיְתָה נִבְלָתָם לְמַאֲכָל לְעוֹף
כא הַשָּׁמַיִם וּלְבֶהֱמַת הָאָרֶץ׃ וְאֶת־צִדְקִיָּהוּ מֶלֶךְ־יְהוּדָה וְאֶת־
שָׂרָיו אֶתֵּן בְּיַד אֹיְבֵיהֶם וּבְיַד מְבַקְשֵׁי נַפְשָׁם וּבְיַד חֵיל מֶלֶךְ
כב בָּבֶל הָעֹלִים מֵעֲלֵיכֶם׃ הִנְנִי מְצַוֶּה נְאֻם־יְהוָה וַהֲשִׁבֹתִים אֶל־
הָעִיר הַזֹּאת וְנִלְחֲמוּ עָלֶיהָ וּלְכָדוּהָ וּשְׂרָפֻהָ בָאֵשׁ וְאֶת־עָרֵי
לה א יְהוּדָה אֶתֵּן שְׁמָמָה מֵאֵין יֹשֵׁב׃ הַדָּבָר אֲשֶׁר־
הָיָה אֶל־יִרְמְיָהוּ מֵאֵת יְהוָה בִּימֵי יְהוֹיָקִים בֶּן־יֹאשִׁיָּהוּ מֶלֶךְ
ב יְהוּדָה לֵאמֹר׃ הָלוֹךְ אֶל־בֵּית הָרֵכָבִים וְדִבַּרְתָּ אוֹתָם
וַהֲבִאוֹתָם בֵּית יְהוָה אֶל־אַחַת הַלְּשָׁכוֹת וְהִשְׁקִיתָ אוֹתָם יָיִן׃
ג וָאֶקַּח אֶת־יַאֲזַנְיָה בֶן־יִרְמְיָהוּ בֶּן־חֲבַצִּנְיָה וְאֶת־אֶחָיו וְאֶת־
ד כָּל־בָּנָיו וְאֵת כָּל־בֵּית הָרֵכָבִים׃ וָאָבִא אֹתָם בֵּית יְהוָה אֶל־
לִשְׁכַּת בְּנֵי חָנָן בֶּן־יִגְדַּלְיָהוּ אִישׁ הָאֱלֹהִים אֲשֶׁר־אֵצֶל לִשְׁכַּת
הַשָּׂרִים אֲשֶׁר מִמַּעַל לְלִשְׁכַּת מַעֲשֵׂיָהוּ בֶן־שַׁלֻּם שֹׁמֵר הַסַּף׃
ה וָאֶתֵּן לִפְנֵי ׀ בְּנֵי בֵית־הָרֵכָבִים גְּבִעִים מְלֵאִים יַיִן וְכֹסוֹת וָאֹמַר
ו אֲלֵיהֶם שְׁתוּ־יָיִן׃ וַיֹּאמְרוּ לֹא נִשְׁתֶּה־יָּיִן כִּי יוֹנָדָב בֶּן־רֵכָב
אָבִינוּ צִוָּה עָלֵינוּ לֵאמֹר לֹא תִשְׁתּוּ־יַיִן אַתֶּם וּבְנֵיכֶם עַד־עוֹלָם׃
ז וּבַיִת לֹא־תִבְנוּ וְזֶרַע לֹא־תִזְרָעוּ וְכֶרֶם לֹא־תִטָּעוּ וְלֹא יִהְיֶה
לָכֶם כִּי בָּאֳהָלִים תֵּשְׁבוּ כָּל־יְמֵיכֶם לְמַעַן תִּחְיוּ יָמִים רַבִּים
ח עַל־פְּנֵי הָאֲדָמָה אֲשֶׁר אַתֶּם גָּרִים שָׁם׃ וַנִּשְׁמַע בְּקוֹל יְהוֹנָדָב
בֶּן־רֵכָב אָבִינוּ לְכֹל אֲשֶׁר צִוָּנוּ לְבִלְתִּי שְׁתוֹת־יַיִן כָּל־יָמֵינוּ
ט אֲנַחְנוּ נָשֵׁינוּ בָּנֵינוּ וּבְנֹתֵינוּ׃ וּלְבִלְתִּי בְּנוֹת בָּתִּים לְשִׁבְתֵּנוּ
י וְכֶרֶם וְשָׂדֶה וָזֶרַע לֹא יִהְיֶה־לָּנוּ׃ וַנֵּשֶׁב בָּאֳהָלִים וַנִּשְׁמַע וַנַּעַשׂ כא
יא כְּכֹל אֲשֶׁר־צִוָּנוּ יוֹנָדָב אָבִינוּ׃ וַיְהִי בַּעֲלוֹת נְבוּכַדְרֶאצַּר מֶלֶךְ־

בָּבֶל אֶל־הָאָרֶץ וַנֹּאמֶר בֹּאוּ וְנָבוֹא יְרוּשָׁלַ͏ִם מִפְּנֵי חֵיל הַכַּשְׂדִּים
יב וּמִפְּנֵי חֵיל אֲרָם וַנֵּשֶׁב בִּירוּשָׁלָ͏ִם׃ וַיְהִי דְבַר־
יג יְהוָה אֶל־יִרְמְיָהוּ לֵאמֹר׃ כֹּה־אָמַר יְהוָה צְבָאוֹת אֱלֹהֵי
יִשְׂרָאֵל הָלֹךְ וְאָמַרְתָּ לְאִישׁ יְהוּדָה וּלְיֹשְׁבֵי יְרוּשָׁלָ͏ִם הֲלוֹא
יד תִקְחוּ מוּסָר לִשְׁמֹעַ אֶל־דְּבָרַי נְאֻם־יְהוָה׃ הוּקַם אֶת־דִּבְרֵי
יְהוֹנָדָב בֶּן־רֵכָב אֲשֶׁר־צִוָּה אֶת־בָּנָיו לְבִלְתִּי שְׁתוֹת־יַיִן וְלֹא
שָׁתוּ עַד־הַיּוֹם הַזֶּה כִּי שָׁמְעוּ אֵת מִצְוַת אֲבִיהֶם וְאָנֹכִי דִּבַּרְתִּי
טו אֲלֵיכֶם הַשְׁכֵּם וְדַבֵּר וְלֹא שְׁמַעְתֶּם אֵלָי׃ וָאֶשְׁלַח אֲלֵיכֶם
אֶת־כָּל־עֲבָדַי הַנְּבִאִים ׀ הַשְׁכֵּים וְשָׁלֹחַ ׀ לֵאמֹר שֻׁבוּ־נָא
אִישׁ מִדַּרְכּוֹ הָרָעָה וְהֵיטִיבוּ מַעַלְלֵיכֶם וְאַל־תֵּלְכוּ אַחֲרֵי
אֱלֹהִים אֲחֵרִים לְעָבְדָם וּשְׁבוּ אֶל־הָאֲדָמָה אֲשֶׁר־נָתַתִּי לָכֶם
טז וְלַאֲבֹתֵיכֶם וְלֹא הִטִּיתֶם אֶת־אָזְנְכֶם וְלֹא שְׁמַעְתֶּם אֵלָי׃ כִּי
הֵקִימוּ בְּנֵי יְהוֹנָדָב בֶּן־רֵכָב אֶת־מִצְוַת אֲבִיהֶם אֲשֶׁר צִוָּם
יז וְהָעָם הַזֶּה לֹא שָׁמְעוּ אֵלָי׃ לָכֵן כֹּה־אָמַר יְהוָה
אֱלֹהֵי צְבָאוֹת אֱלֹהֵי יִשְׂרָאֵל הִנְנִי מֵבִיא אֶל־יְהוּדָה וְאֶל כָּל־
יוֹשְׁבֵי יְרוּשָׁלַ͏ִם אֵת כָּל־הָרָעָה אֲשֶׁר דִּבַּרְתִּי עֲלֵיהֶם יַעַן דִּבַּרְתִּי
יח אֲלֵיהֶם וְלֹא שָׁמֵעוּ וָאֶקְרָא לָהֶם וְלֹא עָנוּ׃ וּלְבֵית הָרֵכָבִים
אָמַר יִרְמְיָהוּ כֹּה־אָמַר יְהוָה צְבָאוֹת אֱלֹהֵי יִשְׂרָאֵל יַעַן אֲשֶׁר
שְׁמַעְתֶּם עַל־מִצְוַת יְהוֹנָדָב אֲבִיכֶם וַתִּשְׁמְרוּ אֶת־כָּל־מִצְוֺתָיו
יט וַתַּעֲשׂוּ כְּכֹל אֲשֶׁר־צִוָּה אֶתְכֶם׃ לָכֵן כֹּה אָמַר יְהוָה צְבָאוֹת
אֱלֹהֵי יִשְׂרָאֵל לֹא־יִכָּרֵת אִישׁ לְיוֹנָדָב בֶּן־רֵכָב עֹמֵד לְפָנַי כָּל־
לו א הַיָּמִים׃ וַיְהִי בַּשָּׁנָה הָרְבִעִית לִיהוֹיָקִים בֶּן־
יֹאשִׁיָּהוּ מֶלֶךְ יְהוּדָה הָיָה הַדָּבָר הַזֶּה אֶל־יִרְמְיָהוּ מֵאֵת יְהוָה
ב לֵאמֹר׃ קַח־לְךָ מְגִלַּת־סֵפֶר וְכָתַבְתָּ אֵלֶיהָ אֵת כָּל־הַדְּבָרִים
אֲשֶׁר דִּבַּרְתִּי אֵלֶיךָ עַל־יִשְׂרָאֵל וְעַל־יְהוּדָה וְעַל־כָּל־הַגּוֹיִם
ג מִיּוֹם דִּבַּרְתִּי אֵלֶיךָ מִימֵי יֹאשִׁיָּהוּ וְעַד הַיּוֹם הַזֶּה׃ אוּלַי
יִשְׁמְעוּ בֵּית יְהוּדָה אֵת כָּל־הָרָעָה אֲשֶׁר אָנֹכִי חֹשֵׁב לַעֲשׂוֹת

לָהֶם לְמַעַן יָשׁוּבוּ אִישׁ מִדַּרְכּוֹ הָרָעָה וְסָלַחְתִּי לַעֲוֺנָם
וּלְחַטָּאתָם׃ וַיִּקְרָא יִרְמְיָהוּ אֶת־בָּרוּךְ בֶּן־נֵרִיָּה ד
וַיִּכְתֹּב בָּרוּךְ מִפִּי יִרְמְיָהוּ אֵת כָּל־דִּבְרֵי יהוה אֲשֶׁר־דִּבֶּר אֵלָיו
עַל־מְגִלַּת־סֵפֶר׃ וַיְצַוֶּה יִרְמְיָהוּ אֶת־בָּרוּךְ לֵאמֹר אֲנִי עָצוּר לֹא ה
אוּכַל לָבוֹא בֵּית יהוה׃ וּבָאתָ אַתָּה וְקָרָאתָ בַמְּגִלָּה אֲשֶׁר־ ו
כָּתַבְתָּ מִפִּי אֶת־דִּבְרֵי יהוה בְּאָזְנֵי הָעָם בֵּית יהוה בְּיוֹם צוֹם
וְגַם בְּאָזְנֵי כָל־יְהוּדָה הַבָּאִים מֵעָרֵיהֶם תִּקְרָאֵם׃ אוּלַי תִּפֹּל ז
תְּחִנָּתָם לִפְנֵי יהוה וְיָשֻׁבוּ אִישׁ מִדַּרְכּוֹ הָרָעָה כִּי־גָדוֹל הָאַף
וְהַחֵמָה אֲשֶׁר־דִּבֶּר יהוה אֶל־הָעָם הַזֶּה׃ וַיַּעַשׂ בָּרוּךְ בֶּן־נֵרִיָּה ח
כְּכֹל אֲשֶׁר־צִוָּהוּ יִרְמְיָהוּ הַנָּבִיא לִקְרֹא בַסֵּפֶר דִּבְרֵי יהוה בֵּית
יהוה׃ וַיְהִי בַשָּׁנָה הַחֲמִשִׁית לִיהוֹיָקִים בֶּן־ ט
יֹאשִׁיָּהוּ מֶלֶךְ־יְהוּדָה בַּחֹדֶשׁ הַתְּשִׁעִי קָרְאוּ צוֹם לִפְנֵי יהוה
כָּל־הָעָם בִּירוּשָׁלִַם וְכָל־הָעָם הַבָּאִים מֵעָרֵי יְהוּדָה בִּירוּשָׁלִָם׃
וַיִּקְרָא בָרוּךְ בַּסֵּפֶר אֶת־דִּבְרֵי יִרְמְיָהוּ בֵּית יהוה בְּלִשְׁכַּת י
גְּמַרְיָהוּ בֶן־שָׁפָן הַסֹּפֵר בֶּחָצֵר הָעֶלְיוֹן פֶּתַח שַׁעַר בֵּית־יהוה
הֶחָדָשׁ בְּאָזְנֵי כָּל־הָעָם׃ וַיִּשְׁמַע מִכָיְהוּ בֶן־גְּמַרְיָהוּ בֶן־שָׁפָן יא
אֶת־כָּל־דִּבְרֵי יהוה מֵעַל־הַסֵּפֶר׃ וַיֵּרֶד בֵּית־הַמֶּלֶךְ עַל־ יב
לִשְׁכַּת הַסֹּפֵר וְהִנֵּה־שָׁם כָּל־הַשָּׂרִים יוֹשְׁבִים אֱלִישָׁמָע הַסֹּפֵר
וּדְלָיָהוּ בֶן־שְׁמַעְיָהוּ וְאֶלְנָתָן בֶּן־עַכְבּוֹר וּגְמַרְיָהוּ בֶן־שָׁפָן
וְצִדְקִיָּהוּ בֶן־חֲנַנְיָהוּ וְכָל־הַשָּׂרִים׃ וַיַּגֵּד לָהֶם מִכָיְהוּ אֵת כָּל־ יג
הַדְּבָרִים אֲשֶׁר שָׁמֵעַ בִּקְרֹא בָרוּךְ בַּסֵּפֶר בְּאָזְנֵי הָעָם׃ וַיִּשְׁלְחוּ יד
כָל־הַשָּׂרִים אֶל־בָּרוּךְ אֶת־יְהוּדִי בֶּן־נְתַנְיָהוּ בֶּן־שֶׁלֶמְיָהוּ בֶן־
כּוּשִׁי לֵאמֹר הַמְּגִלָּה אֲשֶׁר קָרָאתָ בָּהּ בְּאָזְנֵי הָעָם קָחֶנָּה בְיָדְךָ
וָלֵךְ וַיִּקַּח בָּרוּךְ בֶּן־נֵרִיָּהוּ אֶת־הַמְּגִלָּה בְּיָדוֹ וַיָּבֹא אֲלֵיהֶם׃
וַיֹּאמְרוּ אֵלָיו שֵׁב נָא וּקְרָאֶנָּה בְּאָזְנֵינוּ וַיִּקְרָא בָרוּךְ בְּאָזְנֵיהֶם׃ טו
וַיְהִי כְּשָׁמְעָם אֶת־כָּל־הַדְּבָרִים פָּחֲדוּ אִישׁ אֶל־רֵעֵהוּ וַיֹּאמְרוּ טז
אֶל־בָּרוּךְ הַגֵּיד נַגִּיד לַמֶּלֶךְ אֵת כָּל־הַדְּבָרִים הָאֵלֶּה׃ וְאֶת־ יז

בָּרוּךְ שָׁאֲלוּ לֵאמֹר הַגֶּד־נָא לָנוּ אֵיךְ כָּתַבְתָּ אֶת־כָּל־הַדְּבָרִים
יח הָאֵלֶּה מִפִּיו: וַיֹּאמֶר לָהֶם בָּרוּךְ מִפִּיו יִקְרָא אֵלַי אֵת כָּל־
יט הַדְּבָרִים הָאֵלֶּה וַאֲנִי כֹּתֵב עַל־הַסֵּפֶר בַּדְּיוֹ: וַיֹּאמְרוּ
הַשָּׂרִים אֶל־בָּרוּךְ לֵךְ הִסָּתֵר אַתָּה וְיִרְמְיָהוּ וְאִישׁ אַל־יֵדַע
כ אֵיפֹה אַתֶּם: וַיָּבֹאוּ אֶל־הַמֶּלֶךְ חָצֵרָה וְאֶת־הַמְּגִלָּה הִפְקִדוּ
בְּלִשְׁכַּת אֱלִישָׁמָע הַסֹּפֵר וַיַּגִּידוּ בְּאָזְנֵי הַמֶּלֶךְ אֵת כָּל־
כא הַדְּבָרִים: וַיִּשְׁלַח הַמֶּלֶךְ אֶת־יְהוּדִי לָקַחַת אֶת־הַמְּגִלָּה
וַיִּקָּחֶהָ מִלִּשְׁכַּת אֱלִישָׁמָע הַסֹּפֵר וַיִּקְרָאֶהָ יְהוּדִי בְּאָזְנֵי הַמֶּלֶךְ
כב וּבְאָזְנֵי כָּל־הַשָּׂרִים הָעֹמְדִים מֵעַל הַמֶּלֶךְ: וְהַמֶּלֶךְ יוֹשֵׁב בֵּית
כג הַחֹרֶף בַּחֹדֶשׁ הַתְּשִׁיעִי וְאֶת־הָאָח לְפָנָיו מְבֹעָרֶת: וַיְהִי ׀
כִּקְרוֹא יְהוּדִי שָׁלֹשׁ דְּלָתוֹת וְאַרְבָּעָה יִקְרָעֶהָ בְּתַעַר הַסֹּפֵר
וְהַשְׁלֵךְ אֶל־הָאֵשׁ אֲשֶׁר אֶל־הָאָח עַד־תֹּם כָּל־הַמְּגִלָּה עַל־
כד הָאֵשׁ אֲשֶׁר עַל־הָאָח: וְלֹא פָחֲדוּ וְלֹא קָרְעוּ אֶת־בִּגְדֵיהֶם
כה הַמֶּלֶךְ וְכָל־עֲבָדָיו הַשֹּׁמְעִים אֵת כָּל־הַדְּבָרִים הָאֵלֶּה: וְגַם
אֶלְנָתָן וּדְלָיָהוּ וּגְמַרְיָהוּ הִפְגִּעוּ בַמֶּלֶךְ לְבִלְתִּי שְׂרֹף אֶת־
כו הַמְּגִלָּה וְלֹא שָׁמַע אֲלֵיהֶם: וַיְצַוֶּה הַמֶּלֶךְ אֶת־יְרַחְמְאֵל בֶּן־ כב
הַמֶּלֶךְ וְאֶת־שְׂרָיָהוּ בֶן־עַזְרִיאֵל וְאֶת־שֶׁלֶמְיָהוּ בֶּן־עַבְדְּאֵל
לָקַחַת אֶת־בָּרוּךְ הַסֹּפֵר וְאֵת יִרְמְיָהוּ הַנָּבִיא וַיַּסְתִּרֵם
כז יְהוָה: וַיְהִי דְבַר־יְהוָה אֶל־יִרְמְיָהוּ אַחֲרֵי ׀ שְׂרֹף
הַמֶּלֶךְ אֶת־הַמְּגִלָּה וְאֶת־הַדְּבָרִים אֲשֶׁר כָּתַב בָּרוּךְ מִפִּי
כח יִרְמְיָהוּ לֵאמֹר: שׁוּב קַח־לְךָ מְגִלָּה אַחֶרֶת וּכְתֹב עָלֶיהָ אֵת
כָּל־הַדְּבָרִים הָרִאשֹׁנִים אֲשֶׁר הָיוּ עַל־הַמְּגִלָּה הָרִאשֹׁנָה אֲשֶׁר
כט שָׂרַף יְהוֹיָקִים מֶלֶךְ־יְהוּדָה: וְעַל־יְהוֹיָקִים מֶלֶךְ־יְהוּדָה תֹּאמַר
כֹּה אָמַר יְהוָה אַתָּה שָׂרַפְתָּ אֶת־הַמְּגִלָּה הַזֹּאת לֵאמֹר מַדּוּעַ
כָּתַבְתָּ עָלֶיהָ לֵאמֹר בֹּא־יָבוֹא מֶלֶךְ־בָּבֶל וְהִשְׁחִית אֶת־
ל הָאָרֶץ הַזֹּאת וְהִשְׁבִּית מִמֶּנָּה אָדָם וּבְהֵמָה: לָכֵן
כֹּה־אָמַר יְהוָה עַל־יְהוֹיָקִים מֶלֶךְ יְהוּדָה לֹא־יִהְיֶה־לּוֹ יוֹשֵׁב

עַל־כִּסֵּא דָוִד וְנִבְלָתוֹ תִּהְיֶה מֻשְׁלֶכֶת לַחֹרֶב בַּיּוֹם וְלַקֶּרַח
לא בַּלָּיְלָה: וּפָקַדְתִּי עָלָיו וְעַל־זַרְעוֹ וְעַל־עֲבָדָיו אֶת־עֲוֺנָם
וְהֵבֵאתִי עֲלֵיהֶם וְעַל־יֹשְׁבֵי יְרוּשָׁלַ͏ִם וְאֶל־אִישׁ יְהוּדָה אֵת כָּל־
לב הָרָעָה אֲשֶׁר־דִּבַּרְתִּי אֲלֵיהֶם וְלֹא שָׁמֵעוּ: וְיִרְמְיָהוּ
לָקַח | מְגִלָּה אַחֶרֶת וַיִּתְּנָהּ אֶל־בָּרוּךְ בֶּן־נֵרִיָּהוּ הַסֹּפֵר
וַיִּכְתֹּב עָלֶיהָ מִפִּי יִרְמְיָהוּ אֵת כָּל־דִּבְרֵי הַסֵּפֶר אֲשֶׁר שָׂרַף
יְהוֹיָקִים מֶלֶךְ־יְהוּדָה בָּאֵשׁ וְעוֹד נוֹסַף עֲלֵיהֶם דְּבָרִים רַבִּים
לז א כָּהֵמָּה: וַיִּמְלָךְ־מֶלֶךְ צִדְקִיָּהוּ בֶּן־יֹאשִׁיָּהוּ תַּחַת
כָּנְיָהוּ בֶּן־יְהוֹיָקִים אֲשֶׁר הִמְלִיךְ נְבוּכַדְרֶאצַּר מֶלֶךְ־בָּבֶל
ב בְּאֶרֶץ יְהוּדָה: וְלֹא שָׁמַע הוּא וַעֲבָדָיו וְעַם הָאָרֶץ אֶל־דִּבְרֵי
ג יְהוָה אֲשֶׁר דִּבֶּר בְּיַד יִרְמְיָהוּ הַנָּבִיא: וַיִּשְׁלַח הַמֶּלֶךְ צִדְקִיָּהוּ
אֶת־יְהוּכַל בֶּן־שֶׁלֶמְיָה וְאֶת־צְפַנְיָהוּ בֶן־מַעֲשֵׂיָה הַכֹּהֵן אֶל־
יִרְמְיָהוּ הַנָּבִיא לֵאמֹר הִתְפַּלֶּל־נָא בַעֲדֵנוּ אֶל־יְהוָה אֱלֹהֵינוּ:
ד וְיִרְמְיָהוּ בָּא וְיֹצֵא בְּתוֹךְ הָעָם וְלֹא־נָתְנוּ אֹתוֹ בֵּית הַכְּלִיא: הַכְּלוּא
ה וְחֵיל פַּרְעֹה יָצָא מִמִּצְרָיִם וַיִּשְׁמְעוּ הַכַּשְׂדִּים הַצָּרִים עַל־
ו יְרוּשָׁלַ͏ִם אֶת־שִׁמְעָם וַיֵּעָלוּ מֵעַל יְרוּשָׁלָ͏ִם: וַיְהִי
ז דְּבַר־יְהוָה אֶל־יִרְמְיָהוּ הַנָּבִיא לֵאמֹר: כֹּה־אָמַר יְהוָה אֱלֹהֵי
יִשְׂרָאֵל כֹּה תֹאמְרוּ אֶל־מֶלֶךְ יְהוּדָה הַשֹּׁלֵחַ אֶתְכֶם אֵלַי
לְדָרְשֵׁנִי הִנֵּה | חֵיל פַּרְעֹה הַיֹּצֵא לָכֶם לְעֶזְרָה שָׁב לְאַרְצוֹ
ח מִצְרָיִם: וְשָׁבוּ הַכַּשְׂדִּים וְנִלְחֲמוּ עַל־הָעִיר הַזֹּאת וּלְכָדֻהָ
ט וּשְׂרָפֻהָ בָאֵשׁ: כֹּה | אָמַר יְהוָה אַל־תַּשִּׁאוּ נַפְשֹׁתֵיכֶם
י לֵאמֹר הָלֹךְ יֵלְכוּ מֵעָלֵינוּ הַכַּשְׂדִּים כִּי־לֹא יֵלֵכוּ: כִּי אִם־
הִכִּיתֶם כָּל־חֵיל כַּשְׂדִּים הַנִּלְחָמִים אִתְּכֶם וְנִשְׁאֲרוּ־בָם
אֲנָשִׁים מְדֻקָּרִים אִישׁ בְּאָהֳלוֹ יָקוּמוּ וְשָׂרְפוּ אֶת־הָעִיר הַזֹּאת
יא בָּאֵשׁ: וְהָיָה בְּהֵעָלוֹת חֵיל הַכַּשְׂדִּים מֵעַל יְרוּשָׁלָ͏ִם מִפְּנֵי חֵיל
יב פַּרְעֹה: וַיֵּצֵא יִרְמְיָהוּ מִירוּשָׁלַ͏ִם לָלֶכֶת אֶרֶץ בִּנְיָמִן
יג לַחֲלִק מִשָּׁם בְּתוֹךְ הָעָם: וַיְהִי־הוּא בְּשַׁעַר בִּנְיָמִן וְשָׁם בַּעַל

פתיחה למלכות צדקיהו
מל"ב כד, יח–כ
ירמיה נב, א–ג
דה"ב לו, יא–יג

פְּקִדֻת וּשְׁמוֹ יִרְאִיָּיה בֶּן־שֶׁלֶמְיָה בֶּן־חֲנַנְיָה וַיִּתְפֹּשׂ אֶת־
יד יִרְמְיָהוּ הַנָּבִיא לֵאמֹר אֶל־הַכַּשְׂדִּים אַתָּה נֹפֵל: וַיֹּאמֶר
יִרְמְיָהוּ שֶׁקֶר אֵינֶנִּי נֹפֵל עַל־הַכַּשְׂדִּים וְלֹא שָׁמַע אֵלָיו וַיִּתְפֹּשׂ
טו יִרְאִיָּיה בְּיִרְמְיָהוּ וַיְבִאֵהוּ אֶל־הַשָּׂרִים: וַיִּקְצְפוּ הַשָּׂרִים עַל־
יִרְמְיָהוּ וְהִכּוּ אֹתוֹ וְנָתְנוּ אוֹתוֹ בֵּית הָאֵסוּר בֵּית יְהוֹנָתָן הַסֹּפֵר
טז כִּי־אֹתוֹ עָשׂוּ לְבֵית הַכֶּלֶא: כִּי בָא יִרְמְיָהוּ אֶל־בֵּית הַבּוֹר
יז וְאֶל־הַחֲנֻיוֹת וַיֵּשֶׁב־שָׁם יִרְמְיָהוּ יָמִים רַבִּים: וַיִּשְׁלַח הַמֶּלֶךְ
צִדְקִיָּהוּ וַיִּקָּחֵהוּ וַיִּשְׁאָלֵהוּ הַמֶּלֶךְ בְּבֵיתוֹ בַּסֵּתֶר וַיֹּאמֶר הֲיֵשׁ
דָּבָר מֵאֵת יְהוָה וַיֹּאמֶר יִרְמְיָהוּ יֵשׁ וַיֹּאמֶר בְּיַד מֶלֶךְ־בָּבֶל
יח תִּנָּתֵן: וַיֹּאמֶר יִרְמְיָהוּ אֶל־הַמֶּלֶךְ צִדְקִיָּהוּ מֶה חָטָאתִי לְךָ
יט וְלַעֲבָדֶיךָ וְלָעָם הַזֶּה כִּי־נְתַתֶּם אוֹתִי אֶל־בֵּית הַכֶּלֶא: ואיו וְאַיֵּה
נְבִיאֵיכֶם אֲשֶׁר־נִבְּאוּ לָכֶם לֵאמֹר לֹא־יָבֹא מֶלֶךְ־בָּבֶל עֲלֵיכֶם
כ וְעַל הָאָרֶץ הַזֹּאת: וְעַתָּה שְׁמַע־נָא אֲדֹנִי הַמֶּלֶךְ תִּפָּל־נָא
תְחִנָּתִי לְפָנֶיךָ וְאַל־תְּשִׁבֵנִי בֵּית יְהוֹנָתָן הַסֹּפֵר וְלֹא אָמוּת שָׁם:
כא וַיְצַוֶּה הַמֶּלֶךְ צִדְקִיָּהוּ וַיַּפְקִדוּ אֶת־יִרְמְיָהוּ בַּחֲצַר הַמַּטָּרָה וְנָתֹן
לוֹ כִכַּר־לֶחֶם לַיּוֹם מִחוּץ הָאֹפִים עַד־תֹּם כָּל־הַלֶּחֶם מִן־הָעִיר
לח א וַיֵּשֶׁב יִרְמְיָהוּ בַּחֲצַר הַמַּטָּרָה: וַיִּשְׁמַע שְׁפַטְיָה בֶן־מַתָּן וּגְדַלְיָהוּ
בֶּן־פַּשְׁחוּר וְיוּכַל בֶּן־שֶׁלֶמְיָהוּ וּפַשְׁחוּר בֶּן־מַלְכִּיָּה אֶת־
ב הַדְּבָרִים אֲשֶׁר יִרְמְיָהוּ מְדַבֵּר אֶל־כָּל־הָעָם לֵאמֹר: כֹּה אָמַר
יְהוָה הַיֹּשֵׁב בָּעִיר הַזֹּאת יָמוּת בַּחֶרֶב בָּרָעָב וּבַדָּבֶר וְהַיֹּצֵא
ג אֶל־הַכַּשְׂדִּים יחיה וְהָיְתָה־לּוֹ נַפְשׁוֹ לְשָׁלָל וָחָי: כֹּה וְחָיָה
אָמַר יְהוָה הִנָּתֹן תִּנָּתֵן הָעִיר הַזֹּאת בְּיַד חֵיל מֶלֶךְ־בָּבֶל
ד וּלְכָדָהּ: וַיֹּאמְרוּ הַשָּׂרִים אֶל־הַמֶּלֶךְ יוּמַת נָא אֶת־הָאִישׁ הַזֶּה
כִּי־עַל־כֵּן הוּא־מְרַפֵּא אֶת־יְדֵי אַנְשֵׁי הַמִּלְחָמָה הַנִּשְׁאָרִים ׀
בָּעִיר הַזֹּאת וְאֵת יְדֵי כָל־הָעָם לְדַבֵּר אֲלֵיהֶם כַּדְּבָרִים הָאֵלֶּה
כִּי ׀ הָאִישׁ הַזֶּה אֵינֶנּוּ דֹרֵשׁ לְשָׁלוֹם לָעָם הַזֶּה כִּי אִם־לְרָעָה:
ה וַיֹּאמֶר הַמֶּלֶךְ צִדְקִיָּהוּ הִנֵּה־הוּא בְּיֶדְכֶם כִּי־אֵין הַמֶּלֶךְ יוּכַל

ו אֶתְכֶם דָּבָר׃ וַיִּקְחוּ אֶת־יִרְמְיָהוּ וַיַּשְׁלִכוּ אֹתוֹ אֶל־הַבּוֹר ׀
מַלְכִּיָּהוּ בֶן־הַמֶּלֶךְ אֲשֶׁר בַּחֲצַר הַמַּטָּרָה וַיְשַׁלְּחוּ אֶת־יִרְמְיָהוּ
בַּחֲבָלִים וּבַבּוֹר אֵין־מַיִם כִּי אִם־טִיט וַיִּטְבַּע יִרְמְיָהוּ בַּטִּיט׃
ז וַיִּשְׁמַע עֶבֶד־מֶלֶךְ הַכּוּשִׁי אִישׁ סָרִיס וְהוּא בְּבֵית הַמֶּלֶךְ כִּי־
ח נָתְנוּ אֶת־יִרְמְיָהוּ אֶל־הַבּוֹר וְהַמֶּלֶךְ יוֹשֵׁב בְּשַׁעַר בִּנְיָמִן׃ וַיֵּצֵא כג
ט עֶבֶד־מֶלֶךְ מִבֵּית הַמֶּלֶךְ וַיְדַבֵּר אֶל־הַמֶּלֶךְ לֵאמֹר׃ אֲדֹנִי הַמֶּלֶךְ
הֵרֵעוּ הָאֲנָשִׁים הָאֵלֶּה אֵת כָּל־אֲשֶׁר עָשׂוּ לְיִרְמְיָהוּ הַנָּבִיא אֵת
אֲשֶׁר־הִשְׁלִיכוּ אֶל־הַבּוֹר וַיָּמָת תַּחְתָּיו מִפְּנֵי הָרָעָב כִּי אֵין
י הַלֶּחֶם עוֹד בָּעִיר׃ וַיְצַוֶּה הַמֶּלֶךְ אֵת עֶבֶד־מֶלֶךְ הַכּוּשִׁי לֵאמֹר
קַח בְּיָדְךָ מִזֶּה שְׁלֹשִׁים אֲנָשִׁים וְהַעֲלִיתָ אֶת־יִרְמְיָהוּ הַנָּבִיא
יא מִן־הַבּוֹר בְּטֶרֶם יָמוּת׃ וַיִּקַּח ׀ עֶבֶד־מֶלֶךְ אֶת־הָאֲנָשִׁים בְּיָדוֹ
וַיָּבֹא בֵית־הַמֶּלֶךְ אֶל־תַּחַת הָאוֹצָר וַיִּקַּח מִשָּׁם בְּלוֹיֵ הסחבות סְחָבוֹת
יב וּבְלוֹיֵ מְלָחִים וַיְשַׁלְּחֵם אֶל־יִרְמְיָהוּ אֶל־הַבּוֹר בַּחֲבָלִים׃ וַיֹּאמֶר
עֶבֶד־מֶלֶךְ הַכּוּשִׁי אֶל־יִרְמְיָהוּ שִׂים נָא בְּלוֹאֵי הַסְּחָבוֹת
וְהַמְּלָחִים תַּחַת אַצִּלוֹת יָדֶיךָ מִתַּחַת לַחֲבָלִים וַיַּעַשׂ יִרְמְיָהוּ
יג כֵּן׃ וַיִּמְשְׁכוּ אֶת־יִרְמְיָהוּ בַּחֲבָלִים וַיַּעֲלוּ אֹתוֹ מִן־הַבּוֹר וַיֵּשֶׁב
יד יִרְמְיָהוּ בַּחֲצַר הַמַּטָּרָה׃ וַיִּשְׁלַח הַמֶּלֶךְ צִדְקִיָּהוּ
וַיִּקַּח אֶת־יִרְמְיָהוּ הַנָּבִיא אֵלָיו אֶל־מָבוֹא הַשְּׁלִישִׁי אֲשֶׁר
בְּבֵית יְהוָה וַיֹּאמֶר הַמֶּלֶךְ אֶל־יִרְמְיָהוּ שֹׁאֵל אֲנִי אֹתְךָ דָּבָר
טו אַל־תְּכַחֵד מִמֶּנִּי דָּבָר׃ וַיֹּאמֶר יִרְמְיָהוּ אֶל־צִדְקִיָּהוּ כִּי אַגִּיד לְךָ
טז הֲלוֹא הָמֵת תְּמִיתֵנִי וְכִי אִיעָצְךָ לֹא תִשְׁמַע אֵלָי׃ וַיִּשָּׁבַע הַמֶּלֶךְ
צִדְקִיָּהוּ אֶל־יִרְמְיָהוּ בַּסֵּתֶר לֵאמֹר חַי־יְהוָה אֶת אֲשֶׁר עָשָׂה־
לָנוּ אֶת־הַנֶּפֶשׁ הַזֹּאת אִם־אֲמִיתֶךָ וְאִם־אֶתֶּנְךָ בְּיַד הָאֲנָשִׁים
יז הָאֵלֶּה אֲשֶׁר מְבַקְשִׁים אֶת־נַפְשֶׁךָ׃ וַיֹּאמֶר
יִרְמְיָהוּ אֶל־צִדְקִיָּהוּ כֹּה־אָמַר יְהוָה אֱלֹהֵי צְבָאוֹת אֱלֹהֵי
יִשְׂרָאֵל אִם־יָצֹא תֵצֵא אֶל־שָׂרֵי מֶלֶךְ־בָּבֶל וְחָיְתָה נַפְשֶׁךָ
יח וְהָעִיר הַזֹּאת לֹא תִשָּׂרֵף בָּאֵשׁ וִחְיִתָה אַתָּה וּבֵיתֶךָ׃ וְאִם לֹא־

תֵצֵא אֶל־שָׂרֵי מֶלֶךְ בָּבֶל וְנִתְּנָה הָעִיר הַזֹּאת בְּיַד הַכַּשְׂדִּים
יט וּשְׂרָפוּהָ בָּאֵשׁ וְאַתָּה לֹא־תִמָּלֵט מִיָּדָם: וַיֹּאמֶר
הַמֶּלֶךְ צִדְקִיָּהוּ אֶל־יִרְמְיָהוּ אֲנִי דֹּאֵג אֶת־הַיְּהוּדִים אֲשֶׁר נָפְלוּ
כ אֶל־הַכַּשְׂדִּים פֶּן־יִתְּנוּ אֹתִי בְּיָדָם וְהִתְעַלְּלוּ־בִי: וַיֹּאמֶר
יִרְמְיָהוּ לֹא יִתֵּנוּ שְׁמַע־נָא | בְּקוֹל יהוה לַאֲשֶׁר אֲנִי דֹּבֵר אֵלֶיךָ
כא וְיִיטַב לְךָ וּתְחִי נַפְשֶׁךָ: וְאִם־מָאֵן אַתָּה לָצֵאת זֶה הַדָּבָר אֲשֶׁר
כב הִרְאַנִי יהוה: וְהִנֵּה כָל־הַנָּשִׁים אֲשֶׁר נִשְׁאֲרוּ בְּבֵית מֶלֶךְ־
יְהוּדָה מוּצָאוֹת אֶל־שָׂרֵי מֶלֶךְ בָּבֶל וְהֵנָּה אֹמְרוֹת הִסִּיתוּךָ
כג וְיָכְלוּ לְךָ אַנְשֵׁי שְׁלֹמֶךָ הָטְבְּעוּ בַבֹּץ רַגְלֶךָ נָסֹגוּ אָחוֹר: וְאֶת־
כָּל־נָשֶׁיךָ וְאֶת־בָּנֶיךָ מוֹצִאִים אֶל־הַכַּשְׂדִּים וְאַתָּה לֹא־תִמָּלֵט
מִיָּדָם כִּי בְיַד מֶלֶךְ־בָּבֶל תִּתָּפֵשׂ וְאֶת־הָעִיר הַזֹּאת תִּשְׂרֹף
כד בָּאֵשׁ: וַיֹּאמֶר צִדְקִיָּהוּ אֶל־יִרְמְיָהוּ אִישׁ אַל־יֵדַע
כה בַּדְּבָרִים־הָאֵלֶּה וְלֹא תָמוּת: וְכִי־יִשְׁמְעוּ הַשָּׂרִים כִּי־דִבַּרְתִּי
אִתָּךְ וּבָאוּ אֵלֶיךָ וְאָמְרוּ אֵלֶיךָ הַגִּידָה־נָּא לָנוּ מַה־דִּבַּרְתָּ
אֶל־הַמֶּלֶךְ אַל־תְּכַחֵד מִמֶּנּוּ וְלֹא נְמִיתֶךָ וּמַה־דִּבֶּר אֵלֶיךָ
כו הַמֶּלֶךְ: וְאָמַרְתָּ אֲלֵיהֶם מַפִּיל־אֲנִי תְחִנָּתִי לִפְנֵי הַמֶּלֶךְ
כז לְבִלְתִּי הֲשִׁיבֵנִי בֵּית יְהוֹנָתָן לָמוּת שָׁם: וַיָּבֹאוּ כָל־
הַשָּׂרִים אֶל־יִרְמְיָהוּ וַיִּשְׁאֲלוּ אֹתוֹ וַיַּגֵּד לָהֶם כְּכָל־הַדְּבָרִים
הָאֵלֶּה אֲשֶׁר צִוָּה הַמֶּלֶךְ וַיַּחֲרִשׁוּ מִמֶּנּוּ כִּי לֹא־נִשְׁמַע
כח הַדָּבָר: וַיֵּשֶׁב יִרְמְיָהוּ בַּחֲצַר הַמַּטָּרָה עַד־יוֹם אֲשֶׁר־
נִלְכְּדָה יְרוּשָׁלָםִ וְהָיָה כַּאֲשֶׁר נִלְכְּדָה יְרוּשָׁלָםִ:
לט א בַּשָּׁנָה הַתְּשִׁעִית לְצִדְקִיָּהוּ מֶלֶךְ־יְהוּדָה בַּחֹדֶשׁ הָעֲשִׂרִי בָּא
נְבוּכַדְרֶאצַּר מֶלֶךְ־בָּבֶל וְכָל־חֵילוֹ אֶל־יְרוּשָׁלַםִ וַיָּצֻרוּ עָלֶיהָ:
ב בְּעַשְׁתֵּי־עֶשְׂרֵה שָׁנָה לְצִדְקִיָּהוּ בַּחֹדֶשׁ הָרְבִיעִי בְּתִשְׁעָה
ג לַחֹדֶשׁ הָבְקְעָה הָעִיר: וַיָּבֹאוּ כֹּל שָׂרֵי מֶלֶךְ־בָּבֶל וַיֵּשְׁבוּ בְּשַׁעַר
הַתָּוֶךְ נֵרְגַל שַׂרְאֶצֶר סַמְגַּר־נְבוּ שַׂרְסְכִים רַב־סָרִיס נֵרְגַל
ד שַׂרְאֶצֶר רַב־מָג וְכָל־שְׁאֵרִית שָׂרֵי מֶלֶךְ־בָּבֶל: וַיְהִי כַּאֲשֶׁר

המצור על ירושלים וסופו של צדקיהו
מל״ב כה, א–ז
ירמיה נב, ד–יא

רָאָם צִדְקִיָּהוּ מֶלֶךְ־יְהוּדָה וְכֹל ׀ אַנְשֵׁי הַמִּלְחָמָה וַיִּבְרְחוּ וַיֵּצְאוּ
לַיְלָה מִן־הָעִיר דֶּרֶךְ גַּן הַמֶּלֶךְ בְּשַׁעַר בֵּין הַחֹמֹתָיִם וַיֵּצֵא דֶּרֶךְ
ה הָעֲרָבָה׃ וַיִּרְדְּפוּ חֵיל־כַּשְׂדִּים אַחֲרֵיהֶם וַיַּשִּׂגוּ אֶת־צִדְקִיָּהוּ
בְּעַרְבוֹת יְרֵחוֹ וַיִּקְחוּ אֹתוֹ וַיַּעֲלֻהוּ אֶל־נְבוּכַדְרֶאצַּר מֶלֶךְ־בָּבֶל
ו רִבְלָתָה בְּאֶרֶץ חֲמָת וַיְדַבֵּר אִתּוֹ מִשְׁפָּטִים׃ וַיִּשְׁחַט מֶלֶךְ בָּבֶל
אֶת־בְּנֵי צִדְקִיָּהוּ בְּרִבְלָה לְעֵינָיו וְאֵת כָּל־חֹרֵי יְהוּדָה שָׁחַט
ז מֶלֶךְ בָּבֶל׃ וְאֶת־עֵינֵי צִדְקִיָּהוּ עִוֵּר וַיַּאַסְרֵהוּ בַּנְחֻשְׁתַּיִם לָבִיא
ח אֹתוֹ בָּבֶלָה׃ וְאֶת־בֵּית הַמֶּלֶךְ וְאֶת־בֵּית הָעָם שָׂרְפוּ הַכַּשְׂדִּים
ט בָּאֵשׁ וְאֶת־חֹמוֹת יְרוּשָׁלִַם נָתָצוּ׃ וְאֵת יֶתֶר הָעָם הַנִּשְׁאָרִים
בָּעִיר וְאֶת־הַנֹּפְלִים אֲשֶׁר נָפְלוּ עָלָיו וְאֵת יֶתֶר הָעָם הַנִּשְׁאָרִים
י הֶגְלָה נְבוּזַרְאֲדָן רַב־טַבָּחִים בָּבֶל׃ וּמִן־הָעָם הַדַּלִּים אֲשֶׁר אֵין־
לָהֶם מְאוּמָה הִשְׁאִיר נְבוּזַרְאֲדָן רַב־טַבָּחִים בְּאֶרֶץ יְהוּדָה וַיִּתֵּן
יא לָהֶם כְּרָמִים וִיגֵבִים בַּיּוֹם הַהוּא׃ וַיְצַו נְבוּכַדְרֶאצַּר מֶלֶךְ־בָּבֶל
יב עַל־יִרְמְיָהוּ בְּיַד נְבוּזַרְאֲדָן רַב־טַבָּחִים לֵאמֹר׃ קָחֶנּוּ וְעֵינֶיךָ
שִׂים עָלָיו וְאַל־תַּעַשׂ לוֹ מְאוּמָה רָּע כִּי אִם כַּאֲשֶׁר יְדַבֵּר
יג אֵלֶיךָ כֵּן עֲשֵׂה עִמּוֹ׃ וַיִּשְׁלַח נְבוּזַרְאֲדָן רַב־טַבָּחִים וּנְבוּשַׁזְבָּן
רַב־סָרִיס וְנֵרְגַל שַׂרְאֶצֶר רַב־מָג וְכֹל רַבֵּי מֶלֶךְ־בָּבֶל׃
יד וַיִּשְׁלְחוּ וַיִּקְחוּ אֶת־יִרְמְיָהוּ מֵחֲצַר הַמַּטָּרָה וַיִּתְּנוּ אֹתוֹ אֶל־
גְּדַלְיָהוּ בֶּן־אֲחִיקָם בֶּן־שָׁפָן לְהוֹצִאֵהוּ אֶל־הַבָּיִת וַיֵּשֶׁב בְּתוֹךְ
טו הָעָם׃ וְאֶל־יִרְמְיָהוּ הָיָה דְבַר־יְהוָה בִּהְיֹתוֹ
טז עָצוּר בַּחֲצַר הַמַּטָּרָה לֵאמֹר׃ הָלוֹךְ וְאָמַרְתָּ לְעֶבֶד־מֶלֶךְ
הַכּוּשִׁי לֵאמֹר כֹּה־אָמַר יְהוָה צְבָאוֹת אֱלֹהֵי יִשְׂרָאֵל הִנְנִי מֵבִי
אֶת־דְּבָרַי אֶל־הָעִיר הַזֹּאת לְרָעָה וְלֹא לְטוֹבָה וְהָיוּ לְפָנֶיךָ
יז בַּיּוֹם הַהוּא׃ וְהִצַּלְתִּיךָ בַיּוֹם־הַהוּא נְאֻם־יְהוָה וְלֹא תִנָּתֵן בְּיַד
יח הָאֲנָשִׁים אֲשֶׁר־אַתָּה יָגוֹר מִפְּנֵיהֶם׃ כִּי מַלֵּט אֲמַלֶּטְךָ וּבַחֶרֶב כד
לֹא תִפֹּל וְהָיְתָה לְךָ נַפְשְׁךָ לְשָׁלָל כִּי־בָטַחְתָּ בִּי נְאֻם־
מ א יְהוָה׃ הַדָּבָר אֲשֶׁר הָיָה אֶל־יִרְמְיָהוּ מֵאֵת יְהוָה

חורבן ירושלים ובית המקדש
מל"ב כה, ח-כא
ירמיה נב, יב-ל
דה"ב לו, יז-כא

מ

אַחַר ׀ שַׁלַּח אֹתוֹ נְבוּזַרְאֲדָן רַב־טַבָּחִים מִן־הָרָמָה בְּקַחְתּוֹ
אֹתוֹ וְהוּא־אָסוּר בָּאזִקִּים בְּתוֹךְ כָּל־גָּלוּת יְרוּשָׁלַםִ וִיהוּדָה
ב הַמֻּגְלִים בָּבֶלָה: וַיִּקַּח רַב־טַבָּחִים לְיִרְמְיָהוּ וַיֹּאמֶר אֵלָיו יְהוָה
ג אֱלֹהֶיךָ דִּבֶּר אֶת־הָרָעָה הַזֹּאת אֶל־הַמָּקוֹם הַזֶּה: וַיָּבֵא וַיַּעַשׂ
יְהוָה כַּאֲשֶׁר דִּבֵּר כִּי־חֲטָאתֶם לַיהוָה וְלֹא־שְׁמַעְתֶּם בְּקוֹלוֹ
ד וְהָיָה לָכֶם דבר הַזֶּה: וְעַתָּה הִנֵּה פִתַּחְתִּיךָ הַיּוֹם מִן־הָאזִקִּים הַדָּבָר
אֲשֶׁר עַל־יָדֶךָ אִם־טוֹב בְּעֵינֶיךָ לָבוֹא אִתִּי בָבֶל בֹּא וְאָשִׂים
אֶת־עֵינִי עָלֶיךָ וְאִם־רַע בְּעֵינֶיךָ לָבוֹא־אִתִּי בָבֶל חֲדָל רְאֵה
כָּל־הָאָרֶץ לְפָנֶיךָ אֶל־טוֹב וְאֶל־הַיָּשָׁר בְּעֵינֶיךָ לָלֶכֶת שָׁמָּה
ה לֵךְ: וְעוֹדֶנּוּ לֹא־יָשׁוּב וְשֻׁבָה אֶל־גְּדַלְיָה בֶן־אֲחִיקָם בֶּן־שָׁפָן
אֲשֶׁר הִפְקִיד מֶלֶךְ־בָּבֶל בְּעָרֵי יְהוּדָה וְשֵׁב אִתּוֹ בְּתוֹךְ
הָעָם אוֹ אֶל־כָּל־הַיָּשָׁר בְּעֵינֶיךָ לָלֶכֶת לֵךְ וַיִּתֶּן־לוֹ רַב־
ו טַבָּחִים אֲרֻחָה וּמַשְׂאֵת וַיְשַׁלְּחֵהוּ: וַיָּבֹא יִרְמְיָהוּ אֶל־גְּדַלְיָה
בֶן־אֲחִיקָם הַמִּצְפָּתָה וַיֵּשֶׁב אִתּוֹ בְּתוֹךְ הָעָם הַנִּשְׁאָרִים
ז בָּאָרֶץ: וַיִּשְׁמְעוּ כָל־שָׂרֵי הַחֲיָלִים אֲשֶׁר בַּשָּׂדֶה

שארית הפליטה מתקבצת סביב גדליה
מל"ב כה, כב–כד

הֵמָּה וְאַנְשֵׁיהֶם כִּי־הִפְקִיד מֶלֶךְ־בָּבֶל אֶת־גְּדַלְיָהוּ בֶן־
אֲחִיקָם בָּאָרֶץ וְכִי ׀ הִפְקִיד אִתּוֹ אֲנָשִׁים וְנָשִׁים וָטָף וּמִדַּלַּת
ח הָאָרֶץ מֵאֲשֶׁר לֹא־הָגְלוּ בָּבֶלָה: וַיָּבֹאוּ אֶל־גְּדַלְיָה הַמִּצְפָּתָה
וְיִשְׁמָעֵאל בֶּן־נְתַנְיָהוּ וְיוֹחָנָן וְיוֹנָתָן בְּנֵי־קָרֵחַ וּשְׂרָיָה בֶן־תַּנְחֻמֶת
וּבְנֵי ׀ עופי הַנְּטֹפָתִי וִיזַנְיָהוּ בֶּן־הַמַּעֲכָתִי הֵמָּה וְאַנְשֵׁיהֶם: עֵיפַי
ט וַיִּשָּׁבַע לָהֶם גְּדַלְיָהוּ בֶן־אֲחִיקָם בֶּן־שָׁפָן וּלְאַנְשֵׁיהֶם לֵאמֹר
אַל־תִּירְאוּ מֵעֲבוֹד הַכַּשְׂדִּים שְׁבוּ בָאָרֶץ וְעִבְדוּ אֶת־מֶלֶךְ
י בָּבֶל וְיִיטַב לָכֶם: וַאֲנִי הִנְנִי יֹשֵׁב בַּמִּצְפָּה לַעֲמֹד לִפְנֵי הַכַּשְׂדִּים
אֲשֶׁר יָבֹאוּ אֵלֵינוּ וְאַתֶּם אִסְפוּ יַיִן וְקַיִץ וְשֶׁמֶן וְשִׂמוּ בִּכְלֵיכֶם
יא וּשְׁבוּ בְּעָרֵיכֶם אֲשֶׁר־תְּפַשְׂתֶּם: וְגַם כָּל־הַיְּהוּדִים אֲשֶׁר־
בְּמוֹאָב ׀ וּבִבְנֵי־עַמּוֹן וּבֶאֱדוֹם וַאֲשֶׁר בְּכָל־הָאֲרָצוֹת שָׁמְעוּ
כִּי־נָתַן מֶלֶךְ־בָּבֶל שְׁאֵרִית לִיהוּדָה וְכִי הִפְקִיד עֲלֵיהֶם אֶת־

גְּדַלְיָהוּ בֶּן־אֲחִיקָם בֶּן־שָׁפָן׃ וַיָּשֻׁבוּ כָל־הַיְּהוּדִים מִכָּל־ יב
הַמְּקֹמוֹת אֲשֶׁר נִדְּחוּ־שָׁם וַיָּבֹאוּ אֶרֶץ־יְהוּדָה אֶל־גְּדַלְיָהוּ
הַמִּצְפָּתָה וַיַּאַסְפוּ יַיִן וָקַיִץ הַרְבֵּה מְאֹד׃ וְיוֹחָנָן יג
בֶּן־קָרֵחַ וְכָל־שָׂרֵי הַחֲיָלִים אֲשֶׁר בַּשָּׂדֶה בָּאוּ אֶל־גְּדַלְיָהוּ
הַמִּצְפָּתָה׃ וַיֹּאמְרוּ אֵלָיו הֲיָדֹעַ תֵּדַע כִּי בַּעֲלִיס ׀ מֶלֶךְ בְּנֵי־עַמּוֹן יד
שָׁלַח אֶת־יִשְׁמָעֵאל בֶּן־נְתַנְיָה לְהַכֹּתְךָ נָפֶשׁ וְלֹא־הֶאֱמִין לָהֶם
גְּדַלְיָהוּ בֶּן־אֲחִיקָם׃ וְיוֹחָנָן בֶּן־קָרֵחַ אָמַר אֶל־גְּדַלְיָהוּ בַסֵּתֶר טו
בַּמִּצְפָּה לֵאמֹר אֵלְכָה נָּא וְאַכֶּה אֶת־יִשְׁמָעֵאל בֶּן־נְתַנְיָה
וְאִישׁ לֹא יֵדָע לָמָּה יַכֶּכָּה נֶּפֶשׁ וְנָפֹצוּ כָּל־יְהוּדָה הַנִּקְבָּצִים
אֵלֶיךָ וְאָבְדָה שְׁאֵרִית יְהוּדָה׃ וַיֹּאמֶר גְּדַלְיָהוּ בֶן־אֲחִיקָם אֶל־ טז
יוֹחָנָן בֶּן־קָרֵחַ אַל־תַּעַשׂ אֶת־הַדָּבָר הַזֶּה כִּי־שֶׁקֶר אַתָּה
דֹבֵר אֶל־יִשְׁמָעֵאל׃ וַיְהִי ׀ בַּחֹדֶשׁ הַשְּׁבִיעִי בָּא מא א
יִשְׁמָעֵאל בֶּן־נְתַנְיָה בֶן־אֱלִישָׁמָע מִזֶּרַע הַמְּלוּכָה וְרַבֵּי הַמֶּלֶךְ
וַעֲשָׂרָה אֲנָשִׁים אִתּוֹ אֶל־גְּדַלְיָהוּ בֶן־אֲחִיקָם הַמִּצְפָּתָה וַיֹּאכְלוּ
שָׁם לֶחֶם יַחְדָּו בַּמִּצְפָּה׃ וַיָּקָם יִשְׁמָעֵאל בֶּן־נְתַנְיָה וַעֲשֶׂרֶת ב
הָאֲנָשִׁים ׀ אֲשֶׁר־הָיוּ אִתּוֹ וַיַּכּוּ אֶת־גְּדַלְיָהוּ בֶן־אֲחִיקָם בֶּן־שָׁפָן
בַּחֶרֶב וַיָּמֶת אֹתוֹ אֲשֶׁר־הִפְקִיד מֶלֶךְ־בָּבֶל בָּאָרֶץ׃ וְאֵת כָּל־ ג
הַיְּהוּדִים אֲשֶׁר־הָיוּ אִתּוֹ אֶת־גְּדַלְיָהוּ בַּמִּצְפָּה וְאֶת־הַכַּשְׂדִּים
אֲשֶׁר נִמְצְאוּ־שָׁם אֵת אַנְשֵׁי הַמִּלְחָמָה הִכָּה יִשְׁמָעֵאל׃ וַיְהִי ד
בַּיּוֹם הַשֵּׁנִי לְהָמִית אֶת־גְּדַלְיָהוּ וְאִישׁ לֹא יָדָע׃ וַיָּבֹאוּ אֲנָשִׁים ה
מִשְּׁכֶם מִשִּׁלוֹ וּמִשֹּׁמְרוֹן שְׁמֹנִים אִישׁ מְגֻלְּחֵי זָקָן וּקְרֻעֵי בְגָדִים
וּמִתְגֹּדְדִים וּמִנְחָה וּלְבוֹנָה בְּיָדָם לְהָבִיא בֵּית יְהוָה׃ וַיֵּצֵא ו
יִשְׁמָעֵאל בֶּן־נְתַנְיָה לִקְרָאתָם מִן־הַמִּצְפָּה הֹלֵךְ הָלֹךְ וּבֹכֶה
וַיְהִי כִּפְגֹשׁ אֹתָם וַיֹּאמֶר אֲלֵיהֶם בֹּאוּ אֶל־גְּדַלְיָהוּ בֶן־אֲחִיקָם׃
וַיְהִי כְּבוֹאָם אֶל־תּוֹךְ הָעִיר וַיִּשְׁחָטֵם יִשְׁמָעֵאל בֶּן־נְתַנְיָה אֶל־ ז
תּוֹךְ הַבּוֹר הוּא וְהָאֲנָשִׁים אֲשֶׁר־אִתּוֹ׃ וַעֲשָׂרָה אֲנָשִׁים נִמְצְאוּ־ ח
בָם וַיֹּאמְרוּ אֶל־יִשְׁמָעֵאל אַל־תְּמִתֵנוּ כִּי־יֶשׁ־לָנוּ מַטְמֹנִים

ההתנקשות בגדליה ובאנשיו
מל״ב כה, כה

בַשָּׂדֶה חִטִּים וּשְׂעֹרִים וְשֶׁמֶן וּדְבָשׁ וַיֶּחְדַּל וְלֹא הֱמִיתָם בְּתוֹךְ
ט אֲחֵיהֶם: וְהַבּוֹר אֲשֶׁר הִשְׁלִיךְ שָׁם יִשְׁמָעֵאל אֵת | כָּל־פִּגְרֵי
הָאֲנָשִׁים אֲשֶׁר הִכָּה בְּיַד־גְּדַלְיָהוּ הוּא אֲשֶׁר עָשָׂה הַמֶּלֶךְ
אָסָא מִפְּנֵי בַּעְשָׁא מֶלֶךְ־יִשְׂרָאֵל אֹתוֹ מִלֵּא יִשְׁמָעֵאל בֶּן־
י נְתַנְיָהוּ חֲלָלִים: וַיִּשְׁבְּ | יִשְׁמָעֵאל אֶת־כָּל־שְׁאֵרִית הָעָם
אֲשֶׁר בַּמִּצְפָּה אֶת־בְּנוֹת הַמֶּלֶךְ וְאֶת־כָּל־הָעָם הַנִּשְׁאָרִים
בַּמִּצְפָּה אֲשֶׁר הִפְקִיד נְבוּזַרְאֲדָן רַב־טַבָּחִים אֶת־גְּדַלְיָהוּ בֶּן־
אֲחִיקָם וַיִּשְׁבֵּם יִשְׁמָעֵאל בֶּן־נְתַנְיָה וַיֵּלֶךְ לַעֲבֹר אֶל־בְּנֵי
יא עַמּוֹן: וַיִּשְׁמַע יוֹחָנָן בֶּן־קָרֵחַ וְכָל־שָׂרֵי הַחֲיָלִים
אֲשֶׁר אִתּוֹ אֵת כָּל־הָרָעָה אֲשֶׁר עָשָׂה יִשְׁמָעֵאל בֶּן־נְתַנְיָה:
יב וַיִּקְחוּ אֶת־כָּל־הָאֲנָשִׁים וַיֵּלְכוּ לְהִלָּחֵם עִם־יִשְׁמָעֵאל בֶּן־
יג נְתַנְיָה וַיִּמְצְאוּ אֹתוֹ אֶל־מַיִם רַבִּים אֲשֶׁר בְּגִבְעוֹן: וַיְהִי כִּרְאוֹת
כָּל־הָעָם אֲשֶׁר אֶת־יִשְׁמָעֵאל אֶת־יוֹחָנָן בֶּן־קָרֵחַ וְאֵת כָּל־
יד שָׂרֵי הַחֲיָלִים אֲשֶׁר אִתּוֹ וַיִּשְׂמָחוּ: וַיָּסֹבּוּ כָּל־הָעָם אֲשֶׁר־שָׁבָה
יִשְׁמָעֵאל מִן־הַמִּצְפָּה וַיָּשֻׁבוּ וַיֵּלְכוּ אֶל־יוֹחָנָן בֶּן־קָרֵחַ:
טו וְיִשְׁמָעֵאל בֶּן־נְתַנְיָה נִמְלַט בִּשְׁמֹנָה אֲנָשִׁים מִפְּנֵי יוֹחָנָן וַיֵּלֶךְ
טז אֶל־בְּנֵי עַמּוֹן: וַיִּקַּח יוֹחָנָן בֶּן־קָרֵחַ וְכָל־שָׂרֵי

שארית הפליטה יורדת למצרים מל"ב כה, כו

הַחֲיָלִים אֲשֶׁר־אִתּוֹ אֵת כָּל־שְׁאֵרִית הָעָם אֲשֶׁר הֵשִׁיב מֵאֵת
יִשְׁמָעֵאל בֶּן־נְתַנְיָה מִן־הַמִּצְפָּה אַחַר הִכָּה אֶת־גְּדַלְיָה בֶּן־
אֲחִיקָם גְּבָרִים אַנְשֵׁי הַמִּלְחָמָה וְנָשִׁים וְטַף וְסָרִסִים אֲשֶׁר
יז הֵשִׁיב מִגִּבְעוֹן: וַיֵּלְכוּ וַיֵּשְׁבוּ בְּגֵרוּת כמוהם אֲשֶׁר־אֵצֶל בֵּית כִּמְהָם
יח לָחֶם לָלֶכֶת לָבוֹא מִצְרָיִם: מִפְּנֵי הַכַּשְׂדִּים כִּי יָרְאוּ מִפְּנֵיהֶם
כִּי־הִכָּה יִשְׁמָעֵאל בֶּן־נְתַנְיָה אֶת־גְּדַלְיָהוּ בֶּן־אֲחִיקָם אֲשֶׁר־
מב א הִפְקִיד מֶלֶךְ־בָּבֶל בָּאָרֶץ: וַיִּגְּשׁוּ כָּל־שָׂרֵי
הַחֲיָלִים וְיוֹחָנָן בֶּן־קָרֵחַ וִיזַנְיָה בֶּן־הוֹשַׁעְיָה וְכָל־הָעָם מִקָּטֹן
ב וְעַד־גָּדוֹל: וַיֹּאמְרוּ אֶל־יִרְמְיָהוּ הַנָּבִיא תִּפָּל־נָא תְחִנָּתֵנוּ
לְפָנֶיךָ וְהִתְפַּלֵּל בַּעֲדֵנוּ אֶל־יְהוָה אֱלֹהֶיךָ בְּעַד כָּל־הַשְּׁאֵרִית

הַזֹּאת כִּי־נִשְׁאַרְנוּ מְעַט מֵהַרְבֵּה כַּאֲשֶׁר עֵינֶיךָ רֹאוֹת אֹתָנוּ׃
וְיַגֶּד־לָנוּ יְהוָה אֱלֹהֶיךָ אֶת־הַדֶּרֶךְ אֲשֶׁר נֵלֶךְ־בָּהּ וְאֶת־הַדָּבָר ג
אֲשֶׁר נַעֲשֶׂה׃ וַיֹּאמֶר אֲלֵיהֶם יִרְמְיָהוּ הַנָּבִיא שָׁמַעְתִּי הִנְנִי ד
מִתְפַּלֵּל אֶל־יְהוָה אֱלֹהֵיכֶם כְּדִבְרֵיכֶם וְהָיָה כָּל־הַדָּבָר אֲשֶׁר־
יַעֲנֶה יְהוָה אֶתְכֶם אַגִּיד לָכֶם לֹא־אֶמְנַע מִכֶּם דָּבָר׃ וְהֵמָּה ה
אָמְרוּ אֶל־יִרְמְיָהוּ יְהִי יְהוָה בָּנוּ לְעֵד אֱמֶת וְנֶאֱמָן אִם־לֹא
כְּכָל־הַדָּבָר אֲשֶׁר יִשְׁלָחֲךָ יְהוָה אֱלֹהֶיךָ אֵלֵינוּ כֵּן נַעֲשֶׂה׃ אִם־ ו
אֲנַחְנוּ טוֹב וְאִם־רָע בְּקוֹל | יְהוָה אֱלֹהֵינוּ אֲשֶׁר אֲנוּ שֹׁלְחִים אֹתְךָ
אֵלָיו נִשְׁמָע לְמַעַן אֲשֶׁר יִיטַב־לָנוּ כִּי נִשְׁמַע בְּקוֹל יְהוָה
אֱלֹהֵינוּ׃ וַיְהִי מִקֵּץ עֲשֶׂרֶת יָמִים וַיְהִי דְבַר־ ז
יְהוָה אֶל־יִרְמְיָהוּ׃ וַיִּקְרָא אֶל־יוֹחָנָן בֶּן־קָרֵחַ וְאֶל כָּל־שָׂרֵי ח
הַחֲיָלִים אֲשֶׁר אִתּוֹ וּלְכָל־הָעָם לְמִקָּטֹן וְעַד־גָּדוֹל׃ וַיֹּאמֶר ט
אֲלֵיהֶם כֹּה־אָמַר יְהוָה אֱלֹהֵי יִשְׂרָאֵל אֲשֶׁר שְׁלַחְתֶּם אֹתִי
אֵלָיו לְהַפִּיל תְּחִנַּתְכֶם לְפָנָיו׃ אִם־שׁוֹב תֵּשְׁבוּ בָּאָרֶץ הַזֹּאת י
וּבָנִיתִי אֶתְכֶם וְלֹא אֶהֱרֹס וְנָטַעְתִּי אֶתְכֶם וְלֹא אֶתּוֹשׁ כִּי
נִחַמְתִּי אֶל־הָרָעָה אֲשֶׁר עָשִׂיתִי לָכֶם׃ אַל־תִּירְאוּ מִפְּנֵי יא
מֶלֶךְ בָּבֶל אֲשֶׁר־אַתֶּם יְרֵאִים מִפָּנָיו אַל־תִּירְאוּ מִמֶּנּוּ נְאֻם־
יְהוָה כִּי־אִתְּכֶם אֲנִי לְהוֹשִׁיעַ אֶתְכֶם וּלְהַצִּיל אֶתְכֶם מִיָּדוֹ׃
כה וְאֶתֵּן לָכֶם רַחֲמִים וְרִחַם אֶתְכֶם וְהֵשִׁיב אֶתְכֶם אֶל־אַדְמַתְכֶם׃ יב
וְאִם־אֹמְרִים אַתֶּם לֹא נֵשֵׁב בָּאָרֶץ הַזֹּאת לְבִלְתִּי שְׁמֹעַ בְּקוֹל יג
יְהוָה אֱלֹהֵיכֶם׃ לֵאמֹר לֹא כִּי אֶרֶץ מִצְרַיִם נָבוֹא אֲשֶׁר לֹא־ יד
נִרְאֶה מִלְחָמָה וְקוֹל שׁוֹפָר לֹא נִשְׁמָע וְלַלֶּחֶם לֹא־נִרְעָב וְשָׁם
נֵשֵׁב׃ וְעַתָּה לָכֵן שִׁמְעוּ דְבַר־יְהוָה שְׁאֵרִית יְהוּדָה כֹּה־אָמַר טו
יְהוָה צְבָאוֹת אֱלֹהֵי יִשְׂרָאֵל אִם־אַתֶּם שׂוֹם תְּשִׂמוּן פְּנֵיכֶם
לָבֹא מִצְרַיִם וּבָאתֶם לָגוּר שָׁם׃ וְהָיְתָה הַחֶרֶב אֲשֶׁר אַתֶּם טז
יְרֵאִים מִמֶּנָּה שָׁם תַּשִּׂיג אֶתְכֶם בְּאֶרֶץ מִצְרָיִם וְהָרָעָב אֲשֶׁר־
אַתֶּם | דֹּאֲגִים מִמֶּנּוּ שָׁם יִדְבַּק אַחֲרֵיכֶם מִצְרַיִם וְשָׁם תָּמֻתוּ׃

יז וְיִהְיוּ כָל־הָאֲנָשִׁים אֲשֶׁר־שָׂמוּ אֶת־פְּנֵיהֶם לָבוֹא מִצְרַיִם לָגוּר
שָׁם יָמוּתוּ בַּחֶרֶב בָּרָעָב וּבַדָּבֶר וְלֹא־יִהְיֶה לָהֶם שָׂרִיד וּפָלִיט
יח מִפְּנֵי הָרָעָה אֲשֶׁר אֲנִי מֵבִיא עֲלֵיהֶם׃ כִּי כֹה אָמַר יהוה צְבָאוֹת
אֱלֹהֵי יִשְׂרָאֵל כַּאֲשֶׁר נִתַּךְ אַפִּי וַחֲמָתִי עַל־יֹשְׁבֵי יְרוּשָׁלִַם כֵּן
תִּתַּךְ חֲמָתִי עֲלֵיכֶם בְּבֹאֲכֶם מִצְרָיִם וִהְיִיתֶם לְאָלָה וּלְשַׁמָּה
יט וְלִקְלָלָה וּלְחֶרְפָּה וְלֹא־תִרְאוּ עוֹד אֶת־הַמָּקוֹם הַזֶּה׃ דִּבֶּר
יהוה עֲלֵיכֶם שְׁאֵרִית יְהוּדָה אַל־תָּבֹאוּ מִצְרָיִם יָדֹעַ תֵּדְעוּ
כ כִּי־הַעִידֹתִי בָכֶם הַיּוֹם׃ כִּי התעתים בְּנַפְשׁוֹתֵיכֶם כִּי־אַתֶּם הִתְעֵיתֶם
שְׁלַחְתֶּם אֹתִי אֶל־יהוה אֱלֹהֵיכֶם לֵאמֹר הִתְפַּלֵּל בַּעֲדֵנוּ אֶל־
יהוה אֱלֹהֵינוּ וּכְכֹל אֲשֶׁר יֹאמַר יהוה אֱלֹהֵינוּ כֵּן הַגֶּד־לָנוּ
כא וְעָשִׂינוּ׃ וָאַגִּד לָכֶם הַיּוֹם וְלֹא שְׁמַעְתֶּם בְּקוֹל יהוה אֱלֹהֵיכֶם
כב וּלְכֹל אֲשֶׁר־שְׁלָחַנִי אֲלֵיכֶם׃ וְעַתָּה יָדֹעַ תֵּדְעוּ כִּי בַּחֶרֶב
בָּרָעָב וּבַדֶּבֶר תָּמוּתוּ בַּמָּקוֹם אֲשֶׁר חֲפַצְתֶּם לָבוֹא לָגוּר
מג א שָׁם׃ וַיְהִי כְּכַלּוֹת יִרְמְיָהוּ לְדַבֵּר אֶל־כָּל־הָעָם
אֶת־כָּל־דִּבְרֵי יהוה אֱלֹהֵיהֶם אֲשֶׁר שְׁלָחוֹ יהוה אֱלֹהֵיהֶם
ב אֲלֵיהֶם אֵת כָּל־הַדְּבָרִים הָאֵלֶּה׃ וַיֹּאמֶר עֲזַרְיָה
בֶן־הוֹשַׁעְיָה וְיוֹחָנָן בֶּן־קָרֵחַ וְכָל־הָאֲנָשִׁים הַזֵּדִים אֹמְרִים
אֶל־יִרְמְיָהוּ שֶׁקֶר אַתָּה מְדַבֵּר לֹא שְׁלָחֲךָ יהוה אֱלֹהֵינוּ לֵאמֹר
ג לֹא־תָבֹאוּ מִצְרַיִם לָגוּר שָׁם׃ כִּי בָּרוּךְ בֶּן־נֵרִיָּה מַסִּית אֹתְךָ
בָּנוּ לְמַעַן תֵּת אֹתָנוּ בְיַד־הַכַּשְׂדִּים לְהָמִית אֹתָנוּ וּלְהַגְלוֹת
ד אֹתָנוּ בָּבֶל׃ וְלֹא־שָׁמַע יוֹחָנָן בֶּן־קָרֵחַ וְכָל־שָׂרֵי הַחֲיָלִים וְכָל־
ה הָעָם בְּקוֹל יהוה לָשֶׁבֶת בְּאֶרֶץ יְהוּדָה׃ וַיִּקַּח יוֹחָנָן בֶּן־קָרֵחַ
וְכָל־שָׂרֵי הַחֲיָלִים אֵת כָּל־שְׁאֵרִית יְהוּדָה אֲשֶׁר־שָׁבוּ מִכָּל־
ו הַגּוֹיִם אֲשֶׁר נִדְּחוּ־שָׁם לָגוּר בְּאֶרֶץ יְהוּדָה׃ אֶת־הַגְּבָרִים וְאֶת־
הַנָּשִׁים וְאֶת־הַטַּף וְאֶת־בְּנוֹת הַמֶּלֶךְ וְאֵת כָּל־הַנֶּפֶשׁ אֲשֶׁר
הִנִּיחַ נְבוּזַרְאֲדָן רַב־טַבָּחִים אֶת־גְּדַלְיָהוּ בֶּן־אֲחִיקָם בֶּן־שָׁפָן
ז וְאֵת יִרְמְיָהוּ הַנָּבִיא וְאֶת־בָּרוּךְ בֶּן־נֵרִיָּהוּ׃ וַיָּבֹאוּ אֶרֶץ מִצְרַיִם

ח כי לא שמעו בקול יהוה ויבאו עד־תחפנחס: ויהי
ט דבר־יהוה אל־ירמיהו בתחפנחס לאמר: קח בידך אבנים
גדלות וטמנתם במלט במלבן אשר בפתח בית־פרעה
י בתחפנחס לעיני אנשים יהודים: ואמרת אליהם כה־אמר
יהוה צבאות אלהי ישראל הנני שלח ולקחתי את־
נבוכדראצר מלך־בבל עבדי ושמתי כסאו ממעל לאבנים
יא האלה אשר טמנתי ונטה את־שפרורו עליהם: ובאה והכה (שפרירו | ובא)
את־ארץ מצרים אשר למות למות ואשר לשבי לשבי ואשר
יב לחרב לחרב: והצתי אש בבתי אלהי מצרים ושרפם ושבם
ועטה את־ארץ מצרים כאשר־יעטה הרעה את־בגדו ויצא
יג משם בשלום: ושבר את־מצבות בית שמש אשר בארץ
מצרים ואת־בתי אלהי מצרים ישרף באש:

מד א הדבר
אשר היה אל־ירמיהו אל כל־היהודים הישבים בארץ
מצרים הישבים במגדל ובתחפנחס ובנף ובארץ פתרוס
ב לאמר: כה־אמר יהוה צבאות אלהי ישראל אתם ראיתם
את כל־הרעה אשר הבאתי על־ירושלם ועל כל־ערי יהודה
ג והנם חרבה היום הזה ואין בהם יושב: מפני רעתם אשר עשו
להכעסני ללכת לקטר לעבד לאלהים אחרים אשר לא
ד ידעום המה אתם ואבתיכם: ואשלח אליכם את־כל־עבדי
הנביאים השכים ושלח לאמר אל־נא תעשו את דבר־
ה התעבה הזאת אשר שנאתי: ולא שמעו ולא־הטו את־אזנם
ו לשוב מרעתם לבלתי קטר לאלהים אחרים: ותתך חמתי
ואפי ותבער בערי יהודה ובחצות ירושלם ותהיינה לחרבה
ז לשממה כיום הזה: ועתה כה־אמר יהוה אלהי
צבאות אלהי ישראל למה אתם עשים רעה גדולה אל־
נפשתכם להכרית לכם איש־ואשה עולל ויונק מתוך יהודה
ח לבלתי הותיר לכם שארית: להכעסני במעשי ידיכם לקטר

לֵאלֹהִים אֲחֵרִים בְּאֶרֶץ מִצְרַיִם אֲשֶׁר־אַתֶּם בָּאִים לָגוּר שָׁם
לְמַעַן הַכְרִית לָכֶם וּלְמַעַן הֱיוֹתְכֶם לִקְלָלָה וּלְחֶרְפָּה בְּכֹל גּוֹיֵי
ט הָאָרֶץ׃ הַשְׁכַחְתֶּם אֶת־רָעוֹת אֲבוֹתֵיכֶם וְאֶת־רָעוֹת ׀ מַלְכֵי
יְהוּדָה וְאֵת רָעוֹת נָשָׁיו וְאֵת רָעֹתֵכֶם וְאֵת רָעֹת נְשֵׁיכֶם אֲשֶׁר
י עָשׂוּ בְּאֶרֶץ יְהוּדָה וּבְחֻצוֹת יְרוּשָׁלִָם׃ לֹא דֻכְּאוּ עַד הַיּוֹם הַזֶּה
וְלֹא יָרְאוּ וְלֹא־הָלְכוּ בְתוֹרָתִי וּבְחֻקֹּתַי אֲשֶׁר־נָתַתִּי לִפְנֵיכֶם
יא וְלִפְנֵי אֲבוֹתֵיכֶם׃ לָכֵן כֹּה־אָמַר יְהוָה צְבָאוֹת
אֱלֹהֵי יִשְׂרָאֵל הִנְנִי שָׂם פָּנַי בָּכֶם לְרָעָה וּלְהַכְרִית אֶת־כָּל־
יב יְהוּדָה׃ וְלָקַחְתִּי אֶת־שְׁאֵרִית יְהוּדָה אֲשֶׁר־שָׂמוּ פְנֵיהֶם לָבוֹא
אֶרֶץ־מִצְרַיִם לָגוּר שָׁם וְתַמּוּ כֹל בְּאֶרֶץ מִצְרַיִם יִפֹּלוּ בַּחֶרֶב
בָּרָעָב יִתַּמּוּ מִקָּטֹן וְעַד־גָּדוֹל בַּחֶרֶב וּבָרָעָב יָמֻתוּ וְהָיוּ
יג לְאָלָה לְשַׁמָּה וְלִקְלָלָה וּלְחֶרְפָּה׃ וּפָקַדְתִּי עַל הַיּוֹשְׁבִים
בְּאֶרֶץ מִצְרַיִם כַּאֲשֶׁר פָּקַדְתִּי עַל־יְרוּשָׁלִָם בַּחֶרֶב בָּרָעָב
יד וּבַדָּבֶר׃ וְלֹא יִהְיֶה פָּלִיט וְשָׂרִיד לִשְׁאֵרִית יְהוּדָה הַבָּאִים
לָגוּר־שָׁם בְּאֶרֶץ מִצְרָיִם וְלָשׁוּב ׀ אֶרֶץ יְהוּדָה אֲשֶׁר־הֵמָּה
מְנַשְּׂאִים אֶת־נַפְשָׁם לָשׁוּב לָשֶׁבֶת שָׁם כִּי לֹא־יָשׁוּבוּ כִּי
טו אִם־פְּלֵטִים׃ וַיַּעֲנוּ אֶת־יִרְמְיָהוּ כָּל־הָאֲנָשִׁים
הַיֹּדְעִים כִּי־מְקַטְּרוֹת נְשֵׁיהֶם לֵאלֹהִים אֲחֵרִים וְכָל־הַנָּשִׁים
הָעֹמְדוֹת קָהָל גָּדוֹל וְכָל־הָעָם הַיֹּשְׁבִים בְּאֶרֶץ־מִצְרַיִם
טז בְּפַתְרוֹס לֵאמֹר׃ הַדָּבָר אֲשֶׁר־דִּבַּרְתָּ אֵלֵינוּ בְּשֵׁם יְהוָה אֵינֶנּוּ
יז שֹׁמְעִים אֵלֶיךָ׃ כִּי עָשֹׂה נַעֲשֶׂה אֶת־כָּל־הַדָּבָר ׀ אֲשֶׁר־יָצָא
מִפִּינוּ לְקַטֵּר לִמְלֶכֶת הַשָּׁמַיִם וְהַסֵּיךְ־לָהּ נְסָכִים כַּאֲשֶׁר עָשִׂינוּ
אֲנַחְנוּ וַאֲבֹתֵינוּ מְלָכֵינוּ וְשָׂרֵינוּ בְּעָרֵי יְהוּדָה וּבְחֻצוֹת יְרוּשָׁלִָם
יח וַנִּשְׂבַּע־לֶחֶם וַנִּהְיֶה טוֹבִים וְרָעָה לֹא רָאִינוּ׃ וּמִן־אָז חָדַלְנוּ
לְקַטֵּר לִמְלֶכֶת הַשָּׁמַיִם וְהַסֵּךְ־לָהּ נְסָכִים חָסַרְנוּ כֹל וּבַחֶרֶב
יט וּבָרָעָב תָּמְנוּ׃ וְכִי־אֲנַחְנוּ מְקַטְּרִים לִמְלֶכֶת הַשָּׁמַיִם וּלְהַסֵּךְ
לָהּ נְסָכִים הֲמִבַּלְעֲדֵי אֲנָשֵׁינוּ עָשִׂינוּ לָהּ כַּוָּנִים לְהַעֲצִבָה וְהַסֵּךְ

כו לה נסכים: ויאמר ירמיהו אל־כל־העם על־ כ
הגברים ועל־הנשים ועל־כל־העם הענים אתו דבר לאמר:
הלוא את־הקטר אשר קטרתם בערי יהודה ובחצות ירושלם כא
אתם ואבותיכם מלכיכם ושריכם ועם הארץ אתם זכר יהוה
ותעלה על־לבו: ולא־יוכל יהוה עוד לשאת מפני רע כב
מעלליכם מפני התועבת אשר עשיתם ותהי ארצכם לחרבה
ולשמה ולקללה מאין יושב כהיום הזה: מפני אשר קטרתם כג
ואשר חטאתם ליהוה ולא שמעתם בקול יהוה ובתרתו
ובחקתיו ובעדותיו לא הלכתם על־כן קראת אתכם הרעה
הזאת כיום הזה: ויאמר ירמיהו אל־כל־העם כד
ואל כל־הנשים שמעו דבר־יהוה כל־יהודה אשר בארץ
מצרים: כה־אמר יהוה־צבאות אלהי ישראל לאמר אתם כה
ונשיכם ותדברנה בפיכם ובידיכם מלאתם ׀ לאמר עשה
נעשה את־נדרינו אשר נדרנו לקטר למלכת השמים ולהסך
לה נסכים הקים תקימנה את־נדריכם ועשה תעשינה את־
נדריכם: לכן שמעו דבר־יהוה כל־יהודה הישבים בארץ כו
מצרים הנני נשבעתי בשמי הגדול אמר יהוה אם־יהיה עוד
שמי נקרא ׀ בפי ׀ כל־איש יהודה אמר חי־אדני יהוה בכל־
ארץ מצרים: הנני שקד עליהם לרעה ולא לטובה ותמו כל־ כז
איש יהודה אשר בארץ־מצרים בחרב וברעב עד־כלותם:
ופליטי חרב ישבון מן־ארץ מצרים ארץ יהודה מתי מספר כח
וידעו כל־שארית יהודה הבאים לארץ־מצרים לגור שם
דבר־מי יקום ממני ומהם: וזאת לכם האות נאם־יהוה כי־ כט
פקד אני עליכם במקום הזה למען תדעו כי קום יקומו דברי
עליכם לרעה: כה ׀ אמר יהוה הנני נתן את־ ל
פרעה חפרע מלך־מצרים ביד איביו וביד מבקשי נפשו
כאשר נתתי את־צדקיהו מלך־יהודה ביד נבוכדראצר

א מֶלֶךְ־בָּבֶל אֹיְבוֹ וּמְבַקֵּשׁ נַפְשׁוֹ׃ הַדָּבָר אֲשֶׁר
דִּבֶּר יִרְמְיָהוּ הַנָּבִיא אֶל־בָּרוּךְ בֶּן־נֵרִיָּה בְּכָתְבוֹ אֶת־הַדְּבָרִים
הָאֵלֶּה עַל־סֵפֶר מִפִּי יִרְמְיָהוּ בַּשָּׁנָה הָרְבִעִית לִיהוֹיָקִים בֶּן־
ב יֹאשִׁיָּהוּ מֶלֶךְ יְהוּדָה לֵאמֹר׃ כֹּה־אָמַר יהוה אֱלֹהֵי יִשְׂרָאֵל
ג עָלֶיךָ בָּרוּךְ׃ אָמַרְתָּ אוֹי־נָא לִי כִּי־יָסַף יהוה יָגוֹן עַל־מַכְאֹבִי
ד יָגַעְתִּי בְּאַנְחָתִי וּמְנוּחָה לֹא מָצָאתִי׃ כֹּה ׀ תֹּאמַר אֵלָיו כֹּה
אָמַר יהוה הִנֵּה אֲשֶׁר־בָּנִיתִי אֲנִי הֹרֵס וְאֵת אֲשֶׁר־נָטַעְתִּי
ה אֲנִי נֹתֵשׁ וְאֶת־כָּל־הָאָרֶץ הִיא׃ וְאַתָּה תְּבַקֶּשׁ־לְךָ גְדֹלוֹת
אַל־תְּבַקֵּשׁ כִּי הִנְנִי מֵבִיא רָעָה עַל־כָּל־בָּשָׂר נְאֻם־יהוה
וְנָתַתִּי לְךָ אֶת־נַפְשְׁךָ לְשָׁלָל עַל כָּל־הַמְּקֹמוֹת אֲשֶׁר תֵּלֶךְ־
מו א שָׁם׃ אֲשֶׁר הָיָה דְבַר־יהוה אֶל־יִרְמְיָהוּ הַנָּבִיא
ב עַל־הַגּוֹיִם׃ לְמִצְרַיִם עַל־חֵיל פַּרְעֹה נְכוֹ מֶלֶךְ מִצְרַיִם אֲשֶׁר־
הָיָה עַל־נְהַר־פְּרָת בְּכַרְכְּמִשׁ אֲשֶׁר הִכָּה נְבוּכַדְרֶאצַּר מֶלֶךְ
בָּבֶל בִּשְׁנַת הָרְבִיעִית לִיהוֹיָקִים בֶּן־יֹאשִׁיָּהוּ מֶלֶךְ יְהוּדָה׃
ג ד עִרְכוּ מָגֵן וְצִנָּה וּגְשׁוּ לַמִּלְחָמָה׃ אִסְרוּ הַסּוּסִים וַעֲלוּ הַפָּרָשִׁים
ה וְהִתְיַצְּבוּ בְּכוֹבָעִים מִרְקוּ הָרְמָחִים לִבְשׁוּ הַסִּרְיֹנֹת׃ מַדּוּעַ
רָאִיתִי הֵמָּה חַתִּים נְסֹגִים אָחוֹר וְגִבּוֹרֵיהֶם יֻכַּתּוּ וּמָנוֹס נָסוּ
ו וְלֹא הִפְנוּ מָגוֹר מִסָּבִיב נְאֻם־יהוה׃ אַל־יָנוּס הַקַּל וְאַל־יִמָּלֵט
ז הַגִּבּוֹר צָפוֹנָה עַל־יַד נְהַר־פְּרָת כָּשְׁלוּ וְנָפָלוּ׃ מִי־זֶה כַּיְאֹר
ח יַעֲלֶה כַּנְּהָרוֹת יִתְגָּעֲשׁוּ מֵימָיו׃ מִצְרַיִם כַּיְאֹר יַעֲלֶה וְכַנְּהָרוֹת
יִתְגֹּעֲשׁוּ מָיִם וַיֹּאמֶר אַעֲלֶה אֲכַסֶּה־אֶרֶץ אֹבִידָה עִיר וְיֹשְׁבֵי
ט בָהּ׃ עֲלוּ הַסּוּסִים וְהִתְהֹלְלוּ הָרֶכֶב וְיֵצְאוּ הַגִּבּוֹרִים כּוּשׁ וּפוּט
י תֹּפְשֵׂי מָגֵן וְלוּדִים תֹּפְשֵׂי דֹּרְכֵי קָשֶׁת׃ וְהַיּוֹם הַהוּא לַאדֹנָי יֱהוִה
צְבָאוֹת יוֹם נְקָמָה לְהִנָּקֵם מִצָּרָיו וְאָכְלָה חֶרֶב וְשָׂבְעָה
וְרָוְתָה מִדָּמָם כִּי זֶבַח לַאדֹנָי יֱהוִה צְבָאוֹת בְּאֶרֶץ צָפוֹן
יא אֶל־נְהַר־פְּרָת׃ עֲלִי גִלְעָד וּקְחִי צֳרִי בְּתוּלַת בַּת־מִצְרָיִם
יב לַשָּׁוְא הִרְבֵּיתִי רְפֻאוֹת תְּעָלָה אֵין לָךְ׃ שָׁמְעוּ גוֹיִם קְלוֹנֵךְ הִרְבֵּית

וצוחתך מלאה הארץ כי־גבור בגבור כשלו יחדיו נפלו
שניהם: הדבר אשר דבר יהוה אל־ירמיהו יג
הנביא לבוא נבוכדראצר מלך בבל להכות את־ארץ
מצרים: הגידו במצרים והשמיעו במגדול והשמיעו בנף יד
ובתחפנחס אמרו התיצב והכן לך כי־אכלה חרב סביביך:
מדוע נסחף אביריך לא עמד כי יהוה הדפו: הרבה כושל טו טז
גם־נפל איש אל־רעהו ויאמרו קומה ׀ ונשבה אל־עמנו ואל־
ארץ מולדתנו מפני חרב היונה: קראו שם פרעה מלך־ יז
מצרים שאון העביר המועד: חי־אני נאם־המלך יהוה יח
צבאות שמו כי כתבור בהרים וככרמל בים יבוא: כלי גולה יט
עשי לך יושבת בת־מצרים כי־נף לשמה תהיה ונצתה מאין
יושב: עגלה יפה־פיה מצרים קרץ מצפון בא כ
בא: גם־שכריה בקרבה כעגלי מרבק כי־גם־המה הפנו נסו כא
יחדיו לא עמדו כי יום אידם בא עליהם עת פקדתם: קולה כב
כנחש ילך כי־בחיל ילכו ובקרדמות באו לה כחטבי עצים:
כרתו יערה נאם־יהוה כי לא יחקר כי רבו מארבה ואין כג
להם מספר: הבישה בת־מצרים נתנה ביד עם־צפון: אמר כד כה
יהוה צבאות אלהי ישראל הנני פוקד אל־אמון מנא ועל־
פרעה ועל־מצרים ועל־אלהיה ועל־מלכיה ועל־פרעה ועל
הבטחים בו: ונתתים ביד מבקשי נפשם וביד נבוכדראצר כו
מלך־בבל וביד־עבדיו ואחרי־כן תשכן כימי־קדם נאם־
כז יהוה: ואתה אל־תירא עבדי יעקב ואל־תחת כז
ישראל כי הנני מושעך מרחוק ואת־זרעך מארץ שבים
ושב יעקוב ושקט ושאנן ואין מחריד: אתה אל־תירא עבדי כח
יעקב נאם־יהוה כי אתך אני כי אעשה כלה בכל־הגוים ׀
אשר הדחתיך שמה ואתך לא־אעשה כלה ויסרתיך למשפט
ונקה לא אנקך: אשר היה דבר־יהוה אל־ א מז

נבואת "ואתה אל־תירא עבדי יעקב" ירמיה ל, י–יא

יִרְמְיָהוּ הַנָּבִיא אֶל־פְּלִשְׁתִּים בְּטֶרֶם יַכֶּה פַרְעֹה אֶת־עַזָּה׃
ב כֹּה ׀ אָמַר יהוה הִנֵּה־מַיִם עֹלִים מִצָּפוֹן וְהָיוּ לְנַחַל שׁוֹטֵף
וְיִשְׁטְפוּ אֶרֶץ וּמְלוֹאָהּ עִיר וְיֹשְׁבֵי בָהּ וְזָעֲקוּ הָאָדָם וְהֵילִל כֹּל
ג יוֹשֵׁב הָאָרֶץ׃ מִקּוֹל שַׁעֲטַת פַּרְסוֹת אַבִּירָיו מֵרַעַשׁ לְרִכְבּוֹ
ד הֲמוֹן גַּלְגִּלָּיו לֹא־הִפְנוּ אָבוֹת אֶל־בָּנִים מֵרִפְיוֹן יָדָיִם׃ עַל־הַיּוֹם
הַבָּא לִשְׁדוֹד אֶת־כָּל־פְּלִשְׁתִּים לְהַכְרִית לְצֹר וּלְצִידוֹן כֹּל
שָׂרִיד עֹזֵר כִּי־שֹׁדֵד יהוה אֶת־פְּלִשְׁתִּים שְׁאֵרִית אִי כַפְתּוֹר׃
ה בָּאָה קָרְחָה אֶל־עַזָּה נִדְמְתָה אַשְׁקְלוֹן שְׁאֵרִית עִמְקָם עַד־
ו מָתַי תִּתְגּוֹדָדִי׃ הוֹי חֶרֶב לַיהוה עַד־אָנָה לֹא תִשְׁקֹטִי הֵאָסְפִי
ז אֶל־תַּעְרֵךְ הֵרָגְעִי וָדֹמִּי׃ אֵיךְ תִּשְׁקֹטִי וַיהוה צִוָּה־לָהּ אֶל־
מח א אַשְׁקְלוֹן וְאֶל־חוֹף הַיָּם שָׁם יְעָדָהּ׃ לְמוֹאָב כֹּה־
אָמַר יהוה צְבָאוֹת אֱלֹהֵי יִשְׂרָאֵל הוֹי אֶל־נְבוֹ כִּי שֻׁדָּדָה
ב הֹבִישָׁה נִלְכְּדָה קִרְיָתָיִם הֹבִישָׁה הַמִּשְׂגָּב וָחָתָּה׃ אֵין עוֹד
תְּהִלַּת מוֹאָב בְּחֶשְׁבּוֹן חָשְׁבוּ עָלֶיהָ רָעָה לְכוּ וְנַכְרִיתֶנָּה מִגּוֹי
ג גַּם־מַדְמֵן תִּדֹּמִּי אַחֲרַיִךְ תֵּלֶךְ חָרֶב׃ קוֹל צְעָקָה מֵחוֹרֹנָיִם שֹׁד
ד ה וָשֶׁבֶר גָּדוֹל׃ נִשְׁבְּרָה מוֹאָב הִשְׁמִיעוּ זְּעָקָה צעוריה׃ כִּי מַעֲלֵה צְעִירֶיהָ
הלחות בִּבְכִי יַעֲלֶה־בֶּכִי כִּי בְּמוֹרַד חוֹרֹנַיִם צָרֵי צַעֲקַת־שֶׁבֶר הַלֻּחִית
ו ז שָׁמֵעוּ׃ נֻסוּ מַלְּטוּ נַפְשְׁכֶם וְתִהְיֶינָה כַּעֲרוֹעֵר בַּמִּדְבָּר׃ כִּי יַעַן
בִּטְחֵךְ בְּמַעֲשַׂיִךְ וּבְאוֹצְרוֹתַיִךְ גַּם־אַתְּ תִּלָּכֵדִי וְיָצָא כמיש כְמוֹשׁ
ח בַּגּוֹלָה כֹּהֲנָיו וְשָׂרָיו יחד׃ וְיָבֹא שֹׁדֵד אֶל־כָּל־עִיר וְעִיר לֹא יַחְדָּו
ט תִמָּלֵט וְאָבַד הָעֵמֶק וְנִשְׁמַד הַמִּישֹׁר אֲשֶׁר אָמַר יהוה׃ תְּנוּ־
צִיץ לְמוֹאָב כִּי נָצֹא תֵּצֵא וְעָרֶיהָ לְשַׁמָּה תִהְיֶינָה מֵאֵין יוֹשֵׁב
י בָּהֵן׃ אָרוּר עֹשֶׂה מְלֶאכֶת יהוה רְמִיָּה וְאָרוּר מֹנֵעַ חַרְבּוֹ מִדָּם׃
יא שַׁאֲנַן מוֹאָב מִנְּעוּרָיו וְשֹׁקֵט הוּא אֶל־שְׁמָרָיו וְלֹא־הוּרַק מִכְּלִי
אֶל־כֶּלִי וּבַגּוֹלָה לֹא הָלָךְ עַל־כֵּן עָמַד טַעְמוֹ בּוֹ וְרֵיחוֹ
יב לֹא נָמָר׃ לָכֵן הִנֵּה־יָמִים בָּאִים נְאֻם־יהוה
יג וְשִׁלַּחְתִּי־לוֹ צֹעִים וְצֵעֻהוּ וְכֵלָיו יָרִיקוּ וְנִבְלֵיהֶם יְנַפֵּצוּ׃ וּבֹשׁ

מוֹאָב מִכְּמוֹשׁ כַּאֲשֶׁר־בֹּשׁוּ בֵּית יִשְׂרָאֵל מִבֵּית אֵל מִבְטֶחָם׃
יד טו אֵיךְ תֹּאמְרוּ גִּבּוֹרִים אֲנָחְנוּ וְאַנְשֵׁי־חַיִל לַמִּלְחָמָה׃ שֻׁדַּד מוֹאָב
וְעָרֶיהָ עָלָה וּמִבְחַר בַּחוּרָיו יָרְדוּ לַטָּבַח נְאֻם־הַמֶּלֶךְ יְהוָה
טז צְבָאוֹת שְׁמוֹ׃ קָרוֹב אֵיד־מוֹאָב לָבוֹא וְרָעָתוֹ מִהֲרָה מְאֹד׃
יז נֻדוּ לוֹ כָּל־סְבִיבָיו וְכֹל יֹדְעֵי שְׁמוֹ אִמְרוּ אֵיכָה נִשְׁבַּר מַטֵּה־עֹז
יח מַקֵּל תִּפְאָרָה׃ רְדִי מִכָּבוֹד ישבי בַצָּמָא יֹשֶׁבֶת בַּת־דִּיבוֹן כִּי־ וּשְׁבִי
יט שֹׁדֵד מוֹאָב עָלָה בָךְ שִׁחֵת מִבְצָרָיִךְ׃ אֶל־דֶּרֶךְ עִמְדִי וְצַפִּי
כ יוֹשֶׁבֶת עֲרוֹעֵר שַׁאֲלִי־נָס וְנִמְלָטָה אִמְרִי מַה־נִּהְיָתָה׃ הֹבִישׁ
מוֹאָב כִּי־חַתָּה הילילי ׀ וזעקי הַגִּידוּ בְאַרְנוֹן כִּי שֻׁדַּד מוֹאָב׃ הֵילִילוּ ׀ וְזַעֲקוּ
כא וּמִשְׁפָּט בָּא אֶל־אֶרֶץ הַמִּישֹׁר אֶל־חֹלוֹן וְאֶל־יַהְצָה וְעַל־
כב כג מופעת׃ וְעַל־דִּיבוֹן וְעַל־נְבוֹ וְעַל־בֵּית דִּבְלָתָיִם׃ וְעַל קִרְיָתַיִם מֵיפָעַת
כד וְעַל־בֵּית גָּמוּל וְעַל־בֵּית מְעוֹן׃ וְעַל־קְרִיּוֹת וְעַל־בָּצְרָה וְעַל
כה כָּל־עָרֵי אֶרֶץ מוֹאָב הָרְחֹקוֹת וְהַקְּרֹבוֹת׃ נִגְדְּעָה קֶרֶן מוֹאָב
כו וּזְרֹעוֹ נִשְׁבָּרָה נְאֻם יְהוָה׃ הַשְׁכִּירֻהוּ כִּי עַל־יְהוָה הִגְדִּיל וְסָפַק
כז מוֹאָב בְּקִיאוֹ וְהָיָה לִשְׂחֹק גַּם־הוּא׃ וְאִם ׀ לוֹא הַשְּׂחֹק הָיָה
לְךָ יִשְׂרָאֵל אִם־בְּגַנָּבִים נמצאה כִּי־מִדֵּי דְבָרֶיךָ בּוֹ תִּתְנוֹדָד׃ נִמְצָא
כח עִזְבוּ עָרִים וְשִׁכְנוּ בַּסֶּלַע יֹשְׁבֵי מוֹאָב וִהְיוּ כְיוֹנָה תְּקַנֵּן בְּעֶבְרֵי
כט פִי־פָחַת׃ שָׁמַעְנוּ גְאוֹן־מוֹאָב גֵּאֶה מְאֹד גָּבְהוֹ וּגְאוֹנוֹ וְגַאֲוָתוֹ
ל וְרֻם לִבּוֹ׃ אֲנִי יָדַעְתִּי נְאֻם־יְהוָה עֶבְרָתוֹ וְלֹא־כֵן בַּדָּיו לֹא־כֵן
לא עָשׂוּ׃ עַל־כֵּן עַל־מוֹאָב אֲיֵלִיל וּלְמוֹאָב כֻּלֹּה אֶזְעָק אֶל־אַנְשֵׁי
לב קִיר־חֶרֶשׂ יֶהְגֶּה׃ מִבְּכִי יַעְזֵר אֶבְכֶּה־לָּךְ הַגֶּפֶן שִׂבְמָה
נְטִישֹׁתַיִךְ עָבְרוּ יָם עַד יָם יַעְזֵר נָגָעוּ עַל־קֵיצֵךְ וְעַל־בְּצִירֵךְ
לג שֹׁדֵד נָפָל׃ וְנֶאֶסְפָה שִׂמְחָה וָגִיל מִכַּרְמֶל וּמֵאֶרֶץ מוֹאָב וְיַיִן
לד מִיקָבִים הִשְׁבַּתִּי לֹא־יִדְרֹךְ הֵידָד הֵידָד לֹא הֵידָד׃ מִזַּעֲקַת
חֶשְׁבּוֹן עַד־אֶלְעָלֵה עַד־יַהַץ נָתְנוּ קוֹלָם מִצֹּעַר עַד־חֹרֹנַיִם
לה עֶגְלַת שְׁלִשִׁיָּה כִּי גַּם־מֵי נִמְרִים לִמְשַׁמּוֹת יִהְיוּ׃ וְהִשְׁבַּתִּי
לו לְמוֹאָב נְאֻם־יְהוָה מַעֲלֶה בָמָה וּמַקְטִיר לֵאלֹהָיו׃ עַל־כֵּן לִבִּי

לְמוֹאָב כַּחֲלִלִים יֶהֱמֶה וְלִבִּי אֶל־אַנְשֵׁי קִיר־חֶרֶשׂ כַּחֲלִילִים
לז יֶהֱמֶה עַל־כֵּן יִתְרַת עָשָׂה אָבָדוּ׃ כִּי כָל־רֹאשׁ קָרְחָה וְכָל־זָקָן
לח גְּרֻעָה עַל כָּל־יָדַיִם גְּדֻדֹת וְעַל־מָתְנַיִם שָׂק׃ עַל כָּל־גַּגּוֹת
מוֹאָב וּבִרְחֹבֹתֶיהָ כֻּלֹּה מִסְפֵּד כִּי־שָׁבַרְתִּי אֶת־מוֹאָב כִּכְלִי
לט אֵין־חֵפֶץ בּוֹ נְאֻם־יְהוָה׃ אֵיךְ חַתָּה הֵילִילוּ אֵיךְ הִפְנָה־
עֹרֶף מוֹאָב בּוֹשׁ וְהָיָה מוֹאָב לִשְׂחֹק וְלִמְחִתָּה לְכָל־
מ סְבִיבָיו׃ כִּי־כֹה אָמַר יְהוָה הִנֵּה כַנֶּשֶׁר יִדְאֶה
מא וּפָרַשׂ כְּנָפָיו אֶל־מוֹאָב׃ נִלְכְּדָה הַקְּרִיּוֹת וְהַמְּצָדוֹת נִתְפָּשָׂה
מב וְהָיָה לֵב גִּבּוֹרֵי מוֹאָב בַּיּוֹם הַהוּא כְּלֵב אִשָּׁה מְצֵרָה׃ וְנִשְׁמַד
מג מוֹאָב מֵעָם כִּי עַל־יְהוָה הִגְדִּיל׃ פַּחַד וָפַחַת וָפָח עָלֶיךָ יוֹשֵׁב
מד מוֹאָב נְאֻם־יְהוָה׃ הניס מִפְּנֵי הַפַּחַד יִפֹּל אֶל־הַפַּחַת וְהָעֹלֶה הַנָּס
מִן־הַפַּחַת יִלָּכֵד בַּפָּח כִּי־אָבִיא אֵלֶיהָ אֶל־מוֹאָב שְׁנַת
מה פְּקֻדָּתָם נְאֻם־יְהוָה׃ בְּצֵל חֶשְׁבּוֹן עָמְדוּ מִכֹּחַ נָסִים כִּי־אֵשׁ
יָצָא מֵחֶשְׁבּוֹן וְלֶהָבָה מִבֵּין סִיחוֹן וַתֹּאכַל פְּאַת מוֹאָב וְקָדְקֹד
מו בְּנֵי שָׁאוֹן׃ אוֹי־לְךָ מוֹאָב אָבַד עַם־כְּמוֹשׁ כִּי־לֻקְּחוּ בָנֶיךָ בַּשֶּׁבִי
מז וּבְנֹתֶיךָ בַּשִּׁבְיָה׃ וְשַׁבְתִּי שְׁבוּת־מוֹאָב בְּאַחֲרִית הַיָּמִים נְאֻם־
מט א יְהוָה עַד־הֵנָּה מִשְׁפַּט מוֹאָב׃ לִבְנֵי עַמּוֹן כֹּה
אָמַר יְהוָה הֲבָנִים אֵין לְיִשְׂרָאֵל אִם־יוֹרֵשׁ אֵין לוֹ מַדּוּעַ יָרַשׁ
ב מַלְכָּם אֶת־גָּד וְעַמּוֹ בְּעָרָיו יָשָׁב׃ לָכֵן הִנֵּה יָמִים בָּאִים נְאֻם־ כח
יְהוָה וְהִשְׁמַעְתִּי אֶל־רַבַּת בְּנֵי־עַמּוֹן תְּרוּעַת מִלְחָמָה וְהָיְתָה
לְתֵל שְׁמָמָה וּבְנֹתֶיהָ בָּאֵשׁ תִּצַּתְנָה וְיָרַשׁ יִשְׂרָאֵל אֶת־יֹרְשָׁיו
ג אָמַר יְהוָה׃ הֵילִילִי חֶשְׁבּוֹן כִּי שֻׁדְּדָה־עַי צְעַקְנָה בְּנוֹת רַבָּה
חֲגֹרְנָה שַׂקִּים סְפֹדְנָה וְהִתְשׁוֹטַטְנָה בַּגְּדֵרוֹת כִּי מַלְכָּם בַּגּוֹלָה
ד יֵלֵךְ כֹּהֲנָיו וְשָׂרָיו יַחְדָּיו׃ מַה־תִּתְהַלְלִי בָּעֲמָקִים זָב עִמְקֵךְ
ה הַבַּת הַשּׁוֹבֵבָה הַבֹּטְחָה בְּאֹצְרֹתֶיהָ מִי יָבוֹא אֵלָי׃ הִנְנִי מֵבִיא
עָלַיִךְ פַּחַד נְאֻם־אֲדֹנָי יְהוִה צְבָאוֹת מִכָּל־סְבִיבָיִךְ וְנִדַּחְתֶּם
ו אִישׁ לְפָנָיו וְאֵין מְקַבֵּץ לַנֹּדֵד׃ וְאַחֲרֵי־כֵן אָשִׁיב אֶת־שְׁבוּת

תיאור מפלת מואב
במדבר כא, כח–כט

נבואות ירמיה ועובדיה על מפלת אדום
עובדיה א, א–ט

בְּנֵי־עַמּוֹן נְאֻם־יְהוָה׃ לֶאֱדוֹם כֹּה אָמַר יְהוָה ז
צְבָאוֹת הַאֵין עוֹד חׇכְמָה בְּתֵימָן אָבְדָה עֵצָה מִבָּנִים נִסְרְחָה
חׇכְמָתָם׃ נֻסוּ הׇפְנוּ הֶעְמִיקוּ לָשֶׁבֶת יֹשְׁבֵי דְּדָן כִּי אֵיד עֵשָׂו ח
הֵבֵאתִי עָלָיו עֵת פְּקַדְתִּיו׃ אִם־בֹּצְרִים בָּאוּ לָךְ לֹא יַשְׁאִרוּ ט
עוֹלֵלוֹת אִם־גַּנָּבִים בַּלַּיְלָה הִשְׁחִיתוּ דַיָּם׃ כִּי־אֲנִי חָשַׂפְתִּי י
אֶת־עֵשָׂו גִּלֵּיתִי אֶת־מִסְתָּרָיו וְנֶחְבָּה לֹא יוּכָל שֻׁדַּד זַרְעוֹ
וְאֶחָיו וּשְׁכֵנָיו וְאֵינֶנּוּ׃ עׇזְבָה יְתֹמֶיךָ אֲנִי אֲחַיֶּה וְאַלְמְנוֹתֶיךָ עָלַי יא
תִּבְטָחוּ׃ כִּי־כֹה ׀ אָמַר יְהוָה הִנֵּה אֲשֶׁר־אֵין יב
מִשְׁפָּטָם לִשְׁתּוֹת הַכּוֹס שָׁתוֹ יִשְׁתּוּ וְאַתָּה הוּא נָקֹה תִּנָּקֶה לֹא
תִנָּקֶה כִּי שָׁתֹה תִּשְׁתֶּה׃ כִּי בִי נִשְׁבַּעְתִּי נְאֻם־יְהוָה כִּי־לְשַׁמָּה יג
לְחֶרְפָּה לְחֹרֶב וְלִקְלָלָה תִּהְיֶה בׇצְרָה וְכׇל־עָרֶיהָ תִהְיֶינָה
לְחׇרְבוֹת עוֹלָם׃ שְׁמוּעָה שָׁמַעְתִּי מֵאֵת יְהוָה וְצִיר בַּגּוֹיִם שָׁלוּחַ יד
הִתְקַבְּצוּ וּבֹאוּ עָלֶיהָ וְקוּמוּ לַמִּלְחָמָה׃ כִּי־הִנֵּה קָטֹן נְתַתִּיךָ טו
בַּגּוֹיִם בָּזוּי בָּאָדָם׃ תִּפְלַצְתְּךָ הִשִּׁיא אֹתָךְ זְדוֹן לִבֶּךָ שֹׁכְנִי בְּחַגְוֵי טז
הַסֶּלַע תֹּפְשִׂי מְרוֹם גִּבְעָה כִּי־תַגְבִּיהַּ כַּנֶּשֶׁר קִנֶּךָ מִשָּׁם אוֹרִידְךָ
נְאֻם־יְהוָה׃ וְהָיְתָה אֱדוֹם לְשַׁמָּה כֹּל עֹבֵר עָלֶיהָ יִשֹּׁם וְיִשְׁרֹק יז
עַל־כׇּל־מַכּוֹתֶהָ׃ כְּמַהְפֵּכַת סְדֹם וַעֲמֹרָה וּשְׁכֵנֶיהָ אָמַר יְהוָה יח
לֹא־יֵשֵׁב שָׁם אִישׁ וְלֹא־יָגוּר בָּהּ בֶּן־אָדָם׃ הִנֵּה כְּאַרְיֵה יַעֲלֶה יט
מִגְּאוֹן הַיַּרְדֵּן אֶל־נְוֵה אֵיתָן כִּי־אַרְגִּיעָה אֲרִיצֶנּוּ מֵעָלֶיהָ וּמִי
בָחוּר אֵלֶיהָ אֶפְקֹד כִּי מִי כָמוֹנִי וּמִי יֹעִידֶנִּי וּמִי־זֶה רֹעֶה אֲשֶׁר
יַעֲמֹד לְפָנָי׃ לָכֵן שִׁמְעוּ עֲצַת־יְהוָה אֲשֶׁר יָעַץ אֶל־אֱדוֹם כ
וּמַחְשְׁבוֹתָיו אֲשֶׁר חָשַׁב אֶל־יֹשְׁבֵי תֵימָן אִם־לֹא יִסְחָבוּם
צְעִירֵי הַצֹּאן אִם־לֹא יַשִּׁים עֲלֵיהֶם נְוֵהֶם׃ מִקּוֹל נִפְלָם רָעֲשָׁה כא
הָאָרֶץ צְעָקָה בְּיַם־סוּף נִשְׁמַע קוֹלָהּ׃ הִנֵּה כַנֶּשֶׁר יַעֲלֶה וְיִדְאֶה כב
וְיִפְרֹשׂ כְּנָפָיו עַל־בׇּצְרָה וְהָיָה לֵב גִּבּוֹרֵי אֱדוֹם בַּיּוֹם הַהוּא כְּלֵב
אִשָּׁה מְצֵרָה׃ לְדַמֶּשֶׂק בּוֹשָׁה חֲמָת וְאַרְפָּד כִּי־ כג
שְׁמֻעָה רָעָה שָׁמְעוּ נָמֹגוּ בַּיָּם דְּאָגָה הַשְׁקֵט לֹא יוּכָל׃ רָפְתָה כד

דמשק הפנתה לנוס ורטט | החזיקה צרה וחבלים אחזתה
כה כו כיולדה: איך לא־עזבה עיר תהלה קרית משושי: לכן יפלו — תְּהִלַּת
בחוריה ברחבתיה וכל־אנשי המלחמה ידמו ביום ההוא
כז נאם יהוה צבאות: והצתי אש בחומת דמשק ואכלה ארמנות
כח בן־הדד: לקדר | ולממלכות חצור אשר הכה
נבוכדראצור מלך־בבל כה אמר יהוה קומו עלו אל־קדר — נְבוּכַדְרֶאצַּר
כט ושדדו את־בני־קדם: אהליהם וצאנם יקחו יריעותיהם וכל־
ל כליהם וגמליהם ישאו להם וקראו עליהם מגור מסביב: נסו
נדו מאד העמיקו לשבת ישבי חצור נאם־יהוה כי־יעץ
עליכם נבוכדראצר מלך־בבל עצה וחשב עליהם מחשבה: — עֲלֵיכֶם
לא קומו עלו אל־גוי שליו יושב לבטח נאם־יהוה לא־דלתים
לב ולא־בריח לו בדד ישכנו: והיו גמליהם לבז והמון
מקניהם לשלל וזרתים לכל־רוח קצוצי פאה ומכל־עבריו
לג אביא את־אידם נאם־יהוה: והיתה חצור למעון תנים
שממה עד־עולם לא־ישב שם איש ולא־יגור בה בן־
לד אדם: אשר היה דבר־יהוה אל־ירמיהו הנביא
לה אל־עילם בראשית מלכות צדקיה מלך־יהודה לאמר: כה
אמר יהוה צבאות הנני שבר את־קשת עילם ראשית
לו גבורתם: והבאתי אל־עילם ארבע רוחות מארבע קצות
השמים וזרתים לכל הרחות האלה ולא־יהיה הגוי אשר לא־
לז יבוא שם נדחי עולם: והחתתי את־עילם לפני איביהם ולפני | — עֵילָם
מבקשי נפשם והבאתי עליהם | רעה את־חרון אפי נאם־
לח יהוה ושלחתי אחריהם את־החרב עד כלותי אותם: ושמתי
כסאי בעילם והאבדתי משם מלך ושרים נאם־יהוה:
לט והיה | באחרית הימים אשוב את־שבית עילם נאם־ — אָשִׁיב | שְׁבוּת
נא יהוה: הדבר אשר דבר יהוה אל־בבל אל־
ב ארץ כשדים ביד ירמיהו הנביא: הגידו בגוים והשמיעו

וּשְׂאוּ־נֵס הַשְׁמִיעוּ אַל־תְּכַחֵדוּ אִמְרוּ נִלְכְּדָה בָבֶל הֹבִישׁ בֵּל
ג חַת מְרֹדָךְ הֹבִישׁוּ עֲצַבֶּיהָ חַתּוּ גִּלּוּלֶיהָ׃ כִּי עָלָה עָלֶיהָ גּוֹי
מִצָּפוֹן הוּא־יָשִׁית אֶת־אַרְצָהּ לְשַׁמָּה וְלֹא־יִהְיֶה יוֹשֵׁב
ד בָּהּ מֵאָדָם וְעַד־בְּהֵמָה נָדוּ הָלָכוּ׃ בַּיָּמִים הָהֵמָּה וּבָעֵת
הַהִיא נְאֻם־יְהוָה יָבֹאוּ בְנֵי־יִשְׂרָאֵל הֵמָּה וּבְנֵי־יְהוּדָה יַחְדָּו
ה הָלוֹךְ וּבָכוֹ יֵלֵכוּ וְאֶת־יְהוָה אֱלֹהֵיהֶם יְבַקֵּשׁוּ׃ צִיּוֹן יִשְׁאָלוּ כט
דֶּרֶךְ הֵנָּה פְנֵיהֶם בֹּאוּ וְנִלְווּ אֶל־יְהוָה בְּרִית עוֹלָם לֹא
ו תִשָּׁכֵחַ׃ צֹאן אֹבְדוֹת היה עַמִּי רֹעֵיהֶם הִתְעוּם הָיוּ
ז הָרִים שׁובבים מֵהַר אֶל־גִּבְעָה הָלָכוּ שָׁכְחוּ רִבְצָם׃ כָּל־ שׁוֹבְבוּם
מוֹצְאֵיהֶם אֲכָלוּם וְצָרֵיהֶם אָמְרוּ לֹא נֶאְשָׁם תַּחַת אֲשֶׁר חָטְאוּ
ח לַיהוָה נְוֵה־צֶדֶק וּמִקְוֵה אֲבוֹתֵיהֶם יְהוָה׃ נֻדוּ
מִתּוֹךְ בָּבֶל וּמֵאֶרֶץ כַּשְׂדִּים יצאו וִהְיוּ כְּעַתּוּדִים לִפְנֵי־צֹאן׃ צֵאוּ
ט כִּי הִנֵּה אָנֹכִי מֵעִיר וּמַעֲלֶה עַל־בָּבֶל קְהַל־גּוֹיִם גְּדֹלִים מֵאֶרֶץ
צָפוֹן וְעָרְכוּ לָהּ מִשָּׁם תִּלָּכֵד חִצָּיו כְּגִבּוֹר מַשְׁכִּיל לֹא יָשׁוּב
י רֵיקָם׃ וְהָיְתָה כַשְׂדִּים לְשָׁלָל כָּל־שֹׁלְלֶיהָ יִשְׂבָּעוּ נְאֻם־יְהוָה׃
יא כִּי תשמחי כִּי תעלזי שֹׁסֵי נַחֲלָתִי כִּי תפושי כְּעֶגְלָה דָשָׁה תִשְׂמְחוּ | תַעַלְזוּ תָפוּשׁוּ
יב ותצהלי כָּאַבִּרִים׃ בּוֹשָׁה אִמְּכֶם מְאֹד חָפְרָה יוֹלַדְתְּכֶם הִנֵּה וְתִצְהֲלוּ
יג אַחֲרִית גּוֹיִם מִדְבָּר צִיָּה וַעֲרָבָה׃ מִקֶּצֶף יְהוָה לֹא תֵשֵׁב וְהָיְתָה
שְׁמָמָה כֻּלָּהּ כֹּל עֹבֵר עַל־בָּבֶל יִשֹּׁם וְיִשְׁרֹק עַל־כָּל־מַכּוֹתֶיהָ׃
יד עִרְכוּ עַל־בָּבֶל ׀ סָבִיב כָּל־דֹּרְכֵי קֶשֶׁת יְדוּ אֵלֶיהָ אַל־תַּחְמְלוּ
טו אֶל־חֵץ כִּי לַיהוָה חָטָאָה׃ הָרִיעוּ עָלֶיהָ סָבִיב נָתְנָה יָדָהּ נָפְלוּ
אשויתיה נֶהֶרְסוּ חוֹמוֹתֶיהָ כִּי נִקְמַת יְהוָה הִיא הִנָּקְמוּ בָהּ אָשְׁיוֹתֶיהָ
טז כַּאֲשֶׁר עָשְׂתָה עֲשׂוּ־לָהּ׃ כִּרְתוּ זוֹרֵעַ מִבָּבֶל וְתֹפֵשׂ מַגָּל
בְּעֵת קָצִיר מִפְּנֵי חֶרֶב הַיּוֹנָה אִישׁ אֶל־עַמּוֹ יִפְנוּ וְאִישׁ
יז לְאַרְצוֹ יָנֻסוּ׃ שֶׂה פְזוּרָה יִשְׂרָאֵל אֲרָיוֹת הִדִּיחוּ
הָרִאשׁוֹן אֲכָלוֹ מֶלֶךְ אַשּׁוּר וְזֶה הָאַחֲרוֹן עִצְּמוֹ נְבוּכַדְרֶאצַּר
יח מֶלֶךְ בָּבֶל׃ לָכֵן כֹּה־אָמַר יְהוָה צְבָאוֹת אֱלֹהֵי יִשְׂרָאֵל הִנְנִי

פֹּקֵד אֶל־מֶלֶךְ בָּבֶל וְאֶל־אַרְצוֹ כַּאֲשֶׁר פָּקַדְתִּי אֶל־מֶלֶךְ
יט אַשּׁוּר׃ וְשֹׁבַבְתִּי אֶת־יִשְׂרָאֵל אֶל־נָוֵהוּ וְרָעָה הַכַּרְמֶל וְהַבָּשָׁן
כ וּבְהַר אֶפְרַיִם וְהַגִּלְעָד תִּשְׂבַּע נַפְשׁוֹ׃ בַּיָּמִים הָהֵם וּבָעֵת הַהִיא
נְאֻם־יְהוָה יְבֻקַּשׁ אֶת־עֲוֺן יִשְׂרָאֵל וְאֵינֶנּוּ וְאֶת־חַטֹּאת יְהוּדָה
כא וְלֹא תִמָּצֶאינָה כִּי אֶסְלַח לַאֲשֶׁר אַשְׁאִיר׃ עַל־
הָאָרֶץ מְרָתַיִם עֲלֵה עָלֶיהָ וְאֶל־יוֹשְׁבֵי פְּקוֹד חֲרֹב וְהַחֲרֵם
כב אַחֲרֵיהֶם נְאֻם־יְהוָה וַעֲשֵׂה כְּכֹל אֲשֶׁר צִוִּיתִיךָ׃ קוֹל מִלְחָמָה
כג בָּאָרֶץ וְשֶׁבֶר גָּדוֹל׃ אֵיךְ נִגְדַּע וַיִּשָּׁבֵר פַּטִּישׁ כָּל־הָאָרֶץ אֵיךְ
כד הָיְתָה לְשַׁמָּה בָּבֶל בַּגּוֹיִם׃ יָקֹשְׁתִּי לָךְ וְגַם־נִלְכַּדְתְּ בָּבֶל וְאַתְּ
כה לֹא יָדָעַתְּ נִמְצֵאת וְגַם־נִתְפַּשְׂתְּ כִּי בַיהוָה הִתְגָּרִית׃ פָּתַח יְהוָה
אֶת־אוֹצָרוֹ וַיּוֹצֵא אֶת־כְּלֵי זַעְמוֹ כִּי־מְלָאכָה הִיא לַאדֹנָי יֱהֹוִה
כו צְבָאוֹת בְּאֶרֶץ כַּשְׂדִּים׃ בֹּאוּ־לָהּ מִקֵּץ פִּתְחוּ מַאֲבֻסֶיהָ סָלּוּהָ
כז כְמוֹ־עֲרֵמִים וְהַחֲרִימוּהָ אַל־תְּהִי־לָהּ שְׁאֵרִית׃ חִרְבוּ כָּל־
כח פָּרֶיהָ יֵרְדוּ לַטָּבַח הוֹי עֲלֵיהֶם כִּי־בָא יוֹמָם עֵת פְּקֻדָּתָם׃ קוֹל
נָסִים וּפְלֵטִים מֵאֶרֶץ בָּבֶל לְהַגִּיד בְּצִיּוֹן אֶת־נִקְמַת יְהוָה
כט אֱלֹהֵינוּ נִקְמַת הֵיכָלוֹ׃ הַשְׁמִיעוּ אֶל־בָּבֶל ׀ רַבִּים כָּל־דֹּרְכֵי
קֶשֶׁת חֲנוּ עָלֶיהָ סָבִיב אַל־יְהִי־ פְּלֵיטָה שַׁלְּמוּ־לָהּ כְּפָעֳלָהּ לָהּ
כְּכֹל אֲשֶׁר עָשְׂתָה עֲשׂוּ־לָהּ כִּי אֶל־יְהוָה זָדָה אֶל־קְדוֹשׁ
ל יִשְׂרָאֵל׃ לָכֵן יִפְּלוּ בַחוּרֶיהָ בִּרְחֹבֹתֶיהָ וְכָל־אַנְשֵׁי מִלְחַמְתָּהּ
לא יִדַּמּוּ בַּיּוֹם הַהוּא נְאֻם־יְהוָה׃ הִנְנִי אֵלֶיךָ זָדוֹן
לב נְאֻם־אֲדֹנָי יֱהֹוִה צְבָאוֹת כִּי בָּא יוֹמְךָ עֵת פְּקַדְתִּיךָ׃ וְכָשַׁל
זָדוֹן וְנָפַל וְאֵין לוֹ מֵקִים וְהִצַּתִּי אֵשׁ בְּעָרָיו וְאָכְלָה כָּל־
לג סְבִיבֹתָיו׃ כֹּה אָמַר יְהוָה צְבָאוֹת עֲשׁוּקִים בְּנֵי־
יִשְׂרָאֵל וּבְנֵי־יְהוּדָה יַחְדָּו וְכָל־שֹׁבֵיהֶם הֶחֱזִיקוּ בָם מֵאֲנוּ
לד שַׁלְּחָם׃ גֹּאֲלָם ׀ חָזָק יְהוָה צְבָאוֹת שְׁמוֹ רִיב יָרִיב אֶת־רִיבָם
לה לְמַעַן הִרְגִּיעַ אֶת־הָאָרֶץ וְהִרְגִּיז לְיֹשְׁבֵי בָבֶל׃ חֶרֶב עַל־
כַּשְׂדִּים נְאֻם־יְהוָה וְאֶל־יֹשְׁבֵי בָבֶל וְאֶל־שָׂרֶיהָ וְאֶל־חֲכָמֶיהָ׃

לו לז חֶרֶב אֶל־הַבַּדִּים וְנֹאָלוּ חֶרֶב אֶל־גִּבּוֹרֶיהָ וָחָתּוּ׃ חֶרֶב אֶל־
סוּסָיו וְאֶל־רִכְבּוֹ וְאֶל־כָּל־הָעֶרֶב אֲשֶׁר בְּתוֹכָהּ וְהָיוּ לְנָשִׁים
לח חֶרֶב אֶל־אוֹצְרֹתֶיהָ וּבֻזָּזוּ׃ חֹרֶב אֶל־מֵימֶיהָ וְיָבֵשׁוּ כִּי אֶרֶץ
לט פְּסִלִים הִיא וּבָאֵימִים יִתְהֹלָלוּ׃ לָכֵן יֵשְׁבוּ צִיִּים אֶת־אִיִּים
וְיָשְׁבוּ בָהּ בְּנוֹת יַעֲנָה וְלֹא־תֵשֵׁב עוֹד לָנֶצַח וְלֹא תִשְׁכּוֹן עַד־
מ דּוֹר וָדֹר׃ כְּמַהְפֵּכַת אֱלֹהִים אֶת־סְדֹם וְאֶת־עֲמֹרָה וְאֶת־
שְׁכֵנֶיהָ נְאֻם־יְהוָה לֹא־יֵשֵׁב שָׁם אִישׁ וְלֹא־יָגוּר בָּהּ בֶּן־אָדָם׃
מא הִנֵּה עַם בָּא מִצָּפוֹן וְגוֹי גָּדוֹל וּמְלָכִים רַבִּים יֵעֹרוּ מִיַּרְכְּתֵי־
מב אָרֶץ׃ קֶשֶׁת וְכִידֹן יַחֲזִיקוּ אַכְזָרִי הֵמָּה וְלֹא יְרַחֵמוּ קוֹלָם כַּיָּם
יֶהֱמֶה וְעַל־סוּסִים יִרְכָּבוּ עָרוּךְ כְּאִישׁ לַמִּלְחָמָה עָלַיִךְ בַּת־
מג בָּבֶל׃ שָׁמַע מֶלֶךְ־בָּבֶל אֶת־שִׁמְעָם וְרָפוּ יָדָיו צָרָה הֶחֱזִיקַתְהוּ
מד חִיל כַּיּוֹלֵדָה׃ הִנֵּה כְּאַרְיֵה יַעֲלֶה מִגְּאוֹן הַיַּרְדֵּן אֶל־נְוֵה אֵיתָן
כִּי־אַרְגִּעָה ארוצם מֵעָלֶיהָ וּמִי בָחוּר אֵלֶיהָ אֶפְקֹד כִּי מִי כָמוֹנִי
מה וּמִי יוֹעִדֶנִּי וּמִי־זֶה רֹעֶה אֲשֶׁר יַעֲמֹד לְפָנָי׃ לָכֵן שִׁמְעוּ עֲצַת־
יְהוָה אֲשֶׁר יָעַץ אֶל־בָּבֶל וּמַחְשְׁבוֹתָיו אֲשֶׁר חָשַׁב אֶל־אֶרֶץ
כַּשְׂדִּים אִם־לֹא יִסְחָבוּם צְעִירֵי הַצֹּאן אִם־לֹא יַשִּׁים עֲלֵיהֶם
מו נָוֶה׃ מִקּוֹל נִתְפְּשָׂה בָבֶל נִרְעֲשָׁה הָאָרֶץ וּזְעָקָה בַּגּוֹיִם
נא א נִשְׁמָע׃ כֹּה אָמַר יְהוָה הִנְנִי מֵעִיר עַל־בָּבֶל
ב וְאֶל־יֹשְׁבֵי לֵב קָמָי רוּחַ מַשְׁחִית׃ וְשִׁלַּחְתִּי לְבָבֶל ׀ זָרִים וְזֵרוּהָ
ג וִיבֹקְקוּ אֶת־אַרְצָהּ כִּי־הָיוּ עָלֶיהָ מִסָּבִיב בְּיוֹם רָעָה׃ אֶל־יִדְרֹךְ
יִדְרֹךְ הַדֹּרֵךְ קַשְׁתּוֹ וְאֶל־יִתְעַל בְּסִרְיֹנוֹ וְאַל־תַּחְמְלוּ אֶל־
ד בַּחֻרֶיהָ הַחֲרִימוּ כָּל־צְבָאָהּ׃ וְנָפְלוּ חֲלָלִים בְּאֶרֶץ כַּשְׂדִּים
ה וּמְדֻקָּרִים בְּחוּצוֹתֶיהָ׃ כִּי לֹא־אַלְמָן יִשְׂרָאֵל וִיהוּדָה מֵאֱלֹהָיו
ו מֵיְהוָה צְבָאוֹת כִּי אַרְצָם מָלְאָה אָשָׁם מִקְּדוֹשׁ יִשְׂרָאֵל׃ נֻסוּ ׀
מִתּוֹךְ בָּבֶל וּמַלְּטוּ אִישׁ נַפְשׁוֹ אַל־תִּדַּמּוּ בַּעֲוֺנָהּ כִּי עֵת נְקָמָה
ז הִיא לַיהוָה גְּמוּל הוּא מְשַׁלֵּם לָהּ׃ כּוֹס־זָהָב בָּבֶל בְּיַד־יְהוָה
מְשַׁכֶּרֶת כָּל־הָאָרֶץ מִיֵּינָהּ שָׁתוּ גוֹיִם עַל־כֵּן יִתְהֹלְלוּ גוֹיִם׃

נבואת "הנה עם בא מארץ צפון" ירמיה ו, כב–כד

אֲרִיצֵם

ח פִּתְאֹם נָפְלָה בָבֶל וַתִּשָּׁבֵר הֵילִילוּ עָלֶיהָ קְחוּ צֳרִי לְמַכְאוֹבָהּ
ט אוּלַי תֵּרָפֵא׃ רִפִּאנוּ אֶת־בָּבֶל וְלֹא נִרְפָּתָה עִזְבוּהָ וְנֵלֵךְ אִישׁ
לְאַרְצוֹ כִּי־נָגַע אֶל־הַשָּׁמַיִם מִשְׁפָּטָהּ וְנִשָּׂא עַד־שְׁחָקִים׃
י הוֹצִיא יְהוָה אֶת־צִדְקֹתֵינוּ בֹּאוּ וּנְסַפְּרָה בְצִיּוֹן אֶת־מַעֲשֵׂה ל
יא יְהוָה אֱלֹהֵינוּ׃ הָבֵרוּ הַחִצִּים מִלְאוּ הַשְּׁלָטִים הֵעִיר יְהוָה אֶת־
רוּחַ מַלְכֵי מָדַי כִּי־עַל־בָּבֶל מְזִמָּתוֹ לְהַשְׁחִיתָהּ כִּי־נִקְמַת
יב יְהוָה הִיא נִקְמַת הֵיכָלוֹ׃ אֶל־חוֹמֹת בָּבֶל שְׂאוּ־נֵס הַחֲזִיקוּ
הַמִּשְׁמָר הָקִימוּ שֹׁמְרִים הָכִינוּ הָאֹרְבִים כִּי גַּם־זָמַם יְהוָה
יג גַּם־עָשָׂה אֵת אֲשֶׁר־דִּבֶּר אֶל־יֹשְׁבֵי בָבֶל׃ שֹׁכַנְתְּי עַל־מַיִם שֹׁכַנְתְּ
יד רַבִּים רַבַּת אוֹצָרֹת בָּא קִצֵּךְ אַמַּת בִּצְעֵךְ׃ נִשְׁבַּע יְהוָה
צְבָאוֹת בְּנַפְשׁוֹ כִּי אִם־מִלֵּאתִיךְ אָדָם כַּיֶּלֶק וְעָנוּ עָלַיִךְ
טו הֵידָד׃ עֹשֵׂה אֶרֶץ בְּכֹחוֹ מֵכִין תֵּבֵל בְּחָכְמָתוֹ

נבואת "עשה ארץ בכחו מכין תבל בחכמתו" ירמיה י, יב–טז

טז וּבִתְבוּנָתוֹ נָטָה שָׁמָיִם׃ לְקוֹל תִּתּוֹ הֲמוֹן מַיִם בַּשָּׁמַיִם
וַיַּעַל נְשִׂאִים מִקְצֵה־אָרֶץ בְּרָקִים לַמָּטָר עָשָׂה וַיּוֹצֵא רוּחַ
יז מֵאֹצְרֹתָיו׃ נִבְעַר כָּל־אָדָם מִדַּעַת הֹבִישׁ כָּל־צֹרֵף מִפָּסֶל כִּי
יח שֶׁקֶר נִסְכּוֹ וְלֹא־רוּחַ בָּם׃ הֶבֶל הֵמָּה מַעֲשֵׂה תַּעְתֻּעִים בְּעֵת
יט פְּקֻדָּתָם יֹאבֵדוּ׃ לֹא־כְאֵלֶּה חֵלֶק יַעֲקוֹב כִּי־יוֹצֵר הַכֹּל הוּא
כ וְשֵׁבֶט נַחֲלָתוֹ יְהוָה צְבָאוֹת שְׁמוֹ׃ מַפֵּץ־אַתָּה לִי
כא כְּלֵי מִלְחָמָה וְנִפַּצְתִּי בְךָ גּוֹיִם וְהִשְׁחַתִּי בְּךָ מַמְלָכוֹת׃ וְנִפַּצְתִּי
כב בְךָ סוּס וְרֹכְבוֹ וְנִפַּצְתִּי בְךָ רֶכֶב וְרֹכְבוֹ׃ וְנִפַּצְתִּי בְךָ אִישׁ וְאִשָּׁה
כג וְנִפַּצְתִּי בְךָ זָקֵן וָנָעַר וְנִפַּצְתִּי בְּךָ בָּחוּר וּבְתוּלָה׃ וְנִפַּצְתִּי בְךָ
רֹעֶה וְעֶדְרוֹ וְנִפַּצְתִּי בְךָ אִכָּר וְצִמְדּוֹ וְנִפַּצְתִּי בְּךָ פַּחוֹת וּסְגָנִים׃
כד וְשִׁלַּמְתִּי לְבָבֶל וּלְכֹל ׀ יוֹשְׁבֵי כַשְׂדִּים אֵת כָּל־רָעָתָם אֲשֶׁר־
כה עָשׂוּ בְצִיּוֹן לְעֵינֵיכֶם נְאֻם יְהוָה׃ הִנְנִי אֵלֶיךָ הַר
הַמַּשְׁחִית נְאֻם־יְהוָה הַמַּשְׁחִית אֶת־כָּל־הָאָרֶץ וְנָטִיתִי אֶת־
כו יָדִי עָלֶיךָ וְגִלְגַּלְתִּיךָ מִן־הַסְּלָעִים וּנְתַתִּיךָ לְהַר שְׂרֵפָה׃ וְלֹא־
יִקְחוּ מִמְּךָ אֶבֶן לְפִנָּה וְאֶבֶן לְמוֹסָדוֹת כִּי־שִׁמְמוֹת עוֹלָם תִּהְיֶה

כז נְאֻם־יהוה׃ שְׂאוּ־נֵס בָּאָרֶץ תִּקְעוּ שׁוֹפָר בַּגּוֹיִם קַדְּשׁוּ עָלֶיהָ
גּוֹיִם הַשְׁמִיעוּ עָלֶיהָ מַמְלְכוֹת אֲרָרַט מִנִּי וְאַשְׁכְּנָז פִּקְדוּ עָלֶיהָ
כח טִפְסָר הַעֲלוּ־סוּס כְּיֶלֶק סָמָר׃ קַדְּשׁוּ עָלֶיהָ גוֹיִם אֶת־מַלְכֵי
מָדַי אֶת־פַּחוֹתֶיהָ וְאֶת־כׇּל־סְגָנֶיהָ וְאֵת כׇּל־אֶרֶץ מֶמְשַׁלְתּוֹ׃
כט וַתִּרְעַשׁ הָאָרֶץ וַתָּחֹל כִּי קָמָה עַל־בָּבֶל מַחְשְׁבוֹת יהוה
ל לָשׂוּם אֶת־אֶרֶץ בָּבֶל לְשַׁמָּה מֵאֵין יוֹשֵׁב׃ חָדְלוּ גִבּוֹרֵי בָבֶל
לְהִלָּחֵם יָשְׁבוּ בַּמְּצָדוֹת נָשְׁתָה גְבוּרָתָם הָיוּ לְנָשִׁים הִצִּיתוּ
לא מִשְׁכְּנֹתֶיהָ נִשְׁבְּרוּ בְרִיחֶיהָ׃ רָץ לִקְרַאת־רָץ יָרוּץ וּמַגִּיד
לִקְרַאת מַגִּיד לְהַגִּיד לְמֶלֶךְ בָּבֶל כִּי־נִלְכְּדָה עִירוֹ מִקָּצֶה׃
לב וְהַמַּעְבָּרוֹת נִתְפָּשׂוּ וְאֶת־הָאֲגַמִּים שָׂרְפוּ בָאֵשׁ וְאַנְשֵׁי הַמִּלְחָמָה
לג נִבְהָלוּ׃ כִּי כֹה אָמַר יהוה צְבָאוֹת אֱלֹהֵי יִשְׂרָאֵל
בַּת־בָּבֶל כְּגֹרֶן עֵת הִדְרִיכָהּ עוֹד מְעַט וּבָאָה עֵת־הַקָּצִיר
לד לָהּ׃ אכלנו הממנו נְבוּכַדְרֶאצַּר מֶלֶךְ בָּבֶל הציגנו כְּלִי רִיק
לה בלענו כַּתַּנִּין מִלָּא כְרֵשׂוֹ מֵעֲדָנָי הדיחנו׃ חֲמָסִי וּשְׁאֵרִי
עַל־בָּבֶל תֹּאמַר יֹשֶׁבֶת צִיּוֹן וְדָמִי אֶל־יֹשְׁבֵי כַשְׂדִּים תֹּאמַר
לו יְרוּשָׁלָ͏ִם׃ לָכֵן כֹּה אָמַר יהוה הִנְנִי־רָב אֶת־
רִיבֵךְ וְנִקַּמְתִּי אֶת־נִקְמָתֵךְ וְהַחֲרַבְתִּי אֶת־יַמָּהּ וְהֹבַשְׁתִּי
לז אֶת־מְקוֹרָהּ׃ וְהָיְתָה בָבֶל ׀ לְגַלִּים ׀ מְעוֹן־תַּנִּים שַׁמָּה וּשְׁרֵקָה
לח לט מֵאֵין יוֹשֵׁב׃ יַחְדָּו כַּכְּפִרִים יִשְׁאָגוּ נָעֲרוּ כְּגוֹרֵי אֲרָיוֹת׃ בְּחֻמָּם
אָשִׁית אֶת־מִשְׁתֵּיהֶם וְהִשְׁכַּרְתִּים לְמַעַן יַעֲלֹזוּ וְיָשְׁנוּ שְׁנַת־
מ עוֹלָם וְלֹא יָקִיצוּ נְאֻם יהוה׃ אוֹרִידֵם כְּכָרִים לִטְבוֹחַ כְּאֵילִים
מא עִם־עַתּוּדִים׃ אֵיךְ נִלְכְּדָה שֵׁשַׁךְ וַתִּתָּפֵשׂ תְּהִלַּת כׇּל־הָאָרֶץ
מב אֵיךְ הָיְתָה לְשַׁמָּה בָּבֶל בַּגּוֹיִם׃ עָלָה עַל־בָּבֶל הַיָּם בַּהֲמוֹן
מג גַּלָּיו נִכְסָתָה׃ הָיוּ עָרֶיהָ לְשַׁמָּה אֶרֶץ צִיָּה וַעֲרָבָה אֶרֶץ לֹא־
מד יֵשֵׁב בָּהֵן כׇּל־אִישׁ וְלֹא־יַעֲבֹר בָּהֵן בֶּן־אָדָם׃ וּפָקַדְתִּי עַל־בֵּל
בְּבָבֶל וְהֹצֵאתִי אֶת־בִּלְעוֹ מִפִּיו וְלֹא־יִנְהֲרוּ אֵלָיו עוֹד גּוֹיִם גַּם־
מה חוֹמַת בָּבֶל נָפָלָה׃ צְאוּ מִתּוֹכָהּ עַמִּי וּמַלְּטוּ אִישׁ אֶת־נַפְשׁוֹ

אֲכָלַנִי הֲמָמַנִי
הִצִּיגַנִי
בְּלָעַנִי | הֱדִיחָנִי

מו מֵחֲרוֹן אַף־יְהוָה׃ וּפֶן־יֵרַךְ לְבַבְכֶם וְתִירְאוּ בַּשְּׁמוּעָה
הַנִּשְׁמַעַת בָּאָרֶץ וּבָא בַשָּׁנָה הַשְּׁמוּעָה וְאַחֲרָיו בַּשָּׁנָה
מז הַשְּׁמוּעָה וְחָמָס בָּאָרֶץ מֹשֵׁל עַל־מֹשֵׁל׃ לָכֵן הִנֵּה יָמִים
בָּאִים וּפָקַדְתִּי עַל־פְּסִילֵי בָבֶל וְכָל־אַרְצָהּ תֵּבוֹשׁ וְכָל־חֲלָלֶיהָ
מח יִפְּלוּ בְתוֹכָהּ׃ וְרִנְּנוּ עַל־בָּבֶל שָׁמַיִם וָאָרֶץ וְכֹל אֲשֶׁר בָּהֶם כִּי
מט מִצָּפוֹן יָבוֹא־לָהּ הַשּׁוֹדְדִים נְאֻם־יְהוָה׃ גַּם־בָּבֶל לִנְפֹּל חַלְלֵי
נ יִשְׂרָאֵל גַּם־לְבָבֶל נָפְלוּ חַלְלֵי כָל־הָאָרֶץ׃ פְּלֵטִים מֵחֶרֶב הִלְכוּ
אַל־תַּעֲמֹדוּ זִכְרוּ מֵרָחוֹק אֶת־יְהוָה וִירוּשָׁלַ͏ִם תַּעֲלֶה עַל־
נא לְבַבְכֶם׃ בֹּשְׁנוּ כִּי־שָׁמַעְנוּ חֶרְפָּה כִּסְּתָה כְלִמָּה פָּנֵינוּ כִּי בָּאוּ
נב זָרִים עַל־מִקְדְּשֵׁי בֵּית יְהוָה׃ לָכֵן הִנֵּה־יָמִים
בָּאִים נְאֻם־יְהוָה וּפָקַדְתִּי עַל־פְּסִילֶיהָ וּבְכָל־אַרְצָהּ יֶאֱנֹק
נג חָלָל׃ כִּי־תַעֲלֶה בָבֶל הַשָּׁמַיִם וְכִי תְבַצֵּר מְרוֹם עֻזָּהּ מֵאִתִּי
נד יָבֹאוּ שֹׁדְדִים לָהּ נְאֻם־יְהוָה׃ קוֹל זְעָקָה מִבָּבֶל וְשֶׁבֶר גָּדוֹל
נה מֵאֶרֶץ כַּשְׂדִּים׃ כִּי־שֹׁדֵד יְהוָה אֶת־בָּבֶל וְאִבַּד מִמֶּנָּה קוֹל
נו גָּדוֹל וְהָמוּ גַלֵּיהֶם כְּמַיִם רַבִּים נִתַּן שְׁאוֹן קוֹלָם׃ כִּי בָא
עָלֶיהָ עַל־בָּבֶל שׁוֹדֵד וְנִלְכְּדוּ גִּבּוֹרֶיהָ חִתְּתָה קַשְּׁתוֹתָם כִּי
נז אֵל גְּמֻלוֹת יְהוָה שַׁלֵּם יְשַׁלֵּם׃ וְהִשְׁכַּרְתִּי שָׂרֶיהָ וַחֲכָמֶיהָ
פַּחוֹתֶיהָ וּסְגָנֶיהָ וְגִבּוֹרֶיהָ וְיָשְׁנוּ שְׁנַת־עוֹלָם וְלֹא יָקִיצוּ נְאֻם־
נח הַמֶּלֶךְ יְהוָה צְבָאוֹת שְׁמוֹ׃ כֹּה־אָמַר יְהוָה
צְבָאוֹת חֹמוֹת בָּבֶל הָרְחָבָה עַרְעֵר תִּתְעַרְעָר וּשְׁעָרֶיהָ
הַגְּבֹהִים בָּאֵשׁ יִצַּתּוּ וְיִגְעוּ עַמִּים בְּדֵי־רִיק וּלְאֻמִּים בְּדֵי־אֵשׁ
נט וְיָעֵפוּ׃ הַדָּבָר אֲשֶׁר־צִוָּה ׀ יִרְמְיָהוּ הַנָּבִיא אֶת־ לא
שְׂרָיָה בֶן־נֵרִיָּה בֶּן־מַחְסֵיָה בְּלֶכְתּוֹ אֶת־צִדְקִיָּהוּ מֶלֶךְ־יְהוּדָה
ס בָּבֶל בִּשְׁנַת הָרְבִעִית לְמָלְכוֹ וּשְׂרָיָה שַׂר־מְנוּחָה׃ וַיִּכְתֹּב
יִרְמְיָהוּ אֵת כָּל־הָרָעָה אֲשֶׁר־תָּבוֹא אֶל־בָּבֶל אֶל־סֵפֶר אֶחָד
סא אֵת כָּל־הַדְּבָרִים הָאֵלֶּה הַכְּתֻבִים אֶל־בָּבֶל׃ וַיֹּאמֶר יִרְמְיָהוּ
אֶל־שְׂרָיָה כְּבֹאֲךָ בָבֶל וְרָאִיתָ וְקָרָאתָ אֵת כָּל־הַדְּבָרִים

סב הָאֵֽלֶּה׃ וְאָמַרְתָּ֗ יְהוָה֙ אַתָּ֣ה דִבַּ֔רְתָּ אֶל־הַמָּק֥וֹם הַזֶּה֙ לְהַכְרִית֔וֹ
לְבִלְתִּ֤י הֱיֽוֹת־בּוֹ֙ יוֹשֵׁ֔ב לְמֵאָדָ֖ם וְעַד־בְּהֵמָ֑ה כִּֽי־שִׁמְמ֥וֹת עוֹלָ֖ם
סג תִּהְיֶֽה׃ וְהָיָה֙ כְּכַלֹּ֣תְךָ֔ לִקְרֹ֖א אֶת־הַסֵּ֣פֶר הַזֶּ֑ה תִּקְשֹׁ֤ר עָלָיו֙ אֶ֔בֶן
סד וְהִשְׁלַכְתּ֖וֹ אֶל־תּ֥וֹךְ פְּרָֽת׃ וְאָמַרְתָּ֗ כָּ֠כָה תִּשְׁקַ֨ע בָּבֶ֜ל וְלֹֽא־
תָק֗וּם מִפְּנֵ֤י הָֽרָעָה֙ אֲשֶׁ֣ר אָנֹכִ֔י מֵבִ֥יא עָלֶ֖יהָ וְיָעֵ֑פוּ עַד־הֵ֖נָּה
נב א דִּבְרֵ֥י יִרְמְיָֽהוּ׃ בֶּן־עֶשְׂרִ֨ים וְאַחַ֥ת שָׁנָ֛ה צִדְקִיָּ֖הוּ
בְמָלְכ֑וֹ וְאַחַ֣ת עֶשְׂרֵ֗ה שָׁנָה֙ מָלַ֣ךְ בִּירֽוּשָׁלִָ֔ם וְשֵׁ֣ם אִמּ֔וֹ
ב חמיטל בַּֽת־יִרְמְיָ֖הוּ מִלִּבְנָֽה׃ וַיַּ֥עַשׂ הָרַ֖ע בְּעֵינֵ֣י יְהוָ֑ה כְּכֹ֛ל
ג אֲשֶׁר־עָשָׂ֖ה יְהוֹיָקִֽים׃ כִּ֣י ׀ עַל־אַ֣ף יְהוָ֗ה הָיְתָה֙ בִּירֽוּשָׁלִַ֣ם
וִיהוּדָ֔ה עַד־הִשְׁלִיכ֥וֹ אוֹתָ֖ם מֵעַ֣ל פָּנָ֑יו וַיִּמְרֹ֥ד צִדְקִיָּ֖הוּ בְּמֶ֥לֶךְ
ד בָּבֶֽל׃ וַיְהִי֩ בַשָּׁנָ֨ה הַתְּשִׁעִ֜ית לְמָלְכ֗וֹ בַּחֹ֣דֶשׁ
הָעֲשִׂירִי֮ בֶּעָשׂ֣וֹר לַחֹדֶשׁ֒ בָּ֠א נְבוּכַדְרֶאצַּ֨ר מֶלֶךְ־בָּבֶ֜ל ה֤וּא
וְכָל־חֵילוֹ֙ עַל־יְר֣וּשָׁלִַ֔ם וַיַּחֲנ֖וּ עָלֶ֑יהָ וַיִּבְנ֥וּ עָלֶ֛יהָ דָּיֵ֖ק סָבִֽיב׃
ה וַתָּבֹ֥א הָעִ֖יר בַּמָּצ֑וֹר עַ֚ד עַשְׁתֵּ֣י עֶשְׂרֵ֣ה שָׁנָ֔ה לַמֶּ֖לֶךְ צִדְקִיָּֽהוּ׃
ו בַּחֹ֤דֶשׁ הָֽרְבִיעִי֙ בְּתִשְׁעָ֣ה לַחֹ֔דֶשׁ וַיֶּחֱזַ֥ק הָרָעָ֖ב בָּעִ֑יר וְלֹא־הָ֥יָה
ז לֶ֖חֶם לְעַ֥ם הָאָֽרֶץ׃ וַתִּבָּקַ֣ע הָעִ֗יר וְכָל־אַנְשֵׁ֨י הַמִּלְחָמָ֜ה יִבְרְח֨וּ
וַיֵּצְא֜וּ מֵהָעִ֣יר לַ֗יְלָה דֶּ֜רֶךְ שַׁ֤עַר בֵּין־הַחֹמֹתַ֙יִם֙ אֲשֶׁר֙ עַל־גַּ֣ן
ח הַמֶּ֔לֶךְ וְכַשְׂדִּ֥ים עַל־הָעִ֖יר סָבִ֑יב וַיֵּלְכ֖וּ דֶּ֥רֶךְ הָעֲרָבָֽה׃ וַיִּרְדְּפ֤וּ
חֵיל־כַּשְׂדִּים֙ אַחֲרֵ֣י הַמֶּ֔לֶךְ וַיַּשִּׂ֥יגוּ אֶת־צִדְקִיָּ֖הוּ בְּעַֽרְבֹ֣ת יְרֵח֑וֹ
ט וְכָל־חֵיל֔וֹ נָפֹ֖צוּ מֵעָלָֽיו׃ וַֽיִּתְפְּשׂוּ֙ אֶת־הַמֶּ֔לֶךְ וַיַּעֲל֨וּ אֹת֜וֹ אֶל־
י מֶ֧לֶךְ בָּבֶ֛ל רִבְלָ֖תָה בְּאֶ֣רֶץ חֲמָ֑ת וַיְדַבֵּ֥ר אִתּ֖וֹ מִשְׁפָּטִֽים׃ וַיִּשְׁחַ֧ט
מֶלֶךְ־בָּבֶ֛ל אֶת־בְּנֵ֥י צִדְקִיָּ֖הוּ לְעֵינָ֑יו וְגַם֙ אֶת־כָּל־שָׂרֵ֣י יְהוּדָ֔ה
יא שָׁחַ֖ט בְּרִבְלָֽתָה׃ וְאֶת־עֵינֵ֥י צִדְקִיָּ֖הוּ עִוֵּ֑ר וַיַּאַסְרֵ֣הוּ בַנְחֻשְׁתַּ֗יִם
וַיְבִאֵ֤הוּ מֶֽלֶךְ־בָּבֶל֙ בָּבֶ֔לָה וַֽיִּתְּנֵ֥הוּ בבית־הַפְּקֻדֹּ֖ת עַד־י֥וֹם
יב מוֹתֽוֹ׃ וּבַחֹ֣דֶשׁ הַחֲמִישִׁי֮ בֶּעָשׂ֣וֹר לַחֹדֶשׁ֒ הִ֗יא
שְׁנַת֙ תְּשַֽׁע־עֶשְׂרֵ֣ה שָׁנָ֔ה לַמֶּ֖לֶךְ נְבֽוּכַדְרֶאצַּ֣ר מֶלֶךְ־בָּבֶ֑ל בָּ֚א
יג נְבֽוּזַרְאֲדָן֙ רַב־טַבָּחִ֔ים עָמַ֖ד לִפְנֵ֥י מֶלֶךְ־בָּבֶ֖ל בִּירֽוּשָׁלִָֽם׃ וַיִּשְׂרֹ֥ף

פתיחה למלכות צדקיהו
מל"ב כד, יח–כ
ירמיה לז, א–ב
דה"ב לו, יא–יג

חֲמוּטַל

המצור על ירושלים וסופו של צדקיהו
מל"ב כה, א–ז
ירמיה לט, א–ז

בֵּית־

חורבן ירושלים ובית המקדש
מל"ב כה, ח–כא
ירמיה לט, ח–י
דה"ב לו, יז–כא

אֶת־בֵּית־יְהוָה וְאֶת־בֵּית הַמֶּלֶךְ וְאֵת כָּל־בָּתֵּי יְרוּשָׁלַםִ וְאֶת־
יד כָּל־בֵּית הַגָּדוֹל שָׂרַף בָּאֵשׁ: וְאֶת־כָּל־חֹמוֹת יְרוּשָׁלַםִ סָבִיב
טו נָתְצוּ כָּל־חֵיל כַּשְׂדִּים אֲשֶׁר אֶת־רַב־טַבָּחִים: וּמִדַּלּוֹת הָעָם
וְאֶת־יֶתֶר הָעָם ׀ הַנִּשְׁאָרִים בָּעִיר וְאֶת־הַנֹּפְלִים אֲשֶׁר נָפְלוּ
אֶל־מֶלֶךְ בָּבֶל וְאֵת יֶתֶר הָאָמוֹן הֶגְלָה נְבוּזַרְאֲדָן רַב־טַבָּחִים:
טז וּמִדַּלּוֹת הָאָרֶץ הִשְׁאִיר נְבוּזַרְאֲדָן רַב־טַבָּחִים לְכֹרְמִים
יז וּלְיֹגְבִים: וְאֶת־עַמּוּדֵי הַנְּחֹשֶׁת אֲשֶׁר לְבֵית־יְהוָה וְאֶת־
הַמְּכֹנוֹת וְאֶת־יָם הַנְּחֹשֶׁת אֲשֶׁר בְּבֵית־יְהוָה שִׁבְּרוּ כַשְׂדִּים
יח וַיִּשְׂאוּ אֶת־כָּל־נְחֻשְׁתָּם בָּבֶלָה: וְאֶת־הַסִּרוֹת וְאֶת־הַיָּעִים וְאֶת־
הַמְזַמְּרוֹת וְאֶת־הַמִּזְרָקֹת וְאֶת־הַכַּפּוֹת וְאֵת כָּל־כְּלֵי הַנְּחֹשֶׁת
יט אֲשֶׁר־יְשָׁרְתוּ בָהֶם לָקָחוּ: וְאֶת־הַסִּפִּים וְאֶת־הַמַּחְתּוֹת וְאֶת־
הַמִּזְרָקוֹת וְאֶת־הַסִּירוֹת וְאֶת־הַמְּנֹרוֹת וְאֶת־הַכַּפּוֹת וְאֶת־
הַמְּנַקִּיּוֹת אֲשֶׁר זָהָב זָהָב וַאֲשֶׁר־כֶּסֶף כָּסֶף לָקַח רַב־טַבָּחִים:
כ הָעַמּוּדִים ׀ שְׁנַיִם הַיָּם אֶחָד וְהַבָּקָר שְׁנֵים־עָשָׂר נְחֹשֶׁת אֲשֶׁר־
תַּחַת הַמְּכֹנוֹת אֲשֶׁר עָשָׂה הַמֶּלֶךְ שְׁלֹמֹה לְבֵית יְהוָה לֹא־הָיָה
כא מִשְׁקָל לִנְחֻשְׁתָּם כָּל־הַכֵּלִים הָאֵלֶּה: וְהָעַמּוּדִים שְׁמֹנֶה עֶשְׂרֵה
אַמָּה קוֹמָה הָעַמֻּד הָאֶחָד וְחוּט שְׁתֵּים־עֶשְׂרֵה אַמָּה יְסֻבֶּנּוּ קוֹמַת
כב וְעָבְיוֹ אַרְבַּע אֶצְבָּעוֹת נָבוּב: וְכֹתֶרֶת עָלָיו נְחֹשֶׁת וְקוֹמַת
הַכֹּתֶרֶת הָאַחַת חָמֵשׁ אַמּוֹת וּשְׂבָכָה וְרִמּוֹנִים עַל־הַכּוֹתֶרֶת
כג סָבִיב הַכֹּל נְחֹשֶׁת וְכָאֵלֶּה לָעַמּוּד הַשֵּׁנִי וְרִמּוֹנִים: וַיִּהְיוּ הָרִמֹּנִים
תִּשְׁעִים וְשִׁשָּׁה רוּחָה כָּל־הָרִמּוֹנִים מֵאָה עַל־הַשְּׂבָכָה סָבִיב:
כד וַיִּקַּח רַב־טַבָּחִים אֶת־שְׂרָיָה כֹּהֵן הָרֹאשׁ וְאֶת־צְפַנְיָה כֹּהֵן
כה הַמִּשְׁנֶה וְאֶת־שְׁלֹשֶׁת שֹׁמְרֵי הַסַּף: וּמִן־הָעִיר לָקַח סָרִיס
אֶחָד אֲשֶׁר־הָיָה פָקִיד ׀ עַל־אַנְשֵׁי הַמִּלְחָמָה וְשִׁבְעָה אֲנָשִׁים
מֵרֹאֵי פְנֵי־הַמֶּלֶךְ אֲשֶׁר נִמְצְאוּ בָעִיר וְאֵת סֹפֵר שַׂר הַצָּבָא
הַמַּצְבִּא אֶת־עַם הָאָרֶץ וְשִׁשִּׁים אִישׁ מֵעַם הָאָרֶץ הַנִּמְצְאִים
כו בְּתוֹךְ הָעִיר: וַיִּקַּח אוֹתָם נְבוּזַרְאֲדָן רַב־טַבָּחִים וַיֵּלֶךְ אוֹתָם

כלי המקדש - נלקחים מירושלים ומושבים אליה
מל"ב כה, יג–יז
דניאל א, ב; ה, ב–ג
עזרא א, ז–יא; ה, יד–טו; ו, ה
דה"ב לו, יח

אֶל־מֶ֥לֶךְ בָּבֶ֖ל רִבְלָֽתָה׃ וַיַּכֶּ֨ה אוֹתָ֜ם מֶ֧לֶךְ בָּבֶ֛ל וַיְמִתֵ֥ם בְּרִבְלָ֖ה כז
בְּאֶ֣רֶץ חֲמָ֑ת וַיִּ֥גֶל יְהוּדָ֖ה מֵעַ֥ל אַדְמָתֽוֹ׃ זֶ֣ה הָעָ֔ם אֲשֶׁ֖ר הֶגְלָ֣ה כח
נְבֽוּכַדְרֶאצַּ֑ר בִּשְׁנַת־שֶׁ֕בַע יְהוּדִ֔ים שְׁלֹ֣שֶׁת אֲלָפִ֔ים וְעֶשְׂרִ֖ים
וּשְׁלֹשָֽׁה׃ בִּשְׁנַ֥ת שְׁמוֹנֶ֛ה עֶשְׂרֵ֖ה לִנְבוּכַדְרֶאצַּ֑ר מִיר֣וּשָׁלִַ֔ם כט
נֶ֕פֶשׁ שְׁמֹנֶ֥ה מֵא֖וֹת שְׁלֹשִׁ֥ים וּשְׁנָֽיִם׃ בִּשְׁנַ֨ת שָׁלֹ֤שׁ וְעֶשְׂרִים֙ ל
לִנְבֽוּכַדְרֶאצַּ֔ר הֶגְלָ֗ה נְבֽוּזַרְאֲדָן֙ רַב־טַבָּחִ֔ים יְהוּדִ֕ים נֶ֕פֶשׁ שְׁבַ֥ע
מֵא֖וֹת אַרְבָּעִ֣ים וַחֲמִשָּׁ֑ה כָּל־נֶ֕פֶשׁ אַרְבַּ֥עַת אֲלָפִ֖ים וְשֵׁ֥שׁ
מֵאֽוֹת׃ וַיְהִי֩ בִשְׁלֹשִׁ֨ים וָשֶׁ֜בַע שָׁנָ֗ה לְגָלוּת֙ יְהֹוָיָכִ֣ן לא
מֶלֶךְ־יְהוּדָ֔ה בִּשְׁנֵ֤ים עָשָׂר֙ חֹ֔דֶשׁ בְּעֶשְׂרִ֥ים וַחֲמִשָּׁ֖ה לַחֹ֑דֶשׁ נָשָׂ֡א
אֱוִ֣יל מְרֹדַךְ֩ מֶ֨לֶךְ בָּבֶ֜ל בִּשְׁנַ֣ת מַלְכֻת֗וֹ אֶת־רֹאשׁ֙ יְהוֹיָכִ֣ין מֶלֶךְ־
יְהוּדָ֔ה וַיֹּצֵ֥א אֹת֖וֹ מִבֵּ֥ית הכליא׃ וַיְדַבֵּ֥ר אִתּ֖וֹ טֹב֑וֹת וַיִּתֵּן֙ אֶת־ לב
כִּסְא֔וֹ מִמַּ֗עַל לְכִסֵּ֛א מלכים אֲשֶׁ֥ר אִתּ֖וֹ בְּבָבֶֽל׃ וְשִׁנָּ֕ה אֵ֖ת בִּגְדֵ֣י לג
כִלְא֑וֹ וְאָכַ֨ל לֶ֧חֶם לְפָנָ֛יו תָּמִ֖יד כָּל־יְמֵ֥י חַיָּֽו׃ וַאֲרֻחָת֗וֹ אֲרֻחַ֨ת לד
תָּמִ֜יד נִתְּנָה־לּ֨וֹ מֵאֵ֤ת מֶֽלֶךְ־בָּבֶל֙ דְּבַר־י֣וֹם בְּיוֹמ֔וֹ עַד־י֣וֹם
מוֹת֑וֹ כֹּ֖ל יְמֵ֥י חַיָּֽיו׃

גלות יהויכין
מל״ב כד, י–יז
דה״ב לו, י

מלך בבל חונן
את יהויכין
מל״ב כה, כז–ל

הַכְּלֽוּא
הַמְּלָכִ֛ים

# יחזקאל

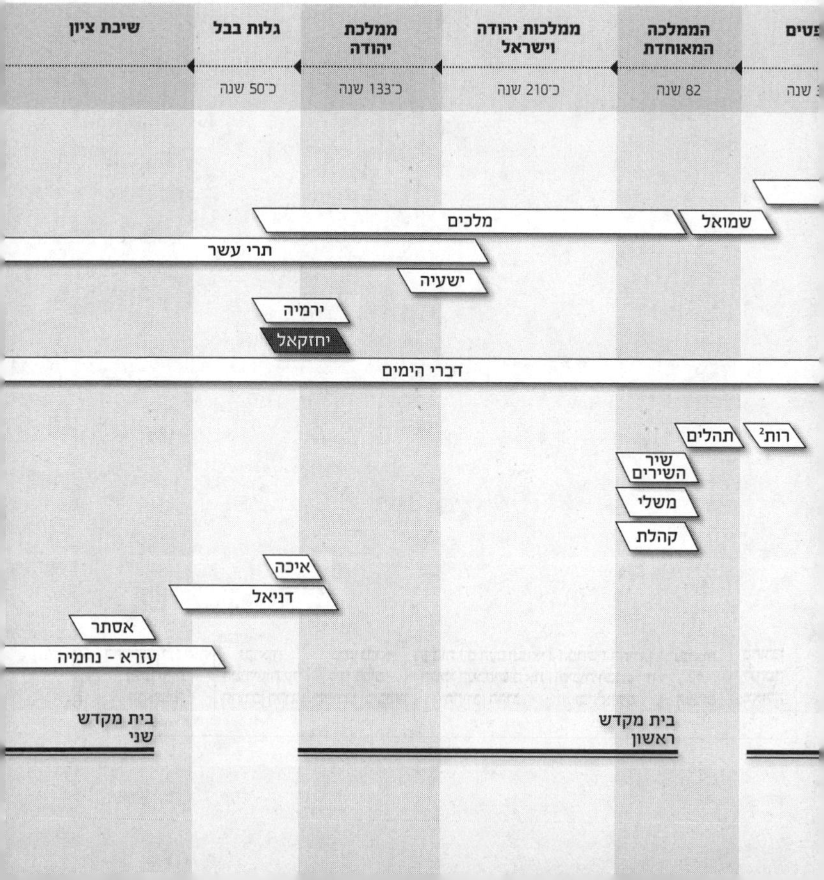

...פטים
... שנה
הממלכה המאוחדת
82 שנה
ממלכות יהודה וישראל
כ־210 שנה
ממלכת יהודה
כ־133 שנה
גלות בבל
כ־50 שנה
שיבת ציון
שמואל
מלכים
תרי עשר
ישעיה
ירמיה
יחזקאל
דברי הימים
רות[2]
תהלים
שיר השירים
משלי
קהלת
איכה
דניאל
אסתר
עזרא - נחמיה
בית מקדש ראשון
בית מקדש שני

| ספר יחזקאל | ההקדשה לנבואה והשליחות הראשונה | נבואות המודיעות על החורבן הקרב | מסע נבואי לירושלים – החורבן וסיבותיו | עימות עם העם ונביאי השקר המכחישים את החורבן הקרב | המחשת החורבן וסיבותיו במשלים ובתיאורים | נבואות על העמים | מחורבן לנחמה וגאולה |
|---|---|---|---|---|---|---|---|
| | א–ג | ד–ז | ח–יא | יב–טו | טז–כד | כה–לב | לג–מח |

כ־22 שנה

# א

א וַיְהִי ׀ בִּשְׁלֹשִׁים שָׁנָה בָּרְבִיעִי בַּחֲמִשָּׁה לַחֹדֶשׁ וַאֲנִי בְתוֹךְ־
הַגּוֹלָה עַל־נְהַר־כְּבָר נִפְתְּחוּ הַשָּׁמַיִם וָאֶרְאֶה מַרְאוֹת אֱלֹהִים׃
ב בַּחֲמִשָּׁה לַחֹדֶשׁ הִיא הַשָּׁנָה הַחֲמִישִׁית לְגָלוּת הַמֶּלֶךְ יוֹיָכִין׃
ג הָיֹה הָיָה דְבַר־יְהוָה אֶל־יְחֶזְקֵאל בֶּן־בּוּזִי הַכֹּהֵן בְּאֶרֶץ כַּשְׂדִּים
ד עַל־נְהַר־כְּבָר וַתְּהִי עָלָיו שָׁם יַד־יְהוָה׃ וָאֵרֶא וְהִנֵּה רוּחַ סְעָרָה
בָּאָה מִן־הַצָּפוֹן עָנָן גָּדוֹל וְאֵשׁ מִתְלַקַּחַת וְנֹגַהּ לוֹ סָבִיב
ה וּמִתּוֹכָהּ כְּעֵין הַחַשְׁמַל מִתּוֹךְ הָאֵשׁ׃ וּמִתּוֹכָהּ דְּמוּת אַרְבַּע
ו חַיּוֹת וְזֶה מַרְאֵיהֶן דְּמוּת אָדָם לָהֵנָּה׃ וְאַרְבָּעָה פָנִים לְאֶחָת
ז וְאַרְבַּע כְּנָפַיִם לְאַחַת לָהֶם׃ וְרַגְלֵיהֶם רֶגֶל יְשָׁרָה וְכַף רַגְלֵיהֶם
ח כְּכַף רֶגֶל עֵגֶל וְנֹצְצִים כְּעֵין נְחֹשֶׁת קָלָל׃ וידו אָדָם מִתַּחַת וִידֵי
כַּנְפֵיהֶם עַל אַרְבַּעַת רִבְעֵיהֶם וּפְנֵיהֶם וְכַנְפֵיהֶם לְאַרְבַּעְתָּם׃
ט חֹבְרֹת אִשָּׁה אֶל־אֲחוֹתָהּ כַּנְפֵיהֶם לֹא־יִסַּבּוּ בְלֶכְתָּן אִישׁ אֶל־
י עֵבֶר פָּנָיו יֵלֵכוּ׃ וּדְמוּת פְּנֵיהֶם פְּנֵי אָדָם וּפְנֵי אַרְיֵה אֶל־הַיָּמִין
לְאַרְבַּעְתָּם וּפְנֵי־שׁוֹר מֵהַשְּׂמֹאול לְאַרְבַּעְתָּן וּפְנֵי־נֶשֶׁר
יא לְאַרְבַּעְתָּן׃ וּפְנֵיהֶם וְכַנְפֵיהֶם פְּרֻדוֹת מִלְמָעְלָה לְאִישׁ שְׁתַּיִם
יב חֹבְרוֹת אִישׁ וּשְׁתַּיִם מְכַסּוֹת אֵת גְּוִיֹּתֵיהֶנָה׃ וְאִישׁ אֶל־עֵבֶר
פָּנָיו יֵלֵכוּ אֶל אֲשֶׁר יִהְיֶה־שָּׁמָּה הָרוּחַ לָלֶכֶת יֵלֵכוּ לֹא יִסַּבּוּ
יג בְּלֶכְתָּן׃ וּדְמוּת הַחַיּוֹת מַרְאֵיהֶם כְּגַחֲלֵי־אֵשׁ בֹּעֲרוֹת כְּמַרְאֵה
הַלַּפִּדִים הִיא מִתְהַלֶּכֶת בֵּין הַחַיּוֹת וְנֹגַהּ לָאֵשׁ וּמִן־הָאֵשׁ
יד טו יוֹצֵא בָרָק׃ וְהַחַיּוֹת רָצוֹא וָשׁוֹב כְּמַרְאֵה הַבָּזָק׃ וָאֵרֶא הַחַיּוֹת
טז וְהִנֵּה אוֹפַן אֶחָד בָּאָרֶץ אֵצֶל הַחַיּוֹת לְאַרְבַּעַת פָּנָיו׃ מַרְאֵה
הָאוֹפַנִּים וּמַעֲשֵׂיהֶם כְּעֵין תַּרְשִׁישׁ וּדְמוּת אֶחָד לְאַרְבַּעְתָּן
יז וּמַרְאֵיהֶם וּמַעֲשֵׂיהֶם כַּאֲשֶׁר יִהְיֶה הָאוֹפַן בְּתוֹךְ הָאוֹפָן׃ עַל־
יח אַרְבַּעַת רִבְעֵיהֶן בְּלֶכְתָּם יֵלֵכוּ לֹא יִסַּבּוּ בְּלֶכְתָּן׃ וְגַבֵּיהֶן וְגֹבַהּ
לָהֶם וְיִרְאָה לָהֶם וְגַבֹּתָם מְלֵאֹת עֵינַיִם סָבִיב לְאַרְבַּעְתָּן׃
יט וּבְלֶכֶת הַחַיּוֹת יֵלְכוּ הָאוֹפַנִּים אֶצְלָם וּבְהִנָּשֵׂא הַחַיּוֹת מֵעַל
כ הָאָרֶץ יִנָּשְׂאוּ הָאוֹפַנִּים׃ עַל אֲשֶׁר יִהְיֶה־שָּׁם הָרוּחַ לָלֶכֶת

גלות יהויכין
מל״ב כד, י–טז
ירמיה נב, כח
דה״ב לו, י

מעשה מרכבה
שראה יחזקאל
יחזקאל י, ח–כב

יֵלֵכוּ שָׁמָּה הָרוּחַ לָלֶכֶת וְהָאוֹפַנִּים יִנָּשְׂאוּ לְעֻמָּתָם כִּי רוּחַ הַחַיָּה
כא בָּאוֹפַנִּים׃ בְּלֶכְתָּם יֵלֵכוּ וּבְעָמְדָם יַעֲמֹדוּ וּבְהִנָּשְׂאָם מֵעַל הָאָרֶץ
כב יִנָּשְׂאוּ הָאוֹפַנִּים לְעֻמָּתָם כִּי רוּחַ הַחַיָּה בָּאוֹפַנִּים׃ וּדְמוּת עַל־
רָאשֵׁי הַחַיָּה רָקִיעַ כְּעֵין הַקֶּרַח הַנּוֹרָא נָטוּי עַל־רָאשֵׁיהֶם
כג מִלְמָעְלָה׃ וְתַחַת הָרָקִיעַ כַּנְפֵיהֶם יְשָׁרוֹת אִשָּׁה אֶל־אֲחוֹתָהּ
לְאִישׁ שְׁתַּיִם מְכַסּוֹת לָהֵנָּה וּלְאִישׁ שְׁתַּיִם מְכַסּוֹת לָהֵנָּה אֵת
כד גְּוִיֹּתֵיהֶם׃ וָאֶשְׁמַע אֶת־קוֹל כַּנְפֵיהֶם כְּקוֹל מַיִם רַבִּים כְּקוֹל־
שַׁדַּי בְּלֶכְתָּם קוֹל הֲמֻלָּה כְּקוֹל מַחֲנֶה בְּעָמְדָם תְּרַפֶּינָה
כה כַנְפֵיהֶן׃ וַיְהִי־קוֹל מֵעַל לָרָקִיעַ אֲשֶׁר עַל־רֹאשָׁם בְּעָמְדָם
כו תְּרַפֶּינָה כַנְפֵיהֶן׃ וּמִמַּעַל לָרָקִיעַ אֲשֶׁר עַל־רֹאשָׁם כְּמַרְאֵה
אֶבֶן־סַפִּיר דְּמוּת כִּסֵּא וְעַל דְּמוּת הַכִּסֵּא דְּמוּת כְּמַרְאֵה אָדָם
כז עָלָיו מִלְמָעְלָה׃ וָאֵרֶא ׀ כְּעֵין חַשְׁמַל כְּמַרְאֵה־אֵשׁ בֵּית־לָהּ
סָבִיב מִמַּרְאֵה מָתְנָיו וּלְמָעְלָה וּמִמַּרְאֵה מָתְנָיו וּלְמַטָּה
כח רָאִיתִי כְּמַרְאֵה־אֵשׁ וְנֹגַהּ לוֹ סָבִיב׃ כְּמַרְאֵה הַקֶּשֶׁת אֲשֶׁר
יִהְיֶה בֶעָנָן בְּיוֹם הַגֶּשֶׁם כֵּן מַרְאֵה הַנֹּגַהּ סָבִיב הוּא מַרְאֵה
דְּמוּת כְּבוֹד־יְהוָה וָאֶרְאֶה וָאֶפֹּל עַל־פָּנַי וָאֶשְׁמַע קוֹל
ב א מְדַבֵּר׃ וַיֹּאמֶר אֵלָי בֶּן־אָדָם עֲמֹד עַל־רַגְלֶיךָ
ב וַאֲדַבֵּר אֹתָךְ׃ וַתָּבֹא בִי רוּחַ כַּאֲשֶׁר דִּבֶּר אֵלַי וַתַּעֲמִדֵנִי
ג עַל־רַגְלָי וָאֶשְׁמַע אֵת מִדַּבֵּר אֵלָי׃ וַיֹּאמֶר
אֵלַי בֶּן־אָדָם שׁוֹלֵחַ אֲנִי אוֹתְךָ אֶל־בְּנֵי יִשְׂרָאֵל אֶל־גּוֹיִם
הַמּוֹרְדִים אֲשֶׁר מָרְדוּ־בִי הֵמָּה וַאֲבוֹתָם פָּשְׁעוּ בִי עַד־עֶצֶם
ד הַיּוֹם הַזֶּה׃ וְהַבָּנִים קְשֵׁי פָנִים וְחִזְקֵי־לֵב אֲנִי שׁוֹלֵחַ אוֹתְךָ
ה אֲלֵיהֶם וְאָמַרְתָּ אֲלֵיהֶם כֹּה אָמַר אֲדֹנָי יְהוִה׃ וְהֵמָּה אִם־
יִשְׁמְעוּ וְאִם־יֶחְדָּלוּ כִּי בֵּית מְרִי הֵמָּה וְיָדְעוּ כִּי נָבִיא הָיָה
ו בְתוֹכָם׃ וְאַתָּה בֶן־אָדָם אַל־תִּירָא מֵהֶם
וּמִדִּבְרֵיהֶם אַל־תִּירָא כִּי סָרָבִים וְסַלּוֹנִים אוֹתָךְ וְאֶל־עַקְרַבִּים
אַתָּה יוֹשֵׁב מִדִּבְרֵיהֶם אַל־תִּירָא וּמִפְּנֵיהֶם אַל־תֵּחָת כִּי בֵּית

ז מְרִי הֵמָּה׃ וְדִבַּרְתָּ אֶת־דְּבָרַי אֲלֵיהֶם אִם־יִשְׁמְעוּ וְאִם־יֶחְדָּלוּ
ח כִּי מְרִי הֵמָּה׃ וְאַתָּה בֶן־אָדָם שְׁמַע אֵת אֲשֶׁר־
אֲנִי מְדַבֵּר אֵלֶיךָ אַל־תְּהִי־מֶרִי כְּבֵית הַמֶּרִי פְּצֵה פִיךָ וֶאֱכֹל
ט אֵת אֲשֶׁר־אֲנִי נֹתֵן אֵלֶיךָ׃ וָאֶרְאֶה וְהִנֵּה־יָד שְׁלוּחָה אֵלָי וְהִנֵּה־
י בוֹ מְגִלַּת־סֵפֶר׃ וַיִּפְרֹשׂ אוֹתָהּ לְפָנַי וְהִיא כְתוּבָה פָּנִים וְאָחוֹר
ג א וְכָתוּב אֵלֶיהָ קִנִים וָהֶגֶה וָהִי׃ וַיֹּאמֶר אֵלַי בֶּן־
אָדָם אֵת אֲשֶׁר־תִּמְצָא אֱכוֹל אֱכוֹל אֶת־הַמְּגִלָּה הַזֹּאת וְלֵךְ
ב דַּבֵּר אֶל־בֵּית יִשְׂרָאֵל׃ וָאֶפְתַּח אֶת־פִּי וַיַּאֲכִלֵנִי אֵת הַמְּגִלָּה
ג הַזֹּאת׃ וַיֹּאמֶר אֵלַי בֶּן־אָדָם בִּטְנְךָ תַאֲכֵל וּמֵעֶיךָ תְמַלֵּא אֵת
הַמְּגִלָּה הַזֹּאת אֲשֶׁר אֲנִי נֹתֵן אֵלֶיךָ וָאֹכְלָה וַתְּהִי בְּפִי כִּדְבַשׁ
ד לְמָתוֹק׃ וַיֹּאמֶר אֵלָי בֶּן־אָדָם לֶךְ־בֹּא אֶל־בֵּית
ה יִשְׂרָאֵל וְדִבַּרְתָּ בִדְבָרַי אֲלֵיהֶם׃ כִּי לֹא אֶל־עַם עִמְקֵי שָׂפָה
ו וְכִבְדֵי לָשׁוֹן אַתָּה שָׁלוּחַ אֶל־בֵּית יִשְׂרָאֵל׃ לֹא ׀ אֶל־עַמִּים
רַבִּים עִמְקֵי שָׂפָה וְכִבְדֵי לָשׁוֹן אֲשֶׁר לֹא־תִשְׁמַע דִּבְרֵיהֶם אִם־
ז לֹא אֲלֵיהֶם שְׁלַחְתִּיךָ הֵמָּה יִשְׁמְעוּ אֵלֶיךָ׃ וּבֵית יִשְׂרָאֵל לֹא
יֹאבוּ לִשְׁמֹעַ אֵלֶיךָ כִּי־אֵינָם אֹבִים לִשְׁמֹעַ אֵלָי כִּי כָּל־בֵּית
ח יִשְׂרָאֵל חִזְקֵי־מֵצַח וּקְשֵׁי־לֵב הֵמָּה׃ הִנֵּה נָתַתִּי אֶת־פָּנֶיךָ
ט חֲזָקִים לְעֻמַּת פְּנֵיהֶם וְאֶת־מִצְחֲךָ חָזָק לְעֻמַּת מִצְחָם׃ כְּשָׁמִיר
חָזָק מִצֹּר נָתַתִּי מִצְחֶךָ לֹא־תִירָא אוֹתָם וְלֹא־תֵחַת מִפְּנֵיהֶם
י כִּי בֵּית מְרִי הֵמָּה׃ וַיֹּאמֶר אֵלָי בֶּן־אָדָם אֶת־
יא כָּל־דְּבָרַי אֲשֶׁר אֲדַבֵּר אֵלֶיךָ קַח בִּלְבָבְךָ וּבְאָזְנֶיךָ שְׁמָע׃ וְלֵךְ
בֹּא אֶל־הַגּוֹלָה אֶל־בְּנֵי עַמֶּךָ וְדִבַּרְתָּ אֲלֵיהֶם וְאָמַרְתָּ אֲלֵיהֶם
יב כֹּה אָמַר אֲדֹנָי יֱהֹוִה אִם־יִשְׁמְעוּ וְאִם־יֶחְדָּלוּ׃ וַתִּשָּׂאֵנִי רוּחַ ב
וָאֶשְׁמַע אַחֲרַי קוֹל רַעַשׁ גָּדוֹל בָּרוּךְ כְּבוֹד־יְהֹוָה מִמְּקוֹמוֹ׃
יג וְקוֹל ׀ כַּנְפֵי הַחַיּוֹת מַשִּׁיקוֹת אִשָּׁה אֶל־אֲחוֹתָהּ וְקוֹל הָאוֹפַנִּים
יד לְעֻמָּתָם וְקוֹל רַעַשׁ גָּדוֹל׃ וְרוּחַ נְשָׂאַתְנִי וַתִּקָּחֵנִי וָאֵלֵךְ מַר
טו בְּחֵמַת רוּחִי וְיַד־יְהֹוָה עָלַי חָזָקָה׃ וָאָבוֹא אֶל־הַגּוֹלָה תֵּל אָבִיב

הַיֹּשְׁבִ֣ים אֶל־נְהַר־כְּבָ֗ר וָאֵשֵׁ֛ב הֵ֖מָּה יוֹשְׁבִ֣ים שָׁ֑ם וָאֵשֵׁ֥ב שָׁם֙
טז שִׁבְעַ֥ת יָמִ֖ים מַשְׁמִ֥ים בְּתוֹכָֽם׃ וַיְהִ֕י מִקְצֵ֖ה
יז שִׁבְעַ֣ת יָמִ֑ים וַיְהִ֥י דְבַר־יְהֹוָ֖ה אֵלַ֥י לֵאמֹֽר׃ בֶּן־
אָדָ֕ם צֹפֶ֥ה נְתַתִּ֖יךָ לְבֵ֣ית יִשְׂרָאֵ֑ל וְשָׁמַעְתָּ֤ מִפִּי֙ דָּבָ֔ר וְהִזְהַרְתָּ֥
יח אוֹתָ֖ם מִמֶּֽנִּי׃ בְּאָמְרִ֣י לָרָשָׁע֮ מ֣וֹת תָּמוּת֒ וְלֹ֤א הִזְהַרְתּוֹ֙ וְלֹ֣א
דִבַּ֔רְתָּ לְהַזְהִ֥יר רָשָׁ֛ע מִדַּרְכּ֥וֹ הָרְשָׁעָ֖ה לְחַיֹּת֑וֹ ה֤וּא רָשָׁע֙ בַּעֲוֺנ֣וֹ
יט יָמ֔וּת וְדָמ֖וֹ מִיָּדְךָ֥ אֲבַקֵּֽשׁ׃ וְאַתָּה֙ כִּֽי־הִזְהַ֣רְתָּ רָשָׁ֔ע וְלֹא־שָׁ֣ב
מֵֽרִשְׁע֔וֹ וּמִדַּרְכּ֖וֹ הָרְשָׁעָ֑ה ה֚וּא בַּעֲוֺנ֣וֹ יָמ֔וּת וְאַתָּ֖ה אֶת־נַפְשְׁךָ֥
כ הִצַּֽלְתָּ׃ וּבְשׁ֨וּב צַדִּ֤יק מִצִּדְקוֹ֙ וְעָ֣שָׂה עָ֔וֶל וְנָתַתִּ֥י
מִכְשׁ֖וֹל לְפָנָ֑יו ה֣וּא יָמ֔וּת כִּ֣י לֹ֤א הִזְהַרְתּוֹ֙ בְּחַטָּאת֣וֹ יָמ֔וּת וְלֹ֣א
כא תִזָּכַ֗רְןָ צִדְקֹתָו֙ אֲשֶׁ֣ר עָשָׂ֔ה וְדָמ֖וֹ מִיָּדְךָ֥ אֲבַקֵּֽשׁ׃ וְאַתָּ֞ה כִּ֧י
הִזְהַרְתּ֣וֹ צַדִּ֗יק לְבִלְתִּ֛י חֲטֹ֥א צַדִּ֖יק וְה֣וּא לֹא־חָטָ֑א חָי֤וֹ יִֽחְיֶה֙
כב כִּ֣י נִזְהָ֔ר וְאַתָּ֖ה אֶת־נַפְשְׁךָ֥ הִצַּֽלְתָּ׃ וַתְּהִ֥י עָלַ֛י
שָׁ֖ם יַד־יְהֹוָ֑ה וַיֹּ֣אמֶר אֵלַ֗י ק֥וּם צֵא֙ אֶל־הַבִּקְעָ֔ה וְשָׁ֖ם אֲדַבֵּ֥ר
כג אוֹתָֽךְ׃ וָאָקוּם֮ וָאֵצֵ֣א אֶל־הַבִּקְעָה֒ וְהִנֵּה־שָׁ֤ם כְּבוֹד־יְהֹוָה֙ עֹמֵ֔ד
כד כַּכָּב֕וֹד אֲשֶׁ֥ר רָאִ֖יתִי עַל־נְהַר־כְּבָ֑ר וָאֶפֹּ֖ל עַל־פָּנָֽי׃ וַתָּבֹא־בִ֣י
ר֔וּחַ וַתַּעֲמִדֵ֖נִי עַל־רַגְלָ֑י וַיְדַבֵּ֣ר אֹתִ֔י וַיֹּ֣אמֶר אֵלַ֔י בֹּ֖א הִסָּגֵ֥ר
כה בְּת֥וֹךְ בֵּיתֶֽךָ׃ וְאַתָּ֣ה בֶן־אָדָ֗ם הִנֵּ֨ה נָתְנ֤וּ עָלֶ֙יךָ֙
כו עֲבוֹתִ֔ים וַאֲסָר֖וּךָ בָּהֶ֑ם וְלֹ֥א תֵצֵ֖א בְּתוֹכָֽם׃ וּלְשֽׁוֹנְךָ֙ אַדְבִּ֣יק אֶל־
חִכֶּ֔ךָ וְנֶאֱלַ֕מְתָּ וְלֹא־תִהְיֶ֥ה לָהֶ֖ם לְאִ֣ישׁ מוֹכִ֑יחַ כִּ֛י בֵּ֥ית מְרִ֖י
כז הֵֽמָּה׃ וּֽבְדַבְּרִ֤י אוֹתְךָ֙ אֶפְתַּ֣ח אֶת־פִּ֔יךָ וְאָמַרְתָּ֣ אֲלֵיהֶ֔ם כֹּ֥ה
אָמַ֖ר אֲדֹנָ֣י יְהֹוִ֑ה הַשֹּׁמֵ֤עַ ׀ יִשְׁמָע֙ וְהֶחָדֵ֣ל ׀ יֶחְדָּ֔ל כִּ֛י בֵּ֥ית מְרִ֖י
ד א הֵֽמָּה׃ וְאַתָּ֤ה בֶן־אָדָם֙ קַח־לְךָ֣ לְבֵנָ֔ה וְנָתַתָּ֥ה
ב אוֹתָ֖הּ לְפָנֶ֑יךָ וְחַקּוֹתָ֥ עָלֶ֛יהָ עִ֖יר אֶת־יְרוּשָׁלָֽםִ׃ וְנָתַתָּ֨ה עָלֶ֜יהָ
מָצ֗וֹר וּבָנִ֤יתָ עָלֶ֙יהָ֙ דָּיֵ֔ק וְשָׁפַכְתָּ֥ עָלֶ֖יהָ סֹלְלָ֑ה וְנָתַתָּ֨ה עָלֶ֧יהָ
ג מַחֲנ֛וֹת וְשִֽׂים־עָלֶ֥יהָ כָרִ֖ים סָבִֽיב׃ וְאַתָּ֣ה קַח־לְךָ֗ מַחֲבַ֣ת בַּרְזֶ֔ל
וְנָתַתָּ֤ה אוֹתָהּ֙ קִ֣יר בַּרְזֶ֔ל בֵּינְךָ֖ וּבֵ֣ין הָעִ֑יר וַהֲכִינֹ֨תָה אֶת־

נבואת "צפה נתתיך לבית ישראל"
יחזקאל לג, א–ט

המראה שראה יחזקאל בנהר כבר
יחזקאל א, ד–כח

פָּנֶיךָ אֵלֶיהָ וְהָיְתָה בַמָּצוֹר וְצַרְתָּ עָלֶיהָ אוֹת הִיא לְבֵית
ד יִשְׂרָאֵל׃ וְאַתָּה שְׁכַב עַל־צִדְּךָ הַשְּׂמָאלִי וְשַׂמְתָּ
אֶת־עֲוֺן בֵּית־יִשְׂרָאֵל עָלָיו מִסְפַּר הַיָּמִים אֲשֶׁר תִּשְׁכַּב עָלָיו
ה תִּשָּׂא אֶת־עֲוֺנָם׃ וַאֲנִי נָתַתִּי לְךָ אֶת־שְׁנֵי עֲוֺנָם לְמִסְפַּר יָמִים
ו שְׁלֹשׁ־מֵאוֹת וְתִשְׁעִים יוֹם וְנָשָׂאתָ עֲוֺן בֵּית־יִשְׂרָאֵל׃ וְכִלִּיתָ
אֶת־אֵלֶּה וְשָׁכַבְתָּ עַל־צִדְּךָ הימיני שֵׁנִית וְנָשָׂאתָ אֶת־עֲוֺן הַיְמָנִי
בֵּית־יְהוּדָה אַרְבָּעִים יוֹם יוֹם לַשָּׁנָה נְתַתִּיו לָךְ׃
ז וְאֶל־מְצוֹר יְרוּשָׁלַםִ תָּכִין פָּנֶיךָ וּזְרֹעֲךָ חֲשׂוּפָה וְנִבֵּאתָ עָלֶיהָ׃
ח וְהִנֵּה נָתַתִּי עָלֶיךָ עֲבוֹתִים וְלֹא־תֵהָפֵךְ מִצִּדְּךָ אֶל־צִדֶּךָ
ט עַד־כַּלּוֹתְךָ יְמֵי מְצוּרֶךָ׃ וְאַתָּה קַח־לְךָ חִטִּין וּשְׂעֹרִים
וּפוֹל וַעֲדָשִׁים וְדֹחַן וְכֻסְּמִים וְנָתַתָּה אוֹתָם בִּכְלִי אֶחָד
וְעָשִׂיתָ אוֹתָם לְךָ לְלָחֶם מִסְפַּר הַיָּמִים אֲשֶׁר־אַתָּה ׀ שׁוֹכֵב
י עַל־צִדְּךָ שְׁלֹשׁ־מֵאוֹת וְתִשְׁעִים יוֹם תֹּאכְלֶנּוּ׃ וּמַאֲכָלְךָ
אֲשֶׁר תֹּאכְלֶנּוּ בְּמִשְׁקוֹל עֶשְׂרִים שֶׁקֶל לַיּוֹם מֵעֵת עַד־עֵת
יא תֹּאכְלֶנּוּ׃ וּמַיִם בִּמְשׂוּרָה תִשְׁתֶּה שִׁשִּׁית הַהִין מֵעֵת עַד־עֵת
יב תִּשְׁתֶּה׃ וְעֻגַת שְׂעֹרִים תֹּאכְלֶנָּה וְהִיא בְּגֶלְלֵי צֵאַת הָאָדָם
יג תְּעֻגֶנָה לְעֵינֵיהֶם׃ וַיֹּאמֶר יְהוָה כָּכָה יֹאכְלוּ
בְנֵי־יִשְׂרָאֵל אֶת־לַחְמָם טָמֵא בַּגּוֹיִם אֲשֶׁר אַדִּיחֵם שָׁם׃
יד וָאֹמַר אֲהָהּ אֲדֹנָי יֱהוִה הִנֵּה נַפְשִׁי לֹא מְטֻמָּאָה וּנְבֵלָה
וּטְרֵפָה לֹא־אָכַלְתִּי מִנְּעוּרַי וְעַד־עַתָּה וְלֹא־בָא בְּפִי בְּשַׂר
טו פִּגּוּל׃ וַיֹּאמֶר אֵלַי רְאֵה נָתַתִּי לְךָ
אֶת־צפועי הַבָּקָר תַּחַת גֶּלְלֵי הָאָדָם וְעָשִׂיתָ אֶת־לַחְמְךָ צְפִיעֵי
טז עֲלֵיהֶם׃ וַיֹּאמֶר אֵלַי בֶּן־אָדָם הִנְנִי שֹׁבֵר מַטֵּה־
לֶחֶם בִּירוּשָׁלַםִ וְאָכְלוּ־לֶחֶם בְּמִשְׁקָל וּבִדְאָגָה וּמַיִם בִּמְשׂוּרָה
יז וּבְשִׁמָּמוֹן יִשְׁתּוּ׃ לְמַעַן יַחְסְרוּ לֶחֶם וָמָיִם וְנָשַׁמּוּ אִישׁ וְאָחִיו
ה א וְנָמַקּוּ בַּעֲוֺנָם׃ וְאַתָּה בֶן־אָדָם קַח־לְךָ ׀ חֶרֶב
חַדָּה תַּעַר הַגַּלָּבִים תִּקָּחֶנָּה לָּךְ וְהַעֲבַרְתָּ עַל־רֹאשְׁךָ וְעַל־זְקָנֶךָ

ה

ב וְלָקַחְתָּ לְךָ מֹאזְנֵי מִשְׁקָל וְחִלַּקְתָּם׃ שְׁלִשִׁית בָּאוּר תַּבְעִיר
בְּתוֹךְ הָעִיר כִּמְלֹאת יְמֵי הַמָּצוֹר וְלָקַחְתָּ אֶת־הַשְּׁלִשִׁית
תַּכֶּה בַחֶרֶב סְבִיבוֹתֶיהָ וְהַשְּׁלִשִׁית תִּזְרֶה לָרוּחַ וְחֶרֶב אָרִיק
ג אַחֲרֵיהֶם׃ וְלָקַחְתָּ מִשָּׁם מְעַט בְּמִסְפָּר וְצַרְתָּ אוֹתָם בִּכְנָפֶיךָ׃
ד וּמֵהֶם עוֹד תִּקָּח וְהִשְׁלַכְתָּ אוֹתָם אֶל־תּוֹךְ הָאֵשׁ וְשָׂרַפְתָּ אֹתָם
ה בָּאֵשׁ מִמֶּנּוּ תֵצֵא־אֵשׁ אֶל־כָּל־בֵּית יִשְׂרָאֵל׃ כֹּה
אָמַר אֲדֹנָי יְהוִה זֹאת יְרוּשָׁלִַם בְּתוֹךְ הַגּוֹיִם שַׂמְתִּיהָ וּסְבִיבוֹתֶיהָ
ו אֲרָצוֹת׃ וַתֶּמֶר אֶת־מִשְׁפָּטַי לְרִשְׁעָה מִן־הַגּוֹיִם וְאֶת־חֻקּוֹתַי
מִן־הָאֲרָצוֹת אֲשֶׁר סְבִיבוֹתֶיהָ כִּי בְמִשְׁפָּטַי מָאָסוּ וְחֻקּוֹתַי לֹא־
ז הָלְכוּ בָהֶם׃ לָכֵן כֹּה־אָמַר ׀ אֲדֹנָי יְהוִה יַעַן
הֲמָנְכֶם מִן־הַגּוֹיִם אֲשֶׁר סְבִיבוֹתֵיכֶם בְּחֻקּוֹתַי לֹא הֲלַכְתֶּם
וְאֶת־מִשְׁפָּטַי לֹא עֲשִׂיתֶם וּכְמִשְׁפְּטֵי הַגּוֹיִם אֲשֶׁר סְבִיבוֹתֵיכֶם
ח לֹא עֲשִׂיתֶם׃ לָכֵן כֹּה אָמַר אֲדֹנָי יְהוִה הִנְנִי עָלַיִךְ
ט גַּם־אָנִי וְעָשִׂיתִי בְתוֹכֵךְ מִשְׁפָּטִים לְעֵינֵי הַגּוֹיִם׃ וְעָשִׂיתִי בָךְ
אֵת אֲשֶׁר לֹא־עָשִׂיתִי וְאֵת אֲשֶׁר־לֹא־אֶעֱשֶׂה כָמֹהוּ עוֹד יַעַן
י כָּל־תּוֹעֲבֹתָיִךְ׃ לָכֵן אָבוֹת יֹאכְלוּ בָנִים בְּתוֹכֵךְ
וּבָנִים יֹאכְלוּ אֲבוֹתָם וְעָשִׂיתִי בָךְ שְׁפָטִים וְזֵרִיתִי אֶת־כָּל־
יא שְׁאֵרִיתֵךְ לְכָל־רוּחַ׃ לָכֵן חַי־אָנִי נְאֻם אֲדֹנָי יְהוִה אִם־לֹא יַעַן
אֶת־מִקְדָּשִׁי טִמֵּאת בְּכָל־שִׁקּוּצַיִךְ וּבְכָל־תּוֹעֲבֹתָיִךְ וְגַם־אֲנִי
יב אֶגְרַע וְלֹא־תָחוֹס עֵינִי וְגַם־אֲנִי לֹא אֶחְמוֹל׃ שְׁלִשִׁתַיִךְ בַּדֶּבֶר
יָמוּתוּ וּבָרָעָב יִכְלוּ בְתוֹכֵךְ וְהַשְּׁלִשִׁית בַּחֶרֶב יִפְּלוּ סְבִיבוֹתָיִךְ
יג וְהַשְּׁלִישִׁית לְכָל־רוּחַ אֱזָרֶה וְחֶרֶב אָרִיק אַחֲרֵיהֶם׃ וְכָלָה אַפִּי
וַהֲנִחוֹתִי חֲמָתִי בָּם וְהִנֶּחָמְתִּי וְיָדְעוּ כִּי־אֲנִי יְהוָה דִּבַּרְתִּי
יד בְּקִנְאָתִי בְּכַלּוֹתִי חֲמָתִי בָּם׃ וְאֶתְּנֵךְ לְחָרְבָּה וּלְחֶרְפָּה בַּגּוֹיִם
טו אֲשֶׁר סְבִיבוֹתַיִךְ לְעֵינֵי כָּל־עוֹבֵר׃ וְהָיְתָה חֶרְפָּה וּגְדוּפָה מוּסָר
וּמְשַׁמָּה לַגּוֹיִם אֲשֶׁר סְבִיבוֹתָיִךְ בַּעֲשׂוֹתִי בָךְ שְׁפָטִים בְּאַף
טז וּבְחֵמָה וּבְתֹכְחוֹת חֵמָה אֲנִי יְהוָה דִּבַּרְתִּי׃ בְּשַׁלְּחִי אֶת־חִצֵּי

הָרָעָב הָרָעִים בָּהֶם אֲשֶׁר הָיוּ לְמַשְׁחִית אֲשֶׁר־אֲשַׁלַּח אוֹתָם
לְשַׁחֶתְכֶם וְרָעָב אֹסֵף עֲלֵיכֶם וְשָׁבַרְתִּי לָכֶם מַטֵּה־לָחֶם׃
יז וְשִׁלַּחְתִּי עֲלֵיכֶם רָעָב וְחַיָּה רָעָה וְשִׁכְּלֻךְ וְדֶבֶר וָדָם יַעֲבָר־בָּךְ
ו א וְחֶרֶב אָבִיא עָלַיִךְ אֲנִי יְהוָה דִּבַּרְתִּי׃ וַיְהִי דְבַר־ ג
ב יְהוָה אֵלַי לֵאמֹר׃ בֶּן־אָדָם שִׂים פָּנֶיךָ אֶל־הָרֵי יִשְׂרָאֵל וְהִנָּבֵא
ג אֲלֵיהֶם׃ וְאָמַרְתָּ הָרֵי יִשְׂרָאֵל שִׁמְעוּ דְּבַר־אֲדֹנָי יְהוִה כֹּה־אָמַר
אֲדֹנָי יְהוִה לֶהָרִים וְלַגְּבָעוֹת לָאֲפִיקִים ולגאות הִנְנִי אֲנִי מֵבִיא וְלַגֵּאָיוֹת
ד עֲלֵיכֶם חֶרֶב וְאִבַּדְתִּי בָּמוֹתֵיכֶם׃ וְנָשַׁמּוּ מִזְבְּחוֹתֵיכֶם וְנִשְׁבְּרוּ
ה חַמָּנֵיכֶם וְהִפַּלְתִּי חַלְלֵיכֶם לִפְנֵי גִּלּוּלֵיכֶם׃ וְנָתַתִּי אֶת־פִּגְרֵי
בְּנֵי יִשְׂרָאֵל לִפְנֵי גִּלּוּלֵיהֶם וְזֵרִיתִי אֶת־עַצְמוֹתֵיכֶם סְבִיבוֹת
ו מִזְבְּחוֹתֵיכֶם׃ בְּכֹל מוֹשְׁבוֹתֵיכֶם הֶעָרִים תֶּחֱרַבְנָה וְהַבָּמוֹת
תִּישָׁמְנָה לְמַעַן יֶחֶרְבוּ וְיֶאְשְׁמוּ מִזְבְּחוֹתֵיכֶם וְנִשְׁבְּרוּ וְנִשְׁבְּתוּ
ז גִּלּוּלֵיכֶם וְנִגְדְּעוּ חַמָּנֵיכֶם וְנִמְחוּ מַעֲשֵׂיכֶם׃ וְנָפַל חָלָל בְּתוֹכְכֶם
ח וִידַעְתֶּם כִּי־אֲנִי יְהוָה׃ וְהוֹתַרְתִּי בִּהְיוֹת לָכֶם פְּלִיטֵי חֶרֶב בַּגּוֹיִם
ט בְּהִזָּרוֹתֵיכֶם בָּאֲרָצוֹת׃ וְזָכְרוּ פְלִיטֵיכֶם אוֹתִי בַּגּוֹיִם אֲשֶׁר נִשְׁבּוּ־
שָׁם אֲשֶׁר נִשְׁבַּרְתִּי אֶת־לִבָּם הַזּוֹנֶה אֲשֶׁר־סָר מֵעָלַי וְאֵת
עֵינֵיהֶם הַזֹּנוֹת אַחֲרֵי גִּלּוּלֵיהֶם וְנָקֹטּוּ בִּפְנֵיהֶם אֶל־הָרָעוֹת אֲשֶׁר
י עָשׂוּ לְכֹל תּוֹעֲבֹתֵיהֶם׃ וְיָדְעוּ כִּי־אֲנִי יְהוָה לֹא אֶל־חִנָּם דִּבַּרְתִּי
יא לַעֲשׂוֹת לָהֶם הָרָעָה הַזֹּאת׃ כֹּה־אָמַר אֲדֹנָי יְהוִה
הַכֵּה בְכַפְּךָ וּרְקַע בְּרַגְלְךָ וֶאֱמָר־אָח אֶל כָּל־תּוֹעֲבוֹת רָעוֹת
יב בֵּית יִשְׂרָאֵל אֲשֶׁר בַּחֶרֶב בָּרָעָב וּבַדֶּבֶר יִפֹּלוּ׃ הָרָחוֹק בַּדֶּבֶר
יָמוּת וְהַקָּרוֹב בַּחֶרֶב יִפּוֹל וְהַנִּשְׁאָר וְהַנָּצוּר בָּרָעָב יָמוּת וְכִלֵּיתִי
יג חֲמָתִי בָּם׃ וִידַעְתֶּם כִּי־אֲנִי יְהוָה בִּהְיוֹת חַלְלֵיהֶם בְּתוֹךְ
גִּלּוּלֵיהֶם סְבִיבוֹת מִזְבְּחוֹתֵיהֶם אֶל כָּל־גִּבְעָה רָמָה בְּכֹל רָאשֵׁי
הֶהָרִים וְתַחַת כָּל־עֵץ רַעֲנָן וְתַחַת כָּל־אֵלָה עֲבֻתָּה מְקוֹם
יד אֲשֶׁר נָתְנוּ־שָׁם רֵיחַ נִיחֹחַ לְכֹל גִּלּוּלֵיהֶם׃ וְנָטִיתִי אֶת־יָדִי
עֲלֵיהֶם וְנָתַתִּי אֶת־הָאָרֶץ שְׁמָמָה וּמְשַׁמָּה מִמִּדְבַּר דִּבְלָתָה

ז
א בְּכֹל מוֹשְׁבוֹתֵיהֶם וְיָדְעוּ כִּי־אֲנִי יְהוָה׃ וַיְהִי
ב דְבַר־יְהוָה אֵלַי לֵאמֹר׃ וְאַתָּה בֶן־אָדָם כֹּה־אָמַר אֲדֹנָי יֱהוִה
לְאַדְמַת יִשְׂרָאֵל קֵץ בָּא הַקֵּץ עַל־ארבעת כַּנְפוֹת הָאָרֶץ׃ אַרְבַּע
ג עַתָּה הַקֵּץ עָלַיִךְ וְשִׁלַּחְתִּי אַפִּי בָּךְ וּשְׁפַטְתִּיךְ כִּדְרָכָיִךְ וְנָתַתִּי
ד עָלַיִךְ אֵת כָּל־תּוֹעֲבֹתָיִךְ׃ וְלֹא־תָחוֹס עֵינִי עָלַיִךְ וְלֹא אֶחְמוֹל
כִּי דְרָכַיִךְ עָלַיִךְ אֶתֵּן וְתוֹעֲבוֹתַיִךְ בְּתוֹכֵךְ תִּהְיֶיןָ וִידַעְתֶּם כִּי־
ה אֲנִי יְהוָה׃ כֹּה אָמַר אֲדֹנָי יֱהוִה רָעָה אַחַת רָעָה
ו ז הִנֵּה בָאָה׃ קֵץ בָּא בָּא הַקֵּץ הֵקִיץ אֵלָיִךְ הִנֵּה בָּאָה׃ בָּאָה
הַצְּפִירָה אֵלֶיךָ יוֹשֵׁב הָאָרֶץ בָּא הָעֵת קָרוֹב הַיּוֹם מְהוּמָה וְלֹא־
ח הֵד הָרִים׃ עַתָּה מִקָּרוֹב אֶשְׁפּוֹךְ חֲמָתִי עָלַיִךְ וְכִלֵּיתִי אַפִּי בָּךְ
ט וּשְׁפַטְתִּיךְ כִּדְרָכָיִךְ וְנָתַתִּי עָלַיִךְ אֵת כָּל־תּוֹעֲבוֹתָיִךְ׃ וְלֹא־
תָחוֹס עֵינִי וְלֹא אֶחְמוֹל כִּדְרָכַיִךְ עָלַיִךְ אֶתֵּן וְתוֹעֲבוֹתַיִךְ בְּתוֹכֵךְ
י תִּהְיֶיןָ וִידַעְתֶּם כִּי אֲנִי יְהוָה מַכֶּה׃ הִנֵּה הַיּוֹם הִנֵּה בָאָה יָצְאָה
יא הַצְּפִרָה צָץ הַמַּטֶּה פָּרַח הַזָּדוֹן׃ הֶחָמָס קָם לְמַטֵּה־רֶשַׁע לֹא־
יב מֵהֶם וְלֹא מֵהֲמוֹנָם וְלֹא מֶהֱמֵהֶם וְלֹא־נֹהַּ בָּהֶם׃ בָּא הָעֵת הִגִּיעַ
הַיּוֹם הַקּוֹנֶה אַל־יִשְׂמָח וְהַמּוֹכֵר אַל־יִתְאַבָּל כִּי חָרוֹן אֶל־כָּל־
יג הֲמוֹנָהּ׃ כִּי הַמּוֹכֵר אֶל־הַמִּמְכָּר לֹא יָשׁוּב וְעוֹד בַּחַיִּים חַיָּתָם
כִּי־חָזוֹן אֶל־כָּל־הֲמוֹנָהּ לֹא יָשׁוּב וְאִישׁ בַּעֲוֺנוֹ חַיָּתוֹ לֹא־
יד יִתְחַזָּקוּ׃ תָּקְעוּ בַתָּקוֹעַ וְהָכִין הַכֹּל וְאֵין הֹלֵךְ לַמִּלְחָמָה כִּי
טו חֲרוֹנִי אֶל־כָּל־הֲמוֹנָהּ׃ הַחֶרֶב בַּחוּץ וְהַדֶּבֶר וְהָרָעָב מִבָּיִת
אֲשֶׁר בַּשָּׂדֶה בַּחֶרֶב יָמוּת וַאֲשֶׁר בָּעִיר רָעָב וָדֶבֶר יֹאכְלֶנּוּ׃
טז וּפָלְטוּ פְּלִיטֵיהֶם וְהָיוּ אֶל־הֶהָרִים כְּיוֹנֵי הַגֵּאָיוֹת כֻּלָּם הֹמוֹת
יז אִישׁ בַּעֲוֺנוֹ׃ כָּל־הַיָּדַיִם תִּרְפֶּינָה וְכָל־בִּרְכַּיִם תֵּלַכְנָה מָּיִם׃
יח וְחָגְרוּ שַׂקִּים וְכִסְּתָה אוֹתָם פַּלָּצוּת וְאֶל כָּל־פָּנִים בּוּשָׁה וּבְכָל־
יט רָאשֵׁיהֶם קָרְחָה׃ כַּסְפָּם בַּחוּצוֹת יַשְׁלִיכוּ וּזְהָבָם לְנִדָּה יִהְיֶה
כַּסְפָּם וּזְהָבָם לֹא־יוּכַל לְהַצִּילָם בְּיוֹם עֶבְרַת יְהוָה נַפְשָׁם לֹא
כ יְשַׂבֵּעוּ וּמֵעֵיהֶם לֹא יְמַלֵּאוּ כִּי־מִכְשׁוֹל עֲוֺנָם הָיָה׃ וּצְבִי עֶדְיוֹ

לְגָאוֹן שָׂמָהוּ וְצַלְמֵי תוֹעֲבֹתָם שִׁקּוּצֵיהֶם עָשׂוּ בוֹ עַל־כֵּן נְתַתִּיו
כא לָהֶם לְנִדָּה׃ וּנְתַתִּיו בְּיַד־הַזָּרִים לָבַז וּלְרִשְׁעֵי הָאָרֶץ לְשָׁלָל
כב וְחִלְּלוּהָ׃ וַהֲסִבּוֹתִי פָנַי מֵהֶם וְחִלְּלוּ אֶת־צְפוּנִי וּבָאוּ־בָהּ פָּרִיצִים
כג וְחִלְּלוּהָ׃ עֲשֵׂה הָרַתּוֹק כִּי הָאָרֶץ מָלְאָה מִשְׁפַּט
כד דָּמִים וְהָעִיר מָלְאָה חָמָס׃ וְהֵבֵאתִי רָעֵי גוֹיִם וְיָרְשׁוּ אֶת־
כה בָּתֵּיהֶם וְהִשְׁבַּתִּי גְּאוֹן עַזִּים וְנִחֲלוּ מְקַדְשֵׁיהֶם׃ קְפָדָה־בָא
כו וּבִקְשׁוּ שָׁלוֹם וָאָיִן׃ הֹוָה עַל־הֹוָה תָּבוֹא וּשְׁמֻעָה אֶל־שְׁמוּעָה
תִּהְיֶה וּבִקְשׁוּ חָזוֹן מִנָּבִיא וְתוֹרָה תֹּאבַד מִכֹּהֵן וְעֵצָה מִזְּקֵנִים׃
כז הַמֶּלֶךְ יִתְאַבָּל וְנָשִׂיא יִלְבַּשׁ שְׁמָמָה וִידֵי עַם־הָאָרֶץ תִּבָּהַלְנָה
מִדַּרְכָּם אֶעֱשֶׂה אוֹתָם וּבְמִשְׁפְּטֵיהֶם אֶשְׁפְּטֵם וְיָדְעוּ כִּי־אֲנִי
ח א יְהוָה׃ וַיְהִי ׀ בַּשָּׁנָה הַשִּׁשִּׁית בַּשִּׁשִּׁי בַּחֲמִשָּׁה ד
לַחֹדֶשׁ אֲנִי יוֹשֵׁב בְּבֵיתִי וְזִקְנֵי יְהוּדָה יוֹשְׁבִים לְפָנָי וַתִּפֹּל
ב עָלַי שָׁם יַד אֲדֹנָי יְהוִה׃ וָאֶרְאֶה וְהִנֵּה דְמוּת כְּמַרְאֵה־אֵשׁ
מִמַּרְאֵה מָתְנָיו וּלְמַטָּה אֵשׁ וּמִמָּתְנָיו וּלְמַעְלָה כְּמַרְאֵה־זֹהַר
ג כְּעֵין הַחַשְׁמַלָה׃ וַיִּשְׁלַח תַּבְנִית יָד וַיִּקָּחֵנִי בְּצִיצִת רֹאשִׁי
וַתִּשָּׂא אֹתִי רוּחַ ׀ בֵּין־הָאָרֶץ וּבֵין הַשָּׁמַיִם וַתָּבֵא אֹתִי
יְרוּשָׁלְַמָה בְּמַרְאוֹת אֱלֹהִים אֶל־פֶּתַח שַׁעַר הַפְּנִימִית הַפּוֹנֶה
ד צָפוֹנָה אֲשֶׁר־שָׁם מוֹשַׁב סֵמֶל הַקִּנְאָה הַמַּקְנֶה׃ וְהִנֵּה־שָׁם
ה כְּבוֹד אֱלֹהֵי יִשְׂרָאֵל כַּמַּרְאֶה אֲשֶׁר רָאִיתִי בַּבִּקְעָה׃ וַיֹּאמֶר אֵלַי
בֶּן־אָדָם שָׂא־נָא עֵינֶיךָ דֶּרֶךְ צָפוֹנָה וָאֶשָּׂא עֵינַי דֶּרֶךְ צָפוֹנָה
ו וְהִנֵּה מִצָּפוֹן לְשַׁעַר הַמִּזְבֵּחַ סֵמֶל הַקִּנְאָה הַזֶּה בַּבִּאָה׃ וַיֹּאמֶר
אֵלַי בֶּן־אָדָם הֲרֹאֶה אַתָּה מהם עֹשִׂים תּוֹעֵבוֹת גְּדֹלוֹת אֲשֶׁר מָה הֵם
בֵּית־יִשְׂרָאֵל ׀ עֹשִׂים פֹּה לְרָחֳקָה מֵעַל מִקְדָּשִׁי וְעוֹד תָּשׁוּב
ז תִּרְאֶה תּוֹעֵבוֹת גְּדֹלוֹת׃ וַיָּבֵא אֹתִי אֶל־פֶּתַח הֶחָצֵר וָאֶרְאֶה
ח וְהִנֵּה חֹר־אֶחָד בַּקִּיר׃ וַיֹּאמֶר אֵלַי בֶּן־אָדָם חֲתָר־נָא בַקִּיר
ט וָאֶחְתֹּר בַּקִּיר וְהִנֵּה פֶּתַח אֶחָד׃ וַיֹּאמֶר אֵלַי בֹּא וּרְאֵה אֶת־
י הַתּוֹעֵבוֹת הָרָעוֹת אֲשֶׁר הֵם עֹשִׂים פֹּה׃ וָאָבוֹא וָאֶרְאֶה וְהִנֵּה

המראה שראה יחזקאל בבקעה
יחזקאל ג, כב–כד

כָּל־תַּבְנִית רֶמֶשׂ וּבְהֵמָה שֶׁקֶץ וְכָל־גִּלּוּלֵי בֵּית יִשְׂרָאֵל מְחֻקֶּה
עַל־הַקִּיר סָבִיב ׀ סָבִיב׃ וְשִׁבְעִים אִישׁ מִזִּקְנֵי בֵית־יִשְׂרָאֵל יא
וְיַאֲזַנְיָהוּ בֶן־שָׁפָן עֹמֵד בְּתוֹכָם עֹמְדִים לִפְנֵיהֶם וְאִישׁ מִקְטַרְתּוֹ
בְּיָדוֹ וַעֲתַר עֲנַן־הַקְּטֹרֶת עֹלֶה׃ וַיֹּאמֶר אֵלַי הֲרָאִיתָ בֶן־אָדָם יב
אֲשֶׁר זִקְנֵי בֵית־יִשְׂרָאֵל עֹשִׂים בַּחֹשֶׁךְ אִישׁ בְּחַדְרֵי מַשְׂכִּיתוֹ כִּי
אֹמְרִים אֵין יְהוָה רֹאֶה אֹתָנוּ עָזַב יְהוָה אֶת־הָאָרֶץ׃ וַיֹּאמֶר אֵלָי יג
עוֹד תָּשׁוּב תִּרְאֶה תּוֹעֵבוֹת גְּדֹלוֹת אֲשֶׁר־הֵמָּה עֹשִׂים׃ וַיָּבֵא יד
אֹתִי אֶל־פֶּתַח שַׁעַר בֵּית־יְהוָה אֲשֶׁר אֶל־הַצָּפוֹנָה וְהִנֵּה־שָׁם
הַנָּשִׁים יֹשְׁבוֹת מְבַכּוֹת אֶת־הַתַּמּוּז׃ וַיֹּאמֶר טו
אֵלַי הֲרָאִיתָ בֶן־אָדָם עוֹד תָּשׁוּב תִּרְאֶה תּוֹעֵבוֹת גְּדֹלוֹת
מֵאֵלֶּה׃ וַיָּבֵא אֹתִי אֶל־חֲצַר בֵּית־יְהוָה הַפְּנִימִית וְהִנֵּה־פֶתַח טז
הֵיכַל יְהוָה בֵּין הָאוּלָם וּבֵין הַמִּזְבֵּחַ כְּעֶשְׂרִים וַחֲמִשָּׁה אִישׁ
אֲחֹרֵיהֶם אֶל־הֵיכַל יְהוָה וּפְנֵיהֶם קֵדְמָה וְהֵמָּה מִשְׁתַּחֲוִיתֶם
קֵדְמָה לַשָּׁמֶשׁ׃ וַיֹּאמֶר אֵלַי הֲרָאִיתָ בֶן־אָדָם הֲנָקֵל לְבֵית יז
יְהוּדָה מֵעֲשׂוֹת אֶת־הַתּוֹעֵבוֹת אֲשֶׁר עָשׂוּ־פֹה כִּי־מָלְאוּ אֶת־
הָאָרֶץ חָמָס וַיָּשֻׁבוּ לְהַכְעִיסֵנִי וְהִנָּם שֹׁלְחִים אֶת־הַזְּמוֹרָה אֶל־
אַפָּם׃ וְגַם־אֲנִי אֶעֱשֶׂה בְחֵמָה לֹא־תָחוֹס עֵינִי וְלֹא אֶחְמֹל יח
וְקָרְאוּ בְאָזְנַי קוֹל גָּדוֹל וְלֹא אֶשְׁמַע אוֹתָם׃ וַיִּקְרָא בְאָזְנַי קוֹל א ט
גָּדוֹל לֵאמֹר קָרְבוּ פְּקֻדּוֹת הָעִיר וְאִישׁ כְּלִי מַשְׁחֵתוֹ בְּיָדוֹ׃ וְהִנֵּה ב
שִׁשָּׁה אֲנָשִׁים בָּאִים ׀ מִדֶּרֶךְ־שַׁעַר הָעֶלְיוֹן אֲשֶׁר ׀ מָפְנֶה צָפוֹנָה
וְאִישׁ כְּלִי מַפָּצוֹ בְּיָדוֹ וְאִישׁ־אֶחָד בְּתוֹכָם לָבֻשׁ בַּדִּים וְקֶסֶת
הַסֹּפֵר בְּמָתְנָיו וַיָּבֹאוּ וַיַּעַמְדוּ אֵצֶל מִזְבַּח הַנְּחֹשֶׁת׃ וּכְבוֹד ׀ ג
אֱלֹהֵי יִשְׂרָאֵל נַעֲלָה מֵעַל הַכְּרוּב אֲשֶׁר הָיָה עָלָיו אֶל מִפְתַּן
הַבָּיִת וַיִּקְרָא אֶל־הָאִישׁ הַלָּבֻשׁ הַבַּדִּים אֲשֶׁר קֶסֶת הַסֹּפֵר
בְּמָתְנָיו׃ וַיֹּאמֶר יְהוָה אֵלָו עֲבֹר בְּתוֹךְ הָעִיר ד
בְּתוֹךְ יְרוּשָׁלִָם וְהִתְוִיתָ תָּו עַל־מִצְחוֹת הָאֲנָשִׁים הַנֶּאֱנָחִים
וְהַנֶּאֱנָקִים עַל כָּל־הַתּוֹעֵבוֹת הַנַּעֲשׂוֹת בְּתוֹכָהּ׃ וּלְאֵלֶּה אָמַר ה

בְּאָזְנַי עִבְרוּ בָעִיר אַחֲרָיו וְהַכּוּ עַל־תָּחֹס עֵינֵיכֶם וְאַל־תַּחְמֹלוּ׃ אַל־ | עֵינְכֶם
ו זָקֵן בָּחוּר וּבְתוּלָה וְטַף וְנָשִׁים תַּהַרְגוּ לְמַשְׁחִית וְעַל־כָּל־אִישׁ
אֲשֶׁר־עָלָיו הַתָּו אַל־תִּגַּשׁוּ וּמִמִּקְדָּשִׁי תָּחֵלּוּ וַיָּחֵלּוּ בָּאֲנָשִׁים
ז הַזְּקֵנִים אֲשֶׁר לִפְנֵי הַבָּיִת׃ וַיֹּאמֶר אֲלֵיהֶם טַמְּאוּ אֶת־הַבַּיִת
ח וּמַלְאוּ אֶת־הַחֲצֵרוֹת חֲלָלִים צֵאוּ וְיָצְאוּ וְהִכּוּ בָעִיר׃ וַיְהִי
כְּהַכּוֹתָם וְנֵאשֲׁאַר אָנִי וָאֶפְּלָה עַל־פָּנַי וָאֶזְעַק וָאֹמַר אֲהָהּ אֲדֹנָי
יֱהוִה הֲמַשְׁחִית אַתָּה אֵת כָּל־שְׁאֵרִית יִשְׂרָאֵל בְּשָׁפְכְּךָ אֶת־
ט חֲמָתְךָ עַל־יְרוּשָׁלִָם׃ וַיֹּאמֶר אֵלַי עֲוֹן בֵּית־יִשְׂרָאֵל וִיהוּדָה
גָּדוֹל בִּמְאֹד מְאֹד וַתִּמָּלֵא הָאָרֶץ דָּמִים וְהָעִיר מָלְאָה מֻטֶּה
י כִּי אָמְרוּ עָזַב יהוה אֶת־הָאָרֶץ וְאֵין יהוה רֹאֶה׃ וְגַם־אֲנִי לֹא־
יא תָחוֹס עֵינִי וְלֹא אֶחְמֹל דַּרְכָּם בְּרֹאשָׁם נָתָתִּי׃ וְהִנֵּה הָאִישׁ ׀
לְבֻשׁ הַבַּדִּים אֲשֶׁר הַקֶּסֶת בְּמָתְנָיו מֵשִׁיב דָּבָר לֵאמֹר עָשִׂיתִי
י א כַּאֲשֶׁר צִוִּיתָנִי׃ וָאֶרְאֶה וְהִנֵּה אֶל־הָרָקִיעַ אֲשֶׁר ה כְּכֹל אֲשֶׁר
עַל־רֹאשׁ הַכְּרֻבִים כְּאֶבֶן סַפִּיר כְּמַרְאֵה דְּמוּת כִּסֵּא נִרְאָה
ב עֲלֵיהֶם׃ וַיֹּאמֶר אֶל־הָאִישׁ ׀ לְבֻשׁ הַבַּדִּים וַיֹּאמֶר בֹּא אֶל־בֵּינוֹת
לַגַּלְגַּל אֶל־תַּחַת לַכְּרוּב וּמַלֵּא חָפְנֶיךָ גַחֲלֵי־אֵשׁ מִבֵּינוֹת
ג לַכְּרֻבִים וּזְרֹק עַל־הָעִיר וַיָּבֹא לְעֵינָי׃ וְהַכְּרֻבִים עֹמְדִים מִימִין
ד לַבַּיִת בְּבֹאוֹ הָאִישׁ וְהֶעָנָן מָלֵא אֶת־הֶחָצֵר הַפְּנִימִית׃ וַיָּרָם
כְּבוֹד־יהוה מֵעַל הַכְּרוּב עַל מִפְתַּן הַבָּיִת וַיִּמָּלֵא הַבַּיִת אֶת־
ה הֶעָנָן וְהֶחָצֵר מָלְאָה אֶת־נֹגַהּ כְּבוֹד יהוה׃ וְקוֹל כַּנְפֵי הַכְּרוּבִים
ו נִשְׁמַע עַד־הֶחָצֵר הַחִיצֹנָה כְּקוֹל אֵל־שַׁדַּי בְּדַבְּרוֹ׃ וַיְהִי בְּצַוֹּתוֹ
אֶת־הָאִישׁ לְבֻשׁ־הַבַּדִּים לֵאמֹר קַח אֵשׁ מִבֵּינוֹת לַגַּלְגַּל
ז מִבֵּינוֹת לַכְּרוּבִים וַיָּבֹא וַיַּעֲמֹד אֵצֶל הָאוֹפָן׃ וַיִּשְׁלַח הַכְּרוּב
אֶת־יָדוֹ מִבֵּינוֹת לַכְּרוּבִים אֶל־הָאֵשׁ אֲשֶׁר בֵּינוֹת הַכְּרֻבִים
ח וַיִּשָּׂא וַיִּתֵּן אֶל־חָפְנֵי לְבֻשׁ הַבַּדִּים וַיִּקַּח וַיֵּצֵא׃ וַיֵּרָא לַכְּרֻבִים
ט תַּבְנִית יַד־אָדָם תַּחַת כַּנְפֵיהֶם׃ וָאֶרְאֶה וְהִנֵּה אַרְבָּעָה אוֹפַנִּים
אֵצֶל הַכְּרוּבִים אוֹפַן אֶחָד אֵצֶל הַכְּרוּב אֶחָד וְאוֹפַן אֶחָד אֵצֶל

מעשה מרכבה שראה יחזקאל
יחזקאל א, ד–כח

י הַכְּרוּב אֶחָד וּמַרְאֵה הָאוֹפַנִּים כְּעֵין אֶבֶן תַּרְשִׁישׁ: וּמַרְאֵיהֶם
דְּמוּת אֶחָד לְאַרְבַּעְתָּם כַּאֲשֶׁר יִהְיֶה הָאוֹפַן בְּתוֹךְ הָאוֹפָן:
יא בְּלֶכְתָּם אֶל־אַרְבַּעַת רִבְעֵיהֶם יֵלֵכוּ לֹא יִסַּבּוּ בְּלֶכְתָּם כִּי
הַמָּקוֹם אֲשֶׁר־יִפְנֶה הָרֹאשׁ אַחֲרָיו יֵלֵכוּ לֹא יִסַּבּוּ בְּלֶכְתָּם:
יב וְכָל־בְּשָׂרָם וְגַבֵּהֶם וִידֵיהֶם וְכַנְפֵיהֶם וְהָאוֹפַנִּים מְלֵאִים עֵינַיִם
יג סָבִיב לְאַרְבַּעְתָּם אוֹפַנֵּיהֶם: לָאוֹפַנִּים לָהֶם קוֹרָא הַגַּלְגַּל בְּאָזְנָי:
יד וְאַרְבָּעָה פָנִים לְאֶחָד פְּנֵי הָאֶחָד פְּנֵי הַכְּרוּב וּפְנֵי הַשֵּׁנִי פְּנֵי אָדָם
טו וְהַשְּׁלִישִׁי פְּנֵי אַרְיֵה וְהָרְבִיעִי פְּנֵי־נָשֶׁר: וַיֵּרֹמּוּ הַכְּרוּבִים הִיא
טז הַחַיָּה אֲשֶׁר רָאִיתִי בִּנְהַר־כְּבָר: וּבְלֶכֶת הַכְּרוּבִים יֵלְכוּ
הָאוֹפַנִּים אֶצְלָם וּבִשְׂאֵת הַכְּרוּבִים אֶת־כַּנְפֵיהֶם לָרוּם מֵעַל
יז הָאָרֶץ לֹא־יִסַּבּוּ הָאוֹפַנִּים גַּם־הֵם מֵאֶצְלָם: בְּעָמְדָם יַעֲמֹדוּ
יח וּבְרוֹמָם יֵרוֹמּוּ אוֹתָם כִּי רוּחַ הַחַיָּה בָּהֶם: וַיֵּצֵא כְּבוֹד יהוה
יט מֵעַל מִפְתַּן הַבָּיִת וַיַּעֲמֹד עַל־הַכְּרוּבִים: וַיִּשְׂאוּ הַכְּרוּבִים אֶת־
כַּנְפֵיהֶם וַיֵּרוֹמּוּ מִן־הָאָרֶץ לְעֵינַי בְּצֵאתָם וְהָאוֹפַנִּים לְעֻמָּתָם
וַיַּעֲמֹד פֶּתַח שַׁעַר בֵּית־יהוה הַקַּדְמוֹנִי וּכְבוֹד אֱלֹהֵי־יִשְׂרָאֵל
כ עֲלֵיהֶם מִלְמָעְלָה: הִיא הַחַיָּה אֲשֶׁר רָאִיתִי תַּחַת אֱלֹהֵי־
כא יִשְׂרָאֵל בִּנְהַר־כְּבָר וָאֵדַע כִּי כְרוּבִים הֵמָּה: אַרְבָּעָה אַרְבָּעָה
פָנִים לְאֶחָד וְאַרְבַּע כְּנָפַיִם לְאֶחָד וּדְמוּת יְדֵי אָדָם תַּחַת
כב כַּנְפֵיהֶם: וּדְמוּת פְּנֵיהֶם הֵמָּה הַפָּנִים אֲשֶׁר רָאִיתִי עַל־נְהַר־
יא א כְּבָר מַרְאֵיהֶם וְאוֹתָם אִישׁ אֶל־עֵבֶר פָּנָיו יֵלֵכוּ: וַתִּשָּׂא אֹתִי
רוּחַ וַתָּבֵא אֹתִי אֶל־שַׁעַר בֵּית־יהוה הַקַּדְמוֹנִי הַפּוֹנֶה
קָדִימָה וְהִנֵּה בְּפֶתַח הַשַּׁעַר עֶשְׂרִים וַחֲמִשָּׁה אִישׁ וָאֶרְאֶה
בְתוֹכָם אֶת־יַאֲזַנְיָה בֶן־עַזֻּר וְאֶת־פְּלַטְיָהוּ בֶן־בְּנָיָהוּ שָׂרֵי
ב הָעָם: וַיֹּאמֶר אֵלָי בֶּן־אָדָם אֵלֶּה הָאֲנָשִׁים הַחֹשְׁבִים
ג אָוֶן וְהַיֹּעֲצִים עֲצַת־רָע בָּעִיר הַזֹּאת: הָאֹמְרִים לֹא בְקָרוֹב
ד בְּנוֹת בָּתִּים הִיא הַסִּיר וַאֲנַחְנוּ הַבָּשָׂר: לָכֵן הִנָּבֵא
ה עֲלֵיהֶם הִנָּבֵא בֶּן־אָדָם: וַתִּפֹּל עָלַי רוּחַ יהוה וַיֹּאמֶר אֵלַי אֱמֹר

כֹּה־אָמַר יְהוָה כֵּן אֲמַרְתֶּם בֵּית יִשְׂרָאֵל וּמַעֲלוֹת רוּחֲכֶם אֲנִי
ו יְדַעְתִּיהָ׃ הִרְבֵּיתֶם חַלְלֵיכֶם בָּעִיר הַזֹּאת וּמִלֵּאתֶם חוּצֹתֶיהָ
ז חָלָל׃ לָכֵן כֹּה־אָמַר אֲדֹנָי יֱהוִה חַלְלֵיכֶם אֲשֶׁר
שַׂמְתֶּם בְּתוֹכָהּ הֵמָּה הַבָּשָׂר וְהִיא הַסִּיר וְאֶתְכֶם הוֹצִיא
ח מִתּוֹכָהּ׃ חֶרֶב יְרֵאתֶם וְחֶרֶב אָבִיא עֲלֵיכֶם נְאֻם אֲדֹנָי יֱהוִה׃
ט וְהוֹצֵאתִי אֶתְכֶם מִתּוֹכָהּ וְנָתַתִּי אֶתְכֶם בְּיַד־זָרִים וְעָשִׂיתִי
י בָכֶם שְׁפָטִים׃ בַּחֶרֶב תִּפֹּלוּ עַל־גְּבוּל יִשְׂרָאֵל אֶשְׁפּוֹט אֶתְכֶם
יא וִידַעְתֶּם כִּי־אֲנִי יְהוָה׃ הִיא לֹא־תִהְיֶה לָכֶם לְסִיר וְאַתֶּם
תִּהְיוּ בְתוֹכָהּ לְבָשָׂר אֶל־גְּבוּל יִשְׂרָאֵל אֶשְׁפֹּט אֶתְכֶם׃
יב וִידַעְתֶּם כִּי־אֲנִי יְהוָה אֲשֶׁר בְּחֻקַּי לֹא הֲלַכְתֶּם וּמִשְׁפָּטַי לֹא
יג עֲשִׂיתֶם וּכְמִשְׁפְּטֵי הַגּוֹיִם אֲשֶׁר סְבִיבוֹתֵיכֶם עֲשִׂיתֶם׃ וַיְהִי
כְּהִנָּבְאִי וּפְלַטְיָהוּ בֶן־בְּנָיָה מֵת וָאֶפֹּל עַל־פָּנַי וָאֶזְעַק ׀ קוֹל
גָּדוֹל וָאֹמַר אֲהָהּ אֲדֹנָי יֱהוִה כָּלָה אַתָּה עֹשֶׂה אֵת שְׁאֵרִית
יד טו יִשְׂרָאֵל׃ וַיְהִי דְבַר־יְהוָה אֵלַי לֵאמֹר׃ בֶּן־אָדָם
אַחֶיךָ אַחֶיךָ אַנְשֵׁי גְאֻלָּתֶךָ וְכָל־בֵּית יִשְׂרָאֵל כֻּלֹּה אֲשֶׁר אָמְרוּ
לָהֶם יֹשְׁבֵי יְרוּשָׁלַםִ רַחֲקוּ מֵעַל יְהוָה לָנוּ הִיא נִתְּנָה הָאָרֶץ
טז לְמוֹרָשָׁה׃ לָכֵן אֱמֹר כֹּה אָמַר אֲדֹנָי יֱהוִה כִּי
הִרְחַקְתִּים בַּגּוֹיִם וְכִי הֲפִיצוֹתִים בָּאֲרָצוֹת וָאֱהִי לָהֶם לְמִקְדָּשׁ
יז מְעַט בָּאֲרָצוֹת אֲשֶׁר־בָּאוּ שָׁם׃ לָכֵן אֱמֹר כֹּה־
אָמַר אֲדֹנָי יֱהוִה וְקִבַּצְתִּי אֶתְכֶם מִן־הָעַמִּים וְאָסַפְתִּי אֶתְכֶם
מִן־הָאֲרָצוֹת אֲשֶׁר נְפֹצוֹתֶם בָּהֶם וְנָתַתִּי לָכֶם אֶת־אַדְמַת
יח יִשְׂרָאֵל׃ וּבָאוּ־שָׁמָּה וְהֵסִירוּ אֶת־כָּל־שִׁקּוּצֶיהָ וְאֶת־כָּל־
יט תּוֹעֲבוֹתֶיהָ מִמֶּנָּה׃ וְנָתַתִּי לָהֶם לֵב אֶחָד וְרוּחַ חֲדָשָׁה אֶתֵּן
בְּקִרְבְּכֶם וַהֲסִרֹתִי לֵב הָאֶבֶן מִבְּשָׂרָם וְנָתַתִּי לָהֶם לֵב בָּשָׂר׃
כ לְמַעַן בְּחֻקֹּתַי יֵלֵכוּ וְאֶת־מִשְׁפָּטַי יִשְׁמְרוּ וְעָשׂוּ אֹתָם וְהָיוּ־ ו
כא לִי לְעָם וַאֲנִי אֶהְיֶה לָהֶם לֵאלֹהִים׃ וְאֶל־לֵב שִׁקּוּצֵיהֶם
וְתוֹעֲבוֹתֵיהֶם לִבָּם הֹלֵךְ דַּרְכָּם בְּרֹאשָׁם נָתַתִּי נְאֻם אֲדֹנָי יֱהוִה׃

נבואת "ורוח חדשה אתן בקרבכם"
יחזקאל לו, כו–כח

כב וַיִּשְׂאוּ הַכְּרוּבִים אֶת־כַּנְפֵיהֶם וְהָאוֹפַנִּים לְעֻמָּתָם וּכְבוֹד
כג אֱלֹהֵי־יִשְׂרָאֵל עֲלֵיהֶם מִלְמָעְלָה: וַיַּעַל כְּבוֹד יהוה מֵעַל תּוֹךְ
כד הָעִיר וַיַּעֲמֹד עַל־הָהָר אֲשֶׁר מִקֶּדֶם לָעִיר: וְרוּחַ נְשָׂאַתְנִי
וַתְּבִיאֵנִי כַשְׂדִּימָה אֶל־הַגּוֹלָה בַּמַּרְאֶה בְּרוּחַ אֱלֹהִים וַיַּעַל
כה מֵעָלַי הַמַּרְאֶה אֲשֶׁר רָאִיתִי: וָאֲדַבֵּר אֶל־הַגּוֹלָה אֵת כָּל־דִּבְרֵי
יב א יהוה אֲשֶׁר הֶרְאָנִי: וַיְהִי דְבַר־יהוה אֵלַי לֵאמֹר:
ב בֶּן־אָדָם בְּתוֹךְ בֵּית־הַמֶּרִי אַתָּה יֹשֵׁב אֲשֶׁר עֵינַיִם לָהֶם
לִרְאוֹת וְלֹא רָאוּ אָזְנַיִם לָהֶם לִשְׁמֹעַ וְלֹא שָׁמֵעוּ כִּי בֵּית מְרִי
ג הֵם: וְאַתָּה בֶן־אָדָם עֲשֵׂה לְךָ כְּלֵי גוֹלָה וּגְלֵה
יוֹמָם לְעֵינֵיהֶם וְגָלִיתָ מִמְּקוֹמְךָ אֶל־מָקוֹם אַחֵר לְעֵינֵיהֶם אוּלַי
ד יִרְאוּ כִּי בֵּית מְרִי הֵמָּה: וְהוֹצֵאתָ כֵלֶיךָ כִּכְלֵי גוֹלָה יוֹמָם
ה לְעֵינֵיהֶם וְאַתָּה תֵּצֵא בָעֶרֶב לְעֵינֵיהֶם כְּמוֹצָאֵי גּוֹלָה: לְעֵינֵיהֶם
ו חֲתָר־לְךָ בַקִּיר וְהוֹצֵאתָ בּוֹ: לְעֵינֵיהֶם עַל־כָּתֵף תִּשָּׂא בָּעֲלָטָה
תוֹצִיא פָּנֶיךָ תְכַסֶּה וְלֹא תִרְאֶה אֶת־הָאָרֶץ כִּי־מוֹפֵת נְתַתִּיךָ
ז לְבֵית יִשְׂרָאֵל: וָאַעַשׂ כֵּן כַּאֲשֶׁר צֻוֵּיתִי כֵּלַי הוֹצֵאתִי כִּכְלֵי
גוֹלָה יוֹמָם וּבָעֶרֶב חָתַרְתִּי־לִי בַקִּיר בְּיָד בָּעֲלָטָה הוֹצֵאתִי
ח עַל־כָּתֵף נָשָׂאתִי לְעֵינֵיהֶם: וַיְהִי דְבַר־יהוה
ט אֵלַי בַּבֹּקֶר לֵאמֹר: בֶּן־אָדָם הֲלֹא אָמְרוּ אֵלֶיךָ בֵּית יִשְׂרָאֵל
י בֵּית הַמֶּרִי מָה אַתָּה עֹשֶׂה: אֱמֹר אֲלֵיהֶם כֹּה אָמַר אֲדֹנָי יֱהֹוִה
הַנָּשִׂיא הַמַּשָּׂא הַזֶּה בִּירוּשָׁלַםִ וְכָל־בֵּית יִשְׂרָאֵל אֲשֶׁר־הֵמָּה
יא בְתוֹכָם: אֱמֹר אֲנִי מוֹפֶתְכֶם כַּאֲשֶׁר עָשִׂיתִי כֵּן יֵעָשֶׂה לָהֶם
יב בַּגּוֹלָה בַשְּׁבִי יֵלֵכוּ: וְהַנָּשִׂיא אֲשֶׁר־בְּתוֹכָם אֶל־כָּתֵף יִשָּׂא
בָּעֲלָטָה וְיֵצֵא בַּקִּיר יַחְתְּרוּ לְהוֹצִיא בוֹ פָּנָיו יְכַסֶּה יַעַן אֲשֶׁר
יג לֹא־יִרְאֶה לַעַיִן הוּא אֶת־הָאָרֶץ: וּפָרַשְׂתִּי אֶת־רִשְׁתִּי עָלָיו
וְנִתְפַּשׂ בִּמְצוּדָתִי וְהֵבֵאתִי אֹתוֹ בָבֶלָה אֶרֶץ כַּשְׂדִּים וְאוֹתָהּ
יד לֹא־יִרְאֶה וְשָׁם יָמוּת: וְכֹל אֲשֶׁר סְבִיבֹתָיו עֶזְרֹה וְכָל־אֲגַפָּיו
טו אֱזָרֶה לְכָל־רוּחַ וְחֶרֶב אָרִיק אַחֲרֵיהֶם: וְיָדְעוּ כִּי־אֲנִי יהוה

נבואת
"ופרשתי עליו
רשתי ונתפש
במצודתי"
יחזקאל יז, כ–כא

טו בַּהֲפִיצִי אוֹתָם בַּגּוֹיִם וְזֵרִיתִי אוֹתָם בָּאֲרָצוֹת׃ וְהוֹתַרְתִּי
מֵהֶם אַנְשֵׁי מִסְפָּר מֵחֶרֶב מֵרָעָב וּמִדָּבֶר לְמַעַן יְסַפְּרוּ
אֶת־כָּל־תּוֹעֲבוֹתֵיהֶם בַּגּוֹיִם אֲשֶׁר־בָּאוּ שָׁם וְיָדְעוּ כִּי־אֲנִי
יז יח יהוה׃ וַיְהִי דְבַר־יהוה אֵלַי לֵאמֹר׃ בֶּן־אָדָם
יט לַחְמְךָ בְּרַעַשׁ תֹּאכֵל וּמֵימֶיךָ בְּרָגְזָה וּבִדְאָגָה תִּשְׁתֶּה׃ וְאָמַרְתָּ
אֶל־עַם הָאָרֶץ כֹּה־אָמַר אֲדֹנָי יֱהוִה לְיוֹשְׁבֵי יְרוּשָׁלִַם אֶל־
אַדְמַת יִשְׂרָאֵל לַחְמָם בִּדְאָגָה יֹאכֵלוּ וּמֵימֵיהֶם בְּשִׁמָּמוֹן יִשְׁתּוּ
כ לְמַעַן תֵּשַׁם אַרְצָהּ מִמְּלֹאָהּ מֵחֲמַס כָּל־הַיֹּשְׁבִים בָּהּ׃ וְהֶעָרִים
הַנּוֹשָׁבוֹת תֶּחֱרַבְנָה וְהָאָרֶץ שְׁמָמָה תִהְיֶה וִידַעְתֶּם כִּי־אֲנִי
כא כב יהוה׃ וַיְהִי דְבַר־יהוה אֵלַי לֵאמֹר׃ בֶּן־אָדָם
מָה־הַמָּשָׁל הַזֶּה לָכֶם עַל־אַדְמַת יִשְׂרָאֵל לֵאמֹר יַאַרְכוּ
כג הַיָּמִים וְאָבַד כָּל־חָזוֹן׃ לָכֵן אֱמֹר אֲלֵיהֶם כֹּה־אָמַר אֲדֹנָי יֱהוִה
הִשְׁבַּתִּי אֶת־הַמָּשָׁל הַזֶּה וְלֹא־יִמְשְׁלוּ אֹתוֹ עוֹד בְּיִשְׂרָאֵל כִּי
כד אִם־דַּבֵּר אֲלֵיהֶם קָרְבוּ הַיָּמִים וּדְבַר כָּל־חָזוֹן׃ כִּי לֹא יִהְיֶה
כה עוֹד כָּל־חֲזוֹן שָׁוְא וּמִקְסַם חָלָק בְּתוֹךְ בֵּית יִשְׂרָאֵל׃ כִּי ׀ אֲנִי
יהוה אֲדַבֵּר אֵת אֲשֶׁר אֲדַבֵּר דָּבָר וְיֵעָשֶׂה לֹא תִמָּשֵׁךְ עוֹד
כִּי בִימֵיכֶם בֵּית הַמֶּרִי אֲדַבֵּר דָּבָר וַעֲשִׂיתִיו נְאֻם אֲדֹנָי
כו כז יֱהוִה׃ וַיְהִי דְבַר־יהוה אֵלַי לֵאמֹר׃ בֶּן־אָדָם
הִנֵּה בֵית־יִשְׂרָאֵל אֹמְרִים הֶחָזוֹן אֲשֶׁר־הוּא חֹזֶה לְיָמִים רַבִּים
כח וּלְעִתִּים רְחוֹקוֹת הוּא נִבָּא׃ לָכֵן אֱמֹר אֲלֵיהֶם
כֹּה אָמַר אֲדֹנָי יֱהוִה לֹא־תִמָּשֵׁךְ עוֹד כָּל־דְּבָרָי אֲשֶׁר אֲדַבֵּר
יג א דָּבָר וְיֵעָשֶׂה נְאֻם אֲדֹנָי יֱהוִה׃ וַיְהִי דְבַר־יהוה
ב אֵלַי לֵאמֹר׃ בֶּן־אָדָם הִנָּבֵא אֶל־נְבִיאֵי יִשְׂרָאֵל הַנִּבָּאִים
ג וְאָמַרְתָּ לִנְבִיאֵי מִלִּבָּם שִׁמְעוּ דְּבַר־יהוה׃ כֹּה אָמַר אֲדֹנָי
יֱהוִה הוֹי עַל־הַנְּבִיאִים הַנְּבָלִים אֲשֶׁר הֹלְכִים אַחַר רוּחָם
ד ה וּלְבִלְתִּי רָאוּ׃ כְּשֻׁעָלִים בָּחֳרָבוֹת נְבִיאֶיךָ יִשְׂרָאֵל הָיוּ׃ לֹא
עֲלִיתֶם בַּפְּרָצוֹת וַתִּגְדְּרוּ גָדֵר עַל־בֵּית יִשְׂרָאֵל לַעֲמֹד

ו בַּמִּלְחָמָה בְּיוֹם יְהוָה: חָזוּ שָׁוְא וְקֶסֶם כָּזָב הָאֹמְרִים נְאֻם־
ז יְהוָה וַיהוָה לֹא שְׁלָחָם וְיִחֲלוּ לְקַיֵּם דָּבָר: הֲלוֹא מַחֲזֵה־שָׁוְא
חֲזִיתֶם וּמִקְסַם כָּזָב אֲמַרְתֶּם וְאֹמְרִים נְאֻם־יְהוָה וַאֲנִי לֹא
ח דִבַּרְתִּי: לָכֵן כֹּה אָמַר אֲדֹנָי יֱהוִה יַעַן דַּבֶּרְכֶם
ט שָׁוְא וַחֲזִיתֶם כָּזָב לָכֵן הִנְנִי אֲלֵיכֶם נְאֻם אֲדֹנָי יֱהוִה: וְהָיְתָה
יָדִי אֶל־הַנְּבִיאִים הַחֹזִים שָׁוְא וְהַקֹּסְמִים כָּזָב בְּסוֹד עַמִּי לֹא־
יִהְיוּ וּבִכְתָב בֵּית־יִשְׂרָאֵל לֹא יִכָּתֵבוּ וְאֶל־אַדְמַת יִשְׂרָאֵל
י לֹא יָבֹאוּ וִידַעְתֶּם כִּי אֲנִי אֲדֹנָי יֱהוִה: יַעַן וּבְיַעַן הִטְעוּ
אֶת־עַמִּי לֵאמֹר שָׁלוֹם וְאֵין שָׁלוֹם וְהוּא בֹּנֶה חַיִץ וְהִנָּם
יא טָחִים אֹתוֹ תָּפֵל: אֱמֹר אֶל־טָחֵי תָפֵל וְיִפֹּל הָיָה ׀ גֶּשֶׁם
שׁוֹטֵף וְאַתֵּנָה אַבְנֵי אֶלְגָּבִישׁ תִּפֹּלְנָה וְרוּחַ סְעָרוֹת תְּבַקֵּעַ:
יב וְהִנֵּה נָפַל הַקִּיר הֲלוֹא יֵאָמֵר אֲלֵיכֶם אַיֵּה הַטִּיחַ אֲשֶׁר
יג טַחְתֶּם: לָכֵן כֹּה אָמַר אֲדֹנָי יֱהוִה וּבִקַּעְתִּי רוּחַ־
סְעָרוֹת בַּחֲמָתִי וְגֶשֶׁם שֹׁטֵף בְּאַפִּי יִהְיֶה וְאַבְנֵי אֶלְגָּבִישׁ בְּחֵמָה
יד לְכָלָה: וְהָרַסְתִּי אֶת־הַקִּיר אֲשֶׁר־טַחְתֶּם תָּפֵל וְהִגַּעְתִּיהוּ
אֶל־הָאָרֶץ וְנִגְלָה יְסֹדוֹ וְנָפְלָה וּכְלִיתֶם בְּתוֹכָהּ וִידַעְתֶּם כִּי־
טו אֲנִי יְהוָה: וְכִלֵּיתִי אֶת־חֲמָתִי בַּקִּיר וּבַטָּחִים אֹתוֹ תָּפֵל וְאֹמַר
טז לָכֶם אֵין הַקִּיר וְאֵין הַטָּחִים אֹתוֹ: נְבִיאֵי יִשְׂרָאֵל הַנִּבְּאִים
אֶל־יְרוּשָׁלַם וְהַחֹזִים לָהּ חֲזוֹן שָׁלֹם וְאֵין שָׁלֹם נְאֻם אֲדֹנָי
יז יֱהוִה: וְאַתָּה בֶן־אָדָם שִׂים פָּנֶיךָ אֶל־בְּנוֹת עַמְּךָ
יח הַמִּתְנַבְּאוֹת מִלִּבְּהֶן וְהִנָּבֵא עֲלֵיהֶן: וְאָמַרְתָּ כֹּה־אָמַר ׀ אֲדֹנָי
יֱהוִה הוֹי לִמְתַפְּרוֹת כְּסָתוֹת עַל ׀ כָּל־אַצִּילֵי יָדַי וְעֹשׂוֹת
הַמִּסְפָּחוֹת עַל־רֹאשׁ כָּל־קוֹמָה לְצוֹדֵד נְפָשׁוֹת הַנְּפָשׁוֹת
יט תְּצוֹדֵדְנָה לְעַמִּי וּנְפָשׁוֹת לָכֶנָה תְחַיֶּינָה: וַתְּחַלֶּלְנָה אֹתִי אֶל־
עַמִּי בְּשַׁעֲלֵי שְׂעֹרִים וּבִפְתוֹתֵי לֶחֶם לְהָמִית נְפָשׁוֹת אֲשֶׁר לֹא־
תְמוּתֶנָה וּלְחַיּוֹת נְפָשׁוֹת אֲשֶׁר לֹא־תִחְיֶינָה בְּכַזֶּבְכֶם לְעַמִּי
כ שֹׁמְעֵי כָזָב: לָכֵן כֹּה־אָמַר ׀ אֲדֹנָי יֱהוִה הִנְנִי

יג

אֶל־כִּסְּתוֹתֵיכֶנָה אֲשֶׁר אַתֵּנָה מְצֹדְדוֹת שָׁם אֶת־הַנְּפָשׁוֹת
לְפֹרְחוֹת וְקָרַעְתִּי אֹתָם מֵעַל זְרוֹעֹתֵיכֶם וְשִׁלַּחְתִּי אֶת־
כא הַנְּפָשׁוֹת אֲשֶׁר אַתֶּם מְצֹדְדוֹת אֶת־נְפָשִׁים לְפֹרְחֹת: וְקָרַעְתִּי
אֶת־מִסְפְּחֹתֵיכֶם וְהִצַּלְתִּי אֶת־עַמִּי מִיֶּדְכֶן וְלֹא־יִהְיוּ עוֹד
כב בְּיֶדְכֶן לִמְצוּדָה וִידַעְתֶּן כִּי־אֲנִי יְהוָה: יַעַן הַכְאוֹת לֵב־צַדִּיק
שֶׁקֶר וַאֲנִי לֹא הִכְאַבְתִּיו וּלְחַזֵּק יְדֵי רָשָׁע לְבִלְתִּי־שׁוּב מִדַּרְכּוֹ
כג הָרָע לְהַחֲיֹתוֹ: לָכֵן שָׁוְא לֹא תֶחֱזֶינָה וְקֶסֶם לֹא־תִקְסַמְנָה עוֹד
יד א וְהִצַּלְתִּי אֶת־עַמִּי מִיֶּדְכֶן וִידַעְתֶּן כִּי־אֲנִי יְהוָה: וַיָּבוֹא אֵלַי ז
ב אֲנָשִׁים מִזִּקְנֵי יִשְׂרָאֵל וַיֵּשְׁבוּ לְפָנָי: וַיְהִי דְבַר־יְהוָה אֵלַי
ג לֵאמֹר: בֶּן־אָדָם הָאֲנָשִׁים הָאֵלֶּה הֶעֱלוּ גִלּוּלֵיהֶם עַל־לִבָּם
ד וּמִכְשׁוֹל עֲוֺנָם נָתְנוּ נֹכַח פְּנֵיהֶם הַאִדָּרֹשׁ אִדָּרֵשׁ לָהֶם: לָכֵן דַּבֵּר־
אוֹתָם וְאָמַרְתָּ אֲלֵיהֶם כֹּה־אָמַר | אֲדֹנָי יְהוִה אִישׁ אִישׁ מִבֵּית
יִשְׂרָאֵל אֲשֶׁר יַעֲלֶה אֶת־גִּלּוּלָיו אֶל־לִבּוֹ וּמִכְשׁוֹל עֲוֺנוֹ יָשִׂים נֹכַח
ה פָּנָיו וּבָא אֶל־הַנָּבִיא אֲנִי יְהוָה נַעֲנֵיתִי לוֹ בָה בְּרֹב גִּלּוּלָיו: לְמַעַן בָּא
תְּפֹשׂ אֶת־בֵּית־יִשְׂרָאֵל בְּלִבָּם אֲשֶׁר נָזֹרוּ מֵעָלַי בְּגִלּוּלֵיהֶם
ו כֻּלָּם: לָכֵן אֱמֹר | אֶל־בֵּית יִשְׂרָאֵל כֹּה אָמַר אֲדֹנָי
יְהוִה שׁוּבוּ וְהָשִׁיבוּ מֵעַל גִּלּוּלֵיכֶם וּמֵעַל כָּל־תּוֹעֲבֹתֵיכֶם הָשִׁיבוּ
ז פְנֵיכֶם: כִּי אִישׁ אִישׁ מִבֵּית יִשְׂרָאֵל וּמֵהַגֵּר אֲשֶׁר־יָגוּר בְּיִשְׂרָאֵל
וְיִנָּזֵר מֵאַחֲרַי וְיַעַל גִּלּוּלָיו אֶל־לִבּוֹ וּמִכְשׁוֹל עֲוֺנוֹ יָשִׂים נֹכַח פָּנָיו
ח וּבָא אֶל־הַנָּבִיא לִדְרָשׁ־לוֹ בִי אֲנִי יְהוָה נַעֲנֶה־לּוֹ בִּי: וְנָתַתִּי
פָנַי בָּאִישׁ הַהוּא וַהֲשִׂמֹתִיהוּ לְאוֹת וְלִמְשָׁלִים וְהִכְרַתִּיו מִתּוֹךְ
ט עַמִּי וִידַעְתֶּם כִּי־אֲנִי יְהוָה: וְהַנָּבִיא כִי־יְפֻתֶּה וְדִבֶּר
דָּבָר אֲנִי יְהוָה פִּתֵּיתִי אֵת הַנָּבִיא הַהוּא וְנָטִיתִי אֶת־יָדִי
י עָלָיו וְהִשְׁמַדְתִּיו מִתּוֹךְ עַמִּי יִשְׂרָאֵל: וְנָשְׂאוּ עֲוֺנָם כַּעֲוֺן הַדֹּרֵשׁ
יא כַּעֲוֺן הַנָּבִיא יִהְיֶה: לְמַעַן לֹא־יִתְעוּ עוֹד בֵּית־יִשְׂרָאֵל מֵאַחֲרַי
וְלֹא־יִטַּמְּאוּ עוֹד בְּכָל־פִּשְׁעֵיהֶם וְהָיוּ־לִי לְעָם וַאֲנִי אֶהְיֶה
יב לָהֶם לֵאלֹהִים נְאֻם אֲדֹנָי יְהוִה: וַיְהִי דְבַר־יְהוָה אֵלַי

לֵאמֹר: בֶּן־אָדָם אֶרֶץ כִּי תֶחֱטָא־לִי לִמְעָל־מַעַל וְנָטִיתִי יָדִי יג
עָלֶיהָ וְשָׁבַרְתִּי לָהּ מַטֵּה־לָחֶם וְהִשְׁלַחְתִּי־בָהּ רָעָב וְהִכְרַתִּי
מִמֶּנָּה אָדָם וּבְהֵמָה: וְהָיוּ שְׁלֹשֶׁת הָאֲנָשִׁים הָאֵלֶּה בְּתוֹכָהּ נֹחַ יד
דָּנִיֵּאל דנאל וְאִיּוֹב הֵמָּה בְצִדְקָתָם יְנַצְּלוּ נַפְשָׁם נְאֻם אֲדֹנָי יְהוִה: לוּ־ טו
חַיָּה רָעָה אַעֲבִיר בָּאָרֶץ וְשִׁכְּלָתָּה וְהָיְתָה שְׁמָמָה מִבְּלִי עוֹבֵר
מִפְּנֵי הַחַיָּה: שְׁלֹשֶׁת הָאֲנָשִׁים הָאֵלֶּה בְּתוֹכָהּ חַי־אָנִי נְאֻם אֲדֹנָי טז
יְהוִה אִם־בָּנִים וְאִם־בָּנוֹת יַצִּילוּ הֵמָּה לְבַדָּם יִנָּצֵלוּ וְהָאָרֶץ
תִּהְיֶה שְׁמָמָה: אוֹ חֶרֶב אָבִיא עַל־הָאָרֶץ הַהִיא וְאָמַרְתִּי חֶרֶב יז
תַּעֲבֹר בָּאָרֶץ וְהִכְרַתִּי מִמֶּנָּה אָדָם וּבְהֵמָה: וּשְׁלֹשֶׁת הָאֲנָשִׁים יח
הָאֵלֶּה בְּתוֹכָהּ חַי־אָנִי נְאֻם אֲדֹנָי יְהוִה לֹא יַצִּילוּ בָּנִים וּבָנוֹת כִּי
הֵם לְבַדָּם יִנָּצֵלוּ: אוֹ דֶּבֶר אֲשַׁלַּח אֶל־הָאָרֶץ הַהִיא וְשָׁפַכְתִּי יט
דָּנִיֵּאל חֲמָתִי עָלֶיהָ בְּדָם לְהַכְרִית מִמֶּנָּה אָדָם וּבְהֵמָה: וְנֹחַ דנאל כ
וְאִיּוֹב בְּתוֹכָהּ חַי־אָנִי נְאֻם אֲדֹנָי יְהוִה אִם־בֵּן אִם־בַּת יַצִּילוּ
הֵמָּה בְצִדְקָתָם יַצִּילוּ נַפְשָׁם: כִּי כֹה אָמַר אֲדֹנָי כא
יְהוִה אַף כִּי־אַרְבַּעַת שְׁפָטַי ׀ הָרָעִים חֶרֶב וְרָעָב וְחַיָּה רָעָה
וָדֶבֶר שִׁלַּחְתִּי אֶל־יְרוּשָׁלִָם לְהַכְרִית מִמֶּנָּה אָדָם וּבְהֵמָה:
וְהִנֵּה נוֹתְרָה־בָּהּ פְּלֵטָה הַמּוּצָאִים בָּנִים וּבָנוֹת הִנָּם יוֹצְאִים כב
אֲלֵיכֶם וּרְאִיתֶם אֶת־דַּרְכָּם וְאֶת־עֲלִילוֹתָם וְנִחַמְתֶּם עַל־
הָרָעָה אֲשֶׁר הֵבֵאתִי עַל־יְרוּשָׁלִַם אֵת כָּל־אֲשֶׁר הֵבֵאתִי עָלֶיהָ:
וְנִחֲמוּ אֶתְכֶם כִּי־תִרְאוּ אֶת־דַּרְכָּם וְאֶת־עֲלִילוֹתָם וִידַעְתֶּם כג
כִּי לֹא חִנָּם עָשִׂיתִי אֵת כָּל־אֲשֶׁר־עָשִׂיתִי בָהּ נְאֻם אֲדֹנָי
יְהוִה: וַיְהִי דְבַר־יְהוָה אֵלַי לֵאמֹר: בֶּן־אָדָם טו א ב
מַה־יִּהְיֶה עֵץ־הַגֶּפֶן מִכָּל־עֵץ הַזְּמוֹרָה אֲשֶׁר הָיָה בַּעֲצֵי הַיָּעַר:
הֲיֻקַּח מִמֶּנּוּ עֵץ לַעֲשׂוֹת לִמְלָאכָה אִם־יִקְחוּ מִמֶּנּוּ יָתֵד לִתְלוֹת ג
עָלָיו כָּל־כֶּלִי: הִנֵּה לָאֵשׁ נִתַּן לְאָכְלָה אֵת שְׁנֵי קְצוֹתָיו אָכְלָה ד
הָאֵשׁ וְתוֹכוֹ נָחָר הֲיִצְלַח לִמְלָאכָה: הִנֵּה בִּהְיוֹתוֹ תָמִים לֹא ה
יֵעָשֶׂה לִמְלָאכָה אַף כִּי־אֵשׁ אֲכָלַתְהוּ וַיֵּחָר וְנַעֲשָׂה עוֹד

ו לַמְּלָאכָה׃ לָכֵן כֹּה אָמַר אֲדֹנָי יֱהוִה כַּאֲשֶׁר
עֵץ־הַגֶּפֶן בְּעֵץ הַיַּעַר אֲשֶׁר־נְתַתִּיו לָאֵשׁ לְאָכְלָה כֵּן נָתַתִּי
ז אֶת־יֹשְׁבֵי יְרוּשָׁלָ͏ִם׃ וְנָתַתִּי אֶת־פָּנַי בָּהֶם מֵהָאֵשׁ יָצָאוּ
וְהָאֵשׁ תֹּאכְלֵם וִידַעְתֶּם כִּי־אֲנִי יְהוָה בְּשׂוּמִי אֶת־פָּנַי
ח בָּהֶם׃ וְנָתַתִּי אֶת־הָאָרֶץ שְׁמָמָה יַעַן מָעֲלוּ מַעַל נְאֻם אֲדֹנָי
טז א ב יֱהוִה׃ וַיְהִי דְבַר־יְהוָה אֵלַי לֵאמֹר׃ בֶּן־אָדָם
ג הוֹדַע אֶת־יְרוּשָׁלַ͏ִם אֶת־תּוֹעֲבֹתֶיהָ׃ וְאָמַרְתָּ כֹּה־אָמַר אֲדֹנָי
יֱהוִה לִירוּשָׁלַ͏ִם מְכֹרֹתַיִךְ וּמֹלְדֹתַיִךְ מֵאֶרֶץ הַכְּנַעֲנִי אָבִיךְ
ד הָאֱמֹרִי וְאִמֵּךְ חִתִּית׃ וּמוֹלְדוֹתַיִךְ בְּיוֹם הוּלֶּדֶת אוֹתָךְ לֹא־
כָרַּת שָׁרֵּךְ וּבְמַיִם לֹא־רֻחַצְתְּ לְמִשְׁעִי וְהֻמְלֵחַ לֹא הֻמְלַחַתְּ
ה וְהָחְתֵּל לֹא חֻתָּלְתְּ׃ לֹא־חָסָה עָלַיִךְ עַיִן לַעֲשׂוֹת לָךְ אַחַת
מֵאֵלֶּה לְחֻמְלָה עָלָיִךְ וַתֻּשְׁלְכִי אֶל־פְּנֵי הַשָּׂדֶה בְּגֹעַל נַפְשֵׁךְ
ו בְּיוֹם הֻלֶּדֶת אֹתָךְ׃ וָאֶעֱבֹר עָלַיִךְ וָאֶרְאֵךְ מִתְבּוֹסֶסֶת בְּדָמָיִךְ
ז וָאֹמַר לָךְ בְּדָמַיִךְ חֲיִי וָאֹמַר לָךְ בְּדָמַיִךְ חֲיִי׃ רְבָבָה כְּצֶמַח
הַשָּׂדֶה נְתַתִּיךְ וַתִּרְבִּי וַתִּגְדְּלִי וַתָּבֹאִי בַּעֲדִי עֲדָיִים שָׁדַיִם נָכֹנוּ
ח וּשְׂעָרֵךְ צִמֵּחַ וְאַתְּ עֵרֹם וְעֶרְיָה׃ וָאֶעֱבֹר עָלַיִךְ וָאֶרְאֵךְ וְהִנֵּה
עִתֵּךְ עֵת דֹּדִים וָאֶפְרֹשׂ כְּנָפִי עָלַיִךְ וָאֲכַסֶּה עֶרְוָתֵךְ וָאֶשָּׁבַע לָךְ
ט וָאָבוֹא בִבְרִית אֹתָךְ נְאֻם אֲדֹנָי יֱהוִה וַתִּהְיִי לִי׃ וָאֶרְחָצֵךְ בַּמַּיִם
י וָאֶשְׁטֹף דָּמַיִךְ מֵעָלָיִךְ וָאֲסֻכֵךְ בַּשָּׁמֶן׃ וָאַלְבִּישֵׁךְ רִקְמָה וָאֶנְעֲלֵךְ
יא תָּחַשׁ וָאֶחְבְּשֵׁךְ בַּשֵּׁשׁ וַאֲכַסֵּךְ מֶשִׁי׃ וָאֶעְדֵּךְ עֶדִי וָאֶתְּנָה
יב צְמִידִים עַל־יָדַיִךְ וְרָבִיד עַל־גְּרוֹנֵךְ׃ וָאֶתֵּן נֶזֶם עַל־אַפֵּךְ
יג וַעֲגִילִים עַל־אָזְנָיִךְ וַעֲטֶרֶת תִּפְאֶרֶת בְּרֹאשֵׁךְ׃ וַתַּעְדִּי זָהָב
וָכֶסֶף וּמַלְבּוּשֵׁךְ ששי וָמֶשִׁי וְרִקְמָה סֹלֶת וּדְבַשׁ וָשֶׁמֶן אכלתי שֵׁשׁ | אָכָלְתְּ
יד וַתִּיפִי בִּמְאֹד מְאֹד וַתִּצְלְחִי לִמְלוּכָה׃ וַיֵּצֵא לָךְ שֵׁם בַּגּוֹיִם ח
בְּיָפְיֵךְ כִּי ׀ כָּלִיל הוּא בַּהֲדָרִי אֲשֶׁר־שַׂמְתִּי עָלַיִךְ נְאֻם אֲדֹנָי
טו יֱהוִה׃ וַתִּבְטְחִי בְיָפְיֵךְ וַתִּזְנִי עַל־שְׁמֵךְ וַתִּשְׁפְּכִי אֶת־תַּזְנוּתַיִךְ
טז עַל־כָּל־עוֹבֵר לוֹ־יֶהִי׃ וַתִּקְחִי מִבְּגָדַיִךְ וַתַּעֲשִׂי־לָךְ בָּמוֹת

יז טְלֻאוֹת וַתִּזְנִי עֲלֵיהֶם לֹא בָאוֹת וְלֹא יִהְיֶה׃ וַתִּקְחִי כְּלֵי
תִפְאַרְתֵּךְ מִזְּהָבִי וּמִכַּסְפִּי אֲשֶׁר נָתַתִּי לָךְ וַתַּעֲשִׂי־לָךְ צַלְמֵי
יח זָכָר וַתִּזְנִי־בָם׃ וַתִּקְחִי אֶת־בִּגְדֵי רִקְמָתֵךְ וַתְּכַסִּים וְשַׁמְנִי
יט וּקְטָרְתִּי נתתי לִפְנֵיהֶם׃ וְלַחְמִי אֲשֶׁר־נָתַתִּי לָךְ סֹלֶת וָשֶׁמֶן נָתַתְּ
וּדְבַשׁ הֶאֱכַלְתִּיךְ וּנְתַתִּיהוּ לִפְנֵיהֶם לְרֵיחַ נִיחֹחַ וַיֶּהִי נְאֻם אֲדֹנָי
כ יֱהוִה׃ וַתִּקְחִי אֶת־בָּנַיִךְ וְאֶת־בְּנוֹתַיִךְ אֲשֶׁר יָלַדְתְּ לִי וַתִּזְבָּחִים
כא לָהֶם לֶאֱכוֹל הַמְעַט מתזנותך׃ וַתִּשְׁחֲטִי אֶת־בָּנָי וַתִּתְּנִים מִתַּזְנוּתָיִךְ
כב בְּהַעֲבִיר אוֹתָם לָהֶם׃ וְאֵת כָּל־תּוֹעֲבֹתַיִךְ וְתַזְנֻתַיִךְ לֹא זכרתי זָכַרְתְּ
אֶת־יְמֵי נְעוּרָיִךְ בִּהְיוֹתֵךְ עֵירֹם וְעֶרְיָה מִתְבּוֹסֶסֶת בְּדָמֵךְ
כג הָיִית׃ וַיְהִי אַחֲרֵי כָּל־רָעָתֵךְ אוֹי אוֹי לָךְ נְאֻם אֲדֹנָי יֱהוִה׃
כד כה וַתִּבְנִי־לָךְ גֶּב וַתַּעֲשִׂי־לָךְ רָמָה בְּכָל־רְחוֹב׃ אֶל־כָּל־רֹאשׁ
דֶּרֶךְ בָּנִית רָמָתֵךְ וַתְּתַעֲבִי אֶת־יָפְיֵךְ וַתְּפַשְּׂקִי אֶת־רַגְלַיִךְ
כו לְכָל־עוֹבֵר וַתַּרְבִּי אֶת־תזנותך׃ וַתִּזְנִי אֶל־בְּנֵי־מִצְרַיִם שְׁכֵנַיִךְ תַּזְנוּתָיִךְ
כז גִּדְלֵי בָשָׂר וַתַּרְבִּי אֶת־תַּזְנֻתֵךְ לְהַכְעִיסֵנִי׃ וְהִנֵּה נָטִיתִי יָדִי
עָלַיִךְ וָאֶגְרַע חֻקֵּךְ וָאֶתְּנֵךְ בְּנֶפֶשׁ שֹׂנְאוֹתַיִךְ בְּנוֹת פְּלִשְׁתִּים
כח הַנִּכְלָמוֹת מִדַּרְכֵּךְ זִמָּה׃ וַתִּזְנִי אֶל־בְּנֵי אַשּׁוּר מִבִּלְתִּי שָׂבְעָתֵךְ
כט וַתִּזְנִים וְגַם לֹא שָׂבָעַתְּ׃ וַתַּרְבִּי אֶת־תַּזְנוּתֵךְ אֶל־אֶרֶץ כְּנַעַן
ל כַּשְׂדִּימָה וְגַם־בְּזֹאת לֹא שָׂבָעַתְּ׃ מָה אֲמֻלָה לִבָּתֵךְ נְאֻם אֲדֹנָי
יֱהוִה בַּעֲשׂוֹתֵךְ אֶת־כָּל־אֵלֶּה מַעֲשֵׂה אִשָּׁה זוֹנָה שַׁלָּטֶת׃
לא בִּבְנוֹתַיִךְ גַּבֵּךְ בְּרֹאשׁ כָּל־דֶּרֶךְ וְרָמָתֵךְ עשיתי בְּכָל־רְחוֹב עָשִׂית
לב ולא־הייתי כַּזּוֹנָה לְקַלֵּס אֶתְנָן׃ הָאִשָּׁה הַמְּנָאָפֶת תַּחַת אִישָׁהּ הָיִית
לג תִּקַּח אֶת־זָרִים׃ לְכָל־זֹנוֹת יִתְּנוּ־נֵדֶה וְאַתְּ נָתַתְּ אֶת־נְדָנַיִךְ
לְכָל־מְאַהֲבַיִךְ וַתִּשְׁחֳדִי אוֹתָם לָבוֹא אֵלַיִךְ מִסָּבִיב בְּתַזְנוּתָיִךְ׃
לד וַיְהִי־בָךְ הֵפֶךְ מִן־הַנָּשִׁים בְּתַזְנוּתַיִךְ וְאַחֲרַיִךְ לֹא זוּנָּה וּבְתִתֵּךְ
לה אֶתְנָן וְאֶתְנַן לֹא נִתַּן־לָךְ וַתְּהִי לְהֶפֶךְ׃ לָכֵן זוֹנָה שִׁמְעִי דְּבַר־
לו יְהוָה׃ כֹּה־אָמַר אֲדֹנָי יֱהוִה יַעַן הִשָּׁפֵךְ נְחֻשְׁתֵּךְ
וַתִּגָּלֶה עֶרְוָתֵךְ בְּתַזְנוּתַיִךְ עַל־מְאַהֲבָיִךְ וְעַל כָּל־גִּלּוּלֵי

לז תּוֹעֲבוֹתַיִךְ וְכִדְמֵי בָנַיִךְ אֲשֶׁר נָתַתְּ לָהֶם׃ לָכֵן הִנְנִי מְקַבֵּץ אֶת־
כָּל־מְאַהֲבַיִךְ אֲשֶׁר עָרַבְתְּ עֲלֵיהֶם וְאֵת כָּל־אֲשֶׁר אָהַבְתְּ עַל
כָּל־אֲשֶׁר שָׂנֵאת וְקִבַּצְתִּי אֹתָם עָלַיִךְ מִסָּבִיב וְגִלֵּיתִי עֶרְוָתֵךְ
לח אֲלֵהֶם וְרָאוּ אֶת־כָּל־עֶרְוָתֵךְ׃ וּשְׁפַטְתִּיךְ מִשְׁפְּטֵי נֹאֲפוֹת
לט וְשֹׁפְכֹת דָּם וּנְתַתִּיךְ דַּם חֵמָה וְקִנְאָה׃ וְנָתַתִּי אוֹתָךְ בְּיָדָם
וְהָרְסוּ גַבֵּךְ וְנִתְּצוּ רָמֹתַיִךְ וְהִפְשִׁיטוּ אוֹתָךְ בְּגָדַיִךְ וְלָקְחוּ כְּלֵי
מ תִפְאַרְתֵּךְ וְהִנִּיחוּךְ עֵירֹם וְעֶרְיָה׃ וְהֶעֱלוּ עָלַיִךְ קָהָל וְרָגְמוּ
מא אוֹתָךְ בָּאָבֶן וּבִתְּקוּךְ בְּחַרְבוֹתָם׃ וְשָׂרְפוּ בָתַּיִךְ בָּאֵשׁ וְעָשׂוּ־בָךְ
שְׁפָטִים לְעֵינֵי נָשִׁים רַבּוֹת וְהִשְׁבַּתִּיךְ מִזּוֹנָה וְגַם־אֶתְנַן לֹא
מב תִתְּנִי־עוֹד׃ וַהֲנִחֹתִי חֲמָתִי בָּךְ וְסָרָה קִנְאָתִי מִמֵּךְ וְשָׁקַטְתִּי
מג וְלֹא אֶכְעַס עוֹד׃ יַעַן אֲשֶׁר לֹא־זכרתי אֶת־יְמֵי נְעוּרַיִךְ זָכַרְתְּ
וַתִּרְגְּזִי־לִי בְּכָל־אֵלֶּה וְגַם־אֲנִי הֵא דַּרְכֵּךְ ׀ בְּרֹאשׁ נָתַתִּי נְאֻם
מד אֲדֹנָי יֱהֹוִה וְלֹא עשיתי אֶת־הַזִּמָּה עַל כָּל־תּוֹעֲבֹתָיִךְ׃ הִנֵּה עָשִׂית
מה כָּל־הַמֹּשֵׁל עָלַיִךְ יִמְשֹׁל לֵאמֹר כְּאִמָּה בִּתָּהּ׃ בַּת־אִמֵּךְ אַתְּ
גֹּעֶלֶת אִישָׁהּ וּבָנֶיהָ וַאֲחוֹת אֲחוֹתֵךְ אַתְּ אֲשֶׁר גָּעֲלוּ אַנְשֵׁיהֶן
מו וּבְנֵיהֶן אִמְּכֶן חִתִּית וַאֲבִיכֶן אֱמֹרִי׃ וַאֲחוֹתֵךְ הַגְּדוֹלָה שֹׁמְרוֹן
הִיא וּבְנוֹתֶיהָ הַיּוֹשֶׁבֶת עַל־שְׂמֹאולֵךְ וַאֲחוֹתֵךְ הַקְּטַנָּה מִמֵּךְ
מז הַיּוֹשֶׁבֶת מִימִינֵךְ סְדֹם וּבְנוֹתֶיהָ׃ וְלֹא בְדַרְכֵיהֶן הָלַכְתְּ
וּבְתוֹעֲבוֹתֵיהֶן עשיתי כִּמְעַט קָט וַתַּשְׁחִתִי מֵהֵן בְּכָל־דְּרָכָיִךְ׃ עָשִׂית
מח חַי־אָנִי נְאֻם אֲדֹנָי יֱהֹוִה אִם־עָשְׂתָה סְדֹם אֲחוֹתֵךְ הִיא וּבְנוֹתֶיהָ
מט כַּאֲשֶׁר עשיתי אַתְּ וּבְנוֹתָיִךְ׃ הִנֵּה־זֶה הָיָה עֲוֺן סְדֹם אֲחוֹתֵךְ
גָּאוֹן שִׂבְעַת־לֶחֶם וְשַׁלְוַת הַשְׁקֵט הָיָה לָהּ וְלִבְנוֹתֶיהָ וְיַד־עָנִי
נ וְאֶבְיוֹן לֹא הֶחֱזִיקָה׃ וַתִּגְבְּהֶינָה וַתַּעֲשֶׂינָה תוֹעֵבָה לְפָנָי וָאָסִיר
נא אֶתְהֶן כַּאֲשֶׁר רָאִיתִי׃ וְשֹׁמְרוֹן כַּחֲצִי חַטֹּאתַיִךְ
לֹא חָטָאָה וַתַּרְבִּי אֶת־תּוֹעֲבוֹתַיִךְ מֵהֵנָּה וַתְּצַדְּקִי אֶת־אחותך אֲחוֹתַיִךְ
נב בְּכָל־תּוֹעֲבֹתַיִךְ אֲשֶׁר עשיתי׃ גַּם־אַתְּ ׀ שְׂאִי כְלִמָּתֵךְ אֲשֶׁר עָשִׂית
פִּלַּלְתְּ לַאֲחוֹתֵךְ בְּחַטֹּאתַיִךְ אֲשֶׁר־הִתְעַבְתְּ מֵהֵן תִּצְדַּקְנָה

הפיכת סדום ועמורה
בראשית יט, כד–כה

נג מִמֵּ֑ךְ וְגַם־אַ֥תְּ בּ֙וֹשִׁי֙ וּשְׂאִ֣י כְלִמָּתֵ֔ךְ בְּצַדֶּקְתֵּ֖ךְ אַחְיוֹתֵֽךְ׃ וְשַׁבְתִּי֙
אֶת־שְׁבִ֣יתְהֶ֔ן אֶת־שְׁבִ֨ית סְדֹ֜ם וּבְנוֹתֶ֗יהָ וְאֶת־שְׁבִ֥ית שֹׁמְר֖וֹן שבות שְׁב֣וּת
נד וּבְנוֹתֶ֑יהָ וּשְׁבִ֥ית שְׁבִיתַ֖יִךְ בְּתוֹכָֽהְנָה׃ לְמַ֙עַן֙ תִּשְׂאִ֣י כְלִמָּתֵ֔ךְ ושבות
נה וְנִכְלַ֕מְתְּ מִכֹּ֖ל אֲשֶׁ֣ר עָשִׂ֑ית בְּנַחֲמֵ֖ךְ אֹתָֽן׃ וַאֲחוֹתַ֗יִךְ סְדֹ֤ם
וּבְנוֹתֶ֙יהָ֙ תָּשֹׁ֣בְןָ לְקַדְמָתָ֔ן וְשֹׁמְרוֹן֙ וּבְנוֹתֶ֔יהָ תָּשֹׁ֖בְןָ לְקַדְמָתָ֑ן
נו וְאַתְּ֙ וּבְנוֹתַ֔יִךְ תְּשֻׁבֶ֖ינָה לְקַדְמַתְכֶֽן׃ וְל֤וֹא הָֽיְתָה֙ סְדֹ֣ם אֲחוֹתֵ֔ךְ
נז לִשְׁמוּעָ֖ה בְּפִ֑יךְ בְּי֖וֹם גְּאוֹנָֽיִךְ׃ בְּטֶ֙רֶם֙ תִּגָּלֶ֣ה רָעָתֵ֔ךְ כְּמוֹ֙ עֵ֣ת
חֶרְפַּ֣ת בְּנוֹת־אֲרָ֔ם וְכָל־סְבִיבוֹתֶ֖יהָ בְּנ֣וֹת פְּלִשְׁתִּ֑ים הַשָּׁאט֥וֹת
נח אוֹתָ֖ךְ מִסָּבִֽיב׃ אֶת־זִמָּתֵ֥ךְ וְאֶת־תּוֹעֲבוֹתַ֖יִךְ אַ֣תְּ נְשָׂאתִ֑ים
נט נְאֻ֖ם יְהוָֽה׃ כִּ֣י כֹ֤ה אָמַר֙ אֲדֹנָ֣י יֱהֹוִ֔ה וְעָשִׂ֥ית אוֹתָ֖ךְ
ס כַּאֲשֶׁ֣ר עָשִׂ֑ית אֲשֶׁר־בָּזִ֥ית אָלָ֖ה לְהָפֵ֥ר בְּרִֽית׃ וְזָכַרְתִּ֨י אֲנִ֧י אֶת־ ט
סא בְּרִיתִ֛י אוֹתָ֖ךְ בִּימֵ֣י נְעוּרָ֑יִךְ וַהֲקִמוֹתִ֥י לָ֖ךְ בְּרִ֥ית עוֹלָֽם׃ וְזָכַ֣רְתְּ
אֶת־דְּרָכַ֘יִךְ֮ וְנִכְלַמְתְּ֒ בְּקַחְתֵּ֗ךְ אֶת־אֲחוֹתַ֙יִךְ֙ הַגְּדֹל֣וֹת מִמֵּ֔ךְ
אֶל־הַקְּטַנּ֖וֹת מִמֵּ֑ךְ וְנָתַתִּ֨י אֶתְהֶ֥ן לָ֛ךְ לְבָנ֖וֹת וְלֹ֥א מִבְּרִיתֵֽךְ׃
סב סג וַהֲקִימֹתִ֥י אֲנִ֛י אֶת־בְּרִיתִ֖י אִתָּ֑ךְ וְיָדַ֖עַתְּ כִּֽי־אֲנִ֥י יְהוָֽה׃ לְמַ֤עַן
תִּזְכְּרִי֙ וָבֹ֔שְׁתְּ וְלֹ֨א יִֽהְיֶה־לָּ֥ךְ עוֹד֙ פִּתְח֣וֹן פֶּ֔ה מִפְּנֵ֖י כְּלִמָּתֵ֑ךְ
א יז בְּכַפְּרִי־לָךְ֙ לְכָל־אֲשֶׁ֣ר עָשִׂ֔ית נְאֻ֖ם אֲדֹנָ֥י יֱהֹוִֽה׃ וַיְהִ֥י
ב דְבַר־יְהוָ֖ה אֵלַ֥י לֵאמֹֽר׃ בֶּן־אָדָ֕ם ח֖וּד חִידָ֑ה וּמְשֹׁ֣ל מָשָׁ֔ל אֶל־
ג בֵּ֖ית יִשְׂרָאֵֽל׃ וְאָמַרְתָּ֞ כֹּֽה־אָמַ֣ר ׀ אֲדֹנָ֣י יֱהֹוִ֗ה הַנֶּ֤שֶׁר הַגָּדוֹל֙ גְּד֣וֹל
הַכְּנָפַ֔יִם אֶ֣רֶךְ הָאֵ֔בֶר מָלֵא֙ הַנּוֹצָ֔ה אֲשֶׁר־ל֖וֹ הָרִקְמָ֑ה בָּ֚א אֶל־
ד הַלְּבָנ֔וֹן וַיִּקַּ֖ח אֶת־צַמֶּ֥רֶת הָאָֽרֶז׃ אֵ֛ת רֹ֥אשׁ יְנִיקוֹתָ֖יו קָטָ֑ף
ה וַיְבִיאֵ֙הוּ֙ אֶל־אֶ֣רֶץ כְּנַ֔עַן בְּעִ֥יר רֹכְלִ֖ים שָׂמֽוֹ׃ וַיִּקַּח֙ מִזֶּ֣רַע הָאָ֔רֶץ
ו וַֽיִּתְּנֵ֖הוּ בִּשְׂדֵה־זָ֑רַע קָ֚ח עַל־מַ֣יִם רַבִּ֔ים צַפְצָפָ֖ה שָׂמֽוֹ׃ וַיִּצְמַ֞ח
וַיְהִ֣י לְגֶ֗פֶן סֹרַ֙חַת֙ שִׁפְלַ֣ת קוֹמָ֔ה לִפְנ֤וֹת דָּֽלִיּוֹתָיו֙ אֵלָ֔יו וְשָׁרָשָׁ֖יו
ז תַּחְתָּ֣יו יִהְי֑וּ וַתְּהִ֣י לְגֶ֔פֶן וַתַּ֣עַשׂ בַּדִּ֔ים וַתְּשַׁלַּ֖ח פֹּארֽוֹת׃ וַיְהִ֤י
נֶֽשֶׁר־אֶחָד֙ גָּד֔וֹל גְּד֥וֹל כְּנָפַ֖יִם וְרָב־נוֹצָ֑ה וְהִנֵּה֩ הַגֶּ֨פֶן הַזֹּ֜את כָּפְנָ֧ה
שָׁרָשֶׁ֣יהָ עָלָ֗יו וְדָלִיּוֹתָיו֙ שִׁלְחָה־לּ֔וֹ לְהַשְׁק֣וֹת אוֹתָ֔הּ מֵעֲרֻג֖וֹת

ח מטעה: אל־שדה טוב אל־מים רבים היא שתולה לעשות
ט ענף ולשאת פרי להיות לגפן אדרת: אמר כה אמר
אדני יהוה תצלח הלוא את־שרשיה ינתק ואת־פריה ׀
יקוסס ויבש כל־טרפי צמחה תיבש ולא־בזרע גדולה
י ובעם רב למשאות אותה משרשיה: והנה שתולה התצלח
הלא כגעת בה רוח הקדים תיבש יבש על־ערגת צמחה
יא יב תיבש: ויהי דבר־יהוה אלי לאמר: אמר־נא
לבית המרי הלא ידעתם מה־אלה אמר הנה־בא מלך־בבל
ירושלם ויקח את־מלכה ואת־שריה ויבא אותם אליו
יג בבלה: ויקח מזרע המלוכה ויכרת אתו ברית ויבא אתו
יד באלה ואת־אילי הארץ לקח: להיות ממלכה שפלה לבלתי
טו התנשא לשמר את־בריתו לעמדה: וימרד־בו לשלח
מלאכיו מצרים לתת־לו סוסים ועם־רב היצלח הימלט
טז העשה אלה והפר ברית ונמלט: חי־אני נאם אדני יהוה אם־
לא במקום המלך הממליך אתו אשר בזה את־אלתו ואשר
יז הפר את־בריתו אתו בתוך־בבל ימות: ולא בחיל גדול
ובקהל רב יעשה אותו פרעה במלחמה בשפך סללה ובבנות
יח דיק להכרית נפשות רבות: ובזה אלה להפר ברית והנה נתן
יט ידו וכל־אלה עשה לא ימלט: לכן כה־אמר
אדני יהוה חי־אני אם־לא אלתי אשר בזה ובריתי אשר הפיר
כ ונתתיו בראשו: ופרשתי עליו רשתי ונתפש במצודתי
והביאותיהו בבלה ונשפטתי אתו שם מעלו אשר מעל־בי:
כא ואת כל־מברחו בכל־אגפיו בחרב יפלו והנשארים לכל־
כב רוח יפרשו וידעתם כי אני יהוה דברתי: כה
אמר אדני יהוה ולקחתי אני מצמרת הארז הרמה ונתתי
מראש ינקותיו רך אקטף ושתלתי אני על הר־גבה ותלול:
כג בהר מרום ישראל אשתלנו ונשא ענף ועשה פרי והיה לארז

גלות יהויכין
מל״ב כד, י–טז
ירמיה נב, כח
דה״ב לו, י

המלכת צדקיהו
מל״ב כד, יז

נבואת
״ופרשתי עליו
רשתי ונתפש
במצודתי״
יחזקאל יב, יג–טו

אַדִּיר וְשָׁכְנוּ תַחְתָּיו כֹּל צִפּוֹר כָּל־כָּנָף בְּצֵל דָּלִיּוֹתָיו תִּשְׁכֹּנָּה׃
כד וְיָדְעוּ כָּל־עֲצֵי הַשָּׂדֶה כִּי אֲנִי יְהוָה הִשְׁפַּלְתִּי ׀ עֵץ גָּבֹהַּ הִגְבַּהְתִּי
עֵץ שָׁפָל הוֹבַשְׁתִּי עֵץ לָח וְהִפְרַחְתִּי עֵץ יָבֵשׁ אֲנִי יְהוָה דִּבַּרְתִּי
יח א ב וְעָשִׂיתִי׃ וַיְהִי דְבַר־יְהוָה אֵלַי לֵאמֹר׃ מַה־לָּכֶם
אַתֶּם מֹשְׁלִים אֶת־הַמָּשָׁל הַזֶּה עַל־אַדְמַת יִשְׂרָאֵל לֵאמֹר
ג אָבוֹת יֹאכְלוּ בֹסֶר וְשִׁנֵּי הַבָּנִים תִּקְהֶינָה׃ חַי־אָנִי נְאֻם אֲדֹנָי
ד יְהוִה אִם־יִהְיֶה לָכֶם עוֹד מְשֹׁל הַמָּשָׁל הַזֶּה בְּיִשְׂרָאֵל׃ הֵן
כָּל־הַנְּפָשׁוֹת לִי הֵנָּה כְּנֶפֶשׁ הָאָב וּכְנֶפֶשׁ הַבֵּן לִי־הֵנָּה הַנֶּפֶשׁ
ה הַחֹטֵאת הִיא תָמוּת׃ וְאִישׁ כִּי־יִהְיֶה צַדִּיק
ו וְעָשָׂה מִשְׁפָּט וּצְדָקָה׃ אֶל־הֶהָרִים לֹא אָכָל וְעֵינָיו לֹא נָשָׂא
אֶל־גִּלּוּלֵי בֵּית יִשְׂרָאֵל וְאֶת־אֵשֶׁת רֵעֵהוּ לֹא טִמֵּא וְאֶל־אִשָּׁה
ז נִדָּה לֹא יִקְרָב׃ וְאִישׁ לֹא יוֹנֶה חֲבֹלָתוֹ חוֹב יָשִׁיב גְּזֵלָה לֹא יִגְזֹל
ח לַחְמוֹ לְרָעֵב יִתֵּן וְעֵירֹם יְכַסֶּה־בָּגֶד׃ בַּנֶּשֶׁךְ לֹא־יִתֵּן וְתַרְבִּית
לֹא יִקָּח מֵעָוֶל יָשִׁיב יָדוֹ מִשְׁפַּט אֱמֶת יַעֲשֶׂה בֵּין אִישׁ לְאִישׁ׃
ט בְּחֻקּוֹתַי יְהַלֵּךְ וּמִשְׁפָּטַי שָׁמַר לַעֲשׂוֹת אֱמֶת צַדִּיק הוּא חָיֹה י
י יִחְיֶה נְאֻם אֲדֹנָי יְהוִה׃ וְהוֹלִיד בֵּן־פָּרִיץ שֹׁפֵךְ דָּם וְעָשָׂה אָח
יא מֵאַחַד מֵאֵלֶּה׃ וְהוּא אֶת־כָּל־אֵלֶּה לֹא עָשָׂה כִּי גַם אֶל־
יב הֶהָרִים אָכַל וְאֶת־אֵשֶׁת רֵעֵהוּ טִמֵּא׃ עָנִי וְאֶבְיוֹן הוֹנָה גְּזֵלוֹת
גָּזָל חֲבֹל לֹא יָשִׁיב וְאֶל־הַגִּלּוּלִים נָשָׂא עֵינָיו תּוֹעֵבָה עָשָׂה׃
יג בַּנֶּשֶׁךְ נָתַן וְתַרְבִּית לָקַח וָחָי לֹא יִחְיֶה אֵת כָּל־הַתּוֹעֵבוֹת
יד הָאֵלֶּה עָשָׂה מוֹת יוּמָת דָּמָיו בּוֹ יִהְיֶה׃ וְהִנֵּה הוֹלִיד בֵּן וַיַּרְא
טו אֶת־כָּל־חַטֹּאת אָבִיו אֲשֶׁר עָשָׂה וַיִּרְאֶה וְלֹא יַעֲשֶׂה כָּהֵן׃ עַל־
הֶהָרִים לֹא אָכָל וְעֵינָיו לֹא נָשָׂא אֶל־גִּלּוּלֵי בֵּית יִשְׂרָאֵל אֶת־
טז אֵשֶׁת רֵעֵהוּ לֹא טִמֵּא׃ וְאִישׁ לֹא הוֹנָה חֲבֹל לֹא חָבָל וּגְזֵלָה
יז לֹא גָזָל לַחְמוֹ לְרָעֵב נָתָן וְעֵרוֹם כִּסָּה־בָגֶד׃ מֵעָנִי הֵשִׁיב יָדוֹ
נֶשֶׁךְ וְתַרְבִּית לֹא לָקָח מִשְׁפָּטַי עָשָׂה בְּחֻקּוֹתַי הָלָךְ הוּא לֹא
יח יָמוּת בַּעֲוֺן אָבִיו חָיֹה יִחְיֶה׃ אָבִיו כִּי־עָשַׁק עֹשֶׁק גָּזַל גֵּזֶל

אָח וַאֲשֶׁר לֹא־טוֹב עָשָׂה בְּתוֹךְ עַמָּיו וְהִנֵּה־מֵת בַּעֲוֺנוֹ:
יט וַאֲמַרְתֶּם מַדֻּעַ לֹא־נָשָׂא הַבֵּן בַּעֲוֺן הָאָב וְהַבֵּן מִשְׁפָּט וּצְדָקָה
כ עָשָׂה אֵת כָּל־חֻקּוֹתַי שָׁמַר וַיַּעֲשֶׂה אֹתָם חָיֹה יִחְיֶה: הַנֶּפֶשׁ
הַחֹטֵאת הִיא תָמוּת בֵּן לֹא־יִשָּׂא ׀ בַּעֲוֺן הָאָב וְאָב לֹא יִשָּׂא
בַּעֲוֺן הַבֵּן צִדְקַת הַצַּדִּיק עָלָיו תִּהְיֶה וְרִשְׁעַת רשע עָלָיו
כא תִּהְיֶה: וְהָרָשָׁע כִּי יָשׁוּב מִכָּל־חַטֹּאתָו אֲשֶׁר
עָשָׂה וְשָׁמַר אֶת־כָּל־חֻקּוֹתַי וְעָשָׂה מִשְׁפָּט וּצְדָקָה חָיֹה יִחְיֶה
כב לֹא יָמוּת: כָּל־פְּשָׁעָיו אֲשֶׁר עָשָׂה לֹא יִזָּכְרוּ לוֹ בְּצִדְקָתוֹ אֲשֶׁר־
כג עָשָׂה יִחְיֶה: הֶחָפֹץ אֶחְפֹּץ מוֹת רָשָׁע נְאֻם אֲדֹנָי יְהוִה הֲלוֹא
כד בְּשׁוּבוֹ מִדְּרָכָיו וְחָיָה: וּבְשׁוּב צַדִּיק מִצִּדְקָתוֹ
וְעָשָׂה עָוֶל כְּכֹל הַתּוֹעֵבוֹת אֲשֶׁר־עָשָׂה הָרָשָׁע יַעֲשֶׂה וָחָי
כָּל־צִדְקֹתָו אֲשֶׁר־עָשָׂה לֹא תִזָּכַרְנָה בְּמַעֲלוֹ אֲשֶׁר־מָעַל
כה וּבְחַטָּאתוֹ אֲשֶׁר־חָטָא בָּם יָמוּת: וַאֲמַרְתֶּם לֹא יִתָּכֵן
דֶּרֶךְ אֲדֹנָי שִׁמְעוּ־נָא בֵּית יִשְׂרָאֵל הֲדַרְכִּי לֹא יִתָּכֵן הֲלֹא
כו דַרְכֵיכֶם לֹא יִתָּכֵנוּ: בְּשׁוּב־צַדִּיק מִצִּדְקָתוֹ וְעָשָׂה עָוֶל וּמֵת
כז עֲלֵיהֶם בְּעַוְלוֹ אֲשֶׁר־עָשָׂה יָמוּת: וּבְשׁוּב רָשָׁע
מֵרִשְׁעָתוֹ אֲשֶׁר עָשָׂה וַיַּעַשׂ מִשְׁפָּט וּצְדָקָה הוּא אֶת־נַפְשׁוֹ
כח יְחַיֶּה: וַיִּרְאֶה וישוב מִכָּל־פְּשָׁעָיו אֲשֶׁר עָשָׂה חָיוֹ יִחְיֶה לֹא
כט יָמוּת: וְאָמְרוּ בֵּית יִשְׂרָאֵל לֹא יִתָּכֵן דֶּרֶךְ אֲדֹנָי הַדְּרָכַי לֹא
ל יִתָּכְנוּ בֵּית יִשְׂרָאֵל הֲלֹא דַרְכֵיכֶם לֹא יִתָּכֵן: לָכֵן אִישׁ כִּדְרָכָיו
אֶשְׁפֹּט אֶתְכֶם בֵּית יִשְׂרָאֵל נְאֻם אֲדֹנָי יְהוִה שׁוּבוּ וְהָשִׁיבוּ
לא מִכָּל־פִּשְׁעֵיכֶם וְלֹא־יִהְיֶה לָכֶם לְמִכְשׁוֹל עָוֺן: הַשְׁלִיכוּ
מֵעֲלֵיכֶם אֶת־כָּל־פִּשְׁעֵיכֶם אֲשֶׁר פְּשַׁעְתֶּם בָּם וַעֲשׂוּ לָכֶם לֵב
לב חָדָשׁ וְרוּחַ חֲדָשָׁה וְלָמָּה תָמֻתוּ בֵּית יִשְׂרָאֵל: כִּי לֹא אֶחְפֹּץ
יט א בְּמוֹת הַמֵּת נְאֻם אֲדֹנָי יְהוִה וְהָשִׁיבוּ וִחְיוּ: וְאַתָּה
ב שָׂא קִינָה אֶל־נְשִׂיאֵי יִשְׂרָאֵל: וְאָמַרְתָּ מָה אִמְּךָ לְבִיָּא בֵּין
ג אֲרָיוֹת רָבָצָה בְּתוֹךְ כְּפִרִים רִבְּתָה גּוּרֶיהָ: וַתַּעַל אֶחָד מִגֻּרֶיהָ

איש בחטאו יומת
דברים כד, טז
מל"ב יד, ה–ו
ירמיה לא, כח–כט
דה"ב כה, ד

הָרָשָׁע

שינוי מעשיהם
של הצדיק
והרשע
יחזקאל לג, יא–כ

וַיָּשָׁב

ד כְּפִיר הָיָה וַיִּלְמַד לִטְרָף־טֶרֶף אָדָם אָכָל׃ וַיִּשְׁמְעוּ אֵלָיו גּוֹיִם
ה בְּשַׁחְתָּם נִתְפָּשׂ וַיְבִאֻהוּ בַחַחִים אֶל־אֶרֶץ מִצְרָיִם׃ וַתֵּרֶא כִּי
נוֹחֲלָה אָבְדָה תִּקְוָתָהּ וַתִּקַּח אֶחָד מִגֻּרֶיהָ כְּפִיר שָׂמָתְהוּ׃
ו וַיִּתְהַלֵּךְ בְּתוֹךְ־אֲרָיוֹת כְּפִיר הָיָה וַיִּלְמַד לִטְרָף־טֶרֶף אָדָם
ז אָכָל׃ וַיֵּדַע אַלְמְנוֹתָיו וְעָרֵיהֶם הֶחֱרִיב וַתֵּשַׁם אֶרֶץ וּמְלֹאָהּ
ח מִקּוֹל שַׁאֲגָתוֹ׃ וַיִּתְּנוּ עָלָיו גּוֹיִם סָבִיב מִמְּדִינוֹת וַיִּפְרְשׂוּ עָלָיו
ט רִשְׁתָּם בְּשַׁחְתָּם נִתְפָּשׂ׃ וַיִּתְּנֻהוּ בַסּוּגַר בַּחַחִים וַיְבִאֻהוּ אֶל־
מֶלֶךְ בָּבֶל יְבִאֻהוּ בַּמְּצֹדוֹת לְמַעַן לֹא־יִשָּׁמַע קוֹלוֹ עוֹד אֶל־
י הָרֵי יִשְׂרָאֵל׃ אִמְּךָ כַגֶּפֶן בְּדָמְךָ עַל־מַיִם שְׁתוּלָה
יא פֹּרִיָּה וַעֲנֵפָה הָיְתָה מִמַּיִם רַבִּים׃ וַיִּהְיוּ־לָהּ מַטּוֹת עֹז אֶל־
שִׁבְטֵי מֹשְׁלִים וַתִּגְבַּהּ קוֹמָתוֹ עַל־בֵּין עֲבֹתִים וַיֵּרָא בְגָבְהוֹ
יב בְּרֹב דָּלִיֹּתָיו׃ וַתֻּתַּשׁ בְּחֵמָה לָאָרֶץ הֻשְׁלָכָה וְרוּחַ הַקָּדִים
הוֹבִישׁ פִּרְיָהּ הִתְפָּרְקוּ וְיָבֵשׁוּ מַטֵּה עֻזָּהּ אֵשׁ אֲכָלָתְהוּ׃
יג יד וְעַתָּה שְׁתוּלָה בַמִּדְבָּר בְּאֶרֶץ צִיָּה וְצָמָא׃ וַתֵּצֵא אֵשׁ מִמַּטֵּה
בַדֶּיהָ פִּרְיָהּ אָכָלָה וְלֹא־הָיָה בָהּ מַטֵּה־עֹז שֵׁבֶט לִמְשׁוֹל
קִינָה הִיא וַתְּהִי לְקִינָה׃

א כ וַיְהִי ׀ בַּשָּׁנָה הַשְּׁבִיעִית בַּחֲמִשִׁי בֶּעָשׂוֹר לַחֹדֶשׁ בָּאוּ אֲנָשִׁים יא
ב מִזִּקְנֵי יִשְׂרָאֵל לִדְרֹשׁ אֶת־יְהוָה וַיֵּשְׁבוּ לְפָנָי׃ וַיְהִי
ג דְבַר־יְהוָה אֵלַי לֵאמֹר׃ בֶּן־אָדָם דַּבֵּר אֶת־זִקְנֵי יִשְׂרָאֵל
וְאָמַרְתָּ אֲלֵהֶם כֹּה אָמַר אֲדֹנָי יְהוִה הֲלִדְרֹשׁ אֹתִי אַתֶּם בָּאִים
ד חַי־אָנִי אִם־אִדָּרֵשׁ לָכֶם נְאֻם אֲדֹנָי יְהוִה׃ הֲתִשְׁפֹּט אֹתָם
ה הֲתִשְׁפּוֹט בֶּן־אָדָם אֶת־תּוֹעֲבֹת אֲבוֹתָם הוֹדִיעֵם׃ וְאָמַרְתָּ
אֲלֵיהֶם כֹּה־אָמַר אֲדֹנָי יְהוִה בְּיוֹם בָּחֳרִי בְיִשְׂרָאֵל וָאֶשָּׂא יָדִי
לְזֶרַע בֵּית יַעֲקֹב וָאִוָּדַע לָהֶם בְּאֶרֶץ מִצְרָיִם וָאֶשָּׂא יָדִי לָהֶם
ו לֵאמֹר אֲנִי יְהוָה אֱלֹהֵיכֶם׃ בַּיּוֹם הַהוּא נָשָׂאתִי יָדִי לָהֶם
לְהוֹצִיאָם מֵאֶרֶץ מִצְרָיִם אֶל־אֶרֶץ אֲשֶׁר־תַּרְתִּי לָהֶם זָבַת
ז חָלָב וּדְבַשׁ צְבִי הִיא לְכָל־הָאֲרָצוֹת׃ וָאֹמַר אֲלֵהֶם אִישׁ שִׁקּוּצֵי

עֵינָיו הַשְׁלִיכוּ וּבְגִלּוּלֵי מִצְרַיִם אַל־תִּטַּמָּאוּ אֲנִי יְהוָה אֱלֹהֵיכֶם׃
ח וַיַּמְרוּ־בִי וְלֹא אָבוּ לִשְׁמֹעַ אֵלַי אִישׁ אֶת־שִׁקּוּצֵי עֵינֵיהֶם לֹא
הִשְׁלִיכוּ וְאֶת־גִּלּוּלֵי מִצְרַיִם לֹא עָזָבוּ וָאֹמַר לִשְׁפֹּךְ חֲמָתִי
ט עֲלֵיהֶם לְכַלּוֹת אַפִּי בָּהֶם בְּתוֹךְ אֶרֶץ מִצְרָיִם׃ וָאַעַשׂ לְמַעַן שְׁמִי
לְבִלְתִּי הֵחֵל לְעֵינֵי הַגּוֹיִם אֲשֶׁר־הֵמָּה בְתוֹכָם אֲשֶׁר נוֹדַעְתִּי
י אֲלֵיהֶם לְעֵינֵיהֶם לְהוֹצִיאָם מֵאֶרֶץ מִצְרָיִם׃ וָאוֹצִיאֵם מֵאֶרֶץ
יא מִצְרָיִם וָאֲבִאֵם אֶל־הַמִּדְבָּר׃ וָאֶתֵּן לָהֶם אֶת־חֻקּוֹתַי וְאֶת־
מִשְׁפָּטַי הוֹדַעְתִּי אוֹתָם אֲשֶׁר יַעֲשֶׂה אוֹתָם הָאָדָם וָחַי בָּהֶם׃
יב וְגַם אֶת־שַׁבְּתוֹתַי נָתַתִּי לָהֶם לִהְיוֹת לְאוֹת בֵּינִי וּבֵינֵיהֶם לָדַעַת
יג כִּי אֲנִי יְהוָה מְקַדְּשָׁם׃ וַיַּמְרוּ־בִי בֵית־יִשְׂרָאֵל בַּמִּדְבָּר בְּחֻקּוֹתַי
לֹא־הָלָכוּ וְאֶת־מִשְׁפָּטַי מָאָסוּ אֲשֶׁר יַעֲשֶׂה אֹתָם הָאָדָם וָחַי
בָּהֶם וְאֶת־שַׁבְּתֹתַי חִלְּלוּ מְאֹד וָאֹמַר לִשְׁפֹּךְ חֲמָתִי עֲלֵיהֶם
יד בַּמִּדְבָּר לְכַלּוֹתָם׃ וָאֶעֱשֶׂה לְמַעַן שְׁמִי לְבִלְתִּי הֵחֵל לְעֵינֵי הַגּוֹיִם
טו אֲשֶׁר הוֹצֵאתִים לְעֵינֵיהֶם׃ וְגַם־אֲנִי נָשָׂאתִי יָדִי לָהֶם בַּמִּדְבָּר
לְבִלְתִּי הָבִיא אוֹתָם אֶל־הָאָרֶץ אֲשֶׁר־נָתַתִּי זָבַת חָלָב וּדְבַשׁ
טז צְבִי הִיא לְכָל־הָאֲרָצוֹת׃ יַעַן בְּמִשְׁפָּטַי מָאָסוּ וְאֶת־חֻקּוֹתַי לֹא־
הָלְכוּ בָהֶם וְאֶת־שַׁבְּתוֹתַי חִלֵּלוּ כִּי אַחֲרֵי גִלּוּלֵיהֶם לִבָּם הֹלֵךְ׃
יז וַתָּחָס עֵינִי עֲלֵיהֶם מִשַּׁחֲתָם וְלֹא־עָשִׂיתִי אוֹתָם כָּלָה בַּמִּדְבָּר׃
יח וָאֹמַר אֶל־בְּנֵיהֶם בַּמִּדְבָּר בְּחוּקֵּי אֲבוֹתֵיכֶם אַל־תֵּלֵכוּ וְאֶת־
יט מִשְׁפְּטֵיהֶם אַל־תִּשְׁמֹרוּ וּבְגִלּוּלֵיהֶם אַל־תִּטַּמָּאוּ׃ אֲנִי יְהוָה
כ אֱלֹהֵיכֶם בְּחֻקּוֹתַי לֵכוּ וְאֶת־מִשְׁפָּטַי שִׁמְרוּ וַעֲשׂוּ אוֹתָם׃ וְאֶת־
שַׁבְּתוֹתַי קַדֵּשׁוּ וְהָיוּ לְאוֹת בֵּינִי וּבֵינֵיכֶם לָדַעַת כִּי אֲנִי יְהוָה
כא אֱלֹהֵיכֶם׃ וַיַּמְרוּ־בִי הַבָּנִים בְּחֻקּוֹתַי לֹא־הָלָכוּ וְאֶת־מִשְׁפָּטַי
לֹא־שָׁמְרוּ לַעֲשׂוֹת אוֹתָם אֲשֶׁר יַעֲשֶׂה אוֹתָם הָאָדָם וָחַי בָּהֶם
אֶת־שַׁבְּתוֹתַי חִלֵּלוּ וָאֹמַר לִשְׁפֹּךְ חֲמָתִי עֲלֵיהֶם לְכַלּוֹת אַפִּי בָּם
כב בַּמִּדְבָּר׃ וַהֲשִׁבֹתִי אֶת־יָדִי וָאַעַשׂ לְמַעַן שְׁמִי לְבִלְתִּי הֵחֵל
כג לְעֵינֵי הַגּוֹיִם אֲשֶׁר־הוֹצֵאתִי אוֹתָם לְעֵינֵיהֶם׃ גַּם־אֲנִי נָשָׂאתִי

גזרה על דור המדבר שלא ייכנסו לארץ
במדבר יד, כ–לה
דברים א, לד–לט

אֶת־יָדִי לָהֶם בַּמִּדְבָּר לְהָפִיץ אֹתָם בַּגּוֹיִם וּלְזָרוֹת אוֹתָם
כד בָּאֲרָצוֹת׃ יַעַן מִשְׁפָּטַי לֹא־עָשׂוּ וְחֻקּוֹתַי מָאָסוּ וְאֶת־שַׁבְּתוֹתַי
כה חִלֵּלוּ וְאַחֲרֵי גִּלּוּלֵי אֲבוֹתָם הָיוּ עֵינֵיהֶם׃ וְגַם־אֲנִי נָתַתִּי לָהֶם
כו חֻקִּים לֹא טוֹבִים וּמִשְׁפָּטִים לֹא יִחְיוּ בָּהֶם׃ וָאֲטַמֵּא אוֹתָם
בְּמַתְּנוֹתָם בְּהַעֲבִיר כָּל־פֶּטֶר רָחַם לְמַעַן אֲשִׁמֵּם לְמַעַן אֲשֶׁר
כז יֵדְעוּ אֲשֶׁר אֲנִי יְהוָה׃ לָכֵן דַּבֵּר אֶל־בֵּית יִשְׂרָאֵל
בֶּן־אָדָם וְאָמַרְתָּ אֲלֵיהֶם כֹּה אָמַר אֲדֹנָי יְהוִה עוֹד זֹאת גִּדְּפוּ
כח אוֹתִי אֲבוֹתֵיכֶם בְּמַעֲלָם בִּי מָעַל׃ וָאֲבִיאֵם אֶל־הָאָרֶץ אֲשֶׁר
נָשָׂאתִי אֶת־יָדִי לָתֵת אוֹתָהּ לָהֶם וַיִּרְאוּ כָל־גִּבְעָה רָמָה וְכָל־
עֵץ עָבֹת וַיִּזְבְּחוּ־שָׁם אֶת־זִבְחֵיהֶם וַיִּתְּנוּ־שָׁם כַּעַס קָרְבָּנָם
כט וַיָּשִׂימוּ שָׁם רֵיחַ נִיחוֹחֵיהֶם וַיַּסִּיכוּ שָׁם אֶת־נִסְכֵּיהֶם׃ וָאֹמַר
אֲלֵהֶם מָה הַבָּמָה אֲשֶׁר־אַתֶּם הַבָּאִים שָׁם וַיִּקָּרֵא שְׁמָהּ בָּמָה
ל עַד הַיּוֹם הַזֶּה׃ לָכֵן אֱמֹר ׀ אֶל־בֵּית יִשְׂרָאֵל כֹּה
אָמַר אֲדֹנָי יְהוִה הַבְּדֶרֶךְ אֲבוֹתֵיכֶם אַתֶּם נִטְמְאִים וְאַחֲרֵי
לא שִׁקּוּצֵיהֶם אַתֶּם זֹנִים׃ וּבִשְׂאֵת מַתְּנֹתֵיכֶם בְּהַעֲבִיר בְּנֵיכֶם בָּאֵשׁ
אַתֶּם נִטְמְאִים לְכָל־גִּלּוּלֵיכֶם עַד־הַיּוֹם וַאֲנִי אִדָּרֵשׁ לָכֶם בֵּית
לב יִשְׂרָאֵל חַי־אָנִי נְאֻם אֲדֹנָי יְהוִה אִם־אִדָּרֵשׁ לָכֶם׃ וְהָעֹלָה עַל־
רוּחֲכֶם הָיוֹ לֹא תִהְיֶה אֲשֶׁר ׀ אַתֶּם אֹמְרִים נִהְיֶה כַגּוֹיִם
לג כְּמִשְׁפְּחוֹת הָאֲרָצוֹת לְשָׁרֵת עֵץ וָאָבֶן׃ חַי־אָנִי נְאֻם אֲדֹנָי יְהוִה
אִם־לֹא בְּיָד חֲזָקָה וּבִזְרוֹעַ נְטוּיָה וּבְחֵמָה שְׁפוּכָה אֶמְלוֹךְ
לד עֲלֵיכֶם׃ וְהוֹצֵאתִי אֶתְכֶם מִן־הָעַמִּים וְקִבַּצְתִּי אֶתְכֶם מִן־
הָאֲרָצוֹת אֲשֶׁר נְפוֹצֹתֶם בָּם בְּיָד חֲזָקָה וּבִזְרוֹעַ נְטוּיָה וּבְחֵמָה
לה שְׁפוּכָה׃ וְהֵבֵאתִי אֶתְכֶם אֶל־מִדְבַּר הָעַמִּים וְנִשְׁפַּטְתִּי אִתְּכֶם
לו שָׁם פָּנִים אֶל־פָּנִים׃ כַּאֲשֶׁר נִשְׁפַּטְתִּי אֶת־אֲבוֹתֵיכֶם בְּמִדְבַּר
לז אֶרֶץ מִצְרָיִם כֵּן אִשָּׁפֵט אִתְּכֶם נְאֻם אֲדֹנָי יְהוִה׃ וְהַעֲבַרְתִּי
לח אֶתְכֶם תַּחַת הַשָּׁבֶט וְהֵבֵאתִי אֶתְכֶם בְּמָסֹרֶת הַבְּרִית׃ וּבָרוֹתִי
מִכֶּם הַמֹּרְדִים וְהַפּוֹשְׁעִים בִּי מֵאֶרֶץ מְגוּרֵיהֶם אוֹצִיא אוֹתָם

לט וְאֶל־אַדְמַת יִשְׂרָאֵל לֹא יָבוֹא וִידַעְתֶּם כִּי־אֲנִי יְהוָה׃ וְאַתֶּם
בֵּית־יִשְׂרָאֵל כֹּה־אָמַר ׀ אֲדֹנָי יֱהוִה אִישׁ גִּלּוּלָיו לְכוּ עֲבֹדוּ
וְאַחַר אִם־אֵינְכֶם שֹׁמְעִים אֵלָי וְאֶת־שֵׁם קָדְשִׁי לֹא תְחַלְּלוּ־
מ עוֹד בְּמַתְּנוֹתֵיכֶם וּבְגִלּוּלֵיכֶם׃ כִּי בְהַר־קָדְשִׁי בְּהַר ׀ מְרוֹם
יִשְׂרָאֵל נְאֻם אֲדֹנָי יֱהוִה שָׁם יַעַבְדֻנִי כָּל־בֵּית יִשְׂרָאֵל כֻּלֹּה
בָּאָרֶץ שָׁם אֶרְצֵם וְשָׁם אֶדְרוֹשׁ אֶת־תְּרוּמֹתֵיכֶם וְאֶת־רֵאשִׁית
מא מַשְׂאוֹתֵיכֶם בְּכָל־קָדְשֵׁיכֶם׃ בְּרֵיחַ נִיחֹחַ אֶרְצֶה אֶתְכֶם יב
בְּהוֹצִיאִי אֶתְכֶם מִן־הָעַמִּים וְקִבַּצְתִּי אֶתְכֶם מִן־הָאֲרָצוֹת
מב אֲשֶׁר נְפֹצֹתֶם בָּם וְנִקְדַּשְׁתִּי בָכֶם לְעֵינֵי הַגּוֹיִם׃ וִידַעְתֶּם כִּי־אֲנִי
יְהוָה בַּהֲבִיאִי אֶתְכֶם אֶל־אַדְמַת יִשְׂרָאֵל אֶל־הָאָרֶץ אֲשֶׁר
מג נָשָׂאתִי אֶת־יָדִי לָתֵת אוֹתָהּ לַאֲבוֹתֵיכֶם׃ וּזְכַרְתֶּם־שָׁם אֶת־
דַּרְכֵיכֶם וְאֵת כָּל־עֲלִילוֹתֵיכֶם אֲשֶׁר נִטְמֵאתֶם בָּם וּנְקֹטֹתֶם
מד בִּפְנֵיכֶם בְּכָל־רָעוֹתֵיכֶם אֲשֶׁר עֲשִׂיתֶם׃ וִידַעְתֶּם כִּי־אֲנִי יְהוָה
בַּעֲשׂוֹתִי אִתְּכֶם לְמַעַן שְׁמִי לֹא כְדַרְכֵיכֶם הָרָעִים וְכַעֲלִילוֹתֵיכֶם
כא א הַנִּשְׁחָתוֹת בֵּית יִשְׂרָאֵל נְאֻם אֲדֹנָי יֱהוִה׃ וַיְהִי
ב דְבַר־יְהוָה אֵלַי לֵאמֹר׃ בֶּן־אָדָם שִׂים פָּנֶיךָ דֶּרֶךְ תֵּימָנָה וְהַטֵּף
ג אֶל־דָּרוֹם וְהִנָּבֵא אֶל־יַעַר הַשָּׂדֶה נֶגֶב׃ וְאָמַרְתָּ לְיַעַר הַנֶּגֶב
שְׁמַע דְּבַר־יְהוָה כֹּה־אָמַר אֲדֹנָי יֱהוִה הִנְנִי מַצִּית־בְּךָ ׀ אֵשׁ
וְאָכְלָה בְךָ כָל־עֵץ־לַח וְכָל־עֵץ יָבֵשׁ לֹא־תִכְבֶּה לַהֶבֶת
ד שַׁלְהֶבֶת וְנִצְרְבוּ־בָהּ כָּל־פָּנִים מִנֶּגֶב צָפוֹנָה׃ וְרָאוּ כָּל־בָּשָׂר
ה כִּי אֲנִי יְהוָה בִּעַרְתִּיהָ לֹא תִּכְבֶּה׃ וָאֹמַר אֲהָהּ אֲדֹנָי יֱהוִה הֵמָּה
ו אֹמְרִים לִי הֲלֹא מְמַשֵּׁל מְשָׁלִים הוּא׃ וַיְהִי דְבַר־
ז יְהוָה אֵלַי לֵאמֹר׃ בֶּן־אָדָם שִׂים פָּנֶיךָ אֶל־יְרוּשָׁלִַם וְהַטֵּף אֶל־
ח מִקְדָּשִׁים וְהִנָּבֵא אֶל־אַדְמַת יִשְׂרָאֵל׃ וְאָמַרְתָּ לְאַדְמַת יִשְׂרָאֵל
כֹּה אָמַר יְהוָה הִנְנִי אֵלַיִךְ וְהוֹצֵאתִי חַרְבִּי מִתַּעְרָהּ וְהִכְרַתִּי
ט מִמֵּךְ צַדִּיק וְרָשָׁע׃ יַעַן אֲשֶׁר־הִכְרַתִּי מִמֵּךְ צַדִּיק וְרָשָׁע לָכֵן
י תֵּצֵא חַרְבִּי מִתַּעְרָהּ אֶל־כָּל־בָּשָׂר מִנֶּגֶב צָפוֹן׃ וְיָדְעוּ

כָּל־בָּשָׂר כִּי אֲנִי יְהוָה הוֹצֵאתִי חַרְבִּי מִתַּעְרָהּ לֹא תָשׁוּב
יא עוֹד׃ וְאַתָּה בֶן־אָדָם הֵאָנַח בְּשִׁבְרוֹן מָתְנַיִם
יב וּבִמְרִירוּת תֵּאָנַח לְעֵינֵיהֶם׃ וְהָיָה כִּי־יֹאמְרוּ אֵלֶיךָ עַל־מָה
אַתָּה נֶאֱנָח וְאָמַרְתָּ אֶל־שְׁמוּעָה כִי־בָאָה וְנָמֵס כָּל־לֵב וְרָפוּ
כָל־יָדַיִם וְכִהֲתָה כָל־רוּחַ וְכָל־בִּרְכַּיִם תֵּלַכְנָה מַּיִם הִנֵּה בָאָה
יג וְנִהְיָתָה נְאֻם אֲדֹנָי יְהוִה׃ וַיְהִי דְבַר־יְהוָה אֵלַי
יד לֵאמֹר׃ בֶּן־אָדָם הִנָּבֵא וְאָמַרְתָּ כֹּה אָמַר אֲדֹנָי אֱמֹר חֶרֶב חֶרֶב
טו הוּחַדָּה וְגַם־מְרוּטָה׃ לְמַעַן טְבֹחַ טֶבַח הוּחַדָּה לְמַעַן־הֱיֵה־לָהּ
טז בָרָק מֹרָטָּה אוֹ נָשִׂישׂ שֵׁבֶט בְּנִי מֹאֶסֶת כָּל־עֵץ׃ וַיִּתֵּן אֹתָהּ
לְמָרְטָה לִתְפֹּשׂ בַּכָּף הִיא־הוּחַדָּה חֶרֶב וְהִיא מֹרָטָּה לָתֵת
יז אוֹתָהּ בְּיַד־הוֹרֵג׃ זְעַק וְהֵילֵל בֶּן־אָדָם כִּי־הִיא הָיְתָה בְעַמִּי
הִיא בְּכָל־נְשִׂיאֵי יִשְׂרָאֵל מְגוּרֵי אֶל־חֶרֶב הָיוּ אֶת־עַמִּי לָכֵן
יח סְפֹק אֶל־יָרֵךְ׃ כִּי בֹחַן וּמָה אִם־גַּם־שֵׁבֶט מֹאֶסֶת לֹא יִהְיֶה
יט נְאֻם אֲדֹנָי יְהוִה׃ וְאַתָּה בֶן־אָדָם הִנָּבֵא וְהַךְ כַּף
אֶל־כָּף וְתִכָּפֵל חֶרֶב שְׁלִישִׁתָה חֶרֶב חֲלָלִים הִיא חֶרֶב חָלָל
כ הַגָּדוֹל הַחֹדֶרֶת לָהֶם׃ לְמַעַן ׀ לָמוּג לֵב וְהַרְבֵּה הַמִּכְשֹׁלִים
עַל כָּל־שַׁעֲרֵיהֶם נָתַתִּי אִבְחַת־חָרֶב אָח עֲשׂוּיָה לְבָרָק
כא מְעֻטָּה לְטָבַח׃ הִתְאַחֲדִי הֵימִנִי הָשִׂימִי הַשְׂמִילִי אָנָה פָּנַיִךְ
כב מֻעָדוֹת׃ וְגַם־אֲנִי אַכֶּה כַפִּי אֶל־כַּפִּי וַהֲנִחֹתִי חֲמָתִי אֲנִי יְהוָה
כג כד דִּבַּרְתִּי׃ וַיְהִי דְבַר־יְהוָה אֵלַי לֵאמֹר׃ וְאַתָּה בֶן־
אָדָם שִׂים־לְךָ ׀ שְׁנַיִם דְּרָכִים לָבוֹא חֶרֶב מֶלֶךְ־בָּבֶל מֵאֶרֶץ
כה אֶחָד יֵצְאוּ שְׁנֵיהֶם וְיָד בָּרֵא בְּרֹאשׁ דֶּרֶךְ־עִיר בָּרֵא׃ דֶּרֶךְ תָּשִׂים
לָבוֹא חֶרֶב אֵת רַבַּת בְּנֵי־עַמּוֹן וְאֶת־יְהוּדָה בִירוּשָׁלִַם בְּצוּרָה׃
כו כִּי־עָמַד מֶלֶךְ־בָּבֶל אֶל־אֵם הַדֶּרֶךְ בְּרֹאשׁ שְׁנֵי הַדְּרָכִים לִקְסָם־
כז קָסֶם קִלְקַל בַּחִצִּים שָׁאַל בַּתְּרָפִים רָאָה בַּכָּבֵד׃ בִּימִינוֹ הָיָה ׀
הַקֶּסֶם יְרוּשָׁלִַם לָשׂוּם כָּרִים לִפְתֹּחַ פֶּה בְּרֶצַח לְהָרִים קוֹל
בִּתְרוּעָה לָשׂוּם כָּרִים עַל־שְׁעָרִים לִשְׁפֹּךְ סֹלְלָה לִבְנוֹת דָּיֵק׃

כִּקְסָם־

כח וְהָיָה לָהֶם כקסום־שָׁוְא בְּעֵינֵיהֶם שְׁבֻעֵי שְׁבֻעוֹת לָהֶם וְהוּא־
כט מַזְכִּיר עָוֺן לְהִתָּפֵשׂ: לָכֵן כֹּה־אָמַר אֲדֹנָי יֱהֹוִה יַעַן
הַזְכַּרְכֶם עֲוֺנְכֶם בְּהִגָּלוֹת פִּשְׁעֵיכֶם לְהֵרָאוֹת חַטֹּאותֵיכֶם בְּכֹל
ל עֲלִילוֹתֵיכֶם יַעַן הִזָּכֶרְכֶם בַּכַּף תִּתָּפֵשׂוּ: וְאַתָּה חָלָל
לא רָשָׁע נְשִׂיא יִשְׂרָאֵל אֲשֶׁר־בָּא יוֹמוֹ בְּעֵת עֲוֺן קֵץ: כֹּה
אָמַר אֲדֹנָי יֱהֹוִה הָסִיר הַמִּצְנֶפֶת וְהָרִים הָעֲטָרָה זֹאת לֹא־זֹאת
לב הַשָּׁפָלָה הַגְבֵּהַ וְהַגָּבֹהַ הַשְׁפִּיל: עַוָּה עַוָּה עַוָּה אֲשִׂימֶנָּה גַּם־זֹאת
לג לֹא הָיָה עַד־בֹּא אֲשֶׁר־לוֹ הַמִּשְׁפָּט וּנְתַתִּיו: וְאַתָּה
בֶן־אָדָם הִנָּבֵא וְאָמַרְתָּ כֹּה אָמַר אֲדֹנָי יֱהֹוִה אֶל־בְּנֵי עַמּוֹן
וְאֶל־חֶרְפָּתָם וְאָמַרְתָּ חֶרֶב חֶרֶב פְּתוּחָה לְטֶבַח מְרוּטָה לְהָכִיל
לד לְמַעַן בָּרָק: בַּחֲזוֹת לָךְ שָׁוְא בִּקְסָם־לָךְ כָּזָב לָתֵת אוֹתָךְ אֶל־
לה צַוְּארֵי חַלְלֵי רְשָׁעִים אֲשֶׁר־בָּא יוֹמָם בְּעֵת עֲוֺן קֵץ: הָשֵׁב אֶל־
תַּעְרָהּ בִּמְקוֹם אֲשֶׁר־נִבְרֵאת בְּאֶרֶץ מְכֻרוֹתַיִךְ אֶשְׁפֹּט אֹתָךְ:
לו וְשָׁפַכְתִּי עָלַיִךְ זַעְמִי בְּאֵשׁ עֶבְרָתִי אָפִיחַ עָלָיִךְ וּנְתַתִּיךְ בְּיַד
לז אֲנָשִׁים בֹּעֲרִים חָרָשֵׁי מַשְׁחִית: לָאֵשׁ תִּהְיֶה לְאָכְלָה דָּמֵךְ יִהְיֶה
ב א בְּתוֹךְ הָאָרֶץ לֹא תִזָּכֵרִי כִּי אֲנִי יְהֹוָה דִּבַּרְתִּי: וַיְהִי
ב דְבַר־יְהֹוָה אֵלַי לֵאמֹר: וְאַתָּה בֶן־אָדָם הֲתִשְׁפֹּט הֲתִשְׁפֹּט
ג אֶת־עִיר הַדָּמִים וְהוֹדַעְתָּהּ אֵת כָּל־תּוֹעֲבוֹתֶיהָ: וְאָמַרְתָּ כֹּה
אָמַר אֲדֹנָי יֱהֹוִה עִיר שֹׁפֶכֶת דָּם בְּתוֹכָהּ לָבוֹא עִתָּהּ וְעָשְׂתָה
ד גִלּוּלִים עָלֶיהָ לְטָמְאָה: בְּדָמֵךְ אֲשֶׁר־שָׁפַכְתְּ אָשַׁמְתְּ וּבְגִלּוּלַיִךְ
אֲשֶׁר־עָשִׂית טָמֵאת וַתַּקְרִיבִי יָמַיִךְ וַתָּבוֹא עַד־שְׁנוֹתָיִךְ עַל־
ה כֵּן נְתַתִּיךְ חֶרְפָּה לַגּוֹיִם וְקַלָּסָה לְכָל־הָאֲרָצוֹת: הַקְּרֹבוֹת
וְהָרְחֹקוֹת מִמֵּךְ יִתְקַלְּסוּ־בָךְ טְמֵאַת הַשֵּׁם רַבַּת הַמְּהוּמָה:
ו ז הִנֵּה נְשִׂיאֵי יִשְׂרָאֵל אִישׁ לִזְרֹעוֹ הָיוּ בָךְ לְמַעַן שְׁפָךְ־דָּם: אָב
וָאֵם הֵקַלּוּ בָךְ לַגֵּר עָשׂוּ בַעֹשֶׁק בְּתוֹכֵךְ יָתוֹם וְאַלְמָנָה הוֹנוּ בָךְ:
ח ט קָדָשַׁי בָּזִית וְאֶת־שַׁבְּתֹתַי חִלָּלְתְּ: אַנְשֵׁי רָכִיל הָיוּ בָךְ לְמַעַן
י שְׁפָךְ־דָּם וְאֶל־הֶהָרִים אָכְלוּ בָךְ זִמָּה עָשׂוּ בְתוֹכֵךְ: עֶרְוַת־אָב

גִּלָּה־בָךְ טְמֵאַת הַנִּדָּה עִנּוּ־בָךְ׃ וְאִישׁ ׀ אֶת־אֵשֶׁת רֵעֵהוּ עָשָׂה יא
תּוֹעֵבָה וְאִישׁ אֶת־כַּלָּתוֹ טִמֵּא בְזִמָּה וְאִישׁ אֶת־אֲחֹתוֹ בַת־
אָבִיו עִנָּה־בָךְ׃ שֹׁחַד לָקְחוּ־בָךְ לְמַעַן שְׁפָךְ־דָּם נֶשֶׁךְ וְתַרְבִּית יב
לָקַחַתְּ וַתְּבַצְּעִי רֵעַיִךְ בַּעֹשֶׁק וְאֹתִי שָׁכַחַתְּ נְאֻם אֲדֹנָי יֱהֹוִה׃
וְהִנֵּה הִכֵּיתִי כַפִּי אֶל־בִּצְעֵךְ אֲשֶׁר עָשִׂית וְעַל־דָּמֵךְ אֲשֶׁר הָיוּ יג
בְּתוֹכֵךְ׃ הֲיַעֲמֹד לִבֵּךְ אִם־תֶּחֱזַקְנָה יָדַיִךְ לַיָּמִים אֲשֶׁר אֲנִי עֹשֶׂה יד
אוֹתָךְ אֲנִי יְהֹוָה דִּבַּרְתִּי וְעָשִׂיתִי׃ וַהֲפִיצוֹתִי אוֹתָךְ בַּגּוֹיִם וְזֵרִיתִיךְ טו
יג בָּאֲרָצוֹת וַהֲתִמֹּתִי טֻמְאָתֵךְ מִמֵּךְ׃ וְנִחַלְתְּ בָּךְ לְעֵינֵי גוֹיִם וְיָדַעַתְּ טז
כִּי־אֲנִי יְהֹוָה׃ וַיְהִי דְבַר־יְהֹוָה אֵלַי לֵאמֹר׃ בֶּן־ יז יח
לְסִיג אָדָם הָיוּ־לִי בֵית־יִשְׂרָאֵל לסוג כֻּלָּם נְחֹשֶׁת וּבְדִיל וּבַרְזֶל
וְעוֹפֶרֶת בְּתוֹךְ כּוּר סִגִים כֶּסֶף הָיוּ׃ לָכֵן כֹּה יט
אָמַר אֲדֹנָי יֱהֹוִה יַעַן הֱיוֹת כֻּלְּכֶם לְסִגִים לָכֵן הִנְנִי קֹבֵץ אֶתְכֶם
אֶל־תּוֹךְ יְרוּשָׁלִָם׃ קְבֻצַת כֶּסֶף וּנְחֹשֶׁת וּבַרְזֶל וְעוֹפֶרֶת וּבְדִיל כ
אֶל־תּוֹךְ כּוּר לָפַחַת־עָלָיו אֵשׁ לְהַנְתִּיךְ כֵּן אֶקְבֹּץ בְּאַפִּי וּבַחֲמָתִי
וְהִנַּחְתִּי וְהִתַּכְתִּי אֶתְכֶם׃ וְכִנַּסְתִּי אֶתְכֶם וְנָפַחְתִּי עֲלֵיכֶם כא
בְּאֵשׁ עֶבְרָתִי וְנִתַּכְתֶּם בְּתוֹכָהּ׃ כְּהִתּוּךְ כֶּסֶף בְּתוֹךְ כּוּר כב
כֵּן תֻּתְּכוּ בְתוֹכָהּ וִידַעְתֶּם כִּי־אֲנִי יְהֹוָה שָׁפַכְתִּי חֲמָתִי
עֲלֵיכֶם׃ וַיְהִי דְבַר־יְהֹוָה אֵלַי לֵאמֹר׃ בֶּן־אָדָם כג כד
אֱמָר־לָהּ אַתְּ אֶרֶץ לֹא מְטֹהָרָה הִיא לֹא גֻשְׁמָהּ בְּיוֹם זָעַם׃
קֶשֶׁר נְבִיאֶיהָ בְּתוֹכָהּ כַּאֲרִי שׁוֹאֵג טֹרֵף טָרֶף נֶפֶשׁ אָכָלוּ חֹסֶן כה
וִיקָר יִקָּחוּ אַלְמְנוֹתֶיהָ הִרְבּוּ בְתוֹכָהּ׃ כֹּהֲנֶיהָ חָמְסוּ תוֹרָתִי כו
וַיְחַלְּלוּ קָדָשַׁי בֵּין־קֹדֶשׁ לְחֹל לֹא הִבְדִּילוּ וּבֵין־הַטָּמֵא לְטָהוֹר
לֹא הוֹדִיעוּ וּמִשַּׁבְּתוֹתַי הֶעְלִימוּ עֵינֵיהֶם וָאֵחַל בְּתוֹכָם׃ שָׂרֶיהָ כז
בְקִרְבָּהּ כִּזְאֵבִים טֹרְפֵי טָרֶף לִשְׁפָּךְ־דָּם לְאַבֵּד נְפָשׁוֹת לְמַעַן
בְּצֹעַ בָּצַע׃ וּנְבִיאֶיהָ טָחוּ לָהֶם תָּפֵל חֹזִים שָׁוְא וְקֹסְמִים לָהֶם כח
כָּזָב אֹמְרִים כֹּה אָמַר אֲדֹנָי יֱהֹוִה וַיהֹוָה לֹא דִבֵּר׃ עַם הָאָרֶץ כט
עָשְׁקוּ עֹשֶׁק וְגָזְלוּ גָּזֵל וְעָנִי וְאֶבְיוֹן הוֹנוּ וְאֶת־הַגֵּר עָשְׁקוּ

ל בְּלֹא מִשְׁפָּט: וָאֲבַקֵּשׁ מֵהֶם אִישׁ גֹּדֵר־גָּדֵר וְעֹמֵד בַּפֶּרֶץ
לא לְפָנַי בְּעַד הָאָרֶץ לְבִלְתִּי שַׁחֲתָהּ וְלֹא מָצָאתִי: וָאֶשְׁפֹּךְ עֲלֵיהֶם
זַעְמִי בְּאֵשׁ עֶבְרָתִי כִּלִּיתִים דַּרְכָּם בְּרֹאשָׁם נָתַתִּי נְאֻם אֲדֹנָי
כג א ב יֱהֹוִה: וַיְהִי דְבַר־יְהֹוָה אֵלַי לֵאמֹר: בֶּן־אָדָם
ג שְׁתַּיִם נָשִׁים בְּנוֹת אֵם־אַחַת הָיוּ: וַתִּזְנֶינָה בְמִצְרַיִם בִּנְעוּרֵיהֶן
ד זָנוּ שָׁמָּה מֹעֲכוּ שְׁדֵיהֶן וְשָׁם עִשּׂוּ דַּדֵּי בְּתוּלֵיהֶן: וּשְׁמוֹתָן אָהֳלָה
הַגְּדוֹלָה וְאָהֳלִיבָה אֲחוֹתָהּ וַתִּהְיֶינָה לִי וַתֵּלַדְנָה בָּנִים וּבָנוֹת
ה וּשְׁמוֹתָן שֹׁמְרוֹן אָהֳלָה וִירוּשָׁלִַם אָהֳלִיבָה: וַתִּזֶן אָהֳלָה תַּחְתָּי
ו וַתַּעְגַּב עַל־מְאַהֲבֶיהָ אֶל־אַשּׁוּר קְרוֹבִים: לְבֻשֵׁי תְכֵלֶת פַּחוֹת
ז וּסְגָנִים בַּחוּרֵי חֶמֶד כֻּלָּם פָּרָשִׁים רֹכְבֵי סוּסִים: וַתִּתֵּן תַּזְנוּתֶיהָ
עֲלֵיהֶם מִבְחַר בְּנֵי־אַשּׁוּר כֻּלָּם וּבְכֹל אֲשֶׁר־עָגְבָה בְּכָל־גִּלּוּלֵיהֶם
ח נִטְמָאָה: וְאֶת־תַּזְנוּתֶיהָ מִמִּצְרַיִם לֹא עָזָבָה כִּי אוֹתָהּ שָׁכְבוּ
ט בִנְעוּרֶיהָ וְהֵמָּה עִשּׂוּ דַּדֵּי בְתוּלֶיהָ וַיִּשְׁפְּכוּ תַזְנוּתָם עָלֶיהָ: לָכֵן
י נְתַתִּיהָ בְּיַד־מְאַהֲבֶיהָ בְּיַד בְּנֵי אַשּׁוּר אֲשֶׁר עָגְבָה עֲלֵיהֶם: הֵמָּה
גִּלּוּ עֶרְוָתָהּ בָּנֶיהָ וּבְנוֹתֶיהָ לָקָחוּ וְאוֹתָהּ בַּחֶרֶב הָרָגוּ וַתְּהִי־
יא שֵׁם לַנָּשִׁים וּשְׁפוּטִים עָשׂוּ בָהּ: וַתֵּרֶא אֲחוֹתָהּ
אָהֳלִיבָה וַתַּשְׁחֵת עַגְבָתָהּ מִמֶּנָּה וְאֶת־תַּזְנוּתֶיהָ מִזְּנוּנֵי
יב אֲחוֹתָהּ: אֶל־בְּנֵי אַשּׁוּר עָגָבָה פַּחוֹת וּסְגָנִים קְרֹבִים לְבֻשֵׁי
יג מִכְלוֹל פָּרָשִׁים רֹכְבֵי סוּסִים בַּחוּרֵי חֶמֶד כֻּלָּם: וָאֵרֶא כִּי
יד נִטְמָאָה דֶּרֶךְ אֶחָד לִשְׁתֵּיהֶן: וַתּוֹסֶף אֶל־תַּזְנוּתֶיהָ וַתֵּרֶא אַנְשֵׁי
טו מְחֻקֶּה עַל־הַקִּיר צַלְמֵי כשדיים חֲקֻקִים בַּשָּׁשַׁר: חֲגוֹרֵי אֵזוֹר כַּשְׂדִּים
בְּמָתְנֵיהֶם סְרוּחֵי טְבוּלִים בְּרָאשֵׁיהֶם מַרְאֵה שָׁלִשִׁים כֻּלָּם
טז דְּמוּת בְּנֵי־בָבֶל כַּשְׂדִּים אֶרֶץ מוֹלַדְתָּם: וַתַּעְגַּב עֲלֵיהֶם לְמַרְאֵה
יז עֵינֶיהָ וַתִּשְׁלַח מַלְאָכִים אֲלֵיהֶם כַּשְׂדִּימָה: וַיָּבֹאוּ אֵלֶיהָ בְנֵי־
בָבֶל לְמִשְׁכַּב דֹּדִים וַיְטַמְּאוּ אוֹתָהּ בְּתַזְנוּתָם וַתִּטְמָא־בָם
יח וַתֵּקַע נַפְשָׁהּ מֵהֶם: וַתְּגַל תַּזְנוּתֶיהָ וַתְּגַל אֶת־עֶרְוָתָהּ וַתֵּקַע
יט נַפְשִׁי מֵעָלֶיהָ כַּאֲשֶׁר נָקְעָה נַפְשִׁי מֵעַל אֲחוֹתָהּ: וַתַּרְבֶּה אֶת־

תַּזְנוּתֶ֑יהָ לִזְכֹּר֙ אֶת־יְמֵ֣י נְעוּרֶ֔יהָ אֲשֶׁ֥ר זָנְתָ֖ה בְּאֶ֥רֶץ מִצְרָֽיִם׃
כ וַֽתַּעְגְּבָ֔ה עַ֖ל פִּלַגְשֵׁיהֶ֑ם אֲשֶׁ֤ר בְּשַׂר־חֲמוֹרִים֙ בְּשָׂרָ֔ם וְזִרְמַ֥ת
כא סוּסִ֖ים זִרְמָתָֽם׃ וַֽתִּפְקְדִ֔י אֵ֖ת זִמַּ֣ת נְעוּרָ֑יִךְ בַּעְשׂ֤וֹת מִמִּצְרַ֙יִם֙
כב דַּדַּ֔יִךְ לְמַ֖עַן שְׁדֵ֥י נְעוּרָֽיִךְ׃ לָכֵ֣ן אָהֳלִיבָ֗ה כֹּֽה־
אָמַר֮ אֲדֹנָ֣י יֱהֹוִה֒ הִנְנִ֨י מֵעִ֤יר אֶת־מְאַהֲבַ֙יִךְ֙ עָלַ֔יִךְ אֵ֛ת אֲשֶׁר־
כג נָקְעָ֥ה נַפְשֵׁ֖ךְ מֵהֶ֑ם וַהֲבֵאתִ֥ים עָלַ֖יִךְ מִסָּבִֽיב׃ בְּנֵ֤י בָבֶל֙ וְכָל־
כַּשְׂדִּ֔ים פְּק֤וֹד וְשׁ֙וֹעַ֙ וְק֔וֹעַ כָּל־בְּנֵ֥י אַשּׁ֖וּר אוֹתָ֑ם בַּח֧וּרֵי חֶ֣מֶד
כד פַּח֤וֹת וּסְגָנִים֙ כֻּלָּ֔ם שָֽׁלִשִׁים֙ וּקְרוּאִ֔ים רֹכְבֵ֥י סוּסִ֖ים כֻּלָּֽם׃ וּבָ֣אוּ
עָלַ֡יִךְ הֹ֠צֶן רֶ֣כֶב וְגַלְגַּ֞ל וּבִקְהַ֣ל עַמִּ֗ים צִנָּ֛ה וּמָגֵ֥ן וְקוֹבַ֖ע יָשִׂ֣ימוּ
עָלַ֣יִךְ סָבִ֑יב וְנָתַתִּ֤י לִפְנֵיהֶם֙ מִשְׁפָּ֔ט וּשְׁפָט֖וּךְ בְּמִשְׁפְּטֵיהֶֽם׃
כה וְנָתַתִּ֨י קִנְאָתִ֜י בָּ֗ךְ וְעָשׂ֤וּ אוֹתָךְ֙ בְּחֵמָ֔ה אַפֵּ֤ךְ וְאָזְנַ֙יִךְ֙ יָסִ֔ירוּ
וְאַחֲרִיתֵ֖ךְ בַּחֶ֣רֶב תִּפּ֑וֹל הֵ֗מָּה בָּנַ֤יִךְ וּבְנוֹתַ֙יִךְ֙ יִקָּ֔חוּ וְאַחֲרִיתֵ֖ךְ
כו תֵּאָכֵ֥ל בָּאֵֽשׁ׃ וְהִפְשִׁיט֖וּךְ אֶת־בְּגָדָ֑יִךְ וְלָקְח֖וּ כְּלֵ֥י תִפְאַרְתֵּֽךְ׃
כז וְהִשְׁבַּתִּ֤י זִמָּתֵךְ֙ מִמֵּ֔ךְ וְאֶת־זְנוּתֵ֖ךְ מֵאֶ֣רֶץ מִצְרָ֑יִם וְלֹֽא־תִשְׂאִ֤י יד
כח עֵינַ֙יִךְ֙ אֲלֵיהֶ֔ם וּמִצְרַ֖יִם לֹ֥א תִזְכְּרִי־עֽוֹד׃ כִּ֣י כֹ֤ה
אָמַר֙ אֲדֹנָ֣י יֱהֹוִ֔ה הִנְנִי֙ נֹתְנָ֔ךְ בְּיַ֖ד אֲשֶׁ֣ר שָׂנֵ֑את בְּיַ֕ד אֲשֶׁר־נָקְעָ֥ה
כט נַפְשֵׁ֖ךְ מֵהֶֽם׃ וְעָשׂ֨וּ אוֹתָ֜ךְ בְּשִׂנְאָ֗ה וְלָֽקְחוּ֙ כָּל־יְגִיעֵ֔ךְ וַעֲזָב֖וּךְ
ל עֵירֹ֣ם וְעֶרְיָ֑ה וְנִגְלָה֙ עֶרְוַ֣ת זְנוּנַ֔יִךְ וְזִמָּתֵ֖ךְ וְתַזְנֻתָֽיִךְ׃ עָשֹׂ֥ה אֵ֖לֶּה
לא לָ֑ךְ בִּזְנוֹתֵךְ֙ אַחֲרֵ֣י גוֹיִ֔ם עַ֥ל אֲשֶׁר־נִטְמֵ֖את בְּגִלּוּלֵיהֶֽם׃ בְּדֶ֥רֶךְ
לב אֲחוֹתֵ֖ךְ הָלָ֑כְתְּ וְנָתַתִּ֥י כוֹסָ֖הּ בְּיָדֵֽךְ׃ כֹּ֣ה אָמַר֮
אֲדֹנָ֣י יֱהֹוִה֒ כּ֤וֹס אֲחוֹתֵךְ֙ תִּשְׁתִּ֔י הָעֲמֻקָּ֖ה וְהָרְחָבָ֑ה תִּהְיֶ֧ה לִצְחֹ֛ק
לג וּלְלַ֖עַג מִרְבָּ֥ה לְהָכִֽיל׃ שִׁכָּר֥וֹן וְיָג֖וֹן תִּמָּלֵ֑אִי כּ֚וֹס שַׁמָּ֣ה
לד וּשְׁמָמָ֔ה כּ֖וֹס אֲחוֹתֵ֥ךְ שֹׁמְרֽוֹן׃ וְשָׁתִ֨ית אוֹתָ֜הּ וּמָצִ֗ית וְאֶת־
חֲרָשֶׂ֛יהָ תְּגָרֵ֖מִי וְשָׁדַ֣יִךְ תְּנַתֵּ֑קִי כִּ֚י אֲנִ֣י דִבַּ֔רְתִּי נְאֻ֖ם אֲדֹנָ֥י
לה יֱהֹוִֽה׃ לָכֵ֗ן כֹּ֤ה אָמַר֙ אֲדֹנָ֣י יֱהֹוִ֔ה יַ֚עַן שָׁכַ֣חַתְּ
אוֹתִ֔י וַתַּשְׁלִ֥יכִי אוֹתִ֖י אַחֲרֵ֣י גַוֵּ֑ךְ וְגַם־אַ֛תְּ שְׂאִ֥י זִמָּתֵ֖ךְ וְאֶת־
לו תַּזְנוּתָֽיִךְ׃ וַיֹּ֤אמֶר יְהוָה֙ אֵלַ֔י בֶּן־אָדָ֕ם הֲתִשְׁפּ֥וֹט

לז אֶת־אָהֳלָה וְאֶת־אָהֳלִיבָה וְהַגֵּד לָהֶן אֵת תּוֹעֲבוֹתֵיהֶן׃ כִּי נִאֵפוּ
וְדָם בִּידֵיהֶן וְאֶת־גִּלּוּלֵיהֶן נִאֵפוּ וְגַם אֶת־בְּנֵיהֶן אֲשֶׁר יָלְדוּ־לִי
לח הֶעֱבִירוּ לָהֶם לְאָכְלָה׃ עוֹד זֹאת עָשׂוּ לִי טִמְּאוּ אֶת־מִקְדָּשִׁי
לט בַּיּוֹם הַהוּא וְאֶת־שַׁבְּתוֹתַי חִלֵּלוּ׃ וּבְשַׁחֲטָם אֶת־בְּנֵיהֶם
לְגִלּוּלֵיהֶם וַיָּבֹאוּ אֶל־מִקְדָּשִׁי בַּיּוֹם הַהוּא לְחַלְּלוֹ וְהִנֵּה־כֹה
מ עָשׂוּ בְּתוֹךְ בֵּיתִי׃ וְאַף כִּי תִשְׁלַחְנָה לַאֲנָשִׁים בָּאִים מִמֶּרְחָק
אֲשֶׁר מַלְאָךְ שָׁלוּחַ אֲלֵיהֶם וְהִנֵּה־בָאוּ לַאֲשֶׁר רָחַצְתְּ כָּחַלְתְּ
מא עֵינַיִךְ וְעָדִית עֶדִי׃ וְיָשַׁבְתְּ עַל־מִטָּה כְבוּדָּה וְשֻׁלְחָן עָרוּךְ
מב לְפָנֶיהָ וּקְטָרְתִּי וְשַׁמְנִי שַׂמְתְּ עָלֶיהָ׃ וְקוֹל הָמוֹן שָׁלֵו בָהּ וְאֶל־
אֲנָשִׁים מֵרֹב אָדָם מוּבָאִים סובאים מִמִּדְבָּר וַיִּתְּנוּ צְמִידִים סָבָאִים
מג אֶל־יְדֵיהֶן וַעֲטֶרֶת תִּפְאֶרֶת עַל־רָאשֵׁיהֶן׃ וָאֹמַר לַבָּלָה נִאוּפִים
מד עַתְּ יזנה תַזְנוּתֶהָ וָהִיא׃ וַיָּבוֹא אֵלֶיהָ כְּבוֹא אֶל־אִשָּׁה זוֹנָה יִזְנוּ
מה כֵּן בָּאוּ אֶל־אָהֳלָה וְאֶל־אָהֳלִיבָה אִשֹּׁת הַזִּמָּה׃ וַאֲנָשִׁים
צַדִּיקִם הֵמָּה יִשְׁפְּטוּ אוֹתְהֶם מִשְׁפַּט נֹאֲפוֹת וּמִשְׁפַּט שֹׁפְכוֹת
מו דָּם כִּי נֹאֲפֹת הֵנָּה וְדָם בִּידֵיהֶן׃ כִּי כֹה אָמַר
מז אֲדֹנָי יֱהוִה הַעֲלֵה עֲלֵיהֶם קָהָל וְנָתֹן אֶתְהֶן לְזַעֲוָה וָלָבַז׃ וְרָגְמוּ
עֲלֵיהֶן אֶבֶן קָהָל וּבָרֵא אוֹתְהֶן בְּחַרְבוֹתָם בְּנֵיהֶם וּבְנוֹתֵיהֶם
מח יַהֲרֹגוּ וּבָתֵּיהֶן בָּאֵשׁ יִשְׂרֹפוּ׃ וְהִשְׁבַּתִּי זִמָּה מִן־הָאָרֶץ
מט וְנִוַּסְּרוּ כָּל־הַנָּשִׁים וְלֹא תַעֲשֶׂינָה כְּזִמַּתְכֶנָה׃ וְנָתְנוּ זִמַּתְכֶנָה
עֲלֵיכֶן וַחֲטָאֵי גִלּוּלֵיכֶן תִּשֶּׂאינָה וִידַעְתֶּם כִּי אֲנִי אֲדֹנָי
כד א יֱהוִה׃ וַיְהִי דְבַר־יְהוָה אֵלַי בַּשָּׁנָה הַתְּשִׁיעִית
ב בַּחֹדֶשׁ הָעֲשִׂירִי בֶּעָשׂוֹר לַחֹדֶשׁ לֵאמֹר׃ בֶּן־אָדָם כתוב־לְךָ אֶת־ כְּתָב־
שֵׁם הַיּוֹם אֶת־עֶצֶם הַיּוֹם הַזֶּה סָמַךְ מֶלֶךְ־בָּבֶל אֶל־יְרוּשָׁלִַם
ג בְּעֶצֶם הַיּוֹם הַזֶּה׃ וּמְשֹׁל אֶל־בֵּית־הַמֶּרִי מָשָׁל וְאָמַרְתָּ אֲלֵיהֶם
ד כֹּה אָמַר אֲדֹנָי יֱהוִה שְׁפֹת הַסִּיר שְׁפֹת וְגַם־יְצֹק בּוֹ מָיִם׃ אֱסֹף
נְתָחֶיהָ אֵלֶיהָ כָּל־נֵתַח טוֹב יָרֵךְ וְכָתֵף מִבְחַר עֲצָמִים מַלֵּא׃
ה מִבְחַר הַצֹּאן לָקוֹחַ וְגַם דּוּר הָעֲצָמִים תַּחְתֶּיהָ רַתַּח רְתָחֶיהָ

תחילת המצור
על ירושלים
מל״ב כה, א–ב
ירמיה לט, א; נב,
ד–ה

ו גַּם־בָּשְׁלוּ עֲצָמֶיהָ בְּתוֹכָהּ׃ לָכֵן כֹּה־אָמַר ׀ אֲדֹנָי
יֱהֹוִה אוֹי עִיר הַדָּמִים סִיר אֲשֶׁר חֶלְאָתָה בָהּ וְחֶלְאָתָהּ לֹא
יָצְאָה מִמֶּנָּה לִנְתָחֶיהָ לִנְתָחֶיהָ הוֹצִיאָהּ לֹא־נָפַל עָלֶיהָ גּוֹרָל׃
ז כִּי דָמָהּ בְּתוֹכָהּ הָיָה עַל־צְחִיחַ סֶלַע שָׂמָתְהוּ לֹא שְׁפָכַתְהוּ
ח עַל־הָאָרֶץ לְכַסּוֹת עָלָיו עָפָר׃ לְהַעֲלוֹת חֵמָה לִנְקֹם נָקָם נָתַתִּי
ט אֶת־דָּמָהּ עַל־צְחִיחַ סָלַע לְבִלְתִּי הִכָּסוֹת׃ לָכֵן
כֹּה אָמַר אֲדֹנָי יֱהֹוִה אוֹי עִיר הַדָּמִים גַּם־אֲנִי אַגְדִּיל הַמְּדוּרָה׃
י הַרְבֵּה הָעֵצִים הַדְלֵק הָאֵשׁ הָתֵם הַבָּשָׂר וְהַרְקַח הַמֶּרְקָחָה
יא וְהָעֲצָמוֹת יֵחָרוּ׃ וְהַעֲמִידֶהָ עַל־גֶּחָלֶיהָ רֵקָה לְמַעַן תֵּחַם וְחָרָה
יב נְחֻשְׁתָּהּ וְנִתְּכָה בְתוֹכָהּ טֻמְאָתָהּ תִּתֹּם חֶלְאָתָהּ׃ תְּאֻנִים
הֶלְאָת וְלֹא־תֵצֵא מִמֶּנָּה רַבַּת חֶלְאָתָהּ בְּאֵשׁ חֶלְאָתָהּ׃
יג בְּטֻמְאָתֵךְ זִמָּה יַעַן טִהַרְתִּיךְ וְלֹא טָהַרְתְּ מִטֻּמְאָתֵךְ לֹא
יד תִטְהֲרִי־עוֹד עַד־הֲנִיחִי אֶת־חֲמָתִי בָּךְ׃ אֲנִי יְהֹוָה דִּבַּרְתִּי
בָּאָה וְעָשִׂיתִי לֹא־אֶפְרַע וְלֹא־אָחוּס וְלֹא אֶנָּחֵם כִּדְרָכַיִךְ
טו וְכַעֲלִילוֹתַיִךְ שְׁפָטוּךְ נְאֻם אֲדֹנָי יֱהֹוִה׃ וַיְהִי
טז דְבַר־יְהֹוָה אֵלַי לֵאמֹר׃ בֶּן־אָדָם הִנְנִי לֹקֵחַ מִמְּךָ אֶת־מַחְמַד
עֵינֶיךָ בְּמַגֵּפָה וְלֹא תִסְפֹּד וְלֹא תִבְכֶּה וְלוֹא תָבוֹא דִּמְעָתֶךָ׃
יז הֵאָנֵק ׀ דֹּם מֵתִים אֵבֶל לֹא־תַעֲשֶׂה פְּאֵרְךָ חֲבוֹשׁ עָלֶיךָ וּנְעָלֶיךָ
תָּשִׂים בְּרַגְלֶיךָ וְלֹא תַעְטֶה עַל־שָׂפָם וְלֶחֶם אֲנָשִׁים לֹא תֹאכֵל׃
יח וָאֲדַבֵּר אֶל־הָעָם בַּבֹּקֶר וַתָּמָת אִשְׁתִּי בָּעָרֶב וָאַעַשׂ בַּבֹּקֶר
יט כַּאֲשֶׁר צֻוֵּיתִי׃ וַיֹּאמְרוּ אֵלַי הָעָם הֲלֹא־תַגִּיד לָנוּ מָה־אֵלֶּה לָּנוּ
כ כִּי אַתָּה עֹשֶׂה׃ וָאֹמַר אֲלֵיהֶם דְּבַר־יְהֹוָה הָיָה אֵלַי לֵאמֹר׃
כא אֱמֹר ׀ לְבֵית יִשְׂרָאֵל כֹּה־אָמַר אֲדֹנָי יֱהֹוִה הִנְנִי מְחַלֵּל אֶת־
מִקְדָּשִׁי גְּאוֹן עֻזְּכֶם מַחְמַד עֵינֵיכֶם וּמַחְמַל נַפְשְׁכֶם וּבְנֵיכֶם
כב וּבְנוֹתֵיכֶם אֲשֶׁר עֲזַבְתֶּם בַּחֶרֶב יִפֹּלוּ׃ וַעֲשִׂיתֶם כַּאֲשֶׁר עָשִׂיתִי
כג עַל־שָׂפָם לֹא תַעְטוּ וְלֶחֶם אֲנָשִׁים לֹא תֹאכֵלוּ׃ וּפְאֵרֵכֶם עַל־
רָאשֵׁיכֶם וְנַעֲלֵיכֶם בְּרַגְלֵיכֶם לֹא תִסְפְּדוּ וְלֹא תִבְכּוּ וּנְמַקֹּתֶם

כד בַּעֲוֺנֹתֵיכֶם וּנְהַמְתֶּם אִישׁ אֶל־אָחִיו: וְהָיָה יְחֶזְקֵאל לָכֶם טו
לְמוֹפֵת כְּכֹל אֲשֶׁר־עָשָׂה תַּעֲשׂוּ בְּבֹאָהּ וִידַעְתֶּם כִּי אֲנִי אֲדֹנָי
כה יֱהֹוִה: וְאַתָּה בֶן־אָדָם הֲלוֹא בְּיוֹם קַחְתִּי מֵהֶם
אֶת־מָעוּזָּם מְשׂוֹשׂ תִּפְאַרְתָּם אֶת־מַחְמַד עֵינֵיהֶם וְאֶת־מַשָּׂא
כו נַפְשָׁם בְּנֵיהֶם וּבְנוֹתֵיהֶם: בַּיּוֹם הַהוּא יָבוֹא הַפָּלִיט אֵלֶיךָ
כז לְהַשְׁמָעוּת אָזְנָיִם: בַּיּוֹם הַהוּא יִפָּתַח פִּיךָ אֶת־הַפָּלִיט
וּתְדַבֵּר וְלֹא תֵאָלֵם עוֹד וְהָיִיתָ לָהֶם לְמוֹפֵת וְיָדְעוּ כִּי־אֲנִי
כה א ב יְהוָה: וַיְהִי דְבַר־יְהוָה אֵלַי לֵאמֹר: בֶּן־אָדָם שִׂים
ג פָּנֶיךָ אֶל־בְּנֵי עַמּוֹן וְהִנָּבֵא עֲלֵיהֶם: וְאָמַרְתָּ לִבְנֵי עַמּוֹן שִׁמְעוּ
דְּבַר־אֲדֹנָי יֱהֹוִה כֹּה־אָמַר אֲדֹנָי יֱהֹוִה יַעַן אָמְרֵךְ הֶאָח אֶל־
מִקְדָּשִׁי כִי־נִחָל וְאֶל־אַדְמַת יִשְׂרָאֵל כִּי נָשַׁמָּה וְאֶל־בֵּית
ד יְהוּדָה כִּי הָלְכוּ בַּגּוֹלָה: לָכֵן הִנְנִי נֹתְנָךְ לִבְנֵי־קֶדֶם לְמוֹרָשָׁה
וְיִשְּׁבוּ טִירוֹתֵיהֶם בָּךְ וְנָתְנוּ בָךְ מִשְׁכְּנֵיהֶם הֵמָּה יֹאכְלוּ פִרְיֵךְ
ה וְהֵמָּה יִשְׁתּוּ חֲלָבֵךְ: וְנָתַתִּי אֶת־רַבָּה לִנְוֵה גְמַלִּים וְאֶת־בְּנֵי
ו עַמּוֹן לְמִרְבַּץ־צֹאן וִידַעְתֶּם כִּי־אֲנִי יְהוָה: כִּי כֹה
אָמַר אֲדֹנָי יֱהֹוִה יַעַן מַחְאֲךָ יָד וְרַקְעֲךָ בְּרָגֶל וַתִּשְׂמַח בְּכָל־
ז שָׁאטְךָ בְּנֶפֶשׁ אֶל־אַדְמַת יִשְׂרָאֵל: לָכֵן הִנְנִי נָטִיתִי אֶת־יָדִי
עָלֶיךָ וּנְתַתִּיךָ לבג לַגּוֹיִם וְהִכְרַתִּיךָ מִן־הָעַמִּים וְהַאֲבַדְתִּיךָ מִן־ לְבַז
ח הָאֲרָצוֹת אַשְׁמִידְךָ וְיָדַעְתָּ כִּי־אֲנִי יְהוָה: כֹּה
אָמַר אֲדֹנָי יֱהֹוִה יַעַן אֲמֹר מוֹאָב וְשֵׂעִיר הִנֵּה כְּכָל־הַגּוֹיִם בֵּית
ט יְהוּדָה: לָכֵן הִנְנִי פֹתֵחַ אֶת־כֶּתֶף מוֹאָב מֵהֶעָרִים מֵעָרָיו
י מִקָּצֵהוּ צְבִי אֶרֶץ בֵּית הַיְשִׁימוֹת בַּעַל מְעוֹן וקריתמה: לִבְנֵי־ וְקִרְיָתָיְמָה
קֶדֶם עַל־בְּנֵי עַמּוֹן וּנְתַתִּיהָ לְמוֹרָשָׁה לְמַעַן לֹא־תִזָּכֵר
יא בְּנֵי־עַמּוֹן בַּגּוֹיִם: וּבְמוֹאָב אֶעֱשֶׂה שְׁפָטִים וְיָדְעוּ כִּי־אֲנִי
יב יְהוָה: כֹּה אָמַר אֲדֹנָי יֱהֹוִה יַעַן עֲשׂוֹת אֱדוֹם
יג בִּנְקֹם נָקָם לְבֵית יְהוּדָה וַיֶּאְשְׁמוּ אָשׁוֹם וְנִקְּמוּ בָהֶם: לָכֵן כֹּה
אָמַר אֲדֹנָי יֱהֹוִה וְנָטִתִי יָדִי עַל־אֱדוֹם וְהִכְרַתִּי מִמֶּנָּה אָדָם

בואו של הפליט ליחזקאל ובפיו בשורת החורבן יחזקאל לג, כא–כב

יד וּבְהֵמָה וּנְתַתִּיהָ חָרְבָּה מִתֵּימָן וּדְדָנֶה בַּחֶרֶב יִפֹּלוּ: וְנָתַתִּי אֶת־
נִקְמָתִי בֶּאֱדוֹם בְּיַד עַמִּי יִשְׂרָאֵל וְעָשׂוּ בֶאֱדוֹם כְּאַפִּי וְכַחֲמָתִי
טו וְיָדְעוּ אֶת־נִקְמָתִי נְאֻם אֲדֹנָי יֱהוִה: כֹּה אָמַר
אֲדֹנָי יֱהוִה יַעַן עֲשׂוֹת פְּלִשְׁתִּים בִּנְקָמָה וַיִּנָּקְמוּ נָקָם בִּשְׁאָט
טז בְּנֶפֶשׁ לְמַשְׁחִית אֵיבַת עוֹלָם: לָכֵן כֹּה אָמַר אֲדֹנָי יֱהוִה הִנְנִי
נוֹטֶה יָדִי עַל־פְּלִשְׁתִּים וְהִכְרַתִּי אֶת־כְּרֵתִים וְהַאֲבַדְתִּי אֶת־
יז שְׁאֵרִית חוֹף הַיָּם: וְעָשִׂיתִי בָם נְקָמוֹת גְּדֹלוֹת בְּתוֹכְחוֹת חֵמָה
וְיָדְעוּ כִּי־אֲנִי יְהוָה בְּתִתִּי אֶת־נִקְמָתִי בָּם:
כו א וַיְהִי בְּעַשְׁתֵּי־עֶשְׂרֵה שָׁנָה בְּאֶחָד לַחֹדֶשׁ הָיָה דְבַר־יְהוָה אֵלַי
ב לֵאמֹר: בֶּן־אָדָם יַעַן אֲשֶׁר־אָמְרָה צֹּר עַל־יְרוּשָׁלִַם הֶאָח
ג נִשְׁבְּרָה דַּלְתוֹת הָעַמִּים נָסֵבָּה אֵלָי אִמָּלְאָה הָחֳרָבָה: לָכֵן כֹּה
אָמַר אֲדֹנָי יֱהוִה הִנְנִי עָלַיִךְ צֹר וְהַעֲלֵיתִי עָלַיִךְ גּוֹיִם רַבִּים
ד כְּהַעֲלוֹת הַיָּם לְגַלָּיו: וְשִׁחֲתוּ חֹמוֹת צֹר וְהָרְסוּ מִגְדָּלֶיהָ וְסִחֵיתִי
ה עֲפָרָהּ מִמֶּנָּה וְנָתַתִּי אוֹתָהּ לִצְחִיחַ סָלַע: מִשְׁטַח חֲרָמִים
תִּהְיֶה בְּתוֹךְ הַיָּם כִּי אֲנִי דִבַּרְתִּי נְאֻם אֲדֹנָי יֱהוִה וְהָיְתָה לְבַז
ו לַגּוֹיִם: וּבְנוֹתֶיהָ אֲשֶׁר בַּשָּׂדֶה בַּחֶרֶב תֵּהָרַגְנָה וְיָדְעוּ כִּי־אֲנִי
ז יְהוָה: כִּי כֹה אָמַר אֲדֹנָי יֱהוִה הִנְנִי מֵבִיא אֶל־
צֹר נְבוּכַדְרֶאצַּר מֶלֶךְ־בָּבֶל מִצָּפוֹן מֶלֶךְ מְלָכִים בְּסוּס וּבְרֶכֶב
ח וּבְפָרָשִׁים וְקָהָל וְעַם־רָב: בְּנוֹתַיִךְ בַּשָּׂדֶה בַּחֶרֶב יַהֲרֹג וְנָתַן
ט עָלַיִךְ דָּיֵק וְשָׁפַךְ עָלַיִךְ סֹלְלָה וְהֵקִים עָלַיִךְ צִנָּה: וּמְחִי קָבָלּוֹ
י יִתֵּן בְּחֹמוֹתָיִךְ וּמִגְדְּלֹתַיִךְ יִתֹּץ בְּחַרְבוֹתָיו: מִשִּׁפְעַת סוּסָיו
יְכַסֵּךְ אֲבָקָם מִקּוֹל פָּרַשׁ וְגַלְגַּל וָרֶכֶב תִּרְעַשְׁנָה חוֹמוֹתַיִךְ
יא בְּבֹאוֹ בִּשְׁעָרַיִךְ כִּמְבוֹאֵי עִיר מְבֻקָּעָה: בְּפַרְסוֹת סוּסָיו יִרְמֹס
אֶת־כָּל־חוּצוֹתָיִךְ עַמֵּךְ בַּחֶרֶב יַהֲרֹג וּמַצְּבוֹת עֻזֵּךְ לָאָרֶץ תֵּרֵד:
יב וְשָׁלְלוּ חֵילֵךְ וּבָזְזוּ רְכֻלָּתֵךְ וְהָרְסוּ חוֹמוֹתַיִךְ וּבָתֵּי חֶמְדָּתֵךְ יִתֹּצוּ
יג וַאֲבָנַיִךְ וְעֵצַיִךְ וַעֲפָרֵךְ בְּתוֹךְ מַיִם יָשִׂימוּ: וְהִשְׁבַּתִּי הֲמוֹן שִׁירָיִךְ
יד וְקוֹל כִּנּוֹרַיִךְ לֹא יִשָּׁמַע עוֹד: וּנְתַתִּיךְ לִצְחִיחַ סֶלַע מִשְׁטַח

חֲרָמִים תִּהְיֶה לֹא תִבָּנֶה עוֹד כִּי אֲנִי יְהוָה דִּבַּרְתִּי נְאֻם אֲדֹנָי
טו יֱהֹוִה׃ כֹּה אָמַר אֲדֹנָי יֱהֹוִה לְצוֹר הֲלֹא ׀ מִקּוֹל
טז מַפַּלְתֵּךְ בֶּאֱנֹק חָלָל בֵּהָרֵג הֶרֶג בְּתוֹכֵךְ יִרְעֲשׁוּ הָאִיִּים׃ וְיָרְדוּ
מֵעַל כִּסְאוֹתָם כֹּל נְשִׂיאֵי הַיָּם וְהֵסִירוּ אֶת־מְעִילֵיהֶם וְאֶת־
בִּגְדֵי רִקְמָתָם יִפְשֹׁטוּ חֲרָדוֹת ׀ יִלְבָּשׁוּ עַל־הָאָרֶץ יֵשֵׁבוּ
יז וְחָרְדוּ לִרְגָעִים וְשָׁמְמוּ עָלָיִךְ׃ וְנָשְׂאוּ עָלַיִךְ קִינָה וְאָמְרוּ לָךְ
אֵיךְ אָבַדְתְּ נוֹשֶׁבֶת מִיַּמִּים הָעִיר הַהֻלָּלָה אֲשֶׁר הָיְתָה
חֲזָקָה בַיָּם הִיא וְיֹשְׁבֶיהָ אֲשֶׁר־נָתְנוּ חִתִּיתָם לְכָל־יוֹשְׁבֶיהָ׃
יח עַתָּה יֶחְרְדוּ הָאִיִּן יוֹם מַפַּלְתֵּךְ וְנִבְהֲלוּ הָאִיִּים אֲשֶׁר־בַּיָּם
יט מִצֵּאתֵךְ׃ כִּי כֹה אָמַר אֲדֹנָי יֱהֹוִה בְּתִתִּי אֹתָךְ
עִיר נֶחֱרֶבֶת כֶּעָרִים אֲשֶׁר לֹא־נוֹשָׁבוּ בְּהַעֲלוֹת עָלַיִךְ אֶת־תְּהוֹם
כ וְכִסּוּךְ הַמַּיִם הָרַבִּים׃ וְהוֹרַדְתִּיךְ אֶת־יוֹרְדֵי בוֹר אֶל־עַם עוֹלָם טז
וְהוֹשַׁבְתִּיךְ בְּאֶרֶץ תַּחְתִּיּוֹת כָּחֳרָבוֹת מֵעוֹלָם אֶת־יוֹרְדֵי
כא בוֹר לְמַעַן לֹא תֵשֵׁבִי וְנָתַתִּי צְבִי בְּאֶרֶץ חַיִּים׃ בַּלָּהוֹת
אֶתְּנֵךְ וְאֵינֵךְ וּתְבֻקְשִׁי וְלֹא־תִמָּצְאִי עוֹד לְעוֹלָם נְאֻם אֲדֹנָי
כז א ב יֱהֹוִה׃ וַיְהִי דְבַר־יְהוָה אֵלַי לֵאמֹר׃ וְאַתָּה בֶן־
ג אָדָם שָׂא עַל־צֹר קִינָה׃ וְאָמַרְתָּ לְצוֹר הַיֹּשַׁבְתִּי עַל־מְבוֹאֹת יָם הַיֹּשֶׁבֶת
רֹכֶלֶת הָעַמִּים אֶל־אִיִּים רַבִּים כֹּה אָמַר אֲדֹנָי יֱהֹוִה צוֹר אַתְּ
ד אָמַרְתְּ אֲנִי כְּלִילַת יֹפִי׃ בְּלֵב יַמִּים גְּבוּלָיִךְ בֹּנַיִךְ כָּלְלוּ יָפְיֵךְ׃
ה בְּרוֹשִׁים מִשְּׂנִיר בָּנוּ לָךְ אֵת כָּל־לֻחֹתָיִם אֶרֶז מִלְּבָנוֹן לָקָחוּ
ו לַעֲשׂוֹת תֹּרֶן עָלָיִךְ׃ אַלּוֹנִים מִבָּשָׁן עָשׂוּ מִשּׁוֹטָיִךְ קַרְשֵׁךְ עָשׂוּ־
ז שֵׁן בַּת־אֲשֻׁרִים מֵאִיֵּי כִּתִּים׃ שֵׁשׁ בְּרִקְמָה מִמִּצְרַיִם הָיָה
מִפְרָשֵׂךְ לִהְיוֹת לָךְ לְנֵס תְּכֵלֶת וְאַרְגָּמָן מֵאִיֵּי אֱלִישָׁה הָיָה
ח מְכַסֵּךְ׃ יֹשְׁבֵי צִידוֹן וְאַרְוַד הָיוּ שָׁטִים לָךְ חֲכָמַיִךְ צוֹר הָיוּ בָךְ
ט הֵמָּה חֹבְלָיִךְ׃ זִקְנֵי גְבַל וַחֲכָמֶיהָ הָיוּ בָךְ מַחֲזִיקֵי בִּדְקֵךְ כָּל־
י אֳנִיּוֹת הַיָּם וּמַלָּחֵיהֶם הָיוּ בָךְ לַעֲרֹב מַעֲרָבֵךְ׃ פָּרַס וְלוּד וּפוּט
הָיוּ בְחֵילֵךְ אַנְשֵׁי מִלְחַמְתֵּךְ מָגֵן וְכוֹבַע תִּלּוּ־בָךְ הֵמָּה נָתְנוּ

יא הַדְרֵךְ: בְּנֵי אַרְוַד וְחֵילֵךְ עַל־חוֹמוֹתַיִךְ סָבִיב וְגַמָּדִים
בְּמִגְדְּלוֹתַיִךְ הָיוּ שִׁלְטֵיהֶם תִּלּוּ עַל־חוֹמוֹתַיִךְ סָבִיב הֵמָּה
יב כָּלְלוּ יָפְיֵךְ: תַּרְשִׁישׁ סֹחַרְתֵּךְ מֵרֹב כָּל־הוֹן בְּכֶסֶף בַּרְזֶל בְּדִיל
יג וְעוֹפֶרֶת נָתְנוּ עִזְבוֹנָיִךְ: יָוָן תֻּבַל וָמֶשֶׁךְ הֵמָּה רֹכְלָיִךְ בְּנֶפֶשׁ
יד אָדָם וּכְלֵי נְחֹשֶׁת נָתְנוּ מַעֲרָבֵךְ: מִבֵּית תּוֹגַרְמָה סוּסִים וּפָרָשִׁים
טו וּפְרָדִים נָתְנוּ עִזְבוֹנָיִךְ: בְּנֵי דְדָן רֹכְלַיִךְ אִיִּים רַבִּים סְחֹרַת יָדֵךְ
טז קַרְנוֹת שֵׁן והובנים הֵשִׁיבוּ אֶשְׁכָּרֵךְ: אֲרָם סֹחַרְתֵּךְ מֵרֹב וְהָבְנִים
מַעֲשָׂיִךְ בְּנֹפֶךְ אַרְגָּמָן וְרִקְמָה וּבוּץ וְרָאמֹת וְכַדְכֹּד נָתְנוּ
יז בְּעִזְבוֹנָיִךְ: יְהוּדָה וְאֶרֶץ יִשְׂרָאֵל הֵמָּה רֹכְלָיִךְ בְּחִטֵּי מִנִּית וּפַנַּג
יח וּדְבַשׁ וָשֶׁמֶן וָצֹרִי נָתְנוּ מַעֲרָבֵךְ: דַּמֶּשֶׂק סֹחַרְתֵּךְ בְּרֹב מַעֲשַׂיִךְ
יט מֵרֹב כָּל־הוֹן בְּיֵין חֶלְבּוֹן וְצֶמֶר צָחַר: וְדָן וְיָוָן מְאוּזָּל בְּעִזְבוֹנַיִךְ
כ נָתָנוּ בַּרְזֶל עָשׁוֹת קִדָּה וְקָנֶה בְּמַעֲרָבֵךְ הָיָה: דְּדָן רֹכַלְתֵּךְ
כא בְּבִגְדֵי־חֹפֶשׁ לְרִכְבָּה: עֲרַב וְכָל־נְשִׂיאֵי קֵדָר הֵמָּה סֹחֲרֵי יָדֵךְ
כב בְּכָרִים וְאֵילִם וְעַתּוּדִים בָּם סֹחֲרָיִךְ: רֹכְלֵי שְׁבָא וְרַעְמָה הֵמָּה
רֹכְלָיִךְ בְּרֹאשׁ כָּל־בֹּשֶׂם וּבְכָל־אֶבֶן יְקָרָה וְזָהָב נָתְנוּ עִזְבוֹנָיִךְ:
כג כד חָרָן וְכַנֵּה וָעֶדֶן רֹכְלֵי שְׁבָא אַשּׁוּר כִּלְמַד רֹכַלְתֵּךְ: הֵמָּה רֹכְלַיִךְ
בְמַכְלֻלִים בִּגְלוֹמֵי תְּכֵלֶת וְרִקְמָה וּבְגִנְזֵי בְּרֹמִים בַּחֲבָלִים
כה חֲבֻשִׁים וַאֲרֻזִים בְּמַרְכֻלְתֵּךְ: אֳנִיּוֹת תַּרְשִׁישׁ שָׁרוֹתַיִךְ מַעֲרָבֵךְ
כו וַתִּמָּלְאִי וַתִּכְבְּדִי מְאֹד בְּלֵב יַמִּים: בְּמַיִם רַבִּים הֱבִאוּךְ הַשָּׁטִים
כז אֹתָךְ רוּחַ הַקָּדִים שְׁבָרֵךְ בְּלֵב יַמִּים: הוֹנֵךְ וְעִזְבוֹנַיִךְ מַעֲרָבֵךְ
מַלָּחַיִךְ וְחֹבְלָיִךְ מַחֲזִיקֵי בִדְקֵךְ וְעֹרְבֵי מַעֲרָבֵךְ וְכָל־אַנְשֵׁי
מִלְחַמְתֵּךְ אֲשֶׁר־בָּךְ וּבְכָל־קְהָלֵךְ אֲשֶׁר בְּתוֹכֵךְ יִפְּלוּ בְּלֵב
כח יַמִּים בְּיוֹם מַפַּלְתֵּךְ: לְקוֹל זַעֲקַת חֹבְלָיִךְ יִרְעֲשׁוּ מִגְרֹשׁוֹת:
כט וְיָרְדוּ מֵאֳנִיּוֹתֵיהֶם כֹּל תֹּפְשֵׂי מָשׁוֹט מַלָּחִים כֹּל חֹבְלֵי הַיָּם אֶל־
ל הָאָרֶץ יַעֲמֹדוּ: וְהִשְׁמִיעוּ עָלַיִךְ בְּקוֹלָם וְיִזְעֲקוּ מָרָה וְיַעֲלוּ עָפָר
לא עַל־רָאשֵׁיהֶם בָּאֵפֶר יִתְפַּלָּשׁוּ: וְהִקְרִיחוּ אֵלַיִךְ קָרְחָה וְחָגְרוּ
לב שַׂקִּים וּבָכוּ אֵלַיִךְ בְּמַר־נֶפֶשׁ מִסְפֵּד מָר: וְנָשְׂאוּ אֵלַיִךְ בְּנִיהֶם

לג קִינָה וְקוֹנְנוּ עָלַיִךְ מִי כְצוֹר כְּדֻמָה בְּתוֹךְ הַיָּם: בְּצֵאת עִזְבוֹנַיִךְ
מִיַּמִּים הִשְׂבַּעַתְּ עַמִּים רַבִּים בְּרֹב הוֹנַיִךְ וּמַעֲרָבַיִךְ הֶעֱשַׁרְתְּ
לד מַלְכֵי־אָרֶץ: עֵת נִשְׁבֶּרֶת מִיַּמִּים בְּמַעֲמַקֵּי־מָיִם מַעֲרָבֵךְ וְכָל־
לה קְהָלֵךְ בְּתוֹכֵךְ נָפָלוּ: כֹּל יֹשְׁבֵי הָאִיִּים שָׁמְמוּ עָלָיִךְ וּמַלְכֵיהֶם
לו שָׂעֲרוּ שַׂעַר רָעֲמוּ פָּנִים: סֹחֲרִים בָּעַמִּים שָׁרְקוּ עָלָיִךְ בַּלָּהוֹת
כח א הָיִית וְאֵינֵךְ עַד־עוֹלָם: וַיְהִי דְבַר־יְהוָה אֵלַי לֵאמֹר:
ב בֶּן־אָדָם אֱמֹר לִנְגִיד צֹר כֹּה־אָמַר ׀ אֲדֹנָי יֱהֹוִה יַעַן גָּבַהּ
לִבְּךָ וַתֹּאמֶר אֵל אָנִי מוֹשַׁב אֱלֹהִים יָשַׁבְתִּי בְּלֵב יַמִּים וְאַתָּה
ג אָדָם וְלֹא־אֵל וַתִּתֵּן לִבְּךָ כְּלֵב אֱלֹהִים: הִנֵּה חָכָם אַתָּה מִדָּנִאֵל מִדָּנִיֵּאל
ד כָּל־סָתוּם לֹא עֲמָמוּךָ: בְּחָכְמָתְךָ וּבִתְבוּנָתְךָ עָשִׂיתָ לְּךָ חָיִל חכמת דניאל דניאל א, ג–ו; א, יז–כ
ה וַתַּעַשׂ זָהָב וָכֶסֶף בְּאוֹצְרוֹתֶיךָ: בְּרֹב חָכְמָתְךָ בִּרְכֻלָּתְךָ הִרְבִּיתָ
ו חֵילֶךָ וַיִּגְבַּהּ לְבָבְךָ בְּחֵילֶךָ: לָכֵן כֹּה אָמַר אֲדֹנָי יֱהֹוִה
ז יַעַן תִּתְּךָ אֶת־לְבָבְךָ כְּלֵב אֱלֹהִים: לָכֵן הִנְנִי מֵבִיא עָלֶיךָ זָרִים
עָרִיצֵי גּוֹיִם וְהֵרִיקוּ חַרְבוֹתָם עַל־יְפִי חָכְמָתֶךָ וְחִלְּלוּ יִפְעָתֶךָ:
ח ט לַשַּׁחַת יוֹרִדוּךָ וָמַתָּה מְמוֹתֵי חָלָל בְּלֵב יַמִּים: הֶאָמֹר תֹּאמַר
אֱלֹהִים אָנִי לִפְנֵי הֹרְגֶךָ וְאַתָּה אָדָם וְלֹא־אֵל בְּיַד מְחַלְלֶיךָ:
י מוֹתֵי עֲרֵלִים תָּמוּת בְּיַד זָרִים כִּי אֲנִי דִבַּרְתִּי נְאֻם אֲדֹנָי
יא יב יֱהֹוִה: וַיְהִי דְבַר־יְהוָה אֵלַי לֵאמֹר: בֶּן־אָדָם שָׂא
קִינָה עַל־מֶלֶךְ צוֹר וְאָמַרְתָּ לּוֹ כֹּה אָמַר אֲדֹנָי יֱהֹוִה אַתָּה חוֹתֵם
יג תָּכְנִית מָלֵא חָכְמָה וּכְלִיל יֹפִי: בְּעֵדֶן גַּן־אֱלֹהִים הָיִיתָ כָּל־אֶבֶן יז
יְקָרָה מְסֻכָתֶךָ אֹדֶם פִּטְדָה וְיָהֲלֹם תַּרְשִׁישׁ שֹׁהַם וְיָשְׁפֵה סַפִּיר
נֹפֶךְ וּבָרְקַת וְזָהָב מְלֶאכֶת תֻּפֶּיךָ וּנְקָבֶיךָ בָּךְ בְּיוֹם הִבָּרַאֲךָ
יד כּוֹנָנוּ: אַתְּ־כְּרוּב מִמְשַׁח הַסּוֹכֵךְ וּנְתַתִּיךָ בְּהַר קֹדֶשׁ אֱלֹהִים
טו הָיִיתָ בְּתוֹךְ אַבְנֵי־אֵשׁ הִתְהַלָּכְתָּ: תָּמִים אַתָּה בִּדְרָכֶיךָ מִיּוֹם
טז הִבָּרְאָךְ עַד־נִמְצָא עַוְלָתָה בָּךְ: בְּרֹב רְכֻלָּתְךָ מָלוּ תוֹכְךָ חָמָס
וַתֶּחֱטָא וָאֲחַלֶּלְךָ מֵהַר אֱלֹהִים וָאַבֶּדְךָ כְּרוּב הַסֹּכֵךְ מִתּוֹךְ
יז אַבְנֵי־אֵשׁ: גָּבַהּ לִבְּךָ בְּיָפְיֶךָ שִׁחַתָּ חָכְמָתְךָ עַל־יִפְעָתֶךָ עַל־

יח אֶרֶץ הִשְׁלַכְתִּיךָ לִפְנֵי מְלָכִים נְתַתִּיךָ לְרַאֲוָה בָךְ׃ מֵרֹב
עֲוֺנֶיךָ בְּעֶוֶל רְכֻלָּתְךָ חִלַּלְתָּ מִקְדָּשֶׁיךָ וָאוֹצִא־אֵשׁ מִתּוֹכְךָ
הִיא אֲכָלַתְךָ וָאֶתֶּנְךָ לְאֵפֶר עַל־הָאָרֶץ לְעֵינֵי כָּל־רֹאֶיךָ׃
יט כָּל־יוֹדְעֶיךָ בָּעַמִּים שָׁמְמוּ עָלֶיךָ בַּלָּהוֹת הָיִיתָ וְאֵינְךָ עַד־
כ כא עוֹלָם׃ וַיְהִי דְבַר־יְהוָה אֵלַי לֵאמֹר׃ בֶּן־אָדָם
כב שִׂים פָּנֶיךָ אֶל־צִידוֹן וְהִנָּבֵא עָלֶיהָ׃ וְאָמַרְתָּ כֹּה אָמַר אֲדֹנָי
יְהוִה הִנְנִי עָלַיִךְ צִידוֹן וְנִכְבַּדְתִּי בְּתוֹכֵךְ וְיָדְעוּ כִּי־אֲנִי יְהוָה
כג בַּעֲשׂוֹתִי בָהּ שְׁפָטִים וְנִקְדַּשְׁתִּי בָהּ׃ וְשִׁלַּחְתִּי־בָהּ דֶּבֶר וָדָם
בְּחוּצוֹתֶיהָ וְנִפְלַל חָלָל בְּתוֹכָהּ בְּחֶרֶב עָלֶיהָ מִסָּבִיב וְיָדְעוּ
כד כִּי־אֲנִי יְהוָה׃ וְלֹא־יִהְיֶה עוֹד לְבֵית יִשְׂרָאֵל סִלּוֹן מַמְאִיר
וְקוֹץ מַכְאִב מִכֹּל סְבִיבֹתָם הַשָּׁאטִים אוֹתָם וְיָדְעוּ כִּי אֲנִי אֲדֹנָי
כה יְהוִה׃ כֹּה־אָמַר אֲדֹנָי יְהוִה בְּקַבְּצִי ׀ אֶת־בֵּית
יִשְׂרָאֵל מִן־הָעַמִּים אֲשֶׁר נָפֹצוּ בָם וְנִקְדַּשְׁתִּי בָם לְעֵינֵי הַגּוֹיִם
כו וְיָשְׁבוּ עַל־אַדְמָתָם אֲשֶׁר נָתַתִּי לְעַבְדִּי לְיַעֲקֹב׃ וְיָשְׁבוּ עָלֶיהָ
לָבֶטַח וּבָנוּ בָתִּים וְנָטְעוּ כְרָמִים וְיָשְׁבוּ לָבֶטַח בַּעֲשׂוֹתִי
שְׁפָטִים בְּכֹל הַשָּׁאטִים אֹתָם מִסְּבִיבוֹתָם וְיָדְעוּ כִּי אֲנִי יְהוָה
כט א אֱלֹהֵיהֶם׃ בַּשָּׁנָה הָעֲשִׂרִית בָּעֲשִׂרִי בִּשְׁנֵים עָשָׂר
ב לַחֹדֶשׁ הָיָה דְבַר־יְהוָה אֵלַי לֵאמֹר׃ בֶּן־אָדָם שִׂים פָּנֶיךָ עַל־
ג פַּרְעֹה מֶלֶךְ מִצְרָיִם וְהִנָּבֵא עָלָיו וְעַל־מִצְרַיִם כֻּלָּהּ׃ דַּבֵּר
וְאָמַרְתָּ כֹּה־אָמַר ׀ אֲדֹנָי יְהוִה הִנְנִי עָלֶיךָ פַּרְעֹה מֶלֶךְ־מִצְרַיִם
הַתַּנִּים הַגָּדוֹל הָרֹבֵץ בְּתוֹךְ יְאֹרָיו אֲשֶׁר אָמַר לִי יְאֹרִי וַאֲנִי
ד עֲשִׂיתִנִי׃ וְנָתַתִּי חחיים בִּלְחָיֶיךָ וְהִדְבַּקְתִּי דְגַת־יְאֹרֶיךָ חַחִים
בְּקַשְׂקְשֹׂתֶיךָ וְהַעֲלִיתִיךָ מִתּוֹךְ יְאֹרֶיךָ וְאֵת כָּל־דְּגַת יְאֹרֶיךָ
ה בְּקַשְׂקְשֹׂתֶיךָ תִּדְבָּק׃ וּנְטַשְׁתִּיךָ הַמִּדְבָּרָה אוֹתְךָ וְאֵת כָּל־דְּגַת
יְאֹרֶיךָ עַל־פְּנֵי הַשָּׂדֶה תִּפּוֹל לֹא תֵאָסֵף וְלֹא תִקָּבֵץ לְחַיַּת
ו הָאָרֶץ וּלְעוֹף הַשָּׁמַיִם נְתַתִּיךָ לְאָכְלָה׃ וְיָדְעוּ כָּל־יֹשְׁבֵי מִצְרַיִם
ז כִּי אֲנִי יְהוָה יַעַן הֱיוֹתָם מִשְׁעֶנֶת קָנֶה לְבֵית יִשְׂרָאֵל׃ בְּתָפְשָׂם

בְּךָ בַכַּפְּךָ תֵּרוֹץ וּבָקַעְתָּ לָהֶם כָּל־כָּתֵף וּבְהִשָּׁעֲנָם עָלֶיךָ תִּשָּׁבֵר בַּכַּף
ח וְהַעֲמַדְתָּ לָהֶם כָּל־מָתְנָיִם׃ לָכֵן כֹּה אָמַר אֲדֹנָי
יֱהוִה הִנְנִי מֵבִיא עָלַיִךְ חָרֶב וְהִכְרַתִּי מִמֵּךְ אָדָם וּבְהֵמָה׃
ט וְהָיְתָה אֶרֶץ־מִצְרַיִם לִשְׁמָמָה וְחָרְבָּה וְיָדְעוּ כִּי־אֲנִי יְהוָה יַעַן
י אָמַר יְאֹר לִי וַאֲנִי עָשִׂיתִי׃ לָכֵן הִנְנִי אֵלֶיךָ וְאֶל־יְאֹרֶיךָ וְנָתַתִּי
אֶת־אֶרֶץ מִצְרַיִם לְחָרְבוֹת חֹרֶב שְׁמָמָה מִמִּגְדֹּל סְוֵנֵה וְעַד־
יא גְּבוּל כּוּשׁ׃ לֹא תַעֲבָר־בָּהּ רֶגֶל אָדָם וְרֶגֶל בְּהֵמָה לֹא תַעֲבָר־
יב בָּהּ וְלֹא תֵשֵׁב אַרְבָּעִים שָׁנָה׃ וְנָתַתִּי אֶת־אֶרֶץ מִצְרַיִם שְׁמָמָה
בְּתוֹךְ ׀ אֲרָצוֹת נְשַׁמּוֹת וְעָרֶיהָ בְּתוֹךְ עָרִים מָחֳרָבוֹת תִּהְיֶיןָ
שְׁמָמָה אַרְבָּעִים שָׁנָה וַהֲפִצֹתִי אֶת־מִצְרַיִם בַּגּוֹיִם וְזֵרִיתִים
יג בָּאֲרָצוֹת׃ כִּי כֹּה אָמַר אֲדֹנָי יֱהוִה מִקֵּץ אַרְבָּעִים
יד שָׁנָה אֲקַבֵּץ אֶת־מִצְרַיִם מִן־הָעַמִּים אֲשֶׁר־נָפֹצוּ שָׁמָּה׃ וְשַׁבְתִּי
אֶת־שְׁבוּת מִצְרַיִם וַהֲשִׁבֹתִי אֹתָם אֶרֶץ פַּתְרוֹס עַל־אֶרֶץ
טו מְכוּרָתָם וְהָיוּ שָׁם מַמְלָכָה שְׁפָלָה׃ מִן־הַמַּמְלָכוֹת תִּהְיֶה
שְׁפָלָה וְלֹא־תִתְנַשֵּׂא עוֹד עַל־הַגּוֹיִם וְהִמְעַטְתִּים לְבִלְתִּי רְדוֹת
טז בַּגּוֹיִם׃ וְלֹא יִהְיֶה־עוֹד לְבֵית יִשְׂרָאֵל לְמִבְטָח מַזְכִּיר עָוֺן
יז בִּפְנוֹתָם אַחֲרֵיהֶם וְיָדְעוּ כִּי אֲנִי אֲדֹנָי יֱהוִה׃ וַיְהִי
בְּעֶשְׂרִים וָשֶׁבַע שָׁנָה בָּרִאשׁוֹן בְּאֶחָד לַחֹדֶשׁ הָיָה דְבַר־יְהוָה
יח אֵלַי לֵאמֹר׃ בֶּן־אָדָם נְבוּכַדְרֶאצַּר מֶלֶךְ־בָּבֶל הֶעֱבִיד אֶת־
חֵילוֹ עֲבֹדָה גְדֹלָה אֶל־צֹר כָּל־רֹאשׁ מֻקְרָח וְכָל־כָּתֵף מְרוּטָה
וְשָׂכָר לֹא־הָיָה לוֹ וּלְחֵילוֹ מִצֹּר עַל־הָעֲבֹדָה אֲשֶׁר־עָבַד
יט עָלֶיהָ׃ לָכֵן כֹּה אָמַר אֲדֹנָי יֱהוִה הִנְנִי נֹתֵן
לִנְבוּכַדְרֶאצַּר מֶלֶךְ־בָּבֶל אֶת־אֶרֶץ מִצְרָיִם וְנָשָׂא הֲמֹנָהּ וְשָׁלַל
כ שְׁלָלָהּ וּבָזַז בִּזָּהּ וְהָיְתָה שָׂכָר לְחֵילוֹ׃ פְּעֻלָּתוֹ אֲשֶׁר־עָבַד בָּהּ
כא נָתַתִּי לוֹ אֶת־אֶרֶץ מִצְרָיִם אֲשֶׁר עָשׂוּ לִי נְאֻם אֲדֹנָי יֱהוִה׃ בַּיּוֹם יח
הַהוּא אַצְמִיחַ קֶרֶן לְבֵית יִשְׂרָאֵל וּלְךָ אֶתֵּן פִּתְחוֹן־פֶּה בְּתוֹכָם
ל א וְיָדְעוּ כִּי־אֲנִי יְהוָה׃ וַיְהִי דְבַר־יְהוָה אֵלַי לֵאמֹר׃

ב בֶּן־אָדָם הִנָּבֵא וְאָמַרְתָּ כֹּה אָמַר אֲדֹנָי יֱהוִה הֵילִילוּ הָהּ לַיּוֹם:
ג ד כִּי־קָרוֹב יוֹם וְקָרוֹב יוֹם לַיהוָה יוֹם עָנָן עֵת גּוֹיִם יִהְיֶה: וּבָאָה
חֶרֶב בְּמִצְרַיִם וְהָיְתָה חַלְחָלָה בְּכוּשׁ בִּנְפֹל חָלָל בְּמִצְרָיִם
ה וְלָקְחוּ הֲמוֹנָהּ וְנֶהֶרְסוּ יְסוֹדוֹתֶיהָ: כּוּשׁ וּפוּט וְלוּד וְכָל־הָעֶרֶב
ו וְכוּב וּבְנֵי אֶרֶץ הַבְּרִית אִתָּם בַּחֶרֶב יִפֹּלוּ: כֹּה
אָמַר יְהוָה וְנָפְלוּ סֹמְכֵי מִצְרַיִם וְיָרַד גְּאוֹן עֻזָּהּ מִמִּגְדֹּל סְוֵנֵה
ז בַּחֶרֶב יִפְּלוּ־בָהּ נְאֻם אֲדֹנָי יְהוִה: וְנָשַׁמּוּ בְּתוֹךְ אֲרָצוֹת נְשַׁמּוֹת
ח וְעָרָיו בְּתוֹךְ־עָרִים נַחֲרָבוֹת תִּהְיֶינָה: וְיָדְעוּ כִּי־אֲנִי יְהוָה בְּתִתִּי־
ט אֵשׁ בְּמִצְרַיִם וְנִשְׁבְּרוּ כָּל־עֹזְרֶיהָ: בַּיּוֹם הַהוּא יֵצְאוּ מַלְאָכִים
מִלְּפָנַי בַּצִּים לְהַחֲרִיד אֶת־כּוּשׁ בֶּטַח וְהָיְתָה חַלְחָלָה בָהֶם
י בְּיוֹם מִצְרַיִם כִּי הִנֵּה בָּאָה: כֹּה אָמַר אֲדֹנָי יְהוִה
יא וְהִשְׁבַּתִּי אֶת־הֲמוֹן מִצְרַיִם בְּיַד נְבוּכַדְרֶאצַּר מֶלֶךְ־בָּבֶל: הוּא
וְעַמּוֹ אִתּוֹ עָרִיצֵי גוֹיִם מוּבָאִים לְשַׁחֵת הָאָרֶץ וְהֵרִיקוּ חַרְבוֹתָם
יב עַל־מִצְרַיִם וּמָלְאוּ אֶת־הָאָרֶץ חָלָל: וְנָתַתִּי יְאֹרִים חָרָבָה
וּמָכַרְתִּי אֶת־הָאָרֶץ בְּיַד־רָעִים וַהֲשִׁמֹּתִי אֶרֶץ וּמְלֹאָהּ בְּיַד־
יג זָרִים אֲנִי יְהוָה דִּבַּרְתִּי: כֹּה־אָמַר אֲדֹנָי יְהוִה
וְהַאֲבַדְתִּי גִלּוּלִים וְהִשְׁבַּתִּי אֱלִילִים מִנֹּף וְנָשִׂיא מֵאֶרֶץ־מִצְרַיִם
יד לֹא יִהְיֶה־עוֹד וְנָתַתִּי יִרְאָה בְּאֶרֶץ מִצְרָיִם: וַהֲשִׁמֹּתִי אֶת־
טו פַּתְרוֹס וְנָתַתִּי אֵשׁ בְּצֹעַן וְעָשִׂיתִי שְׁפָטִים בְּנֹא: וְשָׁפַכְתִּי חֲמָתִי
טז עַל־סִין מָעוֹז מִצְרָיִם וְהִכְרַתִּי אֶת־הֲמוֹן נֹא: וְנָתַתִּי אֵשׁ
בְּמִצְרַיִם חוּל תחיל סִין וְנֹא תִּהְיֶה לְהִבָּקֵעַ וְנֹף צָרֵי יוֹמָם: תָּחוּל
יז בַּחוּרֵי אָוֶן וּפִי־בֶסֶת בַּחֶרֶב יִפֹּלוּ וְהֵנָּה בַּשְּׁבִי תֵלַכְנָה:
יח וּבִתְחַפְנְחֵס חָשַׂךְ הַיּוֹם בְּשִׁבְרִי־שָׁם אֶת־מֹטוֹת מִצְרַיִם
וְנִשְׁבַּת־בָּהּ גְּאוֹן עֻזָּהּ הִיא עָנָן יְכַסֶּנָּה וּבְנוֹתֶיהָ בַּשְּׁבִי תֵלַכְנָה:
יט כ וְעָשִׂיתִי שְׁפָטִים בְּמִצְרָיִם וְיָדְעוּ כִּי־אֲנִי יְהוָה: וַיְהִי
בְּאַחַת עֶשְׂרֵה שָׁנָה בָּרִאשׁוֹן בְּשִׁבְעָה לַחֹדֶשׁ הָיָה דְבַר־
כא יְהוָה אֵלַי לֵאמֹר: בֶּן־אָדָם אֶת־זְרוֹעַ פַּרְעֹה מֶלֶךְ־מִצְרַיִם

שברתי והנה לא־חבשה לתת רפאות לשום חתול לחבשה
כב לחזקה לתפש בחרב: לכן כה־אמר | אדני יהוה
הנני אל־פרעה מלך־מצרים ושברתי את־זרעתיו את־
כג החזקה ואת־הנשברת והפלתי את־החרב מידו: והפצותי
כד את־מצרים בגוים וזריתם בארצות: וחזקתי את־זרעות מלך
בבל ונתתי את־חרבי בידו ושברתי את־זרעות פרעה
כה ונאק נאקות חלל לפניו: והחזקתי את־זרעות מלך בבל
וזרעות פרעה תפלנה וידעו כי־אני יהוה בתתי חרבי
כו ביד מלך־בבל ונטה אותה אל־ארץ מצרים: והפצותי
את־מצרים בגוים וזריתי אותם בארצות וידעו כי־אני
לא א יהוה: ויהי באחת עשרה שנה בשלישי באחד
ב לחדש היה דבר־יהוה אלי לאמר: בן־אדם אמר אל־פרעה
ג מלך־מצרים ואל־המונו אל־מי דמית בגדלך: הנה אשור
ארז בלבנון יפה ענף וחרש מצל וגבה קומה ובין עבתים
ד היתה צמרתו: מים גדלוהו תהום רממתהו את־נהרתיה הלך
סביבות מטעה ואת־תעלתיה שלחה אל כל־עצי השדה:
ה על־כן גבהא קמתו מכל עצי השדה ותרבינה סרעפתיו
ו ותארכנה פארתו ממים רבים בשלחו: בסעפתיו קננו כל־
עוף השמים ותחת פארתיו ילדו כל חית השדה ובצלו ישבו
ז כל גוים רבים: ויף בגדלו בארך דליותיו כי־היה שרשו אל־
ח מים רבים: ארזים לא־עממהו בגן־אלהים ברושים לא דמו
אל־סעפתיו וערמנים לא־היו כפארתיו כל־עץ בגן־אלהים
ט לא־דמה אליו ביפיו: יפה עשיתיו ברב דליותיו ויקנאהו כל־
י עצי־עדן אשר בגן האלהים: לכן כה אמר
אדני יהוה יען אשר גבהת בקומה ויתן צמרתו אל־בין
יא עבותים ורם לבבו בגבהו: ואתנהו ביד איל גוים עשו יעשה
יב לו כרשעו גרשתיהו: ויכרתהו זרים עריצי גוים ויטשהו אל־

הֶהָרִים וּבְכָל־גֵּאָיוֹת נָפְלוּ דָלִיּוֹתָיו וַתִּשָּׁבַרְנָה פֹארֹתָיו בְּכָל־
אֲפִיקֵי הָאָרֶץ וַיֵּרְדוּ מִצִּלּוֹ כָּל־עַמֵּי הָאָרֶץ וַיִּטְּשֻׁהוּ׃ עַל־מַפַּלְתּוֹ יג
יִשְׁכְּנוּ כָּל־עוֹף הַשָּׁמָיִם וְאֶל־פֹּארֹתָיו הָיוּ כֹּל חַיַּת הַשָּׂדֶה׃
לְמַעַן אֲשֶׁר לֹא־יִגְבְּהוּ בְקוֹמָתָם כָּל־עֲצֵי־מַיִם וְלֹא־יִתְּנוּ אֶת־ יד
צַמַּרְתָּם אֶל־בֵּין עֲבֹתִים וְלֹא־יַעַמְדוּ אֲלֵיהֶם בְּגָבְהָם כָּל־שֹׁתֵי
מָיִם כִּי כֻלָּם נִתְּנוּ לַמָּוֶת אֶל־אֶרֶץ תַּחְתִּית בְּתוֹךְ בְּנֵי אָדָם אֶל־
יוֹרְדֵי בוֹר׃ כֹּה־אָמַר אֲדֹנָי יְהוִה בְּיוֹם רִדְתּוֹ טו
שְׁאוֹלָה הֶאֱבַלְתִּי כִּסֵּתִי עָלָיו אֶת־תְּהוֹם וָאֶמְנַע נַהֲרוֹתֶיהָ
וַיִּכָּלְאוּ מַיִם רַבִּים וָאַקְדִּר עָלָיו לְבָנוֹן וְכָל־עֲצֵי הַשָּׂדֶה עָלָיו
עֻלְפֶּה׃ מִקּוֹל מַפַּלְתּוֹ הִרְעַשְׁתִּי גוֹיִם בְּהוֹרִדִי אֹתוֹ שְׁאוֹלָה אֶת־ טז
יוֹרְדֵי בוֹר וַיִּנָּחֲמוּ בְּאֶרֶץ תַּחְתִּית כָּל־עֲצֵי־עֵדֶן מִבְחַר וְטוֹב־
לְבָנוֹן כָּל־שֹׁתֵי מָיִם׃ גַּם־הֵם אִתּוֹ יָרְדוּ שְׁאוֹלָה אֶל־חַלְלֵי־חָרֶב יז
וּזְרֹעוֹ יָשְׁבוּ בְצִלּוֹ בְּתוֹךְ גּוֹיִם׃ אֶל־מִי דָמִיתָ כָּכָה בְּכָבוֹד וּבְגֹדֶל יח
בַּעֲצֵי־עֵדֶן וְהוּרַדְתָּ אֶת־עֲצֵי־עֵדֶן אֶל־אֶרֶץ תַּחְתִּית בְּתוֹךְ
עֲרֵלִים תִּשְׁכַּב אֶת־חַלְלֵי־חֶרֶב הוּא פַרְעֹה וְכָל־הֲמוֹנֹה נְאֻם
יט אֲדֹנָי יְהוִה׃ וַיְהִי בִּשְׁתֵּי עֶשְׂרֵה שָׁנָה בִּשְׁנֵי־עָשָׂר א לב
חֹדֶשׁ בְּאֶחָד לַחֹדֶשׁ הָיָה דְבַר־יְהוָה אֵלַי לֵאמֹר׃ בֶּן־אָדָם שָׂא ב
קִינָה עַל־פַּרְעֹה מֶלֶךְ־מִצְרַיִם וְאָמַרְתָּ אֵלָיו כְּפִיר גּוֹיִם נִדְמֵיתָ
וְאַתָּה כַּתַּנִּים בַּיַּמִּים וַתָּגַח בְּנַהֲרוֹתֶיךָ וַתִּדְלַח־מַיִם בְּרַגְלֶיךָ
וַתִּרְפֹּס נַהֲרוֹתָם׃ כֹּה אָמַר אֲדֹנָי יְהוִה וּפָרַשְׂתִּי ג
עָלֶיךָ אֶת־רִשְׁתִּי בִּקְהַל עַמִּים רַבִּים וְהֶעֱלוּךָ בְּחֶרְמִי׃
וּנְטַשְׁתִּיךָ בָאָרֶץ עַל־פְּנֵי הַשָּׂדֶה אֲטִילֶךָ וְהִשְׁכַּנְתִּי עָלֶיךָ כָּל־ ד
עוֹף הַשָּׁמַיִם וְהִשְׂבַּעְתִּי מִמְּךָ חַיַּת כָּל־הָאָרֶץ׃ וְנָתַתִּי אֶת־ ה
בְּשָׂרְךָ עַל־הֶהָרִים וּמִלֵּאתִי הַגֵּאָיוֹת רָמוּתֶךָ׃ וְהִשְׁקֵיתִי אֶרֶץ ו
צָפָתְךָ מִדָּמְךָ אֶל־הֶהָרִים וַאֲפִקִים יִמָּלְאוּן מִמֶּךָּ׃ וְכִסֵּיתִי ז
בְכַבּוֹתְךָ שָׁמַיִם וְהִקְדַּרְתִּי אֶת־כֹּכְבֵיהֶם שֶׁמֶשׁ בֶּעָנָן אֲכַסֶּנּוּ
וְיָרֵחַ לֹא־יָאִיר אוֹרוֹ׃ כָּל־מְאוֹרֵי אוֹר בַּשָּׁמַיִם אַקְדִּירֵם עָלֶיךָ ח

ט וְנָתַתִּי חֹשֶׁךְ עַל־אַרְצְךָ נְאֻם אֲדֹנָי יֱהֹוִה׃ וְהִכְעַסְתִּי לֵב עַמִּים
רַבִּים בַּהֲבִיאִי שִׁבְרְךָ בַּגּוֹיִם עַל־אֲרָצוֹת אֲשֶׁר לֹא־יְדַעְתָּם׃
י וַהֲשִׁמּוֹתִי עָלֶיךָ עַמִּים רַבִּים וּמַלְכֵיהֶם יִשְׂעֲרוּ עָלֶיךָ שַׂעַר
בְּעוֹפְפִי חַרְבִּי עַל־פְּנֵיהֶם וְחָרְדוּ לִרְגָעִים אִישׁ לְנַפְשׁוֹ בְּיוֹם
יא מַפַּלְתֶּךָ׃ כִּי כֹּה אָמַר אֲדֹנָי יֱהֹוִה חֶרֶב מֶלֶךְ־בָּבֶל
יב תְּבוֹאֶךָ׃ בְּחַרְבוֹת גִּבּוֹרִים אַפִּיל הֲמוֹנֶךָ עָרִיצֵי גוֹיִם כֻּלָּם
יג וְשָׁדְדוּ אֶת־גְּאוֹן מִצְרַיִם וְנִשְׁמַד כָּל־הֲמוֹנָהּ׃ וְהַאֲבַדְתִּי
אֶת־כָּל־בְּהֶמְתָּהּ מֵעַל מַיִם רַבִּים וְלֹא תִדְלָחֵם רֶגֶל־אָדָם
יד עוֹד וּפַרְסוֹת בְּהֵמָה לֹא תִדְלָחֵם׃ אָז אַשְׁקִיעַ מֵימֵיהֶם
טו וְנַהֲרוֹתָם כַּשֶּׁמֶן אוֹלִיךְ נְאֻם אֲדֹנָי יֱהֹוִה׃ בְּתִתִּי אֶת־אֶרֶץ
מִצְרַיִם שְׁמָמָה וּנְשַׁמָּה אֶרֶץ מִמְּלֹאָהּ בְּהַכּוֹתִי אֶת־כָּל־
טז יוֹשְׁבֵי בָהּ וְיָדְעוּ כִּי־אֲנִי יְהוָה׃ קִינָה הִיא וְקוֹנְנוּהָ בְּנוֹת
הַגּוֹיִם תְּקוֹנֵנָּה אוֹתָהּ עַל־מִצְרַיִם וְעַל־כָּל־הֲמוֹנָהּ תְּקוֹנֵנָּה
אוֹתָהּ נְאֻם אֲדֹנָי יֱהֹוִה׃

יז וַיְהִי בִּשְׁתֵּי עֶשְׂרֵה שָׁנָה בַּחֲמִשָּׁה עָשָׂר לַחֹדֶשׁ הָיָה דְבַר־יְהוָה
יח אֵלַי לֵאמֹר׃ בֶּן־אָדָם נְהֵה עַל־הֲמוֹן מִצְרַיִם וְהוֹרִדֵהוּ אוֹתָהּ
יט וּבְנוֹת גּוֹיִם אַדִּרִם אֶל־אֶרֶץ תַּחְתִּיּוֹת אֶת־יוֹרְדֵי בוֹר׃ מִמִּי
כ נָעָמְתָּ רְדָה וְהָשְׁכְּבָה אֶת־עֲרֵלִים׃ בְּתוֹךְ חַלְלֵי־חֶרֶב יִפֹּלוּ חֶרֶב
כא נִתָּנָה מָשְׁכוּ אוֹתָהּ וְכָל־הֲמוֹנֶיהָ׃ יְדַבְּרוּ־לוֹ אֵלֵי גִבּוֹרִים מִתּוֹךְ
כב שְׁאוֹל אֶת־עֹזְרָיו יָרְדוּ שָׁכְבוּ הָעֲרֵלִים חַלְלֵי חָרֶב׃ שָׁם אַשּׁוּר
וְכָל־קְהָלָהּ סְבִיבוֹתָיו קִבְרֹתָיו כֻּלָּם חֲלָלִים הַנֹּפְלִים בֶּחָרֶב׃
כג אֲשֶׁר נִתְּנוּ קִבְרֹתֶיהָ בְּיַרְכְּתֵי־בוֹר וַיְהִי קְהָלָהּ סְבִיבוֹת קְבֻרָתָהּ
כד כֻּלָּם חֲלָלִים נֹפְלִים בַּחֶרֶב אֲשֶׁר־נָתְנוּ חִתִּית בְּאֶרֶץ חַיִּים׃ שָׁם
עֵילָם וְכָל־הֲמוֹנָהּ סְבִיבוֹת קְבֻרָתָהּ כֻּלָּם חֲלָלִים הַנֹּפְלִים בַּחֶרֶב
אֲשֶׁר־יָרְדוּ עֲרֵלִים ׀ אֶל־אֶרֶץ תַּחְתִּיּוֹת אֲשֶׁר נָתְנוּ חִתִּיתָם
כה בְּאֶרֶץ חַיִּים וַיִּשְׂאוּ כְלִמָּתָם אֶת־יוֹרְדֵי בוֹר׃ בְּתוֹךְ חֲלָלִים נָתְנוּ
מִשְׁכָּב לָהּ בְּכָל־הֲמוֹנָהּ סְבִיבוֹתָיו קִבְרֹתֶהָ כֻּלָּם עֲרֵלִים חַלְלֵי־

חֶרֶב כִּי־נִתַּן חִתִּיתָם בְּאֶרֶץ חַיִּים וַיִּשְׂאוּ כְלִמָּתָם אֶת־יוֹרְדֵי
כו בוֹר בְּתוֹךְ חֲלָלִים נִתָּן: שָׁם מֶשֶׁךְ תֻּבַל וְכָל־הֲמוֹנָהּ סְבִיבוֹתָיו
קִבְרוֹתֶיהָ כֻּלָּם עֲרֵלִים מְחֻלְלֵי חֶרֶב כִּי־נָתְנוּ חִתִּיתָם בְּאֶרֶץ
כז חַיִּים: וְלֹא יִשְׁכְּבוּ אֶת־גִּבּוֹרִים נֹפְלִים מֵעֲרֵלִים אֲשֶׁר יָרְדוּ־
שְׁאוֹל בִּכְלֵי־מִלְחַמְתָּם וַיִּתְּנוּ אֶת־חַרְבוֹתָם תַּחַת רָאשֵׁיהֶם
וַתְּהִי עֲוֺנֹתָם עַל־עַצְמוֹתָם כִּי־חִתִּית גִּבּוֹרִים בְּאֶרֶץ חַיִּים:
כח כט וְאַתָּה בְּתוֹךְ עֲרֵלִים תִּשָּׁבַר וְתִשְׁכַּב אֶת־חַלְלֵי־חָרֶב: שָׁמָּה
אֱדוֹם מְלָכֶיהָ וְכָל־נְשִׂיאֶיהָ אֲשֶׁר־נִתְּנוּ בִגְבוּרָתָם אֶת־חַלְלֵי־
ל חָרֶב הֵמָּה אֶת־עֲרֵלִים יִשְׁכָּבוּ וְאֶת־יֹרְדֵי בוֹר: שָׁמָּה נְסִיכֵי צָפוֹן
כֻּלָּם וְכָל־צִדֹנִי אֲשֶׁר־יָרְדוּ אֶת־חֲלָלִים בְּחִתִּיתָם מִגְּבוּרָתָם
בּוֹשִׁים וַיִּשְׁכְּבוּ עֲרֵלִים אֶת־חַלְלֵי־חֶרֶב וַיִּשְׂאוּ כְלִמָּתָם אֶת־
לא יוֹרְדֵי בוֹר: אוֹתָם יִרְאֶה פַרְעֹה וְנִחַם עַל־כָּל־הֲמוֹנֹה חַלְלֵי־חֶרֶב
לב פַּרְעֹה וְכָל־חֵילוֹ נְאֻם אֲדֹנָי יֱהֹוִה: כִּי־נָתַתִּי אֶת־חִתִּיתוֹ בְּאֶרֶץ חִתִּיתִי
חַיִּים וְהֻשְׁכַּב בְּתוֹךְ עֲרֵלִים אֶת־חַלְלֵי־חֶרֶב פַּרְעֹה וְכָל־הֲמוֹנֹה
לג א נְאֻם אֲדֹנָי יֱהֹוִה: וַיְהִי דְבַר־יְהוָה אֵלַי לֵאמֹר:
ב בֶּן־אָדָם דַּבֵּר אֶל־בְּנֵי־עַמְּךָ וְאָמַרְתָּ אֲלֵיהֶם אֶרֶץ כִּי־אָבִיא
עָלֶיהָ חָרֶב וְלָקְחוּ עַם־הָאָרֶץ אִישׁ אֶחָד מִקְצֵיהֶם וְנָתְנוּ אֹתוֹ
ג לָהֶם לְצֹפֶה: וְרָאָה אֶת־הַחֶרֶב בָּאָה עַל־הָאָרֶץ וְתָקַע בַּשּׁוֹפָר
ד וְהִזְהִיר אֶת־הָעָם: וְשָׁמַע הַשֹּׁמֵעַ אֶת־קוֹל הַשּׁוֹפָר וְלֹא נִזְהָר
ה וַתָּבוֹא חֶרֶב וַתִּקָּחֵהוּ דָּמוֹ בְרֹאשׁוֹ יִהְיֶה: אֵת קוֹל הַשּׁוֹפָר שָׁמַע
ו וְלֹא נִזְהָר דָּמוֹ בּוֹ יִהְיֶה וְהוּא נִזְהָר נַפְשׁוֹ מִלֵּט: וְהַצֹּפֶה כִּי־
יִרְאֶה אֶת־הַחֶרֶב בָּאָה וְלֹא־תָקַע בַּשּׁוֹפָר וְהָעָם לֹא־נִזְהָר
וַתָּבוֹא חֶרֶב וַתִּקַּח מֵהֶם נָפֶשׁ הוּא בַּעֲוֺנוֹ נִלְקָח וְדָמוֹ מִיַּד־
ז הַצֹּפֶה אֶדְרֹשׁ: וְאַתָּה בֶן־אָדָם צֹפֶה נְתַתִּיךָ לְבֵית
ח יִשְׂרָאֵל וְשָׁמַעְתָּ מִפִּי דָּבָר וְהִזְהַרְתָּ אֹתָם מִמֶּנִּי: בְּאָמְרִי
לָרָשָׁע רָשָׁע מוֹת תָּמוּת וְלֹא דִבַּרְתָּ לְהַזְהִיר רָשָׁע מִדַּרְכּוֹ
ט הוּא רָשָׁע בַּעֲוֺנוֹ יָמוּת וְדָמוֹ מִיָּדְךָ אֲבַקֵּשׁ: וְאַתָּה כִּי־הִזְהַרְתָּ

נבואת "צפה נתתיך לבית ישראל" יחזקאל ג, טז–כא

רָשָׁע מִדַּרְכּוֹ לָשׁוּב מִמֶּנָּה וְלֹא־שָׁב מִדַּרְכּוֹ הוּא בַּעֲוֺנוֹ יָמוּת
י וְאַתָּה נַפְשְׁךָ הִצַּלְתָּ׃ וְאַתָּה בֶן־אָדָם אֱמֹר אֶל־
בֵּית יִשְׂרָאֵל כֵּן אֲמַרְתֶּם לֵאמֹר כִּי־פְשָׁעֵינוּ וְחַטֹּאתֵינוּ עָלֵינוּ
יא וּבָם אֲנַחְנוּ נְמַקִּים וְאֵיךְ נִחְיֶה׃ אֱמֹר אֲלֵיהֶם חַי־אָנִי ׀ נְאֻם ׀
אֲדֹנָי יֱהֹוִה אִם־אֶחְפֹּץ בְּמוֹת הָרָשָׁע כִּי אִם־בְּשׁוּב רָשָׁע
מִדַּרְכּוֹ וְחָיָה שׁוּבוּ שׁוּבוּ מִדַּרְכֵיכֶם הָרָעִים וְלָמָּה תָמוּתוּ
יב בֵּית יִשְׂרָאֵל׃ וְאַתָּה בֶן־אָדָם אֱמֹר אֶל־בְּנֵי־עַמְּךָ
צִדְקַת הַצַּדִּיק לֹא תַצִּילֶנּוּ בְּיוֹם פִּשְׁעוֹ וְרִשְׁעַת הָרָשָׁע לֹא־
יִכָּשֶׁל בָּהּ בְּיוֹם שׁוּבוֹ מֵרִשְׁעוֹ וְצַדִּיק לֹא יוּכַל לִחְיוֹת בָּהּ בְּיוֹם
יג חֲטֹאתוֹ׃ בְּאָמְרִי לַצַּדִּיק חָיֹה יִחְיֶה וְהוּא־בָטַח עַל־צִדְקָתוֹ
וְעָשָׂה עָוֶל כָּל־צִדְקֹתָו לֹא תִזָּכַרְנָה וּבְעַוְלוֹ אֲשֶׁר־עָשָׂה
יד בּוֹ יָמוּת׃ וּבְאָמְרִי לָרָשָׁע מוֹת תָּמוּת וְשָׁב מֵחַטָּאתוֹ וְעָשָׂה
טו מִשְׁפָּט וּצְדָקָה׃ חֲבֹל יָשִׁיב רָשָׁע גְּזֵלָה יְשַׁלֵּם בְּחֻקּוֹת הַחַיִּים
טז הָלַךְ לְבִלְתִּי עֲשׂוֹת עָוֶל חָיוֹ יִחְיֶה לֹא יָמוּת׃ כָּל־חַטֹּאתָו אֲשֶׁר כ
יז חָטָא לֹא תִזָּכַרְנָה לוֹ מִשְׁפָּט וּצְדָקָה עָשָׂה חָיוֹ יִחְיֶה׃ וְאָמְרוּ
בְּנֵי עַמְּךָ לֹא יִתָּכֵן דֶּרֶךְ אֲדֹנָי וְהֵמָּה דַּרְכָּם לֹא־יִתָּכֵן׃
יח יט בְּשׁוּב־צַדִּיק מִצִּדְקָתוֹ וְעָשָׂה עָוֶל וּמֵת בָּהֶם׃ וּבְשׁוּב רָשָׁע
כ מֵרִשְׁעָתוֹ וְעָשָׂה מִשְׁפָּט וּצְדָקָה עֲלֵיהֶם הוּא יִחְיֶה׃ וַאֲמַרְתֶּם
לֹא יִתָּכֵן דֶּרֶךְ אֲדֹנָי אִישׁ כִּדְרָכָיו אֶשְׁפּוֹט אֶתְכֶם בֵּית
כא יִשְׂרָאֵל׃ וַיְהִי בִּשְׁתֵּי עֶשְׂרֵה שָׁנָה בָּעֲשִׂרִי
בַּחֲמִשָּׁה לַחֹדֶשׁ לְגָלוּתֵנוּ בָּא־אֵלַי הַפָּלִיט מִירוּשָׁלִַם לֵאמֹר
כב הֻכְּתָה הָעִיר׃ וְיַד־יְהֹוָה הָיְתָה אֵלַי בָּעֶרֶב לִפְנֵי בּוֹא הַפָּלִיט
וַיִּפְתַּח אֶת־פִּי עַד־בּוֹא אֵלַי בַּבֹּקֶר וַיִּפָּתַח פִּי וְלֹא נֶאֱלַמְתִּי
כג כד עוֹד׃ וַיְהִי דְבַר־יְהֹוָה אֵלַי לֵאמֹר׃ בֶּן־אָדָם
יֹשְׁבֵי הֶחֳרָבוֹת הָאֵלֶּה עַל־אַדְמַת יִשְׂרָאֵל אֹמְרִים לֵאמֹר אֶחָד
הָיָה אַבְרָהָם וַיִּירַשׁ אֶת־הָאָרֶץ וַאֲנַחְנוּ רַבִּים לָנוּ נִתְּנָה הָאָרֶץ
כה לְמוֹרָשָׁה׃ לָכֵן אֱמֹר אֲלֵיהֶם כֹּה־אָמַר ׀ אֲדֹנָי

שינוי מעשיהם של הצדיק והרשע
יחזקאל יח, כא–כט

בואו של הפליט ליחזקאל ובפיו בשורת החורבן
יחזקאל כד, כה–כז

חורבן ירושלים ובית המקדש
מל״ב כה, ח–כא
ירמיה נב, יב–ל
דה״ב לו, יז–כא

יְהוָה עַל־הַדָּם ׀ תֹּאכֵלוּ וְעֵינֵכֶם תִּשְׂאוּ אֶל־גִּלּוּלֵיכֶם וְדָם
תִּשְׁפֹּכוּ וְהָאָרֶץ תִּירָשׁוּ׃ עֲמַדְתֶּם עַל־חַרְבְּכֶם עֲשִׂיתֶן תּוֹעֵבָה כו
וְאִישׁ אֶת־אֵשֶׁת רֵעֵהוּ טִמֵּאתֶם וְהָאָרֶץ תִּירָשׁוּ׃ כֹּה־תֹאמַר כז
אֲלֵהֶם כֹּה־אָמַר אֲדֹנָי יְהוִה חַי־אָנִי אִם־לֹא אֲשֶׁר בֶּחֳרָבוֹת
בַּחֶרֶב יִפֹּלוּ וַאֲשֶׁר עַל־פְּנֵי הַשָּׂדֶה לַחַיָּה נְתַתִּיו לְאָכְלוֹ וַאֲשֶׁר
בַּמְּצָדוֹת וּבַמְּעָרוֹת בַּדֶּבֶר יָמוּתוּ׃ וְנָתַתִּי אֶת־הָאָרֶץ שְׁמָמָה כח
וּמְשַׁמָּה וְנִשְׁבַּת גְּאוֹן עֻזָּהּ וְשָׁמְמוּ הָרֵי יִשְׂרָאֵל מֵאֵין עוֹבֵר׃
וְיָדְעוּ כִּי־אֲנִי יְהוָה בְּתִתִּי אֶת־הָאָרֶץ שְׁמָמָה וּמְשַׁמָּה עַל כָּל־ כט
תּוֹעֲבֹתָם אֲשֶׁר עָשׂוּ׃ וְאַתָּה בֶן־אָדָם בְּנֵי עַמְּךָ ל
הַנִּדְבָּרִים בְּךָ אֵצֶל הַקִּירוֹת וּבְפִתְחֵי הַבָּתִּים וְדִבֶּר־חַד אֶת־
אַחַד אִישׁ אֶת־אָחִיו לֵאמֹר בֹּאוּ־נָא וְשִׁמְעוּ מַה הַדָּבָר הַיּוֹצֵא
מֵאֵת יְהוָה׃ וְיָבוֹאוּ אֵלֶיךָ כִּמְבוֹא־עָם וְיֵשְׁבוּ לְפָנֶיךָ עַמִּי וְשָׁמְעוּ לא
אֶת־דְּבָרֶיךָ וְאוֹתָם לֹא יַעֲשׂוּ כִּי־עֲגָבִים בְּפִיהֶם הֵמָּה עֹשִׂים
אַחֲרֵי בִצְעָם לִבָּם הֹלֵךְ׃ וְהִנְּךָ לָהֶם כְּשִׁיר עֲגָבִים יְפֵה קוֹל לב
וּמֵטִב נַגֵּן וְשָׁמְעוּ אֶת־דְּבָרֶיךָ וְעֹשִׂים אֵינָם אוֹתָם׃ וּבְבֹאָהּ הִנֵּה לג
בָאָה וְיָדְעוּ כִּי נָבִיא הָיָה בְתוֹכָם׃ וַיְהִי דְבַר־ לד א
יְהוָה אֵלַי לֵאמֹר׃ בֶּן־אָדָם הִנָּבֵא עַל־רוֹעֵי יִשְׂרָאֵל הִנָּבֵא ב
וְאָמַרְתָּ אֲלֵיהֶם לָרֹעִים כֹּה־אָמַר ׀ אֲדֹנָי יְהוִה הוֹי רֹעֵי יִשְׂרָאֵל
אֲשֶׁר הָיוּ רֹעִים אוֹתָם הֲלוֹא הַצֹּאן יִרְעוּ הָרֹעִים׃ אֶת־הַחֵלֶב ג
תֹּאכֵלוּ וְאֶת־הַצֶּמֶר תִּלְבָּשׁוּ הַבְּרִיאָה תִּזְבָּחוּ הַצֹּאן לֹא תִרְעוּ׃
אֶת־הַנַּחְלוֹת לֹא חִזַּקְתֶּם וְאֶת־הַחוֹלָה לֹא־רִפֵּאתֶם וְלַנִּשְׁבֶּרֶת ד
לֹא חֲבַשְׁתֶּם וְאֶת־הַנִּדַּחַת לֹא הֲשֵׁבֹתֶם וְאֶת־הָאֹבֶדֶת לֹא
בִקַּשְׁתֶּם וּבְחָזְקָה רְדִיתֶם אֹתָם וּבְפָרֶךְ׃ וַתְּפוּצֶינָה מִבְּלִי רֹעֶה ה
וַתִּהְיֶינָה לְאָכְלָה לְכָל־חַיַּת הַשָּׂדֶה וַתְּפוּצֶינָה׃ יִשְׁגּוּ צֹאנִי בְּכָל־ ו
הֶהָרִים וְעַל כָּל־גִּבְעָה רָמָה וְעַל כָּל־פְּנֵי הָאָרֶץ נָפֹצוּ צֹאנִי וְאֵין
דּוֹרֵשׁ וְאֵין מְבַקֵּשׁ׃ לָכֵן רֹעִים שִׁמְעוּ אֶת־דְּבַר יְהוָה׃ חַי־אָנִי ז ח
נְאֻם ׀ אֲדֹנָי יְהוִה אִם־לֹא יַעַן הֱיוֹת־צֹאנִי ׀ לָבַז וַתִּהְיֶינָה צֹאנִי

לְאָכְלָה לְכָל־חַיַּת הַשָּׂדֶה מֵאֵין רֹעֶה וְלֹא־דָרְשׁוּ רֹעַי אֶת־צֹאנִי
ט וַיִּרְעוּ הָרֹעִים אוֹתָם וְאֶת־צֹאנִי לֹא רָעוּ׃ לָכֵן הָרֹעִים שִׁמְעוּ
י דְּבַר־יְהוָה׃ כֹּה־אָמַר אֲדֹנָי יְהוִה הִנְנִי אֶל־
הָרֹעִים וְדָרַשְׁתִּי אֶת־צֹאנִי מִיָּדָם וְהִשְׁבַּתִּים מֵרְעוֹת צֹאן וְלֹא־
יִרְעוּ עוֹד הָרֹעִים אוֹתָם וְהִצַּלְתִּי צֹאנִי מִפִּיהֶם וְלֹא־תִהְיֶיןָ לָהֶם
יא לְאָכְלָה׃ כִּי כֹּה אָמַר אֲדֹנָי יְהוִה הִנְנִי־אָנִי
יב וְדָרַשְׁתִּי אֶת־צֹאנִי וּבִקַּרְתִּים׃ כְּבַקָּרַת רֹעֶה עֶדְרוֹ בְּיוֹם־הֱיוֹתוֹ
בְתוֹךְ־צֹאנוֹ נִפְרָשׁוֹת כֵּן אֲבַקֵּר אֶת־צֹאנִי וְהִצַּלְתִּי אֶתְהֶם
יג מִכָּל־הַמְּקוֹמֹת אֲשֶׁר נָפֹצוּ שָׁם בְּיוֹם עָנָן וַעֲרָפֶל׃ וְהוֹצֵאתִים
מִן־הָעַמִּים וְקִבַּצְתִּים מִן־הָאֲרָצוֹת וַהֲבִיאוֹתִים אֶל־אַדְמָתָם
וּרְעִיתִים אֶל־הָרֵי יִשְׂרָאֵל בָּאֲפִיקִים וּבְכֹל מוֹשְׁבֵי הָאָרֶץ׃
יד בְּמִרְעֶה־טּוֹב אֶרְעֶה אֹתָם וּבְהָרֵי מְרוֹם־יִשְׂרָאֵל יִהְיֶה נְוֵהֶם שָׁם
טו תִּרְבַּצְנָה בְּנָוֶה טּוֹב וּמִרְעֶה שָׁמֵן תִּרְעֶינָה אֶל־הָרֵי יִשְׂרָאֵל׃ אֲנִי
טז אֶרְעֶה צֹאנִי וַאֲנִי אַרְבִּיצֵם נְאֻם אֲדֹנָי יְהוִה׃ אֶת־הָאֹבֶדֶת
אֲבַקֵּשׁ וְאֶת־הַנִּדַּחַת אָשִׁיב וְלַנִּשְׁבֶּרֶת אֶחֱבֹשׁ וְאֶת־הַחוֹלָה
אֲחַזֵּק וְאֶת־הַשְּׁמֵנָה וְאֶת־הַחֲזָקָה אַשְׁמִיד אֶרְעֶנָּה בְמִשְׁפָּט׃
יז וְאַתֵּנָה צֹאנִי כֹּה אָמַר אֲדֹנָי יְהוִה הִנְנִי שֹׁפֵט בֵּין־שֶׂה לָשֶׂה
יח לָאֵילִים וְלָעַתּוּדִים׃ הַמְעַט מִכֶּם הַמִּרְעֶה הַטּוֹב תִּרְעוּ וְיֶתֶר
מִרְעֵיכֶם תִּרְמְסוּ בְּרַגְלֵיכֶם וּמִשְׁקַע־מַיִם תִּשְׁתּוּ וְאֵת הַנּוֹתָרִים
יט בְּרַגְלֵיכֶם תִּרְפֹּשׂוּן׃ וְצֹאנִי מִרְמַס רַגְלֵיכֶם תִּרְעֶינָה וּמִרְפַּשׂ
כ רַגְלֵיכֶם תִּשְׁתֶּינָה׃ לָכֵן כֹּה אָמַר אֲדֹנָי יְהוִה
כא אֲלֵיהֶם הִנְנִי־אָנִי וְשָׁפַטְתִּי בֵּין־שֶׂה בִרְיָה וּבֵין שֶׂה רָזָה׃ יַעַן
בְּצַד וּבְכָתֵף תֶּהְדֹּפוּ וּבְקַרְנֵיכֶם תְּנַגְּחוּ כָּל־הַנַּחְלוֹת עַד אֲשֶׁר
כב הֲפִיצוֹתֶם אוֹתָנָה אֶל־הַחוּצָה׃ וְהוֹשַׁעְתִּי לְצֹאנִי וְלֹא־תִהְיֶינָה
כג עוֹד לָבַז וְשָׁפַטְתִּי בֵּין שֶׂה לָשֶׂה׃ וַהֲקִמֹתִי עֲלֵיהֶם רֹעֶה אֶחָד
וְרָעָה אֶתְהֶן אֵת עַבְדִּי דָוִיד הוּא יִרְעֶה אֹתָם וְהוּא־יִהְיֶה לָהֶן
כד לְרֹעֶה׃ וַאֲנִי יְהוָה אֶהְיֶה לָהֶם לֵאלֹהִים וְעַבְדִּי דָוִד נָשִׂיא

כה בְּתוֹכָם אֲנִי יְהוָה דִּבַּרְתִּי׃ וְכָרַתִּי לָהֶם בְּרִית שָׁלוֹם וְהִשְׁבַּתִּי
חַיָּה־רָעָה מִן־הָאָרֶץ וְיָשְׁבוּ בַמִּדְבָּר לָבֶטַח וְיָשְׁנוּ ביעורים׃ בַּיְּעָרִים
כו וְנָתַתִּי אוֹתָם וּסְבִיבוֹת גִּבְעָתִי בְּרָכָה וְהוֹרַדְתִּי הַגֶּשֶׁם בְּעִתּוֹ כא
כז גִּשְׁמֵי בְרָכָה יִהְיוּ׃ וְנָתַן עֵץ הַשָּׂדֶה אֶת־פִּרְיוֹ וְהָאָרֶץ תִּתֵּן
יְבוּלָהּ וְהָיוּ עַל־אַדְמָתָם לָבֶטַח וְיָדְעוּ כִּי־אֲנִי יְהוָה בְּשִׁבְרִי אֶת־
כח מֹטוֹת עֻלָּם וְהִצַּלְתִּים מִיַּד הָעֹבְדִים בָּהֶם׃ וְלֹא־יִהְיוּ עוֹד בַּז
לַגּוֹיִם וְחַיַּת הָאָרֶץ לֹא תֹאכְלֵם וְיָשְׁבוּ לָבֶטַח וְאֵין מַחֲרִיד׃
כט וַהֲקִמֹתִי לָהֶם מַטָּע לְשֵׁם וְלֹא־יִהְיוּ עוֹד אֲסֻפֵי רָעָב בָּאָרֶץ
ל וְלֹא־יִשְׂאוּ עוֹד כְּלִמַּת הַגּוֹיִם׃ וְיָדְעוּ כִּי אֲנִי יְהוָה אֱלֹהֵיהֶם
לא אִתָּם וְהֵמָּה עַמִּי בֵּית יִשְׂרָאֵל נְאֻם אֲדֹנָי יְהוִה׃ וְאַתֵּן
צֹאנִי צֹאן מַרְעִיתִי אָדָם אַתֶּם אֲנִי אֱלֹהֵיכֶם נְאֻם אֲדֹנָי
לה א ב יְהוִה׃ וַיְהִי דְבַר־יְהוָה אֵלַי לֵאמֹר׃ בֶּן־אָדָם שִׂים
ג פָּנֶיךָ עַל־הַר שֵׂעִיר וְהִנָּבֵא עָלָיו׃ וְאָמַרְתָּ לּוֹ כֹּה אָמַר אֲדֹנָי
יְהוִה הִנְנִי אֵלֶיךָ הַר־שֵׂעִיר וְנָטִיתִי יָדִי עָלֶיךָ וּנְתַתִּיךָ שְׁמָמָה
ד וּמְשַׁמָּה׃ עָרֶיךָ חָרְבָּה אָשִׂים וְאַתָּה שְׁמָמָה תִהְיֶה וְיָדַעְתָּ כִּי־
ה אֲנִי יְהוָה׃ יַעַן הֱיוֹת לְךָ אֵיבַת עוֹלָם וַתַּגֵּר אֶת־בְּנֵי־יִשְׂרָאֵל
ו עַל־יְדֵי־חָרֶב בְּעֵת אֵידָם בְּעֵת עֲוֺן קֵץ׃ לָכֵן חַי־אָנִי נְאֻם אֲדֹנָי
יְהוִה כִּי־לְדָם אֶעֶשְׂךָ וְדָם יִרְדֳּפֶךָ אִם־לֹא דָם שָׂנֵאתָ וְדָם
ז יִרְדֳּפֶךָ׃ וְנָתַתִּי אֶת־הַר שֵׂעִיר לְשִׁמְמָה וּשְׁמָמָה וְהִכְרַתִּי מִמֶּנּוּ
ח עֹבֵר וָשָׁב׃ וּמִלֵּאתִי אֶת־הָרָיו חֲלָלָיו גִּבְעוֹתֶיךָ וְגֵאוֹתֶיךָ וְכָל־
ט אֲפִיקֶיךָ חַלְלֵי־חֶרֶב יִפְּלוּ בָהֶם׃ שִׁמְמוֹת עוֹלָם אֶתֶּנְךָ וְעָרֶיךָ
י לֹא תישבנה וִידַעְתֶּם כִּי־אֲנִי יְהוָה׃ יַעַן אֲמָרְךָ אֶת־שְׁנֵי הַגּוֹיִם תָשֹׁבְנָה
יא וְאֶת־שְׁתֵּי הָאֲרָצוֹת לִי תִהְיֶינָה וִירַשְׁנוּהָ וַיהוָה שָׁם הָיָה׃ לָכֵן
חַי־אָנִי נְאֻם אֲדֹנָי יְהוִה וְעָשִׂיתִי כְּאַפְּךָ וּכְקִנְאָתְךָ אֲשֶׁר עָשִׂיתָה
יב מִשִּׂנְאָתֶיךָ בָּם וְנוֹדַעְתִּי בָם כַּאֲשֶׁר אֶשְׁפְּטֶךָ׃ וְיָדַעְתָּ כִּי־אֲנִי
יְהוָה שָׁמַעְתִּי ׀ אֶת־כָּל־נָאָצוֹתֶיךָ אֲשֶׁר אָמַרְתָּ עַל־הָרֵי יִשְׂרָאֵל
יג לֵאמֹר ׀ שממה לָנוּ נִתְּנוּ לְאָכְלָה׃ וַתַּגְדִּילוּ עָלַי בְּפִיכֶם שָׁמֵמוּ

יד וְהַעְתַּרְתֶּם עָלַי דִּבְרֵיכֶם אֲנִי שָׁמָעְתִּי׃ כֹּה
אָמַר אֲדֹנָי יֱהֹוִה כִּשְׂמֹחַ כָּל־הָאָרֶץ שְׁמָמָה אֶעֱשֶׂה־לָּךְ׃
טו כְּשִׂמְחָתְךָ לְנַחֲלַת בֵּית־יִשְׂרָאֵל עַל אֲשֶׁר־שָׁמֵמָה כֵּן אֶעֱשֶׂה־
לָּךְ שְׁמָמָה תִהְיֶה הַר־שֵׂעִיר וְכָל־אֱדוֹם כֻּלָּהּ וְיָדְעוּ כִּי־אֲנִי
לו א יְהֹוָה׃ וְאַתָּה בֶן־אָדָם הִנָּבֵא אֶל־הָרֵי יִשְׂרָאֵל
ב וְאָמַרְתָּ הָרֵי יִשְׂרָאֵל שִׁמְעוּ דְּבַר־יְהֹוָה׃ כֹּה אָמַר אֲדֹנָי יֱהֹוִה
יַעַן אָמַר הָאוֹיֵב עֲלֵיכֶם הֶאָח וּבָמוֹת עוֹלָם לְמוֹרָשָׁה הָיְתָה
ג לָּנוּ׃ לָכֵן הִנָּבֵא וְאָמַרְתָּ כֹּה אָמַר אֲדֹנָי יֱהֹוִה יַעַן בְּיַעַן שַׁמּוֹת
וְשָׁאֹף אֶתְכֶם מִסָּבִיב לִהְיוֹתְכֶם מוֹרָשָׁה לִשְׁאֵרִית הַגּוֹיִם וַתַּעֲלוּ
ד עַל־שְׂפַת לָשׁוֹן וְדִבַּת־עָם׃ לָכֵן הָרֵי יִשְׂרָאֵל שִׁמְעוּ דְּבַר־אֲדֹנָי
יֱהֹוִה כֹּה־אָמַר אֲדֹנָי יֱהֹוִה לֶהָרִים וְלַגְּבָעוֹת לָאֲפִיקִים וְלַגֵּאָיוֹת
וְלֶחֳרָבוֹת הַשֹּׁמְמוֹת וְלֶעָרִים הַנֶּעֱזָבוֹת אֲשֶׁר הָיוּ לְבַז וּלְלַעַג
ה לִשְׁאֵרִית הַגּוֹיִם אֲשֶׁר מִסָּבִיב׃ לָכֵן כֹּה־אָמַר
אֲדֹנָי יֱהֹוִה אִם־לֹא בְּאֵשׁ קִנְאָתִי דִבַּרְתִּי עַל־שְׁאֵרִית הַגּוֹיִם
וְעַל־אֱדוֹם כֻּלָּא אֲשֶׁר נָתְנוּ־אֶת־אַרְצִי ׀ לָהֶם לְמוֹרָשָׁה בְּשִׂמְחַת
ו כָּל־לֵבָב בִּשְׁאָט נֶפֶשׁ לְמַעַן מִגְרָשָׁהּ לָבַז׃ לָכֵן הִנָּבֵא עַל־
אַדְמַת יִשְׂרָאֵל וְאָמַרְתָּ לֶהָרִים וְלַגְּבָעוֹת לָאֲפִיקִים וְלַגֵּאָיוֹת
כֹּה־אָמַר ׀ אֲדֹנָי יֱהֹוִה הִנְנִי בְקִנְאָתִי וּבַחֲמָתִי דִּבַּרְתִּי יַעַן כְּלִמַּת
ז גּוֹיִם נְשָׂאתֶם׃ לָכֵן כֹּה אָמַר אֲדֹנָי יֱהֹוִה אֲנִי נָשָׂאתִי אֶת־יָדִי
ח אִם־לֹא הַגּוֹיִם אֲשֶׁר לָכֶם מִסָּבִיב הֵמָּה כְּלִמָּתָם יִשָּׂאוּ׃ וְאַתֶּם
הָרֵי יִשְׂרָאֵל עַנְפְּכֶם תִּתֵּנוּ וּפֶרְיְכֶם תִּשְׂאוּ לְעַמִּי יִשְׂרָאֵל כִּי
ט קֵרְבוּ לָבוֹא׃ כִּי הִנְנִי אֲלֵיכֶם וּפָנִיתִי אֲלֵיכֶם וְנֶעֱבַדְתֶּם
י וְנִזְרַעְתֶּם׃ וְהִרְבֵּיתִי עֲלֵיכֶם אָדָם כָּל־בֵּית יִשְׂרָאֵל כֻּלֹּה
יא וְנֹשְׁבוּ הֶעָרִים וְהֶחֳרָבוֹת תִּבָּנֶינָה׃ וְהִרְבֵּיתִי עֲלֵיכֶם אָדָם
וּבְהֵמָה וְרָבוּ וּפָרוּ וְהוֹשַׁבְתִּי אֶתְכֶם כְּקַדְמוֹתֵיכֶם וְהֵטִבֹתִי
יב מֵרִאשֹׁתֵיכֶם וִידַעְתֶּם כִּי־אֲנִי יְהֹוָה׃ וְהוֹלַכְתִּי עֲלֵיכֶם אָדָם
אֶת־עַמִּי יִשְׂרָאֵל וִירֵשׁוּךָ וְהָיִיתָ לָהֶם לְנַחֲלָה וְלֹא־תוֹסִף עוֹד

לְשַׁכְּלָם׃ כֹּה אָמַר֮ אֲדֹנָ֣י יֱהֹוִה֒ יַ֚עַן אֹמְרִ֣ים לָכֶ֔ם יג
אֹכֶ֥לֶת אָדָ֖ם אתי וּמְשַׁכֶּ֥לֶת גויך הָיִֽית׃ לָכֵ֗ן אָדָם֙ לֹא־תֹ֣אכְלִ֔י יד
ע֔וֹד וגויך לֹ֣א תכשלי־ע֑וֹד נְאֻ֖ם אֲדֹנָ֥י יֱהֹוִֽה׃ וְלֹֽא־אַשְׁמִ֨יעַ אֵלַ֥יִךְ טו
ע֙וֹד֙ כְּלִמַּ֣ת הַגּוֹיִ֔ם וְחֶרְפַּ֥ת עַמִּ֖ים לֹ֣א תִשְׂאִי־ע֑וֹד וגויך לֹֽא־
תַכְשִׁ֛לִי ע֖וֹד נְאֻ֥ם אֲדֹנָ֥י יֱהֹוִֽה׃ וַיְהִ֥י דְבַר־יְהוָ֖ה טז
אֵלַ֥י לֵאמֹֽר׃ בֶּן־אָדָ֗ם בֵּ֤ית יִשְׂרָאֵל֙ יֹשְׁבִ֣ים עַל־אַדְמָתָ֔ם וַיְטַמְּא֣וּ יז
אוֹתָ֔הּ בְּדַרְכָּ֖ם וּבַעֲלִילוֹתָ֑ם כְּטֻמְאַת֙ הַנִּדָּ֔ה הָיְתָ֥ה דַרְכָּ֖ם לְפָנָֽי׃
וָאֶשְׁפֹּ֤ךְ חֲמָתִי֙ עֲלֵיהֶ֔ם עַל־הַדָּ֖ם אֲשֶׁר־שָׁפְכ֣וּ עַל־הָאָ֑רֶץ יח
וּבְגִלּוּלֵיהֶ֖ם טִמְּאֽוּהָ׃ וָאָפִ֤יץ אֹתָם֙ בַּגּוֹיִ֔ם וַיִּזָּר֖וּ בָּאֲרָצ֑וֹת יט
כְּדַרְכָּ֥ם וְכַעֲלִילוֹתָ֖ם שְׁפַטְתִּֽים׃ וַיָּב֗וֹא אֶל־הַגּוֹיִם֙ אֲשֶׁר־בָּ֣אוּ כ
שָׁ֔ם וַֽיְחַלְּל֖וּ אֶת־שֵׁ֣ם קָדְשִׁ֑י בֶּאֱמֹ֤ר לָהֶם֙ עַם־יְהוָ֣ה אֵ֔לֶּה וּמֵאַרְצ֖וֹ
יָצָֽאוּ׃ וָאֶחְמֹ֖ל עַל־שֵׁ֣ם קָדְשִׁ֑י אֲשֶׁ֤ר חִלְּלֻ֙הוּ֙ בֵּ֣ית יִשְׂרָאֵ֔ל בַּגּוֹיִ֖ם כא
אֲשֶׁר־בָּ֥אוּ שָֽׁמָּה׃ לָכֵ֞ן אֱמֹ֣ר לְבֵֽית־יִשְׂרָאֵ֗ל כֹּ֤ה כב
אָמַר֙ אֲדֹנָ֣י יֱהֹוִ֔ה לֹ֧א לְמַעַנְכֶ֛ם אֲנִ֥י עֹשֶׂ֖ה בֵּ֣ית יִשְׂרָאֵ֑ל כִּ֤י אִם־
לְשֵׁם־קָדְשִׁי֙ אֲשֶׁ֣ר חִלַּלְתֶּ֔ם בַּגּוֹיִ֖ם אֲשֶׁר־בָּ֥אתֶם שָֽׁם׃ וְקִדַּשְׁתִּ֞י כג
אֶת־שְׁמִ֣י הַגָּד֗וֹל הַֽמְחֻלָּל֙ בַּגּוֹיִ֔ם אֲשֶׁ֥ר חִלַּלְתֶּ֖ם בְּתוֹכָ֑ם וְיָדְע֨וּ
הַגּוֹיִ֜ם כִּֽי־אֲנִ֣י יְהוָ֗ה נְאֻם֙ אֲדֹנָ֣י יֱהֹוִ֔ה בְּהִקָּדְשִׁ֥י בָכֶ֖ם לְעֵינֵיהֶֽם׃
וְלָקַחְתִּ֤י אֶתְכֶם֙ מִן־הַגּוֹיִ֔ם וְקִבַּצְתִּ֥י אֶתְכֶ֖ם מִכָּל־הָאֲרָצ֑וֹת כד
כב וְהֵבֵאתִ֥י אֶתְכֶ֖ם אֶל־אַדְמַתְכֶֽם׃ וְזָרַקְתִּ֧י עֲלֵיכֶ֛ם מַ֥יִם טְהוֹרִ֖ים כה
וּטְהַרְתֶּ֑ם מִכֹּ֧ל טֻמְאוֹתֵיכֶ֛ם וּמִכָּל־גִּלּוּלֵיכֶ֖ם אֲטַהֵ֥ר אֶתְכֶֽם׃
וְנָתַתִּ֤י לָכֶם֙ לֵ֣ב חָדָ֔שׁ וְר֥וּחַ חֲדָשָׁ֖ה אֶתֵּ֣ן בְּקִרְבְּכֶ֑ם וַהֲסִ֨רֹתִ֜י אֶת־ כו
לֵ֤ב הָאֶ֙בֶן֙ מִבְּשַׂרְכֶ֔ם וְנָתַתִּ֥י לָכֶ֖ם לֵ֥ב בָּשָֽׂר׃ וְאֶת־רוּחִ֖י אֶתֵּ֣ן כז
בְּקִרְבְּכֶ֑ם וְעָשִׂ֗יתִי אֵ֤ת אֲשֶׁר־בְּחֻקַּי֙ תֵּלֵ֔כוּ וּמִשְׁפָּטַ֥י תִּשְׁמְר֖וּ
וַעֲשִׂיתֶֽם׃ וִישַׁבְתֶּ֣ם בָּאָ֔רֶץ אֲשֶׁ֥ר נָתַ֖תִּי לַאֲבֹתֵיכֶ֑ם וִהְיִ֤יתֶם לִי֙ כח
לְעָ֔ם וְאָ֣נֹכִ֔י אֶהְיֶ֥ה לָכֶ֖ם לֵאלֹהִֽים׃ וְהוֹשַׁעְתִּ֣י אֶתְכֶ֔ם מִכֹּ֖ל כט
טֻמְאוֹתֵיכֶ֑ם וְקָרָ֤אתִי אֶל־הַדָּגָן֙ וְהִרְבֵּיתִ֣י אֹת֔וֹ וְלֹא־אֶתֵּ֥ן עֲלֵיכֶ֖ם
רָעָֽב׃ וְהִרְבֵּיתִי֙ אֶת־פְּרִ֣י הָעֵ֔ץ וּתְנוּבַ֖ת הַשָּׂדֶ֑ה לְמַ֗עַן אֲשֶׁ֛ר לֹ֥א ל

אַתְּ | גּוֹיֵךְ
וְגוֹיֵךְ | תְּשַׁכְּלִי־
וְגוֹיֵךְ

נבואת "ורוח חדשה אתן בקרבכם" יחזקאל יא, יט–כ

לא תִקְחוּ עוֹד חֶרְפַּת רָעָב בַּגּוֹיִם: וּזְכַרְתֶּם אֶת־דַּרְכֵיכֶם הָרָעִים
וּמַעַלְלֵיכֶם אֲשֶׁר לֹא־טוֹבִים וּנְקֹטֹתֶם בִּפְנֵיכֶם עַל עֲוֺנֹתֵיכֶם וְעַל
לב תּוֹעֲבוֹתֵיכֶם: לֹא לְמַעַנְכֶם אֲנִי־עֹשֶׂה נְאֻם אֲדֹנָי יֱהֹוִה יִוָּדַע
לָכֶם בּוֹשׁוּ וְהִכָּלְמוּ מִדַּרְכֵיכֶם בֵּית יִשְׂרָאֵל:
לג כֹּה אָמַר אֲדֹנָי יֱהֹוִה בְּיוֹם טַהֲרִי אֶתְכֶם מִכֹּל עֲוֺנוֹתֵיכֶם
לד וְהוֹשַׁבְתִּי אֶת־הֶעָרִים וְנִבְנוּ הֶחֳרָבוֹת: וְהָאָרֶץ הַנְּשַׁמָּה
לה תֵּעָבֵד תַּחַת אֲשֶׁר הָיְתָה שְׁמָמָה לְעֵינֵי כָּל־עוֹבֵר: וְאָמְרוּ
הָאָרֶץ הַלֵּזוּ הַנְּשַׁמָּה הָיְתָה כְּגַן־עֵדֶן וְהֶעָרִים הֶחֳרֵבוֹת
לו וְהַנְּשַׁמּוֹת וְהַנֶּהֱרָסוֹת בְּצוּרוֹת יָשָׁבוּ: וְיָדְעוּ הַגּוֹיִם אֲשֶׁר
יִשָּׁאֲרוּ סְבִיבוֹתֵיכֶם כִּי ׀ אֲנִי יהוה בָּנִיתִי הַנֶּהֱרָסוֹת נָטַעְתִּי
לז הַנְּשַׁמָּה אֲנִי יהוה דִּבַּרְתִּי וְעָשִׂיתִי: כֹּה אָמַר
אֲדֹנָי יֱהֹוִה עוֹד זֹאת אִדָּרֵשׁ לְבֵית־יִשְׂרָאֵל לַעֲשׂוֹת לָהֶם
לח אַרְבֶּה אֹתָם כַּצֹּאן אָדָם: כְּצֹאן קָדָשִׁים כְּצֹאן יְרוּשָׁלַםִ
בְּמוֹעֲדֶיהָ כֵּן תִּהְיֶינָה הֶעָרִים הֶחֳרֵבוֹת מְלֵאוֹת צֹאן אָדָם
וְיָדְעוּ כִּי־אֲנִי יהוה:
לז א הָיְתָה עָלַי יַד־יהוה וַיּוֹצִאֵנִי בְרוּחַ יהוה וַיְנִיחֵנִי בְּתוֹךְ הַבִּקְעָה
ב וְהִיא מְלֵאָה עֲצָמוֹת: וְהֶעֱבִירַנִי עֲלֵיהֶם סָבִיב ׀ סָבִיב וְהִנֵּה
ג רַבּוֹת מְאֹד עַל־פְּנֵי הַבִּקְעָה וְהִנֵּה יְבֵשׁוֹת מְאֹד: וַיֹּאמֶר אֵלַי
בֶּן־אָדָם הֲתִחְיֶינָה הָעֲצָמוֹת הָאֵלֶּה וָאֹמַר אֲדֹנָי יֱהֹוִה אַתָּה
ד יָדָעְתָּ: וַיֹּאמֶר אֵלַי הִנָּבֵא עַל־הָעֲצָמוֹת הָאֵלֶּה וְאָמַרְתָּ אֲלֵיהֶם
ה הָעֲצָמוֹת הַיְבֵשׁוֹת שִׁמְעוּ דְּבַר־יהוה: כֹּה אָמַר אֲדֹנָי יֱהֹוִה
ו לָעֲצָמוֹת הָאֵלֶּה הִנֵּה אֲנִי מֵבִיא בָכֶם רוּחַ וִחְיִיתֶם: וְנָתַתִּי
עֲלֵיכֶם גִּידִים וְהַעֲלֵתִי עֲלֵיכֶם בָּשָׂר וְקָרַמְתִּי עֲלֵיכֶם עוֹר וְנָתַתִּי
ז בָכֶם רוּחַ וִחְיִיתֶם וִידַעְתֶּם כִּי־אֲנִי יהוה: וְנִבֵּאתִי כַּאֲשֶׁר צֻוֵּיתִי
וַיְהִי־קוֹל כְּהִנָּבְאִי וְהִנֵּה־רַעַשׁ וַתִּקְרְבוּ עֲצָמוֹת עֶצֶם אֶל־
ח עַצְמוֹ: וְרָאִיתִי וְהִנֵּה־עֲלֵיהֶם גִּדִים וּבָשָׂר עָלָה וַיִּקְרַם עֲלֵיהֶם
ט עוֹר מִלְמָעְלָה וְרוּחַ אֵין בָּהֶם: וַיֹּאמֶר אֵלַי הִנָּבֵא אֶל־הָרוּחַ

הנבא בן־אדם ואמרת אל־הרוח כה־אמר ׀ אדני יהוה
מארבע רוחות באי הרוח ופחי בהרוגים האלה ויחיו:
י והנבאתי כאשר צוני ותבוא בהם הרוח ויחיו ויעמדו על־
יא רגליהם חיל גדול מאד מאד: ויאמר אלי בן־אדם העצמות
האלה כל־בית ישראל המה הנה אמרים יבשו עצמותינו
יב ואבדה תקותנו נגזרנו לנו: לכן הנבא ואמרת אליהם כה־
אמר אדני יהוה הנה אני פתח את־קברותיכם והעליתי
אתכם מקברותיכם עמי והבאתי אתכם אל־אדמת ישראל:
יג וידעתם כי־אני יהוה בפתחי את־קברותיכם ובהעלותי אתכם
יד מקברותיכם עמי: ונתתי רוחי בכם וחייתם והנחתי אתכם
על־אדמתכם וידעתם כי אני יהוה דברתי ועשיתי נאם־
טו טז יהוה: ויהי דבר־יהוה אלי לאמר: ואתה בן־
אדם קח־לך עץ אחד וכתב עליו ליהודה ולבני ישראל חברו
ולקח עץ אחד וכתוב עליו ליוסף עץ אפרים וכל־בית ישראל
יז חברו: וקרב אתם אחד אל־אחד לך לעץ אחד והיו לאחדים
יח בידך: וכאשר יאמרו אליך בני עמך לאמר הלוא־תגיד לנו
יט מה־אלה לך: דבר אלהם כה־אמר אדני יהוה הנה אני לקח
את־עץ יוסף אשר ביד־אפרים ושבטי ישראל חברו ונתתי
אותם עליו את־עץ יהודה ועשיתם לעץ אחד והיו אחד
כ כא בידי: והיו העצים אשר־תכתב עליהם בידך לעיניהם: ודבר
אליהם כה־אמר אדני יהוה הנה אני לקח את־בני ישראל
מבין הגוים אשר הלכו־שם וקבצתי אתם מסביב והבאתי
כב אותם אל־אדמתם: ועשיתי אתם לגוי אחד בארץ בהרי
ישראל ומלך אחד יהיה לכלם למלך ולא יהיה־עוד לשני יהיו־
כג גוים ולא יחצו עוד לשתי ממלכות עוד: ולא יטמאו עוד
בגלוליהם ובשקוציהם ובכל פשעיהם והושעתי אתם מכל
מושבתיהם אשר חטאו בהם וטהרתי אותם והיו־לי לעם ואני

כד אֶהְיֶה לָהֶם לֵאלֹהִים׃ וְעַבְדִּי דָוִד מֶלֶךְ עֲלֵיהֶם וְרוֹעֶה אֶחָד
כה יִהְיֶה לְכֻלָּם וּבְמִשְׁפָּטַי יֵלֵכוּ וְחֻקּוֹתַי יִשְׁמְרוּ וְעָשׂוּ אוֹתָם׃ וְיָשְׁבוּ
עַל־הָאָרֶץ אֲשֶׁר נָתַתִּי לְעַבְדִּי לְיַעֲקֹב אֲשֶׁר יָשְׁבוּ־בָהּ אֲבוֹתֵיכֶם
וְיָשְׁבוּ עָלֶיהָ הֵמָּה וּבְנֵיהֶם וּבְנֵי בְנֵיהֶם עַד־עוֹלָם וְדָוִד עַבְדִּי
כו נָשִׂיא לָהֶם לְעוֹלָם׃ וְכָרַתִּי לָהֶם בְּרִית שָׁלוֹם בְּרִית עוֹלָם יִהְיֶה
אוֹתָם וּנְתַתִּים וְהִרְבֵּיתִי אוֹתָם וְנָתַתִּי אֶת־מִקְדָּשִׁי בְּתוֹכָם
כז לְעוֹלָם׃ וְהָיָה מִשְׁכָּנִי עֲלֵיהֶם וְהָיִיתִי לָהֶם לֵאלֹהִים וְהֵמָּה יִהְיוּ־
כח לִי לְעָם׃ וְיָדְעוּ הַגּוֹיִם כִּי אֲנִי יְהוָה מְקַדֵּשׁ אֶת־יִשְׂרָאֵל בִּהְיוֹת כג
לח א מִקְדָּשִׁי בְּתוֹכָם לְעוֹלָם׃ וַיְהִי דְבַר־יְהוָה אֵלַי
ב לֵאמֹר׃ בֶּן־אָדָם שִׂים פָּנֶיךָ אֶל־גּוֹג אֶרֶץ הַמָּגוֹג נְשִׂיא רֹאשׁ
ג מֶשֶׁךְ וְתֻבָל וְהִנָּבֵא עָלָיו׃ וְאָמַרְתָּ כֹּה אָמַר אֲדֹנָי יְהוִה הִנְנִי
ד אֵלֶיךָ גּוֹג נְשִׂיא רֹאשׁ מֶשֶׁךְ וְתֻבָל׃ וְשׁוֹבַבְתִּיךָ וְנָתַתִּי חַחִים
בִּלְחָיֶיךָ וְהוֹצֵאתִי אוֹתְךָ וְאֶת־כָּל־חֵילֶךָ סוּסִים וּפָרָשִׁים לְבֻשֵׁי
ה מִכְלוֹל כֻּלָּם קָהָל רָב צִנָּה וּמָגֵן תֹּפְשֵׂי חֲרָבוֹת כֻּלָּם׃ פָּרַס כּוּשׁ
ו וּפוּט אִתָּם כֻּלָּם מָגֵן וְכוֹבָע׃ גֹּמֶר וְכָל־אֲגַפֶּיהָ בֵּית תּוֹגַרְמָה
ז יַרְכְּתֵי צָפוֹן וְאֶת־כָּל־אֲגַפָּיו עַמִּים רַבִּים אִתָּךְ׃ הִכֹּן וְהָכֵן לְךָ
אַתָּה וְכָל־קְהָלֶךָ הַנִּקְהָלִים עָלֶיךָ וְהָיִיתָ לָהֶם לְמִשְׁמָר׃
ח מִיָּמִים רַבִּים תִּפָּקֵד בְּאַחֲרִית הַשָּׁנִים תָּבוֹא ׀ אֶל־אֶרֶץ ׀
מְשׁוֹבֶבֶת מֵחֶרֶב מְקֻבֶּצֶת מֵעַמִּים רַבִּים עַל הָרֵי יִשְׂרָאֵל
אֲשֶׁר־הָיוּ לְחָרְבָּה תָּמִיד וְהִיא מֵעַמִּים הוּצָאָה וְיָשְׁבוּ לָבֶטַח
ט כֻּלָּם׃ וְעָלִיתָ כַּשֹּׁאָה תָבוֹא כֶּעָנָן לְכַסּוֹת הָאָרֶץ תִּהְיֶה אַתָּה
י וְכָל־אֲגַפֶּיךָ וְעַמִּים רַבִּים אוֹתָךְ׃ כֹּה אָמַר אֲדֹנָי
יְהוִה וְהָיָה ׀ בַּיּוֹם הַהוּא יַעֲלוּ דְבָרִים עַל־לְבָבֶךָ וְחָשַׁבְתָּ
יא מַחֲשֶׁבֶת רָעָה׃ וְאָמַרְתָּ אֶעֱלֶה עַל־אֶרֶץ פְּרָזוֹת אָבוֹא
הַשֹּׁקְטִים יֹשְׁבֵי לָבֶטַח כֻּלָּם יֹשְׁבִים בְּאֵין חוֹמָה וּבְרִיחַ וּדְלָתַיִם
יב אֵין לָהֶם׃ לִשְׁלֹל שָׁלָל וְלָבֹז בַּז לְהָשִׁיב יָדְךָ עַל־חֳרָבוֹת
נוֹשָׁבוֹת וְאֶל־עַם מְאֻסָּף מִגּוֹיִם עֹשֶׂה מִקְנֶה וְקִנְיָן יֹשְׁבֵי

עַל־טַבּוּר הָאָרֶץ׃ שְׁבָא וּדְדָן וְסֹחֲרֵי תַרְשִׁישׁ וְכָל־כְּפִרֶיהָ יג
יֹאמְרוּ לְךָ הֲלִשְׁלֹל שָׁלָל אַתָּה בָא הֲלָבֹז בַּז הִקְהַלְתָּ
קְהָלֶךָ לָשֵׂאת ׀ כֶּסֶף וְזָהָב לָקַחַת מִקְנֶה וְקִנְיָן לִשְׁלֹל שָׁלָל
גָּדוֹל׃ לָכֵן הִנָּבֵא בֶן־אָדָם וְאָמַרְתָּ לְגוֹג כֹּה אָמַר יד
אֲדֹנָי יְהוִה הֲלוֹא ׀ בַּיּוֹם הַהוּא בְּשֶׁבֶת עַמִּי יִשְׂרָאֵל לָבֶטַח
תֵּדָע׃ וּבָאתָ מִמְּקוֹמְךָ מִיַּרְכְּתֵי צָפוֹן אַתָּה וְעַמִּים רַבִּים טו
אִתָּךְ רֹכְבֵי סוּסִים כֻּלָּם קָהָל גָּדוֹל וְחַיִל רָב׃ וְעָלִיתָ עַל־עַמִּי טז
יִשְׂרָאֵל כֶּעָנָן לְכַסּוֹת הָאָרֶץ בְּאַחֲרִית הַיָּמִים תִּהְיֶה וַהֲבִאוֹתִיךָ
עַל־אַרְצִי לְמַעַן דַּעַת הַגּוֹיִם אֹתִי בְּהִקָּדְשִׁי בְךָ לְעֵינֵיהֶם
גּוֹג׃ כֹּה־אָמַר אֲדֹנָי יְהוִה הַאַתָּה־הוּא אֲשֶׁר־ יז
דִּבַּרְתִּי בְּיָמִים קַדְמוֹנִים בְּיַד עֲבָדַי נְבִיאֵי יִשְׂרָאֵל הַנִּבְּאִים
בַּיָּמִים הָהֵם שָׁנִים לְהָבִיא אֹתְךָ עֲלֵיהֶם׃ וְהָיָה ׀ יח
בַּיּוֹם הַהוּא בְּיוֹם בּוֹא גוֹג עַל־אַדְמַת יִשְׂרָאֵל נְאֻם אֲדֹנָי יְהוִה
תַּעֲלֶה חֲמָתִי בְּאַפִּי׃ וּבְקִנְאָתִי בְאֵשׁ־עֶבְרָתִי דִּבַּרְתִּי אִם־לֹא ׀ יט
בַּיּוֹם הַהוּא יִהְיֶה רַעַשׁ גָּדוֹל עַל אַדְמַת יִשְׂרָאֵל׃ וְרָעֲשׁוּ מִפָּנַי כ
דְּגֵי הַיָּם וְעוֹף הַשָּׁמַיִם וְחַיַּת הַשָּׂדֶה וְכָל־הָרֶמֶשׂ הָרֹמֵשׂ עַל־
הָאֲדָמָה וְכֹל הָאָדָם אֲשֶׁר עַל־פְּנֵי הָאֲדָמָה וְנֶהֶרְסוּ הֶהָרִים
וְנָפְלוּ הַמַּדְרֵגוֹת וְכָל־חוֹמָה לָאָרֶץ תִּפּוֹל׃ וְקָרָאתִי עָלָיו לְכָל־ כא
הָרַי חֶרֶב נְאֻם אֲדֹנָי יְהוִה חֶרֶב אִישׁ בְּאָחִיו תִּהְיֶה׃ וְנִשְׁפַּטְתִּי כב
אִתּוֹ בְּדֶבֶר וּבְדָם וְגֶשֶׁם שׁוֹטֵף וְאַבְנֵי אֶלְגָּבִישׁ אֵשׁ וְגָפְרִית
אַמְטִיר עָלָיו וְעַל־אֲגַפָּיו וְעַל־עַמִּים רַבִּים אֲשֶׁר אִתּוֹ׃
וְהִתְגַּדִּלְתִּי וְהִתְקַדִּשְׁתִּי וְנוֹדַעְתִּי לְעֵינֵי גּוֹיִם רַבִּים וְיָדְעוּ כִּי־ כג
אֲנִי יְהוָה׃ וְאַתָּה בֶן־אָדָם הִנָּבֵא עַל־גּוֹג וְאָמַרְתָּ א לט
כֹּה אָמַר אֲדֹנָי יְהוִה הִנְנִי אֵלֶיךָ גּוֹג נְשִׂיא רֹאשׁ מֶשֶׁךְ וְתֻבָל׃
וְשֹׁבַבְתִּיךָ וְשִׁשֵּׁאתִיךָ וְהַעֲלִיתִיךָ מִיַּרְכְּתֵי צָפוֹן וַהֲבִאוֹתִךָ עַל־ ב
הָרֵי יִשְׂרָאֵל׃ וְהִכֵּיתִי קַשְׁתְּךָ מִיַּד שְׂמֹאולְךָ וְחִצֶּיךָ מִיַּד יְמִינְךָ ג
אַפִּיל׃ עַל־הָרֵי יִשְׂרָאֵל תִּפּוֹל אַתָּה וְכָל־אֲגַפֶּיךָ וְעַמִּים אֲשֶׁר ד

ה אֶתֵּנְךָ לְעֵיט צִפּוֹר כָּל־כָּנָף וְחַיַּת הַשָּׂדֶה נְתַתִּיךָ לְאָכְלָה׃ עַל־
ו פְּנֵי הַשָּׂדֶה תִּפּוֹל כִּי אֲנִי דִבַּרְתִּי נְאֻם אֲדֹנָי יֱהֹוִה׃ וְשִׁלַּחְתִּי־אֵשׁ
ז בְּמָגוֹג וּבְיֹשְׁבֵי הָאִיִּים לָבֶטַח וְיָדְעוּ כִּי־אֲנִי יְהוָה׃ וְאֶת־שֵׁם
קָדְשִׁי אוֹדִיעַ בְּתוֹךְ עַמִּי יִשְׂרָאֵל וְלֹא־אַחֵל אֶת־שֵׁם־קָדְשִׁי
ח עוֹד וְיָדְעוּ הַגּוֹיִם כִּי־אֲנִי יְהוָה קָדוֹשׁ בְּיִשְׂרָאֵל׃ הִנֵּה בָאָה
ט וְנִהְיָתָה נְאֻם אֲדֹנָי יֱהֹוִה הוּא הַיּוֹם אֲשֶׁר דִּבַּרְתִּי׃ וְיָצְאוּ יֹשְׁבֵי ׀
עָרֵי יִשְׂרָאֵל וּבִעֲרוּ וְהִשִּׂיקוּ בְּנֶשֶׁק וּמָגֵן וְצִנָּה בְּקֶשֶׁת וּבְחִצִּים
י וּבְמַקֵּל יָד וּבְרֹמַח וּבִעֲרוּ בָהֶם אֵשׁ שֶׁבַע שָׁנִים׃ וְלֹא־יִשְׂאוּ
עֵצִים מִן־הַשָּׂדֶה וְלֹא יַחְטְבוּ מִן־הַיְּעָרִים כִּי בַנֶּשֶׁק יְבַעֲרוּ־
אֵשׁ וְשָׁלְלוּ אֶת־שֹׁלְלֵיהֶם וּבָזְזוּ אֶת־בֹּזְזֵיהֶם נְאֻם אֲדֹנָי
יא יֱהֹוִה׃ וְהָיָה בַיּוֹם הַהוּא אֶתֵּן לְגוֹג ׀ מְקוֹם־שָׁם
קֶבֶר בְּיִשְׂרָאֵל גֵּי הָעֹבְרִים קִדְמַת הַיָּם וְחֹסֶמֶת הִיא אֶת־
הָעֹבְרִים וְקָבְרוּ שָׁם אֶת־גּוֹג וְאֶת־כָּל־הֲמוֹנֹה וְקָרְאוּ גֵּיא הֲמוֹן
יב גּוֹג׃ וּקְבָרוּם בֵּית יִשְׂרָאֵל לְמַעַן טַהֵר אֶת־הָאָרֶץ שִׁבְעָה
יג חֳדָשִׁים׃ וְקָבְרוּ כָּל־עַם הָאָרֶץ וְהָיָה לָהֶם לְשֵׁם יוֹם הִכָּבְדִי
יד נְאֻם אֲדֹנָי יֱהֹוִה׃ וְאַנְשֵׁי תָמִיד יַבְדִּילוּ עֹבְרִים בָּאָרֶץ מְקַבְּרִים
אֶת־הָעֹבְרִים אֶת־הַנּוֹתָרִים עַל־פְּנֵי הָאָרֶץ לְטַהֲרָהּ מִקְצֵה
טו שִׁבְעָה־חֳדָשִׁים יַחְקֹרוּ׃ וְעָבְרוּ הָעֹבְרִים בָּאָרֶץ וְרָאָה עֶצֶם אָדָם
וּבָנָה אֶצְלוֹ צִיּוּן עַד קָבְרוּ אֹתוֹ הַמְקַבְּרִים אֶל־גֵּיא הֲמוֹן גּוֹג׃
טז יז וְגַם שֶׁם־עִיר הֲמוֹנָה וְטִהֲרוּ הָאָרֶץ׃ וְאַתָּה בֶן־
אָדָם כֹּה־אָמַר ׀ אֲדֹנָי יֱהֹוִה אֱמֹר לְצִפּוֹר כָּל־כָּנָף וּלְכֹל ׀ חַיַּת
הַשָּׂדֶה הִקָּבְצוּ וָבֹאוּ הֵאָסְפוּ מִסָּבִיב עַל־זִבְחִי אֲשֶׁר אֲנִי זֹבֵחַ
לָכֶם זֶבַח גָּדוֹל עַל הָרֵי יִשְׂרָאֵל וַאֲכַלְתֶּם בָּשָׂר וּשְׁתִיתֶם דָּם׃
יח בְּשַׂר גִּבּוֹרִים תֹּאכֵלוּ וְדַם־נְשִׂיאֵי הָאָרֶץ תִּשְׁתּוּ אֵילִים כָּרִים
יט וְעַתּוּדִים פָּרִים מְרִיאֵי בָשָׁן כֻּלָּם׃ וַאֲכַלְתֶּם־חֵלֶב לְשָׂבְעָה
כ וּשְׁתִיתֶם דָּם לְשִׁכָּרוֹן מִזִּבְחִי אֲשֶׁר־זָבַחְתִּי לָכֶם׃ וּשְׂבַעְתֶּם עַל־
שֻׁלְחָנִי סוּס וָרֶכֶב גִּבּוֹר וְכָל־אִישׁ מִלְחָמָה נְאֻם אֲדֹנָי יֱהֹוִה׃

ונתתי את־כבודי בגוים וראו כל־הגוים את־משפטי אשר כא
כד עשיתי ואת־ידי אשר־שמתי בהם: וידעו בית ישראל כי אני כב
יהוה אלהיהם מן־היום ההוא והלאה: וידעו הגוים כי בעונם כג
גלו בית־ישראל על אשר מעלו־בי ואסתר פני מהם ואתנם
ביד צריהם ויפלו בחרב כלם: כטמאתם וכפשעיהם עשיתי כד
אתם ואסתר פני מהם: לכן כה אמר אדני יהוה כה
שבות עתה אשיב את־שבית יעקב ורחמתי כל־בית ישראל
וקנאתי לשם קדשי: ונשו את־כלמתם ואת־כל־מעלם אשר כו
מעלו־בי בשבתם על־אדמתם לבטח ואין מחריד: בשובבי כז
אותם מן־העמים וקבצתי אתם מארצות איביהם ונקדשתי
בם לעיני הגוים רבים: וידעו כי אני יהוה אלהיהם בהגלותי כח
אתם אל־הגוים וכנסתים אל־אדמתם ולא־אותיר עוד מהם
שם: ולא־אסתיר עוד פני מהם אשר שפכתי את־רוחי על־ כט
בית ישראל נאם אדני יהוה: בעשרים וחמש מ א
שנה לגלותנו בראש השנה בעשור לחדש בארבע עשרה
שנה אחר אשר הכתה העיר בעצם | היום הזה היתה עלי יד־
יהוה ויבא אתי שמה: במראות אלהים הביאני אל־ארץ ב
ישראל ויניחני אל־הר גבה מאד ועליו כמבנה־עיר מנגב:
ויביא אותי שמה והנה־איש מראהו כמראה נחשת ופתיל־ ג
פשתים בידו וקנה המדה והוא עמד בשער: וידבר אלי האיש ד
בן־אדם ראה בעיניך ובאזניך שמע ושים לבך לכל אשר־אני
מראה אותך כי למען הראותכה הבאתה הנה הגד את־כל־
אשר־אתה ראה לבית ישראל: והנה חומה מחוץ לבית ה
סביב | סביב וביד האיש קנה המדה שש־אמות באמה וטפח
וימד את־רחב הבנין קנה אחד וקומה קנה אחד: ויבוא אל־ ו
שער אשר פניו דרך הקדימה ויעל במעלתו וימד | את־סף
השער קנה אחד רחב ואת סף אחד קנה אחד רחב: והתא ז

קָנֶה אֶחָד אֹרֶךְ וְקָנֶה אֶחָד רֹחַב וּבֵין הַתָּאִים חָמֵשׁ אַמּוֹת וְסַף
ח הַשַּׁעַר מֵאֵצֶל אֻלָם הַשַּׁעַר מֵהַבַּיִת קָנֶה אֶחָד׃ וַיָּמָד אֶת־אֻלָם
ט הַשַּׁעַר מֵהַבַּיִת קָנֶה אֶחָד׃ וַיָּמָד אֶת־אֻלָם הַשַּׁעַר שְׁמֹנֶה אַמּוֹת
י וְאֵילָו שְׁתַּיִם אַמּוֹת וְאֻלָם הַשַּׁעַר מֵהַבָּיִת׃ וְתָאֵי הַשַּׁעַר דֶּרֶךְ
הַקָּדִים שְׁלֹשָׁה מִפֹּה וּשְׁלֹשָׁה מִפֹּה מִדָּה אַחַת לִשְׁלָשְׁתָּם וּמִדָּה
יא אַחַת לָאֵילִם מִפֹּה וּמִפּוֹ׃ וַיָּמָד אֶת־רֹחַב פֶּתַח־הַשַּׁעַר עֶשֶׂר
יב אַמּוֹת אֹרֶךְ הַשַּׁעַר שְׁלוֹשׁ עֶשְׂרֵה אַמּוֹת׃ וּגְבוּל לִפְנֵי הַתָּאוֹת
אַמָּה אֶחָת וְאַמָּה־אַחַת גְּבוּל מִפֹּה וְהַתָּא שֵׁשׁ־אַמּוֹת מִפּוֹ וְשֵׁשׁ
יג אַמּוֹת מִפּוֹ׃ וַיָּמָד אֶת־הַשַּׁעַר מִגַּג הַתָּא לְגַגּוֹ רֹחַב עֶשְׂרִים
יד וְחָמֵשׁ אַמּוֹת פֶּתַח נֶגֶד פָּתַח׃ וַיַּעַשׂ אֶת־אֵילִים שִׁשִּׁים אַמָּה
טו וְאֶל־אֵיל הֶחָצֵר הַשַּׁעַר סָבִיב ׀ סָבִיב׃ וְעַל־פְּנֵי הַשַּׁעַר היאתון הָאִיתוֹן
טז עַל־לִפְנֵי אֻלָם הַשַּׁעַר הַפְּנִימִי חֲמִשִּׁים אַמָּה׃ וְחַלֹּנוֹת אֲטֻמוֹת
אֶל־הַתָּאִים וְאֶל אֵלֵיהֵמָה לִפְנִימָה לַשַּׁעַר סָבִיב ׀ סָבִיב וְכֵן
לָאֵלַמּוֹת וְחַלּוֹנוֹת סָבִיב ׀ סָבִיב לִפְנִימָה וְאֶל־אַיִל תִּמֹרִים׃
יז וַיְבִיאֵנִי אֶל־הֶחָצֵר הַחִיצוֹנָה וְהִנֵּה לְשָׁכוֹת וְרִצְפָה עָשׂוּי לֶחָצֵר
יח סָבִיב ׀ סָבִיב שְׁלֹשִׁים לְשָׁכוֹת אֶל־הָרִצְפָה׃ וְהָרִצְפָה אֶל־כֶּתֶף
יט הַשְּׁעָרִים לְעֻמַּת אֹרֶךְ הַשְּׁעָרִים הָרִצְפָה הַתַּחְתּוֹנָה׃ וַיָּמָד רֹחַב
מִלִּפְנֵי הַשַּׁעַר הַתַּחְתּוֹנָה לִפְנֵי הֶחָצֵר הַפְּנִימִי מִחוּץ מֵאָה אַמָּה
כ הַקָּדִים וְהַצָּפוֹן׃ וְהַשַּׁעַר אֲשֶׁר פָּנָיו דֶּרֶךְ הַצָּפוֹן לֶחָצֵר הַחִיצוֹנָה
כא מָדַד אָרְכּוֹ וְרָחְבּוֹ׃ וְתָאָו שְׁלוֹשָׁה מִפּוֹ וּשְׁלֹשָׁה מִפּוֹ וְאֵילָו
וְאֵלַמָּו הָיָה כְּמִדַּת הַשַּׁעַר הָרִאשׁוֹן חֲמִשִּׁים אַמָּה אָרְכּוֹ וְרֹחַב
כב חָמֵשׁ וְעֶשְׂרִים בָּאַמָּה׃ וְחַלּוֹנָו וְאֵילַמָּו וְתִמֹרָו כְּמִדַּת הַשַּׁעַר
אֲשֶׁר פָּנָיו דֶּרֶךְ הַקָּדִים וּבְמַעֲלוֹת שֶׁבַע יַעֲלוּ־בוֹ וְאֵילַמָּו
כג לִפְנֵיהֶם׃ וְשַׁעַר לֶחָצֵר הַפְּנִימִי נֶגֶד הַשַּׁעַר לַצָּפוֹן וְלַקָּדִים וַיָּמָד
כד מִשַּׁעַר אֶל־שַׁעַר מֵאָה אַמָּה׃ וַיּוֹלִכֵנִי דֶּרֶךְ הַדָּרוֹם וְהִנֵּה־שַׁעַר
כה דֶּרֶךְ הַדָּרוֹם וּמָדַד אֵילָו וְאֵילַמָּו כַּמִּדּוֹת הָאֵלֶּה׃ וְחַלּוֹנִים לוֹ
וּלְאֵילַמָּו סָבִיב ׀ סָבִיב כְּהַחַלֹּנוֹת הָאֵלֶּה חֲמִשִּׁים אַמָּה אֹרֶךְ

כו וְרֹחַב חָמֵשׁ וְעֶשְׂרִים אַמָּה׃ וּמַעֲלוֹת שִׁבְעָה עֹלוֹתָו וְאֵלַמָּו
כז לִפְנֵיהֶם וְתִמֹרִים לוֹ אֶחָד מִפּוֹ וְאֶחָד מִפּוֹ אֶל־אֵילָו׃ וְשַׁעַר
לֶחָצֵר הַפְּנִימִי דֶּרֶךְ הַדָּרוֹם וַיָּמָד מִשַּׁעַר אֶל־הַשַּׁעַר דֶּרֶךְ
כח הַדָּרוֹם מֵאָה אַמּוֹת׃ וַיְבִיאֵנִי אֶל־חָצֵר הַפְּנִימִי בְּשַׁעַר הַדָּרוֹם
כט וַיָּמָד אֶת־הַשַּׁעַר הַדָּרוֹם כַּמִּדּוֹת הָאֵלֶּה׃ וְתָאָו וְאֵלָו וְאֵלַמָּו
כַּמִּדּוֹת הָאֵלֶּה וְחַלּוֹנוֹת לוֹ וּלְאֵלַמָּו סָבִיב ׀ סָבִיב חֲמִשִּׁים אַמָּה
ל אֹרֶךְ וְרֹחַב עֶשְׂרִים וְחָמֵשׁ אַמּוֹת׃ וְאֵלַמּוֹת סָבִיב ׀ סָבִיב אֹרֶךְ
לא חָמֵשׁ וְעֶשְׂרִים אַמָּה וְרֹחַב חָמֵשׁ אַמּוֹת׃ וְאֵלַמָּו אֶל־חָצֵר
לב הַחִיצוֹנָה וְתִמֹרִים אֶל־אֵילָו וּמַעֲלוֹת שְׁמוֹנֶה מַעֲלָו׃ וַיְבִיאֵנִי אֶל־
הֶחָצֵר הַפְּנִימִי דֶּרֶךְ הַקָּדִים וַיָּמָד אֶת־הַשַּׁעַר כַּמִּדּוֹת הָאֵלֶּה׃
לג וְתָאָו וְאֵלָו וְאֵלַמָּו כַּמִּדּוֹת הָאֵלֶּה וְחַלּוֹנוֹת לוֹ וּלְאֵלַמָּו סָבִיב ׀
לד סָבִיב אֹרֶךְ חֲמִשִּׁים אַמָּה וְרֹחַב חָמֵשׁ וְעֶשְׂרִים אַמָּה׃ וְאֵלַמָּו
לֶחָצֵר הַחִיצוֹנָה וְתִמֹרִים אֶל־אֵלָו מִפּוֹ וּמִפּוֹ וּשְׁמֹנֶה מַעֲלוֹת
לה לו מַעֲלָו׃ וַיְבִיאֵנִי אֶל־שַׁעַר הַצָּפוֹן וּמָדַד כַּמִּדּוֹת הָאֵלֶּה׃ תָּאָו
אֵלָו וְאֵלַמָּו וְחַלּוֹנוֹת לוֹ סָבִיב ׀ סָבִיב אֹרֶךְ חֲמִשִּׁים אַמָּה וְרֹחַב
לז חָמֵשׁ וְעֶשְׂרִים אַמָּה׃ וְאֵילָו לֶחָצֵר הַחִיצוֹנָה וְתִמֹרִים אֶל־אֵילָו
לח מִפּוֹ וּמִפּוֹ וּשְׁמֹנֶה מַעֲלוֹת מַעֲלָו׃ וְלִשְׁכָּה וּפִתְחָהּ בְּאֵילִים
לט הַשְּׁעָרִים שָׁם יָדִיחוּ אֶת־הָעֹלָה׃ וּבְאֻלָם הַשַּׁעַר שְׁנַיִם שֻׁלְחָנוֹת
מִפּוֹ וּשְׁנַיִם שֻׁלְחָנוֹת מִפֹּה לִשְׁחוֹט אֲלֵיהֶם הָעוֹלָה וְהַחַטָּאת
מ וְהָאָשָׁם׃ וְאֶל־הַכָּתֵף מִחוּצָה לָעוֹלֶה לְפֶתַח הַשַּׁעַר הַצָּפוֹנָה
שְׁנַיִם שֻׁלְחָנוֹת וְאֶל־הַכָּתֵף הָאַחֶרֶת אֲשֶׁר לְאֻלָם הַשַּׁעַר שְׁנַיִם
מא שֻׁלְחָנוֹת׃ אַרְבָּעָה שֻׁלְחָנוֹת מִפֹּה וְאַרְבָּעָה שֻׁלְחָנוֹת מִפֹּה
מב לְכֶתֶף הַשָּׁעַר שְׁמוֹנָה שֻׁלְחָנוֹת אֲלֵיהֶם יִשְׁחָטוּ׃ וְאַרְבָּעָה
שֻׁלְחָנוֹת לָעוֹלָה אַבְנֵי גָזִית אֹרֶךְ אַמָּה אַחַת וָחֵצִי וְרֹחַב אַמָּה
אַחַת וָחֵצִי וְגֹבַהּ אַמָּה אֶחָת אֲלֵיהֶם וְיַנִּיחוּ אֶת־הַכֵּלִים אֲשֶׁר
מג יִשְׁחֲטוּ אֶת־הָעוֹלָה בָּם וְהַזָּבַח׃ וְהַשְׁפַתַּיִם טֹפַח אֶחָד מוּכָנִים
מד בַּבַּיִת סָבִיב ׀ סָבִיב וְאֶל־הַשֻּׁלְחָנוֹת בְּשַׂר הַקָּרְבָּן׃ וּמִחוּצָה

לְשַׁעַר הַפְּנִימִי לְשָׁכוֹת שָׁרִים בֶּחָצֵר הַפְּנִימִי אֲשֶׁר אֶל־כֶּתֶף
שַׁעַר הַצָּפוֹן וּפְנֵיהֶם דֶּרֶךְ הַדָּרוֹם אֶחָד אֶל־כֶּתֶף שַׁעַר הַקָּדִים
מה פְּנֵי דֶּרֶךְ הַצָּפֹן׃ וַיְדַבֵּר אֵלַי זֹה הַלִּשְׁכָּה אֲשֶׁר פָּנֶיהָ דֶּרֶךְ הַדָּרוֹם כה
מו לַכֹּהֲנִים שֹׁמְרֵי מִשְׁמֶרֶת הַבָּיִת׃ וְהַלִּשְׁכָּה אֲשֶׁר פָּנֶיהָ דֶּרֶךְ
הַצָּפוֹן לַכֹּהֲנִים שֹׁמְרֵי מִשְׁמֶרֶת הַמִּזְבֵּחַ הֵמָּה בְנֵי־צָדוֹק
מז הַקְּרֵבִים מִבְּנֵי־לֵוִי אֶל־יְהוָה לְשָׁרְתוֹ׃ וַיָּמָד אֶת־הֶחָצֵר אֹרֶךְ ׀
מֵאָה אַמָּה וְרֹחַב מֵאָה אַמָּה מְרֻבָּעַת וְהַמִּזְבֵּחַ לִפְנֵי הַבָּיִת׃
מח וַיְבִאֵנִי אֶל־אֻלָם הַבַּיִת וַיָּמָד אֵל אֻלָם חָמֵשׁ אַמּוֹת מִפֹּה וְחָמֵשׁ
אַמּוֹת מִפֹּה וְרֹחַב הַשַּׁעַר שָׁלֹשׁ אַמּוֹת מִפּוֹ וְשָׁלֹשׁ אַמּוֹת מִפּוֹ׃
מט אֹרֶךְ הָאֻלָם עֶשְׂרִים אַמָּה וְרֹחַב עַשְׁתֵּי עֶשְׂרֵה אַמָּה וּבַמַּעֲלוֹת
אֲשֶׁר יַעֲלוּ אֵלָיו וְעַמֻּדִים אֶל־הָאֵילִים אֶחָד מִפֹּה וְאֶחָד מִפֹּה׃
מא א וַיְבִיאֵנִי אֶל־הַהֵיכָל וַיָּמָד אֶת־הָאֵילִים שֵׁשׁ־אַמּוֹת רֹחַב מִפּוֹ
ב וְשֵׁשׁ־אַמּוֹת רֹחַב־מִפּוֹ רֹחַב הָאֹהֶל׃ וְרֹחַב הַפֶּתַח עֶשֶׂר אַמּוֹת
וְכִתְפוֹת הַפֶּתַח חָמֵשׁ אַמּוֹת מִפּוֹ וְחָמֵשׁ אַמּוֹת מִפּוֹ וַיָּמָד אָרְכּוֹ
ג אַרְבָּעִים אַמָּה וְרֹחַב עֶשְׂרִים אַמָּה׃ וּבָא לִפְנִימָה וַיָּמָד אֵיל־
הַפֶּתַח שְׁתַּיִם אַמּוֹת וְהַפֶּתַח שֵׁשׁ אַמּוֹת וְרֹחַב הַפֶּתַח שֶׁבַע
ד אַמּוֹת׃ וַיָּמָד אֶת־אָרְכּוֹ עֶשְׂרִים אַמָּה וְרֹחַב עֶשְׂרִים אַמָּה אֶל־
ה פְּנֵי הַהֵיכָל וַיֹּאמֶר אֵלַי זֶה קֹדֶשׁ הַקֳּדָשִׁים׃ וַיָּמָד קִיר־הַבַּיִת שֵׁשׁ
אַמּוֹת וְרֹחַב הַצֵּלָע אַרְבַּע אַמּוֹת סָבִיב ׀ סָבִיב לַבַּיִת סָבִיב׃
ו וְהַצְּלָעוֹת צֵלָע אֶל־צֵלָע שָׁלוֹשׁ וּשְׁלֹשִׁים פְּעָמִים וּבָאוֹת בַּקִּיר
אֲשֶׁר־לַבַּיִת לַצְּלָעוֹת סָבִיב ׀ סָבִיב לִהְיוֹת אֲחוּזִים וְלֹא־יִהְיוּ
ז אֲחוּזִים בְּקִיר הַבָּיִת׃ וְרָחֲבָה וְנָסְבָה לְמַעְלָה לְמַעְלָה לַצְּלָעוֹת
כִּי מוּסַב־הַבַּיִת לְמַעְלָה לְמַעְלָה סָבִיב ׀ סָבִיב לַבַּיִת עַל־כֵּן
רֹחַב־לַבַּיִת לְמָעְלָה וְכֵן הַתַּחְתּוֹנָה יַעֲלֶה עַל־הָעֶלְיוֹנָה
ח לַתִּיכוֹנָה׃ וְרָאִיתִי לַבַּיִת גֹּבַהּ סָבִיב ׀ סָבִיב מיסדות הַצְּלָעוֹת מוּסְדוֹת
ט מְלוֹ הַקָּנֶה שֵׁשׁ אַמּוֹת אַצִּילָה׃ רֹחַב הַקִּיר אֲשֶׁר־לַצֵּלָע אֶל־
י הַחוּץ חָמֵשׁ אַמּוֹת וַאֲשֶׁר מֻנָּח בֵּית צְלָעוֹת אֲשֶׁר לַבָּיִת׃ וּבֵין

יא הַלְּשָׁכוֹת רֹחַב עֶשְׂרִים אַמָּה סָבִיב לַבַּיִת סָבִיב ׀ סָבִיב׃ וּפֶתַח
הַצֵּלָע לַמֻּנָּח פֶּתַח אֶחָד דֶּרֶךְ הַצָּפוֹן וּפֶתַח אֶחָד לַדָּרוֹם וְרֹחַב
יב מְקוֹם הַמֻּנָּח חָמֵשׁ אַמּוֹת סָבִיב ׀ סָבִיב׃ וְהַבִּנְיָן אֲשֶׁר אֶל־פְּנֵי
הַגִּזְרָה פְּאַת דֶּרֶךְ־הַיָּם רֹחַב שִׁבְעִים אַמָּה וְקִיר הַבִּנְיָן חָמֵשׁ־
יג אַמּוֹת רֹחַב סָבִיב ׀ סָבִיב וְאָרְכּוֹ תִּשְׁעִים אַמָּה׃ וּמָדַד אֶת־
הַבַּיִת אֹרֶךְ מֵאָה אַמָּה וְהַגִּזְרָה וְהַבִּנְיָה וְקִירוֹתֶיהָ אֹרֶךְ מֵאָה
יד טו אַמָּה׃ וְרֹחַב פְּנֵי הַבַּיִת וְהַגִּזְרָה לַקָּדִים מֵאָה אַמָּה׃ וּמָדַד אֹרֶךְ
הַבִּנְיָן אֶל־פְּנֵי הַגִּזְרָה אֲשֶׁר עַל־אַחֲרֶיהָ ואתוקיהא מִפּוֹ וּמִפּוֹ וְאַתִּיקֶיהָ
טז מֵאָה אַמָּה וְהַהֵיכָל הַפְּנִימִי וְאֻלַמֵּי הֶחָצֵר׃ הַסִּפִּים וְהַחַלּוֹנִים
הָאֲטֻמוֹת וְהָאַתִּיקִים ׀ סָבִיב לִשְׁלָשְׁתָּם נֶגֶד הַסַּף שְׂחִיף עֵץ
יז סָבִיב ׀ סָבִיב וְהָאָרֶץ עַד־הַחַלֹּנוֹת וְהַחַלֹּנוֹת מְכֻסּוֹת׃ עַל־מֵעַל
הַפֶּתַח וְעַד־הַבַּיִת הַפְּנִימִי וְלַחוּץ וְאֶל־כָּל־הַקִּיר סָבִיב ׀ סָבִיב
יח בַּפְּנִימִי וּבַחִיצוֹן מִדּוֹת׃ וְעָשׂוּי כְּרוּבִים וְתִמֹּרִים וְתִמֹּרָה בֵּין־
יט כְּרוּב לִכְרוּב וּשְׁנַיִם פָּנִים לַכְּרוּב׃ וּפְנֵי אָדָם אֶל־הַתִּמֹּרָה מִפּוֹ
וּפְנֵי־כְפִיר אֶל־הַתִּמֹּרָה מִפּוֹ עָשׂוּי אֶל־כָּל־הַבַּיִת סָבִיב ׀ סָבִיב׃
כ מֵהָאָרֶץ עַד־מֵעַל הַפֶּתַח הַכְּרוּבִים וְהַתִּמֹּרִים עֲשׂוּיִם וְקִיר
כא הַהֵיכָל׃ הַהֵיכָל מְזוּזַת רְבֻעָה וּפְנֵי הַקֹּדֶשׁ הַמַּרְאֶה כַּמַּרְאֶה׃
כב הַמִּזְבֵּחַ עֵץ שָׁלוֹשׁ אַמּוֹת גָּבֹהַּ וְאָרְכּוֹ שְׁתַּיִם־אַמּוֹת וּמִקְצֹעוֹתָיו
לוֹ וְאָרְכּוֹ וְקִירֹתָיו עֵץ וַיְדַבֵּר אֵלַי זֶה הַשֻּׁלְחָן אֲשֶׁר לִפְנֵי יְהוָה׃
כג כד וּשְׁתַּיִם דְּלָתוֹת לַהֵיכָל וְלַקֹּדֶשׁ׃ וּשְׁתַּיִם דְּלָתוֹת לַדְּלָתוֹת שְׁתַּיִם
מוּסַבּוֹת דְּלָתוֹת שְׁתַּיִם לְדֶלֶת אֶחָת וּשְׁתֵּי דְלָתוֹת לָאַחֶרֶת׃
כה וַעֲשׂוּיָה אֲלֵיהֶן אֶל־דַּלְתוֹת הַהֵיכָל כְּרוּבִים וְתִמֹּרִים כַּאֲשֶׁר
כו עֲשׂוּיִם לַקִּירוֹת וְעָב עֵץ אֶל־פְּנֵי הָאוּלָם מֵהַחוּץ׃ וְחַלּוֹנִים
אֲטֻמוֹת וְתִמֹּרִים מִפּוֹ וּמִפּוֹ אֶל־כִּתְפוֹת הָאוּלָם וְצַלְעוֹת הַבַּיִת
מב א וְהָעֻבִּים׃ וַיּוֹצִאֵנִי אֶל־הֶחָצֵר הַחִיצוֹנָה הַדֶּרֶךְ דֶּרֶךְ הַצָּפוֹן וַיְבִאֵנִי
אֶל־הַלִּשְׁכָּה אֲשֶׁר נֶגֶד הַגִּזְרָה וַאֲשֶׁר־נֶגֶד הַבִּנְיָן אֶל־הַצָּפוֹן׃
ב אֶל־פְּנֵי אֹרֶךְ אַמּוֹת הַמֵּאָה פֶּתַח הַצָּפוֹן וְהָרֹחַב חֲמִשִּׁים אַמּוֹת׃

ג נֶגֶד הָעֶשְׂרִים אֲשֶׁר לֶחָצֵר הַפְּנִימִי וְנֶגֶד רִצְפָּה אֲשֶׁר לֶחָצֵר
ד הַחִיצוֹנָה אַתִּיק אֶל־פְּנֵי־אַתִּיק בַּשְּׁלִשִׁים׃ וְלִפְנֵי הַלְּשָׁכוֹת
מַהֲלַךְ עֶשֶׂר אַמּוֹת רֹחַב אֶל־הַפְּנִימִית דֶּרֶךְ אַמָּה אֶחָת
ה וּפִתְחֵיהֶם לַצָּפוֹן׃ וְהַלְּשָׁכוֹת הָעֶלְיוֹנֹת קְצֻרוֹת כִּי־יוֹכְלוּ
ו אַתִּיקִים מֵהֵנָּה מֵהַתַּחְתֹּנוֹת וּמֵהַתִּיכֹנוֹת בִּנְיָן׃ כִּי מְשֻׁלָּשׁוֹת
הֵנָּה וְאֵין לָהֶן עַמּוּדִים כְּעַמּוּדֵי הַחֲצֵרוֹת עַל־כֵּן נֶאֱצַל
ז מֵהַתַּחְתּוֹנוֹת וּמֵהַתִּיכֹנוֹת מֵהָאָרֶץ׃ וְגָדֵר אֲשֶׁר־לַחוּץ לְעֻמַּת
הַלְּשָׁכוֹת דֶּרֶךְ הֶחָצֵר הַחִצוֹנָה אֶל־פְּנֵי הַלְּשָׁכוֹת אָרְכּוֹ חֲמִשִּׁים
ח אַמָּה׃ כִּי־אֹרֶךְ הַלְּשָׁכוֹת אֲשֶׁר לֶחָצֵר הַחִצוֹנָה חֲמִשִּׁים אַמָּה
ט וְהִנֵּה עַל־פְּנֵי הַהֵיכָל מֵאָה אַמָּה׃ ומתחתה לשכות הָאֵלֶּה וּמִתַּחַת הַלְּשָׁכוֹת
י המבוא מֵהַקָּדִים בְּבֹאוֹ לָהֵנָּה מֵהֶחָצֵר הַחִצֹנָה׃ בְּרֹחַב ׀ גֶּדֶר הַמֵּבִיא
יא הֶחָצֵר דֶּרֶךְ הַקָּדִים אֶל־פְּנֵי הַגִּזְרָה וְאֶל־פְּנֵי הַבִּנְיָן לְשָׁכוֹת׃ וְדֶרֶךְ
לִפְנֵיהֶם כְּמַרְאֵה הַלְּשָׁכוֹת אֲשֶׁר דֶּרֶךְ הַצָּפוֹן כְּאָרְכָּן כֵּן רָחְבָּן
יב וְכֹל מוֹצָאֵיהֶן וּכְמִשְׁפְּטֵיהֶן וּכְפִתְחֵיהֶן׃ וּכְפִתְחֵי הַלְּשָׁכוֹת אֲשֶׁר
דֶּרֶךְ הַדָּרוֹם פֶּתַח בְּרֹאשׁ דָּרֶךְ דֶּרֶךְ בִּפְנֵי הַגְּדֶרֶת הֲגִינָה דֶּרֶךְ
יג הַקָּדִים בְּבוֹאָן׃ וַיֹּאמֶר אֵלַי לִשְׁכוֹת הַצָּפוֹן לִשְׁכוֹת הַדָּרוֹם אֲשֶׁר כו
אֶל־פְּנֵי הַגִּזְרָה הֵנָּה ׀ לִשְׁכוֹת הַקֹּדֶשׁ אֲשֶׁר יֹאכְלוּ־שָׁם הַכֹּהֲנִים
אֲשֶׁר־קְרוֹבִים לַיהוָה קָדְשֵׁי הַקֳּדָשִׁים שָׁם יַנִּיחוּ ׀ קָדְשֵׁי
יד הַקֳּדָשִׁים וְהַמִּנְחָה וְהַחַטָּאת וְהָאָשָׁם כִּי הַמָּקוֹם קָדֹשׁ׃ בְּבֹאָם
הַכֹּהֲנִים וְלֹא־יֵצְאוּ מֵהַקֹּדֶשׁ אֶל־הֶחָצֵר הַחִיצוֹנָה וְשָׁם יַנִּיחוּ
בִגְדֵיהֶם אֲשֶׁר־יְשָׁרְתוּ בָהֶן כִּי־קֹדֶשׁ הֵנָּה ילבשו בְּגָדִים אֲחֵרִים וְלָבְשׁוּ
טו וְקָרְבוּ אֶל־אֲשֶׁר לָעָם׃ וְכִלָּה אֶת־מִדּוֹת הַבַּיִת הַפְּנִימִי וְהוֹצִיאַנִי
טז דֶּרֶךְ הַשַּׁעַר אֲשֶׁר פָּנָיו דֶּרֶךְ הַקָּדִים וּמְדָדוֹ סָבִיב ׀ סָבִיב׃ מָדַד רוּחַ
הַקָּדִים בִּקְנֵה הַמִּדָּה חֲמֵשׁ־אמות קָנִים בִּקְנֵה הַמִּדָּה סָבִיב׃ מֵאוֹת
יז יח מָדַד רוּחַ הַצָּפוֹן חֲמֵשׁ־מֵאוֹת קָנִים בִּקְנֵה הַמִּדָּה סָבִיב׃ אֵת
יט רוּחַ הַדָּרוֹם מָדָד חֲמֵשׁ־מֵאוֹת קָנִים בִּקְנֵה הַמִּדָּה׃ סָבַב אֶל־
כ רוּחַ הַיָּם מָדַד חֲמֵשׁ־מֵאוֹת קָנִים בִּקְנֵה הַמִּדָּה׃ לְאַרְבַּע רוּחוֹת

מב
מְדָדוֹ חוֹמָה לוֹ סָבִיב ׀ סָבִיב אֹרֶךְ חֲמֵשׁ מֵאוֹת וְרֹחַב חֲמֵשׁ
מֵאוֹת לְהַבְדִּיל בֵּין הַקֹּדֶשׁ לְחֹל׃ וַיּוֹלִכֵנִי אֶל־הַשָּׁעַר שַׁעַר אֲשֶׁר מג א
פֹּנֶה דֶּרֶךְ הַקָּדִים׃ וְהִנֵּה כְּבוֹד אֱלֹהֵי יִשְׂרָאֵל בָּא מִדֶּרֶךְ הַקָּדִים ב
וְקוֹלוֹ כְּקוֹל מַיִם רַבִּים וְהָאָרֶץ הֵאִירָה מִכְּבֹדוֹ׃ וּכְמַרְאֵה ג
הַמַּרְאֶה אֲשֶׁר רָאִיתִי כַּמַּרְאֶה אֲשֶׁר־רָאִיתִי בְּבֹאִי לְשַׁחֵת אֶת־
הָעִיר וּמַרְאוֹת כַּמַּרְאֶה אֲשֶׁר רָאִיתִי אֶל־נְהַר כְּבָר וָאֶפֹּל אֶל־
פָּנָי׃ וּכְבוֹד יְהוָה בָּא אֶל־הַבָּיִת דֶּרֶךְ שַׁעַר אֲשֶׁר פָּנָיו דֶּרֶךְ ד
הַקָּדִים׃ וַתִּשָּׂאֵנִי רוּחַ וַתְּבִאֵנִי אֶל־הֶחָצֵר הַפְּנִימִי וְהִנֵּה מָלֵא ה
כְבוֹד־יְהוָה הַבָּיִת׃ וָאֶשְׁמַע מִדַּבֵּר אֵלַי מֵהַבָּיִת וְאִישׁ הָיָה ו
עֹמֵד אֶצְלִי׃ וַיֹּאמֶר אֵלַי בֶּן־אָדָם אֶת־מְקוֹם כִּסְאִי וְאֶת־מְקוֹם ז
כַּפּוֹת רַגְלַי אֲשֶׁר אֶשְׁכָּן־שָׁם בְּתוֹךְ בְּנֵי־יִשְׂרָאֵל לְעוֹלָם וְלֹא
יְטַמְּאוּ עוֹד בֵּית־יִשְׂרָאֵל שֵׁם קָדְשִׁי הֵמָּה וּמַלְכֵיהֶם בִּזְנוּתָם
וּבְפִגְרֵי מַלְכֵיהֶם בָּמוֹתָם׃ בְּתִתָּם סִפָּם אֶת־סִפִּי וּמְזוּזָתָם אֵצֶל ח
מְזוּזָתִי וְהַקִּיר בֵּינִי וּבֵינֵיהֶם וְטִמְּאוּ ׀ אֶת־שֵׁם קָדְשִׁי בְּתוֹעֲבוֹתָם
אֲשֶׁר עָשׂוּ וָאֲכַל אֹתָם בְּאַפִּי׃ עַתָּה יְרַחֲקוּ אֶת־זְנוּתָם וּפִגְרֵי ט
מַלְכֵיהֶם מִמֶּנִּי וְשָׁכַנְתִּי בְתוֹכָם לְעוֹלָם׃ אַתָּה י
בֶן־אָדָם הַגֵּד אֶת־בֵּית־יִשְׂרָאֵל אֶת־הַבַּיִת וְיִכָּלְמוּ מֵעֲוֺנוֹתֵיהֶם
וּמָדְדוּ אֶת־תָּכְנִית׃ וְאִם־נִכְלְמוּ מִכֹּל אֲשֶׁר־עָשׂוּ צוּרַת הַבַּיִת יא
וּתְכוּנָתוֹ וּמוֹצָאָיו וּמוֹבָאָיו וְכָל־צוּרֹתָו וְאֵת כָּל־חֻקֹּתָיו וְכָל־
צוּרֹתָו וְכָל־תּוֹרֹתָו הוֹדַע אוֹתָם וּכְתֹב לְעֵינֵיהֶם וְיִשְׁמְרוּ אֶת־
כָּל־צוּרָתוֹ וְאֶת־כָּל־חֻקֹּתָיו וְעָשׂוּ אוֹתָם׃ זֹאת תּוֹרַת הַבָּיִת עַל־ יב
רֹאשׁ הָהָר כָּל־גְּבֻלוֹ סָבִיב ׀ סָבִיב קֹדֶשׁ קָדָשִׁים הִנֵּה־זֹאת
תּוֹרַת הַבָּיִת׃ וְאֵלֶּה מִדּוֹת הַמִּזְבֵּחַ בָּאַמּוֹת אַמָּה אַמָּה וָטֹפַח יג
וְחֵיק הָאַמָּה וְאַמָּה־רֹחַב וּגְבוּלָהּ אֶל־שְׂפָתָהּ סָבִיב זֶרֶת הָאֶחָד
וְזֶה גַּב הַמִּזְבֵּחַ׃ וּמֵחֵיק הָאָרֶץ עַד־הָעֲזָרָה הַתַּחְתּוֹנָה שְׁתַּיִם יד
אַמּוֹת וְרֹחַב אַמָּה אֶחָת וּמֵהָעֲזָרָה הַקְּטַנָּה עַד־הָעֲזָרָה הַגְּדוֹלָה
אַרְבַּע אַמּוֹת וְרֹחַב הָאַמָּה׃ וְהַהַרְאֵל אַרְבַּע אַמּוֹת וּמֵהָאֲרִאֵיל טו

המראה שראה יחזקאל בנהר כבר
יחזקאל א, ד–כח

טז וּלְמַעְלָה הַקְּרָנוֹת אַרְבַּע׃ וְהָאֲרִאֵיל שְׁתֵּים עֶשְׂרֵה אֹרֶךְ
יז בִּשְׁתֵּים עֶשְׂרֵה רֹחַב רָבוּעַ אֶל אַרְבַּעַת רְבָעָיו׃ וְהָעֲזָרָה אַרְבַּע
עֶשְׂרֵה אֹרֶךְ בְּאַרְבַּע עֶשְׂרֵה רֹחַב אֶל אַרְבַּעַת רְבָעֶיהָ וְהַגְּבוּל
סָבִיב אוֹתָהּ חֲצִי הָאַמָּה וְהַחֵיק־לָהּ אַמָּה סָבִיב וּמַעֲלֹתֵהוּ פְּנוֹת
יח קָדִים׃ וַיֹּאמֶר אֵלַי בֶּן־אָדָם כֹּה אָמַר אֲדֹנָי יֱהוִה אֵלֶּה חֻקּוֹת
הַמִּזְבֵּחַ בְּיוֹם הֵעָשׂוֹתוֹ לְהַעֲלוֹת עָלָיו עוֹלָה וְלִזְרֹק עָלָיו דָּם׃
יט וְנָתַתָּה אֶל־הַכֹּהֲנִים הַלְוִיִּם אֲשֶׁר הֵם מִזֶּרַע צָדוֹק הַקְּרֹבִים אֵלַי
כ נְאֻם אֲדֹנָי יֱהוִה לְשָׁרְתֵנִי פַּר בֶּן־בָּקָר לְחַטָּאת׃ וְלָקַחְתָּ מִדָּמוֹ
וְנָתַתָּה עַל־אַרְבַּע קַרְנֹתָיו וְאֶל־אַרְבַּע פִּנּוֹת הָעֲזָרָה וְאֶל־
כא הַגְּבוּל סָבִיב וְחִטֵּאתָ אוֹתוֹ וְכִפַּרְתָּהוּ׃ וְלָקַחְתָּ אֵת הַפָּר
כב הַחַטָּאת וּשְׂרָפוֹ בְּמִפְקַד הַבַּיִת מִחוּץ לַמִּקְדָּשׁ׃ וּבַיּוֹם הַשֵּׁנִי
תַּקְרִיב שְׂעִיר־עִזִּים תָּמִים לְחַטָּאת וְחִטְּאוּ אֶת־הַמִּזְבֵּחַ כַּאֲשֶׁר
כג חִטְּאוּ בַּפָּר׃ בְּכַלּוֹתְךָ מֵחַטֵּא תַּקְרִיב פַּר בֶּן־בָּקָר תָּמִים וְאַיִל
כד מִן־הַצֹּאן תָּמִים׃ וְהִקְרַבְתָּם לִפְנֵי יְהוָה וְהִשְׁלִיכוּ הַכֹּהֲנִים
כה עֲלֵיהֶם מֶלַח וְהֶעֱלוּ אוֹתָם עֹלָה לַיהוָה׃ שִׁבְעַת יָמִים תַּעֲשֶׂה
שְׂעִיר־חַטָּאת לַיּוֹם וּפַר בֶּן־בָּקָר וְאַיִל מִן־הַצֹּאן תְּמִימִים יַעֲשׂוּ׃
כו כז שִׁבְעַת יָמִים יְכַפְּרוּ אֶת־הַמִּזְבֵּחַ וְטִהֲרוּ אֹתוֹ וּמִלְאוּ ידו׃ וִיכַלּוּ כז
אֶת־הַיָּמִים וְהָיָה בַיּוֹם הַשְּׁמִינִי וָהָלְאָה יַעֲשׂוּ הַכֹּהֲנִים עַל־
הַמִּזְבֵּחַ אֶת־עוֹלוֹתֵיכֶם וְאֶת־שַׁלְמֵיכֶם וְרָצָאתִי אֶתְכֶם נְאֻם
מד א אֲדֹנָי יֱהוִה׃ וַיָּשֶׁב אֹתִי דֶּרֶךְ שַׁעַר הַמִּקְדָּשׁ
ב הַחִיצוֹן הַפֹּנֶה קָדִים וְהוּא סָגוּר׃ וַיֹּאמֶר אֵלַי יְהוָה הַשַּׁעַר הַזֶּה
סָגוּר יִהְיֶה לֹא יִפָּתֵחַ וְאִישׁ לֹא־יָבֹא בוֹ כִּי יְהוָה אֱלֹהֵי־יִשְׂרָאֵל
ג בָּא בוֹ וְהָיָה סָגוּר׃ אֶת־הַנָּשִׂיא נָשִׂיא הוּא יֵשֶׁב־בּוֹ לאכול־ לֶאֱכָל־
ד לֶחֶם לִפְנֵי יְהוָה מִדֶּרֶךְ אוּלָם הַשַּׁעַר יָבוֹא וּמִדַּרְכּוֹ יֵצֵא׃ וַיְבִיאֵנִי
דֶּרֶךְ־שַׁעַר הַצָּפוֹן אֶל־פְּנֵי הַבַּיִת וָאֵרֶא וְהִנֵּה מָלֵא כְבוֹד־יְהוָה
ה אֶת־בֵּית יְהוָה וָאֶפֹּל אֶל־פָּנָי׃ וַיֹּאמֶר אֵלַי יְהוָה בֶּן־אָדָם שִׂים
לִבְּךָ וּרְאֵה בְעֵינֶיךָ וּבְאָזְנֶיךָ שְּׁמָע אֵת כָּל־אֲשֶׁר אֲנִי מְדַבֵּר אֹתָךְ

לְכָל־חֻקּוֹת בֵּית־יְהוָה וּלְכָל־תּוֹרֹתָו וְשַׂמְתָּ לִבְּךָ לִמְבוֹא הַבַּיִת
ו בְּכֹל מוֹצָאֵי הַמִּקְדָּשׁ: וְאָמַרְתָּ אֶל־מֶרִי אֶל־בֵּית יִשְׂרָאֵל כֹּה
אָמַר אֲדֹנָי יֱהוִה רַב־לָכֶם מִכָּל־תּוֹעֲבוֹתֵיכֶם בֵּית יִשְׂרָאֵל:
ז בַּהֲבִיאֲכֶם בְּנֵי־נֵכָר עַרְלֵי־לֵב וְעַרְלֵי בָשָׂר לִהְיוֹת בְּמִקְדָּשִׁי
לְחַלְּלוֹ אֶת־בֵּיתִי בְּהַקְרִיבְכֶם אֶת־לַחְמִי חֵלֶב וָדָם וַיָּפֵרוּ אֶת־
ח בְּרִיתִי אֶל כָּל־תּוֹעֲבוֹתֵיכֶם: וְלֹא שְׁמַרְתֶּם מִשְׁמֶרֶת קָדָשָׁי
ט וַתְּשִׂימוּן לְשֹׁמְרֵי מִשְׁמַרְתִּי בְּמִקְדָּשִׁי לָכֶם: כֹּה־
אָמַר אֲדֹנָי יֱהוִה כָּל־בֶּן־נֵכָר עֶרֶל לֵב וְעֶרֶל בָּשָׂר לֹא יָבוֹא אֶל־
י מִקְדָּשִׁי לְכָל־בֶּן־נֵכָר אֲשֶׁר בְּתוֹךְ בְּנֵי יִשְׂרָאֵל: כִּי אִם־הַלְוִיִּם
אֲשֶׁר רָחֲקוּ מֵעָלַי בִּתְעוֹת יִשְׂרָאֵל אֲשֶׁר תָּעוּ מֵעָלַי אַחֲרֵי
יא גִּלּוּלֵיהֶם וְנָשְׂאוּ עֲוֺנָם: וְהָיוּ בְמִקְדָּשִׁי מְשָׁרְתִים פְּקֻדּוֹת אֶל־
שַׁעֲרֵי הַבַּיִת וּמְשָׁרְתִים אֶת־הַבָּיִת הֵמָּה יִשְׁחֲטוּ אֶת־הָעֹלָה
יב וְאֶת־הַזֶּבַח לָעָם וְהֵמָּה יַעַמְדוּ לִפְנֵיהֶם לְשָׁרְתָם: יַעַן אֲשֶׁר
יְשָׁרְתוּ אוֹתָם לִפְנֵי גִלּוּלֵיהֶם וְהָיוּ לְבֵית־יִשְׂרָאֵל לְמִכְשׁוֹל
עָוֺן עַל־כֵּן נָשָׂאתִי יָדִי עֲלֵיהֶם נְאֻם אֲדֹנָי יֱהוִה וְנָשְׂאוּ עֲוֺנָם:
יג וְלֹא־יִגְּשׁוּ אֵלַי לְכַהֵן לִי וְלָגֶשֶׁת עַל־כָּל־קֳדָשַׁי אֶל־קָדְשֵׁי
יד הַקְּדָשִׁים וְנָשְׂאוּ כְּלִמָּתָם וְתוֹעֲבוֹתָם אֲשֶׁר עָשׂוּ: וְנָתַתִּי
אוֹתָם שֹׁמְרֵי מִשְׁמֶרֶת הַבָּיִת לְכֹל עֲבֹדָתוֹ וּלְכֹל אֲשֶׁר יֵעָשֶׂה
טו בּוֹ: וְהַכֹּהֲנִים הַלְוִיִּם בְּנֵי צָדוֹק אֲשֶׁר שָׁמְרוּ אֶת־
מִשְׁמֶרֶת מִקְדָּשִׁי בִּתְעוֹת בְּנֵי־יִשְׂרָאֵל מֵעָלַי הֵמָּה יִקְרְבוּ אֵלַי
לְשָׁרְתֵנִי וְעָמְדוּ לְפָנַי לְהַקְרִיב לִי חֵלֶב וָדָם נְאֻם אֲדֹנָי יֱהוִה:
טז הֵמָּה יָבֹאוּ אֶל־מִקְדָּשִׁי וְהֵמָּה יִקְרְבוּ אֶל־שֻׁלְחָנִי לְשָׁרְתֵנִי
יז וְשָׁמְרוּ אֶת־מִשְׁמַרְתִּי: וְהָיָה בְּבוֹאָם אֶל־שַׁעֲרֵי הֶחָצֵר
הַפְּנִימִית בִּגְדֵי פִשְׁתִּים יִלְבָּשׁוּ וְלֹא־יַעֲלֶה עֲלֵיהֶם צֶמֶר
יח בְּשָׁרְתָם בְּשַׁעֲרֵי הֶחָצֵר הַפְּנִימִית וָבָיְתָה: פַּאֲרֵי פִשְׁתִּים יִהְיוּ
עַל־רֹאשָׁם וּמִכְנְסֵי פִשְׁתִּים יִהְיוּ עַל־מָתְנֵיהֶם לֹא יַחְגְּרוּ בַּיָּזַע:
יט וּבְצֵאתָם אֶל־הֶחָצֵר הַחִיצוֹנָה אֶל־הֶחָצֵר הַחִיצוֹנָה אֶל־הָעָם

איסור ביאת מקדש, ותפקיד הלויים במקדש
במדבר יח, א-ז

יִפְשְׁטוּ אֶת־בִּגְדֵיהֶם אֲשֶׁר־הֵמָּה מְשָׁרְתִם בָּם וְהִנִּיחוּ אוֹתָם
בְּלִשְׁכֹת הַקֹּדֶשׁ וְלָבְשׁוּ בְּגָדִים אֲחֵרִים וְלֹא־יְקַדְּשׁוּ אֶת־הָעָם
כ בְּבִגְדֵיהֶם: וְרֹאשָׁם לֹא יְגַלֵּחוּ וּפֶרַע לֹא יְשַׁלֵּחוּ כָּסוֹם יִכְסְמוּ
כא אֶת־רָאשֵׁיהֶם: וְיַיִן לֹא־יִשְׁתּוּ כָּל־כֹּהֵן בְּבוֹאָם אֶל־הֶחָצֵר
כב הַפְּנִימִית: וְאַלְמָנָה וּגְרוּשָׁה לֹא־יִקְחוּ לָהֶם לְנָשִׁים כִּי אִם־
בְּתוּלֹת מִזֶּרַע בֵּית יִשְׂרָאֵל וְהָאַלְמָנָה אֲשֶׁר־תִּהְיֶה אַלְמָנָה
כג מִכֹּהֵן יִקָּחוּ: וְאֶת־עַמִּי יוֹרוּ בֵּין קֹדֶשׁ לְחֹל וּבֵין־טָמֵא לְטָהוֹר
כד יוֹדִעֻם: וְעַל־רִיב הֵמָּה יַעַמְדוּ לשפט בְּמִשְׁפָּטַי ושפטהו וְאֶת־
תּוֹרֹתַי וְאֶת־חֻקֹּתַי בְּכָל־מוֹעֲדַי יִשְׁמֹרוּ וְאֶת־שַׁבְּתוֹתַי יְקַדֵּשׁוּ:
כה וְאֶל־מֵת אָדָם לֹא יָבוֹא לְטָמְאָה כִּי אִם־לְאָב וּלְאֵם וּלְבֵן
כו וּלְבַת לְאָח וּלְאָחוֹת אֲשֶׁר־לֹא־הָיְתָה לְאִישׁ יִטַּמָּאוּ: וְאַחֲרֵי
כז טָהֳרָתוֹ שִׁבְעַת יָמִים יִסְפְּרוּ־לוֹ: וּבְיוֹם בֹּאוֹ אֶל־הַקֹּדֶשׁ אֶל־
הֶחָצֵר הַפְּנִימִית לְשָׁרֵת בַּקֹּדֶשׁ יַקְרִיב חַטָּאתוֹ נְאֻם אֲדֹנָי
כח יֱהוִה: וְהָיְתָה לָהֶם לְנַחֲלָה אֲנִי נַחֲלָתָם וַאֲחֻזָּה לֹא־תִתְּנוּ
כט לָהֶם בְּיִשְׂרָאֵל אֲנִי אֲחֻזָּתָם: הַמִּנְחָה וְהַחַטָּאת וְהָאָשָׁם
ל הֵמָּה יֹאכְלוּם וְכָל־חֵרֶם בְּיִשְׂרָאֵל לָהֶם יִהְיֶה: וְרֵאשִׁית
כָּל־בִּכּוּרֵי כֹל וְכָל־תְּרוּמַת כֹּל מִכֹּל תְּרוּמוֹתֵיכֶם לַכֹּהֲנִים
יִהְיֶה וְרֵאשִׁית עֲרִסוֹתֵיכֶם תִּתְּנוּ לַכֹּהֵן לְהָנִיחַ בְּרָכָה אֶל־
לא בֵּיתֶךָ: כָּל־נְבֵלָה וּטְרֵפָה מִן־הָעוֹף וּמִן־הַבְּהֵמָה לֹא יֹאכְלוּ
מה א הַכֹּהֲנִים: וּבְהַפִּילְכֶם אֶת־הָאָרֶץ בְּנַחֲלָה תָּרִימוּ
תְרוּמָה לַיהוָה ׀ קֹדֶשׁ מִן־הָאָרֶץ אֹרֶךְ חֲמִשָּׁה וְעֶשְׂרִים אֶלֶף
ב אֹרֶךְ וְרֹחַב עֲשָׂרָה אָלֶף קֹדֶשׁ־הוּא בְכָל־גְּבוּלָהּ סָבִיב: יִהְיֶה
מִזֶּה אֶל־הַקֹּדֶשׁ חֲמֵשׁ מֵאוֹת בַּחֲמֵשׁ מֵאוֹת מְרֻבָּע סָבִיב
ג וַחֲמִשִּׁים אַמָּה מִגְרָשׁ לוֹ סָבִיב: וּמִן־הַמִּדָּה הַזֹּאת תָּמוֹד אֹרֶךְ
חֲמֵשׁ וְעֶשְׂרִים אֶלֶף וְרֹחַב עֲשֶׂרֶת אֲלָפִים וּבוֹ־יִהְיֶה הַמִּקְדָּשׁ
ד קֹדֶשׁ קָדָשִׁים: קֹדֶשׁ מִן־הָאָרֶץ הוּא לַכֹּהֲנִים מְשָׁרְתֵי הַמִּקְדָּשׁ
יִהְיֶה הַקְּרֵבִים לְשָׁרֵת אֶת־יְהוָה וְהָיָה לָהֶם מָקוֹם לְבָתִּים

איסור שתיית יין בעת העבודה בבית המקדש
ויקרא י, ח–ט

הנשים המותרות לכוהנים
ויקרא כא, ז; כא, יג–יד

לְמִשְׁפָּט | יִשְׁפְּטֻהוּ

תפקיד הכוהנים - הוראת העם האסור והמותר
ויקרא י, י–יא

דיני היטמאות הכוהן לקרוביו
ויקרא כא, א–ג; כא, יא

שבט לוי ללא נחלה
במדבר יח, כ–כד
דברים י, ח–ט; יד, כט; יח, א–ב
יהושע יג, יד; יג, לג; יד, ג–ד

דיני מתנות כהונה
במדבר יח, ח–לב

ה וּמִקְדָּשׁ לַמִּקְדָּשׁ: וַחֲמִשָּׁה וְעֶשְׂרִים אֶלֶף אֹרֶךְ וַעֲשֶׂרֶת אֲלָפִים
רֹחַב יִהְיֶה לַלְוִיִּם מְשָׁרְתֵי הַבַּיִת לָהֶם לַאֲחֻזָּה עֶשְׂרִים לְשָׁכֹת: וְהָיָה
ו וַאֲחֻזַּת הָעִיר תִּתְּנוּ חֲמֵשֶׁת אֲלָפִים רֹחַב וְאֹרֶךְ חֲמִשָּׁה וְעֶשְׂרִים
ז אֶלֶף לְעֻמַּת תְּרוּמַת הַקֹּדֶשׁ לְכָל־בֵּית יִשְׂרָאֵל יִהְיֶה: וְלַנָּשִׂיא
מִזֶּה וּמִזֶּה לִתְרוּמַת הַקֹּדֶשׁ וְלַאֲחֻזַּת הָעִיר אֶל־פְּנֵי תְרוּמַת־
הַקֹּדֶשׁ וְאֶל־פְּנֵי אֲחֻזַּת הָעִיר מִפְּאַת יָם יָמָּה וּמִפְּאַת
קֵדְמָה קָדִימָה וְאֹרֶךְ לְעֻמּוֹת אַחַד הַחֲלָקִים מִגְּבוּל יָם
ח אֶל־גְּבוּל קָדִימָה: לָאָרֶץ יִהְיֶה־לּוֹ לַאֲחֻזָּה בְּיִשְׂרָאֵל וְלֹא־
יוֹנוּ עוֹד נְשִׂיאַי אֶת־עַמִּי וְהָאָרֶץ יִתְּנוּ לְבֵית־יִשְׂרָאֵל
ט לְשִׁבְטֵיהֶם: כֹּה־אָמַר אֲדֹנָי יְהוִה רַב־לָכֶם
נְשִׂיאֵי יִשְׂרָאֵל חָמָס וָשֹׁד הָסִירוּ וּמִשְׁפָּט וּצְדָקָה עֲשׂוּ הָרִימוּ
י גְרֻשֹׁתֵיכֶם מֵעַל עַמִּי נְאֻם אֲדֹנָי יְהוִה: מֹאזְנֵי־צֶדֶק וְאֵיפַת־צֶדֶק
יא וּבַת־צֶדֶק יְהִי לָכֶם: הָאֵיפָה וְהַבַּת תֹּכֶן אֶחָד יִהְיֶה לָשֵׂאת
מַעְשַׂר הַחֹמֶר הַבָּת וַעֲשִׂירִת הַחֹמֶר הָאֵיפָה אֶל־הַחֹמֶר יִהְיֶה
יב מַתְכֻּנְתּוֹ: וְהַשֶּׁקֶל עֶשְׂרִים גֵּרָה עֶשְׂרִים שְׁקָלִים חֲמִשָּׁה
יג וְעֶשְׂרִים שְׁקָלִים עֲשָׂרָה וַחֲמִשָּׁה שֶׁקֶל הַמָּנֶה יִהְיֶה לָכֶם: זֹאת
הַתְּרוּמָה אֲשֶׁר תָּרִימוּ שִׁשִּׁית הָאֵיפָה מֵחֹמֶר הַחִטִּים וְשִׁשִּׁיתֶם
יד הָאֵיפָה מֵחֹמֶר הַשְּׂעֹרִים: וְחֹק הַשֶּׁמֶן הַבַּת הַשֶּׁמֶן מַעְשַׂר הַבַּת
טו מִן־הַכֹּר עֲשֶׂרֶת הַבַּתִּים חֹמֶר כִּי־עֲשֶׂרֶת הַבַּתִּים חֹמֶר: וְשֶׂה־ כח
אַחַת מִן־הַצֹּאן מִן־הַמָּאתַיִם מִמַּשְׁקֵה יִשְׂרָאֵל לְמִנְחָה וּלְעוֹלָה
טז וְלִשְׁלָמִים לְכַפֵּר עֲלֵיהֶם נְאֻם אֲדֹנָי יְהוִה: כֹּל
יז הָעָם הָאָרֶץ יִהְיוּ אֶל־הַתְּרוּמָה הַזֹּאת לַנָּשִׂיא בְּיִשְׂרָאֵל: וְעַל־
הַנָּשִׂיא יִהְיֶה הָעוֹלוֹת וְהַמִּנְחָה וְהַנֶּסֶךְ בַּחַגִּים וּבֶחֳדָשִׁים
וּבַשַּׁבָּתוֹת בְּכָל־מוֹעֲדֵי בֵּית יִשְׂרָאֵל הוּא־יַעֲשֶׂה אֶת־הַחַטָּאת
וְאֶת־הַמִּנְחָה וְאֶת־הָעוֹלָה וְאֶת־הַשְּׁלָמִים לְכַפֵּר בְּעַד בֵּית־
יח יִשְׂרָאֵל: כֹּה־אָמַר אֲדֹנָי יְהוִה בָּרִאשׁוֹן בְּאֶחָד
יט לַחֹדֶשׁ תִּקַּח פַּר־בֶּן־בָּקָר תָּמִים וְחִטֵּאתָ אֶת־הַמִּקְדָּשׁ: וְלָקַח

איסור מרמה במידות ובמשקלות
ויקרא יט, לה–לו
דברים כה, יג–טז
משלי כ, י; כ, כג

הַכֹּהֵן מִדַּם הַחַטָּאת וְנָתַן אֶל־מְזוּזַת הַבַּיִת וְאֶל־אַרְבַּע פִּנּוֹת
כ הָעֲזָרָה לַמִּזְבֵּחַ וְעַל־מְזוּזַת שַׁעַר הֶחָצֵר הַפְּנִימִית׃ וְכֵן תַּעֲשֶׂה
בְּשִׁבְעָה בַחֹדֶשׁ מֵאִישׁ שֹׁגֶה וּמִפֶּתִי וְכִפַּרְתֶּם אֶת־הַבָּיִת׃
כא בָּרִאשׁוֹן בְּאַרְבָּעָה עָשָׂר יוֹם לַחֹדֶשׁ יִהְיֶה לָכֶם הַפָּסַח חָג
כב שְׁבֻעוֹת יָמִים מַצּוֹת יֵאָכֵל׃ וְעָשָׂה הַנָּשִׂיא בַּיּוֹם הַהוּא בַּעֲדוֹ
כג וּבְעַד כָּל־עַם הָאָרֶץ פַּר חַטָּאת׃ וְשִׁבְעַת יְמֵי־הֶחָג יַעֲשֶׂה
עוֹלָה לַיהוה שִׁבְעַת פָּרִים וְשִׁבְעַת אֵילִים תְּמִימִם לַיּוֹם שִׁבְעַת
כד הַיָּמִים וְחַטָּאת שְׂעִיר עִזִּים לַיּוֹם׃ וּמִנְחָה אֵיפָה לַפָּר וְאֵיפָה
כה לָאַיִל יַעֲשֶׂה וְשֶׁמֶן הִין לָאֵיפָה׃ בַּשְּׁבִיעִי בַּחֲמִשָּׁה עָשָׂר יוֹם
לַחֹדֶשׁ בֶּחָג יַעֲשֶׂה כָאֵלֶּה שִׁבְעַת הַיָּמִים כַּחַטָּאת כָּעֹלָה
מו א וְכַמִּנְחָה וְכַשָּׁמֶן׃ כֹּה־אָמַר אֲדֹנָי יֱהוִה שַׁעַר
הֶחָצֵר הַפְּנִימִית הַפֹּנֶה קָדִים יִהְיֶה סָגוּר שֵׁשֶׁת יְמֵי הַמַּעֲשֶׂה
ב וּבְיוֹם הַשַּׁבָּת יִפָּתֵחַ וּבְיוֹם הַחֹדֶשׁ יִפָּתֵחַ׃ וּבָא הַנָּשִׂיא דֶּרֶךְ
אוּלָם הַשַּׁעַר מִחוּץ וְעָמַד עַל־מְזוּזַת הַשַּׁעַר וְעָשׂוּ הַכֹּהֲנִים אֶת־
עוֹלָתוֹ וְאֶת־שְׁלָמָיו וְהִשְׁתַּחֲוָה עַל־מִפְתַּן הַשַּׁעַר וְיָצָא וְהַשַּׁעַר
ג לֹא־יִסָּגֵר עַד־הָעָרֶב׃ וְהִשְׁתַּחֲווּ עַם־הָאָרֶץ פֶּתַח הַשַּׁעַר הַהוּא
ד בַּשַּׁבָּתוֹת וּבֶחֳדָשִׁים לִפְנֵי יהוה׃ וְהָעֹלָה אֲשֶׁר־יַקְרִב הַנָּשִׂיא
ה לַיהוה בְּיוֹם הַשַּׁבָּת שִׁשָּׁה כְבָשִׂים תְּמִימִם וְאַיִל תָּמִים׃ וּמִנְחָה
ו אֵיפָה לָאַיִל וְלַכְּבָשִׂים מִנְחָה מַתַּת יָדוֹ וְשֶׁמֶן הִין לָאֵיפָה׃ וּבְיוֹם
הַחֹדֶשׁ פַּר בֶּן־בָּקָר תְּמִימִם וְשֵׁשֶׁת כְּבָשִׂים וָאַיִל תְּמִימִם יִהְיוּ׃
ז וְאֵיפָה לַפָּר וְאֵיפָה לָאַיִל יַעֲשֶׂה מִנְחָה וְלַכְּבָשִׂים כַּאֲשֶׁר תַּשִּׂיג
ח יָדוֹ וְשֶׁמֶן הִין לָאֵיפָה׃ וּבְבוֹא הַנָּשִׂיא דֶּרֶךְ אוּלָם הַשַּׁעַר יָבוֹא
ט וּבְדַרְכּוֹ יֵצֵא׃ וּבְבוֹא עַם־הָאָרֶץ לִפְנֵי יהוה בַּמּוֹעֲדִים הַבָּא דֶּרֶךְ
שַׁעַר צָפוֹן לְהִשְׁתַּחֲוֹת יֵצֵא דֶּרֶךְ־שַׁעַר נֶגֶב וְהַבָּא דֶּרֶךְ־שַׁעַר
נֶגֶב יֵצֵא דֶּרֶךְ־שַׁעַר צָפוֹנָה לֹא יָשׁוּב דֶּרֶךְ הַשַּׁעַר אֲשֶׁר־בָּא בוֹ
י כִּי נִכְחוֹ יֵצֵאו׃ וְהַנָּשִׂיא בְּתוֹכָם בְּבוֹאָם יָבוֹא וּבְצֵאתָם יֵצֵאוּ׃ יֵצֵא
יא וּבַחַגִּים וּבַמּוֹעֲדִים תִּהְיֶה הַמִּנְחָה אֵיפָה לַפָּר וְאֵיפָה לָאַיִל

דיני חג הפסח
שמות יב, יד–כ; יג, ג–י; כג, טו; לד, יח
ויקרא כג, ד–ח
במדבר כח, טז–כה
דברים טז, א–ח

קרבנות חג הסוכות
במדבר כט, יב–לח

קרבנות יום השבת
במדבר כח, ט–י

קרבנות ראש חודש
במדבר כח, יא–טו

יב וְלַכְּבָשִׂים מַתַּת יָדוֹ וְשֶׁמֶן הִין לָאֵיפָה׃ וְכִֽי־
יַעֲשֶׂה הַנָּשִׂיא נְדָבָה עוֹלָה אֽוֹ־שְׁלָמִים נְדָבָה לַֽיהוָה וּפָתַח לוֹ
אֶת־הַשַּׁעַר הַפֹּנֶה קָדִים וְעָשָׂה אֶת־עֹלָתוֹ וְאֶת־שְׁלָמָיו כַּאֲשֶׁר
יג יַעֲשֶׂה בְּיוֹם הַשַּׁבָּת וְיָצָא וְסָגַר אֶת־הַשַּׁעַר אַחֲרֵי צֵאתוֹ׃ וְכֶבֶשׂ
בֶּן־שְׁנָתוֹ תָּמִים תַּעֲשֶׂה עוֹלָה לַיּוֹם לַֽיהוָה בַּבֹּקֶר בַּבֹּקֶר תַּעֲשֶׂה
יד אֹתוֹ׃ וּמִנְחָה תַעֲשֶׂה עָלָיו בַּבֹּקֶר בַּבֹּקֶר שִׁשִּׁית הָאֵיפָה וְשֶׁמֶן
שְׁלִישִׁית הַהִין לָרֹס אֶת־הַסֹּלֶת מִנְחָה לַֽיהוָה חֻקּוֹת עוֹלָם
טו תָּמִיד׃ ועשו אֶת־הַכֶּבֶשׂ וְאֶת־הַמִּנְחָה וְאֶת־הַשֶּׁמֶן בַּבֹּקֶר יַעֲשׂוּ
טז בַּבֹּקֶר עוֹלַת תָּמִיד׃ כֹּֽה־אָמַר אֲדֹנָי יֱהוִה כִּֽי־
יִתֵּן הַנָּשִׂיא מַתָּנָה לְאִישׁ מִבָּנָיו נַחֲלָתוֹ הִיא לְבָנָיו תִּהְיֶה
יז אֲחֻזָּתָם הִיא בְּנַחֲלָה׃ וְכִֽי־יִתֵּן מַתָּנָה מִנַּחֲלָתוֹ לְאַחַד מֵעֲבָדָיו
וְהָיְתָה לּוֹ עַד־שְׁנַת הַדְּרוֹר וְשָׁבַת לַנָּשִׂיא אַךְ נַחֲלָתוֹ בָּנָיו לָהֶם
יח תִּהְיֶה׃ וְלֹֽא־יִקַּח הַנָּשִׂיא מִנַּחֲלַת הָעָם לְהֽוֹנֹתָם מֵאֲחֻזָּתָם
מֵאֲחֻזָּתוֹ יַנְחִל אֶת־בָּנָיו לְמַעַן אֲשֶׁר לֹֽא־יָפֻצוּ עַמִּי אִישׁ
יט מֵאֲחֻזָּתוֹ׃ וַיְבִיאֵנִי בַמָּבוֹא אֲשֶׁר עַל־כֶּתֶף הַשַּׁעַר אֶל־הַלְּשָׁכוֹת
הַקֹּדֶשׁ אֶל־הַכֹּהֲנִים הַפֹּנוֹת צָפוֹנָה וְהִנֵּה־שָׁם מָקוֹם בירכתם בַּיַּרְכָתָיִם
כ יָמָּה׃ וַיֹּאמֶר אֵלַי זֶה הַמָּקוֹם אֲשֶׁר יְבַשְּׁלוּ־שָׁם הַכֹּהֲנִים אֶת־
הָאָשָׁם וְאֶת־הַחַטָּאת אֲשֶׁר יֹאפוּ אֶת־הַמִּנְחָה לְבִלְתִּי הוֹצִיא
כא אֶל־הֶחָצֵר הַחִיצֹנָה לְקַדֵּשׁ אֶת־הָעָם׃ וַיּוֹצִיאֵנִי אֶל־הֶחָצֵר
הַחִיצֹנָה וַיַּעֲבִירֵנִי אֶל־אַרְבַּעַת מִקְצוֹעֵי הֶחָצֵר וְהִנֵּה חָצֵר
כב בְּמִקְצֹעַ הֶחָצֵר חָצֵר בְּמִקְצֹעַ הֶחָצֵר׃ בְּאַרְבַּעַת מִקְצֹעוֹת הֶחָצֵר
חֲצֵרוֹת קְטֻרוֹת אַרְבָּעִים אֹרֶךְ וּשְׁלֹשִׁים רֹחַב מִדָּה אַחַת
כג לְאַרְבַּעְתָּם מְהֻקְצָעוֹת׃ וְטוּר סָבִיב בָּהֶם סָבִיב לְאַרְבַּעְתָּם
כד וּמְבַשְּׁלוֹת עָשׂוּי מִתַּחַת הַטִּירוֹת סָבִיב׃ וַיֹּאמֶר אֵלַי אֵלֶּה בֵּית
הַֽמְבַשְּׁלִים אֲשֶׁר יְבַשְּׁלוּ־שָׁם מְשָׁרְתֵי הַבַּיִת אֶת־זֶבַח הָעָם׃
מז א וַיְשִׁבֵנִי אֶל־פֶּתַח הַבַּיִת וְהִנֵּה־מַיִם יֹצְאִים מִתַּחַת מִפְתַּן הַבַּיִת
קָדִימָה כִּֽי־פְנֵי הַבַּיִת קָדִים וְהַמַּיִם יֹרְדִים מִתַּחַת מִכֶּתֶף הַבַּיִת

ב הַיְמָנִית מִנֶּגֶב לַמִּזְבֵּחַ׃ וַיּוֹצִאֵנִי דֶּרֶךְ־שַׁעַר צָפוֹנָה וַיְסִבֵּנִי דֶּרֶךְ
חוּץ אֶל־שַׁעַר הַחוּץ דֶּרֶךְ הַפּוֹנֶה קָדִים וְהִנֵּה־מַיִם מְפַכִּים מִן־
ג הַכָּתֵף הַיְמָנִית׃ בְּצֵאת־הָאִישׁ קָדִים וְקָו בְּיָדוֹ וַיָּמָד אֶלֶף בָּאַמָּה
ד וַיַּעֲבִרֵנִי בַמַּיִם מֵי אָפְסָיִם׃ וַיָּמָד אֶלֶף וַיַּעֲבִרֵנִי בַמַּיִם מַיִם
ה בִּרְכָּיִם וַיָּמָד אֶלֶף וַיַּעֲבִרֵנִי מֵי מָתְנָיִם׃ וַיָּמָד אֶלֶף נַחַל אֲשֶׁר
לֹא־אוּכַל לַעֲבֹר כִּי־גָאוּ הַמַּיִם מֵי שָׂחוּ נַחַל אֲשֶׁר לֹא־יֵעָבֵר׃
ו וַיֹּאמֶר אֵלַי הֲרָאִיתָ בֶן־אָדָם וַיּוֹלִכֵנִי וַיְשִׁבֵנִי שְׂפַת הַנָּחַל׃ בְּשׁוּבֵנִי
ז וְהִנֵּה אֶל־שְׂפַת הַנַּחַל עֵץ רַב מְאֹד מִזֶּה וּמִזֶּה׃ וַיֹּאמֶר אֵלַי
ח הַמַּיִם הָאֵלֶּה יוֹצְאִים אֶל־הַגְּלִילָה הַקַּדְמוֹנָה וְיָרְדוּ עַל־הָעֲרָבָה
ט וּבָאוּ הַיָּמָּה אֶל־הַיָּמָּה הַמּוּצָאִים וְנִרְפְּאוּ הַמָּיִם׃ וְהָיָה כָל־נֶפֶשׁ
חַיָּה ׀ אֲשֶׁר־יִשְׁרֹץ אֶל כָּל־אֲשֶׁר יָבוֹא שָׁם נַחֲלַיִם יִחְיֶה וְהָיָה
הַדָּגָה רַבָּה מְאֹד כִּי בָאוּ שָׁמָּה הַמַּיִם הָאֵלֶּה וְיֵרָפְאוּ וָחָי כֹּל
י אֲשֶׁר־יָבוֹא שָׁמָּה הַנָּחַל׃ וְהָיָה יעמדו עָלָיו דַּוָּגִים מֵעֵין גֶּדִי וְעַד־ עָמְדוּ
עֵין עֶגְלַיִם מִשְׁטוֹחַ לַחֲרָמִים יִהְיוּ לְמִינָה תִּהְיֶה דְגָתָם כִּדְגַת הַיָּם
יא יב הַגָּדוֹל רַבָּה מְאֹד׃ בִּצֹּאתוֹ וּגְבָאָיו וְלֹא יֵרָפְאוּ לְמֶלַח נִתָּנוּ׃ וְעַל־ כט
הַנַּחַל יַעֲלֶה עַל־שְׂפָתוֹ מִזֶּה ׀ וּמִזֶּה ׀ כָּל־עֵץ־מַאֲכָל לֹא־יִבּוֹל
עָלֵהוּ וְלֹא־יִתֹּם פִּרְיוֹ לָחֳדָשָׁיו יְבַכֵּר כִּי מֵימָיו מִן־הַמִּקְדָּשׁ הֵמָּה
יג יוֹצְאִים והיו פִרְיוֹ לְמַאֲכָל וְעָלֵהוּ לִתְרוּפָה׃ כֹּה וְהָיָה
אָמַר אֲדֹנָי יֱהוִה גֵּה גְבוּל אֲשֶׁר תִּתְנַחֲלוּ אֶת־הָאָרֶץ לִשְׁנֵי עָשָׂר
יד שִׁבְטֵי יִשְׂרָאֵל יוֹסֵף חֲבָלִים׃ וּנְחַלְתֶּם אוֹתָהּ אִישׁ כְּאָחִיו אֲשֶׁר
נָשָׂאתִי אֶת־יָדִי לְתִתָּהּ לַאֲבֹתֵיכֶם וְנָפְלָה הָאָרֶץ הַזֹּאת לָכֶם
טו בְּנַחֲלָה׃ וְזֶה גְּבוּל הָאָרֶץ לִפְאַת צָפוֹנָה מִן־הַיָּם הַגָּדוֹל הַדֶּרֶךְ
טז חֶתְלֹן לְבוֹא צְדָדָה׃ חֲמָת ׀ בֵּרוֹתָה סִבְרַיִם אֲשֶׁר בֵּין־גְּבוּל
יז דַּמֶּשֶׂק וּבֵין גְּבוּל חֲמָת חָצֵר הַתִּיכוֹן אֲשֶׁר אֶל־גְּבוּל חַוְרָן׃ וְהָיָה
גְבוּל מִן־הַיָּם חֲצַר עֵינוֹן גְּבוּל דַּמֶּשֶׂק וְצָפוֹן ׀ צָפוֹנָה וּגְבוּל חֲמָת
יח וְאֵת פְּאַת צָפוֹן׃ וּפְאַת קָדִים מִבֵּין חַוְרָן וּמִבֵּין דַּמֶּשֶׂק וּמִבֵּין
הַגִּלְעָד וּמִבֵּין אֶרֶץ יִשְׂרָאֵל הַיַּרְדֵּן מִגְּבוּל עַל־הַיָּם הַקַּדְמוֹנִי

גבולות הארץ
בראשית טו, יח–כא
שמות כג, לא
במדבר לד, א–יב
דברים יא, כד
יהושע א, ג–ד

יט תָּמֹדּוּ וְאֵת פְּאַת קָדִימָה׃ וּפְאַת נֶגֶב תֵּימָנָה מִתָּמָר עַד־מֵי
מְרִיבוֹת קָדֵשׁ נַחֲלָה אֶל־הַיָּם הַגָּדוֹל וְאֵת פְּאַת־תֵּימָנָה נֶגְבָּה׃
כ וּפְאַת־יָם הַיָּם הַגָּדוֹל מִגְּבוּל עַד־נֹכַח לְבוֹא חֲמָת זֹאת פְּאַת־
כא כב יָם׃ וְחִלַּקְתֶּם אֶת־הָאָרֶץ הַזֹּאת לָכֶם לְשִׁבְטֵי יִשְׂרָאֵל׃ וְהָיָה
תַּפִּלוּ אוֹתָהּ בְּנַחֲלָה לָכֶם וּלְהַגֵּרִים הַגָּרִים בְּתוֹכְכֶם אֲשֶׁר־
הוֹלִדוּ בָנִים בְּתוֹכְכֶם וְהָיוּ לָכֶם כְּאֶזְרָח בִּבְנֵי יִשְׂרָאֵל אִתְּכֶם
כג יִפְּלוּ בְנַחֲלָה בְּתוֹךְ שִׁבְטֵי יִשְׂרָאֵל׃ וְהָיָה בַשֵּׁבֶט אֲשֶׁר־גָּר הַגֵּר
מח א אִתּוֹ שָׁם תִּתְּנוּ נַחֲלָתוֹ נְאֻם אֲדֹנָי יֱהֹוִה׃ וְאֵלֶּה
שְׁמוֹת הַשְּׁבָטִים מִקְצֵה צָפוֹנָה אֶל־יַד דֶּרֶךְ־חֶתְלֹן ׀ לְבוֹא־חֲמָת
חֲצַר עֵינָן גְּבוּל דַּמֶּשֶׂק צָפוֹנָה אֶל־יַד חֲמָת וְהָיוּ־לוֹ פְאַת־קָדִים
ב הַיָּם דָּן אֶחָד׃ וְעַל ׀ גְּבוּל דָּן מִפְּאַת קָדִים עַד־פְּאַת־יָמָּה אָשֵׁר
ג אֶחָד׃ וְעַל ׀ גְּבוּל אָשֵׁר מִפְּאַת קָדִימָה וְעַד־פְּאַת־יָמָּה נַפְתָּלִי
ד אֶחָד׃ וְעַל ׀ גְּבוּל נַפְתָּלִי מִפְּאַת קָדְמָה עַד־פְּאַת־יָמָּה מְנַשֶּׁה
ה אֶחָד׃ וְעַל ׀ גְּבוּל מְנַשֶּׁה מִפְּאַת קָדְמָה עַד־פְּאַת יָמָּה אֶפְרַיִם
ו אֶחָד׃ וְעַל ׀ גְּבוּל אֶפְרַיִם מִפְּאַת קָדִים וְעַד־פְּאַת־יָמָּה רְאוּבֵן
ז אֶחָד׃ וְעַל ׀ גְּבוּל רְאוּבֵן מִפְּאַת קָדִים עַד־פְּאַת יָמָּה יְהוּדָה
ח אֶחָד׃ וְעַל גְּבוּל יְהוּדָה מִפְּאַת קָדִים עַד־פְּאַת יָמָּה תִּהְיֶה
הַתְּרוּמָה אֲשֶׁר־תָּרִימוּ חֲמִשָּׁה וְעֶשְׂרִים אֶלֶף רֹחַב וְאֹרֶךְ כְּאַחַד
הַחֲלָקִים מִפְּאַת קָדִימָה עַד־פְּאַת־יָמָּה וְהָיָה הַמִּקְדָּשׁ בְּתוֹכוֹ׃
ט הַתְּרוּמָה אֲשֶׁר תָּרִימוּ לַיהוָה אֹרֶךְ חֲמִשָּׁה וְעֶשְׂרִים אֶלֶף וְרֹחַב
י עֲשֶׂרֶת אֲלָפִים׃ וּלְאֵלֶּה תִּהְיֶה תְרוּמַת־הַקֹּדֶשׁ לַכֹּהֲנִים צָפוֹנָה
חֲמִשָּׁה וְעֶשְׂרִים אֶלֶף וְיָמָּה רֹחַב עֲשֶׂרֶת אֲלָפִים וְקָדִימָה רֹחַב
עֲשֶׂרֶת אֲלָפִים וְנֶגְבָּה אֹרֶךְ חֲמִשָּׁה וְעֶשְׂרִים אָלֶף וְהָיָה מִקְדַּשׁ־
יא יְהוָה בְּתוֹכוֹ׃ לַכֹּהֲנִים הַמְקֻדָּשׁ מִבְּנֵי צָדוֹק אֲשֶׁר שָׁמְרוּ
מִשְׁמַרְתִּי אֲשֶׁר לֹא־תָעוּ בִּתְעוֹת בְּנֵי יִשְׂרָאֵל כַּאֲשֶׁר תָּעוּ
יב הַלְוִיִּם׃ וְהָיְתָה לָהֶם תְּרוּמִיָּה מִתְּרוּמַת הָאָרֶץ קֹדֶשׁ קָדָשִׁים
יג אֶל־גְּבוּל הַלְוִיִּם׃ וְהַלְוִיִּם לְעֻמַּת גְּבוּל הַכֹּהֲנִים חֲמִשָּׁה וְעֶשְׂרִים

נחלת שבט דן — יהושע יט, מ–מח
נחלת שבט אשר — יהושע יט, כד–לא
נחלת שבט נפתלי — יהושע יט, לב–לט
נחלת שבט מנשה — במדבר לב, לט–מב; דברים ג, יג–טו; יהושע יג, כט–לא; יז, א–יג; דה״א ה, כג
נחלת שבט אפרים — יהושע טז, ה–י; דה״א ז, כח
נחלת שבט ראובן — במדבר לב, לז–לח; יהושע יג, טו–כג
נחלת שבט יהודה — יהושע טו, א–סג

אֶלֶף אֹרֶךְ וְרֹחַב עֲשֶׂרֶת אֲלָפִים כָּל־אֹרֶךְ חֲמִשָּׁה וְעֶשְׂרִים אֶלֶף
יד וְרֹחַב עֲשֶׂרֶת אֲלָפִים׃ וְלֹא־יִמְכְּרוּ מִמֶּנּוּ וְלֹא יָמֵר וְלֹא יעבור (יַעֲבִיר)
טו רֵאשִׁית הָאָרֶץ כִּי־קֹדֶשׁ לַיהוָה׃ וַחֲמֵשֶׁת אֲלָפִים הַנּוֹתָר בָּרֹחַב
עַל־פְּנֵי חֲמִשָּׁה וְעֶשְׂרִים אֶלֶף חֹל־הוּא לָעִיר לְמוֹשָׁב וּלְמִגְרָשׁ
טז וְהָיְתָה הָעִיר בְּתוֹכֹה׃ וְאֵלֶּה מִדּוֹתֶיהָ פְּאַת צָפוֹן חֲמֵשׁ מֵאוֹת
וְאַרְבַּעַת אֲלָפִים וּפְאַת־נֶגֶב חֲמֵשׁ חמש מֵאוֹת וְאַרְבַּעַת
אֲלָפִים וּמִפְּאַת קָדִים חֲמֵשׁ מֵאוֹת וְאַרְבַּעַת אֲלָפִים וּפְאַת־יָמָּה
יז חֲמֵשׁ מֵאוֹת וְאַרְבַּעַת אֲלָפִים׃ וְהָיָה מִגְרָשׁ לָעִיר צָפוֹנָה
חֲמִשִּׁים וּמָאתַיִם וְנֶגְבָּה חֲמִשִּׁים וּמָאתָיִם וְקָדִימָה חֲמִשִּׁים
יח וּמָאתַיִם וְיָמָּה חֲמִשִּׁים וּמָאתָיִם׃ וְהַנּוֹתָר בָּאֹרֶךְ לְעֻמַּת ׀
תְּרוּמַת הַקֹּדֶשׁ עֲשֶׂרֶת אֲלָפִים קָדִימָה וַעֲשֶׂרֶת אֲלָפִים יָמָּה
וְהָיָה לְעֻמַּת תְּרוּמַת הַקֹּדֶשׁ וְהָיְתָה תבואתה לְלֶחֶם לְעֹבְדֵי
יט כ הָעִיר׃ וְהָעֹבֵד הָעִיר יַעַבְדוּהוּ מִכֹּל שִׁבְטֵי יִשְׂרָאֵל׃ כָּל־
הַתְּרוּמָה חֲמִשָּׁה וְעֶשְׂרִים אֶלֶף בַּחֲמִשָּׁה וְעֶשְׂרִים אָלֶף רְבִיעִית
כא תָּרִימוּ אֶת־תְּרוּמַת הַקֹּדֶשׁ אֶל־אֲחֻזַּת הָעִיר׃ וְהַנּוֹתָר לַנָּשִׂיא
מִזֶּה ׀ וּמִזֶּה ׀ לִתְרוּמַת־הַקֹּדֶשׁ וְלַאֲחֻזַּת הָעִיר אֶל־פְּנֵי חֲמִשָּׁה
וְעֶשְׂרִים אֶלֶף ׀ תְּרוּמָה עַד־גְּבוּל קָדִימָה וְיָמָּה עַל־פְּנֵי חֲמִשָּׁה
וְעֶשְׂרִים אֶלֶף עַל־גְּבוּל יָמָּה לְעֻמַּת חֲלָקִים לַנָּשִׂיא וְהָיְתָה
כב תְּרוּמַת הַקֹּדֶשׁ וּמִקְדַּשׁ הַבַּיִת בְּתוֹכֹה׃ וּמֵאֲחֻזַּת הַלְוִיִּם
וּמֵאֲחֻזַּת הָעִיר בְּתוֹךְ אֲשֶׁר לַנָּשִׂיא יִהְיֶה בֵּין ׀ גְּבוּל יְהוּדָה
כג וּבֵין גְּבוּל בִּנְיָמִן לַנָּשִׂיא יִהְיֶה׃ וְיֶתֶר הַשְּׁבָטִים מִפְּאַת קָדִימָה
כד עַד־פְּאַת־יָמָּה בִּנְיָמִן אֶחָד׃ וְעַל ׀ גְּבוּל בִּנְיָמִן מִפְּאַת קָדִימָה
כה עַד־פְּאַת־יָמָּה שִׁמְעוֹן אֶחָד׃ וְעַל ׀ גְּבוּל שִׁמְעוֹן מִפְּאַת קָדִימָה
כו עַד־פְּאַת־יָמָּה יִשָּׂשכָר אֶחָד׃ וְעַל ׀ גְּבוּל יִשָּׂשכָר מִפְּאַת קָדִימָה
כז עַד־פְּאַת־יָמָּה זְבוּלֻן אֶחָד׃ וְעַל ׀ גְּבוּל זְבוּלֻן מִפְּאַת קָדְמָה
כח עַד־פְּאַת־יָמָּה גָּד אֶחָד׃ וְעַל גְּבוּל גָּד אֶל־פְּאַת נֶגֶב תֵּימָנָה
וְהָיָה גְבוּל מִתָּמָר מֵי מְרִיבַת קָדֵשׁ נַחֲלָה עַל־הַיָּם הַגָּדוֹל׃

נחלת שבט בנימין
יהושע יח, יא–כח

נחלת שבט שמעון
יהושע יט, א–ט
דה"א ד, כח–לג

נחלת שבט יששכר
יהושע יט, יז–כג

נחלת שבט זבולון
יהושע יט, י–טז

נחלת שבט גד
במדבר לב, לד–לו
יהושע יג, כד–כח
דה"א ה, יא; ה, טז

כט זֹאת הָאָרֶץ אֲשֶׁר־תַּפִּילוּ מִנַּחֲלָה לְשִׁבְטֵי יִשְׂרָאֵל וְאֵלֶּה
ל מַחְלְקוֹתָם נְאֻם אֲדֹנָי יֱהֹוִה׃ וְאֵלֶּה תּוֹצְאֹת הָעִיר
לא מִפְּאַת צָפוֹן חֲמֵשׁ מֵאוֹת וְאַרְבַּעַת אֲלָפִים מִדָּה׃ וְשַׁעֲרֵי הָעִיר
עַל־שְׁמוֹת שִׁבְטֵי יִשְׂרָאֵל שְׁעָרִים שְׁלוֹשָׁה צָפוֹנָה שַׁעַר רְאוּבֵן
לב אֶחָד שַׁעַר יְהוּדָה אֶחָד שַׁעַר לֵוִי אֶחָד׃ וְאֶל־פְּאַת קָדִימָה חֲמֵשׁ
מֵאוֹת וְאַרְבַּעַת אֲלָפִים וּשְׁעָרִים שְׁלֹשָׁה וְשַׁעַר יוֹסֵף אֶחָד שַׁעַר
לג בִּנְיָמִן אֶחָד שַׁעַר דָּן אֶחָד׃ וּפְאַת־נֶגְבָּה חֲמֵשׁ מֵאוֹת וְאַרְבַּעַת
אֲלָפִים מִדָּה וּשְׁעָרִים שְׁלֹשָׁה שַׁעַר שִׁמְעוֹן אֶחָד שַׁעַר יִשָּׂשכָר
לד אֶחָד שַׁעַר זְבוּלֻן אֶחָד׃ פְּאַת־יָמָּה חֲמֵשׁ מֵאוֹת וְאַרְבַּעַת
אֲלָפִים שַׁעֲרֵיהֶם שְׁלֹשָׁה שַׁעַר גָּד אֶחָד שַׁעַר אָשֵׁר אֶחָד
לה שַׁעַר נַפְתָּלִי אֶחָד׃ סָבִיב שְׁמֹנָה עָשָׂר אָלֶף וְשֵׁם־הָעִיר
מִיּוֹם יְהוָה ׀ שָׁמָּה׃

# שנים עשר

הושע
יואל
עמוס
עובדיה
יונה
מיכה
נחום
חבקוק
צפניה
חגי
זכריה
מלאכי

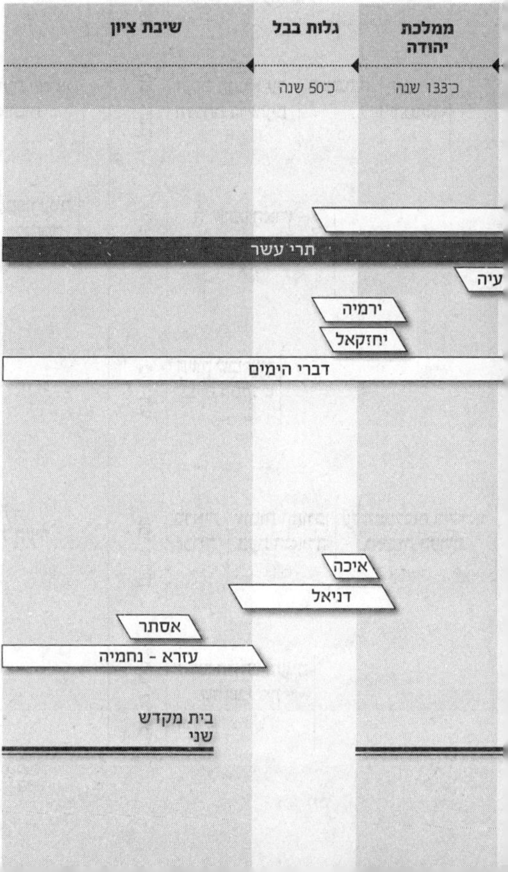

| ספר הושע | |
|---|---|
| יחסי איש ואישה כמשל ליחסי ה' וישראל | א–ג |
| תוכחות וקריאה לתשובה | ד–יד |

| ספר יואל | |
|---|---|
| מכת הארבה ותוצאותיה | א–ב |
| הבטחה על ישועת ישראל ומשפט האומות | ג–ד |

| ספר עמוס | |
|---|---|
| נבואות על העמים | א–ב |
| תוכחה לחברת שפע מסואבת | ג–ו |
| מפורענות לנחמה | ז–ט |

| ספר עובדיה | |
|---|---|
| יחסו של עשו ליעקב ומשפטו | |

| ספר יונה | |
|---|---|
| יונה נוכח ה' – בריחה ושיבה | א–ב |
| יונה בנינוה – הויכוח על גורל העיר | ג–ד |

| ספר מיכה | |
|---|---|
| תוכחה לחברת שפע מסואבת | א–ג |
| נבואות גאולה ומוסר | ד–ז |

| ספר נחום | |
|---|---|
| ענישת אשור וחורבנה – גאולה למשועבדים לה | א–ג |

| ספר חבקוק | |
|---|---|
| זעקת הנביא על הצלחת הרשעים | א |
| תשובת ה' | ב |
| תפילת הנביא | ג |

| ספר צפניה | |
|---|---|
| ה' שופט הארץ – תוכחה, ענישה וגאולה | א–ג |

| ספר חגי | |
|---|---|
| חיזוק שבי ציון לבניית המקדש | א–ב |

| ספר זכריה | |
|---|---|
| מראות זכריה | א–ו |
| צומות החורבן בעת הגאולה | ז–ח |
| על הממלכות בישראל ואומות העולם | ט–יד |

| ספר מלאכי | |
|---|---|
| המצב הרוחני העגום של שבי ציון | א–ג |

א

א דְּבַר־יְהוָה ׀ אֲשֶׁר הָיָה אֶל־הוֹשֵׁעַ בֶּן־בְּאֵרִי בִּימֵי עֻזִּיָּה
יוֹתָם אָחָז יְחִזְקִיָּה מַלְכֵי יְהוּדָה וּבִימֵי יָרָבְעָם בֶּן־יוֹאָשׁ
ב מֶלֶךְ יִשְׂרָאֵל: תְּחִלַּת דִּבֶּר־יְהוָה בְּהוֹשֵׁעַ וַיֹּאמֶר יְהוָה אֶל־
הוֹשֵׁעַ לֵךְ קַח־לְךָ אֵשֶׁת זְנוּנִים וְיַלְדֵי זְנוּנִים כִּי־זָנֹה תִזְנֶה
ג הָאָרֶץ מֵאַחֲרֵי יְהוָה: וַיֵּלֶךְ וַיִּקַּח אֶת־גֹּמֶר בַּת־דִּבְלָיִם
ד וַתַּהַר וַתֵּלֶד־לוֹ בֵּן: וַיֹּאמֶר יְהוָה אֵלָיו קְרָא שְׁמוֹ יִזְרְעֶאל
כִּי־עוֹד מְעַט וּפָקַדְתִּי אֶת־דְּמֵי יִזְרְעֶאל עַל־בֵּית יֵהוּא
ה וְהִשְׁבַּתִּי מַמְלְכוּת בֵּית יִשְׂרָאֵל: וְהָיָה בַּיּוֹם הַהוּא וְשָׁבַרְתִּי
ו אֶת־קֶשֶׁת יִשְׂרָאֵל בְּעֵמֶק יִזְרְעֶאל: וַתַּהַר עוֹד וַתֵּלֶד בַּת
וַיֹּאמֶר לוֹ קְרָא שְׁמָהּ לֹא רֻחָמָה כִּי לֹא אוֹסִיף עוֹד אֲרַחֵם
ז אֶת־בֵּית יִשְׂרָאֵל כִּי־נָשֹׂא אֶשָּׂא לָהֶם: וְאֶת־בֵּית יְהוּדָה
אֲרַחֵם וְהוֹשַׁעְתִּים בַּיהוָה אֱלֹהֵיהֶם וְלֹא אוֹשִׁיעֵם בְּקֶשֶׁת
ח וּבְחֶרֶב וּבְמִלְחָמָה בְּסוּסִים וּבְפָרָשִׁים: וַתִּגְמֹל אֶת־לֹא
ט רֻחָמָה וַתַּהַר וַתֵּלֶד בֵּן: וַיֹּאמֶר קְרָא שְׁמוֹ לֹא עַמִּי כִּי אַתֶּם
ב א לֹא עַמִּי וְאָנֹכִי לֹא־אֶהְיֶה לָכֶם: וְהָיָה מִסְפַּר
בְּנֵי־יִשְׂרָאֵל כְּחוֹל הַיָּם אֲשֶׁר לֹא־יִמַּד וְלֹא יִסָּפֵר וְהָיָה
בִּמְקוֹם אֲשֶׁר־יֵאָמֵר לָהֶם לֹא־עַמִּי אַתֶּם יֵאָמֵר לָהֶם בְּנֵי
ב אֵל־חָי: וְנִקְבְּצוּ בְּנֵי־יְהוּדָה וּבְנֵי־יִשְׂרָאֵל יַחְדָּו וְשָׂמוּ לָהֶם
ג רֹאשׁ אֶחָד וְעָלוּ מִן־הָאָרֶץ כִּי גָדוֹל יוֹם יִזְרְעֶאל: אִמְרוּ
ד לַאֲחֵיכֶם עַמִּי וְלַאֲחוֹתֵיכֶם רֻחָמָה: רִיבוּ בְאִמְּכֶם רִיבוּ
כִּי־הִיא לֹא אִשְׁתִּי וְאָנֹכִי לֹא אִישָׁהּ וְתָסֵר זְנוּנֶיהָ מִפָּנֶיהָ
ה וְנַאֲפוּפֶיהָ מִבֵּין שָׁדֶיהָ: פֶּן־אַפְשִׁיטֶנָּה עֲרֻמָּה וְהִצַּגְתִּיהָ
כְּיוֹם הִוָּלְדָהּ וְשַׂמְתִּיהָ כַמִּדְבָּר וְשַׁתִּהָ כְּאֶרֶץ צִיָּה וַהֲמִתִּיהָ
ו ז בַּצָּמָא: וְאֶת־בָּנֶיהָ לֹא אֲרַחֵם כִּי־בְנֵי זְנוּנִים הֵמָּה: כִּי
זָנְתָה אִמָּם הֹבִישָׁה הוֹרָתָם כִּי אָמְרָה אֵלְכָה אַחֲרֵי מְאַהֲבַי
ח נֹתְנֵי לַחְמִי וּמֵימַי צַמְרִי וּפִשְׁתִּי שַׁמְנִי וְשִׁקּוּיָי: לָכֵן הִנְנִי־
שָׂךְ אֶת־דַּרְכֵּךְ בַּסִּירִים וְגָדַרְתִּי אֶת־גְּדֵרָהּ וּנְתִיבוֹתֶיהָ לֹא

מלכות עוזיה
מל"ב יד, כא – טו, ז
דה"ב כו, א-כג

מלכות יותם
מל"ב טו, לב-לח
דה"ב כז, א-ט

מלכות אחז
מל"ב טז, א-כ
דה"ב כח, א-כז

מלכות חזקיה
מל"ב יח-כ
דה"ב כט-לב

מלכות ירבעם בן יואש
מל"ב יד, כג-כט

ט תִּמְצָא: וְרִדְּפָה אֶת־מְאַהֲבֶיהָ וְלֹא־תַשִּׂיג אֹתָם וּבִקְשָׁתַם
וְלֹא תִמְצָא וְאָמְרָה אֵלְכָה וְאָשׁוּבָה אֶל־אִישִׁי הָרִאשׁוֹן
י כִּי טוֹב לִי אָז מֵעָתָּה: וְהִיא לֹא יָדְעָה כִּי אָנֹכִי נָתַתִּי
לָהּ הַדָּגָן וְהַתִּירוֹשׁ וְהַיִּצְהָר וְכֶסֶף הִרְבֵּיתִי לָהּ וְזָהָב עָשׂוּ
יא לַבָּעַל: לָכֵן אָשׁוּב וְלָקַחְתִּי דְגָנִי בְּעִתּוֹ וְתִירוֹשִׁי בְּמוֹעֲדוֹ
יב וְהִצַּלְתִּי צַמְרִי וּפִשְׁתִּי לְכַסּוֹת אֶת־עֶרְוָתָהּ: וְעַתָּה אֲגַלֶּה
אֶת־נַבְלֻתָהּ לְעֵינֵי מְאַהֲבֶיהָ וְאִישׁ לֹא־יַצִּילֶנָּה מִיָּדִי:
יג וְהִשְׁבַּתִּי כָּל־מְשׂוֹשָׂהּ חַגָּהּ חָדְשָׁהּ וְשַׁבַּתָּהּ וְכֹל מוֹעֲדָהּ:
יד וַהֲשִׁמֹּתִי גַּפְנָהּ וּתְאֵנָתָהּ אֲשֶׁר אָמְרָה אֶתְנָה הֵמָּה לִי אֲשֶׁר
נָתְנוּ־לִי מְאַהֲבָי וְשַׂמְתִּים לְיַעַר וַאֲכָלָתַם חַיַּת הַשָּׂדֶה:
טו וּפָקַדְתִּי עָלֶיהָ אֶת־יְמֵי הַבְּעָלִים אֲשֶׁר תַּקְטִיר לָהֶם וַתַּעַד
נִזְמָהּ וְחֶלְיָתָהּ וַתֵּלֶךְ אַחֲרֵי מְאַהֲבֶיהָ וְאֹתִי שָׁכְחָה נְאֻם־
טז יְהוָה: לָכֵן הִנֵּה אָנֹכִי מְפַתֶּיהָ וְהֹלַכְתִּיהָ
יז הַמִּדְבָּר וְדִבַּרְתִּי עַל־לִבָּהּ: וְנָתַתִּי לָהּ אֶת־כְּרָמֶיהָ מִשָּׁם
וְאֶת־עֵמֶק עָכוֹר לְפֶתַח תִּקְוָה וְעָנְתָה שָׁמָּה כִּימֵי נְעוּרֶיהָ
יח וּכְיוֹם עֲלוֹתָהּ מֵאֶרֶץ־מִצְרָיִם: וְהָיָה בַיּוֹם־
הַהוּא נְאֻם־יְהוָה תִּקְרְאִי אִישִׁי וְלֹא־תִקְרְאִי־לִי עוֹד בַּעְלִי:
יט וַהֲסִרֹתִי אֶת־שְׁמוֹת הַבְּעָלִים מִפִּיהָ וְלֹא־יִזָּכְרוּ עוֹד בִּשְׁמָם:
כ וְכָרַתִּי לָהֶם בְּרִית בַּיּוֹם הַהוּא עִם־חַיַּת הַשָּׂדֶה וְעִם־עוֹף
הַשָּׁמַיִם וְרֶמֶשׂ הָאֲדָמָה וְקֶשֶׁת וְחֶרֶב וּמִלְחָמָה אֶשְׁבּוֹר מִן־
כא הָאָרֶץ וְהִשְׁכַּבְתִּים לָבֶטַח: וְאֵרַשְׂתִּיךְ לִי לְעוֹלָם וְאֵרַשְׂתִּיךְ
כב לִי בְּצֶדֶק וּבְמִשְׁפָּט וּבְחֶסֶד וּבְרַחֲמִים: וְאֵרַשְׂתִּיךְ לִי בֶּאֱמוּנָה
כג וְיָדַעַתְּ אֶת־יְהוָה: וְהָיָה ׀ בַּיּוֹם הַהוּא אֶעֱנֶה
נְאֻם־יְהוָה אֶעֱנֶה אֶת־הַשָּׁמָיִם וְהֵם יַעֲנוּ אֶת־הָאָרֶץ:
כד וְהָאָרֶץ תַּעֲנֶה אֶת־הַדָּגָן וְאֶת־הַתִּירוֹשׁ וְאֶת־הַיִּצְהָר
כה וְהֵם יַעֲנוּ אֶת־יִזְרְעֶאל: וּזְרַעְתִּיהָ לִּי בָּאָרֶץ וְרִחַמְתִּי אֶת־
לֹא רֻחָמָה וְאָמַרְתִּי לְלֹא־עַמִּי עַמִּי־אַתָּה וְהוּא יֹאמַר

א אֱלֹהָי׃ וַיֹּאמֶר יהוה אֵלַי עוֹד לֵךְ אֱהַב־אִשָּׁה
אֲהֻבַת רֵעַ וּמְנָאָפֶת כְּאַהֲבַת יהוה אֶת־בְּנֵי יִשְׂרָאֵל וְהֵם
ב פֹּנִים אֶל־אֱלֹהִים אֲחֵרִים וְאֹהֲבֵי אֲשִׁישֵׁי עֲנָבִים׃ וָאֶכְּרֶהָ
לִּי בַּחֲמִשָּׁה עָשָׂר כָּסֶף וְחֹמֶר שְׂעֹרִים וְלֶתֶךְ שְׂעֹרִים׃
ג וָאֹמַר אֵלֶיהָ יָמִים רַבִּים תֵּשְׁבִי לִי לֹא תִזְנִי וְלֹא תִהְיִי
ד לְאִישׁ וְגַם־אֲנִי אֵלָיִךְ׃ כִּי ׀ יָמִים רַבִּים יֵשְׁבוּ בְּנֵי יִשְׂרָאֵל
אֵין מֶלֶךְ וְאֵין שָׂר וְאֵין זֶבַח וְאֵין מַצֵּבָה וְאֵין אֵפוֹד
ה וּתְרָפִים׃ אַחַר יָשֻׁבוּ בְּנֵי יִשְׂרָאֵל וּבִקְשׁוּ אֶת־יהוה אֱלֹהֵיהֶם
וְאֵת דָּוִיד מַלְכָּם וּפָחֲדוּ אֶל־יהוה וְאֶל־טוּבוֹ בְּאַחֲרִית
ד א הַיָּמִים׃ שִׁמְעוּ דְבַר־יהוה בְּנֵי יִשְׂרָאֵל כִּי רִיב
לַיהוה עִם־יוֹשְׁבֵי הָאָרֶץ כִּי אֵין־אֱמֶת וְאֵין־חֶסֶד וְאֵין־דַּעַת
ב אֱלֹהִים בָּאָרֶץ׃ אָלֹה וְכַחֵשׁ וְרָצֹחַ וְגָנֹב וְנָאֹף פָּרָצוּ וְדָמִים
ג בְּדָמִים נָגָעוּ׃ עַל־כֵּן ׀ תֶּאֱבַל הָאָרֶץ וְאֻמְלַל כָּל־יוֹשֵׁב בָּהּ
ד בְּחַיַּת הַשָּׂדֶה וּבְעוֹף הַשָּׁמָיִם וְגַם־דְּגֵי הַיָּם יֵאָסֵפוּ׃ אַךְ
ה אִישׁ אַל־יָרֵב וְאַל־יוֹכַח אִישׁ וְעַמְּךָ כִּמְרִיבֵי כֹהֵן׃ וְכָשַׁלְתָּ
ו הַיּוֹם וְכָשַׁל גַּם־נָבִיא עִמְּךָ לָיְלָה וְדָמִיתִי אִמֶּךָ׃ נִדְמוּ עַמִּי
מִבְּלִי הַדָּעַת כִּי אַתָּה הַדַּעַת מָאַסְתָּ ואמאסאך מִכַּהֵן לִי וְאֶמְאָסְךָ
ז וַתִּשְׁכַּח תּוֹרַת אֱלֹהֶיךָ אֶשְׁכַּח בָּנֶיךָ גַּם־אָנִי׃ כְּרֻבָּם כֵּן
ח חָטְאוּ־לִי כְּבוֹדָם בְּקָלוֹן אָמִיר׃ חַטַּאת עַמִּי יֹאכֵלוּ וְאֶל־
ט עֲוֺנָם יִשְׂאוּ נַפְשׁוֹ׃ וְהָיָה כָעָם כַּכֹּהֵן וּפָקַדְתִּי עָלָיו דְּרָכָיו
י וּמַעֲלָלָיו אָשִׁיב לוֹ׃ וְאָכְלוּ וְלֹא יִשְׂבָּעוּ הִזְנוּ וְלֹא יִפְרֹצוּ
יא כִּי־אֶת־יהוה עָזְבוּ לִשְׁמֹר׃ זְנוּת וְיַיִן וְתִירוֹשׁ יִקַּח־לֵב׃
יב עַמִּי בְּעֵצוֹ יִשְׁאָל וּמַקְלוֹ יַגִּיד לוֹ כִּי רוּחַ זְנוּנִים הִתְעָה
יג וַיִּזְנוּ מִתַּחַת אֱלֹהֵיהֶם׃ עַל־רָאשֵׁי הֶהָרִים יְזַבֵּחוּ וְעַל־
הַגְּבָעוֹת יְקַטֵּרוּ תַּחַת אַלּוֹן וְלִבְנֶה וְאֵלָה כִּי טוֹב צִלָּהּ
יד עַל־כֵּן תִּזְנֶינָה בְּנוֹתֵיכֶם וְכַלּוֹתֵיכֶם תְּנָאַפְנָה׃ לֹא־אֶפְקוֹד
עַל־בְּנוֹתֵיכֶם כִּי תִזְנֶינָה וְעַל־כַּלּוֹתֵיכֶם כִּי תְנָאַפְנָה כִּי־הֵם

עִם־הַזֹּנוֹת יְפָרֵדוּ וְעִם־הַקְּדֵשׁוֹת יְזַבֵּחוּ וְעָם לֹא־יָבִין
טו יִלָּבֵט׃ אִם־זֹנֶה אַתָּה יִשְׂרָאֵל אַל־יֶאְשַׁם יְהוּדָה וְאַל־
תָּבֹאוּ הַגִּלְגָּל וְאַל־תַּעֲלוּ בֵּית אָוֶן וְאַל־תִּשָּׁבְעוּ חַי־יְהוָה׃
טז כִּי כְּפָרָה סֹרֵרָה סָרַר יִשְׂרָאֵל עַתָּה יִרְעֵם יְהוָה כְּכֶבֶשׂ
יז יח בַּמֶּרְחָב׃ חֲבוּר עֲצַבִּים אֶפְרָיִם הַנַּח־לוֹ׃ סָר סָבְאָם הַזְנֵה הִזְנוּ
יט אָהֲבוּ הֵבוּ קָלוֹן מָגִנֶּיהָ׃ צָרַר רוּחַ אוֹתָהּ בִּכְנָפֶיהָ וְיֵבֹשׁוּ
ה א מִזִּבְחוֹתָם׃ שִׁמְעוּ־זֹאת הַכֹּהֲנִים וְהַקְשִׁיבוּ
בֵּית יִשְׂרָאֵל וּבֵית הַמֶּלֶךְ הַאֲזִינוּ כִּי לָכֶם הַמִּשְׁפָּט כִּי־פַח
ב הֱיִיתֶם לְמִצְפָּה וְרֶשֶׁת פְּרוּשָׂה עַל־תָּבוֹר׃ וְשַׁחֲטָה שֵׂטִים
ג הֶעְמִיקוּ וַאֲנִי מוּסָר לְכֻלָּם׃ אֲנִי יָדַעְתִּי אֶפְרַיִם וְיִשְׂרָאֵל
לֹא־נִכְחַד מִמֶּנִּי כִּי עַתָּה הִזְנֵיתָ אֶפְרַיִם נִטְמָא יִשְׂרָאֵל׃
ד לֹא יִתְּנוּ מַעַלְלֵיהֶם לָשׁוּב אֶל־אֱלֹהֵיהֶם כִּי רוּחַ זְנוּנִים
ה בְּקִרְבָּם וְאֶת־יְהוָה לֹא יָדָעוּ׃ וְעָנָה גְאוֹן־יִשְׂרָאֵל בְּפָנָיו
וְיִשְׂרָאֵל וְאֶפְרַיִם יִכָּשְׁלוּ בַּעֲוֺנָם כָּשַׁל גַּם־יְהוּדָה עִמָּם׃
ו בְּצֹאנָם וּבִבְקָרָם יֵלְכוּ לְבַקֵּשׁ אֶת־יְהוָה וְלֹא יִמְצָאוּ חָלַץ
ז מֵהֶם׃ בַּיהוָה בָּגָדוּ כִּי־בָנִים זָרִים יָלָדוּ עַתָּה יֹאכְלֵם חֹדֶשׁ
ח אֶת־חֶלְקֵיהֶם׃ תִּקְעוּ שׁוֹפָר בַּגִּבְעָה חֲצֹצְרָה
ט בָּרָמָה הָרִיעוּ בֵּית אָוֶן אַחֲרֶיךָ בִּנְיָמִין׃ אֶפְרַיִם לְשַׁמָּה תִהְיֶה
י בְּיוֹם תּוֹכֵחָה בְּשִׁבְטֵי יִשְׂרָאֵל הוֹדַעְתִּי נֶאֱמָנָה׃ הָיוּ שָׂרֵי
יא יְהוּדָה כְּמַסִּיגֵי גְּבוּל עֲלֵיהֶם אֶשְׁפּוֹךְ כַּמַּיִם עֶבְרָתִי׃ עָשׁוּק
יב אֶפְרַיִם רְצוּץ מִשְׁפָּט כִּי הוֹאִיל הָלַךְ אַחֲרֵי־צָו׃ וַאֲנִי כָעָשׁ
יג לְאֶפְרָיִם וְכָרָקָב לְבֵית יְהוּדָה׃ וַיַּרְא אֶפְרַיִם אֶת־חָלְיוֹ וִיהוּדָה
אֶת־מְזֹרוֹ וַיֵּלֶךְ אֶפְרַיִם אֶל־אַשּׁוּר וַיִּשְׁלַח אֶל־מֶלֶךְ יָרֵב
יד וְהוּא לֹא יוּכַל לִרְפֹּא לָכֶם וְלֹא־יִגְהֶה מִכֶּם מָזוֹר׃ כִּי אָנֹכִי
כַשַּׁחַל לְאֶפְרַיִם וְכַכְּפִיר לְבֵית יְהוּדָה אֲנִי אֲנִי אֶטְרֹף וְאֵלֵךְ
טו אֶשָּׂא וְאֵין מַצִּיל׃ אֵלֵךְ אָשׁוּבָה אֶל־מְקוֹמִי עַד אֲשֶׁר־
ו א יֶאְשְׁמוּ וּבִקְשׁוּ פָנָי בַּצַּר לָהֶם יְשַׁחֲרֻנְנִי׃ לְכוּ וְנָשׁוּבָה אֶל־

ב יְהוָה כִּי הוּא טָרָף וְיִרְפָּאֵנוּ יַךְ וְיַחְבְּשֵׁנוּ׃ יְחַיֵּנוּ מִיֹּמָיִם בַּיּוֹם ב
ג הַשְּׁלִישִׁי יְקִמֵנוּ וְנִחְיֶה לְפָנָיו׃ וְנֵדְעָה נִרְדְּפָה לָדַעַת אֶת־יְהוָה
כְּשַׁחַר נָכוֹן מֹצָאוֹ וְיָבוֹא כַגֶּשֶׁם לָנוּ כְּמַלְקוֹשׁ יוֹרֶה אָרֶץ׃
ד מָה אֶעֱשֶׂה־לְּךָ אֶפְרַיִם מָה אֶעֱשֶׂה־לְּךָ יְהוּדָה וְחַסְדְּכֶם
ה כַּעֲנַן־בֹּקֶר וְכַטַּל מַשְׁכִּים הֹלֵךְ׃ עַל־כֵּן חָצַבְתִּי בַּנְּבִיאִים
ו הֲרַגְתִּים בְּאִמְרֵי־פִי וּמִשְׁפָּטֶיךָ אוֹר יֵצֵא׃ כִּי חֶסֶד חָפַצְתִּי
ז וְלֹא־זָבַח וְדַעַת אֱלֹהִים מֵעֹלוֹת׃ וְהֵמָּה כְּאָדָם עָבְרוּ בְרִית
ח ט שָׁם בָּגְדוּ בִי׃ גִּלְעָד קִרְיַת פֹּעֲלֵי אָוֶן עֲקֻבָּה מִדָּם׃ וּכְחַכֵּי אִישׁ
י גְּדוּדִים חֶבֶר כֹּהֲנִים דֶּרֶךְ יְרַצְּחוּ־שֶׁכְמָה כִּי זִמָּה עָשׂוּ׃ בְּבֵית
יִשְׂרָאֵל רָאִיתִי שעריריה שָׁם זְנוּת לְאֶפְרַיִם נִטְמָא יִשְׂרָאֵל׃ שַׁעֲרוּרִיָּה
יא ז א גַּם־יְהוּדָה שָׁת קָצִיר לָךְ בְּשׁוּבִי שְׁבוּת עַמִּי׃ כְּרָפְאִי
לְיִשְׂרָאֵל וְנִגְלָה עֲוֺן אֶפְרַיִם וְרָעוֹת שֹׁמְרוֹן כִּי פָעֲלוּ שָׁקֶר
ב וְגַנָּב יָבוֹא פָּשַׁט גְּדוּד בַּחוּץ׃ וּבַל־יֹאמְרוּ לִלְבָבָם כָּל־רָעָתָם
ג זָכָרְתִּי עַתָּה סְבָבוּם מַעַלְלֵיהֶם נֶגֶד פָּנַי הָיוּ׃ בְּרָעָתָם
ד יְשַׂמְּחוּ־מֶלֶךְ וּבְכַחֲשֵׁיהֶם שָׂרִים׃ כֻּלָּם מְנָאֲפִים כְּמוֹ תַנּוּר
ה בֹּעֵרָה מֵאֹפֶה יִשְׁבּוֹת מֵעִיר מִלּוּשׁ בָּצֵק עַד־חֻמְצָתוֹ׃ יוֹם
ו מַלְכֵּנוּ הֶחֱלוּ שָׂרִים חֲמַת מִיָּיִן מָשַׁךְ יָדוֹ אֶת־לֹצְצִים׃ כִּי־
קֵרְבוּ כַתַּנּוּר לִבָּם בְּאָרְבָּם כָּל־הַלַּיְלָה יָשֵׁן אֹפֵהֶם בֹּקֶר
ז הוּא בֹעֵר כְּאֵשׁ לֶהָבָה׃ כֻּלָּם יֵחַמּוּ כַּתַּנּוּר וְאָכְלוּ אֶת־
ח שֹׁפְטֵיהֶם כָּל־מַלְכֵיהֶם נָפָלוּ אֵין־קֹרֵא בָהֶם אֵלָי׃ אֶפְרַיִם
ט בָּעַמִּים הוּא יִתְבּוֹלָל אֶפְרַיִם הָיָה עֻגָה בְּלִי הֲפוּכָה׃ אָכְלוּ
זָרִים כֹּחוֹ וְהוּא לֹא יָדָע גַּם־שֵׂיבָה זָרְקָה בּוֹ וְהוּא לֹא יָדָע׃
י וְעָנָה גְאוֹן־יִשְׂרָאֵל בְּפָנָיו וְלֹא־שָׁבוּ אֶל־יְהוָה אֱלֹהֵיהֶם
יא וְלֹא בִקְשֻׁהוּ בְּכָל־זֹאת׃ וַיְהִי אֶפְרַיִם כְּיוֹנָה פוֹתָה אֵין
יב לֵב מִצְרַיִם קָרָאוּ אַשּׁוּר הָלָכוּ׃ כַּאֲשֶׁר יֵלֵכוּ אֶפְרוֹשׂ
עֲלֵיהֶם רִשְׁתִּי כְּעוֹף הַשָּׁמַיִם אוֹרִידֵם אַיְסִרֵם כְּשֵׁמַע
יג לַעֲדָתָם׃ אוֹי לָהֶם כִּי־נָדְדוּ מִמֶּנִּי שֹׁד לָהֶם כִּי־

יד פָּשְׁעוּ בִי וְאָנֹכִי אֶפְדֵּם וְהֵמָּה דִּבְּרוּ עָלַי כְּזָבִים׃ וְלֹא־זָעֲקוּ
אֵלַי בְּלִבָּם כִּי יְיֵלִילוּ עַל־מִשְׁכְּבוֹתָם עַל־דָּגָן וְתִירוֹשׁ
טו יִתְגּוֹרָרוּ יָסוּרוּ בִי׃ וַאֲנִי יִסַּרְתִּי חִזַּקְתִּי זְרוֹעֹתָם וְאֵלַי
טז יְחַשְּׁבוּ־רָע׃ יָשׁוּבוּ ׀ לֹא עָל הָיוּ כְּקֶשֶׁת רְמִיָּה יִפְּלוּ בַחֶרֶב
ח א שָׂרֵיהֶם מִזַּעַם לְשׁוֹנָם זוֹ לַעְגָּם בְּאֶרֶץ מִצְרָיִם׃ אֶל־חִכְּךָ
שֹׁפָר כַּנֶּשֶׁר עַל־בֵּית יְהוָה יַעַן עָבְרוּ בְרִיתִי וְעַל־תּוֹרָתִי
ב ג פָּשָׁעוּ׃ לִי יִזְעָקוּ אֱלֹהַי יְדַעֲנוּךָ יִשְׂרָאֵל׃ זָנַח יִשְׂרָאֵל טוֹב
ד אוֹיֵב יִרְדְּפוֹ׃ הֵם הִמְלִיכוּ וְלֹא מִמֶּנִּי הֵשִׂירוּ וְלֹא יָדָעְתִּי
ה כַּסְפָּם וּזְהָבָם עָשׂוּ לָהֶם עֲצַבִּים לְמַעַן יִכָּרֵת׃ זָנַח עֶגְלֵךְ
ו שֹׁמְרוֹן חָרָה אַפִּי בָּם עַד־מָתַי לֹא יוּכְלוּ נִקָּיֹן׃ כִּי מִיִּשְׂרָאֵל
וְהוּא חָרָשׁ עָשָׂהוּ וְלֹא אֱלֹהִים הוּא כִּי־שְׁבָבִים יִהְיֶה עֵגֶל
ז שֹׁמְרוֹן׃ כִּי רוּחַ יִזְרָעוּ וְסוּפָתָה יִקְצֹרוּ קָמָה אֵין־לוֹ צֶמַח
ח בְּלִי יַעֲשֶׂה־קֶּמַח אוּלַי יַעֲשֶׂה זָרִים יִבְלָעֻהוּ׃ נִבְלַע יִשְׂרָאֵל
ט עַתָּה הָיוּ בַגּוֹיִם כִּכְלִי אֵין־חֵפֶץ בּוֹ׃ כִּי־הֵמָּה עָלוּ אַשּׁוּר
י פֶּרֶא בּוֹדֵד לוֹ אֶפְרַיִם הִתְנוּ אֲהָבִים׃ גַּם כִּי־יִתְנוּ בַגּוֹיִם
יא עַתָּה אֲקַבְּצֵם וַיָּחֵלּוּ מְּעָט מִמַּשָּׂא מֶלֶךְ שָׂרִים׃ כִּי־הִרְבָּה
יב אֶפְרַיִם מִזְבְּחֹת לַחֲטֹא הָיוּ־לוֹ מִזְבְּחוֹת לַחֲטֹא׃ אכתוב־ אֶכְתָּב־
יג לוֹ רבו תּוֹרָתִי כְּמוֹ־זָר נֶחְשָׁבוּ׃ זִבְחֵי הַבְהָבַי יִזְבְּחוּ בָשָׂר רֻבֵּי
וַיֹּאכֵלוּ יְהוָה לֹא רָצָם עַתָּה יִזְכֹּר עֲוֺנָם וְיִפְקֹד חַטֹּאתָם
יד הֵמָּה מִצְרַיִם יָשׁוּבוּ׃ וַיִּשְׁכַּח יִשְׂרָאֵל אֶת־עֹשֵׂהוּ וַיִּבֶן הֵיכָלוֹת
וִיהוּדָה הִרְבָּה עָרִים בְּצֻרוֹת וְשִׁלַּחְתִּי־אֵשׁ בְּעָרָיו וְאָכְלָה
ט א אַרְמְנֹתֶיהָ׃ אַל־תִּשְׂמַח יִשְׂרָאֵל ׀ אֶל־גִּיל
כָּעַמִּים כִּי זָנִיתָ מֵעַל אֱלֹהֶיךָ אָהַבְתָּ אֶתְנָן עַל כָּל־גָּרְנוֹת
ב ג דָּגָן׃ גֹּרֶן וָיֶקֶב לֹא יִרְעֵם וְתִירוֹשׁ יְכַחֶשׁ בָּהּ׃ לֹא יֵשְׁבוּ
בְּאֶרֶץ יְהוָה וְשָׁב אֶפְרַיִם מִצְרַיִם וּבְאַשּׁוּר טָמֵא יֹאכֵלוּ׃
ד לֹא־יִסְּכוּ לַיהוָה ׀ יַיִן וְלֹא יֶעֶרְבוּ־לוֹ זִבְחֵיהֶם כְּלֶחֶם אוֹנִים
לָהֶם כָּל־אֹכְלָיו יִטַּמָּאוּ כִּי־לַחְמָם לְנַפְשָׁם לֹא יָבוֹא בֵּית

ה ו יְהוָה: מַה־תַּעֲשׂוּ לְיוֹם מוֹעֵד וּלְיוֹם חַג־יְהוָה: כִּי־הִנֵּה
הָלְכוּ מִשֹּׁד מִצְרַיִם תְּקַבְּצֵם מֹף תְּקַבְּרֵם מַחְמַד לְכַסְפָּם
ז קִמּוֹשׂ יִירָשֵׁם חוֹחַ בְּאָהֳלֵיהֶם: בָּאוּ ׀ יְמֵי הַפְּקֻדָּה בָּאוּ יְמֵי
הַשִּׁלֻּם יֵדְעוּ יִשְׂרָאֵל אֱוִיל הַנָּבִיא מְשֻׁגָּע אִישׁ הָרוּחַ עַל רֹב
ח עֲוֺנְךָ וְרַבָּה מַשְׂטֵמָה: צֹפֶה אֶפְרַיִם עִם־אֱלֹהָי נָבִיא פַּח יָקוֹשׁ
ט עַל־כָּל־דְּרָכָיו מַשְׂטֵמָה בְּבֵית אֱלֹהָיו: הֶעְמִיקוּ שִׁחֵתוּ כִּימֵי
י הַגִּבְעָה יִזְכּוֹר עֲוֺנָם יִפְקוֹד חַטֹּאותָם: כַּעֲנָבִים
בַּמִּדְבָּר מָצָאתִי יִשְׂרָאֵל כְּבִכּוּרָה בִתְאֵנָה בְּרֵאשִׁיתָהּ רָאִיתִי
אֲבוֹתֵיכֶם הֵמָּה בָּאוּ בַעַל־פְּעוֹר וַיִּנָּזְרוּ לַבֹּשֶׁת וַיִּהְיוּ שִׁקּוּצִים
יא כְּאָהֳבָם: אֶפְרַיִם כָּעוֹף יִתְעוֹפֵף כְּבוֹדָם מִלֵּדָה וּמִבֶּטֶן
יב וּמֵהֵרָיוֹן: כִּי אִם־יְגַדְּלוּ אֶת־בְּנֵיהֶם וְשִׁכַּלְתִּים מֵאָדָם כִּי־
יג גַם־אוֹי לָהֶם בְּשׂוּרִי מֵהֶם: אֶפְרַיִם כַּאֲשֶׁר־רָאִיתִי לְצוֹר
יד שְׁתוּלָה בְנָוֶה וְאֶפְרַיִם לְהוֹצִיא אֶל־הֹרֵג בָּנָיו: תֵּן־לָהֶם
טו יְהוָה מַה־תִּתֵּן תֵּן־לָהֶם רֶחֶם מַשְׁכִּיל וְשָׁדַיִם צֹמְקִים: כָּל־
רָעָתָם בַּגִּלְגָּל כִּי־שָׁם שְׂנֵאתִים עַל רֹעַ מַעַלְלֵיהֶם מִבֵּיתִי
טז אֲגָרְשֵׁם לֹא אוֹסֵף אַהֲבָתָם כָּל־שָׂרֵיהֶם סֹרְרִים: הֻכָּה
בַּל־ אֶפְרַיִם שָׁרְשָׁם יָבֵשׁ פְּרִי בְלִי־יַעֲשׂוּן גַּם כִּי יֵלֵדוּן וְהֵמַתִּי
יז מַחֲמַדֵּי בִטְנָם: יִמְאָסֵם אֱלֹהַי כִּי לֹא שָׁמְעוּ לוֹ וְיִהְיוּ
י א נֹדְדִים בַּגּוֹיִם: גֶּפֶן בּוֹקֵק יִשְׂרָאֵל פְּרִי יְשַׁוֶּה־לּוֹ
כְּרֹב לְפִרְיוֹ הִרְבָּה לַמִּזְבְּחוֹת כְּטוֹב לְאַרְצוֹ הֵיטִיבוּ מַצֵּבוֹת:
ב חָלַק לִבָּם עַתָּה יֶאְשָׁמוּ הוּא יַעֲרֹף מִזְבְּחוֹתָם יְשֹׁדֵד מַצֵּבוֹתָם:
ג כִּי עַתָּה יֹאמְרוּ אֵין מֶלֶךְ לָנוּ כִּי לֹא יָרֵאנוּ אֶת־יְהוָה
ד וְהַמֶּלֶךְ מַה־יַּעֲשֶׂה־לָּנוּ: דִּבְּרוּ דְבָרִים אָלוֹת שָׁוְא כָּרֹת
ה בְּרִית וּפָרַח כָּרֹאשׁ מִשְׁפָּט עַל תַּלְמֵי שָׂדָי: לְעֶגְלוֹת בֵּית
אָוֶן יָגוּרוּ שְׁכַן שֹׁמְרוֹן כִּי־אָבַל עָלָיו עַמּוֹ וּכְמָרָיו עָלָיו יָגִילוּ
ו עַל־כְּבוֹדוֹ כִּי־גָלָה מִמֶּנּוּ: גַּם־אוֹתוֹ לְאַשּׁוּר יוּבָל מִנְחָה
ז לְמֶלֶךְ יָרֵב בָּשְׁנָה אֶפְרַיִם יִקָּח וְיֵבוֹשׁ יִשְׂרָאֵל מֵעֲצָתוֹ: נִדְמֶה

ח שֹׁמְרוֹן מַלְכָּהּ כְּקֶצֶף עַל־פְּנֵי־מָיִם׃ וְנִשְׁמְדוּ בָּמוֹת אָוֶן
חַטַּאת יִשְׂרָאֵל קוֹץ וְדַרְדַּר יַעֲלֶה עַל־מִזְבְּחוֹתָם וְאָמְרוּ
ט לֶהָרִים כַּסּוּנוּ וְלַגְּבָעוֹת נִפְלוּ עָלֵינוּ׃ מִימֵי
הַגִּבְעָה חָטָאתָ יִשְׂרָאֵל שָׁם עָמָדוּ לֹא־תַשִּׂיגֵם בַּגִּבְעָה
י מִלְחָמָה עַל־בְּנֵי עַלְוָה׃ בְּאַוָּתִי וְאֶסֳּרֵם וְאֻסְּפוּ עֲלֵיהֶם עַמִּים
יא בְּאָסְרָם לִשְׁתֵּי עינתם׃ וְאֶפְרַיִם עֶגְלָה מְלֻמָּדָה אֹהַבְתִּי עוֹנֹתָם
לָדוּשׁ וַאֲנִי עָבַרְתִּי עַל־טוּב צַוָּארָהּ אַרְכִּיב אֶפְרַיִם יַחֲרוֹשׁ
יב יְהוּדָה יְשַׂדֶּד־לוֹ יַעֲקֹב׃ זִרְעוּ לָכֶם לִצְדָקָה קִצְרוּ לְפִי־חֶסֶד ג
נִירוּ לָכֶם נִיר וְעֵת לִדְרוֹשׁ אֶת־יְהוָה עַד־יָבוֹא וְיֹרֶה צֶדֶק
יג לָכֶם׃ חֲרַשְׁתֶּם־רֶשַׁע עַוְלָתָה קְצַרְתֶּם אֲכַלְתֶּם פְּרִי־כָחַשׁ
יד כִּי־בָטַחְתָּ בְדַרְכְּךָ בְּרֹב גִּבּוֹרֶיךָ׃ וְקָאם שָׁאוֹן בְּעַמֶּךָ וְכָל־
מִבְצָרֶיךָ יוּשַּׁד כְּשֹׁד שַׁלְמַן בֵּית אַרְבֵאל בְּיוֹם מִלְחָמָה אֵם
טו עַל־בָּנִים רֻטָּשָׁה׃ כָּכָה עָשָׂה לָכֶם בֵּית־אֵל מִפְּנֵי רָעַת
א יא רָעַתְכֶם בַּשַּׁחַר נִדְמֹה נִדְמָה מֶלֶךְ יִשְׂרָאֵל׃ כִּי נַעַר יִשְׂרָאֵל
ב וָאֹהֲבֵהוּ וּמִמִּצְרַיִם קָרָאתִי לִבְנִי׃ קָרְאוּ לָהֶם כֵּן הָלְכוּ
ג מִפְּנֵיהֶם לַבְּעָלִים יְזַבֵּחוּ וְלַפְּסִלִים יְקַטֵּרוּן׃ וְאָנֹכִי תִרְגַּלְתִּי
ד לְאֶפְרַיִם קָחָם עַל־זְרוֹעֹתָיו וְלֹא יָדְעוּ כִּי רְפָאתִים׃ בְּחַבְלֵי
אָדָם אֶמְשְׁכֵם בַּעֲבֹתוֹת אַהֲבָה וָאֶהְיֶה לָהֶם כִּמְרִימֵי עֹל
ה עַל לְחֵיהֶם וְאַט אֵלָיו אוֹכִיל׃ לֹא יָשׁוּב אֶל־אֶרֶץ מִצְרַיִם
ו וְאַשּׁוּר הוּא מַלְכּוֹ כִּי מֵאֲנוּ לָשׁוּב׃ וְחָלָה חֶרֶב בְּעָרָיו וְכִלְּתָה
ז בַדָּיו וְאָכָלָה מִמֹּעֲצוֹתֵיהֶם׃ וְעַמִּי תְלוּאִים לִמְשׁוּבָתִי וְאֶל־
ח עַל יִקְרָאֻהוּ יַחַד לֹא יְרוֹמֵם׃ אֵיךְ אֶתֶּנְךָ אֶפְרַיִם אֲמַגֶּנְךָ
יִשְׂרָאֵל אֵיךְ אֶתֶּנְךָ כְאַדְמָה אֲשִׂימְךָ כִּצְבֹאיִם נֶהְפַּךְ עָלַי
ט לִבִּי יַחַד נִכְמְרוּ נִחוּמָי׃ לֹא אֶעֱשֶׂה חֲרוֹן אַפִּי לֹא אָשׁוּב
לְשַׁחֵת אֶפְרָיִם כִּי אֵל אָנֹכִי וְלֹא־אִישׁ בְּקִרְבְּךָ קָדוֹשׁ וְלֹא
י אָבוֹא בְּעִיר׃ אַחֲרֵי יְהוָה יֵלְכוּ כְּאַרְיֵה יִשְׁאָג כִּי־הוּא יִשְׁאַג
יא וְיֶחֶרְדוּ בָנִים מִיָּם׃ יֶחֶרְדוּ כְצִפּוֹר מִמִּצְרַיִם וּכְיוֹנָה מֵאֶרֶץ

א אַשּׁוּר וְהוֹשַׁבְתִּים עַל־בָּתֵּיהֶם נְאֻם־יְהוָה׃ סְבָבֻנִי
בְכַחַשׁ אֶפְרַיִם וּבְמִרְמָה בֵּית יִשְׂרָאֵל וִיהוּדָה עֹד רָד עִם־אֵל
ב וְעִם־קְדוֹשִׁים נֶאֱמָן׃ אֶפְרַיִם רֹעֶה רוּחַ וְרֹדֵף קָדִים כָּל־הַיּוֹם
כָּזָב וָשֹׁד יַרְבֶּה וּבְרִית עִם־אַשּׁוּר יִכְרֹתוּ וְשֶׁמֶן לְמִצְרַיִם
ג יוּבָל׃ וְרִיב לַיהוָה עִם־יְהוּדָה וְלִפְקֹד עַל־יַעֲקֹב כִּדְרָכָיו
ד כְּמַעֲלָלָיו יָשִׁיב לוֹ׃ בַּבֶּטֶן עָקַב אֶת־אָחִיו וּבְאוֹנוֹ שָׂרָה אֶת־
ה אֱלֹהִים׃ וַיָּשַׂר אֶל־מַלְאָךְ וַיֻּכָל בָּכָה וַיִּתְחַנֶּן־לוֹ בֵּית־אֵל

הולדת יעקב ועשו
בראשית כה, יט–כו

ו יִמְצָאֶנּוּ וְשָׁם יְדַבֵּר עִמָּנוּ׃ וַיהוָה אֱלֹהֵי הַצְּבָאוֹת יְהוָה זִכְרוֹ׃
ז וְאַתָּה בֵּאלֹהֶיךָ תָשׁוּב חֶסֶד וּמִשְׁפָּט שְׁמֹר וְקַוֵּה אֶל־אֱלֹהֶיךָ

מאבק יעקב והמלאך
בראשית לב, כד–לב

ח ט תָּמִיד׃ כְּנַעַן בְּיָדוֹ מֹאזְנֵי מִרְמָה לַעֲשֹׁק אָהֵב׃ וַיֹּאמֶר אֶפְרַיִם
אַךְ עָשַׁרְתִּי מָצָאתִי אוֹן לִי כָּל־יְגִיעַי לֹא יִמְצְאוּ־לִי עָוֺן אֲשֶׁר־
י חֵטְא׃ וְאָנֹכִי יְהוָה אֱלֹהֶיךָ מֵאֶרֶץ מִצְרָיִם עֹד אוֹשִׁיבְךָ בָאֳהָלִים
יא כִּימֵי מוֹעֵד׃ וְדִבַּרְתִּי עַל־הַנְּבִיאִים וְאָנֹכִי חָזוֹן הִרְבֵּיתִי וּבְיַד
יב הַנְּבִיאִים אֲדַמֶּה׃ אִם־גִּלְעָד אָוֶן אַךְ־שָׁוְא הָיוּ בַּגִּלְגָּל שְׁוָרִים
יג זִבֵּחוּ גַּם מִזְבְּחוֹתָם כְּגַלִּים עַל תַּלְמֵי שָׂדָי׃ וַיִּבְרַח יַעֲקֹב שְׂדֵה
יד אֲרָם וַיַּעֲבֹד יִשְׂרָאֵל בְּאִשָּׁה וּבְאִשָּׁה שָׁמָר׃ וּבְנָבִיא הֶעֱלָה

בריחת יעקב ללבן
בראשית כח–כט

טו יְהוָה אֶת־יִשְׂרָאֵל מִמִּצְרָיִם וּבְנָבִיא נִשְׁמָר׃ הִכְעִיס אֶפְרַיִם
יג א תַּמְרוּרִים וְדָמָיו עָלָיו יִטּוֹשׁ וְחֶרְפָּתוֹ יָשִׁיב לוֹ אֲדֹנָיו׃ כְּדַבֵּר
ב אֶפְרַיִם רְתֵת נָשָׂא הוּא בְּיִשְׂרָאֵל וַיֶּאְשַׁם בַּבַּעַל וַיָּמֹת׃ וְעַתָּה ׀
יוֹסִפוּ לַחֲטֹא וַיַּעֲשׂוּ לָהֶם מַסֵּכָה מִכַּסְפָּם כִּתְבוּנָם עֲצַבִּים
מַעֲשֵׂה חָרָשִׁים כֻּלֹּה לָהֶם הֵם אֹמְרִים זֹבְחֵי אָדָם עֲגָלִים יִשָּׁקוּן׃
ג לָכֵן יִהְיוּ כַּעֲנַן־בֹּקֶר וְכַטַּל מַשְׁכִּים הֹלֵךְ כְּמֹץ יְסֹעֵר מִגֹּרֶן
ד וּכְעָשָׁן מֵאֲרֻבָּה׃ וְאָנֹכִי יְהוָה אֱלֹהֶיךָ מֵאֶרֶץ מִצְרָיִם וֵאלֹהִים
ה זוּלָתִי לֹא תֵדָע וּמוֹשִׁיעַ אַיִן בִּלְתִּי׃ אֲנִי יְדַעְתִּיךָ בַּמִּדְבָּר בְּאֶרֶץ
ו תַּלְאֻבוֹת׃ כְּמַרְעִיתָם וַיִּשְׂבָּעוּ שָׂבְעוּ וַיָּרָם לִבָּם עַל־כֵּן שְׁכֵחוּנִי׃
ז ח וָאֱהִי לָהֶם כְּמוֹ־שָׁחַל כְּנָמֵר עַל־דֶּרֶךְ אָשׁוּר׃ אֶפְגְּשֵׁם כְּדֹב
שַׁכּוּל וְאֶקְרַע סְגוֹר לִבָּם וְאֹכְלֵם שָׁם כְּלָבִיא חַיַּת הַשָּׂדֶה

תִּבָקְעֵם׃ שִׁחֶתְךָ יִשְׂרָאֵל כִּי־בִי בְעֶזְרֶךָ׃ אֱהִי מַלְכְּךָ אֵפוֹא ט י
וְיוֹשִׁיעֲךָ בְּכׇל־עָרֶיךָ וְשֹׁפְטֶיךָ אֲשֶׁר אָמַרְתָּ תְּנָה־לִּי מֶלֶךְ וְשָׂרִים׃
אֶתֶּן־לְךָ מֶלֶךְ בְּאַפִּי וְאֶקַּח בְּעֶבְרָתִי׃ צָרוּר עֲוֺן יא יב
אֶפְרָיִם צְפוּנָה חַטָּאתוֹ׃ חֶבְלֵי יוֹלֵדָה יָבֹאוּ לוֹ הוּא־בֵן לֹא חָכָם יג
כִּי־עֵת לֹא־יַעֲמֹד בְּמִשְׁבַּר בָּנִים׃ מִיַּד שְׁאוֹל אֶפְדֵּם מִמָּוֶת יד
אֶגְאָלֵם אֱהִי דְבָרֶיךָ מָוֶת אֱהִי קׇטׇבְךָ שְׁאוֹל נֹחַם יִסָּתֵר מֵעֵינָי׃
כִּי הוּא בֵּין אַחִים יַפְרִיא יָבוֹא קָדִים רוּחַ יְהוָה מִמִּדְבָּר עֹלֶה טו
וְיֵבוֹשׁ מְקוֹרוֹ וְיֶחֱרַב מַעְיָנוֹ הוּא יִשְׁסֶה אוֹצַר כׇּל־כְּלִי חֶמְדָּה׃
תֶּאְשַׁם שֹׁמְרוֹן כִּי מָרְתָה בֵּאלֹהֶיהָ בַּחֶרֶב יִפֹּלוּ עֹלְלֵיהֶם א יד
יְרֻטָּשׁוּ וְהָרִיּוֹתָיו יְבֻקָּעוּ׃ שׁוּבָה יִשְׂרָאֵל עַד יְהוָה ב
אֱלֹהֶיךָ כִּי כָשַׁלְתָּ בַּעֲוֺנֶךָ׃ קְחוּ עִמָּכֶם דְּבָרִים וְשׁוּבוּ אֶל־יְהוָה ג
אִמְרוּ אֵלָיו כׇּל־תִּשָּׂא עָוֺן וְקַח־טוֹב וּנְשַׁלְּמָה פָרִים שְׂפָתֵינוּ׃
אַשּׁוּר ׀ לֹא יוֹשִׁיעֵנוּ עַל־סוּס לֹא נִרְכָּב וְלֹא־נֹאמַר עוֹד אֱלֹהֵינוּ ד
לְמַעֲשֵׂה יָדֵינוּ אֲשֶׁר־בְּךָ יְרֻחַם יָתוֹם׃ אֶרְפָּא מְשׁוּבָתָם אֹהֲבֵם ה
ד נְדָבָה כִּי שָׁב אַפִּי מִמֶּנּוּ׃ אֶהְיֶה כַטַּל לְיִשְׂרָאֵל יִפְרַח כַּשּׁוֹשַׁנָּה ו
וְיַךְ שׇׁרָשָׁיו כַּלְּבָנוֹן׃ יֵלְכוּ יֹנְקוֹתָיו וִיהִי כַזַּיִת הוֹדוֹ וְרֵיחַ לוֹ ז
כַּלְּבָנוֹן׃ יָשֻׁבוּ יֹשְׁבֵי בְצִלּוֹ יְחַיּוּ דָגָן וְיִפְרְחוּ כַגָּפֶן זִכְרוֹ כְּיֵין ח
לְבָנוֹן׃ אֶפְרַיִם מַה־לִּי עוֹד לָעֲצַבִּים אֲנִי עָנִיתִי וַאֲשׁוּרֶנּוּ אֲנִי ט
כִּבְרוֹשׁ רַעֲנָן מִמֶּנִּי פֶּרְיְךָ נִמְצָא׃ מִי חָכָם וְיָבֵן אֵלֶּה נָבוֹן וְיֵדָעֵם י
כִּי־יְשָׁרִים דַּרְכֵי יְהוָה וְצַדִּקִים יֵלְכוּ בָם וּפֹשְׁעִים יִכָּשְׁלוּ בָם׃

## יואל

דְּבַר־יְהוָה אֲשֶׁר הָיָה אֶל־יוֹאֵל בֶּן־פְּתוּאֵל׃ שִׁמְעוּ־זֹאת הַזְּקֵנִים א ב א
וְהַאֲזִינוּ כֹּל יוֹשְׁבֵי הָאָרֶץ הֶהָיְתָה זֹּאת בִּימֵיכֶם וְאִם בִּימֵי
אֲבֹתֵיכֶם׃ עָלֶיהָ לִבְנֵיכֶם סַפֵּרוּ וּבְנֵיכֶם לִבְנֵיהֶם וּבְנֵיהֶם לְדוֹר ג
אַחֵר׃ יֶתֶר הַגָּזָם אָכַל הָאַרְבֶּה וְיֶתֶר הָאַרְבֶּה אָכַל הַיָּלֶק וְיֶתֶר ד

ה הַיֶּלֶק אָכַל הֶחָסִיל: הָקִיצוּ שִׁכּוֹרִים וּבְכוּ וְהֵילִלוּ כָּל־שֹׁתֵי יָיִן
ו עַל־עָסִיס כִּי נִכְרַת מִפִּיכֶם: כִּי־גוֹי עָלָה עַל־אַרְצִי עָצוּם וְאֵין
ז מִסְפָּר שִׁנָּיו שִׁנֵּי אַרְיֵה וּמְתַלְּעוֹת לָבִיא לוֹ: שָׂם גַּפְנִי לְשַׁמָּה
ח וּתְאֵנָתִי לִקְצָפָה חָשֹׂף חֲשָׂפָהּ וְהִשְׁלִיךְ הִלְבִּינוּ שָׂרִיגֶיהָ: אֱלִי
ט כִּבְתוּלָה חֲגֻרַת־שַׂק עַל־בַּעַל נְעוּרֶיהָ: הָכְרַת מִנְחָה וָנֶסֶךְ
י מִבֵּית יְהוָה אָבְלוּ הַכֹּהֲנִים מְשָׁרְתֵי יְהוָה: שֻׁדַּד שָׂדֶה אָבְלָה
יא אֲדָמָה כִּי שֻׁדַּד דָּגָן הוֹבִישׁ תִּירוֹשׁ אֻמְלַל יִצְהָר: הֹבִישׁוּ
אִכָּרִים הֵילִילוּ כֹּרְמִים עַל־חִטָּה וְעַל־שְׂעֹרָה כִּי אָבַד
יב קְצִיר שָׂדֶה: הַגֶּפֶן הוֹבִישָׁה וְהַתְּאֵנָה אֻמְלָלָה רִמּוֹן גַּם־
תָּמָר וְתַפּוּחַ כָּל־עֲצֵי הַשָּׂדֶה יָבֵשׁוּ כִּי־הֹבִישׁ שָׂשׂוֹן מִן־בְּנֵי
יג אָדָם: חִגְרוּ וְסִפְדוּ הַכֹּהֲנִים הֵילִילוּ מְשָׁרְתֵי
מִזְבֵּחַ בֹּאוּ לִינוּ בַשַּׂקִּים מְשָׁרְתֵי אֱלֹהָי כִּי נִמְנַע מִבֵּית
יד אֱלֹהֵיכֶם מִנְחָה וָנָסֶךְ: קַדְּשׁוּ־צוֹם קִרְאוּ עֲצָרָה אִסְפוּ זְקֵנִים
טו כֹּל יֹשְׁבֵי הָאָרֶץ בֵּית יְהוָה אֱלֹהֵיכֶם וְזַעֲקוּ אֶל־יְהוָה: אֲהָהּ
טז לַיּוֹם כִּי קָרוֹב יוֹם יְהוָה וּכְשֹׁד מִשַּׁדַּי יָבוֹא: הֲלוֹא נֶגֶד עֵינֵינוּ
יז אֹכֶל נִכְרָת מִבֵּית אֱלֹהֵינוּ שִׂמְחָה וָגִיל: עָבְשׁוּ פְרֻדוֹת תַּחַת
יח מֶגְרְפֹתֵיהֶם נָשַׁמּוּ אֹצָרוֹת נֶהֶרְסוּ מַמְּגֻרוֹת כִּי הֹבִישׁ דָּגָן: מַה־
נֶּאֶנְחָה בְהֵמָה נָבֹכוּ עֶדְרֵי בָקָר כִּי אֵין מִרְעֶה לָהֶם גַּם־עֶדְרֵי
יט הַצֹּאן נֶאְשָׁמוּ: אֵלֶיךָ יְהוָה אֶקְרָא כִּי־אֵשׁ אָכְלָה נְאוֹת
כ מִדְבָּר וְלֶהָבָה לִהֲטָה כָּל־עֲצֵי הַשָּׂדֶה: גַּם־בַּהֲמוֹת שָׂדֶה
תַּעֲרוֹג אֵלֶיךָ כִּי יָבְשׁוּ אֲפִיקֵי מָיִם וְאֵשׁ אָכְלָה נְאוֹת
ב א הַמִּדְבָּר: תִּקְעוּ שׁוֹפָר בְּצִיּוֹן וְהָרִיעוּ בְּהַר קָדְשִׁי
ב יִרְגְּזוּ כֹּל יֹשְׁבֵי הָאָרֶץ כִּי־בָא יוֹם־יְהוָה כִּי קָרוֹב: יוֹם חֹשֶׁךְ
וַאֲפֵלָה יוֹם עָנָן וַעֲרָפֶל כְּשַׁחַר פָּרֻשׂ עַל־הֶהָרִים עַם רַב וְעָצוּם
כָּמֹהוּ לֹא נִהְיָה מִן־הָעוֹלָם וְאַחֲרָיו לֹא יוֹסֵף עַד־שְׁנֵי דּוֹר וָדוֹר:
ג לְפָנָיו אָכְלָה אֵשׁ וְאַחֲרָיו תְּלַהֵט לֶהָבָה כְּגַן־עֵדֶן הָאָרֶץ לְפָנָיו
ד וְאַחֲרָיו מִדְבַּר שְׁמָמָה וְגַם־פְּלֵיטָה לֹא־הָיְתָה לּוֹ: כְּמַרְאֵה

ה סוּסִים מַרְאֵהוּ וּכְפָרָשִׁים כֵּן יְרוּצוּן׃ כְּקוֹל מַרְכָּבוֹת עַל־רָאשֵׁי
הֶהָרִים יְרַקֵּדוּן כְּקוֹל לַהַב אֵשׁ אֹכְלָה קָשׁ כְּעַם עָצוּם עֱרוּךְ
ו ז מִלְחָמָה׃ מִפָּנָיו יָחִילוּ עַמִּים כָּל־פָּנִים קִבְּצוּ פָארוּר׃ כְּגִבּוֹרִים
יְרֻצוּן כְּאַנְשֵׁי מִלְחָמָה יַעֲלוּ חוֹמָה וְאִישׁ בִּדְרָכָיו יֵלֵכוּן וְלֹא
ח יְעַבְּטוּן אֹרְחוֹתָם׃ וְאִישׁ אָחִיו לֹא יִדְחָקוּן גֶּבֶר בִּמְסִלָּתוֹ יֵלֵכוּן
ט וּבְעַד הַשֶּׁלַח יִפֹּלוּ לֹא יִבְצָעוּ׃ בָּעִיר יָשֹׁקּוּ בַּחוֹמָה יְרֻצוּן בַּבָּתִּים
י יַעֲלוּ בְּעַד הַחַלּוֹנִים יָבֹאוּ כַּגַּנָּב׃ לְפָנָיו רָגְזָה אֶרֶץ רָעֲשׁוּ שָׁמָיִם
יא שֶׁמֶשׁ וְיָרֵחַ קָדָרוּ וְכוֹכָבִים אָסְפוּ נָגְהָם׃ וַיהוָה נָתַן קוֹלוֹ לִפְנֵי
חֵילוֹ כִּי רַב מְאֹד מַחֲנֵהוּ כִּי עָצוּם עֹשֵׂה דְבָרוֹ כִּי־גָדוֹל יוֹם־
יב יְהוָה וְנוֹרָא מְאֹד וּמִי יְכִילֶנּוּ׃ וְגַם־עַתָּה נְאֻם־יְהוָה שֻׁבוּ עָדַי
יג בְּכָל־לְבַבְכֶם וּבְצוֹם וּבִבְכִי וּבְמִסְפֵּד׃ וְקִרְעוּ לְבַבְכֶם וְאַל־
בִּגְדֵיכֶם וְשׁוּבוּ אֶל־יְהוָה אֱלֹהֵיכֶם כִּי־חַנּוּן וְרַחוּם הוּא אֶרֶךְ
יד אַפַּיִם וְרַב־חֶסֶד וְנִחָם עַל־הָרָעָה׃ מִי יוֹדֵעַ יָשׁוּב וְנִחָם וְהִשְׁאִיר
טו אַחֲרָיו בְּרָכָה מִנְחָה וָנֶסֶךְ לַיהוָה אֱלֹהֵיכֶם׃ תִּקְעוּ
טז שׁוֹפָר בְּצִיּוֹן קַדְּשׁוּ־צוֹם קִרְאוּ עֲצָרָה׃ אִסְפוּ־עָם קַדְּשׁוּ קָהָל
קִבְצוּ זְקֵנִים אִסְפוּ עוֹלָלִים וְיֹנְקֵי שָׁדָיִם יֵצֵא חָתָן מֵחֶדְרוֹ וְכַלָּה
יז מֵחֻפָּתָהּ׃ בֵּין הָאוּלָם וְלַמִּזְבֵּחַ יִבְכּוּ הַכֹּהֲנִים מְשָׁרְתֵי יְהוָה
וְיֹאמְרוּ חוּסָה יְהוָה עַל־עַמֶּךָ וְאַל־תִּתֵּן נַחֲלָתְךָ לְחֶרְפָּה לִמְשָׁל־
יח בָּם גּוֹיִם לָמָּה יֹאמְרוּ בָעַמִּים אַיֵּה אֱלֹהֵיהֶם׃ וַיְקַנֵּא יְהוָה
יט לְאַרְצוֹ וַיַּחְמֹל עַל־עַמּוֹ׃ וַיַּעַן יְהוָה וַיֹּאמֶר לְעַמּוֹ הִנְנִי שֹׁלֵחַ
לָכֶם אֶת־הַדָּגָן וְהַתִּירוֹשׁ וְהַיִּצְהָר וּשְׂבַעְתֶּם אֹתוֹ וְלֹא־אֶתֵּן
כ אֶתְכֶם עוֹד חֶרְפָּה בַּגּוֹיִם׃ וְאֶת־הַצְּפוֹנִי אַרְחִיק מֵעֲלֵיכֶם
וְהִדַּחְתִּיו אֶל־אֶרֶץ צִיָּה וּשְׁמָמָה אֶת־פָּנָיו אֶל־הַיָּם הַקַּדְמֹנִי
וְסֹפוֹ אֶל־הַיָּם הָאַחֲרוֹן וְעָלָה בָאְשׁוֹ וְתַעַל צַחֲנָתוֹ כִּי הִגְדִּיל
כא לַעֲשׂוֹת׃ אַל־תִּירְאִי אֲדָמָה גִּילִי וּשְׂמָחִי כִּי־הִגְדִּיל יְהוָה
כב לַעֲשׂוֹת׃ אַל־תִּירְאוּ בַּהֲמוֹת שָׂדַי כִּי דָשְׁאוּ נְאוֹת מִדְבָּר כִּי־
כג עֵץ נָשָׂא פִרְיוֹ תְּאֵנָה וָגֶפֶן נָתְנוּ חֵילָם׃ וּבְנֵי צִיּוֹן גִּילוּ וְשִׂמְחוּ

בַּיהוָה אֱלֹהֵיכֶם כִּי־נָתַן לָכֶם אֶת־הַמּוֹרֶה לִצְדָקָה וַיּוֹרֶד לָכֶם
כד גֶּשֶׁם מוֹרֶה וּמַלְקוֹשׁ בָּרִאשׁוֹן׃ וּמָלְאוּ הַגֳּרָנוֹת בָּר וְהֵשִׁיקוּ
כה הַיְקָבִים תִּירוֹשׁ וְיִצְהָר׃ וְשִׁלַּמְתִּי לָכֶם אֶת־הַשָּׁנִים אֲשֶׁר אָכַל
הָאַרְבֶּה הַיֶּלֶק וְהֶחָסִיל וְהַגָּזָם חֵילִי הַגָּדוֹל אֲשֶׁר שִׁלַּחְתִּי בָּכֶם׃
כו וַאֲכַלְתֶּם אָכוֹל וְשָׂבוֹעַ וְהִלַּלְתֶּם אֶת־שֵׁם יְהוָה אֱלֹהֵיכֶם אֲשֶׁר־
כז עָשָׂה עִמָּכֶם לְהַפְלִיא וְלֹא־יֵבֹשׁוּ עַמִּי לְעוֹלָם׃ וִידַעְתֶּם כִּי ה
בְקֶרֶב יִשְׂרָאֵל אָנִי וַאֲנִי יְהוָה אֱלֹהֵיכֶם וְאֵין עוֹד וְלֹא־יֵבֹשׁוּ עַמִּי
ג א לְעוֹלָם׃ וְהָיָה אַחֲרֵי־כֵן אֶשְׁפּוֹךְ אֶת־רוּחִי עַל־
כָּל־בָּשָׂר וְנִבְּאוּ בְּנֵיכֶם וּבְנוֹתֵיכֶם זִקְנֵיכֶם חֲלֹמוֹת יַחֲלֹמוּן
ב בַּחוּרֵיכֶם חֶזְיֹנוֹת יִרְאוּ׃ וְגַם עַל־הָעֲבָדִים וְעַל־הַשְּׁפָחוֹת בַּיָּמִים
ג הָהֵמָּה אֶשְׁפּוֹךְ אֶת־רוּחִי׃ וְנָתַתִּי מוֹפְתִים בַּשָּׁמַיִם וּבָאָרֶץ דָּם
ד וָאֵשׁ וְתִימְרוֹת עָשָׁן׃ הַשֶּׁמֶשׁ יֵהָפֵךְ לְחֹשֶׁךְ וְהַיָּרֵחַ לְדָם לִפְנֵי בּוֹא
ה יוֹם יְהוָה הַגָּדוֹל וְהַנּוֹרָא׃ וְהָיָה כֹּל אֲשֶׁר־יִקְרָא בְּשֵׁם יְהוָה
יִמָּלֵט כִּי בְּהַר־צִיּוֹן וּבִירוּשָׁלִַם תִּהְיֶה פְלֵיטָה כַּאֲשֶׁר אָמַר יְהוָה
ד א וּבַשְּׂרִידִים אֲשֶׁר יְהוָה קֹרֵא׃ כִּי הִנֵּה בַּיָּמִים הָהֵמָּה וּבָעֵת הַהִיא
ב אֲשֶׁר אָשׁוּב אֶת־שְׁבוּת יְהוּדָה וִירוּשָׁלִָם׃ וְקִבַּצְתִּי אֶת־כָּל־ אָשִׁיב
הַגּוֹיִם וְהוֹרַדְתִּים אֶל־עֵמֶק יְהוֹשָׁפָט וְנִשְׁפַּטְתִּי עִמָּם שָׁם עַל־
ג עַמִּי וְנַחֲלָתִי יִשְׂרָאֵל אֲשֶׁר פִּזְּרוּ בַגּוֹיִם וְאֶת־אַרְצִי חִלֵּקוּ׃ וְאֶל־
ד עַמִּי יַדּוּ גוֹרָל וַיִּתְּנוּ הַיֶּלֶד בַּזּוֹנָה וְהַיַּלְדָּה מָכְרוּ בַיַּיִן וַיִּשְׁתּוּ׃ וְגַם
מָה־אַתֶּם לִי צֹר וְצִידוֹן וְכֹל גְּלִילוֹת פְּלָשֶׁת הַגְּמוּל אַתֶּם
מְשַׁלְּמִים עָלָי וְאִם־גֹּמְלִים אַתֶּם עָלַי קַל מְהֵרָה אָשִׁיב גְּמֻלְכֶם
ה בְּרֹאשְׁכֶם׃ אֲשֶׁר־כַּסְפִּי וּזְהָבִי לְקַחְתֶּם וּמַחֲמַדַּי הַטֹּבִים
ו הֲבֵאתֶם לְהֵיכְלֵיכֶם׃ וּבְנֵי יְהוּדָה וּבְנֵי יְרוּשָׁלִַם מְכַרְתֶּם לִבְנֵי
ז הַיְּוָנִים לְמַעַן הַרְחִיקָם מֵעַל גְּבוּלָם׃ הִנְנִי מְעִירָם מִן־הַמָּקוֹם
אֲשֶׁר־מְכַרְתֶּם אֹתָם שָׁמָּה וַהֲשִׁבֹתִי גְמֻלְכֶם בְּרֹאשְׁכֶם׃
ח וּמָכַרְתִּי אֶת־בְּנֵיכֶם וְאֶת־בְּנוֹתֵיכֶם בְּיַד בְּנֵי יְהוּדָה וּמְכָרוּם
ט לִשְׁבָאיִם אֶל־גּוֹי רָחוֹק כִּי יְהוָה דִּבֵּר׃ קִרְאוּ־

זֹאת בַּגּוֹיִם קַדְּשׁוּ מִלְחָמָה הָעִירוּ הַגִּבּוֹרִים יִגְּשׁוּ יַעֲלוּ כֹּל אַנְשֵׁי
י הַמִּלְחָמָה: כֹּתּוּ אִתֵּיכֶם לַחֲרָבוֹת וּמַזְמְרֹתֵיכֶם לִרְמָחִים הַחַלָּשׁ
יא יֹאמַר גִּבּוֹר אָנִי: עוּשׁוּ וָבֹאוּ כָל־הַגּוֹיִם מִסָּבִיב וְנִקְבָּצוּ שָׁמָּה
יב הַנְחַת יהוה גִּבּוֹרֶיךָ: יֵעוֹרוּ וְיַעֲלוּ הַגּוֹיִם אֶל־עֵמֶק יְהוֹשָׁפָט כִּי
יג שָׁם אֵשֵׁב לִשְׁפֹּט אֶת־כָּל־הַגּוֹיִם מִסָּבִיב: שִׁלְחוּ מַגָּל כִּי בָשַׁל
קָצִיר בֹּאוּ רְדוּ כִּי־מָלְאָה גַּת הֵשִׁיקוּ הַיְקָבִים כִּי רַבָּה רָעָתָם:
יד הֲמוֹנִים הֲמוֹנִים בְּעֵמֶק הֶחָרוּץ כִּי קָרוֹב יוֹם יהוה בְּעֵמֶק
טו טז הֶחָרוּץ: שֶׁמֶשׁ וְיָרֵחַ קָדָרוּ וְכוֹכָבִים אָסְפוּ נָגְהָם: וַיהוה מִצִּיּוֹן
יִשְׁאָג וּמִירוּשָׁלִַם יִתֵּן קוֹלוֹ וְרָעֲשׁוּ שָׁמַיִם וָאָרֶץ וַיהוה מַחֲסֶה
יז לְעַמּוֹ וּמָעוֹז לִבְנֵי יִשְׂרָאֵל: וִידַעְתֶּם כִּי אֲנִי יהוה אֱלֹהֵיכֶם שֹׁכֵן
בְּצִיּוֹן הַר־קָדְשִׁי וְהָיְתָה יְרוּשָׁלִַם קֹדֶשׁ וְזָרִים לֹא־יַעַבְרוּ־בָהּ
יח עוֹד: וְהָיָה בַיּוֹם הַהוּא יִטְּפוּ הֶהָרִים עָסִיס
וְהַגְּבָעוֹת תֵּלַכְנָה חָלָב וְכָל־אֲפִיקֵי יְהוּדָה יֵלְכוּ מָיִם וּמַעְיָן
יט מִבֵּית יהוה יֵצֵא וְהִשְׁקָה אֶת־נַחַל הַשִּׁטִּים: מִצְרַיִם לִשְׁמָמָה
תִהְיֶה וֶאֱדוֹם לְמִדְבַּר שְׁמָמָה תִּהְיֶה מֵחֲמַס בְּנֵי יְהוּדָה אֲשֶׁר־
כ שָׁפְכוּ דָם־נָקִיא בְּאַרְצָם: וִיהוּדָה לְעוֹלָם תֵּשֵׁב וִירוּשָׁלִַם
כא לְדוֹר וָדוֹר: וְנִקֵּיתִי דָּמָם לֹא־נִקֵּיתִי וַיהוה שֹׁכֵן בְּצִיּוֹן:

## עמוס

א א דִּבְרֵי עָמוֹס אֲשֶׁר־הָיָה בַנֹּקְדִים מִתְּקוֹעַ אֲשֶׁר חָזָה עַל־
יִשְׂרָאֵל בִּימֵי ׀ עֻזִּיָּה מֶלֶךְ־יְהוּדָה וּבִימֵי יָרָבְעָם בֶּן־יוֹאָשׁ
ב מֶלֶךְ יִשְׂרָאֵל שְׁנָתַיִם לִפְנֵי הָרָעַשׁ: וַיֹּאמַר ׀ יהוה מִצִּיּוֹן
יִשְׁאָג וּמִירוּשָׁלִַם יִתֵּן קוֹלוֹ וְאָבְלוּ נְאוֹת הָרֹעִים וְיָבֵשׁ רֹאשׁ
ג הַכַּרְמֶל: כֹּה אָמַר יהוה עַל־שְׁלֹשָׁה פִּשְׁעֵי
דַמֶּשֶׂק וְעַל־אַרְבָּעָה לֹא אֲשִׁיבֶנּוּ עַל־דּוּשָׁם בַּחֲרֻצוֹת הַבַּרְזֶל
ד אֶת־הַגִּלְעָד: וְשִׁלַּחְתִּי אֵשׁ בְּבֵית חֲזָאֵל וְאָכְלָה אַרְמְנוֹת

מלכות עוזיה
מל"ב יד, כא – טו, ז
דה"ב כו, א–כג

מלכות ירבעם בן יואש
מל"ב יד, כג–כט

הרעש בימי עוזיה
ישעיה ו, א–ד
זכריה יד, ה

# א

ה בֶּן־הֲדָד: וְשָׁבַרְתִּי בְּרִיחַ דַּמֶּשֶׂק וְהִכְרַתִּי יוֹשֵׁב מִבִּקְעַת־
אָוֶן וְתוֹמֵךְ שֵׁבֶט מִבֵּית עֶדֶן וְגָלוּ עַם־אֲרָם קִירָה אָמַר
ו יְהוָה: כֹּה אָמַר יְהוָה עַל־שְׁלֹשָׁה פִּשְׁעֵי עַזָּה
וְעַל־אַרְבָּעָה לֹא אֲשִׁיבֶנּוּ עַל־הַגְלוֹתָם גָּלוּת שְׁלֵמָה לְהַסְגִּיר
ז ח לֶאֱדוֹם: וְשִׁלַּחְתִּי אֵשׁ בְּחוֹמַת עַזָּה וְאָכְלָה אַרְמְנֹתֶיהָ: וְהִכְרַתִּי
יוֹשֵׁב מֵאַשְׁדּוֹד וְתוֹמֵךְ שֵׁבֶט מֵאַשְׁקְלוֹן וַהֲשִׁיבוֹתִי יָדִי עַל־עֶקְרוֹן
ט וְאָבְדוּ שְׁאֵרִית פְּלִשְׁתִּים אָמַר אֲדֹנָי יֱהוִה: כֹּה
אָמַר יְהוָה עַל־שְׁלֹשָׁה פִּשְׁעֵי־צֹר וְעַל־אַרְבָּעָה לֹא אֲשִׁיבֶנּוּ
עַל־הַסְגִּירָם גָּלוּת שְׁלֵמָה לֶאֱדוֹם וְלֹא זָכְרוּ בְּרִית אַחִים:
י יא וְשִׁלַּחְתִּי אֵשׁ בְּחוֹמַת צֹר וְאָכְלָה אַרְמְנֹתֶיהָ: כֹּה
אָמַר יְהוָה עַל־שְׁלֹשָׁה פִּשְׁעֵי אֱדוֹם וְעַל־אַרְבָּעָה לֹא אֲשִׁיבֶנּוּ
עַל־רָדְפוֹ בַחֶרֶב אָחִיו וְשִׁחֵת רַחֲמָיו וַיִּטְרֹף לָעַד אַפּוֹ
יב וְעֶבְרָתוֹ שְׁמָרָה נֶצַח: וְשִׁלַּחְתִּי אֵשׁ בְּתֵימָן וְאָכְלָה אַרְמְנוֹת
יג בָּצְרָה: כֹּה אָמַר יְהוָה עַל־שְׁלֹשָׁה פִּשְׁעֵי בְנֵי־
עַמּוֹן וְעַל־אַרְבָּעָה לֹא אֲשִׁיבֶנּוּ עַל־בִּקְעָם הָרוֹת הַגִּלְעָד
יד לְמַעַן הַרְחִיב אֶת־גְּבוּלָם: וְהִצַּתִּי אֵשׁ בְּחוֹמַת רַבָּה וְאָכְלָה
טו אַרְמְנוֹתֶיהָ בִּתְרוּעָה בְּיוֹם מִלְחָמָה בְּסַעַר בְּיוֹם סוּפָה: וְהָלַךְ
ב א מַלְכָּם בַּגּוֹלָה הוּא וְשָׂרָיו יַחְדָּו אָמַר יְהוָה: כֹּה
אָמַר יְהוָה עַל־שְׁלֹשָׁה פִּשְׁעֵי מוֹאָב וְעַל־אַרְבָּעָה לֹא אֲשִׁיבֶנּוּ
ב עַל־שָׂרְפוֹ עַצְמוֹת מֶלֶךְ־אֱדוֹם לַשִּׂיד: וְשִׁלַּחְתִּי־אֵשׁ בְּמוֹאָב
וְאָכְלָה אַרְמְנוֹת הַקְּרִיּוֹת וּמֵת בְּשָׁאוֹן מוֹאָב בִּתְרוּעָה בְּקוֹל
ג שׁוֹפָר: וְהִכְרַתִּי שׁוֹפֵט מִקִּרְבָּהּ וְכָל־שָׂרֶיהָ אֶהֱרוֹג עִמּוֹ אָמַר
ד יְהוָה: כֹּה אָמַר יְהוָה עַל־שְׁלֹשָׁה פִּשְׁעֵי יְהוּדָה
וְעַל־אַרְבָּעָה לֹא אֲשִׁיבֶנּוּ עַל־מָאֳסָם אֶת־תּוֹרַת יְהוָה וְחֻקָּיו לֹא
ה שָׁמָרוּ וַיַּתְעוּם כִּזְבֵיהֶם אֲשֶׁר־הָלְכוּ אֲבוֹתָם אַחֲרֵיהֶם: וְשִׁלַּחְתִּי
ו אֵשׁ בִּיהוּדָה וְאָכְלָה אַרְמְנוֹת יְרוּשָׁלִָם: כֹּה
אָמַר יְהוָה עַל־שְׁלֹשָׁה פִּשְׁעֵי יִשְׂרָאֵל וְעַל־אַרְבָּעָה לֹא אֲשִׁיבֶנּוּ

הגליית ארם לקיר
מל״ב טז, ט

שרפת ״עצמות מלך־אדום לשיד״
מל״ב ג, כו–כז

ז על־מכרם בכסף צדיק ואביון בעבור נעלים: השאפים
על־עפר־ארץ בראש דלים ודרך ענוים יטו ואיש ואביו
ח ילכו אל־הנערה למען חלל את־שם קדשי: ועל־בגדים
חבלים יטו אצל כל־מזבח ויין ענושים ישתו בית אלהיהם:
ט ואנכי השמדתי את־האמרי מפניהם אשר כגבה ארזים
גבהו וחסן הוא כאלונים ואשמיד פריו ממעל ושרשיו
י מתחת: ואנכי העליתי אתכם מארץ מצרים ואולך אתכם ו
יא במדבר ארבעים שנה לרשת את־ארץ האמרי: ואקים
מבניכם לנביאים ומבחוריכם לנזרים האף אין־זאת בני
יב ישראל נאם־יהוה: ותשקו את־הנזרים יין ועל־הנביאים
יג צויתם לאמר לא תנבאו: הנה אנכי מעיק תחתיכם כאשר
יד תעיק העגלה המלאה לה עמיר: ואבד מנוס מקל
טו וחזק לא־יאמץ כחו וגבור לא־ימלט נפשו: ותפש הקשת
לא יעמד וקל ברגליו לא ימלט ורכב הסוס לא ימלט
טז נפשו: ואמיץ לבו בגבורים ערום ינוס ביום־ההוא נאם־
ג א יהוה: שמעו את־הדבר הזה אשר דבר יהוה
עליכם בני ישראל על כל־המשפחה אשר העליתי מארץ
ב מצרים לאמר: רק אתכם ידעתי מכל משפחות האדמה
ג על־כן אפקד עליכם את כל־עונתיכם: הילכו שנים יחדו
ד בלתי אם־נועדו: הישאג אריה ביער וטרף אין לו היתן
ה כפיר קולו ממענתו בלתי אם־לכד: התפל צפור על־פח
הארץ ומוקש אין לה היעלה־פח מן־האדמה ולכוד לא
ו ילכוד: אם־יתקע שופר בעיר ועם לא יחרדו אם־תהיה
ז רעה בעיר ויהוה לא עשה: כי לא יעשה אדני יהוה דבר
ח כי אם־גלה סודו אל־עבדיו הנביאים: אריה שאג מי לא
ט יירא אדני יהוה דבר מי לא ינבא: השמיעו על־ארמנות
באשדוד ועל־ארמנות בארץ מצרים ואמרו האספו על־

הָרֵי שֹׁמְרוֹן וּרְאוּ מְהוּמֹת רַבּוֹת בְּתוֹכָהּ וַעֲשׁוּקִים בְּקִרְבָּהּ׃
י וְלֹא־יָדְעוּ עֲשׂוֹת־נְכֹחָה נְאֻם־יְהוָה הָאוֹצְרִים חָמָס וָשֹׁד
יא בְּאַרְמְנוֹתֵיהֶם׃ לָכֵן כֹּה אָמַר אֲדֹנָי יְהוִה צַר
יב וּסְבִיב הָאָרֶץ וְהוֹרִד מִמֵּךְ עֻזֵּךְ וְנָבֹזּוּ אַרְמְנוֹתָיִךְ׃ כֹּה אָמַר
יְהוָה כַּאֲשֶׁר יַצִּיל הָרֹעֶה מִפִּי הָאֲרִי שְׁתֵּי כְרָעַיִם אוֹ בְדַל־
אֹזֶן כֵּן יִנָּצְלוּ בְּנֵי יִשְׂרָאֵל הַיֹּשְׁבִים בְּשֹׁמְרוֹן בִּפְאַת מִטָּה
יג וּבִדְמֶשֶׁק עָרֶשׂ׃ שִׁמְעוּ וְהָעִידוּ בְּבֵית יַעֲקֹב נְאֻם־אֲדֹנָי יְהוִה
יד אֱלֹהֵי הַצְּבָאוֹת׃ כִּי בְּיוֹם פָּקְדִי פִשְׁעֵי־יִשְׂרָאֵל עָלָיו וּפָקַדְתִּי
עַל־מִזְבְּחוֹת בֵּית־אֵל וְנִגְדְּעוּ קַרְנוֹת הַמִּזְבֵּחַ וְנָפְלוּ לָאָרֶץ׃
טו וְהִכֵּיתִי בֵית־הַחֹרֶף עַל־בֵּית הַקָּיִץ וְאָבְדוּ בָּתֵּי הַשֵּׁן וְסָפוּ
ד א בָּתִּים רַבִּים נְאֻם־יְהוָה׃ שִׁמְעוּ הַדָּבָר הַזֶּה
פָּרוֹת הַבָּשָׁן אֲשֶׁר בְּהַר שֹׁמְרוֹן הָעֹשְׁקוֹת דַּלִּים הָרֹצְצוֹת
ב אֶבְיוֹנִים הָאֹמְרֹת לַאֲדֹנֵיהֶם הָבִיאָה וְנִשְׁתֶּה׃ נִשְׁבַּע אֲדֹנָי
יְהוִה בְּקָדְשׁוֹ כִּי הִנֵּה יָמִים בָּאִים עֲלֵיכֶם וְנִשָּׂא אֶתְכֶם
ג בְּצִנּוֹת וְאַחֲרִיתְכֶן בְּסִירוֹת דּוּגָה׃ וּפְרָצִים תֵּצֶאנָה אִשָּׁה נֶגְדָּהּ
ד וְהִשְׁלַכְתֶּנָה הַהַרְמוֹנָה נְאֻם־יְהוָה׃ בֹּאוּ בֵית־אֵל וּפִשְׁעוּ
הַגִּלְגָּל הַרְבּוּ לִפְשֹׁעַ וְהָבִיאוּ לַבֹּקֶר זִבְחֵיכֶם לִשְׁלֹשֶׁת יָמִים
ה מַעְשְׂרֹתֵיכֶם׃ וְקַטֵּר מֵחָמֵץ תּוֹדָה וְקִרְאוּ נְדָבוֹת הַשְׁמִיעוּ כִּי
ו כֵן אֲהַבְתֶּם בְּנֵי יִשְׂרָאֵל נְאֻם אֲדֹנָי יְהוִה׃ וְגַם־אֲנִי נָתַתִּי לָכֶם
נִקְיוֹן שִׁנַּיִם בְּכָל־עָרֵיכֶם וְחֹסֶר לֶחֶם בְּכֹל מְקוֹמֹתֵיכֶם וְלֹא־
ז שַׁבְתֶּם עָדַי נְאֻם־יְהוָה׃ וְגַם אָנֹכִי מָנַעְתִּי מִכֶּם אֶת־הַגֶּשֶׁם
בְּעוֹד שְׁלֹשָׁה חֳדָשִׁים לַקָּצִיר וְהִמְטַרְתִּי עַל־עִיר אֶחָת וְעַל־
עִיר אַחַת לֹא אַמְטִיר חֶלְקָה אַחַת תִּמָּטֵר וְחֶלְקָה אֲשֶׁר־לֹא־
ח תַמְטִיר עָלֶיהָ תִּיבָשׁ׃ וְנָעוּ שְׁתַּיִם שָׁלֹשׁ עָרִים אֶל־עִיר אַחַת
ט לִשְׁתּוֹת מַיִם וְלֹא יִשְׂבָּעוּ וְלֹא־שַׁבְתֶּם עָדַי נְאֻם־יְהוָה׃ הִכֵּיתִי
אֶתְכֶם בַּשִּׁדָּפוֹן וּבַיֵּרָקוֹן הַרְבּוֹת גַּנּוֹתֵיכֶם וְכַרְמֵיכֶם וּתְאֵנֵיכֶם
י וְזֵיתֵיכֶם יֹאכַל הַגָּזָם וְלֹא־שַׁבְתֶּם עָדַי נְאֻם־יְהוָה׃ שִׁלַּחְתִּי

בָּכֶם דֶּבֶר בְּדֶרֶךְ מִצְרַיִם הָרַגְתִּי בַחֶרֶב בַּחוּרֵיכֶם עִם שְׁבִי
סוּסֵיכֶם וָאַעֲלֶה בְּאֹשׁ מַחֲנֵיכֶם וּבְאַפְּכֶם וְלֹא־שַׁבְתֶּם עָדַי
יא נְאֻם־יְהוָה: הָפַכְתִּי בָכֶם כְּמַהְפֵּכַת אֱלֹהִים אֶת־סְדֹם
וְאֶת־עֲמֹרָה וַתִּהְיוּ כְּאוּד מֻצָּל מִשְּׂרֵפָה וְלֹא־שַׁבְתֶּם עָדַי
יב נְאֻם־יְהוָה: לָכֵן כֹּה אֶעֱשֶׂה־לְּךָ יִשְׂרָאֵל עֵקֶב
יג כִּי־זֹאת אֶעֱשֶׂה־לָּךְ הִכּוֹן לִקְרַאת־אֱלֹהֶיךָ יִשְׂרָאֵל: כִּי
הִנֵּה יוֹצֵר הָרִים וּבֹרֵא רוּחַ וּמַגִּיד לְאָדָם מַה־שֵּׂחוֹ עֹשֵׂה
שַׁחַר עֵיפָה וְדֹרֵךְ עַל־בָּמֳתֵי אָרֶץ יְהוָה אֱלֹהֵי־צְבָאוֹת
ה א שְׁמוֹ: שִׁמְעוּ אֶת־הַדָּבָר הַזֶּה אֲשֶׁר אָנֹכִי נֹשֵׂא
ב עֲלֵיכֶם קִינָה בֵּית יִשְׂרָאֵל: נָפְלָה לֹא־תוֹסִיף קוּם בְּתוּלַת
ג יִשְׂרָאֵל נִטְּשָׁה עַל־אַדְמָתָהּ אֵין מְקִימָהּ: כִּי כֹה
אָמַר אֲדֹנָי יֱהוִה הָעִיר הַיֹּצֵאת אֶלֶף תַּשְׁאִיר מֵאָה וְהַיּוֹצֵאת
ד מֵאָה תַּשְׁאִיר עֲשָׂרָה לְבֵית יִשְׂרָאֵל: כִּי כֹה
ה אָמַר יְהוָה לְבֵית יִשְׂרָאֵל דִּרְשׁוּנִי וִחְיוּ: וְאַל־תִּדְרְשׁוּ בֵּית־אֵל
וְהַגִּלְגָּל לֹא תָבֹאוּ וּבְאֵר שֶׁבַע לֹא תַעֲבֹרוּ כִּי הַגִּלְגָּל גָּלֹה
ו יִגְלֶה וּבֵית אֵל יִהְיֶה לְאָוֶן: דִּרְשׁוּ אֶת־יְהוָה וִחְיוּ פֶּן־יִצְלַח
ז כָּאֵשׁ בֵּית יוֹסֵף וְאָכְלָה וְאֵין־מְכַבֶּה לְבֵית־אֵל: הַהֹפְכִים
ח לְלַעֲנָה מִשְׁפָּט וּצְדָקָה לָאָרֶץ הִנִּיחוּ: עֹשֵׂה כִימָה וּכְסִיל
וְהֹפֵךְ לַבֹּקֶר צַלְמָוֶת וְיוֹם לַיְלָה הֶחְשִׁיךְ הַקּוֹרֵא לְמֵי־הַיָּם
ט וַיִּשְׁפְּכֵם עַל־פְּנֵי הָאָרֶץ יְהוָה שְׁמוֹ: הַמַּבְלִיג שֹׁד עַל־עָז וְשֹׁד
י עַל־מִבְצָר יָבוֹא: שָׂנְאוּ בַשַּׁעַר מוֹכִיחַ וְדֹבֵר תָּמִים יְתָעֵבוּ:
יא לָכֵן יַעַן בּוֹשַׁסְכֶם עַל־דָּל וּמַשְׂאַת־בַּר תִּקְחוּ מִמֶּנּוּ בָּתֵּי
גָזִית בְּנִיתֶם וְלֹא־תֵשְׁבוּ בָם כַּרְמֵי־חֶמֶד נְטַעְתֶּם וְלֹא תִשְׁתּוּ
יב אֶת־יֵינָם: כִּי יָדַעְתִּי רַבִּים פִּשְׁעֵיכֶם וַעֲצֻמִים חַטֹּאתֵיכֶם
יג צֹרְרֵי צַדִּיק לֹקְחֵי כֹפֶר וְאֶבְיוֹנִים בַּשַּׁעַר הִטּוּ: לָכֵן הַמַּשְׂכִּיל
ז יד בָּעֵת הַהִיא יִדֹּם כִּי עֵת רָעָה הִיא: דִּרְשׁוּ־טוֹב וְאַל־רָע לְמַעַן
תִּחְיוּ וִיהִי־כֵן יְהוָה אֱלֹהֵי־צְבָאוֹת אִתְּכֶם כַּאֲשֶׁר אֲמַרְתֶּם:

טו שִׂנְאוּ־רָע וְאֶהֱבוּ טוֹב וְהַצִּיגוּ בַשַּׁעַר מִשְׁפָּט אוּלַי יֶחֱנַן
טז יְהוָה אֱלֹהֵי־צְבָאוֹת שְׁאֵרִית יוֹסֵף׃ לָכֵן כֹּה־
אָמַר יְהוָה אֱלֹהֵי צְבָאוֹת אֲדֹנָי בְּכָל־רְחֹבוֹת מִסְפֵּד
וּבְכָל־חוּצוֹת יֹאמְרוּ הוֹ־הוֹ וְקָרְאוּ אִכָּר אֶל־אֵבֶל וּמִסְפֵּד
יז אֶל־יוֹדְעֵי נֶהִי׃ וּבְכָל־כְּרָמִים מִסְפֵּד כִּי־אֶעֱבֹר בְּקִרְבְּךָ אָמַר
יח יְהוָה׃ הוֹי הַמִּתְאַוִּים אֶת־יוֹם יְהוָה לָמָּה־זֶּה
יט לָכֶם יוֹם יְהוָה הוּא־חֹשֶׁךְ וְלֹא־אוֹר׃ כַּאֲשֶׁר יָנוּס אִישׁ מִפְּנֵי
הָאֲרִי וּפְגָעוֹ הַדֹּב וּבָא הַבַּיִת וְסָמַךְ יָדוֹ עַל־הַקִּיר וּנְשָׁכוֹ
כ הַנָּחָשׁ׃ הֲלֹא־חֹשֶׁךְ יוֹם יְהוָה וְלֹא־אוֹר וְאָפֵל וְלֹא־נֹגַהּ לוֹ׃
כא כב שָׂנֵאתִי מָאַסְתִּי חַגֵּיכֶם וְלֹא אָרִיחַ בְּעַצְּרֹתֵיכֶם׃ כִּי אִם־תַּעֲלוּ־
לִי עֹלוֹת וּמִנְחֹתֵיכֶם לֹא אֶרְצֶה וְשֶׁלֶם מְרִיאֵיכֶם לֹא אַבִּיט׃
כג כד הָסֵר מֵעָלַי הֲמוֹן שִׁרֶיךָ וְזִמְרַת נְבָלֶיךָ לֹא אֶשְׁמָע׃ וְיִגַּל כַּמַּיִם
כה מִשְׁפָּט וּצְדָקָה כְּנַחַל אֵיתָן׃ הַזְּבָחִים וּמִנְחָה הִגַּשְׁתֶּם־לִי
כו בַמִּדְבָּר אַרְבָּעִים שָׁנָה בֵּית יִשְׂרָאֵל׃ וּנְשָׂאתֶם אֵת סִכּוּת
מַלְכְּכֶם וְאֵת כִּיּוּן צַלְמֵיכֶם כּוֹכַב אֱלֹהֵיכֶם אֲשֶׁר עֲשִׂיתֶם
כז לָכֶם׃ וְהִגְלֵיתִי אֶתְכֶם מֵהָלְאָה לְדַמָּשֶׂק אָמַר יְהוָה אֱלֹהֵי־
ו א צְבָאוֹת שְׁמוֹ׃ הוֹי הַשַּׁאֲנַנִּים בְּצִיּוֹן וְהַבֹּטְחִים
בְּהַר שֹׁמְרוֹן נְקֻבֵי רֵאשִׁית הַגּוֹיִם וּבָאוּ לָהֶם בֵּית יִשְׂרָאֵל׃
ב עִבְרוּ כַלְנֵה וּרְאוּ וּלְכוּ מִשָּׁם חֲמַת רַבָּה וּרְדוּ גַת־פְּלִשְׁתִּים
הֲטוֹבִים מִן־הַמַּמְלָכוֹת הָאֵלֶּה אִם־רַב גְּבוּלָם מִגְּבֻלְכֶם׃
ג ד הַמְנַדִּים לְיוֹם רָע וַתַּגִּשׁוּן שֶׁבֶת חָמָס׃ הַשֹּׁכְבִים עַל־מִטּוֹת
שֵׁן וּסְרֻחִים עַל־עַרְשׂוֹתָם וְאֹכְלִים כָּרִים מִצֹּאן וַעֲגָלִים מִתּוֹךְ
ה מַרְבֵּק׃ הַפֹּרְטִים עַל־פִּי הַנָּבֶל כְּדָוִיד חָשְׁבוּ לָהֶם כְּלֵי־שִׁיר׃
ו הַשֹּׁתִים בְּמִזְרְקֵי יַיִן וְרֵאשִׁית שְׁמָנִים יִמְשָׁחוּ וְלֹא נֶחְלוּ עַל־
ז שֵׁבֶר יוֹסֵף׃ לָכֵן עַתָּה יִגְלוּ בְּרֹאשׁ גֹּלִים וְסָר מִרְזַח סְרוּחִים׃
ח נִשְׁבַּע אֲדֹנָי יְהוִה בְּנַפְשׁוֹ נְאֻם־יְהוָה אֱלֹהֵי צְבָאוֹת מְתָאֵב
אָנֹכִי אֶת־גְּאוֹן יַעֲקֹב וְאַרְמְנֹתָיו שָׂנֵאתִי וְהִסְגַּרְתִּי עִיר

וּמְלֹאָהּ׃ וְהָיָה אִם־יִוָּתְרוּ עֲשָׂרָה אֲנָשִׁים בְּבַיִת אֶחָד וָמֵתוּ׃ ט
וּנְשָׂאוֹ דּוֹדוֹ וּמְסָרְפוֹ לְהוֹצִיא עֲצָמִים מִן־הַבַּיִת וְאָמַר לַאֲשֶׁר י
בְּיַרְכְּתֵי הַבַּיִת הַעוֹד עִמָּךְ וְאָמַר אָפֶס וְאָמַר הָס כִּי לֹא לְהַזְכִּיר
בְּשֵׁם יְהוָה׃ כִּי־הִנֵּה יְהוָה מְצַוֶּה וְהִכָּה הַבַּיִת יא
הַגָּדוֹל רְסִיסִים וְהַבַּיִת הַקָּטֹן בְּקִעִים׃ הַיְרֻצוּן בַּסֶּלַע סוּסִים יב
אִם־יַחֲרוֹשׁ בַּבְּקָרִים כִּי־הֲפַכְתֶּם לְרֹאשׁ מִשְׁפָּט וּפְרִי צְדָקָה
לְלַעֲנָה׃ הַשְּׂמֵחִים לְלֹא דָבָר הָאֹמְרִים הֲלוֹא בְחָזְקֵנוּ לָקַחְנוּ יג
לָנוּ קַרְנָיִם׃ כִּי הִנְנִי מֵקִים עֲלֵיכֶם בֵּית יִשְׂרָאֵל נְאֻם־יְהוָה יד
אֱלֹהֵי הַצְּבָאוֹת גּוֹי וְלָחֲצוּ אֶתְכֶם מִלְּבוֹא חֲמָת עַד־נַחַל
הָעֲרָבָה׃ כֹּה הִרְאַנִי אֲדֹנָי יֱהוִה וְהִנֵּה יוֹצֵר גֹּבַי ז א
בִּתְחִלַּת עֲלוֹת הַלָּקֶשׁ וְהִנֵּה־לֶקֶשׁ אַחַר גִּזֵּי הַמֶּלֶךְ׃ וְהָיָה אִם־ ב
כִּלָּה לֶאֱכוֹל אֶת־עֵשֶׂב הָאָרֶץ וָאֹמַר אֲדֹנָי יֱהוִה סְלַח־נָא
מִי יָקוּם יַעֲקֹב כִּי קָטֹן הוּא׃ נִחַם יְהוָה עַל־זֹאת לֹא תִהְיֶה ג
אָמַר יְהוָה׃ כֹּה הִרְאַנִי אֲדֹנָי יֱהוִה וְהִנֵּה קֹרֵא ד
לָרִב בָּאֵשׁ אֲדֹנָי יֱהוִה וַתֹּאכַל אֶת־תְּהוֹם רַבָּה וְאָכְלָה אֶת־
הַחֵלֶק׃ וָאֹמַר אֲדֹנָי יֱהוִה חֲדַל־נָא מִי יָקוּם יַעֲקֹב כִּי קָטֹן ה
הוּא׃ נִחַם יְהוָה עַל־זֹאת גַּם־הִיא לֹא תִהְיֶה אָמַר אֲדֹנָי ו
יֱהוִה׃ כֹּה הִרְאַנִי וְהִנֵּה אֲדֹנָי נִצָּב עַל־חוֹמַת אֲנָךְ ז
וּבְיָדוֹ אֲנָךְ׃ וַיֹּאמֶר יְהוָה אֵלַי מָה־אַתָּה רֹאֶה עָמוֹס וָאֹמַר ח
אֲנָךְ וַיֹּאמֶר אֲדֹנָי הִנְנִי שָׂם אֲנָךְ בְּקֶרֶב עַמִּי יִשְׂרָאֵל לֹא־אוֹסִיף
עוֹד עֲבוֹר לוֹ׃ וְנָשַׁמּוּ בָּמוֹת יִשְׂחָק וּמִקְדְּשֵׁי יִשְׂרָאֵל יֶחֱרָבוּ ט
וְקַמְתִּי עַל־בֵּית יָרָבְעָם בֶּחָרֶב׃ וַיִּשְׁלַח אֲמַצְיָה י
כֹּהֵן בֵּית־אֵל אֶל־יָרָבְעָם מֶלֶךְ־יִשְׂרָאֵל לֵאמֹר קָשַׁר עָלֶיךָ
עָמוֹס בְּקֶרֶב בֵּית יִשְׂרָאֵל לֹא־תוּכַל הָאָרֶץ לְהָכִיל אֶת־
כָּל־דְּבָרָיו׃ כִּי־כֹה אָמַר עָמוֹס בַּחֶרֶב יָמוּת יָרָבְעָם וְיִשְׂרָאֵל יא
גָּלֹה יִגְלֶה מֵעַל אַדְמָתוֹ׃ וַיֹּאמֶר אֲמַצְיָה אֶל־ יב
עָמוֹס חֹזֶה לֵךְ בְּרַח־לְךָ אֶל־אֶרֶץ יְהוּדָה וֶאֱכָל־שָׁם לֶחֶם וְשָׁם

יג תִּנָּבֵא: וּבֵית־אֵל לֹא־תוֹסִיף עוֹד לְהִנָּבֵא כִּי מִקְדַּשׁ־מֶלֶךְ הוּא
יד וּבֵית מַמְלָכָה הוּא: וַיַּעַן עָמוֹס וַיֹּאמֶר אֶל־אֲמַצְיָה לֹא־נָבִיא
אָנֹכִי וְלֹא בֶן־נָבִיא אָנֹכִי כִּי־בוֹקֵר אָנֹכִי וּבוֹלֵס שִׁקְמִים:
טו וַיִּקָּחֵנִי יְהוָה מֵאַחֲרֵי הַצֹּאן וַיֹּאמֶר אֵלַי יְהוָה לֵךְ הִנָּבֵא אֶל־עַמִּי ח
טז יִשְׂרָאֵל: וְעַתָּה שְׁמַע דְּבַר־יְהוָה אַתָּה אֹמֵר לֹא תִנָּבֵא עַל־
יז יִשְׂרָאֵל וְלֹא תַטִּיף עַל־בֵּית יִשְׂחָק: לָכֵן כֹּה־אָמַר יְהוָה
אִשְׁתְּךָ בָּעִיר תִּזְנֶה וּבָנֶיךָ וּבְנֹתֶיךָ בַּחֶרֶב יִפֹּלוּ וְאַדְמָתְךָ בַּחֶבֶל
תְּחֻלָּק וְאַתָּה עַל־אֲדָמָה טְמֵאָה תָּמוּת וְיִשְׂרָאֵל גָּלֹה יִגְלֶה
ח א מֵעַל אַדְמָתוֹ: כֹּה הִרְאַנִי אֲדֹנָי יֱהוִה וְהִנֵּה כְּלוּב
ב קָיִץ: וַיֹּאמֶר מָה־אַתָּה רֹאֶה עָמוֹס וָאֹמַר כְּלוּב קָיִץ וַיֹּאמֶר
יְהוָה אֵלַי בָּא הַקֵּץ אֶל־עַמִּי יִשְׂרָאֵל לֹא־אוֹסִיף עוֹד עֲבוֹר לוֹ:
ג וְהֵילִילוּ שִׁירוֹת הֵיכָל בַּיּוֹם הַהוּא נְאֻם אֲדֹנָי יֱהוִה רַב הַפֶּגֶר
ד בְּכָל־מָקוֹם הִשְׁלִיךְ הָס: שִׁמְעוּ־זֹאת הַשֹּׁאֲפִים
ה אֶבְיוֹן וְלַשְׁבִּית ענוי־אָרֶץ: לֵאמֹר מָתַי יַעֲבֹר הַחֹדֶשׁ וְנַשְׁבִּירָה עֲנִיֵּי־
שֶּׁבֶר וְהַשַּׁבָּת וְנִפְתְּחָה־בָּר לְהַקְטִין אֵיפָה וּלְהַגְדִּיל שֶׁקֶל
ו וּלְעַוֵּת מֹאזְנֵי מִרְמָה: לִקְנוֹת בַּכֶּסֶף דַּלִּים וְאֶבְיוֹן בַּעֲבוּר
ז נַעֲלָיִם וּמַפַּל בַּר נַשְׁבִּיר: נִשְׁבַּע יְהוָה בִּגְאוֹן יַעֲקֹב אִם־אֶשְׁכַּח
ח לָנֶצַח כָּל־מַעֲשֵׂיהֶם: הַעַל זֹאת לֹא־תִרְגַּז הָאָרֶץ וְאָבַל
כָּל־יוֹשֵׁב בָּהּ וְעָלְתָה כָאֹר כֻּלָּהּ וְנִגְרְשָׁה ונשקה כִּיאוֹר וְנִשְׁקְעָה
ט מִצְרָיִם: וְהָיָה ׀ בַּיּוֹם הַהוּא נְאֻם אֲדֹנָי יֱהוִה
וְהֵבֵאתִי הַשֶּׁמֶשׁ בַּצָּהֳרָיִם וְהַחֲשַׁכְתִּי לָאָרֶץ בְּיוֹם אוֹר:
י וְהָפַכְתִּי חַגֵּיכֶם לְאֵבֶל וְכָל־שִׁירֵיכֶם לְקִינָה וְהַעֲלֵיתִי עַל־
כָּל־מָתְנַיִם שָׂק וְעַל־כָּל־רֹאשׁ קָרְחָה וְשַׂמְתִּיהָ כְּאֵבֶל יָחִיד
יא וְאַחֲרִיתָהּ כְּיוֹם מָר: הִנֵּה ׀ יָמִים בָּאִים נְאֻם
אֲדֹנָי יֱהוִה וְהִשְׁלַחְתִּי רָעָב בָּאָרֶץ לֹא־רָעָב לַלֶּחֶם וְלֹא־
יב צָמָא לַמַּיִם כִּי אִם־לִשְׁמֹעַ אֵת דִּבְרֵי יְהוָה: וְנָעוּ מִיָּם
עַד־יָם וּמִצָּפוֹן וְעַד־מִזְרָח יְשׁוֹטְטוּ לְבַקֵּשׁ אֶת־דְּבַר־

יג יְהוָה וְלֹא יִמְצָאוּ׃ בַּיּוֹם הַהוּא תִּתְעַלַּפְנָה הַבְּתוּלֹת הַיָּפוֹת
יד וְהַבַּחוּרִים בַּצָּמָא׃ הַנִּשְׁבָּעִים בְּאַשְׁמַת שֹׁמְרוֹן וְאָמְרוּ
חֵי אֱלֹהֶיךָ דָּן וְחֵי דֶּרֶךְ בְּאֵר־שָׁבַע וְנָפְלוּ וְלֹא־יָקוּמוּ
ט א עוֹד׃ רָאִיתִי אֶת־אֲדֹנָי נִצָּב עַל־הַמִּזְבֵּחַ וַיֹּאמֶר
הַךְ הַכַּפְתּוֹר וְיִרְעֲשׁוּ הַסִּפִּים וּבְצַעַם בְּרֹאשׁ כֻּלָּם וְאַחֲרִיתָם
ב בַּחֶרֶב אֶהֱרֹג לֹא־יָנוּס לָהֶם נָס וְלֹא־יִמָּלֵט לָהֶם פָּלִיט׃ אִם־
יַחְתְּרוּ בִשְׁאוֹל מִשָּׁם יָדִי תִקָּחֵם וְאִם־יַעֲלוּ הַשָּׁמַיִם מִשָּׁם
ג אוֹרִידֵם׃ וְאִם־יֵחָבְאוּ בְּרֹאשׁ הַכַּרְמֶל מִשָּׁם אֲחַפֵּשׂ וּלְקַחְתִּים
וְאִם־יִסָּתְרוּ מִנֶּגֶד עֵינַי בְּקַרְקַע הַיָּם מִשָּׁם אֲצַוֶּה אֶת־הַנָּחָשׁ
ד וּנְשָׁכָם׃ וְאִם־יֵלְכוּ בַשְּׁבִי לִפְנֵי אֹיְבֵיהֶם מִשָּׁם אֲצַוֶּה אֶת־
ה הַחֶרֶב וַהֲרָגָתַם וְשַׂמְתִּי עֵינִי עֲלֵיהֶם לְרָעָה וְלֹא לְטוֹבָה׃ וַאדֹנָי
יְהוִה הַצְּבָאוֹת הַנּוֹגֵעַ בָּאָרֶץ וַתָּמוֹג וְאָבְלוּ כָּל־יוֹשְׁבֵי בָהּ
ו וְעָלְתָה כַיְאֹר כֻּלָּהּ וְשָׁקְעָה כִּיאֹר מִצְרָיִם׃ הַבּוֹנֶה בַשָּׁמַיִם
מַעֲלוֹתָו וַאֲגֻדָּתוֹ עַל־אֶרֶץ יְסָדָהּ הַקֹּרֵא לְמֵי־הַיָּם וַיִּשְׁפְּכֵם
ז עַל־פְּנֵי הָאָרֶץ יְהוָה שְׁמוֹ׃ הֲלוֹא כִבְנֵי כֻשִׁיִּים
אַתֶּם לִי בְּנֵי יִשְׂרָאֵל נְאֻם־יְהוָה הֲלוֹא אֶת־יִשְׂרָאֵל הֶעֱלֵיתִי
ח מֵאֶרֶץ מִצְרַיִם וּפְלִשְׁתִּיִּים מִכַּפְתּוֹר וַאֲרָם מִקִּיר׃ הִנֵּה עֵינֵי
אֲדֹנָי יְהוִה בַּמַּמְלָכָה הַחַטָּאָה וְהִשְׁמַדְתִּי אֹתָהּ מֵעַל פְּנֵי
הָאֲדָמָה אֶפֶס כִּי לֹא הַשְׁמֵיד אַשְׁמִיד אֶת־בֵּית יַעֲקֹב נְאֻם־
ט יְהוָה׃ כִּי־הִנֵּה אָנֹכִי מְצַוֶּה וַהֲנִעוֹתִי בְכָל־הַגּוֹיִם אֶת־בֵּית
י יִשְׂרָאֵל כַּאֲשֶׁר יִנּוֹעַ בַּכְּבָרָה וְלֹא־יִפּוֹל צְרוֹר אָרֶץ׃ בַּחֶרֶב
יָמוּתוּ כֹּל חַטָּאֵי עַמִּי הָאֹמְרִים לֹא־תַגִּישׁ וְתַקְדִּים בַּעֲדֵינוּ
יא הָרָעָה׃ בַּיּוֹם הַהוּא אָקִים אֶת־סֻכַּת דָּוִיד הַנֹּפֶלֶת וְגָדַרְתִּי אֶת־
יב פִּרְצֵיהֶן וַהֲרִסֹתָיו אָקִים וּבְנִיתִיהָ כִּימֵי עוֹלָם׃ לְמַעַן יִירְשׁוּ אֶת־
שְׁאֵרִית אֱדוֹם וְכָל־הַגּוֹיִם אֲשֶׁר־נִקְרָא שְׁמִי עֲלֵיהֶם נְאֻם־יְהוָה
יג עֹשֶׂה זֹּאת׃ הִנֵּה יָמִים בָּאִים נְאֻם־יְהוָה וְנִגַּשׁ
חוֹרֵשׁ בַּקֹּצֵר וְדֹרֵךְ עֲנָבִים בְּמֹשֵׁךְ הַזָּרַע וְהִטִּיפוּ הֶהָרִים עָסִיס

יד וְכָל־הַגְּבָעוֹת תִּתְמוֹגַגְנָה׃ וְשַׁבְתִּי אֶת־שְׁבוּת עַמִּי יִשְׂרָאֵל
וּבָנוּ עָרִים נְשַׁמּוֹת וְיָשָׁבוּ וְנָטְעוּ כְרָמִים וְשָׁתוּ אֶת־יֵינָם וְעָשׂוּ
טו גַנּוֹת וְאָכְלוּ אֶת־פְּרִיהֶם׃ וּנְטַעְתִּים עַל־אַדְמָתָם וְלֹא יִנָּתְשׁוּ
עוֹד מֵעַל אַדְמָתָם אֲשֶׁר נָתַתִּי לָהֶם אָמַר יְהוָה אֱלֹהֶיךָ׃

# עובדיה

נבואות ירמיה ועובדיה על מפלת אדום
ירמיה מט, ז־כב

א א חֲזוֹן עֹבַדְיָה כֹּה־אָמַר אֲדֹנָי יְהוִה לֶאֱדוֹם שְׁמוּעָה שָׁמַעְנוּ מֵאֵת
ב יְהוָה וְצִיר בַּגּוֹיִם שֻׁלָּח קוּמוּ וְנָקוּמָה עָלֶיהָ לַמִּלְחָמָה׃ הִנֵּה
ג קָטֹן נְתַתִּיךָ בַּגּוֹיִם בָּזוּי אַתָּה מְאֹד׃ זְדוֹן לִבְּךָ הִשִּׁיאֶךָ שֹׁכְנִי
ד בְחַגְוֵי־סֶלַע מְרוֹם שִׁבְתּוֹ אֹמֵר בְּלִבּוֹ מִי יוֹרִדֵנִי אָרֶץ׃ אִם־
תַּגְבִּיהַּ כַּנֶּשֶׁר וְאִם־בֵּין כּוֹכָבִים שִׂים קִנֶּךָ מִשָּׁם אוֹרִידְךָ נְאֻם־
ה יְהוָה׃ אִם־גַּנָּבִים בָּאוּ־לְךָ אִם־שׁוֹדְדֵי לַיְלָה אֵיךְ נִדְמֵיתָה
הֲלוֹא יִגְנְבוּ דַּיָּם אִם־בֹּצְרִים בָּאוּ לָךְ הֲלוֹא יַשְׁאִירוּ עֹלֵלוֹת׃
ו ז אֵיךְ נֶחְפְּשׂוּ עֵשָׂו נִבְעוּ מַצְפֻּנָיו׃ עַד־הַגְּבוּל שִׁלְּחוּךָ כֹּל אַנְשֵׁי
בְּרִיתֶךָ הִשִּׁיאוּךָ יָכְלוּ לְךָ אַנְשֵׁי שְׁלֹמֶךָ לַחְמְךָ יָשִׂימוּ מָזוֹר
ח תַּחְתֶּיךָ אֵין תְּבוּנָה בּוֹ׃ הֲלוֹא בַּיּוֹם הַהוּא נְאֻם־יְהוָה וְהַאֲבַדְתִּי
ט חֲכָמִים מֵאֱדוֹם וּתְבוּנָה מֵהַר עֵשָׂו׃ וְחַתּוּ גִבּוֹרֶיךָ תֵּימָן לְמַעַן
י יִכָּרֶת־אִישׁ מֵהַר עֵשָׂו מִקָּטֶל׃ מֵחֲמַס אָחִיךָ יַעֲקֹב תְּכַסְּךָ
יא בוּשָׁה וְנִכְרַתָּ לְעוֹלָם׃ בְּיוֹם עֲמָדְךָ מִנֶּגֶד בְּיוֹם שְׁבוֹת זָרִים
חֵילוֹ וְנָכְרִים בָּאוּ שְׁעָרָו וְעַל־יְרוּשָׁלִַם יַדּוּ גוֹרָל גַּם־אַתָּה כְּאַחַד
יב מֵהֶם׃ וְאַל־תֵּרֶא בְיוֹם־אָחִיךָ בְּיוֹם נָכְרוֹ וְאַל־תִּשְׂמַח לִבְנֵי־
יג יְהוּדָה בְּיוֹם אָבְדָם וְאַל־תַּגְדֵּל פִּיךָ בְּיוֹם צָרָה׃ אַל־תָּבוֹא
בְשַׁעַר־עַמִּי בְּיוֹם אֵידָם אַל־תֵּרֶא גַם־אַתָּה בְּרָעָתוֹ בְּיוֹם אֵידוֹ
יד וְאַל־תִּשְׁלַחְנָה בְחֵילוֹ בְּיוֹם אֵידוֹ׃ וְאַל־תַּעֲמֹד עַל־הַפֶּרֶק
טו לְהַכְרִית אֶת־פְּלִיטָיו וְאַל־תַּסְגֵּר שְׂרִידָיו בְּיוֹם צָרָה׃ כִּי־קָרוֹב
יוֹם־יְהוָה עַל־כָּל־הַגּוֹיִם כַּאֲשֶׁר עָשִׂיתָ יֵעָשֶׂה לָּךְ גְּמֻלְךָ

א

טז יָשׁוּב בְּרֹאשֶׁךָ: כִּי כַּאֲשֶׁר שְׁתִיתֶם עַל־הַר קָדְשִׁי יִשְׁתּוּ כָל־
יז הַגּוֹיִם תָּמִיד וְשָׁתוּ וְלָעוּ וְהָיוּ כְּלוֹא הָיוּ: וּבְהַר צִיּוֹן תִּהְיֶה
יח פְלֵיטָה וְהָיָה קֹדֶשׁ וְיָרְשׁוּ בֵּית יַעֲקֹב אֵת מוֹרָשֵׁיהֶם: וְהָיָה
בֵית־יַעֲקֹב אֵשׁ וּבֵית יוֹסֵף לֶהָבָה וּבֵית עֵשָׂו לְקַשׁ וְדָלְקוּ
בָהֶם וַאֲכָלוּם וְלֹא־יִהְיֶה שָׂרִיד לְבֵית עֵשָׂו כִּי יְהוָה דִּבֵּר:
יט וְיָרְשׁוּ הַנֶּגֶב אֶת־הַר עֵשָׂו וְהַשְּׁפֵלָה אֶת־פְּלִשְׁתִּים וְיָרְשׁוּ אֶת־
כ שְׂדֵה אֶפְרַיִם וְאֵת שְׂדֵה שֹׁמְרוֹן וּבִנְיָמִן אֶת־הַגִּלְעָד: וְגָלֻת
הַחֵל־הַזֶּה לִבְנֵי יִשְׂרָאֵל אֲשֶׁר־כְּנַעֲנִים עַד־צָרְפַת וְגָלֻת
כא יְרוּשָׁלַםִ אֲשֶׁר בִּסְפָרַד יִרְשׁוּ אֵת עָרֵי הַנֶּגֶב: וְעָלוּ מוֹשִׁעִים ט
בְּהַר צִיּוֹן לִשְׁפֹּט אֶת־הַר עֵשָׂו וְהָיְתָה לַיהוָה הַמְּלוּכָה:

## יונה

א

א ב וַיְהִי דְּבַר־יְהוָה אֶל־יוֹנָה בֶן־אֲמִתַּי לֵאמֹר: קוּם לֵךְ אֶל־נִינְוֵה
ג הָעִיר הַגְּדוֹלָה וּקְרָא עָלֶיהָ כִּי־עָלְתָה רָעָתָם לְפָנָי: וַיָּקָם יוֹנָה
לִבְרֹחַ תַּרְשִׁישָׁה מִלִּפְנֵי יְהוָה וַיֵּרֶד יָפוֹ וַיִּמְצָא אָנִיָּה ׀ בָּאָה
תַרְשִׁישׁ וַיִּתֵּן שְׂכָרָהּ וַיֵּרֶד בָּהּ לָבוֹא עִמָּהֶם תַּרְשִׁישָׁה מִלִּפְנֵי
ד יְהוָה: וַיהוָה הֵטִיל רוּחַ־גְּדוֹלָה אֶל־הַיָּם וַיְהִי סַעַר־גָּדוֹל בַּיָּם
ה וְהָאֳנִיָּה חִשְּׁבָה לְהִשָּׁבֵר: וַיִּירְאוּ הַמַּלָּחִים וַיִּזְעֲקוּ אִישׁ אֶל־
אֱלֹהָיו וַיָּטִלוּ אֶת־הַכֵּלִים אֲשֶׁר בָּאֳנִיָּה אֶל־הַיָּם לְהָקֵל
ו מֵעֲלֵיהֶם וְיוֹנָה יָרַד אֶל־יַרְכְּתֵי הַסְּפִינָה וַיִּשְׁכַּב וַיֵּרָדַם: וַיִּקְרַב
אֵלָיו רַב הַחֹבֵל וַיֹּאמֶר לוֹ מַה־לְּךָ נִרְדָּם קוּם קְרָא אֶל־אֱלֹהֶיךָ
ז אוּלַי יִתְעַשֵּׁת הָאֱלֹהִים לָנוּ וְלֹא נֹאבֵד: וַיֹּאמְרוּ אִישׁ אֶל־רֵעֵהוּ
לְכוּ וְנַפִּילָה גוֹרָלוֹת וְנֵדְעָה בְּשֶׁלְּמִי הָרָעָה הַזֹּאת לָנוּ וַיַּפִּלוּ
ח גּוֹרָלוֹת וַיִּפֹּל הַגּוֹרָל עַל־יוֹנָה: וַיֹּאמְרוּ אֵלָיו הַגִּידָה־נָּא לָנוּ
בַּאֲשֶׁר לְמִי־הָרָעָה הַזֹּאת לָנוּ מַה־מְּלַאכְתְּךָ וּמֵאַיִן תָּבוֹא מָה
ט אַרְצֶךָ וְאֵי־מִזֶּה עַם אָתָּה: וַיֹּאמֶר אֲלֵיהֶם עִבְרִי אָנֹכִי וְאֶת־

יְהוָה אֱלֹהֵי הַשָּׁמַיִם אֲנִי יָרֵא אֲשֶׁר־עָשָׂה אֶת־הַיָּם וְאֶת־
י הַיַּבָּשָׁה: וַיִּירְאוּ הָאֲנָשִׁים יִרְאָה גְדוֹלָה וַיֹּאמְרוּ אֵלָיו מַה־זֹּאת
עָשִׂיתָ כִּי־יָדְעוּ הָאֲנָשִׁים כִּי־מִלִּפְנֵי יְהוָה הוּא בֹרֵחַ כִּי הִגִּיד
יא לָהֶם: וַיֹּאמְרוּ אֵלָיו מַה־נַּעֲשֶׂה לָּךְ וְיִשְׁתֹּק הַיָּם מֵעָלֵינוּ כִּי הַיָּם
יב הוֹלֵךְ וְסֹעֵר: וַיֹּאמֶר אֲלֵיהֶם שָׂאוּנִי וַהֲטִילֻנִי אֶל־הַיָּם וְיִשְׁתֹּק
הַיָּם מֵעֲלֵיכֶם כִּי יוֹדֵעַ אָנִי כִּי בְשֶׁלִּי הַסַּעַר הַגָּדוֹל הַזֶּה עֲלֵיכֶם:
יג וַיַּחְתְּרוּ הָאֲנָשִׁים לְהָשִׁיב אֶל־הַיַּבָּשָׁה וְלֹא יָכֹלוּ כִּי הַיָּם הוֹלֵךְ
יד וְסֹעֵר עֲלֵיהֶם: וַיִּקְרְאוּ אֶל־יְהוָה וַיֹּאמְרוּ אָנָּה יְהוָה אַל־נָא
נֹאבְדָה בְּנֶפֶשׁ הָאִישׁ הַזֶּה וְאַל־תִּתֵּן עָלֵינוּ דָּם נָקִיא כִּי־אַתָּה
טו יְהוָה כַּאֲשֶׁר חָפַצְתָּ עָשִׂיתָ: וַיִּשְׂאוּ אֶת־יוֹנָה וַיְטִלֻהוּ אֶל־הַיָּם
טז וַיַּעֲמֹד הַיָּם מִזַּעְפּוֹ: וַיִּירְאוּ הָאֲנָשִׁים יִרְאָה גְדוֹלָה אֶת־יְהוָה
ב א וַיִּזְבְּחוּ־זֶבַח לַיהוָה וַיִּדְּרוּ נְדָרִים: וַיְמַן יְהוָה דָּג גָּדוֹל לִבְלֹעַ אֶת־
ב יוֹנָה וַיְהִי יוֹנָה בִּמְעֵי הַדָּג שְׁלֹשָׁה יָמִים וּשְׁלֹשָׁה לֵילוֹת: וַיִּתְפַּלֵּל
ג יוֹנָה אֶל־יְהוָה אֱלֹהָיו מִמְּעֵי הַדָּגָה: וַיֹּאמֶר קָרָאתִי מִצָּרָה לִי
ד אֶל־יְהוָה וַיַּעֲנֵנִי מִבֶּטֶן שְׁאוֹל שִׁוַּעְתִּי שָׁמַעְתָּ קוֹלִי: וַתַּשְׁלִיכֵנִי
מְצוּלָה בִּלְבַב יַמִּים וְנָהָר יְסֹבְבֵנִי כָּל־מִשְׁבָּרֶיךָ וְגַלֶּיךָ עָלַי
ה עָבָרוּ: וַאֲנִי אָמַרְתִּי נִגְרַשְׁתִּי מִנֶּגֶד עֵינֶיךָ אַךְ אוֹסִיף לְהַבִּיט אֶל־
ו הֵיכַל קָדְשֶׁךָ: אֲפָפוּנִי מַיִם עַד־נֶפֶשׁ תְּהוֹם יְסֹבְבֵנִי סוּף חָבוּשׁ
ז לְרֹאשִׁי: לְקִצְבֵי הָרִים יָרַדְתִּי הָאָרֶץ בְּרִחֶיהָ בַעֲדִי לְעוֹלָם
ח וַתַּעַל מִשַּׁחַת חַיַּי יְהוָה אֱלֹהָי: בְּהִתְעַטֵּף עָלַי נַפְשִׁי אֶת־יְהוָה
ט זָכָרְתִּי וַתָּבוֹא אֵלֶיךָ תְּפִלָּתִי אֶל־הֵיכַל קָדְשֶׁךָ: מְשַׁמְּרִים הַבְלֵי־
י שָׁוְא חַסְדָּם יַעֲזֹבוּ: וַאֲנִי בְּקוֹל תּוֹדָה אֶזְבְּחָה־לָּךְ אֲשֶׁר נָדַרְתִּי
יא אֲשַׁלֵּמָה יְשׁוּעָתָה לַיהוָה: וַיֹּאמֶר יְהוָה לַדָּג וַיָּקֵא
ג א אֶת־יוֹנָה אֶל־הַיַּבָּשָׁה: וַיְהִי דְבַר־יְהוָה אֶל־יוֹנָה
ב שֵׁנִית לֵאמֹר: קוּם לֵךְ אֶל־נִינְוֵה הָעִיר הַגְּדוֹלָה וּקְרָא אֵלֶיהָ
ג אֶת־הַקְּרִיאָה אֲשֶׁר אָנֹכִי דֹּבֵר אֵלֶיךָ: וַיָּקָם יוֹנָה וַיֵּלֶךְ אֶל־נִינְוֵה
כִּדְבַר יְהוָה וְנִינְוֵה הָיְתָה עִיר־גְּדוֹלָה לֵאלֹהִים מַהֲלַךְ שְׁלֹשֶׁת

ד יָמִים: וַיָּחֶל יוֹנָה לָבוֹא בָעִיר מַהֲלַךְ יוֹם אֶחָד וַיִּקְרָא וַיֹּאמַר
ה עוֹד אַרְבָּעִים יוֹם וְנִינְוֵה נֶהְפָּכֶת: וַיַּאֲמִינוּ אַנְשֵׁי נִינְוֵה בֵּאלֹהִים
ו וַיִּקְרְאוּ־צוֹם וַיִּלְבְּשׁוּ שַׂקִּים מִגְּדוֹלָם וְעַד־קְטַנָּם: וַיִּגַּע הַדָּבָר
אֶל־מֶלֶךְ נִינְוֵה וַיָּקָם מִכִּסְאוֹ וַיַּעֲבֵר אַדַּרְתּוֹ מֵעָלָיו וַיְכַס שַׂק
ז וַיֵּשֶׁב עַל־הָאֵפֶר: וַיַּזְעֵק וַיֹּאמֶר בְּנִינְוֵה מִטַּעַם הַמֶּלֶךְ וּגְדֹלָיו
לֵאמֹר הָאָדָם וְהַבְּהֵמָה הַבָּקָר וְהַצֹּאן אַל־יִטְעֲמוּ מְאוּמָה אַל־
ח יִרְעוּ וּמַיִם אַל־יִשְׁתּוּ: וְיִתְכַּסּוּ שַׂקִּים הָאָדָם וְהַבְּהֵמָה וְיִקְרְאוּ
אֶל־אֱלֹהִים בְּחָזְקָה וְיָשֻׁבוּ אִישׁ מִדַּרְכּוֹ הָרָעָה וּמִן־הֶחָמָס
ט אֲשֶׁר בְּכַפֵּיהֶם: מִי־יוֹדֵעַ יָשׁוּב וְנִחַם הָאֱלֹהִים וְשָׁב מֵחֲרוֹן
י אַפּוֹ וְלֹא נֹאבֵד: וַיַּרְא הָאֱלֹהִים אֶת־מַעֲשֵׂיהֶם כִּי־שָׁבוּ מִדַּרְכָּם
הָרָעָה וַיִּנָּחֶם הָאֱלֹהִים עַל־הָרָעָה אֲשֶׁר־דִּבֶּר לַעֲשׂוֹת־לָהֶם וְלֹא
ד א ב עָשָׂה: וַיֵּרַע אֶל־יוֹנָה רָעָה גְדוֹלָה וַיִּחַר לוֹ: וַיִּתְפַּלֵּל אֶל־יְהוָה
וַיֹּאמַר אָנָּה יְהוָה הֲלוֹא־זֶה דְבָרִי עַד־הֱיוֹתִי עַל־אַדְמָתִי עַל־כֵּן
קִדַּמְתִּי לִבְרֹחַ תַּרְשִׁישָׁה כִּי יָדַעְתִּי כִּי אַתָּה אֵל־חַנּוּן וְרַחוּם
ג אֶרֶךְ אַפַּיִם וְרַב־חֶסֶד וְנִחָם עַל־הָרָעָה: וְעַתָּה יְהוָה קַח־נָא
ד אֶת־נַפְשִׁי מִמֶּנִּי כִּי טוֹב מוֹתִי מֵחַיָּי: וַיֹּאמֶר יְהוָה הַהֵיטֵב חָרָה
ה לָךְ: וַיֵּצֵא יוֹנָה מִן־הָעִיר וַיֵּשֶׁב מִקֶּדֶם לָעִיר וַיַּעַשׂ לוֹ שָׁם סֻכָּה
ו וַיֵּשֶׁב תַּחְתֶּיהָ בַּצֵּל עַד אֲשֶׁר יִרְאֶה מַה־יִּהְיֶה בָּעִיר: וַיְמַן יְהוָה־
אֱלֹהִים קִיקָיוֹן וַיַּעַל ׀ מֵעַל לְיוֹנָה לִהְיוֹת צֵל עַל־רֹאשׁוֹ לְהַצִּיל
ז לוֹ מֵרָעָתוֹ וַיִּשְׂמַח יוֹנָה עַל־הַקִּיקָיוֹן שִׂמְחָה גְדוֹלָה: וַיְמַן
הָאֱלֹהִים תּוֹלַעַת בַּעֲלוֹת הַשַּׁחַר לַמָּחֳרָת וַתַּךְ אֶת־הַקִּיקָיוֹן
ח וַיִּיבָשׁ: וַיְהִי ׀ כִּזְרֹחַ הַשֶּׁמֶשׁ וַיְמַן אֱלֹהִים רוּחַ קָדִים חֲרִישִׁית
וַתַּךְ הַשֶּׁמֶשׁ עַל־רֹאשׁ יוֹנָה וַיִּתְעַלָּף וַיִּשְׁאַל אֶת־נַפְשׁוֹ לָמוּת
ט וַיֹּאמֶר טוֹב מוֹתִי מֵחַיָּי: וַיֹּאמֶר אֱלֹהִים אֶל־יוֹנָה הַהֵיטֵב
י חָרָה־לְךָ עַל־הַקִּיקָיוֹן וַיֹּאמֶר הֵיטֵב חָרָה־לִי עַד־מָוֶת: וַיֹּאמֶר
יְהוָה אַתָּה חַסְתָּ עַל־הַקִּיקָיוֹן אֲשֶׁר לֹא־עָמַלְתָּ בּוֹ וְלֹא גִדַּלְתּוֹ
יא שֶׁבִּן־לַיְלָה הָיָה וּבִן־לַיְלָה אָבָד: וַאֲנִי לֹא אָחוּס עַל־נִינְוֵה

הָעִיר הַגְּדוֹלָה אֲשֶׁר יֶשׁ־בָּהּ הַרְבֵּה מִשְׁתֵּים־עֶשְׂרֵה רִבּוֹ
אָדָם אֲשֶׁר לֹא־יָדַע בֵּין־יְמִינוֹ לִשְׂמֹאלוֹ וּבְהֵמָה רַבָּה:

# מיכה

א א דְּבַר־יְהוָה ׀ אֲשֶׁר הָיָה אֶל־מִיכָה הַמֹּרַשְׁתִּי בִּימֵי יוֹתָם אָחָז י
ב יְחִזְקִיָּה מַלְכֵי יְהוּדָה אֲשֶׁר־חָזָה עַל־שֹׁמְרוֹן וִירוּשָׁלִָם: שִׁמְעוּ
עַמִּים כֻּלָּם הַקְשִׁיבִי אֶרֶץ וּמְלֹאָהּ וִיהִי אֲדֹנָי יְהוִה בָּכֶם לְעֵד
ג אֲדֹנָי מֵהֵיכַל קָדְשׁוֹ: כִּי־הִנֵּה יְהוָה יֹצֵא מִמְּקוֹמוֹ וְיָרַד וְדָרַךְ
ד עַל־בָּמוֹתֵי־אָרֶץ: וְנָמַסּוּ הֶהָרִים תַּחְתָּיו וְהָעֲמָקִים יִתְבַּקָּעוּ
ה כַּדּוֹנַג מִפְּנֵי הָאֵשׁ כְּמַיִם מֻגָּרִים בְּמוֹרָד: בְּפֶשַׁע יַעֲקֹב כָּל־זֹאת
וּבְחַטֹּאות בֵּית יִשְׂרָאֵל מִי־פֶשַׁע יַעֲקֹב הֲלוֹא שֹׁמְרוֹן וּמִי בָּמוֹת
ו יְהוּדָה הֲלוֹא יְרוּשָׁלִָם: וְשַׂמְתִּי שֹׁמְרוֹן לְעִי הַשָּׂדֶה לְמַטָּעֵי כָרֶם
ז וְהִגַּרְתִּי לַגַּי אֲבָנֶיהָ וִיסֹדֶיהָ אֲגַלֶּה: וְכָל־פְּסִילֶיהָ יֻכַּתּוּ וְכָל־
אֶתְנַנֶּיהָ יִשָּׂרְפוּ בָאֵשׁ וְכָל־עֲצַבֶּיהָ אָשִׂים שְׁמָמָה כִּי מֵאֶתְנַן
ח זוֹנָה קִבָּצָה וְעַד־אֶתְנַן זוֹנָה יָשׁוּבוּ: עַל־זֹאת אֶסְפְּדָה וְאֵילִילָה
אֵילְכָה שֵׁילָל וְעָרוֹם אֶעֱשֶׂה מִסְפֵּד כַּתַּנִּים וְאֵבֶל כִּבְנוֹת יַעֲנָה:
ט כִּי אֲנוּשָׁה מַכּוֹתֶיהָ כִּי־בָאָה עַד־יְהוּדָה נָגַע עַד־שַׁעַר עַמִּי
י עַד־יְרוּשָׁלִָם: בְּגַת אַל־תַּגִּידוּ בָּכוֹ אַל־תִּבְכּוּ בְּבֵית לְעַפְרָה
יא עָפָר הִתְפַּלָּשְׁתִּי: עִבְרִי לָכֶם יוֹשֶׁבֶת שָׁפִיר עֶרְיָה־בֹשֶׁת לֹא
יב יָצְאָה יוֹשֶׁבֶת צַאֲנָן מִסְפַּד בֵּית הָאֵצֶל יִקַּח מִכֶּם עֶמְדָּתוֹ: כִּי־
חָלָה לְטוֹב יוֹשֶׁבֶת מָרוֹת כִּי־יָרַד רָע מֵאֵת יְהוָה לְשַׁעַר
יג יְרוּשָׁלִָם: רְתֹם הַמֶּרְכָּבָה לָרֶכֶשׁ יוֹשֶׁבֶת לָכִישׁ רֵאשִׁית חַטָּאת
יד הִיא לְבַת־צִיּוֹן כִּי־בָךְ נִמְצְאוּ פִּשְׁעֵי יִשְׂרָאֵל: לָכֵן תִּתְּנִי
שִׁלּוּחִים עַל מוֹרֶשֶׁת גַּת בָּתֵּי אַכְזִיב לְאַכְזָב לְמַלְכֵי יִשְׂרָאֵל:
טו עֹד הַיֹּרֵשׁ אָבִי לָךְ יוֹשֶׁבֶת מָרֵשָׁה עַד־עֲדֻלָּם יָבוֹא כְּבוֹד
טז יִשְׂרָאֵל: קָרְחִי וָגֹזִּי עַל־בְּנֵי תַּעֲנוּגָיִךְ הַרְחִבִי קָרְחָתֵךְ

מלכות יותם
מל״ב טו, לב–לח
דה״ב כז, א–ט

מלכות אחז
מל״ב טז, א–כז
דה״ב כח, א–כז

במתי־

מלכות חזקיה
מל״ב יח–כ
דה״ב כט–לב

שולל

התפלשי

אביא

ב

א כַּנֶּשֶׁר כִּי־גָלוּ מִמֵּךְ׃ הוֹי חֹשְׁבֵי־אָוֶן וּפֹעֲלֵי רָע
עַל־מִשְׁכְּבוֹתָם בְּאוֹר הַבֹּקֶר יַעֲשׂוּהָ כִּי יֶשׁ־לְאֵל יָדָם׃
ב וְחָמְדוּ שָׂדוֹת וְגָזָלוּ וּבָתִּים וְנָשָׂאוּ וְעָשְׁקוּ גֶּבֶר וּבֵיתוֹ וְאִישׁ
ג וְנַחֲלָתוֹ׃ לָכֵן כֹּה אָמַר יְהוָה הִנְנִי חֹשֵׁב עַל־
הַמִּשְׁפָּחָה הַזֹּאת רָעָה אֲשֶׁר לֹא־תָמִישׁוּ מִשָּׁם צַוְּארֹתֵיכֶם וְלֹא
ד תֵלְכוּ רוֹמָה כִּי עֵת רָעָה הִיא׃ בַּיּוֹם הַהוּא יִשָּׂא עֲלֵיכֶם מָשָׁל
וְנָהָה נְהִי נִהְיָה אָמַר שָׁדוֹד נְשַׁדֻּנוּ חֵלֶק עַמִּי יָמִיר אֵיךְ יָמִישׁ
ה לִי לְשׁוֹבֵב שָׂדֵינוּ יְחַלֵּק׃ לָכֵן לֹא־יִהְיֶה לְךָ מַשְׁלִיךְ חֶבֶל בְּגוֹרָל
ו בִּקְהַל יְהוָה׃ אַל־תַּטִּפוּ יַטִּיפוּן לֹא־יַטִּפוּ לָאֵלֶּה לֹא יִסַּג
ז כְּלִמּוֹת׃ הֶאָמוּר בֵּית־יַעֲקֹב הֲקָצַר רוּחַ יְהוָה אִם־אֵלֶּה מַעֲלָלָיו
ח הֲלוֹא דְבָרַי יֵיטִיבוּ עִם הַיָּשָׁר הוֹלֵךְ׃ וְאֶתְמוּל עַמִּי לְאוֹיֵב
יְקוֹמֵם מִמּוּל שַׂלְמָה אֶדֶר תַּפְשִׁטוּן מֵעֹבְרִים בֶּטַח שׁוּבֵי
ט מִלְחָמָה׃ נְשֵׁי עַמִּי תְּגָרְשׁוּן מִבֵּית תַּעֲנֻגֶיהָ מֵעַל עֹלָלֶיהָ תִּקְחוּ
י הֲדָרִי לְעוֹלָם׃ קוּמוּ וּלְכוּ כִּי לֹא־זֹאת הַמְּנוּחָה בַּעֲבוּר טָמְאָה
יא תְּחַבֵּל וְחֶבֶל נִמְרָץ׃ לוּ־אִישׁ הֹלֵךְ רוּחַ וָשֶׁקֶר כִּזֵּב אַטִּף לְךָ
יב לַיַּיִן וְלַשֵּׁכָר וְהָיָה מַטִּיף הָעָם הַזֶּה׃ אָסֹף אֶאֱסֹף יַעֲקֹב כֻּלָּךְ
קַבֵּץ אֲקַבֵּץ שְׁאֵרִית יִשְׂרָאֵל יַחַד אֲשִׂימֶנּוּ כְּצֹאן בָּצְרָה
יג כְּעֵדֶר בְּתוֹךְ הַדָּבְרוֹ תְּהִימֶנָה מֵאָדָם׃ עָלָה הַפֹּרֵץ לִפְנֵיהֶם
פָּרְצוּ וַיַּעֲבֹרוּ שַׁעַר וַיֵּצְאוּ בוֹ וַיַּעֲבֹר מַלְכָּם לִפְנֵיהֶם וַיהוָה
ג א בְּרֹאשָׁם׃ וָאֹמַר שִׁמְעוּ־נָא רָאשֵׁי יַעֲקֹב וּקְצִינֵי
ב בֵּית יִשְׂרָאֵל הֲלוֹא לָכֶם לָדַעַת אֶת־הַמִּשְׁפָּט׃ שֹׂנְאֵי טוֹב
ג וְאֹהֲבֵי רעה גֹּזְלֵי עוֹרָם מֵעֲלֵיהֶם וּשְׁאֵרָם מֵעַל עַצְמוֹתָם׃ וַאֲשֶׁר רָע
אָכְלוּ שְׁאֵר עַמִּי וְעוֹרָם מֵעֲלֵיהֶם הִפְשִׁיטוּ וְאֶת־עַצְמֹתֵיהֶם
ד פִּצֵּחוּ וּפָרְשׂוּ כַּאֲשֶׁר בַּסִּיר וּכְבָשָׂר בְּתוֹךְ קַלָּחַת׃ אָז יִזְעֲקוּ אֶל־
יְהוָה וְלֹא יַעֲנֶה אוֹתָם וְיַסְתֵּר פָּנָיו מֵהֶם בָּעֵת הַהִיא כַּאֲשֶׁר
ה הֵרֵעוּ מַעַלְלֵיהֶם׃ כֹּה אָמַר יְהוָה עַל־הַנְּבִיאִים
הַמַּתְעִים אֶת־עַמִּי הַנֹּשְׁכִים בְּשִׁנֵּיהֶם וְקָרְאוּ שָׁלוֹם וַאֲשֶׁר לֹא־

ו יִתֵּן עַל־פִּיהֶם וְקִדְּשׁוּ עָלָיו מִלְחָמָה: לָכֵן לַיְלָה לָכֶם מֵחָזוֹן
וְחָשְׁכָה לָכֶם מִקְּסֹם וּבָאָה הַשֶּׁמֶשׁ עַל־הַנְּבִיאִים וְקָדַר
ז עֲלֵיהֶם הַיּוֹם: וּבֹשׁוּ הַחֹזִים וְחָפְרוּ הַקֹּסְמִים וְעָטוּ עַל־שָׂפָם
ח כֻּלָּם כִּי אֵין מַעֲנֵה אֱלֹהִים: וְאוּלָם אָנֹכִי מָלֵאתִי כֹחַ אֶת־
רוּחַ יהוה וּמִשְׁפָּט וּגְבוּרָה לְהַגִּיד לְיַעֲקֹב פִּשְׁעוֹ וּלְיִשְׂרָאֵל
ט חַטָּאתוֹ: שִׁמְעוּ־נָא זֹאת רָאשֵׁי בֵּית יַעֲקֹב
וּקְצִינֵי בֵּית יִשְׂרָאֵל הַמְתַעֲבִים מִשְׁפָּט וְאֵת כָּל־הַיְשָׁרָה
י יא יְעַקֵּשׁוּ: בֹּנֶה צִיּוֹן בְּדָמִים וִירוּשָׁלִַם בְּעַוְלָה: רָאשֶׁיהָ ׀ בְּשֹׁחַד
יִשְׁפֹּטוּ וְכֹהֲנֶיהָ בִּמְחִיר יוֹרוּ וּנְבִיאֶיהָ בְּכֶסֶף יִקְסֹמוּ וְעַל־יהוה
יב יִשָּׁעֵנוּ לֵאמֹר הֲלוֹא יהוה בְּקִרְבֵּנוּ לֹא־תָבוֹא עָלֵינוּ רָעָה: לָכֵן
בִּגְלַלְכֶם צִיּוֹן שָׂדֶה תֵחָרֵשׁ וִירוּשָׁלִַם עִיִּין תִּהְיֶה וְהַר הַבַּיִת
ד א לְבָמוֹת יָעַר: וְהָיָה ׀ בְּאַחֲרִית הַיָּמִים יִהְיֶה הַר
בֵּית־יהוה נָכוֹן בְּרֹאשׁ הֶהָרִים וְנִשָּׂא הוּא מִגְּבָעוֹת וְנָהֲרוּ עָלָיו
ב עַמִּים: וְהָלְכוּ גּוֹיִם רַבִּים וְאָמְרוּ לְכוּ ׀ וְנַעֲלֶה אֶל־הַר־יהוה
וְאֶל־בֵּית אֱלֹהֵי יַעֲקֹב וְיוֹרֵנוּ מִדְּרָכָיו וְנֵלְכָה בְּאֹרְחֹתָיו כִּי מִצִּיּוֹן
ג תֵּצֵא תוֹרָה וּדְבַר־יהוה מִירוּשָׁלִָם: וְשָׁפַט בֵּין עַמִּים רַבִּים
וְהוֹכִיחַ לְגוֹיִם עֲצֻמִים עַד־רָחוֹק וְכִתְּתוּ חַרְבֹתֵיהֶם לְאִתִּים
וַחֲנִיתֹתֵיהֶם לְמַזְמֵרוֹת לֹא־יִשְׂאוּ גּוֹי אֶל־גּוֹי חֶרֶב וְלֹא־יִלְמְדוּן
ד עוֹד מִלְחָמָה: וְיָשְׁבוּ אִישׁ תַּחַת גַּפְנוֹ וְתַחַת תְּאֵנָתוֹ וְאֵין
ה מַחֲרִיד כִּי־פִי יהוה צְבָאוֹת דִּבֵּר: כִּי כָּל־הָעַמִּים יֵלְכוּ יא
אִישׁ בְּשֵׁם אֱלֹהָיו וַאֲנַחְנוּ נֵלֵךְ בְּשֵׁם־יהוה אֱלֹהֵינוּ לְעוֹלָם
ו וָעֶד: בַּיּוֹם הַהוּא נְאֻם־יהוה אֹסְפָה הַצֹּלֵעָה
ז וְהַנִּדָּחָה אֲקַבֵּצָה וַאֲשֶׁר הֲרֵעֹתִי: וְשַׂמְתִּי אֶת־הַצֹּלֵעָה לִשְׁאֵרִית
וְהַנַּהֲלָאָה לְגוֹי עָצוּם וּמָלַךְ יהוה עֲלֵיהֶם בְּהַר צִיּוֹן מֵעַתָּה וְעַד־
ח עוֹלָם: וְאַתָּה מִגְדַּל־עֵדֶר עֹפֶל בַּת־צִיּוֹן עָדֶיךָ
תֵּאתֶה וּבָאָה הַמֶּמְשָׁלָה הָרִאשֹׁנָה מַמְלֶכֶת לְבַת־יְרוּשָׁלִָם:
ט עַתָּה לָמָּה תָרִיעִי רֵעַ הֲמֶלֶךְ אֵין־בָּךְ אִם־יוֹעֲצֵךְ אָבָד כִּי־

נבואת "ציון שדה תחרש" ירמיה כו, יח

נבואת "נכון יהיה הר בית־ה'" ישעיה ב, א–ד

י הֶחֱזִיקֵךְ חִיל כַּיּוֹלֵדָה: חוּלִי וָגֹחִי בַּת־צִיּוֹן כַּיּוֹלֵדָה כִּי עַתָּה
תֵצְאִי מִקִּרְיָה וְשָׁכַנְתְּ בַּשָּׂדֶה וּבָאת עַד־בָּבֶל שָׁם תִּנָּצֵלִי שָׁם
יא יִגְאָלֵךְ יְהוָה מִכַּף אֹיְבָיִךְ: וְעַתָּה נֶאֶסְפוּ עָלַיִךְ גּוֹיִם רַבִּים
יב הָאֹמְרִים תֶּחֱנָף וְתַחַז בְּצִיּוֹן עֵינֵינוּ: וְהֵמָּה לֹא יָדְעוּ מַחְשְׁבוֹת
יג יְהוָה וְלֹא הֵבִינוּ עֲצָתוֹ כִּי קִבְּצָם כֶּעָמִיר גֹּרְנָה: קוּמִי וָדוֹשִׁי
בַת־צִיּוֹן כִּי קַרְנֵךְ אָשִׂים בַּרְזֶל וּפַרְסֹתַיִךְ אָשִׂים נְחוּשָׁה
וַהֲדִקּוֹת עַמִּים רַבִּים וְהַחֲרַמְתִּי לַיהוָה בִּצְעָם וְחֵילָם לַאֲדוֹן
יד כָּל־הָאָרֶץ: עַתָּה תִּתְגֹּדְדִי בַת־גְּדוּד מָצוֹר שָׂם עָלֵינוּ בַּשֵּׁבֶט
ה א יַכּוּ עַל־הַלְּחִי אֵת שֹׁפֵט יִשְׂרָאֵל: וְאַתָּה בֵּית־
לֶחֶם אֶפְרָתָה צָעִיר לִהְיוֹת בְּאַלְפֵי יְהוּדָה מִמְּךָ לִי יֵצֵא לִהְיוֹת
ב מוֹשֵׁל בְּיִשְׂרָאֵל וּמוֹצָאֹתָיו מִקֶּדֶם מִימֵי עוֹלָם: לָכֵן יִתְּנֵם עַד־
ג עֵת יוֹלֵדָה יָלָדָה וְיֶתֶר אֶחָיו יְשׁוּבוּן עַל־בְּנֵי יִשְׂרָאֵל: וְעָמַד
וְרָעָה בְּעֹז יְהוָה בִּגְאוֹן שֵׁם יְהוָה אֱלֹהָיו וְיָשָׁבוּ כִּי־עַתָּה
ד יִגְדַּל עַד־אַפְסֵי־אָרֶץ: וְהָיָה זֶה שָׁלוֹם אַשּׁוּר ׀ כִּי־יָבוֹא
בְאַרְצֵנוּ וְכִי יִדְרֹךְ בְּאַרְמְנֹתֵינוּ וַהֲקֵמֹנוּ עָלָיו שִׁבְעָה רֹעִים
ה וּשְׁמֹנָה נְסִיכֵי אָדָם: וְרָעוּ אֶת־אֶרֶץ אַשּׁוּר בַּחֶרֶב וְאֶת־אֶרֶץ
נִמְרֹד בִּפְתָחֶיהָ וְהִצִּיל מֵאַשּׁוּר כִּי־יָבוֹא בְאַרְצֵנוּ וְכִי יִדְרֹךְ
ו בִּגְבוּלֵנוּ: וְהָיָה ׀ שְׁאֵרִית יַעֲקֹב בְּקֶרֶב עַמִּים
רַבִּים כְּטַל מֵאֵת יְהוָה כִּרְבִיבִים עֲלֵי־עֵשֶׂב אֲשֶׁר לֹא־יְקַוֶּה
ז לְאִישׁ וְלֹא יְיַחֵל לִבְנֵי אָדָם: וְהָיָה שְׁאֵרִית יַעֲקֹב בַּגּוֹיִם בְּקֶרֶב
עַמִּים רַבִּים כְּאַרְיֵה בְּבַהֲמוֹת יַעַר כִּכְפִיר בְּעֶדְרֵי־צֹאן אֲשֶׁר
ח אִם עָבַר וְרָמַס וְטָרַף וְאֵין מַצִּיל: תָּרֹם יָדְךָ עַל־צָרֶיךָ
ט וְכָל־אֹיְבֶיךָ יִכָּרֵתוּ: וְהָיָה בַיּוֹם־הַהוּא נְאֻם־
י יְהוָה וְהִכְרַתִּי סוּסֶיךָ מִקִּרְבֶּךָ וְהַאֲבַדְתִּי מַרְכְּבֹתֶיךָ: וְהִכְרַתִּי
יא עָרֵי אַרְצֶךָ וְהָרַסְתִּי כָּל־מִבְצָרֶיךָ: וְהִכְרַתִּי כְשָׁפִים מִיָּדֶךָ
יב וּמְעוֹנְנִים לֹא יִהְיוּ־לָךְ: וְהִכְרַתִּי פְסִילֶיךָ וּמַצֵּבוֹתֶיךָ מִקִּרְבֶּךָ
יג וְלֹא־תִשְׁתַּחֲוֶה עוֹד לְמַעֲשֵׂה יָדֶיךָ: וְנָתַשְׁתִּי אֲשֵׁירֶיךָ מִקִּרְבֶּךָ

יד וְהִשְׁמַדְתִּי עָרֶיךָ: וְעָשִׂיתִי בְּאַף וּבְחֵמָה נָקָם אֶת־הַגּוֹיִם אֲשֶׁר
ו א לֹא שָׁמֵעוּ: שִׁמְעוּ־נָא אֵת אֲשֶׁר־יהוה אֹמֵר קוּם
ב רִיב אֶת־הֶהָרִים וְתִשְׁמַעְנָה הַגְּבָעוֹת קוֹלֶךָ: שִׁמְעוּ הָרִים אֶת־
רִיב יהוה וְהָאֵתָנִים מֹסְדֵי אָרֶץ כִּי רִיב לַיהוה עִם־עַמּוֹ וְעִם־
ג יִשְׂרָאֵל יִתְוַכָּח: עַמִּי מֶה־עָשִׂיתִי לְךָ וּמָה הֶלְאֵתִיךָ עֲנֵה בִי:
ד כִּי הֶעֱלִתִיךָ מֵאֶרֶץ מִצְרַיִם וּמִבֵּית עֲבָדִים פְּדִיתִיךָ וָאֶשְׁלַח
ה לְפָנֶיךָ אֶת־מֹשֶׁה אַהֲרֹן וּמִרְיָם: עַמִּי זְכָר־נָא מַה־יָּעַץ בָּלָק
מֶלֶךְ מוֹאָב וּמֶה־עָנָה אֹתוֹ בִּלְעָם בֶּן־בְּעוֹר מִן־הַשִּׁטִּים עַד־
ו הַגִּלְגָּל לְמַעַן דַּעַת צִדְקוֹת יהוה: בַּמָּה אֲקַדֵּם יהוה אִכַּף
ז לֵאלֹהֵי מָרוֹם הַאֲקַדְּמֶנּוּ בְעוֹלוֹת בַּעֲגָלִים בְּנֵי שָׁנָה: הֲיִרְצֶה
יהוה בְּאַלְפֵי אֵילִים בְּרִבְבוֹת נַחֲלֵי־שָׁמֶן הַאֶתֵּן בְּכוֹרִי פִּשְׁעִי
ח פְּרִי בִטְנִי חַטַּאת נַפְשִׁי: הִגִּיד לְךָ אָדָם מַה־טּוֹב וּמָה־יהוה
דּוֹרֵשׁ מִמְּךָ כִּי אִם־עֲשׂוֹת מִשְׁפָּט וְאַהֲבַת חֶסֶד וְהַצְנֵעַ לֶכֶת
ט עִם־אֱלֹהֶיךָ: קוֹל יהוה לָעִיר יִקְרָא וְתוּשִׁיָּה יִרְאֶה
י שְׁמֶךָ שִׁמְעוּ מַטֶּה וּמִי יְעָדָהּ: עוֹד הַאִשׁ בֵּית רָשָׁע אֹצְרוֹת
יא רֶשַׁע וְאֵיפַת רָזוֹן זְעוּמָה: הַאֶזְכֶּה בְּמֹאזְנֵי רֶשַׁע וּבְכִיס אַבְנֵי
יב מִרְמָה: אֲשֶׁר עֲשִׁירֶיהָ מָלְאוּ חָמָס וְיֹשְׁבֶיהָ דִּבְּרוּ־שָׁקֶר וּלְשׁוֹנָם
יג רְמִיָּה בְּפִיהֶם: וְגַם־אֲנִי הֶחֱלֵיתִי הַכּוֹתֶךָ הַשְׁמֵם עַל־חַטֹּאתֶךָ:
יד אַתָּה תֹאכַל וְלֹא תִשְׂבָּע וְיֶשְׁחֲךָ בְּקִרְבֶּךָ וְתַסֵּג וְלֹא תַפְלִיט
טו וַאֲשֶׁר תְּפַלֵּט לַחֶרֶב אֶתֵּן: אַתָּה תִזְרַע וְלֹא תִקְצוֹר אַתָּה
טז תִדְרֹךְ־זַיִת וְלֹא־תָסוּךְ שֶׁמֶן וְתִירוֹשׁ וְלֹא תִשְׁתֶּה־יָּיִן: וְיִשְׁתַּמֵּר
חֻקּוֹת עָמְרִי וְכֹל מַעֲשֵׂה בֵית־אַחְאָב וַתֵּלְכוּ בְּמֹעֲצוֹתָם
לְמַעַן תִּתִּי אֹתְךָ לְשַׁמָּה וְיֹשְׁבֶיהָ לִשְׁרֵקָה וְחֶרְפַּת עַמִּי
ז א תִּשָּׂאוּ: אַלְלַי לִי כִּי הָיִיתִי כְּאָסְפֵּי־קַיִץ כְּעֹלְלֹת
ב בָּצִיר אֵין־אֶשְׁכּוֹל לֶאֱכוֹל בִּכּוּרָה אִוְּתָה נַפְשִׁי: אָבַד חָסִיד מִן־
הָאָרֶץ וְיָשָׁר בָּאָדָם אָיִן כֻּלָּם לְדָמִים יֶאֱרֹבוּ אִישׁ אֶת־אָחִיהוּ
ג יָצוּדוּ חֵרֶם: עַל־הָרַע כַּפַּיִם לְהֵיטִיב הַשַּׂר שֹׁאֵל וְהַשֹּׁפֵט

הוצאת ישראל ממצרים שמות א–יב

פרשיית בלק ובלעם במדבר כב–כד

בַּשִּׁלּוּם וְהַגָּדוֹל דֹּבֵר הַוַּת נַפְשׁוֹ הוּא וַיְעַבְּתוּהָ: טוֹבָם כְּחֵדֶק ד
יָשָׁר מִמְּסוּכָה יוֹם מְצַפֶּיךָ פְּקֻדָּתְךָ בָאָה עַתָּה תִהְיֶה מְבוּכָתָם:
אַל־תַּאֲמִינוּ בְרֵעַ אַל־תִּבְטְחוּ בְּאַלּוּף מִשֹּׁכֶבֶת חֵיקֶךָ שְׁמֹר ה
פִּתְחֵי־פִיךָ: כִּי־בֵן מְנַבֵּל אָב בַּת קָמָה בְאִמָּהּ כַּלָּה בַּחֲמֹתָהּ ו
אֹיְבֵי אִישׁ אַנְשֵׁי בֵיתוֹ: וַאֲנִי בַּיהוה אֲצַפֶּה אוֹחִילָה לֵאלֹהֵי ז
יִשְׁעִי יִשְׁמָעֵנִי אֱלֹהָי: אַל־תִּשְׂמְחִי אֹיַבְתִּי לִי כִּי נָפַלְתִּי קָמְתִּי ח
כִּי־אֵשֵׁב בַּחֹשֶׁךְ יהוה אוֹר לִי: זַעַף יהוה אֶשָּׂא ט
כִּי חָטָאתִי לוֹ עַד אֲשֶׁר יָרִיב רִיבִי וְעָשָׂה מִשְׁפָּטִי יוֹצִיאֵנִי לָאוֹר
אֶרְאֶה בְּצִדְקָתוֹ: וְתֵרֶא אֹיַבְתִּי וּתְכַסֶּהָ בוּשָׁה הָאֹמְרָה אֵלַי י
אַיּוֹ יהוה אֱלֹהָיִךְ עֵינַי תִּרְאֶינָּה בָּהּ עַתָּה תִּהְיֶה לְמִרְמָס כְּטִיט
חוּצוֹת: יוֹם לִבְנוֹת גְּדֵרָיִךְ יוֹם הַהוּא יִרְחַק־חֹק: יוֹם הוּא וְעָדֶיךָ יא יב
יָבוֹא לְמִנִּי אַשּׁוּר וְעָרֵי מָצוֹר וּלְמִנִּי מָצוֹר וְעַד־נָהָר וְיָם
מִיָּם וְהַר הָהָר: וְהָיְתָה הָאָרֶץ לִשְׁמָמָה עַל־יֹשְׁבֶיהָ מִפְּרִי יג
מַעַלְלֵיהֶם: רְעֵה עַמְּךָ בְשִׁבְטֶךָ צֹאן נַחֲלָתֶךָ יד
שֹׁכְנִי לְבָדָד יַעַר בְּתוֹךְ כַּרְמֶל יִרְעוּ בָשָׁן וְגִלְעָד כִּימֵי עוֹלָם:
יציאת מצרים / שמות יב | כִּימֵי צֵאתְךָ מֵאֶרֶץ מִצְרָיִם אַרְאֶנּוּ נִפְלָאוֹת: יִרְאוּ גוֹיִם טו טז
וְיֵבֹשׁוּ מִכֹּל גְּבוּרָתָם יָשִׂימוּ יָד עַל־פֶּה אָזְנֵיהֶם תֶּחֱרַשְׁנָה:
יְלַחֲכוּ עָפָר כַּנָּחָשׁ כְּזֹחֲלֵי אֶרֶץ יִרְגְּזוּ מִמִּסְגְּרֹתֵיהֶם אֶל־יהוה יז
אֱלֹהֵינוּ יִפְחָדוּ וְיִרְאוּ מִמֶּךָּ: מִי־אֵל כָּמוֹךָ נֹשֵׂא עָוֺן וְעֹבֵר עַל־ יח
פֶּשַׁע לִשְׁאֵרִית נַחֲלָתוֹ לֹא־הֶחֱזִיק לָעַד אַפּוֹ כִּי־חָפֵץ חֶסֶד
הוּא: יָשׁוּב יְרַחֲמֵנוּ יִכְבֹּשׁ עֲוֺנֹתֵינוּ וְתַשְׁלִיךְ בִּמְצֻלוֹת יָם כָּל־ יט
יב חַטֹּאותָם: תִּתֵּן אֱמֶת לְיַעֲקֹב חֶסֶד לְאַבְרָהָם אֲשֶׁר־נִשְׁבַּעְתָּ כ
לַאֲבֹתֵינוּ מִימֵי קֶדֶם:

# א

א ב מַשָּׂא נִינְוֵה סֵפֶר חֲזוֹן נַחוּם הָאֶלְקֹשִׁי: אֵל קַנּוֹא וְנֹקֵם יְהוָה
נֹקֵם יְהוָה וּבַעַל חֵמָה נֹקֵם יְהוָה לְצָרָיו וְנוֹטֵר הוּא לְאֹיְבָיו:
ג יְהוָה אֶרֶךְ אַפַּיִם וגדול־כֹּחַ וְנַקֵּה לֹא יְנַקֶּה יְהוָה בְּסוּפָה וּגְדָל־
ד וּבִשְׂעָרָה דַּרְכּוֹ וְעָנָן אֲבַק רַגְלָיו: גּוֹעֵר בַּיָּם וַיַּבְּשֵׁהוּ וְכָל־
ה הַנְּהָרוֹת הֶחֱרִיב אֻמְלַל בָּשָׁן וְכַרְמֶל וּפֶרַח לְבָנוֹן אֻמְלָל: הָרִים
רָעֲשׁוּ מִמֶּנּוּ וְהַגְּבָעוֹת הִתְמֹגָגוּ וַתִּשָּׂא הָאָרֶץ מִפָּנָיו וְתֵבֵל וְכָל־
ו יֹשְׁבֵי בָהּ: לִפְנֵי זַעְמוֹ מִי יַעֲמוֹד וּמִי יָקוּם בַּחֲרוֹן אַפּוֹ חֲמָתוֹ
ז נִתְּכָה כָאֵשׁ וְהַצֻּרִים נִתְּצוּ מִמֶּנּוּ: טוֹב יְהוָה לְמָעוֹז בְּיוֹם צָרָה
ח וְיֹדֵעַ חֹסֵי בוֹ: וּבְשֶׁטֶף עֹבֵר כָּלָה יַעֲשֶׂה מְקוֹמָהּ וְאֹיְבָיו יְרַדֶּף־
ט חֹשֶׁךְ: מַה־תְּחַשְּׁבוּן אֶל־יְהוָה כָּלָה הוּא עֹשֶׂה לֹא־תָקוּם
י פַּעֲמַיִם צָרָה: כִּי עַד־סִירִים סְבֻכִים וּכְסָבְאָם סְבוּאִים אֻכְּלוּ
יא כְּקַשׁ יָבֵשׁ מָלֵא: מִמֵּךְ יָצָא חֹשֵׁב עַל־יְהוָה רָעָה יֹעֵץ
יב בְּלִיָּעַל: כֹּה | אָמַר יְהוָה אִם־שְׁלֵמִים וְכֵן רַבִּים
יג וְכֵן נָגֹזּוּ וְעָבָר וְעִנִּתִךְ לֹא אֲעַנֵּךְ עוֹד: וְעַתָּה אֶשְׁבֹּר מֹטֵהוּ
יד מֵעָלָיִךְ וּמוֹסְרֹתַיִךְ אֲנַתֵּק: וְצִוָּה עָלֶיךָ יְהוָה לֹא־יִזָּרַע מִשִּׁמְךָ
עוֹד מִבֵּית אֱלֹהֶיךָ אַכְרִית פֶּסֶל וּמַסֵּכָה אָשִׂים קִבְרֶךָ כִּי

# ב

א קַלּוֹתָ: הִנֵּה עַל־הֶהָרִים רַגְלֵי מְבַשֵּׂר מַשְׁמִיעַ
שָׁלוֹם חָגִּי יְהוּדָה חַגַּיִךְ שַׁלְּמִי נְדָרָיִךְ כִּי לֹא יוֹסִיף עוֹד לעבור־ לַעֲבָר־
ב בָּךְ בְּלִיַּעַל כֻּלֹּה נִכְרָת: עָלָה מֵפִיץ עַל־פָּנַיִךְ נָצוֹר מְצֻרָה
ג צַפֵּה־דֶרֶךְ חַזֵּק מָתְנַיִם אַמֵּץ כֹּחַ מְאֹד: כִּי שָׁב יְהוָה אֶת־גְּאוֹן
ד יַעֲקֹב כִּגְאוֹן יִשְׂרָאֵל כִּי בְקָקוּם בֹּקְקִים וּזְמֹרֵיהֶם שִׁחֵתוּ: מָגֵן
גִּבֹּרֵיהוּ מְאָדָּם אַנְשֵׁי־חַיִל מְתֻלָּעִים בְּאֵשׁ־פְּלָדוֹת הָרֶכֶב בְּיוֹם
ה הֲכִינוֹ וְהַבְּרֹשִׁים הָרְעָלוּ: בַּחוּצוֹת יִתְהוֹלְלוּ הָרֶכֶב יִשְׁתַּקְשְׁקוּן
ו בָּרְחֹבוֹת מַרְאֵיהֶן כַּלַּפִּידִים כַּבְּרָקִים יְרוֹצֵצוּ: יִזְכֹּר אַדִּירָיו
ז יִכָּשְׁלוּ בהלוכתם יְמַהֲרוּ חוֹמָתָהּ וְהֻכַן הַסֹּכֵךְ: שַׁעֲרֵי הַנְּהָרוֹת בַּהֲלִיכָתָם
ח נִפְתָּחוּ וְהַהֵיכָל נָמוֹג: וְהֻצַּב גֻּלְּתָה הֹעֲלָתָה וְאַמְהֹתֶיהָ מְנַהֲגוֹת
ט כְּקוֹל יוֹנִים מְתֹפְפֹת עַל־לִבְבֵהֶן: וְנִינְוֵה כִבְרֵכַת־מַיִם מִימֵי

י הִיא וְהֵמָּה נָסִים עִמְדוּ עֲמֹדוּ וְאֵין מַפְנֶה: בֹּזּוּ כֶסֶף בֹּזּוּ זָהָב
יא וְאֵין קֵצֶה לַתְּכוּנָה כָּבֹד מִכֹּל כְּלִי חֶמְדָּה: בּוּקָה וּמְבוּקָה
וּמְבֻלָּקָה וְלֵב נָמֵס וּפִק בִּרְכַּיִם וְחַלְחָלָה בְּכָל־מָתְנַיִם וּפְנֵי
יב כֻלָּם קִבְּצוּ פָארוּר: אַיֵּה מְעוֹן אֲרָיוֹת וּמִרְעֶה הוּא לַכְּפִרִים
יג אֲשֶׁר הָלַךְ אַרְיֵה לָבִיא שָׁם גּוּר אַרְיֵה וְאֵין מַחֲרִיד: אַרְיֵה
טֹרֵף בְּדֵי גֹרוֹתָיו וּמְחַנֵּק לְלִבְאֹתָיו וַיְמַלֵּא־טֶרֶף חֹרָיו וּמְעֹנֹתָיו
יד טְרֵפָה: הִנְנִי אֵלַיִךְ נְאֻם יְהוָה צְבָאוֹת וְהִבְעַרְתִּי בֶעָשָׁן רִכְבָּהּ
וּכְפִירַיִךְ תֹּאכַל חָרֶב וְהִכְרַתִּי מֵאֶרֶץ טַרְפֵּךְ וְלֹא־יִשָּׁמַע עוֹד
ג א קוֹל מַלְאָכֵכֵה: הוֹי עִיר דָּמִים כֻּלָּהּ כַּחַשׁ פֶּרֶק
ב מְלֵאָה לֹא יָמִישׁ טָרֶף: קוֹל שׁוֹט וְקוֹל רַעַשׁ אוֹפָן וְסוּס דֹּהֵר
ג וּמֶרְכָּבָה מְרַקֵּדָה: פָּרָשׁ מַעֲלֶה וְלַהַב חֶרֶב וּבְרַק חֲנִית וְרֹב
ד חָלָל וְכֹבֶד פָּגֶר וְאֵין קֵצֶה לַגְּוִיָּה יִכְשְׁלוּ בִּגְוִיָּתָם: מֵרֹב זְנוּנֵי וְכָשְׁלוּ
זוֹנָה טוֹבַת חֵן בַּעֲלַת כְּשָׁפִים הַמֹּכֶרֶת גּוֹיִם בִּזְנוּנֶיהָ וּמִשְׁפָּחוֹת
ה בִּכְשָׁפֶיהָ: הִנְנִי אֵלַיִךְ נְאֻם יְהוָה צְבָאוֹת וְגִלֵּיתִי שׁוּלַיִךְ עַל־
ו פָּנָיִךְ וְהַרְאֵיתִי גוֹיִם מַעְרֵךְ וּמַמְלָכוֹת קְלוֹנֵךְ: וְהִשְׁלַכְתִּי עָלַיִךְ
ז שִׁקֻּצִים וְנִבַּלְתִּיךְ וְשַׂמְתִּיךְ כְּרֹאִי: וְהָיָה כָל־רֹאַיִךְ יִדּוֹד מִמֵּךְ
וְאָמַר שָׁדְּדָה נִינְוֵה מִי יָנוּד לָהּ מֵאַיִן אֲבַקֵּשׁ מְנַחֲמִים לָךְ:
ח הֲתֵיטְבִי מִנֹּא אָמוֹן הַיֹּשְׁבָה בַּיְאֹרִים מַיִם סָבִיב לָהּ אֲשֶׁר־חֵיל
ט יָם מִיָּם חוֹמָתָהּ: כּוּשׁ עָצְמָה וּמִצְרַיִם וְאֵין קֵצֶה פּוּט וְלוּבִים
י הָיוּ בְּעֶזְרָתֵךְ: גַּם־הִיא לַגֹּלָה הָלְכָה בַשֶּׁבִי גַּם עֹלָלֶיהָ יְרֻטְּשׁוּ
בְּרֹאשׁ כָּל־חוּצוֹת וְעַל־נִכְבַּדֶּיהָ יַדּוּ גוֹרָל וְכָל־גְּדוֹלֶיהָ רֻתְּקוּ
יא בַזִּקִּים: גַּם־אַתְּ תִּשְׁכְּרִי תְּהִי נַעֲלָמָה גַּם־אַתְּ תְּבַקְשִׁי מָעוֹז
יב מֵאוֹיֵב: כָּל־מִבְצָרַיִךְ תְּאֵנִים עִם־בִּכּוּרִים אִם־יִנּוֹעוּ וְנָפְלוּ עַל־
יג פִּי אוֹכֵל: הִנֵּה עַמֵּךְ נָשִׁים בְּקִרְבֵּךְ לְאֹיְבַיִךְ פָּתוֹחַ נִפְתְּחוּ שַׁעֲרֵי
יד אַרְצֵךְ אָכְלָה אֵשׁ בְּרִיחָיִךְ: מֵי מָצוֹר שַׁאֲבִי־לָךְ חַזְּקִי מִבְצָרָיִךְ
טו בֹּאִי בַטִּיט וְרִמְסִי בַחֹמֶר הַחֲזִיקִי מַלְבֵּן: שָׁם תֹּאכְלֵךְ אֵשׁ
תַּכְרִיתֵךְ חֶרֶב תֹּאכְלֵךְ כַּיָּלֶק הִתְכַּבֵּד כַּיֶּלֶק הִתְכַּבְּדִי כָּאַרְבֶּה:

ג טז יז הִרְבֵּית רֹכְלַיִךְ מִכּוֹכְבֵי הַשָּׁמָיִם יֶלֶק פָּשַׁט וַיָּעֹף: מִנְּזָרַיִךְ
כָּאַרְבֶּה וְטַפְסְרַיִךְ כְּגוֹב גּוֹבָי הַחוֹנִים בַּגְּדֵרוֹת בְּיוֹם קָרָה
יח שֶׁמֶשׁ זָרְחָה וְנוֹדַד וְלֹא־נוֹדַע מְקוֹמוֹ אַיָּם: נָמוּ רֹעֶיךָ
מֶלֶךְ אַשּׁוּר יִשְׁכְּנוּ אַדִּירֶיךָ נָפֹשׁוּ עַמְּךָ עַל־הֶהָרִים וְאֵין
יט מְקַבֵּץ: אֵין־כֵּהָה לְשִׁבְרֶךָ נַחְלָה מַכָּתֶךָ כֹּל ׀ שֹׁמְעֵי שִׁמְעֲךָ
תָּקְעוּ כַף עָלֶיךָ כִּי עַל־מִי לֹא־עָבְרָה רָעָתְךָ תָּמִיד:

# חבקוק

א א ב הַמַּשָּׂא אֲשֶׁר חָזָה חֲבַקּוּק הַנָּבִיא: עַד־אָנָה יְהוָה שִׁוַּעְתִּי וְלֹא יג
ג תִשְׁמָע אֶזְעַק אֵלֶיךָ חָמָס וְלֹא תוֹשִׁיעַ: לָמָּה תַרְאֵנִי אָוֶן וְעָמָל
ד תַּבִּיט וְשֹׁד וְחָמָס לְנֶגְדִּי וַיְהִי רִיב וּמָדוֹן יִשָּׂא: עַל־כֵּן תָּפוּג
תּוֹרָה וְלֹא־יֵצֵא לָנֶצַח מִשְׁפָּט כִּי רָשָׁע מַכְתִּיר אֶת־הַצַּדִּיק
ה עַל־כֵּן יֵצֵא מִשְׁפָּט מְעֻקָּל: רְאוּ בַגּוֹיִם וְהַבִּיטוּ וְהִתַּמְּהוּ תְּמָהוּ
ו כִּי־פֹעַל פֹּעֵל בִּימֵיכֶם לֹא תַאֲמִינוּ כִּי יְסֻפָּר: כִּי־הִנְנִי מֵקִים
אֶת־הַכַּשְׂדִּים הַגּוֹי הַמַּר וְהַנִּמְהָר הַהוֹלֵךְ לְמֶרְחֲבֵי־אֶרֶץ לָרֶשֶׁת
ז מִשְׁכָּנוֹת לֹּא־לוֹ: אָיֹם וְנוֹרָא הוּא מִמֶּנּוּ מִשְׁפָּטוֹ וּשְׂאֵתוֹ יֵצֵא:
ח וְקַלּוּ מִנְּמֵרִים סוּסָיו וְחַדּוּ מִזְּאֵבֵי עֶרֶב וּפָשׁוּ פָּרָשָׁיו וּפָרָשָׁיו
ט מֵרָחוֹק יָבֹאוּ יָעֻפוּ כְּנֶשֶׁר חָשׁ לֶאֱכוֹל: כֻּלֹּה לְחָמָס יָבוֹא מְגַמַּת
י פְּנֵיהֶם קָדִימָה וַיֶּאֱסֹף כַּחוֹל שֶׁבִי: וְהוּא בַּמְּלָכִים יִתְקַלָּס וְרֹזְנִים
יא מִשְׂחָק לוֹ הוּא לְכָל־מִבְצָר יִשְׂחָק וַיִּצְבֹּר עָפָר וַיִּלְכְּדָהּ: אָז
יב חָלַף רוּחַ וַיַּעֲבֹר וְאָשֵׁם זוּ כֹחוֹ לֵאלֹהוֹ: הֲלוֹא אַתָּה מִקֶּדֶם
יְהוָה אֱלֹהַי קְדֹשִׁי לֹא נָמוּת יְהוָה לְמִשְׁפָּט שַׂמְתּוֹ וְצוּר לְהוֹכִיחַ
יג יְסַדְתּוֹ: טְהוֹר עֵינַיִם מֵרְאוֹת רָע וְהַבִּיט אֶל־עָמָל לֹא תוּכָל
יד לָמָּה תַבִּיט בּוֹגְדִים תַּחֲרִישׁ בְּבַלַּע רָשָׁע צַדִּיק מִמֶּנּוּ: וַתַּעֲשֶׂה
טו אָדָם כִּדְגֵי הַיָּם כְּרֶמֶשׂ לֹא־מֹשֵׁל בּוֹ: כֻּלֹּה בְּחַכָּה הֵעֲלָה
טז יְגֹרֵהוּ בְחֶרְמוֹ וְיַאַסְפֵהוּ בְּמִכְמַרְתּוֹ עַל־כֵּן יִשְׂמַח וְיָגִיל: עַל־

כֵּן יְזַבֵּחַ לְחֶרְמוֹ וִיקַטֵּר לְמִכְמַרְתּוֹ כִּי בָהֵמָּה שָׁמֵן חֶלְקוֹ
יז וּמַאֲכָלוֹ בְּרִאָה׃ הַעַל כֵּן יָרִיק חֶרְמוֹ וְתָמִיד לַהֲרֹג גּוֹיִם לֹא
ב א יַחְמוֹל׃ עַל־מִשְׁמַרְתִּי אֶעֱמֹדָה וְאֶתְיַצְּבָה עַל־
מָצוֹר וַאֲצַפֶּה לִרְאוֹת מַה־יְדַבֶּר־בִּי וּמָה אָשִׁיב עַל־תּוֹכַחְתִּי׃
ב וַיַּעֲנֵנִי יהוה וַיֹּאמֶר כְּתוֹב חָזוֹן וּבָאֵר עַל־הַלֻּחוֹת לְמַעַן יָרוּץ
ג קוֹרֵא בוֹ׃ כִּי עוֹד חָזוֹן לַמּוֹעֵד וְיָפֵחַ לַקֵּץ וְלֹא יְכַזֵּב אִם־
ד יִתְמַהְמַהּ חַכֵּה־לוֹ כִּי־בֹא יָבֹא לֹא יְאַחֵר׃ הִנֵּה עֻפְּלָה לֹא־
ה יָשְׁרָה נַפְשׁוֹ בּוֹ וְצַדִּיק בֶּאֱמוּנָתוֹ יִחְיֶה׃ וְאַף כִּי־הַיַּיִן בּוֹגֵד גֶּבֶר
יָהִיר וְלֹא יִנְוֶה אֲשֶׁר הִרְחִיב כִּשְׁאוֹל נַפְשׁוֹ וְהוּא כַמָּוֶת וְלֹא
ו יִשְׂבָּע וַיֶּאֱסֹף אֵלָיו כָּל־הַגּוֹיִם וַיִּקְבֹּץ אֵלָיו כָּל־הָעַמִּים׃ הֲלוֹא־
אֵלֶּה כֻלָּם עָלָיו מָשָׁל יִשָּׂאוּ וּמְלִיצָה חִידוֹת לוֹ וְיֹאמַר הוֹי
ז הַמַּרְבֶּה לֹּא־לוֹ עַד־מָתַי וּמַכְבִּיד עָלָיו עַבְטִיט׃ הֲלוֹא פֶתַע
ח יָקוּמוּ נֹשְׁכֶיךָ וְיִקְצוּ מְזַעְזְעֶיךָ וְהָיִיתָ לִמְשִׁסּוֹת לָמוֹ׃ כִּי־אַתָּה
שַׁלּוֹתָ גּוֹיִם רַבִּים יְשָׁלּוּךָ כָּל־יֶתֶר עַמִּים מִדְּמֵי אָדָם וַחֲמַס־
ט אֶרֶץ קִרְיָה וְכָל־יֹשְׁבֵי בָהּ׃ הוֹי בֹּצֵעַ בֶּצַע רָע
י לְבֵיתוֹ לָשׂוּם בַּמָּרוֹם קִנּוֹ לְהִנָּצֵל מִכַּף־רָע׃ יָעַצְתָּ בֹּשֶׁת לְבֵיתֶךָ
יא קְצוֹת־עַמִּים רַבִּים וְחוֹטֵא נַפְשֶׁךָ׃ כִּי־אֶבֶן מִקִּיר תִּזְעָק וְכָפִיס
יב מֵעֵץ יַעֲנֶנָּה׃ הוֹי בֹּנֶה עִיר בְּדָמִים וְכוֹנֵן קִרְיָה
יג בְּעַוְלָה׃ הֲלוֹא הִנֵּה מֵאֵת יהוה צְבָאוֹת וְיִיגְעוּ עַמִּים בְּדֵי־
יד אֵשׁ וּלְאֻמִּים בְּדֵי־רִיק יִעָפוּ׃ כִּי תִּמָּלֵא הָאָרֶץ לָדַעַת אֶת־כְּבוֹד
טו יהוה כַּמַּיִם יְכַסּוּ עַל־יָם׃ הוֹי מַשְׁקֵה רֵעֵהוּ מְסַפֵּחַ
טז חֲמָתְךָ וְאַף שַׁכֵּר לְמַעַן הַבִּיט עַל־מְעוֹרֵיהֶם׃ שָׂבַעְתָּ קָלוֹן
מִכָּבוֹד שְׁתֵה גַם־אַתָּה וְהֵעָרֵל תִּסּוֹב עָלֶיךָ כּוֹס יְמִין יהוה
יז וְקִיקָלוֹן עַל־כְּבוֹדֶךָ׃ כִּי־חֲמַס לְבָנוֹן יְכַסֶּךָּ וְשֹׁד בְּהֵמוֹת יְחִיתַן
יח מִדְּמֵי אָדָם וַחֲמַס־אֶרֶץ קִרְיָה וְכָל־יֹשְׁבֵי בָהּ׃ מַה־
הוֹעִיל פֶּסֶל כִּי פְסָלוֹ יֹצְרוֹ מַסֵּכָה וּמוֹרֶה שָּׁקֶר כִּי בָטַח יֹצֵר
יט יִצְרוֹ עָלָיו לַעֲשׂוֹת אֱלִילִים אִלְּמִים׃ הוֹי אֹמֵר לָעֵץ

ב

הָקִיצָה עוּרִי לְאֶבֶן דּוּמָם הוּא יוֹרֶה הִנֵּה־הוּא תָּפוּשׂ זָהָב וָכֶסֶף
כ וְכָל־רוּחַ אֵין בְּקִרְבּוֹ׃ וַיהוָה בְּהֵיכַל קָדְשׁוֹ הַס מִפָּנָיו כָּל־
ג א הָאָרֶץ׃ תְּפִלָּה לַחֲבַקּוּק הַנָּבִיא עַל שִׁגְיֹנוֹת׃
ב יְהוָה שָׁמַעְתִּי שִׁמְעֲךָ יָרֵאתִי יְהוָה פָּעָלְךָ בְּקֶרֶב שָׁנִים חַיֵּיהוּ
ג בְּקֶרֶב שָׁנִים תּוֹדִיעַ בְּרֹגֶז רַחֵם תִּזְכּוֹר׃ אֱלוֹהַ מִתֵּימָן יָבוֹא
וְקָדוֹשׁ מֵהַר־פָּארָן סֶלָה כִּסָּה שָׁמַיִם הוֹדוֹ וּתְהִלָּתוֹ מָלְאָה
ד הָאָרֶץ׃ וְנֹגַהּ כָּאוֹר תִּהְיֶה קַרְנַיִם מִיָּדוֹ לוֹ וְשָׁם חֶבְיוֹן עֻזֹּה׃
ה ו לְפָנָיו יֵלֶךְ דָּבֶר וְיֵצֵא רֶשֶׁף לְרַגְלָיו׃ עָמַד ׀ וַיְמֹדֶד אֶרֶץ רָאָה
וַיַּתֵּר גּוֹיִם וַיִּתְפֹּצְצוּ הַרְרֵי־עַד שַׁחוּ גִּבְעוֹת עוֹלָם הֲלִיכוֹת
ז עוֹלָם לוֹ׃ תַּחַת אָוֶן רָאִיתִי אָהֳלֵי כוּשָׁן יִרְגְּזוּן יְרִיעוֹת אֶרֶץ
ח מִדְיָן׃ הֲבִנְהָרִים חָרָה יְהוָה אִם בַּנְּהָרִים אַפֶּךָ
אִם־בַּיָּם עֶבְרָתֶךָ כִּי תִרְכַּב עַל־סוּסֶיךָ מַרְכְּבֹתֶיךָ יְשׁוּעָה׃
ט עֶרְיָה תֵעוֹר קַשְׁתֶּךָ שְׁבֻעוֹת מַטּוֹת אֹמֶר סֶלָה נְהָרוֹת תְּבַקַּע־
י אָרֶץ׃ רָאוּךָ יָחִילוּ הָרִים זֶרֶם מַיִם עָבָר נָתַן תְּהוֹם קוֹלוֹ רוֹם
יא יָדֵיהוּ נָשָׂא׃ שֶׁמֶשׁ יָרֵחַ עָמַד זְבֻלָה לְאוֹר חִצֶּיךָ יְהַלֵּכוּ לְנֹגַהּ
יב יג בְּרַק חֲנִיתֶךָ׃ בְּזַעַם תִּצְעַד־אָרֶץ בְּאַף תָּדוּשׁ גּוֹיִם׃ יָצָאתָ לְיֵשַׁע
עַמֶּךָ לְיֵשַׁע אֶת־מְשִׁיחֶךָ מָחַצְתָּ רֹּאשׁ מִבֵּית רָשָׁע עָרוֹת יְסוֹד
יד עַד־צַוָּאר סֶלָה׃ נָקַבְתָּ בְמַטָּיו רֹאשׁ פְּרָזָו יִסְעֲרוּ
טו לַהֲפִיצֵנִי עֲלִיצֻתָם כְּמוֹ־לֶאֱכֹל עָנִי בַּמִּסְתָּר׃ דָּרַכְתָּ בַיָּם סוּסֶיךָ
טז חֹמֶר מַיִם רַבִּים׃ שָׁמַעְתִּי ׀ וַתִּרְגַּז בִּטְנִי לְקוֹל צָלֲלוּ שְׂפָתַי יָבוֹא
רָקָב בַּעֲצָמַי וְתַחְתַּי אֶרְגָּז אֲשֶׁר אָנוּחַ לְיוֹם צָרָה לַעֲלוֹת לְעַם
יז יְגוּדֶנּוּ׃ כִּי־תְאֵנָה לֹא־תִפְרָח וְאֵין יְבוּל בַּגְּפָנִים כִּחֵשׁ מַעֲשֵׂה־
זַיִת וּשְׁדֵמוֹת לֹא־עָשָׂה אֹכֶל גָּזַר מִמִּכְלָה צֹאן וְאֵין בָּקָר
יח יט בָּרְפָתִים׃ וַאֲנִי בַּיהוָה אֶעְלוֹזָה אָגִילָה בֵּאלֹהֵי יִשְׁעִי׃ יְהוִה אֲדֹנָי
חֵילִי וַיָּשֶׂם רַגְלַי כָּאַיָּלוֹת וְעַל בָּמוֹתַי יַדְרִכֵנִי לַמְנַצֵּחַ בִּנְגִינוֹתָי׃

יד

מלכות יאשיהו
מל״ב כב, א – כג, ל
דה״ב לד, א – לה, כז

א דְּבַר־יהוה ׀ אֲשֶׁר הָיָה אֶל־צְפַנְיָה בֶּן־כּוּשִׁי בֶן־גְּדַלְיָה בֶּן־
ב אֲמַרְיָה בֶּן־חִזְקִיָּה בִּימֵי יֹאשִׁיָּהוּ בֶן־אָמוֹן מֶלֶךְ יְהוּדָה: אָסֹף
ג אָסֵף כֹּל מֵעַל פְּנֵי הָאֲדָמָה נְאֻם־יהוה: אָסֵף אָדָם וּבְהֵמָה
אָסֵף עוֹף־הַשָּׁמַיִם וּדְגֵי הַיָּם וְהַמַּכְשֵׁלוֹת אֶת־הָרְשָׁעִים וְהִכְרַתִּי
ד אֶת־הָאָדָם מֵעַל פְּנֵי הָאֲדָמָה נְאֻם־יהוה: וְנָטִיתִי יָדִי עַל־
יְהוּדָה וְעַל כָּל־יוֹשְׁבֵי יְרוּשָׁלָםִ וְהִכְרַתִּי מִן־הַמָּקוֹם הַזֶּה
ה אֶת־שְׁאָר הַבַּעַל אֶת־שֵׁם הַכְּמָרִים עִם־הַכֹּהֲנִים: וְאֶת־
הַמִּשְׁתַּחֲוִים עַל־הַגַּגּוֹת לִצְבָא הַשָּׁמָיִם וְאֶת־הַמִּשְׁתַּחֲוִים
ו הַנִּשְׁבָּעִים לַיהוה וְהַנִּשְׁבָּעִים בְּמַלְכָּם: וְאֶת־הַנְּסוֹגִים מֵאַחֲרֵי
ז יהוה וַאֲשֶׁר לֹא־בִקְשׁוּ אֶת־יהוה וְלֹא דְרָשֻׁהוּ: הַס מִפְּנֵי
אֲדֹנָי יֱהֹוִה כִּי קָרוֹב יוֹם יהוה כִּי־הֵכִין יהוה זֶבַח הִקְדִּישׁ
ח קְרֻאָיו: וְהָיָה בְּיוֹם זֶבַח יהוה וּפָקַדְתִּי עַל־
הַשָּׂרִים וְעַל־בְּנֵי הַמֶּלֶךְ וְעַל כָּל־הַלֹּבְשִׁים מַלְבּוּשׁ נָכְרִי:
ט וּפָקַדְתִּי עַל כָּל־הַדּוֹלֵג עַל־הַמִּפְתָּן בַּיּוֹם הַהוּא הַמְמַלְאִים
י בֵּית אֲדֹנֵיהֶם חָמָס וּמִרְמָה: וְהָיָה בַיּוֹם הַהוּא
נְאֻם־יהוה קוֹל צְעָקָה מִשַּׁעַר הַדָּגִים וִילָלָה מִן־הַמִּשְׁנֶה וְשֶׁבֶר
יא גָּדוֹל מֵהַגְּבָעוֹת: הֵילִילוּ יֹשְׁבֵי הַמַּכְתֵּשׁ כִּי נִדְמָה כָּל־עַם כְּנַעַן
יב נִכְרְתוּ כָּל־נְטִילֵי כָסֶף: וְהָיָה בָּעֵת הַהִיא אֲחַפֵּשׂ
אֶת־יְרוּשָׁלַםִ בַּנֵּרוֹת וּפָקַדְתִּי עַל־הָאֲנָשִׁים הַקֹּפְאִים עַל־
יג שִׁמְרֵיהֶם הָאֹמְרִים בִּלְבָבָם לֹא־יֵיטִיב יהוה וְלֹא יָרֵעַ: וְהָיָה
חֵילָם לִמְשִׁסָּה וּבָתֵּיהֶם לִשְׁמָמָה וּבָנוּ בָתִּים וְלֹא יֵשֵׁבוּ וְנָטְעוּ
יד כְרָמִים וְלֹא יִשְׁתּוּ אֶת־יֵינָם: קָרוֹב יוֹם־יהוה הַגָּדוֹל קָרוֹב
טו וּמַהֵר מְאֹד קוֹל יוֹם יהוה מַר צֹרֵחַ שָׁם גִּבּוֹר: יוֹם עֶבְרָה הַיּוֹם
הַהוּא יוֹם צָרָה וּמְצוּקָה יוֹם שֹׁאָה וּמְשׁוֹאָה יוֹם חֹשֶׁךְ וַאֲפֵלָה
טז יוֹם עָנָן וַעֲרָפֶל: יוֹם שׁוֹפָר וּתְרוּעָה עַל הֶעָרִים הַבְּצֻרוֹת וְעַל
יז הַפִּנּוֹת הַגְּבֹהוֹת: וַהֲצֵרֹתִי לָאָדָם וְהָלְכוּ כַּעִוְרִים כִּי לַיהוה
יח חָטָאוּ וְשֻׁפַּךְ דָּמָם כֶּעָפָר וּלְחֻמָם כַּגְּלָלִים: גַּם־כַּסְפָּם גַּם־

זְהָבָם לֹא־יוּכַל לְהַצִּילָם בְּיוֹם עֶבְרַת יְהוָה וּבְאֵשׁ קִנְאָתוֹ
תֵּאָכֵל כָּל־הָאָרֶץ כִּי־כָלָה אַךְ־נִבְהָלָה יַעֲשֶׂה אֵת כָּל־יֹשְׁבֵי
ב א הָאָרֶץ׃ הִתְקוֹשְׁשׁוּ וָקוֹשּׁוּ הַגּוֹי לֹא נִכְסָף׃
ב בְּטֶרֶם לֶדֶת חֹק כְּמֹץ עָבַר יוֹם בְּטֶרֶם ׀ לֹא־יָבוֹא עֲלֵיכֶם
ג חֲרוֹן אַף־יְהוָה בְּטֶרֶם לֹא־יָבוֹא עֲלֵיכֶם יוֹם אַף־יְהוָה׃ בַּקְּשׁוּ
אֶת־יְהוָה כָּל־עַנְוֵי הָאָרֶץ אֲשֶׁר מִשְׁפָּטוֹ פָּעָלוּ בַּקְּשׁוּ־צֶדֶק
ד בַּקְּשׁוּ עֲנָוָה אוּלַי תִּסָּתְרוּ בְּיוֹם אַף־יְהוָה׃ כִּי עַזָּה עֲזוּבָה
תִהְיֶה וְאַשְׁקְלוֹן לִשְׁמָמָה אַשְׁדּוֹד בַּצָּהֳרַיִם יְגָרְשׁוּהָ וְעֶקְרוֹן
ה תֵּעָקֵר׃ הוֹי יֹשְׁבֵי חֶבֶל הַיָּם גּוֹי כְּרֵתִים דְּבַר־
יְהוָה עֲלֵיכֶם כְּנַעַן אֶרֶץ פְּלִשְׁתִּים וְהַאֲבַדְתִּיךְ מֵאֵין יוֹשֵׁב׃
ו ז וְהָיְתָה חֶבֶל הַיָּם נְוֹת כְּרֹת רֹעִים וְגִדְרוֹת צֹאן׃ וְהָיָה חֶבֶל
לִשְׁאֵרִית בֵּית יְהוּדָה עֲלֵיהֶם יִרְעוּן בְּבָתֵּי אַשְׁקְלוֹן בָּעֶרֶב
ח יִרְבָּצוּן כִּי יִפְקְדֵם יְהוָה אֱלֹהֵיהֶם וְשָׁב שבותם׃ שָׁמַעְתִּי חֶרְפַּת שְׁבִיתָם
מוֹאָב וְגִדּוּפֵי בְּנֵי עַמּוֹן אֲשֶׁר חֵרְפוּ אֶת־עַמִּי וַיַּגְדִּילוּ עַל־גְּבוּלָם׃
ט לָכֵן חַי־אָנִי נְאֻם יְהוָה צְבָאוֹת אֱלֹהֵי יִשְׂרָאֵל כִּי מוֹאָב כִּסְדֹם
תִּהְיֶה וּבְנֵי עַמּוֹן כַּעֲמֹרָה מִמְשַׁק חָרוּל וּמִכְרֵה־מֶלַח וּשְׁמָמָה
י עַד־עוֹלָם שְׁאֵרִית עַמִּי יְבָזּוּם וְיֶתֶר גּוֹי יִנְחָלוּם׃ זֹאת לָהֶם
יא תַּחַת גְּאוֹנָם כִּי חֵרְפוּ וַיַּגְדִּלוּ עַל־עַם יְהוָה צְבָאוֹת׃ נוֹרָא יְהוָה
עֲלֵיהֶם כִּי רָזָה אֵת כָּל־אֱלֹהֵי הָאָרֶץ וְיִשְׁתַּחֲווּ־לוֹ אִישׁ מִמְּקוֹמוֹ
יב יג כֹּל אִיֵּי הַגּוֹיִם׃ גַּם־אַתֶּם כּוּשִׁים חַלְלֵי חַרְבִּי הֵמָּה׃ וְיֵט יָדוֹ
עַל־צָפוֹן וִיאַבֵּד אֶת־אַשּׁוּר וְיָשֵׂם אֶת־נִינְוֵה לִשְׁמָמָה צִיָּה
יד כַּמִּדְבָּר׃ וְרָבְצוּ בְתוֹכָהּ עֲדָרִים כָּל־חַיְתוֹ־גוֹי גַּם־קָאַת גַּם־
קִפֹּד בְּכַפְתֹּרֶיהָ יָלִינוּ קוֹל יְשׁוֹרֵר בַּחַלּוֹן חֹרֶב בַּסַּף כִּי אַרְזָה
טו עֵרָה׃ זֹאת הָעִיר הָעַלִּיזָה הַיּוֹשֶׁבֶת לָבֶטַח הָאֹמְרָה בִּלְבָבָהּ
אֲנִי וְאַפְסִי עוֹד אֵיךְ ׀ הָיְתָה לְשַׁמָּה מַרְבֵּץ לַחַיָּה כֹּל עוֹבֵר
ג א עָלֶיהָ יִשְׁרֹק יָנִיעַ יָדוֹ׃ הוֹי מֹרְאָה וְנִגְאָלָה הָעִיר
ב הַיּוֹנָה׃ לֹא שָׁמְעָה בְּקוֹל לֹא לָקְחָה מוּסָר בַּיהוָה לֹא בָטָחָה

ג אֶל־אֱלֹהֶיהָ לֹא קָרֵבָה: שָׂרֶיהָ בְקִרְבָּהּ אֲרָיוֹת שֹׁאֲגִים שֹׁפְטֶיהָ
ד זְאֵבֵי עֶרֶב לֹא גָרְמוּ לַבֹּקֶר: נְבִיאֶיהָ פֹּחֲזִים אַנְשֵׁי בֹּגְדוֹת
ה כֹּהֲנֶיהָ חִלְּלוּ־קֹדֶשׁ חָמְסוּ תּוֹרָה: יְהוָה צַדִּיק בְּקִרְבָּהּ לֹא יַעֲשֶׂה
עַוְלָה בַּבֹּקֶר בַּבֹּקֶר מִשְׁפָּטוֹ יִתֵּן לָאוֹר לֹא נֶעְדָּר וְלֹא־יוֹדֵעַ עַוָּל
ו בֹּשֶׁת: הִכְרַתִּי גוֹיִם נָשַׁמּוּ פִּנּוֹתָם הֶחֱרַבְתִּי חוּצוֹתָם מִבְּלִי
ז עוֹבֵר נִצְדּוּ עָרֵיהֶם מִבְּלִי־אִישׁ מֵאֵין יוֹשֵׁב: אָמַרְתִּי אַךְ־תִּירְאִי
אוֹתִי תִּקְחִי מוּסָר וְלֹא־יִכָּרֵת מְעוֹנָהּ כֹּל אֲשֶׁר־פָּקַדְתִּי עָלֶיהָ
ח אָכֵן הִשְׁכִּימוּ הִשְׁחִיתוּ כֹּל עֲלִילוֹתָם: לָכֵן חַכּוּ־לִי נְאֻם־יְהוָה
לְיוֹם קוּמִי לְעַד כִּי מִשְׁפָּטִי לֶאֱסֹף גּוֹיִם לְקָבְצִי מַמְלָכוֹת לִשְׁפֹּךְ
עֲלֵיהֶם זַעְמִי כֹּל חֲרוֹן אַפִּי כִּי בְּאֵשׁ קִנְאָתִי תֵּאָכֵל כָּל־הָאָרֶץ:
ט כִּי־אָז אֶהְפֹּךְ אֶל־עַמִּים שָׂפָה בְרוּרָה לִקְרֹא כֻלָּם בְּשֵׁם יְהוָה
י לְעָבְדוֹ שְׁכֶם אֶחָד: מֵעֵבֶר לְנַהֲרֵי־כוּשׁ עֲתָרַי בַּת־פּוּצַי יוֹבִלוּן
יא מִנְחָתִי: בַּיּוֹם הַהוּא לֹא תֵבוֹשִׁי מִכֹּל עֲלִילֹתַיִךְ אֲשֶׁר פָּשַׁעַתְּ
בִּי כִּי־אָז ׀ אָסִיר מִקִּרְבֵּךְ עַלִּיזֵי גַּאֲוָתֵךְ וְלֹא־תוֹסִפִי לְגָבְהָה עוֹד
יב בְּהַר קָדְשִׁי: וְהִשְׁאַרְתִּי בְקִרְבֵּךְ עַם עָנִי וָדָל וְחָסוּ בְּשֵׁם
יג יְהוָה: שְׁאֵרִית יִשְׂרָאֵל לֹא־יַעֲשׂוּ עַוְלָה וְלֹא־יְדַבְּרוּ כָזָב
וְלֹא־יִמָּצֵא בְּפִיהֶם לְשׁוֹן תַּרְמִית כִּי־הֵמָּה יִרְעוּ וְרָבְצוּ וְאֵין
יד מַחֲרִיד: רָנִּי בַּת־צִיּוֹן הָרִיעוּ יִשְׂרָאֵל שִׂמְחִי וְעָלְזִי
טו בְּכָל־לֵב בַּת יְרוּשָׁלָם: הֵסִיר יְהוָה מִשְׁפָּטַיִךְ פִּנָּה אֹיְבֵךְ מֶלֶךְ
טז יִשְׂרָאֵל ׀ יְהוָה בְּקִרְבֵּךְ לֹא־תִירְאִי רָע עוֹד: בַּיּוֹם
יז הַהוּא יֵאָמֵר לִירוּשָׁלַם אַל־תִּירָאִי צִיּוֹן אַל־יִרְפּוּ יָדָיִךְ: יְהוָה
אֱלֹהַיִךְ בְּקִרְבֵּךְ גִּבּוֹר יוֹשִׁיעַ יָשִׂישׂ עָלַיִךְ בְּשִׂמְחָה יַחֲרִישׁ
יח בְּאַהֲבָתוֹ יָגִיל עָלַיִךְ בְּרִנָּה: נוּגֵי מִמּוֹעֵד אָסַפְתִּי מִמֵּךְ הָיוּ
יט מַשְׂאֵת עָלֶיהָ חֶרְפָּה: הִנְנִי עֹשֶׂה אֶת־כָּל־מְעַנַּיִךְ בָּעֵת הַהִיא
וְהוֹשַׁעְתִּי אֶת־הַצֹּלֵעָה וְהַנִּדָּחָה אֲקַבֵּץ וְשַׂמְתִּים לִתְהִלָּה
טו כ וּלְשֵׁם בְּכָל־הָאָרֶץ בָּשְׁתָּם: בָּעֵת הַהִיא אָבִיא אֶתְכֶם
וּבָעֵת קַבְּצִי אֶתְכֶם כִּי־אֶתֵּן אֶתְכֶם לְשֵׁם וְלִתְהִלָּה בְּכֹל

עַמֵּי הָאָרֶץ בְּשׁוּבִי אֶת־שְׁבוּתֵיכֶם לְעֵינֵיכֶם אָמַר יְהוָה׃

# חגי

א א בִּשְׁנַת שְׁתַּיִם לְדָרְיָוֶשׁ הַמֶּלֶךְ בַּחֹדֶשׁ הַשִּׁשִּׁי בְּיוֹם אֶחָד לַחֹדֶשׁ
הָיָה דְבַר־יְהוָה בְּיַד־חַגַּי הַנָּבִיא אֶל־זְרֻבָּבֶל בֶּן־שְׁאַלְתִּיאֵל פַּחַת
ב יְהוּדָה וְאֶל־יְהוֹשֻׁעַ בֶּן־יְהוֹצָדָק הַכֹּהֵן הַגָּדוֹל לֵאמֹר׃ כֹּה אָמַר
יְהוָה צְבָאוֹת לֵאמֹר הָעָם הַזֶּה אָמְרוּ לֹא עֶת־בֹּא עֶת־בֵּית
ג יְהוָה לְהִבָּנוֹת׃ וַיְהִי דְּבַר־יְהוָה בְּיַד־חַגַּי הַנָּבִיא
ד לֵאמֹר׃ הַעֵת לָכֶם אַתֶּם לָשֶׁבֶת בְּבָתֵּיכֶם סְפוּנִים וְהַבַּיִת הַזֶּה
ה חָרֵב׃ וְעַתָּה כֹּה אָמַר יְהוָה צְבָאוֹת שִׂימוּ לְבַבְכֶם עַל־דַּרְכֵיכֶם׃
ו זְרַעְתֶּם הַרְבֵּה וְהָבֵא מְעָט אָכוֹל וְאֵין־לְשָׂבְעָה שָׁתוֹ וְאֵין־
לְשָׁכְרָה לָבוֹשׁ וְאֵין־לְחֹם לוֹ וְהַמִּשְׂתַּכֵּר מִשְׂתַּכֵּר אֶל־צְרוֹר
ז נָקוּב׃ כֹּה אָמַר יְהוָה צְבָאוֹת שִׂימוּ לְבַבְכֶם עַל־
ח דַּרְכֵיכֶם׃ עֲלוּ הָהָר וַהֲבֵאתֶם עֵץ וּבְנוּ הַבָּיִת וְאֶרְצֶה־בּוֹ וְאֶכָּבְדָ
ט אָמַר יְהוָה׃ פָּנֹה אֶל־הַרְבֵּה וְהִנֵּה לִמְעָט וַהֲבֵאתֶם הַבַּיִת
וְנָפַחְתִּי בוֹ יַעַן מֶה נְאֻם יְהוָה צְבָאוֹת יַעַן בֵּיתִי אֲשֶׁר־הוּא
י חָרֵב וְאַתֶּם רָצִים אִישׁ לְבֵיתוֹ׃ עַל־כֵּן עֲלֵיכֶם כָּלְאוּ שָׁמַיִם
יא מִטָּל וְהָאָרֶץ כָּלְאָה יְבוּלָהּ׃ וָאֶקְרָא חֹרֶב עַל־הָאָרֶץ וְעַל־
הֶהָרִים וְעַל־הַדָּגָן וְעַל־הַתִּירוֹשׁ וְעַל־הַיִּצְהָר וְעַל אֲשֶׁר
תּוֹצִיא הָאֲדָמָה וְעַל־הָאָדָם וְעַל־הַבְּהֵמָה וְעַל כָּל־יְגִיעַ
יב כַּפָּיִם׃ וַיִּשְׁמַע זְרֻבָּבֶל ׀ בֶּן־שַׁלְתִּיאֵל וִיהוֹשֻׁעַ
בֶּן־יְהוֹצָדָק הַכֹּהֵן הַגָּדוֹל וְכֹל ׀ שְׁאֵרִית הָעָם בְּקוֹל יְהוָה
אֱלֹהֵיהֶם וְעַל־דִּבְרֵי חַגַּי הַנָּבִיא כַּאֲשֶׁר שְׁלָחוֹ יְהוָה אֱלֹהֵיהֶם
יג וַיִּירְאוּ הָעָם מִפְּנֵי יְהוָה׃ וַיֹּאמֶר חַגַּי מַלְאַךְ
יְהוָה בְּמַלְאֲכוּת יְהוָה לָעָם לֵאמֹר אֲנִי אִתְּכֶם נְאֻם־יְהוָה׃
יד וַיָּעַר יְהוָה אֶת־רוּחַ זְרֻבָּבֶל בֶּן־שַׁלְתִּיאֵל פַּחַת יְהוּדָה

נבואת חגי לעידוד בניית בית המקדש עזרא ה, א

התעוררות העם לייסוד בית המקדש עזרא ה, ב

וְאֶת־רוּחַ יְהוֹשֻׁעַ בֶּן־יְהוֹצָדָק הַכֹּהֵן הַגָּדוֹל וְאֶת־רוּחַ כֹּל
שְׁאֵרִית הָעָם וַיָּבֹאוּ וַיַּעֲשׂוּ מְלָאכָה בְּבֵית־יְהוָה צְבָאוֹת
אֱלֹהֵיהֶם: בְּיוֹם עֶשְׂרִים וְאַרְבָּעָה לַחֹדֶשׁ בַּשִּׁשִּׁי טו
בִּשְׁנַת שְׁתַּיִם לְדָרְיָוֶשׁ הַמֶּלֶךְ: בַּשְּׁבִיעִי בְּעֶשְׂרִים וְאֶחָד לַחֹדֶשׁ ב א
הָיָה דְּבַר־יְהוָה בְּיַד־חַגַּי הַנָּבִיא לֵאמֹר: אֱמָר־נָא אֶל־זְרֻבָּבֶל ב
בֶּן־שַׁלְתִּיאֵל פַּחַת יְהוּדָה וְאֶל־יְהוֹשֻׁעַ בֶּן־יְהוֹצָדָק הַכֹּהֵן הַגָּדוֹל
וְאֶל־שְׁאֵרִית הָעָם לֵאמֹר: מִי בָכֶם הַנִּשְׁאָר אֲשֶׁר רָאָה אֶת־ ג
הַבַּיִת הַזֶּה בִּכְבוֹדוֹ הָרִאשׁוֹן וּמָה אַתֶּם רֹאִים אֹתוֹ עַתָּה הֲלוֹא
כָמֹהוּ כְּאַיִן בְּעֵינֵיכֶם: וְעַתָּה חֲזַק זְרֻבָּבֶל | נְאֻם־יְהוָה וַחֲזַק ד
יְהוֹשֻׁעַ בֶן־יְהוֹצָדָק הַכֹּהֵן הַגָּדוֹל וַחֲזַק כָּל־עַם הָאָרֶץ נְאֻם־
יְהוָה וַעֲשׂוּ כִּי־אֲנִי אִתְּכֶם נְאֻם יְהוָה צְבָאוֹת: אֶת־הַדָּבָר אֲשֶׁר ה
כָּרַתִּי אִתְּכֶם בְּצֵאתְכֶם מִמִּצְרַיִם וְרוּחִי עֹמֶדֶת בְּתוֹכְכֶם אַל־
תִּירָאוּ: כִּי כֹה אָמַר יְהוָה צְבָאוֹת עוֹד אַחַת ו
מְעַט הִיא וַאֲנִי מַרְעִישׁ אֶת־הַשָּׁמַיִם וְאֶת־הָאָרֶץ וְאֶת־הַיָּם
וְאֶת־הֶחָרָבָה: וְהִרְעַשְׁתִּי אֶת־כָּל־הַגּוֹיִם וּבָאוּ חֶמְדַּת כָּל־ ז
הַגּוֹיִם וּמִלֵּאתִי אֶת־הַבַּיִת הַזֶּה כָּבוֹד אָמַר יְהוָה צְבָאוֹת:
לִי הַכֶּסֶף וְלִי הַזָּהָב נְאֻם יְהוָה צְבָאוֹת: גָּדוֹל יִהְיֶה כְּבוֹד ח ט
הַבַּיִת הַזֶּה הָאַחֲרוֹן מִן־הָרִאשׁוֹן אָמַר יְהוָה צְבָאוֹת וּבַמָּקוֹם
הַזֶּה אֶתֵּן שָׁלוֹם נְאֻם יְהוָה צְבָאוֹת: בְּעֶשְׂרִים י
וְאַרְבָּעָה לַתְּשִׁיעִי בִּשְׁנַת שְׁתַּיִם לְדָרְיָוֶשׁ הָיָה דְּבַר־יְהוָה
בְּיַד־חַגַּי הַנָּבִיא לֵאמֹר: כֹּה אָמַר יְהוָה צְבָאוֹת שְׁאַל־נָא יא
אֶת־הַכֹּהֲנִים תּוֹרָה לֵאמֹר: הֵן | יִשָּׂא־אִישׁ בְּשַׂר־קֹדֶשׁ בִּכְנַף יב
בִּגְדוֹ וְנָגַע בִּכְנָפוֹ אֶל־הַלֶּחֶם וְאֶל־הַנָּזִיד וְאֶל־הַיַּיִן וְאֶל־שֶׁמֶן
וְאֶל־כָּל־מַאֲכָל הֲיִקְדָּשׁ וַיַּעֲנוּ הַכֹּהֲנִים וַיֹּאמְרוּ לֹא: וַיֹּאמֶר חַגַּי יג
אִם־יִגַּע טְמֵא־נֶפֶשׁ בְּכָל־אֵלֶּה הֲיִטְמָא וַיַּעֲנוּ הַכֹּהֲנִים וַיֹּאמְרוּ
יִטְמָא: וַיַּעַן חַגַּי וַיֹּאמֶר כֵּן הָעָם־הַזֶּה וְכֵן־הַגּוֹי הַזֶּה לְפָנַי נְאֻם־ יד
יְהוָה וְכֵן כָּל־מַעֲשֵׂה יְדֵיהֶם וַאֲשֶׁר יַקְרִיבוּ שָׁם טָמֵא הוּא:

השוואת הבית הראשון לבית השני
עזרא ג, יב–יג

טו וְעַתָּה שִׂימוּ־נָא לְבַבְכֶם מִן־הַיּוֹם הַזֶּה וָמָעְלָה מִטֶּרֶם שׂוּם־
טז אֶבֶן אֶל־אֶבֶן בְּהֵיכַל יְהוָה׃ מִהְיוֹתָם בָּא אֶל־עֲרֵמַת עֶשְׂרִים
וְהָיְתָה עֲשָׂרָה בָּא אֶל־הַיֶּקֶב לַחְשֹׂף חֲמִשִּׁים פּוּרָה וְהָיְתָה
יז עֶשְׂרִים׃ הִכֵּיתִי אֶתְכֶם בַּשִּׁדָּפוֹן וּבַיֵּרָקוֹן וּבַבָּרָד אֵת כָּל־
יח מַעֲשֵׂה יְדֵיכֶם וְאֵין־אֶתְכֶם אֵלַי נְאֻם־יְהוָה׃ שִׂימוּ־נָא לְבַבְכֶם
מִן־הַיּוֹם הַזֶּה וָמָעְלָה מִיּוֹם עֶשְׂרִים וְאַרְבָּעָה לַתְּשִׁיעִי לְמִן־
יט הַיּוֹם אֲשֶׁר־יֻסַּד הֵיכַל־יְהוָה שִׂימוּ לְבַבְכֶם׃ הַעוֹד הַזֶּרַע
בַּמְּגוּרָה וְעַד־הַגֶּפֶן וְהַתְּאֵנָה וְהָרִמּוֹן וְעֵץ הַזַּיִת לֹא נָשָׂא מִן־
כ הַיּוֹם הַזֶּה אֲבָרֵךְ׃ וַיְהִי דְבַר־יְהוָה ׀ שֵׁנִית אֶל־
כא חַגַּי בְּעֶשְׂרִים וְאַרְבָּעָה לַחֹדֶשׁ לֵאמֹר׃ אֱמֹר אֶל־זְרֻבָּבֶל פַּחַת־
כב יְהוּדָה לֵאמֹר אֲנִי מַרְעִישׁ אֶת־הַשָּׁמַיִם וְאֶת־הָאָרֶץ׃ וְהָפַכְתִּי
כִּסֵּא מַמְלָכוֹת וְהִשְׁמַדְתִּי חֹזֶק מַמְלְכוֹת הַגּוֹיִם וְהָפַכְתִּי
כג מֶרְכָּבָה וְרֹכְבֶיהָ וְיָרְדוּ סוּסִים וְרֹכְבֵיהֶם אִישׁ בְּחֶרֶב אָחִיו׃ בַּיּוֹם טז
הַהוּא נְאֻם־יְהוָה צְבָאוֹת אֶקָּחֲךָ זְרֻבָּבֶל בֶּן־שְׁאַלְתִּיאֵל עַבְדִּי
נְאֻם־יְהוָה וְשַׂמְתִּיךָ כַּחוֹתָם כִּי־בְךָ בָחַרְתִּי נְאֻם יְהוָה צְבָאוֹת׃

## זכריה

א א בַּחֹדֶשׁ הַשְּׁמִינִי בִּשְׁנַת שְׁתַּיִם לְדָרְיָוֶשׁ הָיָה דְבַר־יְהוָה אֶל־
ב זְכַרְיָה בֶּן־בֶּרֶכְיָה בֶּן־עִדּוֹ הַנָּבִיא לֵאמֹר׃ קָצַף יְהוָה עַל־
ג אֲבוֹתֵיכֶם קָצֶף׃ וְאָמַרְתָּ אֲלֵהֶם כֹּה אָמַר יְהוָה צְבָאוֹת שׁוּבוּ
ד אֵלַי נְאֻם יְהוָה צְבָאוֹת וְאָשׁוּב אֲלֵיכֶם אָמַר יְהוָה צְבָאוֹת׃ אַל־
תִּהְיוּ כַאֲבֹתֵיכֶם אֲשֶׁר קָרְאוּ־אֲלֵיהֶם הַנְּבִיאִים הָרִאשֹׁנִים
לֵאמֹר כֹּה אָמַר יְהוָה צְבָאוֹת שׁוּבוּ נָא מִדַּרְכֵיכֶם הָרָעִים
וּמַעַלְלֵיכֶם ומעליליכם הָרָעִים וְלֹא שָׁמְעוּ וְלֹא־הִקְשִׁיבוּ אֵלַי נְאֻם־יְהוָה׃
ה ו אֲבוֹתֵיכֶם אַיֵּה־הֵם וְהַנְּבִאִים הַלְעוֹלָם יִחְיוּ׃ אַךְ ׀ דְּבָרַי וְחֻקַּי
אֲשֶׁר צִוִּיתִי אֶת־עֲבָדַי הַנְּבִיאִים הֲלוֹא הִשִּׂיגוּ אֲבֹתֵיכֶם וַיָּשׁוּבוּ

וַיֹּאמְרוּ כַּאֲשֶׁר זָמַם יְהוָה צְבָאוֹת לַעֲשׂוֹת לָנוּ כִּדְרָכֵינוּ
וּכְמַעֲלָלֵינוּ כֵּן עָשָׂה אִתָּנוּ׃ בְּיוֹם עֶשְׂרִים ז
וְאַרְבָּעָה לְעַשְׁתֵּי־עָשָׂר חֹדֶשׁ הוּא־חֹדֶשׁ שְׁבָט בִּשְׁנַת שְׁתַּיִם
לְדָרְיָוֶשׁ הָיָה דְבַר־יְהוָה אֶל־זְכַרְיָה בֶּן־בֶּרֶכְיָהוּ בֶּן־עִדּוֹא
הַנָּבִיא לֵאמֹר׃ רָאִיתִי ׀ הַלַּיְלָה וְהִנֵּה־אִישׁ רֹכֵב עַל־סוּס אָדֹם ח
וְהוּא עֹמֵד בֵּין הַהֲדַסִּים אֲשֶׁר בַּמְּצֻלָה וְאַחֲרָיו סוּסִים אֲדֻמִּים
שְׂרֻקִּים וּלְבָנִים׃ וָאֹמַר מָה־אֵלֶּה אֲדֹנִי וַיֹּאמֶר אֵלַי הַמַּלְאָךְ ט
הַדֹּבֵר בִּי אֲנִי אַרְאֶךָּ מָה־הֵמָּה אֵלֶּה׃ וַיַּעַן הָאִישׁ הָעֹמֵד בֵּין־ י
הַהֲדַסִּים וַיֹּאמַר אֵלֶּה אֲשֶׁר שָׁלַח יְהוָה לְהִתְהַלֵּךְ בָּאָרֶץ׃ וַיַּעֲנוּ יא
אֶת־מַלְאַךְ יְהוָה הָעֹמֵד בֵּין הַהֲדַסִּים וַיֹּאמְרוּ הִתְהַלַּכְנוּ בָאָרֶץ
וְהִנֵּה כָל־הָאָרֶץ יֹשֶׁבֶת וְשֹׁקָטֶת׃ וַיַּעַן מַלְאַךְ־יְהוָה וַיֹּאמַר יְהוָה יב
צְבָאוֹת עַד־מָתַי אַתָּה לֹא־תְרַחֵם אֶת־יְרוּשָׁלִַם וְאֵת עָרֵי יְהוּדָה
אֲשֶׁר זָעַמְתָּה זֶה שִׁבְעִים שָׁנָה׃ וַיַּעַן יְהוָה אֶת־הַמַּלְאָךְ הַדֹּבֵר יג
בִּי דְּבָרִים טוֹבִים דְּבָרִים נִחֻמִים׃ וַיֹּאמֶר אֵלַי הַמַּלְאָךְ הַדֹּבֵר יד
בִּי קְרָא לֵאמֹר כֹּה אָמַר יְהוָה צְבָאוֹת קִנֵּאתִי לִירוּשָׁלִַם וּלְצִיּוֹן
קִנְאָה גְדוֹלָה׃ וְקֶצֶף גָּדוֹל אֲנִי קֹצֵף עַל־הַגּוֹיִם הַשַּׁאֲנַנִּים אֲשֶׁר טו
אֲנִי קָצַפְתִּי מְּעָט וְהֵמָּה עָזְרוּ לְרָעָה׃
לָכֵן כֹּה־אָמַר יְהוָה שַׁבְתִּי לִירוּשָׁלִַם בְּרַחֲמִים בֵּיתִי יִבָּנֶה בָּהּ טז
וְקָו נְאֻם יְהוָה צְבָאוֹת וקוה יִנָּטֶה עַל־יְרוּשָׁלִָם׃ עוֹד ׀ קְרָא לֵאמֹר יז
כֹּה אָמַר יְהוָה צְבָאוֹת עוֹד תְּפוּצֶינָה עָרַי מִטּוֹב וְנִחַם יְהוָה עוֹד
אֶת־צִיּוֹן וּבָחַר עוֹד בִּירוּשָׁלִָם׃ וָאֶשָּׂא אֶת־עֵינַי א ב
וָאֵרֶא וְהִנֵּה אַרְבַּע קְרָנוֹת׃ וָאֹמַר אֶל־הַמַּלְאָךְ הַדֹּבֵר בִּי ב
מָה־אֵלֶּה וַיֹּאמֶר אֵלַי אֵלֶּה הַקְּרָנוֹת אֲשֶׁר זֵרוּ אֶת־יְהוּדָה
אֶת־יִשְׂרָאֵל וִירוּשָׁלִָם׃ וַיַּרְאֵנִי יְהוָה אַרְבָּעָה ג
חָרָשִׁים׃ וָאֹמַר מָה אֵלֶּה בָאִים לַעֲשׂוֹת וַיֹּאמֶר לֵאמֹר אֵלֶּה ד
הַקְּרָנוֹת אֲשֶׁר־זֵרוּ אֶת־יְהוּדָה כְּפִי־אִישׁ לֹא־נָשָׂא רֹאשׁוֹ וַיָּבֹאוּ
אֵלֶּה לְהַחֲרִיד אֹתָם לְיַדּוֹת אֶת־קַרְנוֹת הַגּוֹיִם הַנֹּשְׂאִים קֶרֶן

ב

ה אֶל־אֶרֶץ יְהוּדָה לְזָרוֹתָהּ׃ וָאֶשָּׂא עֵינַי וָאֵרֶא

ו וְהִנֵּה־אִישׁ וּבְיָדוֹ חֶבֶל מִדָּה׃ וָאֹמַר אָנָה אַתָּה הֹלֵךְ וַיֹּאמֶר אֵלַי

ז לָמֹד אֶת־יְרוּשָׁלִַם לִרְאוֹת כַּמָּה־רָחְבָּהּ וְכַמָּה אָרְכָּהּ׃ וְהִנֵּה

ח הַמַּלְאָךְ הַדֹּבֵר בִּי יֹצֵא וּמַלְאָךְ אַחֵר יֹצֵא לִקְרָאתוֹ׃ וַיֹּאמֶר אֵלָו

רֻץ דַּבֵּר אֶל־הַנַּעַר הַלָּז לֵאמֹר פְּרָזוֹת תֵּשֵׁב יְרוּשָׁלִַם מֵרֹב אָדָם

ט וּבְהֵמָה בְּתוֹכָהּ׃ וַאֲנִי אֶהְיֶה־לָּהּ נְאֻם־יְהוָה חוֹמַת אֵשׁ סָבִיב

י וּלְכָבוֹד אֶהְיֶה בְתוֹכָהּ׃ הוֹי הוֹי וְנֻסוּ מֵאֶרֶץ צָפוֹן

נְאֻם־יְהוָה כִּי כְּאַרְבַּע רוּחוֹת הַשָּׁמַיִם פֵּרַשְׂתִּי אֶתְכֶם נְאֻם־

יא יב יְהוָה׃ הוֹי צִיּוֹן הִמָּלְטִי יוֹשֶׁבֶת בַּת־בָּבֶל׃ כִּי כֹה

אָמַר יְהוָה צְבָאוֹת אַחַר כָּבוֹד שְׁלָחַנִי אֶל־הַגּוֹיִם הַשֹּׁלְלִים

יג אֶתְכֶם כִּי הַנֹּגֵעַ בָּכֶם נֹגֵעַ בְּבָבַת עֵינוֹ׃ כִּי הִנְנִי מֵנִיף אֶת־

יָדִי עֲלֵיהֶם וְהָיוּ שָׁלָל לְעַבְדֵיהֶם וִידַעְתֶּם כִּי־יְהוָה צְבָאוֹת

יד שְׁלָחָנִי׃ רָנִּי וְשִׂמְחִי בַּת־צִיּוֹן כִּי הִנְנִי־בָא

טו וְשָׁכַנְתִּי בְתוֹכֵךְ נְאֻם־יְהוָה׃ וְנִלְווּ גוֹיִם רַבִּים אֶל־יְהוָה בַּיּוֹם

הַהוּא וְהָיוּ לִי לְעָם וְשָׁכַנְתִּי בְתוֹכֵךְ וְיָדַעַתְּ כִּי־יְהוָה צְבָאוֹת

טז שְׁלָחַנִי אֵלָיִךְ׃ וְנָחַל יְהוָה אֶת־יְהוּדָה חֶלְקוֹ עַל אַדְמַת הַקֹּדֶשׁ

יז וּבָחַר עוֹד בִּירוּשָׁלִָם׃ הַס כָּל־בָּשָׂר מִפְּנֵי יְהוָה כִּי נֵעוֹר מִמְּעוֹן

ג א קָדְשׁוֹ׃ וַיַּרְאֵנִי אֶת־יְהוֹשֻׁעַ הַכֹּהֵן הַגָּדוֹל עֹמֵד

ב לִפְנֵי מַלְאַךְ יְהוָה וְהַשָּׂטָן עֹמֵד עַל־יְמִינוֹ לְשִׂטְנוֹ׃ וַיֹּאמֶר יְהוָה

אֶל־הַשָּׂטָן יִגְעַר יְהוָה בְּךָ הַשָּׂטָן וְיִגְעַר יְהוָה בְּךָ הַבֹּחֵר

ג בִּירוּשָׁלִָם הֲלוֹא זֶה אוּד מֻצָּל מֵאֵשׁ׃ וִיהוֹשֻׁעַ הָיָה לָבֻשׁ

ד בְּגָדִים צוֹאִים וְעֹמֵד לִפְנֵי הַמַּלְאָךְ׃ וַיַּעַן וַיֹּאמֶר אֶל־הָעֹמְדִים

לְפָנָיו לֵאמֹר הָסִירוּ הַבְּגָדִים הַצֹּאִים מֵעָלָיו וַיֹּאמֶר אֵלָיו

ה רְאֵה הֶעֱבַרְתִּי מֵעָלֶיךָ עֲוֺנֶךָ וְהַלְבֵּשׁ אֹתְךָ מַחֲלָצוֹת׃ וָאֹמַר

יָשִׂימוּ צָנִיף טָהוֹר עַל־רֹאשׁוֹ וַיָּשִׂימוּ הַצָּנִיף הַטָּהוֹר עַל־רֹאשׁוֹ

ו וַיַּלְבִּשֻׁהוּ בְּגָדִים וּמַלְאַךְ יְהוָה עֹמֵד׃ וַיָּעַד מַלְאַךְ יְהוָה בִּיהוֹשֻׁעַ

ז לֵאמֹר׃ כֹּה־אָמַר יְהוָה צְבָאוֹת אִם־בִּדְרָכַי תֵּלֵךְ וְאִם אֶת־

מִשְׁמַרְתִּי תִשְׁמֹר וְגַם־אַתָּה תָּדִין אֶת־בֵּיתִי וְגַם תִּשְׁמֹר אֶת־
ח חֲצֵרָי וְנָתַתִּי לְךָ מַהְלְכִים בֵּין הָעֹמְדִים הָאֵלֶּה׃ שְׁמַע־נָא
יְהוֹשֻׁעַ ׀ הַכֹּהֵן הַגָּדוֹל אַתָּה וְרֵעֶיךָ הַיֹּשְׁבִים לְפָנֶיךָ כִּי־אַנְשֵׁי
ט מוֹפֵת הֵמָּה כִּי־הִנְנִי מֵבִיא אֶת־עַבְדִּי צֶמַח׃ כִּי ׀ הִנֵּה הָאֶבֶן
אֲשֶׁר נָתַתִּי לִפְנֵי יְהוֹשֻׁעַ עַל־אֶבֶן אַחַת שִׁבְעָה עֵינָיִם הִנְנִי
מְפַתֵּחַ פִּתֻּחָהּ נְאֻם יְהוָה צְבָאוֹת וּמַשְׁתִּי אֶת־עֲוֺן הָאָרֶץ־הַהִיא
י בְּיוֹם אֶחָד׃ בַּיּוֹם הַהוּא נְאֻם יְהוָה צְבָאוֹת תִּקְרְאוּ אִישׁ לְרֵעֵהוּ
ד א אֶל־תַּחַת גֶּפֶן וְאֶל־תַּחַת תְּאֵנָה׃ וַיָּשָׁב הַמַּלְאָךְ
ב הַדֹּבֵר בִּי וַיְעִירֵנִי כְּאִישׁ אֲשֶׁר־יֵעוֹר מִשְּׁנָתוֹ׃ וַיֹּאמֶר אֵלַי מָה יז
אַתָּה רֹאֶה ויאמר רָאִיתִי וְהִנֵּה מְנוֹרַת זָהָב כֻּלָּהּ וְגֻלָּהּ עַל־ וָאֹמַר
רֹאשָׁהּ וְשִׁבְעָה נֵרֹתֶיהָ עָלֶיהָ שִׁבְעָה וְשִׁבְעָה מוּצָקוֹת לַנֵּרוֹת
ג אֲשֶׁר עַל־רֹאשָׁהּ׃ וּשְׁנַיִם זֵיתִים עָלֶיהָ אֶחָד מִימִין הַגֻּלָּה וְאֶחָד
ד עַל־שְׂמֹאלָהּ׃ וָאַעַן וָאֹמַר אֶל־הַמַּלְאָךְ הַדֹּבֵר בִּי לֵאמֹר מָה־
ה אֵלֶּה אֲדֹנִי׃ וַיַּעַן הַמַּלְאָךְ הַדֹּבֵר בִּי וַיֹּאמֶר אֵלַי הֲלוֹא יָדַעְתָּ
ו מָה־הֵמָּה אֵלֶּה וָאֹמַר לֹא אֲדֹנִי׃ וַיַּעַן וַיֹּאמֶר אֵלַי לֵאמֹר
זֶה דְּבַר־יְהוָה אֶל־זְרֻבָּבֶל לֵאמֹר לֹא בְחַיִל וְלֹא בְכֹחַ כִּי
ז אִם־בְּרוּחִי אָמַר יְהוָה צְבָאוֹת׃ מִי־אַתָּה הַר־הַגָּדוֹל לִפְנֵי
זְרֻבָּבֶל לְמִישֹׁר וְהוֹצִיא אֶת־הָאֶבֶן הָרֹאשָׁה תְּשֻׁאוֹת חֵן ׀ חֵן
ח ט לָהּ׃ וַיְהִי דְבַר־יְהוָה אֵלַי לֵאמֹר׃ יְדֵי זְרֻבָּבֶל
יִסְּדוּ הַבַּיִת הַזֶּה וְיָדָיו תְּבַצַּעְנָה וְיָדַעְתָּ כִּי־יְהוָה צְבָאוֹת שְׁלָחַנִי
י אֲלֵיכֶם׃ כִּי מִי בַז לְיוֹם קְטַנּוֹת וְשָׂמְחוּ וְרָאוּ אֶת־הָאֶבֶן הַבְּדִיל
בְּיַד זְרֻבָּבֶל שִׁבְעָה־אֵלֶּה עֵינֵי יְהוָה הֵמָּה מְשׁוֹטְטִים בְּכָל־
יא הָאָרֶץ׃ וָאַעַן וָאֹמַר אֵלָיו מַה־שְּׁנֵי הַזֵּיתִים הָאֵלֶּה עַל־יְמִין
יב הַמְּנוֹרָה וְעַל־שְׂמֹאולָהּ׃ וָאַעַן שֵׁנִית וָאֹמַר אֵלָיו מַה־שְׁתֵּי
שִׁבֲּלֵי הַזֵּיתִים אֲשֶׁר בְּיַד שְׁנֵי צַנְתְּרוֹת הַזָּהָב הַמְרִיקִים
יג מֵעֲלֵיהֶם הַזָּהָב׃ וַיֹּאמֶר אֵלַי לֵאמֹר הֲלוֹא יָדַעְתָּ מָה־אֵלֶּה
יד וָאֹמַר לֹא אֲדֹנִי׃ וַיֹּאמֶר אֵלֶּה שְׁנֵי בְנֵי־הַיִּצְהָר הָעֹמְדִים עַל־

ה
א אֲדוֹן כָּל־הָאָרֶץ׃ וָאָשׁוּב וָאֶשָּׂא עֵינַי וָאֶרְאֶה וְהִנֵּה
ב מְגִלָּה עָפָה׃ וַיֹּאמֶר אֵלַי מָה אַתָּה רֹאֶה וָאֹמַר אֲנִי רֹאֶה מְגִלָּה
ג עָפָה אָרְכָּהּ עֶשְׂרִים בָּאַמָּה וְרָחְבָּהּ עֶשֶׂר בָּאַמָּה׃ וַיֹּאמֶר אֵלַי
זֹאת הָאָלָה הַיּוֹצֵאת עַל־פְּנֵי כָל־הָאָרֶץ כִּי כָל־הַגֹּנֵב מִזֶּה
ד כָּמוֹהָ נִקָּה וְכָל־הַנִּשְׁבָּע מִזֶּה כָּמוֹהָ נִקָּה׃ הוֹצֵאתִיהָ נְאֻם יְהוָה
צְבָאוֹת וּבָאָה אֶל־בֵּית הַגַּנָּב וְאֶל־בֵּית הַנִּשְׁבָּע בִּשְׁמִי לַשָּׁקֶר
ה וְלָנֶה בְּתוֹךְ בֵּיתוֹ וְכִלַּתּוּ וְאֶת־עֵצָיו וְאֶת־אֲבָנָיו׃ וַיֵּצֵא הַמַּלְאָךְ
הַדֹּבֵר בִּי וַיֹּאמֶר אֵלַי שָׂא נָא עֵינֶיךָ וּרְאֵה מָה הַיּוֹצֵאת הַזֹּאת׃
ו וָאֹמַר מַה־הִיא וַיֹּאמֶר זֹאת הָאֵיפָה הַיּוֹצֵאת וַיֹּאמֶר זֹאת עֵינָם
ז בְּכָל־הָאָרֶץ׃ וְהִנֵּה כִּכַּר עֹפֶרֶת נִשֵּׂאת וְזֹאת אִשָּׁה אַחַת יוֹשֶׁבֶת
ח בְּתוֹךְ הָאֵיפָה׃ וַיֹּאמֶר זֹאת הָרִשְׁעָה וַיַּשְׁלֵךְ אֹתָהּ אֶל־תּוֹךְ
ט הָאֵיפָה וַיַּשְׁלֵךְ אֶת־אֶבֶן הָעֹפֶרֶת אֶל־פִּיהָ׃ וָאֶשָּׂא
עֵינַי וָאֵרֶא וְהִנֵּה שְׁתַּיִם נָשִׁים יוֹצְאוֹת וְרוּחַ בְּכַנְפֵיהֶם וְלָהֵנָּה
כְנָפַיִם כְּכַנְפֵי הַחֲסִידָה וַתִּשֶּׂאנָה אֶת־הָאֵיפָה בֵּין הָאָרֶץ וּבֵין
י הַשָּׁמָיִם׃ וָאֹמַר אֶל־הַמַּלְאָךְ הַדֹּבֵר בִּי אָנָה הֵמָּה מוֹלִכוֹת אֶת־
יא הָאֵיפָה׃ וַיֹּאמֶר אֵלַי לִבְנוֹת־לָה בַיִת בְּאֶרֶץ שִׁנְעָר וְהוּכַן
ו א וְהֻנִּיחָה שָּׁם עַל־מְכֻנָתָהּ׃ וָאָשֻׁב וָאֶשָּׂא עֵינַי
וָאֶרְאֶה וְהִנֵּה אַרְבַּע מַרְכָּבוֹת יֹצְאוֹת מִבֵּין שְׁנֵי הֶהָרִים
ב וְהֶהָרִים הָרֵי נְחֹשֶׁת׃ בַּמֶּרְכָּבָה הָרִאשֹׁנָה סוּסִים אֲדֻמִּים
ג וּבַמֶּרְכָּבָה הַשֵּׁנִית סוּסִים שְׁחֹרִים׃ וּבַמֶּרְכָּבָה הַשְּׁלִשִׁית סוּסִים
ד לְבָנִים וּבַמֶּרְכָּבָה הָרְבִעִית סוּסִים בְּרֻדִּים אֲמֻצִּים׃ וָאַעַן וָאֹמַר
ה אֶל־הַמַּלְאָךְ הַדֹּבֵר בִּי מָה־אֵלֶּה אֲדֹנִי׃ וַיַּעַן הַמַּלְאָךְ וַיֹּאמֶר
אֵלָי אֵלֶּה אַרְבַּע רֻחוֹת הַשָּׁמַיִם יוֹצְאוֹת מֵהִתְיַצֵּב עַל־אֲדוֹן
ו כָּל־הָאָרֶץ׃ אֲשֶׁר־בָּהּ הַסּוּסִים הַשְּׁחֹרִים יֹצְאִים אֶל־אֶרֶץ
צָפוֹן וְהַלְּבָנִים יָצְאוּ אֶל־אַחֲרֵיהֶם וְהַבְּרֻדִּים יָצְאוּ אֶל־אֶרֶץ
ז הַתֵּימָן׃ וְהָאֲמֻצִּים יָצְאוּ וַיְבַקְשׁוּ לָלֶכֶת לְהִתְהַלֵּךְ בָּאָרֶץ
ח וַיֹּאמֶר לְכוּ הִתְהַלְּכוּ בָאָרֶץ וַתִּתְהַלַּכְנָה בָּאָרֶץ׃ וַיַּזְעֵק אֹתִי

וַיְדַבֵּר אֵלַי לֵאמֹר רְאֵה הַיּוֹצְאִים אֶל־אֶרֶץ צָפוֹן הֵנִיחוּ אֶת־
רוּחִי בְּאֶרֶץ צָפוֹן׃ וַיְהִי דְבַר־יְהוָה אֵלַי לֵאמֹר׃ ט
לָקוֹחַ מֵאֵת הַגּוֹלָה מֵחֶלְדַּי וּמֵאֵת טוֹבִיָּה וּמֵאֵת יְדַעְיָה וּבָאתָ י
אַתָּה בַּיּוֹם הַהוּא וּבָאתָ בֵּית יֹאשִׁיָּה בֶן־צְפַנְיָה אֲשֶׁר־בָּאוּ
מִבָּבֶל׃ וְלָקַחְתָּ כֶסֶף־וְזָהָב וְעָשִׂיתָ עֲטָרוֹת וְשַׂמְתָּ בְּרֹאשׁ יא
יְהוֹשֻׁעַ בֶּן־יְהוֹצָדָק הַכֹּהֵן הַגָּדוֹל׃ וְאָמַרְתָּ אֵלָיו לֵאמֹר כֹּה יב
אָמַר יְהוָה צְבָאוֹת לֵאמֹר הִנֵּה־אִישׁ צֶמַח שְׁמוֹ וּמִתַּחְתָּיו
יִצְמָח וּבָנָה אֶת־הֵיכַל יְהוָה׃ וְהוּא יִבְנֶה אֶת־הֵיכַל יְהוָה וְהוּא־ יג
יִשָּׂא הוֹד וְיָשַׁב וּמָשַׁל עַל־כִּסְאוֹ וְהָיָה כֹהֵן עַל־כִּסְאוֹ וַעֲצַת
שְׁלוֹם תִּהְיֶה בֵּין שְׁנֵיהֶם׃ וְהָעֲטָרֹת תִּהְיֶה לְחֵלֶם וּלְטוֹבִיָּה יד יח
וְלִידַעְיָה וּלְחֵן בֶּן־צְפַנְיָה לְזִכָּרוֹן בְּהֵיכַל יְהוָה׃ וּרְחוֹקִים ׀ יָבֹאוּ טו
וּבָנוּ בְּהֵיכַל יְהוָה וִידַעְתֶּם כִּי־יְהוָה צְבָאוֹת שְׁלָחַנִי אֲלֵיכֶם וְהָיָה
אִם־שָׁמוֹעַ תִּשְׁמְעוּן בְּקוֹל יְהוָה אֱלֹהֵיכֶם׃ וַיְהִי ז א
בִּשְׁנַת אַרְבַּע לְדָרְיָוֶשׁ הַמֶּלֶךְ הָיָה דְבַר־יְהוָה אֶל־זְכַרְיָה
בְּאַרְבָּעָה לַחֹדֶשׁ הַתְּשִׁעִי בְּכִסְלֵו׃ וַיִּשְׁלַח בֵּית־אֵל שַׂרְאֶצֶר ב
וְרֶגֶם מֶלֶךְ וַאֲנָשָׁיו לְחַלּוֹת אֶת־פְּנֵי יְהוָה׃ לֵאמֹר אֶל־ ג
הַכֹּהֲנִים אֲשֶׁר לְבֵית־יְהוָה צְבָאוֹת וְאֶל־הַנְּבִיאִים לֵאמֹר
הַאֶבְכֶּה בַּחֹדֶשׁ הַחֲמִשִׁי הִנָּזֵר כַּאֲשֶׁר עָשִׂיתִי זֶה כַּמֶּה
שָׁנִים׃ וַיְהִי דְּבַר־יְהוָה צְבָאוֹת אֵלַי לֵאמֹר׃ ד
אֱמֹר אֶל־כָּל־עַם הָאָרֶץ וְאֶל־הַכֹּהֲנִים לֵאמֹר כִּי־צַמְתֶּם וְסָפוֹד ה
בַּחֲמִישִׁי וּבַשְּׁבִיעִי וְזֶה שִׁבְעִים שָׁנָה הֲצוֹם צַמְתֻּנִי אָנִי׃ וְכִי ו
תֹאכְלוּ וְכִי תִשְׁתּוּ הֲלוֹא אַתֶּם הָאֹכְלִים וְאַתֶּם הַשֹּׁתִים׃ הֲלוֹא ז
אֶת־הַדְּבָרִים אֲשֶׁר קָרָא יְהוָה בְּיַד הַנְּבִיאִים הָרִאשֹׁנִים בִּהְיוֹת
יְרוּשָׁלַם יֹשֶׁבֶת וּשְׁלֵוָה וְעָרֶיהָ סְבִיבֹתֶיהָ וְהַנֶּגֶב וְהַשְּׁפֵלָה
יֹשֵׁב׃ וַיְהִי דְּבַר־יְהוָה אֶל־זְכַרְיָה לֵאמֹר׃ כֹּה ח ט
אָמַר יְהוָה צְבָאוֹת לֵאמֹר מִשְׁפַּט אֱמֶת שְׁפֹטוּ וְחֶסֶד וְרַחֲמִים
עֲשׂוּ אִישׁ אֶת־אָחִיו׃ וְאַלְמָנָה וְיָתוֹם גֵּר וְעָנִי אַל־תַּעֲשֹׁקוּ י

איסור הונאת גר ולחיצתו
שמות כב, כ–כג; כג, ט
ויקרא יט, לג–לד
ירמיה ז, ו; כב, ג

יא וְרָעַת אִישׁ אָחִיו אַל־תַּחְשְׁבוּ בִּלְבַבְכֶם: וַיְמָאֲנוּ לְהַקְשִׁיב
יב וַיִּתְּנוּ כָתֵף סֹרָרֶת וְאָזְנֵיהֶם הִכְבִּידוּ מִשְּׁמוֹעַ: וְלִבָּם שָׂמוּ שָׁמִיר
מִשְּׁמוֹעַ אֶת־הַתּוֹרָה וְאֶת־הַדְּבָרִים אֲשֶׁר שָׁלַח יְהוָה צְבָאוֹת
בְּרוּחוֹ בְּיַד הַנְּבִיאִים הָרִאשֹׁנִים וַיְהִי קֶצֶף גָּדוֹל מֵאֵת יְהוָה
יג צְבָאוֹת: וַיְהִי כַאֲשֶׁר־קָרָא וְלֹא שָׁמֵעוּ כֵּן יִקְרְאוּ וְלֹא אֶשְׁמָע
יד אָמַר יְהוָה צְבָאוֹת: וְאֵסָעֲרֵם עַל כָּל־הַגּוֹיִם אֲשֶׁר לֹא־יְדָעוּם
וְהָאָרֶץ נָשַׁמָּה אַחֲרֵיהֶם מֵעֹבֵר וּמִשָּׁב וַיָּשִׂימוּ אֶרֶץ־חֶמְדָּה
ח א ב לְשַׁמָּה: וַיְהִי דְּבַר־יְהוָה צְבָאוֹת לֵאמֹר: כֹּה
אָמַר יְהוָה צְבָאוֹת קִנֵּאתִי לְצִיּוֹן קִנְאָה גְדוֹלָה וְחֵמָה גְדוֹלָה
ג קִנֵּאתִי לָהּ: כֹּה אָמַר יְהוָה שַׁבְתִּי אֶל־צִיּוֹן וְשָׁכַנְתִּי
בְּתוֹךְ יְרוּשָׁלָםִ וְנִקְרְאָה יְרוּשָׁלַםִ עִיר הָאֱמֶת וְהַר־יְהוָה
ד צְבָאוֹת הַר הַקֹּדֶשׁ: כֹּה אָמַר יְהוָה צְבָאוֹת עֹד
יֵשְׁבוּ זְקֵנִים וּזְקֵנוֹת בִּרְחֹבוֹת יְרוּשָׁלָםִ וְאִישׁ מִשְׁעַנְתּוֹ בְּיָדוֹ
ה מֵרֹב יָמִים: וּרְחֹבוֹת הָעִיר יִמָּלְאוּ יְלָדִים וִילָדוֹת מְשַׂחֲקִים
ו בִּרְחֹבֹתֶיהָ: כֹּה אָמַר יְהוָה צְבָאוֹת כִּי יִפָּלֵא
בְּעֵינֵי שְׁאֵרִית הָעָם הַזֶּה בַּיָּמִים הָהֵם גַּם־בְּעֵינַי יִפָּלֵא נְאֻם
ז יְהוָה צְבָאוֹת: כֹּה אָמַר יְהוָה צְבָאוֹת הִנְנִי
ח מוֹשִׁיעַ אֶת־עַמִּי מֵאֶרֶץ מִזְרָח וּמֵאֶרֶץ מְבוֹא הַשָּׁמֶשׁ: וְהֵבֵאתִי
אֹתָם וְשָׁכְנוּ בְּתוֹךְ יְרוּשָׁלָםִ וְהָיוּ־לִי לְעָם וַאֲנִי אֶהְיֶה לָהֶם
ט לֵאלֹהִים בֶּאֱמֶת וּבִצְדָקָה: כֹּה־אָמַר יְהוָה
צְבָאוֹת תֶּחֱזַקְנָה יְדֵיכֶם הַשֹּׁמְעִים בַּיָּמִים הָאֵלֶּה אֵת הַדְּבָרִים
הָאֵלֶּה מִפִּי הַנְּבִיאִים אֲשֶׁר בְּיוֹם יֻסַּד בֵּית־יְהוָה צְבָאוֹת
י הַהֵיכָל לְהִבָּנוֹת: כִּי לִפְנֵי הַיָּמִים הָהֵם שְׂכַר הָאָדָם לֹא נִהְיָה
וּשְׂכַר הַבְּהֵמָה אֵינֶנָּה וְלַיּוֹצֵא וְלַבָּא אֵין־שָׁלוֹם מִן־הַצָּר וַאֲשַׁלַּח
יא אֶת־כָּל־הָאָדָם אִישׁ בְּרֵעֵהוּ: וְעַתָּה לֹא כַיָּמִים הָרִאשֹׁנִים אֲנִי
יב לִשְׁאֵרִית הָעָם הַזֶּה נְאֻם יְהוָה צְבָאוֹת: כִּי־זֶרַע הַשָּׁלוֹם
הַגֶּפֶן תִּתֵּן פִּרְיָהּ וְהָאָרֶץ תִּתֵּן אֶת־יְבוּלָהּ וְהַשָּׁמַיִם יִתְּנוּ

יג טַלָּם וְהִנְחַלְתִּי אֶת־שְׁאֵרִית הָעָם הַזֶּה אֶת־כָּל־אֵלֶּה׃ וְהָיָה
כַּאֲשֶׁר הֱיִיתֶם קְלָלָה בַּגּוֹיִם בֵּית יְהוּדָה וּבֵית יִשְׂרָאֵל
כֵּן אוֹשִׁיעַ אֶתְכֶם וִהְיִיתֶם בְּרָכָה אַל־תִּירָאוּ תֶּחֱזַקְנָה
יד יְדֵיכֶם׃ כִּי כֹה אָמַר יְהוָה צְבָאוֹת כַּאֲשֶׁר
זָמַמְתִּי לְהָרַע לָכֶם בְּהַקְצִיף אֲבֹתֵיכֶם אֹתִי אָמַר יְהוָה צְבָאוֹת
טו וְלֹא נִחָמְתִּי׃ כֵּן שַׁבְתִּי זָמַמְתִּי בַּיָּמִים הָאֵלֶּה לְהֵיטִיב אֶת־
טז יְרוּשָׁלַםִ וְאֶת־בֵּית יְהוּדָה אַל־תִּירָאוּ׃ אֵלֶּה הַדְּבָרִים אֲשֶׁר
תַּעֲשׂוּ דַּבְּרוּ אֱמֶת אִישׁ אֶת־רֵעֵהוּ אֱמֶת וּמִשְׁפַּט שָׁלוֹם שִׁפְטוּ
יז בְּשַׁעֲרֵיכֶם׃ וְאִישׁ ׀ אֶת־רָעַת רֵעֵהוּ אַל־תַּחְשְׁבוּ בִּלְבַבְכֶם
וּשְׁבֻעַת שֶׁקֶר אַל־תֶּאֱהָבוּ כִּי אֶת־כָּל־אֵלֶּה אֲשֶׁר שָׂנֵאתִי נְאֻם־
יח יט יְהוָה׃ וַיְהִי דְּבַר־יְהוָה צְבָאוֹת אֵלַי לֵאמֹר׃ כֹּה־
אָמַר יְהוָה צְבָאוֹת צוֹם הָרְבִיעִי וְצוֹם הַחֲמִישִׁי וְצוֹם הַשְּׁבִיעִי
וְצוֹם הָעֲשִׂירִי יִהְיֶה לְבֵית־יְהוּדָה לְשָׂשׂוֹן וּלְשִׂמְחָה וּלְמֹעֲדִים
כ טוֹבִים וְהָאֱמֶת וְהַשָּׁלוֹם אֱהָבוּ׃ כֹּה אָמַר יְהוָה
כא צְבָאוֹת עֹד אֲשֶׁר יָבֹאוּ עַמִּים וְיֹשְׁבֵי עָרִים רַבּוֹת׃ וְהָלְכוּ יֹשְׁבֵי
אַחַת אֶל־אַחַת לֵאמֹר נֵלְכָה הָלוֹךְ לְחַלּוֹת אֶת־פְּנֵי יְהוָה
כב וּלְבַקֵּשׁ אֶת־יְהוָה צְבָאוֹת אֵלְכָה גַּם־אָנִי׃ וּבָאוּ עַמִּים רַבִּים
וְגוֹיִם עֲצוּמִים לְבַקֵּשׁ אֶת־יְהוָה צְבָאוֹת בִּירוּשָׁלָםִ וּלְחַלּוֹת
כג אֶת־פְּנֵי יְהוָה׃ כֹּה־אָמַר יְהוָה צְבָאוֹת בַּיָּמִים יט
הָהֵמָּה אֲשֶׁר יַחֲזִיקוּ עֲשָׂרָה אֲנָשִׁים מִכֹּל לְשֹׁנוֹת הַגּוֹיִם וְהֶחֱזִיקוּ
בִּכְנַף אִישׁ יְהוּדִי לֵאמֹר נֵלְכָה עִמָּכֶם כִּי שָׁמַעְנוּ אֱלֹהִים
ט א עִמָּכֶם׃ מַשָּׂא דְבַר־יְהוָה בְּאֶרֶץ חַדְרָךְ וְדַמֶּשֶׂק
ב מְנֻחָתוֹ כִּי לַיהוָה עֵין אָדָם וְכֹל שִׁבְטֵי יִשְׂרָאֵל׃ וְגַם־חֲמָת
ג תִּגְבָּל־בָּהּ צֹר וְצִידוֹן כִּי חָכְמָה מְאֹד׃ וַתִּבֶן צֹר מָצוֹר לָהּ
ד וַתִּצְבָּר־כֶּסֶף כֶּעָפָר וְחָרוּץ כְּטִיט חוּצוֹת׃ הִנֵּה אֲדֹנָי יוֹרִשֶׁנָּה
ה וְהִכָּה בַיָּם חֵילָהּ וְהִיא בָּאֵשׁ תֵּאָכֵל׃ תֵּרֶא אַשְׁקְלוֹן וְתִירָא
וְעַזָּה וְתָחִיל מְאֹד וְעֶקְרוֹן כִּי־הֹבִישׁ מֶבָּטָהּ וְאָבַד מֶלֶךְ מֵעַזָּה

ו וְאַשְׁקְלוֹן לֹא תֵשֵׁב: וְיָשַׁב מַמְזֵר בְּאַשְׁדּוֹד וְהִכְרַתִּי גְּאוֹן
ז פְּלִשְׁתִּים: וַהֲסִרֹתִי דָמָיו מִפִּיו וְשִׁקֻּצָיו מִבֵּין שִׁנָּיו וְנִשְׁאַר גַּם־
ח הוּא לֵאלֹהֵינוּ וְהָיָה כְּאַלֻּף בִּיהוּדָה וְעֶקְרוֹן כִּיבוּסִי: וְחָנִיתִי
לְבֵיתִי מִצָּבָה מֵעֹבֵר וּמִשָּׁב וְלֹא־יַעֲבֹר עֲלֵיהֶם עוֹד נֹגֵשׂ כִּי
ט עַתָּה רָאִיתִי בְעֵינָי: גִּילִי מְאֹד בַּת־צִיּוֹן הָרִיעִי
בַּת יְרוּשָׁלִַם הִנֵּה מַלְכֵּךְ יָבוֹא לָךְ צַדִּיק וְנוֹשָׁע הוּא עָנִי וְרֹכֵב
י עַל־חֲמוֹר וְעַל־עַיִר בֶּן־אֲתֹנוֹת: וְהִכְרַתִּי־רֶכֶב מֵאֶפְרַיִם וְסוּס
מִירוּשָׁלִַם וְנִכְרְתָה קֶשֶׁת מִלְחָמָה וְדִבֶּר שָׁלוֹם לַגּוֹיִם וּמָשְׁלוֹ
יא מִיָּם עַד־יָם וּמִנָּהָר עַד־אַפְסֵי־אָרֶץ: גַּם־אַתְּ בְּדַם־בְּרִיתֵךְ
יב שִׁלַּחְתִּי אֲסִירַיִךְ מִבּוֹר אֵין מַיִם בּוֹ: שׁוּבוּ לְבִצָּרוֹן אֲסִירֵי
יג הַתִּקְוָה גַּם־הַיּוֹם מַגִּיד מִשְׁנֶה אָשִׁיב לָךְ: כִּי־דָרַכְתִּי לִי יְהוּדָה
קֶשֶׁת מִלֵּאתִי אֶפְרַיִם וְעוֹרַרְתִּי בָנַיִךְ צִיּוֹן עַל־בָּנַיִךְ יָוָן וְשַׂמְתִּיךְ
יד כְּחֶרֶב גִּבּוֹר: וַיהוָה עֲלֵיהֶם יֵרָאֶה וְיָצָא כַבָּרָק חִצּוֹ וַאדֹנָי יֱהוִה
טו בַּשּׁוֹפָר יִתְקָע וְהָלַךְ בְּסַעֲרוֹת תֵּימָן: יְהוָה צְבָאוֹת יָגֵן עֲלֵיהֶם
וְאָכְלוּ וְכָבְשׁוּ אַבְנֵי־קֶלַע וְשָׁתוּ הָמוּ כְּמוֹ־יָיִן וּמָלְאוּ כַּמִּזְרָק
טז כְּזָוִיּוֹת מִזְבֵּחַ: וְהוֹשִׁיעָם יְהוָה אֱלֹהֵיהֶם בַּיּוֹם הַהוּא כְּצֹאן עַמּוֹ
יז כִּי אַבְנֵי־נֵזֶר מִתְנוֹסְסוֹת עַל־אַדְמָתוֹ: כִּי מַה־טּוּבוֹ וּמַה־יָּפְיוֹ
י א דָּגָן בַּחוּרִים וְתִירוֹשׁ יְנוֹבֵב בְּתֻלוֹת: שַׁאֲלוּ מֵיְהוָה מָטָר בְּעֵת
מַלְקוֹשׁ יְהוָה עֹשֶׂה חֲזִיזִים וּמְטַר־גֶּשֶׁם יִתֵּן לָהֶם לְאִישׁ עֵשֶׂב
ב בַּשָּׂדֶה: כִּי הַתְּרָפִים דִּבְּרוּ־אָוֶן וְהַקּוֹסְמִים חָזוּ שֶׁקֶר וַחֲלֹמוֹת
הַשָּׁוְא יְדַבֵּרוּ הֶבֶל יְנַחֵמוּן עַל־כֵּן נָסְעוּ כְמוֹ־צֹאן יַעֲנוּ כִּי־אֵין
ג רֹעֶה: עַל־הָרֹעִים חָרָה אַפִּי וְעַל־הָעַתּוּדִים
אֶפְקוֹד כִּי־פָקַד יְהוָה צְבָאוֹת אֶת־עֶדְרוֹ אֶת־בֵּית יְהוּדָה וְשָׂם
ד אוֹתָם כְּסוּס הוֹדוֹ בַּמִּלְחָמָה: מִמֶּנּוּ פִנָּה מִמֶּנּוּ יָתֵד מִמֶּנּוּ קֶשֶׁת
ה מִלְחָמָה מִמֶּנּוּ יֵצֵא כָל־נוֹגֵשׂ יַחְדָּו: וְהָיוּ כְגִבֹּרִים בּוֹסִים בְּטִיט
חוּצוֹת בַּמִּלְחָמָה וְנִלְחֲמוּ כִּי יְהוָה עִמָּם וְהֹבִישׁוּ רֹכְבֵי סוּסִים:
ו וְגִבַּרְתִּי | אֶת־בֵּית יְהוּדָה וְאֶת־בֵּית יוֹסֵף אוֹשִׁיעַ וְהוֹשְׁבוֹתִים

כִּי רִחַמְתִּים וְהָיוּ כַּאֲשֶׁר לֹא־זְנַחְתִּים כִּי אֲנִי יְהוָה אֱלֹהֵיהֶם
ז וְאֶעֱנֵם׃ וְהָיוּ כְגִבּוֹר אֶפְרַיִם וְשָׂמַח לִבָּם כְּמוֹ־יָיִן וּבְנֵיהֶם יִרְאוּ
ח וְשָׂמֵחוּ יָגֵל לִבָּם בַּיהוָה׃ אֶשְׁרְקָה לָהֶם וַאֲקַבְּצֵם כִּי פְדִיתִים
ט וְרָבוּ כְּמוֹ רָבוּ׃ וְאֶזְרָעֵם בָּעַמִּים וּבַמֶּרְחַקִּים יִזְכְּרוּנִי וְחָיוּ אֶת־
י בְּנֵיהֶם וָשָׁבוּ׃ וַהֲשִׁבוֹתִים מֵאֶרֶץ מִצְרַיִם וּמֵאַשּׁוּר אֲקַבְּצֵם וְאֶל־
יא אֶרֶץ גִּלְעָד וּלְבָנוֹן אֲבִיאֵם וְלֹא יִמָּצֵא לָהֶם׃ וְעָבַר בַּיָּם צָרָה
וְהִכָּה בַיָּם גַּלִּים וְהֹבִישׁוּ כֹּל מְצוּלוֹת יְאֹר וְהוּרַד גְּאוֹן אַשּׁוּר
יב וְשֵׁבֶט מִצְרַיִם יָסוּר׃ וְגִבַּרְתִּים בַּיהוָה וּבִשְׁמוֹ יִתְהַלָּכוּ נְאֻם
יא א יְהוָה׃ פְּתַח לְבָנוֹן דְּלָתֶיךָ וְתֹאכַל אֵשׁ בַּאֲרָזֶיךָ׃
ב הֵילֵל בְּרוֹשׁ כִּי־נָפַל אֶרֶז אֲשֶׁר אַדִּרִים שֻׁדָּדוּ הֵילִילוּ אַלּוֹנֵי בָשָׁן
ג כִּי יָרַד יַעַר הַבָּצוֹר׃ קוֹל יִלְלַת הָרֹעִים כִּי שֻׁדְּדָה אַדַּרְתָּם קוֹל הַבָּצִיר
ד שַׁאֲגַת כְּפִירִים כִּי שֻׁדַּד גְּאוֹן הַיַּרְדֵּן׃ כֹּה אָמַר
ה יְהוָה אֱלֹהָי רְעֵה אֶת־צֹאן הַהֲרֵגָה׃ אֲשֶׁר קֹנֵיהֶן יַהַרְגֻן וְלֹא
יֶאְשָׁמוּ וּמֹכְרֵיהֶן יֹאמַר בָּרוּךְ יְהוָה וַאעְשִׁר וְרֹעֵיהֶם לֹא יַחְמוֹל
ו עֲלֵיהֶן׃ כִּי לֹא אֶחְמוֹל עוֹד עַל־יֹשְׁבֵי הָאָרֶץ נְאֻם־יְהוָה וְהִנֵּה
אָנֹכִי מַמְצִיא אֶת־הָאָדָם אִישׁ בְּיַד־רֵעֵהוּ וּבְיַד מַלְכּוֹ וְכִתְּתוּ
ז אֶת־הָאָרֶץ וְלֹא אַצִּיל מִיָּדָם׃ וָאֶרְעֶה אֶת־צֹאן הַהֲרֵגָה לָכֵן
עֲנִיֵּי הַצֹּאן וָאֶקַּח־לִי שְׁנֵי מַקְלוֹת לְאַחַד קָרָאתִי נֹעַם וּלְאַחַד
ח קָרָאתִי חֹבְלִים וָאֶרְעֶה אֶת־הַצֹּאן׃ וָאַכְחִד אֶת־שְׁלֹשֶׁת הָרֹעִים
ט בְּיֶרַח אֶחָד וַתִּקְצַר נַפְשִׁי בָּהֶם וְגַם־נַפְשָׁם בָּחֲלָה בִי׃ וָאֹמַר לֹא
אֶרְעֶה אֶתְכֶם הַמֵּתָה תָמוּת וְהַנִּכְחֶדֶת תִּכָּחֵד וְהַנִּשְׁאָרוֹת
י תֹּאכַלְנָה אִשָּׁה אֶת־בְּשַׂר רְעוּתָהּ׃ וָאֶקַּח אֶת־מַקְלִי אֶת־נֹעַם
וָאֶגְדַּע אֹתוֹ לְהָפֵיר אֶת־בְּרִיתִי אֲשֶׁר כָּרַתִּי אֶת־כָּל־הָעַמִּים׃
יא וַתֻּפַר בַּיּוֹם הַהוּא וַיֵּדְעוּ כֵן עֲנִיֵּי הַצֹּאן הַשֹּׁמְרִים אֹתִי כִּי דְבַר־
יב יְהוָה הוּא׃ וָאֹמַר אֲלֵיהֶם אִם־טוֹב בְּעֵינֵיכֶם הָבוּ שְׂכָרִי וְאִם־
יג לֹא ׀ חֲדָלוּ וַיִּשְׁקְלוּ אֶת־שְׂכָרִי שְׁלֹשִׁים כָּסֶף׃ וַיֹּאמֶר יְהוָה אֵלַי
הַשְׁלִיכֵהוּ אֶל־הַיּוֹצֵר אֶדֶר הַיְקָר אֲשֶׁר יָקַרְתִּי מֵעֲלֵיהֶם וָאֶקְחָה

יד שְׁלֹשִׁים הַכֶּסֶף וָאַשְׁלִיךְ אֹתוֹ בֵּית יְהוָה אֶל־הַיּוֹצֵר׃ וָאֶגְדַּע
אֶת־מַקְלִי הַשֵּׁנִי אֵת הַחֹבְלִים לְהָפֵר אֶת־הָאַחֲוָה בֵּין יְהוּדָה
טו וּבֵין יִשְׂרָאֵל׃ וַיֹּאמֶר יְהוָה אֵלָי עוֹד קַח־לְךָ כְּלִי
טז רֹעֶה אֱוִלִי׃ כִּי הִנֵּה־אָנֹכִי מֵקִים רֹעֶה בָּאָרֶץ הַנִּכְחָדוֹת לֹא־
יִפְקֹד הַנַּעַר לֹא־יְבַקֵּשׁ וְהַנִּשְׁבֶּרֶת לֹא יְרַפֵּא הַנִּצָּבָה לֹא יְכַלְכֵּל
יז וּבְשַׂר הַבְּרִיאָה יֹאכַל וּפַרְסֵיהֶן יְפָרֵק׃ הוֹי רֹעִי הָאֱלִיל עֹזְבִי
הַצֹּאן חֶרֶב עַל־זְרוֹעוֹ וְעַל־עֵין יְמִינוֹ זְרֹעוֹ יָבוֹשׁ תִּיבָשׁ וְעֵין
ב א יְמִינוֹ כָּהֹה תִכְהֶה׃ מַשָּׂא דְבַר־יְהוָה עַל־ כ
יִשְׂרָאֵל נְאֻם־יְהוָה נֹטֶה שָׁמַיִם וְיֹסֵד אָרֶץ וְיֹצֵר רוּחַ־אָדָם
ב בְּקִרְבּוֹ׃ הִנֵּה אָנֹכִי שָׂם אֶת־יְרוּשָׁלִַם סַף־רַעַל לְכָל־הָעַמִּים
ג סָבִיב וְגַם עַל־יְהוּדָה יִהְיֶה בַמָּצוֹר עַל־יְרוּשָׁלִָם׃ וְהָיָה בַיּוֹם־
הַהוּא אָשִׂים אֶת־יְרוּשָׁלִַם אֶבֶן מַעֲמָסָה לְכָל־הָעַמִּים כָּל־
ד עֹמְסֶיהָ שָׂרוֹט יִשָּׂרֵטוּ וְנֶאֶסְפוּ עָלֶיהָ כֹּל גּוֹיֵי הָאָרֶץ׃ בַּיּוֹם הַהוּא
נְאֻם־יְהוָה אַכֶּה כָל־סוּס בַּתִּמָּהוֹן וְרֹכְבוֹ בַּשִּׁגָּעוֹן וְעַל־בֵּית
ה יְהוּדָה אֶפְקַח אֶת־עֵינַי וְכֹל סוּס הָעַמִּים אַכֶּה בַּעִוָּרוֹן׃ וְאָמְרוּ
אַלֻּפֵי יְהוּדָה בְּלִבָּם אַמְצָה לִי יֹשְׁבֵי יְרוּשָׁלִַם בַּיהוָה צְבָאוֹת
ו אֱלֹהֵיהֶם׃ בַּיּוֹם הַהוּא אָשִׂים אֶת־אַלֻּפֵי יְהוּדָה כְּכִיּוֹר אֵשׁ
בְּעֵצִים וּכְלַפִּיד אֵשׁ בְּעָמִיר וְאָכְלוּ עַל־יָמִין וְעַל־שְׂמֹאול אֶת־
כָּל־הָעַמִּים סָבִיב וְיָשְׁבָה יְרוּשָׁלִַם עוֹד תַּחְתֶּיהָ בִּירוּשָׁלִָם׃
ז וְהוֹשִׁיעַ יְהוָה אֶת־אָהֳלֵי יְהוּדָה בָּרִאשֹׁנָה לְמַעַן לֹא־תִגְדַּל
ח תִּפְאֶרֶת בֵּית־דָּוִיד וְתִפְאֶרֶת יֹשֵׁב יְרוּשָׁלִָם עַל־יְהוּדָה׃ בַּיּוֹם
הַהוּא יָגֵן יְהוָה בְּעַד יוֹשֵׁב יְרוּשָׁלִַם וְהָיָה הַנִּכְשָׁל בָּהֶם בַּיּוֹם
ט הַהוּא כְּדָוִיד וּבֵית דָּוִיד כֵּאלֹהִים כְּמַלְאַךְ יְהוָה לִפְנֵיהֶם׃ וְהָיָה
בַּיּוֹם הַהוּא אֲבַקֵּשׁ לְהַשְׁמִיד אֶת־כָּל־הַגּוֹיִם הַבָּאִים עַל־
י יְרוּשָׁלִָם׃ וְשָׁפַכְתִּי עַל־בֵּית דָּוִיד וְעַל ׀ יוֹשֵׁב יְרוּשָׁלִַם רוּחַ חֵן
וְתַחֲנוּנִים וְהִבִּיטוּ אֵלַי אֵת אֲשֶׁר־דָּקָרוּ וְסָפְדוּ עָלָיו כְּמִסְפֵּד עַל־
יא הַיָּחִיד וְהָמֵר עָלָיו כְּהָמֵר עַל־הַבְּכוֹר׃ בַּיּוֹם הַהוּא יִגְדַּל הַמִּסְפֵּד

יב בִּירוּשָׁלִַם כְּמִסְפַּד הֲדַדְרִמּוֹן בְּבִקְעַת מְגִדּוֹן׃ וְסָפְדָה הָאָרֶץ
מִשְׁפָּחוֹת מִשְׁפָּחוֹת לְבָד מִשְׁפַּחַת בֵּית־דָּוִיד לְבָד וּנְשֵׁיהֶם לְבָד
יג מִשְׁפַּחַת בֵּית־נָתָן לְבָד וּנְשֵׁיהֶם לְבָד׃ מִשְׁפַּחַת בֵּית־לֵוִי
יד לְבָד וּנְשֵׁיהֶם לְבָד מִשְׁפַּחַת הַשִּׁמְעִי לְבָד וּנְשֵׁיהֶם לְבָד׃ כֹּל
הַמִּשְׁפָּחוֹת הַנִּשְׁאָרוֹת מִשְׁפָּחֹת מִשְׁפָּחֹת לְבָד וּנְשֵׁיהֶם לְבָד׃
יג א בַּיּוֹם הַהוּא יִהְיֶה מָקוֹר נִפְתָּח לְבֵית דָּוִיד וּלְיֹשְׁבֵי יְרוּשָׁלִָם
ב לְחַטַּאת וּלְנִדָּה׃ וְהָיָה בַיּוֹם הַהוּא נְאֻם ׀ יְהוָה צְבָאוֹת אַכְרִית
אֶת־שְׁמוֹת הָעֲצַבִּים מִן־הָאָרֶץ וְלֹא יִזָּכְרוּ עוֹד וְגַם אֶת־
ג הַנְּבִיאִים וְאֶת־רוּחַ הַטֻּמְאָה אַעֲבִיר מִן־הָאָרֶץ׃ וְהָיָה כִּי־יִנָּבֵא
אִישׁ עוֹד וְאָמְרוּ אֵלָיו אָבִיו וְאִמּוֹ יֹלְדָיו לֹא תִחְיֶה כִּי שֶׁקֶר
ד דִּבַּרְתָּ בְּשֵׁם יְהוָה וּדְקָרֻהוּ אָבִיהוּ וְאִמּוֹ יֹלְדָיו בְּהִנָּבְאוֹ׃ וְהָיָה ׀
בַּיּוֹם הַהוּא יֵבֹשׁוּ הַנְּבִיאִים אִישׁ מֵחֶזְיֹנוֹ בְּהִנָּבְאֹתוֹ וְלֹא
ה יִלְבְּשׁוּ אַדֶּרֶת שֵׂעָר לְמַעַן כַּחֵשׁ׃ וְאָמַר לֹא נָבִיא אָנֹכִי
ו אִישׁ־עֹבֵד אֲדָמָה אָנֹכִי כִּי־אָדָם הִקְנַנִי מִנְּעוּרָי׃ וְאָמַר
אֵלָיו מָה הַמַּכּוֹת הָאֵלֶּה בֵּין יָדֶיךָ וְאָמַר אֲשֶׁר הֻכֵּיתִי בֵּית
ז מְאַהֲבָי׃ חֶרֶב עוּרִי עַל־רֹעִי וְעַל־גֶּבֶר עֲמִיתִי
נְאֻם יְהוָה צְבָאוֹת הַךְ אֶת־הָרֹעֶה וּתְפוּצֶיןָ הַצֹּאן וַהֲשִׁבֹתִי יָדִי
ח עַל־הַצֹּעֲרִים׃ וְהָיָה בְכָל־הָאָרֶץ נְאֻם־יְהוָה פִּי־שְׁנַיִם בָּהּ יִכָּרְתוּ
ט יִגְוָעוּ וְהַשְּׁלִשִׁית יִוָּתֶר בָּהּ׃ וְהֵבֵאתִי אֶת־הַשְּׁלִשִׁית בָּאֵשׁ
וּצְרַפְתִּים כִּצְרֹף אֶת־הַכֶּסֶף וּבְחַנְתִּים כִּבְחֹן אֶת־הַזָּהָב הוּא ׀
יִקְרָא בִשְׁמִי וַאֲנִי אֶעֱנֶה אֹתוֹ אָמַרְתִּי עַמִּי הוּא וְהוּא יֹאמַר
יד א יְהוָה אֱלֹהָי׃ הִנֵּה יוֹם־בָּא לַיהוָה וְחֻלַּק שְׁלָלֵךְ
ב בְּקִרְבֵּךְ׃ וְאָסַפְתִּי אֶת־כָּל־הַגּוֹיִם ׀ אֶל־יְרוּשָׁלִַם לַמִּלְחָמָה
וְנִלְכְּדָה הָעִיר וְנָשַׁסּוּ הַבָּתִּים וְהַנָּשִׁים תשגלנה וְיָצָא חֲצִי תִּשָּׁכַבְנָה
ג הָעִיר בַּגּוֹלָה וְיֶתֶר הָעָם לֹא יִכָּרֵת מִן־הָעִיר׃ וְיָצָא יְהוָה וְנִלְחַם
ד בַּגּוֹיִם הָהֵם כְּיוֹם הִלָּחֲמוֹ בְּיוֹם קְרָב׃ וְעָמְדוּ רַגְלָיו בַּיּוֹם־הַהוּא
עַל־הַר הַזֵּיתִים אֲשֶׁר עַל־פְּנֵי יְרוּשָׁלִַם מִקֶּדֶם וְנִבְקַע הַר הַזֵּיתִים

מֵחֶצְיוֹ מִזְרָחָה וָיָמָּה גֵּיא גְּדוֹלָה מְאֹד וּמָשׁ חֲצִי הָהָר צָפוֹנָה
ה וְחֶצְיוֹ נֶגְבָּה׃ וְנַסְתֶּם גֵּיא־הָרַי כִּי־יַגִּיעַ גֵּי־הָרִים אֶל־אָצַל וְנַסְתֶּם
כַּאֲשֶׁר נַסְתֶּם מִפְּנֵי הָרַעַשׁ בִּימֵי עֻזִּיָּה מֶלֶךְ־יְהוּדָה וּבָא יְהוָה
ו אֱלֹהַי כָּל־קְדֹשִׁים עִמָּךְ׃ וְהָיָה בַּיּוֹם הַהוּא לֹא־יִהְיֶה אוֹר יְקָרוֹת
ז יקפאון׃ וְהָיָה יוֹם־אֶחָד הוּא יִוָּדַע לַיהוָה לֹא־יוֹם וְלֹא־לָיְלָה
ח וְהָיָה לְעֵת־עֶרֶב יִהְיֶה־אוֹר׃ וְהָיָה ׀ בַּיּוֹם הַהוּא יֵצְאוּ מַיִם־חַיִּים
מִירוּשָׁלִַם חֶצְיָם אֶל־הַיָּם הַקַּדְמוֹנִי וְחֶצְיָם אֶל־הַיָּם הָאַחֲרוֹן
ט בַּקַּיִץ וּבָחֹרֶף יִהְיֶה׃ וְהָיָה יְהוָה לְמֶלֶךְ עַל־כָּל־הָאָרֶץ בַּיּוֹם
י הַהוּא יִהְיֶה יְהוָה אֶחָד וּשְׁמוֹ אֶחָד׃ יִסּוֹב כָּל־הָאָרֶץ כָּעֲרָבָה
מִגֶּבַע לְרִמּוֹן נֶגֶב יְרוּשָׁלִָם וְרָאֲמָה וְיָשְׁבָה תַחְתֶּיהָ לְמִשַּׁעַר
בִּנְיָמִן עַד־מְקוֹם שַׁעַר הָרִאשׁוֹן עַד־שַׁעַר הַפִּנִּים וּמִגְדַּל חֲנַנְאֵל
יא עַד יִקְבֵי הַמֶּלֶךְ׃ וְיָשְׁבוּ בָהּ וְחֵרֶם לֹא יִהְיֶה־עוֹד וְיָשְׁבָה יְרוּשָׁלִַם
יב לָבֶטַח׃ וְזֹאת ׀ תִּהְיֶה הַמַּגֵּפָה אֲשֶׁר יִגֹּף יְהוָה
אֶת־כָּל־הָעַמִּים אֲשֶׁר צָבְאוּ עַל־יְרוּשָׁלִָם הָמֵק ׀ בְּשָׂרוֹ וְהוּא
עֹמֵד עַל־רַגְלָיו וְעֵינָיו תִּמַּקְנָה בְחֹרֵיהֶן וּלְשׁוֹנוֹ תִּמַּק בְּפִיהֶם׃
יג וְהָיָה בַּיּוֹם הַהוּא תִּהְיֶה מְהוּמַת־יְהוָה רַבָּה בָּהֶם וְהֶחֱזִיקוּ אִישׁ
יד יַד רֵעֵהוּ וְעָלְתָה יָדוֹ עַל־יַד רֵעֵהוּ׃ וְגַם־יְהוּדָה תִּלָּחֵם בִּירוּשָׁלִָם
טו וְאֻסַּף חֵיל כָּל־הַגּוֹיִם סָבִיב זָהָב וָכֶסֶף וּבְגָדִים לָרֹב מְאֹד׃ וְכֵן
תִּהְיֶה מַגֵּפַת הַסּוּס הַפֶּרֶד הַגָּמָל וְהַחֲמוֹר וְכָל־הַבְּהֵמָה אֲשֶׁר
טז יִהְיֶה בַּמַּחֲנוֹת הָהֵמָּה כַּמַּגֵּפָה הַזֹּאת׃ וְהָיָה כָּל־הַנּוֹתָר מִכָּל־
הַגּוֹיִם הַבָּאִים עַל־יְרוּשָׁלִָם וְעָלוּ מִדֵּי שָׁנָה בְשָׁנָה לְהִשְׁתַּחֲוֺת
יז לְמֶלֶךְ יְהוָה צְבָאוֹת וְלָחֹג אֶת־חַג הַסֻּכּוֹת׃ וְהָיָה אֲשֶׁר לֹא־
יַעֲלֶה מֵאֵת מִשְׁפְּחוֹת הָאָרֶץ אֶל־יְרוּשָׁלִַם לְהִשְׁתַּחֲוֺת לְמֶלֶךְ
יח יְהוָה צְבָאוֹת וְלֹא עֲלֵיהֶם יִהְיֶה הַגָּשֶׁם׃ וְאִם־מִשְׁפַּחַת מִצְרַיִם
לֹא־תַעֲלֶה וְלֹא בָאָה וְלֹא עֲלֵיהֶם תִּהְיֶה הַמַּגֵּפָה אֲשֶׁר יִגֹּף
יְהוָה אֶת־הַגּוֹיִם אֲשֶׁר לֹא יַעֲלוּ לָחֹג אֶת־חַג הַסֻּכּוֹת׃
יט זֹאת תִּהְיֶה חַטַּאת מִצְרָיִם וְחַטַּאת כָּל־הַגּוֹיִם אֲשֶׁר לֹא

הרעש בימי עוזיה
ישעיה ו, א–ד
עמוס א, א

וְקִפָּאוֹן

יַעֲלוּ לָחֹג אֶת־חַג הַסֻּכּוֹת׃ בַּיּוֹם הַהוּא יִהְיֶה עַל־מְצִלּוֹת כ
הַסּוּס קֹדֶשׁ לַיהוָה וְהָיָה הַסִּירוֹת בְּבֵית יְהוָה כַּמִּזְרָקִים
כא לִפְנֵי הַמִּזְבֵּחַ׃ וְהָיָה כָּל־סִיר בִּירוּשָׁלִַם וּבִיהוּדָה קֹדֶשׁ כא
לַיהוָה צְבָאוֹת וּבָאוּ כָּל־הַזֹּבְחִים וְלָקְחוּ מֵהֶם וּבִשְּׁלוּ בָהֶם
וְלֹא־יִהְיֶה כְנַעֲנִי עוֹד בְּבֵית־יְהוָה צְבָאוֹת בַּיּוֹם הַהוּא׃

# מלאכי

א מַשָּׂא דְבַר־יְהוָה אֶל־יִשְׂרָאֵל בְּיַד מַלְאָכִי׃ אָהַבְתִּי אֶתְכֶם א ב
אָמַר יְהוָה וַאֲמַרְתֶּם בַּמָּה אֲהַבְתָּנוּ הֲלוֹא־אָח עֵשָׂו לְיַעֲקֹב
נְאֻם־יְהוָה וָאֹהַב אֶת־יַעֲקֹב׃ וְאֶת־עֵשָׂו שָׂנֵאתִי וָאָשִׂים אֶת־ ג
הָרָיו שְׁמָמָה וְאֶת־נַחֲלָתוֹ לְתַנּוֹת מִדְבָּר׃ כִּי־תֹאמַר אֱדוֹם ד
רֻשַּׁשְׁנוּ וְנָשׁוּב וְנִבְנֶה חֳרָבוֹת כֹּה אָמַר יְהוָה צְבָאוֹת הֵמָּה יִבְנוּ
וַאֲנִי אֶהֱרוֹס וְקָרְאוּ לָהֶם גְּבוּל רִשְׁעָה וְהָעָם אֲשֶׁר־זָעַם יְהוָה
עַד־עוֹלָם׃ וְעֵינֵיכֶם תִּרְאֶינָה וְאַתֶּם תֹּאמְרוּ יִגְדַּל יְהוָה מֵעַל ה
לִגְבוּל יִשְׂרָאֵל׃ בֵּן יְכַבֵּד אָב וְעֶבֶד אֲדֹנָיו וְאִם־אָב אָנִי אַיֵּה ו
כְבוֹדִי וְאִם־אֲדוֹנִים אָנִי אַיֵּה מוֹרָאִי אָמַר ׀ יְהוָה צְבָאוֹת לָכֶם
הַכֹּהֲנִים בּוֹזֵי שְׁמִי וַאֲמַרְתֶּם בַּמֶּה בָזִינוּ אֶת־שְׁמֶךָ׃ מַגִּישִׁים ז
עַל־מִזְבְּחִי לֶחֶם מְגֹאָל וַאֲמַרְתֶּם בַּמֶּה גֵאַלְנוּךָ בֶּאֱמָרְכֶם שֻׁלְחַן
יְהוָה נִבְזֶה הוּא׃ וְכִי־תַגִּשׁוּן עִוֵּר לִזְבֹּחַ אֵין רָע וְכִי תַגִּישׁוּ ח
פִּסֵּחַ וְחֹלֶה אֵין רָע הַקְרִיבֵהוּ נָא לְפֶחָתֶךָ הֲיִרְצְךָ אוֹ הֲיִשָּׂא
פָנֶיךָ אָמַר יְהוָה צְבָאוֹת׃ וְעַתָּה חַלּוּ־נָא פְנֵי־אֵל וִיחָנֵנוּ מִיֶּדְכֶם ט
הָיְתָה זֹּאת הֲיִשָּׂא מִכֶּם פָּנִים אָמַר יְהוָה צְבָאוֹת׃ מִי גַם־בָּכֶם י
וְיִסְגֹּר דְּלָתַיִם וְלֹא־תָאִירוּ מִזְבְּחִי חִנָּם אֵין־לִי חֵפֶץ בָּכֶם אָמַר
יְהוָה צְבָאוֹת וּמִנְחָה לֹא־אֶרְצֶה מִיֶּדְכֶם׃ כִּי מִמִּזְרַח־שֶׁמֶשׁ יא
וְעַד־מְבוֹאוֹ גָּדוֹל שְׁמִי בַּגּוֹיִם וּבְכָל־מָקוֹם מֻקְטָר מֻגָּשׁ לִשְׁמִי
וּמִנְחָה טְהוֹרָה כִּי־גָדוֹל שְׁמִי בַּגּוֹיִם אָמַר יְהוָה צְבָאוֹת׃ וְאַתֶּם יב

מְחַלְּלִים אוֹתוֹ בֶּאֱמׇרְכֶם שֻׁלְחַן אֲדֹנָי מְגֹאָל הוּא וְנִיבוֹ נִבְזֶה
יג אׇכְלוֹ׃ וַאֲמַרְתֶּם הִנֵּה מַתְּלָאָה וְהִפַּחְתֶּם אוֹתוֹ אָמַר יְהוָה
צְבָאוֹת וַהֲבֵאתֶם גָּזוּל וְאֶת־הַפִּסֵּחַ וְאֶת־הַחוֹלֶה וַהֲבֵאתֶם אֶת־
יד הַמִּנְחָה הַאֶרְצֶה אוֹתָהּ מִיֶּדְכֶם אָמַר יְהוָה׃ וְאָרוּר נוֹכֵל וְיֵשׁ
בְּעֶדְרוֹ זָכָר וְנֹדֵר וְזֹבֵחַ מׇשְׁחָת לַאדֹנָי כִּי מֶלֶךְ גָּדוֹל אָנִי אָמַר
ב א יְהוָה צְבָאוֹת וּשְׁמִי נוֹרָא בַגּוֹיִם׃ וְעַתָּה אֲלֵיכֶם הַמִּצְוָה הַזֹּאת
ב הַכֹּהֲנִים׃ אִם־לֹא תִשְׁמְעוּ וְאִם־לֹא תָשִׂימוּ עַל־לֵב לָתֵת כָּבוֹד
לִשְׁמִי אָמַר יְהוָה צְבָאוֹת וְשִׁלַּחְתִּי בָכֶם אֶת־הַמְּאֵרָה וְאָרוֹתִי
ג אֶת־בִּרְכוֹתֵיכֶם וְגַם אָרוֹתִיהָ כִּי אֵינְכֶם שָׂמִים עַל־לֵב׃ הִנְנִי
גֹעֵר לָכֶם אֶת־הַזֶּרַע וְזֵרִיתִי פֶרֶשׁ עַל־פְּנֵיכֶם פֶּרֶשׁ חַגֵּיכֶם וְנָשָׂא
ד אֶתְכֶם אֵלָיו׃ וִידַעְתֶּם כִּי שִׁלַּחְתִּי אֲלֵיכֶם אֵת הַמִּצְוָה הַזֹּאת
ה לִהְיוֹת בְּרִיתִי אֶת־לֵוִי אָמַר יְהוָה צְבָאוֹת׃ בְּרִיתִי ׀ הָיְתָה אִתּוֹ
הַחַיִּים וְהַשָּׁלוֹם וָאֶתְּנֵם־לוֹ מוֹרָא וַיִּירָאֵנִי וּמִפְּנֵי שְׁמִי נִחַת הוּא׃
ו תּוֹרַת אֱמֶת הָיְתָה בְּפִיהוּ וְעַוְלָה לֹא־נִמְצָא בִשְׂפָתָיו בְּשָׁלוֹם
ז וּבְמִישׁוֹר הָלַךְ אִתִּי וְרַבִּים הֵשִׁיב מֵעָוֺן׃ כִּי־שִׂפְתֵי כֹהֵן יִשְׁמְרוּ־
ח דַעַת וְתוֹרָה יְבַקְשׁוּ מִפִּיהוּ כִּי מַלְאַךְ יְהוָה־צְבָאוֹת הוּא׃ וְאַתֶּם
סַרְתֶּם מִן־הַדֶּרֶךְ הִכְשַׁלְתֶּם רַבִּים בַּתּוֹרָה שִׁחַתֶּם בְּרִית הַלֵּוִי
ט אָמַר יְהוָה צְבָאוֹת׃ וְגַם־אֲנִי נָתַתִּי אֶתְכֶם נִבְזִים וּשְׁפָלִים לְכׇל־
הָעָם כְּפִי אֲשֶׁר אֵינְכֶם שֹׁמְרִים אֶת־דְּרָכַי וְנֹשְׂאִים פָּנִים
י בַּתּוֹרָה׃ הֲלוֹא אָב אֶחָד לְכֻלָּנוּ הֲלוֹא אֵל אֶחָד בְּרָאָנוּ מַדּוּעַ
יא נִבְגַּד אִישׁ בְּאָחִיו לְחַלֵּל בְּרִית אֲבֹתֵינוּ׃ בָּגְדָה יְהוּדָה
וְתוֹעֵבָה נֶעֶשְׂתָה בְיִשְׂרָאֵל וּבִירוּשָׁלִָם כִּי ׀ חִלֵּל יְהוּדָה קֹדֶשׁ
יב יְהוָה אֲשֶׁר אָהֵב וּבָעַל בַּת־אֵל נֵכָר׃ יַכְרֵת יְהוָה לָאִישׁ
אֲשֶׁר יַעֲשֶׂנָּה עֵר וְעֹנֶה מֵאׇהֳלֵי יַעֲקֹב וּמַגִּישׁ מִנְחָה לַיהוָה
יג צְבָאוֹת׃ וְזֹאת שֵׁנִית תַּעֲשׂוּ כַּסּוֹת דִּמְעָה אֶת־
מִזְבַּח יְהוָה בְּכִי וַאֲנָקָה מֵאֵין עוֹד פְּנוֹת אֶל־הַמִּנְחָה וְלָקַחַת
יד רָצוֹן מִיֶּדְכֶם׃ וַאֲמַרְתֶּם עַל־מָה עַל כִּי־יְהוָה הֵעִיד בֵּינְךָ

וּבֵין ׀ אֵשֶׁת נְעוּרֶיךָ אֲשֶׁר אַתָּה בָּגַדְתָּה בָּהּ וְהִיא חֲבֶרְתְּךָ
וְאֵשֶׁת בְּרִיתֶךָ: וְלֹא־אֶחָד עָשָׂה וּשְׁאָר רוּחַ לוֹ וּמָה הָאֶחָד טו
מְבַקֵּשׁ זֶרַע אֱלֹהִים וְנִשְׁמַרְתֶּם בְּרוּחֲכֶם וּבְאֵשֶׁת נְעוּרֶיךָ
אַל־יִבְגֹּד: כִּי־שָׂנֵא שַׁלַּח אָמַר יְהוָה אֱלֹהֵי יִשְׂרָאֵל וְכִסָּה טז
חָמָס עַל־לְבוּשׁוֹ אָמַר יְהוָה צְבָאוֹת וְנִשְׁמַרְתֶּם בְּרוּחֲכֶם וְלֹא
תִבְגֹּדוּ: הוֹגַעְתֶּם יְהוָה בְּדִבְרֵיכֶם וַאֲמַרְתֶּם בַּמָּה יז
הוֹגָעְנוּ בֶּאֱמָרְכֶם כָּל־עֹשֵׂה רָע טוֹב ׀ בְּעֵינֵי יְהוָה וּבָהֶם הוּא
חָפֵץ אוֹ אַיֵּה אֱלֹהֵי הַמִּשְׁפָּט: הִנְנִי שֹׁלֵחַ מַלְאָכִי וּפִנָּה־דֶרֶךְ ג א
לְפָנָי וּפִתְאֹם יָבוֹא אֶל־הֵיכָלוֹ הָאָדוֹן ׀ אֲשֶׁר־אַתֶּם מְבַקְשִׁים
וּמַלְאַךְ הַבְּרִית אֲשֶׁר אַתֶּם חֲפֵצִים הִנֵּה־בָא אָמַר יְהוָה צְבָאוֹת:
וּמִי מְכַלְכֵּל אֶת־יוֹם בּוֹאוֹ וּמִי הָעֹמֵד בְּהֵרָאוֹתוֹ כִּי־הוּא כְּאֵשׁ ב
מְצָרֵף וּכְבֹרִית מְכַבְּסִים: וְיָשַׁב מְצָרֵף וּמְטַהֵר כֶּסֶף וְטִהַר אֶת־ ג
בְּנֵי־לֵוִי וְזִקַּק אֹתָם כַּזָּהָב וְכַכָּסֶף וְהָיוּ לַיהוָה מַגִּישֵׁי מִנְחָה
בִּצְדָקָה: וְעָרְבָה לַיהוָה מִנְחַת יְהוּדָה וִירוּשָׁלָםִ כִּימֵי עוֹלָם ד
וּכְשָׁנִים קַדְמֹנִיּוֹת: וְקָרַבְתִּי אֲלֵיכֶם לַמִּשְׁפָּט וְהָיִיתִי ׀ עֵד מְמַהֵר ה
בַּמְכַשְּׁפִים וּבַמְנָאֲפִים וּבַנִּשְׁבָּעִים לַשָּׁקֶר וּבְעֹשְׁקֵי שְׂכַר־שָׂכִיר
אַלְמָנָה וְיָתוֹם וּמַטֵּי־גֵר וְלֹא יְרֵאוּנִי אָמַר יְהוָה צְבָאוֹת: כִּי ו
אֲנִי יְהוָה לֹא שָׁנִיתִי וְאַתֶּם בְּנֵי־יַעֲקֹב לֹא כְלִיתֶם: לְמִימֵי ז
אֲבֹתֵיכֶם סַרְתֶּם מֵחֻקַּי וְלֹא שְׁמַרְתֶּם שׁוּבוּ אֵלַי וְאָשׁוּבָה
אֲלֵיכֶם אָמַר יְהוָה צְבָאוֹת וַאֲמַרְתֶּם בַּמֶּה נָשׁוּב: הֲיִקְבַּע ח
אָדָם אֱלֹהִים כִּי אַתֶּם קֹבְעִים אֹתִי וַאֲמַרְתֶּם בַּמֶּה קְבַעֲנוּךָ
הַמַּעֲשֵׂר וְהַתְּרוּמָה: בַּמְּאֵרָה אַתֶּם נֵאָרִים וְאֹתִי אַתֶּם ט
קֹבְעִים הַגּוֹי כֻּלּוֹ: הָבִיאוּ אֶת־כָּל־הַמַּעֲשֵׂר אֶל־בֵּית הָאוֹצָר י
וִיהִי טֶרֶף בְּבֵיתִי וּבְחָנוּנִי נָא בָּזֹאת אָמַר יְהוָה צְבָאוֹת
אִם־לֹא אֶפְתַּח לָכֶם אֵת אֲרֻבּוֹת הַשָּׁמַיִם וַהֲרִיקֹתִי לָכֶם
בְּרָכָה עַד־בְּלִי־דָי: וְגָעַרְתִּי לָכֶם בָּאֹכֵל וְלֹא־יַשְׁחִת לָכֶם יא
אֶת־פְּרִי הָאֲדָמָה וְלֹא־תְשַׁכֵּל לָכֶם הַגֶּפֶן בַּשָּׂדֶה אָמַר

יב יְהוָה צְבָאוֹת׃ וְאִשְּׁרוּ אֶתְכֶם כָּל־הַגּוֹיִם כִּי־תִהְיוּ אַתֶּם
יג אֶרֶץ חֵפֶץ אָמַר יְהוָה צְבָאוֹת׃ חָזְקוּ עָלַי
יד דִּבְרֵיכֶם אָמַר יְהוָה וַאֲמַרְתֶּם מַה־נִּדְבַּרְנוּ עָלֶיךָ׃ אֲמַרְתֶּם
שָׁוְא עֲבֹד אֱלֹהִים וּמַה־בֶּצַע כִּי שָׁמַרְנוּ מִשְׁמַרְתּוֹ וְכִי
טו הָלַכְנוּ קְדֹרַנִּית מִפְּנֵי יְהוָה צְבָאוֹת׃ וְעַתָּה אֲנַחְנוּ מְאַשְּׁרִים
טז זֵדִים גַּם־נִבְנוּ עֹשֵׂי רִשְׁעָה גַּם בָּחֲנוּ אֱלֹהִים וַיִּמָּלֵטוּ׃ אָז נִדְבְּרוּ
יִרְאֵי יְהוָה אִישׁ אֶל־רֵעֵהוּ וַיַּקְשֵׁב יְהוָה וַיִּשְׁמָע וַיִּכָּתֵב סֵפֶר
יז זִכָּרוֹן לְפָנָיו לְיִרְאֵי יְהוָה וּלְחֹשְׁבֵי שְׁמוֹ׃ וְהָיוּ לִי אָמַר יְהוָה
צְבָאוֹת לַיּוֹם אֲשֶׁר אֲנִי עֹשֶׂה סְגֻלָּה וְחָמַלְתִּי עֲלֵיהֶם כַּאֲשֶׁר
יח יַחְמֹל אִישׁ עַל־בְּנוֹ הָעֹבֵד אֹתוֹ׃ וְשַׁבְתֶּם וּרְאִיתֶם בֵּין צַדִּיק
יט לְרָשָׁע בֵּין עֹבֵד אֱלֹהִים לַאֲשֶׁר לֹא עֲבָדוֹ׃ כִּי־
הִנֵּה הַיּוֹם בָּא בֹּעֵר כַּתַּנּוּר וְהָיוּ כָל־זֵדִים וְכָל־עֹשֵׂה רִשְׁעָה קַשׁ
וְלִהַט אֹתָם הַיּוֹם הַבָּא אָמַר יְהוָה צְבָאוֹת אֲשֶׁר לֹא־יַעֲזֹב לָהֶם
כ שֹׁרֶשׁ וְעָנָף׃ וְזָרְחָה לָכֶם יִרְאֵי שְׁמִי שֶׁמֶשׁ צְדָקָה וּמַרְפֵּא
כא בִּכְנָפֶיהָ וִיצָאתֶם וּפִשְׁתֶּם כְּעֶגְלֵי מַרְבֵּק׃ וְעַסּוֹתֶם רְשָׁעִים כִּי־
יִהְיוּ אֵפֶר תַּחַת כַּפּוֹת רַגְלֵיכֶם בַּיּוֹם אֲשֶׁר אֲנִי עֹשֶׂה אָמַר יְהוָה
כב צְבָאוֹת׃ זִכְרוּ תּוֹרַת מֹשֶׁה עַבְדִּי אֲשֶׁר צִוִּיתִי
כג אוֹתוֹ בְחֹרֵב עַל־כָּל־יִשְׂרָאֵל חֻקִּים וּמִשְׁפָּטִים׃ הִנֵּה אָנֹכִי שֹׁלֵחַ
לָכֶם אֵת אֵלִיָּה הַנָּבִיא לִפְנֵי בּוֹא יוֹם יְהוָה הַגָּדוֹל וְהַנּוֹרָא׃
כד וְהֵשִׁיב לֵב־אָבוֹת עַל־בָּנִים וְלֵב בָּנִים עַל־אֲבוֹתָם פֶּן־אָבוֹא
וְהִכֵּיתִי אֶת־הָאָרֶץ חֵרֶם׃

הנה אנכי שלח לכם את אליה הנביא
לפני בוא יום יהוה הגדול והנורא

# כתובים

תהלים
משלי
איוב
שיר השירים
רות
איכה
קהלת
אסתר
דניאל
עזרא • נחמיה
דברי הימים

# תהלים

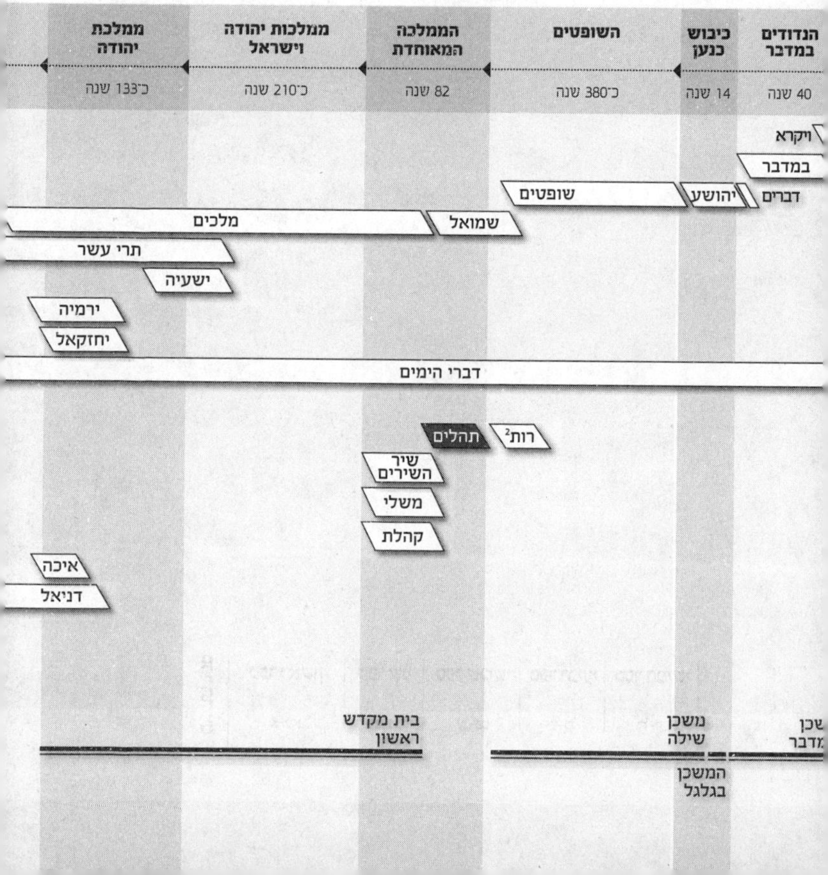

הנדודים במדבר
40 שנה
כיבוש כנען
14 שנה
השופטים
כ־380 שנה
הממלכה המאוחדת
82 שנה
ממלכות יהודה וישראל
כ־210 שנה
ממלכת יהודה
כ־133 שנה
ויקרא
במדבר
דברים
יהושע
שופטים
שמואל
מלכים
תרי עשר
ישעיה
ירמיה
יחזקאל
דברי הימים
רות2
תהלים
שיר השירים
משלי
קהלת
איכה
דניאל
משכן מדבר
משכן שילה
המשכן בגלגל
בית מקדש ראשון

ספר תהלים

| ספר ראשון | ספר שני | ספר שלישי | ספר רביעי | ספר חמישי |
|---|---|---|---|---|
| א–מא | מב–עב | עג–פט | צ–קו | קז–קנ |

א א אַשְׁרֵי־הָאִישׁ אֲשֶׁר ׀ לֹא הָלַךְ בַּעֲצַת רְשָׁעִים וּבְדֶרֶךְ חַטָּאִים — ספר ראשון
ב לֹא עָמָד וּבְמוֹשַׁב לֵצִים לֹא יָשָׁב׃ כִּי אִם בְּתוֹרַת יהוה חֶפְצוֹ
ג וּבְתוֹרָתוֹ יֶהְגֶּה יוֹמָם וָלָיְלָה׃ וְהָיָה כְּעֵץ שָׁתוּל עַל־פַּלְגֵי מָיִם
אֲשֶׁר פִּרְיוֹ ׀ יִתֵּן בְּעִתּוֹ וְעָלֵהוּ לֹא־יִבּוֹל וְכֹל אֲשֶׁר־יַעֲשֶׂה
ד ה יַצְלִיחַ׃ לֹא־כֵן הָרְשָׁעִים כִּי אִם־כַּמֹּץ אֲשֶׁר־תִּדְּפֶנּוּ רוּחַ׃ עַל־
כֵּן ׀ לֹא־יָקֻמוּ רְשָׁעִים בַּמִּשְׁפָּט וְחַטָּאִים בַּעֲדַת צַדִּיקִים׃
ו כִּי־יוֹדֵעַ יהוה דֶּרֶךְ צַדִּיקִים וְדֶרֶךְ רְשָׁעִים תֹּאבֵד׃
ב א ב לָמָּה רָגְשׁוּ גוֹיִם וּלְאֻמִּים יֶהְגּוּ־רִיק׃ יִתְיַצְּבוּ ׀ מַלְכֵי־אֶרֶץ
ג וְרוֹזְנִים נוֹסְדוּ־יָחַד עַל־יהוה וְעַל־מְשִׁיחוֹ׃ נְנַתְּקָה אֶת־
ד מוֹסְרוֹתֵימוֹ וְנַשְׁלִיכָה מִמֶּנּוּ עֲבֹתֵימוֹ׃ יוֹשֵׁב בַּשָּׁמַיִם יִשְׂחָק
ה ו אֲדֹנָי יִלְעַג־לָמוֹ׃ אָז יְדַבֵּר אֵלֵימוֹ בְאַפּוֹ וּבַחֲרוֹנוֹ יְבַהֲלֵמוֹ׃ וַאֲנִי
ז נָסַכְתִּי מַלְכִּי עַל־צִיּוֹן הַר־קָדְשִׁי׃ אֲסַפְּרָה אֶל חֹק יהוה אָמַר
ח אֵלַי בְּנִי אַתָּה אֲנִי הַיּוֹם יְלִדְתִּיךָ׃ שְׁאַל מִמֶּנִּי וְאֶתְּנָה גוֹיִם
ט נַחֲלָתֶךָ וַאֲחֻזָּתְךָ אַפְסֵי־אָרֶץ׃ תְּרֹעֵם בְּשֵׁבֶט בַּרְזֶל כִּכְלִי יוֹצֵר
י יא תְּנַפְּצֵם׃ וְעַתָּה מְלָכִים הַשְׂכִּילוּ הִוָּסְרוּ שֹׁפְטֵי אָרֶץ׃ עִבְדוּ אֶת־
יב יהוה בְּיִרְאָה וְגִילוּ בִּרְעָדָה׃ נַשְּׁקוּ־בַר פֶּן־יֶאֱנַף ׀ וְתֹאבְדוּ דֶרֶךְ
כִּי־יִבְעַר כִּמְעַט אַפּוֹ אַשְׁרֵי כָּל־חוֹסֵי בוֹ׃
ג א ב מִזְמוֹר לְדָוִד בְּבָרְחוֹ מִפְּנֵי ׀ אַבְשָׁלוֹם בְּנוֹ׃ יהוה מָה־רַבּוּ צָרָי — דוד בורח מאבשלום שמ״ב טו-יט
ג רַבִּים קָמִים עָלָי׃ רַבִּים אֹמְרִים לְנַפְשִׁי אֵין יְשׁוּעָתָה לּוֹ
ד בֵאלֹהִים סֶלָה׃ וְאַתָּה יהוה מָגֵן בַּעֲדִי כְּבוֹדִי וּמֵרִים רֹאשִׁי׃
ה ו קוֹלִי אֶל־יהוה אֶקְרָא וַיַּעֲנֵנִי מֵהַר קָדְשׁוֹ סֶלָה׃ אֲנִי שָׁכַבְתִּי
ז וָאִישָׁנָה הֱקִיצוֹתִי כִּי יהוה יִסְמְכֵנִי׃ לֹא־אִירָא מֵרִבְבוֹת עָם
ח אֲשֶׁר סָבִיב שָׁתוּ עָלָי׃ קוּמָה יהוה ׀ הוֹשִׁיעֵנִי אֱלֹהַי כִּי־הִכִּיתָ
ט אֶת־כָּל־אֹיְבַי לֶחִי שִׁנֵּי רְשָׁעִים שִׁבַּרְתָּ׃ לַיהוה הַיְשׁוּעָה
עַל־עַמְּךָ בִרְכָתֶךָ סֶּלָה׃
ד א ב לַמְנַצֵּחַ בִּנְגִינוֹת מִזְמוֹר לְדָוִד׃ בְּקָרְאִי עֲנֵנִי ׀ אֱלֹהֵי צִדְקִי בַּצָּר
ג הִרְחַבְתָּ לִּי חָנֵּנִי וּשְׁמַע תְּפִלָּתִי׃ בְּנֵי־אִישׁ עַד־מֶה כְבוֹדִי

ד לִכְלִמָּה תֶּאֱהָבוּן רִיק תְּבַקְשׁוּ כָזָב סֶלָה: וּדְעוּ כִּי־הִפְלָה
ה יְהוָה חָסִיד לוֹ יְהוָה יִשְׁמַע בְּקָרְאִי אֵלָיו: רִגְזוּ וְאַל־תֶּחֱטָאוּ
ו אִמְרוּ בִלְבַבְכֶם עַל־מִשְׁכַּבְכֶם וְדֹמּוּ סֶלָה: זִבְחוּ זִבְחֵי־
ז צֶדֶק וּבִטְחוּ אֶל־יְהוָה: רַבִּים אֹמְרִים מִי־יַרְאֵנוּ טוֹב נְסָה־
ח עָלֵינוּ אוֹר פָּנֶיךָ יְהוָה: נָתַתָּה שִׂמְחָה בְלִבִּי מֵעֵת דְּגָנָם
ט וְתִירוֹשָׁם רָבּוּ: בְּשָׁלוֹם יַחְדָּו אֶשְׁכְּבָה וְאִישָׁן כִּי־אַתָּה יְהוָה
לְבָדָד לָבֶטַח תּוֹשִׁיבֵנִי:
ה א ב לַמְנַצֵּחַ אֶל־הַנְּחִילוֹת מִזְמוֹר לְדָוִד: אֲמָרַי הַאֲזִינָה ׀ יְהוָה בִּינָה
ג הֲגִיגִי: הַקְשִׁיבָה ׀ לְקוֹל שַׁוְעִי מַלְכִּי וֵאלֹהָי כִּי־אֵלֶיךָ אֶתְפַּלָּל:
ד ה יְהוָה בֹּקֶר תִּשְׁמַע קוֹלִי בֹּקֶר אֶעֱרָךְ־לְךָ וַאֲצַפֶּה: כִּי ׀ לֹא אֵל־
ו חָפֵץ רֶשַׁע ׀ אָתָּה לֹא יְגֻרְךָ רָע: לֹא־יִתְיַצְּבוּ הוֹלְלִים לְנֶגֶד
ז עֵינֶיךָ שָׂנֵאתָ כָּל־פֹּעֲלֵי אָוֶן: תְּאַבֵּד דֹּבְרֵי כָזָב אִישׁ־דָּמִים
ח וּמִרְמָה יְתָעֵב ׀ יְהוָה: וַאֲנִי בְּרֹב חַסְדְּךָ אָבוֹא בֵיתֶךָ אֶשְׁתַּחֲוֶה
ט אֶל־הֵיכַל־קָדְשְׁךָ בְּיִרְאָתֶךָ: יְהוָה ׀ נְחֵנִי בְצִדְקָתֶךָ לְמַעַן שׁוֹרְרָי
י הוֹשַׁר לְפָנַי דַּרְכֶּךָ: כִּי אֵין בְּפִיהוּ נְכוֹנָה קִרְבָּם הַוּוֹת קֶבֶר־ הַיְשַׁר
יא פָּתוּחַ גְּרוֹנָם לְשׁוֹנָם יַחֲלִיקוּן: הַאֲשִׁימֵם ׀ אֱלֹהִים יִפְּלוּ
יב מִמֹּעֲצוֹתֵיהֶם בְּרֹב פִּשְׁעֵיהֶם הַדִּיחֵמוֹ כִּי מָרוּ בָךְ: וְיִשְׂמְחוּ
כָל־חוֹסֵי בָךְ לְעוֹלָם יְרַנֵּנוּ וְתָסֵךְ עָלֵימוֹ וְיַעְלְצוּ בְךָ אֹהֲבֵי שְׁמֶךָ:
יג כִּי־אַתָּה תְּבָרֵךְ צַדִּיק יְהוָה כַּצִּנָּה רָצוֹן תַּעְטְרֶנּוּ:
ו א ב לַמְנַצֵּחַ בִּנְגִינוֹת עַל־הַשְּׁמִינִית מִזְמוֹר לְדָוִד: יְהוָה אַל־בְּאַפְּךָ
ג תוֹכִיחֵנִי וְאַל־בַּחֲמָתְךָ תְיַסְּרֵנִי: חָנֵּנִי יְהוָה כִּי אֻמְלַל אָנִי רְפָאֵנִי
ד יְהוָה כִּי נִבְהֲלוּ עֲצָמָי: וְנַפְשִׁי נִבְהֲלָה מְאֹד וְאַתְּ יְהוָה עַד־מָתָי:
ה ו שׁוּבָה יְהוָה חַלְּצָה נַפְשִׁי הוֹשִׁיעֵנִי לְמַעַן חַסְדֶּךָ: כִּי אֵין בַּמָּוֶת
ז זִכְרֶךָ בִּשְׁאוֹל מִי יוֹדֶה־לָּךְ: יָגַעְתִּי ׀ בְּאַנְחָתִי אַשְׂחֶה בְכָל־לַיְלָה
ח מִטָּתִי בְּדִמְעָתִי עַרְשִׂי אַמְסֶה: עָשְׁשָׁה מִכַּעַס עֵינִי עָתְקָה בְּכָל־
ט צוֹרְרָי: סוּרוּ מִמֶּנִּי כָּל־פֹּעֲלֵי אָוֶן כִּי־שָׁמַע יְהוָה קוֹל בִּכְיִי:
י יא שָׁמַע יְהוָה תְּחִנָּתִי יְהוָה תְּפִלָּתִי יִקָּח: יֵבֹשׁוּ ׀ וְיִבָּהֲלוּ מְאֹד כָּל־

אֹיְבָי יָשֻׁבוּ יֵבֹשׁוּ רָגַע׃
ז א ב שִׁגָּיוֹן לְדָוִד אֲשֶׁר־שָׁר לַיהוָה עַל־דִּבְרֵי־כוּשׁ בֶּן־יְמִינִי׃ יְהוָה
ג אֱלֹהַי בְּךָ חָסִיתִי הוֹשִׁיעֵנִי מִכָּל־רֹדְפַי וְהַצִּילֵנִי׃ פֶּן־יִטְרֹף
ד כְּאַרְיֵה נַפְשִׁי פֹּרֵק וְאֵין מַצִּיל׃ יְהוָה אֱלֹהַי אִם־עָשִׂיתִי זֹאת
ה אִם־יֶשׁ־עָוֶל בְּכַפָּי׃ אִם־גָּמַלְתִּי שׁוֹלְמִי רָע וָאֲחַלְּצָה צוֹרְרִי
ו רֵיקָם׃ יִרַדֹּף אוֹיֵב ׀ נַפְשִׁי וְיַשֵּׂג וְיִרְמֹס לָאָרֶץ חַיָּי וּכְבוֹדִי ׀
ז לֶעָפָר יַשְׁכֵּן סֶלָה׃ קוּמָה יְהוָה ׀ בְּאַפֶּךָ הִנָּשֵׂא בְּעַבְרוֹת צוֹרְרָי
ח וְעוּרָה אֵלַי מִשְׁפָּט צִוִּיתָ׃ וַעֲדַת לְאֻמִּים תְּסוֹבְבֶךָּ וְעָלֶיהָ
ט לַמָּרוֹם שׁוּבָה׃ יְהוָה יָדִין עַמִּים שָׁפְטֵנִי יְהוָה כְּצִדְקִי וּכְתֻמִּי
י עָלָי׃ יִגְמָר־נָא רַע ׀ רְשָׁעִים וּתְכוֹנֵן צַדִּיק וּבֹחֵן לִבּוֹת וּכְלָיוֹת
יא יב אֱלֹהִים צַדִּיק׃ מָגִנִּי עַל־אֱלֹהִים מוֹשִׁיעַ יִשְׁרֵי־לֵב׃ אֱלֹהִים
יג שׁוֹפֵט צַדִּיק וְאֵל זֹעֵם בְּכָל־יוֹם׃ אִם־לֹא יָשׁוּב חַרְבּוֹ יִלְטוֹשׁ
יד קַשְׁתּוֹ דָרַךְ וַיְכוֹנְנֶהָ׃ וְלוֹ הֵכִין כְּלֵי־מָוֶת חִצָּיו לְדֹלְקִים יִפְעָל׃
טו טז הִנֵּה יְחַבֶּל־אָוֶן וְהָרָה עָמָל וְיָלַד שָׁקֶר׃ בּוֹר כָּרָה וַיַּחְפְּרֵהוּ וַיִּפֹּל
יז בְּשַׁחַת יִפְעָל׃ יָשׁוּב עֲמָלוֹ בְרֹאשׁוֹ וְעַל קָדְקֳדוֹ חֲמָסוֹ יֵרֵד׃
יח אוֹדֶה יְהוָה כְּצִדְקוֹ וַאֲזַמְּרָה שֵׁם־יְהוָה עֶלְיוֹן׃
ח א ב לַמְנַצֵּחַ עַל־הַגִּתִּית מִזְמוֹר לְדָוִד׃ יְהוָה אֲדֹנֵינוּ מָה־אַדִּיר שִׁמְךָ
ג בְּכָל־הָאָרֶץ אֲשֶׁר־תְּנָה הוֹדְךָ עַל־הַשָּׁמָיִם׃ מִפִּי עוֹלְלִים ׀
ד וְיֹנְקִים יִסַּדְתָּ עֹז לְמַעַן צוֹרְרֶיךָ לְהַשְׁבִּית אוֹיֵב וּמִתְנַקֵּם׃ כִּי־
אֶרְאֶה שָׁמֶיךָ מַעֲשֵׂה אֶצְבְּעֹתֶיךָ יָרֵחַ וְכוֹכָבִים אֲשֶׁר כּוֹנָנְתָּה׃
ה ו מָה־אֱנוֹשׁ כִּי־תִזְכְּרֶנּוּ וּבֶן־אָדָם כִּי תִפְקְדֶנּוּ׃ וַתְּחַסְּרֵהוּ מְּעַט
ז מֵאֱלֹהִים וְכָבוֹד וְהָדָר תְּעַטְּרֵהוּ׃ תַּמְשִׁילֵהוּ בְּמַעֲשֵׂי יָדֶיךָ כֹּל
ח שַׁתָּה תַחַת־רַגְלָיו׃ צֹנֶה וַאֲלָפִים כֻּלָּם וְגַם בַּהֲמוֹת שָׂדָי׃
ט י צִפּוֹר שָׁמַיִם וּדְגֵי הַיָּם עֹבֵר אָרְחוֹת יַמִּים׃ יְהוָה אֲדֹנֵינוּ מָה־
אַדִּיר שִׁמְךָ בְּכָל־הָאָרֶץ׃
ט א ב לַמְנַצֵּחַ עַל־מוּת לַבֵּן מִזְמוֹר לְדָוִד׃ אוֹדֶה יְהוָה בְּכָל־לִבִּי
ג אֲסַפְּרָה כָּל־נִפְלְאוֹתֶיךָ׃ אֶשְׂמְחָה וְאֶעֶלְצָה בָךְ אֲזַמְּרָה שִׁמְךָ

ט
ד ה עֶלְיוֹן׃ בְּשׁוּב־אוֹיְבַי אָחוֹר יִכָּשְׁלוּ וְיֹאבְדוּ מִפָּנֶיךָ׃ כִּי־עָשִׂיתָ
ו מִשְׁפָּטִי וְדִינִי יָשַׁבְתָּ לְכִסֵּא שׁוֹפֵט צֶדֶק׃ גָּעַרְתָּ גוֹיִם אִבַּדְתָּ
ז רָשָׁע שְׁמָם מָחִיתָ לְעוֹלָם וָעֶד׃ הָאוֹיֵב ׀ תַּמּוּ חֳרָבוֹת לָנֶצַח
ח וְעָרִים נָתַשְׁתָּ אָבַד זִכְרָם הֵמָּה׃ וַיהוה לְעוֹלָם יֵשֵׁב כּוֹנֵן
ט לַמִּשְׁפָּט כִּסְאוֹ׃ וְהוּא יִשְׁפֹּט־תֵּבֵל בְּצֶדֶק יָדִין לְאֻמִּים
י בְּמֵישָׁרִים׃ וִיהִי יהוה מִשְׂגָּב לַדָּךְ מִשְׂגָּב לְעִתּוֹת בַּצָּרָה׃
יא יב וְיִבְטְחוּ בְךָ יוֹדְעֵי שְׁמֶךָ כִּי לֹא־עָזַבְתָּ דֹרְשֶׁיךָ יהוה׃ זַמְּרוּ
יג לַיהוה יֹשֵׁב צִיּוֹן הַגִּידוּ בָעַמִּים עֲלִילוֹתָיו׃ כִּי־דֹרֵשׁ דָּמִים אוֹתָם
יד זָכָר לֹא־שָׁכַח צַעֲקַת עֲנִיִּים׃ חָנְנֵנִי יהוה רְאֵה עָנְיִי מִשֹּׂנְאָי   עֲנָוִים
טו מְרוֹמְמִי מִשַּׁעֲרֵי־מָוֶת׃ לְמַעַן אֲסַפְּרָה כׇּל־תְּהִלָּתֶיךָ בְּשַׁעֲרֵי
טז בַת־צִיּוֹן אָגִילָה בִּישׁוּעָתֶךָ׃ טָבְעוּ גוֹיִם בְּשַׁחַת עָשׂוּ בְּרֶשֶׁת־זוּ
יז טָמָנוּ נִלְכְּדָה רַגְלָם׃ נוֹדַע ׀ יהוה מִשְׁפָּט עָשָׂה בְּפֹעַל כַּפָּיו נוֹקֵשׁ
יח רָשָׁע הִגָּיוֹן סֶלָה׃ יָשׁוּבוּ רְשָׁעִים לִשְׁאוֹלָה כׇּל־גּוֹיִם שְׁכֵחֵי
יט אֱלֹהִים׃ כִּי לֹא לָנֶצַח יִשָּׁכַח אֶבְיוֹן תִּקְוַת עֲנָוִים תֹּאבַד לָעַד׃   עֲנִיִּים
כ כא קוּמָה יהוה אַל־יָעֹז אֱנוֹשׁ יִשָּׁפְטוּ גוֹיִם עַל־פָּנֶיךָ׃ שִׁיתָה יהוה ׀
מוֹרָה לָהֶם יֵדְעוּ גוֹיִם אֱנוֹשׁ הֵמָּה סֶּלָה׃
י א ב לָמָה יהוה תַּעֲמֹד בְּרָחוֹק תַּעְלִים לְעִתּוֹת בַּצָּרָה׃ בְּגַאֲוַת
ג רָשָׁע יִדְלַק עָנִי יִתָּפְשׂוּ ׀ בִּמְזִמּוֹת זוּ חָשָׁבוּ׃ כִּי־הִלֵּל רָשָׁע עַל־
ד תַּאֲוַת נַפְשׁוֹ וּבֹצֵעַ בֵּרֵךְ נִאֵץ ׀ יהוה׃ רָשָׁע כְּגֹבַהּ אַפּוֹ בַּל־
ה יִדְרֹשׁ אֵין אֱלֹהִים כׇּל־מְזִמּוֹתָיו׃ יָחִילוּ דְרָכָו ׀ בְּכׇל־עֵת מָרוֹם
ו מִשְׁפָּטֶיךָ מִנֶּגְדּוֹ כׇּל־צוֹרְרָיו יָפִיחַ בָּהֶם׃ אָמַר בְּלִבּוֹ בַּל־אֶמּוֹט
ז לְדֹר וָדֹר אֲשֶׁר לֹא־בְרָע׃ אָלָה ׀ פִּיהוּ מָלֵא וּמִרְמוֹת וָתֹךְ תַּחַת
ח לְשׁוֹנוֹ עָמָל וָאָוֶן׃ יֵשֵׁב ׀ בְּמַאְרַב חֲצֵרִים בַּמִּסְתָּרִים יַהֲרֹג נָקִי
ט עֵינָיו לְחֵלְכָה יִצְפֹּנוּ׃ יֶאֱרֹב בַּמִּסְתָּר ׀ כְּאַרְיֵה בְסֻכֹּה יֶאֱרֹב
י לַחֲטוֹף עָנִי יַחְטֹף עָנִי בְּמׇשְׁכוֹ בְרִשְׁתּוֹ׃ ודכה יָשֹׁחַ וְנָפַל   יִדְכֶּה
יא בַּעֲצוּמָיו חלכאים׃ אָמַר בְּלִבּוֹ שָׁכַח אֵל הִסְתִּיר פָּנָיו בַּל־   חֵל כָּאִים
יב רָאָה לָנֶצַח׃ קוּמָה יהוה אֵל נְשָׂא יָדֶךָ אַל־תִּשְׁכַּח עֲנִיִּים׃   עֲנָוִים

יג יד עַל־מֶה ׀ נִאֵץ רָשָׁע ׀ אֱלֹהִים אָמַר בְּלִבּוֹ לֹא תִדְרֹשׁ: רָאִתָה
כִּי־אַתָּה ׀ עָמָל וָכַעַס ׀ תַּבִּיט לָתֵת בְּיָדֶךָ עָלֶיךָ יַעֲזֹב חֵלְכָה
טו יָתוֹם אַתָּה ׀ הָיִיתָ עוֹזֵר: שְׁבֹר זְרוֹעַ רָשָׁע וָרָע תִּדְרוֹשׁ־רִשְׁעוֹ
טז יז בַל־תִּמְצָא: יְהוָה מֶלֶךְ עוֹלָם וָעֶד אָבְדוּ גוֹיִם מֵאַרְצוֹ: תַּאֲוַת
יח עֲנָוִים שָׁמַעְתָּ יְהוָה תָּכִין לִבָּם תַּקְשִׁיב אָזְנֶךָ: לִשְׁפֹּט יָתוֹם
וָדָךְ בַּל־יוֹסִיף עוֹד לַעֲרֹץ אֱנוֹשׁ מִן־הָאָרֶץ:

יא א לַמְנַצֵּחַ לְדָוִד בַּיהוָה ׀ חָסִיתִי אֵיךְ תֹּאמְרוּ לְנַפְשִׁי נוּדוּ הַרְכֶם נוּדִי
ב צִפּוֹר: כִּי הִנֵּה הָרְשָׁעִים יִדְרְכוּן קֶשֶׁת כּוֹנְנוּ חִצָּם עַל־יֶתֶר
ג לִירוֹת בְּמוֹ־אֹפֶל לְיִשְׁרֵי־לֵב: כִּי הַשָּׁתוֹת יֵהָרֵסוּן צַדִּיק
ד מַה־פָּעָל: יְהוָה ׀ בְּהֵיכַל קָדְשׁוֹ יְהוָה בַּשָּׁמַיִם כִּסְאוֹ עֵינָיו
ה יֶחֱזוּ עַפְעַפָּיו יִבְחֲנוּ בְּנֵי אָדָם: יְהוָה צַדִּיק יִבְחָן וְרָשָׁע
ו וְאֹהֵב חָמָס שָׂנְאָה נַפְשׁוֹ: יַמְטֵר עַל־רְשָׁעִים פַּחִים אֵשׁ
ז וְגָפְרִית וְרוּחַ זִלְעָפוֹת מְנָת כּוֹסָם: כִּי־צַדִּיק יְהוָה צְדָקוֹת ב
אָהֵב יָשָׁר יֶחֱזוּ פָנֵימוֹ:

יב א ב לַמְנַצֵּחַ עַל־הַשְּׁמִינִית מִזְמוֹר לְדָוִד: הוֹשִׁיעָה יְהוָה כִּי־גָמַר
ג חָסִיד כִּי־פַסּוּ אֱמוּנִים מִבְּנֵי אָדָם: שָׁוְא ׀ יְדַבְּרוּ אִישׁ אֶת־רֵעֵהוּ
ד שְׂפַת חֲלָקוֹת בְּלֵב וָלֵב יְדַבֵּרוּ: יַכְרֵת יְהוָה כָּל־שִׂפְתֵי חֲלָקוֹת
ה לָשׁוֹן מְדַבֶּרֶת גְּדֹלוֹת: אֲשֶׁר אָמְרוּ ׀ לִלְשֹׁנֵנוּ נַגְבִּיר שְׂפָתֵינוּ
ו אִתָּנוּ מִי אָדוֹן לָנוּ: מִשֹּׁד עֲנִיִּים מֵאַנְקַת אֶבְיוֹנִים עַתָּה אָקוּם
ז יֹאמַר יְהוָה אָשִׁית בְּיֵשַׁע יָפִיחַ לוֹ: אִמֲרוֹת יְהוָה אֲמָרוֹת
ח טְהֹרוֹת כֶּסֶף צָרוּף בַּעֲלִיל לָאָרֶץ מְזֻקָּק שִׁבְעָתָיִם: אַתָּה־יְהוָה
ט תִּשְׁמְרֵם תִּצְּרֶנּוּ ׀ מִן־הַדּוֹר זוּ לְעוֹלָם: סָבִיב רְשָׁעִים יִתְהַלָּכוּן
כְּרֻם זֻלּוּת לִבְנֵי אָדָם:

יג א ב לַמְנַצֵּחַ מִזְמוֹר לְדָוִד: עַד־אָנָה יְהוָה תִּשְׁכָּחֵנִי נֶצַח עַד־אָנָה ׀
ג תַּסְתִּיר אֶת־פָּנֶיךָ מִמֶּנִּי: עַד־אָנָה אָשִׁית עֵצוֹת בְּנַפְשִׁי יָגוֹן
ד בִּלְבָבִי יוֹמָם עַד־אָנָה ׀ יָרוּם אֹיְבִי עָלָי: הַבִּיטָה עֲנֵנִי יְהוָה
ה אֱלֹהַי הָאִירָה עֵינַי פֶּן־אִישַׁן הַמָּוֶת: פֶּן־יֹאמַר אֹיְבִי יְכָלְתִּיו

ו צָרַי יָגִילוּ כִּי אֶמּוֹט׃ וַאֲנִי ׀ בְּחַסְדְּךָ בָטַחְתִּי יָגֵל לִבִּי בִּישׁוּעָתֶךָ
אָשִׁירָה לַיהוָה כִּי גָמַל עָלָי׃

מזמור "אמר נבל בלבו אין אלהים" תהלים נג

יד א לַמְנַצֵּחַ לְדָוִד אָמַר נָבָל בְּלִבּוֹ אֵין אֱלֹהִים הִשְׁחִיתוּ הִתְעִיבוּ
ב עֲלִילָה אֵין עֹשֵׂה־טוֹב׃ יְהוָה מִשָּׁמַיִם הִשְׁקִיף עַל־בְּנֵי־אָדָם
ג לִרְאוֹת הֲיֵשׁ מַשְׂכִּיל דֹּרֵשׁ אֶת־אֱלֹהִים׃ הַכֹּל סָר יַחְדָּו נֶאֱלָחוּ
ד אֵין עֹשֵׂה־טוֹב אֵין גַּם־אֶחָד׃ הֲלֹא יָדְעוּ כָּל־פֹּעֲלֵי אָוֶן אֹכְלֵי
ה עַמִּי אָכְלוּ לֶחֶם יְהוָה לֹא קָרָאוּ׃ שָׁם ׀ פָּחֲדוּ פָחַד כִּי־אֱלֹהִים
ו ז בְּדוֹר צַדִּיק׃ עֲצַת־עָנִי תָבִישׁוּ כִּי יְהוָה מַחְסֵהוּ׃ מִי יִתֵּן
מִצִּיּוֹן יְשׁוּעַת יִשְׂרָאֵל בְּשׁוּב יְהוָה שְׁבוּת עַמּוֹ יָגֵל יַעֲקֹב
יִשְׂמַח יִשְׂרָאֵל׃

טו א מִזְמוֹר לְדָוִד יְהוָה מִי־יָגוּר בְּאָהֳלֶךָ מִי־יִשְׁכֹּן בְּהַר קָדְשֶׁךָ׃
ב ג הוֹלֵךְ תָּמִים וּפֹעֵל צֶדֶק וְדֹבֵר אֱמֶת בִּלְבָבוֹ׃ לֹא־רָגַל ׀ עַל־
לְשֹׁנוֹ לֹא־עָשָׂה לְרֵעֵהוּ רָעָה וְחֶרְפָּה לֹא־נָשָׂא עַל־קְרֹבוֹ׃
ד נִבְזֶה ׀ בְּעֵינָיו נִמְאָס וְאֶת־יִרְאֵי יְהוָה יְכַבֵּד נִשְׁבַּע לְהָרַע
ה וְלֹא יָמִר׃ כַּסְפּוֹ ׀ לֹא־נָתַן בְּנֶשֶׁךְ וְשֹׁחַד עַל־נָקִי לֹא־לָקָח
עֹשֵׂה אֵלֶּה לֹא יִמּוֹט לְעוֹלָם׃

טז א ב מִכְתָּם לְדָוִד שָׁמְרֵנִי אֵל כִּי־חָסִיתִי בָךְ׃ אָמַרְתְּ לַיהוָה אֲדֹנָי
ג אָתָּה טוֹבָתִי בַּל־עָלֶיךָ׃ לִקְדוֹשִׁים אֲשֶׁר־בָּאָרֶץ הֵמָּה וְאַדִּירֵי
ד כָּל־חֶפְצִי־בָם׃ יִרְבּוּ עַצְּבוֹתָם אַחֵר מָהָרוּ בַּל־אַסִּיךְ נִסְכֵּיהֶם
ה מִדָּם וּבַל־אֶשָּׂא אֶת־שְׁמוֹתָם עַל־שְׂפָתָי׃ יְהוָה מְנָת־חֶלְקִי
ו וְכוֹסִי אַתָּה תּוֹמִיךְ גּוֹרָלִי׃ חֲבָלִים נָפְלוּ־לִי בַּנְּעִמִים אַף־נַחֲלָת
ז שָׁפְרָה עָלָי׃ אֲבָרֵךְ אֶת־יְהוָה אֲשֶׁר יְעָצָנִי אַף־לֵילוֹת יִסְּרוּנִי
ח ט כִלְיוֹתָי׃ שִׁוִּיתִי יְהוָה לְנֶגְדִּי תָמִיד כִּי מִימִינִי בַּל־אֶמּוֹט׃ לָכֵן ׀
י שָׂמַח לִבִּי וַיָּגֶל כְּבוֹדִי אַף־בְּשָׂרִי יִשְׁכֹּן לָבֶטַח׃ כִּי ׀ לֹא־תַעֲזֹב
יא נַפְשִׁי לִשְׁאוֹל לֹא־תִתֵּן חֲסִידְךָ לִרְאוֹת שָׁחַת׃ תּוֹדִיעֵנִי אֹרַח  חֲסִידֶיךָ
חַיִּים שֹׂבַע שְׂמָחוֹת אֶת־פָּנֶיךָ נְעִמוֹת בִּימִינְךָ נֶצַח׃

יז א תְּפִלָּה לְדָוִד שִׁמְעָה יְהוָה ׀ צֶדֶק הַקְשִׁיבָה רִנָּתִי הַאֲזִינָה תְפִלָּתִי

ב בְּלֹא שִׂפְתֵי מִרְמָה: מִלְּפָנֶיךָ מִשְׁפָּטִי יֵצֵא עֵינֶיךָ תֶּחֱזֶינָה
ג מֵישָׁרִים: בָּחַנְתָּ לִבִּי ׀ פָּקַדְתָּ לַּיְלָה צְרַפְתַּנִי בַל־תִּמְצָא זַמֹּתִי
ד בַּל־יַעֲבָר־פִּי: לִפְעֻלּוֹת אָדָם בִּדְבַר שְׂפָתֶיךָ אֲנִי שָׁמַרְתִּי
ה אָרְחוֹת פָּרִיץ: תָּמֹךְ אֲשֻׁרַי בְּמַעְגְּלוֹתֶיךָ בַּל־נָמוֹטּוּ פְעָמָי:
ו ז אֲנִי־קְרָאתִיךָ כִי־תַעֲנֵנִי אֵל הַט־אָזְנְךָ לִי שְׁמַע אִמְרָתִי: הַפְלֵה
ח חֲסָדֶיךָ מוֹשִׁיעַ חוֹסִים מִמִּתְקוֹמְמִים בִּימִינֶךָ: שָׁמְרֵנִי כְּאִישׁוֹן
ט בַּת־עָיִן בְּצֵל כְּנָפֶיךָ תַּסְתִּירֵנִי: מִפְּנֵי רְשָׁעִים זוּ שַׁדּוּנִי אֹיְבַי
י יא בְּנֶפֶשׁ יַקִּיפוּ עָלָי: חֶלְבָּמוֹ סָּגְרוּ פִּימוֹ דִּבְּרוּ בְגֵאוּת: אַשֻּׁרֵנוּ
יב עַתָּה סבבוני עֵינֵיהֶם יָשִׁיתוּ לִנְטוֹת בָּאָרֶץ: דִּמְיֹנוֹ כְּאַרְיֵה סְבָבוּנוּ
יג יִכְסוֹף לִטְרוֹף וְכִכְפִיר יֹשֵׁב בְּמִסְתָּרִים: קוּמָה יהוה קַדְּמָה
יד פָנָיו הַכְרִיעֵהוּ פַּלְּטָה נַפְשִׁי מֵרָשָׁע חַרְבֶּךָ: מִמְתִים יָדְךָ ׀
יהוה מִמְתִים מֵחֶלֶד חֶלְקָם בַּחַיִּים וצפינך תְּמַלֵּא בִטְנָם וּצְפוּנְךָ
טו יִשְׂבְּעוּ בָנִים וְהִנִּיחוּ יִתְרָם לְעוֹלְלֵיהֶם: אֲנִי בְּצֶדֶק אֶחֱזֶה פָנֶיךָ
אֶשְׂבְּעָה בְהָקִיץ תְּמוּנָתֶךָ:

יח א לַמְנַצֵּחַ לְעֶבֶד יהוה לְדָוִד אֲשֶׁר דִּבֶּר ׀ לַיהוה אֶת־דִּבְרֵי הַשִּׁירָה שירת דוד שמ"ב כב
הַזֹּאת בְּיוֹם ׀ הִצִּיל־יהוה אוֹתוֹ מִכַּף כָּל־אֹיְבָיו וּמִיַּד שָׁאוּל:
ב ג וַיֹּאמַר אֶרְחָמְךָ יהוה חִזְקִי: יהוה ׀ סַלְעִי וּמְצוּדָתִי וּמְפַלְטִי אֵלִי
ד צוּרִי אֶחֱסֶה־בּוֹ מָגִנִּי וְקֶרֶן־יִשְׁעִי מִשְׂגַּבִּי: מְהֻלָּל אֶקְרָא יהוה
ה וּמִן־אֹיְבַי אִוָּשֵׁעַ: אֲפָפוּנִי חֶבְלֵי־מָוֶת וְנַחֲלֵי בְלִיַּעַל יְבַעֲתוּנִי:
ו ז חֶבְלֵי שְׁאוֹל סְבָבוּנִי קִדְּמוּנִי מוֹקְשֵׁי מָוֶת: בַּצַּר־לִי ׀ אֶקְרָא
יהוה וְאֶל־אֱלֹהַי אֲשַׁוֵּעַ יִשְׁמַע מֵהֵיכָלוֹ קוֹלִי וְשַׁוְעָתִי לְפָנָיו ׀
ח תָּבוֹא בְאָזְנָיו: וַתִּגְעַשׁ וַתִּרְעַשׁ ׀ הָאָרֶץ וּמוֹסְדֵי הָרִים יִרְגָּזוּ
ט וַיִּתְגָּעֲשׁוּ כִּי־חָרָה לוֹ: עָלָה עָשָׁן ׀ בְּאַפּוֹ וְאֵשׁ־מִפִּיו תֹּאכֵל
י גֶּחָלִים בָּעֲרוּ מִמֶּנּוּ: וַיֵּט שָׁמַיִם וַיֵּרַד וַעֲרָפֶל תַּחַת רַגְלָיו:
יא יב וַיִּרְכַּב עַל־כְּרוּב וַיָּעֹף וַיֵּדֶא עַל־כַּנְפֵי־רוּחַ: יָשֶׁת חֹשֶׁךְ ׀ סִתְרוֹ
יג סְבִיבוֹתָיו סֻכָּתוֹ חֶשְׁכַת־מַיִם עָבֵי שְׁחָקִים: מִנֹּגַהּ נֶגְדּוֹ עָבָיו
יד עָבְרוּ בָּרָד וְגַחֲלֵי־אֵשׁ: וַיַּרְעֵם בַּשָּׁמַיִם ׀ יהוה וְעֶלְיוֹן יִתֵּן קֹלוֹ

טו בָּרָד וְגַחֲלֵי־אֵשׁ: וַיִּשְׁלַח חִצָּיו וַיְפִיצֵם וּבְרָקִים רָב וַיְהֻמֵּם:
טז וַיֵּרָאוּ ׀ אֲפִיקֵי מַיִם וַיִּגָּלוּ מוֹסְדוֹת תֵּבֵל מִגַּעֲרָתְךָ יְהוָה מִנִּשְׁמַת
יז יח רוּחַ אַפֶּךָ: יִשְׁלַח מִמָּרוֹם יִקָּחֵנִי יַמְשֵׁנִי מִמַּיִם רַבִּים: יַצִּילֵנִי
יט מֵאֹיְבִי עָז וּמִשֹּׂנְאַי כִּי־אָמְצוּ מִמֶּנִּי: יְקַדְּמוּנִי בְיוֹם־אֵידִי וַיְהִי־
כ כא יְהוָה לְמִשְׁעָן לִי: וַיּוֹצִיאֵנִי לַמֶּרְחָב יְחַלְּצֵנִי כִּי חָפֵץ בִּי: יִגְמְלֵנִי
כב יְהוָה כְּצִדְקִי כְּבֹר יָדַי יָשִׁיב לִי: כִּי־שָׁמַרְתִּי דַּרְכֵי יְהוָה וְלֹא־
כג רָשַׁעְתִּי מֵאֱלֹהָי: כִּי כָל־מִשְׁפָּטָיו לְנֶגְדִּי וְחֻקֹּתָיו לֹא־אָסִיר מֶנִּי:
כד כה וָאֱהִי תָמִים עִמּוֹ וָאֶשְׁתַּמֵּר מֵעֲוֺנִי: וַיָּשֶׁב־יְהוָה לִי כְצִדְקִי כְּבֹר
כו יָדַי לְנֶגֶד עֵינָיו: עִם־חָסִיד תִּתְחַסָּד עִם־גְּבַר תָּמִים תִּתַּמָּם:
כז כח עִם־נָבָר תִּתְבָּרָר וְעִם־עִקֵּשׁ תִּתְפַּתָּל: כִּי־אַתָּה עַם־עָנִי תוֹשִׁיעַ
כט וְעֵינַיִם רָמוֹת תַּשְׁפִּיל: כִּי־אַתָּה תָּאִיר נֵרִי יְהוָה אֱלֹהַי יַגִּיהַּ
ל לא חָשְׁכִּי: כִּי־בְךָ אָרֻץ גְּדוּד וּבֵאלֹהַי אֲדַלֶּג־שׁוּר: הָאֵל תָּמִים
לב דַּרְכּוֹ אִמְרַת־יְהוָה צְרוּפָה מָגֵן הוּא לְכֹל ׀ הַחֹסִים בּוֹ: כִּי מִי
לג אֱלוֹהַּ מִבַּלְעֲדֵי יְהוָה וּמִי צוּר זוּלָתִי אֱלֹהֵינוּ: הָאֵל הַמְאַזְּרֵנִי
לד חָיִל וַיִּתֵּן תָּמִים דַּרְכִּי: מְשַׁוֶּה רַגְלַי כָּאַיָּלוֹת וְעַל בָּמֹתַי יַעֲמִידֵנִי:
לה לו מְלַמֵּד יָדַי לַמִּלְחָמָה וְנִחֲתָה קֶשֶׁת־נְחוּשָׁה זְרוֹעֹתָי: וַתִּתֶּן־לִי
לז מָגֵן יִשְׁעֶךָ וִימִינְךָ תִסְעָדֵנִי וְעַנְוַתְךָ תַרְבֵּנִי: תַּרְחִיב צַעֲדִי תַחְתָּי
לח וְלֹא מָעֲדוּ קַרְסֻלָּי: אֶרְדּוֹף אוֹיְבַי וְאַשִּׂיגֵם וְלֹא־אָשׁוּב עַד־
לט מ כַּלּוֹתָם: אֶמְחָצֵם וְלֹא־יֻכְלוּ קוּם יִפְּלוּ תַּחַת רַגְלָי: וַתְּאַזְּרֵנִי חַיִל
מא לַמִּלְחָמָה תַּכְרִיעַ קָמַי תַּחְתָּי: וְאֹיְבַי נָתַתָּה לִּי עֹרֶף וּמְשַׂנְאַי
מב מג אַצְמִיתֵם: יְשַׁוְּעוּ וְאֵין־מוֹשִׁיעַ עַל־יְהוָה וְלֹא עָנָם: וְאֶשְׁחָקֵם
מד כְּעָפָר עַל־פְּנֵי־רוּחַ כְּטִיט חוּצוֹת אֲרִיקֵם: תְּפַלְּטֵנִי מֵרִיבֵי
מה עָם תְּשִׂימֵנִי לְרֹאשׁ גּוֹיִם עַם לֹא־יָדַעְתִּי יַעַבְדוּנִי: לְשֵׁמַע
מו אֹזֶן יִשָּׁמְעוּ לִי בְּנֵי־נֵכָר יְכַחֲשׁוּ־לִי: בְּנֵי־נֵכָר יִבֹּלוּ וְיַחְרְגוּ
מז מח מִמִּסְגְּרוֹתֵיהֶם: חַי־יְהוָה וּבָרוּךְ צוּרִי וְיָרוּם אֱלוֹהֵי יִשְׁעִי: הָאֵל
מט הַנּוֹתֵן נְקָמוֹת לִי וַיַּדְבֵּר עַמִּים תַּחְתָּי: מְפַלְּטִי מֵאֹיְבָי אַף מִן־
נ קָמַי תְּרוֹמְמֵנִי מֵאִישׁ חָמָס תַּצִּילֵנִי: עַל־כֵּן ׀ אוֹדְךָ בַגּוֹיִם ׀ יְהוָה

"כל אמרת אלוה צרופה מגן הוא לחוסים בו"
שמ"ב כב, לא
משלי ל, ה

נא וּלְשִׁמְךָ אֲזַמֵּרָה: מַגְדִּל יְשׁוּעוֹת מַלְכּוֹ וְעֹשֶׂה חֶסֶד ׀ לִמְשִׁיחוֹ
לְדָוִד וּלְזַרְעוֹ עַד־עוֹלָם:
יט א ב לַמְנַצֵּחַ מִזְמוֹר לְדָוִד: הַשָּׁמַיִם מְסַפְּרִים כְּבוֹד־אֵל וּמַעֲשֵׂה יָדָיו
ג מַגִּיד הָרָקִיעַ: יוֹם לְיוֹם יַבִּיעַ אֹמֶר וְלַיְלָה לְּלַיְלָה יְחַוֶּה־דָּעַת:
ד ה אֵין־אֹמֶר וְאֵין דְּבָרִים בְּלִי נִשְׁמָע קוֹלָם: בְּכָל־הָאָרֶץ ׀ יָצָא
ו קַוָּם וּבִקְצֵה תֵבֵל מִלֵּיהֶם לַשֶּׁמֶשׁ שָׂם־אֹהֶל בָּהֶם: וְהוּא כְּחָתָן
ז יֹצֵא מֵחֻפָּתוֹ יָשִׂישׂ כְּגִבּוֹר לָרוּץ אֹרַח: מִקְצֵה הַשָּׁמַיִם ׀ מוֹצָאוֹ
ח וּתְקוּפָתוֹ עַל־קְצוֹתָם וְאֵין נִסְתָּר מֵחַמָּתוֹ: תּוֹרַת יְהוָה תְּמִימָה
ט מְשִׁיבַת נָפֶשׁ עֵדוּת יְהוָה נֶאֱמָנָה מַחְכִּימַת פֶּתִי: פִּקּוּדֵי יְהוָה
י יְשָׁרִים מְשַׂמְּחֵי־לֵב מִצְוַת יְהוָה בָּרָה מְאִירַת עֵינָיִם: יִרְאַת
יְהוָה ׀ טְהוֹרָה עוֹמֶדֶת לָעַד מִשְׁפְּטֵי־יְהוָה אֱמֶת צָדְקוּ יַחְדָּו:
יא הַנֶּחֱמָדִים מִזָּהָב וּמִפַּז רָב וּמְתוּקִים מִדְּבַשׁ וְנֹפֶת צוּפִים:
יב יג גַּם־עַבְדְּךָ נִזְהָר בָּהֶם בְּשָׁמְרָם עֵקֶב רָב: שְׁגִיאוֹת מִי־יָבִין
יד מִנִּסְתָּרוֹת נַקֵּנִי: גַּם מִזֵּדִים ׀ חֲשֹׂךְ עַבְדֶּךָ אַל־יִמְשְׁלוּ־בִי אָז
טו אֵיתָם וְנִקֵּיתִי מִפֶּשַׁע רָב: יִהְיוּ לְרָצוֹן ׀ אִמְרֵי־פִי וְהֶגְיוֹן לִבִּי
לְפָנֶיךָ יְהוָה צוּרִי וְגֹאֲלִי:
כ א ב לַמְנַצֵּחַ מִזְמוֹר לְדָוִד: יַעַנְךָ יְהוָה בְּיוֹם צָרָה יְשַׂגֶּבְךָ שֵׁם ׀ אֱלֹהֵי
ג ד יַעֲקֹב: יִשְׁלַח־עֶזְרְךָ מִקֹּדֶשׁ וּמִצִּיּוֹן יִסְעָדֶךָּ: יִזְכֹּר כָּל־מִנְחֹתֶךָ
ה וְעוֹלָתְךָ יְדַשְּׁנֶה סֶלָה: יִתֶּן־לְךָ כִלְבָבֶךָ וְכָל־עֲצָתְךָ יְמַלֵּא:
ו נְרַנְּנָה ׀ בִּישׁוּעָתֶךָ וּבְשֵׁם־אֱלֹהֵינוּ נִדְגֹּל יְמַלֵּא יְהוָה כָּל־
ז מִשְׁאֲלוֹתֶיךָ: עַתָּה יָדַעְתִּי כִּי הוֹשִׁיעַ ׀ יְהוָה מְשִׁיחוֹ יַעֲנֵהוּ מִשְּׁמֵי
ח קָדְשׁוֹ בִּגְבֻרוֹת יֵשַׁע יְמִינוֹ: אֵלֶּה בָרֶכֶב וְאֵלֶּה בַסּוּסִים וַאֲנַחְנוּ ׀
ט בְּשֵׁם־יְהוָה אֱלֹהֵינוּ נַזְכִּיר: הֵמָּה כָּרְעוּ וְנָפָלוּ וַאֲנַחְנוּ קַּמְנוּ
י וַנִּתְעוֹדָד: יְהוָה הוֹשִׁיעָה הַמֶּלֶךְ יַעֲנֵנוּ בְיוֹם־קָרְאֵנוּ: ג
כא א ב לַמְנַצֵּחַ מִזְמוֹר לְדָוִד: יְהוָה בְּעָזְּךָ יִשְׂמַח־מֶלֶךְ וּבִישׁוּעָתְךָ מַה־
ג יָגִיל מְאֹד: תַּאֲוַת לִבּוֹ נָתַתָּה לּוֹ וַאֲרֶשֶׁת שְׂפָתָיו בַּל־מָנַעְתָּ יגל
ד ה סֶּלָה: כִּי־תְקַדְּמֶנּוּ בִּרְכוֹת טוֹב תָּשִׁית לְרֹאשׁוֹ עֲטֶרֶת פָּז: חַיִּים ׀

ו שָׁאַל מִמְּךָ נָתַתָּה לּוֹ אֹרֶךְ יָמִים עוֹלָם וָעֶד: גָּדוֹל כְּבוֹדוֹ
ז בִּישׁוּעָתֶךָ הוֹד וְהָדָר תְּשַׁוֶּה עָלָיו: כִּי־תְשִׁיתֵהוּ בְרָכוֹת לָעַד
ח תְּחַדֵּהוּ בְשִׂמְחָה אֶת־פָּנֶיךָ: כִּי־הַמֶּלֶךְ בֹּטֵחַ בַּיהוָה וּבְחֶסֶד
ט עֶלְיוֹן בַּל־יִמּוֹט: תִּמְצָא יָדְךָ לְכָל־אֹיְבֶיךָ יְמִינְךָ תִּמְצָא שֹׂנְאֶיךָ:
י תְּשִׁיתֵמוֹ ׀ כְּתַנּוּר אֵשׁ לְעֵת פָּנֶיךָ יְהוָה בְּאַפּוֹ יְבַלְּעֵם וְתֹאכְלֵם
יא יב אֵשׁ: פִּרְיָמוֹ מֵאֶרֶץ תְּאַבֵּד וְזַרְעָם מִבְּנֵי אָדָם: כִּי־נָטוּ
יג עָלֶיךָ רָעָה חָשְׁבוּ מְזִמָּה בַּל־יוּכָלוּ: כִּי תְּשִׁיתֵמוֹ שֶׁכֶם
יד בְּמֵיתָרֶיךָ תְּכוֹנֵן עַל־פְּנֵיהֶם: רוּמָה יְהוָה בְעֻזֶּךָ נָשִׁירָה
וּנְזַמְּרָה גְּבוּרָתֶךָ:
כב א ב לַמְנַצֵּחַ עַל־אַיֶּלֶת הַשַּׁחַר מִזְמוֹר לְדָוִד: אֵלִי אֵלִי לָמָה עֲזַבְתָּנִי
ג רָחוֹק מִישׁוּעָתִי דִּבְרֵי שַׁאֲגָתִי: אֱלֹהַי אֶקְרָא יוֹמָם וְלֹא תַעֲנֶה
ד ה וְלַיְלָה וְלֹא־דֽוּמִיָּה לִי: וְאַתָּה קָדוֹשׁ יוֹשֵׁב תְּהִלּוֹת יִשְׂרָאֵל: בְּךָ
ו בָּטְחוּ אֲבֹתֵינוּ בָּטְחוּ וַתְּפַלְּטֵמוֹ: אֵלֶיךָ זָעֲקוּ וְנִמְלָטוּ בְּךָ בָטְחוּ
ז וְלֹא־בוֹשׁוּ: וְאָנֹכִי תוֹלַעַת וְלֹא־אִישׁ חֶרְפַּת אָדָם וּבְזוּי עָם:
ח ט כָּל־רֹאַי יַלְעִגוּ לִי יַפְטִירוּ בְשָׂפָה יָנִיעוּ רֹאשׁ: גֹּל אֶל־יְהוָה
י יְפַלְּטֵהוּ יַצִּילֵהוּ כִּי חָפֵץ בּוֹ: כִּי־אַתָּה גֹחִי מִבָּטֶן מַבְטִיחִי עַל־
יא יב שְׁדֵי אִמִּי: עָלֶיךָ הָשְׁלַכְתִּי מֵרָחֶם מִבֶּטֶן אִמִּי אֵלִי אָתָּה: אַל־
יג תִּרְחַק מִמֶּנִּי כִּי־צָרָה קְרוֹבָה כִּי־אֵין עוֹזֵר: סְבָבוּנִי פָּרִים רַבִּים
יד טו אַבִּירֵי בָשָׁן כִּתְּרוּנִי: פָּצוּ עָלַי פִּיהֶם אַרְיֵה טֹרֵף וְשֹׁאֵג: כַּמַּיִם
נִשְׁפַּכְתִּי וְהִתְפָּרְדוּ כָּל־עַצְמוֹתָי הָיָה לִבִּי כַּדּוֹנָג נָמֵס בְּתוֹךְ
טז מֵעָי: יָבֵשׁ כַּחֶרֶשׂ ׀ כֹּחִי וּלְשׁוֹנִי מֻדְבָּק מַלְקוֹחָי וְלַעֲפַר־מָוֶת
יז תִּשְׁפְּתֵנִי: כִּי סְבָבוּנִי כְּלָבִים עֲדַת מְרֵעִים הִקִּיפוּנִי כָּאֲרִי יָדַי
יח יט וְרַגְלָי: אֲסַפֵּר כָּל־עַצְמוֹתָי הֵמָּה יַבִּיטוּ יִרְאוּ־בִי: יְחַלְּקוּ בְגָדַי
כ לָהֶם וְעַל־לְבוּשִׁי יַפִּילוּ גוֹרָל: וְאַתָּה יְהוָה אַל־תִּרְחָק אֱיָלוּתִי
כא לְעֶזְרָתִי חוּשָׁה: הַצִּילָה מֵחֶרֶב נַפְשִׁי מִיַּד־כֶּלֶב יְחִידָתִי:
כב כג הוֹשִׁיעֵנִי מִפִּי אַרְיֵה וּמִקַּרְנֵי רֵמִים עֲנִיתָנִי: אֲסַפְּרָה שִׁמְךָ
כד לְאֶחָי בְּתוֹךְ קָהָל אֲהַלְלֶךָּ: יִרְאֵי יְהוָה ׀ הַלְלוּהוּ כָּל־זֶרַע יַעֲקֹב

כה כִּבְּדוּהוּ וְגוּרוּ מִמֶּנּוּ כָּל־זֶרַע יִשְׂרָאֵל׃ כִּי לֹא־בָזָה וְלֹא שִׁקַּץ
כו עֱנוּת עָנִי וְלֹא־הִסְתִּיר פָּנָיו מִמֶּנּוּ וּבְשַׁוְּעוֹ אֵלָיו שָׁמֵעַ׃ מֵאִתְּךָ
כז תְּהִלָּתִי בְּקָהָל רָב נְדָרַי אֲשַׁלֵּם נֶגֶד יְרֵאָיו׃ יֹאכְלוּ עֲנָוִים ׀
כח וְיִשְׂבָּעוּ יְהַלְלוּ יהוה דֹּרְשָׁיו יְחִי לְבַבְכֶם לָעַד׃ יִזְכְּרוּ ׀ וְיָשֻׁבוּ
אֶל־יהוה כָּל־אַפְסֵי־אָרֶץ וְיִשְׁתַּחֲווּ לְפָנֶיךָ כָּל־מִשְׁפְּחוֹת גּוֹיִם׃
כט ל כִּי לַיהוה הַמְּלוּכָה וּמֹשֵׁל בַּגּוֹיִם׃ אָכְלוּ וַיִּשְׁתַּחֲווּ ׀ כָּל־דִּשְׁנֵי־
לא אֶרֶץ לְפָנָיו יִכְרְעוּ כָּל־יוֹרְדֵי עָפָר וְנַפְשׁוֹ לֹא חִיָּה׃ זֶרַע
לב יַעַבְדֶנּוּ יְסֻפַּר לַאדֹנָי לַדּוֹר׃ יָבֹאוּ וְיַגִּידוּ צִדְקָתוֹ לְעַם נוֹלָד
כִּי עָשָׂה׃
כג א ב מִזְמוֹר לְדָוִד יהוה רֹעִי לֹא אֶחְסָר׃ בִּנְאוֹת דֶּשֶׁא יַרְבִּיצֵנִי עַל־
ג מֵי מְנֻחוֹת יְנַהֲלֵנִי׃ נַפְשִׁי יְשׁוֹבֵב יַנְחֵנִי בְמַעְגְּלֵי־צֶדֶק לְמַעַן
ד שְׁמוֹ׃ גַּם כִּי־אֵלֵךְ בְּגֵיא צַלְמָוֶת לֹא־אִירָא רָע כִּי־אַתָּה עִמָּדִי
ה שִׁבְטְךָ וּמִשְׁעַנְתֶּךָ הֵמָּה יְנַחֲמֻנִי׃ תַּעֲרֹךְ לְפָנַי ׀ שֻׁלְחָן נֶגֶד צֹרְרָי
ו דִּשַּׁנְתָּ בַשֶּׁמֶן רֹאשִׁי כּוֹסִי רְוָיָה׃ אַךְ ׀ טוֹב וָחֶסֶד יִרְדְּפוּנִי כָּל־יְמֵי
חַיָּי וְשַׁבְתִּי בְּבֵית־יהוה לְאֹרֶךְ יָמִים׃
כד א ב לְדָוִד מִזְמוֹר לַיהוה הָאָרֶץ וּמְלוֹאָהּ תֵּבֵל וְיֹשְׁבֵי בָהּ׃ כִּי־הוּא
ג עַל־יַמִּים יְסָדָהּ וְעַל־נְהָרוֹת יְכוֹנְנֶהָ׃ מִי־יַעֲלֶה בְהַר־יהוה וּמִי־
ד יָקוּם בִּמְקוֹם קָדְשׁוֹ׃ נְקִי כַפַּיִם וּבַר־לֵבָב אֲשֶׁר לֹא־נָשָׂא לַשָּׁוְא
ה נַפְשׁוֹ וְלֹא נִשְׁבַּע לְמִרְמָה׃ יִשָּׂא בְרָכָה מֵאֵת יהוה וּצְדָקָה נַפְשִׁי
ו מֵאֱלֹהֵי יִשְׁעוֹ׃ זֶה דּוֹר דֹּרְשָׁו מְבַקְשֵׁי פָנֶיךָ יַעֲקֹב סֶלָה׃
ז שְׂאוּ שְׁעָרִים ׀ רָאשֵׁיכֶם וְהִנָּשְׂאוּ פִּתְחֵי עוֹלָם וְיָבוֹא מֶלֶךְ
ח הַכָּבוֹד׃ מִי זֶה מֶלֶךְ הַכָּבוֹד יהוה עִזּוּז וְגִבּוֹר יהוה גִּבּוֹר
ט מִלְחָמָה׃ שְׂאוּ שְׁעָרִים ׀ רָאשֵׁיכֶם וּשְׂאוּ פִּתְחֵי עוֹלָם וְיָבֹא
י מֶלֶךְ הַכָּבוֹד׃ מִי הוּא זֶה מֶלֶךְ הַכָּבוֹד יהוה צְבָאוֹת הוּא
מֶלֶךְ הַכָּבוֹד סֶלָה׃
כה א ב לְדָוִד אֵלֶיךָ יהוה נַפְשִׁי אֶשָּׂא׃ אֱלֹהַי בְּךָ בָטַחְתִּי אַל־אֵבוֹשָׁה
ג אַל־יַעַלְצוּ אֹיְבַי לִי׃ גַּם כָּל־קֹוֶיךָ לֹא יֵבֹשׁוּ יֵבֹשׁוּ הַבּוֹגְדִים

ד ה רֵיקָם׃ דְּרָכֶיךָ יְהוָה הוֹדִיעֵנִי אֹרְחוֹתֶיךָ לַמְּדֵנִי׃ הַדְרִיכֵנִי
בַאֲמִתֶּךָ ׀ וְלַמְּדֵנִי כִּי־אַתָּה אֱלֹהֵי יִשְׁעִי אוֹתְךָ קִוִּיתִי כָּל־הַיּוֹם׃
ו ז זְכֹר־רַחֲמֶיךָ יְהוָה וַחֲסָדֶיךָ כִּי מֵעוֹלָם הֵמָּה׃ חַטֹּאות נְעוּרַי ׀
ח וּפְשָׁעַי אַל־תִּזְכֹּר כְּחַסְדְּךָ זְכָר־לִי־אַתָּה לְמַעַן טוּבְךָ יְהוָה׃ טוֹב־
ט וְיָשָׁר יְהוָה עַל־כֵּן יוֹרֶה חַטָּאִים בַּדָּרֶךְ׃ יַדְרֵךְ עֲנָוִים בַּמִּשְׁפָּט
י וִילַמֵּד עֲנָוִים דַּרְכּוֹ׃ כָּל־אָרְחוֹת יְהוָה חֶסֶד וֶאֱמֶת לְנֹצְרֵי בְרִיתוֹ
יא יב וְעֵדֹתָיו׃ לְמַעַן־שִׁמְךָ יְהוָה וְסָלַחְתָּ לַעֲוֺנִי כִּי רַב־הוּא׃ מִי־זֶה
יג הָאִישׁ יְרֵא יְהוָה יוֹרֶנּוּ בְּדֶרֶךְ יִבְחָר׃ נַפְשׁוֹ בְּטוֹב תָּלִין וְזַרְעוֹ
יד טו יִירַשׁ אָרֶץ׃ סוֹד יְהוָה לִירֵאָיו וּבְרִיתוֹ לְהוֹדִיעָם׃ עֵינַי תָּמִיד
טז אֶל־יְהוָה כִּי הוּא־יוֹצִיא מֵרֶשֶׁת רַגְלָי׃ פְּנֵה־אֵלַי וְחָנֵּנִי כִּי־יָחִיד
יז יח וְעָנִי אָנִי׃ צָרוֹת לְבָבִי הִרְחִיבוּ מִמְּצוּקוֹתַי הוֹצִיאֵנִי׃ רְאֵה עָנְיִי
יט וַעֲמָלִי וְשָׂא לְכָל־חַטֹּאותָי׃ רְאֵה־אוֹיְבַי כִּי־רָבּוּ וְשִׂנְאַת חָמָס
כ שְׂנֵאוּנִי׃ שָׁמְרָה נַפְשִׁי וְהַצִּילֵנִי אַל־אֵבוֹשׁ כִּי־חָסִיתִי בָךְ׃
כא כב תֹּם־וָיֹשֶׁר יִצְּרוּנִי כִּי קִוִּיתִיךָ׃ פְּדֵה אֱלֹהִים אֶת־יִשְׂרָאֵל מִכֹּל
צָרוֹתָיו׃

כו א לְדָוִד ׀ שָׁפְטֵנִי יְהוָה כִּי־אֲנִי בְּתֻמִּי הָלַכְתִּי וּבַיהוָה בָּטַחְתִּי לֹא
ב ג אֶמְעָד׃ בְּחָנֵנִי יְהוָה וְנַסֵּנִי צרופה כִלְיוֹתַי וְלִבִּי׃ כִּי־חַסְדְּךָ לְנֶגֶד צְרָפָה
ד עֵינָי וְהִתְהַלַּכְתִּי בַּאֲמִתֶּךָ׃ לֹא־יָשַׁבְתִּי עִם־מְתֵי־שָׁוְא וְעִם
ה נַעֲלָמִים לֹא אָבוֹא׃ שָׂנֵאתִי קְהַל מְרֵעִים וְעִם־רְשָׁעִים לֹא
ו ז אֵשֵׁב׃ אֶרְחַץ בְּנִקָּיוֹן כַּפָּי וַאֲסֹבְבָה אֶת־מִזְבַּחֲךָ יְהוָה׃ לַשְׁמִעַ
ח בְּקוֹל תּוֹדָה וּלְסַפֵּר כָּל־נִפְלְאוֹתֶיךָ׃ יְהוָה אָהַבְתִּי מְעוֹן בֵּיתֶךָ
ט וּמְקוֹם מִשְׁכַּן כְּבוֹדֶךָ׃ אַל־תֶּאֱסֹף עִם־חַטָּאִים נַפְשִׁי וְעִם־
י אַנְשֵׁי דָמִים חַיָּי׃ אֲשֶׁר־בִּידֵיהֶם זִמָּה וִימִינָם מָלְאָה שֹּׁחַד׃
יא יב וַאֲנִי בְּתֻמִּי אֵלֵךְ פְּדֵנִי וְחָנֵּנִי׃ רַגְלִי עָמְדָה בְמִישׁוֹר בְּמַקְהֵלִים
אֲבָרֵךְ יְהוָה׃

כז א לְדָוִד ׀ יְהוָה ׀ אוֹרִי וְיִשְׁעִי מִמִּי אִירָא יְהוָה מָעוֹז־חַיַּי מִמִּי
ב אֶפְחָד׃ בִּקְרֹב עָלַי ׀ מְרֵעִים לֶאֱכֹל אֶת־בְּשָׂרִי צָרַי וְאֹיְבַי לִי

ג הֵמָּה כָשְׁלוּ וְנָפָלוּ: אִם־תַּחֲנֶה עָלַי ׀ מַחֲנֶה לֹא־יִירָא לִבִּי אִם־
ד תָּקוּם עָלַי מִלְחָמָה בְּזֹאת אֲנִי בוֹטֵחַ: אַחַת ׀ שָׁאַלְתִּי מֵאֵת־
יְהוָה אוֹתָהּ אֲבַקֵּשׁ שִׁבְתִּי בְּבֵית־יְהוָה כָּל־יְמֵי חַיַּי לַחֲזוֹת
ה בְּנֹעַם־יְהוָה וּלְבַקֵּר בְּהֵיכָלוֹ: כִּי יִצְפְּנֵנִי ׀ בְּסֻכֹּה בְּיוֹם רָעָה
ו יַסְתִּרֵנִי בְּסֵתֶר אָהֳלוֹ בְּצוּר יְרוֹמְמֵנִי: וְעַתָּה יָרוּם רֹאשִׁי עַל
אֹיְבַי סְבִיבוֹתַי וְאֶזְבְּחָה בְאָהֳלוֹ זִבְחֵי תְרוּעָה אָשִׁירָה וַאֲזַמְּרָה
ז ח לַיהוָה: שְׁמַע־יְהוָה קוֹלִי אֶקְרָא וְחָנֵּנִי וַעֲנֵנִי: לְךָ ׀ אָמַר לִבִּי
ט בַּקְּשׁוּ פָנָי אֶת־פָּנֶיךָ יְהוָה אֲבַקֵּשׁ: אַל־תַּסְתֵּר פָּנֶיךָ ׀ מִמֶּנִּי אַל
תַּט־בְּאַף עַבְדֶּךָ עֶזְרָתִי הָיִיתָ אַל־תִּטְּשֵׁנִי וְאַל־תַּעַזְבֵנִי אֱלֹהֵי
י יא יִשְׁעִי: כִּי־אָבִי וְאִמִּי עֲזָבוּנִי וַיהוָה יַאַסְפֵנִי: הוֹרֵנִי יְהוָה דַּרְכֶּךָ
יב וּנְחֵנִי בְּאֹרַח מִישׁוֹר לְמַעַן שׁוֹרְרָי: אַל־תִּתְּנֵנִי בְּנֶפֶשׁ צָרָי כִּי
יג קָמוּ־בִי עֵדֵי־שֶׁקֶר וִיפֵחַ חָמָס: לוּלֵא הֶאֱמַנְתִּי לִרְאוֹת
יד בְּטוּב־יְהוָה בְּאֶרֶץ חַיִּים: קַוֵּה אֶל־יְהוָה חֲזַק וְיַאֲמֵץ לִבֶּךָ
וְקַוֵּה אֶל־יְהוָה:

כח א לְדָוִד אֵלֶיךָ יְהוָה ׀ אֶקְרָא צוּרִי אַל־תֶּחֱרַשׁ מִמֶּנִּי פֶּן־תֶּחֱשֶׁה
ב מִמֶּנִּי וְנִמְשַׁלְתִּי עִם־יוֹרְדֵי בוֹר: שְׁמַע קוֹל תַּחֲנוּנַי בְּשַׁוְּעִי אֵלֶיךָ
ג בְּנָשְׂאִי יָדַי אֶל־דְּבִיר קָדְשֶׁךָ: אַל־תִּמְשְׁכֵנִי עִם־רְשָׁעִים וְעִם־
ד פֹּעֲלֵי אָוֶן דֹּבְרֵי שָׁלוֹם עִם־רֵעֵיהֶם וְרָעָה בִּלְבָבָם: תֶּן־לָהֶם
כְפָעֳלָם וּכְרֹעַ מַעַלְלֵיהֶם כְּמַעֲשֵׂה יְדֵיהֶם תֵּן לָהֶם הָשֵׁב גְּמוּלָם
ה לָהֶם: כִּי לֹא יָבִינוּ אֶל־פְּעֻלֹּת יְהוָה וְאֶל־מַעֲשֵׂה יָדָיו יֶהֶרְסֵם
ו ז וְלֹא יִבְנֵם: בָּרוּךְ יְהוָה כִּי־שָׁמַע קוֹל תַּחֲנוּנָי: יְהוָה ׀ עֻזִּי וּמָגִנִּי
ח בּוֹ בָטַח לִבִּי וְנֶעֱזָרְתִּי וַיַּעֲלֹז לִבִּי וּמִשִּׁירִי אֲהוֹדֶנּוּ: יְהוָה עֹז־לָמוֹ
ט וּמָעוֹז יְשׁוּעוֹת מְשִׁיחוֹ הוּא: הוֹשִׁיעָה ׀ אֶת־עַמֶּךָ וּבָרֵךְ אֶת־
נַחֲלָתֶךָ וּרְעֵם וְנַשְּׂאֵם עַד־הָעוֹלָם:

כט א ב מִזְמוֹר לְדָוִד הָבוּ לַיהוָה בְּנֵי אֵלִים הָבוּ לַיהוָה כָּבוֹד וָעֹז: הָבוּ
ג לַיהוָה כְּבוֹד שְׁמוֹ הִשְׁתַּחֲווּ לַיהוָה בְּהַדְרַת־קֹדֶשׁ: קוֹל יְהוָה
ד עַל־הַמָּיִם אֵל־הַכָּבוֹד הִרְעִים יְהוָה עַל־מַיִם רַבִּים: קוֹל־יְהוָה

ה בַּכֹּחַ קוֹל יְהוָה בֶּהָדָר: קוֹל יְהוָה שֹׁבֵר אֲרָזִים וַיְשַׁבֵּר יְהוָה
ו אֶת־אַרְזֵי הַלְּבָנוֹן: וַיַּרְקִידֵם כְּמוֹ־עֵגֶל לְבָנוֹן וְשִׂרְיוֹן כְּמוֹ בֶן־
ז ח רְאֵמִים: קוֹל־יְהוָה חֹצֵב לַהֲבוֹת אֵשׁ: קוֹל יְהוָה יָחִיל מִדְבָּר
ט יָחִיל יְהוָה מִדְבַּר קָדֵשׁ: קוֹל יְהוָה ׀ יְחוֹלֵל אַיָּלוֹת וַיֶּחֱשֹׂף
י יְעָרוֹת וּבְהֵיכָלוֹ כֻּלּוֹ אֹמֵר כָּבוֹד: יְהוָה לַמַּבּוּל יָשָׁב וַיֵּשֶׁב
יא יְהוָה מֶלֶךְ לְעוֹלָם: יְהוָה עֹז לְעַמּוֹ יִתֵּן יְהוָה ׀ יְבָרֵךְ אֶת־ ד
עַמּוֹ בַשָּׁלוֹם:
ל א ב מִזְמוֹר שִׁיר־חֲנֻכַּת הַבַּיִת לְדָוִד: אֲרוֹמִמְךָ יְהוָה כִּי דִלִּיתָנִי
ג ד וְלֹא־שִׂמַּחְתָּ אֹיְבַי לִי: יְהוָה אֱלֹהָי שִׁוַּעְתִּי אֵלֶיךָ וַתִּרְפָּאֵנִי: יְהוָה
ה הֶעֱלִיתָ מִן־שְׁאוֹל נַפְשִׁי חִיִּיתַנִי מיורדי־בוֹר: זַמְּרוּ לַיהוָה (מִיָּרְדִי־)
ו חֲסִידָיו וְהוֹדוּ לְזֵכֶר קָדְשׁוֹ: כִּי רֶגַע ׀ בְּאַפּוֹ חַיִּים בִּרְצוֹנוֹ בָּעֶרֶב
ז יָלִין בֶּכִי וְלַבֹּקֶר רִנָּה: וַאֲנִי אָמַרְתִּי בְשַׁלְוִי בַּל־אֶמּוֹט לְעוֹלָם:
ח יְהוָה בִּרְצוֹנְךָ הֶעֱמַדְתָּה לְהַרְרִי עֹז הִסְתַּרְתָּ פָנֶיךָ הָיִיתִי נִבְהָל:
ט י אֵלֶיךָ יְהוָה אֶקְרָא וְאֶל־אֲדֹנָי אֶתְחַנָּן: מַה־בֶּצַע בְּדָמִי בְּרִדְתִּי
יא אֶל שָׁחַת הֲיוֹדְךָ עָפָר הֲיַגִּיד אֲמִתֶּךָ: שְׁמַע־יְהוָה וְחָנֵּנִי יְהוָה
יב הֱיֵה־עֹזֵר לִי: הָפַכְתָּ מִסְפְּדִי לְמָחוֹל לִי פִּתַּחְתָּ שַׂקִּי וַתְּאַזְּרֵנִי
יג שִׂמְחָה: לְמַעַן ׀ יְזַמֶּרְךָ כָבוֹד וְלֹא יִדֹּם יְהוָה אֱלֹהַי לְעוֹלָם
אוֹדֶךָּ:
לא א ב לַמְנַצֵּחַ מִזְמוֹר לְדָוִד: בְּךָ־יְהוָה חָסִיתִי אַל־אֵבוֹשָׁה לְעוֹלָם (מזמור "בך־ה' חסיתי" תהלים עא, א–ג)
ג בְּצִדְקָתְךָ פַלְּטֵנִי: הַטֵּה אֵלַי ׀ אָזְנְךָ מְהֵרָה הַצִּילֵנִי הֱיֵה לִי ׀
ד לְצוּר־מָעוֹז לְבֵית מְצוּדוֹת לְהוֹשִׁיעֵנִי: כִּי־סַלְעִי וּמְצוּדָתִי אָתָּה
ה וּלְמַעַן שִׁמְךָ תַּנְחֵנִי וּתְנַהֲלֵנִי: תּוֹצִיאֵנִי מֵרֶשֶׁת זוּ טָמְנוּ לִי כִּי־
ו אַתָּה מָעוּזִּי: בְּיָדְךָ אַפְקִיד רוּחִי פָּדִיתָה אוֹתִי יְהוָה אֵל אֱמֶת:
ז ח שָׂנֵאתִי הַשֹּׁמְרִים הַבְלֵי־שָׁוְא וַאֲנִי אֶל־יְהוָה בָּטָחְתִּי: אָגִילָה
וְאֶשְׂמְחָה בְּחַסְדֶּךָ אֲשֶׁר רָאִיתָ אֶת־עָנְיִי יָדַעְתָּ בְּצָרוֹת נַפְשִׁי:
ט י וְלֹא הִסְגַּרְתַּנִי בְּיַד־אוֹיֵב הֶעֱמַדְתָּ בַמֶּרְחָב רַגְלָי: חָנֵּנִי יְהוָה
יא כִּי צַר־לִי עָשְׁשָׁה בְכַעַס עֵינִי נַפְשִׁי וּבִטְנִי: כִּי כָלוּ בְיָגוֹן חַיַּי

יב וּשְׁנוֹתַי בַּאֲנָחָה כָּשַׁל בַּעֲוֺנִי כֹחִי וַעֲצָמַי עָשֵׁשׁוּ׃ מִכָּל־צֹרְרַי
הָיִיתִי חֶרְפָּה וְלִשְׁכֵנַי ׀ מְאֹד וּפַחַד לִמְיֻדָּעָי רֹאַי בַּחוּץ נָדְדוּ
יג יד מִמֶּנִּי׃ נִשְׁכַּחְתִּי כְּמֵת מִלֵּב הָיִיתִי כִּכְלִי אֹבֵד׃ כִּי שָׁמַעְתִּי ׀ דִּבַּת
טו רַבִּים מָגוֹר מִסָּבִיב בְּהִוָּסְדָם יַחַד עָלַי לָקַחַת נַפְשִׁי זָמָמוּ׃ וַאֲנִי ׀
טז עָלֶיךָ בָטַחְתִּי יְהוָה אָמַרְתִּי אֱלֹהַי אָתָּה׃ בְּיָדְךָ עִתֹּתָי הַצִּילֵנִי
יז מִיַּד־אוֹיְבַי וּמֵרֹדְפָי׃ הָאִירָה פָנֶיךָ עַל־עַבְדֶּךָ הוֹשִׁיעֵנִי בְחַסְדֶּךָ׃
יח יְהוָה אַל־אֵבוֹשָׁה כִּי קְרָאתִיךָ יֵבֹשׁוּ רְשָׁעִים יִדְּמוּ לִשְׁאוֹל׃
יט תֵּאָלַמְנָה שִׂפְתֵי שָׁקֶר הַדֹּבְרוֹת עַל־צַדִּיק עָתָק בְּגַאֲוָה וָבוּז׃
כ מָה רַב טוּבְךָ אֲשֶׁר־צָפַנְתָּ לִּירֵאֶיךָ פָּעַלְתָּ לַחֹסִים בָּךְ נֶגֶד
כא בְּנֵי אָדָם׃ תַּסְתִּירֵם ׀ בְּסֵתֶר פָּנֶיךָ מֵרֻכְסֵי אִישׁ תִּצְפְּנֵם בְּסֻכָּה
כב מֵרִיב לְשֹׁנוֹת׃ בָּרוּךְ יְהוָה כִּי הִפְלִיא חַסְדּוֹ לִי בְּעִיר מָצוֹר׃
כג וַאֲנִי ׀ אָמַרְתִּי בְחָפְזִי נִגְרַזְתִּי מִנֶּגֶד עֵינֶיךָ אָכֵן שָׁמַעְתָּ קוֹל
כד תַּחֲנוּנַי בְּשַׁוְּעִי אֵלֶיךָ׃ אֶהֱבוּ אֶת־יְהוָה כָּל־חֲסִידָיו אֱמוּנִים
כה נֹצֵר יְהוָה וּמְשַׁלֵּם עַל־יֶתֶר עֹשֵׂה גַאֲוָה׃ חִזְקוּ וְיַאֲמֵץ
לְבַבְכֶם כָּל־הַמְיַחֲלִים לַיהוָה׃

לב א ב לְדָוִד מַשְׂכִּיל אַשְׁרֵי נְשׂוּי־פֶּשַׁע כְּסוּי חֲטָאָה׃ אַשְׁרֵי־אָדָם לֹא
ג יַחְשֹׁב יְהוָה לוֹ עָוֺן וְאֵין בְּרוּחוֹ רְמִיָּה׃ כִּי־הֶחֱרַשְׁתִּי בָּלוּ עֲצָמָי
ד בְּשַׁאֲגָתִי כָּל־הַיּוֹם׃ כִּי ׀ יוֹמָם וָלַיְלָה תִּכְבַּד עָלַי יָדֶךָ נֶהְפַּךְ
ה לְשַׁדִּי בְּחַרְבֹנֵי קַיִץ סֶלָה׃ חַטָּאתִי אוֹדִיעֲךָ וַעֲוֺנִי לֹא־כִסִּיתִי
אָמַרְתִּי אוֹדֶה עֲלֵי פְשָׁעַי לַיהוָה וְאַתָּה נָשָׂאתָ עֲוֺן חַטָּאתִי
ו סֶלָה׃ עַל־זֹאת יִתְפַּלֵּל כָּל־חָסִיד ׀ אֵלֶיךָ לְעֵת מְצֹא רַק לְשֵׁטֶף
ז מַיִם רַבִּים אֵלָיו לֹא יַגִּיעוּ׃ אַתָּה ׀ סֵתֶר לִי מִצַּר תִּצְּרֵנִי רָנֵּי פַלֵּט
ח תְּסוֹבְבֵנִי סֶלָה׃ אַשְׂכִּילְךָ ׀ וְאוֹרְךָ בְּדֶרֶךְ־זוּ תֵלֵךְ אִיעֲצָה עָלֶיךָ
ט עֵינִי׃ אַל־תִּהְיוּ ׀ כְּסוּס כְּפֶרֶד אֵין הָבִין בְּמֶתֶג־וָרֶסֶן עֶדְיוֹ
י לִבְלוֹם בַּל קְרֹב אֵלֶיךָ׃ רַבִּים מַכְאוֹבִים לָרָשָׁע וְהַבּוֹטֵחַ
יא בַּיהוָה חֶסֶד יְסוֹבְבֶנּוּ׃ שִׂמְחוּ בַיהוָה וְגִילוּ צַדִּיקִים וְהַרְנִינוּ
כָּל־יִשְׁרֵי־לֵב׃

לג

א ב רַנְּנוּ צַדִּיקִים בַּיהוָה לַיְשָׁרִים נָאוָה תְהִלָּה: הוֹדוּ לַיהוָה בְּכִנּוֹר
ג בְּנֵבֶל עָשׂוֹר זַמְּרוּ־לוֹ: שִׁירוּ־לוֹ שִׁיר חָדָשׁ הֵיטִיבוּ נַגֵּן בִּתְרוּעָה:
ד ה כִּי־יָשָׁר דְּבַר־יְהוָה וְכָל־מַעֲשֵׂהוּ בֶּאֱמוּנָה: אֹהֵב צְדָקָה וּמִשְׁפָּט
ו חֶסֶד יְהוָה מָלְאָה הָאָרֶץ: בִּדְבַר יְהוָה שָׁמַיִם נַעֲשׂוּ וּבְרוּחַ פִּיו
ז ח כָּל־צְבָאָם: כֹּנֵס כַּנֵּד מֵי הַיָּם נֹתֵן בְּאֹצָרוֹת תְּהוֹמוֹת: יִירְאוּ
ט מֵיְהוָה כָּל־הָאָרֶץ מִמֶּנּוּ יָגוּרוּ כָּל־יֹשְׁבֵי תֵבֵל: כִּי הוּא אָמַר
י וַיֶּהִי הוּא־צִוָּה וַיַּעֲמֹד: יְהוָה הֵפִיר עֲצַת־גּוֹיִם הֵנִיא מַחְשְׁבוֹת
יא עַמִּים: עֲצַת יְהוָה לְעוֹלָם תַּעֲמֹד מַחְשְׁבוֹת לִבּוֹ לְדֹר וָדֹר:
יב יג אַשְׁרֵי הַגּוֹי אֲשֶׁר־יְהוָה אֱלֹהָיו הָעָם ׀ בָּחַר לְנַחֲלָה לוֹ: מִשָּׁמַיִם
יד הִבִּיט יְהוָה רָאָה אֶת־כָּל־בְּנֵי הָאָדָם: מִמְּכוֹן־שִׁבְתּוֹ הִשְׁגִּיחַ
טו אֶל כָּל־יֹשְׁבֵי הָאָרֶץ: הַיֹּצֵר יַחַד לִבָּם הַמֵּבִין אֶל־כָּל־מַעֲשֵׂיהֶם:
טז יז אֵין־הַמֶּלֶךְ נוֹשָׁע בְּרָב־חָיִל גִּבּוֹר לֹא־יִנָּצֵל בְּרָב־כֹּחַ: שֶׁקֶר
יח הַסּוּס לִתְשׁוּעָה וּבְרֹב חֵילוֹ לֹא יְמַלֵּט: הִנֵּה עֵין יְהוָה אֶל־
יט יְרֵאָיו לַמְיַחֲלִים לְחַסְדּוֹ: לְהַצִּיל מִמָּוֶת נַפְשָׁם וּלְחַיּוֹתָם בָּרָעָב:
כ כא נַפְשֵׁנוּ חִכְּתָה לַיהוָה עֶזְרֵנוּ וּמָגִנֵּנוּ הוּא: כִּי־בוֹ יִשְׂמַח לִבֵּנוּ
כב כִּי בְשֵׁם קָדְשׁוֹ בָטָחְנוּ: יְהִי־חַסְדְּךָ יְהוָה עָלֵינוּ כַּאֲשֶׁר
יִחַלְנוּ לָךְ:

לד

דוד משנה
טעמו לפני מלך
פלשתים
שמ"א כא, יא–טז

א לְדָוִד בְּשַׁנּוֹתוֹ אֶת־טַעְמוֹ לִפְנֵי אֲבִימֶלֶךְ וַיְגָרְשֵׁהוּ וַיֵּלַךְ:
ב ג אֲבָרְכָה אֶת־יְהוָה בְּכָל־עֵת תָּמִיד תְּהִלָּתוֹ בְּפִי: בַּיהוָה
ד תִּתְהַלֵּל נַפְשִׁי יִשְׁמְעוּ עֲנָוִים וְיִשְׂמָחוּ: גַּדְּלוּ לַיהוָה אִתִּי
ה וּנְרוֹמְמָה שְׁמוֹ יַחְדָּו: דָּרַשְׁתִּי אֶת־יְהוָה וְעָנָנִי וּמִכָּל־מְגוּרוֹתַי
ו ז הִצִּילָנִי: הִבִּיטוּ אֵלָיו וְנָהָרוּ וּפְנֵיהֶם אַל־יֶחְפָּרוּ: זֶה עָנִי קָרָא
ח וַיהוָה שָׁמֵעַ וּמִכָּל־צָרוֹתָיו הוֹשִׁיעוֹ: חֹנֶה מַלְאַךְ־יְהוָה סָבִיב
ט לִירֵאָיו וַיְחַלְּצֵם: טַעֲמוּ וּרְאוּ כִּי־טוֹב יְהוָה אַשְׁרֵי הַגֶּבֶר יֶחֱסֶה־
י יא בּוֹ: יְראוּ אֶת־יְהוָה קְדֹשָׁיו כִּי־אֵין מַחְסוֹר לִירֵאָיו: כְּפִירִים
יב רָשׁוּ וְרָעֵבוּ וְדֹרְשֵׁי יְהוָה לֹא־יַחְסְרוּ כָל־טוֹב: לְכוּ־בָנִים שִׁמְעוּ־
יג לִי יִרְאַת יְהוָה אֲלַמֶּדְכֶם: מִי־הָאִישׁ הֶחָפֵץ חַיִּים אֹהֵב יָמִים

יד טו לִרְא֥וֹת טֽוֹב׃ נְצֹ֣ר לְשׁוֹנְךָ֣ מֵרָ֑ע וּ֝שְׂפָתֶ֗יךָ מִדַּבֵּ֥ר מִרְמָֽה׃ ס֣וּר
טז מֵ֭רָע וַעֲשֵׂה־ט֑וֹב בַּקֵּ֖שׁ שָׁל֣וֹם וְרָדְפֵֽהוּ׃ עֵינֵ֣י יְ֭הוָה אֶל־צַדִּיקִ֑ים
יז וְ֝אָזְנָ֗יו אֶל־שַׁוְעָתָֽם׃ פְּנֵ֣י יְ֭הוָה בְּעֹ֣שֵׂי רָ֑ע לְהַכְרִ֖ית מֵאֶ֣רֶץ זִכְרָֽם׃
יח יט צָעֲק֣וּ וַיהוָ֣ה שָׁמֵ֑עַ וּמִכָּל־צָ֝רוֹתָ֗ם הִצִּילָֽם׃ קָר֣וֹב יְ֭הוָה לְנִשְׁבְּרֵי־
כ לֵ֑ב וְאֶת־דַּכְּאֵי־ר֥וּחַ יוֹשִֽׁיעַ׃ רַ֭בּוֹת רָע֣וֹת צַדִּ֑יק וּ֝מִכֻּלָּ֗ם יַצִּילֶ֥נּוּ
כא כב יְהוָֽה׃ שֹׁמֵ֥ר כָּל־עַצְמוֹתָ֑יו אַחַ֥ת מֵ֝הֵ֗נָּה לֹ֣א נִשְׁבָּֽרָה׃ תְּמוֹתֵ֣ת
כג רָשָׁ֣ע רָעָ֑ה וְשֹׂנְאֵ֖י צַדִּ֣יק יֶאְשָֽׁמוּ׃ פּוֹדֶ֣ה יְ֭הוָה נֶ֣פֶשׁ עֲבָדָ֑יו וְלֹ֥א
יֶ֝אְשְׁמ֗וּ כָּל־הַחֹסִ֥ים בּֽוֹ׃

לה א ב לְדָוִ֨ד ׀ רִיבָ֣ה יְ֭הוָה אֶת־יְרִיבַ֑י לְ֝חַ֗ם אֶת־לֹֽחֲמָֽי׃ הַחֲזֵ֣ק מָגֵ֣ן וְצִנָּ֑ה
ג וְ֝ק֗וּמָה בְּעֶזְרָתִֽי׃ וְהָ֘רֵ֤ק חֲנִ֣ית וּ֭סְגֹר לִקְרַ֣את רֹדְפָ֑י אֱמֹ֥ר לְ֝נַפְשִׁ֗י
ד יְשֻׁעָתֵ֥ךְ אָֽנִי׃ יֵבֹ֣שׁוּ וְיִכָּלְמוּ֮ מְבַקְשֵׁ֪י נַ֫פְשִׁ֥י יִסֹּ֣גוּ אָח֣וֹר וְיַחְפְּר֑וּ
ה ו חֹ֝שְׁבֵ֗י רָעָתִֽי׃ יִ֭הְיוּ כְּמֹ֣ץ לִפְנֵי־ר֑וּחַ וּמַלְאַ֖ךְ יְהוָ֣ה דּוֹחֶֽה׃ יְהִֽי־
ז דַרְכָּ֗ם חֹ֥שֶׁךְ וַחֲלַקְלַקּ֑וֹת וּ֝מַלְאַ֗ךְ יְהוָ֥ה רֹֽדְפָֽם׃ כִּֽי־חִנָּ֣ם טָֽמְנוּ־לִ֭י
ח שַׁ֣חַת רִשְׁתָּ֑ם חִ֝נָּ֗ם חָפְר֥וּ לְנַפְשִֽׁי׃ תְּבוֹאֵ֣הוּ שׁוֹאָה֮ לֹֽא־יֵ֫דָ֥ע
ט וְרִשְׁתּ֣וֹ אֲשֶׁר־טָמַ֣ן תִּלְכְּד֑וֹ בְּ֝שׁוֹאָ֗ה יִפָּל־בָּֽהּ׃ וְ֭נַפְשִׁי תָּגִ֣יל בַּיהוָ֑ה
י תָּ֝שִׂ֗ישׂ בִּישׁוּעָתֽוֹ׃ כָּ֥ל עַצְמוֹתַ֨י ׀ תֹּאמַרְנָה֮ יְהוָ֗ה מִ֥י כָ֫מ֥וֹךָ מַצִּ֣יל
יא עָ֭נִי מֵחָזָ֣ק מִמֶּ֑נּוּ וְעָנִ֥י וְ֝אֶבְי֗וֹן מִגֹּזְלֽוֹ׃ יְ֭קוּמוּן עֵדֵ֣י חָמָ֑ס אֲשֶׁ֥ר לֹא־
יב יָ֝דַ֗עְתִּי יִשְׁאָלֽוּנִי׃ יְשַׁלְּמ֣וּנִי רָ֭עָה תַּ֣חַת טוֹבָ֑ה שְׁכ֣וֹל לְנַפְשִֽׁי׃
יג וַאֲנִ֤י ׀ בַּחֲלוֹתָ֡ם לְב֬וּשִׁי שָׂ֗ק עִנֵּ֣יתִי בַצּ֣וֹם נַפְשִׁ֑י וּ֝תְפִלָּתִ֗י עַל־חֵיקִ֥י
יד תָשֽׁוּב׃ כְּרֵֽעַ־כְּאָ֣ח לִ֭י הִתְהַלָּ֑כְתִּי כַּאֲבֶל־אֵ֝֗ם קֹדֵ֥ר שַׁחֽוֹתִי׃
טו וּבְצַלְעִ֣י שָׂ֭מְחוּ וְֽנֶאֱסָ֑פוּ נֶאֶסְפ֬וּ עָלַ֣י נֵ֭כִים וְלֹ֣א יָדַ֑עְתִּי קָֽרְע֥וּ
טז יז וְלֹא־דָֽמּוּ׃ בְּ֭חַנְפֵי לַעֲגֵ֣י מָע֑וֹג חָרֹ֖ק עָלַ֣י שִׁנֵּֽימוֹ׃ אֲדֹנָי֮ כַּמָּ֪ה
יח תִּ֫רְאֶ֥ה הָשִׁ֣יבָה נַ֭פְשִׁי מִשֹּׁאֵיהֶ֑ם מִ֝כְּפִירִ֗ים יְחִידָתִֽי׃ א֭וֹדְךָ בְּקָהָ֣ל
יט רָ֑ב בְּעַ֖ם עָצ֣וּם אֲהַלְלֶֽךָּ׃ אַֽל־יִשְׂמְחוּ־לִ֣י אֹיְבַ֣י שֶׁ֑קֶר שֹׂנְאַ֥י חִ֝נָּ֗ם
כ יִקְרְצוּ־עָֽיִן׃ כִּ֤י לֹ֥א שָׁל֗וֹם יְדַ֫בֵּ֥רוּ וְעַ֥ל רִגְעֵי־אֶ֑רֶץ דִּבְרֵ֥י מִ֝רְמ֗וֹת
כא יַחֲשֹׁבֽוּן׃ וַיַּרְחִ֥יבוּ עָלַ֗י פִּ֫יהֶ֥ם אָ֭מְרוּ הֶאָ֣ח ׀ הֶאָ֑ח רָאֲתָ֥ה עֵינֵֽינוּ׃
כב כג רָאִ֣יתָה יְ֭הוָה אַֽל־תֶּחֱרַ֑שׁ אֲ֝דֹנָ֗י אַל־תִּרְחַ֥ק מִמֶּֽנִּי׃ הָעִ֣ירָה

כד וְהָקִיצָה לְמִשְׁפָּטִי אֱלֹהַי וַאדֹנָי לְרִיבִי׃ שָׁפְטֵנִי כְצִדְקְךָ יְהוָה
כה אֱלֹהָי וְאַל־יִשְׂמְחוּ־לִי׃ אַל־יֹאמְרוּ בְלִבָּם הֶאָח נַפְשֵׁנוּ אַל־
כו יֹאמְרוּ בִּלַּעֲנוּהוּ׃ יֵבֹשׁוּ וְיַחְפְּרוּ ׀ יַחְדָּו שְׂמֵחֵי רָעָתִי יִלְבְּשׁוּ־
כז בֹשֶׁת וּכְלִמָּה הַמַּגְדִּילִים עָלָי׃ יָרֹנּוּ וְיִשְׂמְחוּ חֲפֵצֵי צִדְקִי
כח וְיֹאמְרוּ תָמִיד יִגְדַּל יְהוָה הֶחָפֵץ שְׁלוֹם עַבְדּוֹ׃ וּלְשׁוֹנִי תֶּהְגֶּה ה
צִדְקֶךָ כָּל־הַיּוֹם תְּהִלָּתֶךָ׃

לו א ב לַמְנַצֵּחַ ׀ לְעֶבֶד־יְהוָה לְדָוִד׃ נְאֻם־פֶּשַׁע לָרָשָׁע בְּקֶרֶב לִבִּי אֵין־
ג פַּחַד אֱלֹהִים לְנֶגֶד עֵינָיו׃ כִּי־הֶחֱלִיק אֵלָיו בְּעֵינָיו לִמְצֹא עֲוֺנוֹ
ד ה לִשְׂנֹא׃ דִּבְרֵי־פִיו אָוֶן וּמִרְמָה חָדַל לְהַשְׂכִּיל לְהֵיטִיב׃ אָוֶן ׀
יַחְשֹׁב עַל־מִשְׁכָּבוֹ יִתְיַצֵּב עַל־דֶּרֶךְ לֹא־טוֹב רָע לֹא יִמְאָס׃
ו ז יְהוָה בְּהַשָּׁמַיִם חַסְדֶּךָ אֱמוּנָתְךָ עַד־שְׁחָקִים׃ צִדְקָתְךָ ׀ כְּהַרְרֵי־
ח אֵל מִשְׁפָּטֶךָ תְּהוֹם רַבָּה אָדָם וּבְהֵמָה תוֹשִׁיעַ ׀ יְהוָה׃ מַה־יָּקָר
ט חַסְדְּךָ אֱלֹהִים וּבְנֵי אָדָם בְּצֵל כְּנָפֶיךָ יֶחֱסָיוּן׃ יִרְוְיֻן מִדֶּשֶׁן בֵּיתֶךָ
י וְנַחַל עֲדָנֶיךָ תַשְׁקֵם׃ כִּי־עִמְּךָ מְקוֹר חַיִּים בְּאוֹרְךָ נִרְאֶה־
יא יב אוֹר׃ מְשֹׁךְ חַסְדְּךָ לְיֹדְעֶיךָ וְצִדְקָתְךָ לְיִשְׁרֵי־לֵב׃ אַל־תְּבוֹאֵנִי
יג רֶגֶל גַּאֲוָה וְיַד־רְשָׁעִים אַל־תְּנִדֵנִי׃ שָׁם נָפְלוּ פֹּעֲלֵי אָוֶן
דֹּחוּ וְלֹא־יָכְלוּ קוּם׃

לז א ב לְדָוִד ׀ אַל־תִּתְחַר בַּמְּרֵעִים אַל־תְּקַנֵּא בְּעֹשֵׂי עַוְלָה׃ כִּי כֶחָצִיר
ג מְהֵרָה יִמָּלוּ וּכְיֶרֶק דֶּשֶׁא יִבּוֹלוּן׃ בְּטַח בַּיהוָה וַעֲשֵׂה־טוֹב שְׁכָן־
ד אֶרֶץ וּרְעֵה אֱמוּנָה׃ וְהִתְעַנַּג עַל־יְהוָה וְיִתֶּן־לְךָ מִשְׁאֲלֹת לִבֶּךָ׃
ה ו גּוֹל עַל־יְהוָה דַּרְכֶּךָ וּבְטַח עָלָיו וְהוּא יַעֲשֶׂה׃ וְהוֹצִיא כָאוֹר
ז צִדְקֶךָ וּמִשְׁפָּטֶךָ כַּצָּהֳרָיִם׃ דּוֹם ׀ לַיהוָה וְהִתְחוֹלֵל לוֹ אַל־תִּתְחַר
ח בְּמַצְלִיחַ דַּרְכּוֹ בְּאִישׁ עֹשֶׂה מְזִמּוֹת׃ הֶרֶף מֵאַף וַעֲזֹב חֵמָה אַל־
ט תִּתְחַר אַךְ־לְהָרֵעַ׃ כִּי־מְרֵעִים יִכָּרֵתוּן וְקֹוֵי יְהוָה הֵמָּה יִירְשׁוּ־
י אָרֶץ׃ וְעוֹד מְעַט וְאֵין רָשָׁע וְהִתְבּוֹנַנְתָּ עַל־מְקוֹמוֹ וְאֵינֶנּוּ׃
יא יב וַעֲנָוִים יִירְשׁוּ־אָרֶץ וְהִתְעַנְּגוּ עַל־רֹב שָׁלוֹם׃ זֹמֵם רָשָׁע לַצַּדִּיק
יג יד וְחֹרֵק עָלָיו שִׁנָּיו׃ אֲדֹנָי יִשְׂחַק־לוֹ כִּי־רָאָה כִּי־יָבֹא יוֹמוֹ׃ חֶרֶב ׀

פָּתְחוּ רְשָׁעִים וְדָרְכוּ קַשְׁתָּם לְהַפִּיל עָנִי וְאֶבְיוֹן לִטְבוֹחַ
טו טז יִשְׁרֵי־דָרֶךְ׃ חַרְבָּם תָּבוֹא בְלִבָּם וְקַשְּׁתוֹתָם תִּשָּׁבַרְנָה׃ טוֹב־
יז מְעַט לַצַּדִּיק מֵהֲמוֹן רְשָׁעִים רַבִּים׃ כִּי זְרוֹעוֹת רְשָׁעִים
יח תִּשָּׁבַרְנָה וְסוֹמֵךְ צַדִּיקִים יְהוָה׃ יוֹדֵעַ יְהוָה יְמֵי תְמִימִם
יט וְנַחֲלָתָם לְעוֹלָם תִּהְיֶה׃ לֹא־יֵבֹשׁוּ בְּעֵת רָעָה וּבִימֵי רְעָבוֹן
כ יִשְׂבָּעוּ׃ כִּי רְשָׁעִים ׀ יֹאבֵדוּ וְאֹיְבֵי יְהוָה כִּיקַר כָּרִים כָּלוּ בֶעָשָׁן
כא כב כָּלוּ׃ לֹוֶה רָשָׁע וְלֹא יְשַׁלֵּם וְצַדִּיק חוֹנֵן וְנוֹתֵן׃ כִּי מְבֹרָכָיו יִירְשׁוּ
כג אָרֶץ וּמְקֻלָּלָיו יִכָּרֵתוּ׃ מֵיְהוָה מִצְעֲדֵי־גֶבֶר כּוֹנָנוּ וְדַרְכּוֹ יֶחְפָּץ׃
כד כה כִּי־יִפֹּל לֹא־יוּטָל כִּי־יְהוָה סוֹמֵךְ יָדוֹ׃ נַעַר ׀ הָיִיתִי גַּם־זָקַנְתִּי
כו וְלֹא־רָאִיתִי צַדִּיק נֶעֱזָב וְזַרְעוֹ מְבַקֶּשׁ־לָחֶם׃ כָּל־הַיּוֹם חוֹנֵן
כז כח וּמַלְוֶה וְזַרְעוֹ לִבְרָכָה׃ סוּר מֵרָע וַעֲשֵׂה־טוֹב וּשְׁכֹן לְעוֹלָם׃ כִּי
יְהוָה ׀ אֹהֵב מִשְׁפָּט וְלֹא־יַעֲזֹב אֶת־חֲסִידָיו לְעוֹלָם נִשְׁמָרוּ וְזֶרַע
כט ל רְשָׁעִים נִכְרָת׃ צַדִּיקִים יִירְשׁוּ־אָרֶץ וְיִשְׁכְּנוּ לָעַד עָלֶיהָ׃ פִּי־
לא צַדִּיק יֶהְגֶּה חָכְמָה וּלְשׁוֹנוֹ תְּדַבֵּר מִשְׁפָּט׃ תּוֹרַת אֱלֹהָיו בְּלִבּוֹ
לב לג לֹא תִמְעַד אֲשֻׁרָיו׃ צוֹפֶה רָשָׁע לַצַּדִּיק וּמְבַקֵּשׁ לַהֲמִיתוֹ׃ יְהוָה
לד לֹא־יַעַזְבֶנּוּ בְיָדוֹ וְלֹא יַרְשִׁיעֶנּוּ בְּהִשָּׁפְטוֹ׃ קַוֵּה אֶל־יְהוָה ׀ וּשְׁמֹר
לה דַּרְכּוֹ וִירוֹמִמְךָ לָרֶשֶׁת אָרֶץ בְּהִכָּרֵת רְשָׁעִים תִּרְאֶה׃ רָאִיתִי
לו רָשָׁע עָרִיץ וּמִתְעָרֶה כְּאֶזְרָח רַעֲנָן׃ וַיַּעֲבֹר וְהִנֵּה אֵינֶנּוּ
לז וָאֲבַקְשֵׁהוּ וְלֹא נִמְצָא׃ שְׁמָר־תָּם וּרְאֵה יָשָׁר כִּי־אַחֲרִית
לח לְאִישׁ שָׁלוֹם׃ וּפֹשְׁעִים נִשְׁמְדוּ יַחְדָּו אַחֲרִית רְשָׁעִים נִכְרָתָה׃
לט מ וּתְשׁוּעַת צַדִּיקִים מֵיְהוָה מָעוּזָּם בְּעֵת צָרָה׃ וַיַּעְזְרֵם יְהוָה
וַיְפַלְּטֵם יְפַלְּטֵם מֵרְשָׁעִים וְיוֹשִׁיעֵם כִּי־חָסוּ בוֹ׃

לח א ב מִזְמוֹר לְדָוִד לְהַזְכִּיר׃ יְהוָה אַל־בְּקֶצְפְּךָ תוֹכִיחֵנִי וּבַחֲמָתְךָ
ג ד תְיַסְּרֵנִי׃ כִּי־חִצֶּיךָ נִחֲתוּ בִי וַתִּנְחַת עָלַי יָדֶךָ׃ אֵין־מְתֹם
ה בִּבְשָׂרִי מִפְּנֵי זַעְמֶךָ אֵין־שָׁלוֹם בַּעֲצָמַי מִפְּנֵי חַטָּאתִי׃ כִּי עֲוֹנֹתַי
ו עָבְרוּ רֹאשִׁי כְּמַשָּׂא כָבֵד יִכְבְּדוּ מִמֶּנִּי׃ הִבְאִישׁוּ נָמַקּוּ חַבּוּרֹתָי
ז מִפְּנֵי אִוַּלְתִּי׃ נַעֲוֵיתִי שַׁחֹתִי עַד־מְאֹד כָּל־הַיּוֹם קֹדֵר הִלָּכְתִּי׃

ח ט כִּי־כְסָלַי מָלְאוּ נִקְלֶה וְאֵין מְתֹם בִּבְשָׂרִי: נְפוּגוֹתִי וְנִדְכֵּיתִי עַד־
י מְאֹד שָׁאַגְתִּי מִנַּהֲמַת לִבִּי: אֲדֹנָי נֶגְדְּךָ כָל־תַּאֲוָתִי וְאַנְחָתִי
יא מִמְּךָ לֹא־נִסְתָּרָה: לִבִּי סְחַרְחַר עֲזָבַנִי כֹחִי וְאוֹר־עֵינַי גַּם־הֵם
יב אֵין אִתִּי: אֹהֲבַי ׀ וְרֵעַי מִנֶּגֶד נִגְעִי יַעֲמֹדוּ וּקְרוֹבַי מֵרָחֹק עָמָדוּ:
יג וַיְנַקְשׁוּ ׀ מְבַקְשֵׁי נַפְשִׁי וְדֹרְשֵׁי רָעָתִי דִּבְּרוּ הַוּוֹת וּמִרְמוֹת כָּל־
יד טו הַיּוֹם יֶהְגּוּ: וַאֲנִי כְחֵרֵשׁ לֹא אֶשְׁמָע וּכְאִלֵּם לֹא יִפְתַּח־פִּיו: וָאֱהִי
טז כְּאִישׁ אֲשֶׁר לֹא־שֹׁמֵעַ וְאֵין בְּפִיו תּוֹכָחוֹת: כִּי־לְךָ יְהוָה הוֹחָלְתִּי
יז אַתָּה תַעֲנֶה אֲדֹנָי אֱלֹהָי: כִּי־אָמַרְתִּי פֶּן־יִשְׂמְחוּ־לִי בְּמוֹט רַגְלִי
יח יט עָלַי הִגְדִּילוּ: כִּי־אֲנִי לְצֶלַע נָכוֹן וּמַכְאוֹבִי נֶגְדִּי תָמִיד: כִּי־
כ עֲוֺנִי אַגִּיד אֶדְאַג מֵחַטָּאתִי: וְאֹיְבַי חַיִּים עָצֵמוּ וְרַבּוּ שֹׂנְאַי
כא שָׁקֶר: וּמְשַׁלְּמֵי רָעָה תַּחַת טוֹבָה יִשְׂטְנוּנִי תַּחַת רדופי־ רָדְפִי־
כב כג טוֹב: אַל־תַּעַזְבֵנִי יְהוָה אֱלֹהַי אַל־תִּרְחַק מִמֶּנִּי: חוּשָׁה
לְעֶזְרָתִי אֲדֹנָי תְּשׁוּעָתִי:

לט א ב לַמְנַצֵּחַ לידיתון מִזְמוֹר לְדָוִד: אָמַרְתִּי אֶשְׁמְרָה דְרָכַי מֵחֲטוֹא לִידוּתוּן
ג בִלְשׁוֹנִי אֶשְׁמְרָה־לְפִי מַחְסוֹם בְּעֹד רָשָׁע לְנֶגְדִּי: נֶאֱלַמְתִּי
ד דוּמִיָּה הֶחֱשֵׁיתִי מִטּוֹב וּכְאֵבִי נֶעְכָּר: חַם־לִבִּי ׀ בְּקִרְבִּי בַּהֲגִיגִי
ה תִבְעַר־אֵשׁ דִּבַּרְתִּי בִּלְשׁוֹנִי: הוֹדִיעֵנִי יְהוָה ׀ קִצִּי וּמִדַּת יָמַי
ו מַה־הִיא אֵדְעָה מֶה־חָדֵל אָנִי: הִנֵּה טְפָחוֹת ׀ נָתַתָּה יָמַי וְחֶלְדִּי
ז כְאַיִן נֶגְדֶּךָ אַךְ־כָּל־הֶבֶל כָּל־אָדָם נִצָּב סֶלָה: אַךְ־בְּצֶלֶם ׀
ח יִתְהַלֶּךְ־אִישׁ אַךְ־הֶבֶל יֶהֱמָיוּן יִצְבֹּר וְלֹא־יֵדַע מִי־אֹסְפָם: וְעַתָּה
ט מַה־קִּוִּיתִי אֲדֹנָי תּוֹחַלְתִּי לְךָ הִיא: מִכָּל־פְּשָׁעַי הַצִּילֵנִי חֶרְפַּת
י נָבָל אַל־תְּשִׂימֵנִי: נֶאֱלַמְתִּי לֹא אֶפְתַּח־פִּי כִּי אַתָּה עָשִׂיתָ:
יא יב הָסֵר מֵעָלַי נִגְעֶךָ מִתִּגְרַת יָדְךָ אֲנִי כָלִיתִי: בְּתוֹכָחוֹת עַל־
עָוֺן ׀ יִסַּרְתָּ אִישׁ וַתֶּמֶס כָּעָשׁ חֲמוּדוֹ אַךְ הֶבֶל כָּל־אָדָם סֶלָה:
יג שִׁמְעָה תְפִלָּתִי ׀ יְהוָה וְשַׁוְעָתִי ׀ הַאֲזִינָה אֶל־דִּמְעָתִי אַל־
יד תֶּחֱרַשׁ כִּי גֵר אָנֹכִי עִמָּךְ תּוֹשָׁב כְּכָל־אֲבוֹתָי: הָשַׁע מִמֶּנִּי
וְאַבְלִיגָה בְּטֶרֶם אֵלֵךְ וְאֵינֶנִּי:

מ

א ב לַמְנַצֵּחַ לְדָוִד מִזְמוֹר: קַוֹּה קִוִּיתִי יְהוָה וַיֵּט אֵלַי וַיִּשְׁמַע שַׁוְעָתִי:
ג וַיַּעֲלֵנִי ׀ מִבּוֹר שָׁאוֹן מִטִּיט הַיָּוֵן וַיָּקֶם עַל־סֶלַע רַגְלַי כּוֹנֵן אֲשֻׁרָי:
ד וַיִּתֵּן בְּפִי ׀ שִׁיר חָדָשׁ תְּהִלָּה לֵאלֹהֵינוּ יִרְאוּ רַבִּים וְיִירָאוּ
ה וְיִבְטְחוּ בַּיהוָה: אַשְׁרֵי־הַגֶּבֶר אֲשֶׁר־שָׂם יְהוָה מִבְטַחוֹ וְלֹא־
ו פָנָה אֶל־רְהָבִים וְשָׂטֵי כָזָב: רַבּוֹת עָשִׂיתָ ׀ אַתָּה ׀ יְהוָה אֱלֹהַי
נִפְלְאֹתֶיךָ וּמַחְשְׁבֹתֶיךָ אֵלֵינוּ אֵין ׀ עֲרֹךְ אֵלֶיךָ אַגִּידָה וַאֲדַבֵּרָה
ז עָצְמוּ מִסַּפֵּר: זֶבַח וּמִנְחָה ׀ לֹא־חָפַצְתָּ אָזְנַיִם כָּרִיתָ לִּי עוֹלָה
ח וַחֲטָאָה לֹא שָׁאָלְתָּ: אָז אָמַרְתִּי הִנֵּה־בָאתִי בִּמְגִלַּת־סֵפֶר
ט כָּתוּב עָלָי: לַעֲשׂוֹת־רְצוֹנְךָ אֱלֹהַי חָפָצְתִּי וְתוֹרָתְךָ בְּתוֹךְ מֵעָי:
י בִּשַּׂרְתִּי צֶדֶק ׀ בְּקָהָל רָב הִנֵּה שְׂפָתַי לֹא אֶכְלָא יְהוָה אַתָּה
יא יָדָעְתָּ: צִדְקָתְךָ לֹא־כִסִּיתִי ׀ בְּתוֹךְ לִבִּי אֱמוּנָתְךָ וּתְשׁוּעָתְךָ
יב אָמָרְתִּי לֹא־כִחַדְתִּי חַסְדְּךָ וַאֲמִתְּךָ לְקָהָל רָב: אַתָּה יְהוָה לֹא־
יג תִכְלָא רַחֲמֶיךָ מִמֶּנִּי חַסְדְּךָ וַאֲמִתְּךָ תָּמִיד יִצְּרוּנִי: כִּי אָפְפוּ־עָלַי ׀
רָעוֹת עַד־אֵין מִסְפָּר הִשִּׂיגוּנִי עֲוֹנֹתַי וְלֹא־יָכֹלְתִּי לִרְאוֹת עָצְמוּ
יד מִשַּׂעֲרוֹת רֹאשִׁי וְלִבִּי עֲזָבָנִי: רְצֵה יְהוָה לְהַצִּילֵנִי יְהוָה לְעֶזְרָתִי
טו חוּשָׁה: יֵבֹשׁוּ וְיַחְפְּרוּ ׀ יַחַד מְבַקְשֵׁי נַפְשִׁי לִסְפּוֹתָהּ יִסֹּגוּ אָחוֹר
טז וְיִכָּלְמוּ חֲפֵצֵי רָעָתִי: יָשֹׁמּוּ עַל־עֵקֶב בָּשְׁתָּם הָאֹמְרִים לִי הֶאָח ׀
יז הֶאָח: יָשִׂישׂוּ וְיִשְׂמְחוּ ׀ בְּךָ כָּל־מְבַקְשֶׁיךָ יֹאמְרוּ תָמִיד יִגְדַּל
יח יְהוָה אֹהֲבֵי תְּשׁוּעָתֶךָ: וַאֲנִי ׀ עָנִי וְאֶבְיוֹן אֲדֹנָי יַחֲשָׁב לִי עֶזְרָתִי
וּמְפַלְטִי אַתָּה אֱלֹהַי אַל־תְּאַחַר:

מזמור "ה' לעזרתי חושה" תהלים ע

מא

א ב לַמְנַצֵּחַ מִזְמוֹר לְדָוִד: אַשְׁרֵי מַשְׂכִּיל אֶל־דָּל בְּיוֹם רָעָה יְמַלְּטֵהוּ
ג יְהוָה: יְהוָה ׀ יִשְׁמְרֵהוּ וִיחַיֵּהוּ יאשר בָּאָרֶץ וְאַל־תִּתְּנֵהוּ בְּנֶפֶשׁ (וְאֻשַּׁר)
ד אֹיְבָיו: יְהוָה יִסְעָדֶנּוּ עַל־עֶרֶשׂ דְּוָי כָּל־מִשְׁכָּבוֹ הָפַכְתָּ בְחָלְיוֹ:
ה ו אֲנִי־אָמַרְתִּי יְהוָה חָנֵּנִי רְפָאָה נַפְשִׁי כִּי־חָטָאתִי לָךְ: אוֹיְבַי
ז יֹאמְרוּ רַע לִי מָתַי יָמוּת וְאָבַד שְׁמוֹ: וְאִם־בָּא לִרְאוֹת ׀ שָׁוְא
ח יְדַבֵּר לִבּוֹ יִקְבָּץ־אָוֶן לוֹ יֵצֵא לַחוּץ יְדַבֵּר: יַחַד עָלַי יִתְלַחֲשׁוּ
ט כָּל־שֹׂנְאָי עָלַי ׀ יַחְשְׁבוּ רָעָה לִי: דְּבַר־בְּלִיַּעַל יָצוּק בּוֹ וַאֲשֶׁר

י שָׁכַב לֹא־יוֹסִיף לָקוּם: גַּם־אִישׁ שְׁלוֹמִי | אֲשֶׁר־בָּטַחְתִּי בוֹ אוֹכֵל
יא לַחְמִי הִגְדִּיל עָלַי עָקֵב: וְאַתָּה יְהוָה חָנֵּנִי וַהֲקִימֵנִי וַאֲשַׁלְּמָה
יב יג לָהֶם: בְּזֹאת יָדַעְתִּי כִּי־חָפַצְתָּ בִּי כִּי לֹא־יָרִיעַ אֹיְבִי עָלָי: וַאֲנִי
יד בְּתֻמִּי תָּמַכְתָּ בִּי וַתַּצִּיבֵנִי לְפָנֶיךָ לְעוֹלָם: בָּרוּךְ יְהוָה | אֱלֹהֵי ו
יִשְׂרָאֵל מֵהָעוֹלָם וְעַד־הָעוֹלָם אָמֵן | וְאָמֵן:

מב א ב לַמְנַצֵּחַ מַשְׂכִּיל לִבְנֵי־קֹרַח: כְּאַיָּל תַּעֲרֹג עַל־אֲפִיקֵי־מָיִם כֵּן ספר שני
ג נַפְשִׁי תַעֲרֹג אֵלֶיךָ אֱלֹהִים: צָמְאָה נַפְשִׁי | לֵאלֹהִים לְאֵל חָי
ד מָתַי אָבוֹא וְאֵרָאֶה פְּנֵי אֱלֹהִים: הָיְתָה־לִּי דִמְעָתִי לֶחֶם יוֹמָם
ה וָלָיְלָה בֶּאֱמֹר אֵלַי כָּל־הַיּוֹם אַיֵּה אֱלֹהֶיךָ: אֵלֶּה אֶזְכְּרָה |
וְאֶשְׁפְּכָה עָלַי | נַפְשִׁי כִּי אֶעֱבֹר | בַּסָּךְ אֶדַּדֵּם עַד־בֵּית אֱלֹהִים
ו בְּקוֹל־רִנָּה וְתוֹדָה הָמוֹן חוֹגֵג: מַה־תִּשְׁתּוֹחֲחִי | נַפְשִׁי וַתֶּהֱמִי
ז עָלָי הוֹחִלִי לֵאלֹהִים כִּי־עוֹד אוֹדֶנּוּ יְשׁוּעוֹת פָּנָיו: אֱלֹהַי עָלַי
נַפְשִׁי תִשְׁתּוֹחָח עַל־כֵּן אֶזְכָּרְךָ מֵאֶרֶץ יַרְדֵּן וְחֶרְמוֹנִים מֵהַר
ח מִצְעָר: תְּהוֹם־אֶל־תְּהוֹם קוֹרֵא לְקוֹל צִנּוֹרֶיךָ כָּל־מִשְׁבָּרֶיךָ
ט וְגַלֶּיךָ עָלַי עָבָרוּ: יוֹמָם | יְצַוֶּה יְהוָה | חַסְדּוֹ וּבַלַּיְלָה שִׁירֹה עִמִּי
י תְּפִלָּה לְאֵל חַיָּי: אוֹמְרָה | לְאֵל סַלְעִי לָמָה שְׁכַחְתָּנִי לָמָּה־קֹדֵר
יא אֵלֵךְ בְּלַחַץ אוֹיֵב: בְּרֶצַח | בְּעַצְמוֹתַי חֵרְפוּנִי צוֹרְרָי בְּאָמְרָם אֵלַי
יב כָּל־הַיּוֹם אַיֵּה אֱלֹהֶיךָ: מַה־תִּשְׁתּוֹחֲחִי | נַפְשִׁי וּמַה־תֶּהֱמִי עָלָי
הוֹחִילִי לֵאלֹהִים כִּי־עוֹד אוֹדֶנּוּ יְשׁוּעֹת פָּנַי וֵאלֹהָי:

מג א שָׁפְטֵנִי אֱלֹהִים | וְרִיבָה רִיבִי מִגּוֹי לֹא־חָסִיד מֵאִישׁ־מִרְמָה
ב וְעַוְלָה תְפַלְּטֵנִי: כִּי־אַתָּה | אֱלֹהֵי מָעוּזִּי לָמָה זְנַחְתָּנִי לָמָּה־קֹדֵר
ג אֶתְהַלֵּךְ בְּלַחַץ אוֹיֵב: שְׁלַח־אוֹרְךָ וַאֲמִתְּךָ הֵמָּה יַנְחוּנִי יְבִיאוּנִי
ד אֶל־הַר־קָדְשְׁךָ וְאֶל־מִשְׁכְּנוֹתֶיךָ: וְאָבוֹאָה | אֶל־מִזְבַּח אֱלֹהִים
ה אֶל־אֵל שִׂמְחַת גִּילִי וְאוֹדְךָ בְכִנּוֹר אֱלֹהִים אֱלֹהָי: מַה־
תִּשְׁתּוֹחֲחִי | נַפְשִׁי וּמַה־תֶּהֱמִי עָלָי הוֹחִילִי לֵאלֹהִים כִּי־עוֹד
אוֹדֶנּוּ יְשׁוּעֹת פָּנַי וֵאלֹהָי:

מד

א ב לַמְנַצֵּחַ לִבְנֵי־קֹרַח מַשְׂכִּיל: אֱלֹהִים ׀ בְּאָזְנֵינוּ שָׁמַעְנוּ אֲבוֹתֵינוּ
ג סִפְּרוּ־לָנוּ פֹּעַל־פָּעַלְתָּ בִימֵיהֶם בִּימֵי קֶדֶם: אַתָּה ׀ יָדְךָ גּוֹיִם
ד הוֹרַשְׁתָּ וַתִּטָּעֵם תָּרַע לְאֻמִּים וַתְּשַׁלְּחֵם: כִּי לֹא בְחַרְבָּם יָרְשׁוּ
אֶרֶץ וּזְרוֹעָם לֹא־הוֹשִׁיעָה לָּמוֹ כִּי־יְמִינְךָ וּזְרוֹעֲךָ וְאוֹר פָּנֶיךָ כִּי
ה ו רְצִיתָם: אַתָּה־הוּא מַלְכִּי אֱלֹהִים צַוֵּה יְשׁוּעוֹת יַעֲקֹב: בְּךָ
ז צָרֵינוּ נְנַגֵּחַ בְּשִׁמְךָ נָבוּס קָמֵינוּ: כִּי לֹא בְקַשְׁתִּי אֶבְטָח וְחַרְבִּי
ח לֹא תוֹשִׁיעֵנִי: כִּי הוֹשַׁעְתָּנוּ מִצָּרֵינוּ וּמְשַׂנְאֵינוּ הֱבִישׁוֹתָ:
ט י בֵּאלֹהִים הִלַּלְנוּ כָל־הַיּוֹם וְשִׁמְךָ ׀ לְעוֹלָם נוֹדֶה סֶלָה: אַף־זָנַחְתָּ
יא וַתַּכְלִימֵנוּ וְלֹא־תֵצֵא בְּצִבְאוֹתֵינוּ: תְּשִׁיבֵנוּ אָחוֹר מִנִּי־צָר
יב וּמְשַׂנְאֵינוּ שָׁסוּ לָמוֹ: תִּתְּנֵנוּ כְּצֹאן מַאֲכָל וּבַגּוֹיִם זֵרִיתָנוּ:
יג יד תִּמְכֹּר־עַמְּךָ בְלֹא־הוֹן וְלֹא־רִבִּיתָ בִּמְחִירֵיהֶם: תְּשִׂימֵנוּ חֶרְפָּה
טו לִשְׁכֵנֵינוּ לַעַג וָקֶלֶס לִסְבִיבוֹתֵינוּ: תְּשִׂימֵנוּ מָשָׁל בַּגּוֹיִם מְנוֹד־
טז רֹאשׁ בַּלְאֻמִּים: כָּל־הַיּוֹם כְּלִמָּתִי נֶגְדִּי וּבֹשֶׁת פָּנַי כִּסָּתְנִי:
יז יח מִקּוֹל מְחָרֵף וּמְגַדֵּף מִפְּנֵי אוֹיֵב וּמִתְנַקֵּם: כָּל־זֹאת בָּאַתְנוּ וְלֹא
יט שְׁכַחֲנוּךָ וְלֹא־שִׁקַּרְנוּ בִּבְרִיתֶךָ: לֹא־נָסוֹג אָחוֹר לִבֵּנוּ וַתֵּט
כ אֲשֻׁרֵינוּ מִנִּי אָרְחֶךָ: כִּי דִכִּיתָנוּ בִּמְקוֹם תַּנִּים וַתְּכַס עָלֵינוּ
כא כב בְצַלְמָוֶת: אִם־שָׁכַחְנוּ שֵׁם אֱלֹהֵינוּ וַנִּפְרֹשׂ כַּפֵּינוּ לְאֵל זָר: הֲלֹא
כג אֱלֹהִים יַחֲקָר־זֹאת כִּי־הוּא יֹדֵעַ תַּעֲלֻמוֹת לֵב: כִּי־עָלֶיךָ הֹרַגְנוּ
כד כָל־הַיּוֹם נֶחְשַׁבְנוּ כְּצֹאן טִבְחָה: עוּרָה ׀ לָמָּה תִישַׁן ׀ אֲדֹנָי
כה הָקִיצָה אַל־תִּזְנַח לָנֶצַח: לָמָּה־פָנֶיךָ תַסְתִּיר תִּשְׁכַּח עָנְיֵנוּ
כו כז וְלַחֲצֵנוּ: כִּי שָׁחָה לֶעָפָר נַפְשֵׁנוּ דָּבְקָה לָאָרֶץ בִּטְנֵנוּ: קוּמָה
עֶזְרָתָה לָּנוּ וּפְדֵנוּ לְמַעַן חַסְדֶּךָ:

מה א ב לַמְנַצֵּחַ עַל־שֹׁשַׁנִּים לִבְנֵי־קֹרַח מַשְׂכִּיל שִׁיר יְדִידֹת: רָחַשׁ לִבִּי ׀
דָּבָר טוֹב אֹמֵר אָנִי מַעֲשַׂי לְמֶלֶךְ לְשׁוֹנִי עֵט ׀ סוֹפֵר מָהִיר:
ג יָפְיָפִיתָ מִבְּנֵי אָדָם הוּצַק חֵן בְּשִׂפְתוֹתֶיךָ עַל־כֵּן בֵּרַכְךָ אֱלֹהִים
ד ה לְעוֹלָם: חֲגוֹר־חַרְבְּךָ עַל־יָרֵךְ גִּבּוֹר הוֹדְךָ וַהֲדָרֶךָ: וַהֲדָרְךָ ׀ צְלַח
ו רְכַב עַל־דְּבַר־אֱמֶת וְעַנְוָה־צֶדֶק וְתוֹרְךָ נוֹרָאוֹת יְמִינֶךָ: חִצֶּיךָ

מה
ז שְׁנוּנִים עַמִּים תַּחְתֶּיךָ יִפְּלוּ בְּלֵב אוֹיְבֵי הַמֶּלֶךְ׃ כִּסְאֲךָ אֱלֹהִים
ח עוֹלָם וָעֶד שֵׁבֶט מִישֹׁר שֵׁבֶט מַלְכוּתֶךָ׃ אָהַבְתָּ צֶּדֶק וַתִּשְׂנָא
ט רֶשַׁע עַל־כֵּן ׀ מְשָׁחֲךָ אֱלֹהִים אֱלֹהֶיךָ שֶׁמֶן שָׂשׂוֹן מֵחֲבֵרֶךָ׃ מֹר־
י וַאֲהָלוֹת קְצִיעוֹת כָּל־בִּגְדֹתֶיךָ מִן־הֵיכְלֵי שֵׁן מִנִּי שִׂמְּחוּךָ׃ בְּנוֹת
יא מְלָכִים בְּיִקְּרוֹתֶיךָ נִצְּבָה שֵׁגַל לִימִינְךָ בְּכֶתֶם אוֹפִיר׃ שִׁמְעִי־
יב בַת וּרְאִי וְהַטִּי אָזְנֵךְ וְשִׁכְחִי עַמֵּךְ וּבֵית אָבִיךְ׃ וְיִתְאָו הַמֶּלֶךְ
יג יָפְיֵךְ כִּי־הוּא אֲדֹנַיִךְ וְהִשְׁתַּחֲוִי־לוֹ׃ וּבַת־צֹר ׀ בְּמִנְחָה פָּנַיִךְ יְחַלּוּ
יד עֲשִׁירֵי עָם׃ כָּל־כְּבוּדָּה בַת־מֶלֶךְ פְּנִימָה מִמִּשְׁבְּצוֹת זָהָב
טו לְבוּשָׁהּ׃ לִרְקָמוֹת תּוּבַל לַמֶּלֶךְ בְּתוּלוֹת אַחֲרֶיהָ רֵעוֹתֶיהָ
טז מוּבָאוֹת לָךְ׃ תּוּבַלְנָה בִּשְׂמָחֹת וָגִיל תְּבֹאֶינָה בְּהֵיכַל מֶלֶךְ׃
יז יח תַּחַת אֲבֹתֶיךָ יִהְיוּ בָנֶיךָ תְּשִׁיתֵמוֹ לְשָׂרִים בְּכָל־הָאָרֶץ׃ אַזְכִּירָה
שִׁמְךָ בְּכָל־דֹּר וָדֹר עַל־כֵּן עַמִּים יְהוֹדֻךָ לְעֹלָם וָעֶד׃
מו א ב לַמְנַצֵּחַ לִבְנֵי־קֹרַח עַל־עֲלָמוֹת שִׁיר׃ אֱלֹהִים לָנוּ מַחֲסֶה וָעֹז
ג עֶזְרָה בְצָרוֹת נִמְצָא מְאֹד׃ עַל־כֵּן לֹא־נִירָא בְּהָמִיר אָרֶץ
ד וּבְמוֹט הָרִים בְּלֵב יַמִּים׃ יֶהֱמוּ יֶחְמְרוּ מֵימָיו יִרְעֲשׁוּ־הָרִים
ה בְּגַאֲוָתוֹ סֶלָה׃ נָהָר פְּלָגָיו יְשַׂמְּחוּ עִיר־אֱלֹהִים קְדֹשׁ מִשְׁכְּנֵי
ו עֶלְיוֹן׃ אֱלֹהִים בְּקִרְבָּהּ בַּל־תִּמּוֹט יַעְזְרֶהָ אֱלֹהִים לִפְנוֹת בֹּקֶר׃
ז ח הָמוּ גוֹיִם מָטוּ מַמְלָכוֹת נָתַן בְּקוֹלוֹ תָּמוּג אָרֶץ׃ יְהוָה צְבָאוֹת
ט עִמָּנוּ מִשְׂגָּב־לָנוּ אֱלֹהֵי יַעֲקֹב סֶלָה׃ לְכוּ־חֲזוּ מִפְעֲלוֹת יְהוָה
י אֲשֶׁר־שָׂם שַׁמּוֹת בָּאָרֶץ׃ מַשְׁבִּית מִלְחָמוֹת עַד־קְצֵה הָאָרֶץ
יא קֶשֶׁת יְשַׁבֵּר וְקִצֵּץ חֲנִית עֲגָלוֹת יִשְׂרֹף בָּאֵשׁ׃ הַרְפּוּ וּדְעוּ כִּי־
יב אָנֹכִי אֱלֹהִים אָרוּם בַּגּוֹיִם אָרוּם בָּאָרֶץ׃ יְהוָה צְבָאוֹת עִמָּנוּ
מִשְׂגָּב־לָנוּ אֱלֹהֵי יַעֲקֹב סֶלָה׃
מז א ב לַמְנַצֵּחַ לִבְנֵי־קֹרַח מִזְמוֹר׃ כָּל־הָעַמִּים תִּקְעוּ־כָף הָרִיעוּ
ג לֵאלֹהִים בְּקוֹל רִנָּה׃ כִּי־יְהוָה עֶלְיוֹן נוֹרָא מֶלֶךְ גָּדוֹל עַל־
ד ה כָּל־הָאָרֶץ׃ יַדְבֵּר עַמִּים תַּחְתֵּינוּ וּלְאֻמִּים תַּחַת רַגְלֵינוּ׃ יִבְחַר־
ו לָנוּ אֶת־נַחֲלָתֵנוּ אֶת גְּאוֹן יַעֲקֹב אֲשֶׁר־אָהֵב סֶלָה׃ עָלָה אֱלֹהִים

ז בִּתְרוּעָה יְהוָה בְּקוֹל שׁוֹפָר׃ זַמְּרוּ אֱלֹהִים זַמֵּרוּ זַמְּרוּ לְמַלְכֵּנוּ
ח ט זַמֵּרוּ׃ כִּי מֶלֶךְ כָּל־הָאָרֶץ אֱלֹהִים זַמְּרוּ מַשְׂכִּיל׃ מָלַךְ
י אֱלֹהִים עַל־גּוֹיִם אֱלֹהִים יָשַׁב ׀ עַל־כִּסֵּא קָדְשׁוֹ׃ נְדִיבֵי
עַמִּים ׀ נֶאֱסָפוּ עַם אֱלֹהֵי אַבְרָהָם כִּי לֵאלֹהִים מָגִנֵּי־אֶרֶץ
מְאֹד נַעֲלָה׃

מח א ב שִׁיר מִזְמוֹר לִבְנֵי־קֹרַח׃ גָּדוֹל יְהוָה וּמְהֻלָּל מְאֹד בְּעִיר אֱלֹהֵינוּ
ג הַר־קָדְשׁוֹ׃ יְפֵה נוֹף מְשׂוֹשׂ כָּל־הָאָרֶץ הַר־צִיּוֹן יַרְכְּתֵי צָפוֹן
ד ה קִרְיַת מֶלֶךְ רָב׃ אֱלֹהִים בְּאַרְמְנוֹתֶיהָ נוֹדַע לְמִשְׂגָּב׃ כִּי־הִנֵּה
ו הַמְּלָכִים נוֹעֲדוּ עָבְרוּ יַחְדָּו׃ הֵמָּה רָאוּ כֵּן תָּמָהוּ נִבְהֲלוּ נֶחְפָּזוּ׃
ז ח רְעָדָה אֲחָזָתַם שָׁם חִיל כַּיּוֹלֵדָה׃ בְּרוּחַ קָדִים תְּשַׁבֵּר אֳנִיּוֹת
ט תַּרְשִׁישׁ׃ כַּאֲשֶׁר שָׁמַעְנוּ ׀ כֵּן רָאִינוּ בְּעִיר־יְהוָה צְבָאוֹת בְּעִיר
י אֱלֹהֵינוּ אֱלֹהִים יְכוֹנְנֶהָ עַד־עוֹלָם סֶלָה׃ דִּמִּינוּ אֱלֹהִים חַסְדֶּךָ
יא בְּקֶרֶב הֵיכָלֶךָ׃ כְּשִׁמְךָ ׀ אֱלֹהִים כֵּן תְּהִלָּתְךָ עַל־קַצְוֵי־אֶרֶץ צֶדֶק
יב מָלְאָה יְמִינֶךָ׃ יִשְׂמַח ׀ הַר־צִיּוֹן תָּגֵלְנָה בְּנוֹת יְהוּדָה לְמַעַן
יג יד מִשְׁפָּטֶיךָ׃ סֹבּוּ צִיּוֹן וְהַקִּיפוּהָ סִפְרוּ מִגְדָּלֶיהָ׃ שִׁיתוּ לִבְּכֶם ׀
טו לְחֵילָה פַּסְּגוּ אַרְמְנוֹתֶיהָ לְמַעַן תְּסַפְּרוּ לְדוֹר אַחֲרוֹן׃ כִּי זֶה ׀
אֱלֹהִים אֱלֹהֵינוּ עוֹלָם וָעֶד הוּא יְנַהֲגֵנוּ עַל־מוּת׃

מט א ב לַמְנַצֵּחַ לִבְנֵי־קֹרַח מִזְמוֹר׃ שִׁמְעוּ־זֹאת כָּל־הָעַמִּים הַאֲזִינוּ כָּל־
ג ד יֹשְׁבֵי חָלֶד׃ גַּם־בְּנֵי אָדָם גַּם־בְּנֵי־אִישׁ יַחַד עָשִׁיר וְאֶבְיוֹן׃ פִּי
ה יְדַבֵּר חָכְמוֹת וְהָגוּת לִבִּי תְבוּנוֹת׃ אַטֶּה לְמָשָׁל אָזְנִי אֶפְתַּח
ו ז בְּכִנּוֹר חִידָתִי׃ לָמָּה אִירָא בִּימֵי רָע עֲוֺן עֲקֵבַי יְסוּבֵּנִי׃ הַבֹּטְחִים
ח עַל־חֵילָם וּבְרֹב עָשְׁרָם יִתְהַלָּלוּ׃ אָח לֹא־פָדֹה יִפְדֶּה אִישׁ לֹא־
ט י יִתֵּן לֵאלֹהִים כָּפְרוֹ׃ וְיֵקַר פִּדְיוֹן נַפְשָׁם וְחָדַל לְעוֹלָם׃ וִיחִי־עוֹד
יא לָנֶצַח לֹא יִרְאֶה הַשָּׁחַת׃ כִּי יִרְאֶה ׀ חֲכָמִים יָמוּתוּ יַחַד כְּסִיל
יב וָבַעַר יֹאבֵדוּ וְעָזְבוּ לַאֲחֵרִים חֵילָם׃ קִרְבָּם בָּתֵּימוֹ ׀ לְעוֹלָם
יג מִשְׁכְּנֹתָם לְדֹר וָדֹר קָרְאוּ בִשְׁמוֹתָם עֲלֵי אֲדָמוֹת׃ וְאָדָם בִּיקָר
יד בַּל־יָלִין נִמְשַׁל כַּבְּהֵמוֹת נִדְמוּ׃ זֶה דַרְכָּם כֵּסֶל לָמוֹ וְאַחֲרֵיהֶם ׀

בְּפִיהֶם יִרְצוּ סֶלָה׃ כַּצֹּאן ׀ לִשְׁאוֹל שַׁתּוּ מָוֶת יִרְעֵם וַיִּרְדּוּ בָם טו
וְצוּרָם יְשָׁרִים ׀ לַבֹּקֶר וצירם לְבַלּוֹת שְׁאוֹל מִזְּבֻל לוֹ׃ אַךְ־אֱלֹהִים טז
יִפְדֶּה נַפְשִׁי מִיַּד שְׁאוֹל כִּי יִקָּחֵנִי סֶלָה׃ אַל־תִּירָא כִּי־יַעֲשִׁר יז
אִישׁ כִּי־יִרְבֶּה כְּבוֹד בֵּיתוֹ׃ כִּי לֹא בְמוֹתוֹ יִקַּח הַכֹּל לֹא־יֵרֵד יח
ז אַחֲרָיו כְּבוֹדוֹ׃ כִּי־נַפְשׁוֹ בְּחַיָּיו יְבָרֵךְ וְיוֹדֻךָ כִּי־תֵיטִיב לָךְ׃ תָּבוֹא יט כ
עַד־דּוֹר אֲבוֹתָיו עַד־נֵצַח לֹא יִרְאוּ־אוֹר׃ אָדָם בִּיקָר וְלֹא יָבִין כא
נִמְשַׁל כַּבְּהֵמוֹת נִדְמוּ׃
מִזְמוֹר לְאָסָף אֵל ׀ אֱלֹהִים יְהוָה דִּבֶּר וַיִּקְרָא־אָרֶץ מִמִּזְרַח־ נ א
שֶׁמֶשׁ עַד־מְבֹאוֹ׃ מִצִּיּוֹן מִכְלַל־יֹפִי אֱלֹהִים הוֹפִיעַ׃ יָבֹא אֱלֹהֵינוּ ב ג
וְאַל־יֶחֱרַשׁ אֵשׁ־לְפָנָיו תֹּאכֵל וּסְבִיבָיו נִשְׂעֲרָה מְאֹד׃ יִקְרָא אֶל־ ד
הַשָּׁמַיִם מֵעָל וְאֶל־הָאָרֶץ לָדִין עַמּוֹ׃ אִסְפוּ־לִי חֲסִידָי כֹּרְתֵי ה
בְרִיתִי עֲלֵי־זָבַח׃ וַיַּגִּידוּ שָׁמַיִם צִדְקוֹ כִּי־אֱלֹהִים ׀ שֹׁפֵט הוּא ו
סֶלָה׃ שִׁמְעָה עַמִּי ׀ וַאֲדַבֵּרָה יִשְׂרָאֵל וְאָעִידָה בָּךְ אֱלֹהִים ז
אֱלֹהֶיךָ אָנֹכִי׃ לֹא עַל־זְבָחֶיךָ אוֹכִיחֶךָ וְעוֹלֹתֶיךָ לְנֶגְדִּי תָמִיד׃ ח
לֹא־אֶקַּח מִבֵּיתְךָ פָר מִמִּכְלְאֹתֶיךָ עַתּוּדִים׃ כִּי־לִי כָל־חַיְתוֹ־ ט י
יָעַר בְּהֵמוֹת בְּהַרְרֵי־אָלֶף׃ יָדַעְתִּי כָּל־עוֹף הָרִים וְזִיז שָׂדַי יא
עִמָּדִי׃ אִם־אֶרְעַב לֹא־אֹמַר לָךְ כִּי־לִי תֵבֵל וּמְלֹאָהּ׃ הַאוֹכַל יב יג
בְּשַׂר אַבִּירִים וְדַם עַתּוּדִים אֶשְׁתֶּה׃ זְבַח לֵאלֹהִים תּוֹדָה וְשַׁלֵּם יד
לְעֶלְיוֹן נְדָרֶיךָ׃ וּקְרָאֵנִי בְּיוֹם צָרָה אֲחַלֶּצְךָ וּתְכַבְּדֵנִי׃ וְלָרָשָׁע ׀ טו טז
אָמַר אֱלֹהִים מַה־לְּךָ לְסַפֵּר חֻקָּי וַתִּשָּׂא בְרִיתִי עֲלֵי־פִיךָ׃ וְאַתָּה יז
שָׂנֵאתָ מוּסָר וַתַּשְׁלֵךְ דְּבָרַי אַחֲרֶיךָ׃ אִם־רָאִיתָ גַנָּב וַתִּרֶץ עִמּוֹ יח
וְעִם מְנָאֲפִים חֶלְקֶךָ׃ פִּיךָ שָׁלַחְתָּ בְרָעָה וּלְשׁוֹנְךָ תַּצְמִיד יט
מִרְמָה׃ תֵּשֵׁב בְּאָחִיךָ תְדַבֵּר בְּבֶן־אִמְּךָ תִּתֶּן־דֹּפִי׃ אֵלֶּה עָשִׂיתָ ׀ כ כא
וְהֶחֱרַשְׁתִּי דִּמִּיתָ הֱיוֹת־אֶהְיֶה כָמוֹךָ אוֹכִיחֲךָ וְאֶעֶרְכָה לְעֵינֶיךָ׃
בִּינוּ־נָא זֹאת שֹׁכְחֵי אֱלוֹהַּ פֶּן־אֶטְרֹף וְאֵין מַצִּיל׃ זֹבֵחַ תּוֹדָה כב כג
נבואת נתן על מעשה דוד עם בת שבע שמ"ב יב
יְכַבְּדָנְנִי וְשָׂם דֶּרֶךְ אַרְאֶנּוּ בְּיֵשַׁע אֱלֹהִים׃
לַמְנַצֵּחַ מִזְמוֹר לְדָוִד׃ בְּבוֹא־אֵלָיו נָתָן הַנָּבִיא כַּאֲשֶׁר־בָּא אֶל־ נא א ב

ג בַּת־שָׁבַע׃ חָנֵּנִי אֱלֹהִים כְּחַסְדֶּךָ כְּרֹב רַחֲמֶיךָ מְחֵה פְשָׁעָי׃
ד ה הרבה כַּבְּסֵנִי מֵעֲוֺנִי וּמֵחַטָּאתִי טַהֲרֵנִי׃ כִּי־פְשָׁעַי אֲנִי אֵדָע הֶרֶב
ו וְחַטָּאתִי נֶגְדִּי תָמִיד׃ לְךָ לְבַדְּךָ ׀ חָטָאתִי וְהָרַע בְּעֵינֶיךָ עָשִׂיתִי
ז לְמַעַן תִּצְדַּק בְּדָבְרֶךָ תִּזְכֶּה בְשָׁפְטֶךָ׃ הֵן־בְּעָווֹן חוֹלָלְתִּי
ח וּבְחֵטְא יֶחֱמַתְנִי אִמִּי׃ הֵן־אֱמֶת חָפַצְתָּ בַטֻּחוֹת וּבְסָתֻם חָכְמָה
ט תוֹדִיעֵנִי׃ תְּחַטְּאֵנִי בְאֵזוֹב וְאֶטְהָר תְּכַבְּסֵנִי וּמִשֶּׁלֶג אַלְבִּין׃
י יא תַּשְׁמִיעֵנִי שָׂשׂוֹן וְשִׂמְחָה תָּגֵלְנָה עֲצָמוֹת דִּכִּיתָ׃ הַסְתֵּר פָּנֶיךָ
יב מֵחֲטָאָי וְכָל־עֲוֺנֹתַי מְחֵה׃ לֵב טָהוֹר בְּרָא־לִי אֱלֹהִים וְרוּחַ נָכוֹן
יג חַדֵּשׁ בְּקִרְבִּי׃ אַל־תַּשְׁלִיכֵנִי מִלְּפָנֶיךָ וְרוּחַ קָדְשְׁךָ אַל־תִּקַּח
יד טו מִמֶּנִּי׃ הָשִׁיבָה לִּי שְׂשׂוֹן יִשְׁעֶךָ וְרוּחַ נְדִיבָה תִסְמְכֵנִי׃ אֲלַמְּדָה
טז פֹשְׁעִים דְּרָכֶיךָ וְחַטָּאִים אֵלֶיךָ יָשׁוּבוּ׃ הַצִּילֵנִי מִדָּמִים ׀ אֱלֹהִים
יז אֱלֹהֵי תְּשׁוּעָתִי תְּרַנֵּן לְשׁוֹנִי צִדְקָתֶךָ׃ אֲדֹנָי שְׂפָתַי תִּפְתָּח וּפִי
יח יַגִּיד תְּהִלָּתֶךָ׃ כִּי ׀ לֹא־תַחְפֹּץ זֶבַח וְאֶתֵּנָה עוֹלָה לֹא תִרְצֶה׃
יט זִבְחֵי אֱלֹהִים רוּחַ נִשְׁבָּרָה לֵב־נִשְׁבָּר וְנִדְכֶּה אֱלֹהִים לֹא תִבְזֶה׃
כ כא הֵיטִיבָה בִרְצוֹנְךָ אֶת־צִיּוֹן תִּבְנֶה חוֹמוֹת יְרוּשָׁלָםִ׃ אָז תַּחְפֹּץ
זִבְחֵי־צֶדֶק עוֹלָה וְכָלִיל אָז יַעֲלוּ עַל־מִזְבַּחֲךָ פָרִים׃

נב א ב לַמְנַצֵּחַ מַשְׂכִּיל לְדָוִד׃ בְּבוֹא ׀ דּוֹאֵג הָאֲדֹמִי וַיַּגֵּד לְשָׁאוּל וַיֹּאמֶר
ג לוֹ בָּא דָוִד אֶל־בֵּית אֲחִימֶלֶךְ׃ מַה־תִּתְהַלֵּל בְּרָעָה הַגִּבּוֹר חֶסֶד
ד אֵל כָּל־הַיּוֹם׃ הַוּוֹת תַּחְשֹׁב לְשׁוֹנֶךָ כְּתַעַר מְלֻטָּשׁ עֹשֵׂה רְמִיָּה׃
ה ו אָהַבְתָּ רָּע מִטּוֹב שֶׁקֶר ׀ מִדַּבֵּר צֶדֶק סֶלָה׃ אָהַבְתָּ כָל־דִּבְרֵי־
ז בָלַע לְשׁוֹן מִרְמָה׃ גַּם־אֵל יִתָּצְךָ לָנֶצַח יַחְתְּךָ וְיִסָּחֲךָ מֵאֹהֶל
ח וְשֵׁרֶשְׁךָ מֵאֶרֶץ חַיִּים סֶלָה׃ וְיִרְאוּ צַדִּיקִים וְיִירָאוּ וְעָלָיו
ט יִשְׂחָקוּ׃ הִנֵּה הַגֶּבֶר לֹא יָשִׂים אֱלֹהִים מָעוּזּוֹ וַיִּבְטַח בְּרֹב
י עָשְׁרוֹ יָעֹז בְּהַוָּתוֹ׃ וַאֲנִי ׀ כְּזַיִת רַעֲנָן בְּבֵית אֱלֹהִים בָּטַחְתִּי
יא בְחֶסֶד־אֱלֹהִים עוֹלָם וָעֶד׃ אוֹדְךָ לְעוֹלָם כִּי עָשִׂיתָ וַאֲקַוֶּה
שִׁמְךָ כִי־טוֹב נֶגֶד חֲסִידֶיךָ׃

דואג האדומי מסגיר את דוד לשאול
שמ"א כב, ט-יא

נג א ב לַמְנַצֵּחַ עַל־מָחֲלַת מַשְׂכִּיל לְדָוִד׃ אָמַר נָבָל בְּלִבּוֹ אֵין אֱלֹהִים

מזמור "אמר נבל בלבו אין אלהים"
תהלים יד

ג הִשְׁחִיתוּ וְהִתְעִיבוּ עָוֶל אֵין עֹשֵׂה־טוֹב׃ אֱלֹהִים מִשָּׁמַיִם
הִשְׁקִיף עַל־בְּנֵי־אָדָם לִרְאוֹת הֲיֵשׁ מַשְׂכִּיל דֹּרֵשׁ אֶת־אֱלֹהִים׃
ד ה כֻּלּוֹ סָג יַחְדָּו נֶאֱלָחוּ אֵין עֹשֵׂה־טוֹב אֵין גַּם־אֶחָד׃ הֲלֹא יָדְעוּ
ו פֹּעֲלֵי אָוֶן אֹכְלֵי עַמִּי אָכְלוּ לֶחֶם אֱלֹהִים לֹא קָרָאוּ׃ שָׁם ׀ פָּחֲדוּ־
פַחַד לֹא־הָיָה פָחַד כִּי־אֱלֹהִים פִּזַּר עַצְמוֹת חֹנָךְ הֱבִשֹׁתָה כִּי־
ז אֱלֹהִים מְאָסָם׃ מִי יִתֵּן מִצִּיּוֹן יְשֻׁעוֹת יִשְׂרָאֵל בְּשׁוּב אֱלֹהִים
שְׁבוּת עַמּוֹ יָגֵל יַעֲקֹב יִשְׂמַח יִשְׂרָאֵל׃

הזיפים מסגירים את דוד לשאול שמ"א כג, יט–כד; כו, א

נד א ב לַמְנַצֵּחַ בִּנְגִינֹת מַשְׂכִּיל לְדָוִד׃ בְּבוֹא הַזִּיפִים וַיֹּאמְרוּ לְשָׁאוּל
ג הֲלֹא דָוִד מִסְתַּתֵּר עִמָּנוּ׃ אֱלֹהִים בְּשִׁמְךָ הוֹשִׁיעֵנִי וּבִגְבוּרָתְךָ
ד ה תְדִינֵנִי׃ אֱלֹהִים שְׁמַע תְּפִלָּתִי הַאֲזִינָה לְאִמְרֵי־פִי׃ כִּי זָרִים ׀
קָמוּ עָלַי וְעָרִיצִים בִּקְשׁוּ נַפְשִׁי לֹא שָׂמוּ אֱלֹהִים לְנֶגְדָּם סֶלָה׃
ו ז הִנֵּה אֱלֹהִים עֹזֵר לִי אֲדֹנָי בְּסֹמְכֵי נַפְשִׁי׃ ישוב הָרַע לְשֹׁרְרָי (יָשִׁיב)
ח בַּאֲמִתְּךָ הַצְמִיתֵם׃ בִּנְדָבָה אֶזְבְּחָה־לָּךְ אוֹדֶה שִּׁמְךָ יְהוָה כִּי־
ט טוֹב׃ כִּי מִכָּל־צָרָה הִצִּילָנִי וּבְאֹיְבַי רָאֲתָה עֵינִי׃

נה א ב לַמְנַצֵּחַ בִּנְגִינֹת מַשְׂכִּיל לְדָוִד׃ הַאֲזִינָה אֱלֹהִים תְּפִלָּתִי וְאַל־
ג תִּתְעַלַּם מִתְּחִנָּתִי׃ הַקְשִׁיבָה לִּי וַעֲנֵנִי אָרִיד בְּשִׂיחִי וְאָהִימָה׃
ד מִקּוֹל אוֹיֵב מִפְּנֵי עָקַת רָשָׁע כִּי־יָמִיטוּ עָלַי אָוֶן וּבְאַף יִשְׂטְמוּנִי׃
ה ו לִבִּי יָחִיל בְּקִרְבִּי וְאֵימוֹת מָוֶת נָפְלוּ עָלָי׃ יִרְאָה וָרַעַד יָבֹא בִי
ז וַתְּכַסֵּנִי פַּלָּצוּת׃ וָאֹמַר מִי־יִתֶּן־לִּי אֵבֶר כַּיּוֹנָה אָעוּפָה וְאֶשְׁכֹּנָה׃
ח ט הִנֵּה אַרְחִיק נְדֹד אָלִין בַּמִּדְבָּר סֶלָה׃ אָחִישָׁה מִפְלָט לִי מֵרוּחַ
י סֹעָה מִסָּעַר׃ בַּלַּע אֲדֹנָי פַּלַּג לְשׁוֹנָם כִּי־רָאִיתִי חָמָס וְרִיב
יא בָּעִיר׃ יוֹמָם וָלַיְלָה יְסוֹבְבֻהָ עַל־חוֹמֹתֶיהָ וְאָוֶן וְעָמָל בְּקִרְבָּהּ׃
יב יג הַוּוֹת בְּקִרְבָּהּ וְלֹא־יָמִישׁ מֵרְחֹבָהּ תֹּךְ וּמִרְמָה׃ כִּי לֹא־אוֹיֵב
יד יְחָרְפֵנִי וְאֶשָּׂא לֹא־מְשַׂנְאִי עָלַי הִגְדִּיל וְאֶסָּתֵר מִמֶּנּוּ׃ וְאַתָּה
טו אֱנוֹשׁ כְּעֶרְכִּי אַלּוּפִי וּמְיֻדָּעִי׃ אֲשֶׁר יַחְדָּו נַמְתִּיק סוֹד בְּבֵית
טז אֱלֹהִים נְהַלֵּךְ בְּרָגֶשׁ׃ ישימות ׀ עָלֵימוֹ יֵרְדוּ שְׁאוֹל חַיִּים כִּי־ (יַשִּׁיא מָוֶת ׀)
יז רָעוֹת בִּמְגוּרָם בְּקִרְבָּם׃ אֲנִי אֶל־אֱלֹהִים אֶקְרָא וַיהוָה יוֹשִׁיעֵנִי׃

יח יט עֶרֶב וָבֹקֶר וְצׇהֳרַיִם אָשִׂיחָה וְאֶהֱמֶה וַיִּשְׁמַע קוֹלִי׃ פָּדָה בְשָׁלוֹם
כ נַפְשִׁי מִקְּרׇב־לִי כִּי־בְרַבִּים הָיוּ עִמָּדִי׃ יִשְׁמַע ׀ אֵל ׀ וְיַעֲנֵם
וְיֹשֵׁב קֶדֶם סֶלָה אֲשֶׁר אֵין חֲלִיפוֹת לָמוֹ וְלֹא יָרְאוּ אֱלֹהִים׃
כא כב שָׁלַח יָדָיו בִּשְׁלֹמָיו חִלֵּל בְּרִיתוֹ׃ חָלְקוּ ׀ מַחְמָאֹת פִּיו וּקֲרׇב־
כג לִבּוֹ רַכּוּ דְבָרָיו מִשֶּׁמֶן וְהֵמָּה פְתִחוֹת׃ הַשְׁלֵךְ עַל־יְהֹוָה ׀ יְהָבְךָ
כד וְהוּא יְכַלְכְּלֶךָ לֹא־יִתֵּן לְעוֹלָם מוֹט לַצַּדִּיק׃ וְאַתָּה אֱלֹהִים ׀
תּוֹרִדֵם לִבְאֵר שַׁחַת אַנְשֵׁי דָמִים וּמִרְמָה לֹא־יֶחֱצוּ יְמֵיהֶם
וַאֲנִי אֶבְטַח־בָּךְ׃
נו א לַמְנַצֵּחַ ׀ עַל־יוֹנַת אֵלֶם רְחֹקִים לְדָוִד מִכְתָּם בֶּאֱחֹז אֹתוֹ
ב פְלִשְׁתִּים בְּגַת׃ חׇנֵּנִי אֱלֹהִים כִּי־שְׁאָפַנִי אֱנוֹשׁ כׇּל־הַיּוֹם לֹחֵם
ג יִלְחָצֵנִי׃ שָׁאֲפוּ שׁוֹרְרַי כׇּל־הַיּוֹם כִּי־רַבִּים לֹחֲמִים לִי מָרוֹם׃
ד ה יוֹם אִירָא אֲנִי אֵלֶיךָ אֶבְטָח׃ בֵּאלֹהִים אֲהַלֵּל דְּבָרוֹ בֵּאלֹהִים
ו בָּטַחְתִּי לֹא אִירָא מַה־יַּעֲשֶׂה בָשָׂר לִי׃ כׇּל־הַיּוֹם דְּבָרַי יְעַצֵּבוּ
ז עָלַי כׇּל־מַחְשְׁבֹתָם לָרָע׃ יָגוּרוּ ׀ יצפינו הֵמָּה עֲקֵבַי יִשְׁמֹרוּ יִצְפֹּנוּ
ח כַּאֲשֶׁר קִוּוּ נַפְשִׁי׃ עַל־אָוֶן פַּלֶּט־לָמוֹ בְּאַף עַמִּים ׀ הוֹרֵד אֱלֹהִים׃
ט נֹדִי סָפַרְתָּה אָתָּה שִׂימָה דִמְעָתִי בְנֹאדֶךָ הֲלֹא בְּסִפְרָתֶךָ׃ אָז ׀
י יָשׁוּבוּ אוֹיְבַי אָחוֹר בְּיוֹם אֶקְרָא זֶה־יָדַעְתִּי כִּי־אֱלֹהִים לִי׃
יא יב בֵּאלֹהִים אֲהַלֵּל דָּבָר בַּיהֹוָה אֲהַלֵּל דָּבָר׃ בֵּאלֹהִים בָּטַחְתִּי לֹא
יג אִירָא מַה־יַּעֲשֶׂה אָדָם לִי׃ עָלַי אֱלֹהִים נְדָרֶיךָ אֲשַׁלֵּם תּוֹדֹת
יד לָךְ׃ כִּי הִצַּלְתָּ נַפְשִׁי מִמָּוֶת הֲלֹא רַגְלַי מִדֶּחִי לְהִתְהַלֵּךְ לִפְנֵי
אֱלֹהִים בְּאוֹר הַחַיִּים׃
נז א לַמְנַצֵּחַ אַל־תַּשְׁחֵת לְדָוִד מִכְתָּם בְּבׇרְחוֹ מִפְּנֵי־שָׁאוּל בַּמְּעָרָה׃ דוד מסתתר במערה מפני שאול שמ״א כד תהלים קמב
ב חׇנֵּנִי אֱלֹהִים ׀ חׇנֵּנִי כִּי בְךָ חָסָיָה נַפְשִׁי וּבְצֵל־כְּנָפֶיךָ אֶחְסֶה עַד
ג ד יַעֲבֹר הַוּוֹת׃ אֶקְרָא לֵאלֹהִים עֶלְיוֹן לָאֵל גֹּמֵר עָלָי׃ יִשְׁלַח
מִשָּׁמַיִם ׀ וְיוֹשִׁיעֵנִי חֵרֵף שֹׁאֲפִי סֶלָה יִשְׁלַח אֱלֹהִים חַסְדּוֹ וַאֲמִתּוֹ׃
ה נַפְשִׁי ׀ בְּתוֹךְ לְבָאִם אֶשְׁכְּבָה לֹהֲטִים בְּנֵי־אָדָם שִׁנֵּיהֶם חֲנִית
ו וְחִצִּים וּלְשׁוֹנָם חֶרֶב חַדָּה׃ רוּמָה עַל־הַשָּׁמַיִם אֱלֹהִים עַל כׇּל־

ז הָאָרֶץ כְּבוֹדֶךָ: רֶשֶׁת ׀ הֵכִינוּ לִפְעָמַי כָּפַף נַפְשִׁי כָּרוּ לְפָנַי
ח שִׁיחָה נָפְלוּ בְתוֹכָהּ סֶלָה: נָכוֹן לִבִּי אֱלֹהִים נָכוֹן לִבִּי אָשִׁירָה
ט וַאֲזַמֵּרָה: עוּרָה כְבוֹדִי עוּרָה הַנֵּבֶל וְכִנּוֹר אָעִירָה שָּׁחַר:
י יא אוֹדְךָ בָעַמִּים ׀ אֲדֹנָי אֲזַמֶּרְךָ בַּלְאֻמִּים: כִּי־גָדֹל עַד־שָׁמַיִם
ח יב חַסְדֶּךָ וְעַד־שְׁחָקִים אֲמִתֶּךָ: רוּמָה עַל־שָׁמַיִם אֱלֹהִים עַל
כָּל־הָאָרֶץ כְּבוֹדֶךָ:

מזמור "נכון לבי אלהים" תהלים קח, ב–ו

נח א ב לַמְנַצֵּחַ אַל־תַּשְׁחֵת לְדָוִד מִכְתָּם: הַאֻמְנָם אֵלֶם צֶדֶק תְּדַבֵּרוּן
ג מֵישָׁרִים תִּשְׁפְּטוּ בְּנֵי אָדָם: אַף־בְּלֵב עוֹלֹת תִּפְעָלוּן בָּאָרֶץ
ד חֲמַס יְדֵיכֶם תְּפַלֵּסוּן: זֹרוּ רְשָׁעִים מֵרָחֶם תָּעוּ מִבֶּטֶן דֹּבְרֵי כָזָב:
ה חֲמַת־לָמוֹ כִּדְמוּת חֲמַת־נָחָשׁ כְּמוֹ־פֶתֶן חֵרֵשׁ יַאְטֵם אָזְנוֹ:
ו ז אֲשֶׁר לֹא־יִשְׁמַע לְקוֹל מְלַחֲשִׁים חוֹבֵר חֲבָרִים מְחֻכָּם: אֱלֹהִים
ח הֲרָס־שִׁנֵּימוֹ בְּפִימוֹ מַלְתְּעוֹת כְּפִירִים נְתֹץ ׀ יְהוָה: יִמָּאֲסוּ כְמוֹ־
ט מַיִם יִתְהַלְּכוּ־לָמוֹ יִדְרֹךְ חִצָּו כְּמוֹ יִתְמֹלָלוּ: כְּמוֹ שַׁבְּלוּל תֶּמֶס
י יַהֲלֹךְ נֵפֶל אֵשֶׁת בַּל־חָזוּ שָׁמֶשׁ: בְּטֶרֶם יָבִינוּ סִּירֹתֵיכֶם אָטָד
יא כְּמוֹ־חַי כְּמוֹ־חָרוֹן יִשְׂעָרֶנּוּ: יִשְׂמַח צַדִּיק כִּי־חָזָה נָקָם פְּעָמָיו
יב יִרְחַץ בְּדַם הָרָשָׁע: וְיֹאמַר אָדָם אַךְ־פְּרִי לַצַּדִּיק אַךְ יֵשׁ־
אֱלֹהִים שֹׁפְטִים בָּאָרֶץ:

ניסיון שאול להרוג את דוד בביתו שמ"א יט, יא–יז

נט א לַמְנַצֵּחַ אַל־תַּשְׁחֵת לְדָוִד מִכְתָּם בִּשְׁלֹחַ שָׁאוּל וַיִּשְׁמְרוּ אֶת־
ב הַבַּיִת לַהֲמִיתוֹ: הַצִּילֵנִי מֵאֹיְבַי ׀ אֱלֹהָי מִמִּתְקוֹמְמַי תְּשַׂגְּבֵנִי:
ג ד הַצִּילֵנִי מִפֹּעֲלֵי אָוֶן וּמֵאַנְשֵׁי דָמִים הוֹשִׁיעֵנִי: כִּי הִנֵּה אָרְבוּ
ה לְנַפְשִׁי יָגוּרוּ עָלַי עַזִּים לֹא־פִשְׁעִי וְלֹא־חַטָּאתִי יְהוָה: בְּלִי־עָוֺן
ו יְרֻצוּן וְיִכּוֹנָנוּ עוּרָה לִקְרָאתִי וּרְאֵה: וְאַתָּה יְהוָה־אֱלֹהִים ׀
צְבָאוֹת אֱלֹהֵי יִשְׂרָאֵל הָקִיצָה לִפְקֹד כָּל־הַגּוֹיִם אַל־תָּחֹן כָּל־
ז ח בֹּגְדֵי אָוֶן סֶלָה: יָשׁוּבוּ לָעֶרֶב יֶהֱמוּ כַכָּלֶב וִיסוֹבְבוּ עִיר: הִנֵּה ׀
ט יַבִּיעוּן בְּפִיהֶם חֲרָבוֹת בְּשִׂפְתוֹתֵיהֶם כִּי־מִי שֹׁמֵעַ: וְאַתָּה יְהוָה
י תִּשְׂחַק־לָמוֹ תִּלְעַג לְכָל־גּוֹיִם: עֻזּוֹ אֵלֶיךָ אֶשְׁמֹרָה כִּי־אֱלֹהִים
יא יב מִשְׂגַּבִּי: אֱלֹהֵי חסדו יְקַדְּמֵנִי אֱלֹהִים יַרְאֵנִי בְשֹׁרְרָי: אַל־

חַסְדִּי

תַּהַרְגֵם ׀ פֶּן־יִשְׁכְּחוּ עַמִּי הֲנִיעֵמוֹ בְחֵילְךָ וְהוֹרִידֵמוֹ מָגִנֵּנוּ אֲדֹנָי׃
יג חַטַּאת־פִּימוֹ דְּבַר־שְׂפָתֵימוֹ וְיִלָּכְדוּ בִגְאוֹנָם וּמֵאָלָה וּמִכַּחַשׁ
יד יְסַפֵּרוּ׃ כַּלֵּה בְחֵמָה כַּלֵּה וְאֵינֵמוֹ וְיֵדְעוּ כִּי־אֱלֹהִים מֹשֵׁל בְּיַעֲקֹב
טו לְאַפְסֵי הָאָרֶץ סֶלָה׃ וְיָשֻׁבוּ לָעֶרֶב יֶהֱמוּ כַכָּלֶב וִיסוֹבְבוּ עִיר׃
טז יז הֵמָּה ינועון לֶאֱכֹל אִם־לֹא יִשְׂבְּעוּ וַיָּלִינוּ׃ וַאֲנִי ׀ אָשִׁיר עֻזֶּךָ יְנִיעוּן
יח וַאֲרַנֵּן לַבֹּקֶר חַסְדֶּךָ כִּי־הָיִיתָ מִשְׂגָּב לִי וּמָנוֹס בְּיוֹם צַר־לִי׃ עֻזִּי
אֵלֶיךָ אֲזַמֵּרָה כִּי־אֱלֹהִים מִשְׂגַּבִּי אֱלֹהֵי חַסְדִּי׃
ס א ב לַמְנַצֵּחַ עַל־שׁוּשַׁן עֵדוּת מִכְתָּם לְדָוִד לְלַמֵּד׃ בְּהַצּוֹתוֹ ׀ אֶת — מלחמת דוד בארם ובאדום שמ"ב ח דה"א יח, ג–יג
אֲרַם נַהֲרַיִם וְאֶת־אֲרַם צוֹבָה וַיָּשָׁב יוֹאָב וַיַּךְ אֶת־אֱדוֹם בְּגֵיא־
ג מֶלַח שְׁנֵים עָשָׂר אָלֶף׃ אֱלֹהִים זְנַחְתָּנוּ פְרַצְתָּנוּ אָנַפְתָּ תְּשׁוֹבֵב
ד ה לָנוּ׃ הִרְעַשְׁתָּה אֶרֶץ פְּצַמְתָּהּ רְפָה שְׁבָרֶיהָ כִי־מָטָה׃ הִרְאִיתָ
ו עַמְּךָ קָשָׁה הִשְׁקִיתָנוּ יַיִן תַּרְעֵלָה׃ נָתַתָּה לִּירֵאֶיךָ נֵּס לְהִתְנוֹסֵס
ז מִפְּנֵי קֹשֶׁט סֶלָה׃ לְמַעַן יֵחָלְצוּן יְדִידֶיךָ הוֹשִׁיעָה יְמִינְךָ ועננו׃ וַעֲנֵנִי
ח אֱלֹהִים ׀ דִּבֶּר בְּקָדְשׁוֹ אֶעְלֹזָה אֲחַלְּקָה שְׁכֶם וְעֵמֶק סֻכּוֹת — מזמור "למען יחלצון ידידיך" תהלים קח, ז–יד
ט אֲמַדֵּד׃ לִי גִלְעָד ׀ וְלִי מְנַשֶּׁה וְאֶפְרַיִם מָעוֹז רֹאשִׁי יְהוּדָה
י מְחֹקְקִי׃ מוֹאָב ׀ סִיר רַחְצִי עַל־אֱדוֹם אַשְׁלִיךְ נַעֲלִי עָלַי פְּלֶשֶׁת
יא יב הִתְרֹעָעִי׃ מִי יֹבִלֵנִי עִיר מָצוֹר מִי נָחַנִי עַד־אֱדוֹם׃ הֲלֹא־אַתָּה
יג אֱלֹהִים זְנַחְתָּנוּ וְלֹא־תֵצֵא אֱלֹהִים בְּצִבְאוֹתֵינוּ׃ הָבָה־לָּנוּ
יד עֶזְרָת מִצָּר וְשָׁוְא תְּשׁוּעַת אָדָם׃ בֵּאלֹהִים נַעֲשֶׂה־חָיִל
וְהוּא יָבוּס צָרֵינוּ׃
סא א ב לַמְנַצֵּחַ ׀ עַל־נְגִינַת לְדָוִד׃ שִׁמְעָה אֱלֹהִים רִנָּתִי הַקְשִׁיבָה
ג תְּפִלָּתִי׃ מִקְצֵה הָאָרֶץ ׀ אֵלֶיךָ אֶקְרָא בַּעֲטֹף לִבִּי בְּצוּר־יָרוּם
ד ה מִמֶּנִּי תַנְחֵנִי׃ כִּי־הָיִיתָ מַחְסֶה לִי מִגְדַּל־עֹז מִפְּנֵי אוֹיֵב׃ אָגוּרָה
ו בְאָהָלְךָ עוֹלָמִים אֶחֱסֶה בְסֵתֶר כְּנָפֶיךָ סֶּלָה׃ כִּי־אַתָּה אֱלֹהִים
ז שָׁמַעְתָּ לִנְדָרָי נָתַתָּ יְרֻשַּׁת יִרְאֵי שְׁמֶךָ׃ יָמִים עַל־יְמֵי־מֶלֶךְ
ח תּוֹסִיף שְׁנוֹתָיו כְּמוֹ־דֹר וָדֹר׃ יֵשֵׁב עוֹלָם לִפְנֵי אֱלֹהִים
ט חֶסֶד וֶאֱמֶת מַן יִנְצְרֻהוּ׃ כֵּן אֲזַמְּרָה שִׁמְךָ לָעַד לְשַׁלְּמִי

נְדָרַי יוֹם ׀ יוֹם׃
א ב לַמְנַצֵּחַ עַל־יְדוּתוּן מִזְמוֹר לְדָוִד׃ אַךְ אֶל־אֱלֹהִים דּוּמִיָּה נַפְשִׁי
ג מִמֶּנּוּ יְשׁוּעָתִי׃ אַךְ־הוּא צוּרִי וִישׁוּעָתִי מִשְׂגַּבִּי לֹא־אֶמּוֹט רַבָּה׃
ד עַד־אָנָה ׀ תְּהוֹתְתוּ עַל־אִישׁ תְּרָצְּחוּ כֻלְּכֶם כְּקִיר נָטוּי גָּדֵר
ה הַדְּחוּיָה׃ אַךְ מִשְּׂאֵתוֹ ׀ יָעֲצוּ לְהַדִּיחַ יִרְצוּ כָזָב בְּפִיו יְבָרֵכוּ
ו וּבְקִרְבָּם יְקַלְלוּ־סֶלָה׃ אַךְ לֵאלֹהִים דּוֹמִּי נַפְשִׁי כִּי־מִמֶּנּוּ
ז ח תִּקְוָתִי׃ אַךְ־הוּא צוּרִי וִישׁוּעָתִי מִשְׂגַּבִּי לֹא אֶמּוֹט׃ עַל־אֱלֹהִים
ט יִשְׁעִי וּכְבוֹדִי צוּר־עֻזִּי מַחְסִי בֵּאלֹהִים׃ בִּטְחוּ בוֹ בְכָל־עֵת ׀ עָם
י שִׁפְכוּ־לְפָנָיו לְבַבְכֶם אֱלֹהִים מַחֲסֶה־לָּנוּ סֶלָה׃ אַךְ ׀ הֶבֶל בְּנֵי־
יא אָדָם כָּזָב בְּנֵי אִישׁ בְּמֹאזְנַיִם לַעֲלוֹת הֵמָּה מֵהֶבֶל יָחַד׃ אַל־
תִּבְטְחוּ בְעֹשֶׁק וּבְגָזֵל אַל־תֶּהְבָּלוּ חַיִל ׀ כִּי־יָנוּב אַל־תָּשִׁיתוּ
יב לֵב׃ אַחַת ׀ דִּבֶּר אֱלֹהִים שְׁתַּיִם־זוּ שָׁמָעְתִּי כִּי עֹז לֵאלֹהִים׃
יג וּלְךָ־אֲדֹנָי חָסֶד כִּי־אַתָּה תְשַׁלֵּם לְאִישׁ כְּמַעֲשֵׂהוּ׃
סג א ב מִזְמוֹר לְדָוִד בִּהְיוֹתוֹ בְּמִדְבַּר יְהוּדָה׃ אֱלֹהִים ׀ אֵלִי אַתָּה
אֲשַׁחֲרֶךָּ צָמְאָה לְךָ ׀ נַפְשִׁי כָּמַהּ לְךָ בְשָׂרִי בְּאֶרֶץ־צִיָּה וְעָיֵף
ג ד בְּלִי־מָיִם׃ כֵּן בַּקֹּדֶשׁ חֲזִיתִךָ לִרְאוֹת עֻזְּךָ וּכְבוֹדֶךָ׃ כִּי־טוֹב
ה חַסְדְּךָ מֵחַיִּים שְׂפָתַי יְשַׁבְּחוּנְךָ׃ כֵּן אֲבָרֶכְךָ בְחַיָּי בְּשִׁמְךָ אֶשָּׂא
ו כַפָּי׃ כְּמוֹ חֵלֶב וָדֶשֶׁן תִּשְׂבַּע נַפְשִׁי וְשִׂפְתֵי רְנָנוֹת יְהַלֶּל־פִּי׃
ז ח אִם־זְכַרְתִּיךָ עַל־יְצוּעָי בְּאַשְׁמֻרוֹת אֶהְגֶּה־בָּךְ׃ כִּי־הָיִיתָ עֶזְרָתָה
ט לִּי וּבְצֵל כְּנָפֶיךָ אֲרַנֵּן׃ דָּבְקָה נַפְשִׁי אַחֲרֶיךָ בִּי תָּמְכָה יְמִינֶךָ׃
י יא וְהֵמָּה לְשׁוֹאָה יְבַקְשׁוּ נַפְשִׁי יָבֹאוּ בְּתַחְתִּיּוֹת הָאָרֶץ׃ יַגִּירֻהוּ
יב עַל־יְדֵי־חָרֶב מְנָת שֻׁעָלִים יִהְיוּ׃ וְהַמֶּלֶךְ יִשְׂמַח בֵּאלֹהִים
יִתְהַלֵּל כָּל־הַנִּשְׁבָּע בּוֹ כִּי יִסָּכֵר פִּי דוֹבְרֵי־שָׁקֶר׃
סד א ב לַמְנַצֵּחַ מִזְמוֹר לְדָוִד׃ שְׁמַע־אֱלֹהִים קוֹלִי בְשִׂיחִי מִפַּחַד אוֹיֵב
ג ד תִּצֹּר חַיָּי׃ תַּסְתִּירֵנִי מִסּוֹד מְרֵעִים מֵרִגְשַׁת פֹּעֲלֵי אָוֶן׃ אֲשֶׁר
ה שָׁנְנוּ כַחֶרֶב לְשׁוֹנָם דָּרְכוּ חִצָּם דָּבָר מָר׃ לִירוֹת בַּמִּסְתָּרִים תָּם
ו פִּתְאֹם יֹרֻהוּ וְלֹא יִירָאוּ׃ יְחַזְּקוּ־לָמוֹ ׀ דָּבָר רָע יְסַפְּרוּ לִטְמוֹן

דוד במדבר יהודה
שמ"א כג-כו

ז מוֹקְשִׁים אָמְרוּ מִי יִרְאֶה־לָּמוֹ׃ יַחְפְּשׂוּ־עוֹלֹת תַּמְנוּ חֵפֶשׂ
ח מְחֻפָּשׂ וְקֶרֶב אִישׁ וְלֵב עָמֹק׃ וַיֹּרֵם אֱלֹהִים חֵץ פִּתְאוֹם הָיוּ
ט י מַכּוֹתָם׃ וַיַּכְשִׁילֻהוּ עָלֵימוֹ לְשׁוֹנָם יִתְנֹדְדוּ כׇּל־רֹאֵה בָם׃ וַיִּירְאוּ
יא כׇּל־אָדָם וַיַּגִּידוּ פֹּעַל אֱלֹהִים וּמַעֲשֵׂהוּ הִשְׂכִּילוּ׃ יִשְׂמַח צַדִּיק
בַּיהוָה וְחָסָה בוֹ וְיִתְהַלְלוּ כׇּל־יִשְׁרֵי־לֵב׃

סה א ב לַמְנַצֵּחַ מִזְמוֹר לְדָוִד שִׁיר׃ לְךָ דֻמִיָּה תְהִלָּה אֱלֹהִים בְּצִיּוֹן וּלְךָ
ג ד יְשֻׁלַּם־נֶדֶר׃ שֹׁמֵעַ תְּפִלָּה עָדֶיךָ כׇּל־בָּשָׂר יָבֹאוּ׃ דִּבְרֵי עֲוֺנֹת
ה גָּבְרוּ מֶנִּי פְּשָׁעֵינוּ אַתָּה תְכַפְּרֵם׃ אַשְׁרֵי ׀ תִּבְחַר וּתְקָרֵב יִשְׁכֹּן
ו חֲצֵרֶיךָ נִשְׂבְּעָה בְּטוּב בֵּיתֶךָ קְדֹשׁ הֵיכָלֶךָ׃ נוֹרָאוֹת ׀ בְּצֶדֶק
ז תַּעֲנֵנוּ אֱלֹהֵי יִשְׁעֵנוּ מִבְטָח כׇּל־קַצְוֵי־אֶרֶץ וְיָם רְחֹקִים׃ מֵכִין
ח הָרִים בְּכֹחוֹ נֶאְזָר בִּגְבוּרָה׃ מַשְׁבִּיחַ ׀ שְׁאוֹן יַמִּים שְׁאוֹן גַּלֵּיהֶם
ט וַהֲמוֹן לְאֻמִּים׃ וַיִּירְאוּ ׀ יֹשְׁבֵי קְצָוֺת מֵאוֹתֹתֶיךָ מוֹצָאֵי־בֹקֶר
י וָעֶרֶב תַּרְנִין׃ פָּקַדְתָּ הָאָרֶץ ׀ וַתְּשֹׁקְקֶהָ רַבַּת תַּעְשְׁרֶנָּה פֶּלֶג
יא אֱלֹהִים מָלֵא מָיִם תָּכִין דְּגָנָם כִּי־כֵן תְּכִינֶהָ׃ תְּלָמֶיהָ רַוֵּה נַחֵת
יב גְּדוּדֶהָ בִּרְבִיבִים תְּמֹגְגֶנָּה צִמְחָהּ תְּבָרֵךְ׃ עִטַּרְתָּ שְׁנַת טוֹבָתֶךָ
יג וּמַעְגָּלֶיךָ יִרְעֲפוּן דָּשֶׁן׃ יִרְעֲפוּ נְאוֹת מִדְבָּר וְגִיל גְּבָעוֹת
יד תַּחְגֹּרְנָה׃ לָבְשׁוּ כָרִים ׀ הַצֹּאן וַעֲמָקִים יַעַטְפוּ־בָר יִתְרוֹעֲעוּ
אַף־יָשִׁירוּ׃

סו א ב לַמְנַצֵּחַ שִׁיר מִזְמוֹר הָרִיעוּ לֵאלֹהִים כׇּל־הָאָרֶץ׃ זַמְּרוּ כְבוֹד־
ג שְׁמוֹ שִׂימוּ כָבוֹד תְּהִלָּתוֹ׃ אִמְרוּ לֵאלֹהִים מַה־נּוֹרָא מַעֲשֶׂיךָ
ד בְּרֹב עֻזְּךָ יְכַחֲשׁוּ לְךָ אֹיְבֶיךָ׃ כׇּל־הָאָרֶץ ׀ יִשְׁתַּחֲווּ לְךָ וִיזַמְּרוּ־
ה לָךְ יְזַמְּרוּ שִׁמְךָ סֶלָה׃ לְכוּ וּרְאוּ מִפְעֲלוֹת אֱלֹהִים נוֹרָא עֲלִילָה
ו עַל־בְּנֵי אָדָם׃ הָפַךְ יָם ׀ לְיַבָּשָׁה בַּנָּהָר יַעַבְרוּ בְרָגֶל שָׁם נִשְׂמְחָה־
ז בּוֹ׃ מֹשֵׁל בִּגְבוּרָתוֹ ׀ עוֹלָם עֵינָיו בַּגּוֹיִם תִּצְפֶּינָה הַסּוֹרְרִים ׀ אַל־
ח יָרִימוּ לָמוֹ סֶלָה׃ בָּרְכוּ עַמִּים ׀ אֱלֹהֵינוּ וְהַשְׁמִיעוּ קוֹל תְּהִלָּתוֹ׃
ט י הַשָּׂם נַפְשֵׁנוּ בַּחַיִּים וְלֹא־נָתַן לַמּוֹט רַגְלֵנוּ׃ כִּי־בְחַנְתָּנוּ אֱלֹהִים
יא צְרַפְתָּנוּ כִּצְרׇף־כָּסֶף׃ הֲבֵאתָנוּ בַמְּצוּדָה שַׂמְתָּ מוּעָקָה

קריעת ים סוף
שמות יד

חציית נהר הירדן
יהושע ג–ד

יָרוּמוּ

בְמָתְנֵינוּ: הִרְכַּבְתָּ אֱנוֹשׁ לְרֹאשֵׁנוּ בָּאנוּ־בָאֵשׁ וּבַמַּיִם וַתּוֹצִיאֵנוּ יב
לָרְוָיָה: אָבוֹא בֵיתְךָ בְעוֹלוֹת אֲשַׁלֵּם לְךָ נְדָרָי: אֲשֶׁר־פָּצוּ שְׂפָתָי יג יד
וְדִבֶּר־פִּי בַּצַּר־לִי: עֹלוֹת מֵחִים אַעֲלֶה־לָּךְ עִם־קְטֹרֶת אֵילִים טו
אֶעֱשֶׂה בָקָר עִם־עַתּוּדִים סֶלָה: לְכוּ־שִׁמְעוּ וַאֲסַפְּרָה כָּל־יִרְאֵי טז
אֱלֹהִים אֲשֶׁר עָשָׂה לְנַפְשִׁי: אֵלָיו פִּי־קָרָאתִי וְרוֹמַם תַּחַת יז
לְשׁוֹנִי: אָוֶן אִם־רָאִיתִי בְלִבִּי לֹא יִשְׁמַע ׀ אֲדֹנָי: אָכֵן שָׁמַע יח יט
אֱלֹהִים הִקְשִׁיב בְּקוֹל תְּפִלָּתִי: בָּרוּךְ אֱלֹהִים אֲשֶׁר לֹא־הֵסִיר כ
תְּפִלָּתִי וְחַסְדּוֹ מֵאִתִּי:

לַמְנַצֵּחַ בִּנְגִינֹת מִזְמוֹר שִׁיר: אֱלֹהִים יְחָנֵּנוּ וִיבָרְכֵנוּ יָאֵר פָּנָיו א ב סז
אִתָּנוּ סֶלָה: לָדַעַת בָּאָרֶץ דַּרְכֶּךָ בְּכָל־גּוֹיִם יְשׁוּעָתֶךָ: יוֹדוּךָ ג ד
עַמִּים ׀ אֱלֹהִים יוֹדוּךָ עַמִּים כֻּלָּם: יִשְׂמְחוּ וִירַנְּנוּ לְאֻמִּים כִּי־ ה
תִשְׁפֹּט עַמִּים מִישֹׁר וּלְאֻמִּים ׀ בָּאָרֶץ תַּנְחֵם סֶלָה: יוֹדוּךָ ו
עַמִּים ׀ אֱלֹהִים יוֹדוּךָ עַמִּים כֻּלָּם: אֶרֶץ נָתְנָה יְבוּלָהּ ז
ט יְבָרְכֵנוּ אֱלֹהִים אֱלֹהֵינוּ: יְבָרְכֵנוּ אֱלֹהִים וְיִירְאוּ אוֹתוֹ כָּל־ ח
אַפְסֵי־אָרֶץ:

לַמְנַצֵּחַ לְדָוִד מִזְמוֹר שִׁיר: יָקוּם אֱלֹהִים יָפוּצוּ אוֹיְבָיו וְיָנוּסוּ א ב סח
מְשַׂנְאָיו מִפָּנָיו: כְּהִנְדֹּף עָשָׁן תִּנְדֹּף כְּהִמֵּס דּוֹנַג מִפְּנֵי־אֵשׁ ג
יֹאבְדוּ רְשָׁעִים מִפְּנֵי אֱלֹהִים: וְצַדִּיקִים יִשְׂמְחוּ יַעַלְצוּ לִפְנֵי ד
אֱלֹהִים וְיָשִׂישׂוּ בְשִׂמְחָה: שִׁירוּ ׀ לֵאלֹהִים זַמְּרוּ שְׁמוֹ סֹלּוּ לָרֹכֵב ה
בָּעֲרָבוֹת בְּיָהּ שְׁמוֹ וְעִלְזוּ לְפָנָיו: אֲבִי יְתוֹמִים וְדַיַּן אַלְמָנוֹת ו
אֱלֹהִים בִּמְעוֹן קָדְשׁוֹ: אֱלֹהִים ׀ מוֹשִׁיב יְחִידִים ׀ בַּיְתָה מוֹצִיא ז
אֲסִירִים בַּכּוֹשָׁרוֹת אַךְ סוֹרְרִים שָׁכְנוּ צְחִיחָה: אֱלֹהִים בְּצֵאתְךָ ח
לִפְנֵי עַמֶּךָ בְּצַעְדְּךָ בִישִׁימוֹן סֶלָה: אֶרֶץ רָעָשָׁה ׀ אַף־שָׁמַיִם ט
נָטְפוּ מִפְּנֵי אֱלֹהִים זֶה סִינַי מִפְּנֵי אֱלֹהִים אֱלֹהֵי יִשְׂרָאֵל: גֶּשֶׁם י
נְדָבוֹת תָּנִיף אֱלֹהִים נַחֲלָתְךָ וְנִלְאָה אַתָּה כוֹנַנְתָּהּ: חַיָּתְךָ יא
יָשְׁבוּ־בָהּ תָּכִין בְּטוֹבָתְךָ לֶעָנִי אֱלֹהִים: אֲדֹנָי יִתֶּן־אֹמֶר יב
הַמְבַשְּׂרוֹת צָבָא רָב: מַלְכֵי צְבָאוֹת יִדֹּדוּן יִדֹּדוּן וּנְוַת־בַּיִת יג

יד תַּחֲלֵק שָׁלָל: אִם־תִּשְׁכְּבוּן בֵּין שְׁפַתָּיִם כַּנְפֵי יוֹנָה נֶחְפָּה בַכֶּסֶף
טו וְאֶבְרוֹתֶיהָ בִּירַקְרַק חָרוּץ: בְּפָרֵשׂ שַׁדַּי מְלָכִים בָּהּ תַּשְׁלֵג
טז יז בְּצַלְמוֹן: הַר־אֱלֹהִים הַר־בָּשָׁן הַר גַּבְנֻנִּים הַר־בָּשָׁן: לָמָּה ׀
תְּרַצְּדוּן הָרִים גַּבְנֻנִּים הָהָר חָמַד אֱלֹהִים לְשִׁבְתּוֹ אַף־יְהוָה
יח יִשְׁכֹּן לָנֶצַח: רֶכֶב אֱלֹהִים רִבֹּתַיִם אַלְפֵי שִׁנְאָן אֲדֹנָי בָם סִינַי
יט בַּקֹּדֶשׁ: עָלִיתָ לַמָּרוֹם ׀ שָׁבִיתָ שֶּׁבִי לָקַחְתָּ מַתָּנוֹת בָּאָדָם וְאַף
כ סוֹרְרִים לִשְׁכֹּן ׀ יָהּ אֱלֹהִים: בָּרוּךְ אֲדֹנָי יוֹם ׀ יוֹם יַעֲמָס־לָנוּ
כא הָאֵל יְשׁוּעָתֵנוּ סֶלָה: הָאֵל ׀ לָנוּ אֵל לְמוֹשָׁעוֹת וְלֵיהוִה אֲדֹנָי
כב לַמָּוֶת תּוֹצָאוֹת: אַךְ־אֱלֹהִים יִמְחַץ רֹאשׁ אֹיְבָיו קָדְקֹד שֵׂעָר
כג מִתְהַלֵּךְ בַּאֲשָׁמָיו: אָמַר אֲדֹנָי מִבָּשָׁן אָשִׁיב אָשִׁיב מִמְּצֻלוֹת יָם:
כד כה לְמַעַן ׀ תִּמְחַץ רַגְלְךָ בְּדָם לְשׁוֹן כְּלָבֶיךָ מֵאֹיְבִים מִנֵּהוּ: רָאוּ
כו הֲלִיכוֹתֶיךָ אֱלֹהִים הֲלִיכוֹת אֵלִי מַלְכִּי בַקֹּדֶשׁ: קִדְּמוּ שָׁרִים
כז אַחַר נֹגְנִים בְּתוֹךְ עֲלָמוֹת תּוֹפֵפוֹת: בְּמַקְהֵלוֹת בָּרְכוּ אֱלֹהִים
כח אֲדֹנָי מִמְּקוֹר יִשְׂרָאֵל: שָׁם בִּנְיָמִן ׀ צָעִיר רֹדֵם שָׂרֵי יְהוּדָה
כט רִגְמָתָם שָׂרֵי זְבֻלוּן שָׂרֵי נַפְתָּלִי: צִוָּה אֱלֹהֶיךָ עֻזֶּךָ עוּזָּה אֱלֹהִים
ל לא זוּ פָּעַלְתָּ לָּנוּ: מֵהֵיכָלֶךָ עַל־יְרוּשָׁלִָם לְךָ יוֹבִילוּ מְלָכִים שָׁי: גְּעַר
חַיַּת קָנֶה עֲדַת אַבִּירִים ׀ בְּעֶגְלֵי עַמִּים מִתְרַפֵּס בְּרַצֵּי־כָסֶף בִּזַּר
לב עַמִּים קְרָבוֹת יֶחְפָּצוּ: יֶאֱתָיוּ חַשְׁמַנִּים מִנִּי מִצְרָיִם כּוּשׁ תָּרִיץ
לג יָדָיו לֵאלֹהִים: מַמְלְכוֹת הָאָרֶץ שִׁירוּ לֵאלֹהִים זַמְּרוּ אֲדֹנָי
לד לה סֶלָה: לָרֹכֵב בִּשְׁמֵי שְׁמֵי־קֶדֶם הֵן יִתֵּן בְּקוֹלוֹ קוֹל עֹז: תְּנוּ עֹז
לו לֵאלֹהִים עַל־יִשְׂרָאֵל גַּאֲוָתוֹ וְעֻזּוֹ בַּשְּׁחָקִים: נוֹרָא אֱלֹהִים ׀
מִמִּקְדָּשֶׁיךָ אֵל יִשְׂרָאֵל הוּא נֹתֵן ׀ עֹז וְתַעֲצֻמוֹת לָעָם בָּרוּךְ
אֱלֹהִים:
סט א ב לַמְנַצֵּחַ עַל־שׁוֹשַׁנִּים לְדָוִד: הוֹשִׁיעֵנִי אֱלֹהִים כִּי בָאוּ מַיִם עַד־
ג נָפֶשׁ: טָבַעְתִּי ׀ בִּיוֵן מְצוּלָה וְאֵין מָעֳמָד בָּאתִי בְמַעֲמַקֵּי־מַיִם
ד וְשִׁבֹּלֶת שְׁטָפָתְנִי: יָגַעְתִּי בְקָרְאִי נִחַר גְּרוֹנִי כָּלוּ עֵינַי מְיַחֵל
ה לֵאלֹהָי: רַבּוּ ׀ מִשַּׂעֲרוֹת רֹאשִׁי שֹׂנְאַי חִנָּם עָצְמוּ מַצְמִיתַי אֹיְבַי

ו שֶׁקֶר אֲשֶׁר לֹא־גָזַלְתִּי אָז אָשִׁיב׃ אֱלֹהִים אַתָּה יָדַעְתָּ לְאִוַּלְתִּי
ז וְאַשְׁמוֹתַי מִמְּךָ לֹא־נִכְחָדוּ׃ אַל־יֵבֹשׁוּ בִי ׀ קֹוֶיךָ אֲדֹנָי יֱהֹוִה
ח צְבָאוֹת אַל־יִכָּלְמוּ בִי מְבַקְשֶׁיךָ אֱלֹהֵי יִשְׂרָאֵל׃ כִּי־עָלֶיךָ
ט נָשָׂאתִי חֶרְפָּה כִּסְּתָה כְלִמָּה פָנָי׃ מוּזָר הָיִיתִי לְאֶחָי וְנָכְרִי
י לִבְנֵי אִמִּי׃ כִּי־קִנְאַת בֵּיתְךָ אֲכָלָתְנִי וְחֶרְפּוֹת חוֹרְפֶיךָ נָפְלוּ
יא יב עָלָי׃ וָאֶבְכֶּה בַצּוֹם נַפְשִׁי וַתְּהִי לַחֲרָפוֹת לִי׃ וָאֶתְּנָה לְבוּשִׁי שָׂק
יג וָאֱהִי לָהֶם לְמָשָׁל׃ יָשִׂיחוּ בִי יֹשְׁבֵי שָׁעַר וּנְגִינוֹת שׁוֹתֵי שֵׁכָר׃
יד וַאֲנִי תְפִלָּתִי־לְךָ ׀ יְהוָה עֵת רָצוֹן אֱלֹהִים בְּרָב־חַסְדֶּךָ עֲנֵנִי
טו בֶּאֱמֶת יִשְׁעֶךָ׃ הַצִּילֵנִי מִטִּיט וְאַל־אֶטְבָּעָה אִנָּצְלָה מִשֹּׂנְאַי
טז וּמִמַּעֲמַקֵּי־מָיִם׃ אַל־תִּשְׁטְפֵנִי ׀ שִׁבֹּלֶת מַיִם וְאַל־תִּבְלָעֵנִי
יז מְצוּלָה וְאַל־תֶּאְטַר־עָלַי בְּאֵר פִּיהָ׃ עֲנֵנִי יְהוָה כִּי־טוֹב חַסְדֶּךָ
יח כְּרֹב רַחֲמֶיךָ פְּנֵה אֵלָי׃ וְאַל־תַּסְתֵּר פָּנֶיךָ מֵעַבְדֶּךָ כִּי־צַר־לִי
יט כ מַהֵר עֲנֵנִי׃ קָרְבָה אֶל־נַפְשִׁי גְאָלָהּ לְמַעַן אֹיְבַי פְּדֵנִי׃ אַתָּה
כא יָדַעְתָּ חֶרְפָּתִי וּבָשְׁתִּי וּכְלִמָּתִי נֶגְדְּךָ כָּל־צוֹרְרָי׃ חֶרְפָּה ׀ שָׁבְרָה
כב לִבִּי וָאָנוּשָׁה וָאֲקַוֶּה לָנוּד וָאַיִן וְלַמְנַחֲמִים וְלֹא מָצָאתִי׃ וַיִּתְּנוּ
כג בְּבָרוּתִי רֹאשׁ וְלִצְמָאִי יַשְׁקוּנִי חֹמֶץ׃ יְהִי־שֻׁלְחָנָם לִפְנֵיהֶם לְפָח
כד וְלִשְׁלוֹמִים לְמוֹקֵשׁ׃ תֶּחְשַׁכְנָה עֵינֵיהֶם מֵרְאוֹת וּמָתְנֵיהֶם תָּמִיד
כה כו הַמְעַד׃ שְׁפָךְ־עֲלֵיהֶם זַעְמֶךָ וַחֲרוֹן אַפְּךָ יַשִּׂיגֵם׃ תְּהִי־טִירָתָם
כז נְשַׁמָּה בְּאָהֳלֵיהֶם אַל־יְהִי יֹשֵׁב׃ כִּי־אַתָּה אֲשֶׁר־הִכִּיתָ רָדָפוּ
כח וְאֶל־מַכְאוֹב חֲלָלֶיךָ יְסַפֵּרוּ׃ תְּנָה־עָוֺן עַל־עֲוֺנָם וְאַל־יָבֹאוּ
כט ל בְּצִדְקָתֶךָ׃ יִמָּחוּ מִסֵּפֶר חַיִּים וְעִם צַדִּיקִים אַל־יִכָּתֵבוּ׃ וַאֲנִי עָנִי
לא וְכוֹאֵב יְשׁוּעָתְךָ אֱלֹהִים תְּשַׂגְּבֵנִי׃ אֲהַלְלָה שֵׁם־אֱלֹהִים בְּשִׁיר
לב לג וַאֲגַדְּלֶנּוּ בְתוֹדָה׃ וְתִיטַב לַיהוָה מִשּׁוֹר פָּר מַקְרִן מַפְרִיס׃ רָאוּ
לד עֲנָוִים יִשְׂמָחוּ דֹּרְשֵׁי אֱלֹהִים וִיחִי לְבַבְכֶם׃ כִּי־שֹׁמֵעַ אֶל־
לה אֶבְיוֹנִים יְהוָה וְאֶת־אֲסִירָיו לֹא בָזָה׃ יְהַלְלוּהוּ שָׁמַיִם וָאָרֶץ
לו יַמִּים וְכָל־רֹמֵשׂ בָּם׃ כִּי אֱלֹהִים ׀ יוֹשִׁיעַ צִיּוֹן וְיִבְנֶה עָרֵי
לז יְהוּדָה וְיָשְׁבוּ שָׁם וִירֵשׁוּהָ׃ וְזֶרַע עֲבָדָיו יִנְחָלוּהָ וְאֹהֲבֵי

שְׁמוֹ יִשְׁכְּנוּ־בָהּ׃

א ב לַמְנַצֵּחַ לְדָוִד לְהַזְכִּיר׃ אֱלֹהִים לְהַצִּילֵנִי יְהוָה לְעֶזְרָתִי חוּשָׁה׃ מזמור "ה׳ לעזרתי חושה" תהלים מ, יד–יח
ג יֵבֹשׁוּ וְיַחְפְּרוּ מְבַקְשֵׁי נַפְשִׁי יִסֹּגוּ אָחוֹר וְיִכָּלְמוּ חֲפֵצֵי רָעָתִי׃
ד ה יָשׁוּבוּ עַל־עֵקֶב בָּשְׁתָּם הָאֹמְרִים הֶאָח ׀ הֶאָח׃ יָשִׂישׂוּ וְיִשְׂמְחוּ ׀
בְּךָ כָּל־מְבַקְשֶׁיךָ וְיֹאמְרוּ תָמִיד יִגְדַּל אֱלֹהִים אֹהֲבֵי יְשׁוּעָתֶךָ׃
ו וַאֲנִי ׀ עָנִי וְאֶבְיוֹן אֱלֹהִים חוּשָׁה לִּי עֶזְרִי וּמְפַלְטִי אַתָּה יְהוָה
אַל־תְּאַחַר׃

עא א ב בְּךָ־יְהוָה חָסִיתִי אַל־אֵבוֹשָׁה לְעוֹלָם׃ בְּצִדְקָתְךָ תַּצִּילֵנִי מזמור "בך ה׳ חסיתי" תהלים לא, ב–ד
ג וּתְפַלְּטֵנִי הַטֵּה־אֵלַי אָזְנְךָ וְהוֹשִׁיעֵנִי׃ הֱיֵה לִי ׀ לְצוּר מָעוֹן
ד לָבוֹא תָּמִיד צִוִּיתָ לְהוֹשִׁיעֵנִי כִּי־סַלְעִי וּמְצוּדָתִי אָתָּה׃ אֱלֹהַי
ה פַּלְּטֵנִי מִיַּד רָשָׁע מִכַּף מְעַוֵּל וְחוֹמֵץ׃ כִּי־אַתָּה תִקְוָתִי אֲדֹנָי
ו יְהוִה מִבְטַחִי מִנְּעוּרָי׃ עָלֶיךָ ׀ נִסְמַכְתִּי מִבֶּטֶן מִמְּעֵי אִמִּי אַתָּה
ז גוֹזִי בְּךָ תְהִלָּתִי תָמִיד׃ כְּמוֹפֵת הָיִיתִי לְרַבִּים וְאַתָּה מַחֲסִי־עֹז׃
ח ט יִמָּלֵא פִי תְּהִלָּתֶךָ כָּל־הַיּוֹם תִּפְאַרְתֶּךָ׃ אַל־תַּשְׁלִיכֵנִי לְעֵת
י זִקְנָה כִּכְלוֹת כֹּחִי אַל־תַּעַזְבֵנִי׃ כִּי־אָמְרוּ אוֹיְבַי לִי וְשֹׁמְרֵי נַפְשִׁי
יא נוֹעֲצוּ יַחְדָּו׃ לֵאמֹר אֱלֹהִים עֲזָבוֹ רִדְפוּ וְתִפְשׂוּהוּ כִּי־אֵין מַצִּיל׃
יב יג אֱלֹהִים אַל־תִּרְחַק מִמֶּנִּי אֱלֹהַי לְעֶזְרָתִי חישה׃ יֵבֹשׁוּ יִכְלוּ שֹׂטְנֵי חוּשָׁה
יד נַפְשִׁי יַעֲטוּ חֶרְפָּה וּכְלִמָּה מְבַקְשֵׁי רָעָתִי׃ וַאֲנִי תָּמִיד אֲיַחֵל
טו וְהוֹסַפְתִּי עַל־כָּל־תְּהִלָּתֶךָ׃ פִּי ׀ יְסַפֵּר צִדְקָתֶךָ כָּל־הַיּוֹם
טז תְּשׁוּעָתֶךָ כִּי לֹא יָדַעְתִּי סְפֹרוֹת׃ אָבוֹא בִּגְבֻרוֹת אֲדֹנָי יְהוִה
יז אַזְכִּיר צִדְקָתְךָ לְבַדֶּךָ׃ אֱלֹהִים לִמַּדְתַּנִי מִנְּעוּרָי וְעַד־הֵנָּה אַגִּיד
יח נִפְלְאוֹתֶיךָ׃ וְגַם עַד־זִקְנָה ׀ וְשֵׂיבָה אֱלֹהִים אַל־תַּעַזְבֵנִי עַד־אַגִּיד
יט זְרוֹעֲךָ לְדוֹר לְכָל־יָבוֹא גְּבוּרָתֶךָ׃ וְצִדְקָתְךָ אֱלֹהִים עַד־מָרוֹם
כ אֲשֶׁר־עָשִׂיתָ גְדֹלוֹת אֱלֹהִים מִי כָמוֹךָ׃ אֲשֶׁר הראיתנו ׀ צָרוֹת הִרְאִיתַנִי
רַבּוֹת וְרָעוֹת תָּשׁוּב תחיינו וּמִתְּהֹמוֹת הָאָרֶץ תָּשׁוּב תעלנו׃ תְּחַיֵּנִי | תַּעֲלֵנִי
כא כב תֶּרֶב ׀ גְּדֻלָּתִי וְתִסֹּב תְּנַחֲמֵנִי׃ גַּם־אֲנִי ׀ אוֹדְךָ בִכְלִי־נֶבֶל אֲמִתְּךָ
כג אֱלֹהַי אֲזַמְּרָה לְךָ בְכִנּוֹר קְדוֹשׁ יִשְׂרָאֵל׃ תְּרַנֵּנָּה שְׂפָתַי כִּי

כד אֲזַמְּרָה־לָּךְ וְנַפְשִׁי אֲשֶׁר פָּדִיתָ׃ גַּם־לְשׁוֹנִי כׇּל־הַיּוֹם תֶּהְגֶּה
צִדְקָתֶךָ כִּי־בֹשׁוּ כִי־חָפְרוּ מְבַקְשֵׁי רָעָתִי׃

עב א ב לִשְׁלֹמֹה ׀ אֱלֹהִים מִשְׁפָּטֶיךָ לְמֶלֶךְ תֵּן וְצִדְקָתְךָ לְבֶן־מֶלֶךְ׃ יָדִין
ג עַמְּךָ בְצֶדֶק וַעֲנִיֶּיךָ בְמִשְׁפָּט׃ יִשְׂאוּ הָרִים שָׁלוֹם לָעָם וּגְבָעוֹת
ד בִּצְדָקָה׃ יִשְׁפֹּט ׀ עֲנִיֵּי־עָם יוֹשִׁיעַ לִבְנֵי אֶבְיוֹן וִידַכֵּא עוֹשֵׁק׃
ה ו יִירָאוּךָ עִם־שָׁמֶשׁ וְלִפְנֵי יָרֵחַ דּוֹר דּוֹרִים׃ יֵרֵד כְּמָטָר עַל־גֵּז
ז כִּרְבִיבִים זַרְזִיף אָרֶץ׃ יִפְרַח־בְּיָמָיו צַדִּיק וְרֹב שָׁלוֹם עַד־בְּלִי
ח ט יָרֵחַ׃ וְיֵרְדְּ מִיָּם עַד־יָם וּמִנָּהָר עַד־אַפְסֵי־אָרֶץ׃ לְפָנָיו יִכְרְעוּ
י צִיִּים וְאֹיְבָיו עָפָר יְלַחֵכוּ׃ מַלְכֵי תַרְשִׁישׁ וְאִיִּים מִנְחָה יָשִׁיבוּ
יא מַלְכֵי שְׁבָא וּסְבָא אֶשְׁכָּר יַקְרִיבוּ׃ וְיִשְׁתַּחֲווּ־לוֹ כׇל־מְלָכִים כׇּל־
יב יג גּוֹיִם יַעַבְדוּהוּ׃ כִּי־יַצִּיל אֶבְיוֹן מְשַׁוֵּעַ וְעָנִי וְאֵין־עֹזֵר לוֹ׃ יָחֹס
יד עַל־דַּל וְאֶבְיוֹן וְנַפְשׁוֹת אֶבְיוֹנִים יוֹשִׁיעַ׃ מִתּוֹךְ וּמֵחָמָס יִגְאַל
טו נַפְשָׁם וְיֵיקַר דָּמָם בְּעֵינָיו׃ וִיחִי וְיִתֶּן־לוֹ מִזְּהַב שְׁבָא וְיִתְפַּלֵּל
טז בַּעֲדוֹ תָמִיד כׇּל־הַיּוֹם יְבָרֲכֶנְהוּ׃ יְהִי פִסַּת־בַּר ׀ בָּאָרֶץ בְּרֹאשׁ
יז הָרִים יִרְעַשׁ כַּלְּבָנוֹן פִּרְיוֹ וְיָצִיצוּ מֵעִיר כְּעֵשֶׂב הָאָרֶץ׃ יְהִי שְׁמוֹ ׀
לְעוֹלָם לִפְנֵי־שֶׁמֶשׁ ינין שְׁמוֹ וְיִתְבָּרְכוּ בוֹ כׇּל־גּוֹיִם יְאַשְּׁרוּהוּ׃ יִנּוֹן
יח יט בָּרוּךְ ׀ יְהוָה אֱלֹהִים אֱלֹהֵי יִשְׂרָאֵל עֹשֵׂה נִפְלָאוֹת לְבַדּוֹ׃ וּבָרוּךְ ׀
שֵׁם כְּבוֹדוֹ לְעוֹלָם וְיִמָּלֵא כְבוֹדוֹ אֶת־כֹּל־הָאָרֶץ אָמֵן ׀ וְאָמֵן׃
כ כָּלּוּ תְפִלּוֹת דָּוִד בֶּן־יִשָׁי׃

ספר שלישי

עג א ב מִזְמוֹר לְאָסָף אַךְ טוֹב לְיִשְׂרָאֵל אֱלֹהִים לְבָרֵי לֵבָב׃ וַאֲנִי כִּמְעַט
ג נטוי רַגְלָי כְּאַיִן שפכה אֲשֻׁרָי׃ כִּי־קִנֵּאתִי בַּהוֹלְלִים שְׁלוֹם נָטָיוּ | שֻׁפְּכוּ
ד ה רְשָׁעִים אֶרְאֶה׃ כִּי אֵין חַרְצֻבּוֹת לְמוֹתָם וּבָרִיא אוּלָם׃ בַּעֲמַל
ו אֱנוֹשׁ אֵינֵמוֹ וְעִם־אָדָם לֹא יְנֻגָּעוּ׃ לָכֵן עֲנָקַתְמוֹ גַאֲוָה יַעֲטׇף־
ז ח שִׁית חָמָס לָמוֹ׃ יָצָא מֵחֵלֶב עֵינֵמוֹ עָבְרוּ מַשְׂכִּיּוֹת לֵבָב׃ יָמִיקוּ ׀
ט וִידַבְּרוּ בְרָע עֹשֶׁק מִמָּרוֹם יְדַבֵּרוּ׃ שַׁתּוּ בַשָּׁמַיִם פִּיהֶם וּלְשׁוֹנָם
י תִּהֲלַךְ בָּאָרֶץ׃ לָכֵן ׀ ישיב עַמּוֹ הֲלֹם וּמֵי מָלֵא יִמָּצוּ לָמוֹ׃ יָשׁוּב

יא יב וְאָמְרוּ אֵיכָה יָדַע־אֵל וְיֵשׁ דֵּעָה בְעֶלְיוֹן׃ הִנֵּה־אֵלֶּה רְשָׁעִים
יג וְשַׁלְוֵי עוֹלָם הִשְׂגּוּ־חָיִל׃ אַךְ־רִיק זִכִּיתִי לְבָבִי וָאֶרְחַץ בְּנִקָּיוֹן
יד טו כַּפָּי׃ וָאֱהִי נָגוּעַ כָּל־הַיּוֹם וְתוֹכַחְתִּי לַבְּקָרִים׃ אִם־אָמַרְתִּי
טז אֲסַפְּרָה כְמוֹ הִנֵּה דוֹר בָּנֶיךָ בָגָדְתִּי׃ וָאֲחַשְּׁבָה לָדַעַת זֹאת עָמָל
יז יח הִיא בְעֵינָי׃ עַד־אָבוֹא אֶל־מִקְדְּשֵׁי־אֵל אָבִינָה לְאַחֲרִיתָם׃ אַךְ הִוא
יט בַּחֲלָקוֹת תָּשִׁית לָמוֹ הִפַּלְתָּם לְמַשּׁוּאוֹת׃ אֵיךְ הָיוּ לְשַׁמָּה
כ כְרָגַע סָפוּ תַמּוּ מִן־בַּלָּהוֹת׃ כַּחֲלוֹם מֵהָקִיץ אֲדֹנָי בָּעִיר ׀ צַלְמָם
כא כב תִּבְזֶה׃ כִּי יִתְחַמֵּץ לְבָבִי וְכִלְיוֹתַי אֶשְׁתּוֹנָן׃ וַאֲנִי־בַעַר וְלֹא
כג אֵדָע בְּהֵמוֹת הָיִיתִי עִמָּךְ׃ וַאֲנִי תָמִיד עִמָּךְ אָחַזְתָּ בְּיַד־יְמִינִי׃
כד כה בַּעֲצָתְךָ תַנְחֵנִי וְאַחַר כָּבוֹד תִּקָּחֵנִי׃ מִי־לִי בַשָּׁמָיִם וְעִמְּךָ לֹא־
כו חָפַצְתִּי בָאָרֶץ׃ כָּלָה שְׁאֵרִי וּלְבָבִי צוּר־לְבָבִי וְחֶלְקִי אֱלֹהִים
כז כח לְעוֹלָם׃ כִּי־הִנֵּה רְחֵקֶיךָ יֹאבֵדוּ הִצְמַתָּה כָּל־זוֹנֶה מִמֶּךָּ׃ וַאֲנִי ׀
קִרֲבַת אֱלֹהִים לִי טוֹב שַׁתִּי ׀ בַּאדֹנָי יֱהֹוִה מַחְסִי לְסַפֵּר
כָּל־מַלְאֲכוֹתֶיךָ׃

עד א מַשְׂכִּיל לְאָסָף לָמָה אֱלֹהִים זָנַחְתָּ לָנֶצַח יֶעְשַׁן אַפְּךָ בְּצֹאן
ב מַרְעִיתֶךָ׃ זְכֹר עֲדָתְךָ ׀ קָּנִיתָ קֶּדֶם גָּאַלְתָּ שֵׁבֶט נַחֲלָתֶךָ הַר־צִיּוֹן
ג זֶה ׀ שָׁכַנְתָּ בּוֹ׃ הָרִימָה פְעָמֶיךָ לְמַשֻּׁאוֹת נֶצַח כָּל־הֵרַע אוֹיֵב
ד בַּקֹּדֶשׁ׃ שָׁאֲגוּ צֹרְרֶיךָ בְּקֶרֶב מוֹעֲדֶךָ שָׂמוּ אוֹתֹתָם אֹתוֹת׃
ה ו יִוָּדַע כְּמֵבִיא לְמָעְלָה בִּסֲבָךְ־עֵץ קַרְדֻּמּוֹת׃ וְעַת פִּתּוּחֶיהָ יָּחַד
ז בְּכַשִּׁיל וְכֵילַפֹּת יַהֲלֹמוּן׃ שִׁלְחוּ בָאֵשׁ מִקְדָּשֶׁךָ לָאָרֶץ חִלְּלוּ
ח מִשְׁכַּן־שְׁמֶךָ׃ אָמְרוּ בְלִבָּם נִינָם יָחַד שָׂרְפוּ כָל־מוֹעֲדֵי־אֵל
ט בָּאָרֶץ׃ אוֹתֹתֵינוּ לֹא־רָאִינוּ אֵין־עוֹד נָבִיא וְלֹא־אִתָּנוּ יֹדֵעַ עַד־
י יא מָה׃ עַד־מָתַי אֱלֹהִים יְחָרֶף צָר יְנָאֵץ אוֹיֵב שִׁמְךָ לָנֶצַח׃ לָמָּה
יב תָשִׁיב יָדְךָ וִימִינֶךָ מִקֶּרֶב חוֹקְךָ כַלֵּה׃ וֵאלֹהִים מַלְכִּי מִקֶּדֶם חֵיקְךָ
יג פֹּעֵל יְשׁוּעוֹת בְּקֶרֶב הָאָרֶץ׃ אַתָּה פוֹרַרְתָּ בְעָזְּךָ יָם שִׁבַּרְתָּ
יד רָאשֵׁי תַנִּינִים עַל־הַמָּיִם׃ אַתָּה רִצַּצְתָּ רָאשֵׁי לִוְיָתָן תִּתְּנֶנּוּ
טו מַאֲכָל לְעָם לְצִיִּים׃ אַתָּה בָקַעְתָּ מַעְיָן וָנָחַל אַתָּה הוֹבַשְׁתָּ

טז נַהֲרוֹת אֵיתָן׃ לְךָ יוֹם אַף־לְךָ לָיְלָה אַתָּה הֲכִינוֹתָ מָאוֹר וָשָׁמֶשׁ׃
יז יח אַתָּה הִצַּבְתָּ כָּל־גְּבוּלוֹת אָרֶץ קַיִץ וָחֹרֶף אַתָּה יְצַרְתָּם׃ זְכָר־
יט זֹאת אוֹיֵב חֵרֵף ׀ יְהוָה וְעַם־נָבָל נִאֲצוּ שְׁמֶךָ׃ אַל־תִּתֵּן לְחַיַּת
כ נֶפֶשׁ תּוֹרֶךָ חַיַּת עֲנִיֶּיךָ אַל־תִּשְׁכַּח לָנֶצַח׃ הַבֵּט לַבְּרִית כִּי־
כא מָלְאוּ מַחֲשַׁכֵּי־אֶרֶץ נְאוֹת חָמָס׃ אַל־יָשֹׁב דַּךְ נִכְלָם עָנִי
כב וְאֶבְיוֹן יְהַלְלוּ שְׁמֶךָ׃ קוּמָה אֱלֹהִים רִיבָה רִיבֶךָ זְכֹר חֶרְפָּתְךָ
כג מִנִּי־נָבָל כָּל־הַיּוֹם׃ אַל־תִּשְׁכַּח קוֹל צֹרְרֶיךָ שְׁאוֹן קָמֶיךָ
עֹלֶה תָמִיד׃

עה א ב לַמְנַצֵּחַ אַל־תַּשְׁחֵת מִזְמוֹר לְאָסָף שִׁיר׃ הוֹדִינוּ לְּךָ ׀ אֱלֹהִים
ג הוֹדִינוּ וְקָרוֹב שְׁמֶךָ סִפְּרוּ נִפְלְאוֹתֶיךָ׃ כִּי אֶקַּח מוֹעֵד אֲנִי
ד מֵישָׁרִים אֶשְׁפֹּט׃ נְמֹגִים אֶרֶץ וְכָל־יֹשְׁבֶיהָ אָנֹכִי תִכַּנְתִּי
ה עַמּוּדֶיהָ סֶּלָה׃ אָמַרְתִּי לַהוֹלְלִים אַל־תָּהֹלּוּ וְלָרְשָׁעִים אַל־
ו תָּרִימוּ קָרֶן׃ אַל־תָּרִימוּ לַמָּרוֹם קַרְנְכֶם תְּדַבְּרוּ בְצַוָּאר עָתָק׃
ז ח כִּי לֹא מִמּוֹצָא וּמִמַּעֲרָב וְלֹא מִמִּדְבַּר הָרִים׃ כִּי־אֱלֹהִים שֹׁפֵט
ט זֶה יַשְׁפִּיל וְזֶה יָרִים׃ כִּי כוֹס בְּיַד־יְהוָה וְיַיִן חָמַר ׀ מָלֵא מֶסֶךְ
י וַיַּגֵּר מִזֶּה אַךְ־שְׁמָרֶיהָ יִמְצוּ יִשְׁתּוּ כֹּל רִשְׁעֵי־אָרֶץ׃ וַאֲנִי
יא אַגִּיד לְעֹלָם אֲזַמְּרָה לֵאלֹהֵי יַעֲקֹב׃ וְכָל־קַרְנֵי רְשָׁעִים אֲגַדֵּעַ
תְּרוֹמַמְנָה קַרְנוֹת צַדִּיק׃

עו א ב לַמְנַצֵּחַ בִּנְגִינֹת מִזְמוֹר לְאָסָף שִׁיר׃ נוֹדָע בִּיהוּדָה אֱלֹהִים
ג ד בְּיִשְׂרָאֵל גָּדוֹל שְׁמוֹ׃ וַיְהִי בְשָׁלֵם סֻכּוֹ וּמְעוֹנָתוֹ בְצִיּוֹן׃ שָׁמָּה
ה שִׁבַּר רִשְׁפֵי־קָשֶׁת מָגֵן וְחֶרֶב וּמִלְחָמָה סֶלָה׃ נָאוֹר אַתָּה אַדִּיר
ו מֵהַרְרֵי־טָרֶף׃ אֶשְׁתּוֹלְלוּ ׀ אַבִּירֵי לֵב נָמוּ שְׁנָתָם וְלֹא־מָצְאוּ כָל־
ז אַנְשֵׁי־חַיִל יְדֵיהֶם׃ מִגַּעֲרָתְךָ אֱלֹהֵי יַעֲקֹב נִרְדָּם וְרֶכֶב וָסוּס׃
ח ט אַתָּה ׀ נוֹרָא אַתָּה וּמִי־יַעֲמֹד לְפָנֶיךָ מֵאָז אַפֶּךָ׃ מִשָּׁמַיִם
י הִשְׁמַעְתָּ דִּין אֶרֶץ יָרְאָה וְשָׁקָטָה׃ בְּקוּם־לַמִּשְׁפָּט אֱלֹהִים
יא לְהוֹשִׁיעַ כָּל־עַנְוֵי־אֶרֶץ סֶלָה׃ כִּי־חֲמַת אָדָם תּוֹדֶךָּ שְׁאֵרִית
יב חֵמֹת תַּחְגֹּר׃ נִדְרוּ וְשַׁלְּמוּ לַיהוָה אֱלֹהֵיכֶם כָּל־סְבִיבָיו יוֹבִילוּ

יג שַׁי לַמּוֹרָא׃ יִבְצֹר רוּחַ נְגִידִים נוֹרָא לְמַלְכֵי־אָרֶץ׃
עז א ב לַמְנַצֵּחַ עַל־ידיתון לְאָסָף מִזְמוֹר׃ קוֹלִי אֶל־אֱלֹהִים וְאֶצְעָקָה יְדוּתוּן
ג קוֹלִי אֶל־אֱלֹהִים וְהַאֲזִין אֵלָי׃ בְּיוֹם צָרָתִי אֲדֹנָי דָּרָשְׁתִּי
ד יָדִי ׀ לַיְלָה נִגְּרָה וְלֹא תָפוּג מֵאֲנָה הִנָּחֵם נַפְשִׁי׃ אֶזְכְּרָה אֱלֹהִים
ה וְאֶהֱמָיָה אָשִׂיחָה ׀ וְתִתְעַטֵּף רוּחִי סֶלָה׃ אָחַזְתָּ שְׁמֻרוֹת עֵינָי
ו נִפְעַמְתִּי וְלֹא אֲדַבֵּר׃ חִשַּׁבְתִּי יָמִים מִקֶּדֶם שְׁנוֹת עוֹלָמִים׃
ז אֶזְכְּרָה נְגִינָתִי בַּלָּיְלָה עִם־לְבָבִי אָשִׂיחָה וַיְחַפֵּשׂ רוּחִי׃
ח ט הַלְעוֹלָמִים יִזְנַח ׀ אֲדֹנָי וְלֹא־יֹסִיף לִרְצוֹת עוֹד׃ הֶאָפֵס לָנֶצַח
י חַסְדּוֹ גָּמַר אֹמֶר לְדֹר וָדֹר׃ הֲשָׁכַח חַנּוֹת אֵל אִם־קָפַץ בְּאַף
יא יב רַחֲמָיו סֶלָה׃ וָאֹמַר חַלּוֹתִי הִיא שְׁנוֹת יְמִין עֶלְיוֹן׃ אזכיר אֶזְכּוֹר
יג מַעַלְלֵי־יָהּ כִּי־אֶזְכְּרָה מִקֶּדֶם פִּלְאֶךָ׃ וְהָגִיתִי בְכָל־פָּעֳלֶךָ
יד וּבַעֲלִילוֹתֶיךָ אָשִׂיחָה׃ אֱלֹהִים בַּקֹּדֶשׁ דַּרְכֶּךָ מִי־אֵל גָּדוֹל
טו טז כֵּאלֹהִים׃ אַתָּה הָאֵל עֹשֵׂה פֶלֶא הוֹדַעְתָּ בָעַמִּים עֻזֶּךָ׃ גָּאַלְתָּ
יז בִּזְרוֹעַ עַמֶּךָ בְּנֵי־יַעֲקֹב וְיוֹסֵף סֶלָה׃ רָאוּךָ מַּיִם ׀ אֱלֹהִים רָאוּךָ
יח מַּיִם יָחִילוּ אַף יִרְגְּזוּ תְהֹמוֹת׃ זֹרְמוּ מַיִם ׀ עָבוֹת קוֹל נָתְנוּ
יט שְׁחָקִים אַף־חֲצָצֶיךָ יִתְהַלָּכוּ׃ קוֹל רַעַמְךָ ׀ בַּגַּלְגַּל הֵאִירוּ
כ בְרָקִים תֵּבֵל רָגְזָה וַתִּרְעַשׁ הָאָרֶץ׃ בַּיָּם דַּרְכֶּךָ ושביליך וּשְׁבִילְךָ
כא בְּמַיִם רַבִּים וְעִקְּבוֹתֶיךָ לֹא נֹדָעוּ׃ נָחִיתָ כַצֹּאן עַמֶּךָ בְּיַד־
מֹשֶׁה וְאַהֲרֹן׃
עח א מַשְׂכִּיל לְאָסָף הַאֲזִינָה עַמִּי תּוֹרָתִי הַטּוּ אָזְנְכֶם לְאִמְרֵי־פִי׃
ב ג אֶפְתְּחָה בְמָשָׁל פִּי אַבִּיעָה חִידוֹת מִנִּי־קֶדֶם׃ אֲשֶׁר שָׁמַעְנוּ
ד וַנֵּדָעֵם וַאֲבוֹתֵינוּ סִפְּרוּ־לָנוּ׃ לֹא נְכַחֵד ׀ מִבְּנֵיהֶם לְדוֹר אַחֲרוֹן
ה מְסַפְּרִים תְּהִלּוֹת יְהוָה וֶעֱזוּזוֹ וְנִפְלְאוֹתָיו אֲשֶׁר עָשָׂה׃ וַיָּקֶם
עֵדוּת ׀ בְּיַעֲקֹב וְתוֹרָה שָׂם בְּיִשְׂרָאֵל אֲשֶׁר צִוָּה אֶת־אֲבוֹתֵינוּ
ו לְהוֹדִיעָם לִבְנֵיהֶם׃ לְמַעַן יֵדְעוּ ׀ דּוֹר אַחֲרוֹן בָּנִים יִוָּלֵדוּ יָקֻמוּ
ז וִיסַפְּרוּ לִבְנֵיהֶם׃ וְיָשִׂימוּ בֵאלֹהִים כִּסְלָם וְלֹא יִשְׁכְּחוּ מַעַלְלֵי־
ח אֵל וּמִצְוֹתָיו יִנְצֹרוּ׃ וְלֹא יִהְיוּ ׀ כַּאֲבוֹתָם דּוֹר סוֹרֵר וּמֹרֶה דּוֹר

ט לֹא־הֵכִין לִבּוֹ וְלֹא־נֶאֶמְנָה אֶת־אֵל רוּחוֹ: בְּנֵי־אֶפְרַיִם נוֹשְׁקֵי
י רוֹמֵי־קָשֶׁת הָפְכוּ בְּיוֹם קְרָב: לֹא שָׁמְרוּ בְּרִית אֱלֹהִים וּבְתוֹרָתוֹ
יא יב מֵאֲנוּ לָלֶכֶת: וַיִּשְׁכְּחוּ עֲלִילוֹתָיו וְנִפְלְאוֹתָיו אֲשֶׁר הֶרְאָם: נֶגֶד
יג אֲבוֹתָם עָשָׂה פֶלֶא בְּאֶרֶץ מִצְרַיִם שְׂדֵה־צֹעַן: בָּקַע יָם וַיַּעֲבִירֵם
(קריעת ים סוף / שמות יד)
יד וַיַּצֶּב־מַיִם כְּמוֹ־נֵד: וַיַּנְחֵם בֶּעָנָן יוֹמָם וְכׇל־הַלַּיְלָה בְּאוֹר אֵשׁ:
(עמוד האש ועמוד הענן במדבר / שמות יג, כא–כב)
טו טז יְבַקַּע צֻרִים בַּמִּדְבָּר וַיַּשְׁקְ כִּתְהֹמוֹת רַבָּה: וַיּוֹצִא נוֹזְלִים מִסָּלַע
יז וַיּוֹרֶד כַּנְּהָרוֹת מָיִם: וַיּוֹסִיפוּ עוֹד לַחֲטֹא־לוֹ לַמְרוֹת עֶלְיוֹן
(הוצאת מים מהסלע במדבר / שמות יז, א–ז / במדבר כ, א–יא)
יח יט בַּצִּיָּה: וַיְנַסּוּ־אֵל בִּלְבָבָם לִשְׁאׇל־אֹכֶל לְנַפְשָׁם: וַיְדַבְּרוּ
כ בֵּאלֹהִים אָמְרוּ הֲיוּכַל אֵל לַעֲרֹךְ שֻׁלְחָן בַּמִּדְבָּר: הֵן הִכָּה־
צוּר ׀ וַיָּזוּבוּ מַיִם וּנְחָלִים יִשְׁטֹפוּ הֲגַם־לֶחֶם יוּכַל תֵּת אִם־יָכִין
כא שְׁאֵר לְעַמּוֹ: לָכֵן ׀ שָׁמַע יהוה וַיִּתְעַבָּר וְאֵשׁ נִשְּׂקָה בְיַעֲקֹב
כב וְגַם־אַף עָלָה בְיִשְׂרָאֵל: כִּי לֹא הֶאֱמִינוּ בֵּאלֹהִים וְלֹא בָטְחוּ
כג כד בִּישׁוּעָתוֹ: וַיְצַו שְׁחָקִים מִמָּעַל וְדַלְתֵי שָׁמַיִם פָּתָח: וַיַּמְטֵר
(המן במדבר / שמות טז)
כה עֲלֵיהֶם מָן לֶאֱכֹל וּדְגַן־שָׁמַיִם נָתַן לָמוֹ: לֶחֶם אַבִּירִים אָכַל
כו אִישׁ צֵידָה שָׁלַח לָהֶם לָשֹׂבַע: יַסַּע קָדִים בַּשָּׁמָיִם וַיְנַהֵג בְּעֻזּוֹ
(השלו במדבר / במדבר יא)
כז כח תֵימָן: וַיַּמְטֵר עֲלֵיהֶם כֶּעָפָר שְׁאֵר וּכְחוֹל יַמִּים עוֹף כָּנָף: וַיַּפֵּל
כט בְּקֶרֶב מַחֲנֵהוּ סָבִיב לְמִשְׁכְּנֹתָיו: וַיֹּאכְלוּ וַיִּשְׂבְּעוּ מְאֹד
ל וְתַאֲוָתָם יָבִא לָהֶם: לֹא־זָרוּ מִתַּאֲוָתָם עוֹד אׇכְלָם בְּפִיהֶם:
לא וְאַף אֱלֹהִים ׀ עָלָה בָהֶם וַיַּהֲרֹג בְּמִשְׁמַנֵּיהֶם וּבַחוּרֵי יִשְׂרָאֵל
לב לג הִכְרִיעַ: בְּכׇל־זֹאת חָטְאוּ־עוֹד וְלֹא הֶאֱמִינוּ בְּנִפְלְאוֹתָיו: וַיְכַל־
לד בַּהֶבֶל יְמֵיהֶם וּשְׁנוֹתָם בַּבֶּהָלָה: אִם־הֲרָגָם וּדְרָשׁוּהוּ וְשָׁבוּ
לה לו וְשִׁחֲרוּ־אֵל: וַיִּזְכְּרוּ כִּי־אֱלֹהִים צוּרָם וְאֵל עֶלְיוֹן גֹּאֲלָם: וַיְפַתּוּהוּ
לז בְּפִיהֶם וּבִלְשׁוֹנָם יְכַזְּבוּ־לוֹ: וְלִבָּם לֹא־נָכוֹן עִמּוֹ וְלֹא נֶאֶמְנוּ
יא לח בִּבְרִיתוֹ: וְהוּא רַחוּם ׀ יְכַפֵּר עָוֺן וְלֹא־יַשְׁחִית וְהִרְבָּה לְהָשִׁיב
לט אַפּוֹ וְלֹא־יָעִיר כׇּל־חֲמָתוֹ: וַיִּזְכֹּר כִּי־בָשָׂר הֵמָּה רוּחַ הוֹלֵךְ וְלֹא
מ מא יָשׁוּב: כַּמָּה יַמְרוּהוּ בַמִּדְבָּר יַעֲצִיבוּהוּ בִּישִׁימוֹן: וַיָּשׁוּבוּ וַיְנַסּוּ
מב אֵל וּקְדוֹשׁ יִשְׂרָאֵל הִתְווּ: לֹא־זָכְרוּ אֶת־יָדוֹ יוֹם אֲשֶׁר־פָּדָם

מג מִנִּי־צָר: אֲשֶׁר־שָׂם בְּמִצְרַיִם אֹתוֹתָיו וּמוֹפְתָיו בִּשְׂדֵה־צֹעַן:
עשר המכות שמות ז–יב
מד מה וַיַּהֲפֹךְ לְדָם יְאֹרֵיהֶם וְנֹזְלֵיהֶם בַּל־יִשְׁתָּיוּן: יְשַׁלַּח בָּהֶם עָרֹב
מו וַיֹּאכְלֵם וּצְפַרְדֵּעַ וַתַּשְׁחִיתֵם: וַיִּתֵּן לֶחָסִיל יְבוּלָם וִיגִיעָם
מז מח לָאַרְבֶּה: יַהֲרֹג בַּבָּרָד גַּפְנָם וְשִׁקְמוֹתָם בַּחֲנָמַל: וַיַּסְגֵּר לַבָּרָד
מט בְּעִירָם וּמִקְנֵיהֶם לָרְשָׁפִים: יְשַׁלַּח־בָּם ׀ חֲרוֹן אַפּוֹ עֶבְרָה וָזַעַם
נ וְצָרָה מִשְׁלַחַת מַלְאֲכֵי רָעִים: יְפַלֵּס נָתִיב לְאַפּוֹ לֹא־חָשַׂךְ
נא מִמָּוֶת נַפְשָׁם וְחַיָּתָם לַדֶּבֶר הִסְגִּיר: וַיַּךְ כָּל־בְּכוֹר בְּמִצְרָיִם
נב רֵאשִׁית אוֹנִים בְּאָהֳלֵי־חָם: וַיַּסַּע כַּצֹּאן עַמּוֹ וַיְנַהֲגֵם כַּעֵדֶר
נג בַּמִּדְבָּר: וַיַּנְחֵם לָבֶטַח וְלֹא פָחָדוּ וְאֶת־אוֹיְבֵיהֶם כִּסָּה הַיָּם:
נד נה וַיְבִיאֵם אֶל־גְּבוּל קָדְשׁוֹ הַר־זֶה קָנְתָה יְמִינוֹ: וַיְגָרֶשׁ מִפְּנֵיהֶם ׀
גּוֹיִם וַיַּפִּילֵם בְּחֶבֶל נַחֲלָה וַיַּשְׁכֵּן בְּאָהֳלֵיהֶם שִׁבְטֵי יִשְׂרָאֵל:
נו נז וַיְנַסּוּ וַיַּמְרוּ אֶת־אֱלֹהִים עֶלְיוֹן וְעֵדוֹתָיו לֹא שָׁמָרוּ: וַיִּסֹּגוּ
נח וַיִּבְגְּדוּ כַּאֲבוֹתָם נֶהְפְּכוּ כְּקֶשֶׁת רְמִיָּה: וַיַּכְעִיסוּהוּ בְּבָמוֹתָם
נט וּבִפְסִילֵיהֶם יַקְנִיאוּהוּ: שָׁמַע אֱלֹהִים וַיִּתְעַבָּר וַיִּמְאַס מְאֹד
ס סא בְּיִשְׂרָאֵל: וַיִּטֹּשׁ מִשְׁכַּן שִׁלוֹ אֹהֶל שִׁכֵּן בָּאָדָם: וַיִּתֵּן לַשְּׁבִי עֻזּוֹ
סב וְתִפְאַרְתּוֹ בְיַד־צָר: וַיַּסְגֵּר לַחֶרֶב עַמּוֹ וּבְנַחֲלָתוֹ הִתְעַבָּר:
סג סד בַּחוּרָיו אָכְלָה־אֵשׁ וּבְתוּלֹתָיו לֹא הוּלָּלוּ: כֹּהֲנָיו בַּחֶרֶב נָפָלוּ
סה וְאַלְמְנֹתָיו לֹא תִבְכֶּינָה: וַיִּקַץ כְּיָשֵׁן ׀ אֲדֹנָי כְּגִבּוֹר מִתְרוֹנֵן מִיָּיִן:
סו סז וַיַּךְ־צָרָיו אָחוֹר חֶרְפַּת עוֹלָם נָתַן לָמוֹ: וַיִּמְאַס בְּאֹהֶל יוֹסֵף
סח וּבְשֵׁבֶט אֶפְרַיִם לֹא בָחָר: וַיִּבְחַר אֶת־שֵׁבֶט יְהוּדָה אֶת־הַר צִיּוֹן
סט אֲשֶׁר אָהֵב: וַיִּבֶן כְּמוֹ־רָמִים מִקְדָּשׁוֹ כְּאֶרֶץ יְסָדָהּ לְעוֹלָם:
ע עא וַיִּבְחַר בְּדָוִד עַבְדּוֹ וַיִּקָּחֵהוּ מִמִּכְלְאֹת צֹאן: מֵאַחַר עָלוֹת הֱבִיאוֹ
דוד נלקח ממכלאות הצאן שמ״א טז
עב לִרְעוֹת בְּיַעֲקֹב עַמּוֹ וּבְיִשְׂרָאֵל נַחֲלָתוֹ: וַיִּרְעֵם כְּתֹם לְבָבוֹ
וּבִתְבוּנוֹת כַּפָּיו יַנְחֵם:

עט א מִזְמוֹר לְאָסָף אֱלֹהִים בָּאוּ גוֹיִם ׀ בְּנַחֲלָתֶךָ טִמְּאוּ אֶת־הֵיכַל
ב קָדְשֶׁךָ שָׂמוּ אֶת־יְרוּשָׁלִַם לְעִיִּים: נָתְנוּ אֶת־נִבְלַת עֲבָדֶיךָ
ג מַאֲכָל לְעוֹף הַשָּׁמָיִם בְּשַׂר חֲסִידֶיךָ לְחַיְתוֹ־אָרֶץ: שָׁפְכוּ דָמָם ׀

ד כַּמַּיִם סְבִיבוֹת יְרוּשָׁלִָם וְאֵין קוֹבֵר: הָיִינוּ חֶרְפָּה לִשְׁכֵנֵינוּ לַעַג
ה וָקֶלֶס לִסְבִיבוֹתֵינוּ: עַד־מָה יהוה תֶּאֱנַף לָנֶצַח תִּבְעַר כְּמוֹ־
ו אֵשׁ קִנְאָתֶךָ: שְׁפֹךְ חֲמָתְךָ ׀ אֶל־הַגּוֹיִם אֲשֶׁר לֹא־יְדָעוּךָ וְעַל
ז מַמְלָכוֹת אֲשֶׁר בְּשִׁמְךָ לֹא קָרָאוּ: כִּי אָכַל אֶת־יַעֲקֹב וְאֶת־
ח נָוֵהוּ הֵשַׁמּוּ: אַל־תִּזְכָּר־לָנוּ עֲוֺנֹת רִאשֹׁנִים מַהֵר יְקַדְּמוּנוּ
ט רַחֲמֶיךָ כִּי דַלּוֹנוּ מְאֹד: עָזְרֵנוּ ׀ אֱלֹהֵי יִשְׁעֵנוּ עַל־דְּבַר כְּבוֹד־
י שְׁמֶךָ וְהַצִּילֵנוּ וְכַפֵּר עַל־חַטֹּאתֵינוּ לְמַעַן שְׁמֶךָ: לָמָּה ׀ יֹאמְרוּ
הַגּוֹיִם אַיֵּה אֱלֹהֵיהֶם יִוָּדַע בגיים לְעֵינֵינוּ נִקְמַת דַּם־עֲבָדֶיךָ
יא הַשָּׁפוּךְ: תָּבוֹא לְפָנֶיךָ אֶנְקַת אָסִיר כְּגֹדֶל זְרוֹעֲךָ הוֹתֵר בְּנֵי
יב תְמוּתָה: וְהָשֵׁב לִשְׁכֵנֵינוּ שִׁבְעָתַיִם אֶל־חֵיקָם חֶרְפָּתָם אֲשֶׁר
יג חֵרְפוּךָ אֲדֹנָי: וַאֲנַחְנוּ עַמְּךָ ׀ וְצֹאן מַרְעִיתֶךָ נוֹדֶה לְּךָ לְעוֹלָם
לְדֹר וָדֹר נְסַפֵּר תְּהִלָּתֶךָ:

"שפך חמתך על־הגוים" ירמיה י, כה

בַּגּוֹיִם

פ א ב לַמְנַצֵּחַ אֶל־שֹׁשַׁנִּים עֵדוּת לְאָסָף מִזְמוֹר: רֹעֵה יִשְׂרָאֵל ׀ הַאֲזִינָה
ג נֹהֵג כַּצֹּאן יוֹסֵף יֹשֵׁב הַכְּרוּבִים הוֹפִיעָה: לִפְנֵי אֶפְרַיִם ׀ וּבִנְיָמִן
ד וּמְנַשֶּׁה עוֹרְרָה אֶת־גְּבוּרָתֶךָ וּלְכָה לִישֻׁעָתָה לָּנוּ: אֱלֹהִים
ה הֲשִׁיבֵנוּ וְהָאֵר פָּנֶיךָ וְנִוָּשֵׁעָה: יהוה אֱלֹהִים צְבָאוֹת עַד־מָתַי
ו עָשַׁנְתָּ בִּתְפִלַּת עַמֶּךָ: הֶאֱכַלְתָּם לֶחֶם דִּמְעָה וַתַּשְׁקֵמוֹ
ז בִּדְמָעוֹת שָׁלִישׁ: תְּשִׂימֵנוּ מָדוֹן לִשְׁכֵנֵינוּ וְאֹיְבֵינוּ יִלְעֲגוּ־לָמוֹ:
ח ט אֱלֹהִים צְבָאוֹת הֲשִׁיבֵנוּ וְהָאֵר פָּנֶיךָ וְנִוָּשֵׁעָה: גֶּפֶן מִמִּצְרַיִם
י תַּסִּיעַ תְּגָרֵשׁ גּוֹיִם וַתִּטָּעֶהָ: פִּנִּיתָ לְפָנֶיהָ וַתַּשְׁרֵשׁ שָׁרָשֶׁיהָ
יא יב וַתְּמַלֵּא־אָרֶץ: כָּסּוּ הָרִים צִלָּהּ וַעֲנָפֶיהָ אַרְזֵי־אֵל: תְּשַׁלַּח
יג קְצִירֶהָ עַד־יָם וְאֶל־נָהָר יוֹנְקוֹתֶיהָ: לָמָּה פָּרַצְתָּ גְדֵרֶיהָ וְאָרוּהָ
יד טו כָּל־עֹבְרֵי דָרֶךְ: יְכַרְסְמֶנָּה חֲזִיר מִיָּעַר וְזִיז שָׂדַי יִרְעֶנָּה: אֱלֹהִים
טז צְבָאוֹת שׁוּב נָא הַבֵּט מִשָּׁמַיִם וּרְאֵה וּפְקֹד גֶּפֶן זֹאת: וְכַנָּה
יז אֲשֶׁר־נָטְעָה יְמִינֶךָ וְעַל־בֵּן אִמַּצְתָּה לָּךְ: שְׂרֻפָה בָאֵשׁ כְּסוּחָה
יח מִגַּעֲרַת פָּנֶיךָ יֹאבֵדוּ: תְּהִי־יָדְךָ עַל־אִישׁ יְמִינֶךָ עַל־בֶּן־אָדָם
יט כ אִמַּצְתָּ לָּךְ: וְלֹא־נָסוֹג מִמֶּךָּ תְּחַיֵּנוּ וּבְשִׁמְךָ נִקְרָא: יהוה

אֱלֹהִים צְבָאוֹת הֲשִׁיבֵנוּ הָאֵר פָּנֶיךָ וְנִוָּשֵׁעָה׃

פא א ב לַמְנַצֵּחַ ׀ עַל־הַגִּתִּית לְאָסָף׃ הַרְנִינוּ לֵאלֹהִים עוּזֵּנוּ הָרִיעוּ
ג לֵאלֹהֵי יַעֲקֹב׃ שְׂאוּ־זִמְרָה וּתְנוּ־תֹף כִּנּוֹר נָעִים עִם־נָבֶל׃
ד ה תִּקְעוּ בַחֹדֶשׁ שׁוֹפָר בַּכֵּסֶה לְיוֹם חַגֵּנוּ׃ כִּי חֹק לְיִשְׂרָאֵל הוּא
ו מִשְׁפָּט לֵאלֹהֵי יַעֲקֹב׃ עֵדוּת ׀ בִּיהוֹסֵף שָׂמוֹ בְּצֵאתוֹ עַל־אֶרֶץ
ז מִצְרָיִם שְׂפַת לֹא־יָדַעְתִּי אֶשְׁמָע׃ הֲסִירוֹתִי מִסֵּבֶל שִׁכְמוֹ כַּפָּיו
ח מִדּוּד תַּעֲבֹרְנָה׃ בַּצָּרָה קָרָאתָ וָאֲחַלְּצֶךָּ אֶעֶנְךָ בְּסֵתֶר רַעַם
ט אֶבְחָנְךָ עַל־מֵי מְרִיבָה סֶלָה׃ שְׁמַע עַמִּי וְאָעִידָה בָּךְ יִשְׂרָאֵל
י אִם־תִּשְׁמַע־לִי׃ לֹא־יִהְיֶה בְךָ אֵל זָר וְלֹא תִשְׁתַּחֲוֶה לְאֵל נֵכָר׃
יא אָנֹכִי ׀ יְהוָה אֱלֹהֶיךָ הַמַּעַלְךָ מֵאֶרֶץ מִצְרָיִם הַרְחֶב־פִּיךָ
יב וַאֲמַלְאֵהוּ׃ וְלֹא־שָׁמַע עַמִּי לְקוֹלִי וְיִשְׂרָאֵל לֹא־אָבָה לִי׃
יג יד וָאֲשַׁלְּחֵהוּ בִּשְׁרִירוּת לִבָּם יֵלְכוּ בְּמוֹעֲצוֹתֵיהֶם׃ לוּ עַמִּי שֹׁמֵעַ
טו לִי יִשְׂרָאֵל בִּדְרָכַי יְהַלֵּכוּ׃ כִּמְעַט אוֹיְבֵיהֶם אַכְנִיעַ וְעַל־צָרֵיהֶם
טז אָשִׁיב יָדִי׃ מְשַׂנְאֵי יְהוָה יְכַחֲשׁוּ־לוֹ וִיהִי עִתָּם לְעוֹלָם׃
יז וַיַּאֲכִילֵהוּ מֵחֵלֶב חִטָּה וּמִצּוּר דְּבַשׁ אַשְׂבִּיעֶךָ׃

פב א מִזְמוֹר לְאָסָף אֱלֹהִים נִצָּב בַּעֲדַת־אֵל בְּקֶרֶב אֱלֹהִים יִשְׁפֹּט׃
ב ג עַד־מָתַי תִּשְׁפְּטוּ־עָוֶל וּפְנֵי רְשָׁעִים תִּשְׂאוּ־סֶלָה׃ שִׁפְטוּ־דַל
ד וְיָתוֹם עָנִי וָרָשׁ הַצְדִּיקוּ׃ פַּלְּטוּ־דַל וְאֶבְיוֹן מִיַּד רְשָׁעִים הַצִּילוּ׃
ה לֹא יָדְעוּ ׀ וְלֹא יָבִינוּ בַּחֲשֵׁכָה יִתְהַלָּכוּ יִמּוֹטוּ כָּל־מוֹסְדֵי אָרֶץ׃
ו ז אֲנִי־אָמַרְתִּי אֱלֹהִים אַתֶּם וּבְנֵי עֶלְיוֹן כֻּלְּכֶם׃ אָכֵן כְּאָדָם
ח תְּמוּתוּן וּכְאַחַד הַשָּׂרִים תִּפֹּלוּ׃ קוּמָה אֱלֹהִים שָׁפְטָה הָאָרֶץ
כִּי־אַתָּה תִנְחַל בְּכָל־הַגּוֹיִם׃

פג א ב שִׁיר מִזְמוֹר לְאָסָף׃ אֱלֹהִים אַל־דֳּמִי־לָךְ אַל־תֶּחֱרַשׁ וְאַל־
ג תִּשְׁקֹט אֵל׃ כִּי־הִנֵּה אוֹיְבֶיךָ יֶהֱמָיוּן וּמְשַׂנְאֶיךָ נָשְׂאוּ רֹאשׁ׃
ד ה עַל־עַמְּךָ יַעֲרִימוּ סוֹד וְיִתְיָעֲצוּ עַל־צְפוּנֶיךָ׃ אָמְרוּ לְכוּ וְנַכְחִידֵם
ו מִגּוֹי וְלֹא־יִזָּכֵר שֵׁם־יִשְׂרָאֵל עוֹד׃ כִּי נוֹעֲצוּ לֵב יַחְדָּו עָלֶיךָ
ז ח בְּרִית יִכְרֹתוּ׃ אָהֳלֵי אֱדוֹם וְיִשְׁמְעֵאלִים מוֹאָב וְהַגְרִים׃ גְּבָל

מלחמת ישראל במדיין
שופטים ו–ח

מלחמת ישראל בסיסרא
שופטים ד

גורלם של עורב וזאב, זבח וצלמונע
שופטים ז–ח

וְעַמּוֹן וַעֲמָלֵק פְּלֶשֶׁת עִם־יֹשְׁבֵי צוֹר: גַּם־אַשּׁוּר נִלְוָה עִמָּם הָיוּ ט
זְרוֹעַ לִבְנֵי־לוֹט סֶלָה: עֲשֵׂה־לָהֶם כְּמִדְיָן כְּסִיסְרָא כְיָבִין בְּנַחַל י
קִישׁוֹן: נִשְׁמְדוּ בְעֵין־דֹּאר הָיוּ דֹּמֶן לָאֲדָמָה: שִׁיתֵמוֹ נְדִיבֵמוֹ יא יב
כְּעֹרֵב וְכִזְאֵב וּכְזֶבַח וּכְצַלְמֻנָּע כָּל־נְסִיכֵמוֹ: אֲשֶׁר אָמְרוּ יג
נִירְשָׁה לָּנוּ אֵת נְאוֹת אֱלֹהִים: אֱלֹהַי שִׁיתֵמוֹ כַגַּלְגַּל כְּקַשׁ יד
לִפְנֵי־רוּחַ: כְּאֵשׁ תִּבְעַר־יָעַר וּכְלֶהָבָה תְּלַהֵט הָרִים: כֵּן טו טז
תִּרְדְּפֵם בְּסַעֲרֶךָ וּבְסוּפָתְךָ תְבַהֲלֵם: מַלֵּא פְנֵיהֶם קָלוֹן וִיבַקְשׁוּ יז
שִׁמְךָ יְהוָה: יֵבֹשׁוּ וְיִבָּהֲלוּ עֲדֵי־עַד וְיַחְפְּרוּ וְיֹאבֵדוּ: וְיֵדְעוּ כִּי־ יח יט
אַתָּה שִׁמְךָ יְהוָה לְבַדֶּךָ עֶלְיוֹן עַל־כָּל־הָאָרֶץ:

לַמְנַצֵּחַ עַל־הַגִּתִּית לִבְנֵי־קֹרַח מִזְמוֹר: מַה־יְּדִידוֹת מִשְׁכְּנוֹתֶיךָ א ב פד
יְהוָה צְבָאוֹת: נִכְסְפָה וְגַם־כָּלְתָה ׀ נַפְשִׁי לְחַצְרוֹת יְהוָה לִבִּי ג
וּבְשָׂרִי יְרַנְּנוּ אֶל אֵל־חָי: גַּם־צִפּוֹר ׀ מָצְאָה בַיִת וּדְרוֹר ׀ קֵן ׀ ד
לָהּ אֲשֶׁר־שָׁתָה אֶפְרֹחֶיהָ אֶת־מִזְבְּחוֹתֶיךָ יְהוָה צְבָאוֹת מַלְכִּי
וֵאלֹהָי: אַשְׁרֵי יוֹשְׁבֵי בֵיתֶךָ עוֹד יְהַלְלוּךָ סֶּלָה: אַשְׁרֵי אָדָם ה ו
עוֹז־לוֹ בָךְ מְסִלּוֹת בִּלְבָבָם: עֹבְרֵי ׀ בְּעֵמֶק הַבָּכָא מַעְיָן יְשִׁיתוּהוּ ז
גַּם־בְּרָכוֹת יַעְטֶה מוֹרֶה: יֵלְכוּ מֵחַיִל אֶל־חָיִל יֵרָאֶה אֶל־אֱלֹהִים ח
בְּצִיּוֹן: יְהוָה אֱלֹהִים צְבָאוֹת שִׁמְעָה תְפִלָּתִי הַאֲזִינָה אֱלֹהֵי ט
יַעֲקֹב סֶלָה: מָגִנֵּנוּ רְאֵה אֱלֹהִים וְהַבֵּט פְּנֵי מְשִׁיחֶךָ: כִּי טוֹב־ י יא
יוֹם בַּחֲצֵרֶיךָ מֵאָלֶף בָּחַרְתִּי הִסְתּוֹפֵף בְּבֵית אֱלֹהַי מִדּוּר
בְּאָהֳלֵי־רֶשַׁע: כִּי שֶׁמֶשׁ ׀ וּמָגֵן יְהוָה אֱלֹהִים חֵן וְכָבוֹד יִתֵּן יב
יב יְהוָה לֹא יִמְנַע־טוֹב לַהֹלְכִים בְּתָמִים: יְהוָה צְבָאוֹת אַשְׁרֵי יג
אָדָם בֹּטֵחַ בָּךְ:

שְׁבִית לַמְנַצֵּחַ לִבְנֵי־קֹרַח מִזְמוֹר: רָצִיתָ יְהוָה אַרְצֶךָ שַׁבְתָּ שבות א ב פה
יַעֲקֹב: נָשָׂאתָ עֲוֹן עַמֶּךָ כִּסִּיתָ כָל־חַטָּאתָם סֶלָה: אָסַפְתָּ כָל־ ג ד
עֶבְרָתֶךָ הֱשִׁיבוֹתָ מֵחֲרוֹן אַפֶּךָ: שׁוּבֵנוּ אֱלֹהֵי יִשְׁעֵנוּ וְהָפֵר ה
כַּעַסְךָ עִמָּנוּ: הַלְעוֹלָם תֶּאֱנַף־בָּנוּ תִּמְשֹׁךְ אַפְּךָ לְדֹר וָדֹר: הֲלֹא־ ו ז
אַתָּה תָּשׁוּב תְּחַיֵּנוּ וְעַמְּךָ יִשְׂמְחוּ־בָךְ: הַרְאֵנוּ יְהוָה חַסְדֶּךָ ח

ט וְיֶשְׁעֲךָ תִּתֶּן־לָנוּ׃ אֶשְׁמְעָה מַה־יְדַבֵּר הָאֵל ׀ יְהוָה כִּי ׀ יְדַבֵּר
י שָׁלוֹם אֶל־עַמּוֹ וְאֶל־חֲסִידָיו וְאַל־יָשׁוּבוּ לְכִסְלָה׃ אַךְ קָרוֹב
יא לִירֵאָיו יִשְׁעוֹ לִשְׁכֹּן כָּבוֹד בְּאַרְצֵנוּ׃ חֶסֶד־וֶאֱמֶת נִפְגָּשׁוּ צֶדֶק
יב יג וְשָׁלוֹם נָשָׁקוּ׃ אֱמֶת מֵאֶרֶץ תִּצְמָח וְצֶדֶק מִשָּׁמַיִם נִשְׁקָף׃ גַּם־
יד יְהוָה יִתֵּן הַטּוֹב וְאַרְצֵנוּ תִּתֵּן יְבוּלָהּ׃ צֶדֶק לְפָנָיו יְהַלֵּךְ וְיָשֵׂם
לְדֶרֶךְ פְּעָמָיו׃

פו א ב תְּפִלָּה לְדָוִד הַטֵּה־יְהוָה אָזְנְךָ עֲנֵנִי כִּי־עָנִי וְאֶבְיוֹן אָנִי׃ שָׁמְרָה
נַפְשִׁי כִּי־חָסִיד אָנִי הוֹשַׁע עַבְדְּךָ אַתָּה אֱלֹהַי הַבּוֹטֵחַ אֵלֶיךָ׃
ג ד חָנֵּנִי אֲדֹנָי כִּי־אֵלֶיךָ אֶקְרָא כָּל־הַיּוֹם׃ שַׂמֵּחַ נֶפֶשׁ עַבְדֶּךָ כִּי־
ה אֵלֶיךָ אֲדֹנָי נַפְשִׁי אֶשָּׂא׃ כִּי־אַתָּה אֲדֹנָי טוֹב וְסַלָּח וְרַב־חֶסֶד
ו לְכָל־קֹרְאֶיךָ׃ הַאֲזִינָה יְהוָה תְּפִלָּתִי וְהַקְשִׁיבָה בְּקוֹל תַּחֲנוּנוֹתָי׃
ז ח בְּיוֹם צָרָתִי אֶקְרָאֶךָּ כִּי תַעֲנֵנִי׃ אֵין־כָּמוֹךָ בָאֱלֹהִים ׀ אֲדֹנָי וְאֵין
ט כְּמַעֲשֶׂיךָ׃ כָּל־גּוֹיִם ׀ אֲשֶׁר עָשִׂיתָ יָבוֹאוּ ׀ וְיִשְׁתַּחֲווּ לְפָנֶיךָ אֲדֹנָי
י וִיכַבְּדוּ לִשְׁמֶךָ׃ כִּי־גָדוֹל אַתָּה וְעֹשֵׂה נִפְלָאוֹת אַתָּה אֱלֹהִים
יא לְבַדֶּךָ׃ הוֹרֵנִי יְהוָה ׀ דַּרְכֶּךָ אֲהַלֵּךְ בַּאֲמִתֶּךָ יַחֵד לְבָבִי לְיִרְאָה
יב שְׁמֶךָ׃ אוֹדְךָ ׀ אֲדֹנָי אֱלֹהַי בְּכָל־לְבָבִי וַאֲכַבְּדָה שִׁמְךָ לְעוֹלָם׃
יג יד כִּי־חַסְדְּךָ גָּדוֹל עָלָי וְהִצַּלְתָּ נַפְשִׁי מִשְּׁאוֹל תַּחְתִּיָּה׃ אֱלֹהִים ׀
זֵדִים קָמוּ־עָלַי וַעֲדַת עָרִיצִים בִּקְשׁוּ נַפְשִׁי וְלֹא שָׂמוּךָ לְנֶגְדָּם׃
טו וְאַתָּה אֲדֹנָי אֵל־רַחוּם וְחַנּוּן אֶרֶךְ אַפַּיִם וְרַב־חֶסֶד וֶאֱמֶת׃
טז פְּנֵה אֵלַי וְחָנֵּנִי תְּנָה־עֻזְּךָ לְעַבְדֶּךָ וְהוֹשִׁיעָה לְבֶן־אֲמָתֶךָ׃
יז עֲשֵׂה־עִמִּי אוֹת לְטוֹבָה וְיִרְאוּ שֹׂנְאַי וְיֵבֹשׁוּ כִּי־אַתָּה יְהוָה
עֲזַרְתַּנִי וְנִחַמְתָּנִי׃

פז א ב לִבְנֵי־קֹרַח מִזְמוֹר שִׁיר יְסוּדָתוֹ בְּהַרְרֵי־קֹדֶשׁ׃ אֹהֵב יְהוָה שַׁעֲרֵי
ג צִיּוֹן מִכֹּל מִשְׁכְּנוֹת יַעֲקֹב׃ נִכְבָּדוֹת מְדֻבָּר בָּךְ עִיר הָאֱלֹהִים
ד סֶלָה׃ אַזְכִּיר ׀ רַהַב וּבָבֶל לְיֹדְעָי הִנֵּה פְלֶשֶׁת וְצוֹר עִם־כּוּשׁ זֶה
ה יֻלַּד־שָׁם׃ וּלְצִיּוֹן ׀ יֵאָמַר אִישׁ וְאִישׁ יֻלַּד־בָּהּ וְהוּא יְכוֹנְנֶהָ עֶלְיוֹן׃
ו ז יְהוָה יִסְפֹּר בִּכְתוֹב עַמִּים זֶה יֻלַּד־שָׁם סֶלָה׃ וְשָׁרִים כְּחֹלְלִים

כׇּל־מַעְיָנַי בָּךְ׃
א שִׁיר מִזְמוֹר לִבְנֵי קֹרַח לַמְנַצֵּחַ עַל־מָחֲלַת לְעַנּוֹת מַשְׂכִּיל
ב לְהֵימָן הָאֶזְרָחִי׃ יְהוָה אֱלֹהֵי יְשׁוּעָתִי יוֹם־צָעַקְתִּי בַלַּיְלָה נֶגְדֶּךָ׃
ג ד תָּבוֹא לְפָנֶיךָ תְּפִלָּתִי הַטֵּה אׇזְנְךָ לְרִנָּתִי׃ כִּי־שָׂבְעָה בְרָעוֹת
ה נַפְשִׁי וְחַיַּי לִשְׁאוֹל הִגִּיעוּ׃ נֶחְשַׁבְתִּי עִם־יוֹרְדֵי בוֹר הָיִיתִי כְּגֶבֶר
ו אֵין־אֱיָל׃ בַּמֵּתִים חׇפְשִׁי כְּמוֹ חֲלָלִים ׀ שֹׁכְבֵי קֶבֶר אֲשֶׁר לֹא
ז זְכַרְתָּם עוֹד וְהֵמָּה מִיָּדְךָ נִגְזָרוּ׃ שַׁתַּנִי בְּבוֹר תַּחְתִּיּוֹת
ח בְּמַחֲשַׁכִּים בִּמְצֹלוֹת׃ עָלַי סָמְכָה חֲמָתֶךָ וְכׇל־מִשְׁבָּרֶיךָ עִנִּיתָ
ט סֶּלָה׃ הִרְחַקְתָּ מְיֻדָּעַי מִמֶּנִּי שַׁתַּנִי תוֹעֵבוֹת לָמוֹ כָּלֻא וְלֹא אֵצֵא׃
י עֵינִי דָאֲבָה מִנִּי עֹנִי קְרָאתִיךָ יְהוָה בְּכׇל־יוֹם שִׁטַּחְתִּי אֵלֶיךָ
יא כַפָּי׃ הֲלַמֵּתִים תַּעֲשֶׂה־פֶּלֶא אִם־רְפָאִים יָקוּמוּ ׀ יוֹדוּךָ סֶּלָה׃
יב יג הַיְסֻפַּר בַּקֶּבֶר חַסְדֶּךָ אֱמוּנָתְךָ בָּאֲבַדּוֹן׃ הֲיִוָּדַע בַּחֹשֶׁךְ פִּלְאֶךָ
יד וְצִדְקָתְךָ בְּאֶרֶץ נְשִׁיָּה׃ וַאֲנִי ׀ אֵלֶיךָ יְהוָה שִׁוַּעְתִּי וּבַבֹּקֶר תְּפִלָּתִי
טו טז תְקַדְּמֶךָּ׃ לָמָה יְהוָה תִּזְנַח נַפְשִׁי תַּסְתִּיר פָּנֶיךָ מִמֶּנִּי׃ עָנִי אֲנִי
יז וְגֹוֵעַ מִנֹּעַר נָשָׂאתִי אֵמֶיךָ אָפוּנָה׃ עָלַי עָבְרוּ חֲרוֹנֶיךָ בִּעוּתֶיךָ
יח יט צִמְּתֻתוּנִי׃ סַבּוּנִי כַמַּיִם כׇּל־הַיּוֹם הִקִּיפוּ עָלַי יָחַד׃ הִרְחַקְתָּ
מִמֶּנִּי אֹהֵב וָרֵעַ מְיֻדָּעַי מַחְשָׁךְ׃
פט א ב מַשְׂכִּיל לְאֵיתָן הָאֶזְרָחִי׃ חַסְדֵי יְהוָה עוֹלָם אָשִׁירָה לְדֹר וָדֹר ׀
ג אוֹדִיעַ אֱמוּנָתְךָ בְּפִי׃ כִּי־אָמַרְתִּי עוֹלָם חֶסֶד יִבָּנֶה שָׁמַיִם ׀ תָּכִן
ד ה אֱמוּנָתְךָ בָהֶם׃ כָּרַתִּי בְרִית לִבְחִירִי נִשְׁבַּעְתִּי לְדָוִד עַבְדִּי׃ עַד־
ו עוֹלָם אָכִין זַרְעֶךָ וּבָנִיתִי לְדֹר־וָדוֹר כִּסְאֲךָ סֶלָה׃ וְיוֹדוּ שָׁמַיִם
ז פִּלְאֲךָ יְהוָה אַף־אֱמוּנָתְךָ בִּקְהַל קְדֹשִׁים׃ כִּי מִי בַשַּׁחַק יַעֲרֹךְ
ח לַיהוָה יִדְמֶה לַיהוָה בִּבְנֵי אֵלִים׃ אֵל נַעֲרָץ בְּסוֹד־קְדֹשִׁים רַבָּה
ט וְנוֹרָא עַל־כׇּל־סְבִיבָיו׃ יְהוָה ׀ אֱלֹהֵי צְבָאוֹת מִי־כָמוֹךָ חֲסִין ׀
י יָהּ וֶאֱמוּנָתְךָ סְבִיבוֹתֶיךָ׃ אַתָּה מוֹשֵׁל בְּגֵאוּת הַיָּם בְּשׂוֹא גַלָּיו
יא אַתָּה תְשַׁבְּחֵם׃ אַתָּה דִכִּאתָ כֶחָלָל רָהַב בִּזְרוֹעַ עֻזְּךָ פִּזַּרְתָּ
יב אוֹיְבֶיךָ׃ לְךָ שָׁמַיִם אַף־לְךָ אָרֶץ תֵּבֵל וּמְלֹאָהּ אַתָּה יְסַדְתָּם׃

יג יד צָפוֹן וְיָמִין אַתָּה בְרָאתָם תָּבוֹר וְחֶרְמוֹן בְּשִׁמְךָ יְרַנֵּנוּ: לְךָ זְרוֹעַ
טו עִם־גְּבוּרָה תָּעֹז יָדְךָ תָּרוּם יְמִינֶךָ: צֶדֶק וּמִשְׁפָּט מְכוֹן כִּסְאֶךָ
טז חֶסֶד וֶאֱמֶת יְקַדְּמוּ פָנֶיךָ: אַשְׁרֵי הָעָם יוֹדְעֵי תְרוּעָה יהוה בְּאוֹר־
יז יח פָּנֶיךָ יְהַלֵּכוּן: בְּשִׁמְךָ יְגִילוּן כָּל־הַיּוֹם וּבְצִדְקָתְךָ יָרוּמוּ: כִּי־
יט תִפְאֶרֶת עֻזָּמוֹ אָתָּה וּבִרְצוֹנְךָ תרים קַרְנֵנוּ: כִּי לַיהוה מָגִנֵּנוּ תָּרוּם
כ וְלִקְדוֹשׁ יִשְׂרָאֵל מַלְכֵּנוּ: אָז דִּבַּרְתָּ בְחָזוֹן לַחֲסִידֶיךָ וַתֹּאמֶר
כא שִׁוִּיתִי עֵזֶר עַל־גִּבּוֹר הֲרִימוֹתִי בָחוּר מֵעָם: מָצָאתִי דָּוִד עַבְדִּי משיחת דוד שמ"א טז
כב בְּשֶׁמֶן קָדְשִׁי מְשַׁחְתִּיו: אֲשֶׁר יָדִי תִּכּוֹן עִמּוֹ אַף־זְרוֹעִי תְאַמְּצֶנּוּ:
כג כד לֹא־יַשִּׁא אוֹיֵב בּוֹ וּבֶן־עַוְלָה לֹא יְעַנֶּנּוּ: וְכַתּוֹתִי מִפָּנָיו צָרָיו
כה וּמְשַׂנְאָיו אֶגּוֹף: וֶאֱמוּנָתִי וְחַסְדִּי עִמּוֹ וּבִשְׁמִי תָּרוּם קַרְנוֹ:
כו כז וְשַׂמְתִּי בַיָּם יָדוֹ וּבַנְּהָרוֹת יְמִינוֹ: הוּא יִקְרָאֵנִי אָבִי אָתָּה אֵלִי
כח כט וְצוּר יְשׁוּעָתִי: אַף־אָנִי בְּכוֹר אֶתְּנֵהוּ עֶלְיוֹן לְמַלְכֵי־אָרֶץ: לְעוֹלָם
ל אשמור־לוֹ חַסְדִּי וּבְרִיתִי נֶאֱמֶנֶת לוֹ: וְשַׂמְתִּי לָעַד זַרְעוֹ וְכִסְאוֹ אֶשְׁמָר־
לא לב כִּימֵי שָׁמָיִם: אִם־יַעַזְבוּ בָנָיו תּוֹרָתִי וּבְמִשְׁפָּטַי לֹא יֵלֵכוּן: אִם־
לג חֻקֹּתַי יְחַלֵּלוּ וּמִצְוֺתַי לֹא יִשְׁמֹרוּ: וּפָקַדְתִּי בְשֵׁבֶט פִּשְׁעָם
לד וּבִנְגָעִים עֲוֺנָם: וְחַסְדִּי לֹא־אָפִיר מֵעִמּוֹ וְלֹא אֲשַׁקֵּר בֶּאֱמוּנָתִי:
לה לו לֹא־אֲחַלֵּל בְּרִיתִי וּמוֹצָא שְׂפָתַי לֹא אֲשַׁנֶּה: אַחַת נִשְׁבַּעְתִּי
לז בְקָדְשִׁי אִם־לְדָוִד אֲכַזֵּב: זַרְעוֹ לְעוֹלָם יִהְיֶה וְכִסְאוֹ כַשֶּׁמֶשׁ
לח לט נֶגְדִּי: כְּיָרֵחַ יִכּוֹן עוֹלָם וְעֵד בַּשַּׁחַק נֶאֱמָן סֶלָה: וְאַתָּה זָנַחְתָּ
מ וַתִּמְאָס הִתְעַבַּרְתָּ עִם־מְשִׁיחֶךָ: נֵאַרְתָּה בְּרִית עַבְדֶּךָ חִלַּלְתָּ
מא מב לָאָרֶץ נִזְרוֹ: פָּרַצְתָּ כָל־גְּדֵרֹתָיו שַׂמְתָּ מִבְצָרָיו מְחִתָּה: שַׁסֻּהוּ
מג כָּל־עֹבְרֵי דָרֶךְ הָיָה חֶרְפָּה לִשְׁכֵנָיו: הֲרִימוֹתָ יְמִין צָרָיו הִשְׂמַחְתָּ
מד כָּל־אוֹיְבָיו: אַף־תָּשִׁיב צוּר חַרְבּוֹ וְלֹא הֲקֵמֹתוֹ בַּמִּלְחָמָה:
מה מו הִשְׁבַּתָּ מִטְּהָרוֹ וְכִסְאוֹ לָאָרֶץ מִגַּרְתָּה: הִקְצַרְתָּ יְמֵי עֲלוּמָיו
מז הֶעֱטִיתָ עָלָיו בּוּשָׁה סֶלָה: עַד־מָה יהוה תִּסָּתֵר לָנֶצַח תִּבְעַר
מח כְּמוֹ־אֵשׁ חֲמָתֶךָ: זְכָר־אֲנִי מֶה־חָלֶד עַל־מַה־שָּׁוְא בָּרָאתָ כָל־
מט בְּנֵי־אָדָם: מִי גֶבֶר יִחְיֶה וְלֹא יִרְאֶה־מָּוֶת יְמַלֵּט נַפְשׁוֹ מִיַּד־

נ שְׁאוֹל סֶלָה: אַיֵּה ׀ חֲסָדֶיךָ הָרִאשֹׁנִים ׀ אֲדֹנָי נִשְׁבַּעְתָּ לְדָוִד
נא בֶּאֱמוּנָתֶךָ: זְכֹר אֲדֹנָי חֶרְפַּת עֲבָדֶיךָ שְׂאֵתִי בְחֵיקִי כׇּל־רַבִּים
נב עַמִּים: אֲשֶׁר חֵרְפוּ אוֹיְבֶיךָ ׀ יהוה אֲשֶׁר חֵרְפוּ עִקְּבוֹת מְשִׁיחֶךָ:
נג בָּרוּךְ יהוה לְעוֹלָם אָמֵן ׀ וְאָמֵן:

ספר רביעי

צ א תְּפִלָּה לְמֹשֶׁה אִישׁ־הָאֱלֹהִים אֲדֹנָי מָעוֹן אַתָּה הָיִיתָ לָּנוּ בְּדֹר
ב וָדֹר: בְּטֶרֶם ׀ הָרִים יֻלָּדוּ וַתְּחוֹלֵל אֶרֶץ וְתֵבֵל וּמֵעוֹלָם עַד־עוֹלָם
ג ד אַתָּה אֵל: תָּשֵׁב אֱנוֹשׁ עַד־דַּכָּא וַתֹּאמֶר שׁוּבוּ בְנֵי־אָדָם: כִּי
אֶלֶף שָׁנִים בְּעֵינֶיךָ כְּיוֹם אֶתְמוֹל כִּי יַעֲבֹר וְאַשְׁמוּרָה בַלָּיְלָה:
ה ו זְרַמְתָּם שֵׁנָה יִהְיוּ בַּבֹּקֶר כֶּחָצִיר יַחֲלֹף: בַּבֹּקֶר יָצִיץ וְחָלָף
ז ח לָעֶרֶב יְמוֹלֵל וְיָבֵשׁ: כִּי־כָלִינוּ בְאַפֶּךָ וּבַחֲמָתְךָ נִבְהָלְנוּ: שַׁתָּ
ט עֲוֺנֹתֵינוּ לְנֶגְדֶּךָ עֲלֻמֵנוּ לִמְאוֹר פָּנֶיךָ: כִּי כׇל־יָמֵינוּ פָּנוּ בְעֶבְרָתֶךָ
י כִּלִּינוּ שָׁנֵינוּ כְמוֹ־הֶגֶה: יְמֵי־שְׁנוֹתֵינוּ בָהֶם שִׁבְעִים שָׁנָה וְאִם
בִּגְבוּרֹת ׀ שְׁמוֹנִים שָׁנָה וְרׇהְבָּם עָמָל וָאָוֶן כִּי־גָז חִישׁ וַנָּעֻפָה:
יא יב מִי־יוֹדֵעַ עֹז אַפֶּךָ וּכְיִרְאָתְךָ עֶבְרָתֶךָ: לִמְנוֹת יָמֵינוּ כֵּן הוֹדַע
יג וְנָבִא לְבַב חׇכְמָה: שׁוּבָה יהוה עַד־מָתָי וְהִנָּחֵם עַל־עֲבָדֶיךָ:
יד טו שַׂבְּעֵנוּ בַבֹּקֶר חַסְדֶּךָ וּנְרַנְּנָה וְנִשְׂמְחָה בְּכׇל־יָמֵינוּ: שַׂמְּחֵנוּ
טז כִּימוֹת עִנִּיתָנוּ שְׁנוֹת רָאִינוּ רָעָה: יֵרָאֶה אֶל־עֲבָדֶיךָ פׇעֳלֶךָ
יז וַהֲדָרְךָ עַל־בְּנֵיהֶם: וִיהִי ׀ נֹעַם אֲדֹנָי אֱלֹהֵינוּ עָלֵינוּ וּמַעֲשֵׂה יג
יָדֵינוּ כּוֹנְנָה עָלֵינוּ וּמַעֲשֵׂה יָדֵינוּ כּוֹנְנֵהוּ:

צא א ב יֹשֵׁב בְּסֵתֶר עֶלְיוֹן בְּצֵל שַׁדַּי יִתְלוֹנָן: אֹמַר לַיהוה מַחְסִי
ג וּמְצוּדָתִי אֱלֹהַי אֶבְטַח־בּוֹ: כִּי הוּא יַצִּילְךָ מִפַּח יָקוּשׁ מִדֶּבֶר
ד הַוּוֹת: בְּאֶבְרָתוֹ ׀ יָסֶךְ לָךְ וְתַחַת־כְּנָפָיו תֶּחְסֶה צִנָּה וְסֹחֵרָה
ה ו אֲמִתּוֹ: לֹא־תִירָא מִפַּחַד לָיְלָה מֵחֵץ יָעוּף יוֹמָם: מִדֶּבֶר בָּאֹפֶל
ז יַהֲלֹךְ מִקֶּטֶב יָשׁוּד צׇהֳרָיִם: יִפֹּל מִצִּדְּךָ ׀ אֶלֶף וּרְבָבָה מִימִינֶךָ
ח ט אֵלֶיךָ לֹא יִגָּשׁ: רַק בְּעֵינֶיךָ תַבִּיט וְשִׁלֻּמַת רְשָׁעִים תִּרְאֶה: כִּי־
י אַתָּה יהוה מַחְסִי עֶלְיוֹן שַׂמְתָּ מְעוֹנֶךָ: לֹא־תְאֻנֶּה אֵלֶיךָ רָעָה

יא וְנֶגַע לֹא־יִקְרַב בְּאָהֳלֶךָ: כִּי מַלְאָכָיו יְצַוֶּה־לָּךְ לִשְׁמָרְךָ בְּכָל־
יב יג דְּרָכֶיךָ: עַל־כַּפַּיִם יִשָּׂאוּנְךָ פֶּן־תִּגֹּף בָּאֶבֶן רַגְלֶךָ: עַל־שַׁחַל וָפֶתֶן
יד תִּדְרֹךְ תִּרְמֹס כְּפִיר וְתַנִּין: כִּי בִי חָשַׁק וַאֲפַלְּטֵהוּ אֲשַׂגְּבֵהוּ
טו כִּי־יָדַע שְׁמִי: יִקְרָאֵנִי ׀ וְאֶעֱנֵהוּ עִמּוֹ־אָנֹכִי בְצָרָה אֲחַלְּצֵהוּ
טז וַאֲכַבְּדֵהוּ: אֹרֶךְ יָמִים אַשְׂבִּיעֵהוּ וְאַרְאֵהוּ בִּישׁוּעָתִי:
צב א ב מִזְמוֹר שִׁיר לְיוֹם הַשַּׁבָּת: טוֹב לְהֹדוֹת לַיהוָה וּלְזַמֵּר לְשִׁמְךָ
ג ד עֶלְיוֹן: לְהַגִּיד בַּבֹּקֶר חַסְדֶּךָ וֶאֱמוּנָתְךָ בַּלֵּילוֹת: עֲלֵי־עָשׂוֹר
ה וַעֲלֵי־נָבֶל עֲלֵי הִגָּיוֹן בְּכִנּוֹר: כִּי שִׂמַּחְתַּנִי יְהוָה בְּפָעֳלֶךָ בְּמַעֲשֵׂי
ו יָדֶיךָ אֲרַנֵּן: מַה־גָּדְלוּ מַעֲשֶׂיךָ יְהוָה מְאֹד עָמְקוּ מַחְשְׁבֹתֶיךָ:
ז ח אִישׁ־בַּעַר לֹא יֵדָע וּכְסִיל לֹא־יָבִין אֶת־זֹאת: בִּפְרֹחַ רְשָׁעִים ׀
ט כְּמוֹ עֵשֶׂב וַיָּצִיצוּ כָּל־פֹּעֲלֵי אָוֶן לְהִשָּׁמְדָם עֲדֵי־עַד: וְאַתָּה
י מָרוֹם לְעֹלָם יְהוָה: כִּי הִנֵּה אֹיְבֶיךָ יְהוָה כִּי־הִנֵּה אֹיְבֶיךָ יֹאבֵדוּ
יא יִתְפָּרְדוּ כָּל־פֹּעֲלֵי אָוֶן: וַתָּרֶם כִּרְאֵים קַרְנִי בַּלֹּתִי בְּשֶׁמֶן רַעֲנָן:
יב יג וַתַּבֵּט עֵינִי בְּשׁוּרָי בַּקָּמִים עָלַי מְרֵעִים תִּשְׁמַעְנָה אָזְנָי: צַדִּיק
יד כַּתָּמָר יִפְרָח כְּאֶרֶז בַּלְּבָנוֹן יִשְׂגֶּה: שְׁתוּלִים בְּבֵית יְהוָה
טו בְּחַצְרוֹת אֱלֹהֵינוּ יַפְרִיחוּ: עוֹד יְנוּבוּן בְּשֵׂיבָה דְּשֵׁנִים וְרַעֲנַנִּים
טז יִהְיוּ: לְהַגִּיד כִּי־יָשָׁר יְהוָה צוּרִי וְלֹא־עלתה בּוֹ: עֹלָתָה
צג א יְהוָה מָלָךְ גֵּאוּת לָבֵשׁ לָבֵשׁ יְהוָה עֹז הִתְאַזָּר אַף־תִּכּוֹן תֵּבֵל
ב ג בַּל־תִּמּוֹט: נָכוֹן כִּסְאֲךָ מֵאָז מֵעוֹלָם אָתָּה: נָשְׂאוּ נְהָרוֹת ׀ יְהוָה
ד נָשְׂאוּ נְהָרוֹת קוֹלָם יִשְׂאוּ נְהָרוֹת דָּכְיָם: מִקֹּלוֹת ׀ מַיִם רַבִּים
ה אַדִּירִים מִשְׁבְּרֵי־יָם אַדִּיר בַּמָּרוֹם יְהוָה: עֵדֹתֶיךָ ׀ נֶאֶמְנוּ מְאֹד
לְבֵיתְךָ נַאֲוָה־קֹדֶשׁ יְהוָה לְאֹרֶךְ יָמִים:
צד א ב אֵל־נְקָמוֹת יְהוָה אֵל נְקָמוֹת הוֹפִיעַ: הִנָּשֵׂא שֹׁפֵט הָאָרֶץ הָשֵׁב
ג גְּמוּל עַל־גֵּאִים: עַד־מָתַי רְשָׁעִים ׀ יְהוָה עַד־מָתַי רְשָׁעִים יַעֲלֹזוּ:
ד ה יַבִּיעוּ יְדַבְּרוּ עָתָק יִתְאַמְּרוּ כָּל־פֹּעֲלֵי אָוֶן: עַמְּךָ יְהוָה יְדַכְּאוּ
ו ז וְנַחֲלָתְךָ יְעַנּוּ: אַלְמָנָה וְגֵר יַהֲרֹגוּ וִיתוֹמִים יְרַצֵּחוּ: וַיֹּאמְרוּ לֹא
ח יִרְאֶה־יָּהּ וְלֹא־יָבִין אֱלֹהֵי יַעֲקֹב: בִּינוּ בֹּעֲרִים בָּעָם וּכְסִילִים

מָתַי תַּשְׂכִּילוּ: הֲנֹטַע אֹזֶן הֲלֹא יִשְׁמָע אִם־יֹצֵר עַיִן הֲלֹא יַבִּיט: ט
הֲיֹסֵר גּוֹיִם הֲלֹא יוֹכִיחַ הַמְלַמֵּד אָדָם דָּעַת: יְהוָה יֹדֵעַ מַחְשְׁבוֹת י יא
אָדָם כִּי־הֵמָּה הָבֶל: אַשְׁרֵי הַגֶּבֶר אֲשֶׁר־תְּיַסְּרֶנּוּ יָּהּ וּמִתּוֹרָתְךָ יב
תְלַמְּדֶנּוּ: לְהַשְׁקִיט לוֹ מִימֵי רָע עַד יִכָּרֶה לָרָשָׁע שָׁחַת: כִּי ׀ יג יד
לֹא־יִטֹּשׁ יְהוָה עַמּוֹ וְנַחֲלָתוֹ לֹא יַעֲזֹב: כִּי־עַד־צֶדֶק יָשׁוּב מִשְׁפָּט טו
וְאַחֲרָיו כָּל־יִשְׁרֵי־לֵב: מִי־יָקוּם לִי עִם־מְרֵעִים מִי־יִתְיַצֵּב לִי טז
עִם־פֹּעֲלֵי אָוֶן: לוּלֵי יְהוָה עֶזְרָתָה לִּי כִּמְעַט ׀ שָׁכְנָה דוּמָה יז
נַפְשִׁי: אִם־אָמַרְתִּי מָטָה רַגְלִי חַסְדְּךָ יְהוָה יִסְעָדֵנִי: בְּרֹב יח יט
שַׂרְעַפַּי בְּקִרְבִּי תַּנְחוּמֶיךָ יְשַׁעַשְׁעוּ נַפְשִׁי: הַיְחָבְרְךָ כִּסֵּא הַוּוֹת כ
יֹצֵר עָמָל עֲלֵי־חֹק: יָגוֹדּוּ עַל־נֶפֶשׁ צַדִּיק וְדָם נָקִי יַרְשִׁיעוּ: וַיְהִי כא כב
יְהוָה לִי לְמִשְׂגָּב וֵאלֹהַי לְצוּר מַחְסִי: וַיָּשֶׁב עֲלֵיהֶם ׀ אֶת־אוֹנָם כג
וּבְרָעָתָם יַצְמִיתֵם יַצְמִיתֵם יְהוָה אֱלֹהֵינוּ:

לְכוּ נְרַנְּנָה לַיהוָה נָרִיעָה לְצוּר יִשְׁעֵנוּ: נְקַדְּמָה פָנָיו בְּתוֹדָה א ב צה
בִּזְמִרוֹת נָרִיעַ לוֹ: כִּי אֵל גָּדוֹל יְהוָה וּמֶלֶךְ גָּדוֹל עַל־כָּל־אֱלֹהִים: ג
אֲשֶׁר בְּיָדוֹ מֶחְקְרֵי־אָרֶץ וְתוֹעֲפוֹת הָרִים לוֹ: אֲשֶׁר־לוֹ הַיָּם וְהוּא ד ה
עָשָׂהוּ וְיַבֶּשֶׁת יָדָיו יָצָרוּ: בֹּאוּ נִשְׁתַּחֲוֶה וְנִכְרָעָה נִבְרְכָה לִפְנֵי־ ו
יְהוָה עֹשֵׂנוּ: כִּי הוּא אֱלֹהֵינוּ וַאֲנַחְנוּ ׀ עַם מַרְעִיתוֹ וְצֹאן יָדוֹ ז
הַיּוֹם אִם־בְּקֹלוֹ תִשְׁמָעוּ: אַל־תַּקְשׁוּ לְבַבְכֶם כִּמְרִיבָה ח
כְּיוֹם מַסָּה בַּמִּדְבָּר: אֲשֶׁר נִסּוּנִי אֲבוֹתֵיכֶם בְּחָנוּנִי גַּם־ ט
רָאוּ פָעֳלִי: אַרְבָּעִים שָׁנָה ׀ אָקוּט בְּדוֹר וָאֹמַר עַם תֹּעֵי י
לֵבָב הֵם וְהֵם לֹא־יָדְעוּ דְרָכָי: אֲשֶׁר־נִשְׁבַּעְתִּי בְאַפִּי אִם־ יא
יְבֹאוּן אֶל־מְנוּחָתִי:

העונש על חטא המרגלים במדבר יד, כו–לה

המזמור שנאמר לפני ארון ה׳ דה״א טז, כג–לג

שִׁירוּ לַיהוָה שִׁיר חָדָשׁ שִׁירוּ לַיהוָה כָּל־הָאָרֶץ: שִׁירוּ לַיהוָה א ב צו
בָּרְכוּ שְׁמוֹ בַּשְּׂרוּ מִיּוֹם־לְיוֹם יְשׁוּעָתוֹ: סַפְּרוּ בַגּוֹיִם כְּבוֹדוֹ בְּכָל־ ג
הָעַמִּים נִפְלְאוֹתָיו: כִּי גָדוֹל יְהוָה וּמְהֻלָּל מְאֹד נוֹרָא הוּא עַל־ ד
כָּל־אֱלֹהִים: כִּי ׀ כָּל־אֱלֹהֵי הָעַמִּים אֱלִילִים וַיהוָה שָׁמַיִם עָשָׂה: ה
הוֹד־וְהָדָר לְפָנָיו עֹז וְתִפְאֶרֶת בְּמִקְדָּשׁוֹ: הָבוּ לַיהוָה מִשְׁפְּחוֹת ו ז

ח עַמִּים הָבוּ לַיהוָה כָּבוֹד וָעֹז׃ הָבוּ לַיהוָה כְּבוֹד שְׁמוֹ שְׂאוּ־מִנְחָה
ט וּבֹאוּ לְחַצְרוֹתָיו׃ הִשְׁתַּחֲווּ לַיהוָה בְּהַדְרַת־קֹדֶשׁ חִילוּ מִפָּנָיו
י כָּל־הָאָרֶץ׃ אִמְרוּ בַגּוֹיִם׀ יְהוָה מָלָךְ אַף־תִּכּוֹן תֵּבֵל בַּל־תִּמּוֹט
יא יָדִין עַמִּים בְּמֵישָׁרִים׃ יִשְׂמְחוּ הַשָּׁמַיִם וְתָגֵל הָאָרֶץ יִרְעַם הַיָּם
יב וּמְלֹאוֹ׃ יַעֲלֹז שָׂדַי וְכָל־אֲשֶׁר־בּוֹ אָז יְרַנְּנוּ כָּל־עֲצֵי־יָעַר׃
יג לִפְנֵי יְהוָה׀ כִּי בָא כִּי בָא לִשְׁפֹּט הָאָרֶץ יִשְׁפֹּט־תֵּבֵל בְּצֶדֶק
וְעַמִּים בֶּאֱמוּנָתוֹ׃
צז א ב יְהוָה מָלָךְ תָּגֵל הָאָרֶץ יִשְׂמְחוּ אִיִּים רַבִּים׃ עָנָן וַעֲרָפֶל סְבִיבָיו
ג צֶדֶק וּמִשְׁפָּט מְכוֹן כִּסְאוֹ׃ אֵשׁ לְפָנָיו תֵּלֵךְ וּתְלַהֵט סָבִיב צָרָיו׃
ד ה הֵאִירוּ בְרָקָיו תֵּבֵל רָאֲתָה וַתָּחֵל הָאָרֶץ׃ הָרִים כַּדּוֹנַג נָמַסּוּ
ו מִלִּפְנֵי יְהוָה מִלִּפְנֵי אֲדוֹן כָּל־הָאָרֶץ׃ הִגִּידוּ הַשָּׁמַיִם צִדְקוֹ
ז וְרָאוּ כָל־הָעַמִּים כְּבוֹדוֹ׃ יֵבֹשׁוּ׀ כָּל־עֹבְדֵי פֶסֶל הַמִּתְהַלְלִים
ח בָּאֱלִילִים הִשְׁתַּחֲווּ־לוֹ כָּל־אֱלֹהִים׃ שָׁמְעָה וַתִּשְׂמַח׀ צִיּוֹן
ט וַתָּגֵלְנָה בְּנוֹת יְהוּדָה לְמַעַן מִשְׁפָּטֶיךָ יְהוָה׃ כִּי־אַתָּה יְהוָה
י עֶלְיוֹן עַל־כָּל־הָאָרֶץ מְאֹד נַעֲלֵיתָ עַל־כָּל־אֱלֹהִים׃ אֹהֲבֵי
יְהוָה שִׂנְאוּ רָע שֹׁמֵר נַפְשׁוֹת חֲסִידָיו מִיַּד רְשָׁעִים יַצִּילֵם׃
יא יב אוֹר זָרֻעַ לַצַּדִּיק וּלְיִשְׁרֵי־לֵב שִׂמְחָה׃ שִׂמְחוּ צַדִּיקִים בַּיהוָה
וְהוֹדוּ לְזֵכֶר קָדְשׁוֹ׃
צח א מִזְמוֹר שִׁירוּ לַיהוָה׀ שִׁיר חָדָשׁ כִּי־נִפְלָאוֹת עָשָׂה הוֹשִׁיעָה־לּוֹ
ב יְמִינוֹ וּזְרוֹעַ קָדְשׁוֹ׃ הוֹדִיעַ יְהוָה יְשׁוּעָתוֹ לְעֵינֵי הַגּוֹיִם גִּלָּה
ג צִדְקָתוֹ׃ זָכַר חַסְדּוֹ׀ וֶאֱמוּנָתוֹ לְבֵית יִשְׂרָאֵל רָאוּ כָל־אַפְסֵי־
ד אָרֶץ אֵת יְשׁוּעַת אֱלֹהֵינוּ׃ הָרִיעוּ לַיהוָה כָּל־הָאָרֶץ פִּצְחוּ וְרַנְּנוּ
ה ו וְזַמֵּרוּ׃ זַמְּרוּ לַיהוָה בְּכִנּוֹר בְּכִנּוֹר וְקוֹל זִמְרָה׃ בַּחֲצֹצְרוֹת וְקוֹל
ז שׁוֹפָר הָרִיעוּ לִפְנֵי׀ הַמֶּלֶךְ יְהוָה׃ יִרְעַם הַיָּם וּמְלֹאוֹ תֵּבֵל וְיֹשְׁבֵי
ח ט בָהּ׃ נְהָרוֹת יִמְחֲאוּ־כָף יַחַד הָרִים יְרַנֵּנוּ׃ לִפְנֵי־יְהוָה כִּי בָא
לִשְׁפֹּט הָאָרֶץ יִשְׁפֹּט־תֵּבֵל בְּצֶדֶק וְעַמִּים בְּמֵישָׁרִים׃
צט א ב יְהוָה מָלָךְ יִרְגְּזוּ עַמִּים יֹשֵׁב כְּרוּבִים תָּנוּט הָאָרֶץ׃ יְהוָה בְּצִיּוֹן

ג גָּד֑וֹל וְרָ֥ם ה֝֗וּא עַל־כׇּל־הָעַמִּֽים׃ יוֹד֣וּ שִׁ֭מְךָ גָּד֥וֹל וְנוֹרָ֗א קָד֥וֹשׁ
ד הֽוּא׃ וְעֹ֥ז מֶלֶךְ֮ מִשְׁפָּ֪ט אָ֫הֵ֥ב אַ֭תָּה כּוֹנַ֣נְתָּ מֵישָׁרִ֑ים מִשְׁפָּ֥ט
ה וּ֝צְדָקָ֗ה בְּיַעֲקֹ֤ב ׀ אַתָּ֬ה עָשִֽׂיתָ׃ רוֹמְמ֡וּ יְהֹוָ֬ה אֱלֹהֵ֗ינוּ וְֽהִשְׁתַּחֲו֗וּ
ו לַהֲדֹ֥ם רַגְלָ֗יו קָד֥וֹשׁ הֽוּא׃ מֹשֶׁ֤ה וְאַהֲרֹ֨ן ׀ בְּֽכֹהֲנָ֗יו וּ֭שְׁמוּאֵל
ז בְּקֹרְאֵ֣י שְׁמ֑וֹ קֹרִ֥אים אֶל־יְ֝הֹוָ֗ה וְה֣וּא יַעֲנֵֽם׃ בְּעַמּ֣וּד עָ֭נָן יְדַבֵּ֣ר
ח אֲלֵיהֶ֑ם שָׁמְר֥וּ עֵ֝דֹתָ֗יו וְחֹ֣ק נָֽתַן־לָֽמוֹ׃ יְהֹוָ֣ה אֱלֹהֵינוּ֮ אַתָּ֪ה עֲנִ֫יתָ֥ם
ט אֵ֣ל נֹ֭שֵׂא הָיִ֣יתָ לָהֶ֑ם וְ֝נֹקֵ֗ם עַל־עֲלִילוֹתָֽם׃ רוֹמְמ֡וּ יְהֹוָ֬ה אֱלֹהֵ֗ינוּ
וְֽהִשְׁתַּחֲווּ לְהַ֣ר קׇדְשׁ֑וֹ כִּֽי־קָ֝ד֗וֹשׁ יְהֹוָ֥ה אֱלֹהֵֽינוּ׃

ק א ב מִזְמ֥וֹר לְתוֹדָ֑ה הָרִ֥יעוּ לַ֝יהֹוָ֗ה כׇּל־הָאָֽרֶץ׃ עִבְד֣וּ אֶת־יְהֹוָ֣ה
ג בְּשִׂמְחָ֑ה בֹּ֥אוּ לְ֝פָנָ֗יו בִּרְנָנָֽה׃ דְּע֗וּ כִּֽי־יְהֹוָה֮ ה֤וּא אֱלֹ֫הִ֥ים הֽוּא
ד עָשָׂ֗נוּ ולא אֲנַ֑חְנוּ עַ֝מּ֗וֹ וְצֹ֣אן מַרְעִיתֽוֹ׃ בֹּ֤אוּ שְׁעָרָ֨יו ׀ בְּתוֹדָ֗ה וְל֗וֹ
ה חֲצֵרֹתָ֥יו בִּתְהִלָּ֑ה הוֹדוּ ל֝֗וֹ בָּרְכ֥וּ שְׁמֽוֹ׃ כִּֽי־ט֣וֹב יְ֭הֹוָה לְעוֹלָ֣ם
חַסְדּ֑וֹ וְעַד־דֹּ֥ר וָ֝דֹ֗ר אֱמוּנָתֽוֹ׃

קא א לְדָוִ֗ד מִ֫זְמ֥וֹר חֶֽסֶד־וּמִשְׁפָּ֥ט אָשִׁ֑ירָה לְךָ֖ יְהֹוָ֣ה אֲזַמֵּֽרָה׃ יד
ב אַשְׂכִּ֡ילָה ׀ בְּדֶ֬רֶךְ תָּמִ֗ים מָ֭תַי תָּב֣וֹא אֵלָ֑י אֶתְהַלֵּ֥ךְ בְּתׇם־לְ֝בָבִ֗י
ג בְּקֶ֣רֶב בֵּיתִֽי׃ לֹֽא־אָשִׁ֨ית ׀ לְנֶ֬גֶד עֵינַ֗י דְּֽבַר־בְּלִ֫יָּ֥עַל עֲשֹׂה־סֵטִ֥ים
ד שָׂנֵ֑אתִי לֹ֖א יִדְבַּ֣ק בִּֽי׃ לֵבָ֣ב עִ֭קֵּשׁ יָס֣וּר מִמֶּ֑נִּי רָ֝֗ע לֹ֣א אֵדָֽע׃
ה מלושני בַסֵּ֨תֶר ׀ רֵעֵ֡הוּ אוֹת֣וֹ אַ֭צְמִית גְּבַהּ־עֵ֭ינַיִם וּרְחַ֣ב לֵבָ֑ב מְלׇשְׁנִ֬י
ו אֹ֝ת֗וֹ לֹ֣א אוּכָֽל׃ עֵינַ֤י ׀ בְּנֶֽאֶמְנֵי־אֶרֶץ֮ לָשֶׁ֪בֶת עִמָּ֫דִ֥י הֹ֭לֵךְ בְּדֶ֣רֶךְ
ז תָּמִ֑ים ה֝֗וּא יְשָׁרְתֵֽנִי׃ לֹֽא־יֵשֵׁ֨ב ׀ בְּקֶ֣רֶב בֵּיתִי֮ עֹשֵׂ֪ה רְמִיָּ֫ה דֹּבֵ֥ר
ח שְׁקָרִ֑ים לֹֽא־יִ֝כּ֗וֹן לְנֶ֣גֶד עֵינָֽי׃ לַבְּקָרִים֮ אַצְמִ֪ית כׇּל־רִשְׁעֵי־אָ֫רֶץ
לְהַכְרִ֥ית מֵֽעִיר־יְ֝הֹוָ֗ה כׇּל־פֹּ֥עֲלֵי אָֽוֶן׃

קב א ב תְּפִלָּ֣ה לְעָנִ֣י כִֽי־יַעֲטֹ֑ף וְלִפְנֵ֥י יְ֝הֹוָ֗ה יִשְׁפֹּ֥ךְ שִׂיחֽוֹ׃ יְֽהֹוָ֗ה שִׁמְעָ֣ה
ג תְפִלָּתִ֑י וְ֝שַׁוְעָתִ֗י אֵלֶ֥יךָ תָבֽוֹא׃ אַל־תַּסְתֵּ֬ר פָּנֶ֨יךָ ׀ מִמֶּנִּי֮ בְּי֪וֹם
ד צַ֫ר לִ֥י הַטֵּֽה־אֵלַ֥י אׇזְנֶ֑ךָ בְּי֥וֹם אֶ֝קְרָ֗א מַהֵ֥ר עֲנֵֽנִי׃ כִּֽי־כָל֣וּ בְעָשָׁ֣ן
ה יָמָ֑י וְ֝עַצְמוֹתַ֗י כְּמוֹקֵ֥ד נִחָֽרוּ׃ הוּכָּֽה־כָ֭עֵשֶׂב וַיִּבַ֣שׁ לִבִּ֑י כִּֽי־שָׁ֝כַ֗חְתִּי
ו ז מֵאֲכֹ֥ל לַחְמִֽי׃ מִקּ֥וֹל אַנְחָתִ֑י דָּבְקָ֥ה עַ֝צְמִ֗י לִבְשָׂרִֽי׃ דָּ֭מִיתִי

ח לִקְאַת מִדְבָּר הָיִיתִי כְּכוֹס חֳרָבוֹת׃ שָׁקַדְתִּי וָאֶהְיֶה כְּצִפּוֹר
ט י בּוֹדֵד עַל־גָּג׃ כָּל־הַיּוֹם חֵרְפוּנִי אוֹיְבָי מְהוֹלָלַי בִּי נִשְׁבָּעוּ׃ כִּי־
יא אֵפֶר כַּלֶּחֶם אָכָלְתִּי וְשִׁקֻּוַי בִּבְכִי מָסָכְתִּי׃ מִפְּנֵי־זַעַמְךָ וְקִצְפֶּךָ
יב יג כִּי נְשָׂאתַנִי וַתַּשְׁלִיכֵנִי׃ יָמַי כְּצֵל נָטוּי וַאֲנִי כָּעֵשֶׂב אִיבָשׁ׃ וְאַתָּה
יד יְהוָה לְעוֹלָם תֵּשֵׁב וְזִכְרְךָ לְדֹר וָדֹר׃ אַתָּה תָקוּם תְּרַחֵם צִיּוֹן
טו כִּי־עֵת לְחֶנְנָהּ כִּי־בָא מוֹעֵד׃ כִּי־רָצוּ עֲבָדֶיךָ אֶת־אֲבָנֶיהָ וְאֶת־
טז עֲפָרָהּ יְחֹנֵנוּ׃ וְיִירְאוּ גוֹיִם אֶת־שֵׁם יְהוָה וְכָל־מַלְכֵי הָאָרֶץ אֶת־
יז יח כְּבוֹדֶךָ׃ כִּי־בָנָה יְהוָה צִיּוֹן נִרְאָה בִּכְבוֹדוֹ׃ פָּנָה אֶל־תְּפִלַּת
יט הָעַרְעָר וְלֹא־בָזָה אֶת־תְּפִלָּתָם׃ תִּכָּתֶב זֹאת לְדוֹר אַחֲרוֹן וְעַם
כ נִבְרָא יְהַלֶּל־יָהּ׃ כִּי־הִשְׁקִיף מִמְּרוֹם קָדְשׁוֹ יְהוָה מִשָּׁמַיִם ׀ אֶל־
כא כב אֶרֶץ הִבִּיט׃ לִשְׁמֹעַ אֶנְקַת אָסִיר לְפַתֵּחַ בְּנֵי תְמוּתָה׃ לְסַפֵּר
כג בְּצִיּוֹן שֵׁם יְהוָה וּתְהִלָּתוֹ בִּירוּשָׁלִָם׃ בְּהִקָּבֵץ עַמִּים יַחְדָּו
כד כה וּמַמְלָכוֹת לַעֲבֹד אֶת־יְהוָה׃ עִנָּה בַדֶּרֶךְ כחו קִצַּר יָמָי׃ אֹמַר כֹּחִי
כו אֵלִי אַל־תַּעֲלֵנִי בַּחֲצִי יָמָי בְּדוֹר דּוֹרִים שְׁנוֹתֶיךָ׃ לְפָנִים הָאָרֶץ
כז יָסַדְתָּ וּמַעֲשֵׂה יָדֶיךָ שָׁמָיִם׃ הֵמָּה ׀ יֹאבֵדוּ וְאַתָּה תַעֲמֹד וְכֻלָּם
כח כַּבֶּגֶד יִבְלוּ כַּלְּבוּשׁ תַּחֲלִיפֵם וְיַחֲלֹפוּ׃ וְאַתָּה־הוּא וּשְׁנוֹתֶיךָ לֹא
כט יִתָּמּוּ׃ בְּנֵי־עֲבָדֶיךָ יִשְׁכּוֹנוּ וְזַרְעָם לְפָנֶיךָ יִכּוֹן׃

קג א ב לְדָוִד ׀ בָּרְכִי נַפְשִׁי אֶת־יְהוָה וְכָל־קְרָבַי אֶת־שֵׁם קָדְשׁוֹ׃ בָּרְכִי
ג נַפְשִׁי אֶת־יְהוָה וְאַל־תִּשְׁכְּחִי כָּל־גְּמוּלָיו׃ הַסֹּלֵחַ לְכָל־עֲוֺנֵכִי
ד הָרֹפֵא לְכָל־תַּחֲלֻאָיְכִי׃ הַגּוֹאֵל מִשַּׁחַת חַיָּיְכִי הַמְעַטְּרֵכִי חֶסֶד
ה ו וְרַחֲמִים׃ הַמַּשְׂבִּיעַ בַּטּוֹב עֶדְיֵךְ תִּתְחַדֵּשׁ כַּנֶּשֶׁר נְעוּרָיְכִי׃ עֹשֵׂה
ז צְדָקוֹת יְהוָה וּמִשְׁפָּטִים לְכָל־עֲשׁוּקִים׃ יוֹדִיעַ דְּרָכָיו לְמֹשֶׁה
ח לִבְנֵי יִשְׂרָאֵל עֲלִילוֹתָיו׃ רַחוּם וְחַנּוּן יְהוָה אֶרֶךְ אַפַּיִם וְרַב־
ט י חָסֶד׃ לֹא־לָנֶצַח יָרִיב וְלֹא לְעוֹלָם יִטּוֹר׃ לֹא כַחֲטָאֵינוּ עָשָׂה
יא לָנוּ וְלֹא כַעֲוֺנֹתֵינוּ גָּמַל עָלֵינוּ׃ כִּי כִגְבֹהַּ שָׁמַיִם עַל־הָאָרֶץ גָּבַר
יב חַסְדּוֹ עַל־יְרֵאָיו׃ כִּרְחֹק מִזְרָח מִמַּעֲרָב הִרְחִיק מִמֶּנּוּ אֶת־
יג יד פְּשָׁעֵינוּ׃ כְּרַחֵם אָב עַל־בָּנִים רִחַם יְהוָה עַל־יְרֵאָיו׃ כִּי־הוּא

הודעת דרכי ה׳ למשה
שמות לד, ה–ז

יָדַע יִצְרֵנוּ זָכוּר כִּי־עָפָר אֲנָחְנוּ׃ אֱנוֹשׁ כֶּחָצִיר יָמָיו כְּצִיץ טו
הַשָּׂדֶה כֵּן יָצִיץ׃ כִּי רוּחַ עָבְרָה־בּוֹ וְאֵינֶנּוּ וְלֹא־יַכִּירֶנּוּ עוֹד טז
מְקוֹמוֹ׃ וְחֶסֶד יְהוָה ׀ מֵעוֹלָם וְעַד־עוֹלָם עַל־יְרֵאָיו וְצִדְקָתוֹ יז
לִבְנֵי בָנִים׃ לְשֹׁמְרֵי בְרִיתוֹ וּלְזֹכְרֵי פִקֻּדָיו לַעֲשׂוֹתָם׃ יְהוָה יח יט
בַּשָּׁמַיִם הֵכִין כִּסְאוֹ וּמַלְכוּתוֹ בַּכֹּל מָשָׁלָה׃ בָּרְכוּ יְהוָה כ
מַלְאָכָיו גִּבֹּרֵי כֹחַ עֹשֵׂי דְבָרוֹ לִשְׁמֹעַ בְּקוֹל דְּבָרוֹ׃ בָּרְכוּ יְהוָה כא
כָּל־צְבָאָיו מְשָׁרְתָיו עֹשֵׂי רְצוֹנוֹ׃ בָּרְכוּ יְהוָה ׀ כָּל־מַעֲשָׂיו בְּכָל־ כב
מְקֹמוֹת מֶמְשַׁלְתּוֹ בָּרְכִי נַפְשִׁי אֶת־יְהוָה׃

בָּרְכִי נַפְשִׁי אֶת־יְהוָה יְהוָה אֱלֹהַי גָּדַלְתָּ מְּאֹד הוֹד וְהָדָר א קד
לָבָשְׁתָּ׃ עֹטֶה־אוֹר כַּשַּׂלְמָה נוֹטֶה שָׁמַיִם כַּיְרִיעָה׃ הַמְקָרֶה ב ג
בַמַּיִם עֲלִיּוֹתָיו הַשָּׂם־עָבִים רְכוּבוֹ הַמְהַלֵּךְ עַל־כַּנְפֵי־רוּחַ׃ עֹשֶׂה ד
מַלְאָכָיו רוּחוֹת מְשָׁרְתָיו אֵשׁ לֹהֵט׃ יָסַד־אֶרֶץ עַל־מְכוֹנֶיהָ בַּל־ ה
תִּמּוֹט עוֹלָם וָעֶד׃ תְּהוֹם כַּלְּבוּשׁ כִּסִּיתוֹ עַל־הָרִים יַעַמְדוּ־מָיִם׃ ו
מִן־גַּעֲרָתְךָ יְנוּסוּן מִן־קוֹל רַעַמְךָ יֵחָפֵזוּן׃ יַעֲלוּ הָרִים יֵרְדוּ ז ח
בְקָעוֹת אֶל־מְקוֹם זֶה ׀ יָסַדְתָּ לָהֶם׃ גְּבוּל־שַׂמְתָּ בַּל־יַעֲבֹרוּן ט
בַּל־יְשׁוּבוּן לְכַסּוֹת הָאָרֶץ׃ הַמְשַׁלֵּחַ מַעְיָנִים בַּנְּחָלִים בֵּין הָרִים י
יְהַלֵּכוּן׃ יַשְׁקוּ כָּל־חַיְתוֹ שָׂדָי יִשְׁבְּרוּ פְרָאִים צְמָאָם׃ עֲלֵיהֶם יא יב
עוֹף־הַשָּׁמַיִם יִשְׁכּוֹן מִבֵּין עֳפָאיִם יִתְּנוּ־קוֹל׃ מַשְׁקֶה הָרִים יג
מֵעֲלִיּוֹתָיו מִפְּרִי מַעֲשֶׂיךָ תִּשְׂבַּע הָאָרֶץ׃ מַצְמִיחַ חָצִיר ׀ לַבְּהֵמָה יד
וְעֵשֶׂב לַעֲבֹדַת הָאָדָם לְהוֹצִיא לֶחֶם מִן־הָאָרֶץ׃ וְיַיִן ׀ יְשַׂמַּח טו
לְבַב־אֱנוֹשׁ לְהַצְהִיל פָּנִים מִשָּׁמֶן וְלֶחֶם לְבַב־אֱנוֹשׁ יִסְעָד׃
יִשְׂבְּעוּ עֲצֵי יְהוָה אַרְזֵי לְבָנוֹן אֲשֶׁר נָטָע׃ אֲשֶׁר־שָׁם צִפֳּרִים טז יז
יְקַנֵּנוּ חֲסִידָה בְּרוֹשִׁים בֵּיתָהּ׃ הָרִים הַגְּבֹהִים לַיְּעֵלִים סְלָעִים יח
מַחְסֶה לַשְׁפַנִּים׃ עָשָׂה יָרֵחַ לְמוֹעֲדִים שֶׁמֶשׁ יָדַע מְבוֹאוֹ׃ תָּשֶׁת־ יט כ
חֹשֶׁךְ וִיהִי לָיְלָה בּוֹ־תִרְמֹשׂ כָּל־חַיְתוֹ־יָעַר׃ הַכְּפִירִים שֹׁאֲגִים כא
לַטָּרֶף וּלְבַקֵּשׁ מֵאֵל אָכְלָם׃ תִּזְרַח הַשֶּׁמֶשׁ יֵאָסֵפוּן וְאֶל־ כב
מְעוֹנֹתָם יִרְבָּצוּן׃ יֵצֵא אָדָם לְפָעֳלוֹ וְלַעֲבֹדָתוֹ עֲדֵי־עָרֶב׃ מָה־ כג כד

רַבּוּ מַעֲשֶׂיךָ ׀ יְהוָה כֻּלָּם בְּחׇכְמָה עָשִׂיתָ מָלְאָה הָאָרֶץ קִנְיָנֶךָ׃
כה זֶה ׀ הַיָּם גָּדוֹל וּרְחַב יָדָיִם שָׁם־רֶמֶשׂ וְאֵין מִסְפָּר חַיּוֹת קְטַנּוֹת
כו עִם־גְּדֹלוֹת׃ שָׁם אֳנִיּוֹת יְהַלֵּכוּן לִוְיָתָן זֶה־יָצַרְתָּ לְשַׂחֶק־בּוֹ׃
כז כח כֻּלָּם אֵלֶיךָ יְשַׂבֵּרוּן לָתֵת אׇכְלָם בְּעִתּוֹ׃ תִּתֵּן לָהֶם יִלְקֹטוּן
כט תִּפְתַּח יָדְךָ יִשְׂבְּעוּן טוֹב׃ תַּסְתִּיר פָּנֶיךָ יִבָּהֵלוּן תֹּסֵף רוּחָם
ל יִגְוָעוּן וְאֶל־עֲפָרָם יְשׁוּבוּן׃ תְּשַׁלַּח רוּחֲךָ יִבָּרֵאוּן וּתְחַדֵּשׁ פְּנֵי
לא לב אֲדָמָה׃ יְהִי כְבוֹד יְהוָה לְעוֹלָם יִשְׂמַח יְהוָה בְּמַעֲשָׂיו׃ הַמַּבִּיט
לג לָאָרֶץ וַתִּרְעָד יִגַּע בֶּהָרִים וְיֶעֱשָׁנוּ׃ אָשִׁירָה לַיהוָה בְּחַיָּי
לד אֲזַמְּרָה לֵאלֹהַי בְּעוֹדִי׃ יֶעֱרַב עָלָיו שִׂיחִי אָנֹכִי אֶשְׂמַח בַּיהוָה׃
לה יִתַּמּוּ חַטָּאִים ׀ מִן־הָאָרֶץ וּרְשָׁעִים ׀ עוֹד אֵינָם בָּרְכִי נַפְשִׁי
אֶת־יְהוָה הַלְלוּיָהּ׃

קה א ב הוֹדוּ לַיהוָה קִרְאוּ בִּשְׁמוֹ הוֹדִיעוּ בָעַמִּים עֲלִילוֹתָיו׃ שִׁירוּ־לוֹ
המזמור שנאמר לפני ארון ה׳
דה״א טז, ח-כב
ג זַמְּרוּ־לוֹ שִׂיחוּ בְּכׇל־נִפְלְאוֹתָיו׃ הִתְהַלְלוּ בְּשֵׁם קׇדְשׁוֹ יִשְׂמַח
ד ה לֵב ׀ מְבַקְשֵׁי יְהוָה׃ דִּרְשׁוּ יְהוָה וְעֻזּוֹ בַּקְּשׁוּ פָנָיו תָּמִיד׃ זִכְרוּ
ו נִפְלְאוֹתָיו אֲשֶׁר־עָשָׂה מֹפְתָיו וּמִשְׁפְּטֵי־פִיו׃ זֶרַע אַבְרָהָם עַבְדּוֹ
ז בְּנֵי יַעֲקֹב בְּחִירָיו׃ הוּא יְהוָה אֱלֹהֵינוּ בְּכׇל־הָאָרֶץ מִשְׁפָּטָיו׃
ח ט זָכַר לְעוֹלָם בְּרִיתוֹ דָּבָר צִוָּה לְאֶלֶף דּוֹר׃ אֲשֶׁר כָּרַת אֶת־
י אַבְרָהָם וּשְׁבוּעָתוֹ לְיִשְׂחָק׃ וַיַּעֲמִידֶהָ לְיַעֲקֹב לְחֹק לְיִשְׂרָאֵל
יא בְּרִית עוֹלָם׃ לֵאמֹר לְךָ אֶתֵּן אֶת־אֶרֶץ־כְּנָעַן חֶבֶל נַחֲלַתְכֶם׃
יב יג בִּהְיוֹתָם מְתֵי מִסְפָּר כִּמְעַט וְגָרִים בָּהּ׃ וַיִּתְהַלְּכוּ מִגּוֹי אֶל־גּוֹי
יד מִמַּמְלָכָה אֶל־עַם אַחֵר׃ לֹא־הִנִּיחַ אָדָם לְעׇשְׁקָם וַיּוֹכַח עֲלֵיהֶם
הרעב בארץ מצרים
בראשית מא
טו טז מְלָכִים׃ אַל־תִּגְּעוּ בִמְשִׁיחָי וְלִנְבִיאַי אַל־תָּרֵעוּ׃ וַיִּקְרָא רָעָב
גלגוליו של יוסף במצרים
בראשית לז-נ
יז עַל־הָאָרֶץ כׇּל־מַטֵּה־לֶחֶם שָׁבָר׃ שָׁלַח לִפְנֵיהֶם אִישׁ לְעֶבֶד
יח יט נִמְכַּר יוֹסֵף׃ עִנּוּ בַכֶּבֶל רגליו בַּרְזֶל בָּאָה נַפְשׁוֹ׃ עַד־עֵת בֹּא־
רַגְלוֹ
כ דְבָרוֹ אִמְרַת יְהוָה צְרָפָתְהוּ׃ שָׁלַח מֶלֶךְ וַיַּתִּירֵהוּ מֹשֵׁל עַמִּים
כא כב וַיְפַתְּחֵהוּ׃ שָׂמוֹ אָדוֹן לְבֵיתוֹ וּמֹשֵׁל בְּכׇל־קִנְיָנוֹ׃ לֶאְסֹר שָׂרָיו
כג בְּנַפְשׁוֹ וּזְקֵנָיו יְחַכֵּם׃ וַיָּבֹא יִשְׂרָאֵל מִצְרָיִם וְיַעֲקֹב גָּר בְּאֶרֶץ־
ירידת יעקב למצרים
בראשית מו

חָם: וַיֶּפֶר אֶת־עַמּוֹ מְאֹד וַיַּעֲצִמֵהוּ מִצָּרָיו: הָפַךְ לִבָּם לִשְׂנֹא כד כה

מינוי משה ואהרן להוציא את ישראל ממצרים שמות ג–ד

עַמּוֹ לְהִתְנַכֵּל בַּעֲבָדָיו: שָׁלַח מֹשֶׁה עַבְדּוֹ אַהֲרֹן אֲשֶׁר בָּחַר־בּוֹ: כו
שָׂמוּ־בָם דִּבְרֵי אֹתוֹתָיו וּמֹפְתִים בְּאֶרֶץ חָם: שָׁלַח חֹשֶׁךְ וַיַּחְשִׁךְ כז כח

דְּבָרוֹ

וְלֹא־מָרוּ אֶת־דברו: הָפַךְ אֶת־מֵימֵיהֶם לְדָם וַיָּמֶת אֶת־דְּגָתָם: כט

עשר המכות שמות ז–יב

שָׁרַץ אַרְצָם צְפַרְדְּעִים בְּחַדְרֵי מַלְכֵיהֶם: אָמַר וַיָּבֹא עָרֹב כִּנִּים ל לא
בְּכָל־גְּבוּלָם: נָתַן גִּשְׁמֵיהֶם בָּרָד אֵשׁ לֶהָבוֹת בְּאַרְצָם: וַיַּךְ גַּפְנָם לב לג
וּתְאֵנָתָם וַיְשַׁבֵּר עֵץ גְּבוּלָם: אָמַר וַיָּבֹא אַרְבֶּה וְיֶלֶק וְאֵין לד

עמוד האש ועמוד הענן במדבר שמות יג, כא–כב

מִסְפָּר: וַיֹּאכַל כָּל־עֵשֶׂב בְּאַרְצָם וַיֹּאכַל פְּרִי אַדְמָתָם: וַיַּךְ כָּל־ לה לו
בְּכוֹר בְּאַרְצָם רֵאשִׁית לְכָל־אוֹנָם: וַיּוֹצִיאֵם בְּכֶסֶף וְזָהָב וְאֵין לז

השלו במדבר במדבר יא

בִּשְׁבָטָיו כּוֹשֵׁל: שָׂמַח מִצְרַיִם בְּצֵאתָם כִּי־נָפַל פַּחְדָּם עֲלֵיהֶם: לח

המן במדבר שמות טז

פָּרַשׂ עָנָן לְמָסָךְ וְאֵשׁ לְהָאִיר לָיְלָה: שָׁאַל וַיָּבֵא שְׂלָו וְלֶחֶם לט מ

הוצאת מים מהסלע במדבר שמות יז, א–ז במדבר כ, א–יא

שָׁמַיִם יַשְׂבִּיעֵם: פָּתַח צוּר וַיָּזוּבוּ מָיִם הָלְכוּ בַּצִּיּוֹת נָהָר: כִּי־זָכַר מא מב
אֶת־דְּבַר קָדְשׁוֹ אֶת־אַבְרָהָם עַבְדּוֹ: וַיּוֹצִא עַמּוֹ בְשָׂשׂוֹן בְּרִנָּה מג
אֶת־בְּחִירָיו: וַיִּתֵּן לָהֶם אַרְצוֹת גּוֹיִם וַעֲמַל לְאֻמִּים יִירָשׁוּ: מד
טו בַּעֲבוּר ׀ יִשְׁמְרוּ חֻקָּיו וְתוֹרֹתָיו יִנְצֹרוּ הַלְלוּ־יָהּ: מה

המזמור שנאמר לפני ארון ה' תהלים קו, מז–מח דה"א טז, לד–לו

הַלְלוּיָהּ ׀ הוֹדוּ לַיהוָה כִּי־טוֹב כִּי לְעוֹלָם חַסְדּוֹ: מִי יְמַלֵּל קו א ב
גְּבוּרוֹת יְהוָה יַשְׁמִיעַ כָּל־תְּהִלָּתוֹ: אַשְׁרֵי שֹׁמְרֵי מִשְׁפָּט עֹשֵׂה ג
צְדָקָה בְכָל־עֵת: זָכְרֵנִי יְהוָה בִּרְצוֹן עַמֶּךָ פָּקְדֵנִי בִּישׁוּעָתֶךָ: ד
לִרְאוֹת ׀ בְּטוֹבַת בְּחִירֶיךָ לִשְׂמֹחַ בְּשִׂמְחַת גּוֹיֶךָ לְהִתְהַלֵּל ה
עִם־נַחֲלָתֶךָ: חָטָאנוּ עִם־אֲבוֹתֵינוּ הֶעֱוִינוּ הִרְשָׁעְנוּ: אֲבוֹתֵינוּ ו ז
בְמִצְרַיִם ׀ לֹא־הִשְׂכִּילוּ נִפְלְאוֹתֶיךָ לֹא זָכְרוּ אֶת־רֹב חֲסָדֶיךָ

קריעת ים סוף שמות יד

וַיַּמְרוּ עַל־יָם בְּיַם־סוּף: וַיּוֹשִׁיעֵם לְמַעַן שְׁמוֹ לְהוֹדִיעַ אֶת־ ח
גְּבוּרָתוֹ: וַיִּגְעַר בְּיַם־סוּף וַיֶּחֱרָב וַיּוֹלִיכֵם בַּתְּהֹמוֹת כַּמִּדְבָּר: ט

שירת הים שמות טו

וַיּוֹשִׁיעֵם מִיַּד שׂוֹנֵא וַיִּגְאָלֵם מִיַּד אוֹיֵב: וַיְכַסּוּ־מַיִם צָרֵיהֶם אֶחָד י יא

חטא קברות התאווה במדבר יא

מֵהֶם לֹא נוֹתָר: וַיַּאֲמִינוּ בִדְבָרָיו יָשִׁירוּ תְּהִלָּתוֹ: מִהֲרוּ שָׁכְחוּ יב יג

חטא קורח ועדתו במדבר טז

מַעֲשָׂיו לֹא־חִכּוּ לַעֲצָתוֹ: וַיִּתְאַוּוּ תַאֲוָה בַּמִּדְבָּר וַיְנַסּוּ־אֵל יד
בִּישִׁימוֹן: וַיִּתֵּן לָהֶם שֶׁאֱלָתָם וַיְשַׁלַּח רָזוֹן בְּנַפְשָׁם: וַיְקַנְאוּ טו טז

יז לְמֹשֶׁה בַּמַּחֲנֶה לְאַהֲרֹן קְדוֹשׁ יהוה: תִּפְתַּח־אֶרֶץ וַתִּבְלַע דָּתָן
יח וַתְּכַס עַל־עֲדַת אֲבִירָם: וַתִּבְעַר־אֵשׁ בַּעֲדָתָם לֶהָבָה תְּלַהֵט
יט כ רְשָׁעִים: יַעֲשׂוּ־עֵגֶל בְּחֹרֵב וַיִּשְׁתַּחֲווּ לְמַסֵּכָה: וַיָּמִירוּ אֶת־
כא כְּבוֹדָם בְּתַבְנִית שׁוֹר אֹכֵל עֵשֶׂב: שָׁכְחוּ אֵל מוֹשִׁיעָם עֹשֶׂה
כב גְדֹלוֹת בְּמִצְרָיִם: נִפְלָאוֹת בְּאֶרֶץ חָם נוֹרָאוֹת עַל־יַם־סוּף:
כג וַיֹּאמֶר לְהַשְׁמִידָם לוּלֵי מֹשֶׁה בְחִירוֹ עָמַד בַּפֶּרֶץ לְפָנָיו לְהָשִׁיב
כד חֲמָתוֹ מֵהַשְׁחִית: וַיִּמְאֲסוּ בְּאֶרֶץ חֶמְדָּה לֹא־הֶאֱמִינוּ לִדְבָרוֹ:
כה כו וַיֵּרָגְנוּ בְאָהֳלֵיהֶם לֹא שָׁמְעוּ בְּקוֹל יהוה: וַיִּשָּׂא יָדוֹ לָהֶם לְהַפִּיל
כז אוֹתָם בַּמִּדְבָּר: וּלְהַפִּיל זַרְעָם בַּגּוֹיִם וּלְזָרוֹתָם בָּאֲרָצוֹת:
כח כט וַיִּצָּמְדוּ לְבַעַל פְּעוֹר וַיֹּאכְלוּ זִבְחֵי מֵתִים: וַיַּכְעִיסוּ בְּמַעַלְלֵיהֶם
ל וַתִּפְרָץ־בָּם מַגֵּפָה: וַיַּעֲמֹד פִּינְחָס וַיְפַלֵּל וַתֵּעָצַר הַמַּגֵּפָה:
לא לב וַתֵּחָשֶׁב לוֹ לִצְדָקָה לְדֹר וָדֹר עַד־עוֹלָם: וַיַּקְצִיפוּ עַל־מֵי מְרִיבָה
לג וַיֵּרַע לְמֹשֶׁה בַּעֲבוּרָם: כִּי־הִמְרוּ אֶת־רוּחוֹ וַיְבַטֵּא בִּשְׂפָתָיו:
לד לה לֹא־הִשְׁמִידוּ אֶת־הָעַמִּים אֲשֶׁר אָמַר יהוה לָהֶם: וַיִּתְעָרְבוּ
לו בַגּוֹיִם וַיִּלְמְדוּ מַעֲשֵׂיהֶם: וַיַּעַבְדוּ אֶת־עֲצַבֵּיהֶם וַיִּהְיוּ לָהֶם
לז לח לְמוֹקֵשׁ: וַיִּזְבְּחוּ אֶת־בְּנֵיהֶם וְאֶת־בְּנוֹתֵיהֶם לַשֵּׁדִים: וַיִּשְׁפְּכוּ
דָם נָקִי דַּם־בְּנֵיהֶם וּבְנוֹתֵיהֶם אֲשֶׁר זִבְּחוּ לַעֲצַבֵּי כְנָעַן וַתֶּחֱנַף
לט מ הָאָרֶץ בַּדָּמִים: וַיִּטְמְאוּ בְמַעֲשֵׂיהֶם וַיִּזְנוּ בְּמַעַלְלֵיהֶם: וַיִּחַר־
מא אַף יהוה בְּעַמּוֹ וַיְתָעֵב אֶת־נַחֲלָתוֹ: וַיִּתְּנֵם בְּיַד־גּוֹיִם וַיִּמְשְׁלוּ
מב מג בָהֶם שֹׂנְאֵיהֶם: וַיִּלְחָצוּם אוֹיְבֵיהֶם וַיִּכָּנְעוּ תַּחַת יָדָם: פְּעָמִים
מד רַבּוֹת יַצִּילֵם וְהֵמָּה יַמְרוּ בַעֲצָתָם וַיָּמֹכּוּ בַּעֲוֺנָם: וַיַּרְא בַּצַּר לָהֶם
מה מו בְּשָׁמְעוֹ אֶת־רִנָּתָם: וַיִּזְכֹּר לָהֶם בְּרִיתוֹ וַיִּנָּחֵם כְּרֹב חֲסָדָו: וַיִּתֵּן
מז אוֹתָם לְרַחֲמִים לִפְנֵי כָּל־שׁוֹבֵיהֶם: הוֹשִׁיעֵנוּ ׀ יהוה אֱלֹהֵינוּ
וְקַבְּצֵנוּ מִן־הַגּוֹיִם לְהֹדוֹת לְשֵׁם קָדְשֶׁךָ לְהִשְׁתַּבֵּחַ בִּתְהִלָּתֶךָ:
מח בָּרוּךְ יהוה ׀ אֱלֹהֵי יִשְׂרָאֵל מִן־הָעוֹלָם ׀ וְעַד הָעוֹלָם וְאָמַר
כָּל־הָעָם אָמֵן הַלְלוּיָהּ:

דתן ואבירם נבלעים באדמה
במדבר טז, לא–לג

חטא העגל
שמות לב

משה רבנו מונע בתפילתו את השמדת העם
שמות לב, ל–לה

חטא המרגלים
במדבר יג–יד

חטא בעל פעור
במדבר כה, א–ו

מעשהו של פינחס ושכרו
במדבר כה, ז–יג

חטא מי מריבה
במדבר כ

המזמור שנאמר לפני ארון ה׳
תהלים קו, א
דה״א טז, לד–לו

א ב הֹדוּ לַיהוָה כִּי־טוֹב כִּי לְעוֹלָם חַסְדּוֹ: יֹאמְרוּ גְּאוּלֵי יְהוָה אֲשֶׁר
ג גְּאָלָם מִיַּד־צָר: וּמֵאֲרָצוֹת קִבְּצָם מִמִּזְרָח וּמִמַּעֲרָב מִצָּפוֹן
ד וּמִיָּם: תָּעוּ בַמִּדְבָּר בִּישִׁימוֹן דָּרֶךְ עִיר מוֹשָׁב לֹא מָצָאוּ:
ה ו רְעֵבִים גַּם־צְמֵאִים נַפְשָׁם בָּהֶם תִּתְעַטָּף: וַיִּצְעֲקוּ אֶל־יְהוָה
ז בַּצַּר לָהֶם מִמְּצוּקוֹתֵיהֶם יַצִּילֵם: וַיַּדְרִיכֵם בְּדֶרֶךְ יְשָׁרָה לָלֶכֶת
ח ט אֶל־עִיר מוֹשָׁב: יוֹדוּ לַיהוָה חַסְדּוֹ וְנִפְלְאוֹתָיו לִבְנֵי אָדָם: כִּי־
י הִשְׂבִּיעַ נֶפֶשׁ שֹׁקֵקָה וְנֶפֶשׁ רְעֵבָה מִלֵּא־טוֹב: יֹשְׁבֵי חֹשֶׁךְ
יא וְצַלְמָוֶת אֲסִירֵי עֳנִי וּבַרְזֶל: כִּי־הִמְרוּ אִמְרֵי־אֵל וַעֲצַת עֶלְיוֹן
יב יג נָאָצוּ: וַיַּכְנַע בֶּעָמָל לִבָּם כָּשְׁלוּ וְאֵין עֹזֵר: וַיִּזְעֲקוּ אֶל־יְהוָה
יד בַּצַּר לָהֶם מִמְּצֻקוֹתֵיהֶם יוֹשִׁיעֵם: יוֹצִיאֵם מֵחֹשֶׁךְ וְצַלְמָוֶת
טו וּמוֹסְרוֹתֵיהֶם יְנַתֵּק: יוֹדוּ לַיהוָה חַסְדּוֹ וְנִפְלְאוֹתָיו לִבְנֵי אָדָם:
טז יז כִּי־שִׁבַּר דַּלְתוֹת נְחֹשֶׁת וּבְרִיחֵי בַרְזֶל גִּדֵּעַ: אֱוִלִים מִדֶּרֶךְ
יח פִּשְׁעָם וּמֵעֲוֹנֹתֵיהֶם יִתְעַנּוּ: כָּל־אֹכֶל תְּתַעֵב נַפְשָׁם וַיַּגִּיעוּ
יט עַד־שַׁעֲרֵי מָוֶת: וַיִּזְעֲקוּ אֶל־יְהוָה בַּצַּר לָהֶם מִמְּצֻקוֹתֵיהֶם
כ כא יוֹשִׁיעֵם: יִשְׁלַח דְּבָרוֹ וְיִרְפָּאֵם וִימַלֵּט מִשְּׁחִיתוֹתָם: יוֹדוּ לַיהוָה
כב חַסְדּוֹ וְנִפְלְאוֹתָיו לִבְנֵי אָדָם: וְיִזְבְּחוּ זִבְחֵי תוֹדָה וִיסַפְּרוּ
כג מַעֲשָׂיו בְּרִנָּה: ׆ יוֹרְדֵי הַיָּם בָּאֳנִיּוֹת עֹשֵׂי מְלָאכָה
כד בְּמַיִם רַבִּים: ׆ הֵמָּה רָאוּ מַעֲשֵׂי יְהוָה וְנִפְלְאוֹתָיו
כה בִּמְצוּלָה: ׆ וַיֹּאמֶר וַיַּעֲמֵד רוּחַ סְעָרָה וַתְּרוֹמֵם גַּלָּיו: ׆
כו כז יַעֲלוּ שָׁמַיִם יֵרְדוּ תְהוֹמוֹת נַפְשָׁם בְּרָעָה תִתְמוֹגָג: ׆ יָחוֹגּוּ
כח וְיָנוּעוּ כַּשִּׁכּוֹר וְכָל־חָכְמָתָם תִּתְבַּלָּע: ׆ וַיִּצְעֲקוּ אֶל־
כט יְהוָה בַּצַּר לָהֶם וּמִמְּצוּקֹתֵיהֶם יוֹצִיאֵם: יָקֵם סְעָרָה לִדְמָמָה
ל וַיֶּחֱשׁוּ גַּלֵּיהֶם: וַיִּשְׂמְחוּ כִי־יִשְׁתֹּקוּ וַיַּנְחֵם אֶל־מְחוֹז חֶפְצָם:
לא לב יוֹדוּ לַיהוָה חַסְדּוֹ וְנִפְלְאוֹתָיו לִבְנֵי אָדָם: וִירֹמְמוּהוּ בִּקְהַל־עָם
לג וּבְמוֹשַׁב זְקֵנִים יְהַלְלוּהוּ: יָשֵׂם נְהָרוֹת לְמִדְבָּר וּמֹצָאֵי מַיִם
לד לה לְצִמָּאוֹן: אֶרֶץ פְּרִי לִמְלֵחָה מֵרָעַת יֹשְׁבֵי בָהּ: יָשֵׂם מִדְבָּר

ס

לו לַאֲגַם־מַיִם וְאֶרֶץ צִיָּה לְמֹצָאֵי מָיִם׃ וַיּוֹשֶׁב שָׁם רְעֵבִים וַיְכוֹנְנוּ
לז עִיר מוֹשָׁב׃ וַיִּזְרְעוּ שָׂדוֹת וַיִּטְּעוּ כְרָמִים וַיַּעֲשׂוּ פְּרִי תְבוּאָה׃
לח לט וַיְבָרְכֵם וַיִּרְבּוּ מְאֹד וּבְהֶמְתָּם לֹא יַמְעִיט׃ וַיִּמְעֲטוּ וַיָּשֹׁחוּ
מ מֵעֹצֶר רָעָה וְיָגוֹן׃ ׆ שֹׁפֵךְ בּוּז עַל־נְדִיבִים וַיַּתְעֵם בְּתֹהוּ
מא מב לֹא־דָרֶךְ׃ וַיְשַׂגֵּב אֶבְיוֹן מֵעוֹנִי וַיָּשֶׂם כַּצֹּאן מִשְׁפָּחוֹת׃ יִרְאוּ
מג יְשָׁרִים וְיִשְׂמָחוּ וְכָל־עַוְלָה קָפְצָה פִּיהָ׃ מִי־חָכָם וְיִשְׁמָר־אֵלֶּה
וְיִתְבּוֹנְנוּ חַסְדֵי יְהוָה׃

קח א ב שִׁיר מִזְמוֹר לְדָוִד׃ נָכוֹן לִבִּי אֱלֹהִים אָשִׁירָה וַאֲזַמְּרָה אַף־
ג ד כְּבוֹדִי׃ עוּרָה הַנֵּבֶל וְכִנּוֹר אָעִירָה שָּׁחַר׃ אוֹדְךָ בָעַמִּים ׀ יְהוָה
מזמור "נכון לבי אלהים" תהלים נז, ח–יב
ה וַאֲזַמֶּרְךָ בַּלְאֻמִּים׃ כִּי־גָדוֹל מֵעַל־שָׁמַיִם חַסְדֶּךָ וְעַד־שְׁחָקִים
ו אֲמִתֶּךָ׃ רוּמָה עַל־שָׁמַיִם אֱלֹהִים וְעַל כָּל־הָאָרֶץ כְּבוֹדֶךָ׃
ז ח לְמַעַן יֵחָלְצוּן יְדִידֶיךָ הוֹשִׁיעָה יְמִינְךָ ועננו׃ אֱלֹהִים ׀ דִּבֶּר וַעֲנֵנִי
ט בְקָדְשׁוֹ אֶעְלֹזָה אֲחַלְּקָה שְׁכֶם וְעֵמֶק סֻכּוֹת אֲמַדֵּד׃ לִי גִלְעָד ׀
מזמור "למען יחלצון ידידיך" תהלים ס, ז–יד
י לִי מְנַשֶּׁה וְאֶפְרַיִם מָעוֹז רֹאשִׁי יְהוּדָה מְחֹקְקִי׃ מוֹאָב ׀ סִיר
יא רַחְצִי עַל־אֱדוֹם אַשְׁלִיךְ נַעֲלִי עֲלֵי־פְלֶשֶׁת אֶתְרוֹעָע׃ מִי יֹבִלֵנִי
יב עִיר מִבְצָר מִי נָחַנִי עַד־אֱדוֹם׃ הֲלֹא־אֱלֹהִים זְנַחְתָּנוּ וְלֹא־תֵצֵא
יג אֱלֹהִים בְּצִבְאֹתֵינוּ׃ הָבָה־לָּנוּ עֶזְרָת מִצָּר וְשָׁוְא תְּשׁוּעַת אָדָם׃
יד בֵּאלֹהִים נַעֲשֶׂה־חָיִל וְהוּא יָבוּס צָרֵינוּ׃

קט א ב לַמְנַצֵּחַ לְדָוִד מִזְמוֹר אֱלֹהֵי תְהִלָּתִי אַל־תֶּחֱרַשׁ׃ כִּי פִי רָשָׁע
ג וּפִי־מִרְמָה עָלַי פָּתָחוּ דִּבְּרוּ אִתִּי לְשׁוֹן שָׁקֶר׃ וְדִבְרֵי שִׂנְאָה
ד סְבָבוּנִי וַיִּלָּחֲמוּנִי חִנָּם׃ תַּחַת־אַהֲבָתִי יִשְׂטְנוּנִי וַאֲנִי תְפִלָּה׃
ה ו וַיָּשִׂימוּ עָלַי רָעָה תַּחַת טוֹבָה וְשִׂנְאָה תַּחַת אַהֲבָתִי׃ הַפְקֵד
ז עָלָיו רָשָׁע וְשָׂטָן יַעֲמֹד עַל־יְמִינוֹ׃ בְּהִשָּׁפְטוֹ יֵצֵא רָשָׁע וּתְפִלָּתוֹ
ח ט תִּהְיֶה לַחֲטָאָה׃ יִהְיוּ־יָמָיו מְעַטִּים פְּקֻדָּתוֹ יִקַּח אַחֵר׃ יִהְיוּ־
י בָנָיו יְתוֹמִים וְאִשְׁתּוֹ אַלְמָנָה׃ וְנוֹעַ יָנוּעוּ בָנָיו וְשִׁאֵלוּ וְדָרְשׁוּ
יא מֵחָרְבוֹתֵיהֶם׃ יְנַקֵּשׁ נוֹשֶׁה לְכָל־אֲשֶׁר־לוֹ וְיָבֹזּוּ זָרִים יְגִיעוֹ׃
יב יג אַל־יְהִי־לוֹ מֹשֵׁךְ חָסֶד וְאַל־יְהִי חוֹנֵן לִיתוֹמָיו׃ יְהִי־אַחֲרִיתוֹ

יד לְהַכְרִית בְּדוֹר אַחֵר יִמַּח שְׁמָם: יִזָּכֵר ׀ עֲוֺן אֲבֹתָיו אֶל־יְהוָה
טו וְחַטַּאת אִמּוֹ אַל־תִּמָּח: יִהְיוּ נֶגֶד־יְהוָה תָּמִיד וְיַכְרֵת מֵאֶרֶץ
טז זִכְרָם: יַעַן אֲשֶׁר ׀ לֹא זָכַר עֲשׂוֹת חָסֶד וַיִּרְדֹּף אִישׁ־עָנִי וְאֶבְיוֹן
יז וְנִכְאֵה לֵבָב לְמוֹתֵת: וַיֶּאֱהַב קְלָלָה וַתְּבוֹאֵהוּ וְלֹא־חָפֵץ
יח בִּבְרָכָה וַתִּרְחַק מִמֶּנּוּ: וַיִּלְבַּשׁ קְלָלָה כְּמַדּוֹ וַתָּבֹא כַמַּיִם
יט בְּקִרְבּוֹ וְכַשֶּׁמֶן בְּעַצְמוֹתָיו: תְּהִי־לוֹ כְּבֶגֶד יַעְטֶה וּלְמֵזַח תָּמִיד
כ יַחְגְּרֶהָ: זֹאת ׀ פְּעֻלַּת שֹׂטְנַי מֵאֵת יְהוָה וְהַדֹּבְרִים רָע עַל־נַפְשִׁי:
כא וְאַתָּה ׀ יְהוִה אֲדֹנָי עֲשֵׂה־אִתִּי לְמַעַן שְׁמֶךָ כִּי־טוֹב חַסְדְּךָ
כב כג הַצִּילֵנִי: כִּי־עָנִי וְאֶבְיוֹן אָנֹכִי וְלִבִּי חָלַל בְּקִרְבִּי: כְּצֵל כִּנְטוֹתוֹ
כד נֶהֱלָכְתִּי נִנְעַרְתִּי כָּאַרְבֶּה: בִּרְכַּי כָּשְׁלוּ מִצּוֹם וּבְשָׂרִי כָּחַשׁ
כה כו מִשָּׁמֶן: וַאֲנִי ׀ הָיִיתִי חֶרְפָּה לָהֶם יִרְאוּנִי יְנִיעוּן רֹאשָׁם: עָזְרֵנִי
כז יְהוָה אֱלֹהָי הוֹשִׁיעֵנִי כְחַסְדֶּךָ: וְיֵדְעוּ כִּי־יָדְךָ זֹּאת אַתָּה יְהוָה
כח עֲשִׂיתָהּ: יְקַלְלוּ־הֵמָּה וְאַתָּה תְבָרֵךְ קָמוּ ׀ וַיֵּבֹשׁוּ וְעַבְדְּךָ יִשְׂמָח:
כט ל יִלְבְּשׁוּ שׂוֹטְנַי כְּלִמָּה וְיַעֲטוּ כַמְעִיל בָּשְׁתָּם: אוֹדֶה יְהוָה מְאֹד
לא בְּפִי וּבְתוֹךְ רַבִּים אֲהַלְלֶנּוּ: כִּי־יַעֲמֹד לִימִין אֶבְיוֹן לְהוֹשִׁיעַ
מִשֹּׁפְטֵי נַפְשׁוֹ:

קי א לְדָוִד מִזְמוֹר נְאֻם יְהוָה ׀ לַאדֹנִי שֵׁב לִימִינִי עַד־אָשִׁית אֹיְבֶיךָ
ב הֲדֹם לְרַגְלֶיךָ: מַטֵּה עֻזְּךָ יִשְׁלַח יְהוָה מִצִּיּוֹן רְדֵה בְּקֶרֶב אֹיְבֶיךָ:
ג עַמְּךָ נְדָבֹת בְּיוֹם חֵילֶךָ בְּהַדְרֵי־קֹדֶשׁ מֵרֶחֶם מִשְׁחָר לְךָ טַל
ד יַלְדֻתֶיךָ: נִשְׁבַּע יְהוָה ׀ וְלֹא יִנָּחֵם אַתָּה־כֹהֵן לְעוֹלָם עַל־דִּבְרָתִי
ה ו מַלְכִּי־צֶדֶק: אֲדֹנָי עַל־יְמִינְךָ מָחַץ בְּיוֹם־אַפּוֹ מְלָכִים: יָדִין
ז בַּגּוֹיִם מָלֵא גְוִיּוֹת מָחַץ רֹאשׁ עַל־אֶרֶץ רַבָּה: מִנַּחַל בַּדֶּרֶךְ
יִשְׁתֶּה עַל־כֵּן יָרִים רֹאשׁ:

קיא א ב הַלְלוּיָהּ ׀ אוֹדֶה יְהוָה בְּכָל־לֵבָב בְּסוֹד יְשָׁרִים וְעֵדָה: גְּדֹלִים
ג מַעֲשֵׂי יְהוָה דְּרוּשִׁים לְכָל־חֶפְצֵיהֶם: הוֹד־וְהָדָר פָּעֳלוֹ וְצִדְקָתוֹ
ד ה עֹמֶדֶת לָעַד: זֵכֶר עָשָׂה לְנִפְלְאֹתָיו חַנּוּן וְרַחוּם יְהוָה: טֶרֶף
ו נָתַן לִירֵאָיו יִזְכֹּר לְעוֹלָם בְּרִיתוֹ: כֹּחַ מַעֲשָׂיו הִגִּיד לְעַמּוֹ

ז לָתֵת לָהֶם נַחֲלַת גּוֹיִם׃ מַעֲשֵׂי יָדָיו אֱמֶת וּמִשְׁפָּט נֶאֱמָנִים
ח כָּל־פִּקּוּדָיו׃ סְמוּכִים לָעַד לְעוֹלָם עֲשׂוּיִם בֶּאֱמֶת וְיָשָׁר׃
ט פְּדוּת ׀ שָׁלַח לְעַמּוֹ צִוָּה־לְעוֹלָם בְּרִיתוֹ קָדוֹשׁ וְנוֹרָא שְׁמוֹ׃
י רֵאשִׁית חָכְמָה ׀ יִרְאַת יהוה שֵׂכֶל טוֹב לְכָל־עֹשֵׂיהֶם תְּהִלָּתוֹ טז
עֹמֶדֶת לָעַד׃

יב א הַלְלוּיָהּ ׀ אַשְׁרֵי־אִישׁ יָרֵא אֶת־יהוה בְּמִצְוֺתָיו חָפֵץ מְאֹד׃
ב ג גִּבּוֹר בָּאָרֶץ יִהְיֶה זַרְעוֹ דּוֹר יְשָׁרִים יְבֹרָךְ׃ הוֹן־וָעֹשֶׁר בְּבֵיתוֹ
ד וְצִדְקָתוֹ עֹמֶדֶת לָעַד׃ זָרַח בַּחֹשֶׁךְ אוֹר לַיְשָׁרִים חַנּוּן וְרַחוּם
ה ו וְצַדִּיק׃ טוֹב־אִישׁ חוֹנֵן וּמַלְוֶה יְכַלְכֵּל דְּבָרָיו בְּמִשְׁפָּט׃ כִּי־
ז לְעוֹלָם לֹא־יִמּוֹט לְזֵכֶר עוֹלָם יִהְיֶה צַדִּיק׃ מִשְּׁמוּעָה רָעָה לֹא
ח יִירָא נָכוֹן לִבּוֹ בָּטֻחַ בַּיהוה׃ סָמוּךְ לִבּוֹ לֹא יִירָא עַד אֲשֶׁר־
ט יִרְאֶה בְצָרָיו׃ פִּזַּר ׀ נָתַן לָאֶבְיוֹנִים צִדְקָתוֹ עֹמֶדֶת לָעַד קַרְנוֹ
י תָּרוּם בְּכָבוֹד׃ רָשָׁע יִרְאֶה ׀ וְכָעָס שִׁנָּיו יַחֲרֹק וְנָמָס תַּאֲוַת
רְשָׁעִים תֹּאבֵד׃

קיג א ב הַלְלוּיָהּ ׀ הַלְלוּ עַבְדֵי יהוה הַלְלוּ אֶת־שֵׁם יהוה׃ יְהִי שֵׁם יהוה
ג מְבֹרָךְ מֵעַתָּה וְעַד־עוֹלָם׃ מִמִּזְרַח־שֶׁמֶשׁ עַד־מְבוֹאוֹ מְהֻלָּל
ד ה שֵׁם יהוה׃ רָם עַל־כָּל־גּוֹיִם ׀ יהוה עַל הַשָּׁמַיִם כְּבוֹדוֹ׃ מִי
ו כַּיהוה אֱלֹהֵינוּ הַמַּגְבִּיהִי לָשָׁבֶת׃ הַמַּשְׁפִּילִי לִרְאוֹת בַּשָּׁמַיִם
ז ח וּבָאָרֶץ׃ מְקִימִי מֵעָפָר דָּל מֵאַשְׁפֹּת יָרִים אֶבְיוֹן׃ לְהוֹשִׁיבִי
ט עִם־נְדִיבִים עִם נְדִיבֵי עַמּוֹ׃ מוֹשִׁיבִי ׀ עֲקֶרֶת הַבַּיִת אֵם־
הַבָּנִים שְׂמֵחָה הַלְלוּיָהּ׃

יד א ב בְּצֵאת יִשְׂרָאֵל מִמִּצְרָיִם בֵּית יַעֲקֹב מֵעַם לֹעֵז׃ הָיְתָה יְהוּדָה
ג לְקָדְשׁוֹ יִשְׂרָאֵל מַמְשְׁלוֹתָיו׃ הַיָּם רָאָה וַיָּנֹס הַיַּרְדֵּן יִסֹּב
ד ה לְאָחוֹר׃ הֶהָרִים רָקְדוּ כְאֵילִים גְּבָעוֹת כִּבְנֵי־צֹאן׃ מַה־לְּךָ הַיָּם
ו כִּי תָנוּס הַיַּרְדֵּן תִּסֹּב לְאָחוֹר׃ הֶהָרִים תִּרְקְדוּ כְאֵילִים גְּבָעוֹת
ז ח כִּבְנֵי־צֹאן׃ מִלִּפְנֵי אָדוֹן חוּלִי אָרֶץ מִלִּפְנֵי אֱלוֹהַּ יַעֲקֹב׃ הַהֹפְכִי
הַצּוּר אֲגַם־מָיִם חַלָּמִישׁ לְמַעְיְנוֹ־מָיִם׃

קריעת ים סוף
שמות יד

חציית נהר הירדן
יהושע ג–ד

הוצאת מים מן הסלע
שמות יז, א–ז
במדבר כ, א–יא

מזמור "עֲצַבֵּיהֶם כסף וזהב" תהלים קלה, טו–כ

א לֹא לָנוּ יְהוָה לֹא לָנוּ כִּי־לְשִׁמְךָ תֵּן כָּבוֹד עַל־חַסְדְּךָ עַל־
ב ג אֲמִתֶּךָ׃ לָמָּה יֹאמְרוּ הַגּוֹיִם אַיֵּה־נָא אֱלֹהֵיהֶם׃ וֵאלֹהֵינוּ
ד בַשָּׁמָיִם כֹּל אֲשֶׁר־חָפֵץ עָשָׂה׃ עֲצַבֵּיהֶם כֶּסֶף וְזָהָב מַעֲשֵׂה יְדֵי
ה ו אָדָם׃ פֶּה־לָהֶם וְלֹא יְדַבֵּרוּ עֵינַיִם לָהֶם וְלֹא יִרְאוּ׃ אָזְנַיִם לָהֶם
ז וְלֹא יִשְׁמָעוּ אַף לָהֶם וְלֹא יְרִיחוּן׃ יְדֵיהֶם ׀ וְלֹא יְמִישׁוּן רַגְלֵיהֶם
ח וְלֹא יְהַלֵּכוּ לֹא־יֶהְגּוּ בִּגְרוֹנָם׃ כְּמוֹהֶם יִהְיוּ עֹשֵׂיהֶם כֹּל אֲשֶׁר־
ט י בֹּטֵחַ בָּהֶם׃ יִשְׂרָאֵל בְּטַח בַּיהוָה עֶזְרָם וּמָגִנָּם הוּא׃ בֵּית אַהֲרֹן
יא בִּטְחוּ בַיהוָה עֶזְרָם וּמָגִנָּם הוּא׃ יִרְאֵי יְהוָה בִּטְחוּ בַיהוָה עֶזְרָם
יב וּמָגִנָּם הוּא׃ יְהוָה זְכָרָנוּ יְבָרֵךְ יְבָרֵךְ אֶת־בֵּית יִשְׂרָאֵל יְבָרֵךְ
יג יד אֶת־בֵּית אַהֲרֹן׃ יְבָרֵךְ יִרְאֵי יְהוָה הַקְּטַנִּים עִם־הַגְּדֹלִים׃ יֹסֵף
טו יְהוָה עֲלֵיכֶם עֲלֵיכֶם וְעַל־בְּנֵיכֶם׃ בְּרוּכִים אַתֶּם לַיהוָה עֹשֵׂה
טז שָׁמַיִם וָאָרֶץ׃ הַשָּׁמַיִם שָׁמַיִם לַיהוָה וְהָאָרֶץ נָתַן לִבְנֵי־אָדָם׃
יז יח לֹא הַמֵּתִים יְהַלְלוּ־יָהּ וְלֹא כָּל־יֹרְדֵי דוּמָה׃ וַאֲנַחְנוּ ׀ נְבָרֵךְ
יָהּ מֵעַתָּה וְעַד־עוֹלָם הַלְלוּיָהּ׃

קט
א ב אָהַבְתִּי כִּי־יִשְׁמַע ׀ יְהוָה אֶת־קוֹלִי תַּחֲנוּנָי׃ כִּי־הִטָּה אָזְנוֹ לִי
ג וּבְיָמַי אֶקְרָא׃ אֲפָפוּנִי ׀ חֶבְלֵי־מָוֶת וּמְצָרֵי שְׁאוֹל מְצָאוּנִי צָרָה
ד ה וְיָגוֹן אֶמְצָא׃ וּבְשֵׁם־יְהוָה אֶקְרָא אָנָּה יְהוָה מַלְּטָה נַפְשִׁי׃ חַנּוּן
ו יְהוָה וְצַדִּיק וֵאלֹהֵינוּ מְרַחֵם׃ שֹׁמֵר פְּתָאיִם יְהוָה דַּלּוֹתִי וְלִי
ז ח יְהוֹשִׁיעַ׃ שׁוּבִי נַפְשִׁי לִמְנוּחָיְכִי כִּי־יְהוָה גָּמַל עָלָיְכִי׃ כִּי חִלַּצְתָּ
ט נַפְשִׁי מִמָּוֶת אֶת־עֵינִי מִן־דִּמְעָה אֶת־רַגְלִי מִדֶּחִי׃ אֶתְהַלֵּךְ
י לִפְנֵי יְהוָה בְּאַרְצוֹת הַחַיִּים׃ הֶאֱמַנְתִּי כִּי אֲדַבֵּר אֲנִי עָנִיתִי מְאֹד׃
יא יב אֲנִי אָמַרְתִּי בְחָפְזִי כָּל־הָאָדָם כֹּזֵב׃ מָה־אָשִׁיב לַיהוָה כָּל־
יג יד תַּגְמוּלוֹהִי עָלָי׃ כּוֹס־יְשׁוּעוֹת אֶשָּׂא וּבְשֵׁם יְהוָה אֶקְרָא׃ נְדָרַי
טו לַיהוָה אֲשַׁלֵּם נֶגְדָה־נָּא לְכָל־עַמּוֹ׃ יָקָר בְּעֵינֵי יְהוָה הַמָּוְתָה
טז לַחֲסִידָיו׃ אָנָּה יְהוָה כִּי־אֲנִי עַבְדֶּךָ אֲנִי־עַבְדְּךָ בֶּן־אֲמָתֶךָ
יז פִּתַּחְתָּ לְמוֹסֵרָי׃ לְךָ־אֶזְבַּח זֶבַח תּוֹדָה וּבְשֵׁם יְהוָה אֶקְרָא׃
יח יט נְדָרַי לַיהוָה אֲשַׁלֵּם נֶגְדָה־נָּא לְכָל־עַמּוֹ׃ בְּחַצְרוֹת ׀ בֵּית יְהוָה

בְּתוֹכֵכִי יְרוּשָׁלָםִ הַלְלוּיָהּ:
א ב הַלְלוּ אֶת־יְהוָה כָּל־גּוֹיִם שַׁבְּחוּהוּ כָּל־הָאֻמִּים: כִּי גָבַר עָלֵינוּ ׀
חַסְדּוֹ וֶאֱמֶת־יְהוָה לְעוֹלָם הַלְלוּיָהּ:
קיח א ב הוֹדוּ לַיהוָה כִּי־טוֹב כִּי לְעוֹלָם חַסְדּוֹ: יֹאמַר־נָא יִשְׂרָאֵל כִּי
ג ד לְעוֹלָם חַסְדּוֹ: יֹאמְרוּ־נָא בֵית־אַהֲרֹן כִּי לְעוֹלָם חַסְדּוֹ: יֹאמְרוּ־
ה נָא יִרְאֵי יְהוָה כִּי לְעוֹלָם חַסְדּוֹ: מִן־הַמֵּצַר קָרָאתִי יָּהּ עָנָנִי
ו ז בַמֶּרְחָב יָהּ: יְהוָה לִי לֹא אִירָא מַה־יַּעֲשֶׂה לִי אָדָם: יְהוָה לִי
ח בְּעֹזְרָי וַאֲנִי אֶרְאֶה בְשֹׂנְאָי: טוֹב לַחֲסוֹת בַּיהוָה מִבְּטֹחַ בָּאָדָם:
ט י טוֹב לַחֲסוֹת בַּיהוָה מִבְּטֹחַ בִּנְדִיבִים: כָּל־גּוֹיִם סְבָבוּנִי בְּשֵׁם
יא יְהוָה כִּי אֲמִילַם: סַבּוּנִי גַם־סְבָבוּנִי בְּשֵׁם יְהוָה כִּי אֲמִילַם:
יב יג סַבּוּנִי כִדְבֹרִים דֹּעֲכוּ כְּאֵשׁ קוֹצִים בְּשֵׁם יְהוָה כִּי אֲמִילַם: דַּחֹה
יד דְחִיתַנִי לִנְפֹּל וַיהוָה עֲזָרָנִי: עָזִּי וְזִמְרָת יָהּ וַיְהִי־לִי לִישׁוּעָה:
טו טז קוֹל ׀ רִנָּה וִישׁוּעָה בְּאָהֳלֵי צַדִּיקִים יְמִין יְהוָה עֹשָׂה חָיִל: יְמִין
יז יְהוָה רוֹמֵמָה יְמִין יְהוָה עֹשָׂה חָיִל: לֹא אָמוּת כִּי־אֶחְיֶה וַאֲסַפֵּר
יח יט מַעֲשֵׂי יָהּ: יַסֹּר יִסְּרַנִּי יָּהּ וְלַמָּוֶת לֹא נְתָנָנִי: פִּתְחוּ־לִי שַׁעֲרֵי־
כ צֶדֶק אָבֹא־בָם אוֹדֶה יָהּ: זֶה־הַשַּׁעַר לַיהוָה צַדִּיקִים יָבֹאוּ בוֹ:
כא כב אוֹדְךָ כִּי עֲנִיתָנִי וַתְּהִי־לִי לִישׁוּעָה: אֶבֶן מָאֲסוּ הַבּוֹנִים הָיְתָה
כג כד לְרֹאשׁ פִּנָּה: מֵאֵת יְהוָה הָיְתָה זֹּאת הִיא נִפְלָאת בְּעֵינֵינוּ: זֶה־
כה הַיּוֹם עָשָׂה יְהוָה נָגִילָה וְנִשְׂמְחָה בוֹ: אָנָּא יְהוָה הוֹשִׁיעָה נָּא
כו אָנָּא יְהוָה הַצְלִיחָה נָּא: בָּרוּךְ הַבָּא בְּשֵׁם יְהוָה בֵּרַכְנוּכֶם מִבֵּית
כז יְהוָה: אֵל ׀ יְהוָה וַיָּאֶר לָנוּ אִסְרוּ־חַג בַּעֲבֹתִים עַד־קַרְנוֹת
כח כט הַמִּזְבֵּחַ: אֵלִי אַתָּה וְאוֹדֶךָּ אֱלֹהַי אֲרוֹמְמֶךָּ: הוֹדוּ לַיהוָה כִּי־
טוֹב כִּי לְעוֹלָם חַסְדּוֹ:
קיט א ב אַשְׁרֵי תְמִימֵי־דָרֶךְ הַהֹלְכִים בְּתוֹרַת יְהוָה: אַשְׁרֵי נֹצְרֵי
ג עֵדֹתָיו בְּכָל־לֵב יִדְרְשׁוּהוּ: אַף לֹא־פָעֲלוּ עַוְלָה בִּדְרָכָיו הָלָכוּ:
ד ה אַתָּה צִוִּיתָה פִקֻּדֶיךָ לִשְׁמֹר מְאֹד: אַחֲלַי יִכֹּנוּ דְרָכָי לִשְׁמֹר
ו ז חֻקֶּיךָ: אָז לֹא־אֵבוֹשׁ בְּהַבִּיטִי אֶל־כָּל־מִצְוֹתֶיךָ: אוֹדְךָ

ח בְּיֹשֶׁר לֵבָב בְּלׇמְדִי מִשְׁפְּטֵי צִדְקֶךָ׃ אֶת־חֻקֶּיךָ אֶשְׁמֹר אַל־
תַּעַזְבֵנִי עַד־מְאֹד׃
ט י בַּמֶּה יְזַכֶּה־נַּעַר אֶת־אׇרְחוֹ לִשְׁמֹר כִּדְבָרֶךָ׃ בְּכׇל־לִבִּי
יא דְרַשְׁתִּיךָ אַל־תַּשְׁגֵּנִי מִמִּצְוֺתֶיךָ׃ בְּלִבִּי צָפַנְתִּי אִמְרָתֶךָ
יב יג לְמַעַן לֹא אֶחֱטָא־לָךְ׃ בָּרוּךְ אַתָּה יְהֹוָה לַמְּדֵנִי חֻקֶּיךָ׃ בִּשְׂפָתַי
יד סִפַּרְתִּי כֹּל מִשְׁפְּטֵי־פִיךָ׃ בְּדֶרֶךְ עֵדְוֺתֶיךָ שַׂשְׂתִּי כְּעַל כׇּל־הוֹן׃
טו טז בְּפִקֻּדֶיךָ אָשִׂיחָה וְאַבִּיטָה אֹרְחֹתֶיךָ׃ בְּחֻקֹּתֶיךָ אֶשְׁתַּעֲשָׁע
לֹא אֶשְׁכַּח דְּבָרֶךָ׃
יז יח גְּמֹל עַל־עַבְדְּךָ אֶחְיֶה וְאֶשְׁמְרָה דְבָרֶךָ׃ גַּל־עֵינַי וְאַבִּיטָה
יט נִפְלָאוֹת מִתּוֹרָתֶךָ׃ גֵּר אָנֹכִי בָאָרֶץ אַל־תַּסְתֵּר מִמֶּנִּי מִצְוֺתֶיךָ׃
כ כא גָּרְסָה נַפְשִׁי לְתַאֲבָה אֶל־מִשְׁפָּטֶיךָ בְכׇל־עֵת׃ גָּעַרְתָּ זֵדִים
כב אֲרוּרִים הַשֹּׁגִים מִמִּצְוֺתֶיךָ׃ גַּל מֵעָלַי חֶרְפָּה וָבוּז כִּי עֵדֹתֶיךָ
כג כד נָצָרְתִּי׃ גַּם יָשְׁבוּ שָׂרִים בִּי נִדְבָּרוּ עַבְדְּךָ יָשִׂיחַ בְּחֻקֶּיךָ׃ גַּם־
עֵדֹתֶיךָ שַׁעֲשֻׁעָי אַנְשֵׁי עֲצָתִי׃
כה כו דָּבְקָה לֶעָפָר נַפְשִׁי חַיֵּנִי כִּדְבָרֶךָ׃ דְּרָכַי סִפַּרְתִּי וַתַּעֲנֵנִי לַמְּדֵנִי
כז כח חֻקֶּיךָ׃ דֶּרֶךְ־פִּקּוּדֶיךָ הֲבִינֵנִי וְאָשִׂיחָה בְּנִפְלְאוֹתֶיךָ׃ דָּלְפָה נַפְשִׁי
כט מִתּוּגָה קַיְּמֵנִי כִּדְבָרֶךָ׃ דֶּרֶךְ־שֶׁקֶר הָסֵר מִמֶּנִּי וְתוֹרָתְךָ חׇנֵּנִי׃
ל לא דֶּרֶךְ־אֱמוּנָה בָחָרְתִּי מִשְׁפָּטֶיךָ שִׁוִּיתִי׃ דָּבַקְתִּי בְעֵדְוֺתֶיךָ יְהֹוָה
לב אַל־תְּבִישֵׁנִי׃ דֶּרֶךְ־מִצְוֺתֶיךָ אָרוּץ כִּי תַרְחִיב לִבִּי׃
לג לד הוֹרֵנִי יְהֹוָה דֶּרֶךְ חֻקֶּיךָ וְאֶצְּרֶנָּה עֵקֶב׃ הֲבִינֵנִי וְאֶצְּרָה תוֹרָתֶךָ
לה וְאֶשְׁמְרֶנָּה בְכׇל־לֵב׃ הַדְרִיכֵנִי בִּנְתִיב מִצְוֺתֶיךָ כִּי־בוֹ חָפָצְתִּי׃
לו לז הַט־לִבִּי אֶל־עֵדְוֺתֶיךָ וְאַל אֶל־בָּצַע׃ הַעֲבֵר עֵינַי מֵרְאוֹת שָׁוְא
לח לט בִּדְרָכֶךָ חַיֵּנִי׃ הָקֵם לְעַבְדְּךָ אִמְרָתֶךָ אֲשֶׁר לְיִרְאָתֶךָ׃ הַעֲבֵר
מ חֶרְפָּתִי אֲשֶׁר יָגֹרְתִּי כִּי מִשְׁפָּטֶיךָ טוֹבִים׃ הִנֵּה תָּאַבְתִּי
לְפִקֻּדֶיךָ בְּצִדְקָתְךָ חַיֵּנִי׃
מא מב וִיבֹאֻנִי חֲסָדֶךָ יְהֹוָה תְּשׁוּעָתְךָ כְּאִמְרָתֶךָ׃ וְאֶעֱנֶה חֹרְפִי
מג דָבָר כִּי־בָטַחְתִּי בִּדְבָרֶךָ׃ וְאַל־תַּצֵּל מִפִּי דְבַר־אֱמֶת עַד־

מד מְאֹד כִּי לְמִשְׁפָּטֶךָ יִחָלְתִּי: וְאֶשְׁמְרָה תוֹרָתְךָ תָמִיד לְעוֹלָם
מה מו וָעֶד: וְאֶתְהַלְּכָה בָרְחָבָה כִּי פִקֻּדֶיךָ דָרָשְׁתִּי: וַאֲדַבְּרָה
מז בְעֵדֹתֶיךָ נֶגֶד מְלָכִים וְלֹא אֵבוֹשׁ: וְאֶשְׁתַּעֲשַׁע בְּמִצְוֹתֶיךָ
מח אֲשֶׁר אָהָבְתִּי: וְאֶשָּׂא־כַפַּי אֶל־מִצְוֹתֶיךָ אֲשֶׁר אָהָבְתִּי
וְאָשִׂיחָה בְחֻקֶּיךָ:
מט נ זְכֹר־דָּבָר לְעַבְדֶּךָ עַל אֲשֶׁר יִחַלְתָּנִי: זֹאת נֶחָמָתִי בְעָנְיִי כִּי
נא אִמְרָתְךָ חִיָּתְנִי: זֵדִים הֱלִיצֻנִי עַד־מְאֹד מִתּוֹרָתְךָ לֹא נָטִיתִי:
נב נג זָכַרְתִּי מִשְׁפָּטֶיךָ מֵעוֹלָם ׀ יהוה וָאֶתְנֶחָם: זַלְעָפָה אֲחָזַתְנִי
נד מֵרְשָׁעִים עֹזְבֵי תּוֹרָתֶךָ: זְמִרוֹת הָיוּ־לִי חֻקֶּיךָ בְּבֵית מְגוּרָי:
נה נו זָכַרְתִּי בַלַּיְלָה שִׁמְךָ יהוה וָאֶשְׁמְרָה תּוֹרָתֶךָ: זֹאת הָיְתָה־לִּי
כִּי פִקֻּדֶיךָ נָצָרְתִּי:
נז נח חֶלְקִי יהוה אָמַרְתִּי לִשְׁמֹר דְּבָרֶיךָ: חִלִּיתִי פָנֶיךָ בְכָל־לֵב חָנֵּנִי
נט ס כְּאִמְרָתֶךָ: חִשַּׁבְתִּי דְרָכָי וָאָשִׁיבָה רַגְלַי אֶל־עֵדֹתֶיךָ: חַשְׁתִּי
סא וְלֹא הִתְמַהְמָהְתִּי לִשְׁמֹר מִצְוֹתֶיךָ: חֶבְלֵי רְשָׁעִים עִוְּדֻנִי תּוֹרָתְךָ
סב לֹא שָׁכָחְתִּי: חֲצוֹת־לַיְלָה אָקוּם לְהוֹדוֹת לָךְ עַל מִשְׁפְּטֵי
סג סד צִדְקֶךָ: חָבֵר אָנִי לְכָל־אֲשֶׁר יְרֵאוּךָ וּלְשֹׁמְרֵי פִּקּוּדֶיךָ: חַסְדְּךָ
יהוה מָלְאָה הָאָרֶץ חֻקֶּיךָ לַמְּדֵנִי:
סה סו טוֹב עָשִׂיתָ עִם־עַבְדְּךָ יהוה כִּדְבָרֶךָ: טוּב טַעַם וָדַעַת לַמְּדֵנִי
סז כִּי בְמִצְוֹתֶיךָ הֶאֱמָנְתִּי: טֶרֶם אֶעֱנֶה אֲנִי שֹׁגֵג וְעַתָּה אִמְרָתְךָ
סח סט שָׁמָרְתִּי: טוֹב־אַתָּה וּמֵטִיב לַמְּדֵנִי חֻקֶּיךָ: טָפְלוּ עָלַי שֶׁקֶר זֵדִים
ע אֲנִי בְּכָל־לֵב ׀ אֶצֹּר פִּקּוּדֶיךָ: טָפַשׁ כַּחֵלֶב לִבָּם אֲנִי תּוֹרָתְךָ
עא עב שִׁעֲשָׁעְתִּי: טוֹב־לִי כִי־עֻנֵּיתִי לְמַעַן אֶלְמַד חֻקֶּיךָ: טוֹב־לִי יז
תוֹרַת־פִּיךָ מֵאַלְפֵי זָהָב וָכָסֶף:
עג עד יָדֶיךָ עָשׂוּנִי וַיְכוֹנְנוּנִי הֲבִינֵנִי וְאֶלְמְדָה מִצְוֹתֶיךָ: יְרֵאֶיךָ יִרְאוּנִי
עה וְיִשְׂמָחוּ כִּי לִדְבָרְךָ יִחָלְתִּי: יָדַעְתִּי יהוה כִּי־צֶדֶק מִשְׁפָּטֶיךָ
עו וֶאֱמוּנָה עִנִּיתָנִי: יְהִי־נָא חַסְדְּךָ לְנַחֲמֵנִי כְּאִמְרָתְךָ לְעַבְדֶּךָ:
עז עח יְבֹאוּנִי רַחֲמֶיךָ וְאֶחְיֶה כִּי־תוֹרָתְךָ שַׁעֲשֻׁעָי: יֵבֹשׁוּ זֵדִים כִּי־

וְיֹדְעֵי

עט שֶׁקֶר עִוְּתוּנִי אֲנִי אָשִׂיחַ בְּפִקּוּדֶיךָ׃ יָשׁוּבוּ לִי יְרֵאֶיךָ וידעו
פ עֵדֹתֶיךָ׃ יְהִי־לִבִּי תָמִים בְּחֻקֶּיךָ לְמַעַן לֹא אֵבוֹשׁ׃
פא פב כָּלְתָה לִתְשׁוּעָתְךָ נַפְשִׁי לִדְבָרְךָ יִחָלְתִּי׃ כָּלוּ עֵינַי לְאִמְרָתֶךָ
פג לֵאמֹר מָתַי תְּנַחֲמֵנִי׃ כִּי־הָיִיתִי כְּנֹאד בְּקִיטוֹר חֻקֶּיךָ לֹא
פד פה שָׁכָחְתִּי׃ כַּמָּה יְמֵי־עַבְדֶּךָ מָתַי תַּעֲשֶׂה בְרֹדְפַי מִשְׁפָּט׃ כָּרוּ־לִי
פו זֵדִים שִׁיחוֹת אֲשֶׁר לֹא כְתוֹרָתֶךָ׃ כָּל־מִצְוֺתֶיךָ אֱמוּנָה שֶׁקֶר
פז רְדָפוּנִי עָזְרֵנִי׃ כִּמְעַט כִּלּוּנִי בָאָרֶץ וַאֲנִי לֹא־עָזַבְתִּי פִקֻּדֶיךָ׃
פח כְּחַסְדְּךָ חַיֵּנִי וְאֶשְׁמְרָה עֵדוּת פִּיךָ׃
פט צ לְעוֹלָם יְהוָה דְּבָרְךָ נִצָּב בַּשָּׁמָיִם׃ לְדֹר וָדֹר אֱמוּנָתֶךָ כּוֹנַנְתָּ
צא צב אֶרֶץ וַתַּעֲמֹד׃ לְמִשְׁפָּטֶיךָ עָמְדוּ הַיּוֹם כִּי הַכֹּל עֲבָדֶיךָ׃ לוּלֵי
צג תוֹרָתְךָ שַׁעֲשֻׁעָי אָז אָבַדְתִּי בְעָנְיִי׃ לְעוֹלָם לֹא־אֶשְׁכַּח פִּקּוּדֶיךָ
צד צה כִּי־בָם חִיִּיתָנִי׃ לְךָ־אֲנִי הוֹשִׁיעֵנִי כִּי פִקּוּדֶיךָ דָרָשְׁתִּי׃ לִי קִוּוּ
צו רְשָׁעִים לְאַבְּדֵנִי עֵדֹתֶיךָ אֶתְבּוֹנָן׃ לְכָל־תִּכְלָה רָאִיתִי קֵץ
רְחָבָה מִצְוָתְךָ מְאֹד׃
צז צח מָה־אָהַבְתִּי תוֹרָתֶךָ כָּל־הַיּוֹם הִיא שִׂיחָתִי׃ מֵאֹיְבַי תְּחַכְּמֵנִי
צט מִצְוֺתֶךָ כִּי לְעוֹלָם הִיא־לִי׃ מִכָּל־מְלַמְּדַי הִשְׂכַּלְתִּי כִּי עֵדְוֺתֶיךָ
ק קא שִׂיחָה לִי׃ מִזְּקֵנִים אֶתְבּוֹנָן כִּי פִקּוּדֶיךָ נָצָרְתִּי׃ מִכָּל־אֹרַח
קב רָע כָּלִאתִי רַגְלָי לְמַעַן אֶשְׁמֹר דְּבָרֶךָ׃ מִמִּשְׁפָּטֶיךָ לֹא־סָרְתִּי
קג כִּי־אַתָּה הוֹרֵתָנִי׃ מַה־נִּמְלְצוּ לְחִכִּי אִמְרָתֶךָ מִדְּבַשׁ לְפִי׃
קד מִפִּקּוּדֶיךָ אֶתְבּוֹנָן עַל־כֵּן שָׂנֵאתִי ׀ כָּל־אֹרַח שָׁקֶר׃
קה קו נֵר־לְרַגְלִי דְבָרֶךָ וְאוֹר לִנְתִיבָתִי׃ נִשְׁבַּעְתִּי וָאֲקַיֵּמָה לִשְׁמֹר
קז קח מִשְׁפְּטֵי צִדְקֶךָ׃ נַעֲנֵיתִי עַד־מְאֹד יְהוָה חַיֵּנִי כִדְבָרֶךָ׃ נִדְבוֹת
קט פִּי רְצֵה־נָא יְהוָה וּמִשְׁפָּטֶיךָ לַמְּדֵנִי׃ נַפְשִׁי בְכַפִּי תָמִיד וְתוֹרָתְךָ
קי קיא לֹא שָׁכָחְתִּי׃ נָתְנוּ רְשָׁעִים פַּח לִי וּמִפִּקּוּדֶיךָ לֹא תָעִיתִי׃ נָחַלְתִּי
קיב עֵדְוֺתֶיךָ לְעוֹלָם כִּי־שְׂשׂוֹן לִבִּי הֵמָּה׃ נָטִיתִי לִבִּי לַעֲשׂוֹת חֻקֶּיךָ
לְעוֹלָם עֵקֶב׃
קיג קיד סֵעֲפִים שָׂנֵאתִי וְתוֹרָתְךָ אָהָבְתִּי׃ סִתְרִי וּמָגִנִּי אָתָּה לִדְבָרְךָ

קטו קטז יִחָלְתִּי׃ סוּרוּ מִמֶּנִּי מְרֵעִים וְאֶצְּרָה מִצְוֺת אֱלֹהָי׃ סָמְכֵנִי
קיז כְאִמְרָתְךָ וְאֶחְיֶה וְאַל־תְּבִישֵׁנִי מִשִּׂבְרִי׃ סְעָדֵנִי וְאִוָּשֵׁעָה
קיח וְאֶשְׁעָה בְחֻקֶּיךָ תָמִיד׃ סָלִיתָ כָּל־שׁוֹגִים מֵחֻקֶּיךָ כִּי־שֶׁקֶר
קיט תַּרְמִיתָם׃ סִגִים הִשְׁבַּתָּ כָל־רִשְׁעֵי־אָרֶץ לָכֵן אָהַבְתִּי עֵדֹתֶיךָ׃
קכ סָמַר מִפַּחְדְּךָ בְשָׂרִי וּמִמִּשְׁפָּטֶיךָ יָרֵאתִי׃
קכא קכב עָשִׂיתִי מִשְׁפָּט וָצֶדֶק בַּל־תַּנִּיחֵנִי לְעֹשְׁקָי׃ עֲרֹב עַבְדְּךָ לְטוֹב
קכג קכד אַל־יַעַשְׁקֻנִי זֵדִים׃ עֵינַי כָּלוּ לִישׁוּעָתֶךָ וּלְאִמְרַת צִדְקֶךָ׃ עֲשֵׂה
קכה עִם־עַבְדְּךָ כְחַסְדֶּךָ וְחֻקֶּיךָ לַמְּדֵנִי׃ עַבְדְּךָ־אָנִי הֲבִינֵנִי וְאֵדְעָה
קכו קכז עֵדֹתֶיךָ׃ עֵת לַעֲשׂוֹת לַיהוָה הֵפֵרוּ תּוֹרָתֶךָ׃ עַל־כֵּן אָהַבְתִּי
קכח מִצְוֺתֶיךָ מִזָּהָב וּמִפָּז׃ עַל־כֵּן ׀ כָּל־פִּקּוּדֵי כֹל יִשָּׁרְתִּי כָּל־
אֹרַח שֶׁקֶר שָׂנֵאתִי׃
קכט קל פְּלָאוֹת עֵדְוֺתֶיךָ עַל־כֵּן נְצָרָתַם נַפְשִׁי׃ פֵּתַח־דְּבָרֶיךָ יָאִיר מֵבִין
קלא קלב פְּתָיִים׃ פִּי־פָעַרְתִּי וָאֶשְׁאָפָה כִּי לְמִצְוֺתֶיךָ יָאָבְתִּי׃ פְּנֵה־אֵלַי
קלג וְחָנֵּנִי כְּמִשְׁפָּט לְאֹהֲבֵי שְׁמֶךָ׃ פְּעָמַי הָכֵן בְּאִמְרָתֶךָ וְאַל־
קלד תַּשְׁלֶט־בִּי כָל־אָוֶן׃ פְּדֵנִי מֵעֹשֶׁק אָדָם וְאֶשְׁמְרָה פִּקּוּדֶיךָ׃
קלה קלו פָּנֶיךָ הָאֵר בְּעַבְדֶּךָ וְלַמְּדֵנִי אֶת־חֻקֶּיךָ׃ פַּלְגֵי־מַיִם יָרְדוּ עֵינָי עַל
לֹא־שָׁמְרוּ תוֹרָתֶךָ׃
קלז קלח צַדִּיק אַתָּה יְהוָה וְיָשָׁר מִשְׁפָּטֶיךָ׃ צִוִּיתָ צֶדֶק עֵדֹתֶיךָ וֶאֱמוּנָה
קלט קמ מְאֹד׃ צִמְּתַתְנִי קִנְאָתִי כִּי־שָׁכְחוּ דְבָרֶיךָ צָרָי׃ צְרוּפָה
קמא אִמְרָתְךָ מְאֹד וְעַבְדְּךָ אֲהֵבָהּ׃ צָעִיר אָנֹכִי וְנִבְזֶה פִּקֻּדֶיךָ
קמב קמג לֹא שָׁכָחְתִּי׃ צִדְקָתְךָ צֶדֶק לְעוֹלָם וְתוֹרָתְךָ אֱמֶת׃ צַר־
קמד וּמָצוֹק מְצָאוּנִי מִצְוֺתֶיךָ שַׁעֲשֻׁעָי׃ צֶדֶק עֵדְוֺתֶיךָ לְעוֹלָם
הֲבִינֵנִי וְאֶחְיֶה׃
קמה קמו קָרָאתִי בְכָל־לֵב עֲנֵנִי יְהוָה חֻקֶּיךָ אֶצֹּרָה׃ קְרָאתִיךָ הוֹשִׁיעֵנִי
קמז וְאֶשְׁמְרָה עֵדֹתֶיךָ׃ קִדַּמְתִּי בַנֶּשֶׁף וָאֲשַׁוֵּעָה לדבריך יִחָלְתִּי׃ לִדְבָרְךָ
קמח קמט קִדְּמוּ עֵינַי אַשְׁמֻרוֹת לָשִׂיחַ בְּאִמְרָתֶךָ׃ קוֹלִי שִׁמְעָה כְחַסְדֶּךָ
קנ יְהוָה כְּמִשְׁפָּטֶךָ חַיֵּנִי׃ קָרְבוּ רֹדְפֵי זִמָּה מִתּוֹרָתְךָ רָחָקוּ׃

קנא קנב קָרוֹב אַתָּה יְהוָה וְכָל־מִצְוֺתֶיךָ אֱמֶת׃ קֶדֶם יָדַעְתִּי מֵעֵדֹתֶיךָ
כִּי לְעוֹלָם יְסַדְתָּם׃
קנג קנד רְאֵה־עָנְיִי וְחַלְּצֵנִי כִּי־תוֹרָתְךָ לֹא שָׁכָחְתִּי׃ רִיבָה רִיבִי וּגְאָלֵנִי
קנה לְאִמְרָתְךָ חַיֵּנִי׃ רָחוֹק מֵרְשָׁעִים יְשׁוּעָה כִּי־חֻקֶּיךָ לֹא דָרָשׁוּ׃
קנו קנז רַחֲמֶיךָ רַבִּים ׀ יְהוָה כְּמִשְׁפָּטֶיךָ חַיֵּנִי׃ רַבִּים רֹדְפַי וְצָרָי
קנח מֵעֵדְוֺתֶיךָ לֹא נָטִיתִי׃ רָאִיתִי בֹגְדִים וָאֶתְקוֹטָטָה אֲשֶׁר אִמְרָתְךָ
קנט קס לֹא שָׁמָרוּ׃ רְאֵה כִּי־פִקּוּדֶיךָ אָהָבְתִּי יְהוָה כְּחַסְדְּךָ חַיֵּנִי׃ רֹאשׁ־
דְּבָרְךָ אֱמֶת וּלְעוֹלָם כָּל־מִשְׁפַּט צִדְקֶךָ׃
קסא קסב שָׂרִים רְדָפוּנִי חִנָּם ומדבריך פָּחַד לִבִּי׃ שָׂשׂ אָנֹכִי עַל־אִמְרָתֶךָ וּמִדְּבָרְךָ
קסג כְּמוֹצֵא שָׁלָל רָב׃ שֶׁקֶר שָׂנֵאתִי וַאֲתַעֵבָה תּוֹרָתְךָ אָהָבְתִּי׃
קסד קסה שֶׁבַע בַּיּוֹם הִלַּלְתִּיךָ עַל מִשְׁפְּטֵי צִדְקֶךָ׃ שָׁלוֹם רָב לְאֹהֲבֵי תוֹרָתֶךָ
קסו וְאֵין־לָמוֹ מִכְשׁוֹל׃ שִׂבַּרְתִּי לִישׁוּעָתְךָ יְהוָה וּמִצְוֺתֶיךָ עָשִׂיתִי׃
קסז קסח שָׁמְרָה נַפְשִׁי עֵדֹתֶיךָ וָאֹהֲבֵם מְאֹד׃ שָׁמַרְתִּי פִקּוּדֶיךָ וְעֵדֹתֶיךָ
כִּי כָל־דְּרָכַי נֶגְדֶּךָ׃
קסט קע תִּקְרַב רִנָּתִי לְפָנֶיךָ יְהוָה כִּדְבָרְךָ הֲבִינֵנִי׃ תָּבוֹא תְּחִנָּתִי לְפָנֶיךָ
קעא כְּאִמְרָתְךָ הַצִּילֵנִי׃ תַּבַּעְנָה שְׂפָתַי תְּהִלָּה כִּי תְלַמְּדֵנִי חֻקֶּיךָ׃
קעב קעג תַּעַן לְשׁוֹנִי אִמְרָתֶךָ כִּי כָל־מִצְוֺתֶיךָ צֶּדֶק׃ תְּהִי־יָדְךָ לְעָזְרֵנִי
קעד כִּי פִקּוּדֶיךָ בָחָרְתִּי׃ תָּאַבְתִּי לִישׁוּעָתְךָ יְהוָה וְתוֹרָתְךָ שַׁעֲשֻׁעָי׃
קעה קעו תְּחִי־נַפְשִׁי וּתְהַלְלֶךָּ וּמִשְׁפָּטֶךָ יַעֲזְרֻנִי׃ תָּעִיתִי כְּשֶׂה אֹבֵד בַּקֵּשׁ
עַבְדֶּךָ כִּי מִצְוֺתֶיךָ לֹא שָׁכָחְתִּי׃
קכ א ב שִׁיר הַמַּעֲלוֹת אֶל־יְהוָה בַּצָּרָתָה לִּי קָרָאתִי וַיַּעֲנֵנִי׃ יְהוָה
ג הַצִּילָה נַפְשִׁי מִשְּׂפַת־שֶׁקֶר מִלָּשׁוֹן רְמִיָּה׃ מַה־יִּתֵּן לְךָ וּמַה־
ד יֹּסִיף לָךְ לָשׁוֹן רְמִיָּה׃ חִצֵּי גִבּוֹר שְׁנוּנִים עִם גַּחֲלֵי רְתָמִים׃
ה ו אוֹיָה־לִי כִּי־גַרְתִּי מֶשֶׁךְ שָׁכַנְתִּי עִם־אָהֳלֵי קֵדָר׃ רַבַּת
ז שָׁכְנָה־לָּהּ נַפְשִׁי עִם שׂוֹנֵא שָׁלוֹם׃ אֲנִי־שָׁלוֹם וְכִי אֲדַבֵּר הֵמָּה
לַמִּלְחָמָה׃
קכא א ב שִׁיר לַמַּעֲלוֹת אֶשָּׂא עֵינַי אֶל־הֶהָרִים מֵאַיִן יָבֹא עֶזְרִי׃ עֶזְרִי

ג מֵעִם יהוה עֹשֵׂה שָׁמַיִם וָאָרֶץ׃ אַל־יִתֵּן לַמּוֹט רַגְלֶךָ אַל־יָנוּם
ד ה שֹׁמְרֶךָ׃ הִנֵּה לֹא־יָנוּם וְלֹא יִישָׁן שׁוֹמֵר יִשְׂרָאֵל׃ יהוה שֹׁמְרֶךָ
ו יהוה צִלְּךָ עַל־יַד יְמִינֶךָ׃ יוֹמָם הַשֶּׁמֶשׁ לֹא־יַכֶּכָּה וְיָרֵחַ בַּלָּיְלָה׃
ז ח יהוה יִשְׁמָרְךָ מִכָּל־רָע יִשְׁמֹר אֶת־נַפְשֶׁךָ׃ יהוה יִשְׁמָר־צֵאתְךָ
וּבוֹאֶךָ מֵעַתָּה וְעַד־עוֹלָם׃
קכב א שִׁיר הַמַּעֲלוֹת לְדָוִד שָׂמַחְתִּי בְּאֹמְרִים לִי בֵּית יהוה נֵלֵךְ׃
ב ג עֹמְדוֹת הָיוּ רַגְלֵינוּ בִּשְׁעָרַיִךְ יְרוּשָׁלִָם׃ יְרוּשָׁלִַם הַבְּנוּיָה כְּעִיר
ד שֶׁחֻבְּרָה־לָּהּ יַחְדָּו׃ שֶׁשָּׁם עָלוּ שְׁבָטִים שִׁבְטֵי־יָהּ עֵדוּת
ה לְיִשְׂרָאֵל לְהֹדוֹת לְשֵׁם יהוה׃ כִּי שָׁמָּה ׀ יָשְׁבוּ כִסְאוֹת
ו לְמִשְׁפָּט כִּסְאוֹת לְבֵית דָּוִד׃ שַׁאֲלוּ שְׁלוֹם יְרוּשָׁלִָם יִשְׁלָיוּ
ז ח אֹהֲבָיִךְ׃ יְהִי־שָׁלוֹם בְּחֵילֵךְ שַׁלְוָה בְּאַרְמְנוֹתָיִךְ׃ לְמַעַן אַחַי
ט וְרֵעָי אֲדַבְּרָה־נָּא שָׁלוֹם בָּךְ׃ לְמַעַן בֵּית־יהוה אֱלֹהֵינוּ
אֲבַקְשָׁה טוֹב לָךְ׃
קכג א ב שִׁיר הַמַּעֲלוֹת אֵלֶיךָ נָשָׂאתִי אֶת־עֵינַי הַיֹּשְׁבִי בַּשָּׁמָיִם׃ הִנֵּה
כְעֵינֵי עֲבָדִים אֶל־יַד אֲדוֹנֵיהֶם כְּעֵינֵי שִׁפְחָה אֶל־יַד גְּבִרְתָּהּ
ג כֵּן עֵינֵינוּ אֶל־יהוה אֱלֹהֵינוּ עַד שֶׁיְּחָנֵּנוּ׃ חָנֵּנוּ יהוה חָנֵּנוּ
ד כִּי־רַב שָׂבַעְנוּ בוּז׃ רַבַּת שָׂבְעָה־לָּהּ נַפְשֵׁנוּ הַלַּעַג הַשַּׁאֲנַנִּים
הַבּוּז לגאיונים׃ לִגְאֵי יוֹנִים
קכד א שִׁיר הַמַּעֲלוֹת לְדָוִד לוּלֵי יהוה שֶׁהָיָה לָנוּ יֹאמַר־נָא יִשְׂרָאֵל׃
ב ג לוּלֵי יהוה שֶׁהָיָה לָנוּ בְּקוּם עָלֵינוּ אָדָם׃ אֲזַי חַיִּים בְּלָעוּנוּ
ד בַּחֲרוֹת אַפָּם בָּנוּ׃ אֲזַי הַמַּיִם שְׁטָפוּנוּ נַחְלָה עָבַר עַל־
ה ו נַפְשֵׁנוּ׃ אֲזַי עָבַר עַל־נַפְשֵׁנוּ הַמַּיִם הַזֵּידוֹנִים׃ בָּרוּךְ יהוה
ז שֶׁלֹּא נְתָנָנוּ טֶרֶף לְשִׁנֵּיהֶם׃ נַפְשֵׁנוּ כְּצִפּוֹר נִמְלְטָה מִפַּח
ח יוֹקְשִׁים הַפַּח נִשְׁבָּר וַאֲנַחְנוּ נִמְלָטְנוּ׃ עֶזְרֵנוּ בְּשֵׁם יהוה
עֹשֵׂה שָׁמַיִם וָאָרֶץ׃
קכה א שִׁיר הַמַּעֲלוֹת הַבֹּטְחִים בַּיהוה כְּהַר־צִיּוֹן לֹא־יִמּוֹט לְעוֹלָם
ב יֵשֵׁב׃ יְרוּשָׁלִַם הָרִים סָבִיב לָהּ וַיהוה סָבִיב לְעַמּוֹ מֵעַתָּה וְעַד־

ג עוֹלָם׃ כִּי לֹא יָנוּחַ שֵׁבֶט הָרֶשַׁע עַל גּוֹרַל הַצַּדִּיקִים לְמַעַן לֹא־
ד יִשְׁלְחוּ הַצַּדִּיקִים ׀ בְּעַוְלָתָה יְדֵיהֶם׃ הֵיטִיבָה יְהוָה לַטּוֹבִים
ה וְלִישָׁרִים בְּלִבּוֹתָם׃ וְהַמַּטִּים עֲקַלְקַלּוֹתָם יוֹלִיכֵם יְהוָה אֶת־
פֹּעֲלֵי הָאָוֶן שָׁלוֹם עַל־יִשְׂרָאֵל׃

קכו א ב שִׁיר הַמַּעֲלוֹת בְּשׁוּב יְהוָה אֶת־שִׁיבַת צִיּוֹן הָיִינוּ כְּחֹלְמִים׃ אָז
יִמָּלֵא שְׂחוֹק פִּינוּ וּלְשׁוֹנֵנוּ רִנָּה אָז יֹאמְרוּ בַגּוֹיִם הִגְדִּיל יְהוָה
ג לַעֲשׂוֹת עִם־אֵלֶּה׃ הִגְדִּיל יְהוָה לַעֲשׂוֹת עִמָּנוּ הָיִינוּ שְׂמֵחִים׃
ד ה שׁוּבָה יְהוָה אֶת־שבותנו כַּאֲפִיקִים בַּנֶּגֶב׃ הַזֹּרְעִים בְּדִמְעָה שְׁבִיתֵנוּ
ו בְּרִנָּה יִקְצֹרוּ׃ הָלוֹךְ יֵלֵךְ ׀ וּבָכֹה נֹשֵׂא מֶשֶׁךְ־הַזָּרַע בֹּא־יָבֹא
בְרִנָּה נֹשֵׂא אֲלֻמֹּתָיו׃

קכז א שִׁיר הַמַּעֲלוֹת לִשְׁלֹמֹה אִם־יְהוָה ׀ לֹא־יִבְנֶה בַיִת שָׁוְא עָמְלוּ
ב בוֹנָיו בּוֹ אִם־יְהוָה לֹא־יִשְׁמָר־עִיר שָׁוְא ׀ שָׁקַד שׁוֹמֵר׃ שָׁוְא לָכֶם ׀
מַשְׁכִּימֵי קוּם מְאַחֲרֵי־שֶׁבֶת אֹכְלֵי לֶחֶם הָעֲצָבִים כֵּן יִתֵּן לִידִידוֹ
ג ד שֵׁנָא׃ הִנֵּה נַחֲלַת יְהוָה בָּנִים שָׂכָר פְּרִי הַבָּטֶן׃ כְּחִצִּים בְּיַד־
ה גִּבּוֹר כֵּן בְּנֵי הַנְּעוּרִים׃ אַשְׁרֵי הַגֶּבֶר אֲשֶׁר מִלֵּא אֶת־אַשְׁפָּתוֹ
מֵהֶם לֹא־יֵבֹשׁוּ כִּי־יְדַבְּרוּ אֶת־אוֹיְבִים בַּשָּׁעַר׃

קכח א ב שִׁיר הַמַּעֲלוֹת אַשְׁרֵי כָּל־יְרֵא יְהוָה הַהֹלֵךְ בִּדְרָכָיו׃ יְגִיעַ כַּפֶּיךָ
ג כִּי תֹאכֵל אַשְׁרֶיךָ וְטוֹב לָךְ׃ אֶשְׁתְּךָ ׀ כְּגֶפֶן פֹּרִיָּה בְּיַרְכְּתֵי בֵיתֶךָ
ד בָּנֶיךָ כִּשְׁתִלֵי זֵיתִים סָבִיב לְשֻׁלְחָנֶךָ׃ הִנֵּה כִי־כֵן יְבֹרַךְ גָּבֶר יְרֵא
ה יְהוָה׃ יְבָרֶכְךָ יְהוָה מִצִּיּוֹן וּרְאֵה בְּטוּב יְרוּשָׁלִָם כֹּל יְמֵי חַיֶּיךָ׃
ו וּרְאֵה־בָנִים לְבָנֶיךָ שָׁלוֹם עַל־יִשְׂרָאֵל׃ יח

קכט א ב שִׁיר הַמַּעֲלוֹת רַבַּת צְרָרוּנִי מִנְּעוּרַי יֹאמַר־נָא יִשְׂרָאֵל׃ רַבַּת
ג צְרָרוּנִי מִנְּעוּרָי גַּם לֹא־יָכְלוּ לִי׃ עַל־גַּבִּי חָרְשׁוּ חֹרְשִׁים הֶאֱרִיכוּ
ד ה למענותם׃ יְהוָה צַדִּיק קִצֵּץ עֲבוֹת רְשָׁעִים׃ יֵבֹשׁוּ וְיִסֹּגוּ אָחוֹר לְמַעֲנִיתָם
ו ז כֹּל שֹׂנְאֵי צִיּוֹן׃ יִהְיוּ כַּחֲצִיר גַּגּוֹת שֶׁקַּדְמַת שָׁלַף יָבֵשׁ׃ שֶׁלֹּא
ח מִלֵּא כַפּוֹ קוֹצֵר וְחִצְנוֹ מְעַמֵּר׃ וְלֹא אָמְרוּ ׀ הָעֹבְרִים בִּרְכַּת־
יְהוָה אֲלֵיכֶם בֵּרַכְנוּ אֶתְכֶם בְּשֵׁם יְהוָה׃

קל א ב שִׁיר הַֽמַּעֲלוֹת מִמַּעֲמַקִּים קְרָאתִיךָ יהוה: אֲדֹנָי שִׁמְעָה
ג בְקוֹלִי תִּהְיֶינָה אָזְנֶיךָ קַשֻּׁבוֹת לְקוֹל תַּחֲנוּנָי: אִם־עֲוֺנוֹת
ד תִּשְׁמָר־יָהּ אֲדֹנָי מִי יַעֲמֹד: כִּי־עִמְּךָ הַסְּלִיחָה לְמַעַן תִּוָּרֵא:
ה ו קִוִּיתִי יהוה קִוְּתָה נַפְשִׁי וְלִדְבָרוֹ הוֹחָלְתִּי: נַפְשִׁי לַאדֹנָי
ז מִשֹּׁמְרִים לַבֹּקֶר שֹׁמְרִים לַבֹּקֶר: יַחֵל יִשְׂרָאֵל אֶל־יהוה
ח כִּי־עִם־יהוה הַחֶסֶד וְהַרְבֵּה עִמּוֹ פְדוּת: וְהוּא יִפְדֶּה אֶת־
יִשְׂרָאֵל מִכֹּל עֲוֺנֹתָיו:

קלא א שִׁיר הַֽמַּעֲלוֹת לְדָוִד יהוה ׀ לֹא־גָבַהּ לִבִּי וְלֹא־רָמוּ עֵינַי וְלֹא־
ב הִלַּכְתִּי ׀ בִּגְדֹלוֹת וּבְנִפְלָאוֹת מִמֶּנִּי: אִם־לֹא שִׁוִּיתִי ׀ וְדוֹמַמְתִּי
ג נַפְשִׁי כְּגָמֻל עֲלֵי אִמּוֹ כַּגָּמֻל עָלַי נַפְשִׁי: יַחֵל יִשְׂרָאֵל אֶל־
יהוה מֵעַתָּה וְעַד־עוֹלָם:

קלב א ב שִׁיר הַֽמַּעֲלוֹת זְכוֹר־יהוה לְדָוִד אֵת כָּל־עֻנּוֹתוֹ: אֲשֶׁר נִשְׁבַּע
ג לַיהוה נָדַר לַאֲבִיר יַעֲקֹב: אִם־אָבֹא בְּאֹהֶל בֵּיתִי אִם־אֶעֱלֶה
ד ה עַל־עֶרֶשׂ יְצוּעָי: אִם־אֶתֵּן שְׁנָת לְעֵינָי לְעַפְעַפַּי תְּנוּמָה: עַד־
ו אֶמְצָא מָקוֹם לַיהוה מִשְׁכָּנוֹת לַאֲבִיר יַעֲקֹב: הִנֵּה־שְׁמַעֲנוּהָ
ז בְאֶפְרָתָה מְצָאנוּהָ בִּשְׂדֵי־יָעַר: נָבוֹאָה לְמִשְׁכְּנוֹתָיו נִשְׁתַּחֲוֶה
ח ט לַהֲדֹם רַגְלָיו: קוּמָה יהוה לִמְנוּחָתֶךָ אַתָּה וַאֲרוֹן עֻזֶּךָ: כֹּהֲנֶיךָ
י יִלְבְּשׁוּ־צֶדֶק וַחֲסִידֶיךָ יְרַנֵּנוּ: בַּעֲבוּר דָּוִד עַבְדֶּךָ אַל־תָּשֵׁב פְּנֵי
יא מְשִׁיחֶךָ: נִשְׁבַּע־יהוה ׀ לְדָוִד אֱמֶת לֹא־יָשׁוּב מִמֶּנָּה מִפְּרִי בִטְנְךָ
יב אָשִׁית לְכִסֵּא־לָךְ: אִם־יִשְׁמְרוּ בָנֶיךָ ׀ בְּרִיתִי וְעֵדֹתִי זוֹ אֲלַמְּדֵם
יג גַּם־בְּנֵיהֶם עֲדֵי־עַד יֵשְׁבוּ לְכִסֵּא־לָךְ: כִּי־בָחַר יהוה בְּצִיּוֹן אִוָּהּ
יד טו לְמוֹשָׁב לוֹ: זֹאת־מְנוּחָתִי עֲדֵי־עַד פֹּה אֵשֵׁב כִּי אִוִּתִיהָ: צֵידָהּ
טז בָּרֵךְ אֲבָרֵךְ אֶבְיוֹנֶיהָ אַשְׂבִּיעַ לָחֶם: וְכֹהֲנֶיהָ אַלְבִּישׁ יֶשַׁע
יז וַחֲסִידֶיהָ רַנֵּן יְרַנֵּנוּ: שָׁם אַצְמִיחַ קֶרֶן לְדָוִד עָרַכְתִּי נֵר לִמְשִׁיחִי:
יח אוֹיְבָיו אַלְבִּישׁ בֹּשֶׁת וְעָלָיו יָצִיץ נִזְרוֹ:

קלג א שִׁיר הַֽמַּעֲלוֹת לְדָוִד הִנֵּה מַה־טּוֹב וּמַה־נָּעִים שֶׁבֶת אַחִים גַּם־
ב יָחַד: כַּשֶּׁמֶן הַטּוֹב ׀ עַל־הָרֹאשׁ יֹרֵד עַל־הַזָּקָן זְקַן־אַהֲרֹן שֶׁיֹּרֵד

עַל־פִּי מִדּוֹתָיו׃ כְּטַל־חֶרְמוֹן שֶׁיֹּרֵד עַל־הַרְרֵי צִיּוֹן כִּי שָׁם ׀ צִוָּה ג
יְהוָה אֶת־הַבְּרָכָה חַיִּים עַד־הָעוֹלָם׃

שִׁיר הַמַּעֲלוֹת הִנֵּה ׀ בָּרְכוּ אֶת־יְהוָה כָּל־עַבְדֵי יְהוָה הָעֹמְדִים קלד א
בְּבֵית־יְהוָה בַּלֵּילוֹת׃ שְׂאוּ־יְדֵכֶם קֹדֶשׁ וּבָרְכוּ אֶת־יְהוָה׃ ב
יְבָרֶכְךָ יְהוָה מִצִּיּוֹן עֹשֵׂה שָׁמַיִם וָאָרֶץ׃ ג

הַלְלוּיָהּ ׀ הַלְלוּ אֶת־שֵׁם יְהוָה הַלְלוּ עַבְדֵי יְהוָה׃ שֶׁעֹמְדִים קלה א ב
בְּבֵית יְהוָה בְּחַצְרוֹת בֵּית אֱלֹהֵינוּ׃ הַלְלוּיָהּ כִּי־טוֹב יְהוָה זַמְּרוּ ג
לִשְׁמוֹ כִּי נָעִים׃ כִּי־יַעֲקֹב בָּחַר לוֹ יָהּ יִשְׂרָאֵל לִסְגֻלָּתוֹ׃ כִּי אֲנִי ד ה
יָדַעְתִּי כִּי־גָדוֹל יְהוָה וַאֲדֹנֵינוּ מִכָּל־אֱלֹהִים׃ כֹּל אֲשֶׁר־חָפֵץ ו
יְהוָה עָשָׂה בַּשָּׁמַיִם וּבָאָרֶץ בַּיַּמִּים וְכָל־תְּהֹמוֹת׃ מַעֲלֶה נְשִׂאִים ז
מִקְצֵה הָאָרֶץ בְּרָקִים לַמָּטָר עָשָׂה מוֹצֵא־רוּחַ מֵאוֹצְרוֹתָיו׃
מכת בכורות שמות יב
שֶׁהִכָּה בְּכוֹרֵי מִצְרָיִם מֵאָדָם עַד־בְּהֵמָה׃ שָׁלַח ׀ אוֹתֹת וּמֹפְתִים ח ט
עשר המכות שמות ז–יב
בְּתוֹכֵכִי מִצְרָיִם בְּפַרְעֹה וּבְכָל־עֲבָדָיו׃ שֶׁהִכָּה גּוֹיִם רַבִּים וְהָרַג י
מלחמת סיחון ועוג במדבר כא, כא–לה דברים ב, כו – ג, יא
מְלָכִים עֲצוּמִים׃ לְסִיחוֹן ׀ מֶלֶךְ הָאֱמֹרִי וּלְעוֹג מֶלֶךְ הַבָּשָׁן וּלְכֹל יא
מַמְלְכוֹת כְּנָעַן׃ וְנָתַן אַרְצָם נַחֲלָה נַחֲלָה לְיִשְׂרָאֵל עַמּוֹ׃ יְהוָה יב יג
שִׁמְךָ לְעוֹלָם יְהוָה זִכְרְךָ לְדֹר־וָדֹר׃ כִּי־יָדִין יְהוָה עַמּוֹ וְעַל־ יד
מזמור "עצביהם כסף וזהב" תהלים קטו, ד–יא
עֲבָדָיו יִתְנֶחָם׃ עֲצַבֵּי הַגּוֹיִם כֶּסֶף וְזָהָב מַעֲשֵׂה יְדֵי אָדָם׃ פֶּה־ טו טז
לָהֶם וְלֹא יְדַבֵּרוּ עֵינַיִם לָהֶם וְלֹא יִרְאוּ׃ אָזְנַיִם לָהֶם וְלֹא יַאֲזִינוּ יז
אַף אֵין־יֶשׁ־רוּחַ בְּפִיהֶם׃ כְּמוֹהֶם יִהְיוּ עֹשֵׂיהֶם כֹּל אֲשֶׁר־בֹּטֵחַ יח
בָּהֶם׃ בֵּית יִשְׂרָאֵל בָּרְכוּ אֶת־יְהוָה בֵּית אַהֲרֹן בָּרְכוּ אֶת־יְהוָה׃ יט
בֵּית הַלֵּוִי בָּרְכוּ אֶת־יְהוָה יִרְאֵי יְהוָה בָּרְכוּ אֶת־יְהוָה׃ בָּרוּךְ כ כא
יְהוָה ׀ מִצִּיּוֹן שֹׁכֵן יְרוּשָׁלִָם הַלְלוּיָהּ׃

הוֹדוּ לַיהוָה כִּי־טוֹב כִּי לְעוֹלָם חַסְדּוֹ׃ הוֹדוּ לֵאלֹהֵי הָאֱלֹהִים קלו א ב
כִּי לְעוֹלָם חַסְדּוֹ׃ הוֹדוּ לַאֲדֹנֵי הָאֲדֹנִים כִּי לְעוֹלָם חַסְדּוֹ׃ לְעֹשֵׂה ג ד
מעשה הבריאה בראשית א
נִפְלָאוֹת גְּדֹלוֹת לְבַדּוֹ כִּי לְעוֹלָם חַסְדּוֹ׃ לְעֹשֵׂה הַשָּׁמַיִם ה
בִּתְבוּנָה כִּי לְעוֹלָם חַסְדּוֹ׃ לְרֹקַע הָאָרֶץ עַל־הַמָּיִם כִּי לְעוֹלָם ו
חַסְדּוֹ׃ לְעֹשֵׂה אוֹרִים גְּדֹלִים כִּי לְעוֹלָם חַסְדּוֹ׃ אֶת־הַשֶּׁמֶשׁ ז ח

ט לַמֶּמְשֶׁלֶת בַּיּוֹם כִּי לְעוֹלָם חַסְדּוֹ: אֶת־הַיָּרֵחַ וְכוֹכָבִים
י לְמֶמְשְׁלוֹת בַּלָּיְלָה כִּי לְעוֹלָם חַסְדּוֹ: לְמַכֵּה מִצְרַיִם בִּבְכוֹרֵיהֶם
יא יב כִּי לְעוֹלָם חַסְדּוֹ: וַיּוֹצֵא יִשְׂרָאֵל מִתּוֹכָם כִּי לְעוֹלָם חַסְדּוֹ: בְּיָד
יג חֲזָקָה וּבִזְרוֹעַ נְטוּיָה כִּי לְעוֹלָם חַסְדּוֹ: לְגֹזֵר יַם־סוּף לִגְזָרִים כִּי
יד טו לְעוֹלָם חַסְדּוֹ: וְהֶעֱבִיר יִשְׂרָאֵל בְּתוֹכוֹ כִּי לְעוֹלָם חַסְדּוֹ: וְנִעֵר
טז פַּרְעֹה וְחֵילוֹ בְיַם־סוּף כִּי לְעוֹלָם חַסְדּוֹ: לְמוֹלִיךְ עַמּוֹ בַּמִּדְבָּר
יז יח כִּי לְעוֹלָם חַסְדּוֹ: לְמַכֵּה מְלָכִים גְּדֹלִים כִּי לְעוֹלָם חַסְדּוֹ: וַיַּהֲרֹג
יט מְלָכִים אַדִּירִים כִּי לְעוֹלָם חַסְדּוֹ: לְסִיחוֹן מֶלֶךְ הָאֱמֹרִי כִּי
כ כא לְעוֹלָם חַסְדּוֹ: וּלְעוֹג מֶלֶךְ הַבָּשָׁן כִּי לְעוֹלָם חַסְדּוֹ: וְנָתַן אַרְצָם
כב לְנַחֲלָה כִּי לְעוֹלָם חַסְדּוֹ: נַחֲלָה לְיִשְׂרָאֵל עַבְדּוֹ כִּי לְעוֹלָם
כג כד חַסְדּוֹ: שֶׁבְּשִׁפְלֵנוּ זָכַר לָנוּ כִּי לְעוֹלָם חַסְדּוֹ: וַיִּפְרְקֵנוּ מִצָּרֵינוּ
כה כו כִּי לְעוֹלָם חַסְדּוֹ: נֹתֵן לֶחֶם לְכָל־בָּשָׂר כִּי לְעוֹלָם חַסְדּוֹ: הוֹדוּ
לְאֵל הַשָּׁמָיִם כִּי לְעוֹלָם חַסְדּוֹ:

מכת בכורות
שמות יב

קריעת ים סוף
שמות יד

מלחמת סיחון ועוג
במדבר כא, כא–לה
דברים ב, כו – ג, יא

הורדת המן במדבר
שמות טז

לז א ב עַל־נַהֲרוֹת ׀ בָּבֶל שָׁם יָשַׁבְנוּ גַּם־בָּכִינוּ בְּזָכְרֵנוּ אֶת־צִיּוֹן: עַל־
ג עֲרָבִים בְּתוֹכָהּ תָּלִינוּ כִּנֹּרוֹתֵינוּ: כִּי שָׁם ׀ שְׁאֵלוּנוּ שׁוֹבֵינוּ
ד דִּבְרֵי־שִׁיר וְתוֹלָלֵינוּ שִׂמְחָה שִׁירוּ לָנוּ מִשִּׁיר צִיּוֹן: אֵיךְ נָשִׁיר
ה אֶת־שִׁיר־יְהֹוָה עַל אַדְמַת נֵכָר: אִם־אֶשְׁכָּחֵךְ יְרוּשָׁלָם תִּשְׁכַּח
ו יְמִינִי: תִּדְבַּק לְשׁוֹנִי ׀ לְחִכִּי אִם־לֹא אֶזְכְּרֵכִי אִם־לֹא אַעֲלֶה
ז אֶת־יְרוּשָׁלַם עַל רֹאשׁ שִׂמְחָתִי: זְכֹר יְהֹוָה ׀ לִבְנֵי אֱדוֹם אֵת יוֹם
ח יְרוּשָׁלָם הָאֹמְרִים עָרוּ ׀ עָרוּ עַד הַיְסוֹד בָּהּ: בַּת־בָּבֶל הַשְּׁדוּדָה
ט אַשְׁרֵי שֶׁיְשַׁלֶּם־לָךְ אֶת־גְּמוּלֵךְ שֶׁגָּמַלְתְּ לָנוּ: אַשְׁרֵי ׀ שֶׁיֹּאחֵז
וְנִפֵּץ אֶת־עֹלָלַיִךְ אֶל־הַסָּלַע:

לח א ב לְדָוִד ׀ אוֹדְךָ בְכָל־לִבִּי נֶגֶד אֱלֹהִים אֲזַמְּרֶךָּ: אֶשְׁתַּחֲוֶה אֶל־
הֵיכַל קָדְשְׁךָ וְאוֹדֶה אֶת־שְׁמֶךָ עַל־חַסְדְּךָ וְעַל־אֲמִתֶּךָ כִּי־
ג הִגְדַּלְתָּ עַל־כָּל־שִׁמְךָ אִמְרָתֶךָ: בְּיוֹם קָרָאתִי וַתַּעֲנֵנִי תַּרְהִבֵנִי
ד בְנַפְשִׁי עֹז: יוֹדוּךָ יְהֹוָה כָּל־מַלְכֵי־אָרֶץ כִּי שָׁמְעוּ אִמְרֵי־פִיךָ:
ה ו וְיָשִׁירוּ בְּדַרְכֵי יְהֹוָה כִּי־גָדוֹל כְּבוֹד יְהֹוָה: כִּי־רָם יְהֹוָה וְשָׁפָל

ז יִרְאֶה וְגָבֹהַּ מִמֶּרְחָק יְיֵדָע׃ אִם־אֵלֵךְ ׀ בְּקֶרֶב צָרָה תְּחַיֵּנִי עַל
ח אַף אֹיְבַי תִּשְׁלַח יָדֶךָ וְתוֹשִׁיעֵנִי יְמִינֶךָ׃ יְהוָה יִגְמֹר בַּעֲדִי יְהוָה
חַסְדְּךָ לְעוֹלָם מַעֲשֵׂי יָדֶיךָ אַל־תֶּרֶף׃
קלט א ב לַמְנַצֵּחַ לְדָוִד מִזְמוֹר יְהוָה חֲקַרְתַּנִי וַתֵּדָע׃ אַתָּה יָדַעְתָּ שִׁבְתִּי
ג וְקוּמִי בַּנְתָּה לְרֵעִי מֵרָחוֹק׃ אָרְחִי וְרִבְעִי זֵרִיתָ וְכָל־דְּרָכַי
ד ה הִסְכַּנְתָּה׃ כִּי אֵין מִלָּה בִּלְשׁוֹנִי הֵן יְהוָה יָדַעְתָּ כֻלָּהּ׃ אָחוֹר
ו וָקֶדֶם צַרְתָּנִי וַתָּשֶׁת עָלַי כַּפֶּכָה׃ פלאיה דַעַת מִמֶּנִּי נִשְׂגְּבָה פְּלִיאָה
ז ח לֹא־אוּכַל לָהּ׃ אָנָה אֵלֵךְ מֵרוּחֶךָ וְאָנָה מִפָּנֶיךָ אֶבְרָח׃ אִם־
ט אֶסַּק שָׁמַיִם שָׁם אָתָּה וְאַצִּיעָה שְּׁאוֹל הִנֶּךָּ׃ אֶשָּׂא כַנְפֵי־שָׁחַר
י יא אֶשְׁכְּנָה בְּאַחֲרִית יָם׃ גַּם־שָׁם יָדְךָ תַנְחֵנִי וְתֹאחֲזֵנִי יְמִינֶךָ׃ וָאֹמַר
יב אַךְ־חֹשֶׁךְ יְשׁוּפֵנִי וְלַיְלָה אוֹר בַּעֲדֵנִי׃ גַּם־חֹשֶׁךְ לֹא־יַחְשִׁיךְ מִמֶּךָ
יג וְלַיְלָה כַּיּוֹם יָאִיר כַּחֲשֵׁיכָה כָּאוֹרָה׃ כִּי־אַתָּה קָנִיתָ כִלְיֹתָי
יד תְּסֻכֵּנִי בְּבֶטֶן אִמִּי׃ אוֹדְךָ עַל כִּי נוֹרָאוֹת נִפְלֵיתִי נִפְלָאִים
טו מַעֲשֶׂיךָ וְנַפְשִׁי יֹדַעַת מְאֹד׃ לֹא־נִכְחַד עָצְמִי מִמֶּךָּ אֲשֶׁר־עֻשֵּׂיתִי
טז בַסֵּתֶר רֻקַּמְתִּי בְּתַחְתִּיּוֹת אָרֶץ׃ גָּלְמִי ׀ רָאוּ עֵינֶיךָ וְעַל־סִפְרְךָ
יז כֻּלָּם יִכָּתֵבוּ יָמִים יֻצָּרוּ ולא אֶחָד בָּהֶם׃ וְלִי מַה־יָּקְרוּ רֵעֶיךָ אֵל וְלוֹ
יח מֶה עָצְמוּ רָאשֵׁיהֶם׃ אֶסְפְּרֵם מֵחוֹל יִרְבּוּן הֱקִיצֹתִי וְעוֹדִי עִמָּךְ׃
יט כ אִם־תִּקְטֹל אֱלוֹהַּ ׀ רָשָׁע וְאַנְשֵׁי דָמִים סוּרוּ מֶנִּי׃ אֲשֶׁר יֹמְרוּךָ
כא לִמְזִמָּה נָשֻׂא לַשָּׁוְא עָרֶיךָ׃ הֲלוֹא־מְשַׂנְאֶיךָ יְהוָה ׀ אֶשְׂנָא
כב וּבִתְקוֹמְמֶיךָ אֶתְקוֹטָט׃ תַּכְלִית שִׂנְאָה שְׂנֵאתִים לְאוֹיְבִים הָיוּ
כג כד לִי׃ חָקְרֵנִי אֵל וְדַע לְבָבִי בְּחָנֵנִי וְדַע שַׂרְעַפָּי׃ וּרְאֵה אִם־
דֶּרֶךְ־עֹצֶב בִּי וּנְחֵנִי בְּדֶרֶךְ עוֹלָם׃
קמ א ב לַמְנַצֵּחַ מִזְמוֹר לְדָוִד׃ חַלְּצֵנִי יְהוָה מֵאָדָם רָע מֵאִישׁ חֲמָסִים
ג ד תִּנְצְרֵנִי׃ אֲשֶׁר חָשְׁבוּ רָעוֹת בְּלֵב כָּל־יוֹם יָגוּרוּ מִלְחָמוֹת׃ שָׁנְנוּ
ה לְשׁוֹנָם כְּמוֹ־נָחָשׁ חֲמַת עַכְשׁוּב תַּחַת שְׂפָתֵימוֹ סֶלָה׃ שָׁמְרֵנִי
יְהוָה ׀ מִידֵי רָשָׁע מֵאִישׁ חֲמָסִים תִּנְצְרֵנִי אֲשֶׁר חָשְׁבוּ לִדְחוֹת
ו פְּעָמָי׃ טָמְנוּ־גֵאִים ׀ פַּח לִי וַחֲבָלִים פָּרְשׂוּ רֶשֶׁת לְיַד־מַעְגָּל

ז מֹקְשִׁים שָׁתוּ־לִי סֶלָה: אָמַרְתִּי לַיהוה אֵלִי אָתָּה הַאֲזִינָה
ח יהוה קוֹל תַּחֲנוּנָי: יֱהוִה אֲדֹנָי עֹז יְשׁוּעָתִי סַכֹּתָה לְרֹאשִׁי
ט בְּיוֹם נָשֶׁק: אַל־תִּתֵּן יהוה מַאֲוַיֵּי רָשָׁע זְמָמוֹ אַל־תָּפֵק יָרוּמוּ
י יא סֶלָה: רֹאשׁ מְסִבָּי עֲמַל שְׂפָתֵימוֹ יכסומו: ימיטו עֲלֵיהֶם יְכַסֵּמוֹ | יְמוֹטוּ
יב גֶּחָלִים בָּאֵשׁ יַפִּלֵם בְּמַהֲמֹרוֹת בַּל־יָקוּמוּ: אִישׁ לָשׁוֹן בַּל־
יג יִכּוֹן בָּאָרֶץ אִישׁ־חָמָס רָע יְצוּדֶנּוּ לְמַדְחֵפֹת: יָדַעְתִּ כִּי־יַעֲשֶׂה
יד יהוה דִּין עָנִי מִשְׁפַּט אֶבְיֹנִים: אַךְ צַדִּיקִים יוֹדוּ לִשְׁמֶךָ יֵשְׁבוּ יט
יְשָׁרִים אֶת־פָּנֶיךָ:
מא א מִזְמוֹר לְדָוִד יהוה קְרָאתִיךָ חוּשָׁה לִּי הַאֲזִינָה קוֹלִי בְּקָרְאִי־
ב לָךְ: תִּכּוֹן תְּפִלָּתִי קְטֹרֶת לְפָנֶיךָ מַשְׂאַת כַּפַּי מִנְחַת־עָרֶב:
ג ד שִׁיתָה יהוה שָׁמְרָה לְפִי נִצְּרָה עַל־דַּל שְׂפָתָי: אַל־תַּט־לִבִּי ׀
לְדָבָר ׀ רָע לְהִתְעוֹלֵל עֲלִלוֹת ׀ בְּרֶשַׁע אֶת־אִישִׁים פֹּעֲלֵי־אָוֶן
ה וּבַל־אֶלְחַם בְּמַנְעַמֵּיהֶם: יֶהֶלְמֵנִי צַדִּיק ׀ חֶסֶד וְיוֹכִיחֵנִי שֶׁמֶן
ו רֹאשׁ אַל־יָנִי רֹאשִׁי כִּי־עוֹד וּתְפִלָּתִי בְּרָעוֹתֵיהֶם: נִשְׁמְטוּ בִידֵי־
ז סֶלַע שֹׁפְטֵיהֶם וְשָׁמְעוּ אֲמָרַי כִּי נָעֵמוּ: כְּמוֹ פֹלֵחַ וּבֹקֵעַ בָּאָרֶץ
ח נִפְזְרוּ עֲצָמֵינוּ לְפִי שְׁאוֹל: כִּי אֵלֶיךָ ׀ יֱהוִה אֲדֹנָי עֵינָי בְּכָה חָסִיתִי
ט אַל־תְּעַר נַפְשִׁי: שָׁמְרֵנִי מִידֵי פַח יָקְשׁוּ לִי וּמֹקְשׁוֹת פֹּעֲלֵי אָוֶן:
י יִפְּלוּ בְמַכְמֹרָיו רְשָׁעִים יַחַד אָנֹכִי עַד־אֶעֱבוֹר:
מב א ב מַשְׂכִּיל לְדָוִד בִּהְיוֹתוֹ בַמְּעָרָה תְפִלָּה: קוֹלִי אֶל־יהוה אֶזְעָק דוד מסתתר במערה מפני שאול
ג קוֹלִי אֶל־יהוה אֶתְחַנָּן: אֶשְׁפֹּךְ לְפָנָיו שִׂיחִי צָרָתִי לְפָנָיו אַגִּיד: שמ"א כד
ד בְּהִתְעַטֵּף עָלַי ׀ רוּחִי וְאַתָּה יָדַעְתָּ נְתִיבָתִי בְּאֹרַח־זוּ אֲהַלֵּךְ תהלים נז
ה טָמְנוּ פַח לִי: הַבֵּיט יָמִין ׀ וּרְאֵה וְאֵין־לִי מַכִּיר אָבַד מָנוֹס מִמֶּנִּי
ו אֵין דּוֹרֵשׁ לְנַפְשִׁי: זָעַקְתִּי אֵלֶיךָ יהוה אָמַרְתִּי אַתָּה מַחְסִי חֶלְקִי
ז בְּאֶרֶץ הַחַיִּים: הַקְשִׁיבָה ׀ אֶל־רִנָּתִי כִּי־דַלּוֹתִי מְאֹד הַצִּילֵנִי
ח מֵרֹדְפַי כִּי אָמְצוּ מִמֶּנִּי: הוֹצִיאָה מִמַּסְגֵּר ׀ נַפְשִׁי לְהוֹדוֹת אֶת־
שְׁמֶךָ בִּי יַכְתִּרוּ צַדִּיקִים כִּי תִגְמֹל עָלָי:
מג א מִזְמוֹר לְדָוִד יהוה ׀ שְׁמַע תְּפִלָּתִי הַאֲזִינָה אֶל־תַּחֲנוּנַי בֶּאֱמֻנָתְךָ

ב עֲנֵנִי בְּצִדְקָתֶךָ: וְאַל־תָּבוֹא בְמִשְׁפָּט אֶת־עַבְדֶּךָ כִּי לֹא־יִצְדַּק
ג לְפָנֶיךָ כָל־חָי: כִּי רָדַף אוֹיֵב ׀ נַפְשִׁי דִּכָּא לָאָרֶץ חַיָּתִי הוֹשִׁיבַנִי
ד בְמַחֲשַׁכִּים כְּמֵתֵי עוֹלָם: וַתִּתְעַטֵּף עָלַי רוּחִי בְּתוֹכִי יִשְׁתּוֹמֵם
ה לִבִּי: זָכַרְתִּי יָמִים ׀ מִקֶּדֶם הָגִיתִי בְכָל־פָּעֳלֶךָ בְּמַעֲשֵׂה יָדֶיךָ
ו ז אֲשׂוֹחֵחַ: פֵּרַשְׂתִּי יָדַי אֵלֶיךָ נַפְשִׁי ׀ כְּאֶרֶץ־עֲיֵפָה לְךָ סֶלָה: מַהֵר
עֲנֵנִי ׀ יהוה כָּלְתָה רוּחִי אַל־תַּסְתֵּר פָּנֶיךָ מִמֶּנִּי וְנִמְשַׁלְתִּי עִם־
ח יֹרְדֵי בוֹר: הַשְׁמִיעֵנִי בַבֹּקֶר ׀ חַסְדֶּךָ כִּי־בְךָ בָטָחְתִּי הוֹדִיעֵנִי
ט דֶּרֶךְ־זוּ אֵלֵךְ כִּי־אֵלֶיךָ נָשָׂאתִי נַפְשִׁי: הַצִּילֵנִי מֵאֹיְבַי ׀ יהוה
י אֵלֶיךָ כִסִּתִי: לַמְּדֵנִי ׀ לַעֲשׂוֹת רְצוֹנֶךָ כִּי־אַתָּה אֱלוֹהָי רוּחֲךָ
יא טוֹבָה תַּנְחֵנִי בְּאֶרֶץ מִישׁוֹר: לְמַעַן־שִׁמְךָ יהוה תְּחַיֵּנִי בְּצִדְקָתְךָ ׀
יב תוֹצִיא מִצָּרָה נַפְשִׁי: וּבְחַסְדְּךָ תַּצְמִית אֹיְבָי וְהַאֲבַדְתָּ כָּל־
צֹרְרֵי נַפְשִׁי כִּי אֲנִי עַבְדֶּךָ:

קמד א לְדָוִד ׀ בָּרוּךְ יהוה ׀ צוּרִי הַמְלַמֵּד יָדַי לַקְרָב אֶצְבְּעוֹתַי לַמִּלְחָמָה:
ב חַסְדִּי וּמְצוּדָתִי מִשְׂגַּבִּי וּמְפַלְטִי לִי מָגִנִּי וּבוֹ חָסִיתִי הָרוֹדֵד עַמִּי
ג ד תַחְתָּי: יהוה מָה־אָדָם וַתֵּדָעֵהוּ בֶּן־אֱנוֹשׁ וַתְּחַשְּׁבֵהוּ: אָדָם
ה לַהֶבֶל דָּמָה יָמָיו כְּצֵל עוֹבֵר: יהוה הַט־שָׁמֶיךָ וְתֵרֵד גַּע בֶּהָרִים
ו ז וְיֶעֱשָׁנוּ: בְּרוֹק בָּרָק וּתְפִיצֵם שְׁלַח חִצֶּיךָ וּתְהֻמֵּם: שְׁלַח יָדֶיךָ
ח מִמָּרוֹם פְּצֵנִי וְהַצִּילֵנִי מִמַּיִם רַבִּים מִיַּד בְּנֵי נֵכָר: אֲשֶׁר פִּיהֶם
ט דִּבֶּר־שָׁוְא וִימִינָם יְמִין שָׁקֶר: אֱלֹהִים שִׁיר חָדָשׁ אָשִׁירָה לָּךְ
י בְּנֵבֶל עָשׂוֹר אֲזַמְּרָה־לָּךְ: הַנּוֹתֵן תְּשׁוּעָה לַמְּלָכִים הַפּוֹצֶה
יא אֶת־דָּוִד עַבְדּוֹ מֵחֶרֶב רָעָה: פְּצֵנִי וְהַצִּילֵנִי מִיַּד בְּנֵי־נֵכָר
יב אֲשֶׁר פִּיהֶם דִּבֶּר־שָׁוְא וִימִינָם יְמִין שָׁקֶר: אֲשֶׁר בָּנֵינוּ ׀
כִּנְטִעִים מְגֻדָּלִים בִּנְעוּרֵיהֶם בְּנוֹתֵינוּ כְזָוִיֹּת מְחֻטָּבוֹת תַּבְנִית
יג הֵיכָל: מְזָוֵינוּ מְלֵאִים מְפִיקִים מִזַּן אֶל זַן צֹאונֵנוּ מַאֲלִיפוֹת
יד מְרֻבָּבוֹת בְּחוּצוֹתֵינוּ: אַלּוּפֵינוּ מְסֻבָּלִים אֵין פֶּרֶץ וְאֵין יוֹצֵאת
טו וְאֵין צְוָחָה בִּרְחֹבֹתֵינוּ: אַשְׁרֵי הָעָם שֶׁכָּכָה לּוֹ אַשְׁרֵי
הָעָם שֶׁיהוה אֱלֹהָיו:

קמה א תְּהִלָּה לְדָוִד אֲרוֹמִמְךָ אֱלוֹהַי הַמֶּלֶךְ וַאֲבָרְכָה שִׁמְךָ לְעוֹלָם
ב ג וָעֶד׃ בְּכָל־יוֹם אֲבָרְכֶךָּ וַאֲהַלְלָה שִׁמְךָ לְעוֹלָם וָעֶד׃ גָּדוֹל יְהוָה
ד וּמְהֻלָּל מְאֹד וְלִגְדֻלָּתוֹ אֵין חֵקֶר׃ דּוֹר לְדוֹר יְשַׁבַּח מַעֲשֶׂיךָ
ה וּגְבוּרֹתֶיךָ יַגִּידוּ׃ הֲדַר כְּבוֹד הוֹדֶךָ וְדִבְרֵי נִפְלְאוֹתֶיךָ אָשִׂיחָה׃
ו ז וֶעֱזוּז נוֹרְאוֹתֶיךָ יֹאמֵרוּ וגדלותיך אֲסַפְּרֶנָּה׃ זֵכֶר רַב־טוּבְךָ וּגְדוּלָּתְךָ
ח יַבִּיעוּ וְצִדְקָתְךָ יְרַנֵּנוּ׃ חַנּוּן וְרַחוּם יְהוָה אֶרֶךְ אַפַּיִם וּגְדָל־
ט י חָסֶד׃ טוֹב־יְהוָה לַכֹּל וְרַחֲמָיו עַל־כָּל־מַעֲשָׂיו׃ יוֹדוּךָ יְהוָה כָּל־
יא מַעֲשֶׂיךָ וַחֲסִידֶיךָ יְבָרְכוּכָה׃ כְּבוֹד מַלְכוּתְךָ יֹאמֵרוּ וּגְבוּרָתְךָ
יב יְדַבֵּרוּ׃ לְהוֹדִיעַ ׀ לִבְנֵי הָאָדָם גְּבוּרֹתָיו וּכְבוֹד הֲדַר מַלְכוּתוֹ׃
יג יד מַלְכוּתְךָ מַלְכוּת כָּל־עֹלָמִים וּמֶמְשַׁלְתְּךָ בְּכָל־דּוֹר וָדֹר׃ סוֹמֵךְ
טו יְהוָה לְכָל־הַנֹּפְלִים וְזוֹקֵף לְכָל־הַכְּפוּפִים׃ עֵינֵי־כֹל אֵלֶיךָ יְשַׂבֵּרוּ
טז וְאַתָּה נוֹתֵן־לָהֶם אֶת־אָכְלָם בְּעִתּוֹ׃ פּוֹתֵחַ אֶת־יָדֶךָ וּמַשְׂבִּיעַ
יז לְכָל־חַי רָצוֹן׃ צַדִּיק יְהוָה בְּכָל־דְּרָכָיו וְחָסִיד בְּכָל־מַעֲשָׂיו׃
יח יט קָרוֹב יְהוָה לְכָל־קֹרְאָיו לְכֹל אֲשֶׁר יִקְרָאֻהוּ בֶאֱמֶת׃ רְצוֹן־
כ יְרֵאָיו יַעֲשֶׂה וְאֶת־שַׁוְעָתָם יִשְׁמַע וְיוֹשִׁיעֵם׃ שׁוֹמֵר יְהוָה אֶת־
כא כָּל־אֹהֲבָיו וְאֵת כָּל־הָרְשָׁעִים יַשְׁמִיד׃ תְּהִלַּת יְהוָה יְדַבֶּר פִּי
וִיבָרֵךְ כָּל־בָּשָׂר שֵׁם קָדְשׁוֹ לְעוֹלָם וָעֶד׃

קמו א ב הַלְלוּיָהּ הַלְלִי נַפְשִׁי אֶת־יְהוָה׃ אֲהַלְלָה יְהוָה בְּחַיָּי אֲזַמְּרָה
ג לֵאלֹהַי בְּעוֹדִי׃ אַל־תִּבְטְחוּ בִנְדִיבִים בְּבֶן־אָדָם ׀ שֶׁאֵין לוֹ
ד תְשׁוּעָה׃ תֵּצֵא רוּחוֹ יָשֻׁב לְאַדְמָתוֹ בַּיּוֹם הַהוּא אָבְדוּ
ה עֶשְׁתֹּנֹתָיו׃ אַשְׁרֵי שֶׁאֵל יַעֲקֹב בְּעֶזְרוֹ שִׂבְרוֹ עַל־יְהוָה אֱלֹהָיו׃
ו עֹשֶׂה ׀ שָׁמַיִם וָאָרֶץ אֶת־הַיָּם וְאֶת־כָּל־אֲשֶׁר־בָּם הַשֹּׁמֵר
ז אֱמֶת לְעוֹלָם׃ עֹשֶׂה מִשְׁפָּט ׀ לָעֲשׁוּקִים נֹתֵן לֶחֶם לָרְעֵבִים
ח יְהוָה מַתִּיר אֲסוּרִים׃ יְהוָה ׀ פֹּקֵחַ עִוְרִים יְהוָה זֹקֵף כְּפוּפִים
ט יְהוָה אֹהֵב צַדִּיקִים׃ יְהוָה ׀ שֹׁמֵר אֶת־גֵּרִים יָתוֹם וְאַלְמָנָה
י יְעוֹדֵד וְדֶרֶךְ רְשָׁעִים יְעַוֵּת׃ יִמְלֹךְ יְהוָה ׀ לְעוֹלָם אֱלֹהַיִךְ צִיּוֹן
לְדֹר וָדֹר הַלְלוּיָהּ׃

א ב הַלְלוּיָהּ ׀ כִּי־טוֹב זַמְּרָה אֱלֹהֵינוּ כִּי־נָעִים נָאוָה תְהִלָּה׃ בּוֹנֵה
ג יְרוּשָׁלַםִ יְהוָה נִדְחֵי יִשְׂרָאֵל יְכַנֵּס׃ הָרֹפֵא לִשְׁבוּרֵי לֵב וּמְחַבֵּשׁ
ד ה לְעַצְּבוֹתָם׃ מוֹנֶה מִסְפָּר לַכּוֹכָבִים לְכֻלָּם שֵׁמוֹת יִקְרָא׃ גָּדוֹל
ו אֲדוֹנֵינוּ וְרַב־כֹּחַ לִתְבוּנָתוֹ אֵין מִסְפָּר׃ מְעוֹדֵד עֲנָוִים יְהוָה
ז מַשְׁפִּיל רְשָׁעִים עֲדֵי־אָרֶץ׃ עֱנוּ לַיהוָה בְּתוֹדָה זַמְּרוּ לֵאלֹהֵינוּ
ח בְכִנּוֹר׃ הַמְכַסֶּה שָׁמַיִם ׀ בְּעָבִים הַמֵּכִין לָאָרֶץ מָטָר הַמַּצְמִיחַ
ט י הָרִים חָצִיר׃ נוֹתֵן לִבְהֵמָה לַחְמָהּ לִבְנֵי עֹרֵב אֲשֶׁר יִקְרָאוּ׃ לֹא
יא בִגְבוּרַת הַסּוּס יֶחְפָּץ לֹא־בְשׁוֹקֵי הָאִישׁ יִרְצֶה׃ רוֹצֶה יְהוָה אֶת־
יב יְרֵאָיו אֶת־הַמְיַחֲלִים לְחַסְדּוֹ׃ שַׁבְּחִי יְרוּשָׁלַםִ אֶת־יְהוָה הַלְלִי
יג יד אֱלֹהַיִךְ צִיּוֹן׃ כִּי־חִזַּק בְּרִיחֵי שְׁעָרָיִךְ בֵּרַךְ בָּנַיִךְ בְּקִרְבֵּךְ׃ הַשָּׂם־
טו גְּבוּלֵךְ שָׁלוֹם חֵלֶב חִטִּים יַשְׂבִּיעֵךְ׃ הַשֹּׁלֵחַ אִמְרָתוֹ אָרֶץ עַד־
טז יז מְהֵרָה יָרוּץ דְּבָרוֹ׃ הַנֹּתֵן שֶׁלֶג כַּצָּמֶר כְּפוֹר כָּאֵפֶר יְפַזֵּר׃ מַשְׁלִיךְ
יח קַרְחוֹ כְפִתִּים לִפְנֵי קָרָתוֹ מִי יַעֲמֹד׃ יִשְׁלַח דְּבָרוֹ וְיַמְסֵם יַשֵּׁב
יט רוּחוֹ יִזְּלוּ־מָיִם׃ מַגִּיד דְּבָרוֹ לְיַעֲקֹב חֻקָּיו וּמִשְׁפָּטָיו לְיִשְׂרָאֵל׃
כ לֹא עָשָׂה כֵן ׀ לְכָל־גּוֹי וּמִשְׁפָּטִים בַּל־יְדָעוּם הַלְלוּיָהּ׃

קמח
א הַלְלוּיָהּ ׀ הַלְלוּ אֶת־יְהוָה מִן־הַשָּׁמַיִם הַלְלוּהוּ בַּמְּרוֹמִים׃
ב ג הַלְלוּהוּ כָל־מַלְאָכָיו הַלְלוּהוּ כָּל־צְבָאָו׃ הַלְלוּהוּ שֶׁמֶשׁ וְיָרֵחַ
ד הַלְלוּהוּ כָּל־כּוֹכְבֵי אוֹר׃ הַלְלוּהוּ שְׁמֵי הַשָּׁמָיִם וְהַמַּיִם אֲשֶׁר ׀
ה מֵעַל הַשָּׁמָיִם׃ יְהַלְלוּ אֶת־שֵׁם יְהוָה כִּי הוּא צִוָּה וְנִבְרָאוּ׃
ו ז וַיַּעֲמִידֵם לָעַד לְעוֹלָם חָק־נָתַן וְלֹא יַעֲבוֹר׃ הַלְלוּ אֶת־יְהוָה
ח מִן־הָאָרֶץ תַּנִּינִים וְכָל־תְּהֹמוֹת׃ אֵשׁ וּבָרָד שֶׁלֶג וְקִיטוֹר רוּחַ
ט סְעָרָה עֹשָׂה דְבָרוֹ׃ הֶהָרִים וְכָל־גְּבָעוֹת עֵץ פְּרִי וְכָל־אֲרָזִים׃
י יא הַחַיָּה וְכָל־בְּהֵמָה רֶמֶשׂ וְצִפּוֹר כָּנָף׃ מַלְכֵי־אֶרֶץ וְכָל־לְאֻמִּים
יב שָׂרִים וְכָל־שֹׁפְטֵי אָרֶץ׃ בַּחוּרִים וְגַם־בְּתוּלוֹת זְקֵנִים עִם־
יג נְעָרִים׃ יְהַלְלוּ ׀ אֶת־שֵׁם יְהוָה כִּי־נִשְׂגָּב שְׁמוֹ לְבַדּוֹ הוֹדוֹ
יד עַל־אֶרֶץ וְשָׁמָיִם׃ וַיָּרֶם קֶרֶן ׀ לְעַמּוֹ תְּהִלָּה לְכָל־חֲסִידָיו לִבְנֵי
יִשְׂרָאֵל עַם קְרֹבוֹ הַלְלוּיָהּ׃

קמט א ב הַלְלוּיָהּ ׀ שִׁירוּ לַיהוה שִׁיר חָדָשׁ תְּהִלָּתוֹ בִּקְהַל חֲסִידִים: יִשְׂמַח
ג יִשְׂרָאֵל בְּעֹשָׂיו בְּנֵי־צִיּוֹן יָגִילוּ בְמַלְכָּם: יְהַלְלוּ שְׁמוֹ בְמָחוֹל
ד בְּתֹף וְכִנּוֹר יְזַמְּרוּ־לוֹ: כִּי־רוֹצֶה יהוה בְּעַמּוֹ יְפָאֵר עֲנָוִים
ה בִּישׁוּעָה: יַעְלְזוּ חֲסִידִים בְּכָבוֹד יְרַנְּנוּ עַל־מִשְׁכְּבוֹתָם:
ו רוֹמְמוֹת אֵל בִּגְרוֹנָם וְחֶרֶב פִּיפִיּוֹת בְּיָדָם: לַעֲשׂוֹת נְקָמָה
ח בַּגּוֹיִם תּוֹכֵחוֹת בַּלְאֻמִּים: לֶאְסֹר מַלְכֵיהֶם בְּזִקִּים וְנִכְבְּדֵיהֶם
ט בְּכַבְלֵי בַרְזֶל: לַעֲשׂוֹת בָּהֶם ׀ מִשְׁפָּט כָּתוּב הָדָר הוּא לְכָל־
חֲסִידָיו הַלְלוּיָהּ:

קנ א ב הַלְלוּיָהּ ׀ הַלְלוּ־אֵל בְּקָדְשׁוֹ הַלְלוּהוּ בִּרְקִיעַ עֻזּוֹ: הַלְלוּהוּ
ג בִגְבוּרֹתָיו הַלְלוּהוּ כְּרֹב גֻּדְלוֹ: הַלְלוּהוּ בְּתֵקַע שׁוֹפָר הַלְלוּהוּ
ד בְּנֵבֶל וְכִנּוֹר: הַלְלוּהוּ בְתֹף וּמָחוֹל הַלְלוּהוּ בְּמִנִּים וְעֻגָב:
ה ו הַלְלוּהוּ בְצִלְצְלֵי־שָׁמַע הַלְלוּהוּ בְּצִלְצְלֵי תְרוּעָה: כֹּל הַנְּשָׁמָה
תְּהַלֵּל יָהּ הַלְלוּיָהּ:

# משלי

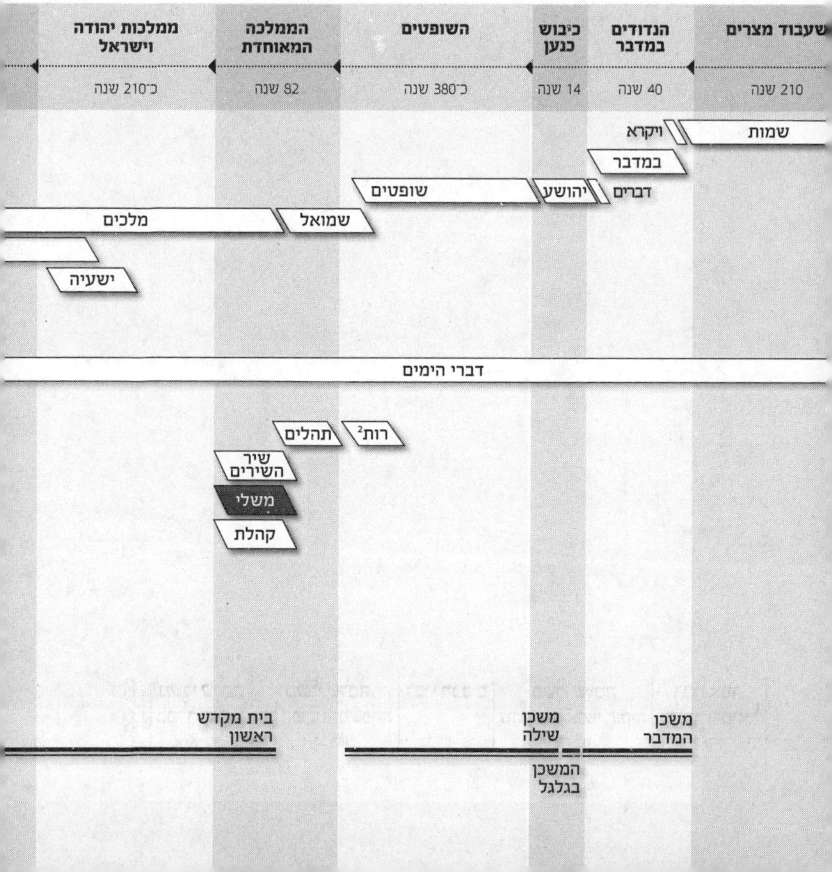
שעבוד מצרים
הנדודים במדבר
כיבוש כנען
השופטים
הממלכה המאוחדת
ממלכות יהודה וישראל
210 שנה
40 שנה
14 שנה
כ־380 שנה
82 שנה
כ־210 שנה
שמות
ויקרא
במדבר
דברים
יהושע
שופטים
שמואל
מלכים
ישעיה
דברי הימים
רות²
תהלים
שיר השירים
משלי
קהלת
משכן המדבר
משכן שילה
המשכן בגלגל
בית מקדש ראשון

| ספר משלי | משלי שלמה כמלך ישראל | משלי שלמה על הפרט והמשפחה | דברי חכמים | משלי שלמה שהעתיקו אנשי חזקיה | דברי אגור, עלוקה ולמואל |
|---|---|---|---|---|---|
| | א–ט | י–כב (טז) | כב (יז) - כד | כה–כט | ל–לא |

א

א ב מִשְׁלֵי שְׁלֹמֹה בֶן־דָּוִד מֶלֶךְ יִשְׂרָאֵל: לָדַעַת חָכְמָה וּמוּסָר
ג לְהָבִין אִמְרֵי בִינָה: לָקַחַת מוּסַר הַשְׂכֵּל צֶדֶק וּמִשְׁפָּט
ד ה וּמֵשָׁרִים: לָתֵת לִפְתָאיִם עָרְמָה לְנַעַר דַּעַת וּמְזִמָּה: יִשְׁמַע
ו חָכָם וְיוֹסֶף לֶקַח וְנָבוֹן תַּחְבֻּלוֹת יִקְנֶה: לְהָבִין מָשָׁל וּמְלִיצָה
ז דִּבְרֵי חֲכָמִים וְחִידֹתָם: יִרְאַת יהוה רֵאשִׁית דָּעַת חָכְמָה
וּמוּסָר אֱוִילִים בָּזוּ:

ח ט שְׁמַע בְּנִי מוּסַר אָבִיךָ וְאַל־תִּטֹּשׁ תּוֹרַת אִמֶּךָ: כִּי | לִוְיַת חֵן
י הֵם לְרֹאשֶׁךָ וַעֲנָקִים לְגַרְגְּרֹתֶךָ: בְּנִי אִם־יְפַתּוּךָ חַטָּאִים אַל־
יא תֹּבֵא: אִם־יֹאמְרוּ לְכָה אִתָּנוּ נֶאֶרְבָה לְדָם נִצְפְּנָה לְנָקִי חִנָּם:
יב יג נִבְלָעֵם כִּשְׁאוֹל חַיִּים וּתְמִימִים כְּיוֹרְדֵי בוֹר: כָּל־הוֹן יָקָר נִמְצָא
יד נְמַלֵּא בָתֵּינוּ שָׁלָל: גּוֹרָלְךָ תַּפִּיל בְּתוֹכֵנוּ כִּיס אֶחָד יִהְיֶה לְכֻלָּנוּ:
טו טז בְּנִי אַל־תֵּלֵךְ בְּדֶרֶךְ אִתָּם מְנַע רַגְלְךָ מִנְּתִיבָתָם: כִּי רַגְלֵיהֶם
יז לָרַע יָרוּצוּ וִימַהֲרוּ לִשְׁפָּךְ־דָּם: כִּי־חִנָּם מְזֹרָה הָרָשֶׁת בְּעֵינֵי כָּל־
יח יט בַּעַל כָּנָף: וְהֵם לְדָמָם יֶאֱרֹבוּ יִצְפְּנוּ לְנַפְשֹׁתָם: כֵּן אָרְחוֹת כָּל־
בֹּצֵעַ בָּצַע אֶת־נֶפֶשׁ בְּעָלָיו יִקָּח:

כ כא חָכְמוֹת בַּחוּץ תָּרֹנָּה בָּרְחֹבוֹת תִּתֵּן קוֹלָהּ: בְּרֹאשׁ הֹמִיּוֹת
כב תִּקְרָא בְּפִתְחֵי שְׁעָרִים בָּעִיר אֲמָרֶיהָ תֹאמֵר: עַד־מָתַי | פְּתָיִם
תְּאֵהֲבוּ פֶתִי וְלֵצִים לָצוֹן חָמְדוּ לָהֶם וּכְסִילִים יִשְׂנְאוּ־דָעַת:
כג תָּשׁוּבוּ לְתוֹכַחְתִּי הִנֵּה אַבִּיעָה לָכֶם רוּחִי אוֹדִיעָה דְבָרַי
כד כה אֶתְכֶם: יַעַן קָרָאתִי וַתְּמָאֵנוּ נָטִיתִי יָדִי וְאֵין מַקְשִׁיב: וַתִּפְרְעוּ
כו כָל־עֲצָתִי וְתוֹכַחְתִּי לֹא אֲבִיתֶם: גַּם־אֲנִי בְּאֵידְכֶם אֶשְׂחָק אֶלְעַג
כז בְּבֹא פַחְדְּכֶם: בְּבֹא כשאוה | פַּחְדְּכֶם וְאֵידְכֶם כְּסוּפָה יֶאֱתֶה כְשׁוֹאָה
כח בְּבֹא עֲלֵיכֶם צָרָה וְצוּקָה: אָז יִקְרָאֻנְנִי וְלֹא אֶעֱנֶה יְשַׁחֲרֻנְנִי וְלֹא
כט ל יִמְצָאֻנְנִי: תַּחַת כִּי־שָׂנְאוּ דָעַת וְיִרְאַת יהוה לֹא בָחָרוּ: לֹא־אָבוּ
לא לַעֲצָתִי נָאֲצוּ כָּל־תּוֹכַחְתִּי: וְיֹאכְלוּ מִפְּרִי דַרְכָּם וּמִמֹּעֲצֹתֵיהֶם
לב יִשְׂבָּעוּ: כִּי מְשׁוּבַת פְּתָיִם תַּהַרְגֵם וְשַׁלְוַת כְּסִילִים תְּאַבְּדֵם:
לג וְשֹׁמֵעַ לִי יִשְׁכָּן־בֶּטַח וְשַׁאֲנַן מִפַּחַד רָעָה:

"נְצֹר בְּנִי מִצְוַת אָבִיךָ וְאַל־תִּטֹּשׁ תּוֹרַת אִמֶּךָ" משלי ו, כ

"רַגְלֵיהֶם לָרַע יָרֻצוּ וִימַהֲרוּ לִשְׁפֹּךְ דָּם נָקִי" ישעיה נט, ז

ב

> "בני שמר אמרי ומצותי תצפן אתך" משלי ז, א

א ב בְּנִי אִם־תִּקַּח אֲמָרָי וּמִצְוֺתַי תִּצְפֹּן אִתָּךְ: לְהַקְשִׁיב לַחָכְמָה
ג אָזְנֶךָ תַּטֶּה לִבְּךָ לַתְּבוּנָה: כִּי אִם לַבִּינָה תִקְרָא לַתְּבוּנָה תִּתֵּן
ד ה קוֹלֶךָ: אִם־תְּבַקְשֶׁנָּה כַכָּסֶף וְכַמַּטְמוֹנִים תַּחְפְּשֶׂנָּה: אָז תָּבִין
ו יִרְאַת יהוה וְדַעַת אֱלֹהִים תִּמְצָא: כִּי־יהוה יִתֵּן חָכְמָה מִפִּיו
ז ח דַּעַת וּתְבוּנָה: וצפן לַיְשָׁרִים תּוּשִׁיָּה מָגֵן לְהֹלְכֵי תֹם: לִנְצֹר

> יִצְפֹּן

ט אָרְחוֹת מִשְׁפָּט וְדֶרֶךְ חֲסִידָו יִשְׁמֹר: אָז תָּבִין צֶדֶק וּמִשְׁפָּט
י וּמֵישָׁרִים כָּל־מַעְגַּל־טוֹב: כִּי־תָבוֹא חָכְמָה בְלִבֶּךָ וְדַעַת
יא יב לְנַפְשְׁךָ יִנְעָם: מְזִמָּה תִּשְׁמֹר עָלֶיךָ תְּבוּנָה תִנְצְרֶכָּה: לְהַצִּילְךָ
יג מִדֶּרֶךְ רָע מֵאִישׁ מְדַבֵּר תַּהְפֻּכוֹת: הַעֹזְבִים אָרְחוֹת יֹשֶׁר לָלֶכֶת
יד טו בְּדַרְכֵי־חֹשֶׁךְ: הַשְּׂמֵחִים לַעֲשׂוֹת רָע יָגִילוּ בְּתַהְפֻּכוֹת רָע: אֲשֶׁר
טז אָרְחֹתֵיהֶם עִקְּשִׁים וּנְלוֹזִים בְּמַעְגְּלוֹתָם: לְהַצִּילְךָ מֵאִשָּׁה זָרָה

> "לשמרך מאשה זרה מנכריה אמריה החליקה" משלי ז, ה

יז מִנָּכְרִיָּה אֲמָרֶיהָ הֶחֱלִיקָה: הַעֹזֶבֶת אַלּוּף נְעוּרֶיהָ וְאֶת־בְּרִית
יח אֱלֹהֶיהָ שָׁכֵחָה: כִּי שָׁחָה אֶל־מָוֶת בֵּיתָהּ וְאֶל־רְפָאִים
יט מַעְגְּלֹתֶיהָ: כָּל־בָּאֶיהָ לֹא יְשׁוּבוּן וְלֹא־יַשִּׂיגוּ אָרְחוֹת חַיִּים:
כ כא לְמַעַן תֵּלֵךְ בְּדֶרֶךְ טוֹבִים וְאָרְחוֹת צַדִּיקִים תִּשְׁמֹר: כִּי־יְשָׁרִים
כב יִשְׁכְּנוּ־אָרֶץ וּתְמִימִים יִוָּתְרוּ בָהּ: וּרְשָׁעִים מֵאֶרֶץ יִכָּרֵתוּ
וּבוֹגְדִים יִסְּחוּ מִמֶּנָּה:

ג

א ב בְּנִי תּוֹרָתִי אַל־תִּשְׁכָּח וּמִצְוֺתַי יִצֹּר לִבֶּךָ: כִּי אֹרֶךְ יָמִים
ג וּשְׁנוֹת חַיִּים וְשָׁלוֹם יוֹסִיפוּ לָךְ: חֶסֶד וֶאֱמֶת אַל־יַעַזְבֻךָ קָשְׁרֵם

> "קשרם על־אצבעתיך כתבם על־לוח לבך" משלי ז, ג

ד עַל־גַּרְגְּרוֹתֶיךָ כָּתְבֵם עַל־לוּחַ לִבֶּךָ: וּמְצָא־חֵן וְשֵׂכֶל־טוֹב
בְּעֵינֵי אֱלֹהִים וְאָדָם:
ה ו בְּטַח אֶל־יהוה בְּכָל־לִבֶּךָ וְאֶל־בִּינָתְךָ אַל־תִּשָּׁעֵן: בְּכָל־דְּרָכֶיךָ
ז דָעֵהוּ וְהוּא יְיַשֵּׁר אֹרְחֹתֶיךָ: אַל־תְּהִי חָכָם בְּעֵינֶיךָ יְרָא אֶת־
ח ט יהוה וְסוּר מֵרָע: רִפְאוּת תְּהִי לְשָׁרֶּךָ וְשִׁקּוּי לְעַצְמוֹתֶיךָ: כַּבֵּד
י אֶת־יהוה מֵהוֹנֶךָ וּמֵרֵאשִׁית כָּל־תְּבוּאָתֶךָ: וְיִמָּלְאוּ אֲסָמֶיךָ
שָׂבָע וְתִירוֹשׁ יְקָבֶיךָ יִפְרֹצוּ:
יא יב מוּסַר יהוה בְּנִי אַל־תִּמְאָס וְאַל־תָּקֹץ בְּתוֹכַחְתּוֹ: כִּי אֶת

יג אֲשֶׁר יֶאֱהַב יְהוָה יוֹכִיחַ וּכְאָב אֶת־בֵּן יִרְצֶה: אַשְׁרֵי אָדָם
יד מָצָא חָכְמָה וְאָדָם יָפִיק תְּבוּנָה: כִּי טוֹב סַחְרָהּ מִסְּחַר־כָּסֶף
טו וּמֵחָרוּץ תְּבוּאָתָהּ: יְקָרָה הִיא מפניים וְכָל־חֲפָצֶיךָ לֹא יִשְׁווּ־ מִפְּנִינִים
טז יז בָהּ: אֹרֶךְ יָמִים בִּימִינָהּ בִּשְׂמֹאולָהּ עֹשֶׁר וְכָבוֹד: דְּרָכֶיהָ
יח דַרְכֵי־נֹעַם וְכָל־נְתִיבוֹתֶיהָ שָׁלוֹם: עֵץ־חַיִּים הִיא לַמַּחֲזִיקִים
בָּהּ וְתֹמְכֶיהָ מְאֻשָּׁר:

"כי־טובה חכמה מפנינים וכל־חפצים לא ישוו־בה" משלי ח, יא

יט כ יְהוָה בְּחָכְמָה יָסַד־אָרֶץ כּוֹנֵן שָׁמַיִם בִּתְבוּנָה: בְּדַעְתּוֹ תְּהוֹמוֹת
כא נִבְקָעוּ וּשְׁחָקִים יִרְעֲפוּ־טָל: בְּנִי אַל־יָלֻזוּ מֵעֵינֶיךָ נְצֹר תֻּשִׁיָּה
כב כג וּמְזִמָּה: וְיִהְיוּ חַיִּים לְנַפְשֶׁךָ וְחֵן לְגַרְגְּרֹתֶיךָ: אָז תֵּלֵךְ לָבֶטַח
כד דַּרְכֶּךָ וְרַגְלְךָ לֹא תִגּוֹף: אִם־תִּשְׁכַּב לֹא־תִפְחָד וְשָׁכַבְתָּ וְעָרְבָה
כה שְׁנָתֶךָ: אַל־תִּירָא מִפַּחַד פִּתְאֹם וּמִשֹּׁאַת רְשָׁעִים כִּי תָבֹא:
כו כז כִּי־יְהוָה יִהְיֶה בְכִסְלֶךָ וְשָׁמַר רַגְלְךָ מִלָּכֶד: אַל־תִּמְנַע־טוֹב
כח מִבְּעָלָיו בִּהְיוֹת לְאֵל ידיך לַעֲשׂוֹת: אַל־תֹּאמַר לרעיך ׀ לֵךְ יָדְךָ | לְרֵעֲךָ ׀
כט וָשׁוּב וּמָחָר אֶתֵּן וְיֵשׁ אִתָּךְ: אַל־תַּחֲרֹשׁ עַל־רֵעֲךָ רָעָה וְהוּא־
ל יוֹשֵׁב לָבֶטַח אִתָּךְ: אַל־תרוב עִם־אָדָם חִנָּם אִם־לֹא גְמָלְךָ תָּרִיב
לא לב רָעָה: אַל־תְּקַנֵּא בְּאִישׁ חָמָס וְאַל־תִּבְחַר בְּכָל־דְּרָכָיו: כִּי
לג תוֹעֲבַת יְהוָה נָלוֹז וְאֶת־יְשָׁרִים סוֹדוֹ: מְאֵרַת יְהוָה בְּבֵית רָשָׁע
לד וּנְוֵה צַדִּיקִים יְבָרֵךְ: אִם־לַלֵּצִים הוּא־יָלִיץ ולעניים יִתֶּן־חֵן: וְלַעֲנָוִים
לה כָּבוֹד חֲכָמִים יִנְחָלוּ וּכְסִילִים מֵרִים קָלוֹן:
ד א ב שִׁמְעוּ בָנִים מוּסַר אָב וְהַקְשִׁיבוּ לָדַעַת בִּינָה: כִּי לֶקַח טוֹב
ג נָתַתִּי לָכֶם תּוֹרָתִי אַל־תַּעֲזֹבוּ: כִּי־בֵן הָיִיתִי לְאָבִי רַךְ וְיָחִיד לִפְנֵי
ד ה אִמִּי: וַיֹּרֵנִי וַיֹּאמֶר לִי יִתְמָךְ־דְּבָרַי לִבֶּךָ שְׁמֹר מִצְוֺתַי וֶחְיֵה: קְנֵה
ו חָכְמָה קְנֵה בִינָה אַל־תִּשְׁכַּח וְאַל־תֵּט מֵאִמְרֵי־פִי: אַל־תַּעַזְבֶהָ
ז וְתִשְׁמְרֶךָּ אֱהָבֶהָ וְתִצְּרֶךָּ: רֵאשִׁית חָכְמָה קְנֵה חָכְמָה וּבְכָל־
ח קִנְיָנְךָ קְנֵה בִינָה: סַלְסְלֶהָ וּתְרוֹמְמֶךָּ תְּכַבֵּדְךָ כִּי תְחַבְּקֶנָּה:
ט י תִּתֵּן לְרֹאשְׁךָ לִוְיַת־חֵן עֲטֶרֶת תִּפְאֶרֶת תְּמַגְּנֶךָּ: שְׁמַע בְּנִי
יא וְקַח אֲמָרָי וְיִרְבּוּ לְךָ שְׁנוֹת חַיִּים: בְּדֶרֶךְ חָכְמָה הֹרֵתִיךָ

יב הֲדְרַכְתִּיךָ בְּמַעְגְּלֵי־יֹשֶׁר׃ בְּלֶכְתְּךָ לֹא־יֵצַר צַעֲדֶךָ וְאִם־תָּרוּץ
יג יד לֹא תִכָּשֵׁל׃ הַחֲזֵק בַּמּוּסָר אַל־תֶּרֶף נִצְּרֶהָ כִּי־הִיא חַיֶּיךָ׃ בְּאֹרַח
טו רְשָׁעִים אַל־תָּבֹא וְאַל־תְּאַשֵּׁר בְּדֶרֶךְ רָעִים׃ פְּרָעֵהוּ אַל־
טז תַּעֲבָר־בּוֹ שְׂטֵה מֵעָלָיו וַעֲבוֹר׃ כִּי לֹא יִשְׁנוּ אִם־לֹא יָרֵעוּ וְנִגְזְלָה
יז שְׁנָתָם אִם־לֹא יכשולו׃ כִּי לָחֲמוּ לֶחֶם רֶשַׁע וְיֵין חֲמָסִים יִשְׁתּוּ׃ (יַכְשִׁילוּ)
יח יט וְאֹרַח צַדִּיקִים כְּאוֹר נֹגַהּ הוֹלֵךְ וָאוֹר עַד־נְכוֹן הַיּוֹם׃ דֶּרֶךְ
כ רְשָׁעִים כָּאֲפֵלָה לֹא יָדְעוּ בַּמֶּה יִכָּשֵׁלוּ׃ בְּנִי
כא לִדְבָרַי הַקְשִׁיבָה לַאֲמָרַי הַט־אָזְנֶךָ׃ אַל־יַלִּיזוּ מֵעֵינֶיךָ שָׁמְרֵם
כב בְּתוֹךְ לְבָבֶךָ׃ כִּי־חַיִּים הֵם לְמֹצְאֵיהֶם וּלְכָל־בְּשָׂרוֹ מַרְפֵּא׃
כג כד מִכָּל־מִשְׁמָר נְצֹר לִבֶּךָ כִּי־מִמֶּנּוּ תּוֹצְאוֹת חַיִּים׃ הָסֵר מִמְּךָ
כה עִקְּשׁוּת פֶּה וּלְזוּת שְׂפָתַיִם הַרְחֵק מִמֶּךָּ׃ עֵינֶיךָ לְנֹכַח יַבִּיטוּ
כו וְעַפְעַפֶּיךָ יַיְשִׁרוּ נֶגְדֶּךָ׃ פַּלֵּס מַעְגַּל רַגְלֶךָ וְכָל־דְּרָכֶיךָ יִכֹּנוּ׃
כז אַל־תֵּט־יָמִין וּשְׂמֹאול הָסֵר רַגְלְךָ מֵרָע׃

"בני לחכמתי הקשיבה לתבונתי הט־אזנך" משלי ה, א

ה
א ב בְּנִי לְחָכְמָתִי הַקְשִׁיבָה לִתְבוּנָתִי הַט־אָזְנֶךָ׃ לִשְׁמֹר מְזִמּוֹת
ג וְדַעַת שְׂפָתֶיךָ יִנְצֹרוּ׃ כִּי נֹפֶת תִּטֹּפְנָה שִׂפְתֵי זָרָה וְחָלָק מִשֶּׁמֶן
ד ה חִכָּהּ׃ וְאַחֲרִיתָהּ מָרָה כַלַּעֲנָה חַדָּה כְּחֶרֶב פִּיּוֹת׃ רַגְלֶיהָ יֹרְדוֹת
ו מָוֶת שְׁאוֹל צְעָדֶיהָ יִתְמֹכוּ׃ אֹרַח חַיִּים פֶּן־תְּפַלֵּס נָעוּ מַעְגְּלֹתֶיהָ
לֹא תֵדָע׃

"בני לדברי הקשיבה לאמרי הט־אזנך" משלי ד, כ

ז ח וְעַתָּה בָנִים שִׁמְעוּ־לִי וְאַל־תָּסוּרוּ מֵאִמְרֵי־פִי׃ הַרְחֵק מֵעָלֶיהָ
ט דַרְכֶּךָ וְאַל־תִּקְרַב אֶל־פֶּתַח בֵּיתָהּ׃ פֶּן־תִּתֵּן לַאֲחֵרִים הוֹדֶךָ
י וּשְׁנֹתֶיךָ לְאַכְזָרִי׃ פֶּן־יִשְׂבְּעוּ זָרִים כֹּחֶךָ וַעֲצָבֶיךָ בְּבֵית נָכְרִי׃
יא יב וְנָהַמְתָּ בְאַחֲרִיתֶךָ בִּכְלוֹת בְּשָׂרְךָ וּשְׁאֵרֶךָ׃ וְאָמַרְתָּ אֵיךְ שָׂנֵאתִי
יג מוּסָר וְתוֹכַחַת נָאַץ לִבִּי׃ וְלֹא־שָׁמַעְתִּי בְּקוֹל מוֹרָי וְלִמְלַמְּדַי
יד לֹא־הִטִּיתִי אָזְנִי׃ כִּמְעַט הָיִיתִי בְכָל־רָע בְּתוֹךְ קָהָל וְעֵדָה׃
טו טז שְׁתֵה־מַיִם מִבּוֹרֶךָ וְנֹזְלִים מִתּוֹךְ בְּאֵרֶךָ׃ יָפוּצוּ מַעְיְנֹתֶיךָ חוּצָה
יז יח בָּרְחֹבוֹת פַּלְגֵי־מָיִם׃ יִהְיוּ־לְךָ לְבַדֶּךָ וְאֵין לְזָרִים אִתָּךְ׃ יְהִי־ ב
יט מְקוֹרְךָ בָרוּךְ וּשְׂמַח מֵאֵשֶׁת נְעוּרֶךָ׃ אַיֶּלֶת אֲהָבִים וְיַעֲלַת־חֵן

"ועתה בנים שמעו־לי והקשיבו לאמרי־פי" משלי ז, כד

כ דַּדֶּיהָ יְרַוֻּךָ בְכָל־עֵת בְּאַהֲבָתָהּ תִּשְׁגֶּה תָמִיד׃ וְלָמָּה תִשְׁגֶּה בְנִי
כא בְזָרָה וּתְחַבֵּק חֵק נָכְרִיָּה׃ כִּי נֹכַח ׀ עֵינֵי יְהוָה דַּרְכֵי־אִישׁ וְכָל־
כב מַעְגְּלֹתָיו מְפַלֵּס׃ עַווֹנֹתָיו יִלְכְּדֻנוֹ אֶת־הָרָשָׁע וּבְחַבְלֵי חַטָּאתוֹ
ו כג א יִתָּמֵךְ׃ הוּא יָמוּת בְּאֵין מוּסָר וּבְרֹב אִוַּלְתּוֹ יִשְׁגֶּה׃ בְּנִי אִם־
ב עָרַבְתָּ לְרֵעֶךָ תָּקַעְתָּ לַזָּר כַּפֶּיךָ׃ נוֹקַשְׁתָּ בְאִמְרֵי־פִיךָ נִלְכַּדְתָּ
ג בְּאִמְרֵי־פִיךָ׃ עֲשֵׂה זֹאת אֵפוֹא ׀ בְּנִי וְהִנָּצֵל כִּי בָאתָ בְכַף־
ד רֵעֶךָ לֵךְ הִתְרַפֵּס וּרְהַב רֵעֶיךָ׃ אַל־תִּתֵּן שֵׁנָה לְעֵינֶיךָ וּתְנוּמָה
ה לְעַפְעַפֶּיךָ׃ הִנָּצֵל כִּצְבִי מִיָּד וּכְצִפּוֹר מִיַּד יָקוּשׁ׃
ו ז לֵךְ־אֶל־נְמָלָה עָצֵל רְאֵה דְרָכֶיהָ וַחֲכָם׃ אֲשֶׁר אֵין־לָהּ קָצִין
ח ט שֹׁטֵר וּמֹשֵׁל׃ תָּכִין בַּקַּיִץ לַחְמָהּ אָגְרָה בַקָּצִיר מַאֲכָלָהּ׃ עַד־
י מָתַי עָצֵל ׀ תִּשְׁכָּב מָתַי תָּקוּם מִשְּׁנָתֶךָ׃ מְעַט שֵׁנוֹת מְעַט
יא תְּנוּמוֹת מְעַט ׀ חִבֻּק יָדַיִם לִשְׁכָּב׃ וּבָא־כִמְהַלֵּךְ רֵאשֶׁךָ
וּמַחְסֹרְךָ כְּאִישׁ מָגֵן׃

"מעט שֵׁנות מעט תנומות מעט חִבֻּק יָדַים לשכב" משלי כד, לג

"ובא־מתהלך רֵישֶׁךָ ומחסֹרך כאיש מגן" משלי כד, לד

יב יג אָדָם בְּלִיַּעַל אִישׁ אָוֶן הוֹלֵךְ עִקְּשׁוּת פֶּה׃ קֹרֵץ בְּעֵינָו
יד מֹלֵל בְּרַגְלָו מֹרֶה בְּאֶצְבְּעֹתָיו׃ תַּהְפֻּכוֹת ׀ בְּלִבּוֹ חֹרֵשׁ רָע
טו בְּכָל־עֵת מדנים יְשַׁלֵּחַ׃ עַל־כֵּן פִּתְאֹם יָבוֹא אֵידוֹ פֶּתַע מִדְיָנִים
יִשָּׁבֵר וְאֵין מַרְפֵּא׃
טז יז שֶׁשׁ־הֵנָּה שָׂנֵא יְהוָה וְשֶׁבַע תועבות נַפְשׁוֹ׃ עֵינַיִם רָמוֹת תּוֹעֲבַת
יח לְשׁוֹן שָׁקֶר וְיָדַיִם שֹׁפְכוֹת דָּם־נָקִי׃ לֵב חֹרֵשׁ מַחְשְׁבוֹת
יט אָוֶן רַגְלַיִם מְמַהֲרוֹת לָרוּץ לָרָעָה׃ יָפִיחַ כְּזָבִים עֵד שָׁקֶר
כ וּמְשַׁלֵּחַ מְדָנִים בֵּין אַחִים׃ נְצֹר בְּנִי מִצְוַת
כא אָבִיךָ וְאַל־תִּטֹּשׁ תּוֹרַת אִמֶּךָ׃ קָשְׁרֵם עַל־לִבְּךָ תָמִיד עָנְדֵם
כב עַל־גַּרְגְּרֹתֶךָ׃ בְּהִתְהַלֶּכְךָ ׀ תַּנְחֶה אֹתָךְ בְּשָׁכְבְּךָ תִּשְׁמֹר
כג עָלֶיךָ וַהֲקִיצוֹתָ הִיא תְשִׂיחֶךָ׃ כִּי נֵר מִצְוָה וְתוֹרָה אוֹר וְדֶרֶךְ
כד חַיִּים תּוֹכְחוֹת מוּסָר׃ לִשְׁמָרְךָ מֵאֵשֶׁת רָע מֵחֶלְקַת לָשׁוֹן
כה כו נָכְרִיָּה׃ אַל־תַּחְמֹד יָפְיָהּ בִּלְבָבֶךָ וְאַל־תִּקָּחֲךָ בְּעַפְעַפֶּיהָ׃ כִּי
בְעַד־אִשָּׁה זוֹנָה עַד־כִּכַּר לָחֶם וְאֵשֶׁת אִישׁ נֶפֶשׁ יְקָרָה תָצוּד׃

"שמע בני מוסר אביך ואל־תטש תורת אמך" משלי א, ח

ו
כז כח היחתה איש אש בחיקו ובגדיו לא תשרפנה: אם־יהלך
כט איש על־הגחלים ורגליו לא תכוינה: כן הבא אל־אשת
ל רעהו לא ינקה כל־הנגע בה: לא־יבוזו לגנב כי יגנוב
לא למלא נפשו כי ירעב: ונמצא ישלם שבעתים את־כל־הון
לב ביתו יתן: נאף אשה חסר־לב משחית נפשו הוא יעשנה:
לג לד נגע־וקלון ימצא וחרפתו לא תמחה: כי־קנאה חמת־גבר
לה ולא־יחמול ביום נקם: לא־ישא פני כל־כפר ולא־יאבה
א ז כי תרבה־שחד: בני שמר אמרי ומצותי
ב תצפן אתך: שמר מצותי וחיה ותורתי כאישון עיניך:
ג ד קשרם על־אצבעתיך כתבם על־לוח לבך: אמר לחכמה
ה אחתי את ומדע לבינה תקרא: לשמרך מאשה זרה
ו מנכריה אמריה החליקה: כי בחלון ביתי בעד אשנבי
ז ח נשקפתי: וארא בפתאים אבינה בבנים נער חסר־לב: עבר
ט בשוק אצל פנה ודרך ביתה יצעד: בנשף־בערב יום באישון
י לילה ואפלה: והנה אשה לקראתו שית זונה ונצרת לב:
יא יב המיה היא וסררת בביתה לא־ישכנו רגליה: פעם | בחוץ
יג פעם ברחבות ואצל כל־פנה תארב: והחזיקה בו ונשקה
יד לו העזה פניה ותאמר לו: זבחי שלמים עלי היום שלמתי
טו טז נדרי: על־כן יצאתי לקראתך לשחר פניך ואמצאך: מרבדים
יז רבדתי ערשי חטבות אטון מצרים: נפתי משכבי מר אהלים
יח יט וקנמון: לכה נרוה דדים עד־הבקר נתעלסה באהבים: כי
כ אין האיש בביתו הלך בדרך מרחוק: צרור־הכסף לקח בידו
כא ליום הכסא יבא ביתו: הטתו ברב לקחה בחלק שפתיה
כב תדיחנו: הולך אחריה פתאם כשור אל־טבח יבא וכעכס
כג אל־מוסר אויל: עד יפלח חץ כבדו כמהר צפור אל־פח
ולא־ידע כי־בנפשו הוא:
כד כה ועתה בנים שמעו־לי והקשיבו לאמרי־פי: אל־ישט אל־

"בני אם־תקח אמרי ומצותי תצפן אתך"
משלי ב, א

"קשרם על־גרגרותיך כתבם על־לוח לבך"
משלי ג, ג

"להצילך מאשה זרה מנכריה אמריה החליקה"
משלי ב, טז

"ועתה בנים שמעו־לי ואל־תסורו מאמרי־פי"
משלי ה, ז

ז

כו דְּרָכֶיהָ לִבֶּךָ אַל־תֵּתַע בִּנְתִיבוֹתֶיהָ: כִּי־רַבִּים חֲלָלִים הִפִּילָה

כז וַעֲצֻמִים כָּל־הֲרֻגֶיהָ: דַּרְכֵי שְׁאוֹל בֵּיתָהּ יֹרְדוֹת אֶל־חַדְרֵי־

ח א ב מָוֶת: הֲלֹא־חָכְמָה תִקְרָא וּתְבוּנָה תִּתֵּן קוֹלָהּ: בְּרֹאשׁ־מְרֹמִים

ג עֲלֵי־דָרֶךְ בֵּית נְתִיבוֹת נִצָּבָה: לְיַד־שְׁעָרִים לְפִי־קָרֶת מְבוֹא

ד פְתָחִים תָּרֹנָּה: אֲלֵיכֶם אִישִׁים אֶקְרָא וְקוֹלִי אֶל־בְּנֵי אָדָם:

ה ו הָבִינוּ פְתָאיִם עָרְמָה וּכְסִילִים הָבִינוּ לֵב: שִׁמְעוּ כִּי־נְגִידִים

ז אֲדַבֵּר וּמִפְתַּח שְׂפָתַי מֵישָׁרִים: כִּי־אֱמֶת יֶהְגֶּה חִכִּי וְתוֹעֲבַת

ח ט שְׂפָתַי רֶשַׁע: בְּצֶדֶק כָּל־אִמְרֵי־פִי אֵין בָּהֶם נִפְתָּל וְעִקֵּשׁ: כֻּלָּם

י נְכֹחִים לַמֵּבִין וִישָׁרִים לְמֹצְאֵי דָעַת: קְחוּ־מוּסָרִי וְאַל־כָּסֶף

יא וְדַעַת מֵחָרוּץ נִבְחָר: כִּי־טוֹבָה חָכְמָה מִפְּנִינִים וְכָל־חֲפָצִים לֹא

יב יִשְׁווּ־בָהּ: אֲנִי־חָכְמָה שָׁכַנְתִּי עָרְמָה וְדַעַת מְזִמּוֹת אֶמְצָא:

״יקרה היא מפנינים וכל־חפציך לא ישוו־בה״ משלי ג, טו

יג יִרְאַת יהוה שְׂנֹאת רָע גֵּאָה וְגָאוֹן ׀ וְדֶרֶךְ רָע וּפִי תַהְפֻּכוֹת

יד טו שָׂנֵאתִי: לִי־עֵצָה וְתוּשִׁיָּה אֲנִי בִינָה לִי גְבוּרָה: בִּי מְלָכִים

טז יִמְלֹכוּ וְרֹזְנִים יְחֹקְקוּ צֶדֶק: בִּי שָׂרִים יָשֹׂרוּ וּנְדִיבִים כָּל־שֹׁפְטֵי

יז יח צֶדֶק: אֲנִי אהביה אֵהָב וּמְשַׁחֲרַי יִמְצָאֻנְנִי: עֹשֶׁר־וְכָבוֹד אִתִּי אֹהֲבַי

יט הוֹן עָתֵק וּצְדָקָה: טוֹב פִּרְיִי מֵחָרוּץ וּמִפָּז וּתְבוּאָתִי מִכֶּסֶף

כ כא נִבְחָר: בְּאֹרַח־צְדָקָה אֲהַלֵּךְ בְּתוֹךְ נְתִיבוֹת מִשְׁפָּט: לְהַנְחִיל

אֹהֲבַי ׀ יֵשׁ וְאֹצְרֹתֵיהֶם אֲמַלֵּא:

כב כג יהוה קָנָנִי רֵאשִׁית דַּרְכּוֹ קֶדֶם מִפְעָלָיו מֵאָז: מֵעוֹלָם נִסַּכְתִּי

כד מֵרֹאשׁ מִקַּדְמֵי־אָרֶץ: בְּאֵין־תְּהֹמוֹת חוֹלָלְתִּי בְּאֵין מַעְיָנוֹת

כה כו נִכְבַּדֵּי־מָיִם: בְּטֶרֶם הָרִים הָטְבָּעוּ לִפְנֵי גְבָעוֹת חוֹלָלְתִּי: עַד־

כז לֹא עָשָׂה אֶרֶץ וְחוּצוֹת וְרֹאשׁ עַפְרוֹת תֵּבֵל: בַּהֲכִינוֹ שָׁמַיִם

כח שָׁם אָנִי בְּחוּקוֹ חוּג עַל־פְּנֵי תְהוֹם: בְּאַמְּצוֹ שְׁחָקִים מִמָּעַל

כט בַּעֲזוֹז עִינוֹת תְּהוֹם: בְּשׂוּמוֹ לַיָּם ׀ חֻקּוֹ וּמַיִם לֹא יַעַבְרוּ־פִיו

ל בְּחוּקוֹ מוֹסְדֵי אָרֶץ: וָאֶהְיֶה אֶצְלוֹ אָמוֹן וָאֶהְיֶה שַׁעֲשֻׁעִים

לא יוֹם ׀ יוֹם מְשַׂחֶקֶת לְפָנָיו בְּכָל־עֵת: מְשַׂחֶקֶת בְּתֵבֵל אַרְצוֹ

וְשַׁעֲשֻׁעַי אֶת־בְּנֵי אָדָם:

ח

וְעַתָּה בָנִים שִׁמְעוּ־לִי וְאַשְׁרֵי דְּרָכַי יִשְׁמֹרוּ׃ שִׁמְעוּ מוּסָר וַחֲכָמוּ לב לג
וְאַל־תִּפְרָעוּ׃ אַשְׁרֵי אָדָם שֹׁמֵעַ לִי לִשְׁקֹד עַל־דַּלְתֹתַי יוֹם ׀ יוֹם לד
לִשְׁמֹר מְזוּזֹת פְּתָחָי׃ כִּי מֹצְאִי מֹצְאִי חַיִּים וַיָּפֶק רָצוֹן מֵיְהוָה׃ לה
וְחֹטְאִי חֹמֵס נַפְשׁוֹ כָּל־מְשַׂנְאַי אָהֲבוּ מָוֶת׃ לו

מָצָא

"מצא אשה מצא טוב ויפק רצון מה'"
משלי יח, כב

חָכְמוֹת בָּנְתָה בֵיתָהּ חָצְבָה עַמּוּדֶיהָ שִׁבְעָה׃ טָבְחָה טִבְחָהּ א ב ט
מָסְכָה יֵינָהּ אַף עָרְכָה שֻׁלְחָנָהּ׃ שָׁלְחָה נַעֲרֹתֶיהָ תִקְרָא עַל־גַּפֵּי ג
מְרֹמֵי קָרֶת׃ מִי־פֶתִי יָסֻר הֵנָּה חֲסַר־לֵב אָמְרָה לּוֹ׃ לְכוּ לַחֲמוּ ד ה
בְלַחֲמִי וּשְׁתוּ בְּיַיִן מָסָכְתִּי׃ עִזְבוּ פְתָאיִם וִחְיוּ וְאִשְׁרוּ בְּדֶרֶךְ ו
בִּינָה׃ יֹסֵר לֵץ לֹקֵחַ לוֹ קָלוֹן וּמוֹכִיחַ לְרָשָׁע מוּמוֹ׃ אַל־תּוֹכַח ז ח
לֵץ פֶּן־יִשְׂנָאֶךָּ הוֹכַח לְחָכָם וְיֶאֱהָבֶךָּ׃ תֵּן לְחָכָם וְיֶחְכַּם־עוֹד ט
הוֹדַע לְצַדִּיק וְיוֹסֶף לֶקַח׃ תְּחִלַּת חָכְמָה יִרְאַת יְהוָה וְדַעַת י
ג קְדֹשִׁים בִּינָה׃ כִּי־בִי יִרְבּוּ יָמֶיךָ וְיוֹסִיפוּ לְּךָ שְׁנוֹת חַיִּים׃ אִם־ יא יב
חָכַמְתָּ חָכַמְתָּ לָּךְ וְלַצְתָּ לְבַדְּךָ תִשָּׂא׃ אֵשֶׁת כְּסִילוּת הֹמִיָּה יג
פְּתַיּוּת וּבַל־יָדְעָה מָּה׃ וְיָשְׁבָה לְפֶתַח בֵּיתָהּ עַל־כִּסֵּא יד
מְרֹמֵי קָרֶת׃ לִקְרֹא לְעֹבְרֵי־דָרֶךְ הַמְיַשְּׁרִים אֹרְחוֹתָם׃ מִי־ טו טז
פֶתִי יָסֻר הֵנָּה וַחֲסַר־לֵב וְאָמְרָה לּוֹ׃ מַיִם־גְּנוּבִים יִמְתָּקוּ יז
וְלֶחֶם סְתָרִים יִנְעָם׃ וְלֹא־יָדַע כִּי־רְפָאִים שָׁם בְּעִמְקֵי יח
שְׁאוֹל קְרֻאֶיהָ׃

מִשְׁלֵי שְׁלֹמֹה בֵּן חָכָם יְשַׂמַּח־אָב וּבֵן כְּסִיל תּוּגַת אִמּוֹ׃ לֹא־ א ב י
יוֹעִילוּ אוֹצְרוֹת רֶשַׁע וּצְדָקָה תַּצִּיל מִמָּוֶת׃ לֹא־יַרְעִיב יְהוָה ג
נֶפֶשׁ צַדִּיק וְהַוַּת רְשָׁעִים יֶהְדֹּף׃ רָאשׁ עֹשֶׂה כַף־רְמִיָּה וְיַד ד
חָרוּצִים תַּעֲשִׁיר׃ אֹגֵר בַּקַּיִץ בֵּן מַשְׂכִּיל נִרְדָּם בַּקָּצִיר בֵּן ה
מֵבִישׁ׃ בְּרָכוֹת לְרֹאשׁ צַדִּיק וּפִי רְשָׁעִים יְכַסֶּה חָמָס׃ זֵכֶר ו ז
צַדִּיק לִבְרָכָה וְשֵׁם רְשָׁעִים יִרְקָב׃ חֲכַם־לֵב יִקַּח מִצְוֹת וֶאֱוִיל ח
שְׂפָתַיִם יִלָּבֵט׃ הוֹלֵךְ בַּתֹּם יֵלֶךְ בֶּטַח וּמְעַקֵּשׁ דְּרָכָיו יִוָּדֵעַ׃ ט
קֹרֵץ עַיִן יִתֵּן עַצָּבֶת וֶאֱוִיל שְׂפָתַיִם יִלָּבֵט׃ מְקוֹר חַיִּים פִּי צַדִּיק י יא
וּפִי רְשָׁעִים יְכַסֶּה חָמָס׃ שִׂנְאָה תְּעֹרֵר מְדָנִים וְעַל כָּל־פְּשָׁעִים יב

"בן חכם ישמח־אב וכסיל אדם בוזה אמו"
משלי טו, כ

"לא־יועיל הון ביום עברה וצדקה תציל ממות"
משלי יא, ד

יג תְּכַסֶּה אַהֲבָה׃ בְּשִׂפְתֵי נָבוֹן תִּמָּצֵא חָכְמָה וְשֵׁבֶט לְגֵו חֲסַר־
יד טו לֵב׃ חֲכָמִים יִצְפְּנוּ־דָעַת וּפִי־אֱוִיל מְחִתָּה קְרֹבָה׃ הוֹן עָשִׁיר
טז קִרְיַת עֻזּוֹ מְחִתַּת דַּלִּים רֵישָׁם׃ פְּעֻלַּת צַדִּיק לְחַיִּים תְּבוּאַת
יז רָשָׁע לְחַטָּאת׃ אֹרַח לְחַיִּים שׁוֹמֵר מוּסָר וְעוֹזֵב תּוֹכַחַת מַתְעֶה׃
יח יט מְכַסֶּה שִׂנְאָה שִׂפְתֵי־שָׁקֶר וּמוֹצִא דִבָּה הוּא כְסִיל׃ בְּרֹב דְּבָרִים
כ לֹא יֶחְדַּל־פָּשַׁע וְחֹשֵׂךְ שְׂפָתָיו מַשְׂכִּיל׃ כֶּסֶף נִבְחָר לְשׁוֹן צַדִּיק
כא לֵב רְשָׁעִים כִּמְעָט׃ שִׂפְתֵי צַדִּיק יִרְעוּ רַבִּים וֶאֱוִילִים בַּחֲסַר־לֵב
כב כג יָמוּתוּ׃ בִּרְכַּת יהוה הִיא תַעֲשִׁיר וְלֹא־יוֹסִף עֶצֶב עִמָּהּ׃ כִּשְׂחוֹק
כד לִכְסִיל עֲשׂוֹת זִמָּה וְחָכְמָה לְאִישׁ תְּבוּנָה׃ מְגוֹרַת רָשָׁע הִיא
כה תְבוֹאֶנּוּ וְתַאֲוַת צַדִּיקִים יִתֵּן׃ כַּעֲבוֹר סוּפָה וְאֵין רָשָׁע וְצַדִּיק
כו יְסוֹד עוֹלָם׃ כַּחֹמֶץ ׀ לַשִּׁנַּיִם וְכֶעָשָׁן לָעֵינָיִם כֵּן הֶעָצֵל לְשֹׁלְחָיו׃
כז כח יִרְאַת יהוה תּוֹסִיף יָמִים וּשְׁנוֹת רְשָׁעִים תִּקְצֹרְנָה׃ תּוֹחֶלֶת
כט צַדִּיקִים שִׂמְחָה וְתִקְוַת רְשָׁעִים תֹּאבֵד׃ מָעוֹז לַתֹּם דֶּרֶךְ יהוה
ל וּמְחִתָּה לְפֹעֲלֵי אָוֶן׃ צַדִּיק לְעוֹלָם בַּל־יִמּוֹט וּרְשָׁעִים לֹא
לא יִשְׁכְּנוּ־אָרֶץ׃ פִּי־צַדִּיק יָנוּב חָכְמָה וּלְשׁוֹן תַּהְפֻּכוֹת תִּכָּרֵת׃
לב א שִׂפְתֵי צַדִּיק יֵדְעוּן רָצוֹן וּפִי רְשָׁעִים תַּהְפֻּכוֹת׃ מֹאזְנֵי מִרְמָה א
ב תּוֹעֲבַת יהוה וְאֶבֶן שְׁלֵמָה רְצוֹנוֹ׃ בָּא־זָדוֹן וַיָּבֹא קָלוֹן וְאֶת־
ג צְנוּעִים חָכְמָה׃ תֻּמַּת יְשָׁרִים תַּנְחֵם וְסֶלֶף בֹּגְדִים ושדם׃
ד ה לֹא־יוֹעִיל הוֹן בְּיוֹם עֶבְרָה וּצְדָקָה תַּצִּיל מִמָּוֶת׃ צִדְקַת תָּמִים
ו תְּיַשֵּׁר דַּרְכּוֹ וּבְרִשְׁעָתוֹ יִפֹּל רָשָׁע׃ צִדְקַת יְשָׁרִים תַּצִּילֵם וּבְהַוַּת
ז בֹּגְדִים יִלָּכֵדוּ׃ בְּמוֹת אָדָם רָשָׁע תֹּאבַד תִּקְוָה וְתוֹחֶלֶת אוֹנִים
ח ט אָבָדָה׃ צַדִּיק מִצָּרָה נֶחֱלָץ וַיָּבֹא רָשָׁע תַּחְתָּיו׃ בְּפֶה חָנֵף
י יַשְׁחִת רֵעֵהוּ וּבְדַעַת צַדִּיקִים יֵחָלֵצוּ׃ בְּטוּב צַדִּיקִים תַּעֲלֹץ
יא קִרְיָה וּבַאֲבֹד רְשָׁעִים רִנָּה׃ בְּבִרְכַּת יְשָׁרִים תָּרוּם קָרֶת וּבְפִי
יב רְשָׁעִים תֵּהָרֵס׃ בָּז־לְרֵעֵהוּ חֲסַר־לֵב וְאִישׁ תְּבוּנוֹת יַחֲרִישׁ׃
יג יד הוֹלֵךְ רָכִיל מְגַלֶּה־סּוֹד וְנֶאֱמַן־רוּחַ מְכַסֶּה דָבָר׃ בְּאֵין תַּחְבֻּלוֹת
טו יִפָּל־עָם וּתְשׁוּעָה בְּרֹב יוֹעֵץ׃ רַע־יֵרוֹעַ כִּי־עָרַב זָר וְשֹׂנֵא

יְשָׁדֵּם

״לא־יועילו
אוצרות רשע
וצדקה תציל
ממות״
משלי י, ב

טז תּוֹקְעִים בּוֹטֵחַ: אֵשֶׁת־חֵן תִּתְמֹךְ כָּבוֹד וְעָרִיצִים יִתְמְכוּ־עֹשֶׁר:
יז יח גֹּמֵל נַפְשׁוֹ אִישׁ חָסֶד וְעֹכֵר שְׁאֵרוֹ אַכְזָרִי: רָשָׁע עֹשֶׂה פְעֻלַּת־
יט שָׁקֶר וְזֹרֵעַ צְדָקָה שֶׂכֶר אֱמֶת: כֵּן־צְדָקָה לְחַיִּים וּמְרַדֵּף רָעָה
כ כא לְמוֹתוֹ: תּוֹעֲבַת יְהוָה עִקְּשֵׁי־לֵב וּרְצוֹנוֹ תְּמִימֵי דָרֶךְ: יָד לְיָד
כב לֹא־יִנָּקֶה רָּע וְזֶרַע צַדִּיקִים נִמְלָט: נֶזֶם זָהָב בְּאַף חֲזִיר אִשָּׁה
כג יָפָה וְסָרַת טָעַם: תַּאֲוַת צַדִּיקִים אַךְ־טוֹב תִּקְוַת רְשָׁעִים
כד כה עֶבְרָה: יֵשׁ מְפַזֵּר וְנוֹסָף עוֹד וְחוֹשֵׂךְ מִיֹּשֶׁר אַךְ־לְמַחְסוֹר: נֶפֶשׁ־
כו בְּרָכָה תְדֻשָּׁן וּמַרְוֶה גַּם־הוּא יוֹרֶא: מֹנֵעַ בָּר יִקְּבֻהוּ לְאוֹם
כז וּבְרָכָה לְרֹאשׁ מַשְׁבִּיר: שֹׁחֵר טוֹב יְבַקֵּשׁ רָצוֹן וְדֹרֵשׁ רָעָה
כח כט תְבוֹאֶנּוּ: בּוֹטֵחַ בְּעָשְׁרוֹ הוּא יִפּוֹל וְכֶעָלֶה צַדִּיקִים יִפְרָחוּ: עוֹכֵר
ל בֵּיתוֹ יִנְחַל־רוּחַ וְעֶבֶד אֱוִיל לַחֲכַם־לֵב: פְּרִי־צַדִּיק עֵץ חַיִּים
לא וְלֹקֵחַ נְפָשׁוֹת חָכָם: הֵן צַדִּיק בָּאָרֶץ יְשֻׁלָּם אַף כִּי־רָשָׁע וְחוֹטֵא:
יב א ב אֹהֵב מוּסָר אֹהֵב דָּעַת וְשֹׂנֵא תוֹכַחַת בָּעַר: טוֹב יָפִיק רָצוֹן
ג מֵיְהוָה וְאִישׁ מְזִמּוֹת יַרְשִׁיעַ: לֹא־יִכּוֹן אָדָם בְּרֶשַׁע וְשֹׁרֶשׁ
ד צַדִּיקִים בַּל־יִמּוֹט: אֵשֶׁת־חַיִל עֲטֶרֶת בַּעְלָהּ וּכְרָקָב בְּעַצְמוֹתָיו
ה מְבִישָׁה: מַחְשְׁבוֹת צַדִּיקִים מִשְׁפָּט תַּחְבֻּלוֹת רְשָׁעִים מִרְמָה:
ו ז דִּבְרֵי רְשָׁעִים אֱרָב־דָּם וּפִי יְשָׁרִים יַצִּילֵם: הָפוֹךְ רְשָׁעִים וְאֵינָם
ח וּבֵית צַדִּיקִים יַעֲמֹד: לְפִי־שִׂכְלוֹ יְהֻלַּל־אִישׁ וְנַעֲוֵה־לֵב יִהְיֶה
ט י לָבוּז: טוֹב נִקְלֶה וְעֶבֶד לוֹ מִמִּתְכַּבֵּד וַחֲסַר־לָחֶם: יוֹדֵעַ צַדִּיק
יא נֶפֶשׁ בְּהֶמְתּוֹ וְרַחֲמֵי רְשָׁעִים אַכְזָרִי: עֹבֵד אַדְמָתוֹ יִשְׂבַּע־לָחֶם
יב וּמְרַדֵּף רֵיקִים חֲסַר־לֵב: חָמַד רָשָׁע מְצוֹד רָעִים וְשֹׁרֶשׁ
יג צַדִּיקִים יִתֵּן: בְּפֶשַׁע שְׂפָתַיִם מוֹקֵשׁ רָע וַיֵּצֵא מִצָּרָה צַדִּיק:
יד טו מִפְּרִי פִי־אִישׁ יִשְׂבַּע־טוֹב וּגְמוּל יְדֵי־אָדָם ישוב לוֹ: דֶּרֶךְ אֱוִיל
טז יָשָׁר בְּעֵינָיו וְשֹׁמֵעַ לְעֵצָה חָכָם: אֱוִיל בַּיּוֹם יִוָּדַע כַּעְסוֹ וְכֹסֶה
יז יח קָלוֹן עָרוּם: יָפִיחַ אֱמוּנָה יַגִּיד צֶדֶק וְעֵד שְׁקָרִים מִרְמָה: יֵשׁ
יט בּוֹטֶה כְּמַדְקְרוֹת חָרֶב וּלְשׁוֹן חֲכָמִים מַרְפֵּא: שְׂפַת־אֱמֶת תִּכּוֹן
כ לָעַד וְעַד־אַרְגִּיעָה לְשׁוֹן שָׁקֶר: מִרְמָה בְּלֶב־חֹרְשֵׁי רָע וּלְיֹעֲצֵי

"עֹבֵד אדמתו ישבע־לחם ומְרַדֵּף ריקים ישבע־ריש" משלי כח, יט

יָשִׁיב

כא שָׁלוֹם שִׂמְחָה: לֹא־יְאֻנֶּה לַצַּדִּיק כָּל־אָוֶן וּרְשָׁעִים מָלְאוּ רָע:
כב כג תּוֹעֲבַת יְהוָה שִׂפְתֵי־שָׁקֶר וְעֹשֵׂי אֱמוּנָה רְצוֹנוֹ: אָדָם עָרוּם
כד כֹּסֶה דָּעַת וְלֵב כְּסִילִים יִקְרָא אִוֶּלֶת: יַד־חָרוּצִים תִּמְשׁוֹל
כה וּרְמִיָּה תִּהְיֶה לָמַס: דְּאָגָה בְלֶב־אִישׁ יַשְׁחֶנָּה וְדָבָר טוֹב
כו כז יְשַׂמְּחֶנָּה: יָתֵר מֵרֵעֵהוּ צַדִּיק וְדֶרֶךְ רְשָׁעִים תַּתְעֵם: לֹא־יַחֲרֹךְ
כח רְמִיָּה צֵידוֹ וְהוֹן־אָדָם יָקָר חָרוּץ: בְּאֹרַח־צְדָקָה חַיִּים וְדֶרֶךְ
נְתִיבָה אַל־מָוֶת:
יג א ב בֵּן חָכָם מוּסַר אָב וְלֵץ לֹא־שָׁמַע גְּעָרָה: מִפְּרִי פִי־אִישׁ יֹאכַל
ג טוֹב וְנֶפֶשׁ בֹּגְדִים חָמָס: נֹצֵר פִּיו שֹׁמֵר נַפְשׁוֹ פֹּשֵׂק שְׂפָתָיו
ד מְחִתָּה־לוֹ: מִתְאַוָּה וָאַיִן נַפְשׁוֹ עָצֵל וְנֶפֶשׁ חָרֻצִים תְּדֻשָּׁן:
ה ו דְּבַר־שֶׁקֶר יִשְׂנָא צַדִּיק וְרָשָׁע יַבְאִישׁ וְיַחְפִּיר: צְדָקָה תִּצֹּר תָּם־
ז דָּרֶךְ וְרִשְׁעָה תְּסַלֵּף חַטָּאת: יֵשׁ מִתְעַשֵּׁר וְאֵין כֹּל מִתְרוֹשֵׁשׁ
ח ט וְהוֹן רָב: כֹּפֶר נֶפֶשׁ־אִישׁ עָשְׁרוֹ וְרָשׁ לֹא־שָׁמַע גְּעָרָה: אוֹר־
י צַדִּיקִים יִשְׂמָח וְנֵר רְשָׁעִים יִדְעָךְ: רַק־בְּזָדוֹן יִתֵּן מַצָּה וְאֶת־
יא יב נוֹעָצִים חָכְמָה: הוֹן מֵהֶבֶל יִמְעָט וְקֹבֵץ עַל־יָד יַרְבֶּה: תּוֹחֶלֶת
יג מְמֻשָּׁכָה מַחֲלָה־לֵב וְעֵץ חַיִּים תַּאֲוָה בָאָה: בָּז לְדָבָר יֵחָבֶל לוֹ
יד וִירֵא מִצְוָה הוּא יְשֻׁלָּם: תּוֹרַת חָכָם מְקוֹר חַיִּים לָסוּר מִמֹּקְשֵׁי
טו טז מָוֶת: שֵׂכֶל־טוֹב יִתֶּן־חֵן וְדֶרֶךְ בֹּגְדִים אֵיתָן: כָּל־עָרוּם יַעֲשֶׂה
יז בְדָעַת וּכְסִיל יִפְרֹשׂ אִוֶּלֶת: מַלְאָךְ רָשָׁע יִפֹּל בְּרָע וְצִיר אֱמוּנִים
יח יט מַרְפֵּא: רֵישׁ וְקָלוֹן פּוֹרֵעַ מוּסָר וְשׁוֹמֵר תּוֹכַחַת יְכֻבָּד: תַּאֲוָה
כ נִהְיָה תֶּעֱרַב לְנָפֶשׁ וְתוֹעֲבַת כְּסִילִים סוּר מֵרָע: הלוך אֶת־
כא חֲכָמִים וחכם וְרֹעֶה כְסִילִים יֵרוֹעַ: חַטָּאִים תְּרַדֵּף רָעָה וְאֶת־
כב צַדִּיקִים יְשַׁלֶּם־טוֹב: טוֹב יַנְחִיל בְּנֵי־בָנִים וְצָפוּן לַצַּדִּיק חֵיל
כג כד חוֹטֶא: רָב־אֹכֶל נִיר רָאשִׁים וְיֵשׁ נִסְפֶּה בְּלֹא מִשְׁפָּט: חוֹשֵׂךְ
כה שִׁבְטוֹ שׂוֹנֵא בְנוֹ וְאֹהֲבוֹ שִׁחֲרוֹ מוּסָר: צַדִּיק אֹכֵל לְשֹׂבַע נַפְשׁוֹ
יד א וּבֶטֶן רְשָׁעִים תֶּחְסָר: חַכְמוֹת נָשִׁים בָּנְתָה בֵיתָהּ וְאִוֶּלֶת בְּיָדֶיהָ
ב ג תֶהֶרְסֶנּוּ: הוֹלֵךְ בְּיָשְׁרוֹ יְרֵא יְהוָה וּנְלוֹז דְּרָכָיו בּוֹזֵהוּ: בְּפִי־אֱוִיל

״יראת ה׳ מקור חיים לסור ממקשי מות״ משלי יד, כז

הוֹלֵךְ
יֶחְכָּם

ד ד חֹטֶר גַּאֲוָה וְשִׂפְתֵי חֲכָמִים תִּשְׁמוּרֵם: בְּאֵין אֲלָפִים אֵבוּס בָּר
ה וְרָב־תְּבוּאוֹת בְּכֹחַ שׁוֹר: עֵד אֱמוּנִים לֹא יְכַזֵּב וְיָפִיחַ כְּזָבִים
ו ז עֵד שָׁקֶר: בִּקֶּשׁ־לֵץ חָכְמָה וָאָיִן וְדַעַת לְנָבוֹן נָקָל: לֵךְ מִנֶּגֶד
ח לְאִישׁ כְּסִיל וּבַל־יָדַעְתָּ שִׂפְתֵי־דָעַת: חָכְמַת עָרוּם הָבִין דַּרְכּוֹ
ט י וְאִוֶּלֶת כְּסִילִים מִרְמָה: אֱוִלִים יָלִיץ אָשָׁם וּבֵין יְשָׁרִים רָצוֹן: לֵב
יא יוֹדֵעַ מָרַּת נַפְשׁוֹ וּבְשִׂמְחָתוֹ לֹא־יִתְעָרַב זָר: בֵּית רְשָׁעִים יִשָּׁמֵד
יב וְאֹהֶל יְשָׁרִים יַפְרִיחַ: יֵשׁ דֶּרֶךְ יָשָׁר לִפְנֵי־אִישׁ וְאַחֲרִיתָהּ דַּרְכֵי־
יג יד מָוֶת: גַּם־בִּשְׂחֹק יִכְאַב־לֵב וְאַחֲרִיתָהּ שִׂמְחָה תוּגָה: מִדְּרָכָיו
טו יִשְׂבַּע סוּג לֵב וּמֵעָלָיו אִישׁ טוֹב: פֶּתִי יַאֲמִין לְכָל־דָּבָר וְעָרוּם
טז יז יָבִין לַאֲשֻׁרוֹ: חָכָם יָרֵא וְסָר מֵרָע וּכְסִיל מִתְעַבֵּר וּבוֹטֵחַ: קְצַר־
יח אַפַּיִם יַעֲשֶׂה אִוֶּלֶת וְאִישׁ מְזִמּוֹת יִשָּׂנֵא: נָחֲלוּ פְתָאיִם אִוֶּלֶת
יט וַעֲרוּמִים יַכְתִּרוּ דָעַת: שַׁחוּ רָעִים לִפְנֵי טוֹבִים וּרְשָׁעִים עַל־
כ כא שַׁעֲרֵי צַדִּיק: גַּם־לְרֵעֵהוּ יִשָּׂנֵא רָשׁ וְאֹהֲבֵי עָשִׁיר רַבִּים: בָּז־
כב לְרֵעֵהוּ חוֹטֵא וּמְחוֹנֵן עֲנָוִים אַשְׁרָיו: הֲלוֹא־יִתְעוּ חֹרְשֵׁי רָע
כג וְחֶסֶד וֶאֱמֶת חֹרְשֵׁי טוֹב: בְּכָל־עֶצֶב יִהְיֶה מוֹתָר וּדְבַר־שְׂפָתַיִם
כד אַךְ־לְמַחְסוֹר: עֲטֶרֶת חֲכָמִים עָשְׁרָם אִוֶּלֶת כְּסִילִים אִוֶּלֶת:
כה כו מַצִּיל נְפָשׁוֹת עֵד אֱמֶת וְיָפִחַ כְּזָבִים מִרְמָה: בְּיִרְאַת יְהוָה
כז מִבְטַח־עֹז וּלְבָנָיו יִהְיֶה מַחְסֶה: יִרְאַת יְהוָה מְקוֹר חַיִּים לָסוּר
כח מִמֹּקְשֵׁי מָוֶת: בְּרָב־עָם הַדְרַת־מֶלֶךְ וּבְאֶפֶס לְאֹם מְחִתַּת
כט ל רָזוֹן: אֶרֶךְ אַפַּיִם רַב־תְּבוּנָה וּקְצַר־רוּחַ מֵרִים אִוֶּלֶת: חַיֵּי
לא בְשָׂרִים לֵב מַרְפֵּא וּרְקַב עֲצָמוֹת קִנְאָה: עֹשֵׁק דָּל חֵרֵף עֹשֵׂהוּ
לב וּמְכַבְּדוֹ חֹנֵן אֶבְיוֹן: בְּרָעָתוֹ יִדָּחֶה רָשָׁע וְחֹסֶה בְמוֹתוֹ צַדִּיק:
לג לד בְּלֵב נָבוֹן תָּנוּחַ חָכְמָה וּבְקֶרֶב כְּסִילִים תִּוָּדֵעַ: צְדָקָה תְרוֹמֵם־
לה גּוֹי וְחֶסֶד לְאֻמִּים חַטָּאת: רְצוֹן־מֶלֶךְ לְעֶבֶד מַשְׂכִּיל וְעֶבְרָתוֹ
טו א תִּהְיֶה מֵבִישׁ: מַעֲנֶה־רַּךְ יָשִׁיב חֵמָה וּדְבַר־עֶצֶב יַעֲלֶה־אָף:
ב ג לְשׁוֹן חֲכָמִים תֵּיטִיב דָּעַת וּפִי כְסִילִים יַבִּיעַ אִוֶּלֶת: בְּכָל־מָקוֹם
ד עֵינֵי יְהוָה צֹפוֹת רָעִים וְטוֹבִים: מַרְפֵּא לָשׁוֹן עֵץ חַיִּים וְסֶלֶף

״יש דרך ישר לפני־איש ואחריתה דרכי־מות״ משלי טז, כה

עֲנָיִים

״תורת חכם מקור חיים לסור ממקשי מות״ משלי יג, יד

ה בָּהּ שֶׁבֶר בְּרוּחַ׃ אֱוִיל יִנְאַץ מוּסַר אָבִיו וְשֹׁמֵר תּוֹכַחַת יַעְרִם׃
ו ז בֵּית צַדִּיק חֹסֶן רָב וּבִתְבוּאַת רָשָׁע נֶעְכָּרֶת׃ שִׂפְתֵי חֲכָמִים
ח יְזָרוּ דָעַת וְלֵב כְּסִילִים לֹא־כֵן׃ זֶבַח רְשָׁעִים תּוֹעֲבַת יְהוָה
ט וּתְפִלַּת יְשָׁרִים רְצוֹנוֹ׃ תּוֹעֲבַת יְהוָה דֶּרֶךְ רָשָׁע וּמְרַדֵּף צְדָקָה
י יא יֶאֱהָב׃ מוּסָר רָע לְעֹזֵב אֹרַח שׂוֹנֵא תוֹכַחַת יָמוּת׃ שְׁאוֹל
יב וַאֲבַדּוֹן נֶגֶד יְהוָה אַף כִּי־לִבּוֹת בְּנֵי־אָדָם׃ לֹא־יֶאֱהַב לֵץ הוֹכֵחַ
יג לוֹ אֶל־חֲכָמִים לֹא יֵלֵךְ׃ לֵב שָׂמֵחַ יֵיטִב פָּנִים וּבְעַצְּבַת־לֵב רוּחַ
יד טו נְכֵאָה׃ לֵב נָבוֹן יְבַקֶּשׁ־דָּעַת וּפְנֵי כְסִילִים יִרְעֶה אִוֶּלֶת׃ כָּל־יְמֵי ופי
טז עָנִי רָעִים וְטוֹב־לֵב מִשְׁתֶּה תָמִיד׃ טוֹב־מְעַט בְּיִרְאַת יְהוָה
יז מֵאוֹצָר רָב וּמְהוּמָה בוֹ׃ טוֹב אֲרֻחַת יָרָק וְאַהֲבָה־שָׁם מִשּׁוֹר
יח אָבוּס וְשִׂנְאָה־בוֹ׃ אִישׁ חֵמָה יְגָרֶה מָדוֹן וְאֶרֶךְ אַפַּיִם יַשְׁקִיט
יט רִיב׃ דֶּרֶךְ עָצֵל כִּמְשֻׂכַת חָדֶק וְאֹרַח יְשָׁרִים סְלֻלָה׃
כ כא בֵּן חָכָם יְשַׂמַּח־אָב וּכְסִיל אָדָם בּוֹזֶה אִמּוֹ׃ אִוֶּלֶת שִׂמְחָה "בן חכם ישמח־אב ובן כסיל תוגת אמו" משלי י, א
כב לַחֲסַר־לֵב וְאִישׁ תְּבוּנָה יְיַשֶּׁר־לָכֶת׃ הָפֵר מַחֲשָׁבוֹת בְּאֵין סוֹד
כג וּבְרֹב יוֹעֲצִים תָּקוּם׃ שִׂמְחָה לָאִישׁ בְּמַעֲנֵה־פִיו וְדָבָר בְּעִתּוֹ
כד מַה־טּוֹב׃ אֹרַח חַיִּים לְמַעְלָה לְמַשְׂכִּיל לְמַעַן סוּר מִשְּׁאוֹל
כה כו מָטָּה׃ בֵּית גֵּאִים יִסַּח ׀ יְהוָה וְיַצֵּב גְּבוּל אַלְמָנָה׃ תּוֹעֲבַת יְהוָה
כז מַחְשְׁבוֹת רָע וּטְהֹרִים אִמְרֵי־נֹעַם׃ עֹכֵר בֵּיתוֹ בּוֹצֵעַ בָּצַע
כח וְשׂוֹנֵא מַתָּנֹת יִחְיֶה׃ לֵב צַדִּיק יֶהְגֶּה לַעֲנוֹת וּפִי רְשָׁעִים יַבִּיעַ
כט ל רָעוֹת׃ רָחוֹק יְהוָה מֵרְשָׁעִים וּתְפִלַּת צַדִּיקִים יִשְׁמָע׃ מְאוֹר־
לא עֵינַיִם יְשַׂמַּח־לֵב שְׁמוּעָה טוֹבָה תְּדַשֶּׁן־עָצֶם׃ אֹזֶן שֹׁמַעַת
לב תּוֹכַחַת חַיִּים בְּקֶרֶב חֲכָמִים תָּלִין׃ פּוֹרֵעַ מוּסָר מוֹאֵס נַפְשׁוֹ
לג וְשׁוֹמֵעַ תּוֹכַחַת קוֹנֶה לֵּב׃ יִרְאַת יְהוָה מוּסַר חָכְמָה וְלִפְנֵי
טז א ב כָבוֹד עֲנָוָה׃ לְאָדָם מַעַרְכֵי־לֵב וּמֵיְהוָה מַעֲנֵה לָשׁוֹן׃ כָּל־
ג דַּרְכֵי־אִישׁ זַךְ בְּעֵינָיו וְתֹכֵן רוּחוֹת יְהוָה׃ גֹּל אֶל־יְהוָה מַעֲשֶׂיךָ
ד וְיִכֹּנוּ מַחְשְׁבֹתֶיךָ׃ כֹּל פָּעַל יְהוָה לַמַּעֲנֵהוּ וְגַם־רָשָׁע לְיוֹם רָעָה׃
ה ו תּוֹעֲבַת יְהוָה כָּל־גְּבַהּ־לֵב יָד לְיָד לֹא יִנָּקֶה׃ בְּחֶסֶד וֶאֱמֶת

ז יְכֻפַּר עָוֺן וּבְיִרְאַת יְהוָה סוּר מֵרָע: בִּרְצוֹת יְהוָה דַּרְכֵי־אִישׁ
ח גַּם־אוֹיְבָיו יַשְׁלִם אִתּוֹ: טוֹב מְעַט בִּצְדָקָה מֵרֹב תְּבוּאוֹת בְּלֹא
ט י מִשְׁפָּט: לֵב אָדָם יְחַשֵּׁב דַּרְכּוֹ וַיהוָה יָכִין צַעֲדוֹ: קֶסֶם ׀ עַל־
יא שִׂפְתֵי־מֶלֶךְ בְּמִשְׁפָּט לֹא יִמְעַל־פִּיו: פֶּלֶס ׀ וּמֹאזְנֵי מִשְׁפָּט לַיהוָה
יב מַעֲשֵׂהוּ כָּל־אַבְנֵי־כִיס: תּוֹעֲבַת מְלָכִים עֲשׂוֹת רֶשַׁע כִּי בִצְדָקָה
יג יד יִכּוֹן כִּסֵּא: רְצוֹן מְלָכִים שִׂפְתֵי־צֶדֶק וְדֹבֵר יְשָׁרִים יֶאֱהָב: חֲמַת־
טו מֶלֶךְ מַלְאֲכֵי־מָוֶת וְאִישׁ חָכָם יְכַפְּרֶנָּה: בְּאוֹר־פְּנֵי־מֶלֶךְ חַיִּים
טז וּרְצוֹנוֹ כְּעָב מַלְקוֹשׁ: קְנֹה־חָכְמָה מַה־טּוֹב מֵחָרוּץ וּקְנוֹת בִּינָה
יז נִבְחָר מִכָּסֶף: מְסִלַּת יְשָׁרִים סוּר מֵרָע שֹׁמֵר נַפְשׁוֹ נֹצֵר דַּרְכּוֹ:
יח יט לִפְנֵי־שֶׁבֶר גָּאוֹן וְלִפְנֵי כִשָּׁלוֹן גֹּבַהּ רוּחַ: טוֹב שְׁפַל־רוּחַ אֶת־
כ עניים מֵחַלֵּק שָׁלָל אֶת־גֵּאִים: מַשְׂכִּיל עַל־דָּבָר יִמְצָא־טוֹב (עֲנָוִים)
כא וּבוֹטֵחַ בַּיהוָה אַשְׁרָיו: לַחֲכַם־לֵב יִקָּרֵא נָבוֹן וּמֶתֶק שְׂפָתַיִם
כב כג יֹסִיף לֶקַח: מְקוֹר חַיִּים שֵׂכֶל בְּעָלָיו וּמוּסַר אֱוִלִים אִוֶּלֶת: לֵב
כד חָכָם יַשְׂכִּיל פִּיהוּ וְעַל־שְׂפָתָיו יֹסִיף לֶקַח: צוּף־דְּבַשׁ אִמְרֵי־
כה נֹעַם מָתוֹק לַנֶּפֶשׁ וּמַרְפֵּא לָעָצֶם: יֵשׁ דֶּרֶךְ יָשָׁר לִפְנֵי־אִישׁ
כו וְאַחֲרִיתָהּ דַּרְכֵי־מָוֶת: נֶפֶשׁ עָמֵל עָמְלָה לּוֹ כִּי־אָכַף עָלָיו פִּיהוּ:
כז כח אִישׁ בְּלִיַּעַל כֹּרֶה רָעָה וְעַל־שפתיו כְּאֵשׁ צָרָבֶת: אִישׁ תַּהְפֻּכוֹת (שְׂפָתוֹ)
כט יְשַׁלַּח מָדוֹן וְנִרְגָּן מַפְרִיד אַלּוּף: אִישׁ חָמָס יְפַתֶּה רֵעֵהוּ וְהוֹלִיכוֹ
ל בְּדֶרֶךְ לֹא־טוֹב: עֹצֶה עֵינָיו לַחְשֹׁב תַּהְפֻּכוֹת קֹרֵץ שְׂפָתָיו כִּלָּה
לא לב רָעָה: עֲטֶרֶת תִּפְאֶרֶת שֵׂיבָה בְּדֶרֶךְ צְדָקָה תִּמָּצֵא: טוֹב אֶרֶךְ
לג אַפַּיִם מִגִּבּוֹר וּמֹשֵׁל בְּרוּחוֹ מִלֹּכֵד עִיר: בַּחֵיק יוּטַל אֶת־הַגּוֹרָל
יז א וּמֵיְהוָה כָּל־מִשְׁפָּטוֹ: טוֹב פַּת חֲרֵבָה וְשַׁלְוָה־בָהּ מִבַּיִת מָלֵא
ב זִבְחֵי־רִיב: עֶבֶד־מַשְׂכִּיל יִמְשֹׁל בְּבֵן מֵבִישׁ וּבְתוֹךְ אַחִים יַחֲלֹק
ג ד נַחֲלָה: מַצְרֵף לַכֶּסֶף וְכוּר לַזָּהָב וּבֹחֵן לִבּוֹת יְהוָה: מֵרַע מַקְשִׁיב
ה עַל־שְׂפַת־אָוֶן שֶׁקֶר מֵזִין עַל־לְשׁוֹן הַוֺּת: לֹעֵג לָרָשׁ חֵרֵף עֹשֵׂהוּ
ו שָׂמֵחַ לְאֵיד לֹא יִנָּקֶה: עֲטֶרֶת זְקֵנִים בְּנֵי בָנִים וְתִפְאֶרֶת בָּנִים
ז אֲבוֹתָם: לֹא־נָאוָה לְנָבָל שְׂפַת־יֶתֶר אַף כִּי־לְנָדִיב שְׂפַת־שָׁקֶר:

"יש דרך ישר לפני־איש ואחריתה דרכי־מות" משלי טז, כה

"מַצְרֵף לַכֶּסֶף וכור לזהב ואיש לפי מַהֲלָלוֹ" משלי כז, כא

ח אֶבֶן־חֵן הַשֹּׁחַד בְּעֵינֵי בְעָלָיו אֶל־כׇּל־אֲשֶׁר יִפְנֶה יַשְׂכִּיל׃
ט י מְכַסֶּה־פֶּשַׁע מְבַקֵּשׁ אַהֲבָה וְשֹׁנֶה בְדָבָר מַפְרִיד אַלּוּף׃ תֵּחַת
יא גְּעָרָה בְמֵבִין מֵהַכּוֹת כְּסִיל מֵאָה׃ אַךְ־מְרִי יְבַקֶּשׁ־רָע וּמַלְאָךְ
יב אַכְזָרִי יְשֻׁלַּח־בּוֹ׃ פָּגוֹשׁ דֹּב שַׁכּוּל בְּאִישׁ וְאַל־כְּסִיל בְּאִוַּלְתּוֹ׃
יג יד מֵשִׁיב רָעָה תַּחַת טוֹבָה לֹא־תָמִישׁ רָעָה מִבֵּיתוֹ׃ פּוֹטֵר מַיִם תָמוּשׁ
טו רֵאשִׁית מָדוֹן וְלִפְנֵי הִתְגַּלַּע הָרִיב נְטוֹשׁ׃ מַצְדִּיק רָשָׁע וּמַרְשִׁיעַ
טז צַדִּיק תּוֹעֲבַת יְהוָה גַּם־שְׁנֵיהֶם׃ לָמָּה־זֶּה מְחִיר בְּיַד־כְּסִיל
יז לִקְנוֹת חׇכְמָה וְלֶב־אָיִן׃ בְּכׇל־עֵת אֹהֵב הָרֵעַ וְאָח לְצָרָה יִוָּלֵד׃
יח יט אָדָם חֲסַר־לֵב תּוֹקֵעַ כָּף עֹרֵב עֲרֻבָּה לִפְנֵי רֵעֵהוּ׃ אֹהֵב פֶּשַׁע
כ אֹהֵב מַצָּה מַגְבִּיהַּ פִּתְחוֹ מְבַקֶּשׁ־שָׁבֶר׃ עִקֶּשׁ־לֵב לֹא יִמְצָא־
כא טוֹב וְנֶהְפָּךְ בִּלְשׁוֹנוֹ יִפּוֹל בְּרָעָה׃ יֹלֵד כְּסִיל לְתוּגָה לוֹ וְלֹא־
כב יִשְׂמַח אֲבִי נָבָל׃ לֵב שָׂמֵחַ יֵיטִב גֵּהָה וְרוּחַ נְכֵאָה תְּיַבֶּשׁ־גָּרֶם׃
כג שֹׁחַד מֵחֵק רָשָׁע יִקָּח לְהַטּוֹת אׇרְחוֹת מִשְׁפָּט׃
כד כה אֶת־פְּנֵי מֵבִין חׇכְמָה וְעֵינֵי כְסִיל בִּקְצֵה־אָרֶץ׃ כַּעַס לְאָבִיו בֵּן
כו כְּסִיל וּמֶמֶר לְיוֹלַדְתּוֹ׃ גַּם עֲנוֹשׁ לַצַּדִּיק לֹא־טוֹב לְהַכּוֹת נְדִיבִים
כז כח עַל־יֹשֶׁר׃ חוֹשֵׂךְ אֲמָרָיו יוֹדֵעַ דָּעַת וקר־רוּחַ אִישׁ תְּבוּנָה׃ גַּם יְקַר־
יח א אֱוִיל מַחֲרִישׁ חָכָם יֵחָשֵׁב אֹטֵם שְׂפָתָיו נָבוֹן׃ לְתַאֲוָה יְבַקֵּשׁ
ב נִפְרָד בְּכׇל־תּוּשִׁיָּה יִתְגַּלָּע׃ לֹא־יַחְפֹּץ כְּסִיל בִּתְבוּנָה כִּי אִם־
ג ד בְּהִתְגַּלּוֹת לִבּוֹ׃ בְּבוֹא־רָשָׁע בָּא גַם־בּוּז וְעִם־קָלוֹן חֶרְפָּה׃ מַיִם
ה עֲמֻקִּים דִּבְרֵי פִי־אִישׁ נַחַל נֹבֵעַ מְקוֹר חׇכְמָה׃ שְׂאֵת פְּנֵי־רָשָׁע
ו לֹא־טוֹב לְהַטּוֹת צַדִּיק בַּמִּשְׁפָּט׃ שִׂפְתֵי כְסִיל יָבֹאוּ בְרִיב וּפִיו
ז לְמַהֲלֻמוֹת יִקְרָא׃ פִּי־כְסִיל מְחִתָּה־לוֹ וּשְׂפָתָיו מוֹקֵשׁ נַפְשׁוֹ׃
ח ט דִּבְרֵי נִרְגָּן כְּמִתְלַהֲמִים וְהֵם יָרְדוּ חַדְרֵי־בָטֶן׃ גַּם מִתְרַפֶּה

"דברי נרגן כמתלהמים והם ירדו חדרי־בָטֶן" משלי כו, כב

י בִּמְלַאכְתּוֹ אָח הוּא לְבַעַל מַשְׁחִית׃ מִגְדַּל־עֹז שֵׁם יְהוָה בּוֹ־ ה
יא יָרוּץ צַדִּיק וְנִשְׂגָּב׃ הוֹן עָשִׁיר קִרְיַת עֻזּוֹ וּכְחוֹמָה נִשְׂגָּבָה
יב יג בְּמַשְׂכִּיתוֹ׃ לִפְנֵי־שֶׁבֶר יִגְבַּהּ לֵב־אִישׁ וְלִפְנֵי כָבוֹד עֲנָוָה׃ מֵשִׁיב
יד דָּבָר בְּטֶרֶם יִשְׁמָע אִוֶּלֶת הִיא־לוֹ וּכְלִמָּה׃ רוּחַ־אִישׁ יְכַלְכֵּל

טו מַחֲלֵהוּ וְרוּחַ נְכֵאָה מִי יִשָּׂאֶנָּה: לֵב נָבוֹן יִקְנֶה־דָּעַת וְאֹזֶן
טז חֲכָמִים תְּבַקֶּשׁ־דָּעַת: מַתָּן אָדָם יַרְחִיב לוֹ וְלִפְנֵי גְדֹלִים יַנְחֶנּוּ:
יז יח צַדִּיק הָרִאשׁוֹן בְּרִיבוֹ יבא־רֵעֵהוּ וַחֲקָרוֹ: מִדְיָנִים יַשְׁבִּית הַגּוֹרָל וּבָא־
יט וּבֵין עֲצוּמִים יַפְרִיד: אָח נִפְשָׁע מִקִּרְיַת־עֹז ומדונים כִּבְרִיחַ וּמִדְיָנִים
כ אַרְמוֹן: מִפְּרִי פִי־אִישׁ תִּשְׂבַּע בִּטְנוֹ תְּבוּאַת שְׂפָתָיו יִשְׂבָּע:
כא כב מָוֶת וְחַיִּים בְּיַד־לָשׁוֹן וְאֹהֲבֶיהָ יֹאכַל פִּרְיָהּ: מָצָא אִשָּׁה מָצָא
כג טוֹב וַיָּפֶק רָצוֹן מֵיהוה: תַּחֲנוּנִים יְדַבֶּר־רָשׁ וְעָשִׁיר יַעֲנֶה עַזּוֹת:

"כי מֹצאי מצא חיים ויפק רצון מה׳" משלי ח, לה

כד יט א אִישׁ רֵעִים לְהִתְרֹעֵעַ וְיֵשׁ אֹהֵב דָּבֵק מֵאָח: טוֹב־רָשׁ הוֹלֵךְ
ב בְּתֻמּוֹ מֵעִקֵּשׁ שְׂפָתָיו וְהוּא כְסִיל: גַּם בְּלֹא־דַעַת נֶפֶשׁ לֹא־
ג טוֹב וְאָץ בְּרַגְלַיִם חוֹטֵא: אִוֶּלֶת אָדָם תְּסַלֵּף דַּרְכּוֹ וְעַל־יהוה

"טוב־רש הולך בתמו מעקש דרכים והוא עשיר" משלי כח, ו

ד ה יִזְעַף לִבּוֹ: הוֹן יֹסִיף רֵעִים רַבִּים וְדָל מֵרֵעֵהוּ יִפָּרֵד: עֵד שְׁקָרִים
ו לֹא יִנָּקֶה וְיָפִיחַ כְּזָבִים לֹא יִמָּלֵט: רַבִּים יְחַלּוּ פְנֵי־נָדִיב וְכָל־
ז הָרֵעַ לְאִישׁ מַתָּן: כָּל אֲחֵי־רָשׁ ׀ שְׂנֵאֻהוּ אַף כִּי מְרֵעֵהוּ
ח רָחֲקוּ מִמֶּנּוּ מְרַדֵּף אֲמָרִים לא־הֵמָּה: קֹנֶה־לֵּב אֹהֵב נַפְשׁוֹ לוֹ־
ט שֹׁמֵר תְּבוּנָה לִמְצֹא־טוֹב: עֵד שְׁקָרִים לֹא יִנָּקֶה וְיָפִיחַ
כְּזָבִים יֹאבֵד:
י יא לֹא־נָאוֶה לִכְסִיל תַּעֲנוּג אַף כִּי־לְעֶבֶד ׀ מְשֹׁל בְּשָׂרִים: שֵׂכֶל
יב אָדָם הֶאֱרִיךְ אַפּוֹ וְתִפְאַרְתּוֹ עֲבֹר עַל־פָּשַׁע: נַהַם כַּכְּפִיר זַעַף
יג מֶלֶךְ וּכְטַל עַל־עֵשֶׂב רְצוֹנוֹ: הַוֺּת לְאָבִיו בֵּן כְּסִיל וְדֶלֶף טֹרֵד
יד טו מִדְיְנֵי אִשָּׁה: בַּיִת וָהוֹן נַחֲלַת אָבוֹת וּמֵיהוה אִשָּׁה מַשְׂכָּלֶת:
טז עַצְלָה תַּפִּיל תַּרְדֵּמָה וְנֶפֶשׁ רְמִיָּה תִרְעָב: שֹׁמֵר מִצְוָה שֹׁמֵר
יז נַפְשׁוֹ בּוֹזֵה דְרָכָיו יומת: מַלְוֵה יהוה חוֹנֵן דָּל וּגְמֻלוֹ יְשַׁלֶּם־לוֹ: יָמוּת
יח יט יַסֵּר בִּנְךָ כִּי־יֵשׁ תִּקְוָה וְאֶל־הֲמִיתוֹ אַל־תִּשָּׂא נַפְשֶׁךָ: גרל־חֵמָה גְּדָל־
כ נֹשֵׂא עֹנֶשׁ כִּי אִם־תַּצִּיל וְעוֹד תּוֹסִף: שְׁמַע עֵצָה וְקַבֵּל מוּסָר
כא לְמַעַן תֶּחְכַּם בְּאַחֲרִיתֶךָ: רַבּוֹת מַחֲשָׁבוֹת בְּלֶב־אִישׁ וַעֲצַת
כב כג יהוה הִיא תָקוּם: תַּאֲוַת אָדָם חַסְדּוֹ וְטוֹב־רָשׁ מֵאִישׁ כָּזָב:
כד יִרְאַת יהוה לְחַיִּים וְשָׂבֵעַ יָלִין בַּל־יִפָּקֶד רָע: טָמַן עָצֵל יָדוֹ

"טמן עצל ידו בצלחת נלאה להשיבה אל־פיו" משלי כו, טו

כה בְּצַלָּחַת גַּם־אֶל־פִּיהוּ לֹא יְשִׁיבֶנָּה: לֵץ תַּכֶּה וּפֶתִי יַעְרִם וְהוֹכִיחַ
כו לְנָבוֹן יָבִין דָּעַת: מְשַׁדֶּד־אָב יַבְרִיחַ אֵם בֵּן מֵבִישׁ וּמַחְפִּיר:
כז כח חֲדַל־בְּנִי לִשְׁמֹעַ מוּסָר לִשְׁגוֹת מֵאִמְרֵי־דָעַת: עֵד בְּלִיַּעַל יָלִיץ
כט מִשְׁפָּט וּפִי רְשָׁעִים יְבַלַּע־אָוֶן: נָכוֹנוּ לַלֵּצִים שְׁפָטִים וּמַהֲלֻמוֹת
כ א ב לְגֵו כְּסִילִים: לֵץ הַיַּיִן הֹמֶה שֵׁכָר וְכָל־שֹׁגֶה בּוֹ לֹא יֶחְכָּם: נַהַם
ג כַּכְּפִיר אֵימַת מֶלֶךְ מִתְעַבְּרוֹ חוֹטֵא נַפְשׁוֹ: כָּבוֹד לָאִישׁ שֶׁבֶת
ד מֵרִיב וְכָל־אֱוִיל יִתְגַּלָּע: מֵחֹרֶף עָצֵל לֹא־יַחֲרֹשׁ ישאל בַקָּצִיר וְשָׁאַל
ה ו וָאָיִן: מַיִם עֲמֻקִּים עֵצָה בְלֶב־אִישׁ וְאִישׁ תְּבוּנָה יִדְלֶנָּה: רָב־
ז אָדָם יִקְרָא אִישׁ חַסְדּוֹ וְאִישׁ אֱמוּנִים מִי יִמְצָא: מִתְהַלֵּךְ בְּתֻמּוֹ
ח צַדִּיק אַשְׁרֵי בָנָיו אַחֲרָיו: מֶלֶךְ יוֹשֵׁב עַל־כִּסֵּא־דִין מְזָרֶה בְעֵינָיו
ט י כָּל־רָע: מִי־יֹאמַר זִכִּיתִי לִבִּי טָהַרְתִּי מֵחַטָּאתִי: אֶבֶן וָאֶבֶן
יא אֵיפָה וְאֵיפָה תּוֹעֲבַת יהוה גַּם־שְׁנֵיהֶם: גַּם בְּמַעֲלָלָיו יִתְנַכֶּר־
יב נָעַר אִם־זַךְ וְאִם־יָשָׁר פָּעֳלוֹ: אֹזֶן שֹׁמַעַת וְעַיִן רֹאָה יהוה עָשָׂה
יג גַם־שְׁנֵיהֶם: אַל־תֶּאֱהַב שֵׁנָה פֶּן־תִּוָּרֵשׁ פְּקַח עֵינֶיךָ שְׂבַע־לָחֶם:

איסור מרמה במידות ובמשקלות
ויקרא יט, לה–לו
דברים כה, יג–טז
יחזקאל מה, ט–יב
משלי כ, כג

יד טו רַע רַע יֹאמַר הַקּוֹנֶה וְאֹזֵל לוֹ אָז יִתְהַלָּל: יֵשׁ זָהָב וְרָב־פְּנִינִים
טז וּכְלִי יְקָר שִׂפְתֵי־דָעַת: לְקַח־בִּגְדוֹ כִּי־עָרַב זָר וּבְעַד נכרים נָכְרִיָּה
יז חַבְלֵהוּ: עָרֵב לָאִישׁ לֶחֶם שָׁקֶר וְאַחַר יִמָּלֵא־פִיהוּ חָצָץ:
יח יט מַחֲשָׁבוֹת בְּעֵצָה תִכּוֹן וּבְתַחְבֻּלוֹת עֲשֵׂה מִלְחָמָה: גּוֹלֶה־סּוֹד

"לְקַח־בִּגְדוֹ כִּי־עָרַב זָר וּבְעַד נָכְרִיָּה חַבְלֵהוּ"
משלי כז, יג

כ הוֹלֵךְ רָכִיל וּלְפֹתֶה שְׂפָתָיו לֹא תִתְעָרָב: מְקַלֵּל אָבִיו וְאִמּוֹ
כא יִדְעַךְ נֵרוֹ באישון חֹשֶׁךְ: נַחֲלָה מבחלת בָּרִאשֹׁנָה וְאַחֲרִיתָהּ בֶּאֱשׁוּן | מְבֹהֶלֶת
כב לֹא תְבֹרָךְ: אַל־תֹּאמַר אֲשַׁלְּמָה־רָע קַוֵּה לַיהוה וְיֹשַׁע לָךְ:
כג כד תּוֹעֲבַת יהוה אֶבֶן וָאָבֶן וּמֹאזְנֵי מִרְמָה לֹא־טוֹב: מֵיהוה
כה מִצְעֲדֵי־גָבֶר וְאָדָם מַה־יָּבִין דַּרְכּוֹ: מוֹקֵשׁ אָדָם יָלַע קֹדֶשׁ
כו וְאַחַר נְדָרִים לְבַקֵּר: מְזָרֶה רְשָׁעִים מֶלֶךְ חָכָם וַיָּשֶׁב עֲלֵיהֶם
כז כח אוֹפָן: נֵר יהוה נִשְׁמַת אָדָם חֹפֵשׂ כָּל־חַדְרֵי־בָטֶן: חֶסֶד וֶאֱמֶת

איסור מרמה במידות ובמשקלות
ויקרא יט, לה–לו
דברים כה, יג–טז
יחזקאל מה, ט–יב
משלי כ, י

כט יִצְּרוּ־מֶלֶךְ וְסָעַד בַּחֶסֶד כִּסְאוֹ: תִּפְאֶרֶת בַּחוּרִים כֹּחָם וַהֲדַר
ל זְקֵנִים שֵׂיבָה: חַבֻּרוֹת פֶּצַע תמריק בְּרָע וּמַכּוֹת חַדְרֵי־בָטֶן: תַּמְרוּק

# כא

א ב פַּלְגֵי־מַיִם לֶב־מֶלֶךְ בְּיַד־יְהוָה עַל־כָּל־אֲשֶׁר יַחְפֹּץ יַטֶּנּוּ׃ כָּל־
ג דֶּרֶךְ־אִישׁ יָשָׁר בְּעֵינָיו וְתֹכֵן לִבּוֹת יְהוָה׃ עֲשֹׂה צְדָקָה וּמִשְׁפָּט
ד נִבְחָר לַיהוָה מִזָּבַח׃ רוּם־עֵינַיִם וּרְחַב־לֵב נִר רְשָׁעִים חַטָּאת׃
ה ו מַחְשְׁבוֹת חָרוּץ אַךְ־לְמוֹתָר וְכָל־אָץ אַךְ־לְמַחְסוֹר׃ פֹּעַל
ז אֹצָרוֹת בִּלְשׁוֹן שָׁקֶר הֶבֶל נִדָּף מְבַקְשֵׁי־מָוֶת׃ שֹׁד־רְשָׁעִים
ח יְגוֹרֵם כִּי מֵאֲנוּ לַעֲשׂוֹת מִשְׁפָּט׃ הֲפַכְפַּךְ דֶּרֶךְ אִישׁ וָזָר וְזַךְ יָשָׁר
ט פָּעֳלוֹ׃ טוֹב לָשֶׁבֶת עַל־פִּנַּת־גָּג מֵאֵשֶׁת מדונים וּבֵית חָבֶר׃ מִדְיָנִים
י יא נֶפֶשׁ רָשָׁע אִוְּתָה־רָע לֹא־יֻחַן בְּעֵינָיו רֵעֵהוּ׃ בַּעְנָשׁ־לֵץ יֶחְכַּם־
יב פֶּתִי וּבְהַשְׂכִּיל לְחָכָם יִקַּח־דָּעַת׃ מַשְׂכִּיל צַדִּיק לְבֵית רָשָׁע
יג מְסַלֵּף רְשָׁעִים לָרָע׃ אֹטֵם אָזְנוֹ מִזַּעֲקַת־דָּל גַּם־הוּא יִקְרָא
יד וְלֹא יֵעָנֶה׃ מַתָּן בַּסֵּתֶר יִכְפֶּה־אָף וְשֹׁחַד בַּחֵק חֵמָה עַזָּה׃
טו טז שִׂמְחָה לַצַּדִּיק עֲשׂוֹת מִשְׁפָּט וּמְחִתָּה לְפֹעֲלֵי אָוֶן׃ אָדָם תּוֹעֶה
יז מִדֶּרֶךְ הַשְׂכֵּל בִּקְהַל רְפָאִים יָנוּחַ׃ אִישׁ מַחְסוֹר אֹהֵב שִׂמְחָה
יח אֹהֵב יַיִן־וָשֶׁמֶן לֹא יַעֲשִׁיר׃ כֹּפֶר לַצַּדִּיק רָשָׁע וְתַחַת יְשָׁרִים
יט כ בּוֹגֵד׃ טוֹב שֶׁבֶת בְּאֶרֶץ־מִדְבָּר מֵאֵשֶׁת מדונים וָכָעַס׃ אוֹצָר ׀ מִדְיָנִים
כא נֶחְמָד וָשֶׁמֶן בִּנְוֵה חָכָם וּכְסִיל אָדָם יְבַלְּעֶנּוּ׃ רֹדֵף צְדָקָה וָחָסֶד
כב יִמְצָא חַיִּים צְדָקָה וְכָבוֹד׃ עִיר גִּבֹּרִים עָלָה חָכָם וַיֹּרֶד עֹז
כג כד מִבְטֶחָה׃ שֹׁמֵר פִּיו וּלְשׁוֹנוֹ שֹׁמֵר מִצָּרוֹת נַפְשׁוֹ׃ זֵד יָהִיר לֵץ
כה שְׁמוֹ עוֹשֶׂה בְּעֶבְרַת זָדוֹן׃ תַּאֲוַת עָצֵל תְּמִיתֶנּוּ כִּי־מֵאֲנוּ יָדָיו
כו כז לַעֲשׂוֹת׃ כָּל־הַיּוֹם הִתְאַוָּה תַאֲוָה וְצַדִּיק יִתֵּן וְלֹא יַחְשֹׂךְ׃ זֶבַח
כח רְשָׁעִים תּוֹעֵבָה אַף כִּי־בְזִמָּה יְבִיאֶנּוּ׃ עֵד־כְּזָבִים יֹאבֵד וְאִישׁ
כט שׁוֹמֵעַ לָנֶצַח יְדַבֵּר׃ הֵעֵז אִישׁ רָשָׁע בְּפָנָיו וְיָשָׁר הוּא ׀ יכין יָבִין
ל לא דרכיו׃ אֵין חָכְמָה וְאֵין תְּבוּנָה וְאֵין עֵצָה לְנֶגֶד יְהוָה׃ סוּס מוּכָן דַּרְכּוֹ
כב א לְיוֹם מִלְחָמָה וְלַיהוָה הַתְּשׁוּעָה׃ נִבְחָר שֵׁם מֵעֹשֶׁר רָב מִכֶּסֶף
ב ג וּמִזָּהָב חֵן טוֹב׃ עָשִׁיר וָרָשׁ נִפְגָּשׁוּ עֹשֵׂה כֻלָּם יְהוָה׃ עָרוּם ׀
ד רָאָה רָעָה ונסתר וּפְתָיִים עָבְרוּ וְנֶעֱנָשׁוּ׃ עֵקֶב עֲנָוָה יִרְאַת וְנִסְתָּר
ה יְהוָה עֹשֶׁר וְכָבוֹד וְחַיִּים׃ צִנִּים פַּחִים בְּדֶרֶךְ עִקֵּשׁ שׁוֹמֵר נַפְשׁוֹ

"טוב שבת בארץ־מדבר מאשת מדינים וכעס" משלי כא, יט

"טוב לשבת על־פינת־גג מאשת מדינים ובית חבר" משלי כא, ט; כה, כד

"ערום ראה רעה נסתר, פתאים עברו נענשו" משלי כז, יב

ו יִרְחַק מֵהֶם׃ חֲנֹךְ לַנַּעַר עַל־פִּי דַרְכּוֹ גַּם כִּי־יַזְקִין לֹא־יָסוּר
ז ח מִמֶּנָּה׃ עָשִׁיר בְּרָשִׁים יִמְשׁוֹל וְעֶבֶד לֹוֶה לְאִישׁ מַלְוֶה׃ זוֹרֵעַ
ט עַוְלָה יקצור־אָוֶן וְשֵׁבֶט עֶבְרָתוֹ יִכְלֶה׃ טוֹב־עַיִן הוּא יְבֹרָךְ יִקְצָר־
י כִּי־נָתַן מִלַּחְמוֹ לַדָּל׃ גָּרֵשׁ לֵץ וְיֵצֵא מָדוֹן וְיִשְׁבֹּת דִּין וְקָלוֹן׃
יא יב אֹהֵב טהור־לֵב חֵן שְׂפָתָיו רֵעֵהוּ מֶלֶךְ׃ עֵינֵי יְהוָה נָצְרוּ דָעַת טְהָר־
יג וַיְסַלֵּף דִּבְרֵי בֹגֵד׃ אָמַר עָצֵל אֲרִי בַחוּץ בְּתוֹךְ רְחֹבוֹת אֵרָצֵחַ׃
יד טו שׁוּחָה עֲמֻקָּה פִּי זָרוֹת זְעוּם יְהוָה יפול־שָׁם׃ אִוֶּלֶת קְשׁוּרָה יִפָּל־
טז בְלֶב־נָעַר שֵׁבֶט מוּסָר יַרְחִיקֶנָּה מִמֶּנּוּ׃ עֹשֵׁק דָּל לְהַרְבּוֹת לוֹ
יז נֹתֵן לְעָשִׁיר אַךְ־לְמַחְסוֹר׃ הַט אָזְנְךָ וּשְׁמַע דִּבְרֵי חֲכָמִים וְלִבְּךָ
יח תָּשִׁית לְדַעְתִּי׃ כִּי־נָעִים כִּי־תִשְׁמְרֵם בְּבִטְנֶךָ יִכֹּנוּ יַחְדָּו עַל־
יט שְׂפָתֶיךָ׃ לִהְיוֹת בַּיהוָה מִבְטַחֶךָ הוֹדַעְתִּיךָ הַיּוֹם אַף־אָתָּה׃
כ כא הֲלֹא כָתַבְתִּי לְךָ שלשום בְּמֹעֵצֹת וָדָעַת׃ לְהוֹדִיעֲךָ קֹשְׁטְ ו שָׁלִישִׁים
כב אִמְרֵי אֱמֶת לְהָשִׁיב אֲמָרִים אֱמֶת לְשֹׁלְחֶיךָ׃ אַל־
כג תִּגְזָל־דָּל כִּי דַל־הוּא וְאַל־תְּדַכֵּא עָנִי בַשָּׁעַר׃ כִּי־יְהוָה יָרִיב
כד רִיבָם וְקָבַע אֶת־קֹבְעֵיהֶם נָפֶשׁ׃ אַל־תִּתְרַע אֶת־בַּעַל אָף
כה וְאֶת־אִישׁ חֵמוֹת לֹא תָבוֹא׃ פֶּן־תֶּאֱלַף אֹרְחֹתָו וְלָקַחְתָּ מוֹקֵשׁ
כו כז לְנַפְשֶׁךָ׃ אַל־תְּהִי בְתֹקְעֵי־כָף בַּעֹרְבִים מַשָּׁאוֹת׃ אִם־אֵין־לְךָ
כח לְשַׁלֵּם לָמָּה יִקַּח מִשְׁכָּבְךָ מִתַּחְתֶּיךָ׃ אַל־תַּסֵּג גְּבוּל עוֹלָם
כט אֲשֶׁר עָשׂוּ אֲבוֹתֶיךָ׃ חָזִיתָ אִישׁ ׀ מָהִיר בִּמְלַאכְתּוֹ לִפְנֵי־מְלָכִים
כג א יִתְיַצָּב בַּל־יִתְיַצֵּב לִפְנֵי חֲשֻׁכִּים׃ כִּי־תֵשֵׁב לִלְחוֹם אֶת־מוֹשֵׁל
ב בִּין תָּבִין אֶת־אֲשֶׁר לְפָנֶיךָ׃ וְשַׂמְתָּ שַׂכִּין בְּלֹעֶךָ אִם־בַּעַל נֶפֶשׁ
ג ד אָתָּה׃ אַל־תִּתְאָו לְמַטְעַמּוֹתָיו וְהוּא לֶחֶם כְּזָבִים׃ אַל־תִּיגַע
ה לְהַעֲשִׁיר מִבִּינָתְךָ חֲדָל׃ התעוף עֵינֶיךָ בּוֹ וְאֵינֶנּוּ כִּי עָשֹׂה הֲתָעִיף
ו יַעֲשֶׂה־לּוֹ כְנָפַיִם כְּנֶשֶׁר ועוף הַשָּׁמָיִם׃ אַל־תִּלְחַם אֶת־לֶחֶם יָעוּף
ז רַע עָיִן וְאַל־תִּתְאָו לְמַטְעַמֹּתָיו׃ כִּי ׀ כְּמוֹ־שָׁעַר בְּנַפְשׁוֹ כֶּן־הוּא
ח אֱכוֹל וּשְׁתֵה יֹאמַר לָךְ וְלִבּוֹ בַּל־עִמָּךְ׃ פִּתְּךָ־אָכַלְתָּ תְקִיאֶנָּה
ט וְשִׁחַתָּ דְּבָרֶיךָ הַנְּעִימִים׃ בְּאָזְנֵי כְסִיל אַל־תְּדַבֵּר כִּי־יָבוּז לְשֵׂכֶל

י יא מִלֶּיךָ: אַל־תַּסֵּג גְּבוּל עוֹלָם וּבִשְׂדֵי יְתוֹמִים אַל־תָּבֹא: כִּי־
יב גֹּאֲלָם חָזָק הוּא־יָרִיב אֶת־רִיבָם אִתָּךְ: הָבִיאָה לַמּוּסָר לִבֶּךָ
יג וְאָזְנֶךָ לְאִמְרֵי־דָעַת: אַל־תִּמְנַע מִנַּעַר מוּסָר כִּי־תַכֶּנּוּ בַשֵּׁבֶט
יד טו לֹא יָמוּת: אַתָּה בַּשֵּׁבֶט תַּכֶּנּוּ וְנַפְשׁוֹ מִשְּׁאוֹל תַּצִּיל: בְּנִי אִם־
טז חָכַם לִבֶּךָ יִשְׂמַח לִבִּי גַם־אָנִי: וְתַעְלֹזְנָה כִלְיוֹתָי בְּדַבֵּר שְׂפָתֶיךָ
יז מֵישָׁרִים: אַל־יְקַנֵּא לִבְּךָ בַּחַטָּאִים כִּי אִם־בְּיִרְאַת־יְהוָה כָּל־
יח יט הַיּוֹם: כִּי אִם־יֵשׁ אַחֲרִית וְתִקְוָתְךָ לֹא תִכָּרֵת: שְׁמַע־אַתָּה בְנִי
כ וַחֲכָם וְאַשֵּׁר בַּדֶּרֶךְ לִבֶּךָ: אַל־תְּהִי בְסֹבְאֵי־יָיִן בְּזֹלְלֵי בָשָׂר לָמוֹ:
כא כב כִּי־סֹבֵא וְזוֹלֵל יִוָּרֵשׁ וּקְרָעִים תַּלְבִּישׁ נוּמָה: שְׁמַע לְאָבִיךָ זֶה
כג יְלָדֶךָ וְאַל־תָּבוּז כִּי־זָקְנָה אִמֶּךָ: אֱמֶת קְנֵה וְאַל־תִּמְכֹּר חָכְמָה
כד כה וּמוּסָר וּבִינָה: גול יגול אֲבִי צַדִּיק יולד חָכָם וישמח בּוֹ: יִשְׂמַח־ גִּיל יָגִיל
כו אָבִיךָ וְאִמֶּךָ וְתָגֵל יוֹלַדְתֶּךָ: תְּנָה־בְנִי לִבְּךָ לִי וְעֵינֶיךָ דְּרָכַי וְיוֹלֵד | יִשְׂמַח
כז כח תרצנה: כִּי־שׁוּחָה עֲמֻקָּה זוֹנָה וּבְאֵר צָרָה נָכְרִיָּה: אַף־הִיא תִּצֹּרְנָה
כט כְּחֶתֶף תֶּאֱרֹב וּבוֹגְדִים בְּאָדָם תּוֹסִף: לְמִי אוֹי לְמִי אֲבוֹי לְמִי
מדונים ׀ לְמִי שִׂיחַ לְמִי פְּצָעִים חִנָּם לְמִי חַכְלִלוּת עֵינָיִם: מִדְיָנִים ׀
ל לא לַמְאַחֲרִים עַל־הַיָּיִן לַבָּאִים לַחְקֹר מִמְסָךְ: אַל־תֵּרֶא יַיִן כִּי
לב יִתְאַדָּם כִּי־יִתֵּן בכיס עֵינוֹ יִתְהַלֵּךְ בְּמֵישָׁרִים: אַחֲרִיתוֹ כְּנָחָשׁ בַּכּוֹס
לג יִשָּׁךְ וּכְצִפְעֹנִי יַפְרִשׁ: עֵינֶיךָ יִרְאוּ זָרוֹת וְלִבְּךָ יְדַבֵּר תַּהְפֻּכוֹת:
לד לה וְהָיִיתָ כְּשֹׁכֵב בְּלֶב־יָם וּכְשֹׁכֵב בְּרֹאשׁ חִבֵּל: הִכּוּנִי בַל־חָלִיתִי
כד א הֲלָמוּנִי בַּל־יָדָעְתִּי מָתַי אָקִיץ אוֹסִיף אֲבַקְשֶׁנּוּ עוֹד: אַל־תְּקַנֵּא
ב בְּאַנְשֵׁי רָעָה וְאַל־תִּתְאָו לִהְיוֹת אִתָּם: כִּי־שֹׁד יֶהְגֶּה לִבָּם וְעָמָל
ג שִׂפְתֵיהֶם תְּדַבֵּרְנָה: בְּחָכְמָה יִבָּנֶה בָּיִת וּבִתְבוּנָה יִתְכּוֹנָן:
ד ה וּבְדַעַת חֲדָרִים יִמָּלְאוּ כָּל־הוֹן יָקָר וְנָעִים: גֶּבֶר־חָכָם בַּעוֹז
ו וְאִישׁ־דַּעַת מְאַמֶּץ־כֹּחַ: כִּי בְתַחְבֻּלוֹת תַּעֲשֶׂה־לְּךָ מִלְחָמָה
ז וּתְשׁוּעָה בְּרֹב יוֹעֵץ: רָאמוֹת לֶאֱוִיל חָכְמוֹת בַּשַּׁעַר לֹא יִפְתַּח־
ח ט פִּיהוּ: מְחַשֵּׁב לְהָרֵעַ לוֹ בַּעַל־מְזִמּוֹת יִקְרָאוּ: זִמַּת אִוֶּלֶת חַטָּאת
י יא וְתוֹעֲבַת לְאָדָם לֵץ: הִתְרַפִּיתָ בְּיוֹם צָרָה צַר כֹּחֶכָה: הַצֵּל

יב לְקֻחִים לַמָּוֶת וּמָטִים לַהֶרֶג אִם־תַּחְשׂוֹךְ׃ כִּֽי־תֹאמַר הֵן לֹא־
יָדַעְנוּ זֶה הֲלֹא־תֹכֵן לִבּוֹת ׀ הֽוּא־יָבִין וְנֹצֵר נַפְשְׁךָ הוּא יֵדָע
יג וְהֵשִׁיב לְאָדָם כְּפָעֳלוֹ׃ אֱכׇל־בְּנִי דְבַשׁ כִּי־טוֹב וְנֹפֶת מָתוֹק עַל־
יד חִכֶּךָ׃ כֵּן ׀ דְּעֶה חׇכְמָה לְנַפְשֶׁךָ אִם־מָצָאתָ וְיֵשׁ אַחֲרִית וְתִקְוָתְךָ
טו לֹא תִכָּרֵת׃ אַל־תֶּאֱרֹב רָשָׁע לִנְוֵה צַדִּיק אַל־תְּשַׁדֵּד רִבְצוֹ׃
טז יז כִּי שֶׁבַע ׀ יִפּוֹל צַדִּיק וָקָם וּרְשָׁעִים יִכָּשְׁלוּ בְרָעָה׃ בִּנְפֹל אויביך אֹיִבְךָ
יח אַל־תִּשְׂמָח וּבִכָּשְׁלוֹ אַל־יָגֵל לִבֶּךָ׃ פֶּן־יִרְאֶה יהוה וְרַע בְּעֵינָיו
וְהֵשִׁיב מֵעָלָיו אַפּוֹ׃
יט כ אַל־תִּתְחַר בַּמְּרֵעִים אַל־תְּקַנֵּא בָּרְשָׁעִים׃ כִּי ׀ לֹא־תִהְיֶה
כא אַחֲרִית לָרָע נֵר רְשָׁעִים יִדְעָךְ׃ יְרָא־אֶת־יהוה בְּנִי וָמֶלֶךְ
כב עִם־שׁוֹנִים אַל־תִּתְעָרָב׃ כִּֽי־פִתְאֹם יָקוּם אֵידָם וּפִיד שְׁנֵיהֶם
מִי יוֹדֵעַ׃
כג כד גַּם־אֵלֶּה לַחֲכָמִים הַכֵּר־פָּנִים בְּמִשְׁפָּט בַּל־טוֹב׃ אֹמֵר ׀
כה לְרָשָׁע צַדִּיק אָתָּה יִקְּבֻהוּ עַמִּים יִזְעָמוּהוּ לְאֻמִּים׃ וְלַמּוֹכִיחִים
כו יִנְעָם וַעֲלֵיהֶם תָּבוֹא בִרְכַּת־טוֹב׃ שְׂפָתַיִם יִשָּׁק מֵשִׁיב
כז דְּבָרִים נְכֹחִים׃ הָכֵן בַּחוּץ ׀ מְלַאכְתֶּךָ וְעַתְּדָהּ בַּשָּׂדֶה לָךְ
אַחַר וּבָנִיתָ בֵיתֶךָ׃
כח כט אַל־תְּהִי עֵד־חִנָּם בְּרֵעֶךָ וַהֲפִתִּיתָ בִּשְׂפָתֶיךָ׃ אַל־תֹּאמַר כַּאֲשֶׁר
עָשָׂה־לִי כֵּן אֶעֱשֶׂה־לּוֹ אָשִׁיב לָאִישׁ כְּפָעֳלוֹ׃
ל לא עַל־שְׂדֵה אִישׁ־עָצֵל עָבַרְתִּי וְעַל־כֶּרֶם אָדָם חֲסַר־לֵב׃ וְהִנֵּה
עָלָה כֻלּוֹ ׀ קִמְּשֹׂנִים כָּסּוּ פָנָיו חֲרֻלִּים וְגֶדֶר אֲבָנָיו נֶהֱרָסָה׃
לב לג וָאֶחֱזֶה אָנֹכִי אָשִׁית לִבִּי רָאִיתִי לָקַחְתִּי מוּסָר׃ מְעַט שֵׁנוֹת
לד מְעַט תְּנוּמוֹת מְעָט ׀ חִבֻּק יָדַיִם לִשְׁכָּב׃ וּבָא־מִתְהַלֵּךְ רֵישֶׁךָ
וּמַחְסֹרֶיךָ כְּאִישׁ מָגֵן׃

"מעט שנות מעט תנומות מעט חִבֻּק ידַים לשכב" משלי ו, י

"ובא־כמהלך רֵאשֶׁךָ ומחסרך כאיש מגן" משלי ו, יא

כה א גַּם־אֵלֶּה מִשְׁלֵי שְׁלֹמֹה אֲשֶׁר הֶעְתִּיקוּ אַנְשֵׁי ׀ חִזְקִיָּה מֶלֶךְ־
ב יְהוּדָה׃ כְּבֹד אֱלֹהִים הַסְתֵּר דָּבָר וּכְבֹד מְלָכִים חֲקֹר דָּבָר׃
ג ד שָׁמַיִם לָרוּם וָאָרֶץ לָעֹמֶק וְלֵב מְלָכִים אֵין חֵקֶר׃ הָגוֹ סִיגִים

ה מִכָּסֶף וַיֵּצֵא לַצֹּרֵף כֶּלִי׃ הָגוֹ רָשָׁע לִפְנֵי־מֶלֶךְ וְיִכּוֹן בַּצֶּדֶק כִּסְאוֹ׃
ו ז אַל־תִּתְהַדַּר לִפְנֵי־מֶלֶךְ וּבִמְקוֹם גְּדֹלִים אַל־תַּעֲמֹד׃ כִּי טוֹב
אֲמָר־לְךָ עֲלֵה הֵנָּה מֵהַשְׁפִּילְךָ לִפְנֵי נָדִיב אֲשֶׁר רָאוּ עֵינֶיךָ׃
ח אַל־תֵּצֵא לָרִב מַהֵר פֶּן מַה־תַּעֲשֶׂה בְּאַחֲרִיתָהּ בְּהַכְלִים אֹתְךָ
ט י רֵעֶךָ׃ רִיבְךָ רִיב אֶת־רֵעֶךָ וְסוֹד אַחֵר אַל־תְּגָל׃ פֶּן־יְחַסֶּדְךָ
יא שֹׁמֵעַ וְדִבָּתְךָ לֹא תָשׁוּב׃ תַּפּוּחֵי זָהָב בְּמַשְׂכִּיּוֹת כָּסֶף
יב דָּבָר דָּבֻר עַל־אָפְנָיו׃ נֶזֶם זָהָב וַחֲלִי־כָתֶם מוֹכִיחַ חָכָם
עַל־אֹזֶן שֹׁמָעַת׃
יג כְּצִנַּת־שֶׁלֶג ׀ בְּיוֹם קָצִיר צִיר נֶאֱמָן לְשֹׁלְחָיו וְנֶפֶשׁ אֲדֹנָיו ז
יָשִׁיב׃
יד טו נְשִׂיאִים וְרוּחַ וְגֶשֶׁם אָיִן אִישׁ מִתְהַלֵּל בְּמַתַּת־שָׁקֶר׃ בְּאֹרֶךְ
טז אַפַּיִם יְפֻתֶּה קָצִין וְלָשׁוֹן רַכָּה תִּשְׁבָּר־גָּרֶם׃ דְּבַשׁ מָצָאתָ אֱכֹל
יז דַּיֶּךָּ פֶּן־תִּשְׂבָּעֶנּוּ וַהֲקֵאתוֹ׃ הֹקַר רַגְלְךָ מִבֵּית רֵעֶךָ פֶּן־יִשְׂבָּעֲךָ
יח וּשְׂנֵאֶךָ׃ מֵפִיץ וְחֶרֶב וְחֵץ שָׁנוּן אִישׁ־עֹנֶה בְרֵעֵהוּ עֵד שָׁקֶר׃
יט כ שֵׁן רָעָה וְרֶגֶל מוּעָדֶת מִבְטָח בּוֹגֵד בְּיוֹם צָרָה׃ מַעֲדֶה־בֶּגֶד ׀
כא בְּיוֹם קָרָה חֹמֶץ עַל־נָתֶר וְשָׁר בַּשִּׁרִים עַל לֶב־רָע׃ אִם־רָעֵב
כב שֹׂנַאֲךָ הַאֲכִלֵהוּ לָחֶם וְאִם־צָמֵא הַשְׁקֵהוּ מָיִם׃ כִּי גֶחָלִים
כג אַתָּה חֹתֶה עַל־רֹאשׁוֹ וַיהוָה יְשַׁלֶּם־לָךְ׃ רוּחַ צָפוֹן תְּחוֹלֵל
כד גָּשֶׁם וּפָנִים נִזְעָמִים לְשׁוֹן סָתֶר׃ טוֹב שֶׁבֶת עַל־פִּנַּת־גָּג מֵאֵשֶׁת
מדונים וּבֵית חָבֶר׃ מִדְיָנִים

"טוֹב שֶׁבֶת בְּאֶרֶץ־מִדְבָּר מֵאֵשֶׁת מִדְיָנִים וָכָעַס" משלי כא, יט

כה כו מַיִם קָרִים עַל־נֶפֶשׁ עֲיֵפָה וּשְׁמוּעָה טוֹבָה מֵאֶרֶץ מֶרְחָק׃ מַעְיָן
כז נִרְפָּשׂ וּמָקוֹר מָשְׁחָת צַדִּיק מָט לִפְנֵי־רָשָׁע׃ אָכֹל דְּבַשׁ הַרְבּוֹת
כח לֹא־טוֹב וְחֵקֶר כְּבֹדָם כָּבוֹד׃ עִיר פְּרוּצָה אֵין חוֹמָה אִישׁ אֲשֶׁר
כו א אֵין מַעְצָר לְרוּחוֹ׃ כַּשֶּׁלֶג ׀ בַּקַּיִץ וְכַמָּטָר בַּקָּצִיר כֵּן לֹא־נָאוֶה
ב לִכְסִיל כָּבוֹד׃ כַּצִּפּוֹר לָנוּד כַּדְּרוֹר לָעוּף כֵּן קִלְלַת חִנָּם לא לוֹ
ג ד תָבֹא׃ שׁוֹט לַסּוּס מֶתֶג לַחֲמוֹר וְשֵׁבֶט לְגֵו כְּסִילִים׃ אַל־תַּעַן
ה כְּסִיל כְּאִוַּלְתּוֹ פֶּן־תִּשְׁוֶה־לּוֹ גַם־אָתָּה׃ עֲנֵה כְסִיל כְּאִוַּלְתּוֹ

ו פֶּן־יִהְיֶה חָכָם בְּעֵינָיו׃ מְקַצֶּה רַגְלַיִם חָמָס שֹׁתֶה שֹׁלֵחַ דְּבָרִים
ז ח בְּיַד־כְּסִיל׃ דַּלְיוּ שֹׁקַיִם מִפִּסֵּחַ וּמָשָׁל בְּפִי כְסִילִים׃ כִּצְרוֹר
ט אֶבֶן בְּמַרְגֵּמָה כֵּן־נוֹתֵן לִכְסִיל כָּבוֹד׃ חוֹחַ עָלָה בְיַד־שִׁכּוֹר
י וּמָשָׁל בְּפִי כְסִילִים׃ רַב מְחוֹלֵל־כֹּל
יא וְשֹׂכֵר כְּסִיל וְשֹׂכֵר עֹבְרִים׃ כְּכֶלֶב שָׁב עַל־קֵאוֹ כְּסִיל שׁוֹנֶה
יב יג בְאִוַּלְתּוֹ׃ רָאִיתָ אִישׁ חָכָם בְּעֵינָיו תִּקְוָה לִכְסִיל מִמֶּנּוּ׃ אָמַר
יד עָצֵל שַׁחַל בַּדָּרֶךְ אֲרִי בֵּין הָרְחֹבוֹת׃ הַדֶּלֶת תִּסּוֹב עַל־צִירָהּ
טו וְעָצֵל עַל־מִטָּתוֹ׃ טָמַן עָצֵל יָדוֹ בַּצַּלָּחַת נִלְאָה לַהֲשִׁיבָהּ אֶל־
טז יז פִּיו׃ חָכָם עָצֵל בְּעֵינָיו מִשִּׁבְעָה מְשִׁיבֵי טָעַם׃ מַחֲזִיק בְּאָזְנֵי־
יח כָלֶב עֹבֵר מִתְעַבֵּר עַל־רִיב לֹּא־לוֹ׃ כְּמִתְלַהְלֵהַּ הַיֹּרֶה זִקִּים
יט חִצִּים וָמָוֶת׃ כֵּן־אִישׁ רִמָּה אֶת־רֵעֵהוּ וְאָמַר הֲלֹא־מְשַׂחֵק אָנִי׃
כ כא בְּאֶפֶס עֵצִים תִּכְבֶּה־אֵשׁ וּבְאֵין נִרְגָּן יִשְׁתֹּק מָדוֹן׃ פֶּחָם לְגֶחָלִים
וְעֵצִים לְאֵשׁ וְאִישׁ מדונים לְחַרְחַר־רִיב׃
כב כג דִּבְרֵי נִרְגָּן כְּמִתְלַהֲמִים וְהֵם יָרְדוּ חַדְרֵי־בָטֶן׃ כֶּסֶף סִיגִים
כד מְצֻפֶּה עַל־חָרֶשׂ שְׂפָתַיִם דֹּלְקִים וְלֶב־רָע׃ בִּשְׂפָתָו יִנָּכֵר שׂוֹנֵא
כה וּבְקִרְבּוֹ יָשִׁית מִרְמָה׃ כִּי־יְחַנֵּן קוֹלוֹ אַל־תַּאֲמֶן־בּוֹ כִּי שֶׁבַע
כו תּוֹעֵבוֹת בְּלִבּוֹ׃ תִּכַּסֶּה שִׂנְאָה בְּמַשָּׁאוֹן תִּגָּלֶה רָעָתוֹ בְקָהָל׃
כז כח כֹּרֶה־שַּׁחַת בָּהּ יִפֹּל וְגֹלֵל אֶבֶן אֵלָיו תָּשׁוּב׃ לְשׁוֹן־שֶׁקֶר יִשְׂנָא
כז א דַכָּיו וּפֶה חָלָק יַעֲשֶׂה מִדְחֶה׃ אַל־תִּתְהַלֵּל בְּיוֹם מָחָר כִּי לֹא־
ב תֵדַע מַה־יֵּלֶד יוֹם׃ יְהַלֶּלְךָ זָר וְלֹא־פִיךָ נָכְרִי וְאַל־שְׂפָתֶיךָ׃
ג ד כֹּבֶד־אֶבֶן וְנֵטֶל הַחוֹל וְכַעַס אֱוִיל כָּבֵד מִשְּׁנֵיהֶם׃ אַכְזְרִיּוּת
ה חֵמָה וְשֶׁטֶף אָף וּמִי יַעֲמֹד לִפְנֵי קִנְאָה׃ טוֹבָה תּוֹכַחַת מְגֻלָּה
ו מֵאַהֲבָה מְסֻתָּרֶת׃ נֶאֱמָנִים פִּצְעֵי אוֹהֵב וְנַעְתָּרוֹת נְשִׁיקוֹת
ז שׂוֹנֵא׃ נֶפֶשׁ שְׂבֵעָה תָּבוּס נֹפֶת וְנֶפֶשׁ רְעֵבָה כָּל־מַר מָתוֹק׃
ח ט כְּצִפּוֹר נוֹדֶדֶת מִן־קִנָּהּ כֵּן־אִישׁ נוֹדֵד מִמְּקוֹמוֹ׃ שֶׁמֶן וּקְטֹרֶת
י יְשַׂמַּח־לֵב וּמֶתֶק רֵעֵהוּ מֵעֲצַת־נָפֶשׁ׃ רֵעֲךָ ורעה אָבִיךָ אַל־
תַּעֲזֹב וּבֵית אָחִיךָ אַל־תָּבוֹא בְּיוֹם אֵידֶךָ טוֹב שָׁכֵן קָרוֹב

"חזית איש אץ בדבריו תקוה לכסיל ממנו" משלי כט, כ

"טמן עצל ידו בצלחת גם־אל־פיהו לא ישיבנה" משלי יט, כד

מִדְיָנִים

"דברי נרגן כמתלהמים והם ירדו חדרי־בָטֶן" משלי יח, ח

וְרֵעַ

יא יב מֵאָח רָחוֹק׃ חֲכַם בְּנִי וְשַׂמַּח לִבִּי וְאָשִׁיבָה חֹרְפִי דָבָר׃ עָרוּם
יג רָאָה רָעָה נִסְתָּר פְּתָאיִם עָבְרוּ נֶעֱנָשׁוּ׃ קַח־בִּגְדוֹ כִּי־עָרַב זָר
יד וּבְעַד נָכְרִיָּה חַבְלֵהוּ׃ מְבָרֵךְ רֵעֵהוּ ׀ בְּקוֹל גָּדוֹל בַּבֹּקֶר הַשְׁכֵּים
טו קְלָלָה תֵּחָשֶׁב לוֹ׃ דֶּלֶף טוֹרֵד בְּיוֹם סַגְרִיר וְאֵשֶׁת מדונִים
טז יז נִשְׁתָּוָה׃ צֹפְנֶיהָ צָפַן־רוּחַ וְשֶׁמֶן יְמִינוֹ יִקְרָא׃ בַּרְזֶל בְּבַרְזֶל יָחַד
יח וְאִישׁ יַחַד פְּנֵי־רֵעֵהוּ׃ נֹצֵר תְּאֵנָה יֹאכַל פִּרְיָהּ וְשֹׁמֵר אֲדֹנָיו
יט כ יְכֻבָּד׃ כַּמַּיִם הַפָּנִים לַפָּנִים כֵּן לֵב־הָאָדָם לָאָדָם׃ שְׁאוֹל וַאֲבַדֹּה
לֹא תִשְׂבַּעְנָה וְעֵינֵי הָאָדָם לֹא תִשְׂבַּעְנָה׃
כא כב מַצְרֵף לַכֶּסֶף וְכוּר לַזָּהָב וְאִישׁ לְפִי מַהֲלָלוֹ׃ אִם־תִּכְתּוֹשׁ
אֶת־הָאֱוִיל ׀ בַּמַּכְתֵּשׁ בְּתוֹךְ הָרִיפוֹת בַּעֱלִי לֹא־תָסוּר
מֵעָלָיו אִוַּלְתּוֹ׃
כג כד יָדֹעַ תֵּדַע פְּנֵי צֹאנֶךָ שִׁית לִבְּךָ לַעֲדָרִים׃ כִּי לֹא לְעוֹלָם חֹסֶן
כה וְאִם־נֵזֶר לְדוֹר דור׃ גָּלָה חָצִיר וְנִרְאָה־דֶשֶׁא וְנֶאֶסְפוּ עִשְּׂבוֹת
כו כז הָרִים׃ כְּבָשִׂים לִלְבוּשֶׁךָ וּמְחִיר שָׂדֶה עַתּוּדִים׃ וְדֵי ׀ חֲלֵב עִזִּים
כח א לְלַחְמְךָ לְלֶחֶם בֵּיתֶךָ וְחַיִּים לְנַעֲרוֹתֶיךָ׃ נָסוּ וְאֵין־רֹדֵף רָשָׁע
ב וְצַדִּיקִים כִּכְפִיר יִבְטָח׃ בְּפֶשַׁע אֶרֶץ רַבִּים שָׂרֶיהָ וּבְאָדָם מֵבִין
ג יֹדֵעַ כֵּן יַאֲרִיךְ׃ גֶּבֶר רָשׁ וְעֹשֵׁק דַּלִּים מָטָר סֹחֵף וְאֵין לָחֶם׃
ד ה עֹזְבֵי תוֹרָה יְהַלְלוּ רָשָׁע וְשֹׁמְרֵי תוֹרָה יִתְגָּרוּ בָם׃ אַנְשֵׁי־רָע
לֹא־יָבִינוּ מִשְׁפָּט וּמְבַקְשֵׁי יְהוָה יָבִינוּ כֹל׃
ו ז טוֹב־רָשׁ הוֹלֵךְ בְּתֻמּוֹ מֵעִקֵּשׁ דְּרָכַיִם וְהוּא עָשִׁיר׃ נוֹצֵר תּוֹרָה
ח בֵּן מֵבִין וְרֹעֶה זוֹלְלִים יַכְלִים אָבִיו׃ מַרְבֶּה הוֹנוֹ בְּנֶשֶׁךְ
ט ובתרבית לְחוֹנֵן דַּלִּים יִקְבְּצֶנּוּ׃ מֵסִיר אָזְנוֹ מִשְּׁמֹעַ תּוֹרָה גַּם־
י תְּפִלָּתוֹ תּוֹעֵבָה׃ מַשְׁגֶּה יְשָׁרִים ׀ בְּדֶרֶךְ רָע בִּשְׁחוּתוֹ הוּא־יִפּוֹל
יא וּתְמִימִים יִנְחֲלוּ־טוֹב׃ חָכָם בְּעֵינָיו אִישׁ עָשִׁיר וְדַל מֵבִין
יב יַחְקְרֶנּוּ׃ בַּעֲלֹץ צַדִּיקִים רַבָּה תִפְאָרֶת וּבְקוּם רְשָׁעִים יְחֻפַּשׂ
יג יד אָדָם׃ מְכַסֶּה פְשָׁעָיו לֹא יַצְלִיחַ וּמוֹדֶה וְעֹזֵב יְרֻחָם׃ אַשְׁרֵי
טו אָדָם מְפַחֵד תָּמִיד וּמַקְשֶׁה לִבּוֹ יִפּוֹל בְּרָעָה׃ אֲרִי־נֹהֵם וְדֹב

"עָרוּם רָאָה רָעָה וְנִסְתָּר, וּפְתָיִים עָבְרוּ וְנֶעֱנָשׁוּ" משלי כב, ג

מִדְיָנִים

"לְקַח־בִּגְדוֹ כִּי עָרַב זָר וּבְעַד נָכְרִיָּה חַבְלֵהוּ" משלי כ, טז

"מַצְרֵף לַכֶּסֶף וְכוּר לַזָּהָב וּבֹחֵן לִבּוֹת ה'" משלי יז, ג

וָדוֹר

"טוֹב רָשׁ הוֹלֵךְ בְּתֻמּוֹ מֵעִקֵּשׁ שְׂפָתָיו וְהוּא כְסִיל" משלי יט, א

וְתַרְבִּית

שׁוֹקֵק מוֹשֵׁל רָשָׁע עַל עַם־דָּל׃
טז נָגִיד חֲסַר תְּבוּנוֹת וְרַב מַעֲשַׁקּוֹת שֹׂנֵאי בֶצַע יַאֲרִיךְ ח שׂנא
יָמִים׃
יז יח אָדָם עָשֻׁק בְּדַם־נָפֶשׁ עַד־בּוֹר יָנוּס אַל־יִתְמְכוּ־בוֹ׃ הוֹלֵךְ
יט תָּמִים יִוָּשֵׁעַ וְנֶעְקַשׁ דְּרָכַיִם יִפּוֹל בְּאֶחָת׃ עֹבֵד אַדְמָתוֹ יִשְׂבַּע־
כ לָחֶם וּמְרַדֵּף רֵיקִים יִשְׂבַּע־רִישׁ׃ אִישׁ אֱמוּנוֹת רַב־בְּרָכוֹת וְאָץ
כא לְהַעֲשִׁיר לֹא יִנָּקֶה׃ הַכֵּר־פָּנִים לֹא־טוֹב וְעַל־פַּת־לֶחֶם יִפְשַׁע־
כב כג גָּבֶר׃ נִבֳהָל לַהוֹן אִישׁ רַע עָיִן וְלֹא־יֵדַע כִּי־חֶסֶר יְבֹאֶנּוּ׃ מוֹכִיחַ
כד אָדָם אַחֲרַי חֵן יִמְצָא מִמַּחֲלִיק לָשׁוֹן׃ גּוֹזֵל ׀ אָבִיו וְאִמּוֹ וְאֹמֵר
כה אֵין־פָּשַׁע חָבֵר הוּא לְאִישׁ מַשְׁחִית׃ רְחַב־נֶפֶשׁ יְגָרֶה מָדוֹן
כו וּבוֹטֵחַ עַל־יְהוָה יְדֻשָּׁן׃ בּוֹטֵחַ בְּלִבּוֹ הוּא כְסִיל וְהוֹלֵךְ בְּחָכְמָה
כז הוּא יִמָּלֵט׃ נוֹתֵן לָרָשׁ אֵין מַחְסוֹר וּמַעְלִים עֵינָיו רַב־מְאֵרוֹת׃
כח כט א בְּקוּם רְשָׁעִים יִסָּתֵר אָדָם וּבְאָבְדָם יִרְבּוּ צַדִּיקִים׃ אִישׁ תּוֹכָחוֹת
ב מַקְשֶׁה־עֹרֶף פֶּתַע יִשָּׁבֵר וְאֵין מַרְפֵּא׃ בִּרְבוֹת צַדִּיקִים יִשְׂמַח
ג הָעָם וּבִמְשֹׁל רָשָׁע יֵאָנַח עָם׃ אִישׁ־אֹהֵב חָכְמָה יְשַׂמַּח אָבִיו
ד וְרֹעֶה זוֹנוֹת יְאַבֶּד־הוֹן׃ מֶלֶךְ בְּמִשְׁפָּט יַעֲמִיד אָרֶץ וְאִישׁ
ה תְּרוּמוֹת יֶהֶרְסֶנָּה׃ גֶּבֶר מַחֲלִיק עַל־רֵעֵהוּ רֶשֶׁת פּוֹרֵשׂ עַל־
ו ז פְּעָמָיו׃ בְּפֶשַׁע אִישׁ רָע מוֹקֵשׁ וְצַדִּיק יָרוּן וְשָׂמֵחַ׃ יֹדֵעַ צַדִּיק
ח דִּין דַּלִּים רָשָׁע לֹא־יָבִין דָּעַת׃ אַנְשֵׁי לָצוֹן יָפִיחוּ קִרְיָה וַחֲכָמִים
ט יָשִׁיבוּ אָף׃ אִישׁ־חָכָם נִשְׁפָּט אֶת־אִישׁ אֱוִיל וְרָגַז וְשָׂחַק וְאֵין
י יא נָחַת׃ אַנְשֵׁי דָמִים יִשְׂנְאוּ־תָם וִישָׁרִים יְבַקְשׁוּ נַפְשׁוֹ׃ כָּל־רוּחוֹ
יב יוֹצִיא כְסִיל וְחָכָם בְּאָחוֹר יְשַׁבְּחֶנָּה׃ מֹשֵׁל מַקְשִׁיב עַל־דְּבַר־
יג שָׁקֶר כָּל־מְשָׁרְתָיו רְשָׁעִים׃ רָשׁ וְאִישׁ תְּכָכִים נִפְגָּשׁוּ מֵאִיר־
יד עֵינֵי שְׁנֵיהֶם יְהוָה׃ מֶלֶךְ שׁוֹפֵט בֶּאֱמֶת דַּלִּים כִּסְאוֹ לָעַד יִכּוֹן׃
טו טז שֵׁבֶט וְתוֹכַחַת יִתֵּן חָכְמָה וְנַעַר מְשֻׁלָּח מֵבִישׁ אִמּוֹ׃ בִּרְבוֹת
יז רְשָׁעִים יִרְבֶּה־פָּשַׁע וְצַדִּיקִים בְּמַפַּלְתָּם יִרְאוּ׃ יַסֵּר בִּנְךָ וִינִיחֶךָ
וְיִתֵּן מַעֲדַנִּים לְנַפְשֶׁךָ׃

״עֹבֵד אדמתו ישבע־לחם ומְרַדֵּף ריקים חסר־לב״ משלי יב, יא

יח יט בְּאֵין חָזוֹן יִפָּרַע עָם וְשֹׁמֵר תּוֹרָה אַשְׁרֵהוּ: בִּדְבָרִים לֹא־יִוָּסֶר
כ עָבֶד כִּי־יָבִין וְאֵין מַעֲנֶה: חָזִיתָ אִישׁ אָץ בִּדְבָרָיו תִּקְוָה לִכְסִיל
כא כב מִמֶּנּוּ: מְפַנֵּק מִנֹּעַר עַבְדּוֹ וְאַחֲרִיתוֹ יִהְיֶה מָנוֹן: אִישׁ־אַף יְגָרֶה
כג מָדוֹן וּבַעַל חֵמָה רַב־פָּשַׁע: גַּאֲוַת אָדָם תַּשְׁפִּילֶנּוּ וּשְׁפַל־רוּחַ
כד יִתְמֹךְ כָּבוֹד: חוֹלֵק עִם־גַּנָּב שׂוֹנֵא נַפְשׁוֹ אָלָה יִשְׁמַע וְלֹא יַגִּיד:
כה כו חֶרְדַּת אָדָם יִתֵּן מוֹקֵשׁ וּבוֹטֵחַ בַּיהוָה יְשֻׂגָּב: רַבִּים מְבַקְשִׁים
כז פְּנֵי־מוֹשֵׁל וּמֵיְהוָה מִשְׁפַּט־אִישׁ: תּוֹעֲבַת צַדִּיקִים אִישׁ עָוֶל
וְתוֹעֲבַת רָשָׁע יְשַׁר־דָּרֶךְ:
ל א דִּבְרֵי | אָגוּר בִּן־יָקֶה הַמַּשָּׂא נְאֻם הַגֶּבֶר לְאִיתִיאֵל לְאִיתִיאֵל
ב ג וְאֻכָל: כִּי בַעַר אָנֹכִי מֵאִישׁ וְלֹא־בִינַת אָדָם לִי: וְלֹא־לָמַדְתִּי
ד חָכְמָה וְדַעַת קְדֹשִׁים אֵדָע: מִי עָלָה־שָׁמַיִם | וַיֵּרַד מִי אָסַף־
רוּחַ | בְּחָפְנָיו מִי צָרַר־מַיִם | בַּשִּׂמְלָה מִי הֵקִים כָּל־אַפְסֵי־אָרֶץ
ה מַה־שְּׁמוֹ וּמַה־שֶּׁם־בְּנוֹ כִּי תֵדָע: כָּל־אִמְרַת אֱלוֹהַּ צְרוּפָה
ו מָגֵן הוּא לַחֹסִים בּוֹ: אַל־תּוֹסְףְּ עַל־דְּבָרָיו פֶּן־יוֹכִיחַ בְּךָ
ז וְנִכְזָבְתָּ: שְׁתַּיִם שָׁאַלְתִּי מֵאִתָּךְ אַל־תִּמְנַע מִמֶּנִּי
ח בְּטֶרֶם אָמוּת: שָׁוְא | וּדְבַר־כָּזָב הַרְחֵק מִמֶּנִּי רֵאשׁ וָעֹשֶׁר אַל־
ט תִּתֶּן־לִי הַטְרִיפֵנִי לֶחֶם חֻקִּי: פֶּן־אֶשְׂבַּע | וְכִחַשְׁתִּי וְאָמַרְתִּי מִי
י יְהוָה וּפֶן־אִוָּרֵשׁ וְגָנַבְתִּי וְתָפַשְׂתִּי שֵׁם אֱלֹהָי: אַל־
יא תַּלְשֵׁן עֶבֶד אֶל־אֲדֹנָו פֶּן־יְקַלֶּלְךָ וְאָשָׁמְתָּ: דּוֹר אָבִיו יְקַלֵּל
יב יג וְאֶת־אִמּוֹ לֹא יְבָרֵךְ: דּוֹר טָהוֹר בְּעֵינָיו וּמִצֹּאָתוֹ לֹא רֻחָץ: דּוֹר
יד מָה־רָמוּ עֵינָיו וְעַפְעַפָּיו יִנָּשֵׂאוּ: דּוֹר | חֲרָבוֹת שִׁנָּיו וּמַאֲכָלוֹת
מְתַלְּעֹתָיו לֶאֱכֹל עֲנִיִּים מֵאֶרֶץ וְאֶבְיוֹנִים מֵאָדָם:
טו לַעֲלוּקָה | שְׁתֵּי בָנוֹת הַב | הַב שָׁלוֹשׁ הֵנָּה לֹא תִשְׂבַּעְנָה אַרְבַּע
טז לֹא־אָמְרוּ הוֹן: שְׁאוֹל וְעֹצֶר רָחַם אֶרֶץ לֹא־שָׂבְעָה מַּיִם וְאֵשׁ
יז לֹא־אָמְרָה הוֹן: עַיִן | תִּלְעַג לְאָב וְתָבוּז לִיקֲּהַת אֵם יִקְּרוּהָ
יח עֹרְבֵי־נַחַל וְיֹאכְלוּהָ בְנֵי־נָשֶׁר: שְׁלֹשָׁה הֵמָּה
יט נִפְלְאוּ מִמֶּנִּי וְאַרְבָּעָ לֹא יְדַעְתִּים: דֶּרֶךְ הַנֶּשֶׁר | בַּשָּׁמַיִם

"ראית איש חכם בעיניו תקוה לכסיל ממנו" משלי כו, יב

"אמרת ה' צרופה מגן הוא לכל החסים בו" שמ"ב כב, לא תהלים יח, לא

דֶּרֶךְ נָחָשׁ עֲלֵי צוּר דֶּרֶךְ־אֳנִיָּה בְלֶב־יָם וְדֶרֶךְ גֶּבֶר בְּעַלְמָה׃
כ כֵּן ׀ דֶּרֶךְ אִשָּׁה מְנָאָפֶת אָכְלָה וּמָחֲתָה פִיהָ וְאָמְרָה לֹא־
פָעַלְתִּי אָוֶן׃
כא כב תַּחַת שָׁלוֹשׁ רָגְזָה אֶרֶץ וְתַחַת אַרְבַּע לֹא־תוּכַל שְׂאֵת׃ תַּחַת
כג עֶבֶד כִּי יִמְלוֹךְ וְנָבָל כִּי יִשְׂבַּע־לָחֶם׃ תַּחַת שְׂנוּאָה כִּי תִבָּעֵל
וְשִׁפְחָה כִּי־תִירַשׁ גְּבִרְתָּהּ׃
כד כה אַרְבָּעָה הֵם קְטַנֵּי־אָרֶץ וְהֵמָּה חֲכָמִים מְחֻכָּמִים׃ הַנְּמָלִים עַם
כו לֹא־עָז וַיָּכִינוּ בַקַּיִץ לַחְמָם׃ שְׁפַנִּים עַם לֹא־עָצוּם וַיָּשִׂימוּ
כז כח בַסֶּלַע בֵּיתָם׃ מֶלֶךְ אֵין לָאַרְבֶּה וַיֵּצֵא חֹצֵץ כֻּלּוֹ׃ שְׂמָמִית
בְּיָדַיִם תְּתַפֵּשׂ וְהִיא בְּהֵיכְלֵי מֶלֶךְ׃
כט ל שְׁלֹשָׁה הֵמָּה מֵיטִיבֵי צָעַד וְאַרְבָּעָה מֵיטִבֵי לָכֶת׃ לַיִשׁ גִּבּוֹר
לא בַּבְּהֵמָה וְלֹא־יָשׁוּב מִפְּנֵי־כֹל׃ זַרְזִיר מָתְנַיִם אוֹ־תָיִשׁ וּמֶלֶךְ
לב לג אַלְקוּם עִמּוֹ׃ אִם־נָבַלְתָּ בְהִתְנַשֵּׂא וְאִם־זַמּוֹתָ יָד לְפֶה׃ כִּי
מִיץ חָלָב יוֹצִיא חֶמְאָה וּמִיץ־אַף יוֹצִיא דָם וּמִיץ אַפַּיִם יוֹצִיא
א א רִיב׃ דִּבְרֵי לְמוּאֵל מֶלֶךְ מַשָּׂא אֲשֶׁר־יִסְּרַתּוּ
ב ג אִמּוֹ׃ מַה־בְּרִי וּמַה־בַּר־בִּטְנִי וּמֶה בַּר־נְדָרָי׃ אַל־תִּתֵּן לַנָּשִׁים
ד חֵילֶךָ וּדְרָכֶיךָ לַמְחוֹת מְלָכִין׃ אַל לַמְלָכִים ׀ לְמוֹאֵל אַל
ה לַמְלָכִים שְׁתוֹ־יָיִן וּלְרוֹזְנִים או שֵׁכָר׃ פֶּן־יִשְׁתֶּה וְיִשְׁכַּח אֵי
ו מְחֻקָּק וִישַׁנֶּה דִּין כָּל־בְּנֵי־עֹנִי׃ תְּנוּ־שֵׁכָר לְאוֹבֵד וְיַיִן לְמָרֵי
ז ח נָפֶשׁ׃ יִשְׁתֶּה וְיִשְׁכַּח רִישׁוֹ וַעֲמָלוֹ לֹא יִזְכָּר־עוֹד׃ פְּתַח־
ט פִּיךָ לְאִלֵּם אֶל־דִּין כָּל־בְּנֵי חֲלוֹף׃ פְּתַח־פִּיךָ שְׁפָט־צֶדֶק
וְדִין עָנִי וְאֶבְיוֹן׃
י יא אֵשֶׁת־חַיִל מִי יִמְצָא וְרָחֹק מִפְּנִינִים מִכְרָהּ׃ בָּטַח בָּהּ לֵב בַּעְלָהּ
יב יג וְשָׁלָל לֹא יֶחְסָר׃ גְּמָלַתְהוּ טוֹב וְלֹא־רָע כֹּל יְמֵי חַיֶּיהָ׃ דָּרְשָׁה
יד צֶמֶר וּפִשְׁתִּים וַתַּעַשׂ בְּחֵפֶץ כַּפֶּיהָ׃ הָיְתָה כָּאֳנִיּוֹת סוֹחֵר
טו מִמֶּרְחָק תָּבִיא לַחְמָהּ׃ וַתָּקָם ׀ בְּעוֹד לַיְלָה וַתִּתֵּן טֶרֶף לְבֵיתָהּ
טז וְחֹק לְנַעֲרֹתֶיהָ׃ זָמְמָה שָׂדֶה וַתִּקָּחֵהוּ מִפְּרִי כַפֶּיהָ נָטְעָ כָּרֶם׃

יז יח חָגְרָה בְעוֹז מָתְנֶיהָ וַתְּאַמֵּץ זְרוֹעֹתֶיהָ׃ טָעֲמָה כִּי־טוֹב סַחְרָהּ
יט לֹא־יִכְבֶּה בַלַּיְל נֵרָהּ׃ יָדֶיהָ שִׁלְּחָה בַכִּישׁוֹר וְכַפֶּיהָ תָּמְכוּ פָלֶךְ׃
כ כא כַּפָּהּ פָּרְשָׂה לֶעָנִי וְיָדֶיהָ שִׁלְּחָה לָאֶבְיוֹן׃ לֹא־תִירָא לְבֵיתָהּ
כב מִשָּׁלֶג כִּי כָל־בֵּיתָהּ לָבֻשׁ שָׁנִים׃ מַרְבַדִּים עָשְׂתָה־לָּהּ שֵׁשׁ
כג וְאַרְגָּמָן לְבוּשָׁהּ׃ נוֹדָע בַּשְּׁעָרִים בַּעְלָהּ בְּשִׁבְתּוֹ עִם־זִקְנֵי־אָרֶץ׃
כד כה סָדִין עָשְׂתָה וַתִּמְכֹּר וַחֲגוֹר נָתְנָה לַכְּנַעֲנִי׃ עֹז־וְהָדָר לְבוּשָׁהּ
כו וַתִּשְׂחַק לְיוֹם אַחֲרוֹן׃ פִּיהָ פָּתְחָה בְחָכְמָה וְתוֹרַת־חֶסֶד עַל־
כז כח לְשׁוֹנָהּ׃ צוֹפִיָּה הילכות בֵּיתָהּ וְלֶחֶם עַצְלוּת לֹא תֹאכֵל׃ קָמוּ הֲלִיכוֹת
כט בָנֶיהָ וַיְאַשְּׁרוּהָ בַּעְלָהּ וַיְהַלְלָהּ׃ רַבּוֹת בָּנוֹת עָשׂוּ חָיִל וְאַתְּ
ל עָלִית עַל־כֻּלָּנָה׃ שֶׁקֶר הַחֵן וְהֶבֶל הַיֹּפִי אִשָּׁה יִרְאַת־יְהוָה הִיא
לא תִתְהַלָּל׃ תְּנוּ־לָהּ מִפְּרִי יָדֶיהָ וִיהַלְלוּהָ בַשְּׁעָרִים מַעֲשֶׂיהָ׃

# איוב

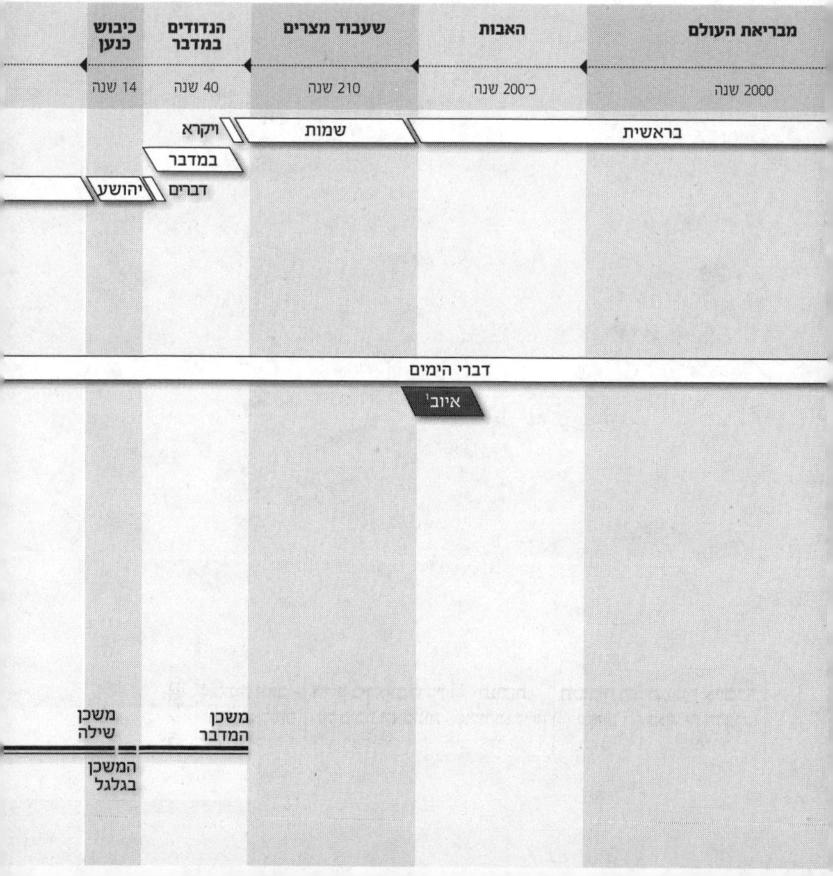

מבריאת העולם
2000 שנה
האבות
כ־200 שנה
שעבוד מצרים
210 שנה
הנדודים במדבר
40 שנה
כיבוש כנען
14 שנה
בראשית
שמות
ויקרא
במדבר
דברים
יהושע
דברי הימים
איוב[1]
משכן המדבר
משכן שילה
המשכן בגלגל

ספר איוב

| אסונות איוב – ויחסו אליהם | הדיון בין איוב לרעיו על סיבת האסונות | תגובות אליהוא לדיון | תשובות ה׳ לאיוב | תגובות איוב לה ואחרית הדברים |
|---|---|---|---|---|
| א–ב | ג–לא | לב–לז | לח–מא | מב |

# א

א אִישׁ הָיָה בְאֶרֶץ־עוּץ אִיּוֹב שְׁמוֹ וְהָיָה ׀ הָאִישׁ הַהוּא תָּם וְיָשָׁר
ב וִירֵא אֱלֹהִים וְסָר מֵרָע: וַיִּוָּלְדוּ לוֹ שִׁבְעָה בָנִים וְשָׁלוֹשׁ בָּנוֹת:
ג וַיְהִי מִקְנֵהוּ שִׁבְעַת אַלְפֵי־צֹאן וּשְׁלֹשֶׁת אַלְפֵי גְמַלִּים וַחֲמֵשׁ
מֵאוֹת צֶמֶד־בָּקָר וַחֲמֵשׁ מֵאוֹת אֲתוֹנוֹת וַעֲבֻדָּה רַבָּה מְאֹד וַיְהִי
ד הָאִישׁ הַהוּא גָּדוֹל מִכָּל־בְּנֵי־קֶדֶם: וְהָלְכוּ בָנָיו וְעָשׂוּ מִשְׁתֶּה
בֵּית אִישׁ יוֹמוֹ וְשָׁלְחוּ וְקָרְאוּ לִשְׁלֹשֶׁת אַחְיֹתֵיהֶם לֶאֱכֹל
ה וְלִשְׁתּוֹת עִמָּהֶם: וַיְהִי כִּי הִקִּיפוּ יְמֵי הַמִּשְׁתֶּה וַיִּשְׁלַח אִיּוֹב
וַיְקַדְּשֵׁם וְהִשְׁכִּים בַּבֹּקֶר וְהֶעֱלָה עֹלוֹת מִסְפַּר כֻּלָּם כִּי אָמַר
אִיּוֹב אוּלַי חָטְאוּ בָנַי וּבֵרֲכוּ אֱלֹהִים בִּלְבָבָם כָּכָה יַעֲשֶׂה אִיּוֹב
ו כָּל־הַיָּמִים: וַיְהִי הַיּוֹם וַיָּבֹאוּ בְּנֵי הָאֱלֹהִים
ז לְהִתְיַצֵּב עַל־יהוה וַיָּבוֹא גַם־הַשָּׂטָן בְּתוֹכָם: וַיֹּאמֶר יהוה
אֶל־הַשָּׂטָן מֵאַיִן תָּבֹא וַיַּעַן הַשָּׂטָן אֶת־יהוה וַיֹּאמַר מִשּׁוּט
ח בָּאָרֶץ וּמֵהִתְהַלֵּךְ בָּהּ: וַיֹּאמֶר יהוה אֶל־הַשָּׂטָן הֲשַׂמְתָּ לִבְּךָ
עַל־עַבְדִּי אִיּוֹב כִּי אֵין כָּמֹהוּ בָּאָרֶץ אִישׁ תָּם וְיָשָׁר יְרֵא אֱלֹהִים
ט וְסָר מֵרָע: וַיַּעַן הַשָּׂטָן אֶת־יהוה וַיֹּאמַר הַחִנָּם יָרֵא אִיּוֹב
י אֱלֹהִים: הֲלֹא־אַתְּ שַׂכְתָּ בַעֲדוֹ וּבְעַד־בֵּיתוֹ וּבְעַד כָּל־אֲשֶׁר־לוֹ
יא מִסָּבִיב מַעֲשֵׂה יָדָיו בֵּרַכְתָּ וּמִקְנֵהוּ פָּרַץ בָּאָרֶץ: וְאוּלָם שְׁלַח־
יב נָא יָדְךָ וְגַע בְּכָל־אֲשֶׁר־לוֹ אִם־לֹא עַל־פָּנֶיךָ יְבָרְכֶךָּ: וַיֹּאמֶר
יהוה אֶל־הַשָּׂטָן הִנֵּה כָל־אֲשֶׁר־לוֹ בְּיָדֶךָ רַק אֵלָיו אַל־תִּשְׁלַח
יג יָדֶךָ וַיֵּצֵא הַשָּׂטָן מֵעִם פְּנֵי יהוה: וַיְהִי הַיּוֹם וּבָנָיו וּבְנֹתָיו אֹכְלִים
יד וְשֹׁתִים יַיִן בְּבֵית אֲחִיהֶם הַבְּכוֹר: וּמַלְאָךְ בָּא אֶל־אִיּוֹב וַיֹּאמַר
טו הַבָּקָר הָיוּ חֹרְשׁוֹת וְהָאֲתֹנוֹת רֹעוֹת עַל־יְדֵיהֶם: וַתִּפֹּל שְׁבָא
וַתִּקָּחֵם וְאֶת־הַנְּעָרִים הִכּוּ לְפִי־חָרֶב וָאִמָּלְטָה רַק־אֲנִי לְבַדִּי
טז לְהַגִּיד לָךְ: עוֹד ׀ זֶה מְדַבֵּר וְזֶה בָּא וַיֹּאמַר אֵשׁ אֱלֹהִים נָפְלָה
מִן־הַשָּׁמַיִם וַתִּבְעַר בַּצֹּאן וּבַנְּעָרִים וַתֹּאכְלֵם וָאִמָּלְטָה רַק־אֲנִי
יז לְבַדִּי לְהַגִּיד לָךְ: עוֹד ׀ זֶה מְדַבֵּר וְזֶה בָּא וַיֹּאמַר כַּשְׂדִּים שָׂמוּ ׀
שְׁלֹשָׁה רָאשִׁים וַיִּפְשְׁטוּ עַל־הַגְּמַלִּים וַיִּקָּחוּם וְאֶת־הַנְּעָרִים

הִכּוּ לְפִי־חָרֶב וָאִמָּלְטָה רַק־אֲנִי לְבַדִּי לְהַגִּיד לָךְ׃ עַד זֶה מְדַבֵּר יח
וְזֶה בָּא וַיֹּאמַר בָּנֶיךָ וּבְנוֹתֶיךָ אֹכְלִים וְשֹׁתִים יַיִן בְּבֵית אֲחִיהֶם
הַבְּכוֹר׃ וְהִנֵּה רוּחַ גְּדוֹלָה בָּאָה ׀ מֵעֵבֶר הַמִּדְבָּר וַיִּגַּע בְּאַרְבַּע יט
פִּנּוֹת הַבַּיִת וַיִּפֹּל עַל־הַנְּעָרִים וַיָּמוּתוּ וָאִמָּלְטָה רַק־אֲנִי לְבַדִּי
לְהַגִּיד לָךְ׃ וַיָּקָם אִיּוֹב וַיִּקְרַע אֶת־מְעִלוֹ וַיָּגָז אֶת־רֹאשׁוֹ וַיִּפֹּל כ
אַרְצָה וַיִּשְׁתָּחוּ׃ וַיֹּאמֶר עָרֹם יָצָתִי מִבֶּטֶן אִמִּי וְעָרֹם אָשׁוּב כא
שָׁמָּה יְהוָה נָתַן וַיהוָה לָקָח יְהִי שֵׁם יְהוָה מְבֹרָךְ׃ בְּכָל־זֹאת כב
לֹא־חָטָא אִיּוֹב וְלֹא־נָתַן תִּפְלָה לֵאלֹהִים׃ וַיְהִי הַיּוֹם וַיָּבֹאוּ בְּנֵי ב א
הָאֱלֹהִים לְהִתְיַצֵּב עַל־יְהוָה וַיָּבוֹא גַם־הַשָּׂטָן בְּתֹכָם לְהִתְיַצֵּב
עַל־יְהוָה׃ וַיֹּאמֶר יְהוָה אֶל־הַשָּׂטָן אֵי מִזֶּה תָּבֹא וַיַּעַן הַשָּׂטָן ב
אֶת־יְהוָה וַיֹּאמַר מִשֻּׁט בָּאָרֶץ וּמֵהִתְהַלֵּךְ בָּהּ׃ וַיֹּאמֶר יְהוָה ג
אֶל־הַשָּׂטָן הֲשַׂמְתָּ לִבְּךָ אֶל־עַבְדִּי אִיּוֹב כִּי אֵין כָּמֹהוּ בָּאָרֶץ
אִישׁ תָּם וְיָשָׁר יְרֵא אֱלֹהִים וְסָר מֵרָע וְעֹדֶנּוּ מַחֲזִיק בְּתֻמָּתוֹ
וַתְּסִיתֵנִי בוֹ לְבַלְּעוֹ חִנָּם׃ וַיַּעַן הַשָּׂטָן אֶת־יְהוָה וַיֹּאמַר עוֹר ד
בְּעַד־עוֹר וְכֹל אֲשֶׁר לָאִישׁ יִתֵּן בְּעַד נַפְשׁוֹ׃ אוּלָם שְׁלַח־נָא ה
יָדְךָ וְגַע אֶל־עַצְמוֹ וְאֶל־בְּשָׂרוֹ אִם־לֹא אֶל־פָּנֶיךָ יְבָרְכֶךָּ׃ וַיֹּאמֶר ו
יְהוָה אֶל־הַשָּׂטָן הִנּוֹ בְיָדֶךָ אַךְ אֶת־נַפְשׁוֹ שְׁמֹר׃ וַיֵּצֵא הַשָּׂטָן ז
וְעַד מֵאֵת פְּנֵי יְהוָה וַיַּךְ אֶת־אִיּוֹב בִּשְׁחִין רָע מִכַּף רַגְלוֹ עַד
קָדְקֳדוֹ׃ וַיִּקַּח־לוֹ חֶרֶשׂ לְהִתְגָּרֵד בּוֹ וְהוּא יֹשֵׁב בְּתוֹךְ־הָאֵפֶר׃ ח
וַתֹּאמֶר לוֹ אִשְׁתּוֹ עֹדְךָ מַחֲזִיק בְּתֻמָּתֶךָ בָּרֵךְ אֱלֹהִים וָמֻת׃ ט
וַיֹּאמֶר אֵלֶיהָ כְּדַבֵּר אַחַת הַנְּבָלוֹת תְּדַבֵּרִי גַּם אֶת־הַטּוֹב י
נְקַבֵּל מֵאֵת הָאֱלֹהִים וְאֶת־הָרָע לֹא נְקַבֵּל בְּכָל־זֹאת לֹא־
חָטָא אִיּוֹב בִּשְׂפָתָיו׃

וַיִּשְׁמְעוּ שְׁלֹשֶׁת ׀ רֵעֵי אִיּוֹב אֵת כָּל־הָרָעָה הַזֹּאת הַבָּאָה עָלָיו יא
וַיָּבֹאוּ אִישׁ מִמְּקֹמוֹ אֱלִיפַז הַתֵּימָנִי וּבִלְדַּד הַשּׁוּחִי וְצוֹפַר
הַנַּעֲמָתִי וַיִּוָּעֲדוּ יַחְדָּו לָבוֹא לָנוּד־לוֹ וּלְנַחֲמוֹ׃ וַיִּשְׂאוּ אֶת־ יב
עֵינֵיהֶם מֵרָחוֹק וְלֹא הִכִּירֻהוּ וַיִּשְׂאוּ קוֹלָם וַיִּבְכּוּ וַיִּקְרְעוּ אִישׁ

יג מֵעָלוֹ וַיִּזְרְקוּ עָפָר עַל־רָאשֵׁיהֶם הַשָּׁמָיְמָה: וַיֵּשְׁבוּ אִתּוֹ
לָאָרֶץ שִׁבְעַת יָמִים וְשִׁבְעַת לֵילוֹת וְאֵין־דֹּבֵר אֵלָיו דָּבָר
ג א כִּי רָאוּ כִּי־גָדַל הַכְּאֵב מְאֹד: אַחֲרֵי־כֵן פָּתַח אִיּוֹב אֶת־פִּיהוּ
וַיְקַלֵּל אֶת־יוֹמוֹ:
ב ג וַיַּעַן אִיּוֹב וַיֹּאמַר: יֹאבַד יוֹם אִוָּלֶד בּוֹ וְהַלַּיְלָה אָמַר הֹרָה גָבֶר:
ד הַיּוֹם הַהוּא יְהִי חֹשֶׁךְ אַל־יִדְרְשֵׁהוּ אֱלוֹהַ מִמָּעַל וְאַל־תּוֹפַע
ה עָלָיו נְהָרָה: יִגְאָלֻהוּ חֹשֶׁךְ וְצַלְמָוֶת תִּשְׁכָּן־עָלָיו עֲנָנָה יְבַעֲתֻהוּ
ו כִּמְרִירֵי יוֹם: הַלַּיְלָה הַהוּא יִקָּחֵהוּ אֹפֶל אַל־יִחַדְּ בִּימֵי שָׁנָה
ז בְּמִסְפַּר יְרָחִים אַל־יָבֹא: הִנֵּה הַלַּיְלָה הַהוּא יְהִי גַלְמוּד אַל־
ח ט תָּבֹא רְנָנָה בוֹ: יִקְּבֻהוּ אֹרְרֵי־יוֹם הָעֲתִידִים עֹרֵר לִוְיָתָן: יֶחְשְׁכוּ
י כּוֹכְבֵי נִשְׁפּוֹ יְקַו־לְאוֹר וָאַיִן וְאַל־יִרְאֶה בְּעַפְעַפֵּי־שָׁחַר: כִּי לֹא
יא סָגַר דַּלְתֵי בִטְנִי וַיַּסְתֵּר עָמָל מֵעֵינָי: לָמָּה לֹּא מֵרֶחֶם אָמוּת
יב מִבֶּטֶן יָצָאתִי וְאֶגְוָע: מַדּוּעַ קִדְּמוּנִי בִרְכָּיִם וּמַה־שָּׁדַיִם כִּי
יג יד אִינָק: כִּי־עַתָּה שָׁכַבְתִּי וְאֶשְׁקוֹט יָשַׁנְתִּי אָז ׀ יָנוּחַ לִי: עִם־
טו מְלָכִים וְיֹעֲצֵי אָרֶץ הַבֹּנִים חֳרָבוֹת לָמוֹ: אוֹ עִם־שָׂרִים זָהָב לָהֶם
טז הַמְמַלְאִים בָּתֵּיהֶם כָּסֶף: אוֹ כְנֵפֶל טָמוּן לֹא אֶהְיֶה כְּעֹלְלִים
יז לֹא־רָאוּ אוֹר: שָׁם רְשָׁעִים חָדְלוּ רֹגֶז וְשָׁם יָנוּחוּ יְגִיעֵי כֹחַ:
יח יט יַחַד אֲסִירִים שַׁאֲנָנוּ לֹא שָׁמְעוּ קוֹל נֹגֵשׂ: קָטֹן וְגָדוֹל שָׁם הוּא
כ וְעֶבֶד חָפְשִׁי מֵאֲדֹנָיו: לָמָּה יִתֵּן לְעָמֵל אוֹר וְחַיִּים לְמָרֵי נָפֶשׁ:
כא כב הַמְחַכִּים לַמָּוֶת וְאֵינֶנּוּ וַיַּחְפְּרֻהוּ מִמַּטְמוֹנִים: הַשְּׂמֵחִים אֱלֵי־
כג גִיל יָשִׂישׂוּ כִּי יִמְצְאוּ־קָבֶר: לְגֶבֶר אֲשֶׁר־דַּרְכּוֹ נִסְתָּרָה וַיָּסֶךְ
כד אֱלוֹהַ בַּעֲדוֹ: כִּי־לִפְנֵי לַחְמִי אַנְחָתִי תָבֹא וַיִּתְּכוּ כַמַּיִם שַׁאֲגֹתָי:
כה כו כִּי פַחַד פָּחַדְתִּי וַיֶּאֱתָיֵנִי וַאֲשֶׁר יָגֹרְתִּי יָבֹא לִי: לֹא שָׁלַוְתִּי ׀
וְלֹא שָׁקַטְתִּי וְלֹא־נָחְתִּי וַיָּבֹא רֹגֶז:
ד א ב וַיַּעַן אֱלִיפַז הַתֵּימָנִי וַיֹּאמַר: הֲנִסָּה דָבָר אֵלֶיךָ תִּלְאֶה וַעְצֹר
ג ד בְּמִלִּין מִי יוּכָל: הִנֵּה יִסַּרְתָּ רַבִּים וְיָדַיִם רָפוֹת תְּחַזֵּק: כּוֹשֵׁל
ה יְקִימוּן מִלֶּיךָ וּבִרְכַּיִם כֹּרְעוֹת תְּאַמֵּץ: כִּי עַתָּה ׀ תָּבוֹא אֵלֶיךָ

ו וַתֵּלֶא תִּגַּע עָדֶיךָ וַתִּבָּהֵל׃ הֲלֹא יִרְאָתְךָ כִּסְלָתֶךָ תִּקְוָתְךָ וְתֹם
ז ח דְּרָכֶיךָ׃ זְכׇר־נָא מִי הוּא נָקִי אָבָד וְאֵיפֹה יְשָׁרִים נִכְחָדוּ׃ כַּאֲשֶׁר
ט רָאִיתִי חֹרְשֵׁי אָוֶן וְזֹרְעֵי עָמָל יִקְצְרֻהוּ׃ מִנִּשְׁמַת אֱלוֹהַּ יֹאבֵדוּ
י וּמֵרוּחַ אַפּוֹ יִכְלוּ׃ שַׁאֲגַת אַרְיֵה וְקוֹל שָׁחַל וְשִׁנֵּי כְפִירִים נִתָּעוּ׃
יא יב לַיִשׁ אֹבֵד מִבְּלִי־טָרֶף וּבְנֵי לָבִיא יִתְפָּרָדוּ׃ וְאֵלַי דָּבָר יְגֻנָּב וַתִּקַּח
יג אׇזְנִי שֵׁמֶץ מֶנְהוּ׃ בִּשְׂעִפִּים מֵחֶזְיֹנוֹת לָיְלָה בִּנְפֹל תַּרְדֵּמָה עַל־
יד טו אֲנָשִׁים׃ פַּחַד קְרָאַנִי וּרְעָדָה וְרֹב עַצְמוֹתַי הִפְחִיד׃ וְרוּחַ עַל־
טז פָּנַי יַחֲלֹף תְּסַמֵּר שַׂעֲרַת בְּשָׂרִי׃ יַעֲמֹד ׀ וְלֹא־אַכִּיר מַרְאֵהוּ
יז תְּמוּנָה לְנֶגֶד עֵינָי דְּמָמָה וָקוֹל אֶשְׁמָע׃ הַאֱנוֹשׁ מֵאֱלוֹהַּ יִצְדָּק
יח אִם מֵעֹשֵׂהוּ יִטְהַר־גָּבֶר׃ הֵן בַּעֲבָדָיו לֹא יַאֲמִין וּבְמַלְאָכָיו יָשִׂים
יט תׇּהֳלָה׃ אַף ׀ שֹׁכְנֵי בָתֵּי־חֹמֶר אֲשֶׁר־בֶּעָפָר יְסוֹדָם יְדַכְּאוּם לִפְנֵי־
כ כא עָשׁ׃ מִבֹּקֶר לָעֶרֶב יֻכַּתּוּ מִבְּלִי מֵשִׂים לָנֶצַח יֹאבֵדוּ׃ הֲלֹא־נִסַּע
ה א יִתְרָם בָּם יָמוּתוּ וְלֹא בְחׇכְמָה׃ קְרָא־נָא הֲיֵשׁ עוֹנֶךָּ וְאֶל־מִי
ב מִקְּדֹשִׁים תִּפְנֶה׃ כִּי־לֶאֱוִיל יַהֲרׇג־כָּעַשׂ וּפֹתֶה תָּמִית קִנְאָה׃
ג ד אֲנִי־רָאִיתִי אֱוִיל מַשְׁרִישׁ וָאֶקּוֹב נָוֵהוּ פִתְאֹם׃ יִרְחֲקוּ בָנָיו מִיֶּשַׁע
ה וְיִדַּכְּאוּ בַשַּׁעַר וְאֵין מַצִּיל׃ אֲשֶׁר קְצִירוֹ ׀ רָעֵב יֹאכֵל וְאֶל־מִצִּנִּים
ו יִקָּחֵהוּ וְשָׁאַף צַמִּים חֵילָם׃ כִּי ׀ לֹא־יֵצֵא מֵעָפָר אָוֶן וּמֵאֲדָמָה
ז לֹא־יִצְמַח עָמָל׃ כִּי־אָדָם לְעָמָל יוּלָּד וּבְנֵי־רֶשֶׁף יַגְבִּיהוּ עוּף׃
ח ט אוּלָם אֲנִי אֶדְרֹשׁ אֶל־אֵל וְאֶל־אֱלֹהִים אָשִׂים דִּבְרָתִי׃ עֹשֶׂה
י גְדֹלוֹת וְאֵין חֵקֶר נִפְלָאוֹת עַד־אֵין מִסְפָּר׃ הַנֹּתֵן מָטָר עַל־פְּנֵי־
יא אָרֶץ וְשֹׁלֵחַ מַיִם עַל־פְּנֵי חוּצוֹת׃ לָשׂוּם שְׁפָלִים לְמָרוֹם וְקֹדְרִים
יב שָׂגְבוּ יֶשַׁע׃ מֵפֵר מַחְשְׁבוֹת עֲרוּמִים וְלֹא־תַעֲשֶׂינָה יְדֵיהֶם
יג יד תּוּשִׁיָּה׃ לֹכֵד חֲכָמִים בְּעׇרְמָם וַעֲצַת נִפְתָּלִים נִמְהָרָה׃ יוֹמָם
טו יְפַגְּשׁוּ־חֹשֶׁךְ וְכַלַּיְלָה יְמַשְׁשׁוּ בַצׇּהֳרָיִם׃ וַיֹּשַׁע מֵחֶרֶב מִפִּיהֶם
טז יז וּמִיַּד חָזָק אֶבְיוֹן׃ וַתְּהִי לַדַּל תִּקְוָה וְעֹלָתָה קָפְצָה פִּיהָ׃ הִנֵּה
יח אַשְׁרֵי אֱנוֹשׁ יוֹכִחֶנּוּ אֱלוֹהַּ וּמוּסַר שַׁדַּי אַל־תִּמְאָס׃ כִּי הוּא
יט יַכְאִיב וְיֶחְבָּשׁ יִמְחַץ וְיָדָו תִּרְפֶּינָה׃ בְּשֵׁשׁ צָרוֹת יַצִּילֶךָּ וּבְשֶׁבַע ׀

כ לֹא־יִגַּע בְּךָ רָע׃ בְּרָעָב פָּדְךָ מִמָּוֶת וּבְמִלְחָמָה מִידֵי חָרֶב׃
כא כב בְּשׁוֹט לָשׁוֹן תֵּחָבֵא וְלֹא־תִירָא מִשֹּׁד כִּי יָבוֹא׃ לְשֹׁד וּלְכָפָן
כג תִּשְׂחָק וּמֵחַיַּת הָאָרֶץ אַל־תִּירָא׃ כִּי עִם־אַבְנֵי הַשָּׂדֶה בְרִיתֶךָ
כד וְחַיַּת הַשָּׂדֶה הָשְׁלְמָה־לָךְ׃ וְיָדַעְתָּ כִּי־שָׁלוֹם אָהֳלֶךָ וּפָקַדְתָּ
כה נָוְךָ וְלֹא תֶחֱטָא׃ וְיָדַעְתָּ כִּי־רַב זַרְעֶךָ וְצֶאֱצָאֶיךָ כְּעֵשֶׂב הָאָרֶץ׃
כו כז תָּבוֹא בְכֶלַח אֱלֵי־קָבֶר כַּעֲלוֹת גָּדִישׁ בְּעִתּוֹ׃ הִנֵּה־זֹאת חֲקַרְנוּהָ ב
ו א כֶּן־הִיא שְׁמָעֶנָּה וְאַתָּה דַע־לָךְ׃ וַיַּעַן אִיּוֹב
ב וַיֹּאמַר׃ לוּ שָׁקוֹל יִשָּׁקֵל כַּעְשִׂי והַיָּתִי בְּמֹאזְנַיִם יִשְׂאוּ־יָחַד׃ וְהַוָּתִי
ג ד כִּי־עַתָּה מֵחוֹל יַמִּים יִכְבָּד עַל־כֵּן דְּבָרַי לָעוּ׃ כִּי חִצֵּי שַׁדַּי
ה עִמָּדִי אֲשֶׁר חֲמָתָם שֹׁתָה רוּחִי בִּעוּתֵי אֱלוֹהַּ יַעַרְכוּנִי׃ הֲיִנְהַק־
ו פֶּרֶא עֲלֵי־דֶשֶׁא אִם יִגְעֶה־שּׁוֹר עַל־בְּלִילוֹ׃ הֲיֵאָכֵל תָּפֵל מִבְּלִי־
ז מֶלַח אִם־יֶשׁ־טַעַם בְּרִיר חַלָּמוּת׃ מֵאֲנָה לִנְגּוֹעַ נַפְשִׁי הֵמָּה
ח ט כִּדְוֵי לַחְמִי׃ מִי־יִתֵּן תָּבוֹא שֶׁאֱלָתִי וְתִקְוָתִי יִתֵּן אֱלוֹהַּ׃ וְיֹאֵל
י אֱלוֹהַּ וִידַכְּאֵנִי יַתֵּר יָדוֹ וִיבַצְּעֵנִי׃ וּתְהִי־עוֹד ׀ נֶחָמָתִי וַאֲסַלְּדָה
יא בְחִילָה לֹא יַחְמוֹל כִּי־לֹא כִחַדְתִּי אִמְרֵי קָדוֹשׁ׃ מַה־כֹּחִי כִי־
יב אֲיַחֵל וּמַה־קִּצִּי כִּי־אַאֲרִיךְ נַפְשִׁי׃ אִם־כֹּחַ אֲבָנִים כֹּחִי אִם־
יג יד בְּשָׂרִי נָחוּשׁ׃ הַאִם אֵין עֶזְרָתִי בִי וְתֻשִׁיָּה נִדְּחָה מִמֶּנִּי׃ לַמָּס
טו מֵרֵעֵהוּ חָסֶד וְיִרְאַת שַׁדַּי יַעֲזוֹב׃ אַחַי בָּגְדוּ כְמוֹ־נָחַל כַּאֲפִיק
טז יז נְחָלִים יַעֲבֹרוּ׃ הַקֹּדְרִים מִנִּי־קָרַח עָלֵימוֹ יִתְעַלֶּם־שָׁלֶג׃ בְּעֵת
יח יְזֹרְבוּ נִצְמָתוּ בְּחֻמּוֹ נִדְעֲכוּ מִמְּקוֹמָם׃ יִלָּפְתוּ אָרְחוֹת דַּרְכָּם
יט יַעֲלוּ בַתֹּהוּ וְיֹאבֵדוּ׃ הִבִּיטוּ אָרְחוֹת תֵּמָא הֲלִיכֹת שְׁבָא קִוּוּ־
כ כא לָמוֹ׃ בֹּשׁוּ כִּי־בָטָח בָּאוּ עָדֶיהָ וַיֶּחְפָּרוּ׃ כִּי־עַתָּה הֱיִיתֶם לוֹ
כב תִּרְאוּ חֲתַת וַתִּירָאוּ׃ הֲכִי־אָמַרְתִּי הָבוּ לִי וּמִכֹּחֲכֶם שִׁחֲדוּ
כג כד בַעֲדִי׃ וּמַלְּטוּנִי מִיַּד־צָר וּמִיַּד עָרִיצִים תִּפְדּוּנִי׃ הוֹרוּנִי וַאֲנִי
כה אַחֲרִישׁ וּמַה־שָּׁגִיתִי הָבִינוּ לִי׃ מַה־נִּמְרְצוּ אִמְרֵי־יֹשֶׁר וּמַה־
כו יּוֹכִיחַ הוֹכֵחַ מִכֶּם׃ הַלְהוֹכַח מִלִּים תַּחְשֹׁבוּ וּלְרוּחַ אִמְרֵי נֹאָשׁ׃
כז כח אַף־עַל־יָתוֹם תַּפִּילוּ וְתִכְרוּ עַל־רֵיעֲכֶם׃ וְעַתָּה הוֹאִילוּ פְנוּ־

ו

כט בִּי וְעַל־פְּנֵיכֶם אִם־אֲכַזֵּב: שֻׁבוּ־נָא אַל־תְּהִי עַוְלָה וְשַׁבִי עוֹד — וְשֻׁבוּ
ל ז א צִדְקִי־בָהּ: הֲיֵשׁ־בִּלְשׁוֹנִי עַוְלָה אִם־חִכִּי לֹא־יָבִין הַוּוֹת: הֲלֹא־
ב צָבָא לֶאֱנוֹשׁ עֲלֵי־אָרֶץ וְכִימֵי שָׂכִיר יָמָיו: כְּעֶבֶד יִשְׁאַף־צֵל
ג וּכְשָׂכִיר יְקַוֶּה פָעֳלוֹ: כֵּן הָנְחַלְתִּי לִי יַרְחֵי־שָׁוְא וְלֵילוֹת עָמָל
ד מִנּוּ־לִי: אִם־שָׁכַבְתִּי וְאָמַרְתִּי מָתַי אָקוּם וּמִדַּד־עָרֶב וְשָׂבַעְתִּי
ה נְדֻדִים עֲדֵי־נָשֶׁף: לָבַשׁ בְּשָׂרִי רִמָּה וגיש עָפָר עוֹרִי רָגַע וַיִּמָּאֵס: — וְגוּשׁ
ו ז יָמַי קַלּוּ מִנִּי־אָרֶג וַיִּכְלוּ בְּאֶפֶס תִּקְוָה: זְכֹר כִּי־רוּחַ חַיָּי לֹא־
ח תָשׁוּב עֵינִי לִרְאוֹת טוֹב: לֹא־תְשׁוּרֵנִי עֵין רֹאִי עֵינֶיךָ בִּי וְאֵינֶנִּי:
ט י כָּלָה עָנָן וַיֵּלַךְ כֵּן יוֹרֵד שְׁאוֹל לֹא יַעֲלֶה: לֹא־יָשׁוּב עוֹד לְבֵיתוֹ
יא וְלֹא־יַכִּירֶנּוּ עוֹד מְקֹמוֹ: גַּם־אֲנִי לֹא אֶחֱשָׂךְ פִּי אֲדַבְּרָה בְּצַר
יב רוּחִי אָשִׂיחָה בְּמַר נַפְשִׁי: הֲיָם־אָנִי אִם־תַּנִּין כִּי־תָשִׂים עָלַי
יג מִשְׁמָר: כִּי־אָמַרְתִּי תְּנַחֲמֵנִי עַרְשִׂי יִשָּׂא בְשִׂיחִי מִשְׁכָּבִי:
יד טו וְחִתַּתַּנִי בַחֲלֹמוֹת וּמֵחֶזְיֹנוֹת תְּבַעֲתַנִּי: וַתִּבְחַר מַחֲנָק נַפְשִׁי מָוֶת
טז מֵעַצְמוֹתָי: מָאַסְתִּי לֹא־לְעֹלָם אֶחְיֶה חֲדַל מִמֶּנִּי כִּי־הֶבֶל יָמָי:
יז יח מָה־אֱנוֹשׁ כִּי תְגַדְּלֶנּוּ וְכִי־תָשִׁית אֵלָיו לִבֶּךָ: וַתִּפְקְדֶנּוּ לִבְקָרִים
יט לִרְגָעִים תִּבְחָנֶנּוּ: כַּמָּה לֹא־תִשְׁעֶה מִמֶּנִּי לֹא־תַרְפֵּנִי עַד־בִּלְעִי
כ רֻקִּי: חָטָאתִי מָה אֶפְעַל ׀ לָךְ נֹצֵר הָאָדָם לָמָה שַׂמְתַּנִי לְמִפְגָּע
כא לָךְ וָאֶהְיֶה עָלַי לְמַשָּׂא: וּמֶה ׀ לֹא־תִשָּׂא פִשְׁעִי וְתַעֲבִיר אֶת־עֲוֹנִי
ח א כִּי־עַתָּה לֶעָפָר אֶשְׁכָּב וְשִׁחֲרְתַּנִי וְאֵינֶנִּי: וַיַּעַן
ב בִּלְדַּד הַשּׁוּחִי וַיֹּאמַר: עַד־אָן תְּמַלֶּל־אֵלֶּה וְרוּחַ כַּבִּיר אִמְרֵי־
ג ד פִיךָ: הַאֵל יְעַוֵּת מִשְׁפָּט וְאִם־שַׁדַּי יְעַוֵּת־צֶדֶק: אִם־בָּנֶיךָ חָטְאוּ־
ה לוֹ וַיְשַׁלְּחֵם בְּיַד־פִּשְׁעָם: אִם־אַתָּה תְּשַׁחֵר אֶל־אֵל וְאֶל־שַׁדַּי
ו תִּתְחַנָּן: אִם־זַךְ וְיָשָׁר אָתָּה כִּי־עַתָּה יָעִיר עָלֶיךָ וְשִׁלַּם נְוַת
ז ח צִדְקֶךָ: וְהָיָה רֵאשִׁיתְךָ מִצְעָר וְאַחֲרִיתְךָ יִשְׂגֶּה מְאֹד: כִּי־שְׁאַל־
ט נָא לְדֹר רִישׁוֹן וְכוֹנֵן לְחֵקֶר אֲבוֹתָם: כִּי־תְמוֹל אֲנַחְנוּ וְלֹא נֵדָע
י כִּי צֵל יָמֵינוּ עֲלֵי־אָרֶץ: הֲלֹא־הֵם יוֹרוּךָ יֹאמְרוּ לָךְ וּמִלִּבָּם יוֹצִאוּ
יא יב מִלִּים: הֲיִגְאֶה־גֹּמֶא בְּלֹא בִצָּה יִשְׂגֶּה־אָחוּ בְלִי־מָיִם: עֹדֶנּוּ

יג בְּאִבּוֹ לֹא יִקָּטֵף וְלִפְנֵי כָל־חָצִיר יִיבָשׁ׃ כֵּן אָרְחוֹת כָּל־שֹׁכְחֵי
יד אֵל וְתִקְוַת חָנֵף תֹּאבֵד׃ אֲשֶׁר־יָקוֹט כִּסְלוֹ וּבֵית עַכָּבִישׁ מִבְטַחוֹ׃
טו טז יִשָּׁעֵן עַל־בֵּיתוֹ וְלֹא יַעֲמֹד יַחֲזִיק בּוֹ וְלֹא יָקוּם׃ רָטֹב הוּא לִפְנֵי־
יז שָׁמֶשׁ וְעַל־גַּנָּתוֹ יֹנַקְתּוֹ תֵצֵא׃ עַל־גַּל שָׁרָשָׁיו יְסֻבָּכוּ בֵּית אֲבָנִים
יח יט יֶחֱזֶה׃ אִם־יְבַלְּעֶנּוּ מִמְּקֹמוֹ וְכִחֶשׁ בּוֹ לֹא רְאִיתִיךָ׃ הֶן־הוּא
כ מְשׂוֹשׂ דַּרְכּוֹ וּמֵעָפָר אַחֵר יִצְמָחוּ׃ הֶן־אֵל לֹא יִמְאַס־תָּם וְלֹא־
כא יַחֲזִיק בְּיַד־מְרֵעִים׃ עַד־יְמַלֵּה שְׂחוֹק פִּיךָ וּשְׂפָתֶיךָ תְרוּעָה׃
כב ט א שֹׂנְאֶיךָ יִלְבְּשׁוּ־בֹשֶׁת וְאֹהֶל רְשָׁעִים אֵינֶנּוּ׃ וַיַּעַן
ב אִיּוֹב וַיֹּאמַר׃ אָמְנָם יָדַעְתִּי כִי־כֵן וּמַה־יִּצְדַּק אֱנוֹשׁ עִם־אֵל׃
ג ד אִם־יַחְפֹּץ לָרִיב עִמּוֹ לֹא־יַעֲנֶנּוּ אַחַת מִנִּי־אָלֶף׃ חֲכַם לֵבָב וְאַמִּיץ
ה כֹּחַ מִי־הִקְשָׁה אֵלָיו וַיִּשְׁלָם׃ הַמַּעְתִּיק הָרִים וְלֹא יָדָעוּ אֲשֶׁר
ו ז הֲפָכָם בְּאַפּוֹ׃ הַמַּרְגִּיז אֶרֶץ מִמְּקוֹמָהּ וְעַמּוּדֶיהָ יִתְפַלָּצוּן׃ הָאֹמֵר
ח לַחֶרֶס וְלֹא יִזְרָח וּבְעַד כּוֹכָבִים יַחְתֹּם׃ נֹטֶה שָׁמַיִם לְבַדּוֹ וְדוֹרֵךְ
ט י עַל־בָּמֳתֵי יָם׃ עֹשֶׂה־עָשׁ כְּסִיל וְכִימָה וְחַדְרֵי תֵמָן׃ עֹשֶׂה גְדֹלוֹת
יא עַד־אֵין חֵקֶר וְנִפְלָאוֹת עַד־אֵין מִסְפָּר׃ הֵן יַעֲבֹר עָלַי וְלֹא
יב אֶרְאֶה וְיַחֲלֹף וְלֹא־אָבִין לוֹ׃ הֵן יַחְתֹּף מִי יְשִׁיבֶנּוּ מִי־יֹאמַר
יג אֵלָיו מַה־תַּעֲשֶׂה׃ אֱלוֹהַּ לֹא־יָשִׁיב אַפּוֹ תַּחְתָּו שָׁחֲחוּ עֹזְרֵי רָהַב׃
יד טו אַף כִּי־אָנֹכִי אֶעֱנֶנּוּ אֶבְחֲרָה דְבָרַי עִמּוֹ׃ אֲשֶׁר אִם־צָדַקְתִּי לֹא
טז אֶעֱנֶה לִמְשֹׁפְטִי אֶתְחַנָּן׃ אִם־קָרָאתִי וַיַּעֲנֵנִי לֹא־אַאֲמִין כִּי־
יז יח יַאֲזִין קוֹלִי׃ אֲשֶׁר־בִּשְׂעָרָה יְשׁוּפֵנִי וְהִרְבָּה פְצָעַי חִנָּם׃ לֹא־יִתְּנֵנִי
יט הָשֵׁב רוּחִי כִּי יַשְׂבִּעַנִי מַמְּרֹרִים׃ אִם־לְכֹחַ אַמִּיץ הִנֵּה וְאִם־
כ כא לְמִשְׁפָּט מִי יוֹעִידֵנִי׃ אִם־אֶצְדַּק פִּי יַרְשִׁיעֵנִי תָּם־אָנִי וַיַּעְקְשֵׁנִי׃ תָּם־
כב אָנִי לֹא־אֵדַע נַפְשִׁי אֶמְאַס חַיָּי׃ אַחַת הִיא עַל־כֵּן אָמַרְתִּי תָּם
כג כד וְרָשָׁע הוּא מְכַלֶּה׃ אִם־שׁוֹט יָמִית פִּתְאֹם לְמַסַּת נְקִיִּם יִלְעָג׃ אֶרֶץ
כה נִתְּנָה בְיַד־רָשָׁע פְּנֵי־שֹׁפְטֶיהָ יְכַסֶּה אִם־לֹא אֵפוֹא מִי־הוּא׃ וְיָמַי
כו קַלּוּ מִנִּי־רָץ בָּרְחוּ לֹא־רָאוּ טוֹבָה׃ חָלְפוּ עִם־אֳנִיּוֹת אֵבֶה כְּנֶשֶׁר
כז יָטוּשׂ עֲלֵי־אֹכֶל׃ אִם־אָמְרִי אֶשְׁכְּחָה שִׂיחִי אֶעֶזְבָה פָנַי וְאַבְלִיגָה׃

כח כט יָגֹרְתִּי כָל־עַצְּבֹתָי יָדַעְתִּי כִּי־לֹא תְנַקֵּנִי׃ אָנֹכִי אֶרְשָׁע לָמָּה־
ל זֶּה הֶבֶל אִיגָע׃ אִם־הִתְרָחַצְתִּי במו־שָׁלֶג וַהֲזִכּוֹתִי בְּבֹר כַּפָּי׃ בְּמֵי־
לא לב אָז בַּשַּׁחַת תִּטְבְּלֵנִי וְתִעֲבוּנִי שַׂלְמוֹתָי׃ כִּי־לֹא־אִישׁ כָּמֹנִי אֶעֱנֶנּוּ
לג נָבוֹא יַחְדָּו בַּמִּשְׁפָּט׃ לֹא יֵשׁ־בֵּינֵינוּ מוֹכִיחַ יָשֵׁת יָדוֹ עַל־שְׁנֵינוּ׃
לד לה יָסֵר מֵעָלַי שִׁבְטוֹ וְאֵמָתוֹ אַל־תְּבַעֲתַנִּי׃ אֲדַבְּרָה וְלֹא אִירָאֶנּוּ
י א כִּי־לֹא־כֵן אָנֹכִי עִמָּדִי׃ נָקְטָה נַפְשִׁי בְּחַיָּי אֶעֶזְבָה עָלַי שִׂיחִי
ב אֲדַבְּרָה בְּמַר נַפְשִׁי׃ אֹמַר אֶל־אֱלוֹהַּ אַל־תַּרְשִׁיעֵנִי הוֹדִיעֵנִי
ג עַל מַה־תְּרִיבֵנִי׃ הֲטוֹב לְךָ ׀ כִּי־תַעֲשֹׁק כִּי־תִמְאַס יְגִיעַ כַּפֶּיךָ
ד וְעַל־עֲצַת רְשָׁעִים הוֹפָעְתָּ׃ הַעֵינֵי בָשָׂר לָךְ אִם־כִּרְאוֹת אֱנוֹשׁ
ה ו תִּרְאֶה׃ הֲכִימֵי אֱנוֹשׁ יָמֶיךָ אִם־שְׁנוֹתֶיךָ כִּימֵי גָבֶר׃ כִּי־תְבַקֵּשׁ
ז לַעֲוֺנִי וּלְחַטָּאתִי תִדְרוֹשׁ׃ עַל־דַּעְתְּךָ כִּי־לֹא אֶרְשָׁע וְאֵין מִיָּדְךָ
ח ט מַצִּיל׃ יָדֶיךָ עִצְּבוּנִי וַיַּעֲשׂוּנִי יַחַד סָבִיב וַתְּבַלְּעֵנִי׃ זְכָר־נָא כִּי־
י כַחֹמֶר עֲשִׂיתָנִי וְאֶל־עָפָר תְּשִׁיבֵנִי׃ הֲלֹא כֶחָלָב תַּתִּיכֵנִי וְכַגְּבִנָּה
יא יב תַּקְפִּיאֵנִי׃ עוֹר וּבָשָׂר תַּלְבִּישֵׁנִי וּבַעֲצָמוֹת וְגִידִים תְּשֹׂכְכֵנִי׃ חַיִּים
יג וָחֶסֶד עָשִׂיתָ עִמָּדִי וּפְקֻדָּתְךָ שָׁמְרָה רוּחִי׃ וְאֵלֶּה צָפַנְתָּ בִלְבָבֶךָ
יד יָדַעְתִּי כִּי־זֹאת עִמָּךְ׃ אִם־חָטָאתִי וּשְׁמַרְתָּנִי וּמֵעֲוֺנִי לֹא תְנַקֵּנִי׃
טו אִם־רָשַׁעְתִּי אַלְלַי לִי וְצָדַקְתִּי לֹא־אֶשָּׂא רֹאשִׁי שְׂבַע קָלוֹן
טז יז וּרְאֵה עָנְיִי׃ וְיִגְאֶה כַּשַּׁחַל תְּצוּדֵנִי וְתָשֹׁב תִּתְפַּלָּא־בִי׃ תְּחַדֵּשׁ
יח עֵדֶיךָ ׀ נֶגְדִּי וְתֶרֶב כַּעַשְׂךָ עִמָּדִי חֲלִיפוֹת וְצָבָא עִמִּי׃ וְלָמָּה
יט מֵרֶחֶם הֹצֵאתָנִי אֶגְוַע וְעַיִן לֹא־תִרְאֵנִי׃ כַּאֲשֶׁר לֹא־הָיִיתִי אֶהְיֶה
כ מִבֶּטֶן לַקֶּבֶר אוּבָל׃ הֲלֹא־מְעַט יָמַי יחדל ישית מִמֶּנִּי וְאַבְלִיגָה וַחֲדַל וְשִׁית
כא מְּעָט׃ בְּטֶרֶם אֵלֵךְ וְלֹא אָשׁוּב אֶל־אֶרֶץ חֹשֶׁךְ וְצַלְמָוֶת׃
כב אֶרֶץ עֵיפָתָה ׀ כְּמוֹ אֹפֶל צַלְמָוֶת וְלֹא סְדָרִים וַתֹּפַע כְּמוֹ־
יא א ב אֹפֶל׃ וַיַּעַן צֹפַר הַנַּעֲמָתִי וַיֹּאמַר׃ הֲרֹב דְּבָרִים לֹא יֵעָנֶה
ג וְאִם־אִישׁ שְׂפָתַיִם יִצְדָּק׃ בַּדֶּיךָ מְתִים יַחֲרִישׁוּ וַתִּלְעַג וְאֵין
ד ה מַכְלִם׃ וַתֹּאמֶר זַךְ לִקְחִי וּבַר הָיִיתִי בְעֵינֶיךָ׃ וְאוּלָם מִי־יִתֵּן
ו אֱלוֹהַּ דַּבֵּר וְיִפְתַּח שְׂפָתָיו עִמָּךְ׃ וְיַגֶּד־לְךָ ׀ תַּעֲלֻמוֹת חָכְמָה כִּי־

יא

ז כִּפְלַיִם לְתוּשִׁיָּה וְדַע | כִּי־יַשֶּׁה לְךָ אֱלוֹהַּ מֵעֲוֺנֶךָ׃ הַחֵקֶר אֱלוֹהַּ
ח תִּמְצָא אִם עַד־תַּכְלִית שַׁדַּי תִּמְצָא׃ גָּבְהֵי שָׁמַיִם מַה־תִּפְעָל
ט עֲמֻקָּה מִשְּׁאוֹל מַה־תֵּדָע׃ אֲרֻכָּה מֵאֶרֶץ מִדָּהּ וּרְחָבָה מִנִּי־יָם׃
י יא אִם־יַחֲלֹף וְיַסְגִּיר וְיַקְהִיל וּמִי יְשִׁיבֶנּוּ׃ כִּי־הוּא יָדַע מְתֵי־שָׁוְא
יב וַיַּרְא־אָוֶן וְלֹא יִתְבּוֹנָן׃ וְאִישׁ נָבוּב יִלָּבֵב וְעַיִר פֶּרֶא אָדָם יִוָּלֵד׃
יג יד אִם־אַתָּה הֲכִינוֹתָ לִבֶּךָ וּפָרַשְׂתָּ אֵלָיו כַּפֶּךָ׃ אִם־אָוֶן בְּיָדְךָ
טו הַרְחִיקֵהוּ וְאַל־תַּשְׁכֵּן בְּאֹהָלֶיךָ עַוְלָה׃ כִּי־אָז | תִּשָּׂא פָנֶיךָ מִמּוּם
טז וְהָיִיתָ מֻצָק וְלֹא תִירָא׃ כִּי־אַתָּה עָמָל תִּשְׁכָּח כְּמַיִם עָבְרוּ תִזְכֹּר׃
יז יח וּמִצָּהֳרַיִם יָקוּם חָלֶד תָּעֻפָה כַּבֹּקֶר תִּהְיֶה׃ וּבָטַחְתָּ כִּי־יֵשׁ תִּקְוָה
יט וְחָפַרְתָּ לָבֶטַח תִּשְׁכָּב׃ וְרָבַצְתָּ וְאֵין מַחֲרִיד וְחִלּוּ פָנֶיךָ רַבִּים׃ ג
כ וְעֵינֵי רְשָׁעִים תִּכְלֶינָה וּמָנוֹס אָבַד מִנְהֶם וְתִקְוָתָם מַפַּח־
יב א ב נָפֶשׁ׃ וַיַּעַן אִיּוֹב וַיֹּאמַר׃ אָמְנָם כִּי אַתֶּם־עָם
ג וְעִמָּכֶם תָּמוּת חָכְמָה׃ גַּם־לִי לֵבָב | כְּמוֹכֶם לֹא־נֹפֵל אָנֹכִי
ד מִכֶּם וְאֶת־מִי־אֵין כְּמוֹ־אֵלֶּה׃ שְׂחֹק לְרֵעֵהוּ | אֶהְיֶה קֹרֵא
ה לֶאֱלוֹהַּ וַיַּעֲנֵהוּ שְׂחוֹק צַדִּיק תָּמִים׃ לַפִּיד בּוּז לְעַשְׁתּוּת שַׁאֲנָן
ו נָכוֹן לְמוֹעֲדֵי רָגֶל׃ יִשְׁלָיוּ אֹהָלִים | לְשֹׁדְדִים וּבַטֻּחוֹת לְמַרְגִּיזֵי
ז אֵל לַאֲשֶׁר הֵבִיא אֱלוֹהַּ בְּיָדוֹ׃ וְאוּלָם שְׁאַל־נָא בְהֵמוֹת וְתֹרֶךָּ
ח וְעוֹף הַשָּׁמַיִם וְיַגֶּד־לָךְ׃ אוֹ שִׂיחַ לָאָרֶץ וְתֹרֶךָּ וִיסַפְּרוּ לְךָ דְּגֵי
ט י הַיָּם׃ מִי לֹא־יָדַע בְּכָל־אֵלֶּה כִּי יַד־יְהוָה עָשְׂתָה זֹּאת׃ אֲשֶׁר בְּיָדוֹ
יא נֶפֶשׁ כָּל־חָי וְרוּחַ כָּל־בְּשַׂר־אִישׁ׃ הֲלֹא־אֹזֶן מִלִּין תִּבְחָן וְחֵךְ אֹכֶל
יב יג יִטְעַם־לוֹ׃ בִּישִׁישִׁים חָכְמָה וְאֹרֶךְ יָמִים תְּבוּנָה׃ עִמּוֹ חָכְמָה
יד וּגְבוּרָה לוֹ עֵצָה וּתְבוּנָה׃ הֵן יַהֲרוֹס וְלֹא יִבָּנֶה יִסְגֹּר עַל־אִישׁ וְלֹא
טו טז יִפָּתֵחַ׃ הֵן יַעְצֹר בַּמַּיִם וְיִבָשׁוּ וִישַׁלְּחֵם וְיַהַפְכוּ־אָרֶץ׃ עִמּוֹ עֹז
יז וְתוּשִׁיָּה לוֹ שֹׁגֵג וּמַשְׁגֶּה׃ מוֹלִיךְ יוֹעֲצִים שׁוֹלָל וְשֹׁפְטִים יְהוֹלֵל׃
יח יט מוּסַר מְלָכִים פִּתֵּחַ וַיֶּאְסֹר אֵזוֹר בְּמָתְנֵיהֶם׃ מוֹלִיךְ כֹּהֲנִים שׁוֹלָל
כ כא וְאֵתָנִים יְסַלֵּף׃ מֵסִיר שָׂפָה לְנֶאֱמָנִים וְטַעַם זְקֵנִים יִקָּח׃ שׁוֹפֵךְ
כב בּוּז עַל־נְדִיבִים וּמְזִיחַ אֲפִיקִים רִפָּה׃ מְגַלֶּה עֲמֻקוֹת מִנִּי־חֹשֶׁךְ

ויצא לאור צלמות: משגיא לגוים ויאבדם שטח לגוים וינחם: כג
מסיר לב ראשי עם־הארץ ויתעם בתהו לא־דרך: ימששו־ כד כה
חשך ולא־אור ויתעם כשכור: הן־כל ראתה עיני שמעה אזני א יג
ותבן לה: כדעתכם ידעתי גם־אני לא־נפל אנכי מכם: אולם ב ג
אני אל־שדי אדבר והוכח אל־אל אחפץ: ואולם אתם טפלי־ ד
שקר רפאי אלל כלכם: מי־יתן החרש תחרישון ותהי לכם ה
לחכמה: שמעו־נא תוכחתי ורבות שפתי הקשיבו: האל ו ז
תדברו עולה ולו תדברו רמיה: הפניו תשאון אם־לאל תריבון: ח
הטוב כי־יחקר אתכם אם־כהתל באנוש תהתלו בו: הוכח ט י
יוכיח אתכם אם־בסתר פנים תשאון: הלא שאתו תבעת יא
אתכם ופחדו יפל עליכם: זכרניכם משלי־אפר לגבי־חמר יב
גביכם: החרישו ממני ואדברה־אני ויעבר עלי מה: על־מה ׀ יג יד
לו אשא בשרי בשני ונפשי אשים בכפי: הן יקטלני לא איחל אך־ טו
דרכי אל־פניו אוכיח: גם־הוא־לי לישועה כי־לא לפניו חנף טז
יבוא: שמעו שמוע מלתי ואחותי באזניכם: הנה־נא ערכתי יז יח
משפט ידעתי כי־אני אצדק: מי־הוא יריב עמדי כי־עתה יט
אחריש ואגוע: אך־שתים אל־תעש עמדי אז מפניך לא אסתר: כ
כפך מעלי הרחק ואמתך אל־תבעתני: וקרא ואנכי אענה או־ כא כב
אדבר והשיבני: כמה לי עונות וחטאות פשעי וחטאתי הדיעני: כג
למה־פניך תסתיר ותחשבני לאויב לך: העלה נדף תערוץ ואת־ כד כה
קש יבש תרדף: כי־תכתב עלי מררות ותורישני עונות נעורי: כו
ותשם בסד ׀ רגלי ותשמור כל־ארחתי על־שרשי רגלי כז
תתחקה: והוא כרקב יבלה כבגד אכלו עש: אדם ילוד אשה כח א יד
קצר ימים ושבע־רגז: כציץ יצא וימל ויברח כצל ולא יעמוד: ב
אף־על־זה פקחת עינך ואתי תביא במשפט עמך: מי־יתן ג ד
טהור מטמא לא אחד: אם־חרוצים ׀ ימיו מספר־חדשיו אתך ה
חקו עשית ולא יעבר: שעה מעליו ויחדל עד־ירצה כשכיר ו

ז יוֹמוֹ׃ כִּי יֵשׁ לָעֵץ תִּקְוָה אִם־יִכָּרֵת וְעוֹד יַחֲלִיף וְיֹנַקְתּוֹ לֹא
ח ט תֶחְדָּל׃ אִם־יַזְקִין בָּאָרֶץ שָׁרְשׁוֹ וּבֶעָפָר יָמוּת גִּזְעוֹ׃ מֵרֵיחַ מַיִם
י יַפְרִחַ וְעָשָׂה קָצִיר כְּמוֹ־נָטַע׃ וְגֶבֶר יָמוּת וַיֶּחֱלָשׁ וַיִּגְוַע אָדָם
יא יב וְאַיּוֹ׃ אָזְלוּ־מַיִם מִנִּי־יָם וְנָהָר יֶחֱרַב וְיָבֵשׁ׃ וְאִישׁ שָׁכַב וְלֹא־
יג יָקוּם עַד־בִּלְתִּי שָׁמַיִם לֹא יָקִיצוּ וְלֹא־יֵעֹרוּ מִשְּׁנָתָם׃ מִי יִתֵּן ׀
בִּשְׁאוֹל תַּצְפִּנֵנִי תַּסְתִּירֵנִי עַד־שׁוּב אַפֶּךָ תָּשִׁית לִי חֹק וְתִזְכְּרֵנִי׃
יד אִם־יָמוּת גֶּבֶר הֲיִחְיֶה כָּל־יְמֵי צְבָאִי אֲיַחֵל עַד־בּוֹא חֲלִיפָתִי׃
טו טז תִּקְרָא וְאָנֹכִי אֶעֱנֶךָּ לְמַעֲשֵׂה יָדֶיךָ תִכְסֹף׃ כִּי־עַתָּה צְעָדַי
יז תִּסְפּוֹר לֹא־תִשְׁמוֹר עַל־חַטָּאתִי׃ חָתֻם בִּצְרוֹר פִּשְׁעִי וַתִּטְפֹּל
יח יט עַל־עֲוֹנִי׃ וְאוּלָם הַר־נוֹפֵל יִבּוֹל וְצוּר יֶעְתַּק מִמְּקֹמוֹ׃ אֲבָנִים ׀
שָׁחֲקוּ מַיִם תִּשְׁטֹף־סְפִיחֶיהָ עֲפַר־אָרֶץ וְתִקְוַת אֱנוֹשׁ הֶאֱבַדְתָּ׃
כ כא תִּתְקְפֵהוּ לָנֶצַח וַיַּהֲלֹךְ מְשַׁנֶּה פָנָיו וַתְּשַׁלְּחֵהוּ׃ יִכְבְּדוּ בָנָיו וְלֹא
כב יֵדָע וְיִצְעֲרוּ וְלֹא־יָבִין לָמוֹ׃ אַךְ־בְּשָׂרוֹ עָלָיו יִכְאָב וְנַפְשׁוֹ עָלָיו
טו א ב תֶּאֱבָל׃ וַיַּעַן אֱלִיפַז הַתֵּימָנִי וַיֹּאמַר׃ הֶחָכָם יַעֲנֶה
ג דַעַת־רוּחַ וִימַלֵּא קָדִים בִּטְנוֹ׃ הוֹכֵחַ בְּדָבָר לֹא יִסְכּוֹן וּמִלִּים
ד לֹא־יוֹעִיל בָּם׃ אַף־אַתָּה תָּפֵר יִרְאָה וְתִגְרַע שִׂיחָה לִפְנֵי־אֵל׃
ה ו כִּי יְאַלֵּף עֲוֺנְךָ פִיךָ וְתִבְחַר לְשׁוֹן עֲרוּמִים׃ יַרְשִׁיעֲךָ פִיךָ וְלֹא־
ז אָנִי וּשְׂפָתֶיךָ יַעֲנוּ־בָךְ׃ הֲרִאישׁוֹן אָדָם תִּוָּלֵד וְלִפְנֵי גְבָעוֹת
ח ט חוֹלָלְתָּ׃ הַבְסוֹד אֱלוֹהַּ תִּשְׁמָע וְתִגְרַע אֵלֶיךָ חָכְמָה׃ מַה־
י יָדַעְתָּ וְלֹא נֵדָע תָּבִין וְלֹא־עִמָּנוּ הוּא׃ גַּם־שָׂב גַּם־יָשִׁישׁ בָּנוּ
יא כַּבִּיר מֵאָבִיךָ יָמִים׃ הַמְעַט מִמְּךָ תַּנְחֻמוֹת אֵל וְדָבָר לָאַט
יב יג עִמָּךְ׃ מַה־יִּקָּחֲךָ לִבֶּךָ וּמַה־יִּרְזְמוּן עֵינֶיךָ׃ כִּי־תָשִׁיב אֶל־אֵל
יד רוּחֶךָ וְהֹצֵאתָ מִפִּיךָ מִלִּין׃ מָה־אֱנוֹשׁ כִּי־יִזְכֶּה וְכִי־יִצְדַּק יְלוּד
טו טז אִשָּׁה׃ הֵן בִּקְדֹשָׁו לֹא יַאֲמִין וְשָׁמַיִם לֹא־זַכּוּ בְעֵינָיו׃ אַף כִּי־
יז נִתְעָב וְנֶאֱלָח אִישׁ־שֹׁתֶה כַמַּיִם עַוְלָה׃ אֲחַוְךָ שְׁמַע־לִי וְזֶה־
יח יט חָזִיתִי וַאֲסַפֵּרָה׃ אֲשֶׁר־חֲכָמִים יַגִּידוּ וְלֹא כִחֲדוּ מֵאֲבוֹתָם׃ לָהֶם
כ לְבַדָּם נִתְּנָה הָאָרֶץ וְלֹא־עָבַר זָר בְּתוֹכָם׃ כָּל־יְמֵי רָשָׁע הוּא

כא מִתְחוֹלֵל וּמִסְפַּר שָׁנִים נִצְפְּנוּ לֶעָרִיץ: קוֹל־פְּחָדִים בְּאָזְנָיו בַּשָּׁלוֹם
כב שׁוֹדֵד יְבוֹאֶנּוּ: לֹא־יַאֲמִין שׁוּב מִנִּי־חֹשֶׁךְ וצפו הוּא אֱלֵי־חָרֶב: וְצָפוּי
כג כד נֹדֵד הוּא לַלֶּחֶם אַיֵּה יָדַע | כִּי־נָכוֹן בְּיָדוֹ יוֹם־חֹשֶׁךְ: יְבַעֲתֻהוּ
כה צַר וּמְצוּקָה תִּתְקְפֵהוּ כְּמֶלֶךְ | עָתִיד לַכִּידוֹר: כִּי־נָטָה אֶל־אֵל
כו יָדוֹ וְאֶל־שַׁדַּי יִתְגַּבָּר: יָרוּץ אֵלָיו בְּצַוָּאר בַּעֲבִי גַּבֵּי מָגִנָּיו:
כז כח כִּי־כִסָּה פָנָיו בְּחֶלְבּוֹ וַיַּעַשׂ פִּימָה עֲלֵי־כָסֶל: וַיִּשְׁכּוֹן | עָרִים
כט נִכְחָדוֹת בָּתִּים לֹא־יֵשְׁבוּ לָמוֹ אֲשֶׁר הִתְעַתְּדוּ לְגַלִּים: לֹא־
ל יֶעְשַׁר וְלֹא־יָקוּם חֵילוֹ וְלֹא־יִטֶּה לָאָרֶץ מִנְלָם: לֹא־יָסוּר | מִנִּי־
לא חֹשֶׁךְ יֹנַקְתּוֹ תְּיַבֵּשׁ שַׁלְהָבֶת וְיָסוּר בְּרוּחַ פִּיו: אַל־יַאֲמֵן בַּשָּׁו
לב נִתְעָה כִּי־שָׁוְא תִּהְיֶה תְמוּרָתוֹ: בְּלֹא־יוֹמוֹ תִּמָּלֵא וְכִפָּתוֹ לֹא
לג לד רַעֲנָנָה: יַחְמֹס כַּגֶּפֶן בִּסְרוֹ וְיַשְׁלֵךְ כַּזַּיִת נִצָּתוֹ: כִּי־עֲדַת חָנֵף
לה גַּלְמוּד וְאֵשׁ אָכְלָה אָהֳלֵי־שֹׁחַד: הָרֹה עָמָל וְיָלֹד אָוֶן וּבִטְנָם
טז א ב תָּכִין מִרְמָה: וַיַּעַן אִיּוֹב וַיֹּאמַר: שָׁמַעְתִּי כְאֵלֶּה
ג רַבּוֹת מְנַחֲמֵי עָמָל כֻּלְּכֶם: הֲקֵץ לְדִבְרֵי־רוּחַ אוֹ מַה־יַּמְרִיצְךָ
ד כִּי תַעֲנֶה: גַּם | אָנֹכִי כָּכֶם אֲדַבֵּרָה לוּ־יֵשׁ נַפְשְׁכֶם תַּחַת
נַפְשִׁי אַחְבִּירָה עֲלֵיכֶם בְּמִלִּים וְאָנִיעָה עֲלֵיכֶם בְּמוֹ רֹאשִׁי:
ה ו אֲאַמִּצְכֶם בְּמוֹ־פִי וְנִיד שְׂפָתַי יַחְשֹׂךְ: אִם־אֲדַבְּרָה לֹא־יֵחָשֵׂךְ
ז כְּאֵבִי וְאַחְדְּלָה מַה־מִּנִּי יַהֲלֹךְ: אַךְ־עַתָּה הֶלְאָנִי הֲשִׁמּוֹתָ כָּל־
ח ט עֲדָתִי: וַתִּקְמְטֵנִי לְעֵד הָיָה וַיָּקָם בִּי כַחֲשִׁי בְּפָנַי יַעֲנֶה: אַפּוֹ
י טָרַף | וַיִּשְׂטְמֵנִי חָרַק עָלַי בְּשִׁנָּיו צָרִי | יִלְטוֹשׁ עֵינָיו לִי: פָּעֲרוּ
יא עָלַי | בְּפִיהֶם בְּחֶרְפָּה הִכּוּ לְחָיָי יַחַד עָלַי יִתְמַלָּאוּן: יַסְגִּירֵנִי
יב אֵל אֶל עֲוִיל וְעַל־יְדֵי רְשָׁעִים יִרְטֵנִי: שָׁלֵו הָיִיתִי | וַיְפַרְפְּרֵנִי
יג וְאָחַז בְּעָרְפִּי וַיְפַצְפְּצֵנִי וַיְקִימֵנִי לוֹ לְמַטָּרָה: יָסֹבּוּ עָלַי | רַבָּיו
יד יְפַלַּח כִּלְיוֹתַי וְלֹא יַחְמֹל יִשְׁפֹּךְ לָאָרֶץ מְרֵרָתִי: יִפְרְצֵנִי פֶרֶץ
טו עַל־פְּנֵי־פָרֶץ יָרֻץ עָלַי כְּגִבּוֹר: שַׂק תָּפַרְתִּי עֲלֵי גִלְדִּי וְעֹלַלְתִּי
טז יז בֶעָפָר קַרְנִי: פָּנַי חמרמרה מִנִּי־בֶכִי וְעַל עַפְעַפַּי צַלְמָוֶת: עַל חֳמַרְמְרוּ
יח לֹא־חָמָס בְּכַפָּי וּתְפִלָּתִי זַכָּה: אֶרֶץ אַל־תְּכַסִּי דָמִי וְאַל־יְהִי

יט מָקוֹם לְזַעֲקָתִי: גַּם־עַתָּה הִנֵּה־בַשָּׁמַיִם עֵדִי וְשָׂהֲדִי בַּמְּרוֹמִים:
כ כא מְלִיצַי רֵעָי אֶל־אֱלוֹהַּ דָּלְפָה עֵינִי: וְיוֹכַח לְגֶבֶר עִם־אֱלוֹהַּ
כב וּבֶן־אָדָם לְרֵעֵהוּ: כִּי־שְׁנוֹת מִסְפָּר יֶאֱתָיוּ וְאֹרַח לֹא־אָשׁוּב
יז א ב אֶהֱלֹךְ: רוּחִי חֻבָּלָה יָמַי נִזְעָכוּ קְבָרִים לִי: אִם־לֹא הֲתֻלִים
ג עִמָּדִי וּבְהַמְּרוֹתָם תָּלַן עֵינִי: שִׂימָה־נָּא עָרְבֵנִי עִמָּךְ מִי הוּא
ד ה לְיָדִי יִתָּקֵעַ: כִּי־לִבָּם צָפַנְתָּ מִּשָּׂכֶל עַל־כֵּן לֹא תְרֹמֵם: לְחֵלֶק
ו יַגִּיד רֵעִים וְעֵינֵי בָנָיו תִּכְלֶנָה: וְהִצִּגַנִי לִמְשֹׁל עַמִּים וְתֹפֶת
ז ח לְפָנִים אֶהְיֶה: וַתֵּכַהּ מִכַּעַשׂ עֵינִי וִיצֻרַי כַּצֵּל כֻּלָּם: יָשֹׁמּוּ
ט יְשָׁרִים עַל־זֹאת וְנָקִי עַל־חָנֵף יִתְעֹרָר: וְיֹאחֵז צַדִּיק דַּרְכּוֹ ד
י וּטְהָר־יָדַיִם יֹסִיף אֹמֶץ: וְאוּלָם כֻּלָּם תָּשֻׁבוּ וּבֹאוּ נָא וְלֹא־
יא אֶמְצָא בָכֶם חָכָם: יָמַי עָבְרוּ זִמֹּתַי נִתְּקוּ מוֹרָשֵׁי לְבָבִי:
יב יג לַיְלָה לְיוֹם יָשִׂימוּ אוֹר קָרוֹב מִפְּנֵי־חֹשֶׁךְ: אִם־אֲקַוֶּה שְׁאוֹל
יד בֵּיתִי בַּחֹשֶׁךְ רִפַּדְתִּי יְצוּעָי: לַשַּׁחַת קָרָאתִי אָבִי אָתָּה אִמִּי
טו טז וַאֲחֹתִי לָרִמָּה: וְאַיֵּה אֵפוֹ תִקְוָתִי וְתִקְוָתִי מִי יְשׁוּרֶנָּה: בַּדֵּי שְׁאֹל
יח א תֵּרַדְנָה אִם־יַחַד עַל־עָפָר נָחַת: וַיַּעַן בִּלְדַּד
ב הַשֻּׁחִי וַיֹּאמַר: עַד־אָנָה ׀ תְּשִׂימוּן קִנְצֵי לְמִלִּין תָּבִינוּ וְאַחַר
ג ד נְדַבֵּר: מַדּוּעַ נֶחְשַׁבְנוּ כַבְּהֵמָה נִטְמִינוּ בְּעֵינֵיכֶם: טֹרֵף נַפְשׁוֹ
ה בְּאַפּוֹ הַלְמַעַנְךָ תֵּעָזַב אָרֶץ וְיֶעְתַּק־צוּר מִמְּקֹמוֹ: גַּם אוֹר רְשָׁעִים
ו יִדְעָךְ וְלֹא־יִגַּהּ שְׁבִיב אִשּׁוֹ: אוֹר חָשַׁךְ בְּאָהֳלוֹ וְנֵרוֹ עָלָיו יִדְעָךְ:
ז ח יֵצְרוּ צַעֲדֵי אוֹנוֹ וְתַשְׁלִיכֵהוּ עֲצָתוֹ: כִּי־שֻׁלַּח בְּרֶשֶׁת בְּרַגְלָיו
ט י וְעַל־שְׂבָכָה יִתְהַלָּךְ: יֹאחֵז בְּעָקֵב פָּח יַחֲזֵק עָלָיו צַמִּים: טָמוּן
יא בָּאָרֶץ חַבְלוֹ וּמַלְכֻּדְתּוֹ עֲלֵי נָתִיב: סָבִיב בִּעֲתֻהוּ בַלָּהוֹת
יב יג וֶהֱפִיצֻהוּ לְרַגְלָיו: יְהִי־רָעֵב אֹנוֹ וְאֵיד נָכוֹן לְצַלְעוֹ: יֹאכַל בַּדֵּי
יד עוֹרוֹ יֹאכַל בַּדָּיו בְּכוֹר מָוֶת: יִנָּתֵק מֵאָהֳלוֹ מִבְטַחוֹ וְתַצְעִדֵהוּ
טו לְמֶלֶךְ בַּלָּהוֹת: תִּשְׁכּוֹן בְּאָהֳלוֹ מִבְּלִי־לוֹ יְזֹרֶה עַל־נָוֵהוּ גָפְרִית:
טז יז מִתַּחַת שָׁרָשָׁיו יִבָשׁוּ וּמִמַּעַל יִמַּל קְצִירוֹ: זִכְרוֹ־אָבַד מִנִּי־אָרֶץ
יח וְלֹא־שֵׁם לוֹ עַל־פְּנֵי־חוּץ: יֶהְדְּפֻהוּ מֵאוֹר אֶל־חֹשֶׁךְ וּמִתֵּבֵל

ינדהו: לא נין לו ולא־נכד בעמו ואין שריד במגוריו: על־ יט כ
יומו נשמו אחרנים וקדמנים אחזו שער: אך־אלה משכנות כא
עול וזה מקום לא־ידע־אל: ויען איוב ויאמר: א יט
עד־אנה תוגיון נפשי ותדכאונני במלים: זה עשר פעמים ב ג
תכלימוני לא־תבשו תהכרו־לי: ואף־אמנם שגיתי אתי ד
תלין משוגתי: אם־אמנם עלי תגדילו ותוכיחו עלי חרפתי: ה
דעו־אפו כי־אלוה עותני ומצודו עלי הקיף: הן אצעק חמס ו ז
ולא אענה אשוע ואין משפט: ארחי גדר ולא אעבור ועל־ ח
נתיבותי חשך ישים: כבודי מעלי הפשיט ויסר עטרת ראשי: ט
יתצני סביב ואלך ויסע כעץ תקותי: ויחר עלי אפו ויחשבני י יא
לו כצריו: יחד ׀ יבאו גדודיו ויסלו עלי דרכם ויחנו סביב יב
לאהלי: אחי מעלי הרחיק וידעי אך־זרו ממני: חדלו קרובי יג יד
ומידעי שכחוני: גרי ביתי ואמהתי לזר תחשבני נכרי הייתי טו
בעיניהם: לעבדי קראתי ולא יענה במו־פי אתחנן־לו: רוחי טז יז
זרה לאשתי וחנתי לבני בטני: גם־עוילים מאסו בי אקומה יח
וידברו־בי: תעבוני כל־מתי סודי וזה־אהבתי נהפכו־בי: יט
בעורי ובבשרי דבקה עצמי ואתמלטה בעור שני: חנני חנני כ כא
אתם רעי כי יד־אלוה נגעה בי: למה תרדפני כמו־אל כב
ומבשרי לא תשבעו: מי־יתן אפו ויכתבון מלי מי־יתן בספר כג
ויחקו: בעט־ברזל ועפרת לעד בצור יחצבון: ואני ידעתי כד כה
גאלי חי ואחרון על־עפר יקום: ואחר עורי נקפו־זאת ומבשרי כו
אחזה אלוה: אשר אני ׀ אחזה־לי ועיני ראו ולא־זר כלו כז
כליתי בחקי: כי תאמרו מה־נרדף־לו ושרש דבר נמצא־בי: כח
גורו לכם ׀ מפני־חרב כי־חמה עונות חרב למען תדעון כט
שַׁדּוּן שדין: ויען צופר הנעמתי ויאמר: לכן שעפי א ב כ
ישיבוני ובעבור חושי בי: מוסר כלמתי אשמע ורוח מבינתי ג
יענני: הזאת ידעת מני־עד מני שים אדם עלי־ארץ: כי ד ה

ו רִנְנַת רְשָׁעִים מִקָּרוֹב וְשִׂמְחַת חָנֵף עֲדֵי־רָגַע׃ אִם־יַעֲלֶה
ז לַשָּׁמַיִם שִׂיאוֹ וְרֹאשׁוֹ לָעָב יַגִּיעַ׃ כְּגֶלֲלוֹ לָנֶצַח יֹאבֵד רֹאָיו
ח יֹאמְרוּ אַיּוֹ׃ כַּחֲלוֹם יָעוּף וְלֹא יִמְצָאֻהוּ וְיֻדַּד כְּחֶזְיוֹן לָיְלָה׃
ט י עַיִן שְׁזָפַתּוּ וְלֹא תוֹסִיף וְלֹא־עוֹד תְּשׁוּרֶנּוּ מְקוֹמוֹ׃ בָּנָיו יְרַצּוּ
יא דַלִּים וְיָדָיו תָּשֵׁבְנָה אוֹנוֹ׃ עַצְמוֹתָיו מָלְאוּ עֲלוּמָו וְעִמּוֹ עַל־
יב עָפָר תִּשְׁכָּב׃ אִם־תַּמְתִּיק בְּפִיו רָעָה יַכְחִידֶנָּה תַּחַת לְשׁוֹנוֹ׃
יג יד יַחְמֹל עָלֶיהָ וְלֹא יַעַזְבֶנָּה וְיִמְנָעֶנָּה בְּתוֹךְ חִכּוֹ׃ לַחְמוֹ בְּמֵעָיו
טו נֶהְפָּךְ מְרוֹרַת פְּתָנִים בְּקִרְבּוֹ׃ חַיִל בָּלַע וַיְקִאֶנּוּ מִבִּטְנוֹ יֹרִשֶׁנּוּ
טז יז אֵל׃ רֹאשׁ־פְּתָנִים יִינָק תַּהַרְגֵהוּ לְשׁוֹן אֶפְעֶה׃ אַל־יֵרֶא
יח בִפְלַגּוֹת נַהֲרֵי נַחֲלֵי דְּבַשׁ וְחֶמְאָה׃ מֵשִׁיב יָגָע וְלֹא יִבְלָע כְּחֵיל
יט תְּמוּרָתוֹ וְלֹא יַעֲלֹס׃ כִּי־רִצַּץ עָזַב דַּלִּים בַּיִת גָּזַל וְלֹא יִבֶנֵהוּ׃
כ כא כִּי ׀ לֹא־יָדַע שָׁלֵו בְּבִטְנוֹ בַּחֲמוּדוֹ לֹא יְמַלֵּט׃ אֵין־שָׂרִיד לְאָכְלוֹ
כב עַל־כֵּן לֹא־יָחִיל טוּבוֹ׃ בִּמְלֹאות שִׂפְקוֹ יֵצֶר לוֹ כָּל־יַד עָמֵל
כג תְּבֹאֶנּוּ׃ יְהִי ׀ לְמַלֵּא בִטְנוֹ יְשַׁלַּח־בּוֹ חֲרוֹן אַפּוֹ וְיַמְטֵר עָלֵימוֹ
כד כה בִּלְחוּמוֹ׃ יִבְרַח מִנֵּשֶׁק בַּרְזֶל תַּחְלְפֵהוּ קֶשֶׁת נְחוּשָׁה׃ שָׁלַף
כו וַיֵּצֵא מִגֵּוָה וּבָרָק מִמְּרֹרָתוֹ יַהֲלֹךְ עָלָיו אֵמִים׃ כָּל־חֹשֶׁךְ טָמוּן
כז לִצְפּוּנָיו תְּאָכְלֵהוּ אֵשׁ לֹא־נֻפָּח יֵרַע שָׂרִיד בְּאָהֳלוֹ׃ יְגַלּוּ שָׁמַיִם
כח עֲוֺנוֹ וְאֶרֶץ מִתְקוֹמָמָה לוֹ׃ יִגֶל יְבוּל בֵּיתוֹ נִגָּרוֹת בְּיוֹם אַפּוֹ׃
כט כא א זֶה ׀ חֵלֶק־אָדָם רָשָׁע מֵאֱלֹהִים וְנַחֲלַת אִמְרוֹ מֵאֵל׃ וַיַּעַן
ב אִיּוֹב וַיֹּאמַר׃ שִׁמְעוּ שָׁמוֹעַ מִלָּתִי וּתְהִי־זֹאת תַּנְחוּמֹתֵיכֶם׃
ג ד שָׂאוּנִי וְאָנֹכִי אֲדַבֵּר וְאַחַר דַּבְּרִי תַלְעִיג׃ הֶאָנֹכִי לְאָדָם שִׂיחִי
ה וְאִם־מַדּוּעַ לֹא־תִקְצַר רוּחִי׃ פְּנוּ־אֵלַי וְהָשַׁמּוּ וְשִׂימוּ יָד עַל־פֶּה׃
ו ז וְאִם־זָכַרְתִּי וְנִבְהָלְתִּי וְאָחַז בְּשָׂרִי פַּלָּצוּת׃ מַדּוּעַ רְשָׁעִים יִחְיוּ
ח עָתְקוּ גַּם־גָּבְרוּ חָיִל׃ זַרְעָם נָכוֹן לִפְנֵיהֶם עִמָּם וְצֶאֱצָאֵיהֶם
ט י לְעֵינֵיהֶם׃ בָּתֵּיהֶם שָׁלוֹם מִפָּחַד וְלֹא שֵׁבֶט אֱלוֹהַּ עֲלֵיהֶם׃ שׁוֹרוֹ
יא עִבַּר וְלֹא יַגְעִל תְּפַלֵּט פָּרָתוֹ וְלֹא תְשַׁכֵּל׃ יְשַׁלְּחוּ כַצֹּאן
יב עֲוִילֵיהֶם וְיַלְדֵיהֶם יְרַקֵּדוּן׃ יִשְׂאוּ כְּתֹף וְכִנּוֹר וְיִשְׂמְחוּ לְקוֹל

יְכַלּוּ

יג יד עוּגָב׃ יְבַלּוּ בַטּוֹב יְמֵיהֶם וּבְרֶגַע שְׁאוֹל יֵחָתּוּ׃ וַיֹּאמְרוּ לָאֵל
טו סוּר מִמֶּנּוּ וְדַעַת דְּרָכֶיךָ לֹא חָפָצְנוּ׃ מַה־שַּׁדַּי כִּי־נַעַבְדֶנּוּ
טז וּמַה־נּוֹעִיל כִּי נִפְגַּע־בּוֹ׃ הֵן לֹא בְיָדָם טוּבָם עֲצַת רְשָׁעִים
יז רָחֲקָה מֶנִּי׃ כַּמָּה ׀ נֵר־רְשָׁעִים יִדְעָךְ וְיָבֹא עָלֵימוֹ אֵידָם חֲבָלִים
יח יט יְחַלֵּק בְּאַפּוֹ׃ יִהְיוּ כְּתֶבֶן לִפְנֵי־רוּחַ וּכְמֹץ גְּנָבַתּוּ סוּפָה׃ אֱלוֹהַּ
כ יִצְפֹּן־לְבָנָיו אוֹנוֹ יְשַׁלֵּם אֵלָיו וְיֵדָע׃ יִרְאוּ עֵינָו כִּידוֹ וּמֵחֲמַת
כא שַׁדַּי יִשְׁתֶּה׃ כִּי מַה־חֶפְצוֹ בְּבֵיתוֹ אַחֲרָיו וּמִסְפַּר חֳדָשָׁיו חֻצָּצוּ׃
כב כג הַלְאֵל יְלַמֶּד־דָּעַת וְהוּא רָמִים יִשְׁפּוֹט׃ זֶה יָמוּת בְּעֶצֶם תֻּמּוֹ
כד כֻּלּוֹ שַׁלְאֲנַן וְשָׁלֵיו׃ עֲטִינָיו מָלְאוּ חָלָב וּמֹחַ עַצְמוֹתָיו יְשֻׁקֶּה׃
כה כו וְזֶה יָמוּת בְּנֶפֶשׁ מָרָה וְלֹא־אָכַל בַּטּוֹבָה׃ יַחַד עַל־עָפָר יִשְׁכָּבוּ
כז וְרִמָּה תְּכַסֶּה עֲלֵיהֶם׃ הֵן יָדַעְתִּי מַחְשְׁבוֹתֵיכֶם וּמְזִמּוֹת עָלַי
כח תַּחְמֹסוּ׃ כִּי תֹאמְרוּ אַיֵּה בֵית־נָדִיב וְאַיֵּה אֹהֶל ׀ מִשְׁכְּנוֹת
כט ל רְשָׁעִים׃ הֲלֹא שְׁאֶלְתֶּם עוֹבְרֵי דָרֶךְ וְאֹתֹתָם לֹא תְנַכֵּרוּ׃ כִּי
לא לְיוֹם אֵיד יֵחָשֶׂךְ רָע לְיוֹם עֲבָרוֹת יוּבָלוּ׃ מִי־יַגִּיד עַל־פָּנָיו
לב דַּרְכּוֹ וְהוּא־עָשָׂה מִי יְשַׁלֶּם־לוֹ׃ וְהוּא לִקְבָרוֹת יוּבָל וְעַל־
לג גָּדִישׁ יִשְׁקוֹד׃ מָתְקוּ־לוֹ רִגְבֵי נָחַל וְאַחֲרָיו כָּל־אָדָם יִמְשׁוֹךְ
לד וּלְפָנָיו אֵין מִסְפָּר׃ וְאֵיךְ תְּנַחֲמוּנִי הָבֶל וּתְשׁוּבֹתֵיכֶם נִשְׁאַר־
כב א ב מָעַל׃ וַיַּעַן אֱלִיפַז הַתֵּמָנִי וַיֹּאמַר׃ הַלְאֵל יִסְכָּן־
ג גָּבֶר כִּי־יִסְכֹּן עָלֵימוֹ מַשְׂכִּיל׃ הַחֵפֶץ לְשַׁדַּי כִּי תִצְדָּק וְאִם־
ד בֶּצַע כִּי־תַתֵּם דְּרָכֶיךָ׃ הֲמִיִּרְאָתְךָ יֹכִיחֶךָ יָבוֹא עִמְּךָ בַּמִּשְׁפָּט׃
ה ו הֲלֹא רָעָתְךָ רַבָּה וְאֵין־קֵץ לַעֲוֺנֹתֶיךָ׃ כִּי־תַחְבֹּל אַחֶיךָ חִנָּם
ז וּבִגְדֵי עֲרוּמִּים תַּפְשִׁיט׃ לֹא־מַיִם עָיֵף תַּשְׁקֶה וּמֵרָעֵב תִּמְנַע־
ח ט לָחֶם׃ וְאִישׁ זְרוֹעַ לוֹ הָאָרֶץ וּנְשׂוּא פָנִים יֵשֶׁב בָּהּ׃ אַלְמָנוֹת
י שִׁלַּחְתָּ רֵיקָם וּזְרֹעוֹת יְתֹמִים יְדֻכָּא׃ עַל־כֵּן סְבִיבוֹתֶיךָ פַחִים
יא וִיבַהֶלְךָ פַּחַד פִּתְאֹם׃ אוֹ־חֹשֶׁךְ לֹא־תִרְאֶה וְשִׁפְעַת־מַיִם
יב תְּכַסֶּךָּ׃ הֲלֹא־אֱלוֹהַּ גֹּבַהּ שָׁמָיִם וּרְאֵה רֹאשׁ כּוֹכָבִים כִּי־
יג יד רָמּוּ׃ וְאָמַרְתָּ מַה־יָּדַע אֵל הַבְעַד עֲרָפֶל יִשְׁפּוֹט׃ עָבִים סֵתֶר־

טו לוֹ וְלֹא יִרְאֶה וְחוּג שָׁמַיִם יִתְהַלָּךְ: הַאֹרַח עוֹלָם תִּשְׁמוֹר
טז אֲשֶׁר דָּרְכוּ מְתֵי־אָוֶן: אֲשֶׁר־קֻמְּטוּ וְלֹא־עֵת נָהָר יוּצַק יְסוֹדָם:
יז יח הָאֹמְרִים לָאֵל סוּר מִמֶּנּוּ וּמַה־יִּפְעַל שַׁדַּי לָמוֹ: וְהוּא מִלֵּא
יט בָתֵּיהֶם טוֹב וַעֲצַת רְשָׁעִים רָחֲקָה מֶנִּי: יִרְאוּ צַדִּיקִים וְיִשְׂמָחוּ
כ וְנָקִי יִלְעַג־לָמוֹ: אִם־לֹא נִכְחַד קִימָנוּ וְיִתְרָם אָכְלָה אֵשׁ:
כא כב הַסְכֶּן־נָא עִמּוֹ וּשְׁלָם בָּהֶם תְּבוֹאַתְךָ טוֹבָה: קַח־נָא מִפִּיו
כג תּוֹרָה וְשִׂים אֲמָרָיו בִּלְבָבֶךָ: אִם־תָּשׁוּב עַד־שַׁדַּי תִּבָּנֶה
כד תַּרְחִיק עַוְלָה מֵאָהֳלֶךָ: וְשִׁית־עַל־עָפָר בָּצֶר וּבְצוּר נְחָלִים
כה כו אוֹפִיר: וְהָיָה שַׁדַּי בְּצָרֶיךָ וְכֶסֶף תּוֹעָפוֹת לָךְ: כִּי־אָז עַל־
כז שַׁדַּי תִּתְעַנָּג וְתִשָּׂא אֶל־אֱלוֹהַּ פָּנֶיךָ: תַּעְתִּיר אֵלָיו וְיִשְׁמָעֶךָּ
כח וּנְדָרֶיךָ תְשַׁלֵּם: וְתִגְזַר־אֹמֶר וְיָקָם לָךְ וְעַל־דְּרָכֶיךָ נָגַהּ אוֹר:
כט ל כִּי־הִשְׁפִּילוּ וַתֹּאמֶר גֵּוָה וְשַׁח עֵינַיִם יוֹשִׁעַ: יְמַלֵּט אִי־נָקִי ה
כג א ב וְנִמְלַט בְּבֹר כַּפֶּיךָ: וַיַּעַן אִיּוֹב וַיֹּאמַר: גַּם־
ג הַיּוֹם מְרִי שִׂחִי יָדִי כָּבְדָה עַל־אַנְחָתִי: מִי־יִתֵּן יָדַעְתִּי וְאֶמְצָאֵהוּ
ד אָבוֹא עַד־תְּכוּנָתוֹ: אֶעֶרְכָה לְפָנָיו מִשְׁפָּט וּפִי אֲמַלֵּא תוֹכָחוֹת:
ה ו אֵדְעָה מִלִּים יַעֲנֵנִי וְאָבִינָה מַה־יֹּאמַר לִי: הַבְּרָב־כֹּחַ יָרִיב
ז עִמָּדִי לֹא אַךְ־הוּא יָשִׂם בִּי: שָׁם יָשָׁר נוֹכָח עִמּוֹ וַאֲפַלְּטָה
ח לָנֶצַח מִשֹּׁפְטִי: הֵן קֶדֶם אֶהֱלֹךְ וְאֵינֶנּוּ וְאָחוֹר וְלֹא־אָבִין לוֹ:
ט י שְׂמֹאול בַּעֲשֹׂתוֹ וְלֹא־אָחַז יַעְטֹף יָמִין וְלֹא אֶרְאֶה: כִּי־יָדַע
יא דֶּרֶךְ עִמָּדִי בְּחָנַנִי כַּזָּהָב אֵצֵא: בַּאֲשֻׁרוֹ אָחֲזָה רַגְלִי דַּרְכּוֹ
יב שָׁמַרְתִּי וְלֹא־אָט: מִצְוַת שְׂפָתָיו וְלֹא אָמִישׁ מֵחֻקִּי צָפַנְתִּי
יג יד אִמְרֵי־פִיו: וְהוּא בְאֶחָד וּמִי יְשִׁיבֶנּוּ וְנַפְשׁוֹ אִוְּתָה וַיָּעַשׂ: כִּי
טו יַשְׁלִים חֻקִּי וְכָהֵנָּה רַבּוֹת עִמּוֹ: עַל־כֵּן מִפָּנָיו אֶבָּהֵל אֶתְבּוֹנֵן
טז יז וְאֶפְחַד מִמֶּנּוּ: וְאֵל הֵרַךְ לִבִּי וְשַׁדַּי הִבְהִילָנִי: כִּי־לֹא נִצְמַתִּי
כד א מִפְּנֵי־חֹשֶׁךְ וּמִפָּנַי כִּסָּה־אֹפֶל: מַדּוּעַ מִשַּׁדַּי לֹא־
ב נִצְפְּנוּ עִתִּים וְיֹדְעָו לֹא־חָזוּ יָמָיו: גְּבֻלוֹת יַשִּׂיגוּ עֵדֶר גָּזְלוּ
ג ד וַיִּרְעוּ: חֲמוֹר יְתוֹמִים יִנְהָגוּ יַחְבְּלוּ שׁוֹר אַלְמָנָה: יַטּוּ אֶבְיֹנִים

ה מִדֶּרֶךְ יַחַד חָבְאוּ עֲנְוֵי־אָרֶץ׃ הֵן פְּרָאִים ׀ בַּמִּדְבָּר יָצְאוּ בְּפָעֳלָם עֲנִיֵּי־
ו מְשַׁחֲרֵי לַטָּרֶף עֲרָבָה לוֹ לֶחֶם לַנְּעָרִים׃ בַּשָּׂדֶה בְּלִילוֹ יַקְצִירוּ יִקְצוֹרוּ
ז וְכֶרֶם רָשָׁע יְלַקֵּשׁוּ׃ עָרוֹם יָלִינוּ מִבְּלִי לְבוּשׁ וְאֵין כְּסוּת
ח ט בַּקָּרָה׃ מִזֶּרֶם הָרִים יִרְטָבוּ וּמִבְּלִי מַחְסֶה חִבְּקוּ־צוּר׃ יִגְזְלוּ
י מִשֹּׁד יָתוֹם וְעַל־עָנִי יַחְבֹּלוּ׃ עָרוֹם הִלְּכוּ בְּלִי לְבוּשׁ וּרְעֵבִים
יא נָשְׂאוּ עֹמֶר׃ בֵּין־שׁוּרֹתָם יַצְהִירוּ יְקָבִים דָּרְכוּ וַיִּצְמָאוּ׃
יב מֵעִיר מְתִים ׀ יִנְאָקוּ וְנֶפֶשׁ־חֲלָלִים תְּשַׁוֵּעַ וֶאֱלוֹהַּ לֹא־יָשִׂים
יג תִּפְלָה׃ הֵמָּה ׀ הָיוּ בְּמֹרְדֵי אוֹר לֹא־הִכִּירוּ דְרָכָיו וְלֹא יָשְׁבוּ
יד בִּנְתִיבֹתָיו׃ לָאוֹר יָקוּם רוֹצֵחַ יִקְטָל־עָנִי וְאֶבְיוֹן וּבַלַּיְלָה יְהִי
טו כַגַּנָּב׃ וְעֵין נֹאֵף ׀ שָׁמְרָה נֶשֶׁף לֵאמֹר לֹא־תְשׁוּרֵנִי עָיִן וְסֵתֶר
טז פָּנִים יָשִׂים׃ חָתַר בַּחֹשֶׁךְ בָּתִּים יוֹמָם חִתְּמוּ־לָמוֹ לֹא־יָדְעוּ
יז אוֹר׃ כִּי יַחְדָּו ׀ בֹּקֶר לָמוֹ צַלְמָוֶת כִּי־יַכִּיר בַּלְהוֹת צַלְמָוֶת׃
יח קַל־הוּא ׀ עַל־פְּנֵי־מַיִם תְּקֻלַּל חֶלְקָתָם בָּאָרֶץ לֹא־יִפְנֶה דֶּרֶךְ
יט כ כְּרָמִים׃ צִיָּה גַם־חֹם יִגְזְלוּ מֵימֵי־שֶׁלֶג שְׁאוֹל חָטָאוּ׃ יִשְׁכָּחֵהוּ
כא רֶחֶם ׀ מְתָקוֹ רִמָּה עוֹד לֹא־יִזָּכֵר וַתִּשָּׁבֵר כָּעֵץ עַוְלָה׃ רֹעֶה
כב עֲקָרָה לֹא תֵלֵד וְאַלְמָנָה לֹא יְיֵטִיב׃ וּמָשַׁךְ אַבִּירִים בְּכֹחוֹ
כג יָקוּם וְלֹא־יַאֲמִין בַּחַיִּין׃ יִתֶּן־לוֹ לָבֶטַח וְיִשָּׁעֵן וְעֵינֵיהוּ
כד עַל־דַּרְכֵיהֶם׃ רוֹמּוּ מְּעַט ׀ וְאֵינֶנּוּ וְהֻמְּכוּ כַּכֹּל יִקָּפְצוּן
כה וּכְרֹאשׁ שִׁבֹּלֶת יִמָּלוּ׃ וְאִם־לֹא אֵפוֹ מִי יַכְזִיבֵנִי וְיָשֵׂם לְאַל
כה א ב מִלָּתִי׃ וַיַּעַן בִּלְדַּד הַשֻּׁחִי וַיֹּאמַר׃ הַמְשֵׁל וָפַחַד
ג עִמּוֹ עֹשֶׂה שָׁלוֹם בִּמְרוֹמָיו׃ הֲיֵשׁ מִסְפָּר לִגְדוּדָיו וְעַל־מִי לֹא־
ד יָקוּם אוֹרֵהוּ׃ וּמַה־יִּצְדַּק אֱנוֹשׁ עִם־אֵל וּמַה־יִּזְכֶּה יְלוּד אִשָּׁה׃
ה ו הֵן עַד־יָרֵחַ וְלֹא יַאֲהִיל וְכוֹכָבִים לֹא־זַכּוּ בְעֵינָיו׃ אַף כִּי־
כו א אֱנוֹשׁ רִמָּה וּבֶן־אָדָם תּוֹלֵעָה׃ וַיַּעַן אִיּוֹב וַיֹּאמַר׃
ב ג מֶה־עָזַרְתָּ לְלֹא־כֹחַ הוֹשַׁעְתָּ זְרוֹעַ לֹא־עֹז׃ מַה־יָּעַצְתָּ לְלֹא
ד חָכְמָה וְתֻשִׁיָּה לָרֹב הוֹדָעְתָּ׃ אֶת־מִי הִגַּדְתָּ מִלִּין וְנִשְׁמַת־
ה מִי יָצְאָה מִמֶּךָּ׃ הָרְפָאִים יְחוֹלָלוּ מִתַּחַת מַיִם וְשֹׁכְנֵיהֶם׃

ו ז עָרוֹם שְׁאוֹל נֶגְדּוֹ וְאֵין כְּסוּת לָאֲבַדּוֹן׃ נֹטֶה צָפוֹן עַל־תֹּהוּ
ח תֹּלֶה אֶרֶץ עַל־בְּלִימָה׃ צֹרֵר מַיִם בְּעָבָיו וְלֹא־נִבְקַע עָנָן
ט י תַּחְתָּם׃ מְאַחֵז פְּנֵי־כִסֵּה פַּרְשֵׁז עָלָיו עֲנָנוֹ׃ חֹק־חָג עַל־פְּנֵי־
יא מָיִם עַד־תַּכְלִית אוֹר עִם־חֹשֶׁךְ׃ עַמּוּדֵי שָׁמַיִם יְרוֹפָפוּ וְיִתְמְהוּ
יב יג מִגַּעֲרָתוֹ׃ בְּכֹחוֹ רָגַע הַיָּם ובתובנתו מָחַץ רָהַב׃ בְּרוּחוֹ שָׁמַיִם וּבִתְבוּנָתוֹ
יד שִׁפְרָה חֹלְלָה יָדוֹ נָחָשׁ בָּרִחַ׃ הֶן־אֵלֶּה | קְצוֹת דְּרָכָו וּמַה־שֵּׁמֶץ
כז א דָּבָר נִשְׁמַע־בּוֹ וְרַעַם גְּבוּרֹתָו מִי יִתְבּוֹנָן׃ וַיֹּסֶף
ב אִיּוֹב שְׂאֵת מְשָׁלוֹ וַיֹּאמַר׃ חַי־אֵל הֵסִיר מִשְׁפָּטִי וְשַׁדַּי הֵמַר
ג ד נַפְשִׁי׃ כִּי־כָל־עוֹד נִשְׁמָתִי בִי וְרוּחַ אֱלוֹהַּ בְּאַפִּי׃ אִם־תְּדַבֵּרְנָה
ה שְׂפָתַי עַוְלָה וּלְשׁוֹנִי אִם־יֶהְגֶּה רְמִיָּה׃ חָלִילָה לִּי אִם־אַצְדִּיק
ו אֶתְכֶם עַד־אֶגְוָע לֹא־אָסִיר תֻּמָּתִי מִמֶּנִּי׃ בְּצִדְקָתִי הֶחֱזַקְתִּי
ז וְלֹא אַרְפֶּהָ לֹא־יֶחֱרַף לְבָבִי מִיָּמָי׃ יְהִי כְרָשָׁע אֹיְבִי וּמִתְקוֹמְמִי
ח כְעַוָּל׃ כִּי מַה־תִּקְוַת חָנֵף כִּי יִבְצָע כִּי יֵשֶׁל אֱלוֹהַּ נַפְשׁוֹ׃
ט י הֲצַעֲקָתוֹ יִשְׁמַע | אֵל כִּי־תָבוֹא עָלָיו צָרָה׃ אִם־עַל־שַׁדַּי
יא יִתְעַנָּג יִקְרָא אֱלוֹהַּ בְּכָל־עֵת׃ אוֹרֶה אֶתְכֶם בְּיַד־אֵל אֲשֶׁר
יב עִם־שַׁדַּי לֹא אֲכַחֵד׃ הֵן־אַתֶּם כֻּלְּכֶם חֲזִיתֶם וְלָמָּה־זֶּה הֶבֶל
יג תֶּהְבָּלוּ׃ זֶה | חֵלֶק־אָדָם רָשָׁע | עִם־אֵל וְנַחֲלַת עָרִיצִים מִשַּׁדַּי
יד יִקָּחוּ׃ אִם־יִרְבּוּ בָנָיו לְמוֹ־חָרֶב וְצֶאֱצָאָיו לֹא יִשְׂבְּעוּ־לָחֶם׃
טו טז שְׂרִידָיו בַּמָּוֶת יִקָּבֵרוּ וְאַלְמְנֹתָיו לֹא תִבְכֶּינָה׃ אִם־יִצְבֹּר כֶּעָפָר
יז כָּסֶף וְכַחֹמֶר יָכִין מַלְבּוּשׁ׃ יָכִין וְצַדִּיק יִלְבָּשׁ וְכֶסֶף נָקִי
יח יט יַחֲלֹק׃ בָּנָה כָעָשׁ בֵּיתוֹ וּכְסֻכָּה עָשָׂה נֹצֵר׃ עָשִׁיר יִשְׁכַּב וְלֹא
כ יֵאָסֵף עֵינָיו פָּקַח וְאֵינֶנּוּ׃ תַּשִּׂיגֵהוּ כַמַּיִם בַּלָּהוֹת לַיְלָה גְּנָבַתּוּ
כא כב סוּפָה׃ יִשָּׂאֵהוּ קָדִים וְיֵלַךְ וִישָׂעֲרֵהוּ מִמְּקֹמוֹ׃ וְיַשְׁלֵךְ עָלָיו
כג וְלֹא יַחְמֹל מִיָּדוֹ בָּרוֹחַ יִבְרָח׃ יִשְׂפֹּק עָלֵימוֹ כַפֵּימוֹ וְיִשְׁרֹק
כח א ב עָלָיו מִמְּקֹמוֹ׃ כִּי יֵשׁ לַכֶּסֶף מוֹצָא וּמָקוֹם לַזָּהָב יָזֹקּוּ׃ בַּרְזֶל
ג מֵעָפָר יֻקָּח וְאֶבֶן יָצוּק נְחוּשָׁה׃ קֵץ | שָׂם לַחֹשֶׁךְ וּלְכָל־תַּכְלִית
ד הוּא חוֹקֵר אֶבֶן אֹפֶל וְצַלְמָוֶת׃ פָּרַץ נַחַל | מֵעִם־גָּר הַנִּשְׁכָּחִים

ה מִנִּי־רָגֶל דַּלּוּ מֵאֱנוֹשׁ נָעוּ׃ אֶרֶץ מִמֶּנָּה יֵצֵא־לָחֶם וְתַחְתֶּיהָ
ו ז נֶהְפַּךְ כְּמוֹ־אֵשׁ׃ מְקוֹם־סַפִּיר אֲבָנֶיהָ וְעַפְרֹת זָהָב לוֹ׃ נָתִיב
ח לֹא־יְדָעוֹ עָיִט וְלֹא שְׁזָפַתּוּ עֵין אַיָּה׃ לֹא־הִדְרִיכֻהוּ בְנֵי־שָׁחַץ
ט לֹא־עָדָה עָלָיו שָׁחַל׃ בַּחַלָּמִישׁ שָׁלַח יָדוֹ הָפַךְ מִשֹּׁרֶשׁ הָרִים׃
י יא בַּצּוּרוֹת יְאֹרִים בִּקֵּעַ וְכָל־יְקָר רָאֲתָה עֵינוֹ׃ מִבְּכִי נְהָרוֹת
יב חִבֵּשׁ וְתַעֲלֻמָהּ יֹצִא אוֹר׃ וְהַחָכְמָה מֵאַיִן תִּמָּצֵא
יג וְאֵי זֶה מְקוֹם בִּינָה׃ לֹא־יָדַע אֱנוֹשׁ עֶרְכָּהּ וְלֹא תִמָּצֵא
יד בְּאֶרֶץ הַחַיִּים׃ תְּהוֹם אָמַר לֹא בִי־הִיא וְיָם אָמַר אֵין
טו טז עִמָּדִי׃ לֹא־יֻתַּן סְגוֹר תַּחְתֶּיהָ וְלֹא יִשָּׁקֵל כֶּסֶף מְחִירָהּ׃ לֹא־
יז תְסֻלֶּה בְּכֶתֶם אוֹפִיר בְּשֹׁהַם יָקָר וְסַפִּיר׃ לֹא־יַעַרְכֶנָּה זָהָב
יח וּזְכוֹכִית וּתְמוּרָתָהּ כְּלִי־פָז׃ רָאמוֹת וְגָבִישׁ לֹא יִזָּכֵר וּמֶשֶׁךְ
יט חָכְמָה מִפְּנִינִים׃ לֹא־יַעַרְכֶנָּה פִּטְדַת־כּוּשׁ בְּכֶתֶם טָהוֹר לֹא
כ תְסֻלֶּה׃ וְהַחָכְמָה מֵאַיִן תָּבוֹא וְאֵי זֶה מְקוֹם
כא כב בִּינָה׃ וְנֶעֶלְמָה מֵעֵינֵי כָל־חָי וּמֵעוֹף הַשָּׁמַיִם נִסְתָּרָה׃ אֲבַדּוֹן
כג וָמָוֶת אָמְרוּ בְּאָזְנֵינוּ שָׁמַעְנוּ שִׁמְעָהּ׃ אֱלֹהִים הֵבִין דַּרְכָּהּ
כד וְהוּא יָדַע אֶת־מְקוֹמָהּ׃ כִּי־הוּא לִקְצוֹת־הָאָרֶץ יַבִּיט תַּחַת
כה כָּל־הַשָּׁמַיִם יִרְאֶה׃ לַעֲשׂוֹת לָרוּחַ מִשְׁקָל וּמַיִם תִּכֵּן בְּמִדָּה׃
כו כז בַּעֲשֹׂתוֹ לַמָּטָר חֹק וְדֶרֶךְ לַחֲזִיז קֹלוֹת׃ אָז רָאָהּ וַיְסַפְּרָהּ
כח הֱכִינָהּ וְגַם־חֲקָרָהּ׃ וַיֹּאמֶר ׀ לָאָדָם הֵן יִרְאַת אֲדֹנָי הִיא חָכְמָה
כט א וְסוּר מֵרָע בִּינָה׃ וַיֹּסֶף אִיּוֹב שְׂאֵת מְשָׁלוֹ וַיֹּאמַר׃
ב ג מִי־יִתְּנֵנִי כְיַרְחֵי־קֶדֶם כִּימֵי אֱלוֹהַּ יִשְׁמְרֵנִי׃ בְּהִלּוֹ נֵרוֹ עֲלֵי
ד רֹאשִׁי לְאוֹרוֹ אֵלֶךְ חֹשֶׁךְ׃ כַּאֲשֶׁר הָיִיתִי בִּימֵי חָרְפִּי בְּסוֹד
ה ו אֱלוֹהַּ עֲלֵי אָהֳלִי׃ בְּעוֹד שַׁדַּי עִמָּדִי סְבִיבוֹתַי נְעָרָי׃ בִּרְחֹץ
ז הֲלִיכַי בְּחֵמָה וְצוּר יָצוּק עִמָּדִי פַּלְגֵי־שָׁמֶן׃ בְּצֵאתִי שַׁעַר עֲלֵי־
ח קָרֶת בָּרְחוֹב אָכִין מוֹשָׁבִי׃ רָאוּנִי נְעָרִים וְנֶחְבָּאוּ וִישִׁישִׁים
ט קָמוּ עָמָדוּ׃ שָׂרִים עָצְרוּ בְמִלִּים וְכַף יָשִׂימוּ לְפִיהֶם׃ קוֹל־
י יא נְגִידִים נֶחְבָּאוּ וּלְשׁוֹנָם לְחִכָּם דָּבֵקָה׃ כִּי אֹזֶן שָׁמְעָה וַתְּאַשְּׁרֵנִי

יב וְעַיִן רָאֲתָה וַתְּעִידֵנִי: כִּי־אֲמַלֵּט עָנִי מְשַׁוֵּעַ וְיָתוֹם וְלֹא־עֹזֵר
יג יד לוֹ: בִּרְכַּת אֹבֵד עָלַי תָּבֹא וְלֵב אַלְמָנָה אַרְנִן: צֶדֶק לָבַשְׁתִּי
טו וַיִּלְבָּשֵׁנִי כִמְעִיל וְצָנִיף מִשְׁפָּטִי: עֵינַיִם הָיִיתִי לַעִוֵּר וְרַגְלַיִם
טז לַפִּסֵּחַ אָנִי: אָב אָנֹכִי לָאֶבְיוֹנִים וְרִב לֹא־יָדַעְתִּי אֶחְקְרֵהוּ:
יז יח וָאֲשַׁבְּרָה מְתַלְּעוֹת עַוָּל וּמִשִּׁנָּיו אַשְׁלִיךְ טָרֶף: וָאֹמַר עִם־קִנִּי
יט אֶגְוָע וְכַחוֹל אַרְבֶּה יָמִים: שָׁרְשִׁי פָתוּחַ אֱלֵי־מָיִם וְטַל יָלִין
כ כא בִּקְצִירִי: כְּבוֹדִי חָדָשׁ עִמָּדִי וְקַשְׁתִּי בְּיָדִי תַחֲלִיף: לִי־שָׁמְעוּ
כב וְיִחֵלּוּ וְיִדְּמוּ לְמוֹ עֲצָתִי: אַחֲרֵי דְבָרִי לֹא יִשְׁנוּ וְעָלֵימוֹ תִּטֹּף
כג כד מִלָּתִי: וְיִחֲלוּ כַמָּטָר לִי וּפִיהֶם פָּעֲרוּ לְמַלְקוֹשׁ: אֶשְׂחַק
כה אֲלֵהֶם לֹא יַאֲמִינוּ וְאוֹר פָּנַי לֹא יַפִּילוּן: אֶבְחַר דַּרְכָּם וְאֵשֵׁב
ל א רֹאשׁ וְאֶשְׁכּוֹן כְּמֶלֶךְ בַּגְּדוּד כַּאֲשֶׁר אֲבֵלִים יְנַחֵם: וְעַתָּה
שָׂחֲקוּ עָלַי צְעִירִים מִמֶּנִּי לְיָמִים אֲשֶׁר־מָאַסְתִּי אֲבוֹתָם לָשִׁית
ב עִם־כַּלְבֵי צֹאנִי: גַּם־כֹּחַ יְדֵיהֶם לָמָּה לִּי עָלֵימוֹ אָבַד כָּלַח:
ג בְּחֶסֶר וּבְכָפָן גַּלְמוּד הַעֹרְקִים צִיָּה אֶמֶשׁ שׁוֹאָה וּמְשֹׁאָה:
ד ה הַקֹּטְפִים מַלּוּחַ עֲלֵי־שִׂיחַ וְשֹׁרֶשׁ רְתָמִים לַחְמָם: מִן־גֵּו יְגֹרָשׁוּ
ו יָרִיעוּ עָלֵימוֹ כַּגַּנָּב: בַּעֲרוּץ נְחָלִים לִשְׁכֹּן חֹרֵי עָפָר וְכֵפִים:
ז ח בֵּין־שִׂיחִים יִנְהָקוּ תַּחַת חָרוּל יְסֻפָּחוּ: בְּנֵי־נָבָל גַּם־בְּנֵי בְלִי־
ט שֵׁם נִכְּאוּ מִן־הָאָרֶץ: וְעַתָּה נְגִינָתָם הָיִיתִי וָאֱהִי לָהֶם לְמִלָּה:
י יא תִּעֲבוּנִי רָחֲקוּ מֶנִּי וּמִפָּנַי לֹא־חָשְׂכוּ רֹק: כִּי־יתרו [יִתְרִי] פִּתַּח וַיְעַנֵּנִי
יב וְרֶסֶן מִפָּנַי שִׁלֵּחוּ: עַל־יָמִין פִּרְחַח יָקוּמוּ רַגְלַי שִׁלֵּחוּ וַיָּסֹלּוּ עָלַי
יג אָרְחוֹת אֵידָם: נָתְסוּ נְתִיבָתִי להיתי [לְהַוָּתִי] יֹעִילוּ לֹא עֹזֵר לָמוֹ:
יד טו כְּפֶרֶץ רָחָב יֶאֱתָיוּ תַּחַת שֹׁאָה הִתְגַּלְגָּלוּ: הָהְפַּךְ עָלַי בַּלָּהוֹת
טז תִּרְדֹּף כָּרוּחַ נְדִבָתִי וּכְעָב עָבְרָה יְשֻׁעָתִי: וְעַתָּה עָלַי תִּשְׁתַּפֵּךְ
יז נַפְשִׁי יֹאחֲזוּנִי יְמֵי־עֹנִי: לַיְלָה עֲצָמַי נִקַּר מֵעָלָי וְעֹרְקַי לֹא
יח יט יִשְׁכָּבוּן: בְּרָב־כֹּחַ יִתְחַפֵּשׂ לְבוּשִׁי כְּפִי כֻתָּנְתִּי יַאַזְרֵנִי: הֹרָנִי
כ לַחֹמֶר וָאֶתְמַשֵּׁל כֶּעָפָר וָאֵפֶר: אֲשַׁוַּע אֵלֶיךָ וְלֹא תַעֲנֵנִי
כא עָמַדְתִּי וַתִּתְבֹּנֶן בִּי: תֵּהָפֵךְ לְאַכְזָר לִי בְּעֹצֶם יָדְךָ תִשְׂטְמֵנִי:

כב כג תִּשָּׂאֵנִי אֶל־רוּחַ תַּרְכִּיבֵנִי וּתְמֹגְגֵנִי תשוה׃ כִּי־יָדַעְתִּי מָוֶת — תְּשִׁיָּה
כד תְּשִׁיבֵנִי וּבֵית מוֹעֵד לְכָל־חָי׃ אַךְ לֹא־בְעִי יִשְׁלַח־יָד אִם־
כה בְּפִידוֹ לָהֶן שׁוּעַ׃ אִם־לֹא בָכִיתִי לִקְשֵׁה־יוֹם עָגְמָה נַפְשִׁי
כו לָאֶבְיוֹן׃ כִּי טוֹב קִוִּיתִי וַיָּבֹא רָע וַאֲיַחֲלָה לְאוֹר וַיָּבֹא אֹפֶל׃
כז כח מֵעַי רֻתְּחוּ וְלֹא־דָמּוּ קִדְּמֻנִי יְמֵי־עֹנִי׃ קֹדֵר הִלַּכְתִּי בְּלֹא
כט חַמָּה קַמְתִּי בַקָּהָל אֲשַׁוֵּעַ׃ אָח הָיִיתִי לְתַנִּים וְרֵעַ לִבְנוֹת
ל לא יַעֲנָה׃ עוֹרִי שָׁחַר מֵעָלָי וְעַצְמִי־חָרָה מִנִּי־חֹרֶב׃ וַיְהִי לְאֵבֶל
לא א כִּנֹּרִי וְעֻגָבִי לְקוֹל בֹּכִים׃ בְּרִית כָּרַתִּי לְעֵינָי וּמָה אֶתְבּוֹנֵן
ב עַל־בְּתוּלָה׃ וּמֶה ׀ חֵלֶק אֱלוֹהַּ מִמָּעַל וְנַחֲלַת שַׁדַּי מִמְּרֹמִים׃
ג ד הֲלֹא־אֵיד לְעַוָּל וְנֵכֶר לְפֹעֲלֵי אָוֶן׃ הֲלֹא־הוּא יִרְאֶה דְרָכָי
ה וְכָל־צְעָדַי יִסְפּוֹר׃ אִם־הָלַכְתִּי עִם־שָׁוְא וַתַּחַשׁ עַל־מִרְמָה
ו ז רַגְלִי׃ יִשְׁקְלֵנִי בְמֹאזְנֵי־צֶדֶק וְיֵדַע אֱלוֹהַּ תֻּמָּתִי׃ אִם תִּטֶּה
אַשֻּׁרִי מִנִּי הַדָּרֶךְ וְאַחַר עֵינַי הָלַךְ לִבִּי וּבְכַפַּי דָּבַק מְאוּם׃
ח ט אֶזְרְעָה וְאַחֵר יֹאכֵל וְצֶאֱצָאַי יְשֹׁרָשׁוּ׃ אִם־נִפְתָּה לִבִּי עַל־
י אִשָּׁה וְעַל־פֶּתַח רֵעִי אָרָבְתִּי׃ תִּטְחַן לְאַחֵר אִשְׁתִּי וְעָלֶיהָ
יא יב יִכְרְעוּן אֲחֵרִין׃ כִּי־הוּא זִמָּה והיא עָוֹן פְּלִילִים׃ כִּי אֵשׁ הִיא — הִיא | וְהוּא
יג עַד־אֲבַדּוֹן תֹּאכֵל וּבְכָל־תְּבוּאָתִי תְשָׁרֵשׁ׃ אִם־אֶמְאַס מִשְׁפַּט
יד עַבְדִּי וַאֲמָתִי בְּרִבָם עִמָּדִי׃ וּמָה אֶעֱשֶׂה כִּי־יָקוּם אֵל וְכִי־
טו יִפְקֹד מָה אֲשִׁיבֶנּוּ׃ הֲלֹא־בַבֶּטֶן עֹשֵׂנִי עָשָׂהוּ וַיְכֻנֶנּוּ בָּרֶחֶם
טז יז אֶחָד׃ אִם־אֶמְנַע מֵחֵפֶץ דַּלִּים וְעֵינֵי אַלְמָנָה אֲכַלֶּה׃ וְאֹכַל
יח פִּתִּי לְבַדִּי וְלֹא־אָכַל יָתוֹם מִמֶּנָּה׃ כִּי מִנְּעוּרַי גְּדֵלַנִי כְאָב
יט וּמִבֶּטֶן אִמִּי אַנְחֶנָּה׃ אִם־אֶרְאֶה אוֹבֵד מִבְּלִי לְבוּשׁ וְאֵין כְּסוּת
כ כא לָאֶבְיוֹן׃ אִם־לֹא בֵרְכוּנִי חֲלָצָו וּמִגֵּז כְּבָשַׂי יִתְחַמָּם׃ אִם־
כב הֲנִיפוֹתִי עַל־יָתוֹם יָדִי כִּי־אֶרְאֶה בַשַּׁעַר עֶזְרָתִי׃ כְּתֵפִי מִשִּׁכְמָה
כג תִפּוֹל וְאֶזְרֹעִי מִקָּנָה תִשָּׁבֵר׃ כִּי פַחַד אֵלַי אֵיד אֵל וּמִשְּׂאֵתוֹ
כד לֹא אוּכָל׃ אִם־שַׂמְתִּי זָהָב כִּסְלִי וְלַכֶּתֶם אָמַרְתִּי מִבְטַחִי׃
כה כו אִם־אֶשְׂמַח כִּי־רַב חֵילִי וְכִי־כַבִּיר מָצְאָה יָדִי׃ אִם־אֶרְאֶה

כז אוֹר כִּי יָהֵל וְיָרֵחַ יָקָר הֹלֵךְ: וַיִּפְתְּ בַּסֵּתֶר לִבִּי וַתִּשַּׁק יָדִי
כח כט לְפִי: גַּם־הוּא עָוֺן פְּלִילִי כִּי־כִחַשְׁתִּי לָאֵל מִמָּעַל: אִם־אֶשְׂמַח
ל בְּפִיד מְשַׂנְאִי וְהִתְעֹרַרְתִּי כִּי־מְצָאוֹ רָע: וְלֹא־נָתַתִּי לַחֲטֹא
לא חִכִּי לִשְׁאֹל בְּאָלָה נַפְשׁוֹ: אִם־לֹא אָמְרוּ מְתֵי אָהֳלִי מִי־יִתֵּן
לב מִבְּשָׂרוֹ לֹא נִשְׂבָּע: בַּחוּץ לֹא־יָלִין גֵּר דְּלָתַי לָאֹרַח אֶפְתָּח:
לג לד אִם־כִּסִּיתִי כְאָדָם פְּשָׁעָי לִטְמוֹן בְּחֻבִּי עֲוֺנִי: כִּי אֶעֱרוֹץ ׀ הָמוֹן
לה רַבָּה וּבוּז־מִשְׁפָּחוֹת יְחִתֵּנִי וָאֶדֹּם לֹא־אֵצֵא פָתַח: מִי יִתֶּן־
לו לִי ׀ שֹׁמֵעַ לִי הֶן־תָּוִי שַׁדַּי יַעֲנֵנִי וְסֵפֶר כָּתַב אִישׁ רִיבִי: אִם־
לז לֹא עַל־שִׁכְמִי אֶשָּׂאֶנּוּ אֶעֶנְדֶנּוּ עֲטָרוֹת לִי: מִסְפַּר צְעָדַי
לח אַגִּידֶנּוּ כְּמוֹ־נָגִיד אֲקָרֲבֶנּוּ: אִם־עָלַי אַדְמָתִי תִזְעָק וְיַחַד
לט תְּלָמֶיהָ יִבְכָּיוּן: אִם־כֹּחָהּ אָכַלְתִּי בְלִי־כָסֶף וְנֶפֶשׁ בְּעָלֶיהָ
מ הִפָּחְתִּי: תַּחַת חִטָּה ׀ יֵצֵא חוֹחַ וְתַחַת־שְׂעֹרָה בָאְשָׁה תַּמּוּ
דִּבְרֵי אִיּוֹב:

לב א וַיִּשְׁבְּתוּ שְׁלֹשֶׁת הָאֲנָשִׁים הָאֵלֶּה מֵעֲנוֹת אֶת־אִיּוֹב כִּי הוּא
ב צַדִּיק בְּעֵינָיו: וַיִּחַר אַף ׀ אֱלִיהוּא בֶן־בַּרַכְאֵל
הַבּוּזִי מִמִּשְׁפַּחַת רָם בְּאִיּוֹב חָרָה אַפּוֹ עַל־צַדְּקוֹ נַפְשׁוֹ
ג מֵאֱלֹהִים: וּבִשְׁלֹשֶׁת רֵעָיו חָרָה אַפּוֹ עַל אֲשֶׁר לֹא־מָצְאוּ
ד מַעֲנֶה וַיַּרְשִׁיעוּ אֶת־אִיּוֹב: וֶאֱלִיהוּ חִכָּה אֶת־אִיּוֹב בִּדְבָרִים
ה כִּי זְקֵנִים־הֵמָּה מִמֶּנּוּ לְיָמִים: וַיַּרְא אֱלִיהוּא כִּי אֵין מַעֲנֶה
ו בְּפִי שְׁלֹשֶׁת הָאֲנָשִׁים וַיִּחַר אַפּוֹ: וַיַּעַן ׀ אֱלִיהוּא
בֶּן־בַּרַכְאֵל הַבּוּזִי וַיֹּאמַר צָעִיר אֲנִי לְיָמִים וְאַתֶּם יְשִׁישִׁים
ז עַל־כֵּן זָחַלְתִּי וָאִירָא ׀ מֵחַוֺּת דֵּעִי אֶתְכֶם: אָמַרְתִּי יָמִים
ח יְדַבֵּרוּ וְרֹב שָׁנִים יֹדִיעוּ חָכְמָה: אָכֵן רוּחַ־הִיא בֶאֱנוֹשׁ וְנִשְׁמַת
ט י שַׁדַּי תְּבִינֵם: לֹא־רַבִּים יֶחְכָּמוּ וּזְקֵנִים יָבִינוּ מִשְׁפָּט: לָכֵן
יא אָמַרְתִּי שִׁמְעָה־לִּי אֲחַוֶּה דֵעִי אַף־אָנִי: הֵן הוֹחַלְתִּי ׀ לְדִבְרֵיכֶם
יב אָזִין עַד־תְּבוּנֹתֵיכֶם עַד־תַּחְקְרוּן מִלִּין: וְעָדֵיכֶם אֶתְבּוֹנָן
יג וְהִנֵּה אֵין לְאִיּוֹב מוֹכִיחַ עוֹנֶה אֲמָרָיו מִכֶּם: פֶּן־תֹּאמְרוּ

מָצָאנוּ חׇכְמָה אֵל יִדְּפֶנּוּ לֹא־אִישׁ׃ וְלֹא־עָרַךְ אֵלַי מִלִּין יד
וּבְאִמְרֵיכֶם לֹא אֲשִׁיבֶנּוּ׃ חַתּוּ לֹא־עָנוּ עוֹד הֶעְתִּיקוּ מֵהֶם טו
מִלִּים׃ וְהוֹחַלְתִּי כִּי־לֹא יְדַבֵּרוּ כִּי עָמְדוּ לֹא־עָנוּ עוֹד׃ אַעֲנֶה טז יז
אַף־אֲנִי חֶלְקִי אֲחַוֶּה דֵעִי אַף־אָנִי׃ כִּי מָלֵתִי מִלִּים הֱצִיקַתְנִי יח
רוּחַ בִּטְנִי׃ הִנֵּה בִטְנִי כְּיַיִן לֹא־יִפָּתֵחַ כְּאֹבוֹת חֲדָשִׁים יִבָּקֵעַ׃ יט
אֲדַבְּרָה וְיִרְוַח־לִי אֶפְתַּח שְׂפָתַי וְאֶעֱנֶה׃ אַל־נָא אֶשָּׂא פְנֵי־ כ כא
אִישׁ וְאֶל־אָדָם לֹא אֲכַנֶּה׃ כִּי לֹא יָדַעְתִּי אֲכַנֶּה כִּמְעַט יִשָּׂאֵנִי כב
עֹשֵׂנִי׃ וְאוּלָם שְׁמַע־נָא אִיּוֹב מִלָּי וְכׇל־דְּבָרַי הַאֲזִינָה׃ הִנֵּה־ לג א ב
נָא פָּתַחְתִּי פִי דִּבְּרָה לְשׁוֹנִי בְחִכִּי׃ יֹשֶׁר־לִבִּי אֲמָרָי וְדַעַת ג
שְׂפָתַי בָּרוּר מִלֵּלוּ׃ רוּחַ־אֵל עָשָׂתְנִי וְנִשְׁמַת שַׁדַּי תְּחַיֵּנִי׃ ד
אִם־תּוּכַל הֲשִׁיבֵנִי עֶרְכָה לְפָנַי הִתְיַצָּבָה׃ הֵן־אֲנִי כְפִיךָ לָאֵל ה ו
מֵחֹמֶר קֹרַצְתִּי גַם־אָנִי׃ הִנֵּה אֵימָתִי לֹא תְבַעֲתֶךָּ וְאַכְפִּי ז
עָלֶיךָ לֹא־יִכְבָּד׃ אַךְ אָמַרְתָּ בְאׇזְנָי וְקוֹל מִלִּין אֶשְׁמָע׃ זַךְ ח ט
אֲנִי בְּלִי פָשַׁע חַף אָנֹכִי וְלֹא עָוֺן לִי׃ הֵן תְּנוּאוֹת עָלַי יִמְצָא י
יַחְשְׁבֵנִי לְאוֹיֵב לוֹ׃ יָשֵׂם בַּסַּד רַגְלָי יִשְׁמֹר כׇּל־אׇרְחֹתָי׃ הֶן־ יא יב
זֹאת לֹא־צָדַקְתָּ אֶעֱנֶךָּ כִּי־יִרְבֶּה אֱלוֹהַ מֵאֱנוֹשׁ׃ מַדּוּעַ אֵלָיו יג
רִיבוֹתָ כִּי כׇל־דְּבָרָיו לֹא־יַעֲנֶה׃ כִּי־בְאַחַת יְדַבֶּר־אֵל וּבִשְׁתַּיִם יד
לֹא יְשׁוּרֶנָּה׃ בַּחֲלוֹם ׀ חֶזְיוֹן לַיְלָה בִּנְפֹל תַּרְדֵּמָה עַל־אֲנָשִׁים טו
בִּתְנוּמוֹת עֲלֵי מִשְׁכָּב׃ אָז יִגְלֶה אֹזֶן אֲנָשִׁים וּבְמֹסָרָם יַחְתֹּם׃ טז
לְהָסִיר אָדָם מַעֲשֶׂה וְגֵוָה מִגֶּבֶר יְכַסֶּה׃ יַחְשֹׂךְ נַפְשׁוֹ מִנִּי־שָׁחַת יז יח
וְרוֹב וְחַיָּתוֹ מֵעֲבֹר בַּשָּׁלַח׃ וְהוּכַח בְּמַכְאוֹב עַל־מִשְׁכָּבוֹ וריב יט
עֲצָמָיו אֵתָן׃ וְזִהֲמַתּוּ חַיָּתוֹ לָחֶם וְנַפְשׁוֹ מַאֲכַל תַּאֲוָה׃ יִכֶל כ כא
וְשֻׁפּוּ בְּשָׂרוֹ מֵרֹאִי ושפי עַצְמוֹתָיו לֹא רֻאּוּ׃ וַתִּקְרַב לַשַּׁחַת נַפְשׁוֹ כב
וְחַיָּתוֹ לַמְמִתִים׃ אִם־יֵשׁ עָלָיו ׀ מַלְאָךְ מֵלִיץ אֶחָד מִנִּי־אָלֶף כג
לְהַגִּיד לְאָדָם יׇשְׁרוֹ׃ וַיְחֻנֶּנּוּ וַיֹּאמֶר פְּדָעֵהוּ מֵרֶדֶת שָׁחַת כד
מָצָאתִי כֹפֶר׃ רֻטֲפַשׁ בְּשָׂרוֹ מִנֹּעַר יָשׁוּב לִימֵי עֲלוּמָיו׃ יֶעְתַּר כה כו
אֶל־אֱלוֹהַ ׀ וַיִּרְצֵהוּ וַיַּרְא פָּנָיו בִּתְרוּעָה וַיָּשֶׁב לֶאֱנוֹשׁ צִדְקָתוֹ׃

כז יָשֹׁר ׀ עַל־אֲנָשִׁים וַיֹּאמֶר חָטָאתִי וְיָשָׁר הֶעֱוֵיתִי וְלֹא־שָׁוָה לִי׃
כח כט פָּדָה נפשי מֵעֲבֹר בַּשָּׁחַת וחיתי בָּאוֹר תִּרְאֶה׃ הֶן־כָּל־אֵלֶּה נַפְשׁוֹ | וְחַיָּתוֹ
ל יִפְעַל־אֵל פַּעֲמַיִם שָׁלוֹשׁ עִם־גָּבֶר׃ לְהָשִׁיב נַפְשׁוֹ מִנִּי־שָׁחַת
לא לֵאוֹר בְּאוֹר הַחַיִּים׃ הַקְשֵׁב אִיּוֹב שְׁמַע־לִי הַחֲרֵשׁ וְאָנֹכִי
לב לג אֲדַבֵּר׃ אִם־יֵשׁ־מִלִּין הֲשִׁיבֵנִי דַּבֵּר כִּי־חָפַצְתִּי צַדְּקֶךָּ׃ אִם־אַיִן ז
לד א אַתָּה שְׁמַע־לִי הַחֲרֵשׁ וַאֲאַלֶּפְךָ חָכְמָה׃ וַיַּעַן אֱלִיהוּא
ב ג וַיֹּאמַר׃ שִׁמְעוּ חֲכָמִים מִלָּי וְיֹדְעִים הַאֲזִינוּ לִי׃ כִּי־אֹזֶן מִלִּין
ד תִּבְחָן וְחֵךְ יִטְעַם לֶאֱכֹל׃ מִשְׁפָּט נִבְחֲרָה־לָּנוּ נֵדְעָה בֵינֵינוּ מַה־
ה טּוֹב׃ כִּי־אָמַר אִיּוֹב צָדַקְתִּי וְאֵל הֵסִיר מִשְׁפָּטִי׃ עַל־מִשְׁפָּטִי
ו ז אֲכַזֵּב אָנוּשׁ חִצִּי בְלִי־פָשַׁע׃ מִי־גֶבֶר כְּאִיּוֹב יִשְׁתֶּה־לַּעַג כַּמָּיִם׃
ח ט וְאָרַח לְחֶבְרָה עִם־פֹּעֲלֵי אָוֶן וְלָלֶכֶת עִם־אַנְשֵׁי־רֶשַׁע׃ כִּי־
י אָמַר לֹא יִסְכָּן־גָּבֶר בִּרְצֹתוֹ עִם־אֱלֹהִים׃ לָכֵן ׀ אַנְשֵׁי לֵבָב
יא שִׁמְעוּ לִי חָלִלָה לָאֵל מֵרֶשַׁע וְשַׁדַּי מֵעָוֶל׃ כִּי פֹעַל אָדָם
יב יְשַׁלֶּם־לוֹ וּכְאֹרַח אִישׁ יַמְצִאֶנּוּ׃ אַף־אָמְנָם אֵל לֹא־יַרְשִׁיעַ
יג וְשַׁדַּי לֹא־יְעַוֵּת מִשְׁפָּט׃ מִי־פָקַד עָלָיו אָרְצָה וּמִי שָׂם תֵּבֵל
יד טו כֻּלָּהּ׃ אִם־יָשִׂים אֵלָיו לִבּוֹ רוּחוֹ וְנִשְׁמָתוֹ אֵלָיו יֶאֱסֹף׃ יִגְוַע
טז כָּל־בָּשָׂר יָחַד וְאָדָם עַל־עָפָר יָשׁוּב׃ וְאִם־בִּינָה שִׁמְעָה־זֹּאת
יז הַאֲזִינָה לְקוֹל מִלָּי׃ הַאַף שׂוֹנֵא מִשְׁפָּט יַחֲבוֹשׁ וְאִם־צַדִּיק
יח יט כַּבִּיר תַּרְשִׁיעַ׃ הַאֲמֹר לְמֶלֶךְ בְּלִיָּעַל רָשָׁע אֶל־נְדִיבִים׃ אֲשֶׁר
לֹא־נָשָׂא ׀ פְּנֵי שָׂרִים וְלֹא נִכַּר־שׁוֹעַ לִפְנֵי־דָל כִּי־מַעֲשֵׂה יָדָיו
כ כֻּלָּם׃ רֶגַע ׀ יָמֻתוּ וַחֲצוֹת לָיְלָה יְגֹעֲשׁוּ עָם וְיַעֲבֹרוּ וְיָסִירוּ אַבִּיר
כא כב לֹא בְיָד׃ כִּי־עֵינָיו עַל־דַּרְכֵי־אִישׁ וְכָל־צְעָדָיו יִרְאֶה׃ אֵין־
כג חֹשֶׁךְ וְאֵין צַלְמָוֶת לְהִסָּתֶר שָׁם פֹּעֲלֵי אָוֶן׃ כִּי לֹא עַל־אִישׁ
כד יָשִׂים עוֹד לַהֲלֹךְ אֶל־אֵל בַּמִּשְׁפָּט׃ יָרֹעַ כַּבִּירִים לֹא־חֵקֶר
כה וַיַּעֲמֵד אֲחֵרִים תַּחְתָּם׃ לָכֵן יַכִּיר מַעְבָּדֵיהֶם וְהָפַךְ לַיְלָה
כו כז וְיִדַּכָּאוּ׃ תַּחַת־רְשָׁעִים סְפָקָם בִּמְקוֹם רֹאִים׃ אֲשֶׁר עַל־כֵּן
כח סָרוּ מֵאַחֲרָיו וְכָל־דְּרָכָיו לֹא הִשְׂכִּילוּ׃ לְהָבִיא עָלָיו צַעֲקַת־

כט דַּל וְצַעֲקַת עֲנִיִּים יִשְׁמָע: וְהוּא יַשְׁקִט ׀ וּמִי יַרְשִׁעַ וְיַסְתֵּר פָּנִים
ל וּמִי יְשׁוּרֶנּוּ וְעַל־גּוֹי וְעַל־אָדָם יָחַד: מִמְּלֹךְ אָדָם חָנֵף מִמֹּקְשֵׁי
לא לב עָם: כִּי־אֶל־אֵל הֶאָמַר נָשָׂאתִי לֹא אֶחְבֹּל: בִּלְעֲדֵי אֶחֱזֶה
לג אַתָּה הֹרֵנִי אִם־עָוֶל פָּעַלְתִּי לֹא אֹסִיף: הֲמֵעִמְּךָ יְשַׁלְּמֶנָּה ׀
לד כִּי־מָאַסְתָּ כִּי־אַתָּה תִבְחַר וְלֹא־אָנִי וּמַה־יָּדַעְתָּ דַבֵּר: אַנְשֵׁי
לה לֵבָב יֹאמְרוּ לִי וְגֶבֶר חָכָם שֹׁמֵעַ לִי: אִיּוֹב לֹא־בְדַעַת יְדַבֵּר
לו וּדְבָרָיו לֹא בְהַשְׂכֵּיל: אָבִי יִבָּחֵן אִיּוֹב עַד־נֶצַח עַל־תְּשֻׁבֹת
לז בְּאַנְשֵׁי־אָוֶן: כִּי יֹסִיף עַל־חַטָּאתוֹ פֶשַׁע בֵּינֵינוּ יִסְפּוֹק וְיֶרֶב
לה א ב אֲמָרָיו לָאֵל: וַיַּעַן אֱלִיהוּ וַיֹּאמַר: הֲזֹאת חָשַׁבְתָּ
ג לְמִשְׁפָּט אָמַרְתָּ צִדְקִי מֵאֵל: כִּי־תֹאמַר מַה־יִּסְכָּן־לָךְ מָה־
ד ה אֹעִיל מֵחַטָּאתִי: אֲנִי אֲשִׁיבְךָ מִלִּין וְאֶת־רֵעֶיךָ עִמָּךְ: הַבֵּט
ו שָׁמַיִם וּרְאֵה וְשׁוּר שְׁחָקִים גָּבְהוּ מִמֶּךָּ: אִם־חָטָאתָ מַה־
ז תִּפְעָל־בּוֹ וְרַבּוּ פְשָׁעֶיךָ מַה־תַּעֲשֶׂה־לּוֹ: אִם־צָדַקְתָּ מַה־
ח תִּתֶּן־לוֹ אוֹ מַה־מִיָּדְךָ יִקָּח: לְאִישׁ־כָּמוֹךָ רִשְׁעֶךָ וּלְבֶן־אָדָם
ט צִדְקָתֶךָ: מֵרֹב עֲשׁוּקִים יַזְעִיקוּ יְשַׁוְּעוּ מִזְּרוֹעַ רַבִּים:
י יא וְלֹא־אָמַר אַיֵּה אֱלוֹהַ עֹשָׂי נֹתֵן זְמִרוֹת בַּלָּיְלָה: מַלְּפֵנוּ
יב מִבַּהֲמוֹת אָרֶץ וּמֵעוֹף הַשָּׁמַיִם יְחַכְּמֵנוּ: שָׁם יִצְעֲקוּ וְלֹא
יג יַעֲנֶה מִפְּנֵי גְּאוֹן רָעִים: אַךְ־שָׁוְא לֹא־יִשְׁמַע ׀ אֵל וְשַׁדַּי
יד לֹא יְשׁוּרֶנָּה: אַף כִּי־תֹאמַר לֹא תְשׁוּרֶנּוּ דִּין לְפָנָיו וּתְחוֹלֵל
טו טז לוֹ: וְעַתָּה כִּי־אַיִן פָּקַד אַפּוֹ וְלֹא־יָדַע בַּפַּשׁ מְאֹד: וְאִיּוֹב הֶבֶל
לו א יִפְצֶה־פִּיהוּ בִּבְלִי־דַעַת מִלִּין יַכְבִּר: וַיֹּסֶף
ב אֱלִיהוּא וַיֹּאמַר: כַּתַּר־לִי זְעֵיר וַאֲחַוֶּךָּ כִּי עוֹד לֶאֱלוֹהַּ מִלִּים:
ג ד אֶשָּׂא דֵעִי לְמֵרָחוֹק וּלְפֹעֲלִי אֶתֵּן־צֶדֶק: כִּי־אָמְנָם לֹא־שֶׁקֶר
ה מִלָּי תְּמִים דֵּעוֹת עִמָּךְ: הֶן־אֵל כַּבִּיר וְלֹא יִמְאָס כַּבִּיר כֹּחַ
ו ז לֵב: לֹא־יְחַיֶּה רָשָׁע וּמִשְׁפַּט עֲנִיִּים יִתֵּן: לֹא־יִגְרַע מִצַּדִּיק
ח עֵינָיו וְאֶת־מְלָכִים לַכִּסֵּא וַיֹּשִׁיבֵם לָנֶצַח וַיִּגְבָּהוּ: וְאִם־אֲסוּרִים
ט בַּזִּקִּים יִלָּכְדוּן בְּחַבְלֵי־עֹנִי: וַיַּגֵּד לָהֶם פָּעֳלָם וּפִשְׁעֵיהֶם כִּי

לו

י יא יִתְגַּבָּרוּ: וַיִּגֶל אָזְנָם לַמּוּסָר וַיֹּאמֶר כִּי־יְשֻׁבוּן מֵאָוֶן: אִם־
יב יִשְׁמְעוּ וְיַעֲבֹדוּ יְכַלּוּ יְמֵיהֶם בַּטּוֹב וּשְׁנֵיהֶם בַּנְּעִימִים: וְאִם־
יג לֹא יִשְׁמְעוּ בְּשֶׁלַח יַעֲבֹרוּ וְיִגְוְעוּ בִּבְלִי־דָעַת: וְחַנְפֵי־לֵב יָשִׂימוּ
יד אָף לֹא יְשַׁוְּעוּ כִּי אֲסָרָם: תָּמֹת בַּנֹּעַר נַפְשָׁם וְחַיָּתָם בַּקְּדֵשִׁים:
טו טז יְחַלֵּץ עָנִי בְעָנְיוֹ וְיִגֶל בַּלַּחַץ אָזְנָם: וְאַף הֲסִיתְךָ | מִפִּי־צָר
יז רַחַב לֹא־מוּצָק תַּחְתֶּיהָ וְנַחַת שֻׁלְחָנְךָ מָלֵא דָשֶׁן: וְדִין־רָשָׁע
יח מָלֵאתָ דִּין וּמִשְׁפָּט יִתְמֹכוּ: כִּי־חֵמָה פֶּן־יְסִיתְךָ בְשָׂפֶק וְרָב־
יט כֹּפֶר אַל־יַטֶּךָּ: הֲיַעֲרֹךְ שׁוּעֲךָ לֹא בְצָר וְכֹל מַאֲמַצֵּי־כֹחַ:
כ כא אַל־תִּשְׁאַף הַלָּיְלָה לַעֲלוֹת עַמִּים תַּחְתָּם: הִשָּׁמֶר אַל־תֵּפֶן
כב אֶל־אָוֶן כִּי עַל־זֶה בָּחַרְתָּ מֵעֹנִי: הֶן־אֵל יַשְׂגִּיב בְּכֹחוֹ מִי
כג כָמֹהוּ מוֹרֶה: מִי־פָקַד עָלָיו דַּרְכּוֹ וּמִי־אָמַר פָּעַלְתָּ עַוְלָה:
כד כה זְכֹר כִּי־תַשְׂגִּיא פָעֳלוֹ אֲשֶׁר שֹׁרְרוּ אֲנָשִׁים: כָּל־אָדָם חָזוּ־בוֹ
כו אֱנוֹשׁ יַבִּיט מֵרָחוֹק: הֶן־אֵל שַׂגִּיא וְלֹא נֵדָע מִסְפַּר שָׁנָיו וְלֹא־
כז כח חֵקֶר: כִּי יְגָרַע נִטְפֵי־מָיִם יָזֹקּוּ מָטָר לְאֵדוֹ: אֲשֶׁר־יִזְּלוּ
כט שְׁחָקִים יִרְעֲפוּ עֲלֵי | אָדָם רָב: אַף אִם־יָבִין מִפְרְשֵׂי־עָב תְּשֻׁאוֹת
ל לא סֻכָּתוֹ: הֵן־פָּרַשׂ עָלָיו אוֹרוֹ וְשָׁרְשֵׁי הַיָּם כִּסָּה: כִּי־בָם יָדִין
לב עַמִּים יִתֶּן־אֹכֶל לְמַכְבִּיר: עַל־כַּפַּיִם כִּסָּה־אוֹר וַיְצַו עָלֶיהָ
לג לז א בְמַפְגִּיעַ: יַגִּיד עָלָיו רֵעוֹ מִקְנֶה אַף עַל־עוֹלֶה: אַף־לְזֹאת
ב יֶחֱרַד לִבִּי וְיִתַּר מִמְּקוֹמוֹ: שִׁמְעוּ שָׁמוֹעַ בְּרֹגֶז קֹלוֹ וְהֶגֶה מִפִּיו
ג יֵצֵא: תַּחַת־כָּל־הַשָּׁמַיִם יִשְׁרֵהוּ וְאוֹרוֹ עַל־כַּנְפוֹת הָאָרֶץ:
ד אַחֲרָיו | יִשְׁאַג־קוֹל יַרְעֵם בְּקוֹל גְּאוֹנוֹ וְלֹא יְעַקְּבֵם כִּי־יִשָּׁמַע
ה קוֹלוֹ: יַרְעֵם אֵל בְּקוֹלוֹ נִפְלָאוֹת עֹשֶׂה גְדֹלוֹת וְלֹא נֵדָע:
ו כִּי לַשֶּׁלֶג | יֹאמַר הֱוֵא אָרֶץ וְגֶשֶׁם מָטָר וְגֶשֶׁם מִטְרוֹת עֻזּוֹ:
ז ח בְּיַד־כָּל־אָדָם יַחְתּוֹם לָדַעַת כָּל־אַנְשֵׁי מַעֲשֵׂהוּ: וַתָּבוֹא חַיָּה
ט בְמוֹ־אָרֶב וּבִמְעוֹנֹתֶיהָ תִשְׁכֹּן: מִן־הַחֶדֶר תָּבוֹא סוּפָה וּמִמְּזָרִים
י יא קָרָה: מִנִּשְׁמַת־אֵל יִתֶּן־קָרַח וְרֹחַב מַיִם בְּמוּצָק: אַף־בְּרִי
יב יַטְרִיחַ עָב יָפִיץ עֲנַן אוֹרוֹ: וְהוּא מְסִבּוֹת | מִתְהַפֵּךְ בְּתַחְבּוּלֹתָו

יג לְפָעֳלָם כֹּל אֲשֶׁר יְצַוֵּם ׀ עַל־פְּנֵי תֵבֵל אָרְצָה׃ אִם־לְשֵׁבֶט אִם־
יד לְאַרְצוֹ אִם־לְחֶסֶד יַמְצִאֵהוּ׃ הַאֲזִינָה זֹּאת אִיּוֹב עֲמֹד וְהִתְבּוֹנֵן ׀
טו נִפְלְאוֹת אֵל׃ הֲתֵדַע בְּשׂוּם־אֱלוֹהַּ עֲלֵיהֶם וְהוֹפִיעַ אוֹר עֲנָנוֹ׃
טז יז הֲתֵדַע עַל־מִפְלְשֵׂי־עָב מִפְלְאוֹת תְּמִים דֵּעִים׃ אֲשֶׁר־בְּגָדֶיךָ
יח חַמִּים בְּהַשְׁקִט אֶרֶץ מִדָּרוֹם׃ תַּרְקִיעַ עִמּוֹ לִשְׁחָקִים חֲזָקִים
יט כִּרְאִי מוּצָק׃ הוֹדִיעֵנוּ מַה־נֹּאמַר לוֹ לֹא־נַעֲרֹךְ מִפְּנֵי־חֹשֶׁךְ׃
כ כא הַיְסֻפַּר־לוֹ כִּי אֲדַבֵּר אִם־אָמַר אִישׁ כִּי יְבֻלָּע׃ וְעַתָּה ׀ לֹא
כב רָאוּ אוֹר בָּהִיר הוּא בַּשְּׁחָקִים וְרוּחַ עָבְרָה וַתְּטַהֲרֵם׃ מִצָּפוֹן
כג זָהָב יֶאֱתֶה עַל־אֱלוֹהַּ נוֹרָא הוֹד׃ שַׁדַּי לֹא־מְצָאנֻהוּ שַׂגִּיא־
כד כֹחַ וּמִשְׁפָּט וְרֹב־צְדָקָה לֹא יְעַנֶּה׃ לָכֵן יְרֵאוּהוּ אֲנָשִׁים לֹא־
לח א יִרְאֶה כָּל־חַכְמֵי־לֵב׃ וַיַּעַן־יְהוָה אֶת־אִיּוֹב
ב ג מִנהַסְּעָרָה וַיֹּאמַר׃ מִי זֶה ׀ מַחְשִׁיךְ עֵצָה בְמִלִּין בְּלִי־דָעַת׃ אֱזָר־
מִן ׀ הַסְּעָרָה
ד נָא כְגֶבֶר חֲלָצֶיךָ וְאֶשְׁאָלְךָ וְהוֹדִיעֵנִי׃ אֵיפֹה הָיִיתָ בְּיָסְדִי־
ה אָרֶץ הַגֵּד אִם־יָדַעְתָּ בִינָה׃ מִי־שָׂם מְמַדֶּיהָ כִּי תֵדָע אוֹ מִי־
ו נָטָה עָלֶיהָ קָּו׃ עַל־מָה אֲדָנֶיהָ הָטְבָּעוּ אוֹ מִי־יָרָה אֶבֶן
ז ח פִּנָּתָהּ׃ בְּרָן־יַחַד כּוֹכְבֵי בֹקֶר וַיָּרִיעוּ כָּל־בְּנֵי אֱלֹהִים׃ וַיָּסֶךְ
ט בִּדְלָתַיִם יָם בְּגִיחוֹ מֵרֶחֶם יֵצֵא׃ בְּשׂוּמִי עָנָן לְבֻשׁוֹ וַעֲרָפֶל
י יא חֲתֻלָּתוֹ׃ וָאֶשְׁבֹּר עָלָיו חֻקִּי וָאָשִׂים בְּרִיחַ וּדְלָתָיִם׃ וָאֹמַר
יב עַד־פֹּה תָבוֹא וְלֹא תֹסִיף וּפֹא־יָשִׁית בִּגְאוֹן גַּלֶּיךָ׃ הֲמִיָּמֶיךָ
יג צִוִּיתָ בֹּקֶר יִדַּעְתָּה שַׁחַר מְקֹמוֹ׃ לֶאֱחֹז בְּכַנְפוֹת הָאָרֶץ
הַשַּׁחַר
יד וְיִנָּעֲרוּ רְשָׁעִים מִמֶּנָּה׃ תִּתְהַפֵּךְ כְּחֹמֶר חוֹתָם וְיִתְיַצְּבוּ כְּמוֹ
טו טז לְבוּשׁ׃ וְיִמָּנַע מֵרְשָׁעִים אוֹרָם וּזְרוֹעַ רָמָה תִּשָּׁבֵר׃ הֲבָאתָ
יז עַד־נִבְכֵי־יָם וּבְחֵקֶר תְּהוֹם הִתְהַלָּכְתָּ׃ הֲנִגְלוּ לְךָ שַׁעֲרֵי־
יח מָוֶת וְשַׁעֲרֵי צַלְמָוֶת תִּרְאֶה׃ הִתְבֹּנַנְתָּ עַד־רַחֲבֵי־אָרֶץ הַגֵּד
יט אִם־יָדַעְתָּ כֻלָּהּ׃ אֵי־זֶה הַדֶּרֶךְ יִשְׁכָּן־אוֹר וְחֹשֶׁךְ אֵי־זֶה
כ כא מְקֹמוֹ׃ כִּי תִקָּחֶנּוּ אֶל־גְּבוּלוֹ וְכִי תָבִין נְתִיבוֹת בֵּיתוֹ׃ יָדַעְתָּ
כב כִּי־אָז תִּוָּלֵד וּמִסְפַּר יָמֶיךָ רַבִּים׃ הֲבָאתָ אֶל־אֹצְרוֹת שֶׁלֶג

כג וְאֹצְרוֹת בָּרָד תִּרְאֶה׃ אֲשֶׁר־חָשַׂכְתִּי לְעֶת־צָר לְיוֹם קְרָב
כד וּמִלְחָמָה׃ אֵי־זֶה הַדֶּרֶךְ יֵחָלֶק אוֹר יָפֵץ קָדִים עֲלֵי־אָרֶץ׃
כה כו מִי־פִלַּג לַשֶּׁטֶף תְּעָלָה וְדֶרֶךְ לַחֲזִיז קֹלוֹת׃ לְהַמְטִיר עַל־אֶרֶץ
כז לֹא־אִישׁ מִדְבָּר לֹא־אָדָם בּוֹ׃ לְהַשְׂבִּיעַ שֹׁאָה וּמְשֹׁאָה
כח וּלְהַצְמִיחַ מֹצָא דֶשֶׁא׃ הֲיֵשׁ־לַמָּטָר אָב אוֹ מִי־הוֹלִיד אֶגְלֵי־
כט ל טָל׃ מִבֶּטֶן מִי יָצָא הַקָּרַח וּכְפֹר שָׁמַיִם מִי יְלָדוֹ׃ כָּאֶבֶן מַיִם
לא יִתְחַבָּאוּ וּפְנֵי תְהוֹם יִתְלַכָּדוּ׃ הַתְקַשֵּׁר מַעֲדַנּוֹת כִּימָה אוֹ־
לב מֹשְׁכוֹת כְּסִיל תְּפַתֵּחַ׃ הֲתֹצִיא מַזָּרוֹת בְּעִתּוֹ וְעַיִשׁ עַל־בָּנֶיהָ
לג תַנְחֵם׃ הֲיָדַעְתָּ חֻקּוֹת שָׁמָיִם אִם־תָּשִׂים מִשְׁטָרוֹ בָאָרֶץ׃
לד לה הֲתָרִים לָעָב קוֹלֶךָ וְשִׁפְעַת־מַיִם תְּכַסֶּךָּ׃ הַתְשַׁלַּח בְּרָקִים ח
לו וְיֵלֵכוּ וְיֹאמְרוּ לְךָ הִנֵּנוּ׃ מִי־שָׁת בַּטֻּחוֹת חָכְמָה אוֹ מִי־נָתַן
לז לַשֶּׂכְוִי בִינָה׃ מִי־יְסַפֵּר שְׁחָקִים בְּחָכְמָה וְנִבְלֵי שָׁמַיִם מִי
לח לט יַשְׁכִּיב׃ בְּצֶקֶת עָפָר לַמּוּצָק וּרְגָבִים יְדֻבָּקוּ׃ הֲתָצוּד לְלָבִיא
מ טָרֶף וְחַיַּת כְּפִירִים תְּמַלֵּא׃ כִּי־יָשֹׁחוּ בַמְּעוֹנוֹת יֵשְׁבוּ בַסֻּכָּה
מא לְמוֹ־אָרֶב׃ מִי יָכִין לָעֹרֵב צֵידוֹ כִּי־יְלָדוֹ אֶל־אֵל יְשַׁוֵּעוּ יִתְעוּ
לט א לִבְלִי־אֹכֶל׃ הֲיָדַעְתָּ עֵת לֶדֶת יַעֲלֵי־סָלַע חֹלֵל אַיָּלוֹת תִּשְׁמֹר׃
ב ג תִּסְפֹּר יְרָחִים תְּמַלֶּאנָה וְיָדַעְתָּ עֵת לִדְתָּנָה׃ תִּכְרַעְנָה
ד יַלְדֵיהֶן תְּפַלַּחְנָה חֶבְלֵיהֶם תְּשַׁלַּחְנָה׃ יַחְלְמוּ בְנֵיהֶם יִרְבּוּ
ה בַבָּר יָצְאוּ וְלֹא־שָׁבוּ לָמוֹ׃ מִי־שִׁלַּח פֶּרֶא חָפְשִׁי וּמֹסְרוֹת עָרוֹד
ו ז מִי פִתֵּחַ׃ אֲשֶׁר־שַׂמְתִּי עֲרָבָה בֵיתוֹ וּמִשְׁכְּנוֹתָיו מְלֵחָה׃ יִשְׂחַק
ח לַהֲמוֹן קִרְיָה תְּשֻׁאוֹת נוֹגֵשׂ לֹא יִשְׁמָע׃ יְתוּר הָרִים מִרְעֵהוּ
ט וְאַחַר כָּל־יָרוֹק יִדְרוֹשׁ׃ הֲיֹאבֶה רֵּים עָבְדֶךָ אִם־יָלִין עַל־
י אֲבוּסֶךָ׃ הֲתִקְשָׁר־רֵים בְּתֶלֶם עֲבֹתוֹ אִם־יְשַׂדֵּד עֲמָקִים
יא יב אַחֲרֶיךָ׃ הֲתִבְטַח־בּוֹ כִּי־רַב כֹּחוֹ וְתַעֲזֹב אֵלָיו יְגִיעֶךָ׃ הֲתַאֲמִין
יג בּוֹ כִּי־ישוב זַרְעֶךָ וְגָרְנְךָ יֶאֱסֹף׃ כְּנַף־רְנָנִים נֶעֱלָסָה אִם־ יָשִׁיב
יד אֶבְרָה חֲסִידָה וְנֹצָה׃ כִּי־תַעֲזֹב לָאָרֶץ בֵּצֶיהָ וְעַל־עָפָר תְּחַמֵּם׃
טו טז וַתִּשְׁכַּח כִּי־רֶגֶל תְּזוּרֶהָ וְחַיַּת הַשָּׂדֶה תְּדוּשֶׁהָ׃ הִקְשִׁיחַ בָּנֶיהָ

יז לְלֹא־לָהּ לְרִיק יְגִיעָהּ בְּלִי־פָחַד׃ כִּי־הִשָּׁהּ אֱלוֹהַּ חָכְמָה וְלֹא־
יח חָלַק לָהּ בַּבִּינָה׃ כָּעֵת בַּמָּרוֹם תַּמְרִיא תִּשְׂחַק לַסּוּס
יט וּלְרֹכְבוֹ׃ הֲתִתֵּן לַסּוּס גְּבוּרָה הֲתַלְבִּישׁ צַוָּארוֹ רַעְמָה׃
כ כא הֲתַרְעִישֶׁנּוּ כָּאַרְבֶּה הוֹד נַחְרוֹ אֵימָה׃ יַחְפְּרוּ בָעֵמֶק וְיָשִׂישׂ
כב בְּכֹחַ יֵצֵא לִקְרַאת־נָשֶׁק׃ יִשְׂחַק לְפַחַד וְלֹא יֵחָת וְלֹא־יָשׁוּב
כג כד מִפְּנֵי־חָרֶב׃ עָלָיו תִּרְנֶה אַשְׁפָּה לַהַב חֲנִית וְכִידוֹן׃ בְּרַעַשׁ
כה וְרֹגֶז יְגַמֶּא־אָרֶץ וְלֹא־יַאֲמִין כִּי־קוֹל שׁוֹפָר׃ בְּדֵי שֹׁפָר ׀ יֹאמַר
כו הֶאָח וּמֵרָחוֹק יָרִיחַ מִלְחָמָה רַעַם שָׂרִים וּתְרוּעָה׃ הֲמִבִּינָתְךָ
כז יַאֲבֶר־נֵץ יִפְרֹשׂ כְּנָפָו לְתֵימָן׃ אִם־עַל־פִּיךָ יַגְבִּיהַּ נָשֶׁר וְכִי
כח כט יָרִים קִנּוֹ׃ סֶלַע יִשְׁכֹּן וְיִתְלֹנָן עַל־שֶׁן־סֶלַע וּמְצוּדָה׃ מִשָּׁם
ל חָפַר־אֹכֶל לְמֵרָחוֹק עֵינָיו יַבִּיטוּ׃ וְאֶפְרֹחָו יְעַלְעוּ־דָם וּבַאֲשֶׁר
מ א ב חֲלָלִים שָׁם הוּא׃ וַיַּעַן יְהוָה אֶת־אִיּוֹב וַיֹּאמַר׃ הֲרֹב
ג עִם־שַׁדַּי יִסּוֹר מוֹכִיחַ אֱלוֹהַּ יַעֲנֶנָּה׃ וַיַּעַן אִיּוֹב אֶת־
ד ה יְהוָה וַיֹּאמַר׃ הֵן קַלֹּתִי מָה אֲשִׁיבֶךָּ יָדִי שַׂמְתִּי לְמוֹ־פִי׃ אַחַת
ו דִּבַּרְתִּי וְלֹא אֶעֱנֶה וּשְׁתַּיִם וְלֹא אוֹסִיף׃ וַיַּעַן־יְהוָה
ז אֶת־אִיּוֹב מִנסְעָרָה וַיֹּאמַר׃ אֱזָר־נָא כְגֶבֶר חֲלָצֶיךָ אֶשְׁאָלְךָ מִן ׀ סְעָרָה
ח ט וְהוֹדִיעֵנִי׃ הַאַף תָּפֵר מִשְׁפָּטִי תַּרְשִׁיעֵנִי לְמַעַן תִּצְדָּק׃ וְאִם־
י זְרוֹעַ כָּאֵל ׀ לָךְ וּבְקוֹל כָּמֹהוּ תַרְעֵם׃ עֲדֵה־נָא גָאוֹן וָגֹבַהּ
יא וְהוֹד וְהָדָר תִּלְבָּשׁ׃ הָפֵץ עֶבְרוֹת אַפֶּךָ וּרְאֵה כָל־גֵּאֶה
יב וְהַשְׁפִּילֵהוּ׃ רְאֵה כָל־גֵּאֶה הַכְנִיעֵהוּ וַהֲדֹךְ רְשָׁעִים תַּחְתָּם׃
יג יד טָמְנֵם בֶּעָפָר יָחַד פְּנֵיהֶם חֲבֹשׁ בַּטָּמוּן׃ וְגַם־אֲנִי אוֹדֶךָּ כִּי־
טו תוֹשִׁעַ לְךָ יְמִינֶךָ׃ הִנֵּה־נָא בְהֵמוֹת אֲשֶׁר־עָשִׂיתִי עִמָּךְ חָצִיר
טז כַּבָּקָר יֹאכֵל׃ הִנֵּה־נָא כֹחוֹ בְמָתְנָיו וְאֹנוֹ בִּשְׁרִירֵי בִטְנוֹ׃
יז יח יַחְפֹּץ זְנָבוֹ כְמוֹ־אָרֶז גִּידֵי פַחֲדָו יְשֹׂרָגוּ׃ עֲצָמָיו אֲפִיקֵי נְחוּשָׁה
יט גְּרָמָיו כִּמְטִיל בַּרְזֶל׃ הוּא רֵאשִׁית דַּרְכֵי־אֵל הָעֹשׂוֹ יַגֵּשׁ
כ חַרְבּוֹ׃ כִּי־בוּל הָרִים יִשְׂאוּ־לוֹ וְכָל־חַיַּת הַשָּׂדֶה יְשַׂחֲקוּ־שָׁם׃
כא כב תַּחַת־צֶאֱלִים יִשְׁכָּב בְּסֵתֶר קָנֶה וּבִצָּה׃ יְסֻכֻּהוּ צֶאֱלִים צִלֲלוֹ

כג יְסֻבֻּהוּ עַרְבֵי־נָחַל: הֵן יַעֲשֹׁק נָהָר וְלֹא יַחְפּוֹז יִבְטַח | כִּי־יָגִיחַ
כד כה יַרְדֵּן אֶל־פִּיהוּ: בְּעֵינָיו יִקָּחֶנּוּ בְּמוֹקְשִׁים יִנְקָב־אָף: תִּמְשֹׁךְ
כו לִוְיָתָן בְּחַכָּה וּבְחֶבֶל תַּשְׁקִיעַ לְשֹׁנוֹ: הֲתָשִׂים אַגְמֹן בְּאַפּוֹ
כז וּבְחוֹחַ תִּקֹּב לֶחֱיוֹ: הֲיַרְבֶּה אֵלֶיךָ תַּחֲנוּנִים אִם־יְדַבֵּר אֵלֶיךָ
כח כט רַכּוֹת: הֲיִכְרֹת בְּרִית עִמָּךְ תִּקָּחֶנּוּ לְעֶבֶד עוֹלָם: הַתְשַׂחֶק־בּוֹ
ל כַּצִּפּוֹר וְתִקְשְׁרֶנּוּ לְנַעֲרוֹתֶיךָ: יִכְרוּ עָלָיו חַבָּרִים יֶחֱצוּהוּ בֵּין
לא לב כְּנַעֲנִים: הַתְמַלֵּא בְשֻׂכּוֹת עוֹרוֹ וּבְצִלְצַל דָּגִים רֹאשׁוֹ: שִׂים־
מא א עָלָיו כַּפֶּךָ זְכֹר מִלְחָמָה אַל־תּוֹסַף: הֵן־תֹּחַלְתּוֹ נִכְזָבָה הֲגַם
ב אֶל־מַרְאָיו יֻטָל: לֹא־אַכְזָר כִּי יְעוּרֶנּוּ וּמִי הוּא לְפָנַי יִתְיַצָּב:
ג ד מִי הִקְדִּימַנִי וַאֲשַׁלֵּם תַּחַת כָּל־הַשָּׁמַיִם לִי־הוּא: לֹא־אַחֲרִישׁ לו־
ה בַּדָּיו וּדְבַר־גְּבוּרוֹת וְחִין עֶרְכּוֹ: מִי־גִלָּה פְּנֵי לְבוּשׁוֹ בְּכֶפֶל רִסְנוֹ
ו ז מִי יָבוֹא: דַּלְתֵי פָנָיו מִי פִתֵּחַ סְבִיבוֹת שִׁנָּיו אֵימָה: גַּאֲוָה
ח אֲפִיקֵי מָגִנִּים סָגוּר חוֹתָם צָר: אֶחָד בְּאֶחָד יִגַּשׁוּ וְרוּחַ לֹא־יָבֹא
ט י בֵינֵיהֶם: אִישׁ־בְּאָחִיהוּ יְדֻבָּקוּ יִתְלַכְּדוּ וְלֹא יִתְפָּרָדוּ: עֲטִישֹׁתָיו
יא תָּהֶל אוֹר וְעֵינָיו כְּעַפְעַפֵּי־שָׁחַר: מִפִּיו לַפִּידִים יַהֲלֹכוּ כִּידוֹדֵי
יב יג אֵשׁ יִתְמַלָּטוּ: מִנְּחִירָיו יֵצֵא עָשָׁן כְּדוּד נָפוּחַ וְאַגְמֹן: נַפְשׁוֹ
יד גֶּחָלִים תְּלַהֵט וְלַהַב מִפִּיו יֵצֵא: בְּצַוָּארוֹ יָלִין עֹז וּלְפָנָיו תָּדוּץ
טו טז דְּאָבָה: מַפְּלֵי בְשָׂרוֹ דָבֵקוּ יָצוּק עָלָיו בַּל־יִמּוֹט: לִבּוֹ יָצוּק
יז כְּמוֹ־אָבֶן וְיָצוּק כְּפֶלַח תַּחְתִּית: מִשֵּׂתוֹ יָגוּרוּ אֵלִים מִשְּׁבָרִים
יח יִתְחַטָּאוּ: מַשִּׂיגֵהוּ חֶרֶב בְּלִי תָקוּם חֲנִית מַסָּע וְשִׁרְיָה:
יט כ יַחְשֹׁב לְתֶבֶן בַּרְזֶל לְעֵץ רִקָּבוֹן נְחוּשָׁה: לֹא־יַבְרִיחֶנּוּ בֶן־
כא קָשֶׁת לְקַשׁ נֶהֶפְכוּ־לוֹ אַבְנֵי־קָלַע: כְּקַשׁ נֶחְשְׁבוּ תוֹתָח
כב וְיִשְׂחַק לְרַעַשׁ כִּידוֹן: תַּחְתָּיו חַדּוּדֵי חָרֶשׂ יִרְפַּד חָרוּץ עֲלֵי־
כג כד טִיט: יַרְתִּיחַ כַּסִּיר מְצוּלָה יָם יָשִׂים כַּמֶּרְקָחָה: אַחֲרָיו יָאִיר
כה נָתִיב יַחְשֹׁב תְּהוֹם לְשֵׂיבָה: אֵין־עַל־עָפָר מָשְׁלוֹ הֶעָשׂוּ
כו לִבְלִי־חָת: אֵת כָּל־גָּבֹהַּ יִרְאֶה הוּא מֶלֶךְ עַל־כָּל־בְּנֵי־
מב א ב שָׁחַץ: וַיַּעַן אִיּוֹב אֶת־יהוה וַיֹּאמַר: יָדַעְתָּ כִּי־

כָּל תּוּכָל וְלֹא־יִבָּצֵר מִמְּךָ מְזִמָּה: מִי זֶה ׀ מַעְלִים עֵצָה בְּלִי ג
דָעַת לָכֵן הִגַּדְתִּי וְלֹא אָבִין נִפְלָאוֹת מִמֶּנִּי וְלֹא אֵדָע: שְׁמַע־ ד
נָא וְאָנֹכִי אֲדַבֵּר אֶשְׁאָלְךָ וְהוֹדִיעֵנִי: לְשֵׁמַע־אֹזֶן שְׁמַעְתִּיךָ ה
וְעַתָּה עֵינִי רָאָתְךָ: עַל־כֵּן אֶמְאַס וְנִחַמְתִּי עַל־עָפָר וָאֵפֶר: ו
וַיְהִי אַחַר דִּבֶּר יְהוָה אֶת־הַדְּבָרִים הָאֵלֶּה אֶל־אִיּוֹב וַיֹּאמֶר ז
יְהוָה אֶל־אֱלִיפַז הַתֵּימָנִי חָרָה אַפִּי בְךָ וּבִשְׁנֵי רֵעֶיךָ כִּי לֹא
דִבַּרְתֶּם אֵלַי נְכוֹנָה כְּעַבְדִּי אִיּוֹב: וְעַתָּה קְחוּ־לָכֶם שִׁבְעָה־ ח
פָרִים וְשִׁבְעָה אֵילִים וּלְכוּ ׀ אֶל־עַבְדִּי אִיּוֹב וְהַעֲלִיתֶם עוֹלָה
בַּעַדְכֶם וְאִיּוֹב עַבְדִּי יִתְפַּלֵּל עֲלֵיכֶם כִּי אִם־פָּנָיו אֶשָּׂא
לְבִלְתִּי עֲשׂוֹת עִמָּכֶם נְבָלָה כִּי לֹא דִבַּרְתֶּם אֵלַי נְכוֹנָה
כְּעַבְדִּי אִיּוֹב: וַיֵּלְכוּ אֱלִיפַז הַתֵּימָנִי וּבִלְדַּד הַשּׁוּחִי צֹפַר ט
הַנַּעֲמָתִי וַיַּעֲשׂוּ כַּאֲשֶׁר דִּבֶּר אֲלֵיהֶם יְהוָה וַיִּשָּׂא יְהוָה אֶת־
שְׁבוּת פְּנֵי אִיּוֹב: וַיהוָה שָׁב אֶת־שְׁבִית אִיּוֹב בְּהִתְפַּלְלוֹ בְּעַד רֵעֵהוּ י
וַיֹּסֶף יְהוָה אֶת־כָּל־אֲשֶׁר לְאִיּוֹב לְמִשְׁנֶה: וַיָּבֹאוּ אֵלָיו כָּל־ יא
אֶחָיו וְכָל־אַחְיֹתָיו וְכָל־יֹדְעָיו לְפָנִים וַיֹּאכְלוּ עִמּוֹ לֶחֶם
בְּבֵיתוֹ וַיָּנֻדוּ לוֹ וַיְנַחֲמוּ אֹתוֹ עַל כָּל־הָרָעָה אֲשֶׁר־הֵבִיא
יְהוָה עָלָיו וַיִּתְּנוּ־לוֹ אִישׁ קְשִׂיטָה אֶחָת וְאִישׁ נֶזֶם זָהָב אֶחָד:
וַיהוָה בֵּרַךְ אֶת־אַחֲרִית אִיּוֹב מֵרֵאשִׁתוֹ וַיְהִי־לוֹ אַרְבָּעָה יב
"ראשיתו" של איוב
איוב א, ב–ג
עָשָׂר אֶלֶף צֹאן וְשֵׁשֶׁת אֲלָפִים גְּמַלִּים וְאֶלֶף־צֶמֶד בָּקָר וְאֶלֶף
אֲתוֹנוֹת: וַיְהִי־לוֹ שִׁבְעָנָה בָנִים וְשָׁלוֹשׁ בָּנוֹת: וַיִּקְרָא שֵׁם־ יג יד
הָאַחַת יְמִימָה וְשֵׁם הַשֵּׁנִית קְצִיעָה וְשֵׁם הַשְּׁלִישִׁית קֶרֶן
הַפּוּךְ: וְלֹא נִמְצָא נָשִׁים יָפוֹת כִּבְנוֹת אִיּוֹב בְּכָל־הָאָרֶץ וַיִּתֵּן טו
לָהֶם אֲבִיהֶם נַחֲלָה בְּתוֹךְ אֲחֵיהֶם: וַיְחִי אִיּוֹב אַחֲרֵי־זֹאת טז
מֵאָה וְאַרְבָּעִים שָׁנָה וַיַּרְא אֶת־בָּנָיו וְאֶת־בְּנֵי בָנָיו אַרְבָּעָה
דֹּרוֹת: וַיָּמָת אִיּוֹב זָקֵן וּשְׂבַע יָמִים: יז

# שיר השירים

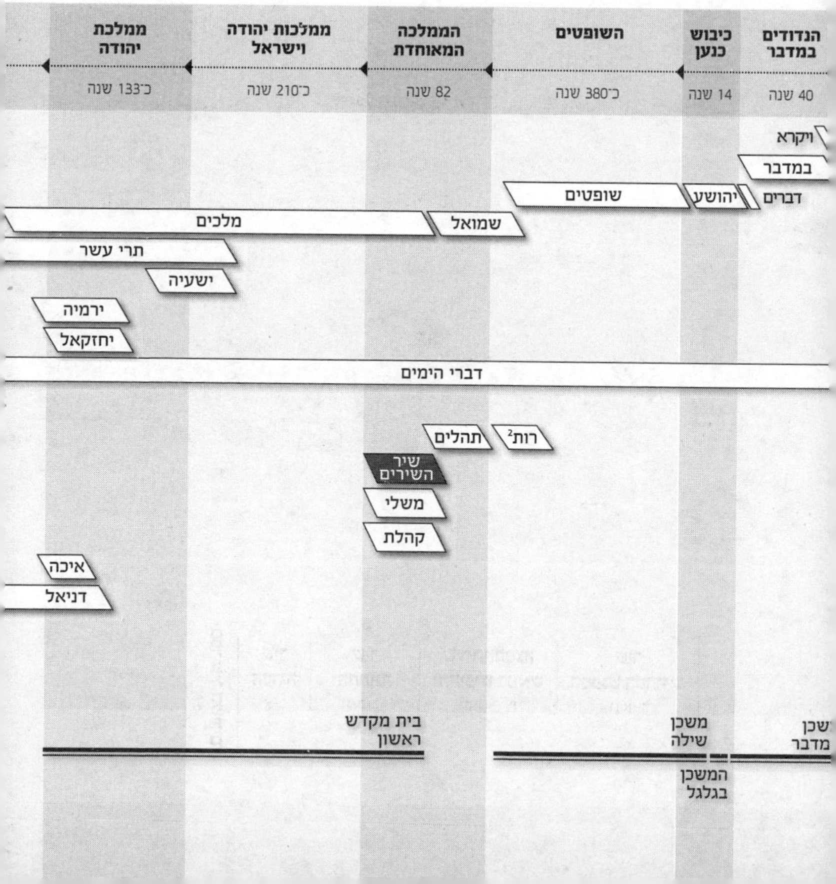

הנדודים במדבר
כיבוש כנען
השופטים
הממלכה המאוחדת
ממלכות יהודה וישראל
ממלכת יהודה
40 שנה
14 שנה
כ־380 שנה
82 שנה
כ־210 שנה
כ־133 שנה
ויקרא
במדבר
דברים
יהושע
שופטים
שמואל
מלכים
תרי עשר
ישעיה
ירמיה
יחזקאל
דברי הימים
רות
תהלים
שיר השירים
משלי
קהלת
איכה
דניאל
משכן מדבר
משכן שילה
המשכן בגלגל
בית מקדש ראשון

ספר שיר השירים

| שיר הערגה | שיר החתונה | שיר ההחמצה והחיפוש הנואש | שיר המפגש המחודש |
|---|---|---|---|
| א–ב | ג–ה (ב) | ה (ג) – ו (י) | ו (יא)–ח |

# א

א ב שִׁיר הַשִּׁירִים אֲשֶׁר לִשְׁלֹמֹה: יִשָּׁקֵנִי מִנְּשִׁיקוֹת פִּיהוּ כִּי־
ג טוֹבִים דֹּדֶיךָ מִיָּיִן: לְרֵיחַ שְׁמָנֶיךָ טוֹבִים שֶׁמֶן תּוּרַק שְׁמֶךָ עַל־
ד כֵּן עֲלָמוֹת אֲהֵבוּךָ: מָשְׁכֵנִי אַחֲרֶיךָ נָּרוּצָה הֱבִיאַנִי הַמֶּלֶךְ
חֲדָרָיו נָגִילָה וְנִשְׂמְחָה בָּךְ נַזְכִּירָה דֹדֶיךָ מִיַּיִן מֵישָׁרִים
ה אֲהֵבוּךָ: שְׁחוֹרָה אֲנִי וְנָאוָה בְּנוֹת יְרוּשָׁלָ‍ִם כְּאָהֳלֵי
ו קֵדָר כִּירִיעוֹת שְׁלֹמֹה: אַל־תִּרְאוּנִי שֶׁאֲנִי שְׁחַרְחֹרֶת שֶׁשְּׁזָפַתְנִי
הַשָּׁמֶשׁ בְּנֵי אִמִּי נִחֲרוּ־בִי שָׂמֻנִי נֹטֵרָה אֶת־הַכְּרָמִים כַּרְמִי
ז שֶׁלִּי לֹא נָטָרְתִּי: הַגִּידָה לִּי שֶׁאָהֲבָה נַפְשִׁי אֵיכָה תִרְעֶה אֵיכָה
תַּרְבִּיץ בַּצָּהֳרָיִם שַׁלָּמָה אֶהְיֶה כְּעֹטְיָה עַל עֶדְרֵי חֲבֵרֶיךָ:
ח אִם־לֹא תֵדְעִי לָךְ הַיָּפָה בַּנָּשִׁים צְאִי־לָךְ בְּעִקְבֵי הַצֹּאן
ט וּרְעִי אֶת־גְּדִיֹּתַיִךְ עַל מִשְׁכְּנוֹת הָרֹעִים: לְסֻסָתִי
י בְּרִכְבֵי פַרְעֹה דִּמִּיתִיךְ רַעְיָתִי: נָאווּ לְחָיַיִךְ בַּתֹּרִים צַוָּארֵךְ
יא יב בַּחֲרוּזִים: תּוֹרֵי זָהָב נַעֲשֶׂה־לָּךְ עִם נְקֻדּוֹת הַכָּסֶף: עַד־
יג שֶׁהַמֶּלֶךְ בִּמְסִבּוֹ נִרְדִּי נָתַן רֵיחוֹ: צְרוֹר הַמֹּר | דּוֹדִי לִי בֵּין שָׁדַי
יד טו יָלִין: אֶשְׁכֹּל הַכֹּפֶר | דּוֹדִי לִי בְּכַרְמֵי עֵין גֶּדִי: הִנָּךְ
טז יָפָה רַעְיָתִי הִנָּךְ יָפָה עֵינַיִךְ יוֹנִים: הִנְּךָ יָפֶה דוֹדִי אַף נָעִים
יז אַף־עַרְשֵׂנוּ רַעֲנָנָה: קֹרוֹת בָּתֵּינוּ אֲרָזִים רחיטנו בְּרוֹתִים: רָהִיטֵנוּ

# ב

א ב אֲנִי חֲבַצֶּלֶת הַשָּׁרוֹן שׁוֹשַׁנַּת הָעֲמָקִים: כְּשׁוֹשַׁנָּה בֵּין הַחוֹחִים
ג כֵּן רַעְיָתִי בֵּין הַבָּנוֹת: כְּתַפּוּחַ בַּעֲצֵי הַיַּעַר כֵּן דּוֹדִי בֵּין
ד הַבָּנִים בְּצִלּוֹ חִמַּדְתִּי וְיָשַׁבְתִּי וּפִרְיוֹ מָתוֹק לְחִכִּי: הֱבִיאַנִי
ה אֶל־בֵּית הַיָּיִן וְדִגְלוֹ עָלַי אַהֲבָה: סַמְּכוּנִי בָּאֲשִׁישׁוֹת רַפְּדוּנִי
ו בַּתַּפּוּחִים כִּי־חוֹלַת אַהֲבָה אָנִי: שְׂמֹאלוֹ תַּחַת לְרֹאשִׁי וִימִינוֹ
ז תְּחַבְּקֵנִי: הִשְׁבַּעְתִּי אֶתְכֶם בְּנוֹת יְרוּשָׁלַ‍ִם בִּצְבָאוֹת אוֹ
בְּאַיְלוֹת הַשָּׂדֶה אִם־תָּעִירוּ | וְאִם־תְּעוֹרְרוּ אֶת־הָאַהֲבָה עַד
ח שֶׁתֶּחְפָּץ: קוֹל דּוֹדִי הִנֵּה־זֶה בָּא מְדַלֵּג עַל־הֶהָרִים
ט מְקַפֵּץ עַל־הַגְּבָעוֹת: דּוֹמֶה דוֹדִי לִצְבִי אוֹ לְעֹפֶר הָאַיָּלִים
הִנֵּה־זֶה עוֹמֵד אַחַר כָּתְלֵנוּ מַשְׁגִּיחַ מִן־הַחַלֹּנוֹת מֵצִיץ מִן־

י הֶחֳרַכִּים: עָנָה דוֹדִי וְאָמַר לִי קוּמִי לָךְ רַעְיָתִי יָפָתִי וּלְכִי־
יא יב לָךְ: כִּי־הִנֵּה הַסְּתָו עָבָר הַגֶּשֶׁם חָלַף הָלַךְ לוֹ: הַנִּצָּנִים נִרְאוּ
יג בָאָרֶץ עֵת הַזָּמִיר הִגִּיעַ וְקוֹל הַתּוֹר נִשְׁמַע בְּאַרְצֵנוּ: הַתְּאֵנָה
חָנְטָה פַגֶּיהָ וְהַגְּפָנִים ׀ סְמָדַר נָתְנוּ רֵיחַ קוּמִי לָכִי רַעְיָתִי יָפָתִי לָֽךְ
יד וּלְכִי־לָךְ: יוֹנָתִי בְּחַגְוֵי הַסֶּלַע בְּסֵתֶר הַמַּדְרֵגָה
הַרְאִינִי אֶת־מַרְאַיִךְ הַשְׁמִיעִינִי אֶת־קוֹלֵךְ כִּי־קוֹלֵךְ עָרֵב
טו וּמַרְאֵיךְ נָאוֶה: אֶחֱזוּ־לָנוּ שׁוּעָלִים שֻׁעָלִים קְטַנִּים
טז מְחַבְּלִים כְּרָמִים וּכְרָמֵינוּ סְמָדַר: דּוֹדִי לִי וַאֲנִי לוֹ הָרֹעֶה
יז בַּשּׁוֹשַׁנִּים: עַד שֶׁיָּפוּחַ הַיּוֹם וְנָסוּ הַצְּלָלִים סֹב דְּמֵה־לְךָ דוֹדִי
ג א לִצְבִי אוֹ לְעֹפֶר הָאַיָּלִים עַל־הָרֵי בָתֶר: עַל־
מִשְׁכָּבִי בַּלֵּילוֹת בִּקַּשְׁתִּי אֵת שֶׁאָהֲבָה נַפְשִׁי בִּקַּשְׁתִּיו וְלֹא
ב מְצָאתִיו: אָקוּמָה נָּא וַאֲסוֹבְבָה בָעִיר בַּשְּׁוָקִים וּבָרְחֹבוֹת
ג אֲבַקְשָׁה אֵת שֶׁאָהֲבָה נַפְשִׁי בִּקַּשְׁתִּיו וְלֹא מְצָאתִיו: מְצָאוּנִי
ד הַשֹּׁמְרִים הַסֹּבְבִים בָּעִיר אֵת שֶׁאָהֲבָה נַפְשִׁי רְאִיתֶם: כִּמְעַט
שֶׁעָבַרְתִּי מֵהֶם עַד שֶׁמָּצָאתִי אֵת שֶׁאָהֲבָה נַפְשִׁי אֲחַזְתִּיו
וְלֹא אַרְפֶּנּוּ עַד־שֶׁהֲבֵיאתִיו אֶל־בֵּית אִמִּי וְאֶל־חֶדֶר
ה הוֹרָתִי: הִשְׁבַּעְתִּי אֶתְכֶם בְּנוֹת יְרוּשָׁלַםִ בִּצְבָאוֹת אוֹ
בְּאַיְלוֹת הַשָּׂדֶה אִם־תָּעִירוּ ׀ וְאִם־תְּעוֹרְרוּ אֶת־הָאַהֲבָה
ו עַד שֶׁתֶּחְפָּץ: מִי זֹאת עֹלָה מִן־הַמִּדְבָּר
כְּתִימְרוֹת עָשָׁן מְקֻטֶּרֶת מֹר וּלְבוֹנָה מִכֹּל אַבְקַת רוֹכֵל:
ז הִנֵּה מִטָּתוֹ שֶׁלִּשְׁלֹמֹה שִׁשִּׁים גִּבֹּרִים סָבִיב לָהּ מִגִּבֹּרֵי
ח יִשְׂרָאֵל: כֻּלָּם אֲחֻזֵי חֶרֶב מְלֻמְּדֵי מִלְחָמָה אִישׁ חַרְבּוֹ עַל־
ט יְרֵכוֹ מִפַּחַד בַּלֵּילוֹת: אַפִּרְיוֹן עָשָׂה לוֹ הַמֶּלֶךְ
י שְׁלֹמֹה מֵעֲצֵי הַלְּבָנוֹן: עַמּוּדָיו עָשָׂה כֶסֶף רְפִידָתוֹ זָהָב
יא מֶרְכָּבוֹ אַרְגָּמָן תּוֹכוֹ רָצוּף אַהֲבָה מִבְּנוֹת יְרוּשָׁלָםִ: צְאֶינָה ׀
וּרְאֶינָה בְּנוֹת צִיּוֹן בַּמֶּלֶךְ שְׁלֹמֹה בָּעֲטָרָה שֶׁעִטְּרָה־לּוֹ אִמּוֹ
ד א בְּיוֹם חֲתֻנָּתוֹ וּבְיוֹם שִׂמְחַת לִבּוֹ: הִנָּךְ יָפָה

רַעְיָתִי הִנָּךְ יָפָה עֵינַיִךְ יוֹנִים מִבַּעַד לְצַמָּתֵךְ שַׂעְרֵךְ כְּעֵדֶר
ב הָעִזִּים שֶׁגָּלְשׁוּ מֵהַר גִּלְעָד: שִׁנַּיִךְ כְּעֵדֶר הַקְּצוּבוֹת שֶׁעָלוּ מִן־
ג הָרַחְצָה שֶׁכֻּלָּם מַתְאִימוֹת וְשַׁכֻּלָה אֵין בָּהֶם: כְּחוּט הַשָּׁנִי
שִׂפְתֹתַיִךְ וּמִדְבָּרֵךְ נָאוֶה כְּפֶלַח הָרִמּוֹן רַקָּתֵךְ מִבַּעַד לְצַמָּתֵךְ:
ד כְּמִגְדַּל דָּוִיד צַוָּארֵךְ בָּנוּי לְתַלְפִּיּוֹת אֶלֶף הַמָּגֵן תָּלוּי עָלָיו כֹּל
ה שִׁלְטֵי הַגִּבֹּרִים: שְׁנֵי שָׁדַיִךְ כִּשְׁנֵי עֳפָרִים תְּאוֹמֵי צְבִיָּה הָרוֹעִים
ו בַּשּׁוֹשַׁנִּים: עַד שֶׁיָּפוּחַ הַיּוֹם וְנָסוּ הַצְּלָלִים אֵלֶךְ לִי אֶל־הַר
ז הַמּוֹר וְאֶל־גִּבְעַת הַלְּבוֹנָה: כֻּלָּךְ יָפָה רַעְיָתִי וּמוּם אֵין
ח בָּךְ: אִתִּי מִלְּבָנוֹן כַּלָּה אִתִּי מִלְּבָנוֹן תָּבוֹאִי
תָּשׁוּרִי ׀ מֵרֹאשׁ אֲמָנָה מֵרֹאשׁ שְׂנִיר וְחֶרְמוֹן מִמְּעֹנוֹת אֲרָיוֹת
ט מֵהַרְרֵי נְמֵרִים: לִבַּבְתִּנִי אֲחֹתִי כַלָּה לִבַּבְתִּנִי באחד מֵעֵינַיִךְ בְּאַחַת
י בְּאַחַד עֲנָק מִצַּוְּרֹנָיִךְ: מַה־יָּפוּ דֹדַיִךְ אֲחֹתִי כַלָּה מַה־טֹּבוּ
יא דֹדַיִךְ מִיַּיִן וְרֵיחַ שְׁמָנַיִךְ מִכָּל־בְּשָׂמִים: נֹפֶת תִּטֹּפְנָה שִׂפְתוֹתַיִךְ
כַּלָּה דְּבַשׁ וְחָלָב תַּחַת לְשׁוֹנֵךְ וְרֵיחַ שַׂלְמֹתַיִךְ כְּרֵיחַ
יב לְבָנוֹן: גַּן ׀ נָעוּל אֲחֹתִי כַלָּה גַּל נָעוּל מַעְיָן
יג חָתוּם: שְׁלָחַיִךְ פַּרְדֵּס רִמּוֹנִים עִם פְּרִי מְגָדִים כְּפָרִים עִם־
יד נְרָדִים: נֵרְדְּ ׀ וְכַרְכֹּם קָנֶה וְקִנָּמוֹן עִם כָּל־עֲצֵי לְבוֹנָה מֹר
טו וַאֲהָלוֹת עִם כָּל־רָאשֵׁי בְשָׂמִים: מַעְיַן גַּנִּים בְּאֵר מַיִם חַיִּים
טז וְנֹזְלִים מִן־לְבָנוֹן: עוּרִי צָפוֹן וּבוֹאִי תֵימָן הָפִיחִי גַנִּי יִזְּלוּ
ה א בְשָׂמָיו יָבֹא דוֹדִי לְגַנּוֹ וְיֹאכַל פְּרִי מְגָדָיו: בָּאתִי לְגַנִּי אֲחֹתִי
כַלָּה אָרִיתִי מוֹרִי עִם־בְּשָׂמִי אָכַלְתִּי יַעְרִי עִם־דִּבְשִׁי שָׁתִיתִי
ב יֵינִי עִם־חֲלָבִי אִכְלוּ רֵעִים שְׁתוּ וְשִׁכְרוּ דּוֹדִים: אֲנִי
יְשֵׁנָה וְלִבִּי עֵר קוֹל ׀ דּוֹדִי דוֹפֵק פִּתְחִי־לִי אֲחֹתִי רַעְיָתִי יוֹנָתִי
ג תַמָּתִי שֶׁרֹּאשִׁי נִמְלָא־טָל קְוֻצּוֹתַי רְסִיסֵי לָיְלָה: פָּשַׁטְתִּי אֶת־
כֻּתָּנְתִּי אֵיכָכָה אֶלְבָּשֶׁנָּה רָחַצְתִּי אֶת־רַגְלַי אֵיכָכָה אֲטַנְּפֵם:
ד ה דּוֹדִי שָׁלַח יָדוֹ מִן־הַחֹר וּמֵעַי הָמוּ עָלָיו: קַמְתִּי אֲנִי לִפְתֹּחַ
לְדוֹדִי וְיָדַי נָטְפוּ־מוֹר וְאֶצְבְּעֹתַי מוֹר עֹבֵר עַל כַּפּוֹת הַמַּנְעוּל:

ו פָּתַחְתִּי אֲנִי לְדוֹדִי וְדוֹדִי חָמַק עָבָר נַפְשִׁי יָצְאָה בְדַבְּרוֹ
בִּקַּשְׁתִּיהוּ וְלֹא מְצָאתִיהוּ קְרָאתִיו וְלֹא עָנָנִי׃ מְצָאֻנִי ז
הַשֹּׁמְרִים הַסֹּבְבִים בָּעִיר הִכּוּנִי פְצָעוּנִי נָשְׂאוּ אֶת־רְדִידִי מֵעָלַי
ח שֹׁמְרֵי הַחֹמוֹת׃ הִשְׁבַּעְתִּי אֶתְכֶם בְּנוֹת יְרוּשָׁלִָם אִם־תִּמְצְאוּ
ט אֶת־דּוֹדִי מַה־תַּגִּידוּ לוֹ שֶׁחוֹלַת אַהֲבָה אָנִי׃ מַה־דּוֹדֵךְ
י מִדּוֹד הַיָּפָה בַּנָּשִׁים מַה־דּוֹדֵךְ מִדּוֹד שֶׁכָּכָה הִשְׁבַּעְתָּנוּ׃ דּוֹדִי
יא צַח וְאָדוֹם דָּגוּל מֵרְבָבָה׃ רֹאשׁוֹ כֶּתֶם פָּז קְוֻצּוֹתָיו תַּלְתַּלִּים
יב שְׁחֹרוֹת כָּעוֹרֵב׃ עֵינָיו כְּיוֹנִים עַל־אֲפִיקֵי מָיִם רֹחֲצוֹת בֶּחָלָב
יג יֹשְׁבוֹת עַל־מִלֵּאת׃ לְחָיָו כַּעֲרוּגַת הַבֹּשֶׂם מִגְדְּלוֹת מֶרְקָחִים
יד שִׂפְתוֹתָיו שׁוֹשַׁנִּים נֹטְפוֹת מוֹר עֹבֵר׃ יָדָיו גְּלִילֵי זָהָב מְמֻלָּאִים
טו בַּתַּרְשִׁישׁ מֵעָיו עֶשֶׁת שֵׁן מְעֻלֶּפֶת סַפִּירִים׃ שׁוֹקָיו עַמּוּדֵי
שֵׁשׁ מְיֻסָּדִים עַל־אַדְנֵי־פָז מַרְאֵהוּ כַּלְּבָנוֹן בָּחוּר כָּאֲרָזִים׃
טז חִכּוֹ מַמְתַקִּים וְכֻלּוֹ מַחֲמַדִּים זֶה דוֹדִי וְזֶה רֵעִי בְּנוֹת יְרוּשָׁלִָם׃
ו א אָנָה הָלַךְ דּוֹדֵךְ הַיָּפָה בַּנָּשִׁים אָנָה פָּנָה דוֹדֵךְ וּנְבַקְשֶׁנּוּ
ב עִמָּךְ׃ דּוֹדִי יָרַד לְגַנּוֹ לַעֲרוּגוֹת הַבֹּשֶׂם לִרְעוֹת בַּגַּנִּים וְלִלְקֹט
ג שׁוֹשַׁנִּים׃ אֲנִי לְדוֹדִי וְדוֹדִי לִי הָרֹעֶה בַּשּׁוֹשַׁנִּים׃
ד ה יָפָה אַתְּ רַעְיָתִי כְּתִרְצָה נָאוָה כִּירוּשָׁלִָם אֲיֻמָּה כַּנִּדְגָּלוֹת׃ הָסֵבִּי
עֵינַיִךְ מִנֶּגְדִּי שֶׁהֵם הִרְהִיבֻנִי שַׂעְרֵךְ כְּעֵדֶר הָעִזִּים שֶׁגָּלְשׁוּ
ו מִן־הַגִּלְעָד׃ שִׁנַּיִךְ כְּעֵדֶר הָרְחֵלִים שֶׁעָלוּ מִן־הָרַחְצָה שֶׁכֻּלָּם
ז מַתְאִימוֹת וְשַׁכֻּלָה אֵין בָּהֶם׃ כְּפֶלַח הָרִמּוֹן רַקָּתֵךְ מִבַּעַד
ח לְצַמָּתֵךְ׃ שִׁשִּׁים הֵמָּה מְלָכוֹת וּשְׁמֹנִים פִּילַגְשִׁים וַעֲלָמוֹת
ט אֵין מִסְפָּר׃ אַחַת הִיא יוֹנָתִי תַמָּתִי אַחַת הִיא לְאִמָּהּ בָּרָה
הִיא לְיוֹלַדְתָּהּ רָאוּהָ בָנוֹת וַיְאַשְּׁרוּהָ מְלָכוֹת וּפִילַגְשִׁים
י וַיְהַלְלוּהָ׃ מִי־זֹאת הַנִּשְׁקָפָה כְּמוֹ־שָׁחַר יָפָה כַלְּבָנָה
יא בָּרָה כַּחַמָּה אֲיֻמָּה כַּנִּדְגָּלוֹת׃ אֶל־גִּנַּת אֱגוֹז יָרַדְתִּי לִרְאוֹת
יב בְּאִבֵּי הַנָּחַל לִרְאוֹת הֲפָרְחָה הַגֶּפֶן הֵנֵצוּ הָרִמֹּנִים׃ לֹא יָדַעְתִּי
ז א נַפְשִׁי שָׂמַתְנִי מַרְכְּבוֹת עַמִּי נָדִיב׃ שׁוּבִי שׁוּבִי הַשּׁוּלַמִּית

שׁוּבִי וְנֶחֱזֶה־בָּךְ מַה־תֶּחֱזוּ בַּשּׁוּלַמִּית כִּמְחֹלַת הַמַּחֲנָיִם׃
ב מַה־יָּפוּ פְעָמַיִךְ בַּנְּעָלִים בַּת־נָדִיב חַמּוּקֵי יְרֵכַיִךְ כְּמוֹ חֲלָאִים
ג מַעֲשֵׂה יְדֵי אָמָּן׃ שָׁרְרֵךְ אַגַּן הַסַּהַר אַל־יֶחְסַר הַמָּזֶג בִּטְנֵךְ
ד עֲרֵמַת חִטִּים סוּגָה בַּשּׁוֹשַׁנִּים׃ שְׁנֵי שָׁדַיִךְ כִּשְׁנֵי עֳפָרִים תָּאֳמֵי
ה צְבִיָּה׃ צַוָּארֵךְ כְּמִגְדַּל הַשֵּׁן עֵינַיִךְ בְּרֵכוֹת בְּחֶשְׁבּוֹן עַל־שַׁעַר
ו בַּת־רַבִּים אַפֵּךְ כְּמִגְדַּל הַלְּבָנוֹן צוֹפֶה פְּנֵי דַמָּשֶׂק׃ רֹאשֵׁךְ עָלַיִךְ
ז כַּכַּרְמֶל וְדַלַּת רֹאשֵׁךְ כָּאַרְגָּמָן מֶלֶךְ אָסוּר בָּרְהָטִים׃ מַה־
ח יָּפִית וּמַה־נָּעַמְתְּ אַהֲבָה בַּתַּעֲנוּגִים׃ זֹאת קוֹמָתֵךְ דָּמְתָה לְתָמָר
ט וְשָׁדַיִךְ לְאַשְׁכֹּלוֹת׃ אָמַרְתִּי אֶעֱלֶה בְתָמָר אֹחֲזָה בְּסַנְסִנָּיו
י וְיִהְיוּ־נָא שָׁדַיִךְ כְּאֶשְׁכְּלוֹת הַגֶּפֶן וְרֵיחַ אַפֵּךְ כַּתַּפּוּחִים׃ וְחִכֵּךְ
כְּיֵין הַטּוֹב הוֹלֵךְ לְדוֹדִי לְמֵישָׁרִים דּוֹבֵב שִׂפְתֵי יְשֵׁנִים׃
יא יב אֲנִי לְדוֹדִי וְעָלַי תְּשׁוּקָתוֹ׃ לְכָה דוֹדִי נֵצֵא הַשָּׂדֶה נָלִינָה
יג בַּכְּפָרִים׃ נַשְׁכִּימָה לַכְּרָמִים נִרְאֶה אִם־פָּרְחָה הַגֶּפֶן פִּתַּח
יד הַסְּמָדַר הֵנֵצוּ הָרִמּוֹנִים שָׁם אֶתֵּן אֶת־דֹּדַי לָךְ׃ הַדּוּדָאִים
נָתְנוּ־רֵיחַ וְעַל־פְּתָחֵינוּ כָּל־מְגָדִים חֲדָשִׁים גַּם־יְשָׁנִים דּוֹדִי
ח א צָפַנְתִּי לָךְ׃ מִי יִתֶּנְךָ כְּאָח לִי יוֹנֵק שְׁדֵי אִמִּי אֶמְצָאֲךָ בַחוּץ
ב אֶשָּׁקְךָ גַּם לֹא־יָבֻזוּ לִי׃ אֶנְהָגֲךָ אֲבִיאֲךָ אֶל־בֵּית אִמִּי תְּלַמְּדֵנִי
ג אַשְׁקְךָ מִיַּיִן הָרֶקַח מֵעֲסִיס רִמֹּנִי׃ שְׂמֹאלוֹ תַּחַת רֹאשִׁי וִימִינוֹ
ד תְּחַבְּקֵנִי׃ הִשְׁבַּעְתִּי אֶתְכֶם בְּנוֹת יְרוּשָׁלָםִ מַה־תָּעִירוּ ׀ וּמַה־
ה תְּעֹרְרוּ אֶת־הָאַהֲבָה עַד שֶׁתֶּחְפָּץ׃ מִי זֹאת
עֹלָה מִן־הַמִּדְבָּר מִתְרַפֶּקֶת עַל־דּוֹדָהּ תַּחַת הַתַּפּוּחַ עוֹרַרְתִּיךָ
ו שָׁמָּה חִבְּלַתְךָ אִמֶּךָ שָׁמָּה חִבְּלָה יְלָדַתְךָ׃ שִׂימֵנִי כַחוֹתָם
עַל־לִבֶּךָ כַּחוֹתָם עַל־זְרוֹעֶךָ כִּי־עַזָּה כַמָּוֶת אַהֲבָה קָשָׁה
ז כִשְׁאוֹל קִנְאָה רְשָׁפֶיהָ רִשְׁפֵּי אֵשׁ שַׁלְהֶבֶתְיָה׃ מַיִם רַבִּים לֹא
יוּכְלוּ לְכַבּוֹת אֶת־הָאַהֲבָה וּנְהָרוֹת לֹא יִשְׁטְפוּהָ אִם־יִתֵּן אִישׁ
ח אֶת־כָּל־הוֹן בֵּיתוֹ בָּאַהֲבָה בּוֹז יָבוּזוּ לוֹ׃ אָחוֹת
לָנוּ קְטַנָּה וְשָׁדַיִם אֵין לָהּ מַה־נַּעֲשֶׂה לַאֲחֹתֵנוּ בַּיּוֹם שֶׁיְּדֻבַּר־

ח

בָּהּ: אִם־חוֹמָה הִיא נִבְנֶה עָלֶיהָ טִירַת כָּסֶף וְאִם־דֶּלֶת הִיא ט
נָצוּר עָלֶיהָ לוּחַ אָרֶז: אֲנִי חוֹמָה וְשָׁדַי כַּמִּגְדָּלוֹת אָז הָיִיתִי י
בְעֵינָיו כְּמוֹצְאֵת שָׁלוֹם: כֶּרֶם הָיָה לִשְׁלֹמֹה בְּבַעַל הָמוֹן נָתַן יא
אֶת־הַכֶּרֶם לַנֹּטְרִים אִישׁ יָבִא בְּפִרְיוֹ אֶלֶף כָּסֶף: כַּרְמִי שֶׁלִּי יב
לְפָנָי הָאֶלֶף לְךָ שְׁלֹמֹה וּמָאתַיִם לְנֹטְרִים אֶת־פִּרְיוֹ: הַיּוֹשֶׁבֶת יג
בַּגַּנִּים חֲבֵרִים מַקְשִׁיבִים לְקוֹלֵךְ הַשְׁמִיעִנִי: בְּרַח ׀ דּוֹדִי וּדְמֵה־ יד
לְךָ לִצְבִי אוֹ לְעֹפֶר הָאַיָּלִים עַל הָרֵי בְשָׂמִים:

# רות

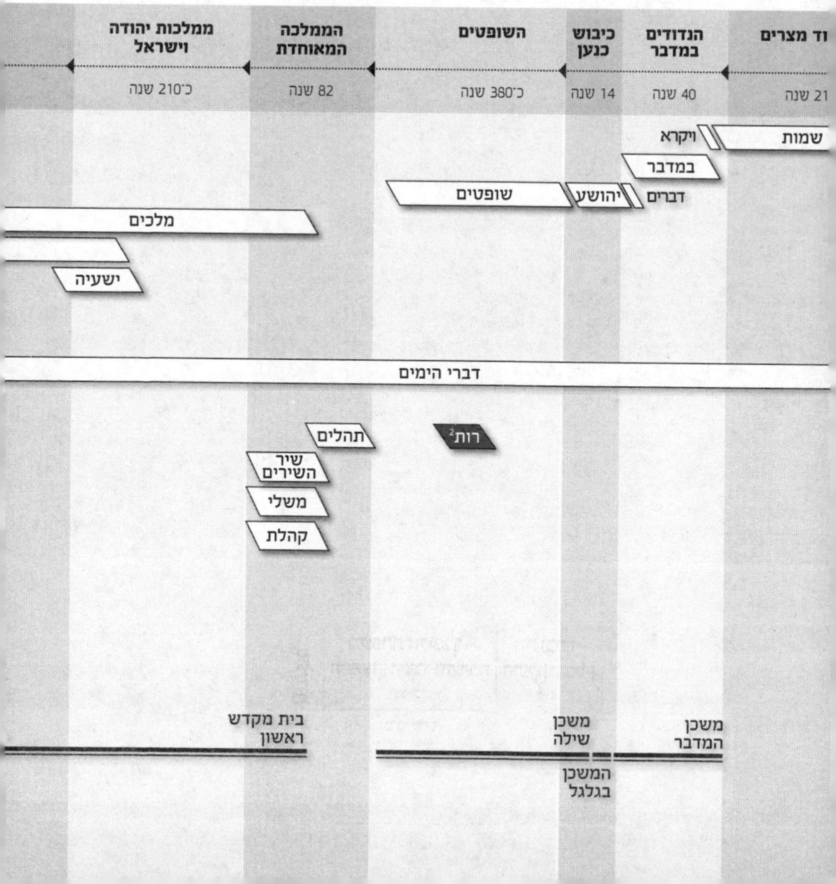

וד מצרים
21 שנה
הנדודים במדבר
40 שנה
כיבוש כנען
14 שנה
השופטים
כ־380 שנה
הממלכה המאוחדת
82 שנה
ממלכות יהודה וישראל
כ־210 שנה
שמות
ויקרא
במדבר
דברים
יהושע
שופטים
מלכים
ישעיה
דברי הימים
רות[2]
תהלים
שיר השירים
משלי
קהלת
משכן המדבר
משכן שילה
המשכן בגלגל
בית מקדש ראשון

| ספר רות | משפחת אלימלך – היציאה, השבר והשיבה<br>א–ב | רות ובועז – התיקון והבניין<br>ג–ד |
| --- | --- | --- |
| | כ־10 שנים | |

# א

א וַיְהִי בִּימֵי שְׁפֹט הַשֹּׁפְטִים וַיְהִי רָעָב בָּאָרֶץ וַיֵּלֶךְ אִישׁ מִבֵּית
ב לֶחֶם יְהוּדָה לָגוּר בִּשְׂדֵי מוֹאָב הוּא וְאִשְׁתּוֹ וּשְׁנֵי בָנָיו: וְשֵׁם
הָאִישׁ אֱלִימֶלֶךְ וְשֵׁם אִשְׁתּוֹ נָעֳמִי וְשֵׁם שְׁנֵי־בָנָיו ׀ מַחְלוֹן
וְכִלְיוֹן אֶפְרָתִים מִבֵּית לֶחֶם יְהוּדָה וַיָּבֹאוּ שְׂדֵי־מוֹאָב וַיִּהְיוּ־
ג שָׁם: וַיָּמָת אֱלִימֶלֶךְ אִישׁ נָעֳמִי וַתִּשָּׁאֵר הִיא וּשְׁנֵי בָנֶיהָ:
ד וַיִּשְׂאוּ לָהֶם נָשִׁים מֹאֲבִיּוֹת שֵׁם הָאַחַת עָרְפָּה וְשֵׁם הַשֵּׁנִית
ה רוּת וַיֵּשְׁבוּ שָׁם כְּעֶשֶׂר שָׁנִים: וַיָּמוּתוּ גַם־שְׁנֵיהֶם מַחְלוֹן וְכִלְיוֹן
ו וַתִּשָּׁאֵר הָאִשָּׁה מִשְּׁנֵי יְלָדֶיהָ וּמֵאִישָׁהּ: וַתָּקָם הִיא וְכַלֹּתֶיהָ
וַתָּשָׁב מִשְּׂדֵי מוֹאָב כִּי שָׁמְעָה בִּשְׂדֵה מוֹאָב כִּי־פָקַד יְהוָה
ז אֶת־עַמּוֹ לָתֵת לָהֶם לָחֶם: וַתֵּצֵא מִן־הַמָּקוֹם אֲשֶׁר הָיְתָה־
שָׁמָּה וּשְׁתֵּי כַלֹּתֶיהָ עִמָּהּ וַתֵּלַכְנָה בַדֶּרֶךְ לָשׁוּב אֶל־אֶרֶץ
ח יְהוּדָה: וַתֹּאמֶר נָעֳמִי לִשְׁתֵּי כַלֹּתֶיהָ לֵכְנָה שֹּׁבְנָה אִשָּׁה לְבֵית
אִמָּהּ יעשה יְהוָה עִמָּכֶם חֶסֶד כַּאֲשֶׁר עֲשִׂיתֶם עִם־הַמֵּתִים יַעַשׂ
ט וְעִמָּדִי: יִתֵּן יְהוָה לָכֶם וּמְצֶאןָ מְנוּחָה אִשָּׁה בֵּית אִישָׁהּ וַתִּשַּׁק
י לָהֶן וַתִּשֶּׂאנָה קוֹלָן וַתִּבְכֶּינָה: וַתֹּאמַרְנָה־לָּהּ כִּי־אִתָּךְ נָשׁוּב
יא לְעַמֵּךְ: וַתֹּאמֶר נָעֳמִי שֹׁבְנָה בְנֹתַי לָמָּה תֵלַכְנָה עִמִּי הַעוֹד־
יב לִי בָנִים בְּמֵעַי וְהָיוּ לָכֶם לַאֲנָשִׁים: שֹׁבְנָה בְנֹתַי לֵכְןָ כִּי זָקַנְתִּי
מִהְיוֹת לְאִישׁ כִּי אָמַרְתִּי יֶשׁ־לִי תִקְוָה גַּם הָיִיתִי הַלַּיְלָה
יג לְאִישׁ וְגַם יָלַדְתִּי בָנִים: הֲלָהֵן ׀ תְּשַׂבֵּרְנָה עַד אֲשֶׁר יִגְדָּלוּ
הֲלָהֵן תֵּעָגֵנָה לְבִלְתִּי הֱיוֹת לְאִישׁ אַל בְּנֹתַי כִּי־מַר־לִי מְאֹד
יד מִכֶּם כִּי־יָצְאָה בִי יַד־יְהוָה: וַתִּשֶּׂנָה קוֹלָן וַתִּבְכֶּינָה עוֹד
טו וַתִּשַּׁק עָרְפָּה לַחֲמוֹתָהּ וְרוּת דָּבְקָה בָּהּ: וַתֹּאמֶר הִנֵּה שָׁבָה
טז יְבִמְתֵּךְ אֶל־עַמָּהּ וְאֶל־אֱלֹהֶיהָ שׁוּבִי אַחֲרֵי יְבִמְתֵּךְ: וַתֹּאמֶר
רוּת אַל־תִּפְגְּעִי־בִי לְעָזְבֵךְ לָשׁוּב מֵאַחֲרָיִךְ כִּי אֶל־אֲשֶׁר
תֵּלְכִי אֵלֵךְ וּבַאֲשֶׁר תָּלִינִי אָלִין עַמֵּךְ עַמִּי וֵאלֹהַיִךְ אֱלֹהָי:
יז בַּאֲשֶׁר תָּמוּתִי אָמוּת וְשָׁם אֶקָּבֵר כֹּה יַעֲשֶׂה יְהוָה לִי וְכֹה
יח יֹסִיף כִּי הַמָּוֶת יַפְרִיד בֵּינִי וּבֵינֵךְ: וַתֵּרֶא כִּי־מִתְאַמֶּצֶת הִיא

לָלֶכֶת אִתָּהּ וַתֶּחְדַּל לְדַבֵּר אֵלֶיהָ: וַתֵּלַכְנָה שְׁתֵּיהֶם עַד־בּוֹאָנָה יט
בֵּית לָחֶם וַיְהִי כְּבוֹאָנָה בֵּית לֶחֶם וַתֵּהֹם כָּל־הָעִיר עֲלֵיהֶן
וַתֹּאמַרְנָה הֲזֹאת נָעֳמִי: וַתֹּאמֶר אֲלֵיהֶן אַל־תִּקְרֶאנָה לִי כ
נָעֳמִי קְרֶאןָ לִי מָרָא כִּי־הֵמַר שַׁדַּי לִי מְאֹד: אֲנִי מְלֵאָה הָלַכְתִּי כא
וְרֵיקָם הֱשִׁיבַנִי יְהוָה לָמָּה תִקְרֶאנָה לִי נָעֳמִי וַיהוָה עָנָה בִי
וְשַׁדַּי הֵרַע לִי: וַתָּשָׁב נָעֳמִי וְרוּת הַמּוֹאֲבִיָּה כַלָּתָהּ עִמָּהּ כב
הַשָּׁבָה מִשְּׂדֵי מוֹאָב וְהֵמָּה בָּאוּ בֵּית לֶחֶם בִּתְחִלַּת קְצִיר
מוֹדַע שְׂעֹרִים: וּלְנָעֳמִי מידע לְאִישָׁהּ אִישׁ גִּבּוֹר חַיִל מִמִּשְׁפַּחַת א ב
אֱלִימֶלֶךְ וּשְׁמוֹ בֹּעַז: וַתֹּאמֶר רוּת הַמּוֹאֲבִיָּה אֶל־נָעֳמִי אֵלְכָה־ ב
נָּא הַשָּׂדֶה וַאֲלַקֳטָה בַשִּׁבֳּלִים אַחַר אֲשֶׁר אֶמְצָא־חֵן בְּעֵינָיו
וַתֹּאמֶר לָהּ לְכִי בִתִּי: וַתֵּלֶךְ וַתָּבוֹא וַתְּלַקֵּט בַּשָּׂדֶה אַחֲרֵי ג
הַקֹּצְרִים וַיִּקֶר מִקְרֶהָ חֶלְקַת הַשָּׂדֶה לְבֹעַז אֲשֶׁר מִמִּשְׁפַּחַת
אֱלִימֶלֶךְ: וְהִנֵּה־בֹעַז בָּא מִבֵּית לֶחֶם וַיֹּאמֶר לַקּוֹצְרִים יְהוָה ד
עִמָּכֶם וַיֹּאמְרוּ לוֹ יְבָרֶכְךָ יְהוָה: וַיֹּאמֶר בֹּעַז לְנַעֲרוֹ הַנִּצָּב ה
עַל־הַקּוֹצְרִים לְמִי הַנַּעֲרָה הַזֹּאת: וַיַּעַן הַנַּעַר הַנִּצָּב עַל־ ו
הַקּוֹצְרִים וַיֹּאמַר נַעֲרָה מוֹאֲבִיָּה הִיא הַשָּׁבָה עִם־נָעֳמִי מִשְּׂדֵי
מוֹאָב: וַתֹּאמֶר אֲלַקֳטָה־נָּא וְאָסַפְתִּי בָעֳמָרִים אַחֲרֵי הַקּוֹצְרִים ז
וַתָּבוֹא וַתַּעֲמוֹד מֵאָז הַבֹּקֶר וְעַד־עַתָּה זֶה שִׁבְתָּהּ הַבַּיִת
מְעָט: וַיֹּאמֶר בֹּעַז אֶל־רוּת הֲלוֹא שָׁמַעַתְּ בִּתִּי אַל־תֵּלְכִי ח
לִלְקֹט בְּשָׂדֶה אַחֵר וְגַם לֹא תַעֲבוּרִי מִזֶּה וְכֹה תִדְבָּקִין עִם־
נַעֲרֹתָי: עֵינַיִךְ בַּשָּׂדֶה אֲשֶׁר־יִקְצֹרוּן וְהָלַכְתְּ אַחֲרֵיהֶן הֲלוֹא ט
צִוִּיתִי אֶת־הַנְּעָרִים לְבִלְתִּי נָגְעֵךְ וְצָמִת וְהָלַכְתְּ אֶל־הַכֵּלִים
וְשָׁתִית מֵאֲשֶׁר יִשְׁאֲבוּן הַנְּעָרִים: וַתִּפֹּל עַל־פָּנֶיהָ וַתִּשְׁתַּחוּ י
אָרְצָה וַתֹּאמֶר אֵלָיו מַדּוּעַ מָצָאתִי חֵן בְּעֵינֶיךָ לְהַכִּירֵנִי וְאָנֹכִי
נָכְרִיָּה: וַיַּעַן בֹּעַז וַיֹּאמֶר לָהּ הֻגֵּד הֻגַּד לִי כֹּל אֲשֶׁר־עָשִׂית יא
אֶת־חֲמוֹתֵךְ אַחֲרֵי מוֹת אִישֵׁךְ וַתַּעַזְבִי אָבִיךְ וְאִמֵּךְ וְאֶרֶץ
מוֹלַדְתֵּךְ וַתֵּלְכִי אֶל־עַם אֲשֶׁר לֹא־יָדַעַתְּ תְּמוֹל שִׁלְשׁוֹם: יְשַׁלֵּם יב

יְהוָה פָּעֳלֵךְ וּתְהִי מַשְׂכֻּרְתֵּךְ שְׁלֵמָה מֵעִם יְהוָה אֱלֹהֵי יִשְׂרָאֵל
יג אֲשֶׁר־בָּאת לַחֲסוֹת תַּחַת־כְּנָפָיו׃ וַתֹּאמֶר אֶמְצָא־חֵן בְּעֵינֶיךָ
אֲדֹנִי כִּי נִחַמְתָּנִי וְכִי דִבַּרְתָּ עַל־לֵב שִׁפְחָתֶךָ וְאָנֹכִי לֹא אֶהְיֶה
יד כְּאַחַת שִׁפְחֹתֶיךָ׃ וַיֹּאמֶר לָה בֹעַז לְעֵת הָאֹכֶל גֹּשִׁי הֲלֹם וְאָכַלְתְּ
מִן־הַלֶּחֶם וְטָבַלְתְּ פִּתֵּךְ בַּחֹמֶץ וַתֵּשֶׁב מִצַּד הַקֹּצְרִים וַיִּצְבָּט־
טו לָהּ קָלִי וַתֹּאכַל וַתִּשְׂבַּע וַתֹּתַר׃ וַתָּקָם לְלַקֵּט וַיְצַו בֹּעַז אֶת־
טז נְעָרָיו לֵאמֹר גַּם בֵּין הָעֳמָרִים תְּלַקֵּט וְלֹא תַכְלִימוּהָ׃ וְגַם שֹׁל־
תָּשֹׁלּוּ לָהּ מִן־הַצְּבָתִים וַעֲזַבְתֶּם וְלִקְּטָה וְלֹא תִגְעֲרוּ־בָהּ׃
יז וַתְּלַקֵּט בַּשָּׂדֶה עַד־הָעָרֶב וַתַּחְבֹּט אֵת אֲשֶׁר־לִקֵּטָה וַיְהִי
יח כְּאֵיפָה שְׂעֹרִים׃ וַתִּשָּׂא וַתָּבוֹא הָעִיר וַתֵּרֶא חֲמוֹתָהּ אֵת
אֲשֶׁר־לִקֵּטָה וַתּוֹצֵא וַתִּתֶּן־לָהּ אֵת אֲשֶׁר־הוֹתִרָה מִשָּׂבְעָהּ׃
יט וַתֹּאמֶר לָהּ חֲמוֹתָהּ אֵיפֹה לִקַּטְתְּ הַיּוֹם וְאָנָה עָשִׂית יְהִי מַכִּירֵךְ
בָּרוּךְ וַתַּגֵּד לַחֲמוֹתָהּ אֵת אֲשֶׁר־עָשְׂתָה עִמּוֹ וַתֹּאמֶר שֵׁם
כ הָאִישׁ אֲשֶׁר עָשִׂיתִי עִמּוֹ הַיּוֹם בֹּעַז׃ וַתֹּאמֶר נָעֳמִי לְכַלָּתָהּ
בָּרוּךְ הוּא לַיהוָה אֲשֶׁר לֹא־עָזַב חַסְדּוֹ אֶת־הַחַיִּים וְאֶת־הַמֵּתִים
כא וַתֹּאמֶר לָהּ נָעֳמִי קָרוֹב לָנוּ הָאִישׁ מִגֹּאֲלֵנוּ הוּא׃ וַתֹּאמֶר
רוּת הַמּוֹאֲבִיָּה גַּם ׀ כִּי־אָמַר אֵלַי עִם־הַנְּעָרִים אֲשֶׁר־לִי תִּדְבָּקִין
כב עַד אִם־כִּלּוּ אֵת כָּל־הַקָּצִיר אֲשֶׁר־לִי׃ וַתֹּאמֶר נָעֳמִי אֶל־רוּת
כַּלָּתָהּ טוֹב בִּתִּי כִּי תֵצְאִי עִם־נַעֲרוֹתָיו וְלֹא יִפְגְּעוּ־בָךְ בְּשָׂדֶה
כג אַחֵר׃ וַתִּדְבַּק בְּנַעֲרוֹת בֹּעַז לְלַקֵּט עַד־כְּלוֹת קְצִיר־הַשְּׂעֹרִים
ג א וּקְצִיר הַחִטִּים וַתֵּשֶׁב אֶת־חֲמוֹתָהּ׃ וַתֹּאמֶר לָהּ נָעֳמִי חֲמוֹתָהּ
ב בִּתִּי הֲלֹא אֲבַקֶּשׁ־לָךְ מָנוֹחַ אֲשֶׁר יִיטַב־לָךְ׃ וְעַתָּה הֲלֹא בֹעַז
מֹדַעְתָּנוּ אֲשֶׁר הָיִית אֶת־נַעֲרוֹתָיו הִנֵּה־הוּא זֹרֶה אֶת־גֹּרֶן
ג הַשְּׂעֹרִים הַלָּיְלָה׃ וְרָחַצְתְּ ׀ וָסַכְתְּ וְשַׂמְתְּ שמלתך עָלַיִךְ שִׂמְלֹתַיִךְ
וירדתי הַגֹּרֶן אַל־תִּוָּדְעִי לָאִישׁ עַד כַּלֹּתוֹ לֶאֱכֹל וְלִשְׁתּוֹת׃ וְיָרַדְתְּ
ד וִיהִי בְשָׁכְבוֹ וְיָדַעַתְּ אֶת־הַמָּקוֹם אֲשֶׁר יִשְׁכַּב־שָׁם וּבָאת
וְגִלִּית מַרְגְּלֹתָיו ושכבתי וְהוּא יַגִּיד לָךְ אֵת אֲשֶׁר תַּעֲשִׂין׃ וְשָׁכָבְתְּ

אֵלַי וַתֹּאמֶר אֵלֶיהָ כֹּל אֲשֶׁר־תֹּאמְרִי אֶעֱשֶׂה׃ וַתֵּרֶד הַגֹּרֶן וַתַּעַשׂ ה ו
כְּכֹל אֲשֶׁר־צִוַּתָּה חֲמוֹתָהּ׃ וַיֹּאכַל בֹּעַז וַיֵּשְׁתְּ וַיִּיטַב לִבּוֹ וַיָּבֹא ז
לִשְׁכַּב בִּקְצֵה הָעֲרֵמָה וַתָּבֹא בַלָּט וַתְּגַל מַרְגְּלֹתָיו וַתִּשְׁכָּב׃
וַיְהִי בַּחֲצִי הַלַּיְלָה וַיֶּחֱרַד הָאִישׁ וַיִּלָּפֵת וְהִנֵּה אִשָּׁה שֹׁכֶבֶת ח
מַרְגְּלֹתָיו׃ וַיֹּאמֶר מִי־אָתְּ וַתֹּאמֶר אָנֹכִי רוּת אֲמָתֶךָ וּפָרַשְׂתָּ ט
כְנָפֶךָ עַל־אֲמָתְךָ כִּי גֹאֵל אָתָּה׃ וַיֹּאמֶר בְּרוּכָה אַתְּ לַיהוה י
בִּתִּי הֵיטַבְתְּ חַסְדֵּךְ הָאַחֲרוֹן מִן־הָרִאשׁוֹן לְבִלְתִּי־לֶכֶת אַחֲרֵי
הַבַּחוּרִים אִם־דַּל וְאִם־עָשִׁיר׃ וְעַתָּה בִּתִּי אַל־תִּירְאִי כֹּל יא
אֲשֶׁר־תֹּאמְרִי אֶעֱשֶׂה־לָּךְ כִּי יוֹדֵעַ כָּל־שַׁעַר עַמִּי כִּי אֵשֶׁת
חַיִל אָתְּ׃ וְעַתָּה כִּי אָמְנָם כִּי אם גֹאֵל אָנֹכִי וְגַם יֵשׁ גֹּאֵל יב
קָרוֹב מִמֶּנִּי׃ לִינִי ׀ הַלַּיְלָה וְהָיָה בַבֹּקֶר אִם־יִגְאָלֵךְ טוֹב יִגְאָל יג
וְאִם־לֹא יַחְפֹּץ לְגָאֳלֵךְ וּגְאַלְתִּיךְ אָנֹכִי חַי־יהוה שִׁכְבִי עַד־
בְּטֶרֶם הַבֹּקֶר׃ וַתִּשְׁכַּב מַרְגְּלוֹתָו עַד־הַבֹּקֶר וַתָּקָם בטרום יַכִּיר אִישׁ יד
אֶת־רֵעֵהוּ וַיֹּאמֶר אַל־יִוָּדַע כִּי־בָאָה הָאִשָּׁה הַגֹּרֶן׃ וַיֹּאמֶר טו
הָבִי הַמִּטְפַּחַת אֲשֶׁר־עָלַיִךְ וְאֶחֳזִי־בָהּ וַתֹּאחֶז בָּהּ וַיָּמָד שֵׁשׁ־
שְׂעֹרִים וַיָּשֶׁת עָלֶיהָ וַיָּבֹא הָעִיר׃ וַתָּבוֹא אֶל־חֲמוֹתָהּ וַתֹּאמֶר טז
מִי־אַתְּ בִּתִּי וַתַּגֶּד־לָהּ אֵת כָּל־אֲשֶׁר עָשָׂה־לָהּ הָאִישׁ׃ וַתֹּאמֶר יז
אֵלַי שֵׁשׁ־הַשְּׂעֹרִים הָאֵלֶּה נָתַן לִי כִּי אָמַר אַל־תָּבוֹאִי רֵיקָם
אֶל־חֲמוֹתֵךְ׃ וַתֹּאמֶר שְׁבִי בִתִּי עַד אֲשֶׁר תֵּדְעִין אֵיךְ יִפֹּל יח
דָּבָר כִּי לֹא יִשְׁקֹט הָאִישׁ כִּי־אִם־כִּלָּה הַדָּבָר הַיּוֹם׃ וּבֹעַז א ד
עָלָה הַשַּׁעַר וַיֵּשֶׁב שָׁם וְהִנֵּה הַגֹּאֵל עֹבֵר אֲשֶׁר דִּבֶּר־בֹּעַז
וַיֹּאמֶר סוּרָה שְׁבָה־פֹּה פְּלֹנִי אַלְמֹנִי וַיָּסַר וַיֵּשֵׁב׃ וַיִּקַּח עֲשָׂרָה ב
אֲנָשִׁים מִזִּקְנֵי הָעִיר וַיֹּאמֶר שְׁבוּ־פֹה וַיֵּשֵׁבוּ׃ וַיֹּאמֶר לַגֹּאֵל ג
חֶלְקַת הַשָּׂדֶה אֲשֶׁר לְאָחִינוּ לֶאֱלִימֶלֶךְ מָכְרָה נָעֳמִי הַשָּׁבָה
מִשְּׂדֵה מוֹאָב׃ וַאֲנִי אָמַרְתִּי אֶגְלֶה אָזְנְךָ לֵאמֹר קְנֵה נֶגֶד ד
הַיֹּשְׁבִים וְנֶגֶד זִקְנֵי עַמִּי אִם־תִּגְאַל גְּאָל וְאִם־לֹא יִגְאַל הַגִּידָה
לִּי וְאֵדְעָ כִּי אֵין זוּלָתְךָ לִגְאוֹל וְאָנֹכִי אַחֲרֶיךָ וַיֹּאמֶר אָנֹכִי

ה אֶגְאָל: וַיֹּאמֶר בֹּעַז בְּיוֹם־קְנוֹתְךָ הַשָּׂדֶה מִיַּד נָעֳמִי וּמֵאֵת
רוּת הַמּוֹאֲבִיָּה אֵשֶׁת־הַמֵּת קניתי לְהָקִים שֵׁם־הַמֵּת עַל־ קָנִיתָ
ו נַחֲלָתוֹ: וַיֹּאמֶר הַגֹּאֵל לֹא אוּכַל לגאול־לִי פֶּן־אַשְׁחִית אֶת־ לִגְאָל־
ז נַחֲלָתִי גְּאַל־לְךָ אַתָּה אֶת־גְּאֻלָּתִי כִּי לֹא־אוּכַל לִגְאֹל: וְזֹאת
לְפָנִים בְּיִשְׂרָאֵל עַל־הַגְּאוּלָּה וְעַל־הַתְּמוּרָה לְקַיֵּם כָּל־דָּבָר
ח שָׁלַף אִישׁ נַעֲלוֹ וְנָתַן לְרֵעֵהוּ וְזֹאת הַתְּעוּדָה בְּיִשְׂרָאֵל: וַיֹּאמֶר
ט הַגֹּאֵל לְבֹעַז קְנֵה־לָךְ וַיִּשְׁלֹף נַעֲלוֹ: וַיֹּאמֶר בֹּעַז לַזְּקֵנִים וְכָל־
הָעָם עֵדִים אַתֶּם הַיּוֹם כִּי קָנִיתִי אֶת־כָּל־אֲשֶׁר לֶאֱלִימֶלֶךְ
י וְאֵת כָּל־אֲשֶׁר לְכִלְיוֹן וּמַחְלוֹן מִיַּד נָעֳמִי: וְגַם אֶת־רוּת
הַמֹּאֲבִיָּה אֵשֶׁת מַחְלוֹן קָנִיתִי לִי לְאִשָּׁה לְהָקִים שֵׁם־הַמֵּת עַל־
נַחֲלָתוֹ וְלֹא־יִכָּרֵת שֵׁם־הַמֵּת מֵעִם אֶחָיו וּמִשַּׁעַר מְקוֹמוֹ עֵדִים
יא אַתֶּם הַיּוֹם: וַיֹּאמְרוּ כָּל־הָעָם אֲשֶׁר־בַּשַּׁעַר וְהַזְּקֵנִים עֵדִים יִתֵּן
יהוה אֶת־הָאִשָּׁה הַבָּאָה אֶל־בֵּיתֶךָ כְּרָחֵל ׀ וּכְלֵאָה אֲשֶׁר בָּנוּ
שְׁתֵּיהֶם אֶת־בֵּית יִשְׂרָאֵל וַעֲשֵׂה־חַיִל בְּאֶפְרָתָה וּקְרָא־שֵׁם בְּבֵית
יב לָחֶם: וִיהִי בֵיתְךָ כְּבֵית פֶּרֶץ אֲשֶׁר־יָלְדָה תָמָר לִיהוּדָה מִן־ הולדת פרץ בראשית לח, כז–כט
יג הַזֶּרַע אֲשֶׁר יִתֵּן יהוה לְךָ מִן־הַנַּעֲרָה הַזֹּאת: וַיִּקַּח בֹּעַז אֶת־רוּת
וַתְּהִי־לוֹ לְאִשָּׁה וַיָּבֹא אֵלֶיהָ וַיִּתֵּן יהוה לָהּ הֵרָיוֹן וַתֵּלֶד בֵּן:
יד וַתֹּאמַרְנָה הַנָּשִׁים אֶל־נָעֳמִי בָּרוּךְ יהוה אֲשֶׁר לֹא הִשְׁבִּית לָךְ
טו גֹּאֵל הַיּוֹם וְיִקָּרֵא שְׁמוֹ בְּיִשְׂרָאֵל: וְהָיָה לָךְ לְמֵשִׁיב נֶפֶשׁ
וּלְכַלְכֵּל אֶת־שֵׂיבָתֵךְ כִּי כַלָּתֵךְ אֲשֶׁר־אֲהֵבַתֶךְ יְלָדַתּוּ אֲשֶׁר־הִיא
טז טוֹבָה לָךְ מִשִּׁבְעָה בָּנִים: וַתִּקַּח נָעֳמִי אֶת־הַיֶּלֶד וַתְּשִׁתֵהוּ
יז בְחֵיקָהּ וַתְּהִי־לוֹ לְאֹמֶנֶת: וַתִּקְרֶאנָה לוֹ הַשְּׁכֵנוֹת שֵׁם לֵאמֹר
יֻלַּד־בֵּן לְנָעֳמִי וַתִּקְרֶאנָה שְׁמוֹ עוֹבֵד הוּא אֲבִי־יִשַׁי אֲבִי דָוִד:
יח יט וְאֵלֶּה תּוֹלְדוֹת פֶּרֶץ פֶּרֶץ הוֹלִיד אֶת־חֶצְרוֹן: וְחֶצְרוֹן הוֹלִיד ייחוסו של דוד דה"א ב, ט–טו
כ אֶת־רָם וְרָם הוֹלִיד אֶת־עַמִּינָדָב: וְעַמִּינָדָב הוֹלִיד אֶת־נַחְשׁוֹן
כא וְנַחְשׁוֹן הוֹלִיד אֶת־שַׂלְמָה: וְשַׂלְמוֹן הוֹלִיד אֶת־בֹּעַז וּבֹעַז
כב הוֹלִיד אֶת־עוֹבֵד: וְעֹבֵד הוֹלִיד אֶת־יִשָׁי וְיִשַׁי הוֹלִיד אֶת־דָּוִד:

# איכה

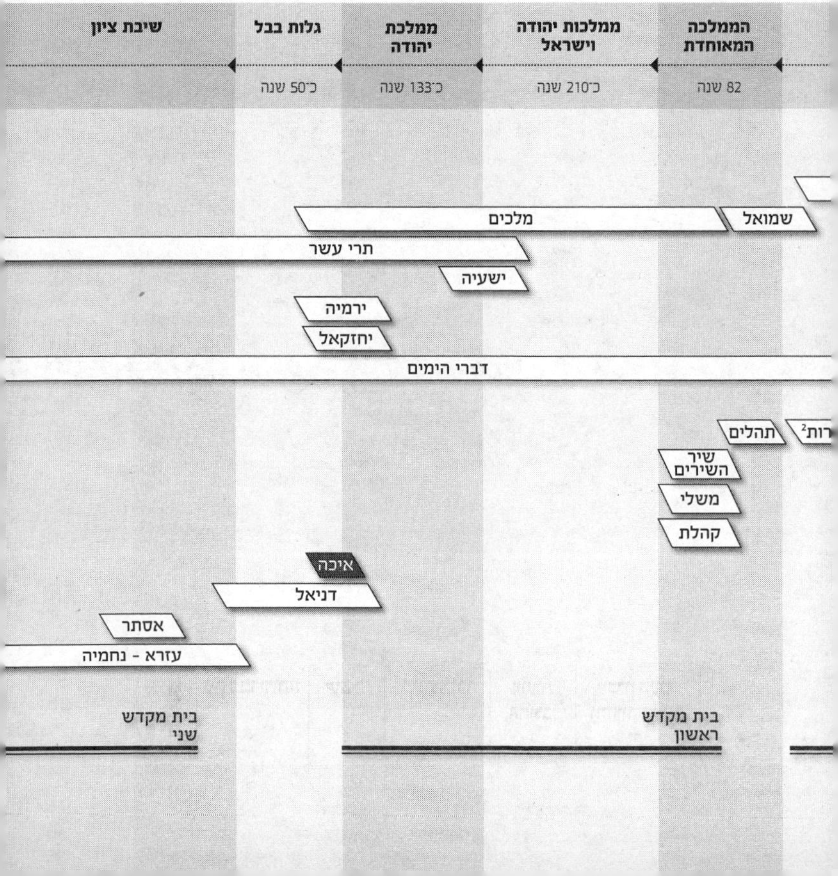

הממלכה המאוחדת
82 שנה
ממלכות יהודה וישראל
כ־210 שנה
ממלכת יהודה
כ־133 שנה
גלות בבל
כ־50 שנה
שיבת ציון
שמואל
מלכים
תרי עשר
ישעיה
ירמיה
יחזקאל
דברי הימים
רות²
תהלים
שיר השירים
משלי
קהלת
איכה
דניאל
אסתר
עזרא - נחמיה
בית מקדש ראשון
בית מקדש שני

א

א אֵיכָה ׀ יָשְׁבָה בָדָד הָעִיר רַבָּתִי עָם הָיְתָה כְּאַלְמָנָה רַבָּתִי
ב בַגּוֹיִם שָׂרָתִי בַּמְּדִינוֹת הָיְתָה לָמַס: בָּכוֹ תִבְכֶּה בַּלַּיְלָה
וְדִמְעָתָהּ עַל לֶחֱיָהּ אֵין־לָהּ מְנַחֵם מִכָּל־אֹהֲבֶיהָ כָּל־רֵעֶיהָ
ג בָּגְדוּ בָהּ הָיוּ לָהּ לְאֹיְבִים: גָּלְתָה יְהוּדָה מֵעֹנִי וּמֵרֹב עֲבֹדָה
הִיא יָשְׁבָה בַגּוֹיִם לֹא מָצְאָה מָנוֹחַ כָּל־רֹדְפֶיהָ הִשִּׂיגוּהָ בֵּין
ד הַמְּצָרִים: דַּרְכֵי צִיּוֹן אֲבֵלוֹת מִבְּלִי בָּאֵי מוֹעֵד כָּל־שְׁעָרֶיהָ
ה שׁוֹמֵמִין כֹּהֲנֶיהָ נֶאֱנָחִים בְּתוּלֹתֶיהָ נוּגוֹת וְהִיא מַר־לָהּ: הָיוּ צָרֶיהָ
לְרֹאשׁ אֹיְבֶיהָ שָׁלוּ כִּי־יְהוָה הוֹגָהּ עַל־רֹב פְּשָׁעֶיהָ עוֹלָלֶיהָ
ו הָלְכוּ שְׁבִי לִפְנֵי־צָר: וַיֵּצֵא מִן בַּת־צִיּוֹן כָּל־הֲדָרָהּ הָיוּ שָׂרֶיהָ מִבַּת־
ז כְּאַיָּלִים לֹא־מָצְאוּ מִרְעֶה וַיֵּלְכוּ בְלֹא־כֹחַ לִפְנֵי רוֹדֵף: זָכְרָה
יְרוּשָׁלַ͏ִם יְמֵי עָנְיָהּ וּמְרוּדֶיהָ כֹּל מַחֲמֻדֶיהָ אֲשֶׁר הָיוּ מִימֵי קֶדֶם
בִּנְפֹל עַמָּהּ בְּיַד־צָר וְאֵין עוֹזֵר לָהּ רָאוּהָ צָרִים שָׂחֲקוּ עַל־
ח מִשְׁבַּתֶּהָ: חֵטְא חָטְאָה יְרוּשָׁלַ͏ִם עַל־כֵּן לְנִידָה הָיָתָה כָּל־
מְכַבְּדֶיהָ הִזִּילוּהָ כִּי־רָאוּ עֶרְוָתָהּ גַּם־הִיא נֶאֶנְחָה וַתָּשָׁב אָחוֹר:
ט טֻמְאָתָהּ בְּשׁוּלֶיהָ לֹא זָכְרָה אַחֲרִיתָהּ וַתֵּרֶד פְּלָאִים אֵין מְנַחֵם
י לָהּ רְאֵה יְהוָה אֶת־עָנְיִי כִּי הִגְדִּיל אוֹיֵב: יָדוֹ פָּרַשׂ צָר עַל כָּל־
מַחֲמַדֶּיהָ כִּי־רָאֲתָה גוֹיִם בָּאוּ מִקְדָּשָׁהּ אֲשֶׁר צִוִּיתָה לֹא־יָבֹאוּ
יא בַקָּהָל לָךְ: כָּל־עַמָּהּ נֶאֱנָחִים מְבַקְּשִׁים לֶחֶם נָתְנוּ מחמודיהם מַחֲמַדֵּיהֶם
יב בְּאֹכֶל לְהָשִׁיב נָפֶשׁ רְאֵה יְהוָה וְהַבִּיטָה כִּי הָיִיתִי זוֹלֵלָה: לוֹא
אֲלֵיכֶם כָּל־עֹבְרֵי דֶרֶךְ הַבִּיטוּ וּרְאוּ אִם־יֵשׁ מַכְאוֹב כְּמַכְאֹבִי
יג אֲשֶׁר עוֹלַל לִי אֲשֶׁר הוֹגָה יְהוָה בְּיוֹם חֲרוֹן אַפּוֹ: מִמָּרוֹם
שָׁלַח־אֵשׁ בְּעַצְמֹתַי וַיִּרְדֶּנָּה פָּרַשׂ רֶשֶׁת לְרַגְלַי הֱשִׁיבַנִי אָחוֹר
יד נְתָנַנִי שֹׁמֵמָה כָּל־הַיּוֹם דָּוָה: נִשְׂקַד עֹל פְּשָׁעַי בְּיָדוֹ יִשְׂתָּרְגוּ
עָלוּ עַל־צַוָּארִי הִכְשִׁיל כֹּחִי נְתָנַנִי אֲדֹנָי בִּידֵי לֹא־אוּכַל קוּם:
טו סִלָּה כָל־אַבִּירַי ׀ אֲדֹנָי בְּקִרְבִּי קָרָא עָלַי מוֹעֵד לִשְׁבֹּר בַּחוּרָי
טז גַּת דָּרַךְ אֲדֹנָי לִבְתוּלַת בַּת־יְהוּדָה: עַל־אֵלֶּה ׀ אֲנִי בוֹכִיָּה
עֵינִי ׀ עֵינִי יֹרְדָה מַּיִם כִּי־רָחַק מִמֶּנִּי מְנַחֵם מֵשִׁיב נַפְשִׁי הָיוּ

יז בָנַי שׁוֹמֵמִים כִּי גָבַר אוֹיֵב׃ פֵּרְשָׂה צִיּוֹן בְּיָדֶיהָ אֵין מְנַחֵם לָהּ
צִוָּה יְהוָה לְיַעֲקֹב סְבִיבָיו צָרָיו הָיְתָה יְרוּשָׁלִַם לְנִדָּה בֵּינֵיהֶם׃
יח צַדִּיק הוּא יְהוָה כִּי פִיהוּ מָרִיתִי שִׁמְעוּ־נָא כָל־עַמִּים וּרְאוּ הָעַמִּים
יט מַכְאֹבִי בְּתוּלֹתַי וּבַחוּרַי הָלְכוּ בַשֶּׁבִי׃ קָרָאתִי לַמְאַהֲבַי הֵמָּה
רִמּוּנִי כֹּהֲנַי וּזְקֵנַי בָּעִיר גָּוָעוּ כִּי־בִקְשׁוּ אֹכֶל לָמוֹ וְיָשִׁיבוּ אֶת־
כ נַפְשָׁם׃ רְאֵה יְהוָה כִּי־צַר־לִי מֵעַי חֳמַרְמָרוּ נֶהְפַּךְ לִבִּי בְּקִרְבִּי
כא כִּי מָרוֹ מָרִיתִי מִחוּץ שִׁכְּלָה־חֶרֶב בַּבַּיִת כַּמָּוֶת׃ שָׁמְעוּ כִּי
נֶאֱנָחָה אָנִי אֵין מְנַחֵם לִי כָּל־אֹיְבַי שָׁמְעוּ רָעָתִי שָׂשׂוּ כִּי
כב אַתָּה עָשִׂיתָ הֵבֵאתָ יוֹם־קָרָאתָ וְיִהְיוּ כָמוֹנִי׃ תָּבֹא כָל־
רָעָתָם לְפָנֶיךָ וְעוֹלֵל לָמוֹ כַּאֲשֶׁר עוֹלַלְתָּ לִי עַל כָּל־פְּשָׁעָי כִּי־
רַבּוֹת אַנְחֹתַי וְלִבִּי דַוָּי׃
ב א אֵיכָה יָעִיב בְּאַפּוֹ ׀ אֲדֹנָי אֶת־בַּת־צִיּוֹן הִשְׁלִיךְ מִשָּׁמַיִם אֶרֶץ
ב תִּפְאֶרֶת יִשְׂרָאֵל וְלֹא־זָכַר הֲדֹם־רַגְלָיו בְּיוֹם אַפּוֹ׃ בִּלַּע אֲדֹנָי
לֹא חָמַל אֵת כָּל־נְאוֹת יַעֲקֹב הָרַס בְּעֶבְרָתוֹ מִבְצְרֵי בַת־ וְלֹא
ג יְהוּדָה הִגִּיעַ לָאָרֶץ חִלֵּל מַמְלָכָה וְשָׂרֶיהָ׃ גָּדַע בָּחֳרִי־אַף
כֹּל קֶרֶן יִשְׂרָאֵל הֵשִׁיב אָחוֹר יְמִינוֹ מִפְּנֵי אוֹיֵב וַיִּבְעַר בְּיַעֲקֹב
ד כְּאֵשׁ לֶהָבָה אָכְלָה סָבִיב׃ דָּרַךְ קַשְׁתּוֹ כְּאוֹיֵב נִצָּב יְמִינוֹ
כְּצָר וַיַּהֲרֹג כֹּל מַחֲמַדֵּי־עָיִן בְּאֹהֶל בַּת־צִיּוֹן שָׁפַךְ כָּאֵשׁ
ה חֲמָתוֹ׃ הָיָה אֲדֹנָי ׀ כְּאוֹיֵב בִּלַּע יִשְׂרָאֵל בִּלַּע כָּל־אַרְמְנוֹתֶיהָ
ו שִׁחֵת מִבְצָרָיו וַיֶּרֶב בְּבַת־יְהוּדָה תַּאֲנִיָּה וַאֲנִיָּה׃ וַיַּחְמֹס כַּגַּן
שֻׂכּוֹ שִׁחֵת מֹעֲדוֹ שִׁכַּח יְהוָה ׀ בְּצִיּוֹן מוֹעֵד וְשַׁבָּת וַיִּנְאַץ
ז בְּזַעַם־אַפּוֹ מֶלֶךְ וְכֹהֵן׃ זָנַח אֲדֹנָי ׀ מִזְבְּחוֹ נִאֵר מִקְדָּשׁוֹ הִסְגִּיר
בְּיַד־אוֹיֵב חוֹמֹת אַרְמְנוֹתֶיהָ קוֹל נָתְנוּ בְּבֵית־יְהוָה כְּיוֹם
ח מוֹעֵד׃ חָשַׁב יְהוָה ׀ לְהַשְׁחִית חוֹמַת בַּת־צִיּוֹן נָטָה קָו לֹא־
ט הֵשִׁיב יָדוֹ מִבַּלֵּעַ וַיַּאֲבֶל־חֵל וְחוֹמָה יַחְדָּו אֻמְלָלוּ׃ טָבְעוּ
בָאָרֶץ שְׁעָרֶיהָ אִבַּד וְשִׁבַּר בְּרִיחֶיהָ מַלְכָּהּ וְשָׂרֶיהָ בַגּוֹיִם אֵין
י תּוֹרָה גַּם־נְבִיאֶיהָ לֹא־מָצְאוּ חָזוֹן מֵיְהוָה׃ יֵשְׁבוּ לָאָרֶץ יִדְּמוּ

זִקְנֵי בַת־צִיּוֹן הֶעֱלוּ עָפָר עַל־רֹאשָׁם חָגְרוּ שַׂקִּים הוֹרִידוּ
יא לָאָרֶץ רֹאשָׁן בְּתוּלֹת יְרוּשָׁלִָם: כָּלוּ בַדְּמָעוֹת עֵינַי חֳמַרְמְרוּ
מֵעַי נִשְׁפַּךְ לָאָרֶץ כְּבֵדִי עַל־שֶׁבֶר בַּת־עַמִּי בֵּעָטֵף עוֹלֵל וְיוֹנֵק
יב בִּרְחֹבוֹת קִרְיָה: לְאִמֹּתָם יֹאמְרוּ אַיֵּה דָּגָן וָיָיִן בְּהִתְעַטְּפָם
יג כֶּחָלָל בִּרְחֹבוֹת עִיר בְּהִשְׁתַּפֵּךְ נַפְשָׁם אֶל־חֵיק אִמֹּתָם: מָה־
אעודך מָה אֲדַמֶּה־לָּךְ הַבַּת יְרוּשָׁלִַם מָה אַשְׁוֶה־לָּךְ וַאֲנַחֲמֵךְ אֲעִידֵךְ
יד בְּתוּלַת בַּת־צִיּוֹן כִּי־גָדוֹל כַּיָּם שִׁבְרֵךְ מִי יִרְפָּא־לָךְ: נְבִיאַיִךְ
חָזוּ לָךְ שָׁוְא וְתָפֵל וְלֹא־גִלּוּ עַל־עֲוֺנֵךְ לְהָשִׁיב שביתך וַיֶּחֱזוּ שְׁבוּתֵךְ
טו לָךְ מַשְׂאוֹת שָׁוְא וּמַדּוּחִים: סָפְקוּ עָלַיִךְ כַּפַּיִם כָּל־עֹבְרֵי דֶרֶךְ
שָׁרְקוּ וַיָּנִעוּ רֹאשָׁם עַל־בַּת יְרוּשָׁלִָם הֲזֹאת הָעִיר שֶׁיֹּאמְרוּ
טז כְּלִילַת יֹפִי מָשׂוֹשׂ לְכָל־הָאָרֶץ: פָּצוּ עָלַיִךְ פִּיהֶם כָּל־אֹיְבַיִךְ
שָׁרְקוּ וַיַּחַרְקוּ־שֵׁן אָמְרוּ בִּלָּעְנוּ אַךְ זֶה הַיּוֹם שֶׁקִּוִּינֻהוּ מָצָאנוּ
יז רָאִינוּ: עָשָׂה יְהוָה אֲשֶׁר זָמָם בִּצַּע אֶמְרָתוֹ אֲשֶׁר צִוָּה מִימֵי־
קֶדֶם הָרַס וְלֹא חָמָל וַיְשַׂמַּח עָלַיִךְ אוֹיֵב הֵרִים קֶרֶן צָרָיִךְ:
יח צָעַק לִבָּם אֶל־אֲדֹנָי חוֹמַת בַּת־צִיּוֹן הוֹרִידִי כַנַּחַל דִּמְעָה יוֹמָם
יט וָלַיְלָה אַל־תִּתְּנִי פוּגַת לָךְ אַל־תִּדֹּם בַּת־עֵינֵךְ: קוּמִי ׀ רֹנִּי
בַלַּיְלָה לְרֹאשׁ אַשְׁמֻרוֹת שִׁפְכִי כַמַּיִם לִבֵּךְ נֹכַח פְּנֵי אֲדֹנָי שְׂאִי
אֵלָיו כַּפַּיִךְ עַל־נֶפֶשׁ עוֹלָלַיִךְ הָעֲטוּפִים בְּרָעָב בְּרֹאשׁ כָּל־
כ חוּצוֹת: רְאֵה יְהוָה וְהַבִּיטָה לְמִי עוֹלַלְתָּ כֹּה אִם־תֹּאכַלְנָה
נָשִׁים פִּרְיָם עֹלְלֵי טִפֻּחִים אִם־יֵהָרֵג בְּמִקְדַּשׁ אֲדֹנָי כֹּהֵן
כא וְנָבִיא: שָׁכְבוּ לָאָרֶץ חוּצוֹת נַעַר וְזָקֵן בְּתוּלֹתַי וּבַחוּרַי נָפְלוּ
כב בֶחָרֶב הָרַגְתָּ בְּיוֹם אַפֶּךָ טָבַחְתָּ לֹא חָמָלְתָּ: תִּקְרָא כְיוֹם
מוֹעֵד מְגוּרַי מִסָּבִיב וְלֹא הָיָה בְּיוֹם אַף־יְהוָה פָּלִיט וְשָׂרִיד
אֲשֶׁר־טִפַּחְתִּי וְרִבִּיתִי אֹיְבִי כִלָּם:
ג א ב אֲנִי הַגֶּבֶר רָאָה עֳנִי בְּשֵׁבֶט עֶבְרָתוֹ: אוֹתִי נָהַג וַיֹּלַךְ חֹשֶׁךְ וְלֹא־
ג ד אוֹר: אַךְ בִּי יָשֻׁב יַהֲפֹךְ יָדוֹ כָּל־הַיּוֹם: בִּלָּה בְשָׂרִי וְעוֹרִי שִׁבַּר
ה ו עַצְמוֹתָי: בָּנָה עָלַי וַיַּקַּף רֹאשׁ וּתְלָאָה: בְּמַחֲשַׁכִּים הוֹשִׁיבַנִי

כְּמֵתֵי עוֹלָם׃ גָּדַר בַּעֲדִי וְלֹא אֵצֵא הִכְבִּיד נְחָשְׁתִּי׃ גַּם כִּי ז ח
אֶזְעַק וַאֲשַׁוֵּעַ שָׂתַם תְּפִלָּתִי׃ גָּדַר דְּרָכַי בְּגָזִית נְתִיבֹתַי עִוָּה׃ ט
אֲרִי דֹּב אֹרֵב הוּא לִי אריה בְּמִסְתָּרִים׃ דְּרָכַי סוֹרֵר וַיְפַשְּׁחֵנִי שָׂמַנִי י יא
שֹׁמֵם׃ דָּרַךְ קַשְׁתּוֹ וַיַּצִּיבֵנִי כַּמַּטָּרָא לַחֵץ׃ הֵבִיא בְּכִלְיוֹתָי בְּנֵי יב יג
אַשְׁפָּתוֹ׃ הָיִיתִי שְּׂחֹק לְכָל־עַמִּי נְגִינָתָם כָּל־הַיּוֹם׃ הִשְׂבִּיעַנִי יד טו
בַמְּרוֹרִים הִרְוַנִי לַעֲנָה׃ וַיַּגְרֵס בֶּחָצָץ שִׁנָּי הִכְפִּישַׁנִי בָּאֵפֶר׃ טז
וַתִּזְנַח מִשָּׁלוֹם נַפְשִׁי נָשִׁיתִי טוֹבָה׃ וָאֹמַר אָבַד נִצְחִי וְתוֹחַלְתִּי יז יח
וְתָשׁוֹחַ מֵיְהוָה׃ זְכָר־עָנְיִי וּמְרוּדִי לַעֲנָה וָרֹאשׁ׃ זָכוֹר תִּזְכּוֹר ותשיח יט כ
עָלַי נַפְשִׁי׃ זֹאת אָשִׁיב אֶל־לִבִּי עַל־כֵּן אוֹחִיל׃ חַסְדֵי יְהוָה כא כב
כִּי לֹא־תָמְנוּ כִּי לֹא־כָלוּ רַחֲמָיו׃ חֲדָשִׁים לַבְּקָרִים רַבָּה כג
אֱמוּנָתֶךָ׃ חֶלְקִי יְהוָה אָמְרָה נַפְשִׁי עַל־כֵּן אוֹחִיל לוֹ׃ טוֹב כד כה
יְהוָה לְקֹוָו לְנֶפֶשׁ תִּדְרְשֶׁנּוּ׃ טוֹב וְיָחִיל וְדוּמָם לִתְשׁוּעַת כו
יְהוָה׃ טוֹב לַגֶּבֶר כִּי־יִשָּׂא עֹל בִּנְעוּרָיו׃ יֵשֵׁב בָּדָד וְיִדֹּם כִּי כז כח
נָטַל עָלָיו׃ יִתֵּן בֶּעָפָר פִּיהוּ אוּלַי יֵשׁ תִּקְוָה׃ יִתֵּן לְמַכֵּהוּ כט ל
לֶחִי יִשְׂבַּע בְּחֶרְפָּה׃ כִּי לֹא יִזְנַח לְעוֹלָם אֲדֹנָי׃ כִּי אִם־הוֹגָה לא לב
וְרִחַם כְּרֹב חֲסָדָו׃ כִּי לֹא עִנָּה מִלִּבּוֹ וַיַּגֶּה בְּנֵי־אִישׁ׃ לְדַכֵּא לג לד
תַּחַת רַגְלָיו כֹּל אֲסִירֵי אָרֶץ׃ לְהַטּוֹת מִשְׁפַּט־גָּבֶר נֶגֶד פְּנֵי לה
עֶלְיוֹן׃ לְעַוֵּת אָדָם בְּרִיבוֹ אֲדֹנָי לֹא רָאָה׃ מִי זֶה אָמַר וַתֶּהִי לו לז
אֲדֹנָי לֹא צִוָּה׃ מִפִּי עֶלְיוֹן לֹא תֵצֵא הָרָעוֹת וְהַטּוֹב׃ מַה־ לח לט
יִּתְאוֹנֵן אָדָם חָי גֶּבֶר עַל־חֲטָאָו׃ נַחְפְּשָׂה דְרָכֵינוּ וְנַחְקֹרָה מ
וְנָשׁוּבָה עַד־יְהוָה׃ נִשָּׂא לְבָבֵנוּ אֶל־כַּפָּיִם אֶל־אֵל בַּשָּׁמָיִם׃ מא
נַחְנוּ פָשַׁעְנוּ וּמָרִינוּ אַתָּה לֹא סָלָחְתָּ׃ סַכֹּתָה בָאַף וַתִּרְדְּפֵנוּ מב מג
הָרַגְתָּ לֹא חָמָלְתָּ׃ סַכֹּתָה בֶעָנָן לָךְ מֵעֲבוֹר תְּפִלָּה׃ סְחִי מד מה
וּמָאוֹס תְּשִׂימֵנוּ בְּקֶרֶב הָעַמִּים׃ פָּצוּ עָלֵינוּ פִּיהֶם כָּל־אֹיְבֵינוּ׃ מו
פַּחַד וָפַחַת הָיָה לָנוּ הַשֵּׁאת וְהַשָּׁבֶר׃ פַּלְגֵי־מַיִם תֵּרַד עֵינִי מז מח
עַל־שֶׁבֶר בַּת־עַמִּי׃ עֵינִי נִגְּרָה וְלֹא תִדְמֶה מֵאֵין הֲפֻגוֹת׃ עַד־ מט נ
יַשְׁקִיף וְיֵרֶא יְהוָה מִשָּׁמָיִם׃ עֵינִי עוֹלְלָה לְנַפְשִׁי מִכֹּל בְּנוֹת נא

נב נג עִירִי׃ צוֹד צָדוּנִי כַּצִּפּוֹר אֹיְבַי חִנָּם׃ צָמְתוּ בַבּוֹר חַיָּי וַיַּדּוּ־
נד נה אֶבֶן בִּי׃ צָפוּ־מַיִם עַל־רֹאשִׁי אָמַרְתִּי נִגְזָרְתִּי׃ קָרָאתִי שִׁמְךָ
נו יְהוָה מִבּוֹר תַּחְתִּיּוֹת׃ קוֹלִי שָׁמָעְתָּ אַל־תַּעְלֵם אָזְנְךָ לְרַוְחָתִי
נז נח לְשַׁוְעָתִי׃ קָרַבְתָּ בְּיוֹם אֶקְרָאֶךָּ אָמַרְתָּ אַל־תִּירָא׃ רַבְתָּ אֲדֹנָי
נט רִיבֵי נַפְשִׁי גָּאַלְתָּ חַיָּי׃ רָאִיתָה יְהוָה עַוָּתָתִי שָׁפְטָה מִשְׁפָּטִי׃
ס סא רָאִיתָה כָּל־נִקְמָתָם כָּל־מַחְשְׁבֹתָם לִי׃ שָׁמַעְתָּ חֶרְפָּתָם
סב יְהוָה כָּל־מַחְשְׁבֹתָם עָלָי׃ שִׂפְתֵי קָמַי וְהֶגְיוֹנָם עָלַי כָּל־הַיּוֹם׃
סג סד שִׁבְתָּם וְקִימָתָם הַבִּיטָה אֲנִי מַנְגִּינָתָם׃ תָּשִׁיב לָהֶם גְּמוּל
סה יְהוָה כְּמַעֲשֵׂה יְדֵיהֶם׃ תִּתֵּן לָהֶם מְגִנַּת־לֵב תַּאֲלָתְךָ לָהֶם׃
סו תִּרְדֹּף בְּאַף וְתַשְׁמִידֵם מִתַּחַת שְׁמֵי יְהוָה׃
ד א אֵיכָה יוּעַם זָהָב יִשְׁנֶא הַכֶּתֶם הַטּוֹב תִּשְׁתַּפֵּכְנָה אַבְנֵי־קֹדֶשׁ
ב בְּרֹאשׁ כָּל־חוּצוֹת׃ בְּנֵי צִיּוֹן הַיְקָרִים הַמְסֻלָּאִים בַּפָּז אֵיכָה
ג נֶחְשְׁבוּ לְנִבְלֵי־חֶרֶשׂ מַעֲשֵׂה יְדֵי יוֹצֵר׃ גַּם־תַּנִּין חָלְצוּ שַׁד תַּנִּים
ד הֵינִיקוּ גּוּרֵיהֶן בַּת־עַמִּי לְאַכְזָר כי ענים בַּמִּדְבָּר׃ דָּבַק לְשׁוֹן כַּיְעֵנִים
יוֹנֵק אֶל־חִכּוֹ בַּצָּמָא עוֹלָלִים שָׁאֲלוּ לֶחֶם פֹּרֵשׂ אֵין לָהֶם׃
ה הָאֹכְלִים לְמַעֲדַנִּים נָשַׁמּוּ בַּחוּצוֹת הָאֱמֻנִים עֲלֵי תוֹלָע חִבְּקוּ
ו אַשְׁפַּתּוֹת׃ וַיִּגְדַּל עֲוֺן בַּת־עַמִּי מֵחַטַּאת סְדֹם הַהֲפוּכָה כְמוֹ־
ז רָגַע וְלֹא־חָלוּ בָהּ יָדָיִם׃ זַכּוּ נְזִירֶיהָ מִשֶּׁלֶג צַחוּ מֵחָלָב אָדְמוּ
ח עֶצֶם מִפְּנִינִים סַפִּיר גִּזְרָתָם׃ חָשַׁךְ מִשְּׁחוֹר תָּאֳרָם לֹא נִכְּרוּ
ט בַּחוּצוֹת צָפַד עוֹרָם עַל־עַצְמָם יָבֵשׁ הָיָה כָעֵץ׃ טוֹבִים הָיוּ
חַלְלֵי־חֶרֶב מֵחַלְלֵי רָעָב שֶׁהֵם יָזוּבוּ מְדֻקָּרִים מִתְּנוּבֹת שָׂדָי׃
י יְדֵי נָשִׁים רַחֲמָנִיּוֹת בִּשְּׁלוּ יַלְדֵיהֶן הָיוּ לְבָרוֹת לָמוֹ בְּשֶׁבֶר
יא בַּת־עַמִּי׃ כִּלָּה יְהוָה אֶת־חֲמָתוֹ שָׁפַךְ חֲרוֹן אַפּוֹ וַיַּצֶּת־אֵשׁ
יב בְּצִיּוֹן וַתֹּאכַל יְסוֹדֹתֶיהָ׃ לֹא הֶאֱמִינוּ מַלְכֵי־אֶרֶץ וכל יֹשְׁבֵי כֹּל
יג תֵבֵל כִּי יָבֹא צַר וְאוֹיֵב בְּשַׁעֲרֵי יְרוּשָׁלִָם׃ מֵחַטֹּאת נְבִיאֶיהָ
יד עֲוֺנֹת כֹּהֲנֶיהָ הַשֹּׁפְכִים בְּקִרְבָּהּ דַּם צַדִּיקִים׃ נָעוּ עִוְרִים
טו בַּחוּצוֹת נְגֹאֲלוּ בַּדָּם בְּלֹא יוּכְלוּ יִגְּעוּ בִּלְבֻשֵׁיהֶם׃ סוּרוּ טָמֵא

קָרְאוּ לָמוֹ סוּרוּ סוּרוּ אַל־תִּגָּעוּ כִּי נָצוּ גַּם־נָעוּ אָמְרוּ בַּגּוֹיִם לֹא

טז יָסִפוּ לָגוּר: פְּנֵי יְהוָה חִלְּקָם לֹא יוֹסִיף לְהַבִּיטָם פְּנֵי כֹהֲנִים לֹא

יז נָשָׂאוּ זְקֵנִים לֹא חָנָנוּ: עוֹדֵינָה תִּכְלֶינָה עֵינֵינוּ אֶל־עֶזְרָתֵנוּ הָבֶל וּזְקֵנִים | עוֹדֵינוּ

יח בְּצִפִּיָּתֵנוּ צִפִּינוּ אֶל־גּוֹי לֹא יוֹשִׁעַ: צָדוּ צְעָדֵינוּ מִלֶּכֶת בִּרְחֹבֹתֵינוּ

יט קַלִּים הָיוּ רֹדְפֵינוּ מִנִּשְׁרֵי קָרַב קִצֵּנוּ מָלְאוּ יָמֵינוּ כִּי־בָא קִצֵּנוּ:

כ שָׁמָיִם עַל־הֶהָרִים דְּלָקֻנוּ בַּמִּדְבָּר אָרְבוּ לָנוּ: רוּחַ אַפֵּינוּ מְשִׁיחַ

יְהוָה נִלְכַּד בִּשְׁחִיתוֹתָם אֲשֶׁר אָמַרְנוּ בְּצִלּוֹ נִחְיֶה בַגּוֹיִם:

כא שִׂישִׂי וְשִׂמְחִי בַּת־אֱדוֹם יוֹשַׁבְתִּי בְּאֶרֶץ עוּץ גַּם־עָלַיִךְ תַּעֲבָר־ יוֹשֶׁבֶת

כב כּוֹס תִּשְׁכְּרִי וְתִתְעָרִי: תַּם־עֲוֺנֵךְ בַּת־צִיּוֹן לֹא יוֹסִיף לְהַגְלוֹתֵךְ

פָּקַד עֲוֺנֵךְ בַּת־אֱדוֹם גִּלָּה עַל־חַטֹּאתָיִךְ:

ה א ב זְכֹר יְהוָה מֶה־הָיָה לָנוּ הַבִּיט וּרְאֵה אֶת־חֶרְפָּתֵנוּ: נַחֲלָתֵנוּ

ג נֶהֶפְכָה לְזָרִים בָּתֵּינוּ לְנָכְרִים: יְתוֹמִים הָיִינוּ אֵין אָב אִמֹּתֵינוּ וְאֵין

ד ה כְּאַלְמָנוֹת: מֵימֵינוּ בְּכֶסֶף שָׁתִינוּ עֵצֵינוּ בִּמְחִיר יָבֹאוּ: עַל

ו צַוָּארֵנוּ נִרְדָּפְנוּ יָגַעְנוּ לֹא הוּנַח־לָנוּ: מִצְרַיִם נָתַנּוּ יָד אַשּׁוּר וְלֹא

ז לִשְׂבֹּעַ לָחֶם: אֲבֹתֵינוּ חָטְאוּ אֵינָם אֲנַחְנוּ עֲוֺנֹתֵיהֶם סָבָלְנוּ: וְאֵינָם | וַאֲנַחְנוּ

ח ט עֲבָדִים מָשְׁלוּ בָנוּ פֹּרֵק אֵין מִיָּדָם: בְּנַפְשֵׁנוּ נָבִיא לַחְמֵנוּ

י מִפְּנֵי חֶרֶב הַמִּדְבָּר: עוֹרֵנוּ כְּתַנּוּר נִכְמָרוּ מִפְּנֵי זַלְעֲפוֹת

יא יב רָעָב: נָשִׁים בְּצִיּוֹן עִנּוּ בְּתֻלֹת בְּעָרֵי יְהוּדָה: שָׂרִים בְּיָדָם

יג נִתְלוּ פְּנֵי זְקֵנִים לֹא נֶהְדָּרוּ: בַּחוּרִים טְחוֹן נָשָׂאוּ וּנְעָרִים

יד טו בָּעֵץ כָּשָׁלוּ: זְקֵנִים מִשַּׁעַר שָׁבָתוּ בַּחוּרִים מִנְּגִינָתָם: שָׁבַת

טז מְשׂוֹשׂ לִבֵּנוּ נֶהְפַּךְ לְאֵבֶל מְחֹלֵנוּ: נָפְלָה עֲטֶרֶת רֹאשֵׁנוּ

יז אוֹי־נָא לָנוּ כִּי חָטָאנוּ: עַל־זֶה הָיָה דָוֶה לִבֵּנוּ עַל־אֵלֶּה

יח יט חָשְׁכוּ עֵינֵינוּ: עַל הַר־צִיּוֹן שֶׁשָּׁמֵם שׁוּעָלִים הִלְּכוּ־בוֹ: אַתָּה

כ יְהוָה לְעוֹלָם תֵּשֵׁב כִּסְאֲךָ לְדֹר וָדוֹר: לָמָּה לָנֶצַח תִּשְׁכָּחֵנוּ

כא תַּעַזְבֵנוּ לְאֹרֶךְ יָמִים: הֲשִׁיבֵנוּ יְהוָה ׀ אֵלֶיךָ וְנָשׁוּבָ חַדֵּשׁ

כב יָמֵינוּ כְּקֶדֶם: כִּי אִם־מָאֹס מְאַסְתָּנוּ קָצַפְתָּ עָלֵינוּ עַד־מְאֹד:

השיבנו יהוה אליך ונשובה חדש ימינו כקדם

# קהלת

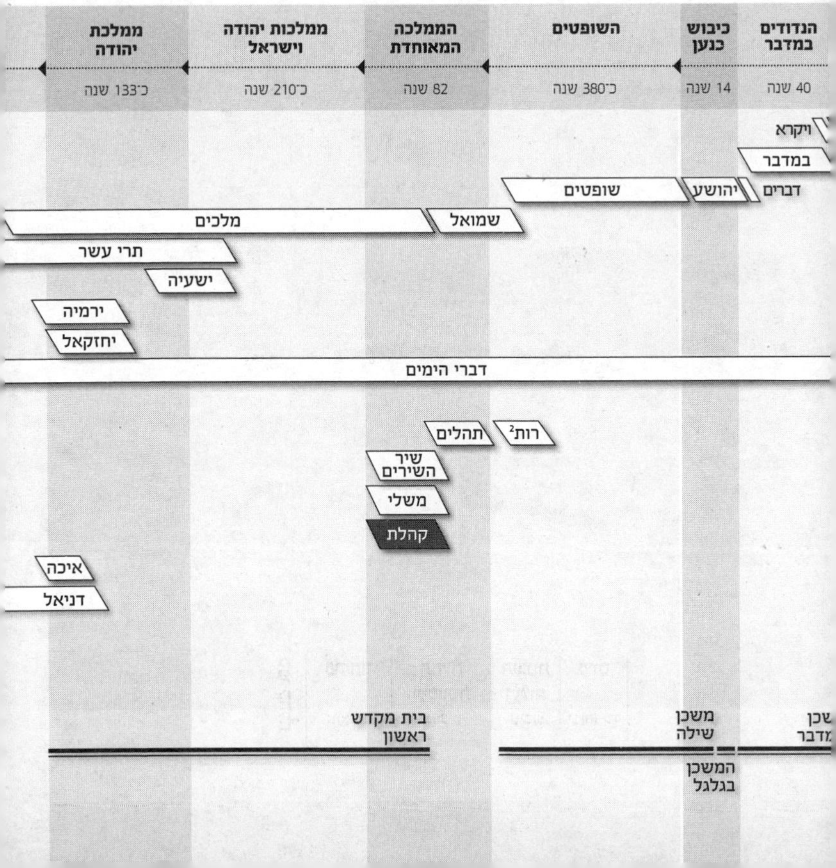

הנדודים במדבר
40 שנה
כיבוש כנען
14 שנה
השופטים
כ־380 שנה
הממלכה המאוחדת
82 שנה
ממלכות יהודה וישראל
כ־210 שנה
ממלכת יהודה
כ־133 שנה
ויקרא
במדבר
דברים
יהושע
שופטים
שמואל
מלכים
תרי עשר
ישעיה
ירמיה
יחזקאל
דברי הימים
רות[2]
תהלים
שיר השירים
משלי
קהלת
איכה
דניאל
משכן מדבר
משכן שילה
המשכן בגלגל
בית מקדש ראשון

| ספר קהלת | פתיחה | תהיות וניסיונות | תובנות ועצות | סיום |
|---|---|---|---|---|
| | א (א–יא) | א (יב-ו) | ז–יב (ז) | יב (ח)–סוף |

א
א ב דִּבְרֵי קֹהֶלֶת בֶּן־דָּוִד מֶלֶךְ בִּירוּשָׁלָם׃ הֲבֵל הֲבָלִים אָמַר
ג קֹהֶלֶת הֲבֵל הֲבָלִים הַכֹּל הָבֶל׃ מַה־יִּתְרוֹן לָאָדָם בְּכָל־עֲמָלוֹ
ד שֶׁיַּעֲמֹל תַּחַת הַשָּׁמֶשׁ׃ דּוֹר הֹלֵךְ וְדוֹר בָּא וְהָאָרֶץ לְעוֹלָם
ה עֹמָדֶת׃ וְזָרַח הַשֶּׁמֶשׁ וּבָא הַשָּׁמֶשׁ וְאֶל־מְקוֹמוֹ שׁוֹאֵף זוֹרֵחַ
ו הוּא שָׁם׃ הוֹלֵךְ אֶל־דָּרוֹם וְסוֹבֵב אֶל־צָפוֹן סוֹבֵב ׀ סֹבֵב הוֹלֵךְ
ז הָרוּחַ וְעַל־סְבִיבֹתָיו שָׁב הָרוּחַ׃ כָּל־הַנְּחָלִים הֹלְכִים אֶל־
הַיָּם וְהַיָּם אֵינֶנּוּ מָלֵא אֶל־מְקוֹם שֶׁהַנְּחָלִים הֹלְכִים שָׁם הֵם
ח שָׁבִים לָלָכֶת׃ כָּל־הַדְּבָרִים יְגֵעִים לֹא־יוּכַל אִישׁ לְדַבֵּר לֹא־
ט תִשְׂבַּע עַיִן לִרְאוֹת וְלֹא־תִמָּלֵא אֹזֶן מִשְּׁמֹעַ׃ מַה־שֶּׁהָיָה הוּא
שֶׁיִּהְיֶה וּמַה־שֶּׁנַּעֲשָׂה הוּא שֶׁיֵּעָשֶׂה וְאֵין כָּל־חָדָשׁ תַּחַת
י הַשָּׁמֶשׁ׃ יֵשׁ דָּבָר שֶׁיֹּאמַר רְאֵה־זֶה חָדָשׁ הוּא כְּבָר הָיָה לְעֹלָמִים
יא אֲשֶׁר הָיָה מִלְּפָנֵנוּ׃ אֵין זִכְרוֹן לָרִאשֹׁנִים וְגַם לָאַחֲרֹנִים שֶׁיִּהְיוּ
לֹא־יִהְיֶה לָהֶם זִכָּרוֹן עִם שֶׁיִּהְיוּ לָאַחֲרֹנָה׃
יב יג אֲנִי קֹהֶלֶת הָיִיתִי מֶלֶךְ עַל־יִשְׂרָאֵל בִּירוּשָׁלָם׃ וְנָתַתִּי אֶת־
לִבִּי לִדְרוֹשׁ וְלָתוּר בַּחָכְמָה עַל כָּל־אֲשֶׁר נַעֲשָׂה תַּחַת
הַשָּׁמָיִם הוּא ׀ עִנְיַן רָע נָתַן אֱלֹהִים לִבְנֵי הָאָדָם לַעֲנוֹת בּוֹ׃
יד רָאִיתִי אֶת־כָּל־הַמַּעֲשִׂים שֶׁנַּעֲשׂוּ תַּחַת הַשָּׁמֶשׁ וְהִנֵּה הַכֹּל
טו הֶבֶל וּרְעוּת רוּחַ׃ מְעֻוָּת לֹא־יוּכַל לִתְקֹן וְחֶסְרוֹן לֹא־יוּכַל
טז לְהִמָּנוֹת׃ דִּבַּרְתִּי אֲנִי עִם־לִבִּי לֵאמֹר אֲנִי הִנֵּה הִגְדַּלְתִּי
וְהוֹסַפְתִּי חָכְמָה עַל כָּל־אֲשֶׁר־הָיָה לְפָנַי עַל־יְרוּשָׁלִָם וְלִבִּי
יז רָאָה הַרְבֵּה חָכְמָה וָדָעַת׃ וָאֶתְּנָה לִבִּי לָדַעַת חָכְמָה וְדַעַת
יח הֹלֵלוֹת וְשִׂכְלוּת יָדַעְתִּי שֶׁגַּם־זֶה הוּא רַעְיוֹן רוּחַ׃ כִּי בְּרֹב
ב א חָכְמָה רָב־כָּעַס וְיוֹסִיף דַּעַת יוֹסִיף מַכְאוֹב׃ אָמַרְתִּי אֲנִי בְּלִבִּי
לְכָה־נָּא אֲנַסְּכָה בְשִׂמְחָה וּרְאֵה בְטוֹב וְהִנֵּה גַם־הוּא הָבֶל׃
ב ג לִשְׂחוֹק אָמַרְתִּי מְהוֹלָל וּלְשִׂמְחָה מַה־זֹּה עֹשָׂה׃ תַּרְתִּי בְלִבִּי
לִמְשׁוֹךְ בַּיַּיִן אֶת־בְּשָׂרִי וְלִבִּי נֹהֵג בַּחָכְמָה וְלֶאֱחֹז בְּסִכְלוּת
עַד אֲשֶׁר־אֶרְאֶה אֵי־זֶה טוֹב לִבְנֵי הָאָדָם אֲשֶׁר יַעֲשׂוּ תַּחַת

הַשָּׁמַיִם מִסְפַּר יְמֵי חַיֵּיהֶם׃ הִגְדַּלְתִּי מַעֲשָׂי בָּנִיתִי לִי בָּתִּים ד
נָטַעְתִּי לִי כְּרָמִים׃ עָשִׂיתִי לִי גַּנּוֹת וּפַרְדֵּסִים וְנָטַעְתִּי בָהֶם עֵץ ה
כָּל־פֶּרִי׃ עָשִׂיתִי לִי בְּרֵכוֹת מָיִם לְהַשְׁקוֹת מֵהֶם יַעַר צוֹמֵחַ ו
עֵצִים׃ קָנִיתִי עֲבָדִים וּשְׁפָחוֹת וּבְנֵי־בַיִת הָיָה לִי גַּם מִקְנֶה בָקָר ז
וָצֹאן הַרְבֵּה הָיָה לִי מִכֹּל שֶׁהָיוּ לְפָנַי בִּירוּשָׁלִָם׃ כָּנַסְתִּי לִי ח
גַּם־כֶּסֶף וְזָהָב וּסְגֻלַּת מְלָכִים וְהַמְּדִינוֹת עָשִׂיתִי לִי שָׁרִים
וְשָׁרוֹת וְתַעֲנֻגוֹת בְּנֵי הָאָדָם שִׁדָּה וְשִׁדּוֹת׃ וְגָדַלְתִּי וְהוֹסַפְתִּי ט
מִכֹּל שֶׁהָיָה לְפָנַי בִּירוּשָׁלִָם אַף חָכְמָתִי עָמְדָה לִּי׃ וְכֹל אֲשֶׁר י
שָׁאֲלוּ עֵינַי לֹא אָצַלְתִּי מֵהֶם לֹא־מָנַעְתִּי אֶת־לִבִּי מִכָּל־שִׂמְחָה
כִּי־לִבִּי שָׂמֵחַ מִכָּל־עֲמָלִי וְזֶה־הָיָה חֶלְקִי מִכָּל־עֲמָלִי׃ וּפָנִיתִי יא
אֲנִי בְּכָל־מַעֲשַׂי שֶׁעָשׂוּ יָדַי וּבֶעָמָל שֶׁעָמַלְתִּי לַעֲשׂוֹת וְהִנֵּה
הַכֹּל הֶבֶל וּרְעוּת רוּחַ וְאֵין יִתְרוֹן תַּחַת הַשָּׁמֶשׁ׃ וּפָנִיתִי אֲנִי יב
לִרְאוֹת חָכְמָה וְהוֹלֵלוֹת וְסִכְלוּת כִּי ׀ מֶה הָאָדָם שֶׁיָּבוֹא אַחֲרֵי
הַמֶּלֶךְ אֵת אֲשֶׁר־כְּבָר עָשׂוּהוּ׃ וְרָאִיתִי אָנִי שֶׁיֵּשׁ יִתְרוֹן לַחָכְמָה יג
מִן־הַסִּכְלוּת כִּיתְרוֹן הָאוֹר מִן־הַחֹשֶׁךְ׃ הֶחָכָם עֵינָיו בְּרֹאשׁוֹ יד
וְהַכְּסִיל בַּחֹשֶׁךְ הוֹלֵךְ וְיָדַעְתִּי גַם־אָנִי שֶׁמִּקְרֶה אֶחָד יִקְרֶה אֶת־
כֻּלָּם׃ וְאָמַרְתִּי אֲנִי בְּלִבִּי כְּמִקְרֵה הַכְּסִיל גַּם־אֲנִי יִקְרֵנִי וְלָמָּה טו
חָכַמְתִּי אֲנִי אָז יוֹתֵר וְדִבַּרְתִּי בְלִבִּי שֶׁגַּם־זֶה הָבֶל׃ כִּי אֵין זִכְרוֹן טז
לֶחָכָם עִם־הַכְּסִיל לְעוֹלָם בְּשֶׁכְּבָר הַיָּמִים הַבָּאִים הַכֹּל נִשְׁכָּח
וְאֵיךְ יָמוּת הֶחָכָם עִם־הַכְּסִיל׃ וְשָׂנֵאתִי אֶת־הַחַיִּים כִּי רַע עָלַי יז
הַמַּעֲשֶׂה שֶׁנַּעֲשָׂה תַּחַת הַשָּׁמֶשׁ כִּי־הַכֹּל הֶבֶל וּרְעוּת רוּחַ׃
וְשָׂנֵאתִי אֲנִי אֶת־כָּל־עֲמָלִי שֶׁאֲנִי עָמֵל תַּחַת הַשָּׁמֶשׁ שֶׁאַנִּיחֶנּוּ יח
לָאָדָם שֶׁיִּהְיֶה אַחֲרָי׃ וּמִי יוֹדֵעַ הֶחָכָם יִהְיֶה אוֹ סָכָל וְיִשְׁלַט יט
בְּכָל־עֲמָלִי שֶׁעָמַלְתִּי וְשֶׁחָכַמְתִּי תַּחַת הַשָּׁמֶשׁ גַּם־זֶה הָבֶל׃
וְסַבּוֹתִי אֲנִי לְיַאֵשׁ אֶת־לִבִּי עַל כָּל־הֶעָמָל שֶׁעָמַלְתִּי תַּחַת כ
הַשָּׁמֶשׁ׃ כִּי־יֵשׁ אָדָם שֶׁעֲמָלוֹ בְּחָכְמָה וּבְדַעַת וּבְכִשְׁרוֹן כא
וּלְאָדָם שֶׁלֹּא עָמַל־בּוֹ יִתְּנֶנּוּ חֶלְקוֹ גַּם־זֶה הֶבֶל וְרָעָה רַבָּה׃

כב כִּי מֶה־הֹוֶה לָאָדָם בְּכָל־עֲמָלוֹ וּבְרַעְיוֹן לִבּוֹ שֶׁהוּא עָמֵל
כג תַּחַת הַשָּׁמֶשׁ: כִּי כָל־יָמָיו מַכְאֹבִים וָכַעַס עִנְיָנוֹ גַּם־בַּלַּיְלָה
כד לֹא־שָׁכַב לִבּוֹ גַּם־זֶה הֶבֶל הוּא: אֵין־טוֹב בָּאָדָם שֶׁיֹּאכַל
וְשָׁתָה וְהֶרְאָה אֶת־נַפְשׁוֹ טוֹב בַּעֲמָלוֹ גַּם־זֹה רָאִיתִי אָנִי
כה כִּי מִיַּד הָאֱלֹהִים הִיא: כִּי מִי יֹאכַל וּמִי יָחוּשׁ חוּץ מִמֶּנִּי:
כו כִּי לְאָדָם שֶׁטּוֹב לְפָנָיו נָתַן חָכְמָה וְדַעַת וְשִׂמְחָה וְלַחוֹטֶא
נָתַן עִנְיָן לֶאֱסֹף וְלִכְנוֹס לָתֵת לְטוֹב לִפְנֵי הָאֱלֹהִים גַּם־זֶה
ג א הֶבֶל וּרְעוּת רוּחַ: לַכֹּל זְמָן וְעֵת לְכָל־חֵפֶץ תַּחַת הַשָּׁמָיִם:
ב עֵת לָלֶדֶת וְעֵת לָמוּת
עֵת לָטַעַת וְעֵת לַעֲקוֹר נָטוּעַ:
ג עֵת לַהֲרוֹג וְעֵת לִרְפּוֹא
עֵת לִפְרוֹץ וְעֵת לִבְנוֹת:
ד עֵת לִבְכּוֹת וְעֵת לִשְׂחוֹק
עֵת סְפוֹד וְעֵת רְקוֹד:
ה עֵת לְהַשְׁלִיךְ אֲבָנִים וְעֵת כְּנוֹס אֲבָנִים
עֵת לַחֲבוֹק וְעֵת לִרְחֹק מֵחַבֵּק:
ו עֵת לְבַקֵּשׁ וְעֵת לְאַבֵּד
עֵת לִשְׁמוֹר וְעֵת לְהַשְׁלִיךְ:
ז עֵת לִקְרוֹעַ וְעֵת לִתְפּוֹר
עֵת לַחֲשׁוֹת וְעֵת לְדַבֵּר:
ח עֵת לֶאֱהֹב וְעֵת לִשְׂנֹא
עֵת מִלְחָמָה וְעֵת שָׁלוֹם:
ט מַה־יִּתְרוֹן הָעוֹשֶׂה בַּאֲשֶׁר הוּא עָמֵל: רָאִיתִי אֶת־הָעִנְיָן אֲשֶׁר
יא נָתַן אֱלֹהִים לִבְנֵי הָאָדָם לַעֲנוֹת בּוֹ: אֶת־הַכֹּל עָשָׂה יָפֶה
בְעִתּוֹ גַּם אֶת־הָעֹלָם נָתַן בְּלִבָּם מִבְּלִי אֲשֶׁר לֹא־יִמְצָא
הָאָדָם אֶת־הַמַּעֲשֶׂה אֲשֶׁר־עָשָׂה הָאֱלֹהִים מֵרֹאשׁ וְעַד־סוֹף:
יב יָדַעְתִּי כִּי אֵין טוֹב בָּם כִּי אִם־לִשְׂמוֹחַ וְלַעֲשׂוֹת טוֹב בְּחַיָּיו:

ב וְגַם כָּל־הָאָדָם שֶׁיֹּאכַל וְשָׁתָה וְרָאָה טוֹב בְּכָל־עֲמָלוֹ מַתַּת יג
אֱלֹהִים הִיא: יָדַעְתִּי כִּי כָּל־אֲשֶׁר יַעֲשֶׂה הָאֱלֹהִים הוּא יִהְיֶה יד
לְעוֹלָם עָלָיו אֵין לְהוֹסִיף וּמִמֶּנּוּ אֵין לִגְרֹעַ וְהָאֱלֹהִים עָשָׂה
שֶׁיִּרְאוּ מִלְּפָנָיו: מַה־שֶּׁהָיָה כְּבָר הוּא וַאֲשֶׁר לִהְיוֹת כְּבָר הָיָה טו
וְהָאֱלֹהִים יְבַקֵּשׁ אֶת־נִרְדָּף: וְעוֹד רָאִיתִי תַּחַת הַשָּׁמֶשׁ מְקוֹם טז
הַמִּשְׁפָּט שָׁמָּה הָרֶשַׁע וּמְקוֹם הַצֶּדֶק שָׁמָּה הָרָשַׁע: אָמַרְתִּי אֲנִי יז
בְּלִבִּי אֶת־הַצַּדִּיק וְאֶת־הָרָשָׁע יִשְׁפֹּט הָאֱלֹהִים כִּי־עֵת לְכָל־
חֵפֶץ וְעַל כָּל־הַמַּעֲשֶׂה שָׁם: אָמַרְתִּי אֲנִי בְּלִבִּי עַל־דִּבְרַת יח
בְּנֵי הָאָדָם לְבָרָם הָאֱלֹהִים וְלִרְאוֹת שְׁהֶם־בְּהֵמָה הֵמָּה לָהֶם:
כִּי מִקְרֶה בְנֵי־הָאָדָם וּמִקְרֶה הַבְּהֵמָה וּמִקְרֶה אֶחָד לָהֶם כְּמוֹת יט
זֶה כֵּן מוֹת זֶה וְרוּחַ אֶחָד לַכֹּל וּמוֹתַר הָאָדָם מִן־הַבְּהֵמָה אָיִן
כִּי הַכֹּל הָבֶל: הַכֹּל הוֹלֵךְ אֶל־מָקוֹם אֶחָד הַכֹּל הָיָה מִן־הֶעָפָר כ
וְהַכֹּל שָׁב אֶל־הֶעָפָר: מִי יוֹדֵעַ רוּחַ בְּנֵי הָאָדָם הָעֹלָה הִיא כא
לְמָעְלָה וְרוּחַ הַבְּהֵמָה הַיֹּרֶדֶת הִיא לְמַטָּה לָאָרֶץ: וְרָאִיתִי כִּי כב
אֵין טוֹב מֵאֲשֶׁר יִשְׂמַח הָאָדָם בְּמַעֲשָׂיו כִּי־הוּא חֶלְקוֹ כִּי מִי
יְבִיאֶנּוּ לִרְאוֹת בְּמֶה שֶׁיִּהְיֶה אַחֲרָיו: וְשַׁבְתִּי אֲנִי וָאֶרְאֶה אֶת־ א ד
כָּל־הָעֲשֻׁקִים אֲשֶׁר נַעֲשִׂים תַּחַת הַשָּׁמֶשׁ וְהִנֵּה ׀ דִּמְעַת
הָעֲשֻׁקִים וְאֵין לָהֶם מְנַחֵם וּמִיַּד עֹשְׁקֵיהֶם כֹּחַ וְאֵין לָהֶם
מְנַחֵם: וְשַׁבֵּחַ אֲנִי אֶת־הַמֵּתִים שֶׁכְּבָר מֵתוּ מִן־הַחַיִּים אֲשֶׁר ב
הֵמָּה חַיִּים עֲדֶנָה: וְטוֹב מִשְּׁנֵיהֶם אֵת אֲשֶׁר־עֲדֶן לֹא הָיָה ג
אֲשֶׁר לֹא־רָאָה אֶת־הַמַּעֲשֶׂה הָרָע אֲשֶׁר נַעֲשָׂה תַּחַת הַשָּׁמֶשׁ:
וְרָאִיתִי אֲנִי אֶת־כָּל־עָמָל וְאֵת כָּל־כִּשְׁרוֹן הַמַּעֲשֶׂה כִּי הִיא ד
קִנְאַת־אִישׁ מֵרֵעֵהוּ גַּם־זֶה הֶבֶל וּרְעוּת רוּחַ: הַכְּסִיל חֹבֵק ה
אֶת־יָדָיו וְאֹכֵל אֶת־בְּשָׂרוֹ: טוֹב מְלֹא כַף נָחַת מִמְּלֹא חָפְנַיִם ו
עָמָל וּרְעוּת רוּחַ: וְשַׁבְתִּי אֲנִי וָאֶרְאֶה הֶבֶל תַּחַת הַשָּׁמֶשׁ: ז
יֵשׁ אֶחָד וְאֵין שֵׁנִי גַּם בֵּן וָאָח אֵין־לוֹ וְאֵין קֵץ לְכָל־עֲמָלוֹ ח
גַּם־עֵינָו לֹא־תִשְׂבַּע עֹשֶׁר וּלְמִי ׀ אֲנִי עָמֵל וּמְחַסֵּר אֶת־נַפְשִׁי

עֵינוֹ

ט מִטּוֹבָה גַּם־זֶה הֶבֶל וְעִנְיַן רָע הוּא: טוֹבִים הַשְּׁנַיִם מִן־הָאֶחָד
י אֲשֶׁר יֵשׁ־לָהֶם שָׂכָר טוֹב בַּעֲמָלָם: כִּי אִם־יִפֹּלוּ הָאֶחָד יָקִים
יא אֶת־חֲבֵרוֹ וְאִילוֹ הָאֶחָד שֶׁיִּפּוֹל וְאֵין שֵׁנִי לַהֲקִימוֹ: גַּם אִם־
יב יִשְׁכְּבוּ שְׁנַיִם וְחַם לָהֶם וּלְאֶחָד אֵיךְ יֵחָם: וְאִם־יִתְקְפוֹ הָאֶחָד
יג הַשְּׁנַיִם יַעַמְדוּ נֶגְדּוֹ וְהַחוּט הַמְשֻׁלָּשׁ לֹא בִמְהֵרָה יִנָּתֵק: טוֹב
יֶלֶד מִסְכֵּן וְחָכָם מִמֶּלֶךְ זָקֵן וּכְסִיל אֲשֶׁר לֹא־יָדַע לְהִזָּהֵר
יד עוֹד: כִּי־מִבֵּית הָסוּרִים יָצָא לִמְלֹךְ כִּי גַּם בְּמַלְכוּתוֹ נוֹלַד
טו רָשׁ: רָאִיתִי אֶת־כָּל־הַחַיִּים הַמְהַלְּכִים תַּחַת הַשָּׁמֶשׁ עִם
טז הַיֶּלֶד הַשֵּׁנִי אֲשֶׁר יַעֲמֹד תַּחְתָּיו: אֵין־קֵץ לְכָל־הָעָם לְכֹל
אֲשֶׁר־הָיָה לִפְנֵיהֶם גַּם הָאַחֲרוֹנִים לֹא יִשְׂמְחוּ־בוֹ כִּי־גַם־זֶה
יז הֶבֶל וְרַעְיוֹן רוּחַ: שְׁמוֹר רגליך כַּאֲשֶׁר תֵּלֵךְ אֶל־בֵּית הָאֱלֹהִים רַגְלְךָ
וְקָרוֹב לִשְׁמֹעַ מִתֵּת הַכְּסִילִים זָבַח כִּי־אֵינָם יוֹדְעִים לַעֲשׂוֹת
ה א רָע: אַל־תְּבַהֵל עַל־פִּיךָ וְלִבְּךָ אַל־יְמַהֵר לְהוֹצִיא דָבָר לִפְנֵי
הָאֱלֹהִים כִּי הָאֱלֹהִים בַּשָּׁמַיִם וְאַתָּה עַל־הָאָרֶץ עַל־כֵּן יִהְיוּ
ב דְבָרֶיךָ מְעַטִּים: כִּי בָּא הַחֲלוֹם בְּרֹב עִנְיָן וְקוֹל כְּסִיל בְּרֹב
ג דְּבָרִים: כַּאֲשֶׁר תִּדֹּר נֶדֶר לֵאלֹהִים אַל־תְּאַחֵר לְשַׁלְּמוֹ כִּי
ד אֵין חֵפֶץ בַּכְּסִילִים אֵת אֲשֶׁר־תִּדֹּר שַׁלֵּם: טוֹב אֲשֶׁר לֹא־
ה תִדֹּר מִשֶּׁתִּדּוֹר וְלֹא תְשַׁלֵּם: אַל־תִּתֵּן אֶת־פִּיךָ לַחֲטִיא אֶת־
בְּשָׂרֶךָ וְאַל־תֹּאמַר לִפְנֵי הַמַּלְאָךְ כִּי שְׁגָגָה הִיא לָמָּה יִקְצֹף
ו הָאֱלֹהִים עַל־קוֹלֶךָ וְחִבֵּל אֶת־מַעֲשֵׂה יָדֶיךָ: כִּי בְרֹב חֲלֹמוֹת
ז וַהֲבָלִים וּדְבָרִים הַרְבֵּה כִּי אֶת־הָאֱלֹהִים יְרָא: אִם־עֹשֶׁק
רָשׁ וְגֵזֶל מִשְׁפָּט וָצֶדֶק תִּרְאֶה בַמְּדִינָה אַל־תִּתְמַהּ עַל־הַחֵפֶץ
ח כִּי גָבֹהַּ מֵעַל גָּבֹהַּ שֹׁמֵר וּגְבֹהִים עֲלֵיהֶם: וְיִתְרוֹן אֶרֶץ בַּכֹּל
ט הִיא מֶלֶךְ לְשָׂדֶה נֶעֱבָד: אֹהֵב כֶּסֶף לֹא־יִשְׂבַּע כֶּסֶף וּמִי־אֹהֵב הוּא
י בֶּהָמוֹן לֹא תְבוּאָה גַּם־זֶה הָבֶל: בִּרְבוֹת הַטּוֹבָה רַבּוּ אוֹכְלֶיהָ
יא וּמַה־כִּשְׁרוֹן לִבְעָלֶיהָ כִּי אִם־רְאִית עֵינָיו: מְתוּקָה שְׁנַת הָעֹבֵד רְאוּת
אִם־מְעַט וְאִם־הַרְבֵּה יֹאכֵל וְהַשָּׂבָע לֶעָשִׁיר אֵינֶנּוּ מַנִּיחַ לוֹ

חובת קיום נדרים
במדבר ל, ג
דברים כג, כב–כד

ה
יב לִישֹׁון: יֵשׁ רָעָה חוֹלָה רָאִיתִי תַּחַת הַשָּׁמֶשׁ עֹשֶׁר שָׁמוּר
יג לִבְעָלָיו לְרָעָתוֹ: וְאָבַד הָעֹשֶׁר הַהוּא בְּעִנְיַן רָע וְהוֹלִיד בֵּן
יד וְאֵין בְּיָדוֹ מְאוּמָה: כַּאֲשֶׁר יָצָא מִבֶּטֶן אִמּוֹ עָרוֹם יָשׁוּב
טו לָלֶכֶת כְּשֶׁבָּא וּמְאוּמָה לֹא־יִשָּׂא בַעֲמָלוֹ שֶׁיֹּלֵךְ בְּיָדוֹ: וְגַם־
זֹה רָעָה חוֹלָה כָּל־עֻמַּת שֶׁבָּא כֵּן יֵלֵךְ וּמַה־יִּתְרוֹן לוֹ שֶׁיַּעֲמֹל
טז לָרוּחַ: גַּם כָּל־יָמָיו בַּחֹשֶׁךְ יֹאכֵל וְכָעַס הַרְבֵּה וְחָלְיוֹ וָקָצֶף:
יז הִנֵּה אֲשֶׁר־רָאִיתִי אָנִי טוֹב אֲשֶׁר־יָפֶה לֶאֱכוֹל וְלִשְׁתּוֹת וְלִרְאוֹת
טוֹבָה בְּכָל־עֲמָלוֹ ׀ שֶׁיַּעֲמֹל תַּחַת־הַשֶּׁמֶשׁ מִסְפַּר יְמֵי־חַיָּו
יח אֲשֶׁר־נָתַן־לוֹ הָאֱלֹהִים כִּי־הוּא חֶלְקוֹ: גַּם כָּל־הָאָדָם אֲשֶׁר
נָתַן־לוֹ הָאֱלֹהִים עֹשֶׁר וּנְכָסִים וְהִשְׁלִיטוֹ לֶאֱכֹל מִמֶּנּוּ וְלָשֵׂאת
יט אֶת־חֶלְקוֹ וְלִשְׂמֹחַ בַּעֲמָלוֹ זֹה מַתַּת אֱלֹהִים הִיא: כִּי לֹא
הַרְבֵּה יִזְכֹּר אֶת־יְמֵי חַיָּיו כִּי הָאֱלֹהִים מַעֲנֶה בְּשִׂמְחַת לִבּוֹ:
ו א יֵשׁ רָעָה אֲשֶׁר רָאִיתִי תַּחַת הַשָּׁמֶשׁ וְרַבָּה הִיא עַל־הָאָדָם:
ב אִישׁ אֲשֶׁר יִתֶּן־לוֹ הָאֱלֹהִים עֹשֶׁר וּנְכָסִים וְכָבוֹד וְאֵינֶנּוּ חָסֵר
לְנַפְשׁוֹ ׀ מִכֹּל אֲשֶׁר־יִתְאַוֶּה וְלֹא־יַשְׁלִיטֶנּוּ הָאֱלֹהִים לֶאֱכֹל
ג מִמֶּנּוּ כִּי אִישׁ נָכְרִי יֹאכֲלֶנּוּ זֶה הֶבֶל וָחֳלִי רָע הוּא: אִם־יוֹלִיד
אִישׁ מֵאָה וְשָׁנִים רַבּוֹת יִחְיֶה וְרַב ׀ שֶׁיִּהְיוּ יְמֵי־שָׁנָיו וְנַפְשׁוֹ
לֹא־תִשְׂבַּע מִן־הַטּוֹבָה וְגַם־קְבוּרָה לֹא־הָיְתָה לּוֹ אָמַרְתִּי
ד טוֹב מִמֶּנּוּ הַנָּפֶל: כִּי־בַהֶבֶל בָּא וּבַחֹשֶׁךְ יֵלֵךְ וּבַחֹשֶׁךְ שְׁמוֹ
ה ו יְכֻסֶּה: גַּם־שֶׁמֶשׁ לֹא־רָאָה וְלֹא יָדָע נַחַת לָזֶה מִזֶּה: וְאִלּוּ
חָיָה אֶלֶף שָׁנִים פַּעֲמַיִם וְטוֹבָה לֹא רָאָה הֲלֹא אֶל־מָקוֹם
ז אֶחָד הַכֹּל הוֹלֵךְ: כָּל־עֲמַל הָאָדָם לְפִיהוּ וְגַם־הַנֶּפֶשׁ לֹא
ח תִמָּלֵא: כִּי מַה־יּוֹתֵר לֶחָכָם מִן־הַכְּסִיל מַה־לֶּעָנִי יוֹדֵעַ לַהֲלֹךְ
ט נֶגֶד הַחַיִּים: טוֹב מַרְאֵה עֵינַיִם מֵהֲלָךְ־נָפֶשׁ גַּם־זֶה הֶבֶל
י וּרְעוּת רוּחַ: מַה־שֶּׁהָיָה כְּבָר נִקְרָא שְׁמוֹ וְנוֹדָע אֲשֶׁר־הוּא
יא אָדָם וְלֹא־יוּכַל לָדִין עִם שֶׁהתקיף מִמֶּנּוּ: כִּי יֵשׁ־דְּבָרִים שֶׁתַּקִּיף
יב הַרְבֵּה מַרְבִּים הָבֶל מַה־יֹּתֵר לָאָדָם: כִּי מִי־יוֹדֵעַ מַה־טּוֹב

ו לָאָדָם בַּחַיִּים מִסְפַּר יְמֵי־חַיֵּי הֶבְלוֹ וְיַעֲשֵׂם כַּצֵּל אֲשֶׁר מִי־
ז א יַגִּיד לָאָדָם מַה־יִּהְיֶה אַחֲרָיו תַּחַת הַשָּׁמֶשׁ: טוֹב ג
ב שֵׁם מִשֶּׁמֶן טוֹב וְיוֹם הַמָּוֶת מִיּוֹם הִוָּלְדוֹ: טוֹב לָלֶכֶת אֶל־
בֵּית־אֵבֶל מִלֶּכֶת אֶל־בֵּית מִשְׁתֶּה בַּאֲשֶׁר הוּא סוֹף כָּל־
ג הָאָדָם וְהַחַי יִתֵּן אֶל־לִבּוֹ: טוֹב כַּעַס מִשְּׂחוֹק כִּי־בְרֹעַ פָּנִים
ד יִיטַב לֵב: לֵב חֲכָמִים בְּבֵית אֵבֶל וְלֵב כְּסִילִים בְּבֵית שִׂמְחָה:
ה ו טוֹב לִשְׁמֹעַ גַּעֲרַת חָכָם מֵאִישׁ שֹׁמֵעַ שִׁיר כְּסִילִים: כִּי כְקוֹל
ז הַסִּירִים תַּחַת הַסִּיר כֵּן שְׂחֹק הַכְּסִיל וְגַם־זֶה הָבֶל: כִּי הָעֹשֶׁק
ח יְהוֹלֵל חָכָם וִיאַבֵּד אֶת־לֵב מַתָּנָה: טוֹב אַחֲרִית דָּבָר
ט מֵרֵאשִׁיתוֹ טוֹב אֶרֶךְ־רוּחַ מִגְּבַהּ־רוּחַ: אַל־תְּבַהֵל בְּרוּחֲךָ
י לִכְעוֹס כִּי כַעַס בְּחֵיק כְּסִילִים יָנוּחַ: אַל־תֹּאמַר מֶה הָיָה
שֶׁהַיָּמִים הָרִאשֹׁנִים הָיוּ טוֹבִים מֵאֵלֶּה כִּי לֹא מֵחָכְמָה
יא שָׁאַלְתָּ עַל־זֶה: טוֹבָה חָכְמָה עִם־נַחֲלָה וְיֹתֵר לְרֹאֵי הַשָּׁמֶשׁ:
יב כִּי בְּצֵל הַחָכְמָה בְּצֵל הַכָּסֶף וְיִתְרוֹן דַּעַת הַחָכְמָה תְּחַיֶּה
יג בְעָלֶיהָ: רְאֵה אֶת־מַעֲשֵׂה הָאֱלֹהִים כִּי מִי יוּכַל לְתַקֵּן אֵת
יד אֲשֶׁר עִוְּתוֹ: בְּיוֹם טוֹבָה הֱיֵה בְטוֹב וּבְיוֹם רָעָה רְאֵה גַּם אֶת־
זֶה לְעֻמַּת־זֶה עָשָׂה הָאֱלֹהִים עַל־דִּבְרַת שֶׁלֹּא יִמְצָא הָאָדָם
טו אַחֲרָיו מְאוּמָה: אֶת־הַכֹּל רָאִיתִי בִּימֵי הֶבְלִי יֵשׁ צַדִּיק אֹבֵד
טז בְּצִדְקוֹ וְיֵשׁ רָשָׁע מַאֲרִיךְ בְּרָעָתוֹ: אַל־תְּהִי צַדִּיק הַרְבֵּה
יז וְאַל־תִּתְחַכַּם יוֹתֵר לָמָּה תִּשּׁוֹמֵם: אַל־תִּרְשַׁע הַרְבֵּה וְאַל־
יח תְּהִי סָכָל לָמָּה תָמוּת בְּלֹא עִתֶּךָ: טוֹב אֲשֶׁר תֶּאֱחֹז בָּזֶה
וְגַם־מִזֶּה אַל־תַּנַּח אֶת־יָדֶךָ כִּי־יְרֵא אֱלֹהִים יֵצֵא אֶת־כֻּלָּם:
יט כ הַחָכְמָה תָּעֹז לֶחָכָם מֵעֲשָׂרָה שַׁלִּיטִים אֲשֶׁר הָיוּ בָּעִיר: כִּי
כא אָדָם אֵין צַדִּיק בָּאָרֶץ אֲשֶׁר יַעֲשֶׂה־טּוֹב וְלֹא יֶחֱטָא: גַּם
לְכָל־הַדְּבָרִים אֲשֶׁר יְדַבֵּרוּ אַל־תִּתֵּן לִבֶּךָ אֲשֶׁר לֹא־תִשְׁמַע
כב אֶת־עַבְדְּךָ מְקַלְלֶךָ: כִּי גַּם־פְּעָמִים רַבּוֹת יָדַע לִבֶּךָ אֲשֶׁר
כג גַּם־אַתְּ קִלַּלְתָּ אֲחֵרִים: כָּל־זֹה נִסִּיתִי בַחָכְמָה אָמַרְתִּי

ז
כד אֶחְכָּמָה וְהִיא רְחוֹקָה מִמֶּנִּי׃ רָחוֹק מַה־שֶּׁהָיָה וְעָמֹק ׀ עָמֹק
כה מִי יִמְצָאֶנּוּ׃ סַבּוֹתִי אֲנִי וְלִבִּי לָדַעַת וְלָתוּר וּבַקֵּשׁ חָכְמָה
כו וְחֶשְׁבּוֹן וְלָדַעַת רֶשַׁע כֶּסֶל וְהַסִּכְלוּת הוֹלֵלוֹת׃ וּמוֹצֶא אֲנִי
מַר מִמָּוֶת אֶת־הָאִשָּׁה אֲשֶׁר־הִיא מְצוֹדִים וַחֲרָמִים לִבָּהּ
אֲסוּרִים יָדֶיהָ טוֹב לִפְנֵי הָאֱלֹהִים יִמָּלֵט מִמֶּנָּה וְחוֹטֵא יִלָּכֶד
כז בָּהּ׃ רְאֵה זֶה מָצָאתִי אָמְרָה קֹהֶלֶת אַחַת לְאַחַת לִמְצֹא
כח חֶשְׁבּוֹן׃ אֲשֶׁר עוֹד־בִּקְשָׁה נַפְשִׁי וְלֹא מָצָאתִי אָדָם אֶחָד
כט מֵאֶלֶף מָצָאתִי וְאִשָּׁה בְכָל־אֵלֶּה לֹא מָצָאתִי׃ לְבַד רְאֵה־זֶה
מָצָאתִי אֲשֶׁר עָשָׂה הָאֱלֹהִים אֶת־הָאָדָם יָשָׁר וְהֵמָּה בִקְשׁוּ
ח א חִשְּׁבֹנוֹת רַבִּים׃ מִי כְּהֶחָכָם וּמִי יוֹדֵעַ פֵּשֶׁר דָּבָר חָכְמַת אָדָם
ב תָּאִיר פָּנָיו וְעֹז פָּנָיו יְשֻׁנֶּא׃ אֲנִי פִּי־מֶלֶךְ שְׁמֹר וְעַל דִּבְרַת
ג שְׁבוּעַת אֱלֹהִים׃ אַל־תִּבָּהֵל מִפָּנָיו תֵּלֵךְ אַל־תַּעֲמֹד בְּדָבָר
ד רָע כִּי כָּל־אֲשֶׁר יַחְפֹּץ יַעֲשֶׂה׃ בַּאֲשֶׁר דְּבַר־מֶלֶךְ שִׁלְטוֹן וּמִי
ה יֹאמַר־לוֹ מַה־תַּעֲשֶׂה׃ שׁוֹמֵר מִצְוָה לֹא יֵדַע דָּבָר רָע וְעֵת
ו וּמִשְׁפָּט יֵדַע לֵב חָכָם׃ כִּי לְכָל־חֵפֶץ יֵשׁ עֵת וּמִשְׁפָּט כִּי־רָעַת
ז הָאָדָם רַבָּה עָלָיו׃ כִּי־אֵינֶנּוּ יֹדֵעַ מַה־שֶּׁיִּהְיֶה כִּי כַּאֲשֶׁר יִהְיֶה
ח מִי יַגִּיד לוֹ׃ אֵין אָדָם שַׁלִּיט בָּרוּחַ לִכְלוֹא אֶת־הָרוּחַ וְאֵין
שִׁלְטוֹן בְּיוֹם הַמָּוֶת וְאֵין מִשְׁלַחַת בַּמִּלְחָמָה וְלֹא־יְמַלֵּט רֶשַׁע
ט אֶת־בְּעָלָיו׃ אֶת־כָּל־זֶה רָאִיתִי וְנָתוֹן אֶת־לִבִּי לְכָל־מַעֲשֶׂה
אֲשֶׁר נַעֲשָׂה תַּחַת הַשָּׁמֶשׁ עֵת אֲשֶׁר שָׁלַט הָאָדָם בְּאָדָם
י לְרַע לוֹ׃ וּבְכֵן רָאִיתִי רְשָׁעִים קְבֻרִים וָבָאוּ וּמִמְּקוֹם קָדוֹשׁ
יא יְהַלֵּכוּ וְיִשְׁתַּכְּחוּ בָעִיר אֲשֶׁר כֵּן־עָשׂוּ גַּם־זֶה הָבֶל׃ אֲשֶׁר אֵין־
נַעֲשָׂה פִתְגָם מַעֲשֵׂה הָרָעָה מְהֵרָה עַל־כֵּן מָלֵא לֵב בְּנֵי־הָאָדָם
יב בָּהֶם לַעֲשׂוֹת רָע׃ אֲשֶׁר חֹטֶא עֹשֶׂה רָע מְאַת וּמַאֲרִיךְ לוֹ
כִּי גַּם־יוֹדֵעַ אָנִי אֲשֶׁר יִהְיֶה־טּוֹב לְיִרְאֵי הָאֱלֹהִים אֲשֶׁר יִירְאוּ
יג מִלְּפָנָיו׃ וְטוֹב לֹא־יִהְיֶה לָרָשָׁע וְלֹא־יַאֲרִיךְ יָמִים כַּצֵּל אֲשֶׁר
יד אֵינֶנּוּ יָרֵא מִלִּפְנֵי אֱלֹהִים׃ יֶשׁ־הֶבֶל אֲשֶׁר נַעֲשָׂה עַל־הָאָרֶץ

אֲשֶׁר ׀ יֵשׁ צַדִּיקִים אֲשֶׁר מַגִּיעַ אֲלֵהֶם כְּמַעֲשֵׂה הָרְשָׁעִים
וְיֵשׁ רְשָׁעִים שֶׁמַּגִּיעַ אֲלֵהֶם כְּמַעֲשֵׂה הַצַּדִּיקִים אָמַרְתִּי שֶׁגַּם־
טו זֶה הָבֶל׃ וְשִׁבַּחְתִּי אֲנִי אֶת־הַשִּׂמְחָה אֲשֶׁר אֵין־טוֹב לָאָדָם
תַּחַת הַשֶּׁמֶשׁ כִּי אִם־לֶאֱכֹל וְלִשְׁתּוֹת וְלִשְׂמוֹחַ וְהוּא יִלְוֶנּוּ
טז בַעֲמָלוֹ יְמֵי חַיָּיו אֲשֶׁר־נָתַן־לוֹ הָאֱלֹהִים תַּחַת הַשָּׁמֶשׁ׃ כַּאֲשֶׁר
נָתַתִּי אֶת־לִבִּי לָדַעַת חָכְמָה וְלִרְאוֹת אֶת־הָעִנְיָן אֲשֶׁר
נַעֲשָׂה עַל־הָאָרֶץ כִּי גַם בַּיּוֹם וּבַלַּיְלָה שֵׁנָה בְּעֵינָיו אֵינֶנּוּ
יז רֹאֶה׃ וְרָאִיתִי אֶת־כָּל־מַעֲשֵׂה הָאֱלֹהִים כִּי לֹא יוּכַל הָאָדָם
לִמְצוֹא אֶת־הַמַּעֲשֶׂה אֲשֶׁר נַעֲשָׂה תַחַת־הַשֶּׁמֶשׁ בְּשֶׁל אֲשֶׁר
יַעֲמֹל הָאָדָם לְבַקֵּשׁ וְלֹא יִמְצָא וְגַם אִם־יֹאמַר הֶחָכָם לָדַעַת
ט א לֹא יוּכַל לִמְצֹא׃ כִּי אֶת־כָּל־זֶה נָתַתִּי אֶל־לִבִּי וְלָבוּר אֶת־
כָּל־זֶה אֲשֶׁר הַצַּדִּיקִים וְהַחֲכָמִים וַעֲבָדֵיהֶם בְּיַד הָאֱלֹהִים
ב גַּם־אַהֲבָה גַם־שִׂנְאָה אֵין יוֹדֵעַ הָאָדָם הַכֹּל לִפְנֵיהֶם׃ הַכֹּל
כַּאֲשֶׁר לַכֹּל מִקְרֶה אֶחָד לַצַּדִּיק וְלָרָשָׁע לַטּוֹב וְלַטָּהוֹר וְלַטָּמֵא
וְלַזֹּבֵחַ וְלַאֲשֶׁר אֵינֶנּוּ זֹבֵחַ כַּטּוֹב כַּחֹטֶא הַנִּשְׁבָּע כַּאֲשֶׁר
ג שְׁבוּעָה יָרֵא׃ זֶה ׀ רָע בְּכֹל אֲשֶׁר־נַעֲשָׂה תַּחַת הַשֶּׁמֶשׁ כִּי־
מִקְרֶה אֶחָד לַכֹּל וְגַם לֵב בְּנֵי־הָאָדָם מָלֵא־רָע וְהוֹלֵלוֹת
ד בִּלְבָבָם בְּחַיֵּיהֶם וְאַחֲרָיו אֶל־הַמֵּתִים׃ כִּי־מִי אֲשֶׁר יבחר אֶל יְחֻבַּר
כָּל־הַחַיִּים יֵשׁ בִּטָּחוֹן כִּי־לְכֶלֶב חַי הוּא טוֹב מִן־הָאַרְיֵה הַמֵּת׃
ה כִּי הַחַיִּים יוֹדְעִים שֶׁיָּמֻתוּ וְהַמֵּתִים אֵינָם יוֹדְעִים מְאוּמָה
ו וְאֵין־עוֹד לָהֶם שָׂכָר כִּי נִשְׁכַּח זִכְרָם׃ גַּם אַהֲבָתָם גַּם־שִׂנְאָתָם
גַּם־קִנְאָתָם כְּבָר אָבָדָה וְחֵלֶק אֵין־לָהֶם עוֹד לְעוֹלָם בְּכֹל אֲשֶׁר־
ז נַעֲשָׂה תַּחַת הַשָּׁמֶשׁ׃ לֵךְ אֱכֹל בְּשִׂמְחָה לַחְמֶךָ וּשְׁתֵה בְלֶב־טוֹב ד
ח יֵינֶךָ כִּי כְבָר רָצָה הָאֱלֹהִים אֶת־מַעֲשֶׂיךָ׃ בְּכָל־עֵת יִהְיוּ
ט בְגָדֶיךָ לְבָנִים וְשֶׁמֶן עַל־רֹאשְׁךָ אַל־יֶחְסָר׃ רְאֵה חַיִּים עִם־
אִשָּׁה אֲשֶׁר־אָהַבְתָּ כָּל־יְמֵי חַיֵּי הֶבְלֶךָ אֲשֶׁר נָתַן־לְךָ תַּחַת
הַשֶּׁמֶשׁ כֹּל יְמֵי הֶבְלֶךָ כִּי הוּא חֶלְקְךָ בַּחַיִּים וּבַעֲמָלְךָ אֲשֶׁר־

י אַתָּה עָמֵל תַּחַת הַשָּׁמֶשׁ׃ כֹּל אֲשֶׁר תִּמְצָא יָדְךָ לַעֲשׂוֹת
בְּכֹחֲךָ עֲשֵׂה כִּי אֵין מַעֲשֶׂה וְחֶשְׁבּוֹן וְדַעַת וְחָכְמָה בִּשְׁאוֹל
יא אֲשֶׁר אַתָּה הֹלֵךְ שָׁמָּה׃ שַׁבְתִּי וְרָאֹה תַחַת־הַשֶּׁמֶשׁ כִּי לֹא
לַקַּלִּים הַמֵּרוֹץ וְלֹא לַגִּבּוֹרִים הַמִּלְחָמָה וְגַם לֹא לַחֲכָמִים
לֶחֶם וְגַם לֹא לַנְּבֹנִים עֹשֶׁר וְגַם לֹא לַיֹּדְעִים חֵן כִּי־עֵת וָפֶגַע
יב יִקְרֶה אֶת־כֻּלָּם׃ כִּי גַּם לֹא־יֵדַע הָאָדָם אֶת־עִתּוֹ כַּדָּגִים
שֶׁנֶּאֱחָזִים בִּמְצוֹדָה רָעָה וְכַצִּפֳּרִים הָאֲחֻזוֹת בַּפָּח כָּהֵם יוּקָשִׁים
יג בְּנֵי הָאָדָם לְעֵת רָעָה כְּשֶׁתִּפּוֹל עֲלֵיהֶם פִּתְאֹם׃ גַּם־זֹה רָאִיתִי
יד חָכְמָה תַּחַת הַשָּׁמֶשׁ וּגְדוֹלָה הִיא אֵלָי׃ עִיר קְטַנָּה וַאֲנָשִׁים
בָּהּ מְעָט וּבָא־אֵלֶיהָ מֶלֶךְ גָּדוֹל וְסָבַב אֹתָהּ וּבָנָה עָלֶיהָ
טו מְצוֹדִים גְּדֹלִים׃ וּמָצָא בָהּ אִישׁ מִסְכֵּן חָכָם וּמִלַּט־הוּא
אֶת־הָעִיר בְּחָכְמָתוֹ וְאָדָם לֹא זָכַר אֶת־הָאִישׁ הַמִּסְכֵּן הַהוּא׃
טז וְאָמַרְתִּי אָנִי טוֹבָה חָכְמָה מִגְּבוּרָה וְחָכְמַת הַמִּסְכֵּן בְּזוּיָה
יז וּדְבָרָיו אֵינָם נִשְׁמָעִים׃ דִּבְרֵי חֲכָמִים בְּנַחַת נִשְׁמָעִים מִזַּעֲקַת
יח מוֹשֵׁל בַּכְּסִילִים׃ טוֹבָה חָכְמָה מִכְּלֵי קְרָב וְחוֹטֶא אֶחָד יְאַבֵּד
י א טוֹבָה הַרְבֵּה׃ זְבוּבֵי מָוֶת יַבְאִישׁ יַבִּיעַ שֶׁמֶן רוֹקֵחַ יָקָר מֵחָכְמָה
ב מִכָּבוֹד סִכְלוּת מְעָט׃ לֵב חָכָם לִימִינוֹ וְלֵב כְּסִיל לִשְׂמֹאלוֹ׃
ג וְגַם־בַּדֶּרֶךְ כשהסכל הֹלֵךְ לִבּוֹ חָסֵר וְאָמַר לַכֹּל סָכָל הוּא׃ כְּשֶׁסָּכָל
ד אִם־רוּחַ הַמּוֹשֵׁל תַּעֲלֶה עָלֶיךָ מְקוֹמְךָ אַל־תַּנַּח כִּי מַרְפֵּא יַנִּיחַ
ה חֲטָאִים גְּדוֹלִים׃ יֵשׁ רָעָה רָאִיתִי תַּחַת הַשָּׁמֶשׁ כִּשְׁגָגָה שֶׁיֹּצָא
ו מִלִּפְנֵי הַשַּׁלִּיט׃ נִתַּן הַסֶּכֶל בַּמְּרוֹמִים רַבִּים וַעֲשִׁירִים בַּשֵּׁפֶל
ז יֵשֵׁבוּ׃ רָאִיתִי עֲבָדִים עַל־סוּסִים וְשָׂרִים הֹלְכִים כַּעֲבָדִים עַל־
ח ט הָאָרֶץ׃ חֹפֵר גּוּמָּץ בּוֹ יִפּוֹל וּפֹרֵץ גָּדֵר יִשְּׁכֶנּוּ נָחָשׁ׃ מַסִּיעַ
י אֲבָנִים יֵעָצֵב בָּהֶם בּוֹקֵעַ עֵצִים יִסָּכֶן בָּם׃ אִם־קֵהָה הַבַּרְזֶל
יא וְהוּא לֹא־פָנִים קִלְקַל וַחֲיָלִים יְגַבֵּר וְיִתְרוֹן הַכְשֵׁיר חָכְמָה׃ אִם־
יב יִשֹּׁךְ הַנָּחָשׁ בְּלוֹא־לָחַשׁ וְאֵין יִתְרוֹן לְבַעַל הַלָּשׁוֹן׃ דִּבְרֵי פִי־
יג חָכָם חֵן וְשִׂפְתוֹת כְּסִיל תְּבַלְּעֶנּוּ׃ תְּחִלַּת דִּבְרֵי־פִיהוּ סִכְלוּת

יד וְאַחֲרִית פִּיהוּ הוֹלֵלוּת רָעָה: וְהַסָּכָל יַרְבֶּה דְבָרִים לֹא־יֵדַע
טו הָאָדָם מַה־שֶּׁיִּהְיֶה וַאֲשֶׁר יִהְיֶה מֵאַחֲרָיו מִי יַגִּיד לוֹ: עֲמַל
טז הַכְּסִילִים תְּיַגְּעֶנּוּ אֲשֶׁר לֹא־יָדַע לָלֶכֶת אֶל־עִיר: אִי־לָךְ אֶרֶץ
יז שֶׁמַּלְכֵּךְ נָעַר וְשָׂרַיִךְ בַּבֹּקֶר יֹאכֵלוּ: אַשְׁרֵיךְ אֶרֶץ שֶׁמַּלְכֵּךְ בֶּן־
יח חוֹרִים וְשָׂרַיִךְ בָּעֵת יֹאכֵלוּ בִּגְבוּרָה וְלֹא בַשְּׁתִי: בַּעֲצַלְתַּיִם
יט יִמַּךְ הַמְּקָרֶה וּבְשִׁפְלוּת יָדַיִם יִדְלֹף הַבָּיִת: לִשְׂחוֹק עֹשִׂים
כ לֶחֶם וְיַיִן יְשַׂמַּח חַיִּים וְהַכֶּסֶף יַעֲנֶה אֶת־הַכֹּל: גַּם בְּמַדָּעֲךָ מֶלֶךְ
אַל־תְּקַלֵּל וּבְחַדְרֵי מִשְׁכָּבְךָ אַל־תְּקַלֵּל עָשִׁיר כִּי עוֹף הַשָּׁמַיִם
יא א יוֹלִיךְ אֶת־הַקּוֹל וּבַעַל הכנפים יַגֵּיד דָּבָר: שַׁלַּח לַחְמְךָ עַל־ כְּנָפַיִם
ב פְּנֵי הַמָּיִם כִּי־בְרֹב הַיָּמִים תִּמְצָאֶנּוּ: תֶּן־חֵלֶק לְשִׁבְעָה וְגַם
ג לִשְׁמוֹנָה כִּי לֹא תֵדַע מַה־יִּהְיֶה רָעָה עַל־הָאָרֶץ: אִם־יִמָּלְאוּ
הֶעָבִים גֶּשֶׁם עַל־הָאָרֶץ יָרִיקוּ וְאִם־יִפּוֹל עֵץ בַּדָּרוֹם וְאִם
ד בַּצָּפוֹן מְקוֹם שֶׁיִּפּוֹל הָעֵץ שָׁם יְהוּא: שֹׁמֵר רוּחַ לֹא יִזְרָע
ה וְרֹאֶה בֶעָבִים לֹא יִקְצוֹר: כַּאֲשֶׁר אֵינְךָ יוֹדֵעַ מַה־דֶּרֶךְ הָרוּחַ
כַּעֲצָמִים בְּבֶטֶן הַמְּלֵאָה כָּכָה לֹא תֵדַע אֶת־מַעֲשֵׂה הָאֱלֹהִים
ו אֲשֶׁר יַעֲשֶׂה אֶת־הַכֹּל: בַּבֹּקֶר זְרַע אֶת־זַרְעֶךָ וְלָעֶרֶב אַל־
תַּנַּח יָדֶךָ כִּי אֵינְךָ יוֹדֵעַ אֵי זֶה יִכְשַׁר הֲזֶה אוֹ־זֶה וְאִם־שְׁנֵיהֶם
ז כְּאֶחָד טוֹבִים: וּמָתוֹק הָאוֹר וְטוֹב לַעֵינַיִם לִרְאוֹת אֶת־
ח הַשָּׁמֶשׁ: כִּי אִם־שָׁנִים הַרְבֵּה יִחְיֶה הָאָדָם בְּכֻלָּם יִשְׂמָח וְיִזְכֹּר
ט אֶת־יְמֵי הַחֹשֶׁךְ כִּי־הַרְבֵּה יִהְיוּ כָּל־שֶׁבָּא הָבֶל: שְׂמַח בָּחוּר
בְּיַלְדוּתֶךָ וִיטִיבְךָ לִבְּךָ בִּימֵי בְחוּרוֹתֶךָ וְהַלֵּךְ בְּדַרְכֵי לִבְּךָ
ובמראי עֵינֶיךָ וְדָע כִּי עַל־כָּל־אֵלֶּה יְבִיאֲךָ הָאֱלֹהִים בַּמִּשְׁפָּט: וּבְמַרְאֵה
י וְהָסֵר כַּעַס מִלִּבֶּךָ וְהַעֲבֵר רָעָה מִבְּשָׂרֶךָ כִּי־הַיַּלְדוּת וְהַשַּׁחֲרוּת
יב א הָבֶל: וּזְכֹר אֶת־בּוֹרְאֶיךָ בִּימֵי בְּחוּרֹתֶיךָ עַד אֲשֶׁר לֹא־יָבֹאוּ
ב יְמֵי הָרָעָה וְהִגִּיעוּ שָׁנִים אֲשֶׁר תֹּאמַר אֵין־לִי בָהֶם חֵפֶץ: עַד
אֲשֶׁר לֹא־תֶחְשַׁךְ הַשֶּׁמֶשׁ וְהָאוֹר וְהַיָּרֵחַ וְהַכּוֹכָבִים וְשָׁבוּ
ג הֶעָבִים אַחַר הַגָּשֶׁם: בַּיּוֹם שֶׁיָּזֻעוּ שֹׁמְרֵי הַבַּיִת וְהִתְעַוְּתוּ

אַנְשֵׁי הֶחָיִל וּבָטְלוּ הַטֹּחֲנוֹת כִּי מִעֵטוּ וְחָשְׁכוּ הָרֹאוֹת בָּאֲרֻבּוֹת:
ד וְסֻגְּרוּ דְלָתַיִם בַּשּׁוּק בִּשְׁפַל קוֹל הַטַּחֲנָה וְיָקוּם לְקוֹל הַצִּפּוֹר
ה וְיִשַּׁחוּ כָּל־בְּנוֹת הַשִּׁיר: גַּם מִגָּבֹהַּ יִרָאוּ וְחַתְחַתִּים בַּדֶּרֶךְ
וְיָנֵאץ הַשָּׁקֵד וְיִסְתַּבֵּל הֶחָגָב וְתָפֵר הָאֲבִיּוֹנָה כִּי־הֹלֵךְ הָאָדָם
ו אֶל־בֵּית עוֹלָמוֹ וְסָבְבוּ בַשּׁוּק הַסֹּפְדִים: עַד אֲשֶׁר לֹא־ירחק יֵרָתֵק
חֶבֶל הַכֶּסֶף וְתָרֻץ גֻּלַּת הַזָּהָב וְתִשָּׁבֶר כַּד עַל־הַמַּבּוּעַ וְנָרֹץ
ז הַגַּלְגַּל אֶל־הַבּוֹר: וְיָשֹׁב הֶעָפָר עַל־הָאָרֶץ כְּשֶׁהָיָה וְהָרוּחַ
ח תָּשׁוּב אֶל־הָאֱלֹהִים אֲשֶׁר נְתָנָהּ: הֲבֵל הֲבָלִים אָמַר הַקּוֹהֶלֶת
ט הַכֹּל הָבֶל: וְיֹתֵר שֶׁהָיָה קֹהֶלֶת חָכָם עוֹד לִמַּד־דַּעַת אֶת־
י הָעָם וְאִזֵּן וְחִקֵּר תִּקֵּן מְשָׁלִים הַרְבֵּה: בִּקֵּשׁ קֹהֶלֶת לִמְצֹא
יא דִּבְרֵי־חֵפֶץ וְכָתוּב יֹשֶׁר דִּבְרֵי אֱמֶת: דִּבְרֵי חֲכָמִים כַּדָּרְבֹנוֹת
יב וּכְמַשְׂמְרוֹת נְטוּעִים בַּעֲלֵי אֲסֻפּוֹת נִתְּנוּ מֵרֹעֶה אֶחָד: וְיֹתֵר
מֵהֵמָּה בְּנִי הִזָּהֵר עֲשׂוֹת סְפָרִים הַרְבֵּה אֵין קֵץ וְלַהַג הַרְבֵּה
יג יְגִעַת בָּשָׂר: סוֹף דָּבָר הַכֹּל נִשְׁמָע אֶת־הָאֱלֹהִים יְרָא וְאֶת־
יד מִצְוֺתָיו שְׁמוֹר כִּי־זֶה כָּל־הָאָדָם: כִּי אֶת־כָּל־מַעֲשֶׂה הָאֱלֹהִים
יָבִא בְמִשְׁפָּט עַל כָּל־נֶעְלָם אִם־טוֹב וְאִם־רָע:

סוף דבר הכל נשמע
את האלהים ירא
ואת מצותיו
שמור
כי זה
כל האדם

# אסתר

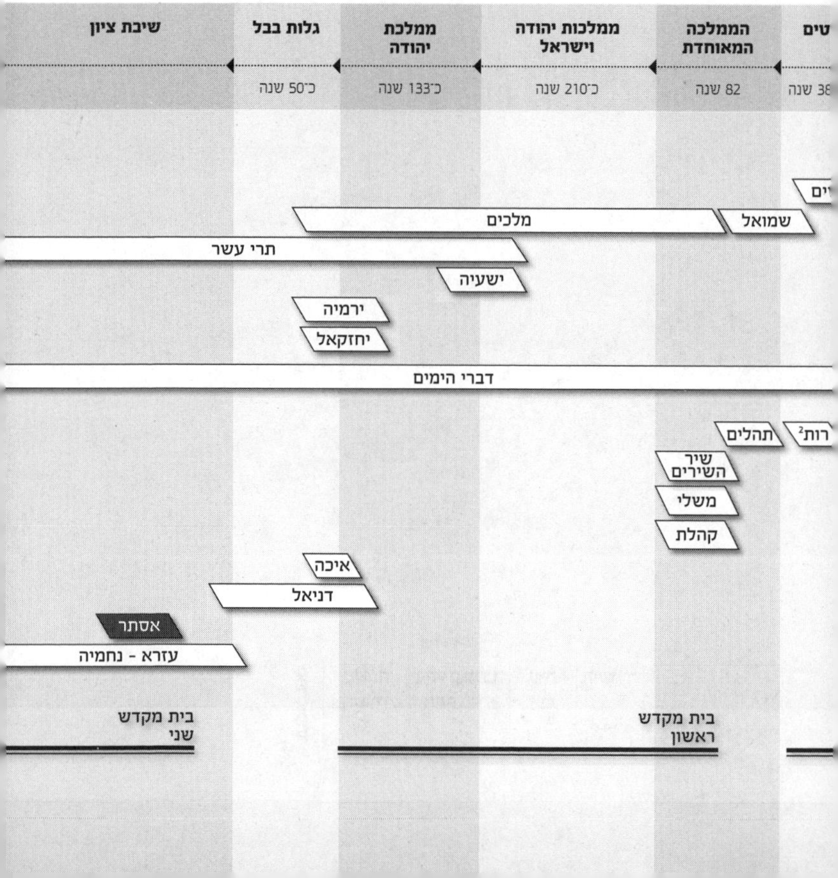

שיבת ציון
גלות בבל
כ־50 שנה
ממלכת יהודה
כ־133 שנה
ממלכות יהודה וישראל
כ־210 שנה
הממלכה המאוחדת
82 שנה
טים
38 שנה
ים
מלכים
שמואל
תרי עשר
ישעיה
ירמיה
יחזקאל
דברי הימים
תהלים
רות
שיר השירים
משלי
קהלת
איכה
דניאל
אסתר
עזרא - נחמיה
בית מקדש שני
בית מקדש ראשון

ספר אסתר

| | | | |
|---|---|---|---|
| משתה אחשוורוש | בחירת מלכה תחת ושתי | גזרת המן | הישועה |
| א | ב | ג–ה | ו–י |

א וַיְהִי בִּימֵי אֲחַשְׁוֵרוֹשׁ הוּא אֲחַשְׁוֵרוֹשׁ הַמֹּלֵךְ מֵהֹדּוּ וְעַד־כּוּשׁ א
ב שֶׁבַע וְעֶשְׂרִים וּמֵאָה מְדִינָה׃ בַּיָּמִים הָהֵם כְּשֶׁבֶת ׀ הַמֶּלֶךְ
ג אֲחַשְׁוֵרוֹשׁ עַל כִּסֵּא מַלְכוּתוֹ אֲשֶׁר בְּשׁוּשַׁן הַבִּירָה׃ בִּשְׁנַת
שָׁלוֹשׁ לְמָלְכוֹ עָשָׂה מִשְׁתֶּה לְכָל־שָׂרָיו וַעֲבָדָיו חֵיל ׀ פָּרַס
ד וּמָדַי הַפַּרְתְּמִים וְשָׂרֵי הַמְּדִינוֹת לְפָנָיו׃ בְּהַרְאֹתוֹ אֶת־עֹשֶׁר
כְּבוֹד מַלְכוּתוֹ וְאֶת־יְקָר תִּפְאֶרֶת גְּדוּלָּתוֹ יָמִים רַבִּים שְׁמוֹנִים
ה וּמְאַת יוֹם׃ וּבִמְלוֹאת ׀ הַיָּמִים הָאֵלֶּה עָשָׂה הַמֶּלֶךְ לְכָל־הָעָם
הַנִּמְצְאִים בְּשׁוּשַׁן הַבִּירָה לְמִגָּדוֹל וְעַד־קָטָן מִשְׁתֶּה שִׁבְעַת
ו יָמִים בַּחֲצַר גִּנַּת בִּיתַן הַמֶּלֶךְ׃ חוּר ׀ כַּרְפַּס וּתְכֵלֶת אָחוּז
בְּחַבְלֵי־בוּץ וְאַרְגָּמָן עַל־גְּלִילֵי כֶסֶף וְעַמּוּדֵי שֵׁשׁ מִטּוֹת ׀ זָהָב
ז וָכֶסֶף עַל רִצְפַת בַּהַט־וָשֵׁשׁ וְדַר וְסֹחָרֶת׃ וְהַשְׁקוֹת בִּכְלֵי זָהָב
ח וְכֵלִים מִכֵּלִים שׁוֹנִים וְיֵין מַלְכוּת רָב כְּיַד הַמֶּלֶךְ׃ וְהַשְּׁתִיָּה
כַדָּת אֵין אֹנֵס כִּי־כֵן ׀ יִסַּד הַמֶּלֶךְ עַל כָּל־רַב בֵּיתוֹ לַעֲשׂוֹת
ט כִּרְצוֹן אִישׁ־וָאִישׁ׃ גַּם וַשְׁתִּי הַמַּלְכָּה עָשְׂתָה
י מִשְׁתֵּה נָשִׁים בֵּית הַמַּלְכוּת אֲשֶׁר לַמֶּלֶךְ אֲחַשְׁוֵרוֹשׁ׃ בַּיּוֹם
הַשְּׁבִיעִי כְּטוֹב לֵב־הַמֶּלֶךְ בַּיָּיִן אָמַר לִמְהוּמָן בִּזְּתָא חַרְבוֹנָא
בִּגְתָא וַאֲבַגְתָא זֵתַר וְכַרְכַּס שִׁבְעַת הַסָּרִיסִים הַמְשָׁרְתִים
יא אֶת־פְּנֵי הַמֶּלֶךְ אֲחַשְׁוֵרוֹשׁ׃ לְהָבִיא אֶת־וַשְׁתִּי הַמַּלְכָּה לִפְנֵי
הַמֶּלֶךְ בְּכֶתֶר מַלְכוּת לְהַרְאוֹת הָעַמִּים וְהַשָּׂרִים אֶת־יָפְיָהּ
יב כִּי־טוֹבַת מַרְאֶה הִיא׃ וַתְּמָאֵן הַמַּלְכָּה וַשְׁתִּי לָבוֹא בִּדְבַר
הַמֶּלֶךְ אֲשֶׁר בְּיַד הַסָּרִיסִים וַיִּקְצֹף הַמֶּלֶךְ מְאֹד וַחֲמָתוֹ בָּעֲרָה
יג בוֹ׃ וַיֹּאמֶר הַמֶּלֶךְ לַחֲכָמִים יֹדְעֵי הָעִתִּים כִּי־
יד כֵן דְּבַר הַמֶּלֶךְ לִפְנֵי כָּל־יֹדְעֵי דָּת וָדִין׃ וְהַקָּרֹב אֵלָיו כַּרְשְׁנָא
שֵׁתָר אַדְמָתָא תַרְשִׁישׁ מֶרֶס מַרְסְנָא מְמוּכָן שִׁבְעַת שָׂרֵי ׀
טו פָּרַס וּמָדַי רֹאֵי פְּנֵי הַמֶּלֶךְ הַיֹּשְׁבִים רִאשֹׁנָה בַּמַּלְכוּת׃ כְּדָת
מַה־לַּעֲשׂוֹת בַּמַּלְכָּה וַשְׁתִּי עַל ׀ אֲשֶׁר לֹא־עָשְׂתָה אֶת־
טז מַאֲמַר הַמֶּלֶךְ אֲחַשְׁוֵרוֹשׁ בְּיַד הַסָּרִיסִים׃ וַיֹּאמֶר

מְמוּכָן

מומכן לִפְנֵי הַמֶּלֶךְ וְהַשָּׂרִים לֹא עַל־הַמֶּלֶךְ לְבַדּוֹ עָוְתָה
וַשְׁתִּי הַמַּלְכָּה כִּי עַל־כָּל־הַשָּׂרִים וְעַל־כָּל־הָעַמִּים אֲשֶׁר בְּכָל־
מְדִינוֹת הַמֶּלֶךְ אֲחַשְׁוֵרוֹשׁ: כִּי־יֵצֵא דְבַר־הַמַּלְכָּה עַל־כָּל־ יז
הַנָּשִׁים לְהַבְזוֹת בַּעְלֵיהֶן בְּעֵינֵיהֶן בְּאָמְרָם הַמֶּלֶךְ אֲחַשְׁוֵרוֹשׁ
אָמַר לְהָבִיא אֶת־וַשְׁתִּי הַמַּלְכָּה לְפָנָיו וְלֹא־בָאָה: וְהַיּוֹם יח
הַזֶּה תֹּאמַרְנָה ׀ שָׂרוֹת פָּרַס־וּמָדַי אֲשֶׁר שָׁמְעוּ אֶת־דְּבַר
הַמַּלְכָּה לְכֹל שָׂרֵי הַמֶּלֶךְ וּכְדַי בִּזָּיוֹן וָקָצֶף: אִם־עַל־הַמֶּלֶךְ יט
טוֹב יֵצֵא דְבַר־מַלְכוּת מִלְּפָנָיו וְיִכָּתֵב בְּדָתֵי פָרַס־וּמָדַי וְלֹא
יַעֲבוֹר אֲשֶׁר לֹא־תָבוֹא וַשְׁתִּי לִפְנֵי הַמֶּלֶךְ אֲחַשְׁוֵרוֹשׁ וּמַלְכוּתָהּ
יִתֵּן הַמֶּלֶךְ לִרְעוּתָהּ הַטּוֹבָה מִמֶּנָּה: וְנִשְׁמַע פִּתְגָם הַמֶּלֶךְ כ
אֲשֶׁר־יַעֲשֶׂה בְּכָל־מַלְכוּתוֹ כִּי רַבָּה הִיא וְכָל־הַנָּשִׁים יִתְּנוּ
יְקָר לְבַעְלֵיהֶן לְמִגָּדוֹל וְעַד־קָטָן: וַיִּיטַב הַדָּבָר בְּעֵינֵי הַמֶּלֶךְ כא
וְהַשָּׂרִים וַיַּעַשׂ הַמֶּלֶךְ כִּדְבַר מְמוּכָן: וַיִּשְׁלַח סְפָרִים אֶל־ כב
כָּל־מְדִינוֹת הַמֶּלֶךְ אֶל־מְדִינָה וּמְדִינָה כִּכְתָבָהּ וְאֶל־עַם
וָעָם כִּלְשׁוֹנוֹ לִהְיוֹת כָּל־אִישׁ שֹׂרֵר בְּבֵיתוֹ וּמְדַבֵּר כִּלְשׁוֹן
עַמּוֹ: אַחַר הַדְּבָרִים הָאֵלֶּה כְּשֹׁךְ חֲמַת הַמֶּלֶךְ א ב
אֲחַשְׁוֵרוֹשׁ זָכַר אֶת־וַשְׁתִּי וְאֵת אֲשֶׁר־עָשָׂתָה וְאֵת אֲשֶׁר־נִגְזַר
עָלֶיהָ: וַיֹּאמְרוּ נַעֲרֵי־הַמֶּלֶךְ מְשָׁרְתָיו יְבַקְשׁוּ לַמֶּלֶךְ נְעָרוֹת ב
בְּתוּלוֹת טוֹבוֹת מַרְאֶה: וְיַפְקֵד הַמֶּלֶךְ פְּקִידִים בְּכָל־מְדִינוֹת ג
מַלְכוּתוֹ וְיִקְבְּצוּ אֶת־כָּל־נַעֲרָה־בְתוּלָה טוֹבַת מַרְאֶה אֶל־
שׁוּשַׁן הַבִּירָה אֶל־בֵּית הַנָּשִׁים אֶל־יַד הֵגֶא סְרִיס הַמֶּלֶךְ
שֹׁמֵר הַנָּשִׁים וְנָתוֹן תַּמְרוּקֵיהֶן: וְהַנַּעֲרָה אֲשֶׁר תִּיטַב בְּעֵינֵי ד
הַמֶּלֶךְ תִּמְלֹךְ תַּחַת וַשְׁתִּי וַיִּיטַב הַדָּבָר בְּעֵינֵי הַמֶּלֶךְ וַיַּעַשׂ
ב כֵּן: אִישׁ יְהוּדִי הָיָה בְּשׁוּשַׁן הַבִּירָה וּשְׁמוֹ ה
מָרְדֳּכַי בֶּן יָאִיר בֶּן־שִׁמְעִי בֶּן־קִישׁ אִישׁ יְמִינִי: אֲשֶׁר הָגְלָה ו
מִירוּשָׁלַיִם עִם־הַגֹּלָה אֲשֶׁר הָגְלְתָה עִם יְכָנְיָה מֶלֶךְ־יְהוּדָה
אֲשֶׁר הֶגְלָה נְבוּכַדְנֶצַּר מֶלֶךְ בָּבֶל: וַיְהִי אֹמֵן אֶת־הֲדַסָּה ז

גלות יהויכין
מל״ב כד, י־טז
ירמיה נב, כח
דה״ב לו, י

הִיא אֶסְתֵּר בַּת־דֹּדוֹ כִּי אֵין לָהּ אָב וָאֵם וְהַנַּעֲרָה יְפַת־
תֹּאַר וְטוֹבַת מַרְאֶה וּבְמוֹת אָבִיהָ וְאִמָּהּ לְקָחָהּ מָרְדֳּכַי לוֹ
ח לְבַת׃ וַיְהִי בְּהִשָּׁמַע דְּבַר־הַמֶּלֶךְ וְדָתוֹ וּבְהִקָּבֵץ נְעָרוֹת רַבּוֹת
אֶל־שׁוּשַׁן הַבִּירָה אֶל־יַד הֵגָי וַתִּלָּקַח אֶסְתֵּר אֶל־בֵּית הַמֶּלֶךְ
ט אֶל־יַד הֵגַי שֹׁמֵר הַנָּשִׁים׃ וַתִּיטַב הַנַּעֲרָה בְעֵינָיו וַתִּשָּׂא חֶסֶד
לְפָנָיו וַיְבַהֵל אֶת־תַּמְרוּקֶיהָ וְאֶת־מָנוֹתֶהָ לָתֶת לָהּ וְאֵת
שֶׁבַע הַנְּעָרוֹת הָרְאֻיוֹת לָתֶת־לָהּ מִבֵּית הַמֶּלֶךְ וַיְשַׁנֶּהָ וְאֶת־
י נַעֲרוֹתֶיהָ לְטוֹב בֵּית הַנָּשִׁים׃ לֹא־הִגִּידָה אֶסְתֵּר אֶת־עַמָּהּ
יא וְאֶת־מוֹלַדְתָּהּ כִּי מָרְדֳּכַי צִוָּה עָלֶיהָ אֲשֶׁר לֹא־תַגִּיד׃ וּבְכָל־
יוֹם וָיוֹם מָרְדֳּכַי מִתְהַלֵּךְ לִפְנֵי חֲצַר בֵּית־הַנָּשִׁים לָדַעַת אֶת־
יב שְׁלוֹם אֶסְתֵּר וּמַה־יֵּעָשֶׂה בָּהּ׃ וּבְהַגִּיעַ תֹּר נַעֲרָה וְנַעֲרָה
לָבוֹא ׀ אֶל־הַמֶּלֶךְ אֲחַשְׁוֵרוֹשׁ מִקֵּץ הֱיוֹת לָהּ כְּדָת הַנָּשִׁים
שְׁנֵים עָשָׂר חֹדֶשׁ כִּי כֵּן יִמְלְאוּ יְמֵי מְרוּקֵיהֶן שִׁשָּׁה חֳדָשִׁים
בְּשֶׁמֶן הַמֹּר וְשִׁשָּׁה חֳדָשִׁים בַּבְּשָׂמִים וּבְתַמְרוּקֵי הַנָּשִׁים׃
יג וּבָזֶה הַנַּעֲרָה בָּאָה אֶל־הַמֶּלֶךְ אֵת כָּל־אֲשֶׁר תֹּאמַר יִנָּתֵן לָהּ
יד לָבוֹא עִמָּהּ מִבֵּית הַנָּשִׁים עַד־בֵּית הַמֶּלֶךְ׃ בָּעֶרֶב ׀ הִיא בָאָה
וּבַבֹּקֶר הִיא שָׁבָה אֶל־בֵּית הַנָּשִׁים שֵׁנִי אֶל־יַד שַׁעֲשְׁגַז סְרִיס
הַמֶּלֶךְ שֹׁמֵר הַפִּילַגְשִׁים לֹא־תָבוֹא עוֹד אֶל־הַמֶּלֶךְ כִּי אִם־
טו חָפֵץ בָּהּ הַמֶּלֶךְ וְנִקְרְאָה בְשֵׁם׃ וּבְהַגִּיעַ תֹּר־אֶסְתֵּר בַּת־
אֲבִיחַיִל ׀ דֹּד מָרְדֳּכַי אֲשֶׁר לָקַח־לוֹ לְבַת לָבוֹא אֶל־הַמֶּלֶךְ
לֹא בִקְשָׁה דָּבָר כִּי אִם אֶת־אֲשֶׁר יֹאמַר הֵגַי סְרִיס־הַמֶּלֶךְ
טז שֹׁמֵר הַנָּשִׁים וַתְּהִי אֶסְתֵּר נֹשֵׂאת חֵן בְּעֵינֵי כָּל־רֹאֶיהָ׃ וַתִּלָּקַח
אֶסְתֵּר אֶל־הַמֶּלֶךְ אֲחַשְׁוֵרוֹשׁ אֶל־בֵּית מַלְכוּתוֹ בַּחֹדֶשׁ
יז הָעֲשִׂירִי הוּא־חֹדֶשׁ טֵבֵת בִּשְׁנַת־שֶׁבַע לְמַלְכוּתוֹ׃ וַיֶּאֱהַב
הַמֶּלֶךְ אֶת־אֶסְתֵּר מִכָּל־הַנָּשִׁים וַתִּשָּׂא־חֵן וָחֶסֶד לְפָנָיו מִכָּל־
הַבְּתוּלוֹת וַיָּשֶׂם כֶּתֶר־מַלְכוּת בְּרֹאשָׁהּ וַיַּמְלִיכֶהָ תַּחַת וַשְׁתִּי׃
יח וַיַּעַשׂ הַמֶּלֶךְ מִשְׁתֶּה גָדוֹל לְכָל־שָׂרָיו וַעֲבָדָיו אֵת מִשְׁתֵּה

אֶסְתֵּר וַהֲנָחָה לַמְּדִינוֹת עָשָׂה וַיִּתֵּן מַשְׂאֵת כְּיַד הַמֶּלֶךְ׃
יט וּבְהִקָּבֵץ בְּתוּלוֹת שֵׁנִית וּמָרְדֳּכַי יֹשֵׁב בְּשַׁעַר־הַמֶּלֶךְ׃ כ אֵין
אֶסְתֵּר מַגֶּדֶת מוֹלַדְתָּהּ וְאֶת־עַמָּהּ כַּאֲשֶׁר צִוָּה עָלֶיהָ מָרְדֳּכָי
וְאֶת־מַאֲמַר מָרְדֳּכַי אֶסְתֵּר עֹשָׂה כַּאֲשֶׁר הָיְתָה בְאָמְנָה
כא אִתּוֹ׃ בַּיָּמִים הָהֵם וּמָרְדֳּכַי יֹשֵׁב בְּשַׁעַר־הַמֶּלֶךְ
קָצַף בִּגְתָן וָתֶרֶשׁ שְׁנֵי־סָרִיסֵי הַמֶּלֶךְ מִשֹּׁמְרֵי הַסַּף וַיְבַקְשׁוּ
כב לִשְׁלֹחַ יָד בַּמֶּלֶךְ אֲחַשְׁוֵרֹשׁ׃ וַיִּוָּדַע הַדָּבָר לְמָרְדֳּכַי וַיַּגֵּד
כג לְאֶסְתֵּר הַמַּלְכָּה וַתֹּאמֶר אֶסְתֵּר לַמֶּלֶךְ בְּשֵׁם מָרְדֳּכָי׃ וַיְבֻקַּשׁ
הַדָּבָר וַיִּמָּצֵא וַיִּתָּלוּ שְׁנֵיהֶם עַל־עֵץ וַיִּכָּתֵב בְּסֵפֶר דִּבְרֵי הַיָּמִים
ג א לִפְנֵי הַמֶּלֶךְ׃ אַחַר ׀ הַדְּבָרִים הָאֵלֶּה גִּדַּל הַמֶּלֶךְ
אֲחַשְׁוֵרוֹשׁ אֶת־הָמָן בֶּן־הַמְּדָתָא הָאֲגָגִי וַיְנַשְּׂאֵהוּ וַיָּשֶׂם אֶת־
ב כִּסְאוֹ מֵעַל כָּל־הַשָּׂרִים אֲשֶׁר אִתּוֹ׃ וְכָל־עַבְדֵי הַמֶּלֶךְ אֲשֶׁר־
בְּשַׁעַר הַמֶּלֶךְ כֹּרְעִים וּמִשְׁתַּחֲוִים לְהָמָן כִּי־כֵן צִוָּה־לוֹ הַמֶּלֶךְ
ג וּמָרְדֳּכַי לֹא יִכְרַע וְלֹא יִשְׁתַּחֲוֶה׃ וַיֹּאמְרוּ עַבְדֵי הַמֶּלֶךְ אֲשֶׁר־
ד בְּשַׁעַר הַמֶּלֶךְ לְמָרְדֳּכָי מַדּוּעַ אַתָּה עוֹבֵר אֵת מִצְוַת הַמֶּלֶךְ׃ וַיְהִי
באמרם אֵלָיו יוֹם וָיוֹם וְלֹא שָׁמַע אֲלֵיהֶם וַיַּגִּידוּ לְהָמָן לִרְאוֹת (כְּאָמְרָם)
ה הֲיַעַמְדוּ דִּבְרֵי מָרְדֳּכַי כִּי־הִגִּיד לָהֶם אֲשֶׁר־הוּא יְהוּדִי׃ וַיַּרְא הָמָן
ו כִּי־אֵין מָרְדֳּכַי כֹּרֵעַ וּמִשְׁתַּחֲוֶה לוֹ וַיִּמָּלֵא הָמָן חֵמָה׃ וַיִּבֶז בְּעֵינָיו
לִשְׁלֹחַ יָד בְּמָרְדֳּכַי לְבַדּוֹ כִּי־הִגִּידוּ לוֹ אֶת־עַם מָרְדֳּכָי וַיְבַקֵּשׁ
הָמָן לְהַשְׁמִיד אֶת־כָּל־הַיְּהוּדִים אֲשֶׁר בְּכָל־מַלְכוּת אֲחַשְׁוֵרוֹשׁ
ז עַם מָרְדֳּכָי׃ בַּחֹדֶשׁ הָרִאשׁוֹן הוּא־חֹדֶשׁ נִיסָן בִּשְׁנַת שְׁתֵּים
עֶשְׂרֵה לַמֶּלֶךְ אֲחַשְׁוֵרוֹשׁ הִפִּיל פּוּר הוּא הַגּוֹרָל לִפְנֵי
הָמָן מִיּוֹם ׀ לְיוֹם וּמֵחֹדֶשׁ לְחֹדֶשׁ שְׁנֵים־עָשָׂר הוּא־חֹדֶשׁ
ג ח אֲדָר׃ וַיֹּאמֶר הָמָן לַמֶּלֶךְ אֲחַשְׁוֵרוֹשׁ יֶשְׁנוֹ עַם־
אֶחָד מְפֻזָּר וּמְפֹרָד בֵּין הָעַמִּים בְּכֹל מְדִינוֹת מַלְכוּתֶךָ וְדָתֵיהֶם
שֹׁנוֹת מִכָּל־עָם וְאֶת־דָּתֵי הַמֶּלֶךְ אֵינָם עֹשִׂים וְלַמֶּלֶךְ אֵין־שֹׁוֶה
ט לְהַנִּיחָם׃ אִם־עַל־הַמֶּלֶךְ טוֹב יִכָּתֵב לְאַבְּדָם וַעֲשֶׂרֶת אֲלָפִים

כִּכַּר־כֶּסֶף אֶשְׁקוֹל עַל־יְדֵי עֹשֵׂי הַמְּלָאכָה לְהָבִיא אֶל־גִּנְזֵי
י הַמֶּלֶךְ: וַיָּסַר הַמֶּלֶךְ אֶת־טַבַּעְתּוֹ מֵעַל יָדוֹ וַיִּתְּנָהּ לְהָמָן בֶּן־
יא הַמְּדָתָא הָאֲגָגִי צֹרֵר הַיְּהוּדִים: וַיֹּאמֶר הַמֶּלֶךְ לְהָמָן הַכֶּסֶף
יב נָתוּן לָךְ וְהָעָם לַעֲשׂוֹת בּוֹ כַּטּוֹב בְּעֵינֶיךָ: וַיִּקָּרְאוּ סֹפְרֵי הַמֶּלֶךְ
בַּחֹדֶשׁ הָרִאשׁוֹן בִּשְׁלוֹשָׁה עָשָׂר יוֹם בּוֹ וַיִּכָּתֵב כְּכָל־אֲשֶׁר־צִוָּה
הָמָן אֶל אֲחַשְׁדַּרְפְּנֵי־הַמֶּלֶךְ וְאֶל־הַפַּחוֹת אֲשֶׁר ׀ עַל־מְדִינָה
וּמְדִינָה וְאֶל־שָׂרֵי עַם וָעָם מְדִינָה וּמְדִינָה כִּכְתָבָהּ וְעַם וָעָם
כִּלְשׁוֹנוֹ בְּשֵׁם הַמֶּלֶךְ אֲחַשְׁוֵרֹשׁ נִכְתָּב וְנֶחְתָּם בְּטַבַּעַת הַמֶּלֶךְ:
יג וְנִשְׁלוֹחַ סְפָרִים בְּיַד הָרָצִים אֶל־כָּל־מְדִינוֹת הַמֶּלֶךְ לְהַשְׁמִיד
לַהֲרֹג וּלְאַבֵּד אֶת־כָּל־הַיְּהוּדִים מִנַּעַר וְעַד־זָקֵן טַף וְנָשִׁים
בְּיוֹם אֶחָד בִּשְׁלוֹשָׁה עָשָׂר לְחֹדֶשׁ שְׁנֵים־עָשָׂר הוּא־חֹדֶשׁ אֲדָר
יד וּשְׁלָלָם לָבוֹז: פַּתְשֶׁגֶן הַכְּתָב לְהִנָּתֵן דָּת בְּכָל־מְדִינָה וּמְדִינָה
טו גָּלוּי לְכָל־הָעַמִּים לִהְיוֹת עֲתִדִים לַיּוֹם הַזֶּה: הָרָצִים יָצְאוּ
דְחוּפִים בִּדְבַר הַמֶּלֶךְ וְהַדָּת נִתְּנָה בְּשׁוּשַׁן הַבִּירָה וְהַמֶּלֶךְ
ד א וְהָמָן יָשְׁבוּ לִשְׁתּוֹת וְהָעִיר שׁוּשָׁן נָבוֹכָה: וּמָרְדֳּכַי
יָדַע אֶת־כָּל־אֲשֶׁר נַעֲשָׂה וַיִּקְרַע מָרְדֳּכַי אֶת־בְּגָדָיו וַיִּלְבַּשׁ
ב שַׂק וָאֵפֶר וַיֵּצֵא בְּתוֹךְ הָעִיר וַיִּזְעַק זְעָקָה גְדוֹלָה וּמָרָה: וַיָּבוֹא
עַד לִפְנֵי שַׁעַר־הַמֶּלֶךְ כִּי אֵין לָבוֹא אֶל־שַׁעַר הַמֶּלֶךְ בִּלְבוּשׁ
ג שָׂק: וּבְכָל־מְדִינָה וּמְדִינָה מְקוֹם אֲשֶׁר דְּבַר־הַמֶּלֶךְ וְדָתוֹ
מַגִּיעַ אֵבֶל גָּדוֹל לַיְּהוּדִים וְצוֹם וּבְכִי וּמִסְפֵּד שַׂק וָאֵפֶר יֻצַּע
ד לָרַבִּים: וַתָּבוֹאינָה נַעֲרוֹת אֶסְתֵּר וְסָרִיסֶיהָ וַיַּגִּידוּ לָהּ וַתָּבוֹאנָה
וַתִּתְחַלְחַל הַמַּלְכָּה מְאֹד וַתִּשְׁלַח בְּגָדִים לְהַלְבִּישׁ אֶת־
ה מָרְדֳּכַי וּלְהָסִיר שַׂקּוֹ מֵעָלָיו וְלֹא קִבֵּל: וַתִּקְרָא אֶסְתֵּר לַהֲתָךְ
מִסָּרִיסֵי הַמֶּלֶךְ אֲשֶׁר הֶעֱמִיד לְפָנֶיהָ וַתְּצַוֵּהוּ עַל־מָרְדֳּכָי לָדַעַת
ו מַה־זֶּה וְעַל־מַה־זֶּה: וַיֵּצֵא הֲתָךְ אֶל־מָרְדֳּכָי אֶל־רְחוֹב הָעִיר
ז אֲשֶׁר לִפְנֵי שַׁעַר־הַמֶּלֶךְ: וַיַּגֶּד־לוֹ מָרְדֳּכַי אֵת כָּל־אֲשֶׁר קָרָהוּ
וְאֵת ׀ פָּרָשַׁת הַכֶּסֶף אֲשֶׁר אָמַר הָמָן לִשְׁקוֹל עַל־גִּנְזֵי הַמֶּלֶךְ

בַּיְּהוּדִים לְאַבְּדָם: וְאֶת־פַּתְשֶׁגֶן כְּתָב־הַדָּת אֲשֶׁר־נִתַּן בְּשׁוּשָׁן ח
לְהַשְׁמִידָם נָתַן לוֹ לְהַרְאוֹת אֶת־אֶסְתֵּר וּלְהַגִּיד לָהּ וּלְצַוּוֹת
עָלֶיהָ לָבוֹא אֶל־הַמֶּלֶךְ לְהִתְחַנֶּן־לוֹ וּלְבַקֵּשׁ מִלְּפָנָיו עַל־
עַמָּהּ: וַיָּבוֹא הֲתָךְ וַיַּגֵּד לְאֶסְתֵּר אֵת דִּבְרֵי מָרְדֳּכָי: וַתֹּאמֶר ט י
אֶסְתֵּר לַהֲתָךְ וַתְּצַוֵּהוּ אֶל־מָרְדֳּכָי: כָּל־עַבְדֵי הַמֶּלֶךְ וְעַם יא
מְדִינוֹת הַמֶּלֶךְ יֹדְעִים אֲשֶׁר כָּל־אִישׁ וְאִשָּׁה אֲשֶׁר־יָבוֹא
אֶל־הַמֶּלֶךְ אֶל־הֶחָצֵר הַפְּנִימִית אֲשֶׁר לֹא־יִקָּרֵא אַחַת דָּתוֹ
לְהָמִית לְבַד מֵאֲשֶׁר יוֹשִׁיט־לוֹ הַמֶּלֶךְ אֶת־שַׁרְבִיט הַזָּהָב
וְחָיָה וַאֲנִי לֹא נִקְרֵאתִי לָבוֹא אֶל־הַמֶּלֶךְ זֶה שְׁלוֹשִׁים יוֹם:
וַיַּגִּידוּ לְמָרְדֳּכָי אֵת דִּבְרֵי אֶסְתֵּר: וַיֹּאמֶר מָרְדֳּכַי לְהָשִׁיב יב יג
אֶל־אֶסְתֵּר אַל־תְּדַמִּי בְנַפְשֵׁךְ לְהִמָּלֵט בֵּית־הַמֶּלֶךְ מִכָּל־
הַיְּהוּדִים: כִּי אִם־הַחֲרֵשׁ תַּחֲרִישִׁי בָּעֵת הַזֹּאת רֶוַח וְהַצָּלָה יד
יַעֲמוֹד לַיְּהוּדִים מִמָּקוֹם אַחֵר וְאַתְּ וּבֵית־אָבִיךְ תֹּאבֵדוּ וּמִי
יוֹדֵעַ אִם־לְעֵת כָּזֹאת הִגַּעַתְּ לַמַּלְכוּת: וַתֹּאמֶר אֶסְתֵּר טו
לְהָשִׁיב אֶל־מָרְדֳּכָי: לֵךְ כְּנוֹס אֶת־כָּל־הַיְּהוּדִים הַנִּמְצְאִים טז
בְּשׁוּשָׁן וְצוּמוּ עָלַי וְאַל־תֹּאכְלוּ וְאַל־תִּשְׁתּוּ שְׁלֹשֶׁת יָמִים
לַיְלָה וָיוֹם גַּם־אֲנִי וְנַעֲרֹתַי אָצוּם כֵּן וּבְכֵן אָבוֹא אֶל־הַמֶּלֶךְ
אֲשֶׁר לֹא־כַדָּת וְכַאֲשֶׁר אָבַדְתִּי אָבָדְתִּי: וַיַּעֲבֹר מָרְדֳּכָי וַיַּעַשׂ יז
כְּכֹל אֲשֶׁר־צִוְּתָה עָלָיו אֶסְתֵּר: וַיְהִי ׀ בַּיּוֹם הַשְּׁלִישִׁי וַתִּלְבַּשׁ ה א
אֶסְתֵּר מַלְכוּת וַתַּעֲמֹד בַּחֲצַר בֵּית־הַמֶּלֶךְ הַפְּנִימִית נֹכַח
בֵּית הַמֶּלֶךְ וְהַמֶּלֶךְ יוֹשֵׁב עַל־כִּסֵּא מַלְכוּתוֹ בְּבֵית הַמַּלְכוּת
נֹכַח פֶּתַח הַבָּיִת: וַיְהִי כִרְאוֹת הַמֶּלֶךְ אֶת־אֶסְתֵּר הַמַּלְכָּה ב
עֹמֶדֶת בֶּחָצֵר נָשְׂאָה חֵן בְּעֵינָיו וַיּוֹשֶׁט הַמֶּלֶךְ לְאֶסְתֵּר אֶת־
שַׁרְבִיט הַזָּהָב אֲשֶׁר בְּיָדוֹ וַתִּקְרַב אֶסְתֵּר וַתִּגַּע בְּרֹאשׁ
הַשַּׁרְבִיט: וַיֹּאמֶר לָהּ הַמֶּלֶךְ מַה־לָּךְ אֶסְתֵּר הַמַּלְכָּה וּמַה־ ג
בַּקָּשָׁתֵךְ עַד־חֲצִי הַמַּלְכוּת וְיִנָּתֵן לָךְ: וַתֹּאמֶר אֶסְתֵּר אִם־ ד
עַל־הַמֶּלֶךְ טוֹב יָבוֹא הַמֶּלֶךְ וְהָמָן הַיּוֹם אֶל־הַמִּשְׁתֶּה אֲשֶׁר־

ה עָשִׂיתִי לוֹ: וַיֹּאמֶר הַמֶּלֶךְ מַהֲרוּ אֶת־הָמָן לַעֲשׂוֹת אֶת־דְּבַר
אֶסְתֵּר וַיָּבֹא הַמֶּלֶךְ וְהָמָן אֶל־הַמִּשְׁתֶּה אֲשֶׁר־עָשְׂתָה אֶסְתֵּר:
ו וַיֹּאמֶר הַמֶּלֶךְ לְאֶסְתֵּר בְּמִשְׁתֵּה הַיַּיִן מַה־שְּׁאֵלָתֵךְ וְיִנָּתֵן לָךְ
ז וּמַה־בַּקָּשָׁתֵךְ עַד־חֲצִי הַמַּלְכוּת וְתֵעָשׂ: וַתַּעַן אֶסְתֵּר וַתֹּאמַר
ח שְׁאֵלָתִי וּבַקָּשָׁתִי: אִם־מָצָאתִי חֵן בְּעֵינֵי הַמֶּלֶךְ וְאִם־עַל־
הַמֶּלֶךְ טוֹב לָתֵת אֶת־שְׁאֵלָתִי וְלַעֲשׂוֹת אֶת־בַּקָּשָׁתִי יָבוֹא
הַמֶּלֶךְ וְהָמָן אֶל־הַמִּשְׁתֶּה אֲשֶׁר אֶעֱשֶׂה לָהֶם וּמָחָר אֶעֱשֶׂה
ט כִּדְבַר הַמֶּלֶךְ: וַיֵּצֵא הָמָן בַּיּוֹם הַהוּא שָׂמֵחַ וְטוֹב לֵב וְכִרְאוֹת
הָמָן אֶת־מָרְדֳּכַי בְּשַׁעַר הַמֶּלֶךְ וְלֹא־קָם וְלֹא־זָע מִמֶּנּוּ וַיִּמָּלֵא
י הָמָן עַל־מָרְדֳּכַי חֵמָה: וַיִּתְאַפַּק הָמָן וַיָּבוֹא אֶל־בֵּיתוֹ וַיִּשְׁלַח
יא וַיָּבֵא אֶת־אֹהֲבָיו וְאֶת־זֶרֶשׁ אִשְׁתּוֹ: וַיְסַפֵּר לָהֶם הָמָן אֶת־
כְּבוֹד עָשְׁרוֹ וְרֹב בָּנָיו וְאֵת כָּל־אֲשֶׁר גִּדְּלוֹ הַמֶּלֶךְ וְאֵת אֲשֶׁר
יב נִשְּׂאוֹ עַל־הַשָּׂרִים וְעַבְדֵי הַמֶּלֶךְ: וַיֹּאמֶר הָמָן אַף לֹא־הֵבִיאָה
אֶסְתֵּר הַמַּלְכָּה עִם־הַמֶּלֶךְ אֶל־הַמִּשְׁתֶּה אֲשֶׁר־עָשָׂתָה כִּי
יג אִם־אוֹתִי וְגַם־לְמָחָר אֲנִי קָרוּא־לָהּ עִם־הַמֶּלֶךְ: וְכָל־זֶה אֵינֶנּוּ
שֹׁוֶה לִי בְּכָל־עֵת אֲשֶׁר אֲנִי רֹאֶה אֶת־מָרְדֳּכַי הַיְּהוּדִי יוֹשֵׁב
יד בְּשַׁעַר הַמֶּלֶךְ: וַתֹּאמֶר לוֹ זֶרֶשׁ אִשְׁתּוֹ וְכָל־אֹהֲבָיו יַעֲשׂוּ־עֵץ
גָּבֹהַּ חֲמִשִּׁים אַמָּה וּבַבֹּקֶר ׀ אֱמֹר לַמֶּלֶךְ וְיִתְלוּ אֶת־מָרְדֳּכַי
עָלָיו וּבֹא עִם־הַמֶּלֶךְ אֶל־הַמִּשְׁתֶּה שָׂמֵחַ וַיִּיטַב הַדָּבָר לִפְנֵי
ו א הָמָן וַיַּעַשׂ הָעֵץ: בַּלַּיְלָה הַהוּא נָדְדָה שְׁנַת
הַמֶּלֶךְ וַיֹּאמֶר לְהָבִיא אֶת־סֵפֶר הַזִּכְרֹנוֹת דִּבְרֵי הַיָּמִים וַיִּהְיוּ
ב נִקְרָאִים לִפְנֵי הַמֶּלֶךְ: וַיִּמָּצֵא כָתוּב אֲשֶׁר הִגִּיד מָרְדֳּכַי עַל־
בִּגְתָנָא וָתֶרֶשׁ שְׁנֵי סָרִיסֵי הַמֶּלֶךְ מִשֹּׁמְרֵי הַסַּף אֲשֶׁר בִּקְשׁוּ
ג לִשְׁלֹחַ יָד בַּמֶּלֶךְ אֲחַשְׁוֵרוֹשׁ: וַיֹּאמֶר הַמֶּלֶךְ מַה־נַּעֲשָׂה יְקָר
וּגְדוּלָּה לְמָרְדֳּכַי עַל־זֶה וַיֹּאמְרוּ נַעֲרֵי הַמֶּלֶךְ מְשָׁרְתָיו לֹא־
ד נַעֲשָׂה עִמּוֹ דָּבָר: וַיֹּאמֶר הַמֶּלֶךְ מִי בֶחָצֵר וְהָמָן בָּא לַחֲצַר
בֵּית־הַמֶּלֶךְ הַחִיצוֹנָה לֵאמֹר לַמֶּלֶךְ לִתְלוֹת אֶת־מָרְדֳּכַי עַל־

סיפור בגתן ותרש
אסתר ב, כא–כג

הָעֵץ אֲשֶׁר־הֵכִין לוֹ: וַיֹּאמְרוּ נַעֲרֵי הַמֶּלֶךְ אֵלָיו הִנֵּה הָמָן ה
עֹמֵד בֶּחָצֵר וַיֹּאמֶר הַמֶּלֶךְ יָבוֹא: וַיָּבוֹא הָמָן וַיֹּאמֶר לוֹ ו
הַמֶּלֶךְ מַה־לַּעֲשׂוֹת בָּאִישׁ אֲשֶׁר הַמֶּלֶךְ חָפֵץ בִּיקָרוֹ וַיֹּאמֶר
הָמָן בְּלִבּוֹ לְמִי יַחְפֹּץ הַמֶּלֶךְ לַעֲשׂוֹת יְקָר יוֹתֵר מִמֶּנִּי: וַיֹּאמֶר ז
הָמָן אֶל־הַמֶּלֶךְ אִישׁ אֲשֶׁר הַמֶּלֶךְ חָפֵץ בִּיקָרוֹ: יָבִיאוּ לְבוּשׁ ח
מַלְכוּת אֲשֶׁר לָבַשׁ־בּוֹ הַמֶּלֶךְ וְסוּס אֲשֶׁר רָכַב עָלָיו הַמֶּלֶךְ
וַאֲשֶׁר נִתַּן כֶּתֶר מַלְכוּת בְּרֹאשׁוֹ: וְנָתוֹן הַלְּבוּשׁ וְהַסּוּס עַל־ ט
יַד־אִישׁ מִשָּׂרֵי הַמֶּלֶךְ הַפַּרְתְּמִים וְהִלְבִּשׁוּ אֶת־הָאִישׁ אֲשֶׁר
הַמֶּלֶךְ חָפֵץ בִּיקָרוֹ וְהִרְכִּיבֻהוּ עַל־הַסּוּס בִּרְחוֹב הָעִיר וְקָרְאוּ
לְפָנָיו כָּכָה יֵעָשֶׂה לָאִישׁ אֲשֶׁר הַמֶּלֶךְ חָפֵץ בִּיקָרוֹ: וַיֹּאמֶר י
הַמֶּלֶךְ לְהָמָן מַהֵר קַח אֶת־הַלְּבוּשׁ וְאֶת־הַסּוּס כַּאֲשֶׁר דִּבַּרְתָּ
וַעֲשֵׂה־כֵן לְמָרְדֳּכַי הַיְּהוּדִי הַיּוֹשֵׁב בְּשַׁעַר הַמֶּלֶךְ אַל־תַּפֵּל
ד דָּבָר מִכֹּל אֲשֶׁר דִּבַּרְתָּ: וַיִּקַּח הָמָן אֶת־הַלְּבוּשׁ וְאֶת־הַסּוּס יא
וַיַּלְבֵּשׁ אֶת־מָרְדֳּכָי וַיַּרְכִּיבֵהוּ בִּרְחוֹב הָעִיר וַיִּקְרָא לְפָנָיו כָּכָה
יֵעָשֶׂה לָאִישׁ אֲשֶׁר הַמֶּלֶךְ חָפֵץ בִּיקָרוֹ: וַיָּשָׁב מָרְדֳּכַי אֶל־ יב
שַׁעַר הַמֶּלֶךְ וְהָמָן נִדְחַף אֶל־בֵּיתוֹ אָבֵל וַחֲפוּי רֹאשׁ: וַיְסַפֵּר יג
הָמָן לְזֶרֶשׁ אִשְׁתּוֹ וּלְכָל־אֹהֲבָיו אֵת כָּל־אֲשֶׁר קָרָהוּ וַיֹּאמְרוּ
לוֹ חֲכָמָיו וְזֶרֶשׁ אִשְׁתּוֹ אִם מִזֶּרַע הַיְּהוּדִים מָרְדֳּכַי אֲשֶׁר
הַחִלּוֹתָ לִנְפֹּל לְפָנָיו לֹא־תוּכַל לוֹ כִּי־נָפוֹל תִּפּוֹל לְפָנָיו: עוֹדָם יד
מְדַבְּרִים עִמּוֹ וְסָרִיסֵי הַמֶּלֶךְ הִגִּיעוּ וַיַּבְהִלוּ לְהָבִיא אֶת־הָמָן
אֶל־הַמִּשְׁתֶּה אֲשֶׁר־עָשְׂתָה אֶסְתֵּר: וַיָּבֹא הַמֶּלֶךְ וְהָמָן לִשְׁתּוֹת ז א
עִם־אֶסְתֵּר הַמַּלְכָּה: וַיֹּאמֶר הַמֶּלֶךְ לְאֶסְתֵּר גַּם בַּיּוֹם הַשֵּׁנִי ב
בְּמִשְׁתֵּה הַיַּיִן מַה־שְּׁאֵלָתֵךְ אֶסְתֵּר הַמַּלְכָּה וְתִנָּתֵן לָךְ וּמַה־
בַּקָּשָׁתֵךְ עַד־חֲצִי הַמַּלְכוּת וְתֵעָשׂ: וַתַּעַן אֶסְתֵּר הַמַּלְכָּה ג
וַתֹּאמַר אִם־מָצָאתִי חֵן בְּעֵינֶיךָ הַמֶּלֶךְ וְאִם־עַל־הַמֶּלֶךְ טוֹב
תִּנָּתֶן־לִי נַפְשִׁי בִּשְׁאֵלָתִי וְעַמִּי בְּבַקָּשָׁתִי: כִּי נִמְכַּרְנוּ אֲנִי ד
וְעַמִּי לְהַשְׁמִיד לַהֲרוֹג וּלְאַבֵּד וְאִלּוּ לַעֲבָדִים וְלִשְׁפָחוֹת נִמְכַּרְנוּ

ז
ה הֶחֱרַשְׁתִּי כִּי אֵין הַצָּר שֹׁוֶה בְּנֵזֶק הַמֶּלֶךְ׃ וַיֹּאמֶר
הַמֶּלֶךְ אֲחַשְׁוֵרוֹשׁ וַיֹּאמֶר לְאֶסְתֵּר הַמַּלְכָּה מִי הוּא זֶה וְאֵי־זֶה
ו הוּא אֲשֶׁר־מְלָאוֹ לִבּוֹ לַעֲשׂוֹת כֵּן׃ וַתֹּאמֶר אֶסְתֵּר אִישׁ צַר וְאוֹיֵב
ז הָמָן הָרָע הַזֶּה וְהָמָן נִבְעַת מִלִּפְנֵי הַמֶּלֶךְ וְהַמַּלְכָּה׃ וְהַמֶּלֶךְ
קָם בַּחֲמָתוֹ מִמִּשְׁתֵּה הַיַּיִן אֶל־גִּנַּת הַבִּיתָן וְהָמָן עָמַד לְבַקֵּשׁ
עַל־נַפְשׁוֹ מֵאֶסְתֵּר הַמַּלְכָּה כִּי רָאָה כִּי־כָלְתָה אֵלָיו הָרָעָה
ח מֵאֵת הַמֶּלֶךְ׃ וְהַמֶּלֶךְ שָׁב מִגִּנַּת הַבִּיתָן אֶל־בֵּית ׀ מִשְׁתֵּה
הַיַּיִן וְהָמָן נֹפֵל עַל־הַמִּטָּה אֲשֶׁר אֶסְתֵּר עָלֶיהָ וַיֹּאמֶר הַמֶּלֶךְ
הֲגַם לִכְבּוֹשׁ אֶת־הַמַּלְכָּה עִמִּי בַּבָּיִת הַדָּבָר יָצָא מִפִּי הַמֶּלֶךְ
ט וּפְנֵי הָמָן חָפוּ׃ וַיֹּאמֶר חַרְבוֹנָה אֶחָד מִן־הַסָּרִיסִים לִפְנֵי
הַמֶּלֶךְ גַּם הִנֵּה־הָעֵץ אֲשֶׁר־עָשָׂה הָמָן לְמָרְדֳּכַי אֲשֶׁר דִּבֶּר־טוֹב
עַל־הַמֶּלֶךְ עֹמֵד בְּבֵית הָמָן גָּבֹהַּ חֲמִשִּׁים אַמָּה וַיֹּאמֶר הַמֶּלֶךְ
י תְּלֻהוּ עָלָיו׃ וַיִּתְלוּ אֶת־הָמָן עַל־הָעֵץ אֲשֶׁר־הֵכִין לְמָרְדֳּכָי
ח א וַחֲמַת הַמֶּלֶךְ שָׁכָכָה׃ בַּיּוֹם הַהוּא נָתַן הַמֶּלֶךְ
אֲחַשְׁוֵרוֹשׁ לְאֶסְתֵּר הַמַּלְכָּה אֶת־בֵּית הָמָן צֹרֵר היהודיים היְּהוּדִים
ב וּמָרְדֳּכַי בָּא לִפְנֵי הַמֶּלֶךְ כִּי־הִגִּידָה אֶסְתֵּר מַה הוּא־לָהּ׃ וַיָּסַר
הַמֶּלֶךְ אֶת־טַבַּעְתּוֹ אֲשֶׁר הֶעֱבִיר מֵהָמָן וַיִּתְּנָהּ לְמָרְדֳּכָי וַתָּשֶׂם
ג אֶסְתֵּר אֶת־מָרְדֳּכַי עַל־בֵּית הָמָן׃ וַתּוֹסֶף אֶסְתֵּר
וַתְּדַבֵּר לִפְנֵי הַמֶּלֶךְ וַתִּפֹּל לִפְנֵי רַגְלָיו וַתֵּבְךְּ וַתִּתְחַנֶּן־לוֹ
לְהַעֲבִיר אֶת־רָעַת הָמָן הָאֲגָגִי וְאֵת מַחֲשַׁבְתּוֹ אֲשֶׁר חָשַׁב
ד עַל־הַיְּהוּדִים׃ וַיּוֹשֶׁט הַמֶּלֶךְ לְאֶסְתֵּר אֵת שַׁרְבִט הַזָּהָב וַתָּקָם
ה אֶסְתֵּר וַתַּעֲמֹד לִפְנֵי הַמֶּלֶךְ׃ וַתֹּאמֶר אִם־עַל־הַמֶּלֶךְ טוֹב
וְאִם־מָצָאתִי חֵן לְפָנָיו וְכָשֵׁר הַדָּבָר לִפְנֵי הַמֶּלֶךְ וְטוֹבָה אֲנִי
בְּעֵינָיו יִכָּתֵב לְהָשִׁיב אֶת־הַסְּפָרִים מַחֲשֶׁבֶת הָמָן בֶּן־הַמְּדָתָא
הָאֲגָגִי אֲשֶׁר כָּתַב לְאַבֵּד אֶת־הַיְּהוּדִים אֲשֶׁר בְּכָל־מְדִינוֹת
ו הַמֶּלֶךְ׃ כִּי אֵיכָכָה אוּכַל וְרָאִיתִי בָּרָעָה אֲשֶׁר־יִמְצָא אֶת־עַמִּי
ז וְאֵיכָכָה אוּכַל וְרָאִיתִי בְּאָבְדַן מוֹלַדְתִּי׃ וַיֹּאמֶר

הַמֶּלֶךְ אֲחַשְׁוֵרֹשׁ לְאֶסְתֵּר הַמַּלְכָּה וּלְמָרְדֳּכַי הַיְּהוּדִי הִנֵּה בֵית־
הָמָן נָתַתִּי לְאֶסְתֵּר וְאֹתוֹ תָּלוּ עַל־הָעֵץ עַל אֲשֶׁר־שָׁלַח יָדוֹ
(בַּיְּהוּדִים) ביהודיים: וְאַתֶּם כִּתְבוּ עַל־הַיְּהוּדִים כַּטּוֹב בְּעֵינֵיכֶם בְּשֵׁם ח
הַמֶּלֶךְ וְחִתְמוּ בְּטַבַּעַת הַמֶּלֶךְ כִּי־כְתָב אֲשֶׁר־נִכְתָּב בְּשֵׁם־
הַמֶּלֶךְ וְנַחְתּוֹם בְּטַבַּעַת הַמֶּלֶךְ אֵין לְהָשִׁיב: וַיִּקָּרְאוּ סֹפְרֵי־ ט
הַמֶּלֶךְ בָּעֵת־הַהִיא בַּחֹדֶשׁ הַשְּׁלִישִׁי הוּא־חֹדֶשׁ סִיוָן בִּשְׁלוֹשָׁה
וְעֶשְׂרִים בּוֹ וַיִּכָּתֵב כְּכָל־אֲשֶׁר־צִוָּה מָרְדֳּכַי אֶל־הַיְּהוּדִים וְאֶל
הָאֲחַשְׁדַּרְפְּנִים וְהַפַּחוֹת וְשָׂרֵי הַמְּדִינוֹת אֲשֶׁר ׀ מֵהֹדּוּ וְעַד־
כּוּשׁ שֶׁבַע וְעֶשְׂרִים וּמֵאָה מְדִינָה מְדִינָה וּמְדִינָה כִּכְתָבָהּ
וְעַם וָעָם כִּלְשֹׁנוֹ וְאֶל־הַיְּהוּדִים כִּכְתָבָם וְכִלְשׁוֹנָם: וַיִּכְתֹּב י
בְּשֵׁם הַמֶּלֶךְ אֲחַשְׁוֵרֹשׁ וַיַּחְתֹּם בְּטַבַּעַת הַמֶּלֶךְ וַיִּשְׁלַח סְפָרִים
בְּיַד הָרָצִים בַּסּוּסִים רֹכְבֵי הָרֶכֶשׁ הָאֲחַשְׁתְּרָנִים בְּנֵי הָרַמָּכִים:
אֲשֶׁר נָתַן הַמֶּלֶךְ לַיְּהוּדִים ׀ אֲשֶׁר ׀ בְּכָל־עִיר וָעִיר לְהִקָּהֵל יא
וְלַעֲמֹד עַל־נַפְשָׁם לְהַשְׁמִיד וְלַהֲרֹג וּלְאַבֵּד אֶת־כָּל־חֵיל עַם
וּמְדִינָה הַצָּרִים אֹתָם טַף וְנָשִׁים וּשְׁלָלָם לָבוֹז: בְּיוֹם אֶחָד יב
בְּכָל־מְדִינוֹת הַמֶּלֶךְ אֲחַשְׁוֵרוֹשׁ בִּשְׁלוֹשָׁה עָשָׂר לְחֹדֶשׁ שְׁנֵים־
עָשָׂר הוּא־חֹדֶשׁ אֲדָר: פַּתְשֶׁגֶן הַכְּתָב לְהִנָּתֵן דָּת בְּכָל־מְדִינָה יג
(הַיְּהוּדִים עֲתִידִים) וּמְדִינָה גָּלוּי לְכָל־הָעַמִּים וְלִהְיוֹת היהודיים עתודים לַיּוֹם
הַזֶּה לְהִנָּקֵם מֵאֹיְבֵיהֶם: הָרָצִים רֹכְבֵי הָרֶכֶשׁ הָאֲחַשְׁתְּרָנִים יד
יָצְאוּ מְבֹהָלִים וּדְחוּפִים בִּדְבַר הַמֶּלֶךְ וְהַדָּת נִתְּנָה בְּשׁוּשַׁן
הַבִּירָה: וּמָרְדֳּכַי יָצָא ׀ מִלִּפְנֵי הַמֶּלֶךְ בִּלְבוּשׁ טו
מַלְכוּת תְּכֵלֶת וָחוּר וַעֲטֶרֶת זָהָב גְּדוֹלָה וְתַכְרִיךְ בּוּץ וְאַרְגָּמָן
ה וְהָעִיר שׁוּשָׁן צָהֲלָה וְשָׂמֵחָה: לַיְּהוּדִים הָיְתָה אוֹרָה וְשִׂמְחָה טז
וְשָׂשֹׂן וִיקָר: וּבְכָל־מְדִינָה וּמְדִינָה וּבְכָל־עִיר וָעִיר מְקוֹם יז
אֲשֶׁר דְּבַר־הַמֶּלֶךְ וְדָתוֹ מַגִּיעַ שִׂמְחָה וְשָׂשׂוֹן לַיְּהוּדִים מִשְׁתֶּה
וְיוֹם טוֹב וְרַבִּים מֵעַמֵּי הָאָרֶץ מִתְיַהֲדִים כִּי־נָפַל פַּחַד־
הַיְּהוּדִים עֲלֵיהֶם: וּבִשְׁנֵים עָשָׂר חֹדֶשׁ הוּא־חֹדֶשׁ אֲדָר בִּשְׁלוֹשָׁה ט א

עָשָׂר יוֹם בּוֹ אֲשֶׁר הִגִּיעַ דְּבַר־הַמֶּלֶךְ וְדָתוֹ לְהֵעָשׂוֹת בַּיּוֹם
אֲשֶׁר שִׂבְּרוּ אֹיְבֵי הַיְּהוּדִים לִשְׁלוֹט בָּהֶם וְנַהֲפוֹךְ הוּא אֲשֶׁר
ב יִשְׁלְטוּ הַיְּהוּדִים הֵמָּה בְּשֹׂנְאֵיהֶם׃ נִקְהֲלוּ הַיְּהוּדִים בְּעָרֵיהֶם
בְּכָל־מְדִינוֹת הַמֶּלֶךְ אֲחַשְׁוֵרוֹשׁ לִשְׁלֹחַ יָד בִּמְבַקְשֵׁי רָעָתָם
ג וְאִישׁ לֹא־עָמַד לִפְנֵיהֶם כִּי־נָפַל פַּחְדָּם עַל־כָּל־הָעַמִּים׃ וְכָל־
שָׂרֵי הַמְּדִינוֹת וְהָאֲחַשְׁדַּרְפְּנִים וְהַפַּחוֹת וְעֹשֵׂי הַמְּלָאכָה
אֲשֶׁר לַמֶּלֶךְ מְנַשְּׂאִים אֶת־הַיְּהוּדִים כִּי־נָפַל פַּחַד־מָרְדֳּכַי
ד עֲלֵיהֶם׃ כִּי־גָדוֹל מָרְדֳּכַי בְּבֵית הַמֶּלֶךְ וְשָׁמְעוֹ הוֹלֵךְ בְּכָל־
ה הַמְּדִינוֹת כִּי־הָאִישׁ מָרְדֳּכַי הוֹלֵךְ וְגָדוֹל׃ וַיַּכּוּ הַיְּהוּדִים
בְּכָל־אֹיְבֵיהֶם מַכַּת־חֶרֶב וְהֶרֶג וְאַבְדָן וַיַּעֲשׂוּ בְשֹׂנְאֵיהֶם
ו כִּרְצוֹנָם׃ וּבְשׁוּשַׁן הַבִּירָה הָרְגוּ הַיְּהוּדִים וְאַבֵּד חֲמֵשׁ מֵאוֹת
ז אִישׁ׃ וְאֵת ׀
פַּרְשַׁנְדָּתָא וְאֵת ׀
דַּלְפוֹן וְאֵת ׀
ח אַסְפָּתָא׃ וְאֵת ׀
פּוֹרָתָא וְאֵת ׀
אֲדַלְיָא וְאֵת ׀
ט אֲרִידָתָא׃ וְאֵת ׀
פַּרְמַשְׁתָּא וְאֵת ׀
אֲרִיסַי וְאֵת ׀
אֲרִדַי וְאֵת ׀
י וַיְזָתָא׃ עֲשֶׂרֶת
בְּנֵי הָמָן בֶּן־הַמְּדָתָא צֹרֵר הַיְּהוּדִים הָרָגוּ וּבַבִּזָּה לֹא שָׁלְחוּ
יא אֶת־יָדָם׃ בַּיּוֹם הַהוּא בָּא מִסְפַּר הַהֲרוּגִים בְּשׁוּשַׁן הַבִּירָה
יב לִפְנֵי הַמֶּלֶךְ׃ וַיֹּאמֶר הַמֶּלֶךְ לְאֶסְתֵּר הַמַּלְכָּה בְּשׁוּשַׁן הַבִּירָה
הָרְגוּ הַיְּהוּדִים וְאַבֵּד חֲמֵשׁ מֵאוֹת אִישׁ וְאֵת עֲשֶׂרֶת בְּנֵי־הָמָן
בִּשְׁאָר מְדִינוֹת הַמֶּלֶךְ מֶה עָשׂוּ וּמַה־שְּׁאֵלָתֵךְ וְיִנָּתֵן לָךְ וּמַה־

יג בַּקָּשָׁתֵךְ עוֹד וְתֵעָשׂ: וַתֹּאמֶר אֶסְתֵּר אִם־עַל־הַמֶּלֶךְ טוֹב
יִנָּתֵן גַּם־מָחָר לַיְּהוּדִים אֲשֶׁר בְּשׁוּשָׁן לַעֲשׂוֹת כְּדָת הַיּוֹם
יד וְאֵת עֲשֶׂרֶת בְּנֵי־הָמָן יִתְלוּ עַל־הָעֵץ: וַיֹּאמֶר הַמֶּלֶךְ לְהֵעָשׂוֹת
טו כֵּן וַתִּנָּתֵן דָּת בְּשׁוּשָׁן וְאֵת עֲשֶׂרֶת בְּנֵי־הָמָן תָּלוּ: וַיִּקָּהֲלוּ
היהודיים אֲשֶׁר־בְּשׁוּשָׁן גַּם בְּיוֹם אַרְבָּעָה עָשָׂר לְחֹדֶשׁ אֲדָר הַיְּהוּדִים
וַיַּהַרְגוּ בְשׁוּשָׁן שְׁלֹשׁ מֵאוֹת אִישׁ וּבַבִּזָּה לֹא שָׁלְחוּ אֶת־יָדָם:
טז וּשְׁאָר הַיְּהוּדִים אֲשֶׁר בִּמְדִינוֹת הַמֶּלֶךְ נִקְהֲלוּ ׀ וְעָמֹד עַל־
נַפְשָׁם וְנוֹחַ מֵאֹיְבֵיהֶם וְהָרוֹג בְּשֹׂנְאֵיהֶם חֲמִשָּׁה וְשִׁבְעִים אָלֶף
יז וּבַבִּזָּה לֹא שָׁלְחוּ אֶת־יָדָם: בְּיוֹם־שְׁלוֹשָׁה עָשָׂר לְחֹדֶשׁ אֲדָר
וְנוֹחַ בְּאַרְבָּעָה עָשָׂר בּוֹ וְעָשֹׂה אֹתוֹ יוֹם מִשְׁתֶּה וְשִׂמְחָה:
יח והיהודיים אֲשֶׁר־בְּשׁוּשָׁן נִקְהֲלוּ בִּשְׁלוֹשָׁה עָשָׂר בּוֹ וּבְאַרְבָּעָה וְהַיְּהוּדִים
עָשָׂר בּוֹ וְנוֹחַ בַּחֲמִשָּׁה עָשָׂר בּוֹ וְעָשֹׂה אֹתוֹ יוֹם מִשְׁתֶּה
יט וְשִׂמְחָה: עַל־כֵּן הַיְּהוּדִים הפרוזים הַיֹּשְׁבִים בְּעָרֵי הַפְּרָזוֹת הַפְּרָזִים
עֹשִׂים אֵת יוֹם אַרְבָּעָה עָשָׂר לְחֹדֶשׁ אֲדָר שִׂמְחָה וּמִשְׁתֶּה
כ וְיוֹם טוֹב וּמִשְׁלֹחַ מָנוֹת אִישׁ לְרֵעֵהוּ: וַיִּכְתֹּב מָרְדֳּכַי אֶת־
הַדְּבָרִים הָאֵלֶּה וַיִּשְׁלַח סְפָרִים אֶל־כָּל־הַיְּהוּדִים אֲשֶׁר בְּכָל־
כא מְדִינוֹת הַמֶּלֶךְ אֲחַשְׁוֵרוֹשׁ הַקְּרוֹבִים וְהָרְחוֹקִים: לְקַיֵּם עֲלֵיהֶם
לִהְיוֹת עֹשִׂים אֵת יוֹם אַרְבָּעָה עָשָׂר לְחֹדֶשׁ אֲדָר וְאֵת יוֹם־
כב חֲמִשָּׁה עָשָׂר בּוֹ בְּכָל־שָׁנָה וְשָׁנָה: כַּיָּמִים אֲשֶׁר־נָחוּ בָהֶם
הַיְּהוּדִים מֵאֹיְבֵיהֶם וְהַחֹדֶשׁ אֲשֶׁר נֶהְפַּךְ לָהֶם מִיָּגוֹן לְשִׂמְחָה
וּמֵאֵבֶל לְיוֹם טוֹב לַעֲשׂוֹת אוֹתָם יְמֵי מִשְׁתֶּה וְשִׂמְחָה וּמִשְׁלֹחַ
כג מָנוֹת אִישׁ לְרֵעֵהוּ וּמַתָּנוֹת לָאֶבְיֹנִים: וְקִבֵּל הַיְּהוּדִים אֵת
כד אֲשֶׁר־הֵחֵלּוּ לַעֲשׂוֹת וְאֵת אֲשֶׁר־כָּתַב מָרְדֳּכַי אֲלֵיהֶם: כִּי
הָמָן בֶּן־הַמְּדָתָא הָאֲגָגִי צֹרֵר כָּל־הַיְּהוּדִים חָשַׁב עַל־הַיְּהוּדִים
כה לְאַבְּדָם וְהִפִּל פּוּר הוּא הַגּוֹרָל לְהֻמָּם וּלְאַבְּדָם: וּבְבֹאָהּ
לִפְנֵי הַמֶּלֶךְ אָמַר עִם־הַסֵּפֶר יָשׁוּב מַחֲשַׁבְתּוֹ הָרָעָה אֲשֶׁר־
חָשַׁב עַל־הַיְּהוּדִים עַל־רֹאשׁוֹ וְתָלוּ אֹתוֹ וְאֶת־בָּנָיו עַל־הָעֵץ:

כו עַל־כֵּ֞ן קָֽרְא֞וּ לַיָּמִ֨ים הָאֵ֤לֶּה פוּרִים֙ עַל־שֵׁ֣ם הַפּ֔וּר עַל־כֵּ֕ן עַֽל־
כָּל־דִּבְרֵ֖י הָאִגֶּ֣רֶת הַזֹּ֑את וּמָֽה־רָא֣וּ עַל־כָּ֔כָה וּמָ֥ה הִגִּ֖יעַ אֲלֵיהֶֽם׃
כז קִיְּמ֣וּ וְקִבְּל֣ הַיְּהוּדִים֩ ׀ עֲלֵיהֶ֨ם ׀ וְעַל־זַרְעָ֜ם וְעַ֨ל כָּל־הַנִּלְוִ֤ים
עֲלֵיהֶם֙ וְלֹ֣א יַעֲב֔וֹר לִהְי֣וֹת עֹשִׂ֗ים אֵ֣ת שְׁנֵ֤י הַיָּמִים֙ הָאֵ֔לֶּה
כח כִּכְתָבָ֖ם וְכִזְמַנָּ֑ם בְּכָל־שָׁנָ֖ה וְשָׁנָֽה׃ וְהַיָּמִ֣ים הָ֠אֵלֶּה נִזְכָּרִ֨ים
וְנַעֲשִׂ֜ים בְּכָל־דּ֣וֹר וָד֗וֹר מִשְׁפָּחָה֙ וּמִשְׁפָּחָ֔ה מְדִינָ֥ה וּמְדִינָ֖ה
וְעִ֣יר וָעִ֑יר וִימֵ֞י הַפּוּרִ֣ים הָאֵ֗לֶּה לֹ֤א יַֽעַבְרוּ֙ מִתּ֣וֹךְ הַיְּהוּדִ֔ים
כט וְזִכְרָ֖ם לֹא־יָס֥וּף מִזַּרְעָֽם׃ וַתִּכְתֹּ֞ב אֶסְתֵּ֧ר הַמַּלְכָּ֛ה
בַת־אֲבִיחַ֛יִל וּמָרְדֳּכַ֥י הַיְּהוּדִ֖י אֶת־כָּל־תֹּ֑קֶף לְקַיֵּ֗ם אֵ֣ת אִגֶּ֧רֶת
ל הַפֻּרִ֛ים הַזֹּ֖את הַשֵּׁנִֽית׃ וַיִּשְׁלַ֨ח סְפָרִ֜ים אֶל־כָּל־הַיְּהוּדִ֗ים אֶל־
שֶׁ֨בַע וְעֶשְׂרִ֤ים וּמֵאָה֙ מְדִינָ֔ה מַלְכ֖וּת אֲחַשְׁוֵר֑וֹשׁ דִּבְרֵ֥י שָׁל֖וֹם
לא וֶאֱמֶֽת׃ לְקַיֵּ֡ם אֶת־יְמֵי֩ הַפֻּרִ֨ים הָאֵ֜לֶּה בִּזְמַנֵּיהֶ֗ם כַּאֲשֶׁר֩ קִיַּ֨ם
עֲלֵיהֶ֜ם מָרְדֳּכַ֤י הַיְּהוּדִי֙ וְאֶסְתֵּ֣ר הַמַּלְכָּ֔ה וְכַאֲשֶׁ֛ר קִיְּמ֥וּ עַל־
לב נַפְשָׁ֖ם וְעַל־זַרְעָ֑ם דִּבְרֵ֥י הַצּוֹמ֖וֹת וְזַעֲקָתָֽם׃ וּמַאֲמַ֣ר אֶסְתֵּ֔ר
י א קִיַּ֕ם דִּבְרֵ֥י הַפֻּרִ֖ים הָאֵ֑לֶּה וְנִכְתָּ֖ב בַּסֵּֽפֶר׃ וַיָּשֶׂם֩
ב הַמֶּ֨לֶךְ אחשרש ׀ מַ֛ס עַל־הָאָ֖רֶץ וְאִיֵּ֥י הַיָּֽם׃ וְכָל־מַעֲשֵׂ֣ה אֲחַשְׁוֵרֽוֹשׁ
תָקְפּוֹ֙ וּגְב֣וּרָת֔וֹ וּפָרָשַׁת֙ גְּדֻלַּ֣ת מָרְדֳּכַ֔י אֲשֶׁ֥ר גִּדְּל֖וֹ הַמֶּ֑לֶךְ הֲלוֹא־
ג הֵ֣ם כְּתוּבִ֗ים עַל־סֵ֙פֶר֙ דִּבְרֵ֣י הַיָּמִ֔ים לְמַלְכֵ֖י מָדַ֥י וּפָרָֽס׃ כִּ֣י ׀
מָרְדֳּכַ֣י הַיְּהוּדִ֗י מִשְׁנֶה֙ לַמֶּ֣לֶךְ אֲחַשְׁוֵר֔וֹשׁ וְגָדוֹל֙ לַיְּהוּדִ֔ים וְרָצ֖וּי
לְרֹ֣ב אֶחָ֑יו דֹּרֵ֥שׁ טוֹב֙ לְעַמּ֔וֹ וְדֹבֵ֥ר שָׁל֖וֹם לְכָל־זַרְעֽוֹ׃

# דניאל

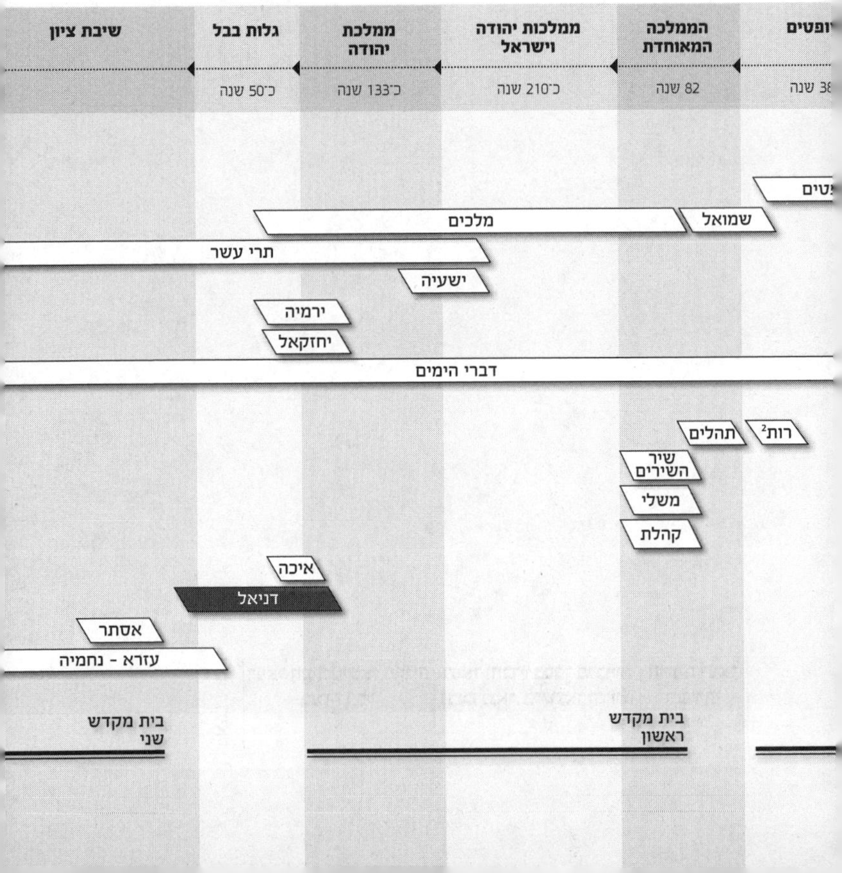

שיבת ציון
גלות בבל
כ־50 שנה
ממלכת יהודה
כ־133 שנה
ממלכות יהודה וישראל
כ־210 שנה
הממלכה המאוחדת
82 שנה
ופטים
38 שנה
טים
שמואל
מלכים
תרי עשר
ישעיה
ירמיה
יחזקאל
דברי הימים
רות2
תהלים
שיר השירים
משלי
קהלת
איכה
דניאל
אסתר
עזרא - נחמיה
בית מקדש שני
בית מקדש ראשון

ספר דניאל

| | | |
|---|---|---|
| דניאל חנניה מישאל ועזריה בגלות בבל | דניאל וחבריו בסבך מלכויות נבוכדנצאר, בלשצאר ודריוש | חזיונות דניאל ותפילתו |
| א | ב–ז | ח–יב |

# א

א בִּשְׁנַת שָׁלוֹשׁ לְמַלְכוּת יְהוֹיָקִים מֶלֶךְ־יְהוּדָה בָּא נְבוּכַדְנֶאצַּר
ב מֶלֶךְ־בָּבֶל יְרוּשָׁלַ͏ִם וַיָּצַר עָלֶיהָ: וַיִּתֵּן אֲדֹנָי בְּיָדוֹ אֶת־יְהוֹיָקִים
מֶלֶךְ־יְהוּדָה וּמִקְצָת כְּלֵי בֵית־הָאֱלֹהִים וַיְבִיאֵם אֶרֶץ־שִׁנְעָר
ג בֵּית אֱלֹהָיו וְאֶת־הַכֵּלִים הֵבִיא בֵּית אוֹצַר אֱלֹהָיו: וַיֹּאמֶר
הַמֶּלֶךְ לְאַשְׁפְּנַז רַב סָרִיסָיו לְהָבִיא מִבְּנֵי יִשְׂרָאֵל וּמִזֶּרַע
ד הַמְּלוּכָה וּמִן־הַפַּרְתְּמִים: יְלָדִים אֲשֶׁר אֵין־בָּהֶם כָּל־מאוּם
וְטוֹבֵי מַרְאֶה וּמַשְׂכִּלִים בְּכָל־חָכְמָה וְיֹדְעֵי דַעַת וּמְבִינֵי מַדָּע
וַאֲשֶׁר כֹּחַ בָּהֶם לַעֲמֹד בְּהֵיכַל הַמֶּלֶךְ וּלְלַמְּדָם סֵפֶר וּלְשׁוֹן
ה כַּשְׂדִּים: וַיְמַן לָהֶם הַמֶּלֶךְ דְּבַר־יוֹם בְּיוֹמוֹ מִפַּת־בַּג הַמֶּלֶךְ
וּמִיֵּין מִשְׁתָּיו וּלְגַדְּלָם שָׁנִים שָׁלוֹשׁ וּמִקְצָתָם יַעַמְדוּ לִפְנֵי
ו הַמֶּלֶךְ: וַיְהִי בָהֶם מִבְּנֵי יְהוּדָה דָּנִיֵּאל חֲנַנְיָה מִישָׁאֵל וַעֲזַרְיָה:
ז וַיָּשֶׂם לָהֶם שַׂר הַסָּרִיסִים שֵׁמוֹת וַיָּשֶׂם לְדָנִיֵּאל בֵּלְטְשַׁאצַּר
ח וְלַחֲנַנְיָה שַׁדְרַךְ וּלְמִישָׁאֵל מֵישַׁךְ וְלַעֲזַרְיָה עֲבֵד נְגוֹ: וַיָּשֶׂם
דָּנִיֵּאל עַל־לִבּוֹ אֲשֶׁר לֹא־יִתְגָּאַל בְּפַת־בַּג הַמֶּלֶךְ וּבְיֵין מִשְׁתָּיו
ט וַיְבַקֵּשׁ מִשַּׂר הַסָּרִיסִים אֲשֶׁר לֹא יִתְגָּאָל: וַיִּתֵּן הָאֱלֹהִים אֶת־
י דָּנִיֵּאל לְחֶסֶד וּלְרַחֲמִים לִפְנֵי שַׂר הַסָּרִיסִים: וַיֹּאמֶר שַׂר
הַסָּרִיסִים לְדָנִיֵּאל יָרֵא אֲנִי אֶת־אֲדֹנִי הַמֶּלֶךְ אֲשֶׁר מִנָּה אֶת־
מַאֲכַלְכֶם וְאֶת־מִשְׁתֵּיכֶם אֲשֶׁר לָמָּה יִרְאֶה אֶת־פְּנֵיכֶם זֹעֲפִים
יא מִן־הַיְלָדִים אֲשֶׁר כְּגִילְכֶם וְחִיַּבְתֶּם אֶת־רֹאשִׁי לַמֶּלֶךְ: וַיֹּאמֶר
דָּנִיֵּאל אֶל־הַמֶּלְצַר אֲשֶׁר מִנָּה שַׂר הַסָּרִיסִים עַל־דָּנִיֵּאל
יב חֲנַנְיָה מִישָׁאֵל וַעֲזַרְיָה: נַס־נָא אֶת־עֲבָדֶיךָ יָמִים עֲשָׂרָה וְיִתְּנוּ־
יג לָנוּ מִן־הַזֵּרֹעִים וְנֹאכְלָה וּמַיִם וְנִשְׁתֶּה: וְיֵרָאוּ לְפָנֶיךָ מַרְאֵינוּ
וּמַרְאֵה הַיְלָדִים הָאֹכְלִים אֵת פַּת־בַּג הַמֶּלֶךְ וְכַאֲשֶׁר תִּרְאֵה
יד עֲשֵׂה עִם־עֲבָדֶיךָ: וַיִּשְׁמַע לָהֶם לַדָּבָר הַזֶּה וַיְנַסֵּם יָמִים עֲשָׂרָה:
טו וּמִקְצָת יָמִים עֲשָׂרָה נִרְאָה מַרְאֵיהֶם טוֹב וּבְרִיאֵי בָּשָׂר מִן־
טז כָּל־הַיְלָדִים הָאֹכְלִים אֵת פַּת־בַּג הַמֶּלֶךְ: וַיְהִי הַמֶּלְצַר נֹשֵׂא אֶת־
יז פַּת־בָּגָם וְיֵין מִשְׁתֵּיהֶם וְנֹתֵן לָהֶם זֵרְעֹנִים: וְהַיְלָדִים הָאֵלֶּה

נבוכדנאצר מלך בבל עולה על יהויקים
מל"ב כד, א
דה"ב לו, ו-ז

כלי המקדש - נלקחים מירושלים ומושבים אליה
מל"ב כה, יג-יז
ירמיה נב, יז-כג
דניאל ה, ב-ג
עזרא א, ז-יא; ה, יד-טו; ו, ה
דה"ב לו, יח

אַרְבַּעְתָּם נָתַן לָהֶם הָאֱלֹהִים מַדָּע וְהַשְׂכֵּל בְּכָל־סֵפֶר וְחָכְמָה
יח וְדָנִיֵּאל הֵבִין בְּכָל־חָזוֹן וַחֲלֹמוֹת: וּלְמִקְצָת הַיָּמִים אֲשֶׁר־אָמַר
יט הַמֶּלֶךְ לַהֲבִיאָם וַיְבִיאֵם שַׂר הַסָּרִיסִים לִפְנֵי נְבֻכַדְנֶצַּר: וַיְדַבֵּר
אִתָּם הַמֶּלֶךְ וְלֹא נִמְצָא מִכֻּלָּם כְּדָנִיֵּאל חֲנַנְיָה מִישָׁאֵל
כ וַעֲזַרְיָה וַיַּעַמְדוּ לִפְנֵי הַמֶּלֶךְ: וְכֹל דְּבַר חָכְמַת בִּינָה אֲשֶׁר־
בִּקֵּשׁ מֵהֶם הַמֶּלֶךְ וַיִּמְצָאֵם עֶשֶׂר יָדוֹת עַל כָּל־הַחַרְטֻמִּים
כא הָאַשָּׁפִים אֲשֶׁר בְּכָל־מַלְכוּתוֹ: וַיְהִי דָּנִיֵּאל עַד־שְׁנַת אַחַת
ב א לְכוֹרֶשׁ הַמֶּלֶךְ: וּבִשְׁנַת שְׁתַּיִם לְמַלְכוּת נְבֻכַדְנֶצַּר
ב חָלַם נְבֻכַדְנֶצַּר חֲלֹמוֹת וַתִּתְפָּעֶם רוּחוֹ וּשְׁנָתוֹ נִהְיְתָה עָלָיו:
וַיֹּאמֶר הַמֶּלֶךְ לִקְרֹא לַחַרְטֻמִּים וְלָאַשָּׁפִים וְלַמְכַשְּׁפִים
וְלַכַּשְׂדִּים לְהַגִּיד לַמֶּלֶךְ חֲלֹמֹתָיו וַיָּבֹאוּ וַיַּעַמְדוּ לִפְנֵי הַמֶּלֶךְ:
ג וַיֹּאמֶר לָהֶם הַמֶּלֶךְ חֲלוֹם חָלָמְתִּי וַתִּפָּעֶם רוּחִי לָדַעַת אֶת־
ד הַחֲלוֹם: וַיְדַבְּרוּ הַכַּשְׂדִּים לַמֶּלֶךְ אֲרָמִית מַלְכָּא לְעָלְמִין
ה חֱיִי אֱמַר חֶלְמָא לעבדיך וּפִשְׁרָא נְחַוֵּא: עָנֵה מַלְכָּא וְאָמַר לְעַבְדָךְ
לכשדיא מִלְּתָה מִנִּי אַזְדָּא הֵן לָא תְהוֹדְעוּנַּנִי חֶלְמָא וּפִשְׁרֵהּ לְכַשְׂדָּאֵי
ו הַדָּמִין תִּתְעַבְדוּן וּבָתֵּיכוֹן נְוָלִי יִתְּשָׂמוּן: וְהֵן חֶלְמָא וּפִשְׁרֵהּ
תְּהַחֲוֺן מַתְּנָן וּנְבִזְבָּה וִיקָר שַׂגִּיא תְּקַבְּלוּן מִן־קֳדָמָי לָהֵן
ז חֶלְמָא וּפִשְׁרֵהּ הַחֲוֺנִי: עֲנוֹ תִנְיָנוּת וְאָמְרִין מַלְכָּא חֶלְמָא
ח יֵאמַר לְעַבְדוֹהִי וּפִשְׁרָה נְהַחֲוֵה: עָנֵה מַלְכָּא וְאָמַר מִן־יַצִּיב
יָדַע אֲנָה דִּי עִדָּנָא אַנְתּוּן זָבְנִין כָּל־קֳבֵל דִּי חֲזֵיתוֹן דִּי־
ט אַזְדָּא מִנִּי מִלְּתָא: דִּי הֵן־חֶלְמָא לָא תְהוֹדְעֻנַּנִי חֲדָה־הִיא
דָתְכוֹן וּמִלָּה כִדְבָה וּשְׁחִיתָה הזמנתון לְמֵאמַר קֳדָמַי עַד דִּי הִזְדְּמִנְתּוּן
עִדָּנָא יִשְׁתַּנֵּא לָהֵן חֶלְמָא אֱמַרוּ לִי וְאִנְדַּע דִּי פִשְׁרֵהּ תְּהַחֲוֻנַּנִי:
י עֲנוֹ כשדיא קֳדָם־מַלְכָּא וְאָמְרִין לָא־אִיתַי אֲנָשׁ עַל־יַבֶּשְׁתָּא דִּי כַשְׂדָּאֵי
מִלַּת מַלְכָּא יוּכַל לְהַחֲוָיָה כָּל־קֳבֵל דִּי כָּל־מֶלֶךְ רַב וְשַׁלִּיט
יא מִלָּה כִדְנָה לָא שְׁאֵל לְכָל־חַרְטֹּם וְאָשַׁף וְכַשְׂדָּי: וּמִלְּתָא דִי־
מַלְכָּה שָׁאֵל יַקִּירָה וְאָחֳרָן לָא אִיתַי דִּי יְחַוִּנַּהּ קֳדָם מַלְכָּא

יב להן אלהין די מדרהון עם־בשרא לא איתוהי: כל־קבל
דנה מלכא בנס וקצף שגיא ואמר להובדה לכל חכימי
יג בבל: ודתא נפקת וחכימיא מתקטלין ובעו דניאל וחברוהי
יד להתקטלה: באדין דניאל התיב עטא וטעם
לאריוך רב־טבחיא די מלכא די נפק לקטלה לחכימי בבל:
טו ענה ואמר לאריוך שליטא די־מלכא על־מה דתא מהחצפה
טז מן־קדם מלכא אדין מלתא הודע אריוך לדניאל: ודניאל
על ובעא מן־מלכא די זמן ינתן־לה ופשרא להחויה
יז למלכא: אדין דניאל לביתה אזל ולחנניה
יח מישאל ועזריה חברוהי מלתא הודע: ורחמין למבעא מן־
קדם אלה שמיא על־רזא דנה די לא יהובדון דניאל וחברוהי
יט עם־שאר חכימי בבל: אדין לדניאל בחזוא די־ליליא רזא גלי
כ אדין דניאל ברך לאלה שמיא: ענה דניאל ואמר להוא שמה
די־אלהא מברך מן־עלמא ועד־עלמא די חכמתא וגבורתא
כא די־לה היא: והוא מהשנא עדניא וזמניא מהעדה מלכין
ומהקים מלכין יהב חכמתא לחכימין ומנדעא לידעי בינה:
כב הוא גלא עמיקתא ומסתרתא ידע מה בחשוכא ונהירא עמה ונהורא
כג שרא: לך ׀ אלה אבהתי מהודא ומשבח אנה די חכמתא
וגבורתא יהבת לי וכען הודעתני די־בעינא מנך די־מלת
כד מלכא הודעתנא: כל־קבל דנה דניאל על על־אריוך די
מני מלכא להובדה לחכימי בבל אזל ׀ וכן אמר־לה
לחכימי בבל אל־תהובד העלני קדם מלכא ופשרא למלכא
אחוא:
כה אדין אריוך בהתבהלה הנעל לדניאל קדם מלכא וכן אמר־
לה די־השכחת גבר מן־בני גלותא די יהוד די פשרא למלכא
כו יהודע: ענה מלכא ואמר לדניאל די שמה בלטשאצר
כז האיתיך כהל להודעתני חלמא די־חזית ופשרה: ענה דניאל האיתך

קֳדָם מַלְכָּא וְאָמַר רָזָא דִּי־מַלְכָּא שָׁאֵל לָא חַכִּימִין אָשְׁפִין
חַרְטֻמִּין גָּזְרִין יָכְלִין לְהַחֲוָיָה לְמַלְכָּא׃ בְּרַם אִיתַי אֱלָהּ כח
בִּשְׁמַיָּא גָּלֵא רָזִין וְהוֹדַע לְמַלְכָּא נְבוּכַדְנֶצַּר מָה דִּי לֶהֱוֵא
בְּאַחֲרִית יוֹמַיָּא חֶלְמָךְ וְחֶזְוֵי רֵאשָׁךְ עַל־מִשְׁכְּבָךְ דְּנָה
אַנְתְּ | רַעְיוֹנָךְ הוּא׃ אנתה מַלְכָּא רעיונך עַל־מִשְׁכְּבָךְ סְלִקוּ כט
מָה דִּי לֶהֱוֵא אַחֲרֵי דְנָה וְגָלֵא רָזַיָּא הוֹדְעָךְ מָה־דִי לֶהֱוֵא׃
וַאֲנָה לָא בְחָכְמָה דִּי־אִיתַי בִּי מִן־כָּל־חַיַּיָּא רָזָא דְנָה גֱּלִי לִי ל
לָהֵן עַל־דִּבְרַת דִּי פִשְׁרָא לְמַלְכָּא יְהוֹדְעוּן וְרַעְיוֹנֵי לִבְבָךְ
אַנְתְּ תִּנְדַּע׃ אנתה מַלְכָּא חָזֵה הֲוַיְתָ וַאֲלוּ צְלֵם לא
חַד שַׂגִּיא צַלְמָא דִּכֵּן רַב וְזִיוֵהּ יַתִּיר קָאֵם לְקָבְלָךְ וְרֵוֵהּ
דְּחִיל׃ הוּא צַלְמָא רֵאשֵׁהּ דִּי־דְהַב טָב חֲדוֹהִי וּדְרָעוֹהִי דִּי לב
מִנְּהֵן כְּסַף מְעוֹהִי וְיַרְכָתֵהּ דִּי נְחָשׁ׃ שָׁקוֹהִי דִּי פַרְזֶל רַגְלוֹהִי מנהון לג
וּמִנְּהֵן דִּי פַרְזֶל ומנהון דִּי חֲסַף׃ חָזֵה הֲוַיְתָ עַד דִּי הִתְגְּזֶרֶת אֶבֶן לד
דִּי־לָא בִידַיִן וּמְחָת לְצַלְמָא עַל־רַגְלוֹהִי דִּי פַרְזְלָא וְחַסְפָּא
ב וְהַדֵּקֶת הִמּוֹן׃ בֵּאדַיִן דָּקוּ כַחֲדָה פַּרְזְלָא חַסְפָּא נְחָשָׁא כַּסְפָּא לה
וְדַהֲבָא וַהֲווֹ כְּעוּר מִן־אִדְּרֵי־קַיִט וּנְשָׂא הִמּוֹן רוּחָא וְכָל־אֲתַר
לָא־הִשְׁתְּכַח לְהוֹן וְאַבְנָא ׀ דִּי־מְחָת לְצַלְמָא הֲוָת לְטוּר רַב
וּמְלָאת כָּל־אַרְעָא׃ דְּנָה חֶלְמָא וּפִשְׁרֵהּ נֵאמַר קֳדָם־ לו
אַנְתְּ מַלְכָּא׃ אנתה מַלְכָּא מֶלֶךְ מַלְכַיָּא דִּי אֱלָהּ לז
שְׁמַיָּא מַלְכוּתָא חִסְנָא וְתָקְפָּא וִיקָרָא יְהַב־לָךְ׃ וּבְכָל־דִּי לח
דָּיְרִין דארין בְּנֵי־אֲנָשָׁא חֵיוַת בָּרָא וְעוֹף־שְׁמַיָּא יְהַב בִּידָךְ וְהַשְׁלְטָךְ
אַנְתְּ בְּכָלְּהוֹן אנתה הוּא רֵאשָׁה דִּי דַהֲבָא׃ וּבָתְרָךְ תְּקוּם מַלְכוּ לט
אֲרַע | תְּלִיתָאָה אָחֳרִי ארעא מִנָּךְ וּמַלְכוּ תליתיא אָחֳרִי דִּי נְחָשָׁא דִּי תִשְׁלַט
רְבִיעָאָה בְּכָל־אַרְעָא׃ וּמַלְכוּ רביעיה תֶּהֱוֵא תַקִּיפָה כְּפַרְזְלָא כָּל־ מ
קֳבֵל דִּי פַרְזְלָא מְהַדֵּק וְחָשֵׁל כֹּלָּא וּכְפַרְזְלָא דִּי־מְרָעַע כָּל־
מִנְּהֵן אִלֵּין תַּדִּק וְתֵרֹעַ׃ וְדִי־חֲזַיְתָה רַגְלַיָּא וְאֶצְבְּעָתָא מנהון חֲסַף מא
וּמִנְּהֵן דִּי־פֶחָר ומנהון פַּרְזֶל מַלְכוּ פְלִיגָה תֶּהֱוֵה וּמִן־נִצְבְּתָא דִּי־

פַּרְזְלָא לֶהֱוֵא־בַהּ כָּל־קֳבֵל דִּי חֲזַיְתָה פַּרְזְלָא מְעָרַב בַּחֲסַף
מב טִינָא׃ וְאֶצְבְּעָת רַגְלַיָּא מִנְּהֵין פַּרְזֶל וּמִנְּהֵין חֲסַף מִן־קְצָת מִנְּהֵין | וּמִנְּהֵין
מג מַלְכוּתָא תֶּהֱוֵה תַקִּיפָה וּמִנַּהּ תֶּהֱוֵא תְבִירָה׃ דִּי חֲזַיְתָ פַּרְזְלָא וְדִי
מְעָרַב בַּחֲסַף טִינָא מִתְעָרְבִין לֶהֱוֺן בִּזְרַע אֲנָשָׁא וְלָא־לֶהֱוֺן
דָּבְקִין דְּנָה עִם־דְּנָה הֵא־כְדִי פַרְזְלָא לָא מִתְעָרַב עִם־חַסְפָּא׃
מד וּבְיוֹמֵיהוֹן דִּי מַלְכַיָּא אִנּוּן יְקִים אֱלָהּ שְׁמַיָּא מַלְכוּ דִּי לְעָלְמִין
לָא תִתְחַבַּל וּמַלְכוּתָה לְעַם אָחֳרָן לָא תִשְׁתְּבִק תַּדִּק וְתָסֵיף
מה כָּל־אִלֵּין מַלְכְוָתָא וְהִיא תְּקוּם לְעָלְמַיָּא׃ כָּל־קֳבֵל דִּי־חֲזַיְתָ
דִּי מִטּוּרָא אִתְגְּזֶרֶת אֶבֶן דִּי־לָא בִידַיִן וְהַדֶּקֶת פַּרְזְלָא נְחָשָׁא
חַסְפָּא כַּסְפָּא וְדַהֲבָא אֱלָהּ רַב הוֹדַע לְמַלְכָּא מָה דִּי לֶהֱוֵא
מו אַחֲרֵי דְנָה וְיַצִּיב חֶלְמָא וּמְהֵימַן פִּשְׁרֵהּ׃ בֵּאדַיִן
מַלְכָּא נְבוּכַדְנֶצַּר נְפַל עַל־אַנְפּוֹהִי וּלְדָנִיֵּאל סְגִד וּמִנְחָה
מז וְנִיחֹחִין אֲמַר לְנַסָּכָה לֵהּ׃ עָנֵה מַלְכָּא לְדָנִיֵּאל וְאָמַר מִן־
קְשֹׁט דִּי אֱלָהֲכוֹן הוּא אֱלָהּ אֱלָהִין וּמָרֵא מַלְכִין וְגָלֵה רָזִין
מח דִּי יְכֵלְתָּ לְמִגְלֵא רָזָה דְנָה׃ אֱדַיִן מַלְכָּא לְדָנִיֵּאל רַבִּי וּמַתְּנָן
רַבְרְבָן שַׂגִּיאָן יְהַב־לֵהּ וְהַשְׁלְטֵהּ עַל כָּל־מְדִינַת בָּבֶל וְרַב־
מט סִגְנִין עַל כָּל־חַכִּימֵי בָבֶל׃ וְדָנִיֵּאל בְּעָא מִן־מַלְכָּא וּמַנִּי עַל
עֲבִידְתָּא דִּי מְדִינַת בָּבֶל לְשַׁדְרַךְ מֵישַׁךְ וַעֲבֵד נְגוֹ וְדָנִיֵּאל
ג א בִּתְרַע מַלְכָּא׃ נְבוּכַדְנֶצַּר מַלְכָּא עֲבַד צְלֵם
דִּי־דְהַב רוּמֵהּ אַמִּין שִׁתִּין פְּתָיֵהּ אַמִּין שִׁת אֲקִימֵהּ בְּבִקְעַת
ב דּוּרָא בִּמְדִינַת בָּבֶל׃ וּנְבוּכַדְנֶצַּר מַלְכָּא שְׁלַח לְמִכְנַשׁ ׀
לַאֲחַשְׁדַּרְפְּנַיָּא סִגְנַיָּא וּפַחֲוָתָא אֲדַרְגָּזְרַיָּא גְדָבְרַיָּא דְּתָבְרַיָּא
תִּפְתָּיֵא וְכֹל שִׁלְטֹנֵי מְדִינָתָא לְמֵתֵא לַחֲנֻכַּת צַלְמָא דִּי הֲקֵים
ג נְבוּכַדְנֶצַּר מַלְכָּא׃ בֵּאדַיִן מִתְכַּנְּשִׁין אֲחַשְׁדַּרְפְּנַיָּא סִגְנַיָּא
וּפַחֲוָתָא אֲדַרְגָּזְרַיָּא גְדָבְרַיָּא דְּתָבְרַיָּא תִּפְתָּיֵא וְכֹל שִׁלְטֹנֵי
מְדִינָתָא לַחֲנֻכַּת צַלְמָא דִּי הֲקֵים נְבוּכַדְנֶצַּר מַלְכָּא וְקָאמִין וְקָיְמִין
ד לְקֳבֵל צַלְמָא דִּי הֲקֵים נְבוּכַדְנֶצַּר וְכָרוֹזָא קָרֵא בְחַיִל לְכוֹן

ה אָמְרִין֙ עַֽמְמַיָּ֔א אֻמַּיָּ֖א וְלִשָּׁנַיָּֽא׃ בְּעִדָּנָ֡א דִּֽי־תִשְׁמְע֡וּן קָ֣ל
קַרְנָ֡א מַֽשְׁרוֹקִיתָ֡א קיתרס סַבְּכָ֣א פְּסַנְתֵּרִין֩ סוּמְפֹּ֨נְיָ֜ה וְכֹ֣ל זְנֵ֣י קַתְר֣וֹס
זְמָרָ֗א תִּפְּל֤וּן וְתִסְגְּדוּן֙ לְצֶ֣לֶם דַּהֲבָ֔א דִּ֥י הֲקֵ֖ים נְבוּכַדְנֶצַּ֥ר
ו מַלְכָּֽא׃ וּמַן־דִּי־לָ֥א יִפֵּ֖ל וְיִסְגֻּ֑ד בַּהּ־שַׁעֲתָ֣א יִתְרְמֵ֔א לְגוֹא־
ז אַתּ֥וּן נוּרָ֖א יָקִֽדְתָּֽא׃ כָּל־קֳבֵ֣ל דְּנָ֡ה בֵּהּ־זִמְנָא֩ כְּדִ֨י שָׁמְעִ֜ין כָּל־
עַֽמְמַיָּ֗א קָ֣ל קַרְנָ֣א מַשְׁר֡וֹקִיתָא קיתרס שַׂבְּכָא֩ פְּסַנְטֵרִ֨ין וְכֹ֜ל קַתְר֣וֹס
זְנֵ֣י זְמָרָ֗א נָֽפְלִין֩ כָּל־עַֽמְמַיָּ֨א אֻמַּיָּ֜א וְלִשָּֽׁנַיָּ֗א סָֽגְדִין֙ לְצֶ֣לֶם
ח דַּהֲבָ֔א דִּ֥י הֲקֵ֖ים נְבוּכַדְנֶצַּ֥ר מַלְכָּֽא׃ כָּל־קֳבֵ֣ל דְּנָה֙ בֵּהּ־זִמְנָ֔א
ט קְרִ֖בוּ גֻּבְרִ֣ין כַּשְׂדָּאִ֑ין וַאֲכַ֥לוּ קַרְצֵיה֖וֹן דִּ֥י יְהוּדָיֵֽא׃ עֲנוֹ֙ וְאָ֣מְרִ֔ין
י לִנְבוּכַדְנֶצַּ֖ר מַלְכָּ֑א מַלְכָּ֖א לְעָלְמִ֥ין חֱיִֽי׃ אנתה מַלְכָּא֩ שָׂ֨מְתָּ אַ֣נְתְּ
טְּעֵ֜ם דִּ֣י כָל־אֱנָ֗שׁ דִּֽי־יִשְׁמַ֞ע קָ֣ל קַרְנָ֣א מַשְׁרֹקִיתָ֣א קיתרס קַתְר֣וֹס
שַׂבְּכָ֣א פְסַנְתֵּרִין֮ וסיפניה וְכֹ֣ל זְנֵ֣י זְמָרָ֒א יִפֵּ֥ל וְיִסְגֻּ֖ד לְצֶ֥לֶם וְסוּפֹּ֣נְיָ֔ה
יא דַּהֲבָֽא׃ וּמַן־דִּי־לָ֥א יִפֵּ֖ל וְיִסְגֻּ֑ד יִתְרְמֵ֕א לְגֽוֹא־אַתּ֥וּן נוּרָ֖א
יב יָקִֽדְתָּֽא׃ אִיתַ֞י גֻּבְרִ֣ין יְהוּדָאיִ֗ן דִּֽי־מַנִּ֤יתָ יָתְהוֹן֙ עַל־עֲבִידַת֙
מְדִינַ֣ת בָּבֶ֔ל שַׁדְרַ֥ךְ מֵישַׁ֖ךְ וַעֲבֵ֣ד נְג֑וֹ גֻּבְרַיָּ֣א אִלֵּ֗ךְ לָא־שָׂ֨מוּ
עליך מַלְכָּא֙ טְּעֵ֔ם לאלהיך לָ֣א פָֽלְחִ֔ין וּלְצֶ֧לֶם דַּהֲבָ֛א דִּ֥י עֲלָ֤ךְ | לֵֽאלָהָךְ֙
יג הֲקֵ֖ימְתָּ לָ֥א סָגְדִֽין׃ בֵּאדַ֤יִן נְבֽוּכַדְנֶצַּר֙ בִּרְגַ֣ז
וַחֲמָ֔א אֲמַ֕ר לְהַיְתָיָ֔ה לְשַׁדְרַ֥ךְ מֵישַׁ֖ךְ וַעֲבֵ֣ד נְג֑וֹ בֵּאדַ֙יִן֙ גֻּבְרַיָּ֣א
יד אִלֵּ֔ךְ הֵיתָ֖יוּ קֳדָ֥ם מַלְכָּֽא׃ עָנֵ֤ה נְבֻֽכַדְנֶצַּר֙ וְאָמַ֣ר לְה֔וֹן הַצְדָּ֕א
שַׁדְרַ֥ךְ מֵישַׁ֖ךְ וַעֲבֵ֣ד נְג֑וֹ לֵֽאלָהַ֗י לָ֤א אִֽיתֵיכוֹן֙ פָּֽלְחִ֔ין וּלְצֶ֧לֶם
טו דַּהֲבָ֛א דִּ֥י הֲקֵ֖ימֶת לָ֥א סָגְדִֽין׃ כְּעַ֞ן הֵ֧ן אִיתֵיכ֣וֹן עֲתִידִ֗ין דִּ֣י
בְעִדָּנָ֡א דִּֽי־תִשְׁמְע֡וּן קָ֣ל קַרְנָ֣א מַשְׁרוֹקִיתָ֣א קיתרס שַׂבְּכָ֡א קַתְר֣וֹס
פְּסַנְתֵּרִין֩ וְסוּמְפֹּנְיָ֨ה וְכֹ֣ל ׀ זְנֵ֣י זְמָרָ֗א תִּפְּל֣וּן וְתִסְגְּדוּן֮ לְצַלְמָ֣א
דִֽי־עַבְדֵת֒ וְהֵן֙ לָ֣א תִסְגְּד֔וּן בַּהּ־שַׁעֲתָ֣ה תִתְרְמ֔וֹן לְגֽוֹא־אַתּ֥וּן
טז נוּרָ֖א יָקִֽדְתָּ֑א וּמַן־ה֣וּא אֱלָ֔הּ דִּ֥י יְשֵֽׁיזְבִנְכ֖וֹן מִן־יְדָֽי׃ עֲנוֹ֙ שַׁדְרַ֤ךְ
מֵישַׁךְ֙ וַעֲבֵ֣ד נְג֔וֹ וְאָמְרִ֖ין לְמַלְכָּ֑א נְבֽוּכַדְנֶצַּ֔ר לָֽא־חַשְׁחִ֨ין אֲנַ֧חְנָה
יז עַל־דְּנָ֖ה פִּתְגָ֥ם לַהֲתָבוּתָֽךְ׃ הֵ֣ן אִיתַ֗י אֱלָהַ֙נָא֙ דִּֽי־אֲנַ֣חְנָא

פָּלְחִין יָכִל לְשֵׁיזָבוּתַנָא מִן־אַתּוּן נוּרָא יָקִדְתָּא וּמִן־יְדָךְ מַלְכָּא
יח יְשֵׁיזִב׃ וְהֵן לָא יְדִיעַ לֶהֱוֵא־לָךְ מַלְכָּא דִּי לאלהיך לָא־איתנא לֵאלָהָךְ
יט פָּלְחִין וּלְצֶלֶם דַּהֲבָא דִּי הֲקֵימְתָּ לָא נִסְגֻּד׃ בֵּאדַיִן
נְבוּכַדְנֶצַּר הִתְמְלִי חֱמָא וּצְלֵם אַנְפּוֹהִי אשתנו עַל־שַׁדְרַךְ אֶשְׁתַּנִּי
מֵישַׁךְ וַעֲבֵד נְגוֹ עָנֵה וְאָמַר לְמֵזֵא לְאַתּוּנָא חַד־שִׁבְעָה עַל
כ דִּי חֲזֵה לְמֵזְיֵהּ׃ וּלְגֻבְרִין גִּבָּרֵי־חַיִל דִּי בְחַיְלֵהּ אֲמַר לְכַפָּתָה
לְשַׁדְרַךְ מֵישַׁךְ וַעֲבֵד נְגוֹ לְמִרְמֵא לְאַתּוּן נוּרָא יָקִדְתָּא׃
כא בֵּאדַיִן גֻּבְרַיָּא אִלֵּךְ כְּפִתוּ בְּסַרְבָּלֵיהוֹן פטישיהון וְכַרְבְּלָתְהוֹן פַּטְּשֵׁיהוֹן
כב וּלְבֻשֵׁיהוֹן וּרְמִיו לְגוֹא־אַתּוּן נוּרָא יָקִדְתָּא׃ כָּל־קֳבֵל דְּנָה
מִן־דִּי מִלַּת מַלְכָּא מַחְצְפָה וְאַתּוּנָא אֵזֵה יַתִּירָה גֻּבְרַיָּא אִלֵּךְ
דִּי הַסִּקוּ לְשַׁדְרַךְ מֵישַׁךְ וַעֲבֵד נְגוֹ קַטִּל הִמּוֹן שְׁבִיבָא דִּי
כג נוּרָא׃ וְגֻבְרַיָּא אִלֵּךְ תְּלָתֵּהוֹן שַׁדְרַךְ מֵישַׁךְ וַעֲבֵד נְגוֹ נְפַלוּ
כד לְגוֹא־אַתּוּן־נוּרָא יָקִדְתָּא מְכַפְּתִין׃ אֱדַיִן נְבוּכַדְנֶצַּר
מַלְכָּא תְּוַהּ וְקָם בְּהִתְבְּהָלָה עָנֵה וְאָמַר לְהַדָּבְרוֹהִי הֲלָא
גֻבְרִין תְּלָתָה רְמֵינָא לְגוֹא־נוּרָא מְכַפְּתִין עָנַיִן וְאָמְרִין
כה לְמַלְכָּא יַצִּיבָא מַלְכָּא׃ עָנֵה וְאָמַר הָא־אֲנָה חָזֵה גֻּבְרִין
אַרְבְּעָה שְׁרַיִן מַהְלְכִין בְּגוֹא־נוּרָא וַחֲבָל לָא־אִיתַי בְּהוֹן
כו וְרֵוֵהּ דִּי רביעיא דָּמֵה לְבַר־אֱלָהִין׃ בֵּאדַיִן קְרֵב רְבִיעָאָה
נְבוּכַדְנֶצַּר לִתְרַע אַתּוּן נוּרָא יָקִדְתָּא עָנֵה וְאָמַר שַׁדְרַךְ
מֵישַׁךְ וַעֲבֵד־נְגוֹ עַבְדוֹהִי דִּי־אֱלָהָא עליא פֻּקוּ וֶאֱתוֹ בֵּאדַיִן עִלָּאָה
כז נָפְקִין שַׁדְרַךְ מֵישַׁךְ וַעֲבֵד נְגוֹ מִן־גּוֹא נוּרָא׃ וּמִתְכַּנְּשִׁין
אֲחַשְׁדַּרְפְּנַיָּא סִגְנַיָּא וּפַחֲוָתָא וְהַדָּבְרֵי מַלְכָּא חָזַיִן לְגֻבְרַיָּא
אִלֵּךְ דִּי לָא־שְׁלֵט נוּרָא בגשמיהון וּשְׂעַר רֵאשְׁהוֹן לָא הִתְחָרַךְ בְּגֶשְׁמְהוֹן
כח וְסַרְבָּלֵיהוֹן לָא שְׁנוֹ וְרֵיחַ נוּר לָא עֲדָת בְּהוֹן׃ עָנֵה נְבוּכַדְנֶצַּר
וְאָמַר בְּרִיךְ אֱלָהֲהוֹן דִּי־שַׁדְרַךְ מֵישַׁךְ וַעֲבֵד נְגוֹ דִּי־שְׁלַח
מַלְאֲכֵהּ וְשֵׁיזִב לְעַבְדוֹהִי דִּי הִתְרְחִצוּ עֲלוֹהִי וּמִלַּת מַלְכָּא
שַׁנִּיו וִיהַבוּ גשמיהון דִּי לָא־יִפְלְחוּן וְלָא־יִסְגְּדוּן לְכָל־אֱלָהּ לָהֵן גֶּשְׁמְהוֹן

כט לֵאלָהֲהוֹן: וּמִנִּי שִׂים טְעֵם דִּי כָל־עַם אֻמָּה וְלִשָּׁן דִּי־יֵאמַר
שְׁלוּ שלה עַל־אֱלָהֲהוֹן דִּי־שַׁדְרַךְ מֵישַׁךְ וַעֲבֵד נְגוֹא הַדָּמִין יִתְעֲבֵד
וּבַיְתֵהּ נְוָלִי יִשְׁתַּוֵּה כָּל־קֳבֵל דִּי לָא אִיתַי אֱלָה אָחֳרָן דִּי־
ל ג יִכֻּל לְהַצָּלָה כִּדְנָה: בֵּאדַיִן מַלְכָּא הַצְלַח לְשַׁדְרַךְ מֵישַׁךְ
לא וַעֲבֵד נְגוֹ בִּמְדִינַת בָּבֶל: נְבוּכַדְנֶצַּר מַלְכָּא
דָּיְרִין לְכָל־עַמְמַיָּא אֻמַיָּא וְלִשָּׁנַיָּא דִּי־דארין בְּכָל־אַרְעָא שְׁלָמְכוֹן
לב עִלָּאָה יִשְׂגֵּא: אָתַיָּא וְתִמְהַיָּא דִּי עֲבַד עִמִּי אֱלָהָא עליא שְׁפַר קָדָמַי
לג לְהַחֲוָיָה: אָתוֹהִי כְּמָה רַבְרְבִין וְתִמְהוֹהִי כְּמָה תַקִּיפִין
ד א מַלְכוּתֵהּ מַלְכוּת עָלַם וְשָׁלְטָנֵהּ עִם־דָּר וְדָר: אֲנָה נְבוּכַדְנֶצַּר
ב שְׁלֵה הֲוֵית בְּבֵיתִי וְרַעְנַן בְּהֵיכְלִי: חֵלֶם חֲזֵית וִידַחֲלִנַּנִי
ג וְהַרְהֹרִין עַל־מִשְׁכְּבִי וְחֶזְוֵי רֵאשִׁי יְבַהֲלֻנַּנִי: וּמִנִּי שִׂים טְעֵם
לְהַנְעָלָה קֳדָמַי לְכֹל חַכִּימֵי בָבֶל דִּי־פְשַׁר חֶלְמָא יְהוֹדְעֻנַּנִי:
ד עָלִּין | כַּשְׂדָּאֵי בֵּאדַיִן עללין חַרְטֻמַיָּא אָשְׁפַיָּא כשדיא וְגָזְרַיָּא וְחֶלְמָא אָמַר
ה אֲנָה קֳדָמֵיהוֹן וּפִשְׁרֵהּ לָא־מְהוֹדְעִין לִי: וְעַד אָחֳרֵין עַל
קָדָמַי דָּנִיֵּאל דִּי־שְׁמֵהּ בֵּלְטְשַׁאצַּר כְּשֻׁם אֱלָהִי וְדִי רוּחַ־
ו אֱלָהִין קַדִּישִׁין בֵּהּ וְחֶלְמָא קָדָמוֹהִי אַמְרֵת: בֵּלְטְשַׁאצַּר
רַב חַרְטֻמַיָּא דִּי | אֲנָה יִדְעֵת דִּי רוּחַ אֱלָהִין קַדִּישִׁין בָּךְ
ז וְכָל־רָז לָא־אָנֵס לָךְ חֶזְוֵי חֶלְמִי דִי־חֲזֵית וּפִשְׁרֵהּ אֱמַר: וְחֶזְוֵי
רֵאשִׁי עַל־מִשְׁכְּבִי חָזֵה הֲוֵית וַאֲלוּ אִילָן בְּגוֹא אַרְעָא וְרוּמֵהּ
ח שַׂגִּיא: רְבָה אִילָנָא וּתְקִף וְרוּמֵהּ יִמְטֵא לִשְׁמַיָּא וַחֲזוֹתֵהּ
ט לְסוֹף כָּל־אַרְעָא: עָפְיֵהּ שַׁפִּיר וְאִנְבֵּהּ שַׂגִּיא וּמָזוֹן לְכֹלָּא־
יְדוּרָן בֵהּ תְּחֹתוֹהִי תַּטְלֵל | חֵיוַת בָּרָא וּבְעַנְפוֹהִי ידרון צִפֲּרֵי שְׁמַיָּא
י וּמִנֵּהּ יִתְּזִין כָּל־בִּשְׂרָא: חָזֵה הֲוֵית בְּחֶזְוֵי רֵאשִׁי עַל־מִשְׁכְּבִי
יא וַאֲלוּ עִיר וְקַדִּישׁ מִן־שְׁמַיָּא נָחִת: קָרֵא בְחַיִל וְכֵן אָמַר גֹּדּוּ
אִילָנָא וְקַצִּצוּ עַנְפוֹהִי אַתַּרוּ עָפְיֵהּ וּבַדַּרוּ אִנְבֵּהּ תְּנֻד חֵיוְתָא
יב מִן־תַּחְתּוֹהִי וְצִפְּרַיָּא מִן־עַנְפוֹהִי: בְּרַם עִקַּר שָׁרְשׁוֹהִי בְּאַרְעָא
שְׁבֻקוּ וּבֶאֱסוּר דִּי־פַרְזֶל וּנְחָשׁ בְּדִתְאָא דִּי בָרָא וּבְטַל שְׁמַיָּא

יג יִצְטַבַּע וְעִם־חֵיוְתָא חֲלָקֵהּ בַּעֲשַׂב אַרְעָא׃ לִבְבֵהּ מִן־אֲנוֹשָׁא אֲנָשָׁא
יְשַׁנּוֹן וּלְבַב חֵיוָא יִתְיְהִב לֵהּ וְשִׁבְעָה עִדָּנִין יַחְלְפוּן עֲלוֹהִי׃
יד בִּגְזֵרַת עִירִין פִּתְגָמָא וּמֵאמַר קַדִּישִׁין שְׁאֵלְתָא עַד־דִּבְרַת
דִּי יִנְדְּעוּן חַיַּיָּא דִּי־שַׁלִּיט עליא בְּמַלְכוּת אנושא וּלְמַן־דִּי עִלָּאָה | אֲנָשָׁא
טו יִצְבֵּא יִתְּנִנַּהּ וּשְׁפַל אֲנָשִׁים יְקִים עליה׃ דְּנָה חֶלְמָא חֲזֵית עֲלַהּ
אֲנָה מַלְכָּא נְבוּכַדְנֶצַּר ואנתה בֵּלְטְשַׁאצַּר פשרא אֱמַר וְאַנְתְּ | פִּשְׁרֵהּ
כָּל־קֳבֵל דִּי | כָּל־חַכִּימֵי מַלְכוּתִי לָא־יָכְלִין פִּשְׁרָא לְהוֹדָעוּתַנִי
טז ואנתה כָּהֵל דִּי רוּחַ־אֱלָהִין קַדִּישִׁין בָּךְ׃ אֱדַיִן דָּנִיֵּאל דִּי־ וְאַנְתְּ
שְׁמֵהּ בֵּלְטְשַׁאצַּר אֶשְׁתּוֹמַם כְּשָׁעָה חֲדָה וְרַעְיֹנֹהִי יְבַהֲלֻנֵּהּ
עָנֵה מַלְכָּא וְאָמַר בֵּלְטְשַׁאצַּר חֶלְמָא ופשרא אַל־יְבַהֲלָךְ וּפִשְׁרֵהּ
עָנֵה בֵלְטְשַׁאצַּר וְאָמַר מָרִאי חֶלְמָא לשנאיך ופשרה לעריך׃ לְשָׂנְאָךְ | לְעָרָךְ
יז אִילָנָא דִּי חֲזַיְתָ דִּי רְבָה וּתְקִף וְרוּמֵהּ יִמְטֵא לִשְׁמַיָּא וַחֲזוֹתֵהּ
יח לְכָל־אַרְעָא׃ וְעָפְיֵהּ שַׁפִּיר וְאִנְבֵּהּ שַׂגִּיא וּמָזוֹן לְכֹלָּא־בֵהּ
תְּחֹתוֹהִי תְּדוּר חֵיוַת בָּרָא וּבְעַנְפוֹהִי יִשְׁכְּנָן צִפֲּרֵי שְׁמַיָּא׃
יט אנתה־הוּא מַלְכָּא דִּי רבית וּתְקֵפְתְּ וּרְבוּתָךְ רבת וּמְטָת אַנְתְּ־ | רְבָת
כ לִשְׁמַיָּא וְשָׁלְטָנָךְ לְסוֹף אַרְעָא׃ וְדִי חֲזָה מַלְכָּא עִיר וְקַדִּישׁ
נָחִת | מִן־שְׁמַיָּא וְאָמַר גֹּדּוּ אִילָנָא וְחַבְּלוּהִי בְּרַם עִקַּר
שָׁרְשׁוֹהִי בְּאַרְעָא שְׁבֻקוּ וּבֶאֱסוּר דִּי־פַרְזֶל וּנְחָשׁ בְּדִתְאָא דִּי
בָרָא וּבְטַל שְׁמַיָּא יִצְטַבַּע וְעִם־חֵיוַת בָּרָא חֲלָקֵהּ עַד דִּי־
כא שִׁבְעָה עִדָּנִין יַחְלְפוּן עֲלוֹהִי׃ דְּנָה פִשְׁרָא מַלְכָּא וּגְזֵרַת עליא עִלָּאָה
כב הִיא דִּי מְטָת עַל־מרִאי מַלְכָּא׃ וְלָךְ טָרְדִין מִן־אֲנָשָׁא וְעִם־
חֵיוַת בָּרָא לֶהֱוֵה מְדֹרָךְ וְעִשְׂבָּא כְתוֹרִין | לָךְ יְטַעֲמוּן וּמִטַּל
שְׁמַיָּא לָךְ מְצַבְּעִין וְשִׁבְעָה עִדָּנִין יַחְלְפוּן עליך עַד דִּי־תִנְדַּע עֲלָךְ
דִּי־שַׁלִּיט עליא בְּמַלְכוּת אֲנָשָׁא וּלְמַן־דִּי יִצְבֵּא יִתְּנִנַּהּ׃ עִלָּאָה
כג וְדִי אֲמַרוּ לְמִשְׁבַּק עִקַּר שָׁרְשׁוֹהִי דִּי אִילָנָא מַלְכוּתָךְ לָךְ
כד קַיָּמָה מִן־דִּי תִנְדַּע דִּי שַׁלִּטִן שְׁמַיָּא׃ לָהֵן מַלְכָּא מִלְכִּי יִשְׁפַּר
עליך וחטיך בְּצִדְקָה פְרֻק וַעֲוָיָתָךְ בְּמִחַן עֲנָיִן הֵן תֶּהֱוֵא אַרְכָה עֲלָךְ | וַחֲטָאָךְ

ד

כה כו לִשְׁלֵוְתָךְ: כֹּלָּא מְּטָא עַל־נְבוּכַדְנֶצַּר מַלְכָּא: לִקְצָת
יַרְחִין תְּרֵי־עֲשַׂר עַל־הֵיכַל מַלְכוּתָא דִּי בָבֶל מְהַלֵּךְ הֲוָה:
כז עָנֵה מַלְכָּא וְאָמַר הֲלָא דָא־הִיא בָּבֶל רַבְּתָא דִּי־אֲנָה בֱנַיְתַהּ
כח לְבֵית מַלְכוּ בִּתְקַף חִסְנִי וְלִיקָר הַדְרִי: עוֹד מִלְּתָא בְּפֻם
מַלְכָּא קָל מִן־שְׁמַיָּא נְפַל לָךְ אָמְרִין נְבוּכַדְנֶצַּר מַלְכָּא
כט מַלְכוּתָה עֲדָת מִנָּךְ: וּמִן־אֲנָשָׁא לָךְ טָרְדִין וְעִם־חֵיוַת בָּרָא
מְדֹרָךְ עִשְׂבָּא כְתוֹרִין לָךְ יְטַעֲמוּן וְשִׁבְעָה עִדָּנִין יַחְלְפוּן עליך עֲלָךְ
עַד דִּי־תִנְדַּע דִּי־שַׁלִּיט עליא בְּמַלְכוּת אֲנָשָׁא וּלְמַן־דִּי עִלָּאָה
ל יִצְבֵּא יִתְּנִנַּהּ: בַּהּ־שַׁעֲתָא מִלְּתָא סָפַת עַל־נְבוּכַדְנֶצַּר וּמִן־
אֲנָשָׁא טְרִיד וְעִשְׂבָּא כְתוֹרִין יֵאכֻל וּמִטַּל שְׁמַיָּא גִּשְׁמֵהּ
לא יִצְטַבַּע עַד דִּי שַׂעְרֵהּ כְּנִשְׁרִין רְבָה וְטִפְרוֹהִי כְצִפְּרִין: וְלִקְצָת
יוֹמַיָּא אֲנָה נְבוּכַדְנֶצַּר עַיְנַי ׀ לִשְׁמַיָּא נִטְלֵת וּמַנְדְּעִי עֲלַי
יְתוּב ולעליא בָּרְכֵת וּלְחַי עָלְמָא שַׁבְּחֵת וְהַדְּרֵת דִּי שָׁלְטָנֵהּ וּלְעִלָּאָה
לב שָׁלְטָן עָלַם וּמַלְכוּתֵהּ עִם־דָּר וְדָר: וְכָל־דארי אַרְעָא כְּלָה דָּיְרֵי
חֲשִׁיבִין וּכְמִצְבְּיֵהּ עָבֵד בְּחֵיל שְׁמַיָּא ודארי אַרְעָא וְלָא אִיתַי וְדָיְרֵי
לג דִּי־יְמַחֵא בִידֵהּ וְיֵאמַר לֵהּ מָה עֲבַדְתְּ: בֵּהּ־זִמְנָא מַנְדְּעִי ׀
יְתוּב עֲלַי וְלִיקַר מַלְכוּתִי הַדְרִי וְזִוִי יְתוּב עֲלַי וְלִי הַדָּבְרַי
וְרַבְרְבָנַי יְבַעוֹן וְעַל־מַלְכוּתִי הָתְקְנַת וּרְבוּ יַתִּירָה הוּסְפַת לִי:
לד כְּעַן אֲנָה נְבוּכַדְנֶצַּר מְשַׁבַּח וּמְרוֹמֵם וּמְהַדַּר לְמֶלֶךְ שְׁמַיָּא דִּי
כָל־מַעֲבָדוֹהִי קְשֹׁט וְאֹרְחָתֵהּ דִּין וְדִי מַהְלְכִין בְּגֵוָה יָכִל
לְהַשְׁפָּלָה:

ה א בֵּלְשַׁאצַּר מַלְכָּא עֲבַד לְחֶם רַב לְרַבְרְבָנוֹהִי אֲלַף וְלָקֳבֵל
ב אַלְפָּא חַמְרָא שָׁתֵה: בֵּלְשַׁאצַּר אֲמַר ׀ בִּטְעֵם חַמְרָא לְהַיְתָיָה
לְמָאנֵי דַּהֲבָא וְכַסְפָּא דִּי הַנְפֵּק נְבוּכַדְנֶצַּר אֲבוּהִי מִן־הֵיכְלָא
דִּי בִירוּשְׁלֶם וְיִשְׁתּוֹן בְּהוֹן מַלְכָּא וְרַבְרְבָנוֹהִי שֵׁגְלָתֵהּ
ג וּלְחֵנָתֵהּ: בֵּאדַיִן הַיְתִיו מָאנֵי דַהֲבָא דִּי הַנְפִּקוּ מִן־הֵיכְלָא
דִּי־בֵית אֱלָהָא דִּי בִירוּשְׁלֶם וְאִשְׁתִּיו בְּהוֹן מַלְכָּא וְרַבְרְבָנוֹהִי

כלי המקדש - נלקחים מירושלים ומושבים אליה
מל"ב כה, יג-יז
ירמיה נב, יז-כג
דניאל א, ב
עזרא א, ז-יא; ה, יד-טו; ו, ה
דה"ב לו, יח

ד שַׁגְלָתֵהּ וּלְחֵנָתֵהּ׃ אִשְׁתִּיו חַמְרָא וְשַׁבַּחוּ לֵאלָהֵי דַּהֲבָא
ה וְכַסְפָּא נְחָשָׁא פַרְזְלָא אָעָא וְאַבְנָא׃ בַּהּ־שַׁעֲתָה נפקו אֶצְבְּעָן — נְפַקָה
דִּי יַד־אֱנָשׁ וְכָתְבָן לָקֳבֵל נֶבְרַשְׁתָּא עַל־גִּירָא דִּי־כְתַל הֵיכְלָא
ו דִּי מַלְכָּא וּמַלְכָּא חָזֵה פַּס יְדָה דִּי כָתְבָה׃ אֱדַיִן מַלְכָּא זִיוֹהִי
שְׁנוֹהִי וְרַעְיֹנֹהִי יְבַהֲלוּנֵּהּ וְקִטְרֵי חַרְצֵהּ מִשְׁתָּרַיִן וְאַרְכֻבָּתֵהּ
ז דָּא לְדָא נָקְשָׁן׃ קָרֵא מַלְכָּא בְּחַיִל לְהֶעָלָה לְאָשְׁפַיָּא כשדיא — כַּשְׂדָּאֵי
וְגָזְרַיָּא עָנֵה מַלְכָּא וְאָמַר ׀ לְחַכִּימֵי בָבֶל דִּי כָל־אֱנָשׁ דִּי־
יִקְרֵה כְּתָבָה דְנָה וּפִשְׁרֵהּ יְחַוִּנַּנִי אַרְגְּוָנָא יִלְבַּשׁ והמונכא דִי־ — וְהַמְנִיכָא
ח דַהֲבָא עַל־צַוְּארֵהּ וְתַלְתִּי בְמַלְכוּתָא יִשְׁלַט׃ אֱדַיִן
עללין כֹּל חַכִּימֵי מַלְכָּא וְלָא־כָהֲלִין כְּתָבָא לְמִקְרֵא ופשרא — עָלִּין | וּפִשְׁרֵהּ
ט לְהוֹדָעָה לְמַלְכָּא׃ אֱדַיִן מַלְכָּא בֵלְשַׁאצַּר שַׂגִּיא מִתְבָּהַל
י וְזִיוֺהִי שָׁנַיִן עֲלוֹהִי וְרַבְרְבָנוֹהִי מִשְׁתַּבְּשִׁין׃ מַלְכְּתָא לָקֳבֵל
מִלֵּי מַלְכָּא וְרַבְרְבָנוֹהִי לְבֵית מִשְׁתְּיָא עללת עֲנָת מַלְכְּתָא — עַלַּת
וַאֲמֶרֶת מַלְכָּא לְעָלְמִין חֱיִי אַל־יְבַהֲלוּךְ רַעְיוֹנָךְ וזיויך אַל־ — וְזִיוָךְ
יא יִשְׁתַּנּוֹ׃ אִיתַי גְּבַר בְּמַלְכוּתָךְ דִּי רוּחַ אֱלָהִין קַדִּישִׁין בֵּהּ
וּבְיוֹמֵי אֲבוּךְ נַהִירוּ וְשָׂכְלְתָנוּ וְחָכְמָה כְּחָכְמַת־אֱלָהִין
הִשְׁתְּכַחַת בֵּהּ וּמַלְכָּא נְבֻכַדְנֶצַּר אֲבוּךְ רַב חַרְטֻמִּין אָשְׁפִין
יב כַּשְׂדָּאִין גָּזְרִין הֲקִימֵהּ אֲבוּךְ מַלְכָּא׃ כָּל־קֳבֵל דִּי רוּחַ ׀ יַתִּירָה ד
וּמַנְדַּע וְשָׂכְלְתָנוּ מְפַשַּׁר חֶלְמִין וְאַחֲוָיַת אֲחִידָן וּמְשָׁרֵא קִטְרִין — נבוכדנצאר קורא לדניאל בשם "בלטשאצר" דניאל א, ז
הִשְׁתְּכַחַת בֵּהּ בְּדָנִיֵּאל דִּי־מַלְכָּא שָׂם־שְׁמֵהּ בֵּלְטְשַׁאצַּר כְּעַן
יג דָּנִיֵּאל יִתְקְרֵי וּפִשְׁרָה יְהַחֲוֵה׃ בֵּאדַיִן דָּנִיֵּאל הֻעַל
קֳדָם מַלְכָּא עָנֵה מַלְכָּא וְאָמַר לְדָנִיֵּאל אנתה־הוּא דָנִיֵּאל — אַנְתְּ־
דִּי־מִן־בְּנֵי גָלוּתָא דִּי יְהוּד דִּי הַיְתִי מַלְכָּא אַבִי מִן־יְהוּד׃
יד וְשִׁמְעֵת עליך דִּי רוּחַ אֱלָהִין בָּךְ וְנַהִירוּ וְשָׂכְלְתָנוּ וְחָכְמָה — עֲלָךְ
טו יַתִּירָה הִשְׁתְּכַחַת בָּךְ׃ וּכְעַן הֻעַלּוּ קֳדָמַי חַכִּימַיָּא אָשְׁפַיָּא
דִּי־כְתָבָה דְנָה יִקְרוֹן וּפִשְׁרֵהּ לְהוֹדָעֻתַנִי וְלָא־כָהֲלִין פְּשַׁר־
טז מִלְּתָא לְהַחֲוָיָה׃ וַאֲנָה שִׁמְעֵת עליך דִּי־תוכל פִּשְׁרִין — עֲלָךְ | תִכּוּל

תִּכֻּל לְמִפְשַׁר וְקִטְרִין לְמִשְׁרֵא כְּעַן הֵן תוכל כְּתָבָא לְמִקְרֵא
וְהַֽמְנִיכָא וּפִשְׁרֵהּ לְהוֹדָעֻתַנִי אַרְגְּוָנָא תִלְבַּשׁ והמונכא דִּי־דַהֲבָא עַל־
צַוְּארָךְ וְתַלְתָּא בְמַלְכוּתָא תִּשְׁלַט׃ בֵּאדַיִן יז
עָנֵה דָנִיֵּאל וְאָמַר קֳדָם מַלְכָּא מַתְּנָתָךְ לָךְ לֶהֶוְיָן וּנְבָזְבְּיָתָךְ
לְאָחֳרָן הַב בְּרַם כְּתָבָא אֶקְרֵא לְמַלְכָּא וּפִשְׁרָא אֲהוֹדְעִנֵּהּ׃

גאוות נבוכדנצאר ועונשו
דניאל ד, כא–ל

אַנְתְּ | עִלָּאָה אנתה מַלְכָּא אֱלָהָא עליא מַלְכוּתָא וּרְבוּתָא וִיקָרָא וְהַדְרָא יח
יְהַב לִנְבֻכַדְנֶצַּר אֲבוּךְ׃ וּמִן־רְבוּתָא דִּי יְהַב־לֵהּ כֹּל עַמְמַיָּא יט
זָיְעִין אֻמַיָּא וְלִשָּׁנַיָּא הֲווֹ זאעין וְדָחֲלִין מִן־קֳדָמוֹהִי דִּי־הֲוָא צָבֵא
הֲוָה קָטֵל וְדִי־הֲוָה צָבֵא הֲוָה מַחֵא וְדִי־הֲוָה צָבֵא הֲוָה
מָרִים וְדִי־הֲוָה צָבֵא הֲוָה מַשְׁפִּל׃ וּכְדִי רִם לִבְבֵהּ וְרוּחֵהּ כ
תִּקְפַת לַהֲזָדָה הָנְחַת מִן־כָּרְסֵא מַלְכוּתֵהּ וִיקָרָה הֶעְדִּיו
שַׁוִּיו מִנֵּהּ׃ וּמִן־בְּנֵי אֲנָשָׁא טְרִיד וְלִבְבֵהּ ׀ עִם־חֵיוְתָא שוי וְעִם־ כא
עֲרָדַיָּא מְדוֹרֵהּ עִשְׂבָּא כְתוֹרִין יְטַעֲמוּנֵּהּ וּמִטַּל שְׁמַיָּא גִּשְׁמֵהּ
עִלָּאָה יִצְטַבַּע עַד דִּי־יְדַע דִּי־שַׁלִּיט אֱלָהָא עליא בְּמַלְכוּת אֲנָשָׁא
עֲלַהּ | וְאַנְתְּ וּלְמַן־דִּי יִצְבֵּא יְהָקֵים עליה׃ ואנתה בְּרֵהּ בֵּלְשַׁאצַּר לָא כב
הַשְׁפֵּלְתְּ לִבְבָךְ כָּל־קֳבֵל דִּי כָל־דְּנָה יְדַעְתָּ׃ וְעַל מָרֵא־ כג
קֳדָמָךְ | וְאַנְתְּ שְׁמַיָּא ׀ הִתְרוֹמַמְתָּ וּלְמָאנַיָּא דִי־בַיְתֵהּ הַיְתִיו קדמיך ואנתה
וְרַבְרְבָנָךְ ורברבניך שֵׁגְלָתָךְ וּלְחֵנָתָךְ חַמְרָא שָׁתַיִן בְּהוֹן וְלֵאלָהֵי כַסְפָּא־
וְדַהֲבָא נְחָשָׁא פַרְזְלָא אָעָא וְאַבְנָא דִּי לָא־חָזַיִן וְלָא־
שָׁמְעִין וְלָא יָדְעִין שַׁבַּחְתָּ וְלֵאלָהָא דִּי־נִשְׁמְתָךְ בִּידֵהּ וְכָל־
אֹרְחָתָךְ לֵהּ לָא הַדַּרְתָּ׃ בֵּאדַיִן מִן־קֳדָמוֹהִי שְׁלִיחַ פַּסָּא דִי־ כד
יְדָא וּכְתָבָא דְנָה רְשִׁים׃ וּדְנָה כְתָבָא דִּי רְשִׁים מְנֵא מְנֵא כה
תְּקֵל וּפַרְסִין׃ דְּנָה פְּשַׁר מִלְּתָא מְנֵא מְנָה־אֱלָהָא מַלְכוּתָךְ כו
וְהַשְׁלְמַהּ׃ תְּקֵל תְּקִילְתָּה בְמֹאזַנְיָא וְהִשְׁתְּכַחַתְּ חַסִּיר׃ פְּרֵס כז כח
פְּרִיסַת מַלְכוּתָךְ וִיהִיבַת לְמָדַי וּפָרָס׃ בֵּאדַיִן ׀ אֲמַר כט
וְהַֽמְנִיכָא בֵּלְשַׁאצַּר וְהַלְבִּשׁוּ לְדָנִיֵּאל אַרְגְּוָנָא והמונכא דִּי־דַהֲבָא עַל־
צַוְּארֵהּ וְהַכְרִזוּ עֲלוֹהִי דִּי־לֶהֱוֵא שַׁלִּיט תַּלְתָּא בְּמַלְכוּתָא׃

ה

ל בֵּהּ בְּלֵילְיָא קְטִיל בֵּלְאשַׁצַּר מַלְכָּא כשדיא׃ כַּשְׂדָּאָה
ו א ב וְדָרְיָוֶשׁ מדיא קַבֵּל מַלְכוּתָא כְּבַר שְׁנִין שִׁתִּין וְתַרְתֵּין׃ שְׁפַר מָדָאָה
קֳדָם דָּרְיָוֶשׁ וַהֲקִים עַל־מַלְכוּתָא לַאֲחַשְׁדַּרְפְּנַיָּא מְאָה
ג וְעֶשְׂרִין דִּי לֶהֱוֺן בְּכָל־מַלְכוּתָא׃ וְעֵלָּא מִנְּהוֺן סָרְכִין תְּלָתָה
דִּי דָנִיֵּאל חַד מִנְּהוֺן דִּי־לֶהֱוֺן אֲחַשְׁדַּרְפְּנַיָּא אִלֵּין יָהֲבִין לְהוֺן
ד טַעְמָא וּמַלְכָּא לָא־לֶהֱוֵא נָזִק׃ אֱדַיִן דָּנִיֵּאל דְּנָה הֲוָא מִתְנַצַּח
עַל־סָרְכַיָּא וַאֲחַשְׁדַּרְפְּנַיָּא כָּל־קֳבֵל דִּי רוּחַ יַתִּירָא בֵּהּ
ה וּמַלְכָּא עֲשִׁית לַהֲקָמוּתֵהּ עַל־כָּל־מַלְכוּתָא׃ אֱדַיִן סָרְכַיָּא
וַאֲחַשְׁדַּרְפְּנַיָּא הֲווֹ בָעַיִן עִלָּה לְהַשְׁכָּחָה לְדָנִיֵּאל מִצַּד מַלְכוּתָא
וְכָל־עִלָּה וּשְׁחִיתָה לָא־יָכְלִין לְהַשְׁכָּחָה כָּל־קֳבֵל דִּי־מְהֵימַן
ו הוּא וְכָל־שָׁלוּ וּשְׁחִיתָה לָא הִשְׁתְּכַחַת עֲלוֹהִי׃ אֱדַיִן גֻּבְרַיָּא
אִלֵּךְ אָמְרִין דִּי לָא נְהַשְׁכַּח לְדָנִיֵּאל דְּנָה כָּל־עִלָּא לָהֵן
ז הַשְׁכַּחְנָא עֲלוֹהִי בְּדָת אֱלָהֵהּ׃ אֱדַיִן סָרְכַיָּא
וַאֲחַשְׁדַּרְפְּנַיָּא אִלֵּן הַרְגִּשׁוּ עַל־מַלְכָּא וְכֵן אָמְרִין לֵהּ דָּרְיָוֶשׁ
ח מַלְכָּא לְעָלְמִין חֱיִי׃ אִתְיָעַטוּ כֹּל ׀ סָרְכֵי מַלְכוּתָא סִגְנַיָּא
וַאֲחַשְׁדַּרְפְּנַיָּא הַדָּבְרַיָּא וּפַחֲוָתָא לְקַיָּמָה קְיָם מַלְכָּא וּלְתַקָּפָה
אֱסָר דִּי כָל־דִּי־יִבְעֵא בָעוּ מִן־כָּל־אֱלָהּ וֶאֱנָשׁ עַד־יוֹמִין
ט תְּלָתִין לָהֵן מִנָּךְ מַלְכָּא יִתְרְמֵא לְגֹב אַרְיָוָתָא׃ כְּעַן מַלְכָּא
תְּקִים אֱסָרָא וְתִרְשֻׁם כְּתָבָא דִּי לָא לְהַשְׁנָיָה כְּדָת־מָדַי
י וּפָרַס דִּי־לָא תֶעְדֵּא׃ כָּל־קֳבֵל דְּנָה מַלְכָּא דָּרְיָוֶשׁ רְשַׁם
יא כְּתָבָא וֶאֱסָרָא׃ וְדָנִיֵּאל כְּדִי יְדַע דִּי־רְשִׁים כְּתָבָא עַל לְבַיְתֵהּ ה
וְכַוִּין פְּתִיחָן לֵהּ בְּעִלִּיתֵהּ נֶגֶד יְרוּשְׁלֶם וְזִמְנִין תְּלָתָה בְיוֹמָא
הוּא ׀ בָּרֵךְ עַל־בִּרְכוֹהִי וּמְצַלֵּא וּמוֹדֵא קֳדָם אֱלָהֵהּ כָּל־קֳבֵל
יב דִּי־הֲוָא עָבֵד מִן־קַדְמַת דְּנָה׃ אֱדַיִן גֻּבְרַיָּא אִלֵּךְ הַרְגִּשׁוּ
יג וְהַשְׁכַּחוּ לְדָנִיֵּאל בָּעֵא וּמִתְחַנַּן קֳדָם אֱלָהֵהּ׃ בֵּאדַיִן קְרִבוּ
וְאָמְרִין קֳדָם־מַלְכָּא עַל־אֱסָר מַלְכָּא הֲלָא אֱסָר רְשַׁמְתָּ דִּי
כָל־אֱנָשׁ דִּי־יִבְעֵה מִן־כָּל־אֱלָהּ וֶאֱנָשׁ עַד־יוֹמִין תְּלָתִין

כלי המקדש - נלקחים מירושלים ומושבים אליה
מל"ב כה, יג-יז
ירמיה נב, יז-כג
דניאל א, ב; ה, ב-ג
עזרא א, ז-יא; ה, יד-טו
דה"ב לו, יח

לָהֵן מִנָּךְ מַלְכָּא יִתְרְמֵא לְגוֹב אַרְיָוָתָא עָנֵה מַלְכָּא וְאָמַר
יַצִּיבָא מִלְּתָא כְּדָת־מָדַי וּפָרַס דִּי־לָא תֶעְדֵּא׃ בֵּאדַיִן עֲנוֹ יד
וְאָמְרִין קֳדָם מַלְכָּא דִּי דָנִיֵּאל דִּי מִן־בְּנֵי גָלוּתָא דִּי יְהוּד
עֲלָךְ לָא־שָׂם עליך מַלְכָּא טְעֵם וְעַל־אֱסָרָא דִּי רְשַׁמְתָּ וְזִמְנִין
תְּלָתָה בְּיוֹמָא בָּעֵא בָּעוּתֵהּ׃ אֱדַיִן מַלְכָּא כְּדִי מִלְּתָא שְׁמַע טו
שַׂגִּיא בְּאֵשׁ עֲלוֹהִי וְעַל דָּנִיֵּאל שָׂם בָּל לְשֵׁיזָבוּתֵהּ וְעַד
מֶעָלֵי שִׁמְשָׁא הֲוָה מִשְׁתַּדַּר לְהַצָּלוּתֵהּ׃ בֵּאדַיִן גֻּבְרַיָּא אִלֵּךְ טז
הַרְגִּשׁוּ עַל־מַלְכָּא וְאָמְרִין לְמַלְכָּא דַּע מַלְכָּא דִּי־דָת לְמָדַי
וּפָרַס דִּי־כָל־אֱסָר וּקְיָם דִּי־מַלְכָּא יְהָקֵים לָא לְהַשְׁנָיָה׃
בֵּאדַיִן מַלְכָּא אֲמַר וְהַיְתִיו לְדָנִיֵּאל וּרְמוֹ לְגֻבָּא דִּי אַרְיָוָתָא יז
אַנְתְּ עָנֵה מַלְכָּא וְאָמַר לְדָנִיֵּאל אֱלָהָךְ דִּי אנתה פָּלַח־לֵהּ
בִּתְדִירָא הוּא יְשֵׁיזְבִנָּךְ׃ וְהֵיתָיִת אֶבֶן חֲדָה וְשֻׂמַת עַל־פֻּם יח
גֻּבָּא וְחַתְמַהּ מַלְכָּא בְּעִזְקְתֵהּ וּבְעִזְקָת רַבְרְבָנוֹהִי דִּי לָא־
תִשְׁנֵא צְבוּ בְּדָנִיֵּאל׃ אֱדַיִן אֲזַל מַלְכָּא לְהֵיכְלֵהּ וּבָת טְוָת יט
וְדַחֲוָן לָא־הַנְעֵל קָדָמוֹהִי וְשִׁנְתֵּהּ נַדַּת עֲלוֹהִי׃ בֵּאדַיִן מַלְכָּא כ
בִּשְׁפַרְפָּרָא יְקוּם בְּנָגְהָא וּבְהִתְבְּהָלָה לְגֻבָּא דִּי־אַרְיָוָתָא אֲזַל׃
וּכְמִקְרְבֵהּ לְגֻבָּא לְדָנִיֵּאל בְּקָל עֲצִיב זְעִק עָנֵה מַלְכָּא וְאָמַר כא
אַנְתְּ לְדָנִיֵּאל דָּנִיֵּאל עֲבֵד אֱלָהָא חַיָּא אֱלָהָךְ דִּי אנתה פָּלַח־
לֵהּ בִּתְדִירָא הֲיִכִל לְשֵׁיזָבוּתָךְ מִן־אַרְיָוָתָא׃ אֱדַיִן דָּנִיֵּאל כב
עִם־מַלְכָּא מַלִּל מַלְכָּא לְעָלְמִין חֱיִי׃ אֱלָהִי שְׁלַח מַלְאֲכֵהּ כג
וּסֲגַר פֻּם אַרְיָוָתָא וְלָא חַבְּלוּנִי כָּל־קֳבֵל דִּי קָדָמוֹהִי זָכוּ
קֳדָמָךְ הִשְׁתְּכַחַת לִי וְאַף קדמיך מַלְכָּא חֲבוּלָה לָא עַבְדֵת׃ בֵּאדַיִן כד
מַלְכָּא שַׂגִּיא טְאֵב עֲלוֹהִי וּלְדָנִיֵּאל אֲמַר לְהַנְסָקָה מִן־גֻּבָּא
וְהֻסַּק דָּנִיֵּאל מִן־גֻּבָּא וְכָל־חֲבָל לָא־הִשְׁתְּכַח בֵּהּ דִּי הֵימִן
בֵּאלָהֵהּ׃ וַאֲמַר מַלְכָּא וְהַיְתִיו גֻּבְרַיָּא אִלֵּךְ דִּי־אֲכַלוּ קַרְצוֹהִי כה
דִּי דָנִיֵּאל וּלְגֹב אַרְיָוָתָא רְמוֹ אִנּוּן בְּנֵיהוֹן וּנְשֵׁיהוֹן וְלָא־מְטוֹ
לְאַרְעִית גֻּבָּא עַד דִּי־שְׁלִטוּ בְהוֹן אַרְיָוָתָא וְכָל־גַּרְמֵיהוֹן

כו הַדִּקוּ: בֵּאדַיִן דָּרְיָוֶשׁ מַלְכָּא כְּתַב לְכָל־עַמְמַיָּא אֻמַיָּא
כז וְלִשָּׁנַיָּא דִּי־דארין בְּכָל־אַרְעָא שְׁלָמְכוֹן יִשְׂגֵּא: מִן־קֳדָמַי דָּיְרִין
שִׂים טְעֵם דִּי ׀ בְּכָל־שָׁלְטָן מַלְכוּתִי לֶהֱוֺן זאעין וְדָחֲלִין מִן־ זָיְעִין
קֳדָם אֱלָהֵהּ דִּי־דָנִיֵּאל דִּי־הוּא ׀ אֱלָהָא חַיָּא וְקַיָּם לְעָלְמִין
כח וּמַלְכוּתֵהּ דִּי־לָא תִתְחַבַּל וְשָׁלְטָנֵהּ עַד־סוֹפָא: מְשֵׁיזִב וּמַצִּל
וְעָבֵד אָתִין וְתִמְהִין בִּשְׁמַיָּא וּבְאַרְעָא דִּי שֵׁיזִיב לְדָנִיֵּאל מִן־
כט יַד אַרְיָוָתָא: וְדָנִיֵּאל דְּנָה הַצְלַח בְּמַלְכוּת דָּרְיָוֶשׁ וּבְמַלְכוּת
כּוֹרֶשׁ פרסיא: פָּרְסָאָה
ז א בִּשְׁנַת חֲדָה לְבֵלְאשַׁאצַּר מֶלֶךְ בָּבֶל דָּנִיֵּאל חֵלֶם חֲזָה וְחֶזְוֵי
רֵאשֵׁהּ עַל־מִשְׁכְּבֵהּ בֵּאדַיִן חֶלְמָא כְתַב רֵאשׁ מִלִּין אֲמַר:
ב עָנֵה דָנִיֵּאל וְאָמַר חָזֵה הֲוֵית בְּחֶזְוִי עִם־לֵילְיָא וַאֲרוּ אַרְבַּע
ג רוּחֵי שְׁמַיָּא מְגִיחָן לְיַמָּא רַבָּא: וְאַרְבַּע חֵיוָן רַבְרְבָן סָלְקָן
ד מִן־יַמָּא שָׁנְיָן דָּא מִן־דָּא: קַדְמָיְתָא כְאַרְיֵה וְגַפִּין דִּי־נְשַׁר
לַהּ חָזֵה הֲוֵית עַד דִּי־מְּרִיטוּ גפיה וּנְטִילַת מִן־אַרְעָא וְעַל־ גַּפַּהּ
ה רַגְלַיִן כֶּאֱנָשׁ הֳקִימַת וּלְבַב אֱנָשׁ יְהִיב לַהּ: וַאֲרוּ חֵיוָה אָחֳרִי
תִנְיָנָה דָּמְיָה לְדֹב וְלִשְׂטַר־חַד הֳקִמַת וּתְלָת עִלְעִין בְּפֻמַּהּ
ו בֵּין שניה וְכֵן אָמְרִין לַהּ קוּמִי אֲכֻלִי בְּשַׂר שַׂגִּיא: בָּאתַר דְּנָה שִׁנַּהּ
חָזֵה הֲוֵית וַאֲרוּ אָחֳרִי כִּנְמַר וְלַהּ גַּפִּין אַרְבַּע דִּי־עוֹף עַל־
ז גביה וְאַרְבְּעָה רֵאשִׁין לְחֵיוְתָא וְשָׁלְטָן יְהִיב לַהּ: בָּאתַר דְּנָה גַּבַּהּ
חָזֵה הֲוֵית בְּחֶזְוֵי לֵילְיָא וַאֲרוּ חֵיוָה רביעיה דְּחִילָה וְאֵימְתָנִי רְבִיעָאָה
וְתַקִּיפָא יַתִּירָה וְשִׁנַּיִן דִּי־פַרְזֶל לַהּ רַבְרְבָן אָכְלָה וּמַדֱּקָה
וּשְׁאָרָא ברגליה רָפְסָה וְהִיא מְשַׁנְּיָה מִן־כָּל־חֵיוָתָא דִּי קדמיה בְּרַגְלַהּ | קֳדָמַהּ
ח וְקַרְנַיִן עֲשַׂר לַהּ: מִשְׂתַּכַּל הֲוֵית בְּקַרְנַיָּא וַאֲלוּ קֶרֶן אָחֳרִי
זְעֵירָה סִלְקָת ביניהון וּתְלָת מִן־קַרְנַיָּא קַדְמָיָתָא אתעקרו בֵּינֵיהֵן | אֶתְעֲקַרָה
מִן־קדמיה וַאֲלוּ עַיְנִין כְּעַיְנֵי אֲנָשָׁא בְּקַרְנָא־דָא וּפֻם מְמַלִּל קֳדָמַהּ
ט רַבְרְבָן: חָזֵה הֲוֵית עַד דִּי כָרְסָוָן רְמִיו וְעַתִּיק יוֹמִין יְתִב
לְבוּשֵׁהּ ׀ כִּתְלַג חִוָּר וּשְׂעַר רֵאשֵׁהּ כַּעֲמַר נְקֵא כָּרְסְיֵהּ שְׁבִיבִין

דִּי־נ֖וּר גַּלְגִּלּ֖וֹהִי נ֥וּר דָּלִֽק׃ נְהַ֣ר דִּי־נ֗וּר נָגֵ֤ד וְנָפֵק֙ מִן־קֳדָמ֔וֹהִי י
אַלְפִּין | רִבְבָן אֶ֤לֶף אלפים֙ יְשַׁמְּשׁוּנֵּ֔הּ וְרִבּ֥וֹ רבון קָֽדָמ֖וֹהִי יְקוּמ֑וּן דִּינָ֥א יְתִ֖ב
וְסִפְרִ֥ין פְּתִֽיחוּ׃ חָזֵ֣ה הֲוֵ֔ית בֵּאדַ֗יִן מִן־קָל֙ מִלַּיָּ֣א רַבְרְבָתָ֔א דִּ֥י יא
קַרְנָ֖א מְמַלֱּלָ֑א חָזֵ֣ה הֲוֵ֗ית עַ֣ד דִּ֤י קְטִילַת֙ חֵֽיוְתָ֔א וְהוּבַ֣ד גִּשְׁמַ֔הּ
וִיהִיבַ֖ת לִיקֵדַ֥ת אֶשָּֽׁא׃ וּשְׁאָר֙ חֵֽיוָתָ֔א הֶעְדִּ֖יו שָׁלְטָנְה֑וֹן וְאַרְכָ֧ה יב
בְחַיִּ֛ין יְהִ֥יבַת לְה֖וֹן עַד־זְמַ֥ן וְעִדָּֽן׃ חָזֵ֤ה הֲוֵית֙ בְּחֶזְוֵ֣י לֵֽילְיָ֔א יג
וַאֲרוּ֙ עִם־עֲנָנֵ֣י שְׁמַיָּ֔א כְּבַ֥ר אֱנָ֖שׁ אָתֵ֣ה הֲוָ֑א וְעַד־עַתִּ֤יק יֽוֹמַיָּא֙
מְטָ֔ה וּקְדָמ֖וֹהִי הַקְרְבֽוּהִי׃ וְלֵ֨הּ יְהִ֤ב שָׁלְטָן֙ וִיקָ֣ר וּמַלְכ֔וּ וְכֹ֣ל יד
עַֽמְמַיָּ֔א אֻמַּיָּ֥א וְלִשָּׁנַיָּ֖א לֵ֣הּ יִפְלְח֑וּן שָׁלְטָנֵ֞הּ שָׁלְטָ֤ן עָלַם֙ דִּֽי־
לָ֣א יֶעְדֵּ֔ה וּמַלְכוּתֵ֖הּ דִּי־לָ֥א תִתְחַבַּֽל׃ אֶתְכְּרִיַּ֥ת טו
רוּחִ֛י אֲנָ֥ה דָנִיֵּ֖אל בְּג֣וֹא נִדְנֶ֑ה וְחֶזְוֵ֥י רֵאשִׁ֖י יְבַהֲלֻנַּֽנִי׃ קִרְבֵת֙ עַל־ טז
חַד֙ מִן־קָ֣אֲמַיָּ֔א וְיַצִּיבָ֥א אֶבְעֵֽא־מִנֵּ֖הּ עַל־כָּל־דְּנָ֑ה וַאֲמַר־לִ֕י
וּפְשַׁ֥ר מִלַּיָּ֖א יְהוֹדְעִנַּֽנִי׃ אִלֵּין֙ חֵיוָתָ֣א רַבְרְבָתָ֔א דִּ֥י אִנִּ֖ין אַרְבַּ֑ע יז
אַרְבְּעָ֣ה מַלְכִ֔ין יְקוּמ֖וּן מִן־אַרְעָֽא׃ וִֽיקַבְּלוּן֙ מַלְכוּתָ֔א קַדִּישֵׁ֖י יח
עֶלְיוֹנִ֑ין וְיַחְסְנ֤וּן מַלְכוּתָא֙ עַד־עָ֣לְמָ֔א וְעַ֖ד עָלַ֥ם עָלְמַיָּֽא׃ אֱדַ֙יִן֙ יט
כָּלְהֵ֑ן צְבִ֣ית לְיַצָּבָ֔א עַל־חֵיוְתָא֙ רְבִיעָ֣יְתָ֔א דִּֽי־הֲוָ֤ת שָׁנְיָה֙ מִן־כלהון
שִׁנַּהּ | וְטִפְרַהּ דְּחִילָ֣ה יַתִּ֔ירָה שניה דִּֽי־פַרְזֶל֙ וטפריה דִּֽי־נְחָ֔שׁ אָֽכְלָה֙ מַדֱּקָ֔ה
בְּרַגְלַהּ וּשְׁאָרָ֖א ברגליה רָֽפְסָ֑ה׃ וְעַל־קַרְנַיָּ֤א עֲשַׂר֙ דִּ֣י בְרֵאשַׁ֔הּ וְאָֽחֳרִי֙ כ
וּנְפַלָה | קֳדָמַהּ דִּ֣י סִלְקַ֔ת ונפלו מִן־קדמיה תְּלָ֑ת וְקַרְנָ֨א דִכֵּ֜ן וְעַיְנִ֣ין לַ֗הּ וּפֻם֙
מְמַלִּ֣ל רַבְרְבָ֔ן וְחֶזְוַ֖הּ רַ֥ב מִן־חַבְרָתַֽהּ׃ חָזֵ֣ה הֲוֵ֔ית וְקַרְנָ֣א דִכֵּ֗ן כא
עָֽבְדָ֥א קְרָ֖ב עִם־קַדִּישִׁ֑ין וְיָכְלָ֖ה לְהֹֽן׃ עַ֣ד דִּֽי־אֲתָ֞ה עַתִּ֣יק כב
יֽוֹמַיָּ֔א וְדִינָ֣א יְהִ֔ב לְקַדִּישֵׁ֖י עֶלְיוֹנִ֑ין וְזִמְנָ֣א מְטָ֔ה וּמַלְכוּתָ֖א
רְבִיעָאָה הֶחֱסִ֥נוּ קַדִּישִֽׁין׃ כֵּן֮ אֲמַר֒ חֵֽיוְתָא֙ רביעיתא מַלְכ֤וּ רביעיה כג
תֶּהֱוֵ֣א בְאַרְעָ֔א דִּ֥י תִשְׁנֵ֖א מִן־כָּל־מַלְכְוָתָ֑א וְתֵאכֻל֙ כָּל־אַרְעָ֔א
וּתְדוּשִׁנַּ֖הּ וְתַדְּקִנַּֽהּ׃ וְקַרְנַיָּ֣א עֲשַׂ֗ר מִנַּהּ֙ מַלְכוּתָ֔א עַשְׂרָ֥ה כד
מַלְכִ֖ין יְקֻמ֑וּן וְאָחֳרָ֞ן יְק֣וּם אַחֲרֵיה֗וֹן וְה֤וּא יִשְׁנֵא֙ מִן־קַדְמָיֵ֔א
עִלָּאָה וּתְלָתָ֥ה מַלְכִ֖ין יְהַשְׁפִּֽל׃ וּמִלִּ֗ין לְצַ֤ד עליא֙ יְמַלִּ֔ל וּלְקַדִּישֵׁ֥י כה

עֶלְיוֹנִין יְבַלֵּא וְיִסְבַּר לְהַשְׁנָיָה זִמְנִין וְדָת וְיִתְיַהֲבוּן בִּידֵהּ עַד־
כו עִדָּן וְעִדָּנִין וּפְלַג עִדָּן׃ וְדִינָא יִתִּב וְשָׁלְטָנֵהּ יְהַעְדּוֹן לְהַשְׁמָדָה
כז וּלְהוֹבָדָה עַד־סוֹפָא׃ וּמַלְכוּתָה וְשָׁלְטָנָא וּרְבוּתָא דִּי מַלְכְוָת
תְּחוֹת כָּל־שְׁמַיָּא יְהִיבַת לְעַם קַדִּישֵׁי עֶלְיוֹנִין מַלְכוּתֵהּ
כח מַלְכוּת עָלַם וְכֹל שָׁלְטָנַיָּא לֵהּ יִפְלְחוּן וְיִשְׁתַּמְּעוּן׃ עַד־כָּה
סוֹפָא דִי־מִלְּתָא אֲנָה דָנִיֵּאל שַׂגִּיא ׀ רַעְיוֹנַי יְבַהֲלֻנַּנִי וְזִיוַי
יִשְׁתַּנּוֹן עֲלַי וּמִלְּתָא בְּלִבִּי נִטְרֵת׃

ח א בִּשְׁנַת שָׁלוֹשׁ לְמַלְכוּת בֵּלְאשַׁצַּר הַמֶּלֶךְ חָזוֹן נִרְאָה אֵלַי אֲנִי
ב דָנִיֵּאל אַחֲרֵי הַנִּרְאָה אֵלַי בַּתְּחִלָּה׃ וָאֶרְאֶה בֶּחָזוֹן וַיְהִי בִּרְאֹתִי
וַאֲנִי בְּשׁוּשַׁן הַבִּירָה אֲשֶׁר בְּעֵילָם הַמְּדִינָה וָאֶרְאֶה בֶּחָזוֹן וַאֲנִי
ג הָיִיתִי עַל־אוּבַל אוּלָי׃ וָאֶשָּׂא עֵינַי וָאֶרְאֶה וְהִנֵּה ׀ אַיִל אֶחָד
עֹמֵד לִפְנֵי הָאֻבָל וְלוֹ קְרָנָיִם וְהַקְּרָנַיִם גְּבֹהוֹת וְהָאַחַת גְּבֹהָה
ד מִן־הַשֵּׁנִית וְהַגְּבֹהָה עֹלָה בָּאַחֲרֹנָה׃ רָאִיתִי אֶת־הָאַיִל מְנַגֵּחַ
יָמָּה וְצָפוֹנָה וָנֶגְבָּה וְכָל־חַיּוֹת לֹא־יַעַמְדוּ לְפָנָיו וְאֵין מַצִּיל
ה מִיָּדוֹ וְעָשָׂה כִרְצֹנוֹ וְהִגְדִּיל׃ וַאֲנִי ׀ הָיִיתִי מֵבִין וְהִנֵּה צְפִיר־
הָעִזִּים בָּא מִן־הַמַּעֲרָב עַל־פְּנֵי כָל־הָאָרֶץ וְאֵין נוֹגֵעַ בָּאָרֶץ
ו וְהַצָּפִיר קֶרֶן חָזוּת בֵּין עֵינָיו׃ וַיָּבֹא עַד־הָאַיִל בַּעַל הַקְּרָנַיִם
ז אֲשֶׁר רָאִיתִי עֹמֵד לִפְנֵי הָאֻבָל וַיָּרָץ אֵלָיו בַּחֲמַת כֹּחוֹ׃ וּרְאִיתִיו
מַגִּיעַ ׀ אֵצֶל הָאַיִל וַיִּתְמַרְמַר אֵלָיו וַיַּךְ אֶת־הָאַיִל וַיְשַׁבֵּר
אֶת־שְׁתֵּי קְרָנָיו וְלֹא־הָיָה כֹחַ בָּאַיִל לַעֲמֹד לְפָנָיו וַיַּשְׁלִיכֵהוּ
ח אַרְצָה וַיִּרְמְסֵהוּ וְלֹא־הָיָה מַצִּיל לָאַיִל מִיָּדוֹ׃ וּצְפִיר הָעִזִּים
הִגְדִּיל עַד־מְאֹד וּכְעָצְמוֹ נִשְׁבְּרָה הַקֶּרֶן הַגְּדוֹלָה וַתַּעֲלֶנָה
ט חָזוּת אַרְבַּע תַּחְתֶּיהָ לְאַרְבַּע רוּחוֹת הַשָּׁמָיִם׃ וּמִן־הָאַחַת
מֵהֶם יָצָא קֶרֶן־אַחַת מִצְּעִירָה וַתִּגְדַּל־יֶתֶר אֶל־הַנֶּגֶב וְאֶל־
י הַמִּזְרָח וְאֶל־הַצֶּבִי׃ וַתִּגְדַּל עַד־צְבָא הַשָּׁמָיִם וַתַּפֵּל אַרְצָה
יא מִן־הַצָּבָא וּמִן־הַכּוֹכָבִים וַתִּרְמְסֵם׃ וְעַד שַׂר־הַצָּבָא הִגְדִּיל
יב וּמִמֶּנּוּ הרים הַתָּמִיד וְהֻשְׁלַךְ מְכוֹן מִקְדָּשׁוֹ׃ וְצָבָא תִּנָּתֵן עַל־ הוּרַם

הַתָּמִיד בְּפָשַׁע וְתַשְׁלֵךְ אֱמֶת אַרְצָה וְעָשְׂתָה וְהִצְלִיחָה׃
יג וָאֶשְׁמְעָה אֶחָד־קָדוֹשׁ מְדַבֵּר וַיֹּאמֶר אֶחָד קָדוֹשׁ לַפַּלְמוֹנִי
הַמְדַבֵּר עַד־מָתַי הֶחָזוֹן הַתָּמִיד וְהַפֶּשַׁע שֹׁמֵם תֵּת וְקֹדֶשׁ
יד וְצָבָא מִרְמָס׃ וַיֹּאמֶר אֵלַי עַד עֶרֶב בֹּקֶר אַלְפַּיִם וּשְׁלֹשׁ מֵאוֹת
טו וְנִצְדַּק קֹדֶשׁ׃ וַיְהִי בִּרְאֹתִי אֲנִי דָנִיֵּאל אֶת־הֶחָזוֹן וָאֲבַקְשָׁה
טז בִינָה וְהִנֵּה עֹמֵד לְנֶגְדִּי כְּמַרְאֵה־גָבֶר׃ וָאֶשְׁמַע קוֹל־אָדָם בֵּין
יז אוּלָי וַיִּקְרָא וַיֹּאמַר גַּבְרִיאֵל הָבֵן לְהַלָּז אֶת־הַמַּרְאֶה׃ וַיָּבֹא
אֵצֶל עָמְדִי וּבְבֹאוֹ נִבְעַתִּי וָאֶפְּלָה עַל־פָּנָי וַיֹּאמֶר אֵלַי הָבֵן
יח בֶּן־אָדָם כִּי לְעֶת־קֵץ הֶחָזוֹן׃ וּבְדַבְּרוֹ עִמִּי נִרְדַּמְתִּי עַל־פָּנַי
יט אָרְצָה וַיִּגַּע־בִּי וַיַּעֲמִידֵנִי עַל־עָמְדִי׃ וַיֹּאמֶר הִנְנִי מוֹדִיעֲךָ
כ אֵת אֲשֶׁר־יִהְיֶה בְּאַחֲרִית הַזָּעַם כִּי לְמוֹעֵד קֵץ׃ הָאַיִל אֲשֶׁר־
כא רָאִיתָ בַּעַל הַקְּרָנָיִם מַלְכֵי מָדַי וּפָרָס׃ וְהַצָּפִיר הַשָּׂעִיר מֶלֶךְ
יָוָן וְהַקֶּרֶן הַגְּדוֹלָה אֲשֶׁר בֵּין־עֵינָיו הוּא הַמֶּלֶךְ הָרִאשׁוֹן׃
כב וְהַנִּשְׁבֶּרֶת וַתַּעֲמֹדְנָה אַרְבַּע תַּחְתֶּיהָ אַרְבַּע מַלְכֻיוֹת מִגּוֹי
כג יַעֲמֹדְנָה וְלֹא בְכֹחוֹ׃ וּבְאַחֲרִית מַלְכוּתָם כְּהָתֵם הַפֹּשְׁעִים
כד יַעֲמֹד מֶלֶךְ עַז־פָּנִים וּמֵבִין חִידוֹת׃ וְעָצַם כֹּחוֹ וְלֹא בְכֹחוֹ
וְנִפְלָאוֹת יַשְׁחִית וְהִצְלִיחַ וְעָשָׂה וְהִשְׁחִית עֲצוּמִים וְעַם־
כה קְדֹשִׁים׃ וְעַל־שִׂכְלוֹ וְהִצְלִיחַ מִרְמָה בְּיָדוֹ וּבִלְבָבוֹ יַגְדִּיל
וּבְשַׁלְוָה יַשְׁחִית רַבִּים וְעַל שַׂר־שָׂרִים יַעֲמֹד וּבְאֶפֶס יָד יִשָּׁבֵר׃
כו וּמַרְאֵה הָעֶרֶב וְהַבֹּקֶר אֲשֶׁר נֶאֱמַר אֱמֶת הוּא וְאַתָּה סְתֹם
כז הֶחָזוֹן כִּי לְיָמִים רַבִּים׃ וַאֲנִי דָנִיֵּאל נִהְיֵיתִי וְנֶחֱלֵיתִי יָמִים
וָאָקוּם וָאֶעֱשֶׂה אֶת־מְלֶאכֶת הַמֶּלֶךְ וָאֶשְׁתּוֹמֵם עַל־הַמַּרְאֶה
וְאֵין מֵבִין׃

ט א בִּשְׁנַת אַחַת לְדָרְיָוֶשׁ בֶּן־אֲחַשְׁוֵרוֹשׁ מִזֶּרַע מָדָי אֲשֶׁר הָמְלַךְ
ב עַל מַלְכוּת כַּשְׂדִּים׃ בִּשְׁנַת אַחַת לְמָלְכוֹ אֲנִי דָּנִיֵּאל בִּינֹתִי
בַּסְּפָרִים מִסְפַּר הַשָּׁנִים אֲשֶׁר הָיָה דְבַר־יְהוָה אֶל־יִרְמִיָה
ג הַנָּבִיא לְמַלֹּאות לְחָרְבוֹת יְרוּשָׁלִַם שִׁבְעִים שָׁנָה׃ וָאֶתְּנָה

אֶת־פָּנַי אֶל־אֲדֹנָי הָאֱלֹהִים לְבַקֵּשׁ תְּפִלָּה וְתַחֲנוּנִים בְּצוֹם
ד וְשַׂק וָאֵפֶר׃ וָאֶתְפַּלְלָה לַיהוָה אֱלֹהַי וָאֶתְוַדֶּה וָאֹמְרָה אָנָּא ו
אֲדֹנָי הָאֵל הַגָּדוֹל וְהַנּוֹרָא שֹׁמֵר הַבְּרִית וְהַחֶסֶד לְאֹהֲבָיו
ה וּלְשֹׁמְרֵי מִצְוֺתָיו׃ חָטָאנוּ וְעָוִינוּ והרשענו וּמָרָדְנוּ וְסוֹר הִרְשַׁעְנוּ
ו מִמִּצְוֺתֶךָ וּמִמִּשְׁפָּטֶיךָ׃ וְלֹא שָׁמַעְנוּ אֶל־עֲבָדֶיךָ הַנְּבִיאִים
אֲשֶׁר דִּבְּרוּ בְּשִׁמְךָ אֶל־מְלָכֵינוּ שָׂרֵינוּ וַאֲבֹתֵינוּ וְאֶל כָּל־עַם
ז הָאָרֶץ׃ לְךָ אֲדֹנָי הַצְּדָקָה וְלָנוּ בֹּשֶׁת הַפָּנִים כַּיּוֹם הַזֶּה לְאִישׁ
יְהוּדָה וּלְיוֹשְׁבֵי יְרוּשָׁלִַם וּלְכָל־יִשְׂרָאֵל הַקְּרֹבִים וְהָרְחֹקִים
בְּכָל־הָאֲרָצוֹת אֲשֶׁר הִדַּחְתָּם שָׁם בְּמַעֲלָם אֲשֶׁר מָעֲלוּ־בָךְ׃
ח יְהוָה לָנוּ בֹּשֶׁת הַפָּנִים לִמְלָכֵינוּ לְשָׂרֵינוּ וְלַאֲבֹתֵינוּ אֲשֶׁר
ט חָטָאנוּ לָךְ׃ לַאדֹנָי אֱלֹהֵינוּ הָרַחֲמִים וְהַסְּלִחוֹת כִּי מָרַדְנוּ
י בּוֹ׃ וְלֹא שָׁמַעְנוּ בְּקוֹל יְהוָה אֱלֹהֵינוּ לָלֶכֶת בְּתוֹרֹתָיו אֲשֶׁר
יא נָתַן לְפָנֵינוּ בְּיַד עֲבָדָיו הַנְּבִיאִים׃ וְכָל־יִשְׂרָאֵל עָבְרוּ אֶת־
תּוֹרָתֶךָ וְסוֹר לְבִלְתִּי שְׁמוֹעַ בְּקֹלֶךָ וַתִּתַּךְ עָלֵינוּ הָאָלָה
וְהַשְּׁבֻעָה אֲשֶׁר כְּתוּבָה בְּתוֹרַת מֹשֶׁה עֶבֶד־הָאֱלֹהִים כִּי
יב חָטָאנוּ לוֹ׃ וַיָּקֶם אֶת־דבריו ׀ אֲשֶׁר־דִּבֶּר עָלֵינוּ וְעַל־שֹׁפְטֵינוּ דְּבָרוֹ
אֲשֶׁר שְׁפָטוּנוּ לְהָבִיא עָלֵינוּ רָעָה גְדֹלָה אֲשֶׁר לֹא־נֶעֶשְׂתָה
יג תַּחַת כָּל־הַשָּׁמַיִם כַּאֲשֶׁר נֶעֶשְׂתָה בִּירוּשָׁלִָם׃ כַּאֲשֶׁר כָּתוּב
בְּתוֹרַת מֹשֶׁה אֵת כָּל־הָרָעָה הַזֹּאת בָּאָה עָלֵינוּ וְלֹא־חִלִּינוּ
אֶת־פְּנֵי ׀ יְהוָה אֱלֹהֵינוּ לָשׁוּב מֵעֲוֺנֵנוּ וּלְהַשְׂכִּיל בַּאֲמִתֶּךָ׃
יד וַיִּשְׁקֹד יְהוָה עַל־הָרָעָה וַיְבִיאֶהָ עָלֵינוּ כִּי־צַדִּיק יְהוָה אֱלֹהֵינוּ
טו עַל־כָּל־מַעֲשָׂיו אֲשֶׁר עָשָׂה וְלֹא שָׁמַעְנוּ בְּקֹלוֹ׃ וְעַתָּה ׀ אֲדֹנָי
אֱלֹהֵינוּ אֲשֶׁר הוֹצֵאתָ אֶת־עַמְּךָ מֵאֶרֶץ מִצְרַיִם בְּיָד חֲזָקָה
טז וַתַּעַשׂ־לְךָ שֵׁם כַּיּוֹם הַזֶּה חָטָאנוּ רָשָׁעְנוּ׃ אֲדֹנָי כְּכָל־
צִדְקֹתֶךָ יָשָׁב־נָא אַפְּךָ וַחֲמָתְךָ מֵעִירְךָ יְרוּשָׁלִַם הַר־קָדְשֶׁךָ
כִּי בַחֲטָאֵינוּ וּבַעֲוֺנוֹת אֲבֹתֵינוּ יְרוּשָׁלִַם וְעַמְּךָ לְחֶרְפָּה לְכָל־
יז סְבִיבֹתֵינוּ׃ וְעַתָּה ׀ שְׁמַע אֱלֹהֵינוּ אֶל־תְּפִלַּת עַבְדְּךָ וְאֶל־

תַּחֲנוּנָיו וְהָאֵר פָּנֶיךָ עַל־מִקְדָּשְׁךָ הַשָּׁמֵם לְמַעַן אֲדֹנָי׃ הַטֵּה יח
פְּקַח אֱלֹהַי ׀ אָזְנְךָ וּשְׁמָע פקחה עֵינֶיךָ וּרְאֵה שֹׁמְמֹתֵינוּ וְהָעִיר
אֲשֶׁר־נִקְרָא שִׁמְךָ עָלֶיהָ כִּי ׀ לֹא עַל־צִדְקֹתֵינוּ אֲנַחְנוּ מַפִּילִים
תַּחֲנוּנֵינוּ לְפָנֶיךָ כִּי עַל־רַחֲמֶיךָ הָרַבִּים׃ אֲדֹנָי ׀ שְׁמָעָה אֲדֹנָי ׀ יט
סְלָחָה אֲדֹנָי הַקְשִׁיבָה וַעֲשֵׂה אַל־תְּאַחַר לְמַעַנְךָ אֱלֹהַי כִּי־
שִׁמְךָ נִקְרָא עַל־עִירְךָ וְעַל־עַמֶּךָ׃ וְעוֹד אֲנִי מְדַבֵּר וּמִתְפַּלֵּל כ
וּמִתְוַדֶּה חַטָּאתִי וְחַטַּאת עַמִּי יִשְׂרָאֵל וּמַפִּיל תְּחִנָּתִי לִפְנֵי
יְהוָה אֱלֹהַי עַל הַר־קֹדֶשׁ אֱלֹהָי׃ וְעוֹד אֲנִי מְדַבֵּר בַּתְּפִלָּה כא
וְהָאִישׁ גַּבְרִיאֵל אֲשֶׁר רָאִיתִי בֶחָזוֹן בַּתְּחִלָּה מֻעָף בִּיעָף נֹגֵעַ
אֵלַי כְּעֵת מִנְחַת־עָרֶב׃ וַיָּבֶן וַיְדַבֵּר עִמִּי וַיֹּאמַר דָּנִיֵּאל עַתָּה כב
יָצָאתִי לְהַשְׂכִּילְךָ בִינָה׃ בִּתְחִלַּת תַּחֲנוּנֶיךָ יָצָא דָבָר וַאֲנִי כג
בָּאתִי לְהַגִּיד כִּי חֲמוּדוֹת אָתָּה וּבִין בַּדָּבָר וְהָבֵן בַּמַּרְאֶה׃
שָׁבֻעִים שִׁבְעִים נֶחְתַּךְ עַל־עַמְּךָ ׀ וְעַל־עִיר קָדְשֶׁךָ לְכַלֵּא כד
וּלְהָתֵם חַטָּאת הַפֶּשַׁע ולחתם חטאות וּלְכַפֵּר עָוֺן וּלְהָבִיא צֶדֶק עֹלָמִים
וְלַחְתֹּם חָזוֹן וְנָבִיא וְלִמְשֹׁחַ קֹדֶשׁ קָדָשִׁים׃ וְתֵדַע וְתַשְׂכֵּל מִן־ כה
מֹצָא דָבָר לְהָשִׁיב וְלִבְנוֹת יְרוּשָׁלִַם עַד־מָשִׁיחַ נָגִיד שָׁבֻעִים
שִׁבְעָה וְשָׁבֻעִים שִׁשִּׁים וּשְׁנַיִם תָּשׁוּב וְנִבְנְתָה רְחוֹב וְחָרוּץ
וּבְצוֹק הָעִתִּים׃ וְאַחֲרֵי הַשָּׁבֻעִים שִׁשִּׁים וּשְׁנַיִם יִכָּרֵת מָשִׁיחַ כו
וְאֵין לוֹ וְהָעִיר וְהַקֹּדֶשׁ יַשְׁחִית עַם נָגִיד הַבָּא וְקִצּוֹ בַשֶּׁטֶף
וְעַד קֵץ מִלְחָמָה נֶחֱרֶצֶת שֹׁמֵמוֹת׃ וְהִגְבִּיר בְּרִית לָרַבִּים שָׁבוּעַ כז
אֶחָד וַחֲצִי הַשָּׁבוּעַ יַשְׁבִּית ׀ זֶבַח וּמִנְחָה וְעַל כְּנַף שִׁקּוּצִים
מְשֹׁמֵם וְעַד־כָּלָה וְנֶחֱרָצָה תִּתַּךְ עַל־שֹׁמֵם׃

בִּשְׁנַת שָׁלוֹשׁ לְכוֹרֶשׁ מֶלֶךְ פָּרַס דָּבָר נִגְלָה לְדָנִיֵּאל אֲשֶׁר־נִקְרָא י א
שְׁמוֹ בֵּלְטְשַׁאצַּר וֶאֱמֶת הַדָּבָר וְצָבָא גָדוֹל וּבִין אֶת־הַדָּבָר וּבִינָה
לוֹ בַּמַּרְאֶה׃ בַּיָּמִים הָהֵם אֲנִי דָנִיֵּאל הָיִיתִי מִתְאַבֵּל שְׁלֹשָׁה ב
שָׁבֻעִים יָמִים׃ לֶחֶם חֲמֻדוֹת לֹא אָכַלְתִּי וּבָשָׂר וָיַיִן לֹא־בָא אֶל־ ג
פִּי וְסוֹךְ לֹא־סָכְתִּי עַד־מְלֹאת שְׁלֹשֶׁת שָׁבֻעִים יָמִים׃

ד וּבְיוֹם עֶשְׂרִים וְאַרְבָּעָה לַחֹדֶשׁ הָרִאשׁוֹן וַאֲנִי הָיִיתִי עַל־יַד
ה הַנָּהָר הַגָּדוֹל הוּא חִדָּקֶל׃ וָאֶשָּׂא אֶת־עֵינַי וָאֵרֶא וְהִנֵּה אִישׁ־
ו אֶחָד לָבוּשׁ בַּדִּים וּמָתְנָיו חֲגֻרִים בְּכֶתֶם אוּפָז׃ וּגְוִיָּתוֹ כְתַרְשִׁישׁ
וּפָנָיו כְּמַרְאֵה בָרָק וְעֵינָיו כְּלַפִּידֵי אֵשׁ וּזְרֹעֹתָיו וּמַרְגְּלֹתָיו
ז כְּעֵין נְחֹשֶׁת קָלָל וְקוֹל דְּבָרָיו כְּקוֹל הָמוֹן׃ וְרָאִיתִי אֲנִי דָנִיֵּאל
לְבַדִּי אֶת־הַמַּרְאָה וְהָאֲנָשִׁים אֲשֶׁר הָיוּ עִמִּי לֹא רָאוּ אֶת־
הַמַּרְאָה אֲבָל חֲרָדָה גְדֹלָה נָפְלָה עֲלֵיהֶם וַיִּבְרְחוּ בְּהֵחָבֵא׃
ח וַאֲנִי נִשְׁאַרְתִּי לְבַדִּי וָאֶרְאֶה אֶת־הַמַּרְאָה הַגְּדֹלָה הַזֹּאת וְלֹא
נִשְׁאַר־בִּי כֹּחַ וְהוֹדִי נֶהְפַּךְ עָלַי לְמַשְׁחִית וְלֹא עָצַרְתִּי כֹּחַ׃
ט וָאֶשְׁמַע אֶת־קוֹל דְּבָרָיו וּכְשָׁמְעִי אֶת־קוֹל דְּבָרָיו וַאֲנִי הָיִיתִי
י נִרְדָּם עַל־פָּנַי וּפָנַי אָרְצָה׃ וְהִנֵּה־יָד נָגְעָה בִּי וַתְּנִיעֵנִי עַל־
יא בִּרְכַּי וְכַפּוֹת יָדָי׃ וַיֹּאמֶר אֵלַי דָּנִיֵּאל אִישׁ־חֲמֻדוֹת הָבֵן
בַּדְּבָרִים אֲשֶׁר אָנֹכִי דֹּבֵר אֵלֶיךָ וַעֲמֹד עַל־עָמְדֶךָ כִּי עַתָּה
שֻׁלַּחְתִּי אֵלֶיךָ וּבְדַבְּרוֹ עִמִּי אֶת־הַדָּבָר הַזֶּה עָמַדְתִּי מַרְעִיד׃
יב וַיֹּאמֶר אֵלַי אַל־תִּירָא דָנִיֵּאל כִּי ׀ מִן־הַיּוֹם הָרִאשׁוֹן אֲשֶׁר
נָתַתָּ אֶת־לִבְּךָ לְהָבִין וּלְהִתְעַנּוֹת לִפְנֵי אֱלֹהֶיךָ נִשְׁמְעוּ
יג דְבָרֶיךָ וַאֲנִי בָאתִי בִּדְבָרֶיךָ׃ וְשַׂר ׀ מַלְכוּת פָּרַס עֹמֵד לְנֶגְדִּי
עֶשְׂרִים וְאֶחָד יוֹם וְהִנֵּה מִיכָאֵל אַחַד הַשָּׂרִים הָרִאשֹׁנִים בָּא
יד לְעָזְרֵנִי וַאֲנִי נוֹתַרְתִּי שָׁם אֵצֶל מַלְכֵי פָרָס׃ וּבָאתִי לַהֲבִינְךָ
אֵת אֲשֶׁר־יִקְרָה לְעַמְּךָ בְּאַחֲרִית הַיָּמִים כִּי־עוֹד חָזוֹן לַיָּמִים׃
טו וּבְדַבְּרוֹ עִמִּי כַּדְּבָרִים הָאֵלֶּה נָתַתִּי פָנַי אַרְצָה וְנֶאֱלָמְתִּי׃
טז וְהִנֵּה כִּדְמוּת בְּנֵי אָדָם נֹגֵעַ עַל־שְׂפָתָי וָאֶפְתַּח־פִּי וָאֲדַבְּרָה
וָאֹמְרָה אֶל־הָעֹמֵד לְנֶגְדִּי אֲדֹנִי בַּמַּרְאָה נֶהֶפְכוּ צִירַי עָלַי
יז וְלֹא עָצַרְתִּי כֹּחַ׃ וְהֵיךְ יוּכַל עֶבֶד אֲדֹנִי זֶה לְדַבֵּר עִם־אֲדֹנִי
זֶה וַאֲנִי מֵעַתָּה לֹא־יַעֲמָד־בִּי כֹחַ וּנְשָׁמָה לֹא נִשְׁאֲרָה־בִי׃
יח יט וַיֹּסֶף וַיִּגַּע־בִּי כְּמַרְאֵה אָדָם וַיְחַזְּקֵנִי׃ וַיֹּאמֶר אַל־תִּירָא אִישׁ־
חֲמֻדוֹת שָׁלוֹם לָךְ חֲזַק וַחֲזָק וּכְדַבְּרוֹ עִמִּי הִתְחַזַּקְתִּי וָאֹמְרָה

יְדַבֵּר אֲדֹנִי כִּי חִזַּקְתָּנִי׃ וַיֹּאמֶר הֲיָדַעְתָּ לָמָּה־בָּאתִי אֵלֶיךָ כ
וְעַתָּה אָשׁוּב לְהִלָּחֵם עִם־שַׂר פָּרָס וַאֲנִי יוֹצֵא וְהִנֵּה שַׂר־
ז יָוָן בָּא׃ אֲבָל אַגִּיד לְךָ אֶת־הָרָשׁוּם בִּכְתָב אֱמֶת וְאֵין אֶחָד כא
מִתְחַזֵּק עִמִּי עַל־אֵלֶּה כִּי אִם־מִיכָאֵל שַׂרְכֶם׃ וַאֲנִי א יא
בִּשְׁנַת אַחַת לְדָרְיָוֶשׁ הַמָּדִי עָמְדִי לְמַחֲזִיק וּלְמָעוֹז לוֹ׃
וְעַתָּה אֱמֶת אַגִּיד לָךְ הִנֵּה־עוֹד שְׁלֹשָׁה מְלָכִים עֹמְדִים ב
לְפָרַס וְהָרְבִיעִי יַעֲשִׁיר עֹשֶׁר־גָּדוֹל מִכֹּל וּכְחֶזְקָתוֹ בְעָשְׁרוֹ
יָעִיר הַכֹּל אֵת מַלְכוּת יָוָן׃ וְעָמַד מֶלֶךְ גִּבּוֹר וּמָשַׁל מִמְשָׁל ג
רַב וְעָשָׂה כִּרְצוֹנוֹ׃ וּכְעָמְדוֹ תִּשָּׁבֵר מַלְכוּתוֹ וְתֵחָץ לְאַרְבַּע ד
רוּחוֹת הַשָּׁמָיִם וְלֹא לְאַחֲרִיתוֹ וְלֹא כְמָשְׁלוֹ אֲשֶׁר מָשָׁל כִּי
תִנָּתֵשׁ מַלְכוּתוֹ וְלַאֲחֵרִים מִלְּבַד־אֵלֶּה׃ וְיֶחֱזַק מֶלֶךְ־הַנֶּגֶב ה
וּמִן־שָׂרָיו וְיֶחֱזַק עָלָיו וּמָשָׁל מִמְשָׁל רַב מֶמְשַׁלְתּוֹ׃ וּלְקֵץ ו
שָׁנִים יִתְחַבָּרוּ וּבַת מֶלֶךְ־הַנֶּגֶב תָּבוֹא אֶל־מֶלֶךְ הַצָּפוֹן
לַעֲשׂוֹת מֵישָׁרִים וְלֹא־תַעְצֹר כּוֹחַ הַזְּרוֹעַ וְלֹא יַעֲמֹד וּזְרֹעוֹ
וְתִנָּתֵן הִיא וּמְבִיאֶיהָ וְהַיֹּלְדָהּ וּמַחֲזִקָהּ בָּעִתִּים׃ וְעָמַד מִנֵּצֶר ז
שָׁרָשֶׁיהָ כַּנּוֹ וְיָבֹא אֶל־הַחַיִל וְיָבֹא בְּמָעוֹז מֶלֶךְ הַצָּפוֹן וְעָשָׂה
בָהֶם וְהֶחֱזִיק׃ וְגַם אֱלֹהֵיהֶם עִם־נְסִכֵיהֶם עִם־כְּלֵי חֶמְדָּתָם ח
כֶּסֶף וְזָהָב בַּשְּׁבִי יָבִא מִצְרָיִם וְהוּא שָׁנִים יַעֲמֹד מִמֶּלֶךְ
הַצָּפוֹן׃ וּבָא בְּמַלְכוּת מֶלֶךְ הַנֶּגֶב וְשָׁב אֶל־אַדְמָתוֹ׃ וּבָנָו ט י
יִתְגָּרוּ וְאָסְפוּ הֲמוֹן חֲיָלִים רַבִּים וּבָא בוֹא וְשָׁטַף וְעָבָר וְיָשֹׁב
וְיִתְגָּרֶה ויתגרו עַד־מָעֻזֹּה׃ וְיִתְמַרְמַר מֶלֶךְ הַנֶּגֶב וְיָצָא וְנִלְחַם עִמּוֹ יא
עִם־מֶלֶךְ הַצָּפוֹן וְהֶעֱמִיד הָמוֹן רָב וְנִתַּן הֶהָמוֹן בְּיָדוֹ׃ וְנִשָּׂא יב
וְרָם הֶהָמוֹן ירום לְבָבוֹ וְהִפִּיל רִבֹּאוֹת וְלֹא יָעוֹז׃ וְשָׁב מֶלֶךְ הַצָּפוֹן יג
וְהֶעֱמִיד הָמוֹן רַב מִן־הָרִאשׁוֹן וּלְקֵץ הָעִתִּים שָׁנִים יָבוֹא
בוֹא בְּחַיִל גָּדוֹל וּבִרְכוּשׁ רָב׃ וּבָעִתִּים הָהֵם רַבִּים יַעַמְדוּ יד
עַל־מֶלֶךְ הַנֶּגֶב וּבְנֵי ׀ פָּרִיצֵי עַמְּךָ יִנַּשְּׂאוּ לְהַעֲמִיד חָזוֹן
וְנִכְשָׁלוּ׃ וְיָבֹא מֶלֶךְ הַצָּפוֹן וְיִשְׁפֹּךְ סוֹלְלָה וְלָכַד עִיר מִבְצָרוֹת טו

וּזְרֹעוֹת הַנֶּגֶב לֹא יַעֲמֹדוּ וְעַם מִבְחָרָיו וְאֵין כֹּחַ לַעֲמֹד׃
טז וְיַעַשׂ הַבָּא אֵלָיו כִּרְצוֹנוֹ וְאֵין עוֹמֵד לְפָנָיו וְיַעֲמֹד בְּאֶרֶץ־
יז הַצְּבִי וְכָלָה בְיָדוֹ׃ וְיָשֵׂם ׀ פָּנָיו לָבוֹא בְּתֹקֶף כָּל־מַלְכוּתוֹ
וִישָׁרִים עִמּוֹ וְעָשָׂה וּבַת הַנָּשִׁים יִתֶּן־לוֹ לְהַשְׁחִיתָהּ וְלֹא
יח תַעֲמֹד וְלֹא־לוֹ תִהְיֶה׃ וישב ׀ פָּנָיו לְאִיִּים וְלָכַד רַבִּים וְיָשֵׂם
יט וְהִשְׁבִּית קָצִין חֶרְפָּתוֹ לוֹ בִּלְתִּי חֶרְפָּתוֹ יָשִׁיב לוֹ׃ וְיָשֵׁב פָּנָיו
כ לְמָעוּזֵּי אַרְצוֹ וְנִכְשַׁל וְנָפַל וְלֹא יִמָּצֵא׃ וְעָמַד עַל־כַּנּוֹ
מַעֲבִיר נוֹגֵשׂ הֶדֶר מַלְכוּת וּבְיָמִים אֲחָדִים יִשָּׁבֵר וְלֹא
כא בְאַפַּיִם וְלֹא בְמִלְחָמָה׃ וְעָמַד עַל־כַּנּוֹ נִבְזֶה וְלֹא־נָתְנוּ עָלָיו
הוֹד מַלְכוּת וּבָא בְשַׁלְוָה וְהֶחֱזִיק מַלְכוּת בַּחֲלַקְלַקּוֹת׃
כב כג וּזְרֹעוֹת הַשֶּׁטֶף יִשָּׁטְפוּ מִלְּפָנָיו וְיִשָּׁבֵרוּ וְגַם נְגִיד בְּרִית׃ וּמִן־
הִתְחַבְּרוּת אֵלָיו יַעֲשֶׂה מִרְמָה וְעָלָה וְעָצַם בִּמְעַט־גּוֹי׃
כד בְּשַׁלְוָה וּבְמִשְׁמַנֵּי מְדִינָה יָבוֹא וְעָשָׂה אֲשֶׁר לֹא־עָשׂוּ אֲבֹתָיו
וַאֲבוֹת אֲבֹתָיו בִּזָּה וְשָׁלָל וּרְכוּשׁ לָהֶם יִבְזוֹר וְעַל מִבְצָרִים
כה יְחַשֵּׁב מַחְשְׁבֹתָיו וְעַד־עֵת׃ וְיָעֵר כֹּחוֹ וּלְבָבוֹ עַל־מֶלֶךְ הַנֶּגֶב
בְּחַיִל גָּדוֹל וּמֶלֶךְ הַנֶּגֶב יִתְגָּרֶה לַמִּלְחָמָה בְּחַיִל־גָּדוֹל וְעָצוּם
כו עַד־מְאֹד וְלֹא יַעֲמֹד כִּי־יַחְשְׁבוּ עָלָיו מַחֲשָׁבוֹת׃ וְאֹכְלֵי
כז פַת־בָּגוֹ יִשְׁבְּרוּהוּ וְחֵילוֹ יִשְׁטוֹף וְנָפְלוּ חֲלָלִים רַבִּים׃ וּשְׁנֵיהֶם
הַמְּלָכִים לְבָבָם לְמֵרָע וְעַל־שֻׁלְחָן אֶחָד כָּזָב יְדַבֵּרוּ וְלֹא
כח תִצְלָח כִּי־עוֹד קֵץ לַמּוֹעֵד׃ וְיָשֹׁב אַרְצוֹ בִּרְכוּשׁ גָּדוֹל וּלְבָבוֹ
כט עַל־בְּרִית קֹדֶשׁ וְעָשָׂה וְשָׁב לְאַרְצוֹ׃ לַמּוֹעֵד יָשׁוּב וּבָא
ל בַנֶּגֶב וְלֹא־תִהְיֶה כָרִאשֹׁנָה וְכָאַחֲרֹנָה׃ וּבָאוּ בוֹ צִיִּים כִּתִּים
וְנִכְאָה וְשָׁב וְזָעַם עַל־בְּרִית־קוֹדֶשׁ וְעָשָׂה וְשָׁב וְיָבֵן עַל־
לא עֹזְבֵי בְּרִית קֹדֶשׁ׃ וּזְרֹעִים מִמֶּנּוּ יַעֲמֹדוּ וְחִלְּלוּ הַמִּקְדָּשׁ
לב הַמָּעוֹז וְהֵסִירוּ הַתָּמִיד וְנָתְנוּ הַשִּׁקּוּץ מְשֹׁמֵם׃ וּמַרְשִׁיעֵי
לג בְרִית יַחֲנִיף בַּחֲלַקּוֹת וְעָם יֹדְעֵי אֱלֹהָיו יַחֲזִקוּ וְעָשׂוּ׃ וּמַשְׂכִּילֵי
עָם יָבִינוּ לָרַבִּים וְנִכְשְׁלוּ בְּחֶרֶב וּבְלֶהָבָה בִּשְׁבִי וּבְבִזָּה

לד יָמִים׃ וּבְהִכָּשְׁלָם יֵעָזְרוּ עֵזֶר מְעָט וְנִלְווּ עֲלֵיהֶם רַבִּים
לה בַּחֲלַקְלַקּוֹת׃ וּמִן־הַמַּשְׂכִּילִים יִכָּשְׁלוּ לִצְרוֹף בָּהֶם וּלְבָרֵר
לו וְלַלְבֵּן עַד־עֵת קֵץ כִּי־עוֹד לַמּוֹעֵד׃ וְעָשָׂה כִרְצוֹנוֹ הַמֶּלֶךְ
וְיִתְרוֹמֵם וְיִתְגַּדֵּל עַל־כָּל־אֵל וְעַל אֵל אֵלִים יְדַבֵּר נִפְלָאוֹת
לז וְהִצְלִיחַ עַד־כָּלָה זַעַם כִּי נֶחֱרָצָה נֶעֱשָׂתָה׃ וְעַל־אֱלֹהֵי
אֲבֹתָיו לֹא יָבִין וְעַל־חֶמְדַּת נָשִׁים וְעַל־כָּל־אֱלוֹהַּ לֹא יָבִין
לח כִּי עַל־כֹּל יִתְגַּדָּל׃ וְלֶאֱלֹהַּ מָעֻזִּים עַל־כַּנּוֹ יְכַבֵּד וְלֶאֱלוֹהַּ
אֲשֶׁר לֹא־יְדָעֻהוּ אֲבֹתָיו יְכַבֵּד בְּזָהָב וּבְכֶסֶף וּבְאֶבֶן יְקָרָה
לט וּבַחֲמֻדוֹת׃ וְעָשָׂה לְמִבְצְרֵי מָעֻזִּים עִם־אֱלוֹהַּ נֵכָר אֲשֶׁר
הִכִּיר יַרְבֶּה כָבוֹד וְהִמְשִׁילָם בָּרַבִּים וַאֲדָמָה יְחַלֵּק בִּמְחִיר׃ יַכִּיר
מ וּבְעֵת קֵץ יִתְנַגַּח עִמּוֹ מֶלֶךְ הַנֶּגֶב וְיִשְׂתָּעֵר עָלָיו מֶלֶךְ הַצָּפוֹן
בְּרֶכֶב וּבְפָרָשִׁים וּבָאֳנִיּוֹת רַבּוֹת וּבָא בַאֲרָצוֹת וְשָׁטַף וְעָבָר׃
מא וּבָא בְּאֶרֶץ הַצְּבִי וְרַבּוֹת יִכָּשֵׁלוּ וְאֵלֶּה יִמָּלְטוּ מִיָּדוֹ אֱדוֹם
מב וּמוֹאָב וְרֵאשִׁית בְּנֵי עַמּוֹן׃ וְיִשְׁלַח יָדוֹ בַּאֲרָצוֹת וְאֶרֶץ
מג מִצְרַיִם לֹא תִהְיֶה לִפְלֵיטָה׃ וּמָשַׁל בְּמִכְמַנֵּי הַזָּהָב וְהַכֶּסֶף
מד וּבְכֹל חֲמֻדוֹת מִצְרָיִם וְלֻבִים וְכֻשִׁים בְּמִצְעָדָיו׃ וּשְׁמֻעוֹת
יְבַהֲלֻהוּ מִמִּזְרָח וּמִצָּפוֹן וְיָצָא בְּחֵמָא גְדֹלָה לְהַשְׁמִיד וּלְהַחֲרִים
מה רַבִּים׃ וְיִטַּע אָהֳלֵי אַפַּדְנוֹ בֵּין יַמִּים לְהַר־צְבִי־קֹדֶשׁ וּבָא
יב א עַד־קִצּוֹ וְאֵין עוֹזֵר לוֹ׃ וּבָעֵת הַהִיא יַעֲמֹד מִיכָאֵל הַשַּׂר
הַגָּדוֹל הָעֹמֵד עַל־בְּנֵי עַמֶּךָ וְהָיְתָה עֵת צָרָה אֲשֶׁר לֹא־
נִהְיְתָה מִהְיוֹת גּוֹי עַד הָעֵת הַהִיא וּבָעֵת הַהִיא יִמָּלֵט עַמְּךָ
ב כָּל־הַנִּמְצָא כָּתוּב בַּסֵּפֶר׃ וְרַבִּים מִיְּשֵׁנֵי אַדְמַת־עָפָר יָקִיצוּ
ג אֵלֶּה לְחַיֵּי עוֹלָם וְאֵלֶּה לַחֲרָפוֹת לְדִרְאוֹן עוֹלָם׃ וְהַמַּשְׂכִּלִים
יַזְהִרוּ כְּזֹהַר הָרָקִיעַ וּמַצְדִּיקֵי הָרַבִּים כַּכּוֹכָבִים לְעוֹלָם
ד וָעֶד׃ וְאַתָּה דָנִיֵּאל סְתֹם הַדְּבָרִים וַחֲתֹם הַסֵּפֶר
ה עַד־עֵת קֵץ יְשֹׁטְטוּ רַבִּים וְתִרְבֶּה הַדָּעַת׃ וְרָאִיתִי אֲנִי דָנִיֵּאל
וְהִנֵּה שְׁנַיִם אֲחֵרִים עֹמְדִים אֶחָד הֵנָּה לִשְׂפַת הַיְאֹר וְאֶחָד

ו הִנֵּה לִשְׂפַת הַיְאֹר׃ וַיֹּאמֶר לָאִישׁ לְבוּשׁ הַבַּדִּים אֲשֶׁר מִמַּעַל
ז לְמֵימֵי הַיְאֹר עַד־מָתַי קֵץ הַפְּלָאוֹת׃ וָאֶשְׁמַע אֶת־הָאִישׁ ׀
לְבוּשׁ הַבַּדִּים אֲשֶׁר מִמַּעַל לְמֵימֵי הַיְאֹר וַיָּרֶם יְמִינוֹ וּשְׂמֹאלוֹ
אֶל־הַשָּׁמַיִם וַיִּשָּׁבַע בְּחֵי הָעוֹלָם כִּי לְמוֹעֵד מוֹעֲדִים וָחֵצִי
ח וּכְכַלּוֹת נַפֵּץ יַד־עַם־קֹדֶשׁ תִּכְלֶינָה כָל־אֵלֶּה׃ וַאֲנִי שָׁמַעְתִּי
ט וְלֹא אָבִין וָאֹמְרָה אֲדֹנִי מָה אַחֲרִית אֵלֶּה׃ וַיֹּאמֶר לֵךְ
י דָּנִיֵּאל כִּי־סְתֻמִים וַחֲתֻמִים הַדְּבָרִים עַד־עֵת קֵץ׃ יִתְבָּרְרוּ
וְיִתְלַבְּנוּ וְיִצָּרְפוּ רַבִּים וְהִרְשִׁיעוּ רְשָׁעִים וְלֹא יָבִינוּ כָּל־
יא רְשָׁעִים וְהַמַּשְׂכִּלִים יָבִינוּ׃ וּמֵעֵת הוּסַר הַתָּמִיד וְלָתֵת
יב שִׁקּוּץ שֹׁמֵם יָמִים אֶלֶף מָאתַיִם וְתִשְׁעִים׃ אַשְׁרֵי הַמְחַכֶּה
יג וְיַגִּיעַ לְיָמִים אֶלֶף שְׁלֹשׁ מֵאוֹת שְׁלֹשִׁים וַחֲמִשָּׁה׃ וְאַתָּה
לֵךְ לַקֵּץ וְתָנוּחַ וְתַעֲמֹד לְגֹרָלְךָ לְקֵץ הַיָּמִין׃

# עזרא · נחמיה

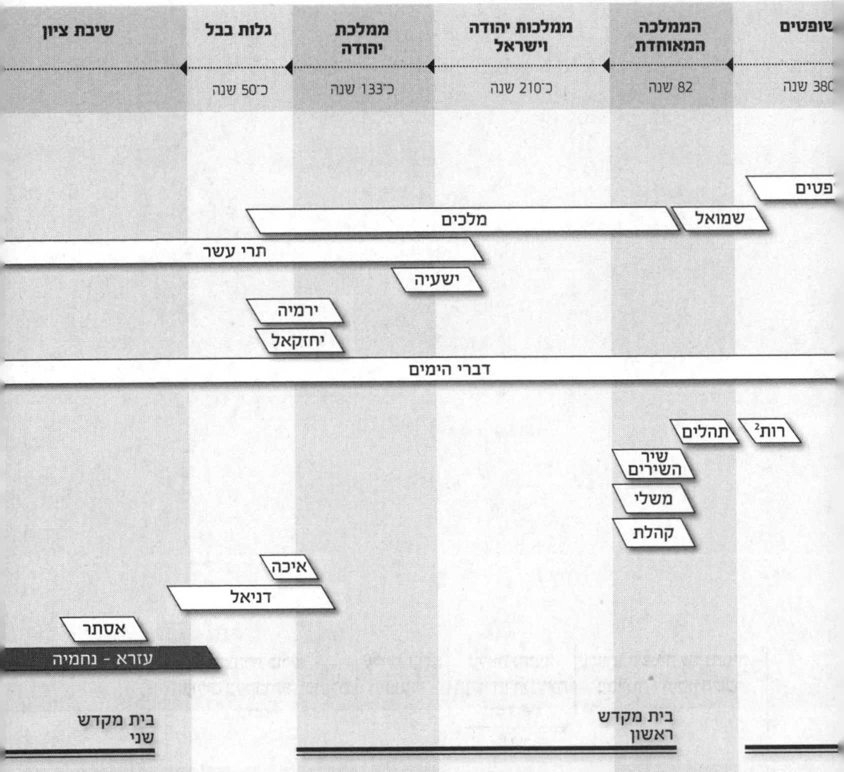

שופטים
380 שנה
הממלכה המאוחדת
82 שנה
ממלכות יהודה וישראל
כ־210 שנה
ממלכת יהודה
כ־133 שנה
גלות בבל
כ־50 שנה
שיבת ציון
שופטים
שמואל
מלכים
תרי עשר
ישעיה
ירמיה
יחזקאל
דברי הימים
רות2
תהלים
שיר השירים
משלי
קהלת
איכה
דניאל
אסתר
עזרא - נחמיה
בית מקדש ראשון
בית מקדש שני

ספר עזרא ונחמיה

| הצהרת כורש, העולים בעקבותיה ופועלם | עליית עזרא ופועלו | עליית נחמיה ועשייתו הנמרצת | עלייתו השנייה של נחמיה – ניסיונות לתיקון השבר |
|---|---|---|---|
| עזרא א–ו | עזרא ז–י | נחמיה א–יב | נחמיה יג |
| | | 12 שנה | |

# א

א וּבִשְׁנַת אַחַת לְכוֹרֶשׁ מֶלֶךְ פָּרַס לִכְלוֹת דְּבַר־יְהוָה מִפִּי
יִרְמְיָה הֵעִיר יְהוָה אֶת־רוּחַ כֹּרֶשׁ מֶלֶךְ־פָּרַס וַיַּעֲבֶר־קוֹל
ב בְּכָל־מַלְכוּתוֹ וְגַם־בְּמִכְתָּב לֵאמֹר: כֹּה אָמַר כֹּרֶשׁ מֶלֶךְ
פָּרַס כֹּל מַמְלְכוֹת הָאָרֶץ נָתַן לִי יְהוָה אֱלֹהֵי הַשָּׁמָיִם וְהוּא־
ג פָקַד עָלַי לִבְנוֹת־לוֹ בַיִת בִּירוּשָׁלַםִ אֲשֶׁר בִּיהוּדָה: מִי־בָכֶם
מִכָּל־עַמּוֹ יְהִי אֱלֹהָיו עִמּוֹ וְיַעַל לִירוּשָׁלַםִ אֲשֶׁר בִּיהוּדָה
וְיִבֶן אֶת־בֵּית יְהוָה אֱלֹהֵי יִשְׂרָאֵל הוּא הָאֱלֹהִים אֲשֶׁר
ד בִּירוּשָׁלָםִ: וְכָל־הַנִּשְׁאָר מִכָּל־הַמְּקֹמוֹת אֲשֶׁר הוּא גָר־שָׁם
יְנַשְּׂאוּהוּ אַנְשֵׁי מְקֹמוֹ בְּכֶסֶף וּבְזָהָב וּבִרְכוּשׁ וּבִבְהֵמָה עִם־
ה הַנְּדָבָה לְבֵית הָאֱלֹהִים אֲשֶׁר בִּירוּשָׁלָםִ: וַיָּקוּמוּ רָאשֵׁי
הָאָבוֹת לִיהוּדָה וּבִנְיָמִן וְהַכֹּהֲנִים וְהַלְוִיִּם לְכֹל הֵעִיר הָאֱלֹהִים
אֶת־רוּחוֹ לַעֲלוֹת לִבְנוֹת אֶת־בֵּית יְהוָה אֲשֶׁר בִּירוּשָׁלָםִ:
ו וְכָל־סְבִיבֹתֵיהֶם חִזְּקוּ בִידֵיהֶם בִּכְלֵי־כֶסֶף בַּזָּהָב בָּרְכוּשׁ
וּבַבְּהֵמָה וּבַמִּגְדָּנוֹת לְבַד עַל־כָּל־הִתְנַדֵּב:

הצהרת כורש
עזרא ה, יג; ו, ג–ד
דה״ב לו, כב–כג

ז וְהַמֶּלֶךְ כּוֹרֶשׁ הוֹצִיא אֶת־כְּלֵי בֵית־יְהוָה אֲשֶׁר הוֹצִיא
ח נְבוּכַדְנֶצַּר מִירוּשָׁלַםִ וַיִּתְּנֵם בְּבֵית אֱלֹהָיו: וַיּוֹצִיאֵם כּוֹרֶשׁ
מֶלֶךְ פָּרַס עַל־יַד מִתְרְדָת הַגִּזְבָּר וַיִּסְפְּרֵם לְשֵׁשְׁבַּצַּר הַנָּשִׂיא
ט לִיהוּדָה: וְאֵלֶּה מִסְפָּרָם אֲגַרְטְלֵי זָהָב שְׁלֹשִׁים
י אֲגַרְטְלֵי־כֶסֶף אָלֶף מַחֲלָפִים תִּשְׁעָה וְעֶשְׂרִים: כְּפוֹרֵי זָהָב
שְׁלֹשִׁים כְּפוֹרֵי כֶסֶף מִשְׁנִים אַרְבַּע מֵאוֹת וַעֲשָׂרָה כֵּלִים
יא אֲחֵרִים אָלֶף: כָּל־כֵּלִים לַזָּהָב וְלַכֶּסֶף חֲמֵשֶׁת אֲלָפִים וְאַרְבַּע
מֵאוֹת הַכֹּל הֶעֱלָה שֵׁשְׁבַּצַּר עִם הֵעָלוֹת הַגּוֹלָה מִבָּבֶל
לִירוּשָׁלָםִ:

כלי המקדש - נלקחים מירושלים ומושבים אליה
מל״ב כה, יג–יז
ירמיה נב, יז–כג
דניאל א, ב; ה, ב–ג
עזרא ה, יד–טו; ו, ה
דה״ב לו, יח

# ב

א וְאֵלֶּה ׀ בְּנֵי הַמְּדִינָה הָעֹלִים מִשְּׁבִי הַגּוֹלָה אֲשֶׁר הֶגְלָה
נְבוּכַדְנֶצּוֹר מֶלֶךְ־בָּבֶל לְבָבֶל וַיָּשׁוּבוּ לִירוּשָׁלַםִ וִיהוּדָה אִישׁ
ב לְעִירוֹ: אֲשֶׁר־בָּאוּ עִם־זְרֻבָּבֶל יֵשׁוּעַ נְחֶמְיָה שְׂרָיָה רְעֵלָיָה
מָרְדֳּכַי בִּלְשָׁן מִסְפָּר בִּגְוַי רְחוּם בַּעֲנָה מִסְפַּר אַנְשֵׁי עַם

רשימת שבי ציון
נחמיה ז, ה–סח

נְבוּכַדְנֶצַּר

יִשְׂרָאֵל׃ בְּנֵי פַרְעֹשׁ אַלְפַּיִם מֵאָה שִׁבְעִים וּשְׁנָיִם׃ בְּנֵי שְׁפַטְיָה ג ד
שְׁלֹשׁ מֵאוֹת שִׁבְעִים וּשְׁנָיִם׃ בְּנֵי אָרַח שְׁבַע מֵאוֹת חֲמִשָּׁה ה
וְשִׁבְעִים׃ בְּנֵי־פַחַת מוֹאָב לִבְנֵי יֵשׁוּעַ יוֹאָב אַלְפַּיִם שְׁמֹנֶה ו
מֵאוֹת וּשְׁנֵים עָשָׂר׃ בְּנֵי עֵילָם אֶלֶף מָאתַיִם חֲמִשִּׁים וְאַרְבָּעָה׃ ז
בְּנֵי זַתּוּא תְּשַׁע מֵאוֹת וְאַרְבָּעִים וַחֲמִשָּׁה׃ בְּנֵי זַכָּי שְׁבַע ח ט
מֵאוֹת וְשִׁשִּׁים׃ בְּנֵי בָנִי שֵׁשׁ מֵאוֹת אַרְבָּעִים וּשְׁנָיִם׃ בְּנֵי בֵבָי י יא
שֵׁשׁ מֵאוֹת עֶשְׂרִים וּשְׁלֹשָׁה׃ בְּנֵי עַזְגָּד אֶלֶף מָאתַיִם עֶשְׂרִים יב
וּשְׁנָיִם׃ בְּנֵי אֲדֹנִיקָם שֵׁשׁ מֵאוֹת שִׁשִּׁים וְשִׁשָּׁה׃ בְּנֵי בִגְוָי יג יד
אַלְפַּיִם חֲמִשִּׁים וְשִׁשָּׁה׃ בְּנֵי עָדִין אַרְבַּע מֵאוֹת חֲמִשִּׁים טו
וְאַרְבָּעָה׃ בְּנֵי־אָטֵר לִיחִזְקִיָּה תִּשְׁעִים וּשְׁמֹנָה׃ בְּנֵי בֵצָי שְׁלֹשׁ טז יז
מֵאוֹת עֶשְׂרִים וּשְׁלֹשָׁה׃ בְּנֵי יוֹרָה מֵאָה וּשְׁנֵים עָשָׂר׃ בְּנֵי יח יט
חָשֻׁם מָאתַיִם עֶשְׂרִים וּשְׁלֹשָׁה׃ בְּנֵי גִבָּר תִּשְׁעִים וַחֲמִשָּׁה׃ כ
בְּנֵי בֵית־לָחֶם מֵאָה עֶשְׂרִים וּשְׁלֹשָׁה׃ אַנְשֵׁי נְטֹפָה חֲמִשִּׁים כא כב
וְשִׁשָּׁה׃ אַנְשֵׁי עֲנָתוֹת מֵאָה עֶשְׂרִים וּשְׁמֹנָה׃ בְּנֵי עַזְמָוֶת כג כד
אַרְבָּעִים וּשְׁנָיִם׃ בְּנֵי קִרְיַת עָרִים כְּפִירָה וּבְאֵרוֹת שְׁבַע מֵאוֹת כה
וְאַרְבָּעִים וּשְׁלֹשָׁה׃ בְּנֵי הָרָמָה וָגָבַע שֵׁשׁ מֵאוֹת עֶשְׂרִים כו
וְאֶחָד׃ אַנְשֵׁי מִכְמָס מֵאָה עֶשְׂרִים וּשְׁנָיִם׃ אַנְשֵׁי בֵית־אֵל כז כח
וְהָעָי מָאתַיִם עֶשְׂרִים וּשְׁלֹשָׁה׃ בְּנֵי נְבוֹ חֲמִשִּׁים וּשְׁנָיִם׃ בְּנֵי כט ל
מַגְבִּישׁ מֵאָה חֲמִשִּׁים וְשִׁשָּׁה׃ בְּנֵי עֵילָם אַחֵר אֶלֶף מָאתַיִם לא
חֲמִשִּׁים וְאַרְבָּעָה׃ בְּנֵי חָרִם שְׁלֹשׁ מֵאוֹת וְעֶשְׂרִים׃ בְּנֵי־לֹד לב לג
חָדִיד וְאוֹנוֹ שְׁבַע מֵאוֹת עֶשְׂרִים וַחֲמִשָּׁה׃ בְּנֵי יְרֵחוֹ שְׁלֹשׁ לד
מֵאוֹת אַרְבָּעִים וַחֲמִשָּׁה׃ בְּנֵי סְנָאָה שְׁלֹשֶׁת אֲלָפִים וְשֵׁשׁ לה
מֵאוֹת וּשְׁלֹשִׁים׃ הַכֹּהֲנִים בְּנֵי יְדַעְיָה לְבֵית יֵשׁוּעַ תְּשַׁע מֵאוֹת לו
שִׁבְעִים וּשְׁלֹשָׁה׃ בְּנֵי אִמֵּר אֶלֶף חֲמִשִּׁים וּשְׁנָיִם׃ בְּנֵי פַשְׁחוּר לז לח
אֶלֶף מָאתַיִם אַרְבָּעִים וְשִׁבְעָה׃ בְּנֵי חָרִם אֶלֶף וְשִׁבְעָה עָשָׂר׃ לט
הַלְוִיִּם בְּנֵי־יֵשׁוּעַ וְקַדְמִיאֵל לִבְנֵי הוֹדַוְיָה שִׁבְעִים וְאַרְבָּעָה׃ מ
הַמְשֹׁרְרִים בְּנֵי אָסָף מֵאָה עֶשְׂרִים וּשְׁמֹנָה׃ בְּנֵי הַשֹּׁעֲרִים בְּנֵי־ מא מב

שַׁלּוּם בְּנֵי־אָטֵר בְּנֵי־טַלְמוֹן בְּנֵי־עַקּוּב בְּנֵי חֲטִיטָא בְּנֵי שֹׁבָי
מג הַכֹּל מֵאָה שְׁלֹשִׁים וְתִשְׁעָה׃ הַנְּתִינִים בְּנֵי־צִיחָא בְנֵי־חֲשׂוּפָא
מד מה בְּנֵי טַבָּעוֹת׃ בְּנֵי־קֵרֹס בְּנֵי־סִיעֲהָא בְּנֵי פָדוֹן׃ בְּנֵי־לְבָנָה בְנֵי־
מו מז חֲגָבָה בְּנֵי עַקּוּב׃ בְּנֵי־חָגָב בְּנֵי־שַׁמְלַי בְּנֵי חָנָן׃ בְּנֵי־גִדֵּל בְּנֵי־ שַׁלְמַי
מח מט גַחַר בְּנֵי רְאָיָה׃ בְּנֵי־רְצִין בְּנֵי־נְקוֹדָא בְּנֵי גַזָּם׃ בְּנֵי־עֻזָּא בְנֵי־
נ נא פָסֵחַ בְּנֵי בֵסָי׃ בְּנֵי־אַסְנָה בְנֵי־מְעוּנִים בְּנֵי נְפִיסִים׃ בְּנֵי־בַקְבּוּק נְפוּסִים
נב בְּנֵי־חֲקוּפָא בְּנֵי חַרְחוּר׃ בְּנֵי־בַצְלוּת בְּנֵי־מְחִידָא בְּנֵי חַרְשָׁא׃
נג נד בְּנֵי־בַרְקוֹס בְּנֵי־סִיסְרָא בְּנֵי־תָמַח׃ בְּנֵי נְצִיחַ בְּנֵי חֲטִיפָא׃
נה נו בְּנֵי עַבְדֵי שְׁלֹמֹה בְּנֵי־סֹטַי בְּנֵי־הַסֹּפֶרֶת בְּנֵי פְרוּדָא׃ בְּנֵי־
נז יַעְלָה בְנֵי־דַרְקוֹן בְּנֵי גִדֵּל׃ בְּנֵי שְׁפַטְיָה בְנֵי־חַטִּיל בְּנֵי פֹּכֶרֶת
נח הַצְּבָיִים בְּנֵי אָמִי׃ כָּל־הַנְּתִינִים וּבְנֵי עַבְדֵי שְׁלֹמֹה שְׁלֹשׁ מֵאוֹת
נט תִּשְׁעִים וּשְׁנָיִם׃ וְאֵלֶּה הָעֹלִים מִתֵּל מֶלַח תֵּל
חַרְשָׁא כְּרוּב אַדָּן אִמֵּר וְלֹא יָכְלוּ לְהַגִּיד בֵּית־אֲבוֹתָם וְזַרְעָם
ס אִם מִיִּשְׂרָאֵל הֵם׃ בְּנֵי־דְלָיָה בְנֵי־טוֹבִיָּה בְּנֵי נְקוֹדָא שֵׁשׁ
סא מֵאוֹת חֲמִשִּׁים וּשְׁנָיִם׃ וּמִבְּנֵי הַכֹּהֲנִים בְּנֵי
חֳבַיָּה בְּנֵי הַקּוֹץ בְּנֵי בַרְזִלַּי אֲשֶׁר לָקַח מִבְּנוֹת בַּרְזִלַּי הַגִּלְעָדִי
סב אִשָּׁה וַיִּקָּרֵא עַל־שְׁמָם׃ אֵלֶּה בִּקְשׁוּ כְתָבָם הַמִּתְיַחְשִׂים וְלֹא
סג נִמְצָאוּ וַיְגֹאֲלוּ מִן־הַכְּהֻנָּה׃ וַיֹּאמֶר הַתִּרְשָׁתָא לָהֶם אֲשֶׁר
לֹא־יֹאכְלוּ מִקֹּדֶשׁ הַקֳּדָשִׁים עַד עֲמֹד כֹּהֵן לְאוּרִים וּלְתֻמִּים׃
סד כָּל־הַקָּהָל כְּאֶחָד אַרְבַּע רִבּוֹא אַלְפַּיִם שְׁלֹשׁ־מֵאוֹת שִׁשִּׁים׃
סה מִלְּבַד עַבְדֵיהֶם וְאַמְהֹתֵיהֶם אֵלֶּה שִׁבְעַת אֲלָפִים שְׁלֹשׁ מֵאוֹת
סו שְׁלֹשִׁים וְשִׁבְעָה וְלָהֶם מְשֹׁרְרִים וּמְשֹׁרְרוֹת מָאתָיִם׃ סוּסֵיהֶם
שְׁבַע מֵאוֹת שְׁלֹשִׁים וְשִׁשָּׁה פִּרְדֵיהֶם מָאתַיִם אַרְבָּעִים
סז וַחֲמִשָּׁה׃ גְּמַלֵּיהֶם אַרְבַּע מֵאוֹת שְׁלֹשִׁים וְחָמֵשׁ חֲמֹרִים
סח שֵׁשֶׁת אֲלָפִים שְׁבַע מֵאוֹת וְעֶשְׂרִים׃ וּמֵרָאשֵׁי
הָאָבוֹת בְּבוֹאָם לְבֵית יְהֹוָה אֲשֶׁר בִּירוּשָׁלִָם הִתְנַדְּבוּ לְבֵית
סט הָאֱלֹהִים לְהַעֲמִידוֹ עַל־מְכוֹנוֹ׃ כְּכֹחָם נָתְנוּ לְאוֹצַר הַמְּלָאכָה

תרומת ראשי האבות לאוצר המלאכה
נחמיה ז, סט-עא

זָהָב דַּרְכְּמוֹנִים שֵׁשׁ־רִבֹּאות וָאֶלֶף וְכֶסֶף מָנִים חֲמֵשֶׁת
אֲלָפִים וְכָתְנֹת כֹּהֲנִים מֵאָה: וַיֵּשְׁבוּ הַכֹּהֲנִים ע
וְהַלְוִיִּם וּמִן־הָעָם וְהַמְשֹׁרְרִים וְהַשּׁוֹעֲרִים וְהַנְּתִינִים בְּעָרֵיהֶם
וְכָל־יִשְׂרָאֵל בְּעָרֵיהֶם: וַיִּגַּע הַחֹדֶשׁ הַשְּׁבִיעִי ג א
וּבְנֵי יִשְׂרָאֵל בֶּעָרִים וַיֵּאָסְפוּ הָעָם כְּאִישׁ אֶחָד אֶל־יְרוּשָׁלִָם:
וַיָּקָם יֵשׁוּעַ בֶּן־יוֹצָדָק וְאֶחָיו הַכֹּהֲנִים וּזְרֻבָּבֶל בֶּן־שְׁאַלְתִּיאֵל ב
וְאֶחָיו וַיִּבְנוּ אֶת־מִזְבַּח אֱלֹהֵי יִשְׂרָאֵל לְהַעֲלוֹת עָלָיו עֹלוֹת
כַּכָּתוּב בְּתוֹרַת מֹשֶׁה אִישׁ־הָאֱלֹהִים: וַיָּכִינוּ הַמִּזְבֵּחַ עַל־ ג
מְכוֹנֹתָו כִּי בְּאֵימָה עֲלֵיהֶם מֵעַמֵּי הָאֲרָצוֹת וַיַּעַל עָלָיו
עֹלוֹת לַיהוָה עֹלוֹת לַבֹּקֶר וְלָעָרֶב: וַיַּעֲשׂוּ אֶת־חַג הַסֻּכּוֹת ד
כַּכָּתוּב וְעֹלַת יוֹם בְּיוֹם בְּמִסְפָּר כְּמִשְׁפַּט דְּבַר־יוֹם בְּיוֹמוֹ:
וְאַחֲרֵי־כֵן עֹלַת תָּמִיד וְלֶחֳדָשִׁים וּלְכָל־מוֹעֲדֵי יְהוָה הַמְקֻדָּשִׁים ה
וּלְכֹל מִתְנַדֵּב נְדָבָה לַיהוָה: מִיּוֹם אֶחָד לַחֹדֶשׁ הַשְּׁבִיעִי ו
הֵחֵלּוּ לְהַעֲלוֹת עֹלוֹת לַיהוָה וְהֵיכַל יְהוָה לֹא יֻסָּד: וַיִּתְּנוּ־ ז
כֶסֶף לַחֹצְבִים וְלֶחָרָשִׁים וּמַאֲכָל וּמִשְׁתֶּה וָשֶׁמֶן לַצִּדֹנִים
וְלַצֹּרִים לְהָבִיא עֲצֵי אֲרָזִים מִן־הַלְּבָנוֹן אֶל־יָם יָפוֹא כְּרִשְׁיוֹן
כּוֹרֶשׁ מֶלֶךְ־פָּרַס עֲלֵיהֶם: וּבַשָּׁנָה הַשֵּׁנִית ח
לְבוֹאָם אֶל־בֵּית הָאֱלֹהִים לִירוּשָׁלַ͏ִם בַּחֹדֶשׁ הַשֵּׁנִי הֵחֵלּוּ
זְרֻבָּבֶל בֶּן־שְׁאַלְתִּיאֵל וְיֵשׁוּעַ בֶּן־יוֹצָדָק וּשְׁאָר אֲחֵיהֶם ׀
הַכֹּהֲנִים וְהַלְוִיִּם וְכָל־הַבָּאִים מֵהַשְּׁבִי יְרוּשָׁלַ͏ִם וַיַּעֲמִידוּ אֶת־
הַלְוִיִּם מִבֶּן עֶשְׂרִים שָׁנָה וָמַעְלָה לְנַצֵּחַ עַל־מְלֶאכֶת בֵּית־
יְהוָה: וַיַּעֲמֹד יֵשׁוּעַ בָּנָיו וְאֶחָיו קַדְמִיאֵל וּבָנָיו בְּנֵי־יְהוּדָה ט
כְּאֶחָד לְנַצֵּחַ עַל־עֹשֵׂה הַמְּלָאכָה בְּבֵית הָאֱלֹהִים בְּנֵי חֵנָדָד
בְּנֵיהֶם וַאֲחֵיהֶם הַלְוִיִּם: וְיִסְּדוּ הַבֹּנִים אֶת־הֵיכַל יְהוָה וַיַּעֲמִידוּ י
הַכֹּהֲנִים מְלֻבָּשִׁים בַּחֲצֹצְרוֹת וְהַלְוִיִּם בְּנֵי־אָסָף בַּמְצִלְתַּיִם
לְהַלֵּל אֶת־יְהוָה עַל־יְדֵי דָּוִיד מֶלֶךְ־יִשְׂרָאֵל: וַיַּעֲנוּ בְּהַלֵּל יא
וּבְהוֹדֹת לַיהוָה כִּי טוֹב כִּי־לְעוֹלָם חַסְדּוֹ עַל־יִשְׂרָאֵל וְכָל־

הָעָם הֵרִיעוּ תְרוּעָה גְדוֹלָה בְהַלֵּל לַיהוָה עַל הוּסַד בֵּית־
יב יְהוָה׃ וְרַבִּים מֵהַכֹּהֲנִים וְהַלְוִיִּם וְרָאשֵׁי הָאָבוֹת הַזְּקֵנִים אֲשֶׁר
רָאוּ אֶת־הַבַּיִת הָרִאשׁוֹן בְּיָסְדוֹ זֶה הַבַּיִת בְּעֵינֵיהֶם בֹּכִים
יג בְּקוֹל גָּדוֹל וְרַבִּים בִּתְרוּעָה בְשִׂמְחָה לְהָרִים קוֹל׃ וְאֵין הָעָם ב
מַכִּירִים קוֹל תְּרוּעַת הַשִּׂמְחָה לְקוֹל בְּכִי הָעָם כִּי הָעָם
מְרִיעִים תְּרוּעָה גְדוֹלָה וְהַקּוֹל נִשְׁמַע עַד־לְמֵרָחוֹק׃
ד א וַיִּשְׁמְעוּ צָרֵי יְהוּדָה וּבִנְיָמִן כִּי־בְנֵי הַגּוֹלָה בּוֹנִים הֵיכָל לַיהוָה
ב אֱלֹהֵי יִשְׂרָאֵל׃ וַיִּגְּשׁוּ אֶל־זְרֻבָּבֶל וְאֶל־רָאשֵׁי הָאָבוֹת וַיֹּאמְרוּ
לָהֶם נִבְנֶה עִמָּכֶם כִּי כָכֶם נִדְרוֹשׁ לֵאלֹהֵיכֶם וְלֹא ׀ אֲנַחְנוּ וְלוֹ ׀
זֹבְחִים מִימֵי אֵסַר חַדֹּן מֶלֶךְ אַשּׁוּר הַמַּעֲלֶה אֹתָנוּ פֹּה׃
ג וַיֹּאמֶר לָהֶם זְרֻבָּבֶל וְיֵשׁוּעַ וּשְׁאָר רָאשֵׁי הָאָבוֹת לְיִשְׂרָאֵל
לֹא־לָכֶם וָלָנוּ לִבְנוֹת בַּיִת לֵאלֹהֵינוּ כִּי אֲנַחְנוּ יַחַד נִבְנֶה
לַיהוָה אֱלֹהֵי יִשְׂרָאֵל כַּאֲשֶׁר צִוָּנוּ הַמֶּלֶךְ כּוֹרֶשׁ מֶלֶךְ־פָּרָס׃
ד וַיְהִי עַם־הָאָרֶץ מְרַפִּים יְדֵי עַם־יְהוּדָה ומבלהים אוֹתָם וּמְבַהֲלִים
ה לִבְנוֹת׃ וְסֹכְרִים עֲלֵיהֶם יוֹעֲצִים לְהָפֵר עֲצָתָם כָּל־יְמֵי כּוֹרֶשׁ
ו מֶלֶךְ פָּרַס וְעַד־מַלְכוּת דָּרְיָוֶשׁ מֶלֶךְ־פָּרָס׃ וּבְמַלְכוּת
אֲחַשְׁוֵרוֹשׁ בִּתְחִלַּת מַלְכוּתוֹ כָּתְבוּ שִׂטְנָה עַל־יֹשְׁבֵי יְהוּדָה
ז וִירוּשָׁלִָם׃ וּבִימֵי אַרְתַּחְשַׁשְׂתָּא כָּתַב בִּשְׁלָם מִתְרְדָת
טָבְאֵל וּשְׁאָר כְּנָוָתוֹ עַל־אַרְתַּחְשַׁשְׂתָּא מֶלֶךְ פָּרָס וּכְתָב
ח הַנִּשְׁתְּוָן כָּתוּב אֲרָמִית וּמְתֻרְגָּם אֲרָמִית׃ רְחוּם
בְּעֵל־טְעֵם וְשִׁמְשַׁי סָפְרָא כְּתַבוּ אִגְּרָה חֲדָה עַל־יְרוּשְׁלֶם
ט לְאַרְתַּחְשַׁשְׂתְּא מַלְכָּא כְּנֵמָא׃ אֱדַיִן רְחוּם בְּעֵל־טְעֵם
וְשִׁמְשַׁי סָפְרָא וּשְׁאָר כְּנָוָתְהוֹן דִּינָיֵא וַאֲפַרְסַתְכָיֵא טַרְפְּלָיֵא
י אֲפָרְסָיֵא אַרְכְּוָי בָבְלָיֵא שׁוּשַׁנְכָיֵא דהוא עֵלְמָיֵא׃ וּשְׁאָר דֶּהָיֵא
אֻמַּיָּא דִּי הַגְלִי אָסְנַפַּר רַבָּא וְיַקִּירָא וְהוֹתֵב הִמּוֹ בְּקִרְיָה
יא דִּי שָׁמְרָיִן וּשְׁאָר עֲבַר־נַהֲרָה וּכְעֶנֶת׃ דְּנָה פַּרְשֶׁגֶן
אִגַּרְתָּא דִּי שְׁלַחוּ עֲלוֹהִי עַל־אַרְתַּחְשַׁשְׂתְּא מַלְכָּא עבדיך עַבְדָךְ

השוואת הבית הראשון לבית השני
חגי ב, א-ט

יב אֱנָשׁ עֲבַר־נַהֲרָה וּכְעֶנֶת׃ יְדִיעַ לֶהֱוֵא לְמַלְכָּא
דִּי יְהוּדָיֵא דִּי סְלִקוּ מִן־לְוָתָךְ עֲלֶינָא אֲתוֹ לִירוּשְׁלֶם קִרְיְתָא
מָרָדְתָּא וּבִאישְׁתָּא בָּנַיִן וְשׁוּרַיָּא אשכללו וְאֻשַּׁיָּא יַחִיטוּ׃ שַׁכְלִלוּ
יג כְּעַן יְדִיעַ לֶהֱוֵא לְמַלְכָּא דִּי הֵן קִרְיְתָא דָךְ תִּתְבְּנֵא וְשׁוּרַיָּא
יִשְׁתַּכְלְלוּן מִנְדָּה־בְלוֹ וַהֲלָךְ לָא יִנְתְּנוּן וְאַפְּתֹם מַלְכִים
יד תְּהַנְזִק׃ כְּעַן כָּל־קֳבֵל דִּי־מְלַח הֵיכְלָא מְלַחְנָא וְעַרְוַת
מַלְכָּא לָא אֲרִיךְ לַנָא לְמֶחֱזֵא עַל־דְּנָה שְׁלַחְנָא וְהוֹדַעְנָא
טו לְמַלְכָּא׃ דִּי יְבַקַּר בִּסְפַר דָּכְרָנַיָּא דִּי אֲבָהָתָךְ וּתְהַשְׁכַּח
בִּסְפַר דָּכְרָנַיָּא וְתִנְדַּע דִּי קִרְיְתָא דָךְ קִרְיָא מָרָדָא וּמְהַנְזְקַת
מַלְכִין וּמְדִנָן וְאֶשְׁתַּדּוּר עָבְדִין בְּגַוַּהּ מִן־יוֹמָת עָלְמָא עַל־
טז דְּנָה קִרְיְתָא דָךְ הָחָרְבַת׃ מְהוֹדְעִין אֲנַחְנָה לְמַלְכָּא דִּי הֵן
קִרְיְתָא דָךְ תִּתְבְּנֵא וְשׁוּרַיַּהּ יִשְׁתַּכְלְלוּן לָקֳבֵל דְּנָה חֲלָק
יז בַּעֲבַר נַהֲרָא לָא אִיתַי לָךְ׃ פִּתְגָמָא שְׁלַח מַלְכָּא
עַל־רְחוּם בְּעֵל־טְעֵם וְשִׁמְשַׁי סָפְרָא וּשְׁאָר כְּנָוָתְהוֹן דִּי יָתְבִין
יח בְּשָׁמְרָיִן וּשְׁאָר עֲבַר־נַהֲרָה שְׁלָם וּכְעֶת׃ נִשְׁתְּוָנָא דִּי שְׁלַחְתּוּן
יט עֲלֶינָא מְפָרַשׁ קֱרִי קָדָמָי׃ וּמִנִּי שִׂים טְעֵם וּבַקַּרוּ וְהַשְׁכַּחוּ דִּי
קִרְיְתָא דָךְ מִן־יוֹמָת עָלְמָא עַל־מַלְכִין מִתְנַשְּׂאָה וּמְרַד
כ וְאֶשְׁתַּדּוּר מִתְעֲבֶד־בַּהּ׃ וּמַלְכִין תַּקִּיפִין הֲווֹ עַל־יְרוּשְׁלֶם
וְשַׁלִּיטִין בְּכֹל עֲבַר נַהֲרָה וּמִדָּה בְלוֹ וַהֲלָךְ מִתְיְהֵב לְהוֹן׃
כא כְּעַן שִׂימוּ טְעֵם לְבַטָּלָא גֻּבְרַיָּא אִלֵּךְ וְקִרְיְתָא דָךְ לָא
כב תִתְבְּנֵא עַד־מִנִּי טַעְמָא יִתְּשָׂם׃ וּזְהִירִין הֱווֹ שָׁלוּ לְמֶעְבַּד
כג עַל־דְּנָה לְמָה יִשְׂגֵּא חֲבָלָא לְהַנְזָקַת מַלְכִין׃ אֱדַיִן
מִן־דִּי פַּרְשֶׁגֶן נִשְׁתְּוָנָא דִּי אַרְתַּחְשַׁשְׂתְּא מַלְכָּא קֱרִי קֳדָם־
רְחוּם וְשִׁמְשַׁי סָפְרָא וּכְנָוָתְהוֹן אֲזַלוּ בִבְהִילוּ לִירוּשְׁלֶם
כד עַל־יְהוּדָיֵא וּבַטִּלוּ הִמּוֹ בְּאֶדְרָע וְחָיִל׃ בֵּאדַיִן
בְּטֵלַת עֲבִידַת בֵּית־אֱלָהָא דִּי בִּירוּשְׁלֶם וַהֲוָת בָּטְלָא עַד
שְׁנַת תַּרְתֵּין לְמַלְכוּת דָּרְיָוֶשׁ מֶלֶךְ־פָּרָס׃

ה

נְבִיַּא

נבואת חגי לעידוד בניית בית המקדש חגי א, א–יא

התעוררות העם לייסוד בית המקדש חגי א, יב–טו

א וְהִתְנַבִּי חַגַּי נביאה וּזְכַרְיָה בַר־עִדּוֹא נְבִיַּיָּא עַל־יְהוּדָיֵא
ב דִּי בִיהוּד וּבִירוּשְׁלֶם בְּשֻׁם אֱלָהּ יִשְׂרָאֵל עֲלֵיהוֹן: בֵּאדַיִן
קָמוּ זְרֻבָּבֶל בַּר־שְׁאַלְתִּיאֵל וְיֵשׁוּעַ בַּר־יוֹצָדָק וְשָׁרִיו לְמִבְנֵא
בֵּית אֱלָהָא דִּי בִירוּשְׁלֶם וְעִמְּהוֹן נְבִיַּיָּא דִי־אֱלָהָא מְסָעֲדִין
לְהוֹן:
ג בֵּהּ־זִמְנָא אֲתָה עֲלֵיהוֹן תַּתְּנַי פַּחַת עֲבַר־נַהֲרָה וּשְׁתַר בּוֹזְנַי
וּכְנָוָתְהוֹן וְכֵן אָמְרִין לְהֹם מַן־שָׂם לְכֹם טְעֵם בַּיְתָא דְנָה לִבְּנֵא
ד וְאֻשַּׁרְנָא דְנָה לְשַׁכְלָלָה: אֱדַיִן כְּנֵמָא אֲמַרְנָא לְּהֹם מַן־אִנּוּן
ה שְׁמָהָת גֻּבְרַיָּא דִּי־דְנָה בִנְיָנָא בָּנַיִן: וְעֵין אֱלָהֲהֹם הֲוָת עַל־
שָׂבֵי יְהוּדָיֵא וְלָא־בַטִּלוּ הִמּוֹ עַד־טַעְמָא לְדָרְיָוֶשׁ יְהָךְ וֶאֱדַיִן
ו יְתִיבוּן נִשְׁתְּוָנָא עַל־דְּנָה: פַּרְשֶׁגֶן אִגַּרְתָּא דִּי־
שְׁלַח תַּתְּנַי ׀ פַּחַת עֲבַר־נַהֲרָה וּשְׁתַר בּוֹזְנַי וּכְנָוָתֵהּ אֲפַרְסְכָיֵא
ז דִּי בַּעֲבַר נַהֲרָה עַל־דָּרְיָוֶשׁ מַלְכָּא: פִּתְגָמָא שְׁלַחוּ עֲלוֹהִי
ח וְכִדְנָה כְּתִיב בְּגַוֵּהּ לְדָרְיָוֶשׁ מַלְכָּא שְׁלָמָא כֹלָּא: יְדִיעַ ׀ לֶהֱוֵא
לְמַלְכָּא דִּי־אֲזַלְנָא לִיהוּד מְדִינְתָּא לְבֵית אֱלָהָא רַבָּא וְהוּא
מִתְבְּנֵא אֶבֶן גְּלָל וְאָע מִתְּשָׂם בְּכֻתְלַיָּא וַעֲבִידְתָּא דָךְ
ט אָסְפַּרְנָא מִתְעַבְדָא וּמַצְלַח בְּיֶדְהֹם: אֱדַיִן שְׁאֵלְנָא לְשָׂבַיָּא
אִלֵּךְ כְּנֵמָא אֲמַרְנָא לְּהֹם מַן־שָׂם לְכֹם טְעֵם בַּיְתָא דְנָה
י לְמִבְנְיָה וְאֻשַּׁרְנָא דְנָה לְשַׁכְלָלָה: וְאַף שְׁמָהָתְהֹם שְׁאֵלְנָא
יא לְהֹם לְהוֹדָעוּתָךְ דִּי נִכְתֻּב שֻׁם־גֻּבְרַיָּא דִּי בְרָאשֵׁיהֹם: וּכְנֵמָא
פִתְגָמָא הֲתִיבוּנָא לְמֵמַר אֲנַחְנָא הִמּוֹ עַבְדוֹהִי דִי־אֱלָהּ
שְׁמַיָּא וְאַרְעָא וּבָנַיִן בַּיְתָא דִּי־הֲוָא בְנֵה מִקַּדְמַת דְּנָה
יב שְׁנִין שַׂגִּיאָן וּמֶלֶךְ לְיִשְׂרָאֵל רַב בְּנָהִי וְשַׁכְלְלֵהּ: לָהֵן מִן־דִּי
הַרְגִּזוּ אֲבָהֳתַנָא לֶאֱלָהּ שְׁמַיָּא יְהַב הִמּוֹ בְּיַד נְבוּכַדְנֶצַּר
מֶלֶךְ־בָּבֶל כסדיא וּבַיְתָה דְנָה סַתְרֵהּ וְעַמָּה הַגְלִי
יג לְבָבֶל: בְּרַם בִּשְׁנַת חֲדָה לְכוֹרֶשׁ מַלְכָּא דִּי
יד בָבֶל כּוֹרֶשׁ מַלְכָּא שָׂם טְעֵם בֵּית־אֱלָהָא דְנָה לִבְּנֵא: וְאַף

חורבן ירושלים ובית המקדש מל"ב כה, ח–יב ירמיה לט, ח–י; נב, יב–ל דה"ב לו, יז–כא

כַּסְדָּאָה

הצהרת כורש עזרא א, א–ד; ו, ג–ד דה"ב לו, כב–כג

מָאנַיָּא דִּי־בֵית־אֱלָהָא דִּי דַהֲבָה וְכַסְפָּא דִּי נְבוּכַדְנֶצַּר
הַנְפֵּק מִן־הֵיכְלָא דִּי בִירוּשְׁלֶם וְהֵיבֵל הִמּוֹ לְהֵיכְלָא דִּי
בָבֶל הַנְפֵּק הִמּוֹ כּוֹרֶשׁ מַלְכָּא מִן־הֵיכְלָא דִּי בָבֶל וִיהִיבוּ
לְשֵׁשְׁבַּצַּר שְׁמֵהּ דִּי פֶחָה שָׂמֵהּ׃ וַאֲמַר־לֵהּ ׀ אלה מָאנַיָּא טו
אֵל
שֵׂא אֵזֶל־אֲחֵת הִמּוֹ בְּהֵיכְלָא דִּי בִירוּשְׁלֶם וּבֵית אֱלָהָא
יִתְבְּנֵא עַל־אַתְרֵהּ׃ אֱדַיִן שֵׁשְׁבַּצַּר דֵּךְ אֲתָא טז
יְהַב אֻשַּׁיָּא דִּי־בֵית אֱלָהָא דִּי בִירוּשְׁלֶם וּמִן־אֱדַיִן וְעַד־כְּעַן
מִתְבְּנֵא וְלָא שְׁלִם׃ וּכְעַן הֵן עַל־מַלְכָּא טָב יִתְבַּקַּר בְּבֵית יז
גִּנְזַיָּא דִּי־מַלְכָּא תַמָּה דִּי בְּבָבֶל הֵן אִיתַי דִּי־מִן־כּוֹרֶשׁ מַלְכָּא
שִׂים טְעֵם לְמִבְנֵא בֵּית־אֱלָהָא דֵךְ בִּירוּשְׁלֶם וּרְעוּת מַלְכָּא
עַל־דְּנָה יִשְׁלַח עֲלֶינָא׃ בֵּאדַיִן דָּרְיָוֶשׁ מַלְכָּא ו א
שָׂם טְעֵם וּבַקַּרוּ ׀ בְּבֵית סִפְרַיָּא דִּי גִנְזַיָּא מְהַחֲתִין תַּמָּה
בְּבָבֶל׃ וְהִשְׁתְּכַח בְּאַחְמְתָא בְּבִירְתָא דִּי בְּמָדַי מְדִינְתָּא ב
מְגִלָּה חֲדָה וְכֵן־כְּתִיב בְּגַוַּהּ דִּכְרוֹנָה׃ בִּשְׁנַת ג
חֲדָה לְכוֹרֶשׁ מַלְכָּא כּוֹרֶשׁ מַלְכָּא שָׂם טְעֵם בֵּית־אֱלָהָא
בִירוּשְׁלֶם בַּיְתָא יִתְבְּנֵא אֲתַר דִּי־דָבְחִין דִּבְחִין וְאֻשּׁוֹהִי
מְסוֹבְלִין רוּמֵהּ אַמִּין שִׁתִּין פְּתָיֵהּ אַמִּין שִׁתִּין׃ נִדְבָּכִין דִּי־ ד
אֶבֶן גְּלָל תְּלָתָא וְנִדְבָּךְ דִּי־אָע חֲדַת וְנִפְקְתָא מִן־בֵּית
מַלְכָּא תִּתְיְהִב׃ וְאַף מָאנֵי בֵית־אֱלָהָא דִּי דַהֲבָה וְכַסְפָּא ה
דִּי נְבוּכַדְנֶצַּר הַנְפֵּק מִן־הֵיכְלָא דִּי־בִירוּשְׁלֶם וְהֵיבֵל לְבָבֶל
יַהֲתִיבוּן וִיהָךְ לְהֵיכְלָא דִּי־בִירוּשְׁלֶם לְאַתְרֵהּ וְתַחֵת בְּבֵית
אֱלָהָא׃ כְּעַן תַּתְּנַי פַּחַת עֲבַר־נַהֲרָה שְׁתַר בּוֹזְנַי ו
וּכְנָוָתְהוֹן אֲפַרְסְכָיֵא דִּי בַּעֲבַר נַהֲרָה רַחִיקִין הֲווֹ מִן־תַּמָּה׃
שְׁבֻקוּ לַעֲבִידַת בֵּית־אֱלָהָא דֵךְ פַּחַת יְהוּדָיֵא וּלְשָׂבֵי יְהוּדָיֵא ז
בֵּית־אֱלָהָא דֵךְ יִבְנוֹן עַל־אַתְרֵהּ׃ וּמִנִּי שִׂים טְעֵם לְמָא דִּי־ ח
תַעַבְדוּן עִם־שָׂבֵי יְהוּדָיֵא אִלֵּךְ לְמִבְנֵא בֵּית־אֱלָהָא דֵךְ
וּמִנִּכְסֵי מַלְכָּא דִּי מִדַּת עֲבַר נַהֲרָה אָסְפַּרְנָא נִפְקְתָא תֶּהֱוֵא

כלי המקדש - נלקחים מירושלים ומושבים אליה
מל"ב כה, יג-יז
ירמיה נב, יז-כג
דניאל א, ב; ה, ב-ג
עזרא א, ז-יא; ו, ה
דה"ב לו, יח

הצהרת כורש
עזרא א, א-ד; ה, יג
דה"ב לו, כב-כג

כורש מוציא את כלי המקדש ומעביר אותם לששבצר
עזרא א, ז-יא; ה, יד-טו

ט מִתְיְהֵבָא לְגֻבְרַיָּא אִלֵּךְ דִּי־לָא לְבַטָּלָא׃ וּמָה חַשְׁחָן וּבְנֵי
תוֹרִין וְדִכְרִין וְאִמְּרִין ׀ לַעֲלָוָן ׀ לֶאֱלָהּ שְׁמַיָּא חִנְטִין מְלַח ׀
חֲמַר וּמְשַׁח כְּמֵאמַר כָּהֲנַיָּא דִּי־בִירוּשְׁלֶם לֶהֱוֵא מִתְיְהֵב
י לְהֹם יוֹם ׀ בְּיוֹם דִּי־לָא שָׁלוּ׃ דִּי־לֶהֱוֺן מְהַקְרְבִין נִיחוֹחִין
יא לֶאֱלָהּ שְׁמַיָּא וּמְצַלַּיִן לְחַיֵּי מַלְכָּא וּבְנוֹהִי׃ וּמִנִּי שִׂים טְעֵם דִּי
כָל־אֱנָשׁ דִּי יְהַשְׁנֵא פִּתְגָמָא דְנָה יִתְנְסַח אָע מִן־בַּיְתֵהּ וּזְקִיף
יב יִתְמְחֵא עֲלֹהִי וּבַיְתֵהּ נְוָלוּ יִתְעֲבֵד עַל־דְּנָה׃ וֵאלָהָא דִּי שַׁכִּן
שְׁמֵהּ תַּמָּה יְמַגַּר כָּל־מֶלֶךְ וְעַם דִּי ׀ יִשְׁלַח יְדֵהּ לְהַשְׁנָיָה
לְחַבָּלָה בֵּית־אֱלָהָא דֵךְ דִּי בִירוּשְׁלֶם אֲנָה דָרְיָוֶשׁ שָׂמֶת
יג טְעֵם אָסְפַּרְנָא יִתְעֲבִד׃ אֱדַיִן תַּתְּנַי פַּחַת עֲבַר־
נַהֲרָה שְׁתַר בּוֹזְנַי וּכְנָוָתְהוֹן לָקֳבֵל דִּי־שְׁלַח דָּרְיָוֶשׁ מַלְכָּא
יד כְּנֵמָא אָסְפַּרְנָא עֲבַדוּ׃ וְשָׂבֵי יְהוּדָיֵא בָּנַיִן וּמַצְלְחִין בִּנְבוּאַת
חַגַּי נביאה וּזְכַרְיָה בַּר־עִדּוֹא וּבְנוֹ וְשַׁכְלִלוּ מִן־טַעַם אֱלָהּ נְבִיָּא
יִשְׂרָאֵל וּמִטְּעֵם כּוֹרֶשׁ וְדָרְיָוֶשׁ וְאַרְתַּחְשַׁשְׂתְּא מֶלֶךְ פָּרָס׃
טו וְשֵׁיצִיא בַּיְתָה דְנָה עַד יוֹם תְּלָתָה לִירַח אֲדָר דִּי־הִיא שְׁנַת־
טז שֵׁת לְמַלְכוּת דָּרְיָוֶשׁ מַלְכָּא׃ וַעֲבַדוּ בְנֵי־
יִשְׂרָאֵל כָּהֲנַיָּא וְלֵוָיֵא וּשְׁאָר בְּנֵי־גָלוּתָא חֲנֻכַּת בֵּית־אֱלָהָא
יז דְנָה בְּחֶדְוָה׃ וְהַקְרִבוּ לַחֲנֻכַּת בֵּית־אֱלָהָא דְנָה תּוֹרִין מְאָה
דִּכְרִין מָאתַיִן אִמְּרִין אַרְבַּע מְאָה וּצְפִירֵי עִזִּין לחטיא עַל־ לְחַטָּאָה
יח כָּל־יִשְׂרָאֵל תְּרֵי־עֲשַׂר לְמִנְיָן שִׁבְטֵי יִשְׂרָאֵל׃ וַהֲקִימוּ כָהֲנַיָּא ג
בִּפְלֻגָּתְהוֹן וְלֵוָיֵא בְּמַחְלְקָתְהוֹן עַל־עֲבִידַת אֱלָהָא דִּי
יט בִירוּשְׁלֶם כִּכְתָב סְפַר מֹשֶׁה׃ וַיַּעֲשׂוּ בְנֵי־הַגּוֹלָה
כ אֶת־הַפָּסַח בְּאַרְבָּעָה עָשָׂר לַחֹדֶשׁ הָרִאשׁוֹן׃ כִּי הִטַּהֲרוּ
הַכֹּהֲנִים וְהַלְוִיִּם כְּאֶחָד כֻּלָּם טְהוֹרִים וַיִּשְׁחֲטוּ הַפֶּסַח לְכָל־
כא בְּנֵי הַגּוֹלָה וְלַאֲחֵיהֶם הַכֹּהֲנִים וְלָהֶם׃ וַיֹּאכְלוּ בְנֵי־יִשְׂרָאֵל
הַשָּׁבִים מֵהַגּוֹלָה וְכֹל הַנִּבְדָּל מִטֻּמְאַת גּוֹיֵ־הָאָרֶץ אֲלֵהֶם
כב לִדְרֹשׁ לַיהוָה אֱלֹהֵי יִשְׂרָאֵל׃ וַיַּעֲשׂוּ חַג־מַצּוֹת שִׁבְעַת יָמִים

בְּשִׂמְחָה כִּי ׀ שִׂמְּחָם יהוה וְהֵסֵב לֵב מֶלֶךְ־אַשּׁוּר עֲלֵיהֶם לְחַזֵּק
ז א יְדֵיהֶם בִּמְלֶאכֶת בֵּית־הָאֱלֹהִים אֱלֹהֵי יִשְׂרָאֵל׃ וְאַחַר
הַדְּבָרִים הָאֵלֶּה בְּמַלְכוּת אַרְתַּחְשַׁסְתְּא מֶלֶךְ־פָּרָס עֶזְרָא
ב בֶּן־שְׂרָיָה בֶּן־עֲזַרְיָה בֶּן־חִלְקִיָּה׃ בֶּן־שַׁלּוּם בֶּן־צָדוֹק בֶּן־
ג ד אֲחִיטוּב׃ בֶּן־אֲמַרְיָה בֶן־עֲזַרְיָה בֶּן־מְרָיוֹת׃ בֶּן־זְרַחְיָה בֶן־
ה עֻזִּי בֶן־בֻּקִּי׃ בֶּן־אֲבִישׁוּעַ בֶּן־פִּינְחָס בֶּן־אֶלְעָזָר בֶּן־אַהֲרֹן
ו הַכֹּהֵן הָרֹאשׁ׃ הוּא עֶזְרָא עָלָה מִבָּבֶל וְהוּא־סֹפֵר מָהִיר
בְּתוֹרַת מֹשֶׁה אֲשֶׁר־נָתַן יהוה אֱלֹהֵי יִשְׂרָאֵל וַיִּתֶּן־לוֹ הַמֶּלֶךְ
ז כְּיַד־יהוה אֱלֹהָיו עָלָיו כֹּל בַּקָּשָׁתוֹ׃ וַיַּעֲלוּ מִבְּנֵי־
יִשְׂרָאֵל וּמִן־הַכֹּהֲנִים וְהַלְוִיִּם וְהַמְשֹׁרְרִים וְהַשֹּׁעֲרִים וְהַנְּתִינִים
ח אֶל־יְרוּשָׁלִָם בִּשְׁנַת־שֶׁבַע לְאַרְתַּחְשַׁסְתְּא הַמֶּלֶךְ׃ וַיָּבֹא
ט יְרוּשָׁלִַם בַּחֹדֶשׁ הַחֲמִישִׁי הִיא שְׁנַת הַשְּׁבִיעִית לַמֶּלֶךְ׃ כִּי
בְּאֶחָד לַחֹדֶשׁ הָרִאשׁוֹן הוּא יְסֻד הַמַּעֲלָה מִבָּבֶל וּבְאֶחָד
לַחֹדֶשׁ הַחֲמִישִׁי בָּא אֶל־יְרוּשָׁלִַם כְּיַד־אֱלֹהָיו הַטּוֹבָה עָלָיו׃
י כִּי עֶזְרָא הֵכִין לְבָבוֹ לִדְרֹשׁ אֶת־תּוֹרַת יהוה וְלַעֲשֹׂת וּלְלַמֵּד
יא בְּיִשְׂרָאֵל חֹק וּמִשְׁפָּט׃ וְזֶה ׀ פַּרְשֶׁגֶן הַנִּשְׁתְּוָן אֲשֶׁר
נָתַן הַמֶּלֶךְ אַרְתַּחְשַׁסְתְּא לְעֶזְרָא הַכֹּהֵן הַסֹּפֵר סֹפֵר דִּבְרֵי
יב מִצְוֺת־יהוה וְחֻקָּיו עַל־יִשְׂרָאֵל׃ אַרְתַּחְשַׁסְתְּא מֶלֶךְ
מַלְכַיָּא לְעֶזְרָא כָהֲנָא סָפַר דָּתָא דִּי־אֱלָהּ שְׁמַיָּא גְּמִיר
יג וּכְעֶנֶת׃ מִנִּי שִׂים טְעֵם דִּי כָל־מִתְנַדַּב בְּמַלְכוּתִי מִן־עַמָּא
יד יִשְׂרָאֵל וְכָהֲנוֹהִי וְלֵוָיֵא לִמְהָךְ לִירוּשְׁלֶם עִמָּךְ יְהָךְ׃ כָּל־
קֳבֵל דִּי מִן־קֳדָם מַלְכָּא וְשִׁבְעַת יָעֲטֹהִי שְׁלִיחַ לְבַקָּרָא עַל־
טו יְהוּד וְלִירוּשְׁלֶם בְּדָת אֱלָהָךְ דִּי בִידָךְ׃ וּלְהֵיבָלָה כְּסַף וּדְהַב
דִּי־מַלְכָּא וְיָעֲטוֹהִי הִתְנַדַּבוּ לֶאֱלָהּ יִשְׂרָאֵל דִּי בִירוּשְׁלֶם
טז מִשְׁכְּנֵהּ׃ וְכֹל כְּסַף וּדְהַב דִּי תְהַשְׁכַּח בְּכֹל מְדִינַת בָּבֶל עִם
הִתְנַדָּבוּת עַמָּא וְכָהֲנַיָּא מִתְנַדְּבִין לְבֵית אֱלָהֲהֹם דִּי
יז בִּירוּשְׁלֶם׃ כָּל־קֳבֵל דְּנָה אָסְפַּרְנָא תִקְנֵא בְּכַסְפָּא דְנָה

ייחוסו של שריה אבי עזרא לאהרן הכוהן דה"א ה, כט–מ

תּוֹרִין ׀ דִּכְרִין אִמְּרִין וּמִנְחָתְהוֹן וְנִסְכֵּיהוֹן וּתְקָרֵב הִמּוֹ עַל־
יח מַדְבְּחָה דִּי בֵּית אֱלָהֲכֹם דִּי בִירוּשְׁלֶם׃ וּמָה דִי עֲלָיִךְ וְעַל־ עֲלָךְ
אֲחָיִךְ יִיטַב בִּשְׁאָר כַּסְפָּא וְדַהֲבָה לְמֶעְבַּד כִּרְעוּת אֱלָהֲכֹם אֲחָךְ
יט תַּעַבְדוּן׃ וּמָאנַיָּא דִּי־מִתְיַהֲבִין לָךְ לְפָלְחַן בֵּית אֱלָהָךְ הַשְׁלֵם
כ קֳדָם אֱלָהּ יְרוּשְׁלֶם׃ וּשְׁאָר חַשְׁחוּת בֵּית אֱלָהָךְ דִּי יִפֶּל־לָךְ
כא לְמִנְתַּן תִּנְתֵּן מִן־בֵּית גִּנְזֵי מַלְכָּא׃ וּמִנִּי אֲנָה אַרְתַּחְשַׁסְתְּא
מַלְכָּא שִׂים טְעֵם לְכֹל גִּזַּבְרַיָּא דִּי בַּעֲבַר נַהֲרָה דִּי כָל־
דִּי יִשְׁאֲלֶנְכוֹן עֶזְרָא כָהֲנָא סָפַר דָּתָא דִּי־אֱלָהּ שְׁמַיָּא
כב אָסְפַּרְנָא יִתְעֲבִד׃ עַד־כְּסַף כַּכְּרִין מְאָה וְעַד־חִנְטִין כּוֹרִין
מְאָה וְעַד־חֲמַר בַּתִּין מְאָה וְעַד־בַּתִּין מְשַׁח מְאָה וּמְלַח
כג דִּי־לָא כְתָב׃ כָּל־דִּי מִן־טַעַם אֱלָהּ שְׁמַיָּא יִתְעֲבֵד אַדְרַזְדָּא
לְבֵית אֱלָהּ שְׁמַיָּא דִּי־לְמָה לֶהֱוֵא קְצַף עַל־מַלְכוּת מַלְכָּא
כד וּבְנוֹהִי׃ וּלְכֹם מְהוֹדְעִין דִּי כָל־כָּהֲנַיָּא וְלֵוָיֵא זַמָּרַיָּא תָרָעַיָּא
נְתִינַיָּא וּפָלְחֵי בֵּית אֱלָהָא דְנָה מִנְדָּה בְלוֹ וַהֲלָךְ לָא שַׁלִּיט
כה לְמִרְמֵא עֲלֵיהֹם׃ וְאַנְתְּ עֶזְרָא כְּחָכְמַת אֱלָהָךְ דִּי־בִידָךְ מֶנִּי
שָׁפְטִין וְדַיָּנִין דִּי־לֶהֱוֺן דָּאנִין לְכָל־עַמָּה דִּי בַּעֲבַר נַהֲרָה דָּיְנִין
כו לְכָל־יָדְעֵי דָּתֵי אֱלָהָךְ וְדִי לָא יָדַע תְּהוֹדְעוּן׃ וְכָל־דִּי־לָא
לֶהֱוֵא עָבֵד דָּתָא דִי־אֱלָהָךְ וְדָתָא דִּי מַלְכָּא אָסְפַּרְנָא דִּינָה
לֶהֱוֵא מִתְעֲבֵד מִנֵּהּ הֵן לְמוֹת הֵן לִשְׁרֹשׁוּ הֵן־לַעֲנָשׁ נִכְסִין לִשְׁרֹשִׁי
כז וְלֶאֱסוּרִין׃ בָּרוּךְ יְהוָה אֱלֹהֵי אֲבוֹתֵינוּ אֲשֶׁר נָתַן
כָּזֹאת בְּלֵב הַמֶּלֶךְ לְפָאֵר אֶת־בֵּית יְהוָה אֲשֶׁר בִּירוּשָׁלָםִ׃
כח וְעָלַי הִטָּה־חֶסֶד לִפְנֵי הַמֶּלֶךְ וְיוֹעֲצָיו וּלְכָל־שָׂרֵי הַמֶּלֶךְ
הַגִּבֹּרִים וַאֲנִי הִתְחַזַּקְתִּי כְּיַד־יְהוָה אֱלֹהַי עָלַי וָאֶקְבְּצָה
מִיִּשְׂרָאֵל רָאשִׁים לַעֲלוֹת עִמִּי׃
ח א וְאֵלֶּה רָאשֵׁי אֲבֹתֵיהֶם וְהִתְיַחְשָׂם הָעֹלִים עִמִּי בְּמַלְכוּת
ב אַרְתַּחְשַׁסְתְּא הַמֶּלֶךְ מִבָּבֶל׃ מִבְּנֵי פִינְחָס גֵּרְשֹׁם מִבְּנֵי
ג אִיתָמָר דָּנִיֵּאל מִבְּנֵי דָוִיד חַטּוּשׁ׃ מִבְּנֵי שְׁכַנְיָה מִבְּנֵי פַרְעֹשׁ

ד זְכַרְיָה וְעִמּוֹ הִתְיַחֵשׂ לִזְכָרִים מֵאָה וַחֲמִשִּׁים׃ מִבְּנֵי פַּחַת
ה מוֹאָב אֶלְיְהוֹעֵינַי בֶּן־זְרַחְיָה וְעִמּוֹ מָאתַיִם הַזְּכָרִים׃ מִבְּנֵי
ו שְׁכַנְיָה בֶּן־יַחֲזִיאֵל וְעִמּוֹ שְׁלֹשׁ מֵאוֹת הַזְּכָרִים׃ וּמִבְּנֵי עָדִין
ז עֶבֶד בֶּן־יוֹנָתָן וְעִמּוֹ חֲמִשִּׁים הַזְּכָרִים׃ וּמִבְּנֵי עֵילָם יְשַׁעְיָה
ח בֶּן־עֲתַלְיָה וְעִמּוֹ שִׁבְעִים הַזְּכָרִים׃ וּמִבְּנֵי שְׁפַטְיָה זְבַדְיָה בֶּן־
ט מִיכָאֵל וְעִמּוֹ שְׁמֹנִים הַזְּכָרִים׃ מִבְּנֵי יוֹאָב עֹבַדְיָה בֶּן־יְחִיאֵל
י וְעִמּוֹ מָאתַיִם וּשְׁמֹנָה עָשָׂר הַזְּכָרִים׃ וּמִבְּנֵי שְׁלוֹמִית בֶּן־
יא יוֹסִפְיָה וְעִמּוֹ מֵאָה וְשִׁשִּׁים הַזְּכָרִים׃ וּמִבְּנֵי בֵּבַי זְכַרְיָה בֶּן־
יב בֵּבָי וְעִמּוֹ עֶשְׂרִים וּשְׁמֹנָה הַזְּכָרִים׃ וּמִבְּנֵי עַזְגָּד יוֹחָנָן בֶּן־הַקָּטָן
יג וְעִמּוֹ מֵאָה וַעֲשָׂרָה הַזְּכָרִים׃ וּמִבְּנֵי אֲדֹנִיקָם אַחֲרֹנִים וְאֵלֶּה
שְׁמוֹתָם אֱלִיפֶלֶט יְעִיאֵל וּשְׁמַעְיָה וְעִמָּהֶם שִׁשִּׁים הַזְּכָרִים׃
יד וּמִבְּנֵי בִּגְוַי עוּתַי וזבוד וְעִמָּהֶם שִׁבְעִים הַזְּכָרִים׃ וְזַכּוּר
טו וָאֶקְבְּצֵם אֶל־הַנָּהָר הַבָּא אֶל־אַהֲוָא וַנַּחֲנֶה שָׁם יָמִים שְׁלֹשָׁה
טז וָאָבִינָה בָעָם וּבַכֹּהֲנִים וּמִבְּנֵי לֵוִי לֹא־מָצָאתִי שָׁם׃ וָאֶשְׁלְחָה
לֶאֱלִיעֶזֶר לַאֲרִיאֵל לִשְׁמַעְיָה וּלְאֶלְנָתָן וּלְיָרִיב וּלְאֶלְנָתָן וּלְנָתָן
יז וְלִזְכַרְיָה וְלִמְשֻׁלָּם רָאשִׁים וּלְיוֹיָרִיב וּלְאֶלְנָתָן מְבִינִים׃ ואוצאה וָאֲצַוֶּה
אוֹתָם עַל־אִדּוֹ הָרֹאשׁ בְּכָסִפְיָא הַמָּקוֹם וָאָשִׂימָה בְּפִיהֶם
דְּבָרִים לְדַבֵּר אֶל־אִדּוֹ אָחִיו הנתונים בְּכָסִפְיָא הַמָּקוֹם הַנְּתִינִים
יח לְהָבִיא־לָנוּ מְשָׁרְתִים לְבֵית אֱלֹהֵינוּ׃ וַיָּבִיאוּ לָנוּ כְּיַד־
אֱלֹהֵינוּ הַטּוֹבָה עָלֵינוּ אִישׁ שֶׂכֶל מִבְּנֵי מַחְלִי בֶּן־לֵוִי בֶּן־
יט יִשְׂרָאֵל וְשֵׁרֵבְיָה וּבָנָיו וְאֶחָיו שְׁמֹנָה עָשָׂר׃ וְאֶת־חֲשַׁבְיָה וְאִתּוֹ
כ יְשַׁעְיָה מִבְּנֵי מְרָרִי אֶחָיו וּבְנֵיהֶם עֶשְׂרִים׃ וּמִן־
הַנְּתִינִים שֶׁנָּתַן דָּוִיד וְהַשָּׂרִים לַעֲבֹדַת הַלְוִיִּם נְתִינִים מָאתָיִם
כא וְעֶשְׂרִים כֻּלָּם נִקְּבוּ בְשֵׁמוֹת׃ וָאֶקְרָא שָׁם צוֹם עַל־הַנָּהָר
אַהֲוָא לְהִתְעַנּוֹת לִפְנֵי אֱלֹהֵינוּ לְבַקֵּשׁ מִמֶּנּוּ דֶּרֶךְ יְשָׁרָה לָנוּ
כב וּלְטַפֵּנוּ וּלְכָל־רְכוּשֵׁנוּ׃ כִּי בֹשְׁתִּי לִשְׁאוֹל מִן־הַמֶּלֶךְ חַיִל
וּפָרָשִׁים לְעָזְרֵנוּ מֵאוֹיֵב בַּדָּרֶךְ כִּי־אָמַרְנוּ לַמֶּלֶךְ לֵאמֹר יַד־

אלהינו על־כל־מבקשיו לטובה ועזו ואפו על כל־עזביו:
כג כד ונצומה ונבקשה מאלהינו על־זאת ויעתר לנו: ואבדילה
משרי הכהנים שנים עשר לשרביה חשביה ועמהם מאחיהם
כה עשרה: ואשקולה להם את־הכסף ואת־הזהב ואת־הכלים ואשקלה
תרומת בית־אלהינו ההרימו המלך ויעציו ושריו וכל־
כו ישראל הנמצאים: ואשקלה על־ידם כסף ככרים שש־
מאות וחמשים וכלי־כסף מאה לככרים זהב מאה ככר:
כז וכפרי זהב עשרים לאדרכנים אלף וכלי נחשת מצהב
כח טובה שנים חמודת כזהב: ואמרה אלהם אתם קדש
ליהוה והכלים קדש והכסף והזהב נדבה ליהוה אלהי
כט אבתיכם: שקדו ושמרו עד־תשקלו לפני שרי הכהנים
והלוים ושרי־האבות לישראל בירושלם הלשכות בית
ל יהוה: וקבלו הכהנים והלוים משקל הכסף והזהב והכלים
לא להביא לירושלם לבית אלהינו: ונסעה מנהר
אהוא בשנים עשר לחדש הראשון ללכת ירושלם ויד
אלהינו היתה עלינו ויצילנו מכף אויב ואורב על־הדרך:
לב לג ונבוא ירושלם ונשב שם ימים שלשה: וביום הרביעי נשקל
הכסף והזהב והכלים בבית אלהינו על יד־מרמות בן־
אוריה הכהן ועמו אלעזר בן־פינחס ועמהם יוזבד בן־ישוע
לד ונועדיה בן־בנוי הלוים: במספר במשקל לכל ויכתב כל־
לה המשקל בעת ההיא: הבאים מהשבי בני־ ד
הגולה הקריבו עלות | לאלהי ישראל פרים שנים־עשר
על־כל־ישראל אילים | תשעים וששה כבשים שבעים
לו ושבעה צפירי חטאת שנים עשר הכל עולה ליהוה: ויתנו |
את־דתי המלך לאחשדרפני המלך ופחות עבר הנהר
ט א ונשאו את־העם ואת־בית האלהים: וככלות
אלה נגשו אלי השרים לאמר לא־נבדלו העם ישראל

וְהַכֹּהֲנִים וְהַלְוִיִּם מֵעַמֵּי הָאֲרָצוֹת כְּתֹעֲבֹתֵיהֶם לַכְּנַעֲנִי הַחִתִּי
הַפְּרִזִּי הַיְבוּסִי הָעַמֹּנִי הַמֹּאָבִי הַמִּצְרִי וְהָאֱמֹרִי׃ כִּי־נָשְׂאוּ ב
מִבְּנֹתֵיהֶם לָהֶם וְלִבְנֵיהֶם וְהִתְעָרְבוּ זֶרַע הַקֹּדֶשׁ בְּעַמֵּי הָאֲרָצוֹת
וְיַד הַשָּׂרִים וְהַסְּגָנִים הָיְתָה בַּמַּעַל הַזֶּה רִאשׁוֹנָה׃ וּכְשָׁמְעִי ג
אֶת־הַדָּבָר הַזֶּה קָרַעְתִּי אֶת־בִּגְדִי וּמְעִילִי וָאֶמְרְטָה מִשְּׂעַר
רֹאשִׁי וּזְקָנִי וָאֵשְׁבָה מְשׁוֹמֵם׃ וְאֵלַי יֵאָסְפוּ כֹּל חָרֵד בְּדִבְרֵי ד
אֱלֹהֵי־יִשְׂרָאֵל עַל מַעַל הַגּוֹלָה וַאֲנִי יֹשֵׁב מְשׁוֹמֵם עַד לְמִנְחַת
הָעָרֶב׃ וּבְמִנְחַת הָעֶרֶב קַמְתִּי מִתַּעֲנִיתִי וּבְקָרְעִי בִגְדִי וּמְעִילִי ה
וָאֶכְרְעָה עַל־בִּרְכַּי וָאֶפְרְשָׂה כַפַּי אֶל־יְהוָה אֱלֹהָי׃ וָאֹמְרָה ו
אֱלֹהַי בֹּשְׁתִּי וְנִכְלַמְתִּי לְהָרִים אֱלֹהַי פָּנַי אֵלֶיךָ כִּי עֲוֺנֹתֵינוּ
רָבוּ לְמַעְלָה רֹּאשׁ וְאַשְׁמָתֵנוּ גָדְלָה עַד לַשָּׁמָיִם׃ מִימֵי ז
אֲבֹתֵינוּ אֲנַחְנוּ בְּאַשְׁמָה גְדֹלָה עַד הַיּוֹם הַזֶּה וּבַעֲוֺנֹתֵינוּ נִתַּנּוּ
אֲנַחְנוּ מְלָכֵינוּ כֹהֲנֵינוּ בְּיַד ׀ מַלְכֵי הָאֲרָצוֹת בַּחֶרֶב בַּשְּׁבִי
וּבַבִּזָּה וּבְבֹשֶׁת פָּנִים כְּהַיּוֹם הַזֶּה׃ וְעַתָּה כִּמְעַט־רֶגַע הָיְתָה ח
תְחִנָּה מֵאֵת ׀ יְהוָה אֱלֹהֵינוּ לְהַשְׁאִיר לָנוּ פְּלֵיטָה וְלָתֶת־לָנוּ
יָתֵד בִּמְקוֹם קָדְשׁוֹ לְהָאִיר עֵינֵינוּ אֱלֹהֵינוּ וּלְתִתֵּנוּ מִחְיָה
מְעַט בְּעַבְדֻתֵנוּ׃ כִּי־עֲבָדִים אֲנַחְנוּ וּבְעַבְדֻתֵנוּ לֹא עֲזָבָנוּ ט
אֱלֹהֵינוּ וַיַּט־עָלֵינוּ חֶסֶד לִפְנֵי מַלְכֵי פָרַס לָתֶת־לָנוּ מִחְיָה
לְרוֹמֵם אֶת־בֵּית אֱלֹהֵינוּ וּלְהַעֲמִיד אֶת־חָרְבֹתָיו וְלָתֶת־לָנוּ
גָדֵר בִּיהוּדָה וּבִירוּשָׁלִָם׃ וְעַתָּה מַה־נֹּאמַר אֱלֹהֵינוּ אַחֲרֵי־ י
זֹאת כִּי עָזַבְנוּ מִצְוֺתֶיךָ׃ אֲשֶׁר צִוִּיתָ בְּיַד עֲבָדֶיךָ הַנְּבִיאִים יא
לֵאמֹר הָאָרֶץ אֲשֶׁר אַתֶּם בָּאִים לְרִשְׁתָּהּ אֶרֶץ נִדָּה הִיא
בְּנִדַּת עַמֵּי הָאֲרָצוֹת בְּתוֹעֲבֹתֵיהֶם אֲשֶׁר מִלְאוּהָ מִפֶּה אֶל־
פֶּה בְּטֻמְאָתָם׃ וְעַתָּה בְּנוֹתֵיכֶם אַל־תִּתְּנוּ לִבְנֵיהֶם וּבְנֹתֵיהֶם יב
אַל־תִּשְׂאוּ לִבְנֵיכֶם וְלֹא־תִדְרְשׁוּ שְׁלֹמָם וְטוֹבָתָם עַד־עוֹלָם
לְמַעַן תֶּחֶזְקוּ וַאֲכַלְתֶּם אֶת־טוּב הָאָרֶץ וְהוֹרַשְׁתֶּם לִבְנֵיכֶם
עַד־עוֹלָם׃ וְאַחֲרֵי כָּל־הַבָּא עָלֵינוּ בְּמַעֲשֵׂינוּ הָרָעִים וּבְאַשְׁמָתֵנוּ יג

הַגְּדֹלָה כִּי ׀ אַתָּה אֱלֹהֵינוּ חָשַׂכְתָּ לְמַטָּה מֵעֲוֺנֵנוּ וְנָתַתָּה לָּנוּ
יד פְּלֵיטָה כָּזֹאת׃ הֲנָשׁוּב לְהָפֵר מִצְוֺתֶיךָ וּלְהִתְחַתֵּן בְּעַמֵּי
הַתֹּעֵבוֹת הָאֵלֶּה הֲלוֹא תֶאֱנַף־בָּנוּ עַד־כַּלֵּה לְאֵין שְׁאֵרִית
טו וּפְלֵיטָה׃ יְהוָה אֱלֹהֵי יִשְׂרָאֵל צַדִּיק אַתָּה כִּי־
נִשְׁאַרְנוּ פְלֵיטָה כְּהַיּוֹם הַזֶּה הִנְנוּ לְפָנֶיךָ בְּאַשְׁמָתֵינוּ כִּי אֵין
י א לַעֲמוֹד לְפָנֶיךָ עַל־זֹאת׃ וּכְהִתְפַּלֵּל עֶזְרָא
וּכְהִתְוַדֹּתוֹ בֹּכֶה וּמִתְנַפֵּל לִפְנֵי בֵּית הָאֱלֹהִים נִקְבְּצוּ אֵלָיו
מִיִּשְׂרָאֵל קָהָל רַב־מְאֹד אֲנָשִׁים וְנָשִׁים וִילָדִים כִּי־בָכוּ הָעָם
הַרְבֵּה בֶכֶה׃
ב וַיַּעַן שְׁכַנְיָה בֶן־יְחִיאֵל מִבְּנֵי עולם וַיֹּאמֶר לְעֶזְרָא אֲנַחְנוּ עֵילָם
מָעַלְנוּ בֵאלֹהֵינוּ וַנֹּשֶׁב נָשִׁים נָכְרִיּוֹת מֵעַמֵּי הָאָרֶץ וְעַתָּה יֵשׁ־
ג מִקְוֶה לְיִשְׂרָאֵל עַל־זֹאת׃ וְעַתָּה נִכְרָת־בְּרִית לֵאלֹהֵינוּ
לְהוֹצִיא כָל־נָשִׁים וְהַנּוֹלָד מֵהֶם בַּעֲצַת אֲדֹנָי וְהַחֲרֵדִים בְּמִצְוַת
ד אֱלֹהֵינוּ וְכַתּוֹרָה יֵעָשֶׂה׃ קוּם כִּי־עָלֶיךָ הַדָּבָר וַאֲנַחְנוּ עִמָּךְ
ה חֲזַק וַעֲשֵׂה׃ וַיָּקָם עֶזְרָא וַיַּשְׁבַּע אֶת־שָׂרֵי
הַכֹּהֲנִים הַלְוִיִּם וְכָל־יִשְׂרָאֵל לַעֲשׂוֹת כַּדָּבָר הַזֶּה וַיִּשָּׁבֵעוּ׃
ו וַיָּקָם עֶזְרָא מִלִּפְנֵי בֵּית הָאֱלֹהִים וַיֵּלֶךְ אֶל־לִשְׁכַּת יְהוֹחָנָן בֶּן־
אֶלְיָשִׁיב וַיֵּלֶךְ שָׁם לֶחֶם לֹא־אָכַל וּמַיִם לֹא־שָׁתָה כִּי מִתְאַבֵּל
ז עַל־מַעַל הַגּוֹלָה׃ וַיַּעֲבִירוּ קוֹל בִּיהוּדָה וִירוּשָׁלִַם לְכֹל בְּנֵי
ח הַגּוֹלָה לְהִקָּבֵץ יְרוּשָׁלִָם׃ וְכֹל אֲשֶׁר לֹא־יָבוֹא לִשְׁלֹשֶׁת הַיָּמִים
כַּעֲצַת הַשָּׂרִים וְהַזְּקֵנִים יָחֳרַם כָּל־רְכוּשׁוֹ וְהוּא יִבָּדֵל מִקְּהַל
הַגּוֹלָה׃
ט וַיִּקָּבְצוּ כָל־אַנְשֵׁי־יְהוּדָה וּבִנְיָמִן ׀ יְרוּשָׁלִַם לִשְׁלֹשֶׁת הַיָּמִים
הוּא חֹדֶשׁ הַתְּשִׁיעִי בְּעֶשְׂרִים בַּחֹדֶשׁ וַיֵּשְׁבוּ כָל־הָעָם בִּרְחוֹב
י בֵּית הָאֱלֹהִים מַרְעִידִים עַל־הַדָּבָר וּמֵהַגְּשָׁמִים׃ וַיָּקָם עֶזְרָא
הַכֹּהֵן וַיֹּאמֶר אֲלֵהֶם אַתֶּם מְעַלְתֶּם וַתֹּשִׁיבוּ נָשִׁים נָכְרִיּוֹת
יא לְהוֹסִיף עַל־אַשְׁמַת יִשְׂרָאֵל׃ וְעַתָּה תְּנוּ תוֹדָה לַיהוָה אֱלֹהֵי־

אבתיכם ועשו רצונו והבדלו מעמי הארץ ומן־הנשים
יב הנכריות: ויענו כל־הקהל ויאמרו קול גדול
יג כן כדבריך עלינו לעשות: אבל העם רב והעת גשמים ואין כדברך
כח לעמוד בחוץ והמלאכה לא־ליום אחד ולא לשנים כי־
יד הרבינו לפשע בדבר הזה: יעמדו־נא שרינו לכל־הקהל וכל ׀
אשר בערינו ההשיב נשים נכריות יבא לעתים מזמנים
ועמהם זקני־עיר ועיר ושפטיה עד להשיב חרון אף־אלהינו
טו ממנו עד לדבר הזה: אך יונתן בן־עשהאל ויחזיה בן־תקוה
טז עמדו על־זאת ומשלם ושבתי הלוי עזרם: ויעשו־כן בני
הגולה ויבדלו עזרא הכהן אנשים ראשי האבות לבית
אבתם וכלם בשמות וישבו ביום אחד לחדש העשירי
יז לדריוש הדבר: ויכלו בכל אנשים ההשיבו נשים נכריות עד
יח יום אחד לחדש הראשון: וימצא מבני
הכהנים אשר השיבו נשים נכריות מבני ישוע בן־יוצדק
יט ואחיו מעשיה ואליעזר ויריב וגדליה: ויתנו ידם להוציא
כ נשיהם ואשמים איל־צאן על־אשמתם: ומבני אמר חנני
כא וזבדיה: ומבני חרם מעשיה ואליה ושמעיה ויחיאל ועזיה:
כב ומבני פשחור אליועיני מעשיה ישמעאל נתנאל יוזבד
כג ואלעשה: ומן־הלוים יוזבד ושמעי וקליה הוא קליטא
כד פתחיה יהודה ואליעזר: ומן־המשררים אלישיב ומן־
כה השערים שלם וטלם ואורי: ומישראל מבני פרעש רמיה
כו ויזיה ומלכיה ומימן ואלעזר ומלכיה ובניה: ומבני עילם
כז מתניה זכריה ויחיאל ועבדי וירמות ואליה: ומבני זתוא
כח אליועני אלישיב מתניה וירמות וזבד ועזיזא: ומבני בבי
כט יהוחנן חנניה זבי עתלי: ומבני בני משלם מלוך ועדיה ישוב
ל ושאל ירמות: ומבני פחת מואב עדנא וכלל בניה מעשיה ורמות
לא מתניה בצלאל ובנוי ומנשה: ובני חרם אליעזר ישיה מלכיה

י

לב לג שְׁמַעְיָה שִׁמְעוֹן׃ בִּנְיָמִן מַלּוּךְ שְׁמַרְיָה׃ מִבְּנֵי חָשֻׁם מַתְּנַי
לד מַתַּתָּה זָבָד אֱלִיפֶלֶט יְרֵמַי מְנַשֶּׁה שִׁמְעִי׃ מִבְּנֵי בָנִי מַעֲדַי
לה לו עַמְרָם וְאוּאֵל׃ בְּנָיָה בֵדְיָה כלוהי׃ וַנְיָה מְרֵמוֹת אֶלְיָשִׁיב׃ כְּלוּהוּ
לז לח לט מַתַּנְיָה מַתְּנַי ויעשו׃ וּבָנִי וּבִנּוּי שִׁמְעִי׃ וְשֶׁלֶמְיָה וְנָתָן וַעֲדָיָה׃ וְיַעֲשָׂי
מ מא מב מַכְנַדְבַי שָׁשַׁי שָׁרָי׃ עֲזַרְאֵל וְשֶׁלֶמְיָהוּ שְׁמַרְיָה׃ שַׁלּוּם אֲמַרְיָה
מג יוֹסֵף׃ מִבְּנֵי נְבוֹ יְעִיאֵל מַתִּתְיָה זָבָד זְבִינָא ידו וְיוֹאֵל בְּנָיָה׃ יַדָּי
מד כָּל־אֵלֶּה נשאי נָשִׁים נָכְרִיּוֹת וְיֵשׁ מֵהֶם נָשִׁים וַיָּשִׂימוּ נָשְׂאוּ

# נחמיה

א א בָּנִים׃ דִּבְרֵי נְחֶמְיָה בֶּן־חֲכַלְיָה וַיְהִי בְחֹדֶשׁ־
ב כִּסְלֵו שְׁנַת עֶשְׂרִים וַאֲנִי הָיִיתִי בְּשׁוּשַׁן הַבִּירָה׃ וַיָּבֹא חֲנָנִי
אֶחָד מֵאַחַי הוּא וַאֲנָשִׁים מִיהוּדָה וָאֶשְׁאָלֵם עַל־הַיְּהוּדִים
ג הַפְּלֵיטָה אֲשֶׁר־נִשְׁאֲרוּ מִן־הַשֶּׁבִי וְעַל־יְרוּשָׁלִָם׃ וַיֹּאמְרוּ לִי
הַנִּשְׁאָרִים אֲשֶׁר־נִשְׁאֲרוּ מִן־הַשְּׁבִי שָׁם בַּמְּדִינָה בְּרָעָה גְדֹלָה
ד וּבְחֶרְפָּה וְחוֹמַת יְרוּשָׁלִַם מְפֹרָצֶת וּשְׁעָרֶיהָ נִצְּתוּ בָאֵשׁ׃ וַיְהִי
כְּשָׁמְעִי ׀ אֶת־הַדְּבָרִים הָאֵלֶּה יָשַׁבְתִּי וָאֶבְכֶּה וָאֶתְאַבְּלָה
ה יָמִים וָאֱהִי צָם וּמִתְפַּלֵּל לִפְנֵי אֱלֹהֵי הַשָּׁמָיִם׃ וָאֹמַר אָנָּא
יהוה אֱלֹהֵי הַשָּׁמַיִם הָאֵל הַגָּדוֹל וְהַנּוֹרָא שֹׁמֵר הַבְּרִית וָחֶסֶד
ו לְאֹהֲבָיו וּלְשֹׁמְרֵי מִצְוֹתָיו׃ תְּהִי נָא אָזְנְךָ־קַשֶּׁבֶת וְעֵינֶיךָ
פְתוּחוֹת לִשְׁמֹעַ אֶל־תְּפִלַּת עַבְדְּךָ אֲשֶׁר אָנֹכִי מִתְפַּלֵּל
לְפָנֶיךָ הַיּוֹם יוֹמָם וָלַיְלָה עַל־בְּנֵי יִשְׂרָאֵל עֲבָדֶיךָ וּמִתְוַדֶּה
עַל־חַטֹּאות בְּנֵי־יִשְׂרָאֵל אֲשֶׁר חָטָאנוּ לָךְ וַאֲנִי וּבֵית־אָבִי
ז חָטָאנוּ׃ חֲבֹל חָבַלְנוּ לָךְ וְלֹא־שָׁמַרְנוּ אֶת־הַמִּצְוֹת וְאֶת־
ח הַחֻקִּים וְאֶת־הַמִּשְׁפָּטִים אֲשֶׁר צִוִּיתָ אֶת־מֹשֶׁה עַבְדֶּךָ׃ זְכָר־
נָא אֶת־הַדָּבָר אֲשֶׁר צִוִּיתָ אֶת־מֹשֶׁה עַבְדְּךָ לֵאמֹר אַתֶּם
ט תִּמְעָלוּ אֲנִי אָפִיץ אֶתְכֶם בָּעַמִּים׃ וְשַׁבְתֶּם אֵלַי וּשְׁמַרְתֶּם
מִצְוֹתַי וַעֲשִׂיתֶם אֹתָם אִם־יִהְיֶה נִדַּחֲכֶם בִּקְצֵה הַשָּׁמַיִם
מִשָּׁם אֲקַבְּצֵם והבואותים אֶל־הַמָּקוֹם אֲשֶׁר בָּחַרְתִּי לְשַׁכֵּן וַהֲבִיאוֹתִים
י אֶת־שְׁמִי שָׁם׃ וְהֵם עֲבָדֶיךָ וְעַמֶּךָ אֲשֶׁר פָּדִיתָ בְּכֹחֲךָ הַגָּדוֹל

הבטחת ה' למשה בדבר הגלות והגאולה
דברים ד, כה–כט; ל, א–י

ה וּבְיָדְךָ הַחֲזָקָה: אָנָּא אֲדֹנָי תְּהִי נָא אָזְנְךָ־קַשֶּׁבֶת אֶל־תְּפִלַּת יא
עַבְדְּךָ וְאֶל־תְּפִלַּת עֲבָדֶיךָ הַחֲפֵצִים לְיִרְאָה אֶת־שְׁמֶךָ
וְהַצְלִיחָה־נָּא לְעַבְדְּךָ הַיּוֹם וּתְנֵהוּ לְרַחֲמִים לִפְנֵי הָאִישׁ
הַזֶּה וַאֲנִי הָיִיתִי מַשְׁקֶה לַמֶּלֶךְ: וַיְהִי ׀ בְּחֹדֶשׁ ב א
נִיסָן שְׁנַת עֶשְׂרִים לְאַרְתַּחְשַׁסְתְּא הַמֶּלֶךְ יַיִן לְפָנָיו וָאֶשָּׂא
אֶת־הַיַּיִן וָאֶתְּנָה לַמֶּלֶךְ וְלֹא־הָיִיתִי רַע לְפָנָיו: וַיֹּאמֶר לִי ב
הַמֶּלֶךְ מַדּוּעַ ׀ פָּנֶיךָ רָעִים וְאַתָּה אֵינְךָ חוֹלֶה אֵין זֶה כִּי־אִם
רֹעַ לֵב וָאִירָא הַרְבֵּה מְאֹד: וָאֹמַר לַמֶּלֶךְ הַמֶּלֶךְ לְעוֹלָם ג
יִחְיֶה מַדּוּעַ לֹא־יֵרְעוּ פָנַי אֲשֶׁר הָעִיר בֵּית־קִבְרוֹת אֲבֹתַי
חֲרֵבָה וּשְׁעָרֶיהָ אֻכְּלוּ בָאֵשׁ: וַיֹּאמֶר לִי הַמֶּלֶךְ ד
עַל־מַה־זֶּה אַתָּה מְבַקֵּשׁ וָאֶתְפַּלֵּל אֶל־אֱלֹהֵי הַשָּׁמָיִם: וָאֹמַר ה
לַמֶּלֶךְ אִם־עַל־הַמֶּלֶךְ טוֹב וְאִם־יִיטַב עַבְדְּךָ לְפָנֶיךָ אֲשֶׁר
תִּשְׁלָחֵנִי אֶל־יְהוּדָה אֶל־עִיר קִבְרוֹת אֲבֹתַי וְאֶבְנֶנָּה: וַיֹּאמֶר לִי ו
הַמֶּלֶךְ וְהַשֵּׁגַל ׀ יוֹשֶׁבֶת אֶצְלוֹ עַד־מָתַי יִהְיֶה מַהֲלָכְךָ וּמָתַי
תָּשׁוּב וַיִּיטַב לִפְנֵי־הַמֶּלֶךְ וַיִּשְׁלָחֵנִי וָאֶתְּנָה לוֹ זְמָן: וָאוֹמַר לַמֶּלֶךְ ז
אִם־עַל־הַמֶּלֶךְ טוֹב אִגְּרוֹת יִתְּנוּ־לִי עַל־פַּחֲווֹת עֵבֶר הַנָּהָר
אֲשֶׁר יַעֲבִירוּנִי עַד אֲשֶׁר־אָבוֹא אֶל־יְהוּדָה: וְאִגֶּרֶת אֶל־אָסָף ח
שֹׁמֵר הַפַּרְדֵּס אֲשֶׁר לַמֶּלֶךְ אֲשֶׁר יִתֶּן־לִי עֵצִים לְקָרוֹת אֶת־
שַׁעֲרֵי הַבִּירָה אֲשֶׁר־לַבַּיִת וּלְחוֹמַת הָעִיר וְלַבַּיִת אֲשֶׁר־אָבוֹא
אֵלָיו וַיִּתֶּן־לִי הַמֶּלֶךְ כְּיַד־אֱלֹהַי הַטּוֹבָה עָלָי: וָאָבוֹא אֶל־ ט
פַּחֲווֹת עֵבֶר הַנָּהָר וָאֶתְּנָה לָהֶם אֵת אִגְּרוֹת הַמֶּלֶךְ וַיִּשְׁלַח
עִמִּי הַמֶּלֶךְ שָׂרֵי חַיִל וּפָרָשִׁים: וַיִּשְׁמַע סַנְבַלַּט י
הַחֹרֹנִי וְטוֹבִיָּה הָעֶבֶד הָעַמֹּנִי וַיֵּרַע לָהֶם רָעָה גְדֹלָה אֲשֶׁר־
בָּא אָדָם לְבַקֵּשׁ טוֹבָה לִבְנֵי יִשְׂרָאֵל: וָאָבוֹא אֶל־יְרוּשָׁלִָם יא
וָאֱהִי־שָׁם יָמִים שְׁלֹשָׁה: וָאָקוּם ׀ לַיְלָה אֲנִי וַאֲנָשִׁים ׀ מְעַט יב
עִמִּי וְלֹא־הִגַּדְתִּי לְאָדָם מָה אֱלֹהַי נֹתֵן אֶל־לִבִּי לַעֲשׂוֹת
לִירוּשָׁלִָם וּבְהֵמָה אֵין עִמִּי כִּי אִם־הַבְּהֵמָה אֲשֶׁר אֲנִי רֹכֵב

יג בַּהּ: וָאֵצְאָה בְשַׁעַר־הַגַּיְא לַיְלָה וְאֶל־פְּנֵי עֵין הַתַּנִּין וְאֶל־
שַׁעַר הָאַשְׁפֹּת וָאֱהִי שֹׂבֵר בְּחוֹמֹת יְרוּשָׁלִַם אֲשֶׁר־המפרוּצִים הֵם ׀ פְּרוּצִים
יד וּשְׁעָרֶיהָ אֻכְּלוּ בָאֵשׁ: וָאֶעֱבֹר אֶל־שַׁעַר הָעַיִן וְאֶל־בְּרֵכַת
טו הַמֶּלֶךְ וְאֵין־מָקוֹם לַבְּהֵמָה לַעֲבֹר תַּחְתָּי: וָאֱהִי עֹלֶה בַנַּחַל
לַיְלָה וָאֱהִי שֹׂבֵר בַּחוֹמָה וָאָשׁוּב וָאָבוֹא בְּשַׁעַר הַגַּיְא וָאָשׁוּב:
טז וְהַסְּגָנִים לֹא יָדְעוּ אָנָה הָלַכְתִּי וּמָה אֲנִי עֹשֶׂה וְלַיְּהוּדִים
וְלַכֹּהֲנִים וְלַחֹרִים וְלַסְּגָנִים וּלְיֶתֶר עֹשֵׂה הַמְּלָאכָה עַד־כֵּן לֹא
יז הִגַּדְתִּי: וָאוֹמַר אֲלֵהֶם אַתֶּם רֹאִים הָרָעָה אֲשֶׁר אֲנַחְנוּ בָהּ
אֲשֶׁר יְרוּשָׁלִַם חֲרֵבָה וּשְׁעָרֶיהָ נִצְּתוּ בָאֵשׁ לְכוּ וְנִבְנֶה אֶת־
יח חוֹמַת יְרוּשָׁלִַם וְלֹא־נִהְיֶה עוֹד חֶרְפָּה: וָאַגִּיד לָהֶם אֶת־יַד
אֱלֹהַי אֲשֶׁר־הִיא טוֹבָה עָלַי וְאַף־דִּבְרֵי הַמֶּלֶךְ אֲשֶׁר אָמַר־לִי
יט וַיֹּאמְרוּ נָקוּם וּבָנִינוּ וַיְחַזְּקוּ יְדֵיהֶם לַטּוֹבָה: וַיִּשְׁמַע
סַנְבַלַּט הַחֹרֹנִי וְטֹבִיָּה ׀ הָעֶבֶד הָעַמּוֹנִי וְגֶשֶׁם הָעַרְבִי וַיַּלְעִגוּ לָנוּ
וַיִּבְזוּ עָלֵינוּ וַיֹּאמְרוּ מָה־הַדָּבָר הַזֶּה אֲשֶׁר אַתֶּם עֹשִׂים
כ הַעַל הַמֶּלֶךְ אַתֶּם מֹרְדִים: וָאָשִׁיב אוֹתָם דָּבָר וָאוֹמַר לָהֶם
אֱלֹהֵי הַשָּׁמַיִם הוּא יַצְלִיחַ לָנוּ וַאֲנַחְנוּ עֲבָדָיו נָקוּם וּבָנִינוּ
וְלָכֶם אֵין־חֵלֶק וּצְדָקָה וְזִכָּרוֹן בִּירוּשָׁלִָם:
ג א וַיָּקָם אֶלְיָשִׁיב הַכֹּהֵן הַגָּדוֹל וְאֶחָיו הַכֹּהֲנִים וַיִּבְנוּ אֶת־שַׁעַר
הַצֹּאן הֵמָּה קִדְּשׁוּהוּ וַיַּעֲמִידוּ דַּלְתֹתָיו וְעַד־מִגְדַּל הַמֵּאָה
ב קִדְּשׁוּהוּ עַד מִגְדַּל חֲנַנְאֵל: וְעַל־יָדוֹ בָנוּ אַנְשֵׁי יְרֵחוֹ וְעַל־
ג יָדוֹ בָּנָה זַכּוּר בֶּן־אִמְרִי: וְאֵת שַׁעַר הַדָּגִים בָּנוּ בְּנֵי הַסְּנָאָה
ד הֵמָּה קֵרוּהוּ וַיַּעֲמִידוּ דַּלְתֹתָיו מַנְעוּלָיו וּבְרִיחָיו: וְעַל־יָדָם
הֶחֱזִיק מְרֵמוֹת בֶּן־אוּרִיָּה בֶּן־הַקּוֹץ וְעַל־יָדָם הֶחֱזִיק מְשֻׁלָּם
בֶּן־בֶּרֶכְיָה בֶּן־מְשֵׁיזַבְאֵל וְעַל־יָדָם הֶחֱזִיק צָדוֹק בֶּן־בַּעֲנָא:
ה וְעַל־יָדָם הֶחֱזִיקוּ הַתְּקוֹעִים וְאַדִּירֵיהֶם לֹא־הֵבִיאוּ צַוָּרָם
ו בַּעֲבֹדַת אֲדֹנֵיהֶם: וְאֵת שַׁעַר הַיְשָׁנָה הֶחֱזִיקוּ יוֹיָדָע בֶּן־פָּסֵחַ
וּמְשֻׁלָּם בֶּן־בְּסוֹדְיָה הֵמָּה קֵרוּהוּ וַיַּעֲמִידוּ דַּלְתֹתָיו וּמַנְעֻלָיו

ז וּבְרִיחָיו׃ וְעַל־יָדָם הֶחֱזִיק מְלַטְיָה הַגִּבְעֹנִי וְיָדוֹן הַמֵּרֹנֹתִי אַנְשֵׁי
ח גִבְעוֹן וְהַמִּצְפָּה לְכִסֵּא פַּחַת עֵבֶר הַנָּהָר׃ עַל־יָדוֹ הֶחֱזִיק
עֻזִּיאֵל בֶּן־חַרְהֲיָה צוֹרְפִים וְעַל־יָדוֹ הֶחֱזִיק חֲנַנְיָה בֶּן־
ט הָרַקָּחִים וַיַּעַזְבוּ יְרוּשָׁלִַם עַד הַחוֹמָה הָרְחָבָה׃ וְעַל־יָדָם
י הֶחֱזִיק רְפָיָה בֶן־חוּר שַׂר חֲצִי פֶּלֶךְ יְרוּשָׁלִָם׃ וְעַל־יָדָם הֶחֱזִיק
יְדָיָה בֶן־חֲרוּמַף וְנֶגֶד בֵּיתוֹ וְעַל־יָדוֹ הֶחֱזִיק חַטּוּשׁ בֶּן־
יא חֲשַׁבְנְיָה׃ מִדָּה שֵׁנִית הֶחֱזִיק מַלְכִּיָּה בֶן־חָרִם וְחַשּׁוּב בֶּן־
יב פַּחַת מוֹאָב וְאֵת מִגְדַּל הַתַּנּוּרִים׃ וְעַל־יָדוֹ הֶחֱזִיק שַׁלּוּם
יג בֶּן־הַלּוֹחֵשׁ שַׂר חֲצִי פֶּלֶךְ יְרוּשָׁלִָם הוּא וּבְנוֹתָיו׃ אֵת שַׁעַר
הַגַּיְא הֶחֱזִיק חָנוּן וְיֹשְׁבֵי זָנוֹחַ הֵמָּה בָנוּהוּ וַיַּעֲמִידוּ דַּלְתֹתָיו
מַנְעֻלָיו וּבְרִיחָיו וְאֶלֶף אַמָּה בַּחוֹמָה עַד שַׁעַר הַשְׁפוֹת׃
יד וְאֵת ׀ שַׁעַר הָאַשְׁפּוֹת הֶחֱזִיק מַלְכִּיָּה בֶן־רֵכָב שַׂר פֶּלֶךְ בֵּית־
טו הַכָּרֶם הוּא יִבְנֶנּוּ וְיַעֲמִיד דַּלְתֹתָיו מַנְעֻלָיו וּבְרִיחָיו׃ וְאֵת
שַׁעַר הָעַיִן הֶחֱזִיק שַׁלּוּן בֶּן־כָּל־חֹזֶה שַׂר פֶּלֶךְ הַמִּצְפָּה הוּא
יִבְנֶנּוּ וִיטַלְלֶנּוּ ויעמידו דַּלְתֹתָיו מַנְעֻלָיו וּבְרִיחָיו וְאֵת חוֹמַת  וְיַעֲמִיד
בְּרֵכַת הַשֶּׁלַח לְגַן־הַמֶּלֶךְ וְעַד־הַמַּעֲלוֹת הַיּוֹרְדוֹת מֵעִיר
טז דָּוִיד׃ אַחֲרָיו הֶחֱזִיק נְחֶמְיָה בֶן־עַזְבּוּק שַׂר חֲצִי פֶּלֶךְ בֵּית־
צוּר עַד־נֶגֶד קִבְרֵי דָוִיד וְעַד־הַבְּרֵכָה הָעֲשׂוּיָה וְעַד בֵּית
יז הַגִּבֹּרִים׃ אַחֲרָיו הֶחֱזִיקוּ הַלְוִיִּם רְחוּם בֶּן־בָּנִי עַל־יָדוֹ הֶחֱזִיק
יח חֲשַׁבְיָה שַׂר־חֲצִי־פֶלֶךְ קְעִילָה לְפִלְכּוֹ׃ אַחֲרָיו הֶחֱזִיקוּ אֲחֵיהֶם
יט בַּוַּי בֶּן־חֵנָדָד שַׂר חֲצִי פֶּלֶךְ קְעִילָה׃ וַיְחַזֵּק עַל־יָדוֹ עֵזֶר בֶּן־
יֵשׁוּעַ שַׂר הַמִּצְפָּה מִדָּה שֵׁנִית מִנֶּגֶד עֲלֹת הַנֶּשֶׁק הַמִּקְצֹעַ׃
כ אַחֲרָיו הֶחֱרָה הֶחֱזִיק בָּרוּךְ בֶּן־זבי מִדָּה שֵׁנִית מִן־הַמִּקְצוֹעַ  זַכַּי
כא עַד־פֶּתַח בֵּית אֶלְיָשִׁיב הַכֹּהֵן הַגָּדוֹל׃ אַחֲרָיו הֶחֱזִיק מְרֵמוֹת
בֶּן־אוּרִיָּה בֶּן־הַקּוֹץ מִדָּה שֵׁנִית מִפֶּתַח בֵּית אֶלְיָשִׁיב וְעַד־
כב תַּכְלִית בֵּית אֶלְיָשִׁיב׃ וְאַחֲרָיו הֶחֱזִיקוּ הַכֹּהֲנִים אַנְשֵׁי הַכִּכָּר׃
כג אַחֲרָיו הֶחֱזִיק בִּנְיָמִן וְחַשּׁוּב נֶגֶד בֵּיתָם אַחֲרָיו הֶחֱזִיק עֲזַרְיָה

כד בֶּן־מַעֲשֵׂיָה בֶּן־עֲנָנְיָה אֵצֶל בֵּיתוֹ׃ אַחֲרָיו הֶחֱזִיק בִּנּוּי בֶּן־
חֵנָדָד מִדָּה שֵׁנִית מִבֵּית עֲזַרְיָה עַד־הַמִּקְצוֹעַ וְעַד־הַפִּנָּה׃
כה פָּלָל בֶּן־אוּזַי מִנֶּגֶד הַמִּקְצוֹעַ וְהַמִּגְדָּל הַיּוֹצֵא מִבֵּית הַמֶּלֶךְ
כו הָעֶלְיוֹן אֲשֶׁר לַחֲצַר הַמַּטָּרָה אַחֲרָיו פְּדָיָה בֶן־פַּרְעֹשׁ׃ וְהַנְּתִינִים
הָיוּ יֹשְׁבִים בָּעֹפֶל עַד נֶגֶד שַׁעַר הַמַּיִם לַמִּזְרָח וְהַמִּגְדָּל
כז הַיּוֹצֵא׃ אַחֲרָיו הֶחֱזִיקוּ הַתְּקֹעִים מִדָּה שֵׁנִית מִנֶּגֶד הַמִּגְדָּל
כח הַגָּדוֹל הַיּוֹצֵא וְעַד חוֹמַת הָעֹפֶל׃ מֵעַל ׀ שַׁעַר הַסּוּסִים הֶחֱזִיקוּ
כט הַכֹּהֲנִים אִישׁ לְנֶגֶד בֵּיתוֹ׃ אַחֲרָיו הֶחֱזִיק צָדוֹק בֶּן־אִמֵּר נֶגֶד
בֵּיתוֹ וְאַחֲרָיו הֶחֱזִיק שְׁמַעְיָה בֶן־שְׁכַנְיָה שֹׁמֵר שַׁעַר הַמִּזְרָח׃
ל אחרי הֶחֱזִיק חֲנַנְיָה בֶן־שֶׁלֶמְיָה וְחָנוּן בֶּן־צָלָף הַשִּׁשִּׁי מִדָּה אַחֲרָיו
לא שֵׁנִי אחריו הֶחֱזִיק מְשֻׁלָּם בֶּן־בֶּרֶכְיָה נֶגֶד נִשְׁכָּתוֹ׃ אחרי אַחֲרָיו
הֶחֱזִיק מַלְכִּיָּה בֶּן־הַצֹּרְפִי עַד־בֵּית הַנְּתִינִים וְהָרֹכְלִים נֶגֶד
לב שַׁעַר הַמִּפְקָד וְעַד עֲלִיַּת הַפִּנָּה׃ וּבֵין עֲלִיַּת הַפִּנָּה לְשַׁעַר הַצֹּאן
לג הֶחֱזִיקוּ הַצֹּרְפִים וְהָרֹכְלִים׃ וַיְהִי כַּאֲשֶׁר שָׁמַע
סַנְבַלַּט כִּי־אֲנַחְנוּ בוֹנִים אֶת־הַחוֹמָה וַיִּחַר לוֹ וַיִּכְעַס הַרְבֵּה
לד וַיַּלְעֵג עַל־הַיְּהוּדִים׃ וַיֹּאמֶר ׀ לִפְנֵי אֶחָיו וְחֵיל שֹׁמְרוֹן וַיֹּאמֶר
מָה הַיְּהוּדִים הָאֲמֵלָלִים עֹשִׂים הֲיַעַזְבוּ לָהֶם הֲיִזְבָּחוּ הַיְכַלּוּ
בַיּוֹם הַיְחַיּוּ אֶת־הָאֲבָנִים מֵעֲרֵמוֹת הֶעָפָר וְהֵמָּה שְׂרוּפוֹת׃
לה וְטוֹבִיָּה הָעַמֹּנִי אֶצְלוֹ וַיֹּאמֶר גַּם אֲשֶׁר־הֵם בּוֹנִים אִם־יַעֲלֶה
לו שׁוּעָל וּפָרַץ חוֹמַת אַבְנֵיהֶם׃ שְׁמַע אֱלֹהֵינוּ כִּי־הָיִינוּ בוּזָה
לז וְהָשֵׁב חֶרְפָּתָם אֶל־רֹאשָׁם וּתְנֵם לְבִזָּה בְּאֶרֶץ שִׁבְיָה׃ וְאַל־
תְּכַס עַל־עֲוֺנָם וְחַטָּאתָם מִלְּפָנֶיךָ אַל־תִּמָּחֶה כִּי הִכְעִיסוּ
לח לְנֶגֶד הַבּוֹנִים׃ וַנִּבְנֶה אֶת־הַחוֹמָה וַתִּקָּשֵׁר כָּל־הַחוֹמָה עַד־ ו
חֶצְיָהּ וַיְהִי לֵב לָעָם לַעֲשׂוֹת׃
ד א וַיְהִי ׀ כַּאֲשֶׁר שָׁמַע סַנְבַלַּט וְטוֹבִיָּה וְהָעַרְבִים וְהָעַמֹּנִים
וְהָאַשְׁדּוֹדִים כִּי־עָלְתָה אֲרוּכָה לְחֹמוֹת יְרוּשָׁלִַם כִּי־הֵחֵלּוּ
ב הַפְּרֻצִים לְהִסָּתֵם וַיִּחַר לָהֶם מְאֹד׃ וַיִּקְשְׁרוּ כֻלָּם יַחְדָּו לָבוֹא

לְהִלָּחֵם בִּירוּשָׁלָםִ וְלַעֲשׂוֹת לוֹ תּוֹעָה: וַנִּתְפַּלֵּל אֶל־אֱלֹהֵינוּ ג
וַנַּעֲמִיד מִשְׁמָר עֲלֵיהֶם יוֹמָם וָלַיְלָה מִפְּנֵיהֶם: וַיֹּאמֶר ד
יְהוּדָה כָּשַׁל כֹּחַ הַסַּבָּל וְהֶעָפָר הַרְבֵּה וַאֲנַחְנוּ לֹא נוּכַל
לִבְנוֹת בַּחוֹמָה: וַיֹּאמְרוּ צָרֵינוּ לֹא יֵדְעוּ וְלֹא יִרְאוּ עַד אֲשֶׁר־ ה
נָבוֹא אֶל־תּוֹכָם וַהֲרַגְנוּם וְהִשְׁבַּתְנוּ אֶת־הַמְּלָאכָה: וַיְהִי ו
כַּאֲשֶׁר־בָּאוּ הַיְּהוּדִים הַיֹּשְׁבִים אֶצְלָם וַיֹּאמְרוּ לָנוּ עֶשֶׂר פְּעָמִים
מִכָּל־הַמְּקֹמוֹת אֲשֶׁר־תָּשׁוּבוּ עָלֵינוּ: וָאַעֲמִיד מִתַּחְתִּיּוֹת ז
בַּצְּחִיחִים לַמָּקוֹם מֵאַחֲרֵי לַחוֹמָה בצחחיים וָאַעֲמִיד אֶת־הָעָם לְמִשְׁפָּחוֹת
עִם־חַרְבֹתֵיהֶם רָמְחֵיהֶם וְקַשְּׁתֹתֵיהֶם: וָאֵרֶא וָאָקוּם וָאֹמַר ח
אֶל־הַחֹרִים וְאֶל־הַסְּגָנִים וְאֶל־יֶתֶר הָעָם אַל־תִּירְאוּ מִפְּנֵיהֶם
אֶת־אֲדֹנָי הַגָּדוֹל וְהַנּוֹרָא זְכֹרוּ וְהִלָּחֲמוּ עַל־אֲחֵיכֶם בְּנֵיכֶם
וּבְנֹתֵיכֶם נְשֵׁיכֶם וּבָתֵּיכֶם: וַיְהִי כַּאֲשֶׁר שָׁמְעוּ ט
וַנָּשָׁב אוֹיְבֵינוּ כִּי־נוֹדַע לָנוּ וַיָּפֶר הָאֱלֹהִים אֶת־עֲצָתָם ונשוב כֻּלָּנוּ
אֶל־הַחוֹמָה אִישׁ אֶל־מְלַאכְתּוֹ: וַיְהִי ׀ מִן־הַיּוֹם הַהוּא חֲצִי י
נְעָרַי עֹשִׂים בַּמְּלָאכָה וְחֶצְיָם מַחֲזִיקִים וְהָרְמָחִים הַמָּגִנִּים
וְהַקְּשָׁתוֹת וְהַשִּׁרְיֹנִים וְהַשָּׂרִים אַחֲרֵי כָּל־בֵּית יְהוּדָה: הַבּוֹנִים יא
בַּחוֹמָה וְהַנֹּשְׂאִים בַּסֶּבֶל עֹמְשִׂים בְּאַחַת יָדוֹ עֹשֶׂה בַמְּלָאכָה
וְאַחַת מַחֲזֶקֶת הַשָּׁלַח: וְהַבּוֹנִים אִישׁ חַרְבּוֹ אֲסוּרִים עַל־מָתְנָיו יב
וּבוֹנִים וְהַתּוֹקֵעַ בַּשּׁוֹפָר אֶצְלִי: וָאֹמַר אֶל־הַחֹרִים וְאֶל־הַסְּגָנִים יג
וְאֶל־יֶתֶר הָעָם הַמְּלָאכָה הַרְבֵּה וּרְחָבָה וַאֲנַחְנוּ נִפְרָדִים
עַל־הַחוֹמָה רְחוֹקִים אִישׁ מֵאָחִיו: בִּמְקוֹם יד
אֲשֶׁר תִּשְׁמְעוּ אֶת־קוֹל הַשּׁוֹפָר שָׁמָּה תִּקָּבְצוּ אֵלֵינוּ אֱלֹהֵינוּ
יִלָּחֶם לָנוּ: וַאֲנַחְנוּ עֹשִׂים בַּמְּלָאכָה וְחֶצְיָם מַחֲזִיקִים בָּרְמָחִים טו
מֵעֲלוֹת הַשַּׁחַר עַד צֵאת הַכּוֹכָבִים: גַּם בָּעֵת הַהִיא אָמַרְתִּי טז
לָעָם אִישׁ וְנַעֲרוֹ יָלִינוּ בְּתוֹךְ יְרוּשָׁלָםִ וְהָיוּ־לָנוּ הַלַּיְלָה מִשְׁמָר
וְהַיּוֹם מְלָאכָה: וְאֵין אֲנִי וְאַחַי וּנְעָרַי וְאַנְשֵׁי הַמִּשְׁמָר אֲשֶׁר יז
אַחֲרַי אֵין־אֲנַחְנוּ פֹשְׁטִים בְּגָדֵינוּ אִישׁ שִׁלְחוֹ הַמָּיִם:

א וַתְּהִי צַעֲקַת הָעָם וּנְשֵׁיהֶם גְּדוֹלָה אֶל־אֲחֵיהֶם הַיְּהוּדִים׃
ב וְיֵשׁ אֲשֶׁר אֹמְרִים בָּנֵינוּ וּבְנֹתֵינוּ אֲנַחְנוּ רַבִּים וְנִקְחָה דָגָן
ג וְנֹאכְלָה וְנִחְיֶה׃ וְיֵשׁ אֲשֶׁר אֹמְרִים שְׂדֹתֵינוּ וּכְרָמֵינוּ וּבָתֵּינוּ
ד אֲנַחְנוּ עֹרְבִים וְנִקְחָה דָגָן בָּרָעָב׃ וְיֵשׁ אֲשֶׁר אֹמְרִים לָוִינוּ
ה כֶסֶף לְמִדַּת הַמֶּלֶךְ שְׂדֹתֵינוּ וּכְרָמֵינוּ׃ וְעַתָּה כִּבְשַׂר אַחֵינוּ
בְּשָׂרֵנוּ כִּבְנֵיהֶם בָּנֵינוּ וְהִנֵּה אֲנַחְנוּ כֹבְשִׁים אֶת־בָּנֵינוּ וְאֶת־
בְּנֹתֵינוּ לַעֲבָדִים וְיֵשׁ מִבְּנֹתֵינוּ נִכְבָּשׁוֹת וְאֵין לְאֵל יָדֵנוּ
ו וּשְׂדֹתֵינוּ וּכְרָמֵינוּ לַאֲחֵרִים׃ וַיִּחַר לִי מְאֹד כַּאֲשֶׁר שָׁמַעְתִּי
ז אֶת־זַעֲקָתָם וְאֵת הַדְּבָרִים הָאֵלֶּה׃ וַיִּמָּלֵךְ לִבִּי עָלַי וָאָרִיבָה
אֶת־הַחֹרִים וְאֶת־הַסְּגָנִים וָאֹמְרָה לָהֶם מַשָּׁא אִישׁ־בְּאָחִיו
ח אַתֶּם נֹשִׁאים וָאֶתֵּן עֲלֵיהֶם קְהִלָּה גְדוֹלָה׃ וָאֹמְרָה לָהֶם נֹשִׁים
אֲנַחְנוּ קָנִינוּ אֶת־אַחֵינוּ הַיְּהוּדִים הַנִּמְכָּרִים לַגּוֹיִם כְּדֵי
בָנוּ וְגַם־אַתֶּם תִּמְכְּרוּ אֶת־אֲחֵיכֶם וְנִמְכְּרוּ־לָנוּ וַיַּחֲרִישׁוּ
ט וְלֹא מָצְאוּ דָּבָר׃ ויאמר לֹא־טוֹב הַדָּבָר אֲשֶׁר־אַתֶּם עֹשִׂים וָאֹמַר
י הֲלוֹא בְּיִרְאַת אֱלֹהֵינוּ תֵּלֵכוּ מֵחֶרְפַּת הַגּוֹיִם אוֹיְבֵינוּ׃ וְגַם־
אֲנִי אַחַי וּנְעָרַי נֹשִׁים בָּהֶם כֶּסֶף וְדָגָן נַעַזְבָה־נָּא אֶת־הַמַּשָּׁא
יא הַזֶּה׃ הָשִׁיבוּ נָא לָהֶם כְּהַיּוֹם שְׂדֹתֵיהֶם כַּרְמֵיהֶם זֵיתֵיהֶם
וּבָתֵּיהֶם וּמְאַת הַכֶּסֶף וְהַדָּגָן הַתִּירוֹשׁ וְהַיִּצְהָר אֲשֶׁר אַתֶּם
יב נֹשִׁים בָּהֶם׃ וַיֹּאמְרוּ נָשִׁיב וּמֵהֶם לֹא נְבַקֵּשׁ כֵּן נַעֲשֶׂה כַּאֲשֶׁר
אַתָּה אוֹמֵר וָאֶקְרָא אֶת־הַכֹּהֲנִים וָאַשְׁבִּיעֵם לַעֲשׂוֹת כַּדָּבָר
יג הַזֶּה׃ גַּם־חָצְנִי נָעַרְתִּי וָאֹמְרָה כָּכָה יְנַעֵר הָאֱלֹהִים אֶת־כָּל־
הָאִישׁ אֲשֶׁר לֹא־יָקִים אֶת־הַדָּבָר הַזֶּה מִבֵּיתוֹ וּמִיגִיעוֹ וְכָכָה
יִהְיֶה נָעוּר וָרֵק וַיֹּאמְרוּ כָל־הַקָּהָל אָמֵן וַיְהַלְלוּ אֶת־יְהוָה
יד וַיַּעַשׂ הָעָם כַּדָּבָר הַזֶּה׃ גַּם מִיּוֹם ׀ אֲשֶׁר־צִוָּה אֹתִי לִהְיוֹת
פֶּחָם בְּאֶרֶץ יְהוּדָה מִשְּׁנַת עֶשְׂרִים וְעַד שְׁנַת שְׁלֹשִׁים וּשְׁתַּיִם
לְאַרְתַּחְשַׁסְתְּא הַמֶּלֶךְ שָׁנִים שְׁתֵּים עֶשְׂרֵה אֲנִי וְאַחַי לֶחֶם
טו הַפֶּחָה לֹא אָכַלְתִּי׃ וְהַפַּחוֹת הָרִאשֹׁנִים אֲשֶׁר־לְפָנַי הִכְבִּידוּ

השנים שבהן היה נחמיה פחה ביהודה
נחמיה יג, ו

עַל־הָעָם וַיִּקְחוּ מֵהֶם בְּלֶחֶם וָיַיִן אַחַר כֶּסֶף־שְׁקָלִים אַרְבָּעִים
גַּם נַעֲרֵיהֶם שָׁלְטוּ עַל־הָעָם וַאֲנִי לֹא־עָשִׂיתִי כֵן מִפְּנֵי יִרְאַת
אֱלֹהִים׃ וְגַם בִּמְלֶאכֶת הַחוֹמָה הַזֹּאת הֶחֱזַקְתִּי וְשָׂדֶה טז
לֹא קָנִינוּ וְכָל־נְעָרַי קְבוּצִים שָׁם עַל־הַמְּלָאכָה׃ וְהַיְּהוּדִים יז
וְהַסְּגָנִים מֵאָה וַחֲמִשִּׁים אִישׁ וְהַבָּאִים אֵלֵינוּ מִן־הַגּוֹיִם אֲשֶׁר־
סְבִיבֹתֵינוּ עַל־שֻׁלְחָנִי׃ וַאֲשֶׁר הָיָה נַעֲשֶׂה לְיוֹם אֶחָד שׁוֹר יח
אֶחָד צֹאן שֵׁשׁ־בְּרֻרוֹת וְצִפֳּרִים נַעֲשׂוּ־לִי וּבֵין עֲשֶׂרֶת יָמִים
בְּכָל־יַיִן לְהַרְבֵּה וְעִם־זֶה לֶחֶם הַפֶּחָה לֹא בִקַּשְׁתִּי כִּי־כָבְדָה
הָעֲבֹדָה עַל־הָעָם הַזֶּה׃ זָכְרָה־לִּי אֱלֹהַי לְטוֹבָה כֹּל אֲשֶׁר־ יט
עָשִׂיתִי עַל־הָעָם הַזֶּה׃ וַיְהִי כַאֲשֶׁר נִשְׁמַע ו א
לְסַנְבַלַּט וְטוֹבִיָּה וּלְגֶשֶׁם הָעַרְבִי וּלְיֶתֶר אֹיְבֵינוּ כִּי בָנִיתִי
אֶת־הַחוֹמָה וְלֹא־נוֹתַר בָּהּ פָּרֶץ גַּם עַד־הָעֵת הַהִיא דְּלָתוֹת
לֹא־הֶעֱמַדְתִּי בַשְּׁעָרִים׃ וַיִּשְׁלַח סַנְבַלַּט וְגֶשֶׁם אֵלַי לֵאמֹר ב
לְכָה וְנִוָּעֲדָה יַחְדָּו בַּכְּפִירִים בְּבִקְעַת אוֹנוֹ וְהֵמָּה חֹשְׁבִים
לַעֲשׂוֹת לִי רָעָה׃ וָאֶשְׁלְחָה עֲלֵיהֶם מַלְאָכִים לֵאמֹר מְלָאכָה ג
גְדוֹלָה אֲנִי עֹשֶׂה וְלֹא אוּכַל לָרֶדֶת לָמָּה תִשְׁבַּת הַמְּלָאכָה
כַּאֲשֶׁר אַרְפֶּה וְיָרַדְתִּי אֲלֵיכֶם׃ וַיִּשְׁלְחוּ אֵלַי כַּדָּבָר הַזֶּה אַרְבַּע ד
פְּעָמִים וָאָשִׁיב אוֹתָם כַּדָּבָר הַזֶּה׃ וַיִּשְׁלַח אֵלַי סַנְבַלַּט ה
כַּדָּבָר הַזֶּה פַּעַם חֲמִישִׁית אֶת־נַעֲרוֹ וְאִגֶּרֶת פְּתוּחָה בְּיָדוֹ׃
כָּתוּב בָּהּ בַּגּוֹיִם נִשְׁמָע וְגַשְׁמוּ אֹמֵר אַתָּה וְהַיְּהוּדִים חֹשְׁבִים ו
לִמְרוֹד עַל־כֵּן אַתָּה בוֹנֶה הַחוֹמָה וְאַתָּה הֹוֶה לָהֶם לְמֶלֶךְ
כַּדְּבָרִים הָאֵלֶּה׃ וְגַם־נְבִיאִים הֶעֱמַדְתָּ לִקְרֹא עָלֶיךָ בִירוּשָׁלִַם ז
לֵאמֹר מֶלֶךְ בִּיהוּדָה וְעַתָּה יִשָּׁמַע לַמֶּלֶךְ כַּדְּבָרִים הָאֵלֶּה
וְעַתָּה לְכָה וְנִוָּעֲצָה יַחְדָּו׃ וָאֶשְׁלְחָה אֵלָיו לֵאמֹר לֹא נִהְיָה ח
כַּדְּבָרִים הָאֵלֶּה אֲשֶׁר אַתָּה אוֹמֵר כִּי מִלִּבְּךָ אַתָּה בוֹדָאם׃
כִּי כֻלָּם מְיָרְאִים אוֹתָנוּ לֵאמֹר יִרְפּוּ יְדֵיהֶם מִן־הַמְּלָאכָה ט
וְלֹא תֵעָשֶׂה וְעַתָּה חַזֵּק אֶת־יָדָי׃ וַאֲנִי בָאתִי בֵּית שְׁמַעְיָה י

בֶּן־דְּלָיָה בֶן־מְהֵיטַבְאֵל וְהוּא עָצוּר וַיֹּאמֶר נִוָּעֵד אֶל־בֵּית
הָאֱלֹהִים אֶל־תּוֹךְ הַהֵיכָל וְנִסְגְּרָה דַּלְתוֹת הַהֵיכָל כִּי בָּאִים
יא לְהָרְגֶךָ וְלַיְלָה בָּאִים לְהָרְגֶךָ׃ וָאֹמְרָה הַאִישׁ כָּמוֹנִי יִבְרָח
יב וּמִי כָמוֹנִי אֲשֶׁר־יָבוֹא אֶל־הַהֵיכָל וָחָי לֹא אָבוֹא׃ וָאַכִּירָה
וְהִנֵּה לֹא־אֱלֹהִים שְׁלָחוֹ כִּי הַנְּבוּאָה דִּבֶּר עָלַי וְטוֹבִיָּה
יג וְסַנְבַלַּט שְׂכָרוֹ׃ לְמַעַן שָׂכוּר הוּא לְמַעַן־אִירָא וְאֶעֱשֶׂה־כֵּן
יד וְחָטָאתִי וְהָיָה לָהֶם לְשֵׁם רָע לְמַעַן יְחָרְפוּנִי׃ זָכְרָה
אֱלֹהַי לְטוֹבִיָּה וּלְסַנְבַלַּט כְּמַעֲשָׂיו אֵלֶּה וְגַם לְנוֹעַדְיָה הַנְּבִיאָה
טו וּלְיֶתֶר הַנְּבִיאִים אֲשֶׁר הָיוּ מְיָרְאִים אוֹתִי׃ וַתִּשְׁלַם הַחוֹמָה ז
טז בְּעֶשְׂרִים וַחֲמִשָּׁה לֶאֱלוּל לַחֲמִשִּׁים וּשְׁנַיִם יוֹם׃ וַיְהִי
כַּאֲשֶׁר שָׁמְעוּ כָּל־אוֹיְבֵינוּ וַיִּרְאוּ כָּל־הַגּוֹיִם אֲשֶׁר סְבִיבֹתֵינוּ
וַיִּפְּלוּ מְאֹד בְּעֵינֵיהֶם וַיֵּדְעוּ כִּי מֵאֵת אֱלֹהֵינוּ נֶעֶשְׂתָה
יז הַמְּלָאכָה הַזֹּאת׃ גַּם ׀ בַּיָּמִים הָהֵם מַרְבִּים חֹרֵי יְהוּדָה
אִגְּרֹתֵיהֶם הוֹלְכוֹת עַל־טוֹבִיָּה וַאֲשֶׁר לְטוֹבִיָּה בָּאוֹת אֲלֵיהֶם׃
יח כִּי־רַבִּים בִּיהוּדָה בַּעֲלֵי שְׁבוּעָה לוֹ כִּי־חָתָן הוּא לִשְׁכַנְיָה
יט בֶן־אָרַח וִיהוֹחָנָן בְּנוֹ לָקַח אֶת־בַּת־מְשֻׁלָּם בֶּן בֶּרֶכְיָה׃ גַּם
טוֹבֹתָיו הָיוּ אֹמְרִים לְפָנַי וּדְבָרַי הָיוּ מוֹצִיאִים לוֹ אִגְּרוֹת
שָׁלַח טוֹבִיָּה לְיָרְאֵנִי׃
ז א וַיְהִי כַּאֲשֶׁר נִבְנְתָה הַחוֹמָה וָאַעֲמִיד הַדְּלָתוֹת וַיִּפָּקְדוּ
ב הַשּׁוֹעֲרִים וְהַמְשֹׁרְרִים וְהַלְוִיִּם׃ וָאֲצַוֶּה אֶת־חֲנָנִי אָחִי וְאֶת־
חֲנַנְיָה שַׂר הַבִּירָה עַל־יְרוּשָׁלָם כִּי־הוּא כְּאִישׁ אֱמֶת וְיָרֵא
ג אֶת־הָאֱלֹהִים מֵרַבִּים׃ ויאמר לָהֶם לֹא יִפָּתְחוּ שַׁעֲרֵי יְרוּשָׁלַםִ וָאֹמַר
עַד־חֹם הַשֶּׁמֶשׁ וְעַד הֵם עֹמְדִים יָגִיפוּ הַדְּלָתוֹת וֶאֱחֹזוּ וְהַעֲמֵיד
מִשְׁמְרוֹת יֹשְׁבֵי יְרוּשָׁלַםִ אִישׁ בְּמִשְׁמָרוֹ וְאִישׁ נֶגֶד בֵּיתוֹ׃
ד וְהָעִיר רַחֲבַת יָדַיִם וּגְדֹלָה וְהָעָם מְעַט בְּתוֹכָהּ וְאֵין בָּתִּים
ה בְּנוּיִם׃ וַיִּתֵּן אֱלֹהַי אֶל־לִבִּי וָאֶקְבְּצָה אֶת־הַחֹרִים וְאֶת־ רשימת שבי ציון / עזרא ב, א–סז
הַסְּגָנִים וְאֶת־הָעָם לְהִתְיַחֵשׂ וָאֶמְצָא סֵפֶר הַיַּחַשׂ הָעוֹלִים

ו בָּרִאשׁוֹנָה וָאֶמְצָא כָּתוּב בּוֹ: אֵלֶּה ׀ בְּנֵי הַמְּדִינָה
הָעֹלִים מִשְּׁבִי הַגּוֹלָה אֲשֶׁר הֶגְלָה נְבוּכַדְנֶצַּר מֶלֶךְ בָּבֶל
ז וַיָּשׁוּבוּ לִירוּשָׁלִַם וְלִיהוּדָה אִישׁ לְעִירוֹ: הַבָּאִים עִם־זְרֻבָּבֶל
יֵשׁוּעַ נְחֶמְיָה עֲזַרְיָה רַעַמְיָה נַחֲמָנִי מָרְדֳּכַי בִּלְשָׁן מִסְפֶּרֶת
ח בִּגְוַי נְחוּם בַּעֲנָה מִסְפַּר אַנְשֵׁי עַם יִשְׂרָאֵל: בְּנֵי פַרְעֹשׁ
ט אַלְפַּיִם מֵאָה וְשִׁבְעִים וּשְׁנָיִם: בְּנֵי שְׁפַטְיָה שְׁלֹשׁ מֵאוֹת
י יא שִׁבְעִים וּשְׁנָיִם: בְּנֵי אָרַח שֵׁשׁ מֵאוֹת חֲמִשִּׁים וּשְׁנָיִם: בְּנֵי־
פַחַת מוֹאָב לִבְנֵי יֵשׁוּעַ וְיוֹאָב אַלְפַּיִם וּשְׁמֹנֶה מֵאוֹת שְׁמֹנָה
יב יג עָשָׂר: בְּנֵי עֵילָם אֶלֶף מָאתַיִם חֲמִשִּׁים וְאַרְבָּעָה: בְּנֵי זַתּוּא
יד שְׁמֹנֶה מֵאוֹת אַרְבָּעִים וַחֲמִשָּׁה: בְּנֵי זַכָּי שְׁבַע מֵאוֹת וְשִׁשִּׁים:
טו טז בְּנֵי בִנּוּי שֵׁשׁ מֵאוֹת אַרְבָּעִים וּשְׁמֹנָה: בְּנֵי בֵבָי שֵׁשׁ מֵאוֹת
יז עֶשְׂרִים וּשְׁמֹנָה: בְּנֵי עַזְגָּד אַלְפַּיִם שְׁלֹשׁ מֵאוֹת עֶשְׂרִים
יח יט וּשְׁנָיִם: בְּנֵי אֲדֹנִיקָם שֵׁשׁ מֵאוֹת שִׁשִּׁים וְשִׁבְעָה: בְּנֵי בִגְוָי
כ אַלְפַּיִם שִׁשִּׁים וְשִׁבְעָה: בְּנֵי עָדִין שֵׁשׁ מֵאוֹת חֲמִשִּׁים וַחֲמִשָּׁה:
כא כב בְּנֵי־אָטֵר לְחִזְקִיָּה תִּשְׁעִים וּשְׁמֹנָה: בְּנֵי חָשֻׁם שְׁלֹשׁ מֵאוֹת
כג עֶשְׂרִים וּשְׁמֹנָה: בְּנֵי בֵצָי שְׁלֹשׁ מֵאוֹת עֶשְׂרִים וְאַרְבָּעָה:
כד כה בְּנֵי חָרִיף מֵאָה שְׁנֵים עָשָׂר: בְּנֵי גִבְעוֹן תִּשְׁעִים וַחֲמִשָּׁה:
כו כז אַנְשֵׁי בֵית־לֶחֶם וּנְטֹפָה מֵאָה שְׁמֹנִים וּשְׁמֹנָה: אַנְשֵׁי עֲנָתוֹת
כח מֵאָה עֶשְׂרִים וּשְׁמֹנָה: אַנְשֵׁי בֵית־עַזְמָוֶת אַרְבָּעִים וּשְׁנָיִם:
כט אַנְשֵׁי קִרְיַת יְעָרִים כְּפִירָה וּבְאֵרוֹת שְׁבַע מֵאוֹת אַרְבָּעִים
ל וּשְׁלֹשָׁה: אַנְשֵׁי הָרָמָה וָגָבַע שֵׁשׁ מֵאוֹת עֶשְׂרִים וְאֶחָד:
לא לב אַנְשֵׁי מִכְמָס מֵאָה וְעֶשְׂרִים וּשְׁנָיִם: אַנְשֵׁי בֵית־אֵל וְהָעָי
לג לד מֵאָה עֶשְׂרִים וּשְׁלֹשָׁה: אַנְשֵׁי נְבוֹ אַחֵר חֲמִשִּׁים וּשְׁנָיִם: בְּנֵי
לה עֵילָם אַחֵר אֶלֶף מָאתַיִם חֲמִשִּׁים וְאַרְבָּעָה: בְּנֵי חָרִם שְׁלֹשׁ
לו לז מֵאוֹת וְעֶשְׂרִים: בְּנֵי יְרֵחוֹ שְׁלֹשׁ מֵאוֹת אַרְבָּעִים וַחֲמִשָּׁה: בְּנֵי־
לח לֹד חָדִיד וְאוֹנוֹ שְׁבַע מֵאוֹת וְעֶשְׂרִים וְאֶחָד: בְּנֵי סְנָאָה
לט שְׁלֹשֶׁת אֲלָפִים תְּשַׁע מֵאוֹת וּשְׁלֹשִׁים: הַכֹּהֲנִים בְּנֵי יְדַעְיָה

מ לְבֵית יֵשׁוּעַ תְּשַׁע מֵאוֹת שִׁבְעִים וּשְׁלֹשָׁה׃ בְּנֵי אִמֵּר אֶלֶף
מא חֲמִשִּׁים וּשְׁנָיִם׃ בְּנֵי פַשְׁחוּר אֶלֶף מָאתַיִם אַרְבָּעִים וְשִׁבְעָה׃
מב מג בְּנֵי חָרִם אֶלֶף שִׁבְעָה עָשָׂר׃ הַלְוִיִּם בְּנֵי־יֵשׁוּעַ לְקַדְמִיאֵל
מד לִבְנֵי לְהוֹדְוָה שִׁבְעִים וְאַרְבָּעָה׃ הַמְשֹׁרְרִים בְּנֵי אָסָף מֵאָה
מה אַרְבָּעִים וּשְׁמֹנָה׃ הַשֹּׁעֲרִים בְּנֵי־שַׁלֻּם בְּנֵי־אָטֵר בְּנֵי־טַלְמֹן
מו בְּנֵי־עַקּוּב בְּנֵי חֲטִיטָא בְּנֵי שֹׁבָי מֵאָה שְׁלֹשִׁים וּשְׁמֹנָה׃ הַנְּתִינִים
מז בְּנֵי־צִחָא בְנֵי־חֲשֻׂפָא בְּנֵי טַבָּעוֹת׃ בְּנֵי־קֵירֹס בְּנֵי־סִיעָא בְּנֵי
מח מט פָדוֹן׃ בְּנֵי־לְבָנָה בְנֵי־חֲגָבָא בְּנֵי שַׂלְמָי׃ בְּנֵי־חָנָן בְּנֵי־גִדֵּל בְּנֵי־
נ נא גָחַר׃ בְּנֵי־רְאָיָה בְנֵי־רְצִין בְּנֵי נְקוֹדָא׃ בְּנֵי־גַזָּם בְּנֵי־עֻזָּא בְּנֵי
נב נג פָסֵחַ׃ בְּנֵי־בֵסָי בְּנֵי־מְעוּנִים בְּנֵי נפושסים׃ בְּנֵי־בַקְבּוּק בְּנֵי־ נְפִישְׁסִים
נד נה חֲקוּפָא בְּנֵי חַרְחוּר׃ בְּנֵי־בַצְלִית בְּנֵי־מְחִידָא בְּנֵי חַרְשָׁא׃ בְּנֵי־
נו נז בַרְקוֹס בְּנֵי־סִיסְרָא בְּנֵי־תָמַח׃ בְּנֵי נְצִיחַ בְּנֵי חֲטִיפָא׃ בְּנֵי
נח עַבְדֵי שְׁלֹמֹה בְּנֵי־סוֹטַי בְּנֵי־סֹפֶרֶת בְּנֵי פְרִידָא׃ בְּנֵי־יַעְלָא בְנֵי־
נט דַרְקוֹן בְּנֵי גִדֵּל׃ בְּנֵי שְׁפַטְיָה בְנֵי־חַטִּיל בְּנֵי פֹּכֶרֶת הַצְּבָיִים בְּנֵי
ס אָמוֹן׃ כָּל־הַנְּתִינִים וּבְנֵי עַבְדֵי שְׁלֹמֹה שְׁלֹשׁ מֵאוֹת תִּשְׁעִים
סא וּשְׁנָיִם׃ וְאֵלֶּה הָעוֹלִים מִתֵּל מֶלַח תֵּל חַרְשָׁא
כְּרוּב אַדּוֹן וְאִמֵּר וְלֹא יָכְלוּ לְהַגִּיד בֵּית־אֲבֹתָם וְזַרְעָם אִם
סב מִיִּשְׂרָאֵל הֵם׃ בְּנֵי־דְלָיָה בְנֵי־טוֹבִיָּה בְּנֵי נְקוֹדָא שֵׁשׁ מֵאוֹת
סג וְאַרְבָּעִים וּשְׁנָיִם׃ וּמִן־הַכֹּהֲנִים בְּנֵי חֳבַיָּה בְּנֵי
הַקּוֹץ בְּנֵי בַרְזִלַּי אֲשֶׁר לָקַח מִבְּנוֹת בַּרְזִלַּי הַגִּלְעָדִי אִשָּׁה
סד וַיִּקָּרֵא עַל־שְׁמָם׃ אֵלֶּה בִּקְשׁוּ כְתָבָם הַמִּתְיַחְשִׂים וְלֹא נִמְצָא
סה וַיְגֹאֲלוּ מִן־הַכְּהֻנָּה׃ וַיֹּאמֶר הַתִּרְשָׁתָא לָהֶם אֲשֶׁר לֹא־יֹאכְלוּ
סו מִקֹּדֶשׁ הַקֳּדָשִׁים עַד עֲמֹד הַכֹּהֵן לְאוּרִים וְתֻמִּים׃ כָּל־הַקָּהָל
סז כְּאֶחָד אַרְבַּע רִבּוֹא אַלְפַּיִם שְׁלֹשׁ־מֵאוֹת וְשִׁשִּׁים׃ מִלְּבַד
עַבְדֵיהֶם וְאַמְהֹתֵיהֶם אֵלֶּה שִׁבְעַת אֲלָפִים שְׁלֹשׁ מֵאוֹת שְׁלֹשִׁים
וְשִׁבְעָה וְלָהֶם מְשֹׁרְרִים וּמְשֹׁרְרוֹת מָאתַיִם וְאַרְבָּעִים וַחֲמִשָּׁה׃

בקצת ספרים כתוב כאן:

סוּסֵיהֶם שְׁבַע מֵאוֹת שְׁלֹשִׁים וְשִׁשָּׁה פִּרְדֵיהֶם מָאתַיִם אַרְבָּעִים וַחֲמִשָּׁה׃

תרומת ראשי האבות לאוצר המלאכה
עזרא ב, סח–סט

סח גְּמַלִּים אַרְבַּע מֵאוֹת שְׁלֹשִׁים וַחֲמִשָּׁה חֲמֹרִים שֵׁשֶׁת אֲלָפִים
סט שְׁבַע מֵאוֹת וְעֶשְׂרִים׃ וּמִקְצָת רָאשֵׁי הָאָבוֹת
נָתְנוּ לַמְּלָאכָה הַתִּרְשָׁתָא נָתַן לָאוֹצָר זָהָב דַּרְכְּמֹנִים
אֶלֶף מִזְרָקוֹת חֲמִשִּׁים כָּתְנוֹת כֹּהֲנִים שְׁלֹשִׁים וַחֲמֵשׁ
ע מֵאוֹת׃ וּמֵרָאשֵׁי הָאָבוֹת נָתְנוּ לְאוֹצַר הַמְּלָאכָה זָהָב
עא דַּרְכְּמוֹנִים שְׁתֵּי רִבּוֹת וְכֶסֶף מָנִים אַלְפַּיִם וּמָאתָיִם׃ וַאֲשֶׁר
נָתְנוּ שְׁאֵרִית הָעָם זָהָב דַּרְכְּמֹנִים שְׁתֵּי רִבּוֹא וְכֶסֶף מָנִים
עב אַלְפָּיִם וְכָתְנֹת כֹּהֲנִים שִׁשִּׁים וְשִׁבְעָה׃ וַיֵּשְׁבוּ הַכֹּהֲנִים וְהַלְוִיִּם
וְהַשּׁוֹעֲרִים וְהַמְשֹׁרְרִים וּמִן־הָעָם וְהַנְּתִינִים וְכָל־יִשְׂרָאֵל
בְּעָרֵיהֶם וַיִּגַּע הַחֹדֶשׁ הַשְּׁבִיעִי וּבְנֵי יִשְׂרָאֵל בְּעָרֵיהֶם׃
ח א וַיֵּאָסְפוּ כָל־הָעָם כְּאִישׁ אֶחָד אֶל־הָרְחוֹב אֲשֶׁר לִפְנֵי שַׁעַר־
הַמָּיִם וַיֹּאמְרוּ לְעֶזְרָא הַסֹּפֵר לְהָבִיא אֶת־סֵפֶר תּוֹרַת מֹשֶׁה
ב אֲשֶׁר־צִוָּה יהוה אֶת־יִשְׂרָאֵל׃ וַיָּבִיא עֶזְרָא הַכֹּהֵן אֶת־הַתּוֹרָה
לִפְנֵי הַקָּהָל מֵאִישׁ וְעַד־אִשָּׁה וְכֹל מֵבִין לִשְׁמֹעַ בְּיוֹם אֶחָד
ג לַחֹדֶשׁ הַשְּׁבִיעִי׃ וַיִּקְרָא־בוֹ לִפְנֵי הָרְחוֹב אֲשֶׁר ׀ לִפְנֵי שַׁעַר־
הַמַּיִם מִן־הָאוֹר עַד־מַחֲצִית הַיּוֹם נֶגֶד הָאֲנָשִׁים וְהַנָּשִׁים
ד וְהַמְּבִינִים וְאָזְנֵי כָל־הָעָם אֶל־סֵפֶר הַתּוֹרָה׃ וַיַּעֲמֹד עֶזְרָא
הַסֹּפֵר עַל־מִגְדַּל־עֵץ אֲשֶׁר עָשׂוּ לַדָּבָר וַיַּעֲמֹד אֶצְלוֹ
מַתִּתְיָה וְשֶׁמַע וַעֲנָיָה וְאוּרִיָּה וְחִלְקִיָּה וּמַעֲשֵׂיָה עַל־יְמִינוֹ
וּמִשְּׂמֹאלוֹ פְּדָיָה וּמִישָׁאֵל וּמַלְכִּיָּה וְחָשֻׁם וְחַשְׁבַּדָּנָה זְכַרְיָה
ה מְשֻׁלָּם׃ וַיִּפְתַּח עֶזְרָא הַסֵּפֶר לְעֵינֵי כָל־הָעָם
ו כִּי־מֵעַל כָּל־הָעָם הָיָה וּכְפִתְחוֹ עָמְדוּ כָל־הָעָם׃ וַיְבָרֶךְ
עֶזְרָא אֶת־יהוה הָאֱלֹהִים הַגָּדוֹל וַיַּעֲנוּ כָל־הָעָם אָמֵן ׀ אָמֵן
ז בְּמֹעַל יְדֵיהֶם וַיִּקְּדוּ וַיִּשְׁתַּחֲוֻּ לַיהוה אַפַּיִם אָרְצָה׃ וְיֵשׁוּעַ
וּבָנִי וְשֵׁרֵבְיָה ׀ יָמִין עַקּוּב שַׁבְּתַי ׀ הוֹדִיָּה מַעֲשֵׂיָה קְלִיטָא
עֲזַרְיָה יוֹזָבָד חָנָן פְּלָאיָה וְהַלְוִיִּם מְבִינִים אֶת־הָעָם לַתּוֹרָה
ח וְהָעָם עַל־עָמְדָם׃ וַיִּקְרְאוּ בַסֵּפֶר בְּתוֹרַת הָאֱלֹהִים מְפֹרָשׁ

ט וְשׂוֹם שֶׂכֶל וַיָּבִינוּ בַּמִּקְרָא: וַיֹּאמֶר נְחֶמְיָה הוּא
הַתִּרְשָׁתָא וְעֶזְרָא הַכֹּהֵן ׀ הַסֹּפֵר וְהַלְוִיִּם הַמְּבִינִים אֶת־הָעָם
לְכָל־הָעָם הַיּוֹם קָדֹשׁ־הוּא לַיהוָה אֱלֹהֵיכֶם אַל־תִּתְאַבְּלוּ
וְאַל־תִּבְכּוּ כִּי בוֹכִים כָּל־הָעָם כְּשָׁמְעָם אֶת־דִּבְרֵי הַתּוֹרָה:
י וַיֹּאמֶר לָהֶם לְכוּ אִכְלוּ מַשְׁמַנִּים וּשְׁתוּ מַמְתַקִּים וְשִׁלְחוּ ח
מָנוֹת לְאֵין נָכוֹן לוֹ כִּי־קָדוֹשׁ הַיּוֹם לַאֲדֹנֵינוּ וְאַל־תֵּעָצֵבוּ
יא כִּי־חֶדְוַת יְהוָה הִיא מָעֻזְּכֶם: וְהַלְוִיִּם מַחְשִׁים לְכָל־הָעָם
יב לֵאמֹר הַסּוּ כִּי הַיּוֹם קָדֹשׁ וְאַל־תֵּעָצֵבוּ: וַיֵּלְכוּ כָל־הָעָם
לֶאֱכֹל וְלִשְׁתּוֹת וּלְשַׁלַּח מָנוֹת וְלַעֲשׂוֹת שִׂמְחָה גְדוֹלָה כִּי
יג הֵבִינוּ בַּדְּבָרִים אֲשֶׁר הוֹדִיעוּ לָהֶם: וּבַיּוֹם הַשֵּׁנִי
נֶאֶסְפוּ רָאשֵׁי הָאָבוֹת לְכָל־הָעָם הַכֹּהֲנִים וְהַלְוִיִּם אֶל־עֶזְרָא
יד הַסֹּפֵר וּלְהַשְׂכִּיל אֶל־דִּבְרֵי הַתּוֹרָה: וַיִּמְצְאוּ כָּתוּב בַּתּוֹרָה
אֲשֶׁר צִוָּה יְהוָה בְּיַד־מֹשֶׁה אֲשֶׁר יֵשְׁבוּ בְנֵי־יִשְׂרָאֵל בַּסֻּכּוֹת
טו בֶּחָג בַּחֹדֶשׁ הַשְּׁבִיעִי: וַאֲשֶׁר יַשְׁמִיעוּ וְיַעֲבִירוּ קוֹל בְּכָל־
עָרֵיהֶם וּבִירוּשָׁלִַם לֵאמֹר צְאוּ הָהָר וְהָבִיאוּ עֲלֵי־זַיִת וַעֲלֵי־
עֵץ שֶׁמֶן וַעֲלֵי הֲדַס וַעֲלֵי תְמָרִים וַעֲלֵי עֵץ עָבֹת לַעֲשֹׂת
טז סֻכֹּת כַּכָּתוּב: וַיֵּצְאוּ הָעָם וַיָּבִיאוּ וַיַּעֲשׂוּ לָהֶם סֻכּוֹת אִישׁ
עַל־גַּגּוֹ וּבְחַצְרֹתֵיהֶם וּבְחַצְרוֹת בֵּית הָאֱלֹהִים וּבִרְחוֹב שַׁעַר
יז הַמַּיִם וּבִרְחוֹב שַׁעַר אֶפְרָיִם: וַיַּעֲשׂוּ כָל־הַקָּהָל הַשָּׁבִים מִן־
הַשְּׁבִי ׀ סֻכּוֹת וַיֵּשְׁבוּ בַסֻּכּוֹת כִּי לֹא־עָשׂוּ מִימֵי יֵשׁוּעַ בִּן־
נוּן כֵּן בְּנֵי יִשְׂרָאֵל עַד הַיּוֹם הַהוּא וַתְּהִי שִׂמְחָה גְּדוֹלָה
יח מְאֹד: וַיִּקְרָא בְּסֵפֶר תּוֹרַת הָאֱלֹהִים יוֹם ׀ בְּיוֹם מִן־הַיּוֹם
הָרִאשׁוֹן עַד הַיּוֹם הָאַחֲרוֹן וַיַּעֲשׂוּ־חָג שִׁבְעַת יָמִים וּבַיּוֹם
הַשְּׁמִינִי עֲצֶרֶת כַּמִּשְׁפָּט:
ט א וּבְיוֹם עֶשְׂרִים וְאַרְבָּעָה לַחֹדֶשׁ הַזֶּה נֶאֶסְפוּ בְנֵי־יִשְׂרָאֵל
ב בְּצוֹם וּבְשַׂקִּים וַאֲדָמָה עֲלֵיהֶם: וַיִּבָּדְלוּ זֶרַע יִשְׂרָאֵל מִכֹּל
בְּנֵי נֵכָר וַיַּעַמְדוּ וַיִּתְוַדּוּ עַל־חַטֹּאתֵיהֶם וַעֲוֹנוֹת אֲבֹתֵיהֶם:

ציווי על חג הסוכות
שמות כג, טז; לד, כב
ויקרא כג, לג–מג
במדבר כט, יב–לח
דברים טז, יג–טו

ג וַיָּקוּמוּ עַל־עָמְדָם וַיִּקְרְאוּ בְּסֵפֶר תּוֹרַת יְהוָה אֱלֹהֵיהֶם
רְבִעִית הַיּוֹם וּרְבִעִית מִתְוַדִּים וּמִשְׁתַּחֲוִים לַיהוָה
ד אֱלֹהֵיהֶם׃ וַיָּקָם עַל־מַעֲלֵה הַלְוִיִּם יֵשׁוּעַ וּבָנִי
קַדְמִיאֵל שְׁבַנְיָה בֻּנִּי שֵׁרֵבְיָה בָּנִי כְנָנִי וַיִּזְעֲקוּ בְּקוֹל גָּדוֹל אֶל־
ה יְהוָה אֱלֹהֵיהֶם׃ וַיֹּאמְרוּ הַלְוִיִּם יֵשׁוּעַ וְקַדְמִיאֵל בָּנִי חֲשַׁבְנְיָה
שֵׁרֵבְיָה הוֹדִיָּה שְׁבַנְיָה פְתַחְיָה קוּמוּ בָּרְכוּ אֶת־יְהוָה אֱלֹהֵיכֶם
מִן־הָעוֹלָם עַד־הָעוֹלָם וִיבָרְכוּ שֵׁם כְּבֹדֶךָ וּמְרוֹמַם עַל־כָּל־
ו בְּרָכָה וּתְהִלָּה׃ אַתָּה־הוּא יְהוָה לְבַדֶּךָ אַתָּה עָשִׂיתָ אֶת־
הַשָּׁמַיִם שְׁמֵי הַשָּׁמַיִם וְכָל־צְבָאָם הָאָרֶץ וְכָל־אֲשֶׁר עָלֶיהָ
הַיַּמִּים וְכָל־אֲשֶׁר בָּהֶם וְאַתָּה מְחַיֶּה אֶת־כֻּלָּם וּצְבָא הַשָּׁמַיִם
ז לְךָ מִשְׁתַּחֲוִים׃ אַתָּה הוּא יְהוָה הָאֱלֹהִים אֲשֶׁר בָּחַרְתָּ
ח בְּאַבְרָם וְהוֹצֵאתוֹ מֵאוּר כַּשְׂדִּים וְשַׂמְתָּ שְּׁמוֹ אַבְרָהָם׃ וּמָצָאתָ
אֶת־לְבָבוֹ נֶאֱמָן לְפָנֶיךָ וְכָרוֹת עִמּוֹ הַבְּרִית לָתֵת אֶת־אֶרֶץ
הַכְּנַעֲנִי הַחִתִּי הָאֱמֹרִי וְהַפְּרִזִּי וְהַיְבוּסִי וְהַגִּרְגָּשִׁי לָתֵת לְזַרְעוֹ
ט וַתָּקֶם אֶת־דְּבָרֶיךָ כִּי צַדִּיק אָתָּה׃ וַתֵּרֶא אֶת־עֳנִי אֲבֹתֵינוּ
י בְּמִצְרָיִם וְאֶת־זַעֲקָתָם שָׁמַעְתָּ עַל־יַם־סוּף׃ וַתִּתֵּן אֹתֹת
וּמֹפְתִים בְּפַרְעֹה וּבְכָל־עֲבָדָיו וּבְכָל־עַם אַרְצוֹ כִּי יָדַעְתָּ כִּי
יא הֵזִידוּ עֲלֵיהֶם וַתַּעַשׂ־לְךָ שֵׁם כְּהַיּוֹם הַזֶּה׃ וְהַיָּם בָּקַעְתָּ לִפְנֵיהֶם
וַיַּעַבְרוּ בְתוֹךְ־הַיָּם בַּיַּבָּשָׁה וְאֶת־רֹדְפֵיהֶם הִשְׁלַכְתָּ בִמְצוֹלֹת
יב כְּמוֹ־אֶבֶן בְּמַיִם עַזִּים׃ וּבְעַמּוּד עָנָן הִנְחִיתָם יוֹמָם וּבְעַמּוּד
יג אֵשׁ לַיְלָה לְהָאִיר לָהֶם אֶת־הַדֶּרֶךְ אֲשֶׁר יֵלְכוּ־בָהּ׃ וְעַל הַר־
סִינַי יָרַדְתָּ וְדַבֵּר עִמָּהֶם מִשָּׁמָיִם וַתִּתֵּן לָהֶם מִשְׁפָּטִים יְשָׁרִים
יד וְתוֹרוֹת אֱמֶת חֻקִּים וּמִצְוֹת טוֹבִים׃ וְאֶת־שַׁבַּת קָדְשְׁךָ הוֹדַעְתָּ
לָהֶם וּמִצְווֹת וְחֻקִּים וְתוֹרָה צִוִּיתָ לָהֶם בְּיַד מֹשֶׁה עַבְדֶּךָ׃
טו וְלֶחֶם מִשָּׁמַיִם נָתַתָּה לָהֶם לִרְעָבָם וּמַיִם מִסֶּלַע הוֹצֵאתָ לָהֶם
לִצְמָאָם וַתֹּאמֶר לָהֶם לָבוֹא לָרֶשֶׁת אֶת־הָאָרֶץ אֲשֶׁר־נָשָׂאתָ
טז אֶת־יָדְךָ לָתֵת לָהֶם׃ וְהֵם וַאֲבֹתֵינוּ הֵזִידוּ וַיַּקְשׁוּ אֶת־עָרְפָּם

בריאת העולם
בראשית א

בחירת ה' באברם
בראשית יב, א–ג

יציאת אברם מאור כשדים
בראשית יא, לא

שינוי שמו של אברם לאברהם
בראשית יז, ג–ח

ברית בין הבתרים
בראשית טו, יח–כא

ה' שומע את זעקת בני ישראל במצרים
שמות ב, כג–כה

ענישת המצרים בעשר המכות
שמות ז–יב

קריעת ים סוף
שמות יד–טו

עמוד האש ועמוד הענן במדבר
שמות יג, כא–כב

מעמד הר סיני
שמות יט–כ

המן במדבר
שמות טז

הוצאת מים מהסלע במדבר
שמות יז, א–ז
במדבר כ, א–יא

יז וְלֹא שָׁמְעוּ אֶל־מִצְוֺתֶיךָ׃ וַיְמָאֲנוּ לִשְׁמֹעַ וְלֹא־זָכְרוּ נִפְלְאֹתֶיךָ
אֲשֶׁר עָשִׂיתָ עִמָּהֶם וַיַּקְשׁוּ אֶת־עָרְפָּם וַיִּתְּנוּ־רֹאשׁ לָשׁוּב
לְעַבְדֻתָם בְּמִרְיָם וְאַתָּה אֱלוֹהַּ סְלִיחוֹת חַנּוּן וְרַחוּם אֶרֶךְ־
יח אַפַּיִם וְרַב־וְחֶסֶד וְלֹא עֲזַבְתָּם׃ אַף כִּי־עָשׂוּ לָהֶם עֵגֶל מַסֵּכָה
וַיֹּאמְרוּ זֶה אֱלֹהֶיךָ אֲשֶׁר הֶעֶלְךָ מִמִּצְרָיִם וַיַּעֲשׂוּ נֶאָצוֹת
יט גְּדֹלוֹת׃ וְאַתָּה בְּרַחֲמֶיךָ הָרַבִּים לֹא עֲזַבְתָּם בַּמִּדְבָּר אֶת־
עַמּוּד הֶעָנָן לֹא־סָר מֵעֲלֵיהֶם בְּיוֹמָם לְהַנְחֹתָם בְּהַדֶּרֶךְ וְאֶת־
עַמּוּד הָאֵשׁ בְּלַיְלָה לְהָאִיר לָהֶם וְאֶת־הַדֶּרֶךְ אֲשֶׁר יֵלְכוּ־
כ בָהּ׃ וְרוּחֲךָ הַטּוֹבָה נָתַתָּ לְהַשְׂכִּילָם וּמַנְךָ לֹא־מָנַעְתָּ מִפִּיהֶם
כא וּמַיִם נָתַתָּה לָהֶם לִצְמָאָם׃ וְאַרְבָּעִים שָׁנָה כִּלְכַּלְתָּם בַּמִּדְבָּר
כב לֹא חָסֵרוּ שַׂלְמֹתֵיהֶם לֹא בָלוּ וְרַגְלֵיהֶם לֹא בָצֵקוּ׃ וַתִּתֵּן
לָהֶם מַמְלָכוֹת וַעֲמָמִים וַתַּחְלְקֵם לְפֵאָה וַיִּירְשׁוּ אֶת־אֶרֶץ
סִיחוֹן וְאֶת־אֶרֶץ מֶלֶךְ חֶשְׁבּוֹן וְאֶת־אֶרֶץ עוֹג מֶלֶךְ־הַבָּשָׁן׃
כג וּבְנֵיהֶם הִרְבִּיתָ כְּכֹכְבֵי הַשָּׁמָיִם וַתְּבִיאֵם אֶל־הָאָרֶץ אֲשֶׁר־
כד אָמַרְתָּ לַאֲבֹתֵיהֶם לָבוֹא לָרָשֶׁת׃ וַיָּבֹאוּ הַבָּנִים וַיִּירְשׁוּ אֶת־
הָאָרֶץ וַתַּכְנַע לִפְנֵיהֶם אֶת־יֹשְׁבֵי הָאָרֶץ הַכְּנַעֲנִים וַתִּתְּנֵם
בְּיָדָם וְאֶת־מַלְכֵיהֶם וְאֶת־עַמְמֵי הָאָרֶץ לַעֲשׂוֹת בָּהֶם כִּרְצוֹנָם׃
כה וַיִּלְכְּדוּ עָרִים בְּצֻרוֹת וַאֲדָמָה שְׁמֵנָה וַיִּירְשׁוּ בָּתִּים מְלֵאִים־
כָּל־טוּב בֹּרוֹת חֲצוּבִים כְּרָמִים וְזֵיתִים וְעֵץ מַאֲכָל לָרֹב
כו וַיֹּאכְלוּ וַיִּשְׂבְּעוּ וַיַּשְׁמִינוּ וַיִּתְעַדְּנוּ בְּטוּבְךָ הַגָּדוֹל׃ וַיַּמְרוּ
וַיִּמְרְדוּ בָּךְ וַיַּשְׁלִכוּ אֶת־תּוֹרָתְךָ אַחֲרֵי גַוָּם וְאֶת־נְבִיאֶיךָ
הָרָגוּ אֲשֶׁר־הֵעִידוּ בָם לַהֲשִׁיבָם אֵלֶיךָ וַיַּעֲשׂוּ נֶאָצוֹת גְּדוֹלֹת׃
כז וַתִּתְּנֵם בְּיַד צָרֵיהֶם וַיָּצֵרוּ לָהֶם וּבְעֵת צָרָתָם יִצְעֲקוּ אֵלֶיךָ
וְאַתָּה מִשָּׁמַיִם תִּשְׁמָע וּכְרַחֲמֶיךָ הָרַבִּים תִּתֵּן לָהֶם מוֹשִׁיעִים
כח וְיוֹשִׁיעוּם מִיַּד צָרֵיהֶם׃ וּכְנוֹחַ לָהֶם יָשׁוּבוּ לַעֲשׂוֹת רַע לְפָנֶיךָ
וַתַּעַזְבֵם בְּיַד אֹיְבֵיהֶם וַיִּרְדּוּ בָהֶם וַיָּשׁוּבוּ וַיִּזְעָקוּךָ וְאַתָּה
כט מִשָּׁמַיִם תִּשְׁמַע וְתַצִּילֵם כְּרַחֲמֶיךָ רַבּוֹת עִתִּים׃ וַתָּעַד בָּהֶם

רצונם של ישראל לחזור לעבדות במצרים
במדבר יד, א-ד

חֶסֶד

חטא העגל
שמות לב

הנסים שנעשו לישראל במדבר
דברים ח, ד

כיבוש סיחון ועוג
במדבר כא, כא-לה
דברים ב, כו - ג, יא

להשיבם אל־תורתך והמה הזידו ולא־שמעו למצותיך
ובמשפטיך חטאו־בם אשר־יעשה אדם וחיה בהם ויתנו
כתף סוררת וערפם הקשו ולא שמעו: ותמשך עליהם ל
שנים רבות ותעד בם ברוחך ביד־נביאיך ולא האזינו
ויתנם ביד עמי הארצת: וברחמיך הרבים לא־עשיתם לא
כלה ולא עזבתם כי אל־חנון ורחום אתה: ועתה אלהינו לב
האל הגדול הגבור והנורא שומר הברית והחסד אל־ימעט
לפניך את כל־התלאה אשר־מצאתנו למלכינו לשרינו
ולכהנינו ולנביאנו ולאבתינו ולכל־עמך מימי מלכי אשור
עד היום הזה: ואתה צדיק על כל־הבא עלינו כי־אמת עשית לג
ואנחנו הרשענו: ואת־מלכינו שרינו כהנינו ואבתינו לא עשו לד
תורתך ולא הקשיבו אל־מצותיך ולעדותיך אשר העידת
בהם: והם במלכותם ובטובך הרב אשר־נתת להם ובארץ לה
הרחבה והשמנה אשר־נתת לפניהם לא עבדוך ולא־שבו
ממעלליהם הרעים: הנה אנחנו היום עבדים והארץ אשר־ לו
נתתה לאבתינו לאכל את־פריה ואת־טובה הנה אנחנו
עבדים עליה: ותבואתה מרבה למלכים אשר־נתתה עלינו לז
בחטאותינו ועל גויתנו משלים ובבהמתנו כרצונם ובצרה
גדלה אנחנו:
ט ובכל־זאת אנחנו כרתים אמנה וכתבים ועל החתום שרינו א
לוינו כהנינו: ועל החתומים נחמיה התרשתא בן־חכליה ב
וצדקיה: שריה עזריה ירמיה: פשחור אמריה מלכיה: ג ד
חטוש שבניה מלוך: חרם מרמות עבדיה: דניאל גנתון ה ו ז
ברוך: משלם אביה מימן: מעזיה בלגי שמעיה אלה ח ט
הכהנים: והלוים וישוע בן־אזניה בנוי מבני חנדד קדמיאל: י
ואחיהם שבניה הודיה קליטא פלאיה חנן: מיכא רחוב יא יב
חשביה: זכור שרביה שבניה: הודיה בני בנינו: ראשי העם יג יד טו

טו טז יז פַּרְעֹשׁ פַּחַת מוֹאָב עֵילָם זַתּוּא בָּנִי: בֻּנִּי עַזְגָּד בֵּבָי: אֲדֹנִיָּה
יח יט כ בִגְוַי עָדִין: אָטֵר חִזְקִיָּה עַזּוּר: הוֹדִיָּה חָשֻׁם בֵּצָי: חָרִיף
כא כב עֲנָתוֹת נובי: מַגְפִּיעָשׁ מְשֻׁלָּם חֵזִיר: מְשֵׁיזַבְאֵל צָדוֹק יַדּוּעַ: נֵיבָי
כג כד כה פְּלַטְיָה חָנָן עֲנָיָה: הוֹשֵׁעַ חֲנַנְיָה חַשּׁוּב: הַלּוֹחֵשׁ פִּלְחָא
כו כז שׁוֹבֵק: רְחוּם חֲשַׁבְנָה מַעֲשֵׂיָה: וַאֲחִיָּה חָנָן עָנָן: מַלּוּךְ חָרִם
כח בַּעֲנָה: וּשְׁאָר הָעָם הַכֹּהֲנִים הַלְוִיִּם הַשּׁוֹעֲרִים הַמְשֹׁרְרִים
כט הַנְּתִינִים וְכָל־הַנִּבְדָּל מֵעַמֵּי הָאֲרָצוֹת אֶל־תּוֹרַת הָאֱלֹהִים
נְשֵׁיהֶם בְּנֵיהֶם וּבְנֹתֵיהֶם כֹּל יוֹדֵעַ מֵבִין: מַחֲזִיקִים עַל־
ל אֲחֵיהֶם אַדִּירֵיהֶם וּבָאִים בְּאָלָה וּבִשְׁבוּעָה לָלֶכֶת בְּתוֹרַת
הָאֱלֹהִים אֲשֶׁר נִתְּנָה בְּיַד מֹשֶׁה עֶבֶד־הָאֱלֹהִים וְלִשְׁמוֹר
לא וְלַעֲשׂוֹת אֶת־כָּל־מִצְוֹת יְהוָה אֲדֹנֵינוּ וּמִשְׁפָּטָיו וְחֻקָּיו: וַאֲשֶׁר
לֹא־נִתֵּן בְּנֹתֵינוּ לְעַמֵּי הָאָרֶץ וְאֶת־בְּנֹתֵיהֶם לֹא נִקַּח לְבָנֵינוּ:
לב וְעַמֵּי הָאָרֶץ הַמְבִיאִים אֶת־הַמַּקָּחוֹת וְכָל־שֶׁבֶר בְּיוֹם הַשַּׁבָּת
לִמְכּוֹר לֹא־נִקַּח מֵהֶם בַּשַּׁבָּת וּבְיוֹם קֹדֶשׁ וְנִטֹּשׁ אֶת־הַשָּׁנָה
לג הַשְּׁבִיעִית וּמַשָּׁא כָל־יָד: וְהֶעֱמַדְנוּ עָלֵינוּ מִצְוֹת לָתֵת עָלֵינוּ
לד שְׁלִשִׁית הַשֶּׁקֶל בַּשָּׁנָה לַעֲבֹדַת בֵּית אֱלֹהֵינוּ: לְלֶחֶם הַמַּעֲרֶכֶת
וּמִנְחַת הַתָּמִיד וּלְעוֹלַת הַתָּמִיד הַשַּׁבָּתוֹת הֶחֳדָשִׁים לַמּוֹעֲדִים
וְלַקֳּדָשִׁים וְלַחַטָּאוֹת לְכַפֵּר עַל־יִשְׂרָאֵל וְכֹל מְלֶאכֶת בֵּית־
לה אֱלֹהֵינוּ: וְהַגּוֹרָלוֹת הִפַּלְנוּ עַל־קֻרְבַּן הָעֵצִים
הַכֹּהֲנִים הַלְוִיִּם וְהָעָם לְהָבִיא לְבֵית אֱלֹהֵינוּ לְבֵית־אֲבֹתֵינוּ
לְעִתִּים מְזֻמָּנִים שָׁנָה בְשָׁנָה לְבַעֵר עַל־מִזְבַּח יְהוָה אֱלֹהֵינוּ
לו כַּכָּתוּב בַּתּוֹרָה: וּלְהָבִיא אֶת־בִּכּוּרֵי אַדְמָתֵנוּ וּבִכּוּרֵי כָּל־
לז פְּרִי כָל־עֵץ שָׁנָה בְשָׁנָה לְבֵית יְהוָה: וְאֶת־בְּכֹרוֹת בָּנֵינוּ
וּבְהֶמְתֵּנוּ כַּכָּתוּב בַּתּוֹרָה וְאֶת־בְּכוֹרֵי בְקָרֵינוּ וְצֹאנֵינוּ לְהָבִיא
לח לְבֵית אֱלֹהֵינוּ לַכֹּהֲנִים הַמְשָׁרְתִים בְּבֵית אֱלֹהֵינוּ: וְאֶת־
רֵאשִׁית עֲרִיסֹתֵינוּ וּתְרוּמֹתֵינוּ וּפְרִי כָל־עֵץ תִּירוֹשׁ וְיִצְהָר
נָבִיא לַכֹּהֲנִים אֶל־לִשְׁכוֹת בֵּית־אֱלֹהֵינוּ וּמַעְשַׂר אַדְמָתֵנוּ

הציווי על מצוות הביכורים, הבכורות והחלה
שמות יג, א–טז; כג, יט; לד, כו
במדבר טו, יז–כא; יח, יג–יח
דברים כו, א–יא

י

לַלְוִיִּם וְהֵם הַלְוִיִּם הַמְעַשְּׂרִים בְּכֹל עָרֵי עֲבֹדָתֵנוּ׃ וְהָיָה לט
הַכֹּהֵן בֶּן־אַהֲרֹן עִם־הַלְוִיִּם בַּעְשֵׂר הַלְוִיִּם וְהַלְוִיִּם יַעֲלוּ אֶת־
מַעֲשַׂר הַמַּעֲשֵׂר לְבֵית אֱלֹהֵינוּ אֶל־הַלְּשָׁכוֹת לְבֵית הָאוֹצָר׃
כִּי אֶל־הַלְּשָׁכוֹת יָבִיאוּ בְנֵי־יִשְׂרָאֵל וּבְנֵי הַלֵּוִי אֶת־תְּרוּמַת מ
הַדָּגָן הַתִּירוֹשׁ וְהַיִּצְהָר וְשָׁם כְּלֵי הַמִּקְדָּשׁ וְהַכֹּהֲנִים הַמְשָׁרְתִים
וְהַשּׁוֹעֲרִים וְהַמְשֹׁרְרִים וְלֹא נַעֲזֹב אֶת־בֵּית אֱלֹהֵינוּ׃ וַיֵּשְׁבוּ יא א
שָׂרֵי־הָעָם בִּירוּשָׁלִָם וּשְׁאָר הָעָם הִפִּילוּ גוֹרָלוֹת לְהָבִיא
אֶחָד מִן־הָעֲשָׂרָה לָשֶׁבֶת בִּירוּשָׁלִַם עִיר הַקֹּדֶשׁ וְתֵשַׁע הַיָּדוֹת
בֶּעָרִים׃ וַיְבָרְכוּ הָעָם לְכֹל הָאֲנָשִׁים הַמִּתְנַדְּבִים לָשֶׁבֶת ב
בִּירוּשָׁלִָם׃ וְאֵלֶּה רָאשֵׁי הַמְּדִינָה אֲשֶׁר יָשְׁבוּ ג

רשימת היושבים
בירושלים
דה"א ט, ב-לד

בִּירוּשָׁלִַם וּבְעָרֵי יְהוּדָה יָשְׁבוּ אִישׁ בַּאֲחֻזָּתוֹ בְּעָרֵיהֶם יִשְׂרָאֵל
הַכֹּהֲנִים וְהַלְוִיִּם וְהַנְּתִינִים וּבְנֵי עַבְדֵי שְׁלֹמֹה׃ וּבִירוּשָׁלִַם יָשְׁבוּ ד
מִבְּנֵי יְהוּדָה וּמִבְּנֵי בִנְיָמִן מִבְּנֵי יְהוּדָה עֲתָיָה בֶן־עֻזִּיָּה בֶּן־זְכַרְיָה
בֶן־אֲמַרְיָה בֶּן־שְׁפַטְיָה בֶן־מַהֲלַלְאֵל מִבְּנֵי־פָרֶץ׃ וּמַעֲשֵׂיָה ה
בֶן־בָּרוּךְ בֶּן־כָּל־חֹזֶה בֶּן־חֲזָיָה בֶן־עֲדָיָה בֶן־יוֹיָרִיב בֶּן־זְכַרְיָה בֶּן־
הַשִּׁלֹנִי׃ כָּל־בְּנֵי־פֶרֶץ הַיֹּשְׁבִים בִּירוּשָׁלִָם אַרְבַּע מֵאוֹת שִׁשִּׁים ו
וּשְׁמֹנָה אַנְשֵׁי־חָיִל׃ וְאֵלֶּה בְּנֵי בִנְיָמִן סַלֻּא בֶּן־ ז
מְשֻׁלָּם בֶּן־יוֹעֵד בֶּן־פְּדָיָה בֶן־קוֹלָיָה בֶן־מַעֲשֵׂיָה בֶּן־אִיתִיאֵל
בֶּן־יְשַׁעְיָה׃ וְאַחֲרָיו גַּבַּי סַלָּי תְּשַׁע מֵאוֹת עֶשְׂרִים וּשְׁמֹנָה׃ ח
וְיוֹאֵל בֶּן־זִכְרִי פָּקִיד עֲלֵיהֶם וִיהוּדָה בֶן־הַסְּנוּאָה עַל־הָעִיר ט
מִשְׁנֶה׃ מִן־הַכֹּהֲנִים יְדַעְיָה בֶן־יוֹיָרִיב יָכִין׃ י
שְׂרָיָה בֶן־חִלְקִיָּה בֶּן־מְשֻׁלָּם בֶּן־צָדוֹק בֶּן־מְרָיוֹת בֶּן־אֲחִיטוּב יא
נְגִד בֵּית הָאֱלֹהִים׃ וַאֲחֵיהֶם עֹשֵׂה הַמְּלָאכָה לַבַּיִת שְׁמֹנֶה יב
מֵאוֹת עֶשְׂרִים וּשְׁנָיִם וַעֲדָיָה בֶּן־יְרֹחָם בֶּן־פְּלַלְיָה בֶּן־אַמְצִי
בֶן־זְכַרְיָה בֶּן־פַּשְׁחוּר בֶּן־מַלְכִּיָּה׃ וְאֶחָיו רָאשִׁים לְאָבוֹת מָאתַיִם יג
אַרְבָּעִים וּשְׁנָיִם וַעֲמַשְׁסַי בֶּן־עֲזַרְאֵל בֶּן־אַחְזַי בֶּן־מְשִׁלֵּמוֹת בֶּן־
אִמֵּר׃ וַאֲחֵיהֶם גִּבֹּרֵי חַיִל מֵאָה עֶשְׂרִים וּשְׁמֹנָה וּפָקִיד עֲלֵיהֶם יד

טו זַבְדִּיאֵל בֶּן־הַגְּדוֹלִים׃ וּמִן־הַלְוִיִּם שְׁמַעְיָה בֶן־חַשּׁוּב
טז בֶּן־עַזְרִיקָם בֶּן־חֲשַׁבְיָה בֶּן־בּוּנִּי׃ וְשַׁבְּתַי וְיוֹזָבָד עַל־הַמְּלָאכָה
יז הַחִיצֹנָה לְבֵית הָאֱלֹהִים מֵרָאשֵׁי הַלְוִיִּם׃ וּמַתַּנְיָה בֶן־מִיכָא
בֶּן־זַבְדִּי בֶן־אָסָף רֹאשׁ הַתְּחִלָּה יְהוֹדֶה לַתְּפִלָּה וּבַקְבֻּקְיָה
יח מִשְׁנֶה מֵאֶחָיו וְעַבְדָּא בֶּן־שַׁמּוּעַ בֶּן־גָּלָל בֶּן־יְדִיתוּן׃ כָּל־הַלְוִיִּם יְדוּתוּן
יט בְּעִיר הַקֹּדֶשׁ מָאתַיִם שְׁמֹנִים וְאַרְבָּעָה׃ וְהַשּׁוֹעֲרִים
עַקּוּב טַלְמוֹן וַאֲחֵיהֶם הַשֹּׁמְרִים בַּשְּׁעָרִים מֵאָה שִׁבְעִים
כ וּשְׁנָיִם׃ וּשְׁאָר יִשְׂרָאֵל הַכֹּהֲנִים הַלְוִיִּם בְּכָל־עָרֵי יְהוּדָה
כא אִישׁ בְּנַחֲלָתוֹ׃ וְהַנְּתִינִים יֹשְׁבִים בָּעֹפֶל וְצִיחָא וְגִשְׁפָּא עַל־
כב הַנְּתִינִים׃ וּפְקִיד הַלְוִיִּם בִּירוּשָׁלִַם עֻזִּי בֶּן־בָּנִי בֶּן־
חֲשַׁבְיָה בֶּן־מַתַּנְיָה בֶּן־מִיכָא מִבְּנֵי אָסָף הַמְשֹׁרְרִים לְנֶגֶד
כג מְלֶאכֶת בֵּית־הָאֱלֹהִים׃ כִּי־מִצְוַת הַמֶּלֶךְ עֲלֵיהֶם וַאֲמָנָה עַל־
כד הַמְשֹׁרְרִים דְּבַר־יוֹם בְּיוֹמוֹ׃ וּפְתַחְיָה בֶּן־מְשֵׁיזַבְאֵל
כה מִבְּנֵי־זֶרַח בֶּן־יְהוּדָה לְיַד הַמֶּלֶךְ לְכָל־דָּבָר לָעָם׃ וְאֶל־ רשימת ערי יהודה יהושע טו, כ–סג
הַחֲצֵרִים בִּשְׂדֹתָם מִבְּנֵי יְהוּדָה יָשְׁבוּ בְּקִרְיַת הָאַרְבַּע וּבְנֹתֶיהָ
כו וּבְדִיבֹן וּבְנֹתֶיהָ וּבִיקַּבְצְאֵל וַחֲצֵרֶיהָ׃ וּבְיֵשׁוּעַ וּבְמֹלָדָה וּבְבֵית־
כז כח פֶּלֶט׃ וּבַחֲצַר שׁוּעָל וּבִבְאֵר שָׁבַע וּבְנֹתֶיהָ׃ וּבְצִקְלַג וּבִמְכֹנָה
כט ל וּבִבְנֹתֶיהָ׃ וּבְעֵין רִמּוֹן וּבְצָרְעָה וּבְיַרְמוּת׃ זָנֹחַ עֲדֻלָּם וְחַצְרֵיהֶם
לָכִישׁ וּשְׂדֹתֶיהָ עֲזֵקָה וּבְנֹתֶיהָ וַיַּחֲנוּ מִבְּאֵר־שֶׁבַע עַד־גֵּיא
לא הִנֹּם׃ וּבְנֵי בִנְיָמִן מִגָּבַע מִכְמָשׂ וְעַיָּה וּבֵית־אֵל וּבְנֹתֶיהָ׃ רשימת ערי בנימין יהושע יח, כא–כח
לב לג לד עֲנָתוֹת נֹב עֲנָנְיָה׃ חָצוֹר ׀ רָמָה גִּתָּיִם׃ חָדִיד צְבֹעִים
לה לו נְבַלָּט׃ לֹד וְאוֹנוֹ גֵּי הַחֲרָשִׁים׃ וּמִן־הַלְוִיִּם מַחְלְקוֹת יְהוּדָה
יב א לְבִנְיָמִין׃ וְאֵלֶּה הַכֹּהֲנִים וְהַלְוִיִּם אֲשֶׁר עָלוּ עִם־
ב זְרֻבָּבֶל בֶּן־שְׁאַלְתִּיאֵל וְיֵשׁוּעַ שְׂרָיָה יִרְמְיָה עֶזְרָא׃ אֲמַרְיָה
ג ד ה מַלּוּךְ חַטּוּשׁ׃ שְׁכַנְיָה רְחֻם מְרֵמֹת׃ עִדּוֹא גִנְּתוֹי אֲבִיָּה׃ מִיָּמִין
ו ז מַעַדְיָה בִּלְגָּה׃ שְׁמַעְיָה וְיוֹיָרִיב יְדַעְיָה׃ סַלּוּ עָמוֹק חִלְקִיָּה
ח יְדַעְיָה אֵלֶּה רָאשֵׁי הַכֹּהֲנִים וַאֲחֵיהֶם בִּימֵי יֵשׁוּעַ׃ וְהַלְוִיִּם יֵשׁוּעַ

בני קדמיאל שרביה יהודה מתניה על־הידות הוא ואחיו:
ט ובקבקיה וענו אחיהם לנגדם למשמרות: וישוע הוליד — ועני
י את־יויקים ויויקים הוליד את־אלישיב ואלישיב את־
יא יוידע: ויוידע הוליד את־יונתן ויונתן הוליד את־ידוע:
יב ובימי יויקים היו כהנים ראשי האבות לשריה מריה לירמיה
יג יד חנניה: לעזרא משלם לאמריה יהוחנן: למלוכי יונתן — למליכו
טו טז לשבניה יוסף: לחרים עדנא למריות חלקי: לעדיא זכריה — לעדוא
יז לגנתון משלם: לאביה זכרי למנימין למועדיה פלטי:
יח יט לבלגה שמוע לשמעיה יהונתן: ולויריב מתני לידעיה עזי:
כ כא לסלי קלי לעמוק עבר: לחלקיה חשביה לידעיה נתנאל:
כב הלוים בימי אלישיב יוידע ויוחנן וידוע כתובים ראשי
כג אבות והכהנים על־מלכות דריוש הפרסי: בני לוי
ראשי האבות כתובים על־ספר דברי הימים ועד־ימי יוחנן
כד בן־אלישיב: וראשי הלוים חשביה שרביה וישוע בן־
קדמיאל ואחיהם לנגדם להלל להודות במצות דויד איש־
כה האלהים משמר לעמת משמר: מתניה ובקבקיה עבדיה
משלם טלמון עקוב שמרים שוערים משמר באספי השערים:
כו אלה בימי יויקים בן־ישוע בן־יוצדק ובימי נחמיה הפחה
כז ועזרא הכהן הספר: ובחנכת חומת ירושלם בקשו — י
את־הלוים מכל־מקומתם להביאם לירושלם לעשת חנכה
כח ושמחה ובתודות ובשיר מצלתים נבלים ובכנרות: ויאספו
בני המשררים ומן־הככר סביבות ירושלם ומן־חצרי נטפתי:
כט ומבית הגלגל ומשדות גבע ועזמות כי חצרים בנו להם
ל המשררים סביבות ירושלם: ויטהרו הכהנים והלוים ויטהרו
לא את־העם ואת־השערים ואת־החומה: ואעלה את־שרי
יהודה מעל לחומה ואעמידה שתי תודת גדולת ותהלכת
לב לימין מעל לחומה לשער האשפת: וילך אחריהם הושעיה

דוד קובע את משמרות המשוררים דה"א כה

לג לד וַחֲצִי שָׂרֵי יְהוּדָה: וַעֲזַרְיָה עֶזְרָא וּמְשֻׁלָּם: יְהוּדָה וּבִנְיָמִן
וּשְׁמַעְיָה וְיִרְמְיָה:
לה וּמִבְּנֵי הַכֹּהֲנִים בַּחֲצֹצְרוֹת זְכַרְיָה בֶן־יוֹנָתָן בֶּן־שְׁמַעְיָה בֶּן־
לו מַתַּנְיָה בֶּן־מִיכָיָה בֶּן־זַכּוּר בֶּן־אָסָף: וְאֶחָיו שְׁמַעְיָה וַעֲזַרְאֵל
מִלֲלַי גִּלֲלַי מָעַי נְתַנְאֵל וִיהוּדָה חֲנָנִי בִּכְלֵי־שִׁיר דָּוִיד אִישׁ
לז הָאֱלֹהִים וְעֶזְרָא הַסּוֹפֵר לִפְנֵיהֶם: וְעַל שַׁעַר הָעַיִן וְנֶגְדָּם עָלוּ
עַל־מַעֲלוֹת עִיר דָּוִיד בַּמַּעֲלֶה לַחוֹמָה מֵעַל לְבֵית דָּוִיד וְעַד
לח שַׁעַר הַמַּיִם מִזְרָח: וְהַתּוֹדָה הַשֵּׁנִית הַהוֹלֶכֶת לְמוֹאל וַאֲנִי
אַחֲרֶיהָ וַחֲצִי הָעָם מֵעַל לְהַחוֹמָה מֵעַל לְמִגְדַּל הַתַּנּוּרִים וְעַד
לט הַחוֹמָה הָרְחָבָה: וּמֵעַל לְשַׁעַר־אֶפְרַיִם וְעַל־שַׁעַר הַיְשָׁנָה
וְעַל־שַׁעַר הַדָּגִים וּמִגְדַּל חֲנַנְאֵל וּמִגְדַּל הַמֵּאָה וְעַד שַׁעַר
מ הַצֹּאן וְעָמְדוּ בְּשַׁעַר הַמַּטָּרָה: וַתַּעֲמֹדְנָה שְׁתֵּי הַתּוֹדֹת בְּבֵית
מא הָאֱלֹהִים וַאֲנִי וַחֲצִי הַסְּגָנִים עִמִּי: וְהַכֹּהֲנִים אֶלְיָקִים מַעֲשֵׂיָה
מב מִנְיָמִין מִיכָיָה אֶלְיוֹעֵינַי זְכַרְיָה חֲנַנְיָה בַּחֲצֹצְרוֹת: וּמַעֲשֵׂיָה
וּשְׁמַעְיָה וְאֶלְעָזָר וְעֻזִּי וִיהוֹחָנָן וּמַלְכִּיָּה וְעֵילָם וָעָזֶר וַיַּשְׁמִיעוּ
מג הַמְשֹׁרְרִים וְיִזְרַחְיָה הַפָּקִיד: וַיִּזְבְּחוּ בַיּוֹם הַהוּא זְבָחִים גְּדוֹלִים
וַיִּשְׂמָחוּ כִּי הָאֱלֹהִים שִׂמְּחָם שִׂמְחָה גְדוֹלָה וְגַם הַנָּשִׁים
מד וְהַיְלָדִים שָׂמֵחוּ וַתִּשָּׁמַע שִׂמְחַת יְרוּשָׁלִַם מֵרָחוֹק: וַיִּפָּקְדוּ
בַיּוֹם הַהוּא אֲנָשִׁים עַל־הַנְּשָׁכוֹת לָאוֹצָרוֹת | לַתְּרוּמוֹת
לָרֵאשִׁית וְלַמַּעַשְׂרוֹת לִכְנוֹס בָּהֶם לִשְׂדֵי הֶעָרִים מְנָאוֹת
הַתּוֹרָה לַכֹּהֲנִים וְלַלְוִיִּם כִּי שִׂמְחַת יְהוּדָה עַל־הַכֹּהֲנִים וְעַל־
מה הַלְוִיִּם הָעֹמְדִים: וַיִּשְׁמְרוּ מִשְׁמֶרֶת אֱלֹהֵיהֶם וּמִשְׁמֶרֶת
הַטָּהֳרָה וְהַמְשֹׁרְרִים וְהַשֹּׁעֲרִים כְּמִצְוַת דָּוִיד שְׁלֹמֹה בְנוֹ:
מו כִּי־בִימֵי דָוִיד וְאָסָף מִקֶּדֶם רֹאשׁ הַמְשֹׁרְרִים וְשִׁיר־תְּהִלָּה
מז וְהֹדוֹת לֵאלֹהִים: וְכָל־יִשְׂרָאֵל בִּימֵי זְרֻבָּבֶל וּבִימֵי נְחֶמְיָה
נֹתְנִים מְנָיוֹת הַמְשֹׁרְרִים וְהַשֹּׁעֲרִים דְּבַר־יוֹם בְּיוֹמוֹ וּמַקְדִּשִׁים
יג א לַלְוִיִּם וְהַלְוִיִּם מַקְדִּשִׁים לִבְנֵי אַהֲרֹן: בַּיּוֹם הַהוּא

דוד ושלמה מסדרים את הלויים למחלקות ולתפקידים דה"א כג–כו

האיסור לעמוני ולמואבי לבוא בקהל
דברים כג, ד–ז

נִקְרָא בְּסֵפֶר מֹשֶׁה בְּאׇזְנֵי הָעָם וְנִמְצָא כָּתוּב בּוֹ אֲשֶׁר לֹא־
יָבוֹא עַמֹּנִי וּמֹאָבִי בִּקְהַל הָאֱלֹהִים עַד־עוֹלָם׃ כִּי לֹא קִדְּמוּ ב
אֶת־בְּנֵי יִשְׂרָאֵל בַּלֶּחֶם וּבַמָּיִם וַיִּשְׂכֹּר עָלָיו אֶת־בִּלְעָם לְקַלְלוֹ

ניסיונו של בלעם לקלל את ישראל
במדבר כב–כד

וַיַּהֲפֹךְ אֱלֹהֵינוּ הַקְּלָלָה לִבְרָכָה׃ וַיְהִי כְּשׇׁמְעָם אֶת־הַתּוֹרָה ג
וַיַּבְדִּילוּ כׇל־עֵרֶב מִיִּשְׂרָאֵל׃ וְלִפְנֵי מִזֶּה אֶלְיָשִׁיב הַכֹּהֵן נָתוּן ד
בְּלִשְׁכַּת בֵּית־אֱלֹהֵינוּ קָרוֹב לְטוֹבִיָּה׃ וַיַּעַשׂ לוֹ לִשְׁכָּה גְדוֹלָה ה
וְשָׁם הָיוּ לְפָנִים נֹתְנִים אֶת־הַמִּנְחָה הַלְּבוֹנָה וְהַכֵּלִים וּמַעְשַׂר
הַדָּגָן הַתִּירוֹשׁ וְהַיִּצְהָר מִצְוַת הַלְוִיִּם וְהַמְשֹׁרְרִים וְהַשֹּׁעֲרִים

השנים שבהן היה נחמיה פחה ביהודה
נחמיה ה, יד

וּתְרוּמַת הַכֹּהֲנִים׃ וּבְכׇל־זֶה לֹא הָיִיתִי בִּירוּשָׁלָ͏ִם כִּי בִּשְׁנַת ו
שְׁלֹשִׁים וּשְׁתַּיִם לְאַרְתַּחְשַׁסְתְּא מֶלֶךְ־בָּבֶל בָּאתִי אֶל־הַמֶּלֶךְ
וּלְקֵץ יָמִים נִשְׁאַלְתִּי מִן־הַמֶּלֶךְ׃ וָאָבוֹא לִירוּשָׁלָ͏ִם וָאָבִינָה ז
בָרָעָה אֲשֶׁר עָשָׂה אֶלְיָשִׁיב לְטוֹבִיָּה לַעֲשׂוֹת לוֹ נִשְׁכָּה בְּחַצְרֵי
בֵּית הָאֱלֹהִים׃ וַיֵּרַע לִי מְאֹד וָאַשְׁלִיכָה אֶת־כׇּל־כְּלֵי בֵית־ ח
טוֹבִיָּה הַחוּץ מִן־הַלִּשְׁכָּה׃ וָאֹמְרָה וַיְטַהֲרוּ הַלְּשָׁכוֹת וָאָשִׁיבָה ט
שָׁם כְּלֵי בֵּית הָאֱלֹהִים אֶת־הַמִּנְחָה וְהַלְּבוֹנָה׃ וָאֵדְעָה כִּי־ י
מְנָיוֹת הַלְוִיִּם לֹא נִתָּנָה וַיִּבְרְחוּ אִישׁ־לְשָׂדֵהוּ הַלְוִיִּם וְהַמְשֹׁרְרִים
עֹשֵׂי הַמְּלָאכָה׃ וָאָרִיבָה אֶת־הַסְּגָנִים וָאֹמְרָה מַדּוּעַ נֶעֱזַב יא
בֵּית־הָאֱלֹהִים וָאֶקְבְּצֵם וָאַעֲמִדֵם עַל־עׇמְדָם׃ וְכׇל־יְהוּדָה יב
הֵבִיאוּ מַעְשַׂר הַדָּגָן וְהַתִּירוֹשׁ וְהַיִּצְהָר לָאוֹצָרוֹת׃ וָאוֹצְרָה יג
עַל־אוֹצָרוֹת שֶׁלֶמְיָה הַכֹּהֵן וְצָדוֹק הַסּוֹפֵר וּפְדָיָה מִן־הַלְוִיִּם
וְעַל־יָדָם חָנָן בֶּן־זַכּוּר בֶּן־מַתַּנְיָה כִּי נֶאֱמָנִים נֶחְשָׁבוּ וַעֲלֵיהֶם
לַחֲלֹק לַאֲחֵיהֶם׃ זׇכְרָה־לִּי אֱלֹהַי עַל־זֹאת וְאַל־ יד

מצוות השבת
שמות טז, כט; כ, ז–י; לא, יב–יז; לה, א–ג
ויקרא יט, ג; יט, ל; כג, ג
דברים ה, יא–יד
ישעיה נח, יג–יד
ירמיה יז, יט–כז

תֶּמַח חֲסָדַי אֲשֶׁר עָשִׂיתִי בְּבֵית אֱלֹהַי וּבְמִשְׁמָרָיו׃ בַּיָּמִים טו
הָהֵמָּה רָאִיתִי בִיהוּדָה ׀ דֹּרְכִים־גִּתּוֹת ׀ בַּשַּׁבָּת וּמְבִיאִים
הָעֲרֵמוֹת וְעֹמְסִים עַל־הַחֲמֹרִים וְאַף־יַיִן עֲנָבִים וּתְאֵנִים וְכׇל־
מַשָּׂא וּמְבִיאִים יְרוּשָׁלַ͏ִם בְּיוֹם הַשַּׁבָּת וָאָעִיד בְּיוֹם מִכְרָם
צָיִד׃ וְהַצֹּרִים יָשְׁבוּ בָהּ מְבִיאִים דָּאג וְכׇל־מֶכֶר וּמוֹכְרִים טז

יז בַּשַּׁבָּת לִבְנֵי יְהוּדָה וּבִירוּשָׁלָ͏ִם: וָאָרִיבָה אֵת חֹרֵי יְהוּדָה
וָאֹמְרָה לָהֶם מָה־הַדָּבָר הָרָע הַזֶּה אֲשֶׁר אַתֶּם עֹשִׂים
יח וּמְחַלְּלִים אֶת־יוֹם הַשַּׁבָּת: הֲלוֹא כֹה עָשׂוּ אֲבֹתֵיכֶם וַיָּבֵא
אֱלֹהֵינוּ עָלֵינוּ אֵת כָּל־הָרָעָה הַזֹּאת וְעַל הָעִיר הַזֹּאת וְאַתֶּם
יט מוֹסִיפִים חָרוֹן עַל־יִשְׂרָאֵל לְחַלֵּל אֶת־הַשַּׁבָּת: וַיְהִי
כַּאֲשֶׁר צָלְלוּ שַׁעֲרֵי יְרוּשָׁלַ͏ִם לִפְנֵי הַשַּׁבָּת וָאֹמְרָה וַיִּסָּגְרוּ
הַדְּלָתוֹת וָאֹמְרָה אֲשֶׁר לֹא יִפְתָּחוּם עַד אַחַר הַשַּׁבָּת וּמִנְּעָרַי
כ הֶעֱמַדְתִּי עַל־הַשְּׁעָרִים לֹא־יָבוֹא מַשָּׂא בְּיוֹם הַשַּׁבָּת: וַיָּלִינוּ
הָרֹכְלִים וּמֹכְרֵי כָל־מִמְכָּר מִחוּץ לִירוּשָׁלָ͏ִם פַּעַם וּשְׁתָּיִם:
כא וָאָעִידָה בָהֶם וָאֹמְרָה אֲלֵיהֶם מַדּוּעַ אַתֶּם לֵנִים נֶגֶד הַחוֹמָה
אִם־תִּשְׁנוּ יָד אֶשְׁלַח בָּכֶם מִן־הָעֵת הַהִיא לֹא בָאוּ בַּשַּׁבָּת:
כב וָאֹמְרָה לַלְוִיִּם אֲשֶׁר יִהְיוּ מִטַּהֲרִים וּבָאִים שֹׁמְרִים הַשְּׁעָרִים
לְקַדֵּשׁ אֶת־יוֹם הַשַּׁבָּת גַּם־זֹאת זָכְרָה־לִּי אֱלֹהַי וְחוּסָה עָלַי
כג כְּרֹב חַסְדֶּךָ: גַּם ׀ בַּיָּמִים הָהֵם רָאִיתִי אֶת־הַיְּהוּדִים
כד הֹשִׁיבוּ נָשִׁים אשדודיות עמוניות מוֹאֲבִיּוֹת: וּבְנֵיהֶם חֲצִי מְדַבֵּר
כה אַשְׁדּוֹדִית וְאֵינָם מַכִּירִים לְדַבֵּר יְהוּדִית וְכִלְשׁוֹן עַם וָעָם: וָאָרִיב
עִמָּם וָאֲקַלְלֵם וָאַכֶּה מֵהֶם אֲנָשִׁים וָאֶמְרְטֵם וָאַשְׁבִּיעֵם בֵּאלֹהִים
אִם־תִּתְּנוּ בְנֹתֵיכֶם לִבְנֵיהֶם וְאִם־תִּשְׂאוּ מִבְּנֹתֵיהֶם לִבְנֵיכֶם
כו וְלָכֶם: הֲלוֹא עַל־אֵלֶּה חָטָא־שְׁלֹמֹה מֶלֶךְ־יִשְׂרָאֵל וּבַגּוֹיִם
הָרַבִּים לֹא־הָיָה מֶלֶךְ כָּמֹהוּ וְאָהוּב לֵאלֹהָיו הָיָה וַיִּתְּנֵהוּ אֱלֹהִים
כז מֶלֶךְ עַל־כָּל־יִשְׂרָאֵל גַּם־אוֹתוֹ הֶחֱטִיאוּ הַנָּשִׁים הַנָּכְרִיּוֹת: וְלָכֶם
הֲנִשְׁמַע לַעֲשֹׂת אֵת כָּל־הָרָעָה הַגְּדוֹלָה הַזֹּאת לִמְעֹל בֵּאלֹהֵינוּ
כח לְהֹשִׁיב נָשִׁים נָכְרִיּוֹת: וּמִבְּנֵי יוֹיָדָע בֶּן־אֶלְיָשִׁיב הַכֹּהֵן הַגָּדוֹל
כט חָתָן לְסַנְבַלַּט הַחֹרֹנִי וָאַבְרִיחֵהוּ מֵעָלָי: זָכְרָה לָהֶם אֱלֹהָי עַל־
ל גָּאֳלֵי הַכְּהֻנָּה וּבְרִית הַכְּהֻנָּה וְהַלְוִיִּם: וְטִהַרְתִּים מִכָּל־נֵכָר
לא וָאַעֲמִידָה מִשְׁמָרוֹת לַכֹּהֲנִים וְלַלְוִיִּם אִישׁ בִּמְלַאכְתּוֹ: וּלְקֻרְבַּן
הָעֵצִים בְּעִתִּים מְזֻמָּנוֹת וְלַבִּכּוּרִים זָכְרָה־לִּי אֱלֹהַי לְטוֹבָה:

חורבן ירושלים מחמת חילול שבת
ירמיה יז, יט–כז

אַשְׁדֳּדִיּוֹת עַמֳּנִיּוֹת

נישואי שלמה לנשים נכריות
מל"א יא, א–יג

שלמה אהוב לפני ה'
שמ"ב יב, כד

# דברי הימים

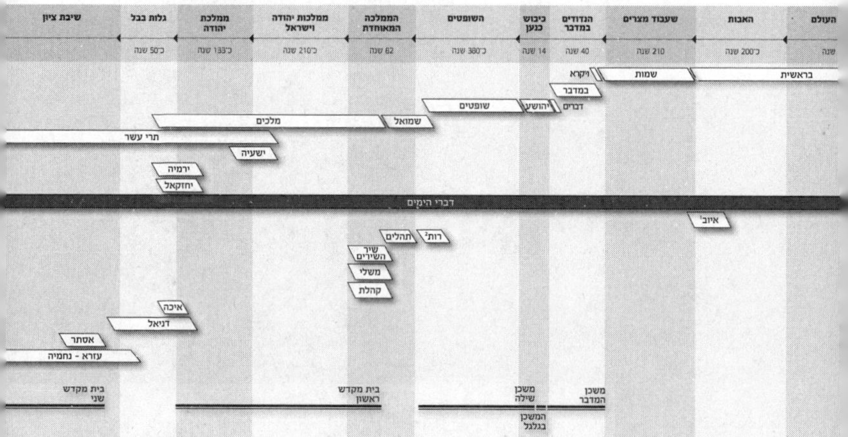
העולם
האבות
שעבוד מצרים
הנדודים במדבר
כיבוש כנען
השופטים
הממלכה המאוחדת
ממלכות יהודה וישראל
ממלכת יהודה
גלות בבל
שיבת ציון
שנה
כ־200 שנה
210 שנה
40 שנה
14 שנה
כ־380 שנה
62 שנה
כ־210 שנה
כ־133 שנה
כ־50 שנה
בראשית
שמות
ויקרא
במדבר
דברים
יהושע
שופטים
שמואל
מלכים
תרי עשר
ישעיה
ירמיה
יחזקאל
דברי הימים
איוב
רות
תהלים
שיר השירים
משלי
קהלת
איכה
דניאל
אסתר
עזרא - נחמיה
משכן המדבר
משכן שילה
המשכן בגלגל
בית מקדש ראשון
בית מקדש שני

# דברי הימים

ספר דברי הימים

| רשימות יוחסין | סוף מלכות שאול ומלכות דוד בירושלים | אחרית מלכות דוד והכנת מלכות שלמה | מלכות שלמה | מלכי יהודה הראשונים – רחבעם, אביה, אסא ויהושפט |
|---|---|---|---|---|
| דבה"א א–ט | דבה"א י–כא | דבה"א כב–כט | דבה"ב א–ט | דבה"ב י–כ |
| | 33 שנה | | 40 שנה | 86 שנה |

| משפחת בית אחאב – מלכויות יהורם, אחזיה ועתליה | בין ירידת ארם לעליית אשור – מלכויות יואש, אמציה, עזיהו, יותם ואחז | מירידת אשור לעליית בבל – מלכויות חזקיהו, מנשה, אמון ויאשיהו | מלכי יהודה האחרונים – יהואחז, יהויקים, יהויכין וצדקיהו |
|---|---|---|---|
| דבה"ב כא–כב | דבה"ב כג–כח | דבה"ב כט–לה | דבה"ב לו |
| 15 שנה | 153 שנה | 117 שנה | 22 שנה |

א ב ג אָדָם שֵׁת אֱנוֹשׁ׃ קֵינָן מַהֲלַלְאֵל יָרֶד׃ חֲנוֹךְ מְתוּשֶׁלַח לָמֶךְ׃ א
ד ה נֹחַ שֵׁם חָם וָיָפֶת׃ בְּנֵי יֶפֶת גֹּמֶר וּמָגוֹג וּמָדַי וְיָוָן וְתֻבָל וּמֶשֶׁךְ
עשרה דורות מאדם עד נח בראשית ה
ו ז וְתִירָס׃ וּבְנֵי גֹּמֶר אַשְׁכְּנַז וְדִיפַת וְתוֹגַרְמָה׃ וּבְנֵי יָוָן אֱלִישָׁה
בני נח וצאצאיו בראשית י
ח וְתַרְשִׁישָׁה כִּתִּים וְרוֹדָנִים׃ בְּנֵי חָם כּוּשׁ וּמִצְרָיִם
ט פּוּט וּכְנָעַן׃ וּבְנֵי כוּשׁ סְבָא וַחֲוִילָה וְסַבְתָּא וְרַעְמָא וְסַבְתְּכָא
י וּבְנֵי רַעְמָא שְׁבָא וּדְדָן׃ וְכוּשׁ יָלַד אֶת־נִמְרוֹד הוּא הֵחֵל לִהְיוֹת
יא גִּבּוֹר בָּאָרֶץ׃ וּמִצְרַיִם יָלַד אֶת־לודיים וְאֶת־עֲנָמִים
לוּדִים
יב וְאֶת־לְהָבִים וְאֶת־נַפְתֻּחִים׃ וְאֶת־פַּתְרֻסִים וְאֶת־כַּסְלֻחִים
יג אֲשֶׁר יָצְאוּ מִשָּׁם פְּלִשְׁתִּים וְאֶת־כַּפְתֹּרִים׃ וּכְנַעַן יָלַד
יד אֶת־צִידוֹן בְּכֹרוֹ וְאֶת־חֵת׃ וְאֶת־הַיְבוּסִי וְאֶת־הָאֱמֹרִי וְאֵת
טו טז הַגִּרְגָּשִׁי׃ וְאֶת־הַחִוִּי וְאֶת־הַעַרְקִי וְאֶת־הַסִּינִי׃ וְאֶת־הָאַרְוָדִי וְאֶת־
יז הַצְּמָרִי וְאֶת־הַחֲמָתִי׃ בְּנֵי שֵׁם עֵילָם וְאַשּׁוּר וְאַרְפַּכְשַׁד
יח וְלוּד וַאֲרָם וְעוּץ וְחוּל וְגֶתֶר וָמֶשֶׁךְ׃ וְאַרְפַּכְשַׁד יָלַד
יט אֶת־שָׁלַח וְשֶׁלַח יָלַד אֶת־עֵבֶר׃ וּלְעֵבֶר יֻלַּד שְׁנֵי בָנִים שֵׁם
כ הָאֶחָד פֶּלֶג כִּי בְיָמָיו נִפְלְגָה הָאָרֶץ וְשֵׁם אָחִיו יָקְטָן׃ וְיָקְטָן
כא יָלַד אֶת־אַלְמוֹדָד וְאֶת־שָׁלֶף וְאֶת־חֲצַרְמָוֶת וְאֶת־יָרַח׃ וְאֶת־
כב הֲדוֹרָם וְאֶת־אוּזָל וְאֶת־דִּקְלָה׃ וְאֶת־עֵיבָל וְאֶת־אֲבִימָאֵל
כג וְאֶת־שְׁבָא׃ וְאֶת־אוֹפִיר וְאֶת־חֲוִילָה וְאֶת־יוֹבָב כָּל־אֵלֶּה
כד כה כו בְּנֵי יָקְטָן׃ שֵׁם ׀ אַרְפַּכְשַׁד שָׁלַח׃ עֵבֶר פֶּלֶג רְעוּ׃ שְׂרוּג
כז כח נָחוֹר תָּרַח׃ אַבְרָם הוּא אַבְרָהָם׃ בְּנֵי אַבְרָהָם יִצְחָק
עשרה דורות משם עד אברהם בראשית יא, י–כו
כט וְיִשְׁמָעֵאל׃ אֵלֶּה תֹּלְדוֹתָם בְּכוֹר יִשְׁמָעֵאל נְבָיוֹת
ל וְקֵדָר וְאַדְבְּאֵל וּמִבְשָׂם׃ מִשְׁמָע וְדוּמָה מַשָּׂא חֲדַד וְתֵימָא׃
בני ישמעאל בראשית כה, יב–טז
לא לב יְטוּר נָפִישׁ וָקֵדְמָה אֵלֶּה הֵם בְּנֵי יִשְׁמָעֵאל׃ וּבְנֵי
קְטוּרָה פִּילֶגֶשׁ אַבְרָהָם יָלְדָה אֶת־זִמְרָן וְיָקְשָׁן וּמְדָן
בני קטורה בראשית כה, א–ד
לג וּמִדְיָן וְיִשְׁבָּק וְשׁוּחַ וּבְנֵי יָקְשָׁן שְׁבָא וּדְדָן׃ וּבְנֵי
מִדְיָן עֵיפָה וָעֵפֶר וַחֲנוֹךְ וַאֲבִידָע וְאֶלְדָּעָה כָּל־אֵלֶּה בְּנֵי
לד קְטוּרָה׃ וַיּוֹלֶד אַבְרָהָם אֶת־יִצְחָק בְּנֵי יִצְחָק עֵשָׂו

לה וְיִשְׂרָאֵל: בְּנֵי עֵשָׂו אֱלִיפַז רְעוּאֵל וִיעוּשׁ וְיַעְלָם
לו וְקֹרַח: בְּנֵי אֱלִיפָז תֵּימָן וְאוֹמָר צְפִי וְגַעְתָּם קְנַז
לז וְתִמְנָע וַעֲמָלֵק: בְּנֵי רְעוּאֵל נַחַת זֶרַח שַׁמָּה
לח וּמִזָּה: וּבְנֵי שֵׂעִיר לוֹטָן וְשׁוֹבָל וְצִבְעוֹן וַעֲנָה וְדִישֹׁן
לט וְאֵצֶר וְדִישָׁן: וּבְנֵי לוֹטָן חֹרִי וְהוֹמָם וַאֲחוֹת לוֹטָן
מ תִּמְנָע: בְּנֵי שׁוֹבָל עַלְיָן וּמָנַחַת וְעֵיבָל שְׁפִי וְאוֹנָם
מא וּבְנֵי צִבְעוֹן אַיָּה וַעֲנָה: בְּנֵי עֲנָה דִּישׁוֹן וּבְנֵי
מב דִישׁוֹן חַמְרָן וְאֶשְׁבָּן וְיִתְרָן וּכְרָן: בְּנֵי־אֵצֶר בִּלְהָן
מג וְזַעֲוָן יַעֲקָן בְּנֵי דִישׁוֹן עוּץ וַאֲרָן: וְאֵלֶּה הַמְּלָכִים
אֲשֶׁר מָלְכוּ בְּאֶרֶץ אֱדוֹם לִפְנֵי מְלָךְ־מֶלֶךְ לִבְנֵי יִשְׂרָאֵל
מד בֶּלַע בֶּן־בְּעוֹר וְשֵׁם עִירוֹ דִּנְהָבָה: וַיָּמָת בָּלַע וַיִּמְלֹךְ תַּחְתָּיו
מה יוֹבָב בֶּן־זֶרַח מִבָּצְרָה: וַיָּמָת יוֹבָב וַיִּמְלֹךְ תַּחְתָּיו חוּשָׁם
מו מֵאֶרֶץ הַתֵּימָנִי: וַיָּמָת חוּשָׁם וַיִּמְלֹךְ תַּחְתָּיו הֲדַד בֶּן־בְּדַד הַמַּכֶּה
מז אֶת־מִדְיָן בִּשְׂדֵה מוֹאָב וְשֵׁם עִירוֹ עֵיוֹת: וַיָּמָת הֲדָד וַיִּמְלֹךְ
מח תַּחְתָּיו שַׂמְלָה מִמַּשְׂרֵקָה: וַיָּמָת שַׂמְלָה וַיִּמְלֹךְ תַּחְתָּיו שָׁאוּל
מט מֵרְחֹבוֹת הַנָּהָר: וַיָּמָת שָׁאוּל וַיִּמְלֹךְ תַּחְתָּיו בַּעַל חָנָן בֶּן־
נ עַכְבּוֹר: וַיָּמָת בַּעַל חָנָן וַיִּמְלֹךְ תַּחְתָּיו הֲדַד וְשֵׁם עִירוֹ פָּעִי
נא וְשֵׁם אִשְׁתּוֹ מְהֵיטַבְאֵל בַּת־מַטְרֵד בַּת מֵי זָהָב: וַיָּמָת הֲדָד
וַיִּהְיוּ אַלּוּפֵי אֱדוֹם אַלּוּף תִּמְנָע אַלּוּף עַלְיָה אַלּוּף יְתֵת:
נב נג אַלּוּף אָהֳלִיבָמָה אַלּוּף אֵלָה אַלּוּף פִּינֹן: אַלּוּף קְנַז אַלּוּף
נד תֵּימָן אַלּוּף מִבְצָר: אַלּוּף מַגְדִּיאֵל אַלּוּף עִירָם אֵלֶּה
ב א אַלּוּפֵי אֱדוֹם: אֵלֶּה בְּנֵי יִשְׂרָאֵל רְאוּבֵן שִׁמְעוֹן
ב לֵוִי וִיהוּדָה יִשָּׂשכָר וּזְבֻלוּן: דָּן יוֹסֵף וּבִנְיָמִן נַפְתָּלִי גָּד
ג וְאָשֵׁר: בְּנֵי יְהוּדָה עֵר וְאוֹנָן וְשֵׁלָה שְׁלוֹשָׁה נוֹלַד לוֹ
מִבַּת־שׁוּעַ הַכְּנַעֲנִית וַיְהִי עֵר ׀ בְּכוֹר יְהוּדָה רַע בְּעֵינֵי יְהוָה
ד וַיְמִיתֵהוּ: וְתָמָר כַּלָּתוֹ יָלְדָה לּוֹ אֶת־פֶּרֶץ וְאֶת־זָרַח כָּל־בְּנֵי
ה ו יְהוּדָה חֲמִשָּׁה: בְּנֵי פֶרֶץ חֶצְרוֹן וְחָמוּל: וּבְנֵי זֶרַח

בני עשו וצאצאיו בראשית לו, א–יט

בני שעיר החורי וצאצאיו בראשית לו, כ–ל

מלכי אדום בראשית לו, לא–לט

עֲוִית

עַלְוָה

אלופי עשו בראשית לו, מ–מג

בני יעקב בראשית לה, כב–כו

בני יהודה וצאצאיו בראשית לח; מו, יב במדבר כו, יט–כב

ז זִמְרִי וְאֵיתָן וְהֵימָן וְכַלְכֹּל וָדָרַע כֻּלָּם חֲמִשָּׁה׃ וּבְנֵי
ח כַּרְמִי עָכָר עוֹכֵר יִשְׂרָאֵל אֲשֶׁר מָעַל בַּחֵרֶם׃ וּבְנֵי

ייחוסו של עכן ומעילתו בחרם
יהושע ז, א; טז–יח

ט אֵיתָן עֲזַרְיָה׃ וּבְנֵי חֶצְרוֹן אֲשֶׁר נוֹלַד־לוֹ אֶת־יְרַחְמְאֵל

ייחוסו של דוד
רות ד, יח–כב

י וְאֶת־רָם וְאֶת־כְּלוּבָי׃ וְרָם הוֹלִיד אֶת־עַמִּינָדָב וְעַמִּינָדָב
יא הוֹלִיד אֶת־נַחְשׁוֹן נְשִׂיא בְּנֵי יְהוּדָה׃ וְנַחְשׁוֹן הוֹלִיד אֶת־שַׂלְמָא
יב וְשַׂלְמָא הוֹלִיד אֶת־בֹּעַז׃ וּבֹעַז הוֹלִיד אֶת־עוֹבֵד וְעוֹבֵד הוֹלִיד
יג אֶת־יִשָׁי׃ וְאִישַׁי הוֹלִיד אֶת־בְּכֹרוֹ אֶת־אֱלִיאָב וַאֲבִינָדָב הַשֵּׁנִי
יד טו וְשִׁמְעָא הַשְּׁלִישִׁי׃ נְתַנְאֵל הָרְבִיעִי רַדַּי הַחֲמִישִׁי׃ אֹצֶם הַשִּׁשִּׁי

בני ישי וצאצאיו
שמ״א טז, ו–יא; יז, יב–יד

טז דָּוִיד הַשְּׁבִעִי׃ וְאַחְיֹתֵיהֶם צְרוּיָה וַאֲבִיגָיִל וּבְנֵי צְרוּיָה אַבְשַׁי
יז וְיוֹאָב וַעֲשָׂה־אֵל שְׁלֹשָׁה׃ וַאֲבִיגַיִל יָלְדָה אֶת־עֲמָשָׂא וַאֲבִי
יח עֲמָשָׂא יֶתֶר הַיִּשְׁמְעֵאלִי׃ וְכָלֵב בֶּן־חֶצְרוֹן הוֹלִיד אֶת־
עֲזוּבָה אִשָּׁה וְאֶת־יְרִיעוֹת וְאֵלֶּה בָנֶיהָ יֵשֶׁר וְשׁוֹבָב וְאַרְדּוֹן׃

שלושת בני צרויה
שמ״ב ב, יח

ייחוסו של עמשא
שמ״ב יז, כה

יט כ וַתָּמָת עֲזוּבָה וַיִּקַּח־לוֹ כָלֵב אֶת־אֶפְרָת וַתֵּלֶד לוֹ אֶת־חוּר׃ וְחוּר
כא הוֹלִיד אֶת־אוּרִי וְאוּרִי הוֹלִיד אֶת־בְּצַלְאֵל׃ וְאַחַר

ייחוסו של בצלאל
שמות לא, ב

בָּא חֶצְרוֹן אֶל־בַּת־מָכִיר אֲבִי גִלְעָד וְהוּא לְקָחָהּ וְהוּא בֶּן־
כב שִׁשִּׁים שָׁנָה וַתֵּלֶד לוֹ אֶת־שְׂגוּב׃ וּשְׂגוּב הוֹלִיד אֶת־יָאִיר
כג וַיְהִי־לוֹ עֶשְׂרִים וְשָׁלוֹשׁ עָרִים בְּאֶרֶץ הַגִּלְעָד׃ וַיִּקַּח
גְּשׁוּר־וַאֲרָם אֶת־חַוֺּת יָאִיר מֵאִתָּם אֶת־קְנָת וְאֶת־בְּנֹתֶיהָ
כד שִׁשִּׁים עִיר כָּל־אֵלֶּה בְּנֵי מָכִיר אֲבִי־גִלְעָד׃ וְאַחַר מוֹת־חֶצְרוֹן

קורות חוות יאיר (בגלעד ובבשן)
במדבר לב, מא
דברים ג, יד
יהושע יג, ל
שופטים י, ד
מל״א ד, יג

בְּכָלֵב אֶפְרָתָה וְאֵשֶׁת חֶצְרוֹן אֲבִיָּה וַתֵּלֶד לוֹ אֶת־אַשְׁחוּר
כה אֲבִי תְקוֹעַ׃ וַיִּהְיוּ בְנֵי־יְרַחְמְאֵל בְּכוֹר חֶצְרוֹן הַבְּכוֹר ׀ רָם
כו וּבוּנָה וָאֹרֶן וָאֹצֶם אֲחִיָּה׃ וַתְּהִי אִשָּׁה אַחֶרֶת לִירַחְמְאֵל וּשְׁמָהּ
כז עֲטָרָה הִיא אֵם אוֹנָם׃ וַיִּהְיוּ בְנֵי־רָם בְּכוֹר יְרַחְמְאֵל
כח מַעַץ וְיָמִין וָעֵקֶר׃ וַיִּהְיוּ בְנֵי־אוֹנָם שַׁמַּי וְיָדָע וּבְנֵי שַׁמַּי נָדָב
כט וַאֲבִישׁוּר׃ וְשֵׁם אֵשֶׁת אֲבִישׁוּר אֲבִיהָיִל וַתֵּלֶד לוֹ אֶת־
ל אַחְבָּן וְאֶת־מוֹלִיד׃ וּבְנֵי נָדָב סֶלֶד וְאַפָּיִם וַיָּמָת סֶלֶד לֹא
לא בָנִים׃ וּבְנֵי אַפַּיִם יִשְׁעִי וּבְנֵי יִשְׁעִי שֵׁשָׁן וּבְנֵי שֵׁשָׁן

לב אַחְלָי׃ וּבְנֵי יָדָע אֲחִי שַׁמַּי יֶתֶר וְיוֹנָתָן וַיָּמָת יֶתֶר לֹא
לג בָנִים׃ וּבְנֵי יוֹנָתָן פֶּלֶת וְזָזָא אֵלֶּה הָיוּ בְּנֵי יְרַחְמְאֵל׃
לד וְלֹא־הָיָה לְשֵׁשָׁן בָּנִים כִּי אִם־בָּנוֹת וּלְשֵׁשָׁן עֶבֶד מִצְרִי וּשְׁמוֹ
לה יַרְחָע׃ וַיִּתֵּן שֵׁשָׁן אֶת־בִּתּוֹ לְיַרְחָע עַבְדּוֹ לְאִשָּׁה וַתֵּלֶד לוֹ
לו לז אֶת־עַתָּי׃ וְעַתַּי הוֹלִיד אֶת־נָתָן וְנָתָן הוֹלִיד אֶת־זָבָד׃ וְזָבָד
לח הוֹלִיד אֶת־אֶפְלָל וְאֶפְלָל הוֹלִיד אֶת־עוֹבֵד׃ וְעוֹבֵד הוֹלִיד
לט אֶת־יֵהוּא וְיֵהוּא הוֹלִיד אֶת־עֲזַרְיָה׃ וַעֲזַרְיָה הוֹלִיד אֶת־חָלֶץ
מ וְחֶלֶץ הוֹלִיד אֶת־אֶלְעָשָׂה׃ וְאֶלְעָשָׂה הוֹלִיד אֶת־סִסְמָי וְסִסְמָי
מא הוֹלִיד אֶת־שַׁלּוּם׃ וְשַׁלּוּם הוֹלִיד אֶת־יְקַמְיָה וִיקַמְיָה הוֹלִיד
מב אֶת־אֱלִישָׁמָע׃ וּבְנֵי כָלֵב אֲחִי יְרַחְמְאֵל מֵישָׁע בְּכֹרוֹ
מג הוּא אֲבִי־זִיף וּבְנֵי מָרֵשָׁה אֲבִי חֶבְרוֹן׃ וּבְנֵי חֶבְרוֹן קֹרַח וְתַפֻּחַ
מד וְרֶקֶם וָשָׁמַע׃ וְשֶׁמַע הוֹלִיד אֶת־רַחַם אֲבִי יָרְקְעָם וְרֶקֶם
מה מו הוֹלִיד אֶת־שַׁמָּי׃ וּבֶן־שַׁמַּי מָעוֹן וּמָעוֹן אֲבִי בֵית־צוּר׃ וְעֵיפָה
פִּילֶגֶשׁ כָּלֵב יָלְדָה אֶת־חָרָן וְאֶת־מוֹצָא וְאֶת־גָּזֵז וְחָרָן הוֹלִיד
מז אֶת־גָּזֵז׃ וּבְנֵי יָהְדָּי רֶגֶם וְיוֹתָם וְגֵישָׁן וָפֶלֶט וְעֵיפָה
מח מט וָשָׁעַף׃ פִּלֶגֶשׁ כָּלֵב מַעֲכָה יָלַד שֶׁבֶר וְאֶת־תִּרְחֲנָה׃ וַתֵּלֶד
שַׁעַף אֲבִי מַדְמַנָּה אֶת־שְׁוָא אֲבִי מַכְבֵּנָה וַאֲבִי גִבְעָא וּבַת־
נ כָּלֵב עַכְסָה׃ אֵלֶּה הָיוּ בְּנֵי כָלֵב בֶּן־חוּר בְּכוֹר אֶפְרָתָה שׁוֹבָל
נא אֲבִי קִרְיַת יְעָרִים׃ שַׂלְמָא אֲבִי בֵית־לָחֶם חָרֵף אֲבִי בֵית־
נב גָדֵר׃ וַיִּהְיוּ בָנִים לְשׁוֹבָל אֲבִי קִרְיַת יְעָרִים הָרֹאֶה חֲצִי הַמְּנֻחוֹת׃
נג וּמִשְׁפְּחוֹת קִרְיַת יְעָרִים הַיִּתְרִי וְהַפּוּתִי וְהַשֻּׁמָתִי וְהַמִּשְׁרָעִי
נד מֵאֵלֶּה יָצְאוּ הַצָּרְעָתִי וְהָאֶשְׁתָּאֻלִי׃ בְּנֵי שַׂלְמָא בֵּית
לֶחֶם וּנְטוֹפָתִי עַטְרוֹת בֵּית יוֹאָב וַחֲצִי הַמָּנַחְתִּי הַצָּרְעִי׃
נה וּמִשְׁפְּחוֹת סוֹפְרִים ישבו יַעְבֵּץ תִּרְעָתִים שִׁמְעָתִים שׂוּכָתִים
יֹשְׁבֵי
א ג הֵמָּה הַקִּינִים הַבָּאִים מֵחַמַּת אֲבִי בֵית־רֵכָב׃ וְאֵלֶּה
בני דוד שנולדו בחברון
שמ״ב ג, ב–ה
הָיוּ בְּנֵי דָוִיד אֲשֶׁר נוֹלַד־לוֹ בְּחֶבְרוֹן הַבְּכוֹר ׀ אַמְנֹן לַאֲחִינֹעַם
ב הַיִּזְרְעֵאלִית שֵׁנִי דָּנִיֵּאל לַאֲבִיגַיִל הַכַּרְמְלִית׃ הַשְּׁלִשִׁי

לאבשלום בן־מעכה בת־תלמי מלך גשור הרביעי אדניה
ג בן־חגית: החמישי שפטיה לאביטל הששי יתרעם לעגלה
ד אשתו: ששה נולד־לו בחברון וימלך־שם שבע שנים וששה

שנות מלכותו של דוד
שמ״ב ב, יא; ה, ד–ה
מל״א ב, יא
דה״א כט, כז

ה חדשים ושלשים ושלוש שנה מלך בירושלם: ואלה
נולדו־לו בירושלים שמעא ושובב ונתן ושלמה ארבעה
ו ז לבת־שוע בת־עמיאל: ויבחר ואלישמע ואליפלט: ונגה

בני דוד שנולדו בירושלים
שמ״ב ה, יג–טז
דה״א יד, ג–ז

ח ט ונפג ויפיע: ואלישמע ואלידע ואליפלט תשעה: כל בני
י דויד מלבד בני־פילגשים ותמר אחותם: ובן־שלמה
יא רחבעם אביה בנו אסא בנו יהושפט בנו: יורם בנו אחזיהו
יב יג בנו יואש בנו: אמציהו בנו עזריה בנו יותם בנו: אחז בנו
יד טו חזקיהו בנו מנשה בנו: אמון בנו יאשיהו בנו: ובני יאשיהו
הבכור יוחנן השני יהויקים השלשי צדקיהו הרביעי שלום:
טז יז ובני יהויקים יכניה בנו צדקיה בנו: ובני יכניה אסר
יח שאלתיאל בנו: ומלכירם ופדיה ושנאצר יקמיה הושמע
יט ונדביה: ובני פדיה זרבבל ושמעי ובן־זרבבל משלם וחנניה
כ ושלמית אחותם: וחשבה ואהל וברכיה וחסדיה יושב חסד
כא חמש: ובן־חנניה פלטיה וישעיה בני רפיה בני ארנן בני
כב עבדיה בני שכניה: ובני שכניה שמעיה ובני שמעיה
כג חטוש ויגאל ובריח ונעריה ושפט ששה: ובן־נעריה אליועיני
כד וחזקיה ועזריקם שלשה: ובני אליועיני הודיוהו ואלישיב הודויהו
ד א ופליה ועקוב ויוחנן ודליה וענני שבעה: בני
ב יהודה פרץ חצרון וכרמי וחור ושובל: וראיה בן־שובל
הליד את־יחת ויחת הליד את־אחומי ואת־להד אלה
ג משפחות הצרעתי: ואלה אבי עיטם יזרעאל וישמא
ד וידבש ושם אחותם הצללפוני: ופנואל אבי גדר ועזר אבי
ה חושה אלה בני־חור בכור אפרתה אבי בית לחם: ולאשחור
ו אבי תקוע היו שתי נשים חלאה ונערה: ותלד לו נערה

את־אחזם ואת־חפר ואת־תימני ואת־האחשתרי אלה בני
וְצֹחַר נערה׃ ובני חלאה צרת יצחר ואתנן׃ וקוץ הוליד את־ענוב ז ח
ואת־הצבבה ומשפחות אחרחל בן־הרם׃ ויהי יעבץ נכבד ט
מאחיו ואמו קראה שמו יעבץ לאמר כי ילדתי בעצב׃
ב ויקרא יעבץ לאלהי ישראל לאמר אם־ברך תברכני והרבית י
את־גבולי והיתה ידך עמי ועשית מרעה לבלתי עצבי ויבא
אלהים את אשר־שאל׃ וכלוב אחי־שוחה הוליד יא
את־מחיר הוא אבי אשתון׃ ואשתון הוליד את־בית יב
רפא ואת־פסח ואת־תחנה אבי עיר־נחש אלה אנשי
רכה׃ ובני קנז עתניאל ושריה ובני עתניאל חתת׃ יג
ומעונתי הוליד את־עפרה ושריה הוליד את־יואב אבי גיא יד
חרשים כי חרשים היו׃ ובני כלב בן־יפנה עירו טו
אלה ונעם ובני אלה וקנז׃ ובני יהללאל זיף וזיפה תיריא טז
ואשראל׃ ובן־עזרה יתר ומרד ועפר וילון ותהר את־ יז
מרים ואת־שמי ואת־ישבח אבי אשתמע׃ ואשתו היהדיה יח
ילדה את־ירד אבי גדור ואת־חבר אבי שוכו ואת־
יקותיאל אבי זנוח ואלה בני בתיה בת־פרעה אשר לקח
מרד׃ ובני אשת הודיה אחות נחם אבי קעילה יט
הגרמי ואשתמע המעכתי׃ ובני שימון אמנון ורנה בן־חנן כ
וְתִילוֹן ותולון ובני ישעי זוחת ובן־זוחת׃ בני שלה בן־יהודה ער כא
אבי לכה ולעדה אבי מרשה ומשפחות בית־עבדת הבץ
לבית אשבע׃ ויוקים ואנשי כזבא ויואש ושרף אשר־בעלו כב
למואב וישבי לחם והדברים עתיקים׃ המה היוצרים וישבי כג
נטעים וגדרה עם־המלך במלאכתו ישבו שם׃ בני כד
שמעון נמואל וימין יריב זרח שאול׃ שלם בנו מבשם בנו כה
משמע בנו׃ ובני משמע חמואל בנו זכור בנו שמעי בנו׃ כו
ולשמעי בנים ששה עשר ובנות שש ולאחיו אין בנים כז

בני שמעון ויצאיו
בראשית מו, י
שמות ו, טו
במדבר כו, יב–יד

כח רַבִּים וְכֹל מִשְׁפַּחְתָּם לֹא הִרְבּוּ עַד־בְּנֵי יְהוּדָה׃ וַיֵּשְׁבוּ
כט בִּבְאֵר־שֶׁבַע וּמוֹלָדָה וַחֲצַר שׁוּעָל׃ וּבְבִלְהָה וּבְעֶצֶם וּבְתוֹלָד׃
ל לא וּבִבְתוּאֵל וּבְחָרְמָה וּבְצִיקְלָג׃ וּבְבֵית מַרְכָּבוֹת וּבַחֲצַר סוּסִים
וּבְבֵית בִּרְאִי וּבְשַׁעֲרָיִם אֵלֶּה עָרֵיהֶם עַד־מְלֹךְ דָּוִיד׃
לב לג וְחַצְרֵיהֶם עֵיטָם וָעַיִן רִמּוֹן וְתֹכֶן וְעָשָׁן עָרִים חָמֵשׁ׃ וְכָל־
חַצְרֵיהֶם אֲשֶׁר סְבִיבוֹת הֶעָרִים הָאֵלֶּה עַד־בָּעַל זֹאת מוֹשְׁבֹתָם
לד לה וְהִתְיַחְשָׂם לָהֶם׃ וּמְשׁוֹבָב וְיַמְלֵךְ וְיוֹשָׁה בֶּן־אֲמַצְיָה׃ וְיוֹאֵל
לו וְיֵהוּא בֶּן־יוֹשִׁבְיָה בֶּן־שְׂרָיָה בֶּן־עֲשִׂיאֵל׃ וְאֶלְיוֹעֵינַי וְיַעֲקֹבָה
לז וִישׁוֹחָיָה וַעֲשָׂיָה וַעֲדִיאֵל וִישִׂימִאֵל וּבְנָיָה׃ וְזִיזָא בֶן־שִׁפְעִי
לח בֶּן־אַלּוֹן בֶּן־יְדָיָה בֶּן־שִׁמְרִי בֶּן־שְׁמַעְיָה׃ אֵלֶּה הַבָּאִים
בְּשֵׁמוֹת נְשִׂיאִים בְּמִשְׁפְּחוֹתָם וּבֵית אֲבוֹתֵיהֶם פָּרְצוּ לָרוֹב׃
לט וַיֵּלְכוּ לִמְבוֹא גְדֹר עַד לְמִזְרַח הַגָּיְא לְבַקֵּשׁ מִרְעֶה לְצֹאנָם׃
מ וַיִּמְצְאוּ מִרְעֶה שָׁמֵן וָטוֹב וְהָאָרֶץ רַחֲבַת יָדַיִם וְשֹׁקֶטֶת
מא וּשְׁלֵוָה כִּי מִן־חָם הַיֹּשְׁבִים שָׁם לְפָנִים׃ וַיָּבֹאוּ אֵלֶּה הַכְּתוּבִים
בְשֵׁמוֹת בִּימֵי ׀ יְחִזְקִיָּהוּ מֶלֶךְ־יְהוּדָה וַיַּכּוּ אֶת־אָהֳלֵיהֶם וְאֶת־
הַמְּעִינִים אֲשֶׁר נִמְצְאוּ־שָׁמָּה וַיַּחֲרִימֻם עַד־הַיּוֹם הַזֶּה וַיֵּשְׁבוּ הַמְּעוּנִים
מב תַּחְתֵּיהֶם כִּי־מִרְעֶה לְצֹאנָם שָׁם׃ וּמֵהֶם ׀ מִן־בְּנֵי שִׁמְעוֹן
הָלְכוּ לְהַר שֵׂעִיר אֲנָשִׁים חֲמֵשׁ מֵאוֹת וּפְלַטְיָה וּנְעַרְיָה וּרְפָיָה
מג וְעֻזִּיאֵל בְּנֵי יִשְׁעִי בְּרֹאשָׁם׃ וַיַּכּוּ אֶת־שְׁאֵרִית הַפְּלֵטָה לַעֲמָלֵק
ה א וַיֵּשְׁבוּ שָׁם עַד הַיּוֹם הַזֶּה׃ וּבְנֵי רְאוּבֵן בְּכוֹר־יִשְׂרָאֵל
כִּי הוּא הַבְּכוֹר וּבְחַלְּלוֹ יְצוּעֵי אָבִיו נִתְּנָה בְּכֹרָתוֹ לִבְנֵי יוֹסֵף
ב בֶּן־יִשְׂרָאֵל וְלֹא לְהִתְיַחֵשׂ לַבְּכֹרָה׃ כִּי יְהוּדָה גָּבַר בְּאֶחָיו
ג וּלְנָגִיד מִמֶּנּוּ וְהַבְּכֹרָה לְיוֹסֵף׃ בְּנֵי רְאוּבֵן בְּכוֹר
ד יִשְׂרָאֵל חֲנוֹךְ וּפַלּוּא חֶצְרוֹן וְכַרְמִי׃ בְּנֵי יוֹאֵל שְׁמַעְיָה בְנוֹ גּוֹג
ה ו בְּנוֹ שִׁמְעִי בְנוֹ׃ מִיכָה בְנוֹ רְאָיָה בְנוֹ בַּעַל בְּנוֹ׃ בְּאֵרָה בְנוֹ
אֲשֶׁר הֶגְלָה תִּלְּגַת פִּלְנְאֶסֶר מֶלֶךְ אַשֻּׁר הוּא נָשִׂיא לָראוּבֵנִי׃
ז וְאֶחָיו לְמִשְׁפְּחֹתָיו בְּהִתְיַחֵשׂ לְתֹלְדוֹתָם הָרֹאשׁ יְעִיאֵל

נחלת שבט שמעון
יהושע יט, א–ט
יחזקאל מח, כד

ראובן מחלל יצועי אביו
בראשית לה, כב; מט, ד

בני ראובן וצאציו
בראשית מו, ט
שמות ו, יד
במדבר כו, ה–ט

ה

ח וּזְכַרְיָהוּ: וּבֶלַע בֶּן־עָזָז בֶּן־שֶׁמַע בֶּן־יוֹאֵל הוּא יוֹשֵׁב בַּעֲרֹעֵר
ט וְעַד־נְבוֹ וּבַעַל מְעוֹן: וְלַמִּזְרָח יָשַׁב עַד־לְבוֹא מִדְבָּרָה לְמִן־
י הַנָּהָר פְּרָת כִּי מִקְנֵיהֶם רָבוּ בְּאֶרֶץ גִּלְעָד: וּבִימֵי שָׁאוּל
עָשׂוּ מִלְחָמָה עִם־הַהַגְרִאִים וַיִּפְּלוּ בְּיָדָם וַיֵּשְׁבוּ בְּאָהֳלֵיהֶם
יא עַל־כָּל־פְּנֵי מִזְרָח לַגִּלְעָד: וּבְנֵי־גָד לְנֶגְדָּם יָשְׁבוּ
יב בְּאֶרֶץ הַבָּשָׁן עַד־סַלְכָה: יוֹאֵל הָרֹאשׁ וְשָׁפָם הַמִּשְׁנֶה וְיַעְנַי
יג וְשָׁפָט בַּבָּשָׁן: וַאֲחֵיהֶם לְבֵית אֲבוֹתֵיהֶם מִיכָאֵל וּמְשֻׁלָּם וְשֶׁבַע
יד וְיוֹרַי וְיַעְכָּן וְזִיעַ וָעֵבֶר שִׁבְעָה: אֵלֶּה | בְּנֵי אֲבִיחַיִל
בֶּן־חוּרִי בֶּן־יָרוֹחַ בֶּן־גִּלְעָד בֶּן־מִיכָאֵל בֶּן־יְשִׁישַׁי בֶּן־יַחְדּוֹ
טו בֶּן־בּוּז: אֲחִי בֶּן־עַבְדִּיאֵל בֶּן־גּוּנִי רֹאשׁ לְבֵית אֲבוֹתָם:
טז וַיֵּשְׁבוּ בַּגִּלְעָד בַּבָּשָׁן וּבִבְנֹתֶיהָ וּבְכָל־מִגְרְשֵׁי שָׁרוֹן עַל־
יז תּוֹצְאוֹתָם: כֻּלָּם הִתְיַחְשׂוּ בִּימֵי יוֹתָם מֶלֶךְ־יְהוּדָה וּבִימֵי
יח יָרָבְעָם מֶלֶךְ־יִשְׂרָאֵל: בְּנֵי־רְאוּבֵן וְגָדִי וַחֲצִי שֵׁבֶט־
מְנַשֶּׁה מִן־בְּנֵי־חַיִל אֲנָשִׁים נֹשְׂאֵי מָגֵן וְחֶרֶב וְדֹרְכֵי קֶשֶׁת
וּלְמוּדֵי מִלְחָמָה אַרְבָּעִים וְאַרְבָּעָה אֶלֶף וּשְׁבַע־מֵאוֹת וְשִׁשִּׁים
יט יֹצְאֵי צָבָא: וַיַּעֲשׂוּ מִלְחָמָה עִם־הַהַגְרִיאִים וִיטוּר וְנָפִישׁ
כ וְנוֹדָב: וַיֵּעָזְרוּ עֲלֵיהֶם וַיִּנָּתְנוּ בְיָדָם הַהַגְרִיאִים וְכֹל שֶׁעִמָּהֶם
כִּי לֵאלֹהִים זָעֲקוּ בַּמִּלְחָמָה וְנַעְתּוֹר לָהֶם כִּי־בָטְחוּ בוֹ:
כא וַיִּשְׁבּוּ מִקְנֵיהֶם גְּמַלֵּיהֶם חֲמִשִּׁים אֶלֶף וְצֹאן מָאתַיִם וַחֲמִשִּׁים
כב אֶלֶף וַחֲמוֹרִים אַלְפָּיִם וְנֶפֶשׁ אָדָם מֵאָה אָלֶף: כִּי־חֲלָלִים
רַבִּים נָפָלוּ כִּי מֵהָאֱלֹהִים הַמִּלְחָמָה וַיֵּשְׁבוּ תַחְתֵּיהֶם עַד־
כג הַגֹּלָה: וּבְנֵי חֲצִי שֵׁבֶט מְנַשֶּׁה יָשְׁבוּ בָּאָרֶץ מִבָּשָׁן
כד עַד־בַּעַל חֶרְמוֹן וּשְׂנִיר וְהַר־חֶרְמוֹן הֵמָּה רָבוּ: וְאֵלֶּה רָאשֵׁי
בֵית־אֲבוֹתָם וְעֵפֶר וְיִשְׁעִי וֶאֱלִיאֵל וְעַזְרִיאֵל וְיִרְמְיָה וְהוֹדַוְיָה
וְיַחְדִּיאֵל אֲנָשִׁים גִּבּוֹרֵי חַיִל אַנְשֵׁי שֵׁמוֹת רָאשִׁים לְבֵית
כה אֲבוֹתָם: וַיִּמְעֲלוּ בֵּאלֹהֵי אֲבֹתֵיהֶם וַיִּזְנוּ אַחֲרֵי
כו אֱלֹהֵי עַמֵּי־הָאָרֶץ אֲשֶׁר־הִשְׁמִיד אֱלֹהִים מִפְּנֵיהֶם: וַיָּעַר

בני גד וצאצאיו
בראשית מו, טז
במדבר כו, טו–יח

נחלת שבט גד
במדבר לב, לד–לו
יהושע יג, כד–כח
יחזקאל מח, כז

נחלת שבט מנשה
במדבר לב, לט–מב
דברים ג, יג–טו
יהושע יג, כט–לא; יז, א–יג
יחזקאל מח, ד

בני מנשה וצאצאיו
במדבר כו, כח–לד

גלות שבט ראובן, גד וחצי המנשה
מל״ב טו, כט

אֱלֹהֵי יִשְׂרָאֵל אֶת־רוּחַ ׀ פּוּל מֶלֶךְ־אַשּׁוּר וְאֶת־רוּחַ תִּלְּגַת
פִּלְנֶסֶר מֶלֶךְ אַשּׁוּר וַיַּגְלֵם לָראוּבֵנִי וְלַגָּדִי וְלַחֲצִי שֵׁבֶט
מְנַשֶּׁה וַיְבִיאֵם לַחְלַח וְחָבוֹר וְהָרָא וּנְהַר גּוֹזָן עַד הַיּוֹם
כז כח הַזֶּה: בְּנֵי לֵוִי גֵּרְשׁוֹן קְהָת וּמְרָרִי: וּבְנֵי קְהָת עַמְרָם
כט יִצְהָר וְחֶבְרוֹן וְעֻזִּיאֵל: וּבְנֵי עַמְרָם אַהֲרֹן וּמֹשֶׁה
ל וּמִרְיָם וּבְנֵי אַהֲרֹן נָדָב וַאֲבִיהוּא אֶלְעָזָר וְאִיתָמָר: אֶלְעָזָר
לא הוֹלִיד אֶת־פִּינְחָס פִּינְחָס הֹלִיד אֶת־אֲבִישׁוּעַ: וַאֲבִישׁוּעַ
לב הוֹלִיד אֶת־בֻּקִּי וּבֻקִּי הוֹלִיד אֶת־עֻזִּי: וְעֻזִּי הוֹלִיד אֶת־זְרַחְיָה
לג וּזְרַחְיָה הוֹלִיד אֶת־מְרָיוֹת: מְרָיוֹת הוֹלִיד אֶת־אֲמַרְיָה
לד וַאֲמַרְיָה הוֹלִיד אֶת־אֲחִיטוּב: וַאֲחִיטוּב הוֹלִיד אֶת־צָדוֹק
לה וְצָדוֹק הוֹלִיד אֶת־אֲחִימָעַץ: וַאֲחִימַעַץ הוֹלִיד אֶת־עֲזַרְיָה
לו וַעֲזַרְיָה הוֹלִיד אֶת־יוֹחָנָן: וְיוֹחָנָן הוֹלִיד אֶת־עֲזַרְיָה הוּא
לז אֲשֶׁר כִּהֵן בַּבַּיִת אֲשֶׁר־בָּנָה שְׁלֹמֹה בִּירוּשָׁלִָם: וַיּוֹלֶד עֲזַרְיָה
לח אֶת־אֲמַרְיָה וַאֲמַרְיָה הוֹלִיד אֶת־אֲחִיטוּב: וַאֲחִיטוּב הוֹלִיד
לט אֶת־צָדוֹק וְצָדוֹק הוֹלִיד אֶת־שַׁלּוּם: וְשַׁלּוּם הוֹלִיד אֶת־
מ חִלְקִיָּה וְחִלְקִיָּה הוֹלִיד אֶת־עֲזַרְיָה: וַעֲזַרְיָה הוֹלִיד אֶת־שְׂרָיָה
מא וּשְׂרָיָה הוֹלִיד אֶת־יְהוֹצָדָק: וִיהוֹצָדָק הָלַךְ בְּהַגְלוֹת יְהוָה
ו א אֶת־יְהוּדָה וִירוּשָׁלִָם בְּיַד נְבֻכַדְנֶאצַּר: בְּנֵי לֵוִי
ב גֵּרְשֹׁם קְהָת וּמְרָרִי: וְאֵלֶּה שְׁמוֹת בְּנֵי־גֵרְשׁוֹם לִבְנִי וְשִׁמְעִי:
ג ד וּבְנֵי קְהָת עַמְרָם וְיִצְהָר וְחֶבְרוֹן וְעֻזִּיאֵל: בְּנֵי מְרָרִי מַחְלִי
ה וּמֻשִׁי וְאֵלֶּה מִשְׁפְּחוֹת הַלֵּוִי לַאֲבֹתֵיהֶם: לְגֵרְשׁוֹם לִבְנִי בְנוֹ
ו יַחַת בְּנוֹ זִמָּה בְנוֹ: יוֹאָח בְּנוֹ עִדּוֹ בְנוֹ זֶרַח בְּנוֹ יְאָתְרַי בְּנוֹ:
ז ח בְּנֵי קְהָת עַמִּינָדָב בְּנוֹ קֹרַח בְּנוֹ אַסִּיר בְּנוֹ: אֶלְקָנָה בְנוֹ
ט וְאֶבְיָסָף בְּנוֹ וְאַסִּיר בְּנוֹ: תַּחַת בְּנוֹ אוּרִיאֵל בְּנוֹ עֻזִּיָּה בְנוֹ
י יא וְשָׁאוּל בְּנוֹ: וּבְנֵי אֶלְקָנָה עֲמָשַׂי וַאֲחִימוֹת: אֶלְקָנָה בנו   בְּנֵי
יב אֶלְקָנָה צוֹפַי בְּנוֹ וְנַחַת בְּנוֹ: אֱלִיאָב בְּנוֹ יְרֹחָם בְּנוֹ אֶלְקָנָה
יג יד בְנוֹ: וּבְנֵי שְׁמוּאֵל הַבְּכֹר וַשְׁנִי וַאֲבִיָּה: בְּנֵי מְרָרִי מַחְלִי לִבְנִי

בני לוי וצאצאיו
בראשית מו, יא
שמות ו, טז–כה
במדבר ג, יז–כ;
כו, נז–סב
דה"א כג, ז–כג

ייחוסו של
שריה אבי עזרא
לאהרן הכוהן
עזרא ז, א–ה

ייחוסו של
אלקנה
שמ"א א, א

טו בְּנוֹ שִׁמְעִי בְנוֹ עֻזָּה בְנוֹ׃ שִׁמְעָא בְנוֹ חַגִּיָּה בְנוֹ עֲשָׂיָה בְנוֹ׃
טז וְאֵלֶּה אֲשֶׁר הֶעֱמִיד דָּוִיד עַל־יְדֵי־שִׁיר בֵּית יהוה מִמְּנוֹחַ
יז הָאָרוֹן׃ וַיִּהְיוּ מְשָׁרְתִים לִפְנֵי מִשְׁכַּן אֹהֶל־מוֹעֵד בַּשִּׁיר עַד־
בְּנוֹת שְׁלֹמֹה אֶת־בֵּית יהוה בִּירוּשָׁלָ͏ִם וַיַּעַמְדוּ כְמִשְׁפָּטָם
יח עַל־עֲבוֹדָתָם׃ וְאֵלֶּה הָעֹמְדִים וּבְנֵיהֶם מִבְּנֵי הַקְּהָתִי הֵימָן
יט הַמְשׁוֹרֵר בֶּן־יוֹאֵל בֶּן־שְׁמוּאֵל׃ בֶּן־אֶלְקָנָה בֶּן־יְרֹחָם בֶּן־
כ אֱלִיאֵל בֶּן־תֹּחַ׃ בֶּן־צִיף בֶּן־אֶלְקָנָה בֶּן־מַחַת בֶּן־עֲמָשָׂי׃ צוּף
כא כב בֶּן־אֶלְקָנָה בֶּן־יוֹאֵל בֶּן־עֲזַרְיָה בֶּן־צְפַנְיָה׃ בֶּן־תַּחַת בֶּן־אַסִּיר
כג בֶּן־אֶבְיָסָף בֶּן־קֹרַח׃ בֶּן־יִצְהָר בֶּן־קְהָת בֶּן־לֵוִי בֶּן־יִשְׂרָאֵל׃
כד כה וְאָחִיו אָסָף הָעֹמֵד עַל־יְמִינוֹ אָסָף בֶּן־בֶּרֶכְיָהוּ בֶּן־שִׁמְעָא׃ בֶּן־
כו מִיכָאֵל בֶּן־בַּעֲשֵׂיָה בֶּן־מַלְכִּיָּה׃ בֶּן־אֶתְנִי בֶן־זֶרַח בֶּן־
כז כח עֲדָיָה׃ בֶּן־אֵיתָן בֶּן־זִמָּה בֶּן־שִׁמְעִי׃ בֶּן־יַחַת בֶּן־גֵּרְשֹׁם בֶּן־
כט לֵוִי׃ וּבְנֵי מְרָרִי אֲחֵיהֶם עַל־הַשְּׂמֹאול אֵיתָן בֶּן־
ל קִישִׁי בֶּן־עַבְדִּי בֶּן־מַלּוּךְ׃ בֶּן־חֲשַׁבְיָה בֶן־אֲמַצְיָה בֶּן־חִלְקִיָּה׃
לא לב בֶּן־אַמְצִי בֶן־בָּנִי בֶּן־שָׁמֶר׃ בֶּן־מַחְלִי בֶּן־מוּשִׁי בֶּן־מְרָרִי
לג בֶּן־לֵוִי׃ וַאֲחֵיהֶם הַלְוִיִּם נְתוּנִים לְכָל־עֲבוֹדַת מִשְׁכַּן
לד בֵּית הָאֱלֹהִים׃ וְאַהֲרֹן וּבָנָיו מַקְטִירִים עַל־מִזְבַּח הָעוֹלָה ג
וְעַל־מִזְבַּח הַקְּטֹרֶת לְכֹל מְלֶאכֶת קֹדֶשׁ הַקֳּדָשִׁים וּלְכַפֵּר עַל־
לה יִשְׂרָאֵל כְּכֹל אֲשֶׁר צִוָּה מֹשֶׁה עֶבֶד הָאֱלֹהִים׃ וְאֵלֶּה
לו בְּנֵי אַהֲרֹן אֶלְעָזָר בְּנוֹ פִּינְחָס בְּנוֹ אֲבִישׁוּעַ בְּנוֹ׃ בֻּקִּי בְנוֹ עֻזִּי
לז לח בְנוֹ זְרַחְיָה בְנוֹ׃ מְרָיוֹת בְּנוֹ אֲמַרְיָה בְנוֹ אֲחִיטוּב בְּנוֹ׃ צָדוֹק
לט בְּנוֹ אֲחִימַעַץ בְּנוֹ׃ וְאֵלֶּה מוֹשְׁבוֹתָם לְטִירוֹתָם

ערי הלוויים ומגרשיהם
במדבר לה, א–ח
יהושע כא, א–מ

בִּגְבוּלָם לִבְנֵי אַהֲרֹן לְמִשְׁפַּחַת הַקְּהָתִי כִּי לָהֶם הָיָה
מ הַגּוֹרָל׃ וַיִּתְּנוּ לָהֶם אֶת־חֶבְרוֹן בְּאֶרֶץ יְהוּדָה וְאֶת־מִגְרָשֶׁיהָ
מא סְבִיבֹתֶיהָ׃ וְאֶת־שְׂדֵה הָעִיר וְאֶת־חֲצֵרֶיהָ נָתְנוּ לְכָלֵב בֶּן־
מב יְפֻנֶּה׃ וְלִבְנֵי אַהֲרֹן נָתְנוּ אֶת־עָרֵי הַמִּקְלָט אֶת־
חֶבְרוֹן וְאֶת־לִבְנָה וְאֶת־מִגְרָשֶׁיהָ וְאֶת־יַתִּר וְאֶת־אֶשְׁתְּמֹעַ

מג ואת־מגרשיה: ואת־חילן ואת־מגרשיה את־דביר ואת־
מד מגרשיה: ואת־עשן ואת־מגרשיה ואת־בית שמש ואת־
מה מגרשיה: וממטה בנימן את־גבע ואת־מגרשיה ואת־עלמת
ואת־מגרשיה ואת־ענתות ואת־מגרשיה כל־עריהם שלש־
מו עשרה עיר במשפחותיהם: ולבני קהת הנותרים
ממשפחת המטה ממחצית מטה חצי מנשה בגורל ערים
מז עשר: ולבני גרשום למשפחותם ממטה יששכר
וממטה אשר וממטה נפתלי וממטה מנשה בבשן ערים
מח שלש עשרה: לבני מררי למשפחותם ממטה ראובן
מט וממטה־גד וממטה זבולן בגורל ערים שתים עשרה: ויתנו
נ בני־ישראל ללוים את־הערים ואת־מגרשיהם: ויתנו
בגורל ממטה בני־יהודה וממטה בני־שמעון וממטה
בני בנימן את הערים האלה אשר־יקראו אתהם
נא בשמות: וממשפחות בני קהת ויהי ערי גבולם
נב ממטה אפרים: ויתנו להם את־ערי המקלט את־שכם ואת־
נג מגרשיה בהר אפרים ואת־גזר ואת־מגרשיה: ואת־יקמעם
נד ואת־מגרשיה ואת־בית חורון ואת־מגרשיה: ואת־אילון ואת־
נה מגרשיה ואת־גת־רמון ואת־מגרשיה: וממחצית מטה מנשה
את־ענר ואת־מגרשיה ואת־בלעם ואת־מגרשיה למשפחת
נו לבני־קהת הנותרים: לבני גרשום ממשפחת חצי
מטה מנשה את־גולן בבשן ואת־מגרשיה ואת־עשתרות
נז ואת־מגרשיה: וממטה יששכר את־קדש ואת־
נח מגרשיה את־דברת ואת־מגרשיה: ואת־ראמות ואת־
נט מגרשיה ואת־ענם ואת־מגרשיה: וממטה אשר
ס את־משל ואת־מגרשיה ואת־עבדון ואת־מגרשיה: ואת־
סא חוקק ואת־מגרשיה ואת־רחב ואת־מגרשיה: וממטה
נפתלי את־קדש בגליל ואת־מגרשיה ואת־חמון ואת־

מִגְרָשֶׁיהָ וְאֶת־קְרִיָתַיִם וְאֶת־מִגְרָשֶׁיהָ׃ לִבְנֵי סב
מְרָרִי הַנּוֹתָרִים מִמַּטֵּה זְבֻלוּן אֶת־רִמּוֹנוֹ וְאֶת־מִגְרָשֶׁיהָ
אֶת־תָּבוֹר וְאֶת־מִגְרָשֶׁיהָ׃ וּמֵעֵבֶר לְיַרְדֵּן יְרֵחוֹ לְמִזְרַח סג
הַיַּרְדֵּן מִמַּטֵּה רְאוּבֵן אֶת־בֶּצֶר בַּמִּדְבָּר וְאֶת־מִגְרָשֶׁיהָ
וְאֶת־יַהְצָה וְאֶת־מִגְרָשֶׁיהָ׃ וְאֶת־קְדֵמוֹת וְאֶת־מִגְרָשֶׁיהָ סד
וְאֶת־מֵיפַעַת וְאֶת־מִגְרָשֶׁיהָ׃ וּמִמַּטֵּה־גָד סה
אֶת־רָאמוֹת בַּגִּלְעָד וְאֶת־מִגְרָשֶׁיהָ וְאֶת־מַחֲנַיִם וְאֶת־
מִגְרָשֶׁיהָ׃ וְאֶת־חֶשְׁבּוֹן וְאֶת־מִגְרָשֶׁיהָ וְאֶת־יַעְזֵיר וְאֶת־ סו
מִגְרָשֶׁיהָ׃ וְלִבְנֵי יִשָּׂשכָר תּוֹלָע וּפוּאָה ישיב א ז
וְשִׁמְרוֹן אַרְבָּעָה׃ וּבְנֵי תוֹלָע עֻזִּי וּרְפָיָה וִירִיאֵל וְיַחְמַי ב
וְיִבְשָׂם וּשְׁמוּאֵל רָאשִׁים לְבֵית־אֲבוֹתָם לְתוֹלָע גִּבּוֹרֵי חַיִל
לְתֹלְדוֹתָם מִסְפָּרָם בִּימֵי דָוִיד עֶשְׂרִים־וּשְׁנַיִם אֶלֶף וְשֵׁשׁ
מֵאוֹת׃ וּבְנֵי עֻזִּי יִזְרַחְיָה וּבְנֵי יִזְרַחְיָה מִיכָאֵל וְעֹבַדְיָה ג
וְיוֹאֵל יִשִּׁיָּה חֲמִשָּׁה רָאשִׁים כֻּלָּם׃ וַעֲלֵיהֶם לְתֹלְדוֹתָם לְבֵית ד
אֲבוֹתָם גְּדוּדֵי צְבָא מִלְחָמָה שְׁלֹשִׁים וְשִׁשָּׁה אָלֶף כִּי־הִרְבּוּ
נָשִׁים וּבָנִים׃ וַאֲחֵיהֶם לְכֹל מִשְׁפְּחוֹת יִשָּׂשכָר גִּבּוֹרֵי חֲיָלִים ה
שְׁמוֹנִים וְשִׁבְעָה אֶלֶף הִתְיַחְשָׂם לַכֹּל׃ בִּנְיָמִן בֶּלַע ו
וָבֶכֶר וִידִיעֲאֵל שְׁלֹשָׁה׃ וּבְנֵי בֶלַע אֶצְבּוֹן וְעֻזִּי וְעֻזִּיאֵל וִירִימוֹת ז
וְעִירִי חֲמִשָּׁה רָאשֵׁי בֵּית אָבוֹת גִּבּוֹרֵי חֲיָלִים וְהִתְיַחְשָׂם
עֶשְׂרִים וּשְׁנַיִם אֶלֶף וּשְׁלֹשִׁים וְאַרְבָּעָה׃ וּבְנֵי בֶכֶר ח
זְמִירָה וְיוֹעָשׁ וֶאֱלִיעֶזֶר וְאֶלְיוֹעֵינַי וְעָמְרִי וִירֵמוֹת וַאֲבִיָּה וַעֲנָתוֹת
וְעָלָמֶת כָּל־אֵלֶּה בְּנֵי בָכֶר׃ וְהִתְיַחְשָׂם לְתֹלְדוֹתָם רָאשֵׁי ט
בֵּית אֲבוֹתָם גִּבּוֹרֵי חָיִל עֶשְׂרִים אֶלֶף וּמָאתָיִם׃ וּבְנֵי י
יְדִיעֲאֵל בִּלְהָן וּבְנֵי בִלְהָן יעיש וּבִנְיָמִן וְאֵהוּד וּכְנַעֲנָה וְזֵיתָן
וְתַרְשִׁישׁ וַאֲחִישָׁחַר׃ כָּל־אֵלֶּה בְּנֵי יְדִיעֲאֵל לְרָאשֵׁי הָאָבוֹת יא
גִּבּוֹרֵי חֲיָלִים שִׁבְעָה־עָשָׂר אֶלֶף וּמָאתַיִם יֹצְאֵי צָבָא לַמִּלְחָמָה׃
וְשֻׁפִּם וְחֻפִּם בְּנֵי עִיר חֻשִׁם בְּנֵי אַחֵר׃ בְּנֵי נַפְתָּלִי יב יג

יָשׁוּב

בני יששכר וצאצאיו
בראשית מו, יג
במדבר כו, כג–כה

מפקד שבט יששכר
במדבר א, כח–כט; כו, כה

בני בנימין וצאצאיו
בראשית מו, כא
במדבר כו, לח–מא

יְעוּשׁ

בני נפתלי וצאצאיו
בראשית מו, כד
במדבר כו, מח–נ

יד יחציאל וגוני ויצר ושלום בני בלהה: בני מנשה
אשריאל אשר ילדה פילגשו הארמיה ילדה את־מכיר אבי
טו גלעד: ומכיר לקח אשה לחפים ולשפים ושם אחתו מעכה
טז ושם השני צלפחד ותהינה לצלפחד בנות: ותלד מעכה
אשת־מכיר בן ותקרא שמו פרש ושם אחיו שרש ובניו
יז אולם ורקם: ובני אולם בדן אלה בני גלעד בן־מכיר
יח בן־מנשה: ואחתו המלכת ילדה את־איש הוד ואת־
יט אביעזר ואת־מחלה: ויהיו בני שמידע אחין ושכם ולקחי
כ ואניעם: ובני אפרים שותלח וברד בנו ותחת
כא בנו ואלעדה בנו ותחת בנו: וזבד בנו ושותלח בנו
ועזר ואלעד והרגום אנשי־גת הנולדים בארץ כי ירדו
כב לקחת את־מקניהם: ויתאבל אפרים אביהם ימים רבים
כג ויבאו אחיו לנחמו: ויבא אל־אשתו ותהר ותלד בן ויקרא
כד את־שמו בריעה כי ברעה היתה בביתו: ובתו שארה
ותבן את־בית־חורון התחתון ואת־העליון ואת אזן שארה:
כה כו ורפח בנו ורשף ותלח בנו ותחן בנו: לעדן בנו עמיהוד
כז כח בנו אלישמע בנו: נון בנו יהושע בנו: ואחזתם
ומשבותם בית־אל ובנתיה ולמזרח נערן ולמערב גזר ובנתיה
כט ושכם ובנתיה עד־עיה ובנתיה: ועל־ידי בני־מנשה בית־
שאן ובנתיה תענך ובנתיה מגדו ובנותיה דור ובנותיה באלה
ל ישבו בני יוסף בן־ישראל: בני אשר ימנה וישוה
לא וישוי ובריעה ושרח אחותם: ובני בריעה חבר ומלכיאל
לב הוא אבי ברזות: וחבר הוליד את־יפלט ואת־שומר ואת־
לג חותם ואת שועא אחותם: ובני יפלט פסך ובמהל ועשות
לד לה אלה בני יפלט: ובני שמר אחי ורוהגה יחבה וארם: ובן־
לו הלם אחיו צופח וימנע ושלש ועמל: בני צופח סוח וחרנפר
לז ושועל וברי וימרה: בצר והוד ושמא ושלשה ויתרן

בני מנשה וצאציו
במדבר כו, כח–לד
דה"א ה, כד

בני אפרים וצאציו
במדבר כו, לה–לז

נחלת שבט אפרים
יהושע טז, ה–י
יחזקאל מח, ה

בני אשר וצאציו
בראשית מו, יז
במדבר כו, מד–מז

ברזית

ורהגה וחבה

ז
לח לט ובארא: ובני יתר יפנה ופספה וארא: ובני עלא ארח וחניאל
מ ורציא: כל־אלה בני־אשר ראשי בית־האבות ברורים גבורי
חילים ראשי הנשיאים והתיחשם בצבא במלחמה מספרם
אנשים עשרים וששה אלף:

מפקד שבט אשר
במדבר א, מ–מא; כו, מז

ח
א ובנימן הוליד את־בלע בכרו אשבל השני ואחרח השלישי:
ב ג נוחה הרביעי ורפא החמישי: ויהיו בנים לבלע אדר וגרא
ד ה ואביהוד: ואבישוע ונעמן ואחוח: וגרא ושפופן וחורם:
ו ואלה בני אחוד אלה הם ראשי אבות ליושבי גבע ויגלום
ז אל־מנחת: ונעמן ואחיה וגרא הוא הגלם והוליד את־עזא
ח ואת־אחיחד: ושחרים הוליד בשדה מואב מן־שלחו אתם
ט חושים ואת־בערא נשיו: ויולד מן־חדש אשתו את־יובב
י ואת־צביא ואת־מישא ואת־מלכם: ואת־יעוץ ואת־שכיה
יא ואת־מרמה אלה בניו ראשי אבות: ומחשים הוליד את־
יב אביטוב ואת־אלפעל: ובני אלפעל עבר ומשעם ושמד
יג הוא בנה את־אונו ואת־לד ובנתיה: ובריעה ושמע המה
ראשי האבות ליושבי אילון המה הבריחו את־יושבי גת:
יד טו טז ואחיו ששק וירמות: וזבדיה וערד ועדר: ומיכאל וישפה
יז יח ויוחא בני בריעה: וזבדיה ומשלם וחזקי וחבר: וישמרי
יט כ ויזליאה ויובב בני אלפעל: ויקים וזכרי וזבדי: ואליעני
כא כב וצלתי ואליאל: ועדיה ובראיה ושמרת בני שמעי: וישפן
כג כד ועבר ואליאל: ועבדון וזכרי וחנן: וחנניה ועילם וענתתיה:
כה כו ויפדיה ופניאל בני ששק: ושמשרי ושחריה ועתליה: ופנואל
כז כח ויערשיה ואליה וזכרי בני ירחם: אלה ראשי אבות
כט לתלדותם ראשים אלה ישבו בירושלם: ובגבעון
ל ישבו אבי גבעון ושם אשתו מעכה: ובנו הבכור עבדון
לא לב וצור וקיש ובעל ונדב: וגדור ואחיו וזכר: ומקלות הוליד
את־שמאה ואף־המה נגד אחיהם ישבו בירושלם עם־

בני בנימן וצאצאיו
בראשית מו, כא
במדבר כו, לח–מא

ייחוסו של שאול
שמ"א ט, א
דה"א ט, לט

בני שאול
שמ"א יד, מט; לא, ב

לג אֲחִיהֶם: וְנֵר הוֹלִיד אֶת־קִישׁ וְקִישׁ הוֹלִיד אֶת־
שָׁאוּל וְשָׁאוּל הוֹלִיד אֶת־יְהוֹנָתָן וְאֶת־מַלְכִּי־שׁוּעַ וְאֶת־
לד אֲבִינָדָב וְאֶת־אֶשְׁבָּעַל: וּבֶן־יְהוֹנָתָן מְרִיב בָּעַל וּמְרִיב בַּעַל
לה הוֹלִיד אֶת־מִיכָה: וּבְנֵי מִיכָה פִּיתוֹן וָמֶלֶךְ וְתַאְרֵעַ וְאָחָז:
לו וְאָחָז הוֹלִיד אֶת־יְהוֹעַדָּה וִיהוֹעַדָּה הוֹלִיד אֶת־עָלֶמֶת וְאֶת־
לז עַזְמָוֶת וְאֶת־זִמְרִי וְזִמְרִי הוֹלִיד אֶת־מוֹצָא: וּמוֹצָא הוֹלִיד
לח אֶת־בִּנְעָא רָפָה בְנוֹ אֶלְעָשָׂה בְנוֹ אָצֵל בְּנוֹ: וּלְאָצֵל שִׁשָּׁה
בָנִים וְאֵלֶּה שְׁמוֹתָם עַזְרִיקָם ׀ בֹּכְרוּ וְיִשְׁמָעֵאל וּשְׁעַרְיָה
לט וְעֹבַדְיָה וְחָנָן כָּל־אֵלֶּה בְּנֵי אָצֵל: וּבְנֵי עֵשֶׁק אָחִיו אוּלָם
מ בְּכֹרוֹ יְעוּשׁ הַשֵּׁנִי וֶאֱלִיפֶלֶט הַשְּׁלִשִׁי: וַיִּהְיוּ בְנֵי־אוּלָם ד
אֲנָשִׁים גִּבּוֹרֵי־חַיִל דֹּרְכֵי קֶשֶׁת וּמַרְבִּים בָּנִים וּבְנֵי בָנִים
ט א מֵאָה וַחֲמִשִּׁים כָּל־אֵלֶּה מִבְּנֵי בִנְיָמִן: וְכָל־יִשְׂרָאֵל
הִתְיַחְשׂוּ וְהִנָּם כְּתוּבִים עַל־סֵפֶר מַלְכֵי יִשְׂרָאֵל וִיהוּדָה הָגְלוּ
ב לְבָבֶל בְּמַעֲלָם: וְהַיּוֹשְׁבִים הָרִאשֹׁנִים אֲשֶׁר בַּאֲחֻזָּתָם בְּעָרֵיהֶם
ג יִשְׂרָאֵל הַכֹּהֲנִים הַלְוִיִּם וְהַנְּתִינִים: וּבִירוּשָׁלִַם יָשְׁבוּ מִן־בְּנֵי
ד יְהוּדָה וּמִן־בְּנֵי בִנְיָמִן וּמִן־בְּנֵי אֶפְרַיִם וּמְנַשֶּׁה: עוּתַי בֶּן־
עַמִּיהוּד בֶּן־עָמְרִי בֶּן־אִמְרִי בֶּן־בנימן־בְּנֵי פֶרֶץ בֶּן־יְהוּדָה: בְּנֵי מִן־
ה ו וּמִן־הַשִּׁילוֹנִי עֲשָׂיָה הַבְּכוֹר וּבָנָיו: וּמִן־בְּנֵי זֶרַח יְעוּאֵל וַאֲחֵיהֶם
ז שֵׁשׁ־מֵאוֹת וְתִשְׁעִים: וּמִן־בְּנֵי בִּנְיָמִן סַלּוּא בֶּן־מְשֻׁלָּם בֶּן־
ח הוֹדַוְיָה בֶּן־הַסְּנֻאָה: וְיִבְנְיָה בֶּן־יְרֹחָם וְאֵלָה בֶן־עֻזִּי בֶּן־מִכְרִי
ט וּמְשֻׁלָּם בֶּן־שְׁפַטְיָה בֶּן־רְעוּאֵל בֶּן־יִבְנִיָּה: וַאֲחֵיהֶם לְתֹלְדוֹתָם
תְּשַׁע מֵאוֹת וַחֲמִשִּׁים וְשִׁשָּׁה כָּל־אֵלֶּה אֲנָשִׁים רָאשֵׁי אָבוֹת
י לְבֵית אֲבֹתֵיהֶם: וּמִן־הַכֹּהֲנִים יְדַעְיָה וִיהוֹיָרִיב וְיָכִין:
יא וַעֲזַרְיָה בֶּן־חִלְקִיָּה בֶּן־מְשֻׁלָּם בֶּן־צָדוֹק בֶּן־מְרָיוֹת בֶּן־אֲחִיטוּב
יב נְגִיד בֵּית הָאֱלֹהִים: וַעֲדָיָה בֶּן־יְרֹחָם בֶּן־פַּשְׁחוּר
בֶּן־מַלְכִּיָּה וּמַעְשַׂי בֶּן־עֲדִיאֵל בֶּן־יַחְזֵרָה בֶּן־מְשֻׁלָּם בֶּן־
יג מְשִׁלֵּמִית בֶּן־אִמֵּר: וַאֲחֵיהֶם רָאשִׁים לְבֵית אֲבוֹתָם אֶלֶף

רשימת היושבים בירושלים
נחמיה יא, ג–כד

וְשֶׁבַע מֵאוֹת וְשִׁשִּׁים גִּבּוֹרֵי חֵיל מְלֶאכֶת עֲבוֹדַת בֵּית־
הָאֱלֹהִים׃ וּמִן־הַלְוִיִּם שְׁמַעְיָה בֶן־חַשּׁוּב בֶּן־עַזְרִיקָם בֶּן־ יד
חֲשַׁבְיָה מִן־בְּנֵי מְרָרִי׃ וּבַקְבַּקַּר חֶרֶשׁ וְגָלָל וּמַתַּנְיָה בֶּן־ טו
מִיכָא בֶּן־זִכְרִי בֶּן־אָסָף׃ וְעֹבַדְיָה בֶּן־שְׁמַעְיָה בֶּן־גָּלָל בֶּן־ טז
יְדוּתוּן וּבֶרֶכְיָה בֶן־אָסָא בֶּן־אֶלְקָנָה הַיּוֹשֵׁב בְּחַצְרֵי נְטוֹפָתִי׃
וְהַשֹּׁעֲרִים שַׁלּוּם וְעַקּוּב וְטַלְמֹן וַאֲחִימָן וַאֲחִיהֶם שַׁלּוּם הָרֹאשׁ׃ יז
וְעַד־הֵנָּה בְּשַׁעַר הַמֶּלֶךְ מִזְרָחָה הֵמָּה הַשֹּׁעֲרִים לְמַחֲנוֹת בְּנֵי יח
לֵוִי׃ וְשַׁלּוּם בֶּן־קוֹרֵא בֶּן־אֶבְיָסָף בֶּן־קֹרַח וְאֶחָיו לְבֵית־אָבִיו יט
הַקָּרְחִים עַל מְלֶאכֶת הָעֲבֹדָה שֹׁמְרֵי הַסִּפִּים לָאֹהֶל וַאֲבֹתֵיהֶם
עַל־מַחֲנֵה יְהוָה שֹׁמְרֵי הַמָּבוֹא׃ וּפִינְחָס בֶּן־אֶלְעָזָר נָגִיד הָיָה כ
עֲלֵיהֶם לְפָנִים יְהוָה ׀ עִמּוֹ׃ זְכַרְיָה בֶּן מְשֶׁלֶמְיָה שֹׁעֵר פֶּתַח כא
לְאֹהֶל מוֹעֵד׃ כֻּלָּם הַבְּרוּרִים לְשֹׁעֲרִים בַּסִּפִּים מָאתַיִם וּשְׁנֵים כב
עָשָׂר הֵמָּה בְחַצְרֵיהֶם הִתְיַחְשָׂם הֵמָּה יִסַּד דָּוִיד וּשְׁמוּאֵל
הָרֹאֶה בֶּאֱמוּנָתָם׃ וְהֵם וּבְנֵיהֶם עַל־הַשְּׁעָרִים לְבֵית־יְהוָה כג
לְבֵית הָאֹהֶל לְמִשְׁמָרוֹת׃ לְאַרְבַּע רוּחוֹת יִהְיוּ הַשֹּׁעֲרִים כד
מִזְרָח יָמָּה צָפוֹנָה וָנֶגְבָּה׃ וַאֲחֵיהֶם בְּחַצְרֵיהֶם לָבוֹא לְשִׁבְעַת כה
הַיָּמִים מֵעֵת אֶל־עֵת עִם־אֵלֶּה׃ כִּי בֶאֱמוּנָה הֵמָּה אַרְבַּעַת כו
גִּבֹּרֵי הַשֹּׁעֲרִים הֵם הַלְוִיִּם וְהָיוּ עַל־הַלְּשָׁכוֹת וְעַל־הָאֹצְרוֹת
בֵּית הָאֱלֹהִים׃ וּסְבִיבוֹת בֵּית־הָאֱלֹהִים יָלִינוּ כִּי־עֲלֵיהֶם כז
מִשְׁמֶרֶת וְהֵם עַל־הַמַּפְתֵּחַ וְלַבֹּקֶר לַבֹּקֶר׃ וּמֵהֶם עַל־כְּלֵי כח
הָעֲבֹדָה כִּי בְמִסְפָּר יְבִיאוּם וּבְמִסְפָּר יוֹצִיאוּם׃ וּמֵהֶם מְמֻנִּים כט
עַל־הַכֵּלִים וְעַל כָּל־כְּלֵי הַקֹּדֶשׁ וְעַל־הַסֹּלֶת וְהַיַּיִן וְהַשֶּׁמֶן
וְהַלְּבוֹנָה וְהַבְּשָׂמִים׃ וּמִן־בְּנֵי הַכֹּהֲנִים רֹקְחֵי הַמִּרְקַחַת ל
לַבְּשָׂמִים׃ וּמַתִּתְיָה מִן־הַלְוִיִּם הוּא הַבְּכוֹר לְשַׁלֻּם הַקָּרְחִי לא
בֶּאֱמוּנָה עַל מַעֲשֵׂה הַחֲבִתִּים׃ וּמִן־בְּנֵי הַקְּהָתִי מִן־אֲחֵיהֶם לב
עַל־לֶחֶם הַמַּעֲרָכֶת לְהָכִין שַׁבַּת שַׁבָּת׃ וְאֵלֶּה לג
הַמְשֹׁרְרִים רָאשֵׁי אָבוֹת לַלְוִיִּם בַּלְּשָׁכֹת פטירים כִּי־יוֹמָם פְּטוּרִים

לד וָלַיְלָה עֲלֵיהֶם בַּמְּלָאכָה׃ אֵלֶּה רָאשֵׁי הָאָבוֹת לַלְוִיִּם לְתֹלְדוֹתָם
רָאשִׁים אֵלֶּה יָשְׁבוּ בִירוּשָׁלָם׃
לה לו וּבְגִבְעוֹן יָשְׁבוּ אֲבִי־גִבְעוֹן יעואל וְשֵׁם אִשְׁתּוֹ מַעֲכָה׃ וּבְנוֹ — יְעִיאֵל
לז הַבְּכוֹר עַבְדּוֹן וְצוּר וְקִישׁ וּבַעַל וְנֵר וְנָדָב׃ וּגְדוֹר וְאַחְיוֹ וּזְכַרְיָה
לח וּמִקְלוֹת׃ וּמִקְלוֹת הוֹלִיד אֶת־שִׁמְאָם וְאַף־הֵם נֶגֶד אֲחֵיהֶם
לט יָשְׁבוּ בִירוּשָׁלַםִ עִם־אֲחֵיהֶם׃ וְנֵר הוֹלִיד אֶת־קִישׁ
וְקִישׁ הוֹלִיד אֶת־שָׁאוּל וְשָׁאוּל הוֹלִיד אֶת־יְהוֹנָתָן וְאֶת־
מ מַלְכִּי־שׁוּעַ וְאֶת־אֲבִינָדָב וְאֶת־אֶשְׁבָּעַל׃ וּבֶן־יְהוֹנָתָן מְרִיב
מא בָּעַל וּמְרִי־בַעַל הוֹלִיד אֶת־מִיכָה׃ וּבְנֵי מִיכָה פִּיתֹן וָמֶלֶךְ
מב וְתַחְרֵעַ׃ וְאָחָז הוֹלִיד אֶת־יַעְרָה וְיַעְרָה הוֹלִיד אֶת־עָלֶמֶת
מג וְאֶת־עַזְמָוֶת וְאֶת־זִמְרִי וְזִמְרִי הוֹלִיד אֶת־מוֹצָא׃ וּמוֹצָא
מד הוֹלִיד אֶת־בִּנְעָא וּרְפָיָה בְנוֹ אֶלְעָשָׂה בְנוֹ אָצֵל בְּנוֹ׃ וּלְאָצֵל
שִׁשָּׁה בָנִים וְאֵלֶּה שְׁמוֹתָם עַזְרִיקָם ׀ בֹּכְרוּ וְיִשְׁמָעֵאל וּשְׁעַרְיָה
וְעֹבַדְיָה וְחָנָן אֵלֶּה בְּנֵי אָצֵל׃

ייחוסו של שאול
שמ״א ט, א
דה״א ח, לג

בני שאול
שמ״א יד, מט; לא, ב

מות שאול ובניו במלחמה עם פלשתים
שמ״א לא, א-י

י א וּפְלִשְׁתִּים נִלְחֲמוּ בְיִשְׂרָאֵל וַיָּנָס אִישׁ־יִשְׂרָאֵל מִפְּנֵי פְלִשְׁתִּים
ב וַיִּפְּלוּ חֲלָלִים בְּהַר גִּלְבֹּעַ׃ וַיַּדְבְּקוּ פְלִשְׁתִּים אַחֲרֵי שָׁאוּל
וְאַחֲרֵי בָנָיו וַיַּכּוּ פְלִשְׁתִּים אֶת־יוֹנָתָן וְאֶת־אֲבִינָדָב וְאֶת־
ג מַלְכִּי־שׁוּעַ בְּנֵי שָׁאוּל׃ וַתִּכְבַּד הַמִּלְחָמָה עַל־שָׁאוּל וַיִּמְצָאֻהוּ
ד הַמּוֹרִים בַּקָּשֶׁת וַיָּחֶל מִן־הַיּוֹרִים׃ וַיֹּאמֶר שָׁאוּל אֶל־נֹשֵׂא
כֵלָיו שְׁלֹף חַרְבְּךָ ׀ וְדָקְרֵנִי בָהּ פֶּן־יָבֹאוּ הָעֲרֵלִים הָאֵלֶּה
וְהִתְעַלְּלוּ־בִי וְלֹא אָבָה נֹשֵׂא כֵלָיו כִּי יָרֵא מְאֹד וַיִּקַּח שָׁאוּל
ה אֶת־הַחֶרֶב וַיִּפֹּל עָלֶיהָ׃ וַיַּרְא נֹשֵׂא־כֵלָיו כִּי מֵת שָׁאוּל וַיִּפֹּל
ו גַּם־הוּא עַל־הַחֶרֶב וַיָּמֹת׃ וַיָּמָת שָׁאוּל וּשְׁלֹשֶׁת בָּנָיו וְכָל־
ז בֵּיתוֹ יַחְדָּו מֵתוּ׃ וַיִּרְאוּ כָּל־אִישׁ יִשְׂרָאֵל אֲשֶׁר־בָּעֵמֶק כִּי נָסוּ
וְכִי־מֵתוּ שָׁאוּל וּבָנָיו וַיַּעַזְבוּ עָרֵיהֶם וַיָּנֻסוּ וַיָּבֹאוּ פְלִשְׁתִּים
ח וַיֵּשְׁבוּ בָּהֶם׃ וַיְהִי מִמָּחֳרָת וַיָּבֹאוּ פְלִשְׁתִּים לְפַשֵּׁט
אֶת־הַחֲלָלִים וַיִּמְצְאוּ אֶת־שָׁאוּל וְאֶת־בָּנָיו נֹפְלִים בְּהַר גִּלְבֹּעַ׃

ט וַיַּפְשִׁיטֻהוּ וַיִּשְׂאוּ אֶת־רֹאשׁוֹ וְאֶת־כֵּלָיו וַיְשַׁלְּחוּ בְאֶרֶץ־פְּלִשְׁתִּים
י סָבִיב לְבַשֵּׂר אֶת־עֲצַבֵּיהֶם וְאֶת־הָעָם: וַיָּשִׂימוּ אֶת־כֵּלָיו בֵּית
יא אֱלֹהֵיהֶם וְאֶת־גֻּלְגָּלְתּוֹ תָקְעוּ בֵית דָּגוֹן: וַיִּשְׁמְעוּ
יב כֹּל יָבֵישׁ גִּלְעָד אֵת כָּל־אֲשֶׁר־עָשׂוּ פְלִשְׁתִּים לְשָׁאוּל: וַיָּקוּמוּ
כָּל־אִישׁ חַיִל וַיִּשְׂאוּ אֶת־גּוּפַת שָׁאוּל וְאֵת גּוּפֹת בָּנָיו וַיְבִיאוּם
יָבֵישָׁה וַיִּקְבְּרוּ אֶת־עַצְמוֹתֵיהֶם תַּחַת הָאֵלָה בְּיָבֵשׁ וַיָּצוּמוּ
יג שִׁבְעַת יָמִים: וַיָּמָת שָׁאוּל בְּמַעֲלוֹ אֲשֶׁר־מָעַל בַּיהוָה עַל־דְּבַר
יד יְהוָה אֲשֶׁר לֹא־שָׁמָר וְגַם־לִשְׁאוֹל בָּאוֹב לִדְרוֹשׁ: וְלֹא־דָרַשׁ
בַּיהוָה וַיְמִיתֵהוּ וַיַּסֵּב אֶת־הַמְּלוּכָה לְדָוִיד בֶּן־יִשָׁי:

הטיפול בגופות שאול ובניו ובעצמותיהם
שמ״א לא, יא–יג
שמ״ב כא, יב–יד

יא א וַיִּקָּבְצוּ כָל־יִשְׂרָאֵל אֶל־דָּוִיד חֶבְרוֹנָה לֵאמֹר הִנֵּה עַצְמְךָ
ב וּבְשָׂרְךָ אֲנָחְנוּ: גַּם־תְּמוֹל גַּם־שִׁלְשׁוֹם גַּם בִּהְיוֹת שָׁאוּל מֶלֶךְ
אַתָּה הַמּוֹצִיא וְהַמֵּבִיא אֶת־יִשְׂרָאֵל וַיֹּאמֶר יְהוָה אֱלֹהֶיךָ לְךָ
אַתָּה תִרְעֶה אֶת־עַמִּי אֶת־יִשְׂרָאֵל וְאַתָּה תִּהְיֶה נָגִיד עַל עַמִּי
ג יִשְׂרָאֵל: וַיָּבֹאוּ כָּל־זִקְנֵי יִשְׂרָאֵל אֶל־הַמֶּלֶךְ חֶבְרוֹנָה וַיִּכְרֹת
לָהֶם דָּוִיד בְּרִית בְּחֶבְרוֹן לִפְנֵי יְהוָה וַיִּמְשְׁחוּ אֶת־דָּוִיד לְמֶלֶךְ
ד עַל־יִשְׂרָאֵל כִּדְבַר יְהוָה בְּיַד־שְׁמוּאֵל: וַיֵּלֶךְ דָּוִיד
וְכָל־יִשְׂרָאֵל יְרוּשָׁלִַם הִיא יְבוּס וְשָׁם הַיְבוּסִי יֹשְׁבֵי הָאָרֶץ:
ה וַיֹּאמְרוּ יֹשְׁבֵי יְבוּס לְדָוִיד לֹא תָבוֹא הֵנָּה וַיִּלְכֹּד דָּוִיד אֶת־מְצֻדַת
ו צִיּוֹן הִיא עִיר דָּוִיד: וַיֹּאמֶר דָּוִיד כָּל־מַכֵּה יְבוּסִי בָּרִאשׁוֹנָה יִהְיֶה
לְרֹאשׁ וּלְשָׂר וַיַּעַל בָּרִאשׁוֹנָה יוֹאָב בֶּן־צְרוּיָה וַיְהִי לְרֹאשׁ:
ז ח וַיֵּשֶׁב דָּוִיד בַּמְצָד עַל־כֵּן קָרְאוּ־לוֹ עִיר דָּוִיד: וַיִּבֶן הָעִיר
מִסָּבִיב מִן־הַמִּלּוֹא וְעַד־הַסָּבִיב וְיוֹאָב יְחַיֶּה אֶת־שְׁאָר הָעִיר:
ט וַיֵּלֶךְ דָּוִיד הָלוֹךְ וְגָדוֹל וַיהוָה צְבָאוֹת עִמּוֹ: ה
י וְאֵלֶּה רָאשֵׁי הַגִּבּוֹרִים אֲשֶׁר לְדָוִיד הַמִּתְחַזְּקִים עִמּוֹ בְמַלְכוּתוֹ
יא עִם־כָּל־יִשְׂרָאֵל לְהַמְלִיכוֹ כִּדְבַר יְהוָה עַל־יִשְׂרָאֵל: וְאֵלֶּה
מִסְפַּר הַגִּבֹּרִים אֲשֶׁר לְדָוִיד יָשָׁבְעָם בֶּן־חַכְמוֹנִי רֹאשׁ הַשָּׁלוֹשִׁים השָּׁלִישִׁים
הוּא־עוֹרֵר אֶת־חֲנִיתוֹ עַל־שְׁלֹשׁ־מֵאוֹת חָלָל בְּפַעַם אֶחָת:

המלכת דוד על כל ישראל
שמ״ב ה, א–ג
דה״א יב, כד–מא

כיבוש ירושלים על ידי דוד
שמ״ב ה, ו–ט

גיבורי דוד
שמ״ב כג, ח–לט

יב וְאַחֲרָיו אֶלְעָזָר בֶּן־דּוֹדוֹ הָאֲחוֹחִי הוּא בִּשְׁלוֹשָׁה הַגִּבֹּרִים:
יג הוּא־הָיָה עִם־דָּוִיד בַּפַּס דַּמִּים וְהַפְּלִשְׁתִּים נֶאֶסְפוּ־שָׁם
לַמִּלְחָמָה וַתְּהִי חֶלְקַת הַשָּׂדֶה מְלֵאָה שְׂעוֹרִים וְהָעָם נָסוּ
יד מִפְּנֵי פְלִשְׁתִּים: וַיִּתְיַצְּבוּ בְתוֹךְ־הַחֶלְקָה וַיַּצִּילוּהָ וַיַּכּוּ אֶת־
טו פְּלִשְׁתִּים וַיּוֹשַׁע יְהוָה תְּשׁוּעָה גְדוֹלָה: וַיֵּרְדוּ שְׁלוֹשָׁה
מִן־הַשְּׁלוֹשִׁים רֹאשׁ עַל־הַצֻּר אֶל־דָּוִיד אֶל־מְעָרַת עֲדֻלָּם
טז וּמַחֲנֵה פְלִשְׁתִּים חֹנָה בְּעֵמֶק רְפָאִים: וְדָוִיד אָז בַּמְּצוּדָה
יז וּנְצִיב פְּלִשְׁתִּים אָז בְּבֵית לָחֶם: וַיִּתְאָו דָּוִיד וַיֹּאמַר מִי יַשְׁקֵנִי
יח מַיִם מִבּוֹר בֵּית־לֶחֶם אֲשֶׁר בַּשָּׁעַר: וַיִּבְקְעוּ הַשְּׁלֹשָׁה בְּמַחֲנֵה
פְלִשְׁתִּים וַיִּשְׁאֲבוּ־מַיִם מִבּוֹר בֵּית־לֶחֶם אֲשֶׁר בַּשַּׁעַר וַיִּשְׂאוּ
וַיָּבִאוּ אֶל־דָּוִיד וְלֹא־אָבָה דָוִיד לִשְׁתּוֹתָם וַיְנַסֵּךְ אֹתָם לַיהוָה:
יט וַיֹּאמֶר חָלִילָה לִּי מֵאֱלֹהַי מֵעֲשׂוֹת זֹאת הֲדַם הָאֲנָשִׁים
הָאֵלֶּה אֶשְׁתֶּה בְנַפְשׁוֹתָם כִּי בְנַפְשׁוֹתָם הֱבִיאוּם וְלֹא אָבָה
כ לִשְׁתּוֹתָם אֵלֶּה עָשׂוּ שְׁלֹשֶׁת הַגִּבּוֹרִים: וְאַבְשַׁי
אֲחִי־יוֹאָב הוּא הָיָה רֹאשׁ הַשְּׁלוֹשָׁה וְהוּא עוֹרֵר אֶת־
כא חֲנִיתוֹ עַל־שְׁלֹשׁ מֵאוֹת חָלָל ולא־שֵׁם בַּשְּׁלוֹשָׁה: מִן־ וְלוֹ־
הַשְּׁלוֹשָׁה בַשְּׁנַיִם נִכְבָּד וַיְהִי לָהֶם לְשָׂר וְעַד־הַשְּׁלוֹשָׁה
כב לֹא־בָא: בְּנָיָה בֶן־יְהוֹיָדָע בֶּן־אִישׁ־חַיִל רַב־
פְּעָלִים מִן־קַבְצְאֵל הוּא הִכָּה אֵת שְׁנֵי אֲרִיאֵל מוֹאָב
כג וְהוּא יָרַד וְהִכָּה אֶת־הָאֲרִי בְּתוֹךְ הַבּוֹר בְּיוֹם הַשָּׁלֶג: וְהוּא
הִכָּה אֶת־הָאִישׁ הַמִּצְרִי אִישׁ מִדָּה ׀ חָמֵשׁ בָּאַמָּה וּבְיַד
הַמִּצְרִי חֲנִית כִּמְנוֹר אֹרְגִים וַיֵּרֶד אֵלָיו בַּשָּׁבֶט וַיִּגְזֹל אֶת־
כד הַחֲנִית מִיַּד הַמִּצְרִי וַיַּהַרְגֵהוּ בַּחֲנִיתוֹ: אֵלֶּה עָשָׂה בְּנָיָהוּ בֶּן־
כה יְהוֹיָדָע וְלוֹ־שֵׁם בִּשְׁלוֹשָׁה הַגִּבֹּרִים: מִן־הַשְּׁלוֹשִׁים הִנּוֹ
נִכְבָּד הוּא וְאֶל־הַשְּׁלֹשָׁה לֹא־בָא וַיְשִׂמֵהוּ דָוִיד עַל־
כו מִשְׁמַעְתּוֹ: וְגִבּוֹרֵי הַחֲיָלִים עֲשָׂהאֵל אֲחִי יוֹאָב
כז אֶלְחָנָן בֶּן־דּוֹדוֹ מִבֵּית לָחֶם: שַׁמּוֹת הַהֲרוֹרִי

כח חֶלֶץ הַפְּלוֹנִי׃ עִירָא בֶּן־עִקֵּשׁ הַתְּקוֹעִי אֲבִיעֶזֶר
כט ל הָעַנְּתוֹתִי׃ סִבְּכַי הַחֻשָׁתִי עִילַי הָאֲחוֹחִי׃ מַהְרַי
לא הַנְּטֹפָתִי חֵלֶד בֶּן־בַּעֲנָה הַנְּטוֹפָתִי׃ אִיתַי בֶּן־רִיבַי
לב מִגִּבְעַת בְּנֵי בִנְיָמִן בְּנָיָה הַפִּרְעָתֹנִי׃ חוּרַי מִנַּחֲלֵי
לג גָעַשׁ אֲבִיאֵל הָעַרְבָתִי׃ עַזְמָוֶת הַבַּחֲרוּמִי אֶלְיַחְבָּא
לד הַשַּׁעַלְבֹנִי׃ בְּנֵי הָשֵׁם הַגִּזוֹנִי יוֹנָתָן בֶּן־שָׁגֵה
לה הַהֲרָרִי׃ אֲחִיאָם בֶּן־שָׂכָר הַהֲרָרִי אֱלִיפַל בֶּן־
לו לז אוּר׃ חֵפֶר הַמְּכֵרָתִי אֲחִיָּה הַפְּלֹנִי׃ חֶצְרוֹ
לח הַכַּרְמְלִי נַעֲרַי בֶּן־אֶזְבָּי׃ יוֹאֵל אֲחִי נָתָן מִבְחָר בֶּן־
לט הַגְרִי׃ צֶלֶק הָעַמּוֹנִי נַחְרַי הַבֵּרֹתִי נֹשֵׂא כְּלֵי יוֹאָב בֶּן־
מ מא צְרוּיָה׃ עִירָא הַיִּתְרִי גָּרֵב הַיִּתְרִי׃ אוּרִיָּה
מב הַחִתִּי זָבָד בֶּן־אַחְלָי׃ עֲדִינָא בֶן־שִׁיזָא הָרְאוּבֵנִי
מג רֹאשׁ לָרְאוּבֵנִי וְעָלָיו שְׁלוֹשִׁים׃ חָנָן בֶּן־מַעֲכָה וְיוֹשָׁפָט
מד הַמִּתְנִי׃ עֻזִּיָּא הָעַשְׁתְּרָתִי שָׁמָע ויעואל בְּנֵי — וִיעִיאֵל
מה חוֹתָם הָעֲרֹעֵרִי׃ יְדִיעֲאֵל בֶּן־שִׁמְרִי וְיֹחָא אָחִיו
מו הַתִּיצִי׃ אֱלִיאֵל הַמַּחֲוִים וִירִיבַי וְיוֹשַׁוְיָה בְּנֵי אֶלְנָעַם
מז וְיִתְמָה הַמּוֹאָבִי׃ אֱלִיאֵל וְעוֹבֵד וְיַעֲשִׂיאֵל הַמְּצֹבָיָה׃
יב א וְאֵלֶּה הַבָּאִים אֶל־דָּוִיד לְצִיקְלַג עוֹד עָצוּר מִפְּנֵי שָׁאוּל בֶּן־
ב קִישׁ וְהֵמָּה בַּגִּבּוֹרִים עֹזְרֵי הַמִּלְחָמָה׃ נֹשְׁקֵי קֶשֶׁת מַיְמִינִים
וּמַשְׂמִאלִים בָּאֲבָנִים וּבַחִצִּים בַּקָּשֶׁת מֵאֲחֵי שָׁאוּל מִבִּנְיָמִן׃
ג הָרֹאשׁ אֲחִיעֶזֶר וְיוֹאָשׁ בְּנֵי הַשְּׁמָעָה הַגִּבְעָתִי ויזואל וָפֶלֶט — וִיזִיאֵל
ד בְּנֵי עַזְמָוֶת וּבְרָכָה וְיֵהוּא הָעַנְּתֹתִי׃ וְיִשְׁמַעְיָה הַגִּבְעוֹנִי גִּבּוֹר
ה בַּשְּׁלֹשִׁים וְעַל־הַשְּׁלֹשִׁים׃ וְיִרְמְיָה וְיַחֲזִיאֵל וְיוֹחָנָן וְיוֹזָבָד
ו הַגְּדֵרָתִי׃ אֶלְעוּזַי וִירִימוֹת וּבְעַלְיָה וּשְׁמַרְיָהוּ וּשְׁפַטְיָהוּ החריפי׃ — הַחֲרוּפִי
ז ח אֶלְקָנָה וְיִשִּׁיָּהוּ וַעֲזַרְאֵל וְיוֹעֶזֶר וְיָשָׁבְעָם הַקָּרְחִים׃ וְיוֹעֵאלָה
ט וּזְבַדְיָה בְּנֵי יְרֹחָם מִן־הַגְּדוֹר׃ וּמִן־הַגָּדִי נִבְדְּלוּ אֶל־דָּוִיד לַמְצַד
מִדְבָּרָה גִּבֹּרֵי הַחַיִל אַנְשֵׁי צָבָא לַמִּלְחָמָה עֹרְכֵי צִנָּה וָרֹמַח

י וּפְנֵי אַרְיֵה פְּנֵיהֶם וְכִצְבָאיִם עַל־הֶהָרִים לְמַהֵר: עֵזֶר
יא הָרֹאשׁ עֹבַדְיָה הַשֵּׁנִי אֱלִיאָב הַשְּׁלִשִׁי: מִשְׁמַנָּה הָרְבִיעִי יִרְמְיָה
יב יג הַחֲמִשִׁי: עַתַּי הַשִּׁשִּׁי אֱלִיאֵל הַשְּׁבִעִי: יוֹחָנָן הַשְּׁמִינִי אֶלְזָבָד
יד טו הַתְּשִׁיעִי: יִרְמְיָהוּ הָעֲשִׂירִי מַכְבַּנַּי עַשְׁתֵּי עָשָׂר: אֵלֶּה
מִבְּנֵי־גָד רָאשֵׁי הַצָּבָא אֶחָד לְמֵאָה הַקָּטָן וְהַגָּדוֹל לְאָלֶף:
טז אֵלֶּה הֵם אֲשֶׁר עָבְרוּ אֶת־הַיַּרְדֵּן בַּחֹדֶשׁ הָרִאשׁוֹן וְהוּא
מְמַלֵּא עַל־כָּל־גדיתיו וַיַּבְרִיחוּ אֶת־כָּל־הָעֲמָקִים לַמִּזְרָח גְּדוֹתָיו
יז וְלַמַּעֲרָב: וַיָּבֹאוּ מִן־בְּנֵי בִנְיָמִן וִיהוּדָה עַד־לַמְצָד
יח לְדָוִיד: וַיֵּצֵא דָוִיד לִפְנֵיהֶם וַיַּעַן וַיֹּאמֶר לָהֶם אִם־לְשָׁלוֹם בָּאתֶם
אֵלַי לְעָזְרֵנִי יִהְיֶה־לִּי עֲלֵיכֶם לֵבָב לְיָחַד וְאִם־לְרַמּוֹתַנִי לְצָרַי בְּלֹא
יט חָמָס בְּכַפַּי יֵרֶא אֱלֹהֵי אֲבוֹתֵינוּ וְיוֹכַח: וְרוּחַ לָבְשָׁה
אֶת־עֲמָשַׂי רֹאשׁ השלושים לְךָ דָוִיד וְעִמְּךָ בֶן־יִשַׁי שָׁלוֹם ׀ הַשָּׁלִישִׁים
שָׁלוֹם לְךָ וְשָׁלוֹם לְעֹזְרֶךָ כִּי עֲזָרְךָ אֱלֹהֶיךָ וַיְקַבְּלֵם דָּוִיד וַיִּתְּנֵם
כ בְּרָאשֵׁי הַגְּדוּד: וּמִמְּנַשֶּׁה נָפְלוּ עַל־דָּוִיד בְּבֹאוֹ עִם־
פְּלִשְׁתִּים עַל־שָׁאוּל לַמִּלְחָמָה וְלֹא עֲזָרֻם כִּי בְעֵצָה שִׁלְּחֻהוּ
כא סַרְנֵי פְלִשְׁתִּים לֵאמֹר בְּרָאשֵׁינוּ יִפּוֹל אֶל־אֲדֹנָיו שָׁאוּל: בְּלֶכְתּוֹ
אֶל־צִיקְלַג נָפְלוּ עָלָיו ׀ מִמְּנַשֶּׁה עַדְנַח וְיוֹזָבָד וִידִיעֲאֵל וּמִיכָאֵל
כב וְיוֹזָבָד וֶאֱלִיהוּא וְצִלְּתָי רָאשֵׁי הָאֲלָפִים אֲשֶׁר לִמְנַשֶּׁה: וְהֵמָּה
עָזְרוּ עִם־דָּוִיד עַל־הַגְּדוּד כִּי־גִבּוֹרֵי חַיִל כֻּלָּם וַיִּהְיוּ שָׂרִים
כג בַּצָּבָא: כִּי לְעֶת־יוֹם בְּיוֹם יָבֹאוּ עַל־דָּוִיד לְעָזְרוֹ עַד־לְמַחֲנֶה

המלכת דוד על כל ישראל
שמ"ב ה, א–ג
דה"א יא, א–ג

כד גָדוֹל כְּמַחֲנֵה אֱלֹהִים: וְאֵלֶּה מִסְפְּרֵי רָאשֵׁי הֶחָלוּץ
לַצָּבָא בָּאוּ עַל־דָּוִיד חֶבְרוֹנָה לְהָסֵב מַלְכוּת שָׁאוּל אֵלָיו כְּפִי
כה יְהוָה: בְּנֵי יְהוּדָה נֹשְׂאֵי צִנָּה וָרֹמַח שֵׁשֶׁת אֲלָפִים
כו וּשְׁמוֹנֶה מֵאוֹת חֲלוּצֵי צָבָא: מִן־בְּנֵי שִׁמְעוֹן גִּבּוֹרֵי
כז חַיִל לַצָּבָא שִׁבְעַת אֲלָפִים וּמֵאָה: מִן־בְּנֵי הַלֵּוִי
כח אַרְבַּעַת אֲלָפִים וְשֵׁשׁ מֵאוֹת: וִיהוֹיָדָע הַנָּגִיד לְאַהֲרֹן
כט וְעִמּוֹ שְׁלֹשֶׁת אֲלָפִים וּשְׁבַע מֵאוֹת: וְצָדוֹק נַעַר גִּבּוֹר

ל חַיִל וּבֵית־אָבִיו שָׂרִים עֶשְׂרִים וּשְׁנָיִם׃ וּמִן־בְּנֵי בִנְיָמִן
אֲחֵי שָׁאוּל שְׁלֹשֶׁת אֲלָפִים וְעַד־הֵנָּה מַרְבִּיתָם שֹׁמְרִים מִשְׁמֶרֶת
לא בֵּית שָׁאוּל׃ וּמִן־בְּנֵי אֶפְרַיִם עֶשְׂרִים אֶלֶף וּשְׁמוֹנֶה
לב מֵאוֹת גִּבּוֹרֵי חַיִל אַנְשֵׁי שֵׁמוֹת לְבֵית אֲבוֹתָם׃ וּמֵחֲצִי
מַטֵּה מְנַשֶּׁה שְׁמוֹנָה עָשָׂר אָלֶף אֲשֶׁר נִקְּבוּ בְּשֵׁמוֹת לָבוֹא
לג לְהַמְלִיךְ אֶת־דָּוִיד׃ וּמִבְּנֵי יִשָּׂשכָר יוֹדְעֵי בִינָה לָעִתִּים
לָדַעַת מַה־יַּעֲשֶׂה יִשְׂרָאֵל רָאשֵׁיהֶם מָאתַיִם וְכָל־אֲחֵיהֶם עַל־
לד פִּיהֶם׃ מִזְּבֻלוּן יוֹצְאֵי צָבָא עֹרְכֵי מִלְחָמָה בְּכָל־כְּלֵי
לה מִלְחָמָה חֲמִשִּׁים אָלֶף וְלַעֲדֹר בְּלֹא־לֵב וָלֵב׃ וּמִנַּפְתָּלִי
שָׂרִים אָלֶף וְעִמָּהֶם בְּצִנָּה וַחֲנִית שְׁלֹשִׁים וְשִׁבְעָה
לו אָלֶף׃ וּמִן־הַדָּנִי עֹרְכֵי מִלְחָמָה עֶשְׂרִים־וּשְׁמוֹנָה אֶלֶף
לז וְשֵׁשׁ מֵאוֹת׃ וּמֵאָשֵׁר יוֹצְאֵי צָבָא לַעֲרֹךְ מִלְחָמָה
לח אַרְבָּעִים אָלֶף׃ וּמֵעֵבֶר לַיַּרְדֵּן מִן־הָרֻאוּבֵנִי וְהַגָּדִי
וַחֲצִי ׀ שֵׁבֶט מְנַשֶּׁה בְּכֹל כְּלֵי צְבָא מִלְחָמָה מֵאָה וְעֶשְׂרִים
לט אָלֶף׃ כָּל־אֵלֶּה אַנְשֵׁי מִלְחָמָה עֹדְרֵי מַעֲרָכָה בְּלֵבָב שָׁלֵם
בָּאוּ חֶבְרוֹנָה לְהַמְלִיךְ אֶת־דָּוִיד עַל־כָּל־יִשְׂרָאֵל וְגַם כָּל־
מ שֵׁרִית יִשְׂרָאֵל לֵב אֶחָד לְהַמְלִיךְ אֶת־דָּוִיד׃ וַיִּהְיוּ־שָׁם עִם־
דָּוִיד יָמִים שְׁלוֹשָׁה אֹכְלִים וְשׁוֹתִים כִּי־הֵכִינוּ לָהֶם אֲחֵיהֶם׃
מא וְגַם הַקְּרוֹבִים־אֲלֵיהֶם עַד־יִשָּׂשכָר וּזְבֻלוּן וְנַפְתָּלִי מְבִיאִים ו
לֶחֶם בַּחֲמוֹרִים וּבַגְּמַלִּים וּבַפְּרָדִים ׀ וּבַבָּקָר מַאֲכָל קֶמַח
דְּבֵלִים וְצִמּוּקִים וְיַיִן וְשֶׁמֶן וּבָקָר וְצֹאן לָרֹב כִּי שִׂמְחָה
א יג בְּיִשְׂרָאֵל׃ וַיִּוָּעַץ דָּוִיד עִם־שָׂרֵי הָאֲלָפִים וְהַמֵּאוֹת
ב לְכָל־נָגִיד׃ וַיֹּאמֶר דָּוִיד לְכֹל ׀ קְהַל יִשְׂרָאֵל אִם־עֲלֵיכֶם טוֹב
וּמִן־יְהוָה אֱלֹהֵינוּ נִפְרְצָה נִשְׁלְחָה עַל־אַחֵינוּ הַנִּשְׁאָרִים בְּכֹל
אַרְצוֹת יִשְׂרָאֵל וְעִמָּהֶם הַכֹּהֲנִים וְהַלְוִיִּם בְּעָרֵי מִגְרְשֵׁיהֶם
ג וְיִקָּבְצוּ אֵלֵינוּ׃ וְנָסֵבָּה אֶת־אֲרוֹן אֱלֹהֵינוּ אֵלֵינוּ כִּי־לֹא
ד דְרַשְׁנֻהוּ בִּימֵי שָׁאוּל׃ וַיֹּאמְרוּ כָל־הַקָּהָל לַעֲשׂוֹת כֵּן כִּי־יָשַׁר

העלאת ארון ה׳
מקריית יערים
לבית עובד אדום
הגתי
שמ״ב ו, א–יא

ה הַדָּבָר בְּעֵינֵי כָל־הָעָם: וַיַּקְהֵל דָּוִיד אֶת־כָּל־יִשְׂרָאֵל מִן־
שִׁיחוֹר מִצְרַיִם וְעַד־לְבוֹא חֲמָת לְהָבִיא אֶת־אֲרוֹן הָאֱלֹהִים
ו מִקִּרְיַת יְעָרִים: וַיַּעַל דָּוִיד וְכָל־יִשְׂרָאֵל בַּעֲלָתָה אֶל־קִרְיַת
יְעָרִים אֲשֶׁר לִיהוּדָה לְהַעֲלוֹת מִשָּׁם אֵת אֲרוֹן הָאֱלֹהִים ׀ יְהוָה
ז יוֹשֵׁב הַכְּרוּבִים אֲשֶׁר־נִקְרָא שֵׁם: וַיַּרְכִּיבוּ אֶת־אֲרוֹן הָאֱלֹהִים
עַל־עֲגָלָה חֲדָשָׁה מִבֵּית אֲבִינָדָב וְעֻזָּא וְאַחְיוֹ נֹהֲגִים בָּעֲגָלָה:
ח וְדָוִיד וְכָל־יִשְׂרָאֵל מְשַׂחֲקִים לִפְנֵי הָאֱלֹהִים בְּכָל־עֹז וּבְשִׁירִים
ט וּבְכִנֹּרוֹת וּבִנְבָלִים וּבְתֻפִּים וּבִמְצִלְתַּיִם וּבַחֲצֹצְרוֹת: וַיָּבֹאוּ
עַד־גֹּרֶן כִּידֹן וַיִּשְׁלַח עֻזָּא אֶת־יָדוֹ לֶאֱחֹז אֶת־הָאָרוֹן כִּי
י שָׁמְטוּ הַבָּקָר: וַיִּחַר־אַף יְהוָה בְּעֻזָּא וַיַּכֵּהוּ עַל אֲשֶׁר־שָׁלַח
יא יָדוֹ עַל־הָאָרוֹן וַיָּמָת שָׁם לִפְנֵי אֱלֹהִים: וַיִּחַר לְדָוִיד כִּי־
פָרַץ יְהוָה פֶּרֶץ בְּעֻזָּא וַיִּקְרָא לַמָּקוֹם הַהוּא פֶּרֶץ עֻזָּא עַד
יב הַיּוֹם הַזֶּה: וַיִּירָא דָוִיד אֶת־הָאֱלֹהִים בַּיּוֹם הַהוּא לֵאמֹר
יג הֵיךְ אָבִיא אֵלַי אֵת אֲרוֹן הָאֱלֹהִים: וְלֹא־הֵסִיר דָּוִיד אֶת־
הָאָרוֹן אֵלָיו אֶל־עִיר דָּוִיד וַיַּטֵּהוּ אֶל־בֵּית עֹבֵד־אֱדֹם
יד הַגִּתִּי: וַיֵּשֶׁב אֲרוֹן הָאֱלֹהִים עִם־בֵּית עֹבֵד אֱדֹם בְּבֵיתוֹ
שְׁלֹשָׁה חֳדָשִׁים וַיְבָרֶךְ יְהוָה אֶת־בֵּית עֹבֵד־אֱדֹם וְאֶת־
כָּל־אֲשֶׁר־לוֹ:

חוֹרָם

מלאכי חירם בונים בית לדוד
שמ״ב ה, יא–יב

יד א וַיִּשְׁלַח חִירָם מֶלֶךְ־צֹר מַלְאָכִים אֶל־דָּוִיד וַעֲצֵי אֲרָזִים וְחָרָשֵׁי
ב קִיר וְחָרָשֵׁי עֵצִים לִבְנוֹת לוֹ בָּיִת: וַיֵּדַע דָּוִיד כִּי־הֱכִינוֹ יְהוָה
לְמֶלֶךְ עַל־יִשְׂרָאֵל כִּי־נִשֵּׂאת לְמַעְלָה מַלְכוּתוֹ בַּעֲבוּר עַמּוֹ
ג יִשְׂרָאֵל: וַיִּקַּח דָּוִיד עוֹד נָשִׁים בִּירוּשָׁלִָם וַיּוֹלֶד

בני דוד שנולדו בירושלים
שמ״ב ה, יג–טז
דה״א ג, ה–ט

ד דָּוִיד עוֹד בָּנִים וּבָנוֹת: וְאֵלֶּה שְׁמוֹת הַיְלוּדִים אֲשֶׁר הָיוּ־
ה לוֹ בִּירוּשָׁלִָם שַׁמּוּעַ וְשׁוֹבָב נָתָן וּשְׁלֹמֹה: וְיִבְחָר וֶאֱלִישׁוּעַ
ו ז וְאֶלְפָּלֶט: וְנֹגַהּ וְנֶפֶג וְיָפִיעַ: וֶאֱלִישָׁמָע וּבְעֶלְיָדָע וֶאֱלִיפָלֶט:

מלחמות דוד בפלשתים בעקבות המלכתו
שמ״ב ה, יז–כה

ח וַיִּשְׁמְעוּ פְלִשְׁתִּים כִּי־נִמְשַׁח דָּוִיד לְמֶלֶךְ עַל־כָּל־יִשְׂרָאֵל
וַיַּעֲלוּ כָל־פְּלִשְׁתִּים לְבַקֵּשׁ אֶת־דָּוִיד וַיִּשְׁמַע דָּוִיד וַיֵּצֵא

ט לִפְנֵיהֶם: וּפְלִשְׁתִּים בָּאוּ וַיִּפְשְׁטוּ בְּעֵמֶק רְפָאִים: וַיִּשְׁאַל דָּוִיד
בֵּאלֹהִים לֵאמֹר הַאֶעֱלֶה עַל־פְּלִשְׁתִּיִּים וּנְתַתָּם בְּיָדִי וַיֹּאמֶר פְּלִשְׁתִּים
יא לוֹ יהוה עֲלֵה וּנְתַתִּים בְּיָדֶךָ: וַיַּעֲלוּ בְּבַעַל־פְּרָצִים וַיַּכֵּם שָׁם
דָּוִיד וַיֹּאמֶר דָּוִיד פָּרַץ הָאֱלֹהִים אֶת־אוֹיְבַי בְּיָדִי כְּפֶרֶץ מָיִם
יב עַל־כֵּן קָרְאוּ שֵׁם־הַמָּקוֹם הַהוּא בַּעַל פְּרָצִים: וַיַּעַזְבוּ־שָׁם
יג אֶת־אֱלֹהֵיהֶם וַיֹּאמֶר דָּוִיד וַיִּשָּׂרְפוּ בָּאֵשׁ: וַיֹּסִיפוּ
יד עוֹד פְּלִשְׁתִּים וַיִּפְשְׁטוּ בָּעֵמֶק: וַיִּשְׁאַל עוֹד דָּוִיד בֵּאלֹהִים
וַיֹּאמֶר לוֹ הָאֱלֹהִים לֹא תַעֲלֶה אַחֲרֵיהֶם הָסֵב מֵעֲלֵיהֶם
טו וּבָאתָ לָהֶם מִמּוּל הַבְּכָאִים: וִיהִי כְּשָׁמְעֲךָ אֶת־קוֹל הַצְּעָדָה
בְּרָאשֵׁי הַבְּכָאִים אָז תֵּצֵא בַמִּלְחָמָה כִּי־יָצָא הָאֱלֹהִים
טז לְפָנֶיךָ לְהַכּוֹת אֶת־מַחֲנֵה פְלִשְׁתִּים: וַיַּעַשׂ דָּוִיד כַּאֲשֶׁר צִוָּהוּ
יז הָאֱלֹהִים וַיַּכּוּ אֶת־מַחֲנֵה פְלִשְׁתִּים מִגִּבְעוֹן וְעַד־גָּזְרָה: וַיֵּצֵא
שֵׁם־דָּוִיד בְּכָל־הָאֲרָצוֹת וַיהוה נָתַן אֶת־פַּחְדּוֹ עַל־כָּל־
טו א הַגּוֹיִם: וַיַּעַשׂ־לוֹ בָתִּים בְּעִיר דָּוִיד וַיָּכֶן מָקוֹם לַאֲרוֹן הָאֱלֹהִים
ב וַיֶּט־לוֹ אֹהֶל: אָז אָמַר דָּוִיד לֹא לָשֵׂאת אֶת־אֲרוֹן הָאֱלֹהִים
כִּי אִם־הַלְוִיִּם כִּי־בָם ׀ בָּחַר יהוה לָשֵׂאת אֶת־אֲרוֹן יהוה
ג וּלְשָׁרְתוֹ עַד־עוֹלָם: וַיַּקְהֵל דָּוִיד אֶת־כָּל־יִשְׂרָאֵל
אֶל־יְרוּשָׁלָ͏ִם לְהַעֲלוֹת אֶת־אֲרוֹן יהוה אֶל־מְקוֹמוֹ אֲשֶׁר־הֵכִין
ד ה לוֹ: וַיֶּאֱסֹף דָּוִיד אֶת־בְּנֵי אַהֲרֹן וְאֶת־הַלְוִיִּם: לִבְנֵי
ו קְהָת אוּרִיאֵל הַשָּׂר וְאֶחָיו מֵאָה וְעֶשְׂרִים: לִבְנֵי מְרָרִי
ז עֲשָׂיָה הַשָּׂר וְאֶחָיו מָאתַיִם וְעֶשְׂרִים: לִבְנֵי גֵרְשׁוֹם
ח יוֹאֵל הַשָּׂר וְאֶחָיו מֵאָה וּשְׁלֹשִׁים: לִבְנֵי אֱלִיצָפָן
ט שְׁמַעְיָה הַשָּׂר וְאֶחָיו מָאתָיִם: לִבְנֵי חֶבְרוֹן אֱלִיאֵל
י הַשָּׂר וְאֶחָיו שְׁמוֹנִים: לִבְנֵי עֻזִּיאֵל עַמִּינָדָב הַשָּׂר וְאֶחָיו
יא מֵאָה וּשְׁנֵים עָשָׂר: וַיִּקְרָא דָוִיד לְצָדוֹק וּלְאֶבְיָתָר
הַכֹּהֲנִים וְלַלְוִיִּם לְאוּרִיאֵל עֲשָׂיָה וְיוֹאֵל שְׁמַעְיָה וֶאֱלִיאֵל
יב וְעַמִּינָדָב: וַיֹּאמֶר לָהֶם אַתֶּם רָאשֵׁי הָאָבוֹת לַלְוִיִּם הִתְקַדְּשׁוּ

העלאת ארון ה׳
לעיר דוד
שמ״ב ו, יב–כג

אַתֶּם וַאֲחֵיכֶם וְהַעֲלִיתֶם אֵת אֲרוֹן יְהוָה אֱלֹהֵי יִשְׂרָאֵל אֶל־
יג הֲכִינוֹתִי לוֹ: כִּי לְמַבָּרִאשׁוֹנָה לֹא אַתֶּם פָּרַץ יְהוָה אֱלֹהֵינוּ
יד בָּנוּ כִּי־לֹא דְרַשְׁנֻהוּ כַּמִּשְׁפָּט: וַיִּתְקַדְּשׁוּ הַכֹּהֲנִים וְהַלְוִיִּם
טו לְהַעֲלוֹת אֶת־אֲרוֹן יְהוָה אֱלֹהֵי יִשְׂרָאֵל: וַיִּשְׂאוּ בְנֵי־הַלְוִיִּם
אֵת אֲרוֹן הָאֱלֹהִים כַּאֲשֶׁר צִוָּה מֹשֶׁה כִּדְבַר יְהוָה בִּכְתֵפָם
טז בַּמֹּטוֹת עֲלֵיהֶם: וַיֹּאמֶר דָּוִיד לְשָׂרֵי הַלְוִיִּם לְהַעֲמִיד
אֶת־אֲחֵיהֶם הַמְשֹׁרְרִים בִּכְלֵי־שִׁיר נְבָלִים וְכִנֹּרוֹת וּמְצִלְתָּיִם
מַשְׁמִיעִים לְהָרִים־בְּקוֹל לְשִׂמְחָה:
יז וַיַּעֲמִידוּ הַלְוִיִּם אֵת הֵימָן בֶּן־יוֹאֵל וּמִן־אֶחָיו אָסָף בֶּן־בֶּרֶכְיָהוּ
יח וּמִן־בְּנֵי מְרָרִי אֲחֵיהֶם אֵיתָן בֶּן־קוּשָׁיָהוּ: וְעִמָּהֶם אֲחֵיהֶם
הַמִּשְׁנִים זְכַרְיָהוּ בֵּן וְיַעֲזִיאֵל וּשְׁמִירָמוֹת וִיחִיאֵל ׀ וְעֻנִּי אֱלִיאָב
וּבְנָיָהוּ וּמַעֲשֵׂיָהוּ וּמַתִּתְיָהוּ וֶאֱלִיפְלֵהוּ וּמִקְנֵיָהוּ וְעֹבֵד אֱדֹם
יט וִיעִיאֵל הַשֹּׁעֲרִים: וְהַמְשֹׁרְרִים הֵימָן אָסָף וְאֵיתָן בִּמְצִלְתַּיִם
כ נְחֹשֶׁת לְהַשְׁמִיעַ: וּזְכַרְיָה וַעֲזִיאֵל וּשְׁמִירָמוֹת וִיחִיאֵל וְעֻנִּי
כא וֶאֱלִיאָב וּמַעֲשֵׂיָהוּ וּבְנָיָהוּ בִּנְבָלִים עַל־עֲלָמוֹת: וּמַתִּתְיָהוּ
וֶאֱלִיפְלֵהוּ וּמִקְנֵיָהוּ וְעֹבֵד אֱדֹם וִיעִיאֵל וַעֲזַזְיָהוּ בְּכִנֹּרוֹת עַל־
כב הַשְּׁמִינִית לְנַצֵּחַ: וּכְנַנְיָהוּ שַׂר־הַלְוִיִּם בְּמַשָּׂא יָסֹר בַּמַּשָּׂא כִּי
כג כד מֵבִין הוּא: וּבֶרֶכְיָה וְאֶלְקָנָה שֹׁעֲרִים לָאָרוֹן: וּשְׁבַנְיָהוּ וְיוֹשָׁפָט
וּנְתַנְאֵל וַעֲמָשַׂי וּזְכַרְיָהוּ וּבְנָיָהוּ וֶאֱלִיעֶזֶר הַכֹּהֲנִים מחצצרים מַחְצְרִים
בַּחֲצֹצְרוֹת לִפְנֵי אֲרוֹן הָאֱלֹהִים וְעֹבֵד אֱדֹם וִיחִיָּה שֹׁעֲרִים לָאָרוֹן:
כה וַיְהִי דָוִיד וְזִקְנֵי יִשְׂרָאֵל וְשָׂרֵי הָאֲלָפִים הַהֹלְכִים לְהַעֲלוֹת אֶת־
כו אֲרוֹן בְּרִית־יְהוָה מִן־בֵּית עֹבֵד־אֱדֹם בְּשִׂמְחָה: וַיְהִי
בֶּעְזֹר הָאֱלֹהִים אֶת־הַלְוִיִּם נֹשְׂאֵי אֲרוֹן בְּרִית־יְהוָה וַיִּזְבְּחוּ
כז שִׁבְעָה־פָרִים וְשִׁבְעָה אֵילִים: וְדָוִיד מְכֻרְבָּל ׀ בִּמְעִיל בּוּץ
וְכָל־הַלְוִיִּם הַנֹּשְׂאִים אֶת־הָאָרוֹן וְהַמְשֹׁרְרִים וּכְנַנְיָה הַשַּׂר
כח הַמַּשָּׂא הַמְשֹׁרְרִים וְעַל־דָּוִיד אֵפוֹד בָּד: וְכָל־יִשְׂרָאֵל מַעֲלִים
אֶת־אֲרוֹן בְּרִית־יְהוָה בִּתְרוּעָה וּבְקוֹל שׁוֹפָר וּבַחֲצֹצְרוֹת

כט וּבִמְצִלְתַּיִם מַשְׁמִעִים בִּנְבָלִים וְכִנֹּרוֹת׃ וַיְהִי אֲרוֹן בְּרִית
יְהוָה בָּא עַד־עִיר דָּוִיד וּמִיכַל בַּת־שָׁאוּל נִשְׁקְפָה ׀ בְּעַד
הַחַלּוֹן וַתֵּרֶא אֶת־הַמֶּלֶךְ דָּוִיד מְרַקֵּד וּמְשַׂחֵק וַתִּבֶז לוֹ
טז א בְּלִבָּהּ׃ וַיָּבִיאוּ אֶת־אֲרוֹן הָאֱלֹהִים וַיַּצִּיגוּ אֹתוֹ בְּתוֹךְ
הָאֹהֶל אֲשֶׁר נָטָה־לוֹ דָּוִיד וַיַּקְרִיבוּ עֹלוֹת וּשְׁלָמִים לִפְנֵי
ב הָאֱלֹהִים׃ וַיְכַל דָּוִיד מֵהַעֲלוֹת הָעֹלָה וְהַשְּׁלָמִים וַיְבָרֶךְ אֶת־
ג הָעָם בְּשֵׁם יְהוָה׃ וַיְחַלֵּק לְכָל־אִישׁ יִשְׂרָאֵל מֵאִישׁ וְעַד־אִשָּׁה
ד לְאִישׁ כִּכַּר־לֶחֶם וְאֶשְׁפָּר וַאֲשִׁישָׁה׃ וַיִּתֵּן לִפְנֵי אֲרוֹן יְהוָה
מִן־הַלְוִיִּם מְשָׁרְתִים וּלְהַזְכִּיר וּלְהוֹדוֹת וּלְהַלֵּל לַיהוָה אֱלֹהֵי
ה יִשְׂרָאֵל׃ אָסָף הָרֹאשׁ וּמִשְׁנֵהוּ זְכַרְיָה יְעִיאֵל
וּשְׁמִירָמוֹת וִיחִיאֵל וּמַתִּתְיָה וֶאֱלִיאָב וּבְנָיָהוּ וְעֹבֵד אֱדֹם
וִיעִיאֵל בִּכְלֵי נְבָלִים וּבְכִנֹּרוֹת וְאָסָף בַּמְצִלְתַּיִם מַשְׁמִיעַ׃
ו וּבְנָיָהוּ וְיַחֲזִיאֵל הַכֹּהֲנִים בַּחֲצֹצְרוֹת תָּמִיד לִפְנֵי אֲרוֹן בְּרִית־
ז הָאֱלֹהִים׃ בַּיּוֹם הַהוּא אָז נָתַן דָּוִיד בָּרֹאשׁ לְהֹדוֹת לַיהוָה
בְּיַד־אָסָף וְאֶחָיו׃

המזמור שנאמר לפני ארון ה׳ תהלים קה, א–טו

ח ט הוֹדוּ לַיהוָה קִרְאוּ בִשְׁמוֹ הוֹדִיעוּ בָעַמִּים עֲלִילֹתָיו׃ שִׁירוּ לוֹ
י זַמְּרוּ־לוֹ שִׂיחוּ בְּכָל־נִפְלְאֹתָיו׃ הִתְהַלְלוּ בְּשֵׁם קָדְשׁוֹ יִשְׂמַח
יא יב לֵב מְבַקְשֵׁי יְהוָה׃ דִּרְשׁוּ יְהוָה וְעֻזּוֹ בַּקְּשׁוּ פָנָיו תָּמִיד׃ זִכְרוּ
יג נִפְלְאֹתָיו אֲשֶׁר עָשָׂה מֹפְתָיו וּמִשְׁפְּטֵי־פִיהוּ׃ זֶרַע יִשְׂרָאֵל
יד עַבְדּוֹ בְּנֵי יַעֲקֹב בְּחִירָיו׃ הוּא יְהוָה אֱלֹהֵינוּ בְּכָל־הָאָרֶץ
טו טז מִשְׁפָּטָיו׃ זִכְרוּ לְעוֹלָם בְּרִיתוֹ דָּבָר צִוָּה לְאֶלֶף דּוֹר׃ אֲשֶׁר
יז כָּרַת אֶת־אַבְרָהָם וּשְׁבוּעָתוֹ לְיִצְחָק׃ וַיַּעֲמִידֶהָ לְיַעֲקֹב לְחֹק
יח לְיִשְׂרָאֵל בְּרִית עוֹלָם׃ לֵאמֹר לְךָ אֶתֵּן אֶרֶץ־כְּנָעַן חֶבֶל
יט כ נַחֲלַתְכֶם׃ בִּהְיוֹתְכֶם מְתֵי מִסְפָּר כִּמְעַט וְגָרִים בָּהּ׃ וַיִּתְהַלְּכוּ
כא מִגּוֹי אֶל־גּוֹי וּמִמַּמְלָכָה אֶל־עַם אַחֵר׃ לֹא־הִנִּיחַ לְאִישׁ
כב לְעָשְׁקָם וַיּוֹכַח עֲלֵיהֶם מְלָכִים׃ אַל־תִּגְּעוּ בִּמְשִׁיחָי וּבִנְבִיאַי

המזמור שנאמר לפני ארון ה׳ תהלים צו, ב–יג

כג אַל־תָּרֵעוּ׃ שִׁירוּ לַיהוָה כָּל־הָאָרֶץ בַּשְּׂרוּ מִיּוֹם־אֶל־יוֹם

כד יְשׁוּעָתוֹ: סַפְּרוּ בַגּוֹיִם אֶת־כְּבוֹדוֹ בְּכָל־הָעַמִּים נִפְלְאֹתָיו:
כה כִּי גָדוֹל יְהוָה וּמְהֻלָּל מְאֹד וְנוֹרָא הוּא עַל־כָּל־אֱלֹהִים:
כו כז כִּי כָּל־אֱלֹהֵי הָעַמִּים אֱלִילִים וַיהוָה שָׁמַיִם עָשָׂה: הוֹד וְהָדָר
כח לְפָנָיו עֹז וְחֶדְוָה בִּמְקֹמוֹ: הָבוּ לַיהוָה מִשְׁפְּחוֹת עַמִּים הָבוּ
כט לַיהוָה כָּבוֹד וָעֹז: הָבוּ לַיהוָה כְּבוֹד שְׁמוֹ שְׂאוּ מִנְחָה וּבֹאוּ
ל לְפָנָיו הִשְׁתַּחֲווּ לַיהוָה בְּהַדְרַת־קֹדֶשׁ: חִילוּ מִלְּפָנָיו כָּל־
לא הָאָרֶץ אַף־תִּכּוֹן תֵּבֵל בַּל־תִּמּוֹט: יִשְׂמְחוּ הַשָּׁמַיִם וְתָגֵל
לב הָאָרֶץ וְיֹאמְרוּ בַגּוֹיִם יְהוָה מָלָךְ: יִרְעַם הַיָּם וּמְלוֹאוֹ יַעֲלֹץ
לג הַשָּׂדֶה וְכָל־אֲשֶׁר־בּוֹ: אָז יְרַנְּנוּ עֲצֵי הַיָּעַר מִלִּפְנֵי יְהוָה כִּי־
לד בָא לִשְׁפּוֹט אֶת־הָאָרֶץ: הוֹדוּ לַיהוָה כִּי טוֹב כִּי לְעוֹלָם
לה חַסְדּוֹ: וְאִמְרוּ הוֹשִׁיעֵנוּ אֱלֹהֵי יִשְׁעֵנוּ וְקַבְּצֵנוּ וְהַצִּילֵנוּ מִן־
לו הַגּוֹיִם לְהֹדוֹת לְשֵׁם קָדְשֶׁךָ לְהִשְׁתַּבֵּחַ בִּתְהִלָּתֶךָ: בָּרוּךְ ז
יְהוָה אֱלֹהֵי יִשְׂרָאֵל מִן־הָעוֹלָם וְעַד־הָעֹלָם וַיֹּאמְרוּ כָל־
לז הָעָם אָמֵן וְהַלֵּל לַיהוָה: וַיַּעֲזָב־שָׁם לִפְנֵי אֲרוֹן
בְּרִית־יְהוָה לְאָסָף וּלְאֶחָיו לְשָׁרֵת לִפְנֵי הָאָרוֹן תָּמִיד לִדְבַר־
לח יוֹם בְּיוֹמוֹ: וְעֹבֵד אֱדֹם וַאֲחֵיהֶם שִׁשִּׁים וּשְׁמוֹנָה וְעֹבֵד אֱדֹם
לט בֶּן־יְדִיתוּן וְחֹסָה לְשֹׁעֲרִים: וְאֵת ׀ צָדוֹק הַכֹּהֵן וְאֶחָיו הַכֹּהֲנִים
מ לִפְנֵי מִשְׁכַּן יְהוָה בַּבָּמָה אֲשֶׁר בְּגִבְעוֹן: לְהַעֲלוֹת עֹלוֹת לַיהוָה
עַל־מִזְבַּח הָעֹלָה תָּמִיד לַבֹּקֶר וְלָעָרֶב וּלְכָל־הַכָּתוּב בְּתוֹרַת
מא יְהוָה אֲשֶׁר צִוָּה עַל־יִשְׂרָאֵל: וְעִמָּהֶם הֵימָן וִידוּתוּן וּשְׁאָר
הַבְּרוּרִים אֲשֶׁר נִקְּבוּ בְּשֵׁמוֹת לְהֹדוֹת לַיהוָה כִּי לְעוֹלָם
מב חַסְדּוֹ: וְעִמָּהֶם הֵימָן וִידוּתוּן חֲצֹצְרוֹת וּמְצִלְתַּיִם לְמַשְׁמִיעִים
מג וּכְלֵי שִׁיר הָאֱלֹהִים וּבְנֵי יְדוּתוּן לַשָּׁעַר: וַיֵּלְכוּ כָל־הָעָם אִישׁ
יז א לְבֵיתוֹ וַיִּסֹּב דָּוִיד לְבָרֵךְ אֶת־בֵּיתוֹ: וַיְהִי כַּאֲשֶׁר
יָשַׁב דָּוִיד בְּבֵיתוֹ וַיֹּאמֶר דָּוִיד אֶל־נָתָן הַנָּבִיא הִנֵּה אָנֹכִי
יוֹשֵׁב בְּבֵית הָאֲרָזִים וַאֲרוֹן בְּרִית־יְהוָה תַּחַת יְרִיעוֹת:
ב וַיֹּאמֶר נָתָן אֶל־דָּוִיד כֹּל אֲשֶׁר בִּלְבָבְךָ עֲשֵׂה כִּי הָאֱלֹהִים

המזמור שנאמר
לפני ארון ה'
תהלים קו, א; קו,
מז–מח

דוד מבקש
לבנות בית לה'
שמ"ב ז, א–ג

נבואת נתן לדוד
שמ"ב ז, ד–יז

ג עַמָּךְ: וַיְהִי בַּלַּיְלָה הַהוּא וַיְהִי דְּבַר־אֱלֹהִים אֶל־
ד נָתָן לֵאמֹר: לֵךְ וְאָמַרְתָּ אֶל־דָּוִיד עַבְדִּי כֹּה אָמַר יְהוָה לֹא
ה אַתָּה תִּבְנֶה־לִּי הַבַּיִת לָשָׁבֶת: כִּי לֹא יָשַׁבְתִּי בְּבַיִת מִן־
הַיּוֹם אֲשֶׁר הֶעֱלֵיתִי אֶת־יִשְׂרָאֵל עַד הַיּוֹם הַזֶּה וָאֶהְיֶה
ו מֵאֹהֶל אֶל־אֹהֶל וּמִמִּשְׁכָּן: בְּכֹל אֲשֶׁר־הִתְהַלַּכְתִּי בְּכָל־
יִשְׂרָאֵל הֲדָבָר דִּבַּרְתִּי אֶת־אַחַד שֹׁפְטֵי יִשְׂרָאֵל אֲשֶׁר צִוִּיתִי
לִרְעוֹת אֶת־עַמִּי לֵאמֹר לָמָּה לֹא־בְנִיתֶם לִי בֵּית אֲרָזִים:
ז וְעַתָּה כֹּה־תֹאמַר לְעַבְדִּי לְדָוִיד כֹּה אָמַר יְהוָה צְבָאוֹת אֲנִי
לְקַחְתִּיךָ מִן־הַנָּוֶה מִן־אַחֲרֵי הַצֹּאן לִהְיוֹת נָגִיד עַל עַמִּי
ח יִשְׂרָאֵל: וָאֶהְיֶה עִמְּךָ בְּכֹל אֲשֶׁר הָלַכְתָּ וָאַכְרִית אֶת־כָּל־
אוֹיְבֶיךָ מִפָּנֶיךָ וְעָשִׂיתִי לְךָ שֵׁם כְּשֵׁם הַגְּדוֹלִים אֲשֶׁר בָּאָרֶץ:
ט וְשַׂמְתִּי מָקוֹם לְעַמִּי יִשְׂרָאֵל וּנְטַעְתִּיהוּ וְשָׁכַן תַּחְתָּיו וְלֹא
יִרְגַּז עוֹד וְלֹא־יוֹסִיפוּ בְנֵי־עַוְלָה לְבַלֹּתוֹ כַּאֲשֶׁר בָּרִאשׁוֹנָה:
י וּלְמִיָּמִים אֲשֶׁר צִוִּיתִי שֹׁפְטִים עַל־עַמִּי יִשְׂרָאֵל וְהִכְנַעְתִּי
יא אֶת־כָּל־אוֹיְבֶיךָ וָאַגִּד לָךְ וּבַיִת יִבְנֶה־לְּךָ יְהוָה: וְהָיָה כִּי־
מָלְאוּ יָמֶיךָ לָלֶכֶת עִם־אֲבֹתֶיךָ וַהֲקִימוֹתִי אֶת־זַרְעֲךָ אַחֲרֶיךָ
יב אֲשֶׁר יִהְיֶה מִבָּנֶיךָ וַהֲכִינוֹתִי אֶת־מַלְכוּתוֹ: הוּא יִבְנֶה־לִּי
יג בָּיִת וְכֹנַנְתִּי אֶת־כִּסְאוֹ עַד־עוֹלָם: אֲנִי אֶהְיֶה־לּוֹ לְאָב וְהוּא
יִהְיֶה־לִּי לְבֵן וְחַסְדִּי לֹא־אָסִיר מֵעִמּוֹ כַּאֲשֶׁר הֲסִירוֹתִי מֵאֲשֶׁר
יד הָיָה לְפָנֶיךָ: וְהַעֲמַדְתִּיהוּ בְּבֵיתִי וּבְמַלְכוּתִי עַד־הָעוֹלָם וְכִסְאוֹ
טו יִהְיֶה נָכוֹן עַד־עוֹלָם: כְּכֹל הַדְּבָרִים הָאֵלֶּה וּכְכֹל הֶחָזוֹן הַזֶּה
טז כֵּן דִּבֶּר נָתָן אֶל־דָּוִיד: וַיָּבֹא הַמֶּלֶךְ דָּוִיד וַיֵּשֶׁב לִפְנֵי

תפילת ההודאה
של דוד
שמ"ב ז, יח–כט

יְהוָה וַיֹּאמֶר מִי־אֲנִי יְהוָה אֱלֹהִים וּמִי בֵיתִי כִּי הֲבִיאֹתַנִי
יז עַד־הֲלֹם: וַתִּקְטַן זֹאת בְּעֵינֶיךָ אֱלֹהִים וַתְּדַבֵּר עַל־בֵּית־
עַבְדְּךָ לְמֵרָחוֹק וּרְאִיתַנִי כְּתוֹר הָאָדָם הַמַּעֲלָה יְהוָה אֱלֹהִים:
יח מַה־יּוֹסִיף עוֹד דָּוִיד אֵלֶיךָ לְכָבוֹד אֶת־עַבְדֶּךָ וְאַתָּה אֶת־
יט עַבְדְּךָ יָדָעְתָּ: יְהוָה בַּעֲבוּר עַבְדְּךָ וּכְלִבְּךָ עָשִׂיתָ אֵת כָּל־

כ הַגְּדוּלָּה הַזֹּאת לְהֹדִיעַ אֶת־כׇּל־הַגְּדֻלּוֹת: יְהוָה אֵין כָּמוֹךָ
כא וְאֵין אֱלֹהִים זוּלָתֶךָ בְּכֹל אֲשֶׁר־שָׁמַעְנוּ בְּאׇזְנֵינוּ: וּמִי כְּעַמְּךָ
יִשְׂרָאֵל גּוֹי אֶחָד בָּאָרֶץ אֲשֶׁר הָלַךְ הָאֱלֹהִים לִפְדּוֹת לוֹ עָם
לָשׂוּם לְךָ שֵׁם גְּדֻלּוֹת וְנֹרָאוֹת לְגָרֵשׁ מִפְּנֵי עַמְּךָ אֲשֶׁר־
כב פָּדִיתָ מִמִּצְרַיִם גּוֹיִם: וַתִּתֵּן אֶת־עַמְּךָ יִשְׂרָאֵל ׀ לְךָ לְעָם
כג עַד־עוֹלָם וְאַתָּה יְהוָה הָיִיתָ לָהֶם לֵאלֹהִים: וְעַתָּה יְהוָה
הַדָּבָר אֲשֶׁר דִּבַּרְתָּ עַל־עַבְדְּךָ וְעַל־בֵּיתוֹ יֵאָמֵן עַד־עוֹלָם
כד וַעֲשֵׂה כַּאֲשֶׁר דִּבַּרְתָּ: וְיֵאָמֵן וְיִגְדַּל שִׁמְךָ עַד־עוֹלָם לֵאמֹר
יְהוָה צְבָאוֹת אֱלֹהֵי יִשְׂרָאֵל אֱלֹהִים לְיִשְׂרָאֵל וּבֵית־דָּוִיד
כה עַבְדְּךָ נָכוֹן לְפָנֶיךָ: כִּי ׀ אַתָּה אֱלֹהַי גָּלִיתָ אֶת־אֹזֶן עַבְדְּךָ
כו לִבְנוֹת לוֹ בָּיִת עַל־כֵּן מָצָא עַבְדְּךָ לְהִתְפַּלֵּל לְפָנֶיךָ: וְעַתָּה
יְהוָה אַתָּה־הוּא הָאֱלֹהִים וַתְּדַבֵּר עַל־עַבְדְּךָ הַטּוֹבָה הַזֹּאת:
כז וְעַתָּה הוֹאַלְתָּ לְבָרֵךְ אֶת־בֵּית עַבְדְּךָ לִהְיוֹת לְעוֹלָם לְפָנֶיךָ
יח א כִּי־אַתָּה יְהוָה בֵּרַכְתָּ וּמְבֹרָךְ לְעוֹלָם: וַיְהִי אַחֲרֵי־
כֵן וַיַּךְ דָּוִיד אֶת־פְּלִשְׁתִּים וַיַּכְנִיעֵם וַיִּקַּח אֶת־גַּת וּבְנֹתֶיהָ
ב מִיַּד פְּלִשְׁתִּים: וַיַּךְ אֶת־מוֹאָב וַיִּהְיוּ מוֹאָב עֲבָדִים לְדָוִיד

כיבוש מואב
שמ"ב ח, ב

ג נֹשְׂאֵי מִנְחָה: וַיַּךְ דָּוִיד אֶת־הֲדַדְעֶזֶר מֶלֶךְ־צוֹבָה חֲמָתָה

כיבוש ארם
שמ"ב ח, ג–ח
תהלים ס

ד בְּלֶכְתּוֹ לְהַצִּיב יָדוֹ בִּנְהַר פְּרָת: וַיִּלְכֹּד דָּוִיד מִמֶּנּוּ אֶלֶף רֶכֶב
וְשִׁבְעַת אֲלָפִים פָּרָשִׁים וְעֶשְׂרִים אֶלֶף אִישׁ רַגְלִי וַיְעַקֵּר דָּוִיד
ה אֶת־כׇּל־הָרֶכֶב וַיּוֹתֵר מִמֶּנּוּ מֵאָה רָכֶב: וַיָּבֹא אֲרַם דַּרְמֶשֶׂק
לַעְזוֹר לַהֲדַדְעֶזֶר מֶלֶךְ צוֹבָה וַיַּךְ דָּוִיד בַּאֲרָם עֶשְׂרִים־וּשְׁנַיִם
ו אֶלֶף אִישׁ: וַיָּשֶׂם דָּוִיד בַּאֲרַם דַּרְמֶשֶׂק וַיְהִי אֲרָם לְדָוִיד
עֲבָדִים נֹשְׂאֵי מִנְחָה וַיּוֹשַׁע יְהוָה לְדָוִיד בְּכֹל אֲשֶׁר הָלָךְ:
ז וַיִּקַּח דָּוִיד אֵת שִׁלְטֵי הַזָּהָב אֲשֶׁר הָיוּ עַל עַבְדֵי הֲדַדְעָזֶר
ח וַיְבִיאֵם יְרוּשָׁלָ͏ִם: וּמִטִּבְחַת וּמִכּוּן עָרֵי הֲדַדְעֶזֶר לָקַח דָּוִיד
נְחֹשֶׁת רַבָּה מְאֹד בָּהּ ׀ עָשָׂה שְׁלֹמֹה אֶת־יָם הַנְּחֹשֶׁת וְאֶת־
ט הָעַמּוּדִים וְאֵת כְּלֵי הַנְּחֹשֶׁת: וַיִּשְׁמַע תֹּעוּ מֶלֶךְ חֲמָת

תועי מברך את דוד
שמ"ב ח, ט–י

י כִּי הִכָּה דָוִיד אֶת־כָּל־חֵיל הֲדַדְעֶזֶר מֶלֶךְ־צוֹבָה: וַיִּשְׁלַח אֶת־
הֲדוֹרָם־בְּנוֹ אֶל־הַמֶּלֶךְ־דָּוִיד לשאול־לוֹ לִשְׁלוֹם וּלְבָרְכוֹ עַל
אֲשֶׁר נִלְחַם בַּהֲדַדְעֶזֶר וַיַּכֵּהוּ כִּי־אִישׁ מִלְחֲמוֹת תֹּעוּ הָיָה
יא הֲדַדְעָזֶר וְכֹל כְּלֵי זָהָב וָכֶסֶף וּנְחֹשֶׁת: גַּם־אֹתָם הִקְדִּישׁ
הַמֶּלֶךְ דָּוִיד לַיהוָה עִם־הַכֶּסֶף וְהַזָּהָב אֲשֶׁר נָשָׂא מִכָּל־הַגּוֹיִם
יב מֵאֱדוֹם וּמִמּוֹאָב וּמִבְּנֵי עַמּוֹן וּמִפְּלִשְׁתִּים וּמֵעֲמָלֵק: וְאַבְשַׁי
בֶּן־צְרוּיָה הִכָּה אֶת־אֱדוֹם בְּגֵיא הַמֶּלַח שְׁמוֹנָה עָשָׂר אָלֶף:
יג וַיָּשֶׂם בֶּאֱדוֹם נְצִיבִים וַיִּהְיוּ כָל־אֱדוֹם עֲבָדִים לְדָוִיד וַיּוֹשַׁע
יד יְהוָה אֶת־דָּוִיד בְּכֹל אֲשֶׁר הָלָךְ: וַיִּמְלֹךְ דָּוִיד עַל־כָּל־יִשְׂרָאֵל
טו וַיְהִי עֹשֶׂה מִשְׁפָּט וּצְדָקָה לְכָל־עַמּוֹ: וְיוֹאָב בֶּן־צְרוּיָה עַל־
טז הַצָּבָא וִיהוֹשָׁפָט בֶּן־אֲחִילוּד מַזְכִּיר: וְצָדוֹק בֶּן־אֲחִיטוּב
יז וַאֲבִימֶלֶךְ בֶּן־אֶבְיָתָר כֹּהֲנִים וְשַׁוְשָׁא סוֹפֵר: וּבְנָיָהוּ בֶּן־יְהוֹיָדָע
עַל־הַכְּרֵתִי וְהַפְּלֵתִי וּבְנֵי־דָוִיד הָרִאשֹׁנִים לְיַד הַמֶּלֶךְ:
יט א וַיְהִי אַחֲרֵי־כֵן וַיָּמָת נָחָשׁ מֶלֶךְ בְּנֵי־עַמּוֹן וַיִּמְלֹךְ בְּנוֹ תַּחְתָּיו:
ב וַיֹּאמֶר דָּוִיד אֶעֱשֶׂה־חֶסֶד ׀ עִם־חָנוּן בֶּן־נָחָשׁ כִּי־עָשָׂה אָבִיו
עִמִּי חֶסֶד וַיִּשְׁלַח דָּוִיד מַלְאָכִים לְנַחֲמוֹ עַל־אָבִיו וַיָּבֹאוּ
ג עַבְדֵי דָוִיד אֶל־אֶרֶץ בְּנֵי־עַמּוֹן אֶל־חָנוּן לְנַחֲמוֹ: וַיֹּאמְרוּ
שָׂרֵי בְנֵי־עַמּוֹן לְחָנוּן הַמְכַבֵּד דָּוִיד אֶת־אָבִיךָ בְּעֵינֶיךָ כִּי־
שָׁלַח לְךָ מְנַחֲמִים הֲלֹא בַּעֲבוּר לַחְקֹר וְלַהֲפֹךְ וּלְרַגֵּל הָאָרֶץ
ד בָּאוּ עֲבָדָיו אֵלֶיךָ: וַיִּקַּח חָנוּן אֶת־עַבְדֵי דָוִיד וַיְגַלְּחֵם וַיִּכְרֹת
ה אֶת־מַדְוֵיהֶם בַּחֵצִי עַד־הַמִּפְשָׂעָה וַיְשַׁלְּחֵם: וַיֵּלְכוּ וַיַּגִּידוּ
לְדָוִיד עַל־הָאֲנָשִׁים וַיִּשְׁלַח לִקְרָאתָם כִּי־הָיוּ הָאֲנָשִׁים
נִכְלָמִים מְאֹד וַיֹּאמֶר הַמֶּלֶךְ שְׁבוּ בִירֵחוֹ עַד אֲשֶׁר־יְצַמַּח
ו זְקַנְכֶם וְשַׁבְתֶּם: וַיִּרְאוּ בְּנֵי עַמּוֹן כִּי הִתְבָּאֲשׁוּ עִם־
דָּוִיד וַיִּשְׁלַח חָנוּן וּבְנֵי עַמּוֹן אֶלֶף כִּכַּר־כֶּסֶף לִשְׂכֹּר לָהֶם
מִן־אֲרַם נַהֲרַיִם וּמִן־אֲרַם מַעֲכָה וּמִצּוֹבָה רֶכֶב וּפָרָשִׁים:
ז וַיִּשְׂכְּרוּ לָהֶם שְׁנַיִם וּשְׁלֹשִׁים אֶלֶף רֶכֶב וְאֶת־מֶלֶךְ מַעֲכָה

לִשְׁאָל־

כיבוש אדום
שמ"ב ח, יג-יד

סדרי ממלכת
בית דוד
שמ"ב ח, טו-יח;
כ, כג-כו
דה"א כז, כה-לד

מלחמת דוד
בעמון ובארם
שמ"ב י, א-יט

וְאֶת־עַמּוֹ וַיָּבֹאוּ וַיַּחֲנוּ לִפְנֵי מֵידְבָא וּבְנֵי עַמּוֹן נֶאֶסְפוּ מֵעָרֵיהֶם
ח וַיָּבֹאוּ לַמִּלְחָמָה׃ וַיִּשְׁמַע דָּוִיד וַיִּשְׁלַח אֶת־יוֹאָב
ט וְאֵת כָּל־צָבָא הַגִּבּוֹרִים׃ וַיֵּצְאוּ בְּנֵי עַמּוֹן וַיַּעַרְכוּ מִלְחָמָה
י פֶּתַח הָעִיר וְהַמְּלָכִים אֲשֶׁר־בָּאוּ לְבַדָּם בַּשָּׂדֶה׃ וַיַּרְא יוֹאָב
כִּי־הָיְתָה פְנֵי־הַמִּלְחָמָה אֵלָיו פָּנִים וְאָחוֹר וַיִּבְחַר מִכָּל־בָּחוּר
יא בְּיִשְׂרָאֵל וַיַּעֲרֹךְ לִקְרַאת אֲרָם׃ וְאֵת יֶתֶר הָעָם נָתַן בְּיַד
יב אַבְשַׁי אָחִיו וַיַּעַרְכוּ לִקְרַאת בְּנֵי עַמּוֹן׃ וַיֹּאמֶר אִם־תֶּחֱזַק
מִמֶּנִּי אֲרָם וְהָיִיתָ לִּי לִתְשׁוּעָה וְאִם־בְּנֵי עַמּוֹן יֶחֶזְקוּ מִמְּךָ
יג וְהוֹשַׁעְתִּיךָ׃ חֲזַק וְנִתְחַזְּקָה בְּעַד־עַמֵּנוּ וּבְעַד עָרֵי אֱלֹהֵינוּ ח
יד וַיהוָה הַטּוֹב בְּעֵינָיו יַעֲשֶׂה׃ וַיִּגַּשׁ יוֹאָב וְהָעָם אֲשֶׁר־עִמּוֹ לִפְנֵי
טו אֲרָם לַמִּלְחָמָה וַיָּנוּסוּ מִפָּנָיו׃ וּבְנֵי עַמּוֹן רָאוּ כִּי־נָס אֲרָם
וַיָּנוּסוּ גַם־הֵם מִפְּנֵי אַבְשַׁי אָחִיו וַיָּבֹאוּ הָעִירָה וַיָּבֹא יוֹאָב
טז יְרוּשָׁלָ͏ִם׃ וַיַּרְא אֲרָם כִּי נִגְּפוּ לִפְנֵי יִשְׂרָאֵל וַיִּשְׁלְחוּ
מַלְאָכִים וַיּוֹצִיאוּ אֶת־אֲרָם אֲשֶׁר מֵעֵבֶר הַנָּהָר וְשׁוֹפַךְ שַׂר־צְבָא
יז הֲדַדְעֶזֶר לִפְנֵיהֶם׃ וַיֻּגַּד לְדָוִיד וַיֶּאֱסֹף אֶת־כָּל־יִשְׂרָאֵל וַיַּעֲבֹר
הַיַּרְדֵּן וַיָּבֹא אֲלֵהֶם וַיַּעֲרֹךְ אֲלֵהֶם וַיַּעֲרֹךְ דָּוִיד לִקְרַאת אֲרָם
יח מִלְחָמָה וַיִּלָּחֲמוּ עִמּוֹ׃ וַיָּנָס אֲרָם מִלִּפְנֵי יִשְׂרָאֵל וַיַּהֲרֹג דָּוִיד
מֵאֲרָם שִׁבְעַת אֲלָפִים רֶכֶב וְאַרְבָּעִים אֶלֶף אִישׁ רַגְלִי וְאֵת
יט שׁוֹפַךְ שַׂר־הַצָּבָא הֵמִית׃ וַיִּרְאוּ עַבְדֵי הֲדַדְעֶזֶר כִּי נִגְּפוּ לִפְנֵי
יִשְׂרָאֵל וַיַּשְׁלִימוּ עִם־דָּוִיד וַיַּעַבְדֻהוּ וְלֹא־אָבָה אֲרָם לְהוֹשִׁיעַ
כ א אֶת־בְּנֵי־עַמּוֹן עוֹד׃ וַיְהִי לְעֵת תְּשׁוּבַת הַשָּׁנָה לְעֵת ׀
צֵאת הַמְּלָכִים וַיִּנְהַג יוֹאָב אֶת־חֵיל הַצָּבָא וַיַּשְׁחֵת ׀ אֶת־אֶרֶץ
בְּנֵי־עַמּוֹן וַיָּבֹא וַיָּצַר אֶת־רַבָּה וְדָוִיד יֹשֵׁב בִּירוּשָׁלָ͏ִם וַיַּךְ יוֹאָב
ב אֶת־רַבָּה וַיֶּהֶרְסֶהָ׃ וַיִּקַּח דָּוִיד אֶת־עֲטֶרֶת־מַלְכָּם מֵעַל רֹאשׁוֹ
וַיִּמְצָאָהּ ׀ מִשְׁקַל כִּכַּר־זָהָב וּבָהּ אֶבֶן יְקָרָה וַתְּהִי עַל־רֹאשׁ
ג דָּוִיד וּשְׁלַל הָעִיר הוֹצִיא הַרְבֵּה מְאֹד׃ וְאֶת־הָעָם אֲשֶׁר־בָּהּ
הוֹצִיא וַיָּשַׂר בַּמְּגֵרָה וּבַחֲרִיצֵי הַבַּרְזֶל וּבַמְּגֵרוֹת וְכֵן יַעֲשֶׂה דָּוִיד

כיבוש רבת עמון
שמ"ב יא, א; יב, כו–לא

ד לְכֹל עָרֵי בְנֵי־עַמּוֹן וַיָּשָׁב דָּוִיד וְכָל־הָעָם יְרוּשָׁלִָם׃ וַיְהִי
אַחֲרֵי־כֵן וַתַּעֲמֹד מִלְחָמָה בְּגֶזֶר עִם־פְּלִשְׁתִּים אָז הִכָּה סִבְּכַי
ה הַחֻשָׁתִי אֶת־סִפַּי מִילִדֵי הָרְפָאִים וַיִּכָּנֵעוּ׃ וַתְּהִי־עוֹד
מִלְחָמָה אֶת־פְּלִשְׁתִּים וַיַּךְ אֶלְחָנָן בֶּן־יָעוּר אֶת־לַחְמִי אֲחִי
ו גָּלְיָת הַגִּתִּי וְעֵץ חֲנִיתוֹ כִּמְנוֹר אֹרְגִים׃ וַתְּהִי־עוֹד
מִלְחָמָה בְּגַת וַיְהִי ׀ אִישׁ מִדָּה וְאֶצְבְּעֹתָיו שֵׁשׁ־וָשֵׁשׁ עֶשְׂרִים
ז וְאַרְבַּע וְגַם־הוּא נוֹלַד לְהָרָפָא׃ וַיְחָרֵף אֶת־יִשְׂרָאֵל וַיַּכֵּהוּ
ח יְהוֹנָתָן בֶּן־שִׁמְעָא אֲחִי דָוִיד׃ אֵל נוּלְּדוּ לְהָרָפָא בְּגַת וַיִּפְּלוּ
כא א בְיַד־דָּוִיד וּבְיַד־עֲבָדָיו׃ וַיַּעֲמֹד שָׂטָן עַל־יִשְׂרָאֵל
ב וַיָּסֶת אֶת־דָּוִיד לִמְנוֹת אֶת־יִשְׂרָאֵל׃ וַיֹּאמֶר דָּוִיד אֶל־יוֹאָב
וְאֶל־שָׂרֵי הָעָם לְכוּ סִפְרוּ אֶת־יִשְׂרָאֵל מִבְּאֵר שֶׁבַע וְעַד־דָּן
ג וְהָבִיאוּ אֵלַי וְאֵדְעָה אֶת־מִסְפָּרָם׃ וַיֹּאמֶר יוֹאָב יוֹסֵף יְהוָה
עַל־עַמּוֹ ׀ כָּהֵם מֵאָה פְעָמִים הֲלֹא אֲדֹנִי הַמֶּלֶךְ כֻּלָּם לַאדֹנִי
לַעֲבָדִים לָמָּה יְבַקֵּשׁ זֹאת אֲדֹנִי לָמָּה יִהְיֶה לְאַשְׁמָה לְיִשְׂרָאֵל׃
ד וּדְבַר־הַמֶּלֶךְ חָזַק עַל־יוֹאָב וַיֵּצֵא יוֹאָב וַיִּתְהַלֵּךְ בְּכָל־יִשְׂרָאֵל
ה וַיָּבֹא יְרוּשָׁלִָם׃ וַיִּתֵּן יוֹאָב אֶת־מִסְפַּר מִפְקַד־הָעָם אֶל־דָּוִיד
וַיְהִי כָל־יִשְׂרָאֵל אֶלֶף אֲלָפִים וּמֵאָה אֶלֶף אִישׁ שֹׁלֵף חֶרֶב
ו וִיהוּדָה אַרְבַּע מֵאוֹת וְשִׁבְעִים אֶלֶף אִישׁ שֹׁלֵף חָרֶב׃ וְלֵוִי וּבִנְיָמִן
ז לֹא פָקַד בְּתוֹכָם כִּי־נִתְעַב דְּבַר־הַמֶּלֶךְ אֶת־יוֹאָב׃ וַיֵּרַע בְּעֵינֵי
ח הָאֱלֹהִים עַל־הַדָּבָר הַזֶּה וַיַּךְ אֶת־יִשְׂרָאֵל׃ וַיֹּאמֶר דָּוִיד
אֶל־הָאֱלֹהִים חָטָאתִי מְאֹד אֲשֶׁר עָשִׂיתִי אֶת־הַדָּבָר הַזֶּה וְעַתָּה
ט הַעֲבֶר־נָא אֶת־עֲוֺן עַבְדְּךָ כִּי נִסְכַּלְתִּי מְאֹד׃ וַיְדַבֵּר
י יְהוָה אֶל־גָּד חֹזֵה דָוִיד לֵאמֹר׃ לֵךְ וְדִבַּרְתָּ אֶל־דָּוִיד לֵאמֹר
כֹּה אָמַר יְהוָה שָׁלוֹשׁ אֲנִי נֹטֶה עָלֶיךָ בְּחַר־לְךָ אַחַת מֵהֵנָּה
יא וְאֶעֱשֶׂה־לָּךְ׃ וַיָּבֹא גָד אֶל־דָּוִיד וַיֹּאמֶר לוֹ כֹּה־אָמַר יְהוָה
יב קַבֶּל־לָךְ׃ אִם־שָׁלוֹשׁ שָׁנִים רָעָב וְאִם־שְׁלֹשָׁה חֳדָשִׁים נִסְפֶּה
מִפְּנֵי־צָרֶיךָ וְחֶרֶב אוֹיְבֶיךָ ׀ לְמַשֶּׂגֶת וְאִם־שְׁלֹשֶׁת יָמִים חֶרֶב

מלחמות דוד ואנשיו בילידי הרפה שמ״ב כא, טו–כב

יָעִיר

דוד פוקד את העם שמ״ב כד, א–ט

חרטת דוד ועונשו שמ״ב כד, י–יז

יְהוָה וְדֶבֶר בָּאָרֶץ וּמַלְאַךְ יְהוָה מַשְׁחִית בְּכָל־גְּבוּל יִשְׂרָאֵל
יג וְעַתָּה רְאֵה מָה־אָשִׁיב אֶת־שֹׁלְחִי דָּבָר׃ וַיֹּאמֶר דָּוִיד
אֶל־גָּד צַר־לִי מְאֹד אֶפְּלָה־נָּא בְיַד־יְהוָה כִּי־רַבִּים רַחֲמָיו
יד מְאֹד וּבְיַד־אָדָם אַל־אֶפֹּל׃ וַיִּתֵּן יְהוָה דֶּבֶר בְּיִשְׂרָאֵל וַיִּפֹּל
טו מִיִּשְׂרָאֵל שִׁבְעִים אֶלֶף אִישׁ׃ וַיִּשְׁלַח הָאֱלֹהִים ׀ מַלְאָךְ ׀
לִירוּשָׁלִַם לְהַשְׁחִיתָהּ וּכְהַשְׁחִית רָאָה יְהוָה וַיִּנָּחֶם עַל־הָרָעָה
וַיֹּאמֶר לַמַּלְאָךְ הַמַּשְׁחִית רַב עַתָּה הֶרֶף יָדֶךָ וּמַלְאַךְ יְהוָה
טז עֹמֵד עִם־גֹּרֶן אָרְנָן הַיְבוּסִי׃ וַיִּשָּׂא דָוִיד אֶת־עֵינָיו
וַיַּרְא אֶת־מַלְאַךְ יְהוָה עֹמֵד בֵּין הָאָרֶץ וּבֵין הַשָּׁמַיִם וְחַרְבּוֹ
שְׁלוּפָה בְּיָדוֹ נְטוּיָה עַל־יְרוּשָׁלִָם וַיִּפֹּל דָּוִיד וְהַזְּקֵנִים מְכֻסִּים
יז בַּשַּׂקִּים עַל־פְּנֵיהֶם׃ וַיֹּאמֶר דָּוִיד אֶל־הָאֱלֹהִים הֲלֹא אֲנִי
אָמַרְתִּי לִמְנוֹת בָּעָם וַאֲנִי־הוּא אֲשֶׁר־חָטָאתִי וְהָרֵעַ הֲרֵעוֹתִי
וְאֵלֶּה הַצֹּאן מֶה עָשׂוּ יְהוָה אֱלֹהַי תְּהִי נָא יָדְךָ בִּי וּבְבֵית אָבִי
יח וּבְעַמְּךָ לֹא לְמַגֵּפָה׃ וּמַלְאַךְ יְהוָה אָמַר אֶל־גָּד
לֵאמֹר לְדָוִיד כִּי ׀ יַעֲלֶה דָוִיד לְהָקִים מִזְבֵּחַ לַיהוָה בְּגֹרֶן אָרְנָן
יט הַיְבֻסִי׃ וַיַּעַל דָּוִיד בִּדְבַר־גָּד אֲשֶׁר דִּבֶּר בְּשֵׁם יְהוָה׃ כ וַיָּשָׁב
אָרְנָן וַיַּרְא אֶת־הַמַּלְאָךְ וְאַרְבַּעַת בָּנָיו עִמּוֹ מִתְחַבְּאִים וְאָרְנָן
כא דָּשׁ חִטִּים׃ וַיָּבֹא דָוִיד עַד־אָרְנָן וַיַּבֵּט אָרְנָן וַיַּרְא אֶת־דָּוִיד
כב וַיֵּצֵא מִן־הַגֹּרֶן וַיִּשְׁתַּחוּ לְדָוִיד אַפַּיִם אָרְצָה׃ וַיֹּאמֶר דָּוִיד
אֶל־אָרְנָן תְּנָה־לִּי מְקוֹם הַגֹּרֶן וְאֶבְנֶה־בּוֹ מִזְבֵּחַ לַיהוָה
כג בְּכֶסֶף מָלֵא תְּנֵהוּ לִי וְתֵעָצַר הַמַּגֵּפָה מֵעַל הָעָם׃ וַיֹּאמֶר
אָרְנָן אֶל־דָּוִיד קַח־לָךְ וְיַעַשׂ אֲדֹנִי הַמֶּלֶךְ הַטּוֹב בְּעֵינָיו רְאֵה
נָתַתִּי הַבָּקָר לָעֹלוֹת וְהַמּוֹרִגִּים לָעֵצִים וְהַחִטִּים לַמִּנְחָה הַכֹּל
כד נָתָתִּי׃ וַיֹּאמֶר הַמֶּלֶךְ דָּוִיד לְאָרְנָן לֹא כִּי־קָנֹה אֶקְנֶה בְּכֶסֶף
מָלֵא כִּי לֹא־אֶשָּׂא אֲשֶׁר־לְךָ לַיהוָה וְהַעֲלוֹת עוֹלָה חִנָּם׃
כה וַיִּתֵּן דָּוִיד לְאָרְנָן בַּמָּקוֹם שִׁקְלֵי זָהָב מִשְׁקָל שֵׁשׁ מֵאוֹת׃ כו וַיִּבֶן
שָׁם דָּוִיד מִזְבֵּחַ לַיהוָה וַיַּעַל עֹלוֹת וּשְׁלָמִים וַיִּקְרָא אֶל־יְהוָה

בניית המזבח
בגורן ארוונה
וסיום המגפה
שמ"ב כד, יח-כה

וַיַּעֲנֵהוּ בָאֵשׁ מִן־הַשָּׁמַיִם עַל מִזְבַּח הָעֹלָה: וַיֹּאמֶר כז
יְהוָה לַמַּלְאָךְ וַיָּשֶׁב חַרְבּוֹ אֶל־נְדָנָהּ: בָּעֵת הַהִיא בִּרְאוֹת כח
דָּוִיד כִּי־עָנָהוּ יְהוָה בְּגֹרֶן אָרְנָן הַיְבוּסִי וַיִּזְבַּח שָׁם: וּמִשְׁכַּן כט
יְהוָה אֲשֶׁר־עָשָׂה מֹשֶׁה בַמִּדְבָּר וּמִזְבַּח הָעוֹלָה בָּעֵת הַהִיא
בַּבָּמָה בְּגִבְעוֹן: וְלֹא־יָכֹל דָּוִיד לָלֶכֶת לְפָנָיו לִדְרֹשׁ אֱלֹהִים ל
כִּי נִבְעַת מִפְּנֵי חֶרֶב מַלְאַךְ יְהוָה: וַיֹּאמֶר דָּוִיד זֶה הוּא בֵּית א כב
יְהוָה הָאֱלֹהִים וְזֶה־מִּזְבֵּחַ לְעֹלָה לְיִשְׂרָאֵל: וַיֹּאמֶר ב
דָּוִיד לִכְנוֹס אֶת־הַגֵּרִים אֲשֶׁר בְּאֶרֶץ יִשְׂרָאֵל וַיַּעֲמֵד חֹצְבִים
לַחְצוֹב אַבְנֵי גָזִית לִבְנוֹת בֵּית הָאֱלֹהִים: וּבַרְזֶל ׀ לָרֹב ג
לַמִּסְמְרִים לְדַלְתוֹת הַשְּׁעָרִים וְלַמְחַבְּרוֹת הֵכִין דָּוִיד וּנְחֹשֶׁת
לָרֹב אֵין מִשְׁקָל: וַעֲצֵי אֲרָזִים לְאֵין מִסְפָּר כִּי־הֵבִיאוּ הַצִּידֹנִים ד
וְהַצֹּרִים עֲצֵי אֲרָזִים לָרֹב לְדָוִיד: וַיֹּאמֶר דָּוִיד שְׁלֹמֹה ה
בְנִי נַעַר וָרָךְ וְהַבַּיִת לִבְנוֹת לַיהוָה לְהַגְדִּיל ׀ לְמַעְלָה לְשֵׁם
וּלְתִפְאֶרֶת לְכָל־הָאֲרָצוֹת אָכִינָה נָּא לוֹ וַיָּכֶן דָּוִיד לָרֹב לִפְנֵי
מוֹתוֹ: וַיִּקְרָא לִשְׁלֹמֹה בְנוֹ וַיְצַוֵּהוּ לִבְנוֹת בַּיִת לַיהוָה אֱלֹהֵי ו
יִשְׂרָאֵל: וַיֹּאמֶר דָּוִיד לִשְׁלֹמֹה בנו אֲנִי הָיָה עִם־ ז
לְבָבִי לִבְנוֹת בַּיִת לְשֵׁם יְהוָה אֱלֹהָי: וַיְהִי עָלַי דְּבַר־יְהוָה ח
לֵאמֹר דָּם לָרֹב שָׁפַכְתָּ וּמִלְחָמוֹת גְּדֹלוֹת עָשִׂיתָ לֹא־תִבְנֶה
בַיִת לִשְׁמִי כִּי דָּמִים רַבִּים שָׁפַכְתָּ אַרְצָה לְפָנָי: הִנֵּה־בֵן ט
נוֹלָד לָךְ הוּא יִהְיֶה אִישׁ מְנוּחָה וַהֲנִיחוֹתִי לוֹ מִכָּל־אוֹיְבָיו
מִסָּבִיב כִּי שְׁלֹמֹה יִהְיֶה שְׁמוֹ וְשָׁלוֹם וָשֶׁקֶט אֶתֵּן עַל־יִשְׂרָאֵל
בְּיָמָיו: הוּא־יִבְנֶה בַיִת לִשְׁמִי וְהוּא יִהְיֶה־לִּי לְבֵן וַאֲנִי־ י
לוֹ לְאָב וַהֲכִינוֹתִי כִּסֵּא מַלְכוּתוֹ עַל־יִשְׂרָאֵל עַד־עוֹלָם:
עַתָּה בְנִי יְהִי יְהוָה עִמָּךְ וְהִצְלַחְתָּ וּבָנִיתָ בֵּית יְהוָה אֱלֹהֶיךָ יא
כַּאֲשֶׁר דִּבֶּר עָלֶיךָ: אַךְ יִתֶּן־לְּךָ יְהוָה שֵׂכֶל וּבִינָה וִיצַוְּךָ עַל־ יב
יִשְׂרָאֵל וְלִשְׁמוֹר אֶת־תּוֹרַת יְהוָה אֱלֹהֶיךָ: אָז תַּצְלִיחַ אִם־ יג
תִּשְׁמוֹר לַעֲשׂוֹת אֶת־הַחֻקִּים וְאֶת־הַמִּשְׁפָּטִים אֲשֶׁר צִוָּה

ציווי דוד לשלמה בנו באחרית ימיו
מל״א ב, א–ט
דה״א כח, ט–י

בְּנִי

יְהוָה אֶת־מֹשֶׁה עַל־יִשְׂרָאֵל חֲזַק וֶאֱמָץ אַל־תִּירָא וְאַל־תֵּחָת:
יד וְהִנֵּה בְעָנְיִי הֲכִינוֹתִי לְבֵית־יְהוָה זָהָב כִּכָּרִים מֵאָה־אֶלֶף
וְכֶסֶף אֶלֶף אֲלָפִים כִּכָּרִים וְלַנְּחֹשֶׁת וְלַבַּרְזֶל אֵין מִשְׁקָל כִּי
טו לָרֹב הָיָה וְעֵצִים וַאֲבָנִים הֲכִינוֹתִי וַעֲלֵיהֶם תּוֹסִיף: וְעִמְּךָ
לָרֹב עֹשֵׂי מְלָאכָה חֹצְבִים וְחָרָשֵׁי אֶבֶן וָעֵץ וְכָל־חָכָם בְּכָל־
טז מְלָאכָה: לַזָּהָב לַכֶּסֶף וְלַנְּחֹשֶׁת וְלַבַּרְזֶל אֵין מִסְפָּר קוּם וַעֲשֵׂה
יז וִיהִי יְהוָה עִמָּךְ: וַיְצַו דָּוִיד לְכָל־שָׂרֵי יִשְׂרָאֵל לַעְזֹר לִשְׁלֹמֹה
יח בְנוֹ: הֲלֹא יְהוָה אֱלֹהֵיכֶם עִמָּכֶם וְהֵנִיחַ לָכֶם מִסָּבִיב כִּי ׀ נָתַן
בְּיָדִי אֵת יֹשְׁבֵי הָאָרֶץ וְנִכְבְּשָׁה הָאָרֶץ לִפְנֵי יְהוָה וְלִפְנֵי עַמּוֹ:
יט עַתָּה תְּנוּ לְבַבְכֶם וְנַפְשְׁכֶם לִדְרוֹשׁ לַיהוָה אֱלֹהֵיכֶם וְקוּמוּ ט
וּבְנוּ אֶת־מִקְדַּשׁ יְהוָה הָאֱלֹהִים לְהָבִיא אֶת־אֲרוֹן בְּרִית־יְהוָה
וּכְלֵי קֹדֶשׁ הָאֱלֹהִים לַבַּיִת הַנִּבְנֶה לְשֵׁם־יְהוָה:

המלכת שלמה
מל"א א, לב–מ
דה"א כט, כב–כה

כג א וְדָוִיד זָקֵן וְשָׂבַע יָמִים וַיַּמְלֵךְ אֶת־שְׁלֹמֹה בְנוֹ עַל־
ב יִשְׂרָאֵל: וַיֶּאֱסֹף אֶת־כָּל־שָׂרֵי יִשְׂרָאֵל וְהַכֹּהֲנִים

מפקד שבט לוי
במדבר ג, יד–לט;
כו, סב

ג וְהַלְוִיִּם: וַיִּסָּפְרוּ הַלְוִיִּם מִבֶּן שְׁלֹשִׁים שָׁנָה וָמָעְלָה וַיְהִי
ד מִסְפָּרָם לְגֻלְגְּלֹתָם לִגְבָרִים שְׁלֹשִׁים וּשְׁמוֹנָה אָלֶף: מֵאֵלֶּה לְנַצֵּחַ
עַל־מְלֶאכֶת בֵּית־יְהוָה עֶשְׂרִים וְאַרְבָּעָה אָלֶף וְשֹׁטְרִים וְשֹׁפְטִים
ה שֵׁשֶׁת אֲלָפִים: וְאַרְבַּעַת אֲלָפִים שֹׁעֲרִים וְאַרְבַּעַת אֲלָפִים

בני לוי וצאצאיו
בראשית מו, יא
שמות ו, טז–כה
במדבר ג, יז–כ; כו, נז–סב
דה"א ה, כז–ו, טו

ו מְהַלְלִים לַיהוָה בַּכֵּלִים אֲשֶׁר עָשִׂיתִי לְהַלֵּל: וַיֶּחָלְקֵם דָּוִיד
ז מַחְלְקוֹת לִבְנֵי לֵוִי לְגֵרְשׁוֹן קְהָת וּמְרָרִי: לַגֵּרְשֻׁנִּי
ח לַעְדָּן וְשִׁמְעִי: בְּנֵי לַעְדָּן הָרֹאשׁ יְחִיאֵל וְזֵתָם וְיוֹאֵל
ט שְׁלֹשָׁה: בְּנֵי שִׁמְעִי שְׁלֹמוֹת וַחֲזִיאֵל וְהָרָן שְׁלֹשָׁה

שְׁלֹמִית

י אֵלֶּה רָאשֵׁי הָאָבוֹת לְלַעְדָּן: וּבְנֵי שִׁמְעִי יַחַת זִינָא
יא וִיעוּשׁ וּבְרִיעָה אֵלֶּה בְנֵי־שִׁמְעִי אַרְבָּעָה: וַיְהִי־יַחַת הָרֹאשׁ
וְזִיזָה הַשֵּׁנִי וִיעוּשׁ וּבְרִיעָה לֹא־הִרְבּוּ בָנִים וַיִּהְיוּ לְבֵית אָב
יב לִפְקֻדָּה אֶחָת: בְּנֵי קְהָת עַמְרָם יִצְהָר חֶבְרוֹן וְעֻזִּיאֵל
יג אַרְבָּעָה: בְּנֵי עַמְרָם אַהֲרֹן וּמֹשֶׁה וַיִּבָּדֵל אַהֲרֹן

לְהַקְדִּישׁוֹ קֹדֶשׁ קׇדָשִׁים הוּא־וּבָנָיו עַד־עוֹלָם לְהַקְטִיר לִפְנֵי
יד יְהוָה לְשָׁרְתוֹ וּלְבָרֵךְ בִּשְׁמוֹ עַד־עוֹלָם: וּמֹשֶׁה אִישׁ הָאֱלֹהִים
טו בָּנָיו יִקָּרְאוּ עַל־שֵׁבֶט הַלֵּוִי: בְּנֵי מֹשֶׁה גֵּרְשׁוֹם
טז יז וֶאֱלִיעֶזֶר: בְּנֵי גֵרְשׁוֹם שְׁבוּאֵל הָרֹאשׁ: וַיִּהְיוּ בְנֵי־אֱלִיעֶזֶר רְחַבְיָה
הָרֹאשׁ וְלֹא־הָיָה לֶאֱלִיעֶזֶר בָּנִים אֲחֵרִים וּבְנֵי רְחַבְיָה רָבוּ
יח יט לְמָעְלָה: בְּנֵי יִצְהָר שְׁלֹמִית הָרֹאשׁ: בְּנֵי
חֶבְרוֹן יְרִיָּהוּ הָרֹאשׁ אֲמַרְיָה הַשֵּׁנִי יַחֲזִיאֵל הַשְּׁלִישִׁי וִיקַמְעָם
כ כא הָרְבִיעִי: בְּנֵי עֻזִּיאֵל מִיכָה הָרֹאשׁ וְיִשִּׁיָּה הַשֵּׁנִי: בְּנֵי
כב מְרָרִי מַחְלִי וּמוּשִׁי בְּנֵי מַחְלִי אֶלְעָזָר וְקִישׁ: וַיָּמׇת אֶלְעָזָר וְלֹא־
כג הָיוּ לוֹ בָּנִים כִּי אִם־בָּנוֹת וַיִּשָּׂאוּם בְּנֵי־קִישׁ אֲחֵיהֶם: בְּנֵי מוּשִׁי
כד מַחְלִי וְעֵדֶר וִירֵמוֹת שְׁלֹשָׁה: אֵלֶּה בְנֵי־לֵוִי לְבֵית אֲבֹתֵיהֶם
רָאשֵׁי הָאָבוֹת לִפְקוּדֵיהֶם בְּמִסְפַּר שֵׁמוֹת לְגֻלְגְּלֹתָם עֹשֵׂה
כה הַמְּלָאכָה לַעֲבֹדַת בֵּית יְהוָה מִבֶּן עֶשְׂרִים שָׁנָה וָמָעְלָה: כִּי
אָמַר דָּוִיד הֵנִיחַ יְהוָה אֱלֹהֵי־יִשְׂרָאֵל לְעַמּוֹ וַיִּשְׁכֹּן בִּירוּשָׁלַםִ
כו עַד־לְעוֹלָם: וְגַם לַלְוִיִּם אֵין־לָשֵׂאת אֶת־הַמִּשְׁכָּן וְאֶת־כׇּל־
כז כֵּלָיו לַעֲבֹדָתוֹ: כִּי בְדִבְרֵי דָוִיד הָאַחֲרוֹנִים הֵמָּה מִסְפַּר בְּנֵי־
כח לֵוִי מִבֶּן עֶשְׂרִים שָׁנָה וּלְמָעְלָה: כִּי מַעֲמָדָם לְיַד־בְּנֵי אַהֲרֹן
לַעֲבֹדַת בֵּית יְהוָה עַל־הַחֲצֵרוֹת וְעַל־הַלְּשָׁכוֹת וְעַל־טׇהֳרַת
כט לְכׇל־קֹדֶשׁ וּמַעֲשֵׂה עֲבֹדַת בֵּית הָאֱלֹהִים: וּלְלֶחֶם הַמַּעֲרֶכֶת
וּלְסֹלֶת לְמִנְחָה וְלִרְקִיקֵי הַמַּצּוֹת וְלַמַּחֲבַת וְלַמֻּרְבָּכֶת וּלְכׇל־
ל מְשׂוּרָה וּמִדָּה: וְלַעֲמֹד בַּבֹּקֶר בַּבֹּקֶר לְהֹדוֹת וּלְהַלֵּל לַיהוָה
לא וְכֵן לָעָרֶב: וּלְכֹל הַעֲלוֹת עֹלוֹת לַיהוָה לַשַּׁבָּתוֹת לֶחֳדָשִׁים
לב וְלַמֹּעֲדִים בְּמִסְפָּר כְּמִשְׁפָּט עֲלֵיהֶם תָּמִיד לִפְנֵי יְהוָה: וְשָׁמְרוּ
אֶת־מִשְׁמֶרֶת אֹהֶל־מוֹעֵד וְאֵת מִשְׁמֶרֶת הַקֹּדֶשׁ וּמִשְׁמֶרֶת
כד א בְּנֵי אַהֲרֹן אֲחֵיהֶם לַעֲבֹדַת בֵּית יְהוָה: וְלִבְנֵי אַהֲרֹן
ב מַחְלְקוֹתָם בְּנֵי אַהֲרֹן נָדָב וַאֲבִיהוּא אֶלְעָזָר וְאִיתָמָר: וַיָּמׇת
נָדָב וַאֲבִיהוּא לִפְנֵי אֲבִיהֶם וּבָנִים לֹא־הָיוּ לָהֶם וַיְכַהֲנוּ אֶלְעָזָר

ג ואיתמר: ויחלקם דויד וצדוק מן־בני אלעזר ואחימלך מן־
ד בני איתמר לפקדתם בעבדתם: וימצאו בני־אלעזר רבים
לראשי הגברים מן־בני איתמר ויחלקום לבני אלעזר ראשים
לבית־אבות ששה עשר ולבני איתמר לבית אבותם שמונה:
ה ויחלקום בגורלות אלה עם־אלה כי־היו שרי־קדש ושרי
ו האלהים מבני אלעזר ובבני איתמר: ויכתבם
שמעיה בן־נתנאל הסופר מן־הלוי לפני המלך והשרים וצדוק
הכהן ואחימלך בן־אביתר וראשי האבות לכהנים וללוים
ז בית־אב אחד אחז לאלעזר ואחז | אחז לאיתמר: ויצא
ח הגורל הראשון ליהויריב לידעיה השני: לחרם השלישי
ט י לשערים הרביעי: למלכיה החמישי למימן הששי: להקוץ
יא השבעי לאביה השמיני: לישוע התשעי לשכניהו העשרי:
יב יג לאלישיב עשתי עשר ליקים שנים עשר: לחפה שלשה
יד עשר לישבאב ארבעה עשר: לבלגה חמשה עשר לאמר
טו ששה עשר: לחזיר שבעה עשר להפצץ שמונה עשר:
טז יז לפתחיה תשעה עשר ליחזקאל העשרים: ליכין אחד
יח ועשרים לגמול שנים ועשרים: לדליהו שלשה ועשרים
יט למעזיהו ארבעה ועשרים: אלה פקדתם לעבדתם
לבוא לבית־יהוה כמשפטם ביד אהרן אביהם כאשר צוהו
כ יהוה אלהי ישראל: ולבני לוי הנותרים לבני עמרם שובאל
כא לבני שובאל יחדיהו: לרחביהו לבני רחביהו הראש ישיה:
כב כג ליצהרי שלמות לבני שלמות יחת: ובני יריהו אמריהו השני
כד יחזיאל השלישי יקמעם הרביעי: בני עזיאל מיכה לבני
כה כו מיכה שמור: אחי מיכה ישיה לבני ישיה זכריהו: בני מררי שמיר
כז מחלי ומושי בני יעזיהו בנו: בני מררי ליעזיהו בנו ושהם
כח כט וזכור ועברי: למחלי אלעזר ולא־היה לו בנים: לקיש בני־
ל קיש ירחמאל: ובני מושי מחלי ועדר וירימות אלה בני

לא הַלְוִיִּם לְבֵית אֲבֹתֵיהֶם׃ וַיַּפִּילוּ גַם־הֵם גּוֹרָלוֹת לְעֻמַּת ׀ אֲחֵיהֶם
בְּנֵי־אַהֲרֹן לִפְנֵי דָּוִיד הַמֶּלֶךְ וְצָדוֹק וַאֲחִימֶלֶךְ וְרָאשֵׁי הָאָבוֹת
לַכֹּהֲנִים וְלַלְוִיִּם אָבוֹת הָרֹאשׁ לְעֻמַּת אָחִיו הַקָּטָן׃ וַיַּבְדֵּל
כה א דָּוִיד וְשָׂרֵי הַצָּבָא לַעֲבֹדָה לִבְנֵי אָסָף וְהֵימָן וִידוּתוּן הנביאים הַנִּבְּאִים
בְּכִנֹּרוֹת בִּנְבָלִים וּבִמְצִלְתָּיִם וַיְהִי מִסְפָּרָם אַנְשֵׁי מְלָאכָה
ב לַעֲבֹדָתָם׃ לִבְנֵי אָסָף זַכּוּר וְיוֹסֵף וּנְתַנְיָה וַאֲשַׂרְאֵלָה בְּנֵי אָסָף
ג עַל יַד־אָסָף הַנִּבָּא עַל־יְדֵי הַמֶּלֶךְ׃ לִידוּתוּן בְּנֵי יְדוּתוּן גְּדַלְיָהוּ
וּצְרִי וִישַׁעְיָהוּ חֲשַׁבְיָהוּ וּמַתִּתְיָהוּ שִׁשָּׁה עַל יְדֵי אֲבִיהֶם יְדוּתוּן
ד בַּכִּנּוֹר הַנִּבָּא עַל־הֹדוֹת וְהַלֵּל לַיהוָה׃ לְהֵימָן
בְּנֵי הֵימָן בֻּקִּיָּהוּ מַתַּנְיָהוּ עֻזִּיאֵל שְׁבוּאֵל וִירִימוֹת חֲנַנְיָה
חֲנָנִי אֱלִיאָתָה גִדַּלְתִּי וְרֹמַמְתִּי עֶזֶר יָשְׁבְּקָשָׁה מַלּוֹתִי הוֹתִיר
ה מַחֲזִיאוֹת׃ כָּל־אֵלֶּה בָנִים לְהֵימָן חֹזֵה הַמֶּלֶךְ בְּדִבְרֵי הָאֱלֹהִים
לְהָרִים קָרֶן וַיִּתֵּן הָאֱלֹהִים לְהֵימָן בָּנִים אַרְבָּעָה עָשָׂר וּבָנוֹת
ו שָׁלוֹשׁ׃ כָּל־אֵלֶּה עַל־יְדֵי אֲבִיהֶם בַּשִּׁיר בֵּית יהוה בִּמְצִלְתַּיִם
נְבָלִים וְכִנֹּרוֹת לַעֲבֹדַת בֵּית הָאֱלֹהִים עַל יְדֵי הַמֶּלֶךְ
ז אָסָף וִידוּתוּן וְהֵימָן׃ וַיְהִי מִסְפָּרָם עִם־אֲחֵיהֶם מְלֻמְּדֵי־
ח שִׁיר לַיהוָה כָּל־הַמֵּבִין מָאתַיִם שְׁמוֹנִים וּשְׁמוֹנָה׃ וַיַּפִּילוּ
גּוֹרָלוֹת מִשְׁמֶרֶת לְעֻמַּת כַּקָּטֹן כַּגָּדוֹל מֵבִין עִם־
ט תַּלְמִיד׃ וַיֵּצֵא הַגּוֹרָל הָרִאשׁוֹן לְאָסָף לְיוֹסֵף
י גְּדַלְיָהוּ הַשֵּׁנִי הוּא־וְאֶחָיו וּבָנָיו שְׁנֵים עָשָׂר׃ הַשְּׁלִשִׁי זַכּוּר
יא בָּנָיו וְאֶחָיו שְׁנֵים עָשָׂר׃ הָרְבִיעִי לַיִּצְרִי
יב בָּנָיו וְאֶחָיו שְׁנֵים עָשָׂר׃ הַחֲמִישִׁי נְתַנְיָהוּ
יג בָּנָיו וְאֶחָיו שְׁנֵים עָשָׂר׃ הַשִּׁשִּׁי בֻקִּיָּהוּ
יד בָּנָיו וְאֶחָיו שְׁנֵים עָשָׂר׃ הַשְּׁבִיעִי יְשַׂרְאֵלָה
טו בָּנָיו וְאֶחָיו שְׁנֵים עָשָׂר׃ הַשְּׁמִינִי יְשַׁעְיָהוּ
טז בָּנָיו וְאֶחָיו שְׁנֵים עָשָׂר׃ הַתְּשִׁיעִי מַתַּנְיָהוּ
יז בָּנָיו וְאֶחָיו שְׁנֵים עָשָׂר׃ הָעֲשִׂירִי שִׁמְעִי

יח בניו ואחיו שנים עשר: עשתי־עשר עזראל
יט בניו ואחיו שנים עשר: השנים עשר לחשביה
כ בניו ואחיו שנים עשר: לשלשה עשר שובאל
כא בניו ואחיו שנים עשר: לארבעה עשר מתתיהו
כב בניו ואחיו שנים עשר: לחמשה עשר לירמות
כג בניו ואחיו שנים עשר: לששה עשר לחנניהו
כד בניו ואחיו שנים עשר: לשבעה עשר לישבקשה
כה בניו ואחיו שנים עשר: לשמונה עשר לחנני
כו בניו ואחיו שנים עשר: לתשעה עשר למלותי
כז בניו ואחיו שנים עשר: לעשרים לאליתה
כח בניו ואחיו שנים עשר: לאחד ועשרים להותיר
כט בניו ואחיו שנים עשר: לשנים ועשרים לגדלתי
ל בניו ואחיו שנים עשר: לשלשה ועשרים למחזיאות
לא בניו ואחיו שנים עשר: לארבעה ועשרים לרוממתי עזר
כו א בניו ואחיו שנים עשר: למחלקות לשערים לקרחים
ב משלמיהו בן־קרא מן־בני אסף: ולמשלמיהו בנים זכריהו
הבכור ידיעאל השני זבדיהו השלישי יתניאל הרביעי:
ג ד עילם החמישי יהוחנן הששי אליהועיני השביעי: ולעבד
אדם בנים שמעיה הבכור יהוזבד השני יואח השלשי
ה ושכר הרביעי ונתנאל החמישי: עמיאל הששי יששכר
ו השביעי פעלתי השמיני כי ברכו אלהים: ולשמעיה
בנו נולד בנים הממשלים לבית אביהם כי־גבורי חיל
ז המה: בני שמעיה עתני ורפאל ועובד אלזבד אחיו
ח בני־חיל אליהו וסמכיהו: כל־אלה מבני ׀ עבד אדם המה
ובניהם ואחיהם איש־חיל בכח לעבדה ששים ושנים
ט לעבד אדם: ולמשלמיהו בנים ואחים בני־חיל שמונה
י עשר: ולחסה מן־בני־מררי בנים שמרי הראש

יא כי לא־היה בכור וישימהו אביהו לראש: חלקיהו השני
טבליהו השלשי זכריהו הרבעי כל־בנים ואחים לחסה
יב שלשה עשר: לאלה מחלקות השערים לראשי הגברים
יג משמרות לעמת אחיהם לשרת בבית יהוה: ויפילו גורלות
יד כקטן כגדול לבית אבותם לשער ושער: ויפל
הגורל מזרחה לשלמיהו וזכריהו בנו יועץ בשכל הפילו
טו גורלות ויצא גורלו צפונה: לעבד אדם נגבה ולבניו בית
טז האספים: לשפים ולחסה למערב עם שער שלכת במסלה
יז העולה משמר לעמת משמר: למזרח הלוים ששה לצפונה
ליום ארבעה לנגבה ליום ארבעה ולאספים שנים שנים:
יח יט לפרבר למערב ארבעה למסלה שנים לפרבר: אלה
כ מחלקות השערים לבני הקרחי ולבני מררי: והלוים אחיה
על־אוצרות בית האלהים ולאצרות הקדשים:
כא בני לעדן בני הגרשני ללעדן ראשי האבות ללעדן הגרשני
כב יחיאלי: בני יחיאלי זתם ויואל אחיו על־אצרות בית יהוה:
כג כד לעמרמי ליצהרי לחברוני לעזיאלי: ושבאל בן־גרשום בן־
כה משה נגיד על־האצרות: ואחיו לאליעזר רחביהו בנו
כו וישעיהו בנו וירם בנו וזכרי בנו ושלמות בנו: הוא שלמות ושלמית
ואחיו על כל־אצרות הקדשים אשר הקדיש דויד המלך
כז וראשי האבות לשרי־האלפים והמאות ושרי הצבא: מן־
כח המלחמות ומן־השלל הקדישו לחזק לבית יהוה: וכל ההקדיש
שמואל הראה ושאול בן־קיש ואבנר בן־נר ויואב בן־
כט צרויה כל המקדיש על יד־שלמית ואחיו: ליצהרי
כנניהו ובניו למלאכה החיצונה על־ישראל לשטרים
ל ולשפטים: לחברוני חשביהו ואחיו בני־חיל אלף
ושבע־מאות על פקדת ישראל מעבר לירדן מערבה
לא לכל מלאכת יהוה ולעבדת המלך: לחברוני יריה הראש

לְחֶבְרוֹנִי לְתֹלְדֹתָיו לְאָבוֹת בִּשְׁנַת הָאַרְבָּעִים לְמַלְכוּת דָּוִיד
לב נִדְרָשׁוּ וַיִּמָּצֵא בָהֶם גִּבּוֹרֵי חַיִל בְּיַעְזֵיר גִּלְעָד׃ וְאֶחָיו בְּנֵי־
חַיִל אַלְפַּיִם וּשְׁבַע מֵאוֹת רָאשֵׁי הָאָבוֹת וַיַּפְקִידֵם דָּוִיד הַמֶּלֶךְ
עַל־הָרְאוּבֵנִי וְהַגָּדִי וַחֲצִי שֵׁבֶט הַמְנַשִּׁי לְכָל־דְּבַר הָאֱלֹהִים
כז א וּדְבַר הַמֶּלֶךְ׃ וּבְנֵי יִשְׂרָאֵל ׀ לְמִסְפָּרָם רָאשֵׁי
הָאָבוֹת ׀ וְשָׂרֵי הָאֲלָפִים ׀ וְהַמֵּאוֹת וְשֹׁטְרֵיהֶם הַמְשָׁרְתִים אֶת־
הַמֶּלֶךְ לְכֹל ׀ דְּבַר הַמַּחְלְקוֹת הַבָּאָה וְהַיֹּצֵאת חֹדֶשׁ בְּחֹדֶשׁ
לְכֹל חָדְשֵׁי הַשָּׁנָה הַמַּחֲלֹקֶת הָאַחַת עֶשְׂרִים וְאַרְבָּעָה
ב אָלֶף׃ עַל הַמַּחֲלֹקֶת הָרִאשׁוֹנָה לַחֹדֶשׁ הָרִאשׁוֹן
יָשָׁבְעָם בֶּן־זַבְדִּיאֵל וְעַל מַחֲלֻקְתּוֹ עֶשְׂרִים וְאַרְבָּעָה
ג אָלֶף׃ מִן־בְּנֵי־פֶרֶץ הָרֹאשׁ לְכָל־שָׂרֵי הַצְּבָאוֹת לַחֹדֶשׁ
ד הָרִאשׁוֹן׃ וְעַל מַחֲלֹקֶת ׀ הַחֹדֶשׁ הַשֵּׁנִי דּוֹדַי הָאֲחוֹחִי
וּמַחֲלֻקְתּוֹ וּמִקְלוֹת הַנָּגִיד וְעַל מַחֲלֻקְתּוֹ עֶשְׂרִים וְאַרְבָּעָה
ה אָלֶף׃ שַׂר הַצָּבָא הַשְּׁלִישִׁי לַחֹדֶשׁ הַשְּׁלִישִׁי בְּנָיָהוּ
בֶן־יְהוֹיָדָע הַכֹּהֵן רֹאשׁ וְעַל מַחֲלֻקְתּוֹ עֶשְׂרִים וְאַרְבָּעָה
ו אָלֶף׃ הוּא בְנָיָהוּ גִּבּוֹר הַשְּׁלֹשִׁים וְעַל־הַשְּׁלֹשִׁים וּמַחֲלֻקְתּוֹ
ז עַמִּיזָבָד בְּנוֹ׃ הָרְבִיעִי לַחֹדֶשׁ הָרְבִיעִי עֲשָׂהאֵל אֲחִי
יוֹאָב וּזְבַדְיָה בְנוֹ אַחֲרָיו וְעַל מַחֲלֻקְתּוֹ עֶשְׂרִים וְאַרְבָּעָה
ח אָלֶף׃ הַחֲמִישִׁי לַחֹדֶשׁ הַחֲמִישִׁי הַשַּׂר שַׁמְהוּת
ט הַיִּזְרָח וְעַל מַחֲלֻקְתּוֹ עֶשְׂרִים וְאַרְבָּעָה אָלֶף׃ הַשִּׁשִּׁי
לַחֹדֶשׁ הַשִּׁשִּׁי עִירָא בֶן־עִקֵּשׁ הַתְּקוֹעִי וְעַל מַחֲלֻקְתּוֹ עֶשְׂרִים
י וְאַרְבָּעָה אָלֶף׃ הַשְּׁבִיעִי לַחֹדֶשׁ הַשְּׁבִיעִי חֶלֶץ
הַפְּלוֹנִי מִן־בְּנֵי אֶפְרָיִם וְעַל מַחֲלֻקְתּוֹ עֶשְׂרִים וְאַרְבָּעָה
יא אָלֶף׃ הַשְּׁמִינִי לַחֹדֶשׁ הַשְּׁמִינִי סִבְּכַי הַחֻשָׁתִי לַזַּרְחִי
יב וְעַל מַחֲלֻקְתּוֹ עֶשְׂרִים וְאַרְבָּעָה אָלֶף׃ הַתְּשִׁיעִי
לַחֹדֶשׁ הַתְּשִׁיעִי אֲבִיעֶזֶר הָעַנְּתֹתִי לבנימיני וְעַל מַחֲלֻקְתּוֹ לַבֶּן ׀ יְמִינִי
יג עֶשְׂרִים וְאַרְבָּעָה אָלֶף׃ הָעֲשִׂירִי לַחֹדֶשׁ הָעֲשִׂירִי

מַהְרַי הַנְּטוֹפָתִי לַזַּרְחִי וְעַל מַחֲלֻקְתּוֹ עֶשְׂרִים וְאַרְבָּעָה
יד אָלֶף׃ עַשְׁתֵּי־עָשָׂר לְעַשְׁתֵּי עָשָׂר הַחֹדֶשׁ בְּנָיָה
הַפִּרְעָתוֹנִי מִן־בְּנֵי אֶפְרָיִם וְעַל מַחֲלֻקְתּוֹ עֶשְׂרִים וְאַרְבָּעָה
טו אָלֶף׃ הַשְּׁנֵים עָשָׂר לִשְׁנֵים עָשָׂר הַחֹדֶשׁ חֶלְדַּי הַנְּטוֹפָתִי
טז לְעָתְנִיאֵל וְעַל מַחֲלֻקְתּוֹ עֶשְׂרִים וְאַרְבָּעָה אָלֶף׃ וְעַל
שִׁבְטֵי יִשְׂרָאֵל לָרְאוּבֵנִי נָגִיד אֱלִיעֶזֶר בֶּן־זִכְרִי לַשִּׁמְעוֹנִי
יז שְׁפַטְיָהוּ בֶּן־מַעֲכָה׃ לְלֵוִי חֲשַׁבְיָה בֶן־קְמוּאֵל לְאַהֲרֹן
יח צָדוֹק׃ לִיהוּדָה אֱלִיהוּ מֵאֲחֵי דָוִיד לְיִשָּׂשכָר עָמְרִי
יט בֶּן־מִיכָאֵל׃ לִזְבוּלֻן יִשְׁמַעְיָהוּ בֶּן־עֹבַדְיָהוּ לְנַפְתָּלִי
כ יְרִימוֹת בֶּן־עַזְרִיאֵל׃ לִבְנֵי אֶפְרַיִם הוֹשֵׁעַ בֶּן־עֲזַזְיָהוּ
כא לַחֲצִי שֵׁבֶט מְנַשֶּׁה יוֹאֵל בֶּן־פְּדָיָהוּ׃ לַחֲצִי הַמְנַשֶּׁה
כב גִּלְעָדָה יִדּוֹ בֶּן־זְכַרְיָהוּ לְבִנְיָמִן יַעֲשִׂיאֵל בֶּן־אַבְנֵר׃ לְדָן
כג עֲזַרְאֵל בֶּן־יְרֹחָם אֵלֶּה שָׂרֵי שִׁבְטֵי יִשְׂרָאֵל׃ וְלֹא־נָשָׂא דָוִיד
מִסְפָּרָם לְמִבֶּן עֶשְׂרִים שָׁנָה וּלְמָטָּה כִּי אָמַר יְהוָה לְהַרְבּוֹת
כד אֶת־יִשְׂרָאֵל כְּכוֹכְבֵי הַשָּׁמָיִם׃ יוֹאָב בֶּן־צְרוּיָה הֵחֵל לִמְנוֹת
וְלֹא כִלָּה וַיְהִי בָזֹאת קֶצֶף עַל־יִשְׂרָאֵל וְלֹא עָלָה הַמִּסְפָּר
כה בְּמִסְפַּר דִּבְרֵי הַיָּמִים לַמֶּלֶךְ דָּוִיד׃ וְעַל אֹצְרוֹת
הַמֶּלֶךְ עַזְמָוֶת בֶּן־עֲדִיאֵל וְעַל הָאֹצָרוֹת בַּשָּׂדֶה בֶּעָרִים
כו וּבַכְּפָרִים וּבַמִּגְדָּלוֹת יְהוֹנָתָן בֶּן־עֻזִּיָּהוּ׃ וְעַל עֹשֵׂי
כז מְלֶאכֶת הַשָּׂדֶה לַעֲבֹדַת הָאֲדָמָה עֶזְרִי בֶּן־כְּלוּב׃ וְעַל־
הַכְּרָמִים שִׁמְעִי הָרָמָתִי וְעַל שֶׁבַּכְּרָמִים לְאֹצְרוֹת הַיַּיִן זַבְדִּי
כח הַשִּׁפְמִי׃ וְעַל־הַזֵּיתִים וְהַשִּׁקְמִים אֲשֶׁר בַּשְּׁפֵלָה בַּעַל
כט חָנָן הַגְּדֵרִי וְעַל־אֹצְרוֹת הַשֶּׁמֶן יוֹעָשׁ׃ וְעַל־הַבָּקָר
הָרֹעִים בַּשָּׁרוֹן שִׁטְרַי הַשָּׁרוֹנִי וְעַל־הַבָּקָר בָּעֲמָקִים שָׁפָט בֶּן־ שִׁרְטַי
ל עַדְלָי׃ וְעַל־הַגְּמַלִּים אוֹבִיל הַיִּשְׁמְעֵלִי וְעַל־הָאֲתֹנוֹת
לא יֶחְדְּיָהוּ הַמֵּרֹנֹתִי׃ וְעַל־הַצֹּאן יָזִיז הַהַגְרִי כָּל־אֵלֶּה
לב שָׂרֵי הָרְכוּשׁ אֲשֶׁר לַמֶּלֶךְ דָּוִיד׃ וִיהוֹנָתָן דּוֹד־דָּוִיד

סדרי ממלכת בית דוד
שמ"ב ח, טו–יח; כ, כג–כו
דה"א יח, יד–יז

יוֹעֵץ אִישׁ־מֵבִין וְסוֹפֵר הוּא וִיחִיאֵל בֶּן־חַכְמוֹנִי עִם־בְּנֵי
לג הַמֶּלֶךְ: וַאֲחִיתֹפֶל יוֹעֵץ לַמֶּלֶךְ וְחוּשַׁי הָאַרְכִּי רֵעַ הַמֶּלֶךְ:
לד וְאַחֲרֵי אֲחִיתֹפֶל יְהוֹיָדָע בֶּן־בְּנָיָהוּ וְאֶבְיָתָר וְשַׂר־צָבָא לַמֶּלֶךְ
כח א יוֹאָב: וַיַּקְהֵל דָּוִיד אֶת־כָּל־שָׂרֵי יִשְׂרָאֵל
שָׂרֵי הַשְּׁבָטִים וְשָׂרֵי הַמַּחְלְקוֹת הַמְשָׁרְתִים אֶת־הַמֶּלֶךְ וְשָׂרֵי
הָאֲלָפִים וְשָׂרֵי הַמֵּאוֹת וְשָׂרֵי כָל־רְכוּשׁ־וּמִקְנֶה ׀ לַמֶּלֶךְ וּלְבָנָיו
ב עִם־הַסָּרִיסִים וְהַגִּבּוֹרִים וּלְכָל־גִּבּוֹר חָיִל אֶל־יְרוּשָׁלָ͏ִם: וַיָּקָם
דָּוִיד הַמֶּלֶךְ עַל־רַגְלָיו וַיֹּאמֶר שְׁמָעוּנִי אַחַי וְעַמִּי אֲנִי עִם־
לְבָבִי לִבְנוֹת בֵּית מְנוּחָה לַאֲרוֹן בְּרִית־יְהוָה וְלַהֲדֹם רַגְלֵי
ג אֱלֹהֵינוּ וַהֲכִינוֹתִי לִבְנוֹת: וְהָאֱלֹהִים אָמַר לִי לֹא־תִבְנֶה
ד בַיִת לִשְׁמִי כִּי אִישׁ מִלְחָמוֹת אַתָּה וְדָמִים שָׁפָכְתָּ: וַיִּבְחַר
יְהוָה אֱלֹהֵי יִשְׂרָאֵל בִּי מִכֹּל בֵּית־אָבִי לִהְיוֹת לְמֶלֶךְ עַל־
יִשְׂרָאֵל לְעוֹלָם כִּי בִיהוּדָה בָּחַר לְנָגִיד וּבְבֵית יְהוּדָה בֵּית
ה אָבִי וּבִבְנֵי אָבִי בִּי רָצָה לְהַמְלִיךְ עַל־כָּל־יִשְׂרָאֵל: וּמִכָּל־
בָּנַי כִּי רַבִּים בָּנִים נָתַן לִי יְהוָה וַיִּבְחַר בִּשְׁלֹמֹה בְנִי לָשֶׁבֶת
ו עַל־כִּסֵּא מַלְכוּת יְהוָה עַל־יִשְׂרָאֵל: וַיֹּאמֶר לִי שְׁלֹמֹה בִנְךָ
הוּא־יִבְנֶה בֵיתִי וַחֲצֵרוֹתָי כִּי־בָחַרְתִּי בוֹ לִי לְבֵן וַאֲנִי אֶהְיֶה־
ז לּוֹ לְאָב: וַהֲכִינוֹתִי אֶת־מַלְכוּתוֹ עַד־לְעוֹלָם אִם־יֶחֱזַק לַעֲשׂוֹת
ח מִצְוֺתַי וּמִשְׁפָּטַי כַּיּוֹם הַזֶּה: וְעַתָּה לְעֵינֵי כָל־יִשְׂרָאֵל קְהַל־
יְהוָה וּבְאָזְנֵי אֱלֹהֵינוּ שִׁמְרוּ וְדִרְשׁוּ כָּל־מִצְוֺת יְהוָה אֱלֹהֵיכֶם
לְמַעַן תִּירְשׁוּ אֶת־הָאָרֶץ הַטּוֹבָה וְהִנְחַלְתֶּם לִבְנֵיכֶם אַחֲרֵיכֶם
ט עַד־עוֹלָם: וְאַתָּה שְׁלֹמֹה־בְנִי דַּע אֶת־אֱלֹהֵי אָבִיךָ וְעָבְדֵהוּ
בְּלֵב שָׁלֵם וּבְנֶפֶשׁ חֲפֵצָה כִּי כָל־לְבָבוֹת דּוֹרֵשׁ יְהוָה וְכָל־
יֵצֶר מַחֲשָׁבוֹת מֵבִין אִם־תִּדְרְשֶׁנּוּ יִמָּצֵא לָךְ וְאִם־תַּעַזְבֶנּוּ
י יַזְנִיחֲךָ לָעַד: רְאֵה ׀ עַתָּה כִּי־יְהוָה בָּחַר בְּךָ לִבְנוֹת־בַּיִת יא
יא לַמִּקְדָּשׁ חֲזַק וַעֲשֵׂה: וַיִּתֵּן דָּוִיד לִשְׁלֹמֹה בְנוֹ אֶת־
תַּבְנִית הָאוּלָם וְאֶת־בָּתָּיו וְגַנְזַכָּיו וַעֲלִיֹּתָיו וַחֲדָרָיו הַפְּנִימִים

ציווי דוד לשלמה בנו באחרית ימיו
מל"א ב, א–ט
דה"א כב, ו–טז

יב וּבֵית הַכַּפֹּרֶת׃ וְתַבְנִית כֹּל אֲשֶׁר הָיָה בָרוּחַ עִמּוֹ לְחַצְרוֹת
בֵּית־יְהוָה וּלְכָל־הַלְּשָׁכוֹת סָבִיב לְאֹצְרוֹת בֵּית הָאֱלֹהִים
יג וּלְאֹצְרוֹת הַקֳּדָשִׁים׃ וּלְמַחְלְקוֹת הַכֹּהֲנִים וְהַלְוִיִּם וּלְכָל־
מְלֶאכֶת עֲבוֹדַת בֵּית־יְהוָה וּלְכָל־כְּלֵי עֲבוֹדַת בֵּית־יְהוָה׃
יד לַזָּהָב בַּמִּשְׁקָל לַזָּהָב לְכָל־כְּלֵי עֲבוֹדָה וַעֲבוֹדָה לְכֹל כְּלֵי
טו הַכֶּסֶף בְּמִשְׁקָל לְכָל־כְּלֵי עֲבוֹדָה וַעֲבוֹדָה׃ וּמִשְׁקָל לִמְנֹרוֹת
הַזָּהָב וְנֵרֹתֵיהֶם זָהָב בְּמִשְׁקַל־מְנוֹרָה וּמְנוֹרָה וְנֵרֹתֶיהָ וְלִמְנֹרוֹת
הַכֶּסֶף בְּמִשְׁקָל לִמְנוֹרָה וְנֵרֹתֶיהָ כַּעֲבוֹדַת מְנוֹרָה וּמְנוֹרָה׃
טז וְאֶת־הַזָּהָב מִשְׁקָל לְשֻׁלְחֲנוֹת הַמַּעֲרֶכֶת לְשֻׁלְחַן וְשֻׁלְחָן
יז וְכֶסֶף לְשֻׁלְחֲנוֹת הַכָּסֶף׃ וְהַמִּזְלָגוֹת וְהַמִּזְרָקוֹת וְהַקְּשָׂוֹת זָהָב
טָהוֹר וְלִכְפוֹרֵי הַזָּהָב בְּמִשְׁקָל לִכְפוֹר וּכְפוֹר וְלִכְפוֹרֵי הַכֶּסֶף
יח בְּמִשְׁקָל לִכְפוֹר וּכְפוֹר׃ וּלְמִזְבַּח הַקְּטֹרֶת זָהָב מְזֻקָּק בַּמִּשְׁקָל
וּלְתַבְנִית הַמֶּרְכָּבָה הַכְּרֻבִים זָהָב לְפֹרְשִׂים וְסֹכְכִים עַל־
יט אֲרוֹן בְּרִית־יְהוָה׃ הַכֹּל בִּכְתָב מִיַּד יְהוָה עָלַי הִשְׂכִּיל כֹּל
כ מַלְאֲכוֹת הַתַּבְנִית׃ וַיֹּאמֶר דָּוִיד לִשְׁלֹמֹה בְנוֹ חֲזַק
וֶאֱמַץ וַעֲשֵׂה אַל־תִּירָא וְאַל־תֵּחָת כִּי יְהוָה אֱלֹהִים אֱלֹהַי
עִמָּךְ לֹא יַרְפְּךָ וְלֹא יַעַזְבֶךָּ עַד־לִכְלוֹת כָּל־מְלֶאכֶת עֲבוֹדַת
כא בֵּית־יְהוָה׃ וְהִנֵּה מַחְלְקוֹת הַכֹּהֲנִים וְהַלְוִיִּם לְכָל־עֲבוֹדַת
בֵּית הָאֱלֹהִים וְעִמְּךָ בְכָל־מְלָאכָה לְכָל־נָדִיב בַּחָכְמָה לְכָל־
כט א עֲבוֹדָה וְהַשָּׂרִים וְכָל־הָעָם לְכָל־דְּבָרֶיךָ׃ וַיֹּאמֶר דָּוִיד
הַמֶּלֶךְ לְכָל־הַקָּהָל שְׁלֹמֹה בְנִי אֶחָד בָּחַר־בּוֹ אֱלֹהִים נַעַר וָרָךְ
וְהַמְּלָאכָה גְדוֹלָה כִּי לֹא לְאָדָם הַבִּירָה כִּי לַיהוָה אֱלֹהִים׃
ב וּכְכָל־כֹּחִי הֲכִינוֹתִי לְבֵית־אֱלֹהַי הַזָּהָב ׀ לַזָּהָב וְהַכֶּסֶף לַכֶּסֶף
וְהַנְּחֹשֶׁת לַנְּחֹשֶׁת הַבַּרְזֶל לַבַּרְזֶל וְהָעֵצִים לָעֵצִים אַבְנֵי־
שֹׁהַם וּמִלּוּאִים אַבְנֵי־פוּךְ וְרִקְמָה וְכֹל אֶבֶן יְקָרָה וְאַבְנֵי־
ג שַׁיִשׁ לָרֹב׃ וְעוֹד בִּרְצוֹתִי בְּבֵית אֱלֹהַי יֶשׁ־לִי סְגֻלָּה זָהָב
וָכָסֶף נָתַתִּי לְבֵית־אֱלֹהַי לְמַעְלָה מִכָּל־הֲכִינוֹתִי לְבֵית הַקֹּדֶשׁ׃

ד שְׁלֹשֶׁת אֲלָפִים כִּכְּרֵי זָהָב מִזְּהַב אוֹפִיר וְשִׁבְעַת אֲלָפִים
ה כִּכַּר־כֶּסֶף מְזֻקָּק לָטוּחַ קִירוֹת הַבָּתִּים: לַזָּהָב לַזָּהָב וְלַכֶּסֶף
לַכֶּסֶף וּלְכָל־מְלָאכָה בְּיַד חָרָשִׁים וּמִי מִתְנַדֵּב לְמַלֹּאות יָדוֹ
ו הַיּוֹם לַיהוה: וַיִּתְנַדְּבוּ שָׂרֵי הָאָבוֹת וְשָׂרֵי | שִׁבְטֵי יִשְׂרָאֵל
ז וְשָׂרֵי הָאֲלָפִים וְהַמֵּאוֹת וּלְשָׂרֵי מְלֶאכֶת הַמֶּלֶךְ: וַיִּתְּנוּ
לַעֲבוֹדַת בֵּית־הָאֱלֹהִים זָהָב כִּכָּרִים חֲמֵשֶׁת־אֲלָפִים וַאֲדַרְכֹנִים
רִבּוֹ וְכֶסֶף כִּכָּרִים עֲשֶׂרֶת אֲלָפִים וּנְחֹשֶׁת רִבּוֹ וּשְׁמוֹנַת
ח אֲלָפִים כִּכָּרִים וּבַרְזֶל מֵאָה־אֶלֶף כִּכָּרִים: וְהַנִּמְצָא אִתּוֹ
אֲבָנִים נָתְנוּ לְאוֹצַר בֵּית־יהוה עַל יַד־יְחִיאֵל הַגֵּרְשֻׁנִּי:
ט וַיִּשְׂמְחוּ הָעָם עַל־הִתְנַדְּבָם כִּי בְּלֵב שָׁלֵם הִתְנַדְּבוּ לַיהוה
י וְגַם דָּוִיד הַמֶּלֶךְ שָׂמַח שִׂמְחָה גְדוֹלָה: וַיְבָרֶךְ דָּוִיד
אֶת־יהוה לְעֵינֵי כָּל־הַקָּהָל וַיֹּאמֶר דָּוִיד בָּרוּךְ אַתָּה יהוה
יא אֱלֹהֵי יִשְׂרָאֵל אָבִינוּ מֵעוֹלָם וְעַד־עוֹלָם: לְךָ יהוה הַגְּדֻלָּה
וְהַגְּבוּרָה וְהַתִּפְאֶרֶת וְהַנֵּצַח וְהַהוֹד כִּי־כֹל בַּשָּׁמַיִם וּבָאָרֶץ
יב לְךָ יהוה הַמַּמְלָכָה וְהַמִּתְנַשֵּׂא לְכֹל | לְרֹאשׁ: וְהָעֹשֶׁר וְהַכָּבוֹד
מִלְּפָנֶיךָ וְאַתָּה מוֹשֵׁל בַּכֹּל וּבְיָדְךָ כֹּחַ וּגְבוּרָה וּבְיָדְךָ לְגַדֵּל
יג וּלְחַזֵּק לַכֹּל: וְעַתָּה אֱלֹהֵינוּ מוֹדִים אֲנַחְנוּ לָךְ וּמְהַלְלִים
יד לְשֵׁם תִּפְאַרְתֶּךָ: וְכִי מִי אֲנִי וּמִי עַמִּי כִּי־נַעְצֹר כֹּחַ לְהִתְנַדֵּב
טו כָּזֹאת כִּי־מִמְּךָ הַכֹּל וּמִיָּדְךָ נָתַנּוּ לָךְ: כִּי־גֵרִים אֲנַחְנוּ
לְפָנֶיךָ וְתוֹשָׁבִים כְּכָל־אֲבֹתֵינוּ כַּצֵּל | יָמֵינוּ עַל־הָאָרֶץ וְאֵין
טז מִקְוֶה: יהוה אֱלֹהֵינוּ כֹּל הֶהָמוֹן הַזֶּה אֲשֶׁר הֲכִינֹנוּ לִבְנוֹת־
יז לְךָ בַיִת לְשֵׁם קָדְשֶׁךָ מִיָּדְךָ הִיא וּלְךָ הַכֹּל: וְיָדַעְתִּי אֱלֹהַי הוא
כִּי אַתָּה בֹּחֵן לֵבָב וּמֵישָׁרִים תִּרְצֶה אֲנִי בְּיֹשֶׁר לְבָבִי הִתְנַדַּבְתִּי
כָל־אֵלֶּה וְעַתָּה עַמְּךָ הַנִּמְצְאוּ־פֹה רָאִיתִי בְשִׂמְחָה לְהִתְנַדֶּב־
יח לָךְ: יהוה אֱלֹהֵי אַבְרָהָם יִצְחָק וְיִשְׂרָאֵל אֲבֹתֵינוּ שָׁמְרָה־
זֹּאת לְעוֹלָם לְיֵצֶר מַחְשְׁבוֹת לְבַב עַמֶּךָ וְהָכֵן לְבָבָם אֵלֶיךָ:
יט וְלִשְׁלֹמֹה בְנִי תֵּן לֵבָב שָׁלֵם לִשְׁמוֹר מִצְוֹתֶיךָ עֵדְוֹתֶיךָ וְחֻקֶּיךָ

כ וְלַעֲשׂוֹת הַכֹּל וְלִבְנוֹת הַבִּירָה אֲשֶׁר־הֲכִינוֹתִי׃ וַיֹּאמֶר
דָּוִיד לְכָל־הַקָּהָל בָּרְכוּ־נָא אֶת־יְהוָה אֱלֹהֵיכֶם וַיְבָרְכוּ כָל־
הַקָּהָל לַיהוָה אֱלֹהֵי אֲבֹתֵיהֶם וַיִּקְּדוּ וַיִּשְׁתַּחֲווּ לַיהוָה וְלַמֶּלֶךְ׃
כא וַיִּזְבְּחוּ לַיהוָה ׀ זְבָחִים וַיַּעֲלוּ עֹלוֹת לַיהוָה לְמָחֳרַת הַיּוֹם
הַהוּא פָּרִים אֶלֶף אֵילִים אֶלֶף כְּבָשִׂים אֶלֶף וְנִסְכֵּיהֶם וּזְבָחִים
כב לָרֹב לְכָל־יִשְׂרָאֵל׃ וַיֹּאכְלוּ וַיִּשְׁתּוּ לִפְנֵי יְהוָה בַּיּוֹם הַהוּא
בְּשִׂמְחָה גְדוֹלָה וַיַּמְלִיכוּ שֵׁנִית לִשְׁלֹמֹה בֶן־דָּוִיד וַיִּמְשְׁחוּ
כג לַיהוָה לְנָגִיד וּלְצָדוֹק לְכֹהֵן׃ וַיֵּשֶׁב שְׁלֹמֹה עַל־כִּסֵּא יְהוָה ׀
לְמֶלֶךְ תַּחַת־דָּוִיד אָבִיו וַיַּצְלַח וַיִּשְׁמְעוּ אֵלָיו כָּל־יִשְׂרָאֵל׃
כד וְכָל־הַשָּׂרִים וְהַגִּבֹּרִים וְגַם כָּל־בְּנֵי הַמֶּלֶךְ דָּוִיד נָתְנוּ יָד תַּחַת
כה שְׁלֹמֹה הַמֶּלֶךְ׃ וַיְגַדֵּל יְהוָה אֶת־שְׁלֹמֹה לְמַעְלָה לְעֵינֵי כָּל־
יִשְׂרָאֵל וַיִּתֵּן עָלָיו הוֹד מַלְכוּת אֲשֶׁר לֹא־הָיָה עַל־כָּל־מֶלֶךְ
כו לְפָנָיו עַל־יִשְׂרָאֵל׃ וְדָוִיד בֶּן־יִשָׁי מָלַךְ עַל־כָּל־יִשְׂרָאֵל׃
כז וְהַיָּמִים אֲשֶׁר מָלַךְ עַל־יִשְׂרָאֵל אַרְבָּעִים שָׁנָה בְּחֶבְרוֹן מָלַךְ
כח שֶׁבַע שָׁנִים וּבִירוּשָׁלִַם מָלַךְ שְׁלֹשִׁים וְשָׁלוֹשׁ׃ וַיָּמָת בְּשֵׂיבָה
טוֹבָה שְׂבַע יָמִים עֹשֶׁר וְכָבוֹד וַיִּמְלֹךְ שְׁלֹמֹה בְנוֹ תַּחְתָּיו׃
כט וְדִבְרֵי דָּוִיד הַמֶּלֶךְ הָרִאשֹׁנִים וְהָאַחֲרֹנִים הִנָּם כְּתוּבִים עַל־
דִּבְרֵי שְׁמוּאֵל הָרֹאֶה וְעַל־דִּבְרֵי נָתָן הַנָּבִיא וְעַל־דִּבְרֵי גָּד
ל הַחֹזֶה׃ עִם כָּל־מַלְכוּתוֹ וּגְבוּרָתוֹ וְהָעִתִּים אֲשֶׁר עָבְרוּ עָלָיו
וְעַל־יִשְׂרָאֵל וְעַל כָּל־מַמְלְכוֹת הָאֲרָצוֹת׃

## דברי הימים ב

א א וַיִּתְחַזֵּק
שְׁלֹמֹה בֶן־דָּוִיד עַל־מַלְכוּתוֹ וַיהוָה אֱלֹהָיו עִמּוֹ וַיְגַדְּלֵהוּ
ב לְמָעְלָה׃ וַיֹּאמֶר שְׁלֹמֹה לְכָל־יִשְׂרָאֵל לְשָׂרֵי הָאֲלָפִים וְהַמֵּאוֹת
ג וְלַשֹּׁפְטִים וּלְכֹל נָשִׂיא לְכָל־יִשְׂרָאֵל רָאשֵׁי הָאָבוֹת׃ וַיֵּלְכוּ
שְׁלֹמֹה וְכָל־הַקָּהָל עִמּוֹ לַבָּמָה אֲשֶׁר בְּגִבְעוֹן כִּי־שָׁם הָיָה
אֹהֶל מוֹעֵד הָאֱלֹהִים אֲשֶׁר עָשָׂה מֹשֶׁה עֶבֶד־יְהוָה בַּמִּדְבָּר׃
ד אֲבָל אֲרוֹן הָאֱלֹהִים הֶעֱלָה דָוִיד מִקִּרְיַת יְעָרִים בַּהֵכִין לוֹ
ה דָּוִיד כִּי נָטָה־לוֹ אֹהֶל בִּירוּשָׁלִָם׃ וּמִזְבַּח הַנְּחֹשֶׁת אֲשֶׁר

המלכת שלמה
מל״א א, לב–מ
דה״א כג, א

שנות מלכותו של דוד
שמ״ב ב, יא; ה, ד–ה
מל״א ב, יא
דה״א ג, ד

סיכום מלכות דוד
מל״א ב, י

שלמה מקריב אלף עולות על המזבח בגבעון
מל״א ג, ד

עָשָׂה בְּצַלְאֵל בֶּן־אוּרִי בֶן־חוּר שָׂם לִפְנֵי מִשְׁכַּן יְהוָה וַיִּדְרְשֵׁהוּ
ו שְׁלֹמֹה וְהַקָּהָל׃ וַיַּעַל שְׁלֹמֹה שָׁם עַל־מִזְבַּח הַנְּחֹשֶׁת לִפְנֵי
ז יְהוָה אֲשֶׁר לְאֹהֶל מוֹעֵד וַיַּעַל עָלָיו עֹלוֹת אָלֶף׃ בַּלַּיְלָה

החלום בגבעון
מל״א ג, ה–טו

הַהוּא נִרְאָה אֱלֹהִים לִשְׁלֹמֹה וַיֹּאמֶר לוֹ שְׁאַל מָה אֶתֶּן־לָךְ׃
ח וַיֹּאמֶר שְׁלֹמֹה לֵאלֹהִים אַתָּה עָשִׂיתָ עִם־דָּוִיד אָבִי חֶסֶד
ט גָּדוֹל וְהִמְלַכְתַּנִי תַּחְתָּיו׃ עַתָּה יְהוָה אֱלֹהִים יֵאָמֵן דְּבָרְךָ עִם
י דָּוִיד אָבִי כִּי אַתָּה הִמְלַכְתַּנִי עַל־עַם רַב כַּעֲפַר הָאָרֶץ׃ עַתָּה
חָכְמָה וּמַדָּע תֶּן־לִי וְאֵצְאָה לִפְנֵי הָעָם־הַזֶּה וְאָבוֹאָה כִּי־מִי
יִשְׁפֹּט אֶת־עַמְּךָ הַזֶּה הַגָּדוֹל׃
יא וַיֹּאמֶר אֱלֹהִים ׀ לִשְׁלֹמֹה יַעַן אֲשֶׁר הָיְתָה זֹאת עִם־לְבָבֶךָ וְלֹא־
שָׁאַלְתָּ עֹשֶׁר נְכָסִים וְכָבוֹד וְאֵת נֶפֶשׁ שֹׂנְאֶיךָ וְגַם־יָמִים רַבִּים
לֹא שָׁאָלְתָּ וַתִּשְׁאַל־לְךָ חָכְמָה וּמַדָּע אֲשֶׁר תִּשְׁפּוֹט אֶת־עַמִּי
יב אֲשֶׁר הִמְלַכְתִּיךָ עָלָיו׃ הַחָכְמָה וְהַמַּדָּע נָתוּן לָךְ וְעֹשֶׁר
וּנְכָסִים וְכָבוֹד אֶתֶּן־לָךְ אֲשֶׁר ׀ לֹא־הָיָה כֵן לַמְּלָכִים אֲשֶׁר
יג לְפָנֶיךָ וְאַחֲרֶיךָ לֹא יִהְיֶה־כֵּן׃ וַיָּבֹא שְׁלֹמֹה לַבָּמָה אֲשֶׁר־בְּגִבְעוֹן
יד יְרוּשָׁלִַם מִלִּפְנֵי אֹהֶל מוֹעֵד וַיִּמְלֹךְ עַל־יִשְׂרָאֵל׃ וַיֶּאֱסֹף

תיאור הסוסים, הרכב והפרשים של שלמה
מל״א ה, ו; י, כו
דה״ב ט, כה

שְׁלֹמֹה רֶכֶב וּפָרָשִׁים וַיְהִי־לוֹ אֶלֶף וְאַרְבַּע־מֵאוֹת רֶכֶב וּשְׁנֵים־
עָשָׂר אֶלֶף פָּרָשִׁים וַיַּנִּיחֵם בְּעָרֵי הָרֶכֶב וְעִם־הַמֶּלֶךְ בִּירוּשָׁלִָם׃
טו וַיִּתֵּן הַמֶּלֶךְ אֶת־הַכֶּסֶף וְאֶת־הַזָּהָב בִּירוּשָׁלִַם כָּאֲבָנִים וְאֵת־
טז הָאֲרָזִים נָתַן כַּשִּׁקְמִים אֲשֶׁר־בַּשְּׁפֵלָה לָרֹב׃ וּמוֹצָא הַסּוּסִים
אֲשֶׁר לִשְׁלֹמֹה מִמִּצְרָיִם וּמִקְוֵא סֹחֲרֵי הַמֶּלֶךְ מִקְוֵא יִקְחוּ
יז בִּמְחִיר׃ וַיַּעֲלוּ וַיּוֹצִיאוּ מִמִּצְרַיִם מֶרְכָּבָה בְּשֵׁשׁ מֵאוֹת כֶּסֶף
וְסוּס בַּחֲמִשִּׁים וּמֵאָה וְכֵן לְכָל־מַלְכֵי הַחִתִּים וּמַלְכֵי אֲרָם
יח בְּיָדָם יוֹצִיאוּ׃ וַיֹּאמֶר שְׁלֹמֹה לִבְנוֹת בַּיִת לְשֵׁם יְהוָה וּבַיִת

מספר עובדי שלמה, הסבלים, החוצבים והממונים עליהם
מל״א ה, כט–ל; ט, כג
דה״ב ב, טז–יז; ח, י

ב א לְמַלְכוּתוֹ׃ וַיִּסְפֹּר שְׁלֹמֹה שִׁבְעִים אֶלֶף אִישׁ סַבָּל וּשְׁמוֹנִים
אֶלֶף אִישׁ חֹצֵב בָּהָר וּמְנַצְּחִים עֲלֵיהֶם שְׁלֹשֶׁת אֲלָפִים וְשֵׁשׁ
מֵאוֹת׃

בקשת שלמה מחירם מלך צור
מל״א ה, טז–כ

וַיִּשְׁלַח שְׁלֹמֹה אֶל־חוּרָם מֶלֶךְ־צֹר לֵאמֹר כַּאֲשֶׁר עָשִׂיתָ עִם־ ב
יב דָּוִיד אָבִי וַתִּשְׁלַח־לוֹ אֲרָזִים לִבְנוֹת־לוֹ בַיִת לָשֶׁבֶת בּוֹ: הִנֵּה ג
אֲנִי בוֹנֶה־בַּיִת לְשֵׁם ׀ יְהוָה אֱלֹהָי לְהַקְדִּישׁ לוֹ לְהַקְטִיר לְפָנָיו
קְטֹרֶת־סַמִּים וּמַעֲרֶכֶת תָּמִיד וְעֹלוֹת לַבֹּקֶר וְלָעֶרֶב לַשַּׁבָּתוֹת
וְלֶחֳדָשִׁים וּלְמוֹעֲדֵי יְהוָה אֱלֹהֵינוּ לְעוֹלָם זֹאת עַל־יִשְׂרָאֵל:
וְהַבַּיִת אֲשֶׁר־אֲנִי בוֹנֶה גָּדוֹל כִּי־גָדוֹל אֱלֹהֵינוּ מִכָּל־הָאֱלֹהִים: ד
וּמִי יַעֲצָר־כֹּחַ לִבְנוֹת־לוֹ בַיִת כִּי הַשָּׁמַיִם וּשְׁמֵי הַשָּׁמַיִם לֹא ה
יְכַלְכְּלֻהוּ וּמִי אֲנִי אֲשֶׁר אֶבְנֶה־לּוֹ בַיִת כִּי אִם־לְהַקְטִיר לְפָנָיו:
וְעַתָּה שְׁלַח־לִי אִישׁ־חָכָם לַעֲשׂוֹת בַּזָּהָב וּבַכֶּסֶף וּבַנְּחֹשֶׁת ו
וּבַבַּרְזֶל וּבָאַרְגְּוָן וְכַרְמִיל וּתְכֵלֶת וְיֹדֵעַ לְפַתֵּחַ פִּתּוּחִים עִם־
הַחֲכָמִים אֲשֶׁר עִמִּי בִּיהוּדָה וּבִירוּשָׁלִַם אֲשֶׁר הֵכִין דָּוִיד אָבִי:
וּשְׁלַח־לִי עֲצֵי אֲרָזִים בְּרוֹשִׁים וְאַלְגּוּמִּים מֵהַלְּבָנוֹן כִּי אֲנִי ז
יָדַעְתִּי אֲשֶׁר עֲבָדֶיךָ יוֹדְעִים לִכְרוֹת עֲצֵי לְבָנוֹן וְהִנֵּה עֲבָדַי
עִם־עֲבָדֶיךָ: וּלְהָכִין לִי עֵצִים לָרֹב כִּי הַבַּיִת אֲשֶׁר־אֲנִי בוֹנֶה ח
גָּדוֹל וְהַפְלֵא: וְהִנֵּה לַחֹטְבִים לְכֹרְתֵי הָעֵצִים נָתַתִּי חִטִּים ׀ ט
מַכּוֹת לַעֲבָדֶיךָ כֹּרִים עֶשְׂרִים אֶלֶף וּשְׂעֹרִים כֹּרִים עֶשְׂרִים אָלֶף
וְיַיִן בַּתִּים עֶשְׂרִים אֶלֶף וְשֶׁמֶן בַּתִּים עֶשְׂרִים אָלֶף:

הסחורה שאותה סיפק שלמה לחירם שנה בשנה
מל״א ה, כה

וַיֹּאמֶר חוּרָם מֶלֶךְ־צֹר בִּכְתָב וַיִּשְׁלַח אֶל־שְׁלֹמֹה בְּאַהֲבַת י
יְהוָה אֶת־עַמּוֹ נְתָנְךָ עֲלֵיהֶם מֶלֶךְ: וַיֹּאמֶר חוּרָם בָּרוּךְ יְהוָה יא
אֱלֹהֵי יִשְׂרָאֵל אֲשֶׁר עָשָׂה אֶת־הַשָּׁמַיִם וְאֶת־הָאָרֶץ אֲשֶׁר
נָתַן לְדָוִיד הַמֶּלֶךְ בֵּן חָכָם יוֹדֵעַ שֵׂכֶל וּבִינָה אֲשֶׁר יִבְנֶה־בַּיִת
לַיהוָה וּבַיִת לְמַלְכוּתוֹ: וְעַתָּה שָׁלַחְתִּי אִישׁ־חָכָם יוֹדֵעַ בִּינָה יב
לְחוּרָם אָבִי: בֶּן־אִשָּׁה מִן־בְּנוֹת דָּן וְאָבִיו אִישׁ־צֹרִי יוֹדֵעַ יג
לַעֲשׂוֹת בַּזָּהָב־וּבַכֶּסֶף בַּנְּחֹשֶׁת בַּבַּרְזֶל בָּאֲבָנִים וּבָעֵצִים
בָּאַרְגָּמָן בַּתְּכֵלֶת וּבַבּוּץ וּבַכַּרְמִיל וּלְפַתֵּחַ כָּל־פִּתּוּחַ וְלַחְשֹׁב
כָּל־מַחֲשָׁבֶת אֲשֶׁר יִנָּתֶן־לוֹ עִם־חֲכָמֶיךָ וְחַכְמֵי אֲדֹנִי דָּוִיד
אָבִיךָ: וְעַתָּה הַחִטִּים וְהַשְּׂעֹרִים הַשֶּׁמֶן וְהַיַּיִן אֲשֶׁר אָמַר יד

תשובת חירם לבקשת שלמה
מל״א ה, כא–כב

חירם, האומן מצור, נלקח להכין את כלי הנחושת
מל״א ז, יג–יד

טו אֲדֹנִי יִשְׁלַח לַעֲבָדָיו: וַאֲנַחְנוּ נִכְרֹת עֵצִים מִן־הַלְּבָנוֹן כְּכָל־
צָרְכֶּךָ וּנְבִיאֵם לְךָ רַפְסֹדוֹת עַל־יָם יָפוֹ וְאַתָּה תַּעֲלֶה אֹתָם
טז יְרוּשָׁלִָם: וַיִּסְפֹּר שְׁלֹמֹה כָּל־הָאֲנָשִׁים הַגֵּיוֹרִים אֲשֶׁר
בְּאֶרֶץ יִשְׂרָאֵל אַחֲרֵי הַסְּפָר אֲשֶׁר סְפָרָם דָּוִיד אָבִיו וַיִּמָּצְאוּ
יז מֵאָה וַחֲמִשִּׁים אֶלֶף וּשְׁלֹשֶׁת אֲלָפִים וְשֵׁשׁ מֵאוֹת: וַיַּעַשׂ מֵהֶם
שִׁבְעִים אֶלֶף סַבָּל וּשְׁמֹנִים אֶלֶף חֹצֵב בָּהָר וּשְׁלֹשֶׁת אֲלָפִים

מספר עובדי שלמה, הסבלים, החוצבים והממונים עליהם
מל״א ה, כט–ל; ט, כג
דה״ב ב, א; ח, י

ג א וְשֵׁשׁ מֵאוֹת מְנַצְּחִים לְהַעֲבִיד אֶת־הָעָם: וַיָּחֶל שְׁלֹמֹה לִבְנוֹת
אֶת־בֵּית־יהוה בִּירוּשָׁלִַם בְּהַר הַמּוֹרִיָּה אֲשֶׁר נִרְאָה לְדָוִיד
ב אָבִיהוּ אֲשֶׁר הֵכִין בִּמְקוֹם דָּוִיד בְּגֹרֶן אָרְנָן הַיְבוּסִי: וַיָּחֶל
ג לִבְנוֹת בַּחֹדֶשׁ הַשֵּׁנִי בַּשֵּׁנִי בִּשְׁנַת אַרְבַּע לְמַלְכוּתוֹ: וְאֵלֶּה
הוּסַד שְׁלֹמֹה לִבְנוֹת אֶת־בֵּית הָאֱלֹהִים הָאֹרֶךְ אַמּוֹת בַּמִּדָּה
ד הָרִאשׁוֹנָה אַמּוֹת שִׁשִּׁים וְרֹחַב אַמּוֹת עֶשְׂרִים: וְהָאוּלָם אֲשֶׁר
עַל־פְּנֵי הָאֹרֶךְ עַל־פְּנֵי רֹחַב־הַבַּיִת אַמּוֹת עֶשְׂרִים וְהַגֹּבַהּ
ה מֵאָה וְעֶשְׂרִים וַיְצַפֵּהוּ מִפְּנִימָה זָהָב טָהוֹר: וְאֵת ׀ הַבַּיִת
הַגָּדוֹל חִפָּה עֵץ בְּרוֹשִׁים וַיְחַפֵּהוּ זָהָב טוֹב וַיַּעַל עָלָיו תִּמֹרִים
ו וְשַׁרְשְׁרוֹת: וַיְצַף אֶת־הַבַּיִת אֶבֶן יְקָרָה לְתִפְאָרֶת וְהַזָּהָב זְהַב
ז פַּרְוָיִם: וַיְחַף אֶת־הַבַּיִת הַקֹּרוֹת הַסִּפִּים וְקִירוֹתָיו וְדַלְתוֹתָיו
ח זָהָב וּפִתַּח כְּרוּבִים עַל־הַקִּירוֹת: וַיַּעַשׂ אֶת־בֵּית־
קֹדֶשׁ הַקֳּדָשִׁים אָרְכּוֹ עַל־פְּנֵי רֹחַב־הַבַּיִת אַמּוֹת עֶשְׂרִים
וְרָחְבּוֹ אַמּוֹת עֶשְׂרִים וַיְחַפֵּהוּ זָהָב טוֹב לְכִכָּרִים שֵׁשׁ מֵאוֹת:
ט וּמִשְׁקָל לְמִסְמְרוֹת לִשְׁקָלִים חֲמִשִּׁים זָהָב וְהָעֲלִיּוֹת חִפָּה

בניית בית המקדש
מל״א ו, א–כב

י זָהָב: וַיַּעַשׂ בְּבֵית־קֹדֶשׁ הַקֳּדָשִׁים כְּרוּבִים שְׁנַיִם
יא מַעֲשֵׂה צַעֲצֻעִים וַיְצַפּוּ אֹתָם זָהָב: וְכַנְפֵי הַכְּרוּבִים אָרְכָּם
אַמּוֹת עֶשְׂרִים כְּנַף הָאֶחָד לְאַמּוֹת חָמֵשׁ מַגַּעַת לְקִיר הַבַּיִת
וְהַכָּנָף הָאַחֶרֶת אַמּוֹת חָמֵשׁ מַגִּיעַ לִכְנַף הַכְּרוּב הָאַחֵר:
יב וּכְנַף הַכְּרוּב הָאֶחָד אַמּוֹת חָמֵשׁ מַגִּיעַ לְקִיר הַבַּיִת וְהַכָּנָף
יג הָאַחֶרֶת אַמּוֹת חָמֵשׁ דְּבֵקָה לִכְנַף הַכְּרוּב הָאַחֵר: כַּנְפֵי

עשיית הכרובים
מל״א ו, כג–כח

הַכְּרוּבִים הָאֵלֶּה פֹּרְשִׂים אַמּוֹת עֶשְׂרִים וְהֵם עֹמְדִים עַל־
יד רַגְלֵיהֶם וּפְנֵיהֶם לַבָּיִת׃ וַיַּעַשׂ אֶת־הַפָּרֹכֶת תְּכֵלֶת
טו וְאַרְגָּמָן וְכַרְמִיל וּבוּץ וַיַּעַל עָלָיו כְּרוּבִים׃ וַיַּעַשׂ
עשיית שני העמודים "יכין ובועז" מל"א ז, טו–כב
לִפְנֵי הַבַּיִת עַמּוּדִים שְׁנַיִם אַמּוֹת שְׁלֹשִׁים וְחָמֵשׁ אֹרֶךְ וְהַצֶּפֶת
טז אֲשֶׁר־עַל־רֹאשׁוֹ אַמּוֹת חָמֵשׁ׃ וַיַּעַשׂ שַׁרְשְׁרוֹת
בַּדְּבִיר וַיִּתֵּן עַל־רֹאשׁ הָעַמֻּדִים וַיַּעַשׂ רִמּוֹנִים מֵאָה וַיִּתֵּן
יז בַּשַּׁרְשְׁרוֹת׃ וַיָּקֶם אֶת־הָעַמּוּדִים עַל־פְּנֵי הַהֵיכָל אֶחָד מִיָּמִין
וְאֶחָד מֵהַשְּׂמֹאול וַיִּקְרָא שֵׁם־הַיְמִינִי יָכִין וְשֵׁם הַשְּׂמָאלִי
הַיְמָנִי
ד א בֹּעַז׃ וַיַּעַשׂ מִזְבַּח נְחֹשֶׁת עֶשְׂרִים אַמָּה אָרְכּוֹ וְעֶשְׂרִים
ב אַמָּה רָחְבּוֹ וְעֶשֶׂר אַמּוֹת קוֹמָתוֹ׃ וַיַּעַשׂ אֶת־הַיָּם
עשיית ה"ים" מל"א ז, כג–כו
מוּצָק עֶשֶׂר בָּאַמָּה מִשְּׂפָתוֹ אֶל־שְׂפָתוֹ עָגוֹל ׀ סָבִיב וְחָמֵשׁ
ג בָּאַמָּה קוֹמָתוֹ וְקָו שְׁלֹשִׁים בָּאַמָּה יָסֹב אֹתוֹ סָבִיב׃ וּדְמוּת
בְּקָרִים תַּחַת לוֹ סָבִיב ׀ סָבִיב סוֹבְבִים אֹתוֹ עֶשֶׂר בָּאַמָּה
מַקִּיפִים אֶת־הַיָּם סָבִיב שְׁנַיִם טוּרִים הַבָּקָר יְצוּקִים בְּמֻצַקְתּוֹ׃
ד עוֹמֵד עַל־שְׁנֵים עָשָׂר בָּקָר שְׁלֹשָׁה פֹנִים ׀ צָפוֹנָה וּשְׁלוֹשָׁה
פֹנִים ׀ יָמָּה וּשְׁלֹשָׁה ׀ פֹּנִים נֶגְבָּה וּשְׁלֹשָׁה פֹּנִים מִזְרָחָה וְהַיָּם
ה עֲלֵיהֶם מִלְמָעְלָה וְכָל־אֲחֹרֵיהֶם בָּיְתָה׃ וְעָבְיוֹ טֶפַח וּשְׂפָתוֹ
כְּמַעֲשֵׂה שְׂפַת־כּוֹס פֶּרַח שׁוֹשַׁנָּה מַחֲזִיק בַּתִּים שְׁלֹשֶׁת אֲלָפִים
ו יָכִיל׃ וַיַּעַשׂ כִּיּוֹרִים עֲשָׂרָה וַיִּתֵּן חֲמִשָּׁה מִיָּמִין
עשיית הכיורים מל"א ז, לח
וַחֲמִשָּׁה מִשְּׂמֹאול לְרָחְצָה בָהֶם אֶת־מַעֲשֵׂה הָעוֹלָה יָדִיחוּ
ז בָם וְהַיָּם לְרָחְצָה לַכֹּהֲנִים בּוֹ׃ וַיַּעַשׂ אֶת־מְנֹרוֹת
סיכום כללי של עשיית כלי הקודש מל"א ז, מ–נ
הַזָּהָב עֶשֶׂר כְּמִשְׁפָּטָם וַיִּתֵּן בַּהֵיכָל חָמֵשׁ מִיָּמִין וְחָמֵשׁ
ח מִשְּׂמֹאול׃ וַיַּעַשׂ שֻׁלְחָנוֹת עֲשָׂרָה וַיַּנַּח בַּהֵיכָל חֲמִשָּׁה
ט מִיָּמִין וַחֲמִשָּׁה מִשְּׂמֹאול וַיַּעַשׂ מִזְרְקֵי זָהָב מֵאָה׃ וַיַּעַשׂ
חֲצַר הַכֹּהֲנִים וְהָעֲזָרָה הַגְּדוֹלָה וּדְלָתוֹת לָעֲזָרָה וְדַלְתוֹתֵיהֶם
י צִפָּה נְחֹשֶׁת׃ וְאֶת־הַיָּם נָתַן מִכֶּתֶף הַיְמָנִית קֵדְמָה מִמּוּל
יא נֶגְבָּה׃ וַיַּעַשׂ חוּרָם אֶת־הַסִּירוֹת וְאֶת־הַיָּעִים וְאֶת־

ד

הַמִּזְרָקוֹת וַיְכַל חִירָם לַעֲשׂוֹת אֶת־הַמְּלָאכָה אֲשֶׁר עָשָׂה חוּרָם
יב לַמֶּלֶךְ שְׁלֹמֹה בְּבֵית הָאֱלֹהִים׃ עַמּוּדִים שְׁנַיִם וְהַגֻּלּוֹת וְהַכֹּתָרוֹת
עַל־רֹאשׁ הָעַמּוּדִים שְׁתָּיִם וְהַשְּׂבָכוֹת שְׁתַּיִם לְכַסּוֹת אֶת־
יג שְׁתֵּי גֻּלּוֹת הַכֹּתָרוֹת אֲשֶׁר עַל־רֹאשׁ הָעַמּוּדִים׃ וְאֶת־הָרִמּוֹנִים
אַרְבַּע מֵאוֹת לִשְׁתֵּי הַשְּׂבָכוֹת שְׁנַיִם טוּרִים רִמּוֹנִים לַשְּׂבָכָה
הָאֶחָת לְכַסּוֹת אֶת־שְׁתֵּי גֻּלּוֹת הַכֹּתָרוֹת אֲשֶׁר עַל־פְּנֵי
יד הָעַמּוּדִים׃ וְאֶת־הַמְּכֹנוֹת עָשָׂה וְאֶת־הַכִּיֹּרוֹת עָשָׂה עַל־
טו הַמְּכֹנוֹת׃ אֶת־הַיָּם אֶחָד וְאֶת־הַבָּקָר שְׁנֵים־עָשָׂר תַּחְתָּיו׃
טז וְאֶת־הַסִּירוֹת וְאֶת־הַיָּעִים וְאֶת־הַמִּזְלָגוֹת וְאֶת־כָּל־כְּלֵיהֶם
עָשָׂה חוּרָם אָבִיו לַמֶּלֶךְ שְׁלֹמֹה לְבֵית יְהוָה נְחֹשֶׁת מָרוּק׃
יז בְּכִכַּר הַיַּרְדֵּן יְצָקָם הַמֶּלֶךְ בַּעֲבִי הָאֲדָמָה בֵּין סֻכּוֹת וּבֵין
יח צְרֵדָתָה׃ וַיַּעַשׂ שְׁלֹמֹה כָּל־הַכֵּלִים הָאֵלֶּה לָרֹב מְאֹד כִּי
יט לֹא נֶחְקַר מִשְׁקַל הַנְּחֹשֶׁת׃ וַיַּעַשׂ שְׁלֹמֹה אֵת כָּל־
הַכֵּלִים אֲשֶׁר בֵּית הָאֱלֹהִים וְאֵת מִזְבַּח הַזָּהָב וְאֶת־הַשֻּׁלְחָנוֹת
כ וַעֲלֵיהֶם לֶחֶם הַפָּנִים׃ וְאֶת־הַמְּנֹרוֹת וְנֵרֹתֵיהֶם לְבַעֲרָם
כא כַּמִּשְׁפָּט לִפְנֵי הַדְּבִיר זָהָב סָגוּר׃ וְהַפֶּרַח וְהַנֵּרוֹת וְהַמֶּלְקַחַיִם
כב זָהָב הוּא מִכְלוֹת זָהָב׃ וְהַמְזַמְּרוֹת וְהַמִּזְרָקוֹת וְהַכַּפּוֹת
וְהַמַּחְתּוֹת זָהָב סָגוּר וּפֶתַח הַבַּיִת דַּלְתוֹתָיו הַפְּנִימִיּוֹת לְקֹדֶשׁ
הַקֳּדָשִׁים וְדַלְתֵי הַבַּיִת לַהֵיכָל זָהָב׃

סיום מלאכת בניית בית המקדש
מל"א ז, נא

ה א וַתִּשְׁלַם כָּל־הַמְּלָאכָה אֲשֶׁר־עָשָׂה שְׁלֹמֹה לְבֵית יְהוָה וַיָּבֵא
שְׁלֹמֹה אֶת־קָדְשֵׁי ׀ דָּוִיד אָבִיו וְאֶת־הַכֶּסֶף וְאֶת־הַזָּהָב וְאֶת־
ב כָּל־הַכֵּלִים נָתַן בְּאֹצְרוֹת בֵּית הָאֱלֹהִים׃ אָז יַקְהִיל

חנוכת בית המקדש
מל"א ח, א–ט

שְׁלֹמֹה אֶת־זִקְנֵי יִשְׂרָאֵל וְאֶת־כָּל־רָאשֵׁי הַמַּטּוֹת נְשִׂיאֵי
הָאָבוֹת לִבְנֵי יִשְׂרָאֵל אֶל־יְרוּשָׁלִָם לְהַעֲלוֹת אֶת־אֲרוֹן בְּרִית־
ג יְהוָה מֵעִיר דָּוִיד הִיא צִיּוֹן׃ וַיִּקָּהֲלוּ אֶל־הַמֶּלֶךְ כָּל־אִישׁ
ד יִשְׂרָאֵל בֶּחָג הוּא הַחֹדֶשׁ הַשְּׁבִעִי׃ וַיָּבֹאוּ כֹּל זִקְנֵי יִשְׂרָאֵל
ה וַיִּשְׂאוּ הַלְוִיִּם אֶת־הָאָרוֹן׃ וַיַּעֲלוּ אֶת־הָאָרוֹן וְאֶת־אֹהֶל מוֹעֵד

וְאֶת־כָּל־כְּלֵי הַקֹּדֶשׁ אֲשֶׁר בָּאֹהֶל הֶעֱלוּ אֹתָם הַכֹּהֲנִים
ו הַלְוִיִּם: וְהַמֶּלֶךְ שְׁלֹמֹה וְכָל־עֲדַת יִשְׂרָאֵל הַנּוֹעָדִים עָלָיו
לִפְנֵי הָאָרוֹן מְזַבְּחִים צֹאן וּבָקָר אֲשֶׁר לֹא־יִסָּפְרוּ וְלֹא
ז יִמָּנוּ מֵרֹב: וַיָּבִיאוּ הַכֹּהֲנִים אֶת־אֲרוֹן בְּרִית־יהוה אֶל־
מְקוֹמוֹ אֶל־דְּבִיר הַבַּיִת אֶל־קֹדֶשׁ הַקֳּדָשִׁים אֶל־תַּחַת כַּנְפֵי
ח הַכְּרוּבִים: וַיִּהְיוּ הַכְּרוּבִים פֹּרְשִׂים כְּנָפַיִם עַל־מְקוֹם הָאָרוֹן
ט וַיְכַסּוּ הַכְּרוּבִים עַל־הָאָרוֹן וְעַל־בַּדָּיו מִלְמָעְלָה: וַיַּאֲרִיכוּ
הַבַּדִּים וַיֵּרָאוּ רָאשֵׁי הַבַּדִּים מִן־הָאָרוֹן עַל־פְּנֵי הַדְּבִיר וְלֹא
י יֵרָאוּ הַחוּצָה וַיְהִי־שָׁם עַד הַיּוֹם הַזֶּה: אֵין בָּאָרוֹן רַק שְׁנֵי
הַלֻּחוֹת אֲשֶׁר־נָתַן מֹשֶׁה בְּחֹרֵב אֲשֶׁר כָּרַת יהוה עִם־בְּנֵי
יא יִשְׂרָאֵל בְּצֵאתָם מִמִּצְרָיִם: וַיְהִי בְּצֵאת הַכֹּהֲנִים מִן־
הַקֹּדֶשׁ כִּי כָּל־הַכֹּהֲנִים הַנִּמְצְאִים הִתְקַדָּשׁוּ אֵין לִשְׁמוֹר
יב לְמַחְלְקוֹת: וְהַלְוִיִּם הַמְשֹׁרְרִים לְכֻלָּם לְאָסָף לְהֵימָן לִידֻתוּן
וְלִבְנֵיהֶם וְלַאֲחֵיהֶם מְלֻבָּשִׁים בּוּץ בִּמְצִלְתַּיִם וּבִנְבָלִים
וְכִנֹּרוֹת עֹמְדִים מִזְרָח לַמִּזְבֵּחַ וְעִמָּהֶם כֹּהֲנִים לְמֵאָה וְעֶשְׂרִים
יג מחצררים בַּחֲצֹצְרוֹת: וַיְהִי כְאֶחָד לַמחצצרים וְלַמְשֹׁרְרִים
לְהַשְׁמִיעַ קוֹל־אֶחָד לְהַלֵּל וּלְהֹדוֹת לַיהוה וּכְהָרִים קוֹל
בַּחֲצֹצְרוֹת וּבִמְצִלְתַּיִם וּבִכְלֵי הַשִּׁיר וּבְהַלֵּל לַיהוה כִּי טוֹב
יד כִּי לְעוֹלָם חַסְדּוֹ וְהַבַּיִת מָלֵא עָנָן בֵּית יהוה: וְלֹא־יָכְלוּ יג
הַכֹּהֲנִים לַעֲמוֹד לְשָׁרֵת מִפְּנֵי הֶעָנָן כִּי־מָלֵא כְבוֹד־יהוה אֶת־
ו א בֵּית הָאֱלֹהִים: אָז אָמַר שְׁלֹמֹה יהוה אָמַר לִשְׁכּוֹן
ב בָּעֲרָפֶל: וַאֲנִי בָּנִיתִי בֵית־זְבֻל לָךְ וּמָכוֹן לְשִׁבְתְּךָ עוֹלָמִים:
ג וַיַּסֵּב הַמֶּלֶךְ אֶת־פָּנָיו וַיְבָרֶךְ אֵת כָּל־קְהַל יִשְׂרָאֵל וְכָל־קְהַל
ד יִשְׂרָאֵל עוֹמֵד: וַיֹּאמֶר בָּרוּךְ יהוה אֱלֹהֵי יִשְׂרָאֵל אֲשֶׁר דִּבֶּר
ה בְּפִיו אֵת דָּוִיד אָבִי וּבְיָדָיו מִלֵּא לֵאמֹר: מִן־הַיּוֹם אֲשֶׁר
הוֹצֵאתִי אֶת־עַמִּי מֵאֶרֶץ מִצְרַיִם לֹא־בָחַרְתִּי בְעִיר מִכֹּל
שִׁבְטֵי יִשְׂרָאֵל לִבְנוֹת בַּיִת לִהְיוֹת שְׁמִי שָׁם וְלֹא־בָחַרְתִּי

השראת השכינה בבית המקדש
מל"א ח, י–יא
דה"ב ז, א–ג

מַחְצְרִים
לְמַחְצְרִים

תפילת שלמה
מל"א ח, יב–נג

ו בָּאִישׁ לִהְיוֹת נָגִיד עַל־עַמִּי יִשְׂרָאֵל׃ וָאֶבְחַר בִּירוּשָׁלִַם לִהְיוֹת
ז שְׁמִי שָׁם וָאֶבְחַר בְּדָוִיד לִהְיוֹת עַל־עַמִּי יִשְׂרָאֵל׃ וַיְהִי עִם־
ח לְבַב דָּוִיד אָבִי לִבְנוֹת בַּיִת לְשֵׁם יְהוָה אֱלֹהֵי יִשְׂרָאֵל׃ וַיֹּאמֶר
יְהוָה אֶל־דָּוִיד אָבִי יַעַן אֲשֶׁר הָיָה עִם־לְבָבְךָ לִבְנוֹת בַּיִת
ט לִשְׁמִי הֱטִיבוֹתָ כִּי הָיָה עִם־לְבָבֶךָ׃ רַק אַתָּה לֹא תִבְנֶה
י הַבָּיִת כִּי בִנְךָ הַיּוֹצֵא מֵחֲלָצֶיךָ הוּא־יִבְנֶה הַבַּיִת לִשְׁמִי׃ וַיָּקֶם
יְהוָה אֶת־דְּבָרוֹ אֲשֶׁר דִּבֵּר וָאָקוּם תַּחַת דָּוִיד אָבִי וָאֵשֵׁב ׀
עַל־כִּסֵּא יִשְׂרָאֵל כַּאֲשֶׁר דִּבֶּר יְהוָה וָאֶבְנֶה הַבַּיִת לְשֵׁם יְהוָה
יא אֱלֹהֵי יִשְׂרָאֵל׃ וָאָשִׂים שָׁם אֶת־הָאָרוֹן אֲשֶׁר שָׁם בְּרִית יְהוָה
יב אֲשֶׁר כָּרַת עִם־בְּנֵי יִשְׂרָאֵל׃ וַיַּעֲמֹד לִפְנֵי מִזְבַּח יְהוָה נֶגֶד
יג כָּל־קְהַל יִשְׂרָאֵל וַיִּפְרֹשׂ כַּפָּיו׃ כִּי־עָשָׂה שְׁלֹמֹה כִּיּוֹר נְחֹשֶׁת
וַיִּתְּנֵהוּ בְּתוֹךְ הָעֲזָרָה חָמֵשׁ אַמּוֹת אָרְכּוֹ וְחָמֵשׁ אַמּוֹת רָחְבּוֹ
וְאַמּוֹת שָׁלוֹשׁ קוֹמָתוֹ וַיַּעֲמֹד עָלָיו וַיִּבְרַךְ עַל־בִּרְכָּיו נֶגֶד כָּל־
יד קְהַל יִשְׂרָאֵל וַיִּפְרֹשׂ כַּפָּיו הַשָּׁמָיְמָה׃ וַיֹּאמַר יְהוָה אֱלֹהֵי
יִשְׂרָאֵל אֵין־כָּמוֹךָ אֱלֹהִים בַּשָּׁמַיִם וּבָאָרֶץ שֹׁמֵר הַבְּרִית
טו וְהַחֶסֶד לַעֲבָדֶיךָ הַהֹלְכִים לְפָנֶיךָ בְּכָל־לִבָּם׃ אֲשֶׁר שָׁמַרְתָּ
לְעַבְדְּךָ דָּוִיד אָבִי אֵת אֲשֶׁר־דִּבַּרְתָּ לוֹ וַתְּדַבֵּר בְּפִיךָ וּבְיָדְךָ
טז מִלֵּאתָ כַּיּוֹם הַזֶּה׃ וְעַתָּה יְהוָה ׀ אֱלֹהֵי יִשְׂרָאֵל שְׁמֹר לְעַבְדְּךָ
דָוִיד אָבִי אֵת אֲשֶׁר דִּבַּרְתָּ לוֹ לֵאמֹר לֹא־יִכָּרֵת לְךָ אִישׁ
מִלְּפָנַי יוֹשֵׁב עַל־כִּסֵּא יִשְׂרָאֵל רַק אִם־יִשְׁמְרוּ בָנֶיךָ אֶת־
יז דַּרְכָּם לָלֶכֶת בְּתוֹרָתִי כַּאֲשֶׁר הָלַכְתָּ לְפָנָי׃ וְעַתָּה יְהוָה אֱלֹהֵי
יח יִשְׂרָאֵל יֵאָמֵן דְּבָרְךָ אֲשֶׁר דִּבַּרְתָּ לְעַבְדְּךָ לְדָוִיד׃ כִּי הַאֻמְנָם
יֵשֵׁב אֱלֹהִים אֶת־הָאָדָם עַל־הָאָרֶץ הִנֵּה שָׁמַיִם וּשְׁמֵי הַשָּׁמַיִם
יט לֹא יְכַלְכְּלוּךָ אַף כִּי־הַבַּיִת הַזֶּה אֲשֶׁר בָּנִיתִי׃ וּפָנִיתָ אֶל־
תְּפִלַּת עַבְדְּךָ וְאֶל־תְּחִנָּתוֹ יְהוָה אֱלֹהָי לִשְׁמֹעַ אֶל־הָרִנָּה
כ וְאֶל־הַתְּפִלָּה אֲשֶׁר עַבְדְּךָ מִתְפַּלֵּל לְפָנֶיךָ׃ לִהְיוֹת עֵינֶיךָ
פְּתֻחוֹת אֶל־הַבַּיִת הַזֶּה יוֹמָם וָלַיְלָה אֶל־הַמָּקוֹם אֲשֶׁר

אָמַרְתָּ לָשׂוּם שִׁמְךָ שָׁם לִשְׁמוֹעַ אֶל־הַתְּפִלָּה אֲשֶׁר יִתְפַּלֵּל
כא עַבְדְּךָ אֶל־הַמָּקוֹם הַזֶּה׃ וְשָׁמַעְתָּ אֶל־תַּחֲנוּנֵי עַבְדְּךָ וְעַמְּךָ
יִשְׂרָאֵל אֲשֶׁר יִתְפַּלְלוּ אֶל־הַמָּקוֹם הַזֶּה וְאַתָּה תִּשְׁמַע
כב מִמְּקוֹם שִׁבְתְּךָ מִן־הַשָּׁמַיִם וְשָׁמַעְתָּ וְסָלָחְתָּ׃ אִם־יֶחֱטָא
אִישׁ לְרֵעֵהוּ וְנָשָׁא־בוֹ אָלָה לְהַאֲלֹתוֹ וּבָא אָלָה לִפְנֵי מִזְבַּחֲךָ
כג בַּבַּיִת הַזֶּה׃ וְאַתָּה ׀ תִּשְׁמַע מִן־הַשָּׁמַיִם וְעָשִׂיתָ וְשָׁפַטְתָּ
אֶת־עֲבָדֶיךָ לְהָשִׁיב לְרָשָׁע לָתֵת דַּרְכּוֹ בְּרֹאשׁוֹ וּלְהַצְדִּיק
כד צַדִּיק לָתֶת לוֹ כְּצִדְקָתוֹ׃ וְאִם־יִנָּגֵף עַמְּךָ יִשְׂרָאֵל
לִפְנֵי אוֹיֵב כִּי יֶחֶטְאוּ־לָךְ וְשָׁבוּ וְהוֹדוּ אֶת־שְׁמֶךָ וְהִתְפַּלְלוּ
כה וְהִתְחַנְּנוּ לְפָנֶיךָ בַּבַּיִת הַזֶּה׃ וְאַתָּה תִּשְׁמַע מִן־הַשָּׁמַיִם
וְסָלַחְתָּ לְחַטַּאת עַמְּךָ יִשְׂרָאֵל וַהֲשֵׁיבוֹתָם אֶל־הָאֲדָמָה
כו אֲשֶׁר־נָתַתָּה לָהֶם וְלַאֲבֹתֵיהֶם׃ בְּהֵעָצֵר הַשָּׁמַיִם
וְלֹא־יִהְיֶה מָטָר כִּי יֶחֶטְאוּ־לָךְ וְהִתְפַּלְלוּ אֶל־הַמָּקוֹם הַזֶּה
כז וְהוֹדוּ אֶת־שְׁמֶךָ מֵחַטָּאתָם יְשׁוּבוּן כִּי תַעֲנֵם׃ וְאַתָּה ׀ תִּשְׁמַע
הַשָּׁמַיִם וְסָלַחְתָּ לְחַטַּאת עֲבָדֶיךָ וְעַמְּךָ יִשְׂרָאֵל כִּי תוֹרֵם
אֶל־הַדֶּרֶךְ הַטּוֹבָה אֲשֶׁר יֵלְכוּ־בָהּ וְנָתַתָּה מָטָר עַל־אַרְצְךָ
כח אֲשֶׁר־נָתַתָּה לְעַמְּךָ לְנַחֲלָה׃ רָעָב כִּי־יִהְיֶה בָאָרֶץ
דֶּבֶר כִּי־יִהְיֶה שִׁדָּפוֹן וְיֵרָקוֹן אַרְבֶּה וְחָסִיל כִּי יִהְיֶה כִּי יָצַר־
כט לוֹ אֹיְבָיו בְּאֶרֶץ שְׁעָרָיו כָּל־נֶגַע וְכָל־מַחֲלָה׃ כָּל־תְּפִלָּה
כָל־תְּחִנָּה אֲשֶׁר יִהְיֶה לְכָל־הָאָדָם וּלְכֹל עַמְּךָ יִשְׂרָאֵל אֲשֶׁר
ל יֵדְעוּ אִישׁ נִגְעוֹ וּמַכְאֹבוֹ וּפָרַשׂ כַּפָּיו אֶל־הַבַּיִת הַזֶּה׃ וְאַתָּה
תִּשְׁמַע מִן־הַשָּׁמַיִם מְכוֹן שִׁבְתֶּךָ וְסָלַחְתָּ וְנָתַתָּה לָאִישׁ כְּכָל־
דְּרָכָיו אֲשֶׁר תֵּדַע אֶת־לְבָבוֹ כִּי־אַתָּה לְבַדְּךָ יָדַעְתָּ אֶת־
לא לְבַב בְּנֵי הָאָדָם׃ לְמַעַן יִירָאוּךָ לָלֶכֶת בִּדְרָכֶיךָ כָּל־
הַיָּמִים אֲשֶׁר־הֵם חַיִּים עַל־פְּנֵי הָאֲדָמָה אֲשֶׁר נָתַתָּה
לב לַאֲבֹתֵינוּ׃ וְגַם אֶל־הַנָּכְרִי אֲשֶׁר לֹא־מֵעַמְּךָ יִשְׂרָאֵל
הוּא וּבָא ׀ מֵאֶרֶץ רְחוֹקָה לְמַעַן שִׁמְךָ הַגָּדוֹל וְיָדְךָ הַחֲזָקָה

לג וּזְרוֹעֲךָ הַנְּטוּיָה וּבָאוּ וְהִתְפַּלְלוּ אֶל־הַבַּיִת הַזֶּה׃ וְאַתָּה תִּשְׁמַע
מִן־הַשָּׁמַיִם מִמְּכוֹן שִׁבְתֶּךָ וְעָשִׂיתָ כְּכֹל אֲשֶׁר־יִקְרָא אֵלֶיךָ
הַנָּכְרִי לְמַעַן יֵדְעוּ כָל־עַמֵּי הָאָרֶץ אֶת־שְׁמֶךָ וּלְיִרְאָה אֹתְךָ
כְּעַמְּךָ יִשְׂרָאֵל וְלָדַעַת כִּי־שִׁמְךָ נִקְרָא עַל־הַבַּיִת הַזֶּה אֲשֶׁר
לד בָּנִיתִי׃ כִּי־יֵצֵא עַמְּךָ לַמִּלְחָמָה עַל־אוֹיְבָיו בַּדֶּרֶךְ
אֲשֶׁר תִּשְׁלָחֵם וְהִתְפַּלְלוּ אֵלֶיךָ דֶּרֶךְ הָעִיר הַזֹּאת אֲשֶׁר
לה בָּחַרְתָּ בָּהּ וְהַבַּיִת אֲשֶׁר־בָּנִיתִי לִשְׁמֶךָ׃ וְשָׁמַעְתָּ מִן־הַשָּׁמַיִם
לו אֶת־תְּפִלָּתָם וְאֶת־תְּחִנָּתָם וְעָשִׂיתָ מִשְׁפָּטָם׃ כִּי יֶחֶטְאוּ־לָךְ
כִּי אֵין אָדָם אֲשֶׁר לֹא־יֶחֱטָא וְאָנַפְתָּ בָם וּנְתַתָּם לִפְנֵי אוֹיֵב
לז וְשָׁבוּם שׁוֹבֵיהֶם אֶל־אֶרֶץ רְחוֹקָה אוֹ קְרוֹבָה׃ וְהֵשִׁיבוּ אֶל־
לְבָבָם בָּאָרֶץ אֲשֶׁר נִשְׁבּוּ־שָׁם וְשָׁבוּ ׀ וְהִתְחַנְּנוּ אֵלֶיךָ בְּאֶרֶץ
לח שִׁבְיָם לֵאמֹר חָטָאנוּ הֶעֱוִינוּ וְרָשָׁעְנוּ׃ וְשָׁבוּ אֵלֶיךָ בְּכָל־לִבָּם
וּבְכָל־נַפְשָׁם בְּאֶרֶץ שִׁבְיָם אֲשֶׁר־שָׁבוּ אֹתָם וְהִתְפַּלְלוּ דֶּרֶךְ
אַרְצָם אֲשֶׁר נָתַתָּה לַאֲבוֹתָם וְהָעִיר אֲשֶׁר בָּחַרְתָּ וְלַבַּיִת
לט אֲשֶׁר־בָּנִיתִי לִשְׁמֶךָ׃ וְשָׁמַעְתָּ מִן־הַשָּׁמַיִם מִמְּכוֹן שִׁבְתְּךָ
אֶת־תְּפִלָּתָם וְאֶת־תְּחִנֹּתֵיהֶם וְעָשִׂיתָ מִשְׁפָּטָם וְסָלַחְתָּ לְעַמְּךָ
מ אֲשֶׁר חָטְאוּ־לָךְ׃ עַתָּה אֱלֹהַי יִהְיוּ־נָא עֵינֶיךָ פְּתֻחוֹת וְאָזְנֶיךָ
מא קַשֻּׁבוֹת לִתְפִלַּת הַמָּקוֹם הַזֶּה׃ וְעַתָּה קוּמָה יְהוָה
אֱלֹהִים לְנוּחֶךָ אַתָּה וַאֲרוֹן עֻזֶּךָ כֹּהֲנֶיךָ יְהוָה אֱלֹהִים יִלְבְּשׁוּ
מב תְשׁוּעָה וַחֲסִידֶיךָ יִשְׂמְחוּ בַטּוֹב׃ יְהוָה אֱלֹהִים אַל־תָּשֵׁב
ז א פְּנֵי מְשִׁיחֶךָ זָכְרָה לְחַסְדֵי דָּוִיד עַבְדֶּךָ׃ וּכְכַלּוֹת
שְׁלֹמֹה לְהִתְפַּלֵּל וְהָאֵשׁ יָרְדָה מֵהַשָּׁמַיִם וַתֹּאכַל הָעֹלָה
ב וְהַזְּבָחִים וּכְבוֹד יְהוָה מָלֵא אֶת־הַבָּיִת׃ וְלֹא יָכְלוּ הַכֹּהֲנִים
לָבוֹא אֶל־בֵּית יְהוָה כִּי־מָלֵא כְבוֹד־יְהוָה אֶת־בֵּית יְהוָה׃
ג וְכֹל ׀ בְּנֵי יִשְׂרָאֵל רֹאִים בְּרֶדֶת הָאֵשׁ וּכְבוֹד יְהוָה עַל־הַבָּיִת
וַיִּכְרְעוּ אַפַּיִם אַרְצָה עַל־הָרִצְפָה וַיִּשְׁתַּחֲווּ וְהוֹדוֹת לַיהוָה
ד כִּי טוֹב כִּי לְעוֹלָם חַסְדּוֹ׃ וְהַמֶּלֶךְ וְכָל־הָעָם זֹבְחִים זֶבַח

השראת השכינה
בבית המקדש
מל״א ח, י–יא
דה״ב ה, יא–יד

חגיגות חנוכת
בית המקדש
מל״א ח, סב–סו

לִפְנֵי יְהוָה: וַיִּזְבַּח הַמֶּלֶךְ שְׁלֹמֹה אֶת־זֶבַח הַבָּקָר ה
עֶשְׂרִים וּשְׁנַיִם אֶלֶף וְצֹאן מֵאָה וְעֶשְׂרִים אָלֶף וַיַּחְנְכוּ אֶת־
בֵּית הָאֱלֹהִים הַמֶּלֶךְ וְכָל־הָעָם: וְהַכֹּהֲנִים עַל־מִשְׁמְרוֹתָם ו
עֹמְדִים וְהַלְוִיִּם בִּכְלֵי־שִׁיר יְהוָה אֲשֶׁר עָשָׂה דָּוִיד הַמֶּלֶךְ
לְהֹדוֹת לַיהוָה כִּי־לְעוֹלָם חַסְדּוֹ בְּהַלֵּל דָּוִיד בְּיָדָם וְהַכֹּהֲנִים
מַחְצְרִים מחצצרים נֶגְדָּם וְכָל־יִשְׂרָאֵל עֹמְדִים: וַיְקַדֵּשׁ שְׁלֹמֹה ז
אֶת־תּוֹךְ הֶחָצֵר אֲשֶׁר לִפְנֵי בֵית־יְהוָה כִּי־עָשָׂה שָׁם הָעֹלוֹת
וְאֵת חֶלְבֵי הַשְּׁלָמִים כִּי־מִזְבַּח הַנְּחֹשֶׁת אֲשֶׁר־עָשָׂה שְׁלֹמֹה
לֹא יָכוֹל לְהָכִיל אֶת־הָעֹלָה וְאֶת־הַמִּנְחָה וְאֶת־הַחֲלָבִים:
וַיַּעַשׂ שְׁלֹמֹה אֶת־הֶחָג בָּעֵת הַהִיא שִׁבְעַת יָמִים וְכָל־יִשְׂרָאֵל ח
עִמּוֹ קָהָל גָּדוֹל מְאֹד מִלְּבוֹא חֲמָת עַד־נַחַל מִצְרָיִם: וַיַּעֲשׂוּ ט
בַּיּוֹם הַשְּׁמִינִי עֲצָרֶת כִּי ׀ חֲנֻכַּת הַמִּזְבֵּחַ עָשׂוּ שִׁבְעַת יָמִים
וְהֶחָג שִׁבְעַת יָמִים: וּבְיוֹם עֶשְׂרִים וּשְׁלֹשָׁה לַחֹדֶשׁ הַשְּׁבִיעִי י
שִׁלַּח אֶת־הָעָם לְאָהֳלֵיהֶם שְׂמֵחִים וְטוֹבֵי לֵב עַל־הַטּוֹבָה
יד אֲשֶׁר עָשָׂה יְהוָה לְדָוִיד וְלִשְׁלֹמֹה וּלְיִשְׂרָאֵל עַמּוֹ: וַיְכַל יא
שְׁלֹמֹה אֶת־בֵּית יְהוָה וְאֶת־בֵּית הַמֶּלֶךְ וְאֵת כָּל־הַבָּא עַל־לֵב
מענה ה׳ לתפילת שלמה מל״א ט, ב–ט
שְׁלֹמֹה לַעֲשׂוֹת בְּבֵית־יְהוָה וּבְבֵיתוֹ הִצְלִיחַ: וַיֵּרָא יב
יְהוָה אֶל־שְׁלֹמֹה בַּלָּיְלָה וַיֹּאמֶר לוֹ שָׁמַעְתִּי אֶת־תְּפִלָּתֶךָ
וּבָחַרְתִּי בַּמָּקוֹם הַזֶּה לִי לְבֵית זָבַח: הֵן אֶעֱצֹר הַשָּׁמַיִם וְלֹא־ יג
יִהְיֶה מָטָר וְהֵן־אֲצַוֶּה עַל־חָגָב לֶאֱכוֹל הָאָרֶץ וְאִם־אֲשַׁלַּח
דֶּבֶר בְּעַמִּי: וְיִכָּנְעוּ עַמִּי אֲשֶׁר נִקְרָא־שְׁמִי עֲלֵיהֶם וְיִתְפַּלְלוּ יד
וִיבַקְשׁוּ פָנַי וְיָשֻׁבוּ מִדַּרְכֵיהֶם הָרָעִים וַאֲנִי אֶשְׁמַע מִן־הַשָּׁמַיִם
וְאֶסְלַח לְחַטָּאתָם וְאֶרְפָּא אֶת־אַרְצָם: עַתָּה עֵינַי יִהְיוּ פְתֻחוֹת טו
וְאָזְנַי קַשֻּׁבוֹת לִתְפִלַּת הַמָּקוֹם הַזֶּה: וְעַתָּה בָּחַרְתִּי וְהִקְדַּשְׁתִּי טז
אֶת־הַבַּיִת הַזֶּה לִהְיוֹת־שְׁמִי שָׁם עַד־עוֹלָם וְהָיוּ עֵינַי וְלִבִּי
שָׁם כָּל־הַיָּמִים: וְאַתָּה אִם־תֵּלֵךְ לְפָנַי כַּאֲשֶׁר הָלַךְ דָּוִיד יז
אָבִיךָ וְלַעֲשׂוֹת כְּכֹל אֲשֶׁר צִוִּיתִיךָ וְחֻקַּי וּמִשְׁפָּטַי תִּשְׁמוֹר:

יח וַהֲקִימוֹתִי אֵת כִּסֵּא מַלְכוּתֶךָ כַּאֲשֶׁר כָּרַתִּי לְדָוִיד אָבִיךָ לֵאמֹר
יט לֹא־יִכָּרֵת לְךָ אִישׁ מוֹשֵׁל בְּיִשְׂרָאֵל׃ וְאִם־תְּשׁוּבוּן אַתֶּם
וַעֲזַבְתֶּם חֻקּוֹתַי וּמִצְוֺתַי אֲשֶׁר נָתַתִּי לִפְנֵיכֶם וַהֲלַכְתֶּם וַעֲבַדְתֶּם
כ אֱלֹהִים אֲחֵרִים וְהִשְׁתַּחֲוִיתֶם לָהֶם׃ וּנְתַשְׁתִּים מֵעַל אַדְמָתִי
אֲשֶׁר־נָתַתִּי לָהֶם וְאֶת־הַבַּיִת הַזֶּה אֲשֶׁר־הִקְדַּשְׁתִּי לִשְׁמִי
אַשְׁלִיךְ מֵעַל פָּנָי וְאֶתְּנֶנּוּ לְמָשָׁל וְלִשְׁנִינָה בְּכָל־הָעַמִּים׃
כא וְהַבַּיִת הַזֶּה אֲשֶׁר הָיָה עֶלְיוֹן לְכָל־עֹבֵר עָלָיו יִשֹּׁם וְאָמַר
כב בַּמֶּה עָשָׂה יהוה כָּכָה לָאָרֶץ הַזֹּאת וְלַבַּיִת הַזֶּה׃ וְאָמְרוּ
עַל אֲשֶׁר עָזְבוּ אֶת־יהוה ׀ אֱלֹהֵי אֲבֹתֵיהֶם אֲשֶׁר הוֹצִיאָם
מֵאֶרֶץ מִצְרַיִם וַיַּחֲזִיקוּ בֵּאלֹהִים אֲחֵרִים וַיִּשְׁתַּחֲווּ לָהֶם
וַיַּעַבְדוּם עַל־כֵּן הֵבִיא עֲלֵיהֶם אֵת כָּל־הָרָעָה הַזֹּאת׃

ביסוס היישוב
בתקופת שלמה
מל"א ט, טו–כב

ח א וַיְהִי מִקֵּץ ׀ עֶשְׂרִים שָׁנָה אֲשֶׁר בָּנָה שְׁלֹמֹה אֶת־בֵּית יהוה
ב וְאֶת־בֵּיתוֹ׃ וְהֶעָרִים אֲשֶׁר נָתַן חוּרָם לִשְׁלֹמֹה בָּנָה שְׁלֹמֹה
ג אֹתָם וַיּוֹשֶׁב שָׁם אֶת־בְּנֵי יִשְׂרָאֵל׃ וַיֵּלֶךְ שְׁלֹמֹה חֲמָת צוֹבָה
ד וַיֶּחֱזַק עָלֶיהָ׃ וַיִּבֶן אֶת־תַּדְמֹר בַּמִּדְבָּר וְאֵת כָּל־עָרֵי הַמִּסְכְּנוֹת
ה אֲשֶׁר בָּנָה בַּחֲמָת׃ וַיִּבֶן אֶת־בֵּית חוֹרוֹן הָעֶלְיוֹן וְאֶת־בֵּית
ו חוֹרוֹן הַתַּחְתּוֹן עָרֵי מָצוֹר חוֹמוֹת דְּלָתַיִם וּבְרִיחַ׃ וְאֶת־בַּעֲלָת
וְאֵת כָּל־עָרֵי הַמִּסְכְּנוֹת אֲשֶׁר־הָיוּ לִשְׁלֹמֹה וְאֵת כָּל־עָרֵי
הָרֶכֶב וְאֵת עָרֵי הַפָּרָשִׁים וְאֵת ׀ כָּל־חֵשֶׁק שְׁלֹמֹה אֲשֶׁר חָשַׁק
ז לִבְנוֹת בִּירוּשָׁלַםִ וּבַלְּבָנוֹן וּבְכֹל אֶרֶץ מֶמְשַׁלְתּוֹ׃ כָּל־הָעָם
הַנּוֹתָר מִן־הַחִתִּי וְהָאֱמֹרִי וְהַפְּרִזִּי וְהַחִוִּי וְהַיְבוּסִי אֲשֶׁר לֹא

מספר עובדי
שלמה, הסבלים,
החוצבים
והממונים עליהם
מל"א ה, כט–ל;
ט, כג
דה"ב ב, א; ב,
טז–יז

ח מִיִּשְׂרָאֵל הֵמָּה׃ מִן־בְּנֵיהֶם אֲשֶׁר נוֹתְרוּ אַחֲרֵיהֶם בָּאָרֶץ אֲשֶׁר
ט לֹא־כִלּוּם בְּנֵי יִשְׂרָאֵל וַיַּעֲלֵם שְׁלֹמֹה לְמַס עַד הַיּוֹם הַזֶּה׃ וּמִן־
בְּנֵי יִשְׂרָאֵל אֲשֶׁר לֹא־נָתַן שְׁלֹמֹה לַעֲבָדִים לִמְלַאכְתּוֹ כִּי־הֵמָּה
י אַנְשֵׁי מִלְחָמָה וְשָׂרֵי שָׁלִישָׁיו וְשָׂרֵי רִכְבּוֹ וּפָרָשָׁיו׃ וְאֵלֶּה שָׂרֵי

הַנִּצָּבִים

הַנְּצִיבִים אֲשֶׁר־לַמֶּלֶךְ שְׁלֹמֹה חֲמִשִּׁים וּמָאתַיִם הָרֹדִים בָּעָם׃
יא וְאֶת־בַּת־פַּרְעֹה הֶעֱלָה שְׁלֹמֹה מֵעִיר דָּוִיד לַבַּיִת אֲשֶׁר בָּנָה־

לָהּ כִּי אָמַר לֹא־תֵשֵׁב אִשָּׁה לִי בְּבֵית דָּוִיד מֶלֶךְ־יִשְׂרָאֵל כִּי־
קֹדֶשׁ הֵמָּה אֲשֶׁר־בָּאָה אֲלֵיהֶם אֲרוֹן יהוה:

העלאת בת פרעה לבית שבנה לה שלמה מל״א ט, כד

יב אָז הֶעֱלָה שְׁלֹמֹה עֹלוֹת לַיהוה עַל מִזְבַּח יהוה אֲשֶׁר בָּנָה
יג לִפְנֵי הָאוּלָם: וּבִדְבַר־יוֹם בְּיוֹם לְהַעֲלוֹת כְּמִצְוַת מֹשֶׁה

שלמה מעלה קרבנות שלוש פעמים בשנה מל״א ט, כה

לַשַּׁבָּתוֹת וְלֶחֳדָשִׁים וְלַמּוֹעֲדוֹת שָׁלוֹשׁ פְּעָמִים בַּשָּׁנָה בְּחַג
יד הַמַּצּוֹת וּבְחַג הַשָּׁבֻעוֹת וּבְחַג הַסֻּכּוֹת: וַיַּעֲמֵד כְּמִשְׁפַּט דָּוִיד־
אָבִיו אֶת־מַחְלְקוֹת הַכֹּהֲנִים עַל־עֲבֹדָתָם וְהַלְוִיִּם עַל־
מִשְׁמְרוֹתָם לְהַלֵּל וּלְשָׁרֵת נֶגֶד הַכֹּהֲנִים לִדְבַר־יוֹם בְּיוֹמוֹ
וְהַשּׁוֹעֲרִים בְּמַחְלְקוֹתָם לְשַׁעַר וָשָׁעַר כִּי כֵן מִצְוַת דָּוִיד אִישׁ־
טו הָאֱלֹהִים: וְלֹא סָרוּ מִצְוַת הַמֶּלֶךְ עַל־הַכֹּהֲנִים וְהַלְוִיִּם לְכָל־
טז דָּבָר וְלָאֹצָרוֹת: וַתִּכֹּן כָּל־מְלֶאכֶת שְׁלֹמֹה עַד־הַיּוֹם מוּסַד
יז בֵּית־יהוה וְעַד־כְּלֹתוֹ שָׁלֵם בֵּית יהוה: אָז הָלַךְ

אוניות שלמה מל״א ט, כו–כח; י, כב

שְׁלֹמֹה לְעֶצְיוֹן־גֶּבֶר וְאֶל־אֵילוֹת עַל־שְׂפַת הַיָּם בְּאֶרֶץ אֱדוֹם:
יח וַיִּשְׁלַח־לוֹ חוּרָם בְּיַד־עֲבָדָיו אוניות (אֳנִיּוֹת) וַעֲבָדִים יוֹדְעֵי יָם וַיָּבֹאוּ
עִם־עַבְדֵי שְׁלֹמֹה אוֹפִירָה וַיִּקְחוּ מִשָּׁם אַרְבַּע־מֵאוֹת וַחֲמִשִּׁים
ט א כִּכַּר זָהָב וַיָּבִיאוּ אֶל־הַמֶּלֶךְ שְׁלֹמֹה: וּמַלְכַּת־שְׁבָא

המפגש בין שלמה המלך לבין מלכת שבא מל״א י, א–יג

שָׁמְעָה אֶת־שֵׁמַע שְׁלֹמֹה וַתָּבוֹא לְנַסּוֹת אֶת־שְׁלֹמֹה בְחִידוֹת
בִּירוּשָׁלַםִ בְּחַיִל כָּבֵד מְאֹד וּגְמַלִּים נֹשְׂאִים בְּשָׂמִים וְזָהָב
לָרֹב וְאֶבֶן יְקָרָה וַתָּבוֹא אֶל־שְׁלֹמֹה וַתְּדַבֵּר עִמּוֹ אֵת כָּל־
ב אֲשֶׁר הָיָה עִם־לְבָבָהּ: וַיַּגֶּד־לָהּ שְׁלֹמֹה אֶת־כָּל־דְּבָרֶיהָ וְלֹא־
ג נֶעְלַם דָּבָר מִשְּׁלֹמֹה אֲשֶׁר לֹא הִגִּיד לָהּ: וַתֵּרֶא מַלְכַּת־שְׁבָא
ד אֵת חָכְמַת שְׁלֹמֹה וְהַבַּיִת אֲשֶׁר בָּנָה: וּמַאֲכַל שֻׁלְחָנוֹ וּמוֹשַׁב
עֲבָדָיו וּמַעֲמַד מְשָׁרְתָיו וּמַלְבּוּשֵׁיהֶם וּמַשְׁקָיו וּמַלְבּוּשֵׁיהֶם
ה וַעֲלִיָּתוֹ אֲשֶׁר יַעֲלֶה בֵּית יהוה וְלֹא־הָיָה עוֹד בָּהּ רוּחַ: וַתֹּאמֶר
אֶל־הַמֶּלֶךְ אֱמֶת הַדָּבָר אֲשֶׁר שָׁמַעְתִּי בְּאַרְצִי עַל־דְּבָרֶיךָ
ו וְעַל־חָכְמָתֶךָ: וְלֹא־הֶאֱמַנְתִּי לְדִבְרֵיהֶם עַד אֲשֶׁר־בָּאתִי
וַתִּרְאֶינָה עֵינַי וְהִנֵּה לֹא הֻגַּד־לִי חֲצִי מַרְבִּית חָכְמָתֶךָ יָסַפְתָּ

ז עַל־הַשְּׁמוּעָה אֲשֶׁר שָׁמָעְתִּי: אַשְׁרֵי אֲנָשֶׁיךָ וְאַשְׁרֵי עֲבָדֶיךָ
ח אֵלֶּה הָעֹמְדִים לְפָנֶיךָ תָּמִיד וְשֹׁמְעִים אֶת־חָכְמָתֶךָ: יְהִי יְהוָה
אֱלֹהֶיךָ בָּרוּךְ אֲשֶׁר | חָפֵץ בְּךָ לְתִתְּךָ עַל־כִּסְאוֹ לְמֶלֶךְ לַיהוָה
אֱלֹהֶיךָ בְּאַהֲבַת אֱלֹהֶיךָ אֶת־יִשְׂרָאֵל לְהַעֲמִידוֹ לְעוֹלָם וַיִּתֶּנְךָ
ט עֲלֵיהֶם לְמֶלֶךְ לַעֲשׂוֹת מִשְׁפָּט וּצְדָקָה: וַתִּתֵּן לַמֶּלֶךְ מֵאָה
וְעֶשְׂרִים | כִּכַּר זָהָב וּבְשָׂמִים לָרֹב מְאֹד וְאֶבֶן יְקָרָה וְלֹא הָיָה
י כַּבֹּשֶׂם הַהוּא אֲשֶׁר נָתְנָה מַלְכַּת־שְׁבָא לַמֶּלֶךְ שְׁלֹמֹה: וְגַם
עַבְדֵי חירם וְעַבְדֵי שְׁלֹמֹה אֲשֶׁר־הֵבִיאוּ זָהָב מֵאוֹפִיר הֵבִיאוּ חוּרָם
יא עֲצֵי אַלְגּוּמִּים וְאֶבֶן יְקָרָה: וַיַּעַשׂ הַמֶּלֶךְ אֶת־עֲצֵי הָאַלְגּוּמִּים
מְסִלּוֹת לְבֵית־יְהוָה וּלְבֵית הַמֶּלֶךְ וְכִנֹּרוֹת וּנְבָלִים לַשָּׁרִים וְלֹא־
יב נִרְאוּ כָהֵם לְפָנִים בְּאֶרֶץ יְהוּדָה: וְהַמֶּלֶךְ שְׁלֹמֹה נָתַן לְמַלְכַּת־
שְׁבָא אֶת־כָּל־חֶפְצָהּ אֲשֶׁר שָׁאָלָה מִלְּבַד אֲשֶׁר־הֵבִיאָה אֶל־
יג הַמֶּלֶךְ וַתַּהֲפֹךְ וַתֵּלֶךְ לְאַרְצָהּ הִיא וַעֲבָדֶיהָ: וַיְהִי מִשְׁקַל

שפע הזהב בימי שלמה
מל"א י, יד–טו

הַזָּהָב אֲשֶׁר־בָּא לִשְׁלֹמֹה בְּשָׁנָה אֶחָת שֵׁשׁ מֵאוֹת וְשִׁשִּׁים
יד וָשֵׁשׁ כִּכְּרֵי זָהָב: לְבַד מֵאַנְשֵׁי הַתָּרִים וְהַסֹּחֲרִים מְבִיאִים
וְכָל־מַלְכֵי עֲרַב וּפַחוֹת הָאָרֶץ מְבִיאִים זָהָב וָכֶסֶף לִשְׁלֹמֹה:
טו וַיַּעַשׂ הַמֶּלֶךְ שְׁלֹמֹה מָאתַיִם צִנָּה זָהָב שָׁחוּט שֵׁשׁ מֵאוֹת זָהָב

עשיית הצינות ומגני הזהב
מל"א י, טז–יז

טז שָׁחוּט יַעֲלֶה עַל־הַצִּנָּה הָאֶחָת: וּשְׁלֹשׁ־מֵאוֹת מָגִנִּים זָהָב
שָׁחוּט שְׁלֹשׁ מֵאוֹת זָהָב יַעֲלֶה עַל־הַמָּגֵן הָאֶחָת וַיִּתְּנֵם הַמֶּלֶךְ
יז בְּבֵית יַעַר הַלְּבָנוֹן: וַיַּעַשׂ הַמֶּלֶךְ כִּסֵּא־שֵׁן גָּדוֹל

כיסא שלמה
מל"א י, יח–כ

יח וַיְצַפֵּהוּ זָהָב טָהוֹר: וְשֵׁשׁ מַעֲלוֹת לַכִּסֵּא וְכֶבֶשׁ בַּזָּהָב לַכִּסֵּא
מָאֳחָזִים וְיָדוֹת מִזֶּה וּמִזֶּה עַל־מְקוֹם הַשָּׁבֶת וּשְׁנַיִם אֲרָיוֹת
יט עֹמְדִים אֵצֶל הַיָּדוֹת: וּשְׁנֵים עָשָׂר אֲרָיוֹת עֹמְדִים שָׁם עַל־
כ שֵׁשׁ הַמַּעֲלוֹת מִזֶּה וּמִזֶּה לֹא־נַעֲשָׂה כֵן לְכָל־מַמְלָכָה: וְכֹל
כְּלֵי מַשְׁקֵה הַמֶּלֶךְ שְׁלֹמֹה זָהָב וְכֹל כְּלֵי בֵית־יַעַר הַלְּבָנוֹן
כא זָהָב סָגוּר אֵין כֶּסֶף נֶחְשָׁב בִּימֵי שְׁלֹמֹה לִמְאוּמָה: כִּי־אֳנִיּוֹת
לַמֶּלֶךְ הֹלְכוֹת תַּרְשִׁישׁ עִם עַבְדֵי חוּרָם אַחַת לְשָׁלוֹשׁ שָׁנִים

תָּבוֹאנָה ׀ אֳנִיּוֹת תַּרְשִׁישׁ נֹשְׂאוֹת זָהָב וָכֶסֶף שֶׁנְהַבִּים וְקוֹפִים
כב וְתוּכִּיִּים׃ וַיִּגְדַּל הַמֶּלֶךְ שְׁלֹמֹה מִכֹּל מַלְכֵי הָאָרֶץ לְעֹשֶׁר
כג וְחָכְמָה׃ וְכֹל מַלְכֵי הָאָרֶץ מְבַקְשִׁים אֶת־פְּנֵי שְׁלֹמֹה לִשְׁמֹעַ
כד אֶת־חָכְמָתוֹ אֲשֶׁר־נָתַן הָאֱלֹהִים בְּלִבּוֹ׃ וְהֵם מְבִיאִים אִישׁ טו
מִנְחָתוֹ כְּלֵי כֶסֶף וּכְלֵי זָהָב וּשְׂלָמוֹת נֵשֶׁק וּבְשָׂמִים סוּסִים
כה וּפְרָדִים דְּבַר־שָׁנָה בְּשָׁנָה׃ וַיְהִי לִשְׁלֹמֹה אַרְבַּעַת

תיאור הסוסים, הרכב והפרשים של שלמה
מל״א ה, ו; י, כו
דה״ב א, יד

אֲלָפִים אֻרְיוֹת סוּסִים וּמַרְכָּבוֹת וּשְׁנֵים־עָשָׂר אֶלֶף פָּרָשִׁים
כו וַיַּנִּיחֵם בְּעָרֵי הָרֶכֶב וְעִם־הַמֶּלֶךְ בִּירוּשָׁלִָם׃ וַיְהִי מוֹשֵׁל בְּכָל־
הַמְּלָכִים מִן־הַנָּהָר וְעַד־אֶרֶץ פְּלִשְׁתִּים וְעַד גְּבוּל מִצְרָיִם׃
כז וַיִּתֵּן הַמֶּלֶךְ אֶת־הַכֶּסֶף בִּירוּשָׁלִַם כָּאֲבָנִים וְאֵת הָאֲרָזִים נָתַן
כח כַּשִּׁקְמִים אֲשֶׁר־בַּשְּׁפֵלָה לָרֹב׃ וּמוֹצִיאִים סוּסִים מִמִּצְרַיִם

סיכום מלכות שלמה
מל״א יא, מא–מג

כט לִשְׁלֹמֹה וּמִכָּל־הָאֲרָצוֹת׃ וּשְׁאָר דִּבְרֵי שְׁלֹמֹה הָרִאשֹׁנִים
וְהָאַחֲרוֹנִים הֲלֹא־הֵם כְּתוּבִים עַל־דִּבְרֵי נָתָן הַנָּבִיא וְעַל־
נְבוּאַת אֲחִיָּה הַשִּׁילוֹנִי וּבַחֲזוֹת יֶעְדִּי הַחֹזֶה עַל־יָרָבְעָם בֶּן־נְבָט׃ יֶעְדּוֹ
ל לא וַיִּמְלֹךְ שְׁלֹמֹה בִירוּשָׁלִַם עַל־כָּל־יִשְׂרָאֵל אַרְבָּעִים שָׁנָה׃ וַיִּשְׁכַּב
שְׁלֹמֹה עִם־אֲבֹתָיו וַיִּקְבְּרֻהוּ בְּעִיר דָּוִיד אָבִיו וַיִּמְלֹךְ רְחַבְעָם

בקשת ירבעם והעם מרחבעם
מל״א יב, א–ה

י א בְּנוֹ תַּחְתָּיו׃ וַיֵּלֶךְ רְחַבְעָם שְׁכֶמָה כִּי שְׁכֶם בָּאוּ
ב כָל־יִשְׂרָאֵל לְהַמְלִיךְ אֹתוֹ׃ וַיְהִי כִּשְׁמֹעַ יָרָבְעָם בֶּן־נְבָט
וְהוּא בְמִצְרַיִם אֲשֶׁר בָּרַח מִפְּנֵי שְׁלֹמֹה הַמֶּלֶךְ וַיָּשָׁב יָרָבְעָם
ג מִמִּצְרָיִם׃ וַיִּשְׁלְחוּ וַיִּקְרְאוּ־לוֹ וַיָּבֹא יָרָבְעָם וְכָל־יִשְׂרָאֵל
ד וַיְדַבְּרוּ אֶל־רְחַבְעָם לֵאמֹר׃ אָבִיךָ הִקְשָׁה אֶת־עֻלֵּנוּ וְעַתָּה
הָקֵל מֵעֲבֹדַת אָבִיךָ הַקָּשָׁה וּמֵעֻלּוֹ הַכָּבֵד אֲשֶׁר־נָתַן עָלֵינוּ
ה וְנַעַבְדֶךָּ׃ וַיֹּאמֶר אֲלֵהֶם עוֹד שְׁלֹשֶׁת יָמִים וְשׁוּבוּ אֵלָי וַיֵּלֶךְ

התייעצויותיו של רחבעם
מל״א יב, ו–יא

ו הָעָם׃ וַיִּוָּעַץ הַמֶּלֶךְ רְחַבְעָם אֶת־הַזְּקֵנִים אֲשֶׁר־הָיוּ
עֹמְדִים לִפְנֵי שְׁלֹמֹה אָבִיו בִּהְיֹתוֹ חַי לֵאמֹר אֵיךְ אַתֶּם נוֹעָצִים
ז לְהָשִׁיב לָעָם־הַזֶּה דָבָר׃ וַיְדַבְּרוּ אֵלָיו לֵאמֹר אִם־תִּהְיֶה
לְטוֹב לְהָעָם הַזֶּה וּרְצִיתָם וְדִבַּרְתָּ אֲלֵהֶם דְּבָרִים טוֹבִים

י

ח והיו לך עבדים כל־הימים: ויעזב את־עצת הזקנים אשר
יעצהו ויועץ את־הילדים אשר גדלו אתו העמדים לפניו:
ט ויאמר אלהם מה אתם נועצים ונשיב דבר את־העם הזה
אשר דברו אלי לאמר הקל מן־העל אשר־נתן אביך
י עלינו: וידברו אתו הילדים אשר גדלו אתו לאמר כה
תאמר לעם אשר־דברו אליך לאמר אביך הכביד את־
עלנו ואתה הקל מעלינו כה תאמר אלהם קטני עבה ממתני
יא אבי: ועתה אבי העמיס עליכם על כבד ואני אסיף על־עלכם

תשובת רחבעם לעם ותגובתו של העם
מל״א יב, יב–טז

יב אבי יסר אתכם בשוטים ואני בעקרבים: ויבא
ירבעם וכל־העם אל־רחבעם ביום השלשי כאשר דבר
יג המלך לאמר שובו אלי ביום השלשי: ויענם המלך קשה
יד ויעזב המלך רחבעם את עצת הזקנים: וידבר אלהם כעצת
הילדים לאמר אכביד את־עלכם ואני אסיף עליו אבי
טו יסר אתכם בשוטים ואני בעקרבים: ולא־שמע המלך אל־העם
כי־היתה נסבה מעם האלהים למען הקים יהוה את־
דברו אשר דבר ביד אחיהו השילוני אל־ירבעם בן־נבט:
טז וכל־ישראל כי לא־שמע המלך להם וישיבו העם ׀
את־המלך ׀ לאמר מה־לנו חלק בדויד ולא־נחלה בבן־
ישי איש לאהליך ישראל עתה ראה ביתך דויד וילך
יז כל־ישראל לאהליו: ובני ישראל הישבים בערי

הרג אדורם
מל״א יב, יח

יח יהודה וימלך עליהם רחבעם: וישלח המלך רחבעם
את־הדרם אשר על־המס וירגמו־בו בני־ישראל אבן
וימת והמלך רחבעם התאמץ לעלות במרכבה לנוס
יט ירושלם: ויפשעו ישראל בבית דויד עד היום

ניסיונו של רחבעם להילחם בישראל, וסיכול הניסיון באמצעות נבואתו של שמעיה
מל״א יב, כא–כד

יא א הזה: ויבא רחבעם ירושלם ויקהל את־בית יהודה
ובנימן מאה ושמונים אלף בחור עשה מלחמה להלחם
ב עם־ישראל להשיב את־הממלכה לרחבעם: ויהי

ג דְּבַר־יְהוָה אֶל־שְׁמַעְיָהוּ אִישׁ־הָאֱלֹהִים לֵאמֹר׃ אֱמֹר אֶל־
רְחַבְעָם בֶּן־שְׁלֹמֹה מֶלֶךְ יְהוּדָה וְאֶל כָּל־יִשְׂרָאֵל בִּיהוּדָה
ד וּבִנְיָמִן לֵאמֹר׃ כֹּה אָמַר יְהוָה לֹא־תַעֲלוּ וְלֹא־תִלָּחֲמוּ עִם־
אֲחֵיכֶם שׁוּבוּ אִישׁ לְבֵיתוֹ כִּי מֵאִתִּי נִהְיָה הַדָּבָר הַזֶּה וַיִּשְׁמְעוּ
ה אֶת־דִּבְרֵי יְהוָה וַיָּשֻׁבוּ מִלֶּכֶת אֶל־יָרָבְעָם׃ וַיֵּשֶׁב
ו רְחַבְעָם בִּירוּשָׁלִָם וַיִּבֶן עָרִים לְמָצוֹר בִּיהוּדָה׃ וַיִּבֶן אֶת־
ז בֵּית־לֶחֶם וְאֶת־עֵיטָם וְאֶת־תְּקוֹעַ׃ וְאֶת־בֵּית־צוּר וְאֶת־
ח ט שׂוֹכוֹ וְאֶת־עֲדֻלָּם׃ וְאֶת־גַּת וְאֶת־מָרֵשָׁה וְאֶת־זִיף׃ וְאֶת־
י אֲדוֹרַיִם וְאֶת־לָכִישׁ וְאֶת־עֲזֵקָה׃ וְאֶת־צָרְעָה וְאֶת־אַיָּלוֹן
יא וְאֶת־חֶבְרוֹן אֲשֶׁר בִּיהוּדָה וּבְבִנְיָמִן עָרֵי מְצֻרוֹת׃ וַיְחַזֵּק אֶת־
הַמְּצֻרוֹת וַיִּתֵּן בָּהֶם נְגִידִים וְאֹצְרוֹת מַאֲכָל וְשֶׁמֶן וָיָיִן׃
יב וּבְכָל־עִיר וָעִיר צִנּוֹת וּרְמָחִים וַיְחַזְּקֵם לְהַרְבֵּה מְאֹד וַיְהִי־
יג לוֹ יְהוּדָה וּבִנְיָמִן׃ וְהַכֹּהֲנִים וְהַלְוִיִּם אֲשֶׁר בְּכָל־
יד יִשְׂרָאֵל הִתְיַצְּבוּ עָלָיו מִכָּל־גְּבוּלָם׃ כִּי־עָזְבוּ הַלְוִיִּם אֶת־
מִגְרְשֵׁיהֶם וַאֲחֻזָּתָם וַיֵּלְכוּ לִיהוּדָה וְלִירוּשָׁלִָם כִּי־הִזְנִיחָם

ירבעם מעמיד כוהני במות
מל"א יב, לא

טו יָרָבְעָם וּבָנָיו מִכַּהֵן לַיהוָה׃ וַיַּעֲמֶד־לוֹ כֹּהֲנִים לַבָּמוֹת
טז וְלַשְּׂעִירִים וְלָעֲגָלִים אֲשֶׁר עָשָׂה׃ וְאַחֲרֵיהֶם מִכֹּל שִׁבְטֵי
יִשְׂרָאֵל הַנֹּתְנִים אֶת־לְבָבָם לְבַקֵּשׁ אֶת־יְהוָה אֱלֹהֵי יִשְׂרָאֵל

פתיחה למלכות רחבעם
מל"א יד, כא–כב

יז בָּאוּ יְרוּשָׁלִַם לִזְבּוֹחַ לַיהוָה אֱלֹהֵי אֲבוֹתֵיהֶם׃ וַיְחַזְּקוּ אֶת־
מַלְכוּת יְהוּדָה וַיְאַמְּצוּ אֶת־רְחַבְעָם בֶּן־שְׁלֹמֹה לְשָׁנִים שָׁלוֹשׁ
יח כִּי הָלְכוּ בְּדֶרֶךְ דָּוִיד וּשְׁלֹמֹה לְשָׁנִים שָׁלוֹשׁ׃ וַיִּקַּח־
לוֹ רְחַבְעָם אִשָּׁה אֶת־מָחֲלַת בן־יְרִימוֹת בֶּן־דָּוִיד אֲבִיהַיִל (בַּת־)
יט בַּת־אֱלִיאָב בֶּן־יִשָׁי׃ וַתֵּלֶד לוֹ בָּנִים אֶת־יְעוּשׁ וְאֶת־שְׁמַרְיָה
כ וְאֶת־זָהַם׃ וְאַחֲרֶיהָ לָקַח אֶת־מַעֲכָה בַּת־אַבְשָׁלוֹם וַתֵּלֶד לוֹ
כא אֶת־אֲבִיָּה וְאֶת־עַתַּי וְאֶת־זִיזָא וְאֶת־שְׁלֹמִית׃ וַיֶּאֱהַב רְחַבְעָם
אֶת־מַעֲכָה בַת־אַבְשָׁלוֹם מִכָּל־נָשָׁיו וּפִילַגְשָׁיו כִּי נָשִׁים
שְׁמוֹנֶה־עֶשְׂרֵה נָשָׂא וּפִילַגְשִׁים שִׁשִּׁים וַיּוֹלֶד עֶשְׂרִים וּשְׁמוֹנָה

כב בָּנִים וְשִׁשִּׁים בָּנוֹת: וַיַּעֲמֵד לָרֹאשׁ רְחַבְעָם אֶת־אֲבִיָּה בֶן־
כג מַעֲכָה לְנָגִיד בְּאֶחָיו כִּי לְהַמְלִיכוֹ: וַיָּבֶן וַיִּפְרֹץ מִכָּל־בָּנָיו
לְכָל־אַרְצוֹת יְהוּדָה וּבִנְיָמִן לְכֹל עָרֵי הַמְּצֻרוֹת וַיִּתֵּן לָהֶם
יב א הַמָּזוֹן לָרֹב וַיִּשְׁאַל הֲמוֹן נָשִׁים: וַיְהִי כְּהָכִין מַלְכוּת רְחַבְעָם

עליית שישק מלך מצרים על ירושלים
מל״א יד, כה–כח

ב וּכְחֶזְקָתוֹ עָזַב אֶת־תּוֹרַת יְהוָה וְכָל־יִשְׂרָאֵל עִמּוֹ: וַיְהִי
בַּשָּׁנָה הַחֲמִישִׁית לַמֶּלֶךְ רְחַבְעָם עָלָה שִׁישַׁק מֶלֶךְ־מִצְרַיִם
ג עַל־יְרוּשָׁלִַם כִּי מָעֲלוּ בַּיהוָה: בְּאֶלֶף וּמָאתַיִם רֶכֶב וּבְשִׁשִּׁים
אֶלֶף פָּרָשִׁים וְאֵין מִסְפָּר לָעָם אֲשֶׁר־בָּאוּ עִמּוֹ מִמִּצְרַיִם
ד לוּבִים סֻכִּיִּים וְכוּשִׁים: וַיִּלְכֹּד אֶת־עָרֵי הַמְּצֻרוֹת אֲשֶׁר
ה לִיהוּדָה וַיָּבֹא עַד־יְרוּשָׁלִָם: וּשְׁמַעְיָה הַנָּבִיא בָּא
אֶל־רְחַבְעָם וְשָׂרֵי יְהוּדָה אֲשֶׁר־נֶאֶסְפוּ אֶל־יְרוּשָׁלִַם מִפְּנֵי
שִׁישָׁק וַיֹּאמֶר לָהֶם כֹּה־אָמַר יְהוָה אַתֶּם עֲזַבְתֶּם אֹתִי וְאַף־אֲנִי
ו עָזַבְתִּי אֶתְכֶם בְּיַד־שִׁישָׁק: וַיִּכָּנְעוּ שָׂרֵי־יִשְׂרָאֵל וְהַמֶּלֶךְ
ז וַיֹּאמְרוּ צַדִּיק ׀ יְהוָה: וּבִרְאוֹת יְהוָה כִּי נִכְנָעוּ הָיָה דְבַר־
יְהוָה אֶל־שְׁמַעְיָה ׀ לֵאמֹר נִכְנְעוּ לֹא אַשְׁחִיתֵם וְנָתַתִּי לָהֶם
כִּמְעַט לִפְלֵיטָה וְלֹא־תִתַּךְ חֲמָתִי בִּירוּשָׁלִַם בְּיַד־שִׁישָׁק:
ח כִּי יִהְיוּ־לוֹ לַעֲבָדִים וְיֵדְעוּ עֲבוֹדָתִי וַעֲבוֹדַת מַמְלְכוֹת
ט הָאֲרָצוֹת: וַיַּעַל שִׁישַׁק מֶלֶךְ־מִצְרַיִם עַל־יְרוּשָׁלִַם
וַיִּקַּח אֶת־אֹצְרוֹת בֵּית־יְהוָה וְאֶת־אוֹצְרוֹת בֵּית הַמֶּלֶךְ אֶת־
י הַכֹּל לָקָח וַיִּקַּח אֶת־מָגִנֵּי הַזָּהָב אֲשֶׁר עָשָׂה שְׁלֹמֹה: וַיַּעַשׂ
הַמֶּלֶךְ רְחַבְעָם תַּחְתֵּיהֶם מָגִנֵּי נְחֹשֶׁת וְהִפְקִיד עַל־יַד שָׂרֵי
יא הָרָצִים הַשֹּׁמְרִים פֶּתַח בֵּית הַמֶּלֶךְ: וַיְהִי מִדֵּי־בוֹא הַמֶּלֶךְ
בֵּית יְהוָה בָּאוּ הָרָצִים וּנְשָׂאוּם וֶהֱשִׁבוּם אֶל־תָּא הָרָצִים:
יב וּבְהִכָּנְעוֹ שָׁב מִמֶּנּוּ אַף־יְהוָה וְלֹא לְהַשְׁחִית לְכָלָה וְגַם טז

סיכום מלכות רחבעם
מל״א יד, כט–לא

יג בִּיהוּדָה הָיָה דְּבָרִים טוֹבִים: וַיִּתְחַזֵּק הַמֶּלֶךְ רְחַבְעָם
בִּירוּשָׁלִַם וַיִּמְלֹךְ כִּי בֶן־אַרְבָּעִים וְאַחַת שָׁנָה רְחַבְעָם בְּמָלְכוֹ
וּשְׁבַע עֶשְׂרֵה שָׁנָה ׀ מָלַךְ בִּירוּשָׁלִַם הָעִיר אֲשֶׁר־בָּחַר יְהוָה

לָשׂוּם אֶת־שְׁמוֹ שָׁם מִכֹּל שִׁבְטֵי יִשְׂרָאֵל וְשֵׁם אִמּוֹ נַעֲמָה
הָעַמֹּנִית: וַיַּעַשׂ הָרָע כִּי לֹא הֵכִין לִבּוֹ לִדְרוֹשׁ אֶת־ יד
יְהוָה: וְדִבְרֵי רְחַבְעָם הָרִאשֹׁנִים וְהָאַחֲרוֹנִים הֲלֹא־ טו
הֵם כְּתוּבִים בְּדִבְרֵי שְׁמַעְיָה הַנָּבִיא וְעִדּוֹ הַחֹזֶה לְהִתְיַחֵשׂ
וּמִלְחֲמוֹת רְחַבְעָם וְיָרָבְעָם כָּל־הַיָּמִים: וַיִּשְׁכַּב רְחַבְעָם עִם־ טז
אֲבֹתָיו וַיִּקָּבֵר בְּעִיר דָּוִיד וַיִּמְלֹךְ אֲבִיָּה בְנוֹ תַּחְתָּיו: בִּשְׁנַת יג א

פתיחה למלכות אבים/אביה
מל״א טו, א–ג

שְׁמוֹנֶה עֶשְׂרֵה לַמֶּלֶךְ יָרָבְעָם וַיִּמְלֹךְ אֲבִיָּה עַל־יְהוּדָה: שָׁלוֹשׁ ב
שָׁנִים מָלַךְ בִּירוּשָׁלִַם וְשֵׁם אִמּוֹ מִיכָיָהוּ בַת־אוּרִיאֵל מִן־גִּבְעָה
וּמִלְחָמָה הָיְתָה בֵּין אֲבִיָּה וּבֵין יָרָבְעָם: וַיֶּאְסֹר אֲבִיָּה אֶת־ ג
הַמִּלְחָמָה בְּחַיִל גִּבּוֹרֵי מִלְחָמָה אַרְבַּע־מֵאוֹת אֶלֶף אִישׁ
בָּחוּר וְיָרָבְעָם עָרַךְ עִמּוֹ מִלְחָמָה בִּשְׁמוֹנֶה מֵאוֹת
אֶלֶף אִישׁ בָּחוּר גִּבּוֹר חָיִל: וַיָּקָם אֲבִיָּה ד
מֵעַל לְהַר צְמָרַיִם אֲשֶׁר בְּהַר אֶפְרָיִם וַיֹּאמֶר שְׁמָעוּנִי יָרָבְעָם
וְכָל־יִשְׂרָאֵל: הֲלֹא לָכֶם לָדַעַת כִּי יְהוָה ׀ אֱלֹהֵי יִשְׂרָאֵל ה
נָתַן מַמְלָכָה לְדָוִיד עַל־יִשְׂרָאֵל לְעוֹלָם לוֹ וּלְבָנָיו בְּרִית
מֶלַח: וַיָּקָם יָרָבְעָם בֶּן־נְבָט עֶבֶד שְׁלֹמֹה בֶן־דָּוִיד וַיִּמְרֹד עַל־ ו
אֲדֹנָיו: וַיִּקָּבְצוּ עָלָיו אֲנָשִׁים רֵקִים בְּנֵי בְלִיַּעַל וַיִּתְאַמְּצוּ עַל־ ז
רְחַבְעָם בֶּן־שְׁלֹמֹה וּרְחַבְעָם הָיָה נַעַר וְרַךְ־לֵבָב וְלֹא הִתְחַזַּק
לִפְנֵיהֶם: וְעַתָּה ׀ אַתֶּם אֹמְרִים לְהִתְחַזֵּק לִפְנֵי מַמְלֶכֶת יְהוָה ח
בְּיַד בְּנֵי דָוִיד וְאַתֶּם הָמוֹן רָב וְעִמָּכֶם עֶגְלֵי זָהָב אֲשֶׁר עָשָׂה
לָכֶם יָרָבְעָם לֵאלֹהִים: הֲלֹא הִדַּחְתֶּם אֶת־כֹּהֲנֵי יְהוָה אֶת־ ט
בְּנֵי אַהֲרֹן וְהַלְוִיִּם וַתַּעֲשׂוּ לָכֶם כֹּהֲנִים כְּעַמֵּי הָאֲרָצוֹת כָּל־
הַבָּא לְמַלֵּא יָדוֹ בְּפַר בֶּן־בָּקָר וְאֵילִם שִׁבְעָה וְהָיָה כֹהֵן לְלֹא
אֱלֹהִים: וַאֲנַחְנוּ יְהוָה אֱלֹהֵינוּ וְלֹא עֲזַבְנֻהוּ וְכֹהֲנִים מְשָׁרְתִים י
לַיהוָה בְּנֵי אַהֲרֹן וְהַלְוִיִּם בַּמְלָאכֶת: וּמַקְטִרִים לַיהוָה עֹלוֹת יא
בַּבֹּקֶר־בַּבֹּקֶר וּבָעֶרֶב־בָּעֶרֶב וּקְטֹרֶת־סַמִּים וּמַעֲרֶכֶת לֶחֶם
עַל־הַשֻּׁלְחָן הַטָּהוֹר וּמְנוֹרַת הַזָּהָב וְנֵרֹתֶיהָ לְבָעֵר בָּעֶרֶב

בָּעֶרֶב כִּי־שֹׁמְרִים אֲנַחְנוּ אֶת־מִשְׁמֶרֶת יְהוָה אֱלֹהֵינוּ וְאַתֶּם
יב עֲזַבְתֶּם אֹתוֹ׃ וְהִנֵּה עִמָּנוּ בָרֹאשׁ הָאֱלֹהִים ׀ וְכֹהֲנָיו וַחֲצֹצְרוֹת
הַתְּרוּעָה לְהָרִיעַ עֲלֵיכֶם בְּנֵי יִשְׂרָאֵל אַל־תִּלָּחֲמוּ עִם־יְהוָה
יג אֱלֹהֵי־אֲבֹתֵיכֶם כִּי־לֹא תַצְלִיחוּ׃ וְיָרָבְעָם הֵסֵב אֶת־הַמַּאְרָב
לָבוֹא מֵאַחֲרֵיהֶם וַיִּהְיוּ לִפְנֵי יְהוּדָה וְהַמַּאְרָב מֵאַחֲרֵיהֶם׃
יד וַיִּפְנוּ יְהוּדָה וְהִנֵּה לָהֶם הַמִּלְחָמָה פָּנִים וְאָחוֹר וַיִּצְעֲקוּ לַיהוָה
טו וְהַכֹּהֲנִים מחצצרים בַּחֲצֹצְרוֹת׃ וַיָּרִיעוּ אִישׁ יְהוּדָה וַיְהִי מַחְצְרִים
בְּהָרִיעַ אִישׁ יְהוּדָה וְהָאֱלֹהִים נָגַף אֶת־יָרָבְעָם וְכָל־יִשְׂרָאֵל
טז לִפְנֵי אֲבִיָּה וִיהוּדָה׃ וַיָּנוּסוּ בְנֵי־יִשְׂרָאֵל מִפְּנֵי יְהוּדָה וַיִּתְּנֵם
יז אֱלֹהִים בְּיָדָם׃ וַיַּכּוּ בָהֶם אֲבִיָּה וְעַמּוֹ מַכָּה רַבָּה וַיִּפְּלוּ חֲלָלִים
יח מִיִּשְׂרָאֵל חֲמֵשׁ־מֵאוֹת אֶלֶף אִישׁ בָּחוּר׃ וַיִּכָּנְעוּ בְנֵי־יִשְׂרָאֵל
בָּעֵת הַהִיא וַיֶּאֶמְצוּ בְּנֵי יְהוּדָה כִּי נִשְׁעֲנוּ עַל־יְהוָה אֱלֹהֵי
יט אֲבוֹתֵיהֶם׃ וַיִּרְדֹּף אֲבִיָּה אַחֲרֵי יָרָבְעָם וַיִּלְכֹּד מִמֶּנּוּ עָרִים
אֶת־בֵּית־אֵל וְאֶת־בְּנוֹתֶיהָ וְאֶת־יְשָׁנָה וְאֶת־בְּנוֹתֶיהָ וְאֶת־
כ עפרין וּבְנֹתֶיהָ׃ וְלֹא־עָצַר כֹּחַ יָרָבְעָם עוֹד בִּימֵי אֲבִיָּהוּ עֶפְרָיִן
כא וַיִּגְּפֵהוּ יְהוָה וַיָּמֹת׃ וַיִּתְחַזֵּק אֲבִיָּהוּ וַיִּשָּׂא־לוֹ נָשִׁים

סיכום מלכות אבים/אביה
מל״א טו, ז–ח

אַרְבַּע עֶשְׂרֵה וַיּוֹלֶד עֶשְׂרִים וּשְׁנַיִם בָּנִים וְשֵׁשׁ עֶשְׂרֵה
כב בָּנוֹת׃ וְיֶתֶר דִּבְרֵי אֲבִיָּה וּדְרָכָיו וּדְבָרָיו כְּתוּבִים בְּמִדְרַשׁ
כג הַנָּבִיא עִדּוֹ׃ וַיִּשְׁכַּב אֲבִיָּה עִם־אֲבֹתָיו וַיִּקְבְּרוּ אֹתוֹ בְּעִיר

פתיחה למלכות אסא
מל״א טו, ט–יא

דָּוִיד וַיִּמְלֹךְ אָסָא בְנוֹ תַּחְתָּיו בְּיָמָיו שָׁקְטָה הָאָרֶץ עֶשֶׂר
יד א שָׁנִים׃ וַיַּעַשׂ אָסָא הַטּוֹב וְהַיָּשָׁר בְּעֵינֵי יְהוָה אֱלֹהָיו׃
ב וַיָּסַר אֶת־מִזְבְּחוֹת הַנֵּכָר וְהַבָּמוֹת וַיְשַׁבֵּר אֶת־הַמַּצֵּבוֹת

אסא מבער את העבודה הזרה מן הארץ
מל״א טו, יב–יד
דה״ב טו, טז–יז

ג וַיְגַדַּע אֶת־הָאֲשֵׁרִים׃ וַיֹּאמֶר לִיהוּדָה לִדְרוֹשׁ אֶת־יְהוָה
ד אֱלֹהֵי אֲבוֹתֵיהֶם וְלַעֲשׂוֹת הַתּוֹרָה וְהַמִּצְוָה׃ וַיָּסַר מִכָּל־עָרֵי
יְהוּדָה אֶת־הַבָּמוֹת וְאֶת־הַחַמָּנִים וַתִּשְׁקֹט הַמַּמְלָכָה לְפָנָיו׃
ה וַיִּבֶן עָרֵי מְצוּרָה בִּיהוּדָה כִּי־שָׁקְטָה הָאָרֶץ וְאֵין־עִמּוֹ מִלְחָמָה
ו בַּשָּׁנִים הָאֵלֶּה כִּי־הֵנִיחַ יְהוָה לוֹ׃ וַיֹּאמֶר לִיהוּדָה נִבְנֶה ׀

אֶת־הֶעָרִים הָאֵלֶּה וְנָסֵב חוֹמָה וּמִגְדָּלִים דְּלָתַיִם וּבְרִיחִים
עוֹדֶנּוּ הָאָרֶץ לְפָנֵינוּ כִּי דָרַשְׁנוּ אֶת־יְהוָה אֱלֹהֵינוּ דָּרַשְׁנוּ
ז וַיָּנַח לָנוּ מִסָּבִיב וַיִּבְנוּ וַיַּצְלִיחוּ: וַיְהִי לְאָסָא חַיִל
נֹשֵׂא צִנָּה וָרֹמַח מִיהוּדָה שְׁלֹשׁ מֵאוֹת אֶלֶף וּמִבִּנְיָמִן נֹשְׂאֵי
מָגֵן וְדֹרְכֵי קֶשֶׁת מָאתַיִם וּשְׁמוֹנִים אֶלֶף כָּל־אֵלֶּה גִּבּוֹרֵי
ח חָיִל: וַיֵּצֵא אֲלֵיהֶם זֶרַח הַכּוּשִׁי בְּחַיִל אֶלֶף אֲלָפִים וּמַרְכָּבוֹת
ט שְׁלֹשׁ מֵאוֹת וַיָּבֹא עַד־מָרֵשָׁה: וַיֵּצֵא אָסָא לְפָנָיו וַיַּעַרְכוּ
י מִלְחָמָה בְּגֵיא צְפָתָה לְמָרֵשָׁה: וַיִּקְרָא אָסָא אֶל־יְהוָה אֱלֹהָיו
וַיֹּאמַר יְהוָה אֵין־עִמְּךָ לַעְזוֹר בֵּין רַב לְאֵין כֹּחַ עָזְרֵנוּ יְהוָה
אֱלֹהֵינוּ כִּי־עָלֶיךָ נִשְׁעַנּוּ וּבְשִׁמְךָ בָאנוּ עַל־הֶהָמוֹן הַזֶּה יְהוָה
יא אֱלֹהֵינוּ אַתָּה אַל־יַעְצֹר עִמְּךָ אֱנוֹשׁ: וַיִּגֹּף יְהוָה
יב אֶת־הַכּוּשִׁים לִפְנֵי אָסָא וְלִפְנֵי יְהוּדָה וַיָּנֻסוּ הַכּוּשִׁים: וַיִּרְדְּפֵם
אָסָא וְהָעָם אֲשֶׁר־עִמּוֹ עַד־לִגְרָר וַיִּפֹּל מִכּוּשִׁים לְאֵין־לָהֶם
מִחְיָה כִּי־נִשְׁבְּרוּ לִפְנֵי־יְהוָה וְלִפְנֵי מַחֲנֵהוּ וַיִּשְׂאוּ שָׁלָל הַרְבֵּה
יג מְאֹד: וַיַּכּוּ אֵת כָּל־הֶעָרִים סְבִיבוֹת גְּרָר כִּי־הָיָה פַחַד־
יְהוָה עֲלֵיהֶם וַיָּבֹזּוּ אֶת־כָּל־הֶעָרִים כִּי־בִזָּה רַבָּה הָיְתָה
יד בָהֶם: וְגַם־אָהֳלֵי מִקְנֶה הִכּוּ וַיִּשְׁבּוּ צֹאן לָרֹב וּגְמַלִּים וַיָּשֻׁבוּ
טו א יְרוּשָׁלִָם: וַעֲזַרְיָהוּ בֶּן־עוֹדֵד הָיְתָה עָלָיו רוּחַ אֱלֹהִים:
ב וַיֵּצֵא לִפְנֵי אָסָא וַיֹּאמֶר לוֹ שְׁמָעוּנִי אָסָא וְכָל־יְהוּדָה וּבִנְיָמִן
יְהוָה עִמָּכֶם בִּהְיוֹתְכֶם עִמּוֹ וְאִם־תִּדְרְשֻׁהוּ יִמָּצֵא לָכֶם
ג וְאִם־תַּעַזְבֻהוּ יַעֲזֹב אֶתְכֶם: וְיָמִים רַבִּים לְיִשְׂרָאֵל
ד לְלֹא ׀ אֱלֹהֵי אֱמֶת וּלְלֹא כֹּהֵן מוֹרֶה וּלְלֹא תוֹרָה: וַיָּשָׁב
בַּצַּר־לוֹ עַל־יְהוָה אֱלֹהֵי יִשְׂרָאֵל וַיְבַקְשֻׁהוּ וַיִּמָּצֵא לָהֶם:
ה וּבָעִתִּים הָהֵם אֵין שָׁלוֹם לַיּוֹצֵא וְלַבָּא כִּי מְהוּמֹת רַבּוֹת עַל
ו כָּל־יוֹשְׁבֵי הָאֲרָצוֹת: וְכֻתְּתוּ גוֹי־בְּגוֹי וְעִיר בְּעִיר כִּי־אֱלֹהִים
ז הֲמָמָם בְּכָל־צָרָה: וְאַתֶּם חִזְקוּ וְאַל־יִרְפּוּ יְדֵיכֶם כִּי יֵשׁ שָׂכָר
ח לִפְעֻלַּתְכֶם: וְכִשְׁמֹעַ אָסָא הַדְּבָרִים הָאֵלֶּה וְהַנְּבוּאָה

עֹדֵד הַנָּבִיא הִתְחַזַּק וַיַּעֲבֵר הַשִּׁקּוּצִים מִכׇּל־אֶרֶץ יְהוּדָה
וּבִנְיָמִן וּמִן־הֶעָרִים אֲשֶׁר לָכַד מֵהַר אֶפְרָיִם וַיְחַדֵּשׁ אֶת־מִזְבַּח
ט יְהוָה אֲשֶׁר לִפְנֵי אוּלָם יְהוָה: וַיִּקְבֹּץ אֶת־כׇּל־יְהוּדָה וּבִנְיָמִן
וְהַגָּרִים עִמָּהֶם מֵאֶפְרַיִם וּמְנַשֶּׁה וּמִשִּׁמְעוֹן כִּי־נָפְלוּ עָלָיו
י מִיִּשְׂרָאֵל לָרֹב בִּרְאֹתָם כִּי־יְהוָה אֱלֹהָיו עִמּוֹ: וַיִּקָּבְצוּ
יְרוּשָׁלַםִ בַּחֹדֶשׁ הַשְּׁלִישִׁי לִשְׁנַת חֲמֵשׁ־עֶשְׂרֵה לְמַלְכוּת אָסָא:
יא וַיִּזְבְּחוּ לַיהוָה בַּיּוֹם הַהוּא מִן־הַשָּׁלָל הֵבִיאוּ בָּקָר שְׁבַע מֵאוֹת
יב וְצֹאן שִׁבְעַת אֲלָפִים: וַיָּבֹאוּ בַבְּרִית לִדְרוֹשׁ אֶת־יְהוָה אֱלֹהֵי
יג אֲבוֹתֵיהֶם בְּכׇל־לְבָבָם וּבְכׇל־נַפְשָׁם: וְכֹל אֲשֶׁר לֹא־יִדְרֹשׁ
לַיהוָה אֱלֹהֵי־יִשְׂרָאֵל יוּמָת לְמִן־קָטֹן וְעַד־גָּדוֹל לְמֵאִישׁ
יד וְעַד־אִשָּׁה: וַיִּשָּׁבְעוּ לַיהוָה בְּקוֹל גָּדוֹל וּבִתְרוּעָה וּבַחֲצֹצְרוֹת
טו וּבְשׁוֹפָרוֹת: וַיִּשְׂמְחוּ כׇל־יְהוּדָה עַל־הַשְּׁבוּעָה כִּי בְכׇל־לְבָבָם יז
נִשְׁבָּעוּ וּבְכׇל־רְצוֹנָם בִּקְשֻׁהוּ וַיִּמָּצֵא לָהֶם וַיָּנַח יְהוָה לָהֶם
טז מִסָּבִיב: וְגַם־מַעֲכָה אֵם ׀ אָסָא הַמֶּלֶךְ הֱסִירָהּ מִגְּבִירָה אֲשֶׁר־
עָשְׂתָה לַאֲשֵׁרָה מִפְלָצֶת וַיִּכְרֹת אָסָא אֶת־מִפְלַצְתָּהּ וַיָּדֶק
יז וַיִּשְׂרֹף בְּנַחַל קִדְרוֹן: וְהַבָּמוֹת לֹא־סָרוּ מִיִּשְׂרָאֵל רַק לְבַב־
יח אָסָא הָיָה שָׁלֵם כׇּל־יָמָיו: וַיָּבֵא אֶת־קׇדְשֵׁי אָבִיו וְקׇדָשָׁיו בֵּית
יט הָאֱלֹהִים כֶּסֶף וְזָהָב וְכֵלִים: וּמִלְחָמָה לֹא הָיָתָה עַד שְׁנַת־
טז א שְׁלֹשִׁים וְחָמֵשׁ לְמַלְכוּת אָסָא: בִּשְׁנַת שְׁלֹשִׁים וָשֵׁשׁ
לְמַלְכוּת אָסָא עָלָה בַּעְשָׁא מֶלֶךְ־יִשְׂרָאֵל עַל־יְהוּדָה וַיִּבֶן
ב אֶת־הָרָמָה לְבִלְתִּי תֵּת יוֹצֵא וָבָא לְאָסָא מֶלֶךְ יְהוּדָה: וַיֹּצֵא
אָסָא כֶּסֶף וְזָהָב מֵאֹצְרוֹת בֵּית יְהוָה וּבֵית הַמֶּלֶךְ וַיִּשְׁלַח אֶל־
ג בֶּן־הֲדַד מֶלֶךְ אֲרָם הַיּוֹשֵׁב בְּדַרְמֶשֶׂק לֵאמֹר: בְּרִית בֵּינִי
וּבֵינֶךָ וּבֵין אָבִי וּבֵין אָבִיךָ הִנֵּה שָׁלַחְתִּי לְךָ כֶּסֶף וְזָהָב לֵךְ
ד הָפֵר בְּרִיתְךָ אֶת־בַּעְשָׁא מֶלֶךְ יִשְׂרָאֵל וְיַעֲלֶה מֵעָלָי: וַיִּשְׁמַע
בֶּן־הֲדַד אֶל־הַמֶּלֶךְ אָסָא וַיִּשְׁלַח אֶת־שָׂרֵי הַחֲיָלִים אֲשֶׁר־לוֹ
אֶל־עָרֵי יִשְׂרָאֵל וַיַּכּוּ אֶת־עִיּוֹן וְאֶת־דָּן וְאֵת אָבֵל מַיִם וְאֵת

אסא מבער את העבודה הזרה מן הארץ
מל״א טו, יב–יד
דה״ב יד, ב–ד

מלחמת אסא ובעשא
מל״א טו, טז–כב

כָּל־מִסְכְּנוֹת עָרֵי נַפְתָּלִי׃ וַיְהִי כִּשְׁמֹעַ בַּעְשָׁא וַיֶּחְדַּל מִבְּנוֹת ה
אֶת־הָרָמָה וַיַּשְׁבֵּת אֶת־מְלַאכְתּוֹ׃ וְאָסָא הַמֶּלֶךְ לָקַח ו
אֶת־כָּל־יְהוּדָה וַיִּשְׂאוּ אֶת־אַבְנֵי הָרָמָה וְאֶת־עֵצֶיהָ אֲשֶׁר בָּנָה
בַּעְשָׁא וַיִּבֶן בָּהֶם אֶת־גֶּבַע וְאֶת־הַמִּצְפָּה׃ וּבָעֵת ז
הַהִיא בָּא חֲנָנִי הָרֹאֶה אֶל־אָסָא מֶלֶךְ יְהוּדָה וַיֹּאמֶר אֵלָיו
בְּהִשָּׁעֶנְךָ עַל־מֶלֶךְ אֲרָם וְלֹא נִשְׁעַנְתָּ עַל־יְהוָה אֱלֹהֶיךָ עַל־
כֵּן נִמְלַט חֵיל מֶלֶךְ־אֲרָם מִיָּדֶךָ׃ הֲלֹא הַכּוּשִׁים וְהַלּוּבִים הָיוּ ח
לְחַיִל ׀ לָרֹב לְרֶכֶב וּלְפָרָשִׁים לְהַרְבֵּה מְאֹד וּבְהִשָּׁעֶנְךָ עַל־
יְהוָה נְתָנָם בְּיָדֶךָ׃ כִּי יְהוָה עֵינָיו מְשֹׁטְטוֹת בְּכָל־הָאָרֶץ ט
לְהִתְחַזֵּק עִם־לְבָבָם שָׁלֵם אֵלָיו נִסְכַּלְתָּ עַל־זֹאת כִּי מֵעַתָּה
יֵשׁ עִמְּךָ מִלְחָמוֹת׃ וַיִּכְעַס אָסָא אֶל־הָרֹאֶה וַיִּתְּנֵהוּ בֵּית י
הַמַּהְפֶּכֶת כִּי־בְזַעַף עִמּוֹ עַל־זֹאת וַיְרַצֵּץ אָסָא מִן־הָעָם בָּעֵת

סיכום מלכות אסא
מל״א טו, כג–כד

הַהִיא׃ וְהִנֵּה דִּבְרֵי אָסָא הָרִאשׁוֹנִים וְהָאַחֲרוֹנִים הִנָּם כְּתוּבִים יא
עַל־סֵפֶר הַמְּלָכִים לִיהוּדָה וְיִשְׂרָאֵל׃ וַיֶּחֱלֶא אָסָא בִּשְׁנַת יב
שְׁלוֹשִׁים וָתֵשַׁע לְמַלְכוּתוֹ בְּרַגְלָיו עַד־לְמַעְלָה חָלְיוֹ וְגַם־
בְּחָלְיוֹ לֹא־דָרַשׁ אֶת־יְהוָה כִּי בָּרֹפְאִים׃ וַיִּשְׁכַּב אָסָא עִם־ יג
אֲבֹתָיו וַיָּמָת בִּשְׁנַת אַרְבָּעִים וְאַחַת לְמָלְכוֹ׃ וַיִּקְבְּרֻהוּ יד
בְקִבְרֹתָיו אֲשֶׁר כָּרָה־לוֹ בְּעִיר דָּוִיד וַיַּשְׁכִּיבֻהוּ בַּמִּשְׁכָּב אֲשֶׁר
מִלֵּא בְּשָׂמִים וּזְנִים מְרֻקָּחִים בְּמִרְקַחַת מַעֲשֶׂה וַיִּשְׂרְפוּ־לוֹ

פתיחה למלכות יהושפט
מל״א כב, מא–מד

שְׂרֵפָה גְּדוֹלָה עַד־לִמְאֹד׃ וַיִּמְלֹךְ יְהוֹשָׁפָט בְּנוֹ א יז
תַּחְתָּיו וַיִּתְחַזֵּק עַל־יִשְׂרָאֵל׃ וַיִּתֶּן־חַיִל בְּכָל־עָרֵי יְהוּדָה ב
הַבְּצֻרוֹת וַיִּתֵּן נְצִיבִים בְּאֶרֶץ יְהוּדָה וּבְעָרֵי אֶפְרַיִם אֲשֶׁר לָכַד
אָסָא אָבִיו׃ וַיְהִי יְהוָה עִם־יְהוֹשָׁפָט כִּי הָלַךְ בְּדַרְכֵי דָּוִיד ג
אָבִיו הָרִאשֹׁנִים וְלֹא דָרַשׁ לַבְּעָלִים׃ כִּי לֵאלֹהֵי אָבִיו דָּרָשׁ ד
וּבְמִצְוֹתָיו הָלָךְ וְלֹא כְּמַעֲשֵׂה יִשְׂרָאֵל׃ וַיָּכֶן יְהוָה אֶת־ ה
הַמַּמְלָכָה בְּיָדוֹ וַיִּתְּנוּ כָל־יְהוּדָה מִנְחָה לִיהוֹשָׁפָט וַיְהִי־לוֹ
עֹשֶׁר וְכָבוֹד לָרֹב׃ וַיִּגְבַּהּ לִבּוֹ בְּדַרְכֵי יְהוָה וְעוֹד הֵסִיר אֶת־ ו

ז הַבָּמוֹת וְאֶת־הָאֲשֵׁרִים מִיהוּדָה׃ וּבִשְׁנַת שָׁלוֹשׁ
לְמָלְכוֹ שָׁלַח לְשָׂרָיו לְבֶן־חַיִל וּלְעֹבַדְיָה וְלִזְכַרְיָה וְלִנְתַנְאֵל
ח וּלְמִיכָיָהוּ לְלַמֵּד בְּעָרֵי יְהוּדָה׃ וְעִמָּהֶם הַלְוִיִּם שְׁמַעְיָהוּ
וּנְתַנְיָהוּ וּזְבַדְיָהוּ וַעֲשָׂהאֵל ושמרימות וִיהוֹנָתָן וַאֲדֹנִיָּהוּ וּשְׁמִירָמוֹת
וְטוֹבִיָּהוּ וְטוֹב אֲדוֹנִיָּה הַלְוִיִּם וְעִמָּהֶם אֱלִישָׁמָע וִיהוֹרָם
ט הַכֹּהֲנִים׃ וַיְלַמְּדוּ בִּיהוּדָה וְעִמָּהֶם סֵפֶר תּוֹרַת יְהוָה וַיָּסֹבּוּ
י בְּכָל־עָרֵי יְהוּדָה וַיְלַמְּדוּ בָּעָם׃ וַיְהִי ׀ פַּחַד יְהוָה עַל כָּל־
מַמְלְכוֹת הָאֲרָצוֹת אֲשֶׁר סְבִיבוֹת יְהוּדָה וְלֹא נִלְחֲמוּ עִם־
יא יְהוֹשָׁפָט׃ וּמִן־פְּלִשְׁתִּים מְבִיאִים לִיהוֹשָׁפָט מִנְחָה וְכֶסֶף מַשָּׂא
גַּם הָעַרְבִיאִים מְבִיאִים לוֹ צֹאן אֵילִים שִׁבְעַת אֲלָפִים וּשְׁבַע
יב מֵאוֹת וּתְיָשִׁים שִׁבְעַת אֲלָפִים וּשְׁבַע מֵאוֹת׃ וַיְהִי
יְהוֹשָׁפָט הֹלֵךְ וְגָדֵל עַד־לְמָעְלָה וַיִּבֶן בִּיהוּדָה בִּירָנִיּוֹת וְעָרֵי
יג מִסְכְּנוֹת׃ וּמְלָאכָה רַבָּה הָיָה לוֹ בְּעָרֵי יְהוּדָה וְאַנְשֵׁי מִלְחָמָה
יד גִּבּוֹרֵי חַיִל בִּירוּשָׁלָםִ׃ וְאֵלֶּה פְקֻדָּתָם לְבֵית אֲבוֹתֵיהֶם
לִיהוּדָה שָׂרֵי אֲלָפִים עַדְנָה הַשָּׂר וְעִמּוֹ גִּבּוֹרֵי חַיִל שְׁלֹשׁ
טו מֵאוֹת אָלֶף׃ וְעַל־יָדוֹ יְהוֹחָנָן הַשָּׂר וְעִמּוֹ מָאתַיִם
טז וּשְׁמוֹנִים אָלֶף׃ וְעַל־יָדוֹ עֲמַסְיָה בֶן־זִכְרִי הַמִּתְנַדֵּב
יז לַיהוָה וְעִמּוֹ מָאתַיִם אֶלֶף גִּבּוֹר חָיִל׃ וּמִן־
בִּנְיָמִן גִּבּוֹר חַיִל אֶלְיָדָע וְעִמּוֹ נֹשְׁקֵי־קֶשֶׁת וּמָגֵן מָאתָיִם
יח אָלֶף׃ וְעַל־יָדוֹ יְהוֹזָבָד וְעִמּוֹ מֵאָה־וּשְׁמוֹנִים אֶלֶף
יט חֲלוּצֵי צָבָא׃ אֵלֶּה הַמְשָׁרְתִים אֶת־הַמֶּלֶךְ מִלְּבַד
יח א אֲשֶׁר־נָתַן הַמֶּלֶךְ בְּעָרֵי הַמִּבְצָר בְּכָל־יְהוּדָה׃ וַיְהִי
ב לִיהוֹשָׁפָט עֹשֶׁר וְכָבוֹד לָרֹב וַיִּתְחַתֵּן לְאַחְאָב׃ וַיֵּרֶד לְקֵץ
שָׁנִים אֶל־אַחְאָב לְשֹׁמְרוֹן וַיִּזְבַּח־לוֹ אַחְאָב צֹאן וּבָקָר לָרֹב
ג וְלָעָם אֲשֶׁר עִמּוֹ וַיְסִיתֵהוּ לַעֲלוֹת אֶל־רָמוֹת גִּלְעָד׃ וַיֹּאמֶר
אַחְאָב מֶלֶךְ־יִשְׂרָאֵל אֶל־יְהוֹשָׁפָט מֶלֶךְ יְהוּדָה הֲתֵלֵךְ עִמִּי
רָמֹת גִּלְעָד וַיֹּאמֶר לוֹ כָּמוֹנִי כָמוֹךָ וּכְעַמְּךָ עַמִּי וְעִמְּךָ

מלחמת אחאב ויהושפט בארם
מל״א כב, ב–לח

בַּמִּלְחָמָה: וַיֹּאמֶר יְהוֹשָׁפָט אֶל־מֶלֶךְ יִשְׂרָאֵל דְּרָשׁ־נָא כַיּוֹם ד
אֶת־דְּבַר יְהוָה: וַיִּקְבֹּץ מֶלֶךְ־יִשְׂרָאֵל אֶת־הַנְּבִאִים אַרְבַּע ה
מֵאוֹת אִישׁ וַיֹּאמֶר אֲלֵהֶם הֲנֵלֵךְ אֶל־רָמֹת גִּלְעָד לַמִּלְחָמָה
אִם־אֶחְדָּל וַיֹּאמְרוּ עֲלֵה וְיִתֵּן הָאֱלֹהִים בְּיַד הַמֶּלֶךְ: וַיֹּאמֶר ו
יְהוֹשָׁפָט הַאֵין פֹּה נָבִיא לַיהוָה עוֹד וְנִדְרְשָׁה מֵאֹתוֹ: וַיֹּאמֶר ז
מֶלֶךְ־יִשְׂרָאֵל ׀ אֶל־יְהוֹשָׁפָט עוֹד אִישׁ־אֶחָד לִדְרוֹשׁ אֶת־
יְהוָה מֵאֹתוֹ וַאֲנִי שְׂנֵאתִיהוּ כִּי אֵינֶנּוּ מִתְנַבֵּא עָלַי לְטוֹבָה כִּי
כָל־יָמָיו לְרָעָה הוּא מִיכָיְהוּ בֶן־יִמְלָא וַיֹּאמֶר יְהוֹשָׁפָט אַל־
יֹאמַר הַמֶּלֶךְ כֵּן: וַיִּקְרָא מֶלֶךְ יִשְׂרָאֵל אֶל־סָרִיס אֶחָד וַיֹּאמֶר ח
מִיכָיְהוּ מַהֵר מִיכָהוּ בֶן־יִמְלָא: וּמֶלֶךְ יִשְׂרָאֵל וִיהוֹשָׁפָט מֶלֶךְ־יְהוּדָה ט
יוֹשְׁבִים אִישׁ עַל־כִּסְאוֹ מְלֻבָּשִׁים בְּגָדִים וְיֹשְׁבִים בְּגֹרֶן פֶּתַח
שַׁעַר שֹׁמְרוֹן וְכָל־הַנְּבִיאִים מִתְנַבְּאִים לִפְנֵיהֶם: וַיַּעַשׂ לוֹ י
צִדְקִיָּהוּ בֶן־כְּנַעֲנָה קַרְנֵי בַרְזֶל וַיֹּאמֶר כֹּה־אָמַר יְהוָה בְּאֵלֶּה
תְּנַגַּח אֶת־אֲרָם עַד־כַּלּוֹתָם: וְכָל־הַנְּבִאִים נִבְּאִים כֵּן לֵאמֹר יא
עֲלֵה רָמֹת גִּלְעָד וְהַצְלַח וְנָתַן יְהוָה בְּיַד הַמֶּלֶךְ: וְהַמַּלְאָךְ יב
אֲשֶׁר־הָלַךְ ׀ לִקְרֹא לְמִיכָיְהוּ דִּבֶּר אֵלָיו לֵאמֹר הִנֵּה דִּבְרֵי
הַנְּבִאִים פֶּה־אֶחָד טוֹב אֶל־הַמֶּלֶךְ וִיהִי־נָא דְבָרְךָ כְּאַחַד
מֵהֶם וְדִבַּרְתָּ טּוֹב: וַיֹּאמֶר מִיכָיְהוּ חַי־יְהוָה כִּי אֶת־אֲשֶׁר־ יג
יֹאמַר אֱלֹהַי אֹתוֹ אֲדַבֵּר: וַיָּבֹא אֶל־הַמֶּלֶךְ וַיֹּאמֶר הַמֶּלֶךְ יד
אֵלָיו מִיכָה הֲנֵלֵךְ אֶל־רָמֹת גִּלְעָד לַמִּלְחָמָה אִם־אֶחְדָּל
וַיֹּאמֶר עֲלוּ וְהַצְלִיחוּ וְיִנָּתְנוּ בְּיֶדְכֶם: וַיֹּאמֶר אֵלָיו הַמֶּלֶךְ עַד־ טו
כַּמֶּה פְעָמִים אֲנִי מַשְׁבִּיעֶךָ אֲשֶׁר לֹא־תְדַבֵּר אֵלַי רַק אֱמֶת
בְּשֵׁם יְהוָה: וַיֹּאמֶר רָאִיתִי אֶת־כָּל־יִשְׂרָאֵל נְפוֹצִים עַל־ טז
הֶהָרִים כַּצֹּאן אֲשֶׁר אֵין־לָהֶן רֹעֶה וַיֹּאמֶר יְהוָה לֹא־אֲדֹנִים
לָאֵלֶּה יָשׁוּבוּ אִישׁ־לְבֵיתוֹ בְּשָׁלוֹם: וַיֹּאמֶר מֶלֶךְ־יִשְׂרָאֵל אֶל־ יז
יְהוֹשָׁפָט הֲלֹא אָמַרְתִּי אֵלֶיךָ לֹא־יִתְנַבֵּא עָלַי טוֹב כִּי אִם־
יח לְרָע: וַיֹּאמֶר לָכֵן שִׁמְעוּ דְבַר־יְהוָה רָאִיתִי אֶת־ יח

יְהוָה יוֹשֵׁב עַל־כִּסְאוֹ וְכָל־צְבָא הַשָּׁמַיִם עֹמְדִים עַל־יְמִינוֹ
יט וּשְׂמֹאלוֹ׃ וַיֹּאמֶר יְהוָה מִי יְפַתֶּה אֶת־אַחְאָב מֶלֶךְ־יִשְׂרָאֵל
וְיַעַל וְיִפֹּל בְּרָמוֹת גִּלְעָד וַיֹּאמֶר זֶה אֹמֵר כָּכָה וְזֶה אֹמֵר כָּכָה׃
כ וַיֵּצֵא הָרוּחַ וַיַּעֲמֹד לִפְנֵי יְהוָה וַיֹּאמֶר אֲנִי אֲפַתֶּנּוּ וַיֹּאמֶר יְהוָה
כא אֵלָיו בַּמָּה׃ וַיֹּאמֶר אֵצֵא וְהָיִיתִי לְרוּחַ שֶׁקֶר בְּפִי כָּל־נְבִיאָיו
כב וַיֹּאמֶר תְּפַתֶּה וְגַם־תּוּכָל צֵא וַעֲשֵׂה־כֵן׃ וְעַתָּה הִנֵּה נָתַן
יְהוָה רוּחַ שֶׁקֶר בְּפִי נְבִיאֶיךָ אֵלֶּה וַיהוָה דִּבֶּר עָלֶיךָ
כג רָעָה׃ וַיִּגַּשׁ צִדְקִיָּהוּ בֶן־כְּנַעֲנָה וַיַּךְ אֶת־מִיכָיְהוּ עַל־
הַלֶּחִי וַיֹּאמֶר אֵי זֶה הַדֶּרֶךְ עָבַר רוּחַ־יְהוָה מֵאִתִּי לְדַבֵּר אֹתָךְ׃
כד וַיֹּאמֶר מִיכָיְהוּ הִנְּךָ רֹאֶה בַּיּוֹם הַהוּא אֲשֶׁר תָּבוֹא חֶדֶר
כה בְּחֶדֶר לְהֵחָבֵא׃ וַיֹּאמֶר מֶלֶךְ יִשְׂרָאֵל קְחוּ אֶת־מִיכָיְהוּ וַהֲשִׁיבֻהוּ
כו אֶל־אָמוֹן שַׂר־הָעִיר וְאֶל־יוֹאָשׁ בֶּן־הַמֶּלֶךְ׃ וַאֲמַרְתֶּם כֹּה
אָמַר הַמֶּלֶךְ שִׂימוּ זֶה בֵּית הַכֶּלֶא וְהַאֲכִילֻהוּ לֶחֶם לַחַץ
כז וּמַיִם לַחַץ עַד שׁוּבִי בְשָׁלוֹם׃ וַיֹּאמֶר מִיכָיְהוּ אִם־שׁוֹב
תָּשׁוּב בְּשָׁלוֹם לֹא־דִבֶּר יְהוָה בִּי וַיֹּאמֶר שִׁמְעוּ עַמִּים
כח כֻּלָּם׃ וַיַּעַל מֶלֶךְ־יִשְׂרָאֵל וִיהוֹשָׁפָט מֶלֶךְ־יְהוּדָה
כט אֶל־רָמֹת גִּלְעָד׃ וַיֹּאמֶר מֶלֶךְ יִשְׂרָאֵל אֶל־יְהוֹשָׁפָט הִתְחַפֵּשׂ
וָבוֹא בַמִּלְחָמָה וְאַתָּה לְבַשׁ בְּגָדֶיךָ וַיִּתְחַפֵּשׂ מֶלֶךְ יִשְׂרָאֵל
ל וַיָּבֹאוּ בַּמִּלְחָמָה׃ וּמֶלֶךְ אֲרָם צִוָּה אֶת־שָׂרֵי הָרֶכֶב אֲשֶׁר־
לוֹ לֵאמֹר לֹא תִּלָּחֲמוּ אֶת־הַקָּטֹן אֶת־הַגָּדוֹל כִּי אִם־אֶת־
לא מֶלֶךְ יִשְׂרָאֵל לְבַדּוֹ׃ וַיְהִי כִּרְאוֹת שָׂרֵי הָרֶכֶב אֶת־יְהוֹשָׁפָט
וְהֵמָּה אָמְרוּ מֶלֶךְ־יִשְׂרָאֵל הוּא וַיָּסֹבּוּ עָלָיו לְהִלָּחֵם וַיִּזְעַק
לב יְהוֹשָׁפָט וַיהוָה עֲזָרוֹ וַיְסִיתֵם אֱלֹהִים מִמֶּנּוּ׃ וַיְהִי כִּרְאוֹת
לג שָׂרֵי הָרֶכֶב כִּי לֹא־הָיָה מֶלֶךְ יִשְׂרָאֵל וַיָּשֻׁבוּ מֵאַחֲרָיו׃ וְאִישׁ
מָשַׁךְ בַּקֶּשֶׁת לְתֻמּוֹ וַיַּךְ אֶת־מֶלֶךְ יִשְׂרָאֵל בֵּין הַדְּבָקִים וּבֵין
הַשִּׁרְיָן וַיֹּאמֶר לָרַכָּב הֲפֹךְ ידיך וְהוֹצֵאתַנִי מִן־הַמַּחֲנֶה כִּי יָדְךָ
לד הָחֳלֵיתִי׃ וַתַּעַל הַמִּלְחָמָה בַּיּוֹם הַהוּא וּמֶלֶךְ יִשְׂרָאֵל הָיָה

מַעֲמִיד בַּמֶּרְכָּבָה נֹכַח אֲרָם עַד־הָעָרֶב וַיָּמָת לְעֵת בּוֹא
יט א הַשָּׁמֶשׁ: וַיָּשָׁב יְהוֹשָׁפָט מֶלֶךְ־יְהוּדָה אֶל־בֵּיתוֹ
ב בְשָׁלוֹם לִירוּשָׁלָםִ: וַיֵּצֵא אֶל־פָּנָיו יֵהוּא בֶן־חֲנָנִי הַחֹזֶה וַיֹּאמֶר
אֶל־הַמֶּלֶךְ יְהוֹשָׁפָט הֲלָרָשָׁע לַעְזֹר וּלְשֹׂנְאֵי יְהוָה תֶּאֱהָב
ג וּבָזֹאת עָלֶיךָ קֶּצֶף מִלִּפְנֵי יְהוָה: אֲבָל דְּבָרִים טוֹבִים נִמְצְאוּ
עִמָּךְ כִּי־בִעַרְתָּ הָאֲשֵׁרוֹת מִן־הָאָרֶץ וַהֲכִינוֹתָ לְבָבְךָ לִדְרֹשׁ
ד הָאֱלֹהִים: וַיֵּשֶׁב יְהוֹשָׁפָט בִּירוּשָׁלָםִ וַיָּשָׁב וַיֵּצֵא בָעָם מִבְּאֵר
שֶׁבַע עַד־הַר אֶפְרַיִם וַיְשִׁיבֵם אֶל־יְהוָה אֱלֹהֵי אֲבוֹתֵיהֶם:
ה וַיַּעֲמֵד שֹׁפְטִים בָּאָרֶץ בְּכָל־עָרֵי יְהוּדָה הַבְּצֻרוֹת לְעִיר וָעִיר:
ו וַיֹּאמֶר אֶל־הַשֹּׁפְטִים רְאוּ מָה־אַתֶּם עֹשִׂים כִּי לֹא לְאָדָם
ז תִּשְׁפְּטוּ כִּי לַיהוָה וְעִמָּכֶם בִּדְבַר מִשְׁפָּט: וְעַתָּה יְהִי פַחַד־
יְהוָה עֲלֵיכֶם שִׁמְרוּ וַעֲשׂוּ כִּי־אֵין עִם־יְהוָה אֱלֹהֵינוּ עַוְלָה
ח וּמַשֹּׂא פָנִים וּמִקַּח־שֹׁחַד: וְגַם בִּירוּשָׁלַםִ הֶעֱמִיד יְהוֹשָׁפָט
מִן־הַלְוִיִּם וְהַכֹּהֲנִים וּמֵרָאשֵׁי הָאָבוֹת לְיִשְׂרָאֵל לְמִשְׁפַּט
ט יְהוָה וְלָרִיב וַיָּשֻׁבוּ יְרוּשָׁלָםִ: וַיְצַו עֲלֵיהֶם לֵאמֹר כֹּה תַעֲשׂוּן
י בְּיִרְאַת יְהוָה בֶּאֱמוּנָה וּבְלֵבָב שָׁלֵם: וְכָל־רִיב אֲשֶׁר־יָבוֹא
עֲלֵיכֶם מֵאֲחֵיכֶם ׀ הַיֹּשְׁבִים בְּעָרֵיהֶם בֵּין־דָּם ׀ לְדָם בֵּין־
תּוֹרָה לְמִצְוָה לְחֻקִּים וּלְמִשְׁפָּטִים וְהִזְהַרְתֶּם אֹתָם וְלֹא
יֶאְשְׁמוּ לַיהוָה וְהָיָה־קֶצֶף עֲלֵיכֶם וְעַל־אֲחֵיכֶם כֹּה תַעֲשׂוּן
יא וְלֹא תֶאְשָׁמוּ: וְהִנֵּה אֲמַרְיָהוּ כֹהֵן הָרֹאשׁ עֲלֵיכֶם לְכֹל ׀ דְּבַר
יְהוָה וּזְבַדְיָהוּ בֶן־יִשְׁמָעֵאל הַנָּגִיד לְבֵית־יְהוּדָה לְכֹל דְּבַר־
הַמֶּלֶךְ וְשֹׁטְרִים הַלְוִיִּם לִפְנֵיכֶם חִזְקוּ וַעֲשׂוּ וִיהִי יְהוָה עִם־
הַטּוֹב:

כ א וַיְהִי אַחֲרֵי־כֵן בָּאוּ בְנֵי־מוֹאָב וּבְנֵי עַמּוֹן וְעִמָּהֶם ׀ מֵהָעַמּוֹנִים
ב עַל־יְהוֹשָׁפָט לַמִּלְחָמָה: וַיָּבֹאוּ וַיַּגִּידוּ לִיהוֹשָׁפָט לֵאמֹר בָּא
עָלֶיךָ הָמוֹן רָב מֵעֵבֶר לַיָּם מֵאֲרָם וְהִנָּם בְּחַצְצוֹן תָּמָר הִיא
ג עֵין גֶּדִי: וַיִּרָא וַיִּתֵּן יְהוֹשָׁפָט אֶת־פָּנָיו לִדְרוֹשׁ לַיהוָה וַיִּקְרָא־

ד צוֹם עַל־כָּל־יְהוּדָה׃ וַיִּקָּבְצוּ יְהוּדָה לְבַקֵּשׁ מֵיְהוָה גַּם מִכָּל־
ה עָרֵי יְהוּדָה בָּאוּ לְבַקֵּשׁ אֶת־יְהוָה׃ וַיַּעֲמֹד יְהוֹשָׁפָט בִּקְהַל
ו יְהוּדָה וִירוּשָׁלִַם בְּבֵית יְהוָה לִפְנֵי הֶחָצֵר הַחֲדָשָׁה׃ וַיֹּאמַר
יְהוָה אֱלֹהֵי אֲבֹתֵינוּ הֲלֹא אַתָּה־הוּא אֱלֹהִים בַּשָּׁמַיִם וְאַתָּה
מוֹשֵׁל בְּכֹל מַמְלְכוֹת הַגּוֹיִם וּבְיָדְךָ כֹּחַ וּגְבוּרָה וְאֵין עִמְּךָ
ז לְהִתְיַצֵּב׃ הֲלֹא ׀ אַתָּה אֱלֹהֵינוּ הוֹרַשְׁתָּ אֶת־יֹשְׁבֵי הָאָרֶץ
הַזֹּאת מִלִּפְנֵי עַמְּךָ יִשְׂרָאֵל וַתִּתְּנָהּ לְזֶרַע אַבְרָהָם אֹהַבְךָ
ח לְעוֹלָם׃ וַיֵּשְׁבוּ־בָהּ וַיִּבְנוּ לְךָ ׀ בָּהּ מִקְדָּשׁ לְשִׁמְךָ לֵאמֹר׃
ט אִם־תָּבוֹא עָלֵינוּ רָעָה חֶרֶב שְׁפוֹט וְדֶבֶר וְרָעָב נַעַמְדָה לִפְנֵי
הַבַּיִת הַזֶּה וּלְפָנֶיךָ כִּי שִׁמְךָ בַּבַּיִת הַזֶּה וְנִזְעַק אֵלֶיךָ מִצָּרָתֵנוּ
י וְתִשְׁמַע וְתוֹשִׁיעַ׃ וְעַתָּה הִנֵּה בְנֵי־עַמּוֹן וּמוֹאָב וְהַר־שֵׂעִיר
אֲשֶׁר לֹא־נָתַתָּה לְיִשְׂרָאֵל לָבוֹא בָהֶם בְּבֹאָם מֵאֶרֶץ מִצְרָיִם
יא כִּי סָרוּ מֵעֲלֵיהֶם וְלֹא הִשְׁמִידוּם׃ וְהִנֵּה־הֵם גֹּמְלִים עָלֵינוּ
יב לָבוֹא לְגָרְשֵׁנוּ מִיְּרֻשָּׁתְךָ אֲשֶׁר הוֹרַשְׁתָּנוּ׃ אֱלֹהֵינוּ הֲלֹא
תִשְׁפָּט־בָּם כִּי אֵין בָּנוּ כֹּחַ לִפְנֵי הֶהָמוֹן הָרָב הַזֶּה הַבָּא
יג עָלֵינוּ וַאֲנַחְנוּ לֹא נֵדַע מַה־נַּעֲשֶׂה כִּי עָלֶיךָ עֵינֵינוּ׃ וְכָל־יְהוּדָה
יד עֹמְדִים לִפְנֵי יְהוָה גַּם־טַפָּם נְשֵׁיהֶם וּבְנֵיהֶם׃ וְיַחֲזִיאֵל
בֶּן־זְכַרְיָהוּ בֶּן־בְּנָיָה בֶּן־יְעִיאֵל בֶּן־מַתַּנְיָה הַלֵּוִי מִן־בְּנֵי אָסָף
טו הָיְתָה עָלָיו רוּחַ יְהוָה בְּתוֹךְ הַקָּהָל׃ וַיֹּאמֶר הַקְשִׁיבוּ כָל־
יְהוּדָה וְיֹשְׁבֵי יְרוּשָׁלִַם וְהַמֶּלֶךְ יְהוֹשָׁפָט כֹּה־אָמַר יְהוָה לָכֶם
אַתֶּם אַל־תִּירְאוּ וְאַל־תֵּחַתּוּ מִפְּנֵי הֶהָמוֹן הָרָב הַזֶּה כִּי לֹא
טז לָכֶם הַמִּלְחָמָה כִּי לֵאלֹהִים׃ מָחָר רְדוּ עֲלֵיהֶם הִנָּם עֹלִים
בְּמַעֲלֵה הַצִּיץ וּמְצָאתֶם אֹתָם בְּסוֹף הַנַּחַל פְּנֵי מִדְבַּר
יז יְרוּאֵל׃ לֹא לָכֶם לְהִלָּחֵם בָּזֹאת הִתְיַצְּבוּ עִמְדוּ וּרְאוּ אֶת־
יְשׁוּעַת יְהוָה עִמָּכֶם יְהוּדָה וִירוּשָׁלִַם אַל־תִּירְאוּ וְאַל־תֵּחַתּוּ
יח מָחָר צְאוּ לִפְנֵיהֶם וַיהוָה עִמָּכֶם׃ וַיִּקֹּד יְהוֹשָׁפָט אַפַּיִם אַרְצָה
וְכָל־יְהוּדָה וְיֹשְׁבֵי יְרוּשָׁלִַם נָפְלוּ לִפְנֵי יְהוָה לְהִשְׁתַּחֲוֺת לַיהוָה׃

יט וַיָּקֻמוּ הַלְוִיִּם מִן־בְּנֵי הַקְּהָתִים וּמִן־בְּנֵי הַקָּרְחִים לְהַלֵּל לַיהוָה
כ אֱלֹהֵי יִשְׂרָאֵל בְּקוֹל גָּדוֹל לְמָעְלָה׃ וַיַּשְׁכִּימוּ בַבֹּקֶר וַיֵּצְאוּ
לְמִדְבַּר תְּקוֹעַ וּבְצֵאתָם עָמַד יְהוֹשָׁפָט וַיֹּאמֶר שְׁמָעוּנִי יְהוּדָה
וְיֹשְׁבֵי יְרוּשָׁלִַם הַאֲמִינוּ בַּיהוָה אֱלֹהֵיכֶם וְתֵאָמֵנוּ הַאֲמִינוּ
כא בִנְבִיאָיו וְהַצְלִיחוּ׃ וַיִּוָּעַץ אֶל־הָעָם וַיַּעֲמֵד מְשֹׁרְרִים לַיהוָה
וּמְהַלְלִים לְהַדְרַת־קֹדֶשׁ בְּצֵאת לִפְנֵי הֶחָלוּץ וְאֹמְרִים הוֹדוּ
כב לַיהוָה כִּי לְעוֹלָם חַסְדּוֹ׃ וּבְעֵת הֵחֵלּוּ בְרִנָּה וּתְהִלָּה נָתַן
יְהוָה ׀ מְאָרְבִים עַל־בְּנֵי עַמּוֹן מוֹאָב וְהַר־שֵׂעִיר הַבָּאִים
כג לִיהוּדָה וַיִּנָּגֵפוּ׃ וַיַּעַמְדוּ בְּנֵי עַמּוֹן וּמוֹאָב עַל־יֹשְׁבֵי הַר־שֵׂעִיר
לְהַחֲרִים וּלְהַשְׁמִיד וּכְכַלּוֹתָם בְּיוֹשְׁבֵי שֵׂעִיר עָזְרוּ אִישׁ בְּרֵעֵהוּ
כד לְמַשְׁחִית׃ וִיהוּדָה בָּא עַל־הַמִּצְפֶּה לַמִּדְבָּר וַיִּפְנוּ אֶל־הֶהָמוֹן
כה וְהִנָּם פְּגָרִים נֹפְלִים אַרְצָה וְאֵין פְּלֵיטָה׃ וַיָּבֹא יְהוֹשָׁפָט וְעַמּוֹ
לָבֹז אֶת־שְׁלָלָם וַיִּמְצְאוּ בָהֶם לָרֹב וּרְכוּשׁ וּפְגָרִים וּכְלֵי חֲמֻדוֹת
וַיְנַצְּלוּ לָהֶם לְאֵין מַשָּׂא וַיִּהְיוּ יָמִים שְׁלוֹשָׁה בֹּזְזִים אֶת־הַשָּׁלָל
כו כִּי רַב־הוּא׃ וּבַיּוֹם הָרְבִעִי נִקְהֲלוּ לְעֵמֶק בְּרָכָה כִּי שָׁם
בֵּרְכוּ אֶת־יְהוָה עַל־כֵּן קָרְאוּ אֶת־שֵׁם הַמָּקוֹם הַהוּא עֵמֶק
כז בְּרָכָה עַד־הַיּוֹם׃ וַיָּשֻׁבוּ כָּל־אִישׁ יְהוּדָה וִירוּשָׁלִַם וִיהוֹשָׁפָט
בְּרֹאשָׁם לָשׁוּב אֶל־יְרוּשָׁלִַם בְּשִׂמְחָה כִּי־שִׂמְּחָם יְהוָה
כח מֵאוֹיְבֵיהֶם׃ וַיָּבֹאוּ יְרוּשָׁלִַם בִּנְבָלִים וּבְכִנֹּרוֹת וּבַחֲצֹצְרוֹת
כט אֶל־בֵּית יְהוָה׃ וַיְהִי פַּחַד אֱלֹהִים עַל כָּל־מַמְלְכוֹת הָאֲרָצוֹת
ל בְּשָׁמְעָם כִּי נִלְחַם יְהוָה עִם אוֹיְבֵי יִשְׂרָאֵל׃ וַתִּשְׁקֹט מַלְכוּת
לא יְהוֹשָׁפָט וַיָּנַח לוֹ אֱלֹהָיו מִסָּבִיב׃ וַיִּמְלֹךְ יְהוֹשָׁפָט יט
עַל־יְהוּדָה בֶּן־שְׁלֹשִׁים וְחָמֵשׁ שָׁנָה בְּמָלְכוֹ וְעֶשְׂרִים וְחָמֵשׁ
לב שָׁנָה מָלַךְ בִּירוּשָׁלִַם וְשֵׁם אִמּוֹ עֲזוּבָה בַּת־שִׁלְחִי׃ וַיֵּלֶךְ בְּדֶרֶךְ
לג אָבִיו אָסָא וְלֹא־סָר מִמֶּנָּה לַעֲשׂוֹת הַיָּשָׁר בְּעֵינֵי יְהוָה׃ אַךְ
הַבָּמוֹת לֹא־סָרוּ וְעוֹד הָעָם לֹא־הֵכִינוּ לְבָבָם לֵאלֹהֵי
לד אֲבֹתֵיהֶם׃ וְיֶתֶר דִּבְרֵי יְהוֹשָׁפָט הָרִאשֹׁנִים וְהָאַחֲרֹנִים הִנָּם

סיכום מלכות יהושפט
מל״א כב, נא

כתובים בדברי יהוא בן־חנני אשר העלה על־ספר מלכי
לה ישראל: ואחרי־כן אתחבר יהושפט מלך־יהודה עם אחזיה
לו מלך־ישראל הוא הרשיע לעשות: ויחברהו עמו לעשות

שיתוף פעולה בין יהושפט ובין אחזיה
מל״א כב, מט–נ

לז אניות ללכת תרשיש ויעשו אניות בעציון גבר: ויתנבא
אליעזר בן־דדוהו ממרשה על־יהושפט לאמר כהתחברך
עם־אחזיהו פרץ יהוה את־מעשיך וישברו אניות ולא עצרו
כא א ללכת אל־תרשיש: וישכב יהושפט עם־אבתיו ויקבר עם־
ב אבתיו בעיר דויד וימלך יהורם בנו תחתיו: ולו־אחים בני
יהושפט עזריה ויחיאל וזכריהו ועזריהו ומיכאל ושפטיהו
ג כל־אלה בני יהושפט מלך ישראל: ויתן להם ׀ אביהם מתנות
רבות לכסף ולזהב ולמגדנות עם־ערי מצרות ביהודה ואת־
ד הממלכה נתן ליהורם כי־הוא הבכור: ויקם יהורם

פתיחה למלכות יהורם
מל״ב ח, טז–יח

על־ממלכת אביו ויתחזק ויהרג את־כל־אחיו בחרב וגם
ה משרי ישראל: בן־שלשים ושתים שנה יהורם במלכו
ו ושמונה שנים מלך בירושלם: וילך בדרך ׀ מלכי ישראל
כאשר עשו בית אחאב כי בת־אחאב היתה לו אשה ויעש
ז הרע בעיני יהוה: ולא־אבה יהוה להשחית את־בית דויד
למען הברית אשר כרת לדויד וכאשר אמר לתת לו ניר
ח ולבניו כל־הימים: בימיו פשע אדום מתחת יד־יהודה

מלחמת יהורם באדום
מל״ב ח, כ–כב

ט וימליכו עליהם מלך: ויעבר יהורם עם־שריו וכל־הרכב
עמו ויהי קם לילה ויך את־אדום הסובב אליו ואת שרי
י הרכב: ויפשע אדום מתחת יד־יהודה עד היום הזה אז
תפשע לבנה בעת ההיא מתחת ידו כי עזב את־יהוה אלהי
יא אבתיו: גם־הוא עשה במות בהרי יהודה ויזן את־ישבי
יב ירושלם וידח את־יהודה: ויבא אליו מכתב מאליהו
הנביא לאמר כה ׀ אמר יהוה אלהי דויד אביך תחת אשר
לא־הלכת בדרכי יהושפט אביך ובדרכי אסא מלך־יהודה:

יג וַתֵּלֶךְ בְּדֶרֶךְ מַלְכֵי יִשְׂרָאֵל וַתַּזְנֶה אֶת־יְהוּדָה וְאֶת־יֹשְׁבֵי
יְרוּשָׁלִָם כְּהַזְנוֹת בֵּית אַחְאָב וְגַם אֶת־אַחֶיךָ בֵית־אָבִיךָ
יד הַטּוֹבִים מִמְּךָ הָרָגְתָּ׃ הִנֵּה יְהוָה נֹגֵף מַגֵּפָה גְדוֹלָה בְּעַמֶּךָ
טו וּבְבָנֶיךָ וּבְנָשֶׁיךָ וּבְכָל־רְכוּשֶׁךָ׃ וְאַתָּה בָּחֳלָיִים רַבִּים בְּמַחֲלָה
טז מֵעֶיךָ עַד־יֵצְאוּ מֵעֶיךָ מִן־הַחֹלִי יָמִים עַל־יָמִים׃ וַיָּעַר יְהוָה

סיכום מלכות יהורם
מל״ב ח, כג–כד

עַל־יְהוֹרָם אֶת־רוּחַ הַפְּלִשְׁתִּים וְהָעַרְבִים אֲשֶׁר עַל־יַד כּוּשִׁים׃
יז וַיַּעֲלוּ בִיהוּדָה וַיְבַקְעוּהָ וַיִּשְׁבּוּ אֵת כָּל־הָרְכוּשׁ הַנִּמְצָא לְבֵית־
הַמֶּלֶךְ וְגַם־בָּנָיו וְנָשָׁיו וְלֹא נִשְׁאַר־לוֹ בֵּן כִּי אִם־יְהוֹאָחָז קְטֹן
יח בָּנָיו׃ וְאַחֲרֵי כָּל־זֹאת נְגָפוֹ יְהוָה ׀ בְּמֵעָיו לָחֳלִי לְאֵין מַרְפֵּא׃
יט וַיְהִי לְיָמִים ׀ מִיָּמִים וּכְעֵת צֵאת הַקֵּץ לְיָמִים שְׁנַיִם יָצְאוּ
מֵעָיו עִם־חָלְיוֹ וַיָּמָת בְּתַחֲלֻאִים רָעִים וְלֹא־עָשׂוּ לוֹ עַמּוֹ
כ שְׂרֵפָה כִּשְׂרֵפַת אֲבֹתָיו׃ בֶּן־שְׁלֹשִׁים וּשְׁתַּיִם הָיָה בְמָלְכוֹ
וּשְׁמוֹנֶה שָׁנִים מָלַךְ בִּירוּשָׁלִָם וַיֵּלֶךְ בְּלֹא חֶמְדָּה וַיִּקְבְּרֻהוּ
כב א בְּעִיר דָּוִיד וְלֹא בְּקִבְרוֹת הַמְּלָכִים׃ וַיַּמְלִיכוּ יוֹשְׁבֵי יְרוּשָׁלִַם
אֶת־אֲחַזְיָהוּ בְנוֹ הַקָּטֹן תַּחְתָּיו כִּי כָל־הָרִאשֹׁנִים הָרַג הַגְּדוּד
הַבָּא בָעַרְבִים לַמַּחֲנֶה וַיִּמְלֹךְ אֲחַזְיָהוּ בֶּן־יְהוֹרָם מֶלֶךְ
ב יְהוּדָה׃ בֶּן־אַרְבָּעִים וּשְׁתַּיִם שָׁנָה אֲחַזְיָהוּ בְמָלְכוֹ

פתיחה למלכות אחזיה
מל״ב ח, כה–כז

וְשָׁנָה אַחַת מָלַךְ בִּירוּשָׁלִָם וְשֵׁם אִמּוֹ עֲתַלְיָהוּ בַּת־עָמְרִי׃
ג גַּם־הוּא הָלַךְ בְּדַרְכֵי בֵּית אַחְאָב כִּי אִמּוֹ הָיְתָה יוֹעַצְתּוֹ
ד לְהַרְשִׁיעַ׃ וַיַּעַשׂ הָרַע בְּעֵינֵי יְהוָה כְּבֵית אַחְאָב כִּי הֵמָּה הָיוּ־
ה לוֹ יוֹעֲצִים אַחֲרֵי מוֹת אָבִיו לְמַשְׁחִית לוֹ׃ גַּם בַּעֲצָתָם הָלַךְ
וַיֵּלֶךְ אֶת־יְהוֹרָם בֶּן־אַחְאָב מֶלֶךְ יִשְׂרָאֵל לַמִּלְחָמָה עַל־חֲזָאֵל
ו מֶלֶךְ־אֲרָם בְּרָמוֹת גִּלְעָד וַיַּכּוּ הָרַמִּים אֶת־יוֹרָם׃ וַיָּשָׁב
לְהִתְרַפֵּא בְיִזְרְעֶאל כִּי הַמַּכִּים אֲשֶׁר הִכֻּהוּ בָרָמָה בְּהִלָּחֲמוֹ
אֶת־חֲזָהאֵל מֶלֶךְ אֲרָם וַעֲזַרְיָהוּ בֶן־יְהוֹרָם מֶלֶךְ יְהוּדָה יָרַד
לִרְאוֹת אֶת־יְהוֹרָם בֶּן־אַחְאָב בְּיִזְרְעֶאל כִּי־חֹלֶה הוּא׃

מותו של אחזיה ביד יהוא
מל״ב ט, כז–כח

ז וּמֵאֱלֹהִים הָיְתָה תְּבוּסַת אֲחַזְיָהוּ לָבוֹא אֶל־יוֹרָם וּבְבֹאוֹ יָצָא

עִם־יְהוֹרָם אֶל־יֵהוּא בֶן־נִמְשִׁי אֲשֶׁר מְשָׁחוֹ יְהוָה לְהַכְרִית
ח אֶת־בֵּית אַחְאָב׃ וַיְהִי כְּהִשָּׁפֵט יֵהוּא עִם־בֵּית אַחְאָב וַיִּמְצָא
אֶת־שָׂרֵי יְהוּדָה וּבְנֵי אֲחֵי אֲחַזְיָהוּ מְשָׁרְתִים לַאֲחַזְיָהוּ וַיַּהַרְגֵם׃

יהוא הורג את אחי אחזיה
מל"ב י, יג–יד

ט וַיְבַקֵּשׁ אֶת־אֲחַזְיָהוּ וַיִּלְכְּדֻהוּ וְהוּא מִתְחַבֵּא בְשֹׁמְרוֹן וַיְבִאֻהוּ
אֶל־יֵהוּא וַיְמִתֻהוּ וַיִּקְבְּרֻהוּ כִּי אָמְרוּ בֶּן־יְהוֹשָׁפָט הוּא אֲשֶׁר־
דָּרַשׁ אֶת־יְהוָה בְּכָל־לְבָבוֹ וְאֵין לְבֵית אֲחַזְיָהוּ לַעְצֹר כֹּחַ
י לְמַמְלָכָה׃ וַעֲתַלְיָהוּ אֵם אֲחַזְיָהוּ רָאֲתָה כִּי־מֵת
בְּנָהּ וַתָּקָם וַתְּדַבֵּר אֶת־כָּל־זֶרַע הַמַּמְלָכָה לְבֵית יְהוּדָה׃

עתליה תופסת את השלטון
מל"ב יא, א–ג

יא וַתִּקַּח יְהוֹשַׁבְעַת בַּת־הַמֶּלֶךְ אֶת־יוֹאָשׁ בֶּן־אֲחַזְיָהוּ וַתִּגְנֹב
אֹתוֹ מִתּוֹךְ בְּנֵי־הַמֶּלֶךְ הַמּוּמָתִים וַתִּתֵּן אֹתוֹ וְאֶת־מֵינִקְתּוֹ
בַּחֲדַר הַמִּטּוֹת וַתַּסְתִּירֵהוּ יְהוֹשַׁבְעַת בַּת־הַמֶּלֶךְ יְהוֹרָם אֵשֶׁת
יְהוֹיָדָע הַכֹּהֵן כִּי הִיא הָיְתָה אֲחוֹת אֲחַזְיָהוּ מִפְּנֵי עֲתַלְיָהוּ
יב וְלֹא הֱמִיתָתְהוּ׃ וַיְהִי אִתָּם בְּבֵית הָאֱלֹהִים מִתְחַבֵּא שֵׁשׁ שָׁנִים
כג א וַעֲתַלְיָה מֹלֶכֶת עַל־הָאָרֶץ׃ וּבַשָּׁנָה הַשְּׁבִעִית

המלכת יואש
מל"ב יא, ד–יב

הִתְחַזַּק יְהוֹיָדָע וַיִּקַּח אֶת־שָׂרֵי הַמֵּאוֹת לַעֲזַרְיָהוּ בֶן־יְרֹחָם
וּלְיִשְׁמָעֵאל בֶּן־יְהוֹחָנָן וְלַעֲזַרְיָהוּ בֶן־עוֹבֵד וְאֶת־מַעֲשֵׂיָהוּ
ב בֶן־עֲדָיָהוּ וְאֶת־אֱלִישָׁפָט בֶּן־זִכְרִי עִמּוֹ בַבְּרִית׃ וַיָּסֹבּוּ
בִּיהוּדָה וַיִּקְבְּצוּ אֶת־הַלְוִיִּם מִכָּל־עָרֵי יְהוּדָה וְרָאשֵׁי הָאָבוֹת
ג לְיִשְׂרָאֵל וַיָּבֹאוּ אֶל־יְרוּשָׁלִָם׃ וַיִּכְרֹת כָּל־הַקָּהָל בְּרִית בְּבֵית
הָאֱלֹהִים עִם־הַמֶּלֶךְ וַיֹּאמֶר לָהֶם הִנֵּה בֶן־הַמֶּלֶךְ יִמְלֹךְ
ד כַּאֲשֶׁר דִּבֶּר יְהוָה עַל־בְּנֵי דָוִיד׃ זֶה הַדָּבָר אֲשֶׁר תַּעֲשׂוּ
הַשְּׁלִשִׁית מִכֶּם בָּאֵי הַשַּׁבָּת לַכֹּהֲנִים וְלַלְוִיִּם לְשֹׁעֲרֵי הַסִּפִּים׃
ה וְהַשְּׁלִשִׁית בְּבֵית הַמֶּלֶךְ וְהַשְּׁלִשִׁית בְּשַׁעַר הַיְסוֹד וְכָל־הָעָם
ו בְּחַצְרוֹת בֵּית יְהוָה׃ וְאַל־יָבוֹא בֵית־יְהוָה כִּי אִם־הַכֹּהֲנִים
וְהַמְשָׁרְתִים לַלְוִיִּם הֵמָּה יָבֹאוּ כִּי־קֹדֶשׁ הֵמָּה וְכָל־הָעָם
ז יִשְׁמְרוּ מִשְׁמֶרֶת יְהוָה׃ וְהִקִּיפוּ הַלְוִיִּם אֶת־הַמֶּלֶךְ סָבִיב
אִישׁ וְכֵלָיו בְּיָדוֹ וְהַבָּא אֶל־הַבַּיִת יוּמָת וִהְיוּ אֶת־הַמֶּלֶךְ

ח בְּבֹאוֹ וּבְצֵאתוֹ׃ וַיַּעֲשׂוּ הַלְוִיִּם וְכָל־יְהוּדָה כְּכֹל אֲשֶׁר־צִוָּה
יְהוֹיָדָע הַכֹּהֵן וַיִּקְחוּ אִישׁ אֶת־אֲנָשָׁיו בָּאֵי הַשַּׁבָּת עִם יוֹצְאֵי
ט הַשַּׁבָּת כִּי לֹא פָטַר יְהוֹיָדָע הַכֹּהֵן אֶת־הַמַּחְלְקוֹת׃ וַיִּתֵּן
יְהוֹיָדָע הַכֹּהֵן לְשָׂרֵי הַמֵּאוֹת אֶת־הַחֲנִיתִים וְאֶת־הַמָּגִנּוֹת
וְאֶת־הַשְּׁלָטִים אֲשֶׁר לַמֶּלֶךְ דָּוִיד אֲשֶׁר בֵּית הָאֱלֹהִים׃
י וַיַּעֲמֵד אֶת־כָּל־הָעָם וְאִישׁ ׀ שִׁלְחוֹ בְיָדוֹ מִכֶּתֶף הַבַּיִת הַיְמָנִית
עַד־כֶּתֶף הַבַּיִת הַשְּׂמָאלִית לַמִּזְבֵּחַ וְלַבָּיִת עַל־הַמֶּלֶךְ
יא סָבִיב׃ וַיּוֹצִיאוּ אֶת־בֶּן־הַמֶּלֶךְ וַיִּתְּנוּ עָלָיו אֶת־הַנֵּזֶר וְאֶת־ כ
הָעֵדוּת וַיַּמְלִיכוּ אֹתוֹ וַיִּמְשָׁחֻהוּ יְהוֹיָדָע וּבָנָיו וַיֹּאמְרוּ יְחִי
יב הַמֶּלֶךְ׃ וַתִּשְׁמַע עֲתַלְיָהוּ אֶת־קוֹל הָעָם הָרָצִים

מותה של עתליה
מל״ב יא, יג–טז

יג וְהַמְהַלְלִים אֶת־הַמֶּלֶךְ וַתָּבוֹא אֶל־הָעָם בֵּית יְהוָה׃ וַתֵּרֶא
וְהִנֵּה הַמֶּלֶךְ עוֹמֵד עַל־עַמּוּדוֹ בַּמָּבוֹא וְהַשָּׂרִים וְהַחֲצֹצְרוֹת עַל־
הַמֶּלֶךְ וְכָל־עַם הָאָרֶץ שָׂמֵחַ וְתוֹקֵעַ בַּחֲצֹצְרוֹת וְהַמְשׁוֹרְרִים
בִּכְלֵי הַשִּׁיר וּמוֹדִיעִים לְהַלֵּל וַתִּקְרַע עֲתַלְיָהוּ אֶת־בְּגָדֶיהָ
יד וַתֹּאמֶר קֶשֶׁר קָשֶׁר׃ וַיּוֹצֵא יְהוֹיָדָע הַכֹּהֵן אֶת־שָׂרֵי
הַמֵּאוֹת ׀ פְּקוּדֵי הַחַיִל וַיֹּאמֶר אֲלֵהֶם הוֹצִיאוּהָ אֶל־מִבֵּית
הַשְּׂדֵרוֹת וְהַבָּא אַחֲרֶיהָ יוּמַת בֶּחָרֶב כִּי אָמַר הַכֹּהֵן לֹא
טו תְמִיתוּהָ בֵּית יְהוָה׃ וַיָּשִׂימוּ לָהּ יָדַיִם וַתָּבוֹא אֶל־מְבוֹא
שַׁעַר־הַסּוּסִים בֵּית הַמֶּלֶךְ וַיְמִיתוּהָ שָׁם׃

יהוידע כורת ברית בין ה׳ ובין המלך ובין העם
מל״ב יא, יז–כ

טז וַיִּכְרֹת יְהוֹיָדָע בְּרִית בֵּינוֹ וּבֵין כָּל־הָעָם וּבֵין הַמֶּלֶךְ לִהְיוֹת
יז לְעָם לַיהוָה׃ וַיָּבֹאוּ כָל־הָעָם בֵּית־הַבַּעַל וַיִּתְּצֻהוּ וְאֶת־
מִזְבְּחֹתָיו וְאֶת־צְלָמָיו שִׁבֵּרוּ וְאֵת מַתָּן כֹּהֵן הַבַּעַל הָרְגוּ
יח לִפְנֵי הַמִּזְבְּחוֹת׃ וַיָּשֶׂם יְהוֹיָדָע פְּקֻדֹּת בֵּית יְהוָה בְּיַד הַכֹּהֲנִים
הַלְוִיִּם אֲשֶׁר חָלַק דָּוִיד עַל־בֵּית יְהוָה לְהַעֲלוֹת עֹלוֹת יְהוָה
יט כַּכָּתוּב בְּתוֹרַת מֹשֶׁה בְּשִׂמְחָה וּבְשִׁיר עַל יְדֵי דָוִיד׃ וַיַּעֲמֵד
הַשּׁוֹעֲרִים עַל־שַׁעֲרֵי בֵּית יְהוָה וְלֹא־יָבֹא טָמֵא לְכָל־דָּבָר׃
כ וַיִּקַּח אֶת־שָׂרֵי הַמֵּאוֹת וְאֶת־הָאַדִּירִים וְאֶת־הַמּוֹשְׁלִים בָּעָם

וְאֵת ׀ כָּל־עַם הָאָרֶץ וַיֹּרֶד אֶת־הַמֶּלֶךְ מִבֵּית יְהוָה וַיָּבֹאוּ
בְּתוֹךְ־שַׁעַר הָעֶלְיוֹן בֵּית הַמֶּלֶךְ וַיּוֹשִׁיבוּ אֶת־הַמֶּלֶךְ עַל כִּסֵּא
כא הַמַּמְלָכָה: וַיִּשְׂמְחוּ כָל־עַם־הָאָרֶץ וְהָעִיר שָׁקָטָה וְאֶת־
כד א עֲתַלְיָהוּ הֵמִיתוּ בֶחָרֶב: בֶּן־שֶׁבַע שָׁנִים יֹאָשׁ בְּמָלְכוֹ
וְאַרְבָּעִים שָׁנָה מָלַךְ בִּירוּשָׁלִָם וְשֵׁם אִמּוֹ צִבְיָה מִבְּאֵר שָׁבַע:
ב וַיַּעַשׂ יוֹאָשׁ הַיָּשָׁר בְּעֵינֵי יְהוָה כָּל־יְמֵי יְהוֹיָדָע הַכֹּהֵן:
ג ד וַיִּשָּׂא־לוֹ יְהוֹיָדָע נָשִׁים שְׁתָּיִם וַיּוֹלֶד בָּנִים וּבָנוֹת: וַיְהִי אַחֲרֵי־
ה כֵן הָיָה עִם־לֵב יוֹאָשׁ לְחַדֵּשׁ אֶת־בֵּית יְהוָה: וַיִּקְבֹּץ אֶת־
הַכֹּהֲנִים וְהַלְוִיִּם וַיֹּאמֶר לָהֶם צְאוּ לְעָרֵי יְהוּדָה וְקִבְצוּ מִכָּל־
יִשְׂרָאֵל כֶּסֶף לְחַזֵּק ׀ אֶת־בֵּית אֱלֹהֵיכֶם מִדֵּי שָׁנָה בְּשָׁנָה
ו וְאַתֶּם תְּמַהֲרוּ לַדָּבָר וְלֹא מִהֲרוּ הַלְוִיִּם: וַיִּקְרָא
הַמֶּלֶךְ לִיהוֹיָדָע הָרֹאשׁ וַיֹּאמֶר לוֹ מַדּוּעַ לֹא־דָרַשְׁתָּ עַל־
הַלְוִיִּם לְהָבִיא מִיהוּדָה וּמִירוּשָׁלִַם אֶת־מַשְׂאַת מֹשֶׁה עֶבֶד־
ז יְהוָה וְהַקָּהָל לְיִשְׂרָאֵל לְאֹהֶל הָעֵדוּת: כִּי עֲתַלְיָהוּ הַמִּרְשַׁעַת
בָּנֶיהָ פָרְצוּ אֶת־בֵּית הָאֱלֹהִים וְגַם כָּל־קָדְשֵׁי בֵית־יְהוָה עָשׂוּ
ח לַבְּעָלִים: וַיֹּאמֶר הַמֶּלֶךְ וַיַּעֲשׂוּ אֲרוֹן אֶחָד וַיִּתְּנֻהוּ בְּשַׁעַר
ט בֵּית־יְהוָה חוּצָה: וַיִּתְּנוּ־קוֹל בִּיהוּדָה וּבִירוּשָׁלִַם לְהָבִיא
לַיהוָה מַשְׂאַת מֹשֶׁה עֶבֶד־הָאֱלֹהִים עַל־יִשְׂרָאֵל בַּמִּדְבָּר:
י וַיִּשְׂמְחוּ כָל־הַשָּׂרִים וְכָל־הָעָם וַיָּבִיאוּ וַיַּשְׁלִיכוּ לָאָרוֹן עַד־
יא לְכַלֵּה: וַיְהִי בְּעֵת יָבִיא אֶת־הָאָרוֹן אֶל־פְּקֻדַּת הַמֶּלֶךְ בְּיַד
הַלְוִיִּם וְכִרְאוֹתָם כִּי־רַב הַכֶּסֶף וּבָא סוֹפֵר הַמֶּלֶךְ וּפְקִיד
כֹּהֵן הָרֹאשׁ וִיעָרוּ אֶת־הָאָרוֹן וְיִשָּׂאֻהוּ וִישִׁבֻהוּ אֶל־מְקֹמוֹ
יב כֹּה עָשׂוּ לְיוֹם בְּיוֹם וַיַּאַסְפוּ־כֶסֶף לָרֹב: וַיִּתְּנֵהוּ הַמֶּלֶךְ
וִיהוֹיָדָע אֶל־עוֹשֵׂה מְלֶאכֶת עֲבוֹדַת בֵּית־יְהוָה וַיִּהְיוּ שֹׂכְרִים
חֹצְבִים וְחָרָשִׁים לְחַדֵּשׁ בֵּית יְהוָה וְגַם לְחָרָשֵׁי בַרְזֶל וּנְחֹשֶׁת
יג לְחַזֵּק אֶת־בֵּית יְהוָה: וַיַּעֲשׂוּ עֹשֵׂי הַמְּלָאכָה וַתַּעַל אֲרוּכָה
לַמְּלָאכָה בְּיָדָם וַיַּעֲמִידוּ אֶת־בֵּית הָאֱלֹהִים עַל־מַתְכֻּנְתּוֹ

פתיחה למלכות יואש
מל״ב יב, א–ד

חיזוק בדק הבית בימי יואש
מל״ב יב, ה–יז

יד וַיְאַמְּצֻהוּ׃ וּכְכַלּוֹתָם הֵבִיאוּ לִפְנֵי הַמֶּלֶךְ וִיהוֹיָדָע אֶת־שְׁאָר
הַכֶּסֶף וַיַּעֲשֵׂהוּ כֵלִים לְבֵית־יְהוָה כְּלֵי שָׁרֵת וְהַעֲלוֹת וְכַפּוֹת
וּכְלֵי זָהָב וָכָסֶף וַיִּהְיוּ מַעֲלִים עֹלוֹת בְּבֵית־יְהוָה תָּמִיד כֹּל יְמֵי
טו יְהוֹיָדָע׃ וַיִּזְקַן יְהוֹיָדָע וַיִּשְׂבַּע יָמִים וַיָּמֹת בֶּן־מֵאָה
טז וּשְׁלֹשִׁים שָׁנָה בְּמוֹתוֹ׃ וַיִּקְבְּרֻהוּ בְעִיר־דָּוִיד עִם־הַמְּלָכִים כִּי־
יז עָשָׂה טוֹבָה בְּיִשְׂרָאֵל וְעִם־הָאֱלֹהִים וּבֵיתוֹ׃ וְאַחֲרֵי
מוֹת יְהוֹיָדָע בָּאוּ שָׂרֵי יְהוּדָה וַיִּשְׁתַּחֲווּ לַמֶּלֶךְ אָז שָׁמַע
יח הַמֶּלֶךְ אֲלֵיהֶם׃ וַיַּעַזְבוּ אֶת־בֵּית יְהוָה אֱלֹהֵי אֲבוֹתֵיהֶם
וַיַּעַבְדוּ אֶת־הָאֲשֵׁרִים וְאֶת־הָעֲצַבִּים וַיְהִי־קֶצֶף עַל־יְהוּדָה
יט וִירוּשָׁלִַם בְּאַשְׁמָתָם זֹאת׃ וַיִּשְׁלַח בָּהֶם נְבִאִים לַהֲשִׁיבָם
כ אֶל־יְהוָה וַיָּעִידוּ בָם וְלֹא הֶאֱזִינוּ׃ וְרוּחַ אֱלֹהִים
לָבְשָׁה אֶת־זְכַרְיָה בֶּן־יְהוֹיָדָע הַכֹּהֵן וַיַּעֲמֹד מֵעַל לָעָם וַיֹּאמֶר
לָהֶם כֹּה ׀ אָמַר הָאֱלֹהִים לָמָה אַתֶּם עֹבְרִים אֶת־מִצְוֺת יְהוָה
כא וְלֹא תַצְלִיחוּ כִּי־עֲזַבְתֶּם אֶת־יְהוָה וַיַּעֲזֹב אֶתְכֶם׃ וַיִּקְשְׁרוּ
כב עָלָיו וַיִּרְגְּמֻהוּ אֶבֶן בְּמִצְוַת הַמֶּלֶךְ בַּחֲצַר בֵּית יְהוָה׃ וְלֹא־
זָכַר יוֹאָשׁ הַמֶּלֶךְ הַחֶסֶד אֲשֶׁר עָשָׂה יְהוֹיָדָע אָבִיו עִמּוֹ וַיַּהֲרֹג
כג אֶת־בְּנוֹ וּכְמוֹתוֹ אָמַר יֵרֶא יְהוָה וְיִדְרֹשׁ׃ וַיְהִי ׀
לִתְקוּפַת הַשָּׁנָה עָלָה עָלָיו חֵיל אֲרָם וַיָּבֹאוּ אֶל־יְהוּדָה
וִירוּשָׁלִַם וַיַּשְׁחִיתוּ אֶת־כָּל־שָׂרֵי הָעָם מֵעָם וְכָל־שְׁלָלָם שִׁלְּחוּ
כד לְמֶלֶךְ דַּרְמָשֶׂק׃ כִּי בְמִצְעַר אֲנָשִׁים בָּאוּ ׀ חֵיל אֲרָם וַיהוָה
נָתַן בְּיָדָם חַיִל לָרֹב מְאֹד כִּי עָזְבוּ אֶת־יְהוָה אֱלֹהֵי אֲבוֹתֵיהֶם
כה וְאֶת־יוֹאָשׁ עָשׂוּ שְׁפָטִים׃ וּבְלֶכְתָּם מִמֶּנּוּ כִּי־עָזְבוּ אֹתוֹ
בְּמַחֲלֻיִים רַבִּים הִתְקַשְּׁרוּ עָלָיו עֲבָדָיו בִּדְמֵי בְּנֵי יְהוֹיָדָע
הַכֹּהֵן וַיַּהַרְגֻהוּ עַל־מִטָּתוֹ וַיָּמֹת וַיִּקְבְּרֻהוּ בְּעִיר דָּוִיד וְלֹא
כו קְבָרֻהוּ בְּקִבְרוֹת הַמְּלָכִים׃ וְאֵלֶּה הַמִּתְקַשְּׁרִים עָלָיו זָבָד
כז בֶּן־שִׁמְעָת הָעַמּוֹנִית וִיהוֹזָבָד בֶּן־שִׁמְרִית הַמּוֹאָבִית׃ וּבָנָיו
וְרֹב הַמַּשָּׂא עָלָיו וִיסוֹד בֵּית הָאֱלֹהִים הִנָּם כְּתוּבִים עַל־מִדְרַשׁ ירב

חזאל מלך ארם עולה להילחם בירושלים
מל״ב יב, יח–יט

סיכום מלכות יואש מלך יהודה וההתנקשות בו
מל״ב יב, כ–כב

א סֵפֶר הַמְּלָכִים וַיִּמְלֹךְ אֲמַצְיָהוּ בְנוֹ תַּחְתָּיו׃ בֶּן־
עֶשְׂרִים וְחָמֵשׁ שָׁנָה מָלַךְ אֲמַצְיָהוּ וְעֶשְׂרִים וָתֵשַׁע שָׁנָה
ב מָלַךְ בִּירוּשָׁלָ͏ִם וְשֵׁם אִמּוֹ יְהוֹעַדָּן מִירוּשָׁלָ͏ִם׃ וַיַּעַשׂ הַיָּשָׁר
ג בְּעֵינֵי יְהוָה רַק לֹא בְּלֵבָב שָׁלֵם׃ וַיְהִי כַּאֲשֶׁר חָזְקָה הַמַּמְלָכָה
ד עָלָיו וַיַּהֲרֹג אֶת־עֲבָדָיו הַמַּכִּים אֶת־הַמֶּלֶךְ אָבִיו׃ וְאֶת־
בְּנֵיהֶם לֹא הֵמִית כִּי כַכָּתוּב בַּתּוֹרָה בְּסֵפֶר מֹשֶׁה אֲשֶׁר־
צִוָּה יְהוָה לֵאמֹר לֹא־יָמוּתוּ אָבוֹת עַל־בָּנִים וּבָנִים לֹא־
ה יָמוּתוּ עַל־אָבוֹת כִּי אִישׁ בְּחֶטְאוֹ יָמוּתוּ׃ וַיִּקְבֹּץ
אֲמַצְיָהוּ אֶת־יְהוּדָה וַיַּעֲמִידֵם לְבֵית־אָבוֹת לְשָׂרֵי הָאֲלָפִים
וּלְשָׂרֵי הַמֵּאוֹת לְכָל־יְהוּדָה וּבִנְיָמִן וַיִּפְקְדֵם לְמִבֶּן עֶשְׂרִים
שָׁנָה וָמַעְלָה וַיִּמְצָאֵם שְׁלֹשׁ־מֵאוֹת אֶלֶף בָּחוּר יוֹצֵא צָבָא
ו אֹחֵז רֹמַח וְצִנָּה׃ וַיִּשְׂכֹּר מִיִּשְׂרָאֵל מֵאָה אֶלֶף גִּבּוֹר חָיִל
ז בְּמֵאָה כִכַּר־כָּסֶף׃ וְאִישׁ הָאֱלֹהִים בָּא אֵלָיו לֵאמֹר הַמֶּלֶךְ
אַל־יָבוֹא עִמְּךָ צְבָא יִשְׂרָאֵל כִּי אֵין יְהוָה עִם־יִשְׂרָאֵל כֹּל
ח בְּנֵי אֶפְרָיִם׃ כִּי אִם־בֹּא אַתָּה עֲשֵׂה חֲזַק לַמִּלְחָמָה יַכְשִׁילְךָ
הָאֱלֹהִים לִפְנֵי אוֹיֵב כִּי יֶשׁ־כֹּחַ בֵּאלֹהִים לַעְזוֹר וּלְהַכְשִׁיל׃
ט וַיֹּאמֶר אֲמַצְיָהוּ לְאִישׁ הָאֱלֹהִים וּמַה־לַּעֲשׂוֹת לִמְאַת הַכִּכָּר
אֲשֶׁר נָתַתִּי לִגְדוּד יִשְׂרָאֵל וַיֹּאמֶר אִישׁ הָאֱלֹהִים יֵשׁ לַיהוָה
י לָתֶת לְךָ הַרְבֵּה מִזֶּה׃ וַיַּבְדִּילֵם אֲמַצְיָהוּ לְהַגְּדוּד אֲשֶׁר־בָּא
אֵלָיו מֵאֶפְרַיִם לָלֶכֶת לִמְקוֹמָם וַיִּחַר אַפָּם מְאֹד בִּיהוּדָה
יא וַיָּשׁוּבוּ לִמְקוֹמָם בָּחֳרִי־אָף׃ וַאֲמַצְיָהוּ הִתְחַזַּק וַיִּנְהַג
אֶת־עַמּוֹ וַיֵּלֶךְ גֵּיא הַמֶּלַח וַיַּךְ אֶת־בְּנֵי־שֵׂעִיר עֲשֶׂרֶת אֲלָפִים׃
יב וַעֲשֶׂרֶת אֲלָפִים חַיִּים שָׁבוּ בְּנֵי יְהוּדָה וַיְבִיאוּם לְרֹאשׁ הַסָּלַע
יג וַיַּשְׁלִיכוּם מֵרֹאשׁ־הַסֶּלַע וְכֻלָּם נִבְקָעוּ׃ וּבְנֵי הַגְּדוּד
אֲשֶׁר הֵשִׁיב אֲמַצְיָהוּ מִלֶּכֶת עִמּוֹ לַמִּלְחָמָה וַיִּפְשְׁטוּ בְּעָרֵי
יְהוּדָה מִשֹּׁמְרוֹן וְעַד־בֵּית חוֹרוֹן וַיַּכּוּ מֵהֶם שְׁלֹשֶׁת אֲלָפִים
יד וַיָּבֹזּוּ בִּזָּה רַבָּה׃ וַיְהִי אַחֲרֵי בוֹא אֲמַצְיָהוּ מֵהַכּוֹת

פתיחה למלכות אמציה
מל"ב יד, א-ו

איש בחטאו יומת
דברים כד, טז
מל"ב יד, ה-ו
ירמיה לא, כח-כט
יחזקאל יח, יט-כ

מלחמת אמציה באדום
מל"ב יד, ז

אֶת־אֲדוֹמִים וַיָּבֵא אֶת־אֱלֹהֵי בְּנֵי שֵׂעִיר וַיַּעֲמִידֵם לוֹ לֵאלֹהִים
טו וְלִפְנֵיהֶם יִשְׁתַּחֲוֶה וְלָהֶם יְקַטֵּר: וַיִּחַר־אַף יְהוָה בַּאֲמַצְיָהוּ
וַיִּשְׁלַח אֵלָיו נָבִיא וַיֹּאמֶר לוֹ לָמָּה דָרַשְׁתָּ אֶת־אֱלֹהֵי
טז הָעָם אֲשֶׁר לֹא־הִצִּילוּ אֶת־עַמָּם מִיָּדֶךָ: וַיְהִי ׀ בְּדַבְּרוֹ אֵלָיו
וַיֹּאמֶר לוֹ הַלְיוֹעֵץ לַמֶּלֶךְ נְתַנּוּךָ חֲדַל־לְךָ לָמָּה יַכּוּךָ וַיֶּחְדַּל
הַנָּבִיא וַיֹּאמֶר יָדַעְתִּי כִּי־יָעַץ אֱלֹהִים לְהַשְׁחִיתֶךָ כִּי־עָשִׂיתָ
יז זֹאת וְלֹא שָׁמַעְתָּ לַעֲצָתִי: וַיִּוָּעַץ אֲמַצְיָהוּ מֶלֶךְ

מלחמת אמציה מלך יהודה ביואש מלך ישראל
מל״ב יד, ח–יד

יְהוּדָה וַיִּשְׁלַח אֶל־יוֹאָשׁ בֶּן־יְהוֹאָחָז בֶּן־יֵהוּא מֶלֶךְ יִשְׂרָאֵל
יח לֵאמֹר לְךָ נִתְרָאֶה פָנִים: וַיִּשְׁלַח יוֹאָשׁ מֶלֶךְ־יִשְׂרָאֵל אֶל־
אֲמַצְיָהוּ מֶלֶךְ־יְהוּדָה לֵאמֹר הַחוֹחַ אֲשֶׁר בַּלְּבָנוֹן שָׁלַח אֶל־
הָאֶרֶז אֲשֶׁר בַּלְּבָנוֹן לֵאמֹר תְּנָה־אֶת־בִּתְּךָ לִבְנִי לְאִשָּׁה
וַתַּעֲבֹר חַיַּת הַשָּׂדֶה אֲשֶׁר בַּלְּבָנוֹן וַתִּרְמֹס אֶת־הַחוֹחַ:
יט אָמַרְתָּ הִנֵּה הִכִּיתָ אֶת־אֱדוֹם וּנְשָׂאֲךָ לִבְּךָ לְהַכְבִּיד עַתָּה
שְׁבָה בְּבֵיתֶךָ לָמָּה תִתְגָּרֶה בְּרָעָה וְנָפַלְתָּ אַתָּה וִיהוּדָה
כ עִמָּךְ: וְלֹא־שָׁמַע אֲמַצְיָהוּ כִּי מֵהָאֱלֹהִים הִיא לְמַעַן תִּתָּם
כא בְּיָד כִּי דָרְשׁוּ אֵת אֱלֹהֵי אֱדוֹם: וַיַּעַל יוֹאָשׁ מֶלֶךְ־יִשְׂרָאֵל
וַיִּתְרָאוּ פָנִים הוּא וַאֲמַצְיָהוּ מֶלֶךְ־יְהוּדָה בְּבֵית שֶׁמֶשׁ אֲשֶׁר
כב כג לִיהוּדָה: וַיִּנָּגֶף יְהוּדָה לִפְנֵי יִשְׂרָאֵל וַיָּנֻסוּ אִישׁ לְאֹהָלָיו: וְאֵת
אֲמַצְיָהוּ מֶלֶךְ־יְהוּדָה בֶּן־יוֹאָשׁ בֶּן־יְהוֹאָחָז תָּפַשׂ יוֹאָשׁ מֶלֶךְ־
יִשְׂרָאֵל בְּבֵית שָׁמֶשׁ וַיְבִיאֵהוּ יְרוּשָׁלִַם וַיִּפְרֹץ בְּחוֹמַת יְרוּשָׁלִַם
כד מִשַּׁעַר אֶפְרַיִם עַד־שַׁעַר הַפּוֹנֶה אַרְבַּע מֵאוֹת אַמָּה: וְכָל־
הַזָּהָב וְהַכֶּסֶף וְאֵת כָּל־הַכֵּלִים הַנִּמְצְאִים בְּבֵית־הָאֱלֹהִים עִם־
עֹבֵד אֱדוֹם וְאֶת־אוֹצְרוֹת בֵּית הַמֶּלֶךְ וְאֵת בְּנֵי הַתַּעֲרֻבוֹת
כה וַיָּשָׁב שֹׁמְרוֹן: וַיְחִי אֲמַצְיָהוּ בֶן־יוֹאָשׁ מֶלֶךְ יְהוּדָה

סיכום מלכות אמציה
מל״ב יד, יז–כ

אַחֲרֵי מוֹת יוֹאָשׁ בֶּן־יְהוֹאָחָז מֶלֶךְ יִשְׂרָאֵל חֲמֵשׁ עֶשְׂרֵה שָׁנָה:
כו וְיֶתֶר דִּבְרֵי אֲמַצְיָהוּ הָרִאשֹׁנִים וְהָאַחֲרוֹנִים הֲלֹא הִנָּם כְּתוּבִים
כז עַל־סֵפֶר מַלְכֵי־יְהוּדָה וְיִשְׂרָאֵל: וּמֵעֵת אֲשֶׁר־סָר אֲמַצְיָהוּ

מֵאַחֲרֵי יְהוָה וַיִּקְשְׁרוּ עָלָיו קֶשֶׁר בִּירוּשָׁלִַם וַיָּנָס לָכִישָׁה
כח וַיִּשְׁלְחוּ אַחֲרָיו לָכִישָׁה וַיְמִתֻהוּ שָׁם׃ וַיִּשָּׂאֻהוּ עַל־הַסּוּסִים
כו א וַיִּקְבְּרוּ אֹתוֹ עִם־אֲבֹתָיו בְּעִיר יְהוּדָה׃ וַיִּקְחוּ כָּל־עַם יְהוּדָה
אֶת־עֻזִּיָּהוּ וְהוּא בֶּן־שֵׁשׁ עֶשְׂרֵה שָׁנָה וַיַּמְלִיכוּ אֹתוֹ תַּחַת
ב אָבִיו אֲמַצְיָהוּ׃ הוּא בָּנָה אֶת־אֵילוֹת וַיְשִׁבֶהָ לִיהוּדָה אַחֲרֵי כא
שְׁכַב־הַמֶּלֶךְ עִם־אֲבֹתָיו׃

פתיחה למלכות עוזיה
מל"ב יד, כא-כב; טו, א-ד

ג בֶּן־שֵׁשׁ עֶשְׂרֵה שָׁנָה עֻזִּיָּהוּ בְמָלְכוֹ וַחֲמִשִּׁים וּשְׁתַּיִם שָׁנָה
ד מָלַךְ בִּירוּשָׁלִָם וְשֵׁם אִמּוֹ יכיליה מִן־יְרוּשָׁלִָם׃ וַיַּעַשׂ הַיָּשָׁר יְכָלְיָה
ה בְּעֵינֵי יְהוָה כְּכֹל אֲשֶׁר־עָשָׂה אֲמַצְיָהוּ אָבִיו׃ וַיְהִי לִדְרֹשׁ
אֱלֹהִים בִּימֵי זְכַרְיָהוּ הַמֵּבִין בִּרְאֹת הָאֱלֹהִים וּבִימֵי דָּרְשׁוֹ
ו אֶת־יְהוָה הִצְלִיחוֹ הָאֱלֹהִים׃ וַיֵּצֵא וַיִּלָּחֶם בַּפְּלִשְׁתִּים וַיִּפְרֹץ
אֶת־חוֹמַת גַּת וְאֵת חוֹמַת יַבְנֵה וְאֵת חוֹמַת אַשְׁדּוֹד וַיִּבְנֶה
ז עָרִים בְּאַשְׁדּוֹד וּבַפְּלִשְׁתִּים׃ וַיַּעְזְרֵהוּ הָאֱלֹהִים עַל־פְּלִשְׁתִּים
ח וְעַל־הערביים הַיֹּשְׁבִים בְּגוּר־בָּעַל וְהַמְּעוּנִים׃ וַיִּתְּנוּ הָעַמּוֹנִים הָעַרְבִים
מִנְחָה לְעֻזִּיָּהוּ וַיֵּלֶךְ שְׁמוֹ עַד־לְבוֹא מִצְרַיִם כִּי הֶחֱזִיק עַד־
ט לְמָעְלָה׃ וַיִּבֶן עֻזִּיָּהוּ מִגְדָּלִים בִּירוּשָׁלִַם עַל־שַׁעַר הַפִּנָּה
י וְעַל־שַׁעַר הַגַּיְא וְעַל־הַמִּקְצוֹעַ וַיְחַזְּקֵם׃ וַיִּבֶן מִגְדָּלִים
בַּמִּדְבָּר וַיַּחְצֹב בֹּרוֹת רַבִּים כִּי מִקְנֶה־רַּב הָיָה לוֹ וּבַשְּׁפֵלָה
וּבַמִּישׁוֹר אִכָּרִים וְכֹרְמִים בֶּהָרִים וּבַכַּרְמֶל כִּי־אֹהֵב אֲדָמָה
יא הָיָה׃ וַיְהִי לְעֻזִּיָּהוּ חַיִל עֹשֵׂה מִלְחָמָה יוֹצְאֵי צָבָא
לִגְדוּד בְּמִסְפַּר פְּקֻדָּתָם בְּיַד יעואל הַסּוֹפֵר וּמַעֲשֵׂיָהוּ הַשּׁוֹטֵר יְעִיאֵל
יב עַל יַד־חֲנַנְיָהוּ מִשָּׂרֵי הַמֶּלֶךְ׃ כֹּל מִסְפַּר רָאשֵׁי הָאָבוֹת לְגִבּוֹרֵי
יג חָיִל אַלְפַּיִם וְשֵׁשׁ מֵאוֹת׃ וְעַל־יָדָם חֵיל צָבָא שְׁלֹשׁ מֵאוֹת
אֶלֶף וְשִׁבְעַת אֲלָפִים וַחֲמֵשׁ מֵאוֹת עוֹשֵׂי מִלְחָמָה בְּכֹחַ
יד חָיִל לַעְזֹר לַמֶּלֶךְ עַל־הָאוֹיֵב׃ וַיָּכֶן לָהֶם עֻזִּיָּהוּ לְכָל־הַצָּבָא
מָגִנִּים וּרְמָחִים וְכוֹבָעִים וְשִׁרְיֹנוֹת וּקְשָׁתוֹת וּלְאַבְנֵי קְלָעִים׃
טו וַיַּעַשׂ ׀ בִּירוּשָׁלִַם חִשְּׁבֹנוֹת מַחֲשֶׁבֶת חוֹשֵׁב לִהְיוֹת עַל־

הַמִּגְדָּלִים וְעַל־הַפִּנּוֹת לִירוֹא בַּחִצִּים וּבָאֲבָנִים גְּדֹלוֹת וַיֵּצֵא
טז שְׁמוֹ עַד־לְמֵרָחוֹק כִּי־הִפְלִיא לְהֵעָזֵר עַד כִּי־חָזָק: וּכְחֶזְקָתוֹ (צרעת עוזיה מל"ב טו, ה)
גָּבַהּ לִבּוֹ עַד־לְהַשְׁחִית וַיִּמְעַל בַּיהוָה אֱלֹהָיו וַיָּבֹא אֶל־הֵיכַל
יז יְהוָה לְהַקְטִיר עַל־מִזְבַּח הַקְּטֹרֶת: וַיָּבֹא אַחֲרָיו עֲזַרְיָהוּ
יח הַכֹּהֵן וְעִמּוֹ כֹּהֲנִים ׀ לַיהוָה שְׁמוֹנִים בְּנֵי־חָיִל: וַיַּעַמְדוּ עַל־
עֻזִּיָּהוּ הַמֶּלֶךְ וַיֹּאמְרוּ לוֹ לֹא־לְךָ עֻזִּיָּהוּ לְהַקְטִיר לַיהוָה כִּי
לַכֹּהֲנִים בְּנֵי־אַהֲרֹן הַמְקֻדָּשִׁים לְהַקְטִיר צֵא מִן־הַמִּקְדָּשׁ כִּי
יט מָעַלְתָּ וְלֹא־לְךָ לְכָבוֹד מֵיְהוָה אֱלֹהִים: וַיִּזְעַף עֻזִּיָּהוּ וּבְיָדוֹ
מִקְטֶרֶת לְהַקְטִיר וּבְזַעְפּוֹ עִם־הַכֹּהֲנִים וְהַצָּרַעַת זָרְחָה בְמִצְחוֹ
כ לִפְנֵי הַכֹּהֲנִים בְּבֵית יְהוָה מֵעַל לְמִזְבַּח הַקְּטֹרֶת: וַיִּפֶן אֵלָיו
עֲזַרְיָהוּ כֹהֵן הָרֹאשׁ וְכָל־הַכֹּהֲנִים וְהִנֵּה־הוּא מְצֹרָע בְּמִצְחוֹ
כא וַיַּבְהִלוּהוּ מִשָּׁם וְגַם־הוּא נִדְחַף לָצֵאת כִּי נִגְּעוֹ יְהוָה: וַיְהִי
עֻזִּיָּהוּ הַמֶּלֶךְ מְצֹרָע ׀ עַד־יוֹם מוֹתוֹ וַיֵּשֶׁב בֵּית החפשות מְצֹרָע (הַחָפְשִׁית)
כִּי נִגְזַר מִבֵּית יְהוָה וְיוֹתָם בְּנוֹ עַל־בֵּית הַמֶּלֶךְ שׁוֹפֵט אֶת־
כב עַם הָאָרֶץ: וְיֶתֶר דִּבְרֵי עֻזִּיָּהוּ הָרִאשֹׁנִים וְהָאַחֲרֹנִים כָּתַב (סיכום מלכות עוזיה מל"ב טו, ו–ז)
כג יְשַׁעְיָהוּ בֶן־אָמוֹץ הַנָּבִיא: וַיִּשְׁכַּב עֻזִּיָּהוּ עִם־אֲבֹתָיו וַיִּקְבְּרוּ
אֹתוֹ עִם־אֲבֹתָיו בִּשְׂדֵה הַקְּבוּרָה אֲשֶׁר לַמְּלָכִים כִּי אָמְרוּ
כז א מְצוֹרָע הוּא וַיִּמְלֹךְ יוֹתָם בְּנוֹ תַּחְתָּיו: בֶּן־עֶשְׂרִים (פתיחה למלכות יותם מל"ב טו, לב–לה)
וְחָמֵשׁ שָׁנָה יוֹתָם בְּמָלְכוֹ וְשֵׁשׁ־עֶשְׂרֵה שָׁנָה מָלַךְ בִּירוּשָׁלִָם
ב וְשֵׁם אִמּוֹ יְרוּשָׁה בַּת־צָדוֹק: וַיַּעַשׂ הַיָּשָׁר בְּעֵינֵי יְהוָה כְּכֹל
אֲשֶׁר־עָשָׂה עֻזִּיָּהוּ אָבִיו רַק לֹא־בָא אֶל־הֵיכַל יְהוָה וְעוֹד
ג הָעָם מַשְׁחִיתִים: הוּא בָּנָה אֶת־שַׁעַר בֵּית־יְהוָה הָעֶלְיוֹן
ד וּבְחוֹמַת הָעֹפֶל בָּנָה לָרֹב: וְעָרִים בָּנָה בְּהַר יְהוּדָה וּבֶחֳרָשִׁים
ה בָּנָה בִּירָנִיּוֹת וּמִגְדָּלִים: וְהוּא נִלְחַם עִם־מֶלֶךְ בְּנֵי־עַמּוֹן וַיֶּחֱזַק
עֲלֵיהֶם וַיִּתְּנוּ־לוֹ בְנֵי־עַמּוֹן בַּשָּׁנָה הַהִיא מֵאָה כִּכַּר־כֶּסֶף
וַעֲשֶׂרֶת אֲלָפִים כֹּרִים חִטִּים וּשְׂעוֹרִים עֲשֶׂרֶת אֲלָפִים זֹאת
ו הֵשִׁיבוּ לוֹ בְּנֵי עַמּוֹן וּבַשָּׁנָה הַשֵּׁנִית וְהַשְּׁלִשִׁית: וַיִּתְחַזֵּק

סיכום מלכות יותם
מל״ב טו, לו–לח

ז יוֹתָם כִּי הֵכִין דְּרָכָיו לִפְנֵי יְהוָה אֱלֹהָיו׃ וְיֶתֶר דִּבְרֵי יוֹתָם
וְכָל־מִלְחֲמֹתָיו וּדְרָכָיו הִנָּם כְּתוּבִים עַל־סֵפֶר מַלְכֵי יִשְׂרָאֵל
ח וִיהוּדָה׃ בֶּן־עֶשְׂרִים וְחָמֵשׁ שָׁנָה הָיָה בְמָלְכוֹ וְשֵׁשׁ־עֶשְׂרֵה
ט שָׁנָה מָלַךְ בִּירוּשָׁלָם׃ וַיִּשְׁכַּב יוֹתָם עִם־אֲבֹתָיו וַיִּקְבְּרוּ אֹתוֹ

פתיחה למלכות אחז
מל״ב טז, א–ד

כח א בְּעִיר דָּוִיד וַיִּמְלֹךְ אָחָז בְּנוֹ תַּחְתָּיו׃ בֶּן־עֶשְׂרִים שָׁנָה אָחָז
בְּמָלְכוֹ וְשֵׁשׁ־עֶשְׂרֵה שָׁנָה מָלַךְ בִּירוּשָׁלָם וְלֹא־עָשָׂה הַיָּשָׁר
ב בְּעֵינֵי יְהוָה כְּדָוִיד אָבִיו׃ וַיֵּלֶךְ בְּדַרְכֵי מַלְכֵי יִשְׂרָאֵל וְגַם
ג מַסֵּכוֹת עָשָׂה לַבְּעָלִים׃ וְהוּא הִקְטִיר בְּגֵיא בֶן־הִנֹּם וַיַּבְעֵר
אֶת־בָּנָיו בָּאֵשׁ כְּתֹעֲבוֹת הַגּוֹיִם אֲשֶׁר הֹרִישׁ יְהוָה מִפְּנֵי בְּנֵי
ד יִשְׂרָאֵל׃ וַיְזַבֵּחַ וַיְקַטֵּר בַּבָּמוֹת וְעַל־הַגְּבָעוֹת וְתַחַת כָּל־עֵץ

מלחמת ארם וישראל ביהודה
מל״ב טז, ה–ט
ישעיה ז, א–ט

ה רַעֲנָן׃ וַיִּתְּנֵהוּ יְהוָה אֱלֹהָיו בְּיַד מֶלֶךְ אֲרָם וַיַּכּוּ־בוֹ וַיִּשְׁבּוּ
מִמֶּנּוּ שִׁבְיָה גְדוֹלָה וַיָּבִיאוּ דַּרְמָשֶׂק וְגַם בְּיַד־מֶלֶךְ יִשְׂרָאֵל
ו נִתָּן וַיַּךְ־בּוֹ מַכָּה גְדוֹלָה׃ וַיַּהֲרֹג פֶּקַח בֶּן־רְמַלְיָהוּ
בִּיהוּדָה מֵאָה וְעֶשְׂרִים אֶלֶף בְּיוֹם אֶחָד הַכֹּל בְּנֵי־חָיִל בְּעָזְבָם
ז אֶת־יְהוָה אֱלֹהֵי אֲבוֹתָם׃ וַיַּהֲרֹג זִכְרִי ׀ גִּבּוֹר אֶפְרַיִם
אֶת־מַעֲשֵׂיָהוּ בֶּן־הַמֶּלֶךְ וְאֶת־עַזְרִיקָם נְגִיד הַבָּיִת וְאֶת־אֶלְקָנָה
ח מִשְׁנֵה הַמֶּלֶךְ׃ וַיִּשְׁבּוּ בְנֵי־יִשְׂרָאֵל מֵאֲחֵיהֶם מָאתַיִם
אֶלֶף נָשִׁים בָּנִים וּבָנוֹת וְגַם־שָׁלָל רָב בָּזְזוּ מֵהֶם וַיָּבִיאוּ אֶת־
ט הַשָּׁלָל לְשֹׁמְרוֹן׃ וְשָׁם הָיָה נָבִיא לַיהוָה עֹדֵד שְׁמוֹ
וַיֵּצֵא לִפְנֵי הַצָּבָא הַבָּא לְשֹׁמְרוֹן וַיֹּאמֶר לָהֶם הִנֵּה בַּחֲמַת יְהוָה
אֱלֹהֵי־אֲבוֹתֵיכֶם עַל־יְהוּדָה נְתָנָם בְּיֶדְכֶם וַתַּהַרְגוּ־בָם בְּזַעַף
י עַד לַשָּׁמַיִם הִגִּיעַ׃ וְעַתָּה בְּנֵי־יְהוּדָה וִירוּשָׁלַם אַתֶּם אֹמְרִים
לִכְבֹּשׁ לַעֲבָדִים וְלִשְׁפָחוֹת לָכֶם הֲלֹא רַק־אַתֶּם עִמָּכֶם אֲשָׁמוֹת
יא לַיהוָה אֱלֹהֵיכֶם׃ וְעַתָּה שְׁמָעוּנִי וְהָשִׁיבוּ הַשִּׁבְיָה אֲשֶׁר שְׁבִיתֶם
יב מֵאֲחֵיכֶם כִּי חֲרוֹן אַף־יְהוָה עֲלֵיכֶם׃ וַיָּקֻמוּ אֲנָשִׁים
מֵרָאשֵׁי בְנֵי־אֶפְרַיִם עֲזַרְיָהוּ בֶן־יְהוֹחָנָן בֶּרֶכְיָהוּ בֶן־מְשִׁלֵּמוֹת
וִיחִזְקִיָּהוּ בֶן־שַׁלֻּם וַעֲמָשָׂא בֶן־חַדְלָי עַל־הַבָּאִים מִן־הַצָּבָא׃

ויאמרו להם לא־תביאו את־השביה הנה כי לאשמת יהוה יג
עלינו אתם אמרים להסיף על־חטאתנו ועל־אשמתנו
כי־רבה אשמה לנו וחרון אף על־ישראל: ויעזב יד
החלוץ את־השביה ואת־הבזה לפני השרים וכל־הקהל:
ויקמו האנשים אשר־נקבו בשמות ויחזיקו בשביה וכל־ טו
מערמיהם הלבישו מן־השלל וילבשום וינעלום ויאכלום
וישקום ויסכום וינהלום בחמרים לכל־כושל ויביאום ירחו
עיר־התמרים אצל אחיהם וישובו שמרון: בעת טז
ההיא שלח המלך אחז על־מלכי אשור לעזר לו: ועוד יז
אדומים באו ויכו ביהודה וישבו־שבי: ופלשתים פשטו יח
בערי השפלה והנגב ליהודה וילכדו את־בית־שמש ואת־
אילון ואת־הגדרות ואת־שוכו ובנותיה ואת־תמנה ובנותיה
ואת־גמזו ואת־בנתיה וישבו שם: כי־הכניע יהוה את־ יט
יהודה בעבור אחז מלך־ישראל כי הפריע ביהודה ומעול
מעל ביהוה: ויבא עליו תלגת פלנאסר מלך אשור ויצר כ
לו ולא חזקו: כי־חלק אחז את־בית יהוה ואת־בית המלך כא

אחז חוטא בעבודה זרה
מל״ב טז, י–יח

והשרים ויתן למלך אשור ולא לעזרה לו: ובעת הצר לו כב
ויוסף למעול ביהוה הוא המלך אחז: ויזבח לאלהי דרמשק כג
המכים בו ויאמר כי אלהי מלכי־ארם הם מעזרים אתם
להם אזבח ויעזרוני והם היו־לו להכשילו ולכל־ישראל:
ויאסף אחז את־כלי בית־האלהים ויקצץ את־כלי בית־ כד
האלהים ויסגר את־דלתות בית־יהוה ויעש לו מזבחות
בכל־פנה בירושלם: ובכל־עיר ועיר ליהודה עשה במות כה
לקטר לאלהים אחרים ויכעס את־יהוה אלהי אבתיו:

סיכום מלכות אחז
מל״ב טז, יט–כ

ויתר דבריו וכל־דרכיו הראשנים והאחרנים הנם כתובים כו
על־ספר מלכי־יהודה וישראל: וישכב אחז עם־אבתיו כז
ויקברהו בעיר בירושלם כי לא הביאהו לקברי מלכי

פתיחה למלכות חזקיה
מל"ב יח, א-ג

א ישראל וימלך יחזקיהו בנו תחתיו: יחזקיהו מלך
בן־עשרים וחמש שנה ועשרים ותשע שנה מלך בירושלם
ב ושם אמו אביה בת־זכריהו: ויעש הישר בעיני יהוה ככל
ג אשר־עשה דויד אביו: הוא בשנה הראשונה למלכו
ד בחדש הראשון פתח את־דלתות בית־יהוה ויחזקם: ויבא
ה את־הכהנים ואת־הלוים ויאספם לרחוב המזרח: ויאמר
להם שמעוני הלוים עתה התקדשו וקדשו את־בית יהוה
ו אלהי אבתיכם והוציאו את־הנדה מן־הקדש: כי־מעלו
אבתינו ועשו הרע בעיני יהוה־אלהינו ויעזבהו ויסבו
ז פניהם ממשכן יהוה ויתנו־ערף: גם סגרו דלתות האולם
ויכבו את־הנרות וקטרת לא הקטירו ועלה לא־העלו בקדש
ח לאלהי ישראל: ויהי קצף יהוה על־יהודה וירושלם ויתנם
ט לזועה לשמה ולשרקה כאשר אתם ראים בעיניכם: והנה לזעוה
נפלו אבותינו בחרב ובנינו ובנותינו ונשינו בשבי על־זאת:
י עתה עם־לבבי לכרות ברית ליהוה אלהי ישראל וישב ממנו
יא חרון אפו: בני עתה אל־תשלו כי־בכם בחר יהוה לעמד כב
יב לפניו לשרתו ולהיות לו משרתים ומקטרים: ויקמו
הלוים מחת בן־עמשי ויואל בן־עזריהו מן־בני הקהתי
ומן־בני מררי קיש בן־עבדי ועזריהו בן־יהללאל ומן־
יג הגרשני יואח בן־זמה ועדן בן־יואח: ומן־בני אליצפן
יד שמרי ויעואל ומן־בני אסף זכריהו ומתניהו: ומן ויעיאל
בני הימן יחואל ושמעי ומן־בני ידותון שמעיה ועזיאל: יחיאל

ביעור עבודת האלילים מן הארץ
מל"ב יח, ד
דה"ב לא, א

טו ויאספו את־אחיהם ויתקדשו ויבאו כמצות־המלך בדברי
טז יהוה לטהר בית יהוה: ויבאו הכהנים לפנימה בית־יהוה
לטהר ויוציאו את כל־הטמאה אשר מצאו בהיכל יהוה לחצר
יז בית יהוה ויקבלו הלוים להוציא לנחל־קדרון חוצה: ויחלו
באחד לחדש הראשון לקדש וביום שמונה לחדש באו

לְאוּלָם יהוה וַיְקַדְּשׁוּ אֶת־בֵּית־יהוה לְיָמִים שְׁמוֹנָה וּבְיוֹם
יח שִׁשָּׁה עָשָׂר לַחֹדֶשׁ הָרִאשׁוֹן כִּלּוּ׃ וַיָּבוֹאוּ פְנִימָה
אֶל־חִזְקִיָּהוּ הַמֶּלֶךְ וַיֹּאמְרוּ טִהַרְנוּ אֶת־כָּל־בֵּית יהוה אֶת־
מִזְבַּח הָעוֹלָה וְאֶת־כָּל־כֵּלָיו וְאֶת־שֻׁלְחַן הַמַּעֲרֶכֶת וְאֶת־
יט כָּל־כֵּלָיו׃ וְאֵת כָּל־הַכֵּלִים אֲשֶׁר הִזְנִיחַ הַמֶּלֶךְ אָחָז בְּמַלְכוּתוֹ
כ בְּמַעֲלוֹ הֵכַנּוּ וְהִקְדָּשְׁנוּ וְהִנָּם לִפְנֵי מִזְבַּח יהוה׃ וַיַּשְׁכֵּם
יְחִזְקִיָּהוּ הַמֶּלֶךְ וַיֶּאֱסֹף אֵת שָׂרֵי הָעִיר וַיַּעַל בֵּית יהוה׃
כא וַיָּבִיאוּ פָרִים־שִׁבְעָה וְאֵילִים שִׁבְעָה וּכְבָשִׂים שִׁבְעָה וּצְפִירֵי
עִזִּים שִׁבְעָה לְחַטָּאת עַל־הַמַּמְלָכָה וְעַל־הַמִּקְדָּשׁ וְעַל־
יְהוּדָה וַיֹּאמֶר לִבְנֵי אַהֲרֹן הַכֹּהֲנִים לְהַעֲלוֹת עַל־מִזְבַּח יהוה׃
כב וַיִּשְׁחֲטוּ הַבָּקָר וַיְקַבְּלוּ הַכֹּהֲנִים אֶת־הַדָּם וַיִּזְרְקוּ הַמִּזְבֵּחָה
וַיִּשְׁחֲטוּ הָאֵלִים וַיִּזְרְקוּ הַדָּם הַמִּזְבֵּחָה וַיִּשְׁחֲטוּ הַכְּבָשִׂים
כג וַיִּזְרְקוּ הַדָּם הַמִּזְבֵּחָה׃ וַיַּגִּישׁוּ אֶת־שְׂעִירֵי הַחַטָּאת לִפְנֵי הַמֶּלֶךְ
כד וְהַקָּהָל וַיִּסְמְכוּ יְדֵיהֶם עֲלֵיהֶם׃ וַיִּשְׁחָטוּם הַכֹּהֲנִים וַיְחַטְּאוּ
אֶת־דָּמָם הַמִּזְבֵּחָה לְכַפֵּר עַל־כָּל־יִשְׂרָאֵל כִּי לְכָל־יִשְׂרָאֵל
כה אָמַר הַמֶּלֶךְ הָעוֹלָה וְהַחַטָּאת׃ וַיַּעֲמֵד אֶת־הַלְוִיִּם בֵּית יהוה
בִּמְצִלְתַּיִם בִּנְבָלִים וּבְכִנֹּרוֹת בְּמִצְוַת דָּוִיד וְגָד חֹזֵה־הַמֶּלֶךְ
וְנָתָן הַנָּבִיא כִּי בְיַד־יהוה הַמִּצְוָה בְּיַד־נְבִיאָיו׃
כו כז וַיַּעַמְדוּ הַלְוִיִּם בִּכְלֵי דָוִיד וְהַכֹּהֲנִים בַּחֲצֹצְרוֹת׃ וַיֹּאמֶר
חִזְקִיָּהוּ לְהַעֲלוֹת הָעֹלָה לְהַמִּזְבֵּחַ וּבְעֵת הֵחֵל הָעוֹלָה הֵחֵל
כח שִׁיר־יהוה וְהַחֲצֹצְרוֹת וְעַל־יְדֵי כְּלֵי דָּוִיד מֶלֶךְ יִשְׂרָאֵל׃ וְכָל־
הַקָּהָל מִשְׁתַּחֲוִים וְהַשִּׁיר מְשׁוֹרֵר וְהַחֲצֹצְרוֹת מחצצרים הַכֹּל מַחְצְרִים
כט עַד לִכְלוֹת הָעֹלָה׃ וּכְכַלּוֹת לְהַעֲלוֹת כָּרְעוּ הַמֶּלֶךְ וְכָל־
ל הַנִּמְצְאִים אִתּוֹ וַיִּשְׁתַּחֲווּ׃ וַיֹּאמֶר יְחִזְקִיָּהוּ הַמֶּלֶךְ וְהַשָּׂרִים
לַלְוִיִּם לְהַלֵּל לַיהוה בְּדִבְרֵי דָוִיד וְאָסָף הַחֹזֶה וַיְהַלְלוּ עַד־
לא לְשִׂמְחָה וַיִּקְּדוּ וַיִּשְׁתַּחֲווּ׃ וַיַּעַן יְחִזְקִיָּהוּ וַיֹּאמֶר עַתָּה
מִלֵּאתֶם יֶדְכֶם לַיהוה גֹּשׁוּ וְהָבִיאוּ זְבָחִים וְתוֹדוֹת לְבֵית

יְהוָה וַיָּבִיאוּ הַקָּהָל זְבָחִים וְתוֹדוֹת וְכׇל־נְדִיב לֵב עֹלוֹת׃
לב וַיְהִי מִסְפַּר הָעֹלָה אֲשֶׁר הֵבִיאוּ הַקָּהָל בָּקָר שִׁבְעִים אֵילִים
לג מֵאָה כְּבָשִׂים מָאתָיִם לְעֹלָה לַיהוָה כׇּל־אֵלֶּה׃ וְהַקֳּדָשִׁים
לד בָּקָר שֵׁשׁ מֵאוֹת וְצֹאן שְׁלֹשֶׁת אֲלָפִים׃ רַק הַכֹּהֲנִים הָיוּ
לִמְעָט וְלֹא יָכְלוּ לְהַפְשִׁיט אֶת־כׇּל־הָעֹלוֹת וַיְחַזְּקוּם אֲחֵיהֶם
הַלְוִיִּם עַד־כְּלוֹת הַמְּלָאכָה וְעַד־יִתְקַדְּשׁוּ הַכֹּהֲנִים כִּי הַלְוִיִּם
לה יִשְׁרֵי לֵבָב לְהִתְקַדֵּשׁ מֵהַכֹּהֲנִים׃ וְגַם־עֹלָה לָרֹב בְּחֶלְבֵי
לו הַשְּׁלָמִים וּבַנְּסָכִים לָעֹלָה וַתִּכּוֹן עֲבוֹדַת בֵּית־יְהוָה׃ וַיִּשְׂמַח
יְחִזְקִיָּהוּ וְכׇל־הָעָם עַל הַהֵכִין הָאֱלֹהִים לָעָם כִּי בְּפִתְאֹם
ל א הָיָה הַדָּבָר׃ וַיִּשְׁלַח יְחִזְקִיָּהוּ עַל־כׇּל־יִשְׂרָאֵל וִיהוּדָה
וְגַם־אִגְּרוֹת כָּתַב עַל־אֶפְרַיִם וּמְנַשֶּׁה לָבוֹא לְבֵית־יְהוָה
ב בִּירוּשָׁלִָם לַעֲשׂוֹת פֶּסַח לַיהוָה אֱלֹהֵי יִשְׂרָאֵל׃ וַיִּוָּעַץ הַמֶּלֶךְ
וְשָׂרָיו וְכׇל־הַקָּהָל בִּירוּשָׁלִָם לַעֲשׂוֹת הַפֶּסַח בַּחֹדֶשׁ הַשֵּׁנִי׃
ג כִּי לֹא יָכְלוּ לַעֲשֹׂתוֹ בָּעֵת הַהִיא כִּי הַכֹּהֲנִים לֹא־הִתְקַדְּשׁוּ
ד לְמַדַּי וְהָעָם לֹא־נֶאֶסְפוּ לִירוּשָׁלִָם׃ וַיִּשַׁר הַדָּבָר בְּעֵינֵי
ה הַמֶּלֶךְ וּבְעֵינֵי כׇּל־הַקָּהָל׃ וַיַּעֲמִידוּ דָבָר לְהַעֲבִיר קוֹל בְּכׇל־
יִשְׂרָאֵל מִבְּאֵר־שֶׁבַע וְעַד־דָּן לָבוֹא לַעֲשׂוֹת פֶּסַח לַיהוָה
ו אֱלֹהֵי־יִשְׂרָאֵל בִּירוּשָׁלִָם כִּי לֹא לָרֹב עָשׂוּ כַּכָּתוּב׃ וַיֵּלְכוּ
הָרָצִים בָּאִגְּרוֹת מִיַּד הַמֶּלֶךְ וְשָׂרָיו בְּכׇל־יִשְׂרָאֵל וִיהוּדָה
וּכְמִצְוַת הַמֶּלֶךְ לֵאמֹר בְּנֵי יִשְׂרָאֵל שׁוּבוּ אֶל־יְהוָה אֱלֹהֵי
אַבְרָהָם יִצְחָק וְיִשְׂרָאֵל וְיָשֹׁב אֶל־הַפְּלֵיטָה הַנִּשְׁאֶרֶת לָכֶם
ז מִכַּף מַלְכֵי אַשּׁוּר׃ וְאַל־תִּהְיוּ כַּאֲבוֹתֵיכֶם וְכַאֲחֵיכֶם אֲשֶׁר
מָעֲלוּ בַּיהוָה אֱלֹהֵי אֲבוֹתֵיהֶם וַיִּתְּנֵם לְשַׁמָּה כַּאֲשֶׁר אַתֶּם
ח רֹאִים׃ עַתָּה אַל־תַּקְשׁוּ עׇרְפְּכֶם כַּאֲבוֹתֵיכֶם תְּנוּ־יָד לַיהוָה
וּבֹאוּ לְמִקְדָּשׁוֹ אֲשֶׁר הִקְדִּישׁ לְעוֹלָם וְעִבְדוּ אֶת־יְהוָה
ט אֱלֹהֵיכֶם וְיָשֹׁב מִכֶּם חֲרוֹן אַפּוֹ׃ כִּי בְשׁוּבְכֶם עַל־יְהוָה
אֲחֵיכֶם וּבְנֵיכֶם לְרַחֲמִים לִפְנֵי שׁוֹבֵיהֶם וְלָשׁוּב לָאָרֶץ הַזֹּאת

כִּי־חַנּוּן וְרַחוּם יְהוָה אֱלֹהֵיכֶם וְלֹא־יָסִיר פָּנִים מִכֶּם אִם־
י תָּשׁוּבוּ אֵלָיו׃ וַיִּהְיוּ הָרָצִים עֹבְרִים מֵעִיר ׀ לָעִיר
בְּאֶרֶץ־אֶפְרַיִם וּמְנַשֶּׁה וְעַד־זְבֻלוּן וַיִּהְיוּ מַשְׂחִיקִים עֲלֵיהֶם
יא וּמַלְעִגִים בָּם׃ אַךְ אֲנָשִׁים מֵאָשֵׁר וּמְנַשֶּׁה וּמִזְּבֻלוּן נִכְנְעוּ
יב וַיָּבֹאוּ לִירוּשָׁלִָם׃ גַּם בִּיהוּדָה הָיְתָה יַד הָאֱלֹהִים לָתֵת לָהֶם
יג לֵב אֶחָד לַעֲשׂוֹת מִצְוַת הַמֶּלֶךְ וְהַשָּׂרִים בִּדְבַר יְהוָה׃ וַיֵּאָסְפוּ
יְרוּשָׁלִַם עַם־רָב לַעֲשׂוֹת אֶת־חַג הַמַּצּוֹת בַּחֹדֶשׁ הַשֵּׁנִי קָהָל
יד לָרֹב מְאֹד׃ וַיָּקֻמוּ וַיָּסִירוּ אֶת־הַמִּזְבְּחוֹת אֲשֶׁר בִּירוּשָׁלִָם וְאֵת
טו כָּל־הַמְקַטְּרוֹת הֵסִירוּ וַיַּשְׁלִיכוּ לְנַחַל קִדְרוֹן׃ וַיִּשְׁחֲטוּ הַפֶּסַח
בְּאַרְבָּעָה עָשָׂר לַחֹדֶשׁ הַשֵּׁנִי וְהַכֹּהֲנִים וְהַלְוִיִּם נִכְלְמוּ
טז וַיִּתְקַדְּשׁוּ וַיָּבִיאוּ עֹלוֹת בֵּית יְהוָה׃ וַיַּעַמְדוּ עַל־עָמְדָם
כְּמִשְׁפָּטָם כְּתוֹרַת מֹשֶׁה אִישׁ־הָאֱלֹהִים הַכֹּהֲנִים זֹרְקִים אֶת־
יז הַדָּם מִיַּד הַלְוִיִּם׃ כִּי־רַבַּת בַּקָּהָל אֲשֶׁר לֹא־הִתְקַדָּשׁוּ וְהַלְוִיִּם
יח עַל־שְׁחִיטַת הַפְּסָחִים לְכֹל לֹא טָהוֹר לְהַקְדִּישׁ לַיהוָה׃ כִּי
מַרְבִּית הָעָם רַבַּת מֵאֶפְרַיִם וּמְנַשֶּׁה יִשָּׂשכָר וּזְבֻלוּן לֹא
הִטֶּהָרוּ כִּי־אָכְלוּ אֶת־הַפֶּסַח בְּלֹא כַכָּתוּב כִּי הִתְפַּלֵּל
יט יְחִזְקִיָּהוּ עֲלֵיהֶם לֵאמֹר יְהוָה הַטּוֹב יְכַפֵּר בְּעַד׃ כָּל־לְבָבוֹ
הֵכִין לִדְרוֹשׁ הָאֱלֹהִים ׀ יְהוָה אֱלֹהֵי אֲבוֹתָיו וְלֹא כְּטָהֳרַת
כ הַקֹּדֶשׁ׃ וַיִּשְׁמַע יְהוָה אֶל־יְחִזְקִיָּהוּ וַיִּרְפָּא אֶת־
כא הָעָם׃ וַיַּעֲשׂוּ בְנֵי־יִשְׂרָאֵל הַנִּמְצְאִים בִּירוּשָׁלִַם אֶת־
חַג הַמַּצּוֹת שִׁבְעַת יָמִים בְּשִׂמְחָה גְדוֹלָה וּמְהַלְלִים לַיהוָה
כב יוֹם ׀ בְּיוֹם הַלְוִיִּם וְהַכֹּהֲנִים בִּכְלֵי עֹז לַיהוָה׃ וַיְדַבֵּר
יְחִזְקִיָּהוּ עַל־לֵב כָּל־הַלְוִיִּם הַמַּשְׂכִּילִים שֵׂכֶל־טוֹב לַיהוָה
וַיֹּאכְלוּ אֶת־הַמּוֹעֵד שִׁבְעַת הַיָּמִים מְזַבְּחִים זִבְחֵי שְׁלָמִים
כג וּמִתְוַדִּים לַיהוָה אֱלֹהֵי אֲבוֹתֵיהֶם׃ וַיִּוָּעֲצוּ כָּל־הַקָּהָל
לַעֲשׂוֹת שִׁבְעַת יָמִים אֲחֵרִים וַיַּעֲשׂוּ שִׁבְעַת יָמִים שִׂמְחָה׃
כד כִּי חִזְקִיָּהוּ מֶלֶךְ־יְהוּדָה הֵרִים לַקָּהָל אֶלֶף פָּרִים וְשִׁבְעַת

אֲלָפִים צֹאן וְהַשָּׂרִים הֵרִימוּ לַקָּהָל פָּרִים אֶלֶף וְצֹאן עֲשֶׂרֶת
כה אֲלָפִים וַיִּתְקַדְּשׁוּ כֹהֲנִים לָרֹב: וַיִּשְׂמְחוּ | כָּל־קְהַל יְהוּדָה
וְהַכֹּהֲנִים וְהַלְוִיִּם וְכָל־הַקָּהָל הַבָּאִים מִיִּשְׂרָאֵל וְהַגֵּרִים
כו הַבָּאִים מֵאֶרֶץ יִשְׂרָאֵל וְהַיּוֹשְׁבִים בִּיהוּדָה: וַתְּהִי שִׂמְחָה
גְדוֹלָה בִּירוּשָׁלָםִ כִּי מִימֵי שְׁלֹמֹה בֶן־דָּוִיד מֶלֶךְ יִשְׂרָאֵל לֹא
כז כָזֹאת בִּירוּשָׁלָםִ: וַיָּקֻמוּ הַכֹּהֲנִים הַלְוִיִּם וַיְבָרְכוּ
אֶת־הָעָם וַיִּשָּׁמַע בְּקוֹלָם וַתָּבוֹא תְפִלָּתָם לִמְעוֹן קָדְשׁוֹ
לא א לַשָּׁמָיִם: וּכְכַלּוֹת כָּל־זֹאת יָצְאוּ כָּל־יִשְׂרָאֵל הַנִּמְצְאִים
לְעָרֵי יְהוּדָה וַיְשַׁבְּרוּ הַמַּצֵּבוֹת וַיְגַדְּעוּ הָאֲשֵׁרִים וַיְנַתְּצוּ אֶת־
הַבָּמוֹת וְאֶת־הַמִּזְבְּחֹת מִכָּל־יְהוּדָה וּבִנְיָמִן וּבְאֶפְרַיִם
וּמְנַשֶּׁה עַד־לְכַלֵּה וַיָּשׁוּבוּ כָּל־בְּנֵי יִשְׂרָאֵל אִישׁ לַאֲחֻזָּתוֹ
ב לְעָרֵיהֶם: וַיַּעֲמֵד יְחִזְקִיָּהוּ אֶת־מַחְלְקוֹת הַכֹּהֲנִים
וְהַלְוִיִּם עַל־מַחְלְקוֹתָם אִישׁ | כְּפִי עֲבֹדָתוֹ לַכֹּהֲנִים וְלַלְוִיִּם
לְעֹלָה וְלִשְׁלָמִים לְשָׁרֵת וּלְהֹדוֹת וּלְהַלֵּל בְּשַׁעֲרֵי מַחֲנוֹת
ג יְהוָה: וּמְנָת הַמֶּלֶךְ מִן־רְכוּשׁוֹ לָעֹלוֹת לְעֹלוֹת
הַבֹּקֶר וְהָעֶרֶב וְהָעֹלוֹת לַשַּׁבָּתוֹת וְלֶחֳדָשִׁים וְלַמֹּעֲדִים
ד כַּכָּתוּב בְּתוֹרַת יְהוָה: וַיֹּאמֶר לָעָם לְיוֹשְׁבֵי יְרוּשָׁלַםִ לָתֵת
ה מְנָת הַכֹּהֲנִים וְהַלְוִיִּם לְמַעַן יֶחֶזְקוּ בְּתוֹרַת יְהוָה: וְכִפְרֹץ
הַדָּבָר הִרְבּוּ בְנֵי־יִשְׂרָאֵל רֵאשִׁית דָּגָן תִּירוֹשׁ וְיִצְהָר וּדְבַשׁ
ו וְכֹל תְּבוּאַת שָׂדֶה וּמַעְשַׂר הַכֹּל לָרֹב הֵבִיאוּ: וּבְנֵי יִשְׂרָאֵל
וִיהוּדָה הַיּוֹשְׁבִים בְּעָרֵי יְהוּדָה גַּם־הֵם מַעְשַׂר בָּקָר וָצֹאן
וּמַעְשַׂר קֳדָשִׁים הַמְקֻדָּשִׁים לַיהוָה אֱלֹהֵיהֶם הֵבִיאוּ וַיִּתְּנוּ
ז עֲרֵמוֹת עֲרֵמוֹת: בַּחֹדֶשׁ הַשְּׁלִשִׁי הֵחֵלּוּ הָעֲרֵמוֹת
ח לִיסּוֹד וּבַחֹדֶשׁ הַשְּׁבִיעִי כִּלּוּ: וַיָּבֹאוּ יְחִזְקִיָּהוּ
וְהַשָּׂרִים וַיִּרְאוּ אֶת־הָעֲרֵמוֹת וַיְבָרְכוּ אֶת־יְהוָה וְאֵת עַמּוֹ
ט יִשְׂרָאֵל: וַיִּדְרֹשׁ יְחִזְקִיָּהוּ עַל־הַכֹּהֲנִים וְהַלְוִיִּם עַל־
י הָעֲרֵמוֹת: וַיֹּאמֶר אֵלָיו עֲזַרְיָהוּ הַכֹּהֵן הָרֹאשׁ לְבֵית צָדוֹק כג

ביעור עבודת האלילים מן הארץ
מל״ב יח, ד
דה״ב כט, טו–טז

וַיֹּאמֶר מֵהָחֵל הַתְּרוּמָה לָבִיא בֵית־יְהוָה אָכוֹל וְשָׂבוֹעַ וְהוֹתֵר
עַד־לָרוֹב כִּי יְהוָה בֵּרַךְ אֶת־עַמּוֹ וְהַנּוֹתָר אֶת־הֶהָמוֹן
יא הַזֶּה: וַיֹּאמֶר יְחִזְקִיָּהוּ לְהָכִין לְשָׁכוֹת בְּבֵית יְהוָה
יב וַיָּכִינוּ: וַיָּבִיאוּ אֶת־הַתְּרוּמָה וְהַמַּעֲשֵׂר וְהַקֳּדָשִׁים בֶּאֱמוּנָה
יג וַעֲלֵיהֶם נָגִיד כונניהו הַלֵּוִי וְשִׁמְעִי אָחִיהוּ מִשְׁנֶה: וִיחִיאֵל כָּנַנְיָהוּ
וַעֲזַזְיָהוּ וְנַחַת וַעֲשָׂהאֵל וִירִימוֹת וְיוֹזָבָד וֶאֱלִיאֵל וְיִסְמַכְיָהוּ
וּמַחַת וּבְנָיָהוּ פְּקִידִים מִיַּד כונניהו וְשִׁמְעִי אָחִיו בְּמִפְקַד כָּנַנְיָהוּ
יד יְחִזְקִיָּהוּ הַמֶּלֶךְ וַעֲזַרְיָהוּ נְגִיד בֵּית־הָאֱלֹהִים: וְקוֹרֵא בֶן־יִמְנָה
הַלֵּוִי הַשּׁוֹעֵר לַמִּזְרָחָה עַל נִדְבוֹת הָאֱלֹהִים לָתֵת תְּרוּמַת
טו יְהוָה וְקָדְשֵׁי הַקֳּדָשִׁים: וְעַל־יָדוֹ עֵדֶן וּמִנְיָמִן וְיֵשׁוּעַ וּשְׁמַעְיָהוּ
אֲמַרְיָהוּ וּשְׁכַנְיָהוּ בְּעָרֵי הַכֹּהֲנִים בֶּאֱמוּנָה לָתֵת לַאֲחֵיהֶם
טז בְּמַחְלְקוֹת כַּגָּדוֹל כַּקָּטָן: מִלְּבַד הִתְיַחְשָׂם לִזְכָרִים מִבֶּן
שָׁלוֹשׁ שָׁנִים וּלְמַעְלָה לְכָל־הַבָּא לְבֵית־יְהוָה לִדְבַר־יוֹם
יז בְּיוֹמוֹ לַעֲבוֹדָתָם בְּמִשְׁמְרוֹתָם כְּמַחְלְקוֹתֵיהֶם: וְאֵת הִתְיַחֵשׂ
הַכֹּהֲנִים לְבֵית אֲבוֹתֵיהֶם וְהַלְוִיִּם מִבֶּן עֶשְׂרִים שָׁנָה וּלְמָעְלָה
יח בְּמִשְׁמְרוֹתֵיהֶם בְּמַחְלְקוֹתֵיהֶם: וּלְהִתְיַחֵשׂ בְּכָל־טַפָּם נְשֵׁיהֶם
וּבְנֵיהֶם וּבְנוֹתֵיהֶם לְכָל־קָהָל כִּי בֶאֱמוּנָתָם יִתְקַדְּשׁוּ־קֹדֶשׁ:
יט וְלִבְנֵי אַהֲרֹן הַכֹּהֲנִים בִּשְׂדֵי מִגְרַשׁ עָרֵיהֶם בְּכָל־עִיר וָעִיר
אֲנָשִׁים אֲשֶׁר נִקְּבוּ בְּשֵׁמוֹת לָתֵת מָנוֹת לְכָל־זָכָר בַּכֹּהֲנִים
כ וּלְכָל־הִתְיַחֵשׂ בַּלְוִיִּם: וַיַּעַשׂ כָּזֹאת יְחִזְקִיָּהוּ בְּכָל־יְהוּדָה
כא וַיַּעַשׂ הַטּוֹב וְהַיָּשָׁר וְהָאֱמֶת לִפְנֵי יְהוָה אֱלֹהָיו: וּבְכָל־מַעֲשֶׂה
אֲשֶׁר־הֵחֵל ׀ בַּעֲבוֹדַת בֵּית־הָאֱלֹהִים וּבַתּוֹרָה וּבַמִּצְוָה לִדְרֹשׁ
לֵאלֹהָיו בְּכָל־לְבָבוֹ עָשָׂה וְהִצְלִיחַ:

כיבוש ערי יהודה על ידי סנחריב
מל״ב יח, יג
ישעיה לו, א

לב א אַחֲרֵי הַדְּבָרִים וְהָאֱמֶת הָאֵלֶּה בָּא סַנְחֵרִיב מֶלֶךְ־אַשּׁוּר וַיָּבֹא
בִיהוּדָה וַיִּחַן עַל־הֶעָרִים הַבְּצֻרוֹת וַיֹּאמֶר לְבִקְעָם אֵלָיו:

תגובת חזקיה לפלישת סנחריב ליהודה
מל״ב יח, יד–טז

ב וַיַּרְא יְחִזְקִיָּהוּ כִּי־בָא סַנְחֵרִיב וּפָנָיו לַמִּלְחָמָה עַל־יְרוּשָׁלִָם:
ג וַיִּוָּעַץ עִם־שָׂרָיו וְגִבֹּרָיו לִסְתּוֹם אֶת־מֵימֵי הָעֲיָנוֹת אֲשֶׁר

ד מִחוּץ לָעִיר וַיַּעְזְרֽוּהוּ׃ וַיִּקָּבְצוּ עַם־רָב וַיִּסְתְּמוּ אֶת־כָּל־
הַמַּעְיָנוֹת וְאֶת־הַנַּחַל הַשּׁוֹטֵף בְּתוֹךְ־הָאָרֶץ לֵאמֹר לָמָּה
ה יָבוֹאוּ מַלְכֵי אַשּׁוּר וּמָצְאוּ מַיִם רַבִּים׃ וַיִּתְחַזַּק וַיִּבֶן אֶת־כָּל־
הַחוֹמָה הַפְּרוּצָה וַיַּעַל עַל־הַמִּגְדָּלוֹת וְלַחוּצָה הַחוֹמָה אַחֶרֶת
ו וַיְחַזֵּק אֶת־הַמִּלּוֹא עִיר דָּוִיד וַיַּעַשׂ שֶׁלַח לָרֹב וּמָגִנִּים׃ וַיִּתֵּן
שָׂרֵי מִלְחָמוֹת עַל־הָעָם וַיִּקְבְּצֵם אֵלָיו אֶל־רְחוֹב שַׁעַר הָעִיר
ז וַיְדַבֵּר עַל־לְבָבָם לֵאמֹר׃ חִזְקוּ וְאִמְצוּ אַל־תִּירְאוּ וְאַל־תֵּחַתּוּ
מִפְּנֵי מֶלֶךְ אַשּׁוּר וּמִלִּפְנֵי כָּל־הֶהָמוֹן אֲשֶׁר־עִמּוֹ כִּי־עִמָּנוּ
ח רַב מֵעִמּוֹ׃ עִמּוֹ זְרוֹעַ בָּשָׂר וְעִמָּנוּ יְהוָה אֱלֹהֵינוּ לְעָזְרֵנוּ
וּלְהִלָּחֵם מִלְחֲמֹתֵנוּ וַיִּסָּמְכוּ הָעָם עַל־דִּבְרֵי יְחִזְקִיָּהוּ מֶלֶךְ־
ט יְהוּדָה׃ אַחַר זֶה שָׁלַח סַנְחֵרִיב מֶלֶךְ־אַשּׁוּר עֲבָדָיו

נאום רבשקה
מל"ב יח, יז–לה
ישעיה לו, ב–כ

יְרוּשָׁלַיְמָה וְהוּא עַל־לָכִישׁ וְכָל־מֶמְשַׁלְתּוֹ עִמּוֹ עַל־יְחִזְקִיָּהוּ
י מֶלֶךְ יְהוּדָה וְעַל־כָּל־יְהוּדָה אֲשֶׁר בִּירוּשָׁלַםִ לֵאמֹר׃ כֹּה אָמַר
סַנְחֵרִיב מֶלֶךְ אַשּׁוּר עַל־מָה אַתֶּם בֹּטְחִים וְיֹשְׁבִים בְּמָצוֹר
יא בִּירוּשָׁלָםִ׃ הֲלֹא יְחִזְקִיָּהוּ מַסִּית אֶתְכֶם לָתֵת אֶתְכֶם לָמוּת
בְּרָעָב וּבְצָמָא לֵאמֹר יְהוָה אֱלֹהֵינוּ יַצִּילֵנוּ מִכַּף מֶלֶךְ אַשּׁוּר׃
יב הֲלֹא־הוּא יְחִזְקִיָּהוּ הֵסִיר אֶת־בָּמֹתָיו וְאֶת־מִזְבְּחֹתָיו וַיֹּאמֶר
לִיהוּדָה וְלִירוּשָׁלַםִ לֵאמֹר לִפְנֵי מִזְבֵּחַ אֶחָד תִּשְׁתַּחֲווּ וְעָלָיו
יג תַּקְטִירוּ׃ הֲלֹא תֵדְעוּ מֶה עָשִׂיתִי אֲנִי וַאֲבוֹתַי לְכֹל עַמֵּי
הָאֲרָצוֹת הֲיָכוֹל יָכְלוּ אֱלֹהֵי גּוֹיֵ הָאֲרָצוֹת לְהַצִּיל אֶת־אַרְצָם
יד מִיָּדִי׃ מִי בְּכָל־אֱלֹהֵי הַגּוֹיִם הָאֵלֶּה אֲשֶׁר הֶחֱרִימוּ אֲבוֹתַי
אֲשֶׁר יָכוֹל לְהַצִּיל אֶת־עַמּוֹ מִיָּדִי כִּי יוּכַל אֱלֹהֵיכֶם לְהַצִּיל
טו אֶתְכֶם מִיָּדִי׃ וְעַתָּה אַל־יַשִּׁיא אֶתְכֶם חִזְקִיָּהוּ וְאַל־יַסִּית
אֶתְכֶם כָּזֹאת וְאַל־תַּאֲמִינוּ לוֹ כִּי־לֹא יוּכַל כָּל־אֱלוֹהַּ כָּל־
גּוֹי וּמַמְלָכָה לְהַצִּיל עַמּוֹ מִיָּדִי וּמִיַּד אֲבוֹתָי אַף כִּי אֱלֹהֵיכֶם

רבשקה שולח ספרים אל חזקיה
מל"ב יט, ח–יג
ישעיה לז, ח–יג

טז לֹא־יַצִּילוּ אֶתְכֶם מִיָּדִי׃ וְעוֹד דִּבְּרוּ עֲבָדָיו עַל־יְהוָה הָאֱלֹהִים
יז וְעַל יְחִזְקִיָּהוּ עַבְדּוֹ׃ וּסְפָרִים כָּתַב לְחָרֵף לַיהוָה אֱלֹהֵי יִשְׂרָאֵל

וְלֵאמֹר עָלָיו לֵאמֹר כֵּאלֹהֵי גּוֹיֵ הָאֲרָצוֹת אֲשֶׁר לֹא־הִצִּילוּ
יח עַמָּם מִיָּדִי כֵּן לֹא־יַצִּיל אֱלֹהֵי יְחִזְקִיָּהוּ עַמּוֹ מִיָּדִי: וַיִּקְרְאוּ
בְקוֹל־גָּדוֹל יְהוּדִית עַל־עַם יְרוּשָׁלִַם אֲשֶׁר עַל־הַחוֹמָה לְיָרְאָם
יט וּלְבַהֲלָם לְמַעַן יִלְכְּדוּ אֶת־הָעִיר: וַיְדַבְּרוּ אֶל־אֱלֹהֵי יְרוּשָׁלִָם
כ כְּעַל אֱלֹהֵי עַמֵּי הָאָרֶץ מַעֲשֵׂה יְדֵי הָאָדָם: וַיִּתְפַּלֵּל
יְחִזְקִיָּהוּ הַמֶּלֶךְ וִישַׁעְיָהוּ בֶן־אָמוֹץ הַנָּבִיא עַל־זֹאת וַיִּזְעֲקוּ
כא הַשָּׁמָיִם: וַיִּשְׁלַח יהוה מַלְאָךְ וַיַּכְחֵד כָּל־גִּבּוֹר חַיִל
וְנָגִיד וְשָׂר בְּמַחֲנֵה מֶלֶךְ אַשּׁוּר וַיָּשָׁב בְּבֹשֶׁת פָּנִים לְאַרְצוֹ
כב וַיָּבֹא בֵּית אֱלֹהָיו ומיציאו מֵעָיו שָׁם הִפִּילֻהוּ בֶחָרֶב: וַיּוֹשַׁע
יהוה אֶת־יְחִזְקִיָּהוּ וְאֵת ׀ יֹשְׁבֵי יְרוּשָׁלִַם מִיַּד סַנְחֵרִיב מֶלֶךְ־
כג אַשּׁוּר וּמִיַּד־כֹּל וַיְנַהֲלֵם מִסָּבִיב: וְרַבִּים מְבִיאִים מִנְחָה
לַיהוה לִירוּשָׁלִַם וּמִגְדָּנוֹת לִיחִזְקִיָּהוּ מֶלֶךְ יְהוּדָה וַיִּנַּשֵּׂא לְעֵינֵי
כָל־הַגּוֹיִם מֵאַחֲרֵי־כֵן:
כד בַּיָּמִים הָהֵם חָלָה יְחִזְקִיָּהוּ עַד־לָמוּת וַיִּתְפַּלֵּל אֶל־יהוה
כה וַיֹּאמֶר לוֹ וּמוֹפֵת נָתַן לוֹ: וְלֹא־כִגְמֻל עָלָיו הֵשִׁיב יְחִזְקִיָּהוּ
כו כִּי גָבַהּ לִבּוֹ וַיְהִי עָלָיו קֶצֶף וְעַל־יְהוּדָה וִירוּשָׁלִָם: וַיִּכָּנַע
יְחִזְקִיָּהוּ בְּגֹבַהּ לִבּוֹ הוּא וְיוֹשְׁבֵי יְרוּשָׁלִַם וְלֹא־בָא עֲלֵיהֶם
כז קֶצֶף יהוה בִּימֵי יְחִזְקִיָּהוּ: וַיְהִי לִיחִזְקִיָּהוּ עֹשֶׁר וְכָבוֹד הַרְבֵּה
מְאֹד וְאוֹצָרוֹת עָשָׂה־לוֹ לְכֶסֶף וּלְזָהָב וּלְאֶבֶן יְקָרָה וְלִבְשָׂמִים
כח וּלְמָגִנִּים וּלְכֹל כְּלֵי חֶמְדָּה: וּמִסְכְּנוֹת לִתְבוּאַת דָּגָן וְתִירוֹשׁ
כט וְיִצְהָר וְאֻרָוֹת לְכָל־בְּהֵמָה וּבְהֵמָה וַעֲדָרִים לָאֲוֵרוֹת: וְעָרִים
עָשָׂה לוֹ וּמִקְנֵה־צֹאן וּבָקָר לָרֹב כִּי נָתַן־לוֹ אֱלֹהִים רְכוּשׁ
ל רַב מְאֹד: וְהוּא יְחִזְקִיָּהוּ סָתַם אֶת־מוֹצָא מֵימֵי גִיחוֹן הָעֶלְיוֹן
ויישרם לְמַטָּה־מַּעְרָבָה לְעִיר דָּוִיד וַיַּצְלַח יְחִזְקִיָּהוּ בְּכָל־
לא מַעֲשֵׂהוּ: וְכֵן בִּמְלִיצֵי ׀ שָׂרֵי בָבֶל הַמְשַׁלְּחִים עָלָיו לִדְרֹשׁ
הַמּוֹפֵת אֲשֶׁר הָיָה בָאָרֶץ עֲזָבוֹ הָאֱלֹהִים לְנַסּוֹתוֹ לָדַעַת
לב כָּל־בִּלְבָבוֹ: וְיֶתֶר דִּבְרֵי יְחִזְקִיָּהוּ וַחֲסָדָיו הִנָּם כְּתוּבִים

תפילת חזקיה
מל״ב יט, יד–יט
ישעיה לז, יד–כ

המגפה במחנה אשור וסופו של סנחריב
מל״ב יט, לה–לז
ישעיה לז, לו–לח

וּמִיצִיאֵי

מחלת חזקיה ורפואתו
מל״ב כ, א–יא
ישעיה לח, א–כב

וַיְשְּׁרֵם

משלחת מלך בבל מבקרת בירושלים
מל״ב כ, יב–יט
ישעיה לט, א–ח

סיכום מלכות חזקיהו
מל״ב כ, כ–כא

בַּחֲזוֹן יְשַׁעְיָהוּ בֶן־אָמוֹץ הַנָּבִיא עַל־סֵפֶר מַלְכֵי־יְהוּדָה
לג וְיִשְׂרָאֵל: וַיִּשְׁכַּב יְחִזְקִיָּהוּ עִם־אֲבֹתָיו וַיִּקְבְּרֻהוּ בְּמַעֲלֵה
קִבְרֵי בְנֵי־דָוִיד וְכָבוֹד עָשׂוּ־לוֹ בְמוֹתוֹ כָּל־יְהוּדָה וְיֹשְׁבֵי
לג א יְרוּשָׁלָ͏ִם וַיִּמְלֹךְ מְנַשֶּׁה בְנוֹ תַּחְתָּיו: בֶּן־שְׁתֵּים עֶשְׂרֵה

פתיחה למלכות מנשה; מעשיו הרעים ותשובתו אל ה׳
מל״ב כא, א–טז

שָׁנָה מְנַשֶּׁה בְמָלְכוֹ וַחֲמִשִּׁים וְחָמֵשׁ שָׁנָה מָלַךְ בִּירוּשָׁלָ͏ִם:
ב וַיַּעַשׂ הָרַע בְּעֵינֵי יְהוָה כְּתוֹעֲבוֹת הַגּוֹיִם אֲשֶׁר הוֹרִישׁ יְהוָה
ג מִפְּנֵי בְּנֵי יִשְׂרָאֵל: וַיָּשָׁב וַיִּבֶן אֶת־הַבָּמוֹת אֲשֶׁר נִתַּץ יְחִזְקִיָּהוּ
אָבִיו וַיָּקֶם מִזְבְּחוֹת לַבְּעָלִים וַיַּעַשׂ אֲשֵׁרוֹת וַיִּשְׁתַּחוּ לְכָל־
ד צְבָא הַשָּׁמַיִם וַיַּעֲבֹד אֹתָם: וּבָנָה מִזְבְּחוֹת בְּבֵית יְהוָה אֲשֶׁר
ה אָמַר יְהוָה בִּירוּשָׁלַ͏ִם יִהְיֶה־שְּׁמִי לְעוֹלָם: וַיִּבֶן מִזְבְּחוֹת לְכָל־
ו צְבָא הַשָּׁמָיִם בִּשְׁתֵּי חַצְרוֹת בֵּית־יְהוָה: וְהוּא הֶעֱבִיר אֶת־
בָּנָיו בָּאֵשׁ בְּגֵי בֶן־הִנֹּם וְעוֹנֵן וְנִחֵשׁ וְכִשֵּׁף וְעָשָׂה אוֹב וְיִדְּעוֹנִי
ז הִרְבָּה לַעֲשׂוֹת הָרַע בְּעֵינֵי יְהוָה לְהַכְעִיסוֹ: וַיָּשֶׂם אֶת־פֶּסֶל
הַסֶּמֶל אֲשֶׁר עָשָׂה בְּבֵית הָאֱלֹהִים אֲשֶׁר אָמַר אֱלֹהִים אֶל־
דָּוִיד וְאֶל־שְׁלֹמֹה בְנוֹ בַּבַּיִת הַזֶּה וּבִירוּשָׁלַ͏ִם אֲשֶׁר בָּחַרְתִּי
ח מִכֹּל שִׁבְטֵי יִשְׂרָאֵל אָשִׂים אֶת־שְׁמִי לְעֵילוֹם: וְלֹא אֹסִיף
לְהָסִיר אֶת־רֶגֶל יִשְׂרָאֵל מֵעַל הָאֲדָמָה אֲשֶׁר הֶעֱמַדְתִּי
לַאֲבֹתֵיכֶם רַק ׀ אִם־יִשְׁמְרוּ לַעֲשׂוֹת אֵת כָּל־אֲשֶׁר צִוִּיתִים
ט לְכָל־הַתּוֹרָה וְהַחֻקִּים וְהַמִּשְׁפָּטִים בְּיַד־מֹשֶׁה: וַיֶּתַע מְנַשֶּׁה
אֶת־יְהוּדָה וְיֹשְׁבֵי יְרוּשָׁלָ͏ִם לַעֲשׂוֹת רָע מִן־הַגּוֹיִם אֲשֶׁר
י הִשְׁמִיד יְהוָה מִפְּנֵי בְּנֵי יִשְׂרָאֵל: וַיְדַבֵּר יְהוָה אֶל־
יא מְנַשֶּׁה וְאֶל־עַמּוֹ וְלֹא הִקְשִׁיבוּ: וַיָּבֵא יְהוָה עֲלֵיהֶם אֶת־
שָׂרֵי הַצָּבָא אֲשֶׁר לְמֶלֶךְ אַשּׁוּר וַיִּלְכְּדוּ אֶת־מְנַשֶּׁה בַּחֹחִים
יב וַיַּאַסְרֻהוּ בַּנְחֻשְׁתַּיִם וַיּוֹלִיכֻהוּ בָּבֶלָה: וּכְהָצֵר לוֹ חִלָּה אֶת־
יג פְּנֵי יְהוָה אֱלֹהָיו וַיִּכָּנַע מְאֹד מִלִּפְנֵי אֱלֹהֵי אֲבֹתָיו: וַיִּתְפַּלֵּל
אֵלָיו וַיֵּעָתֶר לוֹ וַיִּשְׁמַע תְּחִנָּתוֹ וַיְשִׁיבֵהוּ יְרוּשָׁלַ͏ִם לְמַלְכוּתוֹ
יד וַיֵּדַע מְנַשֶּׁה כִּי יְהוָה הוּא הָאֱלֹהִים: וְאַחֲרֵי־כֵן בָּנָה חוֹמָה

חִיצוֹנָה ׀ לְעִיר־דָּוִיד מַעְרָבָה לְגִיחוֹן בַּנַּחַל וְלָבוֹא בְשַׁעַר
הַדָּגִים וְסָבַב לָעֹפֶל וַיַּגְבִּיהֶהָ מְאֹד וַיָּשֶׂם שָׂרֵי־חַיִל בְּכָל־
טו הֶעָרִים הַבְּצֻרוֹת בִּיהוּדָה: וַיָּסַר אֶת־אֱלֹהֵי הַנֵּכָר וְאֶת־הַסֶּמֶל
מִבֵּית יְהוָה וְכָל־הַמִּזְבְּחוֹת אֲשֶׁר בָּנָה בְּהַר בֵּית־יְהוָה
טז וּבִירוּשָׁלִָם וַיַּשְׁלֵךְ חוּצָה לָעִיר: וַיִּכֶן אֶת־מִזְבַּח יְהוָה וַיִּזְבַּח (וַיִּבֶן)
עָלָיו זִבְחֵי שְׁלָמִים וְתוֹדָה וַיֹּאמֶר לִיהוּדָה לַעֲבוֹד אֶת־יְהוָה
יז אֱלֹהֵי יִשְׂרָאֵל: אֲבָל עוֹד הָעָם זֹבְחִים בַּבָּמוֹת רַק לַיהוָה

סיכום מלכות מנשה
מל״ב כא, יז–יח

יח אֱלֹהֵיהֶם: וְיֶתֶר דִּבְרֵי מְנַשֶּׁה וּתְפִלָּתוֹ אֶל־אֱלֹהָיו וְדִבְרֵי
הַחֹזִים הַמְדַבְּרִים אֵלָיו בְּשֵׁם יְהוָה אֱלֹהֵי יִשְׂרָאֵל הִנָּם עַל־
יט דִּבְרֵי מַלְכֵי יִשְׂרָאֵל: וּתְפִלָּתוֹ וְהֵעָתֶר־לוֹ וְכָל־חַטָּאתוֹ וּמַעְלוֹ
וְהַמְּקֹמוֹת אֲשֶׁר בָּנָה בָהֶם בָּמוֹת וְהֶעֱמִיד הָאֲשֵׁרִים וְהַפְּסִלִים
כ לִפְנֵי הִכָּנְעוֹ הִנָּם כְּתוּבִים עַל דִּבְרֵי חוֹזָי: וַיִּשְׁכַּב מְנַשֶּׁה עִם־
אֲבֹתָיו וַיִּקְבְּרֻהוּ בֵּיתוֹ וַיִּמְלֹךְ אָמוֹן בְּנוֹ תַּחְתָּיו:

פתיחה למלכות אמון
מל״ב כא, יט–כב

כא בֶּן־עֶשְׂרִים וּשְׁתַּיִם שָׁנָה אָמוֹן בְּמָלְכוֹ וּשְׁתַּיִם שָׁנִים מָלַךְ
כב בִּירוּשָׁלִָם: וַיַּעַשׂ הָרַע בְּעֵינֵי יְהוָה כַּאֲשֶׁר עָשָׂה מְנַשֶּׁה אָבִיו
וּלְכָל־הַפְּסִילִים אֲשֶׁר עָשָׂה מְנַשֶּׁה אָבִיו זִבַּח אָמוֹן וַיַּעַבְדֵם:
כג וְלֹא נִכְנַע מִלִּפְנֵי יְהוָה כְּהִכָּנַע מְנַשֶּׁה אָבִיו כִּי הוּא אָמוֹן

סיכום מלכות אמון
מל״ב כא, כג–כו

כד כה הִרְבָּה אַשְׁמָה: וַיִּקְשְׁרוּ עָלָיו עֲבָדָיו וַיְמִיתֻהוּ בְּבֵיתוֹ: וַיַּכּוּ
עַם־הָאָרֶץ אֵת כָּל־הַקֹּשְׁרִים עַל־הַמֶּלֶךְ אָמוֹן וַיַּמְלִיכוּ עַם־
הָאָרֶץ אֶת־יֹאשִׁיָּהוּ בְנוֹ תַּחְתָּיו:

פתיחה למלכות יאשיהו
מל״ב כב, א–ב

לד א בֶּן־שְׁמוֹנֶה שָׁנִים יֹאשִׁיָּהוּ בְמָלְכוֹ וּשְׁלֹשִׁים וְאַחַת שָׁנָה מָלַךְ
ב בִּירוּשָׁלִָם: וַיַּעַשׂ הַיָּשָׁר בְּעֵינֵי יְהוָה וַיֵּלֶךְ בְּדַרְכֵי דָּוִיד אָבִיו כד
וְלֹא־סָר יָמִין וּשְׂמֹאול:

הסרת העבודה הזרה מן הארץ
מל״ב כג, ד–כ
דה״ב לד, לג

ג וּבִשְׁמוֹנֶה שָׁנִים לְמָלְכוֹ וְהוּא עוֹדֶנּוּ נַעַר הֵחֵל לִדְרוֹשׁ לֵאלֹהֵי
דָּוִיד אָבִיו וּבִשְׁתֵּים עֶשְׂרֵה שָׁנָה הֵחֵל לְטַהֵר אֶת־יְהוּדָה
ד וִירוּשָׁלִַם מִן־הַבָּמוֹת וְהָאֲשֵׁרִים וְהַפְּסִלִים וְהַמַּסֵּכוֹת: וַיְנַתְּצוּ
לְפָנָיו אֵת מִזְבְּחוֹת הַבְּעָלִים וְהַחַמָּנִים אֲשֶׁר־לְמַעְלָה מֵעֲלֵיהֶם

גִּדַּע וְהָאֲשֵׁרִים וְהַפְּסִלִים וְהַמַּסֵּכוֹת שִׁבַּר וְהֵדַק וַיִּזְרֹק עַל־
ה פְּנֵי הַקְּבָרִים הַזֹּבְחִים לָהֶם׃ וְעַצְמוֹת כֹּהֲנִים שָׂרַף עַל־
ו מזבחותים וַיְטַהֵר אֶת־יְהוּדָה וְאֶת־יְרוּשָׁלָ͏ִם׃ וּבְעָרֵי מְנַשֶּׁה מִזְבְּחוֹתָם
ז וְאֶפְרַיִם וְשִׁמְעוֹן וְעַד־נַפְתָּלִי בחר בתיהם סָבִיב׃ וַיְנַתֵּץ אֶת־ בְּחַרְבֹתֵיהֶם
הַמִּזְבְּחוֹת וְאֶת־הָאֲשֵׁרִים וְהַפְּסִלִים כִּתַּת לְהֵדַק וְכָל־הַחַמָּנִים
ח גִּדַּע בְּכָל־אֶרֶץ יִשְׂרָאֵל וַיָּשָׁב לִירוּשָׁלָ͏ִם׃ וּבִשְׁנַת חיזוק בדק הבית מל״ב כב, ג–ט
שְׁמוֹנֶה עֶשְׂרֵה לְמָלְכוֹ לְטַהֵר הָאָרֶץ וְהַבָּיִת שָׁלַח אֶת־
שָׁפָן בֶּן־אֲצַלְיָהוּ וְאֶת־מַעֲשֵׂיָהוּ שַׂר־הָעִיר וְאֵת יוֹאָח בֶּן־
ט יוֹאָחָז הַמַּזְכִּיר לְחַזֵּק אֶת־בֵּית יְהוָה אֱלֹהָיו׃ וַיָּבֹאוּ אֶל־
חִלְקִיָּהוּ ׀ הַכֹּהֵן הַגָּדוֹל וַיִּתְּנוּ אֶת־הַכֶּסֶף הַמּוּבָא בֵית־אֱלֹהִים
אֲשֶׁר אָסְפוּ־הַלְוִיִּם שֹׁמְרֵי הַסַּף מִיַּד מְנַשֶּׁה וְאֶפְרַיִם וּמִכֹּל
י שְׁאֵרִית יִשְׂרָאֵל וּמִכָּל־יְהוּדָה וּבִנְיָמִן וישבי יְרוּשָׁלָ͏ִם׃ וַיִּתְּנוּ וַיָּשֻׁבוּ
עַל־יַד עֹשֵׂה הַמְּלָאכָה הַמֻּפְקָדִים בְּבֵית יְהוָה וַיִּתְּנוּ אֹתוֹ
עוֹשֵׂי הַמְּלָאכָה אֲשֶׁר עֹשִׂים בְּבֵית יְהוָה לִבְדוֹק וּלְחַזֵּק
יא הַבָּיִת׃ וַיִּתְּנוּ לֶחָרָשִׁים וְלַבֹּנִים לִקְנוֹת אַבְנֵי מַחְצֵב וְעֵצִים
לַמְחַבְּרוֹת וּלְקָרוֹת אֶת־הַבָּתִּים אֲשֶׁר הִשְׁחִיתוּ מַלְכֵי
יב יְהוּדָה׃ וְהָאֲנָשִׁים עֹשִׂים בֶּאֱמוּנָה בַּמְּלָאכָה וַעֲלֵיהֶם ׀
מֻפְקָדִים יַחַת וְעֹבַדְיָהוּ הַלְוִיִּם מִן־בְּנֵי מְרָרִי וּזְכַרְיָה וּמְשֻׁלָּם
יג מִן־בְּנֵי הַקְּהָתִים לְנַצֵּחַ וְהַלְוִיִּם כָּל־מֵבִין בִּכְלֵי־שִׁיר׃ וְעַל
הַסַּבָּלִים וּמְנַצְּחִים לְכֹל עֹשֵׂה מְלָאכָה לַעֲבוֹדָה וַעֲבוֹדָה
יד וּמֵהַלְוִיִּם סוֹפְרִים וְשֹׁטְרִים וְשׁוֹעֲרִים׃ וּבְהוֹצִיאָם אֶת־הַכֶּסֶף
הַמּוּבָא בֵּית יְהוָה מָצָא חִלְקִיָּהוּ הַכֹּהֵן אֶת־סֵפֶר תּוֹרַת־יְהוָה
טו בְּיַד־מֹשֶׁה׃ וַיַּעַן חִלְקִיָּהוּ וַיֹּאמֶר אֶל־שָׁפָן הַסּוֹפֵר סֵפֶר הַתּוֹרָה
טז מָצָאתִי בְּבֵית יְהוָה וַיִּתֵּן חִלְקִיָּהוּ אֶת־הַסֵּפֶר אֶל־שָׁפָן׃ וַיָּבֵא
שָׁפָן אֶת־הַסֵּפֶר אֶל־הַמֶּלֶךְ וַיָּשֶׁב עוֹד אֶת־הַמֶּלֶךְ דָּבָר לֵאמֹר
יז כֹּל אֲשֶׁר־נִתַּן בְּיַד־עֲבָדֶיךָ הֵם עֹשִׂים׃ וַיַּתִּיכוּ אֶת־הַכֶּסֶף
הַנִּמְצָא בְּבֵית־יְהוָה וַיִּתְּנוּהוּ עַל־יַד הַמֻּפְקָדִים וְעַל־יַד עוֹשֵׂי

> מציאת ספר התורה ושליחת משלחת לחולדה הנביאה
> מל״ב כב, י–יד

יח הַמְּלָאכָה: וַיַּגֵּד שָׁפָן הַסּוֹפֵר לַמֶּלֶךְ לֵאמֹר סֵפֶר נָתַן לִי
יט חִלְקִיָּהוּ הַכֹּהֵן וַיִּקְרָא־בוֹ שָׁפָן לִפְנֵי הַמֶּלֶךְ: וַיְהִי כִּשְׁמֹעַ הַמֶּלֶךְ
כ אֵת דִּבְרֵי הַתּוֹרָה וַיִּקְרַע אֶת־בְּגָדָיו: וַיְצַו הַמֶּלֶךְ אֶת־חִלְקִיָּהוּ
וְאֶת־אֲחִיקָם בֶּן־שָׁפָן וְאֶת־עַבְדּוֹן בֶּן־מִיכָה וְאֵת ׀ שָׁפָן
כא הַסּוֹפֵר וְאֵת עֲשָׂיָה עֶבֶד־הַמֶּלֶךְ לֵאמֹר: לְכוּ דִרְשׁוּ אֶת־יְהוָה
בַּעֲדִי וּבְעַד הַנִּשְׁאָר בְּיִשְׂרָאֵל וּבִיהוּדָה עַל־דִּבְרֵי הַסֵּפֶר
אֲשֶׁר נִמְצָא כִּי־גְדוֹלָה חֲמַת־יְהוָה אֲשֶׁר נִתְּכָה בָנוּ עַל אֲשֶׁר
לֹא־שָׁמְרוּ אֲבוֹתֵינוּ אֶת־דְּבַר יְהוָה לַעֲשׂוֹת כְּכָל־הַכָּתוּב
כב עַל־הַסֵּפֶר הַזֶּה: וַיֵּלֶךְ חִלְקִיָּהוּ וַאֲשֶׁר הַמֶּלֶךְ אֶל־
חֻלְדָּה הַנְּבִיאָה אֵשֶׁת ׀ שַׁלֻּם בֶּן־תוקהת בֶּן־חַסְרָה שׁוֹמֵר

> תָּקְהַת

הַבְּגָדִים וְהִיא יוֹשֶׁבֶת בִּירוּשָׁלַ͏ִם בַּמִּשְׁנֶה וַיְדַבְּרוּ אֵלֶיהָ
כג כָּזֹאת: וַתֹּאמֶר לָהֶם כֹּה־אָמַר יְהוָה אֱלֹהֵי יִשְׂרָאֵל אִמְרוּ
לָאִישׁ אֲשֶׁר־שָׁלַח אֶתְכֶם אֵלָי:

> נבואת חולדה
> מל״ב כב, טו–כ

כד כֹּה אָמַר יְהוָה הִנְנִי מֵבִיא רָעָה עַל־הַמָּקוֹם הַזֶּה וְעַל־יוֹשְׁבָיו
אֵת כָּל־הָאָלוֹת הַכְּתוּבוֹת עַל־הַסֵּפֶר אֲשֶׁר קָרְאוּ לִפְנֵי
כה מֶלֶךְ יְהוּדָה: תַּחַת ׀ אֲשֶׁר עֲזָבוּנִי ויקטירו לֵאלֹהִים אֲחֵרִים

> וַיְקַטְּרוּ

לְמַעַן הַכְעִיסֵנִי בְּכֹל מַעֲשֵׂי יְדֵיהֶם וְתִתַּךְ חֲמָתִי בַּמָּקוֹם
כו הַזֶּה וְלֹא תִכְבֶּה: וְאֶל־מֶלֶךְ יְהוּדָה הַשֹּׁלֵחַ אֶתְכֶם לִדְרוֹשׁ
בַּיהוָה כֹּה תֹאמְרוּ אֵלָיו כֹּה־אָמַר יְהוָה אֱלֹהֵי
כז יִשְׂרָאֵל הַדְּבָרִים אֲשֶׁר שָׁמָעְתָּ: יַעַן רַךְ־לְבָבְךָ וַתִּכָּנַע ׀ מִלִּפְנֵי
אֱלֹהִים בְּשָׁמְעֲךָ אֶת־דְּבָרָיו עַל־הַמָּקוֹם הַזֶּה וְעַל־יֹשְׁבָיו
וַתִּכָּנַע לְפָנַי וַתִּקְרַע אֶת־בְּגָדֶיךָ וַתֵּבְךְּ לְפָנָי וְגַם־אֲנִי שָׁמַעְתִּי
כח נְאֻם־יְהוָה: הִנְנִי אֹסִפְךָ אֶל־אֲבֹתֶיךָ וְנֶאֱסַפְתָּ אֶל־קִבְרֹתֶיךָ
בְּשָׁלוֹם וְלֹא־תִרְאֶינָה עֵינֶיךָ בְּכֹל הָרָעָה אֲשֶׁר אֲנִי מֵבִיא עַל־
כט הַמָּקוֹם הַזֶּה וְעַל־יֹשְׁבָיו וַיָּשִׁיבוּ אֶת־הַמֶּלֶךְ דָּבָר: וַיִּשְׁלַח

> יאשיהו כורת ברית בין ה׳ ובין העם
> מל״ב כג, א–ג

ל הַמֶּלֶךְ וַיֶּאֱסֹף אֶת־כָּל־זִקְנֵי יְהוּדָה וִירוּשָׁלָ͏ִם: וַיַּעַל הַמֶּלֶךְ
בֵּית־יְהוָה וְכָל־אִישׁ יְהוּדָה וְיֹשְׁבֵי יְרוּשָׁלַ͏ִם וְהַכֹּהֲנִים וְהַלְוִיִּם

וְכָל־הָעָם מִגָּדוֹל וְעַד־קָטָן וַיִּקְרָא בְאָזְנֵיהֶם אֶת־כָּל־דִּבְרֵי
לא סֵפֶר הַבְּרִית הַנִּמְצָא בֵּית יהוה: וַיַּעֲמֹד הַמֶּלֶךְ עַל־עָמְדוֹ
וַיִּכְרֹת אֶת־הַבְּרִית לִפְנֵי יהוה לָלֶכֶת אַחֲרֵי יהוה וְלִשְׁמוֹר
אֶת־מִצְוֹתָיו וְעֵדְוֹתָיו וְחֻקָּיו בְּכָל־לְבָבוֹ וּבְכָל־נַפְשׁוֹ לַעֲשׂוֹת
לב אֶת־דִּבְרֵי הַבְּרִית הַכְּתוּבִים עַל־הַסֵּפֶר הַזֶּה: וַיַּעֲמֵד אֵת כָּל־
הַנִּמְצָא בִירוּשָׁלִַם וּבִנְיָמִן וַיַּעֲשׂוּ יֹשְׁבֵי יְרוּשָׁלִַם כִּבְרִית
לג אֱלֹהִים אֱלֹהֵי אֲבוֹתֵיהֶם: וַיָּסַר יֹאשִׁיָּהוּ אֶת־כָּל־הַתֹּעֵבוֹת
מִכָּל־הָאֲרָצוֹת אֲשֶׁר לִבְנֵי יִשְׂרָאֵל וַיַּעֲבֵד אֵת כָּל־הַנִּמְצָא
בְּיִשְׂרָאֵל לַעֲבוֹד אֶת־יהוה אֱלֹהֵיהֶם כָּל־יָמָיו לֹא סָרוּ מֵאַחֲרֵי
לה א יהוה אֱלֹהֵי אֲבוֹתֵיהֶם: וַיַּעַשׂ יֹאשִׁיָּהוּ בִירוּשָׁלִַם פֶּסַח
ב לַיהוה וַיִּשְׁחֲטוּ הַפֶּסַח בְּאַרְבָּעָה עָשָׂר לַחֹדֶשׁ הָרִאשׁוֹן: וַיַּעֲמֵד
ג הַכֹּהֲנִים עַל־מִשְׁמְרוֹתָם וַיְחַזְּקֵם לַעֲבוֹדַת בֵּית יהוה: וַיֹּאמֶר
לַלְוִיִּם המבונים לְכָל־יִשְׂרָאֵל הַקְּדוֹשִׁים לַיהוה תְּנוּ אֶת־ הַמְּבִינִים
אֲרוֹן־הַקֹּדֶשׁ בַּבַּיִת אֲשֶׁר בָּנָה שְׁלֹמֹה בֶן־דָּוִיד מֶלֶךְ יִשְׂרָאֵל
אֵין־לָכֶם מַשָּׂא בַּכָּתֵף עַתָּה עִבְדוּ אֶת־יהוה אֱלֹהֵיכֶם וְאֵת
ד עַמּוֹ יִשְׂרָאֵל: והכונו לְבֵית־אֲבוֹתֵיכֶם כְּמַחְלְקוֹתֵיכֶם בִּכְתָב וְהָכִינוּ
ה דָּוִיד מֶלֶךְ יִשְׂרָאֵל וּבְמִכְתַּב שְׁלֹמֹה בְנוֹ: וְעִמְדוּ בַקֹּדֶשׁ
לִפְלֻגּוֹת בֵּית הָאָבוֹת לַאֲחֵיכֶם בְּנֵי הָעָם וַחֲלֻקַּת בֵּית־אָב
ו לַלְוִיִּם: וְשַׁחֲטוּ הַפָּסַח וְהִתְקַדְּשׁוּ וְהָכִינוּ לַאֲחֵיכֶם לַעֲשׂוֹת כה
ז כִּדְבַר־יהוה בְּיַד־מֹשֶׁה: וַיָּרֶם יֹאשִׁיָּהוּ לִבְנֵי
הָעָם צֹאן כְּבָשִׂים וּבְנֵי־עִזִּים הַכֹּל לַפְּסָחִים לְכָל־הַנִּמְצָא
לְמִסְפַּר שְׁלֹשִׁים אֶלֶף וּבָקָר שְׁלֹשֶׁת אֲלָפִים אֵלֶּה מֵרְכוּשׁ
ח הַמֶּלֶךְ: וְשָׂרָיו לִנְדָבָה לָעָם לַכֹּהֲנִים וְלַלְוִיִּם הֵרִימוּ
חִלְקִיָּה וּזְכַרְיָהוּ וִיחִיאֵל נְגִידֵי בֵּית הָאֱלֹהִים לַכֹּהֲנִים נָתְנוּ
ט לַפְּסָחִים אַלְפַּיִם וְשֵׁשׁ מֵאוֹת וּבָקָר שְׁלֹשׁ מֵאוֹת: וכונניהו וְכָנַנְיָהוּ
וּשְׁמַעְיָהוּ וּנְתַנְאֵל אֶחָיו וַחֲשַׁבְיָהוּ וִיעִיאֵל וְיוֹזָבָד שָׂרֵי הַלְוִיִּם
הֵרִימוּ לַלְוִיִּם לַפְּסָחִים חֲמֵשֶׁת אֲלָפִים וּבָקָר חֲמֵשׁ מֵאוֹת:

הסרת העבודה הזרה מן הארץ
מל"ב כג, ד–כד
דה"ב לד, ג–ז

פסח יאשיהו
מל"ב כג, כא–כג

י וַתִּכּוֹן הָעֲבוֹדָה וַיַּעַמְדוּ הַכֹּהֲנִים עַל־עָמְדָם וְהַלְוִיִּם עַל־
יא מַחְלְקוֹתָם כְּמִצְוַת הַמֶּלֶךְ׃ וַיִּשְׁחֲטוּ הַפָּסַח וַיִּזְרְקוּ הַכֹּהֲנִים
יב מִיָּדָם וְהַלְוִיִּם מַפְשִׁיטִים׃ וַיָּסִירוּ הָעֹלָה לְתִתָּם לְמִפְלַגּוֹת
לְבֵית־אָבוֹת לִבְנֵי הָעָם לְהַקְרִיב לַיהוָה כַּכָּתוּב בְּסֵפֶר
יג מֹשֶׁה וְכֵן לַבָּקָר׃ וַיְבַשְּׁלוּ הַפֶּסַח בָּאֵשׁ כַּמִּשְׁפָּט וְהַקֳּדָשִׁים
בִּשְּׁלוּ בַּסִּירוֹת וּבַדְּוָדִים וּבַצֵּלָחוֹת וַיָּרִיצוּ לְכָל־בְּנֵי הָעָם׃
יד וְאַחַר הֵכִינוּ לָהֶם וְלַכֹּהֲנִים כִּי הַכֹּהֲנִים בְּנֵי אַהֲרֹן בְּהַעֲלוֹת
הָעוֹלָה וְהַחֲלָבִים עַד־לָיְלָה וְהַלְוִיִּם הֵכִינוּ לָהֶם וְלַכֹּהֲנִים
טו בְּנֵי אַהֲרֹן׃ וְהַמְשֹׁרְרִים בְּנֵי־אָסָף עַל־מַעֲמָדָם כְּמִצְוַת דָּוִיד
וְאָסָף וְהֵימָן וִידֻתוּן חוֹזֵה הַמֶּלֶךְ וְהַשֹּׁעֲרִים לְשַׁעַר וָשָׁעַר
אֵין לָהֶם לָסוּר מֵעַל עֲבֹדָתָם כִּי־אֲחֵיהֶם הַלְוִיִּם הֵכִינוּ
טז לָהֶם׃ וַתִּכּוֹן כָּל־עֲבוֹדַת יְהוָה בַּיּוֹם הַהוּא לַעֲשׂוֹת הַפֶּסַח
וְהַעֲלוֹת עֹלוֹת עַל מִזְבַּח יְהוָה כְּמִצְוַת הַמֶּלֶךְ יֹאשִׁיָּהוּ׃
יז וַיַּעֲשׂוּ בְנֵי־יִשְׂרָאֵל הַנִּמְצְאִים אֶת־הַפֶּסַח בָּעֵת הַהִיא וְאֶת־
יח חַג הַמַּצּוֹת שִׁבְעַת יָמִים׃ וְלֹא־נַעֲשָׂה פֶסַח כָּמֹהוּ בְּיִשְׂרָאֵל
מִימֵי שְׁמוּאֵל הַנָּבִיא וְכָל־מַלְכֵי יִשְׂרָאֵל ׀ לֹא־עָשׂוּ כַּפֶּסַח
אֲשֶׁר־עָשָׂה יֹאשִׁיָּהוּ וְהַכֹּהֲנִים וְהַלְוִיִּם וְכָל־יְהוּדָה וְיִשְׂרָאֵל
יט הַנִּמְצָא וְיוֹשְׁבֵי יְרוּשָׁלִָם׃ בִּשְׁמוֹנֶה עֶשְׂרֵה שָׁנָה
כ לְמַלְכוּת יֹאשִׁיָּהוּ נַעֲשָׂה הַפֶּסַח הַזֶּה׃ אַחֲרֵי כָל־זֹאת

סיכום מלכות יאשיהו ותיאור מותו ביד פרעה נכו
מל״ב כג, כח-ל

אֲשֶׁר הֵכִין יֹאשִׁיָּהוּ אֶת־הַבַּיִת עָלָה נְכוֹ מֶלֶךְ־מִצְרַיִם
כא לְהִלָּחֵם בְּכַרְכְּמִישׁ עַל־פְּרָת וַיֵּצֵא לִקְרָאתוֹ יֹאשִׁיָּהוּ׃ וַיִּשְׁלַח
אֵלָיו מַלְאָכִים ׀ לֵאמֹר ׀ מַה־לִּי וָלָךְ מֶלֶךְ יְהוּדָה לֹא־
עָלֶיךָ אַתָּה הַיּוֹם כִּי אֶל־בֵּית מִלְחַמְתִּי וֵאלֹהִים אָמַר לְבַהֲלֵנִי
כב חֲדַל־לְךָ מֵאֱלֹהִים אֲשֶׁר־עִמִּי וְאַל־יַשְׁחִיתֶךָ׃ וְלֹא־הֵסֵב
יֹאשִׁיָּהוּ פָנָיו מִמֶּנּוּ כִּי לְהִלָּחֶם־בּוֹ הִתְחַפֵּשׂ וְלֹא שָׁמַע אֶל־
כג דִּבְרֵי נְכוֹ מִפִּי אֱלֹהִים וַיָּבֹא לְהִלָּחֵם בְּבִקְעַת מְגִדּוֹ׃ וַיֹּרוּ
הַיֹּרִים לַמֶּלֶךְ יֹאשִׁיָּהוּ וַיֹּאמֶר הַמֶּלֶךְ לַעֲבָדָיו הַעֲבִירוּנִי כִּי

כד הָחֳלֵיתִי מְאֹד׃ וַיַּעֲבִירֻהוּ עֲבָדָיו מִן־הַמֶּרְכָּבָה וַיַּרְכִּיבֻהוּ עַל
רֶכֶב הַמִּשְׁנֶה אֲשֶׁר־לוֹ וַיּוֹלִיכֻהוּ יְרוּשָׁלִַם וַיָּמָת וַיִּקָּבֵר
בְּקִבְרוֹת אֲבֹתָיו וְכָל־יְהוּדָה וִירוּשָׁלִַם מִתְאַבְּלִים עַל־
כה יֹאשִׁיָּהוּ׃ וַיְקוֹנֵן יִרְמְיָהוּ עַל־יֹאשִׁיָּהוּ וַיֹּאמְרוּ
כָל־הַשָּׁרִים ׀ וְהַשָּׁרוֹת בְּקִינוֹתֵיהֶם עַל־יֹאשִׁיָּהוּ עַד־הַיּוֹם
וַיִּתְּנוּם לְחֹק עַל־יִשְׂרָאֵל וְהִנָּם כְּתוּבִים עַל־הַקִּינוֹת׃
כו כז וְיֶתֶר דִּבְרֵי יֹאשִׁיָּהוּ וַחֲסָדָיו כַּכָּתוּב בְּתוֹרַת יְהוָה׃ וּדְבָרָיו
הָרִאשֹׁנִים וְהָאַחֲרֹנִים הִנָּם כְּתוּבִים עַל־סֵפֶר מַלְכֵי־יִשְׂרָאֵל
לו א וִיהוּדָה׃ וַיִּקְחוּ עַם־הָאָרֶץ אֶת־יְהוֹאָחָז בֶּן־יֹאשִׁיָּהוּ

פתיחה למלכות יהואחז
מל״ב כג, ל–לב

ב וַיַּמְלִיכֻהוּ תַחַת־אָבִיו בִּירוּשָׁלִָם׃ בֶּן־שָׁלוֹשׁ וְעֶשְׂרִים שָׁנָה
ג יוֹאָחָז בְּמָלְכוֹ וּשְׁלֹשָׁה חֳדָשִׁים מָלַךְ בִּירוּשָׁלִָם׃ וַיְסִירֵהוּ

פרעה נכו אוסר את יהואחז, ממליך את יהויקים ונותן עונש על הארץ
מל״ב כג, לג–לה

מֶלֶךְ־מִצְרַיִם בִּירוּשָׁלִָם וַיַּעֲנֹשׁ אֶת־הָאָרֶץ מֵאָה כִכַּר־כֶּסֶף
ד וְכִכַּר זָהָב׃ וַיַּמְלֵךְ מֶלֶךְ־מִצְרַיִם אֶת־אֶלְיָקִים אָחִיו עַל־יְהוּדָה
וִירוּשָׁלִַם וַיַּסֵּב אֶת־שְׁמוֹ יְהוֹיָקִים וְאֶת־יוֹאָחָז אָחִיו לָקַח נְכוֹ
ה וַיְבִיאֵהוּ מִצְרָיְמָה׃ בֶּן־עֶשְׂרִים וְחָמֵשׁ שָׁנָה יְהוֹיָקִים

פתיחה למלכות יהויקים
מל״ב כג, לו–לז

בְּמָלְכוֹ וְאַחַת עֶשְׂרֵה שָׁנָה מָלַךְ בִּירוּשָׁלִָם וַיַּעַשׂ הָרַע בְּעֵינֵי
ו יְהוָה אֱלֹהָיו׃ עָלָיו עָלָה נְבוּכַדְנֶאצַּר מֶלֶךְ בָּבֶל וַיַּאַסְרֵהוּ

נבוכדנאצר מלך בבל עולה על יהויקים
מל״ב כד, א

ז בַּנְחֻשְׁתַּיִם לְהֹלִיכוֹ בָּבֶלָה׃ וּמִכְּלֵי בֵּית יְהוָה הֵבִיא נְבוּכַדְנֶאצַּר
ח לְבָבֶל וַיִּתְּנֵם בְּהֵיכָלוֹ בְּבָבֶל׃ וְיֶתֶר דִּבְרֵי יְהוֹיָקִים וְתֹעֲבֹתָיו

סיכום מלכות יהויקים
מל״ב כד, ה–ו

אֲשֶׁר־עָשָׂה וְהַנִּמְצָא עָלָיו הִנָּם כְּתוּבִים עַל־סֵפֶר מַלְכֵי
ט יִשְׂרָאֵל וִיהוּדָה וַיִּמְלֹךְ יְהוֹיָכִין בְּנוֹ תַּחְתָּיו׃ בֶּן־

פתיחה למלכות יהויכין
מל״ב כד, ח–ט

שְׁמוֹנֶה שָׁנִים יְהוֹיָכִין בְּמָלְכוֹ וּשְׁלֹשָׁה חֳדָשִׁים וַעֲשֶׂרֶת
י יָמִים מָלַךְ בִּירוּשָׁלִָם וַיַּעַשׂ הָרַע בְּעֵינֵי יְהוָה׃ וְלִתְשׁוּבַת

גלות יהויכין
מל״ב כד, י–יז
ירמיה נב, כח

הַשָּׁנָה שָׁלַח הַמֶּלֶךְ נְבוּכַדְנֶאצַּר וַיְבִאֵהוּ בָבֶלָה עִם־כְּלֵי
חֶמְדַּת בֵּית־יְהוָה וַיַּמְלֵךְ אֶת־צִדְקִיָּהוּ אָחִיו עַל־יְהוּדָה
יא וִירוּשָׁלִָם׃ בֶּן־עֶשְׂרִים וְאַחַת שָׁנָה צִדְקִיָּהוּ בְמָלְכוֹ

פתיחה למלכות צדקיהו
מל״ב כד, יח–כ
ירמיה לז, א–ב; נב, א–ג

יב וְאַחַת עֶשְׂרֵה שָׁנָה מָלַךְ בִּירוּשָׁלִָם׃ וַיַּעַשׂ הָרַע בְּעֵינֵי

יְהוָה אֱלֹהָיו לֹא נִכְנַע מִלִּפְנֵי יִרְמְיָהוּ הַנָּבִיא מִפִּי יְהוָה׃ וְגַם יג
בַּמֶּלֶךְ נְבוּכַדְנֶאצַּר מָרָד אֲשֶׁר הִשְׁבִּיעוֹ בֵּאלֹהִים וַיֶּקֶשׁ אֶת־
עָרְפּוֹ וַיְאַמֵּץ אֶת־לְבָבוֹ מִשּׁוּב אֶל־יְהוָה אֱלֹהֵי יִשְׂרָאֵל׃ גַּם יד
לִמְעָל־ כָּל־שָׂרֵי הַכֹּהֲנִים וְהָעָם הִרְבּוּ למעול־מַעַל כְּכֹל תֹּעֲבוֹת
הַגּוֹיִם וַיְטַמְּאוּ אֶת־בֵּית יְהוָה אֲשֶׁר הִקְדִּישׁ בִּירוּשָׁלִָם׃
וַיִּשְׁלַח יְהוָה אֱלֹהֵי אֲבוֹתֵיהֶם עֲלֵיהֶם בְּיַד מַלְאָכָיו הַשְׁכֵּם טו
וְשָׁלוֹחַ כִּי־חָמַל עַל־עַמּוֹ וְעַל־מְעוֹנוֹ׃ וַיִּהְיוּ מַלְעִבִים בְּמַלְאֲכֵי טז
חורבן ירושלים ובית המקדש מל״ב כה, ח–כא ירמיה לט, ח–י; נב, יב–ל
הָאֱלֹהִים וּבוֹזִים דְּבָרָיו וּמִתַּעְתְּעִים בִּנְבִאָיו עַד עֲלוֹת
חֲמַת־יְהוָה בְּעַמּוֹ עַד־לְאֵין מַרְפֵּא׃ וַיַּעַל עֲלֵיהֶם אֶת־מֶלֶךְ יז
כַּשְׂדִּים כשדיים וַיַּהֲרֹג בַּחוּרֵיהֶם בַּחֶרֶב בְּבֵית מִקְדָּשָׁם וְלֹא חָמַל
עַל־בָּחוּר וּבְתוּלָה זָקֵן וְיָשֵׁשׁ הַכֹּל נָתַן בְּיָדוֹ׃ וְכֹל כְּלֵי בֵּית יח
הָאֱלֹהִים הַגְּדֹלִים וְהַקְּטַנִּים וְאֹצְרוֹת בֵּית יְהוָה וְאֹצְרוֹת
הַמֶּלֶךְ וְשָׂרָיו הַכֹּל הֵבִיא בָבֶל׃ וַיִּשְׂרְפוּ אֶת־בֵּית הָאֱלֹהִים יט
וַיְנַתְּצוּ אֵת חוֹמַת יְרוּשָׁלִָם וְכָל־אַרְמְנוֹתֶיהָ שָׂרְפוּ בָאֵשׁ וְכָל־
כְּלֵי מַחֲמַדֶּיהָ לְהַשְׁחִית׃ וַיֶּגֶל הַשְּׁאֵרִית מִן־הַחֶרֶב אֶל־בָּבֶל כ
וַיִּהְיוּ־לוֹ וּלְבָנָיו לַעֲבָדִים עַד־מְלֹךְ מַלְכוּת פָּרָס׃ לְמַלֹּאות כא
״אז תרצה הארץ את־שַׁבְּתֹתֶיהָ״ – הקללה והמימוש ויקרא כו, לד–לה
דְּבַר־יְהוָה בְּפִי יִרְמְיָהוּ עַד־רָצְתָה הָאָרֶץ אֶת־שַׁבְּתוֹתֶיהָ
כָּל־יְמֵי הָשַּׁמָּה שָׁבָתָה לְמַלֹּאות שִׁבְעִים שָׁנָה׃ וּבִשְׁנַת כב
הצהרת כורש עזרא א, א–ד; ה, יג; ו, ג–ד
אַחַת לְכוֹרֶשׁ מֶלֶךְ פָּרַס לִכְלוֹת דְּבַר־יְהוָה בְּפִי יִרְמְיָהוּ
הֵעִיר יְהוָה אֶת־רוּחַ כּוֹרֶשׁ מֶלֶךְ־פָּרַס וַיַּעֲבֶר־קוֹל בְּכָל־
מַלְכוּתוֹ וְגַם־בְּמִכְתָּב לֵאמֹר׃ כֹּה־אָמַר כּוֹרֶשׁ ׀ מֶלֶךְ פָּרַס כג
כָּל־מַמְלְכוֹת הָאָרֶץ נָתַן לִי יְהוָה אֱלֹהֵי הַשָּׁמַיִם וְהוּא־פָקַד
עָלַי לִבְנוֹת־לוֹ בַיִת בִּירוּשָׁלִַם אֲשֶׁר בִּיהוּדָה מִי־בָכֶם מִכָּל־
עַמּוֹ יְהוָה אֱלֹהָיו עִמּוֹ וְיָעַל׃

# ספר התנ״ך שבהוצאת קוֹרֵן

״תורה צִוה לנו משה, מורשה קהִלת יעקב״ (דברים לג, ד). עם ישראל קיבל ממרום את דבר ה׳. עם המתנה קיבלנו גם את האחריות להנחיל את התורה מורשה לדורות הבאים, ואם אנו עושים כן התורה עצמה מעידה בנו: ״לקֹח את ספר התורה הזה, ושמתם אותו מצד ארון ברית ה׳ אלהיכם, והיה שם בך לעד״ (שם לא, כו). גם לאחר שחרב בית קדשנו ונגנז ארון הברית, בבתי הכנסת בכל תפוצות ישראל שומרים בתוך ארון הקודש ספר תורה כתוב על קלף, במילים שאפשר לראות ולמשש. כל דור העמיד לנגד עיניו את המילים האלה, ודלה מהם את אשר דלה. יש שהסתפקו בהבנת פשטי המקראות, בסיפורים, בתיאורים ובחוקים. אך בכל דור עמדו גם בעלי הלכה ובעלי אגדה והעמידו מסורת עשירה וספרות ענפה היונקת ממילים אלה. בכל אות ובכל עיטור שעל גבי האותיות, גילו חכמי ישראל רמזים וסודות לאין מספר. ומה יעשה הדור הבא באלו האותיות? על ברכי אילו מסרים הטמונים בהן יחנך את ילדיו? כיצד יפסוק מהן הלכה? אילו דרשות חדשות ידרוש מתוך הקלף?

״משה קִבל תורה מסיני, ומסרה ליהושע, ויהושע לזקנים, וזקנים לנביאים, ונביאים מסרוה לאנשי כנסת הגדולה״ (אבות פ״א מ״א). בכל דור ודור עמלו חכמי ישראל להבטיח שהמילים, הפסוקים והסדרים שבספרים אלה יגיעו לדור הבא כפי שניתנו בסיני. הם ראו בזה מלאכת קודש: ״אמר רבה בר בר חנה אמר ר׳ יוחנן: מגיהי ספרים בירושלים היו נוטלין שכרן מתרומת הלשכה״ (כתובות קו ע״א). מגיהי הספרים וממשיכיהם, חכמי המסורה, לא ביקשו לחדש; הם ראו עצמם שליחים הנושאים את בשורתו של הקב״ה, והתמסרו בכל מאודם למשימה זו – להעביר את דבר ה׳ שבספרי המקרא לדורות הבאים. הם לא ידעו אם הדור הבא ילמד כמו הדור שלהם, באילו חלקים יעסוק יותר ובאילו פחות, אבל היה ברור להם שהדור הבא הוא הנמען של הספרים האלו, לא פחות מהדור שלהם, ולכן עליהם להקפיד על כל אות ואות. אם בדור אחד לא ידעו לתת פשר למילה מסוימת, ייתכן שבדור הבא הדבר יבוא על פתרונו; ומה שבאותו הדור נראה מובן מאליו, עלול בדור הבא להישכח. כשליח הרץ בנחישות בשדה הקרב למסור מסר חשוב, כן בכל דור מסרו חכמי ישראל נפשם על משימה לאומית זו. שני בתי מקדש נבנו ונחרבו, עם ישראל עבר גלות ארוכה ומייסרת, וחכמי ישראל המשיכו להנחיל את מורשת התנ״ך מדור אחד למשנהו, לעתים במצבי דוחק וצער ואף תחת איום קיומי.

באמצע המאה החמש-עשרה עם המצאת הדפוס רבים מהמדפיסים הראשונים היו יהודים, והם שאפו להשתמש באמצעי הטכנולוגי החדש ולהדפיס את התנ״ך. התנ״ך השלם הראשון, שידוע לנו עליו, יצא לאור בשונצינו בשנת רמ״ח (1488). בתחילת המאה השש-עשרה החלו גם נוצרים להדפיס את ספרי המקרא ושאר ספרי היסוד של תורת ישראל, ועל כולם עלה המדפיס הווניציאני הנודע דניאל בומברג. מהדורתו השנייה רפ״ה/ו (1524/25), הידועה בשם מקראות גדולות, יצאה לאור בתבנית גדולה עם פירושי הראשונים והערות מסורה, ובתבנית קטנה בלי פירושים, והיא יסוד לכל מהדורה חדשה עד הדורות האחרונים, לרבות המהדורות שנדפסו בידי יהודים.

עם תקומת עם ישראל בארצו ושיבתו לנחלתו, התעוררה רוחו של אליהו קורן זכרו לברכה להדפיס את התנ״ך כאן בארץ הקודש, ישראל. לשם כך, העמיד שלושה

מהמומחים הידועים בדורו – דניאל גולדשמידט, אברהם משה הברמן ומאיר מדן, זכרם לברכה, למען יקבעו בעיון ובבדיקה מדוקדקת את הנוסח על פי המסורה, יתקנו שיבושים ויכריעו בין שינויי נוסח שנפלו בו במרוצת הדורות, וזאת על יסוד חוות דעתם של בעלי המסורה ושל המדקדקים והמפרשים, ועל פי מה שמצוי ברוב כתבי היד והדפוסים המוסמכים, ולא כהעתקה משועבדת לדפוס או לכתב יד מסוים.

כשני עשורים עמל אליהו קורן על מלאכת עיצוב האות על כל ניקודו וטעמיו. כדי לעמוד ברף הגבוה שהציב לעצמו להגיע אליו – עיצוב כל אות ותו בזיקה ישירה לכתבי יד יהודיים עתיקים, ובהקפדה על רמת עיצוב בינלאומית ומודרנית – שקד על הדבר ויגע בו יגיעה רבה. עד היום שמורות בארכיון ההוצאה מאות סקיצות של כל אותיות האלף בית, כל אחת מהן היא ציון דרך ביצירת הכלי המפואר שלתוכו תוצק תורה מפוארת, הנושאת בקרבה את המסר האלוהי.

בדורנו מתחוללת בעולם המהפכה הגדולה ביותר בתחום העברת תכנים למן המצאת הדפוס: השימוש באמצעים אלקטרוניים – תחילה לשמירה ולעיצוב, וכיום אף להצגת התכנים על גבי מסכים. בתשע השנים האחרונות עמלו אנשי הוצאת קורן להעביר את דברי משה והנביאים לעולם של קודים ופיקסלים. כבעבר, גם כאן נדרשה זהירות יתֵרה. למלאכת ההגהה נרתמו הרב דוד פוקס, הרב ינון חן, הרב כרמיאל כהן, הרב ישראל אליצור, הרב דוד קורץ, הרב אביחי גמדני ואפרת גרוס. על עבודת העיצוב עמלו אסתר באר, רינה בן גל, רוית כהן ואליהו משגב, ובעבודתם היו נאמנים לעקרונותיו של אליהו קורן זכרו לברכה.

עם סיום עבודה זו, אנו יכולים להצהיר בגאוות עבד הממלא את שליחותו, שנוסח התנ"ך מוכשר לשמש את כל החפצים לקרוא בו, בכל האמצעים השונים הידועים לנו "עד היום הזה". זה יותר מיובל שנים שהוצאת קורן נושאת בעול מסירת התנ"ך ומסריו בני 3500 שנה לדורות הבאים. אין אנו, חלילה, בעליו של הספר אלא משרתיו. וכשם שהיום אנו עושים את כל המאמצים להגיש את ספר התנ"ך המדויק ביותר באופן החזותי שיכבד ויפאר את תוכנו גם בעיניו של הדור הזה, כן אנו נושאים תפילה שנזכה להתמיד במאמצים אלה גם בעתיד.

## המעלות שבתנ"ך זה

### האות

האות מצטיינת במקוריותה. היא נוחה ביותר לקריאה, הואיל והוכנה על סמך ניסיונותיהם של מדעני האופטיקה, וההבדלים שבין האותיות הדומות זו לזו (ב־כ, ג־נ, ס־ם ועוד) מובלטים היטב.

כמו כן, ישנה הבחנה ברורה בין סימני הנקודה הדיאקריטית של האות ש (ש ימנית, ש שמאלית) והחולם החסר.

שָׁמַר · יִדְרֹשׁוּן · שָׂנֵא · שֹׂנֵא · עָשָׂה · וְלִשְׂרֵקָה · שֹׁמְרֵי · נְשֹׂאֵי · הָעֹשֹׂת

ואי־אפשר להשתבש. וכך גם בכתבי יד קדמונים.

במיוחד הקפידה ההוצאה לדייק בהבחנה שבין סימן ו, המציין אות ו' ההגויה בחולם, ובין סימן וֹ, המציין חולם השייך לאות שלפניו (מִצְוֹת – מַצּוֹת).

הפתח הגנובה הוזזה לצד ימין, כראוי, כדי לסמן את הקריאה הנכונה: את התנועה לפני האות ה, ע, ח שבסוף התיבה. גם זה נעשה כדוגמת כתבי היד הקדמונים.

הטעמים תלישא גדולה, תלישא קטנה, זרקא, סגול ופשטא מקומם אינו מעל להברה המוטעמת אלא התלישא הגדולה בתחילת האות הראשונה של התיבה, ושאר הטעמים האמורים בקצה האות האחרונה של התיבה. על ידי כך עלול הקורא לטעות בהטעמתה הנכונה של המילה, ומשום כך נהגו הדפוסים להדפיס שני סימני פשטא במילה שטעמה מלעיל, האחד מעל ההברה המוטעמת והשני בסוף התיבה. אנו הלכנו בעקבות ר' וולף היידנהיים בחומשיו והדפסנו טעמים כפולים גם בזרקא, בסגול ובתלישא קטנה כשהמילה טעמה מלעיל, ובתלישא גדולה, כשהמילה טעמה מלרע.

השתפרה צורתם של סימני הניקוד והטעמים, המקלה הרבה על קריאה נוחה ונכונה. נעשו הבדלים עדינים בין הטעמים הדומים זה לזה, כגון: פשטא וקדמא, מהפך ויתיב. והעיקר – נשמרו במהדורה דקדוקי המסורת לפי טעמו של יהודי, שהתנ"ך הוא בית חייו.

במהדורה זו הבדלנו בין השווא הנע והשווא הנח, וסימַנו את השווא הנע בסימן בולט יותר, למשל, נַפְשְׁךָ. באותו אופן הבדלנו בין הקמץ הרגיל לקמץ הקטן באמצעות סימן גדול לקמץ הקטן, למשל, חָכְמָה. כידוע, ישנו הבדל בין מסורת הקריאה הספרדית לאופן הקריאה שהמליצה עליו האקדמיה. כל הקמצים שבהם ישנה מחלוקת, מסומנים בטעמי המקרא באמצעות געיה. משום כך, סימַנו אותם כקמצים קטנים בהתאם להוראות האקדמיה. המקפידים על המסורה הספרדית, יקראו כל קמץ שיש בו געיה כקמץ רחב (להרחבה ראו במאמר על שיטת הניקוד המופיע באתר ההוצאה, במדור 'אודות').

**הכתיב והקרי**

סימון הכתיב והקרי תוקן באופן יסודי ביותר.

הכתיב מסמן כיצד כתובה המילה בגוף המקרא, והקרי – כיצד היא נקראת; על כן מסומן הכתיב בפנים המקרא בלי ניקוד, ובצד העמוד באותה השורה נדפסה המילה, כפי שהיא נקראת. הקורא יודע בנקל להבחין בין הכתיב לקרי, שכן מילה שלא נוקדה – אין לקראה, והמילה כפי קריאתה נמצאת ממש לצדה (אך לא בפנים).

**שם הוי"ה**

שם הוי"ה בא בספר בלא ניקוד, כדי למנוע חילול השם על ידי קריאה לא נכונה, לפי הניקוד.

**חלוקת התנ"ך**

גם חלוקת התנ"ך לפרשיות היא לפי המסורה. התנ"ך – תורה נביאים כתובים – מחולק לעשרים וארבעה ספרים (ועל כן נקרא בפי הראשונים עשרים וארבעה). כל ספר נדפס הדפסה רצופה, ורק 'פתוחה' או 'סתומה' מחלקות את הכתוב. טקסט התנ"ך

אינו מתחלק, כמצוי בדפוסים שיצאו על ידי הנוצרים ובעקבותיהם על ידי מדפיסים יהודיים, לפי קפיטלים ופסוקים, שהם מעשה כומר באנגליה במאה השלוש־עשרה. סימון הקפיטל ומספורו של הפסוק בתוך הקפיטל נשתרש בכל הספרות היהודית, ומטעמים שימושיים אי־אפשר לבטלו כיום לחלוטין; ולכן הובא גם הסימון הזה, אבל לא בהבלטה, אלא לצד המקרא כלפי פנים וללא הפסקות בקפיטלים.

החלוקה הנוצרית היא בניגוד למסורה, והרי כמה דוגמאות בולטות מרבות:

בספר בראשית מתחיל הפרק הראשון של חלוקה זו בסיפור מעשה בראשית "בראשית ברא אלהים" ומסתיים אחרי "ויהי ערב ויהי בקר יום הששי". הפרק השני מתחיל "ויכלו השמים והארץ". ואילו לפי מסורת ישראל מתחיל סיפור מעשה בראשית "בראשית ברא אלהים" ומסתיים (אחרי "ויכלו השמים והארץ", בסיפור היום השביעי) במילים "אשר־ברא אלהים לעשות". כאן נגמר סדר א, והסדר השני מתחיל, כראוי, "אלה תולדות השמים והארץ".

לפי המסורה, יש בעשרים וארבעה הספרים ספר שמואל אחד, ספר מלכים אחד וספר דברי הימים אחד. משלושת הספרים האלה עשו הנוצרים שישה; דהיינו, ספר שמואל א, שמואל ב, מלכים א, מלכים ב, דברי הימים א ודברי הימים ב. במקום שהחלוקה הנוצרית מחלקת את ספר שמואל לשניים, אין לפי המסורה אפילו שורה חדשה ורק 'סתומה' מפרידה בין הכתובים, והוא הדין בספר דברי הימים. ובמקום שהחלוקה הנוצרית מחלקת את ספר מלכים לשני ספרים, אין לפי המסורה שום הפסקה – לא 'פתוחה' ולא 'סתומה', אלא המשך ישר. רק בצד, מטעמים שימושיים, צוין שמואל ב, מלכים ב, דברי הימים ב.

החלוקה היהודית המסורתית הובאה בהבלטה, כלומר, שם הספר בראש העמוד, והסדר בצד הרחב (החיצוני) של העמוד.

בפעם הראשונה הסדר מסומן במספרים שוטפים: א, ב, ג, וכו'. ידוע לנו על חלוקת התורה ל־154 סדרים, לפי מנהג ארץ ישראל קדום של מחזור שלוש שנים בקריאת התורה בציבור בשבתות – סדר אחד בכל שבת ושבת. הסדרים בתורה הם 'סדרי השבוע' של הקדמונים (במקביל ל'פרשיות השבוע' שלנו).

על משמעותה של החלוקה לסדרים בספרי נביאים וכתובים אין לנו ידיעות ממקורות קדמונים.

הציון הבולט של הסדרים העסיק חכמים מחכמי ישראל בימינו, ובכללם את ר' שאול קוסובסקי ז"ל. הוא התעמק בבעיה זו והציע לה פתרון מסתבר. הוא חישב את כמות הסדרים של כל הספרים ביחד והגיע למספר 293; זהו מספרם של ימות החול בשנה רגילה. סיכומם של ימות החול (293) וימי שבת וחג (71) הוא 364, כלומר, מניין ימיה של שנת השמש חסר יום אחד, כנגד יום תשעה באב, שהוא יום אסור בתלמוד תורה (וקוראים בו ספר איכה); ויום זה אף הוא נקרא מועד, ואין למנותו כאן בחשבון ימות החול. יוצא אפוא שנקבע סדר קריאה מן התורה, הנביאים והכתובים לכל יחיד ויחיד, לכל יום ויום מ־365 ימי השנה. וכך, כנראה, נהגו קדמונינו.

בכתבי היד העתיקים של התנ"ך הסימן לסדר הוא ס, ומפליא שהסימן הזה לא תמיד רשום בתחילתו של עניין חדש. אולי אפשר לפרש את הדבר כחוסר דיוק מצד הסופר, שאין בו כדי לגרום אי־הבנה מצד הקורא, שכן כל אדם יבין, שהסדר החדש מתחיל

עם התחלת 'פתוחה' או 'סתומה' הסמוכה לסימן זה. אבל אין תירוץ זה מתקבל על הדעת, מאחר שהסימן נמצא בכתבי יד שונים תמיד באותו מקום. דוגמאות בולטות לכך אנו מוצאים, למשל ב:

ספר יחזקאל, פרק טז 'סתומה' בפסוק נט – הסדר מתחיל בפסוק ס.

ספר שני של תהלים מתחיל בפרק מב – והסדר מתחיל בפרק מא פסוק יד.

דוגמה בולטת יותר נמצאת בספר יונה – התחלת הסדר היא בסוף הנביא הקודם, עובדיה, בפסוק האחרון, כא.

התעמקות בתוכן הכתובים מגלה, שהפסוקים ה'נוספים' האלה לפני התחלת העניין או אחריו ואפילו לפני ספר חדש, הם פסוקים בעלי תוכן של טובה ונחמה. והייתה כוונה להתחיל או לסיים קריאת סדר בתנ"ך בפסוק מבשר טובות – כפי שאנו נוהגים היום בקריאה להפסיק בטוב, ונמנעים מסיומים של פורענות.

אסמכתא לכך: במחזורי איטליה מתחילה ההפטרה של ספר יונה למנחה ליום כיפור בפסוק "ועלו מושיעים בהר ציון לשפט את הר־עשו והיתה לה' המלוכה", שהוא סוף ספר עובדיה, ולידו מסומנת התחלת סדר.

ועוד אסמכתא: אף אנו נוהגים להקדים למזמור "ישב בסתר עליון", תהלים צא, בהזדמנויות שונות את הפסוק האחרון של המזמור הקודם "ויהי נעם ה' אלהינו עלינו", שיש בו מן הברכה והנחמה – ואף הוא ראש סדר.

המהדורה הזאת נתקבלה ונתקדשה על ידי גדולי הדור בעולם (הרב משה פיינשטיין זצ"ל, הרב יוסף דב הלוי סולובייצ'יק זצ"ל) ובארץ ישראל על ידי הרבנים הראשיים לדורותיהם.

# דברי ברכה

**הרבנות הראשית לישראל**
**THE CHIEF RABBINATE OF ISRAEL**

ב"ה ירושלים השלמה ת"ו ט' בשבט תשמ"ה Jerusalem

תא' 057/85-(1)

לכבוד
הוצאת קורן
ירושלים ת"ו.

השלום והברכה !

כבר נודעו בשערים ספרי התנ"ך המהודרים שבהוצאת קורן שבעיה"ק ירושלים ת"ו, אשר כבר שבחום וקלסום קודמינו הרבנים הראשיים לישראל. מעלה מיוחדת וחשובה לספרי תנ"ך אלו שנעשו בכלילת יופי באותיות שלמות ומהודרות, ניקוד ופיסוק טעמים בדייקנות מרובה על טהרת הקודש מתחילתם ועד סופם בידי יהודים בא"י שלא כהוצאות אחרות אשר צולמו מהוצאות המיסיונרים.

ועל כן באנו בזה לחזק את ידי המו"לים ולהמליץ לאחב"י להביא תנ"ך זה אל ביתם.

בברכת התורה,

אברהם כהנא שפירא
הרב הראשי לישראל

מרדכי אליהו
ראשון לציון הרב הראשי לישראל

58 King George st. Jerusalem P.O.B. 7525 .ת.ד tel 247112 .טל 94262 רח' המלך ג'ורג' 58 ירושלים

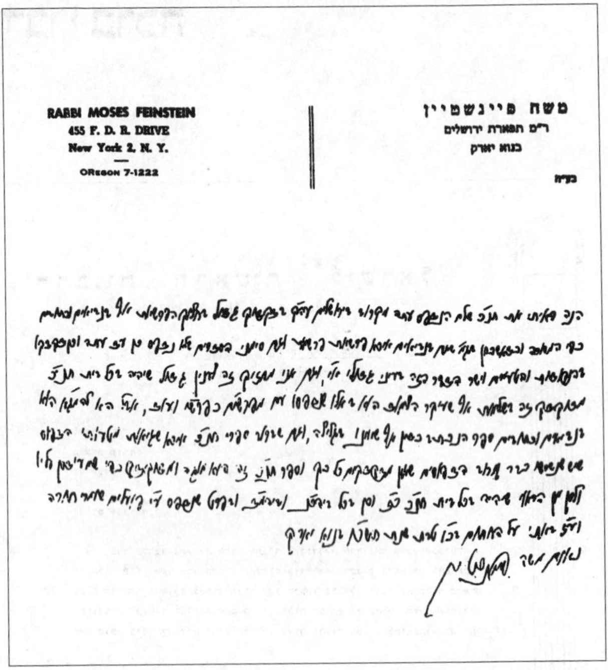


הנה ראיתי את תנ"ך שלם הנדפס עתה מקרוב בירושלים עיה"ק בדקדוק גדול בחילוק הפרשיות אף בנביאים וכתובים כפי המסורה וכדאשכחן בגמ', שגם בנביאים איכא פרשיות פרשיות וגם סימני הסדרים, שלא נדפס כן עד עתה. וכן דקדקו בהנקודות והטעמים, וישר הדבר הזה בעיני גדולי א"י וגם אני מחזיק זה לענין גדול שיהיה בכל בית תנ"ך מדוקדק זה בשלמות, אף שעיקר הלימוד הוא באלו שנדפסו עם מפרשים כפירש"י ועוד, אבל הא להמג"א הלא בנביאים וכתובים ספר הנכתב כדין אף שאינו בגלילה. וגם שברוב ספרי תנ"ך איכא שגיאות מטעותי הדפוס שיש שנשרשו כבר ברוב הדפוסים שאין מדקדקים כל כך. וספר תנ"ך זה הוא מוגה ומדוקדק כפי שמעידין עליו, ולכן מן הראוי שיהיה בכל בית תנ"ך כז' וכן בכל ביהכ"נ וביהמ"ד, ובפרט שנדפס ע"י פועלים שומרי תורה.

וע"ז באתי על החתום בכ"ו טבת שנת תשכ"ו בנוא יארק.

נאום משה פיינשטיין

יוסף דוב הלוי סולובייצ'יק
JOSEPH SOLOVEITCHIK

לחברי ותלמידי הרבנים בכל מקומות מושבותיהם, מיון;
שלום וברכה!

הנני בזה להמליץ טוב על הוצאות ספרים של א. קורן אשר פעלה גדולות ונצורות בהוציאה את כתבי הקודש בהתאם למסורת אבות וקבלת בנים (בעניני מלא וחסר, נקודות וטעמים, פרשיות פתוחות וסתומות וכן כל כיוצא בהם)

אני מבקש מחברי ותלמידי כי יסייעו בידו בעזר את הוצאת הספרים של א. קורן בהפצת התנ"ך בבתי כנסיות ובבתי מדרשות, בבתי ספר ובבתים פרטיים. זוהי היא מצוה חשובה כדי לעודד העורך היוצא מן הכלל. תמיכה מגיעה!

בכבוד רב, יוסף דוב הלוי סולובייצ'יק

יום חמישי
כו תמוז
תשכ"ו

בין המצרים: יהפך ה' לנו ימים אלה
לששון ולשמחה!!

הגהת מהדורה זו נעשתה בעיון רב ובבדיקה מדוקדקת, עד כמה שיד אדם מגעת, על יסוד חוות דעתם של בעלי המסורה ושל המדקדקים והמפרשים ועל פי מה שנמצא ברוב כתבי היד והדפוסים המקובלים כבני סמכא, ולא כהעתקה משועבדת לדפוס או לכתב יד מסוים.

# חילופי נוסחאות

ברשימת חילופים זו הובאו רק נוסחאות, שיש בהן שינוי של ממש לגבי הנוסח המודפס בפנים. לא הובאו בה עניינים של מלא וחסר, ולא שינויי ניקוד קלים (חטף פתח כנגד שווא וכדומה), שאין בהם הבדל של ממש לגבי הקריאה או הפירוש.

לא הובאו אלא חילופים שמקורם מוסמך, כגון: עדויות מפורשות של המסורה ושל גדולי המפרשים והמדקדקים (ת״י, רש״י, ראב״ע, רד״ק, מנחת ש״י, רו״ה ועוד) או הנוסח שברוב כתבי היד והדפוסים הראשונים.

**בראשית ט, כט**

במקום: וַיְהִי֙

בספרים אחרים: וַֽיְהִי֙וּ

**ויקרא**

במקום: פרשה פתוחה: ז, כח

בספרים אחרים: פרשה פתוחה: ז, כב

**דברים כג, ב**

במקום: דַכָּה

בספרים אחרים: דַכָּא

**יהושע ו, טו**

במקום: כַּעֲלוֹת

בספרים אחרים: בעלות כתיב כַּעֲלוֹת קרי

**יהושע ח, כב**

במקום: לוֹ

בספרים אחרים: לָהֶם

**יהושע טו, נב**

במקום: וְדוּמָה

בספרים אחרים: וְרוּמָה

**שופטים כ, לד**

במקום: מִנֶּגֶד

בספרים אחרים: מִנֶּגֶב

**שמואל א׳ י, ה**

במקום: גִּבְעַת

בספרים אחרים: אֶל־גִּבְעַת

**שמואל א׳ יד, ג**

במקום: אִכָבוֹד ׀

בספרים אחרים: אִי־כָבוֹד ׀

**שמואל א׳ יד, מט**

במקום: וּמַלְכִּי־שׁוּעַ

בספרים אחרים: וּמַלְכִּישׁוּעַ

**שמואל א׳ ל, ל**

במקום: בְּכוֹר־עָשָׁן

בספרים אחרים: בְּבוֹר־עָשָׁן

**שמואל א׳ לא, ב**

במקום: וְאֶת־מַלְכִּי־שׁוּעַ

בספרים אחרים: וְאֶת־מַלְכִּישׁוּעַ

**שמואל ב׳ ז, ח**

במקום: לְדָוִד

בספרים אחרים: דָוִד

**שמואל ב׳ ז, כב**

במקום: בְּכֹל

בספרים אחרים: כְּכֹל

**שמואל ב׳ ח,** פעמים רבות

במקום: הֲדַדְעֶזֶר

בספרים אחרים: הֲדַרְעֶזֶר

**שמואל ב׳ י, ה**

במקום: בִירֵחוֹ

בספרים אחרים: בְיֵרֵחוֹ

**שמואל ב׳ כג, לג**

במקום: הָאֲרָרִי

בספרים אחרים: הָאֲרָרִי

**מלכים א׳ ח, א**

במקום: אֶת־כָּל־רָאשֵׁי

בספרים אחרים: וְאֶת־כָּל־רָאשֵׁי

**מלכים א׳ ח, לא**

במקום: וְנָשָׁא־

בספרים אחרים: וְנָשָׁא־

**מלכים א׳ יב, ב**

במקום: הַמֶּלֶךְ שְׁלֹמֹה

בספרים אחרים: שְׁלֹמֹה הַמֶּלֶךְ

**מלכים א׳ טו, ט**

במקום: עַל־יְהוּדָה

בספרים אחרים: מֶלֶךְ יְהוּדָה

**מלכים ב׳ יא, ב**

במקום: הַמְּמוּתְתִים

בספרים אחרים: הַמְּמוּתִים

**מלכים ב׳ יב, כב**

במקום: וִיוֹזָכָר

בספרים אחרים: וִיוֹזָבָד

**מלכים ב׳ טו, לו**

במקום: וְכָל־אֲשֶׁר

בספרים אחרים: אֲשֶׁר

**מלכים ב׳ יט, לז**

במקום: וְשַׁרְאֶצֶר

בספרים אחרים: וְשַׁרְאֶצֶר

**מלכים ב׳ כג, ד**

במקום: הָעֲשׂוּיִם

בספרים אחרים: העשוום כתיב הָעֲשׂוּיִם קרי

**ישעיה ג, כג**

במקום: הַגִּלְיֹנִים

בספרים אחרים: וְהַגִּלְיֹנִים

**ישעיה ז, יד; ח, ח**

במקום: עִמָּנוּאֵל

בספרים אחרים: עִמָּנוּ אֵל

**ישעיה י, טו**

במקום: וְאֶת־מְרִימָיו

בספרים אחרים: אֶת־מְרִימָיו

**ישעיה לא, א**

במקום: עַל־סוּסִים

בספרים אחרים: וְעַל־סוּסִים

**ישעיה לד, יג**

במקום: קִמּוֹשׂ

בספרים אחרים: קִמּוֹשׂ

**ישעיה לז, לח**

במקום: וְשַׁרְאֶצֶר

בספרים אחרים: וְשַׁרְאֶצֶר

**ישעיה נד, ט**

במקום: כִּי־מֵי

בספרים אחרים: כִּימֵי

**ישעיה סג, יא**

במקום: רֹעֵה

בספרים אחרים: רֹעֵי

**ירמיה כד, א**

במקום: יְכָנְיָהוּ

בספרים אחרים: יְכָנְיָה

**ירמיה לט,** פעמים רבות

במקום: שַׂרְאֶצֶר

בספרים אחרים: שַׂרְאֶצֶר

**ירמיה נא, מו**

במקום: מֹשֵׁל

בספרים אחרים: וּמֹשֵׁל

**יחזקאל יד, ח**

במקום: וַהֲשִׁמֹּתִיהוּ

בספרים אחרים: וַהֲשִׁמֹתִיהוּ

יחזקאל טז, נג

במקום: שְׁבִיתְהֶ֫ן

בספרים אחרים: שבותהן כתיב שְׁבִיתְהֶ֫ן קרי

יחזקאל ל, ט

במקום: כְּי֣וֹם מִצְרָ֑יִם

בספרים אחרים: בְּי֣וֹם מִצְרָ֑יִם

יחזקאל לא, יא

במקום: בְּרִשְׁע֖וֹ

בספרים אחרים: כְּרִשְׁע֖וֹ

יחזקאל לו, כג

במקום: לְעֵינֵיהֶֽם

בספרים אחרים: לְעֵינֵיכֶֽם

יחזקאל לט, כח

במקום: אֶל־אַדְמָתָ֑ם

בספרים אחרים: עַל־אַדְמָתָ֑ם

הושע ט, ו

במקום: קִמּ֗וֹשׂ

בספרים אחרים: קִימ֗וֹשׂ

מיכה ב, ב

במקום: וְאִ֥ישׁ

בספרים אחרים: אִ֥ישׁ

מיכה ב, י

במקום: טָמְאָ֖ה

בספרים אחרים: טֻמְאָה, טָמְאָ֖ה

צפניה ג, טו

במקום: לֹא־תִירְאִ֥י

בספרים אחרים: לֹא־תִרְאִ֥י

חגי ב, י

במקום: בְּיַד־

בספרים אחרים: אֶל־

זכריה ז, ב

במקום: שַׂרְאֶ֫צֶר

בספרים אחרים: שַׂרְאֶ֫צֶר

תהלים ט, יד

במקום: חָנְנֵ֬נִי

בספרים אחרים: חָנְנֵ֬נִי

תהלים כד, ד

במקום: נפשׁ֑וֹ כתיב נַפְשִׁ֑י קרי

בספרים אחרים: נַפְשׁ֑וֹ קרי וכתיב נַפְשׁ֑וֹ

נַפְשִׁ֑י קרי וכתיב

נפשׁ֑י כתיב נַפְשׁ֑וֹ

תהלים מה, י

במקום: בִּֽיקְּרוֹתֶ֑יךָ

בספרים אחרים: בְּיִקְּרוֹתֶ֑יךָ

תהלים קיח, ה

במקום: בַּמֶּרְחָ֣ב יָֽהּ

בספרים אחרים: בַּמֶּרְחַבְיָֽהּ

משלי ז, כה

במקום: אַל־תֵּ֝תַע

בספרים אחרים: וְאַל־תֵּ֝תַע

משלי ח, טז

במקום: צֶֽדֶק

בספרים אחרים: אָֽרֶץ

משלי יז, כו

במקום: עֲלֵי־יֹֽשֶׁר

בספרים אחרים: עַל־יֹֽשֶׁר

משלי כד, לא

במקום: קִמְּשֹׂנִ֗ים

בספרים אחרים: קִמְּשׁוֹנִ֗ים

משלי כז, כ

במקום: וַאֲבַדֹּ֗ה

בספרים אחרים: ואבדה כתיב וַאֲבַדּ֗וֹן קרי

איוב כא, יב

במקום: כְּתֹ֣ף

בספרים אחרים: בְּתֹ֣ף

איוב כח, יז
במקום: וּזְכוֹכִית
בספרים אחרים: וּזְכוֹכִית

איוב מ, יא
במקום: עֶבְר֣וֹת
בספרים אחרים: עֶבְר֣וֹת

איוב מא, ב
במקום: יְעוּרֶ֑נּוּ
בספרים אחרים: יעירנו כתיב יְעוּרֶ֑נּוּ

קהלת יב, ד
במקום: וְיָקוּם
בספרים אחרים: וְיָקוּם

אסתר ח, יא
במקום: וְלַהֲרֹג
בספרים אחרים: לַהֲרֹג

אסתר ט, ב
במקום: לִפְנֵיהֶם
בספרים אחרים: בִּפְנֵיהֶם

דניאל א, פעמים רבות
במקום: פַּת־בַּג
בספרים אחרים: פַּתְבַּג

דניאל יא, כו
במקום: פַּת־בָּגוֹ
בספרים אחרים: פַּתְבָּגוֹ

עזרא ד, יג
במקום: וְאַפְּתֹם
בספרים אחרים: וְאַפְּתֹם

עזרא ח, יד
במקום: וְעִמָּהֶם
בספרים אחרים: וְעִמּוֹ

נחמיה ז, מח
במקום: שַׁלְמָי
בספרים אחרים: שַׁלְמָי

נחמיה ז, נד
במקום: בַּצְלִית
בספרים אחרים: בצלות כתיב בַּצְלִית קרי

דברי הימים א׳ ו, מג
במקום: חִילֵן
בספרים אחרים: חִילֵז

דברי הימים א׳ ט, יג
במקום: חֵיל
בספרים אחרים: חֵיל

דברי הימים א׳ יב, ח
במקום: הַגְּדוֹר
בספרים אחרים: הַגְּדוֹר, הַגְּדוּד

דברי הימים א׳ יח, פעמים רבות
במקום: הֲדַדְעֶזֶר
בספרים אחרים: הֲדַדְעֶזֶר

דברי הימים א׳ כב, י
במקום: כִּסֵּא
בספרים אחרים: אֶת־כִּסֵּא

דברי הימים א׳ כד, כג
במקום: וּבְנֵי
בספרים אחרים: וּבְנֵי

דברי הימים ב׳ ו, כב
במקום: וְנָשָׁא־
בספרים אחרים: וְנָשָׁא־

דברי הימים ב׳ י, יד
במקום: אַכְבִּיד
בספרים אחרים: אָבִי הִכְבִּיד

דברי הימים ב׳ י, טז
במקום: וְכָל־יִשְׂרָאֵל
בספרים אחרים: וְכָל־יִשְׂרָאֵל רָאוּ

דברי הימים ב׳ כ, לז
במקום: כְּהִתְחַבֶּרְךָ
בספרים אחרים: בְּהִתְחַבֶּרְךָ

# קטעים מתוך ספר דניאל

פרקים: ב, ד – ז, כח

# וספר עזרא

פרקים: ד, ח – ו, יח / ז, יב–כו

## התרגום העברי (מארמית)

מטרת תרגום זה היא לסייע ללומד להבין את כוונת הפסוקים על פי פרשני המקרא רס"ג, רש"י, אבן עזרא ומצודות.

תרגום זה אינו מילולי אלא ענייני המכוון לפירוש הפשוט ביותר העולה מן הפירושים הנזכרים לעיל.

הרב זאב קרוב

ב ד וַיְדַבְּרוּ הַכַּשְׂדִּים לַמֶּלֶךְ אֲרָמִית יְחִי הַמֶּלֶךְ לְעוֹלָמִים אֱמֹר אֶת הַחֲלוֹם לַעֲבָדֶיךָ וְאֶת הַפִּתְרוֹן נַגִּיד.
ה עוֹנֶה הַמֶּלֶךְ וְאוֹמֵר לַכַּשְׂדִּים הַדָּבָר מֻחְלָט מִלְּפָנַי אִם לֹא תוֹדִיעוּנִי אֶת הַחֲלוֹם וּפִתְרוֹנוֹ נְתָחִים תֵּעָשׂוּ וּבָתֵּיכֶם אַשְׁפָּה יוּשָׂמוּ.
ו וְאִם אֶת הַחֲלוֹם וּפִתְרוֹנוֹ תַּגִּידוּ מַתָּנוֹת וּמַשְׂאֵת וְכָבוֹד רַב תְּקַבְּלוּ מִלְּפָנַי לָכֵן אֶת הַחֲלוֹם וּפִתְרוֹנוֹ הַגִּידוּ לִי.
ז עָנוּ שֵׁנִית וְאוֹמְרִים הַמֶּלֶךְ יֹאמַר לַעֲבָדָיו אֶת הַחֲלוֹם וְאֶת הַפִּתְרוֹן נַגִּיד.
ח עוֹנֶה הַמֶּלֶךְ וְאוֹמֵר בֶּאֱמֶת יוֹדֵעַ אֲנִי כִּי עֵת אַתֶּם קוֹנִים כָּל עֻמַּת אֲשֶׁר רְאִיתֶם כִּי מוּדָע בָּרַבִּים מֵעִמִּי הַדָּבָר.
ט אֲשֶׁר אִם לֹא תוֹדִיעוּנִי אֶת הַחֲלוֹם אַחַת הִיא דָּתְכֶם וְדָבָר כּוֹזֵב וְנִשְׁחָת הִתְכַּוַּנְתֶּם לֵאמֹר לְפָנַי עַד אֲשֶׁר תִּשְׁתַּנֶּה הָעֵת לָכֵן אֶת הַחֲלוֹם אִמְרוּ לִי וְאֵדַע כִּי אֶת פִּתְרוֹנוֹ תַּגִּידוּ לִי.
י עָנוּ הַכַּשְׂדִּים לִפְנֵי הַמֶּלֶךְ וְאָמְרוּ אֵין אִישׁ עַל הַיַּבָּשָׁה אֲשֶׁר יוּכַל לְהַגִּיד אֶת דְּבַר הַמֶּלֶךְ יַעַן אֲשֶׁר כָּל מֶלֶךְ גָּדוֹל וְשַׁלִּיט דָּבָר כָּזֶה לֹא שָׁאַל מֵאֵת כָּל חַרְטֹם וְאַשָּׁף וְכַשְׂדִּי.
יא וְהַדָּבָר אֲשֶׁר הַמֶּלֶךְ שׁוֹאֵל כָּבֵד וְאַחֵר אַיִן אֲשֶׁר יַגִּידֶנּוּ לִפְנֵי הַמֶּלֶךְ כִּי אִם אֱלֹהִים אֲשֶׁר אֵין מְעוֹנָם עִם בָּשָׂר.
יב כְּנֶגֶד זֶה זָעַף הַמֶּלֶךְ וְקָצַף מְאֹד וְאָמַר לְהַאֲבִיד אֶת כֹּל חַכְמֵי בָבֶל.
יג וְהַדָּת יָצְאָה וְהַחֲכָמִים נֶהֱרָגִים וְעָמְדוּ דָּנִיֵּאל וַחֲבֵרָיו לְהֵהָרֵג.
יד אָז הֵשִׁיב דָּנִיֵּאל עֵצָה וָטַעַם לְאַרְיוֹךְ שַׂר הַטַּבָּחִים שֶׁל הַמֶּלֶךְ אֲשֶׁר יָצָא לַהֲרֹג אֶת חַכְמֵי בָבֶל.
טו עוֹנֶה וְאוֹמֵר לְאַרְיוֹךְ הַשַּׁלִּיט שֶׁל הַמֶּלֶךְ עַל מָה הַדָּת עַזָּה מִלִּפְנֵי הַמֶּלֶךְ אָז הוֹדִיעַ אַרְיוֹךְ אֶת הַדָּבָר לְדָנִיֵּאל.
טז וְדָנִיֵּאל בָּא וּבִקֵּשׁ מִן הַמֶּלֶךְ כִּי זְמַן יִתֶּן לוֹ לְהַגִּיד אֶת פֵּשֶׁר הַחֲלוֹם לַמֶּלֶךְ.
יז אָז דָּנִיֵּאל הָלַךְ לְבֵיתוֹ וְלַחֲנַנְיָה מִישָׁאֵל וַעֲזַרְיָה חֲבֵרָיו אֶת הַדָּבָר הוֹדִיעַ.
יח וְרַחֲמִים לְבַקֵּשׁ מִלִּפְנֵי אֱלֹהֵי הַשָּׁמַיִם עַל הָרָז הַזֶּה אֲשֶׁר לֹא יְאַבְּדוּ דָּנִיֵּאל וַחֲבֵרָיו עִם שְׁאָר חַכְמֵי בָבֶל.
יט אָז נִגְלָה הָרָז לְדָנִיֵּאל בַּחֲזוֹן הַלַּיְלָה אָז דָּנִיֵּאל בֵּרַךְ אֶת אֱלֹהֵי הַשָּׁמָיִם.

כ עוֹנֶה דָנִיֵּאל וְאוֹמֵר יְהִי שֵׁם הָאֱלֹהִים מְבֹרָךְ מִן הָעוֹלָם וְעַד הָעוֹלָם אֲשֶׁר
הַחָכְמָה וְהַגְּבוּרָה שֶׁלּוֹ הִיא.
כא וְהוּא מְשַׁנֶּה אֶת הָעִתִּים וְאֶת הַזְּמַנִּים מַעֲבִיר מְלָכִים וּמֵקִים מְלָכִים נוֹתֵן
הַחָכְמָה לַחֲכָמִים וְהַמַּדָּע לְיוֹדְעֵי בִינָה.
כב הוּא מְגַלֶּה עֲמֻקּוֹת וְנִסְתָּרוֹת יוֹדֵעַ מַה בַּחֹשֶׁךְ וְהָאוֹר עִמּוֹ שׁוֹכֵן.
כג לְךָ אֱלֹהֵי אֲבוֹתַי מוֹדֶה וּמְשַׁבֵּחַ אֲנִי עַל אֲשֶׁר נָתַתָּ לִי אֶת הַחָכְמָה וְאֶת
הַגְּבוּרָה וְעַתָּה הוֹדַעְתַּנִי אֶת אֲשֶׁר בִּקַּשְׁנוּ מִמְּךָ אֲשֶׁר אֶת דְּבַר הַמֶּלֶךְ
הוֹדַעְתָּנוּ.
כד כָּל עֻמַּת זֶה בָּא דָנִיֵּאל אֶל אַרְיוֹךְ אֲשֶׁר מִנָּה הַמֶּלֶךְ לְהַאֲבִיד אֶת חַכְמֵי
בָבֶל הָלַךְ וְכֵן אָמַר לוֹ אֶת חַכְמֵי בָבֶל אַל תְּאַבֵּד הֲבִיאֵנִי לִפְנֵי הַמֶּלֶךְ
וְאֶת הַפִּתְרוֹן לַמֶּלֶךְ אַגִּיד.
כה אָז הֵבִיא אַרְיוֹךְ בְּבְהִילוּת אֶת דָּנִיֵּאל לִפְנֵי הַמֶּלֶךְ וְכֵן אָמַר לוֹ כִּי מָצָאתִי
אִישׁ מִבְּנֵי גָלוּת יְהוּדָה אֲשֶׁר יוֹדִיעַ לַמֶּלֶךְ אֶת הַפִּתְרוֹן.
כו עוֹנֶה הַמֶּלֶךְ וְאוֹמֵר לְדָנִיֵּאל אֲשֶׁר שְׁמוֹ בֵּלְטְשַׁאצַּר הֲיֶשְׁךָ יָכוֹל לְהוֹדִיעֵנִי
אֶת הַחֲלוֹם אֲשֶׁר רָאִיתִי וְאֶת פִּתְרוֹנוֹ.
כז עוֹנֶה דָנִיֵּאל לִפְנֵי הַמֶּלֶךְ וְאוֹמֵר הָרָז אֲשֶׁר הַמֶּלֶךְ שׁוֹאֵל אֵין חֲכָמִים
אַשָּׁפִים חַרְטֻמִּים גּוֹזְרִים יְכוֹלִים לְהַגִּיד לַמֶּלֶךְ.
כח אוּלָם יֵשׁ אֱלֹהִים בַּשָּׁמַיִם מְגַלֶּה רָזִים וְהוּא הוֹדִיעַ לַמֶּלֶךְ נְבוּכַדְנֶצַּר
אֵת אֲשֶׁר יִהְיֶה בְּאַחֲרִית הַיָּמִים חֲלוֹמְךָ וְחֶזְיוֹנוֹת רֹאשְׁךָ עַל מִשְׁכָּבְךָ
זֶה הוּא.
כט אַתָּה הַמֶּלֶךְ מַחְשְׁבוֹתֶיךָ עַל מִשְׁכָּבְךָ עָלוּ אֵת אֲשֶׁר יִהְיֶה אַחֲרֵי זֹאת
וּמְגַלֵּה הָרָזִים הוֹדִיעֲךָ אֵת אֲשֶׁר יִהְיֶה.
ל וַאֲנִי לֹא בְחָכְמָה אֲשֶׁר יֵשׁ בִּי מִכָּל הַחַיִּים הָרָז הַזֶּה נִגְלָה לִי כִּי אִם עַל
דִּבְרַת אֲשֶׁר יוֹדִיעוּ אֶת הַפִּתְרוֹן לַמֶּלֶךְ וְאֶת מַחְשְׁבוֹת לְבָבְךָ תֵּדָע.
לא אַתָּה הַמֶּלֶךְ רוֹאֶה הָיִיתָ וְהִנֵּה צֶלֶם אֶחָד עָצוּם הַצֶּלֶם הַהוּא גָּדוֹל וְזִיווֹ
יָתֵר עוֹמֵד לְנֶגְדְּךָ וּמַרְאֵהוּ נוֹרָא.
לב הַצֶּלֶם הַהוּא רֹאשׁוֹ זָהָב טוֹב חָזֵהוּ וּזְרוֹעוֹתָיו שֶׁל כֶּסֶף מֵעָיו וִירֵכָיו שֶׁל
נְחֹשֶׁת.
לג שׁוֹקָיו שֶׁל בַּרְזֶל רַגְלָיו מֵהֶן בַּרְזֶל וּמֵהֶן חָרֶשׂ.
לד רוֹאֶה הָיִיתָ עַד אֲשֶׁר נֶחְצְבָה אֶבֶן אֲשֶׁר לֹא בְיָדַיִם וְהִכְּתָה אֶת הַצֶּלֶם

עַל רַגְלָיו אֲשֶׁר מִבַּרְזֶל וְחֶרֶשׂ וַהֲדֵקָה אוֹתָן.
לה אָז נִשְׁחֲקוּ כְּאֶחָד הַבַּרְזֶל הַחֶרֶשׂ הַנְּחֹשֶׁת הַכֶּסֶף וְהַזָּהָב וְהָיוּ כְּמוֹץ מִגָּרְנוֹת
קַיִץ וְנָשְׂאָה אוֹתָם הָרוּחַ וְכָל מָקוֹם לֹא נִמְצָא לָהֶם וְהָאֶבֶן אֲשֶׁר הִכְּתָה
אֶת הַצֶּלֶם הָיְתָה לְהַר גָּדוֹל וּמָלְאָה אֶת כָּל הָאָרֶץ.
לו זֶה הַחֲלוֹם וְאֶת פִּתְרוֹנוֹ נֹאמַר לִפְנֵי הַמֶּלֶךְ.
לז אַתָּה הַמֶּלֶךְ מֶלֶךְ הַמְּלָכִים אֲשֶׁר אֱלֹהֵי הַשָּׁמַיִם נָתַן לְךָ מַלְכוּת חֹסֶן
וְתֹקֶף וִיקָר.
לח וּבְכָל אֲשֶׁר גָּרִים בְּנֵי הָאָדָם חַיַּת הַשָּׂדֶה וְעוֹף הַשָּׁמַיִם נָתַן בְּיָדְךָ וְהִשְׁלִיטְךָ
בְּכֻלָּם אַתָּה הוּא רֹאשׁ הַזָּהָב.
לט וְאַחֲרֶיךָ תָּקוּם מַלְכוּת אַחֶרֶת שְׁפָלָה מִמְּךָ וּמַלְכוּת שְׁלִישִׁית אַחֶרֶת שֶׁל
נְחֹשֶׁת אֲשֶׁר תִּשְׁלֹט בְּכָל הָאָרֶץ.
מ וּמַלְכוּת רְבִיעִית תִּהְיֶה תַּקִּיפָה כַּבַּרְזֶל כְּמוֹ שֶׁהַבַּרְזֶל מֵדֵק וּמְכַתֵּת הַכֹּל
וְכַבַּרְזֶל הַמְרוֹצֵץ אֶת כָּל אֵלֶּה תָּדֵק וּתְרוֹצֵץ.
מא וַאֲשֶׁר רָאִיתָ אֶת הָרַגְלַיִם וְאֶת הָאֶצְבָּעוֹת מֵהֶן חֶרֶשׂ יוֹצֵר וּמֵהֶן בַּרְזֶל
מַלְכוּת מְפֻלֶּגֶת תִּהְיֶה וּמֵחֹזֶק הַבַּרְזֶל יִהְיֶה בָּהּ כְּכָל עֻמַּת שֶׁרָאִיתָ הַבַּרְזֶל
מְעֹרָב בְּחֶרֶשׂ הַטִּיט.
מב וְאֶצְבְּעוֹת הָרַגְלַיִם מֵהֶן בַּרְזֶל וּמֵהֶן חָרֶשׂ מִקְצָת הַמַּלְכוּת תִּהְיֶה חֲזָקָה
וּמִמֶּנָּה תִּהְיֶה שְׁבוּרָה.
מג וַאֲשֶׁר רָאִיתָ הַבַּרְזֶל מְעֹרָב בְּחֶרֶשׂ הַטִּיט יִהְיוּ מִתְעָרְבִים בְּזֶרַע הָאָדָם
וְלֹא יִהְיוּ דְבֵקִים זֶה בָּזֶה הֲלוֹ כְּמוֹ שֶׁהַבַּרְזֶל אֵינֶנּוּ מִתְעָרֵב עִם הֶחָרֶשׂ.
מד וּבִימֵי הַמְּלָכִים הָהֵם יָקִים אֱלֹהֵי הַשָּׁמַיִם מַלְכוּת אֲשֶׁר לְעוֹלָמִים לֹא
תִשָּׁחֵת וְהַמַּלְכוּת לְעַם אַחֵר לֹא תֵעָזֵב תָּדֵק וּתְכַלֶּה אֶת כָּל הַמַּלְכֻיּוֹת
הָאֵלֶּה וְהִיא תָּקוּם לְעוֹלָמִים.
מה כָּל עֻמַּת שֶׁרָאִיתָ כִּי מִן הָהָר נֶחְצְבָה אֶבֶן אֲשֶׁר לֹא בְיָדַיִם וְהֵדֵקָה אֶת
הַבַּרְזֶל הַנְּחֹשֶׁת הַחֶרֶשׂ הַכֶּסֶף וְהַזָּהָב הָאֵל הַגָּדוֹל הוֹדִיעַ לַמֶּלֶךְ אֵת
אֲשֶׁר יִהְיֶה אַחֲרֵי זֹאת וְנָכוֹן הַחֲלוֹם וְנֶאֱמָן פִּתְרוֹנוֹ.
מו אָז נָפַל הַמֶּלֶךְ נְבוּכַדְנֶצַּר עַל אַפָּיו וְהִשְׁתַּחֲוָה לְדָנִיֵּאל וּמִנְחָה וְנִיחוֹחִים
אָמַר לְנַסֶּךְ לוֹ.
מז עוֹנֶה הַמֶּלֶךְ לְדָנִיֵּאל וְאוֹמֵר בֶּאֱמֶת כִּי אֱלֹהֵיכֶם הוּא אֱלֹהֵי אֱלֹהִים וַאֲדוֹנֵי
מְלָכִים וּמְגַלֶּה רָזִים כִּי יָכוֹלְתָּ לְגַלּוֹת אֶת הָרָז הַזֶּה.

מח אָז גַּדֵּל הַמֶּלֶךְ אֶת דָּנִיֵּאל וּמַתָּנוֹת גְּדוֹלוֹת רַבּוֹת נָתַן לוֹ וְהִשְׁלִיטוֹ עַל
כָּל מְדִינַת בָּבֶל וּמִנָּהוּ לְשַׂר סְגָנִים עַל כָּל חַכְמֵי בָבֶל.
מט וְדָנִיֵּאל בִּקֵּשׁ מִן הַמֶּלֶךְ וּמִנָּה עַל מְלֶאכֶת מְדִינַת בָּבֶל אֶת שַׁדְרַךְ מֵישַׁךְ
וַעֲבֵד נְגוֹ וְדָנִיֵּאל יוֹשֵׁב בְּשַׁעַר הַמֶּלֶךְ.
ג א נְבוּכַדְנֶצַּר הַמֶּלֶךְ עָשָׂה צֶלֶם זָהָב גָּבְהוֹ שִׁשִּׁים אַמּוֹת רָחְבּוֹ שֵׁשׁ אַמּוֹת
הֱקִימוֹ בְּבִקְעַת דּוּרָא בִּמְדִינַת בָּבֶל.
ב וּנְבוּכַדְנֶצַּר הַמֶּלֶךְ שָׁלַח לֶאֱסֹף אֶת הָאֲחַשְׁדַּרְפְּנִים הַסְּגָנִים וְהַפַּחוֹת
הַיּוֹעֲצִים הַגִּזְבָּרִים הַשּׁוֹפְטִים הַשּׁוֹטְרִים וְכֹל שַׁלִּיטֵי הַמְּדִינוֹת לָבוֹא
לַחֲנֻכַּת הַצֶּלֶם אֲשֶׁר הֵקִים נְבוּכַדְנֶצַּר הַמֶּלֶךְ.
ג אָז מִתְאַסְּפִים הָאֲחַשְׁדַּרְפְּנִים הַסְּגָנִים וְהַפַּחוֹת הַיּוֹעֲצִים הַגִּזְבָּרִים
הַשּׁוֹפְטִים הַתִּפְתָּאִים וְכֹל מוֹשְׁלֵי הַמְּדִינוֹת לַחֲנֻכַּת הַצֶּלֶם אֲשֶׁר הֵקִים
נְבוּכַדְנֶצַּר הַמֶּלֶךְ וְעוֹמְדִים מוּל הַצֶּלֶם אֲשֶׁר הֵקִים נְבוּכַדְנֶצַּר.
ד וְהַכָּרוֹז קוֹרֵא בְּכֹחַ אוֹמְרִים לָכֶם הָעַמִּים הָאֻמּוֹת וְהַלְּשׁוֹנוֹת.
ה בְּעֵת אֲשֶׁר תִּשְׁמְעוּ קוֹל הַקֶּרֶן הֶחָלִיל הַנֵּבֶל הַשָּׂלִישׁ פְּסַנְתֵּרִין סוּמְפֹּנְיָא
וְכֹל מִינֵי הַזֶּמֶר תִּפְּלוּ וְתִשְׁתַּחֲווּ לְצֶלֶם הַזָּהָב אֲשֶׁר הֵקִים נְבוּכַדְנֶצַּר הַמֶּלֶךְ.
ו וּמִי אֲשֶׁר לֹא יִפֹּל וְיִשְׁתַּחֲוֶה בָּהּ בַּשָּׁעָה יֻשְׁלַךְ אֶל תּוֹךְ כִּבְשַׁן הָאֵשׁ
הַיּוֹקֶדֶת.
ז בִּגְלַל זֶה בּוֹ בַּזְּמַן כַּאֲשֶׁר שׁוֹמְעִים כָּל הָעַמִּים קוֹל הַקֶּרֶן הֶחָלִיל הַנֵּבֶל
הַשָּׂלִישׁ פְּסַנְתֵּרִין וְכֹל מִינֵי הַזֶּמֶר נוֹפְלִים כָּל הָעַמִּים הָאֻמּוֹת וְהַלְּשׁוֹנוֹת
מִשְׁתַּחֲוִים לְצֶלֶם הַזָּהָב אֲשֶׁר הֵקִים נְבוּכַדְנֶצַּר הַמֶּלֶךְ.
ח בִּגְלַל זֶה בּוֹ בַּזְּמַן קָרְבוּ אֲנָשִׁים כַּשְׂדִּים וְהִלְשִׁינוּ אֶת הַיְּהוּדִים.
ט עָנוּ וְאָמְרוּ לִנְבוּכַדְנֶצַּר הַמֶּלֶךְ יְחִי הַמֶּלֶךְ לְעוֹלָמִים.
י אַתָּה הַמֶּלֶךְ שַׂמְתָּ צַו כִּי כָּל אִישׁ אֲשֶׁר יִשְׁמַע קוֹל הַקֶּרֶן הֶחָלִיל הַנֵּבֶל
הַשָּׂלִישׁ פְּסַנְתֵּרִין וְסוּמְפֹּנְיָא וְכֹל מִינֵי הַזֶּמֶר יִפֹּל וְיִשְׁתַּחֲוֶה לְצֶלֶם
הַזָּהָב.
יא וּמִי אֲשֶׁר לֹא יִפֹּל וְיִשְׁתַּחֲוֶה יֻשְׁלַךְ אֶל תּוֹךְ כִּבְשַׁן הָאֵשׁ הַיּוֹקֶדֶת.
יב יֵשׁ אֲנָשִׁים יְהוּדִים אֲשֶׁר מִנִּיתָ אוֹתָם עַל מְלֶאכֶת מְדִינַת בָּבֶל שַׁדְרַךְ
מֵישַׁךְ וַעֲבֵד נְגוֹ הָאֲנָשִׁים הָהֵם לֹא שָׂמוּ לֵב עָלֶיךָ הַמֶּלֶךְ אֶת אֱלֹהֶיךָ
אֵינָם עוֹבְדִים וּלְצֶלֶם הַזָּהָב אֲשֶׁר הֲקִימוֹתָ אֵינָם מִשְׁתַּחֲוִים.
יג אָז נְבוּכַדְנֶצַּר בְּרֹגֶז וְחֵמָה אָמַר לְהָבִיא אֶת שַׁדְרַךְ מֵישַׁךְ וַעֲבֵד נְגוֹ אָז

הוּבְאוּ הָאֲנָשִׁים הָהֵם לִפְנֵי הַמֶּלֶךְ.
יד עוֹנֶה נְבוּכַדְנֶצַּר וְאוֹמֵר לָהֶם הֲנָכוֹן שַׁדְרַךְ מֵישַׁךְ וַעֲבֵד נְגוֹ אֶת אֱלֹהַי
אֵינְכֶם עוֹבְדִים וּלְצֶלֶם הַזָּהָב אֲשֶׁר הֲקִימוֹתִי אֵינְכֶם מִשְׁתַּחֲוִים.
טו כָּעֵת אִם יֶשְׁכֶם עֲתִידִים אֲשֶׁר בְּעֵת אֲשֶׁר תִּשְׁמְעוּ קוֹל הַקֶּרֶן הֶחָלִיל
הַנֵּבֶל הַשָּׂלִישׁ פְּסַנְתֵּרִין וְסוּמְפּוֹנְיָה וְכֹל מִינֵי הַזֶּמֶר תִּפְּלוּ וְתִשְׁתַּחֲווּ לַצֶּלֶם
אֲשֶׁר עָשִׂיתִי וְאִם לֹא תִשְׁתַּחֲווּ בָּהּ בַּשָּׁעָה תֻּשְׁלְכוּ אֶל תּוֹךְ כִּבְשַׁן הָאֵשׁ
הַיּוֹקֶדֶת וּמִי הוּא אֱלֹהִים אֲשֶׁר יוֹשִׁיעֲכֶם מִיָּדִי.
טז עָנוּ שַׁדְרַךְ מֵישַׁךְ וַעֲבֵד נְגוֹ וְאָמְרוּ אֶל הַמֶּלֶךְ נְבוּכַדְנֶצַּר אֵין אֲנַחְנוּ
צְרִיכִים לַהֲשִׁיבְךָ דָּבָר עַל זֹאת.
יז אִם יֵשׁ בִּרְצוֹנוֹ אֱלֹהֵינוּ אֲשֶׁר אֲנַחְנוּ עוֹבְדִים יָכוֹל לְהוֹשִׁיעֵנוּ מִן כִּבְשַׁן
הָאֵשׁ הַיּוֹקֶדֶת וּמִיָּדְךָ הַמֶּלֶךְ יוֹשִׁיעַ.
יח וְאִם לֹא יַחְפֹּץ לְהַצִּילֵנוּ יְהִי יָדוּעַ לְךָ הַמֶּלֶךְ כִּי אֶת אֱלֹהֶיךָ אֵינֶנּוּ עוֹבְדִים
וּלְצֶלֶם הַזָּהָב אֲשֶׁר הֲקִימוֹתָ לֹא נִשְׁתַּחֲוֶה.
יט אָז נִמְלָא נְבוּכַדְנֶצַּר חֵמָה וּמַרְאֵה פָּנָיו נִשְׁתַּנָּה עַל שַׁדְרַךְ מֵישַׁךְ וַעֲבֵד
נְגוֹ עוֹנֶה וְאוֹמֵר לְהַשִּׂיק אֶת הַכִּבְשָׁן שִׁבְעָתַיִם עַל אֲשֶׁר רָאוּי לְהַשִּׂיקוֹ.
כ וְלַאֲנָשִׁים גִּבּוֹרֵי חַיִל אֲשֶׁר בְּחֵילוֹ אָמַר לִכְפֹּת אֶת שַׁדְרַךְ מֵישַׁךְ וַעֲבֵד
נְגוֹ לְהַשְׁלִיךְ אֶל תּוֹךְ כִּבְשַׁן הָאֵשׁ הַיֹּקֶדֶת.
כא אָז נֶאֶסְרוּ הָאֲנָשִׁים הָהֵם בִּמְעִילֵיהֶם מִכְנְסֵיהֶם וּמִצְנְפוֹתֵיהֶם וּלְבוּשֵׁיהֶם
וְהֻשְׁלְכוּ אֶל כִּבְשַׁן הָאֵשׁ הַיּוֹקֶדֶת.
כב כָּל עֻמַּת זֶה כֵּיוָן שֶׁדְּבַר הַמֶּלֶךְ עַז וְהַכִּבְשָׁן הֻשַּׂק מְאֹד הָאֲנָשִׁים הָהֵם
אֲשֶׁר הֶעֱלוּ אֶת שַׁדְרַךְ מֵישַׁךְ וַעֲבֵד נְגוֹ הֵמִית אוֹתָם שְׁבִיב הָאֵשׁ.
כג וְהָאֲנָשִׁים הָהֵם שְׁלָשְׁתָּם שַׁדְרַךְ מֵישַׁךְ וַעֲבֵד נְגוֹ נָפְלוּ אֶל תּוֹךְ כִּבְשַׁן
הָאֵשׁ הַיּוֹקֶדֶת כְּפוּתִים.
כד אָז תָּמַהּ נְבוּכַדְנֶצַּר הַמֶּלֶךְ וְקָם בִּבְהִילוּת עוֹנֶה וְאוֹמֵר אֶל יוֹעֲצָיו הֲלוֹא
שְׁלוֹשָׁה אֲנָשִׁים כְּפוּתִים הִשְׁלַכְנוּ אֶל תּוֹךְ הָאֵשׁ עוֹנִים וְאוֹמְרִים לַמֶּלֶךְ
הָאֱמֶת הַמֶּלֶךְ.
כה עוֹנֶה וְאוֹמֵר הִנֵּה אֲנִי רוֹאֶה אֲנָשִׁים אַרְבָּעָה מֻתָּרִים מְהַלְּכִים בְּתוֹךְ הָאֵשׁ
וַחֲבָלָה אֵין בָּהֶם וּמַרְאֵה הָרְבִיעִי דּוֹמֶה לְבֶן אֱלֹהִים.
כו אָז קָרַב נְבוּכַדְנֶצַּר אֶל שַׁעַר כִּבְשַׁן הָאֵשׁ הַיּוֹקֶדֶת עוֹנֶה וְאוֹמֵר שַׁדְרַךְ
מֵישַׁךְ וַעֲבֵד נְגוֹ עַבְדֵי הָאֵל הָעֶלְיוֹן צְאוּ וָבוֹאוּ אָז יוֹצְאִים שַׁדְרַךְ מֵישַׁךְ

וַעֲבֵד נְגוֹ מִתּוֹךְ הָאֵשׁ.
כז וּמִתְאַסְּפִים הָאֲחַשְׁדַּרְפְּנִים הַסְּגָנִים וְהַפַּחוֹת וְיוֹעֲצֵי הַמֶּלֶךְ רוֹאִים אֶת
הָאֲנָשִׁים הָהֵם אֲשֶׁר לֹא שָׁלְטָה הָאֵשׁ בְּגוּפָם וּשְׂעַר רֹאשָׁם לֹא חֹרַךְ
וּמְעִילֵיהֶם לֹא שֻׁנּוּ וְרֵיחַ אֵשׁ לֹא עָבַר בָּהֶם.
כח עוֹנֶה נְבוּכַדְנֶצַּר וְאוֹמֵר בָּרוּךְ אֱלֹהֵי שַׁדְרַךְ מֵישַׁךְ וַעֲבֵד נְגוֹ אֲשֶׁר שָׁלַח
אֶת מַלְאָכוֹ וְהוֹשִׁיעַ אֶת עֲבָדָיו אֲשֶׁר בָּטְחוּ עָלָיו וּדְבַר הַמֶּלֶךְ שִׁנּוּ וְנָתְנוּ
גוּפָם כְּדֵי שֶׁלֹּא יַעַבְדוּ וְלֹא יִשְׁתַּחֲווּ לְכָל אֵל כִּי אִם לֵאלֹהֵיהֶם.
כט וּמִמֶּנִּי נִתַּן צַו כִּי כָל עַם אֻמָּה וְלָשׁוֹן אֲשֶׁר יֹאמַר מִשְׁגֶּה עַל אֱלֹהֵי שַׁדְרַךְ
מֵישַׁךְ וַעֲבֵד נְגוֹ נְתָחִים יֵעָשֶׂה וּבֵיתוֹ אַשְׁפָּה יוּשַׂם כָּל עֻמַּת אֲשֶׁר אֵין
אֵל אַחֵר אֲשֶׁר יוּכַל לְהַצִּיל כָּמוֹהוּ.
ל אָז הִצְלִיחַ הַמֶּלֶךְ אֶת שַׁדְרַךְ מֵישַׁךְ וַעֲבֵד נְגוֹ בִּמְדִינַת בָּבֶל.
לא נְבוּכַדְנֶצַּר הַמֶּלֶךְ לְכָל הָעַמִּים הָאֻמּוֹת וְהַלְּשׁוֹנוֹת אֲשֶׁר דָּרִים בְּכָל הָאָרֶץ
שְׁלוֹמְכֶם יִשְׂגֶּה.
לב הָאוֹתוֹת וְהַמּוֹפְתִים אֲשֶׁר עָשָׂה עִמִּי הָאֵל הָעֶלְיוֹן טוֹב לְפָנַי לְהַגִּיד.
לג מָה רַבּוּ אוֹתוֹתָיו וּמָה חָזְקוּ מוֹפְתָיו מַלְכוּתוֹ מַלְכוּת עוֹלָם וְשִׁלְטוֹנוֹ בְּכָל
דּוֹר וָדוֹר.
ד א אֲנִי נְבוּכַדְנֶצַּר שָׁלֵו הָיִיתִי בְּבֵיתִי וְרַעֲנָן בְּהֵיכָלִי.
ב חֲלוֹם רָאִיתִי וַיַּפְחִידֵנִי וְהַהִרְהוּרִים עַל מִשְׁכָּבִי וְחֶזְיוֹנוֹת רֹאשִׁי יְבַהֲלוּנִי.
ג וּמִמֶּנִּי נִתַּן צַו לְהָבִיא לְפָנַי אֶת כָּל חַכְמֵי בָבֶל אֲשֶׁר יוֹדִיעוּנִי פִּתְרוֹן הַחֲלוֹם.
ד אָז בָּאִים הַחַרְטֻמִּים הָאַשָּׁפִים הַכַּשְׂדִּים וְהַגּוֹזְרִים וְאוֹמֵר אֲנִי אֶת הַחֲלוֹם
לִפְנֵיהֶם וּפִתְרוֹנוֹ אֵין מוֹדִיעִים לִי.
ה וּלְבַסּוֹף בָּא לְפָנַי דָּנִיֵּאל אֲשֶׁר שְׁמוֹ בֵּלְטְשַׁאצַּר כְּשֵׁם אֱלֹהַי וַאֲשֶׁר רוּחַ
אֱלֹהִים קְדוֹשִׁים בּוֹ וְאֶת הַחֲלוֹם לְפָנָיו אָמַרְתִּי.
ו בֵּלְטְשַׁאצַּר שַׂר הַחַרְטֻמִּים אֲשֶׁר אֲנִי יָדַעְתִּי כִּי רוּחַ אֱלֹהִים קְדוֹשִׁים בְּךָ
וְכָל רָז אֵין אוֹנֵס אוֹתְךָ מַרְאֵה חֲלוֹמִי אֲשֶׁר רָאִיתִי וּפִתְרוֹנוֹ אֱמֹר.
ז וְחֶזְיוֹנוֹת רֹאשִׁי עַל מִשְׁכָּבִי רוֹאֶה הָיִיתִי וְהִנֵּה עֵץ בְּתוֹךְ הָאָרֶץ וְגָבְהוֹ
רָב.
ח גָּדַל הָעֵץ וְחָזַק וְגָבְהוֹ יַגִּיעַ לַשָּׁמַיִם וַחֲזוּתוֹ לִקְצֵה כָּל הָאָרֶץ.
ט נוֹפוֹ יָפֶה וּפִרְיוֹ רַב וּמָזוֹן בּוֹ לַכֹּל תַּחְתָּיו תֵּשֵׁב בְּצֵל חַיַּת הַשָּׂדֶה וּבַעֲנָפָיו
יִשְׁכְּנוּ צִפֳּרֵי הַשָּׁמַיִם וּמִמֶּנּוּ יָזוּן כָּל בָּשָׂר.

י רוֹאֶה הָיִיתִי בְּחֶזְיוֹנוֹת רֹאשִׁי עַל מִשְׁכָּבִי וְהִנֵּה מַלְאָךְ קָדוֹשׁ מִן הַשָּׁמַיִם
יוֹרֵד.
יא קוֹרֵא בְכֹחַ וְכֵן אוֹמֵר כִּרְתוּ הָעֵץ וְקַצְּצוּ עֲנָפָיו הַשִּׁירוּ נוֹפוֹ וּפַזְּרוּ פִּרְיוֹ
תָּנוּד הַחַיָּה מִתַּחְתָּיו וְהַצִּפֳּרִים מֵעֲנָפָיו.
יב אַךְ שָׁרָשָׁיו הָעִקָּרִיִּים עִזְבוּ בָּאָרֶץ וּבְאֵסוּר בַּרְזֶל וּנְחֹשֶׁת בְּדֶשֶׁא הַשָּׂדֶה
וּבְטַל הַשָּׁמַיִם יֻרְטַב וְעִם הַחַיָּה חֶלְקוֹ בְּעֵשֶׂב הָאָרֶץ.
יג לְבָבוֹ יִשְׁתַּנֶּה מִלֵּב אָדָם וְלֵב חַיָּה יִנָּתֵן לוֹ וְשֶׁבַע עִתִּים יַעַבְרוּ עָלָיו.
יד בִּגְזֵרַת הַמַּלְאָכִים הַדָּבָר וּבְמַאֲמַר קְדוֹשִׁים הָעִנְיָן עַל דִּבְרַת אֲשֶׁר יֵדְעוּ
הַחַיִּים כִּי שַׁלִּיט הָעֶלְיוֹן בְּמַלְכוּת הָאָדָם וּלְמִי אֲשֶׁר יִרְצֶה יִתְּנֶנָּה וְאֶת
שְׁפַל אֲנָשִׁים יָקִים עָלֶיהָ.
טו הַחֲלוֹם הַזֶּה רָאִיתִי אֲנִי הַמֶּלֶךְ נְבוּכַדְנֶצַּר וְאַתָּה בֵּלְטְשַׁאצַּר פִּתְרוֹנוֹ אֱמֹר
כָּל עֻמַּת אֲשֶׁר כָּל חַכְמֵי מַלְכוּתִי אֵין יְכוֹלִים לְהוֹדִיעֵנִי הַפִּתְרוֹן וְאַתָּה
יָכוֹל כִּי רוּחַ אֱלֹהִים קְדוֹשִׁים בְּךָ.
טז אָז הִשְׁתּוֹמֵם דָּנִיֵּאל אֲשֶׁר שְׁמוֹ בֵּלְטְשַׁאצַּר כְּשָׁעָה אַחַת וְרַעְיוֹנָיו
יְבַהֲלוּהוּ עוֹנֶה הַמֶּלֶךְ וְאוֹמֵר בֵּלְטְשַׁאצַּר הַחֲלוֹם וּפִתְרוֹנוֹ אַל יְבַהֶלְךָ
עוֹנֶה בֵּלְטְשַׁאצַּר וְאוֹמֵר אֲדוֹנִי הַחֲלוֹם לְשׂוֹנְאֶיךָ וּפִתְרוֹנוֹ לְצָרֶיךָ.
יז הָעֵץ אֲשֶׁר רָאִיתָ אֲשֶׁר גָּדַל וְחָזַק וְגָבְהוֹ יַגִּיעַ לַשָּׁמַיִם וַחֲזוּתוֹ לְכָל הָאָרֶץ.
יח וְנוֹפוֹ יָפֶה וּפִרְיוֹ רַב וּמָזוֹן לַכֹּל בּוֹ תַּחְתָּיו תֵּשֵׁב חַיַּת הַשָּׂדֶה וּבַעֲנָפָיו יִשְׁכְּנוּ
צִפֳּרֵי הַשָּׁמָיִם.
יט אַתָּה הוּא הַמֶּלֶךְ אֲשֶׁר גָּדַלְתָּ וְחָזַקְתָּ וּגְדֻלָּתְךָ גָּדְלָה וְהִגִּיעָה לַשָּׁמַיִם
וְשִׁלְטוֹנְךָ לִקְצֵה הָאָרֶץ.
כ וַאֲשֶׁר רָאָה הַמֶּלֶךְ מַלְאָךְ קָדוֹשׁ יוֹרֵד מִן הַשָּׁמַיִם וְאוֹמֵר כִּרְתוּ הָעֵץ
וְהַשְׁחִיתוּהוּ אַךְ שָׁרָשָׁיו הָעִקָּרִיִּים בָּאָרֶץ עִזְבוּ וּבְאֵסוּר בַּרְזֶל וּנְחֹשֶׁת
בְּדֶשֶׁא הַשָּׂדֶה וּבְטַל הַשָּׁמַיִם יֻרְטַב וְעִם חַיַּת הַשָּׂדֶה חֶלְקוֹ עַד אֲשֶׁר
יַעַבְרוּ עָלָיו שֶׁבַע עִתִּים.
כא זֶה הַפִּתְרוֹן הַמֶּלֶךְ וּגְזֵרַת הָעֶלְיוֹן הִיא אֲשֶׁר הִגִּיעָה עַל אֲדוֹנִי הַמֶּלֶךְ.
כב וְאוֹתְךָ מְגָרְשִׁים מִן הָאָדָם וְעִם חַיַּת הַשָּׂדֶה יִהְיֶה מְעוֹנְךָ וְעֵשֶׂב כַּבָּקָר
אוֹתְךָ יַאֲכִילוּ וּמִטַּל הַשָּׁמַיִם אוֹתְךָ מַרְטִיבִים וְשֶׁבַע עִתִּים יַעַבְרוּ עָלֶיךָ
עַד אֲשֶׁר תֵּדַע כִּי שַׁלִּיט הָעֶלְיוֹן בְּמַלְכוּת הָאָדָם וּלְמִי אֲשֶׁר יִרְצֶה יִתְּנֶנָּה.
כג וַאֲשֶׁר אָמְרוּ לַעֲזֹב עִקַּר שָׁרְשֵׁי הָעֵץ מַלְכוּתְךָ לְךָ עוֹמֶדֶת לְאַחַר שֶׁתֵּדַע

כִּי שַׁלִּיטִים הַשָּׁמָיִם.
כד לָכֵן הַמֶּלֶךְ עֲצָתִי תִּיטַב עָלֶיךָ וַחֲטָאֶיךָ בִּצְדָקָה פְּדֵה וַעֲווֹנוֹתֶיךָ בְּחַנֵּן
עֲנִיִּים אוּלַי תִּהְיֶה אֲרֻכָּה לְשַׁלְוָתֶךָ.
כה הַכֹּל הִגִּיעַ עַל נְבוּכַדְנֶצַּר הַמֶּלֶךְ.
כו לְקֵץ יְרָחִים שְׁנֵים עָשָׂר עַל הֵיכַל הַמַּלְכוּת אֲשֶׁר בְּבָבֶל מְהַלֵּךְ הָיָה.
כז עוֹנֶה הַמֶּלֶךְ וְאוֹמֵר הֲלוֹא זֹאת הִיא בָּבֶל רַבָּה אֲשֶׁר אֲנִי בְנִיתִיהָ לְבֵית
מַלְכוּת בְּתֹקֶף חָסְנִי וְלִכְבוֹד הֲדָרִי.
כח עוֹד הַדָּבָר בְּפִי הַמֶּלֶךְ קוֹל מִן הַשָּׁמַיִם נָפַל לְךָ אוֹמְרִים נְבוּכַדְנֶצַּר הַמֶּלֶךְ
הַמַּלְכוּת עָבְרָה מִמֶּךָּ.
כט וּמִן הָאָדָם מְגָרְשִׁים אוֹתְךָ וְעִם חַיַּת הַשָּׂדֶה מְעוֹנְךָ עֵשֶׂב כַּבָּקָר אוֹתְךָ
יַאֲכִילוּ וְשִׁבְעָה עִתִּים יַעַבְרוּ עָלֶיךָ עַד אֲשֶׁר תֵּדַע כִּי שַׁלִּיט הָעֶלְיוֹן בְּמַלְכוּת
הָאָדָם וּלְמִי אֲשֶׁר יִרְצֶה יִתְּנֶנָּה.
ל בָּהּ בַּשָּׁעָה הַדָּבָר כָּלָה עַל נְבוּכַדְנֶצַּר וּמִן הָאָדָם גֹּרַשׁ וְעֵשֶׂב כַּבָּקָר יֹאכֵל
וּמִטַּל הַשָּׁמַיִם יֻרְטַב עַד אֲשֶׁר שְׂעָרוֹ כִּנְשָׁרִים גָּדַל וְצִפָּרְנָיו כְּצִפֳּרִים.
לא וּלְקֵץ הַיָּמִים אֲנִי נְבוּכַדְנֶצַּר עֵינַי לַשָּׁמַיִם נָשָׂאתִי וְדַעְתִּי תָּשׁוּב עָלַי וְאֶת
הָעֶלְיוֹן בֵּרַכְתִּי וְאֶת חֵי הָעוֹלָם שִׁבַּחְתִּי וְהִדַּרְתִּי אֲשֶׁר שִׁלְטוֹנוֹ שִׁלְטוֹן
עוֹלָם וּמַלְכוּתוֹ עִם דּוֹר וָדוֹר.
לב וְכָל דָּרֵי הָאָרֶץ כְּאַיִן נֶחְשָׁבִים וְכִרְצוֹנוֹ עוֹשֶׂה בִּצְבָא הַשָּׁמַיִם וְדָרֵי הָאָרֶץ
וְאֵין אֲשֶׁר יִמְחֶה בְיָדוֹ וְיֹאמַר לוֹ מֶה עָשִׂיתָ.
לג בּוֹ בַזְּמַן דַּעְתִּי תָּשׁוּב עָלַי וְלִכְבוֹד מַלְכוּתִי הֲדָרִי וְזִיוִי יָשׁוּב עָלַי וְאוֹתִי
יוֹעֲצַי וְשָׂרַי יְבַקְשׁוּ וְעַל מַלְכוּתִי הוּכַנְתִּי וּגְדֻלָּה יְתֵרָה נוֹסְפָה לִי.
לד עַתָּה אֲנִי נְבוּכַדְנֶצַּר מְשַׁבֵּחַ וּמְרוֹמֵם וּמְהַדֵּר אֶת מֶלֶךְ הַשָּׁמַיִם אֲשֶׁר כָּל
מַעֲשָׂיו אֱמֶת וּדְרָכָיו מִשְׁפָּט וְאֵת הַמְהַלְּכִים בְּגַאֲוָה יָכוֹל לְהַשְׁפִּיל.
ה א בֵּלְשַׁאצַּר הַמֶּלֶךְ עָשָׂה מִשְׁתֶּה גָדוֹל לְאֶלֶף גְּדוֹלָיו וּלְעֻמַּת הָאֶלֶף אֶת
הַיַּיִן שׁוֹתֶה.
ב בֵּלְשַׁאצַּר אָמַר בְּהַשְׁפָּעַת הַיַּיִן לְהָבִיא אֶת כְּלֵי הַזָּהָב וְהַכֶּסֶף אֲשֶׁר
הוֹצִיא נְבוּכַדְנֶצַּר אָבִיו מִן הַהֵיכָל אֲשֶׁר בִּירוּשָׁלַיִם וְיִשְׁתּוּ בָהֶם הַמֶּלֶךְ
וּגְדוֹלָיו נָשָׁיו וּפִילַגְשָׁיו.
ג אָז הֵבִיאוּ כְּלֵי הַזָּהָב אֲשֶׁר הוֹצִיאוּ מִן הֵיכַל בֵּית הָאֱלֹהִים אֲשֶׁר בִּירוּשָׁלַיִם
וְשָׁתוּ בָהֶם הַמֶּלֶךְ וּגְדוֹלָיו נָשָׁיו וּפִילַגְשָׁיו.

ד שָׁתוּ יַיִן וְשִׁבְּחוּ אֶת אֱלֹהֵי הַזָּהָב וְהַכֶּסֶף הַנְּחֹשֶׁת הַבַּרְזֶל הָעֵץ וְהָאָבֶן.
ה בָּהּ בַּשָּׁעָה יָצְאוּ אֶצְבְּעוֹת יַד אָדָם וְכוֹתְבוֹת מוּל הַמְּנוֹרָה עַל סִיד כֹּתֶל
הַהֵיכָל אֲשֶׁר לַמֶּלֶךְ וְהַמֶּלֶךְ רוֹאֶה פַּס הַיָּד הַכּוֹתֶבֶת.
ו אָז שָׁנָה זִיו הַמֶּלֶךְ וְרַעְיוֹנָיו יְבַהֲלוּהוּ וְקִשְׁרֵי חֲלָצָיו מִתְפָּרְדִים וּבִרְכָּיו זוֹ
לָזוֹ מַקִּישׁוֹת.
ז קוֹרֵא הַמֶּלֶךְ בְּחָזְקָה לְהָבִיא אֶת הָאַשָּׁפִים הַכַּשְׂדִּים וְהַגּוֹזְרִים עוֹנֶה
הַמֶּלֶךְ וְאוֹמֵר לְחַכְמֵי בָבֶל אֲשֶׁר כָּל אִישׁ אֲשֶׁר יִקְרָא הַכְּתָב הַזֶּה וּפִתְרוֹנוֹ
יוֹדִיעֵנִי אַרְגָּמָן יִלְבַּשׁ וּרְבִיד הַזָּהָב עַל צַוָּארוֹ וְשָׁלִישׁ בַּמַּלְכוּת יִשְׁלֹט.
ח אָז בָּאִים כֹּל חַכְמֵי הַמֶּלֶךְ וְאֵין יְכוֹלִים לִקְרוֹא הַכְּתָב וּפִתְרוֹנוֹ לְהוֹדִיעַ
לַמֶּלֶךְ.
ט אָז נִבְהַל מְאֹד הַמֶּלֶךְ בֵּלְשַׁאצַּר וְזִיווֹ שָׁנָה עָלָיו וּגְדוֹלָיו מִשְׁתַּבְּשִׁים.
י לְעֻמַּת דִּבְרֵי הַמֶּלֶךְ וּגְדוֹלָיו בָּאָה הַמַּלְכָּה אֶל בֵּית הַמִּשְׁתֶּה עוֹנָה הַמַּלְכָּה
וְאוֹמֶרֶת יְחִי הַמֶּלֶךְ לְעוֹלָמִים אַל יְבַהֲלוּךָ רַעְיוֹנֶיךָ וְזִיוְךָ אַל יִשְׁנֶה.
יא יֵשׁ אִישׁ בְּמַלְכוּתְךָ אֲשֶׁר רוּחַ אֱלֹהִים קְדוֹשִׁים בּוֹ וּבִימֵי אָבִיךָ נִמְצְאָה
בוֹ נְהָרָה וְשֵׂכֶל וְחָכְמָה כְּחָכְמַת אֱלֹהִים וְהַמֶּלֶךְ נְבוּכַדְנֶצַּר אָבִיךָ לְשַׂר
חַרְטֻמִּים אַשָּׁפִים כַּשְׂדִּים גּוֹזְרִים הֱקִימוֹ אָבִיךָ הַמֶּלֶךְ.
יב יַעַן אֲשֶׁר רוּחַ יְתֵרָה וּמַדָּע וְשֵׂכֶל פּוֹתֵר חֲלוֹמוֹת וְהַגָּדַת חִידוֹת וּמַתִּיר
קְשָׁרִים נִמְצְאָה בוֹ בְּדָנִיֵּאל אֲשֶׁר הַמֶּלֶךְ שָׂם שְׁמוֹ בֵּלְטְשַׁאצַּר עַתָּה
דָּנִיֵּאל יִקָּרֵא וְאֶת הַפִּתְרוֹן יוֹדִיעַ.
יג אָז הוּבָא דָנִיֵּאל לִפְנֵי הַמֶּלֶךְ עוֹנֶה הַמֶּלֶךְ וְאוֹמֵר לְדָנִיֵּאל אַתָּה הוּא
דָנִיֵּאל אֲשֶׁר מִבְּנֵי גָלוּת יְהוּדָה אֲשֶׁר הֵבִיא הַמֶּלֶךְ אָבִי מִן יְהוּדָה.
יד וְשָׁמַעְתִּי עָלֶיךָ כִּי רוּחַ אֱלֹהִים בְּךָ וּנְהָרָה וְשֵׂכֶל וְחָכְמָה יְתֵרָה נִמְצְאָה
בְךָ.
טו וְעַתָּה הוּבְאוּ לְפָנַי הַחֲכָמִים הָאַשָּׁפִים אֲשֶׁר יִקְרְאוּ הַכְּתָב הַזֶּה לְהוֹדִיעֵנִי
אֶת פִּתְרוֹנוֹ וְאֵינָם יְכוֹלִים לְהַגִּיד פִּתְרוֹן הַדָּבָר.
טז וַאֲנִי שָׁמַעְתִּי עָלֶיךָ כִּי תוּכַל לִפְתֹּר פִּתְרוֹנוֹת וּלְהַתִּיר קְשָׁרִים עַתָּה אִם
תּוּכַל לִקְרוֹא הַכְּתָב וּלְהוֹדִיעֵנִי פִּתְרוֹנוֹ אַרְגָּמָן תִּלְבַּשׁ וּרְבִיד הַזָּהָב עַל
צַוָּארְךָ וְשָׁלִישׁ בַּמַּלְכוּת תִּשְׁלֹט.
יז אָז עוֹנֶה דָנִיֵּאל וְאוֹמֵר לִפְנֵי הַמֶּלֶךְ מַתְּנוֹתֶיךָ לְךָ תִּהְיֶינָה וּמַשְּׂאוֹתֶיךָ
לְאַחֵר תֵּן אַךְ הַכְּתָב אֶקְרָא לַמֶּלֶךְ וְהַפִּתְרוֹן אוֹדִיעֶנּוּ.

יח אַתָּה הַמֶּלֶךְ אֲשֶׁר הָאֵל הָעֶלְיוֹן נָתַן מַלְכוּת וּגְדֻלָּה וְכָבוֹד וְהָדָר לִנְבוּכַדְנֶצַּר
אָבִיךָ.
יט וּמֵהַגְּדֻלָּה אֲשֶׁר נָתַן לוֹ כָּל הָעַמִּים הָאֻמּוֹת וְהַלְּשׁוֹנוֹת הָיוּ חֲרֵדִים וִירֵאִים
מִלְּפָנָיו אֶת אֲשֶׁר הָיָה רוֹצֶה הָיָה הוֹרֵג וְאֶת אֲשֶׁר הָיָה רוֹצֶה הָיָה מְחַיֶּה
וְאֶת אֲשֶׁר הָיָה רוֹצֶה הָיָה מֵרִים וְאֶת אֲשֶׁר הָיָה רוֹצֶה הָיָה מַשְׁפִּיל.
כ וְכַאֲשֶׁר רָם לְבָבוֹ וְרוּחוֹ חָזְקָה לְהָזִיד הוּרַד מִכִּסֵּא מַלְכוּתוֹ וְאֶת הַכָּבוֹד
הֵסִירוּ מִמֶּנּוּ.
כא וּמִן בְּנֵי הָאָדָם גֹּרַשׁ וְלִבּוֹ הוּשַׂם עִם הַחַיָּה וְעִם הָעֲרוֹדִים מְעוֹנוֹ עֵשֶׂב
כַּבָּקָר יַאֲכִילוּהוּ וּמִטַּל הַשָּׁמַיִם גּוּפוֹ יֻרְטַב עַד אֲשֶׁר יָדַע כִּי הָאֵל הָעֶלְיוֹן
שַׁלִּיט בְּמַלְכוּת הָאָדָם וְאֶת אֲשֶׁר יִרְצֶה יָקִים עָלֶיהָ.
כב וְאַתָּה בְּנוֹ בֵּלְשַׁאצַּר לֹא הִשְׁפַּלְתָּ לְבָבְךָ לַמְרוֹת אֲשֶׁר כָּל זֹאת
יָדָעְתָּ.
כג וְעַל אֲדוֹנֵי הַשָּׁמַיִם הִתְרוֹמַמְתָּ וְאֶת כְּלֵי בֵיתוֹ הֵבִיאוּ לְפָנֶיךָ וְאַתָּה וְשָׂרֶיךָ
נָשֶׁיךָ וּפִילַגְשֶׁיךָ יַיִן שׁוֹתִים בָּהֶם וְלֵאלֹהֵי הַכֶּסֶף וְהַזָּהָב הַנְּחֹשֶׁת הַבַּרְזֶל
הָעֵץ וְהָאֶבֶן אֲשֶׁר אֵינָם רוֹאִים וְאֵינָם שׁוֹמְעִים וְאֵינָם יוֹדְעִים שִׁבַּחְתָּ
וְאֶת הָאֵל אֲשֶׁר נִשְׁמָתְךָ בְּיָדוֹ וְכָל דְּרָכֶיךָ לוֹ לֹא הִדַּרְתָּ.
כד אָז מִלְּפָנָיו נִשְׁלַח פַּס הַיָּד וְהַכְּתָב הַזֶּה נִרְשָׁם.
כה וְזֶה הַכְּתָב אֲשֶׁר נִרְשָׁם מְנֵא מְנֵא תְּקֵל וּפַרְסִין.
כו זֶה פִּתְרוֹן הַדָּבָר מְנֵא מָנָה הָאֱלֹהִים מַלְכוּתְךָ וְהִשְׁלִימָהּ.
כז תְּקֵל נִשְׁקַלְתָּ בְּמֹאזְנַיִם וְנִמְצֵאתָ חָסֵר.
כח פְּרֵס נִפְרְסָה מַלְכוּתְךָ וְנִתְּנָה לְמָדַי וּפָרָס.
כט אָז אָמַר בֵּלְשַׁאצַּר וְהִלְבִּישׁוּ אֶת דָּנִיֵּאל אַרְגָּמָן וּרְבִיד הַזָּהָב עַל צַוָּארוֹ
וְהִכְרִיזוּ עָלָיו כִּי יִהְיֶה שַׁלִּיט הַשָּׁלִישׁ בַּמַּלְכוּת.
ל בּוֹ בַּלַּיְלָה נֶהֱרַג בֵּלְשַׁאצַּר הַמֶּלֶךְ הַכַּשְׂדִּי.
ו א וְדָרְיָוֶשׁ הַמָּדִי קִבֵּל אֶת הַמַּלְכוּת כְּבֶן שִׁשִּׁים וּשְׁתַּיִם שָׁנָה.
ב הָיָה טוֹב לִפְנֵי דָּרְיָוֶשׁ וְהֵקִים עַל הַמַּלְכוּת אֶת הָאֲחַשְׁדַּרְפְּנִים מֵאָה
וְעֶשְׂרִים אֲשֶׁר יִהְיוּ בְּכָל הַמַּלְכוּת.
ג וּלְמַעְלָה מֵהֶם רָאשִׁים שְׁלוֹשָׁה אֲשֶׁר דָּנִיֵּאל אֶחָד מֵהֶם אֲשֶׁר יִהְיוּ
הָאֲחַשְׁדַּרְפְּנִים הָאֵלֶּה נוֹתְנִים לָהֶם דְּבַר עֵצָה וְהַמֶּלֶךְ לֹא יִהְיֶה נֶזֶק.
ד אָז דָּנִיֵּאל הַזֶּה הָיָה מִתְגַּבֵּר עַל הָרָאשִׁים וְהָאֲחַשְׁדַּרְפְּנִים יַעַן אֲשֶׁר רוּחַ

יִתְרָה בּוֹ וְהַמֶּלֶךְ חָשַׁב לַהֲקִימוֹ עַל כָּל הַמַּלְכוּת.
ה אָז הָיוּ הָרָאשִׁים וְהָאֲחַשְׁדַּרְפְּנִים מְבַקְשִׁים עִלָּה לִמְצוֹא לְדָנִיֵּאל מִצַּד
הַמַּלְכוּת וְכָל עִלָּה וּשְׁחִיתָה אֵינָם יְכוֹלִים לִמְצוֹא יַעַן אֲשֶׁר נֶאֱמָן הוּא
וְכָל שְׁגָגָה וּשְׁחִיתָה לֹא נִמְצְאָה עָלָיו.
ו אָז אָמְרוּ הָאֲנָשִׁים הָהֵם כִּי לֹא נִמְצָא לְדָנִיֵּאל הַזֶּה כָּל עִלָּה אַךְ מָצָאנוּ
עָלָיו בְּדַת אֱלֹהָיו.
ז אָז רָגְשׁוּ הָרָאשִׁים וְהָאֲחַשְׁדַּרְפְּנִים הָאֵלֶּה עַל הַמֶּלֶךְ וְכֵן אוֹמְרִים לוֹ
דָּרְיָוֶשׁ הַמֶּלֶךְ יְחִי לְעוֹלָמִים.
ח הִתְיָעֲצוּ כָּל רָאשֵׁי הַמַּלְכוּת הַסְּגָנִים וְהָאֲחַשְׁדַּרְפְּנִים הַיּוֹעֲצִים וְהַפַּחוֹת
לְקַיֵּם חֹק הַמֶּלֶךְ וּלְחַזֵּק אִסָּר כִּי כָל אֲשֶׁר יְבַקֵּשׁ בַּקָּשָׁה מִן כָּל אֵל וְאָדָם
עַד יָמִים שְׁלוֹשִׁים כִּי אִם מִמְּךָ הַמֶּלֶךְ יֻשְׁלַךְ אֶל בּוֹר הָאֲרָיוֹת.
ט עַתָּה הַמֶּלֶךְ תַּעֲמִיד הָאִסָּר וְתִרְשֹׁם הַכְּתָב אֲשֶׁר אֵין לְשַׁנּוֹת כְּדַת מָדַי
וּפָרַס אֲשֶׁר לֹא תַעֲבֹר.
י כָּל עֻמַּת זֶה רָשַׁם הַמֶּלֶךְ דָּרְיָוֶשׁ הַכְּתָב וְהָאִסָּר.
יא וְדָנִיֵּאל כַּאֲשֶׁר יָדַע כִּי נִרְשַׁם הַכְּתָב בָּא לְבֵיתוֹ וְחַלּוֹנוֹת פְּתוּחִים לוֹ
בַּעֲלִיָּתוֹ נֶגֶד יְרוּשָׁלַיִם וּפְעָמִים שָׁלוֹשׁ בַּיּוֹם הוּא כּוֹרֵעַ עַל בִּרְכָּיו וּמִתְפַּלֵּל
וּמוֹדֶה לִפְנֵי אֱלֹהָיו כְּשֵׁם אֲשֶׁר הָיָה עוֹשֶׂה מִלִּפְנֵי זֶה.
יב אָז רָגְשׁוּ הָאֲנָשִׁים הָהֵם וּמָצְאוּ אֶת דָּנִיֵּאל מְבַקֵּשׁ וּמִתְחַנֵּן לִפְנֵי אֱלֹהָיו.
יג אָז קָרְבוּ וְאָמְרוּ לִפְנֵי הַמֶּלֶךְ הֲלוֹא אִסָּר רָשַׁמְתָּ כִּי כָל אִישׁ אֲשֶׁר
יְבַקֵּשׁ מִן כָּל אֵל וְאָדָם עַד יָמִים שְׁלוֹשִׁים כִּי אִם מִמְּךָ הַמֶּלֶךְ יֻשְׁלַךְ
אֶל בּוֹר הָאֲרָיוֹת עוֹנֶה הַמֶּלֶךְ וְאוֹמֵר אֱמֶת הַדָּבָר כְּדַת מָדַי וּפָרַס
אֲשֶׁר לֹא תַעֲבֹר.
יד אָז עָנוּ וְאָמְרוּ לִפְנֵי הַמֶּלֶךְ כִּי דָּנִיֵּאל אֲשֶׁר מִבְּנֵי גָּלוּת יְהוּדָה לֹא שָׂם
עָלֶיךָ הַמֶּלֶךְ לֵב וְעַל הָאִסָּר אֲשֶׁר רָשַׁמְתָּ וּפְעָמִים שָׁלוֹשׁ בַּיּוֹם מְבַקֵּשׁ
בַּקָּשָׁתוֹ.
טו אָז כַּאֲשֶׁר שָׁמַע הַמֶּלֶךְ הַדָּבָר מְאֹד הֵרַע לוֹ וְעַל דָּנִיֵּאל שָׂם לֵב לְהוֹשִׁיעוֹ
וְעַד בּוֹא הַשֶּׁמֶשׁ הָיָה מִתְאַמֵּץ לְהַצִּילוֹ.
טז אָז רָגְשׁוּ הָאֲנָשִׁים הָהֵם עַל הַמֶּלֶךְ וְאוֹמְרִים לַמֶּלֶךְ דַּע הַמֶּלֶךְ כִּי דָת
לְמָדַי וּפָרַס כִּי כָל אִסָּר וָחֹק אֲשֶׁר יָקִים הַמֶּלֶךְ אֵין לְשַׁנּוֹת.
יז אָז אָמַר הַמֶּלֶךְ וְהֵבִיאוּ אֶת דָּנִיֵּאל וְהִשְׁלִיכוּהוּ לְבוֹר הָאֲרָיוֹת עוֹנֶה

הַמֶּלֶךְ וְאוֹמֵר לְדָנִיֵּאל אֱלֹהֶיךָ אֲשֶׁר אַתָּה עוֹבֵד אוֹתוֹ תָּמִיד הוּא
יוֹשִׁיעֶךָ.
יח וְהוּבָאָה אֶבֶן אַחַת וְהוּשָׂמָה עַל פִּי הַבּוֹר וַחֲתָמָהּ הַמֶּלֶךְ בְּטַבַּעְתּוֹ
וּבְטַבְּעוֹת שָׂרָיו אֲשֶׁר לֹא יְשֻׁנֶּה חֵפֶץ בְּדָנִיֵּאל.
יט אָז הָלַךְ הַמֶּלֶךְ לְהֵיכָלוֹ וְלָן בְּצוֹם וְשַׁעֲשׁוּעִים לֹא הֵבִיא לְפָנָיו וּשְׁנָתוֹ
נָדְדָה מִמֶּנּוּ.
כ אָז יָקוּם הַמֶּלֶךְ בַּשַּׁחַר כְּשֶׁהֵאִיר הַיּוֹם וּבְחִפָּזוֹן אֶל בּוֹר הָאֲרָיוֹת הָלַךְ.
כא וּכְקָרְבוֹ אֶל הַבּוֹר צָעַק אֶל דָּנִיֵּאל בְּקוֹל עָצוּב עוֹנֶה הַמֶּלֶךְ וְאוֹמֵר לְדָנִיֵּאל
דָּנִיֵּאל עֶבֶד הָאֵל הַחַי אֱלֹהֶיךָ אֲשֶׁר אַתָּה עוֹבֵד אוֹתוֹ תָּמִיד הֲיָכוֹל
לְהוֹשִׁיעֲךָ מִן הָאֲרָיוֹת.
כב אָז דִּבֵּר דָּנִיֵּאל עִם הַמֶּלֶךְ יְחִי הַמֶּלֶךְ לְעוֹלָמִים.
כג אֱלֹהַי שָׁלַח מַלְאָכוֹ וְסָגַר פִּי הָאֲרָיוֹת וְלֹא חִבְּלוּנִי יַעַן אֲשֶׁר נִמְצָאָה לִּי
לְפָנָיו זְכוּת וְאַף לְפָנֶיךָ הַמֶּלֶךְ חֲבָלָה לֹא עָשִׂיתִי.
כד אָז הָיָה טוֹב מְאֹד עַל הַמֶּלֶךְ וְאָמַר לְהַעֲלוֹת אֶת דָּנִיֵּאל מִן הַבּוֹר וְהֻעֲלָה
דָּנִיֵּאל מִן הַבּוֹר וְכָל פֶּצַע לֹא נִמְצָא בּוֹ כִּי הֶאֱמִין בֵּאלֹהָיו.
כה וְאָמַר הַמֶּלֶךְ וְהֵבִיאוּ אֶת הָאֲנָשִׁים הָהֵם אֲשֶׁר הִלְשִׁינוּ אֶת דָּנִיֵּאל
וְאֶל בּוֹר הָאֲרָיוֹת הִשְׁלִיכוּ אוֹתָם וְאֶת בְּנֵיהֶם וּנְשֵׁיהֶם וְלֹא הִגִּיעוּ אֶל
תַּחְתִּית הַבּוֹר עַד אֲשֶׁר שָׁלְטוּ בָּהֶם הָאֲרָיוֹת וְאֶת כָּל עַצְמוֹתֵיהֶם שָׁחֲקוּ
דָק.
כו אָז כָּתַב דָּרְיָוֶשׁ הַמֶּלֶךְ לְכָל הָעַמִּים הָאֻמּוֹת וְהַלְּשׁוֹנוֹת הַדָּרִים בְּכָל
הָאָרֶץ שְׁלוֹמְכֶם יִשְׂגֶּה.
כז מִלְּפָנַי נִתַּן צַו כִּי בְּכָל שִׁלְטוֹן מַלְכוּתִי יִהְיוּ חֲרֵדִים וִירֵאִים מִלִּפְנֵי אֱלֹהֵי
דָּנִיֵּאל כִּי הוּא הָאֵל הַחַי לְעוֹלָמִים וּמַלְכוּתוֹ אֲשֶׁר לֹא תִשָּׁחֵת וְשִׁלְטוֹנוֹ
לֹא יָמוּשׁ.
כח מוֹשִׁיעַ וּמַצִּיל וְעוֹשֶׂה אוֹתוֹת וּמוֹפְתִים בַּשָּׁמַיִם וּבָאָרֶץ אֲשֶׁר הוֹשִׁיעַ אֶת
דָּנִיֵּאל מִיַּד הָאֲרָיוֹת.
כט וְדָנִיֵּאל הַזֶּה הִצְלִיחַ בְּמַלְכוּת דָּרְיָוֶשׁ וּבְמַלְכוּת כּוֹרֶשׁ הַפָּרְסִי.
ז א בִּשְׁנַת אַחַת לְבֵלְאשַׁצַּר מֶלֶךְ בָּבֶל דָּנִיֵּאל חֲלוֹם רָאָה וְחֶזְיוֹנוֹת רֹאשׁוֹ
עַל מִשְׁכָּבוֹ אָז כָּתַב הַחֲלוֹם עִקְּרֵי הַדְּבָרִים אָמַר.
ב עוֹנֶה דָנִיֵּאל וְאוֹמֵר רוֹאֶה הָיִיתִי בְּחֶזְיוֹנִי עִם לַיְלָה וְהִנֵּה אַרְבַּע רוּחוֹת

הַשָּׁמַיִם מְגִיחוֹת לַיָּם הַגָּדוֹל.
ג וְאַרְבַּע חַיּוֹת גְּדוֹלוֹת עוֹלוֹת מִן הַיָּם שׁוֹנוֹת זֹאת מִזֹּאת.
ד הָרִאשׁוֹנָה כְּאַרְיֵה וְכַנְפֵי נֶשֶׁר לָהּ רוֹאֶה הָיִיתִי עַד אֲשֶׁר נִמְרְטוּ כְּנָפֶיהָ
וְנִשְּׂאָה מִן הָאָרֶץ וְעַל רַגְלַיִם כְּאָדָם הוּקְמָה וְלֵב אָדָם נִתַּן לָהּ.
ה וְהִנֵּה חַיָּה אַחֶרֶת שְׁנִיָּה דּוֹמָה לְדֹב וּלְצַד אֶחָד הוּקְמָה וְשָׁלוֹשׁ צְלָעוֹת
בְּפִיהָ בֵּין שִׁנֶּיהָ וְכֵן אוֹמְרִים לָהּ קוּמִי אִכְלִי בָּשָׂר רָב.
ו אַחֲרֵי כֵן רוֹאֶה הָיִיתִי וְהִנֵּה חַיָּה אַחֶרֶת כְּנָמֵר וְלָהּ אַרְבַּע כַּנְפֵי עוֹף עַל
גַּבֶּיהָ וְאַרְבָּעָה רָאשִׁים לַחַיָּה וְשִׁלְטוֹן נִתַּן לָהּ.
ז אַחֲרֵי כֵן רוֹאֶה הָיִיתִי בְּחֶזְיוֹנוֹת הַלַּיְלָה וְהִנֵּה חַיָּה רְבִיעִית נוֹרָאָה וְאֲיֻמָּה
וַחֲזָקָה מְאֹד וְשִׁנֵּי בַרְזֶל גְּדוֹלוֹת לָהּ אוֹכֶלֶת וּמְדַקָּה וְהַנּוֹתָר בְּרַגְלֶיהָ
רוֹמֶסֶת וְהִיא מְשֻׁנָּה מִכָּל הַחַיּוֹת אֲשֶׁר לְפָנֶיהָ וְקַרְנַיִם עֶשֶׂר לָהּ.
ח מִתְבּוֹנֵן הָיִיתִי בַּקְּרָנַיִם וְהִנֵּה קֶרֶן אַחֶרֶת קְטַנָּה עָלְתָה בֵּינֵיהֶן וְשָׁלוֹשׁ
מֵהַקְּרָנַיִם הָרִאשׁוֹנוֹת נֶעֶקְרוּ מִלְּפָנֶיהָ וְהִנֵּה עֵינַיִם כְּעֵינֵי אָדָם בַּקֶּרֶן
הַזֹּאת וּפֶה מְדַבֵּר גְּדוֹלוֹת.
ט רוֹאֶה הָיִיתִי עַד אֲשֶׁר כִּסְאוֹת הָשְׁלְכוּ וְעַתִּיק יָמִים יָשַׁב לְבוּשׁוֹ כַּשֶּׁלֶג
לָבָן וּשְׂעַר רֹאשׁוֹ כְּצֶמֶר נָקִי כִּסְאוֹ שְׁבִיבֵי אֵשׁ גַּלְגַּלָּיו אֵשׁ בּוֹעֶרֶת.
י נְהַר אֵשׁ נִמְשָׁךְ וְיוֹצֵא מִלְּפָנָיו אֶלֶף אֲלָפִים יְשָׁרְתוּהוּ וְרִבּוֹא רְבָבוֹת לְפָנָיו
יַעֲמֹדוּ הַמִּשְׁפָּט יָשַׁב וּסְפָרִים נִפְתָּחוּ.
יא רוֹאֶה הָיִיתִי אָז מִקּוֹל הַדְּבָרִים הַגְּדוֹלִים אֲשֶׁר הַקֶּרֶן מְדַבֶּרֶת רוֹאֶה הָיִיתִי
עַד אֲשֶׁר נֶהֶרְגָה הַחַיָּה וְהָאֳבַד גּוּפָהּ וְנִתְּנָה לִשְׂרֵפַת אֵשׁ.
יב וּשְׁאָר הַחַיּוֹת הֶעֱבִירוּ שִׁלְטוֹנָן וַאֲרֻכָּה בְּחַיִּים נִתְּנָה לָהֶן עַד זְמַן
וָעֵת.
יג רוֹאֶה הָיִיתִי בְּחֶזְיוֹנוֹת הַלַּיְלָה וְהִנֵּה עִם עַנְנֵי הַשָּׁמַיִם כְּבֶן אָדָם הָיָה בָא
וְעַד עַתִּיק הַיָּמִים הִגִּיעַ וּלְפָנָיו הֱבִיאוּהוּ.
יד וְלוֹ נִתַּן שִׁלְטוֹן וְכָבוֹד וּמַלְכוּת וְכָל הָעַמִּים הָאֻמּוֹת וְהַלְּשׁוֹנוֹת אוֹתוֹ
יַעַבְדוּ שִׁלְטוֹנוֹ שִׁלְטוֹן עוֹלָם אֲשֶׁר לֹא יַעֲבֹר וּמַלְכוּתוֹ אֲשֶׁר לֹא תִשָּׁחֵת.
טו חָלְשָׁה רוּחִי אֲנִי דָנִיֵּאל בְּתוֹךְ נְדָנָהּ וְחֶזְיוֹנוֹת רֹאשִׁי יְבַהֲלוּנִי.
טז קָרַבְתִּי אֶל אֶחָד מִן הָעוֹמְדִים וְהָאֱמֶת אֲבַקֵּשׁ מִמֶּנּוּ עַל כָּל זֹאת וְאָמַר
לִי וּפִתְרוֹן הַדְּבָרִים יוֹדִיעֵנִי.
יז אֵלֶּה הַחַיּוֹת הַגְּדוֹלוֹת אֲשֶׁר הֵנָּה אַרְבַּע אַרְבָּעָה מְלָכִים יָקוּמוּ מִן הָאָרֶץ.

יח וִיקַבְּלוּ הַמַּלְכוּת קְדוֹשֵׁי עֶלְיוֹנִים וְיִירְשׁוּ הַמַּלְכוּת עַד הָעוֹלָם וְעַד עוֹלְמֵי
עוֹלָמִים.
יט אָז רָצִיתִי לְבָרֵר עַל הַחַיָּה הָרְבִיעִית אֲשֶׁר הָיְתָה שׁוֹנָה מִכֻּלָּן נוֹרָאָה
מְאֹד שִׁנֶּיהָ בַּרְזֶל וְצִפָּרְנֶיהָ נְחֹשֶׁת אוֹכֶלֶת מְדִקָּה וְהַנּוֹתָר בְּרַגְלֶיהָ
רוֹמָסֶת.
כ וְעַל עֶשֶׂר הַקְּרָנַיִם אֲשֶׁר בְּרֹאשָׁהּ וְאַחֶרֶת אֲשֶׁר עָלְתָה וְנָפְלוּ מִלְּפָנֶיהָ
שָׁלוֹשׁ וְהַקֶּרֶן הַהִיא וְעֵינַיִם לָהּ וּפֶה מְדַבֵּר גְּדוֹלוֹת וּמַרְאֶהָ גָּדוֹל מִן
חַבְרוֹתֶיהָ.
כא רוֹאֶה הָיִיתִי וְהַקֶּרֶן הַהִיא עוֹשָׂה מִלְחָמָה עִם קְדוֹשִׁים וִיכוֹלָה לָהֶם.
כב עַד אֲשֶׁר בָּא עַתִּיק הַיָּמִים וְהַמִּשְׁפָּט נִתַּן לִקְדוֹשֵׁי עֶלְיוֹנִים וְהַזְּמַן הִגִּיעַ
וְהַמַּלְכוּת נָחֲלוּ קְדוֹשִׁים.
כג כֵּן אָמַר הַמַּלְאָךְ הַחַיָּה הָרְבִיעִית מַלְכוּת רְבִיעִית תִּהְיֶה בָּאָרֶץ אֲשֶׁר
תִּשְׁנֶה מִכָּל הַמַּלְכֻיּוֹת וְתֹאכַל כָּל הָאָרֶץ וְתְדוּשֶׁנָּה וְתְדַקֶּנָּה.
כד וְהַקְּרָנַיִם עֶשֶׂר מִמֶּנָּה הַמַּלְכוּת עֲשָׂרָה מְלָכִים יָקוּמוּ וְאַחֲרוֹן יָקוּם אַחֲרֵיהֶם
וְהוּא יִשְׁנֶה מֵהָרִאשׁוֹנִים וּשְׁלוֹשָׁה מְלָכִים יַשְׁפִּיל.
כה וּדְבָרִים לְצַד הָעֶלְיוֹן יְדַבֵּר וְאֶת קְדוֹשֵׁי עֶלְיוֹנִים יְאַבִּיד וְיַחְשֹׁב לְשַׁנּוֹת
זְמַנִּים וָדָת וְיִנָּתְנוּ בְּיָדוֹ עַד מוֹעֵד וּמוֹעֲדִים וַחֲצִי מוֹעֵד.
כו וְהַמִּשְׁפָּט יֵשֵׁב וְשִׁלְטוֹנוֹ יַעֲבִירוּ לְהַשְׁמִיד וּלְהַאֲבִיד עַד הַסּוֹף.
כז וְהַמַּלְכוּת וְהַשִּׁלְטוֹן וְהַגְּדֻלָּה אֲשֶׁר לְמַלְכֻיּוֹת תַּחַת כָּל הַשָּׁמַיִם נִתְּנָה לְעַם
קְדוֹשֵׁי עֶלְיוֹנִים מַלְכוּתוֹ מַלְכוּת עוֹלָם וְכָל הַשִּׁלְטוֹנוֹת לוֹ יַעַבְדוּ וְיִשְׁמָעוּ.
כח עַד כֹּה סוֹף הַדָּבָר אֲנִי דָנִיֵּאל רַעְיוֹנַי יְבַהֲלוּנִי מְאֹד וְזִיוִי יִשְׁתַּנֶּה עָלַי וְהַדָּבָר
בְּלִבִּי שָׁמַרְתִּי.

ח רְחוּם הַמְדַבֵּר דִּבְרֵי טַעַם וְשִׁמְשַׁי הַסּוֹפֵר כָּתְבוּ אִגֶּרֶת אַחַת עַל יְרוּשָׁלַיִם
לְאַרְתַּחְשַׁשְׂתְּא הַמֶּלֶךְ לֵאמֹר.
ט אָז רְחוּם הַמְדַבֵּר דִּבְרֵי טַעַם וְשִׁמְשַׁי הַסּוֹפֵר וּשְׁאָר עֲמִיתֵיהֶם הַדִּינָיִּים
הָאֲפַרְסַתְכָיִּים הַטַּרְפְּלָיִּים הַפָּרְסִים הָאַרְכָּיִּים הַבַּבְלָיִּים הַשּׁוּשַׁנָּיִּים הַדֶּהָיִּים
הָעֵילָמִים.
י וּשְׁאָר הָעַמִּים אֲשֶׁר הֶגְלָה אָסְנַפַּר הַגָּדוֹל וְהַנִּכְבָּד וְהוֹשִׁיב אוֹתָם בְּעִיר
שׁוֹמְרוֹן וּשְׁאָר עֵבֶר הַנָּהָר וּכְעֶת.
יא זֶה פַּתְרוֹן הָאִגֶּרֶת אֲשֶׁר שָׁלְחוּ אֵלָיו אֶל אַרְתַּחְשַׁשְׂתְּא הַמֶּלֶךְ עֲבָדֶיךָ
אַנְשֵׁי עֵבֶר הַנָּהָר וּכְעֶת.
יב יָדוּעַ יִהְיֶה לַמֶּלֶךְ שֶׁהַיְּהוּדִים אֲשֶׁר עָלוּ מִמְּךָ בָּאוּ אֵלֵינוּ לִירוּשָׁלַיִם הֵם
בּוֹנִים אֶת הָעִיר הַמּוֹרֶדֶת וְהָרָעָה וְאֶת הַחוֹמוֹת הִשְׁלִימוּ וְאֶת הַיְסוֹדוֹת
יְחַבֵּרוּ.
יג כָּעֵת יָדוּעַ יִהְיֶה לַמֶּלֶךְ שֶׁאִם הָעִיר הַהִיא תִּבָּנֶה וְהַחוֹמוֹת יֻשְׁלְמוּ אֶת
מִסֵּי הַמֶּלֶךְ לֹא יִתְּנוּ וְאוֹצַר הַמֶּלֶךְ יִנָּזֵק.
יד וְכָעֵת מֵאַחַר שֶׁמֶּלַח הַהֵיכָל אֲנַחְנוּ מוֹלְחִים וּגְנוּת הַמֶּלֶךְ לֹא יָאֶה לָנוּ
לִרְאוֹת עַל כֵּן שָׁלַחְנוּ וְהוֹדַעְנוּ לַמֶּלֶךְ.
טו אֲשֶׁר תִּדְרֹשׁ בְּסֵפֶר הַזִּכְרוֹנוֹת שֶׁל אֲבוֹתֶיךָ וְתִמְצָא בְּסֵפֶר הַזִּכְרוֹנוֹת
וְתֵדַע כִּי הָעִיר הַזֹּאת עִיר מוֹרֶדֶת וּמַזֶּקֶת מְלָכִים וּמְדִינוֹת וּמְרִידוֹת
עוֹשִׂים בְּתוֹכָהּ מִימוֹת עוֹלָם עַל זֶה הָעִיר הַהִיא הָחֳרְבָה.
טז מוֹדִיעִים אֲנַחְנוּ לַמֶּלֶךְ כִּי אִם תִּבָּנֶה הָעִיר הַהִיא וְהַחוֹמוֹת תֻּשְׁלַמְנָה
בַּעֲבוּר זֶה חֵלֶק בְּעֵבֶר הַנָּהָר לֹא יִהְיֶה לָךְ.
יז דָּבָר שָׁלַח הַמֶּלֶךְ אֶל רְחוּם הַמְדַבֵּר דִּבְרֵי טַעַם וְשִׁמְשַׁי הַסּוֹפֵר וּשְׁאָר
עֲמִיתֵיהֶם אֲשֶׁר יוֹשְׁבִים בְּשׁוֹמְרוֹן וּשְׁאָר עֵבֶר הַנָּהָר שָׁלוֹם וּכְעֶת.
יח הַדְּבָרִים אֲשֶׁר שְׁלַחְתֶּם אֵלֵינוּ מְפֹרָשׁ נִקְרָא לְפָנַי.
יט וּמִמֶּנִּי נִתַּן צַו וּבִקְּשׁוּ וּמָצְאוּ שֶׁהָעִיר הַזֹּאת מִימוֹת עוֹלָם עַל מְלָכִים
מִתְנַשֵּׂאת וּמְרִידוֹת וּמִלְחָמָה נַעֲשִׂים בָּהּ.
כ וּמְלָכִים חֲזָקִים הָיוּ עַל יְרוּשָׁלַיִם וּמוֹשְׁלִים בְּכָל עֵבֶר הַנָּהָר וּמִסֵּי הַמֶּלֶךְ
נִתָּן לָהֶם.
כא עַתָּה תְּנוּ צַו לְבַטֵּל הָאֲנָשִׁים הָהֵם וְהָעִיר הַזֹּאת לֹא תִבָּנֶה עַד שֶׁמִּמֶּנִּי
יִנָּתֵן צַו.

כב וְזְהִירִים הֱיוּ מֵעֲשׂוֹת שְׁגָגָה עַל זֹאת בִּכְדֵי שֶׁלֹּא תִגְדַּל הַחַבָּלָה לְנֵזֶק
הַמֶּלֶךְ.
כג אָז מֵאֲשֶׁר הַמִּכְתָּב שֶׁל אַרְתַּחְשַׁשְׂתְּא הַמֶּלֶךְ נִקְרָא לִפְנֵי רְחוּם וְשִׁמְשַׁי
הַסּוֹפֵר וַעֲמִיתֵיהֶם הָלְכוּ בְּחִפָּזוֹן לִירוּשָׁלַיִם אֶל הַיְּהוּדִים וּבִטְּלוּ אוֹתָם
מִמְּלַאכְתָּם בִּזְרוֹעַ וָכֹחַ.
כד אָז בָּטְלָה מְלֶאכֶת בֵּית הָאֱלֹהִים אֲשֶׁר בִּירוּשָׁלַיִם וְהָיְתָה בְּטֵלָה עַד
שְׁנַת שְׁתַּיִם לְמַלְכוּת דָּרְיָוֶשׁ מֶלֶךְ פָּרָס.
ה א וְהִתְנַבְּאוּ חַגַּי הַנָּבִיא וּזְכַרְיָה בֶּן עִדּוֹא הַנְּבִיאִים עַל הַיְּהוּדִים אֲשֶׁר
בִּיהוּדָה וּבִירוּשָׁלַיִם בְּשֵׁם אֱלֹהֵי יִשְׂרָאֵל עֲלֵיהֶם.
ב אָז קָמוּ זְרֻבָּבֶל בֶּן שְׁאַלְתִּיאֵל וְיֵשׁוּעַ בֶּן יוֹצָדָק וְהֵחֵלּוּ לִבְנוֹת בֵּית
הָאֱלֹהִים אֲשֶׁר בִּירוּשָׁלַיִם וְעִמָּהֶם נְבִיאֵי הָאֱלֹהִים עוֹזְרִים לָהֶם.
ג בְּאוֹתוֹ זְמַן בָּא אֲלֵיהֶם תַּתְּנַי פַּחַת עֵבֶר הַנָּהָר וּשְׁתַר בּוֹזְנַי וַעֲמִיתֵיהֶם
וְכֵן אָמְרוּ לָהֶם מִי נָתַן לָכֶם צַו הַבַּיִת הַזֶּה לִבְנוֹת וּלְהַשְׁלִים הַבִּנְיָן הַזֶּה
וְאֶת הַחוֹמוֹת.
ד אָז אָמַרְנוּ לָהֶם מִי הֵם שְׁמוֹת הָאֲנָשִׁים אֲשֶׁר הַבִּנְיָן הַזֶּה בּוֹנִים.
ה וְעֵין אֱלֹהֵיהֶם הָיְתָה עַל זִקְנֵי הַיְּהוּדִים וְלֹא בִטְּלוּ אוֹתָם עַד שֶׁהָעִנְיָן
לְדָרְיָוֶשׁ יֵלֵךְ וְאָז יָשִׁיבוּ דְּבָרִים עַל זֶה.
ו פַּתְשֶׁגֶן הָאִגֶּרֶת אֲשֶׁר שָׁלַח תַּתְּנַי פַּחַת עֵבֶר הַנָּהָר וּשְׁתַר בּוֹזְנַי וַעֲמִיתָיו
הַפָּרְסִים אֲשֶׁר בְּעֵבֶר הַנָּהָר אֶל דָּרְיָוֶשׁ הַמֶּלֶךְ.
ז דְּבָרִים שָׁלְחוּ אֵלָיו וְכָךְ כָּתוּב בְּתוֹכוֹ לְדָרְיָוֶשׁ הַמֶּלֶךְ כָּל הַשָּׁלוֹם יִהְיֶה לוֹ.
ח יָדוּעַ יִהְיֶה לַמֶּלֶךְ שֶׁהָלַכְנוּ לִמְדִינַת יְהוּד לְבֵית הָאֱלֹהִים הַגָּדוֹל וְהוּא
נִבְנֶה אֶבֶן גְּלָל וְעֵץ מוּשָׂם בַּכְּתָלִים וּמְלָאכָה זוֹ נַעֲשֵׂית מַהֵר וּמַצְלִיחָה
בְּיָדָם.
ט אָז שָׁאַלְנוּ לַזְּקֵנִים הָהֵם כֹּכָה אָמַרְנוּ לָהֶם מִי נָתַן לָכֶם צַו לִבְנוֹת הַבַּיִת
הַזֶּה וּלְהַשְׁלִים הַבִּנְיָן.
י וְאַף שְׁמוֹתֵיהֶם שָׁאַלְנוּ לָהֶם לְהוֹדִיעֲךָ שֶׁנִּכְתֹּב שֵׁם הָאֲנָשִׁים אֲשֶׁר
בְּרָאשֵׁיהֶם.
יא וְכֹכָה הֱשִׁיבוּנוּ דָבָר לֵאמֹר אֲנַחְנוּ הִנֵּנוּ עֲבָדָיו שֶׁל אֱלֹהֵי הַשָּׁמַיִם וְהָאָרֶץ
וּבוֹנִים אֶת הַבַּיִת אֲשֶׁר הָיָה בָּנוּי מִלִּפְנֵי כֵן שָׁנִים רַבּוֹת וּמֶלֶךְ יִשְׂרָאֵל
גָּדוֹל בְּנָהוּ וְשִׁכְלְלוֹ.

יב אֶלָּא מֵאַחַר שֶׁהִרְגִּיזוּ אֲבוֹתֵינוּ אֶת אֱלֹהֵי הַשָּׁמַיִם נָתַן אוֹתָם בְּיַד
נְבוּכַדְנֶצַּר מֶלֶךְ בָּבֶל הַכַּשְׂדִּי וְאֶת הַבַּיִת הַזֶּה הֶחֱרִיב וְהָעָם הֶגְלָה
לְבָבֶל.
יג אוּלָם בִּשְׁנַת אַחַת לְכוֹרֶשׁ מֶלֶךְ בָּבֶל כּוֹרֶשׁ הַמֶּלֶךְ נָתַן צַו לִבְנוֹת בֵּית
הָאֱלֹהִים הַזֶּה.
יד וְאַף הַכֵּלִים שֶׁל בֵּית הָאֱלֹהִים שֶׁל זָהָב וָכֶסֶף אֲשֶׁר נְבוּכַדְנֶצַּר הוֹצִיא
מִן הַהֵיכָל אֲשֶׁר בִּירוּשָׁלַיִם וְהוֹבִיל אוֹתָם לַהֵיכָל שֶׁל בָּבֶל הוֹצִיא
כּוֹרֶשׁ הַמֶּלֶךְ מִן הַהֵיכָל שֶׁבְּבָבֶל וּנְתָנָם לְשֵׁשְׁבַּצַּר שְׁמוֹ אֲשֶׁר פֶּחָה שָׂמוֹ.
טו וְאָמַר לוֹ אֵלֶּה הַכֵּלִים קַח שָׂא לְךָ וְהַנַּח אוֹתָם בַּהֵיכָל אֲשֶׁר בִּירוּשָׁלַיִם
וּבֵית הָאֱלֹהִים יִבָּנֶה עַל מְקוֹמוֹ.
טז אָז בָּא שֵׁשְׁבַּצַּר זֶה הִנִּיחַ הַיְסוֹדוֹת שֶׁל בֵּית הָאֱלֹהִים אֲשֶׁר בִּירוּשָׁלַיִם
וּמִן אָז וְעַד עַתָּה נִבְנֶה וְלֹא נִשְׁלַם.
יז וְכָעֵת אִם עַל הַמֶּלֶךְ טוֹב יִדָּרֵשׁ בְּבֵית גִּנְזֵי הַמֶּלֶךְ שָׁם אֲשֶׁר בְּבָבֶל אִם
מִכּוֹרֶשׁ הַמֶּלֶךְ נִתַּן צַו לִבְנוֹת בֵּית הָאֱלֹהִים הַהוּא בִּירוּשָׁלַיִם וּרְצוֹן
הַמֶּלֶךְ עַל זֶה יִשְׁלַח אֵלֵינוּ.
ו א אָז דָּרְיָוֶשׁ הַמֶּלֶךְ נָתַן צַו וְדָרְשׁוּ בְּבֵית הַסְּפָרִים אֲשֶׁר הַגְּנָזִים מֻנָּחִים שָׁם
בְּבָבֶל.
ב וַיִּמָּצֵא בְּאַחְמְתָא בַּבִּירָה אֲשֶׁר בִּמְדִינַת מָדַי מְגִלָּה אַחַת וְכֵן כָּתוּב
בְּתוֹכָהּ זִכְרוֹן הַדְּבָרִים.
ג בִּשְׁנַת אַחַת לְכוֹרֶשׁ הַמֶּלֶךְ כּוֹרֶשׁ הַמֶּלֶךְ נָתַן צַו בֵּית הָאֱלֹהִים בִּירוּשָׁלַיִם
הַבַּיִת יִבָּנֶה מָקוֹם אֲשֶׁר זוֹבְחִים זְבָחִים וִיסוֹדוֹתָיו מֻנְשָׂאִים גָּבְהוֹ שִׁשִּׁים
אַמּוֹת רָחְבּוֹ שִׁשִּׁים אַמּוֹת.
ד נִדְבָּכִים שֶׁל אֶבֶן גָּלָל שְׁלוֹשָׁה וְנִדְבָּךְ שֶׁל עֵץ אֶחָד וְהַהוֹצָאָה מִבֵּית
הַמֶּלֶךְ תִּנָּתֵן.
ה וְאַף כְּלֵי בֵּית הָאֱלֹהִים שֶׁל זָהָב וָכֶסֶף אֲשֶׁר נְבוּכַדְנֶצַּר הוֹצִיא מִן הַהֵיכָל
שֶׁבִּירוּשָׁלַיִם וְהוֹבִיל לְבָבֶל יָשִׁיבוּ וְיֵלֵךְ לַהֵיכָל שֶׁבִּירוּשָׁלַיִם לִמְקוֹמוֹ וְיֻנַּח
בְּבֵית הָאֱלֹהִים.
ו כָּעֵת תַּתְּנַי פַּחַת עֵבֶר הַנָּהָר שְׁתַר בּוֹזְנַי וַעֲמִיתֵיהֶם הָאֲפַרְסְכָיֵא אֲשֶׁר בְּעֵבֶר
הַנָּהָר הֱיוּ רְחוֹקִים מִשָּׁם.
ז עִזְבוּ אֶת מְלֶאכֶת בֵּית הָאֱלֹהִים הַזֶּה שַׁלִּיטֵי הַיְּהוּדִים וּלְזִקְנֵי הַיְּהוּדִים

יִבְנוּ בֵּית הָאֱלֹהִים הַזֶּה עַל מְקוֹמוֹ.
ח וּמִמֶּנִּי נִתַּן צַו לְמָה שֶׁתַּעֲשׂוּ עִם זִקְנֵי הַיְּהוּדִים הָאֵלֶּה לִבְנוֹת בֵּית אֱלֹהִים
זֶה וּמִנִּכְסֵי הַמֶּלֶךְ שֶׁל מִסֵּי עֵבֶר הַנָּהָר מַהֵר הַהוֹצָאָה תִּהְיֶה נִתֶּנֶת
לָאֲנָשִׁים הָאֵלֶּה אֲשֶׁר לֹא לְבַטֵּל.
ט וְכָל צָרְכָּם וּבְנֵי בָקָר וְאֵילִים וּכְבָשִׂים לְעוֹלוֹת לֵאלֹהֵי הַשָּׁמַיִם חִטִּים
מֶלַח יַיִן וָשֶׁמֶן כְּמַאֲמַר הַכֹּהֲנִים אֲשֶׁר בִּירוּשָׁלַיִם לִהְיוֹת נִתָּן לָהֶם יוֹם
בְּיוֹמוֹ בְּלֹא דִחוּי.
י אֲשֶׁר יִהְיוּ מַקְרִיבִים נִיחוֹחִים לֵאלֹהֵי הַשָּׁמַיִם וּמִתְפַּלְלִים לְחַיֵּי הַמֶּלֶךְ
וּבָנָיו.
יא וּמִמֶּנִּי נִתַּן צַו אֲשֶׁר כָּל אָדָם אֲשֶׁר יָפֵר דָּבָר זֶה יֵעָקֵר עֵץ מִן בֵּיתוֹ וְזָקוּף
יִתָּלֶה עָלָיו וּבֵיתוֹ יֶחֱרַב בַּעֲבוּר זֶה.
יב וְהָאֱלֹהִים אֲשֶׁר שִׁכֵּן שְׁמוֹ שָׁם יְמַגֵּר כָּל מֶלֶךְ וָעָם אֲשֶׁר יִשְׁלַח יָדוֹ לְשַׁנּוֹת
לְחַבֵּל בֵּית הָאֱלֹהִים אֲשֶׁר בִּירוּשָׁלָיִם אֲנִי דָרְיָוֶשׁ נָתַתִּי צַו מַיָד יֵעָשֶׂה.
יג אָז תַּתְּנַי פַּחַת עֵבֶר הַנָּהָר שְׁתַר בּוֹזְנַי וַעֲמִיתֵיהֶם כְּמוֹ אֲשֶׁר שָׁלַח דָּרְיָוֶשׁ
הַמֶּלֶךְ כָּכָה מַיָד עָשׂוּ.
יד וְזִקְנֵי הַיְּהוּדִים בּוֹנִים וּמַצְלִיחִים בִּנְבוּאַת חַגַּי הַנָּבִיא וּזְכַרְיָה בֶּן עִדּוֹא וּבָנוּ
וְהִשְׁלִימוּ לְפִי מִצְוַת אֱלֹהֵי יִשְׂרָאֵל וּלְפִי צַו כּוֹרֶשׁ וְדָרְיָוֶשׁ וְאַרְתַּחְשַׁשְׂתְּא
מֶלֶךְ פָּרָס.
טו וְהֻשְׁלַם בִּנְיַן הַבַּיִת הַזֶּה עַד יוֹם שְׁלוֹשָׁה לְחֹדֶשׁ אֲדָר אֲשֶׁר הִיא שְׁנַת
שֵׁשׁ לְמַלְכוּת דָּרְיָוֶשׁ הַמֶּלֶךְ.
טז וַיַּעֲשׂוּ בְנֵי יִשְׂרָאֵל הַכֹּהֲנִים וְהַלְוִיִּם וּשְׁאָר בְּנֵי הַגּוֹלָה חֲנֻכַּת בֵּית הָאֱלֹהִים
הַזֶּה בְּשִׂמְחָה.
יז וְהִקְרִיבוּ לַחֲנֻכַּת בֵּית הָאֱלֹהִים הַזֶּה פָּרִים מֵאָה אֵילִים מָאתַיִם כְּבָשִׂים
אַרְבַּע מֵאוֹת וּשְׂעִירֵי עִזִּים לְכַפֵּר עַל כָּל יִשְׂרָאֵל שְׁנֵים עָשָׂר לְמִנְיַן שִׁבְטֵי
יִשְׂרָאֵל.
יח וְהֵקִימוּ אֶת הַכֹּהֲנִים בְּמִשְׁמְרוֹתֵיהֶם וְהַלְוִיִּם בְּמַחְלְקוֹתֵיהֶם עַל עֲבוֹדַת
הָאֱלֹהִים אֲשֶׁר בִּירוּשָׁלָיִם כַּכָּתוּב בְּסֵפֶר מֹשֶׁה.
ז יב אַרְתַּחְשַׁשְׂתְּא מֶלֶךְ הַמְּלָכִים נוֹתֵן לְעֶזְרָא הַכֹּהֵן סוֹפֵר הַדָּת שֶׁל אֱלֹהֵי
הַשָּׁמַיִם וּמְבִינָה וְכָעֵת.

יג מִמֶּנִּי נִתַּן צַו שֶׁכָּל מִתְנַדֵּב בְּמַלְכוּתִי מֵעַם יִשְׂרָאֵל וְכֹהֲנָיו וְהַלְוִיִּם לָלֶכֶת
לִירוּשָׁלַיִם יֵלֵךְ עִמְּךָ.
יד בַּעֲבוּר שֶׁמִּלִּפְנֵי הַמֶּלֶךְ וְשִׁבְעַת יוֹעֲצָיו נִשְׁלַחְתָּ לְפַקֵּחַ עַל יְהוּדָה וְעַל
יְרוּשָׁלַיִם בְּדַת אֱלֹהֶיךָ אֲשֶׁר בְּיָדֶךָ.
טו וּלְהוֹבִיל כֶּסֶף וְזָהָב אֲשֶׁר הַמֶּלֶךְ וְיוֹעֲצָיו הִתְנַדְּבוּ לֵאלֹהֵי יִשְׂרָאֵל אֲשֶׁר
מִשְׁכָּנוֹ בִּירוּשָׁלַיִם.
טז וְכָל כֶּסֶף וְזָהָב אֲשֶׁר תִּמְצָא בְּכָל מְדִינַת בָּבֶל עִם נִדְבוֹת הָעָם וְהַכֹּהֲנִים
מִתְנַדְּבִים לְבֵית אֱלֹהֵיהֶם אֲשֶׁר בִּירוּשָׁלָיִם.
יז עַל כֵּן מַהֵר תִּקְנֶה בַּכֶּסֶף הַזֶּה פָּרִים אֵילִים כְּבָשִׂים וּמִנְחָתָם וְנִסְכֵּיהֶם
וְתַקְרִיב אוֹתָם עַל הַמִּזְבֵּחַ שֶׁל בֵּית אֱלֹהֵיכֶם אֲשֶׁר בִּירוּשָׁלָיִם.
יח וּמַה שֶּׁיִּיטַב עָלֶיךָ וְעַל אַחֶיךָ לַעֲשׂוֹת בִּשְׁאָר הַכֶּסֶף וְהַזָּהָב כִּרְצוֹן אֱלֹהֵיכֶם
תַּעֲשׂוּ.
יט וְהַכֵּלִים הַנִּתָּנִים לְךָ לַעֲבוֹדַת בֵּית אֱלֹהֶיךָ הָבֵא בִּשְׁלֵמוּת לִפְנֵי אֱלֹהֵי
יְרוּשָׁלָיִם.
כ וּשְׁאָר צָרְכֵי בֵּית אֱלֹהֶיךָ אֲשֶׁר יִפֹּל עָלֶיךָ לָתֵת תִּתֵּן מִבֵּית גִּנְזֵי הַמֶּלֶךְ.
כא וּמִמֶּנִּי אֲנִי אַרְתַּחְשַׁשְׁתָּא הַמֶּלֶךְ נִתַּן צַו לְכָל הַגִּזְבָּרִים אֲשֶׁר בְּעֵבֶר הַנָּהָר
שֶׁכָּל אֲשֶׁר יִשְׁאָלְכֶם עֶזְרָא הַכֹּהֵן סוֹפֵר הַדָּת שֶׁל אֱלֹהֵי הַשָּׁמַיִם מַהֵר
יֵעָשֶׂה.
כב עַד כֶּסֶף כִּכָּרִים מֵאָה וְעַד חִטִּים כֹּרִים מֵאָה וְעַד יַיִן בַּתִּים מֵאָה וְעַד
בַּתִּים שֶׁמֶן מֵאָה וּמֶלַח אֲשֶׁר לֹא כָתוּב.
כג כָּל אֲשֶׁר בְּמִצְוַת אֱלֹהֵי הַשָּׁמַיִם יֵעָשֶׂה בִּזְרִיזוּת לְבֵית אֱלֹהֵי הַשָּׁמַיִם פֶּן
יִהְיֶה קֶצֶף עַל מַלְכוּת הַמֶּלֶךְ וּבָנָיו.
כד וְלָכֶם אָנוּ מוֹדִיעִים שֶׁכָּל הַכֹּהֲנִים וְהַלְוִיִּם הַמְשׁוֹרְרִים וְהַשּׁוֹעֲרִים הַנְּתִינִים
וְעוֹבְדֵי בֵּית הָאֱלֹהִים הַזֶּה אֵין סַמְכוּת לְהָטִיל עֲלֵיהֶם אֶת מִסֵּי הַמֶּלֶךְ.
כה וְאַתָּה עֶזְרָא כְּחָכְמַת אֱלֹהֶיךָ אֲשֶׁר בְּיָדְךָ מַנֵּה שׁוֹפְטִים וְדַיָּנִים שֶׁיִּהְיוּ
דָּנִים לְכָל הָעָם אֲשֶׁר בְּעֵבֶר הַנָּהָר לְכָל יוֹדְעֵי דָתֵי אֱלֹהֶיךָ וְכָל אֲשֶׁר
אֵינוֹ יוֹדֵעַ תּוֹדִיעוּ.
כו וְכָל אֲשֶׁר לֹא יַעֲשֶׂה הַדָּת שֶׁל אֱלֹהֶיךָ וְהַדָּת שֶׁל הַמֶּלֶךְ מַהֵר דִּין יֵעָשֶׂה
בּוֹ אִם לְמָוֶת אִם לְחֵרֶם אִם לַעֲנֹשׁ נְכָסִים וּלְיַסְּרוֹ בְּיִסּוּרִים.

# עשרת הדיברות שבפרשת יתרו

בטעם העליון

אָנֹכִי יְהוָה אֱלֹהֶיךָ אֲשֶׁר הוֹצֵאתִיךָ
מֵאֶרֶץ מִצְרַיִם מִבֵּית עֲבָדִים לֹא יִהְיֶה לְךָ אֱלֹהִים אֲחֵרִים עַל־
פָּנַי לֹא תַעֲשֶׂה־לְךָ פֶסֶל ׀ וְכָל־תְּמוּנָה אֲשֶׁר בַּשָּׁמַיִם ׀ מִמַּעַל
וַאֲשֶׁר בָּאָרֶץ מִתָּחַת וַאֲשֶׁר בַּמַּיִם ׀ מִתַּחַת לָאָרֶץ לֹא־
תִשְׁתַּחֲוֶה לָהֶם וְלֹא תָעָבְדֵם כִּי אָנֹכִי יְהוָה אֱלֹהֶיךָ אֵל קַנָּא
פֹּקֵד עֲוֺן אָבֹת עַל־בָּנִים עַל־שִׁלֵּשִׁים וְעַל־רִבֵּעִים לְשֹׂנְאָי
וְעֹשֶׂה חֶסֶד לַאֲלָפִים לְאֹהֲבַי וּלְשֹׁמְרֵי מִצְוֺתָי׃ לֹא
תִשָּׂא אֶת־שֵׁם־יְהוָה אֱלֹהֶיךָ לַשָּׁוְא כִּי לֹא יְנַקֶּה יְהוָה אֵת
אֲשֶׁר־יִשָּׂא אֶת־שְׁמוֹ לַשָּׁוְא׃
זָכוֹר אֶת־יוֹם הַשַּׁבָּת לְקַדְּשׁוֹ שֵׁשֶׁת יָמִים תַּעֲבֹד וְעָשִׂיתָ כָל־
מְלַאכְתֶּךָ וְיוֹם הַשְּׁבִיעִי שַׁבָּת ׀ לַיהוָה אֱלֹהֶיךָ לֹא תַעֲשֶׂה כָל־
מְלָאכָה אַתָּה וּבִנְךָ וּבִתֶּךָ עַבְדְּךָ וַאֲמָתְךָ וּבְהֶמְתֶּךָ וְגֵרְךָ אֲשֶׁר
בִּשְׁעָרֶיךָ כִּי שֵׁשֶׁת־יָמִים עָשָׂה יְהוָה אֶת־הַשָּׁמַיִם וְאֶת־הָאָרֶץ
אֶת־הַיָּם וְאֶת־כָּל־אֲשֶׁר־בָּם וַיָּנַח בַּיּוֹם הַשְּׁבִיעִי עַל־כֵּן בֵּרַךְ
יְהוָה אֶת־יוֹם הַשַּׁבָּת וַיְקַדְּשֵׁהוּ׃ כַּבֵּד אֶת־אָבִיךָ
וְאֶת־אִמֶּךָ לְמַעַן יַאֲרִכוּן יָמֶיךָ עַל הָאֲדָמָה אֲשֶׁר־יְהוָה אֱלֹהֶיךָ
נֹתֵן לָךְ׃ לֹא תִרְצָח׃ לֹא
תִנְאָף׃ לֹא תִגְנֹב׃ לֹא־
תַעֲנֶה בְרֵעֲךָ עֵד שָׁקֶר׃ לֹא
תַחְמֹד בֵּית רֵעֶךָ לֹא־
תַחְמֹד אֵשֶׁת רֵעֶךָ וְעַבְדּוֹ וַאֲמָתוֹ וְשׁוֹרוֹ וַחֲמֹרוֹ וְכֹל אֲשֶׁר
לְרֵעֶךָ׃

לדעת רוו״ה, יש לקרוא את הדיבר הראשון עד ״מבית עבדים״
בטעם התחתון.

# עשרת הדיברות שבפרשת ואתחנן

בטעם העליון

אָנֹכִי יְהוָה אֱלֹהֶיךָ
אֲשֶׁר הוֹצֵאתִיךָ מֵאֶרֶץ מִצְרַיִם מִבֵּית עֲבָדִים לֹא־יִהְיֶה לְךָ
אֱלֹהִים אֲחֵרִים עַל־פָּנַי לֹא תַעֲשֶׂה־לְךָ פֶסֶל ׀ כָּל־תְּמוּנָה
אֲשֶׁר בַּשָּׁמַיִם ׀ מִמַּעַל וַאֲשֶׁר בָּאָרֶץ מִתָּחַת וַאֲשֶׁר בַּמַּיִם ׀
מִתַּחַת לָאָרֶץ לֹא־תִשְׁתַּחֲוֶה לָהֶם וְלֹא תָעָבְדֵם כִּי אָנֹכִי
יְהוָה אֱלֹהֶיךָ אֵל קַנָּא פֹּקֵד עֲוֺן אָבוֹת עַל־בָּנִים וְעַל־שִׁלֵּשִׁים
וְעַל־רִבֵּעִים לְשֹׂנְאָי וְעֹשֶׂה חֶסֶד לַאֲלָפִים לְאֹהֲבַי וּלְשֹׁמְרֵי
מצותו: לֹא תִשָּׂא אֶת־שֵׁם־יְהוָה אֱלֹהֶיךָ לַשָּׁוְא כִּי לֹא מִצְוֺתָי
יְנַקֶּה יְהוָה אֵת אֲשֶׁר־יִשָּׂא אֶת־שְׁמוֹ לַשָּׁוְא: שָׁמוֹר
אֶת־יוֹם הַשַּׁבָּת לְקַדְּשׁוֹ כַּאֲשֶׁר צִוְּךָ ׀ יְהוָה אֱלֹהֶיךָ שֵׁשֶׁת
יָמִים תַּעֲבֹד וְעָשִׂיתָ כָּל־מְלַאכְתֶּךָ וְיוֹם הַשְּׁבִיעִי שַׁבָּת ׀ לַיהוָה
אֱלֹהֶיךָ לֹא־תַעֲשֶׂה כָל־מְלָאכָה אַתָּה וּבִנְךָ־וּבִתֶּךָ וְעַבְדְּךָ־
וַאֲמָתֶךָ וְשׁוֹרְךָ וַחֲמֹרְךָ וְכָל־בְּהֶמְתֶּךָ וְגֵרְךָ אֲשֶׁר בִּשְׁעָרֶיךָ לְמַעַן
יָנוּחַ עַבְדְּךָ וַאֲמָתְךָ כָּמוֹךָ וְזָכַרְתָּ כִּי־עֶבֶד הָיִיתָ ׀ בְּאֶרֶץ מִצְרַיִם
וַיֹּצִאֲךָ יְהוָה אֱלֹהֶיךָ מִשָּׁם בְּיָד חֲזָקָה וּבִזְרֹעַ נְטוּיָה עַל־כֵּן צִוְּךָ
יְהוָה אֱלֹהֶיךָ לַעֲשׂוֹת אֶת־יוֹם הַשַּׁבָּת: כַּבֵּד
אֶת־אָבִיךָ וְאֶת־אִמֶּךָ כַּאֲשֶׁר צִוְּךָ יְהוָה אֱלֹהֶיךָ לְמַעַן ׀ יַאֲרִיכֻן
יָמֶיךָ וּלְמַעַן יִיטַב לָךְ עַל הָאֲדָמָה אֲשֶׁר־יְהוָה אֱלֹהֶיךָ נֹתֵן
לָךְ: לֹא תִרְצָח: וְלֹא
תִנְאָף: וְלֹא תִגְנֹב: וְלֹא־
תַעֲנֶה בְרֵעֲךָ עֵד שָׁוְא: וְלֹא
תַחְמֹד אֵשֶׁת רֵעֶךָ וְלֹא
תִתְאַוֶּה בֵּית רֵעֶךָ שָׂדֵהוּ וְעַבְדּוֹ וַאֲמָתוֹ שׁוֹרוֹ וַחֲמֹרוֹ וְכֹל אֲשֶׁר
לְרֵעֶךָ:

לדעת רוו״ה, יש לקרוא את הדיבר הראשון עד ״מבית עבדים״
בטעם התחתון.

# הקריאות בתורה בימים מיוחדים

**ראש חודש** במדבר כח, א–טו, עמ׳ רנד
מן "וידבר ה׳" עד "ונסכו"

**תעניות ציבור** שמות לב, יא–יד, עמ׳ קלד
מן "ויחל משה" עד "לעשות לעמו"
וממשיכים שמות לד, א–י, עמ׳ קלז
"ויאמר ה׳" עד "עשה עמך"

**תשעה באב** שחרית – דברים ד, כה–מ, עמ׳ רעח–רעט
מן "כי־תוליד בנים" עד "כל־הימים"
מנחה – ראה לעיל, קריאה של תעניות ציבור

**חנוכה** א׳ של חנוכה
מנהג ספרד:
במדבר ו, כב – ז, יז, עמ׳ רטו–רטז
מן "וידבר ה׳" עד "נחשון בן־עמינדב"
מנהג אשכנז:
במדבר ז, א–יז, עמ׳ רטו–רטז
מן "ויהי ביום כלות משה" עד "נחשון בן־עמינדב"

ב׳ עד ז׳ של חנוכה
קוראים את הקרבן השייך לאותו יום,
במדבר ז, יח–נג, עמ׳ רטז–ריח
בראש חודש טבת קוראים בספר ראשון קריאה
לראש חודש, ובספר שני קריאה לחנוכה

ח׳ של חנוכה
במדבר ז, נד – ח, ד, עמ׳ ריח–רכ
מן "ביום השמיני" עד "כן עשה את־המנרה"

**פורים** שמות יז, ח–טז, עמ׳ קט–קי
מן "ויבא עמלק" עד "מדר דר"

# הקריאות בתורה בשבתות מיוחדות

(ספר שני)

**שבת ראש חודש** — במדבר כח, ט–טו, עמ׳ רנד
פרשיות ״וביום השבת״ ״ובראשי חדשיכם״
עד ״ונסכו״

**שבת חנוכה** — קריאה לחנוכה של אותו יום (ראה חנוכה, עמ׳ 8)

אם חל ראש חודש בשבת חנוכה
קוראים בספר שני קריאה לשבת ראש חודש
ובספר שלישי קריאה לחנוכה

**שבת שקלים** — שמות ל, יא–טז, עמ׳ קלא
מן ״וידבר ה׳״ עד ״על נפשתיכם״

אם חל ראש חודש אדר בשבת
קוראים בספר שני קריאה לשבת ראש חודש
ובספר שלישי קריאה לשבת שקלים

**שבת זכור** — דברים כה, יז–יט, עמ׳ שי
מן ״זכור״ עד ״לא תשכח״

**שבת פרה** — במדבר יט, א–כב, עמ׳ רלט–רמ
מן ״וידבר ה׳״ עד ״עד הערב״

**שבת החודש** — שמות יב, א–כ, עמ׳ צט–ק
מן ״ויאמר ה׳״ עד ״תאכלו מצות״

אם חל ראש חודש ניסן בשבת
קוראים בספר שני קריאה לשבת ראש חודש
ובספר שלישי קריאה לשבת החודש

**שבת פורים של מוקפים** — שמות יז, ח–טז, עמ׳ קט–קי
מן ״ויבא עמלק״ עד ״מדֹר דֹר״

# הקריאות בתורה במועדים

**פסח** יום א׳ שמות יב, כא-נא, עמ׳ ק-קב
מן ״ויקרא משה״ עד ״על־צבאֹתם״
אם חל בשבת - הספרדים קוראים
שמות יב, יד-נא, עמ׳ ק-קב
מן ״והיה היום הזה״ עד ״על־צבאֹתם״

ספר שני (מפטיר), במדבר כח, טז-כה, עמ׳ רנד-רנה
מן ״ובחֹדש הראשון״ עד ״לא תעשו״

יום ב׳ בחו״ל ויקרא כב, כו - כג, מד, עמ׳ קפט-קצב
מן ״וידבר ה׳״ עד ״אל־בני ישראל״
ספר שני (מפטיר), כמו ביום א׳

א׳ דחוה״מ ויקרא כב, כו - כג, מד, עמ׳ קפט-קצב
מן ״וידבר ה׳״ עד ״אל־בני ישראל״
ספר שני (רביעי), במדבר כח, יט-כה, עמ׳ רנד-רנה
מן ״והקרבתם״ עד ״לא תעשו״

ב׳ דחוה״מ (א׳ דחוה״מ בחו״ל) שמות יג, א-טז, עמ׳ קב-קג
מן ״וידבר ה׳״ עד ״ממצרים״
ספר שני ״והקרבתם״

ג׳ דחוה״מ (ב׳ דחוה״מ בחו״ל) שמות כב, כד - כג, יט, עמ׳ קיז-קיח
מן ״אם־כסף״ עד ״בחלב אמו״
(אם חל ביום א׳ בשבוע
הספרדים קוראים קריאה ליום ב׳ דחוה״מ)
ספר שני ״והקרבתם״

ד׳ דחוה״מ (ג׳ דחוה״מ בחו״ל) שמות לד, א-כו, עמ׳ קלז-קלח
מן ״ויאמר ה׳״ עד ״בחלב אמו״
(אם חל ביום ב׳ בשבוע
הספרדים קוראים קריאה ליום ג׳ דחוה״מ)
ספר שני ״והקרבתם״

ה׳ דחוה״מ (ד׳ דחוה״מ בחו״ל) במדבר ט, א-יד, עמ׳ רכא-רכב
מן ״וידבר ה׳״ עד ״ולאזרח הארץ״
ספר שני ״והקרבתם״

פסח שבת חוה״מ שמות לג, יב - לד, כו, עמ׳ קלו-קלח
מן ״ויאמר משה״ עד ״בחלב אמו״
ספר שני ״והקרבתם״

שביעי של פסח שמות יג, יז - טו, כו, עמ׳ קג-קז
מן ״ויהי בשלח פרעה״ עד ״רפאך״
ספר שני (מפטיר) ״והקרבתם״

יום ח׳ בחו״ל דברים טו, יט - טז, יז, עמ׳ רצז-רצט
מן ״כל־הבכור״ עד ״אשר נתן־לך״
בשבת - דברים יד, כב - טז, יז, עמ׳ רצו-רצט
מן ״עשר תעשר״ עד ״אשר נתן־לך״
ספר שני (מפטיר) ״והקרבתם״

שבועות יום א׳ שמות יט, א - כ, כג, עמ׳ קיב-קיד
מן ״בחדש השלישי״ עד ״ערותך עליו״
ספר שני (מפטיר), במדבר כח, כו-לא, עמ׳ רנה
מן ״וביום הבכורים״ עד ״ונסכיהם״

יום ב׳ בחו״ל ראה לעיל, פסח יום ח׳ בחו״ל
ספר שני (מפטיר), כמו ביום א׳ של שבועות

ראש השנה יום א׳ בראשית כא, א-לד, עמ׳ כז-כח
מן ״וה׳ פקד את־שרה״ עד ״ימים רבים״
ספר שני (מפטיר), במדבר כט, א-ו, עמ׳ רנה
מן ״ובחדש השביעי״ עד ״אשה לה׳״

יום ב׳ בראשית כב, א-כד, עמ׳ כח-ל
מן ״ויהי אחר הדברים האלה״ עד ״ואת־מעכה״
ספר שני (מפטיר), כמו ביום א׳

יום הכיפורים שחרית ויקרא טז, א-לד, עמ׳ קעח-קפ
מן ״וידבר ה׳״ עד ״את־משה״
ספר שני (מפטיר), במדבר כט, ז-יא, עמ׳ רנה-רנו
מן ״ובעשור לחדש השביעי״ עד ״ונסכיהם״

מנחה ויקרא יח, א-ל, עמ׳ קפא-קפג
מן ״וידבר ה׳״ עד ״אני ה׳ אלהיכם״

סוכות יום א׳ **ויקרא כב, כו - כג, מד, עמ׳ קפט-קצב**
**מן ״וידבר ה׳״ עד ״אל־בני ישראל״**

**ספר שני (מפטיר), במדבר כט, יב-טז, עמ׳ רנו**
**מן ״ובחמשה עשר יום״ עד ״ונסכה״**

יום ב׳ בחו״ל **כמו ביום א׳**

א׳ דחוה״מ **(לארבעת הקרואים) במדבר כט, יז-יט, עמ׳ רנו**
**מן ״וביום השני״ עד ״ונסכיהם״**

ב׳ דחוה״מ **(לארבעת הקרואים) במדבר כט, כ-כב, עמ׳ רנו**
**מן ״וביום השלישי״ עד ״ונסכה״**

א׳ דחוה״מ בחו״ל כהן, ״וביום השני״; לוי (ספרדים גם ישראל), ״וביום השלישי״;
ישראל, ״וביום הרביעי״; רביעי, ״וביום השני״ ״וביום השלישי״.

ג׳ דחוה״מ **(לארבעת הקרואים) במדבר כט, כג-כה, עמ׳ רנו**
**מן ״וביום הרביעי״ עד ״ונסכה״**

ב׳ דחוה״מ בחו״ל כהן, ״וביום השלישי״; לוי (ספרדים גם ישראל), ״וביום הרביעי״;
ישראל, ״וביום החמישי״; רביעי, ״וביום השלישי״ ״וביום הרביעי״.

ד׳ דחוה״מ **(לארבעת הקרואים) במדבר כט, כו-כח, עמ׳ רנו**
**מן ״וביום החמישי״ עד ״ונסכה״**

ג׳ דחוה״מ בחו״ל כהן, ״וביום הרביעי״; לוי (ספרדים גם ישראל), ״וביום החמישי״;
ישראל, ״וביום הששי״; רביעי, ״וביום הרביעי״ ״וביום החמישי״.

ה׳ דחוה״מ **(לארבעת הקרואים) במדבר כט, כט-לא, עמ׳ רנו-רנז**
**מן ״וביום הששי״ עד ״ונסכיה״**

ד׳ דחוה״מ בחו״ל כהן, ״וביום החמישי״; לוי (ספרדים גם ישראל), ״וביום הששי״;
ישראל, ״וביום השביעי״; רביעי, ״וביום החמישי״ ״וביום הששי״.

הושענא רבה **(לארבעת הקרואים) במדבר כט, לב-לד, עמ׳ רנז**
**מן ״וביום השביעי״ עד ״ונסכה״**

בחו״ל כהן, ״וביום החמישי״; לוי (ספרדים גם ישראל), ״וביום הששי״;
ישראל, ״וביום השביעי״; רביעי, ״וביום הששי״ ״וביום השביעי״.

שבת חוה״מ **שמות לג, יב - לד, כו, עמ׳ קלו-קלח**
**מן ״ויאמר משה״ עד ״בחלב אמו״**

**ספר שני (מפטיר), קוראים את קרבן היום**
בחו״ל **קרבן היום, כמו בארץ ישראל, בתוספת קרבן היום שלאחריו**

**שמיני עצרת** ספר ראשון, דברים לג, א - לד, יב, עמ׳ שכה-שכז
(שמחת תורה בא״י) מן ״וזאת הברכה״ עד ״לעיני כל־ישראל״

ספר שני, בראשית א, א - ב, ג, עמ׳ א-ב
מן ״בראשית ברא״ עד ״לעשות״

ספר שלישי, במדבר כט, לה - ל, א, עמ׳ רנז
״ביום השמיני עצרת״ עד ״את־משה״

בחו״ל דברים טו, יט - טז, יז, עמ׳ רצז-רצט
מן ״כל־הבכור״ עד ״אשר נתן־לך״

בשבת - דברים יד, כב - טז, יז, עמ׳ רצו-רצט
מן ״עשר תעשר״ עד ״אשר נתן־לך״

ספר שני (מפטיר), במדבר כט, לה - ל, א, עמ׳ רנז
״ביום השמיני עצרת״ עד ״את־משה״

**שמחת תורה** בחו״ל לעיל שמיני עצרת בארץ ישראל (שלושה ספרים)

# בְּרָכוֹת הַהַפְטָרָה לְשַׁבָּת

לפני קריאת ההפטרה המפטיר מברך:

בָּרוּךְ אַתָּה יהוה אֱלֹהֵינוּ מֶלֶךְ הָעוֹלָם אֲשֶׁר בָּחַר בִּנְבִיאִים טוֹבִים, וְרָצָה בְדִבְרֵיהֶם הַנֶּאֱמָרִים בֶּאֱמֶת. בָּרוּךְ אַתָּה יהוה, הַבּוֹחֵר בַּתּוֹרָה וּבְמֹשֶׁה עַבְדּוֹ וּבְיִשְׂרָאֵל עַמּוֹ וּבִנְבִיאֵי הָאֱמֶת וָצֶדֶק.

אחרי קריאת ההפטרה המפטיר מברך:

בָּרוּךְ אַתָּה יהוה אֱלֹהֵינוּ מֶלֶךְ הָעוֹלָם, צוּר כָּל הָעוֹלָמִים, צַדִּיק בְּכָל הַדּוֹרוֹת, הָאֵל הַנֶּאֱמָן, הָאוֹמֵר וְעוֹשֶׂה, הַמְדַבֵּר וּמְקַיֵּם, שֶׁכָּל דְּבָרָיו אֱמֶת וָצֶדֶק. נֶאֱמָן אַתָּה הוּא יהוה אֱלֹהֵינוּ וְנֶאֱמָנִים דְּבָרֶיךָ, וְדָבָר אֶחָד מִדְּבָרֶיךָ אָחוֹר לֹא יָשׁוּב רֵיקָם, כִּי אֵל מֶלֶךְ נֶאֱמָן (וְרַחֲמָן) אָתָּה. בָּרוּךְ אַתָּה יהוה, הָאֵל הַנֶּאֱמָן בְּכָל דְּבָרָיו.

רַחֵם עַל צִיּוֹן כִּי הִיא בֵּית חַיֵּינוּ, וְלַעֲלוּבַת נֶפֶשׁ תּוֹשִׁיעַ בִּמְהֵרָה בְיָמֵינוּ. בָּרוּךְ אַתָּה יהוה, מְשַׂמֵּחַ צִיּוֹן בְּבָנֶיהָ.

שַׂמְּחֵנוּ יהוה אֱלֹהֵינוּ בְּאֵלִיָּהוּ הַנָּבִיא עַבְדֶּךָ, וּבְמַלְכוּת בֵּית דָּוִד מְשִׁיחֶךָ, בִּמְהֵרָה יָבוֹא וְיָגֵל לִבֵּנוּ. עַל כִּסְאוֹ לֹא יֵשֵׁב זָר, וְלֹא יִנְחֲלוּ עוֹד אֲחֵרִים אֶת כְּבוֹדוֹ, כִּי בְשֵׁם קָדְשְׁךָ נִשְׁבַּעְתָּ לּוֹ שֶׁלֹּא יִכְבֶּה נֵרוֹ לְעוֹלָם וָעֶד. בָּרוּךְ אַתָּה יהוה, מָגֵן דָּוִד.

עַל הַתּוֹרָה וְעַל הָעֲבוֹדָה וְעַל הַנְּבִיאִים וְעַל יוֹם הַשַּׁבָּת הַזֶּה, שֶׁנָּתַתָּ לָּנוּ יהוה אֱלֹהֵינוּ לִקְדֻשָּׁה וְלִמְנוּחָה, לְכָבוֹד וּלְתִפְאָרֶת. עַל הַכֹּל יהוה אֱלֹהֵינוּ אֲנַחְנוּ מוֹדִים לָךְ וּמְבָרְכִים אוֹתָךְ, יִתְבָּרַךְ שִׁמְךָ בְּפִי כָּל חַי תָּמִיד לְעוֹלָם וָעֶד. בָּרוּךְ אַתָּה יהוה, מְקַדֵּשׁ הַשַּׁבָּת.

# סדר ההפטרות

## לפי מנהג
## האשכנזים והספרדים

**בראשית** אשכנזים: ישעיה מב, ה **כה־אמר האל...**
עד מג, י **...ואחרי לא יהיה.**

ספרדים: ישעיה מב, ה **כה אמר האל...**
עד מב, כא **...יגדיל תורה ויאדיר.**

---

**נח** אשכנזים: ישעיה נד, א **רני עקרה לא ילדה...**
עד נה, ה **...ולקדוש ישראל כי פארך.**

ספרדים: ישעיה נד, א **רני עקרה לא ילדה...**
עד נד, י **...אמר מרחמך ה׳.**

---

**לך לך** ישעיה מ, כו **למה תאמר יעקב...**
עד מא, טז **...בקדוש ישראל תתהלל.**

---

**וירא** אשכנזים: מלכים ב׳ ד, א **ואשה אחת מנשי בני־הנביאים...**
עד ד, לז **...ותשא את־בנה ותצא.**

ספרדים: מלכים ב׳ ד, א **ואשה אחת מנשי בני־הנביאים...**
עד ד, כג **...ותאמר שלום.**

---

**חיי שרה** מלכים א׳ א, א **והמלך דוד זקן...**
עד א, לא **...יחי אדני המלך דוד לעלם.**

---

**תולדת** מלאכי א, א **משא דבר־ה׳ אל־ישראל...**
עד ב, ז **...כי מלאך ה׳־צבאות הוא.**

---

**ויצא** אשכנזים: הושע יב, יג **ויברח יעקב שדה ארם...**
עד יד, י **...ופשעים יכשלו בם.**

ויש מוסיפים: יואל ב, כו/כז **ואכלתם אכול ושבוע...**
**...ולא־יבשו עמי לעולם.**

ספרדים: הושע יא, ז **ועמי תלואים למשובתי...**
עד יב, יב **...על תלמי שדי.**
או עד יג, ה **...בארץ תלאבות.**

---

**וישלח** עבדיה **חזון עבדיה...**
**...והיתה לה׳ המלוכה.**

---

**וישב** עמוס ב, ו **כה אמר ה׳...**
עד ג, ח **...מי לא ינבא.**

---

**מקץ** מלכים א׳ ג, טו **ויקץ שלמה והנה חלום...**
עד ד, א **...מלך על־כל־ישראל.**

---

**ויגש** יחזקאל לז, טו **ויהי דבר־ה׳...**
עד לז, כח **...בהיות מקדשי בתוכם לעולם.**

---

**ויחי** מלכים א׳ ב, א **ויקרבו ימי־דוד למות...**
עד ב, יב **...ותכן מלכתו מאד.**

---

**שמות** אשכנזים: ישעיה כז, ו **הבאים ישרש יעקב...**
עד כח, יג **...ונוקשו ונלכדו.**

ועוד כט, כב/כג **לכן כה־אמר ה׳...**
**...ואת־אלהי ישראל יעריצו.**

ספרדים: ירמיה א, א **דברי ירמיהו בן חלקיהו...**
עד ב, ג **...רעה תבא אליהם נאם־ה׳.**

---

**וארא** יחזקאל כח, כה **כה אמר אדני ה׳...**
עד כט, כא **...וידעו כי־אני ה׳.**

---

**בא**
ירמיה מו, יג **הדבר אשר דבר ה׳...**
עד מו, כח **...ונקה לא אנקך.**

---

**בשלח**
אשכנזים: שופטים ד, ד **ודבורה אשה נביאה...**
עד ה, לא **...ותשקט הארץ ארבעים שנה.**

ספרדים: שופטים ה, א **ותשר דבורה...**
עד ה, לא **...ותשקט הארץ ארבעים שנה.**

---

**יתרו**
אשכנזים: ישעיה ו, א **בשנת־מות המלך עזיהו...**
עד ז, ו **...את בן־טבאל.**
ועוד ט, ה/ו **כי־ילד ילד־לנו... תעשה־זאת.**

ספרדים: ישעיה ו, א **בשנת־מות המלך עזיהו...**
עד ו, יג **...זרע קדש מצבתה.**

---

**משפטים**
ירמיה לד, ח **הדבר אשר־היה אל־ירמיהו...**
עד לד, כב **...אתן שממה מאין ישב.**

ועוד לג, כה/כו **כה אמר ה׳... כי־אשוב את־שבותם ורחמתים.**

---

**תרומה**
מלכים א׳ ה, כו **וה׳ נתן חכמה לשלמה...**
עד ו, יג **...ולא אעזב את־עמי ישראל.**

---

**תצוה**
יחזקאל מג, י **אתה בן־אדם...**
עד מג, כז **...נאם אדני ה׳.**

---

**כי תשא**
אשכנזים: מלכים א׳ יח, א **ויהי ימים רבים...**
עד יח, לט **...ה׳ הוא האלהים.**

ספרדים: מלכים א׳ יח, כ **וישלח אחאב...**
עד יח, לט **...ה׳ הוא האלהים.**

---

| | | | |
|---|---|---|---|
| **ויקהל** | אשכנזים: | מלכים א׳ ז, מ | **ויעש חירום...** |
| | | עד ז, נ | **...לדלתי הבית להיכל זהב.** |
| | ספרדים: | מלכים א׳ ז, יג | **וישלח המלך שלמה...** |
| | | עד ז, כו | **...אלפים בת יכיל.** |
| **פקודי** | אשכנזים: | מלכים א׳ ז, נא | **ותשלם כל־המלאכה...** |
| | | עד ח, כא | **...בהוציאו אתם מארץ מצרים.** |
| | ספרדים: | מלכים א׳ ז, מ | **ויעש חירום את־הכירות...** |
| | | עד ז, נ | **...לדלתי הבית להיכל זהב.** |
| **ויקרא** | | ישעיה מג, כא | **עם זו יצרתי לי...** |
| | | עד מד, כג | **...ובישראל יתפאר.** |
| **צו** | | ירמיה ז, כא | **כה אמר ה׳ צבאות...** |
| | | עד ח, ג | **...נאם ה׳ צבאות.** |
| | | ועוד ט, כב/כג | **כה אמר ה׳...** |
| | | | **...כי־באלה חפצתי נאם־ה׳.** |
| **שמיני** | אשכנזים: | שמואל ב׳ ו, א | **ויסף עוד דוד...** |
| | | עד ז, יז | **...כן דבר נתן אל־דוד.** |
| | ספרדים: | שמואל ב׳ ו, א | **ויסף עוד דוד...** |
| | | עד ו, יט | **...וילך כל־העם איש לביתו.** |
| **תזריע** | | מלכים ב׳ ד, מב | **ואיש בא מבעל שלשה...** |
| | | עד ה, יט | **...וילך מאתו כברת ארץ.** |
| **מצרע** | | מלכים ב׳ ז, ג | **וארבעה אנשים היו מצרעים...** |
| | | עד ז, כ | **...וירמסו אתו העם בשער וימת.** |

| | | | |
|---|---|---|---|
| **אחרי מות** | | יחזקאל כב, א<br>עד כב, טז | **ויהי דבר־ה׳...**<br>**...וידעת כי־אני ה׳.** |
| **קדשים** | אשכנזים: | עמוס ט, ז<br>עד ט, טו | **הלוא כבני כשיים...**<br>**...אמר ה׳ אלהיך.** |
| | ספרדים: | יחזקאל כ, ב<br>עד כ, כ | **ויהי דבר־ה׳...**<br>**...לדעת כי אני ה׳ אלהיכם.** |
| **אמר** | | יחזקאל מד, טו<br>עד מד, לא | **והכהנים הלוים בני צדוק...**<br>**...לא יאכלו הכהנים.** |
| **בהר סיני** | | ירמיה לב, ו<br>עד לב, כז | **ויאמר ירמיהו...**<br>**...הממני יפלא כל־דבר.** |
| **בחקתי** | | ירמיה טז, יט<br>עד יז, יד | **ה׳ עזי ומעוזי ומנוסי...**<br>**...כי תהלתי אתה.** |
| **במדבר** | | הושע ב, א<br>עד ב, כב | **והיה מספר בני־ישראל...**<br>**...וידעת את־ה׳.** |
| **נשא** | | שופטים יג, ב<br>עד יג, כה | **ויהי איש אחד מצרעה...**<br>**...בין צרעה ובין אשתאול.** |
| **בהעלתך** | | זכריה ב, יד<br>עד ד, ז | **רני ושמחי בת־ציון...**<br>**...תשאות חן חן לה.** |
| **שלח לך** | | יהושע ב, א<br>עד ב, כד | **וישלח יהושע בן־נון...**<br>**...וגם־נמגו כל־ישבי הארץ מפנינו.** |

| | | |
|---|---|---|
| **קרח** | שמואל א׳ יא, יד | **ויאמר שמואל אל־העם...** |
| | עד יב, כב | **...לעשות אתכם לו לעם.** |
| **חקת** | שופטים יא, א | **ויפתח הגלעדי...** |
| | עד יא, לג | **...מפני בני ישראל.** |
| **בלק** | מיכה ה, ו | **והיה שארית יעקב...** |
| | עד ו, ח | **...והצנע לכת עם־אלהיך.** |
| **פינחס** (לפני י״ז בתמוז) | מלכים א׳ יח, מו | **ויד־ה׳ היתה אל־אליהו...** |
| | עד יט, כא | **...ויקם וילך אחרי אליהו וישרתהו.** |
| **פינחס או מטות** (לשבת שאחרי י״ז בתמוז) | ירמיה א, א | **דברי ירמיהו בן־חלקיהו...** |
| | עד ב, ג | **...רעה תבא אליהם נאם־ה׳.** |
| **מסעי** | ירמיה ב, ד | **שמעו דבר־ה׳ בית יעקב...** |
| | עד ב, כח | **...כי מספר עריך היו אלהיך יהודה.** |
| אשכנזים מוסיפים: | ירמיה ג, ד | **הלוא מעתה... אלוף נערי אתה.** |
| ספרדים מוסיפים: | ירמיה ד, א/ב | **אם־תשוב ישראל... ובו יתהללו.** |
| **דברים** | ישעיה א, א | **חזון ישעיהו בן־אמוץ...** |
| | עד א, כז | **...ציון במשפט תפדה ושביה בצדקה.** |
| **ואתחנן** | ישעיה מ, א | **נחמו נחמו עמי...** |
| | עד מ, כו | **...איש לא נעדר.** |
| **עקב** | ישעיה מט, יד | **ותאמר ציון עזבני ה׳...** |
| | עד נא, ג | **...תודה וקול זמרה.** |

**ראה**
ישעיה נד, יא **עניה סערה לא נחמה...**
עד נה, ה **...ולקדוש ישראל כי פארך.**

---

**שפטים**
ישעיה נא, יב **אנכי אנכי הוא מנחמכם...**
עד נב, יב **...ומאספכם אלהי ישראל.**

---

**כי תצא**
ישעיה נד, א **רני עקרה לא ילדה...**
עד נד, י **...אמר מרחמך ה׳.**

---

**כי תבוא**
ישעיה ס, א **קומי אורי כי בא אורך...**
עד ס, כב **...אני ה׳ בעתה אחישנה.**

---

**נצבים**
ישעיה סא, י **שוש אשיש בה׳...**
עד סג, ט **...כל־ימי עולם.**

---

**וילך או האזינו** (לשבת שבין ר״ה ליוה״כ)

אשכנזים: הושע יד, ב **שובה ישראל...**
עד יד, י **...ופשעים יכשלו בם.**
ועוד יואל ב, טו **תקעו שופר בציון...**
עד ב, כז **...ולא־יבשו עמי לעולם.**

ספרדים: הושע יד, ב **שובה ישראל...**
עד יד, י **...ופשעים יכשלו בם.**
ועוד מיכה ז, יח/כ **מי־אל כמוך... מימי קדם.**

---

**האזינו** (בין יוה״כ לסוכות) שמואל ב׳ כב, א **וידבר דוד לה׳...**
עד כב, נא **...לדוד ולזרעו עד־עולם.**

---

**וזאת הברכה** (שמחת תורה)

יהושע א, א **ויהי אחרי מות משה...**
אשכנזים: עד א, יח **...רק חזק ואמץ.**

ספרדים: עד א, ט **...בכל אשר תלך.**

---

## שבת ראש חודש
ישעיה סו, א **כה אמר ה׳...**
עד סו, כד **...יבוא כל־בשר להשתחוות לפני אמר ה׳.**

## שבת ערב ראש חודש
שמואל א׳ כ, יח **ויאמר־לו יהונתן...**
עד כ, מב **...ובין זרעך עד־עולם.**

## חנוכה
שבת א׳ — זכריה ב, יד **רני ושמחי בת־ציון...**
עד ד, ז **...תשאות חן חן לה.**

שבת ב׳ — מלכים א׳ ז, מ **ויעש חירום את־הכירות...**
עד ז, נ **...לדלתי הבית להיכל זהב.**

## תענית ציבור
מנחה — ישעיה נה, ו **דרשו ה׳ בהמצאו...**
עד נו, ח **...עוד אקבץ עליו לנקבציו.**

## תשעה באב
שחרית — ירמיה ח, יג **אסף אסיפם נאם־ה׳...**
עד ט, כג **...כי־באלה חפצתי נאם־ה׳.**

מנחה — אשכנזים: ישעיה נה, ו **דרשו ה׳ בהמצאו...**
עד נו, ח **...עוד אקבץ עליו לנקבציו.**

ספרדים: הושע יד, ב **שובה ישראל...**
עד יד, י **...ופשעים יכשלו בם.**
ועוד מיכה ז, יח/כ **מי־אל כמוך...**
**...אשר־נשבעת לאבותינו מימי קדם.**

## שבת פרשת שקלים

אשכנזים: מלכים ב׳ יב, א **בן־שבע שנים...**
עד יב, יז **...לכהנים יהיו.**

ספרדים: מלכים ב׳ יא, יז **ויכרת יהוידע...**
עד יב, יז **...לכהנים יהיו.**

---

## שבת פרשת זכור

**(ופורים של מוקפים שחל בשבת)**

אשכנזים: שמואל א׳ טו, ב **כה אמר ה׳ צבאות...**
עד טו, לד **...גבעת שאול.**

ספרדים: שמואל א׳ טו, א **ויאמר שמואל אל־שאול...**
עד טו, לד **...גבעת שאול.**

---

## שבת פרשת פרה

אשכנזים: יחזקאל לו, טז **ויהי דבר־ה׳...**
עד לו, לח **...וידעו כי־אני ה׳.**

ספרדים: יחזקאל לו, טז **ויהי דבר־ה׳...**
עד לו, לו **...אני ה׳ דברתי ועשיתי.**

---

## שבת פרשת החודש

אשכנזים: יחזקאל מה, טז **כל העם הארץ...**
עד מו, יח **...איש מאחזתו.**

ספרדים: יחזקאל מה, יח **כה־אמר אדני ה׳...**
עד מו, טו **...עולת תמיד.**

---

## שבת הגדול

מלאכי ג, ד **וערבה לה׳...**
עד ג, כד **...הגדול והנורא.**

---

**פסח** **יום א׳** יש מתחילים: יהושע ג, ה/ז **ויאמר יהושע אל־העם...**
**...אהיה עמך.**
יהושע ה, ב **בעת ההיא...**
עד ו, א **...אין יוצא ואין בא.**
ועוד ו, כז **ויהי ה׳... בכל הארץ.**

---

**יום ב׳ בחו״ל** מלכים ב׳ כג, א **וישלח המלך...**
עד כג, ט **...בתוך אחיהם.**
ועוד כג, כא/כה **ויצו המלך...**
**...ואחריו לא־קם כמהו.**

---

**שבת חוה״מ** יחזקאל לז, א **היתה עלי יד־ה׳...**
עד לז, יד **...דברתי ועשיתי נאם־ה׳.**

---

**יום ז׳** שמואל ב׳ כב, א **וידבר דוד לה׳...**
עד כב, נא **...לדוד ולזרעו עד־עולם.**

---

**יום ח׳ בחו״ל** ישעיה י, לב **עוד היום בנב לעמד...**
עד יב, ו **...קדוש ישראל.**

---

**שבועות** **יום א׳** יחזקאל א, א **ויהי בשלשים שנה...**
עד א, כח **...ואשמע קול מדבר.**
ועוד ג, יב **ותשאני רוח...**
**...ברוך כבוד־ה׳ ממקומו.**

---

**יום ב׳ בחו״ל** חבקוק ב, כ **וה׳ בהיכל קדשו...**
עד ג, יט **...למנצח בנגינותי.**

---

| | | | |
|---|---|---|---|
| **ראש השנה** | **יום א׳** | שמואל א׳ א, א<br>עד ב, י | **ויהי איש אחד מן־הרמתים...**<br>**...וירם קרן משיחו.** |
| | **יום ב׳** | ירמיה לא, א<br>עד לא, יט | **כה אמר ה׳...**<br>**...רחם ארחמנו נאם ה׳.** |
| **יום הכיפורים** | **שחרית** | ישעיה נז, יד<br>עד נח, יד | **ואמר סלו־סלו פנו־דרך...**<br>**...כי פי ה׳ דבר.** |
| | **מנחה** | ספר יונה<br>מיכה ז, יח/כ | <br>**מי־אל כמוך...**<br>**...אשר־נשבעת לאבתינו מימי קדם.** |
| **סוכות** | **יום א׳** | זכריה יד, א<br>עד יד, כא | **הנה יום־בא לה׳...**<br>**...ביום ההוא.** |
| | **יום ב׳ בחו״ל** | מלכים א׳ ח, ב<br>עד ח, כא | **ויקהלו אל־המלך שלמה...**<br>**...בהוציאו אתם מארץ מצרים.** |
| | **שבת חוה״מ** | יחזקאל לח, יח<br>עד לט, טז | **והיה ביום ההוא...**<br>**...וטהרו הארץ.** |
| **שמחת תורה** | **שמיני עצרת, ראה וזאת הברכה** | | |
| **שמיני עצרת** | **בחו״ל** | | |
| | אשכנזים: | מלכים א׳ ח, נד<br>עד ט, א | **ויהי ככלות שלמה...**<br>**...אשר חפץ לעשות.** |
| | ספרדים: | מלכים א׳ ח, נד<br>עד ח, סו | **ויהי ככלות שלמה...**<br>**...ולישראל עמו.** |

# שמות הטעמים וסימניהם

אשכנזים: מרכא טפחא מנח אתנחתא מרכא טפחא סוף־פסוק
מהפך פשטא מנח זקף־קטן זקף־גדול מנח | מנח רביע
קדמא דרגא תביר מנח זרקא מנח סגול תלישא־גדולה
תלישא־קטנה קדמא ואזלא אזלא־גרש גרשים פזר
יתיב שלשלת גלגל קרני־פרה מרכא־כפולה
לגרמה | סוף־פסוק

ספרדים: זרקא מקף־שופר־הולך סגולתא פזר־גדול
תלשא תילשא אזלא־גריש פסק | רביע שני־גרשין
דרגא תביר מאריך טרחא אתנח שופר־מהפך
קדמא תרי־קדמין זקף־קטן זקף־גדול שלשלת
גלגל קרני־פרה תרי־טעמי יתיב סוף־פסוק

תימנים: זרקא מקף־שופר־הולך סגלתא פזר תלשא־ימין
תלשא־שמאל אזיל ואתי פסיקו רביע תרין־טרסין
דרגא תביר מארכה טפחא אתנחא שופר־הפוך
פשטא תרין־פשטין זקף־קטן זקף־גדול שלשלת
גלגל קרני־פרה תרין־טעמי יתיב סוף־פסוק

# נספחים

# ספרי התנ"ך על ציר הזמן

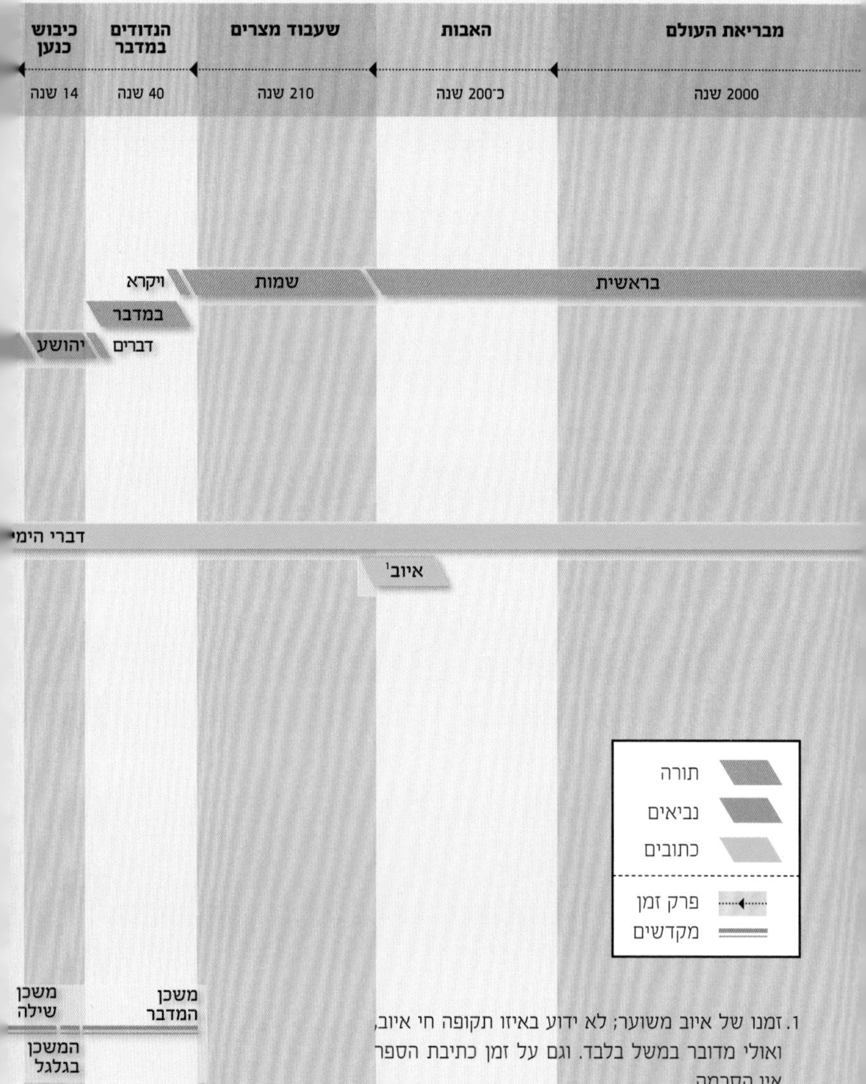


1. זמנו של איוב משוער; לא ידוע באיזו תקופה חי איוב, ואולי מדובר במשל בלבד. וגם על זמן כתיבת הספר אין הסכמה.

2. זמנה המדויק של מגילת רות בתוך תקופת השופטים משוער.

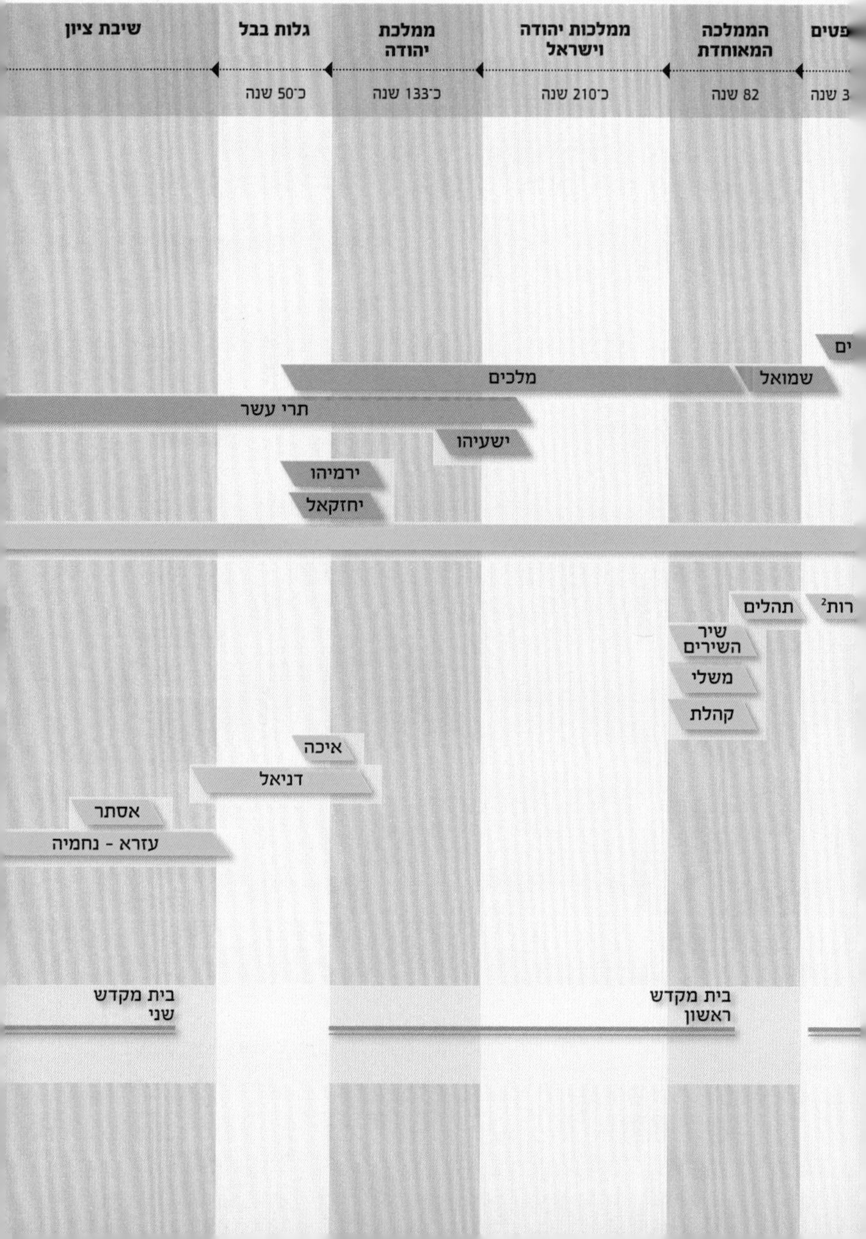

פטים
3 שנה
הממלכה המאוחדת
82 שנה
ממלכות יהודה וישראל
כ־210 שנה
ממלכת יהודה
כ־133 שנה
גלות בבל
כ־50 שנה
שיבת ציון
ים
שמואל
מלכים
תרי עשר
ישעיהו
ירמיהו
יחזקאל
רות[2]
תהלים
שיר השירים
משלי
קהלת
איכה
דניאל
אסתר
עזרא - נחמיה
בית מקדש ראשון
בית מקדש שני

# מנהיגי ישראל
# מהכניסה לארץ ועד פילוג הממלכה

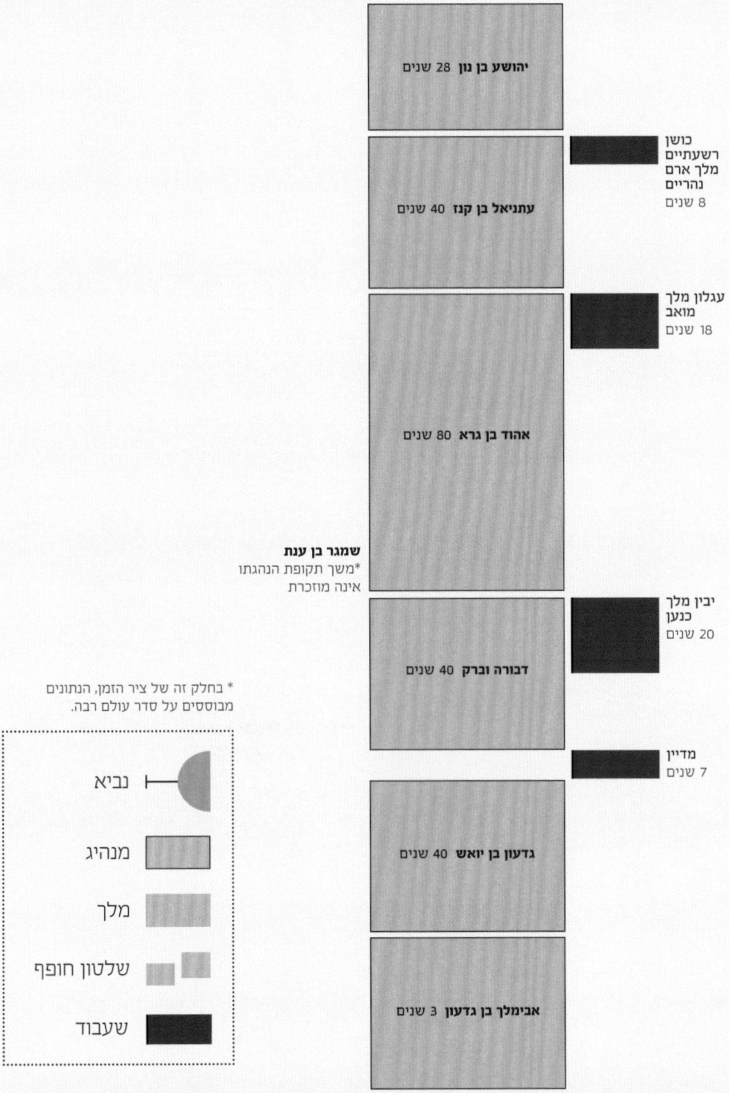


* בחלק זה של ציר הזמן, הנתונים מבוססים על סדר עולם רבה.

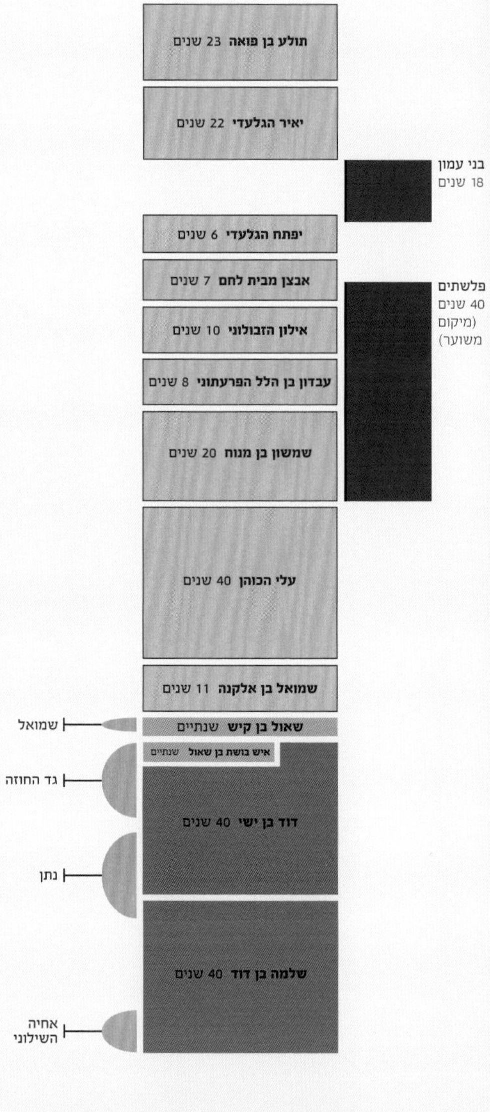


שושלת מלכי בית שאול
שושלת מלכי בית דוד
שושלת מלכי בית ירבעם
שושלת מלכי בית בעשא
שושלת מלכי בית עמרי
שושלת מלכי בית יהוא
שושלת מלכי בית מנחם

# מנהיגי ישראל
# מפילוג הממלכה ועד שיבת ציון

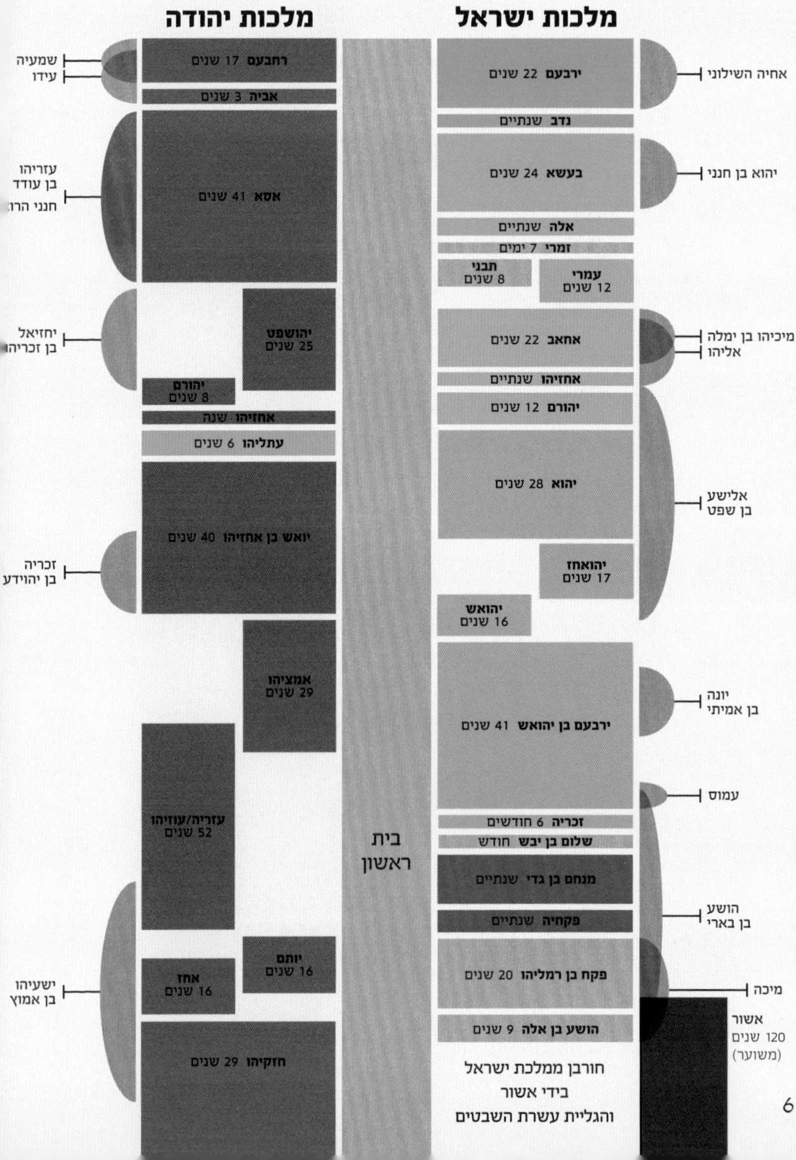

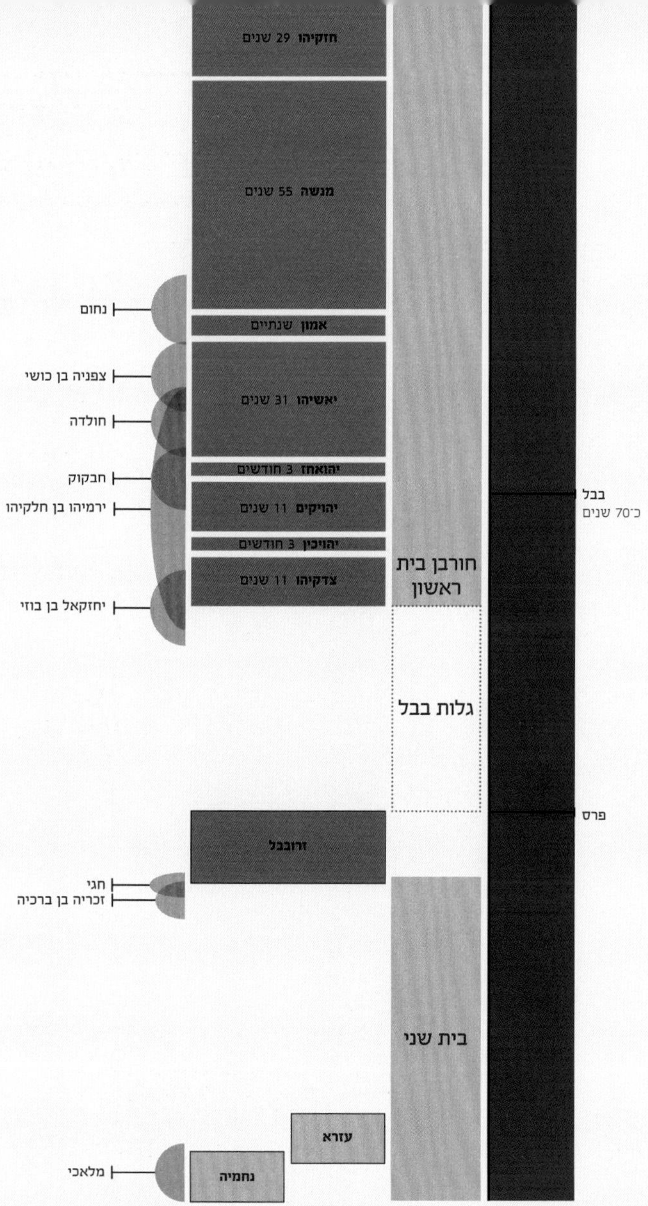
חזקיהו 29 שנים
מנשה 55 שנים
אמון שנתיים
יאשיהו 31 שנים
יהואחז 3 חודשים
יהויקים 11 שנים
יהויכין 3 חודשים
צדקיהו 11 שנים
נחום
צפניה בן כושי
חולדה
חבקוק
ירמיהו בן חלקיהו
יחזקאל בן בוזי
חורבן בית ראשון
בבל
כ־70 שנים
גלות בבל
פרס
זרובבל
חגי
זכריה בן ברכיה
בית שני
עזרא
נחמיה
מלאכי

# מאורעות ומועדים בתנ"ך לפי תאריכים בשנה

- ● בריאה – אבות
- ● מצרים – כניסה לא"י
- ● מלוכה – גלות
- ● שיבת ציון
- ▲ מועדים

## ניסן

| | |
|---|---|
| א | ● מי המבול חרבו מעל הארץ |
| | ● הקמת המשכן |
| | ● תחילת טיהור ההיכל בימי חזקיהו |
| | ● נבואתו השישית של יחזקאל על מצרים |
| | ● חיטוי המקדש על פי נבואת יחזקאל |
| | ● יסוד המעלה מבבל |
| | ● סוף ההיבדלות מהנשים הנכריות בימי עזרא |
| ז | ● נבואתו השנייה של יחזקאל על מצרים |
| | ● חיטוי נוסף של המקדש על פי נבואת יחזקאל |
| ח | ● ההגעה לאולם בטיהור ההיכל בימי חזקיהו |
| י | ● לקיחת השה לקרבן פסח מצרים |
| | ● חציית הירדן בימי יהושע |
| יב | ● נסיעת עזרא מנהר אַהֲוָא |
| יג | ● שליחת אגרות המן להשמדת היהודים |
| יד | ▲ פסח – **חגיגתו** במצרים; במדבר; בימי יהושע; בימי יאשיהו; לאחר חנוכת הבית השני |
| טו | ● יציאת מצרים |
| טו-כא | ▲ חג המצות – **חגיגתו** בימי חזקיהו (בחודש אייר); בימי יאשיהו |
| טז | ● סיום טיהור ההיכל בימי חזקיהו |
| כד | ● מראה דניאל על שר יוון |

## אייר

| | |
|---|---|
| א | ● המפקד הראשון של בני ישראל במדבר |
| יד | ▲ פסח שני |
| | ● פסח חזקיהו |
| טו | ● הגעת בני ישראל למדבר סין |
| יז | ● תחילת המבול |
| כ | ● נסיעת בני ישראל ממדבר סיני |
| כז | ● הארץ יבשה לאחר המבול |

## סיוון

| | |
|---|---|
| א | ● הגעת בני ישראל למדבר סיני |
| | ● נבואתו השלישית של יחזקאל על מצרים |
| כג | ● שליחת אגרות מרדכי המתירות ליהודים לעמוד על נפשם |

## תמוז

| | |
|---|---|
| ה | ● נבואת המרכבה הראשונה ביחזקאל |
| ט | ● העיר הובקעה על ידי חיל כשדים |

## אב

| | |
|---|---|
| א | ● מות אהרן |
| | ● הגעת עזרא לירושלים |
| ז/י | ● שריפת בית המקדש הראשון |
| י | ● נבואת הגילולים ביחזקאל |

## אלול

| | |
|---|---|
| א | ● נבואתו הראשונה של חגי |
| ה | ● נבואת המרכבה השנייה ביחזקאל |
| כד | ● תחילת בניית בית המקדש השני |
| כה | ● סיום בניית החומה בימי נחמיה |

**תשרי**

- **א** ▲ יום התרועה/ראש השנה
- ● הכנת המזבח בימי זרובבל וישוע
- ● מעמד קריאת התורה בימי עזרא ונחמיה
- **י** ▲ יום הכיפורים
- **טו-כא** ▲ חג הסוכות – **חגיגתו** בימי שלמה; בימי זרובבל וישוע; בימי עזרא ונחמיה
- **יז** ● התיבה נחה על הרי אררט
- **כא** ● נבואתו השנייה של חגי
- **כב** ▲ היום השמיני - **חגיגתו** בימי שלמה (עפ"י דה"י); בימי עזרא ונחמיה
- **כג** ● שילוח העם לבתיהם לאחר חנוכת המקדש בימי שלמה (עפ"י דה"י)
- **כד** ● כריתת האמנה

**מרחשוון**

- **טו** ● חג ירבעם

**כסלו**

- **ד** ● נבואתו השלישית של זכריה
- **כ** ● קיבוץ העם לירושלים לפתרון בעיית הנשים הנכריות בימי עזרא
- **כד** ● נבואותיו השלישית והרביעית של חגי

**טבת**

- **א** ● ראשי ההרים נראו לאחר המבול
- ● תחילת ההיבדלות מהנשים הנכריות בימי עזרא
- **ה** ● הפליט מירושלים מספר ליחזקאל שהוכתה העיר
- **י** ● תחילת המצור על ירושלים ונבואת יחזקאל עליו
- **יב** ● נבואתו הראשונה של יחזקאל על מצרים

**שבט**

- **א** ● נאום משה בתחילת ספר דברים
- **כד** ● נבואתו השנייה של זכריה

**אדר**

- **א** ● נבואתו הרביעית של יחזקאל על מצרים
- **ג** ● סיום בניית בית המקדש השני
- **יג** ● התקהלות היהודים לעמוד על נפשם בימי מרדכי ואסתר
- **יד** ● מלחמת היהודים באויביהם בשושן בימי מרדכי ואסתר
- **יד, טו** ▲ פורים
- **טו** ● נבואתו החמישית של יחזקאל על מצרים
- **כה/כז** ● שחרור יהויכין מכלאו

**אירועים לפי חודשים בלי ציון היום בחודש:**

- **ניסן** ● הציוויים על הפסח בשנה הראשונה ובשנה השנייה ליציאת מצרים
- ● מות מרים
- ● בני גד עוברים את הירדן להצטרף לדוד
- ● הפלת הפור לפני המן
- ● עליית נחמיה לירושלים
- **אייר** ● תחילת בניית בית המקדש הראשון
- ● ייסוד בית המקדש השני
- **סיוון** ▲ יום הביכורים
- ● טקס הברית בימי אסא
- ● תחילת איסוף עֲרֵמות התרומה בימי חזקיהו
- **אב** ● נבואת חנניה בן עזור
- **תשרי** ● חנוכת בית המקדש הראשון
- ● סיום איסוף עֲרֵמות התרומה בימי חזקיהו
- ● מות חנניה בן עזור
- ● רצח גדליהו בן אחיקם
- **מרחשוון** ● נבואתו הראשונה של זכריה
- **כסלו** ● חנני בא לשושן ומספר לנחמיה על ירושלים החרבה

# אילנות יוחסין

# אילנות יוחסין של המשפחות המרכזיות בתנ"ך

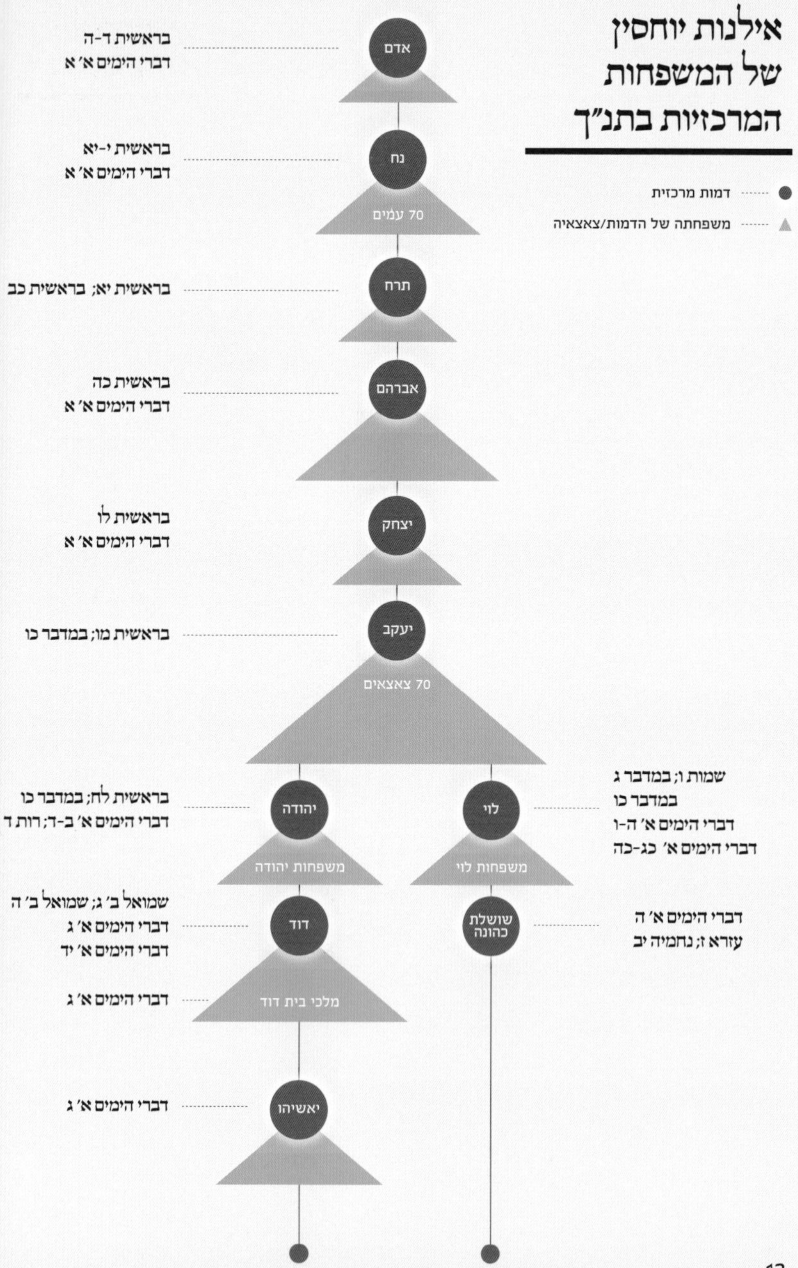

# מאדם עד נח

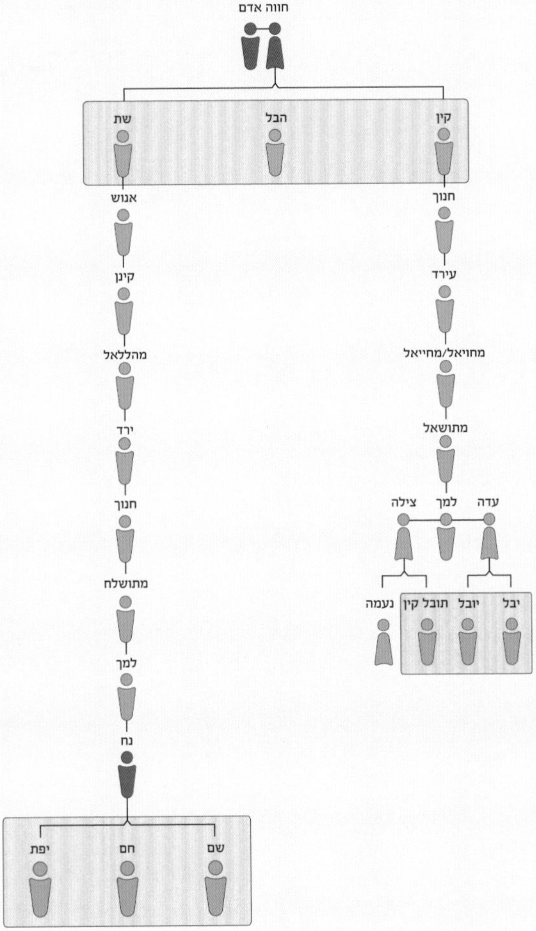

עפ"י בראשית ד-ה ודברי הימים א׳ א

# בני נח

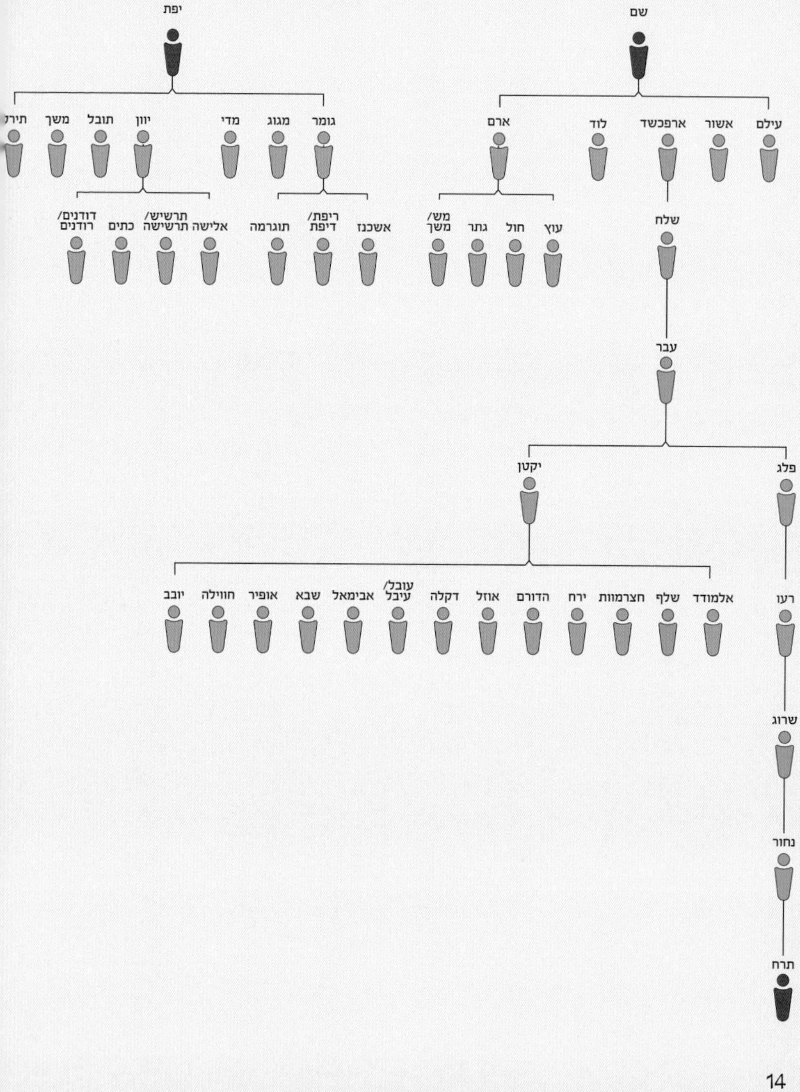

שם
עילם
אשור
ארפכשד
לוד
ארם
עוץ
חול
גתר
מש/ משך
שלח
עבר
פלג
יקטן
רעו
שרוג
נחור
תרח
אלמודד
שלף
חצרמוות
ירח
הדורם
אוזל
דקלה
עובל/ עיבל
אבימאל
שבא
אופיר
חווילה
יובב
יפת
גומר
מגוג
מדי
יוון
תובל
משך
תירס
אשכנז
ריפת/ דיפת
תוגרמה
אלישה
תרשיש/ תרשישה
כתים
דודנים/ רודנים

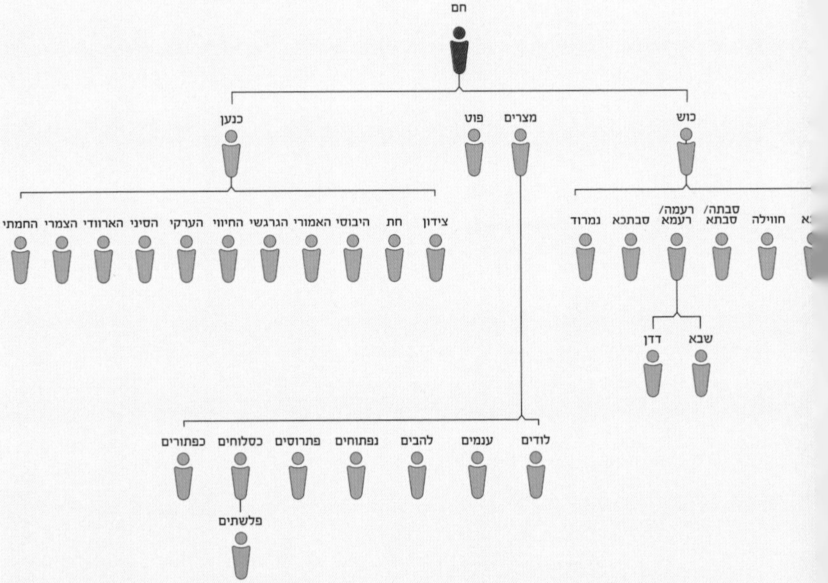


עפ"י בראשית י-יא ודברי הימים א׳ א

# בניהם של תרח, אברהם ויצחק

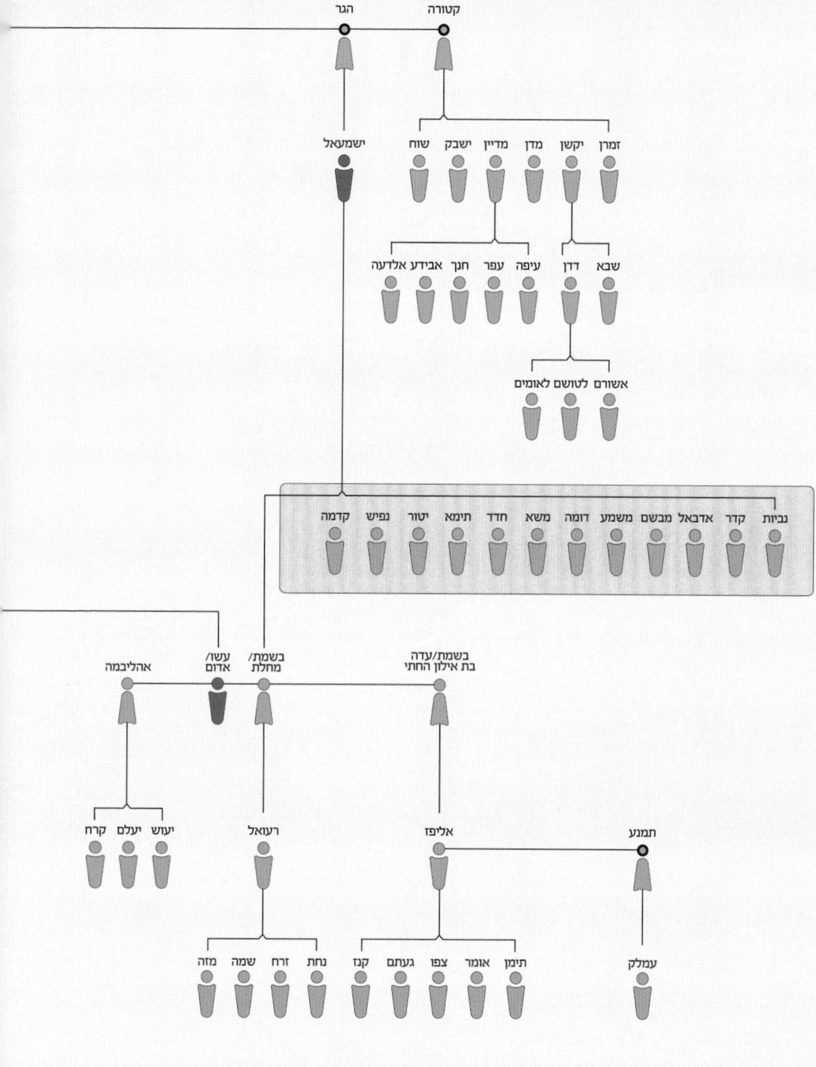

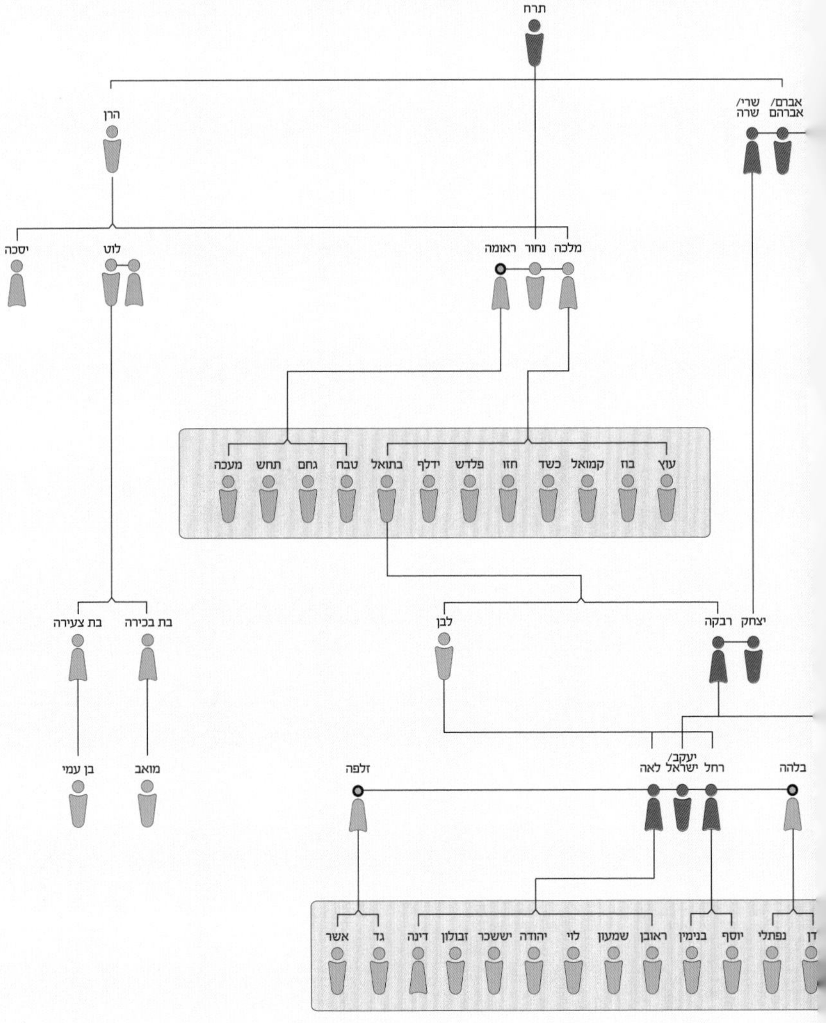


עפ"י בראשית יא, כב, כה, לו, ודברי הימים א׳ א

# בני ישראל

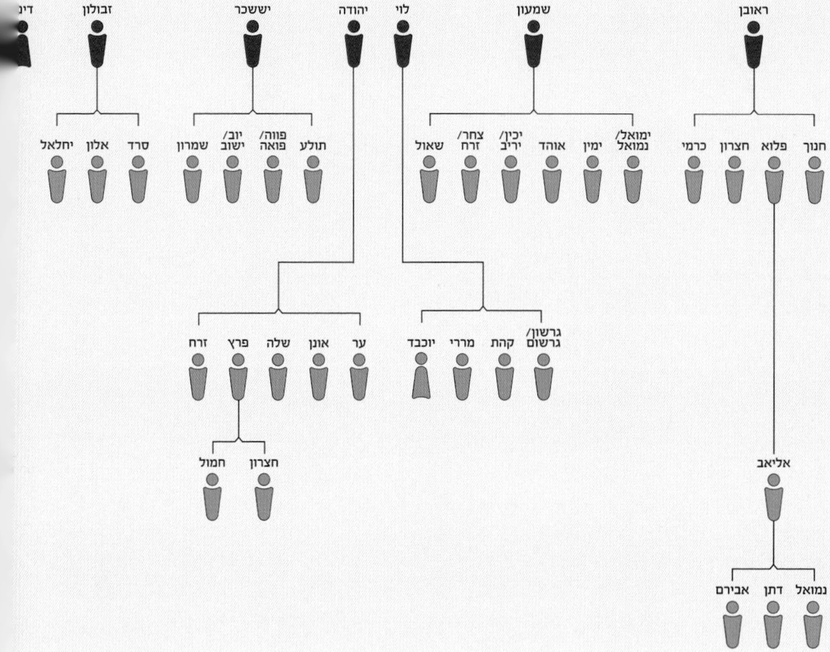
ראובן
חנוך
פלוא
חצרון
כרמי
אליאב
נמואל
דתן
אבירם
שמעון
ימואל/ נמואל
ימין
אוהד
יכין/ יריב
צחר/ זרח
שאול
לוי
גרשון/ גרשום
קהת
מררי
יוכבד
יהודה
ער
אונן
שלה
פרץ
זרח
חצרון
חמול
יששכר
תולע
פווה/ פואה
יוב/ ישוב
שמרון
זבולון
סרד
אלון
יחלאל

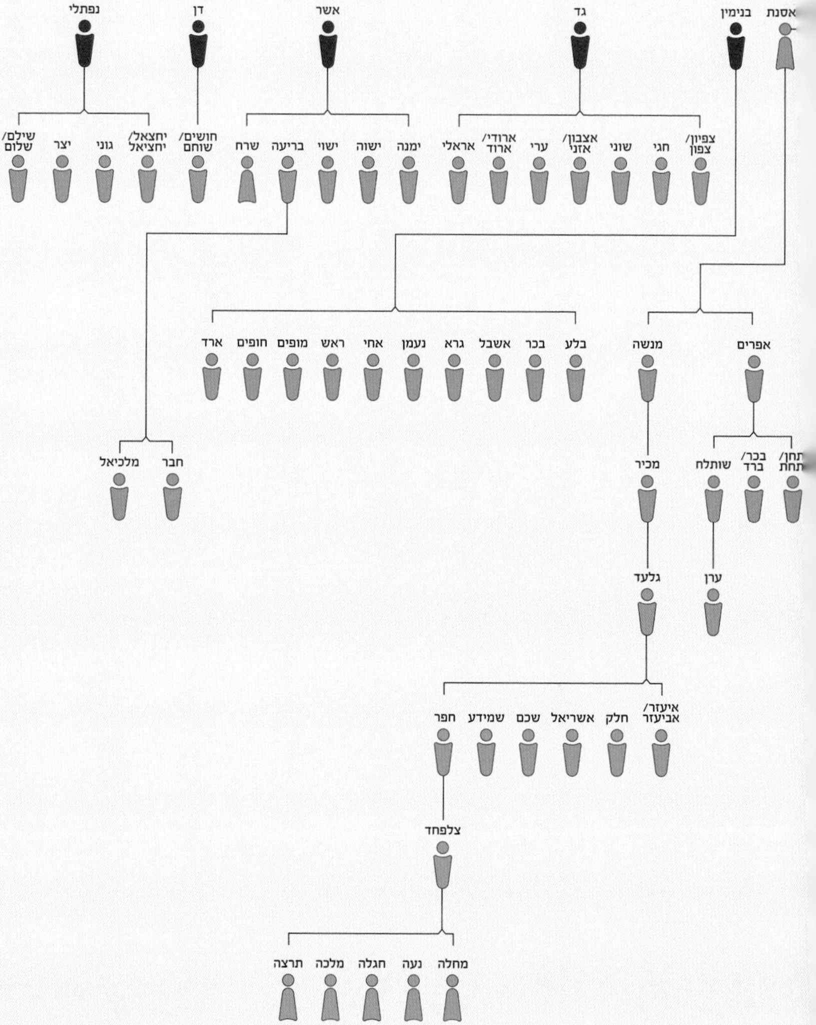


עפ"י בראשית מו ובמדבר כו

# בני לוי

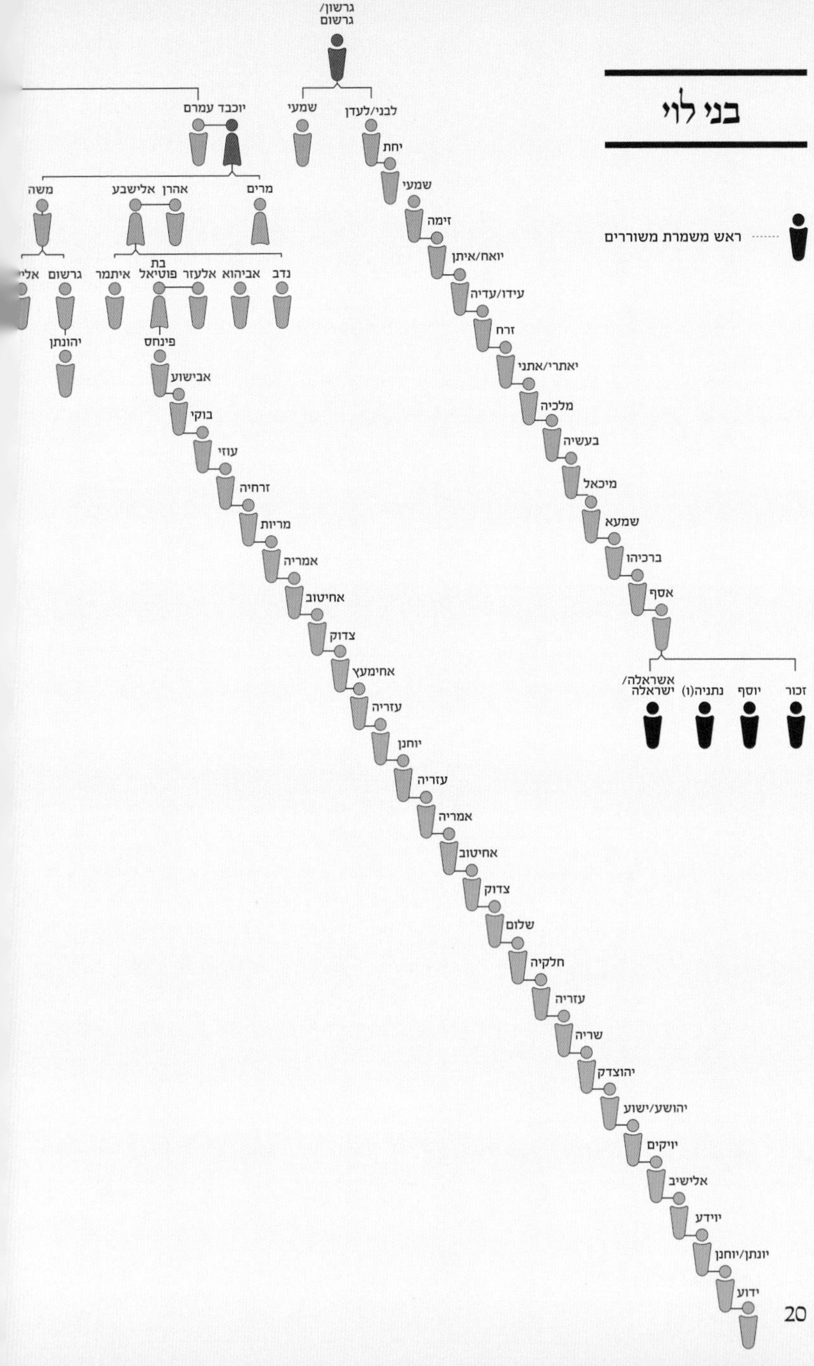

ראש משמרת משוררים
גרשון/ גרשום
לבני/לעדן
שמעי
יוכבד עמרם
יחת
שמעי
זימה
יואח/איתן
עידו/עדיה
זרח
יאתרי/אתני
מלכיה
בעשיה
מיכאל
שמעא
ברכיהו
אסף
זכור
יוסף
נתניה(1)
אשראלה/ ישראלה
מרים
אהרן
אלישבע
משה
נדב
אביהוא
אלעזר
בת פוטיאל
איתמר
גרשום
יהונתן
פינחס
אבישוע
בוקי
עוזי
זרחיה
מריות
אמריה
אחיטוב
צדוק
אחימעץ
עזריה
יוחנן
עזריה
אמריה
אחיטוב
צדוק
שלום
חלקיה
עזריה
שריה
יהוצדק
יהושע/ישוע
יויקים
אלישיב
יוידע
יונתן/יוחנן
ידוע

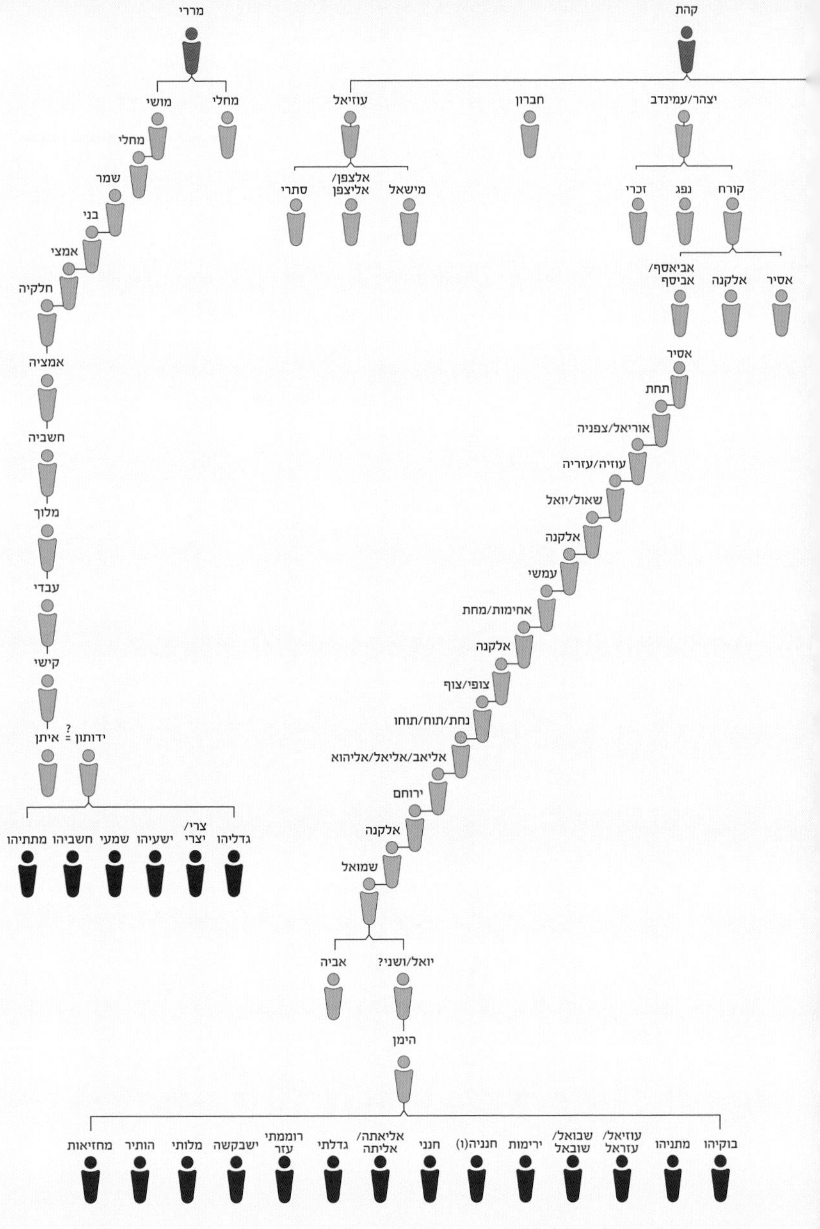


עפ"י שמות ו; במדבר ג, כו; שופטים יח; דברי הימים א' ה-ו, כג-כה; עזרא ז; נחמיה יב

# משפחות יהודה המרכזיות

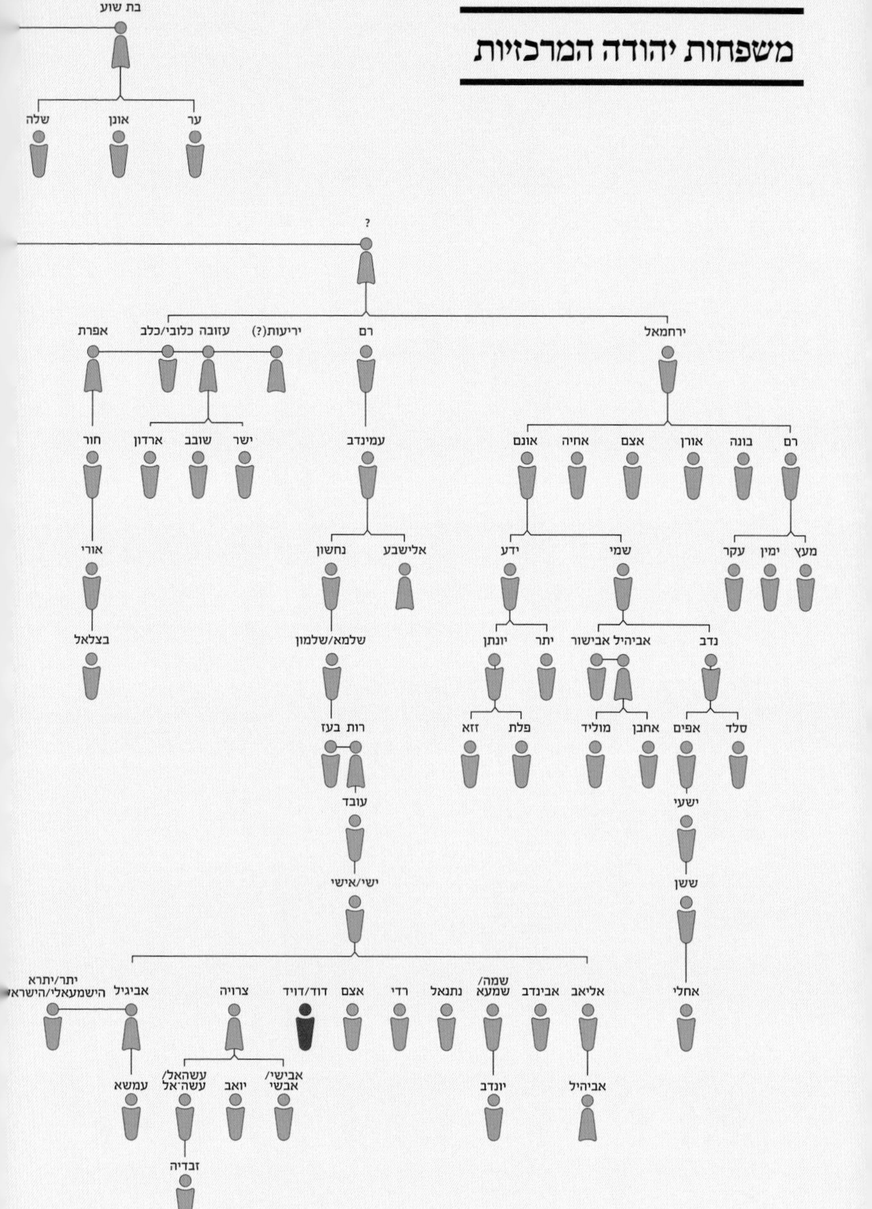

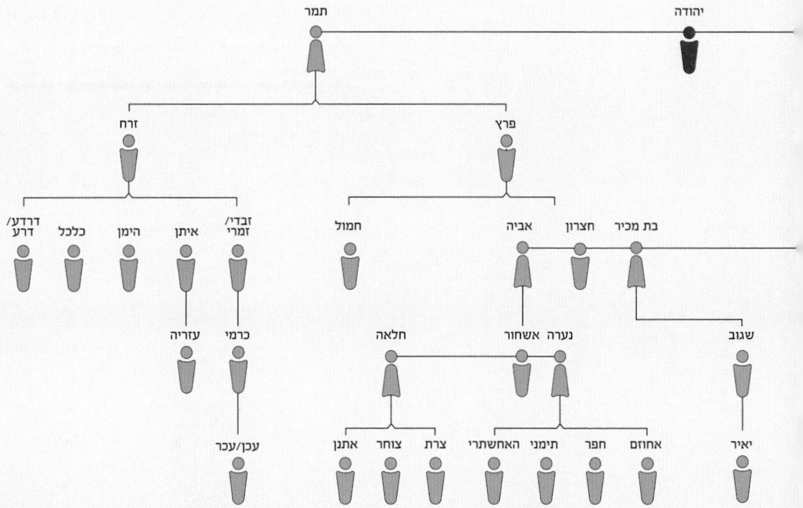


עפ"י בראשית לח, מו; במדבר כו; יהושע ז; שמואל א' טז-יז; שמואל ב' ב, יג, יז; מלכים א' ה; רות ד; דברי הימים א' ב-ד, כז; דברי הימים ב' יא

# בני דוד

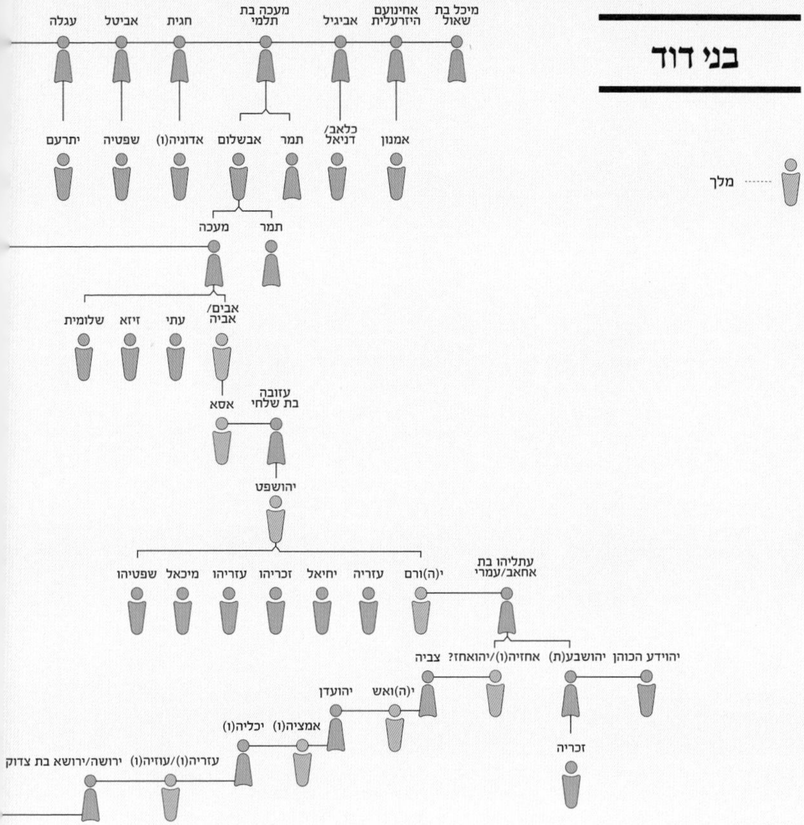

מלך
מיכל בת שאול
אחינועם היזרעלית
אביגיל
מעכה בת תלמי
חגית
אביטל
עגלה
אמנון
כלאב/ דניאל
תמר
אבשלום
אדוניה(ו)
שפטיה
יתרעם
תמר
מעכה
אבים/ אביה
עתי
זיזא
שלומית
עזובה בת שלחי
אסא
יהושפט
עתליהו בת אחאב/עמרי
י(ה)ורם
עזריה
יחיאל
זכריהו
עזריהו
מיכאל
שפטיהו
יהוידע הכוהן
יהושבע(ת)
אחזיה(ו)/יהואחז?
צביה
זכריה
י(ה)ואש
יהועדן
אמציה(ו)
יכליה(ו)
עזריה(ו)/עוזיה(ו)
ירושה/ירושא בת צדוק

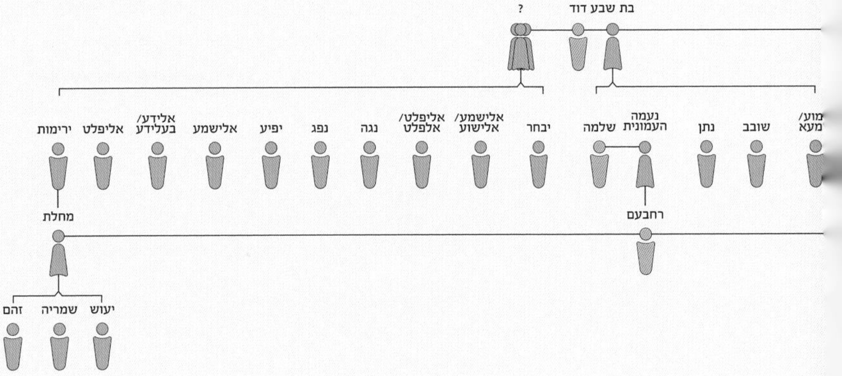


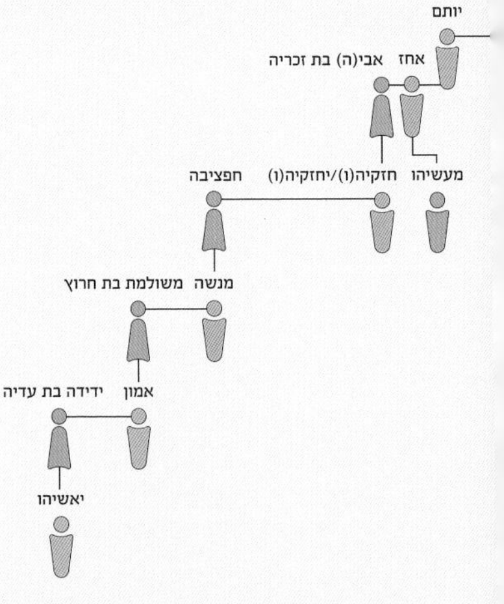


עפ"י שמואל א' יח, כה; שמואל ב' ג, ה, יג-יד; מלכים;
דברי הימים א' ג, יד; דברי הימים ב' יא, כא, כד, כח

# צאצאי יאשיהו

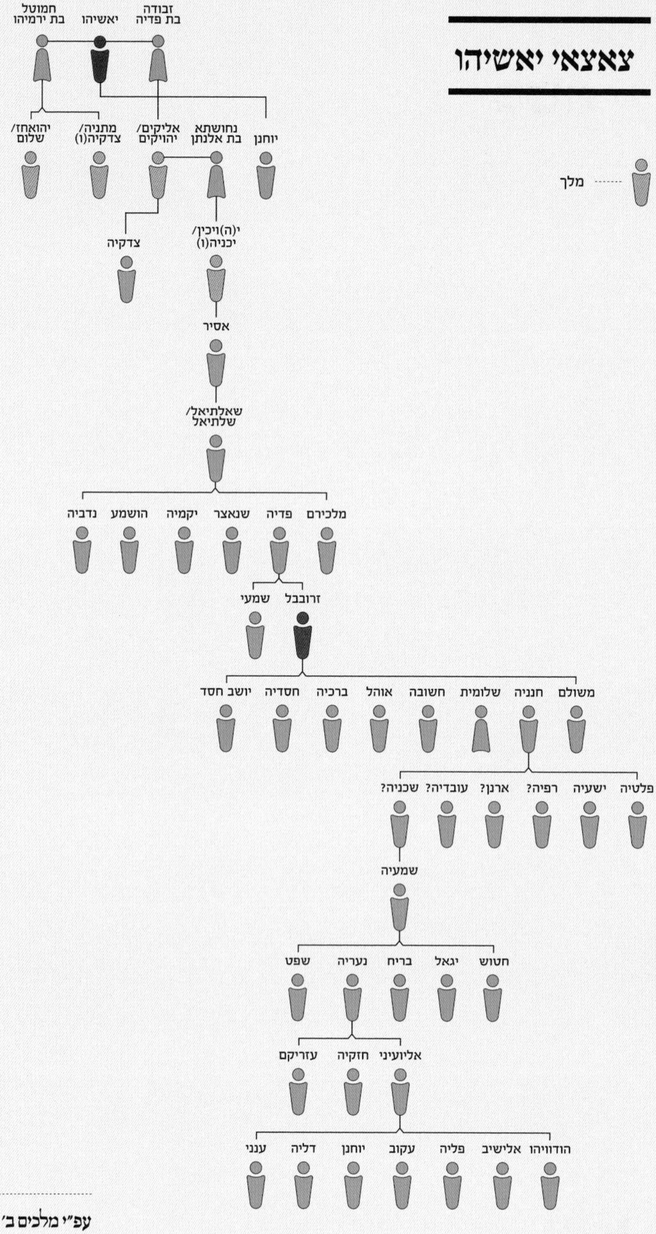


עפ"י מלכים ב׳ כג-כד ודברי הימים א׳ ג

# מפות

# מלחמות יהושע (יהושע ו–יא)

## נחלות השבטים (יהושע יג-יט)

# השופטים

דן
צור
הים הגדול
ברק בן אבינעם
קדש נפתלי
נפתלי
אשר
אילון הזבולוני
זבולון
דור
ארץ טוב
קמון
יאיר הגלעדי
מגדו
יששכר
תולע בן פואה
מנשה
יפתח הגלעדי
מצפה גלעד
עפרה
שכם
פרעתון
סכות
עבדון בן הלל
גדעון בן יואש
נחל יבוק
עלי
יפו
אפרים
שילה
גד
רמתים צופים
בית אל
רבת בני עמון
שמואל
אהוד בן גרא
יעזר
שמגר בן ענת
דבורה
הרמה
דן
יבוס
אשדוד
צרעה
ירושלים
בית לחם
שמשון
אבצן
ראובן
יהודה
חברון
עתניאל בן קנז
דביר
ערד
באר שבע
שמעון

# מלחמות פלשתים ונדודי שבט דן

# גבולות הארץ

גבולות הארץ בפרשת מסעי (במדבר לד)

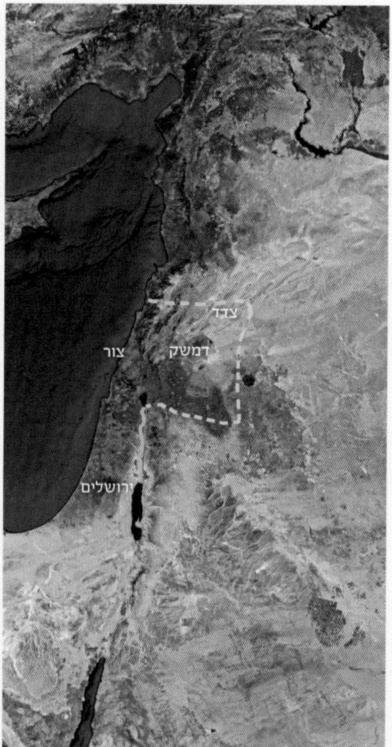


(— — — גבול משוער)

גבולות הארץ בתחילת מלכות דוד

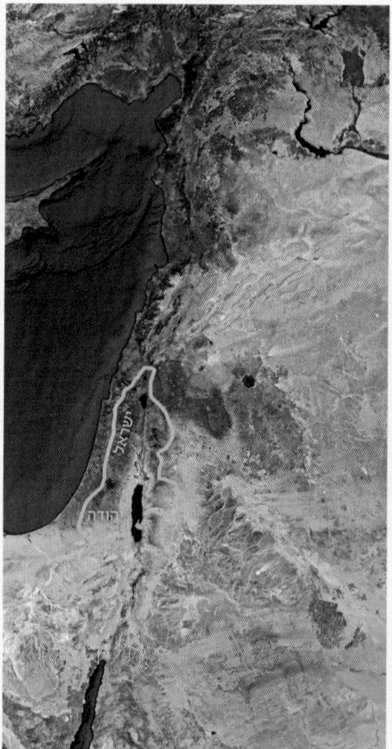

גבולות הארץ בתקופת שלמה (מלכים א' ד-ה)

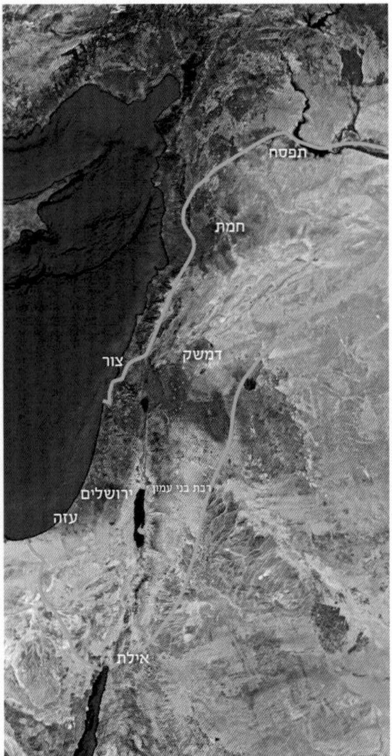


גבולות הארץ בתקופת ירבעם השני (מלכים ב' יד)

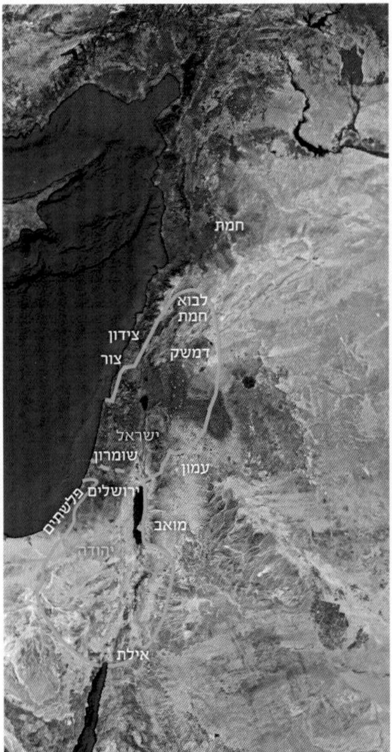

# נדודי המשכן והארון

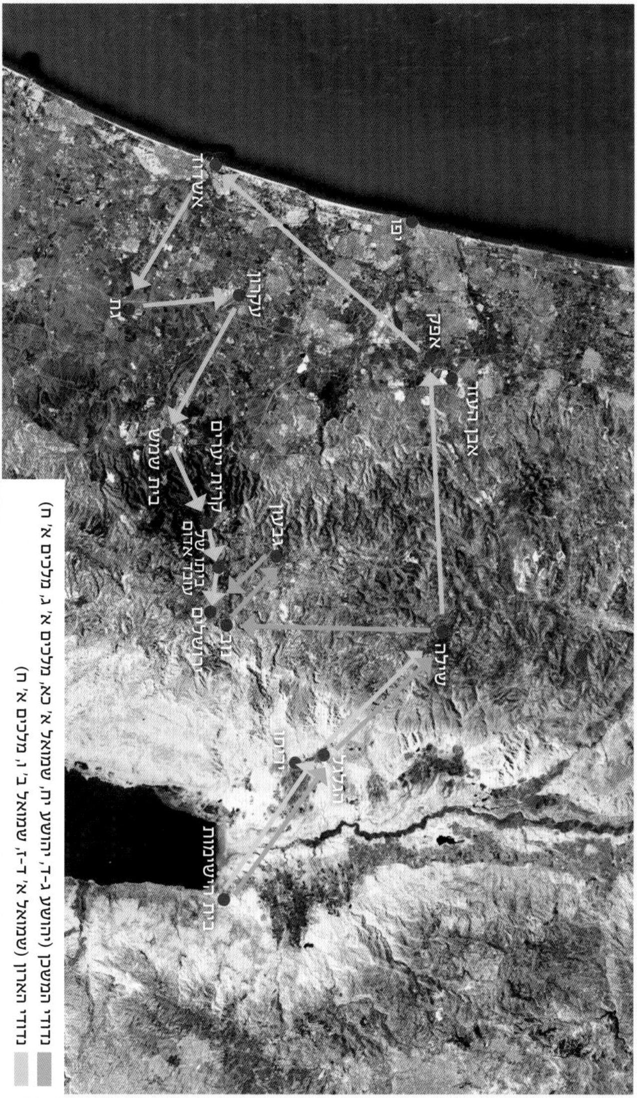

# חומות ירושלים

חומות ירושלים בתקופת בית ראשון:

- החומה הכנענית, המאה ה־18 לפנה"ס
- חומת שלמה, המאה ה־10 לפנה"ס
- חומת חזקיהו, המאה ה־8 לפנה"ס
- חומת ירושלים בתקופת בית שני - חומת נחמיה, המאה ה־5 לפנה"ס
- חומת העיר בימינו, מן המאה ה־16

אפרת נקש, אתר צילום טבע

התמונות באדיבות ארגון והראנו בבניינו – לימודי המקדש והקדשים (הרב מנחם מקובר) בשיתוף הוצאת קורן.

# מקדשים

# המשכן במדבר

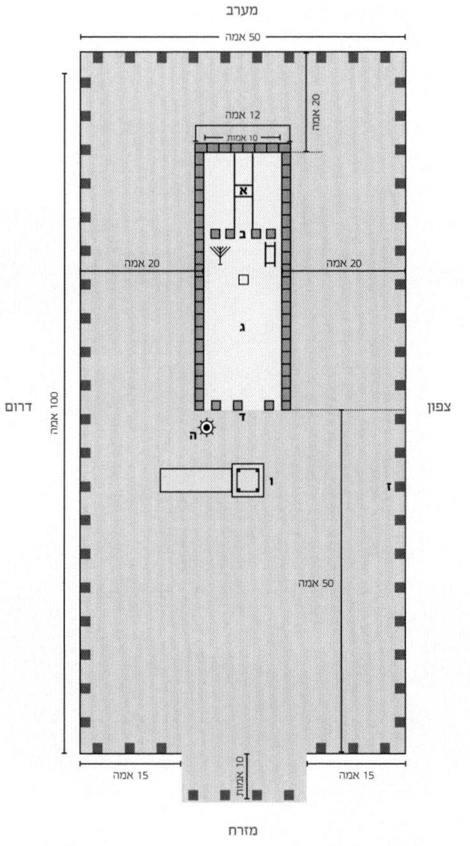


א - קודש הקודשים
ב - פרוכת
ג - קודש
ד - מסך
ה - כיור
ו - מזבח העולה
ז - קלעים

בתי המקדש - השוואת גדלים

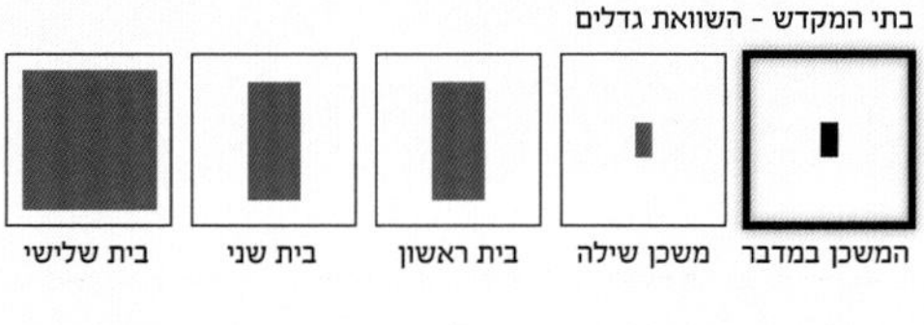

# משכן שילה

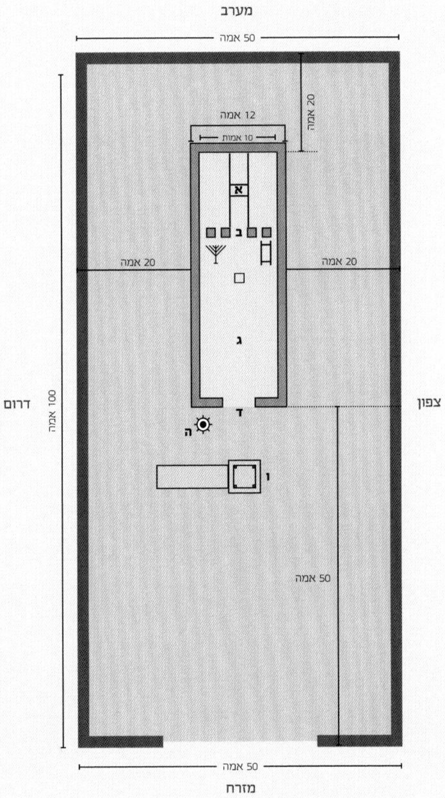


א - קודש הקודשים
ב - פרוכת
ג - קודש
ד - מסך
ה - כיור
ו - מזבח העולה

בתי המקדש - השוואת גדלים

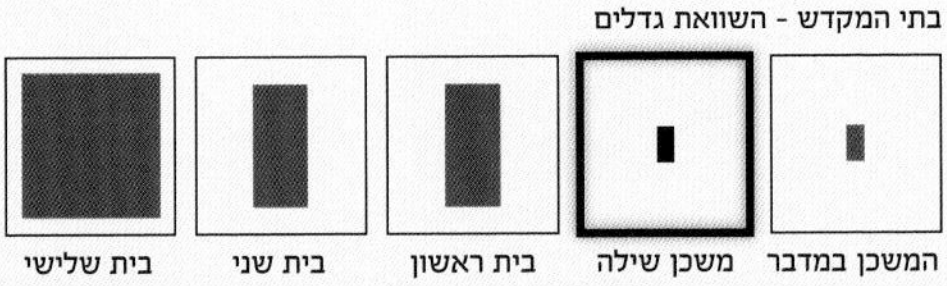

# בית המקדש הראשון

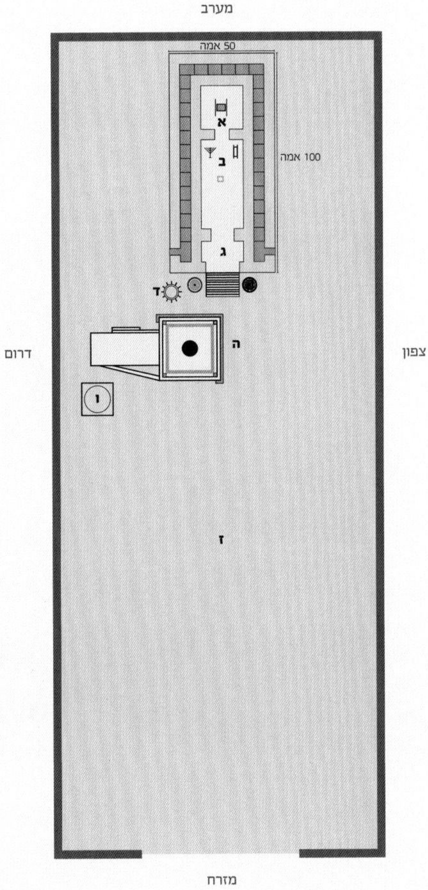


א - דביר
ב - היכל
ג - אולם
ד - כיור
ה - מזבח העולה
ו - ים של שלמה
ז - החצר (גודל משוער)

בתי המקדש - השוואת גדלים

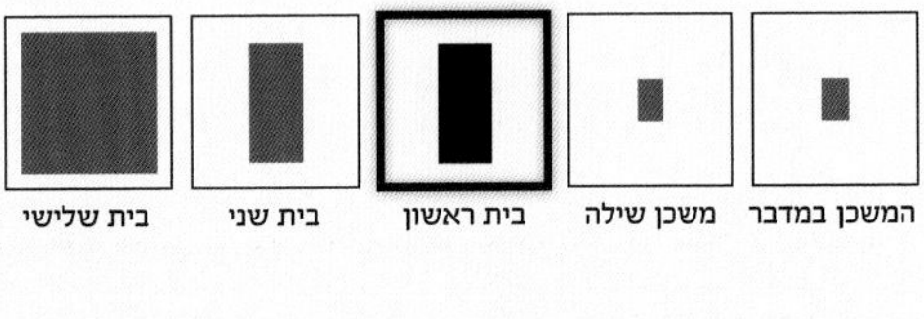

# בית המקדש השני

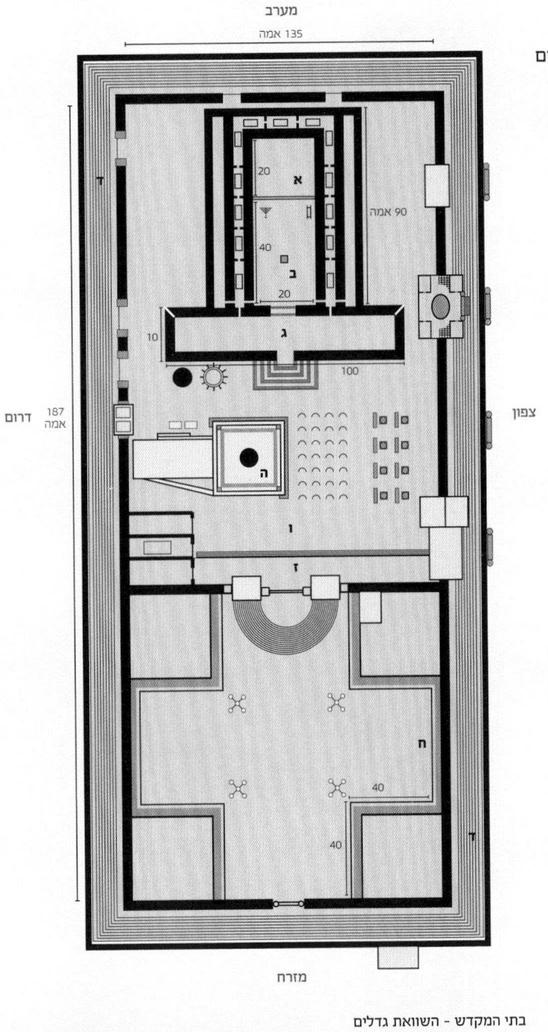


א - קודש הקודשים
ב - קודש
ג - אולם
ד - חיל
ה - מזבח העולה
ו - עזרת כוהנים
ז - עזרת ישראל
ח - עזרת נשים

בתי המקדש - השוואת גדלים

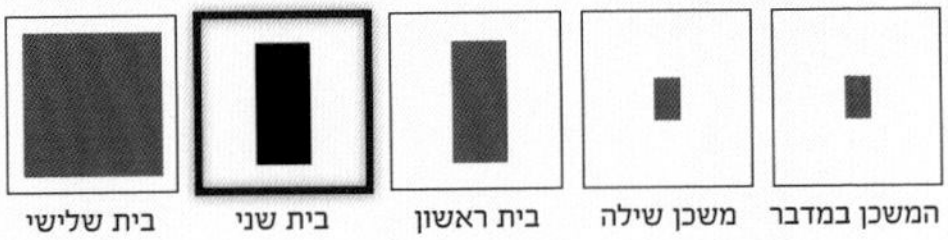


* אין בידינו די מידע על הבית שנבנה בידי עולי בבל, ולכן הצגנו כאן תרשים של מקדש הורדוס, בהנחה שהמידות נותרו כפי שהיו בייסודו של בית המקדש השני.

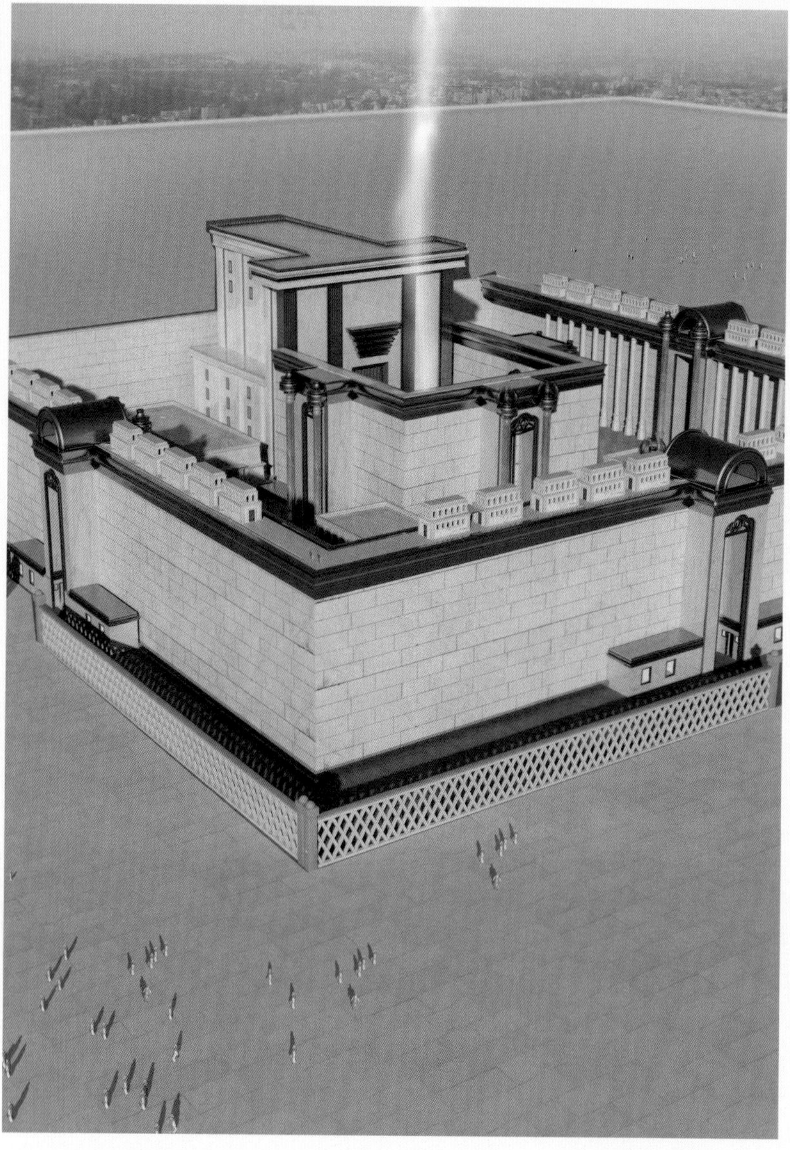

# בית המקדש השלישי

א - קודש הקודשים
ב - קודש
ג - מזבח העולה
ד - חצר פנימית
ה - חצר חיצונה
ו - הר הבית

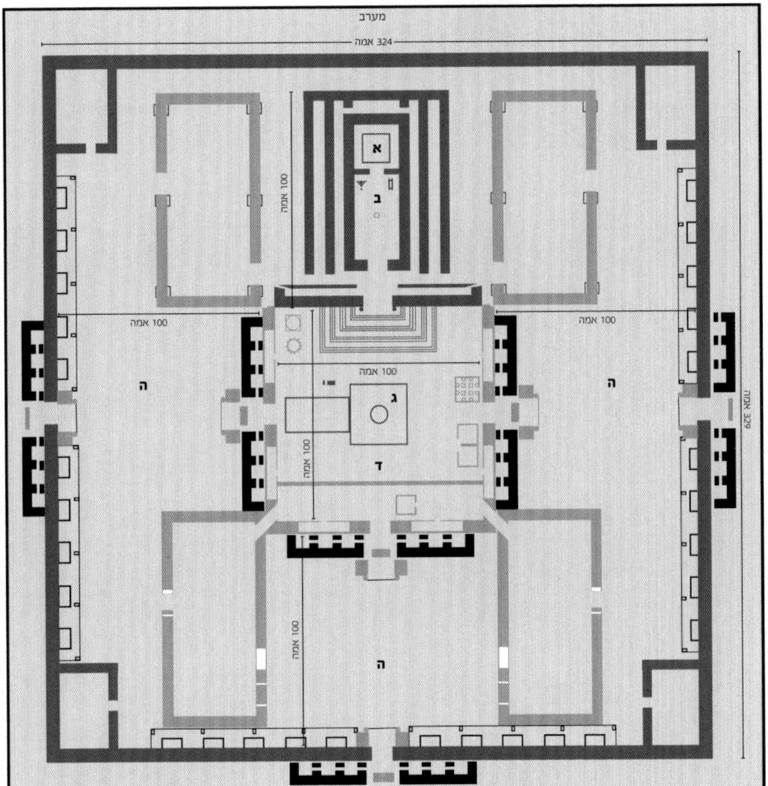


בתי המקדש - השוואת גדלים

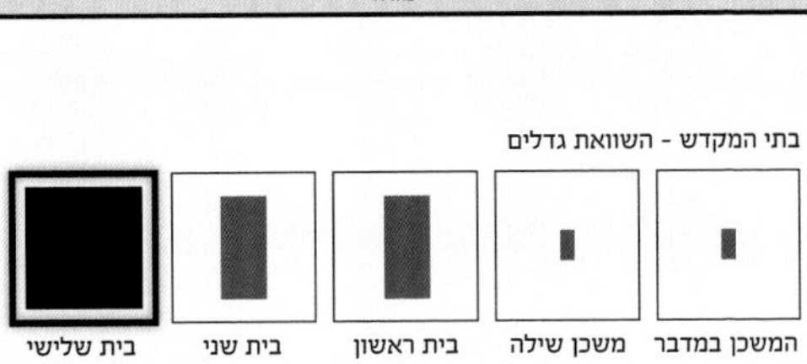

כל הזכויות על התמונות שמורות © הוצאת קורן ירושלים, מלבד:

נקבת השילוח: תמר הירדני

מכתב הקוצר ממצד חשביהו: *Hanay*

הבולה של גמריה בן שפן: צילום קלרה עמית, יורם להמן, יעל יולוביץ,
מיקי קורן, מריאנה סלצברגר, באדיבות רשות העתיקות

מזבח יהושע בהר עיבל: מעזבונו של פרופסור אדם זרטל

מנסרת סנחריב: *Hanay*

מצבת מישע: *Mbzt* 2012

ברכת כוהנים: תמר הירדני

דגם המקדש מחורבת קיאפה: פרופסור יוסף גרפינקל

כרוניקת וויזמן: *The Trustees of the British Museum* ©

מקדש ירבעם: *Mboesch*

# פריטים ארכאולוגיים נבחרים

# נקבת השילוח

נִקְבַּת השילוח המיוחסת למלך חזקיהו, היא מנהרת מים שבה עברו מי מעיין הגיחון שמחוץ לירושלים אל תוך העיר. הנקבה נחשפה לראשונה בשלהי המאה התשע־עשרה ובה גם "כתובת השילוח" המתארת את חציבתה. כתובת זו היא אחת הכתובות הבודדות בכתב עברי קדום ששרדו מימי בית ראשון. נקבת חזקיהו שוכנת בגן הלאומי עיר דוד ואפשר לבקר בה, ואילו כתובת השילוח מוצגת במוזיאון הארכאולוגי באיסטנבול.

**מקורות:** דברי הימים ב׳ לב, ב-ד
דברי הימים ב׳ לב, ל
ישעיה כב, יא
מלכים ב׳ כ, כ

**רקע:** לאחר שחזקיהו המלך הכריז על מרד מסים נגד סנחריב מלך אשור, יצא האחרון למסע כיבוש והרס של ערי יהודה. חזקיהו התכונן למצור ממושך על ירושלים בירתו. ולכן ביצר את העיר, אך נאלץ להותיר את מקור המים העיקרי שלה - מעיין הגיחון - בחוץ, וזאת בשל נמיכותו הטופוגרפית בתחתית נחל קדרון. כדי לא לאבד את הגיחון, וכדי שלא ישמש את חיילי האויב, מצא חזקיהו פתרון הנדסי מבריק: הוא סתם את מוצא הגיחון שממזרח לעיר והעביר את המים בנִקְבָּה חצובה לאורך כ־600 מטרים מתחת הבתים עד לבריכה בתוך העיר המבוצרת. כך זכתה העיר למקור מים איתן בין חומותיה. בסופו של דבר נסוג צבא סנחריב מלך אשור כלעומת שבא.

# מכתב הקוצר ממצד חֲשַׁבְיָהוּ

**מקורות:** שמות כב, כג-כה

מכתב הקוצר הוא אוֹסְטְרָקוֹן (כתובת על שבר חרס) בן כ־2,700 שנה, המתוארך לימי המלך יאשיהו. הוא התגלה במצודה הנקראת מצד חשביהו סמוך לקיבוץ פלמחים וכתוב בכתב עברי קדום בלי אותיות סופיות ובלי פיסוק. באוסטרקון מובאת תלונתו של אריס על מפקח המסים אשר נשלח לגבות ממנו חוב והחרים את בגדו היחיד. האוסטרקון מוצג במוזיאון ישראל והעתק שלו מוצג במוזיאון בית מרים - הים ומלואו בקיבוץ פלמחים.

**רקע:** שישה אוסטרקונים התגלו בחדרי המשמר של מצד חשביהו, כולם כתובים בכתב עברי קדום בדיו כהה. המסקרן שבהם הוא מכתב הקוצר המיועד כנראה למפקד המצד ובו קובל אריס על מפקח המסים, הושעיהו בן שבי, שהאשימו בעוול באי־תשלום חוב ולכן החרים את בגדו היחיד. האוסטרקון מתחיל במילים: "ישמע אדני השר את דבר עַבְדּה" וממשיך בתיאור מלאכת הקוצר, אשר על פי טענתו סיים את מכסת היבול שהצטווה לקצור, אך מפקח המסים לא האמין לו ולקח את בגדו. לתמיכת גרסתו מוכן הקוצר להביא את עדות חבריו הקוצרים וטוען: "אחי יענו לי אמן, נקתי מא[שם]". האוסטרקון מסתיים בבקשה: '[והש]בת את [בגד ע]בדך'. תיאור האירועים במכתב הקוצר עולה בקנה אחד עם האיסור המקראי להחרים מחייב את כסותו היחידה, שמא לא יהיה לו במה להתכסות בלילה, ומלמד כי פעולה זו הייתה אמצעי לחץ מקובל בימי קדם, שהתורה יצאה נגדו.

# הבולה של גְּמַרְיָהו בן שפן

הבּוּלָּה של גמריהו בן שפן היא טביעת חותם קטנה שהתגלתה בעיר דוד בתוך אוסף של 51 בּוּלּוֹת. הבולה עשויה טין (סוג חרס) ובה המילים "לגמריהו בן שפן" בכתב עברי קדום. השם מעיד על שייכותה לגמריהו בן שפן, סופר ושר בכיר בחצר יהויקים מלך יהודה. בולה מסוג זה שימשה לרוב לחתימת מסמכים מסווגים, והיא מוצגת במוזיאון ישראל.

**מקורות:** ירמיה לב, יא-יד
ירמיה כט ג
ירמיה לו, י-יב; כה

**רקע:** בימי קדם גללו מסמכים אישיים או משפטיים וסגרו עליהם מפני זרים על ידי גוש טין, שעליו הוטבע בטבעת שמו של השולח או של פקיד מטעמו. מסמכים משפטיים, כמו שטרי מקנה, היו נכתבים פעמיים – עותק אחד היה נגלל ונחתם בבולה כדי שלא ייערך בו שינוי, והעותק השני היה פתוח לקריאה. בעיר דוד התגלה ארכיון ממלכתי שבו נשמרו מסמכים כאלה ואשר עלה באש עם שריפת ירושלים בסוף ימי בית ראשון. המסמכים עצמם התכלו אך הבולות ששמרו עליהן התקשו והשתמרו. גמריהו בן שפן, שטביעת חותמו התגלתה בארכיון, היה ממשפחת אצולה של סופרי המלך וחי בירושלים לפני כ־2,600 שנה. אביו שפן היה סופרו של המלך יאשיהו, ובן אחיו, גדליהו בן אחיקם, היה מושל יהודה האחרון. שמו הוא היחיד מכל הבולות בארכיון שהיה מוכר מן התנ"ך, אולם בהמשך התגלו בירושלים בולות של דמויות מקראיות נוספות, כמו יהוכל בן שלמיהו, גדליהו בן פשחור, ברוך בן נריה ואפילו המלך חזקיהו.

# החומה הרחבה

**מקורות:** דברי הימים ב׳ לב, ה
ישעיה כב, י
נחמיה ג, ח
נחמיה יב, לח

החומה הרחבה היא מקטע של כארבעים מטרים מחומת אבני גוויל (לא מסותתות), שהתגלה ברובע היהודי בירושלים. רוחב החומה מגיע לכשבעה מטרים וגובהה בעת הקמתה הגיע לכעשרה מטרים. היא נבנתה על ידי חזקיהו המלך לקראת מצור סנחריב מלך אשור לפני כ־2,700 שנה. אפשר לראות את החומה הרחבה בתוך בור פתוח ברחוב "בוני החומה" שליד הקרדו. החלקים ממנה שקבורים מתחת לרחוב המודרני, סומנו עליו בריצוף בפס אבן אדומה.

**רקע:** בזמן שהכין חזקיהו המלך את ירושלים למצור סנחריב, הוא גם ביצר אותה בחומה שהקיפה את עיר דוד, הר ציון והרובע היהודי של ימינו. חומה מבוצרת במיוחד נבנתה בצד צפון המישורי, שהיה נקודת תורפה טופוגרפית בהגנה על העיר. חומה זו נמתחה לאורך תוואי גיא רדוד בשם "הגיא הצולב" העובר ממזרח למערב (היום רחוב "דוד" ו"השלשלת"), ולצורך הקמתה נהרסו בתי תושבים שעמדו בתוואי בנייתה. שרידיהם של בתים אלה נראים בשטח עד ימינו. מציאת החומה הרחבה הכריעה את הכף במחלוקת ארכאולוגית רבת שנים, והוכיחה שירושלים של סוף ימי הבית הראשון השתרעה לא רק על פני גבעת עיר דוד והר הבית, אלא גם על פני "הגבעה המערבית" (הר ציון והרובע הארמני). אפשר כי "הַחוֹמָה הָרְחָבָה" המוזכרת פעמיים בספר נחמיה (ג, ח; יב, לח) כציון דרך בירושלים, היא חומה זו של חזקיהו.

# מזבח יהושע בהר עיבל

**מקורות:** דברים כז, א-י
יהושע ח, ל-לד
יחזקאל מג, טו
שמות כ, כב-כג - הלכות בניית מזבח

מזבח יהושע בהר עיבל הוא במה מלבנית מאבני גוויל (לא מסותתות), שמידותיה הן 7X9 מטרים וגובהה כארבעה מטרים. הבמה מוקפת משלושה עברים במעטפת אבן רחבה, הנמוכה ממנה, וצמודה אליה חצר גדולה המוקפת בגדר. החצר נחצית באמצעה בכבש העולה מחוץ למתחם הישר אל הבמה. זיהוי המזבח במקום זה נעשה על פי צורתו ועל פי מצאי רב של אפר ועצמות בעלי חיים. הוא תוארך לימי יהושע, כלומר, לסוף המאה השלוש־עשרה לפנה"ס, על פי מצאי החרסים ועל פי הכתוב בתנ"ך. המזבח השתמר באופן יוצא דופן ואפשר לבקר במקומו בהר עיבל.

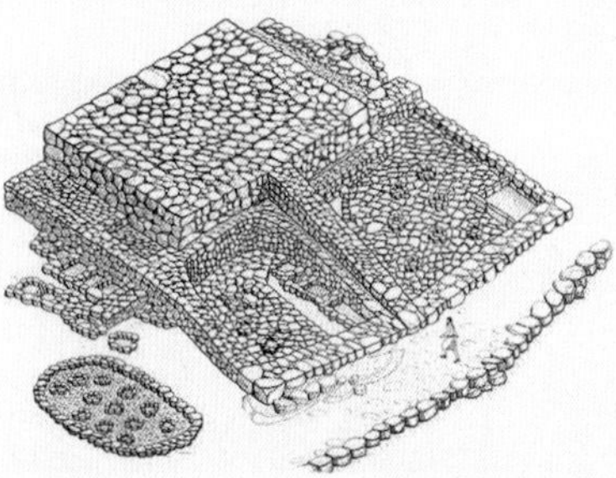

**רקע:** המזבח בהר עיבל תואם לתיאורים של מזבחות בתנ"ך ובמשנה. אבניו, למשל, אינן מסותתות, בניגוד למזבחות כנעניים סמוכים, והוא גם מרובע ולא עגול כמוהם; המזבח בנוי על סלע האם ועשוי מסגרת של "אבנים שלמות" (דברים כז, ו), מלאה ואטומה; העלייה אליו היא בכבש ולא במדרגות ויש לו קרנות מזבח מרובעות. הוא מוקף במעטפת אבן רחבה, הנמוכה ממנו ומאפשרת להקיף אותו, בדומה ל"סובב" המוזכר במשנה (למשל, זבחים ה, ג); עצמות בעלי החיים שהתגלו עליו היו של בהמות טהורות בלבד, בעיקר של זכרים בני שנה, הכשרים לקרבן עולה. מרכיבים אלה ואחרים הביאו חלק מהחוקרים למסקנה כי זהו המזבח ההיסטורי שבנה יהושע בהר עיבל.

# מנסרת סנחריב

**מקורות:** מלכים ב׳ יח, יג-לז; יט
ישעיה לו-לז
דברי הימים ב׳ לב, א-כג

מנסרת סנחריב היא גליל חרס גדול שבצדו החיצוני שש פאות שטוחות, ובהן מתוארים בשפה האכדית שמונה מסעות מלחמה שערך סנחריב. המנסרה מתארת בין היתר בפירוט לאורך 31 שורות את מסע הכיבוש שערך סנחריב בארץ יהודה בשנת 701 לפנה״ס, לרבות תיאור הערים שכבש והרכוש הרב שזכה לו מידי חזקיהו המלך, ואשר תמורתו הבטיח שלא יפגע בירושלים. שלושה עותקים שלמים וכמעט זהים של מנסרת סנחריב נתגלו עד כה במרחב מסופוטמיה והם שמורים במוזיאון הבריטי, באוניברסיטת שיקגו ובמוזיאון ישראל. בנוסף למנסרות השלמות נתגלו שבריהן של שמונה מנסרות נוספות, והם שמורים כולם במוזיאון הבריטי.

**רקע:** מלכי אשור נהגו להרחיב בתיאור הצלחותיהם הצבאיות בכתובות בנייה והקדשה בשפה האכדית על גבי לוחות אבן או חומר. כתובות אלו תיארו אירועים, כיבושים וקרבות, וכך גם במנסרת סנחריב המתארת כיצד כבש ובזז 46 ערים יהודיות מבוצרות ועוד מספר לא ידוע של ערי שדה. במנסרה מסופר כי סנחריב הטיל מצור ממושך על ירושלים והפך את חזקיהו המלך ל״ציפור בכלוב״. בסופו של דבר, כך על פי המנסרה, הניח סנחריב לירושלים בתמורה לרכוש העצום שמסר לו חזקיהו, ובו בין היתר ״ככרות כסף, אבנים יפות, פוך מובחר, יהלומים, אבני אודם גדולות... וכמו כן בנותיו, פילגשיו, נשותיו וגבריו, נגנים ששלח אחריי לנינווה עיר מלכותי לשלם לי מס ולקבל את שיעבודו״. חשיבותה הגדולה של המנסרה היא בהיותה עוגן להשוואת התיארוך ההיסטורי לזה התנ״כי (סנחריב בירושלים = 701 לפנה״ס) וכן בהשוואת התיאורים המופיעים בה לסיפור התנ״כי.

# מצבת מישע

**מקורות:** מלכים ב׳ ג, ד-כז
שמואל ב׳ כג, כ -
על המושג ״אֲרִאֵל״ במואבית

מצבת מישע היא מצבת בזלת, שהוצבה לפני כ־2,900 שנה בעיר דיבון שבעבר הירדן על ידי מישע מלך מואב. גובהה הוא מטר, רוחבה כשישים סנטימטרים ובחזיתה כתובת מואבית בת 34 שורות (במקור היו 36), המתארת בכתב פיניקי-עברי את ניצחונות מישע מלך מואב על ממלכת ישראל. המצבה התגלתה במאה התשע־עשרה והייתה העדות החוץ־מקראית הראשונה בהיסטוריה למסופר בתנ״ך. היא מוצגת במוזיאון הלובר בפריז.

**רקע:** בין מלכי קדם, היו שהנציחו את הצלחותיהם וכיבושיהם על גבי מצבות אבן שהועמדו בערי בירתם או בערים הכבושות, שבהן גם נהגו להודות לאליליהם על ניצחונותיהם. כזו היא מצבת המלך מישע, המספרת כי בימיו העניש האל המואבי כמוש את עמו ושיעבדו תחת מלכי ישראל, עמרי ואחאב. אלא שלבסוף, בחסדי האל, השתחרר מישע מעול השעבוד ואף כבש ערים מידי ישראל. מישע אף שבה, כך על פי המצבה, את ״אֲרִאֵל דָּוִדֹה״ וייתכן שהכוונה היא לגיבור דוד – איש צבא מממלכת יהודה שנחלץ לעזרת ישראל. במצבה מובאים שמות ערים ודמויות מוכרות מן התנ״ך, מה שהופך אותה למקור החיצוני הראשון בן תקופתו של התנ״ך, המזכיר אותן אף הוא. בעקבות העניין הרב במצבה, הבדואים שמצאו אותה ניתצו אותה לחתיכות, בתקווה למכור כל חלק בכסף רב. בשל כך חלקיה של המצבה הקיימת היום שבורים וחסרים, והיא הושלמה בזכות העתק שנלקח ממנה לפני ניפוצה.

# לוחיות ברכת כוהנים

**מקורות:** במדבר ו, כד-כו

שתי לוחיות ברכת כוהנים מכסף, זעירות וגלולות היטב נמצאו במערת קבורה מימי בית ראשון בכתף הינום, סמוך לתחנת הרכבת הישנה בירושלים. בכל אחת מהן מופיעה ברכה ובה נוסח מקוצר ושונה מעט של ברכת כוהנים בכתב עברי קדום. הלוחיות מתוארכות לסביבות שנת 600 לפנה"ס, דבר המלמד על עתיקותו של נוסח ברכת כוהנים, כמו גם על הפופולריות שלו בימי בית ראשון. הלוחיות מוצגות במוזיאון ישראל.

**רקע:** בכתף הינום בירושלים נמצא מכלול מערות קבורה מפוארות שתוארך לימי המלך יאשיהו. באחת מהן נמצא שפע תכשיטים וחפצים שנועדו ללוות את המתים בדרכם לעולם הבא, ובהם גם צמד לוחיות הכסף ששימשו כנראה קמעות. פתיחת הלוחיות התעכבה כמה שנים עד שנמצאה דרך לעשות כן מבלי לגרום להן נזק. הנוסח המופיע על האחת הוא "יְבָרֶכְךָ יְהֹוָה וְיִשְׁמְרֶךָ יָאֵר יְהֹוָה פָּנָיו אֵלֶיךָ וִיחֻנֶּךָּ" ועל השנייה: "יְבָרֶכְךָ יְהֹוָה וְיִשְׁמְרֶךָ יָאֵר יְהֹוָה פָּנָיו אֵלֶיךָ וְיָשֵׂם לְךָ שָׁלוֹם". שתיהן יחד תואמות באופן כמעט מלא את נוסח המסורה המופיע בתורה, ונראה כי הן מבוססות עליו. לוחיות ברכת כוהנים הן הטקסט המקראי הקדום ביותר שנכתב בימי התנ"ך, וגם הראשון שמופיע בו השם 'יהוה' בירושלים מימי בית ראשון. עובדה זו מסקרנת במיוחד לנוכח העובדה שלמרגלות כתף הינום, בגיא בן הינום, קיימו יהודים את פולחן המולך האלילי ממש באותם ימים, ימי יאשיהו.

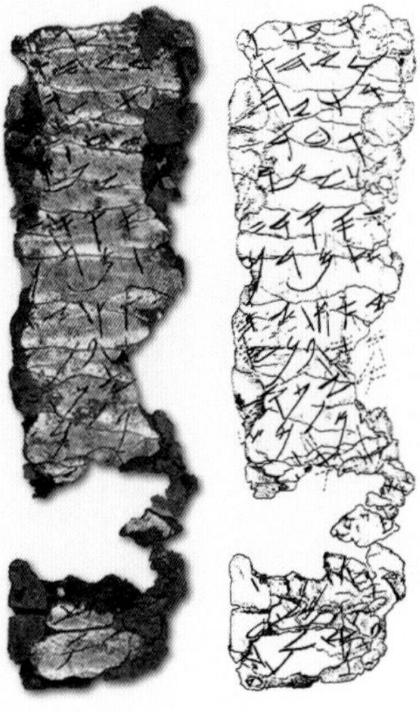

-- הברו (כ)
- אֲניהו - ו
- ר יה(ו)
-- רָעה - ד
שיברכ
יהוה ו
(י)שמרכ
יאר יה
(וה) פניו
(אל)יכ וי
שמ לך ש
לו (מ) --
-----
-- --
--כמ--
-----
-ור-נ-
-----

# דגם המקדש מחורבת קיאפה

**מקורות:** שמואל א׳ יז, נב - על העיר שַׁעֲרַיִם
מלכים א׳ ו, לא ו־לג
מלכים א׳ ז, ב-ה
יחזקאל מא, ה-ו

דגם המקדש מחורבת קיאפה הוא תבנית אבן בצורת מקדש בגובה של כ־35 סנטימטרים, שהתגלתה ב"מבצר האלה" ליד בית שמש. המבצר שוכן בתל ארכאולוגי ישראלי המתוארך לימי דוד ושלמה, ולו שני שערים, ואפשר שהוא העיר שעֲרַיִם המוזכרת בסיפור דוד וגליָת.

בדגם אפשר לראות פתח נסוג פנימה מוקף בשלוש מסגרות זו בתוך זו. המשקוף העליון מעוטר בשבעה מרובעים בולטים, וכל אחד מהם מחולק לשלוש רצועות אנכיות. הרצועות מסמלות כנראה את פרופיל קורות העץ בגג, שהיו מסודרות בשלשות.

**רקע:** בתיאור התנ"כי של בניית בית יער הלבנון בארמון שלמה המלך מופיעים ביטויים שאינם ברורים לקורא הפשוט כמו צלעות, שְׁקֻפִים ומֶחֱזָה. דגם המקדש מחורבת קיאפה מציג אדריכלות פאר המאפיינת בנייה ציבורית, ולאורו אפשר לפרש את הכתובים כך: "צלעות" הן קורות התקרה – את גג בית יער הלבנון תמכו 45 קורות שסודרו ב־15 קבוצות; הפתחים היו רְבועים עם "שְׁקֻפִים" שהם המשקופים העליונים, המדורגים שלוש פעמים; ו"מֶחֱזָה" היא מזוזת הפתח, שאף היא מדורגת שלוש פעמים. בתיאור המקדש עצמו נכתב על פתח ההיכל שהיה "מֵאֵת רְבִעִית" (מלכים א׳ ו, לג), ופתח הדביר נעשָׂה "מְזֻזוֹת חֲמִשִׁית" (שם פסוק לא), כלומר אולי בארבע ואפילו בחמש מסגרות נסוגות. הדגם עוזר לנו גם להבין את המקדש השמימי שראה יחזקאל, אם מפרשים גם שם שהמילה "צלעות" היא קורות גג המסודרות בשלשות.

# כרוניקת וייזמן על גלות יהויכין

כרוניקת וייזמן היא רשימה בבלית שנכתבה בכתב יתדות על חרס, והיא סוקרת את מסעותיו של נבוכדנצר השני ב־11 שנות מלכותו הראשונות (605-594 לפנה"ס). בכרוניקה מתוארות מלחמות הבבלים באזור סוריה וארץ ישראל, לרבות תיאור כיבוש ירושלים בימי יהויכין. הכרוניקה נשכחה במחסני המוזיאון הבריטי בלונדון עשרות שנים עד שנחקרה, ואת תוכנה פרסם לראשונה האשורולוג האנגלי פרופ' דונלד וייזמן ב־1956.

**מקורות:** מלכים ב' כד, א-כ (בעיקר פסוק יב)
ירמיה כה, א-י
ירמיה נב, כח
אסתר ב, ה-ו
דברי הימים ב' לו, ט-י

**רקע:** על פי הכרוניקה, שנת שבע למלכות נבוכדנצר הוקדשה כולה למצור ולכיבוש ירושלים, דבר המעיד על חשיבותה. בחודש כסלו "הוא חנה על עיר יהודה. בחודש אדר, יום ב', כבש את העיר ולכד את מלכה. מינה בה מלך כלבבו. את מנחתה העשירה קיבל והעביר לבבל". הכרוניקה משלימה יפה את המסופר בספר מלכים על לכידת המלך יהויכין, המלכת צדקיהו תחתיו ושדידת אוצרות ירושלים והמקדש. בזכותה יש בידינו את התאריך המדויק שבו נכנעה ירושלים: ב' באדר שנת 597 לפנה"ס. המלך יהויכין יצא לגלות לאחר מכן, בסוף השנה השביעית לנבוכדנצר (על פי ירמיהו), או בתחילת השנה השמינית (על פי ספר מלכים). הגולים היו אצולת העם ואומניה ובהם גם משפחתו של מרדכי היהודי.

# מקדש ירבעם בתל דן

תל דן הוא אתר ארכאולוגי בשמורת הטבע תל דן בצפון הארץ. העיר דן הייתה מיושבת כבר מימי אברהם אבינו, ובימי השופטים פעל בה אתר פולחן עד חורבן שילה. בתל התגלו ממצאים ארכאולוגיים ייחודיים מתקופות שונות, ובהם במה המתוארכת לימי ירבעם בן נבט מן המאה העשירית לפנה"ס, שהייתה בשימוש גם בימי אחאב וירבעם בן יואש. רוחב הבמה הוא כ־18 מטרים והמזבח נעשה באבני גוויל (לא מסותתות) בהתאם להלכות בניית מזבח בתורה, ובו חורים לניקוז דם הקרבן.

**מקורות:** **בראשית יד, יד; יהושע יט, מז** – על העיר דן
**שופטים יח, כט-לא; עמוס ח, יד** – דן כאתר פולחן
**שמות כ, כב-כג** – הלכות בניית מזבח
**מלכים א׳ י, כח-כט**
**מלכים א׳ יב, כח-לג**
**מלכים א׳ טו, כ**
**מלכים ב׳ י, כט**

**רקע:** עגלי הזהב והבמות שהציב ירבעם בבית אל ובדן נועדו לשמש את עשרת השבטים שהתפצלו מממלכת יהודה, ולהיות תחליף למקדש בירושלים, ולכן אפשר להניח כי הבמות נבנו בזיקה אל מקדש שלמה. הבמה נהרסה כשבן הדד הארמי תקף את דן, אך אחאב שיקם אותה ואף הוסיף לה אבנים מסותתות שוליים בסגנון פיניקי, אולי בהשפעת אשתו איזבל, שהייתה ממוצא פיניקי. ירידת בית עמרי מהמלוכה ועליית בית יהוא הביאו להקפאת המתחם. בימי ירבעם בן יואש התחדשה בו הפעילות ואף הוצמד לבמה גרם מדרגות מפואר ברוחב שמונה מטרים. מזבח חדש בגובה שלושה מטרים נבנה אל מול הבמה, ולו ארבע קרניים כמקובל. באתר נמצאו עצמות בהמות כשרות וכן שלוש מחתות וקערת נחושת, הדומים לתיאור כלים אלה במקדש בירושלים. שפע הממצאים מסייע בידינו לשער את מראה המקדש בירושלים.

# מידות ומשקלות

**אורך**

| מידה | שווי | מטרים | הופעה במקרא לדוגמה |
|---|---|---|---|
| אצבע | | 0.02 | ירמיה נב, כא |
| טפח | 4 אצבע | 0.08 | שמות כה, כה |
| זרת | 3 טפח | 0.24 | שמות כח, טז |
| אמה (גומד?) | 2 זרת | 0.48 | שמות כו, טז<br>שופטים ג, טז |

**משקל**

| מידה | שווי | גרם | הופעה במקרא לדוגמה |
|---|---|---|---|
| גרה (קשיטה?, מעה) | | 0.8 | שמות ל, ג |
| בקע (מחצית השקל) | 10 גרה | 8 | שמות לח, כו |
| פים | 0.6667 שקל | 12.8 | שמואל א׳ יג, כא |
| שקל (סלע) | 2 בקע | 19.2 | שמות לח, כד |
| מנה | 50 שקל | 480 | יחזקאל מה, יב |
| כיכר | 60 מנה | 28,800 | שמות כה, לט |

**נפח יבש**

| מידה | שווי | ליטרים | הופעה במקרא לדוגמה |
|---|---|---|---|
| קב | | 1.38 | מלכים ב׳ ו, כה |
| עומר | 1.8 קב | 2.49 | שמות טז, טז |
| (חז"ל: תרקב) | 1.66 עומר | 4.14 | |
| סאה | 2 תרקב | 8.29 | מלכים ב׳ ז, א |
| איפה | 3 סאה | 24.88 | יחזקאל מה, כד |
| לתך | 5 איפה | 124.4 | הושע ג, ב |
| חומר | 2 לתך | 248.9 | ישעיה ה, י |

**נפח לח**

| מידה | שווי | ליטרים | הופעה במקרא לדוגמה |
|---|---|---|---|
| לוג | | 0.34 | ויקרא יד, יב |
| עישרון | 7.2 לוג | 2.49 | במדבר טו, ד |
| הין | 1.66 עישרון | 4.14 | שמות ל, כד |
| (חז"ל: גרב) | 2 הין | 8.29 | |
| בת | 3 גרב | 24.88 | מלכים א׳ ז, כו |
| כור | 10 בת | 248.9 | יחזקאל מה, יד |

תורה נביאים כתובים
הוגהו בעיון נמרץ על ידי
ד׳ גולדשמידט א״מ הברמן מ׳ מדן
הניקוד והטעמים תואמו לאותיות בבית ההוצאה
על פי שיטת קוֹרֶן

ספר דניאל וקטעים מספר עזרא
תורגמו מארמית לעברית על ידי הרב זאב קרוב
והוגהו על ידי ד״ר יחיאל קארה

זמורה ביתן

# ספרי התנ"ך על ציר הזמן

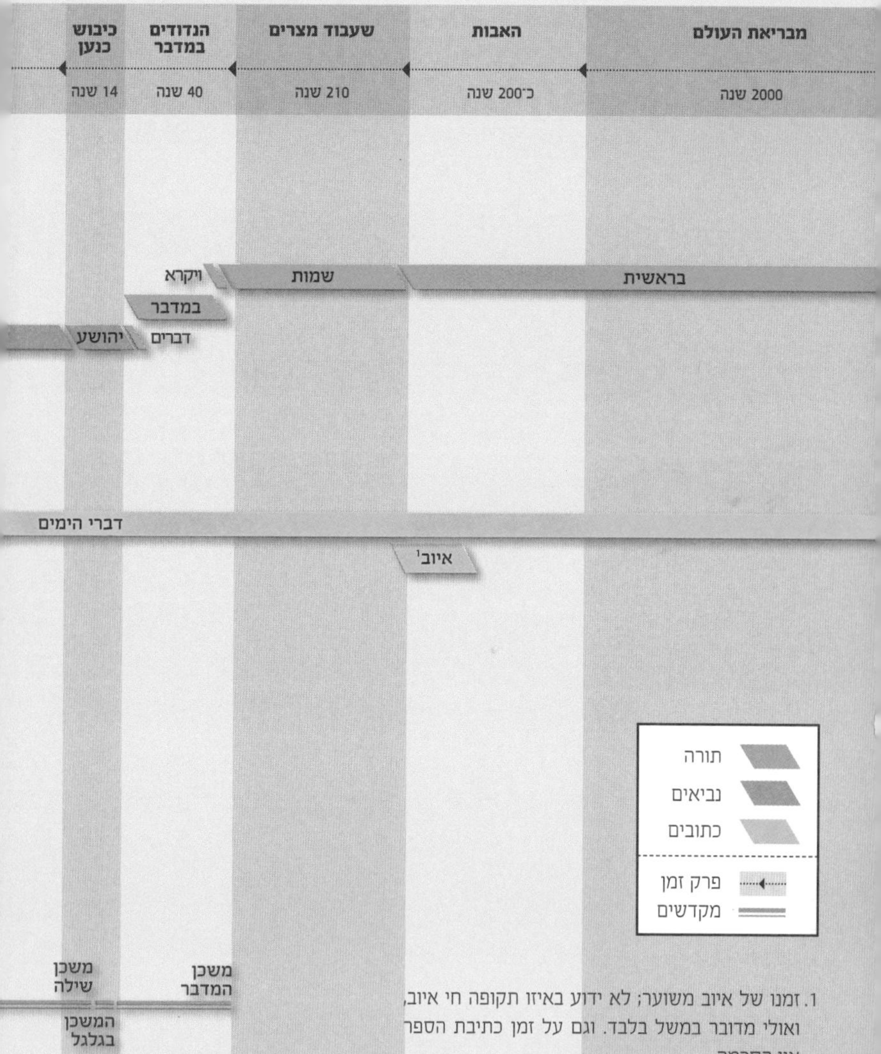


1. זמנו של איוב משוער; לא ידוע באיזו תקופה חי איוב, ואולי מדובר במשל בלבד. וגם על זמן כתיבת הספר אין הסכמה.
2. זמנה המדויק של מגילת רות בתוך תקופת השופטים משוער.